Chine
guide de voyage

Chris Taylor
Robert Storey
Nicko Goncharoff
Michael Buckley
Clem Lindenmayer
Alan Samagalski

Chine

2e édition française – Février 1997

Traduite de l'ouvrage *China – A travel survival kit* (5e édition)

Publié par

Lonely Planet Publications
71 *bis*, rue du Cardinal-Lemoine, 75005 Paris, France
Siège social : P.O. Box 617, Hawthorn, Victoria 3122, Australie
Filiales : Oakland (Californie), États-Unis – Londres, Grande-Bretagne

Imprimé par

Colorcraft Ltd, Hong Kong

Photographies de

Chris Beall (Retna Pictures)	Glenn Beanland	Sonia Berto
Nicko Goncharoff	Clem Lindenmayer	Richard Nebesky
Jo O'Brien	Robert Storey	Chris Taylor
Tony Wheeler		

Photographies du cahier en couleurs sur la cuisine chinoise de Glenn Beanland
Photo de couverture : partie d'une enseigne sur un mur à Hong Kong, signifiant "horloge" ou "cloche"

1re édition française

Octobre 1994

Traduction de

Anne Dechanet, Julie Huline-Guinard et Catherine Prunier

Dépôt légal

Février 1997

ISBN : 2-84070-049-2
ISSN : 1242-9244

Chris Taylor

Chris a grandi en Angleterre et en Australie. Son diplôme de littérature anglaise et de chinois en poche, il a rejoint LP où il a travaillé sur la collection des *phrasebooks* (manuels de conversation). Journaliste indépendant, installé actuellement à Taiwan, il met sa plume notamment au service du *Tokyo Journal*, *The Asia Wall Street Journal*, *The Australian*. Chris est également l'auteur des guides Lonely Planet *Tibet*, *Tokyo city guide* et *Mandarin phrasebook* et coauteur de *Japan* et de *Malaisie*. Pour l'heure, il participe à la rédaction des guides *Cambodge* et *South-East Asia on a shoestring*.

Robert Storey

Éclectique et touche-à-tout, Robert a débuté son parcours professionnel comme soigneur de singes dans un zoo. Son itinéraire l'a ensuite conduit à Las Vegas, où il a fait fonction de réparateur de machines à sous dans un casino. Après avoir achevé un cursus universitaire au Nevada, il a repris son bâton de pèlerin. Peu de temps après avoir échoué à Taiwan, il décroche enfin un métier digne de ce nom : professeur d'anglais. Il s'est ensuite empressé d'apprendre le chinois, de maîtriser les arcanes de l'informatique et d'écrire pour Lonely Planet. Robert a apporté son concours à la rédaction de plusieurs guides Lonely Planet, dont *Beijing*, *Seoul*, *Hong Kong*, *Macau & Guangzhou* et *Taiwan*.

Nicko Goncharoff

Nicko est né et a grandi à New York. À l'âge de 17 ans, il se réfugie dans le Colorado où il se consacre à la randonnée, à l'escalade, au ski, à la fête et aux études universitaires. Diplôme de fin d'études en poche, il prend exemple sur son père, voyageur infatigable, et achète un aller simple pour Taiwan. Là, il officie trois années durant comme traducteur et réviseur, avant de travailler pour une société de communication financière à Hong Kong. Quatre ans plus tard, il passe au service de Lonely Planet pour les besoins de ce guide. Il est également l'auteur de *Hong Kong city guide*. Il réside à Boulder, dans le Colorado.

Michael Buckley

Après avoir vécu ses premières années en Australie, Michael a sillonné l'Asie, s'adonnant, entre autres, aux joies du trekking et du VTT dans les massifs de l'Himalaya et du Karakorum. Il a cosigné la première édition de ce guide et est l'auteur de *Cycling to Xian*, qui a pour thème son périple à bicyclette en Chine et au Tibet.

Clem Lindenmayer

Adepte de la montagne et féru de langues étrangères, Clem a inévitablement été attiré par la Chine. Au cours d'un trek en solitaire en Laponie, il décide de se familiariser avec les subtilités du chinois, qu'il étudie par intermittence pendant plusieurs années. Il a apporté son écot dans le cadre de la quatrième édition de ce guide et est l'auteur de *Trekking in the Patagonian Andes*.

Alan Samagalski

Alan a quitté l'université de Melbourne pour travailler dans certains célèbres cafés théâtres de cette ville et voyager en Asie. Coauteur des première et deuxième éditions de ce guide, il a également participé à la rédaction des guides *Australie, Hong Kong, Macau & Canton, Bali et Lombok, Indonésie* et *Chile*.

Un mot des auteurs

Les remerciements des auteurs figurent en page 1017.

A propos de l'ouvrage

La première édition est de Michael Buckley et Alan Samagalski (1983). Alan Samagalski et Robert Strauss ont parcouru le pays pour les besoins de la seconde édition, ouvrant la voie à Joe Cummings et Robert Storey (troisième édition). La quatrième résulte des travaux de Robert Storey, Chris Taylor et Clem Lindenmayer. Cette édition (la cinquième) est l'œuvre de Chris Taylor, Robert Storey et Nicko Goncharoff. Tous apprécient les témoignages des voyageurs qui nous ont écrit (voir page 1018).

Un mot de l'éditeur

La maquette de cet ouvrage a été confiée à Caroline Sahanouk, assistée de Jean-Marie Duraffourg. Jean-Bernard Carillet en a assuré la coordination éditoriale. Nous remercions Claire Jorrand, Béatrice Weité, Christine Paris et Sophie Le Mao pour leur contribution au texte, ainsi que Christophe Corbel et Stéphanie Le Mao. Toute notre gratitude à Andy Nelson, Graham Imeson et Barbara Aitken pour leur disponibilité.

Ian Ward a mis au point la calligraphie chinoise. Jean-Noël Doan, Dan Levin et Rob Flynn ont mis au point la police chinoise et n'ont pas été avares de conseils.

Louise Keppie a assuré la supervision artistique du livre. Les cartes ont été réalisées par Paul Piaia, Sally Woodward, Chris Lee-Ack, Indra Kilfoyle, Adam McCrow, Chris Klep et adaptées en français par Jacques Richard. Les illustrations sont de Louise Keppie, Trudi Canavan et Michael

Signal, la couverture de Simon Bracken et Adam McCrow.

Attention !

Prix, adresses et horaires changent. Faites-nous part de vos expériences pour nous aider à améliorer la prochaine édition.

Votre correspondance est scrupuleusement dépouillée par Arnø Lebonnois (LP France). Il répond à toutes les lettres et les transmet à Julie Young (LP Australie) qui veille à ce que toutes les informations parviennent aux auteurs concernés.

Les personnes qui nous écrivent sont gratuitement abonnées à *Long Courrier*, notre revue d'information trimestrielle. Les auteurs des lettres les plus utiles recevront un guide Lonely Planet de leur choix.

Des extraits de votre courrier pourront être publiés lors des réimpressions ou de la réactualisation du guide, dans nos revues d'information trimestrielles *Long Courrier* ou *Planet Talk* ou dans la rubrique Postcards de notre site Internet. Si vous ne souhaitez pas que votre lettre soit publiée ou que votre nom apparaisse, merci de nous le préciser.

Remerciements

Nous remercions vivement les lecteurs qui nous ont fait part de leurs expériences. Leurs noms apparaît à la fin de l'ouvrage.

Attention ! nouveaux tarifs !
Les tarifs des lignes aériennes intérieures ont fait un bond de 30% en moyenne (variable, selon les cas, de 15 à 50%) depuis notre passage. Quant aux prix des billets de train, ils restent inchangés pour les étrangers mais ont augmenté de manière significative pour les Chinois (même tarif que pour les étrangers).

Table des matières

INTRODUCTION **11**

PRÉSENTATION DU PAYS **13**

Histoire 13
Géographie 36
Climat 38
Flore et faune 40

Institutions politiques 41
Économie 43
Population 45
Ethnies 46

Les arts 47
Culture 58
Religion 61
Langue 70

RENSEIGNEMENTS PRATIQUES **83**

Visas et ambassades 83
Formalités complémentaires ... 86
Douane 87
Questions d'argent 88
Quand partir 91
Que prendre avec soi 91
Offices du tourisme 92
Organismes à connaître
à l'étranger 95
Heures d'ouvertures
et jours fériés 95

Manifestations culturelles 96
Poste et télécommunications ... 97
Heure locale 101
Électricité 101
Blanchissage/nettoyage 101
Poids et mesures 101
Livres 101
Cartes 108
Médias 108
Films et photos 109
Santé 110

Seule en voyage 126
Désagréments et dangers 126
Travailler en Chine 131
Activités 132
A ne pas manquer 133
Hébergement 137
Alimentation 139
Boissons 147
Tabac 148
Distractions 149
Achats 150

COMMENT S'Y RENDRE **153**

Voie aérienne 153
Voie terrestre 160

Voie maritime 168
Voyages organisés 169

Quitter la Chine 171

COMMENT CIRCULER **173**

Avion 173
Bus 176
Train 177
Taxi 182

Voiture et moto 182
Bicyclette 182
En stop 186
Bateau 186

Transports locaux 187
Voyages organisés 189

L'EST

PÉKIN **192**

Histoire 192
Orientation 197
Renseignements 197
A voir 198

Où se loger 217
Où se restaurer 221
Distractions 225
Achats 226

Comment s'y rendre 228
Comment circuler 230
Environs de Pékin 234

TIANJIN **243**

Renseignements 245
A voir 245
Où se loger 249

Où se restaurer 251
Achats 252
Comment s'y rendre 253

Comment circuler 254
Environs de Tianjin 255

HEBEI **261**

Shijiazhuang 261
Environs de Shijiazhuang 265

Chengde 265

Beidahe, Qinhuangdao
et Shanhaiguan 271

SHANDONG 277

Ji'nan................................. 279	Qufu 290	Environs de Qingdao............ 302
Environs de Ji'nan................ 282	Zouxian 296	Yantai................................. 303
Tai'an 283	Zibo.................................... 298	Penglai................................ 305
Taishan 286	Qingdao.............................. 298	Weihai................................ 305

JIANGSU 307

Nanjing (Nankin) 307	Yangzhou 322	Suzhou................................ 332
Environs de Nankin.............. 319	District de Yixing................ 326	Environs de Suzhou 339
Le Grand Canal.................... 319	Dingshu (Jinshan) 327	Xuzhou................................ 340
Zhenjiang 320	Wuxi et lac Taihu................ 328	Lianyungang 341

ANHUI 343

Hefei................................... 343	Massif du Huangshan........... 347	Jiuhuashan 352
Bozhou................................ 345	Tunxi (Huangshan Shi)........ 352	Wuhu et Guichi................... 353

SHANGHAI 355

Histoire............................... 355	Orientation 358	Où se restaurer 373
Climat................................. 357	Renseignements 358	Distractions 375
Institutions politiques........... 357	Quelques repères................. 360	Achats 377
Économie 357	A voir 361	Comment s'y rendre............. 378
Population 357	Où se loger 369	Comment circuler................ 380

ZHEJIANG 383

Hangzhou 383	Putuoshan 397	Wenzhou 401
Shaoxing 392	Zhujiajian 400	District de Chun'an 403
Environs de Shaoxing 394	Xikou.................................. 401	
Ningbo................................ 395	Le Tiantaishan..................... 401	

FUJIAN 405

Fuzhou................................ 405	Yongding............................ 417	Meizhou 420
Xiamen 410	Quanzhou 417	Wuyishan 420
Environs de Xiamen.............. 417	Environs de Quanzhou.......... 419	

LE NORD-EST

LIAONING 422

Shenyang............................. 422	Environs de Dalian............... 434	Dandong.............................. 434
Environs de Shenyang........... 429	Vallée de Bingyu.................. 434	Environs de Dandong............ 437
Dalian................................. 429		

JILIN 439

Changchun 439	Environs de Jilin 446	Environs du Tianchi............. 448
Jilin.................................... 443	Tianchi 446	Hunchun............................. 449

HEILONGJIANG 451

Harbin 451	Dongning............................ 461	Jiamusi 463
Environs de Harbin 459	Wudalianchi 462	Qiqihar 464
Mudanjiang 459	Région frontalière	Réserve naturelle
Lac Jingbo 460	de l'Heilong Jiang................ 462	de Zhalong 464
Suifenhe.............................. 460		

CENTRE DE LA CHINE

SHANXI.. 468

Taiyuan 468	Datong...................... 476	Yuncheng 482
Environs de Taiyuan 473	Environs de Datong.............. 479	Ruicheng 482
Wutaishan 474		

SHAANXI.. 483

Xi'an 485	Le Huashan 501	Yan'an........................ 502
Environs de Xi'an 495	Huangling 502	Yulin 502

HENAN.. 505

Zhengzhou..................... 506	Luoyang 512	Environs d'Anyang 518
Environs de Zhengzhou 511	Anyang 518	Kaifeng 519

HUBEI 525

Wuhan........................ 525	Les Wudang Shan 534	Yichang....................... 535
Le Chang Jiang : de Wuhan	Le Shennongjia 535	
à Chongqing et à Shanghai ... 533		

JIANGXI 539

Nanchang 539	Jiujiang....................... 546	Yingtan........................ 551
Jingdezhen.................... 544	Lushan........................ 549	Les Jinggang Shan (Ciping).. 552

HUNAN 553

Changsha.................... 553	Zhuzhou 565	Parc naturel de
Shaoshan.................... 558	Hengyang 565	Wulingyuan/Zhangjiajie 566
Yueyang 562	Huaihua..................... 566	

LE SUD

HONG KONG ET MACAO.. 570

Hong Kong **570**	L'île de Hong Kong 579	Poste
Histoire....................... 570	Les Nouveaux Territoires 586	et télécommunications 616
Orientation 571	Les îles avoisinantes 587	Librairies..................... 617
Visas.......................... 571	Voyages organisés 588	Agences de voyages............. 617
Consulats étrangers 574	Où se loger 588	Films et photos................. 618
Questions d'argent 575	Où se restaurer 596	Santé.......................... 618
Hong Kong Tourist	Distractions 600	Urgence 618
Association.................... 576	Achats 602	Manifestations culturelles 618
Poste	Comment s'y rendre............ 603	Activités sportives............. 619
et télécommunications 576	Comment circuler................. 607	Péninsule de Macao 619
Librairies..................... 577	**Macao** **611**	Voyages organisés 623
Bibliothèques.................. 577	Histoire....................... 611	Où se loger 624
Centres culturels................ 577	Langue........................ 611	Où se restaurer 626
Agences de voyages.............. 578	Visas.......................... 614	Distractions 627
Médias........................ 578	Questions d'argent 615	Achats 628
En cas d'urgence 578	Office du tourisme de Macao	Comment s'y rendre............ 628
Activités sportives................ 578	(MGTO) 615	Comment circuler................. 630
Kowloon...................... 578		

GUANGDONG 631

Canton 631	Shenzhen 656	Humen........................ 662
Environs de Canton............... 653	Environs de Shenzhen........... 662	Zhuhai 662

Environs de Zhuhai 666
Zhongshan 666
Environs de Zhongshan 666

Zhaoqing 667
Zhanjiang 671
Shantou 672

Environs de Shantou 674
Chaozhou 675

ÎLE DE HAINAN 677

Climat 677
Économie 677
Population et ethnies 678
Autour de l'île 679

Haikou 679
Wenchang 683
Xinglong 683
Xincun 684

Île aux Singes 684
Sanya 684
Tongzha 687
Qiongzhong 687

LE SUD-OUEST

GUANGXI 690

Nanning 692
Environs de Nanning 696
Guilin 697
Environs de Guilin 705

Li Jiang 705
Yangshuo 705
Environs de Yangshuo 709
Longsheng et Sanjiang 710

Liuzhou 713
Wuzhou 716

GUIZHOU 721

Manifestations annuelles 723
Guiyang 723
Anshun 728
Environs d'Anshun 730

Kaili 732
Environs de Kaili 733
De Kaili à Liping 734
De Liping à Guilin 734

Zunyi 734
Xingyi 736

YUNNAN 737

Kunming 738
Environs de Kunming 754
Forêt de Pierre 758
Lunan 760
Xiaguan 761
Environs de Xiaguan 763
Dali 763

Environs de Dali 769
De Dali à Lijiang 771
Lijiang 771
Environs de Lijiang 777
Zhongdian 782
Environs de Zhongdian 783
Jinjiang 784

Région du Xishuangbanna 784
Simao 786
Jinghong 786
Environs de Jinghong 792
Région de Baoshan 797
Région de Dehong 804

SICHUAN 815

Chengdu 817
Environs de Chengdu 830
Emeishan 834
Leshan 841
Meishan 845

Chongqing 845
Descente du Chang Jiang
(Yangzi) : de Chongqing
à Wuhan 853
Dazu 858

Sichuan de l'ouest
et route du Tibet 861
Sichuan du nord 869

LE NORD ET LE NORD-OUEST

XINJIANG 879

Ürümqi 881
Environs d'Ürümqi 887
Hami 888
Daheyan 888
Turfan 889
Environs de Turfan 892

Shihezi 895
Korla 895
Kuqa 897
Environs de Kuqa 898
Kashgar 899
Environs de Kashgar 903

Route du Karakorum 904
Hotan 904
Yining 905
Environs de Yining 908
Altai 908
Environs d'Altai 909

GANSU **911**

Lanzhou........................... 913	Xiahe 923	Zhangye............................ 928
Environs de Lanzhou 918	Environs de Xiahe................ 926	Jiayuguan 929
Maijishan et Tianshui........... 919	Route du Sichuan 927	Liuyuan 933
Gangu.............................. 921	Tianzhu 927	Dunhuang 934
Luomen 922	Wuwei 927	Environs de Dunhuang........... 937
Linxia 922		

NINGXIA **943**

Yinchuan 943	Zhongwei 949	Tongxin............................ 951
Environs de Yinchuan........... 948	Environs de Zhongwei 950	Guyuan 951

MONGOLIE INTÉRIEURE... **953**

Histoire............................ 953	Baotou 963	Hailar............................... 970
Hohhot............................. 957	Environs de Baotou.............. 966	Manzhouli 970
Environs de Hohhot 961	Dongsheng 967	Xanadu 971
Steppes 961	Environs de Dongsheng........ 968	

TIBET ET QINGHAI

TIBET **974**

Histoire............................ 976	Désagréments et dangers........ 980	Gyantse 992
Climat.............................. 978	Comment circuler................. 980	Sakya............................... 993
Trekking........................... 978	Voyages organisés 980	Tingri............................... 993
Langue............................. 978	Lhassa 980	Monastère de Rongbuk et
Conditions de voyage........... 978	Environs de Lhassa 988	camp de base de l'Everest..... 993
Que prendre avec soi............ 979	Vallée du Yarlung 989	Zhangmu 994
Santé............................... 979	Shigatse 990	De Zhangmu à Kodari........... 994

QINGHAI **995**

Xining 995	Lac Qinghai........................ 1000
Environs de Xining 999	Golmud 1000

GLOSSAIRE **1005**

INDEX **1009**

Cartes 1009	Texte 1010

Légendes des cartes

LIMITES ET FRONTIÈRES

........................Frontières internationales

........................Limites régionales

........................Frontières controversées

ROUTES

........................Autoroute

........................Route nationale

........................Route principale

........................Route non bitumée ou piste

........................Avenue

........................Rue

........................Voie de chemin de fer

........................Ligne de métro

........................Sentier pédestre

........................Circuit pédestre

........................Route de ferry

........................Téléphérique ou télécabine

TOPOGRAPHIE

........................Parc, jardin

........................Zone construite

........................Voie pédestre

........................Marché

........................Cimetière

........................Récif

........................Plage ou désert

........................Rochers

HYDROGRAPHIE

........................Bande côtière

........................Rivière ou ruisseau

........................Rivière ou ruisseau intermittent

........................Rapides, chutes

........................Lac, lac intermittent

........................Canal

........................Marais

SYMBOLES

✪ CAPITALE		Capitale nationale
◉ Capitale		Capitale régionale
⬤ VILLE		Ville importante
● Grande ville		Grande ville
● Ville		Ville
● Village		Village
■ ▼		Où se loger, où se restaurer
⚱ ▼		Café, pub & bar
✉ ☎		Poste, téléphone
❶ ❸		Office du tourisme, banque
◒ ℗		Transport, parking
🏛 ⌂		Musée, auberge de jeunesse
⌘ ⚑		Caravaning, camping
✛ ➡		Église, cathédrale
◖ ✡		Mosquée, synagogue
▣ 卍		Temple bouddhiste, temple hindou
✚ ★		Hôpital, commissariat

☉ ▣		Ambassade, station-service
✈ ✝		Aéroport, aérodrome
Ⓜ ✿		Station de métro, jardin
❖ 🐘		Centre commercial, zoo
⬌ ▬		Location de bicyclettes, porte
← A25		Rue à sens unique, route nationale n°
🏛 ⚑		Château, monument
⬛ ▣		Château fort, tombe
☼ ⬠		Point de vue, hutte ou chalet
▲ ⌒		Montagne ou colline, grotte
☗ ⚓		Phare, épave
)(◎		Col, source
➷ ⚐		Plage, plage de surf
⛬		Site archéologique ou ruines
		Mur d'enceinte
	⇐	Falaise ou escarpement, tunnel
		Gare ferroviaire

Note : tous les symboles ne sont pas utilisés dans cet ouvrage

Introduction

Fermé au monde extérieur pendant près de 30 ans, l'empire du Milieu a finalement ouvert en grand ses portes aux groupes organisés à la fin des années 70. En revanche, pour le voyageur individuel, les perspectives étaient vraiment sombres et il fallait être muni d'une invitation pour être admis en République populaire de Chine. Un bémol fut introduit en 1979 lorsque des ressortissants suédois et français arrivèrent par le Transsibérien.

En 1981, les autorités chinoises commencèrent à délivrer des visas aux voyageurs individuels par l'entremise de quelques-unes de leurs ambassades à l'étranger et d'agences de voyages basées à Hong Kong. La nouvelle se répandit et, en 1983, il était devenu manifeste que tout voyageur atterrissant à Hong Kong mettait en fait le cap sur la Chine. Une page historique venait d'être tournée.

Quinze ans après, la Chine se montre sous un jour totalement nouveau. L'économie de marché, avec ses signes extérieurs, est désormais à l'ordre du jour. De multiples changements se manifestent au quotidien. Le cinéma chinois rafle des prix dans les compétitions européennes ; des groupes de rock font parler d'eux dans toute l'Asie ; des fast-foods à l'occidentale ont introduit des changements notables dans les habitudes alimentaires. Sans parler du karaoke, qui fait pousser la chansonnette à tout le pays. Incontestablement, la Chine se façonne un nouveau visage.

La plupart des observateurs font remarquer que la Chine ressemble de plus en plus aux autres pays. En effet, les déplacements, les questions d'argent, les transports, les conditions sanitaires et les prestations de service ont connu des améliorations considérables. Certes, inflation et essor touristique incontrôlé contribuent à faire flamber les prix et le système de la tarification distincte étrangers/Chinois reste en vigueur.

En tout cas, un périple en Chine reste une expérience initiatique inoubliable. A la

11

mesure de sa géographie et de son passé multimillénaire, le pays offre une palette inouïe d'attraits touristiques, culturels et historiques. Les étendues désertiques et sauvages du Xinjiang séduiront les amoureux des grands espaces. Les sommets de l'Himalaya combleront les voyageurs les plus blasés. La Cité interdite à Pékin et l'Armée enterrée des soldats en terre cuite (Xi'an) iront droit au cœur des amateurs d'art et de trésors architecturaux. Les lieux de villégiature tels Yangshuo et Dali, haltes bienfaitrices et reposantes, seront appré-

ciées à leur juste valeur par les dévoreurs de kilomètres. La frénétique Shanghai répondra aux attentes des adeptes de la vie trépidante. Et comment rester de glace devant la Grande Muraille, prouesse technologique et site touristique emblématique résumant à elle seule le pouvoir d'attraction de la Chine ? Enfin, les inconditionnels de la bonne chère trouveront matière à déguster des mets inédits. Assurément, l'empire du Milieu est une source intarissable d'émerveillement pour le visiteur qui ira de découvertes en surprises.

Présentation du pays

HISTOIRE
Des origines mythiques

Les Chinois revendiquent une histoire vieille de cinq mille ans mais les récits de leurs origines conservent un caractère mythique et légendaire. L'existence même de la dynastie Xia, considérée dans les ouvrages historiques comme la première dynastie chinoise, attend toujours une confirmation de nature archéologique.

Selon la légende, une succession de trois souverains et de cinq empereurs précédèrent les Xia. On représente généralement le premier des trois souverains, Fuxi, avec sa femme, qui était aussi sa sœur, la déesse Nügua. Tous deux possèdent un buste humain et une queue de dragon. On attribue à Nügua la création de l'espèce humaine à partir d'argile et l'institution du mariage, tandis que Fuxi aurait appris aux Chinois la chasse, la pêche et l'élevage. Divinité à tête de bœuf, Shennong leur aurait pour sa part enseigné l'agriculture et la connaissance des propriétés des plantes médicinales.

De même, on impute aux cinq empereurs l'apport de certains éléments clés de la cul-

DYNASTIES CHINOISES			
Xia	XXIIe-XVIIIe siècle av. J.-C.	Liang	502-557
	(ou XXIIe-XVIIe siècle av. J.-C.)	Chen	557-589
Shang	XVIIe-1122 av. J.-C.	**Nord**	386-581
	(ou XVIe-1050/1025 av. J.-C.)	Wei du Nord	386-534
Zhou	1122 (ou 1050/1025) av. J.-C.	Wei orientaux	534-550
Zhou occidentaux	1122 – 771 av. J.-C.	Wei occidentaux	535-556
Zhou orientaux	770-221 av. J.-C.	Qi du Nord	550-577
Période des Printemps		Zhou du Nord	556-581
et Automnes	722-481 av. J.-C.	**Sui**	589-618 (581 au Nord)
Période des Royaumes		**Tang**	618-907
combattants	453-221 av. J.-C.	**Cinq Dynasties**	907-960
Qin	221-206 av. J.-C.	Liang postérieurs	907-923
Han	206 av. J.-C.- 220 ap. J.-C.	Tang postérieurs	923-936
Han occidentaux		Jin postérieurs	936-946
(ou antérieurs)	206 av. J.-C. – 8 ap. J.-C.	Han postérieurs	947-950
interrègne	9-24 ap. J.-C.	Zhou postérieurs	951-960
Han orientaux		**Liao**	947-1125
(ou postérieurs)	25-220 ap. J.-C.	**Song**	960-1279
		Song du Nord	960-1126
Période des Trois Royaumes	220-280	Song du Sud	1127-1279
Wei (Chine du Nord)	220-265	**Xia occidentaux**	1038-1227
Shu Han (Sichuan)	221-263	**Jin**	1115-1234
Wu (vallée du Yangzi)	222-280	**Yuan** (Mongols)	1277-1368
Jin	265-420	**Ming**	1368-1644
Jin occidentaux	265-316	**Qing** (Mandchous)	1644-1911
Jin orientaux	317-420		
Dynasties du Sud		**RÉPUBLIQUES CHINOISES**	
et du Nord	420-589/581		
Sud	420-589	**République de Chine**	1911-1949
Song	420-479	**République populaire**	
Qi	479-502	**de Chine**	depuis 1949

ture chinoise. Le premier d'entre eux, Huang Di, aurait donné au peuple chinois le calendrier des récoltes, les bateaux, les armures et la poterie. Un empereur plus tardif, Shun, inventa le pinceau à calligraphier. C'est avec son abdication en faveur de Yu, le premier empereur Xia, que s'amorça le règne dynastique.

Les dynasties Xia et Shang (XXIIᵉ-XIᵉ siècle av. J.-C.)

Selon de nombreux historiens, la dynastie Xia a réellement existé, mais pas sous la forme décrite par la mythologie chinoise. Cette dynastie serait restée au pouvoir pendant près de cinq siècles, jusqu'au milieu du XVIIIᵉ siècle av. J.-C. (2207-1766 av. J.-C., ou 2207-1558 av. J.-C.), avant de sombrer dans la corruption et d'être renversée par les Shang.

On possède davantage de preuves de l'existence des Shang (1766-1122 av. J.-C. ou 1558-1050 av. J.-C.). Les découvertes archéologiques confirment la présence

---

La divination

La divination, telle qu'elle était pratiquée par les prêtres de l'époque Shang, consistait à soumettre au feu des os de bovins ou des carapaces de tortue. Les devins creusaient des sillons sur une face de l'os ou de la carapace, puis y inséraient des baguettes brûlantes. Les craquelures qui apparaissaient sur l'autre face de l'os s'offraient tout aussi bien des indices sur l'avenir des récoltes que sur l'attitude à adopter dans telle ou telle circonstance, qu'il s'agisse par exemple de l'achat d'une nouvelle charrue.

Pour les spécialistes de la Chine ancienne, les inscriptions Shang portées sur les os fournissent le seul témoignage concernant les premiers idéogrammes chinois. Quelque 50 000 ossements et autres fragments ont été mis au jour lors de fouilles, notamment dans les silos enterrés de Xiaotun, dans le Henan. On a ainsi réussi à identifier près de 3 000 caractères chinois. ∎

---

d'un royaume dans la plaine du fleuve Jaune, dans les actuelles provinces du Shandong, du Shanxi et du Shaanxi, qui aurait exercé le pouvoir de 1554 à 1045 avant J.-C. Selon les vestiges, cette société agricole se livrait à une forme de culte des ancêtres et se caractérisait, semble-t-il, par la présence d'une caste de grands prêtres qui pratiquaient la divination à partir d'ossements. Des vases de bronze recouverts de motifs géométriques d'une précision extraordinaire étaient utilisés pour le culte et la divination. Comme celle des Xia précédemment, la dynastie Shang succomba à la corruption et à la décadence et fut détrônée par les Zhou.

La dynastie Zhou (1122-221 av. J.-C.)

Comme pour la dynastie Shang, les connaissances actuelles concernant les Zhou (1122-221 avant J.-C.) restent minces. On pense qu'il s'agissait d'une tribu nomade passée sous l'autorité des Shang avant de les supplanter. La capitale Zhou, connue sous le nom de Hao, était située à proximité de Chang'an (aujourd'hui Xi'an), qui allait devenir le siège du pouvoir impérial sous de nombreuses dynasties. Les Zhou possédaient un autre centre de pouvoir proche de la ville actuelle de Luoyang, dans le Henan, d'où ils gouvernaient les Shang qu'ils avaient assujettis. Leur structure sociale fut, semble-t-il, profondément influencée par celle des Shang, dont ils avaient hérité les pratiques divinatoires et le culte des ancêtres.

En règle générale, les historiens divisent l'époque Zhou en deux périodes : celle des Zhou occidentaux (1122-771 avant J.-C.) et celle des Zhou orientaux (770-221 avant J.-C.), que séparent la mise à sac de Hao par des tribus barbares, le transfert du pouvoir à Luoyang et la perte du contrôle effectif des Zhou sur les États vassaux. Toutefois, les nobles Zhou restèrent symboliquement à la tête d'un territoire disputé par plusieurs royaumes jusqu'en 221 avant J.-C., lorsqu'ils furent remplacés par les Qin.

Les Zhou orientaux, bien que déchirés

par d'incessants conflits, sont considérés comme les véritables fondateurs de la culture chinoise. La traditionnelle subdivision de leur règne entre période des Printemps et Automnes (722-481 avant J.-C.) et période des Royaumes combattants (453-221 avant J.-C.) ne correspond pas à une logique historique. Elle fait davantage référence aux périodes que couvrent deux ouvrages historiques du même nom et contemporains de cette époque, qui furent à la base du système éducatif classique jusqu'à la chute des Qing en 1912. Les *Annales des Printemps et Automnes* sont généralement attribuées à Confucius (551-479 avant J.-C.), un érudit qui erra de royaume en royaume à la recherche du gouvernant capable d'appliquer ses conceptions de l'État idéal.

Le confucianisme ne fut pas le seul courant de pensée important à émerger pendant le règne des Zhou orientaux. C'est également pendant cette période que Laozi (Lao Tseu) écrivit son *Daode Jing*, ou *Le Livre de la Voie et de la Vertu*, le texte fondateur du taoïsme. Bien d'autres idéologies se développèrent sous les Zhou orientaux (les Chinois font d'ailleurs fréquemment allusion aux "Cent Écoles"). Toutefois, le taoïsme et le confucianisme sont les deux courants qui marquèrent le plus profondément la pensée chinoise, le premier par son caractère pragmatique et social, la second par son côté plus personnel et mystique.

Le mandat du Ciel

La période Zhou fut cruciale. Les concepts politiques propres à la Chine s'enracinèrent. En tout premier lieu, la notion de "mandat du Ciel", selon laquelle le Ciel confie la charge de gouverner aux dirigeants sages et vertueux et la retire à ceux qui sont mauvais et corrompus. Ce concept fut par la suite élargi afin d'intégrer la théorie taoïste selon laquelle les désastres naturels sont l'expression de la désapprobation du Ciel à l'encontre des mauvais gouvernants.

Dans le même ordre d'idées, le Ciel est censé exprimer son mécontentement à l'égard des dirigeants corrompus par la rébellion et le retrait du soutien des gouvernés. On fit référence à ce propos de "droit à la rébellion", concept embarrassant dans la mesure où ce droit ne pouvait être confirmé que par le succès.

Néanmoins, les manifestations de la volonté du Ciel sous forme de rébellion constituaient un ingrédient essentiel du cycle des dynasties chinoises, à la différence du Japon où l'autorité de la famille impériale dérive d'une seule lignée qui, selon la légende, remonte à la déesse du Soleil.

La dynastie Qin (221-206 av. J.-C.)

Le fragile pouvoir dont jouissaient les Zhou prit fin au IIIe siècle avant J.-C., lorsque l'État de Qin réussit pour la première fois à unifier la Chine. Le premier Empereur, Qin Shihuang, ne régna que de 221 à 209 avant J.-C. et laissa surtout le souvenir d'un gouvernant tyrannique et cruel. Il n'en dota pas moins le pays d'institutions administratives qui allaient marquer l'État chinois au cours des deux millénaires suivants.

L'État de Qin accrut son pouvoir au cours des Ve et IVe siècles av. J.-C. En 246 avant J.-C., il conquit le Sichuan actuel et fit de même avec les autres royaumes qui se trouvaient sur son chemin. En 221 avant J.-C., le royaume de Qin l'ayant emporté sur tous les autres, Qin Shihuang prit le parti de réunir ses conquêtes au sein d'un seul et même empire. Il s'attribua alors le titre de *huángdì*, "empereur".

La dynastie Qin légua à la Chine un système administratif fortement centralisé et imposa une division du territoire en provinces, gérées par des fonctionnaires nommés par le pouvoir central. Les poids et les mesures furent également normalisés, ainsi que la langue écrite. Un autodafé fut édicté contre tous les ouvrages opposés aux lois de l'État. Enfin, on entreprit la construction de la Grande Muraille, qui fut essentiellement l'œuvre de conscrits, dont on ignore combien périrent pendant les travaux.

L'héritier de Qin Shihuang sur le trône impérial se révéla incompétent. Secouée par la rébellion, la capitale Qin, proche de

L'extension de l'influence chinoise

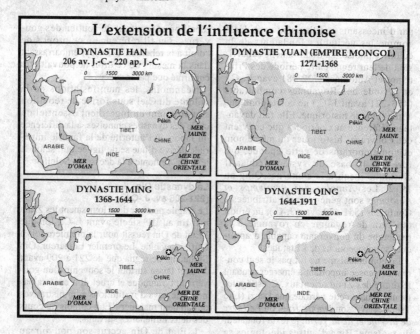

DYNASTIE HAN
206 av. J.-C.- 220 ap. J.-C.

0   1500   3000 km

Pékin
MER
JAUNE
TIBET
CHINE
ARABIE
INDE
MER
D'OMAN
MER DE
CHINE
ORIENTALE

DYNASTIE YUAN (EMPIRE MONGOL)
1271-1368

0   1500   3000 km

Pékin
MER
JAUNE
TIBET
CHINE
ARABIE
INDE
MER
D'OMAN
MER DE
CHINE
ORIENTALE

DYNASTIE MING
1368-1644

0   1500   3000 km

Pékin
MER
JAUNE
TIBET
CHINE
ARABIE
INDE
MER
D'OMAN
MER DE
CHINE
ORIENTALE

DYNASTIE QING
1644-1911

0   1500   3000 km

Pékin
MER
JAUNE
TIBET
CHINE
ARABIE
INDE
MER
D'OMAN
MER DE
CHINE
ORIENTALE

l'actuelle Xi'an, tomba aux mains d'une armée d'insurgés en 207 avant J.-C. Leur chef, Liu Bang, prit le titre d'empereur et fonda la dynastie Han.

La dynastie Han
(206 av. J.-C.-220 ap. J.-C.)

Bien que gouvernant avec plus de souplesse que les Qin, les Han conservèrent nombre d'institutions instaurées sous la dynastie précédente. On divise généralement le règne des Han en deux périodes, ce qui complique les choses : celle des Han occidentaux (ou antérieurs) et celle des Han orientaux (ou postérieurs), séparés par un interrègne de quatorze ans, de l'an 9 à 23 après J.-C., durant lequel le pays fut gouverné par les Xin. La période des Han occidentaux (206 av. J.-C.- 8 ap. J.C.) correspondit à une phase de consolidation, notamment avec le véritable établissement de l'État chinois et l'extension militaire des frontières de l'empire. Quant aux Han orientaux (25-220 ap. J.-C.), après

une brève période de stabilité, ils ne surent empêcher l'affaiblissement et la décentralisation du pouvoir qui se solda par l'abdication du dernier empereur Han en 220 et le début de quatre siècles de troubles.

Les contacts avec l'étranger

L'expansion des Han fit entrer les Chinois en contact avec les "barbares" qui environnaient leur territoire. Il en découla des conflits militaires et des retombées commerciales.

Au nord, les Xiongnu (nom donné à diverses tribus nomades d'Asie centrale) représentaient la menace la plus sérieuse pour la Chine. Les premières expéditions militaires lancées contre elles furent un succès. Elles donnèrent aux Chinois accès à l'Asie centrale, en leur ouvrant la route qui leur permit de faire parvenir leurs soies jusqu'à Rome.

Sur le front diplomatique, des liens furent établis avec les tribus d'Asie centrale, et le grand explorateur Zhang Qian fournit aux autorités des informations sur les possibilités de commerce et d'alliances avec le nord de l'Inde. Parallèlement, l'influence chinoise se répandit dans des régions comme le futur Vietnam ou la Corée.

La décentralisation du pouvoir
Entre l'effondrement de la dynastie Han en 220 et l'établissement des Sui en 581, la Chine connut de terribles guerres intestines qui, malgré tout, ne portèrent pas préjudice à l'épanouissement du bouddhisme et des arts.

Selon les historiens chinois, cette période correspond aux règnes des dynasties Wei, Jin, et des dynasties du Nord et du Sud. En réalité, dix-neuf royaumes et bastions rivalisèrent pour se maintenir au pouvoir entre 316 et 439. Au début, le pays se divisait en trois grands royaumes : celui des Wei qui s'étendait peu ou prou sur toute la région au nord du Chang Jiang (Yangzi Jiang, ancien Yang-Tsé-Kiang ou fleuve Bleu), tandis qu'au sud celui des Wu occupait l'est et celui des Shu l'ouest (le terme de Shu sert encore à désigner la province du Sichuan).

Les Wei (220-265) demeurèrent au pouvoir un peu plus de quarante ans. Les Jin occidentaux (265-316) ne firent guère mieux. En 316, leur capitale, Luoyang, tomba aux mains des cavaliers Xiongnu. Il en résulta un siècle et demi d'effusions de sang, toutes les tribus non han s'affrontant pour obtenir le pouvoir absolu. Au Ve siècle, la tribu des Tuoba élimina ses rivales au nord, et ses souverains sinisés entreprirent de consolider leur position en appliquant une réforme agraire. Ils ne parvinrent à rester au pouvoir et le nord fut divisé entre Wei orientaux et Wei occidentaux.

Les Wei occidentaux, bien que numériquement moins importants que leurs rivaux au nord, mirent en place un système administratif efficace et dispersèrent les communautés bouddhiques, confisquant au passage une bonne part des richesses qu'elles avaient accumulées. En 577, ils défirent les Wei orientaux et, en 581, l'un de leurs généraux s'empara du pouvoir et fonda la dynastie Sui. En 589, les Sui

avaient pris le contrôle du sud de la Chine, et le pays se retrouva à nouveau unifié sous une seule autorité.

La dynastie Sui
(589-618)
La dynastie Sui fut éphémère mais elle accomplit une œuvre importante. Yang Jian, le général tuoba-chinois qui avait fondé la dynastie, reçut le titre de Wendi, l'"empereur cultivé". Il entreprit de réformer l'administration, en s'inspirant des institutions instaurées par les Han. Il renforça la fonction publique aux dépens des privilèges aristocratiques et mit en place une réforme agraire. Les institutions de la dynastie Sui, qui succéda à celle des Tang, furent fondées sur ces mesures et sur une révision du Code civil.

Le déclin des Sui se précipita sous le règne du fils de Wendi, Yangdi (604-618). Ses importants travaux de restauration de la Grande Muraille et la construction du Grand Canal (qui joua un rôle décisif dans la cohésion économique de la Chine) contribuèrent à consolider l'empire. En revanche, ses trois incursions malheureuses sur le territoire coréen pesèrent extrêmement lourd sur les finances de l'État et attisèrent les flammes de la révolte.

La dynastie Tang
(618-907)
Les désastreux revers militaires en Corée et des mouvements de contestation dans les rues aboutirent à l'assassinat de Yangdi par l'un de ses officiers. Entre temps, un autre fonctionnaire sui, posté à la garnison frontalière de Taiyuan, s'empara de la capitale avec ses troupes. Du nom de Li Yuan (connu après sa mort sous celui de Gaozu), il fonda la dynastie Tang (618-907), généralement considérée par les Chinois comme la période la plus glorieuse de leur histoire.

La prise du pouvoir par Gaozu (618-626) ne s'effectua pas sans heurts. Il fallut dix ans au nouvel empereur pour évincer jusqu'au dernier de ses rivaux. Les Tang établirent une administration pyramidale chapeautée par l'empereur avec, sous ses ordres, deux ministres chargés des affaires politiques, l'équivalent d'un ministère de l'Intérieur, neuf cours et six ministères chargés de régions administratives spécifiques. Pour décourager le développement de pouvoirs régionaux, l'empire fut divisé en 300 préfectures (*zhōu*) et 1 500 districts (*xiàn*), un découpage qui subsiste aujourd'hui.

Le règne du fils de Gaozu, Taizong (626-649) vit se poursuivre les succès. Les conquêtes militaires autorisèrent le rétablissement du contrôle chinois sur les routes de la soie et contribuèrent à un afflux de marchands. Il en résulta une "internationalisation" sans précédent de la société chinoise. Les principales villes de Chang'an, Luoyang et Guangzhou (autrefois appelée Canton), ainsi que bien d'autres cités marchandes, accueillirent des communautés étrangères. Originaires pour la plupart d'Asie centrale, ces dernières introduisirent de nouvelles religions ainsi que d'autres traditions culinaires, musicales et artistiques. Par la suite, la dynastie Tang développa ses contacts étrangers avec la Perse, l'Inde, la Malaisie, l'Indonésie et le Japon. Au IXe siècle, la population étrangère de la ville de Guangzhou (Canton) était estimée à cent mille personnes.

La dynastie Tang constitue aussi l'âge d'or du bouddhisme. Des pèlerins chinois, notamment le célèbre moine errant Xuan Zang, se rendirent en Inde d'où ils rapportèrent des copies de textes bouddhiques, lesquelles contribuèrent à leur tour au renouveau de cette religion. La traduction des textes s'était jusque-là contentée de siniser les difficultés conceptuelles de la pensée bouddhiste. Elle fut cette fois soumise à une plus grande rigueur. Les textes bouddhiques traduits en chinois furent de plus en plus nombreux. Un schisme dans la foi bouddhique s'ensuivit. En réaction à la complexité de nombreux textes bouddhiques traduits du sanscrit, l'école *chan* (plus connue sous son nom japonais de *zen*), vit le jour. Le chan visait à éliminer les complexités de l'étude de l'écriture par la discipline et la méditation alors qu'une autre

tendance bouddhiste, l'école de la "Terre pure" (qui deviendrait la forme la plus importante de bouddhisme chinois) cherchait à atteindre le "paradis de l'Ouest".

La période la plus prestigieuse de la dynastie Tang fut, pour les Chinois, le règne de Xuanzong (712-756), également connu sous le nom de Minghuang ou Empereur Rayonnant. Avec une population de plus d'un million d'habitants, sa capitale, Chang'an, était l'une des plus grandes villes du monde. Sa cour attirait des savants et des artistes venus de tout le pays et accueillit quelque temps Du Fu et Li Bai, probablement les deux plus célèbres poètes de Chine. Son règne fut caractérisé par un épanouissement des arts, de la danse et de la musique ainsi que par une extraordinaire diversité religieuse.

Pour certains, toutefois, toutes ces activités artistiques ne pouvaient être que le signe d'un certain amollissement au cœur de l'empire. L'intérêt croissant de Xuanzong pour les arts, pour le bouddhisme tantrique, pour le taoïsme, pour l'une de ses concubines, Yang Guifei, et pour tout ce qui captivait son imagination, le détournait de la gestion de l'État, confiée à ses administrateurs. An Lushun, un général en poste au nord-est, en profita pour renforcer son pouvoir dans cette région et partit à la conquête du reste de la Chine en 755. Les affrontements, qui durèrent près de dix ans, se soldèrent par la destruction de la capitale et des déplacements de population massifs et firent des millions de victimes. Les Tang réussirent à reprendre la maîtrise de l'empire, mais la fin de leur dynastie était proche.

Une gabegie croissante

Aux VIIIe et IXe siècles, le pouvoir des Tang ne cessa de s'affaiblir. Au nord-ouest, les guerriers tibétains l'emportèrent sur leurs garnisons tandis qu'au sud le royaume de Nanzhao, dont le fief était Dali, dans le Yunnan, menaçait sérieusement la province du Sichuan. Parallèlement, au cœur de la Chine, dans la région du Yangzi et du Zhejiang, les impôts et une succession de catastrophes provoquèrent une vague de mécontentements. Huang Zhao, à la tête d'une bande de pillards, saccagea la capitale. De 907 à 960, jusqu'à l'établissement de la dynastie Song, la Chine fut à nouveau ravagée par les guerres entre les différents prétendants au mandat du Ciel. On fait communément référence à cette époque sous le nom de période des Cinq Dynasties et des Dix Royaumes.

La dynastie Song
(960-1279)

En 959, Zhao Kuangyin, chef des troupes du palais de l'une des Cinq Dynasties (les Zhou postérieurs), arracha le pouvoir à un chef d'État âgé de sept ans. En 976, il conquit une dizaine d'autres royaumes indispensables à la réunification de la Chine et fonda une autre dynastie : les Song (960-1279).

La période Song se divise généralement entre Song du Nord (960-1126) et Song du Sud (1127-1279). La raison de cette division tient à la dynastie Jurchen des Jin, qui prit le contrôle du Nord en 1126 et obligea les Song à déplacer leur capitale de Kaifeng à Hangzhou, dans le Sud.

Malgré la menace continuelle représentée par d'importantes armées aux frontières (le royaume tibétain/tangut de Xia, la dynastie Kitan des Liao et la dynastie Jürchen des Jin), les Song se sont illustrés par une forte centralisation politique, un renouveau de l'érudition confucéenne, un retour au système des examens qui favorisèrent l'essor d'une bureaucratie dominée par les civils et une révolution commerciale.

L'expansion économique de la période Song tient pour une large part aux progrès considérables réalisés dans l'agriculture. L'exploitation de nouvelles terres, l'utilisation de variétés de riz plus productives ainsi que le perfectionnement des outils et des techniques agricoles favorisèrent ce développement. Parallèlement, l'amélioration des voies de communication, l'émergence d'une classe de marchands et l'introduction du papier monnaie facilitèrent le développement de plus vastes marchés. Cette révolution commerciale permit la croissance d'un plus grand nombre de centres urbains approvisionnés par un flux de denrées provenant de tout le pays. Lorsque Marco Polo arriva en Chine, au XIIIe siècle, il découvrit de très nombreuses cités prospères, bien plus qu'il n'avait l'habitude d'en voir en Europe. Pour les historiens, la dynastie Song marque le tournant dans le développement d'une civilisation urbaine.

Le règne des Mongols
(dynastie Yuan, 1277-1368)

Au-delà de la Grande Muraille s'étend le désert de Gobi. Plus loin encore, c'est le domaine des steppes, à peine plus hospitalières, qui vont de la Mandchourie à la Hongrie. Elles étaient alors habitées par des tribus nomades turques et mongoles qui menaient une vie rude de bergers et d'éleveurs de chevaux. En dépit de leur ignorance et de leur pauvreté, les Mongols entrèrent à plusieurs reprises en guerre contre les Chinois, d'où ils sortirent toujours vaincus.

Le grand Khan, Qubilaï, qui dirigea
le vaste empire mongol
et fonda la dynastie chinoise des Yuan.

Marco Polo s'est-il vraiment rendu en Chine ?

On attribue généralement la découverte de la Chine à Marco Polo. Dans l'imagination occidentale, le marchand italien occupe une place à part. Des spaghetti qu'il aurait importés en Italie (ou des nouilles qu'il aurait introduites en Chine), à l'invention de la crème glacée, cet innovateur en matière de récits de voyage – il transcrivit avec soin toutes les merveilles les plus étranges de l'Extrême Orient –, inspira les voyageurs pendant des siècles. Christophe Colomb lui-même avait emporté avec lui une copie de la *Description du Monde*, ouvrage dans lequel Marco Polo décrit ses pérégrinations.

Dans ces conditions, rares sont ceux qui ont pris la peine de se poser la question suivante : Marco Polo est-il vraiment allé en Chine ? Cette interrogation constitue en tout cas le titre d'un ouvrage récent de Frances Wood. Bien que reconnaissant avoir largement fait fond sur les œuvres et descriptions de Marco Polo dans ses travaux universitaires, elle met désormais en avant des recherches entreprises par des spécialistes allemands de la culture mongole, qui méritent qu'on s'y arrête.

Selon eux, l'authenticité des voyages et des observations de Marco Polo est discutable. Son ouvrage fut rédigé en 1298 par un "nègre", écrivain connu à l'époque, avec qui il fut emprisonné à Gênes. On n'a pas retrouvé l'original et les cent cinquante premières versions furent l'œuvre de copistes qui souvent "enjolivèrent" le récit. On relève d'ailleurs de nombreuses contradictions entre tous ces ouvrages. D'autre part, aucune mention de Marco Polo n'est faite dans les archives chinoises de l'époque, un fait pour le moins curieux quand on sait que le navigateur affirme avoir gouverné Yangzhou, mis un terme à un siège important et avoir entretenu pendant dix-sept années des relations proches avec Qubilaï Khan, son émissaire spécial en Chine.

Mais ce sont moins les hauts faits tarabiscotés dont il fait état que ses omissions qui font planer un doute sur la véracité de ses affirmations. Marco Polo n'a pas remarqué au cours de son séjour de dix-sept ans en Chine les pieds bandés des femmes, la passion des Chinois pour le thé, leur système d'écriture unique au monde et, surtout, la présence de la Grande Muraille. "Il faut être aveugle pour ne pas voir la Grande Muraille", fait judicieusement remarquer Frances Wood.

Elle avance prudemment l'hypothèse que "Marco Polo n'a sans doute pas dépassé les comptoirs de sa famille, sur la mer Noire et à Constantinople". Toutefois, elle reconnaît que sur nombre de points sa description de la Chine correspond à celle de ses contemporains, notamment perses ou arabes.

Son livre n'en offre pas moins un condensé fascinant des connaissances dont on disposait sur la Chine au Moyen Age. Pendant des siècles, il fut l'un des rares ouvrages de référence disponibles pour les voyageurs qui se rendaient en Chine, même s'il n'était qu'une compilation de sources disparates et peu fiables.

En outre, nous, à Lonely Planet, nous n'éprouvons qu'un respect tout relatif envers Marco Polo, qu'il se soit ou non rendu en Chine. Nous sommes en effet confrontés au problème suivant : vu les multiples changements en matière de prix ou d'infrastructures dans ce pays, notre guide est à peine en vente en librairie que les voyageurs se demandent déjà si nous sommes réellement allés sur place. Marco Polo, lui, a bénéficié d'un répit de 700 ans avant qu'on ne s'interroge sur son compte... ■

En 1206, après vingt années de guerres intestines, Gengis Khan (1206-1227) rassembla ces tribus nomades mongoles sous une nouvelle bannière nationale : les "Mongols bleus", sous la protection du "ciel divin". En 1211, il commença à s'intéresser à la Chine. Deux ans plus tard, il franchit la Grande Muraille et s'empara de Beijing (Pékin) en 1215. La résistance opiniâtre des dirigeants chinois, les conflits au sein même du camp mongol et les campagnes menées en Russie retardèrent pendant de nombreuses années la conquête de la Chine des Song. Ce n'est qu'en 1279 que le petit-fils de Gengis, Qubilaï Khan, fit passer la Chine du Sud sous sa domination et fonda la dynastie Yuan (1277-1368). La Chine gouvernée par Qubilaï était alors le plus vaste empire que le monde ait connu.

Les Mongols instaurèrent deux capitales : l'une d'été, à Shangdu, en Mongolie intérieure, l'autre d'hiver, à Dadu, aujourd'hui Beijing (Pékin). Ils apportèrent de nombreuses modifications à l'administration de la cour chinoise, la plus notable étant la militarisation des divisions administratives. La population fut répartie en quatre catégories. On trouvait d'abord les Mongols, puis leurs alliés d'Asie centrale, en troisième position les Chinois du Nord et, dans la dernière catégorie, les Chinois du Sud.

Les Mongols se révélèrent des administrateurs très durs mais, sur le plan économique, leur emprise fut moindre comparée à celle des précédentes dynasties chinoises. On améliora le système des canaux et des routes, ce qui favorisa les échanges. La révolution commerciale amorcée sous les Song se poursuivit au même rythme sous les Yuan. Le commerce inter-régional, voire international, fut florissant. Toutefois les impôts étaient lourds, excepté pour les personnes d'origine mongole qui en étaient exemptées.

Malgré les intrigues et l'hostilité quasi générale des Chinois à l'encontre des dirigeants mongols, la dynastie Yuan conserva presque jusqu'à la fin son pouvoir sur son vaste empire. Au milieu du XIVe siècle, toutefois, le pays était en proie à la rébellion. Un ensemble d'aspirations politiques et religieuses (inspirées du bouddhisme, du manichéisme, du taoïsme et du confucianisme) guidaient l'un des plus importants de ces groupes rebelles, les Turbans rouges. En 1367, un novice bouddhiste, orphelin, du nom de Zhu Yuanzhang, prit la tête des insurgés et, en 1368, fonda la dynastie Ming et restaura le pouvoir chinois.

La dynastie Ming
(1368-1644)

Avec l'établissement des Ming, Zhu Yuanzhang prit le nom de Hongwu. Il installa sa capitale à Nanjing (Nankin) mais, en 1402, Yongle (à proprement parler le

troisième empereur Ming, mais en réalité le second), entreprit la construction d'un nouveau siège pour le pouvoir central sur le site de l'ancienne capitale yuan. En 1420, Beijing fut désignée comme capitale principale et Nanjing fut reléguée au second rang (leurs noms signifiant respectivement "capitale du Nord" et "capitale du Sud").

Si Hongwu a laissé le souvenir d'un despote paranoïaque (il fit exécuter quelque 10 000 lettrés de son administration avec leurs familles, à la faveur de deux grandes "purges"), il se révéla aussi un dirigeant énergique qui sut donner à la Chine l'impulsion nécessaire à son redressement après son effondrement sous les Yuan. Yongle poursuivit son effort de consolidation. Il exerça son pouvoir de manière moins autocratique, sut mieux contrôler les fonctionnaires de la cour et mena des campagnes efficaces contre les Mongols afin d'assurer la protection de la Grande Muraille.

C'est également sous le règne de Yongle que la Chine devint, pour la première fois, une puissante nation maritime. Le général Zheng He, un eunuque d'origine musulmane, entreprit sept grandes expéditions en Asie du Sud-Est, en Perse, en Arabie et même en Afrique orientale.

Lors des dernières années du règne des Ming, la corruption officielle, le pouvoir excessif des eunuques, le conservatisme intellectuel et les guerres coûteuses pour défendre la Corée (et finalement la Chine) contre le Japonais Toyotomi Hideyoshi menèrent quasiment la nation à la ruine. Une famine dans la province de Shaanxi et le désintérêt du gouvernement mirent le feu aux poudres. Une importante rébellion paysanne précipita la fin des Ming.

La dynastie Qing
(1644-1911)

Au nord, les Mandchous voyaient leur pouvoir s'étendre et ils surveillaient avec beaucoup d'intérêt les désordres causés par la rébellion chez leur très puissant voisin. Profitant des troubles qui agitaient la Chine, ils lancèrent une expédition.

Eunuques

Sous les Ming, le nombre d'eunuques à la cour ne cessa de croître et leur influence également – ce qui joua un rôle capital dans le déclin de la dynastie. Depuis les Han, les eunuques servaient traditionnellement l'empereur et son harem. Hormis l'empereur, c'étaient bien entendu les seuls hommes adultes autorisés à pénétrer dans certaines parties du palais impérial.

Au début de l'époque Ming, on comptait environ 10 000 eunuques au service de l'empereur. Ils allaient devenir de plus en plus nombreux. Si les édits impériaux leur interdisaient de se mêler de politique, ils n'en avaient pas moins une influence occulte considérable. Certains d'entre eux (le plus infâme étant peut-être Wei Zhongxian qui imposa sa loi sur pratiquement toute la Chine dans les années 1620) acquirent des pouvoirs quasi dictatoriaux et se constituèrent des fortunes colossales, tandis que leurs empereurs batifolaient avec leurs concubines.

Les eunuques – qui avaient été castrés dès leur enfance dans l'espoir d'entrer un jour à la cour impériale – étaient probablement de 70 000 à 100 000 dans les dernières années de la dynastie Ming et contrôlaient pratiquement le pays. ■

Repoussés d'abord par la Grande Muraille, ils parvinrent finalement à la franchir grâce à la complicité d'un général Ming, qui voyait dans une alliance avec les Mandchous le seul espoir de vaincre la rébellion paysanne qui menaçait Pékin. Les Mandchous infligèrent rapidement une défaite aux rebelles paysans et, en juin 1644, firent route en direction de la capitale Ming dont ils s'emparèrent. Ils proclamèrent une nouvelle dynastie, celle des Qing (1644-1911), mais il ne leur fallut pas moins de quatre décennies pour éliminer les forces loyalistes Ming réfugiées dans le sud et pacifier l'ensemble du pays. Ce que l'on appelle aujourd'hui les "triades" chinoises (ces sociétés secrètes étaient souvent impliquées, semble-t-il, dans des affaires criminelles) sont les héritières des sociétés secrètes qui se constituèrent, à l'origine, pour résister aux Mandchous.

Même si les Mandchous concentrèrent tout le pouvoir entre leurs mains et maintinrent les Han sous leur joug, le règne des premiers empereurs Qing (de 1662 à 1796) fut une période de grande prospérité. Le trône fut occupé par trois des plus grands empereurs que la Chine ait connus : Kangxi, Yongcheng et Qianlong. Les Qing étendirent leur empire bien au-delà des

frontières qu'il connaissait sous la dynastie Han, jusqu'à englober la Mongolie et le Tibet. Les paysans bénéficièrent largement de la réduction des impôts ainsi que des projets de contrôle des inondations et du développement de l'irrigation.

L'exceptionnelle compétence des trois premiers empereurs eut toutefois pour inconvénient d'entraîner une concentration du pouvoir entre leurs mains, responsabilité qu'aucun de leurs successeurs n'était de taille à assumer. A l'image des Mongols, les dirigeants mandchous succombèrent bientôt à l'influence des Chinois. Ils se rapprochèrent d'eux sur le plan culturel et calquèrent leur gouvernement sur celui de la dynastie Ming. C'est ainsi que l'on retrouva chez les Qing l'isolationnisme et le conservatisme intellectuel des Ming. La Chine continua d'être une nation repliée sur elle-même, indifférente aux révolutions technologiques et scientifiques qui s'opéraient en Europe. L'arrivée des Européens en Chine précipita la chute des Qing et contribua à façonner la Chine d'aujourd'hui.

L'intrusion occidentale

Les premiers navires européens à aborder en Chine furent des galions portugais en 1516. En 1557, ils établirent un comptoir commercial à Macao, mais ce n'est qu'en 1760 que les autres puissances européennes (Anglais, Hollandais et Espagnols) eurent accès au marché chinois, *via* l'installation d'une base à Guangzhou (Canton). Une association, du nom de Cohong, détenait le monopole de toutes les opérations commerciales. Elle servait également d'intermédiaire dans les négociations entre la Chine et les étrangers afin de maintenir ces derniers à distance du centre politique, Pékin.

Le commerce fut prospère sous les auspices de Cohong, essentiellement au profit de la Chine. Les achats britanniques de thé, de soieries et de porcelaines dépassaient de beaucoup en valeur les achats de laine et d'épices effectués par les Chinois. En 1773, les Britanniques décidèrent d'équilibrer leur balance commerciale en vendant de l'opium. Malgré les édits impériaux contre l'importation et l'usage de drogues, le nombre d'opiomanes ne cessa de grimper, tout comme les ventes.

Après bien des hésitations du gouvernement impérial, en mars 1839, Lin Zexu, un fonctionnaire réputé pour sa grande intégrité, fut envoyé à Guangzhou pour mettre définitivement un terme à ce trafic illégal. Il agit rapidement et obtint la saisie de 20 000 caisses d'opium stockées à Guangzhou par les Britanniques. Les partisans de la guerre au sein du gouvernement britannique en firent un prétexte pour lancer une action militaire contre la Chine. En 1840, les forces navales britanniques se rassemblèrent à Macao et remontèrent la côte jusqu'à l'embouchure du Haihe (Beihe), non de loin de Pékin. La "guerre de l'opium" avait commencé.

Pour les Chinois, les conflits centrés sur le commerce de l'opium se soldèrent par un fiasco du début à la fin. Tandis que la cour impériale cherchait à se débarrasser des forces britanniques par un traité que les deux parties finiraient par ne pas reconnaître, les Anglais finirent par attaquer les positions chinoises à proximité de Guangzhou.

Il en résulta un traité qui concédait aux Britanniques la ville de Hong Kong, six millions de yuan d'indemnités et la totale reprise du commerce. Furieux, l'empereur Qing refusa de reconnaître cet accord et, en 1841, les troupes britanniques firent à nou-

---

Traités inégaux

Le premier des nombreux traités inégaux imposés à la Chine par les Européens, puis par les Japonais, fut le Traité de Nanjing (Nankin). Il mit un terme à la guerre de l'Opium mais représenta une terrible humiliation pour la cour Qing. En vertu de douze articles, il imposait l'ouverture des ports de Canton (Guangzhou), Xiamen, Fuzhou, Ningbo et Shanghai au commerce étranger ; l'installation de consulats britanniques dans chacun de ces ports ; la suppression du monopole du Cohong ; et ce qui était sans doute le plus humiliant, la cession "à perpétuité" de l'île de Hong Kong à la Grande-Bretagne.

Une fois ce précédent établi, les traités inégaux se succédèrent. Le traité de Tianjin fut institué car les Chinois, après avoir déchiré un drapeau britannique, refusèrent toute excuse. Ce traité se traduisit par l'occupation franco-britannique de Tianjin, l'ouverture de dix ports supplémentaires aux Occidentaux et le versement de nouvelles indemnités. Des complications ultérieures se soldèrent par l'incendie du Palais d'été de Pékin par les Britanniques et la cession de la péninsule de Kowloon. D'autres traités inégaux laissèrent aux Français les mains libres au Vietnam, alors État vassal de la Chine, et donnèrent aux Japonais Taiwan, les îles Pescadores et la péninsule de Liaodong. Ils aboutirent finalement à l'ouverture de 50 ports, de Simao à l'extrême sud, dans le Xishuangbanna, à Manzhouli, sur la frontière russe. En l'espace d'une cinquantaine d'années, cette succession de traités inégaux réduisit pratiquement la Chine à une colonie aux mains des puissances impérialistes de l'époque. ∎

veau voile le long de la côte pour s'emparer du Fujian et de l'est du Zhejiang. Ils s'y installèrent pour passer l'hiver et, au printemps de 1842, après avoir reçu des renforts de troupes, ils remontèrent le Yangzi. Lorsqu'ils virent les canons britanniques braqués contre Nanjing, les Qing renoncèrent à combattre et signèrent à contrecœur l'humiliant traité de Nankin.

Le déclin des Qing

Les Qing furent les derniers représentants d'un pouvoir dynastique qui s'exerça en Chine pendant de nombreux siècles. L'empire était administré par les lettrés confuciens et dirigé par l'impératrice douairière Wu Cixi (Tseuhi), une ancienne concubine, qui considérait toute tentative de réforme des institutions de l'empire comme une menace contre le fondement conservateur de son gouvernement. En bref, elle n'était guère préparée à s'adapter aux exigences des puissances occidentales qui refusaient pour leur part d'entretenir avec la Chine des relations de simples "vassaux". Durant son règne, les éléments réformateurs furent constamment étouffés. La misère paysanne et l'influence occidentale contribuèrent à renforcer l'agitation sociale qui donna lieu à quatre grandes rébellions. Quant aux puissances occidentales, elles se livrèrent à une course aux annexions territoriales et partagèrent la Chine en "sphères d'influence".

Les premières pertes furent les "possessions" coloniales de la Chine. Une guerre avec la France, de 1883 à 1885, s'acheva par l'abandon de la suzeraineté chinoise sur l'Indochine. Elle permit aux Français de maintenir leur contrôle sur le Vietnam et, finalement, de s'imposer au Laos et au Cambodge. Les Britanniques occupèrent le Myanmar (Birmanie). En 1895, le Japon expulsa les Chinois de Corée et les obligea à céder Taiwan. En 1898, les puissances occidentales s'apprêtaient à se partager la Chine. Ce démantèlement fut finalement remplacé, sur proposition américaine, par une politique de "porte ouverte" qui laissait le pays ouvert au commerce avec toute puissance étrangère.

Une telle humiliation nationale ne pouvait que susciter des mouvements de révolte visant à renverser les Qing. La première rébellion d'importance fut celle des Taiping, menée par Hong Xiuquan, originaire de Guangdong et ancien lettré convaincu, suite à diverses rencontres avec des missionnaires occidentaux, d'être le frère cadet de Jésus-Christ. L'armée rebelle était constituée de 600 000 hommes et 500 000 femmes. Les Taiping prêchaient le christianisme. Ils proscrivaient le jeu, l'opium, le tabac et l'alcool. Ils défendaient les réformes agricoles et avaient aboli la pratique des pieds bandés, l'esclavage et la prostitution. Ironie du sort, ils furent vaincus par une coalition des Qing et des forces occidentales, les Européens préférant traiter avec le gouvernement faible et corrompu des Qing, qu'avec une Chine unie, puissante, gouvernée par les Taiping.

La seconde rébellion importante fut celle des Boxeurs "unis par la vertu". Issus de sociétés secrètes qui s'entraînaient aux arts martiaux, ils firent leur apparition à Shandong en 1898. D'une xénophobie extrême, ils attendaient 1900 comme l'aube d'une ère nouvelle et se croyaient invulnérables aux balles étrangères. Mal organisés, les Boxeurs se déplaçaient en bandes pour attaquer les Chinois convertis au christianisme et les étrangers. En 1900, l'impératrice douairière tenta de profiter de cet "élan" xénophobe en déclarant la guerre aux puissances étrangères. La réaction ne se fit pas attendre. Une armée internationale composée de 20 000 soldats britanniques, américains, français, japonais et russes la mata. L'impératrice dut s'enfuir à Xi'an et les puissances étrangères imposèrent au gouvernement chinois le paiement d'une seconde indemnité considérable.

La chute des Qing

Avec la défaite des Boxeurs, l'impératrice elle-même prit conscience que la Chine était trop faible pour survivre sans réformes. Mais hormis la suppression des anciens concours d'administration fondés sur des doctrines confucianistes millénaires inadaptées, les autres réformes promues par la cour restèrent lettre morte.

Par ailleurs, les sociétés secrètes qui cherchaient à faire tomber la dynastie Qing étaient désormais légion, y compris celles fondées à l'étranger par des émigrés chinois opposants au régime. La situation des Qing empira encore, en 1908, avec la mort de l'impératrice douairière et l'accession au trône de l'empereur Puyi, âgé de deux ans. Alors en pleine dérive, la dynastie Qing s'effondra sous le coups de deux événements : le mouvement pour le rachat et la nationalisation des chemins de fer et l'insurrection de Wuhan, en 1911.

L'incident relatif aux chemins de fer eut pour origine le sentiment partagé par les Chinois selon lequel les lignes ferroviaires récemment achevées devaient être sous leur contrôle et non sous celui des étrangers responsables de leur construction et de leur financement. Les projets de construction de voies ferrées en direction des capitales provinciales, grâce à des subsides locaux, furent rapidement voués à l'échec et, en désespoir de cause, le gouvernement Qing adopta une politique de nationalisation et d'emprunts étrangers pour aboutir à ses fins. L'opposition entre ceux qui avaient investi des capitaux et les dirigeants de province dégénéra bientôt en violence et prit un caractère anti-Qing. L'agitation atteignit son paroxysme au Sichuan et il fallut faire venir des troupes de la garnison de Wuchang, à Wuhan, pour réprimer les troubles.

Au même moment, les révolutionnaires de Wuhan, en coordination avec la société de l'Alliance, fondée par Sun Yat-sen, et basée à Tokyo, préparaient un soulèvement de concert avec les troupes chinoises hostiles au régime. Les garnisons étant quasiment vides, les révolutionnaires purent rapidement prendre le contrôle de Wuhan et profiter du vaste mouvement d'insurrection pour la protection des chemins de fer, et ainsi s'imposer dans toute la Chine. Deux mois plus tard, les représentants de 17 provinces se rassemblèrent à Nanjing pour établir le gouvernement provisoire de

la République de Chine. C'en était fini du long cycle des dynasties.

Les débuts de la République

Le gouvernement républicain provisoire fut proclamé le 10 octobre 1911 (une date toujours célébrée à Taiwan sous le nom de "Double Dix"), par Sun Yat-sen et Li Yuanhong, un chef militaire de Wuchang. N'ayant pas le pouvoir de contraindre les Mandchous à abdiquer, les républicains n'eurent pas d'autre choix que d'appeler à l'aide Yuan Shikai, le chef de l'armée impériale que les Mandchous avaient précisément rappelé pour réprimer l'insurrection républicaine. Cette préférence coûta cher aux républicains. Yuan Shikai prit la tête du mouvement républicain et obligea Sun Yat-sen à démissionner.

Yuan Shikai fit rapidement dissoudre le gouvernement républicain et proclamer une nouvelle constitution qui l'instituait président à vie. Devant l'opposition des provinces, il rétablit tout naturellement la monarchie en 1915 et s'octroya le titre d'empereur de Chine. Le Yunnan fit séces-

Le révolutionnaire Sun Yat-sen fut un héros pour les communistes et leurs prédécesseurs du Guomindang.

sion, entraînant avec lui le Guangxi, le Guizhou et une grande partie du Sud. Des forces furent envoyées pour ramener les provinces rebelles dans la sphère de l'empire, et c'est dans ce climat troublé que Yuan Shikai mourut. Suivit la période des *Warlords*, seigneurs de la guerre, pendant laquelle aucun pouvoir ne fut assez fort pour maintenir le pays uni jusqu'à la création par les communistes de la République populaire de Chine en 1949.

La révolution intellectuelle

Les intellectuels chinois avaient compris l'inadaptation du vieil ordre confucianiste et recherché le moyen de faire entrer la Chine dans le XXe siècle, avant même les premiers contacts avec l'Occident.

Au début des années 1900, le sentiment d'avoir manqué des occasions avec l'effondrement du gouvernement républicain et l'amorce d'une nouvelle période de décadence sociale renforcèrent leurs inquiétudes. Les intellectuels et les étudiants éprouvaient aussi un fort sentiment national qui s'était lentement développé pendant les dernières années de la dynastie des Qing.

L'université de Pékin devint un foyer de dissidents, attirant des intellectuels de toute la Chine (même Mao était présent en tant qu'aide-bibliothécaire). Ils critiquaient impitoyablement la société chinoise traditionnelle. Certains s'intéressèrent à un darwinisme social, tandis que le *Manifeste du parti communiste* était traduit en chinois et devint le texte de base de nombreux groupes de discussion. D'autres privilégièrent l'anarchisme et tous suivaient avec le plus vif intérêt les événements qui se déroulaient en Russie, où les révolutionnaires avaient pris le pouvoir.

Le catalyseur de ce que l'on appela le Mouvement du 4 mai fut le traité de Versailles qui octroyait au Japon les anciens droits de l'Allemagne vaincue sur le Shandong. Il en résulta une immense vague de protestations et le 4 mai 1919 les étudiants descendirent dans la rue pour manifester contre cet outrage fait à leur nation et pour exiger la modernisation du pays. Des grèves massives soutinrent l'action des étudiants. L'agitation fut réprimée et nombre de meneurs emprisonnés mais le Mouvement du 4 mai marqua un tournant dans l'histoire de la Chine contemporaine.

On peut établir un parallèle entre les manifestations de la place Tian'anmen en 1989 et celles de 1919. En 1989, les étudiants portaient des pancartes sur lesquelles étaient inscrits "M. Science" et "M. Démocratie" qui reprenaient les slogans de 1919.

Le Guomindang et les communistes

A la suite de leurs premiers revers, Sun Yat-sen et le Guomindang (le KMT, ou parti nationaliste), qui était apparu comme la force politique dominante après la chute de la dynastie Qing, parvinrent à établir une base solide dans le sud de la Chine. Ils commencèrent aussi à former une armée révolutionnaire nationale (ARN) capable d'affronter les seigneurs de la guerre du Nord.

Entre temps, les entretiens entre le Komintern (IIIe Internationale) et les représentants marxistes chinois débouchèrent sur un Parti communiste chinois (PCC) lors d'une réunion à Shanghai en 1921.

Dès 1922, le Komintern poussa le PCC à s'allier au Guomindang, sans doute motivé par l'espoir de freiner l'expansionnisme japonais plus que par la perspective d'une révolution sur le modèle russe. Cette alliance fut de courte durée. Après la mort de Sun Yat-sen en 1925, une lutte de pouvoir au sein du Guomindang opposa les sympathisants communistes et les partisans de Tchang Kaï-chek, favorables à un État capitaliste.

Le coup de force de Shanghai

En 1926, lors de l'expédition vers le Nord destinée à arracher le pouvoir aux derniers seigneurs de la guerre, Tchang Kaï-chek tenta de mettre un terme à l'influence croissante des communistes. Avec Tchang Kaï-chek comme commandant en chef, les troupes nationalistes s'emparèrent des villes de Wuhan et de Nanchang, et se préparèrent à marcher sur Shanghai. A l'approche de l'armée nationale, les travailleurs de Shanghai furent appelés à se mettre en grève et à s'emparer des installations clés de la ville. Ayant obligé les communistes à se montrer au grand jour, Tchang Kaï-chek fit régner la terreur à leur encontre et à celle de leurs sympathisants.

Avec l'aide de chefs de gang de Shanghai et l'appui financier des banquiers et des étrangers de la ville, Tchang Kaï-chek arma des centaines de gangsters, les revêtit d'uniformes du Guomindang et lança une attaque surprise de nuit contre la milice des travailleurs. Environ 5 000 communistes furent tués. D'autres massacres de communistes et de factions anti-Tchang suivirent dans diverses villes. Zhou Enlai réussit de justesse à y échapper. Un autre chef du PCC, Li Dazhao, fut exécuté par strangulation lente.

Le régime du Guomindang
Au milieu de 1928, l'expédition vers le Nord avait atteint Pékin et un gouvernement national fut mis en place avec Tchang Kaï-chek comme chef militaire et politique. Néanmoins, le Guomindang ne contrôlait directement que la moitié du pays. Le reste était aux mains des seigneurs de guerre locaux. Les problèmes sociaux étaient légion en Chine : travail des enfants, prostitution, pauvreté et grèves durement réprimées. Face à un tel malaise social, Tchang Kaï-chek n'eut plus qu'une obsession : contrer l'influence des communistes.

La guerre civile
Après le massacre de 1927, les forces communistes furent divisées entre une police insurrectionnelle chargée des grands centres urbains et une autre installée dans les campagnes pour organiser des soulèvements paysans. Après de cuisantes défaites à Nanchang et Changsha, l'opinion commença à se ranger du côté de Mao Zedong qui, avec Zhu De, avait établi ses forces dans les monts de Jinggangshan, à la lisière entre le Jiangxi et le Hunan, et préparaient la révolte paysanne.

Les soulèvements menés par les communistes dans d'autres régions furent couronnés de succès. Vu leur faiblesse numérique et leur armement limité, ils adoptèrent la stratégie de la guérilla. Leur tactique se résumait en un slogan de quatre lignes :

L'ennemi avance, nous reculons
L'ennemi campe, nous le harcelons
L'ennemi s'épuise, nous l'attaquons
L'ennemi bat en retraite, nous le poursuivons

En 1930, les forces des communistes représentaient quelque 40 000 hommes. Cette armée constituait une telle menace pour le Guomindang que Tchang Kaï-chek dut lancer contre eux de nombreuses campagnes d'extermination, sans succès.

La Longue Marche
Lorsque Tchang Kaï-chek lança sa cinquième offensive en octobre 1933, les communistes changèrent brusquement de stratégie. L'autorité de Mao et de Zhu était sapée par d'autres membres du Parti, partisans d'affronter les troupes de Tchang en rangs serrés. Cette stratégie se révéla désastreuse. Dès octobre 1934, les communistes, qui avaient subi de lourdes pertes, se retrouvèrent encerclés dans une petite région du Jiangxi.

Sur le point d'être vaincus, les communistes décidèrent de quitter le Jiangxi et de marcher au nord, en direction du Shaanxi. Dans les montagnes du nord de la Chine, ils contrôlaient une région qui s'étendait entre le Shaanxi, le Gansu et le Ningxia. Elle était tenue par des troupes commandées par un ancien officier du Guomindang qui s'était rangé aux côtés des communistes après le massacre de 1927.

Il n'y eut pas une "Longue Marche" mais plusieurs dans la mesure où plusieurs troupes communistes faisaient route vers le sud, jusqu'au Shaanxi. La plus célèbre fut celle qui partit de la province du Jiangxi, en octobre 1934, dura une année complète et couvrit plus de 8 000 kilomètres à travers la région la plus inhospitalière au monde. En chemin, les communistes confisquèrent les biens des fonctionnaires, des proprié-

Mao Zedong, le leader incontestable
du Parti communiste chinois.
Il fut un stratège militaire de premier ordre,
mais sa politique économique radicale,
après la Seconde Guerre mondiale,
aboutit finalement au chaos
de la Révolution culturelle.

taires terriens et des prêteurs sur gages, redistribuèrent les terres aux paysans, armèrent des milliers d'entre eux avec du matériel pris aux forces du Guomindang et laissèrent derrière eux des soldats chargés d'organiser des groupes de guérilla pour harceler l'ennemi. Sur les quelque 90 000 hommes partis du Jiangxi, à peine 20 000 réussirent à gagner le Shaanxi.

La Longue Marche rassembla de nombreux combattants qui, après 1949, occupèrent des postes de dirigeants, dont Mao Zedong, Zhou Enlai, Zhu De, Lin Biao, Deng Xiaoping et Liu Shaoqi. Elle consacra Mao en tant que chef suprême du mouvement communiste chinois.

L'invasion japonaise

En septembre 1931, les Japonais profitèrent du désordre qui régnait en Chine pour envahir la Mandchourie. Ils y instaurèrent un État fantoche symboliquement présidé par le dernier empereur chinois, Puyi. Toujours obsédé par la menace communiste, Tchang Kaï-chek poursuivait ses campagnes de lutte contre les communistes, appliquant le slogan "D'abord la pacification, ensuite la résistance".

Les plans des communistes étaient d'une autre nature. A la fin de 1936, à Xi'an, ils convainquirent les généraux de Tchang de le faire prisonnier et de former une union sacrée contre le Japon, après diverses négociations avec Zhou Enlai. Cette alliance n'arrêta pas les Japonais qui, en 1937, déclenchèrent une gigantesque invasion. En 1939, ils occupaient l'est de la Chine, obligeant le Guomindang à se replier à l'ouest, vers Chongqing.

En 1941, l'attaque des Japonais contre Pearl Harbour décida l'Amérique à entrer en guerre. Espérant que les troupes chinoises mettraient un frein à l'avancée nipponne, les Américains se rendirent compte que Tchang Kaï-chek cherchait à éviter le conflit pour épargner ses troupes et reprendre ses attaques contre les communistes une fois que les États-Unis auraient défait le Japon.

La défaite du Guomindang

En 1941, l'alliance entre le Guomindang et les communistes fut rompue et, à la fin de la Seconde Guerre mondiale, la Chine était le théâtre d'une guerre civile. L'armée communiste, qui comptait 900 000 hommes, était soutenue par des milices et plusieurs millions de partisans. Avec la capitulation du Japon, en 1945, une terrible lutte de pouvoir s'engagea entre le Guomindang et les forces communistes rassemblées en Mandchourie.

En 1948, les forces communistes étaient aussi puissantes que celles du Guomindang. Les trois grandes batailles de 1948 et 1949 précipitèrent la défaite du Guomindang et des centaines de milliers de soldats de l'armée nationaliste se rallièrent aux communistes. Ces derniers firent mouvement vers le sud et traversèrent le Yangzi. En octobre, ils s'étaient rendus maîtres de toutes les grandes villes de Chine méridionale.

A Pékin, le 1er octobre 1949, Mao Zedong proclama la naissance de la République populaire de Chine (*Zhonghua Renmin*

Gongheguo, en chinois). Tchang Kaï-chek se réfugia sur l'île de Formose (aujourd'hui Taiwan), emportant avec lui toutes les réserves d'or du pays et ce qu'il subsistait de ses forces aériennes et navales. Quelque deux millions de réfugiés et de soldats du continent affluèrent sur l'île. Le président Truman ordonna alors l'instauration d'un blocus naval autour de l'île pour protéger ses habitants contre toute attaque du continent.

Les débuts de la République populaire de Chine

Tchang Kaï-chek s'était enfui avec les réserves d'or et l'économie était en plein chaos. Les infrastructures étaient détruites et les productions industrielles et agricoles avaient considérablement chuté.

Avec la prise du pouvoir par les communistes, la Chine prit un nouveau visage. Unis par la victoire, rendus plus solidaires encore par la guerre de Corée et la nécessité de défendre le nouveau régime contre une possible invasion américaine, les communistes firent des années 50 une période dynamique.

En 1953, l'inflation était enrayée, la production industrielle avait retrouvé son niveau d'avant-guerre, et les terres confisquées aux propriétaires fonciers avaient été redistribuées aux paysans. S'inspirant des premiers modèles soviétiques, les Chinois se lancèrent dans un plan quinquennal gigantesque qui réussit à redresser l'économie.

Simultanément, le Parti renforça son contrôle en répartissant la population en unités de travail (*dānwèi*) et en divisant le pays en 21 provinces, 5 régions autonomes, 2 municipalités (Pékin et Shanghai) et quelque 2 200 districts exerçant leur juridiction sur environ un million de sous-branches du Parti.

Les Cent Fleurs (1956-1957)

De gigantesques problèmes subsistaient dans le domaine social, en particulier dans les relations avec les intellectuels. Bon nombre d'entre eux, favorables au Guomindang, étaient restés sur le continent plu-

tôt que de fuir à Taiwan. Par ailleurs, de nombreux Chinois d'outre-mer, souvent hautement qualifiés, étaient revenus dans leur pays après la Libération pour participer à l'énorme tâche de reconstruction. Ces émigrés et ceux qui avaient des antécédents suspects devaient suivre des cours intensifs de "rééducation" dans des universités spécialisées et étaient contraints d'écrire leur autocritique avant d'obtenir leur diplôme. Pour beaucoup, ce fut une expérience traumatisante.

Les écrivains, artistes et cinéastes faisaient l'objet de contrôles idéologiques stricts inspirés des écrits de Mao sur l'art durant la période Yan'an. Une crise éclata lorsque l'écrivain Hu Feng, profitant d'un assouplissement de ces mêmes contrôles au début du premier plan quinquennal, stigmatisa les paradigmes marxistes pour apprécier un travail créatif. On l'accusa d'être à la solde du Guomindang. Une chasse aux sorcières dans les milieux artistiques s'ensuivit, visant à dénoncer le "Hu Fengisme".

Dans les plus hautes instances du Parti, les opinions étaient divisées. Mao, Zhou Enlai et d'autres membres influents estimaient que le travail du Parti avait été suffisamment positif pour supporter sans dommage quelques critiques et, lors d'une séance à huis clos, Mao lança l'idée de "laisser cent fleurs s'épanouir" dans les arts et "cent écoles de pensée rivaliser" dans les sciences.

Les idées de Mao furent officiellement approuvées un an plus tard, en avril 1957. Les intellectuels réagirent avec enthousiasme. Leurs critiques touchaient tous les domaines, de la corruption au sein du Parti au contrôle de l'expression artistique, de l'absence de la littérature étrangère à la faiblesse du niveau de vie. Elles portaient également sur le monopole du pouvoir détenu par le PCC et les abus qui en résultaient. Le Parti modifia rapidement son attitude : en l'espace de six mois, quelque 300 000 intellectuels furent accusés de "droitisme", destitués de leurs fonctions et, dans bien des cas, incarcérés ou envoyés dans des camps de travail.

Le Grand Bond en avant (1958-1959)

Le 1er plan quinquennal avait donné des résultats satisfaisants sur le plan industriel mais la croissance de la production agricole, avec 3,8% seulement, s'était révélée très décevante. Une fois de plus, les dirigeants du Parti étaient divisés sur les mesures à prendre. Certains, comme Zhou Enlai, étaient favorables à un système de prime à l'agriculture. D'autres, comme Mao, estimaient qu'une mobilisation massive et des appels à l'enthousiasme populaire suffiraient pour que l'économie chinoise rejoigne, en une nuit, le niveau de celle des pays industrialisés.

Finalement, Mao l'emporta et les Chinois se lancèrent dans un programme radical de mise en place de communautés agricoles. On invita la population à participer à de gigantesques projets d'irrigation et de contrôle de l'eau. Pour Mao, le zèle révolutionnaire et l'effort coopératif des masses devaient pouvoir surmonter tous les obstacles et transformer la Chine en un paradis productif. Mao encouragea l'essor des petites industries à l'échelle des communes, dont les bénéfices serviraient au développement de l'agriculture, plutôt que l'industrie lourde.

Une mauvaise gestion et un manque de motivation contribuèrent à l'effondrement de la production agricole et à la désorganisation du secteur industriel. Qui plus est, les inondations et la sécheresse en 1959 et en 1960 ainsi que l'arrêt brutal de toute aide soviétique en 1960 aggravèrent la situation.

La rupture sino-soviétique

Mao joua un rôle non négligeable dans l'échec du Grand Bond en avant et dans la rupture avec l'Union soviétique. Mao voyait d'un mauvais œil la coexistence pacifique entre l'Union soviétique et les États-Unis, le discours de Khrouchtchev sur la déstalinisation et le révisionnisme croissant des dirigeants soviétiques.

Ces dissensions connurent leur acmé lorsque Krouchtchev dénonça sa promesse de fournir à la Chine un prototype de bombe atomique et prit parti pour l'Inde lors d'un incident frontalier sino-indien.

Mao et la bombe

Mao fut profondément choqué par la politique de Khrouchtchev en faveur de la coexistence pacifique avec l'Occident capitaliste. Il considérait comme inévitable l'affrontement avec les forces impérialistes tandis que Khrouchtchev, s'appuyant sur Lénine, insistait sur l'instauration d'États socialistes et l'existence de mouvements syndicalistes de masse à l'Ouest pour justifier sa ligne de conduite plus conciliante.

En outre, la presse soviétique s'appesantissait de plus en plus sur les horreurs de la guerre nucléaire, alors que les Chinois restaient remarquablement optimistes sur ses conséquences. S'appuyant sur des déclarations étonnamment naïves de Mao en personne, la presse chinoise n'hésitait pas à écrire que si une déflagration nucléaire pouvait tuer peut-être la moitié de l'humanité, il n'empêchait que l'impérialisme serait ainsi annihilé et que les peuples socialistes subsistants édifieraient une civilisation "plusieurs milliers de fois supérieure au système capitaliste" et créeraient "pour eux un avenir vraiment beau".

Quand, en 1960, les Soviétiques rappelèrent leurs experts de Chine, ils rapatrièrent avec eux les scientifiques qui travaillaient en collaboration avec les Chinois à la réalisation de la bombe chinoise. Avant leur départ, les savants soviétiques déchirèrent tous les documents ayant trait à la bombe. Mais ils n'avaient pas compté sur l'ingéniosité des Chinois qui, avec beaucoup d'habileté, rassemblèrent les morceaux, reconstituèrent les documents et découvrirent ainsi des informations essentielles. Ainsi, dès 1964, ils avaient réussi à construire et tester leur propre bombe. Fort heureusement, Mao n'a jamais eu l'occasion de mettre en pratique ses théories post-apocalyptiques. ∎

En 1960, les Soviétiques rapatrièrent leurs 1 390 experts qui travaillaient en Chine, tirant ainsi un trait sur les quelque 600 projets communs, notamment celui de la bombe atomique.

La Révolution culturelle (1966-1969)

Même si les grands responsables furent officiellement la Bande des Quatre, des intellectuels s'accordent aujourd'hui à reconnaître que le véritable instigateur de la Révolution culturelle fut Mao. La Révolution culturelle était un autre Grand Bond en avant. Une fois de plus, il s'agissait de mettre en place de nouvelles structures socialistes *via* un processus révolutionnaire.

Les conceptions extrêmes de Mao, ses récentes décisions politiques désastreuses et son opposition à la bureaucratisation du PCC l'isolèrent de plus en plus. En réaction, il commença à imposer un culte de la personnalité, avec l'aide de Lin Biao, le ministre de la Défense et le chef de l'Armée de libération du peuple (ALP).

Au début des années 60, Lin fit rassembler les pensées de Mao dans un recueil connu sous le nom de *Petit Livre rouge*, *Les Citations du Président Mao* de son vrai titre. L'ouvrage devint d'abord un sujet d'étude pour toutes les troupes de l'ALP, puis fut étendu à tout le système éducatif.

Mao se lança, avec l'appui de son épouse, Jiang Qing (une ancienne actrice de théâtre et de films de série B à Shanghai), dans une vaste purge des milieux artistiques.

Le point de départ fut une pièce de Wu Han, *La destitution de Hai Rui*. L'auteur y faisait le portrait d'un haut fonctionnaire de l'époque des Song qui défiait les autorités pour défendre les droits du peuple, et l'on y vit une allusion directe au limogeage par Mao de Peng Dehuai, le chef des armées qui avait oser protester publiquement contre le Grand Bond en avant. L'œuvre fut attaquée sur le strict plan de l'idéologie marxiste et la controverse fit rage au sein du Parti.

Il en résulta une destitution des adversaires de Mao. Parallèlement, les murs de l'université de Pékin furent couverts d'affiches qui en critiquaient l'administration. Mao approuva. Peu après, les étudiants reçurent des brassards rouges et descendirent dans la rue. Les Gardes rouges (*hongweibing*) étaient nés. Dès août 1966, Mao passait en revue les milliers de Gardes rouges qui défilaient en chantant et en brandissant le *Petit Livre rouge*.

Les Gardes rouges en vinrent à des extrémités. On ferma les universités et les écoles secondaires. Intellectuels, écrivains et artistes furent renvoyés, tués, persécutés ou contraints au travail forcé dans les campagnes. La publication des périodiques littéraires et culturels fut interrompue, les temples pillés, les communautés monastiques dispersées et de nombreux vestiges du passé "féodal", "exploiteur" ou "capitaliste" (dont des temples, des monuments et des œuvres d'art), furent détruits.

A la fin de janvier 1967, l'ALP avait reçu l'ordre de disperser toutes les "organisations contre-révolutionnaires", autrement dit les groupes dont les intérêts étaient contraires aux siens. Les affrontements qui s'ensuivirent se soldèrent par des milliers de victimes, notamment dans le Sichuan et à Wuhan, où l'ALP s'attaqua à une coalition de 400 000 Gardes rouges et comités ouvriers. Les combats se poursuivirent tout au long de septembre 1967. Mao et Jiang Qing finirent par admettre qu'il fallait y mettre un terme. Les "tendances ultra-gauchistes" furent condamnées et l'ALP fut consacrée seul représentant de la "dictature du prolétariat".

La Révolution culturelle prit un tour nouveau lorsque le pouvoir échappa aux Gardes rouges et que l'armée mit en place un régime de terreur. Une campagne de purification fut organisée sous l'égide de groupes de propagande de la pensée de Mao. Tous ceux qui avaient un passé jugé "suspect" subirent une "rééducation" dans des écoles ou aux champs. Ils étaient contraints de se livrer à l'étude intensive, l'autocritique et aux travaux manuels.

Importance et répercussions. La Révolution culturelle fut un immense désastre pour les Chinois. Seule l'armée en tira quelque bénéfice en s'introduisant au sein de la plupart des organismes gouvernementaux.

L'un des grands perdants de la Révolution culturelle fut son chantre, Lin Biao. Inquiet du renforcement du pouvoir de l'armée, Mao exigea des officiers supérieurs qu'ils fassent leur autocritique. On suppose que Lin Biao, désespéré, chercha des appuis pour tenter d'assassiner Mao et, n'y parvenant pas, s'enfuit avec sa famille en Union soviétique dans un Trident. Il mourut le 13 septembre 1971 dans un accident d'avion en Mongolie.

La brusque éviction de Lin Biao, apprécié par la population et venant tout juste d'être désigné successeur de Mao, fut la goutte d'eau qui fit déborder le vase.

L'après-Révolution

Les années immédiatement postérieures à la Révolution furent caractérisées par un relatif retour à la stabilité politique. Zhou Enlai s'attacha à rétablir les relations commerciales et diplomatiques de la Chine avec le monde extérieur. En 1972, Nixon se rendit à Pékin et les relations entre les États-Unis et la Chine se normalisèrent. En 1973, Deng Xiaoping, que l'on avait accusé pendant la Révolution culturelle d'être le "l'instrument n°2 du capitalisme", revint au pouvoir.

Toutefois, des factions continuaient de diviser le pouvoir politique de Pékin. D'un côté, on trouvait Zhou, Deng et une faction de "modérés" ou "pragmatiques", de l'autre des "radicaux", des "gauchistes" ou des "maoïstes" menés par Jiang Qing. Lorsque la santé de Zhou se dégrada, ses adversaires refirent surface. A sa mort, en janvier 1976, Hua Guofeng, le protégé de Mao, fut choisi pour assurer les fonctions de Premier ministre et Deng disparut provisoirement de la scène politique.

L'incident de Tian'anmen (1976)

A la mort de Zhou Enlai, la colère de la population contre Jiang Qing culmina avec l'incident de Tian'anmen, en mars 1976. Il se produisit durant la fête de Qing Ming, au cours de laquelle les Chinois honorent traditionnellement leurs morts. Des milliers de personnes se rassemblèrent sur la place Tian'anmen pour déposer des gerbes, réciter des poèmes, prononcer des discours et brandir des affiches en hommage à Zhou. Le contenu des discours, des poèmes et des bannières accablait autant Jiang qu'il louait Zhou.

Le bureau politique se réunit précipitamment et, avec l'approbation de Mao, interdit tout rassemblement sur la place jugé contre-révolutionnaire. Le 5 avril, la foule s'opposa à la police. La place fut alors occupée par 30 000 miliciens pendant la nuit et plusieurs centaines de manifestants furent battus et arrêtés. Deng, tenu pour responsable, fut relevé de ses fonctions. Il s'enfuit à Guangzhou, avant de disparaître.

La mort de Mao et l'arrestation de la Bande des Quatre

Mao souffrait d'une pathologie neurologique incurable. Il mourut le 8 septembre 1976.

Son successeur, Hua Guofeng, avait commencé sa carrière comme chef de Parti dans le district natal de Mao et fut élevé par ce dernier au rang de Premier ministre et président du Parti. Au départ, Hua ne chercha pas à s'occuper du cas de Jiang Qing et de ses trois alliés, qualifiés de "Bande des Quatre". Lorsqu'ils manifestèrent leur opposition à Hua, ce dernier, de concert avec le politburo, les fit arrêter le 6 octobre. La nouvelle fut saluée dans toute la Chine.

Leur procès se déroula en 1980. Ils durent endosser l'entière responsabilité de la Révolution culturelle. Jiang Qing ne manifesta pas le moindre repentir, abreuva d'injures ses juges et s'en tint à la version célèbre selon laquelle elle "était le chien de Mao. Je mordais quiconque il m'ordonnait de mordre". Les Chinois comprirent la formule et on murmura en privé que le problème ne concernait pas une Bande des Quatre, mais une "bande des Cinq". Condamnée à mort, Jiang Qing vit sa peine commuée en assignation à résidence et vécut jusqu'en 1991.

CHRIS TAYLOR

CHRIS BEALL

CHRIS TAYLOR

CHRIS TAYLOR

SONIA BERTO

Chine aux multiples visages (de haut en bas, dans le sens des aiguilles d'une montre) : tibétain, ouïghour, han, tibétain, tibétain

RUSSIE

Karaganda

KAZAKHSTAN

DUNHUANG
Les grottes de
Magao, témoignage
de l'art
bouddhique

MONGOLIE

Almaty

Bishkek ✧

Ûrûmqi

XIAHE
Le monastère
de Labrang, le
"petit Tibet"

KIRGHIZISTAN

Kashgar

XINJIANG

Dunhuang   Jiayuguan

Zhangye

Golmud   Chaka   Xining   Tianzhu
                              Lanzhou

*Sous
administration
chinoise*

QINGHAI   Linxia

Huashixia   Xiahe

GANSU

TIBET

Xiwu

Songpan

SICHUAN

Delhi

LHASSA
Palais du Potala,
la culture tibétaine

Shigatse   Lhassa

Chengdu

Agra

Zhangmu   Tingri   Sakya
Katmandou ✧ ▲ Everest   Gyantse
              (8 848 m)

Emeishan
Leshan

Lucknow

NÉPAL   ✧ Thimphu
          BHOUTAN

EMEISHAN
Montagne sacrée
du bouddhisme,
randonnée pédestre

Varanasi

Patna

INDE

Dali

Jabalpur

BANGLADESH

LESHAN
Le plus grand
bouddha du
monde

Kunming

INDE

✧ Dhaka

YUNNAN

Calcutta

Gejiu

Ha Giang

DALI
Vieille ville
fortifiée au
bord d'un lac,
minorité Bai

VIETNAM

MYANMAR

GOLFE DU

BENGALE

XISHUANGBANNA
Minorité Dai,
climat subtropical

THAÏLANDE   LAOS

Yangon   Vientiane

forcement du pouvoir politique du Parti. Ce dernier contrôle toutes les facettes de la vie publique.

A l'autocratie communiste et à la corruption qu'elle suscite vient s'ajouter le spectre de l'inflation, de l'ordre de 20 à 30% au cours des cinq dernières années. Ces conditions sociales et économiques ont conduit aux tragiques événements de Pékin en 1989.

Le massacre de Pékin

Le catalyseur des manifestations de 1989 fut la mort de Hu Yaobang, un réformateur et un protégé de Deng contraint de démissionner par l'aile dure du Parti au début de 1987. Le 22 avril 1989, une semaine après la mort de Hu, les dirigeants de la Chine se rassemblèrent dans le palais de l'Assemblée du peuple pour lui rendre un hommage officiel. A l'extérieur, environ 150 000 étudiants et autres militants avaient organisé leur propre cérémonie qui dégénéra bientôt en une manifestation massive en faveur de la démocratie.

Pendant tout le mois d'avril, les étudiants affluèrent pour se regrouper sur la place Tian'anmen et, à la mi-mai, on comptait près d'un million de manifestants. Des ouvriers et même des policiers s'étaient joints à eux. Des manifestations furent organisées dans au moins une vingtaine d'autres villes. Quelque 3 000 étudiants entamèrent une grève de la faim sur la place au nom de la démocratie. Les employés de chemin de fer laissèrent les étudiants désireux de se rendre à Pékin circuler gratuitement dans les trains. Des élèves de l'Institut d'art de Pékin édifièrent une statue sur la place Tian'anmen, la "déesse de la Démocratie", ressemblant à la statue de la Liberté à New York. Les étudiants réclamaient la liberté de la presse, la fin de la corruption et du népotisme. D'immenses manifestations de soutien eurent lieu à Hong Kong, Macao et Taiwan. Avec l'arrivée de la presse étrangère, le "printemps de Pékin" devint l'événement médiatique de l'année 1989.

Pendant une partie du mois de mai, le CC ne parvint pas à étouffer les manifes-

tations, et la venue proche de Mikhaïl Gorbatchev, à l'occasion du premier sommet sino-soviétique depuis 1959, empêcha tout recours à la force. Néanmoins, la loi martiale fut instaurée le 20 mai, juste après le départ de Gorbatchev et, le 2 juin, quelque 350 000 soldats se déployèrent autour de Pékin. Aux premières heures du 4 juin, la 27e division de l'armée attaqua. Des chars et blindés foncèrent sur les barricades, écrasant quiconque se trouvait sur leur passage, tandis que les soldats mitraillaient de leurs armes automatiques les foules massées dans les rues.

Des témoins oculaires font état de centaines de tués rien que sur la place, sans compter des milliers de morts et de blessés dans les environs et les faubourgs. Les troupes refusèrent de laisser les médecins soigner leurs patients et l'on a évoqué l'existence de charniers.

On ne saura probablement jamais la vérité. En tout cas, le Parti a perdu le peu d'autorité morale qui lui restait et devra un jour rendre des comptes.

Hong Kong

En vertu d'un accord sino-britannique conclu en 1984, Hong Kong reviendra à la Chine en 1997. Le traité "inégal" de Nankin (1840), imposé par la Grande-Bretagne à la Chine lors de la guerre de l'Opium, avait cédé Hong Kong aux Britanniques "à perpétuité". En revanche, les Nouveaux Territoires attenant à Kowloon avaient été "loués" aux Anglais pour 99 ans, en 1898. Les Britanniques ont accepté de rétrocéder la colonie en bloc à la Chine à l'expiration du bail.

La passation des pouvoirs ne se fera probablement pas sans mal. Aux termes de l'accord de 1984, le passage de Hong Kong sous la domination chinoise doit se faire selon le principe "un pays, deux systèmes". L'application et l'administration de ce "système" sont détaillées dans la Loi fondamentale, qui promet à l'ancienne colonie un "haut degré d'autonomie". Les limites de cette "autonomie" font l'objet d'âpres discussions entre la Grande-Bretagne et la Chine.

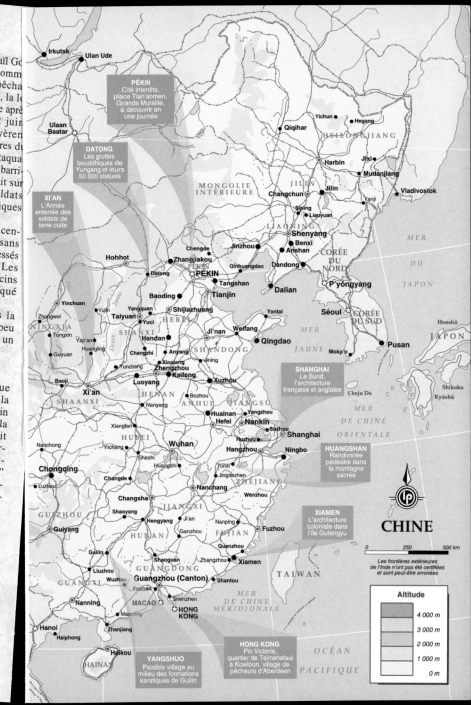

CHRIS BEALL

CHRIS TAYLOR

GLENN BEANLAND

En haut à gauche : moines sur le toit du temple de Jokhang, Lhassa (Tibet)
En haut à droite : moulins à prières, monastère de Tashilhunpo (Tibet)
En bas : conducteurs de cyclo-pousses attendant des clients (centre de Pékin)

Le troisième retour de Deng Xiaoping

Au milieu de 1977, Deng Xiaoping revint au pouvoir pour la troisième fois et fut nommé vice-Premier ministre, vice-président du Parti et chef d'état-major de l'armée. Il ne lui restait plus qu'à évincer Hua Guofeng. En septembre 1980, Hua abandonna son poste de Premier ministre à Zhao Ziyang, membre de longue date du PCC. Les réformes économiques qu'il avait mises en œuvre au Sichuan au milieu des années 70 lui avaient permis de redresser l'économie de la province et lui avaient valu l'estime de Deng. En juin 1981, Hu Yaobang, un protégé de Deng, remplaça Hua à la présidence du Parti.

En définitive, le pouvoir passa aux mains d'une direction collégiale de six membres du Comité permanent du PCC, parmi lesquels Deng, Hu et Zhao. Le pays souffrait de mille maux. Il était impérieux de moderniser les structures, d'insuffler un sang neuf parmi les dirigeants, de prévenir tout risque de retour en force des gauchistes et de légitimer un régime qui s'appuyait sur la force de l'armée et de la police.

La résolution de la crise "théologi

Deng pouvait juguler la menace des chistes en les maintenant sous les ve La difficulté majeure tenait en ces que faire de Mao ? Deng avait en l'intention de désacraliser l'image de en sachant que la méthode utilisé Khrouchtchev pour dénoncer Staline pas transposable en Chine car Mao trop de fidèles au sein du Parti et jou d'un trop grand respect au sein de la lation. Il fallait trouver un compromis

Il prit la forme d'une résolution ém du Comité central du Parti en 198 citait Mao comme un grand marxist fin stratège et un théoricien de la révo prolétarienne :

Il est vrai qu'il a commis de grosses erreurs
la Révolution culturelle mais, si l'on co
l'ensemble de ses actes, ses contributio
Révolution dépassent de beaucoup ses erre

Elle n'en accusait pas moins Ma revanche, d'avoir commandité la Ré tion culturelle, "responsable des graves échecs et des plus lourdes subis par le Parti, l'État et la popul depuis la fondation du PCC".

Les années 1980 : l'économie au premier plan

Sous Deng, la Chine connut une sé réformes visant la reconstruction é mique. Dans les campagnes, on appl "système de responsabilité" qui per aux familles et aux entreprises, u remplis leurs quotas, de vendre le plus au marché libre. Sur la côte, de économiques spéciales (ZES) furent à Zhuhai (près de Macao), à Shenzh de Hong Kong), à Shantou et à Xia face de Taiwan, de l'autre côté du Les résultats furent spectaculaires : des quinze dernières années, la atteint une croissance annuelle de

Les réformes économiques ne pagnèrent que de maigres cha politiques. En réalité, elles pe comprises comme un compro d'ouverture économique cont

Deng Xiaoping, évincé deux fois par le Parti, n'en devint pas moins le dirigeant de la Chine et fut à l'origine des réformes économiques amorcées dans les années 80 et 90.

Il est vraisemblable que ce "haut degré d'autonomie" se bornera à la seule liberté commerciale. Dans l'intervalle, la Chine s'est efforcée de faire taire les critiques adressées par Hong Kong à l'égard de Pékin. Ses bureaux de Hong Kong et Macao ont fait part de leur décision de limoger tous les organismes élus après le 1er juillet 1997. Le régime chinois s'est également opposé à la création de l'équivalent d'un Conseil constitutionnel, que réclament les hommes politiques de Hong Kong afin de garantir un système judiciaire indépendant.

Taiwan

La population de Taiwan suit d'un œil très attentif l'évolution de la situation à Hong Kong. Le régime nationaliste de Tchang Kaï-chek s'est enfui (ou s'est "replié", selon la conception politique que l'on a de l'événement) à Taiwan en 1949, après la prise du pouvoir par les communistes. Depuis, il a prospéré et s'est démocratisé au cours des dernières années. Il est probablement le plus démocratique des "quatre petits Tigres" (ou "Dragons" comme les Chinois les appellent). Cette réussite ne doit pas occulter les difficiles relations entre les communistes et le Guomindang.

Le problème est simple. Les nationalistes (Guomindang) ont occupé Taiwan sans jamais cesser d'affirmer leur droit de gouverner la Chine entière. Les communistes, de leur côté, maintiennent que Taiwan est une province dépendant du continent.

La plupart des Taiwanais doutent de la sincérité de la Chine et de son credo : "un pays, deux systèmes". Ils s'interrogent sur la possibilité de préserver leurs libertés alors que la Chine continentale oppose tant d'objections aux droits démocratiques élémentaires réclamés par Hong Kong.

La Chine, par ailleurs, continue de revendiquer ses droits sur Taiwan. Tandis que Taiwan s'efforce d'obtenir une reconnaissance internationale, malgré le veto chinois aux Nations unies, il semble qu'une invasion soit le seul moyen dont dispose le régime chinois pour "convaincre" les Taiwanais que la réunification est dans leur "intérêt".

L'Empire, si longtemps uni...

Au bout du compte, les années Deng Xiaoping ont été une période de stabilité politique et d'amélioration du niveau de vie, mais Deng est mourant.

Officiellement, il a pris sa retraite. C'est Jiang Zemin qui dirige le gouvernement et le Parti, en tant que président et secrétaire général du Parti communiste. Mais il se maintient au pouvoir grâce à un très fragile réseau d'alliances et de compromis tissé entre Deng et d'autres membres du Parti en difficulté dont le pouvoir s'exerce en dehors de toute fonction officielle. Le mandat de Jiang, après la mort de Deng, n'est en rien assuré, et on pourrait dire autant du Parti lui-même.

Face aux luttes de pouvoir qui déchirent le Parti et à une croissance économique inégalement répartie, les experts chinois et étrangers s'accordent à dire que la Chine est menacée d'éclatement. On cite fréquemment le premier paragraphe du *Roman des Trois Royaumes*, un roman classique qui décrit les luttes visant la réunification de l'empire pendant cette période : "L'Empire, longtemps uni, doit se diviser ; longtemps divisé, il soit s'unir. Il en a toujours été ainsi.", peut-on lire, en substance.

L'effondrement des empires est une tradition en Chine. Il est temps que le régime actuel opère un changement radical. Les difficultés qui ont abouti à la révolte et au massacre de 1989 n'ont toujours pas été résolues : l'inflation annuelle est estimée à 25% et la corruption est généralisée. Le gouvernement central se plaint pour sa part du pouvoir grandissant des régions – en particulier des villes côtières de Shanghai et de Guangzhou –, et a bien du mal à collecter les impôts. Le régime subit également le fardeau de quelque 10 000 entreprises d'État, dont au moins la moitié sont déficitaires. Elles emploient plus de 100 millions de personnes et toute tentative de restructuration se traduirait par des mouvements sociaux d'une ampleur considérable. Plus encore, la stagnation des revenus agricoles depuis plusieurs années est préoccupante et pourrait, à terme, entraîner de nouveaux troubles. Sans parler de la crise céréalière, due à la diminution de la surface agricole utile. La Chine est de plus en plus tributaire des importations de céréales.

Paradoxalement, la presse occidentale braque moins ses projecteurs sur la crise économique qui se dessine (et ses répercussions à l'échelle mondiale) que sur la militarisation croissante de la Chine. Les dépenses en matière de défense ont crû régulièrement ces dernières années ; en Occident, on avance couramment des chiffres qui se situent entre 10 et 50 milliards de $US par an. Les États-Unis et les pays voisins de la Chine surveillent cette situation de très près.

Les prochaines années sont décisives pour le pays. Il est vital que le retour de Hong Kong dans le giron chinois s'effectue sans heurts, tout comme la succession politique de Deng. Le régime n'a pas d'autre choix que de poursuivre la restructuration de l'économie s'il veut répondre aux aspirations de la population. Quant au gouvernement central, il devra vraisemblablement se résoudre à lâcher du lest dans le domaine des libertés individuelles et entreprendre des réformes démocratiques.

GÉOGRAPHIE

Le pays est bordé au nord par des déserts et à l'ouest par l'inhospitalier plateau tibétain. Les Han (ou Chinois proprement dit), qui les premiers établirent leur civilisation autour du Huang He (fleuve Jaune), se déplacèrent au sud et à l'est en direction de la mer. N'étant pas un peuple de marins, ils arrêtèrent leur expansion à la côte.

La Chine est le troisième plus grand État du monde, après la Russie et le Canada. Les Han n'occupent que la moitié du pays, le reste étant peuplé par des Mongols, des Tibétains, des Ouïghours et une multitude d'autres "minorités nationales" qui vivent en périphérie de la Chine des Han, dans les stratégiques régions frontalières. En raison de l'existence de nombreuses langues minoritaires, on trouve souvent deux orthographes pour un même lieu, l'une chinoise, l'autre de la minorité locale.

Par exemple : Kashgar et Kashi sont une seule et même oasis dans le Xinjiang.

A partir de Pékin (Beijing), la capitale, le gouvernement exerce son autorité sur vingt-deux provinces (vingt-trois si l'on compte Taiwan) et cinq "régions autonomes" : la Mongolie intérieure, le Ningxia, le Xinjiang, le Guangxi et le Tibet. Pékin, Tianjin et Shanghai, les trois municipalités spéciales, sont administrées directement par le gouvernement central. La Chine contrôle aussi cinq mille îles et îlots rocheux. La plus grande de ces îles est Hainan, au large de la côte sud-est.

La République populaire considère aussi Hong Kong comme partie intégrante du territoire chinois – qui, d'après l'accord sino-britannique de 1984, doit lui revenir en 1997 –, Taiwan et Macao. Elle se dispute avec le Vietnam la souveraineté sur les archipels Nansha (îles Spratly) et Xisha (îles Paracel) en mer de Chine méridionale. Les Vietnamiens revendiquent les deux et ont occupé plusieurs îles Spratly. En 1989, les Chinois leur ont repris de force certaines de ces îles. D'autres îles de l'archipel sont également revendiquées par les Philippines, Taiwan et la Malaisie.

Le relief de la Chine se caractérise aussi bien par des régions montagneuses que par des plaines mornes. Il ressemble grossièrement à un escalier descendant d'ouest en est. Au sommet de l'escalier se trouvent les plateaux du Tibet et du Qinghai, dont l'altitude moyenne se situe à 4 500 mètres au-dessus du niveau de la mer, d'où l'expression de "toit du monde" souvent employée pour désigner le Tibet. Sur le rebord sud du plateau se dresse la chaîne de l'Himalaya qui culmine en moyenne à 6 000 mètres et avec une quarantaine de sommets dépassant les 7 000 mètres. Le mont Everest, qui porte pour les Chinois le nom de Qomolangma Feng, se trouve à la frontière sino-népalaise.

La fonte des neiges des montagnes de Chine occidentale et des plateaux du Tibet-Qinghai alimente les sources de plusieurs grands fleuves du pays : le Chang Jiang (Yangzi Jiang, ancien fleuve Bleu ou Yang-

La Chine et les îles Spratly (Nansha)

La possession des Spratly, un archipel constitué de 53 petits récifs situés en mer de Chine méridionale, est revendiquée par la Malaisie, Brunei, les Philippines, le Vietnam et la Chine.

Raison de cette convoitise : la présence (non démontrée et controversée) de pétrole dans cette région.

La Chine, pays le plus éloigné, met en avant des liens historiques qui remontent à la dynastie Han. On trouve encore des ruines de temples chinois sur plusieurs de ces îles. Les Vietnamiens sont également en lice. En 1933, le gouvernement colonial français au Vietnam avait annexé les Spratly. Le Japon s'en est emparé en 1939 mais, après sa défaite, l'attribution de ces îles est restée en suspens. Et c'est seulement lorsque les Philippines les revendiquèrent en 1956 que le régime nationaliste de Taiwan réaffirma le droit historique des Chinois sur ces îles en occupant la plus grande, Taiping (qu'il occupe toujours). Le Vietnam suivit en hissant un drapeau sur l'île la plus occidentale. Les Chinois reprirent les hostilités en 1988 en coulant deux bateaux vietnamiens.

La course aux armements qui fait rage dans cette région et le problème de la Corée du Nord font de ces îlots une pièce maîtresse et potentiellement déstabilisatrice sur l'échiquier géostratégique asiatique. ■

Tsé-Kiang), le Huang He (fleuve Jaune), le Lancang Jiang (Mékong) et le Nu Jiang (Salouen). Ce dernier, qui prend sa source à l'est du Tibet, traverse la province du Yunnan pour rejoindre le Myanmar (Birmanie).

Au-delà du massif des Kunlun Shan et de celui des Qilian Shan – qui s'étendent sur le rebord nord des plateaux du Tibet-Qinghai – et au pied des chaînes désignées collectivement par le nom de Hengduan Shan – sur le rebord sud-est –, le terrain descend brusquement pour former un second palier entre 1 000 et 2 000 mètres au-dessus du niveau de la mer. Ce second palier est formé par les bassins du Tarim et de Dzoungarie (au nord), par le plateau de Mongolie intérieure (au nord-est), les "plateaux de lœss" (à l'est), le bassin du Sichuan (au sud-est), le plateau de Yunnan-Guizhou (dit de Yungi).

Le plateau de Mongolie intérieure offre un paysage couvert de vastes steppes. Plus au sud, les plateaux de lœss sont formés d'une très épaisse couche de limon jaune (50 à 80 mètres d'épaisseur et parfois jusqu'à 200 mètres).

Le plateau de Yunnan-Guizhou au sud présente un relief très découpé, en particulier à Guilin et Yangshuo (province du Guangxi).

Au nord, le bassin du Tarim, qui correspond à la région autonome du Xinjiang, est le plus vaste bassin intérieur du monde. On y trouve le désert du Taklamakan (le plus grand de Chine) et le plus grand lac salé mouvant de Chine, le Lob Nor ou Lop Nur (*Luóbù bó*), où ont lieu les essais nucléaires. Le bassin du Tarim est bordé au nord par le massif des Tian Shan. A l'est de cette chaîne s'étend la dépression de Turfan, l'endroit le plus chaud de Chine, connu sous le nom d'"Oasis de feu". Le bassin (ou dépression) de Dzoungarie s'étend à l'extrême nord de la province du Xinjiang, au-delà des Tian Shan.

Une fois franchies les montagnes de la bordure est de ce second palier, l'altitude tombe à moins de 1 000 mètres. Sur ce troisième palier se trouvent les plaines du Nord-Est, la plaine de Chine du Nord et celles du Chang Jiang (Yangzi Jiang). Ces plaines – le "Royaume du Milieu" des Han – constituent les régions agricoles les plus importantes du pays et les plus peuplées.

Il ne faut pas oublier que les deux tiers de la Chine sont constitués de terres incultivables. La surface agricole utile ne représente que 15 à 20% du territoire.

Les voies navigables ont joué très vite un rôle capital pour les communications et le commerce. La plupart des rivières de Chine coulent en direction de l'est. Long de 6 300 kilomètres, le Chang Jiang (Yangzi Jiang ou fleuve Bleu) est le plus grand fleuve de Chine, le troisième au monde après le Nil et l'Amazone. Il prend sa source dans les neiges du massif des Tanggula Shan, au sud-ouest du Qinghai, traverse le Tibet et plusieurs provinces chinoises avant de se jeter dans la mer de Chine orientale.

Le Huang He (fleuve Jaune), deuxième fleuve de Chine avec 5 460 kilomètres de long a vu naître la civilisation chinoise. Il prend sa source dans le massif des Bayan Har Shan au Qinghai, serpente à travers le nord de la Chine et se jette dans la mer à l'est de Pékin. La troisième plus grande voie navigable du pays fut pendant longtemps le Grand Canal, le plus long du monde, qui s'étend sur 1 800 kilomètres de Hangzhou au sud jusqu'à Pékin au nord, mais qui n'est plus navigable sur une grande partie de sa longueur.

CLIMAT

La Chine, compte tenu de sa superficie, offre une grande diversité de climats, du froid vif à la chaleur accablante. Il n'y a pas vraiment de période "idéale" pour visiter le pays. Les informations qui suivent ne sont qu'indicatives et ont pour but de vous éviter les périodes extrêmes. Les régions les plus chaudes en hiver se trouvent dans le sud et le sud-ouest, dans des endroits tels que le Xishuangbanna (Sipsong-panna, à l'extrême sud du Yunnan, près de la frontière avec le Laos et le Myanmar), le littoral sud et l'île de Hainan. En été, des lieux élevés tel le mont Emei (Emei Shan), offrent une fraîcheur appréciable.

Nord

Au nord, l'hiver dure de décembre à mars et il est incroyablement froid. A Pékin, la température ne dépasse pas 0°C (32°F), mais le temps reste généralement sec et ensoleillé. Au nord de la Grande Muraille, en Mongolie intérieure ou dans le Heilongjiang, il fait beaucoup plus froid : les températures descendent jusqu'à -40°C et on

peut voir de curieux paysages de dunes de sable couvertes de neige. L'été s'étend généralement de mai à août. A Pékin, le mercure peut atteindre 38°C (100°F) ou plus, et juillet et août sont des mois pluvieux. Au nord comme au sud, les pluies tombent surtout durant l'été.

Le printemps et l'automne sont les meilleures saisons pour visiter le Nord. Il y pleut moins et les températures diurnes oscillent entre 20°C et 25°C. Les nuits peuvent en revanche être très fraîches et il n'est pas rare qu'il gèle.

Centre

Dans la région de la vallée du Chang Jiang (Yangzi Jiang), dont Shanghai, les étés sont longs, chauds et humides. Wuhan, Chongqing et Nankin ont été surnommées "les trois fournaises" par les Chinois. Il faut vous attendre à des températures très élevées, à tout moment, entre avril et octobre. Les hivers sont courts et froids, presque aussi froids qu'à Pékin, avec des températures qui descendent bien au-dessous de 0°C.

Il peut aussi faire un temps humide et désagréable à toute période de l'année, sauf en été. Bien qu'il n'y ait pas de période

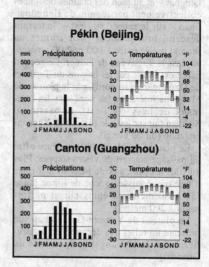

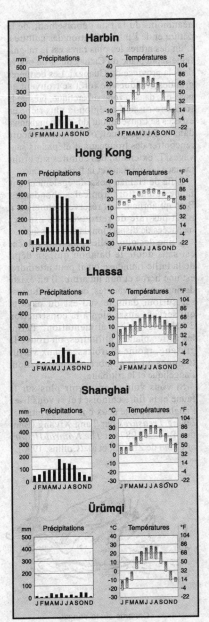

idéale pour visiter le centre de la Chine, les meilleurs moments sont sans doute le printemps et l'automne.

Sud

Dans l'extrême sud, autour de Canton, la saison chaude et humide s'étend environ d'avril à septembre. Il pleut alors souvent et la température peut atteindre 38°C comme dans le Nord. Il peut y avoir des typhons sur le littoral sud-est entre juillet et septembre.

L'hiver ne dure que de janvier à mars, et si les températures moyennes ne sont pas aussi basses que dans le Nord, il peut quand même faire très froid. Aussi faut-il emporter des vêtements chauds.

L'automne et le printemps peuvent être des périodes agréables pour visiter la région, la température journalière oscillant autour de 20° et 25°C. Mais méfiez-vous car il peut aussi faire terriblement humide et froid avec de la pluie ou du crachin en continu.

Nord-ouest

L'été est chaud, mais au moins sec. Les régions désertiques peuvent être torrides dans la journée. Tourfan (Xinjiang), qui se trouve dans une dépression à 150 mètres au-dessous du niveau de la mer, est "l'endroit le plus chaud de Chine" avec des températures qui atteignent 47°C.

En hiver, c'est une région terriblement froide, comme toute la Chine du Nord. A Ürümqi (Xinjiang), la température moyenne de janvier avoisine -10°C et peut descendre presque jusqu'à -30°C. A Tourfan, les températures sont légèrement plus clémentes.

Le Tibet

Au Tibet, on a facilement l'impression que les quatre saisons de l'année ont été réunies en une seule journée. Des températures inférieures à 0°C dans la soirée et au petit matin peuvent atteindre jusqu'à 38°C à midi, tandis qu'à l'ombre il fait toujours frais. En hiver, le froid est intense et les vents violents. En revanche, les chutes de neige sont beaucoup plus rares malgré l'appellation de "Pays des neiges" qui lui est souvent attribuée. C'est une région aride et le soleil ne tarde pas à faire fondre la neige. Par ailleurs, c'est au nord et à l'ouest que les chutes de pluie sont les plus rares. Les moussons du nord peuvent balayer les plaines pendant des jours, soulevant des tempêtes de poussière, de sable, de neige ou (plus rarement) de pluie.

FLORE ET FAUNE

Vu sa superficie et sa diversité climatique, la Chine peut se prévaloir d'une faune et une flore variée. Malheureusement, ce riche patrimoine naturel a beaucoup souffert de la présence humaine et nombre d'espèces sont aujourd'hui menacées, voire disparues.

Le gouvernement a pourtant et fort heureusement créé plus de trois cents réserves naturelles couvrant au total 1,8% du territoire. De nombreuses espèces ont été déclarées protégées, mais restent la proie des braconniers.

Le problème le plus important est celui de la destruction de leur habitat du fait du développement de l'agriculture, de l'urbanisation et de la pollution industrielle.

L'observation des oiseaux est particulièrement intéressante, surtout au printemps, dans la réserve naturelle de Zhalong (Heilongjiang), près du lac Qinghai (Qinghai) et près du lac Poyang (nord du Jiangxi), le plus grand lac d'eau douce de Chine.

Le problème de la survie du panda résume à lui seul l'épineuse question de la préservation des animaux sauvages en Chine. Il est en effet menacé à la fois par la chasse, l'urbanisation et les désastres naturels.

Certaines autres espèces magnifiques comme le léopard des neiges, le mouton argali et le yak habitent encore quelques régions peu peuplées du Sichuan, du Tibet et du Xianjiang.

L'extrême nord-est de la Chine abrite des mammifères intéressants, tels que rennes, élans, chevrotins, ours, zibelines, tigres, et nombre d'oiseaux, notamment des grues, des canards, des outardes, des cygnes et des hérons.

Les plantes ont un peu mieux résisté à la pression humaine. La flore s'amoindrit néanmoins du fait du déboisement, de la pâture et de l'intensification des cultures. L'un des arbres les plus rares est le magnifique sapin blanc du Cathay que l'on trouve dans la province du Guangxi. Les dernières grandes étendues de forêt se trouvent au nord-est, dans la zone subarctique, près de la frontière russe. La région la plus riche en espèces se trouve autour du Xishuangbanna, dans le Sud tropical, où l'on peut encore rencontrer des troupeaux d'éléphants sauvages. L'extension des cultures sur brûlis menace les animaux et la forêt tropicale.

L'île de Hainan possède également une faune et une flore tropicales abondantes. Bien qu'abritant sept réserves naturelles, il n'est pas rare de retrouver des espèces menacées de disparition dans son assiette.

L'une des plus belles plantes cultivées est sans doute le bambou qui, en dépit de la taille immense qu'il peut atteindre, est une herbe et non un arbre. Il en existe de nombreuses variétés, que l'on fait pousser surtout dans le sud-est du pays et qui servent aussi bien à la construction d'habitats qu'à l'alimentation. Parmi les autres plantes utilitaires, on trouve le ginseng, racine d'arbrisseau aux vertus toniques, et de nombreuses herbes, dont l'angélique et la fritillaire.

Si vous voulez en savoir plus sur la faune et la flore chinoises et si vous lisez l'anglais, il existe deux bons livres intitulés *Living Treasures* par Tang Xiyang (Bantam Books, 1987) et *The Natural History of China* de Zhao Ji, et al. (Collins, 1990).

Canards sur le Yangzi.

La Chine et l'environnement

Malgré le peu d'informations fiables dont on dispose, il ne fait aucun doute que l'environnement est soumis à rude épreuve en Chine. L'expansion économique s'y déroule au prix de nuisances considérables. Les mesures effectuées par l'Organisation mondiale de la santé (OMS) et l'Agence nationale pour la protection de l'environnement de la Chine font état de 526 microgrammes de particules en suspension par mètre cube d'air en Chine du Nord, alors que le plafond préconisé par l'OMS est de 60 à 90 microgrammes.

Principal responsable : le charbon, qui couvre environ 70% des besoins énergétiques du pays. Autre problème : l'anhydride sulfureux qui retombe sur la terre sous forme de pluies acides et a transformé le bassin du Guangdong-Guangxi-Guizhou-Sichuan en l'une des régions les plus touchées au monde.

On estime que près de 26% des décès sont imputables à des maladies respiratoires directement liées à la pollution atmosphérique. Quant aux déchets non traités (la Chine rejette chaque année par ses rivières 3 milliards de tonnes d'effluents dans l'océan), ils mettent en danger les zones littorales et entraînent une pénurie d'eau potable dans de nombreuses régions. Ainsi, plus de 700 millions de Chinois boiraient de l'eau polluée.

Il existe pourtant un arsenal législatif s'appliquant aux industries (le gouvernement a récemment édicté quelque 230 nouvelles normes ayant trait à l'environnement), mais l'application de ces lois pose problème. Il n'est pas rare de voir d'immenses panneaux d'affichage proclamant la nécessité de "préserver l'environnement pour les générations futures" implantés à côté d'immenses complexes industriels crachant des panaches de fumées gluantes et rejetant leurs déchets non traités dans la proche rivière. La Banque mondiale affirme que seulement 32% des 25 milliards de tonnes de déchets industriels annuels sont traités.

He Bochun, un intellectuel chinois, soutient dans son livre *China on the Edge : the Crisis of Ecology and Development* que la Chine est au bord de la catastrophe écologique. Pour sa part, le gouvernement estime que la Chine peut devenir riche et sale, puis consacrer ensuite une partie de ses recettes au nettoyage. C'est une tradition consacrée par l'usage.

Dans sa course effrénée à l'enrichissement, la Chine se distingue par l'ampleur des dégâts qu'elle inflige à l'environnement. ■

INSTITUTIONS POLITIQUES

On sait fort peu de choses du mode de fonctionnement interne de la politique chinoise. Il est toutefois établi que la totalité de cette structure monolithique, du bas de l'échelle au plus haut niveau, est sous la houlette du Parti communiste. Bien que l'on maintienne l'illusion d'une certaine démocratie par divers moyens, personne ne peut participer à la vie publique sans l'assentiment du parti. En théorie, gouvernement et parti sont deux instances distinctes mais, en pratique, le parti contrôle le gouvernement par l'intermédiaire de milliers de fonctionnaires et d'organismes qui mènent une action parallèle et supervisent le fonctionnement de toutes les institutions. En Chine, le pouvoir n'est nullement incarné par des chefs dûment nommés et des institutions, comme le montre parfaitement l'exemple de Deng Xiaoping lui-même, considéré comme l'homme le plus puissant de Chine, et qui, parallèlement, n'a jamais été doté de titres officiels.

La plus haute autorité est détenue par le Comité permanent du Bureau politique du Parti communiste chinois. Il compte 25 membres. Juste en-dessous dans la hiérachie suit le comité central, composé de 210 membres. Au bas de l'échelle, le Parti forme un système d'administration parallèle à celui de l'armée, des universités, des institutions politiques et des industries. Dans chacun de ces organismes, l'autorité réelle est entre les mains des représentants du Parti. Ils sont eux-mêmes responsables vis-à-vis de leurs supérieurs hiérarchiques au sein du Parti, ce qui assure un strict contrôle central.

La gestion des affaires courantes du pays relève du Conseil des affaires de l'État, placé directement sous le contrôle du Parti. Dirigé par le Premier ministre, le Conseil des affaires de l'État comprend 4 vice-Premiers ministres, 10 conseillers d'État et un secrétaire général ; 45 ministres et divers autres bureaux. Il applique les décisions prises par le Bureau politique, arrête les quotas, établit les planifications, fixe les priorités et organise les finances.

L'Assemblée populaire nationale (APN) joue le rôle de chambre d'enregistrement des décisions du Parti. Elle comprend une "alliance démocratique" de membres du Parti et de non-membres incluant des intellectuels, des techniciens et des industriels. En théorie, elle a le pouvoir d'amender la Constitution et de choisir le Premier ministre ainsi que les autres membres du Conseil des affaires de l'État. En pratique, tous ces dirigeants doivent être d'abord recommandés par le Comité central, ce qui ne lui laisse aucune liberté de choix.

Le système politique dispose aussi d'une énorme bureaucratie. Le terme de "cadre" s'applique habituellement aux bureaucrates, qui bénéficient de petits avantages. En Chine, la tradition bureaucratique est très ancienne. Les attaques de la Révolution culturelle n'ont guère réussi à l'ébranler.

La structure de base de l'organisation sociale, en dehors de la famille, est l'unité de travail (dānwèi). Qu'il travaille dans un hôpital, un bureau, une école, une usine ou un village, chaque Chinois fait théoriquement partie d'une unité de travail bien que, de nos jours, de plus en plus de Chinois passent à travers les mailles du filet en travaillant à leur compte ou dans les entreprises privées. Tous font l'objet d'un contrôle étroit de la part des dirigeants de l'unité. L'emprise de l'unité de travail s'étend à tous les aspects de la vie individuelle, sociale et familiale.

L'armée, forte de 2,9 millions de membres, est une composante imprévisible. La Chine est divisée en sept régions militaires, dotée chacune d'un commandement distinct avec, dans certains cas, de fortes affiliations régionales. Un effondrement du pouvoir central signifierait le retour à la période des seigneurs de guerre, comme au début du XXe siècle, ou un putsch soigneusement préparé par l'ALP. Quoi qu'il en soit, l'ALP est une force avec laquelle il faut compter.

Dissidence politique et répression

L'emprise du Parti communiste rend délicate et périlleuse toute tentative de dissidence. La plupart des dissidents chinois, (du moins les plus connus) n'ont pu se faire entendre que pendant de très courtes périodes, comme lors du Mouvement du mur de la Démocratie en 1979 ou lors du massacre de la place Tian'anmen en 1989.

Il n'existe pas dans l'histoire de la dissidence chinoise de mouvements organisés sur le modèle de Solidarité en Pologne ou de l'African National Congress en Afrique du Sud. Le Parti communiste chinois s'est fait un devoir d'étouffer dans l'œuf toutes les velléités de mouvements de protestation. Il n'existe pas non plus de personnalités qui, comme Aung San Suu Kyi au Myanmar, symbolisent les aspirations démocratiques de tout un peuple. En règle générale, les dissidents chinois, dont Wei Jingshen, arrêté à la suite du Mouvement du mur de la Démocratie, sortent épuisés de leurs années d'emprisonnement (après une courte période de liberté, Wei fut à nouveau arrêté, jugé et jeté en prison).

Les dissidents n'arrivent pas à trouver un terrain d'entente. Les leaders du mouvement protestation de Tian'anmen, dont la plupart durent s'enfuir à l'étranger, n'ont pas réussi à s'organiser à l'extérieur de la Chine, et certains ont même complètement abandonné la lutte politique. Chen Kaige, que l'on vit à la télévision s'en prendre à Li Peng, dirigerait, semble-t-il, un restaurant en Californie. D'autres personnalités réfugiées à l'étranger, telles Fang Lizhi et Liu Binyan, sont aujourd'hui considérées comme trop âgées ou trop détachées des événements actuels.

Au cours de ces dernières années, parallèlement à l'émergence de la libre entreprise et à l'apparition d'idées nouvelles que suscita la politique d'ouverture de Deng, une dissidence relativement organisée a vu le jour. Au printemps 1989 un groupe de 43 intellectuels signèrent trois pétitions pour exiger la libération de prisonniers politiques. A la mi-95, douze pétitions furent signées par d'éminents intellectuels pour demander une plus grande liberté d'expression et un réexamen des événements de la place Tian'anmen .

Vous pouvez vous référer au rapport d'Amnesty International sur la Chine ou à *Seeds of Fire – Chinese Voices of Conscience*, publié sous la direction de Geremie Barmé et John Minford.

ÉCONOMIE

Bien que les critiques ne manquent pas, Deng peut se targuer d'avoir revigoré une économie moribonde. La Chine arbore un visage nouveau grâce à une plus grande marge de manœuvre sur le plan économique. Les nouvelles infrastructures, autoroutes, voies ferrées, hôtels, complexes d'habitation, grands magasins et aéroports,

poussent comme des champignons. Les salaires et le niveau de vie grimpent et les Chinois cherchent à se lancer dans l'économie de marché. Une petite révolution est à l'œuvre.

Les années Deng se caractérisent par le passage d'une économie entièrement planifiée et centralisée à une économie de marché, la privatisation de l'agriculture et l'abandon du concept de "grands bonds" en avant ultra-rapides au profit d'une croissance équilibrée de l'agriculture et de l'industrie. Cette croissance est alimentée par le commerce extérieur, l'importation de méthodes scientifiques et de technologies et par des investissements étrangers. Deng a opté pour une approche pragmatique de ce que l'on a appelé les "Quatre Modernisations" : l'industrie, l'agriculture, la défense, les sciences et les techniques. L'objectif est de transformer la Chine en un État moderne d'ici à l'an 2000.

Cette transition ne va pas sans heurts. Le Parti lui-même traîne les pieds. Il semble en effet aujourd'hui effrayé par la mutation qu'il a lui-même engendrée. Il est face à un

Mode et marques

L'économie de marché socialiste n'est pas imperméable au prestige lié aux marques. En Chine, les nouveaux riches se rendent au travail en Volvo, portent des chemisettes Lacoste, boivent du cognac Rémy Martin dans des salles de karaoké de style japonais, et se rendent avec leurs enfants au McDonald's. Les marques ne sont pas toutes étrangères. La Chine a désormais les siennes.

Les hommes pourront notamment se procurer des dessous Pansy. Par grosse chaleur, vous pourrez utiliser les mouchoirs en papier Horse Head. Vous pourrez aussi vous réveiller à la sonnerie d'un réveil Golden Rooster, commencer votre petit déjeuner avec un jus d'orange Billion Strong Pulpy C ou une tasse de thé Imperial Concubine et une cigarette Puke. L'eau minérale Long Dong est rafraîchissante, riche en minéraux et nutriments, mais son nom relève sans doute de la publicité mensongère. Mieux vaut éviter les piles White Elephant, mais la variété de l'an 2000, Moon Rabbit, jouit d'une bonne réputation.

Les bonbons White Rabbit connaissent un énorme succès en Chine. Concernant le papier toilette Flying Baby ("bébé volant") et le savon Ugly Baby ("affreux bébé"), on ne peut que s'étonner des noms choisis pour ces deux marques. La palme du mauvais goût revient sans doute au produit à base de ginseng appelé Gensenocide.

On ne retrouve pas le thème du bébé cher aux publicitaires chinois dans les noms choisis pour les préservatifs. On appréciera toutefois l'imagination dont ils ont fait preuve pour Asia Good Oil, et plus encore pour Huan Bao Multifunction Condoms. On peut en effet se demander combien d'utilisations différentes le préservatif peut bien avoir. ■

L'armée et l'économie de marché

Selon les règles de l'économie de marché chinoise, tout se négocie. Même l'Armée de libération populaire se livre à des activités commerciales, et s'en porte plutôt bien.

Personne ne sait à combien s'élève exactement le nombre d'entreprises dirigées par l'ALP. Les militaires eux-mêmes prétendent n'en avoir aucune idée, car elles ont connu un essor fulgurant. Elles seraient, au bas mot, près de 20 000. Impossible d'évaluer leur chiffre d'affaires. On sait néanmoins que Poly Group, l'entreprise la plus florissante aux mains de l'armée, a fait récemment construire le Poly Plaza, un complexe hôtelier et commercial à Pékin, pour 70 millions de $US.

Les sociétés dirigées par l'ALP investissent dans tous les secteurs lucratifs : cigarettes, produits pharmaceutiques, lanceurs d'engins spatiaux, appareils de télévision, papiers peints, VTT, hôtels, boutiques touristiques, bus de luxe et fours. A Canton, l'armée organise des jeux de guerre à la télévision et autorise les paris sur les résultats.

L'ALP s'en tire donc plutôt bien financièrement. La difficulté consiste à contrôler ces activités. Le gouvernement ne peut en effet se permettre de laisser ces entreprises très particulières opérer en dehors d'un cadre légal.

L'ALP fut partie prenante dans le fiasco de Hainan en 1993, lorsque des voitures japonaises d'une valeur de 500 millions de $US furent importées en duty free et revendues en Chine avec un énorme bénéfice. On fait également état de l'intervention d'unités navales de l'ALP au cours d'affaires de contrebande.

Par ailleurs, elle étend ses activités à Hong Kong, ce qui inquiète de nombreuses personnalités politiques. L'"ancienne colonie" pourrait ainsi hériter de forces armées agissant au-dessus des lois. Un legs bien encombrant. ∎

---

dilemme : plus de liberté économique rogne son pouvoir, moins de liberté économique conduirait inévitablement à sa disparition. D'où de brusques changements de cap et des valses-hésitations en matière de politique économique.

Les entreprises d'État

L'étatisation de l'industrie constitue le moteur de l'économie socialiste. Elle fonctionne comme un gigantesque système public garantissant travail et logement à cent millions de Chinois et à leurs familles (au total, sans doute un quart de la population). Elle autorise aussi le parti à exercer son contrôle, *via* le système des unités de travail, sur la vie de tous les employés et de leurs familles. Il n'en reste pas moins que la productivité de telles entreprises est très réduite. On estime que 40 à 60% d'entre elles sont déficitaires.

Des réformes furent mises en œuvre dès 1978. Bien que positives, dix-sept années plus tard, en 1995, le gouvernement chinois répugne toujours à adopter des réformes de fond redoutant le chomage éventuel qu'elles pourraient entraîner.

Par ailleurs, les grosses industries publiques puisent largement dans les caisses publiques, d'où une pénurie de crédits en faveur des entreprises privées, plus productives. Ce soutien aux entreprises nationalisées est sans doute responsable de l'inflation qui, selon certains analystes, frisent les 25% en 1995.

L'inflation

L'escalade des prix fut l'un des facteurs déterminants des manifestations de Tian'anmen en 1989. Le régime ne souhaite pas un retour de l'agitation sociale.

Malheureusement pour le gouvernement, les causes de l'inflation sont vraisemblablement structurelles. Les industries nationalisées ne sont pas étrangères à ce phénomène. Le montant de leurs emprunts est impressionnant et leurs dettes ne font que s'accroître (environ 70 milliards de dollars

US en 1994). Le gouvernement se contente de faire tourner la planche à billets de la People's Bank et de tailler dans les crédits alloués aux entreprises privées. A cela s'ajoutent l'afflux massif des investissements étrangers (plus de 30 milliards de dollars US en 1994) et un taux de croissance de la masse monétaire largement supérieur à celui de la croissance économique.

Le gouvernement chinois est confronté à un dilemme : soit il entreprend une réforme globale du système bancaire et des entreprises gérées par l'État (avec toutes les conséquences que cela implique sur le plan social), soit il se contente de demi-mesures en espérant que la situation finira par s'arranger et que l'inflation ne débouchera pas sur une agitation sociale généralisée.

La récession dans le secteur agricole
La Chine rurale fut le berceau des premières réformes économiques de Deng. Après la collectivisation rigide instituée sous Mao, le gouvernement introduisit, à la fin des années 70, un "système de responsabilité familiale" autorisant les paysans à vendre les surplus de production sur les marchés libres de campagne. La production s'accrut et la Chine rurale connut une nouvelle ère d'abondance.

Quinze ans plus tard, les revenus agricoles arrivent loin derrière les revenus des citadins. Une mécanisation accrue et l'emploi d'engrais ont stimulé la production mais réduit considérablement l'emploi. On évalue à quelque cent millions le nombre de paysans sans travail régulier. Quinze millions d'entre eux ont émigré vers les villes côtières, où ils doivent se contenter d'un maigre salaire dans les usines.

Tout comme dans le secteur industriel, la timidité des mesures adoptées a fait naître des problèmes qui ne pourront être résolus que par une réforme radicale du système. Des tentatives de libéralisation des prix des céréales et d'encouragement de la production des denrées de base se sont soldées par une escalade des prix. En 1995, le gouvernement fixa à nouveau une échelle de prix des céréales et tenta de recentraliser leur commercialisation. Résultat, de nombreux paysans se tournèrent vers d'autres cultures plus lucratives qu'ils peuvent vendre librement sur le marché.

POPULATION
Selon les chiffres officiels pour 1994, la population de la Chine occidentale (hors Taiwan, Hong Kong et Macao) atteindrait 1,202 milliard d'individus. Environ 20% de la population est urbaine, une écrasante majorité de Chinois vivant en zones rurales.

La perspective malthusienne d'un rapport inverse entre accroissement démographique et capacités toujours plus réduites du pays à subvenir aux besoins de ses habitants a poussé le régime à adopter un vaste

Femmes à vendre
Au fur et à mesure que la Chine sort de l'austérité de la période communiste, d'anciennes pratiques refont surface. Les Chinois recommencent à fréquenter les temples, à brûler des billets pour leurs ancêtres, à jouer au mah-jong et, selon une tradition ancestrale en Chine rurale, à vendre les femmes.

Il est difficile d'obtenir des chiffres exacts mais, selon l'agence de presse de Xinhua, les tribunaux ont statué en 1990 sur 10 475 cas de femmes enlevées et vendues comme épouses. Ce chiffre serait d'ailleurs largement sous-estimé.

Des gangs de Chinois kidnappent les jeunes femmes et les emmènent à des milliers de kilomètres pour les vendre comme épouses à des familles à la campagne. Le prix demandé varie entre 450 et 550 $US. Ces femmes sont souvent droguées et violées et hésitent à dénoncer leurs ravisseurs par peur de la honte.

Des efforts importants sont en cours pour mettre un terme à cette pratique. Les hommes qui achètent une épouse encourent de cinq à dix ans de prison, les "trafiquants" risquent la prison à vie ou la peine de mort. Plus de trente membres de tels gangs ont été fusillés en public en juillet 1992 dans la province de Shandong. ∎

La bataille des prénoms

La Chine semble être à court de prénoms. A la différence de ce qui se passe en Occident où, dans les années 60, on rivalisa d'imagination pour inventer de nouveaux prénoms, les Chinois ont bien du mal à innover. Selon les experts, les parents doivent impérativement faire preuve d'imagination pour éviter que la Chine ne sombre dans un véritable chaos social dû à une prolifération incontrôlable d'erreurs d'identité.

Le problème ne se limite pas aux prénoms. Bien que la Chine compte aujourd'hui environ 3 100 noms de famille, un quart de la population (autrement dit, environ 350 millions de personnes) se partagent cinq patronymes : Li, Wang, Zhang, Liu et Chen. Le problème est particulièrement critique dans les grandes villes, où des milliers de personnes portent des nom et prénom identiques, écrits avec les mêmes caractères. La presse chinoise fait souvent état d'arrestations injustifiées, d'erreurs bancaires et d'opérations chirurgicales non nécessaires – toutes dues à des confusions liées à l'état-civil.

Les chercheurs sont partagés sur la solution à adopter, mais beaucoup de Chinois proposent la réutilisation de quelques-uns des 8 000 noms de famille jadis en vigueur. Les autorités pourraient procéder par tirage au sort. ■

programme de contrôle des naissances dès 1973. Les estimations chinoises sur le seuil démographique maximal s'élèvent à 1,4 milliard. L'objectif actuel est de limiter la croissance à 1,25 milliard d'ici à l'an 2000, puis de laisser la régulation des naissances et la mortalité naturelle ramener la population à 700 millions d'habitants. Toutefois, les projections démographiques actuelles font état d'une population proche de 1,5 milliard en 2010, et d'un doublement de la population d'ici à cinquante ans.

Ces dernières années, l'idée maîtresse de la campagne menée dans les villes est d'inciter les couples à signer l'engagement de n'avoir qu'un enfant en leur offrant un mois de salaire supplémentaire jusqu'à ce que l'enfant atteigne 14 ans, plus un logement habituellement réservé à une famille de quatre personnes (promesse rarement tenue du fait de la pénurie de logement). Si le couple a un second enfant, on lui retire ses privilèges et on le pénalise sur le plan professionnel. En revanche, une femme qui se fait avorter bénéficie de jours de vacances payés.

Si les mesures de contrôle des naissances semblent efficaces dans les villes, il est plus difficile de savoir ce qui se passe dans les villages, et si l'objectif de croissance démographique nulle sera jamais atteint. Le fait est que l'agriculture repose encore largement sur la force humaine et que les paysans souhaitent avoir beaucoup d'enfants.

Par ailleurs, les familles veulent à tout prix un garçon. Dans les zones rurales, l'infanticide des filles est encore répandu. Dans certaines régions, le déséquilibre entre les sexes est marqué. Selon une récente enquête dans la province de Shaanxi, le ratio de naissance des garçons par rapport aux filles est de 145 pour 100. En Chine, la moyenne est de 114 garçons pour 100 filles.

ETHNIES

Les Han représentent environ 93% de la population chinoise, le reste se composant d'environ 55 minorités nationales, dont les Mongols et les Tibétains. Bien que constituant à peine 7% de la population, ces minorités se répartissent sur plus de 50% du territoire, essentiellement dans les régions frontalières sensibles.

Certains groupes, tels les Zhuang et les Mandchous, se sont à tel point assimilés au cours des siècles qu'un Occidental ne peut les distinguer des Han. Seules la langue et la religion les séparent. D'autres minorités ne portent plus leurs costumes traditionnels, excepté au marché ou les jours de fête. Certains n'on rien de commun, ou presque, avec les Han, tels les Ouïghours du Xianjiang, qui descendent des Turcs et qui sont immédiatement reconnaissables à leur type caucasien, à leur langue apparentée au turc, à leur utilisation de l'écriture arabe et à leur foi en l'islam.

La volonté séparatiste des minorités a toujours représenté une menace pour la stabilité de la Chine, en particulier chez les Ouïghours et les Tibétains, qui entretiennent des relations très limitées et souvent explosives avec les Han et dont les territoires bordent les frontières de la Chine. Ces régions fournissent d'ailleurs au pays la plus grande partie de son bétail et recèlent d'abondantes ressources minières non exploitées.

Le contrôle des minorités a toujours constitué un problème pour les Han. D'importantes troupes chinoises sont cantonnées au Tibet et au Xinjiang, à la fois pour protéger les frontières chinoises et pour empêcher toute rébellion au sein de la population locale. Le régime a encouragé la migration des Chinois dans les régions des minorités afin de mieux les contrôler grâce à leur simple importance numérique. La Mongolie intérieure, notamment, comptait il y a une cinquantaine d'années 4 millions d'habitants et le Xinjiang 2,5 millions. Aujourd'hui, ces chiffres sont passés respectivement à 20 et 13 millions. Le gouvernement chinois a également mis en place des centres de formation, tels l'Institut des minorités nationales de Pékin, afin de former des cadres loyaux parmi les membres de ces minorités. Depuis 1976, le régime s'est également efforcé d'atténuer le malaise en relâchant quelque peu son emprise sur la vie quotidienne des peuples minoritaires, en particulier en autorisant la réouverture des temples et des mosquées fermés pendant la Révolution culturelle.

Jusqu'à une époque récente, les minorités n'étaient pas assujetties à la politique de limitation des naissances. Toutefois, les dirigeants espèrent bien pouvoir le faire au cours de la décennie à venir, même au prix d'une hostilité accrue à l'égard de la majorité han.

LES ARTS

Si les grands sites, tels que la Cité interdite ou les grottes bouddhiques de Dunhuang sont demeurés intacts, la plupart des trésors de la Chine ancienne ont été pillés ou rasés pendant la Révolution culturelle. Quantité de céramiques, calligraphies et broderies ont été mutilées ou détruites.

Heureusement, depuis le début des années 70, des efforts significatifs de restauration ont été entrepris. Au départ, les restaurations ne concernèrent que les sites majeurs (susceptibles d'intéresser les touristes étrangers) mais, avec l'apparition d'un tourisme local dans les années 90, et l'apport non négligeable de devises qu'il entraîna, d'autres sites ont été remis sur pied.

Calligraphie

La calligraphie était traditionnellement considérée en Chine comme la manifestation suprême de l'art plastique. Une œuvre

Mère Bai et son enfant, près de Dali, dans la province du Yunnan.

La calligraphie chinoise – une forme
artistique à part entière.

de calligraphie avait alors plus de valeur
qu'une peinture, aux yeux du collectionneur. Les enfants apprenaient dès leur
plus jeune âge à manier le pinceau. Un
mauvais calligraphe ne pouvait espérer
réussir son examen de fonctionnaire.
On jugeait d'ailleurs du caractère d'une
personne d'après son écriture, une graphie
élégante révélant un profond raffinement.

Les outils de base de la calligraphie sont
le papier, l'encre, la pierre à encre (où se
mélange l'encre) et le pinceau. On les qualifie généralement des "quatre trésors des
études du lettré". Le coup de pinceau doit
traduire l'énergie créatrice ou vitale qui,
selon les taoïstes, pénètre et anime tous
l'univers : montagnes, rivières, rochers,
arbres, insectes et animaux. Des expressions imagées définissent ainsi les différents types de traits de pinceau : "vagues
ondulantes", "dragon bondissant", "serpent
effrayé se glissant sous les herbes", "goutte
de rosée prête à tomber" ou "papillon
ludique". Une calligraphie réussie doit
donc évoquer les mouvements majestueux
d'un paysage.

La qualité des traits de pinceau est
décrite en termes organiques de "chair",
"os", "muscle" et "sang". Le sang, par
exemple, fait référence à l'encre et aux
nuances obtenues selon que l'on mouille
plus ou moins le pinceau.

On considère que la calligraphie est un
moyen d'expression et de culture. Elle permet, dit-on, de faire part de pensées et de
sentiments ineffables, que les mots ne sau-
raient traduire. On dit souvent qu'en regardant une calligraphie, "on comprend aussi
parfaitement l'écrivain que si on se trouvait
en face de lui".

La calligraphie décorative est répandue
dans toute la Chine, tant dans les temples et
sur les monuments que sur les parois des
grottes ou le flanc des montagnes.

Peinture

La peinture chinoise se définit par l'art du
pinceau et de l'encre. Les outils de base
sont les mêmes que ceux de la calligraphie,
qui a influencé la peinture tant dans le
domaine technique que théorique. Le trait
de pinceau, qui varie en épaisseur et en ton,
est l'élément essentiel d'une peinture
chinoise. Les ombres sont considérées
comme appartenant à une technique étrangère (introduite en Chine *via* l'art bouddhiste venu d'Asie centrale, entre le IIIe et
le VIe siècles), et la couleur ne joue qu'un
rôle mineur, symbolique et décoratif. Dès le
IXe siècle, on considéra que l'encre pouvait
offrir les mêmes subtilités que la couleur.

Même si l'on peut voir des artistes chinois peindre ou dessiner face à leur modèle,
la tradition veut que l'artiste travaille de
mémoire et qu'il ne cherche pas tant à imiter l'apparence extérieure du sujet qu'à
capturer ses qualités vitales et à imprégner
le tableau de l'énergie qui anime la nature.

De la dynastie Han jusqu'à la fin de la
dynastie Tang, l'être humain fut au centre
de la peinture chinoise, comme dans l'art
européen pré-moderne. Les personnages
étaient représentés sur un arrière-plan
confucéen, illustrant des thèmes moralistes.
La peinture de paysage naquit aux IVe et
Ve siècles. Les poètes et les peintres

taoïstes furent les premiers à chercher la beauté des lieux et la communion avec la nature. Au IXe siècle, les artistes se désintéressèrent peu à peu des personnages et, à partir du XIe siècle, le paysage fut le thème dominant.

La fonction du paysage était d'offrir un substitut à la nature, permettant au spectateur de laisser vagabonder son imagination. Le tableau avait pour fonction d'environner celui qui le regardait et, à la différence de la peinture occidentale, il n'existe pas de point de vue.

La peinture fut considérée comme l'une des activités propres aux personnes cultivées, à l'instar de la poésie, la musique et la calligraphie. Les peintres amateurs comprenaient des fonctionnaires ou des personnes âgées, qui ne dépendaient pas de leur art pour subsister. Ils peignaient pour le plaisir et devinrent leurs propres mécènes et critiques. Ils étaient également des collectionneurs, des connaisseurs reconnus, et faisaient office d'arbitre du goût. Leur conception de l'art s'exprima dans de volumineux écrits, ainsi que par des inscriptions sur les tableaux.

On rechercha dans la peinture les mêmes qualités morales que celles exigées chez une personne vertueuse (selon Confucius). L'une des plus importantes était le "déguisement de l'éclat" sous un extérieur anodin, toute démonstration de virtuosité technique étant considérée comme vulgaire. Les artistes créaient leur propre style en transformant celui des anciens maîtres et se considéraient comme un simple maillon dans la grande continuité de la tradition picturale. Cette approche artistique et historique domina la fin de la dynastie Ming et le début de celle des Qing.

Lorsque les communistes prirent le pouvoir, la plupart des talents artistiques du pays ne servirent plus qu'à encenser la révolution et à abreuver les masses de slogans politiques. Les affiches colorées de Mao saluant les foules en délire et brandissant son *Petit Livre rouge* étaient particulièrement en vogue, ainsi que les statues géantes de Mao dominant celles, plus petites, d'ouvriers et de soldats enthousiastes. La musique et l'opéra furent également asservis à la cause politique.

Depuis la fin des années 70, l'expression artistique a retrouvé une certaine liberté. Dans tout le pays, on peut voir (et acheter) les œuvres de peintres d'inspiration traditionnelle dans les boutiques et les galeries, tandis que dans les grandes villes (en particulier à Pékin) émerge une florissante avant-garde. Le travail des peintres est incontestablement plus novateur et contestataire que celui des écrivains, sans doute parce qu'il est plus difficile à interpréter par les autorités. Collectionner des œuvres d'art est devenu un passe-temps à la mode chez les nouveaux riches chinois, et nombre de jeunes artistes chinois ont exposé à l'étranger. En 1993 et 1994, l'exposition itinérante New Art Post-1989, qui regroupait les œuvres de 52 artistes, rencontra un grand succès à Hong Kong, en Australie et aux États-Unis.

Architecture

L'architecture chinoise est loin de susciter une admiration démesurée et, au cours des cinq dernières années, la situation a encore empiré suite à une politique d'urbanisme sans caractère. Toutefois, entre les structures impériales de Pékin, les demeures coloniales de Shanghai, les multiples temples en cours de restauration dans tout le pays et les quelques villages qui ont échappé par miracle aux destructions du XXe siècle, la Chine offre suffisamment d'édifices pour satisfaire votre curiosité.

Traditionnellement, l'architecture chinoise obéit à certains principes. Un ensemble orienté nord-sud et entouré de murs (la principale entrée se trouvant au sud) réunit une ou plusieurs structures. Dans la mesure où les Chinois vivaient ensemble par groupes de familles élargies, l'habitat du chef de famille se trouvait généralement au nord, celui de leurs enfants et de leurs familles dans la partie latérale.

Temples chinois. On retrouve une certaine uniformité dans l'architecture des temples chinois. Il est difficile de discerner des différences entre les bâtiments bouddhistes, confucéens et taoïstes, eux aussi composés de plusieurs structures orientées nord-sud.

Le principal élément architectural des temples chinois est le toit. Il est habituellement vert ou jaune et orné de figures de divinités et de symboles de chance, tels que carpes et dragons. Des lions de pierre gardent souvent la porte d'entrée principale.

Une petite cour intérieure abrite un grand vase où l'on brûle l'encens et les papiers d'offrandes. Juste derrière s'ouvre la grande salle : un autel tabulaire, au devant souvent couvert d'un enchevêtrement de sculptures, accueille les offrandes de fruits et de boissons, tandis que sur l'autel proprement dit, les images des divinités sont encadrées d'un brocart rouge brodé de caractères dorés.

Selon la taille et la richesse du temple, il y a aussi des gongs, des tambours, des autels annexes, des pièces adjacentes dédiées à différents dieux et des chapelles tapissées de plaques funéraires où l'on vient prier les morts. Dans l'enceinte de l'édifice se trouve également un quartier d'habitation pour les gardiens du temple. Hormis pour les funérailles, il n'existe pas de temps fixe pour la prière ni de service religieux. Chaque fidèle vient dans le temple quand il le veut, pour faire une offrande, implorer du secours ou rendre grâce.

Les couleurs dominantes à l'intérieur d'un temple chinois sont le rouge, l'or ou le jaune, et le vert. Toutes les couleurs allant de l'orange au rouge sont symboles de joie et de fête. Le blanc est la couleur de la pureté et de la mort. Le vert symbolise l'harmonie, d'où son importance fondamentale pour les Chinois. Le jaune et l'or accompagnent la gloire céleste. Le gris et le noir sont les couleurs du désastre et de l'affliction.

Le type d'architecture bouddhique le plus frappant est la pagode, vraisemblablement originaire d'Inde et introduite en même temps que le bouddhisme au Ier siècle de notre ère. Aux premières pagodes en bois succédèrent des constructions en matériaux plus résistants (aux intempéries, au feu et à la dégradation du temps) comme la brique, la pierre, le cuivre et le fer. Beaucoup furent construites pour abriter des objets ou des textes religieux, pour commémorer d'importants événements, mais elles furent aussi élevées en tant que simples monuments. La Grande Pagode des oies sauvages à Xi'an en est un des exemples les plus spectaculaires.

L'aménagement de temples dans des grottes commença sous la période des Wei du Nord et se poursuivit durant plusieurs dynasties. Les plus beaux exemples en sont les grottes de Longmen, près de Luoyang, de Mogao près de Dunhuang et de Yungang près de Datong.

L'art bouddhiste chinois représente souvent le Bouddha entouré de deux Bodhisattva (divinités parvenues aux portes du nirvana mais ayant préféré rester sur terre pour aider les êtres vivants à progresser sur la voie du salut). Leurs visages expriment généralement la joie, la sérénité ou la compassion. Parfois, au lieu de Bodhisattva, ce sont ses deux disciples, le jeune Ananda et le plus vieux Kasyapa, qui figurent autour du Bouddha.

Objets funéraires

A l'époque voisine du néolithique (9000-6000 av. J.-C.), des offrandes de poteries, d'outils ou d'armes en pierre étaient placées aux côtés des morts dans leurs sépultures. Sous les Shang (IIe millénaire av. J.-C.), des objets précieux, tels que des vases rituels en bronze, des armes et des objets en jade, accompagnaient le défunt. Des chiens, des chevaux et même des humains étaient sacrifiés et ensevelis avec les hauts personnages.

Lorsque cette pratique tomba en désuétude, on réalisa des répliques, généralement en poterie, de personnes, d'animaux et de trésors. On fabriqua toutes sortes d'objets destinés aux funérailles, qui accompagnaient symboliquement le défunt tout en épargnant sa fortune et en évitant les sacrifices humains. Les objets funéraires en argile furent très répandus entre le Ier et le

VIIIe siècles av. J.- C. Sous la dynastie Han (206 av. J.-C.-220 ap. J.-C.), des personnages en poterie étaient moulés puis peints de couleurs vives après cuisson. On fabriqua des statuettes de serviteurs, de musiciens, d'acrobates et de jongleurs, ainsi que des maquettes des greniers, des tours de guet, des porcheries, des fourneaux et autres meubles ou immeubles.

Parmi tous ces objets funéraires, certains témoignent de l'importance des liens commerciaux de l'époque avec l'Occident, comme les statuettes représentant le chameau de Bactriane qui transportait alors les marchandises sur la route de la Soie. Autres témoins : ces guerriers d'allure ouest-asiatique et à la barbe fournie que l'on a retrouvés parmi les objets funéraires de la dynastie des Wei du Nord (386-534) fondée par les Tuoba d'Asie centrale, qui parlaient le turc.

L'art funéraire de la Chine des Tang (618-907) témoigne de la vie cosmopolite de l'époque. Des nouveaux venus, arrivant d'Asie centrale ou occidentale, furent sculptés sous forme de figurines représentant des marchands, des serviteurs, des guerriers, des palefreniers, des musiciens et des danseurs. Les statuettes de chevaux occidentaux à longues jambes, introduits en Chine depuis l'Asie centrale au début du Ier siècle av. J.-C., étaient alors fort répandues parmi les objets funéraires.

Les musées chinois renferment également nombre de statues militaires imposantes, revêtues d'armures, écrasant du pied un bœuf. Peut-être gardiens des tombes, peut-être représentations des quatre rois célestes – qui gardent les quatre quarts de l'univers et protègent l'État. Le bouddhisme les a assimilées et on retrouve des statues similaires dans les temples bouddhiques.

Les objets funéraires les plus étranges sont sans doute ceux qui représentent les esprits gardiens. L'un des plus répandus possède des ailes d'oiseau, des oreilles d'éléphant, un visage humain, un corps de lion, les pattes et les sabots d'un cerf ou d'un cheval. Selon une théorie, il représen-

terait Tubo, seigneur du monde des enfers, investi du pouvoir de chasser les démons et les mauvais esprits. On lui confiait la garde des tombes et des défunts. Ces statues à visage humain peuvent aussi représenter le légendaire empereur Yu, dont on dit qu'il a fondé la dynastie Xia avant de mourir et d'être transformé en Tubo.

Céramique

L'histoire de la poterie chinoise et la tradition de son artisanat dans les tribus remonte à plus de 8 000 ans. Autour du Ve millénaire av. J-C. apparaît la culture de Yangshao (ainsi nommée à la suite des fouilles sur le site d'un ancien village agricole, Yangshao, dans la province du Henan, non loin du confluent du Huang He, du Wei He et du Fen He), connue aussi sous le nom de "culture de la poterie rouge". Ce groupe néolithique a produit nombre de céramiques décorées de fleurs, de poissons, d'animaux, de visages humains et de dessins géométriques jusqu'au IIe millénaire.

Au IIIe millénaire av. J.-C., la civilisation de Longshan (ainsi nommée parce que ses premiers vestiges furent mis au jour près du village de Longshan, dans la province du Shandong), ou "culture de la poterie noire", produisait des céramiques ocres, brunes, blanches ou noires de la finesse d'une coquille d'œuf.

L'art de la poterie était déjà très évolué sous la dynastie Shang (IIe millénaire av. J.-C.). Au cours de cette période apparut une nouvelle technique consistant à appliquer une glaçure verdâtre sur les objets en grès. La mode des glaçures se répandit largement sous la dynastie Han (206 av. J.-C.-220 ap. J.-C.). Mais la production d'ustensiles de terre cuite, fabriqués à base de sable et d'argile et cuits jusqu'à l'obtention d'une couleur brun-rouge mate, se maintint.

Sous les dynasties du Sud et du Nord (420-589), on produisit un type de poterie à mi-chemin entre la terre cuite émaillée et la véritable porcelaine. Cette proto-porcelaine, connue déjà sous les Han, était obtenue par un mélange d'argile, de quartz et de feldspath, qui donnait des récipients résistants, au grain très fin. Grâce à des adjonctions d'oxyde de fer ou de cuivre, on obtenait des glaçures brunes ou vertes. Cette technique fut perfectionnée sous les Tang (618-907) mais il ne reste que peu d'exemples de ces premiers céladons. On fabriquait alors également des récipients émaillés de trois couleurs.

Dès le VIIIᵉ siècle, la proto-porcelaine Tang et les autres types de poterie avaient trouvé un marché international et étaient exportés jusqu'au Japon ou même sur la côte est de l'Afrique. La porcelaine chinoise n'atteignit l'Europe que sous les Ming et la technique n'y fut appliquée qu'au XVIIᵉ siècle.

C'est sous la dynastie Song (960-1279) que l'art de la poterie atteignit son apogée. On produisit alors de la véritable porcelaine à base de kaolin, blanche, fine et translucide, voire presque transparente. La production se poursuivit sous les Yuan (1277-1368) mais perdit peu à peu la délicatesse et la perfection des œuvres Song.

Ce fut probablement sous les Yuan que la porcelaine "blanc et bleu" fit son apparition. Elle était ornée de dessins bleus sur fond blanc et fabriquée à partir de kaolin extrait des carrières proches de Jingdezhen, qu'on mêlait à un type de cobalt importé de Perse pour le bleu du décor.

Des porcelaines à trois ou cinq couleurs, avec des décorations florales sur fond blanc, virent aussi le jour à cette époque, où l'on inventa également la porcelaine unie, rouge ferreux, noire ou bleu foncé. Une nouvelle série de récipients d'une seule couleur fut produite sous les Qing.

A cette époque, la production de porcelaine de couleur se poursuivit, avec l'apport de nouvelles teintes, de nouvelles glaçures et d'ornements plus complexes. Ce fut l'âge de la véritable porcelaine peinte, décorée de paysages délicats, d'oiseaux et de fleurs. Les dessins élaborés et les couleurs éclatantes furent à la mode, de même que des répliques en porcelaine d'autres matières, telles que l'or et l'argent, la nacre, le jade, le bronze, le bois et le bambou.

Bronzes

Le bronze est un alliage, principalement composé de cuivre, d'étain et de plomb. La tradition fait remonter le premier coulage du bronze à la légendaire dynastie Xia, il y a 5 000 ans. L'empereur Yu, fondateur de cette dynastie, aurait divisé son empire en neuf provinces, puis coulé neuf tripodes de bronze pour symboliser la dynastie. Toutefois, la découverte en 1928 de la dernière capitale des Shang à Anyang (dans la province du Henan) a fourni la première preuve tangible de l'usage du bronze en Chine ancienne.

Les princes et l'aristocratie de l'époque se servaient sans doute d'un nombre important de vases de bronze pour accomplir des offrandes de vin et de nourriture. Par ces sacrifices rituels, on obtenait que l'esprit des ancêtres veillât sur ses descendants. On enterrait généralement ces récipients avec les défunts, ainsi que d'autres provisions. A la fin de la dynastie Shang, la plupart de ces objets étaient ornés de courtes inscriptions et de dessins rappelant les noms du clan, de l'ancêtre et du fabricant du récipient, ainsi que quelques événements marquants. Les vases de bronze de la dynastie Zhou (1122-221 av. J.-C.) portent généralement des inscriptions plus longues, en caractères idéographiques, qui décrivent des guerres, des récompenses, des cérémonies et les nominations des personnages officiels.

Les bronzes primitifs étaient obtenus par coulage dans différents moules assemblés que l'on pouvait combiner à loisir et réutiliser d'une pièce à l'autre. L'objet à fabriquer était modelé en terre et recouvert d'une couche de cire dans laquelle on sculptait le motif. Puis, à partir de ce noyau (ou moule intérieur), on fabriquait le moule extérieur. Quand on coulait le bronze entre le noyau et le moule externe, la cire s'échappait (technique de la cire perdue). Au Vᵉ siècle avant J.-C., sous les Zhou orientaux (770-221 av. J.-C.), des métaux et des pierres précieuses étaient enchâssés dans des bronzes ornés de motifs géométriques et de scènes de chasse ou de banquet.

Les miroirs de bronze étaient déjà en usage sous la dynastie Shang et, d'objets usuels, devinrent des objets artistiques à l'époque des Royaumes combattants (453-221 avant J.-C.). La céramique remplaça peu à peu les ustensiles de bronze au temps des Han, mais il fallut attendre la dynastie Qing pour que les miroirs en verre remplacent les miroirs en bronze.

En Chine, le miroir est une métaphore pour l'introspection dans une discussion philosophique. Le sage possède trois miroirs : le miroir de bronze où se reflète son apparence physique, le miroir des autres gens qui lui permet d'examiner son caractère et sa conduite, et le miroir du passé qui lui apprend à réitérer les succès du passé et à éviter de renouveler les erreurs. Les miroirs de bronze portaient au dos des souhaits de bonne chance et de protection contre les mauvaises influences. Les récits postérieurs aux Han regorgent d'histoires fantastiques sur les pouvoirs surnaturels des miroirs. L'une d'elles retrace le conte de Yin Zhongwen, qui voulut se regarder dans un miroir mais n'y vit pas son reflet. Peu après, il fut exécuté.

Jade

Le jade est révéré en Chine depuis l'époque néolithique. Variant dans ses nuances, sa transparence et sa couleur, dans toutes les teintes de vert, de brun et de noir, c'est sous son aspect blanc qu'il a le plus de valeur. Pour les Chinois, le jade symbolise la noblesse, la beauté et la pureté. Ses propriétés physiques sont devenues des métaphores pour l'idéal confucéen du *jūnzi*, l'homme noble et supérieur.

Le jade est également doté de pouvoirs magiques, dont celui de donner la vie. Les alchimistes taoïstes absorbaient un élixir à base de poudre de jade dans l'espoir de devenir immortels. On pensait que cette pierre gardait des maladies et des mauvais esprits. Des bouchons de jade étaient placés dans les orifices des cadavres, afin d'empêcher la fuite de la force vitale.

On a retrouvé dans des sépultures han de remarquables costumes de jade qui empêchaient la décomposition ; certains sont aujourd'hui exposés dans le musée de Nanjing et au musée de la province d'Anhui, à Hefei.

Littérature

La Chine est le berceau de l'une des plus riches traditions littéraires au monde. Malheureusement, il faut généralement de très longues années d'études à un Occidental pour y avoir accès. Bon nombre des grands classiques chinois sont aujourd'hui traduits, mais l'essentiel de l'héritage littéraire, en particulier son importante poésie, demeure intraduisible.

Jusqu'au XXe siècle, il existait deux styles littéraires, le classique et le vernaculaire. La tradition classique était l'équivalent chinois d'un canon littéraire, bien que les principes qui définissaient sa structure étaient très différents de ceux qui régissent un cours de littérature dans une université occidentale. Le canon classique, de nature essentiellement confucéenne, constituait l'épine dorsale du système éducatif chinois, un corpus de textes que devait maîtriser toute personne aspirant à une charge publique. La tradition vernaculaire, née sous la dynastie Ming, consistait largement en une prose épique, écrite pour distraire, et considérée par conséquent comme un art mineur, indigne de l'attention des lettrés (bien qu'elle ait été fort lue).

Pour le lecteur occidental, ce sont les textes vernaculaires, précurseurs des nouvelles et du roman chinois contemporains, qui offrent le plus d'intérêt. La plupart ont été traduits et offrent une vision fascinante de la vie chinoise d'antan. Les trois romans les plus célèbres sont sans doute *Au bord de l'eau* (*shuǐhǔ zhuàn*), *Le Rêve dans le pavillon rouge* (*hónglóu mèng*) et *Le Voyage en Occident* (*xīyóu jì*).

Au bord de l'eau (éd. Gallimard, La Pléiade, 2 vol., 1978) est l'histoire d'un groupe de rebelles du XIIe siècle. Ce conte remonte probablement au XIIIe ou XIVe siècle, mais c'est la version de Jin Shentang, datant de 1644, qui l'a rendu célèbre. *Le Voyage en Occident* (éd. Gallimard, La Pléiade, 2 vol., 1991) date du XVIe siècle et s'inspire des aventures du moine Xuan Zang qui se rendit au VIIe siècle en Inde pour en rapporter des textes bouddhiques. C'est un ouvrage plein d'humour, où l'on voit Xuan Zang accompagné d'un cochon, d'un singe et d'un esprit féminin. Les Japonais en ont fait un feuilleton de télévision connu sous le nom de "Songoku" (singe).

Aux yeux des Chinois, le grand classique de la littérature vernaculaire est *Le Rêve dans le pavillon rouge* (éd. Gallimard, La Pléiade, 2 vol., 1981) qui raconte la vie quotidienne d'une famille de lettrés, isolée du monde extérieur. Les descriptions approfondies des faiblesses humaines et de la vie de famille font de son auteur, Cao Xueqin (1719-1764), l'équivalent d'un Tolstoï chinois.

Au début du XIXe siècle, on vit apparaître en Chine un nombre croissant de traduction de romans occidentaux. Les intellectuels chinois portèrent dès lors un regard plus critique sur leurs propres traditions littéraires, en particulier sur le style classique, qui différaient profondément dans sa forme de la langue parlée par les Chinois modernes. Le besoin d'une littérature nationale, fondée sur le chinois vernaculaire plus que sur le langage classique, se fit ressentir avec plus d'acuité.

Considéré comme le plus grand écrivain chinois du XXe siècle, Lu Xun (1881-1930) fut le premier auteur important à écrire en chinois vernaculaire. Son œuvre se compose essentiellement de nouvelles qui brocardent l'inaptitude des Chinois à s'adapter au XXe siècle. Son ouvrage le plus célèbre, *La Véritable histoire de Ah Q*, décrit la vie d'un homme incapable d'admettre les échecs de son existence et l'incapacité de la Chine à accepter l'impérieuse nécessité d'une modernisation (Éd. en langues étrangères, Phénix, 1990). Lao She (1899-1966), autre romancier de renom, produisit aussi une œuvre allégorique avec *La Cité des Chats* (Presses Pocket, 1992), mais il est surtout célèbre pour

Le Pousse-pousse, un livre traduit dans de nombreuses langues (se reporter au paragraphe *Livres*). Il y critique avec virulence les conditions de vie des conducteurs de pousse-pousse de Pékin.

La créativité littéraire dans la Chine d'après 1949 fut étouffée par les contrôles idéologiques. Les *Causeries sur l'art et la littérature* de Mao (discours prononcés à Yan'an) réduisirent pratiquement la littérature au statut d'outil révolutionnaire. Seuls étaient portés aux nues les écrivains qui cherchaient à dégager les formes idéales et à trouver dans l'individu ce qui faisait de lui un modèle. Les œuvres qui ne montraient pas des paysans triomphant de tous leurs déboires étaient considérées comme peu encourageantes et taxées de bourgeoises.

Les années qui ont suivi la Révolution culturelle ont vu l'accroissement d'une liberté créative dans la littérature chinoise, mais c'est un domaine sur lequel veille jalousement le gouvernement. La plupart des écrivains appartiennent à des associations financées par l'État et beaucoup d'entre eux sont salariés. Ce statut contribue évidemment à brider leur créativité.

L'un des auteurs les plus remarquables de la Chine contemporaine est Zhang Xianliang dont le livre *La Moitié de l'homme, c'est la femme* a suscité de grandes controverses eu égard à sa tonalité sexuelle. Bien qu'épuisé, son livre mérite toutefois d'être lu (éd. Belfond, 1987).

Le roman d'amour *Feu et Glace* de Wang Shuo (éd. Ph. Picquier, 1992) annonce une "nouvelle vague" d'écrivains chinois. Les œuvres de ce jeune auteur ont souvent été adaptées à l'écran et il est très apprécié de la jeune génération. Les autorités considèrent toutefois que ses histoires de jeunesse dissidente, de jeu, de prostitution et d'escrocs ont une mauvaise influence. Malgré cela, ses écrits ont été récemment réunis en quatre volumes que l'on peut se procurer très facilement en Chine.

Malheureusement non traduit en français, *Blood Red Dusk* de Lao Gui – littéralement "Vieux Démon" – aux éd. Panda est un récit sans concession de la période de la

Révolution culturelle. Feng Jicai est un écrivain qui a remporté un vif succès en Chine avec des histoires satiriques telles que *La Natte prodigieuse* (Libr. You Feng, 1990) et *La Femme de haute taille et le petit mari* qui fait partie du recueil de nouvelles intitulé *Le Fouet divin* (Litt. chinoise, Panda, 1989). Son ouvrage *Que cent fleurs s'épanouissent* (éd. Gallimard, 1990) évoque les années troubles de la Révolution culturelle. Tout comme *La mort est une habitude* de Xiguan Siwang qui est un roman largement autobiographique sur cette période (éd. Belfond, 1994).

Théâtre

Le théâtre chinois obéit à des règles très différentes de celles qui régissent le théâtre occidental. La différence capitale réside dans l'importance de la musique dans les spectacles chinois, qu'on qualifie souvent d'opéras. Le théâtre chinois contemporain, dont le plus célèbre représentant est l'opéra de Pékin, est l'héritier de neuf cents ans d'histoire. Il est né sous les Song du Nord du mélange de ballades et de scènes comiques. L'opéra chinois offrait alors un spectacle varié, unissant l'acrobatie aux arts martiaux, la poésie à la danse stylisée. Au XIIIe siècle, on appelait l'opéra *zaju*, littéralement "mélange dramatique". Les spectacles se composaient généralement d'un certain nombre de numéros sur des thèmes donnés.

Ces opéras étaient joués par des comédiens ambulants, fort peu considérés dans la société chinoise traditionnelle, et dont le statut social était très bas, puisqu'on les rangeait aux côtés des prostituées et des esclaves. Leurs enfants ne pouvaient progresser socialement car un décret gouvernemental les privait du droit de se présenter aux examens du service public. La loi chinoise interdisait également les spectacles mixtes, contraignant les hommes à jouer des rôles de femmes. Les troupes de théâtre étaient donc fréquemment associées à l'idée d'homosexualité dans l'imagination du public, contribuant ainsi à renforcer leur statut social de parias.

Costumes spectaculaires et sons étranges (pour des oreilles occidentales) caractérisent l'opéra de Pékin.

Mais l'opéra est resté un divertissement populaire, même s'il était considéré comme indigne de l'intérêt des lettrés. Les fêtes du Nouvel An s'accompagnaient rituellement d'un spectacle, ainsi que certaines funérailles et cérémonies en l'honneur des ancêtres. Cette coutume se perpétue dans une certaine mesure à Taiwan.

La représentation a généralement lieu sur une scène nue, les acteurs jouant des rôles stylisés que le public reconnaît immédiatement. Les quatre rôles principaux sont celui de la femme, de l'homme, du "visage peint" (pour les dieux et les guerriers) et du bouffon.

Cinéma

La barrière de la langue pose évidemment problème. Reste qu'un certain nombre de productions chinoises ont récemment eu les honneurs des festivals occidentaux et méritent d'être vues. Honk Kong passe souvent sur ses écrans des œuvres chinoises originales.

Après l'âge d'or du cinéma chinois à Shanghai dans les années 30 et 40, la plupart des films datant de l'après-1949, sentimentaux et héroïques, avaient encore une grande motivation idéologique, et souffraient de la mauvaise qualité de leur production. La Révolution culturelle n'améliora en rien la situation. Le tournant important eut d'abord lieu en 1978 avec la réouverture de l'Institut de cinéma de Pékin puis en 1982, avec la remise des diplômes aux étudiants de la première promotion. Les plus célèbres d'entre eux sont aujourd'hui Zhang Yimou, Chen Kaige, Wu Ziniu et Tian Zhuangzhuang, collectivement connus sous le nom de "cinquième génération" (ceux qui ont étudié le cinéma et fait leurs débuts dans les années 80, après la Révolution culturelle).

En 1983, deux fictions ont marqué les débuts d'un véritable cinéma d'auteur. Il s'agit de *La Voie* de Chen Lizhou et *Un et Huit* de Zhang Junzhao, récit sur les horreurs de la guerre entre la Chine et le Vietnam. Ces deux films ont ouvert une brèche qui a permis à d'autres cinéastes de faire leur entrée. Ainsi, l'un des premiers films qui ait attiré l'attention du public occidental a été *La Terre jaune* (*huáng tǔdi*) de Chen Kaige (1984). Ce film raconte l'arrivée d'un officier de l'Armée de libération dans un petit village du Shaanxi, chargé de réunir des chansons folkloriques paysannes. L'intrigue est simple mais le film utilise avec force l'élément visuel pour révéler la ténacité des anciennes coutumes dans cette partie déshéritée de la Chine. Également membres de la "cinquième génération", Wu Ziniu a signé *Le Candidat* en 1983 et Tian Zhuangzhuang *La Loi du terrain de chasse* en 1985.

Plusieurs films de grande qualité leur ont succédé. D'abord acteur puis chef-opérateur, Zhang Yimou s'est tourné vers la réalisation. Il est l'auteur de *Le Sorgho rouge* (*hóng gāoliang*), film aventureux selon les standards chinois, puisqu'il raconte une histoire d'amour illicite sur fond de guerre sino-japonaise. Ce film a remporté l'Ours d'or à Berlin en 1987. Ses œuvres sont régulièrement récompensées dans les festivals européens : ainsi le subtil *Épouses et concubines*, lauréat du Lion d'argent à Venise en 1991.

Huang Jianxin, qui vient de réapparaître après une longue absence avec *Dressez-vous, ne vous courbez pas !* a réalisé en 1985 *L'Incident du canon noir* (*hēipào shìjiàn*), sans aucun doute la plus violente satire jamais produite par l'un des réalisateurs de la cinquième génération. L'histoire raconte les déboires d'un interprète chinois auprès d'un ingénieur allemand qui renvoie par courrier à un ami une pièce d'échec chinois (un canon noir) oubliée chez lui. Le télégramme qu'il adresse à cet ami, pour lui dire qu'il a trouvé la pièce et la lui retourne, le plonge dans un enfer kafkaïen d'accusations et de soupçons bureaucratiques. Il a également réalisé *Dislocation* en 1986, drame absurde sur la bureaucratie, suivi en 1988 de *Samsara* qui dépeint la jeunesse chinoise contemporaine.

D'autres films de la même veine, datent des années 80. Citons *le Vieux Puits* de Wu Tianming (1987) qui s'est allié pour l'occasion les talents de Zhang Yimou en tant qu'acteur et chef opérateur, film d'une sensualité intense ; *Jue Xiang* de Zhang Zeming qui raconte l'histoire tragique d'un compositeur d'opéra cantonais qui meurt dans la misère alors que son œuvre, volée par un étudiant, remporte un grand succès ; *La Grande Parade* (1985) et *Le Roi des enfants* (1986) de Chen Kaige ainsi que *Le Voleur de chevaux* de Tian Zhuangzhuang (1986), un drame qui se déroule au Tibet et évoque avec finesse les coutumes tibétaines.

Après le silence qui a suivi les événements de Tian'anmen de 1989, certains réalisateurs ont signé des œuvres intéressantes comme *Ju Dou* de Zhang Yimou (1989) ou *L'Aube sanglante* de Li Shaohong en 1991, inspiré du roman de Gabriel Garcia Marquez *Chronique d'une mort annoncée*. D'autres ont réapparu pour réaliser certains des meilleurs films de ces dernières années. C'est le cas de Xi Fei avec *L'année des désastres* (Ours d'argent à Berlin en 1990). Les vainqueurs ex-aequo de l'Ours d'or de Berlin 1993 sont tous deux chinois : l'un continental, l'autre taiwanais. Le lauréat chinois, Xi Fei, auteur de *L'Année de mon signe* (1989), raconte ainsi dans *La Femme du lac des âmes parfumées* le drame d'une femme qui dirige un moulin d'huile de sésame.

Après un exil de trois ans aux États-Unis, le réalisateur de *La Terre jaune*, Chen Kaige, a tourné *Adieu ma concubine* qui a reçu la Palme d'or à Cannes en 1993. Tiré du roman du même nom de Lilian Lee, ce film évoque également un drame très populaire de l'opéra chinois écrit dans les années 20.

L'œuvre de Zhang Yimou, *Qiu Ju, une femme chinoise* (1992), qui a remporté de nombreux prix, pose un regard honnête sur les procédures légales en Chine moderne, en racontant l'histoire d'une femme qui cherche une compensation juridique après que son mari a été battu par le chef du village local. Il a permis la révélation de la comédienne Gong Li, qui a obtenu le prix d'interprétation féminine au festival de Venise en 1992. Toujours de Zhang Yimou, *Vivre !* (1994) est une fresque romanesque témoignant d'un cinéma populaire.

Grand prix du festival de Tokyo en 1993, *Le Cerf-volant bleu* de Tian Zhuangzhuang brosse l'enfance d'un petit garçon, de 1953 à 1967, pendant les "campagnes de rectification". Parmi les œuvres occidentales qui ont la Chine pour toile de fond, *Le Dernier Empereur*, réalisé par Bernardo Bertolucci en 1987 sur la vie de Pu Yi, dernier empereur de Chine, et le plus récent *M. Butterfly* de David Cronenberg (1994), histoire d'un diplomate français tombant amoureux d'une diva chinoise qui n'est autre qu'un "papillon", homme espionnant pour le compte des Chinois.

Après tant d'années d'ostracisme où l'on jugeait que leurs films n'étaient pas adaptés au public chinois et grâce aussi à l'impact des prix internationaux, des œuvres comme celles de Zhang Yimou sont désormais projetées en Chine. La ville de Shanghai a ainsi organisé, en octobre 1993, le Ier Festival international du film en Chine.

Musique

Les instruments de musique traditionnels chinois comprennent le violon à deux cordes (*èrhú*), la flûte à trois cordes (*sānxuán*), le banjo à quatre cordes (*yuèqín*), la viole à deux cordes (*húqín*), la flûte verticale (*dòngxiāo*), la flûte horizontale (*dízi*), le piccolo (*bāngdí*), le luth à quatre cordes (*pípá*), la cithare (*gǔzhēng*), la trompe de cérémonie (*suōnà*) et les gongs de cérémonie (*dàluó*).

Musique populaire. La Chine commence à développer une industrie musicale. Elle est assez généralement influencée par ses concurrents de Taiwan et de Hong Kong, qui sont elles-mêmes guidées par les tendances musicales occidentales, ainsi que le prouve la récente popularité du rap cantonais et du rock expérimental taiwanais.

Le marché de la musique occidentale a été lent à se développer en Chine (presque tout ce qui se trouve en boutique est du genre Carpenter, du type balades folk-rock), mais l'arrivée de la télévision par satellite, aujourd'hui très répandue, et le succès de MTV et de Channel V, relayé par la chaîne de Hong Kong, Star TV, fait évoluer les choses.

Le premier concert en Chine (outre celui de Jean-Michel Jarre) où s'est produite une formation de rock étrangère se déroula en avril 1985, quand le groupe britannique Wham! fut autorisé à donner un spectacle. Le public resta assis. Les fans qui osaient se lever et danser dans les allées étant rappelés à l'ordre par la police. Depuis, en se libéralisant, la Chine a donné le jour à quelques groupes intéressants. Le plus célèbre des musiciens chinois actuel est sans doute Cui Jian, qui a aussi son public outre-mer (surtout dans les communautés chinoises). Ses chansons évoquent l'angoisse des grandes cités, thème jusqu'alors inacceptable pour les autorités. Ces dernières années ont vu la naissance de plusieurs groupes de batterie, fort semblables à leurs homologues occidentaux. Tang Dynasty est probablement le plus apprécié. Cobra est un groupe rock originaire de Pékin composé uniquement de femmes.

Les jeunes Chinois des villes aiment la musique disco. Les chansons d'amour taiwanaises ont remporté un immense succès en Chine et des versions en mandarin des hits populaires de Hong Kong, produites pour les marché chinois et taiwanais, montent régulièrement au sommet des hit-parades.

Deux musiciens chinois sont susceptibles de faire parler d'eux sur la scène internationale. Il s'agit de He Yong et de Dou Wei. Ce dernier s'est d'ailleurs produit avec le groupe rock à succès Hei Bao (panthères noires) avant d'entreprendre une carrière en solo. Sa musique est subtile et audacieuse. Pour beaucoup, sa musique passe pour appartenir au registre punk.

Taijiquan (tai-chi-chuan) et gongfu (kung-fu)

Connu sous le nom de tai-chi en Occident, le *taijiquan* est parfois assimilé à une forme de boxe au ralenti. Il s'agit d'un art martial chinois et ses mouvements évoquent ceux du kung fu (*gōngfú*). Des décennies de pratique sont nécessaires pour maîtriser cette discipline. Pour la plupart des Chinois, en particulier les personnes âgées, que l'on peut voir exécuter des mouvements tout en finesse dans les parcs à l'aube, le taijiquan est une forme d'exercice corporel. Les mouvements sont bénéfiques pour la tonicité musculaire et le système circulatoire et les pratiquants lui attribuent bien d'autres bienfaits.

Taiwan et Hong Kong sont de meilleurs endroits pour s'initier au taijiquan que la Chine. Depuis quelques années, des écoles ont également vu le jour en Occident.

On peut assister à des "démonstrations" de taijiquan dans presque tous les parcs chinois, à l'aube.

CULTURE

Le choc culturel est bien réel en Chine. La Chine demeure un autre univers, du moins en dehors des villes comme Pékin, Shanghai et Canton. En Chine, les opérations les plus simples, par exemple acheter un billet de train, peuvent tourner au mélodrame. Les occupants d'un minibus seront peut-être de mèche pour vous faire payer le double du tarif local. La caution que vous aviez déposée à l'hôtel en échange de votre clé s'est mystérieusement volatilisée et celui à qui vous l'aviez remise est au diable vauvert. Le voyageur peut être confronté à ce type de scénario désagréable, sans qu'il sache véritablement pourquoi.

Difficile de prodiguer des conseils stéréotypés. Les Chinois d'outre-mer eux-mêmes, lorsqu'ils rentrent dans leur mère patrie, éprouvent des sensations semblables. Philosophes, les Chinois vous diront que la vie n'a jamais été facile en Chine.

Voici toutefois quelques astuces qui vous faciliteront la vie sur place. Gardez à l'esprit que les Chinois eux-même subissent ce système contraignant. Beaucoup d'entre eux le désapprouvent, même si apparemment ils semblent s'en accommoder. L'employée de la gare ferroviaire à Pékin qui vous inflige une amende pour voyager avec un billet au prix chinois, serait sans doute prête à vous confier, en privé, que les étrangers devraient payer le même prix que les Chinois.

Nouer des contacts

Le voyageur pourra assez facilement nouer des contacts avec les gens qu'il rencontre au cours de ses pérégrinations. Reste que, outre la barrière linguistique, des différences culturelles considérables peuvent nuire à la communication.

Un guide de voyage chinois donne les conseils suivants aux gens du pays au cas où ils seraient amenés à rencontrer des étrangers :

Dans les trains, les bateaux, les avions ou les lieux touristiques, on rencontre fréquemment des étrangers. Ne les suivez pas, ne les encerclez pas, ne les regardez pas fixement quand vous les rencontrez. Évitez de montrer du doigt leurs vêtements ou de faire des remarques frivoles devant eux ; ne vous disputez pas avec les étrangers pour obtenir un siège et ne formulez pas d'exigences. Si l'invité étranger prend l'initiative de s'adresser à vous, demeurez courtois et pondéré. Ne vous troublez pas, ne l'ignorez pas en vous éloignant immédiatement, ne soyez pas non plus réservé ni arrogant. Faites de votre mieux pour répondre en traduisant. Lorsque vous bavardez avec des étrangers, restez positif et réaliste, souvenez-vous qu'il y a des différences entre leur vie et la vôtre.

Ne répondez pas au hasard lorsque vous ignorez ou ne comprenez pas ce dont il s'agit. Évitez de poser aux étrangers des questions sur leur âge, leur salaire, leur revenu, le coût de leurs vêtements ou autres sujets d'intérêt privé. Ne faites rien qui puisse discréditer votre pays. N'acceptez pas les cadeaux inconsidérés des étrangers. En les quittant, il est convenable d'enlever ses gants pour serrer la main. Si une femme étrangère ne vous offre pas la main la première, il convient de la saluer d'un signe de tête.

Apprendre à un milliard de Chinois à se montrer courtois envers les étrangers ne va pas de soi, dans la mesure où les visiteurs ont été rares pendant bien des années. Plus rares encore étaient ceux qui allaient à la rencontre des gens de la rue. Nul ne sait vraiment ce que les Chinois pensent des visiteurs. Ils sont en tout cas curieux de rencontrer des étrangers et peuvent se montrer très accueillants. En tout cas se promener seul dans les rues ne présente généralement aucun danger.

Les contacts sont parfois frustrants, surtout lorsqu'ils se résument à des mini-leçons d'anglais ou de français pour les Chinois qui veulent tester leurs connaissances. Les questions que vous posera un Chinois sont presque toujours les mêmes.

Une conversation obéit souvent à ce rite : "Puis-je essayer mon anglais ou mon français avec vous ?" suivi de "De quel pays êtes-vous ?" et ensuite de "Êtes-vous marié ? Quel âge avez-vous ? Avez-vous des enfants ?" Suivent alors les questions d'ordre économique : "Combien gagnez-vous ? Possédez-vous une voiture ?" Les conversations de rue attirent toujours une foule de badauds qui discutent alors, en chinois, votre salaire, votre niveau de vie et, si les chiffres semblent bons, les possibilités d'émigration.

Ces dernières années, les Chinois se sont enhardis à clamer haut et fort leurs opinions politiques. Mieux vaut toutefois aborder avec prudence certains sujets sensibles (tel le massacre de Tian'anmen) et connaître au préalable l'opinion de votre interlocuteur avant de lui poser des questions potentiellement embarrassantes. Tenez compte également de sa fonction : un guide touristique officiel ne se risquera guère à dévier de la ligne officielle pendant ses heures de travail.

Vous aurez souvent des conversations intéressantes avec les Chinois âgés qui ont appris l'anglais ou le français dans les années 20 et 30, à l'époque où d'importantes communautés étrangères vivaient en Chine. De même qu'avec les gens plus jeunes, qui ont étudié une langue étrangère juste avant la Révolution culturelle et ont été contraints d'arrêter et tentent aujourd'hui de s'y remettre. Vient ensuite la jeune génération qui a fréquenté l'école ou l'université après la Révolution culturelle et a pu apprendre des langues étrangères. Quant au niveau atteint par certains Chinois autodidactes, grâce aux programmes d'anglais diffusés à la radio ou à la télévision, il est souvent remarquable.

L'anglais est désormais enseigné dans les écoles supérieures, et nombre d'enfants

Accueil et courtoisie : peut mieux faire

La qualité des services ne cesse de s'améliorer depuis quelques années. Il est rare aujourd'hui de tomber sur des vendeurs qui vous ignorent, trop occupés à lire des bandes dessinées ou à bavarder entre eux en buvant du thé. Même le personnel des vols de la CAAC réussit à esquisser un sourire figé en remettant aux passagers un paquet de biscuits en guise de repas. Néanmoins, il faudra attendre encore longtemps avant que les visiteurs ne se répandent en louanges sur la politesse de leurs hôtes chinois.

Les autorités sont parfaitement conscientes de ce problème. Courant 95, le quotidien *Guangming Daily* dressait une liste de "50 expressions tabous" que le personnel des différents services se devait de bannir pour ne plus offenser les clients. On y trouve entre autres des expressions simples et très usitées, telles "mei you", "Je n'en sais rien" ou de véritables insultes comme "Vous n'avez pas entendu ? Vous êtes sourd ou quoi ?" Il est également impoli, peut-on lire sur cette liste, de s'adresser à des clients en les traitant de "péquenaud" ou de "moricaud".

Difficile de préjuger des effets de cette campagne de sensibilisation. A la gare ferroviaire de Pékin, je me suis fait prendre avec un billet au prix chinois (acheté par l'intermédiaire du CITS). Je sens une main me saisir l'épaule et j'entends une voix vociférer à l'adresse d'un infortuné Chinois qui se trouvait à ma hauteur : "Eh toi ! Reste avec l'étranger et traduis !", "Mais je ne parle pas anglais", répondit le pauvre homme terrorisé."Que fais-tu en sa compagnie, alors ?", ajouta la voix, pleine de mépris. Je dus intervenir pour obtenir la libération de ce malheureux Chinois et il fut relâché en étant gratifié d'un "fiche le camp !" Au moins ne l'avait-on pas traité de "péquenaud" et on ne lui avait pas demandé s'il était sourd. Preuve que le personnel de la gare de Pékin avait bien assimilé la liste... ∎

---

ont une connaissance rudimentaire de la langue. Le japonais est prisé par les élèves du secondaire ou des universités, et vous rencontrerez parfois des Chinois qui peuvent s'exprimer en français, en allemand, en russe et en espagnol.

Si vous souhaitez rencontrer des Chinois anglophones, rendez-vous dans les "English corners" qui ont fleuri dans nombre de grandes villes. Ces réunions ont habituellement lieu le dimanche matin dans un parc, et les gens se retrouvent pour pratiquer ensemble l'anglais. Cherchez aussi les "English Salons", des réunions du soir au cours desquelles ils parlent, écoutent des conférences ou organisent des débats en anglais. Ne vous attendez pas à rester longtemps spectateur. Vous serez rapidement mis à contribution.

Il est peu fréquent que des étrangers soient invités chez des Chinois, bien qu'une invitation n'ait rien d'illégal. En réalité, de nombreux Chinois, gênés d'accueillir un étranger dans leur maison exiguë, préfèrent l'inviter au restaurant. Si un Chinois vous invite, la règle veut qu'il paie. Faites toutefois deux ou trois tentatives polies pour régler la note.

Différences culturelles

Les différences culturelles constituent parfois un obstacle plus important pour la communication que la barrière linguistique. En revanche, elles vous apparaîtront souvent fascinantes, si vous faites un effort pour les comprendre. En voici quelques exemples.

Sauver la face. C'est plus ou moins l'équivalent du "statut", de l'"ego", voire de la "dignité personnelle", et concerne également les étrangers. Pour l'essentiel, il s'agit de ne pas se ridiculiser devant les autres ou de perdre la face. Un compromis bénéfique pour les deux parties en présence est toujours préférable à une confrontation directe. Celle-ci n'est adoptée qu'en dernière extrémité (les Chinois n'hésitent pas à y recourir) et mieux vaut sourire avec insistance. Si cette méthode échoue, vous pourrez toujours en essayer une autre.

Guānxi. Dans leur vie quotidienne, les Chinois sont souvent contraints de se battre pour obtenir des objets ou des services usuels et beaucoup d'entre eux se sont vu confier un travail pour lequel ils n'ont reçu aucune formation et n'éprouvent pas le moindre intérêt.

Ceux qui ont des *guānxi*, c'est-à-dire des relations, finissent par obtenir ce qu'ils désirent car le réseau relationnel est, bien entendu, réciproque. Cette façon d'arriver à ses fins porte le nom de "passer par la porte de derrière" (*zǒu hòu mén*). Les cadres sont bien placés pour y parvenir mais pas les étrangers.

Parler franchement. Les gens disent rarement ce qu'ils pensent, mais plutôt ce qu'ils croient que vous voulez entendre ou ce qui leur permettra de sauver la face. Ainsi, le personnel des bureaux de la CAAC aura tendance à vous dire que votre avion va arriver d'une minute à l'autre alors qu'il sait pertinemment qu'il a un retard de deux jours.

Sourire. Le sourire n'est pas toujours signe de joie ou de bien-être. En effet, il arrive que les Chinois sourient lorsqu'ils sont embarrassés ou soucieux. Ceci permet de mieux comprendre pourquoi des employés affichent un visage hilare alors qu'un étranger furibond tempête devant leur bureau.

RELIGION

La religion chinoise a été influencée par trois grands courants de pensée : le taoïsme, le confucianisme et le bouddhisme. Malgré leurs origines différentes, tous trois sont inextricablement liés au sein de la religion populaire chinoise qui intègre également d'anciennes croyances animistes. Les Chinois ont déifié les fondateurs du taoïsme, du confucianisme et du bouddhisme.

Ils les vénèrent ainsi que leurs disciples avec la même ferveur qu'ils vénèrent leurs propres ancêtres et tout un panthéon de dieux et d'esprits.

Taoïsme
(dào jiào)

On dit du taoïsme que c'est la seule religion véritablement chinoise, la seule qui soit née en Chine – le bouddhisme a été importé d'Inde et le confucianisme est avant tout une philosophie. Selon la tradition, le fondateur du taoïsme serait un homme du nom de Laozi (Lao-tseu selon la transcription ancienne) né vers 604 av. J.-C., mais rien ne prouve qu'il a réellement existé. On ne sait pratiquement rien de lui, pas même son nom, Laozi étant un surnom qui veut dire "le Vieux" ou le "Grand Vieux Maître".

La légende rapporte que Laozi aurait été conçu par une étoile filante puis déposé dans le ventre de sa mère où il serait resté quatre vingt-deux ans avant de naître sous la forme d'un sage vieillard aux cheveux blancs. On se plaît aussi à raconter que Laozi fut le gardien des archives d'un État de l'ouest de la Chine et que Confucius serait venu le consulter. A la fin de sa vie, Laozi aurait chevauché un buffle d'eau pour se rendre vers l'Ouest, le Tibet actuel, afin d'y trouver la solitude propice à ses dernières années. En chemin, on lui aurait demandé de laisser un témoignage écrit de ses croyances : ce fut un petit livre qui ne compte que cinq mille caractères, le *Dao De Jing* ou *le Livre de la Voie et de la Vertu*. Puis il repartit sur son buffle.

Le cœur du taoïsme est le concept de *dao* (*tao* selon la transcription ancienne). On ne peut pas percevoir le dao parce qu'il dépasse les sens, la pensée et l'imagination ; on ne peut l'appréhender qu'à travers la recherche mystique impossible à exprimer par des mots. Le dao est la Voie, ou le principe de l'univers, la force qui régit la nature, l'ordre qui préside à toute vie, l'esprit que rien ne peut épuiser. Le dao est la voie qu'il faut suivre dans sa vie pour être en harmonie avec l'ordre naturel de l'univers.

Au fil du temps, le dao a été interprété de différentes manières, tout comme le *de*, le pouvoir de l'univers. Ainsi se sont développées trois formes distinctes de taoïsme en Chine.

Dans la première, la Voie est philosophique. Le taoïste philosophique s'appuie sur la réflexion et l'intuition pour ordonner sa vie en harmonie avec la voie de l'univers et atteindre la compréhension, ou faire l'expérience du dao. Le taoïsme philosophique, ou mystique, a de nombreux adeptes en Occident.

La seconde forme soutient que le pouvoir de l'univers est fondamentalement de nature psychique et qu'en pratiquant des exercices de yoga et la méditation, de nombreuses personnes peuvent devenir des réceptacles pour le dao. Elles peuvent ensuite irradier et exercer une influence psychique apaisante sur leur entourage.

Troisième forme, le "taoïsme populaire" a une très grande emprise en Chine. Le pouvoir de l'univers est le pouvoir des dieux, de la magie et de la sorcellerie. Du fait que le taoïsme populaire a fréquemment été associé avec l'alchimie et la recherche de l'immortalité, il s'est souvent attiré la faveur des dirigeants chinois avant que le confucianisme ne l'emportât. Certains affirment que seul le taoïsme philosophique est réellement inspiré du Dao De Jing et que les autres pratiques placées sous l'enseigne de taoïsme se sont servies du nom de Laozi pour s'assurer la respectabilité. Tel qu'il est couramment pratiqué en Chine, à Hong Kong et à Taiwan, le culte taoïste populaire entretient des liens étroits avec les esprits, l'exorcisme, les guérisseurs, les devins et la magie.

Confucianisme
(*rújiā sīxiǎng*)
Bien qu'il s'agisse davantage d'une philosophie que d'une religion, le confucianisme a néanmoins été intégré dans le syncrétisme religieux chinois. A l'exception de Mao, le seul nom qui soit véritablement devenu synonyme de la Chine est celui de Confucius (*Konfuzi* ou *kǒngzi*). Né dans une famille pauvre de la province du Shandong vers 551 av. J.-C., Confucius avait pour ambition d'occuper une haute fonction dans l'État afin de pouvoir réorganiser l'appareil administratif et par là la société.

Sa carrière ayant été apparemment bloquée, il semble avoir occupé des charges publiques insignifiantes et rassemblé quelques disciples. C'est à l'âge de 50 ans que sa mission divine se révéla à lui et pendant les treize années qui suivirent, il circula d'État en État pour proposer aux princes ses conseils sur la manière d'améliorer leur mode de gouvernement, tout en cherchant la possibilité de mettre ses idées en pratique. L'occasion ne se trouva jamais et, de retour dans son pays d'origine, il passa les cinq dernières années de sa vie à enseigner et propager la littérature classique. Il mourut en 479 av. J.-C. à l'âge de 72 ans.

La glorification de Confucius commença après sa mort et ses idées finirent par pénétrer tous les niveaux de la société chinoise. D'un côté, on ne pouvait occuper une charge publique sans connaître les classiques confucéens ; à l'autre extrémité de l'échelle sociale, les masses analphabètes furent également pénétrées de confucianisme grâce à la transmission orale de ses maximes. Sous les Han, le confucianisme devint effectivement religion d'État : les enseignements de Confucius constituaient la discipline de base pour la formation de tous les représentants de l'État et il resta jusqu'à la fin de la dynastie Qing en 1911. Aux VIIe et VIIIe siècles, les Chinois édifièrent des temples et autres sanctuaires à Confucius et à ses disciples. Sous les Song, *les Entretiens* devinrent la base de toute éducation.

Il n'est pas difficile de comprendre pourquoi le confucianisme connut une telle emprise en Chine. Les conflits perpétuels de la période des Printemps et des Automnes avait inspiré à Confucius la recherche d'une voie qui permettrait aux hommes de vivre ensemble en paix. Sa solution était la tradition. Comme d'autres contemporains, il était convaincu que la Chine avait jadis connu une période de grande paix et de prospérité due au fait que les gens respectaient certaines traditions qui maintenaient l'harmonie et l'ordre social.

Confucius était partisan d'un retour à ces traditions et avait également défini certaines valeurs comme nécessaires au bien-être de la collectivité. Il cherchait à insuffler un sentiment d'humanité à l'égard d'autrui, le respect de soi-même et le sens de la dignité de la vie humaine.

La courtoisie, le désintéressement, la grandeur d'âme, le zèle et l'empathie en découleraient tout naturellement. L'homme idéal se devait d'être compétent, calme, courageux, d'humeur égale, dénué de toute violence et vulgarité. L'étude des "attitudes correctes" devint la première des tâches. Pour transmettre ces notions morales à la population, tous les moyens étaient bons : temples, théâtres, écoles, familles, fêtes, maximes et contes.

Tout le monde devait rendre hommage à l'empereur, considéré comme l'incarnation de la sagesse et de la vertu confucéennes – le chef de la grande famille-nation. Au-

Yin et yang

Fondements de la philosophie chinoise, le yin et le yang sont totalement indissociables. En effet, toute manifestation est toujours régie par une loi simple, celle du rythme à deux temps. La meilleure illustration est l'alternance du jour et de la nuit. C'est dans ce rythme qu'apparaît la loi du yin et du yang. Ceux-ci constituent des indices dont se trouvent affectées les variations du qi (énergie). Au yin l'obscurité, le froid, la passivité, au yang la lumière, la chaleur, l'activité. Ainsi, les cinq "éléments" et les saisons obéissent à cette loi : le bois et le feu (printemps et été) sont yang, le métal et l'eau (automne et hiver) relèvent du yin. La Terre, quant à elle, est neutre car elle participe à l'ensemble des éléments.

Pourtant, cette alternance n'est qu'apparente car en réalité le yin et le yang coexistent. Seule varie la proportion de l'un par rapport à l'autre. Mais, fait important, le yin et le yang n'impliquent aucun jugement moral. Ils ne se déterminent pas en termes de bien ou de mal. Au contraire, leur jeu est complémentaire et c'est l'alternance de leurs influences qui participe à la bonne marche des choses. ■

dessous de l'empereur, l'administration resta pendant des siècles aux mains d'une petite classe de lettrés confucéens. En théorie, quiconque réussissait les examens était qualifié, mais dans la pratique c'étaient les classes les plus élevées qui, par leur instruction, détenaient le monopole du pouvoir. Il n'y eut jamais de code législatif rigide parce que le confucianisme rejetait l'idée qu'on pût se faire dicter sa conduite par une organisation. Prendre des mesures légales impliquait l'incapacité à résoudre les problèmes par la négociation. Mais il en résultat l'arbitraire de la justice et l'oppression par ceux qui détenaient le pouvoir. De nouvelles dynasties apparurent puis s'effondrèrent, mais le modèle confucéen ne changea jamais.

Le confucianisme dresse plusieurs barrières à travers ses concepts. Celui qui a eu sans doute la plus grande influence sur la vie quotidienne des Chinois est le *li*. Le premier sens de li est la "bienséance", les manières ou l'art de savoir se conduire dans une situation donnée – qui suppose que les différents rôles et relations soient clairement définis. Le second sens de li est "rite" ou "étiquette" – quand la société est divisée selon les normes confucéennes, elle devient alors totalement ordonnée.

Les codes confucéens de conduite et les modèles de soumission clairement définis ont été profondément intégrés par la société chinoise. Les femmes obéissent et doivent déférence aux hommes, les cadets aux aînés, les fils aux pères. Les plus jeunes doivent le respect à ceux qui sont plus âgés, les sujets à ceux qui les dirigent. Les gens âgés sont vénérés car l'âge leur confère à la fois dignité et valeur, il leur donne le pouvoir sur tout, les gens, les objets et les institutions. Si faibles qu'ils puissent être physiquement, ils sont à l'apogée de leur sagesse.

La famille conserve son rôle central en tant qu'unité de base de la société : c'est une notion que le confucianisme a renforcée mais sans l'inventer. La clé de l'harmonie familiale est la piété filiale : le respect pour les parents et l'obligation de les servir. Allant dans le même sens que les superstitions traditionnelles, le confucianisme renforça la pratique du culte des ancêtres.

Confucius lui-même fit bientôt l'objet d'une vénération et on lui dressa des temples. Outre qu'ils s'appuyaient sur les concepts de piété filiale et sur le culte des ancêtres, ces stricts codes d'obéissance faisaient aussi appel à l'idée qu'il faut "sauver la face" : laisser tomber la famille ou le groupe est une grande honte pour un Chinois.

Bouddhisme
(fó jiào)

Le bouddhisme fut fondé en Inde, au VIe siècle av. J.-C. par Siddhartha Gautama, un homme issu de la tribu des Shakya et né à Kapilavastu, près de l'actuelle frontière indo-népalaise. On raconte que Siddharta était un prince élevé dans le luxe et à l'abri du monde. Lorsqu'ayant atteint l'âge adulte, il franchit pour la première fois les portes du palais, il perdit toute illusion sur l'existence humaine en voyant passer un vieillard, un malade, un défunt et un ermite.

Rejetant alors le monde matériel et ses plaisirs, il partit en quête d'une solution au problème de la douleur et de la mort qui hantait son esprit. Après avoir mené une vie d'ascète pendant des années, s'être exercé à diverses disciplines yogiques et autres tentatives vaines, il s'assit, dit-on, à l'ombre d'un banian ou pippal (*ficus religiosa*) et jura de n'en plus bouger avant d'avoir trouvé la Vérité. Il se plongea dans une profonde méditation et c'est alors, après avoir refusé de céder aux tentations du démon Mara, qu'il reçut enfin l'Illumination et devint le Bouddha, ce qui signifie "l'Éveillé", "l'Illuminé".

Au cours des quarante années qui suivirent, jusqu'à sa mort vers 480 av. J.-C., Bouddha fonda une "communauté monastique" et ne cessa de prêcher ses idées. Il était connu de ses disciples sous le nom de Shakyamuni, "le sage silencieux du clan des Shakya", à cause du profond mystère qui l'entourait. Gautama Bouddha ne serait pas l'unique Bouddha, mais le quatrième. D'autres, dit-on, devraient lui succéder.

La base de la philosophie bouddhique repose sur l'idée que toute la vie est souffrance. Chaque humain est sujet aux traumatismes de la naissance, de la maladie, de la vieillesse et de la mort ; chacun souffre des maux les plus terribles, tels qu'une maladie incurable, ou de la simple séparation d'avec ceux qu'on aime.

La cause de la souffrance est le désir, en particulier le désir sensuel et le désir de l'accomplissement personnel. On ne peut atteindre le bonheur qu'en triomphant de ces désirs. Pour cela, il faut suivre l'Octuple Sentier qui seul permet d'atteindre au Nirvana. Des volumes entiers ont été écrits pour essayer de définir ce qu'est le Nirvana.

Les *sûtra* (les prédications du Bouddha) disent simplement que c'est un état de libération absolue, d'affranchissement vis-à-vis de l'avidité, de la colère, de l'ignorance et des diverses autres "entraves" de l'existence.

La première branche de l'Octuple Sentier est la "compréhension correcte" : le fait de reconnaître que la vie est souffrance, que la souffrance est causée par le désir de gratification personnelle et qu'on peut triompher du désir, donc de la souffrance. La seconde branche est la "pensée correcte" : l'effort pour libérer son esprit de tout désir sensuel, de toute malveillance, de toute cruauté. Les autres branches exigent que l'on s'abstienne de tout abus et de toute duperie ; que l'on fasse preuve de gentillesse et que l'on soit dénué d'égoïsme dans toutes ses actions ; que l'on développe les vertus et que l'on réfrène les passions ; et enfin que l'on pratique la méditation.

Les diverses formes de méditation bouddhique font appel à des exercices mentaux visant à pénétrer au cœur de la psyché, où sont censés se situer les problèmes réels et les réponses, et à éprouver personnellement les vérités de l'existence.

Le bouddhisme s'est surtout développé en Chine entre le IIIe et le VIe siècles. Il y a été introduit par des marchands indiens qui s'étaient fait accompagner durant leur voyage sur terre et sur mer par des prêtres bouddhistes. Au milieu du Ier siècle, un prince han, du nom de Ming, s'était intéressé à cette religion et avait envoyé une mission vers l'Ouest qui revint en 67 avec des textes sacrés, des images du Bouddha et deux moines indiens bouddhistes. Des siècles plus tard, des moines chinois tel que Xuan Zang se rendirent jusqu'en Inde et en rapportèrent des textes bouddhiques qui furent alors traduits du sanscrit en chinois, tâches gigantesques qui firent intervenir des Chinois et des érudits d'Asie centrale, d'Inde et du Sri Lanka.

Le bouddhisme se répandit rapidement dans le nord de la Chine où sa diffusion fut encouragée par divers souverains envahisseurs qui, pour certains, avaient connaissance de cette religion avant même de venir en Chine. D'autres protégèrent les moines bouddhistes parce qu'ils voulaient que les fonctions publiques soient occupées par des gens instruits qui ne soient pas confucéens. Dans le Sud, le bouddhisme se répandit plus lentement, au fur et à mesure des migrations chinoises venues du Nord.

Les bouddhistes connurent plusieurs phases de persécution. Leurs temples et leurs monastères furent pillés et détruits, mais la religion subsista. L'attrait de cette philosophie auprès d'un peuple qui souffrait constamment de la famine, de la guerre et de la pauvreté tient probablement à ses doctrines de la réincarnation et du nirvana, empruntées à l'hindouisme.

Les monastères et les temples bouddhiques fleurirent dans toute la Chine et jouèrent un rôle analogue à celui des églises et des monastères dans l'Europe médiévale. Les monastères accueillaient les voyageurs, les réfugiés, servaient d'hôpitaux et d'orphelinats. Grâce aux dons des fidèles, ils amassaient de considérables richesses qui leur permettaient de monter des bureaux de prêt sur gages. Ce furent les banques des pauvres jusqu'au milieu du XXe siècle.

Le Bouddha ne laissa aucun écrit. Ses enseignements se transmirent par voie orale avant d'être fixés par écrit bien après sa mort, lorsque des divisions étaient déjà apparues au sein du bouddhisme. Certains transcripteurs cherchaient à insister sur la rupture de Bouddha avec l'hindouisme, d'autres essayaient de la minimiser. Vint ensuite le moment où le bouddhisme se scinda en deux grandes écoles : le Theravada et le Mahayana.

L'école du Theravada ou "doctrine des anciens" (aussi appelée Hinayana ou Petit Véhicule) affirme que la recherche du nirvana est une quête individuelle et solitaire. Les modèles en sont les Arhat (*luohan* en chinois), disciples de Bouddha qui atteignirent l'Éveil, et les religieux qui consacrent leur vie entière à se libérer de la renaissance pour gagner leur salut. Les adeptes du Theravada ne reconnaissent, le plus souvent, qu'un seul Bouddha et en font davantage un exemple à suivre qu'une divinité. Le Theravada est le bouddhisme du Sri Lanka, du Myanmar (Birmanie), de la Thaïlande, du Laos et du Cambodge.

Le Mahayana ou Grand Véhicule affirme que l'existence est une et que, par conséquent, le sort de chaque individu est lié au destin des autres. Selon cette école, le Bouddha n'a pas seulement montré la voie puis disparu dans son nirvana : il continue à offrir son aide spirituelle à ceux qui cherchent le nirvana. Le Mahayana est le bouddhisme du Vietnam, du Japon, du Tibet, de la Corée, de la Mongolie et de la Chine.

Tandis que le Theravada ne connaît aucun dieu ni aucuns cieux, le bouddhisme du Mahayana regorge de cieux, d'enfers et de descriptions du nirvana. On y adresse des prières au Bouddha qui se présente sous plusieurs aspects : Shakyamuni, le Bouddha historique ; des Bouddha des âges passés tels Amitabha, le Bouddha de la Lumière infinie, un sauveur qui récompense les fidèles en les faisant admettre dans une sorte de paradis chrétien ; Vairocana, le Bouddha primordial pour certaines sectes, ou Bouddha solaire et protecteur de la foi ; Maitreya, le Bouddha du futur, souvent représenté ventru et souriant.

On y vénère des divinités et des Bodhisattva, ces sortes de saints bouddhistes qui renoncent temporairement au nirvana afin d'aider les mortels et de les guider dans le droit chemin. Les plus célèbres sont Avalokitesvara qui, en Chine, prend un caractère féminin sous le nom de Guanyin, déesse de la Miséricorde ; Manjusri, le bodhisattva de la sagesse ; Ksitigarbha, le bodhisattva qui aide les morts. Les temples sont remplis d'images de dieux et d'intercesseurs. Les rituels, les traditions et les superstitions que Bouddha avaient rejetés sont revenus en force.

Au Tibet et dans les régions du Gansu, du Sichuan et du Yunnan se pratique une forme originale du Mahayana, le bouddhisme tantrique ou lamaïsme (*lămã jiào* en mandarin). Le bouddhisme tantrique, que ses adeptes appellent souvent *Vajrayana* ou "Véhicule de la Foudre", remonte au VIIᵉ siècle. Il a été très influencé par le Bon, la religion tibétaine pré-bouddhique qui comptait sur les prêtres ou chamans pour apaiser les esprits, les dieux et les démons.

En gros, c'est une forme de bouddhisme beaucoup plus mystique que les autres et qui accorde une grande importance aux *mudra* (postures rituelles), aux *mantra* (paroles sacrées), aux *yantra* (art sacré) et aux rites secrets d'initiation.

Les prêtres, ou lamas, sont censés réincarner des êtres hautement évolués. Le dalaï-lama (voir plus haut la rubrique *Dissidence politique et répression*) est le chef suprême du bouddhisme tibétain.

Religion chinoise

Le taoïsme se combine avec de vieilles croyances animistes pour enseigner aux gens comment rester en harmonie avec l'univers.

Le confucianisme s'occupe des aspects politiques et moraux de la vie. Le bouddhisme se soucie de l'après-vie. Mais dire que les Chinois ont trois religions – taoïsme, bouddhisme et confucianisme – est une vision simpliste de leur vie religieuse traditionnelle.

A l'origine, la religion chinoise est animiste et marquée par une croyance en l'énergie vitale des rochers, des arbres, des rivières et des sources. A cela s'ajoute le fait que des êtres ayant vécu dans un lointain passé, qu'ils soient réels ou mythologiques, sont vénérés comme des dieux. Et sur ces croyances se greffent le taoïsme populaire, le bouddhisme mahayana et le confucianisme.

Dans la vie courante, les Chinois sont beaucoup moins concernés par les hautes philosophies et l'ascétisme de Bouddha, de Confucius ou de Laozi que par la recherche de la réussite terrestre, l'apaisement des morts et des esprits et l'envie de savoir ce que leur réserve le futur.

La religion chinoise intègre des éléments qui, pour l'Occident, relève de la superstition. Ainsi, un Chinois va souvent dans un temple, pour connaître l'avenir par exemple.

Autre trait important de la religion populaire chinoise, son polythéisme : outre Bouddha, Laozi et Confucius, elle compte de très nombreuses divinités, dieux de la terre ou divinités tutélaires de chaque profession.

Le bouddhisme se développa en Chine du IIIᵉ au VIᵉ siècle

L'un des concepts les plus importants du vocabulaire de la religion populaire chinoise est celui de chance. Pour s'attirer la chance ou la conserver à ses côtés, il faut apaiser les dieux, souffler sur les mauvais esprits et ne pas réveiller les démons endormis.

La géomancie (*fēngshuǐ*) est pour les Chinois une technique qui leur permet de se mettre en harmonie avec l'environnement et le cosmos. L'orientation d'une maison ou d'un temple, l'emplacement d'une fenêtre ou d'une porte ou, plus important encore, celui de la tombe d'un ancêtre peuvent jouer un rôle faste ou néfaste déterminant dans le destin. C'est ainsi que la plupart des gratte-ciel de Hong Kong n'ont été construits qu'après consultation d'un géomancien.

La mort, l'au-delà et le culte des ancêtres font partie intégrante de la religion chinoise. Au moins jusqu'à l'époque de la dynastie Shang, les cérémonies de funérailles pouvaient être somptuaires et il n'était pas rare que l'on ensevelît avec le défunt ses chevaux, ses voitures, ses femmes et ses esclaves. Plus la personne était importante, plus nombreux devaient être les biens et les personnes qui devaient l'accompagner dans son voyage vers l'autre monde. Il fallait absolument que le défunt fût satisfait car son pouvoir d'infliger des punitions ou d'accorder des faveurs était considérablement accru dans l'au-delà. Aujourd'hui encore, les enterrements traditionnels chinois donnent parfois lieu à des cérémonies fastueuses.

Islam

(*yīsīlán jiào*)
L'islam a été fondé par le prophète arabe Mahomet, envoyé de Dieu pour transmettre cette religion aux hommes. Le nom d'islam dérive du mot *salam*, qui signifie à l'origine "paix" et a aussi le sens de "se soumettre". Le terme évoque donc "la paix qui vient lorsqu'on se soumet à Dieu". L'adjectif correspondant est "musulman".

Né vers 570, le Prophète reçut le nom de Mahomet, qui signifie "de grand mérite".

La tradition veut qu'il soit un descendant d'Abraham, qui avait deux épouses, Hagar et Sarah. Hagar donna naissance à Ismaël et Sarah eut un fils du nom d'Isaac. Sarah demanda que Hagar et Ismaël soient bannis de la tribu. Selon le Coran, Ismaël partit pour La Mecque et Mahomet fut un de ses descendants.

Il y eut d'autres prophètes avant Mahomet, mais celui-ci est considéré comme le plus grand et le dernier d'entre eux.

Mahomet dit qu'il n'existait qu'un seul dieu, Allah, dont le nom vient de *al*, qui signifie "le" et de *illah*, qui signifie "Dieu". Ce monothéisme sans compromis se heurta au panthéisme et à l'idolâtrie des Arabes, de même que son enseignement moral et sa conception d'une fraternité universelle s'opposaient à l'ordre social existant, fondé sur la division en classes et considéré comme corrompu et décadent pour un musulman.

L'enseignement du Prophète reçut un accueil hostile. Suivi de ses disciples, il dut fuir La Mecque en 622 et se réfugier à Médine, où il installa sa base politique et une armée qui finit par s'emparer de La Mecque et prendre le contrôle de tout le pays. Mahomet mourut en 632, deux ans après avoir repris La Mecque. Un siècle plus tard, les musulmans arabes avaient bâti un immense empire qui s'étendait de la Perse à l'Espagne. Ils furent finalement supplantés par les Turcs, mais l'islam conserva toute la force qu'il a encore de nos jours.

Contrairement à ce qui se passa dans d'autres pays, l'islam pénétra en Chine de façon pacifique. Les commerçants arabes, qui débarquaient sur la côte chinoise méridionale, établirent leurs mosquées dans les grandes villes maritimes telles que Canton et Quanzhou, et les marchands musulmans qui cheminaient sur la route de la Soie à travers l'Asie centrale et jusqu'en Chine convertirent des Chinois han dans le nord du pays. On rencontre aussi toute une population de musulmans ouïghours, d'ascendance turque, dont les ancêtres s'installèrent en Chine, dans la région du Xinjiang, sous la dynastie Tang.

Christianisme

(*jīdū jiào*)

La première apparition du christianisme en Chine remonte aux Nestoriens, une secte syrienne. Ils pénétrèrent sur le sol chinois au VIIe siècle, lorsqu'un Syrien du nom de Raban présenta des textes chrétiens à la cour impériale de Chang'an. Cet événement ainsi que la construction d'un monastère nestorien à Chang'an furent gravés sur une imposante stèle de pierre, érigée en 781, et aujourd'hui exposée au musée de la province du Shaanxi, à Xi'an.

Les jésuites constituèrent le second groupe chrétien à pénétrer en Chine. Dans les années 1580, les prêtres Matteo Ricci et Michael Ruggieri furent autorisés à s'installer à Zhaoqing, dans la province de Guangdong, et finirent par se présenter à la cour impériale de Pékin. Un nombre important de missionnaires catholiques et protestants s'établirent par la suite en Chine, après l'invasion du pays par les puissances occidentales, au XIXe siècle.

Judaïsme

(*yóutài jiào*)

Située dans la province du Henan, Kaifeng abrita la plus grande communauté de juifs chinois. Convictions religieuses et rites ont presque tous disparu, mais les descendants des premiers juifs installés en Chine se considèrent toujours comme juifs. On ignore comment cette religion est arrivée dans le pays. Peut-être s'agissait-il de commerçants qui suivaient la route de la Soie à l'époque où Kaifeng était la capitale chinoise, ou peut-être sont-ils venus d'Inde. Pour plus de détails, reportez-vous à la rubrique *Kaifeng*, au chapitre *Henan*.

Religion et communisme

Le régime communiste actuel professe l'athéisme. Il considère la religion comme une superstition, vestige de l'ancienne Chine et utilisée par les classes dirigeantes pour conserver le pouvoir. Il est en parfait accord avec la définition que Marx donnait de la religion, l'"opium du peuple". Toutefois, pour améliorer les relations avec les minorités musulmanes, bouddhistes et lamaïstes, il a de nouveau autorisé les pratiques religieuses. En revanche, seuls les athées peuvent devenir membres du PCC, règle qui exclut d'office presque tous les membres des 55 minorités chinoises se réclamant d'une religion.

Les croyances religieuses de la Chine traditionnelle ont beaucoup souffert de la Révolution culturelle, avec la dispersion des monastères, la destruction des temples, l'élimination des moines ou leur reconversion forcée aux travaux des champs. De nombreux lieux de culte sont aujourd'hui abandonnés ou affectés à d'autres fonctions. Si la religion traditionnelle est restée bien vivante à Macao, Hong Kong ou Taiwan, les temples et les monastères ne jouent plus qu'un rôle mineur sur le continent.

Depuis la mort de Mao, le régime a autorisé la réouverture de nombreux temples (avec parfois leur propre contingent de moines et de novices). Toute activité religieuse est surveillée par l'État et les moines sont souvent des gardiens installés dans des cellules rénovées des monastères. Les temples sont à nouveau le théâtre de pèlerinages ; on brûle l'encens ou on lance des *shèng bēi* (blocs de bois servant à prédire l'avenir), on fait des offrandes aux dieux en brûlant de la fausse monnaie de papier. On évoque aussi l'existence de sanctuaires bâtis par les paysans en l'honneur des divinités locales, non sans avoir au préalable consulté des experts en géomancie, et de cérémonies religieuses traditionnelles pour accompagner à nouveau les funérailles des parents.

Confucius a souvent servi de symbole politique, son rôle étant "redéfini" selon les besoins du moment. A la fin du XIXe siècle, il était considéré comme un symbole de la réforme, sous prétexte qu'il avait combattu les réformes à son époque. Après la chute de la dynastie Qing, les intellectuels chinois s'opposèrent violemment à Confucius, considéré comme conservateur et retardataire. Dans les années 30, Tchang Kaï-chek et le Guomindang se servirent de son image pour pro-

Chinglish

Au début vous risquez d'être déconcerté par un écriteau dans la salle de bains sur lequel est écrit "Please dont take the odds and ends put into the nightstool" ("Ne prenez pas les restes posés dans la chaise percée"). En réalité, il s'agit d'un avertissement contre l'impulsion soudaine qui pourrait vous prendre de vider le contenu de vos poches ou de votre sac à dos dans les toilettes. Un panneau ambigu avec des implications anarchistes comme celui qui se trouve dans la Banque de Lhassa et sur lequel est écrit "Question Authority" ("Contestez l'autorité") est en fait une manière abrégée de dire "Please adress your questions to one of the clerks" ("S'il vous plaît posez vos questions à l'un des employés"). D'un autre côté, juste pour semer la confusion, quand une société porte un nom tel que "Risky Investment Co" ("Compagnie d'investissement risqué"), c'est un nom qui veut bien dire ce qu'il dit.

Si tout cela vous paraît fort embrouillé, ne vous inquiétez pas. Il ne vous faudra pas longtemps pour assimiler un petit arsenal d'expressions chinglish. Sans même y réfléchir, vous comprendrez tout de suite que "Be careful not to be stolen" ("Faites attention à ne pas être volé") est une mise en garde contre les pickpockets ; que "Shoplifters will be fined 10 times" ("Les voleurs à l'étalage seront condamnés à une amende 10 fois") veut dire que le vol à l'étalage n'est pas une bonne idée en Chine ; que "Do not stroke the works" ("Ne caressez pas les œuvres"), que l'on voit généralement dans les musées, veut dire "Ne pas toucher" ; et que "No gang fighting after drinking the liqueurs" ("Pas de luttes entre bandes après avoir bu les liqueurs") est une mise en garde contre les soirées dans les bars dégénérant en bagarres, problème de société de plus en plus répandu en République populaire de Chine.

Le meilleur conseil pour les voyageurs en Chine qui se débattent dans les complexités d'une nouvelle langue est de ne pas prétendre à l'impossible. N'oubliez pas qu'il faut un minimum de 15 ans d'études en langue chinoise et un cours intensif d'anglais pour être capable d'écrire couramment le chinglish. ∎

mouvoir les valeurs traditionnelles. Aujourd'hui, il connaît à nouveau les faveurs du régime, qui défend avec véhémence l'autoritarisme néo-confucianiste tel qu'il est professé par Lee Kuan Yew, à Singapour.

Le christianisme jouit également d'un regain de popularité et l'on a pu assister à la construction récente d'églises dans plusieurs villes. Bien que toujours considéré par le régime comme une forme de pollution spirituelle, il continue à progresser. De fait, le gouvernement cherche surtout à limiter au maximum les contacts entre chrétiens chinois et occidentaux. Les églises sont placées sous le contrôle de l'État : le Mouvement patriotique Trinité fut fondé pour gérer les temples protestants et l'Association patriotique catholique pour remplacer Rome à la tête des églises catholiques.

Les frictions entre gouvernement et l'Église catholique chinoise sont nombreuses dans la mesure où cette dernière refuse de renier le rôle du pape et parce que le Vatican maintient des relations diplomatiques avec Taiwan.

On estime aujourd'hui la communauté musulmane à quatorze millions de fidèles, ce qui en fait la minorité religieuse active la plus importante de Chine. Le régime n'a pas communiqué de chiffres officiels sur le nombre de bouddhistes, qui pourtant doivent être nombreux puisque la plupart des Tibétains, des Mongols et des Dai sont bouddhistes. La Chine compte également trois millions de catholiques et quatre millions de protestants. Il est impossibles de déterminer le nombre de taoïstes, mais leurs prêtres sont rares.

Sous la Révolution culturelle, les mosquées furent fermées. Beaucoup ont depuis réouvert leurs portes. En réalité, ce furent les bouddhistes tibétains qui eurent le plus à souffrir de Mao. Le dalaï-lama et son entourage durent se réfugier en Inde, en 1959, lorsque la rébellion tibétaine fut matée par les troupes chinoises. Pendant la Révolution culturelle, les monastères furent pillés, certains rasés, et la théocratie qui avait gouverné le Tibet pendant des siècles disparut en une seule nuit. Quelques temples et monastères ont rouvert leurs portes et la religion tibétaine demeure extrêmement vivante au sein de la population.

LANGUE

La langue officielle est le dialecte de Pékin, souvent appelé mandarin. Il est essentiellement parlé dans le nord-est et le sud-ouest. Le nom officiel du mandarin est *pǔtōnghuà* ("langage commun"), mais ceux qui étudient le chinois entendront également évoquer le *hànyǔ* (langue Han), le *zhōngwén* et le *zhōngguóhuà*. Ces deux derniers termes signifient tout simplement "chinois". *Huáyǔ* est le mot utilisé par les Chinois du Sud-Est asiatique. On le rencontre parfois en Chine. A l'époque où le dialecte de Pékin était employé comme langue usuelle par les lettrés, aux siècles précédents, il portait le nom de *guānhuà*, terme aujourd'hui tombé en désuétude.

Les Chinois et les ordinateurs

La révolution de l'information a fini par toucher la Chine après maints avatars. Récemment encore, le gouvernement chinois interdisait aux particuliers de posséder une photocopieuse ou un fax. Aujourd'hui, le régime admet que l'utilisation d'ordinateurs s'impose dans la marche pour le progrès économique.

Le parcours est semé d'embûches. Les claviers sont normalement conçus normalement pour des alphabets latins. Un clavier chinois devrait se composer de quelque cinq mille touches.

Aussi tape-t-on le chinois sur un clavier traditionnel. Le plus facile consiste à saisir le texte chinois dans sa transcription latine et de laisser l'ordinateur le retranscrire en caractères chinois. Sachant qu'un mot comme *yi* donne lieu à plus de 100 possibilités différentes, le processus est très lent. D'autre part, peu de personnes connaissent la transcription latine du chinois, sans parler des locuteurs cantonais. Une autre méthode permet à l'utilisateur de trouver le bon caractère grâce à l'ordre des traits employés dans l'écriture chinoise normale. C'est une méthode fiable mais très lente. Un autre système exige de l'opérateur qu'il mémorise un code numérique pour chaque caractère – et il y en a des milliers ! Illusoire, ou presque.

Des programmeurs en Chine, à Hong Kong, à Singapour et à Taiwan cherchent des solutions. On a essayé de tourner la difficulté, de se passer entièrement de clavier et d'enregistrer directement la voix, méthode sur laquelle ont planché les Japonais. Les résultats restent très décevants : on n'a toujours pas trouvé de substitut à la saisie.

Autre pierre d'achoppement : la sauvegarde des informations. La Chine continentale a adopté un format standardisé pour le stockage des caractères chinois sur disque. Ce système fonctionne bien pour les 7 000 caractères officiels simplifiés mais Taiwan, qui utilise les caractères traditionnels, a sa propre liste officielle de 13 000 caractères, incompatible avec le précédent. A Hong Kong, on utilise le système d'écriture traditionnel, auquel il faut ajouter 150 caractères spécifiques au cantonais. Les informaticiens chinois s'échinent à mettre au point des convertisseurs de fichiers d'un format dans un autre et divers autres stratagèmes pour jongler avec les deux (ou trois ?) systèmes.

En outre, le parc d'ordinateurs en Chine s'accroît à la vitesse grand V. Bien qu'elle doive importer de nombreux composants, la Chine fabrique ses propres ordinateurs personnels sous des marques comme Grande Muraille ou Taiji.

La plupart des entreprises chinoises, de nombreuses écoles et de plus en plus de particuliers aisés possèdent désormais leurs ordinateurs. Pour quel usage ? A des fins comptables ou commerciales mais surtout pour les jeux vidéo.

Et parfois pour semer la zizanie. Le piratage de logiciels est extrêmement répandu en Chine, de même que les virus informatiques. En 1989 est apparu le terrible "virus Li Peng", qui vous demandait si vous aimiez le Premier ministre. En cas de réponse positive, votre disque dur était entièrement effacé. ■

La promulgation du dialecte de Pékin comme langue nationale date de la période nationaliste, lorsque l'on appelait le mandarin *guóyŭ* ("langue nationale"). Ce terme est toujours employé à Taiwan, et parfois en Chine. Le putonghua des communistes diffère du guoyu par le vocabulaire et les accents toniques, mais ne gêne pas la compréhension mutuelle.

Dialectes parlés. En dehors du mandarin, la Chine possède six groupes majeurs de dialectes qui se subdivisent à leur tour en de multiples dialectes, dont certains sont mutuellement compréhensibles. Même si environ 70% de la population parle le mandarin, ce n'en est pas pour autant leur langue maternelle. Dans les campagnes, les populations utilisent plus généralement un dialecte local, bien que les jeunes générations comprennent le mandarin.

L'autre dialecte important est le cantonais. On le parle à Guangdong, dans le sud du Guangxi et à Hong Kong.

Tous les dialectes chinois partagent le même système d'écriture.

L'écriture

On qualifie souvent le chinois de langue pictographique. En réalité, la plupart des caractères chinois de base sont des dessins stylisés du concept qu'ils représentent, mais près de 90% des caractères sont composés d'un signifiant et d'un signifié.

Combien existe-t-il de caractères chinois ? On peut en dénombrer environ 56 000, mais beaucoup sont obsolètes. On estime qu'un Chinois instruit peut connaître et utiliser de 6 000 à 8 000 caractères. Pour lire un journal, il faut en posséder 2 000 à 3 000 bien qu'un bagage de 1 200 à 1 500 caractères suffit pour en saisir le sens général.

Mais la difficulté ne réside pas seulement dans la quantité de caractères indispensables à connaître pour pouvoir lire. Si la structure de base de la langue chinoise est le caractère monosyllabique, les mots combinent souvent deux ou plusieurs caractères. Un étudiant en chinois peut ainsi connaître

les caractères correspondant à "regarder" (*kàn*), "maison" (*jiā*) et "chien" (*gŏu*), mais il lui faudra probablement recourir au dictionnaire pour découvrir que la combinaison des trois (*kànjiāgŏu*) signifie "chien de garde". Un exemple classique de combinaison de caractères plus complexe est celle qui associe *wēi* (dangereux) à *jī* ("occasion") pour créer le mot *wēijī* ("crise").

Simplification. Afin de promouvoir l'instruction généralisée, le gouvernement de Pékin créa le Comité de réforme de la langue chinoise en 1954. Quelque 2 200 caractères furent ainsi simplifiés. Toutefois, à l'extérieur du pays, les communautés chinoises (notamment Hong Kong et Taiwan) continuent d'utiliser les caractères traditionnels dans leur forme complète. Ces dernières années, probablement à la suite d'investissements à grande échelle des Chinois d'outre-mer et des effets du tourisme, on a assisté à un retour aux caractères originaux, essentiellement dans la publicité qui les considère comme plus séduisants dans les restaurants, les hôtels et sur les enseignes. Il semble que les deux systèmes se fassent concurrence.

Grammaire

La grammaire chinoise est plutôt simple. Il n'existe ni articles (le/un), ni conjugaison, ni pluriel. En règle générale, l'ordre des mots est le suivant : sujet-verbe-complément. Autrement dit, une phrase élémentaire en français, telle que "elle entre dans une boutique" suit la même construction en chinois.

Pour les débutants et tous ceux qui possèdent déjà quelques rudiments de la langue chinoise, le *Manuel de conversation* français-chinois de Lu Fujun et Yang Qingguo aux éd. Sinolingua (1989) constitue une bonne façon de lever la barrière linguistique. L'*Interprète de poche* de Lydia Chen et Ying Bian (Éd. en langues étrangères Beijing, 1989) donne les notions de base permettant de construire des phrases simples. S'agissant des dictionnaires, reportez-vous au paragraphe *Livres* dans le chapitre *Renseignements pratiques*.

Accent tonique

Le chinois est une langue qui comporte quantité d'homonymes que seul l'accent tonique permet de différencier. Le mandarin en possède quatre (haut, montant, tombant-montant et tombant) ; le cantonais, six (ou neuf si l'on inclut les variations tonales qui leur sont propres), ce qui le rend encore plus difficile encore à maîtriser pour un étranger. Tous les mots chinois ont une valeur tonale. Le terme de *ma* peut signifier "mère", "cheval", "gronder" ou "chanvre", selon l'accent tonique :

haut	—	mā	mère
montant	↗	má	chanvre ou engourdi
tombant-montant	⌄	mǎ	cheval
tombant	↘	mà	gronder ou jurer

Le pinyin

En 1958, les Chinois ont officiellement adopté un système de transcription de leur langue dans l'alphabet latin, le *pīnyīn*. L'idée était d'abandonner peu à peu les caractères chinois. Mais les traditions sont les plus fortes et ce projet fut abandonné.

On se sert souvent du pinyin sur les vitrines, les enseignes, les panneaux indicateurs et les affiches publicitaires. N'attendez pas toutefois des Chinois qu'ils sachent s'en servir. Il semble même que l'utilisation de ce système soit en perte de vitesse.

Dans les campagnes et et les petites villes, il est rare de trouver une indication en pinyin et, à moins de parler le chinois, vous aurez besoin d'un lexique comportant les caractères traditionnels.

Depuis 1979, tous les textes traduits du chinois, documents diplomatiques, magazines publiés en langues étrangères, ont adopté le système pinyin pour l'orthographe des noms et des lieux. Ce dernier remplace les anciennes méthodes de transcription romanisante Wade-Giles et Lessing.

C'est ansi que Mao Tse-tung est devenu *Mao Zedong* ; Chou En-lai, *Zhou Enlai*. Le nom du pays est demeuré le même, Chine en français, alors qu'en pinyin il devient *Zhongguo*. Lorsque Hong Kong (une romanisation du cantonais pour "port parfumé")

retournera à la Chine, en 1997, elle deviendra *Xianggang*.

Prononciation

La lettre **v** n'est pas utilisée en chinois, on la remplace par **w**. Les sons les plus complexes en pinyin sont le **c**, le **q** et le **x**. La plupart des lettres se prononcent comme en français, à l'exception des suivantes :

Voyelles

a	comme "a" dans "sac"
ai	comme dans "ail"
ao	comme dans "taoïsme"
e	comme "e" dans "heure"
ei	comme "ei" dans "oseille"
i	comme "i" dans "scie"
ian	comme "ianne" dans "Yann"
ie	comme "illet" dans "feuillet"
o	comme "o" dans "sol"
ou	comme "au" dans "saule"
u	comme "ou" dans "soupe"
ü	comme "u" dans "rue"
ui	comme "oui" dans "fouine"
uo	comme "ouo" dans "Drouot"

Consonnes

Le pinyin présente une autre difficulté avec ses trois paires de consonnes qui se prononcent de la même manière : *s* et *x* qui se prononcent comme le "s" de "suivre" ; *c* et *q* qui se prononcent tous deux "ts", comme dans "tsar" (aspiré) ; *j* et *z* qui se prononcent "ds" comme dans "tsar" également, mais non aspiré. Leur emploi différencié est parfaitement logique mais quelque peu compliqué à expliquer brièvement. C'est la voyelle qui suit qui va décider de l'utilisation, par exemple, d'un *j* ou d'un *z*. *Ji* se prononce "dzi" alors que le *zi* se dira "dzu" ; *ju* se prononcera "dzu" alors que *zu* se dira "dzou".

Ces prononciations sont toutefois sujettes à des variantes régionales.

c	comme "ts" dans "tsar" mais fortement aspiré
ch	comme "tch" dans "tchèque" mais fortement aspiré
j	comme "dz-(i)"

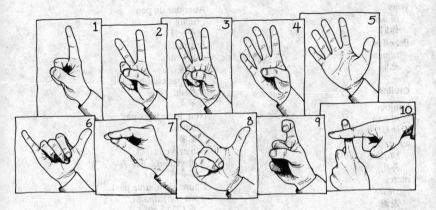

Compter avec ses doigts

h	comme "r" dans "roc"
q	comme "ts-(i)"
r	comme "j" dans "joue"
sh	comme "ch" dans "chat"
x	comme "s-(i)"
z	comme "ts" dans "tsar"
zh	comme "dg" dans "budget"

En pinyin, des apostrophes peuvent séparer les syllabes : écrire *ping'an* évite de le prononcer *pin'gan*.

Gestes

Les Chinois utilisent fréquemment des signes de main. Le pouce en l'air indique traditionnellement l'excellence, de même que le geste qui consiste à se tirer doucement le lobe de l'oreille entre le pouce et l'index.

Ils emploient également un système particulier pour compter sur leurs doigts. Seul inconvénient, il existe de nombreuses différences selon les régions.

Lexiques

Ils sont précieux, mais mieux vaut recopier les phrases nécessaires que montrer le livre à quelqu'un dans la rue. Il y a de grandes chances pour qu'il vous le prenne des mains et le lise d'un bout à l'autre. Les noms des rues et des places se déchiffrent facilement puisqu'ils sont indiqués en pinyin. Dans le cas contraire, vous retiendrez rapidement quantité de caractères qui se répètent partout. Par ailleurs, un petit dictionnaire français-pinyin, comportant les caractères chinois, est également utile pour apprendre quelques mots.

Pour plus de renseignements, reportez-vous au paragraphe *Dictionnaires* dans le chapitre *Renseignements pratiques*. Les anglophones pourront se procurer le *Mandarin Phrasebook*, le *Tibetan Phrasebook* et le *Cantonese Phrasebook*, édités par Lonely Planet.

Pronoms

je
   wǒ
   我
tu
   nǐ
   你
il, elle
   tā
   他/她/它
nous
   wǒmen
   我们

vous
nǐmen
你们

ils, elles
tāmen
他们

Civilités

bonjour
nǐ hǎo
你好!

au revoir
zàijiàn
再见

merci
xièxie
谢谢

je vous en prie
búkèqi
不客气

pardon
duìbùqǐ
对不起

Phrase utiles

Comment vous appelez-vous ?
nín guì xìng ?
您贵性?

Je m'appelle...
wǒ xìng...
我性 ...

D'où êtes-vous ?
nǐ cóng nǎr láide ?
你是从哪儿来的?

Je viens de...
wǒ shi ... láide
我 是 ... 来的

Je suis un étudiant étranger
wǒ shi liúxuéshēng
我是留学生

Êtes-vous marié ?
nǐ jiéhūnle ma ?
你结婚了吗?

Oui
yǒu
有

Non
méiyǒu
没有

Attendez un peu
děng yíxià
等一下

Je veux...
wǒ yào...
我要.....

Non, pas comme ça
búshì
不是

Non, je ne veux pas
búyào
不要

Aimez-vous... ?
nǐ xǐhuan... ma ?
你喜欢 ...吗?

J'aime (je n'aime pas)...
wǒ (bù) xǐhuan...
我 (不) 喜欢 ...

Non, je n'ai pas
méiyǒu
没有

Que faut-il faire maintenant ?
zěnme bàn ?
怎么办?

Ça ne fait rien
méishì
没事

Compréhension

Je ne comprends pas
wǒ tīngbudǒng
我听不懂

Je comprends
wǒ tīngdedǒng
我听得懂

Comprenez-vous ?
tīngdedǒng ma ?
懂吗?

Pourriez-vous parler plus lentement ?
qǐng nǐ shuō màn
yídiǎn hǎo ma ?
请 你说 慢一点好儿

Pays

Allemagne
déguó
德国

Australie
áodàlìyà
澳大利亚

Canada
jiānádà
加拿大

Danemark
dānmài
丹麦

Espagne
xībānyá
西班牙

États-Unis
měiguó
美国

France
fǎguó
法国

Nouvelle-Zélande
xīnxīlán
新西兰

Pays-Bas
hélán
荷兰

Royaume-Uni
yīngguó
英国

Suède
ruìdiǎn
瑞典

Suisse
ruìshì
瑞士

Argent

Combien cela coûte-t-il ?
duōshǎo qián?
多少钱?

Y a-t-il quelque chose
de moins cher ?
yǒu piányì yìdiǎn de ma?
有便宜一点的吗?

C'est trop cher
tài guìle
太贵了

Bank of China
zhōngguó yínháng
中国银行

RMB (monnaie locale)
rénmínbì
人民币

changer de l'argent
huàn qián
换钱

chèque de voyage
lǚxíng zhīpiào
旅行支票

Poste et télécommunications

bureau de poste
yóujú
邮局

lettre
xìn
信

enveloppe
xìnfēng
信封

paquet
bāoguǒ
包裹

par avion
hángkōng xìn
航空信

acheminement terrestre
píngyóu
平邮

timbres
yóupiào
邮票

carte postale
míngxìnpiàn
明信片

aérogramme
hángkōng xìnjiàn
航空邮件

poste restante
cúnjú hòulǐnglán
存局候领栏

téléphone
diànhuà
电话

bureau de téléphone
diànxùn dàlóu
电讯大楼

carte de téléphone
diànhuà kǎ
电话卡

appel international
guójì diànhuà
国际电话

appel en PCV
duìfāng fùqián diànhuà
对方付钱电话
appel direct
zhíbō diànhuà
直通电话
fax
chuánzhēn (ou *fax*)
传真

Lieux

galerie d'art
měishùguǎn
美术馆
banque
yínháng
银行
centre-ville
shì zhōngxīn
市中心
ambassade
dàshǐguǎn
大使馆
marché
shìchǎng
市场
musée
bówùguǎn
博物馆
université
dàxué
大学
agence CITS
(China International
Travel Service)
zhōngguó guójì lǚxíngshè
中国国际旅行社
agence CTS
(China Travel Service)
zhōngguó lǚxíngshè
中国旅行社
agence CYTS
(China Youth Travel Service)
zhōngguó qīngnián lǚxíngshè
中国青年旅行社
librairie internationale
wàiwén shūdiàn
外文书店
librairie Xinhua
xīnhuá shūdiàn
新华书店

Directions

Rues et routes sont souvent divisées en sections (*duàn*). Chaque section est dotée d'un numéro ou, plus fréquemment, d'une inscription indiquant sa position par rapport aux autres sections selon les points cardinaux. Ainsi, Zhongshan Lu (Rue Zongshan) peut être divisée en une section est (*dōng duàn*) et une section ouest (*xī duàn*). La section est sera désignée Zhongshan Donglu et l'ouest sera Zhongshan Xilu.

Où est le… ?
… zài nǎli?
…在哪里？
Je suis perdu(e)
wǒ mílùle
我迷路了
Tournez à droite
yòu zhuǎn
右转
Tournez à gauche
zuǒ zhuǎn
左转
Tout droit
yìzhí zǒu
一直
Faites le tour de…
xiàng huí zǒu …
向回走
carte
dìtú
地图
nord
běi
北
sud
nán
南
est
dōng
东
ouest
xī
西

Hébergement

hôtel
lǚguǎn
旅馆

petit hôtel
lǚshè
旅社

auberge
zhāodàisuǒ
招待所

hôtel pour touristes
bīnguǎn, fàndiàn, jiǔdiàn
宾馆, 饭店, 酒店

dortoir
duōrénfáng
多人房

chambre seule
dānrénfáng
单人房

chambre double
shuāngrénfáng
双人房

lit
chuángwèi
床位

chambre économique
jīngjìfáng
经济房

chambre standard (avec bain)
biāozhǔn fáng
标准套房

chambre de luxe (avec bain)
háohuá tàofáng
豪华套房

carte de visite de l'hôtel
lǚguǎn de míngpiàn
旅馆的名片

Puis-je voir la chambre ?
wǒ néng kànkan fángjiān ma ?
我能看看房间？

Je n'aime pas cette chambre
wǒ bù xǐhuan zhèijiān fángjiān
我不喜欢这间房间

Pourriez-vous laver ces vêtements,
s'il vous plaît ?
kěyǐ xǐ zhèixiē yīfu ma ?
请把这些衣服洗干净

Se déplacer

Je veux aller à…
wǒ yào qù…
我要去…

Je veux descendre
wǒ yào xiàchē
我要下车

Je veux partir à…(heure)
wǒ yào…diǎn zǒu
我要……点开

Pourriez-vous m'acheter
un billet ?
*kěyǐ tì wǒ mǎi yìzhāng
piào mā ?*
可以替我买一张票吗？

A quelle heure part-il ?
jǐdiǎn kāi ?
几点开？

A quelle heure arrive-t-il ?
jǐdiǎn dào ?
几点到？

Combien de temps dure le voyage ?
*zhèicì lǚxíng yào duōcháng
shíjiān ?*
这次旅行要花多少时间？

un billet
yìzhāng piào
一张票

acheter un billet
mǎi piào
买票

rembourser un billet
tuì piào
退票

bagages
xíngli
行李

consigne à bagages
jìcún chù
寄存处

taxi
chūzū chē/dīshi
出租车

Air

aéroport
fēijīchǎng
飞机场

bureau CAAC
zhōngguó mínháng
中国民航

vol charter
bāojī
包机

billet aller
dānchéng piào
单程票

billet aller-retour
láihuí piào
来回票

Bus

bus
gōnggòng qìchē/zhōngbā
公共汽车

minibus
xiǎo gōnggòng qìchē
小公共汽车

gare routière
chángtú qìchē zhàn
长途汽车站

plan des trajets de bus
jiāotōng dìtú
交通地图

A quelle heure part le premier bus ?
tóubān qìchē jǐdiǎn kāi ?
头班汽车几点开?

A quelle heure part le dernier bus ?
mòbān qìchē jǐdiǎn kǎi ?
末班汽车几点开?

A quelle heure part le prochain bus ?
xià yìbān qìchē jǐdiǎn kāi ?
下一班汽车几点开?

Train

train
huǒchē
火车

guichet
shòupiào chù
售票处

guichet des billets pris à l'avance
huǒchē piào yùshòu chù
火车票预售处

gare
huǒchē zhàn
火车站

gare principale
zhǔyào huǒchē zhàn
主要火车站

siège dur
yìngxí, yìngzuò
硬席, 硬座

siège mou
ruǎnxí, ruǎnzuò
软席, 软座

wagon-lit dur
yìngwò
硬卧

wagon-lit moelleux
ruǎnwò
软卧

couchette du milieu
zhōngpù
中铺

couchette supérieure
shàngpù
上铺

couchette inférieure
xiàpù
下铺

ticket de quai
zhàntái piào
站台票

quel quai ?
dìjǐhào zhàntái ?
第几号站台?

billet de surclassement (une fois dans le train)
bǔpiào
补票

salle d'attente des premières
ruǎnwò hòuchēshì
头等候车楼

métro
dìxiàtiě
地下铁路

station de métro
dìtiě zhàn
地铁站

Bicyclette

bicyclette
zìxíngchē
自行车

Je veux louer une bicyclette
wǒ yào zū yíliàng zìxíngchē
我要租一辆自行车

Combien coûte la journée
(de location) ?
yìtiān duōshǎo qián ?
一天多少钱?

Combien coûte l'heure ?
yíge xiǎoshí duōshǎo qián ?
一个小时多少钱?

caution
yājīn
押金

Bateau

bateau
  chuán
  船

hovercraft
  qìdiàn chuán
  汽垫船

quai, embarcadère
  mǎtóu
  码头

Toilettes

toilettes, lavabos
  cèsuǒ
  厕所

papier-toilette
  wèishēng zhǐ
  卫生纸

salle de bains
  xǐshǒu jiān
  洗手间

Termes géographiques

route, chemin
  lù
  路

rue
  jiē, dàjiē
  街, 大街

boulevard
  dàdào
  大道

allée, ruelle
  xiàng, hútong
  巷, 胡同

grotte
  dòng
  洞

source chaude
  wēnquán
  温泉

lac
  hú
  湖

montagne
  shān
  山

rivière
  hé, jiāng
  河, 江

vallée
  gǔ, gōu
  谷, 沟

cascade
  pùbù
  瀑布

Urgences

police
  jǐngchá
  警察

Au feu !
  huǒzāi !
  火灾

A l'aide !
  jiùmìng a !
  救命

Au voleur !
  xiǎotōu !
  小偷!

Sécurité publique

Bureau de la sécurité publique (BSP)
  gōngān jú
  公安局

Ministère des Affaires étrangères
  wài shì kē
  外事科

permis de voyage pour étranger
  wàibīn tōngxíng zhèng
  外宾通行证

Je voudrais faire prolonger mon visa…
  *wǒ yào yáncháng wǒde
  qiānzhèng…*
  我要延长我的签证

… de deux semaines
  … liǎngge xīngqī
  两个星期

… d'un mois
  … yíge yuè
  一个月

… de deux mois
  … liǎngge yuè
  两个月

Médecine

Je suis malade
  wǒ shēngbìngle
  我生病了

Je suis blessé(e)
wǒ shòushāngle
我受伤了

hôpital
yīyuàn
医院

pharmacie
yàodiàn
药店

diarrhée
lādùzi
拉肚子

anti-diarrhéique
huángliǎnsù
黄连素

laxatif
xièyào
泻药

fièvre
fāshāo
发烧

giardiase
āmǐbā fǔxiè
阿米巴腹泻

hépatite
gānyán
肝炎

paludisme
nüèjì
疟疾

rage
kuángquǎn bìng
狂犬病

grippe
liúxíngxìng gǎnmào
流行性感冒

tétanos
pòshāngfēng
破伤风

Temps

Quelle heure est-il ?
jǐ diǎnle ?
几点了?

...heure ...minute
...diǎn ...fēn
...点...分...

quand ?
shénme shíhòu ?
什么时候?

maintenant
xiànzài
现在

aujourd'hui
jīntiān
今天

demain
míngtiān
明天

après-demain
hòutiān
后天

le matin
zǎochén
早晨

dans la journée
báitiān
白天

l'après-midi
xiàwǔ
下午

la nuit, le soir
wǎnshàng
晚上

Tant qu'il fait jour
xiàlìng shíjiān
夏令时间

heure de Pékin (officielle)
běijīng shíjiān
北京时间

Nombres

0	*líng*	零
1	*yī, yāo*	一
2	*èr, liǎng*	二
3	*sān*	三
4	*sì*	四
5	*wǔ*	五
6	*liù*	六
7	*qī*	七
8	*bā*	八
9	*jiǔ*	九
10	*shí*	十
11	*shíyī*	十一
12	*shí'èr*	十二
20	*èrshí*	二十
21	*èrshíyī*	二十一
100	*yìbǎi*	一百
200	*èrbǎi, liǎngbǎi*	二百
1 000	*yìqiān*	一千

2 000	*liǎngqiān*	两千
10 000	*yíwàn*	一万
20 000	*liǎngwàn*	两万
100 000	*shíwàn*	十万
200 000	*èrshíwàn*	二十万

Apprendre le chinois

Pékin (Beijing) et Taipei sont probablement les deux villes les plus propices à l'apprentissage de la langue chinoise.

Pékin offre l'avantage d'avoir adopté le système d'écriture simplifié et le pinyin. Le coût de la vie y est également moins élevé qu'à Taipei, bien que les écoles aient tendance à faire payer plus cher les étrangers. L'inconvénient de faire des études à Pékin réside dans les conditions de logement, souvent inconfortables et la politique délibérée qui consiste à séparer les Chinois des étrangers. Ceux-ci sont assignés dans des dortoirs séparés et rarement autorisés à vivre dans une famille chinoise.

Le Beijing Language Institute (BLI ou Institut de langues de Beijing (*yǔyán xuéyuán*), situé à l'est de l'université Qinghua, sur la route du bus 331, accueille la plupart des étrangers, mais il existe d'autres écoles qui acceptent des étudiants non chinois.

A Taipei, comme partout à Taiwan, le coût de la vie est élevé ; on peut en revanche y gagner sa vie en enseignant. Les étrangers sont libres de s'installer là où ils veulent et il est assez facile de trouver des colocataires chinois.

Il existe plusieurs centres d'études à Taiwan, dont le meilleur est sans doute la National Taiwan Normal University (☎ (02) 363 9123), située dans le Mandarin Training Centre (*táiwān shīfàn dàxué*), 129-1 Hoping E Road, Section 1, Taipei.

Hong Kong est l'endroit idéal pour l'apprentissage du cantonais. Bien que la moitié des habitants de l'île parle le mandarin, leur accent diffère totalement de celui entendu à Pékin, ce qui peut prêter à confusion. Le New Asia Yale, de la China Language School à l'université chinoise des Nouveaux Territoires, propose des cours de mandarin et de cantonais.

A Paris, vous pouvez vous adresser à Council (1 place de l'Odéon, 75006 Paris, ☎ 01 44 41 74 93 ; fax 01 43 26 97 45) qui propose des cours de mandarin et de civilisation tous niveaux dans les universités de Nankin, Pékin, Shanghai ainsi qu'à Taiwan, avec hébergement en résidence universitaire.

Renseignements pratiques

VISAS ET AMBASSADES

Il est facile d'obtenir un visa pour voyager individuellement en Chine, même pour les ressortissants de pays n'entretenant pas de relations diplomatiques avec la République populaire de Chine. Les visas s'obtiennent facilement auprès des ambassades et consulats chinois de la plupart des pays occidentaux et de nombreux autres pays.

En France, le visa touristique, valable 3 mois (à compter de la date d'émission), est renouvelable au moins une fois sur place. Il s'obtient auprès du consulat en une dizaine de jours, sur présentation d'un passeport en cours de validité, d'une photo d'identité et d'un formulaire de demande de visa, après acquittement d'une somme de 200 FF. Le coût d'un visa délivré en express est d'environ 300 FF (500 FF pour un visa à entrées multiples d'une validité de 3 mois). Ajoutez 150 FF pour un visa délivré le jour même. Pour un visa de transit, vous devrez débourser 60 FF. Les demandes de visas par courrier ne sont pas acceptées mais vous pouvez passer par un tiers. Le service des visas est ouvert de 9h30 à 12h et de 14h30 à 17h. Dans tous les cas, votre passeport doit être valable six mois au moins après la date de votre retour. Contrairement à la réglementation internationale, un examen médical et un test de dépistage du Sida sont obligatoires pour tous ceux qui veulent séjourner plus d'un an.

Pour les autres types de visas (affaires, étudiant, travail, etc.), il faut en outre présenter une lettre d'invitation ou un télex envoyé par un organisme compétent, agréé par le gouvernement chinois.

En Belgique comme en Suisse, le visa s'obtient en une semaine environ sur présentation des justificatifs énumérés ci-dessus, et il vous en coûtera respectivement 900 FB et 30 FS.

A Hong Kong, l'obtention d'un visa ne pose aucun problème. Le visa standard de 30 jours (que vous pourrez utiliser à n'importe quel moment pendant une durée de 3 mois) vous sera délivré au bureau des visas (☎ 2585-1794, 2585-1700) dépendant du ministère des Affaires étrangères de la République populaire de Chine, 5e étage, Low Block, China Resources Building, 26 Harbour Rd, Wanchai. Vous devrez payer 100 $HK pour obtenir votre visa deux jours et demi plus tard, 250 $HK si vous souhaitez qu'il vous soit délivré le jour même. Le bureau est ouvert du lundi au vendredi de 9h à 12h30 et de 14h à 17h, et le samedi de 9h à 12h30.

Si vous avez besoin d'un visa de plus de 30 jours ou à entrées multiples, adressez-vous à l'une des agences CTS à Hong Kong (voir la rubrique *Offices du tourisme* dans ce chapitre). Les prix varient de 160 $HK pour un visa de 3 mois à entrée unique (délivré en deux jours et demi) à 1 500 $HK pour un visa de 6 mois à entrées multiples fourni dans les 4 heures. Certaines agences de voyage de Hong Kong se chargent également de ces formalités. Phoenix Services (☎ 2722-7378), Room B, 6e étage, Milton Mansion, 96 Nathan Rd, Tsimshatsui, Kowloon, est une adresse fiable. Attention, les visas de 60 et 90 jours sont valables *à compter de leur date d'émission*. Il est souvent difficile d'obtenir un visa valable plus d'un mois en dehors de Hong kong. La demande de visa doit être accompagnée d'une photo d'identité et rédigée en anglais. Prévoyez une page entière dans votre passeport pour le visa.

Le formulaire de demande de visa comporte une série de questions : itinéraire de votre voyage, moyens de transport utilisés, durée du séjour, etc. Mais vos réponses ne vous engagent à rien. Vous n'êtes absolument pas obligé de partir de l'endroit spécifié sur votre formulaire.

Visas à entrées multiples

Un visa à entrées multiples vous permettra d'entrer et de sortir de Chine un nombre illimité de fois. Il s'obtient par l'intermédiaire du CTS ainsi que de certaines agences de voyage à Hong Kong (voir ci-dessus). Les visas à entrées multiples les moins chers reviennent à 650 $HK et sont valables 3 mois. Pour une durée de 6 mois, comptez 900 $HK ; mais à chaque entrée, votre séjour est limité à 30 jours et il est presque impossible de le faire proroger. Ces derniers sont en réalité des visas d'affaires, délivrés seulement si l'on a déjà séjourné au moins une fois en Chine, et que l'on peut en apporter la preuve par le tampon apposé sur son passeport.

Obtention de visas aux frontières

On peut obtenir un visa de 5 jours à la frontière, à Shenzhen (à proximité de Hong Kong) et à Zhuhai (près de Macao). Malheureusement, ils ne sont valables qu'à l'intérieur des Zones économiques spéciales de Shenzhen ou Zhuhai.

Types de visas

Quand vous descendez dans un hôtel, la fiche à remplir comporte généralement une question sur le type de visa qui vous a été accordé.

La plupart des voyageurs ne savent pas trop comment répondre. Le plus souvent, il s'agit d'un visa de type "L", pour "*lǚxíng*". Cette lettre figure sur le visa. Il existe sept types de visas, auxquels correspondent les lettres suivantes :

L	Touristique (*lǚxíng*)
F	Affaires (*fǎngwèn*)
D	Résident (*dìngjū*)
G	Transit (*guòjìng*)
X	Étudiant (*liúxué*)
Z	Travail (*rènzhí*)
C	Steward (*chéngwù*)

Ambassades chinoises

Voici les adresses des ambassades et consulats de Chine dans les pays suivants :

Allemagne
Friedrich-Ebert Strasse 59, 53177 Bonn (☎ (0228) 35 36 54, 35 36 22)
Consulat : Hambourg

Belgique
Boulevard Général Jacques 19, 1050 Bruxelles (☎ (02) 640 40 06)

Canada
515 St Patrick St, Ottawa, Ontario KIN 5H3 (☎ (613) 234-2706, 234-2682)
Consulats : Toronto et Vancouver

Espagne
Arturo Soria 111, 28043 Madrid (☎ (341) 413-5892, 413-2776)

États-Unis
2300 Connecticut Ave NW, Washington, DC 20008 (☎ (202) 328-2500, 328-2517)
Consulats : Chicago, Houston, Los Angeles, New York et San Francisco

France
21, rue de l'Amiral-d'Estaing, 75016 Paris (☎ 01 47 20 86 82, 01 47 20 63 95)
Consulat (service des visas) : 9 avenue Victor-Cresson, 92130 Issy-les-Moulineaux (☎ 01 47 36 77 90, 01 47 36 02 58) ou, à Marseille : 20 boulevard Carmagnole, 13008 Marseille (☎ 04 91 76 52 18)

Grande-Bretagne
Cleveland Court, 1-3 Leinster Gardens, London W2 6DP (☎ (0171) 723-8923, 262-0253)

Italie
Via Della Camilluccia 613 00135 Roma (☎ (06) 3630-8534, 3630-3856)
Consulat : Milan

Pays-Bas
Adriaan Goekooplaan 7, 2517 JX La Haye (☎ (070) 355 15 15, 355 92 09)

Suisse
7 JV Widmannstrasse, 3074 Muri, Bern (☎ (031) 951 14 01, 951 14 02)

Prorogations de visas

Les prorogations de visas relèvent de la section des Affaires étrangères du Bureau local de la sécurité publique (BSP), la police, en somme. Les organismes de voyages gouvernementaux, tels le CITS, n'ont aucune compétence en la matière. La prorogation coûte 25 yuan pour la plupart des nationalités, 50 yuan pour certaines.

Les conditions de prorogation des visas étaient assez floues au moment de la rédaction de cet ouvrage. Il nous a semblé que l'obtention d'une prorogation d'un mois n'était plus la règle et que celle généralement accordée était de 15 jours pour un visa de 30 jours. Toutefois, en vous adressant à un bureau compréhensif du BSP, vous pourrez peut-être obtenir un peu plus, en particulier si vous invoquez des motifs convaincants tels que la maladie (excepté le Sida), ou des retards dans les transports. Une seconde prorogation est rarement accordée.

Visas de retour en Chine

La plupart des résidents étrangers en Chine disposent de visas à entrées multiples et n'ont pas besoin d'un visa spécial pour revenir en Chine. On pourra toutefois exiger d'eux d'autres formalités (acquittement de taxes, vaccinations, etc.). En cas de doute, mieux vaut vous renseigner auprès du BSP avant votre départ.

Autres visas

Les renseignements concernant les visas nécessaires pour se déplacer par le Transsibérien vous sont fournis à la rubrique *Train* du chapitre *Comment circuler*.

Ambassades étrangères en Chine

A Pékin, les ambassades sont essentiellement regroupées dans deux quartiers, Jianguomenwai et Sanlitun.

Le quartier de Jianguomenwai abrite les ambassades suivantes :

Bangladesh
  42 Guanghua Lu (☎ 532-2521 ; fax 532-4346)
Corée du Nord
  Ritan Beilu (☎ 532-1186)
États-Unis
  3 Xiushui Beijie (☎ 532-3831 ; fax 532-6057)
Grande-Bretagne
  11 Guanghua Lu (☎ 532-1961 ; fax 532-1939)
Inde
  1 Ritan Donglu (☎ 532-1908 ; fax 532-4684)
Israël
  Room 405, West Wing, China World Trade Centre, 1 Jianguomenwai Dajie (☎ 505-0328)
Japon
  7 Ritan Lu (☎ 532-2361)
Mongolie
  2 Xiushui Beijie (☎ 532-1203 ; fax 532-5045)
Philippines
  23 Xiushui Beijie (☎ 532-2794)
Républiques tchèque et slovaque
  Ritan Lu (☎ 532-1531 ; fax 532-5653)
Singapour
  1 Xiushui Beijie (☎ 532-3926 ; fax 532-2215)
Sri Lanka
  3 Jianhua Lu (☎ 532-1861 ; fax 532-5426)

Thaïlande
  40 Guanghua Lu (☎ 532-1903 ; fax 532-1748)
Vietnam
  32 Guanghua Lu (☎ 532-1155 ; fax 532-5720)

Le quartier de Sanlitun, à Pékin, regroupe les ambassades ci-après :

Allemagne
  5 Dongzhimenwai Dajie (☎ 532-2161 ; fax 532-5336)
Belgique
  6 Sanlitun Lu (☎ 532-1736 ; fax 532-5097)
Cambodge
  9 Dongzhimenwai Dajie (☎ 532-1889 ; fax 532-3507)
Canada
  19 Dongzhimenwai Dajie (☎ 532-3536 ; fax 532-4072)
Espagne
  9 Sanlitun Lu (☎ 532-1986 ; fax 532-3401)
France
  3 Sanlitun Dong 3-Jie (☎ 532-1331 ; fax 532-4841)
Hongrie
  10 Dongzhimenwai Dajie (☎ 532-1431 ; fax 532-5053)
Italie
  2 Sanlitun Dong 2-Jie (☎ 532-2131 ; fax 532-4676)
Kazakhstan
  (☎ 532-6182 ; fax 532-6183)
Kirghizistan
  Tayuan Diplomatic Building, 14 Liangmahe Nanlu (☎ 532-6458 ; fax 532-6459)
Malaisie
  13 Dongzhimenwai Dajie (☎ 532-2531 ; fax 532-5032)
Myanmar (Birmanie)
  6 Dongzhimenwai Dajie (☎ 532-1584 ; fax 532-1344)
Népal
  1 Sanlitun Xi 6-Jie (☎ 532-1795 ; fax 532-3251)
Pakistan
  1 Dongzhimenwai Dajie (☎ 532-2504)
Pays-Bas
  1-15-2 Tayuan Building, 14 Liangmahe Nanlu (☎ 532-1131 ; fax 532-4689)
Portugal
  Bangonglou 2-72 (☎ 532-3497 ; fax 532-4637)
Russie
  4 Dongzhimen Beizhongjie, à l'ouest du quartier de Sanlitun, dans une zone séparée (☎ 532-2051 ; fax 532-4853)
Suède
  3 Dongzhimenwai Dajie (☎ 532-3331 ; fax 532-5008)
Suisse
  3 Sanlitun Dong 5-Jie (☎ 532-2736 ; fax 532-4353)

Consulats. L'Allemagne, le Canada, les États-Unis, la France, la Grande-Bretagne, la Hongrie, l'Inde, l'Italie, le Japon, la Pologne, la République tchèque, la Russie et Singapour possèdent un consulat à Shanghai. Il existe aussi un consulat américain, français, japonais, polonais, thaïlandais et vietnamien à Canton, ainsi qu'un consulat américain à Shenyang. Pour plus de détails, reportez-vous aux chapitres concernant ces villes.

FORMALITÉS COMPLÉMENTAIRES

Compte tenu de l'intérêt porté par les Chinois pour les documents officiels, gardez avec vous quelques cartes de crédit, une carte d'étudiant ou tout autre papier imprimé et plastifié.

Ces documents vous seront par ailleurs utiles pour louer une bicyclette. Certains loueurs iront jusqu'à vous demander de laisser votre passeport, mais insistez pour leur fournir un autre document officiel. Certains hôtels formuleront la même exigence, même si vous avez payé d'avance. Dans ce genre de situations, un passeport périmé peut se révéler utile.

Si vous voyagez avec votre conjoint, une photocopie de votre certificat de mariage pourra vous servir au cas où vous auriez affaire à la justice, aux hôpitaux ou à toute autre instance bureaucratique. Bien qu'il ne soit pas indispensable, un carnet international de santé vous permettra de faire état de vos vaccinations.

Si vous envisagez de travailler ou de faire des études en Chine, munissez-vous des photocopies de vos diplômes universitaires, de dossiers de scolarité et de lettres de recommandation.

Les cartes internationales d'étudiant sont très peu reconnues en Chine. Emportez la carte d'étudiant délivrée par votre université ainsi qu'une lettre officielle certifiant votre inscription. Ces documents sont indispensables car il existe un trafic mondial de fausses cartes internationales d'étudiant. En outre, certains avantages ne sont plus consentis aujourd'hui qu'aux étudiants au-dessous d'un certain âge, généralement 26 ans.

Passeport

Il est indispensable. Si le vôtre est proche de la date d'expiration, faites-le renouveler. En effet, de nombreux pays ne délivrent pas de visa lorsque le passeport vient à expiration dans un délai de 6 mois. Assurez-vous également que votre passeport comporte suffisamment de pages vierges pour les tampons d'entrée et de sortie.

Si vous séjournez longtemps en Chine, ou dans un autre pays, vous avez tout intérêt à faire enregistrer votre passeport auprès de votre ambassade. En cas de perte, cette démarche vous épargnera bien des formalités. Dans le même cas de figure, prenez votre carte d'identité, votre permis de conduire et un passeport périmé.

Documents chinois

Les étrangers qui vivent, travaillent ou étudient en Chine se voient délivrer un certain nombre de documents, dont certains leur permettront d'obtenir des réductions substantielles dans les trains, les avions, les hôtels, les musées et les sites touristiques.

Ce que l'on appelle la "carte blanche" est la plus courante et la moins utile. Elle consiste en une simple carte d'étudiant avec photo, glissée dans un porte-carte en plastique rouge (d'où son autre nom de "carte rouge"). Elle devrait vous permettre d'emprunter les trains au tarif local. Sa reproduction par photocopie ne pose aucune difficulté et les porte-cartes sont en vente partout. Aussi trouverez-vous toujours quelqu'un pour vous en proposer une. Sachez également qu'en dehors des grandes villes comme Pékin et Shanghai, les employés des chemins de fer ignorent à quoi ressemble une véritable carte blanche et les fausses marchent parfois mieux que les vraies !

La "carte verte" est une autorisation de résidence délivrée aux professeurs, consultants et étudiants étrangers vivant en Chine. C'est un document précieux qu'il vaut mieux ne pas perdre si l'on veut éviter des ennuis avec le BSP.

Aux dires des étrangers résidant en Chine, mieux vaut quitter le pays si l'on perd sa carte verte. Celle-ci vous permet notamment de régler les prestations d'hébergement et de transport au tarif chinois. En outre, de nombreux hôtels offrent d'importantes réductions aux détenteurs de carte verte (même les établissements cinq-étoiles !). Elle ressemble davantage à un petit passeport qu'à une carte, difficilement imitable. La carte verte a une validité d'un an, renouvelable.

Permis de circulation intérieure
(*tōngxíng zhèng*)
Au début des années 80, seules 130 villes en Chine étaient officiellement ouvertes aux touristes étrangers. Depuis, le nombre est passé à 244 et, aujourd'hui, la majeure partie du pays est accessible aux touristes, à l'exception de certaines régions frontalières reculées, en particulier celles habitées par des minorités ethniques.

En règle générale, la plupart des sites décrits dans cet ouvrage sont ouverts aux étrangers, mais un incident (telle une révolte ethnique au Xinjiang) peut entraîner d'un jour à l'autre une modification de la réglementation en matière de permis. Renseignez-vous au préalable auprès du BSP, dans les capitales régionales.

Pour se rendre dans les régions "fermées" aux étrangers, un permis de circulation intérieure (Alien Travel Permit) est officiellement nécessaire. Le BSP a toute latitude pour délivrer, ou non, un tel permis. Toutefois, les endroits accessibles sont aujourd'hui suffisamment nombreux pour que la plupart des étrangers n'en aient pas besoin. Les universitaires et chercheurs étrangers qui désirent se rendre dans des régions reculées pour y poursuivre leurs recherches doivent présenter une lettre d'introduction (*jièshào xín*).

On pourra vous demander votre permis de circulation à la réception des hôtels, aux guichets de billets pour prendre le bateau ou le train et lors des contrôles de police. Si vous vous trouvez dans une zone interdite, mais que vous faites route vers une destination pour laquelle vous disposez d'un permis, la police vous laissera peut-être poursuivre votre chemin ou, au pire, vous obligera à rebrousser chemin.

Ce permis mentionne également les moyens de transport que vous êtes autorisé à prendre : avion, train, bateau ou voiture. Si l'un d'entre eux est barré, vous ne pourrez pas l'emprunter. S'il est annulé, vous pouvez le faire réinscrire au BSP suivant, mais seulement pour un trajet précis d'un point A à un point B. Vous pouvez aussi tenter votre chance et braver l'interdiction, quitte à perdre votre permis dans la prochaine ville ouverte et repartir de zéro.

Si vous parvenez à obtenir un permis pour une destination inhabituelle, la meilleure stratégie consiste à rejoindre cette destination le plus rapidement possible (de préférence par avion). Les autres BSP ne sont pas obligés d'honorer votre permis et pourront l'annuler. Prenez votre temps sur le chemin du retour : les risques de tracasseries seront moindres dans ce sens. Un permis n'est généralement pas nécessaire pour les lieux de transit et vous pourrez y passer la nuit.

DOUANE
Le passage de la frontière est devenu excessivement facile. Malgré la présence de policiers en uniforme, les douaniers ont surtout dans le collimateur les passeurs d'ouvrages pornographiques en provenance de Hong kong, plus que les touristes occidentaux.

A noter que sont clairement indiqués le "passage vert" et le "passage rouge". Ce dernier n'est à emprunter que si vous avez quelque chose à déclarer.

Vous êtes autorisé à importer 600 cigarettes ou l'équivalent en tabac, 2 litres d'alcool et 500 ml de parfum, 1 000 m de pellicule cinématographique seulement et un maximum de 72 bobines de film photo. L'importation de fruits frais est interdite.

Il est par ailleurs illégal d'importer tout support imprimé, film, bande magnétique, etc. "préjudiciables à la politique, l'économie, la culture et la morale chinoises". Au moment de quitter la Chine, tous les manuscrits, livres, bandes magnétiques, etc. "contenant des secrets d'État ou étant, pour toute autre raison, interdits à l'exportation" peuvent être saisis. Les antiquités, objets artisanaux, ornements et bijoux en or et en argent achetés en Chine devront être présentés à la douane. Vous devrez également présenter les factures correspondant à ces achats, faute de quoi les objets risquent d'être confisqués. Les étrangers sont rarement fouillés.

QUESTIONS D'ARGENT
Monnaie nationale
La monnaie nationale chinoise est connue sous le nom de Renminbi (RMB) ou "argent du peuple". L'unité de base du RMB est le *yuan*, divisé en dix *jiao*, à son tour subdivisé en dix *fen*. Dans le langage parlé, le yuan est souvent appelé *kuai* et le jiao *mao*. La valeur du fen est si faible qu'il est très rarement utilisé.

La Bank of China émet des billets de 1, 2, 5, 10, 50 et 100 yuan, 1, 2 et 5 jiao et 1 fen. Il existe également des pièces de 1 yuan, 1 jiao et 1, 2 et 5 fen.

Taux de change
Les taux de change sont les suivants :

Allemagne	1 DM	5,60	Y
Canada	1 $C	6,03	Y
États-Unis	1 $US	8,21	Y
France	1 FF	1,66	Y
Grande-Bretagne	1 £	12,70	Y
Hong Kong	1 $HK	1,06	Y
Japon	100 ¥	7,81	Y
Pays-Bas	1 G	5,08	Y
Suisse	1 FS	7,06	Y

Changer de l'argent
On peut changer les devises étrangères et les chèques de voyage dans les principales agences de la Bank of China, les hôtels touristiques, certains Friendship Store (magasins de l'Amitié) et certains grands magasins. Les hôtels se conforment généralement au taux de change officiel, parfois majoré d'une petite commission. Certains hôtels de luxe ne pratiquent le change que pour leurs clients. Les taux de change appliqués à l'entrée du pays (dans les aéroports et les ports, à la frontière de Hong Kong, etc.), correspondent habituellement au taux officiel, aussi n'hésitez pas à changer le maximum d'argent dès votre arrivée.

La plupart des devises d'Europe occidentale, les livres sterling, les dollars américains et canadiens, les dollars de Hong Kong ainsi que les yen sont acceptés. Dans certaines contrées reculées, toutefois, il n'est pas toujours facile de changer des devises peu courantes – dans ce cas, les dollars US demeurent la devise la plus pratique.

Conservez quelques-uns des bordereaux de change qui vous seront remis au moment des transactions. Vous en aurez besoin pour changer l'argent chinois non dépensé au moment de votre départ. Les voyageurs se rendant à Hong Kong pourront changer leurs RMB pour des dollars de Hong Kong sur place.

Marché noir. La disparition des Foreign Exchange Certificates (FEC), en 1994, s'est traduit par la quasi-disparition du marché noir. Dans les grandes villes, des changeurs continuent à se livrer à ce trafic mais les taux qu'ils proposent sont aujourd'hui moins intéressants que ceux des banques. En outre, compte tenu de l'importante quantité de fausse monnaie en circulation, mieux vaut ne pas se risquer à changer de l'argent dans les rues.

Faux billets. La fausse monnaie est répandue. Très peu de Chinois accepteront un billet de 50 ou 100 yuan sans vérifier au préalable que ce n'est pas un faux. Les coupures abîmées, vieilles ou tachées sont parfois difficiles à faire écouler. Dans ce cas, mieux vaut les changer dans une succursale de la Bank of China. Les faux billets vous seront confisqués. Pour vérifier les coupures, les Chinois disposent de tout un arsenal de méthodes.

Chèques de voyage. Ils sont plus sûrs et présentent l'avantage de s'échanger à un taux plus intéressant que l'argent liquide.

Les chèques de la plupart des grandes banques internationales sont acceptés, de même que ceux émis par certaines grandes agences – telles Thomas Cook, American Express et Bank of America.

Cartes de crédit. Elles sont de plus en plus acceptées en Chine dans les grandes villes. C'est notamment le cas de Visa, MasterCard, American Express, JCB et Diners Club. On peut les utiliser dans les hôtels de catégorie moyenne à supérieure (à partir de trois-étoiles), les Friendship Store et certains grands magasins. A noter toutefois qu'il reste impossible d'acheter les billets de transport avec une carte de crédit. Même les déplacements en avion se paient en liquide.

Le retrait d'argent dans les agences de la Bank of China est aujourd'hui devenue chose courante dans tout le pays, même dans des endroits reculés comme Lhassa. Sachez toutefois que l'on vous débitera 4% de commission et que le retrait minimum s'élève à 1 200 yuan.

American Express. L'agence compte des bureaux à Pékin, Shanghai, Canton et Xiamen. Pour plus de détails (adresses et numéros de téléphone), consultez les rubriques concernant ces différentes villes.

Se faire envoyer de l'argent. En moyenne, il faut compter environ 5 semaines pour que l'argent arrive, parfois plus dans les provinces reculées. A Pékin et Shanghai, vous aurez tout intérêt à prendre contact avec l'agence American Express. Le CITIC a également la réputation d'être plus efficace que la Bank of China.

Les banques françaises en Chine sont les suivantes :

Pékin
BNP : 3527 China World Tower, China World Trade Center, 1 Jianguomenwai Dajie (☎ 65053685)
Indosuez : Citic Building – 12/F, office 5, 19 Jianguomenwai Dajie (☎ 65003574)
Paribas : Beijing Hotel Bâtiment Central, suite 31/36, Chang Avenue (☎ 65133990)
Société Générale : Noble Tower – room 1504, 22 Jianguomenwai Dajie (☎ 65123666)

Canton
BNP : TP Plaza – room 1001/1003 109-9 Liu Hua Road (☎ 86695822)
Indosuez : Aether Plaza, 986 JLE, Sang Bei Road (☎ 6677260)
Paribas : China Hotel Office Tower – block n° 951 (☎ 86693303)
Société Générale : 1218-22 South Office Tower, Guangzhou World Trade Center, 371-375 Huanshi Dong Lu (☎ 7782688)

Shanghai
BNP : Jin Jiang Foreign Traders' Office Building Suite 58142, 58 Maoming Road, South Shanghai (☎ 2582582)
Indosuez : Room 2001 Union Building, 100 Yan An Dong Lu (☎ 3292228)
Paribas : Jin Jiang Club – bureaux n° 58132 et 58134, 58 Maoming Nan Lu (☎ 4728736)

Shenzhen
BNP : Room 301, 3/F. Century Plaza Hotel, N°1 Chun Feng Lu (☎ 552 3801)
Indosuez : Room 320-321, 3rd floor, Century Plaza Hotel, N°1 Chun Feng Lu (☎ 222 8930)
Société Générale : International Trade Center, 3e étage, Renmin Nan Lu (☎ 238 930)

Wuhan
Société Générale : Yangtzé Hotel – room 102, Jie Fang Da Dao, Hankou (☎ 755 0276)

Ouvrir un compte en banque. Les étrangers peuvent ouvrir des comptes bancaires en Chine, en dollars US (dans les banques pratiquant le change) et en yuan. Il n'est pas nécessaire de bénéficier d'un statut de résident ; un simple visa touristique suffit. Pratiquement tous les étrangers qui travaillent en Chine vous affirmeront que le CITIC est nettement plus intéressant que la Bank of China. Cette dernière dispose maintenant de guichets automatiques délivrant des yuan.

Coût de la vie
Tout dépend du confort désiré, de l'importance des déplacements et des régions fréquentées. Celles de l'Est sont ainsi plus chères que celles de l'Ouest.

Il est devenu difficile de visiter la Chine de l'Est (en gros, la région qui s'étend de Pékin à l'île de Hainan) si l'on dispose d'un budget très serré. En dehors des grandes villes (Pékin, Canton et Shanghai), les hébergements en dortoir sont rares ; dans de nombreuses villes, il faut compter entre 20 et 30 \$US minimum pour une double (les simples sont rarement disponibles). Le coût de la nourriture reste raisonnable en Chine. Comptez 5 \$US par jour. Vous pourrez réduire le coût des transports en privilégiant les déplacements en bus (non soumis à la tarification duale) ou en voyageant en classe dure dans les trains.

L'Ouest, en revanche, demeure relativement bon marché. Le Yunnan, le Sichuan, le Guangxi, le Gansu, le Xinjiang, le Qinghai et le Tibet demeurent les destinations préférées des voyageurs à petit budget qui pourront s'en tirer pour moins de 20 \$US par jour. Principal poste budgétaire : les interminables voyages en train.

Les visiteurs disposant d'un budget moyen ou très confortable seront mieux servis qu'il y a quelques années. Des hôtels de luxe ont été construits dans tout le pays et nombre de vieilles pensions d'État ont été transformées en hôtels de catégorie moyenne. Pour ces derniers, comptez de 35 à 50 \$US en moyenne pour une double avec clim., s.d.b., TV, etc. Il est possible de bien manger dans les restaurants des hôtels pour 5 à 10 \$US. Le coût des transports a très sensiblement augmenté pour ceux qui veulent leurs aises : une couchette molle pour un voyage de 8 heures revient à environ 60 \$US. Dans ces conditions, on aura tout intérêt à considérer le prix du trajet en avion, souvent meilleur marché ou d'un tarif à peine supérieur.

Avec un budget journalier de 200 à 250 \$US, les plus fortunés peuvent découvrir les principaux sites touristiques, s'offrir les hôtels cinq-étoiles (à partir de 100 \$US pour une double), parcourir de longues distances en avion, circuler en taxi, savourer la gastronomie chinoise et déguster quelques verres au bar le soir.

Le prix fort. En Chine, les étrangers se voient systématiquement imposer le prix fort. Cette situation, présente dans d'autres pays, relève d'une politique officielle en Chine. C'est à la demande de l'État que les compagnies aériennes et ferroviaires, les musées et les parcs appliquent un tarif plus élevé aux étrangers. Les prix appliqués aux étrangers peuvent ainsi être multipliés par 20. D'où le sentiment qu'a le touriste de se faire escroquer.

Il ne faut toutefois pas rester sur cette désagréable impression. En effet, au moment où vous vous y attendez le moins, un Chinois vous paiera votre repas au restaurant, vous offrira sa place pour la nuit dans le train, vous prêtera la bicyclette familiale, ou vous servira de guide pendant une journée entière en refusant tout dédommagement. De tels moments sont particulièrement émouvants car la plupart des Chinois n'ont guère les moyens de se montrer si généreux.

Un conseil : demandez toujours le prix. Si vous ne parlez pas chinois, écrivez-le.

Pourboires

La Chine est l'un des rares pays où l'usage du pourboire est peu répandu. Les rares pourboires se donnent avant la prestation de service et non après, afin d'être assuré (en théorie) d'un service plus efficace. Mieux vaut toutefois éviter cette pratique, préjudiciable pour les touristes qui vous suivent.

Marchandage

Compte tenu des tarifs excessifs appliqués aux étrangers, marchander est indispensable. On peut discuter les prix dans les boutiques, les hôtels et avec les chauffeurs de taxi. Dans les grands magasins, où les prix sont clairement indiqués, il n'est généralement pas possible de négocier. Dans les petites boutiques et les étals de rue, n'hésitez pas à marchander, sans déroger aux règles de la courtoisie. Certains étrangers s'imaginent, à tort, que marchander est un exercice d'intimidation. Sachez que les Chinois sont soucieux de ne pas "perdre la face" et que votre attitude produira les effets contraires à ceux escomptés.

Fixez-vous comme objectif de payer le prix chinois.

Taxes

Bien que les grands hôtels et les restaurants de luxe ajoutent parfois une taxe ou "service" de 10%, voire davantage, toutes les autres taxes à la consommation sont incluses dans les prix affichés.

QUAND PARTIR

Pour plus de renseignements sur les variations climatiques saisonnières, consultez la rubrique *Climat* au chapitre *Présentation du pays*.

Le tourisme s'est largement développé en Chine à tel point qu'il peut être difficile de dénicher une chambre en été. L'hiver est nettement plus calme mais le climat n'est guère agréable et de nombreux voyageurs sont victimes d'états grippaux. Le printemps et l'automne sont les meilleures saisons pour sillonner le pays, en particulier le Sud-Ouest.

Évitez les périodes de fêtes et les vacances officielles, en particulier le Nouvel An chinois.

QUE PRENDRE AVEC SOI

Voyagez léger et compact, quitte à procéder à quelques achats en cours de route.

Type de bagages

Optez de préférence pour un sac à dos sans armature, ou à armature interne, qui sera plus facile à caser dans les bus et les trains. Vous pouvez aussi envisager l'achat d'un "convertible" qui se transformera en sac ordinaire grâce à un système de capuchon. Évitez d'acheter des bagages en Chine car ils sont généralement de qualité très médiocre.

Si vous êtes réfractaire au sac à dos, choisissez un sac à bandoulière qui se porte sur l'épaule plutôt qu'une valise.

Un sac moins encombrant pour transporter les affaires de la journée est également indispensable. Mettez vos plans, pellicules et autres babioles dans les sacs "bananes" mais pas d'objets de valeur. C'est en effet une cible trop facile pour les pickpockets.

Vêtements

En théorie, deux ensembles de vêtements devraient suffire. Préférez les couleurs sombres, moins salissantes. Toujours est-il que vous pourrez acheter tout ce dont vous aurez besoin sur place.

Durant les mois d'été, portez des vêtements très légers, à l'instar des Chinois, hommes et femmes, qui portent alors des shorts, des T-shirts et des "tongues". Prévoyez un pull-over si vous envisagez une randonnée en altitude. Par ailleurs, vous pourrez acheter sur place imperméables, parapluies et ponchos à des prix raisonnables en cas d'ondées estivales.

Si vous vous rendez dans le nord du pays au plus fort de l'hiver, préparez-vous à affronter un froid redoutable. Vous pourrez acheter d'excellents anoraks ou vestes matelassées dans certaines grandes villes. Également bon marché et fonctionnels, les bonnets à oreilles doublés de fourrure, pas vraiment élégants. Munissez-vous d'un passe-montagne car ceux fabriqués sur place sont souvent trop petits. En revanche, les pulls constituent une bonne affaire. Vous pourrez également acheter des bottes fourrées ou des moufles, mais elles n'existent généralement qu'en petites tailles.

Sac de couchage

Un sac de couchage ne vous sera utile que si vous prévoyez de camper. Draps et couvertures sont fournis dans tous les hôtels ainsi que dans les trains. Même au Tibet, un sac de couchage ne vous servira à rien si vous séjournez à l'hôtel.

Indispensable

Une bonne paire de lunettes est absolument indispensable, en particulier pour le désert du Xinjiang ou les hautes altitudes du Tibet. Munissez-vous également d'une crème solaire et d'une gourde.

En dehors des grandes villes, certains produits de parapharmacie sont difficiles à trouver, notamment les crèmes à raser, les lames de rasoir, les produits antimoustiques, les déodorants, le fil dentaire, les tampons et les produits pour lentilles de contact.

N'oubliez pas d'emporter un réveil et des piles de rechange pour de ne pas rater avions, bus et trains. Un bâton de colle vous sera utile pour coller enveloppes et timbres.

Voici une liste des objets qui pourront vous être utiles ou indispensables :

Passeport, visas, papiers officiels (certificats de vaccinations, diplômes, photocopie de certificat de mariage, carte d'étudiant), argent, ceinture ou gilet avec pochettes pour mettre votre argent, billet d'avion, carnet d'adresses, lecture, stylo, carnet de notes, colle, cartes de visite, photos d'identité (une vingtaine), couteau suisse, appareil photo et accessoires, piles de rechange, pellicules, caméscope et cassettes vierges, radio, baladeur et piles rechargeables, petit chargeur de batterie (220 V), cadenas, antivol (pour attacher vos bagages dans le train), lunettes de soleil, produits pour lentilles de contact, réveil, gourde antifuites, lampe de poche avec piles et ampoules de rechange, peigne, boussole, petit sac pour la journée, pantalon long, short, tee-shirt, coupe-vent, pull, protection imperméable pour sac à dos, parapluie, poncho, rasoir, lames de rasoir, crème à raser, nécessaire à couture, cuillère, casquette, crème solaire, papier toilette, tampons, brosse à dents, dentifrice, fil dentaire, déodorant, shampooing, lessive, sous-vêtements, chaussettes, sandales, coupe-ongles, pince à épiler, produit antimoustiques, vitamines, laxatifs, antidiarrhéiques, préservatifs, contraceptifs, trousse à pharmacie et médicaments (voir aussi la rubrique *Santé*).

Cadeaux

De nombreux Chinois étudient l'anglais et apprécient les vieux livres anglais et les magazines. Pour l'heure, peu de Chinois s'intéressent au français. Les Chinois sont souvent collectionneurs de timbres et se rassemblent à proximité des guichets philatéliques des postes. Ils aiment aussi recevoir des monnaies étrangères un peu originales, des cartes postales étrangères, une photo de vous ou de votre famille.

OFFICES DU TOURISME

Pour le voyageur étranger, le CITS et le BSP sont des interlocuteurs incontournables.

Offices du tourisme locaux

CITS. Le China International Travel Service (CITS) s'occupe des touristes étrangers, et plus particulièrement des groupes en voyage organisé. Le CITS existe depuis 1954, époque à laquelle les clients étaient rares. Aujourd'hui, il touche plusieurs centaines de milliers de touristes par an.

Le CITS fait l'objet de vives critiques : personnel désagréable, incompétence, voire fraude. Les services sont très variables d'un bureau à l'autre. En vous attendant au pire, vous risquez d'avoir de bonnes surprises.

En règle générale, les voyageurs individuels ont rarement affaire au CITS. Selon la ville où vous vous trouvez, ses prestations sont plus ou moins limitées. Il pourra par exemple vous fournir des billets de train, d'opéra ou de spectacles d'acrobates, voire organiser des excursions dans des villages ou des usines.

Tous les billets de train achetés par l'intermédiaire du CITS sont vendus au tarif touriste (au moins 100% plus cher que le prix chinois), auquel vient généralement s'ajouter une petit commission, qui s'applique également pour les billets de bateau ou d'avion. Le CITS ne s'occupe ni

L'éventail chinois, accessoire pratique
et objet décoratif

des permis de circulation intérieure ni des prorogations de visas, pour lesquels vous devrez vous adresser directement au BSP.

CTS. Le China Travel Service (CTS) était à l'origine réservé aux touristes de Hong Kong, Macao et Taiwan, ainsi qu'aux étrangers d'origine chinoise. Aujourd'hui, l'origine ethnique n'entre plus en ligne de compte. Le CTS et le CITS sont désormais en totale concurrence. Le CITS essaie de s'emparer des marchés lucratifs de Taiwan et de Hong Kong, tandis que le CTS s'attaque au marché occidental, autrefois chasse gardée du CITS.

Nombre d'étrangers passent par les agences CTS de Hong kong et de Macao pour obtenir leurs visas et leurs réservations de trains, avions, hovercrafts et autres moyens de transport pour la Chine. Le CTS peut parfois obtenir des conditions plus avantageuses dans les hôtels qu'un touriste individuel (cette règle ne s'appliquant bien évidemment pas aux hébergements en dortoir). Le CTS possède 19 bureaux de représentation à Hong Kong, et les agences de Mongkok et Wanchai sont ouvertes le dimanche et les jours fériés. Il y a souvent un monde fou, aussi vaut-il mieux arriver dès l'ouverture, à 9h.

CYTS. Le nom du China Youth Travel Service (CYTS) semble indiquer qu'il s'agit d'un organisme de voyages pour étudiants. En réalité, le CYTS offre aujourd'hui pratiquement les mêmes services que le CITS et le CTS. Organisation de moindre envergure, le CYTS doit batailler dur pour rester au niveau de ses deux concurrents. Cette concurrence pourrait, à long terme, entraîner de meilleurs services mais pas nécessairement une baisse des tarifs. Le CYTS s'intéresse surtout aux groupes, mais les voyageurs individuels y trouveront leur avantage pour la réservation de places d'avion ou de couchettes de train.

Offices du tourisme chinois à l'étranger
CITS. La principale agence de Hong Kong (à Tsimshatsui East) peut se charger de réserver des places d'avion pour la Chine. Elle offre de surcroît un large éventail de brochures en anglais. L'agence principale et celle de Central sont ouvertes du lundi au vendredi de 9h à 17h et le samedi de 9h à 13h. L'agence de Mongkok reste ouverte plus longtemps (le samedi de 9h à 18h30 et une demi-journée le dimanche).

En dehors de la Chine et de Hong Kong, le CITS est généralement connu sous le nom de China National Tourist Office. Les principales représentations du CITS à l'étranger sont les suivantes :

Allemagne
> Office du tourisme de Chine, Eschenheimer Anlage 28, 6000 Frankfurt (☎ (069) 55 52 92 ; fax 597 34 12)

États-Unis
> Office du tourisme de Chine, agence de Los Angeles, 333 West Broadway, Suite 201, Glendale, CA 91204 (☎ (818) 545-7505 ; fax 545-7506)
>
> Agence de New York, Lincoln Building, 60E 42nd St, Suite 3126, New York, NY 10165 (☎ (212) 867-0271 ; fax 599-2892)

France
> Office du tourisme de Chine, 9 boulevard Malesherbes, 75008 Paris (☎ 01 42 66 94 51 ; fax 01 42 66 93 79)

Grande-Bretagne
> Office du tourisme de Chine, 4 Glentworth St, London NW1 (☎ (0171) 935-9427 ; fax 487-5842)

Hong kong
> Agence principale, 6e étage, Tower Two, South Seas Centre, 75 Mody Rd, Tsimshatsui East, Kowloon (☎ 732-5888 ; fax 721-7154)
>
> Agence Central, Room 1018, Swire House, 11 Chater Rd, Central (☎ 810-4282 ; fax 868-1657)
>
> Agence de Mongkok, Room 1102-1104, Bank Centre, 636 Nathan Rd, Mongkok, Kowloon (☎ 388-1619 ; fax 385-6157)
>
> Agence de Causeway Bay, Room 1104, Causeway Bay Plaza, 489 Hennessy Rd, Causeway Bay (☎ 836-3485 ; fax 591-0849)

Japon
> Office du tourisme de Chine, 6F Hachidai Hamamatsu-cho Building, 1-27-13 Hamamatsucho, Minato-ku, Tokyo (☎ (03) 3433-1461 ; fax 3433-8653)

CTS. Voici quelques-unes des principales représentations du CTS à l'étranger :

Allemagne

Düsseldorfer Strasse 14, 6000 Frankfurt (☎ (069) 25 05 15 ; fax 23 23 24)

Canada

556 West Broadway, Vancouver, BC V5Z 1E9 (☎ (604) 872-8787 ; fax 873- 2823)

États-Unis

2e étage, 212 Sutter St, San Francisco, CA 94108 (☎ (800) 332-2831, (415) 398-6627 ; fax 398-6669)

Agence de Los Angeles, Suite 138, 223 East Garvey Ave, Monterey Park, CA 91754 (☎ (818) 288-8222 ; fax 288-3464)

France

32 rue Vignon, 75009 Paris (☎ 01 44 51 55 66 ; fax 01 44 51 55 60)

Grande-Bretagne

24 Cambridge Circus, London WC2H 8HD (☎ (0171) 836-9911 ; fax 836-3121)

Hong Kong

Agence de Central, 2e étage, China Travel Building, 77 Queen's Road, Central (☎ 2521-7163 ; fax 2525-5525)

Agence de Kowloon, 1er étage, Alpha House, 27-33 Nathan Rd, Tsimshatsui (☎ 2721-4481 ; fax 721-6251)

Agence de Mongkok, 62-72 Sai Yee St, Mongkok (☎ 2789-5970 ; fax 2390-5001)

Agence de Wanchai, rez-de-chaussée, Southern Centre, 138 Hennessy Rd, Wanchai (☎ 2832-3888)

Agence de China Hong Kong City, 10-12 China Hong Kong City, 33 Canton Rd, Tsimshatsui (☎ 2736-1863)

Indonésie

PT Cempaka Travelindo, Jalan Hayam Wuruk 97, Jakarta Barat (☎ (021) 629-4256 ; fax 629-4836)

Japon

Nihombashi-Settsu Building, 2-2-4 Nihombashi, Chuo-ku, Tokyo (☎ (03) 3273-5512 ; fax 3273-2667)

Macao

Edificio Xinhua, Rua de Nagasaki (☎ 700-888 ; fax 706-611)

Malaisie

Yuyi Travel Sdn Bhd, 1er étage, Sun Complex, Jalan Bukit Bintang, 55100 Kuala Lumpur (☎ (03) 242-7077 ; fax 241-2478)

Philippines

489 San Fernando St, Binondo, Manila (☎ (2) 47-41-87 ; fax 40-78-34)

Singapour

Rez-de-chaussée, SIA Building, 77 Robinson Rd, 0106 (☎ 224-0550 ; fax 224-5009)

Thaïlande

559 Yaowaraj Rd, Bangkok 10500 (☎ (2) 226-0041 ; fax 226-4712)

BSP

Le Bureau de la sécurité publique (BSP) (*gōngān jú*) est le nom donné à la police chinoise, aussi bien en civil qu'en uniforme. Entre autres responsabilités, il réprime la dissidence politique, enquête sur les crimes, empêche étrangers et Chinois d'avoir entre eux des rapports sexuels (ce n'est pas une plaisanterie !), sert de médiateur dans les querelles familiales et règle la circulation. En corrélation avec le BSP, on a créé la Force armée de la police populaire chinoise (CPAPF), pour absorber les réductions d'effectifs dans l'Armée de libération populaire. La section des Affaires étrangères (*wài shì kē*) du BSP s'occupe des étrangers. Cette section (également appelée "entrée-sortie") est chargée d'accorder les prorogations de visas et les permis de circulation intérieure.

La police chinoise fait preuve d'amabilité à l'égard des étrangers (son attitude envers les Chinois est une autre histoire). Il arrive que les policiers vous offrent un siège, voire une tasse de thé, et mettent en pratique leurs connaissances en anglais, souvent étonnamment bonnes.

Le BSP est également chargé de la mise en place et de l'application des réglementations concernant les étrangers. C'est notamment lui qui est responsable de l'interdiction de certains hôtels à la clientèle étrangère. Si, du même coup, vous avez du mal à trouver une chambre, ils vous donneront des conseils. Ne les importunez pas avec des futilités et ne cherchez pas à les "utiliser" pour marquer un point contre un vendeur ambulant. En revanche, ayez recours à leur médiation en cas de contestation sérieuse dans un hôtel, un restaurant, avec un chauffeur de taxi, etc. Leur intervention est souvent efficace, car le BSP exerce un pouvoir quasi divin, en particulier dans les régions reculées.

Pour éviter les démêlés avec le BSP, ne commettez pas un certain nombre d'infractions. La plus courante consiste à rester au-delà de la date autorisée par votre visa. Ou à circuler en bicyclette d'une ville à l'autre (à certains endroits, circuler à bicyclette reste semble-t-il un délit pour un étranger). Ou encore à séjourner sans permis dans une zone interdite – heureusement, de nos jours, il existe en Chine peu d'endroits où un permis de circulation reste obligatoire. Enfin, les hommes étrangers soupçonnés de se montrer trop "entreprenants" avec les Chinoises risquent également d'avoir des problèmes avec le BSP.

Si vous vous retrouvez au poste, vous aurez peut-être à confesser vos fautes par écrit et à payer une amende. Dans les cas plus graves, vous risquez l'expulsion du pays (à vos frais).

En règle générale, si vous n'avez pas commis de délit grave, de type contrebande de drogue, il est peu probable que vous subissiez les tracasseries du BSP.

ORGANISMES À CONNAÎTRE A L'ÉTRANGER

Voici une liste d'adresses susceptibles de vous fournir des informations pour la préparation de votre voyage en Chine :

Office de tourisme de Chine, 116 avenue des Champs-Élysées, 75008 Paris (☎ 01 44 21 82 82)

Office du tourisme de Hong Kong, 53 rue François-Ier, 75008 Paris (☎ 01 47 20 39 54 ; fax 01 47 23 09 65)

Fédération des Associations franco-chinoises. c/Amitiés franco-chinoises, 7 rue du Major-Martin, 69001 Lyon (☎/fax 04 78 83 54 84). Elle vous fournira les coordonnées de ses associations membres et "observatrices" en France. Celles-ci organisent des conférences, des rencontres ainsi que des cours de mandarin et de calligraphie chinoise, et pourront vous renseigner sur la Chine.

La Maison de la Chine, 76 rue Bonaparte, 75006 Paris (☎ 01 40 51 95 00, 3615 code Maison de la Chine). Outre les voyages qu'elle propose, elle organise des conférences hebdomadaires et des forums mensuels sur la Chine.

Chinagora est un village chinois situé à Alfortville (94140) au bord de la Marne. Il regroupe un ensemble de restaurants, un centre commercial, une galerie, un hôtel et une maison de thé.

En ce qui concerne plus spécifiquement le Tibet, renseignez-vous auprès de :

Bureau du Tibet, 84 boulevard Adolphe-Pinard, 75014 Paris (☎ 01 46 56 54 53 ; fax 01 46 56

08 18, 3615 code Tibet Info) est la représentation officielle du dalaï-lama en France.

A Genève : rue de l'Ancien-Port 13/3, 1201 Genève (☎ 22 738 7940).

Centre Alexandra David-Neel Samten Dzong, 27 avenue du Maréchal-Juin, 04000 Dignes-les-Bains (☎ 04 92 31 32 38). Cette association organise, entre autres, des conférences et des activités culturelles.

HEURES D'OUVERTURE ET JOURS FÉRIÉS

Banques, bureaux, administrations et BSP sont ouverts du lundi au samedi. A titre indicatif uniquement, sachez qu'ils ouvrent vers 8h ou 9h, ferment pendant deux heures en milieu de journée (souvent une heure en hiver et trois durant les vagues de chaleur en été), pour rouvrir jusqu'à 17h ou 18h. Le dimanche est jour férié, mais certaines entreprises sont ouvertes le samedi matin et fermées par conséquent le mercredi après-midi. Les bureaux du CITS, les Friendship Store et les guichets de change des hôtels touristiques, ainsi que certaines agences de la Bank of China, pratiquent des heures d'ouverture similaires et sont généralement ouverts le dimanche, au moins le matin.

De nombreux parcs, zoos et monuments sont ouverts aux mêmes heures, ainsi que le dimanche et le soir. Les séances de cinéma et les spectacles de théâtre se terminent vers 21h30 ou 22h.

Concernant les restaurants, la situation s'est très nettement améliorée un peu partout, excepté dans les régions les plus reculées, et il est aujourd'hui possible de se restaurer à toute heure.

Les gares routières longue distance et les gares ferroviaires ouvrent leurs guichets vers 5h ou 5h30, avant le départ des premiers trains et bus. En dehors d'une à deux heures de fermeture en milieu de journée, ils restent ouverts tard le soir, jusqu'à 23h ou 23h30.

La République populaire de Chine compte neuf fêtes légales pendant l'année :

Nouvel An
1er janvier

Fête du Printemps

Généralement en février. Connue sous le nom de nouvel an chinois, elle marque le premier jour de l'ancien calendrier lunaire. Bien qu'elle dure officiellement trois jours, la plupart des gens s'arrêtent de travailler pendant une semaine. Méfiez-vous : ce sont les trois seuls jours de vacances en Chine et, à moins d'avoir réservé un mois ou deux à l'avance, c'est le pire moment pour traverser la frontière (en particulier celle avec Hong Kong) ou pour chercher un moyen de transport ou un hôtel. Réservez votre chambre à l'avance et attendez-y tranquillement la fin des festivités !

Fête internationale de la Femme

8 mars

Fête internationale du Travail

1er mai

Fête de la Jeunesse

4 mai. Elle commémore la manifestation étudiante du 4 mai 1919 à Pékin, après que le congrès de Versailles eut attribué au Japon les droits de l'Allemagne sur la ville de Tianjin.

Fête des Enfants

1er juin

Anniversaire de la fondation du Parti communiste chinois

1er juillet

Anniversaire de la fondation de l'Armée de libération populaire

1er août

Fête nationale

1er octobre – elle célèbre la fondation de la République populaire de Chine, le 1er octobre 1949.

MANIFESTATIONS CULTURELLES

La culture chinoise a beaucoup souffert de la Révolution culturelle et n'a pas encore retrouvé toute sa vivacité. Toutefois, il suffit de se rendre à proximité de certains temples, au moment voulu, pour assister à des cérémonies traditionnelles et des festivités.

Des prières spéciales ont lieu dans les temples bouddhistes et taoïstes les jours de pleine lune ou lorsque son éclat est le plus faible. Selon le calendrier lunaire chinois, ces jours tombent les 14e et 15e jours du mois lunaire, le dernier (29e ou 30e) jour du mois et le 1er du mois suivant.

Parmi les périodes où la vie des temples est la plus animée, il faut citer :

Fête des Lanternes (yuánxiāo jié)

Bien que ce ne soit pas un jour férié, c'est une fête très colorée. Elle tombe le 15e jour du 1er mois (environ entre mi-février et mi-mars). Les gens se promènent dans les rues la nuit en tenant à la main des lanternes de papier qu'ils ont pris le temps de fabriquer (ou d'acheter).

Anniversaire de Guanyin (guānshìyīn shēngrì)

La fête annuelle de Guanyin, la déesse de la Miséricorde, se situe le 19e jour du 2e mois (vers fin mars à fin avril). C'est le moment approprié pour découvrir les temples taoïstes.

Anniversaire de Mazu (māzǔ shēngrì)

Mazu, la déesse de la Mer, est l'amie de tous les pêcheurs. On l'appelle Mazu dans la province du Fujian et à Taiwan, mais Tianhou dans la province du Guangdong et Tin Hau à Hong Kong. Sa fête annuelle donne lieu à de grandes célébrations dans les temples taoïstes des régions côtières très loin vers le sud, jusqu'au Vietnam. La fête de Mazu a lieu le 23e jour du 3e mois lunaire (mai ou juin).

Fête du Balayage des tombes (qīng míng jié)

C'est une fête consacrée au culte des ancêtres : les gens se rendent sur les tombes de leurs parents disparus en nettoient le site. Ils y déposent souvent des fleurs et brûlent du faux papier monnaie à l'intention des défunts. Cette fête tombe la plupart du temps le 5 avril du calendrier grégorien, le 4 avril lors des années bissextiles.

Fête de l'Eau (pō shuǐ jié)

Dans la province du Yunnan, cette manifestation a lieu vers la mi-avril (habituellement entre le 13 et le 15 avril). Elle a pour objectif de laver toute la poussière, le chagrin et les démons de l'année qui vient de s'écouler afin d'apporter le bonheur pour celle qui arrive. Mais cette manifestation est maintenant souvent mise en scène pour les touristes.

Mois des Esprits (guǐ yuè)

Le mois des Esprits est le 7e mois lunaire, ou plus précisément les 15 premiers jours de ce mois (entre fin août et fin septembre). Les dévots pensent que les esprits sortent alors des enfers et viennent sur terre, et que c'est une période néfaste pour voyager, nager, se marier ou déménager. Si quelqu'un meurt durant ce mois, son corps sera conservé dans l'attente des funérailles et de l'enterrement le mois suivant. Le régime chinois considère le mois des Esprits comme des superstitions absurdes.

Fête de la Mi-Automne (zhōngqiū jié)

Également connue sous le nom de fête de la Lune, elle a lieu le 15e jour du 8e mois (vers octobre). C'est l'occasion de contempler la lune et d'allumer toutes sortes de feux d'artifice, mais aussi de manger de délicieux gâteaux de lune.

Fête de Confucius (kǒngzi shēngrì)

La fête anniversaire du grand sage tombe le 28 septembre du calendrier grégorien. C'est un moment intéressant pour visiter Qufu, lieu de naissance de Confucius, dans la province du Shandong. Une cérémonie a lieu au temple de Confucius, qui débute vers 4h du matin.

Tous les hôtels de la ville risquant d'être complets, prenez vos précautions pour réserver à l'avance.

POSTE ET TÉLÉCOMMUNICATIONS

Tarifs postaux

Les tarifs postaux en Chine sont les suivants :

Lettres

Poids	tarifs
0-20 g	2,20 yuan
20-50 g	4,30 yuan
50-100 g	6,70 yuan
100-250 g	13,20 yuan
250-500 g	26,80 yuan
500 g-1 kg	52,30 yuan
1-2 kg	74,10 yuan

Imprimés

Poids	tarifs
0-20 g	1,50 yuan
20-50 g	2,20 yuan
50-100 g	4,20 yuan
100-250 g	7,90 yuan
250-500 g	14,80 yuan
500 g-1 kg	23,70 yuan
1-2 kg	39,10 yuan

Petits paquets

Poids	tarifs
0-100 g	5,20 yuan
100-250 g	10,50 yuan
250-500 g	14,80 yuan
500 g-1 kg	31,30 yuan
1-2 kg	58,50 yuan

En théorie, les tarifs postaux sont identiques pour toute la Chine. En pratique, ils peuvent différer selon les bureaux de poste.

Lettres. Les tarifs pour le courrier international par voie terrestre sont indiqués dans le tableau ci-dessus. Par avion, ajoutez 0,7 yuan par tranche de 10 g.

Cartes postales. L'envoi de cartes postales à l'étranger revient à 1,30 yuan par voie normale, 1,60 yuan par voie aérienne, quelle que soit la destination.

Aérogrammes. Le tarif est de 2,80 yuan, quel que soit le pays de destination.

Imprimés. Concernant les tarifs des envois par voie terrestre, reportez-vous au tableau ci-contre. Au-delà de 2 kg, ajoutez 16,50 yuan par kilo supplémentaire. Pour les envois par voie aérienne, consultez le paragraphe *Lettres*.

Petits paquets. Les tarifs par voie terrestre sont indiqués dans le tableau ci-dessus. Pour les envois par voie aérienne, consultez le paragraphe *Lettres*.

Paquets. Les tarifs varient selon le pays de destination et le bureau de poste d'où vous expédiez votre colis. Un paquet d'un kilo revient à environ 55 yuan par voie terrestre et à quelque 80 yuan par voie aérienne pour la plupart des destinations. Les tarifs pour Hong Kong sont nettement moins élevés.

Les bureaux de poste se montrent très pointilleux sur l'emballage. Ne fermez pas complètement votre paquet avant son dernier passage à la douane. Dans la plupart des pays, les services postaux n'acceptent pas les paquets dépassant un certain poids (10 kg étant le maximum généralement toléré). La poste chinoise devrait pouvoir vous indiquer les limites autorisées selon les pays. Si vous possédez un reçu pour les objets que vous souhaitez expédier, glissez-le à l'intérieur du paquet au cas où il serait à nouveau ouvert par les douanes.

Express. Les tarifs du courrier express international (EMS) varient selon le pays et l'objet expédié (documents ou paquets). Ce système ne fonctionne pas pour toutes les destinations.

Recommandés. Lettres, imprimés ou paquets recommandés coûtent 1 yuan.

Comptez un supplément de 0,80 yuan pour un accusé de réception.

Envois en Chine. A l'intérieur d'une même ville, le tarif postal est de 0,10 yuan pour une lettre (20 g maximum) et de 0,10 yuan pour une carte postale. Hors de la ville, le tarif est de 0,20 yuan pour une lettre et de 0,15 yuan pour une carte. Les frais de recommandé sont de 0,30 yuan.

Envoyer du courrier

Le service postal international semble efficace. Lettres et cartes envoyées par avion mettent environ de 5 à 10 jours pour atteindre leur destination. Si possible, mentionnez le pays destinataire en chinois, cela accélérera le processus. La poste intérieure est étonnamment rapide : un à deux jours seulement de Canton à Pékin. A l'intérieur d'une ville, une lettre sera souvent distribuée le jour même de son envoi.

Outre les bureaux de poste locaux, des guichets de poste sont à votre disposition dans pratiquement tous les grands hôtels touristiques. Vous pourrez y envoyer lettres et paquets (la poste vérifie le contenu des paquets avant de les expédier). Dans les hôtels bon marché, on peut habituellement remettre ses lettres à la réception – le système est plus ou moins fiable, mais généralement il fonctionne. Certains paquets peuvent nécessiter un récépissé de la douane, obtenu seulement à la poste principale de la ville, où est contenu est vérifié.

Il n'est pas toujours facile de trouver de grandes enveloppes en dehors des grands magasins. Si vous envisagez d'envoyer plusieurs paquets, n'hésitez pas à en faire une petite réserve lorsque vous en dénicherez. Un rouleau de ruban adhésif solide est un objet utile à emporter avec soi. Ficelle, colle et emballages sont en théorie fournis dans les postes, mais ne vous y fiez pas trop. Les Friendship Store se chargent parfois de l'emballage et de l'envoi des objets achetés chez eux.

Transporteurs privés. Deux transporteurs étrangers, DHL et UPS, ont établi des accords de partenariat avec le transporteur chinois Sinotrans afin d'assurer des transports aériens rapides. Deux autres transporteurs étrangers – Federal Express et TNT Skypak –, se chargent de l'envoi de documents et paquets en express. De tels services ne sont assurés que dans les grandes villes et ne sont pas bon marché. Comptez un minimum de 50 \$US.

Recevoir du courrier

Il existe un service de poste restante dans toutes les villes ou presque ; il semble fonctionner correctement. Le système de retrait diffère d'un endroit à un autre, mais partout vous devrez débourser de 1 à 1,5 yuan de taxe par lettre reçue en poste restante.

Certains grands hôtels touristiques conservent le courrier de leurs clients, mais cette solution est moins fiable.

Officiellement, la République populaire de Chine interdit l'envoi de certains objets sur son territoire. Sont prohibés : "les ouvrages réactionnaires, les magazines et éléments de propagande, les articles obscènes ou immoraux". Il est également impossible d'envoyer des devises chinoises ou d'en recevoir par la poste. Comme ailleurs, enfin, les envois de haschisch et autres drogues ne sont guère du goût des autorités.

Téléphone

Le système téléphonique chinois subit actuellement une refonte qui, pour l'instant, est couronnée de succès. On peut désormais recevoir dans sa chambre d'hôtel des appels nationaux et internationaux beaucoup plus facilement. Même l'utilisation des cartes téléphoniques commence à se répandre.

Les chambres d'hôtels sont généralement équipées d'un combiné téléphonique d'où les appels locaux sont gratuits. On peut aussi téléphoner localement des appareils publics payants ou des cabines privées (à chaque coin de rue). Les communications intérieures longue distance sont également possibles à partir des lignes privées, mais pas les appels internationaux. Dans les halls de nombreux hôtels, la réception tient à votre disposition des postes gérés selon le principe suivant : appels gratuits pour les clients, 0,50 yuan pour les non-résidents, tarifs à la minute pour les appels longue distance.

On peut aussi passer des appels longues distances et internationaux depuis la plupart des bureaux de télécommunications. En règle générale, il faut verser un dépôt de 200 yuan en contrepartie duquel on vous fournit une carte sur laquelle est indiqué le numéro de votre cabine. Le coût de l'appel est comptabilisé à l'aide d'un ordinateur, selon un système tarifaire à la minute. On vous fournira un reçu.

Le prix des communications intérieures varie selon la distance, mais reste bon marché. Les appels internationaux, en revanche, sont chers. Ils sont facturés, en moyenne, 20 yuan la minute. Il y a parfois une facturation forfaitaire minimale de trois minutes. Les appels en PCV sont souvent moins onéreux que ceux réglés en Chine. Chronométrez vous-même votre appel ; l'opérateur ne se chargera pas de vous prévenir lorsque vous approcherez de la fin des trois minutes. Après avoir raccroché, l'opérateur vous rappellera pour vous indiquer le montant de la communication. Il n'existe pas de taxe pour les appels annulés.

Si vous attendez un appel, international ou intérieur, essayez de communiquer à l'avance à votre futur interlocuteur le numéro de votre chambre. Les standardistes ont souvent du mal à comprendre les noms occidentaux et le réceptionniste peut ne pas réussir à vous localiser. Sinon, prévenez l'opératrice que vous attendez un appel et écrivez-lui votre nom et le numéro de votre chambre.

Cartes téléphoniques. Vous trouverez des téléphones à carte dans les halls d'hôtels et dans la plupart des bureaux de poste. Les cartes coûtent 20, 50 ou 100 yuan, mais on ne peut les utiliser que dans la province où on les a achetées. Il existe aussi des cartes valables pour toute la Chine, à 200 yuan ; demandez une *quánguókǎ*. Les appels passés avec une carte sont facturés à la minute.

Appels en automatique. Les téléphones à carte représentent le système le meilleur marché, mais on peut également obtenir des communications directes intérieures (DDD) et internationales (IDD) depuis les postes, les centres d'affaires et les hôtels de catégorie moyenne à supérieure. N'oubliez pas que les hôtels facturent généralement une taxe de 30% pour les appels longue distance.

En Chine, le code d'accès à l'international est le 00. Composez ensuite l'indicatif du pays, puis celui de la localité (en omettant le 0) et le numéro de votre correspondant. Vous pouvez aussi passer par une opératrice du pays que vous appelez (108), pour ensuite demander un appel en PCV ou un appel par carte de crédit si vous disposez d'une carte de crédit valable dans le pays que vous cherchez à joindre.

Les indicatifs téléphoniques sont les suivants :

Pays	Appels en automatique	Par une opératrice
Canada	00-1	108-1
États-Unis	00-1	108-1*
France	00-33	108-33
Grande-Bretagne	00-44	108-44
Hong Kong	00-852	108-852
Japon	00-81	108-81
Pays-Bas	00-31	108-31

* Pour les États-Unis, vous pouvez composer le 108-11 (AT&T), le 108-12 (MCI) ou le 108-13 (Sprint).

Les indicatifs des capitales provinciales et des principales villes sont indiqués dans le tableau plus loin.

Numéros utiles. Les numéros indiqués ci-dessous sont identiques dans toutes les grandes villes. Seuls les renseignements internationaux disposent d'interlocuteurs anglophones :

Renseignements locaux	114
Renseignements longue distance	113, 173
Renseignements internationaux	115
Police	110
Pompiers	119

Fax, télex et télégramme

Les grands hôtels mettent habituellement à votre disposition un centre d'affaires équipé de téléphone, fax et télex, photocopieuse, voire machines à écrire et ordinateurs. En règle générale, il n'est pas nécessaire d'être client de l'établissement pour avoir accès à ces services. Il revient moins cher de faxer d'un bureau de poste, mais les centres d'affaires des hôtels sont plus efficaces et fournissent des récépissés confirmant votre envoi (les postes uniquement une facture).

Les fax et télex internationaux (pour toute autre destination que Hong Kong ou Macao) reviennent à 23 yuan la minute, avec une facturation minimale de trois minutes, ce qui rend incroyablement onéreux l'envoi d'une seule page ! Les tarifs des télégrammes internationaux avoisinent les 3,50 yuan par mot, plus en service express.

Les tarifs pour Hong Kong et Macao sont meilleur marché.

Indicatifs des capitales provinciales et des principales villes

Anhui
Hefei (0551)

Fujian
Fuzhou (0591)
Quanzhou (0595)
Xiamen (0592)

Gansu
Lanzhou (0931)

Guangdong
Canton (020)
Foshan (0757)
Shantou (0754)
Shenzhen (0755)
Zhanjiang (0759)
Zhuhai (0756)

Guangxi
Beihai (0779)
Guilin (0773)
Nanning (0771)

Guizhou
Guiyang (0851)
Zunyi (0852)

Hainan
Haikou (0750)
Sanya (0899)

Hebei
Chengde (0314)
Shijiazhuang (0311)
Qinhuangdao (0335)

Heilongjiang
Harbin (0451)
Mudanjiang (0453)

Henan
Kaifeng (0378)
Luoyang (0379)
Zhengzhou (0371)

Hubei
Wuhan (027)
Yichang (0717)

Hunan
Changsha (0731)
Yueyang (0730)

Jiangsu
Lianyungang (0518)
Nanjing (025)
Suzhou (0512)
Xuzhou (0516)

Jiangxi
Jiujiang (0792)
Lushan (07010)
Nanchang (0791)

Jilin
Changchun (0431)
Jilin (0432)

Liaoning
Dalian (0411)
Dandong (0415)
Shenyang (024)

Mongolie intérieure
Baotou (0472)
Hohhot (0471)
Xilinhot (0479)

Ningxia
Guyuan (0954)
Yinchuan (0951)

Pékin (010)

Qinghai
Golmud (0979)
Xining (0971)

Shaanxi
Xi'an (029)
Yan'an (0911)

Shandong
Ji'nan (0531)
Qingdao (0532)
Qufu (05473)
Weihai (05451)
Yantai (0535)

Shanghai (021)

Shanxi
Datong (0352)
Taiyuan (0351)

Sichuan
Chengdu (028)
Chongqing (0811)
Leshan (0833)

Tianjin (022)

Tibet
Lhassa (0891)

Xinjiang
Ürümqi (0991)

Yunnan
Kunming (0871)
Simao (0879)

Zhejiang
Hangzhou (0571)
Ningbo (0574)
Wenzhou (0577)

HEURE LOCALE

L'heure officielle est celle de Pékin, avec un décalage de 8 heures par rapport à l'heure de Greenwich (GMT). Lorsqu'il est midi à Pékin, il est également midi à Lhassa, Ürümqi et dans toutes les autres régions du pays. Les populations de l'extrême-ouest du pays pratiquent des horaires de travail plus tardifs.

Lorsqu'il est midi à Pékin, l'heure correspondante dans d'autres villes du monde est la suivante :

Francfort	5h
Hong Kong	12h
Londres	4h
Los Angeles	20h
Melbourne	14h
Montréal	23h
New York	23h
Paris	5h
Rome	5h
Wellington	16h

ÉLECTRICITÉ

Le courant électrique est en 220 V, 50 cycles. Il existe quatre types de prises : à trois fiches plates en angle (comme en Australie), à trois fiches rondes (comme à Hong Kong), à deux fiches plates (comme aux États-Unis, mais sans prise terre) et à deux fiches rondes (comme en Europe).

Vous pourrez facilement acheter des adaptateurs à Hong Kong ; en revanche, ils sont introuvables ou presque en Chine. Les chargeurs de batterie sont facilement disponibles mais souvent volumineux et peu pratiques à transporter. Mieux vaut faire l'acquisition d'un petit modèle à Hong Kong. Ces dernières années, les villes chinoises connaissent fréquemment des coupures de courant, en raison de l'accroissement de la demande en énergie électrique. C'est tout particulièrement le cas en été avec l'utilisation accrue de la climatisation.

BLANCHISSAGE/NETTOYAGE

A chaque étage de tous les hôtels chinois, ou presque, généralement près de l'ascenseur, vous attend un service d'entretien. Il a pour mission de nettoyer les chambres, de faire les lits et de collecter le linge à laver. Presque tous les hôtels touristiques disposent d'un service de blanchisserie, qui assure le travail en un jour ou deux. Si l'hôtel n'en possède pas, il pourra vous en indiquer une. Toutefois, le coût des services hôteliers de blanchisserie est passablement élevé et vous laverez votre linge à la main.

POIDS ET MESURES

Le système métrique est largement utilisé en Chine. Les mesures traditionnelles sont cependant souvent employées pour les transactions à l'intérieur du pays. Voici un tableau des équivalences :

Métrique	Chinois
1 m (*mǐ*)	= 3 chi
1 km (*gōnglǐ*)	= 2 li
1 litre (*gōngshēng*)	= 1 gongsheng
1 kg (*gōngjīn*)	= 2 jin

LIVRES

Loin d'être exhaustive, cette sélection d'ouvrages vous donnera un aperçu de la littérature, la civilisation, l'économie et la culture chinoises. En France, les éditions Philippe Picquier se sont spécialisées dans la littérature de l'Extrême-Orient (et notamment de la Chine), et de nombreux éditeurs commencent à inscrire des auteurs chinois dans leurs catalogues.

Les ouvrages cités sont disponibles dans les librairies spécialisées (voir plus bas dans la rubrique *Librairies spécialisées*).

Littérature chinoise

Plusieurs ouvrages généralistes, décrivant les facettes multiples de la littérature chinoise, sont disponibles en français. *Chine : littérature populaire* de Jacques Pimpaneau (Ph. Picquier, 1991) retrace la littérature orale à travers les chanteurs, les conteurs et les bateleurs, alors que l'*Histoire de la littérature chinoise*, du même auteur et publié par la même maison d'édition, analyse et commente les textes classiques de l'Antiquité et les romans modernes. *Brève histoire du roman chinois* de Lu Xun, publié chez Gallimard, Connaissance de l'Orient

(1993) est un essai sur l'histoire de la littérature de fiction dans la Chine de la première moitié du XXe siècle. Le Que sais-je ? sur la *Littérature chinoise moderne*, écrit par Paul Bady (PUF, 1993) donnera, quant à lui, toutes les clefs pour entrer dans cet univers.

Chefs-d'œuvre de la nouvelle classique, les *Histoires extraordinaires et récits fantastiques de la Chine ancienne* sont représentatives de la dynastie des Tang (618-907). Elles sont publiées chez Aubier (1993). A lire également *Treize récits chinois : 1918-1949,* signés par quelques-uns des plus grands maîtres de la littérature chinoise : Lao She, Lu Xun, Mao Dun… (Ph. Picquier, 1991).

La Dame aux pruniers ombreux de Mao Xiang (Ph. Picquier, 1992) est le récit autobiographique d'un lettré chinois du XVIIe siècle à sa défunte concubine.

L'ouvrage de Wu Yuantai, *Pérégrinations vers l'Est,* témoigne de la littérature à la fin de l'époque Ming, vers le milieu du XVIIe siècle (Gallimard, coll. "Connaissance de l'Orient", 1993).

Littérature moderne et contemporaine

Dans la littérature moderne, signalons *Vagues* de Bei Dao (Ph. Picquier, 1993), roman d'un grand poète chinois, né en 1949.

Le Pousse-pousse est le roman le plus célèbre de Lao She (Le Livre de Poche, 1990) qui fait vivre le Pékin des années 20 et 30, où se mêlent colporteurs et petits métiers.

Du même auteur, *Les Gens de Pékin* (Folio, 1982) raconte avec humour la vie pékinoise à la fin de l'empire et dans les premières années de la République. Très connue des Chinois, sa pièce de théâtre *La Maison de thé* (Éditions en langues étrangères, 1987) relate les malheurs des clients et du tenancier d'une maison de thé au cours de trois époques historiques.

Reconnu comme un écrivain majeur dès 1985, A. Cheng fait partie de la génération des jeunes Chinois qui furent envoyés à la campagne pendant la Révolution culturelle

de Mao Zedong. En filigrane de ses *Chroniques* (éd. de l'Aubier, 1992) qui relatent les détails insignifiants de la vie quotidienne, il se livre à une réflexion sur le fait politique, la société et les relations entre les êtres humains. Du même auteur et chez le même éditeur, *Perdre son chemin* (1991).

Sombres Nuées de Yang Jiang (Christian Bourgois, 1992) n'est pas seulement une chronique sur la Révolution culturelle mais bien un recueil d'anecdotes où l'auteur prend une distance à l'égard des événements.

Chez le même éditeur, *Le Bain* (1992) est le terme que les intellectuels chinois ont donné à leur baptême communiste après la Révolution de 1949. C'est ce nouveau "rite purificateur" que Yang Jiang s'applique à décrire avec ironie. Cet auteur féminin a signé également *Six Récits de l'École des cadres,* toujours chez Christian Bourgois (1983).

Avec *Les Cygnes sauvages* (Presses Pocket, 1993), la romancière Jung Chang livre un réquisitoire contre la Révolution culturelle mais aussi un témoignage historique sur la Chine d'hier et d'aujourd'hui. Représentatif de la littérature dite des "cicatrices", Zhang Xianliang retrace dans *Mimosa* (Littérature chinoise, coll. "Panda", 1986) l'expérience d'un jeune intellectuel envoyé en rééducation.

Nourriture spirituelle

Du même auteur, *La mort est une habitude* (Belfond, 1994) est un roman d'inspiration largement autobiographique sur la vie d'un homme marqué par vingt ans de sévices et de brimades.

Fondateur en 1985 du mouvement littéraire "des racines" qui se veut attentif à la pensée chinoise traditionnelle, Han Shaogong retrace dans *Séduction* (Ph. Picquier, 1990) des voyages au cœur des villages de Chine. Du même auteur et chez le même éditeur (1991), *Femme, femme, femme* dépeint le cycle de la vie de Yao Gu, vieille femme chinoise, docile et mesurée, élevée dans le moule de l'éducation rituelle orientale.

Dans l'univers frustre d'une campagne chinoise, *Le Radis de cristal* de Mo Yan (Ph. Picquier, 1993) décrit les émotions d'un enfant vagabond. Du même auteur, vous pourrez trouver *Le Clan du sorgho* (Actes Sud, 1990) qui fait partie d'un cycle de cinq romans dont, seul, le premier est traduit en France, ainsi que *Le Chantier* (Scanéditions, 1993).

Parmi les auteurs contemporains les plus intéressants, Zhang Xinxin occupe une place de choix. Cette romancière offre un regard saisissant sur l'univers qui l'entoure. Dans *Sur la même ligne d'horizon* (Actes Sud, 1986), elle brosse l'univers des jeunes Chinois d'aujourd'hui. *Au long du grand canal* est un récit-reportage sur une expédition à vélo effectuée le long du tracé du Grand Canal qui, dès le XVIIIe siècle, faisait communiquer la Chine du Nord avec la Chine du Sud. Avec le journaliste Sang Ye, elle a cosigné le captivant *L'Homme de Pékin* (Actes Sud, 1992). Véritable reportage à travers la Chine quotidienne, cet ouvrage livre une étonnante galerie de portraits.

Dans le domaine plus spécifique de la nouvelle, vous pourrez lire *Dix Auteurs modernes, nouvelles* (Littérature chinoise, coll. "Panda", 1983) qui rassemble dix nouvelles parmi les meilleures publiées depuis la chute de la Bande des Quatre. La plupart d'entre elles ont été primées ou portées à l'écran.

L'*Anthologie des nouvelles chinoises contemporaines* (Gallimard, 1994) offre un tour de Chine en dix-sept récits.

Peinture des différentes couches sociales pékinoises dans les années 20 et 70, *Avec l'accent de Pékin – Nouvelles choisies* (coll. "Phénix", 1991) regroupe des nouvelles de Lao She mais aussi des ouvrages de plusieurs écrivains contemporains.

Le nouveau roman chinois

De Wang Shuo, *Feu et glace* (Ph. Picquier, 1992) est le roman phare d'une génération. L'auteur, qui dresse le portrait à vif de son pays et raconte des histoires de jeunes citadins désœuvrés, a un énorme impact sur la jeunesse.

Écrivain réputé pour ses descriptions de la vie actuelle à Pékin, Chen Jiangong livre avec *Tête frisée* (Littérature chinoise, coll. "Panda", 1990) un roman écrit dans un syle vivant, fourmillant d'expressions familières et parfois argotiques utilisées par les jeunes Pékinois.

Avec pour titre original "Fuxi Fuxi", *Ju Dou ou l'amour damné* de Liu Heng (Littérature chinoise, coll. "Panda", 1991) a été porté à l'écran par le réalisateur Zhang Yimou. Auteur remarqué, Liu Heng innove en matière littéraire en composant des romans de type réaliste. *La Neige noire* a été publiée chez le même éditeur en 1992.

Romans érotiques

Les éditions Philippe Picquier proposent un catalogue assez complet sur le sujet. Longtemps mis à l'index en Chine, *Belle de candeur* (1987) du XVIIe siècle est un classique de l'époque Ming.

De la chair à l'extase (1991) de Li Yu raconte avec humour les années d'apprentissage d'un lettré libertin. *Nuages et pluie au palais des Han* (1988) est un célèbre roman érotique écrit en 1621.

De la même époque, on trouve aussi *Du rouge au gynécée* (1984), révélateur des bas-fonds de Pékin au XVIIe siècle, ainsi que *Vie d'une amoureuse* (1984), deux nouvelles anonymes qui circulent sous le manteau depuis quatre siècles.

Histoire et civilisation

Pour aborder l'histoire de la Chine classique, vous lirez l'excellent ouvrage intitulé *La Civilisation de la Chine classique* de Danielle et Vadime Elisseeff (Arthaud, 1979). *La Vie quotidienne en Chine à la veille de l'invasion mongole 1250-1270* de l'historien et sinologue au Collège de France, Jacques Gernet (éd. Hachette, 1959), décrit la civilisation classique en Chine.

D'un accès somme toute un peu plus difficile, *Les Chinois* de Claude Larre, publié aux éd. Lidis en 1982, brossent sous forme de chronique l'esprit et le comportement des Chinois des origines à la fin de la dynastie Ming en 1644.

Ouvrages de référence, *Le monde chinois* (Armand Colin, 1990) et *L'intelligence de la Chine* (Gallimard, coll. "Bibliothèques des Histoires", 1994) de l'historien déjà cité Jacques Gernet ainsi que *La Chine populaire* de Jacques Guillermaz (PUF, 1991) constituent une remarquable introduction à l'histoire et la civilisation de la Chine. J. Guillermaz est également l'auteur de *La Chine populaire* (PUF, 1991), *Histoire du Parti communiste chinois* (Payot en 2 vol., 1975), *Le Parti communiste au pouvoir* (Payot en 2 vol., 1979) et *Une vie pour la Chine : mémoires 1937-1989* (Robert Laffont, 1989).

Sur le thème de la Révolution culturelle, vous trouverez l'analyse du sinologue Simon Leys, *Les Habits neufs du président Mao* (LGF, 1989), qui s'est dotée d'une nouvelle préface prenant en compte les événements du printemps de Pékin.

Sous la direction de Pierre Gentelle, l'ouvrage collectif *L'État de la Chine* aux éd. La Découverte rassemble quelque 200 articles rédigés par plus de 130 auteurs. Une réserve cependant puisque les informations remontent à 1989. Pierre Gentelle a également signé *Chine 2000* (La Documentation française, 1996). Par le biais de nombreuses illustrations, il s'interroge sur le devenir économique de la Chine.

Outre une biographie de Sun Yat-sen (éd. Fayard, 1994), Marie-Claire Bergère a signé *La République populaire de Chine de 1949 à nos jours* (Armand Colin, 1990) et *L'Économie de la Chine populaire* (PUF, 1979). Avec Lucien Bianco et Jürgen Domes, elle est l'auteur de l'*Histoire de la Chine au XXe siècle* (Fayard, 1989). Toujours sur le même thème, *La Chine populaire* d'Alain Roux est publié aux Éd. sociales en 2 volumes (1983-1984).

Autre ouvrage d'intérêt : *L'Archipel oublié* de Jean-Luc Domenach (Fayard, 1992) raconte l'utopie et la terreur des premières années, la famine de 1959-1962, les mafias carcérales et fait le point sur l'évolution du communisme chinois. Chez le même éditeur, un ouvrage collectif : *La Société chinoise après Mao* (1986) est fort instructif. *Deng Xiaoping* de Ruan Ming (Ph. Picquier, 1991) établit la chronique d'un pouvoir très controversé. *50 Jours de Pékin* (Christian Bourgois, 1989) de Francis Deron évoque pour sa part la période des manifestations d'avril à juin 1989.

Géographie, politique et économie

On trouvera chez PUF, coll. "Que sais-je ?", une *Géographie de la Chine* de la plume de l'historien Pierre Gentelle (1980) et une autre de l'économiste Pierre Trolliet (1993). Toujours de P. Trolliet, vous pourrez lire *La Chine et son économie* publié en 1981 aux éd. Colin ainsi que *L'Empire du milliard – population et société en Chine*, ouvrage axé notamment sur l'histoire des démographies qu'il a signé avec Jean-Philippe Béja aux éd. Colin (1986).

La Chine en 1993 au fil des jours de Jacques de Goldfiem, publié par le Centre d'informations politiques, économiques et sociales sur la Chine (1994), est une chronologie des événements marquants.

L'Introduction au droit chinois des contrats du juriste et sinologue Hervé Leclercq (GLN Joly éd., 1994) offrira les repères au praticien qui souhaite négocier avec des sociétés chinoises.

Serge Bésanger, dans *Le défi chinois* (éd. Alban, 1996), propose des pistes de réflexion pour mieux cerner la nature des enjeux économiques, sociaux, culturels et géopolitiques qui pèsent sur un pays en pleine mutation.

Pensée chinoise

Le Taoïsme et les religions chinoises, d'Henri Maspéro (Gallimard, NRF, 1971) est un ouvrage à recommander en la matière. Le poème philosophique *Tao-Tö-king* de Lao Tseu (Gallimard, coll. "Connaissance de l'Orient", 1967) fait comprendre le taoïsme. L'ouvrage est préfacé par René Étiemble qui a signé un *Confucius* paru aux éditions Gallimard (coll. "Folio essais", 1986). *Les Entretiens de Confucius* (Le Seuil, coll. "Points", 1981) vous révéleront les concepts du confucianisme.

L'incontournable *La Pensée chinoise* de Marcel Granet est publié chez Albin Michel (1981). Dans la même veine, *L'Esprit du peuple chinois* (Éd. de l'Aube, 1996) est une plongée dans l'imaginaire et la culture du peuple chinois.

Sociologie et culture

Fêtes et banquets en Chine de William Chan Tat Chuen (Ph. Picquier, 1992) est un ouvrage riche de plus de 40 illustrations : nourriture de fêtes, plats traditionnels, petite histoire des habitudes culinaires, légendes, recettes…

Vie et passion d'un gastronome chinois de Lu Wenfu (Ph. Picquier, 1994) témoigne des traditions culinaires, envers et contre toutes les turbulences politiques. *Le Palais des Saveurs-Accumulées* de Patrick Boman (éd. Le Serpent à Plumes, coll. "Motifs", 1994) est un récit de voyage dont chaque étape est également un prétexte à la découverte des trésors culinaires de la Chine.

Chine : culture et traditions du sinologue Jacques Pimpaneau (Ph. Picquier, 1990). Avec ses 200 illustrations, cet ouvrage est une encyclopédie des mœurs et des coutumes dans la Chine traditionnelle. Il donne un panorama complet de la culture chinoise.

Si vous recherchez un ouvrage sur le taijiquan, *Tai-Ji Quan* de Jean Gortais (éd. Le Courrier du Livre, 1990) est une bonne introduction. En complément, vous pouvez vous procurer *Taiji Quan art martial, technique de longue vie* de Catherine Despeux (éd. de la Maisnie, 1981) qui regroupe une double partie historique et pratique avec description des mouvements.

Dans le domaine du kung-fu, *Les Exercices de santé du Kung-fu* de Georges Charles (Albin Michel, 1983) et *Kung-fu art et technique* de Roland Habersetzer (éd. Amphora, 1982) vous expliqueront l'histoire et les bases pratiques de cette discipline. Enfin, le *Précis d'acupuncture chinoise* de l'académie de médecine traditionnelle et l'ouvrage collectif *Atlas anatomique des points d'acupuncture* publiés aux éd. ELE sont des ouvrages de base.

Cerner quarante ans d'évolution en Chine par des instantanés photographiques : l'œil et l'objectif de Marc Riboud ("un homme qui sait voir", a dit de lui Jean Daniel) ont su relever ce défi. Portraits et scènes de vie quotidienne rythment cet ouvrage majeur intitulé *Quarante ans de photographie en Chine* (Nathan, 1996).

Roger Faligot, dans *L'Empire invisible* (Ph. Picquier, 1996), livre une enquête fort bien documentée sur l'essor des sociétés secrètes en Chine communiste.

Dictionnaires

Édité par la librairie You Feng, *10 000 Mots chinois usuels – dictionnaire chinois-français* de Weng Zhongfu comporte une explication en caractères chinois simplifiés (1988). Publié conjointement par The Commercial Press Hong Kong Ltd et la librairie You Feng, le *Petit dictionnaire français-chinois* offre l'indispensable transcription phonétique chinoise en pinyin (1993).

Écriture et calligraphie

Introduction à la calligraphie chinoise (E100, 1983) vous donnera les bases de la compréhension. *Caractères chinois – du dessin à l'idée : 214 clés pour comprendre la Chine*, de Edoardo Fazzioli (Flammarion, 1987) est préfacé du distingué linguiste Claude Hagège.

Présenté par la librairie Le Phénix, *Les Radicaux dans l'écriture chinoise* de Roger Darrobers (1990) permet de saisir la logique des caractères de base.

Littérature occidentale sur la Chine et récits de voyage

Le Devisement du monde : le Livre des merveilles de Marco Polo constitue le premier document européen sur la Chine mongole que le voyageur vénitien traversa dans les années 1270. Vous le trouverez aux éd. La Découverte (1984). Paru chez Robert Laffont, coll. "Bouquins" (1990), *Le Voyage en Chine* de Ninette Boothroyd et Muriel Débrie est une anthologie des voyageurs occidentaux du Moyen Age à la chute de l'empire chinois. Exhaustif, il couvre sept siècles de voyages en Chine.

A lire également : *Journal de voyage* en deux volumes, écrit par Alexandra David-Neel (Presses Pocket, 1993), qui décrit ses expéditions entre l'Inde et la Chine, ses rencontres et son adhésion à la sagesse orientale.

Grande voyageuse, Ella Maillart fait également figure de pionnière. Écrit en 1935, *Oasis interdites* (Voyageurs Payot, 1989) raconte sa traversée de la Chine d'est en ouest afin d'atteindre les oasis "interdites" du Sinkiang. Du même auteur, vous pourrez lire *Des monts célestes aux sables rouges* (Petite Bibliothèque Payot Voyageurs, 1991).

Lettres de Chine de Victor Segalen (UGE, 1993) est une correspondance, qui se lit comme un journal de voyage, sur la grande randonnée que cet auteur entreprit au début du siècle en Chine centrale.

Toujours dans le registre de la correspondance, André Malraux publie en 1926, au retour d'un second voyage en Asie, *La Tentation de l'Occident* (Grasset, "Les Cahiers rouges", 1988). Cet échange épistolier entre l'auteur voyageant en Extrême-Orient et le chinois Ling visitant l'Europe, révèle déjà le futur Malraux qui n'avait que 22 ans. Quelques années plus tard, il écrira *La Condition humaine* (Folio, 1993) et *Les Conquérants* (Livre de Poche, 1992).

Le Fer et la Soie de Mark Salzman (Gallimard, coll. "Page blanche", 1989) raconte l'expérience personnelle de l'auteur dans ses relations avec le monde chinois.

Lucien Bodard, d'origine française mais presque chinois par son attachement au pays où il a grandi, a publié plusieurs ouvrages, autobiographiques ou romancés dont *La Duchesse* (Livre de Poche, 1971), *Anne-Marie, les dix mille marches* (Livre de Poche, 1991) et *Les Grandes Murailles* (LGF, 1989).

Plus récents, *La Croisière jaune* de Georges Le Fèvre raconte l'expédition Citroën réalisée en 1931-1932 (L'Asiathèque, 1991) de Beyrouth à Pékin par l'Himalaya et le désert de Gobi. *C'est encore loin la Chine ?* de Gavin Young nous livre sept mois d'un voyage qui visait à gagner la Chine par la mer (Petite Bibliothèque Payot Voyageurs, 1993).

Dans un registre tout à fait différent, *Les Enquêtes du juge Ti* de Robert Van Gulik, aux éditions 10/18, coll. "Grands détectives", racontent, sous la forme de romans policiers, la vie quotidienne sous les Tang.

La Route de la Soie

Dans *De Rome à la Chine – Sur les routes de la soie au temps des Césars* (éd. Belles Lettres, 1993), Jean-Noël Robert rapporte l'aventure hors du commun des citoyens romains arrivant en Chine en l'an 166. *La Route de la Soie* de Luce Boulnois (Olizane, 1992) évoque les échanges entre l'Orient et l'Occident. *Routes de la Soie* de Jacques Anquetil (JC Lattès, 1992) retrace vingt-deux siècles d'histoire, des déserts de l'Asie aux rives du monde occidental.

A se procurer également : *Bouddhas et rôdeurs sur la route de la Soie* de Peter Hopkirk (Arthaud, 1980) où l'auteur relate les débuts de l'archéologie en Asie Centrale à la fin du XIXe siècle à partir des journaux de voyage d'archéologues-explorateurs.

Tibet

Récit de voyageur, *La Route de Lhassa* de A. H. Savage-Landor est publié chez Phébus (1993). Best-seller à la fin du siècle dernier, cet ouvrage conte les péripéties rocambolesques de l'auteur à l'époque où le Tibet était terre interdite.

Le Voyage en Asie centrale et au Tibet de Michel Jan (Robert Laffont, "Bouquins", 1992) est une anthologie des voyageurs occidentaux, du Moyen Age à la première moitié de notre siècle.

Écrit en 1938 par un résident parlant et écrivant le tibétain, l'ouvrage du père Francis Goré, *Trente Ans aux portes du Tibet interdit* (éd. Kimé, 1992) constitue un document intéressant.

Le fameux *Voyage d'une parisienne à Lhassa* d'Alexandra David-Néel (Plon, 1993) est le récit autobiographique d'une femme étrangère qui, pour la première fois, réussit à entrer dans Lhassa, capitale interdite du Tibet. Du même auteur chez Plon, vous trouverez *Grand Tibet et vaste Chine* (1994), *Mystiques et magiciens du Tibet* (1973) et *Journal de voyage* (1991).

A lire également, le *Voyage à Lhassa et au Tibet Central* de Sarat Chandra Das (éd. Olizane, 1994). Né dans l'actuel Bangladesh en 1849, cet auteur rédigea ce récit pour le compte des Britanniques à une époque où les grandes puissances rivalisaient pour prendre le contrôle de cette région stratégique.

Ouvrage rigoureux, *La Civilisation tibétaine* de Rolf Alfred Stein (L'Asiathèque, 1987) restitue la singularité du Tibet tandis que *Tibet, l'envers du décor* aborde la civilisation tibétaine et ses composantes, et qui fait le point sur la situation actuelle du pays (éd. Olizane, 1993).

Auteur de talent, Ma Jian a écrit *La Mendiante de Shigatze* de Ma Jian (Actes Sud, coll. "Babel", 1988) qui rassemble cinq nouvelles "tibétaines".

Enfin, cette sélection ne saurait se passer de la lecture des mémoires du dalaï-lama intitulées *Au loin la liberté* (éd. Fayard, 1990) et de son *Introduction au bouddhisme tibétain* (Dervy, 1991).

Guides

La Vie en Chine de Pierre Gentelle et Paola Juvenal (éd. Solar Guides-contacts, 1991) est complémentaire de tout autre guide et donne quelques bonnes informations sur la culture traditionnelle.

Autre façon d'aborder votre voyage : *Lettre à une jeune fille qui voudrait partir en Chine* de Jacques Pimpaneau (Ph. Picquier) vous contera quelques histoires qui vous mèneront aux portes du pays.

Si vous lisez l'anglais, vous pouvez vous procurer d'autres guides Lonely Planet : *Beijing City Guide, Taiwan et Hong Kong, Macau & Canton*.

Librairies

Hong Kong est l'endroit privilégié pour se procurer livres et revues. Reportez-vous au chapitre *Hong Kong et Macao* pour les adresses de librairie à Hong Kong.

Librairies spécialisées. A Paris, les librairies *Le Phénix*, 72 boulevard Sébastopol, 75003 Paris (☎ 01 42 72 70 31) et *You Feng*, 45 rue Monsieur-le-Prince, 75006 Paris (☎ 01 43 25 89 98), possèdent un vaste fonds et vous proposent de nombreux ouvrages spécialisés anciens et modernes, ainsi que des publications en chinois (livres et périodiques). Les *Éditions du Centenaire*, 12 résidence Belleville ou 5 rue de Belleville, 75019 Paris (☎ 01 42 02 87 05) diffusent des ouvrages en français publiés par des éditeurs chinois ou des éditeurs français spécialisés sur la Chine.

Librairies de voyage. Vaste choix de cartes et de guides : *Ulysse*, 26 rue Saint-Louis-en-l'Île, 75004 Paris (☎ 01 43 25 17 35) (fonds de cartes exceptionnel) ; *L'Astrolabe*, 14 rue Serpente, 75006 Paris (☎ 01 46 33 80 06) et 46 rue de Provence, 75009 Paris (☎ 01 42 85 42 95) ; *Itinéraires*, 60 rue Saint-Honoré, 75001 Paris (☎ 01 42 36 12 63, Minitel 36 15 Itinéraires, 2,23 FF la minute) ; *Planète Havas Librairie*, 26 avenue de l'Opéra, 75001 Paris (☎ 01 53 29 40 00) ; *Voyageurs du monde*, 55 rue Sainte-Anne, 75002 Paris (☎ 01 42 86 17 38) ; *Au vieux campeur*, 2 rue de Latran, 75005 Paris (☎ 01 43 29 12 32) et *Espace IGN*, 107 rue la Boétie, 75008 Paris.

CARTES

Un nombre croissant de cartes fiables sont aujourd'hui disponibles, même dans les petites villes, alors qu'elles relevaient du secret militaire il y a 10 ans. Certaines sont incroyablement détaillées, indiquant même les itinéraires de bus (y compris les noms des arrêts), les emplacements des hôtels, des boutiques, etc. Les cartes urbaines ne valent généralement que 1 ou 2 yuan.

On peut se les procurer dans les kiosques à journaux ou auprès de vendeurs de rues à proximité des gares routières et ferroviaires, dans les librairies Xinhua ou à la réception des hôtels (même dans les hôtels bon marché interdits aux étrangers). Ces cartes sont presque toujours en chinois.

Il semble qu'il soit impossible de trouver des cartes du pays représenté dans sa totalité. Le choix offert par la librairie Xinhua à Pékin est correct, mais nullement exhaustif.

Pour se procurer des cartes en France, reportez-vous au paragraphe *Librairies* ci-dessus. Les plus utiles et les plus complètes sont la *Map of the People's Republic of China* éditée par China Cartographic Publishing House (1994), qui offre une transcription phonétique chinoise en pinyin. A mentionner également, la *Zhonghua Renmin Gonghéguo Ditu* (éd. Zhongguo Beijing, 1980) ; *Chine*, publiée par Euro-Carte (1993-1994) ; *China Far East* (Hallwag, 1992-1993) et des cartes régionales publiées par Nelles Verlag.

D'autres encore plus détaillées sont disponibles dans les librairies citées précédemment.

MÉDIAS

Agences de presse

La Chine possède deux agences de presse : Xinhua (Chine Nouvelle) et China News. La première est un organisme gouvernemental dont le siège est à Pékin et qui dispose d'antennes dans chaque province, ainsi que dans l'armée et dans de nombreux pays étrangers. Elle relaie les informations auprès des journaux nationaux, provinciaux et locaux, ainsi qu'auprès des stations de radio ; elle diffuse à l'étranger des émissions en langues étrangères et échange des informations avec les agences de presse étrangères.

China News fournit des informations aux journaux et revues des Chinois d'outre-mer, dont ceux de Hong Kong et de Macao.

Publications en langue chinoise

Il existe plus de 2 000 journaux nationaux et provinciaux en Chine. Le principal est le *Renmin Ribao* (*Quotidien du peuple*), à diffusion nationale et internationale. Fondé en 1946, c'est la publication officielle du Comité central du Parti communiste. Il dispose d'éditions locales.

On trouve également plusieurs centaines de titres relevant de la presse à scandale, très populaires. Il existe en outre une quarantaine de journaux destinés aux minorités nationales et quelque 2 200 périodiques, dont le mensuel Hongqi (Drapeau rouge), mensuel de réflexion du Parti communiste.

Publications en langues étrangères

La Chine publie différents journaux, magazines et livres en diverses langues européennes et asiatiques, mais le seul quotidien en langue étrangère (anglais) publié en Chine est le *China Daily*. On peut se le procurer dans la plupart des grandes villes. Il arrive même jusqu'à Lhassa avec, il est vrai, deux semaines de retard. Le *Shanghai Star* est disponible à Shanghai.

A Paris et à Bruxelles, vous pourrez trouver également dans les librairies spécialisées *La Route de la Soie*, bimensuel chinois d'Europe en langue française édité en France par Guang Ha, 110 bis avenue de Paris 94800 Villejuif (☎ 01 46 77 76 99).

Toujours à Paris, le *Canard laqué*, bilingue français-chinois, est diffusé gratuitement dans les librairies et les restaurants chinois.

La *Lettre du Tibet* est diffusée sur abonnement (2 rue d'Agnou 78580 Maule). Le bureau du Tibet (voir la rubrique *Organismes à connaître*) édite *Actualités tibétaines*, revue trimestrielle vendue sur abonnement.

Publications étrangères

Dans les grandes villes, comme Pékin, Shanghai et Canton, il est facile de se procurer des magazines importés, essentiellement en anglais, tels *Time, Newsweek, Far Eastern Economic Review* et *The Economist*. On peut également trouver *Le Point* et *Der Spiegel*, ainsi que des quotidiens étrangers, comme l'*Asian Wall Street Journal*, l'*International Herald Tribune* et le *South China Morning Post*. Ils sont essentiellement disponibles dans les grands hôtels touristiques, ainsi que dans certains Friendship Store.

Au crédit de la Chine, il faut reconnaître que les magazines et journaux étrangers sont rarement, voire jamais, censurés. Une règle qui n'est évidemment pas valable pour les publications en langue chinoise de Hong Kong et Taiwan, qui ne peuvent être introduites en Chine sans une autorisation spéciale.

Radio et télévision

Les émissions de radio nationales sont contrôlées par la Station centrale de radiodiffusion populaire (CPBS). On y utilise le *pǔtōnghuà*, le chinois parlé standard, des dialectes locaux ou les langues des minorités. Il existe aussi des émissions destinées à Taiwan en putonghua et en fujianais et des émissions cantonaises diffusées à l'intention des résidents de la province du Guangdong, Hong Kong et Macao. Radio Pékin émet outre-mer. Elle produit des émissions en 40 langues étrangères ainsi qu'en putonghua et en divers dialectes locaux. Elle échange également des programmes avec certaines stations étrangères et dispose de plusieurs correspondants.

Si vous souhaitez rester informé, mieux vaut emporter un récepteur de radio à ondes courtes. Vous pourrez en acheter en Chine, mais ceux fabriqués à Hong Kong sont plus compacts et de meilleure qualité.

Radio France International émet en Chine tous les jours de 9h30 à 10h30 heure universelle (17h30 à 18h30 heure de Pékin) et de 12h à 13h (20h à 21h). Ces deux émissions se captent sur la fréquence 31 mètres 9 650.

Radio Canada International émet en français à Pékin, les samedi et dimanche de 12h à 12h30 heure universelle (20h à 20h30 heure de Pékin) et de 22h30 à 23h (6h30 à 7h), et les lundi et vendredi de 22h30 à 23h (6h30 à 7h), sur la fréquence 9 660 ou 11 705. Dans tous les cas, vérifiez les horaires de diffusion qui peuvent être modifiés.

Les premières diffusions en noir et blanc de la Télévision centrale chinoise (CCTV) datent de 1958 ; celles en couleur de 1973. Les grandes villes sont parfois équipées d'une chaîne locale ou provinciale, telle la télévision de Pékin.

Panneaux d'affichage

Les affiches contribuent à éduquer la population et à influencer l'opinion publique. Les particuliers qui veulent faire passer un message collent aussi des affiches (*dàzìbào*, "annonces en grands caractères") dans les lieux publics. C'est une forme de communication traditionnelle en Chine et, si elles ne retiennent l'attention que d'une poignée de gens, le bouche à oreille assure une transmission rapide de leur contenu.

Les panneaux d'affichage abondent en Chine. Les principaux sujets exposés sont les crimes, les accidents, la sécurité industrielle, le planning familial et les slogans de type "L'armée protège le peuple" ou "Suivons la voie socialiste vers le bonheur".

FILMS ET PHOTOS

Les déserts du Xinjiang et les hauts plateaux du Tibet sont parmi les endroits les plus photogéniques au monde, de même que les régions subtropicales du sud-ouest, comme la province du Yunnan. Les villes côtières de l'est, en revanche, sont presque toutes uniformément grises et sans intérêt.

Les portraits exigent quelques précautions. Vos amis chinois seront certainement ravis que vous les preniez en photo. Sachez cependant que les photos à la dérobée dans la rue ou aux étals de marché ne sont guère appréciées. Pour les Chinois, les appareils photo servent essentiellement à fixer sur la pellicule amis, réunions familiales ou leur passage sur certains sites touristiques. Prenez la peine d'établir un contact avec les personnes que vous voulez photographier. Avec un sourire ou un geste de salutation, vos interlocuteurs se montreront mieux disposés à votre égard.

Achat de films

Les films importés sont chers, mais les sociétés japonaises Fuji et Konica ont installé des usines en Chine, d'où une baisse du prix des pellicules couleur papier, vendues au même tarif, voire meilleur marché, qu'en Occident. On en trouve à peu près partout, mais presque toujours en 100 Asa (21 DIN). Quant aux pellicules noir et blanc, elles ont pratiquement disparu. Évitez de préférence les marques locales.

En règle générale, il est difficile de se procurer des films diapositives. Tentez votre chance dans les grands hôtels et les Friendship Store, au besoin. Sachez toutefois qu'ils seront chers et parfois périmés. A Pékin et à Shanghai, on trouve des Ektachrome et des Fujichrome.

S'approvisionner en piles au lithium ne devrait pas poser problème, mais prévoyez tout de même des piles de rechange.

Quant aux caméscopes, le problème majeur demeure la recharge des piles, compte tenu de la variété des prises chinoises. Apportez tous les adaptateurs existant sur le marché (220 V).

Vous êtes autorisé à emporter une caméra 8 mm. Attention à la douane, en revanche, si vous prenez du 16 mm ou du matériel professionnel. Quant aux films, il est quasi impossible d'en dénicher en Chine.

Développement

On peut aujourd'hui faire développer ses photos partout en Chine. Les résultats ne sont, en théorie, pas pires qu'ailleurs, malgré quelques défectuosités possibles, en particulier dans le traitement des films couleur.

En revanche, il n'est pas conseillé de faire développer des diapositives en Chine. Préférez Hong Kong ou Bangkok ou, mieux, attendre votre retour.

Pour l'envoi de films non développés, l'envoi en courrier express (voir *Poste et télécommunications*) constitue une bonne solution.

Sujets interdits

Il est interdit de photographier avions, aéroports, installations militaires, équipements portuaires et terminaux ferroviaires. Les ponts sont également un sujet sensible. Cette réglementation est rarement appliquée, sauf dans le cas des installations militaires.

En revanche, respectez l'interdiction de prendre des photos dans les musées, sur les sites archéologiques et dans de nombreux temples, destinée à protéger le marché de la carte postale et des diapositives et à préserver les œuvres d'art des agressions répétées des flashes. Si l'on vous surprend en train de photographier un site interdit, on vous confisquera la pellicule.

SANTÉ

La santé en voyage dépend du soin avec lequel on prépare le départ et, sur place, du respect d'un minimum de règles quotidiennes.

La Chine est un pays plus sûr que beaucoup d'autres régions du monde. Les métropoles comme Pékin et Shanghai offrent une infrastructure médicale et hospitalière correcte. Les problèmes commencent à se poser dans des régions plus excentrées, comme la Mongolie intérieure, le Tibet ou Xinjiang.

Guides de la santé en voyage

Un guide sur la santé peut s'avérer utile. Ouvrage précieux, *La Santé en voyage* de François Deck et du Dr Patrice Bourée (éd. Florence Massot, 1994) réunit tous les conseils de prévention et de prédiagnostic, notamment dans les régions tropicales.

Voyages internationaux et santé de l'Organisation mondiale de la santé (OMS), *Les Maladies en voyage* du Dr Éric Caumes (Points Planète), *Saisons et climats* de Jean-Noël Darde (Balland) sont également d'excellentes références.

En France, le serveur minitel 3615 Visa Santé fournit des conseils pratiques, des informations sanitaires et des adresses utiles sur plus de 150 pays.

Ceux qui pratiquent l'anglais pourront se procurer *Travel with children* de Maureen Wheeler (Lonely Planet Publications), qui donne des conseils judicieux pour voyager à l'étranger avec des enfants en bas âge.

Les services médicaux sont généralement très bon marché en Chine. Cependant, si les étrangers sont assurés d'un meilleur service (les patients chinois sont habituellement contraints de faire la queue pendant des heures), les tarifs des soins sont nettement plus élevés. En cas d'accident ou de maladie, il est conseillé de se rendre directement à l'hôpital en taxi – évitez autant que possible d'avoir affaire aux autorités civiles ou militaires. Un voyageur qui s'était cassé la jambe près de Dali fit l'erreur de contacter la police. Celle-ci l'emmena à l'hôpital militaire où on lui posa un plâtre – ce qui lui coûta la modeste somme de 10 000 yuan ! Un hôpital civil lui aurait seulement demandé 100 yuan.

Par ailleurs, les Chinois ne possèdent pas de groupe sanguin à facteur Rh négatif et les banques de sang ne le stockent pas.

Avant le départ

Assurances. Même si vous disposez d'une assurance médicale dans votre pays, il est probable qu'elle ne s'appliquera pas à la

---

Les massages

Le massage (*ànmó*) a une longue tradition en Chine. Cette technique efficace soigne toutes sortes de maux, tels que le mal de dos chronique ou les douleurs musculaires. Il est d'autant plus efficace qu'il est pratiqué par un vrai masseur au fait des techniques de cet art, l'idéal consistant à trouver un masseur qui soit également acupuncteur.

Le massage traditionnel chinois est assez différent des techniques d'automassage à la mode en Occident. L'une des techniques utilise des ventouses en bambou. Juste avant de les appliquer sur la peau du patient, on fait brièvement brûler un morceau de coton imprégné d'alcool à l'intérieur, ce qui a pour effet d'éliminer l'air. Avec le refroidissement de la ventouse, un vide partiel se produit, créant une aspiration de la peau et laissant sur celle-ci une marque rouge circulaire, peu esthétique, mais sans danger, qui disparaît en quelques jours. D'autres méthodes font intervenir la saignée et le grattage de la peau avec des pièces de monnaie ou des cuillères à soupe en porcelaine.

Autre technique apparentée : la moxibustion. Plusieurs types de plantes, roulées dans un morceau de coton, sont enflammées et maintenues à proximité de la peau. Une autre variante de cette méthode consiste à appliquer des herbes sur une tranche de gingembre, puis à les enflammer. L'idée est de chauffer au maximum la peau sans brûler le patient. Ce traitement par la chaleur est supposé être bénéfique pour des affections telles que l'arthrose.

Vous n'êtes toutefois nullement obligé de vous soumettre à un tel traitement de choc et pouvez vous contenter d'un simple massage pour soulager les maux bénins. Quantité de grands hôtels touristiques proposent des massages, mais les tarifs sont souvent excessifs : environ 100 yuan de l'heure. Vous trouverez beaucoup plus intéressant en interrogeant la population locale. Ou bien profitez des services des masseurs aveugles qui officient dans les rues de nombre de villes chinoises. ∎

Chine. De fait, il est conseillé de souscrire une police d'assurance qui vous couvrira en cas d'annulation de votre voyage, de vol, de perte de vos affaires, de maladie ou encore d'accident. Les assurances internationales pour étudiants sont en général d'un bon rapport qualité/prix. Lisez avec la plus grande attention les clauses en petits caractères : c'est là que se cachent les restrictions.

Vérifiez notamment que les "sports dangereux", comme la plongée, la moto ou même la randonnée, ne sont pas exclus de votre contrat ou encore que le rapatriement médical d'urgence, en ambulance ou en avion, est couvert. De même, le fait d'acquérir un véhicule dans un autre pays ne signifie pas nécessairement que vous serez couvert par votre propre assurance.

Si vous suivez un traitement médical, assurez-vous que vous détenez tous les justificatifs et les photocopies de votre situation médicale, que vous ferez parvenir à votre compagnie d'assurances.

Vous pouvez contracter une assurance qui réglera directement les hôpitaux et les médecins, vous évitant ainsi d'avancer des sommes qui ne vous seront remboursées qu'à votre retour. Dans ce cas, gardez bien tous les documents nécessaires.

Si vous vous procurez une carte ISIC (International Student Identity Card), il se peut que vous bénéficiiez d'une couverture automatique. Tout dépend du pays où vous la contractez. Vérifiez auprès de l'organisme concerné. Si vous n'êtes ni professeur ni étudiant, mais que vous avez entre 15 et 25 ans, vous pourrez acheter une carte YIEE (International Youth Identity Card) qui vous offrira les mêmes garanties. Certains organismes de voyages pour étudiants proposent également des assurances.

Attention ! avant de souscrire une police d'assurance, vérifiez bien que vous ne bénéficiez pas déjà d'une assistance *via* votre carte de crédit, votre mutuelle ou votre assurance automobile. C'est bien souvent le cas.

Trousse à pharmacie

Veillez à emporter avec vous une petite trousse à pharmacie contenant quelques médicaments indispensables. Prenez des médicaments de base : de l'aspirine ou du paracétamol (douleurs, fièvre) ; un antihistaminique (en cas de rhumes, allergies, démangeaisons dues aux piqûres d'insectes, mal des transports – évitez l'alcool) ; un antidiarrhéique ; un réhydratant, en cas de forte diarrhée, surtout si vous voyagez avec des enfants ; un antiseptique, une poudre ou un spray désinfectants pour les coupures et les égratignures superficielles, des pansements pour les petites blessures et du produit contre les moustiques. Songez à prendre une petite trousse de matériel stérile comprenant une seringue, des aiguilles, du fil à suture, une lame de scalpel. N'oubliez pas le thermomètre (ceux à mercure sont interdits par certaines compagnies aériennes), les comprimés pour stériliser l'eau et des antibiotiques (si vous voyagez loin des sentiers battus) à demander à votre médecin.

Ne prenez des antibiotiques que sous contrôle médical. Utilisez-les aux doses prescrites et pendant toute la période également prescrite, même si vous avez l'impression d'être guéri avant. Chaque antibiotique soigne une affection précise : ne les utilisez pas au hasard. Cessez immédiatement le traitement en cas de réactions graves, ne prenez pas du tout d'antibiotiques si vous n'êtes pas sûr d'avoir celui qui convient.

Les antibiotiques sont vendus sans ordonnance à des prix intéressants dans de nombreux pays de l'Asie du Sud-Est (Taiwan et la Thaïlande sont deux endroits idéaux pour s'approvisionner). Attention aux dates limites d'utilisation, parfois dépassées, et aux conditions de stockage, parfois mauvaises. Il arrive également que l'on trouve, dans des pays en développement, des produits interdits en Occident.

Dans de nombreux pays, n'hésitez pas à donner tous les médicaments et seringues qui vous restent (avec la notice) à un centre de soins, un dispensaire ou un hôpital.

Quelques conseils

Assurez-vous que vous êtes en bonne santé avant de partir. Si vous partez pour un long voyage, faites contrôler l'état de vos dents.

Acupuncture

L'acupuncture chinoise (*zhēnjiū*) a de nombreux adeptes enthousiastes qui vantent ses bienfaits. Si l'acupuncture ne risque guère de soigner des maladies au stade terminal, elle a une valeur thérapeutique reconnue dans le traitement de troubles fonctionnels et de douleurs : dorsalgies chroniques, migraines, arthrite, certains troubles digestifs…

La technique consiste à planter des aiguilles en différents points du corps, selon des méridiens (ou lignes d'énergie vitale) reconnus.

Autrefois, les aiguilles étaient probablement en bambou, en or, en argent, en cuivre ou en étain. De nos jours, on n'utilise plus que des aiguilles en acier inoxydable de la finesse d'un cheveu et dont l'application est presque indolore. Il faut savoir que tous les acupuncteurs sérieux utilisent aujourd'hui des aiguilles stériles ou jetables.

Quelque deux mille points d'acupuncture ont été identifiés, mais on n'en utilise couramment qu'environ cent cinquante.

L'une des démonstrations les plus étonnantes des possibilités de cette technique sont les grandes opérations pratiquées sous acupuncture sans aucune autre forme d'anesthésie. Une fois l'aiguille placée sur le corps, on y fait passer un petit courant électrique, fourni par une pile ordinaire de lampe torche.

Les véritables raisons de l'efficacité de l'acupuncture restent encore en partie un mystère pour la médecine moderne. Pour les Chinois, cette technique permet de rétablir ou de rééquilibrer l'énergie vitale qui circule dans notre organisme selon douze trajets (les méridiens) principaux. En posant des aiguilles en différents points de ces méridiens, l'acupuncteur cherche à tonifier l'énergie ou à disperser les éléments pathogènes qui empêchent cette énergie de circuler, et de rétablir ainsi un équilibre entre les deux principes vitaux, yin et yang.

Beaucoup d'hôpitaux de médecine chinoise traditionnelle dans les grandes villes telles que Canton, Pékin et Shanghai pratiquent l'acupuncture. Nombre d'entre eux assurent également la formation des Occidentaux désireux de s'initier à cette technique. A Canton, l'un des endroits très fréquentés par les étudiants occidentaux est l'hôpital de médecine traditionnelle chinoise de Guangzhou (Canton) (*zhōngyī yīyuàn*) sur Zhuji Lu, près de l'île de Shamian. On y enseigne aussi la médecine par les plantes.

Certains hôtels offrent également des services d'acupuncture mais vous risquez de payer plus cher.

Si vous craignez (à juste titre) d'attraper des maladies par des aiguilles d'acupuncture contaminées, vous pouvez envisager d'acheter les vôtres avant d'aller vous faire traiter.

On trouve des aiguilles de bonne qualité à Hong Kong et dans les grandes villes chinoises. Il en existe de tous les calibres, aussi vaut-il mieux vous renseigner auprès de votre acupuncteur pour savoir lesquelles acheter.

Si vous recherchez un ouvrage sur l'acupuncture, vous pouvez consulter la rubrique *Livres* de ce chapitre. ■

Si vous portez des lunettes ou des lentilles de contact, emportez une paire de secours et la copie de votre ordonnance : ne pas avoir de lunettes peut être source de réels problèmes. Sachez toutefois que, dans de nombreux endroits, on peut se faire faire de nouveaux verres rapidement et à un prix raisonnable, à condition bien sûr de connaître sa correction (demandez à n'importe quel opticien).

Si vous suivez un traitement de façon régulière, n'oubliez pas votre ordonnance (avec le nom du principe actif plutôt que la marque du médicament, afin de pouvoir trouver un équivalent local le cas échéant). De plus, l'ordonnance vous permettra de prouver que vos médicaments vous sont légalement prescrits, des médicaments en vente libre dans certains pays étant interdits dans d'autres.

Vaccins

Plus vous vous éloignez des circuits classiques, plus il faut prendre vos précautions. Il est important de faire la différence entre les vaccins recommandés lorsque l'on voyage dans certains pays et ceux obligatoires. Au cours des dix dernières années, le nombre de vaccins inscrits au registre du Règlement sanitaire international a beaucoup diminué.

Seul le vaccin contre la fièvre jaune peut encore être exigé pour passer une frontière, parfois seulement pour les voyageurs qui viennent de régions contaminées. Faites inscrire vos vaccinations dans un carnet international de vaccination que vous vous procurerez auprès de votre médecin ou d'un centre.

Planifiez vos vaccinations à l'avance (au moins six semaines avant le départ) car certaines demandent des rappels ou sont incompatibles entre elles. Même si vous avez été vacciné contre plusieurs maladies dans votre enfance, votre médecin vous recommandera peut-être des rappels contre le tétanos ou la polio, maladies qui existent toujours dans de nombreux pays en développement. Les vaccins ont des durées d'efficacité très variables ; certains sont contre-indiqués pour les femmes enceintes.

Centres de vaccination à Paris : Air France (☎ 01 43 20 13 50), aérogare des Invalides, 2 rue Esnault-Pelterie, 75007 Paris, ou l'Institut Pasteur (☎ 01 45 68 81 98), 209 bd de Vaugirard, 75015 Paris. Il existe de nombreux centres en province, en général liés à un hôpital ou à un service de santé municipal.

Fièvre jaune. La protection (une injection) dure pendant dix ans ; le vaccin est recommandé dans les régions où la maladie est endémique, principalement l'Afrique et l'Amérique du Sud. Il est obligatoire dans certains pays lorsque l'on est en provenance d'une zone infectée. Contre-indiqué en cas de grossesse.

Tétanos et polio. Rappels nécessaires tous les dix ans. Vaccin très recommandé.

Hépatite virale (B). Il existe désormais un vaccin efficace nécessitant trois doses, dont les deux premières sont généralement injectées à un mois d'intervalle et la troisième de un à douze mois plus tard. La protection dure environ dix ans.

Hépatite infectieuse (A). Il existe un vaccin qui s'administre en deux injections, suivies d'un rappel un an plus tard, et qui reste efficace pendant dix ans.

Typhoïde. La protection, qui dure trois ans, est utile si vous voyagez dans des conditions d'hygiène médiocres.

Diphtérie. La protection dure dix ans.

Choléra. Cette vaccination n'est plus recommandée pour le voyageur.

Précautions élémentaires

Faire attention à ce que l'on mange et ce que l'on boit est la première des précautions à prendre. Les troubles gastriques et intestinaux sont fréquents, même si la plupart du temps ils restent sans gravité. Ne soyez cependant pas paranoïaque et ne vous privez pas de goûter la cuisine locale, cela fait partie du voyage.

Eau. Dans beaucoup de grandes villes chinoises, l'eau du robinet n'est pas trop mauvaise (elle contient du chlore), mais il est recommandé de la faire bouillir avant de la boire. Dans les zones rurales, la qualité de l'eau varie du correct au carrément dangereux. En particulier, après un typhon, et par conséquent lorsqu'il y a des inondations, les égouts se déversent dans les réservoirs d'eau et contaminent ainsi l'eau du robinet à usage alimentaire et hygiénique. Les épidémies de choléra et de typhoïde se déclarent la plupart du temps après des inondations. Aussi, montrez-vous particulièrement prudent à ce moment-là en vous brossant notamment les dents avec de l'eau bouillie. L'eau de surface est généralement plus dangereuse que l'eau de puits, en particulier lorsqu'elle provient d'une région de pâturages.

L'eau et les boissons non alcoolisées conditionnées en bouteille sont largement disponibles en Chine (leur goût est un autre problème). Les produits laitiers sont sûrs en Chine, à l'exception des yogourts qui sont parfois stockés sans réfrigération. Si l'odeur vous paraît suspecte, jetez-le. Thé et café, en principe, sont sûrs puisque l'eau doit bouillir.

Stérilisation de l'eau. Le plus simple est de faire bouillir l'eau quinze minutes, ce qui n'est pas toujours évident en voyage. N'oubliez pas qu'à haute altitude elle bout à une température plus basse et que les germes ont plus de chance de survivre.

Un simple filtrage peut être très efficace mais n'éliminera pas tous les micro-organismes dangereux. Si vous ne pouvez faire bouillir l'eau, il faut la traiter chimiquement. Le Micropur ou l'Hydrochlonazone tuent la plupart des germes pathogènes. Utilisez-les au Tibet.

Si vous vous rendez dans les déserts de Xinjiang ou sur le plateau tibétain, vous aurez besoin d'absorber une grande quantité d'eau. N'hésitez pas à emporter une gourde (qui ne fuit pas !). Si vous urinez plus que de coutume ou que votre urine prend une teinte jaune foncé ou orange, ou encore que vous souffrez de maux de tête, c'est que vous êtes déshydraté.

Alimentation. Fruits et légumes doivent être lavés à l'eau traitée ou épluchés. Ne mangez pas les glaces vendues par des marchands de rue. D'une façon générale, le plus sûr est de s'en tenir aux aliments bien cuits. Vous pouvez contracter une diarrhée avec des salades ou des fruits mal épluchés. Méfiez-vous des plats refroidis ou réchauffés, mais par-dessus tout des viandes peu cuites. Si un restaurant semble bien tenu et qu'il est fréquenté par des touristes comme par des gens du pays, la nourriture ne posera probablement pas de problèmes. Attention aux restaurants vides ! La cuisine chinoise est généralement très cuite et les légumes crus sont le plus souvent macérés. Certains marchés de rue offrent un aspect peu engageant, mais on peut en consommer les produits sans problème.

Les fruits de mer et les crustacés présentent, en revanche, les plus gros risques (manque de réfrigération, pollution de l'eau). Certaines rivières et baies chinoises sont totalement polluées, ce qui n'empêche pas d'y voir des pêcheurs. Les meilleurs restaurants achètent uniquement des poissons élevés dans des bassins spéciaux ; les poissons sont ensuite conservés vivants dans des aquariums jusqu'à leur consommation. Malheureusement, tous les restaurants ne font pas preuve des mêmes scrupules.

Nutrition. Si votre alimentation est pauvre, en quantité ou en qualité, si vous voyagez à la dure et sautez des repas ou s'il vous arrive de perdre l'appétit, votre santé risque très vite de s'en ressentir, en même temps que vous perdrez du poids.

Assurez-vous que votre régime est équilibré. Œufs, tofu, légumes secs, lentilles et noix variées vous fourniront des protéines. Les fruits que l'on peut éplucher (bananes, oranges et mandarines par exemple) sont sans danger et apportent des vitamines. Essayez de manger des céréales et du pain en abondance. Si la nourriture présente moins de risques quand elle est bien cuite, n'oubliez pas que les plats trop cuits perdent leur valeur nutritionnelle. Si votre régime est mal équilibré ou insuffisant, prenez des vitamines et des comprimés à base de fer. Sous un climat chaud, n'attendez pas le signal de la soif pour boire. Une urine très foncée ou l'absence d'envie d'uriner indiquent un problème. Pour de longues randonnées, munissez-vous toujours d'une gourde d'eau. Une transpiration excessive fait perdre des sels minéraux et peut provoquer des crampes musculaires. Il est déconseillé de prendre des pastilles de sel de façon préventive mais, dans les régions où la nourriture est peu salée, il n'est pas inutile de rajouter du sel dans son plat.

Toilettes

En Chine, les toilettes publiques offrent souvent un aspect rebutant. Il s'agit généralement de trous ou de rigoles creusés à même le sol au-dessus desquels on doit s'accroupir. Elles ne disposent pas toutes d'un seau d'eau destiné à faire office de chasse d'eau.

Les toilettes publiques sont souvent disséminées en ville, dans les gares et dans les petites artères, et la plupart vous coûteront un ou deux jiao. Quelques-unes comportent des cloisons très basses (sans portes) entre les trous individuels, d'autres aucune. Le papier hygiénique n'est jamais fourni – pensez toujours à en avoir sur vous. Vous n'en trouverez pas non plus dans les chambres d'hôtel style dortoir.

Il faut une certaine pratique pour utiliser efficacement ce type de toilettes, mais au moins vous n'aurez pas à vous inquiéter de la propreté du siège. Les hôtels touristiques sont équipés de toilettes à l'occidentale.

L'évacuation du papier hygiénique après utilisation reste problématique. Lisez le témoignage d'un voyageur :

Nous ne savons toujours pas quoi faire du papier hygiénique... Dans deux hôtels, nous avons subi les foudres des gérants parce que nous avions jeté le papier dans les toilettes. En revanche, ailleurs, cela n'a pas posé de problèmes.

En règle générale, si vous apercevez un panier à côté des toilettes, il est destiné à recevoir le papier usagé. Dans de nombreux hôtels en effet, le système de vidange n'est pas équipé pour évacuer le papier hygiénique. Cela se vérifie notamment dans les vieux hôtels où la plomberie est antédiluvienne, mais aussi dans les régions rurales où il n'existe pas de station d'épuration. Aussi, conformez-vous aux usages.

Souvenez-vous :

hommes 男

femmes 女

Santé au jour le jour. La température normale du corps est de 37°C ; deux degrés de plus représentent une forte fièvre. Le pouls normal d'un adulte est de 60 à 80 pulsations par minute (celui d'un enfant est de 80 à 100 pulsations ; celui d'un bébé de 100 à 140 pulsations). Il est important de savoir prendre la température par le pouls. En général, celui-ci augmente d'environ 20 pulsations à la minute avec chaque degré de fièvre.

La respiration est aussi un bon indicateur en cas de maladie. Comptez le nombre d'inspirations par minute : entre 12 et 20 chez un adulte, jusqu'à 30 pour un jeune enfant et jusqu'à 40 pour un bébé, elle est normale. Les personnes qui ont une forte fièvre ou qui sont atteintes d'une maladie respiratoire grave (pneumonie par exemple) respirent plus rapidement. Plus de 40 inspirations faibles par minute indiquent en général une pneumonie.

Vous éviterez bien des problèmes de santé en vous lavant souvent les mains, afin de ne pas contaminer vos aliments. Brossez-vous les dents avec de l'eau traitée. On peut attraper des vers en marchant pieds nus ou se couper dangereusement sur du corail. On limitera les piqûres d'insectes en se couvrant, en dormant avec une moustiquaire et en s'enduisant de crèmes antimoustiques. Demandez conseil aux habitants du lieu où vous vous trouvez : si l'on vous dit qu'il ne faut pas vous baigner à cause des méduses, des crocodiles ou de la bilharziose, abstenez-vous. En cas de doute, faites preuve d'une prudence maximale.

Problèmes de santé et traitement

Les éventuels problèmes de santé peuvent être répartis en plusieurs catégories. Tout d'abord, les problèmes liés au climat et à la géographie, dus aux températures extrêmes, à l'altitude ou aux transports. Puis les maladies dues au manque d'hygiène ; celles transmises par les animaux ou les hommes ; et enfin les maladies transmises par les insectes. Enfin, de simples coupures, morsures ou égratignures peuvent aussi être source de problèmes.

L'autodiagnostic et l'autotraitement sont risqués. Aussi, chaque fois que cela est possible, adressez-vous à un médecin. Ambassades et consulats pourront en général vous en recommander un. Les hôtels cinq-étoiles aussi, mais les tarifs sont à l'avenant (c'est là que votre assurance prend toute sa valeur). Dans certains endroits, les soins médicaux sont si médiocres que le mieux est, dans la mesure du possible, de sauter dans un avion et d'aller se faire soigner ailleurs.

Affections liées au climat
Coups de soleil (*shài shāng*). Dans le désert (Xinjiang), en haute altitude (Tibet) ou sous les tropiques (île de Hainan), on attrape des coups de soleil étonnamment vite, même par temps couvert. Utilisez un écran solaire et pensez à couvrir les endroits qui sont normalement protégés, les pieds par exemple. Si les chapeaux fournissent une bonne protection, n'hésitez pas à appliquer également un écran total sur le nez et les lèvres. Les lunettes de soleil s'avèrent souvent indispensables.

Insolation (*zhòng shǔ*). Rester trop longtemps exposé au soleil peut provoquer une insolation. Symptômes : nausées, peau chaude, maux de tête. Dans ce cas, il faut rester dans le noir, appliquer une compresse d'eau froide sur les yeux et prendre de l'aspirine.

Coup de chaleur. Cet état grave, parfois mortel, survient quand le mécanisme de régulation thermique du corps ne fonctionne plus : la température s'élève alors de façon dangereuse. De longues périodes d'exposition à des températures élevées peuvent vous rendre vulnérable au coup de chaleur. Il faut éviter l'alcool et les activités fatigantes lorsque vous arrivez dans un climat chaud.

Symptômes : malaise général, transpiration faible ou inexistante et forte fièvre (39°C à 41°C). Là où la transpiration a cessé, la peau devient rouge. La personne qui souffre d'un coup de chaleur est atteinte d'une céphalée lancinante et éprouve des difficultés à coordonner ses mouvements ; elle peut aussi donner des signes de confusion mentale ou d'agressivité. Enfin, elle délire et a des convulsions. Il faut absolument hospitaliser le malade. En attendant les secours, installez-le à l'ombre, ôtez-lui ses vêtements, couvrez-le d'un drap ou d'une serviette mouillés et éventez-le continuellement.

Mycoses (*pífū bìng*). C'est l'affection la plus courante, en été, en particulier chez les voyageurs qui se rendent dans le Sud-Est, en raison du climat chaude et humide. Les infections fongiques dues à la chaleur apparaissent généralement sur le cuir chevelu, entre les doigts ou les orteils (pied d'athlète, appelé "pied de Hong kong" en Chine), sur l'aine ou sur le corps (teigne). On attrape la teigne (qui est un champignon et non un parasite animal) par des animaux infectés ou en marchant dans des endroits humides, comme le sol des douches.

Pour éviter les mycoses, portez des vêtements amples et confortables, en fibres naturelles, lavez-les fréquemment et séchez-les bien. Si vous attrapez des champignons, nettoyez quotidiennement la partie infectée avec un désinfectant ou un savon traitant et séchez bien. Appliquez ensuite un fongicide et laissez autant que possible à l'air libre. Changez fréquemment de serviettes et de sous-vêtements et lavez-les soigneusement à l'eau chaude. Bannir absolument les sous-vêtements qui ne sont pas en coton.

Froid. Dans le nord de la Chine, les hivers sont particulièrement froids. L'excès de froid est aussi dangereux que l'excès de chaleur, surtout s'il provoque une hypothermie. Si vous faites une randonnée en haute altitude ou, plus simplement, si vous faites un trajet de nuit en bus dans la montagne, prenez vos précautions. Dans certaines régions, comme au Tibet, il faut toujours être équipé contre le froid, le vent et la pluie, même pour une simple promenade, y compris en été car la température peut baisser étonnamment vite.

L'hypothermie a lieu lorsque le corps perd de la chaleur plus vite qu'il n'en produit et que sa température baisse. Le passage d'une sensation de grand froid à un état dangereusement froid est étonnamment rapide quand vent, vêtements humides, fatigue et faim se combinent, et même si la température extérieure est supérieure à zéro. Le mieux est de s'habiller par couches : soie, laine et certaines fibres synthétiques nouvelles sont tous de bons isolants. Un chapeau est important, car on perd beaucoup de chaleur par la tête. La couche supérieure de vêtements doit être solide et imperméable car il est vital de rester au sec. Emportez du ravitaillement de base comprenant des sucres rapides, qui génèrent rapidement des calories, et des boissons en abondance.

Symptômes : fatigue, engourdissement, en particulier des extrémités (doigts et orteils), grelottements, élocution bredouillante, comportement incohérent ou violent, léthargie, démarche trébuchante, vertiges, crampes musculaires, et explosions soudaines d'énergie. La personne atteinte d'hypothermie peut déraisonner au point de prétendre qu'elle a chaud et de se dévêtir.

Pour soigner l'hypothermie, protégez le malade du vent et de la pluie, enlevez-lui ses vêtements s'ils sont humides et habillez-le chaudement. Donnez-lui une boisson chaude (pas d'alcool) et de la nourriture très calorique, facile à digérer. Cela devrait suffire pour les premiers stades de l'hypothermie. Néanmoins, si son état est plus grave, couchez-le dans un sac de couchage chaud. Il ne faut pas le frictionner, le placer près d'un feu ni lui changer ses vêtements dans le vent. Si possible, faites-lui prendre un bain chaud (pas brûlant).

Mal des montagnes (*gāo shān fǎnyìng*). Le Tibet pose quelques problèmes en la matière, en raison de l'altitude et de la raréfaction de l'air. Le mal des montagnes se produit en effet à haute altitude et peut être mortel. Il survient à des altitudes variables ; il a fait des victimes à 3000 m, mais en général il frappe plutôt vers 3 500 à 4 500 m. Il est recommandé de dormir à une altitude inférieure à l'altitude maximale atteinte dans la journée. Le manque d'oxygène affecte la plupart des individus de façon plus ou moins forte. Vous pouvez prendre certaines mesures à titre préventif : ne faites pas trop d'efforts au début et reposez-vous souvent. A chaque palier de

1 000 m, arrêtez-vous pendant au moins un jour ou deux afin de vous acclimater progressivement. Buvez plus que d'habitude, mangez légèrement, évitez l'alcool afin de ne pas risquer la déshydratation, et tout sédatif. Même si vous prenez le temps de vous habituer progressivement à l'altitude, vous aurez probablement de petits problèmes passagers.

Les symptômes disparaissent généralement au bout d'un jour ou deux, mais s'ils persistent ou empirent, le seul traitement consiste à redescendre, ne serait-ce que de 500 m. Souffle court, toux sèche irritante (qui peut aller jusqu'à produire une écume teintée de sang), fort mal de tête, perte d'appétit, nausée et parfois vomissements, sont autant de signaux d'alerte. Une fatigue grandissante, un comportement incohérent, des troubles de la coordination et de l'équilibre indiquent un réel danger. Chacun de ces symptômes pris séparément, même une simple migraine persistante, sont des signaux à ne pas négliger.

Mal des transports (*yùnchē*). Pour réduire les risques de subir le mal des transports, prenez un repas léger avant et pendant le voyage.

Si vous êtes sujet à ces malaises, essayez de trouver un siège dans une partie du véhicule où les oscillations sont moindres : près de l'aile dans un avion, au centre sur un bateau et dans un car. Si en général l'air frais requinque, il faut éviter de lire et de fumer. Tout médicament doit être pris avant le départ ; une fois que vous vous sentez mal, il est trop tard.

Affections liées aux conditions sanitaires

Diarrhée (*lā dùzi*). Le changement de nourriture, d'eau ou de climat suffit à la provoquer ; si elle est causée par des aliments ou de l'eau contaminée, le problème est plus grave. En dépit de toutes vos précautions, vous aurez peut-être la "tourista", mais quelques visites aux toilettes sans aucun autre symptôme n'ont rien d'alarmant. En revanche, une diarrhée modérée qui vous oblige à vous précipiter aux toilettes une demi-douzaine de fois par jour est plus ennuyeuse. La déshydratation est le danger principal que fait courir toute diarrhée, particulièrement chez les enfants. Ainsi le premier traitement consiste à boire beaucoup : idéalement, il faut mélanger huit cuillères à café de sucre et une de sel dans un litre d'eau. Sinon du thé noir léger, avec peu de sucre, des boissons gazeuses qu'on laisse se dégazéifier et qu'on dilue à 50% avec de l'eau purifiée, sont les boissons recommandées.

En cas de forte diarrhée, il faut prendre une solution réhydratante pour remplacer les sels minéraux. Quand vous irez mieux, continuez à manger légèrement. Les antibiotiques peuvent être utiles dans le traitement de diarrhées très fortes, en particulier si elles sont accompagnées de nausées, de vomissements, de crampes d'estomac ou d'une fièvre légère. Trois jours de traitement sont généralement suffisants et on constate normalement une amélioration dans les 24 heures. Vous pourrez aussi essayer un équivalent chinois, l'hydrochloride berbéris (*huáng liǎn sù*). Toutefois, lorsque la diarrhée persiste au-delà de 48 heures ou s'il y a présence de sang dans les selles, il est préférable de consulter un médecin.

Giardiase (*āmǐbā fǔxiè*). Ce parasite intestinal est présent dans l'eau souillée ou dans les aliments souillés par l'eau. Symptômes : crampes d'estomac, nausées, estomac ballonné, selles très liquides et nauséabondes et gaz fréquents. La giardiase peut n'apparaître que plusieurs semaines après la contamination. Les symptômes peuvent disparaître pendant quelques jours puis réapparaître, et ceci pendant plusieurs semaines.

Dysenterie. Cette affection n'est pas très fréquente en Chine. En réalité, les voyageurs la confondent souvent avec la diarrhée.

Pathologie grave, due à des aliments ou de l'eau contaminés, la dysenterie se manifeste par une violente diarrhée, souvent accompagnée de sang ou de mucus dans les selles. On distingue deux types de dysenteries. La dysenterie bacillaire se caractérise par une forte fièvre et une évolution rapide ; maux de tête et d'estomac et vomissements en sont les symptômes. Elle dure rarement plus d'une semaine mais elle est très contagieuse. La dysenterie amibienne, quant à elle, évolue plus graduellement, sans fièvre ni vomissements, mais elle est plus grave. Elle dure tant qu'elle n'est pas traitée, peut réapparaître et causer des problèmes de santé à long terme. Une analyse des selles est indispensable pour diagnostiquer le type de dysenterie. Il faut donc consulter rapidement.

Choléra. Il ne constitue pas un problème majeur en Chine, lorsque l'on sait qu'il a tendance à se manifester par épidémies (généralement après des inondations et plus particulièrement en été). La protection conférée par le vaccin n'est pas fiable. Celui-ci n'est donc pas recommandé. Prenez donc toutes les précautions alimentaires nécessaires. Les cas de choléra sont généralement signalés à grande échelle, ce qui permet d'éviter les régions concernées. Symptômes : diarrhée soudaine, selles très liquides et claires, vomissements, crampes musculaires et extrême faiblesse. Il faut consulter un médecin ou aller à l'hôpital au plus vite, mais on peut commencer à lutter immédiatement contre la déshydratation, qui peut être très forte. Le Coca-Cola salé, dégazéifié et dilué à 1/5 ou encore le bouillon bien salé seront utiles en cas d'urgence.

Gastro-entérite virale. Provoquée par un virus et non par une bactérie, elle se traduit par des crampes d'estomac, une diarrhée et parfois des vomissements et/ou une légère fièvre. Un seul traitement : repos et boissons en quantité.

Hépatites (*gān yán*). L'hépatite est un terme général pour une inflammation du foie. A côté des hépatites A et B, il existe d'autres types d'hépatites (appelées précédemment "non A, non B"). Les symptômes de chaque hépatite peuvent être identiques (fatigue, problèmes digestifs, jaunisse, fièvre, léthargie, etc.), mais il arrive également que la personne infectée n'ait aucun avertissement de ce genre. Néanmoins, pas de paranoïa excessive, les hépatites C, D et E sont assez rares, et on peut s'en prémunir en suivant les mêmes précautions que pour éviter les hépatites A et B.

Hépatite A. C'est la plus commune, surtout dans les pays où le niveau d'hygiène est médiocre. La plupart des habitants des pays en voie de développement ont été contaminés dans l'enfance et leur système immunitaire s'y est habitué, produisant une défense naturelle.

Premiers symptômes : fièvre, frissons, migraine, fatigue, faiblesse et douleurs, suivis d'une perte d'appétit, de nausées, de vomissements, de douleurs abdominales. Les urines sont foncées, les selles claires ; la peau et le blanc des yeux prennent une teinte jaune. La fièvre intervient rarement. Parfois la maladie se manifeste plus discrètement : malaise général, fatigue, perte d'appétit et douleurs.

Il faut demander l'avis d'un médecin mais, en général, il n'y a pas grand-chose à faire à part se reposer, boire beaucoup et manger légèrement en évitant les graisses. L'alcool doit être banni pendant au moins 6 mois.

Herboristes et phytothérapie

Nombreux sont les étrangers à visiter la Chine sans jamais essayer la médecine chinoise par les plantes (*zhōng yào*) parce qu'ils n'en ont jamais entendu parler ou simplement parce qu'ils n'y croient pas. En Occident, les herboristes ne sont pas toujours très appréciés par les tenants de la médecine traditionnelle. Dans cette pharmacopée, on trouve en Chine des choses aussi merveilleuses que la vésicule biliaire de serpent ou la poudre de bois de cerf. La plupart de ces remèdes naturels se présentent sous forme de poudres amères (si vous ne supportez pas le goût, vous pouvez les avaler dans des capsules de gélatine). Même ceux qui croient à cette médecine par les plantes sont souvent déconcertés par l'immense éventail de plantes médicinales qui garnissent les étagères de n'importe quelle pharmacie chinoise. Il est difficile de savoir par où commencer.

Nombre de ces remèdes sont remarquablement efficaces. Il convient cependant de faire quelques mises en garde. Les herboristes chinois ont toutes sortes de traitements pour les maux d'estomac, de tête, de gorge, les rhumes ou la grippe qui semblent marcher. En revanche, pour des maladies graves comme le cancer ou les maladies cardio-vasculaires, l'efficacité de ces remèdes naturels est nettement plus discutable.

Quand on lit des ouvrages théoriques sur la médecine chinoise, le terme "holistique" revient souvent. Cela signifie que ce type de médecine cherche à traiter l'ensemble (holos, en grec) de l'organisme malade, et non simplement la maladie ou un organe donné. Elle s'attache à soigner la cause plus que l'effet.

Prenons l'exemple de l'appendicite : un médecin chinois essaiera de combattre l'infection en faisant appel à toutes les défenses de l'organisme, alors que le médecin occidental se contentera, pour ainsi dire, d'enlever l'appendice. Si la méthode "holistique" paraît très satisfaisante en théorie, dans la pratique la technique occidentale visant à s'attaquer directement au problème marche souvent mieux. Dans le cas de l'appendicite, l'ablation chirurgicale de l'appendice est efficace à 100%, même si l'opération en elle-même présente toujours certains risques. En revanche, dans le cas de migraines, les remèdes naturels chinois peuvent s'avérer plus concluants que les traitements médicamenteux occidentaux.

Un avantage de la médecine chinoise est qu'elle produit relativement peu d'effets secondaires. Comparé à un médicament comme la pénicilline qui peut provoquer des réac-

L'hépatite A se transmet par l'eau, les coquillages et, d'une manière générale, tous les produits manipulés à mains nues. En faisant attention à la nourriture et à la boisson, vous préviendrez le virus très utilement. Malgré tout, s'il existe un fort risque d'exposition, il vaut mieux se protéger avec le vaccin ou la gammaglobuline.

Hépatite B. Elle est malheureusement très répandue, puisqu'il existe environ 30 millions de porteurs chroniques dans le monde. Elle se transmet par voie sexuelle ou sanguine (piqûre, transfusion). Évitez de vous faire percer les oreilles, de vous faire tatouer, raser ou de vous faire soigner par piqûres si vous avez des doutes quant à l'hygiène des lieux. Les symptômes de l'hépatite B sont pratiquement les mêmes que ceux de l'hépatite A mais la B est beaucoup plus grave. Elle peut provoquer des lésions au foie et parfois même le cancer du foie. A titre préventif, l'hépatite B a désormais son vaccin, très efficace.

Hépatite C. Ce virus a été récemment isolé. Sa transmission se fait par voie sanguine (transfusion ou utilisation de seringues usagées) et il semble que cette souche accélère les lésions au foie. La seule prévention est d'éviter tout contact sanguin car il n'existe pour le moment aucun vaccin.

---

tions allergiques et autres effets secondaires graves, la médecine naturelle est relativement sûre. Sachez toutefois que certaines plantes sont légèrement toxiques, et les prendre sur une longue période peut avoir des effets nocifs sur le foie ou sur d'autres organes.

Avant d'acheter des remèdes naturels, souvenez-vous que dans la médecine occidentale, les médecins parlent d'antibiotiques à large spectre, tels que la pénicilline, efficaces pour le traitement d'un grand nombre d'infections. Mais dans de nombreux cas, ils vous prescriront plutôt un antibiotique mieux adapté à un certain type d'infection bien précise. Il en est de même en médecine chinoise.

Un remède à large spectre comme la vésicule biliaire de serpent peut être recommandé pour le traitement des rhumes, mais il existe différents types de rhumes. Le mieux est de consulter un médecin chinois pour qu'il vous indique la prescription adéquate à la forme précise de rhume dont vous souffrez. Si vous ne trouvez pas de médecin, tentez malgré tout votre chance à la pharmacie.

Si vous consultez un médecin chinois, vous risquez d'être étonné par la manière dont il vous examinera et par les conclusions qu'il en tirera. Il est vraisemblable qu'il prendra votre pouls et vous dira peut-être que vous avez un pouls fuyant ou filant. Il examinera ensuite votre langue. Puis, ayant diagnostiqué une chaleur humide en vous (pour les Chinois, les maladies ont des causes externes, naturelles, comme le froid, la chaleur… et des causes internes, la colère, la tristesse) à partir de votre pouls et de l'état de votre langue, il vous prescrira la préparation ad hoc.

Lors de vos achats de médicaments, faites attention aux faux remèdes nombreux sur le marché, tels que de simples pilules de sucre.

Si vous passez beaucoup de temps en bus ou en bateau, vous verrez comment les Chinois soignent le mal des transports, la nausée et les maux de tête : ils s'enduisent généralement le ventre ou la tête de liniments. Si vous souhaitez en faire l'essai vous-même, il en existe de nombreuses marques sur le marché, notamment *qīngli ngyóu* et *fēngyóu*, ou l'Huile de fleur blanche (*báihuāyóu*) qui vient de Hong Kong.

D'autres variantes sont les baumes, tels le célèbre Baume du tigre qui vient également de Hong Kong. Et si vous vous froissez un muscle à porter vos sacs trop lourds, essayez d'appliquer à l'endroit douloureux le "pansement adhésif en peau de chien" (*gǒupí gāo yào*). Vous serez certainement soulagé d'apprendre que, de nos jours, il n'est plus fait en véritable peau de chien ! ■

Hépatite D. On sait encore peu de choses sur ce virus, sinon qu'il apparaît chez des sujets atteints de l'hépatite B et qu'il se transmet par voie sanguine. Là non plus, pas de vaccin mais le risque est, pour l'instant, limité.

Hépatite E. Il semblerait que cette souche soit assez fréquente dans les pays en voie de développement, bien que l'on ne dispose pas de beaucoup d'éléments actuellement. Identique à l'hépatite A, elle se contracte de la même manière, généralement par l'eau. De forme bénigne, elle peut néanmoins être dangereuse pour les femmes enceintes. La prévention est le seul moyen d'éviter l'infection (pas de vaccin).

Typhoïde. La fièvre typhoïde est également une infection intestinale, qui atteint le tube digestif. La vaccination n'est pas entièrement efficace et l'infection est particulièrement dangereuse : il faut absolument appeler un médecin.

Premiers symptômes : les mêmes que ceux d'un mauvais rhume ou d'une grippe, mal de tête, de gorge, fièvre qui augmente un peu chaque jour jusqu'à atteindre 40°C ou plus. Le pouls est souvent lent par rapport à la température élevée et ralentit encore au fur et à mesure que la fièvre augmente, à l'inverse de ce qui se passe normalement. Ces symptômes peuvent être accompagnés de vomissements, de diarrhée ou de constipation.

La deuxième semaine, la fièvre reste forte et le pouls lent ; quelques petites tâches roses peuvent apparaître sur le corps. Autres symptômes : tremblements, délire, faiblesse, perte de poids et déshydratation.

S'il n'y a pas d'autres complications, la fièvre et les autres symptômes disparaissent peu à peu la troisième semaine. Cependant, un suivi médical est indispensable car les complications sont fréquentes, en particulier la pneumonie (infection aiguë des poumons) et la péritonite (éclatement de l'appendice). De plus, la typhoïde est très contagieuse.

Il faut garder le malade dans une salle fraîche et veiller à ce qu'il ne se déshydrate pas.

Polio. Maladie également favorisée par des conditions d'insalubrité, elle est surtout fréquente sous les climats chauds. Ses effets sur les enfants, qui seront souvent infirmes à vie, sont particulièrement dévastateurs. Il existe un excellent vaccin (un rappel tous les cinq ans est recommandé).

Infection respiratoire. Le syndrome chinois (*liúxíngxìng gǎnmào*), la maladie que vous risquez le plus souvent d'attraper en Chine, est l'hôte d'infections respiratoires appelées communément la "grippe" ou le "rhume de cerveau".

Vous avez sans doute entendu parler de la "grippe de Shanghai" ou d'autres épidémies de grippe portant des noms de villes chinoises. En fait, la Chine est un vaste réservoir de virus respiratoires et pratiquement toute la population en est affectée pendant l'hiver – mais même pendant l'été vous ne serez pas épargné.

Ce qui distingue la grippe chinoise des différentes variétés occidentales est sa gravité et le fait que la maladie peut durer des mois et non quelques jours. Comme n'importe quel mauvais rhume, les premiers symptômes sont une fièvre accompagnée de frissons, une faiblesse générale, un mal de gorge et une impression de malaise qui dure normalement quelques jours. Ensuite, vous souffrirez d'une toux et d'une bronchite prolongées, s'accompagnant de crachats composés d'épaisses mucosités verdâtres, et occasionnellement de petits filets de sang. En cas de bronchite prononcée, vous ne pourrez pas dormir, et cet état pourra se prolonger pendant tout votre séjour. Parfois cela peut même se transformer en pneumonie.

Pourquoi ce problème prend-il une telle ampleur en Chine ? Les infections respiratoires sont aggravées par la fraîcheur de la température, la pollution atmosphérique, la tabagie et des conditions de surpopulation qui facilitent la propagation de l'infection. Mais la raison essentielle tient au fait que les Chinois ont l'habitude de cracher, ce qui a pour effet de propager les infections. C'est un cercle vicieux : les Chinois crachent parce qu'ils sont malades, et ils sont malades parce qu'ils crachent.

Pendant la première phase de la maladie, l'alitement, l'absorption de liquides chauds et le fait de rester au chaud seront bénéfiques. Les Chinois soignent leur bronchite avec une poudre à base de vésicule de serpent – un traitement discutable, mais il n'existe aucune contre-indication. Si vous continuez à cracher des mucosités vertes et que vous avez toujours de la fièvre, il est temps de consulter un médecin pour qu'il vous prescrive des antibiotiques.

Aucun vaccin n'offre une protection complète. Néanmoins, il existe des vaccins antigrippe qui vous protégeront pendant un an ou des vaccins contre la pneumonie qui peuvent se révéler utiles.

Affections transmises par l'homme et les animaux

Tétanos (*pò shāng fēng*). Il y aurait de nombreux accidents de la route dans les régions rurales, d'où le risque de tétanos. Difficile à soigner, parfois mortel, il se prévient par vaccination. Le tétanos se développe dans les plaies infectées par un germe qui vit dans les selles des animaux ou des hommes. Il est indispensable de bien nettoyer coupures et morsures. Le tétanos déclenche le trismus, spasme musculaire de la mâchoire. Les premiers symptômes peuvent être une difficulté à avaler ou une raideur de la mâchoire ou du cou ; puis suivent des convulsions douloureuses de la mâchoire et du corps tout entier.

Rage (*kuángquǎn bìng*). La rage est encore répandue en Chine mais beaucoup de progrès ont été accomplis. Lorsque les communistes sont arrivés au pouvoir en 1949, l'une de leurs premières mesures a consisté à débarrasser systématiquement les rues des chiens errants. Cette réglementation avait pour objectif de contrôler la rage, d'améliorer le système sanitaire et de protéger la nourriture.

Bien que les Chinois aient considérablement réduit la population canine, on rencontre encore des bandes de chiens sauvages, qui peuvent se montrer réellement dangereuses, dans les villages tibétains.

Cette maladie est transmise par une morsure ou une griffure faites par un animal contaminé. Les chiens en sont les principaux vecteurs, de même que les singes et les chats, mais aussi les rats. Morsures, griffures ou même simples coups de langue d'un mammifère doivent être nettoyés immédiatement et à fond. Frottez avec du savon et de l'eau courante, puis nettoyez avec de l'alcool. S'il y a le moindre risque que l'animal soit contaminé, allez immédiatement voir un médecin. Même si l'animal n'est pas enragé, toutes les morsures doivent être surveillées de près pour éviter les risques d'infection et de tétanos.

Un vaccin antirabique est désormais disponible. Il faut y songer si vous pensez prendre certains risques, comme explorer des grottes (les morsures de chauves-souris peuvent être dangereuses), travailler avec des animaux, ou si vous envisagez de vous déplacer dans la campagne chinoise, et tout particulièrement au Tibet. Sachez cependant que la vaccination préventive ne dispense pas de la nécessité de se faire administrer le plus vite possible un traitement antirabique après un contact avec un animal enragé ou dont le comportement peut paraître suspect.

Tuberculose (*jiéhé bìng*). Maladie infectieuse et contagieuse, la tuberculose est provoquée par le bacille de Koch et se propage généralement par la toux. Chaque accès de toux a pour effet de disséminer des gouttelettes infectieuses dans l'air. Les endroits clos, bondés et bénéficiant d'une ventilation sommaire (les trains notamment) ne permettent pas à l'air de se renouveler et maintiennent un air vicié pendant toute la durée du trajet. On comprend alors pourquoi la Chine, surpeuplée, possède un taux d'infection figurant parmi les plus élevés au monde. Les enfants de moins de 12 ans sont plus exposés que les adultes. Il est donc conseillé de les faire vacciner s'ils voyagent dans des régions où la maladie est endémique.

La tuberculose se propage par la toux ou par des produits laitiers non pasteurisés faits avec du lait de vaches tuberculeuses. On peut boire du lait bouilli et manger yaourts ou fromages (l'acidification du lait dans le processus de fabrication élimine les bacilles) sans courir de risques.

Infection de l'œil. Le trachome est une infection de l'œil courante qui s'attrape au contact de serviettes contaminées (du type de celles proposées dans les restaurants ou dans les avions). Pour vous nettoyer le visage, utilisez des serviettes de papier jetables. Si vous pensez que vous souffrez d'un trachome, consultez un médecin – si la maladie n'est pas traitée elle peut entraîner des problèmes de vue. Le trachome se soigne normalement par l'application de pommades antibiotiques pendant 4 à 6 semaines. Évitez l'automédication, ne prenez pas d'antibiotiques sans l'avis d'un médecin ; de simples allergies peuvent en effet montrer les mêmes symptômes et, dans ce cas, les antibiotiques vous feront plus de mal que de bien.

Maladies sexuellement transmissibles. Longtemps niées par le régime, elles se développent rapidement.

La blennorragie et la syphilis sont les maladies les plus répandues. Plaies, cloques ou éruptions autour des parties génitales, suppurations ou douleurs lors de la miction en sont les symptômes habituels ; ils peuvent être moins forts ou inexistants chez les femmes. Les symptômes de la syphilis finissent par disparaître complètement mais la maladie continue à se développer et elle provoque de graves problèmes par la suite. On traite la blennorragie et la syphilis par les antibiotiques.

Les maladies sexuellement transmissibles (MST) sont nombreuses, mais on dispose d'un traitement efficace pour la plupart d'entre elles. Cependant il n'y a pas de remède contre l'herpès pour le moment.

VIH/Sida. L'infection à VIH (virus de l'immunodéficience humaine), agent causal du Sida (syndrome d'immunodéficience acquise) est présente dans pratiquement tous les pays et épidémique dans nombre d'entre eux. La transmission de cette infection se fait : par rapport sexuel (hétérosexuel ou homosexuel - anal, vaginal ou oral), d'où l'impérieuse nécessité d'utiliser des préservatifs à titre préventif, par le sang, les produits sanguins et les aiguilles contaminées. Il est impossible de détecter la présence du VIH chez un individu apparemment en parfaite santé sans procéder à un examen sanguin.

Les préservatifs sont disponibles en Chine. Demandez des *băoxiăn tào* ("gant d'assurance").

Il faut éviter tout échange d'aiguilles. S'ils ne sont pas stérilisés, tous les instruments de chirurgie, les aiguilles d'acupuncture et de tatouages, les instruments utilisés pour percer les oreilles ou le nez peuvent transmettre l'infection. Il est fortement conseillé d'emporter seringues et aiguilles, car celles que l'on vend en pharmacie ne sont pas toujours fiables.

Toute demande de certificat attestant la séronégativité pour le VIH (certificat d'absence de Sida) est contraire au Règlement sanitaire international (article 81). Reste que, début 93, le gouvernement chinois a décrété que les étrangers ayant plus de 12 tampons d'entrée sur leur passeport devaient se soumettre à un "test de 5 minutes" au passage de la frontière ! Étrange mesure, d'autant plus que les Hong Kongais, les Taiwanais et les personnes d'origine chinoise en sont exemptés. Ce test est payant, ce qui peut expliquer son existence. Au moment de la rédaction de cet ouvrage, la question de l'application effective de cette mesure faisait l'objet de discussions.

Affections transmises par les insectes
Le paludisme (*nüèjì*). Les cas de paludisme sont peu fréquents en Chine et ne devraient pas vous inquiéter. Toutefois, la Chine du Sud présente des risques en été,

et les régions tropicales comme le Yunnan ou l'île de Hainan toute l'année.

Le paludisme, ou malaria, est transmis par un moustique, l'anophèle. Ce moustique ne pique que la nuit, entre le coucher et le lever du soleil. Si vous voyagez dans des régions où la maladie est endémique, il faut absolument suivre un traitement préventif. Symptômes : migraines, fièvre, frissons et sueurs, qui disparaissent puis reviennent. Non traité, le paludisme peut avoir des suites graves, parfois mortelles.

Il existe différents types de paludisme, dont le *paludisme à falciparum* pour lequel le traitement devient de plus en plus difficile à mesure que la résistance du parasite aux médicaments gagne en intensité. Ce dernier est relativement rare en Chine, ce qui n'est pas le cas du *paludisme vivax*, moins dangereux mais qui peut se transformer en maladie chronique s'il n'est pas traité.

Les médicaments antipaludéens n'empêchent pas la contamination mais ils suppriment les symptômes de la maladie. Pour la chimioprophylaxie, renseignez-vous auprès des centres de vaccination ou de maladies tropicales. Vous pouvez surtout prendre d'autres précautions : le soir, quand les moustiques sont en pleine activité, couvrez vos bras et surtout vos chevilles, mettez de la crème antimoustiques. On peut aussi brûler des tortillons (*wénxiāng*) contre les moustiques, dormir sous une moustiquaire (*wénzhàng*) imprégnée d'insecticide, mettre des moustiquaires aux fenêtres ou brancher un diffuseur électrique (*diàn wénxiāng*). Les moustiques sont parfois attirés par le parfum ou l'après-rasage. Le risque de contamination est plus élevé en zone rurale et pendant la saison des pluies.

Tout voyageur atteint de fièvre ou montrant les symptômes de la grippe doit se faire examiner. Il suffit d'une analyse de sang pour établir le diagnostic. Contrairement à certaines croyances, une crise de paludisme ne signifie pas que l'on est touché à vie. Grâce aux médicaments, le parasite peut être éradiqué. Le paludisme est curable dans la mesure où l'on fait ce qu'il faut dès les premiers symptômes.

Dengue. Il n'y a pas de traitement prophylactique contre cette maladie propagée par les moustiques ; la seule mesure préventive consiste à éviter de se faire piquer. Poussée de fièvre, maux de tête, crise dépressive momentanée, douleurs articulaires et musculaires précèdent une éruption cutanée sur le tronc qui s'étend ensuite aux membres puis au visage. Au bout de quelques jours, la fièvre régresse et la convalescence commence. Les complications graves sont rares. Cette maladie est plutôt courante dans les régions de Chine du Sud en été et même, semble-t-il, à Taiwan.

Coupures, piqûres et morsures

Coupures et égratignures. Les blessures s'infectent très facilement dans les climats chauds et cicatrisent difficilement. Coupures et égratignures doivent être traitées avec un antiseptique et du mercurochrome. Évitez si possible bandages et pansements, qui empêchent la plaie de sécher.

Les coupures de corail sont particulièrement longues à cicatriser, car le corail injecte un venin léger dans la plaie. Portez des chaussures pour marcher sur des récifs et nettoyez chaque blessure à fond.

Piqûres. Les piqûres de guêpe ou d'abeille sont généralement plus douloureuses que dangereuses. Une lotion apaisante ou des glaçons soulageront la douleur et empêcheront la piqûre de trop gonfler. Certaines araignées sont dangereuses mais il existe en général des antivenins.

Les piqûres de scorpions sont très douloureuses et parfois mortelles. Les scorpions se glissent souvent dans les vêtements ou les chaussures.

La piqûre de certains coquillages est dangereuse, voire mortelle. Plusieurs espèces de poissons et d'animaux marins peuvent piquer ou mordre ou être dangereuses à consommer. Là encore, prenez conseil auprès des habitants.

Serpents. La Chine compte toute une variété de serpents venimeux, le plus célèbre étant le cobra. Tous les serpents de mer sont venimeux et sont facilement identifiables par leur queue plate.

Portez toujours bottes, chaussettes et pantalons longs pour marcher dans la végétation. Ne hasardez pas la main dans les trous et les anfractuosités et faites attention lorsque vous ramassez du bois pour faire du feu. Les morsures de serpents ne provoquent pas instantanément la mort et il existe généralement des antivenins. Il faut calmer la victime, lui interdire de bouger, bander étroitement le membre comme pour une foulure et l'immobiliser avec une attelle. Trouvez ensuite un médecin et apportez-lui si possible le serpent mort. N'essayez en aucun cas d'attraper le serpent s'il y a le moindre risque qu'il pique à nouveau. On sait désormais qu'il ne faut absolument pas sucer le venin ou poser un garrot.

Punaises et poux. Les punaises affectionnent la literie douteuse. Si vous repérez de petites taches de sang sur les draps ou les murs autour du lit, cherchez un autre hôtel. Les piqûres de punaises forment des alignements réguliers ; une pommade calmante apaisera la démangeaison.

Les poux provoquent des démangeaisons. Ils élisent domicile dans les cheveux, les vêtements ou les poils pubiens. On en attrape par contact direct avec des personnes infestées ou en utilisant leur peigne, leurs vêtements, etc. Poudres et shampooings détruisent poux et lentes ; il faut également laver les vêtements à l'eau très chaude.

Santé au féminin
Problèmes gynécologiques. Une nourriture pauvre, une résistance amoindrie par l'utilisation d'antibiotiques contre des problèmes intestinaux peuvent favoriser les infections vaginales lorsqu'on voyage dans des pays chauds. Respectez une hygiène intime scrupuleuse et portez jupes ou pantalons amples et sous-vêtements en coton.

Les champignons, caractérisés par une éruption cutanée, des démangeaisons et des pertes, peuvent se soigner facilement. En revanche, les trichomonas sont plus graves ; pertes blanches et sensation de brûlure lors de la miction en sont les symptômes. Le partenaire masculin doit également être soigné.

Il n'est pas rare que le cycle menstruel soit perturbé lors d'un voyage.

Les Chinois vendent divers fortifiants à base d'herbes destinés uniquement aux femmes. Vous pouvez essayer le *sì wù tāng*, dans les cas d'anémie ou de perturbation du cycle.

SEULE EN VOYAGE
En règle générale, les femmes étrangères sont peu importunées lorsqu'elles voyagent seules en Chine, bien qu'il y ait eu quelques problèmes au Xinjiang (région musulmane). Il convient, avant tout, d'observer la manière dont sont vêtues les femmes et dont elles se comportent dans la région où vous séjournez, afin de vous adapter aux usages.

Il semblerait que des femmes étrangères aient été harcelées par des Chinois dans les parcs de Pékin ou lorsqu'elles circulaient seules, en vélo, la nuit, mais le viol reste rare. Lorsque cela se produit, les victimes sont généralement chinoises. La police a en effet tendance à mener une enquête plus serrée et à pénaliser davantage le criminel (jusqu'à la peine de mort) lorsqu'un délit est perpétré contre un étranger – ce qui assure une certaine protection aux femmes étrangères.

Porter un chemisier transparent ou un minishort, se mettre en bikini ou se promener les seins nus sur la plage, relève de la provocation. Si les citadines chinoises sont vêtues à la dernière mode (y compris des minijupes), les populations rurales restent nettement plus conservatrices. Si vous voulez jouer la sécurité, portez des pantalons ou des jupes au-dessous du genou et un haut qui couvre les épaules. A l'extérieur, les sandales sont tout à fait acceptables.

DÉSAGRÉMENTS ET DANGERS
Délits et peines
La criminalité est en progression en Chine, mais les dangers encourus sont largement exagérés. Si vous faites preuve de bon

En Chine avec des enfants

Les changements qui touchent la Chine ont profondément bouleversé l'expérience du voyage avec des enfants. Lorsque le pays ouvrit ses portes, les premiers visiteurs occidentaux étaient rares. Ceux qui étaient accompagnés d'enfants passaient, à plus forte raison, pour des bêtes curieuses. De nos jours, l'étranger a tout juste droit à un regard et, sur les principaux sites touristiques, les enfants font désormais partie du décor. Certes, si vous vous écartez des sentiers battus, votre présence suscitera la curiosité de la population mais, même dans ce cas de figure, il n'est pas exceptionnel de voir de jeunes enfants voyageant avec leurs parents.

Il est devenu beaucoup plus facile de voyager en Chine, notamment avec des enfants. Les équipements se sont améliorés et on trouve plus facilement des articles de première nécessité, tels des couches jetables.

Reste que ce pays ne laissera pas un souvenir impérissable pour des enfants. La visite des musées et des temples les ennuie souvent, et la foule est parfois gênante. La solution consiste à leur proposer des activités qui les séduiront, telles l'escalade de la Grande Muraille, des promenades en barque dans les parcs de Pékin ou des déplacements à bicyclette dans les villes. Les plus grands apprécieront les grands sites touristiques tels que Yangshuo, où ils peuvent regarder des films vidéo dans les cafés ou descendre la rivière sur une chambre à air de camion.

La politique systématique visant à soutirer un maximum d'argent au voyageur peut devenir exaspérante et, malheureusement, les enfants constituent une source supplémentaire de devises. Les tarifs qui sont appliqués aux enfants sont généralement identiques à ceux demandés aux adultes. Ils ne bénéficient même pas du tarif étudiant, sauf s'ils disposent d'une carte d'étudiant ! Ainsi, n'hésitez pas à leur procurer une carte ISIC pour l'entrée dans les temples, les jardins et les musées. ■

Tony Wheeler

sens, de présence d'esprit et ne facilitez pas la tâche des voleurs, vous ne devriez pas rencontrer de problèmes.

Les pickpockets représentent le risque de vol le plus fréquent. Il est rare qu'ils s'attaquent à la totalité des bagages (à moins de les abandonner, bien en vue, dans un endroit désert), la méthode la plus utilisée étant les coups de rasoir dans les sacs ou les poches, dans les endroits bondés, tels que les bus. Certaines villes semblent pires que d'autres – Canton, Guiyang et Xi'an sont réputées dans ce domaine.

Les endroits à haut risque sont les gares ferroviaires et routières, les bus urbains et longue distance, et les classes "dures" dans les trains. C'est tout particulièrement vrai dans ces dernières, au crépuscule, où les voleurs travaillent en bandes et invitent les voyageurs à leur remettre leurs biens sous la menace de couteaux.

Méfiez-vous aussi des toilettes publiques. Ne posez jamais votre sac sur le sol, même

le temps de satisfaire aux exigences de la nature, au risque de ne pas le retrouver en vous relevant.

Les hôtels sont généralement sûrs. A chaque étage, une personne de service est chargée de la surveillance des chambres et en conserve les clés. Dans les dortoirs, en revanche, il faut faire preuve de plus grandes précautions. Tous les hôtels chinois disposent de coffres et de pièces spéciales pour déposer les bagages. N'hésitez pas à les utiliser. Ne laissez jamais traîner dans un dortoir vos affaires indispensables (passeport, chèques de voyage, argent, billets d'avion, etc.).

Une ceinture portefeuille est le moyen le plus sûr pour transporter des objets de valeur, en particulier quand vous vous déplacez en bus ou en train. Pendant la saison fraîche, un gilet à poches multiples est plus confortable – il reste plus prudent toutefois de le porter sous une veste, même si les poches extérieures sont munies d'une fermeture à glissière. Il n'est pas conseillé de mettre tous ses œufs dans le même panier : laissez un peu d'argent liquide (disons 50 $US) dans votre chambre d'hôtel ou au fond de votre sac à dos, ainsi que les numéros de vos chèques de voyage et celui de votre passeport. Déposez également au coffre les objets sans grande valeur marchande pour un voleur (pellicules photo, etc.), mais auxquels vous tenez beaucoup. Faites une copie de votre carnet d'adresses avant de partir en voyage. Enfin notez les numéros de vos billets d'avion et de train.

De petits cadenas s'avèrent utiles pour les sacs à dos et les chambres d'hôtels douteuses. Les antivols (évitez de préférence les modèles de fabrication chinoise) sont également pratiques, non seulement pour les bicyclettes louées, mais aussi pour attacher les sacs à dos ou autres bagages aux porte-bagages dans les trains. Les bananes, à la mode et souvent utilisées par les visiteurs venus de Hong Kong, sont absolument déconseillées pour les affaires de valeur. Sachez aussi que les tailleurs de rues n'ont pas leur pareil pour coudre des poches à l'intérieur des pantalons, des vestes ou des chemises, généralement pour quelques yuan ; ils pourront même vous poser une fermeture à glissière.

Déclaration de perte. En cas de vol, allez immédiatement déposer plainte au plus proche service des Affaires étrangères du BSP. On vous demandera de remplir une déclaration de perte avant de procéder à une enquête. Si vous avez souscrit une police d'assurance (précaution recommandée), cette déclaration de perte vous sera indispensable pour demander le remboursement des effets volés. Toutefois, méfiez-vous : il semble que de nombreux voyageurs aient eu affaire à des fonctionnaires peu disposés à leur en fournir une. Préparez-vous à passer plusieurs heures, voire deux jours, pour obtenir gain de cause.

Violence
Les bagarres de rues sont extrêmement courantes en Chine, mais il est rare qu'elles

Tuer le coq pour effrayer le singe
"S'enrichir est signe de gloire", avait déclaré Deng. Dans la course à l'enrichissement, ce credo est devenu synonyme de criminalité. Des quais de gare aux allées du pouvoir, elle fait rage et la population s'en émeut.

Le maintien au pouvoir du gouvernement est subordonné à la mise en œuvre d'une politique de fermeté. La corruption au sein de l'appareil d'État a été un facteur déclenchant de la tragédie de la place Tian'anmen. Le hic, c'est que le gouvernement lui-même est en première ligne dans les affaires de corruption.

Les cadres de haut rang accusés de telles pratiques sont parfois condamnés à de lourdes peines de prison mais la plupart s'en tirent à moindres frais – avertissement officiel ou rétrogradation. Les personnes qui ne peuvent faire jouer leurs relations sont, eux, fusillés.

Corollaire du chômage et de l'absence de repères sociaux, la délinquance juvénile pose un problème croissant. Meurtres, viols et vols se partagent le tiercé de tête des crimes et délits. Explication officielle : les jeunes sont victimes de la "pollution spirituelle", autrement dit ils sont influencés par la cupidité et la dépravation des sociétés occidentales.

La justice en Chine relève, semble-t-il, entièrement de la police, qui décide également de la peine. La plus lourde est la condamnation à mort, qui revient à "tuer le coq pour effrayer le singe" ou, pour s'exprimer selon la phraséologie officielle, "Il est bon que certaines personnes soient exécutées afin d'éduquer les autres." Les condamnés à mort, essentiellement des violeurs ou des assassins, sont généralement tués d'une balle dans la nuque, souvent en public dans un stade. La photo d'identité du criminel, voire celle de son cadavre, est ensuite placardée sur un panneau d'affichage public. Il est encore courant de croiser dans la rue un camion qui exhibe à l'arrière des criminels. ∎

se terminent par des blessures graves. Généralement, il s'agit surtout d'intimider l'adversaire par des gesticulations, des cris et des menaces. Les raisons de ces fréquentes altercations sont simples à deviner : les gens ne cessent de se pousser, de se bousculer dans les files d'attente, le trafic est incessant et, finalement, c'est l'anicroche. Surtout ne vous en mêlez pas.

La plupart des Chinois portent des couteaux sur eux (du moins les hommes) mais ils ne s'en servent rarement dans un but autre que couper du pain. Les armes à feu ne sont pas en vente libre (il existe toutefois un petit marché noir de pistolets militaires). On mentionne des cas d'attaques de train par des bandes de voleurs, armés de couteaux, le plus souvent. La police essaie d'y mettre fin ; des malfrats ont été arrêtés et exécutés. Quoi qu'il en soit, vous avez peu de chance d'assister à une attaque de ce genre et cela ne doit pas vous dissuader de prendre le train.

Attroupement autour des étrangers

Attendez-vous à ce que des dizaines de paires d'yeux soient braqués sur vous. Étonnamment, après quinze années d'ouverture au tourisme, les Chinois continuent à mettre brusquement un terme à leur occupation du moment, à attraper leurs enfants et à appeler leurs amis pour dévisager l'étranger qui passe. Cela se produit plus rarement dans les grands centres urbains mais, dans les régions rurales, rien n'a changé.

Il n'existe pas de recette pour affronter ce genre de situation. Certains voyageurs ne supportant pas d'être continuellement dévisagés par la foule comme une bête curieuse préfèrent, exaspérés, gagner au plus vite la Thaïlande. De fait, il n'y a rien à faire contre les sourires, les rires, les bras qui s'agitent, les cris hystériques. Seule consolation, on les supportera mieux si l'on voyage à deux.

La meilleure solution, en particulier si vous êtes seul, reste de poursuivre votre route comme si de rien n'était (l'idéal étant alors de se déplacer en bicyclette). Certains

voyageurs se collent un baladeur sur les oreilles dans le but de s'isoler des cris des curieux qui essaient d'attirer votre attention et d'ameuter leurs amis. Dans les lieux clos, tels les trains et les bus, essayez d'établir un contact amical avec les personnes assises à côté de vous. Dans la plupart des cas, les "dévisageurs" font preuve de simple curiosité et ne sont que trop heureux de pouvoir engager la conversation.

Laowai !

Si vous vous éloignez de Canton, Shanghai et Pékin, vous entendrez l'exclamation *lǎowài !* au moins une dizaine de fois par jour. *Lao* signifie "vieux" en chinois et correspond à une marque de respect, *wai* signifie "extérieur". Ensemble, ils constituent le terme le plus poli pour "étranger". On l'utilise de diverses manières – parfois avec une légère pointe d'ironie pour minimiser le respect impliqué par le mot mais, plus généralement, il marque la surprise que provoque la rencontre d'un étranger dans un pays habité pour l'essentiel par des Chinois.

Ne vous laissez pas impressionner et répondez par "*nǐ hǎo*", qui équivaut à "bonjour !".

Boire de l'eau

La plupart des Chinois vous conseilleront de ne pas boire de l'eau courante, ou du moins de la faire préalablement bouillir. De l'eau bouillie est fournie gratuitement dans tous les hôtels chinois. De l'eau minérale est également disponible pour 2 à 3 yuan la bouteille.

Bruit

Ces dernières années, le gouvernement chinois a lancé une campagne antibruit. Reste que les Chinois tolèrent le bruit bien davantage que la plupart des Occidentaux. Ils regardent la TV avec le son poussé au maximum, les chauffeurs conduisent la main fixée sur le klaxon, les conversations téléphoniques sont tonitruantes, et le réveil s'effectue au son des marteaux-piqueurs et des pelleteuses. Si c'est la paix et le calme que vous recherchez, allez plutôt dans les déserts du Tibet ou du Xinjiang.

Crachats

Les premiers touristes occidentaux furent choqués de découvrir que tous les Chinois ou presque crachaient bruyamment, et cela un peu partout. Le gouvernement a lancé des campagnes pour mettre un terme à cette pratique, avec un certain succès dans les grands centres urbains – il semble que l'on crache moins en public, aujourd'hui, à Canton, Shanghai et Pékin. Partout ailleurs, cracher reste un sport national.

En dehors du fait qu'il est fort désagréable de se retrouver coincé dans un bus avec cinquante personnes qui ressentent un besoin irrésistible de cracher toutes les cinq minutes sur le sol, le fait de cracher semble contribuer à la propagation de la bronchite chronique. C'est tout particulièrement un problème en hiver, lorsque tous les Chinois ou presque souffrent de bronchite.

Racisme

Le racisme reste un problème épineux en Chine. La plupart des Chinois affirmeront que ni eux, ni leur gouvernement ne sont racistes.

Les Chinois sont fiers de leur passé. Être chinois lie l'individu à un héritage historique pendant lequel, selon les Chinois, leur pays était le centre de l'univers. C'est pourquoi ils sont persuadés que leur destinée est de conduire à nouveau le monde. Il n'y a rien de bien nouveau dans de telles convictions, excepté que la nationalité chinoise se définit par la loi du sang. Les discours publics sont émaillés de métaphores sur la pureté raciale et les succès du peuple chinois – des notions qui partout favorisent le racisme.

L'exemple de la tarification différente selon que l'on est chinois ou non peut être ressenti comme une marque de discrimination. La plupart des Chinois n'en sont pas conscients.

Les étrangers sont généralement bien traités en Chine. Il est très rare d'être confronté à une attitude ouvertement raciste, sous forme d'insultes notamment (mais cela peut se produire), ou de se voir refuser un service. Mieux vaut toutefois être blanc et originaire d'un pays riche. Les autres Asiatiques et les Noirs font souvent l'objet de discriminations, comme l'ont démontré les incidents de 1988, lorsque des étudiants chinois de Nankin descendirent dans la rue pour protester contre le fait que des étudiants africains sortaient avec des femmes chinoises.

Lorsqu'un Chinois affirme que le racisme est un "problème étranger", il ne faut pas oublier que l'homosexualité est également un "problème étranger" et que, de fait, presque tout ce que le régime chinois considère comme "malsain" est un problème étranger.

Files d'attente

Les queues n'existent pas en Chine ! Les gens visant le même objectif (une place dans le bus, un billet de train, etc.) s'agglutinent et se bousculent. C'est l'un des aspects les plus épuisants des déplacements en Chine, et il vaut parfois mieux payer un petit supplément pour éviter les gares ferroviaires et routières. Sinon, faites comme les autres.

Mendicité

Il y a des mendiants en Chine, mais beaucoup moins qu'en Inde par exemple. Par ailleurs, les mendiants ont tendance à ne pas se précipiter sur les étrangers, à l'exception des enfants qui s'accrochent à vos jambes et ne veulent pas vous lâcher. Certains mendiants s'installent dans la rue avec, à côté d'eux, un panneau racontant leur triste histoire. Des femmes, avec un bébé dans les bras, répètent inlassablement avoir perdu leurs billets de train et tout leur argent.

Drogues

La Chine voit d'un très mauvais œil la consommation d'opium et autres drogues. Il y a quelques années, plusieurs trafiquants d'héroïne en provenance de Hong Kong furent arrêtés à Kunming – leur exécution publique eut lieu moins d'une semaine plus tard. Le BSP local avait spécialement convoqué la presse étrangère pour assister à l'événement.

Il est fréquent de voir pousser de la marijuana en bordure de route, dans le sud-ouest de la Chine, mais elle est de qualité médiocre.

Certaines minorités fument du haschisch, en particulier les Ouïghours de la province du Xinjiang. Il est difficile de dire quelle serait l'attitude de la police à l'égard d'étrangers surpris en train de fumer de la marijuana. D'habitude, elle ne se mêle guère des agissements des étrangers tant qu'un Chinois n'est pas impliqué. Soyez toutefois extrêmement prudent.

TRAVAILLER EN CHINE

Il est possible d'enseigner certaines langues étrangères ou techniques si l'on dispose de qualifications. Vous ne ferez pas fortune, avec des salaires d'environ 180 $US par mois, payables en yuan. Cela représente à peu près quatre fois la paie d'un travailleur moyen et il ne vous restera pas grand-chose quand vous quitterez le sol chinois.

En revanche, viennent s'ajouter quelques avantages en nature, tels que l'hébergement gratuit ou à un faible coût, ainsi que des cartes d'identité spéciales qui vous permettront de bénéficier de réductions sur les trains et les avions.

En tant que travailleur en Chine, vous serez affecté à une "unité de travail" mais, à la différence des Chinois, vous serez dispensé des réunions politiques et des contrôles sur votre vie auxquels ces derniers sont normalement soumis.

Par ailleurs, les universités ont de plus en plus tendance à faire pression sur les étrangers pour qu'ils assurent un maximum d'heures. Ne dépassez pas 20 heures de cours hebdomadaires, ou mieux, 15 heures.

Travailler en Chine vous permettra de découvrir le pays comme aucun voyageur ne peut le faire. Malheureusement, les contacts que vous pourrez avoir avec la population dépendront du BSP local. A

Pékin, où le BSP se méfie de la "pollution spirituelle" étrangère, vos étudiants ne seront pas autorisés, le plus souvent, à avoir le moindre contact avec vous en dehors des salles de cours, et vous ne pourrez les rencontrer que secrètement, très loin du campus.

Les enseignants étrangers sont généralement contraints de résider dans des appartements ou des dortoirs séparés. Les étudiants désireux de vous rendre visite dans votre chambre pourront être refoulés à la réception. A moins qu'on ne leur autorise l'accès après enregistrement de leur nom, de leur numéro de carte d'identité et du motif de leur visite. De nombreuses personnes, ne souhaitant pas attirer l'attention sur elles de cette manière (au risque d'être ensuite interrogées par le BSP), préféreront ne pas vous rendre visite.

Deux sujets de discussion sont interdits dans les salles de cours : la politique et la religion. Selon des étrangers enseignant à Pékin, des espions auraient même assisté à leurs cours. D'autres ont trouvé des micros cachés dans leur chambre (l'un d'eux se vengea en fixant son baladeur au micro et en poussant la musique à fond !).

Les règles changent, la Chine s'ouvre lentement et certaines provinces se libéralisent plus rapidement que d'autres. Quand vous lirez cet ouvrage, il est possible que la situation ait encore évolué. Si travailler en Chine vous intéresse, adressez-vous à une ambassade chinoise ou directement aux universités.

S'agissant des établissements scolaires français en Chine, les personnes qui souhaitent s'en procurer la liste peuvent faire la demande auprès de l'Agence pour l'enseignement français à l'étranger (AEFE, ☎ 01 53 69 30 00).

Faire des affaires

Dans la Chine bureaucratique, les choses les plus simples peuvent devenir très complexes en raison de la paperasserie administrative. Nombre d'hommes d'affaires étrangers ayant travaillé en Chine affirment que, pour réussir, il faut à la fois être doté d'une détermination à toute épreuve et tomber sur des fonctionnaires coopératifs.

Si vous avez l'intention de faire des affaires en Chine, sachez que la plupart des villes et banlieues des grands centres urbains disposent d'une chambre de commerce (*shāngyè jú*). En cas de litige (les marchandises que vous avez commandées ne correspondent pas à celles qui vont été livrées, etc.), la chambre de commerce, selon son bon vouloir, pourra vous assister dans vos démarches.

Si vous pensez créer une société en Chine, étudiez sérieusement la question avant de vous lancer. Faites quelques lectures indispensables (voir la rubrique *Livres* de ce chapitre), discutez-en avec d'autres étrangers déjà installés en Chine et cherchez à vous mettre en rapport avec un consultant chinois.

ACTIVITÉS
Sports d'aventure
La topographie de la Chine de l'Ouest attire tout particulièrement les alpinistes, les amateurs de descentes en eaux vives, les passionnés de deltaplane et tous ceux qui désirent pratiquer un sport d'aventure dans quelques-unes des plus hautes montagnes du monde.

Reste que les autorités (BSP, armée, CITS et autres instances) chercheront à vous extorquer de l'argent à la première occasion. Des étrangers se sont vu demander jusqu'à 1 million de dollars pour un permis d'escalade ou de rafting ! Sachez toutefois que le montant exigé est toujours négociable.

Dans bien des cas, rien n'est moins sûr que la nécessité d'un permis. Un Chinois pourra escalader la même montagne que vous sans aucune autorisation, en toute légalité. En réalité, les autorités fabriquent des lois sur mesure. En règle générale, quand des étrangers se lancent dans une activité inhabituelle, du type deltaplane, saut à l'élastique, kayak, etc., on exige d'eux un permis et on leur fait payer une taxe. Plus l'activité paraît incongrue, plus la taxe est élevée.

Randonnée pédestre
A la différence de l'alpinisme (qui exige un équipement tels que cordes et piolets), la randonnée peut se pratiquer sans matériel particulier et sans permis. La conception que les Chinois se font de la randonnée est souvent différente de celle des Occidentaux. La plupart des sommets dont ils font l'ascension ne sont plus vraiment des zones sauvages. Attendez-vous à apercevoir une porte (avec acquittement d'un droit d'entrée), une rampe, des marches en béton, des caractères chinois peints sur les rochers, des temples, des pavillons, des vendeurs de souvenirs le long du chemin, des restaurants, voire un hôtel ou deux. C'est notamment le cas dans quelques-unes des plus célèbres montagnes de Chine, telles Taishan et Emeishan.

Randonnée à cheval ou méharée
Quelques sites autorisent ce genre d'excursions. Les méharées (à dos de chameau) organisées pour les touristes sont très en vogue, notamment en Mongolie intérieure ou dans les déserts autour de Dunhuang (province du Gansu). On peut aussi faire de belles excursions à cheval dans les montagnes du Xinjiang ou dans les collines à l'ouest de Pékin. Les prix sont négociables mais, généralement, plus on se trouve loin d'une ville, moins ils sont élevés.

Remise en forme et gymnastique
Les piscines et les gymnases chinois sont généralement surpeuplés et en mauvais état. Les hôtels touristiques des grandes villes offrent de bien meilleurs équipements, mais l'accès est payant (à moins de résider dans l'hôtel). A Pékin, les non-résidents sont autorisés à utiliser salles d'entraînement, piscines, saunas et courts de tennis moyennant une base forfaitaire. Cette solution est envisageable si vous séjournez sur place un mois, voire davantage. L'abonnement mensuel s'élève au minimum à 450 yuan.

Dans de nombreuses piscines publiques, les étrangers doivent produire un certificat récent prouvant qu'ils sont séronégatifs.

Sports d'hiver

Les lacs de Pékin gèlent pendant deux mois en hiver et on peut y pratiquer le patin à glace. Plus au nord, à Harbin, la température descend en dessous de 40°C en janvier et les courses de bateaux à patins constituent le passe-temps privilégié de ceux qui ont les moyens. On peut également pratiquer le ski alpin et le ski de fond dans le nord-est de la Chine.

Le ski et le patinage exigent des chaussures spéciales que les Occidentaux, souvent dotés de grands pieds, auront bien du mal à se procurer sur place. Apportez votre propre équipement.

Golf

Les terrains de golf ont envahi les faubourgs de Pékin, Shanghai et Canton. Comme partout ailleurs, c'est un sport réservé aux privilégiés. Les droits d'entrée sont comparables à ceux exigés en Occident, ce qui représente un coût astronomique par rapport à un salaire chinois moyen.

Cours d'université

A mesure que la Chine découvre le capitalisme, les universités éprouvent le besoin de s'affranchir des largesses de l'État. Aussi la plupart des universités sont-elles ravies d'accueillir des étudiants étrangers payants. La plupart des cours proposés concernent l'étude du chinois, mais il est également possible d'étudier la médecine chinoise, l'acupuncture, la peinture, la musique… Si vous pouvez financer vos études, presque tout est possible.

La qualité de l'enseignement et les droits d'inscription demandés varient énormément. La seule inscription aux cours coûte de 1 000 à 3 000 $US pour un an, mais elle peut aussi atteindre le double. Qui plus est, le montant est susceptible de varier selon votre nationalité. L'université est censée s'occuper de votre hébergement (mais ce n'est pas gratuit) dans des conditions très variables, parfois assez confortables, parfois inacceptables.

Attendez-vous à des frais supplémentaires, dont on ne vous aura pas parlé lors de votre première inscription, tels des droits à verser pour obtenir un "certificat de santé" ou "une licence d'étude", etc. Ces droits sont parfois imposés par le BSP qui veut sa part du bénéfice, mais souvent ils tombent directement dans la poche de l'université. Ces frais peuvent être aussi bien raisonnables que ridicules.

Si possible, ne payez rien d'avance. Prenez la température auprès des étudiants étrangers. Une fois que vous aurez réglé, tout remboursement sera impossible.

A NE PAS MANQUER

Hormis de belles plages, la Chine possède déserts, pâturages, forêts, montagnes sacrées, vestiges de l'empire, enceintes de villes en ruine et innombrables temples. Voici quelques conseils pour en profiter au maximum.

Hors des sentiers battus

A la différence de l'Asie du Sud-Est, qui abrite tout ce dont un voyageur peut rêver en matière de promenades, cascades et plages, la Chine compte peu d'endroits privilégiés de ce type. Seuls Yangshuo (province du Guangxi) et Dali (province du Yunnan) ont acquis un prestige légendaire.

Yangshuo est un petit village enfoui au milieu du paysage karstique de la région de Guilin. La campagne environnante, que l'on peut explorer à bicyclette, mérite que l'on s'y arrête quelques jours. Elle offre aussi quelques belles promenades sur la rivière, des marchés ruraux à proximité, des grottes à explorer, un hébergement bon marché et des gâteaux à la banane pour le petit déjeuner.

Dali passe, à tort ou à raison, pour plus exotique, mais présente pour l'essentiel les mêmes curiosités que Yangshuo. La vieille ville fortifiée, qui abrite la minorité Bai, est nichée à côté du lac Erhai, non loin des montagnes Cangshan. C'est un endroit idéal de villégiature.

D'autres régions du Yunnan pourraient connaître le même succès auprès des voyageurs en quête de quiétude. Lijiang, où réside la minorité matriarcale Naxi, n'est qu'à 6 heures de Dali et est déjà très fréquentée. Le Xishuangbanna, à la frontière du Laos et du Myanmar, est également très apprécié pour son climat subtropical.

La splendeur impériale

Le pays offre moins de vestiges des époques dynastiques que l'on pourrait s'y attendre. Les successions se faisaient dans la violence. Si l'on ajoute les troubles qu'a connus la Chine au XXe siècle, la destruction des vestiges du passé par la Révolution culturelle et l'urbanisation de la nation depuis quinze ans, on peut même s'étonner que le pays possède encore quelques sites à visiter.

Pékin reste le joyau incontesté de la Chine impériale. Capitale de la Chine depuis environ cinq siècles (presque sans interruption), elle abrite des sites incomparables comme la Cité interdite, palais des empereurs Ming et Qing, de leurs serviteurs eunuques, des princesses et des harems. Le palais d'Été fut construit à la fin de la période Qing. C'est également à Pékin que vous pourrez admirer le plus

---

Suggestions d'itinéraires

A moins de disposer de beaucoup de temps ou d'argent, ne comptez guère visiter l'ensemble du pays en un seul voyage. Les itinéraires suivants sont calibrés pour un mois au minimum.

De Pékin au Tibet, via Xi'an
Pékin – Xi'an – Xining – Golmud – Lhassa

Cet itinéraire est très apprécié des voyageurs, en particulier ceux qui arrivent d'Europe en train et souhaitent se rendre au Népal et en Inde, *via* le Tibet. Ce trajet vous permettra notamment de profiter des plus beaux sites historiques (Pékin et Xi'an) et, parallèlement, vous donnera l'occasion de découvrir les régions occidentales, les moins peuplées et les plus reculées du pays.

Pékin, Xi'an et Lhassa constituent les temps forts de cet itinéraire. En direction de Xi'an, vous pourrez également visiter Datong et Taiyuan, dont l'attrait est toutefois très relatif. Xining mérite que l'on s'y arrête une journée, en raison de la proximité de la lamaserie de Ta'ersi. Ne vous attardez pas à Golmud. Depuis Lhassa, vous pourrez vous rendre au Népal *via* les villes tibétaines de Gyantse, Shigatse et Sakya. Certains voyageurs font le détour par le camp de base de l'Everest. Le périple de Lhassa à Katmandou est un voyage qu'il faut faire au moins une fois dans sa vie.

De Pékin à Hong Kong via le Sichuan, le Yunnan et le Guangxi
Pékin – Xi'an – Kunming – Guilin (Yangshuo) – Canton – Hong Kong

Ce parcours offre plusieurs variantes, selon le temps dont on dispose et le plaisir que l'on prend à se déplacer dans les trains chinois (ou, plus précisément, à essayer d'acheter des billets pour ces mêmes trains). Une escale à Kunming permet aux voyageurs d'explorer le Yunnan, la province réputée, à tort ou à raison, la plus dépaysante. Elle possède quelques-uns des plus beaux paysages de Chine. Depuis Kunming, les visiteurs peuvent aussi se rendre à Chengdu (*via* Dali et Lijiang). Depuis Chengdu, plusieurs options s'offrent à vous : faire route vers Chongqing et, de là, vers Shanghai ou Wuhan en redescendant le Yangzi, ou se diriger vers le Guizhou et Guilin, puis continuer vers Hong Kong. Vous gagnerez du temps en prenant un ou deux avions.

De Hong Kong à Kunming via Guilin
Hong Kong – Canton – Guilin (Yangshuo) – Kunming – le Xishuangbanna – Dali – Lijiang

célèbre legs de l'époque impériale, la Grande Muraille. On peut s'y rendre de plusieurs endroits en Chine, mais la plupart des touristes la visitent près de Pékin.

Disséminées un peu partout sur le territoire, nombre d'autres cités ont servi de capitale impériale. Beaucoup sont aujourd'hui très fortement industrialisées et offrent peu de vestiges de leur splendeur passée. Une exception toutefois : Nankin (qui signifie "capitale du Sud", Pékin étant la "capitale du Nord"). Cette ville fut pendant une courte période, au début de la dynastie Ming, la capitale de la Chine. A certains endroits, on peut apercevoir des restes de l'enceinte et on pourra se rendre au parc Zijinshan, tout à côté, pour contempler le tombeau du premier empereur Ming et d'autres souvenirs de l'empire.

Autre vestige impérial : Xi'an, le plus ancien. La dynastie Qin (221-207 av. J. C.) s'établit à cet endroit. Par la suite, Xi'an devint la capitale de la dynastie Tang, sous le nom de Chang'an. Aujourd'hui, elle demeure la plus impressionnante des villes fortifiées et, à proxi-

---

Ce fut longtemps l'itinéraire préféré des voyageurs à petit budget. En général, on prévoit un bref arrêt à Canton (une ou deux nuits), suivi d'un voyage en ferry jusqu'à Wuzhou et d'un bus direct jusqu'à Yangshuo (très peu de voyageurs s'arrêtent à Guilin même). Souvent séduits par Yangshuo, les visiteurs prolongent leur séjour puis repartent pour Kunming en train ou en avion. Depuis Kunming, les possibilités sont diverses : au sud vers les régions du Xishuangbanna et de Dehong, ou au nord-ouest vers Dali et Lijiang (voire les deux). On peut aussi prendre l'avion de Kunming à Chiangmai ou Bangkok, en Thaïlande, ou un train pour Hanoi, au Vietnam.

La côte
En regardant une carte, le parcours qui saute aux yeux est celui qui vous fait remonter (ou descendre) la partie est de la Chine, entre Canton et Pékin. De Pékin, vous rejoindrez le Shandong, puis vous mettrez le cap plein sud vers Canton, *via* Shanghai et les provinces du Zhejiang et du Fujian. L'inconvénient majeur de cet itinéraire est qu'il vous oblige à traverser les régions les plus densément peuplées du pays. La concurrence pour les billets de train est acharnée (lorsqu'il existe des trains), et, si vous renoncez à prendre l'avion, vous serez contraint à passer plusieurs jours dans des bus bondés. De plus, les villes côtières se réduisent souvent à des maisons grises et des usines noyées dans les fumées. En somme, rien de très alléchant.

Le Yangzi
Les croisières sur le Yangzi passent pour le point d'orgue d'un voyage en Chine. La réalité est plus mitigée. Certains voyageurs estiment que les Trois Gorges (la seule raison d'être de ces croisières), tant vantées, sont surfaites. Quoi qu'il en soit, le tronçon le plus intéressant est celui qui relie Chongqing (Sichuan) à Wuhan. La section plus à l'est, entre Wuhan et Shanghai, présente peu d'intérêt (à cet endroit, le Yangzi est si large que l'on n'aperçoit même pas les berges).

La Route de la Soie
Pékin/Canton – Shanghai – Kaifeng – Zhengzhou – Xi'an – Liuyuan (Dunhuang) – Ürümqi – Turfan – Kashgar

On peut rejoindre directement Kashgar et la Karakoram Highway (vers le Pakistan) depuis Pékin, mais l'itinéraire le plus fascinant reste celui autrefois emprunté pour transporter la soie jusqu'en Europe. Il comprend un bref parcours en Chine centrale (Kaifeng), puis passe par Xi'an et Dunhuang, où l'on pourra admirer les multiples trésors archéologiques, avant de s'engager dans les déserts du Xinjiang. Depuis Ürümqi, vous pourrez prendre le bus pour Turfan et Kashgar. De là, rien ne vous empêche ensuite de gagner le Pakistan et l'Inde. ■

mité, les soldats enterrés de la dynastie Qin constituent l'un des sites touristiques les plus visités de Chine.

Les minorités

Le pays est peuplé à 94% environ de Chinois han. Pour le reste, la population se répartit entre une soixantaine de minorités. Les Hui (Chinois musulmans) et les Mandchous ne se distinguent pratiquement pas des Chinois han et parlent le chinois.

Les autres, comme les Ouïghours et les Tibétains, sont distinctes sur le plan ethnique et leurs langues ne s'apparentent pas au chinois.

Les minorités de Chine vivent aux quatre coins de l'empire, à proximité des frontières, et de nombreux voyageurs se rendent directement dans ces régions. Elles sont essentiellement regroupées dans le sud-ouest de la Chine, notamment au Yunnan et au Guizhou. Bordé par le Myanmar, le Laos et le Vietnam, le Yunnan compte une vingtaine de minorités différentes.

Dans les grands centres urbains, ces minorités sont difficiles à distinguer des Chinois mais, à l'intérieur du pays, beaucoup ont conservé leurs traditions vestimentaires et organisent régulièrement des fêtes et des marchés. Dans le Sud-Ouest, les régions où sont regroupées les minorités sont, pour l'essentiel, le Xishuangbanna (Dai, principalement), Dali (Bai), Lijiang (Naxi) et le district de Dehong (Birmans, Dai et Jingpo), ainsi que, au Guizhou, Kaili et, plus au sud-est, Dong et Miao.

Les 5 millions de Tibétains constituent l'une des minorités les plus importantes. Ils sont principalement installés au Tibet, mais d'importantes communautés tibétaines sont également disséminées dans les régions chinoises qui appartenaient autrefois au Tibet. Au sud-ouest de la province du Gansu, le monastère de Labrang, à Xiahe, est l'un des six principaux monastères de la secte Gelugpa, relevant du bouddhisme tibétain, et constitue un petit Tibet. Le monastère de Ta'er, près de Xining, dans la province du Qinghai, est un autre monastère Gelugpa parmi les 6 que compte la secte.

Les montagnes sacrées

Pendant des siècles, d'innombrables peintures et poèmes ont loué les montagnes sacrées de Chine, qui faisaient office de lieux de pèlerinage. Aujourd'hui, la plupart sont devenues des sites touristiques envahis par une multitude de vendeurs de souvenirs, de téléphériques, et sont frappées d'un droit d'entrée !

Il existe en fait neuf montagnes sacrées : cinq sommets taoïstes et quatre bouddhiques. A cette liste viennent toutefois s'ajouter les pics qui suscitent des pèlerinages en raison de leur extraordinaire beauté. Il s'agit notamment de Huangshan (province de l'Anhui) et de Lushan (province du Jiangxi).

Les sommets taoïstes sont Huashan (Shanxi), Hengshan (Hunan et Hebei), Taishan (Shandong) et Songshan (Henan). Les monts bouddhiques sont Emeishan (Sichuan), Wutaishan (Shanxi), Putuoshan (Zhejiang) et Jiuhuashan (Anhui).

Les montagnes sacrées de Chine constituent des lieux de pèlerinage depuis des siècles et des sentiers bien visibles mènent au sommet. En règle générale, on a creusé des marches dans les parois rocheuses et, sur le chemin, on peut admirer poèmes, inscriptions et temples, dont beaucoup peuvent offrir un hébergement aux pèlerins (malheureusement souvent interdit aux étrangers). La principale attraction est l'incontournable lever du soleil, au sommet, lorsqu'une foule armée d'appareils photos se bouscule pour contempler l'"océan des nuages". Les visiteurs étrangers se rendent surtout à Huangshan, Taishan et Emeishan.

Les grottes bouddhiques

Les grottes de Mogao constituent l'exemple le plus impressionnant d'art rupestre bouddhique en Chine. Elles sont de surcroît dans un parfait état de conservation. Creusées dans des falaises désertiques, elles surplombent une vallée fluviale à environ 25 km au sud-est de Dunhuang, dans la province du Gansu. On peut encore y admirer quelque 492 grottes.

Les grottes bouddhiques de Yungang (Shanxi) sont découpées dans des falaises, au sud de Wuzhoushan, non loin de Datong, tout à côté du col menant à la Mongolie intérieure. Les grottes contiennent plus de 50 000 statues et s'étendent sur 1 km d'est en ouest. Le sommet de la montagne est couronné par les vestiges d'une forteresse datant de la dynastie Qing (XVIIᵉ siècle).

Le Bouddha géant de Leshan (Sichuan) est le plus grand au monde. D'une hauteur de 71 m, il est creusé dans une falaise qui surplombe le confluent des rivières Dadu et Min. On peut grimper jusqu'au sommet, face à la tête, puis redescendre par un petit escalier jusqu'en bas, d'où l'on aura l'impression d'être un lilliputien aux pieds du géant. Des excursions en bateau passent devant la statue.

Les concessions étrangères

Les puissances étrangères ne sont jamais parvenues à coloniser la Chine. A la fin du XIXᵉ siècle toutefois, la faiblesse du gouvernement Qing leur permit de s'emparer d'un certain nombre de "concessions étrangères". On peut encore y apercevoir les restes d'une architecture typiquement coloniale, dont les bâtiments abritent désormais écoles et administrations. Dans certaines villes, ces édifices furent détruits et remplacés par des tours construites à la hâte. Dans d'autres, telles Canton et Shanghai, certaines sont devenues le fief de la bourgeoisie aisée.

L'exemple le plus représentatif d'architecture européenne, et aussi le plus célèbre, se dresse en bordure du fleuve, sur le Bund, à Shanghai. La concession française, qui tombe en ruines, est progressivement remplacée par des édifices modernes mais réserve encore quelques surprises architecturales. Canton, qui abrite la première concession étrangère en Chine, constitue une enclave de bâtiments européens d'une tranquillité inattendue sur l'île de Shamian. Certains édifices sont décrépits, d'autres sont en cours de restauration.

Xiamen (Fujian) compte l'un des plus beaux ensembles d'architecture coloniale,

sur l'île Gulangyu. L'absence de véhicules motorisés sur l'île en fait l'un des rares endroits du pays où l'on peut flâner et apprécier l'architecture.

Qingdao (Shandong) fut cédée aux Allemands en 1898 et, dès 1904, l'inévitable brasserie se dressait au milieu des innombrables villas et bâtiments administratifs. Les attractions architecturales de Qingdao sont éparpillées (les constructions modernes ont quelque peu terni le charme de la ville), mais il en reste suffisamment pour vous occuper pendant quelques jours.

Tianjin devint un port britannique en 1858. Au début du siècle, les Anglais furent rejoints par les Français, les Allemands, les Italiens, les Belges et les Japonais. D'où un pot-pourri de styles architecturaux. Avec Shanghai, Tianjin fournit l'un des meilleurs aperçus de l'implantation coloniale en Chine.

HÉBERGEMENT

C'est principalement pour acquérir des devises étrangères que la Chine s'est ouverte au tourisme dans les années 80. Les prix et les prestations des hôtels s'alignent progressivement sur ceux de l'Occident. Les chambres sont plus luxueuses, le service plus efficace, le personnel hôtelier plus accueillant et plus rompu à la clientèle étrangère qu'auparavant. Autrefois le personnel répondait couramment que l'hôtel était complet, alors qu'il était vide.

Camping

Il vous faudra vous éloigner bien loin de tout endroit habité pour camper. Si vous plantez votre tente à proximité d'une bourgade ou d'un village, attendez-vous, du moins dans la plupart des régions, à une visite du BSP. Le camping en pleine nature est plus attrayant, mais nécessite un permis spécial souvent difficile à obtenir. De nombreux voyageurs ont en revanche réussi à camper sans problème au Tibet et dans le nord-ouest du Sichuan.

L'astuce consiste à repérer deux ou trois endroits propices environ une demi-heure avant le coucher du soleil, sans s'arrêter (à bicyclette, à pied, etc.), puis de rebrousser chemin, en s'écartant de la route à l'endroit choisi juste après la tombée de la nuit. Vous devrez vous réveiller au lever du soleil et partir avant que des curieux ne s'intéressent à vous.

Auberges de jeunesse

Les auberges de jeunesse au sens occidental du terme n'existent pas en Chine. Autrefois, de nombreux hôtels d'État offraient des hébergements en dortoir, mais ces établissements se font rares aujourd'hui. La plupart ont été transformés en hôtels de catégorie moyenne à supérieure et ne possèdent que des chambres doubles de luxe (ou de pseudo-luxe).

Lorsqu'un dortoir existe, le réceptionniste peut faire preuve de mauvaise volonté et ne pas souhaiter vous informer. Dans ce cas, faites assaut d'amabilité. Si cela ne marche pas, vous devrez chercher ailleurs. Dans nombre de villes chinoises, les hôtels acceptant les étrangers ne possèdent pas ce type d'hébergement.

Une autre solution consiste à se rabattre sur les dortoirs des universités. On y accepte parfois les étrangers mais, en règle générale, mieux vaut avoir un ami sur place qui se portera garant de votre séjour.

Pensions

En Chine, les pensions (*bīnguǎn*) sont habituellement d'énormes hôtels d'État, souvent composés de plusieurs ailes de bâtiments dispersés dans de spacieux jardins. Beaucoup ont été rénovées ces cinq dernières années pour les étrangers, les Chinois d'outre-mer et les Chinois aisés. En réalité, ces établissements ne correspondent pas du tout aux pensions familiales bon marché que l'on peut trouver en Thaïlande, en Indonésie et dans d'autres régions d'Asie.

Hôtels

Les hôtels ne manquent pas en Chine. Reste que, dans un certain nombre de régions, il n'est pas facile de trouver une chambre pour moins de 30 $US. Des hébergements bon marché existent mais

sont réservés aux Chinois. Une réglementation stricte que fait respecter le BSP désigne les hôtels autorisés aux étrangers (souvent les plus chers).

Pour les voyageurs disposant d'un budget moyen, l'infrastructure hôtelière chinoise s'est considérablement améliorée. Les services sont meilleurs, les chasses d'eau fonctionnent et les établissements offrent même parfois un minibar et de l'eau chaude en permanence. A moins de descendre dans un quatre ou cinq-étoiles, ne vous attendez cependant pas à des conditions luxueuses.

Réductions. Les étudiants étrangers en Chine peuvent obtenir une réduction sur le prix des chambres, sur présentation d'une "carte verte" officielle, mais parfois une fausse "carte blanche" peut faire l'affaire. Les experts étrangers travaillant en Chine bénéficient habituellement des mêmes réductions que les étudiants.

Si vous ne savez vraiment pas où faire halte, vous pouvez avoir intérêt à contacter par téléphone ou sur place le BSP local afin d'expliquer votre problème. De même qu'il fait les règles, le BSP peut les défaire : un hôtel qui n'est pas habituellement autorisé à recevoir les étrangers peut bénéficier d'une dérogation temporaire sur simple coup de téléphone d'un fonctionnaire. Malheureusement ces dérogations restent rares.

Usages dans les hôtels. Dans la plupart des hôtels, il y a un gardien à chaque étage qui surveille les allées et venues, pour éviter les vols et empêcher les occupants d'inviter des Chinois la nuit.

Par souci d'économie d'énergie, les hôtels les moins chers n'offrent d'eau chaude que le soir, parfois même seulement quelques heures dans la soirée ou uniquement tous les trois jours ! Pensez donc à demander s'il y a de l'eau chaude, et à quel moment.

Dans tous les hôtels, il faut quitter sa chambre avant midi si l'on veut éviter de payer un supplément qui s'élève à 50% du prix de la chambre ; après 18h, il faut payer une autre nuit entière.

Presque tous les hôtels ont une pièce où laisser ses bagages (*jìcún chù* ou *xínglǐ bǎoguǎn*), souvent même une par étage. L'usage de cette consigne est généralement gratuit pour les résidents, mais pas toujours. Ces dernières années, on a voulu le plus souvent – même dans les hôtels bon marché – équiper chaque chambre d'une télévision, réglée en permanence à plein volume. Les films violents style Hong Kong sont déjà terriblement bruyants, mais le comble est atteint avec les jeux vidéo dans le genre Nitendo et les micros de karaoke (qui peuvent être adaptés aux télévisions).

Préparez-vous aussi au manque d'intimité. Attendez-vous à voir entrer à l'improviste dans votre chambre un membre du personnel qui possède la clé pour en assurer le service. C'est encore fréquent, même si le personnel hôtelier commence à apprendre la manière d'agir avec les étrangers. Si vous aspirez à la tranquillité, poussez une chaise devant la porte.

Autre détail : le rez-de-chaussée est souvent désigné comme 1er étage, le 1er comme 2e, etc. Mais pas partout.

Location

La plupart des Chinois vivent dans des logements fournis par l'État, au loyer presque toujours très modeste. Pour les étrangers, la situation est totalement différente. Si vous travaillez pour un organisme public en tant qu'enseignant, expert ou autre, on vous fournira à coup sûr un logement plus ou moins bon marché. Ce ne sera vraisemblablement pas luxueux, mais ce devrait être peu cher.

Les choses sont beaucoup plus difficiles si vous venez en Chine pour affaires ou si vous travaillez pour une société étrangère. Vous ne pouvez pas alors bénéficier des appartements bon marché des Chinois et n'avez le choix qu'entre deux solutions : vivre à l'hôtel ou louer un appartement luxueux dans une résidence conçue spécialement pour les étrangers.

A l'hôtel, vous devriez pouvoir négocier une réduction pour un séjour longue durée,

mais ce n'est pas garanti. Appartements et villas luxueux se louent entre 2 000 et 5 000 \$US, ou plus ; même à ces prix, il y a pénurie dans les grandes villes comme Pékin et Shanghai.

Vu le prix astronomique des loyers, acheter un appartement ou une villa peut être une bonne solution pour les sociétés qui en ont les moyens.

C'est aujourd'hui possible, mais la réglementation varie d'une ville à l'autre. A Xiamen, par exemple, seuls les Chinois d'outre-mer y sont autorisés. Les spéculateurs immobiliers de Taiwan font des affaires en or. Il y a longtemps qu'à Shenzhen les habitants de Hong Kong achètent des appartements pour les louer à d'autres. Les étrangers peuvent acheter un appartement à Pékin et obtenir ainsi un permis de résident.

Quant à loger chez l'habitant, il n'en est pas question. Le BSP veille au grain.

ALIMENTATION

La cuisine chinoise, art subtil perfectionné au cours des siècles, est à juste titre célèbre. La qualité des ingrédients, leur disponibilité et leur mode de préparation varient selon les régions, mais vous trouverez toujours matière à satisfaire votre palais.

Vous ne risquez pas de manquer de nourriture. Autrefois, les famines étaient généralement consécutives à des catastrophes naturelles (sécheresses, inondations, typhons) et humaines (guerres, Révolution culturelle) mais, aujourd'hui, les moyens de transport permettent d'approvisionner rapidement les régions moins bien loties. Les deux problèmes auxquels vous serez confronté sont la compréhension de la carte et les tarifs appliqués aux étrangers.

Les Chinois font de remarquables déjeuners, dîners et repas sur le pouce, mais beaucoup d'étrangers seront très surpris par le petit déjeuner, qui peut comprendre des cacahuètes frites, des légumes marinés, du porc à la sauce pimentée, des bâtonnets frits appelés *yóutiáo* et une bouillie de riz, le tout arrosé d'un verre de bière.

Banquets

Les Chinois accordent une grande importance aux banquets. Lorsqu'ils se réunissent entre amis pour manger au restaurant, ils se conforment généralement aux règles du banquet : plats extravagants, absence de riz et quantité de toasts.

Les mets se succèdent les uns aux autres, en commençant par les entrées froides, suivies d'une dizaine de plats, voire davantage. Une soupe est habituellement servie après le repas pour faciliter la digestion.

La règle veut que l'on vous serve toujours plus que vous ne pouvez avaler. Des bols vides signifient que l'hôte ne se montre pas assez généreux. Le riz figure rarement sur la table d'un banquet. Si vous en demandez, on risque d'en déduire que les entrées et les plats ne sont pas servis en quantité suffisante, ce qui provoquerait l'embarras de votre hôte.

Ne buvez jamais seul. On ne doit boire que pour porter des toasts, en commençant par l'ensemble de l'assistance, puis en se concentrant sur tel ou tel convive. On porte un toast en levant son verre, que l'on tient des deux mains en direction du destinataire, et en criant *ganbei*, ce qui signifie "verre sec". Les Chinois n'entrechoquent pas leurs verres. Videz votre verre en une seule fois. Gardez toutefois à l'esprit que l'ébriété est très mal vue dans le cadre de banquets très formels.

N'arrivez pas en retard à un banquet officiel. Vous passeriez pour impoli.

Le banquet s'achève une fois que l'on a fini de manger et de porter des toasts. Les Chinois ne s'attendent pas à table lorsque le repas est terminé. A l'occasion d'un grand banquet, on vous applaudira peut-être à votre arrivée. Il convient d'applaudir en retour. ■

Où se restaurer

Excepté dans les restaurants des hôtels, les prix pratiqués sont généralement bas. Attention toutefois à ne pas surpayer : dans certains établissements, on n'hésite pas à faire payer deux fois le prix, voire davantage, aux étrangers.

Lorsque les Chinois dînent au restaurant, ils dépensent sans compter, et l'on attend des étrangers qu'ils en fassent autant. Les voyageurs seuls ou en petits groupes se verront souvent inviter à commander plus qu'ils ne pourraient ingurgiter. Il peut arriver aussi que le prix d'un plat soit soudain exorbitant. La plus petite gargote chinoise offre habituellement des mets exotiques, qui peuvent parfois coûter jusqu'à 100 $US par portion. Vérifiez soigneusement le prix de ce que vous commandez. Il y a encore une dizaine d'années, les restaurants chinois étaient des cantines d'État. Aujourd'hui, la Chine fourmille de restaurants privés – du plat servi sur un bout de table au coin d'une rue aux délices culinaires des différentes régions proposés dans un cadre somptueux. Pour manger bon marché, rendez-vous aux abords des gares ferroviaires et routières. Les quartiers très commerçants abritent habituellement des restaurants de nouilles et, la nuit, vous trouverez dans les rues marchandes de quoi vous restaurer pour une somme modique.

Même si vous disposez d'un petit budget, ne rejetez pas systématiquement la solution des restaurants d'hôtels. Consultez la carte (généralement en anglais). Elle contient souvent quelques bonnes affaires si vous faites preuve de discernement.

Dans la rue, la barrière de la langue s'avère parfois un obstacle insurmontable.

Un petit lexique vous sera utile, mais vous pouvez toujours désigner du doigt ce que les autres convives ont dans leur assiette. Pensez à vous enquérir des prix avant de commander.

Dans les régions rurales, de nombreux restaurants possèdent des cuisines où vous choisissez les légumes et la viande que le cuisinier fera frire pour vous.

Plats principaux

Voir le cahier couleur consacré à la cuisine chinoise dans ce chapitre.

Baguettes

Si vous n'avez pas appris à manier les baguettes avant votre départ, ce sera chose faite à la fin de votre séjour. Dans les restaurants de luxe, le personnel vous apportera parfois des couverts mais, en règle générale, vous devrez vous servir des baguettes. Elles sont d'un emploi assez facile, en particulier si vous amenez votre bol à la hauteur de votre bouche pour y enfourner le riz.

Dans les régions rurales, les manières à table peuvent surprendre l'Occidental. Cracher ses os par terre ou hurler la bouche pleine passera inaperçu dans l'ouest du Sichuan, mais dans les restaurants de Shanghai ce genre de comportement est mal vu.

En matière de cure-dents, l'étiquette est la même que dans les autres pays d'Asie. Tandis que vous tenez le cure-dents d'une main, vous devez de l'autre dissimuler l'opération.

Sur le pouce

Des gâteaux et des petits pains de style occidental sont en vente partout. Leur saveur laisse toutefois à désirer. Les Chinois excellent en revanche dans la confection de pains traditionnels : petits pains à la vapeur (*mántóu*), pains cuits au four en terre (*shāobǐng*) et petits pains frits (*yínsī juǎn*). En règle générale, les Cantonais sont les spécialistes de la cuisine au four. Certaines de leurs spécialités comme les gâteaux à la noix de coco et le flan font le délice des voyageurs.

Desserts

Les Chinois n'apprécient guère les desserts. On peut en revanche terminer un repas par un fruit. Sous l'influence occidentale, on a vu apparaître des glaces sur les menus de certains établissements haut de gamme, mais les douceurs se consomment habituellement entre les repas, et rarement au restaurant.

Fruits

Les fruits en conserve et les jus de fruit sont partout disponibles, dans les magasins d'alimentation et les grands magasins comme dans les wagons-restaurants. On peut facilement acheter des fruits de bonne qualité, notamment des oranges, des mandarines et des bananes, dans la rue et sur les marchés. Ils sont généralement moins abondants et moins bons en hiver.

Il y a profusion de melons, excepté dans les déserts du nord-ouest. Les ananas et les litchis sont courants durant l'été le long de la côte sud-est.

Le sucre de canne fait office de bonbon du pauvre en Chine. Vendu dans les gares routières et ferroviaires, il sert souvent d'en-cas.

Abstenez-vous de mâcher la peau violacée de la canne (généralement pelée) et n'avalez pas la pulpe. Contentez-vous de la mâcher pour en extraire le jus sucré, puis recrachez-la.

Faire son marché

Dans les endroits reculés ou à l'occasion de longs trajets en bus, il est parfois utile de disposer de rations de secours, comme par exemple des nouilles instantanées, des fruits secs, des soupes en sachet ou du chocolat. Vous pourrez acheter ces aliments dans les gares routières et ferroviaires.

Les Chinois ont également la possibilité d'acheter du riz et d'autres céréales en utilisant des coupons de rationnement (*yōuhuì juàn*). En revanche, les étrangers ne peuvent se les procurer. A l'heure actuelle, peu de produits sont rationnés et ces coupons servent essentiellement à obtenir une réduction.

Vocabulaire pour le restaurant

restaurant
cāntīng
餐厅

je suis végétarien (ne)
wǒ chī sù
我吃素

menu, carte
cài dān
菜单

addition
mǎidān ou *jiézhàng*
买单/结帐

menu fixe
tàocān
套餐

manger, mangeons
chī fàn
吃饭

baguettes
kuàizi
筷子

couteau et fourchette
dāochā
刀叉

cuillère
tiáogēng ou *tāangchǐ*
调羹/汤匙

Riz et pain

riz blanc nature
mǐfàn
米饭

soupe de riz
xīfàn ou *zhōu*
稀饭

nouilles de riz
mǐfěn
米粉

riz frit (assorti)
shíjǐn chǎofàn
什锦炒饭

riz frit à la cantonaise
guǎngzhōu chǎofàn
广州炒饭

nem
yínsī juǎn
银丝卷

petit pain cuit à la vapeur
mántóu
馒头

petit pain farci à la viande
et cuit à la vapeur
bāozi
包子

pain frit
yóutiáo
油条

raviolis cuits à l'eau
jiǎozi
饺子

Plats de légumes

riz frit avec des légumes
shūcài chǎofàn
蔬菜炒饭

nouilles frites avec des légumes
shūcài chǎomiàn
蔬菜炒面

cacahuètes épicées
wǔxiāng huāshēng mǐ
五香花生米

cacahuètes frites
yóuzhà huāshēng mǐ
油炸花生米

légumes froids épicés
liángbàn shíjǐn
凉拌什锦

salade chinoise
jiācháng liángcài
家常凉菜

colza frit à la sauce d'huître
háoyóu pácài dǎn
蚝油扒菜胆

colza frit aux champignons
dōnggū pácài dǎn
冬菇扒菜胆

pâté de soja (tofu) frit
à la sauce d'huître
háoyóu dòufǔ
蚝油豆腐

pâté de soja (tofu) pimenté
mápó dòufǔ
麻婆豆腐

pâté de soja (tofu) en cocotte
shāguō dòufǔ
沙锅豆腐

pâté de soja (tofu) aux champignons
mógū dòufŏ
磨菇豆腐

ail et belle-de-jour
dàsuàn kōngxīn cài
大蒜空心菜

ail frit
sù chǎo dàsuàn
素炒大蒜

aubergines frites
sù chǎo qiézi
素烧茄子

germes de soja frits
sù chǎo dòuyá
素炒豆芽

légumes verts frits
sù chǎo qīngcài
素炒青菜

haricots verts frits
sù chǎo biǎndòu
素炒扁豆

chou-fleur et tomates frits
fānqié càihuā
炒蕃茄菜花

champignons grillés
sù chǎo xiānme
素炒鲜蘑

champignons noir et autres champignons
mù'ěr huákǒu mó
木耳滑口磨

petit pâté de radis blanc frit
luóbo gāo
萝卜糕

hors-d'œuvre assortis
shíjǐn pīnpán
什锦拼盘

assortiment végétarien
sù shíjǐn
素什锦

Œufs

œuf en conserve
sōnghuā dàn
松花蛋

riz frit à l'œuf
jīdàn chǎofàn
鸡蛋炒饭

tomates et œufs frits
xīhóngshì chǎo jīdàn
西红柿炒鸡蛋

omelette aux œufs et à la farine
jiān bǐng
煎饼

Bœuf

riz frit au bœuf
niúròusī chǎofàn
牛肉丝炒饭

nouilles au bœuf (soupe)
niúròu tāng miàn
牛肉汤面

nouilles épicées au bœuf
niúròu gān miàn
牛肉干面

nouilles frites au bœuf
niúròu chǎomiàn
牛肉炒面

bœuf au riz blanc
niúròu fàn
牛肉饭

bœuf cuit sur un plat en fonte
niúròu tiěbǎn
牛肉铁板

bœuf à la sauce d'huître
háoyóu niúròu
蚝油牛肉

bœuf braisé à la sauce de soja
hóngshāo niúròu
红烧牛肉

bœuf à la tomate
fānqié niúròu piàn
蕃茄牛肉片

bœuf aux poivrons verts
qīngjiāo niúròu piàn
青椒牛肉片

bœuf au curry et au riz
gālí niúròu fàn
咖喱牛肉饭

bœuf au curry et aux nouilles
gālí niúròu miàn
咖喱牛肉面

Poulet

riz frit au poulet
jīsī chǎofàn
鸡丝炒饭

nouilles au poulet (soupe)
jīsī tāng miàn
鸡丝汤面

nouilles frites au poulet
jīsī chǎomiàn
鸡丝炒面

cuisse de poulet au riz blanc
jītuǐ fàn
鸡腿饭

poulet pimenté aux épices
et aux cacahuètes
gōngbào jīdīng
宫爆鸡丁

poulet aux amandes
guǒwèi jīdīng
果味鸡丁

poulet vinaigré au caramel
tángcù jīdīng
糖醋鸡丁

morceaux de poulet sautés aux épices
làzi jīdīng
辣子鸡丁

poulet sauté aux poivrons verts
jiàngbào jīdīng
酱爆鸡丁

émincé de poulet à la sauce tomate
fānqié jīdīng
蕃茄鸡丁

poulet aux champignons
cǎomó jīdīng
草蘑鸡丁

morceaux de poulet à la sauce
d'huître
háoyóu jīdīng
蚝油鸡丁

poulet braisé à la sauce de soja
hóngshāo jīkuài
红烧鸡块

poulet sauté aux châtaignes d'eau
nánjiè jīpiàn
南芥鸡片

émincé de poulet au riz croustillant
jīpiàn guōbā
鸡片锅巴

poulet au curry
gālí jīròu
咖哩鸡肉

poulet au curry et au riz
gālí jīròu fàn
咖哩鸡肉饭

poulet au curry et aux nouilles
gālí jīròu miàn
咖哩鸡肉面

Canard

canard laqué de Pékin
běijīng kǎoyā
北京烤鸭

canard au riz blanc
yāròu fàn
鸭肉饭

canard aux nouilles
yāròu miàn
鸭肉面

canard aux nouilles frites
yāròu chǎomiàn
鸭肉炒面

Porc

côtelettes de porc au riz blanc
páigǔ fàn
排骨饭

riz frit au porc
ròusī chǎofàn
肉丝炒饭

nouilles frites au porc
ròusī chǎomiàn
肉丝炒面

lamelles de porc et radis chinois
zhàcài ròusī
榨菜肉丝

nouilles, porc et radis chinois
zhàcài ròusī miàn
榨菜肉丝面

porc au riz croustillant
ròupiàn guōbā
肉片锅巴

filet de porc au caramel
tángcù lǐjī
糖醋里肌

filet de porc à la sauce blanche
huáliū lǐjī
滑溜里肌

fines lamelles de filet de porc
chǎo lǐjī sī
炒里肌丝

morceaux de porc aux épices
gōngbào ròudīng
宫爆肉丁

filet de porc sauté
yuánbào lǐjī
芫爆里肌

La cuisine chinoise

La Chine offre un vaste éventail culinaire. Tout ce qui est comestible peut échouer dans l'assiette. Les Cantonais vont jusqu'à dire : "Tout ce qui a quatre pattes et qui n'est pas une table, nous le mangeons." En réalité, pangolins, cervelle de singe crue et autres pattes d'ours ne figurent que rarement au menu des restaurants chinois, en raison de leur coût. Tout le secret de la cuisine chinoise consiste à varier les plaisirs en utilisant un nombre restreint d'ingrédients de base.

La cuisine chinoise se décline en 4 variantes régionales : celle de Pékin et du Shandong, celle de Canton et de Chaozhou, celle de Chine orientale (Shanghai et Jiangzhen) et celle du Sichuan. Les avis ne concordent pas toujours quant aux spécificités de chacune.

La cuisine du Sichuan

C'est la plus épicée. Vous vous régalerez si vous aimez ce type de cuisine, mais ayez de l'eau à portée de main. Parmi les spécialités figurent les cuisses de grenouilles et le canard fumé – le canard cuit au milieu de grains de poivre, mariné dans du vin pendant 24 heures et, après avoir été couvert de feuilles de thé, subit une nouvelle cuisson sur de la braise. A déguster également, les crevettes au sel et à l'ail, le bœuf au piment séché, le fromage de soja au piment, le poisson relevé de sauce au soja épicée et les aubergines à l'ail.

La spécialité sichuanaise la plus connue est sans conteste le gōngbǎo jīdīng, du poulet frit avec des cacahuètes et du piment. Elle est servie dans l'ensemble du pays.

Le gongbao jiding, du poulet aux cacahuètes et au piment, est la spécialité sichuanaise la plus connue

La cuisine de Pékin et du Shandong

Influencée par la latitude, cette région, grenier à blé de la Chine, fait la part belle au pain et aux nouilles cuits à la vapeur, plus qu'au riz. La cuisine du nord allie des techniques de cuisson simples (à la vapeur ou sautée) à des préparations plus sophistiquées.

Spécialité particulièrement renommée, le canard laqué, servi avec des crêpes et de la sauce cerise. Autre mets bien connu, le poulet du mendiant. La tradition rapporte qu'un mendiant aurait volé un poulet réservé à l'empereur pour le faire cuire en catimini sous une couche de terre. Le poulet est enveloppé dans des feuilles de lotus et mis à cuire pendant une journée sur des braises.

A mentionner également, la fondue mongolienne, mélange de morceaux de viande et de légumes mis à mijoter dans un réchaud sur une table, consommée en hiver. Le barbecue mongolien est une variante ; il s'agit d'un quartier d'agneau ou de chèvre légèrement grillé et de légumes mélangés qui cuisent dans un réchaud. A rapprocher du *bulgogi* coréen. Attention cependant : le tarif d'une fondue dépend des ingrédients et peut varier de 20 à 200 yuan. Renseignez-vous au préalable pour éviter toute mauvaise surprise.

En haut : le canard laqué servi avec des galettes et de la sauce aux prunes, célèbre préparation de la Chine du Nord

En bas : la fondue mongolienne – viande et légumes font bon ménage dans une marmite où ils mijotent à feu doux

La cuisine de Canton et de Chaozhou

C'est la cuisine du Sud du pays. Cuisson à la vapeur, préparations bouillies et sautées en sont les traits distinctifs. Bon à savoir : elle est peu grasse, la cuisson est légère et les plats moins épicés que dans les autres parties du pays. Fruits de mer, légumes, porc rôti, poulet, poisson à la vapeur et riz sauté sont fréquemment consommés.

Sorte d'en-cas, les dim sum sont servis au petit déjeuner et au déjeuner (jamais au dîner). Ces petites douceurs variées sont présentées sur des chariots que des serveurs font circuler dans le restaurant. A juste titre, ils passent pour succulents.

A Canton, les mets délicieux abondent, notamment ormeaux, calmars séchés, œufs de mille ans (préparation traditionnelle consistant à tremper les œufs dans l'urine de cheval), soupe à l'aileron de requin, soupe de serpent et ragoût de chien. Sans parler de curiosités plus exotiques, telles les andouillers, le pangolin, le chat, le rat, le hibou, le singe, la tortue et les grenouilles. Malgré ses ingrédients peu habituels, la cuisine cantonaise remporte les suffrages des Occidentaux, et les restaurants chinois du monde entier font la part belle aux spécialités de cette région.

En haut : le calmar séché, préparation prisée dans la cuisine de Chine méridionale. Ici, il est présenté dans une sauce au curry

En bas : la soupe à l'aileron de requin, spécialité cantonaise

La cuisine de Chine orientale

Cette variante régionale est la plus surprenante pour le visiteur. Elle englobe Shanghai, le Zhejiang, le Fujian et la région du bas-Yangzi dans le Jiangsu. Elle est réputée pour sa variété. Les travers de porc de Wuxi sont recommandés. Dans le droit fil de la tradition culinaire de cette partie de la Chine, les travers mijotent dans une sauce au soja et de l'alcool de riz et donnent un ragoût savoureux. Quant aux soupes, elles se déclinent en plus de cent variétés. Dans les régions littorales, les fruits de mer ont la part belle et sont servis légèrement cuits pour rehausser leur saveur naturelle.

Trait caractéristique des préparations sautées de cette région (notamment à Shanghai), les quantités parfois exagérées d'huile ou de lard. Néanmoins, de nombreux restaurants font désormais preuve de plus de mesure. Dans la plupart des grandes villes, les prestations culinaires ont connu des améliorations considérables depuis une décennie, et l'on peut vraiment se régaler.

En haut : poissons et fruits de mer, ingrédients privilégiés dans la cuisine de Chine orientale

En bas : les travers de porc de Wuxi sont préparés avec de la sauce au soja et de l'alcool de riz

dés de porc sautés à la sauce de soja
jiàngbào ròudīng
酱爆肉丁

dés de porc au piment
làzi ròudīng
辣子肉丁

dés de porc au concombre
huángguā ròudīng
黄瓜肉丁

émincés de porc doré
jīnyín ròusī
金银肉丝

fines lamelles de porc sautées
qīngchǎo ròusī
清炒肉丝

fines lamelles de porc
à la sauce forte
yúxiāng ròusī
鱼香肉丝

fines lamelles de porc aux poivrons verts
qīngjiāo ròusī
青椒肉丝

fines lamelles de porc aux pousses
de bambou
dōngsǔn ròusī
冬笋肉丝

fines lamelles de porc
aux haricots verts
biǎndòu ròusī
扁豆肉丝

porc à la sauce d'huître
háoyóu ròusī
蚝油肉丝

émincé de porc bouilli
shuǐzhǔ ròupiàn
水煮肉片

porc aux œufs et aux champignons noirs
mùxū ròu
木须肉

porc aux oignons frits
yángcōng chǎo ròupiàn
洋葱炒肉片

Produits de la mer

beignet de crevette
lóngxiā piàn
龙虾片

riz frit aux crevettes
xiārén chǎofàn
虾仁炒饭

nouilles frites aux crevettes
xiārén chǎomiàn
虾仁炒面

dés de crevettes aux cacahuètes
gōngbào xiārén
宫爆虾仁

crevettes sautées
qīngchǎo xiārén
清炒虾仁

crevettes frites
zhá xiārén
炸虾仁

crevettes frites aux champignons
xiānmó xiārén
鲜蘑虾仁

calamar au riz croustillant
yóuyú guōbā
鱿鱼锅巴

rouleau de calmar à la sauce
aigre-douce
suānlà yóuyú juàn
酸辣鱿鱼卷

poisson braisé à la sauce de soja
hóngshāo yú
红烧鱼

concombre de mer braisé
hóngshāo hǎishēn
红烧海参

clams
gé
蛤

crabe
pángxiè
螃蟹

homard
lóngxiā
龙虾

Soupes

soupe aux trois produits de la mer
sān xiān tāng
三鲜汤

soupe de calamars
yóuyú tāng
鱿鱼汤

potage pékinois
suānlà tāng
酸辣汤

soupe aux œufs et à la tomate
xīhóngshì dàn tāng
西红柿蛋汤

soupe épaisse aux œufs et au maïs
fènghuáng lìmǐ gēng
凤凰粟米羹

soupe aux œufs et aux légumes
dànhuā tāng
蛋花汤

soupe aux œufs et aux champignons
mógu dànhuā tāng
蘑菇蛋花汤

soupe de poissons fraîche
shēng yú tāng
生鱼汤

soupe de légumes
shūcài tāng
蔬菜汤

velouté de tomate
nǎiyóu fānqié tāng
奶油蕃茄汤

velouté de champignons
nǎiyóu xiānmó tāng
奶油鲜蘑汤

soupe aux radis chinois marinés
zhàcài tāng
榨菜汤

soupe au pâté de soja (tofu) et aux légumes
dòufǔ cài tāng
豆腐菜汤

soupe impudique
húndùn tāng
馄饨汤

soupe claire
qīng tāng
清汤

soupe aux nouilles
tāng miàn
汤面

Divers et plats exotiques

kebab
ròu chuàn
肉串

chèvre, mouton
yáng ròu
羊肉

viande de chien
gǒu ròu
狗肉

viande de cervidé (venaison)
lù ròu
鹿肉

serpent
shé ròu
蛇肉

viande de rat
lǎoshǔ ròu
老鼠肉

pangolin
chuān shānjiǎ
穿山甲

grenouille
qīngwā
青蛙

anguille
shàn yú
鳝鱼

tortue de mer
hǎiguī
海龟

fondue chinoise
huǒguō
火锅

Condiments

ail
dàsuàn
大蒜

poivre noir
hújiāo
胡椒

piment
làjiāo
辣椒

sauce au piment
làjiāo jiàng
辣椒酱

ketchup
fānqié jiàng
蕃茄酱

sel
yán
盐

glutamate
wèijīng
味精

sauce de soja
  jiàng yóu
  酱油
vinaigre
  cù
  醋
huile de graines de sésame
  zhīmá yóu
  芝麻油
beurre
  huáng yóu
  黄油
sucre
  táng
  糖
confiture
  guǒ jiàng
  果酱
miel
  fēngmì
  蜂蜜

BOISSONS
Boissons sans alcool
Le thé est le breuvage le plus couramment servi en Chine populaire. On ne trouve pas en Chine de thés des Indes, si ce n'est peut-être dans les supermarchés les plus modernes de Canton, Pékin et Shanghai. Les inconditionnels du café seront contents de retrouver leurs marques familières telles que Nescafé et Maxwell en vente presque partout.

Le Coca-Cola, introduit en 1927 par les soldats américains, est aujourd'hui fabriqué à Pékin. Les Chinois ont tenté de faire des boissons similaires telles que le TianFu Cola à base de racines de pivoine. Le Fanta et le Sprite existent couramment, tant sous leur version authentique qu'imitée. Les boissons chinoises sans alcool et à base de sucre sont bon marché et en vente partout, mais elles sont parfois terriblement sucrées. L'une des meilleures est le Jianlibao, à base de miel. Les boissons gazeuses aux litchis, propres à la Chine, font les délices des étrangers. Le lait frais est rare, mais on peut acheter, assez cher, du lait UHT importé dans les supermarchés de style occidental de Pékin, Shanghai, Shenzhen et Canton.

Le yoghourt frais sucré, que l'on trouve dans la plupart des régions les plus développées de la Chine, est également un régal. On le vend généralement en petites bouteilles, qui ressemblent à des bouteilles de lait, et on le boit à la paille. Cela constitue un délicieux petit déjeuner.

Alcools
La bière est la seconde boisson de la Chine populaire, juste après le thé. Les grandes marques sont excellentes. La plus connue est la Tsingtao (Qingdao), faite avec une eau minérale à laquelle elle doit la qualité de sa pétillance. C'est en réalité une bière allemande puisque la ville de Qingdao (autrefois appelée "Tsingtao") où elle est fabriquée était jadis une concession allemande et que les Chinois ont hérité de leur brasserie. Les vrais amateurs estiment que la Tsingtao à la pression est bien meilleure qu'en bouteille.

Toutes les grandes villes de Chine ont leur bière locale. Parmi les plus remarquables, citons la Zhujiang de Canton et la Yanjing de Pékin.

La San Miguel, brassée à Canton, est une bière "importée" vendue à un prix chinois. Les véritables bières d'importation occidentales sont vendues dans les Friendship Store et dans les hôtels cinq-étoiles.

La Chine cultive la vigne et produit du vin depuis, vraisemblablement, plus de quatre mille ans. Les techniques de culture du vignoble et de vinification chinoises diffèrent de celles des Occidentaux. Les producteurs occidentaux considèrent que la production de vins de bonne qualité suppose un rendement faible, alors que les Chinois cultivent le moindre centimètre carré de terre. Ils plantent les ceps de façon très dense et insèrent de l'arachide entre les rangs de vigne pour s'assurer une récolte tous les six mois. L'arachide puise une bonne part des éléments nutritifs du sol, si bien qu'aux années fraîches, les lourdes grappes n'arrivent pas à mûrir suffisamment.

En Occident, les viticulteurs cherchent à empêcher l'oxydation du vin, les Chinois au contraire apprécient vivement le goût que donne cette oxydation et font tout pour la favoriser. Ils sont aussi grands amateurs de vins aromatisés à base d'herbes macérées ou d'autres ingrédients, appréciés pour leur vertus médicinales ou aphrodisiaques.

Le terme même de "vin" n'est pas toujours approprié. En réalité, nombre des "vins" chinois sont des alcools. Le vin de riz est plus utilisé en cuisine qu'à table. Le Hejie Jiu, le "vin de lézard", est produit dans la province méridionale du Guangxi : chaque bouteille contient un lézard mort suspendu perpendiculairement dans le clair liquide.

Les vins où macèrent des abeilles ou des serpents sont recherchés pour les vertus tonifiantes qu'on leur prête. En général, plus l'animal est venimeux, plus les effets toniques sont puissants.

Les Tibétains ont un intéressant breuvage appelé *chang*, une bière ou un alcool à base d'orge. Les Mongols servent le *koumiss*, au goût aigre, fait de lait de jument fermenté dans lequel on ajoute quantité de sel. Le *maotai*, un des alcools favoris des Chinois, provient de la fermentation du sorgho (une sorte de millet) et se boit lorsqu'on porte des toasts dans les banquets.

Les femmes chinoises ne boivent pas (sinon de la bière) en public. Celles qui le font passent pour des prostituées. Les Occidentales peuvent néanmoins enfreindre ce tabou social sans conséquences déplaisantes. En règle générale, les Chinois ne sont pas de gros buveurs, mais il est obligatoire de porter des toasts dans les banquets. Si vraiment vous ne supportez pas l'alcool, remplissez votre verre à vin de thé et dites que vous avez des maux d'estomac. Mais quel que soit le nombre de toasts portés ou la quantité de bière ingérée, se montrer ivre en public est particulièrement mal vu.

Les alcools d'importation, tels le Johnny Walker, le Kahlua, le Cognac Napoléon Augier, sont très prisés par les Chinois, non pas tant pour leur saveur que pour leur prestige. Ils sont très chers.

Vocabulaire des boissons

boisson gazeuse (soda)
qìshuǐ
汽酒

Coca-Cola
kěkǒu kělè
可口可乐

thé
chá
茶

café
kāfēi
咖啡

eau
kāi shuǐ
开水

eau minérale
kuàng quán shuǐ
矿泉水

eau chaude (pour le thé)
báikāishuǐ
白开水

glacé
bīngde
冰的

jus de fruit
guǒzhī
果汁

bière
píjiǔ
啤酒

vin rouge
hóng pútáo jiǔ
红葡萄酒

vin blanc
bái pútáo jiǔ
白葡萄酒

vin de riz
mǐ jiǔ
米酒

whisky
wēishìjì jiǔ
威士忌酒

vodka
fútèjiā jiǔ
伏特加酒

maotai
máotáijiǔ
茅台酒

TABAC

Le gouvernement a promis de lancer une campagne antitabac en interdisant de fumer dans les aéroports et dans de nombreuses gares ferroviaires. Une bataille qui promet d'être longue et difficile. Dans les régions rurales, les fumeurs se comportent comme si les non-fumeurs n'existaient pas : un épais nuage de fumée envahit les bus et les trains. Dans les bus, les mégots sont même jetés par terre, sans être éteints, ce qui provoque parfois des débuts d'incendie. Dans les chambres d'hôtels, on ne compte plus les brûlures de cigarettes (il est même étonnant que l'on ne signale pas plus d'incendies), car les Chinois ont la fâcheuse habitude d'éteindre leur cigarette sur la moquette.

De même que boire de l'alcool, fumer en public est traditionnellement considéré comme une activité masculine, même si de plus en plus de femmes aujourd'hui se mettent à fumer.

Si vous êtes non fumeur, sachez que les Chinois seront proprement offensés si vous leur demandez de ne pas fumer.

Pour les fumeurs, en revanche, les nouvelles sont bonnes : les cigarettes sont non seulement bon marché (environ 1 \$US pour les marques importées comme Marlboro et 555), et on peut fumer partout ou presque. Quant aux cigarettes chinoises, que l'on opte pour les moins chères, à moins de 1 yuan, ou pour les marques de luxe (*hongtashan*, notamment), qui coûtent le double des cigarettes importées, la qualité est la même et la saveur plutôt médiocre.

DISTRACTIONS

Dans ce domaine aussi, la situation évolue. Bars, discothèques et salles de karaoke envahissent les grandes villes. Les manifestations culturelles sont également plus nombreuses.

Cinéma

Seuls les hôtels de luxe présentent des films en anglais. Dans les cinémas, les films sont doublés en chinois et les productions originaires de Hong Kong, aux soustitres en anglais pour le moins étranges par-

Karaoke

On ne présente plus le karaoke (du japonais *kara*, "vide", et *oke*, contraction japonaise du mot anglais *orchestra*). L'idée est très simple : l'amateur de karaoke chante en play-back sur une bande-son dont on a effacé la piste de la voix.

Après un début discret au Japon, le karaoke a rapidement gagné Taiwan, Hong Kong, puis la Chine où il est aujourd'hui un divertissement très en vogue. Les salles de karaoke sont facilement reconnaissables par les néons et par un signe chinois avec les caractères pour *kālā* (une transcription phonétique du japonais) suivi par les lettres anglaises "OK". Certains sont signalés par le sigle KTV ("karaoke television") et comportent généralement des cabines.

Ne manquez pas de vous rendre dans un de ces établissements au cours de votre séjour, malgré le prix d'entrée, généralement élevé. Vous disposerez de deux menus : l'un pour les boissons, l'autre pour les chansons. N'espérez pas trop en matière de chansons anglo-saxonnes, bien que vous puissiez avoir un ou deux Carpenter (*I am sailing* de Rod Stewart est une des chansons anglaises en vogue). Il faut payer habituellement environ 5 yuan pour monter sur scène et chanter une chanson. Encore faut-il que les Chinois le réclament. Peu importe que vous chantiez plus ou moins bien. De toute façon, quand vous aurez fini, le public vous applaudira poliment, et peut-être même avec frénésie si vous avez un gros nez et les cheveux blonds !

Une extension récente du système est le karaoke bar du pauvre. Au bord de la chaussée est installé un écran de télévision sur lequel apparaît en vidéo une balle qui suit le rythme des paroles. Pour quelques jiao, on peut pousser la chansonnette dans un petit micro. Le gouvernement chinois a su tirer profit de cet engouement en créant un service chargé de produire des numéros de karaoke pour permettre au peuple d'exprimer en musique sa brûlante ferveur pour le Parti. Curieusement, tout le monde semble préférer chanter du Rod Stewart et les derniers succès de Taiwan et de Hong Kong... ∎

fois, pourront vous distraire si vous êtes d'humeur à suivre des histoires où se mêlent kung-fu et intrigues policières.

Discothèques

Les discothèques ont littéralement envahi la Chine. Dans des villes comme Canton, Shanghai et Pékin, les discothèques (notamment la chaîne JJ) n'ont rien à envier aux établissements occidentaux les plus à la mode (consultez les rubriques *Distractions* de Canton, Shanghai et Pékin pour plus de détails).

Karaoke

Vous ne manquerez pas de faire connaissance avec cette forme de distraction, qui est typiquement l'apanage des Chinois aisés. Les moins fortunés sont également gagnés par le virus.

Attention. Méfiez-vous des tarifs exorbitants et de l'escroquerie. Dans certains endroits très touristiques, des jeunes femmes se livrent au racolage. Il vaut mieux ne pas accepter leur invitation. A l'intérieur du karaoke, si vous invitez une hôtesse à vous asseoir à côté de vous, attendez-vous à devoir débourser une forte somme.

ACHATS

La Chine connaît actuellement une véritable révolution en matière de consommation. Finie l'époque des cartes de rationnement et des magasins vides. On a de plus en plus l'impression de se trouver à Hong Kong. Les appareils électroniques demeurent toutefois meilleur marché à Hong Kong et Singapour. Pour la plupart des visiteurs, les achats se limitent aux souvenirs.

Lieux d'achat

Les grands magasins et les boutiques envahissent la Chine urbaine, et il est difficile de recommander tel ou tel établissement en particulier. Canton, Shanghai et Pékin restent toutefois les lieux privilégiés où acquérir des souvenirs en raison du choix offert dans chaque grand magasin.

Magasins de Hong kong. La ville compte quelques très bonnes boutiques qui offrent des produits de Chine populaire. La qualité est excellente et les prix, plus élevés qu'en Chine, restent raisonnables (voir le chapitre *Hong Kong et Macao* pour plus de détails).

Friendship Store (magasins de l'Amitié). Autrefois destinés aux étrangers, ces établissements sont devenus anachroniques et ont été absorbés par des chaînes de grands magasins. Pour les visiteurs étrangers, ces magasins pratiquent des prix raisonnables. Certains se chargeront même d'emballer et d'expédier vos achats.

Grands magasins. Ils proposent toutes sortes de biens de consommation courante à des prix intéressants. A ne pas négliger.

Boutiques des hôtels. C'est la meilleure adresse où trouver des pellicules occidentales et japonaises, ainsi que des magazines importés. En général, elles sont onéreuses, surtout si l'on souhaite acheter des souvenirs, cela peut varier selon les établissements.

Marchés de rues. La marchandise la moins chère est proposée sur des couvertures étalées par terre ou sur des charrettes à bras dans les ruelles. N'espérez pas pouvoir échanger vos achats, obtenir la moindre garantie, ni vous servir de votre carte American Express. En revanche, vous devrez marchander.

Antiquités

Les Friendship Store ont souvent un petit rayon antiquités et il existe des magasins d'antiquités dans certaines villes. Mais les prix sont élevés, ne vous attendez pas à faire des affaires. Seuls les objets anciens qui ont reçu l'autorisation de vente aux étrangers peuvent quitter le pays. Quand vous achetez un objet de plus de cent ans d'âge, il doit porter un sceau officiel en cire rouge. Mais ce sceau n'indique pas pour autant que l'objet est véritablement ancien. On doit vous remettre un reçu de vente que vous montrerez aux douanes en quittant le pays, sans quoi l'objet ancien vous serait confisqué.

Les imitations d'objets d'art sont en vente partout. Certaines boutiques de musées vendent des répliques, généralement à des prix exorbitants.

Timbres et pièces de monnaie

La Chine émet toutes sortes de timbres magnifiques, généralement en vente dans les guichets postaux des hôtels. A côté de nombreux bureaux de poste, vous verrez des philatélistes amateurs armés d'albums remplis de timbre à vendre ; mais il faut avouer que vous aurez peut-être des difficultés à marchander ! Les timbres émis durant la Révolution culturelle constituent d'intéressants souvenirs.

Quant aux monnaies anciennes, il s'en vend souvent sur les grands sites touristiques. Mais nombre de ces pièces sont des imitations.

Peintures et rouleaux

Aquarelles, peintures à l'huile, gravures, calligraphies… Les œuvres d'art en vente ne manquent pas en Chine. Si la peinture vous intéresse, c'est à Guilin, Suzhou, Pékin et Shanghai que vous devrez vous rendre. Les prix sont généralement très raisonnables – même pour des œuvres d'excellente qualité présentées en galeries. Les rouleaux vendus 200 yuan sont généralement sans intérêt mais demeurent populaires.

Curiosités

Si vous aimez les statues en plastique, vous aurez de très nombreuses occasions de vous approvisionner en Chine. On voit partout des bouddhas obèses, des Vénus de Milo de 60 cm de haut ou des dieux aux mille bras dotés de lumières clignotantes.

Faux et usage de faux…

Il fut un temps en Chine où vous obteniez ce pour quoi vous aviez payé. Lorsqu'un vendeur vous affirmait d'un jade qu'il était d'une qualité parfaite, vous pouviez le croire. Aujourd'hui, il existe toutes sortes de fabrications bon marché et d'imitations, des bijoux tibétains aux pièces Qing en passant par les fausses cigarettes Marlboro, les faux baladeurs Sony (et les fausses cassettes Maxell), les fausses Rolex et même les faux biscuits Garden (Garden est le plus grand producteur de pain, gâteaux et biscuits de Hong Kong).

Le gouvernement chinois est parvenu à réduire les contrefaçons, mais ses efforts se sont surtout portés sur le piratage contrevenant aux lois internationales protégeant la propriété intellectuelle : disques compacts, logiciels, etc. La Chine est un grand pays et il n'est pas facile de mettre un terme à la circulation de biens de consommation illégaux.

Parallèlement, le régime doit enrayer la fabrication de faux billets de train, de billets de loterie et de billets de 100 yuan. Les cadres gonflent fréquemment leurs notes de frais avec des fausses factures, une des nombreuses causes du déficit des entreprises publiques.

Montrez-vous vigilant lorsque vous faites des achats coûteux. Méfiez-vous également des faux billets de 100 yuan. Enfin, si vous souhaitez acquérir des antiquités authentiques, essayez d'obtenir un certificat officiel en vous assurant que l'encre est sèche. ∎

Quantité de boutiques vendent des plantes médicinales et des épices. Le thé destiné à l'exportation est proposé dans des boîtes au décor extravagant. Vous obtiendrez un meilleur prix, pour le même objet, dans les gares ferroviaires.

... cependant, le pays ne sans ... l'objet ancien
... vous sont confisqués ...

Les bijoux et objets d'art sont en
vente partout. Certaines boutiques de
musées vendent des répliques généralement à des prix exorbitants.

Timbres et pièces de monnaie
La Chine offre aux collectionneurs de timbres
magnifiques, provenant ... on y voit aussi
les plus belles bêtes ... des hôtels et de
nombreux bureaux de poste, vous verrez
des philatélies anciens ... un monopole
monopole du timbres rendre ... il faut
savoir que vous importerez ... de multiples ... marchandises ... Les chintres ...
durant la Révolution culturelle constituent
d'intéressants souvenirs.

Quant aux monnaies anciennes, il se
vend souvent sur les grands sites touristiques. Mais nombre de ces pièces sont des
imitations.

Peintures et tableaux
Aquarelles, peintures à l'huile, gravures,
calligraphies ... Les estampes étant en vente
un peu partout en Chine. Si la peinture vous
intéresse ... c'est à Guilin, Suzhou, Pékin et
Shanghai que vous devriez vous rendre. Les
prix sont généralement raisonnables —
même pour des œuvres d'excellente qualité.
prenez ... en valeurs. Les rouleaux vendus
200 yuan sont généralement sans intérêt
mais demeurent populaires ...

Curiosités
Si vous aimez les salons et plastiques, vous
aurez de très nombreuses occasions de
vous approvisionner en Chine. On y voit partout des bouddhas obèses, de la Vénus de
Milo de ... de Bouddha ou des dieux aux
mille bras dorés de lumières clignotantes ...

Quantité de boutiques vendent des
plantes médicinales et des épices. Le thé
destiné à l'exportation est proposé dans des
boîtes au décor extravagant ou, option,
dtez un matériau mix, pour le mettre objet
dans les pots fantaisistes.

Comment s'y rendre

La Chine possède 115 points d'entrée et de sortie, d'où les multiples possibilités qui s'offrent à vous. La majorité des voyageurs préfèrent cependant passer par Hong Kong.

Les déplacements depuis/vers Hong Kong diffèrent suffisamment de ce qui se passe dans le reste de la Chine pour faire l'objet d'une rubrique séparée (voir le chapitre *Hong Kong* pour plus de détails).

VOIE AÉRIENNE
A lui seul, le billet d'avion peut ponctionner largement votre budget, mais vous pourrez en réduire le coût en dénichant des tarifs réduits. En règle générale, les billets pour Hong Kong sont moins onéreux que ceux pour la Chine. Hong Kong est l'endroit idéal pour mettre la main sur des billets d'avion à des prix très intéressants, ce qui n'est pas le cas de la Chine où les billets sont généralement beaucoup chers qu'ailleurs. Cette situation, due à l'absence de marché libre (et donc de concurrence), autorise le gouvernement à faire payer aux étrangers le double du prix pour un billet.

Dénicher les bonnes affaires
Pour obtenir les tarifs les plus intéressants, adressez-vous aux agences de voyages plutôt qu'aux compagnies aériennes, qui ne vendent que des billets plein tarif. Mais attention aux restrictions qui accompagnent souvent les vols à tarif réduit (leur durée de validité dépasse rarement 60 jours, ils ne sont pas valables pendant les vacances, etc.). Insistez pour que l'on vous indique les restrictions assorties aux billets proposés.

Si vous achetez un billet et souhaitez modifier par la suite votre itinéraire ou être remboursé, vous devrez prendre contact avec l'agent de voyages. Les compagnies aériennes ne remboursent les billets qu'à leur acheteur, en l'occurrence l'agent si vous êtes passé par une agence. De nombreux voyageurs décident à mi-parcours de modifier leur trajet. Réfléchissez sérieusement à cette éventualité au moment d'acheter votre billet. Certains sont difficilement modifiables.

Les billets APEX (Advance Purchase Excursion) offrent un tarif réduit, mais imposent un programme strict. Il faut les acheter deux à trois semaines avant le départ, ils ne permettent pas de s'arrêter en route et peuvent entraîner un séjour d'une durée maximale ou minimale, ainsi que des dates de départ et de retour fixes. A moins d'être sûr de devoir rentrer à une certaine date, mieux vaut acheter des billets APEX en aller simple. Les frais d'annulation d'un billet APEX sont importants.

Quantité de billets à prix réduit, valables un an et permettant de multiples escales avec dates libres, sont proposés par les agences. Ils autorisent une souplesse de déplacement maximale. Il en existe pour la Chine, mais beaucoup sont à destination de Hong Kong. Toutes sortes de forfaits permettent une halte prolongée à Hong Kong. Cette escale est gratuite ou peut coûter 50 \$US, selon les forfaits. Les billets aller-retour sont généralement meilleur marché que les allers simples.

Certaines compagnies tolèrent le panachage : vous décollez de votre pays pour Hong Kong et vous rentrez par Pékin. Cette formule vous fera économiser du temps et de l'argent : vous ne serez pas obligé de revenir à Hong Kong pour prendre votre vol retour.

Les billets tour du monde, proposés par une compagnie d'aviation ou un ensemble de compagnies d'aviation, vous donnent la possibilité, pour le prix d'un seul billet, de vous déplacer à votre gré sur leurs lignes, pendant 6 mois à un an. Cette solution n'est pas nécessairement plus économique que l'achat de billets séparés. Autres inconvénients de cette formule : vous devez vous déplacer toujours dans la même direction et ne pouvez pas changer de transporteur et, comme on réserve habituellement ses vols au fur et à mesure, vous risquez, faute de place sur la compagnie, de passer plus ou moins de temps que prévu à certains endroits.

Certaines compagnies offrent jusqu'à 25% de réduction aux étudiants. Outre la carte d'étudiant internationale, il faut parfois présenter aussi une lettre "officielle" de l'école ou de l'université où l'on est inscrit. S'appliquant la plupart du temps aux moins de 26 ans, ces réductions ne sont généralement valables que sur les tarifs réguliers en classe économique, et ne peuvent donc être cumulées avec les avantages des billets APEX ou tour du monde.

Les systèmes de fidélisation sont destinés aux passagers empruntant souvent une même compagnie. Lancés aux États-Unis, ils existent maintenant dans d'autres pays. Air France a commercialisé ainsi ce type de service sous le nom de Fréquence Plus. Les distances parcourues sont comptabilisées sur une carte de fidélité et, au bout d'un certain nombre de miles, vous avez droit à un voyage gratuit ou à d'autres avantages. Demandez toujours à la compagnie de vous ouvrir un compte de fidélité (certaines compagnies le font sur place ou par téléphone si vous appelez leur siège). Certaines compagnies exigent en outre que vous ayez une adresse postale aux États-Unis ou au Canada, mais le plus souvent elles ne se soucient pas de votre lieu de résidence.

Chaque fois que vous achetez un billet et/ou que vous passez à l'enregistrement, signalez votre numéro de compte de fidélité afin qu'il soit crédité. Conservez vos billets et vos cartes d'embarquement, car il n'est pas rare que les compagnies fassent des erreurs dans le crédit qu'elles vous accordent. Vous devriez recevoir tous les mois, par la poste, un état de votre compte de fidélité vous indiquant le total des distances parcourues.

Une fois atteint le kilométrage donnant droit à avantage, vous recevrez normalement par courrier les justificatifs correspondants. Nombre de compagnies appliquent certaines restrictions à l'emploi de ces billets "gratuits", comme celle qui consiste à les utiliser à certaines périodes, à

Noël et pendant le Nouvel An lunaire chinois. Mais le principal inconvénient de ces comptes de fidélité est qu'ils ont tendance à vous cantonner sur une seule compagnie, qui n'a pas toujours les tarifs les plus avantageux ni les horaires les plus pratiques.

En général, les compagnies d'aviation ne font payer que 10% du tarif adulte pour le transport des bébés de moins de 2 ans, certaines le font même gratuitement (les plus réputées fournissent en outre couches, talc et autres accessoires susceptibles de faciliter votre voyage et celui de votre enfant). S'agissant des enfants de 4 à 12 ans, le tarif appliqué sur les vols internationaux est habituellement moitié prix par rapport au tarif normal ou équivalent à 67% du tarif réduit. Aujourd'hui, la plupart des tarifs peuvent bénéficier d'une réduction.

Les vols courrier sont généralement avantageux si vous avez la chance d'en trouver un. Seul inconvénient : vous n'êtes autorisé à emporter qu'un bagage à main. En revanche, vous bénéficiez d'un billet à tarif très réduit. Ces dispositions doivent généralement être prises au moins un mois à l'avance, voire davantage, et ne sont valables que sur certains itinéraires. Il n'en existe pas pour la Chine mais, avec un peu de chance, vous pourrez dénicher ce type de billet pour Hong Kong. Par ailleurs, ces billets sont vendus pour une date fixe qu'il est quasiment impossible de modifier. Les vols courrier passent généralement des annonces dans les journaux. Vous pouvez aussi contacter les compagnies de fret aérien.

Compagnies aériennes
Le régime chinois a toujours cherché à conserver le monopole des activités lucratives. Les étrangers occupent encore aujourd'hui une place réduite dans ce domaine. Cette attitude s'applique aussi aux compagnies aériennes – très peu de transporteurs sont autorisés à atterrir en Chine, et cette concession n'est accordée qu'à contrecœur par le gouvernement chinois et dans le seul but que les compagnies d'aviation chinoises puissent avoir accès aux marchés étrangers.

La Civil Aviation Administration of China (*zhōngguó mínháng*), ou CAAC, est le porte-drapeau officiel de la République populaire de Chine (voir le chapitre *Comment circuler* pour plus de détails sur la CAAC). Sur les trajets internationaux, elle porte le nom d'Air China. En dépit de récents aménagements, les services proposés sur Air China sont nettement moins performants que sur les autres compagnies internationales.

La Cathay Pacific (*guótài hángkōng*), qui appartient en partie à British Airways et (depuis peu) à la CAAC, est installée à Hong Kong. Elle est demeurée longtemps le principal intervenant étranger sur le marché chinois, mais a vu sa part se réduire ces dernières années. Aujourd'hui, cette compagnie ne dessert plus la Chine sous son propre nom, mais s'est associée à la CAAC pour assurer le fonctionnement d'une autre compagnie de Hong Kong, Dragonair.

Dragonair (*gănglóng hángkōng*) a démarré ses activités en 1985 avec un seul avion. Alors contrôlée à 100% par la Chine, la compagnie risquait fort la faillite si la Cathay Pacific ne l'avait partiellement rachetée en 1990 afin, semble-t-il, d'obtenir les faveurs du gouvernement chinois et du même coup de nouvelles lignes sur la Chine.

Quoi qu'il en soit, l'influence de Cathay est très nette, car le service sur Dragonair s'est considérablement amélioré et les prix sont inférieurs à ceux pratiqués par la CAAC. Les deux compagnies étant associées, vous pouvez réserver une place sur un vol Dragonair dans n'importe quel bureau de Cathay Pacific dans le monde. Vous pouvez également faire des réservations conjointes – obtenir une place de Pékin à Vancouver, par exemple, en volant sur Dragonair de Pékin à Hong Kong, puis en prenant un vol sur la Cathay Pacific jusqu'au Canada. Les deux vols seront inclus sur le même billet et les bagages enregistrés d'un bout à l'autre. Si vous être membre du Marco Polo Club, le service de fidélisation de la Cathay, les miles effectués sur Dragonair vous seront comptabilisés.

Depuis/vers l'Europe francophone

Il existe un choix assez considérable de vols à destination de Pékin, Shanghai, et Hong Kong, à divers prix et sur différentes compagnies. La durée du vol, les escales, les stops gratuits, le panachage de destinations et la validité du billet sont des critères à étudier soigneusement avant d'arrêter son choix.

La plupart de ces vols comportent généralement une escale à Singapour, Hong Kong, Bangkok, Londres, Zurich, Copenhague, Helsinki ou Moscou, avec une fréquence de 2 à 4 vols hebdomadaires.

En moyenne, vous devrez débourser de 5 300 à 6 900 FF pour un aller-retour Pékin en vol régulier, en basse saison, et de 6 200 à 8 200 FF en haute saison. On trouve néanmoins des vols économiques réguliers aux environs de 3 400 FF chez Voyageurs en Chine, par exemple, avec escale à Moscou. Un Paris-Shanghai-Paris coûte de 3 400 à 7 500 FF et un Paris-Hong Kong-Paris de 4 000 à 7 300 FF. Un aller-retour Canton se vend à partir de 6 700 FF ; mieux vaut peut-être prendre un billet pour Hong Kong et poursuivre votre voyage sur des lignes intérieures.

Une solution intéressante consiste à prendre un vol panaché Paris-Hong Kong retour de Pékin (ou l'inverse), disponible à partir de 4 600 FF. Vous passerez environ 10 heures 30 pour un voyage sans escale de Paris à Pékin et de 12 heures 30 à 18 heures, avec escale. Un vol Paris-Shanghai avec escale dure de 16 à 18 heures. Pour un Paris-Hong Kong, comptez environ 12 à 14 heures de vol sans escale et de 14 à 18 heures avec escale.

Au départ de Bruxelles, prévoyez la même durée de vol. Les prix s'échelonnent de 27 000 à 50 000 FB selon les caractéristiques du vol pour un aller-retour Pékin, de 27 000 à 40 000 FB pour un aller-retour Hong Kong et de 42 000 à 45 000 FB pour un aller-retour Shanghai.

Au départ de Genève ou Zurich, comptez entre 1 700 et 1 900 FS pour un aller-retour Pékin en haute saison, 1 300 à 1 400 FS en basse saison.

Le B A BA du voyage en avion

Bagages autorisés. Précision figurant sur le billet. En général, un bagage de 20 kg en soute, plus un bagage à main en cabine. Certaines compagnies autorisent, sur les vols longs courriers, deux bagages à main, limités en taille et en poids.

Billets Apex. (Advance Purchase Excursion : voyage payé à l'avance). Ces billets sont en général 30% à 40% moins chers que le tarif économique, moyennant certaines contraintes. Vous devez acheter le billet au moins 21 jours à l'avance (parfois plus tôt) et votre séjour est limité à 14 jours minimum, sans excéder 90 ou 180 jours. Il n'est pas possible de faire une escale et toute modification de date ou de destination entraîne un supplément. Les billets ne sont pas remboursables ; en cas d'annulation, vous récupérerez bien moins que le prix d'achat. Contractez une assurance annulation pour vous couvrir, par exemple en cas de maladie.

Billets à prix réduits. Il existe deux catégories de réductions : les réductions officielles (type Apex – voir tarifs promotionnels) et les réductions officieuses (voir spécialistes de vol à prix réduit). Cette dernière catégorie vous offre le prix Apex, sans pour autant être tenu par les conditions de réservation et autres impératifs de ces billets. Les bas tarifs entraînent souvent quelques inconvénients, comme l'utilisation de compagnies peu prisées, des horaires incommodes ou des trajets et des correspondances peu intéressants.

Billets en classe économique. Ce ne sont pas les plus économiques, mais les conditions d'utilisation sont plus souples et leur durée de validité s'étend sur 12 mois. En cas de non utilisation, ils sont, pour la plupart, remboursables au même titre que les escales non utilisées sur un billet multiple.

Billets "open-jaw". Avec ce genre de billet aller-retour, la ville de destination est différente de celle d'où vous repartirez lors de votre voyage de retour. Entre les deux, vous vous déplacez à votre gré et à vos frais.

Billets tour du monde. Ces billets connaissent un succès croissant depuis quelques années. Il existe deux formules : les billets de compagnies aériennes et les billets d'agences de voyages. Un billet tour du monde de compagnie aérienne est en fait émis par deux compagnies ou plus, qui se sont associées pour vous permettre de faire le tour du monde sur leurs lignes. Vous pouvez aller n'importe où, à condition d'utiliser exclusivement les vols de ces compagnies, sans revenir sur vos pas, c'est-à-dire que vous tournez toujours dans le même sens est-ouest, ou l'inverse. Autres restrictions : vous devez acheter la première escale à l'avance et vous payez des frais en cas d'annulation. Vous pouvez également être limité dans le nombre d'escales possibles. Quant au billet d'agence de voyages, c'est en fait une combinaison de billets aux tarifs les plus intéressants. Ils peuvent être meilleur marché, mais les options seront plus réduites.

Cession de billets. Les billets d'avion sont personnels. Certains voyageurs essaient de revendre leur billet retour, mais sachez qu'on peut vérifier votre identité. Si la corrélation entre l'identité de la personne et le nom inscrit sur le billet n'est pas systématiquement vérifiée sur les vols intérieurs, elle l'est sur les vols internationaux, pour lesquels vous devez présenter votre passeport.

Confirmation. La possession d'un billet avec numéro et date de vol ne vous garantit pas de place à bord tant que l'agence ou la compagnie aérienne n'a pas vérifié que vous avez bien une place (ce dont vous êtes assuré avec le signe OK sur votre billet). Sinon, vous êtes sur liste d'attente.

Contraintes. Les tarifs réduits impliquent souvent certaines contraintes, telles le paiement à l'avance, une durée minimale et maximale de validité du billet, des restrictions sur les escales, les changements d'itinéraire ou de dates, etc.

Enregistrement. Les compagnies aériennes conseillent de se présenter au comptoir un certain temps avant le départ (2 heures pour les vols internationaux). Si vous ne vous présentez pas à temps à l'enregistrement et qu'il y ait des passagers en attente, votre réservation sera annulée et votre siège attribué à quelqu'un d'autre.

Messageries aériennes. Les sociétés ont parfois besoin d'envoyer des documents ou du fret en urgence et en toute sécurité. Elles passent alors par des messageries privées qui engagent des personnes pour transporter et dédouaner les colis. En retour, ces messageries offrent un billet à tarif réduit qui est parfois une excellente affaire. En fait, la messagerie enregistre le paquet comme bagage sur un vol régulier. Cette opération est parfaitement légale – tous les objets transportés étant licites – mais présente deux inconvénients : le délai de validité du billet de retour assez court (normalement guère plus d'un mois) et la limitation en bagage enregistré. On peut même vous demander de ne prévoir qu'un bagage en cabine.

Passager absent. Certains passagers ne se présentent pas à l'embarquement. En général, les passagers plein tarif qui ne se présentent pas à l'embarquement ont le droit d'emprunter un autre vol. Les autres sont pénalisés (cf. Pénalités d'annulation).

Passager débarqué. Le fait d'avoir confirmé votre vol ne vous garantit pas de monter à bord (cf. Surbooking).

Pénalités d'annulation. Si vous annulez ou modifiez un billet Apex, on vous facturera un supplément, mais vous pouvez souscrire une assurance couvrant ce type de pénalités. Certaines compagnies aériennes imposent également des pénalités sur les billets plein tarif, afin de dissuader les passagers fantômes.

Période. Certains tarifs réduits, comme les tarifs Apex, varient en fonction de l'époque de l'année (haute ou basse saison, avec parfois une saison intermédiaire). En haute saison les tarifs réduits (officiels ou non) augmentent, quand ils ne sont pas tout bonnement supprimés. C'est généralement la date du vol aller qui compte (aller haute saison, retour basse saison = tarif haute saison).

Perte de billets. La plupart des compagnies aériennes remplacent les billets perdus et délivrent, après les vérifications d'usage, un billet de remplacement. Légalement cependant, elles sont en droit de considérer le billet comme définitivement perdu, auquel cas le passager n'a aucun recours. Moralité : prenez grand soin de vos billets.

Plein tarif. Les compagnies aériennes proposent généralement des billets de 1re classe (code F), de classe affaires (code J) et de classe économique (code Y). Mais il existe maintenant tant de réductions et de tarifs promotionnels que rares sont les passagers qui paient plein tarif.

Reconfirmation. Vous devez reconfirmer votre place 72 heures au moins avant votre départ, sinon la compagnie peut vous rayer de la liste des passagers.

Réductions étudiants. Certaines compagnies aériennes offrent 15 à 25% de réduction aux détenteurs d'une carte d'étudiant, ainsi qu'à toute personne de moins de 26 ans. Ces remises ne sont normalement applicables que sur les tarifs en classe économique. Pas moyen d'en bénéficier sur un billet Apex ou tour du monde, ces derniers étant déjà très avantageux.

Spécialistes de vol à prix réduit. A certaines périodes de l'année ou sur certaines destinations, les avions ne sont pas tous complets. Les compagnies aériennes ont tout intérêt à vendre les billets restants, même à prix sacrifié, et elles le font auprès d'agents de voyages spécialisés dans les vols à prix réduit. Le prix de ces billets défie toute concurrence. Les disponibilités varient considérablement, vous devez être très souple dans votre programme de voyage, tout en étant prêt à partir dès qu'une annonce paraît dans la presse.

Les spécialistes de vol à prix réduit placent quelques encarts publicitaires dans les journaux et les magazines, ce qui déclenche une véritable ruée sur les billets. Téléphonez pour vérifier qu'il en reste, avant de vous déplacer. Bien sûr, les prix annoncés sont des prix d'appel, et le temps que vous vous rendiez chez votre agent de voyages, tous ces billets seront déjà vendus. Vous pourrez alors vous rabattre sur des tarifs légèrement moins intéressants.

Stand-by. Billet à prix réduit qui ne vous garantit de partir que si une place se libère à la dernière minute. Ces tarifs ne sont d'ordinaire disponibles que sur place, à l'aéroport, même si, parfois, un bureau de la compagnie aérienne en ville est susceptible de s'en occuper. Pour multiplier vos chances, présentez-vous suffisamment à l'avance au comptoir de l'aéroport pour faire inscrire votre nom sur la liste d'attente : "Premier arrivé, premier servi".

Surbooking. Pour améliorer leur taux de remplissage et tenir compte des inévitables passagers fantômes, les compagnies aériennes ont l'habitude d'accepter plus de réservations qu'elles n'ont de sièges. En général, les voyageurs en surnombre compensent les absents, mais il faut parfois "débarquer" un passager. Et qui donc ? Eh bien, celui qui se sera présenté au dernier moment à l'enregistrement...

Tarifs promotionnels. Réductions officielles, comme le tarif Apex, accordées par les agences de voyages ou les compagnies aériennes elles-mêmes.

Titre de sortie. Certains pays ne laissent entrer les étrangers que sur présentation d'un billet de retour ou d'un billet à destination d'un autre pays. Si vous n'avez pas de programme précis, achetez un billet pour la destination étrangère la moins chère ; ou encore, prenez un billet auprès d'une compagnie fiable, après avoir vérifié qu'il vous sera remboursé si vous ne l'utilisez pas. ∎

Préparation au voyage. Depuis la France, vous trouverez des adresses, des témoignages de voyageurs, des informations pratiques et de dernière minute dans *Long Courrier*, le trimestriel gratuit de Lonely Planet (écrivez-nous pour être abonné), ainsi que dans le magazine *Globe-Trotters,* publié par l'association Aventure du Bout du Monde (ABM, 7, rue Gassendi, 75014 Paris, France, ☎ 01 43 35 08 95).

Le *Guide du voyage en avion* de Michel Puysségur (48 F, éd. Michel Puysségur), fournit toutes les informations possibles sur la destination et le parcours de votre choix. Le Centre d'information et de documentation pour la jeunesse (CIDJ, 101 quai Branly, 75015 Paris, France, ☎ 01 44 49 12 00) édite des fiches très bien conçues : "Réduction de transports pour les jeunes" n°7.72, "Vols réguliers et vols charters" n°7.74, "Voyages et séjours organisés à l'étranger" n°7.51. Il est possible de les obtenir par correspondance : se renseigner sur Minitel 3615 CIDJ (prix de 1,29 FF la minute) pour le coût des fiches – entre 10 et 15 FF) en envoyant un chèque au service Correspondance.

Le magazine *Travels,* publié par Dakota Editions, est une autre source d'informations sur les réductions accordées aux jeunes sur les moyens de transports, notamment les promotions sur les vols. On peut le trouver gratuitement dans les universités, lycées, écoles de commerce françaises.

Depuis la Belgique, la lettre d'informations *Farang* (La Rue 8a, 4261 Braives) traite de destinations étrangères. L'association Wegwyzer (Beenhouwersstraat 24, B-8000 Bruges, ☎ (50) 332 178) dispose d'un impressionnant centre de documentation réservé aux adhérents et publie un magazine en flamand, *Reiskrand,* que l'on peut se procurer à l'adresse ci-dessus.

En Suisse, Artou (Agence en recherches touristiques et librairie), 8, rue de Rive, 1204 Genève, ☎ (022) 818 02 40 (librairie du voyageur) et 18, rue de la Madeleine, 1003 Lausanne, ☎ (021) 323 65 54, fournit des informations sur tous les aspects du voyage. A Zurich, vous pourrez vous abonner au *Globetrotter Magazin* (Rennweg 35, PO Box, CH-8023 Zurich, ☎ (01) 211 77 80) qui, au travers d'expériences vécues, renseigne sur les transports et les informations pratiques.

A titre indicatif, vous trouverez ci-après une liste de voyagistes spécialisés proposant des vols pour la Chine. Comparez les tarifs avant d'arrêter votre choix. De France, vous pouvez également vous adresser aux compagnies telles qu'Air France (☎ 01 44 08 22 22), KLM (☎ 01 44 56 18 18), British Airways (☎ 01 47 78 14 14), Swissair (☎ 01 45 81 11 01), Lufthansa (☎ 01 42 65 37 35), Cathay Pacific (☎ 01 41 43 75 75) et Singapore Airlines (☎ 01 45 53 52 44).

Air China
   10 boulevard Malesherbes, 75008 Paris (☎ 01 42 66 16 58)

Asia
   3 rue Dante, 75005 Paris (☎ 01 44 41 50 10)

China Airlines
   90 avenue des Champs-Élysées, 75008 Paris (☎ 01 42 25 63 60)

Éole
   Chaussée Haecht 33, 1030 Bruxelles (☎ 2 219 48 70)

FUAJ (Fédération Unie des Auberges de Jeunesse)
   27 rue Pajol, 75018 Paris (☎ 01 44 89 87 27) et 9 rue Brantôme (☎ 01 48 04 70 40)

OTU (Organisation du tourisme universitaire)
   39 avenue Georges-Bernanos, 75005 Paris (☎ 01 44 41 38 50, 01 43 29 90 78) et dans les CROUS de province

SSR
   20 boulevard de Grancy, 1600 Lausanne (☎ 21 617 58 11)
   3 rue Vignier, 1205 Genève (☎ 22 329 97 33)
   Leonhardstrasse 10, 8001 Zurich (☎ 01-297 11 11)
   Bäuckerstrasse 40, 8004 Zurich (☎ 01-241 12 08)

USIT Voyages
   6 rue de Vaugirard, 75006 Paris (☎ 01 42 34 56 90)

Russie. Les billets achetés en Russie sont généralement onéreux. Le prix fort ne correspond pas à un service de qualité mais au manque de concurrence.

Sachez aussi qu'un billet sur Aeroflot (la seule compagnie russe) acheté en Russie sera cher, mais très bon marché dans d'autres pays (notamment en Grande-Bretagne).

Quel que soit le prix payé, Aeroflot est de toute façon connue pour ses fréquentes annulations de vol, sa sécurité déficiente et les pertes de bagages.

Un vol direct Moscou-Pékin coûte 1 200 $US, que les étrangers sont obligés de régler en dollars, y compris sur les vols à l'intérieur du pays – ne comptez pas trop sur ces soi-disant billets bon marché payables en rouble.

La CAAC et Aeroflot assurent des correspondances à Irkoutsk (Sibérie) avec Shenyang (province du Liaoning). Les deux compagnies proposent des vols entre Khabarovsk (Sibérie) et Harbin (province du Heilongjiang). Elles offrent aussi des vols en semaine, entre Moscou et Ürümqi (*via* Novossibirsk) pour 260 $US – une économie à ne pas laisser échapper !

Depuis/vers le Canada

Travel CUTS, organisme national canadien de voyages pour étudiants, possède des agences à Vancouver, Victoria, Edmonton, Saskatoon, Toronto, Ottawa, Montréal et Halifax. Il n'est pas nécessaire d'être étudiant pour profiter de ses services.

Pour se procurer des billets à tarif réduit au Canada, la technique est très similaire à celle des États-Unis. Rendez-vous dans les différentes agences de voyages jusqu'à ce que vous tombiez sur des conditions réellement avantageuses.

A Vancouver, essayez Kowloon Travel, Westcan Treks et Travel CUTS.

Canadian Airlines offre souvent des conditions avantageuses pour Hong Kong, mais Korean Air propose parfois des tarifs encore plus bas. A vous de comparer.

En règle générale, les vols de Vancouver à Hong Kong ou pour la Chine sont de 5 à 10% plus coûteux que ceux qui décollent de la côte Ouest des États-Unis.

Au Canada, les taxes sont incluses dans le prix du billet. Vous n'aurez donc pas de taxe d'aéroport à payer.

En dehors de nombreux vols pour Hong Kong, la CAAC affrète deux vols hebdomadaires au départ de Toronto, avec escales à Vancouver, pour Shanghai et Pékin (dans cet ordre).

Depuis/vers les autres pays d'Asie

Bangladesh. Dragonair assure des vols de Dhaka à Kunming.

Indonésie. La CAAC propose des vols au départ de Jakarta, qui continuent vers Surabaya, Canton, Xiamen ou Pékin.

Japon. La CAAC assure plusieurs vols hebdomadaires depuis Pékin pour Tokyo, Osaka, Fukuoka et Sendai. Certains de ces vols sont directs, d'autres font escale à Shanghai. Japan Airlines relie Pékin et Shanghai à Tokyo, Osaka et Nagasaki. All Nippon Airways propose pour sa part des vols entre Dalian et Fukuoka/Tokyo.

Kazakhstan. La CAAC propose deux vols par semaine entre Ürümqi (province chinoise du Xinjiang) et Almaty.

Malaisie. La CAAC affrète des vols directs de Penang à Canton et Xiamen.

Mongolie. En été, la MIAT (compagnie mongole) assure trois vols hebdomadaires depuis Pékin vers Oulan Bator pour 160 $US l'aller simple. Durant la basse saison (hiver), il n'y a qu'un vol par semaine.

La CAAC propose deux vols hebdomadaires, dans les deux sens, entre Pékin et Oulan Bator. Sont également assurés des vols aller-retour par semaine entre Oulan Bator et Hohhot (capitale de la province chinoise de Mongolie intérieure).

Myanmar (Birmanie). Il existe un vol hebdomadaire de Pékin à Rangoon (Yangon), avec une escale à Kunming.

Népal. Des vols directs relient deux fois par semaine Lhassa à Katmandou pour 190 $US. Toutefois, vous serez obligé de réserver un circuit de trois jours à Lhassa pour pouvoir acheter votre billet au Népal (pas de problème si vous voyagez dans l'autre sens). Le circuit revient à 125 $US.

Pakistan. La CAAC propose des vols directs de Pékin à Karachi trois fois par semaine, ainsi que des vols entre Ürümqi (Xinjiang) et Islamabad.

Philippines. La CAAC assure deux vols hebdomadaires de Pékin à Manille, plus un vol par semaine entre Canton et Manille. L'option la meilleur marché consiste en l'un des quatre vols directs hebdomadaires de Xiamen à Manille.

Singapour. La CAAC propose des vols de Singapour à Canton, Xiamen et Pékin.

Corée du Sud. Asiana Airlines, Korean Air et Air China relient Séoul à Pékin, Dalian, Canton, Qingdao, Shanghai, Shenyang et Tianjin.

Thaïlande. Il existe un vol de Pékin à Bangkok *via* Canton (vous pouvez le prendre là), mais il est bien meilleur marché à destination de Hong Kong. Vous pourrez aussi profiter d'un vol très fréquenté de Kunming à Bangkok, *via* Chiang Mai, sur la Thai Airways International. La CAAC emprunte également ce trajet, mais sans escale à Chiang Mai. Certains vols Bangkok-Canton continuent vers Shantou, dans la province chinoise du Guangdong.

Vietnam. China Southern Airlines et Vietnam Airlines relient la Chine au Vietnam à bord de Tupolev 134 de construction soviétique. Le seul vol direct entre Ho Chi Minh Ville et la Chine s'arrête à Canton. Le vol Canton-Hanoi (140 $US aller simple) dure 1 heure 30 ; le vol Canton-Ho Chi Minh Ville (240 $US aller simple) met 2 heures 30. Les billets aller-retour coûtent exactement le double.

Le vol Pékin-Hanoi sur la China Southern Airlines fait escale à Nanning (capitale de la province chinoise du Guangxi) – où vous pourrez embarquer ou débarquer.

VOIE TERRESTRE

Si vous partez d'Europe ou d'Asie, il est possible d'effectuer la totalité du voyage sans jamais avoir à attacher votre ceinture de sécurité ou à éteindre votre cigarette. Pour la plupart des voyageurs, accéder par voie terrestre en Chine signifie prendre le train ou le bus au départ de Hong Kong ou de Macao.

Il existe toutefois des itinéraires plus insolites et plus passionnants qui consistent à traverser la frontière entre le Vietnam et la Chine, à prendre le Transsibérien depuis l'Europe ou à se rendre du Tibet au Népal, du Xinjiang au Pakistan ou du Xinjiang au Kazakhstan.

Il n'est toujours pas possible de se rendre du Myanmar (Birmanie) en Chine par voie terrestre, mais l'on peut pénétrer au Myanmar au poste-frontière de Ruili-Muse lorsque les circonstances le permettent (pour plus de précisions, consultez le chapitre *Yunnan*).

Le commerce entre la Chine et l'Inde passe par la ville frontalière de Garbyang, dans l'Uttar Pradesh, au nord de la frontière népalaise. Malheureusement, l'instabilité militaire au Cachemire rend impossible cet accès aux voyageurs. Une autre ouverture de frontière envisagée, dont la presse s'est récemment fait l'écho, serait celle entre la Thaïlande et le Xishuangbanna *via* un passage par le Laos ou le Myanmar. La réalisation de ce projet semble pour le moment insurmontable – seul l'avenir le dira.

Les frontières avec l'Afghanistan et le Bhoutan sont également interdites.

Mieux vaut renoncer à emporter son propre véhicule. En Chine, les étrangers ne sont pas autorisés à conduire voitures ou motos. Les bicyclettes sont autorisées sur certains itinéraires, mais pas sur d'autres – et la réglementation sur leur utilisation reste passablement confuse (voir le chapitre *Comment circuler* sur la circulation en bicyclette en Chine).

Depuis/vers Hong Kong

Le poste frontière de Lo Wu, à Hong Kong, demeure le plus utilisé pour passer en Chine. Pour plus de détails, consultez le chapitre *Hong Kong et Macao*.

Depuis/vers Macao

De l'autre côté de la frontière, lorsque l'on vient de Macao, s'étend la Zone économique spéciale (ZES) de Zhuhai. La frontière Macao-Zhuhai est ouverte de 7h à 21h et on peut la franchir à vélo. Mais la plupart des gens prennent le bus jusqu'à la frontière et passent à pied.

Pour plus de détails, reportez-vous à la rubrique *Zhuhai* du chapitre *Guangdong*.

Depuis/vers le Pakistan

La route du Karakorum relie Kashgar (dans la province chinoise du Xinjiang) et Islamabad. Un visa est obligatoire pour la plupart des visiteurs occidentaux. Les visas ne sont pas délivrés à la frontière. Si vous vous rendez de Chine au Pakistan, l'endroit le plus proche pour obtenir un visa pakistanais est Hong Kong ou Pékin. Vous obtiendrez un visa chinois dans votre propre pays, à Hong Kong ou à Islamabad.

Le tableau ci-après fournit une évaluation approximative des trajets en distance et durée :

Trajet	Distance (km)	Durée
Kashgar-Tashkurgan	280	6 heures
Tashkurgan-Pirali	84	90 minutes
Pirali-Khunjerab	35	1 heure
(frontière sino-pakistanaise)		
Khunjerab-Sust	86	2 heures 15
Sust-Passu	35	45 minutes
Passu-Gulmit	14	20 minutes
Gulmit-Karimabad	37	1 heure
Karimabad (Hunza)-Gilgit	98	2 heures
Gilgit-Rawalpindi	631	18 heures

Chine-Pakistan. Du 15 avril à la fin octobre, des bus empruntent cet itinéraire de haute altitude. Les glissements de terrain sont fréquents. Attention à vous : en 1992, un voyageur au moins a trouvé la mort lors d'une chute de pierres. Emportez

également des vêtements chauds – il peut faire très froid à plus de 4 000 m d'altitude.

Des bus directs de Kashgar à la frontière pakistanaise, à Sust (au Pakistan), partent du Chini Bagh Hotel vers 11h30 pendant tout l'été. De juin à septembre les bus sont très fréquents, mais le reste du temps ils ne circulent pas tous les jours. Comptez un arrêt d'une nuit à Tashkurgan (côté chinois). Le même bus rejoint Sust le lendemain. En classe économique le trajet revient à 260 yuan, en première classe à 290 yuan. Emportez boissons et nourriture, car les arrêts pour le ravitaillement sont rares.

Tout ce qui est installé sur la galerie du véhicule est inspecté par les douanes à Chini Bagh et gardé sous clef pendant toute la durée du voyage. Aussi, prévoyez tout ce qu'il vous faut pour l'étape d'une nuit à Tashkurgan, ainsi que tout ce que vous avez déclaré à la douane en pénétrant sur le sol chinois.

Les services des douanes chinoises sont installés à Tashkurgan. De là, la route grimpe pendant deux heures en direction de Pirali (4 200 m d'altitude), qui ne mérite pas qu'on s'y arrête. Si vous vous trouvez à bord d'un bus pakistanais, vous n'aurez pas besoin de changer de véhicule ; si vous avez pris un bus local à Kashgar, vous devrez prendre un bus pakistanais à Pirali.

Pakistan-Chine. Six bus relient tous les jours Rawalpindi à Gilgit (15 heures de route). En classe économique, le voyage revient à 360 roupies, en classe de luxe à environ 430 roupies. Si vous ne supportez pas la lenteur de ces véhicules, mieux vaut prendre l'avion (au moins un vol quotidien si le temps le permet), pour environ 1 360 roupies.

De Gilgit à Sust, le bus de la Northern Areas Transport Company (NATCO) revient à 140 roupies. Achetez votre billet tôt le matin du départ, car le bus part à 8h. A Sust, le Mountain View Hotel est l'établissement le plus confortable, avec des dortoirs et des chambres individuelles.

De Sust à Pirali, un bus NATCO assure le trajet pour 725 roupies. Achetez votre billet au bureau de NATCO – vous en aurez besoin pour la douane. A Pirali, tout le monde descend pour monter dans un bus chinois à destination de Kashgar. Celui-ci s'arrête toute la nuit à Kashkurgan. Des camions et des jeeps proposent parfois de vous prendre en stop (négociez le prix).

Certains cyclistes ont réussi à franchir la frontière pakistanaise avec leur deux-roues, d'autres ont dû le mettre dans le bus, d'autres encore se sont vu refuser tout droit d'entrer avec leur véhicule.

Pour plus de détails, reportez-vous à l'ouvrage Lonely Planet en anglais *Karakoram Highway*.

Depuis/vers le Kazakhstan

Almaty-Ürümqi. Un service de bus quotidien relie Ürümqi et Almaty. C'est certainement la solution la moins coûteuse pour passer de Chine au Kazakhstan.

Un train international assure la liaison entre Ürümqi et Almaty le lundi et le samedi, avec retour le jour suivant. Les couchettes coûtent 56 $US pour les étrangers. On peut réserver dans certaines agences à Ürümqi.

Almaty-Yining. On peut se rendre en bus de Yining (dans le Xinjiang, en Chine) à Panfilov, au Kazakhstan, puis continuer sur Almaty. Au moment de la rédaction de cet ouvrage, le tarif était de 30 $US en bus jusqu'à Panfilov, puis encore de 30 $US pour Almaty, un montant exorbitant lorsque l'on sait que des bus effectuent le trajet depuis Ürümqi pour 48 $US. Tout bien considéré, il vaut probablement mieux organiser son voyage depuis Ürümqi, où vous aurez moins de chance de vous faire escroquer.

Les Kazakhs, les Ouïghours et les Kirghiz, entre autres, qui ont des parents de l'autre côté de la frontière, effectuent régulièrement ce voyage pour une somme dérisoire. Si vous ne connaissez personne à Almaty, sachez que l'hébergement est très onéreux.

Des bus circulent tous les jours entre Yining et Panfilov, du 1er mai au 1er octobre,

via la ville frontalière de Korgas (*hùochéng*), ou Khorgos en russe. Cette route est ouverte toute l'année en raison de sa faible altitude, mais il arrive que des tempêtes hivernales obligent à la fermer pendant quelques jours. Il est nécessaire de changer de bus à Panfilov pour se rendre à Almaty.

Il n'est pas toujours possible de passer la nuit à Panfilov, et il y a de fortes chances pour que vous soyez contraint de couvrir le trajet entre Korgas et Almaty en une seule journée. Ce qui n'est pas toujours facile car le poste-frontière est ouvert de 8h30 à 16h seulement. Dans l'autre sens, la traversée ne devrait poser aucun problème si vous disposez d'un visa chinois. Pour le moment, cette région reste peu explorée et les voyageurs se font rares.

Un voyageur nous a fait part des problèmes qu'il a rencontrés auprès de la douane après être entré en Chine à Korgas. Il a pu pénétrer sur le sol chinois sans difficulté mais, lorsqu'il a voulu sortir à Shenzhen, on lui a fait savoir qu'il devait retourner à Korgas et sortir à cet endroit. Il a passé deux longues journées en tracasseries administratives à Shenzhen pour pouvoir enfin sortir de Chine. Si vous pénétrez en Chine *via* Korgas, expliquez clairement aux douaniers que vous n'avez pas l'intention de ressortir du pays par le même endroit. Nommez la ville que vous avez choisie en faisant suivre son nom de... *chūjìng*.

Depuis/vers le Kirghizistan

Renseignez-vous sur les possibilités de passage entre Bishkek (la capitale du Kirghizistan) et Kashgar, *via* le col de Turugart (*tǔ'ěrgàtè shānkǒu*). Les agences de voyages d'État exigent des tarifs prohibitifs pour effectuer le trajet en voiture, mais des entrepreneurs privés pourront vous offrir des conditions plus intéressantes.

Depuis/vers le Népal

D'abord, une bonne nouvelle : la route Lhassa-Katmandou a été rouverte en 1993, après avoir été interdite aux étrangers pendant plus de trois ans. Mais aussi quelques mauvaises nouvelles : les obstacles bureaucratiques pour passer la douane sont toujours de taille, il faut toujours réserver un circuit que l'on n'a pas demandé à Lhassa, et la pénurie des transports publics du côté chinois ne s'est guère modifiée. Les agences de voyages de Katmandou pourront se charger de toutes ces démarches.

Le premier obstacle concerne les visas. On peut obtenir un visa chinois au Népal mais, officiellement, il faut faire partie d'un voyage organisé et le visa ne pourra pas excéder un mois. Si possible, essayez d'obtenir votre visa ailleurs (Hong Kong, etc.). Demandez un visa de 2 mois si vous envisagez de beaucoup circuler en Chine.

Deuxième obstacle : l'excursion obligée à Lhassa. Tous les étrangers désireux de se rendre à Lhassa doivent réserver un circuit de trois jours – ce n'est pas un choix, mais une obligation – pour environ 100 $US. Le prix peut paraître bon marché jusqu'à ce que l'on découvre que la visite se limite à deux heures par jour. De plus, le tour-opérateur n'entame le circuit que lorsqu'il a réuni un groupe de 10 personnes.

Troisième obstacle : les transports. Les bus publics opèrent du côté népalais jusqu'à la frontière, mais du côté tibétain l'activité dans ce domaine reste des plus réduites. Les voyageurs qui se rendent de Lhassa au Népal gagnent généralement la frontière en jeep de location et, comme ces mêmes jeeps rentrent ensuite à vide, leurs chauffeurs ne sont que trop heureux de trouver des voyageurs qui attendent à la frontière pour se faire emmener à Lhassa. Comptez en moyenne de 700 à 1 000 yuan par personne, mais on peut marchander. Le problème est qu'il faut parfois attendre un certain temps avant de dénicher une jeep. Des bus réguliers desservent aussi Shigatse, d'où partent des bus quotidiens pour Lhassa. En revanche, les bus entre Lhassa et la frontière ne circulent que trois à quatre fois par mois.

Aller à pied de la frontière à Lhassa ne paraît pas recommandé, mais le trajet devrait être faisable en bicyclette. Tout dépend des autorités chinoises. Certains voyageurs sont autorisés à circuler en vélo, d'autres non. Les Chinois eux-mêmes ne semblent guère connaître la réglementation en vigueur.

Pour plus de détails sur les transports du côté chinois de la frontière, reportez-vous au chapitre *Tibet*.

Depuis/vers la Corée du Nord

Deux trains par semaine circulent entre Pékin et Pyongyang. Les visas s'obtiennent (difficilement) au bureau de représentation de la Corée du Nord à Macao. Vous pouvez aussi essayer à l'ambassade de Corée du Nord à Pékin. Si vous parvenez à obtenir votre visa, sachez que le temps que vous passerez dans ce pays sera à la fois strictement contrôlé et onéreux. Pour plus de détails, reportez-vous aux guides Lonely Planet en anglais *North-East Asia on a shoestring* et *Korea*.

Depuis/vers le Vietnam

Dans la plus pure tradition bureaucratique, les Vietnamiens exigent un visa spécial pour pénétrer au Vietnam par voie terrestre depuis la Chine. Ces visas coûtent le double des visas touristiques ordinaires pour une arrivée en avion et sont deux fois plus long à obtenir. Les voyageurs qui ont essayé d'entrer au Vietnam par voie terrestre avec un visa ordinaire n'ont vu leur tentative couronnée de succès qu'en payant une somme exorbitante aux douaniers.

Dans le sens inverse, c'est nettement plus facile. Les Chinois exigent un simple un visa touristique, sans mention de points d'entrée ou de sortie. Toutefois votre visa vietnamien devra comporter le point de sortie adéquat, une modification que vous pourrez facilement obtenir à Hanoi.

Les deux postes-frontière sont les suivants :

Le Passage de l'amitié.

Le poste-frontière le plus fréquenté est Dong Dang (à 20 km au nord de Lang Son, au nord-est du Vietnam). La ville chinoise la plus proche est Pingxiang, non loin de Nanning, capitale du Guangxi.

Sur ce trajet, il faut rejoindre en train ou en bus la ville vietnamienne de Lang Son. De là, on peut faire du stop pour se rendre en moto jusqu'à Dong Dang. Des bus réguliers et deux trains relient tous les jours Pingxiang à Nanning. Le trajet dure environ 4 heures.

Il existe aussi un train international reliant Pékin à Hanoi qui traverse la frontière au Passage de l'amitié. Il circule deux fois par semaine et ne fait guère gagner de temps.

De Lao Cai à Hekou. Inaugurée en 1910, cette ligne ferroviaire de 851 km reliait Hanoi à Kunming (Yunnan) et traversait la frontière à Lao Cai, au nord-ouest du Vietnam. Depuis 1979, la traversée à la frontière s'effectue à pied. Mais le train direct devrait à nouveau fonctionner à partir de juillet 1996. La ville frontalière du côté chinois s'appelle Hekou.

Les voyageurs arrivant de Chine auront besoin d'un visa vietnamien portant la mention "Lao Cai" comme point d'entrée. Certains voyageurs qui ne possédaient pas ce tampon ont dû payer 20 $US ou plus pour un "permis d'entrée", puis ont découvert que ce termis n'était valable qu'une semaine (les obligeant à demander immédiatement une prorogation de visa).

Bus et trains relient Hekou à Kunming. Les bus mettent de 14 à 16 heures par une route montagneuse étonnamment bonne. Les trains pour Hekou partent de la gare nord de Kunming ; le voyage dure environ 18 heures. Deux trains assurent quotidiennement la liaison Lao Cai-Hanoi dans les deux sens.

Le Transsibérien

Le Transsibérien relie l'Europe à l'Asie. Sa popularité a nettement décliné au cours de ces dernières années en raison de la situation politique en Russie et de la hausse des prix. Néanmoins, c'est une option à ne pas écarter.

De fait, le nom de Transsibérien recouvre trois trains différents. Le "vrai" Transsibérien se rend de Moscou au port de Nakhodka, dans l'est de la Sibérie, d'où l'on peut embarquer pour le Japon. Il ne traverse ni la Chine ni la Mongolie. Le Transmandchourien traverse la frontière sino-russe à Zabaïkalsk-Manzhouli et évite lui aussi la Mongolie. Enfin, le Transmongolien relie Pékin à Moscou en passant par la capitale de la Mongolie, Oulan Bator.

La plupart des lecteurs de ce guide ne seront pas intéressés par la première option, qui exclut la Chine. Votre choix se portera plutôt sur le Transmandchourien ou le Transmongolien. En réalité, la différence est minime. Le Transmongolien est légèrement plus rapide et vous permettra de découvrir les paysages de la Mongolie ; mais il vous obligera aussi à obtenir un visa supplémentaire et à passer une frontière de plus.

Le train comporte différentes classes, toutes assez confortables. La classe de luxe contient deux couchettes par compartiment, la classe économique quatre.

La direction empruntée n'influe ni sur le coût ni sur la durée du trajet. Pour rejoindre Oulan Bator, les trains mettent une journée et demie depuis Pékin, quatre jours depuis Moscou.

L'attente à la frontière, tant sino-mongole que russo-mongole, peut se prolonger (de 3 à 6 heures). Pendant ce temps, vous pourrez descendre du train et déambuler dans la gare, ce qui s'avère appréciable car les toilettes du train restent fermées pendant toute la durée de l'inspection. Lorsque les autorités vous rendront votre passeport, examinez-le attentivement car certaines erreurs sont parfois commises (comme d'annuler votre visa de retour pour la Chine).

Du côté chinois, vous devrez patienter deux heures pendant que l'on change les bogies (sous les wagons).

Billets depuis l'Europe. En France, vous pourrez acheter votre billet de train auprès d'Intour France (5 rue Meyerbeer, 75009 Paris, ☎ 01 47 42 47 40, ouvert en semaine de 9h30 à 13h et de 14h à 18h30). Cette agence propose un forfait Moscou-Pékin par le Transmongolien (7 jours/6 nuits) au prix de 2 580/4 400 FF en 2e/1re classe. Comptez un jour de plus à bord du Trans-mandchourien (2 270/3 750 FF en 2e/1re classe). L'arrêt dans une ville est facturé 300 FF (107 arrêts sont possibles, les plus connus étant notamment Irkutsk, Oulan-Bator et Vladivostok). Intour France peut se charger de l'obtention des visas chinois, russe et mongol (1 000 FF, 3 mois de délai).

Si vous souhaitez effectuer la totalité du parcours en train, vous pouvez prendre un billet Paris-Moscou, *via* Bruxelles. Le train quitte Paris tous les jours à 11h37 et dessert Bruxelles (15h55), Liège, Cologne, Franc-fort, Varsovie, Minsk et entre en gare à Moscou le surlendemain à 10h05. Comptez 1 500 FF l'aller simple. La SNCF rechigne à vendre les billets et recommande de s'adresser directement aux chemins de fer belges (SNCB, 21 boulevard des Capu-cines, 75002 Paris, ☎ 01 42 09 13 13).

Transtours (49 avenue de l'Opéra, 75002 Paris, ☎ 01 44 58 26 26) propose égale-ment plusieurs formules sur le Transmon-golien ou le Transsibérien, ainsi que Nou-veau Monde (☎ 01 40 41 66 66).

Billets depuis la Chine. En théorie, l'endroit le moins cher pour acheter un billet est l'agence CITS, installée dans le Beijing Tourist Building (☎ 515-8570 ; fax 515-8603), 28 Jianguomenwai Dajie, der-rière le New Otani Hotel. Un billet Pékin-Moscou revient à 280 $US, mais il faut user de divers stratagèmes pour l'obtenir. Tout d'abord, le CITS n'accepte pas de réservations à l'avance de l'étranger. Vous devrez être à Pékin pour acheter un billet. Si vous avez de la chance, vous serez dans le train quelques jours plus tard. Sinon, vous attendrez peut-être des semaines. Par ailleurs, tous les billets vendus par le CITS sont directs pour Moscou (ou Oulan Bator, en Mongolie). Les haltes ne sont pas auto-risées. Et contrairement à ce qu'affirment les brochures éditées par le CITS, les billets achetés auprès de leurs services ne sont ni échangés ni remboursés.

Autre solution : acheter un billet dans une agence privée. Il vous coûtera inévita-blement plus cher, puisque les agents sont eux-mêmes obligés d'acheter les billets de leurs clients au CITS. Certains agences offrent aussi des circuits avec possibilité de haltes.

Pour voyager sur le Transsibérien, l'agence la plus compétente est la Monkey Business, officiellement connue sous le nom de Moonsky Star (☎ 2723-1376 ; fax 2723-6653), 4e étage, Block E, Flat 6, Chungking Mansions, 30 Nathan Rd, Tsimshatsui, Kowloon. Monkey Business possède également un bureau d'informa-tion à Pékin dans le Beijing Commercial Business Complex (☎ 329-2244, poste 4406), Room 406, Building n°1 Yu Lin Li.

Toutefois, il est préférable de réserver par l'agence de Hong Kong le plus long-temps possible à l'avance. Les réservations peuvent s'effectuer par téléphone ou par fax en envoyant un acompte par télex. L'un des avantages à passer par cette agence est qu'elle regroupe tous ses passagers (pour une protection mutuelle contre le vol). La société Monkey Business peut également prendre en charge les visas et les visites au cours des haltes en Mongolie et à Irkoutsk (Sibérie).

Toujours à Hong Kong, vous pouvez vous adresser à l'agence Time Travel (☎ 2366-6222 ; fax 2739-5413), 16e étage, Block A, Chungking Mansions, 30 Nathan Rd, Tsim-shatsui, Kowloon. Malheureusement, elle se contente de vendre des billets et ne s'occupe ni des visas, ni des billets de groupe et n'offre pas de circuits avec haltes.

Vous obtiendrez également billets et visas auprès de Wallem Travel (☎ 2528-6514), 46e étage, Hopewell Centre, 183 Queen's Rd East, Wanchai, Hong Kong. Cette agence s'occupe des voyages organisés mais est assez chère.

Billets au marché noir. Autrefois, les billets au marché noir étaient si répandus qu'on avait l'impression que tous les pas-sagers du train en possédaient un. Les jours heureux sont passés. A Moscou comme à

Pékin, méfiez-vous des revendeurs de billets au marché noir sur le Transsibérien. Il y a 90% de chance que l'on cherche à vous escroquer. On essaiera principalement de vous refiler un billet en roubles, valable uniquement pour les ressortissants russes.

Problèmes et précautions. Pour le voyage, emportez une bonne provision de dollars américains en petites coupures. Les yuan ne vous seront utiles qu'en Chine. Question nourriture, aucun problème pour vous en procurer, soit au wagon-restaurant, soit auprès des vendeurs ambulants dans les gares. En Russie et en Mongolie, la qualité des aliments est médiocre. En dehors du train, c'est une autre histoire : il est difficile d'acheter de la nourriture, tant en Russie qu'en Mongolie, en particulier une fois que l'on a quitté la capitale. Pour pallier cet inconvénient, emportez quantité de choses à grignoter : biscuits, nouilles instantanées, chocolat et fruits. On ne vend pas d'acool dans les trains russes et mongols, mais les wagons-restaurants chinois proposent un choix limité.

Seuls les wagons de luxe sont équipés de douches. La classe économique ne dispose que d'un cabinet de toilette. Vous pourrez cependant vous laver avec un gant ou une éponge, mais mieux vaut prévoir une grande tasse en métal (du style de celles proposées dans les gares chinoises) pour prendre de l'eau au lavabo. Cette tasse pourra également vous servir pour le café, le thé ou la soupe instantanée. De l'eau chaude est disponible dans les trains.

Vu la fréquence des vols, ne laissez jamais vos bagages sans surveillance, même si le compartiment est fermé à clef. Veillez à ce qu'une personne au moins reste dans le compartiment quand les autres vont au wagon-restaurant. Quantité de vols sont commis par des bandes russes munies de passes permettant d'ouvrir les compartiments.

La limitation de bagages est désormais de 35 kg par passager. Auparavant, le Transsibérien servait surtout de train de marchandises. Les marchands gagnaient leur vie en trimbalant leurs marchandises entre Moscou et Pékin, et vice versa, dans les compartiments de passagers. Aujourd'hui, les marchands n'ont pas totalement cessé leurs activités "ferroviaires" et certains essaieront probablement d'entasser des tonnes de "bagages" dans votre compartiment. Ne vous laissez pas faire.

Sachez aussi que le prix de la nourriture est indiqué en monnaie locale au wagon-restaurant. Cela est également vrai pour la Russie et la Mongolie. Nombre d'étrangers ont l'impression erronée qu'il leur faut payer en dollars américains. Le personnel ne sera que trop heureux de prendre vos dollars, à un taux de change ridicule. Des changeurs au noir exercent leurs activités dans les gares frontalières, avec tous les risques attachés à ce type de transaction.

Visas. Il faut parfois attendre plusieurs jours pour obtenir un visa, voire davantage si vous ne vous présentez pas en personne à l'ambassade et faites votre demande par la poste. N'allez pas vous imaginer qu'il suffit d'arriver la veille à Pékin pour obtenir un visa pour le lendemain. Vous en seriez pour vos frais.

Visas russes. A la question cruciale que se posent nombre de voyageurs : "Peut-on s'arrêter en chemin ?", la réponse est : "Non !". Vous pourrez passer quelques jours à Moscou avec un visa de transit mais, pour faire des haltes sur le parcours, vous aurez besoin d'un visa touristique. Même chose en Mongolie.

Les visas de transit sont valables 10 jours maximum et il vous faudra un visa touristique pour toute halte en cours de route. En pratique, vous pourrez séjourner trois jours à Moscou avec votre visa de transit et demander une prolongation. Essayer de faire proroger un visa touristique est nettement plus coûteux. Le service de l'hôtel pourra s'en charger, par l'intermédiaire d'Intourist, mais seulement si vous avez réservé des chambres au prix fort.

Avec un visa touristique, vous pourrez séjourner plus longtemps en Russie, mais vous paierez ce privilège très cher. Tous les hôtels doivent être réservés à l'avance par l'intermédiaire d'Intourist, qui insiste pour que vous descendiez dans de bons hôtels (comprenez : "chers"). La totalité de la procédure de réservation demande environ trois semaines. Avec un visa de transit, vous pouvez dormir dans la gare ou dans l'une des pensions de famille bon marché qui prolifèrent.

Pour obtenir un visa de transit, vous devez posséder votre billet ou une contremarque. Le visa de transit peut s'obtenir dans les trois jours pour 40 $US, dans les deux jours pour 60 $US, ou le jour même pour le même prix qu'en deux jours (?!)

Est également appliquée une curieuse "taxe consulaire" pour certaines nationalités. N'essayez pas de trouver une logique dans cette histoire : les Belges paient ainsi une taxe consulaire de 12 $US pour un visa de transit et 33 $US pour un visa touristique, tandis que les Français paient 12 $US pour l'un comme pour l'autre. Les Suisses, pour leur part, acquittent une taxe de 18 $US pour un visa de transit, mais le visa touristique est gratuit. Les Israéliens, eux, ne paient rien pour le premier, mais 88 $US pour le second. Difficile dans ces conditions de prévoir qui paie quoi !

La demande de visa peut être établie en votre nom par un tiers muni d'une simple photocopie de votre passeport (attention de bien inclure tous les documents nécessaires). Si vous souhaitez modifier un visa de transit qui vous a déjà été délivré, il vous en coûtera 18 $US. Vous pouvez en effet désirer modifier les dates ou la destination finale (Budapest au lieu de Berlin, par exemple). Les ambassades sont fermées lors des fêtes officielles : nouvel an (1er janvier), journée de la Femme (8 mai), fête du Travail (1er et 2 mai), fête de la Victoire (9 mai), fête de la Constitution (7 octobre) et fête de la révolution d'Octobre (7 et 8 novembre).

A Pékin, l'ambassade russe (☎ 532-2051, 532-1267) est située 4 Beizhongjie, en retrait de Dongzhimen, à l'ouest du quartier des ambassades de Sanlitun. Elle

ouvre du lundi au vendredi de 9h à 12h. Pour éviter les longues files d'attente à l'ambassade de Pékin, déposez votre demande au consulat russe (☎ 6324-2682) à Shanghai, 20 Huangpu Lu, en face de l'hôtel Pujiang. Il ouvre du mardi au jeudi de 10h à 12h30 seulement.

Le consulat russe à Budapest est situé Nepkoztarsasag utca 104. Il est ouvert le lundi, le mercredi et le vendredi de 10h à 13h.

Visas mongols. L'ambassade de Mongolie à Pékin est ouverte tous les jours, mais l'ouverture du service des visas se limite au lundi, mardi, jeudi et vendredi, de 8h30 à 11h30. Elle ferme pendant les fêtes mongoles et pendant toute la semaine de la fête nationale (Naadam), qui tombe officiellement du 11 au 13 juillet. En France, l'ambassade mongole se tient 5 avenue Robert-Schuman, 92000 Boulogne Billancourt (☎ 01 46 05 28 12/23 18) ; en Belgique, 18 avenue Besme, 1190 Bruxelles (☎ 344 69 74) ; en Suisse, 4 chemin des Mollies, 1293 Bellevue, Genève (☎ 77 41 974). Les Canadiens téléphoneront à l'ambassade de Mongolie à Washington (☎ 202 298 71 37).

Comptez 15 $US pour un visa de transit délivré dans les trois jours, 30 $US pour un service express. Les visas touristiques reviennent respectivement à 25 $US et 40 $US, dans les mêmes délais. Il vous faudra une photo.

Autres visas. La plupart des voyageurs entre l'Europe de l'Ouest et Moscou passent par la Pologne, bien qu'il existe d'autres itinéraires par la Finlande ou la Hongrie. Seuls les Canadiens ont besoin d'un visa pour la Pologne (27 $US). La Chine compte une ambassade polonaise à Pékin et un consulat polonais à Canton. Deux photos sont nécessaires.

La plupart des Occidentaux n'ont pas besoin de visa pour la Hongrie. Les Canadiens ont également besoin d'un visa pour la République tchèque et pour la Slovaquie (21 $US et deux photos).

VOIE MARITIME
Depuis/vers Hong Kong
De nombreux bateaux relient Hong Kong à la Chine. Pour plus de détails, consultez la rubrique *Comment s'y rendre* du chapitre *Hong Kong*.

Depuis/vers le Japon
Osaka/Yokohama-Shanghai. Un luxueux navire, le *Suzhou Hao,* circule une fois par semaine entre Shanghai et Osaka/Yokohama. Il se rend une semaine sur deux à Osaka, l'autre semaine à Yokohama. La traversée dure deux jours. Hors saison, il est pratiquement vide – et souvent bondé en été. Les tarifs dépendent de la classe choisie : la traversée au départ d'Osaka revient à 270 $US en 2e classe, 540 $US en 1re classe et 1 600 $US en suite de luxe ! Depuis Yokohama, ajoutez environ 30%. Les billets achetés à Shanghai reviennent en revanche 30% moins cher que ceux achetés au Japon. Les départs de Shanghai ont lieu tous les mardi, du Japon tous les vendredi. Pour plus d'informations, contactez les bureaux de la compagnie maritime à Tokyo (☎ (03) 5202-5781 ; fax 5202-5792), à Osaka (☎ (06) 232-0131 ; fax 232-0211) ou à Shanghai (☎ (021) 6535-1713). Leur adresse à Shanghai est 777 Dong Changzhi Lu.

Kobe-Tianjin. Un autre bateau relie Kobe à Tanggu (près de Tianjin). Les départs depuis Kobe ont lieu tous les jeudi à 12h, avec arrivée à Tanggu le lendemain. Les billets en 1re classe/classe économique reviennent à 343/253 $US. Le bateau dispose aussi de cabines de luxe pour 1 355 $US. Les voyageurs se plaignent régulièrement de la médiocrité de la nourriture servie à bord.

Emportez quelques provisions de secours. On peut acheter les billets à Tianjin auprès de la compagnie maritime (☎ 331-2283), 89 Munan Dao, Hepingqu, ou directement sur le port de Tanggu (☎ 938-3961). A Kobe, le bureau se trouve sur le port (☎ (078) 321-5791 ; fax 321-5793).

Depuis/vers la Corée
Des ferries internationaux relient le port sud-coréen d'Inch'ŏn à trois villes chinoises : Weihai, Qingdao et Tianjin. Weihai et Qingdao sont situées dans la province du Shandong (la plus proche de la Corée du Sud) ; les ferries dépendent de la Weidong Ferry Company. A Tianjin, proche de Pékin, les bateaux sont gérés par la Tianjin Ferry Company.

On peut contacter la Weidong Ferry Company par téléphone à Séoul (☎ (02) 711-9111) et Inch'ŏn (☎ (032) 886-6171), et la Tianjin Ferry Company à Séoul (☎ (02) 517-8671), Inch'ŏn (☎ (032) 887-3963) et Tianjin (☎ (022) 331-6049). A Séoul, les billets de ferries pour la Chine peuvent s'acheter auprès de l'Universal Travel Service ou UTS (☎ (02) 319-5511 ; fax 737-2764), Room B-702, Dongyang Building (à l'ouest du bâtiment KAL). En Chine, on peut se procurer des billets bon marché sur la jetée, ou auprès du CITS (nettement plus cher).

L'Inch'ŏn International Ferry Terminal est l'avant-dernier arrêt du train de banlieue Inch'ŏn-Séoul (ligne de métro rouge depuis le centre-ville). Le voyage dure une heure et, à la sortie de la gare, il faut soit marcher soit prendre un taxi, jusqu'au terminal. Vous devrez arriver au terminal au moins une heure avant le départ du ferry, sinon on ne vous laissera pas monter à bord.

Inch'ŏn-Weihai. Le trajet dure au minimum 17 heures. Les départs de Weihai ont lieu le mercredi et le vendredi à 17h, d'Inch'ŏn le mardi et le jeudi à 17h30. Les prix s'échelonnent de 110 $US en classe économique à 300 $US en classe de luxe. Plusieurs classes intermédiaires sont également à votre disposition.

Inch'ŏn-Qingdao. Comptez un minimum de 24 heures. Départs de Qingdao le lundi à 11h, d'Inch'ŏn le samedi à 17h30. Les tarifs varient de 110 $US en classe économique à 300 $US en classe de luxe.

Inch'ŏn-Tianjin. Ce ferry très fréquenté circule tous les cinq jours. Le voyage dure au moins 28 heures. Les ferries partent de Tianjin à 10h, d'Inch'ŏn à 13h. Les tarifs vont de 120 à 230 \$US.

Le ferry ne s'arrête pas à Tianjin proprement dit, mais à Tanggu, un port tout proche. L'hébergement à Tianjin atteint des prix prohibitifs, mais Tanggu offre au moins une adresse économique, l'International Seamen's Club. Des trains directs relient Tanggu à Pékin.

VOYAGES ORGANISÉS

Les Chinois préfèrent largement traiter avec des groupes qu'avec des voyageurs individuels. C'est beaucoup plus facile pour eux : votre hébergement est réservé à l'avance d'un bout à l'autre du voyage et tout le monde prend ses repas à la même heure. La présence d'un interprète officiel leur évite de s'encombrer de lexiques bilingues et de tenter de se faire comprendre en anglais. Par ailleurs, les groupes ont l'avantage de ne pas chercher à se rendre dans les endroits interdits et ils adressent habituellement leurs réclamations au responsable du voyage au lieu de harceler le réceptionniste. Mais surtout, ils dépensent beaucoup plus d'argent.

Les voyages organisés présentent-ils pour vous un quelconque intérêt ? Probablement pas, à moins que vous n'ayez pas la possibilité d'organiser vous-même vos déplacements. Outre leur prix élevé, ils ont l'inconvénient de vous préserver encore davantage des réalités de la vie chinoise. La plupart des voyageurs en groupe, pendant les dix jours que dure leur séjour, n'ont jamais à passer de longues heures en classe dure dans un train ou à se battre pour parvenir à se hisser dans un bus local. En revanche, si vous disposez d'un temps limité et que vous souhaitez seulement voir la Cité interdite et les collines de Guilin, les voyages rapides organisés depuis Hong Kong, bien que coûteux, sont à envisager. L'un des avantages de ces voyages en groupe est qu'ils vous permettront de visiter des endroits où vous pourriez difficilement accéder à titre individuel, tels que des usines ou des centres de réparation de locomotives à vapeur.

Il existe deux sortes de voyages organisés : ceux pour les étrangers et ceux pour les Chinois d'outre-mer. Officiellement, les deux groupes sont séparés parce qu'ils ne parlent pas la même langue (ce qui est souvent faux) et ont des intérêts différents (ce qui est parfois vrai). Officieusement, cette "ségrégation" permet de faire bénéficier les Chinois d'outre-mer d'une réduction de 15%.

Les voyages en groupe destinés aux étrangers sont organisés par le CITS, China Travel Service (CTS) ou China Youth Travel Service (CYTS), ainsi que par un petit nombre d'opérateurs privés. Un guide parlant anglais, français ou allemand vous accompagne. Les circuits limités à un très petit nombre de personnes sont plus onéreux.

Il existe d'innombrables circuits organisés à partir de Hong Kong ou de Macao. Le mieux est de vous renseigner auprès des agences de voyages de Hong Kong, en particulier China Travel Service (CTS). On peut réserver à peu près les mêmes circuits à Macao.

Il faudrait des heures pour faire la liste de tous les circuits proposés en Chine. Certains voyageurs optent pour des excursions d'une journée dans les Zones économiques spéciales (ZES) – Shenzhen près de Hong Kong et Zhuhai près de Macao. L'excursion à Shenzhen revient à 72 \$US ; elle inclut l'entrée au Splendid China (que l'on peut visiter par ses propres moyens pour un prix nettement inférieur). L'excursion à Zhuhai offre encore moins à voir et coûte 104 \$US. Les circuits d'une journée comprennent le déjeuner, le transport et tous les droits d'entrée, mais vous devrez généralement payer un supplément pour le visa.

Le circuit de quatre jours à Guilin et Canton semble très apprécié (374 \$US). Le CTS organise aussi une excursion de huit jours incluant Canton, Pékin et Xi'an pour 907 \$US.

Dans l'espoir d'attirer davantage de voyageurs, les Chinois ont mis au point quelques nouvelles formules : des voyages de lune de miel (combien de personnes ?), des cours d'acupuncture, des circuits réservés aux botanistes, d'autres aux amoureux des chemins de fer, aux juristes, aux bricoleurs, des trekkings au Tibet et au Qinghai, des excursions pour femmes, des randonnées à bicyclette et des cours de langue chinoise. Renseignez-vous auprès de votre agent de voyages local – il essaiera sans doute de vous convaincre qu'il est impossible de visiter la Chine sans participer à un voyage organisé.

Attention ! Nombre de voyageurs qui avaient réservé des circuits longs par le CTS et le CITS ont été mécontents. Si les excursions de la journée semblent être correctes, les circuits plus longs sont souvent mal conçus.

Les critiques portent principalement sur les prix excessifs pour des conditions d'hébergement de qualité médiocre et sur le raccourcissement des circuits pour cause délais de transport. Certaines personnes qui avaient réservé un voyage organisé en groupe se sont retrouvées seuls participants. En cas d'annulation, on ne vous rembourse rien : vous perdez toute la somme versée.

D'autres touristes ont dû payer des suppléments qui n'étaient pas mentionnés dans l'accord de départ.

Les chauffeurs du CITS sont connus pour faire monter dans leur véhicule les membres de leur famille qui désirent faire le trajet gratuitement ; ils comptent parfois même sur l'étranger pour payer leurs repas et leur hébergement.

Une voyageuse qui avait réservé un circuit d'une semaine nous a raconté que la femme chauffeur lui avait demandé si son petit ami pouvait venir avec eux. La voyageuse a accepté gentiment… Au premier arrêt pour le déjeuner, la conductrice et son ami ont disparu et le couple dut sans doute passer le reste de la semaine en lune de miel dans les chambres d'hôtel payées d'avance par la voyageuse !

Furieuse, notre voyageuse s'est plainte au CITS qui n'a fourni que des réponses très évasives et aucun remboursement.

Exaspérée, elle quitta la Chine dans un mouvement de colère.

Depuis les pays occidentaux

A titre indicatif, voici une liste non exhaustive de voyagistes proposant des circuits et des séjours organisés en Chine. Certaines des agences de voyages indiquées plus haut dans la rubrique *Voie aérienne* proposent également des formules diverses.

Asika
19 rue Milton, 75009 Paris (☎ 01 42 80 41 11). Circuits sur les traces de la Longue Marche, traversées de la Chine en train, itinéraires gastronomiques et voyages archéologiques à Xi'an accompagnés par un conférencier spécialiste de la Chine.

Chinesco
158 boulevard Masséna, 75013 Paris (☎ 01 45 85 69 69 ou 01 45 85 98 64). Circuits individuels à Pékin, Shanghai et Suzhou, voyages combinés Chine-Mongolie, circuits route de la Soie et sites bouddhiques.

Maison de la Chine
36 rue des Bourdonnais, 75001 Paris (☎ 01 40 26 21 95). Grands circuits de découverte de la Chine classique, piste des caravanes de la route de la Soie ou du Sel.

Le Monde de l'Inde et de l'Asie
15 rue des écoles, 75005 Paris et 195 bd Saint-Denis, 75010 Paris (☎ 01 46 34 03 20 et 01 42 09 33 32). Circuits à la carte au Tibet sur la base de 4 personnes, croisière sur le Chang Jiang (Yangzi), voyages sur la route de la Soie de Pékin à Islamabad et itinéraires de 20 jours dans le sud du Yunnan.

Orients
29 rue des Boulangers, 75005 Paris (☎ 01 46 34 29 00 et 01 46 34 54 20). Voyages culturels à la carte sur la route de la Soie, fête annuelle Miáo dans le Guizhou, Nouvel An chinois, pèlerinage dans les monastères tibétains. Propose 8 jours à Pékin au départ de Paris à partir de 5 980 FF.

Voyageurs en Chine
12 rue Sainte-Anne, 75001 Paris (☎ 01 42 86 16 00 et 01 42 86 16 61). Découverte de la Chine impériale, descente du Chang Jiang (Yangzi), circuits en voiture autour de Canton et voyages pour les petits budgets.

Clio

34 rue du Hameau, 75015 Paris (☎ 01 53 68 82 82). Circuits route de la Soie, trésors du Tibet ou voyage culturel dans la Chine classique.

Voyages d'aventure

Diverses agences occidentales proposent de pratiquer l'alpinisme, le trekking, le camping, la descente en eaux vives en raft et en kayak ou des randonnées à ski de fond en Chine. Les prix sont toutefois trop élevés pour des voyageurs disposant d'un budget restreint. La réglementation sur le trekking en Chine est la même que celle qui s'applique à l'alpinisme. L'Assocation chinoise d'alpinisme (CMA), également responsable du trekking, s'occupe de tous les préparatifs et formalités nécessaires à un trek, avec l'aide des associations provinciales d'alpinisme et les autorités locales. Cette association vous permettra de gravir des sommets normalement interdits aux étrangers.

Diverses agences de voyages proposent des séjours d'aventure par l'intermédiaire de cet organisme. Lisez attentivement leurs dépliants, car certains voyages peuvent aisément d'accomplir seul et les organismes de voyages ne sont utiles que pour accéder à des sites où il est pratiquement impossible de se rendre en individuel.

Voici quelques-uns des tours-opérateurs en France proposant ce type de prestations (liste non exhaustive) :

Club aventure

18 rue Séguier, 75006 Paris (☎ 01 44 32 09 30) : 21 jours dans les montagnes du Yunnan

Esprit d'aventure et Terres d'aventure

3 et 16 rue Saint-Victor, 75005 Paris (☎ 01 55 73 77 99) : 24 jours sur la route de la Soie, du Pakistan à Pékin

Argane

204 rue du Château-des-Rentiers, 75013 (☎ 01 53 82 01 01) : circuits organisés ou voyages à la carte au Tibet central

Explorator

16 place de la Madeleine, 75008 Paris (☎ 01 42 66 66 24) : 18 jours sur les routes des moines bouddhistes et chrétiens d'Irkoutsk à Pékin

Zig Zag

54 rue de Dunkerque, 75008 Paris (☎ 01 42 85 13 93) : randonnées dans le Fujian et l'Anhui et en Chine du sud-ouest

QUITTER LA CHINE

En règle générale, la sortie du territoire chinois se déroule sans trop de problèmes. Les bagages sont parfois passés aux rayons X, même lorsque l'on passe la frontière par voie terrestre ou maritime. Mais les appareil sont censés être sans danger pour les pellicules. Les antiquités, ou ce qui leur ressemble, peuvent faire l'objet de tracasseries douanières. Et, au cas où vous l'auriez oublié, la plupart des voisins de la Chine (notamment Hong Kong) considèrent la drogue d'un très mauvais œil.

Taxe d'aéroport

Si vous quittez la Chine par avion, la taxe s'élève à 105 yuan, à acquitter en monnaie locale. Vérifiez que vous disposez de l'appoint pour éviter la précipitation de dernière minute au comptoir de change de l'aéroport.

Comment circuler

AVION

L'Administration de l'aviation civile de Chine, ou CAAC, qui fut pendant longtemps la seule compagnie aérienne chinoise pour les lignes intérieures et internationales, a été officiellement démantelée et des transporteurs privés ont été autorisés à travailler en Chine. Cela ne signifie nullement que la CAAC a cessé toute activité. Elle joue désormais le rôle d'"organisation parapluie" pour ses nombreuses filiales, qui incluent notamment Air China, China Eastern, China Southwest, China Northwest, Great Wall, Shanghai, Shenzhen, Sichuan, Xiamen, Xinjiang, Yunnan Airlines.

Les appareils ont, pour l'essentiel, été modernisés depuis les premiers jours de la CAAC et beaucoup a été fait pour améliorer le contrôle du trafic et la sécurité. Quelques avions de fabrication soviétique restent en circulation, principalement sur les trajets reliant des régions lointaines comme le Xinjiang et le Tibet. La CAAC affirme que ces appareils soviétiques sont régulièrement entretenus et parfaitement sûrs, mais certaines défaillances techniques mineures sautent aux yeux, comme le non-fonctionnement de la climatisation et des toilettes. Il faut espérer que les moteurs soient en meilleur état.

Réservations

La CAAC publie chaque année, en avril et en novembre, un indicateur général d'horaires, bilingue anglais-chinois, tant pour les vols internationaux qu'intérieurs. Il s'achète dans certaines agences CAAC en Chine, mais vous le procurerez beaucoup plus facilement à Hong Kong (voir la section *Comment s'y rendre* du chapitre *Hong Kong*). Vous pourrez aussi le trouver aux comptoirs CAAC présents dans certains aéroports.

Les filiales et les compagnies privées publient leurs propres indicateurs, disponibles dans les agences qui vendent leurs billets, un peu partout en Chine.

En théorie, on peut réserver des places sans payer immédiatement les billets. En pratique, cela ne marche pas toujours. Dans certaines agences, on acceptera de vous garder une place pendant plus d'une semaine ; dans d'autres seulement quelques heures, le temps que vous couriez à la banque pour changer de l'argent. Tant que vous n'avez pas payé et réceptionné votre billet, vous ne disposez d'aucune garantie. Sur certains vols, les places sont très disputées et, dans ce cas, disposer de relations vous évitera souvent de faire la queue. Si vous ne possédez qu'une réservation, votre place risque fort d'être attribuée à quelqu'un d'autre. Si vous voulez vraiment faire une réservation sans payer votre billet, vérifiez que le bordereau est correctement rempli et porte un tampon officiel. Parfois, c'est l'agence qui le garde, mais habituellement elle accepte de vous le confier et vous devrez le rapporter en venant chercher votre billet.

Si vous n'avez pas réservé et que l'avion est plein, vous pouvez toujours essayer de vous inscrire en stand-by. Certaines places sont toujours réservées à l'intention des cadres de haut rang qui pourraient faire une apparition à la dernière minute. Vous pourrez peut-être en profiter.

De plus en plus d'agences de réservation se sont informatisées ces dernières années, ce qui permet d'acheter un billet depuis/vers n'importe quelle autre destination. Si la ville d'où vous souhaitez partir n'est pas intégrée au système informatique, vous devrez vous y rendre et acheter votre billet dans l'agence de réservation locale.

Vous devrez montrer votre passeport au moment de réserver ou d'acheter un billet, ainsi que pour embarquer. A certains aéroports, on contrôlera même votre visa chinois et, en cas d'expiration, vous ne pourrez pas monter à bord de l'appareil.

Les aléas des voyages aériens

Au bon vieux temps, la CAAC bricolait comme elle pouvait de vieux coucous soviétiques et les hôtesses exécutaient des danses révolutionnaires dans l'allée centrale à l'attention des passagers. Aujourd'hui, le transporteur national chinois a quelque peu modernisé sa flotte et ses services. Mais mieux vaut être prêt à tout lorsque l'on emprunte un vol de la CAAC. Par exemple : porter soi-même ses bagages à l'embarquement sous prétexte qu'ils sont trop lourds ; recevoir pour tout repas un paquet de biscuits ; devoir traverser à vive allure la piste d'envol pour monter à bord de son avion ; écouter bien sagement les consignes de sécurité sur des vols qui restent à des milliers de kilomètres du plus proche point d'eau suffisamment vaste pour recevoir un avion.

Selon certains, CAAC signifie China Airlines Annule Constamment, l'excuse classique étant le mauvais temps. Les enregistrements en soirée offrent souvent l'étonnant spectacle de passagers épuisés qui, depuis des heures, brandissent leurs billets pour embarquer en s'adressant en hurlant au personnel de l'aéroport.

N'oubliez pas que la compagnie doit prendre en charge vos repas et votre hébergement lorsqu'un vol est retardé au-delà d'une durée raisonnable. Celle-ci est bien évidemment sujette à interprétation mais, généralement, le personnel de la CAAC s'occupera de vous. Les retards sont si fréquents que pratiquement tous les aéroports disposent d'un hôtel appartenant à la CAAC où vous pourrez loger gratuitement. Nombre de voyageurs étrangers, n'étant pas au courant, font donc inutilement des frais d'hôtel.

Les retards sont une chose, les accidents une autre. Il est difficile d'obtenir des statistiques fiables, mais il est de notoriété publique que la sécurité à bord des avions de la CAAC n'est pas excellente. La rénovation de la flotte au cours de ces dernières années (la plupart des vols sont aujourd'hui assurés sur des Boeing 737) a sans aucun doute amélioré la situation, mais les voyageurs qui se déplacent fréquemment en Chine évitent au maximum de prendre l'avion.

Sur un vol intérieur de la CAAC, les accidentés ne sont guère indemnisés. L'indicateur horaire de la compagnie signale que le montant maximum versé en cas de blessure ou de décès est de 20 000 yuan (moins de 4 300 $US) – et que vous avez également droit à un remboursement du billet.

Les pirates de l'air ajoutent une autre dimension aux aventures épiques à vivre avec la CAAC. Il y a quelques années, les détournements pour Taiwan étaient devenus chose courante mais, depuis que le gouvernement de Taiwan a décidé de renvoyer en Chine les pirates de l'air, la situation s'est quelque peu améliorée.

L'année 1992 fut particulièrement mauvaise pour la CAAC, qui totalisa à elle seule un cinquième des morts par accidents d'avion dans le monde entier. Le décollage manqué d'un triréacteur Yak 42, de construction soviétique, se traduisit par la mort de 106 personnes (sur 116 passagers). Les avions plus modernes ont également connu un nombre inhabituel d'accidents. Le plus terrible fut celui du Boeing 737-300 de la China Southern Airlines qui s'écrasa en novembre 1992 près de Guilin. Les Chinois refusèrent de laisser les étrangers inspecter la carcasse et examiner le contenu de la "boîte noire". On sait que la Chine souhaite remplacer l'équipement de haute technologie importé par du matériel fabriqué localement. On peut supposer qu'elle teste des composants de sa fabrication sur les nouveaux avions. ∎

A noter que tous les avions que nous avons empruntés ont décollé à l'heure.

Tarifs

Les étrangers paient deux fois et demie le tarif chinois. A la différence de ce qui se passe dans les trains, il est impossible de contourner cette réglementation, à moins d'être résident étranger et de disposer d'un permis de travail approprié. Si vous parvenez à vous procurer un billet chinois et que l'on s'en aperçoit, il vous sera confisqué sans aucun remboursement. Les enfants de plus de douze ans paient le tarif adulte. Les billets en classe affaire coûtent 25% de plus qu'en classe économique, en 1re classe

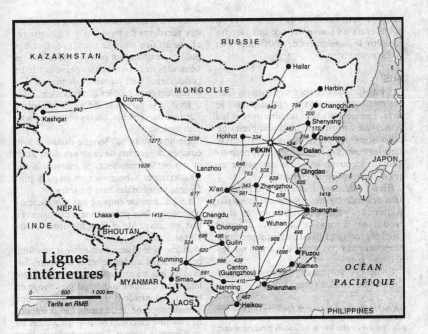

Lignes intérieures

Tarifs en RMB

0   500   1 000 km

60% de plus. A noter qu'il est toujours impossible d'utiliser une carte de crédit pour payer son billet. Il faut payer en liquide.

Quel que soit l'endroit où vous achetez vos billets, n'espérez pas obtenir de réduction. Les agents de voyages vous feront payer plein tarif, plus une commission pour le service. Les comptoirs des meilleurs hôtels (à partir des trois-étoiles) pourront se charger de la réservation et même de l'achat de vos billets si vous les prévenez à l'avance. Eux aussi vous comptabiliseront une commission.

Sur les vols intérieurs, la taxe d'aéroport se monte entre 30 et 50 yuan.

Les frais d'annulation varient selon que vous annulez votre départ plus ou moins longtemps à l'avance. Entre 24 et 48 heures avant le départ, vous perdrez 10% du billet ; entre 2 et 24 heures, 20% ; moins de 2 heures avant le vol, 30%. Enfin,

si vous ne vous présentez pas au moment du départ, vous récupérerez 50% du prix du billet.

Au moment d'acheter votre billet, on vous incitera peut-être à contracter une assurance pour les bagages. Elle n'est absolument pas obligatoire, en dépit de ce que veulent faire croire les agents. En cas de perte, le montant du remboursement est ridiculement bas.

Sur les vols intérieurs et internationaux, les passagers ont droit à 20 kg par personne en classe économique, 30 kg en 1re classe. Un bagage à main ne dépassant pas 5 kg est également autorisé. Le supplément pour surcharge de bagages s'élève à 1% du prix du billet de 1re classe par kilo.

Sur les vols intérieurs, on vous servira un vrai repas si vous embarquez sur un Airbus ou un Boeing mais, à bord d'un appareil soviétique, n'espérez pas un repas chaud. On se contentera de vous donner un ou deux petits sachets de bonbons et un porte-clefs en souvenir – ce qui justifie peut-être le supplément de 150% dont sont taxés les touristes.

BUS

Les bus longue distance constituent l'un des meilleurs moyens de circuler dans le pays. Les liaisons sont nombreuses et les principales routes praticables, bien que cahoteuses. De plus, les nombreux arrêts dans les bourgs et les villages vous permettront de découvrir un peu la campagne, ce qui n'est pas possible en train.

Bien évidemment, ces bus s'arrêteront dans des endroits que vous ne comptiez pas visiter : les pannes sont fréquentes et se produisent n'importe où. Lors d'arrêts inopinés, certains habitants entreprenants proposent aux passagers des fruits ou des boissons sucrées.

En dehors des pannes, d'autres incidents risquent de retarder votre voyage :

Un voyageur allemand qui se rendait de Wuzhou à Yangshuo fut surpris de voir son bus entrer en compétition avec celui qui le précédait pour récupérer les passagers postés au bord de la route. Après s'être dangereusement collé à son pare-choc arrière et avoir klaxonné furieusement, le conducteur réussit, avec une audace et une incroyable inconscience du danger, à doubler son concurrent à l'aveugle dans un virage. Du coup, il arriva le premier à la hauteur des passagers qui attendaient juste après le tournant. L'autre conducteur, bien décidé à ne pas le laisser filer après un comportement aussi peu sportif, le rattrapa et s'arrêta pour le prendre à partie, par la fenêtre.

De telles conditions étant peu favorables à un KO décisif, les deux hommes descendirent de leurs véhicules pour poursuivre leur pugilat sur le bas-côté. La situation tournait mal pour le conducteur du bus transportant le touriste allemand lorsque le hurlement d'une sirène annonça l'arrivée des forces de l'ordre. Sans un regard pour les passagers des bus, ils passèrent les menottes aux deux chauffeurs, les jetèrent sans autre cérémonie à l'arrière de leur fourgon et repartirent. Il fallut attendre cinq heures avant que de nouveaux conducteurs ne soient envoyés sur le lieu du délit.

Autre problème, la sécurité. Les accidents sont fréquents, en particulier sur les routes sinueuses de montagne. Des touristes étrangers ont été blessés ou tués dans des accidents de bus. Il n'y a pas grand-chose à faire pour se protéger. Les bus publics semblent un peu plus sûrs que les véhicules des compagnies privées : leurs conducteurs sont passibles de prison s'ils se rendent responsables d'un accident.

Évitez si possible de vous asseoir à l'arrière du véhicule, où les secousses sont plus violentes.

De nombreux bus longue distance sont équipés de lecteurs de cassettes dont usent et abusent les chauffeurs en montant le son au maximum. Choisissez un siège le plus éloigné possible des haut-parleurs.

La loi chinoise impose aux conducteurs d'annoncer leur présence aux cyclistes, en faisant usage de différents timbres de klaxon.

Même si le réseau routier s'est amélioré ces dernières années, le trafic a empiré, faisant du bus un moyen de transport plutôt lent. Pour calculer la durée d'un voyage en bus, il est prudent de se baser sur une vitesse moyenne de 25 km/h. Les habitudes de conduite chinoises ne font qu'ajouter au problème de lenteur. Les conducteurs semblent répugner à passer les vitesses et préfèrent ralentir jusqu'à la quasi-immobilité dans les côtes plutôt que de rétrograder de troisième en seconde. Pour économiser du carburant, ils accélèrent à la vitesse maximale pour avancer ensuite en roue libre le plus longtemps possible, avant de répéter le même processus. A chaque arrêt, si court soit-il, ils coupent le moteur.

Classes

Ces dernières années, les bus de nuit sont devenus nettement plus fréquents. Les avis divergent toutefois à propos de ce mode de transport. Certains estiment qu'il est plus dangereux, et rares sont les voyageurs, en dehors des Chinois, capables de dormir dans un bus bondé et secoué. Sur les itinéraires les plus fréquentés, des véhicules avec couchettes (*wòpù qìchē*) ont été mis en place. Ils reviennent généralement au double du prix habituel du parcours dans un bus ordinaire, mais nombre de voyageurs ne jurent que par eux. Certains de ces véhicules disposent même de confortables sièges inclinables, d'autres de couchettes superposées. Par ailleurs, sur les très longs trajets de deux jours – les 35 heures de route entre Golmud et Lhassa notamment –, les bus disposent de deux chauffeurs.

Les minibus privés font de plus en plus concurrence aux bus publics sur les trajets de longueur moyenne. Bien que l'on y soit un peu à l'étroit, on dispose toujours d'un siège (ou du moins d'un genou) sur lequel s'asseoir et l'on peut marchander pour obtenir le prix chinois. Les chauffeurs essaient parfois de vous faire payer un supplément pour les bagages volumineux.

Réservations

Mieux vaut réserver à l'avance. Toutes les places sont numérotées. Vous ne disposez pas véritablement d'une réservation tant que vous n'avez pas payé votre billet. Même si certains hôtels et agences se chargent de réserver les billets de bus, il paraît prudent de se rendre directement à la gare et de s'en charger soi-même.

Les gares routières sont généralement immenses, avec de multiples guichets et salles d'attente. Sur les plans de villes, les gares routières sont représentées par le symbole ci-dessous, censé rappeler un volant de bus :

Tarifs

Voyager en bus revient généralement au même prix qu'une place assise dure en train. Par ailleurs, les étrangers ne paient plus double tarif dans les bus, excepté en Chine de l'Ouest (notamment au Xinjiang et au Tibet). Le Gansu exige des étrangers qu'ils contractent une assurance.

En termes de repas, la situation est des plus aléatoires. Dans 50% des cas, le chauffeur vous entraînera dans des gargotes chères

et sales. La nourriture y est exécrable, mais ces établissements sont généralement tenus par des parents ou des amis du chauffeur, ce qui lui permet de toucher une petite commission. C'est d'autant plus déprimant que les bus passent devant de nombreux restaurants parfaitement acceptables, mais où les chauffeurs refusent de s'arrêter. Le mieux est encore d'emporter quelques provisions à grignoter à bord du bus.

TRAIN

Les trains chinois sont de véritables petites villes, avec généralement plus de 1 000 passagers à bord. Bien que bondés, ils représentent le meilleur moyen de circuler dans des conditions de confort et de vitesse raisonnables. Le réseau couvre toutes les provinces, excepté le Tibet. Ce n'est d'ailleurs pas par mauvaise volonté de la part des Chinois (des experts ont démontré qu'il était impossible de construire une voie ferrée jusqu'à Lhassa car il faudrait, entre autres, percer des tunnels dans la glace). Selon les estimations, la Chine compterait 52 000 kilomètres de voies ferrées.

Le système ferroviaire est sûr. Hormis les risques de vol, vous ne courez guère de danger. En revanche, les Chinois ont l'habitude de jeter leurs déchets par la fenêtre, même quand le train passe dans une gare. Évitez donc de rester trop près d'un wagon qui passe, de peur de recevoir des bouteilles de bière ou des os de poulet.

Classes

Dans la Chine socialiste, les classes n'existent pas. En revanche, il existe des places "assis dur", "couché dur", "assis mou" et "couché mou".

Assis dur. Sauf dans les trains qui desservent certaines lignes particulièrement reculées, les banquettes dures ne sont pas vraiment dures, mais rembourrées. Néanmoins, elles sont dures pour votre santé mentale, et vous aurez du mal à dormir sur les sièges raides. Les banquettes dures étant les seules places que peut se payer la population locale, les wagons sont littéralement bondés. Les lumières restent allumées toute la nuit, les passagers crachent par terre et les haut-parleurs distillent sans interruption des nouvelles, des informations sur le temps et de la musique. Les banquettes dures sont correctes pour un trajet de jour ; certains passagers ne tiennent pas plus de 5 heures dans ce type de wagon, d'autres ont un seuil de résistance de 12 heures ou plus.

Couché dur. Les wagons-couchettes dures sont confortables et n'acceptent qu'un nombre limité de passagers. Les compartiments sont dépourvus de portes et comptent chacun une demi-douzaine de couchettes sur trois étages. Draps, oreiller et couverture sont fournis. Cela remplace très agréablement une chambre d'hôtel pour petit budget. La meilleure couchette est celle du milieu, car celle du bas est envahie par les voyageurs qui l'utilisent comme siège durant la journée, et celle du haut offre peu de place pour la tête. Les couchettes supérieures sont également envahies par la fumée des cigarettes et incroyablement étouffantes en été, même lorsque les ventilateurs tournent à plein régime.

Les couchettes à éviter absolument sont celles situées dans les compartiments en tête ou en queue du wagon, ou en plein milieu, car les haut-parleurs, tout proches, vous réveilleront dès 6h.

Obtenir une couchette dure est devenu de plus en plus difficile ces dernières années et il vaut mieux s'y prendre bien à l'avance.

Assis mou. Sur les trajets courts (de Shenzhen à Canton, par exemple), certains trains ont des voitures avec des banquettes molles. Les sièges sont confortables et il n'est pas permis de monter quand il n'y a plus de place. Il est interdit de fumer ailleurs que dans les couloirs entre deux voitures. Les sièges mous coûtent à peu près le même prix que les couchettes dures et c'est justifié. Ils sont malheureusement rares.

Couché mou. Les compartiments se ferment et comportent quatre couchettes confortables. Les couchettes molles coûtent deux fois plus cher que les couchettes dures, ce qui revient à peu près au prix de l'avion (voire, sur certains trajets, plus cher que l'avion !). Il est relativement facile d'obtenir des couchettes molles car peu de Chinois peuvent se les offrir. Vous serez toutefois en concurrence avec les "nouveaux riches" du régime.

Types de trains. En général, un train sur une ligne très fréquentée comporte treize voitures, six de sièges durs, éventuellement un de sièges mous, trois de couchettes dures et un de couchettes molles, une voiture-restaurant et un fourgon à bagages.

Si le trajet dure plus de 12 heures, le train a droit à un wagon-restaurant, souvent situé entre les voitures "assis dur" et les voitures "couché dur" et "couché mou".

Le conducteur se trouve dans une petite cabine, dans une voiture "assis dur", au milieu du train – habituellement la voiture 7, 8 ou 9 (toutes les voitures ont un numéro marqué à l'extérieur).

Des samovars, chauffés au charbon et situés aux extrémités des wagons à sièges ou couchettes durs, fournissent de l'eau chaude. Mais sur les longs voyages, il est fréquent que l'eau s'épuise.

Le responsable de la musique a une petite cabine à l'extrémité de l'une des voitures sur la porte de laquelle est indiqué *Boyinshi*.

Sur les petites lignes, il existe d'autres sortes de voitures : certaines ont de longues banquettes le long des parois, d'autres sont de simples fourgons sans sièges ni fenêtres.

Les différents types de trains sont généralement identifiables à leurs numéros :

N°1-100 Ce sont des express spéciaux qui fonctionnent généralement au diesel et comportent toutes les classes. Du fait de leur vitesse et de leur agrément, il faut payer un supplément. Les trains internationaux font partie de ce groupe.

N°101-399 Les trains qui entrent à peu près dans cette catégorie font davantage d'arrêts que les express spéciaux. Ils ont des couchettes dures et molles, mais en moins grand nombre. Le supplément vitesse coûte moitié moins cher que sur les express spéciaux, mais au total la différence de prix est minime.

N°400 et 500. Ces trains lents s'arrêtent partout. Ils peuvent avoir des sièges en bois et pas de couchettes. Ils disposent en principe de sièges mous, mais ceux-ci ne valent pas mieux que les sièges durs des trains rapides.

N°700. Trains de banlieue.

En dehors de leur vitesse, ces numéros ne vous donnent pas beaucoup d'indications sur les trains. En règle générale, les trains qui font la liaison dans un sens et dans l'autre ont des numéros qui s'apparient : ainsi le train n°79/80 se décompose entre le n°79 qui part de Shanghai et va à Kunming et le n°80 qui part de Kunming et va à Shanghai.

Il existe, par exemple, au moins six trains différents recensés dans l'indicateur de trains chinois sous les n°301/302 et on ne peut pas toujours se fier à la logique des chiffres appariés. Il arrive aussi que les trains changent de numéro dans l'indicateur de trains d'une année à l'autre (le train n°175 devient le train n°275 l'année suivante).

Réservations et billets

Acheter des billets "assis dur" ne pose généralement pas de problème, bien que l'on ne parvienne pas toujours à obtenir une place réservée. Se procurer un billet en couchette se révèle nettement plus difficile, voire impossible si l'on veut se débrouiller tout seul. Si vous vous rendez directement à la gare, vous risquez fort d'entendre pour toute réponse "*meiyou*". Il ne vous restera plus alors qu'à passer par le CITS, CTS et CYTS et autres agents affiliés aux hôtels. Sachez toutefois que nombre d'agences CITS et CTS ne s'occupent plus de la réservation de place dans les trains. Si vous êtes confronté à ce problème, le mieux est de s'adresser à la réception de son hôtel qui dispose, en principe, d'une agence de voyages qui pourra vous obtenir des billets de train moyennant une commission de 40 yuan. Pour acheter votre billet, l'agent vous demandera de lui laisser votre passeport, mais un passeport périmé peut parfaitement faire l'affaire.

Les billets de couchettes s'obtiennent facilement dans les grandes villes, mais pas dans les endroits reculés. On ne peut toutefois acheter ces billets plus de trois jours à l'avance, cela pour éviter toute forme de marché noir.

Vous pouvez aussi acheter votre billet à la gare la veille ou le jour même de votre départ. Attendez-vous dans ce cas à d'interminables files d'attente. Certaines gares sont plus propices que d'autres. Les billets en assis dur achetés le jour même sont habituellement sans réservation – à vous de trouver une place à bord du train.

Si vous achetez un billet à la gare, notez clairement sur un morceau de papier ce que vous désirez : numéro du train, heure, date, classe. Copiez les caractères appropriés sur un lexique. Apprenez quelques expressions utiles comme "demain" ou "couché dur". Vous rencontrerez toujours un ou deux Chinois anglophones dans les grandes gares.

Si vous disposez d'un billet de couchette, l'employé vous l'échangera contre un reçu en métal ou en plastique qu'il vous reprendra contre votre billet lorsque vous serez arrivé à destination. Conservez votre billet jusqu'aux portillons de sortie, car on vous le réclamera.

Tickets de quai. Une alternative à toutes les solutions proposées ci-dessus consiste à ne pas se soucier du billet et à monter dans le train avec un ticket de quai (*zhàntái piào*). On l'achète pour quelques jiao au guichet d'information de la gare. Il ne vous reste plus ensuite qu'à payer votre billet dans le train. Cette méthode est un peu compliquée mais s'avère utile si vous arrivez à la gare trop tard pour acheter votre billet.

Billets au marché noir. Cette pratique tend à devenir une véritable industrie en Chine. Il suffit de commander votre billet (au prix chinois, plus une commission) à l'un des revendeurs qui se tiennent aux abords de la gare ou qui opèrent dans un café ou un hôtel. Attention, vous risquez aussi d'acheter un papier sans la moindre valeur – les contrefaçons semblent proliférer. Mieux vaut demander à une personne lisant le chinois de vérifier les inscriptions sur le billet avant de le payer. A noter aussi que dans certaines villes (dont Pékin), les autorités ont mis un frein à ce trafic et font payer une amende aux étrangers qui utilisent des billets achetés au marché noir.

Monter à bord

Dès que le train entre en gare, c'est la cohue la plus totale. Dans l'espoir de trouver une place assise, les passagers en classe assise dure, se précipitent à l'assaut du wagon, repoussant souvent à l'intérieur ceux qui cherchent à descendre. Certains grimpent même par les fenêtres. Les employés des chemins de fer, souvent des femmes, s'efforcent en vain de maintenir l'ordre en se servant parfois de matraques ou de perches de bambou. Si vous avez un siège ou une couchette réservés, vous pouvez laisser la foule se battre avant de monter tranquillement dans votre wagon et de revendiquer votre place. Mais si vous n'avez pas de réservation, il faut entrer dans la bagarre. Le plus intelligent est d'aller tout à fait à l'avant ou tout à fait à l'arrière du train. Car la plupart des passagers cherchent à monter au milieu du train, le plus près de la porte d'accès au quai.

Surclassement

Si vous montez dans le train avec un billet "assis dur" et que vous n'avez pas réservé, vous pouvez demander au contrôleur de vous surclasser (*bǔpiào*) s'il reste de la place en couchette dure, en siège mou ou en couchette molle. Vous devrez généralement payer le prix étranger. C'est souvent la manière la plus économique (voire la seule) de trouver une couchette ou même un siège, même si vous courez le risque de ne plus trouver une couchette disponible. Certains trains s'y prêtent mieux que d'autres, toujours complets. Quantité de gares intermédiaires sur les lignes ne peuvent pas délivrer de couchettes, ce qui fait alors du surclassement la seule alternative au siège dur.

S'il n'y a pas de place disponible dans les voitures-couchettes, vous pouvez aussi attendre que l'une d'elles se libère quand son occupant descend. Il se peut que cette couchette ne soit disponible pour vous que jusqu'à la prochaine grande gare autorisée à délivrer des couchettes. Le prix de la couchette est calculé en fonction de la distance pendant laquelle vous l'utilisez.

Validité des billets

Les billets sont valables de un à sept jours selon la longueur du trajet. Sur les billets cartonnés, ce nombre de jours est indiqué au coin en bas à gauche. Si vous faites 250 km, il est valable deux jours ; 500 km, trois jours ; 1 000 km, trois jours ; 2 000 km, six jours ; environ 2 500 km, sept jours.

Ainsi, en voyageant sur une grande ligne, on peut (en théorie) acheter un billet et faire des haltes où l'on veut. Ceci ne marche qu'en "assis dur" pour une place non réservée.

Grâce à cette méthode, on peut descendre, trouver un hôtel reposant et remonter dans le train le lendemain, sans avoir à reprendre un billet.

Théoriquement, du moins. En effet, dans certaines gares, les employés ne vous laisseront pas monter dans le train si vous n'avez pas un billet pour le jour et l'heure exacts du départ. Si vous achetez un billet pour un train du matin ("assis dur" sans réservation) et essayez de prendre un train plus tard dans la journée, il se peut qu'on vous refuse l'accès à bord, même si votre billet est parfaitement valide !

Indicateurs d'horaires

Il n'existe pas d'indicateurs en anglais et, quel que soit votre niveau de chinois, ils sont à tel point détaillés qu'il est quasiment impossible de s'y retrouver. Il existe des versions réduites où ne figurent que les trains principaux et que l'on peut acheter auprès de vendeurs postés à l'extérieur des gares. Les réceptionnistes des hôtels et des agences CITS disposent des horaires concernant les trains qui desservent leur ville.

Un sourire et tout s'arrange

Les employés des chemins de fer chinois sont généralement extrêmement polis et serviables envers les étrangers – la manière dont ils traitent leurs compatriotes est une autre affaire. Ils feront de leur mieux pour vous aider, surtout si vous souriez, si vous semblez amical et perdu. Il arrive qu'ils vous invitent à vous asseoir avec eux ou même qu'ils vous cèdent leurs propres sièges. Même lorsque les couchettes sont censées être toutes occupées, ils se débrouillent pour en dénicher une pour les étrangers. L'amabilité paie. Malheureusement, de nombreux étrangers s'énervent, ce qui ne fait que rendre les choses plus difficiles pour ceux qui passent après eux. ■

Dans certaines gares, les bagages sont soumis aux rayons X avant l'embarquement. Certains passagers transportent en effet de la poudre pour feux d'artifice et plusieurs explosions se sont déjà produites.

Presque toutes les gares possèdent des consignes (jìcún chù) où l'on peut laisser ses bagages pour quelques yuan.

Tarifs

Calculer le prix du voyage en train est chose fort complexe. Plusieurs facteurs entrent en ligne de compte, notamment la longueur du trajet, la vitesse du train et d'autres paramètres souvent insaisissables. Le supplément pour train express est le même quelle que soit la classe dans laquelle on voyage.

La chose la plus importante à ne pas oublier est le système de double tarification sur les trains chinois. La plupart des étrangers doivent payer leur billet de train deux fois plus cher que les Chinois du pays. D'autres tarifs s'appliquent aux Chinois d'outre-mer, aux étudiants chinois, aux étudiants et experts étrangers travaillant en Chine. Tous les tarifs mentionnés dans ce guide sont les prix touristes classiques, sauf spécification contraire.

Les trains sont naturellement moins chers que les avions, mais la différence entre les couchettes molles au prix touriste et l'avion est souvent ténue. Elle est parfois même si minime qu'il est parfois préférable de prendre l'avion.

Un prix plus élevé peut se justifier pour les couchettes, car elles sont difficiles à obtenir et les étrangers se voient accorder une priorité. En revanche, ce système est injuste pour les sièges durs : on débourse le double pour endurer le même calvaire.

Se procurer des billets moins chers.

Les billets au prix touriste sont en papier avec divers détails griffonnés partout dessus. Ils sont nettement plus grands que les billets au prix chinois qui, eux, sont cartonnés. Obtenir un billet au prix chinois est possible, bien que cela devienne plus difficile. Officiellement, les seuls étrangers pouvant bénéficier du prix chinois sont les étudiants venus faire leurs études en Chine populaire et certaines autres personnes autorisées à vivre et à travailler en Chine.

Autrefois, les étrangers utilisaient des fausses cartes d'étudiant pour ne payer que le prix local. Bien que de plus en plus de gares éventent la ruse, cette combine marche encore souvent.

Officiellement les Chinois d'outre-mer, les habitants de Hong Kong et les Taiwanais doivent également payer le prix fort. Dans la pratique, quiconque a l'air chinois (même un Japonais) peut généralement payer le prix chinois. Il semble que l'origine ethnique soit le critère majeur.

On peut également demander à un Chinois de s'en charger moyennant un petit pourboire. Attention : cela peut lui valoir des problèmes ou il peut tout simplement disparaître avec votre argent.

Le mieux est de vous adresser à des étudiants. Ils apprécient toujours une petite rémunération et sont habituellement (mais pas systématiquement) honnêtes. Demandez-leur d'avancer l'argent et remboursez-les ensuite. Ils ne possèdent toutefois pas toujours la somme sur eux.

La plupart du personnel ne se soucie guère de savoir si vous disposez d'un billet au prix chinois, excepté dans les gares de Canton et de Pékin, où la réglementation semble appliquée. Vous courez néanmoins le risque de vous voir appliquer le plein tarif par le contrôleur ou d'être contrôlé à la sortie de la gare. En pratique, cela se produit rarement.

Dans certaines gares, il existe des guichets distincts pour les étrangers. On vous fait habituellement payer le prix touriste, mais vous pouvez parfois vous arranger avec l'employé pour obtenir le tarif local si vous parlez chinois ou disposez d'une fausse carte d'étudiant. Quoi qu'il en soit, vous éviterez une attente interminable et vous pourrez souvent obtenir une couchette – même si vous devez payer le prix touriste, cela vaut la peine !

Repas. Les moins chers sont les "boîtes de riz" apportées dans les voitures sur des chariots roulants et vendues entre 4 et 5 yuan.

Les trains sur les plus longs trajets possèdent des wagons-restaurants. Le repas revient à environ 15 yuan pour deux personnes.

Dans les gares, vous pourrez acheter nourriture et boissons sur les quais.

Sur le trajet de Zhanjiang à Guilin, on nous autorisa à passer la nuit dans le wagon-restaurant déserté par les derniers dîneurs. Nous avions abouti là après de vaines tentatives pour obtenir un surclassement en couchette dure. Finalement, cela nous a tout de même coûté 15 yuan chacun, mais rien ne pouvait être plus pénible qu'un siège dur.

TAXI

Les taxis longue distance se réservent habituellement par l'intermédiaire du CITS ou des hôtels. Leurs prix sont généralement excessifs, mais on peut toujours négocier. Si vous parlez chinois ou rencontrez un traducteur, il ne sera pas difficile de trouver un taxi privé pour moitié moins cher que ceux du CITS.

Aux endroits fréquentés par les touristes, on peut aussi louer des minibus privés. Une solution intéressante lorsqu'on se déplace à plusieurs pour se rendre dans les sites isolés. Ainsi, c'est pratiquement la seule formule disponible pour visiter les environs de l'oasis de Turfan, dans le Xinjiang. Les chauffeurs patrouillent généralement autour des arrêts de bus et des hôtels. Ils viendront problablement vers vous.

VOITURE ET MOTO

Il est impossible ou presque de circuler en Chine en voiture ou à moto, à moins de constituer un groupe important (accompagné en permanence par le BSP), de demander les permis plusieurs mois à l'avance et de payer un prix exorbitant pour ce privilège.

Il existe cependant quelques signes d'espoir. Pékin et Shanghai commencent à songer sérieusement à la location de voitures. Il semble qu'avec un permis de conduire international, une carte de crédit et une grosse liasse de billets (pour la caution), il soit possible de louer une voiture dans ces deux villes. Vous ne serez en tout cas pas autorisé à sortir de la ville. Les touristes n'ont pas encore le droit de louer des motos.

Les résidents étrangers (à la différence des touristes) sont soumis à d'autres réglementations. Ils doivent posséder un permis de conduire chinois. Pour l'obtenir, il leur faut d'abord être en possession d'un permis de résident, puis se présenter avec leur permis de conduire national (et non pas international) au BSP qui le garde et délivre en échange un permis chinois. En quittant la Chine, il faut rendre son permis chinois pour récupérer son permis national. Mais on doit également apporter la preuve que l'on possède une voiture avant de pouvoir obtenir la délivrance du permis chinois ! Les résidents étrangers sont également soumis à l'interdiction de circuler en dehors de la ville, du moins sans permis spécial.

BICYCLETTE

La Chine compte plus de 300 millions de bicyclettes – plus que dans aucun autre pays. Certaines sont fabriquées pour l'exportation, mais la plupart pour le marché intérieur.

Les bicyclettes et tricycles chinois sont de véritables bêtes de somme – servant tout à la fois à transporter un cochon ou un canapé. De nouveaux modèles équipés de vitesses font maintenant leur apparition. Les Chinois ont même réussi à les exporter avec un certain succès, bien que leur qualité laisse encore un peu à désirer.

En Occident, des agences de voyages organisant des circuits en bicyclette passent des annonces dans les magazines de cyclotourisme. Les clubs peuvent contacter le CITS (ou ses concurrents) pour toute information concernant l'organisation d'une excursion.

Location

Il existe maintenant des loueurs de bicyclettes pour les étrangers dans la plupart des sites fréquentés par les voyageurs. Dans les villes touristiques comme Yangshuo, on peut même louer des vélos tout-terrain. La plupart des magasins de location travaillent avec les hôtels mais les loueurs indépendants sont nombreux. Même dans les villes où les touristes se font rares, vous trouverez des magasins de location pour les Chinois de passage (bien qu'ils se raréfient avec le développement des transports "modernes", du type taxi), qui seront généralement ravis de louer des bicyclettes à des étrangers. Curieusement, les villes de taille moyenne offrent souvent plus de possibilités de location que les métropoles.

Les locations à l'heure, à la journée ou pour 24 heures sont la norme. Vous pouvez aussi louer une bicyclette pour plusieurs jours et faire ainsi une plus longue excursion, si toutefois l'état du véhicule le permet. Les tarifs touristiques appliqués aux Occidentaux sont de l'ordre de 2 yuan de l'heure ou de 10 à 20 yuan pour la journée, selon la concurrence. Certains grands hôtels demandent des prix exorbitants, jusqu'à 10 yuan de l'heure !

Si vous louez pour une longue période, vous devriez pouvoir obtenir une réduction. La plupart des loueurs vous demanderont de laisser une pièce d'identité à titre de garantie. Certains exigeront même votre passeport. Donnez-leur plutôt une carte d'étudiant, un permis de conduire ou un passeport périmé. Il se peut aussi que l'on vous demande un dépôt en liquide, dont le montant ne devrait pas excéder la valeur réelle du véhicule.

Si vous avez l'intention de séjourner au même endroit pendant plus de cinq semaines, il sera probablement plus économique d'acheter un vélo et de le revendre ou de le donner à un ami quand vous partirez.

Avant d'utiliser une bicyclette, vérifiez l'état des freins, faites gonfler les pneus et assurez-vous qu'aucune pièce ne risque de se détacher. Faites ajuster la selle et attachez quelque chose à votre vélo (un mouchoir, par exemple) pour réussir à le reconnaître au milieu de milliers d'autres dans les parkings.

Un permis vélo est obligatoire pour les Chinois mais pas pour les étrangers. Certaines villes disposent de plaques d'immatriculation pour les bicyclettes et, à Pékin, les modèles vendus aux étrangers comportent des plaques spéciales pour empêcher qu'ils soient revendus à des Chinois. Disséminés un peu partout, les réparateurs pratiquent des tarifs bon marché (5 yuan en moyenne) mais cherchent souvent à surfacturer les étrangers. Renseignez-vous sur le prix avant de confier votre vélo.

Acheter une bicyclette

Très récemment encore, quatre types de bicyclettes seulement étaient disponibles : modèles à petites roues, routières légères (14 kg), mastodontes noirs (22 kg) et modèles paysans (de 25 à 30 kg). Le prix moyen d'un vélo à une vitesse s'élève à environ 400 yuan, soit le salaire mensuel d'un travailleur citadin.

Certains voyageurs préfèrent éviter les tracas de l'acheminement de leur vélo jusqu'en Chine en achetant un modèle tout-terrain ou de course sur place. Les VTT valent entre 700 et 1 400 yuan.

A Hong Kong, Flying Ball Bicycle Shop (☎ 2381-5919), 201 Tung Choi St (près de la station MTR Prince Edward), à Mongkok, vous fournira tous les renseignements et matériels nécessaires pour circuler en vélo sur le territoire chinois.

En toute liberté

Avant 1987, les douaniers et les policiers des régions éloignées étaient souvent déconcertés par l'apparition soudaine de cyclistes étrangers. Malheureusement, le phénomène de nouveauté a fait place à la volonté des fonctionnaires d'agir face à cet afflux de cyclistes étrangers. Les "règlements" (ou lubies des fonctionnaires) obligent aujourd'hui à transporter les vélos de Hong Kong en Chine par bateau (pour Canton), mais *interdisent* de pénétrer par voie terrestre à Shenzhen. En revanche, il semble que l'on puisse passer sans problème la frontière entre Macao et la Chine. Ce qui n'empêchera pas des fonctionnaires locaux de vous infliger une amende, voire de vous confisquer votre bicyclette, s'ils vous interceptent dans des régions reculées.

La circulation de ville à ville offre matière à conjectures. En fait, il n'existe aucune réglementation interdisant aux étrangers de se déplacer à bicyclette. Le problème concerne les régions "accessibles" et "interdites". Les étrangers ne sont pas autorisés à visiter les zones interdites sans permis. En revanche, ils peuvent transiter par ces mêmes zones tant qu'ils ne sortent pas du véhicule (train ou bus). Toute la question est de savoir si traverser une région interdite à vélo consiste à y "transiter" ou à la "visiter" ?

Sur ce point, la réglementation chinoise ne fait guère preuve de clarté. La plupart du temps, la police vous laissera tranquille, mais certains fonctionnaires ne supportent pas de voir des étrangers circuler en bicyclette à travers la Chine alors qu'ils pourraient prendre un taxi ou un bus.

Si vous vous faites arrêter dans une zone interdite, il est peu vraisemblable que ce soit sur la route. La police surveille la présence des étrangers par l'intermédiaire des hôtels. Si vous passez la nuit dans une zone accessible mais que vous avez transité par une zone interdite, la police se fera un plai-

sir de vous rendre une petite visite à votre hôtel. Vous pouvez être conduit au commissariat, où l'on vous soumettra à un interminable interrogatoire et où l'on vous fera signer une déposition et payer une amende (entre 50 et 100 yuan). Essayez de discuter et demandez un reçu (*shōujù*). Et n'attendez pas de la police qu'elle vous fournisse des renseignements sur les zones interdites et celles qui sont accessibles :

Il était 22h et il pleuvait. Je me trouvais aux abords de la ville et, personne n'ayant remarqué ma présence, je me glissai dans un hôtel. Je ne dormais pas encore lorsqu'ils entrèrent dans ma chambre et me conduisirent, moi, mes bagages et mon vélo, dans le centre-ville, dans un hôtel nettement plus cher. Puis ils me confisquèrent mon passeport et m'enjoignirent de me rendre au commissariat le lendemain matin.

Je m'y rendis et leur expliquai que l'on m'avait fourni de fausses informations. J'avais circulé sur un nombre infini de routes sans que personne ne m'arrête et, lorsque je demandais à un policier si l'endroit était accessible ou interdit, il me répondait qu'il n'en savait rien. Alors comment aurais-je pu savoir, moi qui n'étais qu'un touriste et ne parlais pas chinois, que la ville était interdite ?

– La ville est accessible ?

– Mais alors… qu'est-ce que je fais au commissariat ?

– Vous deviez vous trouver dans une zone interdite.

Je ne pouvais même pas mentir, ne sachant ce qui était ouvert et ce qui ne l'était pas.

Ze Do Rock

Il est possible de camper, à condition de dénicher un carré de verdure. L'astuce consiste à repérer un ou deux endroits propices environ une demi-heure avant le coucher du soleil, puis à poursuivre sa route avant de rebrousser chemin pour gagner l'endroit choisi juste à la tombée de la nuit.

Les bicyclettes occidentales présentent l'inconvénient majeur d'attirer l'attention. Autre problème, les pièces détachées, rarement disponibles. Un Occidental, qui avait emporté un vélo pliant, dut laisser les Chinois qu'il rencontrait jouer avec tant il les intriguait. Quoi qu'il en soit, c'est un modèle peu adapté aux longues distances.

Il est indispensable de disposer d'une béquille pour garer votre véhicule. Sont également conseillés une sonnette, un phare et un cataphote. Assurez-vous qu'ils sont solidement fixés pour éviter les vols. Une gourde, même sur une bicyclette chinoise, attirera trop l'attention. Quant aux bandes adhésives réflectrices, on vous les arrachera.

Risques et périls

Rouler de nuit est particulièrement périlleux. La plupart des véhicules motorisés n'utilisent leurs phares que pour faire des appels afin d'avertir les cyclistes de les laisser passer. Il faut rester particulièrement vigilant à leur présence derrière soi. Sur les routes de campagne, faites extrêmement attention aux tracteurs qui souvent n'ont pas de phares du tout.

Les autres cyclistes sont également source de danger. La plupart des Chinois n'ont qu'une vague notion des règles fondamentales de circulation à vélo. Attendez-vous toujours à ce que quelqu'un fasse une embardée devant vous ou débouche à toute allure d'une route transversale ou encore fonce droit sur vous à contresens. Sans parler des situations où vous êtes la cause de danger : méfiez-vous du cycliste qui vous repère et oublie de freiner parce qu'il vous contemple bouche bée.

Les chiens sont moins un problème en Chine qu'ailleurs. Seuls le Tibet et certaines régions du Qinghai font exception à cette règle. Faites particulièrement attention en circulant autour de Lhassa.

Dans les villes d'une certaine importance, les bicyclettes doivent être garées sur le trottoir dans des lieux bien spécifiques. C'est généralement un endroit enclos par une corde dont un employé assure la surveillance : moyennant 5 jiao ou 1 yuan, il vous remettra un jeton en gage. Si vous n'utilisez pas ce service, votre vélo risque d'être emmené en "fourrière". Les bicyclettes garées aux endroits interdits sont embarquées au commissariat de police et il vous faut payer une amende – probablement de quelques yuan – pour la récupérer.

Le vol de bicyclette existe. Parcs de stationnement et gardiens permettent de l'éviter mais ne laissez pas votre véhicule dans la rue la nuit. Rentrez-le ne serait-ce que dans l'enceinte de l'hôtel ou montez-le directement dans votre chambre. La plupart des bicyclettes de location ont un cadenas sur la roue arrière que des doigts agiles peuvent enlever en quelques secondes. Pour plus de sécurité, mettez un antivol, que vous pouvez acheter un peu partout en Chine.

Transport de bicyclette

Les voyageurs circulant à bicyclette ont parfois recours à d'autres moyens de transport. Le bus offre alors la meilleure solution car on peut généralement caser son vélo sur le toit, généralement sans supplément de prix. Le transport en avion ou en train paraît nettement plus complexe.

Le transport d'un vélo en train revient cher – jusqu'à l'équivalent du tarif d'une place en assis dur (prix chinois). De plus, les trains ne sont autorisés à transporter qu'un nombre limité de bicyclettes. En tant qu'étranger vous bénéficierez d'un traitement de faveur et votre deux-roues pourra partir sur le premier train disponible, dans le fourgon à bagages. Du coup, elle n'arrivera pas en même temps que vous, à moins que vous ne l'ayez expédiée deux ou trois jours à l'avance. Arrivée à destination, elle sera gardée trois jours gratuitement, après quoi vous devrez acquitter un petit supplément.

Voilà comment procéder pour mettre votre bicyclette sur le train et la récupérer à l'arrivée :

- Il faut de préférence avoir votre billet de train pour le présenter à l'employé de gare (mais ce n'est pas indispensable).
- Rendez-vous dans la partie transport des bagages de la gare. Demandez un bordereau blanc et remplissez-le pour obtenir les deux ou trois étiquettes nécessaires à l'enregistrement. Remplissez alors un formulaire (il est en chinois ; écrivez en anglais) sur lequel figure : "Numéro d'immatriculation/gare de destination X/expéditeur/destinataire/nombre total de colis/gare d'expédition Y".
- Portez ce bordereau blanc à un autre guichet où, après avoir payé, on vous remettra un bordereau bleu.

• À la gare d'arrivée (le transport de la bicyclette peut prendre jusqu'à trois jours), présentez le bordereau bleu que l'on vous échangera contre un bordereau blanc, ce qui signifie que votre bicyclette est bien arrivée. La procédure peut prendre de vingt minutes à une heure, selon l'affluence. N'égarez surtout pas le bordereau bleu, vous auriez beaucoup de mal à récupérer votre cycle.

Pour être certain que votre bicyclette pourra être transportée par le bus, mieux vaut arriver à la gare routière à l'avance et la mettre sur le toit. Il n'y a pas, à proprement parler, de supplément à payer mais, dans la pratique, le chauffeur peut vous demander quelques yuan.

Transporter votre bicyclette en avion peut être coûteux mais c'est souvent moins compliqué qu'en train. Certains cyclistes n'ont pas eu à payer de supplément sur la CAAC, d'autres ont dû acquitter 1% du prix de leur billet par kilo au-delà du poids de bagages autorisé.

EN STOP

Nombreux sont les voyageurs qui ont fait du stop en Chine – certains avec un succès indéniable. Il n'est pas officiellement autorisé et présente les mêmes dangers que partout ailleurs dans le monde. Soyez vigilant et, au moindre doute sur les intentions de votre chauffeur potentiel, refusez de monter. Pour une femme, il est plus sage de voyager en compagnie masculine.

Le stop est rarement gratuit en Chine. On attend des passagers qu'ils offrent au moins un pourboire. Certains chauffeurs peuvent même exiger une somme déraisonnable. Essayez de fixer un prix avant de monter dans le véhicule afin d'éviter les problèmes ultérieurs. De fait, faire du stop ne revient pas moins cher que de prendre le bus. Seul avantage : il permet d'atteindre des endroits très isolés, mal desservis par les transports publics.

Comme partout ailleurs, la meilleure façon de trouver un conducteur est de se tenir près des grandes routes, à la sortie des villes. De nombreux camions circulent généralement sur les routes et vous pouvez même tenter votre chance auprès des convois de l'armée. Agitez simplement le bras. À moins de parler chinois, vous devrez faire inscrire en chinois sur un morceau de papier votre lieu de destination. Sinon, n'espérez pas vous faire comprendre.

BATEAU

Il n'y pas si longtemps, la visite des régions orientales de la Chine en bateau constituait un mode de transport très apprécié des touristes étrangers et chinois. Une solution généralement adoptée parce qu'elle était à la fois plus économique et plus sûre.

Pour le meilleur ou pour le pire, les bateaux tendent à disparaître rapidement. De nombreux services ont été annulés, victimes de l'amélioration des transports par bus et par avion. Dans les régions côtières, vous pourrez encore prendre un bateau pour atteindre les îles au large de la côte, telles Putuoshan (à proximité de Shanghai) ou Hainan, au sud. Le ferry Yantai-Dalian devrait connaître encore quelques beaux jours, car il permet de réduire de plusieurs centaines de kilomètres le voyage par voie terrestre. Pour la même raison, le service Shanghai-Ningbo devrait être assuré encore quelques années. En revanche, partout ailleurs l'avenir des bateaux de passagers paraît compromis.

Il existe également plusieurs itinéraires de navigation sur les rivières qui méritent attention, bien qu'ils aient tendance eux aussi à disparaître (pour plus de détails sur ces trajets, consultez les rubriques appropriées de cet ouvrage). Le circuit fluvial de trois jours sur le Yangzi, de Chongqing à Wuhan, reste le plus connu. La remontée de Canton à Wuzhou sur la rivière Xi est fréquentée par les voyageurs à petit budget, car c'est le moyen le plus économique de se rendre de Canton à Guilin et à Yangshuo, en débarquant à Wuzhou et en prenant ensuite le bus. La descente de la rivière Li de Guilin à Yangshuo, excursion très appréciée des touristes, demande 6 heures.

On peut aussi suivre le Grand Canal de Hangzhou à Suzhou sur un bateau de touristes (l'ancien service de ferries permettait de passer d'une embarcation à l'autre). En revanche, il n'existe plus de bateaux de passagers sur le fleuve Jaune.

Plusieurs navires sont toujours en circulation entre Hong Kong et le reste de la Chine (consultez la rubrique *Comment s'y rendre* du chapitre *Hong Kong* pour plus de détails.)

TRANSPORTS LOCAUX

Les transports longue distance ne posent pas véritablement de problèmes en Chine. La difficulté survient lorsque vous êtes arrivé à destination. Le moyen de locomotion idéal est la bicyclette. La marche n'est pas conseillée car les villes sont très étendues.

Desserte de l'aéroport

Votre billet d'avion n'inclut pas le coût du transport entre l'agence de la CAAC et l'aéroport. Attendez-vous à payer environ 25 yuan pour un bus, voire davantage. Dans bien des cas, l'heure de départ du bus est indiquée sur le billet.

Vous pouvez aussi prendre un taxi. Les chauffeurs attendent à l'extérieur, près des agences des compagnies aériennes, et sollicitent les voyageurs. Attention aux conducteurs qui vous proposent un tarif ridiculement bas pour le doubler à mi-chemin de l'aéroport. Si vous n'acceptez pas de payer, il vous chassera sans ménagement de son véhicule au beau milieu de nulle part.

Bus

Après la bicyclette, le bus est le mode de déplacement en ville le plus courant. Les passages sont fréquents et les nombreuses lignes desservent la plupart des endroits où vous voulez aller. Seul problème : ils sont presque toujours bondés. Autre inconvénient : la lenteur de la circulation. Il faut prendre son mal en patience et prévoir très large pour être sûr d'arriver à temps à la gare afin d'attraper son train. Néanmoins, les bus sont bon marché et le trajet coûte rarement plus de 2 jiao.

On trouve facilement de bonnes cartes des villes chinoises et des lignes d'autobus, en particulier auprès des petits vendeurs à la sortie des gares.

Quand vous montez dans un bus, montrez au contrôleur (assis près de la porte) où vous voulez aller, en pointant l'endroit sur la carte, et il vous vendra le ticket voulu. En général, il vous signalera où descendre.

Il peut arriver que quelqu'un vous cède sa place dans un bus bondé, même si cela devient plus rare dans les grandes villes. Ne refusez pas, vous risqueriez d'offenser celui qui vous offre son siège.

Taxi

Les taxis ne circulent pas à vide dans les rues à la recherche d'un client (pour économiser le carburant), excepté dans les grandes villes, mais la situation est en voie d'amélioration. Vous pourrez toujours appeler un taxi depuis un hôtel touristique en vous adressant parfois à un guichet spécial. On peut prendre un taxi à la course ou à la journée – solution intéressante si vous êtes plusieurs à en partager le coût. Certains hôtels touristiques peuvent également fournir des minibus.

La plupart des taxis sont équipés de compteurs, généralement seulement pour la forme (sauf dans les grandes villes) car il est rare qu'ils le mettent en marche. C'est parfois préférable car les chauffeurs n'hésitent pas à faire un détour pour vous conduire dans la rue voisine. Mieux vaut négocier le prix de la course avant de monter dans le véhicule. Marchander est courant, mais faites-le avec gentillesse. Ne soyez pas surpris si le chauffeur réclame un montant plus élevé en prétextant que vous avez "mal compris" ce qu'il disait. Si vous avez envie d'être désagréable, c'est le moment. Enfin, si votre chinois parlé n'est pas parfait, inscrivez-le sur un morceau de papier au moment de discuter le prix pour vous mettre d'accord avec le chauffeur et éviter toute discussion ultérieure.

Il faut savoir que la plupart des villes chinoises imposent une limitation au nombre de passagers qu'un taxi est autorisé à transporter, habituellement de quatre passagers, bien que les minibus puissent en prendre davantage. Les chauffeurs préfèrent généralement ne pas enfreindre cette règle pour ne pas risquer d'ennuis avec la police.

A Pékin, nous avons été témoin d'une violente altercation entre huit étrangers et un chauffeur de taxi qui refusait de les prendre tous ensemble, alléguant que c'était illégal et qu'il risquait des ennuis. Il était prêt à faire deux fois le trajet mais les étrangers s'imaginaient qu'il voulait tout bonnement les flouer. En réalité, c'est le chauffeur qui avait raison.

Taxi-scooter
Cette pratique consiste à se faire transporter à moto en montant sur le siège arrière. Ce mode de transport a l'avantage d'être bon marché (moitié prix d'une course en taxi ordinaire) si le danger ne vous effraie pas. Le chauffeur vous fournira un casque, dont le port est obligatoire. En l'absence évidente d'un compteur, mettez-vous d'accord à l'avance sur le montant à payer.

Tricycle à moteur
(*sānlún mótuōchē*)
Le tricycle à moteur, comme son nom l'indique, est un véhicule à trois roues équipé d'un petit moteur, avec le conducteur à l'avant et un siège pour deux passagers à l'arrière. Ils attendent à l'extérieur des gares routières et ferroviaires dans les grandes villes. Certains de ces véhicules disposent d'un plateau à l'arrière avec des banquettes sur les côtés, sur lesquelles peuvent prendre place quatre personnes.

Cyclo-pousse
(*sānlúnchē*)
Le cyclo-pousse est un tricycle à pédale doté d'un siège pour transporter des passagers. En Chine, à la différence de nombreux pays (comme le Vietnam), le conducteur est devant et les passagers à l'arrière.

Les cyclo-pousses disparaissent peu à peu du paysage chinois, victimes de l'afflux des véhicules à moteur. Ils attendent généralement aux abords des gares ferroviaires et routières ou des hôtels. A certains endroits, ils circulent en nombre dans les rues à la recherche de clients (notamment à Lhassa).

Malheureusement, la plupart des chauffeurs se montrent d'une telle agressivité que l'on se demande parfois si cela vaut la peine de choisir un tel mode de transport. Presque toujours, ils vous indiquent au départ un prix raisonnable et, arrivés à destination, vous réclament un montant bien supérieur : les 5 yuan de départ deviennent 50 yuan !

Cyclo-pousse contre pousse-pousse
Un pousse-pousse est une petite carriole à deux roues tirée par un homme à pied. Il fut inventé au Japon, où le terme *jinrikusha* signifie "véhicule mû par un homme". Introduit en Chine à la fin du XIXe siècle, le pousse-pousse devint le symbole de l'exploitation humaine – une personne en tirant une autre dans une carriole – et disparut dans les années 50. Son remplaçant, le cyclo-pousse, parfois appelé à tort pousse-pousse, est un tricycle doté d'un siège pour une ou deux personnes. ■

Une autre tactique consiste à vous proposer 10 yuan au départ, puis à vous réclamer 10 $US en bout de course en prétextant, comme toujours, que vous avez "mal compris".

La meilleure solution consiste encore à inscrire le tarif sur un morceau de papier (spécifiez en Renminbi et non en $US), de le faire confirmer trois ou quatre fois par le conducteur puis, lorsqu'il essaie de le multiplier par dix, de lui tendre la somme exacte et de descendre du véhicule. A cet instant, votre amical et souriant conducteur se transformera soudain en une brute terriblement menaçante. Mais ne vous laissez pas impressionner. Cela devient pire s'il y a deux conducteurs : ne montez *jamais* dans un cyclo-pousse si le chauffeur désire que son "frère" l'accompagne (une stratégie couramment employée). Le "frère" est là pour vous intimider et vous contraindre par la menace à payer lorsque vous vous apercevez de l'escroquerie.

La situation se révèle généralement moins pénible avec les conducteurs du sexe féminin. Mais elles restent rares. Et si elle exige que son "frère" l'accompagne, prenez un autre véhicule. Souvent, un taxi revient moins cher car les risques d'escroquerie sont moindres.

VOYAGES ORGANISÉS

Il existe des excursions à des prix raisonnables qui auront l'avantage de vous épargner bien des difficultés. Certains endroits s'avèrent difficiles à atteindre et le circuit organisé reste la seule option.

De fait, il existe trois sortes de voyages organisés : pour les étrangers, pour les Chinois d'outre-mer et pour les Chinois du continent (consultez les agences locales des CTS, CITS et CYTS pour plus de détails).

Si le coût constitue l'élément déterminant de votre choix, sachez que les voyages organisés pour les Chinois du continent sont les moins onéreux. Les repas ne sont pas toujours inclus et le bus est souvent brinquebalant, mais ces voyages sont généralement très divertissants. Les guides s'expriment uniquement en chinois – voire dans un dialecte. Parfois, les bus traversent à toute allure des endroits intéressants pour des étrangers et font d'interminables arrêts dans des lieux sans attrait pour les séances de photos obligées. Vous risquez d'avoir des difficultés pour obtenir un billet sur ce type de voyage si votre chinois n'est pas excellent et si l'on vous considère comme un élément perturbateur. Ces voyages organisés se réservent aux comptoirs des hôtels ou dans les agences de voyages privées.

Pékin 北京

L'heure de Pékin est valable dans toute la Chine, jusqu'à Ürümqi. Partout, on parle le *putonghua*, dialecte de Pékin. Jusqu'au Tibet, on tente d'interpréter les dernières directives de la capitale. Le gouvernement chinois a annoncé que si le dalaï-lama rentrait, il devrait s'installer... à Pékin, évidemment. C'est ici que l'on fait tourner les rouages de la vie chinoise, et que l'on tente de les ralentir lorsqu'ils s'emballent.

Pékin séduit généralement les touristes. La ville offre quantité à voir et à faire, et il est difficile de trouver mieux question cuisine ou achats. Les visiteurs qui ont sillonné le pays en place assise dure et dans des bus délabrés apprécient le confort de la capitale. Ceux qui se contentent d'un séjour à Pékin et ne s'aventurent pas plus avant rentrent avec l'impression que tout est pour le mieux dans la République populaire de Chine et que le niveau de vie des Chinois est passablement élevé. C'est en effet souvent le cas des Chinois qu'ils rencontrent à Pékin.

Quelle que soit l'impression que l'on garde de Pékin, il faut savoir que la ville n'offre nullement une vitrine réaliste de la Chine. Les apparences sont trop maquillées pour être révélatrices. C'est malgré tout une métropole, relativement propre, et avec un petit effort vous devriez pouvoir éviter les faux-semblants. Entre les larges boulevards et les bâtiments militaires, vous découvrirez des trésors historiques et culturels.

Population : 11 millions d'habitants

A ne pas manquer :

- La Cité interdite, centre du pouvoir de l'empire du Milieu pendant plus de cinq siècles
- Tiantan, perfection de l'architecture Ming
- Le palais d'Été, les jardins des empereurs et impératrices dans un cadre idyllique, en bordure du lac Kunming
- La Grande Muraille, la plus vaste construction jamais réalisée en Chine et principale attraction touristique du pays

Histoire

Bien que la zone sud-ouest ait été habitée il y a plus de 500 000 ans par des hommes des cavernes, les premières fondations de la ville même datent d'environ 1000 av. J.-C. Elle se développa et devint un comptoir commercial frontalier avec les Mongols, les Coréens et plusieurs tribus du Shandong et de la Chine centrale. A l'époque des Royaumes combattants, elle devint la capitale du royaume de Yan. La ville subit un certain nombre de modifications sous ses nou-

veaux maîtres, notamment les Kitans d'origine mongole et les tribus mandchoues des Jürchen. Durant la dynastie Liao, Pékin s'appelait Yanjing (capitale de Yan), nom porté encore aujourd'hui par la bière la plus populaire de la capitale.

L'histoire de Pékin débute vraiment en 1215, quand Gengis Khan réduisit la ville en cendres et massacra ses habitants. Des ruines émergea Dadu ("grande capitale"), ou Khanbalik, la ville du Khan. En 1279, Qubilaï exerçait son pouvoir sur la plus

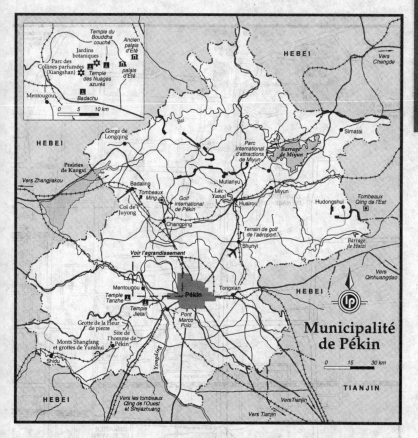

Temple du
Bouddha
couché

Ancien
palais
d'Été

Jardins
botaniques

Parc des
Collines parfumées
(Xiangshan)

Temple
des Nuages
azurés

palais
d'Été

Mentougou

Badachu

0   5   10 km

HEBEI

Vers
Chengde

Bai

Gorge de
Longqing

Simatai

HEBEI

Parc
international
d'attractions
de Miyun

Barrage
de Miyun

Prairies
de Kangxi

Vers Zhangjiakou

Badaling

Mutianyu

Tombeaux
Ming

Lac
Yanqi

Miyun

Golf
international
de Pékin

Col de
Juyong

Huairou

Hudongshui

Tombeaux
Qing de l'Est

Changping

Terrain de golf
de l'aéroport

Voir l'agrandissement

Shunyi

Barrage
de Haizi

Vers
Qinhuangdao

Mentougou

Temple
Tanzhe

Pékin

Tongxian

HEBEI

Temple
Jietai

Municipalité
de Pékin

Pont Marco
Polo

Grotte de la Fleur
de pierre

Site de
l'homme de
Pékin

Monts Shangfang
et grottes de Yunshui

Yongding

0   15   30 km

Shidu

HEBEI

Vers les tombeaux
Qing de l'Ouest
et Shijiazhuang

TIANJIN

Vers Tianjin

Vers Tianjin

grande partie de l'Asie, avec Khanbalik pour capitale. Entre 1280 et 1300, profitant d'un répit dans les conflits, quelques étrangers empruntèrent la route de la Soie pour rencontrer le Grand Khan, dont semble-t-il Marco Polo. En 1368, le mercenaire Yanhang prit la tête d'une insurrection, s'empara de Pékin et fonda la dynastie Ming. La cité fut rebaptisée Beiping ("paix du Nord") et la capitale fut déplacée à Nankin durant les 35 années qui suivirent.

Au début des années 1400, Yongle, fils de Zhu, ramena la cour à Beiping et changea son nom en Beijing ("capitale du Nord"). De nombreux édifices, dont la Cité interdite et le temple du Ciel, furent construits sous le règne de Yongle. De fait, il est considéré comme le véritable architecte de la ville moderne.

Le changement de gouvernement suivant survint avec les Mandchous, qui envahirent la Chine et fondèrent la dynastie Qing. Sous leur règne, et en particulier sous ceux des empereurs Kangxi et Qianlong, Pékin fut agrandie et rénovée, et l'on fit édifier des palais d'été, des pagodes et des temples.

Durant les 120 dernières années de la dynastie mandchoue, Pékin et l'ensemble de

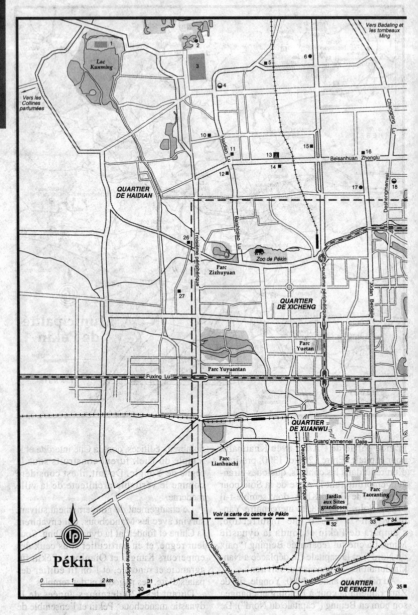

Vers Badaling et
les tombeaux
Ming

Lac
Kunming

Vers les
Collines
parfumées

*QUARTIER
DE HAIDIAN*

Haidian Lu

Baishiqiao Lu

Changping Lu

Beisanhuan Zhonglu

Desheng'menwai

Xidan Beidajie

Troisième périphérique

Deuxième périphérique

26

Parc
Zizhuyuan

Zoo de Pékin

27

*QUARTIER
DE XICHENG*

Parc
Yuetan

Parc Yuyuantan

Fuxing Lu

*QUARTIER
DE XUANWU*

Guang'anmennei Dajie

Niu Jie

Parc
Lianhuachi

Deuxième périphérique

Jardin
aux Sites
grandioses

Parc
Taoranting

Voir la carte du centre de Pékin

Pékin

0   1   2 km

Quatrième périphérique

Troisième périphérique

32

33   34

31
30

Nansanhuan Xilu

*QUARTIER
DE FENGTAI*

35

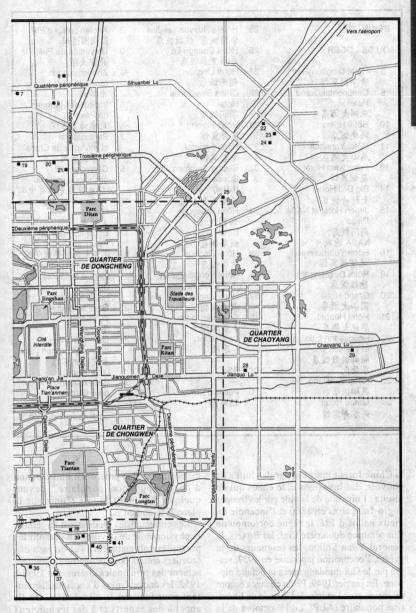

PÉKIN 北京

OÙ SE LOGER

5   Hôtel Qinghuayuan
    清华园宾馆
8   Continental Grand
    Hotel
    五洲大酒店
10 Hôtel Hainan
    海南饭店
11 Hôtel Yanshan
    燕山大酒店
12 Friendship Hotel
    友谊宾馆
14 Big Bell Hotel
    大钟寺饭店
15 Jimen Hotel et NASA
    Disco
    蓟门饭店,
    NASA 迪斯可
16 Hôtel Yuanwanglou
    远望楼宾馆
19 Hôtel Desheng
    德胜饭店
20 Grand Hotel
    圆山大酒店
21 Hôtel Huabei
    华北大酒店
22 Holiday Inn Lido
    et Watson's
    丽都假日饭店,
    屈臣氏
23 Hôtel Yanxiang
    燕翔饭店
24 Grace Hotel
    新万寿宾馆

25 Hôtels Huayuan et Jiali
    华园饭店, 佳丽饭店
26 Hôtel Shangri-La
    香格里拉饭店
27 Hôtel Lingnan
    领南饭店
28 China Resources
    Hotel
    华润饭店
29 Hôtel Furong
    芙蓉宾馆
31 Hôtel Fengtai
    丰台宾馆
32 Beijing Commercial
    Business Complex
    (hôtel)
    北京商务会馆
33 Hôtel Qiaoyuan
    侨园饭店
35 Hôtel Lihua
    丽华饭店
36 Hôtel Jinghua
    京华饭店
38 Hôtel Yongdingmen
    永定门饭店
39 Hôtel Jingtai
    景泰宾馆
40 Complant Hotel
    中成宾馆
41 Park Hotel
    百乐酒店

DIVERS

1   Palais d'Été
    颐和园

2   Ancien palais d'Été
    圆明园遗址
3   Université de Pékin
    北京大学
4   Zhongguancun
    (arrêt de bus)
    中关村
6   Institut des langues
    de Pékin
    北京语言学院
7   Parc culturel
    et ethnique de Chine
    中华民族园
9   Centre sportif
    olympique national
    国际奥林匹克体育中心
13 Temple de la Grande
    Cloche
    大钟寺
17 École normale de
    Pékin
    北师大教育管理学院
18 Gare routière (bus
    longue distance)
    Beijiao (Deshengmen)
    北郊长途汽车站
30 Gare ferroviaire
    de Fengtai
    丰台站
34 Gare ferroviaire
    de Yongdingmen (Sud)
    永定门火车站
    (北京南站)
37 Gare routière
    de Haihutun
    (bus longue distance)
    海户屯公共汽车站

la Chine furent marqués par des luttes de pouvoir, des invasions et le chaos qui en résulta : l'invasion de la ville par les troupes anglo-françaises en 1860 et l'incendie du vieux palais d'Été, le règne corrompu de l'impératrice douairière Cixi, les Boxers, le général Yuan Shikai, les seigneurs de la guerre, l'occupation japonaise en 1937, suivie par le Guomindang après la défaite nippone. En janvier 1949, Pékin changea encore de mains avec l'entrée de l'Armée de libération populaire (ALP). Le 1er octobre de la même année, Mao proclamait l'instauration d'une "république populaire" devant quelque 500 000 Chinois réunis sur la place Tian'anmen.

Les communistes modifièrent largement la physionomie de la ville. On démolit les portiques commémoratifs et on rasa des quartiers entiers pour permettre l'agrandissement des principales artères. De 1950 à 1952, les anciens murs d'enceinte disparurent pour faciliter la circulation. On fit appel à des experts et à des techniciens soviétiques, ce qui explique le style stalinien des édifices publics construits durant cette période. Les réformes de style capitaliste entreprises dans les années 80 et 90 ont favorisé l'apport de capitaux étrangers, et du même coup la construction de grands immeubles, d'autoroutes et de centres commerciaux. A ce rythme, Pékin ressemblera bientôt à n'importe quelle autre métropole d'Asie orientale.

Orientation

La municipalité de Pékin couvre 16 800 km², surface équivalente à celle de la Belgique.

Bien que cela ne frappe pas forcément immédiatement le visiteur, Pékin suit une ordonnance rigoureuse. Un réseau de rues croise de longs boulevards et avenues rectilignes. On découvre sans mal les sites dignes d'intérêt s'ils sont situés sur une avenue, beaucoup plus difficilement s'ils se cachent dans une ruelle étroite (*hútòng*).

Le centre, autrefois ceint d'un mur, est toujours ordonné symétriquement selon un axe nord-sud, qui traverse Qianmen (porte du Devant). La principale avenue est-ouest est Chang'an Jie (avenue de la Paix éternelle).

Voici quelques précisions sur les noms de rues : Chongwenmenwai Dajie signifie "l'avenue (dajie) à l'extérieur (wai) de la porte Chongwen (Chongwenmen)" ; tandis que Chongwenmennei Dajie signifie "l'avenue à l'intérieur de la porte Chongwen" (autrement dit, à l'intérieur des anciens murs d'enceinte). Un exercice purement académique puisque la porte et les murs en question n'existent plus.

Un boulevard principal peut changer de six à huit fois de nom sur sa longueur. Les rues et les avenues sont définies selon les points cardinaux : Dong Dajie (avenue de l'Est), Xi Dajie (avenue de l'Ouest), Bei Dajie (avenue du Nord) et Nan Dajie (avenue du Sud). Ces rues partent d'une intersection, généralement à l'endroit où autrefois se dressait une porte.

Officiellement, quatre périphériques entourent le centre de Pékin, dessinant quatre cercles concentriques. Un cinquième (*wǔhuán*) est en construction.

Renseignements

Agences de voyages. L'agence principale du CITS est installée dans le Beijing Tourist Building (☎ 515-8570 ; fax 515-8603), 28 Jianguomenwai Dajie, cachée derrière le New Otani Hotel, à proximité du Friendship Store. La succursale du CITS du Beijing International Hotel (☎ 519-0509 ; fax 512-0503) vend des billets d'avion, mais vous aurez tout intérêt à vous adresser directement aux compagnies aériennes.

Mieux organisé et moins cher, le Beijing Rich International Travel Service (☎ 513-7766, poste 6219) vous attend à l'hôtel de Pékin. Un service de renseignements en anglais est à votre disposition 24h/24 (☎ 513-0828). On répondra à vos questions et on enregistrera vos réclamations.

BSP. Le bureau du BSP (☎ 525-5486) est situé 85 Beichizi Dajie, la rue orientée nord-sud sur le côté est de la Cité interdite. Il est ouvert du lundi au vendredi de 8h30 à 11h30 et de 13h à 17h, le samedi de 8h30 à 11h30, et fermé le dimanche.

Argent. Tous les hôtels, même la plupart des établissements bon marché, changent chèques de voyages et dollars US.

Si vous souhaitez obtenir des dollars US (nécessaires si vous vous rendez en Russie ou en Mongolie) en échange de chèques de voyages, vous pouvez vous adresser au CITIC, International Building (*guójì dàshà*), 19 Jianguomenwai Dajie, adjacent au Friendship Store, qui accepte également les principales cartes de crédit internationales. Une succursale de la Bank of China vous attend sur Donganmen Dajie, juste à l'est de la Cité interdite, dans Wangfujing, non loin de la librairie en langues étrangères. Elle offre sensiblement les mêmes services que le CITIC.

American Express. Leur bureau (☎ 505-2888) est situé Room L115D dans l'arcade commerçante du China World Trade Centre.

Poste et télécommunications. L'immeuble des postes et télécommunications internationales se dresse dans Jianguomen Bei Dajie, non loin du Friendship Store. Les bureaux sont ouverts de 8h à 19h. Toutes les lettres et paquets portant l'adresse "Poste restante, GPO, Beijing" arrivent ici. Le courrier est même classé par ordre alphabétique, chose rare en Chine, mais qui se paie : 1,5 yuan par lettre reçue ! Les paquets pour l'étranger doivent être postés ici.

Un comptoir vend papier d'emballage, ficelle, ruban adhésif et colle. L'édifice compte également un service de télégramme et téléphone international.

Le bâtiment du CITIC abrite lui aussi une petite poste. Une autre poste utile est celle située au sous-sol du China World Trade Center.

La plupart des hôtels pour touristes vendent des timbres et quelques-uns possèdent des mini-postes, d'où l'on peut même envoyer des paquets à condition qu'ils ne contiennent que des imprimés.

Pékin compte plusieurs agences de courrier privées qui proposent des services express internationaux pour les documents et les paquets. Ce sont notamment : United Parcel Service (☎ 465-1565 ; fax 465-1897), Room 120A, Lufthansa Centre, 50 Liangmaqiao Lu ; DHL (☎ 466-2211 ; fax 467-7826), 45 Xinyuan Jie, quartier de Chaoyang ; et TNT Skypak (☎ 465-2227 ; fax 467-7894), 8A Xiangheyuan Zhongli, quartier de Chaoyang.

Le bâtiment des télégraphes, dans Xichang'an Jie, est ouvert 24h/24. Plus à l'ouest, dans Fuxingmennei Dajie, le bureau international des télécommunications est ouvert de 7h à 24h. On peut aussi téléphoner de la plupart des grands hôtels.

Cartes. Les grands hôtels fournissent gratuitement des plans de Pékin en anglais.

Mieux vaut débourser quelques yuan pour acheter un plan bilingue comportant les lignes de bus. Ils sont vendus par les Friendship Store et les boutiques de souvenirs des hôtels.

Si vous lisez le chinois, vous n'aurez que l'embarras du choix.

Ambassades. Pékin est un bon endroit pour "faire provision" de visas. La ville compte deux grands quartiers d'ambassades : Jianguomenwai et Sanlitun. Pour une liste complète des ambassades à Pékin, avec adresses et numéros de téléphone, reportez-vous au chapitre *Renseignements pratiques.*.

Le quartier de Jianguomenwai est proche du Friendship Store. Celui de Sanlitun est situé à plusieurs kilomètres au nord-est, près du Great Wall Sheraton Hotel.

Bibliothèques. La Bibliothèque nationale (*běijīng túshūguǎn – xīn guǎn*), près du zoo, contient environ cinq millions de livres et quatre millions de périodiques et journaux, dont plus d'un tiers en langues étrangères.

Centre culturel français. L'adresse est Sanlitun Bangonglu 1-12, Chaoyang Qu (☎ 532-1422).

Services médicaux. L'International Medical Centre (☎ 465-1561 ; fax 465-1984) est installé dans le Beijing Lufthansa Centre, 50 Liangmaqiao Lu. Le service des urgences fonctionne 24h/24, mais le centre assure un service normal durant les heures de bureau ; il vaut mieux téléphoner pour prendre rendez-vous. On y assure les vaccinations et les soins dentaires.

La Polyclinique sino-allemande (☎ 501-1983) (*zhōngdé zhěnsuǒ*) jouit également d'une bonne réputation. Elle est située au sous-sol de la Landmark Tower B-1, adjacente au Sheraton Great Wall Hotel.

Asia Emergency Assistance (☎ 462-9100 ; fax 462-9111) assure un service d'urgences 24h/24. Contactez leur bureau, installé dans le Tayuan Diplomatic Building, 14 Liangmahe Nanlu, dans le quartier de Sanlitun.

Place Tian'anmen
(*tiān'ānmén guǎngchǎng*)
C'est le cœur de Pékin, vaste désert de pavés et de stands de photographes. La place est une création de Mao, ainsi que Chang'an Jie qui y mène. Durant la Révolu-

Billets d'entrée

Il faut savoir que de nombreux parcs, musées et autres sites touristiques (la Cité interdite en est un bon exemple) comprennent une multitude de palais et pavillons qui disposent tous de leur propre guichet et exigent un prix d'entrée séparé.

Les Pékinois ont la possibilité d'acheter un billet bon marché qui leur donne accès au site lui-même, à l'intérieur duquel ils pourront ensuite se procurer un billet séparé pour chaque pavillon, ou faire l'achat d'un billet global unique, d'un coût élevé, qui leur donne accès à toutes les visites.

Pour les étrangers, la première option n'est souvent pas possible. Le personnel vous contraindra à acheter le billet global, que vous souhaitiez ou non tout visiter. Il arrive toutefois que les touristes aient le choix et puissent acheter uniquement un billet d'entrée. C'est notamment le cas au parc Beihai, mais pas au palais d'Été.

Si vous ne parlez pas chinois, vous aurez sans doute des difficultés à vous faire comprendre au guichet. Sachez que le billet global se dit *tào piào* et que les billets d'entrée sont des "billets de porte" (*mén piào*) ou "billets ordinaires" (*pǔtōng piào*). ∎

---

noise, le palais de l'Assemblée du peuple, Qianmen (porte du Devant), le mausolée de Mao et le monument aux Héros du peuple.

Si vous vous levez assez tôt, vous pourrez assister au lever du drapeau à l'aube, exécuté par des soldats de l'ALP entraînés à marcher au rythme de 108 pas à la minute, 75 cm par pas. La même cérémonie a lieu au coucher du soleil, mais les soldats sont généralement cachés par une foule dense. Une pancarte annonce les heures des cérémonies du matin pour les deux prochains jours.

Il est interdit de circuler à bicyclette sur la place Tian'anmen (une interdiction qui ne vaut pas pour les chars, semble-t-il) mais vous pourrez traverser en tenant votre véhicule à la main. Le trafic est en sens unique sur les avenues nord-sud de chaque côté de la place.

Porte Tian'anmen
(*tiān'ānmén*)

Tian'anmen, la porte de la Paix céleste, est un symbole national. Elle fut édifiée au XVe siècle et restaurée au XVIIe. Au temps de l'empire, elle servait de tribune pour s'adresser à la foule. Les cinq passages de la porte sont accessibles par sept ponts enjambant un ruisseau. Chaque pont avait un usage précis et seul l'empereur pouvait franchir la porte centrale et le pont correspondant.

C'est de la porte Tian'anmen que Mao proclama la République populaire de Chine le 1er octobre 1949. Elle est aujourd'hui dominée par un portrait gigantesque de Mao, toile de fond indispensable aux photos de tous les Chinois qui se rendent sur place. A gauche du portrait, on peut lire l'inscription suivante : "Vive la République populaire de Chine" et à sa droite : "Vive l'amitié entre les peuples du monde".

On franchit la porte Tian'anmen pour se rendre à la Cité interdite (si vous arrivez par le sud). Le passage est gratuit, mais vous devrez payer 40 yuan (10 yuan pour les Chinois) pour grimper au sommet de la porte et avoir une vue d'ensemble de la place. Une dépense inutile, car on a une vue similaire de la porte Qianmen pour le quart du prix.

---

tion culturelle, arborant à son bras le brassard des Gardes rouges, Mao passait en revue les défilés qui pouvaient rassembler jusqu'à un million de personnes. En 1976, un million de Pékinois envahirent la place pour lui rendre un dernier hommage. En 1989, les chars d'assaut de l'armée écrasèrent le mouvement en faveur de la démocratie. Aujourd'hui, la place est l'un des endroits où l'on se promène le soir et où l'on fait voler des cerfs-volants et des ballons pour les enfants. Tout autour de la place, ou alentour, se dresse un bizarre mélange de monuments du passé et du présent : Tian'anmen (porte de la Paix céleste), le musée d'Histoire de la révolution chi-

Qianmen

(*qiánmén*)

Témoin muet des bouleversements historiques, Qianmen (porte du Devant) se dresse au sud de la place Tian'anmen. Datant du règne de l'empereur Yongle (XVe siècle), elle servait à garder le mur de division entre l'ancienne cité intérieure et la zone urbaine extérieure. Avec la disparition des murs d'enceinte, la porte paraît un peu hors de son contexte, mais elle reste malgré tout un monument impressionnant.

En fait, Qianmen se compose de deux portes. Celle située au sud est appelée la tour de la Flèche (*jiàn lóu*), celle au nord la porte Zhongyang (*zhōngyángmén*, ou *chéng lóu*). On peut monter au sommet de la porte Zhongyang.

Palais de l'Assemblée du peuple

(*rénmín dàhuì táng*)

Il abrite l'Assemblée nationale populaire, et est ouvert au public lorsque celle-ci ne siège pas – ou lorsque les salles ne sont pas louées, contre des devises fortes, à des étrangers pour des colloques ! Ces salles du pouvoir portent, pour beaucoup, le nom de provinces et de régions de Chine et sont décorées dans le style correspondant. Vous pourrez notamment admirer la salle des banquets pour 5 000 convives, où Nixon dîna en 1972, et l'auditorium de 10 000 places décoré au plafond de l'étoile rouge incrustée au milieu d'une galaxie de lumières. Les objets d'art offerts par les provinces, ainsi que le buffet et le restaurant, instillent au palais une atmosphère de musée.

Le palais se dresse sur le côté ouest de la place Tian'anmen. Le prix d'entrée est de 40 yuan.

Monument aux Héros du peuple

(*rénmín yīngxióng jìniàn bēi*)

Achevé en 1958, ce monument se dresse sur le côté sud de la place Tian'anmen, à l'emplacement de l'ancienne porte extérieure du palais. Cet obélisque de 36 m, en granit de Qingdao, montre des bas-reliefs relatant des hauts faits révolutionnaires (l'un deux évoque la destruction par les Chinois de caisses d'opium au XIXe siècle), ainsi que des calligraphies de Mao Zedong et de Zhou Enlai.

Mausolée de Mao Zedong

(*máo zhǔxí jìniàn táng*)

Le président Mao mourut en septembre 1976 et la construction du mausolée fut entreprise peu après. Connu des expatriés sous le nom de "Maosolée", ce gigantesque bâtiment est situé juste derrière le monument aux Héros du peuple.

Quel que soit le jugement de l'histoire sur Mao, il est certain qu'il l'aura grandement influencée. Bien qu'il soit facile aujourd'hui de critiquer ses actes et excès, beaucoup de Chinois font preuve d'un profond respect lorsqu'ils sont confrontés à la présence physique de sa dépouille. Les guides du CITS font très librement état du rapport 7 pour 3, apparu pour la première fois en 1976 – comprenez : Mao avait raison à 70 %, tort à 30 % –, et qui correspond aujourd'hui à la ligne officielle du Parti.

Le mausolée est ouvert tous les jours de 8h30 à 11h30 et de 13h à 15h30. L'entrée est gratuite. Vous pourrez vous joindre à l'immense file de visiteurs chinois, mais n'espérez pas autre chose qu'une vision rapide du corps embaumé en passant devant le sarcophage. A certaines époques de l'année, le corps doit être entretenu et n'est pas visible.

Zhongnanhai

(*zhōngnánhǎi*)

La nouvelle cité interdite de la Chine, Zhongnanhai, est située à l'ouest de l'ancienne. L'accès en est interdit aux touristes, mais vous pourrez jeter un coup d'œil à l'entrée. L'ensemble fut construit entre le Xe et le XIIIe siècle pour servir de lieu de retraite et de loisirs aux empereurs et à leurs courtisans. Il fut agrandi sous les Ming, mais l'essentiel des édifices actuels datent de la dynastie Qing. L'impératrice Cixi y résida ; après l'échec du mouvement réformiste de 1898, elle fit emprisonner l'empereur Guangxu dans le palais de la Vitalité féconde où, ironie du sort, il mou-

La Cité interdite et le palais d'Été

La Cité interdite

(zǐjìn chéng)

La Cité interdite, ainsi nommée parce que, pendant cinq siècles, rares furent ceux qui purent y pénétrer, est le plus gigantesque et le mieux préservé des ensembles architecturaux chinois. Elle servit de résidence à deux dynasties d'empereurs, les Ming et les Qing, qui n'en sortaient qu'en cas de nécessité absolue.

Les autorités insistent pour l'appeler le Vieux Palais *(gùgōng)*. Quel que soit son nom, l'édifice est ouvert tous les jours de 8h30 à 17h ; les guichets ferment à 15h30. Il y a deux siècles, le prix d'entrée aurait été la mise à mort immédiate : il a été raisonnablement ramené à 85 yuan pour les étrangers et 20 yuan pour les Chinois. Le billet pour étrangers donne accès à toutes les salles d'exposition, alors qu'avec le billet à 20 yuan il faut payer en plus, mais cela revient tout de même moins cher. Les 85 yuan donnent droit à un walkman avec cassette pour une visite individuelle (si cet accompagnement sonore vous paraît inutile, votre billet d'entrée ne vous coûtera que 60 yuan). Une caution de 100 yuan est exigée pour le walkman ; mais rien ne vous empêche d'utiliser le vôtre. Pour que la cassette, disponible en diverses langues, ait la moindre utilité, vous devrez commencer votre visite par la porte Sud et l'achever par la porte Nord.

A signaler que beaucoup d'étrangers confondent la porte Tian'anmen avec l'entrée de la Cité interdite parce qu'elles font partie du même corps de bâtiment. Résultat, certains visiteurs achètent un billet donnant seulement accès à la porte Tian'anmen. Pour trouver les guichets pour la Cité interdite, dirigez-vous vers le nord jusqu'à ce que vous ne puissiez plus continuer sans payer.

La construction du bâtiment fut entreprise entre 1406 et 1420 par l'empereur Yongle, qui mit à l'œuvre une véritable armée

C'est à la porte Wumen, entrée traditionnelle de la Cité interdite, que se déroulaient d'importantes cérémonies sous la dynastie Qing.

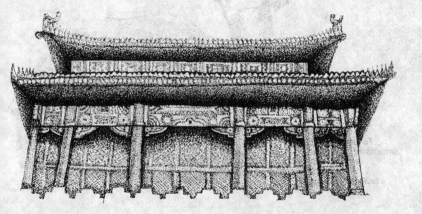

d'ouvriers, estimés par certains à plus d'un million. Les empereurs dirigeaient la Chine depuis ce palais, souvent de manière désordonnée, car ils avaient tendance à perdre tout contact avec la réalité dans ce petit univers clos et à laisser le pouvoir aux mains des eunuques de la cour. L'un des empereurs consacra la totalité de son règne à la menuiserie. Il fut ravi lorsqu'un tremblement de terre secoua la Cité (signe de mauvais augure pour un empereur), puisque cela lui donnait une chance de rénover les bâtiments. Les édifices visibles aujourd'hui datent pour la plupart du XVIIIᵉ siècle, de même que quantité de bâtiments restaurés ou reconstruits de Pékin. Les palais étaient constamment la proie des flammes – une fête des lanternes combinée au vent du Gobi, ou des feux d'artifices, suffisaient à allumer un incendie. Il y avait aussi ceux volontairement allumés par les eunuques ou par des membres de la cour désireux de s'enrichir sur les travaux de reconstruction. Les douves qui encerclaient le palais, aujourd'hui utilisées pour le canotage, se révélaient fort utiles car les pompiers n'étaient pas considérés comme assez dignes pour éteindre les flammes royales. En 1664, les Mandchous réduisirent le palais en cendres.

Les bâtiments ne furent pas les seuls à partir en fumée ; des livres rares, des peintures et des calligraphies furent également détruits. Au cours du XXᵉ siècle enfin, le palais fut pillé à deux reprises : une première fois par les troupes japonaises et une seconde par le Guomindang qui, à la veille de la prise du pouvoir par les communistes en 1949, emporta des milliers de caisses remplies d'objets précieux à Taiwan, où ils sont aujourd'hui exposés au Musée national de Taipei. Les manques ont été comblés par des trésors (anciens, récemment découverts ou faux) amenés d'autres régions de Chine.

Tortue de bronze
symbolisant la longévité
de l'empereur.
Elle servait
à brûler de l'encens.

Palais d'Été
(yíhéyuán)

C'est l'un des plus beaux sites de Pékin, avec un immense parc littéralement envahi par les visiteurs en été. Le site, qui fut longtemps un jardin impérial, fut considérablement agrandi et embelli par l'empereur Qianlong au XVIIIe siècle, et ensuite laissé à l'abandon.

L'impératrice douairière Cixi entreprit sa rénovation en 1888, utilisant des fonds destinés à la modernisation de la flotte. Elle fit d'ailleurs restaurer un bateau de marbre qui se dresse, immobile, au bord du lac. Elle fit même orner cette monstruosité de plusieurs grands miroirs et l'utilisait pour des dîners nocturnes.

En 1900, les troupes étrangères, en riposte à la révolte des Boxers, incendièrent le palais d'Été. Quelques années plus tard, on entreprit des travaux de restauration, qui furent suivis par une rénovation complète après 1949, alors que le palais était à nouveau dans un état déplorable.

A l'origine, le palais servait de résidence d'été. Il était divisé en quatre parties : bâtiments officiels, appartements, temples et lieux de promenade ou de points de vue. Les trois quarts du parc sont occupés par le lac Kunming. La plupart des édifices dignes d'intérêt sont situés aux alentours des portes Nord et Est.

Le bâtiment principal est le palais de la Bienveillance et de la Longévité, au bord du lac, en direction de la porte Est. Il abrite un trône en bois et une cour peuplée d'animaux en bronze. Il était utilisé par l'empereur pour traiter les affaires de l'État et donner audience.

La rive nord du lac est bordée sur plus de 700 m par une longue galerie couverte, décorée de scènes mythologiques. La peinture semble fraîche : quantité de scènes ont en effet été badigeonnées pendant la Révolution culturelle et restaurées ensuite.

Plusieurs temples se dressent sur la colline de la Longévité. Perché sur le versant occidental, le pavillon des Précieux Nuages est l'un des seuls édifices à avoir échappé à la destruction par les troupes anglo-françaises. Il contient plusieurs bronzes très travaillés. Au sommet de cette colline artificielle se tient le temple bouddhique de la Mer de la Sagesse, couvert de tuiles vernissées, d'où l'on a une belle vue sur le lac.

C'est dans le bateau de la Pureté et du Bien-Être, construit sur le lac, que dînait l'impératrice Cixi.

D'autres bâtiments sont largement associés à l'impératrice Cixi, notamment celui où elle séquestra l'empereur Guangxu. C'est là qu'elle célébrait ses anniversaires et que sont exposés son mobilier et ses affaires personnelles.

Autre élément remarquable du palais d'Été, le pont aux dix-sept arches, qui a une portée de 150 m jusqu'à l'île du lac du Sud. Sur la rive principale, on peut voir un magnifique bœuf en bronze. A noter aussi la présence du pont de la Ceinture de Jade, sur la rive ouest du lac, et le jardin du Plaisir harmonieux dans le coin nord-est, belle copie d'un jardin de Wuxi.

On peut faire le tour du lac en louant des canots à moteur ou à rames. Le canotage et la baignade sont des passe-temps très appréciés des Pékinois et, l'hiver, on peut même patiner sur le lac. Autrefois on coupait des pains de glace dans les douves de la Cité interdite, que l'on conservait au frais pour s'en servir l'été.

Le parc est situé à environ 12 km au nord-ouest du centre de Pékin. Le moyen le plus simple pour s'y rendre consiste à prendre le métro jusqu'à Xizhimen (station proche du zoo), puis un minibus. Le bus n°332 au départ du zoo s'y rend aussi, mais il est plus lent. D'innombrables minibus effectuent le trajet du palais d'Été au centre-ville, mais mieux vaut fixer au préalable le prix et la destination de la course. Vous pouvez également vous y rendre à bicyclette – comptez 1 heure 30 à 2 heures depuis le centre. Plutôt que d'emprunter les rues principales, mieux vaut suivre un trajet nettement plus agréable par la route longeant le canal de diversion Pékin-Miyun.

Le billet d'entrée coûte 45 yuan pour les étrangers. En dépit de son prix passablement élevé, il ne donne pas accès à tous les sites : pour certains, vous devrez acquitter un petit supplément. Pour les Chinois, l'entrée est seulement de 20 yuan. Pour payer ce prix, les étrangers doivent résider à Pékin et présenter une carte d'identité valide.

Le pont aux dix-sept arches relie les jardins du palais à l'île du lac du Sud et au temple du Roi-Dragon.

rut ensuite. Après la chute de l'empire et l'avènement de la république, il abrita le palais présidentiel.

Depuis la fondation de la République populaire en 1949, Zhongnanhai est devenu le lieu de résidence et de travail des membres les plus éminents du Parti communiste.

En 1973, lorsque fut construite la nouvelle aile de l'hôtel de Pékin, le BSP réalisa que les clients de l'hôtel pouvaient observer à la jumelle ce qui se déroulait à l'intérieur de Zhongnanhai. Du coup, on fit construire un faux bâtiment en bordure du mur ouest de la Cité interdite pour court-circuiter toute velléité d'indiscrétion.

Ancien palais d'Été
(*yuánmíngyuán*)
Le premier palais d'été fut érigé au XIIe siècle. Sous le règne de l'empereur Qianlong, il se transforma en un vaste ensemble de jardins et de palais. Qianlong demanda à des architectes jésuites de lui construire des palais à l'européenne, avec des fontaines et des statues baroques.

Lors de la seconde guerre de l'Opium (1860), les troupes anglaises et françaises détruisirent les palais et expédièrent les trésors qu'ils renfermaient en Europe. Le feu dévora entièrement les temples et les pavillons en bois, mais épargna une façade de marbre, quelques colonnes brisées et des restes d'une fontaine.

Ces ruines sont depuis longtemps l'un des lieux de pique-nique privilégiés des étrangers vivant à Pékin, ainsi que des couples d'amoureux chinois à la recherche d'un peu d'intimité. Plus récemment, le gouvernement s'est attaqué à la rénovation des jardins, des douves et des palais. L'étendue de la restauration demeure incertaine – cet endroit restera-t-il partiellement en ruines ou deviendra-t-il un haut lieu touristique comme les tombeaux Ming ? Quoi qu'il en soit, il mérite amplement une visite.

Le site couvre une immense superficie de quelque 2,5 km d'est en ouest. Préparez-vous à marcher. On y accède par trois portes, toutes situées au sud. La partie ouest, Yuanmingyuan, est la plus impor-

tante. L'angle sud-est délimite le jardin du Printemps rayonnant (Yichunyuan). Quant à la partie est, celle du jardin du Printemps éternel (Changchunyuan), vous pourrez y admirer le jardin européen et les vestiges de la grande fontaine, considérés comme les mieux conservés et fréquemment représentés sur les cartes postales.

Le prix de l'entrée est de 5 yuan. Des minibus relient le nouveau palais d'Été à l'ancien. Un taxi vous y mènera pour 10 yuan.

Musée d'Histoire de la révolution
(*zhōngguó gémìng lìshǐ bówùguǎn*)
En dehors de la Cité interdite et des autres palais, ce musée est le plus grand de Pékin. Il est installé dans une sombre bâtisse à l'est de la place Tian'anmen, dont l'accès fut longtemps réglementé et soumis à l'obtention de permis spéciaux. Le musée ferma de 1966 à 1978, afin que l'histoire puisse être réévaluée à la lumière des événements récents.

De fait, le bâtiment abrite deux musées : le musée d'Histoire et le musée de la Révolution. Pour l'essentiel, les explications sont malheureusement en chinois, si bien que vous ne retirerez pas grand-chose de ce labyrinthe, à moins de parler couramment chinois ou de rencontrer un étudiant qui parle votre langue. On peut se procurer au musée un texte explicatif en anglais.

Le musée d'Histoire contient des objets et des vestiges culturels (beaucoup sont des copies), des origines à 1919, répartis en quatre sections (sociétés primitives, esclavagistes, féodales et capitalistes/impérialistes), le tout étayé de commentaires marxistes. Sans l'aide d'un guide, vous pourrez toujours vous intéresser aux armes anciennes, aux inventions et aux instruments de musique.

Le musée de la Révolution est divisé en cinq sections : la fondation du Parti communiste chinois (1919-1921), la première guerre civile (1924-1927), la deuxième guerre civile (1927-1937), la résistance contre le Japon (1937-1945) et la troisième guerre civile (1945-1949).

L'EST

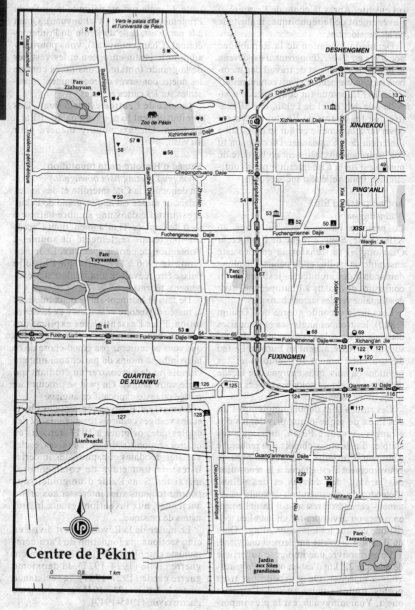

Vers le palais d'Été
et l'université de Pékin

DESHENGMEN

Xisanhuanbei Lu

Deshengmen Xi Dajie

Parc Zizhuyuan

Baishiqiao Lu

Zoo de Pékin

Xizhemennei Dajie

XINJIEKOU

Xizhimenwai Dajie

Sanlihe Dajie

Zhanlan Lu

Chegongzhuang Dajie

PING'ANI

Xisi Dajie

Deuxième périphérique

Troisième périphérique

Fuchengmenwai Dajie

Fuchengmennei Dajie

XISI

Wenjin Jie

Parc
Yuyuantan

Parc
Yuetan

Xidan Beidajie

Fuxing Lu

Fuxingmenwai Dajie

Fuxingmennei Dajie

Xichang'an Jie

FUXINGMEN

QUARTIER
DE XUANWU

Qianmen Xi Dajie

Parc Lianhuachi

Guang'anmennei Dajie

Deuxième périphérique

Nanheng Jie

Niu Jie

Parc
Taoranting

Centre de Pékin

0   0,5   1 km

Jardin
aux Sites
grandioses

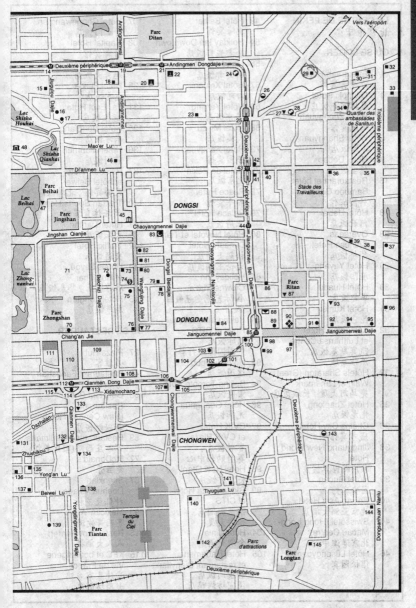

Vers l'aéroport

Parc Ditan

Deuxième périphérique — Andingmen Dongdajie

Quartier des ambassades de Sanlitun

Troisième périphérique

Lac Shisha Houhai

Jiuguiou Dajie

Andingmennei

Lac Shisha Qianhai

Mao'er Lu

Di'anmen Lu

Parc Beihai

Lac Beihai

Parc Jingshan

DONGSI

Deuxième périphérique

Stade des Travailleurs

Jingshan Qianjie

Parc Zhongshan

Chaoyangmennei Dajie

Lac Zhong-nanhai

Beichizi Dajie

Dongsi Beidajie

Chaoyangmen Nanxiaojie

Jianguomen Bei Dajie

Parc Ritan

Wangfujing Dajie

DONGDAN

Jianguomennei Dajie

Jianguomenwai Dajie

Chang'an Jie

Qianmen Dong Dajie

Xidamochang

Chongwenmennei Dajie

CHONGWEN

Deuxième périphérique

Dazhalan

Qianmen Dajie

Zhushikou

Yong'an Lu

Beiwei Lu

Temple du Ciel

Parc Tiantan

Tiyuguan Lu

Yongdingmennei Dajie

Parc d'attractions

Parc Longtan

Dongbianmen

Deuxième périphérique

208 Pékin

L'EST

LE CENTRE DE PÉKIN
北京市中心

OÙ SE LOGER

1 Evergreen Hotel
万年青宾馆
4 Olympic Hotel
奥林匹克饭店
5 Hôtel Zhongyuan
中苑宾馆
6 Hôtel Shangyuan
上园饭店
9 Hôtel Debao
德宝饭店
15 Restaurant et hôtel
Bamboo Garden
竹园宾馆
18 Hôtel Hebei
河北饭店
23 Overseas
Chinese Hotel
华桥饭店
29 Hôtel Yuyang
渔阳饭店
30 Hôtel Huadu
华都饭店
31 Hôtel Kunlun
昆仑饭店
32 Kempinski Hotel
et Lufthansa Centre
凯宾斯基饭店,
燕沙商城
33 Hôtels Sheraton (Great
Wall) et Landmark
亮马河大厦, 长城饭店
35 Hôtel Zhaolong
兆龙饭店
36 Chains City Hotel
城市宾馆
38 Jingguang New World
Hotel
京广新世界饭店
39 Hôtel Guoan
国安饭店
40 Beijing Asia Hotel
北京亚洲大酒店
41 Swissôtel (Hong Kong-
Macau Centre)
北京港澳中心
46 Hôtel Lüsongyuan
侣松园宾馆

49 Hôtel Beihai
北海宾馆
54 Holiday Inn Downtown
金都假日饭店
56 Mandarin Hotel
新大都饭店
57 Hôtel Xiyuan
西苑饭店
63 Hôtel Yanjing
燕京饭店
68 Hôtel Minzu
民族饭店
73 Hôtel Fangyuan
芳园宾馆
76 Hôtel de Pékin
北京饭店
78 Peace Hotel
和平宾馆
79 Palace Hotel
王府饭店
80 Hôtel Novotel et Tianlun
Dynasty Hotel
松鹤大酒店,
天伦王朝饭店
81 Holiday Inn
Crowne Plaza
国际艺苑皇冠假日
饭店
84 Beijing International
Hotel et CITS
国际饭店,
中国国际旅行社
92 Hôtel Jianguo
建国饭店
94 Beijing Toronto Hotel
京伦饭店
96 Hôtel Guanghua
光华饭店
97 CVIK Hotel
et CVIK Plaza
赛特饭店,
赛特购物中心
98 Hotel New Otani
长富宫饭店
99 Gloria Plaza Hotel
et CITS
凯莱大酒店,
旅游大厦
104 Hôtel Jinla
金朗大酒店
105 Hôtel Hademen
et restaurant Bianyifang
哈德门饭店,
便宜坊烤鸭店

107 Hôtel Chongwenmen
崇文门饭店
108 Capital Hotel
首都宾馆
117 Hôtel Yuexiu
越秀大饭店
125 Hôtel Feixia
飞霞饭店
131 Far East Hotel
远东饭店
135 Hôtel Dongfang
东方饭店
136 Hôtel Qianmen
前门饭店
137 Rainbow Hotel
et hôtel Beiwei
天桥宾馆, 北纬饭店
140 Tiantan Sports Hotel
天坛体育宾馆
141 Hôtel Tiantan
天坛饭店
142 Traffic Hotel
交通饭店
144 Hôtels Leyou
et Hua Thai
乐游饭店, 华泰饭店
145 Hôtel Longtan
龙潭饭店

OÙ SE RESTAURER

27 Pizza Hut
必胜客
47 Restaurant Fangshan
芳山饭店
58 Gold Hot Pot
Restaurant
(New Century Hotel)
新世纪饭店
59 Restaurants musulmans
百万庄西路2号(回民餐馆)
77 McDonald's
麦当劳
87 Shenxian
Douhua Village
神仙豆花村
93 Mexican Wave
墨西哥波涛
113 Restaurant Renren
人人大酒楼
115 KFC et boulangerie
Vie de France
肯德基家乡鸡,
大磨坊面包

119 Restaurant Kaorouwan
烤肉宛饭庄
120 Restaurant Sichuan
四川饭店
121 Restaurant Hongbinlou
鸿宾楼
122 Boulangerie
Vie de France
大磨坊面包
132 Pizza Hut
必胜客
133 Qianmen Quanjude
Duck Restaurant
前门全聚德烤鸭店
134 Restaurant
végétarien Gongdelin
功德林素菜馆

DIVERS

2 Institut central
des nationalités
中央民族学院
3 Bibliothèque nationale
北京图书馆(新馆)
7 Gare ferroviaire
de Xizhimen (nord)
西直门火车站
8 Centre des expositions
de Pékin
北京展览馆
11 Musée Xu Beihong
徐悲鸿博物馆
13 Musée Song Qingling
宋庆龄故居
16 Tour de la Cloche
钟楼
17 Tour du Tambour
鼓楼
20 Temple de Confucius
孔庙
22 Temple des Lamas
雍和宫
24 Ambassade de Russie
苏联大使馆
26 Gare routière
de Dongzhimen
东直门长途汽车站
28 Ambassade d'Australie
奥大利亚大使馆
34 Friendship
Supermarket
友谊超级商场

37 Théâtre Chaoyang
朝阳剧场
42 Poly Plaza
保利大厦
45 Musée des Beaux-Arts
de Chine
中国美术馆
48 Résidence
du prince Gong
恭王府
50 Temple Guangji
广济寺
51 Cinéma auditorium
Dizhi
地质电影院
52 Temple
du Dagoba blanc
白塔寺
53 Musée Lu Xun
鲁迅博物馆
61 Musée militaire
军事博物馆
69 Aviation Building
(CAAC et navette)
民航营业大厦
70 Porte Tian'anmen
天安门
71 Cité interdite
紫禁城
72 BSP
公安局外事科
74 Bank of China
中国银行
75 Librairie en langues
étrangères
外文书店
82 Capital Theatre
首都戏院
83 Mosquée de Dongsi
动四清真寺
86 Marché aux vêtements
de Yabao Lu
雅宝路
88 Poste et
télécommunications
internationales
国际邮店局
89 International Club
国际俱乐部
90 Friendship Store
et CITIC
友谊商店，国际大厦

91 Marché de la soie
Xiushui
秀水东街
95 China World Trade
Centre et hôtel
国际贸易中心
100 Ancien observatoire
古观象台
102 Gare ferroviaire
de Pékin
北京火车站
103 Beijing Ceroil Plaza
北京中粮广场
109 Musée d'Histoire
de la révolution
中国革命历史博物馆
110 Place Tian'anmen
天安门广场
111 Palais de l'Assemblée
du peuple
人民大会堂
114 Qianmen
(porte du Devant)
前门
126 Temple
des Nuages blancs
白云观
127 Gare ferroviaire Ouest
北京西火车站
128 Temple Tianning
天宁寺
129 Mosquée de Niujie
牛街礼拜寺
130 Temple Fayuan
法源寺
138 Musée d'Histoire
naturelle
自然博物馆
139 Marché de Tianqiao
天桥市场
143 Gare routière
Majuan
马圈长途汽车站

STATIONS DE MÉTRO

10 Xizhimen
西直门
12 Jishuitan
积水潭
14 Gulou Dajie
鼓楼大街

19 Andingmen 安定门	62 Junshibowuguan 军事博物馆	101 Beijing Zhan 北京站
21 Yonghegong 雍和宫	64 Muxidi 木樨地	106 Chongwenmen 崇文门
25 Dongzhimen 东直门	65 Nanlishilu 南礼士路	112 Qianmen 前门
43 Dongsishitiao 东四十条	66 Fuxingmen 复兴门	116 Heping Lu 和平路
44 Chaoyangmen 朝阳门	67 Fuchengmen 阜城门	118 Xuanwumen 宣武门
55 Chegongzhuang 车公庄	85 Jianguomen 建国门	123 Xidan 西单
60 Gongzhufen 公主坟		124 Changchun Jie 长春街

Musée militaire
(*jūnshì bówùguǎn*)

Mieux peut-être que ne le fait le musée de la Révolution, il retrace l'histoire de l'ALP de 1927 à nos jours et présente quelques expositions intéressantes : des photos de Mao à ses débuts, des productions artistiques du réalisme socialiste, des chars américains de la guerre de Corée et autres engins de destruction. Les commentaires sont exclusivement en chinois. Vous devrez laisser votre sac à l'entrée.

Le musée se dresse dans Fuxing Lu, du côté ouest de la ville. Pour vous y rendre, empruntez le métro jusqu'à Junshibowuguan. Le prix d'entrée est de 2 yuan.

Musée d'Histoire naturelle
(*zìrán bówùguǎn*)

C'est le plus vaste musée de Chine concernant l'histoire naturelle et les voyageurs semblent beaucoup l'apprécier. Les quatre principales salles d'exposition sont consacrées à la faune et à la flore, à la paléontologie et à la paléo-anthropologie. Certaines pièces exposées proviennent du British Museum, du musée américain d'Histoire naturelle et d'autres institutions étrangères.

Le musée se dresse dans le quartier de Tianqiao, à l'ouest du parc Tiantan et au nord de l'entrée ouest du parc. Le prix d'entrée est de 10 yuan. Le musée est ouvert tous les jours, excepté le lundi, de 8h30 à 16h.

Musée Lu Xun
(*lǔ xùn bówùguǎn*)

Consacré au grand théoricien de la révolution chinoise, ce musée abrite des manuscrits, le journal, des lettres et des notes du célèbre écrivain. A l'ouest du musée se dresse une petite maison ceinte d'un mur où vécut Lu Xun de 1924 à 1926. Le musée donne dans Fuchengmennei Dajie, à l'ouest du carrefour Xisi, au nord-ouest de la ville.

Musée des Beaux-Arts de Chine
(*zhōngguó měishù guǎn*)

Après la Libération, l'une des activités les plus sûres pour un artiste était de retoucher les paysages classiques en y ajoutant des drapeaux rouges, des cheminées d'usine et des tracteurs d'un rouge étincelant. Ce musée donne un aperçu de la situation artistique en Chine. Une galerie adjacente propose de temps à autre d'excellentes expositions d'artistes contemporains, notamment de photographes. Consultez la liste des expositions du *China Daily*. A l'intérieur même du bâtiment, la boutique d'artisanat offre un large choix de xylogravures et de papiers découpés. Le musée est situé à l'ouest du carrefour Dongsi, au nord-est de la Cité interdite, sur Chaoyangmennei Dajie.

Musée Xu Beihong

(*xú bēihóng jìnian guǎn*)

Vous pourrez voir des peintures traditionnelles chinoises, huiles, gouaches, dessins et objets du peintre Xu Beihong, célèbre pour ses peintures de chevaux au galop. Des livres sur ses œuvres, ainsi que des reproductions et du papier à lettre chinois, sont en vente dans le musée, installé 53 Xinjiekou Bei Dajie, quartier de Xicheng, à un demi-pâté de maisons au sud de Deshengmen Xi Dajie.

Musée Song Qingling

(*sòng qìnglíng gùjū*)

Mme Song était la seconde épouse de Sun Yat-sen (il divorça de la première), premier président de la République chinoise.

Après 1981, la vaste résidence de Mme Song fut transformée en un musée dédié à sa mémoire et à celle de son époux. La résidence est restée en l'état ; objets personnels et photos d'intérêt historique y sont exposés. Le musée se trouve au nord du lac Shisha Houhai.

Résidence du prince Gong

(*gōngwángfǔ*)

Pour y parvenir, vous devrez quitter les rues principales et emprunter de petites ruelles dans le quartier des lacs Shisha Hai. Située plus ou moins au centre de l'arc de cercle formé par les lacs du nord au sud, l'endroit mérite le détour. Cette résidence passe pour être le modèle de la demeure du très classique ouvrage de Cao Xueqin, datant du XVIIIe siècle, *Le Rêve dans le pavillon rouge*. Avec ses neuf cours, ses hauts murs et ses jardins raffinés, c'est l'une des plus vastes résidences privées de Pékin. Le prince Gong était le fils d'un empereur Qing.

Tour du Tambour

(*gǔlóu*)

Construite en 1420, elle renferme plusieurs tambours, sur lesquels on frappait les heures du jour et de la nuit. Le compte des heures était effectué à l'aide d'une clepsydre. La tour se dresse dans Gulou Dong Dajie, à 1 km au nord du parc Jingshan.

Derrière la tour du Tambour se cache la **tour de la Cloche** (*zhōnglóu*), édifiée à la même époque mais qui fut détruite par le feu. La structure actuelle date du XVIIIe siècle et la gigantesque cloche qu'elle renfermait fut transférée à la tour du Tambour.

Musée et bibliothèque de la capitale

(*shǒudū túshūguǎn*)

Ce musée fait partie du temple de Confucius. Il abrite des stèles, des dalles gravées, des vases et des documents. Le moyen le plus facile de s'y rendre est le métro, jusqu'à la station Yonghegong ; on peut y aller à pied depuis le temple des Lamas.

Parc Jingshan

(*jǐngshān gōngyuán*)

Le parc Jingshan (la colline de Charbon), au nord de la Cité interdite, contient une colline artificielle composée de la terre provenant du creusement des douves du palais impérial. Des pavillons les plus élevés de ce délicieux jardin, vous pourrez profiter d'une vue magnifique sur la capitale et sur les toitures jaune d'or de la Cité interdite. Dans la partie est du parc se dresse un caroubier auquel le dernier des Ming, l'empereur Chongzhen, se serait pendu, après avoir tué toute sa famille, pour ne pas assister à la destruction de son palais par les Mandchous.

La colline est censée protéger le palais des mauvais esprits – ou des tempêtes de sable – en provenance du Nord – une protection qui ne fut pas réellement efficace pour Chongzhen.

L'entrée du parc Jingshan coûte la modique somme de 0,30 yuan, ou trente fois ce prix si vous souhaitez acheter en souvenir un "billet passeport touristique", fort heureusement non obligatoire pour les touristes étrangers.

Parc Beihai

(*běihǎi gōngyuán*)

Accessible par quatre portes et situé juste au nord de la Cité interdite, le parc Beihai était autrefois un lieu de plaisance pour les empereurs. Il couvre une superficie de

68 hectares, dont la moitié occupée par un lac. L'île sise au milieu du lac fut créée avec la terre issue des travaux de terrassement entrepris pour creuser le lac – que certains attribuent à Qubilaï Khan.

Le site est associé au palais du Grand Khan, le centre de Pékin avant la création de la Cité interdite. Tout ce qui reste de la cour du khan est une énorme vasque de jade vert, dans la Cité ronde, à proximité de la porte Sud.

Depuis le XIIᵉ siècle, on a aménagé le parc avec des collines artificielles, des pavillons, des palais, des temples et des galeries couvertes. Au sommet de l'île du Jade, se dresse un dagoba blanc d'une hauteur de 36 m. Il fut érigé en 1651 pour la première visite du dalaï-lama et reconstruit en 1741.

Une superbe galerie peinte, à double étage et d'une architecture inhabituelle pour un passage couvert, borde la rive nord-est de l'îlot. A côté de l'embarcadère, se tient le restaurant Fangshan, qui sert des plats impériaux qu'appréciait tout particulièrement l'impératrice Cixi. Elle était friande de repas composés de 120 plats et de quelque 30 desserts. Cet établissement haut de gamme est onéreux ; il est indispensable de réserver (le décor est à couper le souffle !).

Dans la partie nord du lac, l'attraction principale est le mur aux Neuf Dragons, avec ses 5 m de haut et ses 27 m de long, en briques vernissées. Il fut érigé pour écarter les mauvais esprits et se dressait devant l'entrée d'un temple aujourd'hui disparu. Au sud-ouest de l'embarcadère, sur cette rive, se profile le pavillon aux Cinq Dragons, datant de 1651, où les empereurs aimaient venir pêcher, camper et chanter autour d'un feu (une forme ancestrale de karaoke).

La partie orientale du parc renferme les "jardins dans les jardins". Ces pavillons en bordure de l'eau, ces galeries tortueuses et ces rocailles formaient le lieu de villégiature d'été des familles impériales, notamment de l'empereur Qianlong et de l'impératrice Cixi.

Le parc Beihai est un endroit reposant pour se promener, manger un morceau,

boire une bière, canoter (location d'une barque : 10 yuan de l'heure) ou, comme le font les Chinois, se blottir sur un banc le soir. Le parc est bondé le week-end. Certaines personnes plongent dans le lac lorsqu'il n'y a pas de garde alentour (les baignades sont interdites). En hiver, on peut pratiquer le patinage.

Parc Tiantan (temple du Ciel)

(*tiāntán gōngyuán*)

Perfection de l'architecture Ming, le temple du Ciel symbolise aujourd'hui Pékin. On le reproduit partout, sur les dépliants touristiques et sur d'innombrables produits, du baume du tigre aux accessoires de plomberie. Il est situé dans un parc de 267 hectares doté de quatre portes aux quatre points cardinaux et bordé de murs. L'empereur y célébrait autrefois des rites solennels destinés à favoriser les moissons, à obtenir la clémence divine et à prendre sur lui la responsabilité des péchés du peuple.

La complexité et le caractère architectural unique de ses bâtiments raviront les numérologues, les nécromanciens et les superstitieux, sans parler des ingénieurs en acoustique et des charpentiers. Formes, couleurs et sons ont tous une signification symbolique.

Les temples, vus en perspective aérienne, sont ronds sur des bases carrées, selon la croyance chinoise que le ciel est rond et la terre carrée. Toujours selon ce principe, l'extrémité nord du parc est semi-circulaire et l'extrémité sud carrée.

Tiantan était un lieu tout particulièrement sacré. C'est là que l'empereur accomplissait les principaux rites annuels. Le moindre accroc dans le déroulement des cérémonies était considéré comme un mauvais présage, déterminant pour l'avenir de toute la nation.

Autel du Ciel. Édifié en 1530 et reconstruit en 1740, cet autel rond de 5 m de haut se compose de trois terrasses de marbre blanc superposées, dont la construction géométrique repose sur le chiffre impérial 9. Les chiffres impairs étaient considérés comme célestes, et 9 est le plus grand chiffre impair. La terrasse supérieure, symbolisant le ciel, comprend neuf cercles de dalles de pierres, chacun composé de multiples de neuf dalles, si bien que le dernier cercle comprend 81 dalles. La terrasse centrale – la terre – regroupe les cercles 10 à 18. La terrasse inférieure – l'humanité – comprend les cercles 19 à 27 et se termine avec un dernier cercle de 243 dalles (27 fois 9). Les nombres de marches et de balustrades sont également des multiples de 9. Lorsque l'on se tient au centre de la terrasse supérieure et que l'on prononce un mot, il se répercute sur les balustrades de marbre en amplifiant le son (neuf fois ?).

Mur de l'Écho. Au nord de l'autel, entourant la Voûte céleste impériale, se trouve le mur de l'Écho, enclos circulaire de 65 m de diamètre. S'il n'y a pas foule, vous entendrez parfaitement le chuchotement d'une personne située diamétralement à l'opposé.

Dans la cour se trouvent les Pierres au triple écho. Si vous vous tenez sur la première et frappez dans vos mains ou criez, vous entendrez un écho, puis deux sur la deuxième et trois sur la troisième. S'il s'en produisait quatre, attendez-vous à ne pas obtenir la couchette dure tant convoitée pour le jour même ou pour tout autre jour multiple de trois.

Voûte céleste impériale. Ce bâtiment octogonal fut érigé à la même époque que l'autel du Ciel et suivant les proportions du temple de la Prière pour de bonnes moissons, plus ancien. Il renfermait les tablettes des ancêtres de l'empereur, utilisées pendant les cérémonies du solstice d'hiver. Une allée part de la Voûte impériale : à gauche s'élève un monticule dû à l'excavation d'abris antiaériens et, à droite, quantité de boutiques de souvenirs.

Temple de la Prière pour de bonnes moissons (*qínián diàn*). C'est l'édifice majeur de l'ensemble du parc, magnifique structure érigée sur trois terrasses de marbre superposées. On ne peut qu'admirer l'ingéniosité des maîtres d'œuvre de ce temple, dont les piliers de bois supportent le plafond sans un seul clou ou ciment – pour un bâtiment de 38 m de hauteur et de 30 m de diamètre, c'est un exploit qui resta inégalé jusqu'à l'invention du Lego.

Construit en 1420, le temple fut réduit en cendres en 1889. Le nombre de têtes coupées fut proportionnel au dommage. Une reproduction fidèle, basée sur les techniques architecturales Ming, fut construite l'année suivante.

Les 4 colonnes centrales représentent les saisons, les 12 colonnes du cercle suivant les 12 mois de l'année, tandis que les 12 colonnes extérieures symbolisent une journée, subdivisée en 12 "veilles". Un dragon sculpté, symbole de royauté, est enchâssé dans le plafond.

Parc Ditan
(*dìtán gōngyuán*)
Bien que la prononciation de "ditan" soit la même que celle du mot "tapis" en chinois, il signifie en l'occurrence "temple de la Terre". Le parc fut construit vers 1530 et était utilisé par les empereurs pour sacrifier des êtres vivants de moindre importance, afin de rester en bons termes avec le dieu de la terre. Négligé pendant de nombreuses années, il a été rouvert en 1984 et sert de centre d'activités pour les personnes âgées. Il est situé au nord du magnifique temple des Lamas.

Parc Ritan
(*rìtán gōngyuán*)
Ritan signifie "temple du Soleil". Aménagé en 1530, c'est l'un des plus vieux parcs de Pékin. Il servait à abriter l'autel destiné aux sacrifices en l'honneur du Soleil. Situé pratiquement au cœur du quartier des ambassades de Jianguomenwai, il est très apprécié des diplomates, de leurs familles et autres notables.

Parc Yuetan
(*yuètán gōngyuán*)
Petit parc à l'ouest du centre-ville, son nom signifie "temple de la Lune". Autre lieu de

sacrifices rituels, c'est là que les empereurs réduisaient sensiblement la population pour apaiser la lune. Aujourd'hui, le parc est surtout connu pour son restaurant, Emei, sis au nord du parc, qui sert des plats du Sichuan préparés sans concession aucune pour les palais des visiteurs étrangers – et que les amateurs préfèrent au restaurant Sichuan.

Parc Yuyuantan
(*yùyuāntán gōngyuán*)

Situé à l'ouest du parc Yuetan, le parc Yuyuantan (parc de l'Étang aux profondeurs de jade) est célèbre pour abriter la pension d'État Diaoyutai, où descendent les diplomates en visite et les cadres supérieurs. Les touristes qui s'aventurent à proximité de l'entrée principale sont poliment priés de revenir sur leurs pas.

Dans la partie sud du parc s'élève l'immense tour de la télévision, un des points de repère les plus visibles de la capitale. Le parc se trouve au nord du Musée militaire.

Parc Taoranting
(*táorántíng gōngyuán*)

C'est l'un des lieux favoris des amateurs d'exercices de taijiquan à l'aube. Le parc Taoranting (pavillon de la Joie) s'étend au sud de la ville, au nord d'un gigantesque canal d'égout. Le parc date au moins de la dynastie Qing et devint célèbre parce qu'il était l'un des rares accessibles à la population (les autres étant réservés, pour la plupart, à l'usage exclusif de l'empereur).

Parc Zizhuyuan
(*zǐzhúyuàn gōngyuán*)

Son nom signifie "parc du Bambou pourpre", référence à l'une des variétés de bambous plantées sur place. En dehors d'un temple de la Longévité (*wànshòu sì*) d'époque Ming, l'endroit ne se distingue guère par son passé historique. Le parc est agréable et contient un lac suffisamment grand pour y patiner en hiver. Il s'étend dans un quartier prestigieux à l'ouest du zoo.

Parc Longtan
(*lóngtán gōngyuán*)

Le parc Longtan (étang du Dragon), à l'est du temple du Ciel, est d'un grand intérêt pour les voyageurs qui résident à l'hôtel Longtan – vous pourrez y voir à l'aube des démonstrations de taijiquan.

La partie ouest du parc a récemment été transformée en parc d'attractions de Pékin, peuplé de ballons, barbe à papa et montagnes russes qui donnent la nausée (évitez le grand-huit après avoir ingurgité de la cuisine du Sichuan). La visite est à proscrire les dimanche et jours fériés.

Parc aux Sites grandioses
(*dàguān yuán*)

Situé dans la partie sud-ouest de la ville, le parc aux Sites grandioses diffère des autres parcs de la capitale, datant de l'époque impériale. Il est en effet très récent : son aménagement fut entrepris en 1984 et achevé quelques années plus tard. C'est une réplique des jardins décrits dans *Le Rêve dans le pavillon rouge*, classique de la littérature chinoise (XVIIIe siècle). Bien que sans intérêt historique, il amusera ceux qui ont lu le roman. Sinon, contentez-vous de profiter du chant des oiseaux et de l'ombre des arbres.

Zoo de Pékin
(*běijīng dòngwùyuán*)

Pour les visiteurs, le zoo est supportable – parc immense, lacs agréables, beaux oiseaux – mais, après votre visite, vous aurez sûrement l'air aussi pitoyable que les animaux. Aucun effort n'est fait pour recréer leur habitat naturel : ils vivent dans des cages minuscules, avec très peu d'ombre et d'eau.

Le planétarium de Pékin est proche du zoo, ainsi que le palais des expositions (expositions industrielles temporaires, théâtre, restaurant russe), bâtiment incongru, de style soviétique.

L'entrée du zoo ne coûte que 10 yuan, mais vous devrez compter avec un petit supplément pour la maison des pandas et quelques autres pour visiter les expositions temporaires.

Le zoo est facile d'accès. Il suffit de prendre le métro jusqu'à la station Xizhimen. De là, vous devrez marcher 15 minutes vers l'ouest ou prendre un trolleybus.

Temple des Lamas
(*yōnghégōng*)

C'est de loin le plus beau temple de Pékin, avec ses magnifiques jardins, ses fresques et tapisseries étonnantes, son incroyable charpente.

C'est le temple bouddhique tibétain le plus connu en Chine en dehors de ceux du Tibet. Sis au nord-ouest du centre-ville, en direction d'Andingmen, il devint la résidence officielle du prince Yin Zhen après d'importantes rénovations. Rien de très original dans tout ça, si ce n'est qu'en 1723 le prince devint empereur et emménagea à la Cité interdite. Il prit le nom de Yongzheng et son ancienne résidence devint le palais Yonghe. Transformé en lamaserie en 1744, il a hébergé depuis un grand nombre de moines mongols et tibétains.

En 1949, le temple des Lamas fut déclaré monument national en raison de son importance historique. Il survécut miraculeusement sans dommages à la Révolution culturelle. En 1979, de très coûteux travaux de restauration furent entrepris et plusieurs dizaines de moines, originaires de Mongolie intérieure, furent invités à y résider. Un geste du gouvernement destiné à confirmer que le temple des Lamas est bien le "symbole de la liberté de croyance, de l'unité et de la stabilité nationale de la Chine". Les novices étudient le tibétain et les liturgies secrètes de la secte des Bonnets jaunes.

Il est interdit de prendre des photos à l'intérieur des palais du temple en raison de la répugnance qu'éprouvent les moines à la reproduction de l'image du Bouddha. Le temple est ouvert tous les jours, excepté le lundi, de 9h à 16h. En métro, descendez à la station Yonghegong.

Temple de Confucius et Collège impérial
(*kŏng miào/guózĭjiān*)

En contrebas de la hutong qui fait face à l'entrée du temple des Lamas se dressent l'ancien temple de Confucius et le Collège impérial. Ce temple de Confucius est le plus grand de Chine après celui de Qufu. Il a rouvert en 1981, après avoir mystérieusement servi de résidence officielle. C'est aujourd'hui un musée.

Les rangées de stèles dans la cour ont l'air abandonnées. Elles portent les noms des candidats ayant réussi les examens impériaux (les premiers au monde).

C'est à l'intérieur du Collège impérial que l'empereur commentait chaque année les doctrines confucéennes devant un auditoire de plusieurs milliers d'étudiants, professeurs et fonctionnaires de la cour agenouillés.

Construit par le petit-fils de Qubilaï Khan en 1306, ce collège était unique en son genre en Chine. Il abrite aujourd'hui la bibliothèque de la capitale.

Fresque représentant Avalokitesvara, dans le temple bouddhique tibétain des Lamas.

L'EST

Temple de la Grande Cloche
(*dàzhōng sì*)

Il renferme la plus grosse cloche de Chine (46,5 tonnes pour 6,75 m de haut), couverte de sutras bouddhiques, soit un total de plus de 227 000 caractères chinois. La cloche fut fondue en 1406 sous le règne de l'empereur Ming, Yongle ; la tour fut construite en 1733. Le transport de la cloche depuis la fonderie se révéla complexe – impossible à l'époque de faire appel à une compagnie de transport de Hong Kong. Il fallut creuser un étroit canal qui gela en hiver et permit de déplacer la cloche sur des traîneaux.

L'enceinte du temple comprend plusieurs autres bâtiments (en dehors de la tour de la Cloche). Ce sont notamment le pavillon de Guanyin, le pavillon des Sutras, le grand pavillon de Bouddha et le pavillon des Quatre Devas. Ce monastère, l'un des plus populaires de Pékin, a rouvert en 1980.

Le temple de la Grande Cloche vous attend à 2 km environ à l'est du Friendship Hotel, sur Beisanhuan Xilu, au nord-ouest du centre.

Temple du Dagoba blanc
(*báitǎ sì*)

Visible depuis le haut de Jingshan, le dagoba ressemble à celui du parc Beihai, tout proche. Le temple fut transformé en usine pendant la Révolution culturelle, puis restauré en 1980 et rouvert au public. Le dagoba date de l'époque de Qubilaï Khan et n'est plus aujourd'hui qu'un édifice d'intérêt historique.

Le temple est situé dans Fuchengmennei Dajie.

Temple Guangji
(*guǎngjì sì*)

Le temple de la Charité universelle se dresse au nord-ouest du carrefour de Xisi Dajie, à l'est du temple du Dagoba blanc. Bien entretenu, il abrite le siège de l'Association des bouddhistes chinois. Il compte, semble-t-il, quelques-unes des plus belles statues de Bouddha en Chine.

Mosquée de Dongsi
(*dōngsì qīngzhēn sì*)

C'est l'une des deux mosquées en activité de Pékin, l'autre étant la mosquée de Niujie. Elle est située à l'est du parc Jingshan, 13 Dongsi Nan Dajie, au sud du croisement avec Chaoyangmennei Dajie.

Mosquée de Niujie
(*niújiē lǐbài sì*)

Dans le secteur sud-ouest de Pékin (quartier de Xuanwu), au sud de Guang'anmennei Dajie, se trouve un quartier musulman doté d'une élégante mosquée faisant face à La Mecque. Niujie (rue du Bœuf), au cachet très particulier, mérite une visite.

Temple Fayuan
(*fǎyuán sì*)

Dans une ruelle à l'est de la mosquée de Niujie se profile le temple Fayuan (Source de la Loi). Construit au VIIe siècle, le temple abrite aujourd'hui le collège du Bouddhisme de Chine et est ouvert aux visiteurs.

Temple du Nuage blanc
(*báiyúnguān*)

Situé au sud de l'hôtel Yanjing et à l'ouest des douves, c'était autrefois le premier centre taoïste de Chine du Nord. Il demeure aujourd'hui le temple taoïste le plus actif de Pékin. Vérifiez son emplacement sur une carte avant de vous y rendre. Vous devrez descendre Baiyun Lu vers le sud, traverser les douves, puis continuer par Baiyun Lu et bifurquer dans une rue incurvée sur la gauche que vous suivrez sur 250 m jusqu'à l'entrée du temple. A l'intérieur sont regroupés plusieurs cours, un étang, un pont, plusieurs salles de culte et des objets taoïstes.

Ancien observatoire
(*gǔguān xiàngtái*)

Construit sur les remparts d'une tour de garde appartenant à l'ancienne muraille de la ville, l'observatoire offre une perspective intéressante sur la capitale. Écrasé par les résidences diplomatiques, il est situé au cœur d'une jungle d'échangeurs routiers et d'autoroutes, à l'ouest du Friendship Store, à l'angle sud-ouest de Jianguomennei Dajie et du deuxième périphérique.

L'observatoire date du règne de Qubilaï Khan. A l'époque, il se trouvait au nord de son emplacement actuel. Le Grand Khan, comme après lui les empereurs Ming et Qing, s'en remettait presque totalement aux astrologues avant de prendre la moindre décision.

L'observatoire actuel fut édifié entre 1437 et 1446, non seulement pour faciliter les prédictions astrologiques, mais également pour venir en aide aux navigateurs. En bas sont présentés des instruments de navigation utilisés par les marins chinois. Sur la terrasse sont réunis divers instruments conçus par les jésuites.

Récemment, les autorités de la ville ont été prises de court lorsque des groupes de rock étrangers et chinois ont organisé une fête dans l'ancienne tour. L'observatoire est ouvert du mercredi au dimanche de 9h à 11h et de 13h à 16h.

Parc culturel et ethnique de Chine
(*zhōnghuá mínzú yuán*)

Ce parc vous offre la possibilité de vous familiariser avec les 56 nationalités officielles de Chine. Ou, plus exactement, de voir des Chinois han revêtus de costumes appartenant aux différentes ethnies non chinoises.

L'endroit est également émaillé d'imitations à petite échelle de sites chinois célèbres, telle une fausse cascade du Dragon de Jiuzhaigou. L'intérêt du parc tient sans doute à l'opportunité qu'il offre de goûter aux diverses spécialités culinaires de certaines ethnies.

Le parc s'étend à l'ouest du Centre sportif olympique national.

Où se loger – petits budgets

A l'exception de quelques hôtels délabrés, disséminés pour la plupart à la périphérie de la capitale, il faut savoir que Pékin devient très pauvre en hébergements pour petits budgets. En hiver, hors saison, vous réussirez peut-être à obtenir une chambre à un

---

Cité souterraine
(*dìxià chéng*)

Vers la fin des années 60, redoutant une hypothétique invasion soviétique, les Chinois se lancèrent dans la construction d'une véritable ville souterraine. Elle fut creusée avec des outils rudimentaires par environ 2 000 Chinois, qui consacrèrent leur temps libre à cette gigantesque entreprise pendant dix ans. Bien que ce ne soit pas l'endroit le plus captivant de la capitale, on estime à quelque 600 personnes le nombre de visiteurs quotidiens désireux de jeter un coup d'œil à ce réseau de 32 km d'abris souterrains. Ce complexe compte environ 90 entrées dissimulées dans des magasins.

Les officiels de la défense civile soutenaient avec fierté que 10 000 personnes du quartier de Dazhalan pouvaient trouver un abri en 5 mn en cas d'attaque.

Aujourd'hui, par manque d'espace et pour profiter au maximum du potentiel offert par les abris antiaériens en temps de paix (d'autant plus que ces abris sont sans effet en cas d'attaques nucléaires), la ville de Pékin a transformé ces tunnels en entrepôts, usines, boutiques, restaurants, hôtels, pistes de patins à roulettes, théâtres ou hôpitaux.

Quelques boutiques proposent l'accès aux tunnels (payant). C'est notamment le cas d'un magasin situé dans une étroite hutong, 62 Xidamochang Jie. Pour le dénicher, partez de Qianmen et dirigez-vous vers le sud sur une courte distance, dans Qianmen Dajie. La toute première hutong sur votre gauche (côté est de la rue) est Xidamochang Jie, parallèle à Qianmen Dong Dajie. Marchez encore pendant 10 mn. L'entrée coûte 5 yuan pour les étrangers. Une carte murale fluorescente montre la totalité du réseau souterrain. ■

prix raisonnable mais, pendant l'été, on se dispute le moindre mètre carré disponible.

Tout établissement qui demande moins de 400 yuan pour une chambre pendant la haute saison (été) fait donc partie, à Pékin, du "bas de gamme". Il est parfois possible de discuter le prix d'un hébergement – demandez très poliment une "réduction". De nombreux voyageurs nous ont signalé avoir obtenu des réductions de 30 %, voire davantage, hors saison, pour un séjour long (plus d'une semaine). Malheureusement, cela ne marche pas toujours.

Aujourd'hui, les deux adresses privilégiées par les touristes à très petit budget sont l'hôtel Jinghua et l'hôtel Lihua, les seuls ou presque à proposer encore des lits en dortoirs. La capitale compte une multitude d'établissements à moins de 300 yuan, mais téléphonez avant de vous déplacer (ils affichent souvent complet). Il n'y a guère plus de 50% de chance que votre interlocuteur parle une autre langue que le chinois. Demandez la réception (*zŏng fúwù tái*).

La liste alphabétique ci-dessous concerne des hôtels de moins de 400 yuan. Sachez toutefois que des rénovations impromptues peuvent entraîner une "réévaluation" astronomique des prix.

Hôtel Beihai (bĕihăi bīnguăn), 141 Di'anmen Xi Dajie, 100009. Les doubles coûtent de 210 à 230 yuan (☎ 601-2229 ; fax 601-7848).

Beijing Commercial Business Complex (bĕijīng shāngwù huìguăn), Bâtiment n°1, Yulin Li, Youanmenwai, 100054. Les tarifs officiels des doubles varient de 350 à 450 yuan, mais en négociant poliment on peut obtenir une chambre pour 280 yuan (☎ 329-2244).

Big Bell Hotel (dàzhōngsì fàndiàn), 18 Beisanhuan Xilu, quartier de Haidian, 100086. Les doubles standard reviennent à 280 yuan (☎ 225-3388 ; fax 225-2605).

Complant Hotel (zhōngchéng bīnguăn), 1 Dingan Dongli, Puhuangyu, 100075. Doubles ordinaires à 380 yuan (☎ 762-6688).

Hôtel Desheng (déshèng fàndiàn), 4 Beisanhuan Zhonglu. Toutes les chambres coûtent 252 yuan (☎ 202-4477).

Evergreen Hotel (wànniánqīng bīnguăn), 25 Xisanhuan Beilu, quartier de Haidian, 100081. Doubles standard à 260 yuan (☎ 842-1144).

Hôtel Fangyuan (fāngyuán bīnguăn), 36 Dengshikou Xijie, quartier de Dongcheng, 100006. Les doubles démarrent à 198 yuan (☎ 525-6331).

Far East Hotel (yuăndōng fàndiàn), 90 Tieshuxie Jie, Qianmenwai, quartier de Xuanwu, à l'extrémité ouest de Dazhalan (sud-ouest de Qianmen). Comptez 292 yuan pour une double (☎ 301-8811 ; fax 301-8233).

Hôtel Feixia (fēixiá fàndiàn), Bâtiment 5, Xibianmen Xilu, quartier de Xuanwu, 100053. Chambres à 130 yuan. Une-étoile (☎ 301-2228 ; fax 302-1764).

Hôtel Fengtai (fēngtái bīnguăn), 67 Zhengyang Dajie, quartier de Fengtai, 100071 (en face de la gare ferroviaire de Fengtai). Les tarifs sont très modestes : 60 yuan sans la clim., 80 yuan avec la clim. (☎ 381-4448).

Hôtel Furong (fúróng bīnguăn), Bailizhuang, Chaoyang Lu, quartier de Chaoyang, 100025. Doubles à 180 yuan (☎ 502-2921).

Hôtel Guanghua (guānghuá fàndiàn), 38 Dongsanhuan Beilu, quartier de Chaoyang, 100020 (à proximité du China World Trade Centre). Le prix des chambres s'échelonne de 280 à 332 yuan (☎ 501-8866 ; fax 501-6516).

Hôtel Guoan (guóān bīnguăn), Guandongdian Beijing, Dongdaqiao, quartier de Chaoyang, 100020. Doubles à partir de 400 yuan (☎ 500-7700).

Hôtel Hademen (hādémén fàndiàn), 2A Chongwenmenwai Dajie, 100062. Les prix varient de 320 à 450 yuan (☎ 701-2244).

Hôtel Hainan (hăinán fàndiàn), Zhongguancun, quartier de Haidian. Doubles à 200 yuan (☎ 256-5550 ; fax 256-8395).

Hôtel Hebei (hébĕi fàndiàn), 11A Cheniandian Hutong, Andingmennei, 100009. Chambres à partir de 332 yuan (☎ 401-5522).

Hôtel Hualun (huálún fàndiàn), 291 Andingmennei, quartier de Dongcheng, 100009. Les triples sommaires coûtent 150 yuan, les doubles plus confortables seulement 240 yuan (☎ 403-3337).

Hôtel Huayuan (huáyuán fàndiàn), 28 Beixiaoyun Lu, Dongsanhuan, 100027. Doubles standard à 350 yuan (☎ 467-8661).

Hôtel Jiali (jiālĭ fàndiàn), 21B Jiuxianqiao Lu, quartier de Chaoyang, 100016. Doubles standard à 300 yuan (☎ 437-3631).

Hôtel Jimen (jìmén fàndiàn), Huangtingzi, Xueyuan Lu, quartier de Haidian, 100088. Doubles à partir de 200 yuan (☎ 201-2211).

Hôtel Jinghua (jīnghuá fàndiàn), Nansanhuan Xilu (tronçon sud du troisième périphérique). Une adresse très appréciée des voyageurs à petit budget, avec des lits en dortoirs de 26 à 28 yuan. Pour les doubles avec s.d.b., comptez de 140 à 162 yuan. Les bus n°2 et 17 en provenance de Qianmen vous déposeront tout à côté (☎ 722-2211).

Hôtel Jingtai (jīngtài bīnguǎn), 65 Yongwai Jing-taixi (petite ruelle donnant dans Anlelin Lu). Les chambres sans/avec s.d.b. coûtent 120/200 yuan, mais l'établissement doit être rénové et les prix passeront à plus de 300 yuan (☎ 721-2476, 722-4675).

Hôtel Leyou (lèyóu fàndiàn), 13 Dongsanhuan Nanlu, 100021, est installé à l'est du parc Longtan (sud-est de Pékin). Les doubles varient de 276 à 380 yuan. Prenez le bus n°28 ou 52 jusqu'au terminus (☎ 771-2266 ; fax 771-1636).

Hôtel Lihua (lìhuá fàndiàn), 71 Yangqiao, Yong-dingmenwai. Un hôtel bien adapté à une clien-tèle à petit budget avec des lits en dortoirs de 25 à 30 yuan, des doubles de 140 à 162 yuan. Le bus n°343 est le plus commode, mais le n°14 vous y conduira également (☎ 721-1144).

Hôtel Lingnan (lǐngnán fàndiàn), 32 Beiwacun Lu, quartier de Haidian. Doubles à partir de 374 yuan (☎ 841-2288).

Hôtel Longtan (lóngtán fàndiàn), 15 Panjiayuan Nanli, quartier de Chaoyang, 100021. Les doubles sont à 300 yuan, les suites à 510 et 780 yuan. L'établissement fait face au parc Longtan, au sud-est de la ville (☎ 771-1602 ; fax 771-4028).

Hôtel Lüsongyuan (lǔsōngyuán bīnguǎn), 22 Ban-chang Hutong, quartier de Dongcheng, 100007. Doubles à 298 yuan. Il est parfois difficile à trouver. Lorsque l'on pénètre dans la hutong, par un bout ou par l'autre, on a du mal à croire qu'il existe un établissement de cette catégorie à cet endroit. La hutong est à sens unique et certains chauffeurs refusent de l'emprunter à contresens, d'autres acceptent. L'hôtel est situé exactement au nord du musée des Beaux-Arts de Chine ; à la seconde hutong au nord de Di'anmen, tournez à gauche. Le bus n°104 en provenance de la gare s'arrête tout près (☎ 401-1116, 403-0416).

Overseas Chinese Hotel (huáqiáo fàndiàn), 5 Beixinqiao Santiao, quartier de Dongcheng, 100007. Le prix des chambres varie de 383 à 680 yuan. Deux-étoiles (☎ 401-6688).

Hôtel Qiaoyuan (qiáoyuán fàndiàn), Dongbinhe Lu, Youanmenwai. Autrefois l'établissement le meilleur marché de Pékin, il est en rénovation et ses tarifs devraient passer au moins à 300 yuan (☎ 303-8861, 301-2244).

Hôtel Qinghuayuan (qīnghuáyuán bīnguǎn), 45 Chengfu Lu, quartier de Haidian, 100083. Les doubles reviennent à 220 yuan (☎ 257-3355).

Hôtel Shangyuan (shàngyuán fàndiàn), Xie Jie, Xizhemenwai, quartier de Haidian, 100044. L'hôtel se tient à proximité de la gare de Xizhimen (nord). Les doubles sont à 278 yuan. Deux-étoiles (☎ 225-1166).

Tiantan Sports Hotel (tiāntán tǐyù bīnguǎn), 10 Tiyuguan Lu, quartier de Chongwen, 100061. Les doubles reviennent à 300 yuan. Prenez la ligne de métro en provenance de la gare centrale jusqu'à Chongwenmen, puis le bus n°39, 41 ou 43 (☎ 701-3388 ; fax 701-5388).

Traffic Hotel (jiāotōng fàndiàn), 35 Dongsi Kuaiyu Nanjie. Il propose 82 chambres confortables de 238 à 268 yuan. L'hôtel se cache dans une étroite ruelle qui donne dans Tiyuguan Lu, au sud – des panneaux en anglais indiquent la direction. Le bus n°41 emprunte Tiyuguan Lu et vous déposera à l'entrée de la ruelle. Une-étoile (☎ 701-1114, 711-2288).

Hôtel Wofosi (wòfósì fàndiàn), à côté des jardins botaniques, 100093 (au nord-ouest du centre). Doubles à 207 yuan (☎ 259-1561).

Hôtel Yongdingmen (yǒngdìngmén fàndiàn), 77 Anlelin Lu. Il est actuellement fermé pour rénovation et ses prix devraient passer à 300 yuan environ. Prenez le bus n°39 en prove-nance de la gare (☎ 721-3344).

Hôtel Yuanwanglou (yuǎnwànglóu bīnguǎn), 13 Beisanhuan Xilu (section nord du troisième périphérique). Doubles standard à 300 yuan. Deux-étoiles (☎ 201-3366).

Hôtel Ziwei (zǐwēi bīnguǎn), 40 Shijingshan Lu, quartier de Shijingshan, 100043. A 15 km à l'ouest de la Cité interdite. Doubles à 400 yuan (☎ 887-8031).

Où se loger – catégorie moyenne

Les hôtels cités ci-dessous reviennent à moins de 100 $US ce qui, pour Pékin, équivaut à des établissements de catégorie "moyenne".

Bamboo Garden Hotel (zhúyuán bīnguǎn), 24 Xiao-shiqiao Hutong, Jiugulou Dajie, 100009. Simples/doubles à 579/766 yuan (☎ 403-2229 ; fax 401-2633).

Hôtel Beiwei (běiwěi fàndiàn), 13 Xijing Lu, quar-tier de Xuanwu (côté ouest du parc Tiantan). Les chambres ordinaires coûtent 420 yuan, de luxe 630 yuan et les suites 766 yuan. Deux-étoiles (☎ 301-2266 ; fax 301-1366).

Hôtel Chongwenmen (chóngwénmén fàndiàn), 2 Chongwenmen Xi Dajie, 100062. Chambres standard à 490 yuan, suites à 610 yuan (☎ 512-2211 ; fax 512-2122).

Hôtel Debao (débǎo fàndiàn), Xizhimenwai Dajie (côté est du zoo). Les doubles standard revien-nent à 550 yuan (☎ 831-8866 ; fax 832-4205).

Hôtel Dongfang (dōngfāng fàndiàn), 11 Wanming Lu, 100050 (au sud de Qianmen). Les doubles standard sont à 450 yuan, de luxe à 650 yuan. Trois-étoiles (☎ 301-4466 ; fax 304-4801).

Grand Hotel (yuánshān dà jiǔdiàn), 20 Yumin Dongli, Deshengmenwai, quartier de Xicheng. Les doubles reviennent de 555 à 639 yuan. Trois-étoiles (☎ 201-0033 ; fax 202-9893).

Holiday Inn Downtown (jīndū jiàrì fàndiàn), 98 Beilishi Lu, quartier de Xicheng, 100037. Les prix varient de 650 à 1 740 yuan. Trois-étoiles (☎ 832-2288 ; fax 832-0696).

Hôtel Huabei (huáběi dà jiǔdiàn), Anhuaqiao, 19 Gulouwai Dajie, 100011. Chambres de 480 à 580 yuan. Trois-étoiles (☎ 202-2266, 202-8888).

Hôtel Huadu (huádū fàndiàn), 8 Xinyuan Nanlu, quartier de Chaoyang, 100027. Chambres de 638 à 978 yuan. Trois-étoiles (☎ 500-1166 ; fax 500-1615).

Hua Thai Apartment Hotel (huátài fàndiàn), Jinsong Dongkou (sud-est de Pékin). Les chambres sont en fait des appartements avec cuisine. Les doubles coûtent 412 yuan, celles à quatre lits 720 yuan (☎ 771-6688 ; fax 771-5266).

International Hotel (guójì fàndiàn), 9 Jianguomennei Dajie, 100005. Le prix des doubles varient de 705 à 830 yuan, celui des suites de 1 000 à 4 980 yuan. Quatre-étoiles (☎ 512-6688 ; fax 512-9972).

Landmark Hotel (liàngmǎhé dàshà), 8 Dongsanhuan Beilu, 100004. Tarifs de 700 à 1 250 yuan. Quatre-étoiles (☎ 501-6688).

Media Centre Hotel (méidìyǎ zhōngxīn), 11B Fuxing Lu. Le prix des chambres varie de 650 à 1 300 yuan. Trois-étoiles (☎ 851-4422).

Hôtel Minzu (mínzú fàndiàn), 51 Fuxingmennei Dajie, 100046 (à l'ouest de la CAAC et de Xidan). Chambres ordinaires à 700 yuan, de luxe à 1 230 yuan. Trois-étoiles (☎ 601-4466 ; fax 601-4849).

Olympic Hotel (aòlínpǐkè fàndiàn), 52 Baishiqiao Lu, quartier de Haidian, 100081. Les doubles reviennent à 680 yuan, les suites à 1 360 yuan. Trois-étoiles (☎ 831-6688 ; fax 831-8390).

Park Hotel (bǎilè jiǔdiàn), 36 Puhuangyu Lu, 100078. Doubles à 550 yuan. Trois-étoiles, mais il ne les mérite pas (☎ 761-2233).

Peace Hotel (hépíng bīnguǎn), 3 Jinyu Hutong, Wangfujing. Chambres standard/de luxe à 696/1 044 yuan. Quatre-étoiles (☎ 512-8833 ; fax 512-6863).

Hôtel Qianmen (qiánmén fàndiàn), 175 Yong'an Lu (au sud-ouest de Qianmen). Doubles/suites à 617/935 yuan. Trois-étoiles (☎ 301-6688 ; fax 301-3883).

Rainbow Hotel (tiānqiáo bīnguǎn), 11 Xijing Lu, quartier de Xuanwu, 100050 (au sud-ouest de Qianmen). Les prix varient de 630 à 766 yuan. Trois-étoiles (☎ 301-2266 ; fax 301-1366).

Hôtel Tiantan (tiāntán fàndiàn), 1 Tiyuguan Lu, quartier de Chongwen (à l'est de Tiantan). Chambres standard/de luxe à 655/697 yuan. Trois-étoiles (☎ 701-2277 ; fax 701-6833).

Twenty-First Century Hotel (èrshíyī shìjì fàndiàn), 40 Liangmaqiao. Les prix varient de 560 à 1 250 yuan. Trois-étoiles (☎ 466-3311).

Hôtel Yanjing (yānjīng fàndiàn), 19 Fuxingmenwai Dajie (ouest de Pékin). Chambres standard/de luxe à 560/947 yuan. Trois-étoiles (☎ 853-6688).

Hôtel Yanxiang (yānxiáng fàndiàn), 2A Jiangtai Lu, Dongzhimenwai (sur le trajet de l'aéroport, au nord-est de Pékin). Les prix s'échelonnent de 480 à 960 yuan. Trois-étoiles (☎ 437-6666 ; fax 437-6231).

Hôtel Yuexiu (yuèxiù dà fàndiàn), 24 Dong Dajie, Xuanwumen, 100051. Les prix varient de 420 à 550 yuan. Trois-étoiles (☎ 301-4499 ; fax 301-4609).

Où se loger – catégorie supérieure

Tenir à jour la liste des hôtels haut de gamme à Pékin est une véritable gageure. A peine un nouvel établissement a-t-il ouvert ses portes qu'on procède à l'inauguration d'un palace encore plus luxueux. A tous les prix cités ci-dessous, ajoutez un supplément de 15 %.

Beijing Asia Hotel (běijīng yàzhōu dà jiǔdiàn), 8 Xinzhong Xijie, Gongren Tiyuchang Beilu, 100027. Les doubles reviennent à 860 yuan, les suites à 1 380 yuan. Trois-étoiles (☎ 500-7788 ; fax 500-8091).

Beijing Toronto Hotel (jīnglún fàndiàn), 3 Jianguomenwai Dajie, 100020. Les prix varient de 1 245 à 1 910 yuan. Quatre-étoiles (☎ 500-2266 ; fax 500-2022).

Chains City Hotel (chéngshì bīnguǎn), 4 Gongren Tiyuchang Donglu, quartier de Chaoyang, 100027. Standard à 860 yuan, de luxe à 1 035 yuan. Trois-étoiles (☎ 500-7799 ; fax 500-7668).

China World Hotel (zhōngguó dà fàndiàn), 1 Jianguomenwai Dajie, 100020 (à l'intérieur du China World Trade Centre). Les prix s'échelonnent de 2 240 à 3 530 yuan. Cinq-étoiles (☎ 505-2266 ; fax 505-3167).

Continental Grand Hotel (wǔzhōu dà jiǔdiàn), 8 Beichen Donglu, Beisihuan Lu, Andingmenwai, 100101 (dans le village des Jeux asiatiques). Chambres standard à 830 yuan, de luxe à 1 660 yuan et suites à 2 490 yuan. Quatre-étoiles (☎ 491-5588 ; fax 491-0106).

CVIK Hotel (sàitè fàndiàn), 22 Jianguomenwai Dajie (en face du Friendship Store), 341 chambres. Les prix des chambres s'échelonnent entre 1 037 et 1 825 yuan. Quatre-étoiles (☎ 512-3388 ; fax 512-3542).

Friendship Hotel (yǒuyí bīnguǎn), 3 Baishiqiao Lu, 100873 (sur le troisième périphérique). Chambres standard entre 921 et 1 322 yuan. Deux à quatre-étoiles (☎ 849-8888 ; fax 849-8866).

Gloria Plaza Hotel (kǎilái dà jiǔdiàn), 2 Jianguomen Nan Dajie, 100022. Le prix des chambres varie de 1 160 à 9 960 yuan. Quatre-étoiles (☎ 515-8855 ; fax 515-8533).

Grace Hotel (xīn wànshòu bīnguǎn), 8 Jiangtai Xilu, quartier de Chaoyang, 100016. Chambre à deux lits pour 1 080 yuan. Quatre-étoiles (☎ 436-2288 ; fax 436-1818).

Great Wall Sheraton (chángchéng fàndiàn), Dongsanhuan Beilu, 100026. Chambres entre 1 870 et 2 280 yuan. Cinq-étoiles (☎ 500-5566 ; fax 500-3398).

Hilton Hotel (xīěrdùn fàndiàn), 1 Dongfang Lu, Dongsanhuan Beilu, 100027. Le prix des chambres s'échelonne de 1 900 à 2 740 yuan. Cinq-étoiles (☎ 466-2288 ; fax 465-3052).

Holiday Inn Crowne Plaza (guójì yìyuàn huángguān jiàrì fàndiàn), 48 Wangfujing Dajie, Dengshixikou, 100006. Chambres à 1 245, 1 910 et 2 075 yuan. Cinq-étoiles (☎ 513-3388 ; fax 513-2513).

Holiday Inn Lido (lìdū jiàrì fàndiàn), Jichang Lu, Jiangtai Lu, 100037 (sur le trajet de l'aéroport). Chambres de 1 000 à 1 660 yuan. Officiellement quatre-étoiles seulement, mais c'est sans doute le meilleur hôtel de Pékin (☎ 437-6688).

Hôtel Jianguo (jiànguó fàndiàn), 5 Jianguomenwai Dajie, 100020. Les chambres sont à 1 160 yuan, les doubles de luxe à 2 325 yuan. Quatre-étoiles (☎ 500-2233 ; fax 500-2871).

Jingguang New World Hotel (jīngguǎng xīn shìjiè fàndiàn), Hujialou, quartier de Chaoyang, 100020. Le prix s'échelonnent de 1 410 à 3 490 yuan. Cinq-étoiles (☎ 501-8888 ; fax 501-3333).

Hôtel Kunlun (kūnlún fàndiàn), 2 Xinyuan Nanlu, quartier de Chaoyang, 100004. Doubles entre 1 245 et 1 495 yuan. Cinq-étoiles (☎ 500-3388 ; fax 500-3228).

Mandarin Hotel (xīndàdù fàndiàn), 21 Chegongzhuang Lu, 100044 (au sud du zoo). Chambres standard à 830 yuan, suites à 1 395 yuan. Quatre-étoiles (☎ 831-9988 ; fax 831-2136).

Mövenpick Hotel (guódū dà fàndiàn) à l'aéroport. Les doubles démarrent à 954 yuan. Quatre-étoiles (☎ 456-5588 ; fax 456-5678).

New Otani (chángfù gōng), 26 Jianguomenwai Dajie, 100022. Les doubles varient de 1 660 à 1 825 yuan, les suites de 2 490 à 5 400 yuan. Cinq-étoiles (☎ 512-5555 ; fax 512-5346).

Palace Hotel (wángfǔ fàndiàn), 8 Jinyu Hutong, Dongdan Bei Dajie, 100006. Les doubles coûtent de 2 158 à 3 154 yuan, les suites peuvent atteindre 18 260 yuan. Cinq-étoiles (☎ 512-8899 ; fax 512-9050).

Poly Plaza (bǎolì dàshà), 14 Dongzhimen Nan Dajie. Chambres de 1 044 à 1 500 yuan. Trois-étoiles (☎ 500-1188).

Shangri-La Hotel (xiānggé lǐlā fàndiàn), 29 Zizhuyuan Lu, quartier de Haidian. Les prix varient de 1 660 à 3 320 yuan. Cinq-étoiles (☎ 841-2211 ; fax 841-8002).

Swissôtel (běijīng gǎng'aò zhōngxīn), également appelé le Hong Kong-Macau Centre, Gongren Tiyuchang Beilu et Chaoyangmen Bei Dajie. Le prix des doubles s'échelonne de 1 494 à 1 992 yuan. Cinq-étoiles (☎ 501-2288 ; fax 501-2501).

Tianlun Dynasty Hotel (tiānlún wángcháo fàndiàn), 50 Wangfujing Dajie. Les chambres standard/suites sont à 1 180/1 800 yuan. Quatre-étoiles (☎ 513-8888 ; fax 513-7866).

Où se restaurer

Le développement de la libre entreprise, autorisée depuis le début des années 80, a entraîné la création d'un nombre impressionnant d'établissements de restauration privés. Les prix s'en sont ressenti.

Reste que vous pourrez vous restaurer pour un prix raisonnable dans les nombreux petits restaurants qui s'entassent dans les ruelles.

Cuisine chinoise. Les spécialités de la gastronomie du nord de la Chine sont le canard laqué (canard de Pékin), la fondue mongole (ou *hotpot*), la cuisine musulmane et la cuisine impériale.

Repas bon marché. Les hutong offrent une telle concentration de petites gargotes et d'échoppes qu'il faudrait un ouvrage plus volumineux que le présent guide pour pouvoir les citer toutes. Les quartiers à explorer sont ceux de Qianmen, Wangfujing, Tiantan, Ritan et Beihai.

Le marché de nuit de Donganmen mérite une mention spéciale. Il se tient tous les jours de 18h à 21h. Les vendeurs ambulants y proposent les mets les plus divers, notamment de minuscules bestioles à quatre pattes en brochettes. Ce marché

L'EST

vous attend dans la partie nord de Wangfu-jing, non loin de la Bank of China.

Cuisine pékinoise. Le canard laqué est la spécialité la plus célèbre de la capitale, préparée aujourd'hui à l'échelle industrielle. Votre futur repas est d'abord engraissé au grain et à la pâte de soja dans une ferme aux alentours de Pékin. Il est laqué à la mélasse, gonflé avec de l'air, rempli d'eau bouillante, séché, puis rôti au-dessus d'un feu de bois d'arbres fruitiers. Le résultat est tout simplement délicieux.

Également connu sous le nom de "Vieux Canard", le *Qianmen Quanjude Roast Duck Restaurant* (☎ 511-2418) (*qiánmén quànjùdé kǎoyādiàn*) est installé 32 Qianmen Dajie, côté est, à proximité de la station de métro Qianmen. Comme son surnom l'indique, c'est l'un des plus vieux établissements de la capitale (fondé en 1864). Les prix varient en fonction de l'endroit où vous prenez place. La section bon marché est généralement bondée. Le canard est servi en plusieurs étapes : d'abord des filets de viande désossée à la peau croustillante, accompagnés d'une assiette d'échalotes, de sauce à la prune et de crêpes, puis une soupe préparée à partir des os et de toutes les autres parties de l'animal, à l'exception du bec.

Le *Bianyifang Duck Restaurant* (☎ 702-0505) (*biànyìfāng kǎoyādiàn*), autre établissement célèbre, se trouve 2 Chongwenmenwai Dajie, à proximité de l'hôtel Hademen (station de métro Chongwenmen). La langue ne pose pas vraiment de problème. Vous aurez juste à négocier pour obtenir un canard entier ou une moitié.

Cuisine cantonaise. Tout hôtel touristique digne de ce nom possède un restaurant cantonais pour satisfaire sa clientèle de Hong Kong en servant un dim sum (au petit déjeuner et au déjeuner uniquement). Le menu du soir est essentiellement composé de fruits de mer.

Un des établissements n'appartenant pas à un hôtel est le restaurant *Renren* (☎ 511-2978) (*rénrén dà jiǔlóu*), 18 Qianmen Dong Dajie.

Cuisine impériale (*gōngtíng cài* ou *mǎnhàn dàcān*). Cette cuisine digne des empereurs aura vite fait de vider votre portefeuille. En 1982, un groupe de cuisiniers pékinois entreprit de faire revivre les anciennes recettes de pâtisseries impériales et réussit même à faire goûter ses préparations au frère du dernier empereur.

La cuisine impériale est servie au restaurant *Fangshan* (☎ 401-1889), dans le parc Beihai. Le palais d'Été abrite pour sa part le *Tingliguan Imperial Restaurant* (☎ 258-2504). Vous trouverez également un restaurant impérial dans le parc des Collines parfumées. Le *Gloria Showcase Restaurant* (☎ 515-8855, poste 333), dans le Gloria Plaza Hotel, sert également de la cuisine impériale à des prix tout aussi impériaux.

Fondue mongole. C'est un plat hivernal : un réchaud de cuivre contenant du charbon de bois est posé au centre de la table et vous devez faire cuire vous-même vos morceaux de mouton et vos légumes, à la manière d'une fondue classique, en assaisonnant d'épices si vous le désirez. Cherchez les symboles en forme de *hotpot* sur les petites gargotes et restaurants des hutong et faites-vous préciser les prix avant de commander

Le *Nengren Ju* (☎ 601-2560) jouxte de manière appropriée le temple du Dagoba blanc, création de Qubilaï Khan.

Dans une catégorie nettement supérieure, le New Century Hotel abrite le *Gold Hot Pot Restaurant* (☎ 849-1303).

Cuisine musulmane. Ce type de cuisine est particulièrement bon marché ; encore faut-il connaître les bonnes adresses. Rendez-vous notamment à l'extrémité ouest de Baiwanzhuang Xilu, une rue du quartier de Ganjiakou (au sud du zoo). C'est le lieu de rassemblement de la communauté ouïghoure. Les restaurants y sont très spécialisés. La méthode consiste à se procurer du pain ouïghour (*náng*) dans une échoppe, puis à s'installer dans un salon de thé ou un restaurant et à commander du thé ouïghour (*sānpào tái* ou *bābǎo chá*), quelques plats de légumes, nouilles (*miàn*) et kebabs (*ròu-chuàn*). Vous devrez probablement vous rendre dans plusieurs échoppes pour constituer un repas complet. Un seul restaurant ne fournit pas toute la gamme de ces mets délicieux. Le mieux est sans doute de se grouper à deux ou quatre pour goûter un maximum de plats différents. On peut aussi aller d'une échoppe à l'autre.

Dans les zones touristiques et les hôtels, ce genre de préparation revient beaucoup plus cher. Vous pouvez toutefois essayer le *Hongbinlou* (☎ 601-4832) (*hóngbīnlóu fànzhuāng*), 82 Xi Chang'an Jie, à l'est du carrefour de Xidan.

Le *Moslem Restaurant* (☎ 831-3388, poste 5150), dans l'hôtel Xiyuan, accepte les cartes de crédit.

Cuisine du Sichuan. L'adresse incontournable est le restaurant *Sichuan* (☎ 603-3291) (*sìchuān fàndiàn*), 51 Rongxian Hutong. Pour vous y rendre, dirigez-vous vers le sud depuis le carrefour de Xidan (intersection entre Xidan et Chang'an), tournez à gauche dans la hutong indiquée par des feux rouges et une guérite de police, puis continuez jusqu'au mur gris de l'entrée. Ce restaurant est installé dans l'ancienne résidence de Yuan Shikai (le général qui tenta de s'autoproclamer empereur en 1914).

A la porte Sud-Ouest du parc Ritan vous attend le *Shenxian Douhua Village* (☎ 500-5939) (*shénxiān dòuhuā cūn*) (station de métro Jianguomen). Moins célèbre mais également excellent, le *Dragon Court* (☎ 701-2277, poste 2102) se cache dans l'hôtel Tiantan. Le Great Wall Sheraton Hotel abrite le restaurant *Yuen Tai* (☎ 500-5566, poste 2162). A l'hôtel de Pékin enfin, vous trouverez le *Yiyuan Garden Restaurant* (☎ 513-7766, poste 1383).

Cuisine végétarienne. Le restaurant *Gongdelin Vegetarian* (☎ 511-2542) (*gōngdélín sùcàiguǎn*), 158 Qianmen Dajie, est probablement le meilleur de la capitale et reçoit des critiques élogieuses. Il sert d'excellents plats de légumes, copieux et bon marché.

L'autre établissement recommandé, le *Vegetarians* (☎ 512-6688), est installé dans l'International Hotel (station de métro Jianguomen).

L'*Omar Khayyam* (☎ 513-9988, poste 20188) est implanté dans l'Asia Pacific Building, 8 Yabao Lu, à côté du bureau international des postes et télécommunications, dans le quartier de Jianguomenwai. Il n'est pas exclusivement végétarien.

Cuisine occidentale. Tous les grands hôtels servent de la nourriture occidentale, de qualité et de prix variables. Les voyageurs qui rêvent d'un croissant ou d'un café express seront heureux de savoir que Pékin est le meilleur endroit en Chine où les déguster.

Fast-foods. Depuis le jour de son ouverture en grande pompe en 1992, le succès de *McDonald's* (*màidāngláo*) auprès des Pékinois ne s'est pas démenti. Bien qu'il soit bon marché, c'est l'un des établissements les plus prestigieux de la capitale, le lieu de rendez-vous favori de l'élite, et les cadres vont même y célébrer leurs anniversaires. L'établissement occupe un emplacement de choix à l'angle de Wangfujing et de Dongchang'an Jie, à l'est de l'hôtel Beijing. Les affaires marchent si fort qu'un autre McDonald's (plus petit) s'est ouvert en 1993 dans le marché Chang'an dans Fuxingmenwai Dajie, près de l'hôtel Yanjing. Ouvert de 7h à 23h.

Le *Kentucky Fried Chicken* (*kěndéjī jiāxiāng jī*) date de 1987. Ce fut alors le plus grand KFC au monde. Un Kentucky plus modeste est installé une rue à l'est de Wangfujing, au coin sud-ouest de l'intersection de Dongsi Xi Dajie et de Dongsi Nan Dajie.

Pizza Hut (*bìshèngkè*) est installé dans Dongzhimenwai Dajie, dans le quartier de Sanlitun, et au 33 Zhushikou Xi Dajie, la seconde rue importante au sud de Qianmen (première grande rue au sud de Dazhalan Dajie). L'*Uncle Sam's Fastfood* (*shānmǔ shūshū kuàicān*), au sud de Jianguomenwai, fait face au Friendship Store. Les pâtisseries et les boissons ne sont pas mauvaises.

Cuisine française. Le *Maxim's de Paris* (☎ 505-4853) (*bālí mǎkèxīmǔ cāntīng*) ne se trouve pas seulement à Paris. Une succursale s'est en effet installée dans le China World Trade Center (aile gauche). Un dîner pour deux revient à 300 yuan, bordeaux ou gewürztraminer non compris.

Le Bistrot (☎ 505-2288, poste 6198) est situé dans le même bâtiment que le Maxim's.

Cuisine allemande. Le *Paulaner Brauhaus*, à l'intérieur du Lufthansa Centre (au nord du Great Wall Sheraton), jouit d'une excellente réputation. A noter : il brasse sa propre bière.

Cuisine mexicaine. Le *Mexican Wave* (☎ 506-3961) est situé dans Dongdaqiao Lu, non loin du croisement avec Guanghua Lu. Dongdaqiao Lu est l'artère nord-sud principale entre le Friendship Store et l'hôtel Jianguo, sur Jianguomenwai. L'établissement sert des menus (cuisine occidentale, pas mexicaine) de 12h à 14h30. Le dîner (de style mexicain) débute vers 18h.

Cuisine russe. Le *Moscow Restaurant* (☎ 894-454) (*mòsīkē cāntīng*) se trouve à l'ouest du palais des expositions, de style soviétique, dans le quartier du zoo. La vaste salle à manger, haute de plafond, est décorée de chandeliers et de colonnes cannelées. Les étrangers sont dirigés vers une pièce annexe qui donne sur le zoo. La nourriture ne fait pas l'unanimité, mais elle est typiquement russe : bortsch, crevettes à la crème gratinées, porc à la Kiev, bœuf Strogonoff, pain noir, soupes et caviar, le tout à des prix raisonnables.

Boulangeries. Le pain chinois n'est pas fameux, mais quelques entrepreneurs privés se sont lancés dans la commercialisation d'un pain plus comestible. C'est notamment le cas de la *Vie de France* (*dà mòfáng miànbāo diàn*), qui vend de vrais croissants quatre fois moins cher qu'à Paris. Cette boulangerie possède deux succursales, l'une au marché Qianmen Zhen-

gyang, au sud-ouest du mausolée de Mao, à côté du gigantesque KFC, l'autre au sud-est du croisement entre Xidan et Xichang'an Dajie, en face du bâtiment de l'aviation.

Une autre boulangerie vous attend dans le bâtiment du *Friendship Store*, sur la droite en entrant. Les prix pratiqués sont également très bas, mais le choix est limité.

Certains grands hôtels ont envoyé leurs employés faire des stages rapides en Europe, ce qui explique que l'on vous serve du pain noir allemand ou des pâtisseries danoises. Attention en revanche aux prix excessifs ! Le traiteur du *Holiday Inn Lido* propose notamment la tranche d'un délicieux gâteau au chocolat pour 30 yuan.

Supermarchés. Pékin possède plusieurs supermarchés réputés, une bonne adresse étant le *CVIK Plaza*, sur le côté sud de Jianguomenwai. Il est installé en face de l'immeuble du CITIC et adjacent à la SCITE Tower. Le supermarché occupe le sous-sol.

A l'extrémité est de Jianguomenwai se trouve le China World Trade Center, dont le sous-sol abrite le supermarché Wellcome, très bien approvisionné en marchandises importées de Hong Kong.

Le Friendship Store jouxte l'immeuble du CITIC. En entrant dans le bâtiment, tournez tout de suite à droite pour le rayon alimentation. Ce supermarché est plutôt médiocre mais la concurrence accrue va peut-être le forcer à améliorer la qualité de sa marchandise.

Dans le quartier de Sanlitun, il y a également le *Friendship Supermarket* au choix limité, mais qui propose tout de même quelques douceurs occidentales. Il est situé au 5 Sanlitun Lu. Dans le même quartier, au nord de l'hôtel Great Wall Sheraton, vous pouvez faire vos courses à l'énorme *Lufthansa Centre*. Cet endroit abrite bien le bureau de la compagnie aérienne, mais aussi un centre commercial sur plusieurs niveaux, où l'on trouve de tout, même, en cherchant bien, de la nourriture.

GLENN BEANLAND

GLENN BEANLAND

ROBERT STOREY

En haut : le palais Baohedian, dans la Cité interdite à Pékin,
était jadis utilisé pour les examens
En bas à gauche : le monument aux Héros du peuple, sur la place Tian'anmen (Pékin)
En bas à droite : aire réservée aux deux-roues (Pékin)

Mutanyu, d'où l'on jouit d'une agréable perspective sur la Grande Muraille,
à 90 km de Pékin

Distractions

Le *China Daily* publie la liste des événements culturels recommandés aux étrangers. Lisez également les journaux d'information touristique gratuits distribués dans les hôtels.

Spectacles d'acrobatie (*tèjì biǎoyǎn*).

Vieux de deux mille ans, cet art fut l'un des seuls tolérés par Mao. C'est le spectacle le plus intéressant offert par la capitale.

Le théâtre *Chaoyang* (*cháoyáng jùchǎng*), 36 Dongsanhuan Beilu (dans Chaoyang Beilu), dans le nord-est de Pékin, est la meilleure adresse pour assister à des spectacles d'acrobatie. Ils ont lieu de 19h15 à 20h40 (30 yuan).

Le *Club international* (☎ 532-2188) (*guójì jùlèbù*), 21 Jianguomenwai Dajie (à l'ouest du Friendship Store) organise parfois des spectacles.

Vous pouvez aussi regarder ce que propose la *Salle de répétition de la troupe acrobatique de Pékin* (☎ 303-1769) (*běijīng zájì tuán*), dans Dazhalan (quartier de Qianmen).

Opéra de Pékin (*jīngjù*).

Après la mainmise des Marx Brothers chinois pendant des années – la Bande des Quatre et les ballets rouges –, on est revenu aux classiques. L'opéra de Pékin est l'une des formes de cet art et, bien que le plus célèbre, il n'est pas très ancien. Il daterait, semble-t-il, de 1790, année où une troupe provinciale donna une représentation devant l'empereur Qianlong pour son quatre-vingtième anniversaire. Cette forme d'opéra fut popularisée en Occident par l'acteur Mei Lanfang (1894-1961), qui jouait les rôles de *dàn* (rôles féminins). Il aurait même influencé Charlie Chaplin.

Un musée lui est consacré 9 Huguosi Lu, dans la partie ouest de Pékin.

L'opéra de Pékin ressemble peu à son homologue occidental. Le spectacle, qui combine chants, danses, paroles, mimes et acrobaties, peut durer de 5 à 6 heures. La musique aiguë peut surprendre des oreilles occidentales, mais l'intrigue est souvent assez simple et facile à suivre.

Si, au bout d'une heure ou deux, vous ressentez le besoin de vous délasser un peu, faites comme les Chinois, qui n'hésitent pas pendant le spectacle à cracher, manger des pommes, nourrir leur enfant au sein ou coller un transistor à leur oreille (pour y écouter une retransmission sportive importante ?).

Des représentations spéciales sont organisées pour les étrangers, à 19h30, au théâtre *Liyuan* (☎ 301-6688, poste 8860 ou 8986), à l'intérieur de l'hôtel Qianmen, 175 Yongan Lu. Le prix du billet, qui démarre à 8 yuan, dépend de la place. Pour 20 yuan, vous disposerez d'une table mieux située, où vous pourrez grignoter un morceau et boire du thé tout en assistant au spectacle. Les représentations ne durent qu'une heure trente, avec des traductions sporadiques sur un écran électronique. Vous pourrez aussi vous faire photographier en costume d'opéra (avec maquillage complet du visage).

La *Laoshe Teahouse* (☎ 303-6830), 3 Qianmen Xi Dajie, propose des spectacles nocturnes entièrement en chinois.

Personnage de l'opéra de Pékin.

Les représentations varient de la comédie aux scènes musicales. Le prix dépend du type du spectacle et de la place, généralement de 40 à 130 yuan (de 19h30 à 21h30).

Dans le même esprit, la *Tianqiao Happy Teahouse* (☎ 304-0617), 113 marché de Tianqiao, quartier de Xuanwu, est ouverte tous les jours, excepté le lundi, de 19h à 21h. Le prix d'entrée varie de 80 à 100 yuan.

Discothèques. La *NASA Disco* (☎ 201-6622) se vante d'offrir une "conception d'avant-garde qui satisfera les radicaux". Elle peut recevoir jusqu'à 1 500 danseurs. Ouverte de 20h à 2h du matin, elle est située à l'angle de Xueyuan Lu et de Xitucheng Lu, au nord du troisième périphérique, en face de l'hôtel Jimen (station de métro la plus proche : Xizhimen). L'entrée coûte 40 yuan, 60 yuan les vendredi et les samedi.

La *JJ's Disco* (☎ 607-9691), gigantesque club, est installée 74 Xinjiekou Bei Dajie (station de métro Jishuitan). Votre ticket d'entrée vous permettra de participer à une loterie : le premier prix est un vélo. La boîte ouvre de 20h environ à 2h du matin. L'entrée coûte 50 yuan mais atteint 80 yuan les vendredi et samedi soirs.

Bars. Le très légendaire *Hard Rock Cafe* (☎ 501-6688) est installé dans l'aile gauche des Landmark Towers, sur le troisième périphérique.

The Poacher Inn (☎ 532-3063), le plus britannique des bars de la capitale chinoise, vous attend au deuxième étage du Friendship Store de Sanlitun, en face de l'ambassade de Belgique. L'entrée est à moitié prix pour les membres – apportez une photo lors de votre première visite et vous deviendrez immédiatement membre. Il ouvre de 14h à 3/4h du matin et ferme le dimanche. L'atmosphère commence à s'animer vers 22h.

Le *Brauhaus* (☎ 505-2266, poste 6565), dans le China World Trade Centre, dans Jianguomenwai, est un petit bar qui accueille parfois des groupes de rock. Il ne dispose que de quelques tables et les boissons sont chères, mais l'entrée est gratuite et l'endroit très apprécié de la communauté étrangère. A ne pas confondre avec le Paulaner Brauhaus du Lufthansa Center, qui est un restaurant allemand.

Salons de thé. Le *San Wei Bookstore* (☎ 601-3204) abrite un charmant salon de thé au deuxième étage. Des orchestres de jazz s'y produisent de temps à autre. Il est ouvert jusqu'à 22h.

La librairie fait face à l'hôtel Minzu, vers l'ouest, dans Fuxingmen.

D'un moindre intérêt pour les étrangers, la *Liuhexuan Teahouse* se cache dans le parc Longtan, en bordure du lac Longtan.

Théâtre. Pékin fait partie du circuit touristique des troupes étrangères. Leurs prestations sont indiquées dans le *China Daily*. L'endroit privilégié pour ce genre de spectacles est incontestablement le *Capital Theatre* (*shŏudū jùcháng*) (☎ 524-9847), 22 Wangfujing Dajie. L'autre adresse est l'*Experimental Theatre for Modern Drama* (☎ 403-1009) (*zhōngyāng shíyàn jù huà jùyuàn*), 45 Maoer Hutong, Di'anmen Dajie, à l'est du lac Qianhai.

Achats

Vous trouverez ci-dessous une description de quelques quartiers commerçants et des prix intéressants qui y sont pratiqués.

Wangfujing (*wángfújǐng*). Cette prestigieuse artère commerçante, située juste à l'est du Beijing Hotel, regroupe des boutiques très appréciées des touristes et des Chinois en quête de bonnes affaires. Les étrangers l'ont rebaptisée "rue McDonald", du nom du fast-food qui occupe l'angle sud-est du carrefour principal. Avant 1949, elle s'appelait la rue Morrison et était déjà très fréquentée par les touristes étrangers. Le nom de Wangfujing évoque un puits du XVe siècle.

Le grand magasin de Pékin (*bĕijīng bǎihuò dàlóu*) est le plus important du quartier. La librairie en langues étrangères (au n°235) offre également un intérêt tout particulier pour les visiteurs. Le rayon des cassettes est installé au 1er étage.

Wangfujing est également le quartier où il faut acheter ses pellicules photo, même si le Friendship Store pratique aussi des prix compétitifs. On peut y dénicher des films pour diapositives ; vérifiez la date de péremption. Vous pourrez également faire développer vos pellicules ou obtenir des photos d'identité minute pour les passeports.

Xidan (*xīdān*). Officiellement appelée Xidan Bei Dajie, cette rue à l'ouest de Zhongnanhai aspire à devenir un petit Wangfujing. On y rencontre moins de touristes étrangers et les boutiques s'adressent surtout aux Pékinois.

Qianmen et Dazhalan (*qiánmén, dàzhàlán*). Dazhalan est une hutong qui part vers l'ouest de l'extrémité nord de l'avenue Qianmen. Elle offre un entrelacs de boutiques de soie, de grands magasins, de théâtres, de vendeurs de plantes médicinales, de nourriture et de vêtements. L'architecture y est inhabituelle.

Dazhalan conserve une atmosphère moyenâgeuse rappelant l'époque où les hutong étaient spécialisées : l'une dans les dentelles, une autre dans les lanternes, une troisième dans le jade. Celle-ci s'appelait la rue de la Soie. Le nom de Dazhalan fait référence à une porte pour piétons fermée la nuit pour protéger la hutong des rôdeurs.

Dazhalan se prolonge sur 300 m. Tout au bout sont regroupés plusieurs hôtels chinois et, si l'ambiance vous paraît un peu spéciale… vous ne vous trompez pas. C'est là que commençait autrefois le quartier des filles de joie.

Liulichang (*liúlíchǎng*). A l'ouest de Dazhalan, Liulichang est la rue des antiquaires de Pékin. A l'époque impériale, les boutiques et les théâtres n'étaient pas autorisés dans le centre de la ville, mais Liulichang se trouvait hors les murs. La rue compte les plus vieux magasins de la ville.

Cette rue commerçante ne s'est tournée que très récemment vers le tourisme. Les magasins ont pris le style des maisons d'un vieux village chinois. La plupart des boutiques sont gérées par le gouvernement, ce qui ne signifie nullement qu'elles soient honnêtes. Nous y avons vu en vente des éventails en papier (non anciens) à 350 yuan – cent fois le prix demandé dans n'importe quel grand magasin de la capitale. Les véritables antiquités coûtent une fortune et ne sont pas exportables sans une autorisation officielle. Néanmoins, la rue mérite le coup d'œil. On pourra y dénicher des livres d'art et des dessins à des prix intéressants, difficiles à trouver ailleurs.

Jianguomenwai (*jiànguóménwài*). Le Friendship Store (*yǒuyí shāngdiàn*), 17 Jianguomenwai (☎ 500-3311), est le plus grand du pays. On y trouve aussi bien des souvenirs pour touristes que des articles utilitaires. Encore récemment, c'était l'endroit où faire des achats à Pékin, et seuls les étrangers et les cadres du Parti y étaient admis. La marchandise pour touristes s'entasse à l'étage supérieur, tandis qu'au rez-de-chaussée sont vendus des produits utilitaires – nourriture en boîte ou déshydratée, tabac, vins et spiritueux, café, médicaments chinois et pellicules photo. Le rayon des livres et magazines est une véritable mine d'or pour les voyageurs privés de lecture depuis un certain temps. A la droite du magasin se trouve un supermarché et un traiteur.

Le CVIK Plaza est un gigantesque grand magasin offrant un choix incomparable. On retiendra surtout le supermarché et le restaurant au sous-sol. Vous pourrez bien évidemment y acheter nombre d'articles de luxe : vêtements, produits de maquillage, parfums. Le magasin se trouve du côté sud de Jianguomenwai, en face du CITIC.

Le **marché de la soie de Xiushui** (*xiùshuǐ dōngjiē*) est installé au nord de Jianguomenwai, entre le Friendship Store et l'hôtel Jianguo. En raison de la proximité des grands hôtels, cet endroit regorge de touristes étrangers. Allez-y le matin pour être plus tranquille et évitez le dimanche.

C'est le marché idéal pour acheter des vêtements, des sous-vêtements en soie aux ceintures-portefeuilles en cuir. Le marchandage s'impose même s'il s'avère parfois difficile car peu pratiqué par les touristes, empressés semble-t-il de jeter leur argent par les fenêtres.

Le parc Ritan, au nord du Friendship Store, abrite dans sa partie ouest le **marché aux vêtements de Yabao Lu**. C'est un marché gigantesque, inégalé, tant pour la variété que pour les prix, par les grands magasins de la capitale. Le marchandage est de rigueur.

Sanlitun (*sānlìtún*). Le quartier des ambassades de Sanlitun s'étend dans le nord-est de Pékin, près du Great Wall Sheraton Hotel. Comme à Jianguomenwai, on y trouve essentiellement des boutiques de luxe.

Le Lufthansa Centre (*yānshā shāngchéng*), également appelé le Kempinski Hotel (*kǎibīnsījī fàndiàn*), en fait partie. Dans ce centre commercial à plusieurs étages, le premier de Pékin, on peut tout acheter, des disquettes pour ordinateur aux bikinis. Un supermarché occupe le sous-sol.

Divers. Vous pourrez acheter tout ce que vous pensiez introuvable à Pékin chez Watson's (*qūchénshì*), dans le Holiday Inn Lido, en direction de l'aéroport. On y vend toutes les vitamines fabriquées à ce jour, des lotions solaires, des crèmes de beauté, des tampons et le choix de préservatifs le plus vaste de Chine.

Comment s'y rendre

Avion. Pékin est reliée à presque toutes les métropoles du monde. De nombreux voyageurs utilisent les vols directs pour Hong Kong offerts par la CAAC ou Dragonair. Les billets coûtent 307/584 $US aller simple/aller-retour avec la CAAC, un peu moins cher avec Dragonair (294/558 $US). Les vols sont généralement complets, en particulier sur Dragonair. Guangzhou (Canton) et Shenzhen, situées à proximité de Hong Kong, offrent une alternative pratique avec des vols directs pour Pékin. Le billet

Pékin-Canton est nettement meilleur marché que le billet Pékin-Shenzhen, ce qui explique que tous les vols depuis/vers Canton soient souvent complets.

Pour plus d'informations sur les vols internationaux pour Pékin, reportez-vous au chapitre *Comment s'y rendre* de cet ouvrage.

A l'aéroport de Pékin, les retards sont fréquents au moment de la réception des bagages (parfois plus d'une heure). La situation devrait s'améliorer mais, pour le moment, il est conseillé de prendre un bagage que vous pourrez garder avec vous en cabine. Sinon, emportez un journal ou un roman, car l'attente risque d'être longue.

Les lignes de la CAAC couvrent l'ensemble du pays, avec des vols quotidiens pour les grandes villes et plusieurs autres de moindre importance. Pour plus de détails sur les derniers changements en date, procurez-vous un horaire de la CAAC. Les vols intérieurs relient Pékin aux villes suivantes :

Anqing, Beihai, Canton, Changchun, Changsha, Changzhou, Chaoyang, Chengdu, Chifeng, Chongqing, Dalian, Datong, Dayong, Dunhuang, Fuzhou, Guilin, Guiyang, Haikou, Hailar, Hangzhou, Harbin, Hefei, Hohhot, Huangshan, Huangyan, Ji'nan, Jilin, Jinzhou, Kunming, Lanzhou, Lianyungang, Luoyang, Mudanjiang, Nanchang, Nankin, Nanning, Nantong, Ningbo, Qingdao, Qiqihar, Sanya, Shanghai, Shantou, Shenyang, Shenzhen, Taiyuan, Tianjin, Tongliao, Ürümqi, Wenzhou, Wuhan, Wulanhot, Xi'an, Xiamen, Xiangfan, Xilinhot, Xining, Yanji, Yantai, Yinchuan, Zhanjiang et Zhengzhou.

De nombreuses compagnies dépendent de la CAAC (Air China, China Eastern Airlines, etc.), mais tous les billets peuvent s'acheter à l'Aviation Building, 15 Xichang'an Jie (☎ 601-3336 pour les vols intérieurs, 601-6667 pour les lignes internationales). Vous pouvez vous procurer les mêmes billets au bureau de la CAAC du China World Trade Centre ou à l'un des nombreux autres comptoirs de la CAAC, comme celui du Beijing Hotel ou encore au comptoir du CITS à l'International Hotel.

Des renseignements concernant tous les vols sont disponibles à l'aéroport international de Pékin (☎ 456-3604). Les bureaux des compagnies aériennes sont les suivants :

Aeroflot
Hotel Beijing-Toronto, 3 Jianguomenwai (☎ 500-2412)

Air France
Room 2716, China World Trade Centre, 1 Jianguomenwai (☎ 505-1818)

Alitalia
Rooms 139 et 140, Jianguo Hotel, 5 Jianguomenwai (☎ 500-2871, 500-2233 poste 139 ou 140)

All Nippon Airways
Room 1510, China World Trade Centre, 1 Jianguomenwai (☎ 505-3311)

American Airlines
c/o Beijing Tradewinds, 114 International Club, 11 Ritan Lu (☎ 502-5997)

Asiana Airlines
Room 134, Jianguo Hotel, 5 Jianguomenwai (☎ 506-1118)

Austrian Airlines
Jianguo Hotel, 5 Jianguomenwai (☎ 591-7861, 500-2233 poste 8038)

British Airways
Room 210, 2e étage, SCITE (CVIK) Tower, 22 Jianguomenwai (☎ 512-4070)

Canadian Airlines
Unit S104, Lufthansa Centre, 50 Liangmaqiao Lu (☎ 463-7901)

Dragonair
1er étage, L107, World Trade Tower, 1 Jianguomenwai (☎ 505-4343)

Ethiopian Airlines
Room 0506, China World Trade Centre, 1 Jianguomenwai (☎ 505-0134)

Finnair
SCITE (CVIK) Tower, 22 Jianguomenwai (☎ 512-7180)

Garuda Indonesia
Unit L116A, West Wing, China World Trade Centre, 1 Jianguomenwai (☎ 505-2901)

Japan Airlines
Rez-de-chaussée, Changfugong Office Building, New Otani Hotel, 26A Jianguomenwai (☎ 513-0888)

JAT Airlines
Room 414, Kunlun Hotel, 2 Xinyuan Nanlu (☎ 500-3388 poste 414)

Koryo (North Korean Airlines)
Swissôtel, Hong Kong-Macau Centre (☎ 501-1557)

LOT Polish Airlines
Chains City Hotel, 4 Gongren Tiyuchang Donglu (☎ 500-7215, 500-7799 poste 2002)

Lufthansa
Lufthansa Centre, 50 Liangmaqiao Lu (☎ 465-4488)

Malaysia Airlines
Lot 115A/B 1er niveau, West Wing Office Block, China World Trade Centre, 1 Jianguomenwai (☎ 505-2681)

MIAT – Mongolian Airlines
Room 8-05, CITIC Building, 19 Jianguomenwai (☎ 507-9297, 500-2255 poste 3850)

Northwest Airlines
Room 104, China World Trade Centre, 1 Jianguomenwai (☎ 505-3505, 505-2288 poste 8104)

Pakistan International Airlines
Room 106A, China World Trade Centre, 1 Jianguomenwai (☎ 505-1681)

Qantas
Suite S120B, East Wing Office Building, Kempinski Hotel, Lufthansa Centre, 50 Liangmaqiao Lu (☎ 467-4794)

Scandinavian Airlines
18e étage, SCITE (CVIK) Tower, 22 Jianguomenwai (☎ 512-0575)

Singapore Airlines
Room 109, China World Trade Centre, 1 Jianguomenwai (☎ 505-2233)

Swissair
Room 201, SCITE (CVIK) Tower, 22 Jianguomenwai (☎ 512-3555)

Thai Airways International
Room 207, SCITE (CVIK) Tower, 22 Jianguomenwai (☎ 512-3881)

United Airlines
Lufthansa Centre, 50 Liangmaqiao Lu (☎ 463-1111)

Le *Capital Airport Hotel* (☎ 456-4562 ; fax 456-4563) (*shǒudū jīchǎng bīnguǎn*) est situé à 1 km du terminal de l'aéroport. Bien qu'on ne vous le recommande pas particulièrement, vous pourriez bien vous y retrouver si votre vol est retardé. En principe, c'est à la compagnie de régler la chambre si le retard lui incombe, mais n'y comptez pas trop. Les simples/doubles reviennent à 280/300 yuan.

Bus. Beaucoup d'étrangers l'ignorent, mais on peut arriver à Pékin ou en partir en bus. Comparativement au train (en dehors du coût moins élevé), il est plus facile d'obtenir un billet. Les véhicules avec couchettes sont nombreux et recommandés pour les longs trajets nocturnes. En règle générale, il est plus pratique d'arriver que de partir en bus, car il n'est pas toujours facile de découvrir de quelle gare routière part le bus que l'on veut emprunter.

Il faut savoir que les gares routières (longue distance) sont toutes installées à la périphérie de la ville et desservent la direction dans laquelle elles sont situées. Les quatre principales sont Dongzhimen (Nord-Est), Haihutun (Sud), Beijiao (Nord, également appelée Deshengmen) et Majuan (Est).

Il existe en plus une petite gare routière sur le parking de la gare ferroviaire de Pékin, d'où partent les bus pour Tianjin et la Grande Muraille à Badaling. Enfin, une autre minuscule gare routière, installée sur le parking du stade des Travailleurs, est le point de départ des bus qui desservent en général le périmètre de la municipalité de Pékin (le réservoir de Miyun, par exemple).

L'une des gares routières les plus utiles est celle de Haihutun, dans le sud de la ville. Elle est située à l'intersection de Nansanhuan Zhonglu (la partie sud du troisième périphérique) et de Nanyuan Lu (le nom de Qianmen Lu dans sa section sud). Les bus qui en partent vont vers Qingdao ou Shanghai par exemple.

La gare routière de Beijiao (également connue sous le nom de Deshengmen), dans le nord de la capitale, est à 1 km au nord du second périphérique, sur Deshengmenwai Dajie. Quelques bus interurbains en partent. Sinon, vous devrez peut-être prendre le bus n°345 de Beijiao (ou Deshengmen) jusqu'à son terminus (Changping) et de là, prendre un autre bus.

Train. Les voyageurs arrivent ou partent de la gare principale de Pékin (*běijīng huǒchē zhàn*) ou de la nouvelle gare Ouest (*běijīng xī zhàn*), la plus grande de Chine. Il existe en outre deux autres gares importantes, celle de Yongdingmen (Sud) et celle de Xizhimen (Nord).

Vous trouverez un guichet pour étrangers à la gare principale. Lorsque vous pénétrez dans la gare, il se trouve vers le fond, sur la gauche – un petit panneau indique "International Passenger Booking Office". Ce gui-

chet est installé dans la salle d'attente des étrangers. Il est ouvert tous les jours de 5h30 à 7h30, de 8h à 17h30 et de 19h à 0h30. Ce sont du moins les heures d'ouverture officielles. Les employés montrent souvent une certaine réticence à vendre des billets à l'aube ou après 17h. Obtenir un billet reste de toute façon une activité imprévisible ; les employés peuvent être charmants et coopératifs ou franchement désagréables. Les casiers de la consigne à bagages de la salle d'attente sont souvent pleins et vous devrez utiliser la consigne située à l'extérieur de la gare (sortez de la gare, dépassez le parking, puis à droite). Les réservations de train peuvent se faire plusieurs jours à l'avance, ce qui est préférable pour obtenir une couchette (dure ou molle).

Attention ! Si vous débarquez à Pékin avec un billet de train au prix chinois, vous paierez certainement une amende. A Pékin, les employés sont plus zélés que dans le reste du pays. Une fausse carte d'étudiant ne vous sera pas plus utile. Les autorités des chemins de fer de Pékin vérifieront que vous disposez bien d'un visa étudiant.

Consultez l'encadré en page suivante pour la durée approximative des trajets. Des variations peuvent se justifier par des trajets différents selon les trains. Par exemple, le trajet pour Shanghai met entre 17 et 25 heures selon le train.

Au moment de la rédaction de cet ouvrage, la liaison Pékin-Hong Kong venait d'être inaugurée.

Comment circuler

Desserte de l'aéroport. L'aéroport est à 25 km de la Cité interdite. Ajoutez 10 km si vous allez dans le sud de la ville.

Une navette (12 yuan) part de l'Aviation Building (*mínháng dàshà*) dans Xi Chang'an Jie, dans le quartier de Xidan (cet immeuble abrite les bureaux d'Air China et de China North-West Airlines, il ne faut pas le confondre avec le bureau de la CAAC, situé dans le World Trade Centre). Les bus partent de l'autre côté de la rue, en face de l'Aviation Building, et non du parking de l'immeuble.

Temps de trajet et tarifs des trains au départ de Pékin

Destination	Couchette dure (yuan)	Siège dur (yuan)	Couchette molle (yuan)	Siège mou (yuan)	Durée approx. du trajet (heures)
Baotou	203	125	386	-	15
Beidaihe	105	65	200	99	6
Canton	444	273	845	-	35
Canton (express)	512	-	973	-	30
Changchun	256	158	488	-	17
Changsha	331	203	629	-	23
Chengde	-	66	-	99	5
Chengdu	398	245	761	-	34
Chongqing	412	254	782	-	40
Dalian	256	158	488	-	19
Dandong	256	158	488	-	19
Datong	107	65	203	99	7
Fuzhou	503	309	957	-	43
Guilin	412	254	782	-	31
Hangzhou	317	183	630	-	24
Harbin	297	183	568	-	20
Hohhot	167	104	317	-	12
Ji'nan	137	84	259	128	9
Kunming	589	362	1120	-	59
Lanzhou	374	231	712	-	35
Liuyuan	551	339	1052	-	59
Luoyang	194	119	369	-	14
Nankin	264	162	502	-	20
Nanning	492	303	938	-	39
Qingdao	210	129	401	-	17
Qinglongqiao	-	14	-	21	2
Qiqihar	347	213	660	-	23
Shanghai	363	223	689	-	17
Shenyang	203	125	386	192	11
Shijiazhuang	-	51	-	77	4
Suzhou	272	158	543	-	25
Tai'an	149	92	281	-	10
Taiyuan	193	118	365	-	11
Tianjin	-	35	-	54	2
Turfan	656	404	1250	-	72
Ürümqi	670	413	1274	-	75
Xi'an	273	168	521	-	22
Xining	412	254	782	-	44
Yantai	221	128	437	-	18
Yinchuan	290	179	552	-	25
Zhengzhou	171	105	327	162	12

A l'aéroport, la navette stationne devant le terminal et il faut acheter le ticket à un guichet dans l'aéroport (les tickets ne sont pas vendus dans le bus).

Le terminus de la navette est l'Aviation Building de Xidan, mais elle s'arrête plusieurs fois sur le trajet. Descendez au second arrêt (Swissôtel, Hong Kong Macau Centre) si vous voulez prendre le métro.

Un taxi depuis l'aéroport coûte de 75 à 90 yuan pour les environs de la Cité interdite, auxquels il faut ajouter 20 yuan pour le sud de la ville.

Bus. Rentrez les épaules, cramponnez-vous à votre portefeuille, et munissez-vous de toute votre patience, vous en aurez besoin. Les bus archibondés sont la règle à Pékin, ce qui peut être assez incommodant, surtout aux plus fort des chaleurs estivales. C'est plus agréable en hiver, si vous n'êtes pas mort de froid à l'arrêt du bus, mais encore faut-il pouvoir quitter le véhicule. Le billet coûte environ 2 jiao selon le parcours.

Il existe environ 140 lignes de bus et de trolley, ce qui ne facilite pas les déplacements, surtout si vous ne voyez même pas par la fenêtre. Pour visualiser les lignes de bus, reportez-vous aux cartes conseillées à la rubrique *Cartes* dans la rubrique *Renseignements* de ce chapitre.

Les bus circulent de 5h à 23h. Les distances entre deux arrêts sont importantes et il est préférable de savoir au bout de combien d'arrêts on souhaite descendre avant de monter dans un bus. Évitez à tout prix ces boîtes à sardines pendant les heures d'affluence et les jours fériés.

Les lignes de bus passent devant certains points de repères et à des carrefours importants. Donc, si vous parvenez à définir son itinéraire entre son terminus, il devient plus facile de s'y retrouver. Les terminus importants se trouvent près des gares routières et ferroviaires principales : la gare ferroviaire principale de Pékin, Dongzhimen, Haihutun, Yongdingmen, Qianmen. Le plus grand nombre de lignes passe au zoo (15 lignes), à la jonction du Pékin intramuros et de la banlieue.

Les numéros à un ou deux chiffres désignent les bus du centre-ville, les numéros commençant par 100 indiquent les trolleys et ceux commençant par 300 sont les lignes de banlieue. Si vous parvenez à combiner bus et métro, vous gagnerez du temps. Voici quelques lignes de bus utiles :

N°1 Traverse la capitale d'est en ouest en empruntant Chang'an, de Jianguo Lu à Fuxin Lu.

N°5 Emprunte l'axe nord-sud de Deshengmeng/Gulou et descend sur le côté ouest de la Cité Interdite jusqu'à Qianmen. Terminus à Youanmen.

N°4 Suit la même route que la ligne de métro circulaire, mais en faisant un parcours carré d'un bout à l'autre de l'un des boulevards périphériques.

N°15 Zigzague du quartier de Tianqiao (à l'ouest du parc Tiantan) jusqu'au zoo et passe devant plusieurs stations de métro.

N°7 Descend du côté ouest de la porte Qianmen jusqu'au zoo (Dongwuyuan).

N°20 Zigzague de la gare principale de Pékin à Yongdingmen en passant par Chang'an et Qianmen Dajie.

N°54 Va de la gare principale de Pékin à Yondingmen (son terminus).

N°103 Part de la gare principale et va jusqu'au zoo en passant par Chongwenmen, Wangfujing, la Galerie d'art, les parcs Jingshan et Beihai.

N°106 Part de Dongzhimenwai, passe par Chongwenmen Dajie et arrive à la gare Yongdingmen.

N°116 Part de l'entrée sud du parc Tiantan, remonte Qianmen Dajie jusqu'à Tian'anmen, poursuit vers l'est le long de Chang'an jusqu'à Dongdan, puis au nord dans Dongdan jusqu'au temple des Lamas – un bon circuit de découverte en bus.

N°332 Dessert Dongwuyan (zoo), Minzuxueyuan (Institut des nationalités), Weigongcun, Renmindaxue (université du Peuple), Zhongguancun, Hadian, Beijingdaxue (université de Pékin), et Yiheyuan (palais d'Été). Il y en a en fait deux : un service normal et un service express. Les deux sont intéressants pour découvrir la ville ; le bus express s'arrête moins souvent et il est le premier dans la file près du zoo.

Bus à impériale. Moyennant 2 yuan, vous pourrez emprunter les bus à deux étages, destinés aux touristes ou aux Chinois aisés, qui effectuent un parcours circulaire autour du centre-ville. Vous serez sûr de disposer d'une place à bord. Ils desservent, entre autres, la place Tian'anmen, le Lufthansa Centre et le Centre sportif national olympique.

Métro. Le métro (*dìxià tiě*) est le moyen de transport le plus pratique dans Pékin. Les rames du "dragon souterrain" peuvent circuler jusqu'à 70 km/h – une Jaguar comparée à la lenteur exaspérante des bus. L'utilisation de la ligne est-ouest (ouverte en

1969), qui faisait à l'origine partie d'un système de protection antiaérien, fut pendant un temps limitée aux Chinois munis de permissions spéciales. Les étrangers ne furent autorisés à prendre le métro qu'en 1980. Aujourd'hui, tout le monde peut l'emprunter. A la différence de ce qui se passe dans les autres métros du monde, la criminalité est rare (quelques pickpockets tout de même) et les graffitis inexistants.

Il est moins bondé que les bus et des rames circulent très fréquemment aux heures de pointe. Les voitures disposent de 60 places assises et 200 places debout. Les indications sur les quais sont en idéogrammes et en pinyin. Le billet coûte 5 jiao, quelle que soit la distance. Le métro fonctionne de 5h à 22h30.

La ligne circulaire. Elle couvre 16 km et comprend 18 stations : Beijingzhan (gare de Pékin), Jianguomen, Chaoyangmen, Dongsishitiao, Dongzhimen, Yonghegong, Andingmen, Gulou Dajie, Jishuitan, Xizhimen (gare Nord et zoo), Chegongzhuang, Fuchengmen, Fuxingmen, Changchun Jie, Xuanwumen, Heping Lu, Qianmen et Chongwenmen.

La ligne est-ouest. Cette ligne comporte treize stations, de Xidan à Pingguoyuan, une banlieue ouest de Pékin (et non la capitale de la Corée du Nord...) dont le nom signifie "verger de pommiers" (qui ont malheureusement tous disparu depuis longtemps). Il faut 40 mn pour parcourir la ligne, dont les arrêts sont : Xidan, Fuxingmen, Nanlishilu, Muxudi, Junshibowuguan (Musée militaire), Gongzhufen, Wanshoulu, Wukesong, Yuquanlu, Babaoshan, Bajiaocun, Guchenglu et Pingguoyuan. Fuxingmen est située au croisement de la ligne circulaire et de la ligne est-ouest. Le passage de l'une à l'autre est gratuit. La ligne est-ouest ne cesse de s'étendre vers l'est et devrait finalement atteindre et dépasser Jianguomenwai.

Voiture. Les résidents étrangers sont autorisés à conduire leur propre véhicule dans la capitale et sur l'autoroute Pékin-Tianjin. La plupart n'ont pas le droit de s'éloigner à plus de 40 km de la capitale sans autorisation. On trouve dans certains hôtels des voitures avec chauffeur et des minibus à louer, mais un taxi à la journée revient moins cher.

Il semble que la location de voitures privées soit désormais autorisée à Pékin, mais avec limitation de la distance autorisée – il vaut donc mieux se renseigner avant de prendre la route. Plusieurs entreprises se sont lancées dans cette activité. L'une des premières est la First Car Rental Company (☎ 422-3950).

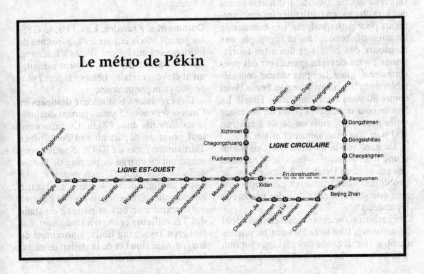

Le métro de Pékin

Taxi. En 1986, Pékin comptait moins de 1 000 taxis. Il fallait toujours les réserver des heures à l'avance. En 1995, on en dénombrait plus de 60 000, et leur nombre s'accroît rapidement.

En d'autres termes, trouver un taxi pose rarement problème, sauf aux heures de pointe, où il faudra le disputer avec les 11 millions d'habitants ou presque de l'agglomération urbaine.

Peu de chauffeurs de taxi parlent anglais. Montrez un plan ou demandez qu'on vous écrive la destination en idéogrammes.

La plupart des véhicules ont un autocollant qui indique le tarif au kilomètre, qui varie de 1 à 2 yuan, avec un minimum de 10 yuan. Les plus petites voitures sont les moins chères et les plus demandées.

Il existe plus de 1 000 compagnies de taxis à Pékin, certaines possédant une véritable "flotte" de véhicules, d'autres seulement quelques-uns. Pour réserver un taxi par téléphone, essayez l'une des plus grandes compagnies, la Beijing Municipal Taxi Company (☎ 831-2288).

Bicyclette. Le vélo réduit miraculeusement la taille de Pékin et procure une grande sensation de liberté. Beaucoup d'hôtels louent des bicyclettes, en particulier les établissements pour petits budgets. Les bureaux de location ont tendance à se regrouper aux alentours des hôtels et des sites touristiques ; vous devriez apercevoir des pancartes en anglais. Les prix varient considérablement (20 yuan par jour au Peace Hotel contre 80 yuan à côté, au Palace Hotel). Le loueur vous demandera peut-être de laisser votre passeport, mais un dépôt d'environ 100 yuan fera généralement l'affaire.

Sachant que la location de vélos a tout d'une loterie, assurez-vous de la pression des pneus et de l'état des freins. En cas de problème, vous trouverez pour trois fois rien une solution chez l'un des nombreux réparateurs.

Plusieurs zones commerçantes, dont Wangfujing, sont interdites aux bicyclettes de 6h à 18h. Il existe des parkings partout, très bon marché, mais obligatoires sous

peine de se voir enlever son vélo par la police. Le peloton de citadins aux heures d'affluence peut être assez impressionnant, avec plus de trois millions de vélos dans les rues, en raison de l'inefficacité des bus. En hiver, d'autres problèmes surgissent, tels le verglas et le froid. Couvrez-vous et soyez très prudent.

ENVIRONS DE PÉKIN
La Grande Muraille à Badaling
(*bādálíng chángchéng*)

La plupart des étrangers découvrent la Grande Muraille à Badaling, à 70 km au nord-ouest de Pékin, à 1 000 m d'altitude. Ce tronçon a été restauré en 1957, avec adjonction de rambardes. Depuis les années 80, le site connaît un tel afflux de visiteurs qu'il a fallu installer un téléphérique pour véhiculer le flot des touristes.

Le cinéma panoramique de la Grande Muraille a ouvert ses portes en 1990. On y projette des documentaires de 15 mn retraçant l'historique de la Grande Muraille sur un écran à 360°. Pour l'instant, les commentaires sont exclusivement en chinois et en anglais.

L'accès à la Grande Muraille coûte 15 yuan.

Comment s'y rendre. Le CITS, le CTS, les grands hôtels et tous les organismes de tourisme organisent des visites à Badaling. Les prix demandés sont souvent ridiculement élevés, certains hôtels exigeant plus de 300 yuan par personne.

Des excursions bon marché destinées au Chinois (environ 15 yuan) partent de différents endroits dans Pékin. Certaines ont leur point de départ au sud de la place Tian'anmen (près du KFC), d'autres vous prendront en charge au parking de la gare de Pékin (côté ouest), mais attention à ne pas le confondre avec le bus pour Tianjin qui part du même endroit ! Vous pourrez aussi prendre un bus au parking du stade des Travailleurs (*gōngrén tǐyùguǎn*), sur Gongren Tiyuchang Beilu, à proximité du Beijing Asia Hotel et de la station de métro Dongsishitiao. Les départs ont lieu le matin uniquement, de 7h30 à 8h. Mais renseignez-vous d'abord sur le trajet : certains tour-opérateurs ne se rendent pas directement à Badaling et vous promèneront dans toute la région :

Notre excursion nous fit d'abord profiter d'un monument révolutionnaire, d'un parc thématique, d'un studio de cinéma, d'un musée de cire et d'un musée historique pour *enfin* s'arrêter à la Grande Muraille. Nous avions quitté notre hôtel à 6h10 et sommes arrivés à la Grande Muraille à 16h30 ! Tous ces différents sites ne présentaient pas un grand intérêt !

Carol M. Johnson

Les bus locaux se rendent aussi à la Muraille, mais ils sont lents. Vous pouvez prendre le bus n°5 ou 44 pour Deshengmen, puis le n°345 jusqu'au terminus (Changping), enfin un dernier bus non numéroté jusqu'à la Muraille (ou bien le bus n°357 et continuer en stop). Une autre solution consiste à prendre le bus n°14 pour la gare de Beijiao, au nord de Deshengmen, puis un bus non numéroté jusqu'à la Muraille. Vous économiserez de l'argent, mais c'est un véritable casse-tête, même si vous parlez chinois.

Il est aussi possible de se rendre à la Muraille en train express, de la gare principale de Pékin, en descendant à Qinglongqiao, la plus proche des trois gares implantées dans un rayon d'un kilomètre de la Muraille (Qinglongqiao, la nouvelle gare de Qinglongqiao et Badaling). La gare de Qinglongqiao est connue pour sa statue de Zhan Tianyou, l'ingénieur qui a construit la ligne ferroviaire Pékin-Baotou. Aucun train ne s'arrête aux trois gares ; beaucoup ne s'arrêtent qu'à Qinglongqiao. De Qinglongqiao, vous pouvez continuer sur Datong, Hohhot ou au-delà. Dans l'autre sens, vous pouvez faire halte à Qinglongqiao, aller visiter la Grande Muraille et poursuivre votre voyage pour Pékin avec le même billet. Vous pourrez laisser vos bagages en toute sécurité à la consigne de la gare de Qinglongqiao pendant votre visite.

On peut aussi prendre des trains locaux, plus lents, au départ de la gare de Xizhimen (nord) à Pékin. Ils s'arrêtent à Badaling ou Qinglongqiao, avant de continuer vers Kangzhuang. Plusieurs trains circulent chaque jour ; vérifiez les horaires. Il est également possible d'emprunter le train n°527, à 9h40, de la gare de Yongdingmen (sud) et de descendre à la gare de Juyongguan. Mais vous devrez marcher pendant plusieurs kilomètres jusqu'à la Muraille (la promenade est agréable). La gare de Badaling est à 1 km de la Muraille. La ligne de Badaling est une véritable prouesse technique : construite en 1909, elle passe sous la Muraille.

La solution du minibus-taxi revient à un minium de 250 yuan pour 8 heures, avec un maximum autorisé de cinq passagers – le chauffeur compte sur vous pour lui payer son déjeuner. Cela revient à environ 60 yuan par personne, ce qui n'est pas une si mauvaise affaire.

Grande Muraille à Mutianyu
(*mùtiányù chángchéng*)
Pour décongestionner Badaling, une autre partie de la Grande Muraille a été rendue accessible au public à Mutianyu, 90 km au nord-est de Pékin. Le carnaval touristique y est moins développé qu'à Badaling, mais la récente ouverture d'une boutique de souvenirs et d'un téléphérique (55 yuan pour les étrangers, 5 yuan pour les Chinois) commence à attirer une pléthore de bus touristiques. Néanmoins, les voyageurs individuels préfèrent cet endroit moins envahi par la foule qu'à Badaling.

Comment s'y rendre. Quelques bus touristiques se rendent à Mutianyu. Vous les trouverez près du KFC de la place Tian'anmen, à la gare de Pékin ou au stade des Travailleurs. Le billet d'accès à la Muraille coûte 15 yuan, le téléphérique 30 yuan l'aller simple, 40 yuan l'aller-retour.

S'y rendre seul est compliqué et vous ne ferez pas d'économies. Si vous résidez dans les environs de l'hôtel Qiayuan, prenez le bus n°106, de Yongdingmen jusqu'à Dongzhimen (dernier arrêt). De là, traversez la rue jusqu'à la gare routière et prenez un bus pour Huairou, d'où vous devrez ensuite emprunter l'un des rares minibus, un taxi ou un vélo pour parcourir les 20 km qui restent.

Grande Muraille à Simatai

(sīmǎtái chángchéng)
Si vous préférez voir la Grande Muraille sans parapets, téléphérique et boutiques de souvenirs, allez à Simatai. De tous les endroits de la Grande Muraille accessibles au public, ce tronçon de 19 km est le moins encombré (pour l'instant). Simatai est un site touristique beaucoup moins développé que Badaling ou Mutianyu. De nombreuses personnes considèrent que c'est la plus belle partie de la Muraille.

Cette portion date de la dynastie Ming et offre des particularités telles que les "murs-obstacles", des murailles sur la Muraille, destinées à arrêter des ennemis qui seraient déjà parvenus au chemin de ronde. Il y a 135 tours de guet à Simatai, la plus haute étant celle de Wangjinglou. Des petits canons ont été découverts dans cette zone, ainsi que des armes propulsées à l'aide de poudre à canon, comme des épées et des couteaux volants.

Il faut être en bonne forme physique et ne pas souffrir du vertige pour se rendre à Simatai car ce tronçon de la Muraille est très raide. Certaines parties accusent une pente de 70° et il faut s'aider des deux mains pour s'y hisser, aussi prévoyez un sac à dos pour porter votre appareil photo. Une partie étroite de la Muraille surplombe un à-pic de 500 m.

Un des premiers visiteurs occidentaux fut lord Macartney, qui franchit la passe de Gubei en 1793, alors qu'il se rendait à Chengde comme ambassadeur extraordinaire de Sa Majesté le roi d'Angleterre. Il paria avec son entourage que le mur comptait autant de matériaux de construction que la totalité des maisons d'Angleterre et d'Écosse.

Au début des années 70, une unité de l'Armée de libération du peuple détruisit environ 3 km de la Muraille pour construire des baraquements, donnant ainsi l'exemple

aux paysans qui utilisèrent à leur tour les pierres pour se bâtir des maisons.

On raconte qu'en 1979 la même unité reçut l'ordre de reconstruire la partie de la Muraille qu'elle avait démantelée.

Une petite partie de la Muraille de Simatai a été restaurée, mais l'essentiel reste encore très délabré. Cette Muraille "au naturel" offre un contraste frappant avec Badaling et Mutianyu, où elle a été si bien restaurée qu'elle donne l'impression d'avoir été construite la veille pour satisfaire les groupes de touristes du CITS.

Un petit restaurant est installé sur le parking, au pied de la Muraille. Pour le moment, les prix restent raisonnables. Vous pouvez aussi apporter vos sandwiches et de l'eau. L'entrée coûte 15 yuan.

D'autres sections de la Muraille sont ouvertes aux touristes, notamment à Jiayuguan (Gansu), Shanhaiguan (Hebei) et Huangyaguan (municipalité de Tianjin).

Reportez-vous aux chapitres correspondants pour plus de détails sur ces différentes sections de la Muraille.

Comment s'y rendre. Simatai se trouve à 110 km au nord-est de Pékin. Du fait de la distance et du manque d'aménagements touristiques, les transports publics sont rares. Les bus pour Simatai reviennent à 20 yuan (aller-retour) et partent une fois par jour, à 7h, de la gare routière de Dongzhimen.

Le voyage dure de 2 à 3 heures et le bus repart de Simatai à 15h (vérifiez les horaires).

Pour les voyageurs à petit budget, la meilleure solution est celle proposée par l'hôtel Jinghua : 70 yuan pour le trajet aller-retour en minibus. Renseignez-vous auprès de leur bureau de réservation (☎ 761-2582, après 16h) pour plus de détails.

Si vous ne souhaitez pas profiter des services de l'hôtel Jinghua, vous pouvez louer un taxi-minibus pour la journée pour environ 400 yuan. Les tour-opérateurs se retrouvent également sur la place Tian'anmen ; ils exigent des étrangers des prix ridiculement élevés.

La Grande Muraille

Également appelée par les Chinois le "Long Mur des dix mille li" (5 000 km), la Grande Muraille s'étend de Shanhaiguan, sur la côte est, jusqu'à Jiayuguan, dans le désert de Gobi.

Sa construction fut entreprise il y a deux mille ans, sous la dynastie Qin (221-207 av. J.-C.), au moment de l'unification de la Chine, à l'initiative de l'empereur Qin Shihuang. Plusieurs murailles, construites par différents États indépendants pour se protéger des incursions des nomades, furent alors reliées entre elles. Ce travail exigea la participation de centaines de milliers d'ouvriers, dont de nombreux prisonniers politiques, et dix ans de labeur sous la direction du général Meng Tian. On estime que 180 millions de m³ de terre furent nécessaires pour former le cœur de l'ouvrage, auxquels, selon la légende, sont venus s'ajouter les corps des ouvriers morts à la tâche.

La Muraille ne remplit jamais sa fonction première, à savoir contenir les envahisseurs. Gengis Khan aurait déclaré un jour que "la solidité d'une muraille dépend du courage de ceux qui la défendent". Les sentinelles pouvaient notamment être corrompues. En revanche, la Muraille se révéla très utile pour acheminer hommes, denrées et équipements dans des zones montagneuses reculées. Son système de tours de guet permettait d'émettre des signaux grâce à des feux allumés avec des crottes de loups et de signaler ainsi rapidement à la capitale les mouvements des troupes ennemies. A l'ouest se trouvait Jiayuguan, importante étape sur la route de la Soie, avec un poste de douane, d'où les Chinois bannis étaient expulsés vers l'Ouest barbare.

Marco Polo ne mentionne pas ce qui est aujourd'hui devenu la première attraction touristique de Chine. Les deux côtés de la Muraille dépendaient du même gouvernement à l'époque de sa visite. Les Ming firent un gigantesque effort pour reconstruire la totalité de l'ouvrage en le recouvrant cette fois de briques et de dalles de pierre – soit quelque 60 millions de m³ de matériaux. La réalisation du projet des Ming s'étala sur plus d'un siècle et son coût en main-d'œuvre humaine et en matériaux fut colossal.

Par la suite, la Muraille tomba largement dans l'oubli. Des pans entiers s'effondrèrent. D'autres furent utilisés par les paysans pour construire leurs maisons – méthode vivement encouragée pendant la Révolution culturelle.

La Muraille aurait pu totalement disparaître si elle n'avait pas été sauvée par le tourisme. On a reconstruit plusieurs sections importantes et émaillé le site de boutiques de souvenirs, restaurants et parcs d'attraction. Mais ne considérer la Muraille que comme un monument de grande beauté peut paraître étrange : de fait, elle reste le symbole de la tyrannie, à l'image du mur de Berlin. ■

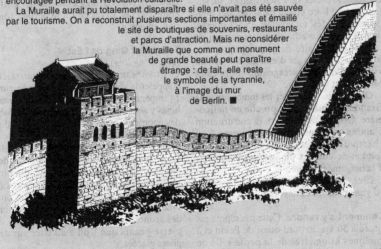

Tombeaux Ming
(*shísān líng*)
Ces tombeaux évoquent des coffres de banque souterrains. La vallée proche du site offre un paysage très agréable.

La Voie des esprits, longue de 7 km, part d'un arc de triomphe de pierre, passe sous la Grande Porte rouge, où les personnages officiels devaient descendre de cheval, puis dépasse une tortue géante (datant de 1425) supportant sur son dos la plus grande stèle de Chine. Suit ensuite une garde composée de douze paires d'animaux de pierre.

Dingling fut le premier tombeau à être mis au jour et ouvert au public. Treize des seize empereurs Ming sont enterrés sur une étendue de 40 km², également appelée les Treize Tombeaux. Deux autres tombeaux sont maintenant ouverts au public : Changling et Zhaoling.

Comme certains touristes sont déçus par la visite des tombeaux, la municipalité de Pékin s'active à réaménager cette zone.

Elle compte désormais un terrain de golf, le musée de Dingling (avec un Gengis Khan en cire), le parc d'attraction des Neuf Dragons, le musée de l'Aérospatiale, un terrain de tir à l'arc et à la carabine, des boutiques, des cafés, un hôtel de 350 chambres, une piscine, un aquarium, un terrain de camping, une aire de pique-nique, une fontaine (avec un jet d'eau de 200 m), un vivier (dans le barrage des tombeaux Ming) et un vélodrome.

On peut aussi survoler les tombeaux et la Grande Muraille toute proche en hélicoptère. On envisage encore la construction d'autres aménagements, notamment d'un champ de courses, d'une zone de ski de fond et de yourtes mongoles pour servir d'hébergement en été.

L'entrée aux tombeaux Ming coûte 30 yuan pour les étrangers.

Comment s'y rendre. Cette nécropole est située à 50 km au nord-ouest de Pékin et à quelques kilomètres de la petite ville de Changping. Les visites touristiques associent en général les tombeaux Ming et la Grande Muraille. Vous pouvez vous y rendre avec les bus n°5 ou 44 au départ de la gare Deshengmen. Le terminus du bus n°345, qui met une heure pour aller à Changping (il vous dépose près du musée de l'Aérospatiale), se trouve à l'ouest du pont. Prendre le bus n°314 pour la fin du trajet (ou terminer en stop).

La gare de Changping est sur la ligne Pékin-Baotou (Mongolie intérieure). Une seconde gare existe, Changping-Nord, plus proche des tombeaux, mais peu de trains s'y arrêtent.

Tombeaux Qing de l'Ouest
(*qīng xī líng*)
Ces tombeaux sont situés dans le district de Yixian, à 110 km au sud-ouest de Pékin. Si vous n'êtes toujours pas comblé avec Dingling, Yuling, Yongling et Deling, il vous reste Tailing, Changling, Chongling et Muling – ces quatre derniers formant la nécropole de Xiling.

Elle s'étend sur une vaste superficie et abrite les corps des empereurs, impératrices et autres membres de la famille impériale. Le tombeau de l'empereur Guangxu (Chongling) a été fouillé. Édifié entre 1905 et 1915, ce fut le dernier tombeau impérial.

Tombeaux Qing de l'Est
(*qīng dōng líng*)
Les tombeaux Qing de l'Est pourraient s'appeler la vallée des morts : 5 empereurs, 14 impératrices et 136 princesses et concubines y sont enterrés. Des princes, des ducs, des nourrices impériales et autres sont inhumés dans les collines environnantes.

On accède aux tombeaux par l'habituelle Voie des esprits, semblable à celle des tombeaux Ming, mais comprenant un plus grand nombre de portiques de marbre. Les matériaux des constructions funéraires proviennent de la Chine entière, notamment des troncs de 20 tonnes et des blocs de pierre géants que l'on a dû tirer sur des pistes glacées.

Deux des tombeaux peuvent se visiter. L'empereur Qianlong (1736-1796) avait entamé la construction de son caveau funéraire à l'âge de 30 ans. A sa mort (à 88 ans), il y avait investi près de 90 tonnes d'argent. Le tombeau couvre 0,5 km² et certaines salles sont décorées de sutras tibétains et sanscrits. Des bodhisattvas sculptés en demi-relief ornent les portes.

Le tombeau de l'impératrice douairière Cixi (Dingdong) a été achevé trente ans avant sa mort. Le phénix, symbole de l'impératrice, y apparaît au-dessus du dragon (symbole de l'empereur) et non sur le côté comme dans les autres tombeaux. Ces deux tombes ont été pillées dans les années 20 par un seigneur de la guerre.

Situées dans le district de Zunhua (*zūnhuà xiàn*) à 125 km à l'est de Pékin, la nécropole Qing de l'Est est plus spectaculaire que celle des Ming, bien que vous puissiez aussi être déçu après la Cité interdite. Le paysage permet d'apprécier la visite.

Le seul moyen de s'y rendre est le bus. Le trajet est plutôt long. Beaucoup plus confortables, les bus touristiques vous y mèneront en 3 ou 4 heures, et vous pourrez passer environ 3 heures sur le site. Il doit être possible de prendre un aller simple pour Zunhua et de bifurquer ensuite pour une autre destination que Pékin. Un peu plus au nord, sur la route de Chengde, on aperçoit une partie de la Grande Muraille.

A mi-chemin de Zunhua, les bus touristiques s'arrêtent pour le déjeuner à Jixian, endroit plus intéressant que Zunhua. Jixian est située dans la municipalité de Tianjin (reportez-vous au chapitre *Tianjin* pour plus de détails).

Parc des Collines parfumées
(*xiāngshān gōngyuán*)
Les collines de l'Ouest (*xī shān*), autre ancien lieu de villégiature des empereurs, se dressent à une distance raisonnable du palais d'Été, avec lequel leur visite est souvent combinée. La partie des collines la plus proche de la capitale est appelée Collines parfumées (*xiāngshān*). C'est ici le terminus des bus de ville. Si vous souhaitez vous rendre plus loin dans les montagnes, vous devrez marcher, louer un vélo ou prendre un taxi.

On peut soit grimper jusqu'au sommet du pic du Brûle-Encens, soit prendre le téléphérique (15 yuan l'aller simple). D'en haut, on a une vue panoramique sur les environs. Le téléphérique est pratique et, du sommet, on peut s'éloigner de la foule et continuer vers les collines de l'Ouest. Les Collines parfumées furent saccagées par les troupes étrangères en 1860 et 1900, mais il reste quelques vestiges de l'architecture d'origine. On peut notamment y admirer une pagode au toit de tuiles vernissées et le Temple lumineux (*zhāo miào*) – copie du temple tibétain construit en 1780. Le parc environnant était une réserve de chasse des empereurs et abritait quantité de pavillons et sanctuaires, dont certains sont en cours de restauration.

Les Pékinois aiment s'y promener et l'endroit risque fort de se transformer en un Disneyland chinois de plus – les centaines de boutiques de souvenirs qui défigurent le site semblent présager le pire. Les voyageurs fortunés pourront loger au très coûteux l'hôtel Xiangshan.

Le prix d'entrée du parc est de seulement 0,50 yuan. On peut se rendre aux Collines parfumées par les transports publics en empruntant soit le bus n°333 en provenance du palais d'Été, soit le bus n°360 en provenance du zoo, soit le n°318 en provenance de Pingguoyuan (dernière station de métro à l'ouest).

Temple des Nuages azurés
(*bìyún sì*)
Le temple des Nuages azurés, proche de la porte nord du parc des Collines parfumées, abrite la pagode du Trône de diamant. D'architecture indienne, la pagode centrale se dresse sur une plate-forme surélevée, entourée de stupas. Le temple même a été construit en 1366. La salle des arhats fut ajoutée au XVIIIe siècle et compte 500 statues en bois doré des disciples du Bouddha. Le cercueil de Sun Yat-sen avait été placé dans ce temple en 1925 avant d'être transféré à Nankin. En 1954 le gouvernement a rénové le mémorial de Sun Yat-sen et on peut y voir des illustrations de son activité révolutionnaire.

Temple du Bouddha couché

(*wòfó sì*)

Ce temple se dresse à mi-chemin entre les Collines parfumées et le palais d'Été. Pendant la Révolution culturelle, les bouddhas d'une des salles furent remplacés par une statue de Mao (retirée depuis Vous pourrez surtout y admirer la gigantesque statue en cuivre d'un Bouddha couché de 5 m de long.

Les ouvrages historiques affirment qu'elle fut fondue en 1331, mais il semble que ce ne soit qu'une copie. On ignore son poids, mais il devrait avoisiner les 50 tonnes. Les pèlerins avaient pour habitude d'offrir leurs chaussures à cette statue aux pieds nus.

Jardins botaniques de Xiangshan

(*xiāngshān zhíwù yuán*)

Ces jardins botaniques s'étendent à environ 2 km à l'est du parc des Collines parfumées, au sud du temple du Bouddha couché. Sans être spectaculaire, l'endroit fera le bonheur des botanistes et offre une promenade très agréable.

Badachu

(*bādàchù*)

Situés au sud des Collines parfumées, Badachu, les Huit Grands Sites, sont également appelés les Huit Grands Temples (*bādàsì*). L'endroit est composé de huit monastères ou temples construits dans des vallées boisées.

Le deuxième site est une pagode abritant une dent du Bouddha, relique découverte accidentellement lorsque les troupes étrangères détruisirent le bâtiment en 1900.

Depuis 1994, on a aménagé un parc d'attraction avec toboggan géant. Un téléphérique vous emmènera jusqu'en haut de la colline. La piste s'étend sur 1,7 km et l'on peut atteindre la vitesse de 70 km/h.

L'entrée coûte 2 yuan. Le moyen le plus facile pour s'y rendre consiste à emprunter la ligne de métro est-ouest jusqu'au dernier arrêt, Pingguoyuan, puis de prendre un taxi (10 yuan), ou bien de prendre le bus n°347, qui part du zoo (et coupe le trajet du n°318).

Temple Tanzhe

(*tánzhè sì*)

Ce temple, le plus grand de Pékin, se trouve à 45 km à l'ouest de la ville et occupe un rectangle de 260 m sur 160. Ce complexe bouddhique remonte au IIIe siècle (dynastie des Jin de l'Ouest). Il a subi des modifications sous les dynasties Liao, Tang, Ming et Qing. Ces ajouts successifs l'ont doté de dragons, de sculptures d'animaux mythiques et de dieux grimaçants qu'on ne voit plus dans les autres temples de la capitale.

Le temple Tanzhe tire son nom d'un étang, celui du Dragon (*lóng tán*) et des zhe (*zhè*), une variété rare de mûrier utilisée pour nourrir les vers à soie. On en tire aussi une teinture jaune et l'écorce de l'arbre est censée guérir les femmes stériles. Il en reste quelques exemplaires protégés près de l'entrée du temple. Les habitants se rendent à l'étang du Dragon pour prier afin que tombe la pluie pendant les sécheresses. Le temple est ouvert au public tous les jours de 8h30 à 18h.

Comment s'y rendre. Prenez le bus n°336 dans Zhanlanguan Lu, une rue qui part de Fuchengmenwai Dajie, au nord-ouest du parc Yuetan. Allez jusqu'au terminus de Mentougou, puis faites du stop. Le bus n°307 est direct de Qianmen jusqu'au terminus de Hetan, d'où partent des bus pour le temple. Dernière solution : le métro jusqu'à Pingguoyuan, puis le bus n°336 pour Hetan et un autre bus jusqu'au temple.

Temple Jietai

(*jiètái sì*)

Environ 10 km au sud-est du temple Tanzhe, le temple Jietai est similaire, mais plus petit. Son nom signifie approximativement temple de la Terrasse de l'Initiation. Construit sous les Tang, en 622, il a été fortement modifié sous la dynastie Ming.

Le temple est réputé pour ses pins aux formes insolites qui portent tous un nom. Le pin des Neuf Dragons aurait été planté il y a 1 300 ans.

Environ 35 km séparent Pékin du temple Jietai et on peut combiner sa visite avec celle du temple Tanzhe.

Pont Marco Polo
(*lúgōuquiáo*)

Rendu célèbre par le grand voyageur lui-même qui le découvrit lors de son séjour à Pékin en 1276, le pont du Fossé des Roseaux est construit en marbre gris. Avec 260 m de portée, il compte 11 arches et plus de 250 balustrades de marbre, ornées de 485 lions de pierre accroupis. Construit en 1192, l'ouvrage d'origine a été partiellement emporté par les eaux au XVIIe siècle. Il a été reconstruit à l'identique en incorporant les ornements subsistants. Il a été élargi en 1969 et franchit la rivière Yongding, près de la petite ville de Wanping.

Bien avant que le CITS existe, l'empereur Qianlong faisait de la publicité pour ce pont. En 1751, il calligraphia quelques vers sur les merveilles des paysages pékinois. Son poème sur "la lune du matin au-dessus du pont de Lugou" est gravé sur des stèles disposées de part et d'autre du pont. Sur la rive opposée, un monument commémore la visite de la rivière Yongding par Qianlong.

En dépit de cette "campagne de promotion" menée par Marco Polo et Qianlong, le pont n'aurait pas tenu une grande place dans l'histoire de la Chine sans "l'incident de Lugouqiao".

Dans la nuit du 7 juillet 1937, les soldats japonais traversèrent le pont, déclenchant les hostilités entre les deux pays. Par la suite, l'armée japonaise attaqua et occupa Pékin. L'incident du pont Marco Polo est considéré par beaucoup d'historiens comme la date d'entrée de la Chine dans la Seconde Guerre mondiale.

En 1987, un Mémorial de la guerre de résistance contre le Japon a été construit à proximité. Le château de Wanping, le temple de Daiwang et un hôtel de tourisme se trouvent aussi sur le site.

Vous pouvez aller au pont par le bus n°109 jusqu'à Guang'anmen, et changer alors pour le 339. En bicyclette, compter 16 km environ (aller).

Site de l'homme de Pékin
(*zhōukǒudiàn*)

Lieu de découverte du sinanthrope, Zhoukoudian se trouve à 48 km au sud-ouest de la capitale. La grotte de l'"homme de Pékin", ainsi que d'autres grottes de moindre importance et des sites de fouilles, dominent le village en contrebas.

Le musée se divise en trois sections : la période précédant l'apparition de l'homme, l'époque de l'homme de Pékin et les recherches anthropologiques récentes. On peut admirer des céramiques, des outils de pierre et des fossiles d'animaux préhistoriques.

La salle d'exposition (☎ 931-0278) est ouverte tous les jours de 9h à 16h, mais il est préférable de téléphoner au préalable. Pour vous y rendre, vous pourrez emprunter un train de banlieue à la gare de Yongdingmen et descendre à Zhoukoudian. Une autre possibilité consiste à emprunter un bus à la gare routière de Haihutun (au sud de Tiantan, au croisement de Nanshanhuan Zhonglu et de Nanyuan Lu). En combinant cette visite avec celle du temple Tanzhe et du pont Marco Polo, le taxi est une bonne solution. Une pension est installée sur le site.

Shidu
(*shídù*)

C'est le petit Guilin de Pékin. Formations rocheuses, petites rivières, c'est un endroit de toute beauté et un lieu de promenade agréable.

Shidu veut dire "les dix bacs" ou "les dix passages" et s'étend à 110 km au sud-ouest du centre de Pékin. Jusqu'à la construction d'une nouvelle route et de ponts, il fallait traverser la rivière Juma au moins dix fois le long de la gorge qui sépare Zhangfang du village de Shidu.

Où se loger. L'hôtel *Longshan* (*lóngshān fàndiàn*) se dresse en face de la gare. On accepte les étrangers.

En contrebas, dans la plaine, près de Jiudu, vous pourrez planter la tente sur un terrain de camping.

Comment s'y rendre. C'est l'un des rares endroits pittoresques proches de Pékin où l'on peut facilement se rendre en train.

Départ de la gare Sud (Yongdingmen), près de l'hôtel Qiaoyuan (ne pas confondre avec la gare principale de Pékin). Si vous prenez le train du matin, il est possible de faire l'aller-retour dans la journée. Voici les horaires :

Trajet	Train	Départ	Arrivée
Yongdingmen-Shidu	595	6h07	8h40
Yongdingmen-Shidu	597	17h40	20h00
Shidu-Yongdingmen	596	18h41	21h03
Shidu-Yongdingmen	598	10h41	13h05

Gorge de Longqing

(*lóngqìngxiá*)

La gorge de Longqing se situe à 90 km au nord-ouest de Pékin. Elle était sans doute plus belle avant la construction d'un barrage dont le lac a inondé la région. Le canotage et les randonnées sont très populaires en été.

De mi-décembre à fin janvier est organisée le Festival des lanternes de glace de Pékin (*bīngdōng jié*). Semblables à celles, plus connues, de Harbin, les "lanternes" consistent en sculptures de glace géantes éclairées de lampes de couleurs. L'effet est étonnant, surtout la nuit.

Tianjin 天津

Comme Pékin et Shanghai, Tianjin (*tiānjīn*) n'est rattachée à aucune province. C'est une municipalité spéciale, dotée d'une certaine autonomie, mais dont l'administration reste étroitement surveillée par le pouvoir central. Elle doit son surnom de "Shanghai du Nord" à son passé de concession étrangère, à sa forte industrialisation, à son vaste port et à son architecture européanisée. Les étrangers qui y habitent la surnomment souvent "TJ".

Les bonnes et mauvaises fortunes de la ville font écho à celles de Pékin. Lorsque les Mongols firent de Pékin leur capitale, au XIIIᵉ siècle, Tianjin se hissa pour la première fois sur le devant de la scène en tant que grenier à grains de la Chine. Jusqu'à la restauration du Grand Canal par Qubilaï Khan, le grain provenant de l'impôt en céréales était acheminé sur le Yangzi, jusqu'à la mer, puis jusqu'à Tianjin et de là à Pékin. Lorsque le Grand Canal devint utilisable jusqu'à Pékin, Tianjin se trouva à la croisée des routes fluviales et maritimes. Au XVᵉ siècle, la ville devint une garnison fortifiée.

Pour les nations occidentales, Tianjin constituait un poste commercial incontournable. En 1856, des soldats chinois montèrent à bord de l'*Arrow*, un navire battant pavillon britannique. De toute évidence, il était à la recherche de pirates. L'occasion était trop belle pour les Britanniques et les Français qui s'empressèrent d'en profiter. Leurs navires bombardèrent les forts de Tianjin, obligeant les Chinois à signer le traité de Tianjin (1858), qui ouvrait le port au commerce étranger et légalisait la vente de l'opium. La réticence des Chinois à appliquer ce traité amena les Britanniques et les Français à lancer une nouvelle offensive pour obtenir l'ouverture du port au commerce occidental. En 1860, les troupes britanniques bombardèrent une nouvelle fois Tianjin, pour contraindre les Chinois à signer un nouveau traité.

Population : 9 millions d'habitants

A ne pas manquer :

- Le marché aux antiquités de la ville de Tianjin, l'un des plus remarquables de Chine
- Les bâtiments européens du XIXᵉ siècle
- Les flâneries, la gastronomie, les achats

Anglais et Français s'installèrent à Tianjin. Entre 1895 et 1900, ils furent rejoints par les Japonais, les Allemands, les Austro-Hongrois, les Italiens et les Belges. Chaque concession constituait un monde replié sur lui-même, avec sa prison, son école, ses casernes et son hôpital.

Cette vie confortable ne fut troublée qu'en 1870, lorsque les habitants attaquèrent l'orphelinat tenu par les Français et tuèrent, entre autres, dix religieuses. Apparemment, les Chinois étaient persuadés que des enfants avaient été kidnappés. Trente ans plus tard, pendant la révolte des Boxers, les étrangers rasèrent les murs de la vieille ville chinoise.

Quoi qu'il en soit, la présence européenne a stimulé le commerce et l'industrie, notamment celle du sel, des textiles et la manufacture du verre. L'ensablement du Hai entraîna la construction d'un nouveau

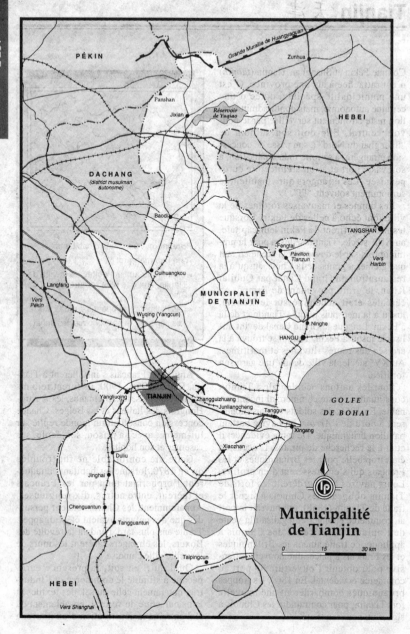

PÉKIN

Grande Muraille de Huangyaguan

Zunhua

Panshan

Jixian

Réservoir
de Yuqiao

HEBEI

DACHANG
(district musulman
autonome)

Baodi

TANGSHAN

Fengtai
Pavillon
Tianzun

Vers
Harbin

Cuihuangkou

MUNICIPALITÉ
DE TIANJIN

Langfang

Vers
Pékin

Wuqing (Yangcun)

Ninghe

HANGU

Yangliuqing

TIANJIN

Zhangguizhuang

Junliangcheng

Tanggu

GOLFE
DE BOHAI

Xiaozhan

Xingang

Duliu

Jinghai

Chenguantun

Tangguantun

Taipingcun

HEBEI

Vers Shanghai

Municipalité
de Tianjin

0   15   30 km

port à Tanggu, à 50 km en aval, et Tianjin perdit son rôle de port de premier plan.

Depuis 1949, Tianjin connaît une forte industrialisation, surtout axée sur le secteur des biens de consommation. L'ouverture d'une quatrième bourse à Tianjin est prévue (les autres sont implantées à Shanghai, Shenzhen et Chengdu).

La population de la ville de Tianjin et de sa banlieue s'élève à quelque cinq millions d'habitants, dans une agglomération qui en compte plus de neuf. Les tarifs hôteliers sont prohibitifs. Mieux vaut s'y rendre depuis Pékin (2 heures) et n'y rester que la journée.

Une des attractions de Tianjin est le festival de cerfs-volants qui dure deux jours, début avril ou fin septembre.

Renseignements

Le CITS (☎ 835-8349 ; fax 835-2619) est installé 22 Youyi Lu (juste en face du Friendship Store), de même que son concurrent direct, Tianjin Overseas Tourism Corporation (☎ 835-0821 ; fax 835-2619). Le BSP est situé 30 Tangshan Dao, la Bank of China (☎ 331-1559) 80 Jiefang Beilu.

La poste internationale, dite poste de Dongzhan, jouxte la principale gare ferroviaire. On peut expédier des paquets pour l'étranger et passer des communications téléphoniques longue distance. Concernant les lettres, une autre poste occupe une position pratique, dans Jiefang Beilu, à une courte distance à pied de l'Astor Hotel. Un service de courrier privé, DHL (☎ 331-4483 ; fax 332-3932) est à votre disposition 195 Machang Dao, quartier de Hexi ; voyez également TNT Skypak (☎ 332-5462 ; fax 311-2367), 2 Zhejiang Lu, quartier de Heping.

Les besoins médicaux de la communauté étrangère sont assurés par l'International Medical Centre (☎ 331-8888, poste 416), chambre 416 du Hyatt Hotel.

Marché aux antiquités
(*gǔwán shìcháng*)
Le marché aux antiquités de Tianjin est incontestablement l'endroit le plus intéressant de la ville même si vous ne collectionnez pas les vieux souvenirs. On y vend notamment des timbres, des pièces de monnaie, de l'argenterie, de la porcelaine, des horloges, des photos de Mao, des objets marquants de la Révolution culturelle et de vieux livres.

Selon les habitants de Tianjin, la plupart des objets en vente sur le marché aux antiquités furent saisis pendant la Révolution culturelle, entreposés, et sont aujourd'hui écoulés peu à peu par le gouvernement auprès des commerçants qui, à leur tour, les revendent sur le marché. Il existe bien sûr des contrefaçons, sur lesquelles on a collé de fausses étiquettes.

Ce marché est ouvert sept jours sur sept, de 7h30 à 15h environ. En semaine, il n'occupe que la partie médiane de Shenyang Dadao. Le week-end il déborde sur les rues avoisinantes. Il faut arriver vers 8h pour faire les meilleures "affaires". Le dimanche matin est le moment le plus agréable et les étrangers résidant à Pékin y viennent passer la journée.

Rue de l'Ancienne Culture
(*gǔ wénhuà jiē*)
La rue de l'Ancienne Culture, au nord-ouest de la ville, est une tentative de recréer l'apparence d'une ville de la Chine ancienne. Bordée par des bâtiments traditionnels, la rue est remplie de vendeurs qui proposent tout, des rouleaux de calligraphie chinoise aux derniers disques compacts de hard-rock, sans oublier peintures, baguettes... Certains jours fériés, il y a des spectacles d'opéra.

C'est là que se trouve le petit temple de Tianhou (*tiānhòu gōng*). Tianhou (la Reine céleste) est la déesse de la Mer et on lui donne un nom différent dans chaque région (Mazu au Fujian, Matsu à Taiwan, Tin Hau à Hong Kong). Ce temple aurait été construit en 1326 et a été légèrement aménagé.

Temple de Confucius
(*wén miào*)
Le temple de Confucius est situé sur le côté nord de Dongmennei Dajie, à un pâté de

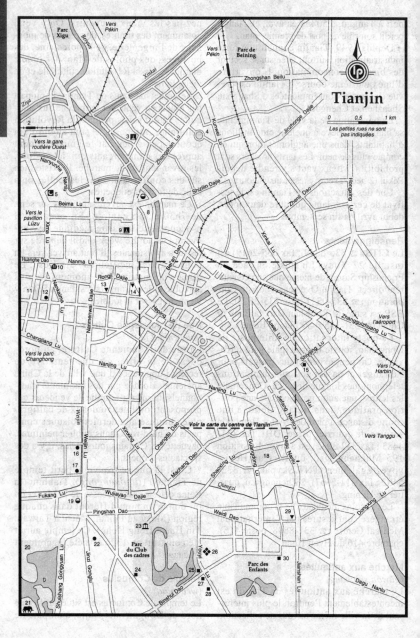

Tianjin

0   0,5   1 km

Les petites rues ne sont
pas indiquées

Parc Xigu

Vers Pékin

Vers Pékin

Parc de Beining

Zhongshan Beilu

Xinkai

Beijun

Ziya

Jinzhonghe Dajie

Vers la gare
routière Ouest

Nanyunhe

Nanlu

Zhongshan

Kunwei Lu

Shizilin Dajie

Zhenli

Xinkai Lu

Hongxing Lu

Beima Lu

Vers le
pavillon Lüzu

Xima Lu

Huanghe Dao

Nanma Lu

Baitan Dao

Nammenwai Dajie

Nankaima Lu

Rongji Dajie

Heping Lu

Changjiang Lu

Vers le parc
Changhong

Luwei Lu

Zhangguizhuang Lu

Vers
l'aéroport

Nanjing Lu

Nanjing Lu

Shuijing Lu

Vers
Harbin

Hai

Weijin Lu

Jieflang Nanlu

Voir la carte du centre de Tianjin

Xinxing Lu

Chengdu Dao

Machang Dao

Shaoxing Lu

Guangdong Lu

Dagu Nanlu

Vers Tanggu

Fukang Lu

Wujiayao Dajie

Qiangzi

Pingshan Dao

Weidi Dao

Dongxing Lu

Shuishang Gongyuan Lu

Jinzi Gonglu

Parc
du Club
des cadres

Binshui Dao

Youyi

Parc des
Enfants

Jianshan Lu

Dagu Nanlu

TIANJIN 天津

OÙ SE LOGER

15 Hôtel Furama
    富丽华大酒店
24 Sheraton Hotel
    喜来登大酒店
25 Crystal Palace Hotel
    水晶宫饭店
27 Tianjin Grand Hotel
    天津宾馆
28 Geneva Hotel
    津利华大酒店
30 Park Hotel
    乐园饭店

OÙ SE RESTAURER

6   Eardrum Fried
    Spongecake Shop
    耳朵眼炸糕店
13 Food Street
    (rue gourmande)
    食品街

14 Restaurant Quanjude
    全聚德烤鸭店
29 18th Street
    Dough-twists Shop
    桂发祥麻花店

DIVERS

1   Gare ferroviaire Nord
    北火车站
2   Gare ferroviaire Ouest
    西火车站
3   Monastère Dabeiyuan
    大悲院
4   Parc Zhongshan
    中山公园
5   Grande mosquée
    清真寺
7   Gare routière Nord-Est
    东北角发车站
8   Rue de l'Ancienne
    Culture
    古文化街
9   Temple de Confucius
    文庙

10 5e station de métro
    地下铁第五站
11 Parc Nankai
    南开公园
12 Mémorial de Zhou
    Enlai
    周恩来记念馆
16 Université de Tianjin
    天津大学
17 Université de Nankai
    南开大学
18 Parc Renmin
    人民公园
19 Gare routière Sud
    八里台发车站
20 Parc Shuishang
    水上公园
21 Zoo
    动物园
22 Relais de télévision
    电视塔
23 Musée d'Histoire
    naturelle
    自然博物馆
26 Friendship Store
    友谊商店

maisons à l'ouest de la rue de l'Ancienne Culture. Construit en 1463, sous la dynastie Ming, ce temple a connu de sérieux revers pendant la Révolution culturelle. Les bâtiments ont été restaurés et ouverts au public en 1993.

Grande Mosquée
(*qīngzhēn sì*)

Cette mosquée est très fréquentée par les musulmans de Tianjin. Elle se trouve dans Dafeng Lu, au sud de la gare ferroviaire Ouest.

Temple Dabeiyuan
(*dàbēiyuàn*)

C'est l'un des temples les plus importants et les mieux préservés de la ville. Le Dabeiyuan fut édifié entre 1611 et 1644, agrandi en 1940, saccagé pendant la Révolution culturelle et finalement restauré en 1980. Il est situé dans Tianwei Lu, dans le nord de la ville.

Église catholique
(*xīkāi jiāotáng*)

Cette église, à l'extrémité sud de Binjiang Dao, est sans doute l'une des plus étranges que vous pourrez voir. Ses deux dômes en forme de bulbe créent un impressionnant arrière-plan au "pont Coca-Cola" (une passerelle pour piétons qui traverse Nanjing Lu). Des services religieux sont à nouveau autorisés le dimanche matin, sans doute le seul moment où vous pourrez visiter l'intérieur du bâtiment.

Mémorial du Tremblement de terre
(*kàngzhèn jìniàn bēi*)

En face du Friendship Hotel, dans Nanjing Lu, se trouve un curieux mémorial de forme pyramidale : il rappelle le 28 juillet 1976, jour où un séisme de force 8 sur l'échelle de Richter avait frappé le nord-est de la Chine. Tianjin fut sévèrement touchée et la ville fut fermée aux touristes pendant deux ans.

Parc du Hai He
(*hǎihé gōngyuán*)
Vous pouvez vous promener sur les rives du Hai He et regarder les stands de photographes, les pêcheurs, les adeptes du taijiquan (tôt le matin), les chanteurs qui répètent des airs d'opéra et les vieillards portant des cages à oiseaux. Une partie de la balustrade du quai et du pont est de construction française.

Des croisières sur la rivière sont possibles : des bateaux partent d'un quai proche de l'Astor Hotel. Elles s'adressent plus aux touristes chinois qu'étrangers et, pour cette raison, ont lieu principalement pendant les week-ends d'été et les jours fériés.

A l'extrémité nord de la ville, une demi-douzaine de canaux partent du Hai He. Un bon endroit pour les voir est le parc Xigu. Prenez le bus n°5 qui part de la gare principale et passe également à la gare Ouest.

Relais de télévision
(*diànshì tái*)
Fierté des habitants de Tianjin, il domine le côté sud de la ville. En dehors de son rôle fonctionnel de transmission des programmes de télévision et de radio, les touristes peuvent accéder au sommet de la tour pour le prix prohibitif de 80 yuan. Alors que la tour est impressionnante vue du sol, la vue d'en haut n'a rien de spectaculaire en plein jour. La vue est déjà plus intéressante de nuit si le ciel est dégagé.

Cette tour est couronnée d'un restaurant tournant, mais vous risquerez sûrement une indigestion en voyant arriver l'addition.

Parc Shuishang
(*shuǐshàng gōngyuán*)
Ce grand parc se trouve au sud-ouest de la ville, non loin du relais de télévision. Son nom chinois signifie "parc sur l'eau" : près de la moitié de sa superficie est bel et bien un lac. On peut y louer des barques et des pédalos.

C'est l'un des endroits les plus calmes de cette ville agitée, sauf les week-ends. Le parc possède un jardin flottant de style japonais et un zoo.

Pour s'y rendre depuis la gare, il faut prendre deux bus. D'abord le n°8 jusqu'à son terminus, puis le n°54, également jusqu'à son terminus situé en face de l'entrée du parc.

Musée des Beaux-Arts
(*yìshù bówùguǎn*)
Ce musée, aisément accessible et agréable à visiter, est installé dans une imposante bâtisse rococo. Il présente une petite collection de peintures et calligraphies anciennes au rez-de-chaussée et, au 1er étage, d'art populaire : estampes de nouvel an, figurines en argile de la famille Zhang et cerfs-volants de la famille Wei, originaires de la région de Tianjin. Le dernier étage est consacré aux expositions temporaires.

Les cerfs-volants furent créés par le maître artisan Wei Yuan Tai au début du XXe siècle, bien que le cerf-volant soit depuis longtemps un jouet traditionnel en Chine. Une légende raconte que le cerf-volant de M. Wei représentant un corbeau était si ressemblant que des corbeaux vinrent voler à ses côtés. Le musée se trouve 77 Jiefang Beilu, à un arrêt de la gare principale sur la ligne de bus n°13.

Autres musées
Tianjin compte cinq autres musées, mais aucun d'entre eux ne vaut vraiment le déplacement. Le musée d'Histoire naturelle (*zìrán bówùguǎn*) se tient 206 Machang Dao.

Le musée d'Histoire (*lìshǐ bówùguǎn*), au sud-est du Hai He, en bordure d'un parc appelé Palais culturel des travailleurs n°2 (*dì èr gōngrén wénhuà gōng*), renferme des "reliques révolutionnaires et culturelles de la région de Tianjin".

Le Palais de la guilde du Guangdong (*guǎngdōng huì guǎn*), appelé aussi "musée de l'Opéra", doit son importance historique au fait que Sun Yat-sen y prononça un discours en 1922.

Mémorial de Zhou Enlai
(*zhōu ēnlái jìniàn guǎn*)
Zhou Enlai a grandi à Shaoxing, dans le Zhejiang, mais a effectué sa scolarité

à Tianjin : sa salle de classe est devenue un lieu de culte. Des photos et d'autres souvenirs de sa jeunesse (1913-1917) y sont présentés. Le mémorial se trouve dans le bâtiment est de l'école de Nankai, dans le quartier du même nom, à l'ouest de Tianjin.

Rues

Les rues de Tianjin sont un véritable musée d'architecture européenne du début du siècle. Un instant vous êtes à Vienne, au coin de la rue suivante, vous voilà à Londres ; ou encore prenez un bus pour contempler les vieilles portes françaises en fer forgé ou une cathédrale néo-gothique. Malheureusement, des réalisations architecturales récentes, post-modernes, commencent à envahir la ville. Après le tremblement de terre, des monstres de verre et d'acier ont surgi dans le ciel, habillés de néons la nuit et dont la présence est encore ponctuée par les hurlements provenant de salles de karaoke dissimulées à l'intérieur.

Toutefois si vous êtes un fin connaisseur en matière d'architecture, inutile d'aller plus loin. Tianjin réunit tous les styles que l'on puisse imaginer.

Chinatown

Le vieux quartier chinois est identifié sur le plan de la ville par un rectangle dont les bus parcourent le périmètre. Les rues qui le délimitent sont en gros les suivantes : Beima (cheval du Nord), Nanma (cheval du Sud), Xima (cheval de l'Ouest) et Dongma (cheval de l'Est). A l'origine, il existait une rue principale nord-sud, qui traversait une autre artère est-ouest, au centre du rectangle entouré de murailles.

Dans ce quartier, on peut passer des heures à explorer les ruelles où a survécu l'architecture traditionnelle, et peut-être tomber sur les ruines d'un ou deux temples. Mais le principal intérêt est de pouvoir observer les gens et leur vie quotidienne. En chemin, ce ne sont pas les occasions de faire des achats, du lèche-vitrines et de se restaurer abondamment qui manquent.

Où se loger

Tianjin possède nombre de bons hôtels aux prix raisonnables. Malheureusement, presque tous les établissements bon marché sont interdits aux étrangers (gâce aux bons soins du BSP), parmi lesquels le *Chang Cheng Binguan*, le *Tianjin Dajiudian*, le *Dongfang Fandian* et le *Baihui Fandian*. En revanche, ils acceptent tous les Chinois d'outre-mer.

Les prix demandés aux étrangers frisent le grotesque. A moins d'être Asiatique, milliardaire, ou de pouvoir loger dans une résidence universitaire (voir dans une église ou aux bains publics), vous avez toutes les chances d'échouer à la gare.

Le seul établissement modeste qui accepte les étrangers est l'hôtel *Guomin* (☎ 711-3353) (*guómín fàndiàn*), à l'angle de Heping Lu et de Chifeng Dao. Il propose des doubles correctes à 164 yuan.

L'hôtel *Bohai* (☎ 712-3391) (*bóhǎi fàndiàn*), 277 Heping Lu, loue des chambres acceptables pour 328 yuan.

Toujours dans la catégorie "petits budgets", selon les standards de Tianjin, l'hôtel *Furama* (☎ 431-0961 ; fax 431-1751), (*fùlìhuá dàjiǔdiàn*), est installé 104 Qiwei Lu, sur la rive est du Hai, non loin du très onéreux Astor Hotel. Les chambres ordinaires/de luxe reviennent à 280/370 yuan, les suites entre 400 et 500 yuan.

Le *Tianjin Grand Hotel* (☎ 835-9000 ; fax 835-9822) (*tiānjīn bīnguǎn*) se trouve dans Youyi Lu, dans le quartier de Hexi. Il est gigantesque : mille lits répartis dans deux tours construites en 1960. Autrefois connu pour ses prix avantageux, il a été entièrement rénové et ses tarifs ont grimpé en conséquence. Les chambres les plus abordables sont à 340 yuan, sinon il faut compter 620 yuan.

Le *Tianjin N°1 Hotel* (☎ 331-0707 ; fax 331-3341) (*tiānjīn dìyī fàndiàn*) est situé 158 Jiefang Beilu, en face du Hyatt. L'établissement s'enorgueillit d'offrir un charme désuet, facturé 439 yuan la double. Empruntez le bus n°13 qui part de la gare centrale, descendez au troisième arrêt et marchez en direction du sud.

Centre de
Tianjin

0   200   400 m

Traversez la rue pour vous rendre au *Hyatt Hotel* (☎ 331-8888 ; fax 331-0021) (*kǎiyuè fàndiàn*), 219 Jiefang Beilu. Les chambres supérieures/de luxe sont à 1 370/1 495 yuan, les suites démarrent à 1 825 yuan.

Beaucoup plus modeste, le *Park Hotel* (☎ 830-9815 ; fax 830-2042) (*lèyuán fàndiàn*), est installé 1 Leyuan Lu, à l'est du Friendship Store, et comme son nom l'indique, à proximité d'un parc. Les doubles coûtent 510 yuan.

Le *Friendship Hotel* (☎ 831-0372 ; fax 831-0616) (*yǒuyí bīnguǎn*), 94 Nanjing Lu, demande 700 yuan pour une double.

L'*Astor Hotel* (☎ 331-1688 ; fax 331-6282) (*lìshùndé fàndiàn*), 33 Tai'erzhuang Lu date du début du siècle, mais a été entièrement rénové. Il loue des doubles entre 1 037 et 1 328 yuan, des suites entre 1 411 et 4 714 yuan. Vous pouvez aussi louer un cottage pour 7 370 yuan.

L'un des établissements les plus chics de Tianjin est le *Crystal Palace Hotel* (☎ 835-6888 ; fax 835-8886) (*shuǐjīnggōng fàndiàn*), 28 Youyi Lu. Les installations comprennent une piscine, un court de tennis, un club de remise en forme et un restaurant français. Vous devrez débourser

CENTRE DE TIANJIN 天津市中心	8	Goubuli 狗不理总店	9	Grand magasin Binjiang Shangsha 滨江商厦

CENTRE DE TIANJIN
天津市中心

OÙ SE LOGER

12 Hôtel Bohai
渤海饭店
13 Hôtel Guomin
国民大酒店
20 Friendship Hotel
友谊宾馆
23 Tianjin N°1 Hotel
天津第一饭店
24 Astor Hotel
利顺德大饭店
25 Hyatt Hotel
凯悦饭店

OÙ SE RESTAURER

7 Restaurant Chuansu
川苏菜馆

8 Goubuli
狗不理总店
22 Boulangerie Kiessling
起士林餐厅

DIVERS

1 Bus pour Pékin
往北京汽车站
2 Grand magasin
Wing On
永安百货
3 Gare ferroviaire
principale
天津火车站
4 Bureau de poste
Dongzhan
东站邮局
5 Grand magasin
Tianjin
百货大楼
6 Marché aux antiquités
古玩市场

9 Grand magasin
Binjiang Shangsha
滨江商厦
10 Grand magasin
Quanyechang
劝业场
11 Librairie Xinhua
新华书店
14 Parc Zhongxin
中心公园
15 Bank of China
中国银行
16 BSP
公安局外事科
17 Église catholique
西开教堂
18 International Market
国际商场
19 Mémorial du
Tremblement de terre
抗震纪念碑
21 International Building
国际大厦

1 062 yuan pour une chambre ordinaire et de 1 892 à 5 544 yuan pour une suite (ajouter 15% de taxes).

Dans le voisinage, le *Geneva Hotel* (☎ 835-2222 ; fax 835-9855) (*jīnlìhuá dàjiǔdiàn*), 30 Youyi Lu, propose des doubles de 670 à 1 340 yuan. L'hôtel occupe l'arrière d'un bâtiment dont l'avant abrite le World Economy & Trade Exhibition Centre.

Le *Sheraton Hotel* (☎ 334-3388 ; fax 335-8740) (*xǐláidēng dàjiǔdiàn*) se trouve dans Zijinshan Lu, dans la partie sud de Tianjin. L'établissement loue 281 chambres entre 1 200 et 1 400 yuan et des suites entre 2 500 et 5 000 yuan. Comptez 15% supplémentaires pour le service, mais le petit déjeuner-buffet est gratuit.

Où se restaurer

Vous pourrez déguster des merveilles culinaires à Tianjin. Si vous restez plusieurs jours, regroupez-vous et téléphonez pour que l'on vous prépare un somptueux banquet. Les grandes spécialités de Tianjin sont les fruits de mer en saison, notamment les crabes, les crevettes, les soupes de seiche et la carpe frite.

Ne manquez sous aucun prétexte la *Food Street* (*shípǐn jiē*), une ruelle couverte offrant, sur deux niveaux, plusieurs dizaines de restaurants. Comparez les prix : certaines échoppes pratiquent des prix ridiculement bas alors que des restaurants sont incroyablement chers. Vous pourrez vous régaler de plats réellement exotiques, tels du serpent (cher), du chien (bon marché) et de l'anguille (prix moyen). Les amateurs de cuisine mexicaine seront également à la fête : c'est le seul endroit en Chine où nous avons trouvé des chips nacho ! Food Street s'étire à quelques rues au sud de Nanma Lu, à environ 1 km à l'ouest du centre-ville.

Rongji Dajie, une ruelle située à un pâté de maisons au nord de Food Street, compte également un bon nombre de restaurants. Le *Quanjude* (☎ 735-0046), 53 Rongji Dajie, offre des salles de banquet à l'étage. Les prix s'échelonnent de modéré à cher. Les fruits de mer, notamment, ne sont pas bon marché (tel le concombre de mer, une délicatesse que le chef adore recommander aux étrangers). On sert également du canard laqué et des plats du Shandong.

Le *Tianjin Roast Duck Restaurant* (☎ 730-2660) (*tiānjīn kǎoyā diàn*), est installé 146 Liaoning Lu, dans le centre-ville. Il propose bien évidemment du canard laqué. Les murs sont couverts de photographies représentant un Mao détendu s'entretenant avec les cuisiniers et signant le livre d'or.

Le restaurant *Chuansu* (☎ 730-5142), vous attend 153 Changchun Dao, entre Xinhua Lu et Liaoning Lu, à proximité du Tianjin Roast Duck. La nourriture épicée du Sichuan est la spécialité mais la carte offre d'autres possibilités.

Le roi des petits pains farcis est le *Goubuli* (☎ 730-0810) (*gǒubùlǐ*), 77 Shandong Lu, entre Changchun Dao et Binjiang Dao. Toujours plein, cet établissement sert d'excellents pains farcis à des tarifs raisonnables. La spécialité de cette maison, vieille d'un siècle, est le petit pain farci au porc de premier choix, d'épices et de sauce, le tout fondant dans la bouche. Quant aux petits pains portant un point rouge, ils indiquent une garniture spéciale, telle du poulet ou des crevettes. Les épiceries de Tianjin vendent des versions congelées de ces petites merveilles. L'ex-président américain George Bush dîna souvent dans cet établissement lorsqu'il était ambassadeur en Chine.

La *Eardrum Fried Spongecake Shop* (*ěrduǒyǎn zhàgāo diàn*) doit son nom à la proximité de la ruelle du Tympan ("*eardrum*"). La spécialité, le "Eardrum Fried Spongecake", est un gâteau à base de farine de riz, de sucre et de pâte de haricot, le tout frit dans l'huile de sésame.

Une autre spécialité de Tianjin tire son nom de l'emplacement d'une boutique, la *18th Street Dough-Twists* ("beignets torsadés de la 18ᵉ rue") (*máhuā*). La rue semble avoir été rebaptisée "la rue de l'Amour de la Patrie" (*àiguó dào*), et la célèbre boutique avoir adopté une nouvelle enseigne (*guìfā xiáng máhuā diàn*). Quoi qu'il en soit, les beignets torsadés, composés de sucre, de sésame, de noix et de vanille peu-

vent s'acheter dans toute la ville. Essayez les boutiques près de la gare ferroviaire.

La *Kiessling's Bakery* (*qǐshílín cāntīng*), fondée par les Autrichiens en 1911, est une institution de Tianjin. Elle est située 33 Zhejiang Lu, au sud-ouest de l'Astor Hotel. En réalité, vous n'aurez pas besoin de vous rendre jusque-là car les gâteaux sont en vente dans de nombreux restaurants et boutiques de la ville.

Les résidents étrangers aisés de Tianjin aiment se rendre le dimanche au *Sheraton Hotel*, qui propose un énorme buffet de 11h à 14h pour 120 yuan. Les autres jours, l'établissement offre des déjeuners ou dîners-buffets de 50 à 80 yuan.

Le *Hyatt Hotel* propose également un mémorable petit déjeuner-buffet pour 60 yuan.

Si vous êtes tenté par un pousse-café, sachez que Tianjin produit du kafeijiu, qui rappelle le kahlua, et du sekijiu, à mi-chemin entre la vodka et le kérosène.

Achats

Seule Hong Kong peut rivaliser avec Tianjin dans le domaine de la production et de la vente de textiles.

Adjacent à la principale gare ferroviaire, le grand magasin Wing On (*yǒng'ān bǎihuò*), une succursale de l'entreprise de Hong Kong, qui porte le même nom et vend de tout. Une importante artère commerçante s'étend de la gare ferroviaire Ouest, au sud, *via* Beima Lu, où elle débouche sur une autre rue commerçante, Dongma Lu qui, elle, débute à la gare Nord. Les boutiques jalonnent Heping Lu jusqu'au parc Zhongxin.

Binjiang Dao est la rue commerçante à visiter à pied, ainsi que les ruelles et les autres rues commerçantes qui en partent. Binjiang Dao abrite également le marché nocturne le plus actif. Le secteur s'anime tout particulièrement de 17h à 20h, lorsque les rues se remplissent d'acheteurs pressés et d'amateurs de théâtre qui se rendent au spectacle.

Dans Binjiang Dao, on compte plus de cent stands qui vendent essentiellement des vêtements, ainsi que de nombreuses boutiques permanentes. Le principal grand magasin de la rue est le Binjiang Shangsha.

A l'extrémité sud de Binjiang Dao vous attend l'International Market, sur quatre étages (*guójì shāngchǎng*). C'est l'un des meilleurs grands magasins de Tianjin avec un très bon supermarché au 1er étage. Une excellente boulangerie est installée au rez-de-chaussée. A ne pas confondre avec l'International Building (*guójì dàshà*), 75 Nanjing Lu.

Le Friendship Store (*yǒuyí shāngdiàn*) mérite aussi un coup d'œil. Il est installé dans Youyi Lu, dans la partie sud de la ville. Le rez-de-chaussée abrite un bon supermarché.

Les habitants se fournissent en produits courants au grand magasin Tianjin (*bǎihuò dàlóu*), 172 Heping Lu.

Le Quanyechang, à l'angle de Heping Lu et de Binjiang Dao, est un grand magasin ancien et spacieux. Il ne se contente pas de vendre des produits de consommation courante, mais abrite aussi deux théâtres et des salles de jeu électroniques. Le bâtiment d'origine, plus petit, possède un fascinant balcon intérieur. Si vous suivez ses galeries, vous déboucherez dans la partie la plus récente qui comporte sept étages. L'ancienne partie fut construite en 1926.

La librairie en langues étrangères (☎ 730-9944) (*wàiwén shūdiàn*) est installée 130 Chifeng Dao, quartier de Heping.

Spécialités. Tianjin est célèbre pour ses tapis. Rendez-vous directement dans l'un des huit magasins d'usine de la ville. La fabrication des tapis à la main est un travail long et minutieux. Certains tapis nécessitent un an de travail. Les motifs vont du traditionnel au moderne. La N°3 Carpet Factory (☎ 238-1712) (*tiānjīn dìtǎn sānchǎng*) est implantée 99 Qiongzhou Dao, dans le quartier de Hexi. On y trouve aussi de petites tapisseries.

Autre spécialité locale : les figurines d'argile. Elles prirent naissance au XIXe siècle, avec le travail de Zhang Mingshan. Ses descendants (cinquième génération) continuent à former des artisans. Les petits personnages s'inspirent de thèmes humains ou divins et sont réputés pour le réalisme de leur expression. Maître Zhang avait la réputation d'être si habile qu'il pouvait se rendre au théâtre avec de l'argile dans ses manches et en revenir avec des vedettes de l'opéra dans ses poches. En 1900, durant la révolte des Boxeurs, des soldats occidentaux tombèrent sur des figurines satiriques les représentant en uniformes avec une précision extrême dans le moindre détail. L'ordre fut donné de retirer immédiatement ces poupées "vaudou" du marché ! Celles que l'on peut acheter aujourd'hui ont beaucoup perdu en qualité. L'atelier est installé 270 Machang Dao, dans le quartier de Hexi (à l'extrémité sud de Tianjin). La galerie d'art située dans Jiefang Lu possède une collection de figurines anciennes réalisées par la famille Zhang.

Tianjin est également connue pour ses estampes du nouvel an. Celles-ci firent leur apparition au XVIIe siècle dans la ville de Yangliuqing, sise 15 km à l'ouest de Tianjin. Imprimées en xylographie, elles sont ensuite colorées à la main. Elles sont censées apporter chance et bonheur lorsqu'elles sont fixées à la porte d'entrée des maisons pendant le nouvel an lunaire. Rares sont celles qui sont inspirées par des thèmes historiques, religieux ou populaires. Un atelier et une salle de vente vous attendent dans Changchun Jie, entre Xinhua Lu et Liaoning Lu.

Comment s'y rendre

Avion. Dragonair et la CAAC assurent des vols directs entre Hong Kong et Tianjin pour 2 270 \$US. La CAAC (☎ 730-4045, 730-5888) se trouve 242 Heping Lu. Dragonair (☎ 330-1234) dispose d'un bureau de réservation dans le Hyatt Hotel. Le CITS fait office d'agence de réservation pour Dragonair.

Le vol intérieur Pékin-Tianjin est peu pratique. Préférez-lui le déplacement en bus (deux heures). D'autres vols intérieurs relient Tianjin à :

Canton, Changchun, Chengdu, Dalian, Fuzhou, Haikou, Shanghai, Shantou, Shenyang, Shenzhen, Taiyuan, Ürümqi, Wenzhou, Wuhan, Xi'an et Xiamen.

Bus. L'ouverture de l'autoroute Pékin-Tianjin a fortement réduit la durée du trajet entre les deux villes ; il faut maintenant compter environ 2 heures 30. Les bus pour Pékin partent de la principale gare ferroviaire de Tianjin. Les tarifs varient en fonction de la taille du bus, mais reviennent en moyenne à 25 yuan. A Pékin, prenez le bus pour Tianjin qui part du côté ouest du parking, en face de la gare ferroviaire. Le bus présente deux grands avantages par rapport au train : acheter un billet n'est pas compliqué et vous êtes assuré d'avoir une place assise.

Tianjin compte trois gares routières. La gare routière Sud (*bālǐtái fāchē zhàn*) est sur la bordure nord-est du parc Shuishang, au sud-ouest du centre-ville : c'est là qu'il faut prendre le bus pour Tanggu. La gare routière Ouest (*xīzhàn fāchē zhàn*) est 2 Xiqing Dao, près de la gare ferroviaire Ouest de Tianjin.

Une gare routière qui peut éventuellement intéresser les étrangers est celle du Nord-Est (*dōngběijiǎo fāchē zhàn*), qui dessert le plus grand nombre de destinations et dispose de la plus importante billetterie. Elle est située près de la rue de l'Ancienne Culture, à l'ouest du Hai He, dans le nord de Tianjin. Le bus n°24 qui part du centre-ville vous déposera à proximité. On peut y prendre un bus pour Jixian, Fengtai (le pavillon Tianzun) et Zunhua, pour ne citer que quelques destinations. Si vous aimez voir le maximum de choses en voyage, un trajet intéressant est celui de Tianjin à Pékin en passant par Jixian (également desservi par le train).

Train. Tianjin est un important nœud ferroviaire entre le Nord et le Sud, d'où partent de nombreux trains pour Pékin, pour les provinces du Nord-Est et les villes du Sud, Ji'nan, Nankin, Shanghai, Fuzhou, Hefei, Yantai, Qingdao et Shijiazhuang.

Il y a trois gares à Tianjin : la gare principale, la gare Nord et la gare Ouest. Vérifiez que vous vous rendez bien à la bonne gare. Certains trains s'arrêtent à la fois à la gare principale et à la gare Ouest, d'autres ne s'arrêtent qu'à la gare Ouest (en particulier les trains venant de Pékin et se dirigeant vers le sud). Ceux qui desservent la Chine du Nord-Est partent en général de la gare Nord.

Si vous arrivez à la gare Ouest, le bus n°24 vous mènera à la gare principale en passant par le quartier commercial du centre-ville.

La gare principale est l'une des plus propres et des plus modernes de Chine. Les étrangers peuvent éviter les queues interminables en achetant leurs billets au 2e étage, au guichet des places "assis mou". Les trains express mettent moins de 2 heures pour relier Tianjin à Pékin ; les trains ordinaires, 2 heures 30.

Voiture. Les étrangers ont l'autorisation de circuler à bord de leur propre véhicule sur l'autoroute Pékin-Tianjin.

Bateau. Le port de Tianjin est implanté à Tanggu, à 50 km (30 mn en train) de Tianjin proprement dit. C'est l'un des principaux ports chinois, offrant de multiples possibilités pour débarquer à Tianjin ou en repartir par bateau. (Pour plus de détails, reportez-vous à la rubrique *Tanggu*, plus loin dans ce chapitre).

Comment circuler
Desserte de l'aéroport. L'aéroport de Tianjin-Zhangguizhuang est situé à 15 km du centre-ville. Il faut compter un minimum de 50 yuan en taxi. Un bus part du bureau des réservations de la CAAC.

Bus. Tianjin est l'une des villes de Chine où l'on se perd le plus facilement. Aux heures de pointe, il est quasiment impossible de monter à bord d'un bus. Essayez de vous placer en embuscade à l'un des terminus.

Les nœuds de transport urbain sont situés à proximité des trois gares ferroviaires. La gare principale regroupe la majorité des lignes, à savoir les bus n°24, 27 et 13 et, plus près de la rivière, les bus n°2, 5, 25, 28 et 96. De la gare ferroviaire Ouest partent les bus n°24, 10 et 31 (les n°11 et 37 s'arrêtent également devant cette gare) ; de la gare Nord, les bus n°1, 7 et 12.

Un autre terminus d'importance est situé aux alentours du parc Zhongxin, en bordure du quartier commerçant. De là, vous pourrez prendre les bus n°11 et 94 et, à côté, les bus n°9, 20 et 37. Au nord du parc, vous trouverez les bus n°1, 91, 92 et 93.

Bon à savoir : le bus n°24 relie la gare principale à celle de l'Ouest, 24h/24. A noter également, le n°8 part de la gare principale et zigzague ensuite à travers la ville avant d'arriver à l'université de Nankai, dans la partie sud de la ville.

A l'exception du n°24, les bus circulent de 5h à 23h.

Métro. Inauguré en 1982, le métro (*dìxià tiělù*) pourra vous être utile. Il va de Nanjing Lu à la gare ferroviaire Ouest pour 5 jiao. Les rames font l'aller-retour sur une voie unique.

Taxi. Ils se concentrent près de la gare et des hôtels touristiques. La plupart des chauffeurs préférant ne pas utiliser leur compteur, convenez du montant de la course avant de monter à bord du véhicule.

Tianjin compte aussi quantité de tricycles à moteur. Le prix de la course est d'environ 15 yuan quelle que soit la destination intra-muros. C'est un moyen de transport particulièrement pratique pour se rendre dans les ruelles étroites, encombrées, du centre.

ENVIRONS DE TIANJIN

Si le problème des hôtels n'était pas aussi insoluble, Tianjin pourrait constituer un bon point de départ pour les voyages vers le Nord (Jixian, Zunhua, Tangshan, Beidaihe et la Grande Muraille à Huangyaguan), et le Nord-Est (Mandchourie). Il existe déjà quelques excursions en bus vers le Nord, à des prix prohibitifs. Tanggu est quasiment le

seul autre endroit fréquenté par les touristes étrangers dans la municipalité de Tianjin.

Tanggu
(*tánggū*)

Trois ports bordent la côte de la municipalité de Tianjin : Hangu (nord), Tanggu-Xingang (centre) et Dagang (sud). Tanggu est situé à quelque 50 km de Tianjin. Les Japonais entreprirent la construction d'un port artificiel durant leur occupation du territoire chinois (1937-1945), achevée par les communistes en 1976. Le port de Tanggu-Xingang est aujourd'hui l'un des plus gros ports de Chine pour l'acheminement des marchandises.

La ville en elle-même présente peu d'intérêt. Elle se résume à un enchevêtrement de grues, de conteneurs et de cheminées.

Les étrangers que vous croiserez sont des hommes d'affaires, et non des voyageurs. Tanggu connaît en effet une forte expansion économique. Le point d'orgue de cette intense activité est la **Zone de développement technologique et économique** (*jīngjì jìshù kāifā qū*). Si vous décidez de visiter cet endroit, situé dans le nord de Tanggu, vous verrez de nombreuses usines et de somptueuses résidences et des boutiques destinées essentiellement aux investisseurs et experts techniques étrangers et chinois d'outre-mer.

Si vous souhaitez absolument visiter des sites touristiques, sachez que la ville est très fière du **Monde des enfants de Bohai** (*bóhǎi értóng shìjiè*). Cet endroit offre plus que ne le laisse présager son appellation, avec ses bâtiments presque attrayants disséminés dans un parc situé sur une île au milieu du port. Ce dernier, malheureusement, est totalement dépourvu de charme.

L'autre "lieu pittoresque" de la ville est le **fort Dagu** (*dàgǔ pàotái*), sur la rive sud du Hai. Construit sous la dynastie Ming, entre 1522 et 1567, ce fort était destiné à protéger Tianjin des invasions étrangères. Il fonctionna un temps mais, compte tenu de la facilité avec laquelle les Européens envahirent la ville au XIXe siècle, on peut douter de son efficacité.

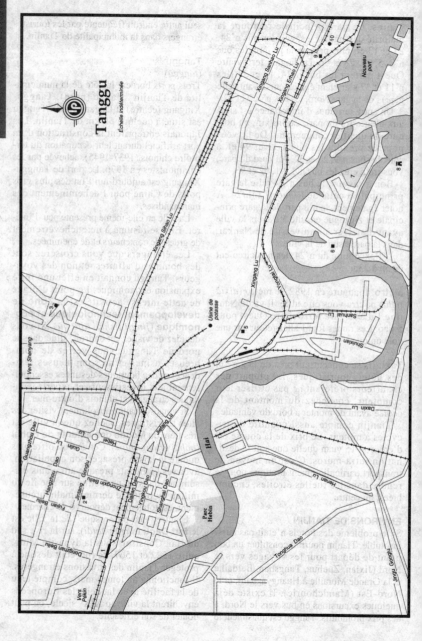

La Cité interdite, résidence des 25 empereurs des dynasties Ming et Qing,
fut interdite d'accès pendant cinq siècles

A l'origine, l'opéra chinois opérait la synthèse des traditions contenues
dans les représentations comiques et les ballades de la période des Song du Nord.
Il intègre désormais des démonstrations acrobatiques,
les arts martiaux, les arias et la danse stylisée.

En attendant le bateau, vous pouvez vous rendre au Friendship Store ou aller déguster un verre à l'International Seamen's Club, à proximité du port.

Pour des raisons qui nous échappent quelque peu, Tanggu connaît un important déploiement de forces de sécurité publiques. Beaucoup de policiers sont en civil, mais vous repérerez les voitures du BSP à leurs grandes plaques d'immatriculation blanches aux lettres noires (sauf les deux premières lettres qui sont rouges). Selon une rumeur locale, Tanggu abriterait le siège local du BSP.

Où se loger. Comme à Tianjin, il est impossible de trouver un hébergement bon marché, à moins de connaître quelqu'un en ville. Si vous arrivez à Tanggu par bateau, la meilleure solution est de sauter dans le premier train pour Pékin ou Beidaihe.

La plupart des étrangers séjournent à l'*International Seamen's Club* (☎ 973897) (*guójì hǎiyuán jùlèbù*), accessible à pied de l'embarcadère des ferries. Malheureusement, il affiche souvent complet.

L'hôtel le plus proche de la gare ferroviaire qui accepte les étrangers est le *Victory Hotel* (☎ 985833 ; fax 948470) (*shènglì bīnguǎn*), 11 Jintang Lu. Avec ses 300 chambres, c'est le plus vaste hôtel de la ville. Les simples/doubles reviennent à 332/415 yuan, les suites à 581 yuan. Les installations comprennent une piscine couverte et un bowling.

Le *Hot Springs Hotel* (☎ 588-6611) (*wēnquán dà jiǔdiàn*), 82 Xingang Lu, est une succursale d'un établissement de Hong Kong. Il dispose de 156 chambres, ainsi que d'une agence de voyages qui pourra vous réserver billets de ferries, d'avion ou de train. Les chambres standard/de luxe coûtent 300/560 yuan, plus 10% de taxes.

L'hôtel *Beifang* (☎ 531-1301 ; fax 531-1322) (*běifāng bīnguǎn*) est également connu sous le nom de Tianjin View Hotel. Cet établissement japonais est installé 1 Zhabei Lu, dans un quartier peu avenant et excentré. En revanche, il est confortable. Comptez 415/540 yuan pour des chambres standard/de luxe.

Comment s'y rendre. Quelques minibus assurent la liaison de la gare routière Sud de Tianjin à Tanggu, pour seulement 10 yuan. A Tanggu, les départs s'effectuent depuis la gare ferroviaire principale. Les bus partent lorsqu'ils sont pleins, généralement toutes les 30 minutes.

La principale ligne ferroviaire en direction du Nord-Est relie Pékin à Harbin, *via* Tianjin et Tanggu. Les trains, fréquents, couvrent les 50 km entre Tianjin et Tanggu en 30 minutes. La voie passe à proximité des salines qui fournissent près d'un quart du sel consommé dans le pays.

Le port de Tanggu a été rebaptisé "Nouveau Port" (*xīngǎng*). Prenez le ferry au terminal passagers (*xīngǎng kèyùn zhàn*).

Pour les voyageurs, les bateaux les plus intéressants sont les ferries internationaux. Une ligne relie Inch'ŏn (Corée du Sud) et Tianjin, tandis qu'une autre va jusqu'à Kobe, au Japon (pour plus de détails sur les

	TANGGU 塘沽
1	Gare ferroviaire principale de Tanggu 塘沽火车站
2	Victory Hotel 胜利宾馆
3	Zone de développement technologique et économique 经济技术开发区
4	Gare ferroviaire Sud 塘沽南火车站
5	Hot Spring Hotel 温泉大酒店
6	Hôtel Beifang 北方宾馆
7	Monde des enfants de Bohai 渤海儿童世界
8	Fort Dagu 大沽炮台
9	International Seamen's Club 国际海员俱乐部
10	Friendship Store 友谊商店
11	Terminal des ferries passagers 天津港客运站

tarifs et les horaires, reportez-vous au chapitre *Comment s'y rendre*).

Des bateaux desservent Dalian une fois tous les quatre jours (16 heures), d'autres se rendent à Yantai quatre fois par mois (environ 30 heures). En raison de l'affluence sur ces navires, il est recommandé de voyager en 4ᵉ classe minimum. Les navires, confortables, peuvent transporter jusqu'à 1 000 passagers et sont équipés d'un bar, d'un restaurant et d'une salle de cinéma.

On peut acheter les billets à Tanggu, en face du théâtre, mais il est plus sûr de les acheter à l'avance à Tianjin, 5 Pukou Jie. Difficile à trouver, cette petite rue bifurque vers l'ouest depuis Tai'erzhuang Lu et se trouve à peu près à la même hauteur que l'énorme cheminée sur la rive opposée de la rivière.

Tangshan
(tángshān)

Tangshan fut détruite par le tremblement de terre de juillet 1976, au cours duquel plus de 240 000 personnes (près d'un cinquième de la population de Tangshan à l'époque) périrent. Un nouveau Tangshan a surgi dès décembres. Dès 1978, les niveaux de production industrielle avaient rejoint ceux de 1976. La population de la ville atteint aujourd'hui près d'1,5 million d'habitants. On peut s'arrêter quelques heures à Tangshan en se rendant de Pékin à Beidaihe. Des trains directs circulent entre Tanggu et Tangshan.

Jixian
(jìxiàn)

Jixian est considérée comme l'une des banlieues nord de Tianjin bien qu'elle se trouve à 125 km de cette ville. Jixian se trouve également à 90 km à l'est de Pékin.

Près de la porte ouest de la ville se trouve le **temple de la Joie solitaire** *(dúlè sì)*. Avec plus de mille ans d'âge, le principal édifice de ce temple, en bois et à plusieurs étages, le pavillon d'Avalokitesvara (Guanyin), peut prétendre au titre de plus vieux bâtiment en bois de Chine. Il abrite une statue de ce Bodhisattva à dix têtes qui, avec

ses 16 m de haut, est l'une des plus grandes statues en terre cuite de Chine, réalisée sous les Liao. Les fresques murales, quant à elles, remontent à la période Ming. Le complexe a été restauré afin de développer le tourisme.

A l'est de Jixian, le **réservoir de Yuqiao** *(yúqiáo shuǐkù)* est sans conteste la pièce d'eau la plus attrayante de la municipalité de Tianjin.

Comment s'y rendre. Un moyen de visiter Jixian consiste à se joindre depuis Pékin à un groupe qui se rend aux tombeaux des Qing orientaux et à Zunhua (pour plus de détails, reportez-vous au chapitre *Pékin*). Mais cette formule ne vous permettra de passer qu'un court moment à Jixian. Un service régulier de bus existe également au départ de Pékin.

Les bus qui partent de la gare routière Nord-Est de Tianjin vont à Jixian. Il existe enfin une ligne de chemin de fer directe Tianjin-Jixian.

Le Panshan
(pánshān)

Le Panshan se trouve au nord-ouest de Jixian et regroupe une série de collines qui font partie des quinze montagnes célèbres de Chine. L'empereur Qianlong aurait été saisi par la beauté de l'endroit au point de jurer qu'il ne serait jamais allé au sud du Chang Jiang (Yangzi) s'il avait su que le Panshan était si beau. Le site est plutôt charmant, avec beaucoup d'arbres, des torrents, des cascades, des temples, des pavillons et divers autres agréments.

Ces collines se trouvent à 12 km au nord-ouest de Jixian, à 150 km au nord de Tianjin et à 40 km à l'ouest des tombeaux des Qing orientaux, dans le Hebei. Un train de banlieue va de Tianjin à Jixian ; on peut aussi y aller en bus depuis la gare routière Nord-Est de Tianjin.

Grande Muraille à Huangyaguan
(huángyáguān chángchéng)

A l'extrême nord de la municipalité de Tianjin (bordant la province du Hebei), se trouve Huangyaguan (la porte de la Falaise jaune). C'est là que les habitants de Tianjin viennent voir la Grande Muraille. Cette section de la Muraille mesure 41 km de long et tombe en ruines aux deux extrémités. La partie ouverte aux touristes a été restaurée en 1984. Un musée a été construit pour abriter la forêt de stèles des Cent Généraux.

Huangyaguan se trouve à 170 km au nord de la ville de Tianjin. Des bus se rendent à la Muraille principalement le weekend. Ils partent tôt le matin de la gare routière Nord-Est de Tianjin et parfois de la gare ferroviaire principale.

Pavillon Tianzun
(*tiānzūn gé*)

Il faut être un passionné des temples et des pavillons pour se déplacer jusqu'ici. Le pavillon Tianzun (pavillon du Respect céleste) est pourtant considéré comme l'un des lieux dignes d'intérêt à Tianjin.

Le pavillon se trouve près de Fengtai, dans le district de Ninghe, à la frontière orientale de la municipalité de Tianjin avec la province du Hebei. Les bus pour Fengtai partent de la gare routière Nord-Est de Tianjin.

Hebei 河北

Population : 53 millions d'habitants

Capitale : Shijiazhuang

A ne pas manquer :

- Chengde, ville chargée d'histoire, et ses vestiges architecturaux
- la très balnéaire Beidaihe
- Shanhaiguan, où la Grande Muraille tutoie la mer

La province de Hebei (*héběi*) entoure les municipalités de Pékin et de Tianjin. Elle est souvent considérée comme une extension de Pékin, le siège de la bureaucratie, ou de Tianjin, le géant industriel. Ce n'est pas loin d'être le cas, puisque, géographiquement, ces deux villes occupent une bonne partie de la province. En fait, Tianjin était la capitale du Hebei avant de passer sous administration directe de l'État. La ville la plus importante après Tianjin, Shijiazhuang, devint à son tour capitale de la province.

Du point de vue topographique, le Hebei se divise en deux : un plateau montagneux au nord, où court la Grande Muraille (ce plateau occupe également la limite occidentale de la province), et une plaine monotone au sud. L'agriculture (principalement blé et coton) doit composer avec des tempêtes de poussière, des périodes de sécheresse (cinq années d'affilée, de 1972 à 1977) et des inondations. Ces catastrophes naturelles peuvent donner une idée du climat. Torride et humide en été, glacial en hiver, avec des vents chargés de poussière au printemps et de fortes pluies en juillet et août.

Le charbon est la principale ressource du Hebei, dont l'essentiel de la production est exporté depuis Qinhuangdao, une ville portuaire enlaidie par des complexes industriels.

Les seuls sites touristiques sont la station balnéaire de Beidaihe, les palais et les temples de Chengde. Inutile de vous arrêter à Shijiazhuang, vous perdriez votre temps.

La Grande Muraille demeure le principal centre d'intérêt. Elle traverse la province avant d'atteindre la mer à Shanhaiguan, ville dotée d'un marché exotique.

SHIJIAZHUANG
(*shíjiāzhuāng*)
Carrefour ferroviaire situé à environ 250 km au sud-ouest de Pékin et capitale

de la province, cette ville de plus d'un million d'habitants présente un intérêt limité pour le voyageur. Au début du siècle, ce n'était qu'un village. La construction de la ligne ferroviaire se traduisit par une relative prospérité de la ville et une explosion démographique.

Shijiazhuang possède la plus importante école d'officiers du pays, basée à 2 km à l'ouest de la ville. Après les manifestations et la répression de 1989 à Pékin, tous les nouveaux étudiants de l'université de Pékin y furent envoyés pour y subir une rééducation d'un an.

Renseignements
Le CITS (☎ 601-4766) et le CTS (☎ 601-4570) sont installés dans le Hebei Grand Hotel, 23 Yucai Jie.

L'EST

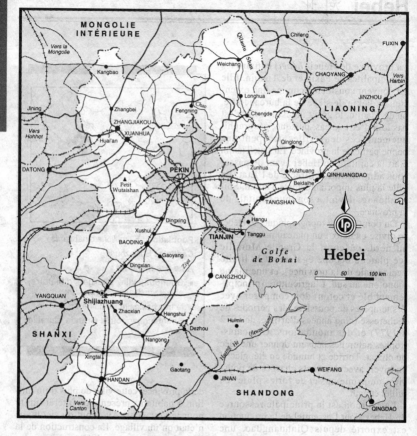

Mausolée des Martyrs de la Révolution

(lièshì língyuán)

Le mausolée des Martyrs de la Révolution (☎ 702-3028) est situé dans Zhongshan Lu, à l'ouest de la gare ferroviaire. Le médecin révolutionnaire Norman Bethune (1890-1939) y est enterré. Immédiatement après la victoire des communistes en 1949, Bethune *(bái qiúēn)* devint l'étranger le plus célèbre en Chine après Marco Polo. Il est entré dans l'histoire de la Chine moderne en tant que chirurgien de la 8e Armée de Route pendant la guerre

contre le Japon. Auparavant, il avait combattu aux côtés des communistes espagnols contre Franco et ses alliés nazis.

En Chine, "Bethune" est également synonyme de Canada. C'est à peu près tout ce que les Chinois connaissent de ce pays et le fait d'évoquer ce nom vous attirera aussitôt la sympathie de vos interlocuteurs si vous êtes canadien.

Plus de 700 officiers et héros de l'armée qui trouvèrent la mort pendant la résistance contre le Japon, la guerre de Libération et la guerre de Corée, sont enterrés dans ce cimetière. Il est situé dans un grand parc où une paire de lions datant de 1185 (dynastie Jin) bordent l'allée centrale.

Musée de la province de Hebei
(*hébĕi shĕng bówùguăn*)
Ce vaste musée (☎ 604-5642) se dresse en face de l'International Hotel. Tous les commentaires sont en chinois.

Où se loger
Les prix pratiqués à Shijiazhuang sont pour le moins étranges. Les établissements les plus sommaires se montrent souvent plus exigeants que les hôtels haut de gamme. Demandez toujours à visiter la chambre avant de payer. Vous éviterez ainsi bien des déceptions.

L'hôtel *Wujing* (☎ 603-2713) (*wŭjĭng bīnguăn*) est l'établissement le meilleur marché qui accepte les étrangers. Un lit revient de 15 à 50 yuan. Les installations sont toutefois un peu sommaires. Le bâtiment se dresse dans Guangming Lu, juste derrière la gare ferroviaire. Lorsque vous sortez de la gare, tournez à gauche et marchez jusqu'à Yuhua Lu ; empruntez le passage souterrain sous les voies, puis montez les escaliers (sur votre gauche) pour rejoindre Guangming Lu. Le nom de l'hôtel est écrit en chinois, mais les rabatteurs qui rôdent autour de la gare vous y conduiront.

L'hôtel *Bailin* (☎ 702-1398) (*băilín dàshà*), 24 Chezhan Jie, est le meilleur établissement situé autour de la gare. Les chambres sont très propres et le personnel est parfait. Les triples avec s.d.b. commune coûtent 99 yuan, les doubles avec s.d.b. de 176 à 220 yuan. Vous pouvez aussi obtenir une suite pour 264 à 330 yuan.

Le *Silver Spring Hotel* (☎ 702-6981) (*yínquán fàndiàn*) est situé lui aussi à proximité de la gare ferroviaire. En dépit d'un hall de réception de bon augure, les chambres sont décevantes et ne méritent pas les 270 yuan exigés pour une double.

Juste à côté, l'hôtel *Hualian Hebei* (☎ 702-5991) (*huálián hébĕi fàndiàn*) pratique des tarifs exorbitants : 280 yuan pour une double sale à la plomberie cassée. Côté

positif, les chambres sont spacieuses. A envisager en dernier recours.

L'hôtel *Lüyou* (☎ 383-4559) (*lǚyóu bīnguăn*) est assez loin de la gare ferroviaire et passablement délabré, mais les tarifs pratiqués sont raisonnables : 162 yuan pour une double. Il n'y a pas d'enseigne en anglais mais de nombreuses lampes illuminent le bâtiment la nuit. Il est installé à l'angle sud-est de Zhonghua Dajie et Cang'an Lu. Le bus n°3 qui part de la gare s'arrête à proximité.

L'hôtel *Huadu* (☎ 383-1040) (*huádū dàshà*) est le plus haut bâtiment de la ville et la fierté de Shijiazhuang. Les chambres sont très bon marché compte tenu des prestations offertes : les doubles valent de 249 à 294 yuan, les suites de 480 à 585 yuan. Vous aurez besoin d'un taxi pour vous y rendre car l'établissement se trouve assez loin de la gare.

Le *Hebei Grand Hotel* (☎ 601-5961 ; fax 601-4092) (*hébĕi bīnguăn*) est d'un bon rapport qualité/prix (pour le moment). La pension entièrement rénovée attire les groupes de touristes et abrite le CITS et le CTS. Les doubles du vieux bâtiment sont à 280 yuan, tandis que les tarifs pratiqués dans le nouveau sont de 338, 388 et 560 yuan. L'hôtel se dresse 23 Yucai Jie. Le bus n°6 qui part de la gare s'arrête à proximité. Vous pouvez aussi prendre un taxi (environ 10 yuan).

L'*International Hotel* (☎ 604-4321) (*guójì dàshà*) est plutôt fréquenté par des groupes du troisième âge que par des voyageurs à petit budget. Le prix des doubles oscille entre 275 et 638 yuan.

Où se restaurer
A proximité du Silver Spring Hotel s'étire une longue rue commerçante appelée "Yong'an Market", où vous pourrez vous restaurer à bon compte. Un autre groupe de stands se tient devant la gare mais il semble qu'ils ne soient ouverts que le soir. A l'étage de la gare, vous trouverez un vaste restaurant avec karaoke qui constitue la principale attraction de la vie nocturne à Shijiazhuang.

L'EST

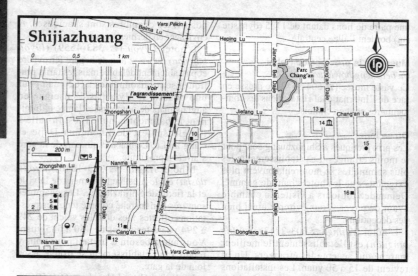

SHIJIAZHUANG 石家庄	12 Hôtel Lüyou 旅游宾馆	4 CAAC 河北华联旅行社
OÙ SE LOGER	13 International Hotel 国际大厦	7 Gare routière (bus longue distance) 长途汽车站
3 Hôtel Bailin 柏林大厦	16 Hebei Grand Hotel 河北宾馆	8 Poste 邮局
5 Hôtel Hualian Hebei 华联河北饭店	**DIVERS**	9 Gare ferroviaire 火车站
6 Silver Spring Hotel 银泉饭店	1 Mausolée des Martyrs de la Révolution 烈士陵园	14 Musée de la province de Hebei 河北省博物馆
10 Hôtel Wujing 武警宾馆	2 Marché Yong'an 永安步行商业街	15 École normale 师范大学
11 Hôtel Huadu 华都大厦		

Comment s'y rendre

Des vols de la CAAC relient Shijiazhuang à Canton, Changsha, Chengdu, Chongqing, Haikou, Hohhot, Qinhuangdao, Shanghai, Shenyang, Shenzhen, Taiyuan, Wenzhou et Xi'an.

Shijiazhuang est aussi un nœud ferroviaire important avec des trains pour Pékin (environ 4 heures), Taiyuan (5 heures), Dezhou (5 heures) et Canton (plus de 30 heures).

La gare routière se trouve au nord-est de la gare ferroviaire. Elle est accessible à pied. De là, vous pourrez prendre des bus pour les sites environnant Shijiazhuang.

Comment circuler

Desserte de l'aéroport. L'aéroport de Shijiazhuang est implanté à 40 km de la ville. Le bus de la CAAC revient à 30 yuan et part de l'Airport Centre (bureau des réservations), en face de la gare ferroviaire. Le bus est supposé partir 2 heures 30 avant le décollage de l'avion mais, d'après notre expérience, il part plutôt dix minutes avant ! Un taxi pour l'aéroport coûte 120 yuan environ (comptez 1 heure).

Bus. La ville compte 10 lignes de bus, qui ont tendance à être complètement bondées.

ENVIRONS DE SHIJIAZHUANG
Zhengding
(*zhèngdìng*)

Sise 10 km au nord de Shijiazhuang, cette ville compte plusieurs magnifiques temples et monastères. Le plus important, et le plus ancien, est le monastère de Longxing (*lóngxīng sì*), célèbre pour sa gigantesque statue de Bouddha en bronze, haute de 20 mètres et fondue il y a presqu'un millénaire sous les Song. Cette statue aux multiples bras est gardée dans le temple de la Grande Miséricorde, un bâtiment impressionnant doté de galeries rouges et jaunes.

Des minibus se rendent à Zhengding pour 3 yuan. Ils portent l'inscription "Temple du Grand Bouddha" (*dà fó sì*) en chinois. Ils se rassemblent à Shijiazhuang devant l'hôtel Bailin, en face de la gare ferroviaire. Le bus n°201 qui part de la gare de Shijiazhuang dessert également les temples. Le trajet dure 1 heure.

Pont de Zhaozhou
(*zhàozhōu qiáo*)

Un vieux poème populaire cite les quatre merveilles du Hebei :

Le lion de Cangzhou
La pagode de Dingzhou
Le Bouddha de Zhengding
Le pont de Zhaozhou

Ce pont se trouve dans le district de Zhaoxian, environ 40 km au sud-est de Shijiazhuang et 2 km au sud de la ville de Zhaoxian. Il enjambe la rivière Jiao depuis le début du VIIe siècle et il est peut-être le plus vieux pont en arche de Chine – un autre pont, qui serait plus ancien encore a été découvert récemment dans le district de Linying (Henan).

Au-delà d'un record de longévité, le pont de Zhaozhou est remarquablement conservé. Il mesure 50 m de long, 9,6 m de large,

avec une portée de 37 m. Son parapet est décoré de dragons et de créatures mythiques. La paternité de l'ouvrage fait l'objet de polémiques mais, selon la légende, le maître maçon Lu Ban l'aurait construit en une nuit. Deux immortels ébahis, refusant de croire qu'un tel prodige était possible, arrivèrent pour tester le pont. L'un avait une charrette, l'autre un âne. Ils demandèrent à Lu Ban s'ils pouvaient franchir l'ouvrage ensemble. Celui-ci acquiesça. Arrivés à mi-chemin, le pont se mit à trembler et Lu Ban se précipita dans l'eau pour le stabiliser. C'est pour cette raison que le pont porte encore des traces de sabots d'âne, de roues et des empreintes de mains…

Le Cangyanshan
(*cāngyánshān*)

Ce panorama de paysages boisés, de vallées et de falaises abruptes parsemés de pagodes et de temples est situé à environ 78 km au sud-ouest de Shijiazhuang. La curiosité locale est un étrange bâtiment à double toit posé sur une arche de pierre surplombant une gorge vertigineuse. Un escalier de 300 marches mène à cet édifice, qui date de la dynastie Sui, appelé le Palais suspendu. D'autres vieux bâtiments sont construits sur les hauteurs avoisinantes.

Xibaipo
(*xībǎipō*)

A 80 km au nord-ouest de Shijiazhuang, dans le district de Pingshan, Xibaipo fut la base depuis laquelle Mao Zedong, Zhou Enlai et Zhu De dirigèrent la campagne du Nord contre le Guomindang de 1947 à 1948. Le site originel de ce village se trouve maintenant au fond du lac artificiel de Gangnan et le village actuel a été rebâti à proximité. En 1977, un musée-mémorial de la période révolutionnaire y a été érigé. Xibaipo est devenu un piège à touristes, mais reste amusant à visiter.

CHENGDE
(*chéngdé*)

Chengde, aussi connue sous le nom de Jehol, est un ancien lieu de villégiature

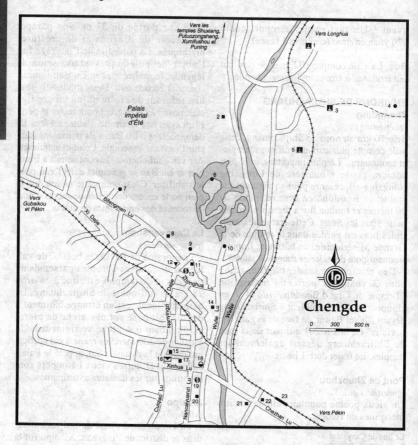

Vers les
temples Shuxiang,
Putuozongsheng,
Xumifushou et
Puning

Vers Longhua

Vers Longhua

Palais
impérial
d'Été

Vers
Gubeikou
et Pékin

Bifengmen Lu

Xi Dajie

Zhonghua Lu

Nanyingzi Dajie

Wulie Lu

Wulie

Xinhua Lu

Cuiqiao Lu

Nancaiyuanzi Lu

Chezhan Lu

Vers Pékin

Chengde

0   300   600 m

impérial datant du XVIIIe siècle. L'endroit permet de voir ce qui reste des plus grands jardins impériaux chinois.

Chengde était restée une obscure bourgade jusqu'en 1703, date à laquelle l'empereur Kangxi fit construire un palais d'été, avec une salle du trône et tous les apparats de la cour. Chengde devint ainsi une sorte de siège du gouvernement, celui-ci siégeant là où se trouvait l'empereur. Kangxi nomma sa résidence d'été Bishu Shanzhuang ("hameau de montagne pour fuir la chaleur").

En 1790, sous le règne de son petit-fils Qianlong, le palais avait atteint la taille du palais d'Été et de la Cité Interdite de Pékin réunis. Qianlong développa une idée de Kangxi, consistant à construire des bâtiments qui reproduisaient l'architecture des minorités nationales de l'empire afin que les envoyés de ces régions se sentent confortablement installés. Il encouragea notamment les lamaïsmes tibétain et mongol, ce dernier ayant fait ses preuves à affaiblir les Mongols omniprésents. La branche mongole du lamaïsme requerrait en effet qu'un enfant mâle de chaque famille devînt moine – un bon moyen pour contrôler la population et ruiner l'économie

CHENGDE 承德

OÙ SE LOGER

2　Mongolian Hotel
　　蒙古包
8　Hôtel Qiwanglou
　　绮望楼
11　Mountain Villa Hotel
　　山庄宾馆
14　Guesthouse for Diplomatic Missions
　　外交人员宾馆
15　Hôtel Chengde (ancien)
　　承德宾馆
17　Hôtel Xinhua
　　新华饭店
20　Hôtel Yunshan
　　云山饭店
21　Hôtel Chengde (nouveau)
　　承德大厦
22　Hôtel Huilong
　　会龙大厦

OÙ SE RESTAURER

12　Restaurant Bi Feng
　　碧峰饭店

DIVERS

1　Temple Anyuan
　　安远寺
3　Temple Pule
　　普乐寺
4　Rocher du Marteau
　　棒槌山
5　Temple Puren
　　溥仁寺
6　Pavillon de Brume et de Pluie
　　烟雨楼
7　Porte Bifeng
　　碧峰门
9　Lizhengmen (porte principale)
　　丽正门
10　Porte Dehui
　　德汇门
13　Bank of China
　　中国银行
16　Poste
　　邮局
18　Gare routière (bus longue distance)
　　长途汽车站
19　Bank of China
　　中国银行
23　Gare ferroviaire
　　火车站

mongole. Ceci explique les caractéristiques tibétaines et mongoles des monastères situés au nord du palais d'Été, l'un d'entre eux étant une réplique du Potala de Lhassa.

Chengde est aujourd'hui retournée à son état de petite bourgade provinciale. Sa population, 150 000 habitants, travaille dans les mines, l'industrie légère et le tourisme. Les palais et monastères sont en ruines, les statues bouddhiques défigurées (certaines d'entre elles en sont méconnaissables) ou placées dans des recoins obscurs, les fenêtres sont murées, les colonnes réduites à l'état de moignons et les temples, bien qu'impressionnants de l'extérieur, ne sont plus que des coquilles vides.

L'ensemble est en cours de restauration (depuis les fondations pour certains bâtiments) dans un but touristique évident. Il est prévu d'y construire des restaurants chinois et occidentaux, des boutiques de luxe, d'y organiser des spectacles de musique traditionnelle, jouée sur des répliques d'instruments trouvés dans les diverses tombes du pays. Des promenades à cheval devraient aussi être proposées aux futurs visiteurs.

Renseignements

Le CITS (☎ 226-827 ; fax 227-484) se trouve 6 Nanyuan Donglu, à côté de l'hôtel Yunshan, dans un baraquement en tôle verte qui semble provisoire mais ne l'est pas. Le personnel est très amical et serviable. Le BSP (☎ 223-091) est situé dans Wulie Lu.

La Bank of China se tient juste à côté de l'hôtel Yunshan et du CITS. Une agence est installée sur le côté nord de Zhonghua Lu, près de l'intersection avec Nanyingzi Dajie.

Palais impérial d'Été

(*bìshǔ shānzhuāng*)
Connu également sous le nom de "hameau de montagne pour fuir la chaleur", ce parc entouré d'un mur de 10 km de long couvre 560 hectares. L'empereur Kangxi avait décrété qu'il y aurait 36 "sites de beauté" à Jehol (ancien nom de Chengde) ; Qianlong

décida d'en ajouter 36 autres. Cela nous amène à un total de 72, mais où sont-ils exactement ? Dans la partie nord du parc, les pavillons ont été détruits par les seigneurs de la guerre et les envahisseurs japonais, et même les forêts ont souffert de coupes.

En passant par Lizhengmen, la porte principale, on arrive au **palais du Devant**, une modeste réplique du palais de la Cité Interdite de Pékin. La salle du trône s'y trouve, ainsi que la salle du Désintéressement et de la Sincérité, construite dans un bois aromatique, le *nanmu*. Cette salle abrite un musée dans lequel on peut voir des objets impériaux : armes, vêtements et autres. Les chambres à coucher de l'empereur sont présentées avec leur mobilier. A côté de ces chambres se trouve une porte sans poignée extérieure par laquelle l'heureuse élue qui allait passer la nuit avec l'empereur était introduite avant d'être déshabillée et fouillée par les eunuques.

Le **pavillon de Brume et de Pluie**, à deux étages, sur la rive nord-ouest de l'île du grand lac, était un cabinet impérial. Plus au nord, se trouve le **pavillon Wenjin**, bibliothèque édifiée en 1773 pour abriter une copie du *Sikuquanshu*, une anthologie majeure regroupant les Classiques, l'Histoire, la Philosophie et la Littérature, réalisée à la demande de Qianlong. Il avait fallu dix ans pour venir à bout de l'ouvrage. Quatre copies en avaient été faites, mais trois ont disparu. La quatrième est aujourd'hui à Pékin.

La grande majorité de cet ensemble se compose de lacs, de collines, de petites forêts et de plaines, parsemés de pavillons pour admirer la vue. Dans la partie nord du parc, les empereurs assistaient aux démonstrations de tir à l'arc, d'équitation et de feux d'artifices. C'est là également que les chevaux étaient sélectionnés et testés avant les parties de chasse.

Des yourtes étaient dressées sur les prairies de style mongol (avec, bien sûr, un trône dans la yourte de l'empereur), et des pique-niques étaient organisés pour les princes des minorités nationales. N'hésitez pas à préparer un déjeuner, à prendre votre tente et à passer la journée dans le parc... pourquoi les touristes ne réintroduiraient-ils pas l'usage des yourtes ?

Huit Temples de l'Extérieur
(*wàibā miào*)

D'anciens temples et monastères sont situés au nord et au nord-est du parc impérial. Il y en avait onze dans le passé, puis leur nombre tomba à cinq (après le passage des bombardiers japonais et de la Révolution culturelle) et leur nombre varie aujourd'hui de cinq à neuf, selon les dépliants touristiques. Les temples de l'Extérieur sont distants de 3 à 5 km de l'entrée principale du parc impérial. Le bus n°6 qui part de l'angle nord-est vous déposera aux environs.

Les temples qui ont survécu furent construits entre 1750 et 1780. Le **temple Puren**, de style chinois, et le **temple Shuxiang**, de style vaguement Shanxi, ont été entièrement reconstruits. Voici une liste des principaux temples présentés dans le sens des aiguilles d'une montre.

Temple Putuozongsheng (*pǔtuózōng shèng zhī miào*). Le temple Putuozongsheng ("la doctrine de Potaraka"), le plus grand des temples de Chengde, est une reproduction réduite du Potala de Lhassa. Il avait été construit en 1767 pour permettre aux chefs du Xinjiang, du Qinghai, de Mongolie et du Tibet de venir célébrer le soixantième anniversaire de Qianlong et aussi pour servir à des cérémonies religieuses. C'est une forteresse d'aspect solide, mais elle est en mauvais état et certaines de ses parties sont inaccessibles ou murées après avoir été détruites par le feu. La stèle de pierre, dans la cour centrale, porte des inscriptions rédigées en chinois, tibétain, mongol et mandchou.

Temple Xumifushou (*xūmǐfúshòu zhī miào*). Xumifushou (le temple de Sumeru, de la Joie et de la Longévité) fut édifié en 1780 en l'honneur du sixième panchen-lama qui était venu en visite et y résida en 1781.

Reproduction d'un temple de Shigatse, au Tibet, il mélange des éléments d'architecture tibétaine et han. Au point le plus élevé du temple, une salle renferme huit dragons de bronze doré qui commandent l'accès au toit. A l'arrière du bâtiment se dresse une pagode avec un toit de tuiles vernissées.

Temple Puning (*pŭníng sì*). Le temple Puning (le temple de la Paix universelle) s'inspire aussi d'un édifice tibétain. Il fut édifié pour commémorer la victoire de Qianlong sur des tribus mongoles dont les chefs soumis furent envoyés à Chengde. Une stèle relate cette victoire en tibétain, mongol, chinois et mandchou. Le temple abrite principalement une statue de Avalokitesvara de 22 mètres de haut. Ce Bouddha en bois possède 42 bras avec un œil dans chaque paume.

Temple Anyuan (*ānyuăn miào*). Seule subsiste la pièce principale du temple d'Anyuan (temple de la Paix lointaine). Réplique d'un temple du Xinjiang, il abrite des fresques bouddiques en très mauvais état.

Temple Pule (*pŭlè sì*). Cet édifice (temple de la Joie universelle) est le plus intéressant. Vous pourrez longer les rives du ruisseau jusqu'à une route qui part d'une pagode à hauteur du mur du parc.

Ce temple fut édifié en 1776 pour recevoir les ambassadeurs des minorités (dont les Kazakhs). En bien meilleur état que les autres temples, il a été repeint et son toit refait. Derrière ce temple, se cache une Pavillon circulaire, qui rappelle le temple du Ciel de Pékin.

Du temple, vous pourrez rejoindre le **rocher du Marteau** (*bàngchuíshān*) qui doit son nom à sa forme en marteau, la tête en bas. On a une belle vue sur la région depuis cet endroit ainsi que du **rocher du Crapaud** et du **Chapeau du Moine**.

Excursions organisées
Pour découvrir tous les sites touristiques en une journée, joignez-vous à une visite organisée en minibus. La plupart des excursions débutent à 8h, mais certaines commencent après le déjeuner, vers 13h30. Les moins onéreuses reviennent à 20 yuan (guide parlant uniquement chinois). Les étrangers sont généralement les bienvenus, mais les guides préfèrent les interlocuteurs parlant chinois.

Les moins chères partent de l'hôtel Lizhengmen (*lìzhèngmén lŭguăn*) – un établissement réservé aux Chinois, mais dont les visites organisées sont ouvertes aux étrangers. Elles ont lieu tous les jours pendant la haute saison (de mai à octobre environ), et deux fois par semaine en hiver.

Le Mountain Villa Hotel propose également des excursions, de 30 à 40 yuan par personne. Au besoin, il peut vous fournir une voiture avec chauffeur pour un circuit personnalisé. Comptez 100 yuan environ, une dépense que l'on peut partager à plusieurs.

Des visites plus onéreuses sont programmées depuis Pékin par le CITS. Une visite complète de Chengde revient à 2 000 yuan par personne (2 jours), mais le tarif est dégressif selon le nombre de participants.

Où se loger
L'hôtel *Xinhua* (☎ 206-5880) (*xīnhuá fàndiàn*), 4 Xinhua Bei Lu, propose des chambres bon marché, correctes, de 120 à 180 yuan.

Le vieil hôtel *Chengde* (☎ 202-5179) (*chéngdé bīnguăn*), dans Nanyingzi Dajie, loue des doubles correctes de 100 à 300 yuan. Le bus n°7 qui part de la gare ferroviaire vous déposera juste devant l'hôtel.

La ville compte deux établissements répondant au nom de "Chengde". Celui qui se profile à proximité de la gare ferroviaire, dans Chezhan Lu, est en fait le nouvel hôtel *Chengde* (☎ 202-7373 ; fax 208-8808) (*chéngdé dàshà*). Les doubles coûtent de 220 à 280 yuan.

L'hôtel *Yunshan* (☎ 202-6257) (*yúnshān fàndiàn*), 6 Nanyuan Donglu, est un établissement moderne pour touristes. Les doubles sont à 480 yuan.

L'EST

L'hôtel *Huilong* (☎ 208-5369) (*huìlóng dàshà*), dans Chezhan Lu, est un endroit relativement nouveau. Le prix des chambres s'échelonne entre 160 et 270 yuan.

La *Guesthouse for Diplomatic Missions* (☎ 202-1976) (*wàijiāo rényuán bīnguǎn*), dans Wulie Lu, est un établissement haut de gamme. Comptez 420 yuan pour une double.

Le *Mountain Villa Hotel* (☎ 202-5206) (*shānzhuāng bīnguǎn*) est installé 127 Lizhenmen Lu. L'architecture stalinienne est diversement appréciée, mais l'endroit ne manque pas de caractère. Les doubles sont à 480 yuan. Prenez le bus n°7 au départ de la gare ferroviaire et finissez le trajet à pied.

Deux hôtels sont implantés dans l'enceinte du parc du palais impérial. Côté ouest, on trouve l'hôtel *Qiwanglou* (☎ 202-2192) (*qǐwànglóu bīnguǎn*), construit dans le style de la dynastie Qing. C'est un établissement trois-étoiles avec des doubles de 380 à 480 yuan. Plus au nord, du côté est, le *Mongolian Hotel* (☎ 202-2710) (*ménggǔbāo*) propose des doubles entre 230 et 260 yuan. Il a adopté le style des yourtes et est équipé de la clim., de moquette, du téléphone et de la télévision.

Où se restaurer

Le restaurant *Bi Fen* mérite qu'on s'y arrête. Situé à 100 mètres du Mountain Villa Hotel, il sert une excellente cuisine chinoise à des prix très abordables. C'est un restaurant familial, dépourvu de menu en anglais (jetez un coup d'œil à ce que mangent vos voisins).

La ville compte deux grandes rues commerçantes. L'une s'étire à l'ouest de la gare routière, l'autre au nord de la poste. La spécialité locale consiste en aliments à base de cenelle (le fruit de l'aubépine), dont vin, glaces et desserts. La bière Pule de Chengde a un goût très spécifique, dû peut-être à l'eau des montagnes. Dans toute la ville, des marchands ambulants proposent de délicieux navets cuits au four. Autre production locale, les amandes fraîches, ainsi que le jus d'amandes vendu en récipients de plastique.

Le restaurant chinois installé au 2e étage de l'hôtel *Yunshan* propose des mets délicieux en portions généreuses, pour un prix relativement bon marché compte tenu de l'environnement somptueux. L'hôtel compte aussi un restaurant occidental au 1er étage.

Comment s'y rendre

Bus. Bien que des bus assurent la liaison entre Chengde et Pékin, c'est une solution à écarter et la plupart des voyageurs prennent le train.

Train. Pour se rendre de Chengde à Pékin, le moyen le plus utilisé est le train. Le train rapide (n°11) part de Pékin à 7h17 et arrive à Chengde à 11h51. La place assise molle dans un wagon non-fumeurs vaut la peine. Du thé est même servi aux passagers moyennant un petit supplément. Le même train, qui porte le n°12 dans le sens inverse, part de Chengde à 14h31. Le voyage dure moins de 5 heures. Des trains plus lents mettent plus de 7 heures. Les billets pour les trains quittant Chengde ne sont vendus que le jour du départ. Votre hôtel pourra vous acheter votre billet, moyennant une petite commission. Dans ce cas, vous devrez confier votre passeport au personnel de l'hôtel (ou un passeport périmé).

Comment circuler

Quelques taxis et pousse-pousse circulent en ville mais la plupart des voyageurs utilisent les minibus. Une demi-douzaine de lignes sillonnent Chengde, mais les seules dont vous aurez probablement besoin sont la ligne n°7 qui relie la gare à l'ancien hôtel Chengde, et la ligne n°6 qui mène aux temples de l'Extérieur, regroupés à l'extrémité nord-est de la ville. Le service est irrégulier et il faut parfois attendre 30 mn, voire davantage.

Un autre bon moyen de se déplacer et de se rendre aux Temples de l'Extérieur consiste à louer un vélo. Un loueur est installé en face de l'ancien hôtel Chengde, et d'autres font périodiquement leur apparition. Renseignez-vous à votre hôtel.

BEIDAIHE, QINHUANGDAO ET SHANHAIGUAN

Sur la côte est de la Chine, cette région borde le golfe du Bohai sur 35 km.

Beidaihe
(běidàihé)

Construite par les Occidentaux, cette station balnéaire connaît aujourd'hui un franc succès auprès des Chinois et des étrangers. Ce simple village de pêcheurs fut transformé par des ingénieurs du chemin de fer britanniques dans les années 1890. Des diplomates, des missionnaires et des industriels des concessions de Tianjin et des légations de Pékin y firent construire en toute hâte des villas, sacrifiant à la mode naissante des bains de mer.

Les terrains de golf, bars et cabarets implantés à l'origine ont disparu, mais tout porte à croire qu'ils pourraient renaître pour répondre aux attentes de la nouvelle bour-

BEIDAIHE, QINHUANGDAO et SHANHAIGUAN
北戴河，秦皇岛，山海关

1   Gare ferroviaire
    de Beidaihe
    北戴河火车站
2   Parc Lianfengshan
    联峰山公园
3   Gare routière
    海滨汽车站
4   Parc du Nid de Pigeon
    鸽子窝公园
5   Club des marins
    海员俱乐部
6   Quai pétrolier
    油港
7   Première Porte
    sous le Ciel
    天下第一关
8   Tête du Vieux Dragon
    老龙头

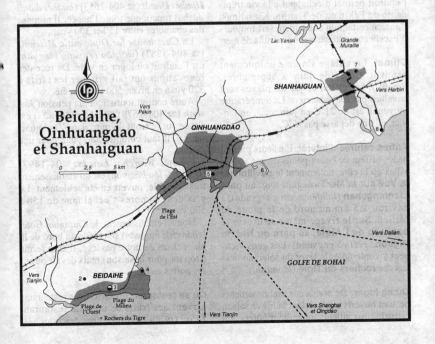

Beidaihe, Qinhuangdao et Shanhaiguan

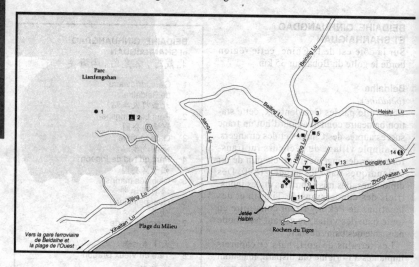

geoisie. Aujourd'hui, comme par le passé, l'endroit permet d'échapper à la vie trépidante de Pékin ou de Tianjin. Kiesslings, l'ancien restaurant autrichien, sert toujours d'excellentes pâtisseries et des fruits de mer.

Climat. Le village s'anime uniquement pendant l'été (de juin à septembre), lorsqu'il fait chaud et que les plages sont envahies par les vacanciers. La température moyenne est de 21°C en juin mais, en janvier, elle ne dépasse pas -5°C.

Autres centres d'intérêt. Plusieurs promenades offrent de beaux points de vue sur les villas ou la côte, notamment le **pavillon de la Vue sur la Mer** (*wànghǎi tíng*) au **parc Lianfengshan** (*liánfēngshān gōngyuán*), à environ 1,5 km au nord de la plage du Milieu. Sur le rivage même se dresse le **pavillon de l'Aigle**, au **parc du Nid de Pigeon** (*gēziwō gōgyuán*). Les gens viennent y contempler le lever du soleil au-dessus des **rochers du Tigre** (*lǎohǔ shí*).

Où se loger. De nombreux établissements ne sont ouverts que pendant la brève saison estivale ; par ailleurs, quantité d'hôtels bon marché n'acceptent pas les étrangers. L'hôtel *Huabei Dianli* (☎ 404-2653) (*huáběi diànlì dàshà*) fonctionne toute l'année. Il propose des chambres entre 150 et 300 yuan.

La *Guesthouse for Diplomatic Missions* (☎ 404-1287) (*wàijiāo rényuán bīnguǎn*) est l'endroit où loger en ville. De récentes rénovations ont fait grimper les tarifs à 320 yuan en hiver, 500 yuan en été.

Autre endroit touristique, la pension *Jinshan* (☎ 404-1678) (*jīnshān bīnguǎn*) est située sur le front de mer, dans Zhonghaitan Lu. Il faut compter 380 yuan pour une double.

L'hôtel *Wanghai Lou* (☎ 404-1497) (*wǎnghǎi lóu bīnguǎn*) est un établissement très agréable, ouvert en été seulement. Le prix des chambres s'échelonne de 158 à 580 yuan.

Nouvel établissement, le *Changhai Hotel* (*chánghǎi bīnguǎn*) se profile au bord de la plage. Lors de notre passage, il était fermé (trop tôt pour la saison) mais devait ouvrir ses portes en été.

Où se restaurer. En saison, les restaurants servent des fruits de mer. Le restaurant *Ju'an* (*jū'ān cāntīng*), près des marchés,

Vers Shanhaiguan,
Qinhuangdao et
la plage de l'Est

Parc du Nid de
Pigeon

Gechi Lu

Liuzhi Lu

Yingiao Lu

■ 15

Beidaihe

0   250   500 m

	BEIDAIHE 北戴河
1	Pavillon de la Vue sur la Mer 望海亭
2	Temple Guanyin 观音寺
3	Gare routière 海滨汽车站
4	Hôtel Wanghai Lou 望海楼宾馆
5	Hôtel Huabei Dianli 华北电力大厦
6	Restaurant Ju'an 居安餐厅
7	Poste 邮局
8	Friendship Store 友谊商店
9	Kiesslings 起士林餐厅
10	Guesthouse For Diplomatic Missions 外交人员宾馆
11	Hôtel Changhai 长海宾馆
12	Relais de télévision 电视塔
13	Restaurant Haibin 海滨饭店
14	Bank of China 中国银行
15	Pension Jinshan 金山宾馆

propose un excellent plat de bœuf (*niúròu tiěbǎn*). Le restaurant *Haibin* (*hǎibīn fàndiàn*), près du relais de télévision, est également recommandé.

A proximité de la Guesthouse for Diplomatic Missions vous attend le *Kiesslings* (*qǐshìlín cāntīng*), succursale de l'établissement de Tianjin, qui est uniquement ouvert de juin à août (pâtisseries exceptionnelles).

Achats. Les marchés libres installés près des plages rassemblent les plus invraisemblables étalages kitsch de coquillages collés et sculptés. Dans les boutiques d'artisanat, on peut acheter des objets en raphia et des paniers en osier.

Comment circuler. La ville est assez petite pour être parcourue à pied. Des minibus relient régulièrement Beidaihe à la gare ferroviaire de Qinhuangdao qui dessert toutes les plages – le prix est de 1 yuan quelle que soit la destination.

Deux loueurs de vélo sont installés en ville, repérables à leurs rangées de bicyclettes. Ils demandent de 5 à 10 yuan environ par jour et exigent une caution ou une pièce d'identité.

Qinhuangdao
(*qínhuángdǎo*)
Qinhuangdao est une ville portuaire très laide. Le pétrole est acheminé par pipeline au port depuis Daqing.

La pollution de l'eau rend la plage impraticable. Allez plutôt à Beidaihe ou à Shanhaiguan.

Shanhaiguan
(*shānhǎiguān*)
C'est à Shanhaiguan que la Grande Muraille rejoint la mer. Dans les années 80, cette partie de la muraille était presque tombée en poussière, mais elle a été restaurée et elle est devenue une attraction touristique de premier ordre.

L'EST

Shanhaiguan est une ville au charme indéniable, qu'il vaut mieux éviter les week-ends lorsqu'elle est envahie par les touristes. C'est une ancienne ville de garnison dotée d'une forteresse carrée, de quatre portes aux quatre points cardinaux et de deux avenues principales reliant les portes. Le village actuel est implanté dans la partie où subsistent des vestiges importants de l'enceinte, ce qui en fait une promenade très agréable. Les belles collines, au nord, contribuent au pittoresque.

Première Porte sous le Ciel (*tiānxià dìyī guān*). Également connu sous le nom de porte de l'Est (*dōngmén*), ce magnifique édifice est surmonté d'une tour de deux étages, à double toiture (datant de la dynastie Ming, reconstruite en 1639). La calligraphie que l'on aperçoit au sommet (attribuée au lettré Xiao Xian) signifie "Première Porte sous le Ciel". Ces mots reflètent la tradition chinoise qui consistait à diviser le monde entre Chine civilisée et "barbares". Ces derniers s'emparèrent d'ailleurs de la Chine civilisée en franchissant cette porte en 1644.

Un ticket à 5 yuan donne accès au sommet de la muraille, d'où l'on peut voir les portions endommagées. Près de la tour sont regroupées des boutiques de souvenirs.

A proximité, le musée de la Grande Muraille (*chángchéng bówùguǎn*) présente des armures, des vêtements, des armes et des dessins.

Tête du Vieux Dragon (*lǎo lóng tóu*). C'est à cet endroit que la Grande Muraille rejoint la mer. La partie que l'on peut voir a été reconstruite, le mur d'origine s'étant depuis longtemps écroulé. Ce lieu tire son nom de la légendaire tête de dragon sculptée qui faisait autrefois face à la mer. On peut s'y rendre en taxi ou à pied (4 km du centre de Shanhaiguan). Mieux vaut toutefois suivre la route qui longe la muraille jusqu'à la première tour de guet. Vous pouvez parcourir la première moitié du trajet à bicyclette par un chemin de terre, ce qui vous donnera l'occasion de traverser un agréable petit village.

Lac Yansai (*yànsāi hú*). Ce lac porte aussi le nom de réservoir de la Rivière de Pierre

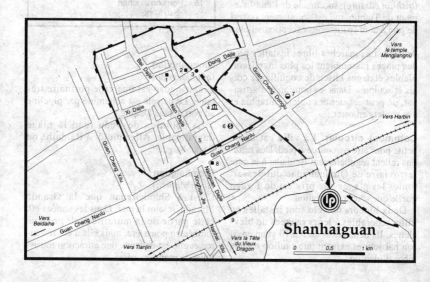

Shanhaiguan

(*shíhé shuǐkù*). Il s'étend à 6 km au nord-ouest de Shanhaiguan, sur une longueur de 45 km. Les touristes peuvent faire des promenades en barque.

Temple Mengjiangnü (*mèngjiāngnü miào*). A 6 km à l'est de Shanhaiguan (service de bus régulier au départ de la porte Sud) se dresse le temple Mengjiangnü, une reconstruction Song-Ming. On peut admirer des sculptures polychromes de Meng Jiangnü et de ses servantes, ainsi qu'une calligraphie sur le "Rocher sur la Recherche du Mari".

Le mari de Meng, Wan, avait été condamné à travailler à la construction de la Muraille à la suite d'un différend avec l'empereur Qin Shihuang. Quand l'hiver fut venu, la belle Meng Jiangnü se rendit au mur pour apporter des vêtements chauds à son mari. Hélas ! ce fut pour découvrir qu'il était mort à la tâche. Meng, en larmes, se mit à parcourir la Muraille pour retrouver les ossements de Wan et lui donner une sépulture décente. La Muraille, qui avait une âme sensible, fut si émue qu'elle s'écroula, mettant au jour le squelette qu'elle renfermait.

Submergée par la douleur, Meng Jiagnü se jeta à la mer depuis un rocher.

SHANHAIGUAN 山海关

1 North Street Street
北街招待所
2 Hôtel Jingshan
京山宾馆
3 Première Porte sous le Ciel
天下第一关
4 Musée de la Grande Muraille
长城博物馆
5 Marché
南大商业街
6 Bank of China
中国银行
7 Gare routière
汽车站
8 Hôtel Shangye
商业宾馆
9 Gare ferroviaire
火车站

Excursions organisées. Les visites avec guides parlant chinois sont innombrables et les prix très compétitifs. En haute saison, les tour-opérateurs se rassemblent aux abords de la gare ferroviaire et sollicitent tous les clients potentiels. Des circuits sont également organisés hors saison – si vous ne trouvez rien, renseignez-vous auprès de votre hôtel. Une visite de 2 heures revient à environ 30 yuan, mais vous pourrez obtenir une réduction en discutant.

Où se loger. L'hôtel *Jingshan* (☎ 551-130) (*jīngshān bīnguǎn*), très bel établissement aux doubles à 100 yuan, est chaudement recommandé, du moins hors saison. Il est installé à côté de la Première Porte sous le Ciel (porte Est).

S'il affiche complet, vous pouvez toujours jeter un coup d'œil au *North Street Hotel* (*běijiē zhāodàisuǒ*) qui pratique des prix similaires. Les chambres spacieuses sont équipées de ventilateur et d'une s.d.b.

L'hôtel *Shangye* (*shāngyè bīnguǎn*) est un très vaste établissement, situé à proximité de la gare ferroviaire. Les doubles coûtent 200 yuan.

Comment s'y rendre
Avion. L'aéroport de Qinhuangdao, peu utilisé, assure des vols pour Dalian, Canton et Shanghai.

Train. Beidaihe, Qinhuangdao et Shanhaiguan sont accessibles par le train depuis Pékin, Tianjin ou Shenyang (province de Liaoning). Les trains sont fréquents mais ne s'arrêtent pas toujours aux trois gares et arrivent parfois à des heures peu pratiques. L'arrêt habituel est Shanhaiguan. Plusieurs trains ne s'arrêtent pas à Beidaihe.

Il faut tenir compte du fait qu'à Shanhaiguan, les hôtels sont facilement accessibles à pied de la gare, tandis qu'à Beidaihe, ils en sont distants d'au moins 10 km. Ce n'est pas un problème si vous arrivez pendant la journée ou en début de soirée – de nombreux minibus assurent la correspondance avec les trains qui arrivent à Beidaihe. Cependant, la nuit, ce n'est pas le cas et le taxi peut être assez cher. Si vous pensez arriver en pleine nuit, il vaut mieux se rabattre sur Shanhaiguan. Cette dernière est également un meilleur endroit pour quitter la région car la gare ferroviaire est bien organisée.

Les trains les plus rapides vont de Pékin à Beidaihe en 5 heures (30 mn de plus pour Shanhaiguan). Compter 5 heures également de Shenyang à Shanhaiguan et 3 à 4 heures de Tianjin.

Enfin, vous pouvez aussi prendre un train qui s'arrête à Qinhuangdao et de là le bus jusqu'à Beidaihe.

Comment circuler

Bus. Les minibus (1 yuan) sont rapides, bon marché, et on peut facilement les héler au passage. Trois trajets sont possibles : de la gare ferroviaire à la gare routière de Bei-

daihe ; de la gare routière de Beidaihe à la gare ferroviaire de Qinhuangdao ; et de la gare ferroviaire de Qinhuangdao à Shanhaiguan. Méfiez-vous des conducteurs de minibus postés à la gare de Beidaihe qui n'hésitent pas à réclamer 15 yuan aux étrangers pour les déposer à leur hôtel. Attendez que tout le monde ait payé puis payez à votre tour sans mentionner que vous vous rendez dans un hôtel.

Les bus desservent Beidaihe, Shanhaiguan et Qinhuangdao. Les départs s'effectuent généralement toutes les 30 minutes, de 6h ou 6h30 à 18h30 (après 18h, n'y comptez guère). Parmi les lignes de bus utiles, il faut citer :

N°5 : de la gare ferroviaire de Beidaihe à la plage du Milieu (30 mn).

N°3 et 4 : de Beidaihe à Qinhuangdao (45 mn), puis Shanhaiguan (15 mn supplémentaires).

Shandong 山东

Le Shandong (*shāndōng*), péninsule en forme de tortue s'avançant dans la mer Jaune, est une province relativement pauvre confrontée à de nombreux problèmes économiques, en partie liés à la turbidité du fleuve Jaune. Au cours de sa longue histoire, il a changé vingt-six fois de direction et inondé les terres plus souvent encore. Son embouchure s'est déplacée six fois entre le golfe de Bohai (au nord du Shandong) et la mer Jaune (au sud), plongeant la population du delta dans la misère.

En 1899, le fleuve inonda la totalité de la plaine du Shandong. A cette catastrophe vint s'ajouter une longue période de récession économique, un afflux soudain de troupes démobilisées en 1895 après l'humiliante défaite face au Japon et de masses de réfugiés qui espéraient échapper à la famine, aux sécheresses et aux inondations du sud. L'absence de soutien du gouvernement impérial, conjuguée à la présence étrangère que l'on rendait responsable d'avoir irrité les dieux et les esprits, ne fit que jeter de l'huile sur le feu. Toutes les conditions étaient réunies pour qu'éclate une révolte. D'où la naissance du mouvement des Boxeurs dans les toutes dernières années du XIXe siècle, qui allait mettre la Chine à feu et à sang.

Le contrôle de ce fleuve monstrueux nécessite sans cesse la construction de nombreuses digues supplémentaires. L'autre problème majeur du Shandong est sa surpopulation. Avec une superficie de seulement 150 000 km², c'est la troisième province de Chine en termes d'importance démographique, après le Henan et le Sichuan. De plus, le Shandong est aux deux tiers occupé par des montagnes ; le massif du Shandong (qui culmine à 1 545 m, avec le Taishan) couvre le sud-ouest, tandis qu'une autre chaîne montagneuse domine la pointe de la péninsule. Le reste de la province est composé de plaines fertiles.

Population : 80 millions d'habitants

Capitale : Ji'nan

A ne pas manquer :

- Taishan, l'un des pics sacrés du taoïsme chinois
- Qufu, ville natale de Confucius
- Qingdao, son architecture coloniale et sa bière de réputation internationale

Les Allemands prirent le contrôle du port de Qingdao en 1898 et construisirent quelques usines. C'est ainsi que la province de Shandong amorça son industrialisation. Aujourd'hui, Qingdao reste la principale ville industrielle, avant Ji'nan, la capitale. Zibo, premier centre minier, est également connu pour son industrie du verre et sa porcelaine. Les champs pétrolifères de Shengli, dont l'exploitation fut lancée en 1965, représentent la deuxième source de pétrole brut en Chine. Les lignes ferroviaires sont rares mais la province possède quelques ports assurant de bonnes liaisons maritimes, un réseau routier dense et bien entretenu.

Les voyageurs ont tendance à ignorer cette province. Dommage, car elle ne manque pas de centres d'intérêt et offre un hébergement très bon marché (notamment

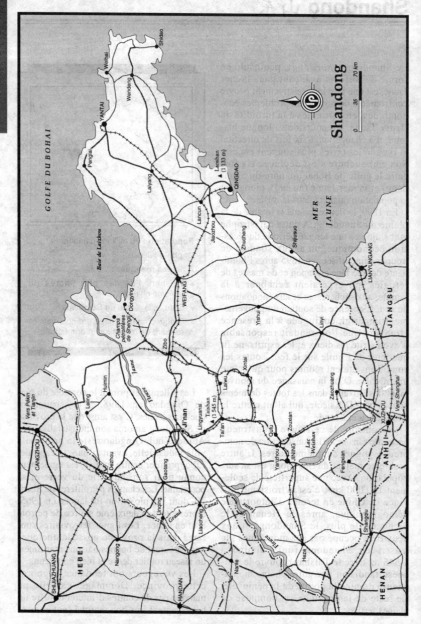

Shandong

L'EST

à Tai'an et Qufu). Sans parler de la bière, du vin et de l'eau minérale de Qingdao, Laoshan et Yantai, réputés dans toute la Chine.

JI'NAN
(*jì'nán*)
Ji'nan (environ 2 millions d'habitants) est la capitale de la province du Shandong. Pour la plupart des voyageurs, elle constitue une étape vers d'autres destinations de la région. Le centre-ville (aux alentours de la nouvelle gare ferroviaire centrale) offre peu à voir et manque d'hôtels bon marché.

La région est peuplée depuis au moins 4 000 ans, comme l'attestent les morceaux de poterie noire, de l'épaisseur d'une coquille d'huître, mis au jour dans la ville de Longshan, à 30 km à l'est de Ji'nan.

La construction par les Allemands d'une voie ferrée entre Ji'nan et Qingdao, achevée en 1904, permit à la ville de devenir un important centre de communications. Les Allemands établirent une concession près de la gare lorsque la ville s'ouvrit au commerce étranger, en 1906. Des missions étrangères s'installèrent et l'industrialisation prit son essor sous l'égide des Allemands, des Anglais et des Japonais. La ville produit aujourd'hui de l'acier, du papier, des engrais, des voitures et des textiles. Elle est également un centre universitaire important.

Renseignements
CITS. Il possède un bureau (☎ 295-5858) dans l'hôtel Qilu mais s'occupe principalement des voyages organisés.

Argent. La Bank of China est installée Bâtiment 10, Shangye Jie, dans la partie est de la ville. Le change est également possible au Pearl Hotel et à l'hôtel Guidu, dans le centre.

Colline des Mille Bouddhas
(*qiānfóshān*)
Les statues furent défigurées ou détruites pendant la Révolution culturelle, mais de nouvelles les remplacent peu à peu. La colline des Mille Bouddhas est située dans

le sud de la ville, accessible par les bus n°2 et n°31. Il faut descendre à Qianfoshan Lu.

Musée de la province du Shandong
(*shāndōng bówùguǎn*)
Ce musée est adjacent à la colline des Mille Bouddhas. Il est divisé en deux sections : l'une est consacrée à l'histoire, l'autre à la nature (outils, objets d'art, poterie, instruments de musique).

Parc du Bœuf d'Or
(*jīnniú gōngyuán*)
L'intérêt de ce parc situé au nord de la ville tient à son temple bâti sur une colline et à son zoo (*jí'nán dòngwùyuán*). Les bus n° 4, 5, 33 et 35 vous y emmèneront.

Marché Daguanyuan
(*dàguānyuán shìchǎng*))
Le plus grand marché de Ji'nan est le lieu idéal pour flâner. A quelques rues à l'est, vous déboucherez sur le marché du Peuple (*jì'nán rénmín shāngchǎng*).

Le mystère des sources
Les quelque cent sources de Ji'nan sont souvent décrites comme la curiosité de la ville. Quelques précisions ne sont pas superflues. Les quatre sources principales sont la source du Tigre noir (*hēihǔquán*), la source des Perles (*zhūquán*), la source de l'Étang des Cinq Dragons (*wǔlóngtán*) et la source du Jet d'Eau (*bàotúquán*), noms certes poétiques, mais qui ne reflètent en rien la réalité. Elles jaillissaient peut-être du sol il y a vingt ans, mais elles sont pratiquement à sec aujourd'hui.

Le parc du lac Daming (*dàmíng hú*) compte plusieurs temples modestes, quelques maisons de thé et un restaurant. A la source du Jet d'Eau, vous trouverez un petit musée à la mémoire de la poétesse du XIe siècle, Li Qingzhao.

Où se loger
Les hôtels bon marché de Ji'nan étant interdits aux étrangers, les voyageurs à petit budget auront tout intérêt à se rendre à Tai'an ou à Qingdao.

Aux alentours de la gare ferroviaire (le secteur le plus pratique de la ville), l'établissement le moins cher est l'hôtel *Ji'nan* (☎ 793-8981) (*jì'nán fàndiàn*), 240 Jing 3-Lu. C'est un hôtel rempli de coins et de recoins : vous devrez demander plusieurs fois votre chemin avant de trouver la réception. L'un des vieux bâtiments devrait abriter des lits en dortoir, mais le personnel vous affirmera que les chambres les moins coûteuses sont des doubles standard à 220 yuan, des triples à 240 yuan et des quadruples à 280 yuan.

Les étudiants pourront obtenir de petites réductions.

A quelque cinq minutes à pied de l'hôtel Ji'nan se dresse le *Pearl Hotel* (☎ 793-2888) (*zhēnzhū dàjiǔdiàn*), 164 Jing 3-Lu. Les doubles les moins chères reviennent à 398 yuan. D'un style similaire, l'hôtel *Guidu* (☎ 690-0888 ; fax 690-0999) est installé près de la gare, 1 Shengping Lu. Les chambres les moins coûteuses sont regroupées dans un bâtiment annexe attenant. Comptez 40 \$US pour une double ordinaire. Dans l'édifice principal, les prix démarrent à 60 \$US.

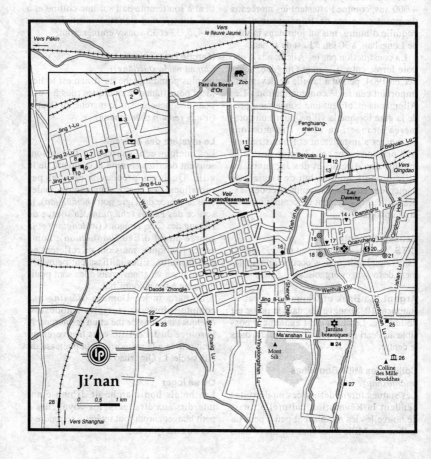

Ji'nan

La pension *Nanjiao* (☎ 295-3931) (*nánjiāo bīnguǎn*), 2 Ma'anshan Lu, est située à l'extrémité sud de la ville. Les doubles coûtent de 220 à 350 yuan, les suites 360 yuan. Prenez le bus n°34 au centre-ville, puis grimpez à pied en haut de la colline. On raconte que l'hôtel fut construit à la hâte pour une visite de Mao, qui décida ensuite de ne pas s'arrêter à Ji'nan.

Le *Shungeng Hillview Hotel* (☎ 295-1818) (*shùngēng shānzhuāng*) est dans le même secteur, aux abords de Shungeng Lu. Vous devrez débourser de 550 à 650 yuan pour une double. Le plus commode est de s'y rendre en taxi.

L'hôtel *Minghu* (☎ 595-6688) (*mínghú dàjiǔdiàn*) est situé dans Beiyuan Lu, au nord de la gare ferroviaire Est. Cet établissement trois-étoiles propose des chambres entre 298 et 498 yuan.

L'hôtel *Qilu* (☎ 296-6888, 296-7676) (*qílǔ bīnguǎn*) est un établissement cossu qui abrite le siège du CITS. Les doubles

démarrent à 880 yuan. Il est installé à côté du parc de la colline des Mille Bouddhas, dans Qianfoshan Lu.

Où se restaurer

Le secteur de la gare est le meilleur endroit pour se restaurer à bon marché, si l'on n'est pas trop difficile.

L'un des établissements les plus réputés de la ville est le restaurant *Huiqan* (*huìquán fàndiàn*), 22 Baotuquan Beilu. Il propose de la carpe du fleuve Jaune à la sauce aigre-douce servie à moitié vivante pour en garantir la fraîcheur.

A l'intersection de Wei 4-Lu et de Jing 3-Lu, le restaurant *Jufengde* (*jùfēngdé fàndiàn*) sert de bons plats du Shandong. A l'entrée sud du parc Daming, le restaurant *Daminghu* (*dàmínghú fàndiàn*) prépare également des spécialités du Shandong.

Comment s'y rendre

Avion. Trois vols internationaux assurent la liaison, trois fois par semaine, entre

---

JI'NAN 济南		OÙ SE RESTAURER	11	Gare routière
OÙ SE LOGER				(bus longue distance)
	6	Restaurant Jufengde		长途汽车站
3	Hôtel Guidu	聚丰德饭店	13	Gare ferroviaire Est
	贵都大酒店	14 Restaurant Daminghu		火车东站
9	Hôtel Ji'nan	大明湖饭店	15	Source de l'Étang
	济南饭店	17 Restaurant Huiquan		des Cinq Dragons
10	Pearl Hotel	汇泉饭店		五龙潭公园
	珍珠大酒店		16	Marché de Ji'nan
12	Hôtel Minghu	**DIVERS**		济南人民商场
	明湖大酒店	1 Gare ferroviaire	18	Source du Jet d'Eau
23	Aviation Hotel	Ji'nan		趵突泉
	航空大厦	济南火车站	19	Grand magasin
24	Pension Nanjiao	2 Gare routière		百货大楼
	南郊宾馆	Tianqiao	20	Bank of China
25	Hôtel Qilu et CITS	天桥汽车站		中国银行
	齐鲁宾馆，	4 Poste principale	21	Source du Tigre noir
	中国国际旅行社	邮局		黑虎泉
27	Shungeng Hillview	5 Marché Daguanyuan	22	China Eastern Airlines
	Hotel	大观园市场		东方航空公司
	舜耕山庄	7 BSP	26	Musée de la province
		公安局外事科		du Shandong
		8 CAAC		山东省博物馆
		中国民航	28	Gare ferroviaire Sud
				白马山火车站

Hong Kong et Ji'nan. Des vols intérieurs relient Ji'nan à toutes les grandes villes chinoises.

L'agence CAAC (☎ 692-6624) est installée 348 Jing 2 Wei-Lu, la China Eastern Airlines (☎ 796-4445, 796-6824), 408 Jing 10-Lu. Les deux agences fournissent les mêmes prestations.

Bus. Ji'nan compte au moins trois gares routières. De la principale (*chángtú qìchē zhàn*), dans le nord de la ville, partent des bus pour Pékin et Qingdao. La gare routière de Tianqiao (*tiānqiáo qìchē zhàn*) est proche de la gare ferroviaire principale et offre des minibus pour Tai'an. Une autre gare de minibus est installée face à la gare ferroviaire Est (*huǒchē dōngzhàn*), d'où vous pourrez prendre des véhicules pour Qufu et les zones rurales à proximité de Ji'nan.

Train. La ville compte deux gares ferroviaires. Bien que la plupart des trains partent de la nouvelle gare centrale, certains desservent la gare Est (*huǒchē dōngzhàn*).

Ji'nan est un important centre de transit ferroviaire. Plus de 30 trains y passent quotidiennement, dont des trains directs pour Pékin (6 heures) et pour Shanghai (13 heures). Les trains reliant Qingdao à Shenyuang *via* Ji'nan ne s'arrêtent pas à Pékin mais desservent Tianjin.

Il existe des trains directs de Ji'nan à Qingdao et Yantai dans la province du Shandong, et à Hefei dans la province de l'Anhui. Qingdao-Ji'nan-Xi'an-Xining est également une ligne directe.

Comment circuler
Desserte de l'aéroport. Les vols partent de l'aéroport de Xijiao, situé à 40 km à l'est de la ville, accessible en 40 minutes par la nouvelle voie rapide. Prenez le bus pour l'aéroport devant l'agence CAAC. En taxi, comptez environ 130 yuan.

Bus et tricycles à moteur. Ji'nan dispose de quelque 25 lignes de bus dans le centre et la banlieue. Ils circulent de 5h à 21h.

Deux lignes nocturnes (est-ouest et nord-sud) fonctionnent jusqu'à 24h. Les tricycles à moteur et les taxis sont légion (attention aux tarifs).

ENVIRONS DE JI'NAN
Pagode des Quatre Portes
(*sìméntǎ*)

A 33 km au sud-est de Ji'nan, près du village de Liubu, se trouvent certains des plus anciens édifices bouddhiques du Shandong. Il y a deux ensembles, l'un à quelques kilomètres au nord-est, et l'autre au sud du village. Le monastère Shentong, fondé au IVe siècle, comprend la pagode des Quatre Portes, construite au VIe siècle, et qui est probablement la plus ancienne pagode en pierre de la Chine. Quatre magnifiques bouddhas polychromes font face à chaque porte.

Proche du monastère Shentong et entourée de stupas (postérieurs), la pagode du Dragon et du Tigre (*lónghǔtǎ*) date de la dynastie Tang. Un peu plus haut, on peut voir la falaise des Mille Bouddhas (*qiānfóyá*), creusée de niches où sont en réalité logés environ deux cents petits bouddhas et une demi-douzaine grandeur nature.

Du centre, le bus n°22 emprunte Yingxiongshan Lu en direction du sud et de la pagode des Quatre Portes. Quelques bus touristiques empruntent également cette route, quittant Ji'nan à 8h et repartant des sites à 15h.

Monastère de la Falaise magique
(*língyánsì*)

Ce monastère est situé dans les montagnes du comté de Changqing, à 75 km de Ji'nan. Ensemble religieux important sous les dynasties Tang, Song et Yuan, entre autres, il a abrité plus de 500 moines à son apogée. On peut également y voir une "forêt" de 200 stupas, monuments funéraires des supérieurs du monastère, ainsi qu'une pagode octogonale de neuf étages. Le temple des Mille Bouddhas (*qiānfódiàn*) contient 40 arhats en argile, très expressifs – les plus belles statues bouddhiques du Shandong.

Les bus en direction du monastère de la Falaise magique partent du marché Daguanyuan dans le centre. Il faut compter trois heures de trajet pour l'aller. Certains bus s'arrêtent au terminus de Wande (au sud de Ji'nan et à 10 km du monastère), d'où il faut prendre un autre bus. Si vous vous joignez à un groupe de touristes chinois, les bus partent à 7h30 environ et reviennent vers 16h.

TAI'AN
(*tài'ān*)

Tai'an est la ville d'accès au mont sacré du Taishan, probablement le site le plus intéressant du Shandong. C'est un endroit paisible doté d'hébergements variés et une base idéale pour gravir le Taishan et visiter Qufu, la ville natale de Confucius.

A noter : Jiang Qing, la quatrième épouse de Mao, ancienne actrice de cinéma et tête pensante de la "Bande des Quatre", a également vu le jour à Tai'an. On lui attribue souvent tous les maux de la Chine. Elle s'est suicidée en mai 1991.

Renseignements

Le bureau du CITS (☎ 822-3259) est installé dans un immeuble en contrebas de la rue où est située la pension Taishan, 22 Hongmen Lu. Il semble rarement ouvert.

Le BSP (☎ 822-4004) se trouve à deux pas du bureau de poste principal, dans Qingnian Lu.

Temple du Dai (ou temple du Taishan)
(*dài miào*)

Cet ensemble est situé au sud de la pension Taishan et couvre une superficie de 96 000 m², ceinte de hauts murs. Il était autrefois la première étape des pèlerins et des empereurs en pèlerinage à la montagne sacrée.

Le temple principal est le palais du Don du Ciel (Tiangong), qui date de 1009. Haut de 22 mètres, il est entièrement en bois avec une double toiture de tuiles jaunes.

Ce palais fut le premier construit des "trois grands", les deux autres étant le palais de l'Harmonie suprême (Taihe) de la Cité interdite, et le palais Dacheng à Qufu. Il a été restauré en 1956.

Ce bâtiment abrite une fresque de 62 m de long, couvrant les murs d'ouest en est, et décrivant le dieu du Taishan dans ses tournées d'inspection, sous les traits de l'empereur Zhenzong, qui fit édifier ce temple. Cette fresque, soigneusement retouchée par les artistes successifs des différentes dynasties, et récemment restaurée, est pourtant en piteux état. Elle reste toutefois impressionnante. Une stèle de 7 m de haut dans la cour de l'Ouest commémore l'ordonnance par laquelle l'empereur Zhenzong éleva le dieu du Taishan au rang d'empereur.

Le complexe religieux a été restauré à plusieurs reprises. Mais à la fin des années 20, il a été vidé de ses statues et défiguré par des bureaux et des boutiques. Plus tard, à l'époque du Guomindang, le temple a également beaucoup souffert. Il revit peu à peu, non pas comme lieu de culte, mais comme musée de plein air, avec un ensemble de quelque 200 stèles. L'une des stèles calligraphiées, autrefois au sommet du Taishan, aurait plus de deux mille ans (dynastie Qin). Elle se trouve dans le palais Impérial de l'Est, en compagnie d'une petite collection de récipients pour les sacrifices impériaux. Les Chinois viennent de toute la Chine au temple de Taishan pour copier les calligraphies des maîtres. Un magnifique modèle réduit de pavillon, en bronze, provient également du sommet du Taishan.

De vieux cyprès, ginkgos et acacias poussent dans les cours. A l'arrière du temple se trouvent un jardin de bonsaïs et une rocaille. Le vieux cyprès qui se dresse devant le palais Tiankuang permet aux visiteurs et aux habitants de Tai'an de s'amuser à un jeu de hasard. Il consiste à se faire bander les yeux, à tourner trois fois dans le sens des aiguilles d'une montre autour d'un rocher, trois fois dans l'autre sens, et à essayer ensuite de rejoindre le cyprès qui se trouve à vingt pas. Mais jamais personne n'y parvient.

L'EST

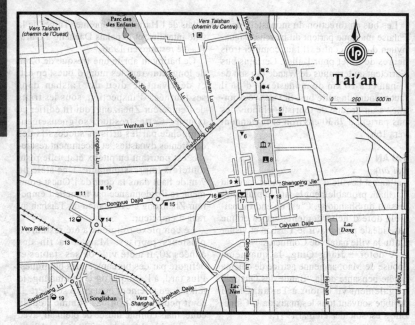

TAI'AN 泰安

OÙ SE LOGER

2   Pension Taishan
    泰山宾馆
5   Taishan Grand Hotel
    泰山大酒店
10 Hôtel Longtan
    龙潭宾馆
11 Liangmao Dasha
    (hôtel)
    粮贸大厦
15 Waimao Dasha (hôtel)
    外贸大厦
16 Overseas Chinese
    Hotel
    华侨大厦

OÙ SE RESTAURER

6   California Beef
    Noodles King USA
    美国加州牛肉面
14 Burger Palace
    汉堡包店
18 Duck Restaurant
    迎宾餐厅

DIVERS

1   Tombe des Martyrs
    烈士陵园
3   Portique Daizong
    岱宗坊
4   CITS
    中国国际旅行社

7   Musée
    博物馆
8   Temple Dai
    岱庙
9   BSP
    公安局外事科
12 Minibus pour Ji'nan
    et bus n°3
    (pour Taishan)
    往济南汽车,
    三路汽车
13 Gare ferroviaire
    火车站
17 Poste
    邮局
19 Gare routière
    (bus longue distance)
    长途汽车站

Où se loger

Tai'an est l'une des rares villes de Chine offrant un éventail varié de structures d'accueil bon marché.

L'endroit le plus apprécié des voyageurs à petit budget est la pension *Taishan* (☎ 822-4678) (*tàishān bīnguǎn*), un complexe trois-étoiles de cinq étages équipé d'une boutique de souvenirs, d'une banque et d'un restaurant. Son succès s'explique par ses dortoirs de trois lits à 50 yuan par personne. C'est l'endroit idéal pour former un groupe et partir à l'assaut du Taishan. Cette pension dispose également de doubles avec s.d.b. à 280 yuan. Elle est située à 4 km de la gare ferroviaire et à une courte distance à pied du départ du chemin central qui monte au Taishan. Vous pourrez laisser vos bagages à l'hôtel pendant l'ascension. Pour vous rendre à la pension, prenez le bus n°3 (0,10 yuan) ou le minibus n°3 (0,80 yuan) à la gare ferroviaire et descendez à l'avant-dernier arrêt. Un taxi revient à 10 yuan. Pour le même prix, vous pouvez également affréter un minibus jaune.

Le *Liangmao Dasha* (☎ 822-8212) se profile à un pâté de maisons de la gare ferroviaire. La plomberie est certes défectueuse et l'eau chaude disponible par intermittence, mais il reste convenable et propose un choix de chambres étonnant, des triples à 35 yuan par lit aux simples/doubles avec s.d.b. pour 60/140 yuan. D'autres hôtels similaires, bon marché, sont disséminés aux abords de la gare ferroviaire. L'hôtel *Longtan* (☎ 822-6511) (*lóngtán bīnguǎn*), bien qu'un peu cher (les doubles ordinaires valent 120 yuan), n'est pas à déconseiller.

Le *Waimao Dasha* (☎ 822-2288) (*wàimào dàshà*), dans Dongyue Dajie, est l'un des meilleurs hôtels bon marché mais l'édifice montre des signes de fatigue. Les chambres, à 160 yuan la double ou la triple, sont un peu surévaluées.

Le *Taishan Grand Hotel* (☎ 822-7211) (*tàishān dàjiǔdiàn*), dans Daizhong Dajie, facture la double 240 yuan. Le meilleur hôtel de la ville est l'*Overseas Chinese Hotel* (☎ 822-8112 ; fax 822-8171) (*huáqiáo dàshà*), dans Dongyue Dajie. Les doubles ordinaires coûtent 680 yuan.

Où se restaurer

Tai'an n'est pas précisément réputée pour ses restaurants gastronomiques, mais offre cependant quelques bonnes spécialités. Hongmen Lu regroupe quelques restaurants, notamment sur le tronçon entre le temple Dai et la pension Taishan. Les menus sont exclusivement en chinois.

L'un des meilleurs établissements de la ville est le *Duck Restaurant* (*yíngbīn cāntīng*), comme l'ont baptisé les professeurs étrangers résidant à Tai'an. Le restaurant se trouve juste à côté du temple Dai, dans un bâtiment imposant. Un canard laqué entier vous reviendra à 50 yuan – une aubaine.

On peut également citer le *California Beef Noodles King USA* (*měiguó jiāzhōu niúròumiàn*), un établissement sous franchise taïwanaise qui possède des succursales dans tout le nord de la Chine. En face de la gare ferroviaire, le *Burger Palace*, sorte de fast-food, est installé dans le Rainbow Plaza (*cǎihóng shāngchǎng*). Le menu est disponible en anglais et le personnel est particulièrement serviable.

Comment s'y rendre

Bus. On peut arriver à Tai'an de Ji'nan ou de Qufu. Il est d'ailleurs intéressant de combiner la visite de Tai'an avec celle de Qufu.

Les bus Tai'an-Qufu partent des gares routières de ces deux villes (2 heures de trajet, 8 bus par jour). Il exite également quelques minibus, qui ne partent que complets, mais les autobus publics ne sont pas mauvais et la route très bonne.

Entre Tai'an et Ji'nan circulent quelques gros autobus publics, extrêmement bondés. Il vaut donc mieux choisir un minibus pour cet itinéraire (10 yuan, 1 heure 30). A Ji'nan, les départs se font de la gare routière Tianqiao. A Tai'an, les bus pour Ji'nan se prennent devant la gare ferroviaire.

Train. Plus de 20 express desservent quotidiennement Tai'an, allant ou venant de Pékin, Harbin, Shenyang, Nankin, Shanghai, Xi'an, Zhengzhou, Qingdao et Ji'nan.

Tai'an est à environ 1 heure 15 de Ji'nan, mais certains express ne s'y arrêtent pas. La ville est à 9 heures de train de Pékin, à 11 heures de Zhengzhou et à 9 heures de Nankin. Vérifiez les horaires pour éviter d'arriver à 3h du matin.

L'EST

Tai'an et le Taishan constituent une bonne étape intermédiaire entre Qingdao, Qufu et Shanghai. Le trajet entre Qingdao et Tai'an dure environ 9 heures 30.

Comment circuler

Se déplacer ne pose aucun problème. La gare routière est située à proximité de la gare ferroviaire et l'ensemble du trafic converge vers ces deux terminus.

Il existe trois lignes de bus principales. Le bus n°3 relie le chemin central du Taishan au chemin de l'ouest, *via* la gare ferroviaire. Les bus n°1 et 2 ont leur terminus à proximité de la gare ferroviaire. Les minibus, plus confortables, suivent les mêmes trajets mais ne quittent la gare routière que lorsqu'ils sont pleins. Vous pouvez louer un minibus et vous en servir comme taxi.

Taxis et pousse-pousse stationnent devant la gare ferroviaire et les chauffeurs assaillent les étrangers. Attention aux tarifs : la plupart des destinations ne devraient pas dépasser 10 à 12 yuan.

TAISHAN

(*tàishān*)
Également connu sous le nom de Daishan, le Taishan est la plus révérée des Cinq montagnes sacrées taoïstes de Chine. Jadis, cinq empereurs gravirent le Taishan pour accomplir des sacrifices au ciel et à la terre. L'empereur Qianlong, de la dynastie des Qing, le gravit onze fois. Depuis son sommet, Confucius murmura : "Le monde est petit", et Mao commenta le lever du soleil : "L'Orient est rouge".

La beauté du Taishan a toujours été une source d'inspiration pour les poètes, les écrivains et les peintres. Aujourd'hui, cette montagne ressemble à tous les centres touristiques chinois d'importance : les moments de solitude sont rares et les vendeurs de souvenirs sont légion. Beaucoup de touristes ne gravissent même plus le Taishan à pied, privilégiant le téléphérique.

Malgré tout, la force du surnaturel (légende, religion et histoire) est manifeste. La princesse des Nuages azurés (Bixia),

une déesse taoïste, dont la présence imprègne les temples disséminés le long du chemin, était un personnage vénéré par les paysannes du Shandong et bien au-delà. Quantité de grands-mères noueuses gravissent chaque année le Taishan. Le but de leur pèlerinage est l'ensemble de temples au sommet, où elles peuvent offrirent présents et prières. La légende veut que l'on vive centenaire si l'on escalade le Taishan. Pour les plus jeunes, la montagne est une destination de pique-nique très appréciée. Les touristes se rassemblent au sommet au petit jour, dans l'espoir de voir un lever de

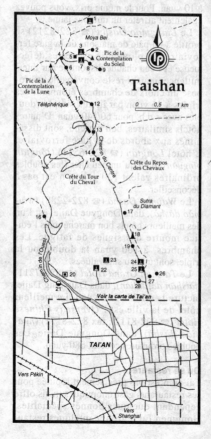

soleil féerique. Dans l'ancienne tradition chinoise, c'est au Taishan que le soleil commençait sa course vers l'ouest.

L'ascension du Taishan comporte 6 000 marches de pierre, ce qui n'est pas une mince affaire. Des porteurs gravissent péniblement les marches, chargés de caisses de boissons, de literie, ou d'un touriste chinois. C'est un travail qui se transmet de père en fils et le téléphérique ne semble pas près de le faire disparaître. On peut se demander combien se sont épuisés à la tâche pour construire les temples et les escaliers de pierre du Taishan, une œuvre monumentale accomplie sans assistance mécanique.

Climat

La haute saison touristique se situe de mai à octobre. Les conditions atmosphériques peuvent varier considérablement comparées à celles de Tai'an, située au niveau de la mer. La montagne est fréquemment enveloppée de nuages et de brume, en particulier en été.

Les périodes les plus propices à son ascension sont le printemps et l'automne, lorsque le taux d'humidité est faible. Selon les anciens, c'est à partir d'octobre que le temps est le plus clair. En hiver, il fait beau mais très froid.

En moyenne, on dénombre seize jours de beau temps au printemps, huit en été, vingt-huit en automne et trente-cinq en hiver. Attention aux changements de température : emportez avec vous quelques vêtements chauds, quelle que soit la saison. On peut louer des vestes molletonnées au sommet. Les températures moyennes en °C sont :

	hiver	printemps	été	automne
Taishan	-3	20	24	20
Sommet	-9	12	17	12

TAISHAN 泰山

1 Temple de l'Arrière 后石坞
2 Rocher Gongbei 拱北石
3 Temple de l'Empereur de Jade 玉皇顶
4 Nantianmen 南天门
5 Pension Shenqi 神憩宾馆
6 Portique vers l'Immortalité 开仙坊
7 Temple des Nuages azurés 碧霞祠
8 Pont des Dieux 仙人桥
9 Terrasse Zhanlu 占鲁台
10 Pin en face du Pavillon 对松亭
11 Pavillon des Cinq Pins 五松亭
12 Pont du Nuage 云步桥
13 Pension Zhongtianmen et téléphérique 中天门宾馆，空中索道
14 Pont du Pas sur les Nuages 步天桥
15 Pavillon Hutian 壶天阁
16 Pont de la Longévité 长寿桥
17 Temple Doumu 斗母宫
18 Monument aux Héros de la Révolution 革命烈士纪念碑
19 Pavillon des 10 000 Immortels 万仙楼
20 Pont de Tous et tombeau de Feng Yuxiang 大众桥，陵
21 Début du chemin du Centre (terminus ouest du bus n°3 ou du bus n°2) 三路汽车西终站
22 Monastère Puzhao 普照寺
23 Temple du Mémorial 记念寺
24 Palais de la Porte Rouge 红门
25 Temple Guandi 关帝庙
26 Réservoir de la Montagne du Tigre 虎山水库
27 Étang de la Princesse des Nuages 云母池
28 Début du chemin du Centre (terminus est bus n°3) 三路汽车东终站

Ascension du Taishan

La ville de Tai'an, au pied du Taishan, est la "porte" de la montagne (voir *Tai'an* plus haut dans ce chapitre).

A pied. Le prix d'accès est variable. Au moment de la rédaction de cet ouvrage, il était de 20 yuan, plus 5 yuan pour la protection de l'environnement.

Plusieurs options s'offrent à vous, selon le temps dont vous disposez. Trois haltes sont possibles : la pension Taishan au départ du sentier ; la pension Zhongtianmen, à mi-parcours ; et la pension Shenqi, au sommet du Taishan.

Comptez au moins deux heures de marche entre chaque halte, soit un minimum de huit heures pour l'aller-retour. Si vous souhaitez assister au lever du soleil, laissez vos affaires à la gare ferroviaire ou à la pension Taishan, à Tai'an, et calculez la durée de votre ascension de manière à arriver au sommet avant le crépuscule. Vous pourrez passer la nuit dans l'une des pensions du sommet et vous lever très tôt le lendemain pour découvrir le célèbre lever du soleil.

Les touristes chinois à court de temps ou d'argent entreprennent parfois l'ascension de nuit (avec des torches et des cannes) afin d'arriver juste à temps au sommet pour le lever du jour, et redescendent peu après. Cette option n'est guère recommandée car vous risquez de vous perdre, de geler sur place voire de faire une chute.

Deux principaux chemins permettent d'accéder au sommet : le chemin du centre et celui de l'ouest. Ils convergent à mi-cours à Zhongtianmen. La plupart des visiteurs empruntent le premier, jalonné de sites culturels (il était la voie impériale) et redescendent par le chemin de l'ouest. D'autres chemins traversent des vergers et des bois.

Le Taishan culmine à 1 545 mètres d'altitude. L'ascension, de la base au sommet par le chemin du centre, fait 7,5 km. La dénivellation est de l'ordre de 600 mètres entre Zhongtianmen et le sommet.

En minibus et téléphérique. Plusieurs minibus relient la gare ferroviaire de Tai'an à Zhongtianmen, à mi-chemin de la montée, avec plusieurs départs chaque matin. Des minibus pour groupes constitués partent parfois de la pension Taishan.

Zhongtianmen est à moins de 5 mn à pied du téléphérique (*kōng zhōng suǒ dào*) dont la cabine peut accueillir jusqu'à trente passagers. Il gagne Wangfushan, près de Nantianmen, en 8 minutes. Le téléphérique fonctionne dans les deux sens. Le tarif s'élève à 35 yuan l'aller (70 yuan l'aller-retour).

Les bus redescendent toutes les heures entre 13 et 17h, mais ne comptez pas trop sur le respect des horaires ou sur une place.

Chemin du centre

Vous rencontrerez en cours d'ascension un nombre impressionnant de ponts, d'arbres, de tours, de stèles gravées, de grottes, de pavillons et de temples (isolés et en groupe). Taishan est en fait un véritable musée de calligraphies en plein air, dont les joyaux sont le sutra du Diamant et, au sommet, le Moya Bei, stèle gravée dans le rocher pour commémorer un sacrifice de l'empereur Xuanzong.

La montée proprement dite commence à la **Première Porte Céleste** à la base de la montagne. Un peu plus loin, un autre portique recouvert de glycine porte la mention "lieu où Confucius commença son ascension de la montagne". Le **palais de la Porte Rouge**, remarquable pour ses murs violets, est le premier d'une série de temples dédiés à la princesse des Nuages colorés, fille du dieu du Taishan. Il fut reconstruit en 1626.

Le **temple Doumu**, dont la première construction date de 1542, porte aussi le nom poétique de Couvent de la Source du dragon et abrite une maison de thé.

En poursuivant sous une arche de cyprès, appelée Caverne des Cyprès, vous arriverez au **Demi-Tour du Cheval**, où l'empereur Zhenzong dut descendre de sa monture et continuer en chaise à porteurs. L'empereur Xuanzong montait lui une mule blanche qui le porta jusqu'au sommet du pèlerinage, mais mourut peu après la descente (elle reçut le titre posthume de général et fut enterrée dans la montagne).

La porte **Zhongtianmen** (Porte Céleste du Milieu) est la deuxième des portes célestes. Un peu après le Pont du Pas sur les Nuages, sur la droite, se trouve l'endroit où l'empereur Zhenzong planta ses tentes pour la nuit. Plus loin, vous verrez le **pavillon des Cinq Pins**, près duquel, en 219 avant J.-C., l'empereur Qin Shihuangdi s'abrita sous un groupe de pins lors d'un violent orage. En remerciement, l'empereur les nomma "grands officiers au cinquième degré".

Plus haut sur la pente, le **pin de la Bienvenue** semble étendre ses branches pour vous serrer la main. Un peu plus loin se trouve le **portique vers l'Immortalité**. La légende veut que ceux qui le franchissaient devinssent des êtres célestes. A partir de là, les empereurs continuaient en chaise à porteurs.

La troisième porte céleste est **Nantianmen** (Porte Céleste du Sud). Cette porte et les marches escarpées qui y mènent sont devenues le symbole du Taishan et même du Shandong ; son dessin apparaît un peu partout sur les couvertures de livres et sur les cartes du Shandong.

En arrivant au sommet du Taishan (*dàidǐng*), vous apercevrez le **pavillon des Longueurs d'Ondes** (la station radio et météo) et la **cabine du Voyage vers les Étoiles** (le téléphérique). Si vous continuez le long du chemin, vous arriverez à la **statue du Soleil couchant** (un photographe frigorifié et affalé sur une table où sont étalés des clichés de soleil) et aux boutiques du Taishan. Tout près, le **pont des Dieux** est constitué de deux gros rochers coincés entre deux précipices.

Au **temple des Nuages colorés** (*bìxiácí*), toutes sortes d'offrandes sont présentées à une statue en bronze, autrefois richement décorée. Les tuiles du temple sont en fonte pour éviter que le vent ne les arrache, et les avant-toits sont décorés de *chiwen*, ornements destinés à les protéger du feu. Ce temple est absolument magnifique mais l'accès à certaines parties est

interdit. Son histoire est mal connue, mais il est certain que la restauration ou l'ajout de certains éléments, entrepris notamment sous les dynasties Ming et Qing, dut coûter une fortune. La salle principale abrite la statuette de bronze de la princesse des Nuages colorés.

Au point culminant (1 545 m) du plateau du Taishan se trouve le **temple de l'Empereur de Jade**, qui abrite une belle statue en bronze (divinité taoïste).

Dans la cour, un rocher gravé indique l'altitude de la montagne. Devant le temple, la **Stèle sans inscriptions** vous laissera sans doute rêveur. Selon la légende, l'empereur Wu, qui la fit ériger il y a plus de deux mille ans, n'était pas satisfait de l'inscription proposée par les scribes et décida de la laisser à l'imagination des pèlerins.

Le principal point de vue pour admirer le soleil levant est une avancée rocheuse, le **rocher Gongbei**. Avec un peu de chance, la vue porte sur plus de 200 km, jusqu'à la côte. Sur l'arrière de la montagne se trouve le coin des Rochers de l'Arrière, l'un des endroits les plus réputés pour admirer les pins, avec des ruines perdues dans l'enchevêtrement des branches.

Chemin de l'Ouest

Rien de bien particulier sur ce chemin en matière d'édifices, mais le paysage est très varié, avec vergers, étangs et fleurs.

La curiosité principale est l'**étang du Dragon noir**, alimenté par une petite cascade, un peu en contrebas du **pont de la Longévité**.

Des carpes rouges nagent dans l'étang. Elles sont parfois préparées pour les repas des plus fortunés. Le **monastère Puzhao**, au pied de la montagne, fondé il y a environ mille cinq cents ans, mérite une visite.

Où se loger et se restaurer

La pension *Zhongtianmen* (☎ 822-6740) (*zhōngtiānmén bīnguǎn*) constitue une halte à mi-chemin, à proximité de Zhongtianmen. Les chambres sont confortables mais chères (280 yuan la double).

La pension *Shenqi* (☎ 822-3866) (*shénqì bīnguǎn*), établissement trois-étoiles, loue des doubles à 350 yuan. Ce tarif élevé se justifie par la vue dont on jouit. Les quadruples valent 60/80 yuan par lit mais sont souvent indisponibles. L'hôtel fournit des couvertures supplémentaires et loue des vestes molletonnées. Une sonnerie vous réveillera à temps pour que vous puissiez assister au lever du soleil.

En-cas et boissons sont en vente le long du chemin. Le restaurant de la pension pratique des prix exorbitants.

QUFU
(*qūfù*)

Ville natale de Confucius, Qufu mérite également une visite pour son exquise architecture impériale qui allie la pierre et le bois. Malheureusement, l'endroit a perdu quelque peu de son charme avec la croissance touristique.

Depuis deux millénaires, Qufu abrite deux foires annuelles, au printemps et à l'automne. La ville se remplit alors d'innombrables artisans, guérisseurs, acrobates, colporteurs, paysans, sans oublier les touristes et leurs appareils photo.

Les descendants directs de Confucius, la famille Kong, résidèrent à Qufu jusqu'en 1948.

Renseignements

Le bureau du CITS (☎ 412-491) est installé dans l'hôtel Xingtan, malencontreusement situé à l'extrême sud de la ville. Il répond presque exclusivement aux attentes des groupes constitués. On n'y vend pas de billets de train ou d'avion, puisque ces deux modes de transport ne desservent pas Qufu (en dépit de la présence d'une gare ferroviaire à proximité. Reportez-vous au paragraphe *Comment s'y rendre*).

Temple de Confucius
(*kǒng miào*)

Le temple n'était à l'origine qu'un modeste sanctuaire. Il occupe désormais un cinquième de la superficie de la ville. Orienté selon un axe nord-sud, il mesure plus d'un kilomètre de long. L'entrée principale, la **porte de l'Étoile** (*língxīngmén*), au sud, mène à une série de portiques couverts de calligraphies.

Les quatre caractères bleuâtres sur le troisième portique comparent les doctrines de Confucius à des corps célestes se déplaçant sur des spirales sans fin. Ce portique est connu sous le nom de porte de l'Esprit de l'Univers.

Dans toutes les cours du temple, des groupes de pins et de cyprès aux formes torturées alternent avec des rangées de stèles. Les stèles dressées sur le dos de tortues en pierre relatent en chinois ancien les

QUFU 曲阜	
1	Tombeau de Confucius 孔墓
2	Temple du Mémorial 祭奠堂
3	Ruines de l'ancienne capitale de Lu 鲁国址
4	Temple Zhougong 周公庙
5	Temple Yanhui 颜庙
6	Résidence de Confucius 孔府
7	Tour du Tambour 鼓楼
8	Hôtel Queli 阙里宾舍
9	Tour de la Cloche 钟楼
10	Marché aux souvenirs 旅游事业市场
11	Restaurants et marché de rue 餐厅，商业街
12	Porte de l'Étoile 棂星门
13	Yingshi Binguan (hôtel) 影视宾馆
14	Gare routière 汽车站
15	Luyou Binguan (hôtel) 旅游宾馆
16	Confucius Mansions Hotel 孔府饭店

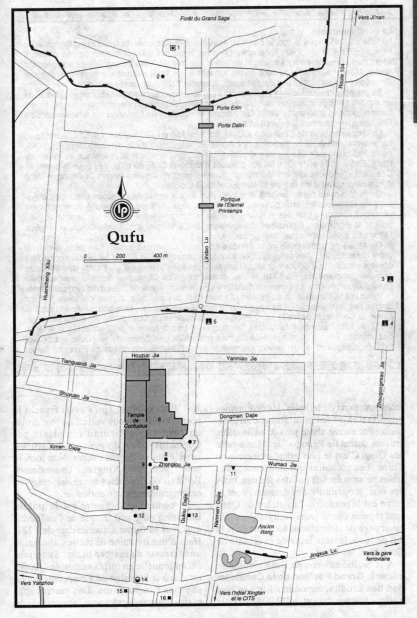

Forêt du Grand Sage

Vers Ji'nan

Route 104

■ 1

● 2

Porte Erlin

Porte Dalin

Portique
de l'Éternel
Printemps

Lindao Lu

Qufu

0   200   400 m

Huancheng Xilu

▲ 3

▲ 4

▲ 5

Zhougongmiao Jie

Houzuo Jie

Yanmiao Jie

Tianguandi Jie

Shuyuan Jie

Dongmen Dajie

Temple
de
Confucius

6

Ximen Dajie

● 7

■ 8

● 9

Zhonglou Jie

Wumaci Jie

11

● 10

Gulou Dajie

Nanmen Dajie

● 12

■ 13

Ancien
étang

14 ☕

Jingxua Lu

Vers la gare
ferroviaire

Vers Yanzhou

■ 15

■ 16

Vers l'hôtel Xingtan
et le CITS

Le confucianisme

La ville de Qufu est à la fois le berceau et la dernière demeure de Confucius (Kongfuzi ou Kongzi, 551-479 av. J.-C.). Son enseignement n'eut pas de réel impact de son vivant. Il vécut dans une extrême pauvreté et ne laissa aucun écrit. Ce sont ses fidèles disciples qui rassemblèrent ses pensées dans divers recueils et les firent connaître à travers les fameux *Entretiens*. En revanche, ses descendants, la famille Kong, connurent un meilleur sort.

La philosophie confucéenne fut adoptée par les empereurs successifs comme justificatif de l'ordre sociopolitique, et de nombreux temples, dirigés par des fonctionnaires, furent construits dans différentes villes. Qufu acquit le statut de lieu saint, et les descendants de Confucius en devinrent les gardiens tutélaires.

Le temple originel de Confucius à Qufu, qui fut édifié en 478 av. J.-C., a subi de multiples transformations au fil du temps. Les édifices actuels datent de la dynastie Ming. En 1513, des bandes armées attaquèrent et pillèrent le temple, ainsi que la résidence de la famille Kong. Entre 1522 et 1567, il fut donc décidé d'entourer Qufu de murailles pour la protéger. Ces murs d'enceinte ont été récemment démolis, mais quelques vestiges de l'époque Ming demeurent, comme les tours du Tambour et de la Cloche.

On peut dire du confucianisme que c'est plus un ensemble de principes éthiques définissant les relations hiérarchiques qu'une religion. Ainsi, le confucianisme a profondément imprégné la culture chinoise. Il enseigne le respect mutuel entre père et fils, femme et mari, peuple et dignitaires, dignitaires et supérieurs. Ses principes sont l'obéissance, le respect, l'altruisme et les efforts pour le bien commun.

On aurait pu penser que cette éthique ancienne s'inscrirait à merveille dans le nouvel ordre communiste. Mais cette tradition fut totalement rejetée, le Grand Sage étant considéré comme une sorte d'éducateur féodal perverti, les liens claniques et le culte des ancêtres comme des menaces. En 1948, le descendant direct de Confucius quitta la résidence de Qufu pour se réfugier à Taiwan, mettant fin à une tradition vieille de deux mille cinq cents ans.

Pendant la Révolution culturelle, l'accent fut mis sur la jeunesse chinoise (même dirigée par un vieillard). La campagne anticonfucéenne lancée par le gouvernement fut très suivie et Confucius perdit la face. Plusieurs des statues de Qufu perdirent aussi (littéralement) la face, aux cris de "A bas Confucius, à bas la femme de Confucius !" A la fin des années 60, un contingent de Gardes rouges fit une descente sur Qufu endormie, brûlant, défigurant et détruisant les monuments. D'autres bâtiments confucéens furent

---

reconstructions de temples, les cérémonies importantes ou les plantations d'arbres. L'enceinte sacrée abrite plus de mille stèles gravées datant de l'époque des Han à celle des Qing. C'est le plus grand ensemble de Chine. Les créatures qui soutiennent ces stèles ne sont en fait pas des tortues, mais des *bixi*, progéniture des dragons, dont la force est légendaire. Les stèles de Qufu sont réputées pour leurs calligraphies. Un estampage de stèle entrait autrefois dans la dot de toute femme issue de la famille de Confucius, les Kong.

A la moitié environ de l'axe médian se trouve le **Grand Pavillon de la Constellation des Érudits**, imposant édifice en bois à triple toiture datant de 1190 (dynastie Jin). Plus au nord, après avoir franchi la porte Dacheng, vous verrez à votre droite un genévrier qui aurait été planté par Confucius – c'est du moins ce qu'affirme la stèle placée devant l'arbre. Non loin, le petit pavillon Xingtan commémore l'endroit où Confucius aurait dispensé son enseignement sous un abricotier.

Le cœur du sanctuaire est le **palais Dacheng** ou grand temple de Confucius, qui, sous sa forme actuelle, date de 1724. Haut d'une trentaine de mètres, il domine une terrasse de marbre blanc. Sa toiture exceptionnelle en tuiles vernissées jaunes est due à la libéralité de l'empereur qui en autorisa l'importation. Des pierres spéciales furent également apportées du

également mis à sac dans le pays. Les archives de la famille Kong semblent avoir survécu sans dommages à cette période.

Les enseignements du Maître Parfait connaissent aujourd'hui un regain de popularité, peut-être pour instiller un peu d'esprit civique là où le parti communiste a échoué. Le confucianisme est à nouveau enseigné sous un autre nom dans les écoles du Shandong. On encourage les étudiants à respecter professeurs, aïeuls, voisins et famille. Or vous découvrirez rapidement en voyageant en Chine que le respect mutuel est quasiment inexistant. La corruption omniprésente n'encourage pas une jeunesse cynique à respecter ses aînés. Parallèlement, les anciens conservent un souvenir inquiet des événements passés et redoutent les manifestations de rue.

En 1979, les temples de Qufu ont été rouverts et des millions de yuan furent consacrés à la restauration et à la réparation des bâtiments.

Le tourisme est aujourd'hui le mot d'ordre. Les temples font peau neuve et deviennent de véritables attractions touristiques. Quelques temples ont même l'électricité, avec des haut-parleurs accrochés aux avant-toits qui diffusent une douce musique de flûte. Environ un cinquième de la population de Qufu revendique aujourd'hui une parenté avec Confucius, même si l'encens, les tumulus et le culte des ancêtres ne sont pas dans la ligne du Parti.

Savoir si le confucianisme peut renaître en Chine relève de la spéculation, mais il semble qu'un système quelconque soit nécessaire pour combler le vide spirituel. Un symposium tenu il y a quelques années à Qufu par des érudits chinois s'est conclu par une déclaration prudente réaffirmant l'importance du rôle historique de Confucius, et suggérant que les aspects "progressistes" de son œuvre, mentionnés dans les écrits de Mao Zedong, constituaient un héritage précieux. Il semble bien que Confucius aussi puisse être réhabilité. ■

Xishan. Les artisans réalisèrent de telles merveilles sur les colonnes décorées de dragons en relief qu'il fallut, dit la légende, les draper de soie lors de la visite de l'empereur, de peur qu'elles n'éclipsent par leur beauté celles du palais Taihe de la Cité interdite.

Le temple était utilisé pour des rites mystérieux en la mémoire de Confucius. Au début de chacune des quatre saisons, et le jour anniversaire de la naissance du Grand Sage, des douzaines de dignitaires en robes de soie dansaient et chantaient à la lueur des torches, au son des tambours, des clochettes de bronze et des pierres musicales. Le visiteur verra une étonnante et rarissime collection d'instruments de musique à l'intérieur du temple, mais la massive statue de pierre du Maître Parfait a disparu, vraisemblablement victime des Gardes rouges.

A l'extrême nord du temple se dresse le **Shengjidian**, un édifice contenant une série de dalles sculptées représentant des épisodes de la vie de Confucius. Ce sont des copies datant de 1592 d'un ensemble plus ancien encore.

Dans la partie est du temple de Confucius, derrière la salle des Rites et de la Poésie, se trouve le **puits de Confucius** (reconstruit sous les Song ou les Ming) et le **mur de Lu**, dans lequel le neuvième descendant du Sage cacha les textes sacrés au moment des persécutions anticonfucéennes et des autodafés sous l'empereur Qin Shihuang. Les manuscrits furent retrouvés à l'époque Han et provoquèrent une vive polémique entre les lettrés qui suivaient un enseignement fondé sur la tradition issue des livres disparus et ceux qui prônaient un enseignement à partir des livres retrouvés.

Résidence des descendants de Confucius

(kǒng fǔ)

Maintes fois reconstruite, la résidence actuelle date du XVIᵉ siècle (dynastie Ming), avec des restaurations récentes. L'édifice est un labyrinthe de 450 salles, pièces et bâtiments, où il est difficile de s'orienter.

C'est la plus somptueuse demeure mandarinale de Chine, témoignage de l'ancienne puissance de la famille Kong. Entre les dynasties Han et Qing, les descendants de Confucius furent anoblis et les empereurs successifs leur accordèrent nombre de privilèges.

Les membres de la famille Kong avaient un train de vie royal avec des dîners de 180 plats, de nombreux domestiques et concubines. Et Confucius fut gratifié d'honneurs posthumes.

La ville de Qufu s'est d'ailleurs développée autour de cette résidence. Les Kong administraient l'état autonome de Qufu où ils avaient la liberté de percevoir les taxes et de rendre la justice. Lorsque l'empereur venait à Qufu, il y pénétrait par la porte de Cérémonie, proche de l'entrée sud, ouverte seulement à cette occasion.

Grâce à la protection impériale, une grande quantité de meubles, de céramiques, d'objets, de vêtements de cérémonie et d'effets personnels ont pu être préservés et certains sont exposés. Les archives de la famille Kong, un précieux héritage, ont également été conservées.

La résidence est construite selon un axe nord-sud brisé en plusieurs endroits. Dans la partie sud sont regroupés les anciens édifices administratifs (taxes, édits, rites, registres et salles d'examen). Au nord de cet ensemble se trouve la porte Neizhaimen

qui donne accès aux appartements privés (utilisés pour les mariages, banquets, bureaux privés).

A l'est de Neizhaimen se dresse la tour du Refuge, où la famille Kong pouvait se réfugier en cas de révolte populaire ; le plafond du rez-de-chaussée est recouvert de plaques de fer, et l'escalier peut s'escamoter vers l'étage supérieur.

A l'ouest de l'axe principal se trouve l'aile réservée aux loisirs (cabinets de travail, salons, bibliothèques, petits temples). A l'est, la cuisine, le temple des ancêtres et les appartements proprement dits. Tout à fait au nord s'étend un jardin spacieux avec des rocailles, des étangs et des massifs de bambous. Kong Decheng, le dernier descendant, a occupé la résidence jusque dans les années 40 et vit aujourd'hui à Taiwan.

Forêt du Grand Sage

(kǒng lín)

En remontant Lindao Lu sur environ 2,5 km, au nord de la résidence, vous arriverez à la forêt du Grand Sage, le cimetière le plus grand et le mieux préservé de Chine. Ce chemin séculaire bordé de cyprès centenaires dégage une atmosphère de grande sérénité.

On peut s'y rendre à pied (40 mn), en pousse-pousse (15 mn) ou par le bus n°1 (peu fréquent). En chemin, vous pouvez jeter un œil au temple Yanhui *(yán miào)* sur votre droite, qui contient une impressionnante tête de dragon encastrée dans le plafond de la salle principale, et une collection de poteries.

La route en direction de la forêt passe sous le portique de l'Éternel Printemps, dont les linteaux sont ornés de dragons lovés, de phénix en vol et de chevaux au galop ; il fut élevé en 1594 (dynastie Ming).

Cette forêt compte plus de 20 000 pins et cyprès plantés par les disciples de Confucius. Elle couvre 200 ha délimités par un mur de 10 km de long. Le Grand Sage lui-même est enterré ici, ainsi que tous ses descendants. La voie qui mène à la tombe de Confucius est flanquée de paires de tigres de pierre, de griffons et de gardes plus grands que nature. La sépulture même est un simple tumulus recouvert de gazon, entouré d'un mur bas, et signalé par une stèle d'époque Ming. La descendance directe du Maître est enterrée à proximité. Des dizaines de temples et de pavillons, ainsi que des centaines de sculptures, de stèles et de pierres tombales sont éparpillées dans la forêt.

Mausolée de Shao Hao

(*shǎo hào líng*)
Shao Hao est l'un des cinq empereurs légendaires qui auraient régné sur la Chine il y a quatre mille ans. A 4 km au nord-est de Qufu se trouve son tombeau. Construit en gros blocs de pierre sous les Song, cet édifice pyramidal mesure 25 m de largeur à la base et s'élève à 6 m de haut. Il est couronné d'un petit temple.

Certains historiens chinois pensent que Qufu est bâtie sur les ruines de l'ancienne capitale de Shao Hao, mais rien ne permet d'étayer cette hypothèse.

Où se loger

Le BSP de Qufu autorise les étrangers à se loger dans les hôtels bon marché, mais de nombreux établissements refuseront de vous louer les chambres les moins délabrées. Ils ne sont pas faciles à trouver car leurs enseignes sont en chinois. La meilleure solution consiste à suivre un rabatteur.

Proche de la gare routière, à l'angle de Datong Lu, le *Confucius Mansions Hotel* (☎ 412-985) (*kǒngfǔ fàndiàn*) loue des doubles à 180 yuan. Vérifiez si le dortoir, équipé de lits à 50 yuan, est encore disponible.

Le lieu de rendez-vous des touristes est l'hôtel *Queli* (☎ 411-300) (*quèlǐ bīnshè*), 1 Queli Jie, avec des doubles à partir de 280 yuan. L'hôtel *Xingtan* (☎ 411-719) (*xìngtán bīnguǎn*) fut construit pour recevoir des groupes, ce qui explique son emplacement peu commode (à l'extrême sud de la ville) pour les voyageurs individuels.

Où se restaurer

La nourriture à Qufu est plutôt médiocre. Les marchés, notamment le marché touristique au sud de la résidence des descendants de Confucius, offrent le meilleur rapport qualité/prix. Le choix proposé est plus large dans Zhonglou Jie, à l'est de l'hôtel Queli.

Le nom du Grand Sage est couramment utilisé. Par exemple, Sankong ("Trois Confucius") désigne une bière locale. A quand le Confucius Fried Chicken ?

Achats

A Qufu, le confucianisme rapporte. A proximité du temple de Confucius, les marchands ambulants vendent bimbeloterie et vêtements à l'effigie du Grand Sage.

Comment s'y rendre

Bus. Les bus et minibus circulent entre Qufu et la gare ferroviaire toutes les 30 mn environ durant la journée. Un trajet en bus public ne coûte que 2 yuan, mais les véhicules sont bondés. Mieux vaut prendre un minibus pour 7 yuan. Ceux-ci ont l'avantage de circuler un peu plus tard, parfois jusqu'à 23h s'il y a des passagers. Ils font aussi office de taxis si vous consentez à payer une somme suffisante. Il y a des minibus pour Yanzhou, mais un peu moins souvent.

Il existe des bus directs entre Qufu et Tai'an (12 yuan, 2 heures de trajet, 8 départs quotidiens) et entre Qufu et Ji'nan (3 heures de trajet, 13 départs quotidiens).

Vue de l'extérieur, la gare routière de Qufu ressemble à un temple ! Vous aurez quelque difficulté à la trouver si vous ne reconnaissez pas les idéogrammes pour *qiche zhan*.

Dans cette gare, il est d'usage de donner les meilleures places aux étrangers (les billets de bus portent les numéros des sièges) et les employés obligent tout le monde à se mettre en rang par ordre de numéros pour monter dans le bus.

Train. Qufu même n'est pas desservie par le chemin de fer. La famille Kong s'est opposée au premier projet de voie ferrée, prétextant qu'elle perturberait le repos du Maître Parfait. Le tracé a été modifié et la voie la plus proche passa alors à Yanzhou, 13 km à l'ouest de Qufu.

Mais les constructeurs ne renoncèrent pas pour autant à leur projet et une nouvelle gare fut construite à environ 6 km de Qufu.

Si vous demandez un billet pour Qufu et que le préposé vous répond *méiyǒu*, dites "Yanzhou". Qufu (Yanzhou), sur la ligne Pékin-Shanghai, est desservie par plusieurs trains, mais certains express ne s'y arrêtent pas ; d'autres arrivent au milieu de la nuit. Qufu est à environ 2 heures de train de Tai'an, 3 heures de Ji'nan, 7 heures de Nankin et environ 9 heures de Kaifeng.

La CAAC se propose également de troubler le repos du Sage en construisant un aéroport à Qufu. Mais, pour le moment, le train reste le moyen d'accès le plus rapide.

Comment circuler

Les deux lignes de bus existantes ont des passages peu fréquents. La plus utile, la ligne n°1, circule sur Gulou Dajie et Lindao Lu, direction nord-sud, et relie le quartier de la gare routière à la forêt du Grand Sage. Le bus n°2 circule d'est en ouest sur Jingxuan Lu. Les pousse-pousse restent le moyen de transport le plus efficace, mais il faut s'attendre à devoir négocier les tarifs.

ZOUXIAN

(*zōuxiàn*)

C'est la ville natale de Mengzi (ou Mencius, 372-289 av. J.-C.), que l'on considère comme le premier grand philosophe confucéen. La visite de Zouxian est agréable car la ville est beaucoup plus calme que Qufu.

Consacrez-lui une journée. Zouxian est située juste au sud de Qufu et accessible après un court trajet en train depuis Yanzhou, ou en bus depuis Qufu.

ZIBO

(*zībó*)

Zibo (environ 2 millions d'habitants) est un important centre minier sur la ligne ferroviaire à l'est de Ji'nan. La ville est réputée pour son travail du verre et sa porcelaine. Non loin de Zibo, à Linzhi, on a mis au jour des squelettes de chevaux enterrés il y a plus de 2 500 ans. A la différence des sta-

tuettes de Xi'an, plus récentes, il s'agit ici de quelque 600 vrais chevaux sacrifiés au moment de funérailles impériales, probablement sous la dynastie Qi (479-502). La présence de chevaux et de chariots servait à donner une idée de la puissance de l'État. Environ 90 squelettes sont exposés dans la fosse.

QINGDAO

(*qīngdǎo*)

Au bord du golfe de Bohai, la ville de Qingdao ("île verte") se transforme peu à peu en station balnéaire. Pour les voyageurs étrangers, son principal intérêt réside dans son architecture coloniale, legs d'une concession germanique.

Pour le reste, on a tendance à surévaluer les attraits de Qingdao. Certes, l'endroit n'est pas déplaisant, mais sans plus. Nombre d'anciens édifices germaniques sont en piteux état. D'autres ont été rasés pour être remplacés par des hôtels et des bureaux peu esthétiques.

Histoire

Qingdao n'était qu'un village de pêcheurs lorsque les troupes allemandes débarquèrent en 1897 (l'assassinat de deux missionnaires allemands servit de prétexte). En 1898, le gouvernement chinois céda la ville à l'Allemagne pour 99 ans et lui concéda le droit de construire la ligne ferroviaire du Shandong ainsi que celui d'exploiter les mines sur 15 km de chaque côté de la voie.

Les Allemands transformèrent Qingdao en cité charbonnière et en base navale. En 1904, la voie ferrée Ji'nan-Qingdao était achevée et des installations portuaires furent édifiées. L'électricité et les brasseries firent leur apparition. La ville fut divisée en trois secteurs : européen, chinois et commerçant. Les Allemands fondèrent des missions, une université et, rapidement, Qingdao rivalisa avec Tianjin sur le plan commercial. Une garnison de 2 000 hommes assurait son indépendance vis-à-vis de la Chine.

Pour une ville à l'histoire aussi courte, Qingdao connut des fortunes diverses. Elle fut occupée par les Japonais en 1914, reprise par les Chinois en 1922, avant de retomber aux mains des Japonais en 1938, pour finalement être reconquise par le Guomindang.

Aujourd'hui, derrière la façade anodine d'une station balnéaire se cache une énorme zone industrielle, où le drapeau sud-coréen flotte sur certaines usines récentes. Qingdao fournit les boissons au pays tout entier et représente également le premier centre industriel du Shandong. Sa population est de 1,5 million d'habitants, mais sa circonscription administrative couvre 5 900 km^2 et regroupe 3,5 millions de personnes.

Renseignements

CITS. Le bureau (☎ 287-9215) est installé au Huiquan Dynasty Hotel, 9 Nanhai Lu, mais n'est pas d'un grand secours pour les voyageurs individuels. Contactez-les plutôt pour la visite d'une brasserie ou d'une usine.

BSP. Leur bureau (☎ 286-2787), 29 Hubei Lu, se dresse tout près de l'Overseas Chinese Hotel. A l'entrée du groupe d'immeubles, un magnifique édifice allemand avec une tour d'horloge. Les bureaux du BSP sont en retrait, dans un immeuble passablement inesthétique.

Argent. Les hôtels de luxe effectuent les opérations de change. La Bank of China est installée 62 Zhongshan Lu.

Bureau de poste. La poste principale se trouve au sud de la Bank of China, dans Zhongshan Lu.

Plages

(*hǎishuǐ yùchǎng*)
Six plages correctes bordent la côte. La saison la plus propice à la baignade s'étale entre juin et septembre, mais les plages sont bondées à cette période et le brouillard peut faire son apparition. La température de l'eau est relativement tiède et les brises marines sont agréables. Les plages sont abritées et proposent des cabines (on peut louer des maillots de bain), des douches, des stands de photographes, des boutiques et des snack-bars. Des bouées délimitent les zones de baignade autorisées. Des filets tiennent les requins à l'écart et on peut compter sur la présence de patrouilles côtières, de maîtres nageurs et de postes de secours. Au printemps et à l'automne, le feuillage et la floraison sont spectaculaires.

A deux pas de la gare ferroviaire s'étend la **plage n°6**, particulièrement vivante tôt le matin, lorsque les coureurs de fond, les escrimeurs, les adeptes de taijiquan, les vieillards lisant leur journal et quelques joueurs de frisbee font leur apparition. La plage en elle-même, avec ses publicités en chinois à cent mètres du rivage, n'est guère attrayante.

Le **pavillon Huilan** (*huílán gé*), sur la jetée, est une destination de promenade très prisée. En continuant vers l'est, après avoir dépassé le phare sur la pointe de terre, on arrive au parc Lu Xun (*lǔ xùn gōngyuán*) qui abrite le **musée de la Mer et l'Aquarium**, sans grand intérêt. A côté, ou presque, le **Musée naval** (*hǎijūn bówùguǎn*) expose des instruments de marine. Pour amateurs éclairés seulement.

La **plage n°1**, comme son nom l'indique, est la première plage de Qingdao. Elle s'étend sur 580 mètres de sable fin et offre de multiples aménagements, des cabines multicolores, des restaurants, de ridicules statues de dauphins et des gratte-ciel.

Après le Huiquan Dynasty Hotel et l'Institut de recherches océanologiques, on arrive dans le quartier de **Badaguan** (*bādàguān*), renommé pour ses sanatoriums et ses pensions de luxe. Les résidences thermales sont éparpillées dans les bois luxuriants de la côte et les rues, nommées d'après les portes (Badaguan signifie "Région des Huit Portes"), sont bordées d'une espèce d'arbre ou de fleur différente. Jiayuguan Lu est jalonnée d'érables ; Zhengyangguan, de myrtes. Les jardins sont particulièrement soignés.

Lorsqu'on quitte le quartier des Huit Portes, les plages n°2 et 3 s'étendent sur la

L'EST

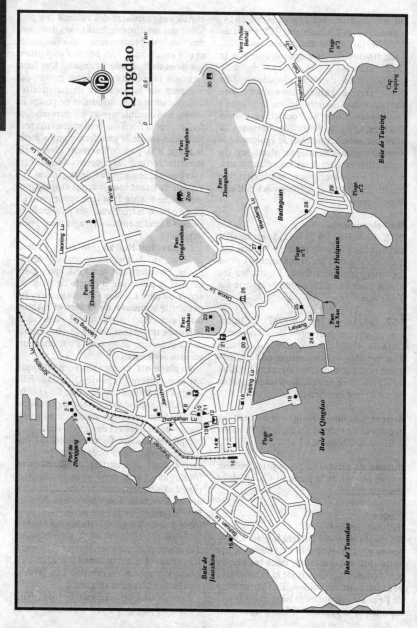

Qingdao

droite. Les villas en bordure des caps sont superbes. La **plage n°2** est plus petite, plus tranquille et plus abritée que la plage n°1. Des sanatoriums se dressent face à la plage. Ne prenez pas de raccourcis car une base navale occupe le cap à l'ouest.

A l'extrémité ouest de la plage n°2, on aperçoit l'ancienne résidence du gouverneur allemand. Cette villa en pierre est une réplique d'un palais allemand. Sa construction aurait coûté 2 450 000 taels d'argent. Quand Guillaume II reçut la note, il rappela immédiatement son dépensier gouverneur et le limogea.

Parc Xinhao
(xìnhàoshān gōngyuán)

Les parcs de Qingdao sont parmi les plus beaux de Chine. Le parc Xinhao abrite l'un des bâtiments les plus étonnants de l'archi-

tecture allemande, l'**hôtel Xinhao Hill** (xìnhàoshān yíng bīnguǎn). Ses trois tours rouges en forme de bulbes, connues sous le nom d'"immeubles champignons" (mógu lóu), s'élèvent au point le plus haut du parc.

La vue du haut de ces tours est impressionnante et l'on peut voir qu'il existe encore une quantité surprenante de vieilles maisons allemandes avec leurs tuiles rouges.

A l'est du parc, de l'autre côté de la rue, un bâtiment ressemblant à un temple, le **musée de Qingdao** (qīngdǎo bówùguǎn), présente une collection de peintures des époques Yuan, Ming et Qing.

Le **marché souterrain de Longshan** (lóngshān dìxià shāngyè jiē) est une galerie marchande étonnante, construite dans un tunnel sous le parc. On y pénètre au sud-ouest du parc Xinhao, dans Longshan Lu, près de l'église protestante.

	QINGDAO 青岛				
	OÙ SE LOGER	25	Hôtel Rongshao 荣韶宾馆	5	Brasserie 青岛啤酒厂
1	Friendship Hotel et Friendship Store 友谊酒店, 商店	27	Yellow Sea Hotel et China Eastern Airlines 黄海饭店, 东方航空公司	6	Librairie Xinhua 新华书店
2	Peace Hotel 和平宾馆	28	Huiquan Dynasty Hotel et CITS 汇泉王朝大酒店, 中国国际旅行社	9	Église catholique 天主教堂
4	Hôtel Jingshan 晶山宾馆			12	Poste principale 邮电局
10	Hôtel Qingdao 青岛饭店	29	Hôtel Badaguan 八大关宾馆	13	Bank of China 中国银行
16	Railway Hotel et gare ferroviaire 铁道大厦, 火车站	31	Hôtel Haitian 海天大酒店	14	BSP 公安局外事科
17	Overseas Chinese Hotel 华侨饭店		**OÙ SE RESTAURER**	15	Ferry local 青岛轮渡站
18	Pension Zhanqiao 栈桥宾馆	7	Restaurant Chunhelou 春和楼饭店	19	Pavillon Huilan 回澜阁
20	Hôtel Dongfang 东方饭店	8	Restaurant musulman 清真餐厅	21	Temple protestant 基督教堂
23	Xinhao Hill Hotel 信号山迎宾馆	11	KFC 肯德鸡	22	Marché souterrain de Longshan 龙山地下商业
24	Hôtel Haiqing 海青宾馆		**DIVERS**	26	Musée de Qingdao 青岛博物馆
		3	Terminal passagers des ferries 青岛港客运站	30	Temple Zhanshan 湛山寺

L'EST

Autres parcs

Le **parc Zhongshan** (*zhōngshān gōngyuán*), qui couvre 80 ha au nord du Huiquan Dynasty Hotel, abrite une maison de thé et un temple. Au printemps, il offre une profusion d'arbustes et de plantes en fleurs. Le zoo de la ville (*dòngwùyuán*) est également sis à l'intérieur du parc.

La partie nord-est du parc, montagneuse, porte le nom de **parc Taipingshan** (*tàipíngshān gōngyuán*), avec ses sentiers, ses pavillons et son magnifique temple Zhanshan (*zhànshān sì*). L'endroit se prête admirablement à la promenade.

A l'ouest du parc Zhongshan s'étend le **parc Qingdaoshan** (*qīngdǎoshān gōngyuán*), vallonné, que domine le fort Jingshan (*jīngshān pàotái*).

Églises

(*jiàotáng*)

A proximité de Zhongshan Lu, sur une colline escarpée, se dresse une église catholique (*tiānzhǔ jiàotáng*), dont on aperçoit les flèches de loin. Les services religieux ont lieu le dimanche matin. Autre site religieux important, le temple protestant (*jīdū jiàotáng*), un bâtiment à une seule flèche doté d'une tour d'horloge. Il se profile près de l'entrée sud-ouest du parc Xinhao et du marché souterrain de Longshan.

Brasserie

(*qīngdǎo píjiǔchǎng*)

La brasserie est implantée dans le secteur industriel de la ville, à l'est du port principal. La bière Tsingtao (ancienne appellation de Qingdao) est connue dans le monde entier.

La brasserie fut fondée au début du siècle par les Allemands, qui continuent à fournir des pièces pour sa "modernisation". Sa saveur mondialement appréciée provient des eaux minérales du Laoshan. Vous devrez vous joindre à une excursion organisée pour pouvoir la visiter.

Où se loger – petits budgets

Il est difficile de dénicher un hébergement à Qingdao pendant la saison estivale. Arrivez tôt le matin et attendez-vous à parcou-rir la ville dans tous les sens. La plupart des étrangers s'installent près du terminal des ferries.

Le *Railway Hotel* (☎ 286-9963) (*tiědào dàshà*), 2 Tai'an Lu, est contigu à la gare ferroviaire. Cet établissement de 24 étages compte 224 chambres, dont des dortoirs à 48 yuan le lit. Ces derniers sont toutefois difficiles à obtenir et vous serez sans doute obligé de jeter votre dévolu sur une double à 240 yuan.

Le *Friendship Hotel* (☎ 282-8165) (*yǒuyì bīnguǎn*) se dresse à côté du terminal des ferries, dans Xinjiang Lu. Il propose des doubles à 82 yuan (sans s.d.b.), et des chambres à six lits à 150 yuan (le personnel est peu disposé à louer le lit seul). Les doubles avec s.d.b. et clim. reviennent à 140 yuan. Pour vous y rendre depuis la gare ferroviaire, prenez le bus n°6 dans Zhongshan Lu jusqu'au terminus nord. Passez ensuite à pied sous le pont près du terminus, bifurquez à droite et, si vous trouvez l'arrêt, empruntez le bus n°21 vers le nord jusqu'à l'arrêt suivant. Sinon, parcourez le reste du chemin à pied. En taxi, il faut compter 7 yuan.

Le *Peace Hotel* (☎ 283-0154) (*hépíng bīnguǎn*) se cache en contrebas d'une ruelle, sur la gauche, à côté du terminal des ferries – presque derrière le Friendship Hotel. Il loue des doubles sans s.d.b. pour 110 yuan, avec s.d.b. de 270 à 300 yuan. C'est un endroit apprécié qui dispose d'un restaurant.

Enfin, non loin de la plage n°1, l'hôtel *Huiyuan* (☎ 288-4233) (*huìyuán dàjiǔdiàn*), 1 Qixia Lu, possède un nombre limité de chambres pour petits budgets dans une annexe à côté du jardin d'enfants. L'atmosphère rappelle celle d'une pension et l'on peut prendre des douches à 19h. Un lit en double coûte 40 yuan. Demandez le *hòupèilóu* à la réception de l'hôtel. De la gare, prenez le bus n°6 jusqu'à l'arrêt *xiǎoyúshān gōngyuán*. Un taxi revient à 7 yuan.

Où se loger – catégorie moyenne

La plupart des hébergements de cette catégorie sont surévalués, en particulier pendant la haute saison. Le reste de l'année, n'hésitez pas à demander une réduction.

En face du parc Lu Xun s'élève l'hôtel *Rongshao* (☎ 287-0710) (*róngshào bīnguǎn*). Les chambres sont quelconques mais le site est splendide. Le tarif des doubles s'échelonne entre 280 et 480 yuan. Non loin de là, l'hôtel *Haiqing* (*hǎiqīng bīnguǎn*) est bien situé dans un bâtiment de style chinois avec des doubles à 210 et 240 yuan.

L'hôtel *Qingdao* (☎ 289-1888) (*qīngdǎo fàndiàn*) est sis 53 Zhongshan Lu mais on entre par Qufu Lu, à l'angle. Les doubles, facturées entre 304 et 348 yuan, ne sont pas d'un bon rapport qualité/prix.

Où se loger – catégorie supérieure

Qingdao regorge d'hôtels de luxe, la plupart surévalués et conçus pour des touristes chinois persuadés que vacances rime avec dépenses.

Hôtel Badaguan (*bādàguān bīnguǎn*), 19 Shanhaiguan Lu (☎ 387-2168 ; fax 387-1383). A partir de 80 $US ; des villas sont également disponibles.

Hôtel Beihai (*běihǎi bīnguǎn*) (☎ 386-5832). Il est mal situé et trop cher (doubles standard à 80 $US).

Hôtel Dongfang (*dōngfāng fàndiàn*), 4 Daxue Lu (☎ 286-5888 ; fax 286-2741). Doubles à partir de 580 yuan.

Haitian Hotel (*hǎitiān dàjiǔdiàn*), 39 Zhanshan Dalu (☎ 386-6185). Doubles à partir de 90 $US.

Hôtel Huanghai (*huánghǎi fàndiàn*), 75 Yan'an 1-Lu (☎ 287-0215 ; fax 287-9795). Doubles à partir de 80 $US, réductions intéressantes hors saison.

Huiquan Dynasty Hotel (*huìquán wángcháo dàjiǔdiàn*), 9 Nanhai Lu (☎ 287-3366 ; fax 287-1122). Simples à 80 $US, doubles à partir de 115 $US.

Overseas Chinese Hotel (*huáqiáo fàndiàn*) (☎ 287-9738), 72 Hunan Lu. L'hôtel est bien situé, avec des doubles à partir de 550 yuan.

Xinhao Hill Hotel (*xìnhàoshān yíng bīnguǎn*), 26 Longshan Lu, dans le parc Xinhaoshan (☎ 286-6209 ; fax 286-1985). Résidence allemande rénovée, avec des doubles à partir de 80 $US.

Pension Zhanqiao (*zhànqiáo bīnguǎn*), 31 Taiping Lu (☎ 287-0936). Doubles à partir de 60 $US.

Où se restaurer

Ville touristique, Qingdao fourmille de restaurants. Les en-cas vendus dans la rue sont souvent délicieux, en particulier les brochettes. La spécialité locale est le calmar en brochette (*diànkǎo yóuyú*).

Le bord de mer est jalonné de restaurants de la plage n°6 à la plage n°1. C'est aux alentours de la plage n°1 que les prix sont les plus bas. Essayez le *HL Restaurant* pour ses boulettes. Le menu est en chinois.

Zhongshan Lu est également bordée de restaurants. En amont, sur la gauche, lorsque l'on vient du KFC (il en existe aussi à Qingdao) se trouve un restaurant musulman, le *Qīngzhēn Fàndiàn*. L'enseigne est en arabe mais le menu en chinois. Commandez un *yángròu pàomó* (des morceaux de pain rappelant le chapatti sont mélangés à un bouillon au mouton), délicieux et bon marché.

Un peu plus loin que le restaurant musulman vous attend une boutique de nouilles de style taiwanaise (*táiwān niúròu dàwáng*). Son nom signifie le *Roi des Nouilles au Bœuf de Taiwan*. Ces nouilles au bœuf sont loin de ressembler à leur modèle taiwanais, mais elles ne sont pas mauvaises.

Le *Chunhelou* (☎ 282-7371) (*chūnhélóu*), 146 Zhongshan Lu, est un établissement bien connu, plutôt cher.

Comment s'y rendre

Avion. Des vols charters internationaux assurent cinq liaisons régulières par semaine entre Qingdao et Hong Kong (2 600 yuan). Des vols directs entre Séoul et Qingdao devraient être assurés au moment de la parution de cet ouvrage.

Des vols intérieurs relient Qingdao à Canton, Changsha, Chengdu, Haikou, Harbin, Kunming, Ningbo, Pékin, Shanghai, Shenzhen, Wuhan et Xiamen, entre autres destinations.

Le bureau de la CAAC (☎ 288-6047) est installé 29 Zhongshan Lu. L'agence de réservation de la China Eastern Airlines (☎ 287-0215) jouxte le Yellow Sea Hotel, 75 Yan'an 1-Lu. Le Huiquan Dynasty Hotel dispose également d'une billetterie.

Bus. Le départ des bus et des minibus s'effectue à côté du monumental Hualian

Building, juste en face de la gare ferroviaire. Les bus pour Yantai (25 yuan) mettent 3 heures 30. Sont également assurés des services très matinaux pour Ji'nan (50 yuan, 4 heures 30), solution plus rapide et plus économique que le train. Il existe en outre des bus avec couchettes à destination de Pékin.

Train. Tous les trains pour Qingdao passent par la capitale de la province, Ji'nan, à l'exception des trains directs Qingdao-Yantai. Il existe deux trains directs par jour pour Pékin (17 heures). Avec une bonne dose de patience, on peut se procurer des couchettes à la gare. Sachez que pour se rendre à Yantai ou à Ji'nan, le bus est plus rapide et meilleur marché.

Des trains directs se rendent à Shenyang (environ 26 heures), en traversant Ji'nan et Tianjin et en évitant Pékin. Des trains directs desservent Xi'an (environ 31 heures) et continuent vers Lanzhou et Xining.

Des trains pour Dalian et Shanghai couvrent la distance en 24 heures environ, soit à peu près la même durée que le ferry. Il y a un seul train par jour pour Shanghai. Le train est beaucoup plus cher que le ferry dans la mesure où il existe un tarif spécial pour étrangers, ce qui n'est pas le cas par le bateau.

Le train n°506 pour Yantai part de Qingdao à 10h10, avec arrivée à Yantai à 16h26 (plus de 6 heures !). Il va plus vite dans l'autre sens : le train n°508 quitte Yantai à 16h46 et arrive à Qingdao à 20h52. Mieux vaut faire le trajet en bus, plus rapide et plus pratique.

Bateau. Des bateaux réguliers assurent la liaison entre Qingdao et Dalian, Shanghai et Inch'ŏn en Corée du Sud. Les réservations se font au terminal des ferries, au nord de la ville. Pour les ferries à destination d'Inch'ŏn, on peut également s'adresser au Huiquan Dynasty Hotel.

Le ferry est le meilleur moyen de se rendre à Dalian (sur la péninsule du Liaoning), de l'autre côté du golfe du Bohai (le trajet en train est horriblement long).

Le bateau met 19 heures et part tous les trois jours (à partir de 42 yuan). Des ferries assurent également la liaison de Yantai à Dalian (voir la section *Yantai* pour plus de détails).

Les ferries de Qingdao à Shanghai partent tous les quatre jours et mettent environ 26 heures. Les tarifs s'échelonnent de 53 yuan en 5e classe à 287 yuan en classe spéciale. Le bateau est propre et confortable, le personnel serviable et amical.

Comment circuler

Desserte de l'aéroport. L'aéroport de Qingdao est situé à 30 km de la ville. Les taxis demandent quelque 100 yuan pour la course. Des bus (peu fréquents) partent de la billetterie de la China Eastern Airlines. Renseignez-vous sur les horaires.

Bus. La ligne de bus n°6 répond à la plupart des besoins. Elle part de l'extrémité nord de Zhongshan Lu qu'elle parcourt jusqu'à quelques pâtés de maisons de la principale gare ferroviaire, puis bifurque vers l'est et dessert le quartier de la plage n°3. L'arrêt le plus proche de la gare ferroviaire semble être celui situé dans Zhongshan Lu, au nord de la rue qui mène à l'église catholique.

Taxi. Les taxis de Qingdao sont parmi les moins onéreux de Chine. Une course en ville, quelle que soit la destination, vous coûtera 7 yuan.

ENVIRONS DE QINGDAO

Le **Laoshan** (*láoshān*), mont célèbre pour son eau minérale, est au centre d'une région montagneuse de quelque 400 km², à 40 km de Qingdao. C'est l'endroit idéal pour l'escalade ou la randonnée – le mont culmine à 1 133 m. Les sites historiques et les points de vue sont nombreux dans la région. Le palais Taiqing de la dynastie des Song (un monastère taoïste) est le site le plus connu. Des sentiers en partent pour le sommet du Laoshan. Au nord du palais Taiqing se trouve Jiushui, renommé pour ses nombreux cours d'eau et cascades.

Un bus matinal part de la gare ferroviaire de Qingdao à destination du palais Taiqing. D'autres voyagistes de la ville proposent des circuits plus étendus, avec une nuit à Laoshan, mais il semble qu'il soit difficile d'y participer sans parler le chinois.

YANTAI
(*yāntái*)

Yantai, ou "zhifu" (autrefois "Chefoo") est un port très actif, libre de glace, sur la côte nord de la péninsule de Shandong. C'est une ville quelconque. Vous ne vous y rendrez que pour prendre le bateau pour Pusan, en Corée du Sud.

Histoire

Comme Qingdao, cette ville fut d'abord un port de pêche et un poste de défense avancé. Bien qu'ouvert au commerce extérieur en 1862, il ne posséda pas de concessions étrangères. Plusieurs pays, dont le Japon et les États-Unis, établirent des comptoirs commerciaux et Yantai fut, pendant un certain temps, une station balnéaire.

Depuis 1949, le port et la base navale de Yantai se sont développés. Outre l'industrie de la pêche et le commerce, la ville est aussi grande productrice de vins, d'alcool et de fruits. Yantai signifie "terrasse de fumée" : des feux de crottes de loup étaient allumés pour prévenir les pêcheurs de l'approche des pirates.

Renseignements

Le bureau du CITS (☎ 624-5625) est installé dans un immeuble dégradé à côté de l'Overseas Chinese Guesthouse. Il ne vous sera pas d'un grand secours.

A voir

Il n'y a pas grand-chose à voir ou à faire. Les groupes visitent des usines de poissons surgelés, des distilleries ou les vergers proches de la ville. Les plages de Yantai ne comptent pas parmi les meilleures, parce que trop exposées. La plage principale est entourée d'un complexe industriel et d'une base navale au sud-ouest. La **plage n°2**, près de l'hôtel Zhifu, est plus petite et plus agréable, mais difficile d'accès.

Le bus n°3 permet de faire le tour de la ville. Il part de la place proche du terminal des ferries et de la gare, traverse Yantai, en passant par les parties anciennes de la ville (qui laissent peu à peu la place aux HLM et aux usines) et les nouveaux quartiers. Il lui faut une demi-heure pour arriver au **parc Yantaishan** (colline de Yantai), son terminus. Un hôtel de luxe est situé au bout du promontoire, mais en dépit de la pancarte "Welcome You", il n'accepte pas les étrangers.

En contournant le cap, vous arriverez à la jetée de la **plage n°1**, où se dressent des maisons de style nettement européen, d'anciennes maisons de commerce ou villas balnéaires. De là, on peut prendre le bus n°1, qui retourne en ville.

Le petit **parc Yuhuangding** renferme une jolie pagode (que l'on voit parfois sur les dépliants touristiques).

Le **musée** (*bówùguǎn*) présente un intérêt limité.

Où se loger

La plupart des hôtels réservés officiellement aux étrangers sont mal situés et surévalués.

L'hôtel *Tiedao* (☎ 625-6588) (*tiědào dàshà*), bâtiment impressionnant planté à droite en sortant de la gare ferroviaire, présente le meilleur rapport qualité/prix. Il n'arbore pas d'enseigne en anglais, mais vous ne pouvez pas le rater. Il propose un vaste choix de chambres, des lits en dortoir entre 30 et 40 yuan (la solution idéale si vous voyagez à plusieurs) à la double sommaire à 50 yuan le lit, en passant par les doubles standard (s.d.b., clim., etc.) de 200 à 220 yuan.

Le *Golden Shell Hotel* (☎ 621-6495) (*jīnbèi dàjiǔdiàn*), 172 Beima Lu, est à 10 mn à pied de la gare ferroviaire. Il comporte deux édifices aux prix différents. Le premier (en venant de la gare) loue des doubles à partir de 192 yuan, le second des doubles à partir de 248 yuan.

Si vous recherchez un établissement de luxe, l'*Asia Grand Hotel* (☎ 624-7888 ;

L'EST

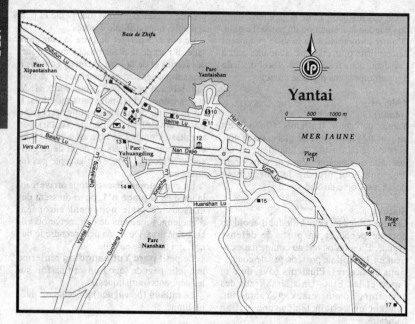

Baie de Zhifu

Parc Xipaotaishan

Zhifutun Lu

Parc Yantaishan

Yantai

0   500   1000 m

Beima Lu

Hai'an Lu

MER JAUNE

Baishi Lu

Vers Ji'nan

Parc Yuhuangding

Nan Dajie

Erma Lu

Plage n°1

Dahaiyang Lu

Guolong Lu

Yantai Lu

Xinanhe

Huanshan Lu

Yantwei Lu

Plage n°2

Parc Nanshan

YANTAI 烟台	16	Hôtel Yantai 烟台大酒店	6	International Seamen's Club 国际海员俱乐部
OÙ SE LOGER	17	Hôtel Zhifu 芝罘宾馆	7	Friendship Store 友谊商店
1 Hôtel Tiedao 铁道大厦		**DIVERS**	8	Vente des billets et départ des ferries 烟台港客运站
9 Golden Shell Hotel 金贝大酒店	2	Gare ferroviaire 火车站	10	Bank of China 中国银行
13 Asia Grand Hotel 亚细亚大酒店	3	Gare routière (bus longue distance) 长途汽车站	11	Librairie en langues étrangères 外文书店
14 Hôtel Yuhuangding 毓璜顶宾馆	4	Poste principale 电信大楼	12	Musée 博物馆
15 Overseas Chinese Guesthouse et CTS 华侨宾馆, 中国旅行社	5	CAAC 中国民航		

---

fax 624-2625) (*yàxìyà dàjiǔdiàn*) est probablement la meilleure option. Les prix démarrent à 488 yuan.

On peut également mentionner (à partir de 300 yuan) :

Overseas Chinese Guesthouse (*huáqiáo bīnguǎn*) (☎ 622-4431)

Hôtel Yantai (*yāntái dàjiǔdiàn*), (☎ 624-8468)

Hôtel Yuhuangding (*yùhuángdǐng bīnguǎn*) (☎ 624-4401)

Hôtel Zhifu (*zhīfu bīnguǎn*) (☎ 624-8421)

L'EST

Où se restaurer

Les abords de la gare ferroviaire offrent un bon choix de restaurants. Le fast-food qui jouxte l'hôtel Tiedao est correct (menu en chinois). Le Golden Shell Hotel possède un bon restaurant. Pour le reste, tout est assez quelconque.

Comment s'y rendre

Avion. Il existe des vols directs pour Chengdu, Chongqing, Canton, Haikou, Harbin, Ji'nan, Nankin, Pékin, Shanghai, Shantou, Shenzhen, Wuhan, Xiamen et Xi'an. Les réservations peuvent s'effectuer à côté de l'hôtel Tiedao ou au bureau de la CAAC (☎ 622-5908).

Bus. Des bus et minibus desservent fréquemment Qingdao. Le trajet revient à 25 yuan, plus 5 yuan fréquemment exigés par le chauffeur pour les "gros bagages" dont font partie, semble-t-il, les sacs à dos. Les minibus coûtent 30 yuan. A Qingdao comme à Yantai, les bus se rassemblent devant les gares ferroviaires et partent lorsqu'ils sont pleins. Le trajet dure 3 heures 30. Les taxis demandent 60 yuan par personne (4 personnes par véhicule, 2 heures 30).

Train. Il existe un train quotidien pour Qingdao. Il est plus lent que le bus et ne va pas jusqu'à Ji'nan. En revanche, 4 trains relient tous les jours Yantai et Ji'nan, dans les deux sens (environ 8 heures). Ils ne s'arrêtent pas à Qingdao et continuent vers Tianjin, Pékin et Shanghai. Des trains express desservent Pékin (environ 17 heures 30) et un train direct, plus lent, rejoint Shanghai.

Bateau. On peut réserver ses billets pour Dalian, Tianjin et Pusan (Corée du Sud) au bureau des ferries, à côté de la gare ferroviaire. Des ferries partent tous les jours pour Dalian, tous les deux jours pour Tianjin, une fois par semaine pour Pusan (le mercredi). Le prix du billet pour Pusan démarre à 120 \$US. On peut aussi réserver les billets pour Pusan à la billetterie à côté du Peace Hotel, à Qingdao.

Comment circuler

L'aéroport de Yantai est à 15 km au sud de la ville. Le trajet en taxi revient à environ 70 yuan depuis le secteur de la gare ferroviaire. La navette de l'aéroport coûte 10 yuan. Le réseau urbain des bus vous sera pratiquement inutile et les taxis font rarement usage de leur compteur. Essayez de ne pas trop vous éloigner de la gare ferroviaire et du terminal des ferries.

PENGLAI

(pénglái)

A environ 65 km au nord-ouest de Yantai par la route se dresse la forteresse de Penglai, "résidence des dieux" souvent citée dans la mythologie chinoise. Ce château *(pénglái gé)*, vieux d'un millénaire, est perché sur une falaise surplombant la mer. Comme la majorité des monuments chinois, il fut laissé à l'abandon, mais a été entièrement restauré récemment. On peut dire que cette forteresse est la plus belle de Chine et qu'elle mérite une visite.

En dehors du château, Penglai est célèbre pour une illusion d'optique qui, selon les habitants, se produit toutes les quelques décennies. Le dernier mirage, vu du château, s'est produit en juillet 1981 : deux îles sont apparues, avec routes, arbres, immeubles, gens et voitures. Le phénomène a duré environ trois quarts d'heure.

Il y a quelques plages de cailloux dans les environs, mais Penglai n'est vraiment pas réputé pour la baignade.

Le meilleur endroit où se loger est la pension *Penglaige* (☎ 643-192) *(péngláigé bīnguǎn)*, dans Zhonglou Beilu. Il existe quelques restaurants modestes qui s'adressent surtout aux touristes chinois. Les fruits de mer sont la spécialité locale. Penglai est à 2 heures de bus de Yantai. Des minibus (peu fréquents) pour Penglai partent de l'arrêt situé devant la gare de Yantai.

WEIHAI

(wēihǎi)

L'obscure ville portuaire de Weihai se profile à quelque 60 km de Yantai par la route. Les Britanniques y possédaient une concession au début du siècle mais il ne reste pas grand chose de cet héritage colonial.

Weihai n'offre que peu d'intérêt et tout y est horriblement cher. Le port voit pourtant transiter quantité de touristes du fait de l'ouverture d'une liaison de ferries avec Inch'ŏn, en Corée du Sud.

Peu de touristes séjournent à Weihai. Si vous devez quitter la ville par bateau, vous risquez de devoir passer la nuit sur place en attendant le ferry du lendemain. En revanche, si vous arrivez à Beihai par le ferry en provenance de Corée du Sud, vous n'aurez aucun problème pour prendre un bus et quitter la ville (il arrive à 9h). Le prix des hôtels réservés aux étrangers est prohibitif (500 yuan, voire plus). Reportez-vous au chapitre *Comment s'y rendre* pour les détails relatifs aux ferries.

Si vous arrivez à Weihai sans votre billet de ferry en poche, précipitez-vous au CITS (☎ 522-6210), 44 Dongcheng Lu. Des minibus directs relient le terminal des ferries à Yantai et Qingdao.

Jiangsu 江苏

Doté des terres les plus riches de Chine, le Jiangsu (*jiāngsū*) est le symbole de l'abondance agricole, d'où son nom traditionnel de "pays du poisson et du riz". Ces deux pictogrammes sont d'ailleurs contenus dans les caractères qui, à l'origine, désignaient la province. La partie méridionale du Jiangsu s'étend dans le bassin du Yangzi, offrant un paysage où les verts, les jaunes et les bleus contrastent harmonieusement avec le blanc des fermes. Dans cette campagne sont disséminées des villes et des bourgades en nombre important, dont les niveaux de production industrielle comptent parmi les plus élevés de Chine.

Déjà, au XVIe siècle, les cités qui bordaient le Grand Canal avaient jeté les bases de la production de soie et du stockage des céréales. Aujourd'hui encore, elles restent à l'avant-garde du pays. Tandis que l'industrie lourde est concentrée à Nankin et à Wuxi, les autres villes sont davantage axées sur l'industrie légère, les machines et le textile. Elles comptent d'importants fabricants de composants électriques et d'ordinateurs et n'ont pas eu à subir le contrecoup de la crise des mines de charbon et des aciéries. Aujourd'hui, le sud du Jiangsu est dans l'orbite économique de la proche Shanghai.

La région qui s'étend de Nankin à Hangzhou, dans le Zhejiang, est extrêmement touristique, contrastant avec celle qui borde le nord du Yangzi.

Dans cette province, l'été est chaud et humide tandis que l'hiver est froid et plutôt pluvieux. Les couleurs naturelles sont spectaculaires au printemps. L'automne est généralement sec.

Population : 65 millions d'habitants

Capitale : Nankin

A ne pas manquer :

- La colline du Zijinshan à Nankin, riche en sites historiques
- La ville de Suzhou, qu'égaient un réseau de canaux et des jardins classiques
- Le lac Taihu, piqueté de 90 îles

NANKIN
(*nánjīng*)

Nankin (dont la population avoisine les 4,5 millions d'habitants) est l'une des cités les plus attrayantes de Chine. Ville au formidable héritage historique, elle servit par deux fois, mais brièvement, de capitale – la première, au début de la dynastie Ming (1368-1644), la seconde, lorsqu'elle devint la capitale de la République au tournant du XXe siècle. La plupart des sites importants de Nankin sont autant de témoignages de la gloire de la cité sous les Ming.

Les constructions massives qui transforment le visage de la Chine moderne semblent moins toucher Nankin que les autres métropoles de l'Est. Elle a conservé ses larges boulevards bordés d'arbres, qui permettent de mieux supporter les terribles chaleurs estivales qui ont valu à la ville le surnom de l'un des "trois fourneaux" de la Chine.

Histoire

La région de Nankin est habitée depuis cinq millénaires, comme le prouve la découverte

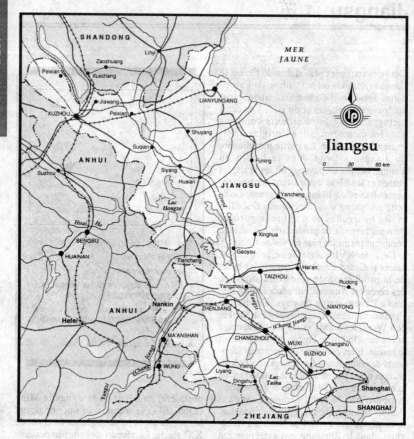

Jiangsu

0   30   60 km

de sites préhistoriques sur l'emplacement de la ville et aux alentours. L'histoire attestée de la cité remonte toutefois à la période des Royaumes combattants (453-221 av. J.-C.), lorsqu'elle devint l'enjeu stratégique de divers conflits. La victorieuse dynastie Qin (221-207 av. J.-C.) mit un terme à ces affrontements, favorisant une période de stabilité pour la ville.

Le VIe siècle fut en revanche peu propice à Nankin, qui dut affronter inondations, incendies, rébellions paysannes et conquêtes militaires. Avec l'avènement de la dynastie Sui (589-618) et l'établissement de Xi'an

comme capitale de l'empire, Nankin fut rasée et son héritage historique réduit en ruines. Malgré une période de prospérité sous la longue dynastie Tang, elle sombra ensuite progressivement dans l'oubli.

Ce n'est qu'au XIVe siècle, en 1356, qu'elle dut faire face à une révolte paysanne, couronnée de succès, menée par Zhu Yuanzhang contre la dynastie mongole Yuan (1271-1368). Les paysans s'emparèrent de Nankin et, douze ans plus tard, prirent Pékin, capitale des Yuan. Zhu Yuanzhang prit le nom de Hong Wu, s'institua premier empereur de la dynastie Ming et fit de Nankin sa capitale. Il fit construire un gigantesque palais et ériger d'énormes remparts tout autour de la ville.

La gloire de Nankin fut de courte durée. En 1420, le deuxième empereur Ming, Yongle, fit transférer la capitale à Pékin. En tant que centre régional, la ville connut alors des fortunes diverses, mais dut attendre le XIXe et le XXe siècle pour jouer à nouveau un rôle actif dans l'histoire de la Chine.

Au XIXe siècle, les guerres de l'Opium attirèrent les Britanniques à Nankin. Il en résulta la signature du premier des "traités inégaux", qui ouvrait plusieurs ports chinois au commerce étranger, contraignait la Chine à payer une gigantesque indemnité de guerre et cédait officiellement l'île de Hong Kong aux Britanniques. Quelques années plus tard, Nankin devint la capitale des Taiping qui, lors de leur rébellion (1851-1864), réussirent à s'emparer de la plus grande partie de la Chine méridionale. En 1864, l'armée Qing, appuyée par les Britanniques, diverses puissances occidentales et des mercenaires américains, encercla la ville. Le siège dura sept mois, au terme desquels Nankin fut prise et les Taiping qui l'avaient défendue massacrés.

Au XXe siècle, la ville fut successivement la capitale de la République, le site du massacre perpétré par les Japonais lors de la guerre qui les opposait aux Chinois – on avance le chiffre de 300 000 morts – et la capitale du Guomindang de 1945 à 1949, jusqu'à ce que les communistes "libèrent" la ville et rendent à la Chine son indépendance.

Orientation

Nankin s'étend sur la rive sud du Yangzi ; elle est bordée à l'ouest par le Zijinshan (mont Pourpre). Le centre de la ville est un carrefour appelé Xinjiekou, où sont rassemblés plusieurs hôtels, dont l'hôtel Jinling, et la plupart des organismes touristiques. La gare ferroviaire et la gare routière longue distance sont situées à l'extrémité nord de la ville. Les sites historiques, notamment le mausolée de Sun Yat-sen, le temple Linggu

et le tombeau du premier empereur Ming, Hong Wu, sont disséminés autour du Zijinshan, à la lisière est de la ville.

La cité a connu de longues périodes de prospérité, comme le prouvent les nombreux édifices, tombeaux, stèles, pagodes, temples et niches dispersés un peu partout. Malheureusement, nombre de ces constructions ont été détruites ou laissées à l'abandon.

Renseignements

CITS. L'agence (☎ 334-6444) est située 202/1 Zhongshan Beilu. Elle s'occupe essentiellement des réservations d'avion et des voyages organisés.

Argent. La Bank of China est installée 3 Zhongshan Donglu, à l'est du carrefour Xinjiekou. On peut aussi changer de l'argent à l'hôtel Jinling et au Central Hotel.

Poste et télécommunications. La poste principale se trouve 19 Zhongshan Lu, au nord de Xinjiekou. Les hôtels touristiques haut de gamme disposent également de services postaux. Un grand bureau de téléphone et de télégramme vous attend au nord du carrefour de la tour du Tambour.

Cartes. Plusieurs versions différentes de cartes des transports urbains sont disponibles dans les kiosques à journaux et auprès des vendeurs ambulants.

Premiers vestiges

Le site de Nankin est occupé depuis l'époque préhistorique, comme en témoignent les vestiges mis au jour à l'emplacement de l'actuelle tour du Tambour, au centre de la ville, et à d'autres endroits alentour. Quelque deux cents sites occupés par de petites communautés claniques, représentés pour l'essentiel par des poteries et des objets en bronze remontant aux dynasties Shang et Zhou, ont été découverts sur les deux rives du Yangzi.

En 212, vers la fin de la période des Han orientaux, le gouverneur militaire chargé de la région de Nankin fit édifier une citadelle sur le Qinglingshan, à l'ouest de la

L'EST

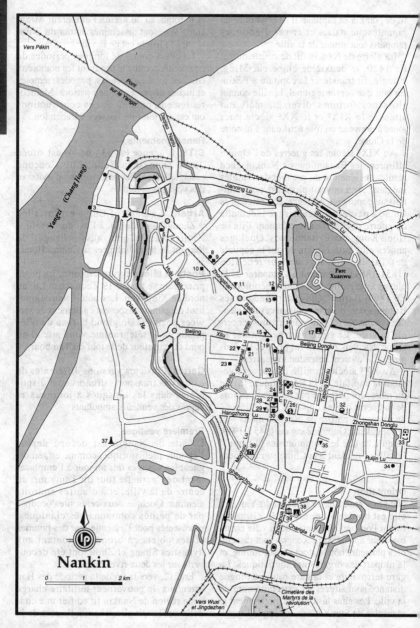

Vers Pékin

Pont sur le Yangzi

Yangzi (Chang Jiang)

Daqiao Nanlu

Jianning Lu

Shanshan Lu

Zhongyangmen Lu

Hulu Beilu

Qinhuai He

Zhongshan

Parc Xuanwu

Zhongyang Lu

Beilu Xilu

Zhongshan

Beijing Xilu

Xilu

Yazhen Lu

Beijing Donglu

Shanghai Lu

Taiping Nanlu

Guangzhou Lu

Zhongshan

Hangzhong Lu

Mochou Lu

Zhongshan Donglu

Ruijin Lu

Shengzhou Lu

Jiankang Lu

Zhonghua Nanlu

Changle Lu

Nankin

0   1   2 km

Vers Wuxi et Jingdezhen

Cimetière des Martyrs de la révolution

L'EST

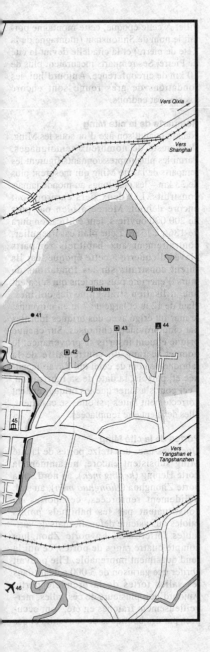

NANKIN 南京

OÙ SE LOGER

5   Hôtel Shuangmenlou
    双门楼宾馆
9   Hôtel Hongqiao
    虹桥饭店
10 Hôtel Nanjing
    南京饭店
12 Hôtel Xuanwu
    玄武饭店
14 Hôtel Yishi
    仪事园
21 Université de Nankin,
    dortoirs des étudiants étrangers
    南京大学的外国留学生宿舍
23 École normale de Nankin
    et hôtel Nanshan
    南京师范大学的南山宾馆
24 Central Hotel
    中心大酒店
27 Hôtel Fuchang
    福昌饭店
30 Hôtel Jinling
    金陵饭店

OÙ SE RESTAURER

11 KFC
    肯德鸡
15 Restaurant Maxiangxing
    马祥兴菜馆
20 Sprite Outlet
    梧州酒家
22 Black Cat Cafe
    黑猫餐馆
29 Black Cat Cafe II
    新黑猫餐馆
35 Restaurant Sichuan
    四川酒家

DIVERS

1   Quai n°4
    四号码头
2   Gare ferroviaire Ouest
    南京西站
3   Quai Zhongshan
    中山码头
4   Monument de la traversée du Yangzi
    渡江纪念碑
6   Gare routière (bus longue distance)
    长途汽车站

7	Gare ferroviaire 南京火车站
8	CITS 中国国际旅行社
13	Librairie en langues étrangères 外文书店
16	Tour de la Cloche 大钟亭
17	Temple Jiming 鸡鸣寺
18	China Eastern Airlines (réservations) 东方航空售票处
19	Tour du Tambour 鼓楼
25	Grand magasin Zhongshan et discothèque 中山百货，迪斯可
26	Bank of China 中国银行
28	Bureau de poste principal 邮电局
31	Carrefour de Xinjiekou 新街口
32	Gare routière de Hanfu Jie 汉府街汽车站
33	Ruines du palais Ming 明故宫
34	CAAC 中国民航
36	Palais Chaotian 朝天宫
37	Mémorial du massacre de Nankin 大屠杀纪念馆
38	Fuzimiao 夫子庙
39	Musée des Taiping 太平天国历史博物馆
40	Porte Zhonghua 中华门
41	Observatoire de Zijinshan 紫金山天文台
42	Tombe de Hong Wu 明孝陵
43	Mausolée de Sun Yat-sen 中山陵
44	Pagode Linggu 灵谷塔
45	Musée de Nankin 南京博物馆
46	Aéroport de Nankin 南京机场

ville. A cette époque, cette montagne portait le nom de Shitoushan (montagne de la Tête de pierre) et la citadelle devint la cité de Pierre. Ses remparts mesuraient plus de 10 km de circonférence. Aujourd'hui, les fondations de grès rouge sont encore visibles par endroits.

Remparts de la cité Ming

Nankin connut son âge d'or sous les Ming. Il en reste de nombreux témoignages. Parmi les plus impressionnants figurent les remparts de la cité Ming qui mesurent plus de 33 km – les plus longs au monde jamais construits. Les deux tiers environ sont encore debout. Menée à bien par plus de 200 000 ouvriers, leur édification dura de 1366 à 1386. Leur plan est irrégulier, contrairement aux habituels remparts élevés d'équerre à cette époque, car ils furent construits sur les fondations de murs d'enceinte plus anciens qui faisaient une utilisation stratégique des collines. Haut de 12 m et large de 7 m en moyenne, le mur fut érigé avec des briques fournies par cinq provinces chinoises. Sur chaque brique étaient inscrits sa provenance, le nom et le rang du contremaître de la fabrique, le nom de celui qui l'avait façonnée et, parfois, la date de sa fabrication. Ceci pour s'assurer que les briques étaient correctement faites ; si elles se cassaient, elles devaient être remplacées.

Portes de la cité Ming

Quelques-unes des treize portes de la cité Ming subsistent encore, notamment la porte Heping (*hépíng mén*), au nord, et la porte Zhonghua (*zhōnghuá mén*), au sud. Solidement renforcées, ces portes ne constituaient pas les habituels points faibles du système défensif, mais de véritables forteresses. La porte Zhonghua compte quatre rangs de portes, ce qui la rend quasiment imprenable. Elle pouvait abriter une garnison de 3 000 soldats dans les salles fortes de la première porte. Aujourd'hui, plusieurs de ces salles, merveilleusement fraîches en été, sont occupées par des boutiques de souvenirs et des cafés. On peut visiter la porte Zhonghua, mais la porte Heping sert de caserne.

Ruines du palais Ming
(*mínggùgōng*)

Édifié par Hong Wu, le palais Ming avait, dit-on, une architecture magnifique qui aurait inspiré le palais impérial de Pékin. Il n'en reste pratiquement rien, si ce n'est cinq ponts de marbre gisant les uns à côté des autres, l'ancienne porte en ruine appelée Wumen et les énormes bases des colonnes du palais.

Le palais fut ravagé par deux incendies au cours de son premier siècle d'existence et fut laissé à l'abandon lorsque la cour Ming alla s'installer à Pékin. Les Mandchous le pillèrent et les bombardements de Nankin par les troupes Qing et occidentales, lors de la rébellion Taiping, achevèrent sa destruction.

Tour du Tambour
(*gǔlóu*)

Érigée en 1382, la tour du Tambour se dresse à peu près au cœur de la ville, au milieu de carrefour dans Beijing Xilu. On battait généralement du tambour pour ordonner la relève des veilleurs de nuit et, si nécessaire, pour avertir la population de la menace d'un danger. La tour ne contient plus aujourd'hui qu'un gros tambour. Le rez-de-chaussée sert pour des expositions de peinture et de calligraphie.

Tour de la Cloche
(*zhōnglóu*)

Située au nord-est de la tour du Tambour, la tour de la Cloche abrite une énorme cloche fondue en 1388, et qui se trouvait à l'origine dans un pavillon sur le flanc gauche de la tour du Tambour. L'édifice actuel date de 1889 : c'est un petit pavillon à deux étages avec un toit pointu et des avant-toits incurvés.

Palais Chaotian
(*cháotiān gōng*)

Le palais Chaotian fondé sous les Ming était à l'origine une école où l'on enseignait aux enfants de nobles les usages de la cour. La plupart des bâtiments actuels, y compris la pièce centrale du palais, un temple confucéen, datent de 1866, époque où l'ensemble fut reconstruit.

À l'extérieur, sur le petit chemin qui va du canal au mur sud du palais, se tient un marché à la brocante. Le week-end, on voit des rangées d'hommes assis à des tables en train de jouer au *xiàngqí* (échecs chinois). Au bout d'une minuscule ruelle, juste derrière le palais, se trouve le théâtre de Kunju de la province du Jiangsu (*jiāngsū shěng kūnjùyuàn*), qui présente d'excellents spectacles de temps à autre. Le *kunju* est une forme régionale de l'opéra classique chinois qui s'est développée dans le triangle Suzhou-Hangzhou-Nankin. Il ressemble à l'opéra de Pékin, mais en plus lent, et se joue avec des costumes très colorés et raffinés. L'entrée du palais se trouve dans Mochou Lu, sur la ligne de bus n°4, à deux arrêts à l'ouest de Xinjiekou.

Musée des Taiping
(*tàipíng tiānguó lìshǐ bówùguǎn*)

Hong Xiuquan, le chef des Taiping, s'était fait construire un palais à Nankin, qui fut complètement détruit lors de la prise de la ville en 1864. Le seul vestige consiste en un bateau de pierre sur un lac ornemental dans le jardin de l'Ouest, à l'intérieur des anciens bâtiments du gouvernement du Guomindang, dans Changjiang Lu.

Le musée possède une intéressante collection de documents, livres et objets relatifs à la rébellion. La plupart des écrits sont des copies, les originaux étant conservés à Pékin. Des cartes montrent la progression de l'armée Taiping depuis le Guangdong.

Le musée est ouvert tous les jours de 8h30 à 17h50.

Fuzimiao
(*fūzǐ miào*)

Fuzimiao est situé au sud de la ville, sur le site d'un ancien temple de Confucius. Fuzimiao, centre d'études confucéennes pendant plus de 1 500 ans, fut endommagé puis reconstruit à plusieurs reprises ; les bâtiments que l'on peut voir aujourd'hui datent de la fin de la dynastie Qing et ont été récemment restaurés, ou sont des édifices récents construits dans le style traditionnel. Le grand temple de Confucius se dresse à l'arrière, sur la petite place en face du canal. A 5 minutes à pied en direction du nord-ouest se profile le pavillon des Examens impériaux, où les lettrés passaient des mois, voire des années, dans de minuscules cellules à étudier les classiques confucéens pour se préparer aux examens des fonctionnaires.

Aujourd'hui, Fuzimiao est devenu l'un des quartiers animés de Nankin, notamment le week-end et les jours fériés. On trouve des restaurants, des magasins de soie, des boutiques de souvenirs, des galeries d'art, des attractions vieillottes dans des salles surannées et un libraire possédant d'anciens manuscrits chinois.

Pour vous rendre à Fuzimiao, prenez le bus n°16 depuis la gare ferroviaire Ouest, le trolley-bus n°31 depuis les quais et le bus n°2 depuis Xinjiekou.

Musée à la mémoire du massacre de Nankin

(*dàtúshā jìniànguǎn*)
Les documents exposés dans ce musée témoignent des atrocités commises par les soldats japonais sur la population civile durant l'occupation de Nankin en 1937.

La salle Mémorial est ouverte tous les jours de 8h30 à 17h. Elle se trouve dans les faubourgs sud-ouest de la ville, sur la ligne de bus n°7.

Parc Xuanwu

(*xuánwǔ gōngyuán*)
Ce parc est presque entièrement couvert par les eaux du lac Xuanwu, mais on peut marcher le long de digues ou prendre un bateau jusqu'à ses îles centrales boisées où sont installés des maisons de thé, un zoo et un parc de jeux pour enfants. Un long chemin fait le tour des rives du lac Xuanwu, longeant les anciens remparts sur une bonne partie de sa longueur. La porte principale du parc se trouve dans Zhongyang Lu.

Pont sur le Yangzi (Chang Jiang)

(*nánjīng chángjiāng dàqiáo*)
L'une des grandes réalisations des communistes, dont ils sont fiers à juste titre, est le pont de Nankin sur le Chang Jiang, l'un des plus longs de Chine. Inauguré le 23 décembre 1968, c'est un pont à double tablier avec une route et une voie ferrée.

Monument de la traversée du Yangzi (Chang Jiang)

(*dùjiāng jìniàn bēi*)
Ce monument qui se trouve dans Zhongshan Beilu, au nord-ouest de la ville, fut érigé en avril 1979 pour commémorer la traversée du fleuve par l'Armée rouge le 23 avril 1949 et la reprise de Nankin au Guomindang.

Musée de Nankin

(*nánjīng bówùguǎn*)
Situé dans Zhongshan Donglu, juste à l'ouest de la porte Zhongshan, le musée de Nankin présente toutes sortes d'objets du néolithique à la période communiste. Le principal bâtiment, construit en 1933, est revêtu de carreaux vernissés jaunes, avec des portes laquées rouges et des colonnes dans le style des anciens temples.

Remarquez en particulier le linceul fait de petits rectangles de jade cousus ensemble avec un fil d'argent. Datant de l'époque des Han orientaux (25-220), il se trouvait dans un tombeau découvert dans la cité de Xuzhou, au nord de la province du Jiangsu. Parmi les autres objets exposés, notez aussi les briques provenant des remparts Ming et portant les noms de ceux qui les ont fabriquées et de ceux qui en ont surveillé la fabrication, des dessins du vieux Nankin, une peinture murale du début de l'époque Qing représentant le vieux Suzhou et des vestiges de la rébellion Taiping. Le musée est ouvert de 9h à 17h.

Juste à l'est du musée subsiste une partie des remparts sur laquelle un escalier permet de monter, à partir de la route. On peut ainsi marcher sur le haut des remparts jusqu'au lac Qian, où une partie des murailles s'est éboulée dans l'eau.

Tombeau de Hong Wu
(*míng xiàolíng*)

Ce tombeau se trouve à l'est de Nankin sur le versant sud du Zijinshan. Sa construction dura de 1381 à 1383 ; l'empereur mourut à 71 ans en 1398. La première partie de l'allée qui mène au mausolée est bordée de statues de pierre représentant des lions, des chameaux, des éléphants, des chevaux et des animaux fantastiques : un *xiezhi* doté d'une crinière et d'une unique corne sur la tête, un *qilin* qui a un corps couvert d'écailles, une queue de vache, des sabots de cerf et une seule corne. La seconde partie de la voie sacrée fait un angle brusque vers le nord marqué par deux grosses colonnes hexagonales. Au-delà se dressent des paires de statues de pierre représentant des généraux en armure, puis des fonctionnaires. Le chemin tourne à nouveau, franchit un pont voûté en pierre et passe sous une porte ouverte dans le mur d'enceinte du mausolée.

En entrant dans la première cour, on voit un chemin pavé menant à un pavillon qui abrite plusieurs stèles. La porte suivante mène à une vaste cour où se trouve l'"autel de la Tour" ou "tour de l'Esprit", une gigantesque structure rectangulaire en pierre. Pour accéder au sommet de la tour, empruntez l'escalier situé au milieu. Derrière la tour, un mur de 350 m de diamètre entoure un immense tumulus. Sous ce tumulus est placé le tombeau de Hong Wu qui n'a jamais été fouillé.

Mausolée de Sun Yat-sen
(*zhōngshān líng*)

Pour de nombreux Chinois, se rendre au tombeau de Sun Yat-sen sur les pentes du Zijinshan, à l'est de Nankin, tient du pèlerinage. Sun Yat-sen est considéré, tant par les communistes que par le Guomindang, comme le père de la Chine moderne. Il mourut à Pékin en mars 1925, laissant derrière lui une république chinoise instable. C'est lui qui avait souhaité être enterré à Nankin.

Pour accéder au tombeau lui-même, il faut gravir un monumental escalier de

Statue léonine au mausolée de Sun Yat-sen

pierre. A l'entrée du chemin se dresse un portique en marbre du Fujian recouvert d'un toit de tuiles bleues vernissées, le bleu et le blanc rappelant le soleil blanc sur fond bleu du drapeau du Guomindang.

La crypte se trouve sur la terrasse supérieure au fond de la chambre commémorative. Une tablette accrochée sur le seuil porte, gravés, les "Trois Principes du Peuple" tels qu'ils ont été énoncés par le Dr Sun : nationalisme, démocratie et bien-être du peuple. A l'intérieur se tient une statue assise du Dr Sun. Sur les murs est gravé le texte complet du *Outline of Principles for the Establishment of the Nation* mis en avant par le gouvernement nationaliste.

Zijinshan
(*zǐjīnshān*)

La plupart des sites historiques de Nankin – notamment le mausolée de Sun Yat-sen et le tombeau de Hong Wu – sont localisés

L'EST

sur le versant sud du Zijinshan, une haute colline tapissée d'une belle forêt, en bordure est de la ville.

Le **Palais sans poutres** est l'un des plus intéressants édifices de Nankin. En 1381, au moment de la construction de son mausolée, Hong Wu fit raser un temple pour le reconstruire quelques kilomètres plus à l'est. Le Palais sans poutres est la seule salle qui subsiste de ce temple. Il doit son nom à son architecture dépourvue de pièce de bois. Il était entouré d'une vaste plate-forme en pierre où se dressaient des statues bouddhiques. Dans les années 30, ce bâtiment fut transformé en monument aux morts de la révolution de 1926-1928.

Une voie qui longe les deux côtés de cette construction mène ensuite, par deux volées de marches, au **pavillon du Vent dans les Pins**. Cet édifice faisait partie du temple Linggu et était dédié à la déesse de la Miséricorde. Aujourd'hui il abrite une petite boutique et une maison de thé.

Le **temple Linggu** (*línggǔ sì*) qui possède une salle à la mémoire de Xuanzang est tout proche : après le Palais sans poutres, tournez à droite et suivez le sentier. Xuanzang est le moine bouddhiste du VIIᵉ siècle qui partit en Inde pour en rapporter des écritures sacrées. A l'intérieur de la salle commémorative, une pagode en bois miniature à 13 étages contient une table sacrificielle, un portrait du moine et une partie de son crâne.

Non loin de là, la **pagode Linggu** (*línggǔ tǎ*) fut construite dans les années 30, sous la direction d'un architecte américain, à la mémoire des membres du Guomindang morts lors de la révolution de 1926-1928. C'est un édifice octogonal à neuf étages, haut de 60 m.

Excursion d'une journée
Il est possible de combiner en une seule journée la visite de tous les sites du Zijinshan, notamment du tombeau de Hong Wu et du mausolée de Sun Yat-sen. Il faut prendre le bus n°20 à la tour du Tambour et descendre à l'extrémité ouest de l'avenue des Animaux de pierre, deux arrêts avant

que le bus n'arrive au tombeau de Hong Wu. Une autre alternative consiste à prendre le bus n°9 juste à l'ouest de Xinjiekou (en face de l'hôtel Jinling) et à descendre à l'extrémité est de l'avenue, un arrêt avant le mausolée de Sun Yat-sen. De là vous pouvez continuer à pied (ou en été en prenant des navettes) jusqu'au tombeau, au mausolée et aux sites près de la pagode Linggu.

Où se loger – petits budgets
Les lits les moins chers sont ceux de l'*université de Nankin/dortoirs pour étudiants étrangers* (*nánjīng dàxué/wàiguó liúxuéshēng sùshè*), vaste bâtiment revêtu de carreaux blancs, dans Shanghai Lu, au sud de Beijing Xilu. Un lit en chambre double avec équipements communs, dont une cuisine, revient à 50 ou 55 yuan ; les lits en double avec s.d.b. attenante à 110 yuan. Prendre le bus n°13 depuis la gare ferroviaire ou la gare routière, ou le trolley-bus n°3 qui longe Zhongshan Lu, et descendre juste après Beijing Lu.

Dans le cas peu probable où il afficherait complet, vous pouvez essayer l'*École normale supérieure de Nankin/hôtel Nanshan* (*nánjīng shīfàn dàxué nánshān bīnguǎn*), également très apprécié, bien qu'un peu plus cher. Pour s'y rendre depuis les dortoirs de l'université de Nankin, il faut marcher 500 m en suivant Shanghai Lu vers le sud. Tournez à droite dans une courte ruelle abritant un marché, puis empruntez la première route à gauche vers la porte principale de l'École normale supérieure de Nankin. L'hôtel est situé à 500 m à l'intérieur du campus, en haut à gauche de la grande cour avec pelouse.

Où se loger – catégorie moyenne
La plupart des hôtels de Nankin appartiennent aux catégories moyenne et supérieure. De fait, il est assez difficile de dénicher une chambre correcte à moins de 350 yuan. L'hôtel *Shuangmenlou* (☎ 880-5961) (*shuāngménlóu bīnguǎn*), 185 Huju Beilu, fait exception à cette règle. C'est un hôtel caché dans un jardin et situé de manière

peu pratique dans le nord-ouest de la ville. Les doubles les moins onéreuses sont regroupées dans une aile ancienne non restaurée (150 yuan). Le prix des chambres rénovées s'échelonne de 370 à 750 yuan. Prenez un taxi depuis la gare ferroviaire (environ 10 yuan). Il est possible que l'aile ancienne ait été rénovée depuis notre passage et que les prix aient grimpé en conséquence.

Mieux situé, l'hôtel *Yishi* (☎ 332-6826) (*yìshì yuán*) vous attend dans Zhongshan Lu, à proximité du carrefour avec Yunnan Lu. Les étrangers sont rares et l'établissement offre un bon rapport qualité/prix, avec des doubles à 280 et 310 yuan.

L'hôtel *Hongqiao* (☎ 330-1466) (*hóngqiáo fàndiàn*) reçoit surtout des groupes. Les doubles coûtent de 360 à 480 yuan. Des travaux étaient en cours lors de notre passage. Attendez-vous à une escalade des prix. De l'autre côté de la rue, 259 Zhongshan Beilu, se dresse l'hôtel *Nanjing* (☎ 330-2302) (*nánjīng fàndiàn*), le plus vieil établissement touristique de la ville. Le prix des doubles varie de 338 à 508 yuan.

Où se loger – catégorie supérieure

L'hôtel *Xuanwu* (☎ 330-3888 ; fax 663-9624) (*xuánwǔ fàndiàn*) occupe une tour, 193 Zhongyang Lu, en face du centre d'exposition du Jiangsu. C'est l'un des établissements les moins onéreux de cette catégorie. Bien que ne pouvant rivaliser avec les hôtels de luxe, il propose de petites chambres d'un bon rapport qualité/prix à 64 \$US. Le prix des doubles standard varie de 80 à 100 \$US. Pour les suites haut de gamme, comptez 120 \$US.

Le *Central Hotel* (☎ 440-0888 ; fax 441-4194) (*zhōngxīn dàjiǔdiàn*), 75 Zhongshan Lu, près du carrefour avec Huaqiao Lu, loue des chambres à partir de 100 \$US.

L'hôtel *Jinling* (☎ 445-5888 ; fax 664-3396) (*jīnlíng fàndiàn*), à Xinjiekou, doté de 36 étages, est probablement le meilleur hôtel de luxe de Nankin. Les doubles standard reviennent à 130 \$US, les chambres haut de gamme à 180 \$US.

À côté, le vieil hôtel Shengli a été entièrement rajeuni. C'est aujourd'hui l'hôtel *Fuchang* (☎ 440-0888) (*fúchāng fàndiàn*). Il possède une piscine sur le toit. Il prend 80/140 \$US pour une chambre standard/suite.

Où se restaurer

Plusieurs des restaurants les plus animés de Nankin sont regroupés dans le quartier de Fuzimiao. Le restaurant *Yongheyuan* (☎ 662-3836) (*yǒnghéyuán chádiǎnshè*), 122 Gongyuan Jie, est spécialisé dans les mets à base de pâte sucrée cuits à la vapeur. Tout à côté, le restaurant *Lao Zhengxing* (*lǎo zhèngxìng càiguǎn*), 119 Gongyuan Jie, à l'est de la place centrale, en bordure de la rivière, sert de la cuisine typique du bassin inférieur du Yangzi.

En été, vous pourrez bien manger pour pas cher à l'excellent marché de nuit situé à l'intersection au sud de Xinjiekou. Un plat de *shāguǒ* ou un bol de nouilles arrosé d'une bouteille de bière maltée locale Yali vous reviendront à 8 yuan environ.

Les voyageurs qui arrivent à Nankin des régions reculées de la Chine se rendent généralement directement dans l'un des nombreux restaurants du quartier de l'université. C'est là que se rassemblent les étudiants étrangers et les Chinois aventureux. Le *Black Cat Cafe* (*hēimāo cānguǎn*) s'apprêtait à déménager dans de plus vastes locaux, à Xinjiekou, lors de la rédaction de cet ouvrage, mais l'établissement originel se cache toujours dans une minuscule ruelle en face de l'université (leur nouvelle succursale prépare les meilleures pizzas au sud du Yangzi). À côté du campus, dans Shanghai Lu, vous attend aussi *Henry's Home*, célèbre pour ses petits déjeuners, et qui propose également de bons déjeuners et dîners.

Le *Sprite Outlet* (*wǔzhōu jiǔjiā*) (appelé aussi le Treehouse par les étudiants étrangers), dans Guangzhou Lu, à 20 m à l'ouest du croisement avec Zhongshan Lu, s'avère très prisé des étrangers et des habitants de Nankin. La nourriture est excellente et bon marché, le menu bilingue (anglais/chinois).

L'établissement compte plusieurs petites salles dans le fond.

Perché sur une colline dominant le parc Xuanwu, le temple *Jiming* abrite un restaurant végétarien qui mérite une visite plus pour son point de vue que pour sa nourriture. Il est très bon marché, mais ouvert seulement pour le déjeuner. Le restaurant *Baiyuan*, sur l'île la plus au nord du lac Xuanwu, est un peu plus cher ; c'est également un endroit agréable où se détendre.

Le restaurant *Maxiangxing* (☎ 663-5807) (*qīngzhēn mǎxiángxíng càiguǎn*), 5 Zhongshan Beilu, sert une cuisine musulmane bonne et pas chère. Le restaurant principal est situé à l'étage, dans un bâtiment vert et crème, au carrefour de la tour du Tambour.

Une excellente adresse pour goûter aux spécialités locales est le restaurant *Jiangsu* (☎ 662-3698) (*jiāngsū jiǔjiā*), 26 Jiankang Lu, près du musée des Taiping. Le canard de Nankin macéré dans du sel, trempé dans de la saumure, puis séché au four et laissé en attente à l'étouffée, a une chair rose et tendre et une peau crémeuse.

Le *Dasanyuan* (☎ 664-1027) (*dàsānyuǎn jiǔjiā*), 38 Zhongshan Lu, est recommandé pour sa cuisine cantonaise. Si vous parvenez à obtenir une table, ou le restaurant *Sichuan* (☎ 664-3651) (*sìchuān fàndiàn*), 171 Taiping Lu, vaut également le détour, mais vérifiez l'addition avant de payer.

Distractions

Pour obtenir les bonnes adresses, renseignez-vous auprès des étudiants des dortoirs pour étrangers ou au Black Cat Cafe. La discothèque du centre commercial Zhongshan était le lieu de rendez-vous du vendredi soir au moment de la rédaction de cet ouvrage.

Comment s'y rendre

Avion. Nankin est reliée régulièrement avec toutes les grandes villes chinoises. Elle offre aussi des vols quotidiens depuis/vers Hong Kong.

Le bureau principal de la CAAC (☎ 664-9275) est installé 52 Ruijin Lu (près du terminus du bus n°4), mais on peut aussi acheter ses billets à l'agence du CITS, aux hôtels Hongqiao, Jinling et Central, ou auprès de China Eastern Airlines, au nord de Xinjiekou. Installé dans les bureaux du CITS, Dragonair (☎ 332-8000) assure des vols quotidiens pour Hong Kong.

Bus. La gare routière est implantée à l'ouest de la gare ferroviaire principale, au sud-est de la large intersection (pont) avec Zhongyang Lu. Il y règne le plus grand désordre et, même si vous parvenez à déchiffrer les informations (en chinois) placardées au mur, elles sont généralement fausses. Des bus directs desservent de nombreuses destinations du Jiangsu et les grandes villes de la Chine. Pour être certain d'obtenir le bon billet, faites inscrire le nom de votre destination sur un morceau de papier.

Train. Nankin constitue un arrêt important sur la ligne Pékin-Shanghai. Plusieurs trains circulent les jours dans les deux sens. Dans la direction ouest, de Nankin à Shanghai, le train passe par Zhenjiang, Changzhou, Wuxi et Suzhou.

Des express quotidiens, très pratiques, assurent tous les jours la liaison Nankin-Shanghai. Ils comportent des wagons modernes, à deux niveaux :

Train n°	depuis	vers	départ	arrivée
1	Nankin	Shanghai	8h26	12h20
15	Nankin	Shanghai	9h57	14h41
2	Shanghai	Nankin	13h40	17h42
16	Shanghai	Nankin	16h30	21h26

Les n°1 et 2 s'arrêtent uniquement à Wuxi, tandis que les n°15 et 16 s'arrêtent aussi à Suzhou. Tous les wagons sont climatisés et l'interdiction de fumer est rigoureusement appliquée. Il n'existe pas de liaison directe pour Hangzhou. Vous devrez vous rendre d'abord à Shanghai, puis prendre un train ou un bus. Ou bien emprunter le bus direct Nankin-Hangzhou. De même, pour rejoindre Canton, vous devrez changer à Shanghai.

En direction de l'ouest, une ligne directe dessert le port de Wuhu, sur le Yangzi. Si vous souhaitez vous rendre plus à l'ouest le long du fleuve, le mieux est encore de prendre un ferry.

Bateau. Plusieurs bateaux partent chaque jour du port de Nankin pour descendre le Yangzi vers l'est, en direction de Shanghai, ou le remonter vers l'ouest, en direction de Wuhan (2 jours). Certains bateaux se rendent même jusqu'à Chongqing (5 jours). La plupart des ferries partent de l'embarcadère n°4 (*sìhào mǎtóu*), situé à 1 km au nord de l'embarcadère Zhongshan, à l'extrémité ouest de Zhongshan Beilu.

Comment circuler
Desserte de l'aéroport. L'aéroport n'est pas très loin du centre-ville, au sud-est. Les bus de la CAAC et les minibus de nombreux hôtels en assurent la desserte. Le trajet pour Xinjiekou en taxi revient à 30 yuan environ, mais en tant qu'étranger vous devrez batailler dur pour obtenir un tel tarif.

Autres. Les taxis sillonnent les rues de Nankin. Ils sont généralement très bon marché. Assurez-vous que le chauffeur a bien mis le compteur en marche. Pour vous rendre à Xinjiekou, en plein cœur de la ville, sautez dans le bus n°1 ou le trolley-bus n°33, au départ de la gare ferroviaire, ou dans le bus n°10 ou le trolley-bus n°34, depuis les quais du Yangzi. Louer une bicyclette est devenu difficile, ce qui est peut-être aussi bien, compte tenu du trafic.

ENVIRONS DE NANKIN
Temple Qixia
(*qíxiá sì*)
Le temple se dresse à 22 km au nord-est de Nankin. Il fut fondé par le moine bouddhiste Shao Shezhai, sous la dynastie des Qi du Sud, et demeure un lieu de culte très actif. Après avoir été pendant longtemps l'un des plus importants monastères de Chine, Qixia est aujourd'hui encore l'un des plus grands séminaires bouddhistes du pays. Les deux principaux temples sont celui de Maitreya, à l'entrée duquel se tient une statue du Bouddha Maitreya, assis jambes croisées, et celui de Vairo-

cana, derrière, qui abrite une statue de Vairocana de 5 m de haut.

Derrière le temple se profile une petite pagode de 6 étages édifiée en 601 et reconstruite à la fin de la dynastie Tang. La partie supérieure porte des sutras gravés et des bas-reliefs figurant le Bouddha ; à la base, chacun des huit côtés représente le Bouddha Sakyamuni. Des sentiers mènent à travers la forêt à de petits temples et pavillons sur le Qixiashan, d'où l'on peut apercevoir le Yangzi.

Pour se rendre au temple Qixia depuis Nankin, il faut partir de l'arrêt de bus de la tour du Tambour ou emprunter un minibus à l'est de la gare ferroviaire.

Carrière Yangshan
(*yángshān bēicái*)
C'est de cette carrière, située à 25 km à l'est de Nankin, qu'ont été extraits la plupart des blocs de pierre qui ont servi aux palais Ming et aux statues des tombes Ming. La curiosité du lieu réside dans une gigantesque plaque commémorative à moitié taillée dans le roc. On raconte que l'empereur Hong Wu, de la dynastie Ming, espérait placer cette plaque au sommet du Zijinshan. Les dieux lui avaient promis leur assistance pour la déplacer mais, quand ils virent la taille de la plaque, eux-mêmes renoncèrent et Hong Wu dut abandonner son projet.

Pour aller à Yangshan, on peut prendre le bus n°9 ou n°20 à l'arrêt dans Hanfu Jie (à l'est de Xinjiekou). Les bus qui vont à la station thermale de Tangshanzhen passent par Yangshan.

Grottes bouddhiques
Des grottes bouddhiques vous attendent à 20 km à l'est de Nankin. Les plus anciennes remontent à la dynastie Qi (479-502) ; les autres datent de diverses dynasties ultérieures, jusqu'à l'époque Ming.

LE GRAND CANAL
(*dàyùnhé*)
Compte tenu de l'existence de divers modes de transport plus rapides, les touristes sont désormais les seuls ou presque à

emprunter encore le Grand Canal, ancien canal Pékin-Hangzhou, qui serpente sur presque 1 800 km. Aujourd'hui, la moitié reste navigable.

Selon le Parti, les vastes travaux de dragage entrepris depuis 1949 l'auraient rendu praticable sur 1 100 km. Mais cette estimation paraît exagérée. La profondeur du canal ne dépasse pas 3 m et sa largeur n'atteint pas, à certains endroits, 9 m. A ces données s'ajoute le fait que l'on rencontre en chemin de vieux ponts de pierre, d'où l'on peut raisonnablement en conclure que la navigation est limitée aux petites embarcations à fond plat.

La section du canal qui relie Pékin à Tianjin est envasée depuis des siècles. Il en va de même sur une bonne partie de la longueur entre le fleuve Jaune et Tianjin. Le tronçon qui va du fleuve Jaune à Peixan (dans le nord du Jiangsu) connaît vraisemblablement le même sort.

Sur le plan touristique, le Grand Canal est navigable toute l'année au sud du Yangzi. La section Jiangnan (Hangzhou, Suzhou, Wuxi, Changzhou, Danyang, Zhenjiang) est constituée d'un écheveau de canaux, rivières et lacs de raccordement.

Les services passagers se sont passablement réduits ces dernières années, le canal étant boudé par les habitants des environs, qui lui préfèrent des moyens de transport plus rapides. La seule solution qui s'offre à vous, outre la location de votre propre bateau, reste de profiter du service assuré entre Hangzhou et Suzhou. Selon les témoignages, cette croisière est très agréable et la compagnie a considérablement amélioré le confort et les conditions sanitaires à bord (pour plus de détails, reportez-vous à la rubrique *Comment s'y rendre* de *Suzhou*, plus avant dans ce chapitre.)

ZHENJIANG
(*zhènjiāng*)

A seulement 1 heure de Nankin s'étend Zhenjiang, ville terne et industrielle de plus de 300 000 habitants. Ses sites se regroupent au nord de la cité, à une bonne distance de la gare ferroviaire. La principale attraction est le parc Jinshan, où un temple bouddhiste en activité attire de très nombreux fidèles.

Jiaoshan
(*jiāoshān*)

Également appelé colline de Jade, en raison de son feuillage vert intense (cyprès et bambous), Jiaoshan occupe une petite île à l'est de Zhenjiang. On peut y faire d'agréables promenades et découvrir en chemin divers pavillons jusqu'au sommet de la colline (150 m), où l'on peut avoir, de la tour Xijiang, un aperçu de l'activité régnant sur le Yangzi. Au pied de Jiaoshan se dresse un monastère, très actif abritant quelque deux cents stèles gravées, des jardins et des expositions de bonzaïs. Pour vous y rendre, empruntez le bus n°4 jusqu'au terminus, puis marchez jusqu'à l'embarcadère.

Parc Beigushan
(*běigùshān gōngyuán*)

Également sur le trajet du bus n°4, le parc Beigushan abrite le temple Ganlu (*gānlù sì*), qui comporte notamment une pagode de la dynastie Song offrant de belles vues sur Zhenjiang.

Parc Jinshan
(*jīnshān gōngyuán*)

Le parc est envahi par les visiteurs, qui congestionnent les escaliers menant par un temple bouddhique à la pagode Cishou, édifice octogonal de 7 étages. On aperçoit quatre grottes dans la colline : la Mer bouddhique (*fáhǎi*), le Dragon blanc (*báilóng*), le Soleil du matin (*zhàoyáng*) et l'Arhat (*luóhàn*). Les grottes Fahai et Bailong font référence à la légende du *Serpent blanc*. Prenez le bus n°2 pour vous rendre à Jinshan.

Musée
(*bówùguǎn*)

Entre le parc Jinshan et le centre de la ville se profile l'ancien consulat britannique, qui abrite aujourd'hui un musée et une galerie. Il présente des poteries, des bronzes, des

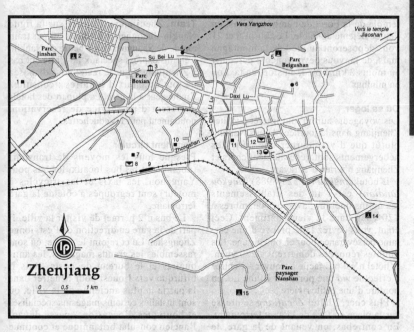

Zhenjiang

0   0,5   1 km

Vers Yangzhou

Vers le temple Jiaoshan

ZHENJIANG 镇江	6	Sanctuaire	11	Hôtel Jingkou
		des martyrs		京口饭店
1 Hôtel Jinshan		烈士墓	12	Poste
金山饭店	7	Hôtel Zhenjiang		邮电局
2 Temple Jinshan		镇江宾馆	13	Gare routière
金山寺	8	Poste		(bus longue distance)
3 Musée		邮局		汽车站
博物馆	9	Gare ferroviaire	14	Temple Douyao
4 Embarcadère du ferry		火车站		都天庙
pour Yangzhou	10	Zhenjiang Binguan	15	Temple de la Forêt
轮渡码头		(hôtel)		de bambous
5 Temple Ganlu		镇江宾馆		竹林寺
甘露寺				

objets en or et en argent et des peintures de la dynastie Tang. Un département distinct expose des photographies et des souvenirs de la guerre avec le Japon. Le musée est desservi par la ligne du bus n°2. Il se dresse sur une hauteur dominant un très vieux quartier aux ruelles sinueuses et dallées qui descendent jusqu'aux embar-

cadères sur le Yangzi. L'endroit mérite d'être découvert à pied.

Temple de la Forêt de bambous
(*zhúlín sì*)

A l'extrémité sud de la ville, dans un secteur connu sous le nom de parc paysager Nanshan (*nánshān fēngjǐng qū*) est établi le

L'EST

temple de la Forêt de bambous. C'est un lieu de détente agréable. Les bus n°6 et 21 vous déposeront au pied de la montagne mais, de là, vous devrez encore parcourir au moins 2 km à pied, en stop, en taxi ou en minibus.

Où se loger

Les voyageurs auront tout intérêt à visiter Zhenjiang dans la journée, depuis Nankin, plutôt que d'y séjourner une nuit. Les hébergements sont généralement chers et Zhenjiang n'a rien d'attrayant.

L'hôtel *Jingkou* (☎ 523-8988) (*jīngkǒu fàndiàn*) est l'un des établissements les moins onéreux, avec des chambres à 120 yuan dans le vieux bâtiment. Ceci étant, vous devrez faire preuve d'une certaine persévérance pour en obtenir une. Les doubles rénovées démarrent à 280 yuan. L'hôtel n'est pas facile à trouver – l'entrée s'effectue *via* une porte sur Binhe Lu, en bordure d'une petite rivière.

Plus cher, l'hôtel *Zhenjiang* se dresse sur la place en face de la gare ferroviaire. En contrebas, en venant de la gare, le second hôtel *Zhenjiang* (☎ 523-3888 ; fax 523-1055) (*zhènjiāng bīnguǎn*), 92 Zhongshan Xilu, loue des doubles standard à partir de 60 $US.

Dernière adresse, l'hôtel *Jinshan* (☎ 562-3888) (*jīnshān fàndiàn*), 1 Jinshan Xilu, est installé dans un secteur tranquille proche du parc Jinshan. Le prix des doubles s'échelonne de 210 à 320 yuan.

Achats

Une très jolie boutique d'art et d'artisanat (*gōngyìpǐn dàlóu*), 191 Jiefang Lu, propose des broderies, de la porcelaine, des objets en jade et autres curiosités. On trouve parfois des antiquités.

Comment s'y rendre

Bus. La gare routière est installée dans la partie sud-est du centre-ville. Des bus circulent entre Zhenjiang et Nankin ; une liaison bus-ferry vers Yangzhou existe également. On peut aussi prendre des bus pour Yangzhou en face de la gare ferroviaire principale.

Train. Zhenjiang est située sur la ligne Nankin-Shanghai, à 3 heures 30 par train rapide de Shanghai et à 1 heure de Nankin. Certains express spéciaux ne s'arrêtent pas à Zhenjiang. Pour le reste, vous disposez de tout un choix d'horaires : consultez l'indicateur à la gare. La plupart des hôtels disposent d'un service de réservation, notamment pour les couchettes.

Comment circuler

Presque tous les moyens de transport (notamment les bus locaux, les bus pour Yangzhou, les taxis et les tricycles à moteur) sont regroupés à côté de la gare ferroviaire.

Le bus n°2 permet de visiter la ville. Il part de la gare en direction de l'est, longe Zhongshan Lu et rejoint le centre, où sont rassemblés les grands magasins, les antiquaires et le bureau de poste. Puis il bifurque vers l'ouest pour pénétrer dans la partie la plus ancienne de la ville, où sont installés certains magasins spécialisés et boutiques d'occasions, passe devant l'ancien consulat britannique et continue vers Jinshan jusqu'au terminus.

Le bus n°4, qui croise l'itinéraire du bus n°2 dans le centre-ville, dans Jiefang Lu, dessert le temple Ganlu et Jiaoshan à l'est.

YANGZHOU

(*yángzhōu*)

Sise à la jonction du Grand Canal et du Yangzi, Yangzhou fut jadis un centre économique et culturel de la Chine du Sud. A l'époque des dynasties Sui et Tang, elle attira des lettrés, des peintres, des conteurs, des poètes et des marchands. Aujourd'hui, c'est une ville chinoise ordinaire qui compte suffisamment de sites pour occuper les voyageurs un jour ou deux. Ils ne constituent toutefois pas la principale attraction de la ville, comment tendent à l'affirmer les dépliants touristiques locaux. La palme revient au parc du lac Shouxi, envahi le plus souvent par des groupes de touristes chinois. Peu de voyageurs individuels séjournent à Yangzhou : la prodigalité dont font preuve les visiteurs chinois d'outre-mer a poussé les hôteliers à augmenter inconsidérément leurs prix.

Canaux

Yangzhou comptait autrefois 24 ponts de pierre franchissant tout un entrelacs de canaux. Bien que tous les ponts actuels soient en béton, ils offrent néanmoins des points de vue intéressants pour observer la vie des canaux.

Vous souhaiterez peut-être explorer les environs de la ville. Le Grand Canal serpente un peu à l'est de Yangzhou. Le terminus du bus n°2, au nord-est, est aussi un embarcadère. Les bus n°4 et 9 passent par un pont au-dessus du Canal. Vous apercevrez deux écluses au sud de Yangzhou.

Jardin Ge
(*gèyuán*)

Situé sur Dongdan Lu, ce jardin fut dessiné par le peintre Shi Tao pour un officier de la cour des Qing. Shi Tao excellait dans l'art de créer des rochers artificiels. La composition que l'on voit ici évoque les quatre saisons. L'entrée coûte 3 yuan.

Jardin He
(*héyuán*)

Alias villa du mont Jixiao, le jardin He fut dessiné au XIXᵉ siècle. Il contient des rochers, des étangs, des pavillons et des murs, sur lesquels sont gravés des poèmes classiques.

Pagode Wenfeng
(*wénfēng tǎ*)

On peut gravir les 7 étages de cette pagode octogonale, située au sud-ouest de la gare routière (arrivez à 9h : à ne pas manquer). Elle offre une vue panoramique sur les épaves et les sampans qui flottent dans le canal, ainsi que sur la ville. De briques et de bois, elle a été reconstruite à plusieurs reprises.

Parc du lac Shouxi
(*shòuxīhú*)

C'est le plus beau site de Yangzhou. Il s'étend dans les faubourgs ouest, sur l'iti-

néraire du bus n°5. *Shouxi* signifie "Ouest étroit", pour traduire son opposition au lac ouest de Hangzhou, plus important. Le tourisme local a largement contribué à la rénovation de ce jardin.

Il contient notamment un bateau-dragon impérial, un restaurant et un dagoba blanc (stupa) construit d'après celui du parc Beihai à Pékin. Le clou de la visite est le pont aux cinq pavillons Wutang Qiao, doté de trois arches, édifié en 1757. Pour les connaisseurs, c'est l'un des dix plus beaux anciens ponts de Chine.

La terrasse d'où pêchait l'empereur Qianlong se trouve également dans ce parc. On raconte que des plongeurs locaux accrochaient des poissons à l'hameçon du pauvre empereur afin qu'il se crût chanceux et qu'il accordât des fonds supplémentaires à la ville.

Monastère Daming
(*dàmíng sì*)

Ce monastère, dont le nom signifie "temple de la Grande Lumière", fut rebaptisé temple Fajing par l'empereur Qianlong quand il vint le visiter en 1765. Fondé il y a plus d'un millénaire, le monastère fut détruit et reconstruit à maintes reprises. Durant la rébellion Taiping, il fut complètement rasé.

Ce que l'on peut en voir aujourd'hui est une reconstitution de 1934, dont l'architecture ne manque pas d'intérêt. Avec un peu de chance, vous verrez des bonzes participer aux offices religieux.

La fondation du temple sous la dynastie Tang est attribuée au moine Jianzhen qui, outre le bouddhisme, étudia la sculpture, l'architecture, les beaux-arts et la médecine. En 742, deux moines japonais l'invitèrent au Japon en tant que missionnaire. Par cinq fois, du fait de tempêtes, Jianzhen tenta en vain la traversée. A la cinquième tentative, il échoua à Hainan. A la sixième, alors âgé de 66 ans, il parvint enfin au Japon où il demeura dix ans et où il mourut en 763. Par la suite, les Japonais édifièrent une statue en laque de Jianzhen, envoyée à Yangzhou en 1980.

L'EST

YANGZHOU 杨州			
1	Vestiges de la dynastie Tang 唐城遗址	**7**	Hôtel Xiyuan 西园饭店
2	Musée et tombeau de la dynastie Han 汉墓博物馆	**8**	Musée d'Histoire 杨州市博物馆
		9	Hôtel Yangzhou 杨州宾馆
3	Sanctuaire des martyrs 烈士墓	**10**	KFC 肯德鸡
		11	Bank of China 中国银行
4	Monastère Daming 大明寺	**12**	Jardin Ge 个园
5	Salle Pingshan 平山堂	**13**	Grand magasin n°2 第二百货
6	Dagoba blanc 白塔	**14**	Restaurant Caigenxiang 菜根香饭店
		15	Librairie Xinhua 新华书店
		16	Salon de thé Fuchun 富春茶社
		17	Tombeau de Puhaddin 普哈丁墓园
		18	Gonghechun Dumpling & Noodle Restaurant 共和春铰面店
		19	Jardin He 何园
		20	Gare routière (bus longue distance) 杨州汽车站

Une copie en bois de cette statue est exposée au mémorial de Jianzhen. Bâti sur le modèle de la salle principale du temple Toshodai, à Nara (Japon), le mémorial fut édifié en 1974 au monastère Daming, avec des fonds japonais. Il existe des échanges spéciaux entre Nara et Yangzhou.

Près du monastère se profile le pavillon Pingshan (*píngshān táng*), résidence de l'écrivain Ouyang Xiu, fonctionnaire à Yangzhou sous la dynastie Song.

Tombeau de Puhaddin
(*pǔhādīng mùyuán*)
Ce tombeau renferme des documents témoignant des contacts de la Chine avec le monde musulman. Il est établi sur la rive est d'un canal, sur l'itinéraire du bus n°2. Puhaddin se rendit en Chine sous la dynastie Yuan (1271-1368) pour y répandre la foi musulmane. Il mourut à Yangzhou après y avoir passé dix ans. Yangzhou compte d'ailleurs une mosquée.

Musée d'Histoire
(*yángzhōu shì bówùguǎn*)
Le musée vous attend au nord de Guoqing Lu, à proximité de l'hôtel Xiyuan. Il occupe un ancien temple dédié à Shi Kefa, fonctionnaire de la dynastie Ming exécuté pour avoir refusé d'obéir à ses nouveaux maîtres Qing. Le musée contient divers éléments rappelant l'histoire de Yangzhou. Une petite collection de calligraphies et de peintures des "Huit Excentriques" est présentée dans un autre petit musée, près de Yanfu Lu, près de l'hôtel Xiyuan.

Où se loger
Les voyageurs à petit budget auront tout intérêt à visiter Yangzhou dans la journée et à retourner à Nankin pour la nuit (à 1 heure 30 de là), car la ville ne compte aucun établissement bon marché.

Les deux principaux hôtels de Yangzhou sont situés dans le même secteur, derrière le musée. L'hôtel *Xiyuan* (*xīyuán fàndiàn*), 1 Fengle Shanglu, dans un jardin, serait construit, dit-on, sur le site de la villa impériale de Qianlong. Il loue des chambres de 210 à 420 yuan. L'hôtel *Yangzhou* (*yángzhōu bīnguǎn*) propose des doubles standard à partir de 380 yuan. Un nouvel hôtel de luxe était en contruction, entre les deux précédents, lors de notre passage.

Où se restaurer
La plus célèbre spécialité de Yangzhou est le riz frit. La plupart des voyageurs qui l'ont goûté ont été déçus : ce n'est rien d'autre que du riz frit…

Yangzhou

Sharliang Lu

Changchun Lu

Parc du
lac Shouxi

Youyi Lu

Yantu Lu

Sanyuan Lu

Wenhua Lu

Guoqing

Ganquan Lu

Guangling Lu

Jiangdu Lu

Nantong Dong Lu

Grand Canal

Tongyang Dong Lu

Vers la pagode
Wenfeng

Vers Zhenjiang

Tongyang Xilu

0   0,5   1 km

Les hôtels touristiques disposent de salles de restaurant. La maison de thé *Fuchun* (*fúchūn cháshè*), dans une ruelle donnant dans Guoqing Lu, est l'endroit idéal pour déguster des en-cas en buvant du thé. Le restaurant *Caigenxiang* (*càigēnxiāng fàndiàn*) est l'un des plus célèbres établissements de Yangzhou – allez-y à plusieurs.

Le *Gonghechun Dumpling & Noodle Restaurant* (*gònghéchūn jiǎomiàndiàn*), installé dans le sud de la ville, dans Ganquan Lu, est la meilleure adresse pour un dîner bon marché.

Comment s'y rendre

L'aéroport le plus proche est celui de Nankin. La voie ferrée évite également Yangzhou, ce qui explique sans doute que la ville reste à l'écart des grands flux touristiques et connaisse un essor industriel moindre. La gare la plus proche est celle de Zhenjiang.

Des bus relient Yangzhou à Nankin (2 heures), Wuxi, Suzhou et Shanghai. Les plus fréquents (toutes les 15 minutes environ) sont les minibus en provenance de Zhenjiang (1 heure), avec traversée du Yangzi. Ils partent en face de la gare ferroviaire de Zhenjiang.

L'EST

Comment circuler

Les sites sont disséminés en bordure de la ville. Si vous disposez de peu de temps, vous aurez tout intérêt à emprunter un tricycle à moteur – ils stationnent à l'extérieur de la gare routière. Le centre-ville se parcourt aisément à pied. Les bus n°1, 2, 3, 5, 6 et 7 achèvent leur course près de la gare routière longue distance. Le bus n°1 remonte Guoqing Lu, puis dessine une boucle autour du canal intérieur, avant de repartir vers le nord de la gare routière. Le bus n°4 assure un trajet d'est en ouest qui emprunte Ganquan Lu.

DISTRICT DE YIXING

(*yíxīng xiàn*)

Le district de Yixing est célèbre pour ses ustensiles destinés à la préparation du thé. On prétend qu'une vieille théière de Yixing et un peu d'eau chaude suffisent pour obtenir un thé délicieux. Les poteries du district, plus particulièrement de Dingshu, sont très appréciées des touristes chinois, mais les voyageurs étrangers se font rares.

La ville de Yixing en elle-même n'offre aucun intérêt, même si la plupart des visiteurs la traversent pour se rendre aux grottes karstiques ou à Dingshu. Si vous souhaitez passer la nuit à Yixing, une pension est à votre disposition.

Grottes karstiques

(*shíhuī yándòng*)

Au sud-ouest de la ville de Yixing se trouvent plusieurs grottes karstiques. Vous pouvez toujours en visiter une ou deux : elles méritent le coup d'œil. L'intérieur est éclairé par un assortiment de néons de couleur, mais une torche ne vous sera pas inutile. Les grottes sont très humides : n'oubliez pas votre imperméable.

Grotte de Shanjuan (*shànjuǎn dòng*).

Cette grotte s'est formée dans la colline de la Coquille de l'escargot (Luoyanshan), à 27 km au sud-ouest de Yixing. Elle couvre une surface de quelque 5 000 m², avec des passages de 800 m. Elle se divise en trois niveaux (supérieur, moyen, inférieur), plus une grotte aquatique. Une cascade s'écoulant à l'extérieur produit des effets sonores particuliers.

L'accès s'effectue *via* le niveau moyen, une salle de 1 000 m². De là, on peut gravir un escalier jusqu'à la Coquille de l'escargot, la grotte supérieure, ou descendre dans la grotte inférieure et la grotte aquatique. Dans cette dernière, on peut suivre le fil de l'eau sur 120 m dans un bateau et ressortir à un endroit appelé "Soudain la vue de la lumière".

Les bus effectuent le trajet de Yixing à Shanjuan en 1 heure environ.

Grotte de Zhanggong (*zhānggōng dòng*).

Située à 19 km au sud de la ville de Yixing, la grotte de Zhanggong est de dimensions comparables à celle de Shanjuan. On peut escalader une petite colline appelée Yufengshan depuis l'intérieur et ressortir au sommet, pour profiter d'une vue splendide sur la campagne environnante, émaillée de hameaux, jusqu'au lac Taihu.

Les bus de Yixing à Zhanggong mettent 30 minutes. A Zhanggong, vous pourrez prendre un bus qui se rend à Linggu, en bout de ligne. Sinon, vous pouvez vous rendre au village de Dingshu, d'où sont assurés de bons services de bus.

Grotte de Linggu (*línggǔ dòng*).

A 8 km en contrebas d'une route de terre partant de la grotte de Zhanggong, vous attend la grotte de Linggu, la plus vaste et la moins explorée des trois. Elle comporte six vastes salles disposées en demi-cercle.

A proximité de la grotte s'étend la plantation de thé Yanxian (*yánxiàn cháchǎng*), avec ses rangées d'arbrisseaux semblables à d'énormes chenilles s'étirant à perte de vue et, à l'arrière-plan, l'étrange édifice de traitement du thé. Elles sont seules, les plantations méritent le déplacement. Des bus relient Zhanggong à Linggu.

Où se loger

La pension *Yixing* (*yíxīng fàndiàn*) accueille principalement des réunions de cadres. Elle est installée tout au bout de

Renmin Lu, à la lisière sud de la ville. En l'absence de réunion ou du passage d'un des rares bus touristiques, la pension reste vide. C'est un édifice imposant, assez luxueux, doté de jardins.

La pension se trouve à une demi-heure à pied de la gare routière de Yixing. En sortant de la gare, tournez à droite, suivez la grande route qui longe le lac vers le sud, franchissez trois ponts et bifurquez à gauche, puis à droite à nouveau, en direction du portail de la pension.

Le long tronçon des ponts appartient à la route qui mène à Dingshu. Si votre bus se rend à Dingshu, demandez au chauffeur de vous laisser descendre près de la pension. L'autre solution, si la marche à pied ne vous rebute pas, consiste à marcher tout droit le long de trois pâtés de maisons depuis la gare routière, puis à tourner à droite dans Renmin Lu et à continuer jusqu'à la pension.

Comment s'y rendre
Des bus relient Yixing à Wuxi (2 heures 30), Shanghai, Nankin et Suzhou.

Comment circuler
Il n'existe pas de bus locaux à Yixing. En revanche des bus desservent les sites en dehors de la ville ; tous possèdent leur terminus à la gare routière de Yixing ou de Dingshu. Des services fréquents relient ces deux gares. On peut également faire du stop.

DINGSHU (JINSHAN)
(*dīngshǔ, jīnshān*)

Dingshu est le centre de la fabrication des poteries qui font la réputation du district de Yixing depuis les dynasties Qin et Han. Certaines scènes auxquelles on assiste encore aujourd'hui, notamment au bassin de déchargement qui mène au lac Taihu, n'ont pas changé depuis des siècles. Pratiquement toutes les familles de la région travaillent à la fabrication des céramiques ; la moitié des maisons de la ville ont été édifiées à partir de ce matériau.

Située à environ 25 km au sud de Yixing, Dingshu compte plus d'une ving-

Poterie de Dingshu, ville réputée pour ses céramiques exceptionnelles

taine de fabriques de céramiques offrant plus de 2 000 modèles. Parmi les nombreuses productions, on remarquera tout particulièrement les tables en céramique et les poubelles que l'on voit un peu partout en Chine, d'immenses jarres pour stocker l'huile et les céréales, les célèbres théières de Yixing, ainsi que les tuiles vernissées et les fresques en céramique, indispensables à la restauration des monuments touristiques – la Cité interdite de Pékin, notamment.

Malheureusement, les fabriques de poteries sont éparpillées un peu partout dans Dingshu, tout comme les expositions temporaires, et vous devrez abondamment marcher pour les visiter. On retiendra en particulier le **Centre d'exposition de poteries** (*táocí zhǎnlǎnguǎn*), l'**Institut de recherches céramiques** (*táocí yánjiūsuǒ*) et toute une série de fabriques à l'est de la ville, à côté du lac Taihu.

Comment s'y rendre
Des bus directs assurent la liaison entre Dingshu et Yixing (20 minutes, avec départ toutes les 20 minutes environ, de 6h à 17h), Wuxi (2 heures 30), Zhenjiang et Nankin.

Notez bien que Dingshu est également appelée Jinshan.

WUXI ET LE LAC TAIHU
(*wúxī, tàihú*)

Wuxi et le lac Taihu, tout proche, sont deux haltes à envisager entre Suzhou et Nankin. Wuxi n'offre guère d'intérêt, mais le lac Taihu est une destination très appréciée.

Le Taihu est un lac d'eau douce d'une superficie de 2 200 km² et d'une profondeur moyenne de 2 m. Il est émaillé de quelque 90 îles et l'industrie de la pêche est très dynamique.

Orientation

Le centre-ville proprement dit est ceinturé par Jiefang Lu. La gare ferroviaire et la gare routière principale sont à 10 minutes à pied environ au nord de Jiefang Beilu. Un réseau de canaux parcourent la ville, dont le Grand Canal. L'emplacement des hôtels, très chers, est généralement peu pratique.

Renseignements

L'agence CITS est installée dans un bâtiment en face de la gare ferroviaire princi-

pale. Malheureusement, elle ne vend pas de billets de train et ne fournit guère de renseignements utiles. Tout au plus vous vendra-t-elle un billet d'avion sur China Eastern Airlines au départ de Shanghai.

Parc Xihui
(*xīhuì gōngyuán*)

L'immense parc Xihui s'étend à l'ouest de la ville. Son point culminant, la colline Huishan, s'élève à 75 m au-dessus du niveau de la mer. Au sommet se dresse la pagode de la Lumière du dragon (*lóngguāng tǎ*), structure octogonale de 7 étages d'où l'on a une vue panoramique sur Wuxi et le Taihu. Cette pagode en briques et en bois fut édifiée sous les Ming, brûla sous les Qing et fut reconstruite de nombreuses années plus tard. Pour contempler le lever du soleil, rendez-vous au pavillon Qingyun, à l'est de la pagode.

Le parc compte tout un ensemble de pavillons, bars et maisons de thé, ainsi qu'un petit zoo, un vaste lac artificiel et une grotte qui traverse la colline d'est en ouest sur 500 m. La section ouest du parc remonte vers Huishan, où vous attend le célèbre jardin Jichang (*jìchàng yuán*), de la

WUXI 无锡		12	Restaurant Wangyuji 王与记馄饨店	6	Gare ferroviaire 火车站
OÙ SE LOGER		15	KFC 肯德鸡	7	CITS 中国国际旅行社
8	Hôtel Jinhua 锦华大返店			10	Magasin d'antiquités de Wuxi 文物商店
17	Hôtel Liangxi 梁溪饭店		**DIVERS**		
19	Hôtel Meilidu 美丽都大酒店	1	Fabrique de figurines en terre de Huishan 惠山泥人厂	13	Bank of China 中国银行
20	Hôtel Wuxi 无锡饭店	2	Musée 博物馆	14	Bureau de poste principal et téléphone 市邮电局
OÙ SE RESTAURER		3	Pagode de la Lumière du dragon 龙光塔	16	Librairie Xinhua 新华书店
9	Restaurant Zhongguo 中国饭店	4	Zoo 动物园	18	Friendship Store 无锡友谊商店
11	California Fried Chicken 加州牛肉面	5	Gare routière Nord 无锡汽车客运中心站	21	Gare routière Sud 无锡汽车站

dynastie Ming ("Ming" faisant référence à la création du jardin, les édifices étant beaucoup plus récents). Le temple Huishan, à proximité, était autrefois un monastère bouddhique.

Pour vous rendre au parc Xihui, vous pouvez emprunter les bus n°2, 10 ou 15.

Jardin des Pruniers
(*méiyuán*)

Célèbre pour la floraison de ses milliers de pruniers rouges au printemps, le jardin contient aussi des pêchers, des cerisiers et, en son centre, des rocailles. Le point le plus élevé est la pagode des Pruniers, d'où l'on a une vue sur le Taihu. Le jardin est proche du terminus du bus n°2.

Jardin Li
(*lǐyuán*)

Ce jardin est de bien mauvais goût : labyrinthe en béton d'étangs à poissons, passages pour piétons, miniponts, minipagode, et vendeurs de souvenirs et figurines en plâtre. A l'intérieur du jardin, des bateaux partent d'un embarcadère pour rallier d'autres sites.

Île de la Tête de tortue
(*guītóuzhǔ*)

Ainsi appelée en raison de sa forme, qui rappelle celle d'une tête de tortue, c'est en réalité une presqu'île, bordée par l'eau du lac sur seulement trois côtés. Ce lieu de promenade très agréable permet d'observer les jonques sur le lac.

On peut en faire le tour à pied. Si on continue à longer le rivage, on arrive à l'embarcadère du ferry pour l'île des Trois Collines, en passant par l'arche Taihujiajue et le pont de la Source perpétuelle (*chángchūn qiáo*). Un chemin piétonnier mène à un petit phare, près duquel se trouve une pierre gravée rappelant le nom

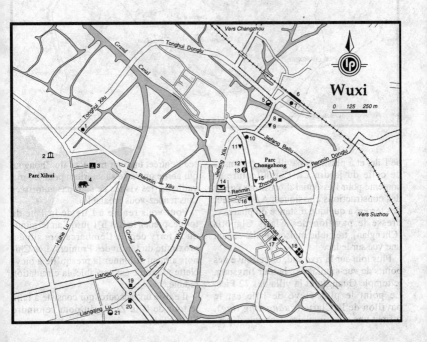

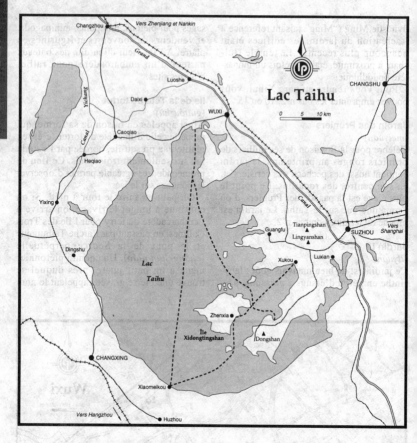

de l'île, et à plusieurs pavillons. A l'image de celle du jardin Li, l'architecture se contente pour l'essentiel d'offrir des copies des constructions classiques. A l'intérieur des terres, à quelque distance du phare, se dresse le pavillon des Clairs Clapotis (Chenglan), très jolie maison de thé offrant une vue sur le lac.

Plus loin sur la rive sud, on retrouve des points de vue similaires : la tour Jingsong, le temple Guangfu et la villa des 72 Pics. Le point le plus élevé de l'île est le pavillon de la Clarté (*guāngmíng tíng*), offrant une vue circulaire. Une fois dépas-

sée l'entrée, un pont mène à l'île Zhongdu, qui abrite un vaste sanatorium pour les travailleurs (les visites ne sont pas autorisées sans rendez-vous préalable).

Pour vous rendre à l'île de la Tête de tortue, prenez le bus n°1 jusqu'au terminus ou le ferry depuis l'embarcadère situé à proximité du jardin des Pruniers. Les Chinois aiment sillonner la presqu'île à bicyclette : la route est agréable, la circulation réduite.

Il existe un raccourci qui consiste à faire le tour de l'île Zhongdu pour rejoindre l'hôtel Taihu.

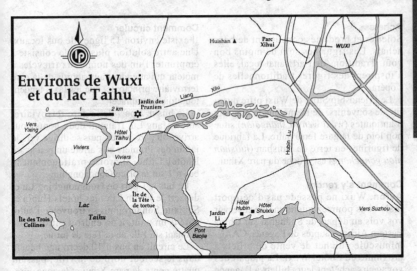

Environs de Wuxi et du lac Taihu

0   1   2 km

Vers Yixing

Lac Taihu

Île des Trois Collines

Viviers

Viviers

Hôtel Taihu

Jardin des Pruniers

Liang

Xilu

Huishan ▲

Parc Xihui

WUXI

Hubin Lu

Île de la Tête de tortue

Jardin Li

Pont Baojie

Hôtel Hubin

Hôtel Shuixiu

Vers Suzhou

Vers Suzhou

Île des Trois Collines

(sānshān)

A 3 km au sud de l'île de la Tête de tortue, l'île des Trois Collines abrite un parc. Du sommet, vous pourrez profiter de beaux points de vue. La maison de thé des Trois Collines *(sānshān cháguǎn)* dispose de tables en plein air, de chaises en rotin et d'un beau panorama. L'île est située à 20 minutes en bateau de celle de la Tête de tortue.

Où se loger – catégorie moyenne

Wuxi ne compte aucun hébergement bon marché pour les étrangers. Les rabatteurs aux abords de la gare ferroviaire entraîneront les voyageurs à l'hôtel *Jinhua* (☎ 272-0612) *(jīnhuá dàfàndiàn)*, où les doubles les moins chères coûtent 280 yuan. C'est le seul qui accepte les étrangers dans le secteur.

L'hôtel *Liangxi* (☎ 272-6812) *(liángxī fàndiàn)*, dans Zhongshan Nanlu, offre une meilleure option, avec des doubles à 236 yuan. Empruntez le bus n°12 au départ de la gare ferroviaire.

Où se loger – catégorie supérieure

A Wuxi même, l'hôtel *Meilidu* (☎ 676-5665) *(měilìdū fàndiàn)* est situé à l'inter-

section de Liangxi Lu et de Liangqing Lu. Il loue des chambres à partir de 723 yuan. Juste en face, de l'autre côté du carrefour, se dresse l'hôtel *Wuxi* (☎ 676-6789) *(wúxī dàfàndiàn)*, quatre-étoiles aux chambres à partir de 100 \$US. Le prix n'est pas justifié par rapport aux prestations.

Tous les autres hôtels touristiques sont disséminés autour du lac. Comptez au minimum 80 \$US la chambre, notamment :

Hôtel Hubin (☎ 676-8812) *(húbīn fàndiàn)*
Hôtel Shuixiu (☎ 676-8591) *(shuǐxiù fàndiàn)*
Hôtel Taihu (☎ 676-7901) *(táihú fàndiàn)*

Où se restaurer

Pour manger bien et pas cher, rendez-vous au restaurant *Zhongguo* *(zhōngguó fàndiàn)*, au sud de la gare ferroviaire. L'entrée ouvre sur une salle avec repas à la carte, mais allez plutôt dans celle où l'on sert des raviolis sur le pouce – demandez des *xiǎolóngbāo*.

Une autre adresse mérite une visite : le restaurant *Wangyuji* *(wángyújì húntun diàn)*. Cet établissement est renommé pour ses *húntun*, sorte de raviolis servis dans une soupe, excellents et très bon marché.

L'EST

Achats

Soieries et broderies constituent de bons achats. Les figurines sont de moins bon goût. Traditions de l'artisanat local, elles s'inspirent des figures traditionnelles de l'opéra.

Le Friendship Store de Wuxi offre quantité de souvenirs, de même que le magasin d'antiquités (*wúxī wénwù shāngdiàn*) situé non loin de la gare ferroviaire. La fabrique de figurines en terre de Huishan (*huìshān níōu gōngchǎng*) est proche du parc Xihui.

Comment s'y rendre

Avion. Wuxi ne possède pas d'aéroport mais vous pourrez quand même réserver vos vols au départ de Shanghai sur China Eastern Airlines auprès de l'agence CAAC, minuscule guichet de vente de billets à proximité de l'hôtel Wuxi. La plupart des voyageurs achètent leurs billets à l'agence CITS qui jouxte la gare ferroviaire.

Bus. La gare routière principale (*wúxī qìchē zhàn*) est proche de la gare ferroviaire. Une autre gare routière, implantée dans Liangqing Lu (*wúxī qìchē xīzhàn*), assure moins de services.

Des bus partent pour Shanghai, Suzhou, Dingshu, Yixing et Yangzhou.

Train. Wuxi se trouve sur la ligne Pékin-Shanghai, desservie par de fréquents trains express et spéciaux. Il existe des trains pour Suzhou (40 minutes), Shanghai (1 heure 45) et Nankin (2 heures 45). Les voyageurs pour Suzhou auront tout intérêt à prendre le bus.

Le chaos règne au bureau de vente des billets de la gare ferroviaire. Les étrangers sont supposés acheter leurs billets au guichet n°2. Attendez-vous malgré tout à faire la queue. Aux autres guichets, c'est encore pire. Si vous possédez le billet voulu, allez dans la salle d'attente des sièges mous.

Bateau. La proximité d'un si vaste lac permet de nombreuses excursions en dehors de la ville. Les déplacements sur les canaux ont pourtant tendance à disparaître.

Comment circuler

Il existe environ 15 lignes de bus locaux. Une autre solution plus rapide consiste à emprunter l'un des nombreux tricycles à moteur qui attendent aux abords de la gare ferroviaire principale, que les taxis tendent toutefois à remplacer.

Le bus n°2 part de la gare ferroviaire, suit Jiefang Lu, franchit deux ponts pour arriver au parc Xihui, puis se dirige vers le jardin des Pruniers et s'arrête un peu avant l'hôtel Taihu. Il croise pratiquement le bus n°1 sur la place Gongnongbing.

Le bus n°1 part de Gongnongbing Lu et dessert le jardin Li et les hôtels Hubin et Shuixiu. Son terminus se trouve de l'autre côté d'un pont, à un endroit pittoresque donnant sur l'île de la Tête de tortue.

Le circuit en bus n°10 décrit une boucle dans le secteur nord de la ville, passant quatre ponts, le parc Xihui et la zone commerçante de Renmin Lu.

SUZHOU

(*sūzhōu*)

Forte d'environ 600 000 habitants, la ville de Suzhou, principale attraction du Jiangsu et centre de production de soie renommé, est également un lieu de villégiature très agréable, avec ses jardins et ses canaux. Toutefois, Suzhou n'a pas échappé au développement industriel et urbain. Consacrez deux jours à la visite des jardins et des sites historiques.

Histoire

Datant de quelque 2 500 ans, Suzhou est l'une des plus anciennes villes du bassin du Yangzi. Avec l'achèvement du Grand Canal sous les Sui, la cité bénéficia d'une situation stratégique sur les grandes routes marchandes, ce qui favorisa sa prospérité et sa croissance rapide.

Centre de batellerie et de stockage des céréales, Suzhou était une ville commerçante florissante. Au XIIᵉ siècle, elle avait déjà atteint ses dimensions actuelles et, en consultant une carte, vous observerez le tracé de l'ancienne ville. Ses remparts, de forme rectangulaire, étaient encadrés par des douves et percés de six portes (nord, sud, deux à l'est et deux à l'ouest). La ville était quadrillée par six canaux dans le sens nord-sud, quatorze dans le sens est-ouest. Bien que les remparts aient en grande partie disparu et que nombre de canaux aient été comblés, le centre de Suzhou a conservé son cachet ancien.

Suzhou était réputée pour la beauté et la voix mélodieuse de ses femmes et, selon un célèbre dicton, "au ciel il y a le paradis, sur terre il y a Suzhou et Hangzhou". Lorsque Marco Polo se rendit à Suzhou en 1276, il lui ajouta les épithètes de "grande" et "noble", mais réserva des qualificatifs plus élogieux encore pour Hangzhou.

Dès le XIVe siècle, Suzhou s'était imposée comme premier producteur de soie de toute la Chine. A son apogée, au XVIe siècle, Suzhou comptait plus de cent jardins, grands et petits. Elle était devenue, selon la formule touristique, "la cité des jardins, la Venise de l'Orient", au caractère moyenâgeux avec ses guildes de graveurs sur bois et ses sociétés de broderie, ses maisons blanchies à la chaux, ses avenues bordées d'arbres et ses canaux.

Dès le XVe siècle, s'insurgeant contre les rémunérations dérisoires et les injustices du système qui les liait à leur employeur, les ouvriers exploités des ateliers de soierie entamèrent des grèves d'une telle violence que les propriétaires cédèrent. En 1860, les troupes Taiping s'emparèrent de Suzhou sans coup férir. En 1896, la ville fut ouverte au commerce étranger et vit l'établissement de concessions internationales et japonaises. Durant la Seconde Guerre mondiale, elle fut occupée par les Japonais, puis par le Guomindang. Elle réussit à échapper plus ou moins aux excès de la Révolution culturelle.

Renseignements

Le CITS (☎ 522-2681) et le CTS (☎ 522-5583) sont installés dans deux bâtiments différents dans l'enceinte de l'hôtel Suzhou. Le bureau du BSP se trouve 7 Dashitou Xiang. La Bank of China est située 490 Renmin Lu, mais tous les grands hôtels touristiques disposent également d'un bureau de change.

Temple du Nord
(*běi sìtǎ*)

Le temple du Nord possède la plus haute pagode au sud du Yangzi. Avec ses 9 étages, elle domine l'extrémité nord de Renmin Lu et offre un superbe panorama sur la ville.

La fondation du temple remonte au IIIe siècle. C'était à l'origine une résidence. La pagode en bois brûla et fut reconstruite à maintes reprises. Celle qui se dresse aujourd'hui date du XVIIe siècle. A côté, la salle Nanmu fut reconstruite sous les Ming en y incorporant certains éléments repris ailleurs. A l'arrière se cache une maison de thé avec un petit jardin. L'entrée du temple coûte 6 yuan, plus 4 yuan pour grimper au sommet.

Musée
(*sūzhōu bówùguǎn*)

Situé à quelques pâtés de maison à l'est de la pagode, près du jardin de la Politique des Simples, le musée fut la résidence de l'un des chefs d'armée Taiping, Li Xiucheng.

On y voit d'intéressantes cartes anciennes, une salle d'exposition de soies et de broderies, des stèles d'époque Qing et des vestiges archéologiques mis au jour dans les différents sites du district de Suzhou.

Musée de la Soie
(*sūzhōu sīchóu bówùguǎn*)

Également situé à proximité de la pagode, le musée de la Soie est un peu décevant car une impression d'abandon se dégage de l'ensemble. La section réservée aux vieux métiers à tisser et aux diverses techniques de tissage est intéressante. Consacrez-lui une heure. A l'intérieur, vous trouverez une cafétéria et une boutique de souvenirs.

Temple du Mystère
(*xuánmiàoguān*)

Au cœur de ce qui était autrefois le bazar de Suzhou – secteur aujourd'hui en plein essor – se dresse le temple taoïste du Mystère. Fondé au IIIe siècle (sous la dynastie Jin), entre 275 et 279, il subit des ajouts sous les Song. Depuis la dynastie des Qing, le bazar s'est déployé autour du temple, avec l'installation de petits marchands et de saltimbanques. L'énorme salle Sanqing, soutenue par soixante colonnes et recouverte d'un double-toit aux avants-toits renversés, date de 1181. Elle fut gravement endommagée par un incendie au XIXe siècle. Durant la Révolution culturelle, les Gardes rouges s'y installèrent, avant sa transformation en bibliothèque. Aujourd'hui, elle est envahie par les boutiques de souvenirs.

Jardins
(huāyuán)

Les jardins de Suzhou sont considérés comme des œuvres d'art – fusion de la nature, de l'architecture, de la poésie et de la peinture, afin de favoriser l'apaisement et l'éveil de l'âme. L'art paysager classique de Suzhou reflète le goût des fonctionnaires et des érudits du sud du Yangzi. Les riches fonctionnaires, une fois accompli leur devoir mondain, venaient jouir de la solitude de ces royaumes composés d'étangs et de rocailles.

Les rocailles et l'eau constituent les éléments clés de ces jardins. On y trouve étonnamment peu de fleurs et pas de fontaines :

SUZHOU 苏州	DIVERS		18	Magasin d'antiquités de Suzhou 文物店
OÙ SE LOGER	1	Temple du Jardin de l'Ouest 西园	19	BSP 公安局外事科
13 Overseas Chinese Hotel 华侨大酒店	2	Jardin où l'on flâne 留园	20	Bureau de réservation de China Eastern Airlines 东方航空售票处
16 Hôtel Lexiang 乐乡饭店	3	Gare ferroviaire 火车站		
23 Hôtel Nanlin 南林饭店	4	Musée de la Soie de Suzhou 丝绸博物馆	21	Parc des Deux Pagodes 双塔院
24 Pension Nanyuan 南园宾馆	5	Temple du Nord (Pagode) 北寺塔	22	Hôtel de ville 市政府
27 Hôtel Suzhou, CITS et CTS 苏州饭店, 中国国际旅行社, 中国旅行社	6	Musée de Suzhou 苏州博物馆	25	Jardin du Maître des filets 网师园
28 Hôtel Gusu 姑苏饭店	7	Jardin de la Politique des simples 拙政园	26	Location de vélos 租自行车店
29 Hôtel Xiangwang 相王宾馆	8	Forêt du Lion 狮子林	33	Jardin du Pavillon des vagues 沧浪亭
30 Bamboo Grove Hotel 竹辉宾馆	10	Jardin de l'Est 东园	34	Gare routière (bus longue distance) 南门汽车站
32 Friendship Hotel 友谊宾馆	11	Jardin du Couple 耦园	35	Bateaux pour le Grand Canal (billetterie) 轮船站
	12	Silk Mansion (magasin) 丝绸大厦		
OÙ SE RESTAURER	14	Bank of China 中国银行	36	Pagode Ruiguang 瑞光塔
9 Restaurant Xinjufeng	15	Temple du Mystère 玄妙观	37	Quartier de Panmen 盘门三景
31 Bamboo Grove Snack Bar 竹园餐厅	17	Jardin de l'Harmonie 怡园		

comme dans les jardins zen japonais, ils doivent créer l'illusion d'une scène naturelle avec seulement un peu de mousse, du sable et des rocailles. Ces microcosmes étaient l'œuvre de maîtres en la matière, et ils changèrent de mains plusieurs fois au cours des siècles. Ils souffrirent aussi de dégradations lors de la rébellion Taiping, dans les années 1860 et, par suite, de la domination étrangère sur Suzhou.

Les jardins sont habituellement ouverts de l'aube au crépuscule (de 7h30 à 17h). L'entrée coûte quelques yuan.

Jardin de la Politique des simples (*zhuózhèng yuán*). Beaucoup le considèrent comme le plus beau jardin de Suzhou, après celui du Maître des filets. Le parc de 5 ha comporte des ruisseaux, des étangs, des ponts et des îles couvertes de bambous. Il date du début du XVIe siècle. Dans le même secteur sont regroupés le musée de Suzhou et plusieurs filatures de soie. L'entrée s'élève à 20 yuan.

Jardin de la Forêt du lion (*shīzilín*). En remontant la rue qui part du jardin de la

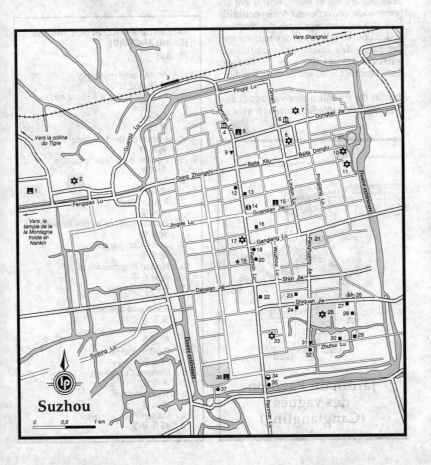

Suzhou

0   0,5   1 km

Politique des simples, on arrive à cette forêt d'un hectare aménagée en 1350 par le moine Tian Ru et d'autres disciples en souvenir de leur maître, Zhi Zheng. Le jardin possède des rocailles évoquant des formes léonines. Sur les murs du labyrinthe de galeries, des calligraphes célèbres ont exercé leur art.

Jardin de l'Harmonie (*yíyuán*). Son aménagement s'inspire d'élements empruntés à d'autres jardins, tout en les intégrant selon un style qui lui est propre. Il est divisé en deux parties, est et ouest, reliées par une promenade couverte aux fenêtres treillissées. A l'est sont regroupés des bâtiments et des cours ; à l'ouest, des bassins avec des galets de couleur, des rocailles, des tertres et des pavillons. Le jardin donne dans Renmin Lu, au sud de Guanqian Jie.

Jardin du Pavillon des vagues (*cānglàngtíng*). Passablement sauvage, avec ses ruisseaux qui serpentent et ses arbres luxuriants, il date du XIe siècle mais fut réaménagé à plusieurs reprises. Propriété d'un prince à l'origine, il fut transmis au lettré Su Zimei, qui lui donna son nom. Ce parc d'un hectare cherche à créer des illusions d'optique entre le paysage intérieur et le paysage extérieur.

La salle de la Voie éclairée (*míngdào táng*), le plus vaste édifice, était, dit-on, un lieu où l'on donnait des conférences sous la dynastie Ming. De l'autre côté

Jardin du Pavillon des vagues (Canglangting)

	JARDIN DU PAVILLON DES VAGUES (CANGLANGTING) 沧浪厅
1	Arche Canglangshengji 沧浪胜迹坊
2	Pavillon du Lotus au bord de l'eau 面水莲亭
3	Stèles 碑纪
4	Maison du Bord de l'eau 面水轩
5	Pavillon de la Stèle impériale 御碑纪
6	Toilettes 公厕
7	Pavillon Buqi 步砌亭
8	Pavillon d'où l'on admire les poissons 观鱼处
9	Jardin Canglangting 沧浪亭
10	Maison Wenmiaoxiang 闻妙香亭
11	Salle Qingxiang 清香馆
12	Sanctuaire des 500 Sages 五百名贤祠
13	Salle de la Voie éclairée 明道堂
14	Pavillon Yangzi 仰止亭
15	Maisons Cuilinglong 翠玲珑
16	Tour Kanshan 看山楼
17	Maison Yaohuajingjie 瑶华仙境

de Renmin Lu, tout près, se profile l'ancien temple de Confucius.

Jardin du Maître des filets (*wǎngshī yuán*). C'est le plus petit jardin de Suzhou. Il est si petit qu'il est difficile à trouver, mais mérite une visite car c'est aussi le plus beau de tous. L'entrée coûte 4 yuan.

Aménagé au XIIᵉ siècle, puis laissé à l'abandon, ce jardin fut finalement restauré au XVIIIᵉ siècle par un fonctionnaire à la retraite. Selon certains, ce dernier fit savoir que, lassé de la bureaucratie, il voulait devenir pêcheur (d'où le nom du jardin). Selon d'autres, ce même nom serait simplement dû à la proximité de Wangshi Lu.

La zone résidentielle occupe l'est du jardin, avec les antichambres où se tenaient les laquais chargés des chaises à porteurs, les salles de réception et les appartements privés. L'essentiel du jardin s'étend dans la partie centrale. Dans la partie ouest sont regroupés un jardin intérieur avec une cour occupée par le pavillon de la Fin du printemps (*diànchūn yí*), cabinet d'étude du maître. Cette partie, ainsi que le cabinet avec son mobilier de style Ming et ses lanternes, furent reconstitués et exposés au Metropolitan Museum of Art de New York en 1981.

Une reconstitution, miniature cette fois, fut présentée en 1982 au centre Pompidou à Paris. Jade de Qingtian, pierres de Yingde, papier de l'Anhui et soie de Suzhou servirent à donner une idée du jardin original avec ses salles, ses kiosques, ses étangs, ses fleurs et ses plantes rares.

La caractéristique la plus étonnante de ce jardin est l'utilisation de l'espace. Malgré sa superficie réduite et la taille imposante de ses édifices, rien ne paraît étriqué. Un partie des bâtiments est occupée par une coopérative d'artistes graveurs sur bois, qui jugent la paix du lieu propice à leur travail. L'entrée se trouve dans une étroite ruelle, à l'ouest de l'hôtel Suzhou.

Jardin où l'on flâne (*liúyuán*). S'étendant sur plus de 3 ha, le Jardin où l'on flâne est l'un des plus vastes de Suzhou. Il date de la

dynastie Ming et réussit à échapper à la destruction lors de la rébellion Taiping. Une galerie couverte de 700 m relie les principaux sites. Elle est percée de fenêtres offrant des perspectives soigneusement étudiées et est gravée de calligraphies de maîtres célèbres. Le pavillon des Canards mandarins (Yuanyang) ouvre sur une roche haute de 6,5 m, polie par les eaux du lac Taihu. Le jardin est situé à 1 km à l'ouest des vieux remparts de la ville, accessible en bus.

Temple du Jardin de l'Ouest
(*xīyuán sì*)
Situé à 500 m environ à l'ouest du Jardin où l'on flâne, ce temple fut construit à l'emplacement d'un jardin aménagé à la même époque, puis offert à la communauté bouddhiste. Détruit au XIXᵉ siècle, il fut entièrement reconstruit. Il abrite des statues bouddhiques expressives.

Temple de la Montagne froide
(*hánshān sì*)
Situé à 1 km du Jardin où l'on flâne, ce temple doit son nom au moine poète Hanshan, qui vécut au VIIᵉ siècle. Il brûla et fut reconstruit à maintes reprises, et offre peu d'intérêt à l'exception d'une stèle par le poète Zhang Ji immortalisant le pont des Érables, tout proche, et la cloche du temple (emportée depuis au Japon). Les jolis murs et le pont en dos d'âne méritent une visite. Ce temple abrita jadis un actif marché local de soie, de bois et de céréales. Non loin de ses murs couleur safran coule le Grand Canal. Prenez le bus n°4 jusqu'au terminus, traversez le pont et marchez jusqu'à la ligne de bus n°6 ; ou bien empruntez le bus n°5, puis le n°6.

Colline du Tigre
(*hǔqiūshān*)
A l'extrémité nord-ouest de la ville, la colline du Tigre est une colline artificielle où est enterré le père fondateur de Suzhou, He Lu. Ce dernier mourut au VIᵉ siècle av. J.-C., et de nombreuses légendes entourent son personnage – on raconte notam-

ment qu'il fut enterré avec ses trois mille épées et qu'un tigre blanc garde sa tombe.

Où se loger – petits budgets

L'hôtel *Lexiang* (☎ 522-2815) (*lèxiāng fàndiàn*) est le seul établissement pour petits budgets restant à Suzhou. Des lits en dortoir de 4 sont facturés 50 yuan et des doubles avec s.d.b. attenante de 198 à 328 yuan. Les étrangers sont systématiquement aiguillés vers les dortoirs. Cherchez l'enseigne indiquant une ruelle dans Renmin Lu. Pour vous y rendre, empruntez le bus n°1 en provenance de la gare ferroviaire.

Où se loger – catégorie moyenne

L'angle sud-est de la ville regorge d'établissements de cette catégorie. Le meilleur rapport qualité/prix est probablement offert par le *Friendship Hotel* (☎ 529-1601) (*yǒuyí bīnguǎn*), dans Zhuhui Lu, avec des doubles standard à partir de 220 yuan.

En contrebas de la rue, l'hôtel *Xiangwang* (☎ 529-1162) (*xiāngwáng bīnguǎn*) propose des tarifs et un confort similaires. Le prix des doubles s'échelonne entre 220 et 280 yuan. L'établissement se profile à l'angle nord-ouest de Xiangwang Lu et de Zhuhui Lu.

Au-delà de ce croisement, on arrive à l'entrée de l'hôtel *Gusu* (☎ 519-5127 ; fax 519-9727) (*gūsū fàndiàn*), 5 Xiangwang Lu, qui donne dans Shiquan Jie. Cet établissement un peu terne loue des doubles de 260 à 360 yuan.

L'hôtel *Nanlin* (☎ 522-4641) (*nánlín fàndiàn*), 22 Gunxiufang, dans Shiquan Jie, possède de très agréables jardins avec, dans un coin, des tables et des chaises en céramique. Les doubles démarrent à 290 yuan.

Dernière option, l'*Overseas Chinese Hotel* (☎ 720-2883) (*huáqiáo dàjiǔdiàn*), 518 Renmin Lu, au nord de Guanqian Jie, offre des doubles standard à 300 yuan.

Où se loger – catégorie supérieure

Le *Bamboo Grove Hotel* (☎ 520-5601 ; fax 520-8778) (*zhúhuī fàndiàn*), dans Zhu-

lui Lu, est le meilleur des hôtels de luxe de Suzhou, avec tous les équipements que l'on peut attendre d'un cinq-étoiles. Le prix des chambres commence à 110 $US.

L'hôtel *Suzhou* (☎ 520-4646 ; fax 520-5191) (*sūzhōu fàndiàn*), 115 Shiquan Jie, accueille surtout des groupes. L'endroit est assez quelconque. Les chambres démarrent à 70 $US.

La pension *Nanyuan* (☎ 522-7661 ; fax 523-8806) (*nányuán bīnguǎn*), 249 Shiquan Jie, se cache dans un jardin clos. Comptez un minimum de 522 yuan la chambre.

Où se restaurer

Si vous logez dans le sud-est de la ville, Shiquan Jie et les ruelles environnantes regroupent les meilleures adresses. Dans Shiquan Jie, vous pourrez manger dans des boutiques de nouilles et de raviolis pour environ 6 yuan par personne. En face du Friendship Hotel, le *Bamboo Grove Snack Bar* (*zhúyuán cāntīng*) propose des fritures à un prix abordable. Le restaurant *Xinjufeng* (*xīnjùfēng càiguǎn*), près du temple du Nord, sert une nourriture plutôt fade. Les glaciers *My City* préparent de bonnes crèmes glacées.

Si vous n'êtes pas trop limité par l'argent, rendez-vous au restaurant *Songhelou* (*sōnghè lóu*), 141 Guanqian Jie, considéré comme le plus célèbre restaurant de Suzhou. On raconte que l'empereur Qianlong lui-même y aurait dîné. Sa grande variété de plats inclut le poisson écureuil, les crevettes à la vapeur, les anguilles braisées, le porc aux pignons, le concombre de mer en forme de papillon, le poulet à la pastèque et le canard aux épices. Les serveurs insisteront pour vous placer dans une salle spéciale pour groupes, où les menus sont en anglais. Le Songhelou s'étend entre Guanqian Jie et une ruelle derrière, où s'arrêtent les minibus de touristes. Cet établissement ne fait pas l'unanimité chez les voyageurs.

La plupart des hôtels de Suzhou possèdent un restaurant. Le meilleur est celui du Bamboo Grove Hotel.

Distractions

Les spectacles nocturnes (danses et chansons) du *jardin du Maître des filets* sont très appréciés. La représentation dure de 19h30 à 22h30. On peut se procurer des billets auprès du CITS pour 50 yuan. En arrivant un peu en avance, vous pouvez également acheter votre billet sur place.

Achats

Les broderies, calligraphies, peintures, éventails en bois de santal, pinceaux et sous-vêtements en soie, caractéristiques de Suzhou, sont en vente à peu près partout, sans doute même dans la boutique de cadeaux de votre hôtel. Pour acheter des soieries, rendez-vous à la Silk Mansion, dans Renmin Lu ; pour les souvenirs, essayez le magasin d'antiquités qui se trouve dans la même rue. Toutefois, comparez les prix avec ceux pratiqués dans les boutiques de souvenirs de Shiquan Jie avant de vous décider.

Le kiosque du Bamboo Grove Hotel offre un bon choix de livres étrangers.

Comment s'y rendre

Avion. Suzhou ne possède pas d'aéroport mais China Eastern Airlines (☎ 522-2788) (*dōngfāng hángkōng gōngsī*) dispose d'un bureau de réservation, 192 Renmin Lu, pour les vols à partir de Shanghai.

Bus. La gare routière est implantée à l'extrémité sud de Renmin Lu. Sont assurées des liaisons entre Suzhou et pratiquement tous les grands centres de la région, notamment Shanghai, Hangzhou, Wuxi, Yangzhou et Yixing.

Train. Suzhou est situé sur la ligne Nankin-Shanghai. Le trajet jusqu'à Shanghai dure 1 heure 15, pour Wuxi 40 minutes, pour Nankin 3 heures 15. Concernant les bus-couchettes longue distance, renseignez-vous à votre hôtel ou auprès du CITS.

Bateau. Des bateaux desservent Hangzhou par le Grand Canal. De nos jours, ils sont essentiellement empruntés par les touristes étrangers et les Chinois d'outre-mer, les habitants de la région leur préférant le bus ou le train.

Les bateaux pour Hangzhou partent tous les jours à 17h et arrivent le lendemain matin à 7h30. Le tarif s'élève à 78 yuan en couchette dans une cabine de quatre lits, 150 yuan dans une double. Les billets sont vendus par le CITS ou au guichet "unité de civilisation" du bureau de réservation. Le CITS ajoute un service de 20 yuan.

Comment circuler

Bus. La principale artère est Renmin Lu qui va de la gare ferroviaire, au nord, à la gare routière et à un grand embarcadère, au sud. Le bus n°1 suit Renmin Lu d'un bout à l'autre. Le bus n°2 fait un peu le tour de la ville. Le bus n°5 est un bon bus est-ouest. Le bus n°4 part de Changmen vers l'est le long de Baita Lu, tourne vers le sud et passe devant l'extrémité est de Guanqian Jie, puis continue sur l'hôtel Suzhou.

Taxis. Taxis et moto-taxis attendent aux abords de la gare principale, près de l'embarcadère, à l'extrémité sud de Renmin Lu, et à Jingmen (pont Nanxin), à l'extrémité ouest de Jingde Lu. Ils tournent aussi souvent aux abords des hôtels touristiques. Mettez-vous d'accord au départ sur le prix de la course.

Bicyclette. On peut louer des bicyclettes à côté de l'hôtel Lexiang (10 yuan) ou dans un magasin juste en face de l'entrée de l'hôtel Suzhou.

ENVIRONS DE SUZHOU

En prenant des bus locaux, tels le bus n°11, jusqu'au terminus, vous pourrez découvrir la campagne environnante.

Grand Canal

(*dàyùn hé*)

Le canal proprement dit passe à l'ouest et au sud de Suzhou, à moins de 10 km de la ville. Les bus de banlieue n°13, 14, 15 et 16 vous y conduisent. Au nord-ouest, le

L'EST

bus n°11 suit le canal sur une assez longue distance. Une fois arrivé près du canal, trouvez-vous un joli pont d'où observer l'activité fluviale.

Pont de la Ceinture précieuse
(*băodài qiáo*)
Avec ses 53 arches, dont trois au centre, suffisamment larges pour permettre le passage des bateaux, c'est l'un des plus beaux ponts de Chine. Ce pont qui enjambe le Grand Canal est très fréquenté par les pêcheurs. Il est interdit à la circulation automobile, un autre pont moderne ayant été édifié en parallèle à cet usage. Sa construction remonte, pense-t-on, à l'époque Tang et son nom lui viendrait d'un préfet local, Wang Zhongshu, qui aurait vendu sa ceinture de cérémonie en jade pour faire ériger ce pont au bénéfice de tous. Il est situé à environ 5 km au sud-est de Suzhou. Prenez le bus n°13.

Région du lac Taihu
On peut accéder dans les endroits suivants en empruntant les bus longue distance qui partent de la gare routière à l'extrémité sud de Renmin Lu.

Lingyanshan (*língyán shān*). Le mont Lingyan, situé à 15 km au sud-ouest de Suzhou, est surmonté d'un temple et d'une pagode et offre une très belle vue sur les champs fertiles, les mûriers et, au loin, le lac Taihu.

Le monastère bouddhique, fondé sous la dynastie Ming, est situé au sommet, vaste et plat, de la colline. Après avoir été fermé durant la Révolution culturelle, ce monastère, où règne une "ambiance tibétaine", a rouvert depuis 1980.

Il est très agréable de circuler en bicyclette autour du Lingyanshan, bien qu'il faille traverser des zones ravagées par la pollution industrielle.

Tianpingshan (*tiānpíng shān*). Ce mont, situé à 18 km au sud-ouest de Suzhou, ressemble au précédent avec en outre des sources d'eau aux vertus médicinales.

Guangfu (*guăngfú*). A 25 km au sud-ouest, en bordure du lac, Guangfu a pour attraits une ancienne pagode à sept étages et de nombreux pruniers.

Dongshan (*dōngshān*). A 40 km au sud-ouest de Suzhou, le Dongshan mérite une mention pour ses jardins et pour son Couvent de l'Or pourpre (Zijin) contenant 16 arhats en terre colorée et entouré sur trois côtés par le lac Taihu.

Île de Xidongtingshan (*xīdòngtíng shān*). Également appelée Xishan, cette grande île est située à 60 km au sud-ouest de Suzhou. C'est là que l'on ramasse les rochers érodés du lac Taihu pour aménager les jardins.

Pour s'y rendre, il faut effectuer une traversée de 10 km en ferry. Prenez un bus en face de la gare ferroviaire de Suzhou en direction de Luxian, puis de là le ferry pour Zhenxia.

Changshu (*chángshú*). Située à 50 km au nord-est de Suzhou, cette ville est réputée pour ses dentelles. Au nord-ouest de la ville, le Yushan offre paysages et sites historiques, dont une pagode Song de 9 étages.

Luzhi (*lùzhí*). Dans cette ville sur l'eau, sise à 25 km à l'est de Suzhou, la circulation s'effectue essentiellement sur les canaux, dans des bateaux de béton à fond plat. L'ancien temple Baosheng abrite des arhats.

XUZHOU
(*xúzhōu*)
Xuzhou n'entre pas dans la catégorie des villes à canaux, bien qu'un affluent du Grand Canal traverse son extrémité nord-est. C'est avant tout un centre ferroviaire, avec quelques temples disséminés ici et là, auxquels il faut tout de même ajouter quelques mines de charbon. Si vous devez passer quelques heures à Xuzhou, dans l'attente d'une correspondance, vous pouvez visiter les sites suivants.

Colline du Dragon dans les Nuages
(*yúnlóng shān*)

Sur cette colline se trouvent le temple Xinghua, plusieurs pavillons et une pierre sculptée de l'époque des Wei du Nord. Dans une grotte à flanc de colline se trouve une gigantesque tête de Bouddha dorée, appartenant à une statue de Shakyamuni. La colline est à 10 mn à pied de l'hôtel Nanjiao mais on peut aussi y aller en prenant le bus n°2 ou 11.

Monument aux Martyrs de la bataille de Huaihai
(*huáihǎi zhànyì lièshì jìniàntǎ*)

Ce musée et l'obélisque qui commémorent cette bataille de la guerre révolutionnaire furent érigés en 1965 dans un immense parc boisé en bordure sud de la ville. La bataille de Huaihai livrée, près de Xuzhou, par l'Armée de libération du peuple de novembre 1948 à janvier 1949 joua un rôle décisif en amenant la débâcle des troupes du Guomindang. Le parc est planté de pins et de cyprès, "symboles de l'esprit toujours vivace des martyrs de la révolution". Il est sur la ligne du bus n°11.

LIANYUNGANG
(*liányúngǎng*)

La ville comprend une zone portuaire et une zone urbaine. La colline Yuntai offre la plus belle vue sur l'océan, les quelques mines de sel du rivage et un monastère taoïste.

C'est de cette ville que serait inspirée la montagne des Fleurs et des fruits telle qu'elle est évoquée dans l'un des plus célèbres romans chinois, le *Voyage en Occident*, écrit par Wu Cheng'en à l'époque Ming (mais il y a trois autres endroits en Chine qui le revendiquent également). Vous verrez également des reliefs rupestres, vieux de 2 000 ans, à Kung Wangshan.

La ville compte aussi plusieurs hôtels, un Friendship Store et un bureau du CITS.

Comment s'y rendre

Lianyungang est reliée par des vols CAAC à Pékin, Canton et Shanghai. Les bus longeant la côte est relient la ville à Shanghai. De Xuzhou, un embranchement ferroviaire part vers l'est pour rejoindre Lianyuangang (le trajet dure 6 heures).

Anhui 安徽

Les limites de la province de l'Anhui (*ānhuī*) furent définies par le gouvernement Qing et, à l'exception de quelques changements à la lisière du Jiangsu, elles sont restées inchangées depuis. Au nord, l'Anhui fait partie de la plaine de la Chine du Nord, où s'implantèrent de nombreux Chinois sous la dynastie Han. Le Yangzi traverse le quart méridional de l'Anhui et la région au sud de la rivière ne fut pas colonisée avant les VII-VIIIe siècles.

Les sites historiques et touristiques de l'Anhui sont principalement regroupés dans le sud, et par con^nt plus accessibles depuis Hangzhou ou Shanghai que de la capitale provinciale, Hefei. Les plus célèbres sont les spectaculaires Huangshan ("Montagnes jaunes"), à l'extrémité sud de la province, non loin de Jiuhuashan. Les ports de Guichi et Wuhu, sur le Yangzi, offrent des points de de débarquement commodes pour rejoindre les monts Jiuhuashan et Huangshan.

HEFEI
(*héféi*)
Capitale de la province, Hefei est une cité sans grand caractère. Ville paisible de marché avant 1949, elle s'est depuis développée pour devenir un centre industriel comptant plus de 500 000 habitants. Elle offre quelques sites à visiter et vous pourrez agréablement profiter des parcs et lacs qui entourent la ville.

Orientation
Les gares ferroviaire et routière sont implantées à l'est de la ville. Shengli Lu mène à la rivière Nanfei (qui, comme une série d'étangs au sud, décrit un cercle autour du centre-ville), que vous devrez traverser pour rejoindre le centre. Changjiang Lu, une artère qui coupe Hefei d'est en ouest, délimite le principal secteur commerçant. Les hôtels pour étrangers sont regroupés dans le centre-ville et dans Meishan Lu, au sud-ouest, qui domine l'étang Yuhua.

Population : 55 millions d'habitants
Capitale : Hefei

A ne pas manquer :
- Les monts Huangshan, symbole de la nature pour de nombreux Chinois
- Le mont Jiuhuashan, montagne sacrée bouddhiste, moins fréquentée que les monts Huangshan

Renseignements
Hefei ne possède aucun service de renseignements touristiques. La Bank of China est installée 155 Changjiang Lu mais vous pourrez également changer de l'argent à l'hôtel Anhui.

A voir et à faire
Si vous êtes de passage quelques heures à Anhui, profitez-en pour visiter les parcs qui entourent la ville. Le **parc Xiaoyaojin** (*xiāoyáojīn gōngyuán*), dans la partie nord-est de la ville, est le plus étendu. Le **parc Baohebin** (*bāohé gōngyuán*), au sud, renferme une série de petites tombes et un temple.

Vous pouvez aussi vous rendre au **musée de la province** (*shěng bówùguǎn*),

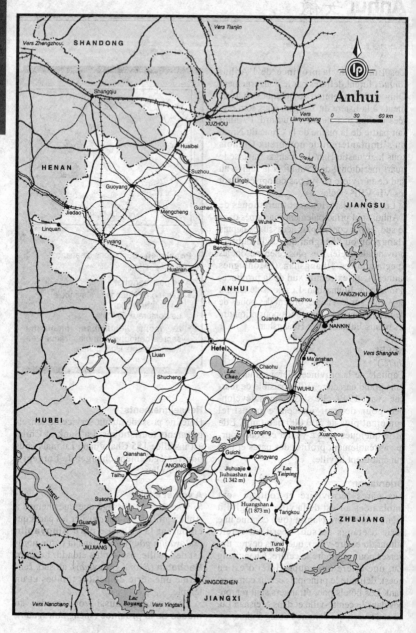

le traditionnel pis-aller offert par toutes les capitales de province chinoises.

Où se loger

Hefei accueille très rarement des visiteurs étrangers, ce qui se traduit dans les capacités hôtelières. Tous les hôtels proches des gares ferroviaire et routière sont interdits aux étrangers, à l'exception de l'hôtel *Yinlu* (☎ 262-8255) (*yínlù dàjiǔdiàn*), au croisement de Shouchun Lu et de Huaihe Lu (à environ 10 mn à pied de la gare ferroviaire), qui propose des doubles propres avec clim. à 168 yuan.

Les voyageurs à petit budget devront se replier sur l'hôtel *Meishan* (☎ 281-3555) (*méishān fàndiàn*), dans Meishan Lu, qui propose des lits en doubles sommaires à 40 yuan. C'est un vaste établissement qui possède également des villas très coûteuses. Pour obtenir une chambre bon marché, bifurquez sur la gauche après la porte d'entrée, puis cherchez la réception installée dans un bâtiment sur la droite. Le bus n°10 dessert l'hôtel depuis la gare ferroviaire et s'arrête devant. En taxi (si vous en trouvez un équipé d'un compteur), comptez 8 à 10 yuan.

La plupart des autres établissements appartiennent à la catégorie moyenne. Proche de la gare ferroviaire, l'*Overseas Chinese Hotel* (☎ 265-2221) (*huáqiáo fàndiàn*), 68 Changjiang Lu, compte un nombre impressionnant de chambres, respectivement à 160, 230 et 300 yuan dans les bâtiments A, B et C. Le *Friendship Hotel* (☎ 282-1707) (*yǒuyì bīnguǎn*), non loin de l'hôtel Meishan, dans la même rue, loue des doubles à 189 et 221 yuan.

Cossu, l'hôtel *Anhui* (☎ 281-1818 ; fax 282-2857) (*ānhuī fàndiàn*) offre tous les services d'un trois-étoiles : personnel anglophone, centre de remise en forme, cafétéria, etc. Le prix des chambres s'échelonne entre 640 et 860 yuan, davantage pour les suites.

Où se restaurer

Hefei n'est pas véritablement la capitale culinaire de la Chine. Dans ce domaine, le quartier de la gare ferroviaire est particulièrement sinistre, avec ses vendeurs de mets précuits dans des plats métalliques. Le *Sou-thern California Beef Noodles Restaurant* (*nánjiāzhōu niúróumián*), en face de l'Overseas Chinese Hotel, sert des nouilles savoureuses à 6 yuan. Meishan Lu compte aussi un bon choix de restaurants mais tous les menus sont en chinois. L'Overseas Chinese Hotel abrite une cafétéria très correcte.

Comment s'y rendre

Avion. Hefei assure un nombre limité de vols pour les principales destinations chinoises, telles que Canton (quotidien), Changchun, Chengdu, Fuzhou, Haikou, Hangzhou, Huangshan (quotidien), Pékin (quotidien), Shanghai (quotidien), Shenzhen, Shenyang, Wenzhou, Wuhan, Xiamen, Xi'an et même Hong Kong (deux fois par semaine). On peut réserver ses billets auprès de l'agence China Eastern Airlines (☎ 282-2357), 246 Jinzhai Lu, ou au bureau de réservation situé juste en face de la gare ferroviaire.

Bus. La gare routière, massive, est en contrebas de la gare ferroviaire. Les bus desservent toute la Chine. Des départs quotidiens sont assurés pour les destinations proches, telles que Hangzhou, Jingdezhen, Wuhan, Nankin et Huangshan. Il existe aussi des bus avec couchettes pour Canton, Shanghai et Qingdao.

Train. Des trains directs relient Hefei à Shanghai (12 heures), Pékin (16 heures), Zhengzhou (13 heures, *via* Kaifeng), Chengdu (34 heures) et Xiamen (38 heures).

Pour acheter des billets en assis dur, vous devrez jouer des coudes au guichet de la gare. Pour les billets en couchette dure ou molle, vous devrez vous rendre dans un bâtiment aux carreaux blancs situé à une centaine de mètres sur la gauche après la sortie de la gare. Il faut acheter ses billets au guichet n°2. Il est ouvert de 8h30 à 10h30 et de 14h30 à 16h30.

BOZHOU

(*bózhōu*)

Bozhou se dresse à l'extrémité nord-ouest de l'Anhui, à proximité de la limite avec le

L'EST

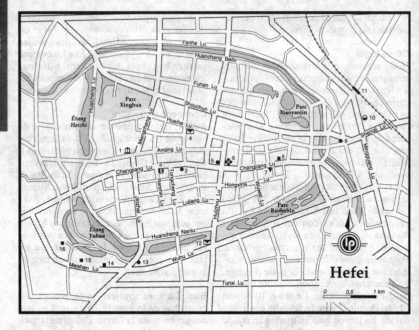

Henan. C'est une petite ville régionale, sans charme particulier. Elle est l'un des plus importants centres commerciaux dans le domaine de la médecine traditionnelle chinoise et attire des marchands et des herboristes venus de toute la Chine. Le fondateur du taoïsme, Lao Zi (Lao Tseu), serait né près de Bozhou, au Ve siècle av. J.-C.

A voir

La principale attraction de Bozhou est son **marché médicinal** (*zhōngyào shìchǎng*). En se promenant parmi les étals, on voit des monceaux d'herbes et de fleurs séchées, des racines d'origine mystérieuse, des pierres, des nids de guêpes, des peaux d'animaux, des écailles de tortue, des insectes et des serpents séchés.

Le **souterrain** (*yǐn bīn dìxiàdào*) est une voie de 600 m de long creusée sous terre parallèlement à l'une des principales rues et qui servit à une époque de passage secret pour les soldats. On peut l'emprunter mais il est étroit et humide.

Le **temple Guandi** (*huāxìlóu*) a une porte ornée de briques vernissées construite sous les Qing et un petit musée où l'on peut voir un linceul d'époque Han, mis au jour en 1973, et fait de morceaux de jade merveilleusement assemblés avec du fil d'argent.

Où se loger

La plupart des hôtels semblent accepter les étrangers. L'hôtel *Bozhou* (☎ (05681) 22048) (*bózhōu bīnguǎn*), dans Banjie Lou, dans le centre-ville, est le principal établissement touristique. Il abrite une petite agence du CITS. Les doubles confortables reviennent à 100 yuan, les lits les moins chers à 25 yuan en dortoir de trois avec s.d.b. commune.

L'hôtel *Gujing* (*gǔjǐng dàjiǔdiàn*), autre monstruosité moderne à carreaux blancs, se profile au carrefour principal, à 1 km au sud de la gare routière longue distance. Les

HEFEI 合肥		6	Grand magasin 市百货大楼	11	Gare ferroviaire 火车站
1	Musée de la Province 省博物馆	7	Southern California Beef Noodles Restaurant 加州牛肉面	12	Poste et télécommunications 市电信局
2	Bank of China 中国银行	8	Overseas Chinese Hotel 华侨饭店	13	China Eastern Airlines 东方航空售票处
3	Librairie en langues étrangères 外文书店	9	Hôtel Yinlu 银路大酒店	14	Friendship Hotel 友谊宾馆
4	Bâtiment des postes et télécommunications de la province 省邮电局	10	Gare routière (bus longue distance) 长途汽车站	15	Hôtel Anhui 安徽饭店
5	Librairie Xinhua 新华书店			16	Hôtel Meishan 梅山饭店

doubles standard coûtent 240 yuan. Le marché médicinal se tient juste de l'autre côté du carrefour.

Comment s'y rendre

Depuis la gare routière, des bus desservent Wuhan, Zhengzhou, Hefei, Shanghai et Nankin. Bozhou est également sur la ligne ferroviaire Zhengzhou-Hefei et tous les trains font une halte. La gare de Bozhou est située à quelque 10 km au sud-est de la ville.

MASSIF DU HUANGSHAN
(huángshān)

Le Huangshan (montagnes Jaunes) désigne un massif hérissé de 72 sommets, au sud de la province, à 280 km à l'ouest de Hangzhou. Pour les Chinois, c'est, avec Guilin, le plus célèbre paysage montagneux du pays. Il vrai que par beau temps, le Huangshan est véritablement magnifique et que la campagne environnante, avec ses villages traditionnels et ses champs bigarrés, est l'une des plus belles de Chine.

Huangshan attire des touristes depuis plus de 1 200 ans. C'est l'empereur Tian Biao, sous la dynastie Tang, qui lui donna son nom actuel au VIIIᵉ siècle. Il fut une source d'inspiration pour d'innombrables peintres et poètes avec ses cimes déchiquetées, aux noms imagés, tels que le pic des Neuf Dragons, du Prêtre taoïste, du Nez de

Bœuf, de la Capitale de la fée et du Bossu. Aujourd'hui, les artistes à la recherche d'un endroit paisible, loin de l'agitation des métropoles, ont été remplacés par des foules de touristes chinois. En faisant un petit effort, vous devriez trouver des coins tranquilles où profiter de panoramas à couper le souffle. Lorsque certains voyageurs parviennent à s'échapper des sentiers touristiques, ils reviennent transportés d'émotion par le spectacle auquel ils ont assisté.

Le sommet le plus élevé est le pic de la Fleur de Lotus *(liánhuā fēng)*, à 1 800 m, suivi du pic de la Clarté *(guāngmíng dǐng)* et le pic de la Capitale du Ciel *(tiāndū fēng)*. Une trentaine de pics dépassent les 1 500 m.

Orientation et renseignements

Les bus publics au départ de Tunxi (Huangshan Shi) vous déposeront au terminus, près de la porte du Huangshan, en haut de Tangkou *(tāngkǒu)*, le principal village au pied du massif. Vous pourrez acheter cartes, imperméables (souvent nécessaires), en-cas et vous loger. D'autres hébergements sont regroupés autour des sources chaudes, 2,5 km plus haut dans la vallée, mais ils sont plus chers. La route se termine à mi-pente à la hauteur de la station inférieure du téléphérique (890 m d'altitude), d'où part l'escalier est. D'autres hôtels sont disséminés sur les divers chemins menant aux sommets.

Itinéraires vers le sommet

Il existe trois moyens d'atteindre le sommet : une ascension courte, mais difficile, par les marches de l'est ; une plus longue et plus dure encore, par les marches de l'ouest ; une très rapide, et très facile, par le téléphérique. L'escalier est mène à la station inférieure du téléphérique, l'escalier ouest au-dessus des sources chaudes. Quel que soit le moyen choisi pour accéder au sommet du Huangshan, les étrangers doivent payer un droit d'entrée de 80 yuan, soit au départ de l'escalier est, près de la station inférieure du téléphérique, soit à la porte d'entrée, dans la forêt, au début de l'escalier ouest.

Marches de l'est. Comptez trois heures pour cet itinéraire facile long de 7,5 km.

Les inconditionnels peuvent prolonger leur ascension par l'escalier est de plusieurs heures en partant de la porte Huangshan, où un sentier traverse la route à plusieurs endroits avant de rejoindre l'itinéraire principal de l'escalier est, à la station inférieure du téléphérique. Si vous disposez de suffisamment de temps, la randonnée idéale consiste en un circuit d'une dizaine d'heures par l'escalier est jusqu'au sommet, avec descente ensuite vers les sources chaudes par l'escalier ouest. Ne sous-estimez pas la difficulté de cette randonnée. Les marches en pierre taillée facilitent certes l'ascension, mais elles sont raides.

Marches de l'ouest. Cette voie longue de 15 km, qui suit un chemin escarpé taillé dans les rochers abrupts, offre des perspectives saisissantes sur le Huangshan. L'inconvénient est qu'elle est deux fois plus longue que la voie est et exige deux fois plus d'efforts. Mieux vaut l'emprunter à la descente.

Celle-ci débute à la hauteur du "rocher volant" (*fēilái shí*), rocher rectangulaire perché sur un affleurement à une demi-heure de l'hôtel Beihai, et passe par le pic de la Clarté (*guāngmíng dǐng*) où sont situés une station météorologique et un hôtel.

Il ne faut pas manquer sur la voie ouest une étonnante sorte d'échelle suspendue au-dessus du précipice qui mène au pic de la Capitale du Ciel, auquel est adossé l'hôtel Jade Screen Tower. Les amoureux emportent des cadenas sur lesquels ils ont gravé leurs noms et les fixent aux chaînes qui font office de garde-fou pour symboliser leur attachement à jamais. En continuant à descendre vers les sources chaudes, le chemin ouest passe devant le temple à Mi-Pente (*bànshān sì*).

A mi-chemin entre le temple à Mi-Pente et les sources chaudes, il y a une route empruntée par des minibus. Pour 10 yuan, vous pourrez ainsi échapper aux dernières 90 minutes de marche et vous faire conduire jusqu'aux sources chaudes.

HUANGSHAN 黄山

1	Point de vue
	清凉台
2	Hôtel Beihai
	北海宾馆
3	Hôtel Xihai
	西海宾馆
4	Rocher volant
	飞来石
5	Station supérieure du téléphérique
	白岭索道站
6	Hôtel Tianhai
	天海宾馆
7	Jade Screen Tower Hotel
	玉屏宾馆
8	Mid-Level Temple (hôtel)
	半山寺
9	Station inférieure du téléphérique
	云谷寺索道站
10	Hôtel Yungu
	云谷山庄
11	Temple de la Lumière et de la Miséricorde
	慈光阁
12	Hôtel Huangshan
	黄山宾馆
13	Huang Mountain Wenquan Hotel
	黄山温泉大酒店
14	Peach Blossom Hotel
	桃源宾馆
15	Hôtel Tiandu
	天都山庄

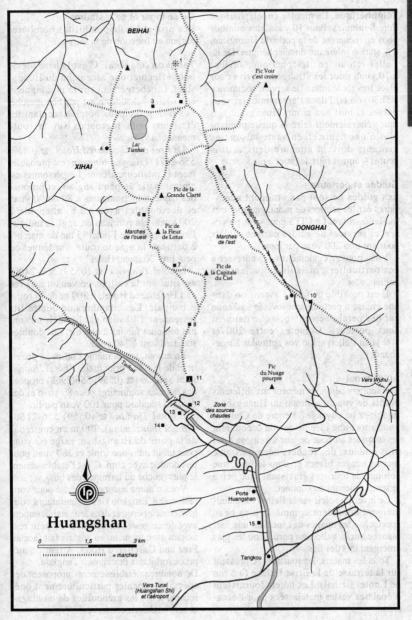

BEIHAI

XIHAI

Lac
Tianhai

Pic Voir
c'est croire

Pic de la
Grande Clarté

Marches
de l'ouest

Pic de
la Fleur
de Lotus

DONGHAI

Marches
de l'est

Pic de
la Capitale
du Ciel

Téléphérique

Pic
du Nuage
pourpre

Vers Wuhu

Zone
des sources
chaudes

Taohua

Porte
Huangshan

Huangshan

0   1,5   3 km

= marches

Tangkou

Vers Tunxi
(Huangshan Shi)
et l'aéroport

L'EST

Téléphérique. La montée en téléphérique dure 8 minutes. Pour 10 yuan, des minibus vous emmèneront de la porte du Huangshan à la station inférieure du téléphérique. De là, l'aller-retour en téléphérique revient à 70 yuan pour les étrangers. Arrivez sur place très tôt le matin (le service commence à 5h30) ou tard dans l'après-midi (si vous passez la nuit aux monts Huangshan). Il faut généralement faire la queue pendant plus d'une heure et, en haute saison, les visiteurs doivent attendre deux à trois heures – autant faire le trajet à pied.

Guides et porteurs

Les guides ne sont pas vraiment nécessaires car les sentiers de montagne sont très faciles à suivre. Le CITS peut vous proposer les services de guides parlant anglais pour environ 200 yuan par jour.

Vous pouvez également vous adresser à des particuliers, mais ils ne parlent pas anglais.

Il est possible de faire l'ascension dans une chaise à porteurs improvisée soutenue par des perches en bambou que tiennent deux porteurs. Comptez entre 200 et 300 yuan l'aller, selon vos aptitudes à marchander.

Au sommet

Des sentiers bétonnés mènent aux différents points de vue au sommet du Huangshan. Imaginez un paysage à l'encre de Chine et vous aurez une idée de ce que découvrent les touristes au bout de leur ascension : des pins noueux, des rochers découpés, une mer de nuages blancs et, dans le fond, une colonne de touristes gravissant avec peine le sentier menant au sommet.

Le lever du soleil sur le Beihai est unanimement considéré comme le plus beau spectacle : les nuages bas forment une mer blanche sur la vallée, au nord, d'où les pics émergent tels des îles.

Tous les matins, les touristes se pressent sur la terrasse de la Brise fraîche (à 5 mn de l'hôtel Beihai). Les hôtels fournissent d'épaisses vestes matelassées pour l'occasion.

Où se loger et se restaurer

Les prix et les disponibilités hôtelières varient en fonction de la saison.

Tangkou (*tāngkǒu*). C'est la base idéale pour effectuer une ascension du Huangshan. L'hébergement sur la montagne et aux sources chaudes n'est pas bon marché. Les trois principaux hôtels acceptant les étrangers sont regroupés sur la route menant au village.

Le *Free and Unfettered Hotel* (☎ (0559) 556-2571) (*xiāoyáo bīnguǎn*) est probablement la meilleure affaire. Le personnel est amical, parle un peu l'anglais, et propose des triples fonctionnelles à 80 ou 90 yuan et des doubles avec s.d.b. attenante à 200 yuan. Un panneau en anglais indique l'emplacement de l'hôtel (5 mn de marche) à partir de la grande route, sur lequel on peut lire "Xiaoyao Hotel".

L'hôtel *Tangkou* (☎ (0559) 556-2400) est situé sur la colline, en venant du Free and Unfettered Hotel, à 200 m de la route principale. Les chambres de quatre lits reviennent à 40 yuan par lit, mais ne sont pas toujours faciles à obtenir. Les doubles standard sont à 240 yuan.

En amont, sur la même colline, à proximité de la route principale, l'hôtel *Huangshan Yinqiao* (☎ (0559) 556-2968) propose des doubles sommaires pour 80 yuan et des doubles standard pour 100 yuan par lit.

L'hôtel *Tiandu* (☎ (0559) 556-2160) (*tiāndū shānzhuāng*), 700 m en contrebas de la porte du Huangshan, exige 60 yuan pour un lit dans une triple et 280 yuan pour une double avec clim. C'est l'établissement le plus proche du terminus des bus.

Vous n'aurez aucune difficulté pour vous restaurer à Tangkou (les restaurateurs vous inviteront à pénétrer dans leur établissement avec force gestes expressifs). Un petit restaurant avec un menu en anglais fait face au Free and Unfettered Hotel. Attention aux prix exorbitants pratiqués à Tangkou. De nombreux établissements proposent des spécialités locales particulièrement onéreuses, telles les grenouilles de montagne et les viandes en conserve.

Sources chaudes. La station, sise à 2,5 km en amont de la route, est un endroit tranquille et agréable mais les hébergements ont tendance à être surévalués. On peut profiter des bains à côté de l'hôtel Huangshan pour 60 yuan (prix pour les étrangers), dans une s.d.b. indépendante.

L'hôtel *Huangshan* (☎ (0559) 556-2202) (*huángshān bīnguǎn*) se présente lui-même comme "un établissement public aux installations sanitaires fiables". Quelle que soit la signification de cette formule, c'est l'hôtel le moins cher qui accepte de loger des étrangers, avec des lits en doubles sommaires pour 50 yuan. Comptez 320 yuan pour une double avec s.d.b et clim.

De l'autre côté du pont, le *Huang Mountain Wenquan Hotel* (☎ (0559) 556-2196) (*huángshān wénquán dàjiǔdiàn*), loue des doubles passablement lugubres à 120 yuan au niveau inférieur de l'hôtel mais, pour 280 yuan, vous obtiendrez nettement mieux.

En amont de la colline, le *Peach Blossom Hotel* (☎ (0559) 556-2666) (*táoyuán bīnguǎn*), surévalue ses prix avec des doubles de 40 à 70 $US, des suites à 120 $US.

Le Huang Mountain et le Peach Blossom possèdent tous deux un restaurant. Comme à Tangkou, les restaurateurs guettent les touristes. Soyez vigilant sur les prix.

Station inférieure du téléphérique. L'endroit compte uniquement l'hôtel *Yungu* (☎ (0559) 566-2444) (*yúngǔ shānzhuāng*), en contrebas de l'escalier du parking, en face de la station du périphérique. Il loue des doubles, chères, à 250 yuan et reçoit très peu d'étrangers.

Au sommet. Un détour par le Huangshan inclut nécessairement un séjour au sommet. Malheureusement, les hôtels les moins chers sont officiellement interdits aux étrangers.

Une adresse à retenir toutefois, l'hôtel *Shizi* (*shīzi fàndiàn*), qui propose des lits dans des dortoirs de huit pour 40 yuan, mais refuse fréquemment les étrangers.

Certains voyageurs se consolent en campant à l'extérieur.

L'hôtel *Beihai* (☎ (0559) 556-2558) (*běihǎi bīnguǎn*) pratique des prix ridiculement exorbitants, mais c'est l'établissement le moins cher qui accepte les étrangers. Le prix des doubles s'échelonne entre 580 et 700 yuan.

L'hôtel *Xihai* (☎ (0559) 256-2132/3) (*xīhǎi bīnguǎn*), plus à l'ouest sur le sentier, est un véritable "hôtel de montagne", conçu par des architectes suédois. Les doubles démarrent à plus de 100 $US. Toutes les chambres sont équipées de chauffage et d'eau chaude 24h/24.

Le Xīhai et le Beihai possèdent tous deux des bars et des restaurants servant de la cuisine chinoise et occidentale mais ne sont ouverts que quelques heures au déjeuner et au dîner.

Pour déguster des repas moins onéreux, allez chez les petits vendeurs de rue ou dans les restaurants plus simples alentour.

Marches de l'ouest. L'hôtel *Tianhai* (*tiānhǎi bīnguǎn*), en contrebas du pic de la Clarté, loue des chambres sommaires pour 180 yuan. Un peu plus bas, dans un site spectaculaire, à 1 660 m d'altitude, près du pic de la Capitale céleste, se profile le *Jade Screen Tower Hotel* (☎ (0559) 556-2540) (*yùpínglóu bīnguǎn*). Vous devrez débourser 220 yuan pour une double, avec des installations sanitaires très rudimentaires.

Plus bas encore, le petit *Mid-Level Temple* (*bànshān sì*), à 1 340 m, n'offre qu'un petit dortoir à ne retenir qu'en dernier recours.

Compte tenu de sa situation exceptionnelle, le Jade Screen Tower Hotel dispose d'une salle à manger très bon marché, à côté de la minuscule cour intérieure, ainsi qu'un meilleur restaurant à l'étage.

Le Mid-Level Temple possède une maison de thé ou l'on sert des repas simples et des rafraîchissements.

Comment s'y rendre

Avion. L'aéroport qui dessert Huangshan est installé à Tunxi (Huangshan Shi). Sont assurés des vols pour Canton (six par semaine), Hefei (quotidien), Kunming (*via* Guilin : deux fois par semaine), pour Pékin (trois par semaine), Shanghai (tous les jours, excepté le jeudi), et Shenzhen, ainsi que des vols moins fréquents pour Fuzhou, Xiamen et Xi'an. Il existe deux vols par semaine pour Hong Kong.

Bus. Une nouvelle route asphaltée permet désormais aux bus d'effectuer le trajet depuis Tunxi (Huangshan Shi) à la porte du Huangshan en seulement 1 heure 30.

En été, d'autres bus directs assurent la liaison depuis Hefei (8 heures), Shanghai (10 heures), Hangzhou, Suzhou et Jingdezhen. Il existe également des bus depuis les ports de Wuhu et de Guichi, sur le Yangzi.

Train. Les trains en provenance de Hefei et de Nankin, *via* Wuhu, passent par Tunxi (Huangshan Shi). Pour les correspondances à destination du sud, vous devrez d'abord vous rendre à Yingtan (province du Jiangxi) puis changer de train.

TUNXI (HUANGSHAN SHI)
(*túnxī (huángshān shì)*)
La vieille cité commerçante de Tunxi (Huangshan Shi) se trouve à quelque 70 km au sud-est, par la route, de Huangshan. Pour le voyageur, elle ne sert que de point de départ pour rejoindre le Huangshan.

Des bus relient régulièrement Tunxi et Tangkou. Il existe d'autres services de bus pour Shanghai, Hangzhou, Hefei, Nankin et Jingdezhen, ainsi que des trains directs pour Hefei, Yingtan (*via* Jingdezhen) et Wuhu. L'aéroport local accueille plusieurs vols hebdomadaires en provenance de Pékin, Canton et Shanghai, ainsi que d'autres villes régionales.

JIUHUASHAN
(*jiǔhuá shān*)
Par rapport au Huangshan, le Jiuhuashan, certes moins spectaculaire, a toutefois l'avantage d'être plus calme et moins fréquenté. Le Jiuhuashan est l'une des quatre montagnes sacrées du bouddhisme en

Chine (avec le Pu Tuo dans le Zhejiang, le Emei dans le Sichuan et le Wutai dans le Shanxi). Au IIIe siècle, des moines taoïstes construisirent des temples à toit de chaume qui, avec l'essor du bouddhisme, furent remplacés par des monastères de pierre. Le Jiuhuashan doit son importance à un bouddhiste coréen, Kim Kiao Kak, qui fonda en 720 un lieu de culte dédié à Ksitigarbha, le gardien de la Terre. Des fêtes ont lieu chaque année pour l'anniversaire de la mort de Kim (le 30e jour du 7e mois lunaire), qui attirent de nombreux pèlerins. Sous la dynastie Tang, à l'apogée de ce culte, 5 000 moines et nonnes vivaient dans plus de 300 monastères à Jiuhuashan. Aujourd'hui, il ne subsiste plus que 70 temples et monastères sur les collines environnantes.

Orientation et renseignements
Le village de Jiuhua est situé à 600 m d'altitude, à mi-pente de la montagne. Le bus s'arrête juste en dessous de la porte principale où vous devrez acquitter un droit d'entrée de 30 yuan. De là monte l'étroite rue principale, bordée de restaurants bon marché, de magasins de souvenirs et d'hôtels.

La place du village est construite autour d'un vaste bassin que longe une rue transversale qui part vers la droite.

Plusieurs cartes "illustrées" en chinois indiquant les chemins de montagne sont en vente dans le village.

Où se loger
Au bas du village vous attend le très beau *monastère Qiyuan (qíyuán sì)*, aux allures de palais. Vérifiez qu'il loue encore des dortoirs. De l'autre côté de la place, quand on vient du monastère, l'hôtel *Julong* (☎ (05630) 811-368) (*jùlóng bīnguǎn*), établissement touristique standard, loue des doubles avec s.d.b. pour 180 yuan.

Le *Bell Tower Hotel* (☎ (05630) 811-251) (*jiǔhuáshān zhōnglóu fàndiàn*), tout en haut de la rue principale, est une meilleure adresse. Des doubles chauffées avec s.d.b. et TV couleur reviennent à

130 yuan. Il existe aussi des chambres moins chères, mais rarement disponibles.

Comment s'y rendre

En été, des bus directs relient le Huangshan au Jiuhuashan, *via* Qingyang (17 yuan, 6 heures, y compris la traversée en ferry du vaste lac de retenue Taiping), Shanghai et Nankin. Hors saison touristique, vous devrez probablement changer à Qingyang, d'où partent sept bus quotidiens, toute l'année, pour le Jiuhuashan.

WUHU ET GUICHI

(*wǔhú, guìchí*)

Wuhu est un port fluvial sur le Yangzi et un nœud ferroviaire utile. Une ligne de chemin de fer part du sud vers Tunxi, une autre de l'est vers Shanghai *via* Nankin, et de la rive nord du fleuve, une autre se dirige au nord vers Hefei. Des bus relient également Wuhu à Huangshan et Jiuhuashan. A l'ouest de Wuhu se trouve le port de Guichi, toujours sur le Yangzi, d'où partent des bus pour Huangshan et Jiuhuashan.

Shanghai 上海

Paris de la Chine, reine de l'Orient ; cité des nouveaux riches et des fortunes mal acquises ; ville des aventuriers, des joueurs, des parieurs, des oisifs, des dandys, des hommes d'affaires, des missionnaires, des gangsters et des margoulins ; dans ce berceau de la Révolution, on dansait au moment même où les communistes investissaient la ville. Shanghai (*shànghǎi*) a toujours hanté les mémoires au cours de la longue période d'amnésie que les communistes ont imposée au pays.

En 1949, Shanghai remisa ses chaussures de danse. Pendant quarante ans, seuls quelques vestiges coloniaux trahissaient le passé de la ville, qui fut jadis le symbole de la mainmise de l'Occident sur l'Orient.

Aujourd'hui, Shanghai semble revivre. On danse à nouveau jusqu'à l'aube dans les discothèques des petites rues. Des hôtels massifs, des grands magasins et des bureaux se découpent à l'horizon. La première ligne de métro a été portée sur les fonts baptismaux et des grosses cylindrées sillonnent les rues. Pendant ce temps, des enfants qui mendient et se prostituent contemplent avec envie les vitrines.

Shanghai réapprend son passé et invente son avenir. Précisément, nous tenons à mentionner qu'en raison des bouleversements qui affectent la ville, il est presque impossible d'en faire une description. Les informations contenues dans ce chapitre ont été choisies parce qu'il nous a semblé qu'elles étaient susceptibles d'être relativement durables. Attendez-vous malgré tout à beaucoup de nouveautés d'ici à votre séjour.

Histoire

Comme on peut s'en rendre compte lorsqu'on se promène dans le Bund ou les ruelles du quartier français, Shanghai (nom signifiant "au bord de la mer") est une invention occidentale. Sise à l'embouchure du Yangzi (Chang Jiang), elle occupait une position idéale pour devenir un port de

Population : 13,4 millions d'habitants

A ne pas manquer :

- Le Bund, symbole du "Paris de l'Orient"
- Nanjing Lu, artère commerçante où socialisme à la chinoise et société de consommation font bon ménage
- Les méandres de la concession française, dans lesquels il fait bon flâner
- Les jardins Yuyuan

commerce. Lorsque les Britanniques ouvrirent leur première concession en 1842, après la première guerre de l'Opium, ce n'était qu'une petite ville de pêcheurs et de tisserands. La présence anglaise bouleversa l'ordre des choses. Les Français s'implantèrent en 1847. Une concession internationale fut établie en 1863 ; puis les Japonais s'installèrent en 1895. La ville fut morcelée en concessions, zones économiques spéciales avant l'heure, toutes parfaitement autonomes et non soumises à la loi chinoise.

Au milieu du XVIIIe siècle, Shanghai comptait 50 000 habitants. En 1900, sa population atteignait presque le million. Dans les années 30, la ville abritait quelque 60 000 résidents étrangers. La concession internationale possédait les édifices les plus hauts d'Asie, et Shanghai plus de véhicules motorisés que tout le reste de la Chine. De puissantes organisations financières et commerciales du monde entier firent ériger de gigantesques bureaux et de somptueuses demeures. La ville devint synonyme d'exploitation et de vice : on ne comptait plus les fumeries d'opium, les salles de jeux clandestines et les maisons de passe. Ce territoire était surveillé par des marines américains, des soldats français et italiens, des "tommies" britanniques et des "vestes bleues" japonais. Des vaisseaux étrangers et des sous-marins patrouillaient sur le Yangzi, sur le Huangpu et le long des côtes chinoises, protégeant les placements les plus importants du monde : à eux seuls, les Anglais avaient investi 400 millions de £. Après le coup porté par Tchang Kaï-chek aux communistes en 1927, le Guomindang coopéra étroitement avec la police étrangère et les propriétaires d'usines chinois ou étrangers afin d'éradiquer toute agitation ouvrière. La police de la concession, dirigée par les Britanniques, arrêta les chefs du

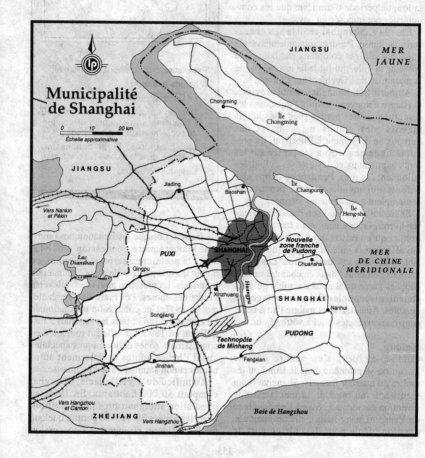

Municipalité de Shanghai

JIANGSU

MER JAUNE

Chongming

Île Chongming

0   10   20 km
Échelle approximative

JIANGSU

Vers Nankin et Pékin

Jiading

Baoshan

Île Changxing

Île Heng-sha

Lac Dianshan

PUXI

SHANGHAI

Nouvelle zone franche de Pudong

MER DE CHINE MÉRIDIONALE

Qingpu

Chuansha

Huangpu

Xinzhuang

SHANGHAI

Songjiang

Nanhui

PUDONG

Technopôle de Minhang

Jinshan

Fengxian

Vers Hangzhou et Canton

Baie de Hangzhou

ZHEJIANG

Vers Hangzhou

mouvement ouvrier et les remit au Guomindang, qui les fit emprisonner ou exécuter. A plusieurs reprises, on fit aussi appel aux gangs de Shanghai pour arbitrer les conflits internes à la concession.

La main-d'œuvre chinoise, employée dans le port et les usines, était la pierre angulaire de tout l'édifice. Exploités dans les usines, mendiant dans les rues, vendus comme esclaves, ils étaient exclus de la vie facile, des palais et des parcs mis en place par les étrangers. Pas étonnant que Shanghai fut toujours un foyer d'agitation potentiel et que, au bout du compte, les communistes "libérèrent" la ville en 1949.

Ils rasèrent les taudis, soignèrent des centaines de milliers d'opiomanes et supprimèrent le travail des enfants et l'esclavage. Malheureusement, ils favorisèrent une stagnation de l'économie qui dura jusqu'en 1990, lorsque le gouvernement central autorisa finalement Shanghai à redevenir une métropole de tout premier plan.

Climat
Le printemps et l'automne sont les meilleures saisons pour visiter Shanghai. En hiver, les températures peuvent être négatives, sous un rideau de bruine. Les étés sont humides et chauds, atteignant parfois 40°C.

Institutions politiques
Politiquement, Shanghai est l'un des centres les plus importants de la Chine, et l'un des plus explosifs. C'est là que se tint, en 1921, la réunion qui donna naissance au Parti communiste chinois. Shanghai joua un rôle très actif au début du communisme à l'époque où le Parti se concentrait encore sur la mobilisation des travailleurs urbains. C'est là aussi que Mao posa la première pierre de la Révolution culturelle en publiant dans les journaux de la ville un article de rhétorique politique que la presse de Pékin lui avait refusé.

Sous la Révolution culturelle, Shanghai fut le théâtre d'une Commune populaire inspirée de la Commune de Paris en 1871. Si la tentative des milieux ouvriers parisiens de gérer les affaires publiques dura deux mois, la Commune de Shanghai ne vécut que trois semaines. L'armée y mit un terme sous l'ordre de Mao et fit avorter cette forme de socialisme en Chine.

La bande des Quatre eut aussi sa base politique à Shanghai. C'est là que commença en 1969 la campagne de critique contre Confucius et Mengzi (Mencius), avant de prendre, en 1973, une ampleur nationale et d'être associée à la critique de Lin Biao. Dans le contexte de l'après-Deng, on parle à nouveau d'une clique de Shanghai.

Économie
Shanghai est brusquement sortie du marasme en 1990 lorsqu'on décida de développer la zone de Pudong, sur la rive est du Huangpu. Même si les investisseurs étrangers se plaignent de la montée vertigineuse des coûts qui les contraint à déplacer leur production à l'extérieur de Shanghai, la ville s'est imposée comme le centre financier de la Chine et une formidable puissance économique en gestation. En 1998, la zone franche de Pudong devrait abriter moitié autant de bureaux que Singapour. Lujiazui, la zone qui fait face au Bund, sur la rive du Huangpu du côté de Pudong, contrastera fortement avec l'architecture austère du Bund, symbole d'un passé révolu.

De gigantesques autoroutes traverseront bientôt la ville et la construction du métro se poursuit. L'objectif est d'éviter les problèmes d'infrastructures que connaissent d'autres métropoles asiatiques, comme Bangkok, Jakarta et Taipei.

Population
Shanghai possède quelque 13,4 millions d'habitants. Ce chiffre est cependant trompeur car il englobe une circonscription administrative qui s'étend sur 6 100 km². Toujours est-il que le cœur de la ville (220 km²) abrite plus de 7,5 millions de personnes, ce qui équivaut à l'une des densités de population les plus élevées en Chine, voire au monde.

Orientation

La circonscription administrative de Shanghai est démesurée, mais la ville elle-même est d'une surface plus modeste. L'île de Chongming, dans le delta du Yangzi, mérite une mention spéciale car c'est la deuxième île de Chine par la superficie (ou la troisième si l'on compte Taiwan, revendiquée par les Chinois).

Le centre de Shanghai est divisé en deux secteurs par le Huangpu : Pudong (à l'est du fleuve) et Puxi (à l'ouest). Le premier périphérique décrit une ellipse tout autour du centre proprement dit, qui inclut le secteur commercial à l'ouest de la ville, le quartier des affaires de Lujiazui et la zone d'exportation Jinqiao à Pudong. Un second périphérique (extérieur) devrait relier l'aéroport international de Hongqiao à la nouvelle zone commerciale de Gaoqiao, un port sur le Yangzi, à Pudong.

Pour les visiteurs, les centres d'intérêt sont regroupés à Puxi. C'est là que se trouvent le Bund, les rues commerçantes, les concessions étrangères, les hôtels, les restaurants, les sites historiques et les boîtes de nuit. Les noms des rues sont en pinyin, ce qui facilite les déplacements, et quantité d'artères portent le nom d'une ville ou d'une province. Dans le centre (autour de Nanjing Lu), les rues nord-sud portent des noms de provinces et les rues est-ouest des noms de villes. Certaines artères sont divisées selon leur orientation, telles que Sichuan Nanlu (rue Sichuan sud) et Sichuan Beilu (rue Sichuan nord). Quelques avenues, étonnamment longues, sont subdivisées en secteurs, comme Zhongshan Dong Erlu et Zhongshan Dong Yilu, qui signifient respectivement Zhongshan Est 2e rue et Zhongshan Est 1re rue.

La ville comprend quatre principaux centres d'intérêt : le Bund, depuis Suzhou Creek jusqu'au terminal passagers du port de Shanghai (quai Shiliupu) ; Nanjing Donglu, un quartier très pittoresque ; la ville française, qui inclut Huaihai Zhonglu et Ruijin Lu, un quartier encore plus pittoresque ; le temple du Bouddha de Jade et la voie qui longe le Suzhou Creek.

Renseignements

CITS. La principale agence du CITS (☎ 6321-7200) est installée au 3e étage du Guangming Building, 2 Jinling Donglu. On peut y réserver les places de train, d'avion ou de bateau, selon les disponibilités. On peut également réserver des billets de train pour le lendemain pour Hangzhou, Suzhou ou Nankin. Pour les destinations plus lointaines, qui nécessitent la réservation de couchettes, vous devrez vous y prendre nettement plus longtemps à l'avance (une semaine, voire davantage). Les billets de bateau sont plus faciles à obtenir par l'intermédiaire du CITS mais sont souvent nettement plus chers que si vous vous rendez à la billetterie, de l'autre côté de la rue.

Ligne téléphonique spéciale. Une ligne téléphonique (☎ 6439-0630) à l'intention des touristes est en service 24h/24. Elle traite essentiellement des réclamations. C'est une nouveauté en Chine, aussi n'en attendez pas trop.

BSP. Le bureau (☎ 6321-5380) est sis 210 Hankou Lu, un pâté de maisons au nord de Fuzhou Lu, non loin de l'angle avec Henan Zhonglu.

Argent. Presque tous les hôtels, même les moins chers comme le Pujiang et le Haijia, abritent un bureau de change. Les cartes de crédit sont plus facilement acceptées à Shanghai qu'ailleurs dans le pays.

La plupart des hôtels touristiques, ainsi que les banques et les Friendship Store (voire les magasins d'antiquités et d'artisanat), acceptent les cartes les plus courantes (Visa, American Express, Mastercard, Diners et JCB). La gigantesque Bank of China, qui jouxte le Peace Hotel, est généralement bondée mais c'est la mieux organisée de toutes les banques du pays. La décoration intérieure mérite le coup d'œil.

American Express. L'agence (☎ 6279-8082) est sise Room 206, Retail Plaza, Shanghai Centre, 1376 Nanjing Xilu.

Poste et télécommunications. Les plus grands hôtels touristiques disposent d'un bureau de poste d'où l'on peut envoyer lettres et petits paquets.

Le service postal express et la poste restante sont installés 276 Bei Suzhou Lu.

Le bureau de poste et de télécommunications international est situé à l'angle de Sichuan Beilu et de Bei Suzhou Lu. Le service des paquets internationaux se trouve dans le même bâtiment, mais de l'autre côté, 395 Tiantong Lu.

Des transporteurs étrangers se chargent des envois de paquets et de documents urgents. Contactez DHL (☎ 6536-2900), UPS (☎ 6248-6060), Federal Express (☎ 6275-0808) ou TNT Skypak (☎ 6419-0000).

On peut obtenir assez rapidement les appels internationaux depuis sa chambre d'hôtel. Le bureau de télégraphe international, d'où l'on peut téléphoner à l'étranger, envoyer des télex et des télégrammes internationaux, est établi dans Nanjing Donglu, à côté du Peace Hotel.

Consulats étrangers. Leur nombre ne cesse de croître. Si vous avez déjà retenu votre place pour une date précise dans le Transsibérien, mieux vaut demander votre visa à Shanghai qu'affronter les queues interminables devant l'ambassade russe à Pékin.

Canada
    Suite 604, West Tower, Shanghai Centre, 1376 Nanjing Xilu (☎ 6279-8400 ; 6279-8401)
Corée
    2200 Yan'an Xilu (☎ 6219-6417)
États-Unis
    1469 Huaihai Zhonglu (☎ 6433-6880 ; fax 6433-4122)
France
    Room 2008, Ruijing Building, 205 Maoming Nanlu, (☎ 6472-3631 ; fax 6472-5247)
Royaume-Uni
    244 Yongfu Lu (☎ 6433-0508 ; fax 6433-0498)
Inde
    2200 Yan'an Xilu (☎ 6275-8885 ; fax 6472-9589)

Japon
    1517 Huaihai Zhonglu (☎ 6433-6639 ; fax 6433-1008)
Pologne
    618 Jianguo Xilu (☎/fax 6433-9288)
Russie
    20 Huangpu Lu (☎ 6324-2682 ; fax 6306-9982)
Singapour
    400 Wulumuqi Zhonglu (☎ 6433-1362 ; fax 6433-4150)

Librairies. En tenant compte des kiosques des hôtels touristiques, Shanghai offre quantité de librairies proposant des ouvrages et des magazines en langue étrangère. Le principal établissement de ce type est établi 390 Fuzhou Lu. Cette rue est traditionnellement la rue des librairies.

Les grands hôtels (comme le Park, le Jinjiang et le Sheraton Huating) et quelques boutiques offrent un choix restreint de journaux et de magazines étrangers, dont le *Wall Street Journal*, l'*International Herald Tribune*, l'*Asiaweek*, *The Economist*, le *Time* et *Newsweek*. Ces deux derniers constitueront des cadeaux appréciés par vos amis chinois.

Médias. De nombreux magazines sont proposés gratuitement à Shanghai, et leur nombre devrait encore augmenter. Le *Shanghai Star* est un quotidien en anglais, d'une lecture plus distrayante que le *China Daily*. Procurez-vous aussi *Welcome to China - Shanghai*, une publication gratuite qui fournit notamment des renseignements sur les restaurants des hôtels et autres sujets intéressant les voyageurs.

Cartes. Des plans de Shanghai en anglais sont proposés à la librairie en langues étrangères, à la librairie de l'hôtel Jinjiang et parfois chez les marchands ambulants. La meilleure est incontestablement la *Shanghai Official Tourist Map* (bilingue). Malheureusement, elle n'est pas toujours disponible.

La *Shanghai Traffic Map* (*shànghǎi shìqū jiāotōng tú*), la meilleure pour les itinéraires de bus, est seulement disponible en chinois. Elle est vendue dans les librai-

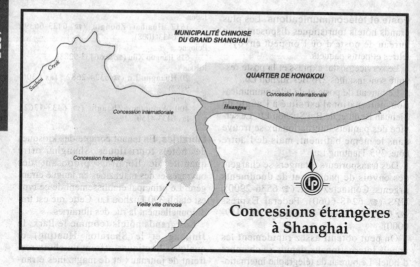

MUNICIPALITÉ CHINOISE
DU GRAND SHANGHAI

QUARTIER DE HONGKOU

Suzhou Creek

Concession internationale

Huangpu

Concession internationale

Concession française

Vieille ville chinoise

**Concessions étrangères
à Shanghai**

ries, les kiosques des hôtels et par les marchands ambulants.

Il arrive aussi que l'on trouve une autre carte bilingue, la *Map of Shanghai*, éditée à Hong Kong. Les rues et les destinations figurent en chinois et en anglais.

Services médicaux. Shanghai a la réputation d'être la première ville du pays dans le domaine médical. On peut se procurer des médicaments occidentaux au Shanghai n°8 Drugstore, 951 Huaihai Zhonglu.

Les étrangers sont envoyés au Shanghai Emergency Centre (☎ 6324-4010), 68 Haining Lu. On peut également se faire soigner à l'hôpital Huashan (☎ 6248-9999), 12 Wulumuqi Zhonglu, et au Shanghai First People's Hospital (☎ 6306-9478), 585 Jiulong Lu, à Hongqiao.

Alliance française. Elle est sise 297 Wu Song Lu (☎ 324-5796).

Quelques repères

Jusqu'à une période récente, Shanghai était un vaste musée, héritage du colonialisme de la fin du XIXe siècle. Aujourd'hui, on remplace les vestiges du passé par des

grands magasins, des bureaux et des hôtels. Même le Bund va faire peau neuve, car les édifices appartenant à l'État sont revendus à leurs anciens propriétaires ou aux enchères. Difficile d'anticiper le visage de la ville dans plusieurs années, mais il est certain qu'elle perdra de son charme.

Pour l'heure, la vieille ville mérite toujours une visite. La **ville chinoise**, notamment, demeure un labyrinthe de ruelles pavées, bordées de maisons serrées les unes contre les autres. Elle abrite en outre les jardins de Yuyuan. Elle s'étend sur la rive sud-ouest du Huangpu, bordée au nord par Jinling Donglu et au sud par Zhonghua Lu.

La **concession internationale** (*shànghǎi zūjiè*) représentait un nouveau monde de coopération entre les Anglais, les Européens et les Américains (les Japonais en faisaient partie mais étaient considérés comme suspects). Elle englobe un large secteur au nord du centre-ville, de l'intersection de Yan'an Xilu avec Nanjing Xilu au nord jusqu'au Suzhou Creek et au Huangpu, à l'est. Cette concession comprend Nanjing Lu et le Bund. Le quartier résidentiel, ponctué de somptueuses villas, s'étendait à l'est de Xizang Lu.

Au sud de Yan'an Lu, coincée au nord de la ville chinoise, se tenait la **concession française** (*fǎguó zūjiè*). La ligne est-ouest qui la séparait de la concession internationale est aujourd'hui occupée par Yan'an Lu, qu'on appelait alors avenue Foch à l'ouest et avenue Edouard-VII à l'est. La partie française du Bund (au sud de Yan'an) était connue sous le nom de quai de France. En dépit de son nom, la concession française abritait 90% de Chinois. Les étrangers les plus nombreux étaient des Russes blancs.

Le premier quartier (à proximité de l'hôtel Jinjiang et dans Huaihai Lu) s'embourgeoise à nouveau. A preuve, les grands magasins et les boutiques qui fleurissent partout dans le quartier. Pour apprécier la ville française, enfoncez-vous tout bonnement dans les petites rues qui se dirigent vers le sud depuis Yan'an Lu (reportez-vous au paragraphe spécialement consacré à la ville française un peu plus loin).

Le Bund
(*wàitān*)

Bund est un terme anglo-indien qui désigne un quai sur une berge boueuse. Entre 1920, date à laquelle on se rendit compte du problème, et 1965, la ville s'est enfoncée de plusieurs mètres. Il a fallu pomper l'eau du sol, mais la menace continue de planer, comme à Venise. Des radiers de béton servent de fondations aux gratte-ciel implantés sur cette masse spongieuse.

Le Bund est le symbole de Shanghai. Des foules de touristes chinois et étrangers déambulent dans ce secteur, carte à la main. Des bâtiments eux-mêmes se dégagent une certaine sérénité, comme si la Révolution n'avait jamais eu lieu – mélange d'architecture néo-classique des années 30, qui rappelle New York, et d'un peu d'architecture monumentale égyptienne pour faire bonne mesure.

Pour les Européens, le Bund était le Wall Street de Shanghai, où se faisaient et se défaisaient des fortunes. L'un des établissements les plus célèbres était la firme Jar-dine Matheson & Company. En 1848, Jardine acheta le premier terrain proposé aux étrangers de Shanghai et se lança peu après dans le commerce de l'opium et du thé. Aujourd'hui, cette société possède environ la moitié de Hong Kong.

A l'extrémité nord-ouest du Bund s'étendait le British Public Gardens, devenu aujourd'hui le parc Huangpu. Il est resté célèbre pour le panneau, disposé à l'entrée, qui indiquait : "Interdit aux chiens et aux Chinois".

Le Bund s'apprête aujourd'hui à subir de nouvelles transformations. L'immeuble de la Hong Kong & Shanghai Bank, aisément reconnaissable au dôme qui le coiffe, fut achevé en 1921 en grande pompe. La banque cherche à récupérer les locaux qui abritent actuellement le gouvernement municipal populaire de Chine. D'autres bâtiments ont été vendus, dont la rénovation ne devrait pas se faire attendre.

Les statues qui jalonnaient le Bund ont disparu et l'on ignore ce que sont devenus les deux lions de bronze qui marquaient autrefois l'entrée de la Hong Kong & Shanghai Bank. On a d'abord pensé qu'ils avaient été fondus par les Japonais pour fabriquer des canons, mais par la suite les Chinois ont déclaré les avoir retrouvés.

L'hôtel Tung Feng, en bas du Bund, près du quai Shiliupu, ne donne qu'un petit aperçu du faste passé de Shanghai. C'était le site du Shanghai Club, réservé au gratin de la société britannique, exclusivement masculine. On a refait à l'identique le Long Bar dans le nouveau Shanghai Centre, dans Nanjing Xilu. Le foyer du Tung Feng abrite aujourd'hui un KFC, signe qu'un certain passé est à jamais révolu.

Nanjing Lu et le quartier du centre

Nanjing Donglu (est de la rue de Nanjing), du Peace Hotel au Park Hotel, est longtemps passé pour les Champs-Élysées chinois. En réalité, Huaihai Lu rivalise avec Nanjing Donglu en termes de prestige. Reste que des enseignes de renom ont pignon sur rue dans cette artère commerçante. Le grand magasin n°10 a été rebap-

Shanghai

0   2   4 km

SHANGHAI 上海市

OÙ SE LOGER

5   Hôtel Haijia
海佳饭店
6   Hôtel Changyang
长阳饭店
13 Galaxy Hotel
et Hongqiao
State Guesthouse
银河宾馆,虹桥迎宾馆
14 Hôtels Yangtze New
World et Westin
Taipingyang
扬子江大酒店,
太平洋大饭店
17 Nikko Longbai Hotel
日航龙柏饭店
18 Cypress Hotel
龙柏饭店
22 Sheraton Huating Hotel
华亭宾馆

DIVERS

1   Gare ferroviaire Ouest
西火车站
2   Parc Zhabei
闸北公园
3   Tombe de Lu Xun et
parc Hongkou
鲁迅陵，公园
4   Parc de la Paix
和平公园
7   Jardin d'enfants
Beixinjing
北新泾苗圃
8   Parc Changfeng
长风公园
9   Université de Shanghai
上海大学
10 Gare ferroviaire
Changning
长宁火车站
11 Parc Zhongshan
中山公园
12 Parc Tianshan
天山公园

15 Aéroport Hongqiao
虹桥机场
16 Zoo
上海动物园
19 Cimetière Wanguo
et tombe de Song
Qingling
万国公墓，
宋庆龄陵园
20 Gare routière Xujiahui
徐家汇车站
21 Parc Guangqi
光启公园
23 Parc et pagode
Longhua
龙华公园
24 Cimetière des Martyrs
烈士陵园
25 Parc Caoxi
漕溪公园
26 Gare ferroviaire
Xinlonghua
新龙华火车站
27 Jardins botaniques
植物园

tisé Hua Lian et le grand magasin n°1 ne devrait pas tarder à en faire autant.

Nanjing Xilu commence là où Nanjing Donglu décrit un coude vers le sud, à hauteur du parc Renmin. A vrai dire, Nanjing Xilu présente un intérêt moindre que la partie est de la rue. Le secteur situé à hauteur du parc Renmin est peu à peu envahi par des fast-foods et des boutiques de luxe. Au-delà de la nouvelle voie rapide Chengdu Lu, Nanjing Lu compte des hôtels, des restaurants et de l'immobilier de bureau avec, comme pierre angulaire, le Shanghai Centre.

Musée de Shanghai
(*shànghǎi bówùguǎn*)
Installé 201 Renmin Lu, sur la place Renmin, et d'une indéniable audace architecturale, il recèle l'une des plus belles collections au monde d'art chinois : bronzes anciens au rez-de-chaussée (armes, vaisselle, vases, cloches et instruments de musique) ; peinture, sculpture et porcelaine au premier étage.

Ville française
(*fǎguó zūjiè*)
Le cœur de l'ancienne concession française s'étend autour de Huaihu Lu et de l'hôtel Jinjiang. Ce quartier semble aujourd'hui redevenir cossu. Le secteur autour de l'hôtel Jinjiang et la tour Jinjiang abonde en cafés et boutiques.

En s'aventurant dans les rues transversales qui donnent dans Yan'an Lu, on découvre une étonnante architecture fin de siècle, dans toute son ancienne gloire. Un cadre voué à disparaître, semble-t-il, d'après les résidents qui se plaignent de la destruction du vieux Shanghai à une vitesse effrayante.

Site du 1er Congrès national du parti communiste
(*zhōnggòng yīdàhuìzhǐ*)
Le Parti communiste chinois fut fondé en juillet 1921 dans un immeuble de la concession française, lors d'une réunion des délégués des diverses organisations communistes et socialistes chinoises. Par rapport à

l'importance de l'événement, le musée ne paie pas de mine. Vous verrez quelques photographies et documents avec des explications en anglais. Le musée est ouvert de 8h30 à 11h et de 13h à 16h (3 yuan). Fermeture les lundi et jeudi matin.

Résidence de Sun Yat-sen
(*sūn zhōngshān gùjū*)
La Chine est envahie de souvenirs de Sun Yat-sen. Cet édifice est l'une de ses anciennes résidences, 7 Xianshan Lu, anciennement rue Molière. Il y vécut pendant six ans, grâce à des fonds versés par des Chinois d'outre-mer. Après sa mort, son épouse, Song Qingling (1893-1981), y demeura jusqu'en 1937, sous la surveillance constante de policiers en civil du Guomindang et d'agents français. Cette maison de deux étages, en retrait par rapport à la rue, a conservé son ameublement d'origine, bien qu'elle ait été pillée par les Japonais. Entrée 7 yuan. Ouverture tous les jours de 9h à 16h30.

Jardins Yuyuan et bazar
(*yùyuán shāngshà*)
A l'extrémité nord-est de la vieille ville chinoise vous attendent les jardins Yuyuan et le bazar. Bien qu'un peu vieillot, l'endroit reste l'un des sites les plus intéressants de Shanghai et mérite absolument une visite. En revanche, évitez de vous y rendre le week-end : il est envahi par une foule de badauds et de touristes à laquelle il est impossible de faire face si l'on n'a pas grandi à Shanghai (pour plus de détails sur les célèbres en-cas du bazar, reportez-vous à la rubrique *Où se restaurer*).

La famille Pan, de riches fonctionnaires de la dynastie Ming, firent dessiner ces jardins. L'entreprise dura 18 ans (de 1559 à 1577), mais les jardins furent détruits nettement plus rapidement par un bombardement, durant la guerre de l'Opium, en 1842. Ils furent à nouveau réduits à néant par les troupes françaises en représailles des attaques des rebelles Taiping contre la concession française toute proche. Aujourd'hui, ils ont été restaurés et attirent

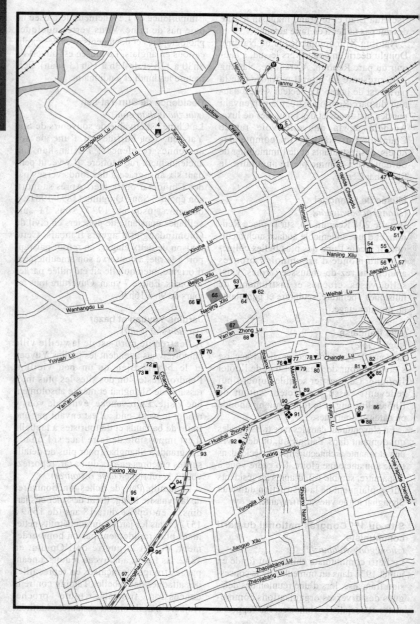

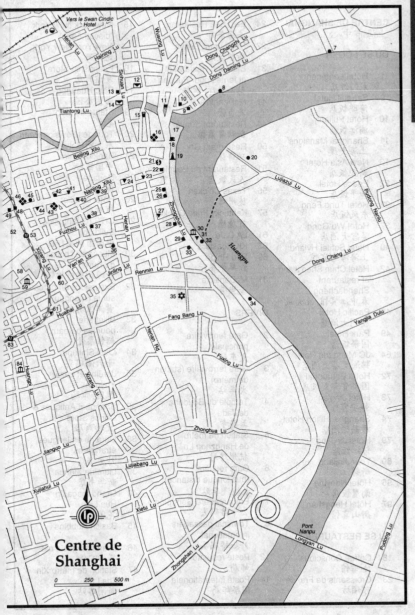

Vers le Swan Cindic Hotel

Henan Lu

Haining Lu

Wusong Lu

Dong Changzh Lu

Dong Daming Lu

Sichuan Lu

12

13

14

Tiantong Lu

15

Beijing Xilu

16

17

18

19

21

22

24   23

Nanjing Xilu

42 41

46 45

40

39

49

48 44 43

52   53

38

Fuzhou Lu

37

Henan

25

26

27

28

Zhongshan

30

31

32

29

Huangpu

Dong Chang Lu

20

Lujiazui Lu

Pudong Nanlu

Yan'an Lu

58

36

Jinling

Renmin Lu

59

60

33

61

Huaihai Lu

35

34

Yangjia Dulu

Fang Bang Lu

Henan Rd

Fuxing Lu

83

84

Huangpi Lu

Xizang Lu

Zhonghua Lu

Jianguo Lu

de Hangzhou Lu

Lujiabang Lu

Xujiahui Lu

Xietu Lu

**Centre de
Shanghai**

0   250   500 m

Zhongshan Lu

Pont
Nanpu

Longyan Lu

Pudong Nanlu

L'EST

CENTRE DE SHANGHAI
上海市中心

OÙ SE LOGER

1 Hôtel Longmen
龙门饭店
9 Seagull Hotel
海鸥饭店
10 Hôtel Pujiang
浦江饭店
11 Shanghai Mansions
上海大厦
13 New Asia Hotel
新亚饭店
22 Peace Hotel
和平饭店
28 Hôtel Tung Feng
东风饭店
37 Hôtel Wu Gong
吴宫大酒店
40 Hotel Sofitel Hyland
上海海仑宾馆
42 Hôtel Chun Shen Jiang
et restaurant
Shendacheng
春申江宾馆, 沈大成
48 Pacific Hotel
金门大酒店
49 Park Hotel
国际饭店
64 JC Mandarin Hotel
锦沧文华大酒店
72 Hotel Equatorial
国际贵都大饭店
73 Hôtel Jing'an
静安宾馆
74 Shanghai Hilton Hotel
希而顿酒店
79 Hôtel Jinjiang
锦江饭店
80 Tour Jinjiang
新锦江
95 Hôtel Nanying
南鹰饭店
97 Hôtel Hengshan
衡山宾馆

OÙ SE RESTAURER

18 Coffee Conscious
咖啡馆
23 Croissants de France
可颂坊

24 East Sea Restaurant
东海餐厅
27 Restaurant Sunya
新雅饭店
31 Diamond Restaurant
et ferries pour Pudong
钻石餐厅, 运船
41 McDonald's
麦当劳
44 Restaurant Sunya
新雅粤菜馆
50 Restaurant Gongdelin
功得林
51 Restaurant du Peuple
人民饭店
56 Texas Chicken
德州鸡
57 Kentucky Fried Chicken
肯德鸡
61 LA Cafe
63 KK Roasters
69 Red Rhino
红犀牛餐厅
81 McDonald's
麦当劳

DIVERS

2 Gare ferroviaire
principale
火车站
3 Gare ferroviaire (station
de métro)
火车站
4 Temple du Bouddha
de Jade
玉佛寺
5 Station de métro
de Hangzhou Lu
杭州路站
6 Gare routière
(bus longue distance)
长途汽车站
7 Embarcadère Gongpinglu
公平路码头
8 Terminal passagers
international
外虹桥码头
12 Poste restante
邮局
14 Poste internationale
国际邮局

15 New York New York
(discothèque)
New York New York
迪斯可
16 Friendship Store
友谊商店
17 Parc Huangpu
黄浦公园
19 Statue de Mao
毛象
20 Tour de télévision Pearl
东方明珠电视塔
21 Bank of China
中国银行
25 Douane
海关楼
26 Hôtel de ville
市政府
29 CITS (Guangming
Building)
中国国际旅行社
30 Musée de l'histoire
du Bund
外滩历史博物馆
32 Excursions en bateau
sur le Huangpu
黄浦上游船
33 Billetterie
pour les bateaux
船售票处
34 Quai Shiliupu
十六浦码头
35 Jardins et bazar
Yuyuan
豫园, 市场
36 Shanghai Antiques &
Curios Store
文物商店
38 Librairie en langues
étrangères
外文书店
39 Librairie Xinhua
新华书店
43 Grand magasin
Hua Lian
花莲百货
45 Baskin Robbins
46 Grand magasin n°1
第一百货
47 Station de métro Xin
Zha Lu
新闸路站

52 Parc Renmin
人民公园

53 Station de métro
Renmin Shangchang
人民商场站

54 Théâtre d'Art
de Shanghai
艺术剧院

55 Théâtre acrobatique
de Shanghai
杂技场

58 Place Renmin
人民广场

59 Musée de Shanghai
上海博物馆

60 Great World
大世界

62 Jingdezhen Porcelain
Artware
景德镇瓷器商店

65 Shanghai Centre
上海商城

66 Malone's American
Cafe

67 Centre d'exposition
de Shanghai
上海展览中心

68 China Eastern Airlines
(CAAC)
民航售票处

70 JJ Disco
JJ迪斯可

71 Parc Jing'an
静安公园

75 Judy's Place 酒吧

76 JJ Dickson Centre

77 Jurassic Pub
恐龙酒吧

78 Brasserie

82 Laodachang
Bakery & Confectionary
老大昌

83 Station de métro
Huangpi Lu
黄陂南路站

84 Siège du Ier Congrès
national du PCC
一大会址

85 Isetan
Isetan 百货

86 Parc Fuxing
复兴公园

87 Shanghai Sally's (pub)
Shanghai Sally's 酒吧

88 Ancienne résidence
de Sun Yat-sen
中山故居

89 Théâtre Guotai
国泰电影院

90 Station de métro
Shaanxi Nanlu
陕西南路站

91 Printemps
Printemps 百货

92 Conservatoire
de musique
音乐学院

93 Station de métro
Changshu Lu 长熟路站

94 Consulat des États-Unis
美国领事馆

96 Station de métro
Hengshan Lu
衡山路站

des foules de touristes chinois. Ils sont ouverts tous les jours de 8h30 à 16h30.

Dans le secteur du bazar, le **temple des Dieux de la ville** (*chénghuángmiào*) a été récemment rénové. Sa réputation est surfaite. En réalité, le bazar Yuyuan, une version Disneyland de la Chine historique, offre plus d'intérêt. Il contient une centaine d'échoppes et de restaurants entassés dans d'étroites ruelles et sur de minuscules places dans un décor qui cherche à évoquer le "vieux Cathay". C'est l'endroit idéal pour déjeuner et acheter quelques souvenirs.

Temple du Bouddha de Jade
(*yùfó sì*)

C'est l'un des rares temples bouddhiques de Shanghai. En activité, il attire des foules de visiteurs – essentiellement des habitants de la région et des Chinois d'outre-mer. Construit entre 1911 et 1918, il abrite, au centre, un Bouddha de jade blanc de 2 m de haut en provenance du Zhejiang, où un moine l'avait lui-même fait venir de Birmanie en 1882. Ce Bouddha assis, incrusté de joyaux, pèserait environ une tonne. Un Bouddha couché, plus petit, et de la même origine, est allongé sur un lit de bois en séquoia.

Les photographies ne sont pas autorisées. Le temple ferme à l'heure du déjeuner (entre 12h et 13h), mais il est ouvert tous les jours, à l'exception de certaines périodes, comme le Nouvel An lunaire de février, lorsque près de 20 000 bouddhistes chinois prennent possession des lieux.

Comment s'y rendre. Le temple se dresse au nord-ouest de la ville, près de l'intersection entre Changshou Lu et Jiangning Lu. Pour s'y rendre, on peut prendre le métro, sortir à la gare ferroviaire de Shanghai et marcher pendant 1 km ou, plus simplement, prendre un taxi. Le bus n° 19 part à hauteur de Shanghai Mansions, longe Tiantong Lu et passe devant le temple.

Tombe de Lu Xun (parc Hongkou)
(*hóngkǒu gōngyuǎn*)

La tombe de Lu Xun est située au nord du centre-ville, dans le parc Hongkou. Si Lu Xun (1881-1936) peut être considéré comme le fondateur de la fiction chinoise moderne et très admiré pour ses essais, sa tombe présente un intérêt limité. Quelque peu iconoclaste, Lu aurait sans doute été horrifié par la pompeuse statue érigée en son honneur. Un petit musée, dans le parc, retrace sa vie (du moins la vision qu'en ont les communistes). Il est ouvert, tous les jours, de 8h30 à 11h30 et de 13h30 à 16h.

Le bus n°21 longe Sichuan Lu du centre-ville au parc Hongku.

Nouvelle zone franche de Pudong
(*pǔdōng xīnqū*)

Plus vaste que la ville de Shanghai, la nouvelle zone franche de Pudong s'étend sur la rive orientale du Huangpu. Jusqu'en 1990, date à laquelle furent décidés les travaux d'aménagement, c'était un terrain agricole marécageux de 350 km² où l'on produisait les légumes destinés aux marchés de Shanghai. Aujourd'hui, Pudong bénéficie du statut de Zone économique spéciale (ZES).

On a construit deux pont massifs pour relier Puxi (centre de Shanghai) à Pudong, ainsi que de nombreux tunnels. Une gigantesque centrale électrique alimentée au charbon s'élèvera bientôt sur les lieux. Le port de Waigaoqiao est en pleine transformation pour pouvoir accueillir les porte-conteneurs.

Un aéroport international devrait également délester Hongqiao, l'aéroport actuel de Shanghai. D'ici 1998, 49 gratte-ciel occupés par des bureaux auront envahi les embarcadères qui font face au Bund. Quoi qu'il en soit, Pudong est un cas unique en Chine, voire au monde, par son ampleur.

A vrai dire, le seul centre d'intérêt offert par Pudong est la tour de télévision Pearl, qui évoque, par sa forme et sa laideur, une gigantesque plate-forme pétrolière, que l'on peut apercevoir du Bund. On peut la gravir jusqu'à mi-hauteur, pour 50 yuan – les queues sont interminables.

Autres sites

Au sud-ouest de Shanghai, à proximité du Huangpu, se profile la **pagode Longhua** (*lónghuá tǎ*), récemment restaurée à des fins touristiques. Sa construction remonterait au Xe siècle. Elle n'est pas d'un accès facile. Le plus simple consiste à prendre le métro jusqu'à la station de Caobao Lu, puis à marcher ou à prendre un taxi.

Le quartier Xujiahui, qui borde l'extrémité ouest de la ville française, abritait autrefois une colonie de jésuites dont on a conservé l'observatoire météorologique (toujours en service).

La **cathédrale Saint-Ignace**, dont les flèches furent abattues par les Gardes rouges, a été restaurée et rouverte aux services religieux catholiques. Elle se dresse 158 Puxi Lu, dans le quartier Xujiahui.

Plus au sud-ouest de la pagode Longhua s'étendent les **jardins botaniques de Shanghai** (*shànghǎi zhíwùyuán*), qui possèdent une ravissante collection de 9 000 bonsaïs.

Statue de Bouddha
dans la pagode Longhua

Le **palais des expositions de Shanghai** est à l'ouest du centre-ville. Allez jeter un coup d'œil sur son architecture monumentale à la soviétique. Il abrite de temps à autre des expositions d'artisanat et de produits d'industrie locaux.

Non loin de l'aéroport se profile le **zoo de Shanghai**, avec sa piste de patin à roulettes, son parc pour enfants et ses autres attractions.

Un peu plus à l'ouest sont implantées les anciennes **villas Sassoon**. Le district de Qingpu, 25 km à l'ouest de Shanghai, a pallié l'absence d'antiquités et de temples en créant un nouveau parc pour touristes.

Dans la direction de Jiading, par la route ou le train, vous passerez par le district de Sunjiang, à 20 km au sud-ouest de Shanghai. Sur le Tianmashan (district de Songjiang) se dresse la **pagode Huzhou**, construite en 1079. C'est la tour penchée chinoise, avec une inclinaison supérieure de 1,5° à celle de Pise. Haute de 19 m, elle a commencé à vaciller il y a deux siècles.

Croisière sur le Huangpu

(*huángpǔ jiāng yóulán chuàn*)
Le Huangpu offre un admirable panorama du Bund et de l'activité des riverains. Les bateaux partent de l'embarcadère sur le Bund, légèrement au nord du Peace Hotel. Chaque bateau comporte plusieurs ponts, mais les étrangers sont contraints de payer le prix fort et d'emprunter la classe spéciale A ou B. Les départs ont lieu à 9h et 14h, quelquefois plus souvent en été et le dimanche. En hiver, les horaires sont souvent tributaires des conditions météo. Le prix des billets est de 45 yuan.

Vous pouvez acheter vos billets au CITS du Guangming Building ou (meilleur marché) sur le quai. Le bateau accomplit le trajet aller-retour (60 km) en 3 heures 30. Il se rend vers le nord jusqu'à l'endroit où le Huangpu se jette dans le Yangzi, au Wusongkou, et revient par le même trajet.

Shanghai est l'un des plus grands ports au monde : 2 000 bateaux de mer et environ 15 000 vapeurs fluviaux y chargent et déchargent chaque année. Les coolies tenaient autrefois ce rôle épuisant. Aujourd'hui, le port est une véritable forêt de grues, de mâts de charge, de chariots élévateurs et de tapis roulants. La croisière passe devant toutes sortes d'embarcations et de matériel : cargos, sampans, grues géantes, jonques et vaisseaux de la marine chinoise, qu'il est interdit de photographier.

Fêtes

Trois fêtes majeures se déroulent à Shanghai. La fête de la mi-automne (le 15e jour de la 8e lune du calendrier lunaire), où l'on étale les gâteaux de lune, rappelle l'époque du soulèvement contre les Mongols au XIVe siècle, où l'on faisait connaître les projets de révolte en les glissant subrepticement dans des gâteaux. Ceux-ci sont traditionnellement fourrés d'un mélange pilé de graines de lotus, de sésame et de dattes auquel on ajoute parfois des œufs de cane. La fête de la musique de Shanghai a lieu en mai. La coupe du marathon de Shanghai, en mars, est l'un des grands événements sportifs du pays. Ces deux dernières fêtes furent supprimées sous la Révolution culturelle. Les hôtels sont généralement combles durant ces trois périodes, comme en février, pour le Nouvel An lunaire.

Où se loger – petits budgets

Shanghai est la ville la plus chère de Chine et, avec sa croissance rapide, les hébergements bon marché ont tendance à disparaître. Heureusement, on peut encore dénicher quelques hôtels abordables en gardant à l'esprit que, pendant la saison haute (été), la plupart de ces établissements se remplissent à toute allure. Dans ce cas, vous devrez vous contenter de doubles à 300 yuan minimum.

L'hôtel *Pujiang* (☎ 6324-6388) (*pǔjiāng fàndiàn*), 15 Huangpu Lu, est le seul établissement du centre de Shanghai disposant de chambres à bas prix (selon les normes de Shanghai). Les lits en dortoir (dans des chambres aérées avec s.d.b. attenante) coûtent 50 yuan, mais sont généralement loués dès le milieu de l'après-midi (essayez d'arriver vers 10h). On peut retenir des doubles pour 300 et 330 yuan. Le bus n°64 part de la gare ferroviaire principale et rejoint le carrefour entre Nanjing Donglu et Jiangsu Zhonglu. Suivez à pied Nanjing Donglu, vers l'est, puis tournez à gauche dans le Bund, et enjambez le Suzhou Creek pour rejoindre l'hôtel.

Si le Pujiang affiche complet, vous trouverez toujours un lit à l'hôtel *Haijia* (☎ 6541-1440) (*hǎijiā fàndiàn*), 1001 Jiangpu Lu, au nord-est de la ville. Un lit revient de 40 à 50 yuan, selon la taille de la chambre. Les très grandes doubles avec clim. et s.d.b. coûtent 220 yuan. Les plus sommaires sont facturées 120 yuan. Pour rejoindre ce secteur, empruntez le bus n°22, vers l'est, le long de Daming Donglu (derrière le Pujiang). Le bus bifurque rapidement dans Changyang Lu. Lorsque vous apercevrez (ou sentirez) la manufacture de tabac, descendez à l'arrêt suivant, à Jiangpu Lu. Le Haijia est à 1 minute à pied de Changyang Lu, vers le nord, sur le côté gauche de Jiangpu Lu.

Dans le même quartier, l'excellent hôtel *Changyang* (☎ 6543-4890) (*chángyáng fàndiàn*), 1800 Changyang Lu, propose des doubles de 210 à 260 yuan. Le bus n°22, qui part du Bund, passe devant l'hôtel.

Le *Conservatoire de musique* (☎ 6437-2577) (*yīnyuè xuéyuàn*), 20 Fenyang Lu, près de Huaihai Zhonglu, est toujours d'actualité. Malheureusement, suite à des rénovations, les prix sont passés à 200 yuan la double. L'établissement possède seulement seize chambres et affiche souvent complet. Prenez le métro à la gare ferroviaire principale jusqu'à la station Changshu Lu. Pour trouver les chambres, tournez à gauche après l'entrée. Le dortoir est un vieux bâtiment sur la droite. Un panneau est affiché sur la porte.

Où se loger – catégorie moyenne

Dans cette catégorie, il faut compter de 300 à 400 yuan pour une double.

L'hôtel *Wu Gong* (☎ 6326-0303 ; fax 6328-2820) (*wúgōng dàjiǔdiàn*), est l'une des meilleures affaires du centre-ville.

Les chambres les moins chères sont louées à partir de 308 yuan. Comptez entre 352 et 462 yuan pour une simple, 396 à 462 yuan pour une double.

L'hôtel *Chun Shen Jiang* (☎ 6320-5710) (*chūnshēnjiāng bīnguǎn*), 626 Nanjing Donglu, a bonne presse et est bien situé. Le prix des chambres s'échelonne entre 390 et 430 yuan.

L'hôtel *Yangtze* (☎ 6320-7880 ; fax 6320-6974) (*yángzi fàndiàn*), 740 Hankou Lu, à un pâté de maisons à l'est du parc Renmin, fut construit en 1934. C'est un vieil établissement de style américain. Il faut compter un minimum de 390 yuan pour une double – une véritable affaire pour le quartier. On peut s'y rendre depuis la gare ferroviaire en métro. Descendez à la station Renmin Shangchang.

L'hôtel *Nanying* (☎ 6437-8188) (*nányīng fàndiàn*), 1720 Huaihai Zhonglu, est situé au sud-ouest de la ville. Il propose des doubles très confortables à 320 yuan.

Où se loger – catégorie supérieure

La grande majorité des hôtels de Shanghai sont aujourd'hui des établissements de luxe, à plus de 400 yuan. Le choix est vaste, allant des anciens palaces à l'ambiance un peu surannée aux aménagements ultramodernes.

Le Park, le Shanghai Mansions et le Jinjiang ont fait l'objet d'importantes rénovations intérieures. Toutefois, il existe encore un endroit à Shanghai où vous pourrez retrouver l'atmosphère du passé : le *Peace Hotel* (l'ancien Cathay) (☎ 6321-1244 ; fax 6329-0300) (*hépíng fàndiàn*), 20 Nanjing Donglu. Le rez-de-chaussée de cet édifice de douze étages comporte un hall somptueux, des boutiques, une librairie, une banque, une salle de jeux vidéo, des billards, un café et un barbier.

Les simples/doubles reviennent à 80/100 \$US, une suite "nationale de luxe" peut atteindre jusqu'à 380 \$US. Les suites sont de style Art déco français, britannique, américain, japonais, ou chinois, selon les concessions évoquées.

L'hôtel *Tung Feng* (☎ 6321-8060) (*dōngfēng fàndiàn*), 3 Zhongshan Dong 1-Lu, est un établissement de luxe, mais moins connu que les autres, situé dans le Bund à

L'EST

Le Cathay

Le Peace Hotel évoque le fantôme richissime de Victor Sassoon. Né dans une famille juive de Bagdad, il gagna des milliards grâce au commerce de l'opium et les réinvestit dans l'immobilier de Shanghai et dans les chevaux. L'une de ses maximes favorites était : "il n'y a qu'une seule race (course, en anglais) plus grande que les Juifs, c'est le Derby". Son bureau-hôtel, achevé en 1930 s'appelait la Maison Sassoon et comprenait le Peace Hotel.

Le propriétaire dirigeait ses affaires depuis les derniers étages. Il possédait, dit-on, 1 900 immeubles à Shanghai.

L'hôtel Cathay rivalisait avec le Taj de Bombay, le Stanley Raffles de Singapour et le Peninsula de Hong Kong. Sassoon lui-même résidait dans ce qui est aujourd'hui la section VIP, sous la tour pyramidale verte ornée de boiseries Tudor. Il possédait aussi une demeure de style Tudor près de l'aéroport Hongqiao, à l'ouest du zoo. Le grand monde allait danser dans le restaurant de la Tour et les contemporains de Noel Coward (qui écrivit *Private Lives* au Cathay) se distrayaient dans la salle de bal du dernier étage.

Le Guomindang s'y installa en 1949, pour attendre l'arrivée des communistes. Un écrivain occidental de l'époque rapporte comment 50 membres du Guomindang arrivèrent avec leurs pots et leurs casseroles, leurs légumes et leur combustible, et comment un soldat demanda où installer ses mules. Quand les communistes eurent pris la ville, les troupes furent cantonnées dans des hôtels tels que le Picardie (aujourd'hui la pension Hengshan, dans les faubourgs de la ville), où les hommes passèrent des heures à jouer avec les ascenseurs, à se laver les cheveux dans les bidets et à rincer leur riz dans les toilettes. En 1953, les étrangers tentèrent de céder le Cathay au Parti communiste chinois en échange de visas de sortie. Le gouvernement refusa tout d'abord, puis accepta après que des "impôts rétroactifs" lui eurent été payés. ∎

Yan'an Donglu. La modernisation a fait son œuvre. Les doubles coûtent 500 yuan minimum. Une autre succursale (☎ 6323-5304) est installée Sichuan Zhonglu.

Le *Park Hotel* (☎ 6327-5225 ; fax 6327-6958) (*guójì fàndiàn*), 170 Nanjing Xilu, surplombe le parc Renmin. Construit en 1934, le bâtiment est l'un des meilleurs exemples de l'apogée de l'architecture Art déco de Shanghai. Cependant, des rénovations récentes ont fait perdre tout son charme à l'intérieur de l'édifice.

Comptez un minimum de 100/110 $US, plus les taxes, pour une simple/double. Les chambres sont très confortables et le service efficace.

Le *Shanghai Mansions* (☎ 6324-6260 ; fax 6326-9778) (*shànghǎi dàshà*), 20 Suzhou Beilu, près de l'hôtel Pujiang, sur la même rive du Huangpu, à l'intersection avec Suzhou Creek, appartient au groupe Hengshan, qui possède aussi les hôtels Pujiang et Yangtze aux tarifs plus raisonnables. Les doubles standard (pas de simples) coûtent entre 100 et 110 $US.

Le *Pacific Hotel* (☎ 6327-6226 ; fax 6326-9620) (*jīnmén dàjiǔdiàn*), 104 Nanjing Xilu, s'appelait autrefois l'Overseas Chinese Hotel (*huáqiáo fàndiàn*) et la plupart des habitants de Shanghai le dénomment encore ainsi. Il est facilement reconnaissable à sa tour d'horloge portant une grande étoile rouge, et à son foyer fastueusement décoré. Vous devrez débourser entre 70 et 95 $US pour une double. C'est l'un des établissements historiques de Nanjing Lu.

De style traditionnel, l'hôtel *Jinjiang* (☎ 6258-2582 ; fax 6472-5588) (*jǐnjiāng fàndiàn*), 59 Maoming Nanlu, ne doit pas être confondu avec son annexe adjacente, le très moderne *Jinjiang Tower* (☎ 6433-4488 ; fax 6433-3265) (*xīn jǐnjiāng dàjiǔdiàn*), 161 Changle Lu. Le premier propose des doubles standard à partir de 100 $US dans l'aile sud (155 $US dans l'aile nord). Le second, des chambres à partir de 190 $US.

Le meilleur des hôtels modernes de Shanghai est probablement le *Portman Shangrila*

Shanghai (☎ 6279-8888 ; fax ; 6279-8999) (*bōtèmàn xiānggélǐlā dàjiǔdiàn*), dans le Shanghai Centre. Comptez un minimum de 195/225 $US pour des simples/doubles.

Les tarifs des hôtels suivants, modernes, débutent à 60 $US :

Hôtel Bailemen (*bǎilèmén dàjiǔdiàn*), 1728 Nanjing Xilu (☎ 6256-8686 ; fax 6256-6869)

Hôtel Baolong (*bǎolóng bīnguǎn*), 70 Yixian Lu (☎ 6542-5425 ; fax 5663-2710)

Cherry Hill Villa (*yīnghuā dùjià cūn*), 77 Nonggong Lu (☎ 6275-8350 ; fax 6275-6457)

City Hotel (*chéngshì jiǔdiàn*), 5-7 Shanxi Nanlu (☎ 6255-1133 ; fax 6255-0211)

Cypress Hotel (*lóngbǎi fàndiàn*), 2419 Honqiao Lu (☎ 6255-8868 ; fax 6275-6739)

Pension Dahua (*dáhuá bīnguǎn*), 914 Yan'an Xilu (☎ 6251-2512 ; fax 6251-2702)

East Asia Hotel (*dōngyà fàndiàn*), 680 Nanjing Donglu (☎ 6322-3223)

Equatorial Hotel (*guójì guìdū dàfàndiàn*), 65 Yan'an Xilu (☎ 6279-1688 ; fax 6215-4033)

Galaxy Hotel (*yínhé bīnguǎn*), 888 Zhongshan Xilu (☎ 6275-5888 ; fax 6275-0201)

Hôtel Gaoyang (*gāoyáng bīnguǎn*), 879 Dong Daming Lu (☎ 6541-3920 ; fax 6545-8696)

Garden Hotel (*huāyuán fàndiàn*), 58 Maoming Nanlu (☎ 6433-1111 ; fax 6433-8866)

Hôtel Hengshan (*héngshān bīnguǎn*), 534 Henshan Lu (☎ 6437-7050 ; fax 6433-5732)

Hilton Hotel (*jìng'ān xī ěrdùn jiǔdiàn*), 250 Huashan Lu (☎ 6248-0000 ; fax 6255-3848)

Holiday Inn Yinxing (*yínxīng jiàrì jiǔdiàn*), 388 Panyu Lu (☎ 6252-8888 ; fax 6252-8545)

Hongqiao State Guesthouse (*hóngqiáo yíng bīnguǎn*), 1591 Hongqiao Lu (☎ 6437-2170 ; fax 6433-4948)

Hôtel Huaxia (*huáxià bīnguǎn*), 38 Caobao Lu (☎ 6436-0100 ; fax 6433-3724)

International Airport Hotel (*guójì jīchǎng bīnguǎn*), 2550 Hongqiao Lu, Hongqiao Airport (☎ 6255-8866 ; fax 6255-8393)

JC Mandarin Hotel (*jǐncāng wénhuà dàjiǔdiàn*), 1255 Nanjing Xilu (☎ 6279-1888 ; fax 6279-1822)

Hôtel Jianguo (*jiànguó bīnguǎn*), 439 Caoxi Beilu (☎ 6439-9299 ; fax 6439-9714)

Hôtel Jing'an (*jìng'ān bīnguǎn*), 370 Huashan Lu (☎ 6255-1888 ; fax 6255-2657)

Hôtel Jinshajiang (*jīnshājiāng dàjiǔdiàn*), 801 Jinshajiang Lu (☎ 6257-8888 ; fax 6257-4149)

Hôtel Jinshan (*jīnshān bīnguǎn*), Jingyi Donglu, Jinshanwei (☎ 5794-1888 ; fax 5794-0931)

Hôtel Lantian (*lántiān bīnguǎn*), 2400 Siping Lu (☎ 6548-5906 ; fax 6548-5931)

Hôtel Longhua (*lónghuá yíng bīnguǎn*), 2787 Longhua Lu (☎ 6439-9399 ; fax 6439-2964)

Magnolia Hotel (*báiyùlán bīnguǎn*), 1251 Siping Lu (☎ 6545-6888 ; fax 6545-9499)

Metropole Hotel (*xīnchéng fàndiàn*), 180 Jiangxi Zhonglu (☎ 6321-3030 ; fax 6321-7365)

Hôtel Nanjing (*nánjīng fàndiàn*), 200 Shanxi Nanlu (☎ 6322-1455 ; fax 6320-6520)

New Asia Hotel (*xīnyà dàjiǔdiàn*), 422 Tiantong Lu (☎ 6324-2210 ; fax 6326-9529)

New Garden Hotel (*xīnyuán bīnguǎn*), 1900 Hongqiao Lu (☎ 6432-9900 ; fax 6275-8374)

Hôtel Nikko Longbai (*rìháng lóngbǎi fàndiàn*), 2451 Hongqiao Lu (☎ 6255-9111 ; fax 6255-9333)

Novotel Shanghai Yuanlin (*nuòfùtè yuánlín bīnguǎn*), 201 Baise Lu (☎ 6470-1688 ; fax 6470-0008)

Ocean Hotel (*yuǎnyáng bīnguǎn*), 1171 Dong Daming Lu (☎ 6545-8888 ; fax 6545-8993)

Olympic Hotel (*aòlínpīkè jùlèbù*), 1800 Zhongshan Nan 2-Lu (☎ 6439-1391 ; fax 6439-6295)

Portman Shangri-La (*bōtèmàn dàjiǔdiàn*), 1376 Nanjing Xilu (☎ 6279-8888 ; fax 6279-8999)

Hôtel Qianhe (*qiánhè bīnguǎn*), 650 Yishan Lu (☎ 6470-0000 ; fax 6470-0348)

Rainbow Hotel (*hóngqiáo bīnguǎn*), 2000 Yan'an Xilu (☎ 6275-3388 ; fax 6275-7244)

Regal Shanghai Hotel (*fùháo wàimào dàjiǔdiàn*), 1000 Quyang Lu (☎ 6542-8000 ; fax 6544-8432)

Hôtel Ruijin (*ruìjīn bīnguǎn*), 118 Ruijin 2-Lu (☎ 6433-1076 ; fax 6437-4861)

Seagull Hotel (*hǎiōu bīnguǎn*), 60 Huangpu Lu (☎ 6325-1500 ; fax 6324-1263)

Seventh Heaven Hotel (*qī chóngtiān bīnguǎn*), 627 Nanjing Donglu (☎ 6322-0777 ; fax 6320-7193)

Shanghai Hotel (*shànghǎi bīnguǎn*), 505 Wulumqi Beilu (☎ 6471-2712 ; fax 6433-1056)

Silk Road Hotel (*sīchóuzhī lù dàjiǔdiàn*), 777 Quyang Lu (☎ 6542-9051 ; fax 6542-6659)

Sofitel Hyland Hotel (*hǎilún bīnguǎn*), 505 Nanjing Donglu (☎ 6320-5888 ; fax 6320-4088)

Sunshine Hotel (*yángguāng dàjiǔdiàn*), 2266 Hongqiao Lu (☎ 6432-9220 ; fax 6432-9195)

Swan Cindic Hotel (*tiāné xìnyí bīnguǎn*), 111 Jiangwan Lu, Hongkouqu (☎ 6325-5255 ; fax 6324-8002)

Hôtel Tianma (*tiānmǎ dàjiǔdiàn*), 471 Wuzhong Lu (☎ 6275-8100 ; fax 6275-7139)

West Garden Hotel (*xīyuán fàndiàn*), 2384 Hongqiao Lu, Changning District (☎ 6255-7173)

Westin Taipingyang (*wēisītīng tàipíngyáng*), 5 Zunyi Nanlu (☎ 6275-8888 ; fax 6275-5420)

Hôtel Xianxia (*xiānxiá bīnguǎn*), 555 Shuicheng Lu (☎ 6259-9400 ; fax 6251-7492)

Pension Xijiao (xījiāo bīnguǎn), 1921 Hongqiao Lu (☎ 6433-6643 ; fax 6433-6641)

Hôtel Xincheng (xīnchéng fàndiàn), 180 Jiangxi Zhonglu (☎ 6321-3030 ; fax 6321-7365)

Pension Xingguo (xīngguó bīnguǎn), 72 Xingguo Lu (☎ 6437-4503 ; fax 6251-2145)

Hôtel Yangtze (yángzi fàndiàn), 740 Hankou Lu (☎ 6322-5115 ; fax 6320-6974)

Yangtze New World (yángzi jiāng dàjiǔdiàn), 2099 Yan'an Xilu (☎ 6275-0000 ; fax 6275-0750)

Pension Yunfeng (yúnfēng bīnguǎn), 1665 Hongqiao Lu (☎ 6432-8900 ; fax 6432-8954)

Où se restaurer

Adieu les restaurants d'État, les gargotes et les soupes populaires. Aujourd'hui, la ville abonde en établissements privés, en restaurants d'hôtels de classe internationale et en fast-foods. Le choix s'est élargi et les étrangers ne sont plus relégués dans des alcôves spéciales. En contrepartie, les prix ont considérablement grimpé : les voyageurs à petit budget devront se limiter aux marchands ambulants et aux fast-foods.

Pour manger bon marché, promenez-vous dans les petites rues, où vous trouverez des magasins de boulettes et des petits restaurants servant des fritures à volonté. Dans le quartier du Bund, Sichuan Zhonglu est une bonne adresse, de même que les ruelles de l'ancienne concession française.

Le Bund et les alentours. Dans le Bund lui-même, au-delà du terminal des ferries de Pudong, le *Diamond Restaurant* (*zuānshílóu dàjiǔdiàn*), au 2e étage, propose un vaste choix de plats à volonté, les boulettes aux nouilles, tous à des prix très abordables. Au 5e étage, vous trouverez un restaurant (grillades) et un café – on jouit d'une belle vue sur le Bund.

Plus au nord, à l'entrée du parc Huangpu, rendez-vous au *Coffee Conscious* (☎ 6329-2636) (*kāngxīsī*). On y sert des collations et probablement le meilleur café de Shanghai. Ce n'est certes pas donné, mais nul part ailleurs vous n'obtiendrez un capuccino de la sorte.

Nanjing Donglu n'est plus l'endroit où l'on peut dénicher quelques bons restaurants. A l'exception du *Sunya Cantonese Restaurant* (☎ 6320-6277) (*xīnyǎ yuè càiguǎn*). Une cuisine coûteuse, de style banquet, est servie aux étages supérieurs, tandis qu'au rez-de-chaussée vous pourrez manger pour une somme modique (menu en chinois). A proximité, le *Singapore Specialties Restaurant* (*xīnjiāpō fēngwèi cāntīng*), bon marché, prépare des curries, des nouilles frites, etc.

Le restaurant *Sichuan* (☎ 6322-2247) (*sìchuān fàndiàn*), 457 Nanjing Donglu, est un établissement de longue date qui, espérons-le, ne subira pas le contrecoup de l'augmentation des baux. On peut déjeuner de 11h à 13h45 et dîner de 16h45 à 19h. Arrivez tôt.

Un peu plus à l'ouest, à l'angle de Zhejiang Zhonglu et de Nanjing Donglu, se profile le *Shendacheng (shěndàchéng)*. Il n'y a pas d'enseigne en anglais, mais l'agitation qui règne à l'intérieur est suffisamment révélatrice. L'endroit est spécialisé dans les en-cas. Les boulettes sont délicieuses.

En aval, dans Sichuan Zhonglu, on trouve une succursale du *Sunya*, moins coûteuse que son homologue de Nanjing Donglu. Toujours dans Sichuan Zhonglu (et à d'autres endroits de la ville), cherchez l'enseigne *Croissants de France* : il s'agit d'excellentes pâtisseries qui préparent également un bon café. Idéal pour un petit déjeuner.

Proche de Croissants de France, dans Jiangjiu Lu, se dresse le *World of the Snack* (*xiǎoshí shìjiè*). Il s'agit d'une étroite ruelle bordée de restaurants servant tous les en-cas imaginables – des boulettes aux glaces –, avec des menus pourvus de photos pour faciliter les commandes. Le rapport qualité/prix est excellent.

Une autre rue recommandée pour ses restaurants, à proximité du Bund, est Fuzhou Lu. Dirigez-vous vers la place Renmin et repérez l'édifice ressemblant à une mosquée sur la gauche. C'est le *Daxiyang Moslem Restaurant* (☎ 6322-4787) (*dàxīyáng qīngzhēn*). Comme dans la plupart des grands restaurants de Shanghai, le rez-de-chaussée est moins cher que les salles aux étages.

Nanjing Xilu. C'est le secteur des fast-foods de Shanghai. Les vieux établissements, du type *restaurant du Peuple*, célèbre pour son service déplorable et sa cuisine qui laisse à désirer, cèdent peu à peu la place à d'autres enseignes, telles le *Cowboy Hamburger Restaurant*.

Non loin du Shanghai Centre, vous pouvez essayer le *KK Roasters*, un établissement néo-zélandais qui sert du poulet rôti, des sandwiches et un excellent café.

Quartier du bazar Yuyuan. Deux fast-foods (*TCBY* et *Mos Burger*) se sont récemment implantés dans le secteur, mais la véritable attraction du quartier est les établissements servant des en-cas, parmi les meilleurs de Chine. On peut mentionner le *Old Shanghai Restaurant* (☎ 6328-9850) (*shànghǎi lǎo fàndiàn*) et le *Green Wave Gallery* (☎ 6326-5947) (*lǜbōláng cāntīng*), mais ces établissements ont tendance à exiger des prix excessifs pour une nourriture à peine meilleure que celle servie au rez-de-chaussée par les marchands ambulants. Seul avantage : les menus sont en anglais.

En vous promenant dans le bazar, vous devriez trouver votre bonheur. Certaines échoppes sont célèbres pour tel ou tel en-cas, et les files d'attente semblent interminables. Le *Hefeng Lou* (*héfēng lóu*) est un établissement de style cantine (pas d'enseigne en anglais à l'extérieur) qui propose un vaste choix de spécialités locales savoureuses. Les menus comportent des photos et des répliques en plastique sont exposées pour faciliter les commandes.

Quartier de l'ancienne concession française. Ce quartier est l'étoile montante de la restauration à Shanghai. Commencez par jeter un coup d'œil dans Changle Lu, en face du Jinjiang Tower. Les restaurants qui jalonnent cette rue servent une bonne cuisine chinoise et étrangère. Ouverte tard, la *Brasserie* est très appréciée pour ses plats chinois. Un peu en contrebas, on peut apprécier le décor du *Cafe de Rose*, mais sa cuisine française laisse nettement plus à désirer.

Le *Red Rhino*, dans Yan'an Zhonglu, propose un intéressant mélange de gastronomies chinoise et française. Comme il est très fréquenté par les Chinois et les expatriés, il faut attendre pour obtenir une table. Pas très loin, 949 Yan'an Lu, le *Badlands*, un excellent bar-restaurant mexicain, propose des nachos, tacos et burritos très bon marché.

Huaihai Lu était jadis réputée pour ses boulangeries et ses pâtisseries. Beaucoup ont sombré avec la rénovation du quartier, aujourd'hui envahi par les grands magasins et les fast-foods. Le *LA Cafe* (☎ 6358-7097), 4e étage, 188 Huaihai Lu, fait office de discothèque la nuit et, dans la journée, sert des burgers haut de gamme dans une ambiance très Hard Rock Cafe. Comptez environ 70 yuan par personne pour un burger.

Le *Laodachang Bakery & Confectionary* (*lǎodàchāng shípǐdiàn*), à l'angle de Huaihai Lu et de Chengdu Nanlu, est un vieil établissement toujours en activité. Les gâteaux et le pain sont assez ordinaires et l'endroit accuse quelque peu le poids des années.

La *Red House* (☎ 6256-5748) (*hóng fángzi xī càiguǎn*), 37 Shaanxi Nanlu, portait autrefois le nom de Chez Louis. Il est aujourd'hui boudé par les étrangers et sa cuisine a très mauvaise réputation. Qui sait, à la vitesse où vont les choses à Shanghai, il peut retrouver son lustre d'antan, après sa rénovation et l'apparition d'un nouveau chef.

Restaurants d'hôtels. Pour les visiteurs disposés à payer le prix fort, les restaurants des hôtels préparent l'une des meilleures cuisines de Shanghai. Le *Blue Heaven Revolving Restaurant* (☎ 6415-4488), dans le Jinjiang Tower, propose une nourriture américaine, tout comme le *Shanghai Jax* (☎ 6279-8888, poste 8847), dans le Portman Shangrila. Le Shanghai Centre (même bâtiment que le Portman Shangrila) devrait abriter une succursale du *Tony Roma's*, le spécialiste des côtelettes, lorsque vous serez sur place.

Le Shanghai Centre contient également le *Thai Restaurant* (☎ 6279-8311). Il prépare une authentique cuisine thaï à des prix internationaux.

De nombreux hôtels internationaux proposent de la gastronomie française. C'est notamment le cas de *The Bund* (☎ 6415-4488) dans le Jinjiang Tower et du *Teppan Grill* (☎ 6248-0000), dans le Shanghai Hilton.

Le seul endroit de Shanghai à servir des curries et des tandoori corrects est le *Bombay Tandoor Restaurant* (☎ 6472-5494), dans le New South Building de l'hôtel Jinjiang – la nourriture et le décor sont parfaits.

Si vous aimez la cuisine italienne, rendez-vous chez *Luigi's* (☎ 6439-1000), au Sheraton Huating, ou chez *Giovanni's* (☎ 6275-8888), dans le Westin Hotel. Le *Da Vinci's* (☎ 6248-0000), dans le Shanghai Hilton, sert aussi une excellente cuisine italienne.

Shanghai est une destination très appréciée des touristes et des hommes d'affaires japonais, d'où la présence d'un certain nombre de restaurants nippons. Les prix sont toutefois comparables à ceux pratiqués à Tokyo. C'est notamment le cas du *Shiki* (☎ 6279-8888, poste 5898), du *Kampachi* (☎ 6248-1688), dans l'Hotel Equatorial, et du très onéreux *Sakura* (☎ 6415-1111) dans le Garden Hotel.

La plupart des grands hôtels possèdent aussi d'excellents restaurants cantonais et quelques établissements représentatifs des diverses régions culinaires de Chine.

Cuisine végétarienne.
La cuisine végétarienne a été pendant un temps la grande mode à Shanghai. Elle fut d'abord liée aux groupes taoïstes et bouddhistes, et a fini par imposer ses créations en forme de fleurs ou d'animaux sur les tables des restaurants.

Khi Vedhu, qui tenait le temple de Jing'an dans les années 30, fut l'un des plus célèbres représentants de cet "art". Ce moine, qui mesurait près de 2 mètres, avait de nombreux fidèles et dota chacune de ses

sept concubines d'une maison et d'une voiture. Le temple Jing'an fut finalement dépouillé de ses statues bouddhiques et transformé en usine.

Succursale de l'établissement pékinois du même nom, le *Gongdelin* (☎ 6327-0218) (*gōngdélín shūshíchù*), 43 Huanghe Lu, est probablement le meilleur restaurant végétarien de Shanghai. Les plats sont conçus pour rappeler l'apparence et le goût de la viande – simili poulet, simili canard, etc. Le restaurant se trouve juste à l'angle du Park Hotel, dans Nanjing Xilu. Il est ouvert jusqu'à 24h.

Le Restaurant *Juelin* (☎ 6326-0115) (*juélín shūshíchù*), 250 Jinling Donglu, autre établissement de ce type, ferme à 19h30. Il sert à déjeuner de 11h à 13h30.

Fast-foods. Les fast-foods ont envahi Shanghai. *KFC* fut le premier à s'installer et dispose aujourd'hui de succursales dans toute la ville. *McDonald's* est également bien représenté, comme le sont d'autres chaînes moins connues, *Texas Chicken* ou *Maxim's. TBCY, Baskin Robbins, New Zealand Natural Ice Cream, Mos Burger* et *Lotteria* ont pignon sur rue. Il existe aussi des variantes locales qui servent des burgers et des fritures, comme *Rong Hua Chicken*. Ils abondent dans tous les secteurs du centre-ville, et vous n'aurez que l'embarras du choix.

Repas de pubs. Pour plus de renseignements sur le *Malone's American Cafe*, le *Shanghai Sally's* et le *Long Bar*, reportez-vous à *Bars et clubs* dans le paragraphe *Distractions*. Tous proposent une excellente cuisine, des hamburgers aux pizzas en passant par les fish & chips. Les tarifs sont de l'ordre de ceux pratiqués à Hong Kong.

Distractions
Shanghai est considérée comme la ville la plus polluée (sur le plan spirituel, s'entend) de Chine. Tous les vieux "démons" semblent avoir refait surface pour se venger de leur mise à l'écart. Au cours des deux dernières années, on a pu assister à une véri-

table explosion de la vie nocturne, des karaoke aux bars pour expatriés et aux discothèques. Ces endroits ne sont généralement pas bon marché.

Bars et clubs. Dans ce domaine, Shanghai n'en est encore qu'au stade des balbutiements mais, à la parution de cet ouvrage, il y a fort à parier que le paysage nocturne aura déjà changé et que de nouveaux établissements auront fait leur apparition. Lors de notre passage, un *Hard Rock Cafe* et un *Planet Hollywood* s'apprêtaient à ouvrir leurs portes – pour ne nommer que deux nouveaux venus à la mode.

On pourra vous renseigner sur les derniers endroits à la mode au *Malone's American Cafe* (☎ 6247-2400), 257 Tongren Lu, un bar géré par des Canadiens, au *Shanghai Sally's* (☎ 6327-1859), 4 Xiangshan Lu, un pub anglais, et au *Long Bar* (☎ 6279-8268), dans le Shanghai Centre, dans Nanjing Xilu. Les expatriés de Shanghai aiment s'y retrouver en début de soirée pour siroter un verre.

D'autres établissements méritent un coup d'œil, tels le *Jurassic Pub* (☎ 6258-3758), 8 Maoming Nanlu, et le *Judy's Place* (☎ 6474-6471), 291 Fumin Nanlu. Le décor du Jurassic Pub est inspiré de la préhistoire, avec notamment un squelette géant de brontosaure pour décorer la salle. Le Judy's Place, pour sa part, est l'un des premiers clubs nocturnes à avoir fait son apparition à Shanghai. Bien qu'ayant la réputation d'être l'un des endroits les plus sordides de la ville, il mérite une brève visite si vous venez pour la première fois à Shanghai.

Les discothèques les plus fréquentées sont le *New York New York* (☎ 6321-6097), 146 Huqiu Lu, et le *LA Café* (☎ 6358-7097), 4e étage, 188 Huaihai Lu. D'autres devraient ouvrir très prochainement. *JJ Disco*, dans Yan'an Zhonglu, avait fermé temporairement lors de notre passage, mais a probablement rouvert. Le droit d'entrée se monte généralement à 50 yuan.

Les voyageurs à petit budget ont le loisir de se payer un verre dans le quartier de l'université Fudan. A l'angle de Siping Lu et de Guoding Lu, le *Tribesman Cave*, un petit bar branché fréquenté par des étudiants chinois et étrangers, propose de la bière bon marché (7 yuan la Qingdao). Vous n'aurez qu'à traverser la rue pour vous rendre au *Hit*. Le week-end, ces deux établissements font office de discothèque (entrée gratuite).

Spectacles. Shanghai est, avec Pékin, l'un des grands centres culturels du pays. Toutefois, à quelques exceptions près, les animations et spectacles culturels sont inaccessibles aux étrangers qui ne parlent pas le chinois. Obtenir les horaires des cinémas et des concerts relève également du parcours du combattant.

Le *théâtre d'Art de Shanghai* (*shànghǎi yìshù jùyuàn*), près de l'hôtel Jinjiang, est installé dans l'ancien théâtre Lyceum. Achevé en 1931, ce dernier abritait la Société dramatique amateur de Shanghai, fort appréciée des Britanniques. Il est toutefois difficile d'accès pour ceux qui ne comprennent pas le chinois.

Les passionnés de musique classique devront absolument passer une soirée au *Conservatoire de musique* (☎ 6437-0137) (*yīnyuè xuéxiào*), 20 Fenyang Lu, près de Huaihai Zhonglu, dans le quartier français. Les concerts ont lieu le dimanche à 19h. La vente des billets s'effectue généralement plusieurs jours à l'avance. Essayez aussi d'assister à un opéra au *théâtre de l'Opéra populaire*, dans Jiu Jiang Lu.

Shanghai compte plusieurs orchestres professionnels, dont le Philharmonique de Shanghai et l'Orchestre national de Shanghai. Ce dernier est spécialisé dans les pratiques instrumentales chinoises.

Cinémas. Shanghai compte de très nombreux cinémas. Les films étrangers sont doublés en chinois mais les films chinois sont rarement sous-titrés en anglais.

Acrobates. Les troupes acrobatiques chinoises sont parmi les meilleures au monde.

Le cirque chinois

Le cirque est une tradition qui remonte à deux mille ans dans l'empire du Milieu. On y obtient des effets en utilisant des accessoires très simples : bâtons, assiettes, œufs et chaises. Outre les démonstrations d'acrobates, on assiste à des numéros de magie, de clowns, d'escamotage, de danse et de mime, mais aussi du vaudeville, du drame, de la musique. Par chance, cet art n'a pas souffert sous la Révolution culturelle et le communisme lui a donné ses lettres de noblesse. Les artistes sont devenus des représentants de l'"art populaire".

La plupart des provinces possèdent leur troupe locale, financée par des organismes gouvernementaux, des industries, l'armée ou les administrations rurales. Il existe environ 80 troupes en Chine et leurs spectacles sont très demandés.

Les spectacles varient selon les troupes. Certaines représentations traditionnelles n'ont pas changé depuis des siècles, alors que d'autres incluent aujourd'hui les planches à roulettes et les motos. Vous assisterez peut-être à des numéros remarquables, celui de "la paire d'équilibre", où l'on voit un homme en équilibre tête en bas sur la tête de son partenaire, dont il reproduit chaque mouvement, un reflet vivant, allant jusqu'à boire un verre d'eau dans cette position. Le "saut du cerceau" est également un numéro spectaculaire : quatre cerceaux sont posés les uns au-dessus des autres et la personne qui passe à travers celui du sommet tente parfois un saut arrière avec une torsion du corps simultanée.

Le "paon faisant la roue" est un numéro où l'on voit une dizaine de personnes disposées en éventail et en hauteur, au-dessus d'une bicyclette. Si l'on en croit le Livre des records, celui-ci serait détenu par une troupe de Shanghai, qui a réussi à déployer 13 acrobates autour d'un vélo, mais il semble qu'une troupe de Wuhan soit parvenue à élever 14 personnes. La "pagode de bols" est un numéro d'équilibre où l'artiste, généralement une femme, ondule du corps tout entier en maintenant en équilibre sur ses pieds, sa tête ou les deux, une pile de bols en porcelaine. L'acrobate corse parfois la difficulté en se tenant lui-même en équilibre sur un partenaire. ■

Elles sont bien représentées à Shanghai. Le *Théâtre acrobatique de Shanghai* (*shànghǎi zájì chǎng*) propose des spectacles remarquables presque tous les soirs. Comptez 10 yuan le billet. Les représentations débutent généralement vers 19h. Le théâtre est dans Nanjing Xilu, à courte distance à pied à l'ouest du Park Hotel.

Achats

La ville ne devrait pas tarder à rattraper les grandes villes commerçantes d'Asie (Hong Kong, Singapour et Bangkok). Pour vos emplettes, allez dans Nanjing Lu et Huaihai Zhonglu.

Grands magasins. Shanghai compte certains des meilleurs grands magasins du pays. La dernière innovation, et non des moindres, est l'arrivée sur le marché d'enseignes japonaises, telles Isetan, 537 Huaihai Zhonglu.

Hua Lian, 635 Nanjing Donglu, et le grand magasin n°1, 830 Nanjing Donglu, sont parmi les plus connus, à découvrir si vous supportez la foule. Le Manhattan Plaza, 437 Nanjing Donglu, est un ensemble de sept étages où des boutiques vendent des produits importés – l'endroit s'adresse davantage aux résidents de Shanghai qu'aux visiteurs.

Le JJ Dickson Centre, dans Changle Lu, est un centre commercial qui ne présente que des articles de luxe provenant des grandes marques occidentales.

La boutique la plus à la mode de Shanghai est sans doute, comme son nom l'indique, Maison Mode, 1312 Huaihai Zhonglu. Il est fort probable que, depuis notre passage, quantité d'autres boutiques aient vu le jour.

Supermarchés et pharmacies. Si vous avez besoin de médicaments occidentaux, le Shanghai Centre offre le choix le plus étendu. Wellcome est une chaîne de supermarchés de Hong Kong. Également dans le Shanghai Centre, Watson's, une pharmacie qui vend des cosmétiques et des produits paramédicaux, est à votre service. Les prix sont similaires à ceux pratiqués à Hong Kong.

Matériel photographique. Jetez un œil dans les boutiques des grands hôtels. Shanghai est l'une des rares villes chinoises où l'on trouve des diapositives. Le meilleur fournisseur de matériel photographique reste Guan Long, 190 Nanjing Donglu.

Porcelaine. Le Jingdezhen Porcelain Artware Co est sis à l'angle de Nanjing Xilu et Shanxi Lu.

Souvenirs. Concernant l'art et l'artisanat, les souvenirs et les antiquités, le bazar Yuyuan est l'endroit où se rendre en priorité. Le Shanghai Arts & Crafts Service Centre (☎ 6327-3650), 190-208 Nanjing Xilu, mérite également une visite mais les prix sont sensiblement plus élevés. Le Shanghai Arts & Crafts Store, dans le centre des expositions de Shanghai, est surtout fréquenté par les groupes constitués.

Thé et théières. Le thé, les théières et les tasses utilisés par les Chinois feront d'excellents cadeaux. Shanghai offre un bon choix dans ce domaine, et plus particulièrement le bazar Yuyuan. Sinon, vous pouvez vous rendre au très chic Shanghai Huangshan Tea Co, 853 Huaihai Zhonglu. Les prix sont souvent très raisonnables. Vous y trouverez notamment des théières de Yixing, les plus appréciées.

Comment s'y rendre

Avion. La CAAC dessert notamment Bruxelles, Fukuoka, Hong Kong, Los Angeles, Nagasaki, Nagoya, New York, Osaka, Paris, San Francisco, Tokyo, Toronto et Vancouver. La compagnie a annoncé qu'elle mettrait bientôt en service des vols directs pour Séoul, Bangkok et Singapour. Dragonair assure également la liaison entre Shanghai et Hong Kong. Northwest et United desservent les États-Unis (avec changement à Tokyo) et Canadian Airlines International le Canada.

Des vols intérieurs (généralement plusieurs par jour) relient Shanghai à toutes les grandes villes de Chine. Des vols desservent moins fréquemment (au moins une fois par semaine) les villes moins importantes. La taxe d'aéroport s'élève à 60 yuan.

La principale agence China Eastern Airlines (☎ 6247-5953 pour les vols intérieurs, 6247-2255 pour les vols internationaux), est installée 200 Yan'an Xilu et est ouverte 24h/24. Les grands hôtels et le bureau principal du CITS, dans le Guangming Building, disposent également de guichets de réservation des billets. Shanghai Airlines (☎ 6255-8558) est à l'aéroport mais les agences de voyage du centre-ville assurent la vente des billets. On peut également s'adresser au CITS pour les vols intérieurs.

Sont représentées à Shanghai :

Aeroflot
    East Lake Hotel, Donghu Lu (☎ 6471-1665)
Air France
    Aéroport Hongqiao (☎ 6268-8866)
All Nippon Airways (ANA)
    2F, East Wing, Shanghai Centre (☎ 6279-7000)

Canadian Airlines International
6ᵉ étage, New Jinjiang Tower (☎ 6415-3091)
Dragonair
Bureau 202, 2F, Shanghai Centre (☎ 6279-8099)
Japan Airlines
2F, Ruijin Building, 205 Maoming Lu (☎ 6472-3000)
Korean Air
Bureau 104-105, Hotel Equatorial, 105 Yan'an Xilu (☎ 6248-1777)
Lufthansa
Shanghai Hilton Hotel, 250 Huashan Lu (☎ 6248-1100)
Northwest Airlines
Suite 207, Niveau 2, East Podium, Shanghai Centre (☎ 6279-8088)
Singapore Airlines
Bureau 208, East Wing, Shanghai Centre, 1376 Nanjing Xilu (☎ 6279-8008)
Thai Airways International
2F, Shanghai Centre (☎ 6279-7170)
United Airlines
Suite 204, West Podium, Shanghai Centre (☎ 6279-8009)

Bus. La gare routière longue distance se trouve dans Qiujiang Lu, à l'ouest de Henan Beilu. Il y a plusieurs départs quotidiens pour Hangzhou, Wuxi et Changzhou.

Il existe un autre guichet sur la place Renmin, en face du carrefour entre Fuzhou Lu et Xizang Zhonglu, où vous pourrez vous procurer des billets pour Suzhou.

Les points de départ des bus sont indiqués sur le billet en chinois (au moment où nous rédigions ce guide, il y avait deux points de départ pour Suzhou, l'un dans Gongxing Lu, près de la place Renmin, l'autre dans Huangpu Beilu Kou, près de la gare principale). Mieux vaut donc vérifier où se fait l'embarquement au moment où l'on achète le billet.

La route qui relie Shanghai à Nankin est si fréquentée qu'il est préférable de prendre le train pour se rendre dans les villes qui se trouvent sur le chemin.

Train. Shanghai est à la jonction des voies Pékin-Shanghai et Pékin-Hangzhou, qui elles-mêmes divergent vers plusieurs directions. On peut donc prendre un train direct de Shanghai vers de nombreuses villes de

Chine. La difficulté consiste à se procurer un billet.

A Shanghai, il est virtuellement impossible pour un étranger d'acheter un billet au tarif chinois. Par ailleurs, nous ne saurons trop vous conseiller d'éviter les queues interminables aux guichets de la gare ! Il est préférable de s'adresser suffisamment à l'avance au CITS, qui se chargera de leur achat. Pour Nankin, Suzhou et Hangzhou, comptez un délai d'une journée. Pour des destinations plus lointaines, vous devrez faire preuve d'un peu plus de patience.

Si vous avez besoin d'un billet très rapidement, adressez-vous au guichet de réservation de l'hôtel Longmen (☎ 6317-0000, poste 5315), à côté de la gare ferroviaire, 777 Hengfeng Lu, ouvert de 7h à 21h (avec une interruption au moment du dîner). Par rapport à la gare ferroviaire, vous aurez le privilège d'attendre très peu. Dernière possibilité, le CYTS, 2 Hengshan Lu, ouvert de 9h à 11h30 et de 13h à 16h (fermé le dimanche).

Les départs et les arrivées s'effectuent généralement à la gare principale (reportez-vous à la carte *Centre de Shanghai*) ou, dans certains cas, à la gare Ouest (voir la carte *Shanghai*). Renseignez-vous au préalable.

Shanghai est située à 17 heures 30 de Pékin, 22 heures 30 de Fuzhou, 33 heures de Canton, 29 heures de Guilin, 3 heures 30 de Hangzhou, 62 heures de Kunming, 4 heures de Nankin, 24 heures de Qingdao, 27 heures de Xi'an.

Des trains "touristiques" à double niveau circulent entre Shanghai et Hangzhou, Shanghai et Nankin (avec des arrêts à Wuxi, Suzhou, Changzhou et Zhenjiang). Les sièges durs de ce type de train sont très confortables. Il est interdit de fumer. Des serveurs proposent des boissons et de la nourriture.

Bateau. C'est indiscutablement l'un des moyens les plus pratiques, et le moins cher, de quitter Shanghai. Le bateau est même plus rapide que le train pour les destinations côtières ou continentales sur le Yangzi.

Les billets peuvent s'acheter au CITS, moyennant une commission, ou à la billetterie installée 1 Jinling Donglu. La tarification n'est pas claire. Le CITS majore en effet de 95% les billets pour étrangers, ce qui n'est pas toujours le cas de la billetterie (tout dépend de la compagnie maritime). Aussi avez-vous tout intérêt à comparer les prix avant de vous décider.

Le passage Shanghai-Hong Kong a été rouvert en 1980, après 28 ans d'interruption. Trois navires assurent désormais la traversée : le *Shanghai*, le *Haixin* et le *Jinjiang*. Quantité de voyageurs quittent ainsi la Chine et le voyage, qui dure deux jours et demi, semble pleinement les satisfaire. Il y a des départs tous les sept jours. Des ferries hebdomadaires relient également Shanghai à Osaka/Yokohama, au Japon.

Les bateaux partent du terminal des passagers international, à l'est de Shanghai Mansions, au port Wai Hong Qiao, Taipin Lu n°1. Les passagers sont priés de se présenter au port 3 heures avant le départ. On peut acheter ses billets au CITS, ou à la billetterie sise 1 Jinling Donglu.

Les navires pour Putuoshan circulent un jour sur deux, avec départ et arrivée à 15h. La traversée dure 12 heures et les billets coûtent de 60 à 132 yuan, selon la classe retenue. Un service de ferry rapide (5 heures) part également tous les jours à 7h. Comptez 210 yuan (300 yuan en classe de luxe). Si vous optez pour la solution du ferry, vous devrez d'abord prendre un bus à 7h dans l'enceinte du quai Shiliupu.

Les principales destinations des ferries remontant le Yangzi sont Nantong, Nankin, Wuhu, Guichi, Jiujiang et Wuhan. A Wuhan, un second ferry vous conduira à Chongqing. Si vous souhaitez vous rendre jusqu'à Nankin, prenez plutôt le train, beaucoup plus rapide que le bateau. Les départs s'effectuent dans l'enceinte du quai Shiliupu.

Si l'argent est votre principal critère de décision, quittez Shanghai en remontant le fleuve si vous vous dirigez vers l'ouest. A titre d'exemple, Wuhan est à plus de 1 500 km de Shanghai par le train. Pour moitié moins cher qu'une couchette dure en train, vous pouvez obtenir une couchette en 4e classe à bord d'un bateau. En payant un peu plus cher, vous pouvez raisonnablement tabler sur une cabine pour deux personnes à bord d'un bateau.

La fréquenc des liaisons côtières dépend de la destination. Quelques-uns des paquebots de 5 000 tonnes possèdent des cabines avec s.d.b. en 1re classe et classe spéciale, avec boiseries, rideaux de velours rouge et œuvres d'art. D'autres disposent d'un restaurant, d'un bar et d'un magasin d'alimentation. Les 2e et 3e classes se divisent en tarifs A et B, le tarif A offrant un confort et un service un peu supérieurs. Les principales destinations sont, entre autres, Ningbao et Xiamen.

Il est à déplorer que de nombreuses liaisons côtières soient supplantées par l'avion, le train et l'automobile.

Comment circuler

Shanghai n'est pas vraiment le paradis du marcheur. Quelques secteurs sont passionnants à découvrir à pied, mais les nouvelles infrastructures routières, les constructions et l'état de la circulation rendent la marche épuisante. Les bus ne valent guère mieux : il est difficile de s'orienter et ils sont généralement pris d'assaut. Le métro, en revanche, est parfait. Malheureusement, seule une ligne nord-sud traverse, pour le moment, le centre de Shanghai. Les voyageurs plus fortunés jetteront leur dévolu sur les taxis.

Desserte de l'aéroport. L'aéroport de Hongqiao est à 18 km du Bund. Comptez de 30 mn à 1 heure de trajet. Un bus fait la navette entre l'aéroport et le bureau de la CAAC, dans Yan'an Lu. Les principaux hôtels, tels le Jinjiang, disposent d'une navette privée. Un taxi au départ du Bund coûte environ 55 yuan, tarif variable selon le type de taxi, l'itinéraire et la circulation.

Bus. Les bus sont généralement bondés et il est très difficile d'embarquer. Une fois à bord, prenez garde à vos bijoux ou à votre porte-monnaie.

L'EST

Contrairement à ce que l'on pourrait croire en lisant les plans, il n'existe pas de code de couleur pour les bus. Les lignes 1 à 30 sont celles des trolleys (auxquels on a désormais ajouté des bus normaux). Les bus n°1 à 199 circulent de 5h à 23h. Les bus n°200 et 400 fonctionnent aux heures de pointe et les n°300 toute la nuit.

Les services vers la banlieue ne portent pas de numéro ; la destination est inscrite en caractères chinois. Voici une liste de quelques-uns des bus les plus utiles :

N°18 Passe devant la gare principale (venant du nord-est, de Hongkou ou du parc Lu Xun) et poursuit vers le sud en descendant Xizang Lu, puis au sud jusqu'aux rives du Huangpu.

N°64 Vous conduit à la gare de l'hôtel Pujiang : le prendre près du Pujiang sur Beijing Donglu, près du croisement avec Sichuan Zhonglu. Le trajet dure 20 à 30 minutes.

N°65 Se prend derrière la gare principale, passe devant le Shanghai Mansions, franchit le pont Waibaidu et se dirige vers le sud le long du Bund (Zhongshan Lu) sur toute sa longueur.

N°49 Part à hauteur du BSP et suit Yan'an Lu vers l'ouest. Les n°42 et 48 suivent des itinéraires similaires depuis le parc Huangpu, longent le Bund vers le sud, prennent à l'ouest autour de l'hôtel Dongfeng, puis reviennent à l'ouest sur Yan'an Lu. Le n°26 part du centre-ville, quelques rues à l'ouest du Bund, passe devant le bazar Yuyuan et continue vers l'ouest le long de Huaihai Lu.

N°16 Est un bon moyen de liaison vers des destinations peu faciles d'accès. Il va du temple du Bouddha de Jade au bazar Yuyuan, puis vers un bac franchissant le Huangpu.

N°11 Fait un circuit autour de la vieille ville chinoise.

N°71 Vous conduit à la CAAC d'où vous pouvez prendre une navette pour l'aéroport. Prendre le n°71 dans Yan'an Donglu, près du Bund.

Métro. Le métro de Shanghai se construit à toute allure. Le premier tronçon, ouvert le 10 avril 1995, part de la gare ferroviaire, au nord de la ville, traverse la place Renmin et redescend vers le parc d'attractions Jinjiang, au sud, couvrant ainsi 16,1 km. Une seconde ligne reliant l'aéroport de Hongqiao à la nouvelle Zone franche de Pudong, et traversant ainsi le centre-ville d'est en ouest, devrait ouvrir fin 96.

Les trains circulent de 5h à 21h, toutes les 9 mn aux heures de pointe (toutes les 12 mn dans les autres cas). Le ticket coûte de 1 à 2 yuan.

Taxi. Les tarifs pratiqués à Shanghai sont raisonnables, et les taxis faciles à héler dans la rue. En revanche, mieux vaut éviter les heures de pointe (de 7h à 9h et de 17h et 19h). Les tarifs varient légèrement selon le véhicule (la prise en charge oscille entre 10,80 et 14,40 yuan, selon la taille de la voiture). La plupart des destinations dans le centre de Shanghai ne devraient pas dépasser de 15 à 20 yuan.

Voiture. La société Anji Car Rental est, paraît-il, la première en Chine à se lancer dans la location de voitures aux étrangers, à leur arrivée à l'aéroport.

Si vous n'avez jamais conduit en Chine, renoncez à effectuer le trajet de l'aéroport au centre-ville en voiture, la circulation étant anarchique.

Navettes d'hôtels. Le Sheraton Huating offre toutes les heures à ses clients une navette gratuite jusqu'au Bund et autres secteurs du centre. D'autres grands hôtels assurent le même service.

Zhejiang 浙江

L'une des plus petites provinces chinoises, mais traditionnellement prospère, le Zhejiang (*zhèjiāng*) a toujours eu plus d'importance que sa taille ne pourrait le laisser croire.

La région se divise en deux parties distinctes. Celle de Hangzhou, au nord, qui fait partie du riche delta du Yangzi, est semblable à la partie sud de la province du Jiangsu. Le sud, qui prolonge les terres accidentées de la province du Fujian, est montagneux. Cultivé de façon intensive depuis un millénaire, le nord du Zhejiang a perdu l'essentiel de sa végétation naturelle pour se transformer en une plaine plate et uniforme, entrecoupée d'un réseau dense de voies d'eau et de canaux d'irrigation. C'est également là qu'aboutit le Grand Canal.

Le Zhejiang faisait partie des greniers méridionaux d'où l'on expédiait du ravitaillement vers les régions défavorisées du Nord. La croissance des villes du Zhejiang est liée à la proximité de la mer et à leur situation sur les terres agricoles les plus productives de Chine. Hangzhou, Ningbo et Shaoxing étaient déjà des carrefours commerciaux et des ports importants aux VIIe et VIIIe siècles. Leur croissance s'accéléra encore au XIIe siècle, lorsque la dynastie Song installa sa cour à Hangzhou pour fuir les envahisseurs venus du Nord.

La soie était l'une des exportations du Zhejiang. Connue sous le nom de "terre de la soie", la province produit encore aujourd'hui un tiers de la soie brute, du brocart et du satin chinois.

Hangzhou en est la capitale. Une route et une voie ferrée partent de Hangzhou vers l'est pour rejoindre Shaoxing et Ningbo. De Ningbo, on peut prendre un bus vers le Tiantaishan, poursuivre vers le sud et Whenzou, puis descendre la route côtière jusqu'à la province du Fujian. Au nord, Jiaxing, sur la voie ferrée Hangzhou-Shanghai, est également une ville ouverte, de

Population : 40 millions d'habitants
Capitale : Hangzhou
A ne pas manquer :

- Le lac de l'Ouest de Hangzhou, l'un des plus célèbres sites touristiques de Chine
- L'atmosphère magique de l'île de Putuoshan, avec ses temples et ses promenades

même que Huzhou, au nord de la province, sur les rives du lac Taihu.

HANGZHOU

(*hángzhōu*)

Hangzhou est l'un des grands centres touristiques chinois. La ville est littéralement prise d'assaut par les touristes, particulièrement en été et les week-ends ensoleillés. D'où une escalade des tarifs hôteliers et l'apparition d'infrastructures touristiques d'une grande laideur aux alentours du principal site de la ville, le lac de l'Ouest.

Le lac de l'Ouest est entouré de collines et de jardins, tandis que sur ses rives sont disséminés des pavillons et des temples. Le lac a donné naissance à l'un des plus anciens slogans touristiques de Chine : "Au

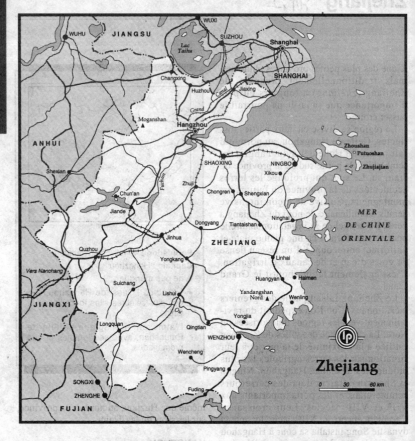

Zhejiang

ciel il y a le paradis, sur terre il y a Suzhou et Hangzhou". Un paradis terrestre où il est difficile d'échapper à la foule et qui offre peu d'endroits isolés et paisibles. Même dans les zones rurales à l'ouest du lac, les routes sont souvent envahies par les bus touristiques et les taxis.

Histoire

Marco Polo, qui traversa Hangzhou au XIIIe siècle, la décrivit comme l'une des plus splendides cités au monde. Bien que la ville ait amorcé son essor avec le creusement de l'extrémité sud du Grand Canal au

VIIe siècle, elle ne connut véritablement son apogée qu'avec le renversement de la dynastie Song par les envahisseurs jürchen.

Ancêtres des Mandchous, les Jürchen conquirent la Chine cinq siècles plus tard. En 1126, ils s'emparèrent de Kaifeng, capitale des Song, et capturèrent l'empereur et les hauts dignitaires de la cour impériale. Le reste de la cour des Song s'enfuit vers le sud et s'installa à Hangzhou, où elle fonda la dynastie des Song du Sud.

Dans les années précédentes, la Chine avait connu une révolution : développement de villes importantes et prospères, de l'économie et d'un florissant commerce interrégional. Avec l'invasion des Jürchen, le centre de cette révolution fut repoussé vers le sud, quittant la vallée du fleuve Jaune pour celle du Yangzi et la côte entre le Yangzi et Canton.

Tandis que le Nord demeurait aux mains des envahisseurs (qui furent rapidement sinisés), dans le sud Hangzhou devint le centre de l'État chinois. La cour, les militaires, les hauts fonctionnaires et les marchands rejoignirent la ville, dont la population passa de 500 000 à 1 750 000 habitants en 1275. L'importance de la population, ainsi que la proximité de l'océan, contribuèrent au développement du commerce fluvial et maritime et des industries navales.

Lorsque les Mongols pénétrèrent en Chine, ils installèrent leur cour à Pékin. Hangzhou conserva toutefois son statut de cité commerçante prospère. La ville essuya en revanche une cuisante défaite lors de la rébellion Taiping. En 1861, ces derniers assiégèrent Hangzhou et s'en emparèrent ; deux ans plus tard, les armées impériales la reconquirent. Ces campagnes réduisirent presque entièrement la ville en cendres et mirent fin à l'hégémonie commerciale de Hangzhou. Rares furent les monuments qui échappèrent au désastre ; ceux qui résistèrent furent victimes des Gardes rouges un siècle plus tard. La plupart des constructions de la ville sont relativement récentes.

Orientation

Hangzhou est bordée au sud par la rivière Qiantang et à l'ouest par des collines. Entre les collines et la zone urbaine s'étend le vaste lac de l'Ouest, site le plus pittoresque de la région. La rive orientale du lac est devenue un quartier touristique. La rive ouest est plus calme.

Renseignements

CITS. L'agence (☎ 515-2888 ; fax 515-6667), 1 Shihan Lu, se cache dans un charmant vieux bâtiment (*wànghú lóu*), à proximité de l'hôtel Wanghu. C'est une adresse peu utile pour les voyageurs se déplaçant seuls.

Argent. La plupart des hôtels touristiques disposent de bureaux de change. L'agence principale de la Bank of China est installée 140 Yan'an Beilu, non loin de Qingchun Lu.

Temple de la Solitude inspirée

(*língyǐn sì*)

Le Lingyin Si, que l'on traduit soit par temple de la Solitude inspirée soit par temple de la Retraite de l'âme, constitue la principale attraction de Hangzhou. Édifié en 326, il a été détruit par les guerres et les catastrophes naturelles et reconstruit pas moins de seize fois.

Les bâtiments actuels sont des restaurations d'anciens édifices Qing. Sur la façade du temple se dresse le pavillon des Quatre Gardiens célestes avec, au milieu, une statue de Maitreya, le Bouddha du futur, assis sur une plate-forme et flanqué de deux dragons. Derrière se profile le Grand Pavillon, où vous pourrez admirer la magnifique statue haute de 20 m de Siddhartha Gautama. Elle fut sculptée dans 24 blocs de camphrier et s'inspire d'une œuvre originale de la dynastie Tang. Derrière la statue s'élève un étonnant montage de 150 petits personnages.

Le Feilai Feng (*fēilái fēng*), Pic venu de loin en volant, fait face au monastère. Ce pic tient son nom, selon la légende, d'un moine indien qui se rendit à Hangzhou au IIIᵉ siècle et, constatant que la colline ressemblait à s'y méprendre à une autre située en Inde, demanda quand elle avait atterri en Chine. La surface rocheuse de la colline est gravée de 330 sculptures et inscriptions datant du Xᵉ au XIVᵉsiècle. Les sculptures les plus anciennes remontent à 951 et comprennent un groupe de trois divinités bouddhiques, à l'entrée de la grotte Qing Lin sur la droite. L'arrière-plan le plus recherché est celui offert par le Maitreya riant (le bouddha joufflu au pied de la crête). A côté du temple vous attend un restaurant végétarien.

Pour vous rendre au temple, prenez le bus n°7 jusqu'au terminus, au pied des collines, à l'ouest de Hangzhou. Derrière le temple Lingyin se dresse le pic Nord, que l'on peut gravir en funiculaire. Du sommet, on jouit d'une vue spectaculaire sur le lac et la ville.

L'EST

Musée provincial du Zhejiang

(*zhèjiāng bówùguǎn*)

Cet intéressant musée est situé sur l'île de la Colline solitaire (*gūshān*), à une courte distance à pied du Hangzhou Shangri-La Hotel. L'essentiel du musée est consacré à l'histoire naturelle.

Mausolée du général Yue Fei

(*yuè fēi mù*)

Lorsque la Chine fut attaquée par les envahisseurs jürchen venus du Nord, au XIIe siècle, le général Yue Fei (1103-1141) commandait les armées Song. Malgré ses victoires contre l'envahisseur, il fut rappelé à la cour et victime des partisans de la politique du compromis avec les Jin maîtres du Nord. A la tête de ce courant, le Premier ministre Qin Gui réussit à faire arrêter et condamner à mort Yue Fei. Vingt ans plus tard, en 1163, l'empereur Song Xiaozong le réhabilita et fit ensevelir son corps dans ces lieux. Yue fut finalement déifié.

Le mausolée de ce général patriote se trouve sur une aire entourée d'un mur de brique rouge, dans Huanhu Lu, à quelques minutes à pied de l'hôtel Hangzhou Shangri-La. Il fut dévasté sous la Révolution culturelle puis restauré. On peut admirer la statue de terre vernissée du général et, sur le mur, des fresques illustrant sa vie, dont l'une montre le tatouage qu'il portait sur le dos : "Loyal jusqu'à la fin".

Colline de la Pierre précieuse

(*bǎoshí shān*)

La tour protectrice de Chu (*bǎochù tǎ*) fut érigée à l'origine sur la colline de la Pierre précieuse, en 938, sous la dynastie Song, afin d'assurer le retour du prince de Hangzhou, Qian Chu, parti demander une audience à l'empereur. La tour actuelle, haute de 45,5 m, a été reconstruite en 1933. Elle se dresse au nord de Huanhu Lu (suivez les marches), sur la rive nord du lac. Au petit matin, vous rencontrerez peut-être des femmes pratiquant le taiji et de vieux messieurs faisant prendre l'air à leurs oiseaux. De la tour partent, au sud, des sentiers jalon-

nés de temples et de sanctuaires qui suivent la crête à travers des bambouseraies.

Pagode des Six Harmonies

(*liùhé tǎ*)

Au sud-ouest de la ville se tient un énorme pont sur lequel passent la route et la voie ferrée, qui enjambe le Qiantang Jiang. La pagode des Six Harmonies, un bâtiment octogonal de 60 m de haut, qui tire son nom des six codes du bouddhisme, se trouve à côté.

Héritage du passé féodal, la pagode devait être détruite sous la Révolution culturelle, mais cette démolition exigeait la présence de tant d'experts que le projet fut abandonné. C'était à l'origine un phare, que l'on disait doté d'un pouvoir magique capable d'arrêter la lame de fond qui soulevait chaque année le Qiantang Jiang à la mi-septembre.

Lac de l'Ouest

(*xī hú*)

Trente lacs chinois portent le nom de Xihu, mais celui-ci est de loin le plus célèbre. C'est sur lui que furent modelés tous les autres. Si le temps s'y prête, il permet une excursion mémorable.

Le lac était à l'origine une lagune contiguë au Qiantang. Au VIIIe siècle, le gouverneur de Hangzhou la fit draguer. Par la suite, on bâtit une digue qui la coupa complètement du fleuve. Le lac mesure environ 3 km de long sur un peu moins de 3 km de large. Il est divisé par deux digues, appelées Baidi et Sudi. Une série de ponts suffisamment hauts permet le passage des ferries et des petits bateaux. Divers édifices sont disséminés autour du lac : ce ne sont pour la plupart que des pavillons ou des ponts sans grande originalité, en dehors de leur nom évocateur.

L'île de la Colline solitaire (*gūshān*) est la plus vaste du lac. Elle abrite le musée provincial, le restaurant Louwailou et le parc Zhongshan (*zhōngshān gōngyuán*). Au XVIIIe siècle, ce dernier faisait partie du palais impérial. Il fut rebaptisé en 1911 en l'honneur de Sun Yat-sen. La digue Baidi relie l'île à la terre ferme.

La plupart des autres sites évoquent des personnages célèbres qui y vécurent jadis : des poètes, un empereur, peut-être un alchimiste à la recherche de quelque élixir de longue vie. C'est ainsi, notamment, que le pavillon pour la Libération de la grue fut construit en souvenir du poète Song Lin Hejing qui, dit-on, refusa de servir l'empereur et resta célibataire toute sa vie.

Les jardins botaniques de Hangzhou abritent même un séquoia, offert par Richard Nixon lors de sa visite en 1972.

L'île de Santanyinyue (*sāntán yìnyuè*) est célèbre, quant à elle, pour ses trois bassins qui reflètent la plein lune à la mi-août.

Si vous souhaitez contempler la lune de votre bateau, vous pourrez, à deux ou trois endroits sur le lac, louer une barque et naviguer au lent rythme des rames. On peut aussi louer des bateaux aux petits embarcadères implantés sur la rive est.

Autres curiosités

Le **zoo de Hangzhou** possède des tigres de Mandchourie.

A quelque 60 km au nord de Hangzhou se profile **Moganshan**. Cette station doit son essort aux Européens qui, à l'époque coloniale, vivaient à Shanghai et Hangzhou et venaient y chercher la fraîcheur en plein été.

Où se loger – petits budgets

Hangzhou n'est pas une ville très accueillante en matière d'hébergement et la situation ne devrait pas s'améliorer. Le week-end et durant la haute saison, il est parfois difficile de trouver la moindre chambre. Essayez d'arriver le plus tôt possible dans la journée.

Au moment de la rédaction de cet ouvrage, la seule option pour les petits budgets était le *Dortoir pour étudiants* (*liúxuéshēng lóu*) derrière l'hôtel Lingfeng, à proximité de l'université du Zhejiang. Les lits en chambre double reviennent à 60 yuan. Prenez le bus n°16 jusqu'au dernier arrêt et repérez l'hôtel Lingfeng à l'angle.

Pour atteindre les dortoirs pour étudiants, traversez le foyer de l'hôtel Lingfeng, ouvrez la porte qui donne sur la cour et c'est tout droit. Si vous vous perdez, les étudiants étrangers vous aideront à trouver votre chemin.

Sur le Grand Canal se dresse Hangzhou, l'une des villes les plus touristiques de Chine

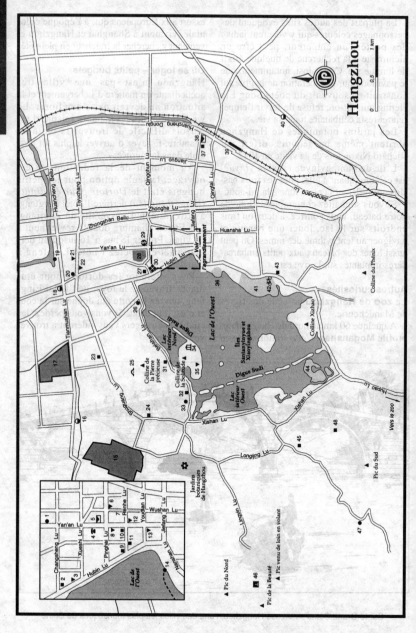

Hangzhou

0   0,5   1 km

Huangcheng Doudun
Jiangcheng Lu
Jiangcheng Lu
Qingchun Lu
Tiyuchang Lu
Zhonghe Lu
Huancheng Beilu
Zhongshan Beilu
Yan'an Lu
Hubin Lu
Huansha Lu
Jiefang Lu
Tianmushan Lu
Shuguang Lu
Lac de l'Ouest
Lac intérieur Nord
Digue Baidi
Colline de la Pierre précieuse
Colline de la Solitude
Lac intérieur Ouest
Digue Sudi
Îles Santanyinyue et Xiaoyingzhou
Colline du Phénix
Colline Xizhao
Xishan Lu
Xishan Lu
Hupao Lu
Vers le zoo
Longjing Lu
Longjing Lu
Jardins botaniques de Hangzhou
Pic du Sud
Voir l'agrandissement

Changsheng Lu
Yan'an Lu
Reihne Lu
Wushan Lu
Youlian Lu
Xueshi Lu
Pinghai Lu
Jiefang Lu
Hubin Lu
Nanshan Lu
Lac de l'Ouest

Pic du Nord
Pic de la Beauté
Pic venu de loin en volant

L'EST

Le CITS gérait la *Pension de l'université de Hangzhou* (☎ 806-6357) (*hángdà zhuānjiā lóu*), autre option bon marché de la ville, mais le prix des doubles, particulièrement laides, varie aujourd'hui de 270 à 300 yuan.

Où se loger – catégorie moyenne

La plupart des établissements de catégorie moyenne sont regroupés à la lisière est du lac, à proximité de Hubin Lu. C'est une zone bruyante et, malgré les tarifs élevés généralement appliqués, les chambres en pâtissent largement. L'un des hôtels les plus calmes (et l'un des moins chers), le *Renhe*, n'accepte pas les étrangers.

Les deux possibilités sont l'hôtel *Huanhu* (☎ 706-7701) (*huánhú fàndiàn*),

HANGZHOU 杭州		6	Restaurant de raviolis 铰子馆	19	Embarcadère de Hangzhou 客运码头
OÙ SE LOGER		8	Restaurant Xi'an (raviolis) 西安铰子馆	20	CAAC 民航售票处
2	Hôtel Huaqiao 华侨饭店	12	KFC 肯德鸡	25	Grotte du Dragon jaune 黄龙洞
9	Hôtel Hubin 湖宾饭店	13	Roast Duck Restaurant 烤鸭店	26	CITS 中国国际旅行社
10	Hôtel Yanling 文化中心	21	KFC 肯德鸡	28	École de médecine du Zhejiang 浙江医科大学
11	Hôtel Huanhu 环湖饭店	22	Boston Fish & Fries 波士顿快餐	29	Bank of China 中国银行
23	Yellow Dragon Hotel 黄龙饭店	35	Restaurant Louwailou 楼外楼菜馆	30	Friendship Store 友谊商店
24	Hôtel Lingfeng et dortoirs pour étudiants étrangers 灵峰山庄，外国留学生楼		**DIVERS**	33	Mausolée de Yue Fei 岳飞墓
27	Hôtel Wanghu 望湖宾馆	1	Overseas Chinese Store 华侨商店	34	Musée provincial du Zhejiang 浙江省博物馆
31	Hôtel Xinxin 新新饭店	4	Bureau international de téléphone 长途电话	36	Parc pour enfants 儿童公园
32	Hangzhou Shangri-La Hotel 杭州香格里拉饭店	5	Poste 邮局	38	Poste principale 邮电局
37	Hôtel Xinhua 新华饭店	7	Marché 市场	39	Gare ferroviaire 火车站
43	Hôtel Qingbo 清波饭店	14	Bateaux pour Santanyinyue 至三潭印月	40	Gare routière Sud 长途汽车南站
45	Hôtel Zhejiang 浙江宾馆	15	Université du Zhejiang 浙江大学	41	Parc Liulangwenying 柳浪闻莺公园
48	Hôtel Liu Tong 六通宾馆	16	Gare routière Ouest 长途汽车西站	42	Location de bicyclettes 租自行车店
	OÙ SE RESTAURER	17	Université de Hangzhou 杭州大学	44	Parc Huagang 花港公园
3	Paradise Rock (restaurant-bar) 乐园酒吧	18	Gare routière (bus longue distance) 长途汽车站	46	Temple de la Retraite inspirée 灵隐寺
				47	Puits du Dragon 龙井

qui loue des doubles standard entre 300 et 330 yuan, et l'hôtel *Yanling* (☎ 706-9769) (*yánlíng bīnguǎn*), qui propose des doubles entre 280 et 330 yuan. Ce dernier ne possède pas d'enseigne en anglais, mais une grande porte rouge et voûtée mène à un escalier aboutissant à l'entrée de l'hôtel.

Au sud de Hubin Lu, l'hôtel *Qingbo* (☎ 707-9988) (*qīngbō fàndiàn*), dans Nanshan Lu, est l'un des rares établissements d'un rapport qualité/prix correct, même si les doubles sont encore surévaluées (de 360 à 400 yuan). Il n'est pas facile à repérer car il n'a pas d'enseigne en anglais et se trouve dans un tournant. Seuls signes d'identification : le sol est de couleur ocre et, juste en face, on peut apercevoir une inscription en anglais ("Bicycle Rental").

L'hôtel *Xinxin* (☎ 798-7101) (*xīnxīn fàndiàn*), 58 Beishan Lu, sur la rive nord du lac, est un endroit tranquille qui affiche souvent complet. Il propose des doubles de 180 à 360 yuan.

Où se loger – catégorie supérieure

Les établissements de cette catégorie ne manquent pas à Hangzhou. Ils se tiennent pour la plupart aux abords du lac de l'Ouest. Les rives nord et ouest constituent les endroits les plus agréables. Comptez de 20 à 25 yuan pour un taxi de la gare ferroviaire à l'un de ces hôtels.

Le meilleur, en bordure du lac, est le *Hangzhou Shangri-La Hotel* (☎ 707-7951 ; fax 707-3545) (*hángzhōu xiānggé lǐlā fàndiàn*), également appelé hôtel *Hangzhou* (*hángzhōu fàndiàn*). Situé sur la rive nord, il est entouré d'un vaste domaine boisé. Les doubles coûtent 145 \$US avec vue sur la colline ou 190 \$US avec vue sur le lac.

Sur la rive ouest du lac, l'hôtel *Zhejiang* (☎ 797-7988 ; fax 797-1904) (*zhèjiāng bīnguǎn*) est un établissement immense et plutôt mal organisé, dans un parc forestier très calme. Les doubles standard s'échelonnent de 570 à 790 yuan ; les simples démarrent à 360 yuan.

Au sud de l'hôtel Zhejiang, sur la rive ouest plus isolée, au milieu d'un jardin, se dresse l'hôtel *Liu Tong* (☎ 796-0606 ; fax 796-0607) (*liùtōng bīnguǎn*), 32 Faxiang Xiang. Comptez un minimum de 465 yuan pour une chambre.

Sur la rive orientale du lac, le *Hangzhou Overseas Chinese Hotel* (☎ 707-4401) (*huáqiáo fàndiàn*), 15 Hubin Lu, est un établissement passablement vieillot, énorme, qui dispose de doubles à partir de 580 yuan. Très similaire et situé à proximité, dans Wangcheng Xilu, l'hôtel *Wanghu* (☎ 707-1024 ; fax 707-1350) (*wànghú bīnguǎn*) propose des doubles de 740 à 950 yuan, ainsi que des simples meilleur marché à 360 yuan.

Plus près du centre-ville, le *Dragon Hotel* (☎ 799-8833 ; fax 799-8090) (*huánglóng fàndiàn*) loue des doubles standard à 130 \$US, tandis qu'à l'hôtel *Xinqiao* (☎ 707-6688) (*xīnqiáo fàndiàn*) le prix des doubles s'échelonne de 60 à 80 \$US.

Où se restaurer

Quelques restaurants sont installés en bordure du lac, au nord de Hubin Lu et de Beishan Lu, mais ils sont généralement onéreux. La ville compte aussi quelques fastfoods, notamment plusieurs succursales de *KFC*, dont une à côté du Hangzhou Shangri-La Hotel d'où l'on peut profiter d'une belle vue sur le lac. Autre option du même genre, le *Boston Fish & Fries*, avec une succursale en face de la CAAC.

Pour la cuisine chinoise, le meilleur endroit est Yan'an Lu, parallèle à Hubin Lu, qui abrite notamment un extraordinaire restaurant de raviolis particulièrement bon marché. Une enseigne en anglais, à l'extérieur, indique que l'établissement appartient au *Xi'an Dumpling Enterprises Group*. Le menu est en chinois, mais commandez des *tāngjiǎo* : on vous apportera un bol de raviolis dans du bouillon, que vous pourrez assaisonner de sauce très pimentée ou de sauce de soja (pour seulement 3 yuan le bol). Un autre bon restaurant de raviolis, ouvert assez tard de surcroît, vous attend tout au bout de la rue marchande Wushan Lu.

Consultez la carte de Hangzhou pour repérer le *Roast Duck Restaurant* (*kǎoyā diàn*). Vous pourrez commander à la carte, ce qui vous reviendra moins cher, si vous parvenez à lire le menu (en chinois). Sinon, commandez du *kǎoyā* (canard de Pékin) à 53 yuan par personne – trois fois moins cher que partout ailleurs à Hangzhou. Le décor et le service se réduisent au minimum mais la nourriture est excellente.

Tous les grands hôtels servent de la cuisine locale et cantonaise de première qualité. En revanche, seul le Shangri-La sert des plats occidentaux corrects.

Le *Paradise Rock*, à côté de l'Overseas Chinese Hotel, propose du café et des encas (notamment de bons rouleaux de printemps) dans un décor particulièrement branché (pour Hangzhou) – le téléphone portable paraît de rigueur. L'endroit est agréable pour prendre une bière le soir (15 yuan) et profiter de l'animation.

Achats
Hangzhou est réputée pour son thé, en particulier le thé vert *longjing* (qui pousse dans le district de Longjing, à l'ouest du lac de l'Ouest), et pour sa soie. Les magasins vendant du thé, des ustensiles pour le thé et de la soie (ainsi que quantité d'autres menus objets) ne manquent pas aux abords du lac. L'une des meilleures adresses est le marché de Wushan Lu, en soirée, où l'on vend de tout. Préparez-vous à marchander vigoureusement.

Comment s'y rendre
Avion. L'agence de la CAAC (☎ 515-4259) est installée 160 Tiyuchang Lu. Dragonair (☎ 799-8833, poste 6061) dispose d'un représentant au Dragon Hotel, dans Shuguang Lu. La CAAC et Dragonair proposent des vols quotidiens depuis/vers Hong Kong pour 2 600 yuan. Silk Air (☎ 799-8833, poste 6070) offre des liaisons directes avec Singapour (également au Dragon Hotel).

Des vols réguliers relient Hangzhou aux principales agglomérations chinoises.

Bus. Les gares routières longue distance de Hangzhou sont terriblement peu pratiques, car dispersées un peu partout. Si vous souhaitez vous rendre à Shaoxing ou à Ningbo, par exemple, vous devrez rejoindre la gare Est, près de la gare ferroviaire. La plupart des destinations, telles Shanghai et Hefei, en revanche, sont desservies depuis la principale gare routière, dans Hushu Nanlu, au nord du croisement avec Huancheng Lu.

Train. Il existe des trains directs pour Fuzhou, Nanchang, Shanghai et Canton et, vers l'est, pour les petites villes de Shaoxing et Ningbo. Pour les trains desservant le nord, il faut changer à Shanghai. La gare de Hangzhou possède un guichet réservé aux étrangers – difficile à localiser. Arborez un air perplexe jusqu'à ce que quelqu'un se propose de vous revendre un billet ou se charge de vous en acheter un au guichet pour étrangers (*wàibīn shòupiàochù*). Le CITS ne se charge pas des réservations de billets de train.

Bateau. On peut remonter le Grand Canal en bateau de Hangzhou à Suzhou. Les bateaux partent tous les jours à 17h50 de l'embarcadère proche du croisement de Huancheng Lu et de Hushu Nanlu, dans la partie nord de la ville. Ils arrivent tôt le lendemain matin.

On peut acheter les billets au guichet de l'embarcadère. Pour plus de détails, reportez-vous à la rubrique *Suzhou*, dans le chapitre *Jiangsu*.

Comment circuler
Desserte de l'aéroport. L'aéroport de Hangzhou est situé à 15 km du centre-ville. Le trajet en taxi revient à 50 yuan environ.

Bus. Très utile, le bus n°7 relie la gare ferroviaire au principal quartier des hôtels, sur la rive est du lac. Le bus n°1 relie la gare routière longue distance à la rive est du lac et le n°28 à la rive ouest. Le bus n°27 est pratique pour circuler entre les rives est et ouest du lac.

Taxi. Les taxis équipés de compteurs ne manquent pas, mais surveillez de près le

L'EST

trajet emprunté : gardez une carte à portée de main et signalez les détours inutiles ! Les tarifs dépendent de la taille du véhicule, mais sont généralement bon marché. Comptez de 10 à 12 yuan de la gare ferroviaire à Hubin Lu.

Bicyclette. On peut louer des vélos en face de l'hôtel Qingbo (il y a une grande pancarte en anglais). Les tarifs sont de 2 yuan de l'heure et de 20 yuan par jour. Les bicyclettes sont généralement en mauvais état. Sachez aussi que la circulation à Hangzhou est cauchemardesque. Soyez très prudents.

Bateau. Les Chinois adorent se promener en bateau sur le lac. Vous n'aurez donc aucun mal à trouver une embarcation : attendez sur la rive est que les vendeurs de billets viennent vous solliciter.

SHAOXING
(shàoxīng)

A 67 km au sud-est de Hangzhou, Shaoxing est installée au centre du réseau de voies d'eau de la plaine du nord du Zhejiang. C'est une cité attrayante, renommée pour ses rivières (sujettes aux inondations), ses canaux, ses bateaux et ses ponts. Elle

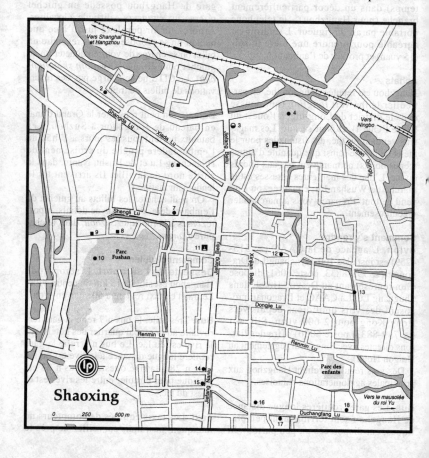

Shaoxing

0   250   500 m

est célèbre parmi les Chinois pour ses 500 ponts (chiffre largement exagéré), son vin (alcool dont le goût rappelle celui de l'essence) et pour avoir vu naître l'écrivain Lu Xun.

Depuis les temps anciens, Shaoxing est une importante cité administrative et un grand marché agricole. Entre 770 et 221 av. J.-C., elle fut la capitale du royaume de Yue.

Renseignements

La ville compte une agence du CITS (☎ 513-3252 ; fax 513-5262), 20 Fushan Xilu. Certains hôtels touristiques acceptent de changer de l'argent. Sinon, rendez-vous à la Bank of China, 225 Renmin Lu.

Mausolée du roi Yu

(*yǔ líng*)

Selon la légende, la première dynastie chinoise resta au pouvoir du XXIe au XVIe siècle av. J.-C. Son fondateur fut le roi Yu, auquel on prête de gigantesques projets de maîtrise des inondations.

Que Yu et ses projets aient ou non existé fait l'objet de débats sans fin entre historiens et archéologues. Toujours est-il que, pour le CITS, Yu est une bonne affaire. Dès le VIe siècle, on édifia un temple et un mausolée en l'honneur de ce grand ancêtre de la Chine. Nul ne s'étonnera qu'ils aient

été fréquemment rénovés depuis et reconstruits à maintes reprises sans que l'on sache exactement combien de fois. La dernière version est située à 8 km au sud-est de Shaoxing.

L'ensemble du temple et du mausolée se compose de plusieurs constructions : le gigantesque Grand Temple, haut de 24 m, abrite une statue de Yu, la porte du Milieu (*wǔmén*) et le pavillon Goulou.

Le bus n°2 vous déposera au mausolée depuis les abords de la gare ferroviaire (descendez au dernier arrêt). Reportez-vous au paragraphe concernant les transports en bateau pour le trajet du mausolée au lac.

Maison natale de Lu Xun

(*lǔ xùn zǔjū*)

Lu Xun (1881-1936), l'un des plus célèbres écrivains chinois, naquit à Shaoxing et y vécut jusqu'au moment où il partit étudier à l'étranger. Revenu en Chine, il enseigna à l'université Zhongshan de Canton en 1927 et se cacha dans la concession française de Shanghai quand le Guomindang condamna ses livres comme dangereux. Sa tombe se trouve à Shanghai. On peut voir sa maison natale 208 Lu Xun Lu et, tout à côté, 18 Duchangfang Kou, un petit musée à sa mémoire (*lǔ xùn jìniàn guǎn*) et une bibliothèque adjacente (*lǔ xùn túshūguǎn*). Ouvert tous les jours de 8h30 à 17h30.

SHAOXING 绍兴		
1 Gare ferroviaire 火车战	7 Hôtel de ville 市政府	14 Magasin des Chinois d'outre-mer 华侨商店
2 Distillerie de Shaoxing 绍兴酿造酒厂	8 Hôtel Shaoxing 绍兴饭店	15 Magasin d'antiquités de Shaoxing 绍兴文物商店
3 Gare routière (bus longue distance) 长途汽车站	9 Hôtel Longshan 龙山宾馆	16 Mémorial Lu Xun 鲁迅故居
4 Tour de la télévision 电视塔	10 Pavillon Wanghai 望海亭	17 Ancienne bibliothèque Sanwei 三味书屋
5 Temple Jiezhu 戒珠寺	11 Pagode Dashanta 大善塔	18 Fresques d'époque Taiping 太平天国壁画
6 Overseas Chinese Hotel 华侨饭店	12 Maison familiale de Zhou Enlai 周恩来祖居	
	13 Pont du Caractère Huit 八字桥	

Maison familiale de Zhou Enlai
(*zhōu ēnlái zǔjū*)

Zhou Enlai est né dans la petite ville de Huai An, dans la province du Jiangsu, mais sa maison familiale (lieu fondamental pour une famille chinoise) se trouve à Shaoxing.

Lac de l'Est
(*dōng hú*)

Situé à 6 km environ à l'est du centre-ville, le lac de l'Est est un endroit attrayant, avec des formations rocheuses aux contours étranges. A côté du lac se trouve un temple (*dōng hú sì*). On peut rejoindre le lac par le bus n°1 (dernier arrêt). On peut aussi se déplacer en "pédalo", forme de transport local, du lac de l'Est au mausolée du roi Yu. Le trajet dure environ une heure.

Distillerie de Shaoxing
(*shàoxīng niàng jiǔ chǎng*)

Le vin de Shaoxing (*shàoxīng huādiāo jiǔ*) est un alcool de riz fabriqué ici et vendu dans toute la Chine. Les Chinois en sont très amateurs et l'exportent.

L'établissement vinicole est installé dans la partie nord-ouest de la ville. Le CITS organise des visites.

Où se loger

L'hôtel *Shaoxing* (☎ 515-5888 ; fax 515-5565) (*shàoxīng fàndiàn*), 9 Huanshan Lu, loue des doubles à partir de 180 yuan, ainsi que des suites nettement plus chères. C'est un établissement de style traditionnel, empli de coins et de recoins, que l'on atteint par un petit pont.

L'*Overseas Chinese Hotel* (☎ 513-2323) (*huáqiáo fàndiàn*), 91-5 Shangda Lu, est le principal établissement touristique, avec des chambres à partir de 240 yuan. L'hôtel *Longshan* (*lóngshān fàndiàn*), proche du parc Fushan, accepte également les étrangers (à partir de 170 yuan).

Comment s'y rendre

Les trains et les bus Hangzhou-Ningbo s'arrêtent tous à Shaoxing. La plupart des touristes étrangers qui descendent à Shaoxing sont des Japonais.

ENVIRONS DE SHAOXING

Considéré comme l'une des "merveilles" de Shaoxing, le **pavillon Lanting** (*lántíng*) n'attire pourtant guère les touristes. Toutefois, les quelques pavillons disséminés dans de plaisants jardins méritent une visite

---

NINGBO 宁波

OÙ SE LOGER

12	Hôtel Yuehu
	月湖饭店
13	Hôtel Ningbo
	宁波饭店
15	Asia Garden Hotels
	亚洲华园
16	Hôtel Huaqiao
	华侨饭店
18	Golden Dragon Hotel
	金龙饭店
20	Ningbo
	Erqing Building
	宁波二轻大厦

| 21 | Hôtel Yonggang |
| | 甬港饭店 |

DIVERS

1	Jardin Baiguo
	白果园
2	Zoo
	动物园
3	Tour de la radio et de la télévision
	电台发射塔
4	Parc Zhongshan
	中山公园
5	Hôtel de ville
	市政府
6	BSP
	公安局外事科

7	Gare routière Nord
	汽车北站
8	CAAC
	民航售票处
9	Terminal des ferries
	轮船码头
10	Gare routière Est
	汽车东站
11	Poste principale
	邮电局
14	CTS
	中国旅行社
17	Gare routière Sud
	汽车南站
19	Gare ferroviaire
	火车站

si l'on ne redoute pas la marche à pied. Les jardins remontent à 1548.

Le pavillon Lanting est situé à environ 10 km au sud-ouest de la ville. On peut s'y rendre par le bus n°3.

NINGBO
(níngbō)

Comme Shaoxing, Ningbo commença à se développer aux VIIᵉ et VIIIᵉ siècles en tant que port de commerce, d'où partaient les bateaux transportant des produits du Zhejiang vers le Japon, les îles Ryukyu et le long des côtes chinoises.

Au XVIᵉ siècle, les Portugais s'y établirent pour servir d'intermédiaires dans le commerce entre le Japon et la Chine, puisque les Chinois n'étaient pas autorisés à traiter directement avec les Japonais.

Même si Ningbo ne fut officiellement ouverte aux marchands occidentaux qu'après la première guerre de l'Opium, son commerce jadis florissant déclina progressivement avec l'expansion de Shanghai. C'est alors que les marchands de Ningbo "s'expatrièrent" à Shanghai avec leur fortune, où ils donnèrent naissance à la riche communauté shanghaïenne du monde des affaires.

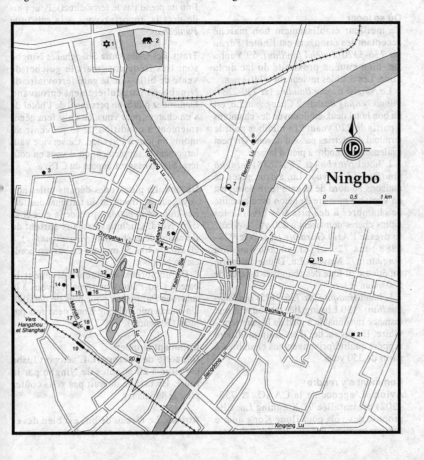

Ningbo
0   0,5   1 km

Vers Hangzhou et Shanghai

L'EST

Ningbo est aujourd'hui une cité affairée de plus de 250 000 habitants, qui compte des industries de la pêche, du textile et de l'agro-alimentaire. Les voyageurs la considèrent essentiellement comme une étape sur la route de Putuoshan, tout proche, l'une des principales attractions touristiques du Zhejiang.

Renseignements

Ningbo abrite une agence du CITS (☎ 732-4145), 70 Mayuan Lu, adjacente au Friendship Store et aux hôtels Asia Gardens et Ningbo.

Où se loger

Le meilleur établissement bon marché acceptant les étrangers est l'hôtel *Yuehu* (☎ 736-3370) (*yuèhú fàndiàn*), 59 Yanhu Jie, bien situé, à proximité du lac de la Lune. Les doubles reviennent à 110 yuan.

Le *Ningbo Erqing Building* (☎ 730-2234) (*níngbō èrqīng dàshà*), 2 Changchun Lu, est un bon hôtel deux-étoiles avec des chambres à partir de 220 yuan. Les minibus pour le terminal des ferries passent devant. On peut également se rendre à pied à la gare.

L'hôtel *Ningbo* (☎ 732-1688) (*níngbō fàndiàn*), 65 Mayuan Lu, à deux pâtés de maisons au nord de la gare ferroviaire, est un véritable monstre de béton avec quantité de chambres à des prix très divers : les moins chères démarrent à 250 yuan. A côté se dresse l'*Asia Gardens Hotel* (☎ 729-6888 ; fax 729-2138) (*yàzhōu huáyuán bīnguǎn*), 72 Mayuan Lu. D'une catégorie supérieure, il loue des chambres à partir de 550 yuan.

L'hôtel *Huaqiao* (☎ 736-3175) (*huáqiáo fàndiàn*), 130 Liuting Jie, se trouve à une distance raisonnable à pied de la gare ferroviaire. En revanche, il est d'un médiocre rapport qualité/prix, avec des chambres à partir de 350 yuan.

Comment s'y rendre

Avion. L'agence de la CAAC (☎ 733-4202) est installée 91 Xingning Lu. Elle propose des vols pour Hong Kong quatre fois par semaine. Par ailleurs, des vols inté-

rieurs relient Ningbo à la plupart des grandes villes chinoises.

Bus. Ningbo compte deux gares routières longue distance. La plupart des bus longue distance partent de la gare routière Sud (*qìchē nánzhàn*), située à un pâté de maisons de la gare ferroviaire. De là partent des bus pour Wenzhou (9 heures), Hangzhou (6 heures) et Shanghai. On peut facilement obtenir des billets, mais les bus sont souvent bondés.

La gare routière Nord (*qìchē běizhàn*) permet de se rendre en bus à Putuoshan (si l'on ne prend pas le ferry direct). Pour plus de détails, reportez-vous à la rubrique *Putuoshan*.

Train. Les trains entre Shanghai et Ningbo sont très fréquents, mais le guichet de vente de billets de la gare ferroviaire de Ningbo est particulièrement éprouvant. Demandez plutôt au personnel de l'hôtel de s'en charger pour vous, ce qu'il fera généralement à condition de le prévenir au moins un jour à l'avance. Ce service vaut largement le supplément qu'il vous en coûtera. Sinon, essayez auprès du CTS.

Bateau. La plupart des départs utiles aux voyageurs s'effectuent du terminal des ferries (*lúnchuán mǎtóu*), près de la gare routière Nord. Quelques bateaux partent de l'embarcadère Zhenhai (*zhènhǎi mǎtóu*), à 20 km (de 40 à 50 minutes en bus) au nord-est de Ningbo.

De nombreux voyageurs prennent le bateau pour Putuoshan (reportez-vous à la rubrique *Putuoshan* pour plus de détails). Un bateau rejoint Hong Kong deux fois par mois (50 heures).

Comment circuler

Desserte de l'aéroport. L'aéroport Lishe est situé à 20 minutes de Ningbo par la route. Un taxi ne devrait pas vous coûter plus de 40 yuan.

Autres. Le réseau de bus est bien développé. De bonnes cartes de bus sont en vente à la gare. Des minibus (1 yuan) effectuent fréquemment la navette entre la gare ferroviaire, le terminal des ferries et la gare routière Nord. En taxi, une course en ville revient à environ 12 yuan. Quant aux cyclo-pousses, ils paraissent innombrables, mais leurs conducteurs sont généralement passés maîtres dans l'art de l'escroquerie.

PUTUOSHAN

(pǔtuóshān)

Putuoshan, c'est une Chine de rêve, celle des cartes postales et des livres d'images, avec ses temples, ses pagodes, ses ponts en dos d'âne, ses ruelles étroites, ses bateaux de pêche, ses artisans et ses moines. On n'y retrouve pas le bruit, la pollution, les immeubles en béton, les panneaux d'affichage, les slogans politiques et les foules compactes des villes chinoises modernes.

Par ailleurs, l'île, même si elle est sillonnée par quelques minibus, est suffisamment petite pour être découverte à pied. La partie la plus orientale mérite absolument une visite pour les fascinants petits temples qui jalonnent la route et pour la vue extraordinaire sur la mer. Il serait également dommage de ne pas explorer les galeries à l'angle sud-ouest de l'île, près de la grotte de Guanyin, qui ont autrefois dû servir à des fins militaires.

Du fait de son éloignement, l'île de Putuoshan voit relativement peu de visiteurs étrangers, mais les groupes de touristes chinois sont suffisamment nombreux pour menacer la sérénité de l'île. Pour éviter la foule, il vaut mieux s'y rendre hors saison – donc ni durant les vacances, ni en été. N'oubliez pas, par ailleurs, que les possibilités d'hébergement sont limitées si vous visitez l'île pendant la haute saison et que vous serez peut-être contraint de vous contenter de camping improvisé.

Où se loger

Il est difficile de fournir des renseignements fiables sur les possibilités d'hébergement à Putuoshan car les prix varient en fonction des saisons et de la demande. Les étrangers ont parfois beaucoup de mal à trouver des hôtels bon marché et doivent faire preuve d'une farouche détermination. De plus, la plupart des établissements de l'île sont interdits aux étrangers.

L'hôtel Sanshengtang (sānshèng táng fàndiàn) est une adresse extraordinaire. De l'extérieur, le bâtiment rappelle un vieux monastère mais, à l'intérieur, les chambres sont équipées de tout le confort moderne. Il demande 150 yuan pour une double avec s.d.b. On peut bénéficier de réductions intéressantes avec une carte d'étudiant chinoise.

A l'opposé, l'hôtel Xilai (xīlái xiǎozhuāng) est une horreur architecturale, version chinoise du modernisme avec tous les aménagements qu'exige ce genre d'établissement. Comptez un minimum de 300 yuan pour une chambre, mais il est possible de discuter les prix hors saison.

Où se restaurer

Vous aurez tout intérêt à oublier les restaurants des hôtels, souvent très chers. L'île offre tout un choix de petits restaurants où l'on peut se régaler pour quelque 15 yuan à peine. Ils se concentrent pour l'essentiel dans une étroite ruelle du centre (voir la carte de Putuoshan), mais d'autres sont disséminés un peu partout.

Les produits de la mer sont la spécialité de l'île, mais méfiez-vous lorsque vous commandez du poisson car certaines variétés sont particulièrement onéreuses. Les habituels poulet, porc, canard, riz, tofu (pâte de soja), légumes sautés, etc. ne malmèneront pas votre bourse.

Comment s'y rendre

Putuoshan étant dépourvue d'aéroport, on s'y rend uniquement en bateau. On y accède depuis Shanghai ou Ningbo (plus proche et qui offre des services plus fréquents). De nombreux voyageurs préfèrent se rendre sur l'île depuis Ningbo et en repartir à destination de Shanghai, ou l'inverse. Mais, quel que soit le bateau emprunté, vous devrez débourser 10 yuan à titre de droit d'entrée, payables à l'arrivée, sur le quai de Putuoshan.

L'EST

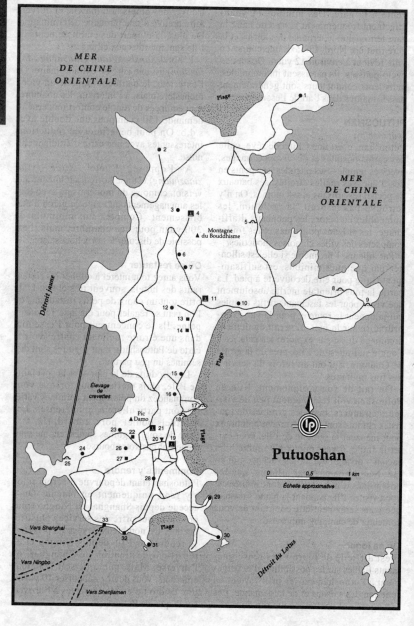

MER
DE CHINE
ORIENTALE

Plage

MER
DE CHINE
ORIENTALE

Montagne
du Bouddhisme

Détroit jaune

Élevage
de
crevettes

Pic
▲ Damo

Plage

Plage

Plage

Putuoshan

0   0,5   1 km

Échelle approximative

Vers Shanghai

Vers Ningbo

Plage

Vers Shenjiamen

Détroit du Lotus

PUTUOSHAN 普陀山

OÙ SE LOGER

13 Jinping Villa
锦屏山庄
14 Hôtel Shuangquan
双泉饭店
22 Hôtel Xilai
西来小庄
27 Hôtel Sanshengtang
三圣堂饭店

DIVERS

1 Tête de Dragon
龙头
2 Mont de la Crête
岗墩
3 Oreille de l'Oie
de Putuo
普陀鹅耳枥
4 Temple de la Médita-
tion pour la sagesse
慧济禅寺
5 Ancienne grotte boud-
dhique
古佛洞
6 Nation bouddhiste du
Ciel et de la Mer
海天佛亭

7 Pavillon du Nuage
parfumé
香云亭
8 Grotte de la Sagesse
et de la Santé
善财洞
9 Grotte des Nouvelles
sanskrites
梵音洞
10 Pavillon de la Vue
sur la mer
望海亭
11 Temple
de la Méditation sur
le chemin de la pluie
法雨禅寺
12 Couvent de la Branche
de peuplier
杨枝庵
15 Couvent du Grand
Multiple
大乘庵
16 Salle des Matières
littéraires
文物馆
17 Grotte Chaoyang
朝阳洞
18 Grotte enchantée
仙人洞
19 Pagodes des Multiples
Trésors
多宝塔

20 Restaurants et marché
餐厅，市场
21 Temple de la Médita-
tion pour la sagesse
universelle
普济禅寺
23 Couvent de l'Ouverture
circulaire
圆通庵
24 Deux tortues attentives
à la pierre de la loi
二龟听法石
25 Grotte du Ciel
de l'Ouest
西天洞
26 Bureau
de l'administration
管理局
28 Pavillon du Principal
intérêt
正趣亭
29 Salle du Refus
de quitter Guanyin
不肯去观音院
30 Saut de Guanyin
观音跳
31 Porte du Ciel du Sud
南天门
32 Porte du Rivage
海岸牌坊
33 Terminal des ferries
轮船码头

Depuis/vers Shanghai. Reportez-vous à la rubrique *Comment s'y rendre* du chapitre *Shanghai* pour plus de renseignements sur les ferries, y compris le service ultra-rapide en 5 heures.

Depuis/vers Ningbo. Plusieurs options vous sont offertes. La solution la plus simple consiste à prendre le ferry direct qui part du terminal de Ningbo (*lúnchuán mǎtóu*) à 8h30. Dans l'autre sens, le départ de Putuoshan a lieu à 7h40 (avec parfois un bateau supplémentaire l'après-midi en été). La traversée dure un peu moins de 5 heures. Le billet coûte de 12 à 30 yuan. Sur le pont économique, surpeuplé, vous retrouverez au milieu des épluchures de cacahuètes, des crachats et des mégots. Mieux vaut débourser 18 yuan supplémentaires.

Une autre solution, moins pratique, consiste à prendre le bateau à l'embarcadère Zhenhai (*zhènhǎi mǎtóu*), à 20 km (de 40 à 50 minutes en bus) au nord-est de Ningbo. Si vous choisissez cette option, empruntez le bus au terminal des ferries de Ningbo à 6h40 et embarquez au quai Zhenhai à 7h30. Cette solution ne présente guère d'avantages, si ce n'est de vous épargner une heure de traversée. En revanche, elle peut s'avérer utile lorsqu'il n'y a plus de place sur le bateau direct.

L'EST

Une autre solution consiste à se rendre en bus de Ningbo au port de Shenjiamen (*shěnjiāmén*), sur l'île de Zhoushan, séparée de Putuoshan par un petit détroit. Le bus effectue la traversée jusqu'à l'île en ferry. Le trajet en bus dure environ 4 heures et la traversée en ferry de Shenjiamen à Putuoshan 30 minutes seulement. L'avantage de ce trajet est le grand nombre de départs tout au long de la journée. Les bus pour Shenjiamen partent de la gare routière Nord de Ningbo (*qìchē běizhàn*).

ZHUJIAJIAN 朱家尖

1 Sisu
泗苏
2 Terminal des ferries
轮船码头
3 Étang du Chapeau frais
凉帽潭
4 Récif du Poisson captif
钓鱼礁
5 Pierre étrange du Nuage blanc
白云奇石
6 Vallée de la Lune
月岙
7 Grotte de l'Oiseau-Tortue
乌龟洞
8 Île du Camphre
外樟州
9 Roc de l'étang aux Oiseaux
满塘鸟石
10 Vallée de la Grande Grotte
大洞岙
11 Étang extérieur
外塘
12 Étang de l'Oiseau de pierre
小鸟石塘
13 Fondation de temple
寺基
14 Grande Île
大岙
15 Lac de pêche où se reflète la lune
渔湖映月
16 Sable d'Or des Dix Milles
十里金沙
17 Roc du Roi
大王岩
18 Petit Clapotis
小澎安

Les ferries partent de Shenjiamen à 7h10, 8h, 9h, 10h, 13h, 14h et 16h. Attention : à Shenjiamen, plusieurs ferries se rendent dans des îles voisines. Vérifiez que le vôtre dessert effectivement Putuoshan. Les ferries de Putuoshan à Shenjiamen obéissent à des horaires similaires, avec des départs à 7h, 8h, 9h, 10h30, 13h15, 14h et 16h.

ZHUJIAJIAN
(*zhūjiājiān*)

L'île de Zhujiajian, plus vaste, est située au sud de Putuoshan. Elle offre quantité de petits temples et des paysages superbes, mais ne possède pas la magie de Putuoshan. Toutefois, elle mérite une visite, en particulier en été, lorsque Putuoshan est prise d'assaut par les touristes. Les étrangers sont rares à Zhujiajian et constituent une attraction exotique pour les insulaires.

Pour vous rendre à Zhujiajian, vous devrez prendre le bus à la gare routière Nord de Ningbo pour Shenjiamen

(4 heures, 12 yuan), puis effectuer une courte traversée en ferry.

XIKOU
(*xīkǒu*)

Située à quelque 60 km de Ningbo, la petite ville de Xikou a vu naître Tchang Kaï-chek. Elle est curieusement devenue une destination touristique pour les Chinois du continent et, moins curieusement, pour de nombreux Taïwanais.

En dépit des rumeurs locales selon lesquelles on aurait secrètement ramené la dépouille de Tchang en Chine pour l'enterrer à Xikou, elle se trouve toujours à Cihu, au sud de Taipei (Taiwan). Mais la famille de Tchang persiste à dire que, lorsque le Guomindang aura "repris le continent", son corps ira reposer à Xikou.

LE TIANTAISHAN
(*tiāntái shān*)

Le Tiantaishan est célèbre pour ses nombreux monastères bouddhiques qui remontent au VIe siècle. Bien que la montagne elle-même ne soit peut-être pas considérée comme sacrée, elle est très importante pour la secte bouddhique du Tiantai (plus connue sous son nom japonais, Tendai) qu'elle abrite et qui fut très influencée par le taoïsme.

De Tiantai, il y a 3,5 km pour rejoindre le **monastère Guoqingsi** qui se trouve au pied de la montagne (et où l'on peut passer la nuit). Du monastère une route mène, 25 km plus loin, à Huadingfeng, petit village construit à plus de 1 100 m d'altitude. Les bus publics montent un jour sur deux à Huadingfeng. De là, on peut continuer à pied pendant 1 ou 2 km jusqu'au temple Baijingtai au sommet de la montagne.

Les autres jours, le bus se rend à d'autres endroits de la montagne et passe par la cascade Shiliang. De la cascade, on peut rejoindre Huadingfeng en faisant 6 bons kilomètres de marche à pied le long de petits sentiers.

Le Tiantaishan est situé à l'est de Zhejiang. Il est desservi par bus depuis Hangzhou, Shaoxing, Ningbo et Wenzhou.

WENZHOU
(*wēnzhōu*)

Wenzhou est peu fréquentée par les touristes. Cette petite ville, bien qu'agréable, ne justifie en rien le trajet difficile pour s'y rendre. Elle n'est pas sans caractère, avec ses rues étroites bordées de boutiques et ses vieilles maisons éparpillées dans toute la ville, mais la route côtière paraît bien longue pour y arriver.

Orientation

La cité est bordée au nord par l'Ou (*oū jiāng*) et au sud par un cours d'eau de moindre importance, le Wenruitang. Les quartiers les plus intéressants jalonnent la rivière Ou et les rues principales telles que Jiefang Beilu.

A voir

Le plus beau site est offert par l'**île Jiangxin** (*jiāngxīn dǎo* ou *jiāngxīn gūyǔ*), au milieu de l'Ou. L'île abrite un parc agrémenté de pagodes, d'un lac et de ponts. On peut facilement gagner l'île en prenant un ferry sur la jetée (*mǎxíng mǎtóu*), à l'ouest du terminal des ferries.

Autre lieu très agréable par une journée ensoleillée, le **parc Jingshan** (*jǐngshān gōngyuán*), en périphérie sud-ouest de la ville.

Où se loger

Officiellement, tous les hébergements bon marché de Wenzhou sont interdits aux étrangers. Vous serez obligé de vous rabattre sur les hôtels de catégories moyenne ou supérieure. L'établissement le plus intéressant du point de vue du rapport qualité/prix/emplacement est incontestablement l'hôtel *Huaqiao* (☎ 822-3911) (*huáqiáo fàndiàn*), 77 Xinhe Jie. Comptez un minimum de 220 yuan pour une simple ou une double.

Parmi les autres possibilités offertes (350 yuan minimum), on retiendra :

Hôtel Dongou (*dōngoū dàshà*), très bel emplacement dominant la rivière Ou (☎ 822-7901).
Hôtel Ouchang (*oūchāng fàndiàn*), 71 Xueshan Lu (☎ 823-4931).

L'EST

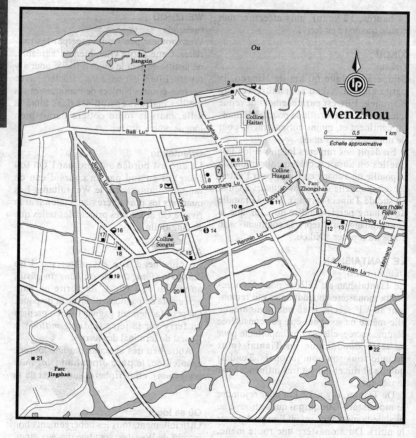

Wenzhou

0   0,5   1 km
Échelle approximative

Ou

Île
Jiangxin

Baili Lu

Jiefang Lu

Jiushan Lu

Xinhe Jie

Guangchang Lu

Colline
Haitan

Colline
Huagai

Parc
Zhongshan

Gongyuan Lu

Colline
Songtai

Renmin Lu

Xueyuan Lu

Minhang Lu

Liming Lu

Vers l'hôtel
Fujian

Parc
Jingshan

Hôtel Xueshan (xuěshān fàndiàn), emplacement peu
  pratique dans le parc Jingshan. On ne peut s'y
  rendre qu'en taxi (☎ 822-3981).
Wenzhou Grand Hotel (wēnzhōo dàjiŭdiàn),
  61 Gongyuan Lu (☎ 823-5991).

Comment s'y rendre

Avion. Wenzhou est bien reliée avec les
autres villes chinoises.

Bus. Wenzhou compte trois gares routières
longue distance, sans que l'on sache avec
certitude quelles destinations elles desservent respectivement. En règle générale, les

bus qui desservent le sud arrivent et partent
de la gare routière Sud, ceux qui desservent
le nord de la gare routière Ouest, et
d'autres de la gare routière Est.

Train. On parle sérieusement de prolonger
la voie ferrée de Wenzhou à Jinhua, qui se
trouve sur la ligne principale Canton-Shanghai. Pour le moment, les projets restent
dans les tiroirs.

Bateau. Des ferries relient Wenzhou à
Shanghai. Pour les billets, vous devrez
vous adresser au terminal des ferries.

L'EST

WENZHOU 温州	18 Hôtel Xinghua 杏花楼饭店	5 Seamen's Club 国际海员俱乐部
OÙ SE LOGER	19 Hôtel Ouchang 瓯昌饭店	7 Stade Renmin 人民广场
3 Hôtel Dongou 东瓯大厦	20 Hôtel Shuixin 水心饭店	8 Hôtel de ville 市政府
6 Hôtel Mochi 墨池饭店	21 Hôtel Jingshan 景山宾馆	9 Bureau de poste et de téléphone 邮电局
10 Hôtel Xin'ou 新瓯饭店	**DIVERS**	12 Gare routière Sud 汽车南站
11 Wenzhou Grand Hotel 温州大酒店	1 Ferries pour l'île Jiangxin 麻行码头	14 Bank of China 中国银行
13 Hôtel Lucheng 鹿城饭店	2 Terminal des ferries 温州港客运站	16 Gare routière Ouest 汽车西站
15 Hôtel Huaqiao 华侨饭店	4 Gare routière Est 汽车东站	22 CAAC 民航售票处
17 Hôtel Jiushan 九山饭店		

Comment circuler

Desserte de l'aéroport. L'aéroport de Wenzhou est situé à 27 km au sud-ouest de la ville, mais la route est dans un état lamentable. Comptez de 120 à 160 yuan pour effectuer le trajet en taxi. Des bus partent de l'agence de la CAAC.

Autres. Les taxis sont bon marché (10 yuan pour la plupart des destinations) et ne manquent pas.

Les cyclo-pousses, en revanche, ne sont guère pratiques.

DISTRICT DE CHUN'AN
(chún'ān xiàn)

Le district de Chun'an, dans l'ouest du Zhejiang, est surtout connu pour son lac aux Mille Îles. Essayez le trajet à partir de Hangzhou : vous pourrez traverser le lac en bateau puis, peut-être, prendre un bus pour Huangshan, dans la province de l'Anhui.

WENZHOU 温州	18 Hôtel Xingfun 兴福宾馆	5 Seamen's Club 国际海员俱乐部
OÙ SE LOGER	19 Hôtel Ouxiang 瓯香酒店	7 Shou Renmm 人民广场
3 Hôtel Donoon 东瓯大厦	20 Hôtel Shooan 硕华大酒店	8 Hôtel de ville 市政府
6 Hôtel Movin 梦园大酒店	21 Hôtel Jinsean 金色大酒店	9 Bureau de poste et de téléphone 邮电局
10 Hôtel Xinon 鹿城大酒店		12 Gare routière Sud 汽车南站
11 Wenzhou Grand Hotel 温州大酒店	DIVERS	14 Bank of China 中国银行
13 Hôtel Liorano 丽都酒店	1 Termes pour l'île Jiangxin 去江心屿码头	16 Gare routière Ouest 汽车西站
15 Hôtel Huanao 华侨饭店	2 Terminal des ferries 轮船客运码头	22 CAAC 民航售票处
17 Hôtel Jiashan 嘉善酒店	4 Gare routière Est 汽车东站	

Comment circuler

Desserte de l'aéroport. L'aéroport de Wenzhou est situé à 27 km au sud-ouest de la ville, mais la route est dans un état lamentable. Comptez de 120 à 160 yuan pour effectuer le trajet en taxi. Des bus partent de l'agence de la CAAC.

Autres. Les taxis sont bon marché (10 yuan pour le départ des destinations) et permanent pas.

Les cyclo-pousses, en revanche, ne sont guère pratiques.

DISTRICT DE CHUN'AN
(chun'an qu)

Le district de Chun'an, dans l'ouest du Zhejiang, est surtout connu pour son lac aux Mille Îles. Essayez le trajet à partir de Hangzhou ; vous pouvez traverser le lac en bateau puis peut-être prendre un bus pour Huangshan, dans la province de l'Anhui.

Fujian 福建

La province côtière du Fujian (*fújiàn*) fait partie de l'empire chinois depuis la dynastie Qin (221-206 avant J.-C.). Elle possède des ports de commerce bien établis qui ont bénéficié d'importants contacts avec l'extérieur. L'essor commercial a transformé cette région frontalière en l'un des centres du monde chinois.

Les Fujianais furent particulièrement nombreux à émigrer vers l'Asie du Sud-Est. Quelle en fut véritablement la raison, on l'ignore. Pour certains, la prospérité des ports engendra une telle explosion démographique qu'avec la raréfaction des terres il n'était guère possible de rester en Chine. Pour d'autres, cette prospérité ne dépassa pas le cadre des ports, et les gens de l'intérieur, restés pauvres, allèrent chercher fortune ailleurs, en se servant précisément des ports comme points de départ.

Quelle que soit l'explication alléguée, des ports comme Xiamen virent transiter des flots de Chinois mettant le cap sur Taiwan, Singapour, les Philippines, la Malaisie et l'Indonésie. En 1718, les Mandchous tentèrent d'enrayer l'émigration chinoise par un édit impérial rappelant tous leurs sujets se trouvant en terre étrangère. Celui-ci restant sans effet, la cour émit une autre proclamation, selon laquelle tout Chinois qui ne regagnait pas son pays en serait banni, et ceux qui seraient capturés seraient exécutés. Il fallut attendre les conventions de Pékin en 1860, qui mirent fin à la seconde guerre de l'Opium, pour que l'émigration chinoise devînt légale.

Aujourd'hui, de nombreux descendants des anciens émigrés envoient de l'argent au Fujian. Par ailleurs, le gouvernement chinois tente de renforcer le patriotisme des Chinois d'outre-mer pour les inciter à investir davantage dans leur "patrie".

De même que la plupart des habitants de Hong Kong retrouvent leurs racines culturelles dans la province du Guangdong, la plupart des Taiwainais considèrent le

Population : 26 millions d'habitants
Capitale : Fuzhou

A ne pas manquer :

- L'île de Gulangyu et son architecture coloniale
- Le monastère Nanputuo, à l'extérieur de Xiamen
- Les "bâtisses de terre" des Hakka, dans le sud-ouest du Fujian
- La ville fortifiée de Chongwu, non loin de Quanzhou

Fujian comme leur terre ancestrale. Le dialecte de Fujian, le *minnanhua* ("langue du sud de la rivière Min") ressemble beaucoup au taiwanais, alors que dans ces deux régions on parle officiellement le mandarin. Il n'est ainsi pas étonnant que les Taiwanais soient les plus gros investisseurs et les plus fréquents visiteurs du Fujian. Certains ont même fait bâtir des maisons pour leur retraite.

FUZHOU
(*fúzhōu*)
Capitale de la province du Fujian, Fuzhou est une ville industrielle qui offre peu

Fujian

0   30   60 km

d'intérêt pour le visiteur. Si vous n'êtes pas trop pressé par le temps, l'idéal est de pousser jusqu'à Xiamen et d'éviter de dormir à Quanzhou.

Histoire
La fondation de Fuzhou remonte au IIIe siècle, alors connue sous le nom de Yecheng ("la cité qui sent"). Par la suite, elle devint un port de commerce important, spécialisé dans l'exportation du thé. Son nom signifie en fait "riche cité" et, en termes de richesse, Fuzhou se situait juste après Quanzhou. Marco Polo, qui traversa

Fuzhou lors de son voyage à la fin du XIIIe siècle, la décrit comme "Une cité si bien pourvue de tous les agréments que ç'en est une merveille."

Aujourd'hui, Fuzhou est, après Xiamen, la ville qui bénéficie des plus importants investissements taiwanais. Cet afflux d'argent se reflète dans les nombreux hôtels et restaurants de luxe qui ont fait récemment leur apparition.

Orientation
Le centre de Fuzhou s'étend sur la rive nord du Min. Il faut compter un peu plus

d'une heure pour parcourir la ville d'un bout à l'autre à pied. La gare ferroviaire est située au nord-est, tandis que la plupart des hébergements jalonnent Wuyi Rd, entre Hualin Lu et Gutian Lu.

Renseignements

CITS. La principale agence CITS (☎ 755-2052 ; fax 753-7447), 73 Dong Dalu, se trouve juste au nord de l'Overseas Chinese Hotel. Un bureau de représentation est également installé à l'intérieur de cet hôtel. Le CITS organise des visites de Fuzhou et peut se charger de la réservation des billets d'avion, de bus et de train.

BSP. Le bureau de police est dans Xian Ta Lu, qui part de Dongda Lu vers le sud.

Argent. Un guichet de change est à votre disposition au rez-de-chaussée des hôtels Taiwan, Overseas Chinese et Hot Spring.

A voir

Fuzhou compte peu de sites dignes d'intérêt. De l'autre côté du Min se dresse l'**île de Nantai** où s'installèrent les étrangers lorsque Fuzhou devint l'un des ports ouverts par un traité "inégal", au XIXe siècle.

Dans le centre, sur une place balayée par le vent, s'élève une gigantesque statue de **Mao Zedong**. Elle fut érigée en commémoration du IXe congrès national du Parti communiste au cours duquel le maoïsme fut consacré religion d'État et Lin Biao fut officiellement déclaré successeur de Mao.

Au nord-ouest de Fuzhou s'étend le parc du lac de l'Ouest (*xīhú gōngyuán*), dans Hubin Lu, où vous attend le **musée de la province du Fujian** (*fújiànshěng bówùguǎn*).

Immédiatement à l'est de là ville, sur la colline du Tambour (*gǔ shān*), s'élève le **monastère Yongquan** (*yǒngquán sì*). Cette colline doit son nom à un rocher en forme d'énorme tambour, au sommet. La création du monastère remonte à un millénaire et il abrite, dit-on, une collection de 20 000 écrits bouddhiques, dont près de 700 furent rédigés avec du sang.

Où se loger – petits budgets

Fuzhou n'est guère une ville pour les voyageurs à petit budget. L'hôtel *Yushan* (☎ 335-1668) (*yúshān bīnguǎn*), agréablement situé dans un parc, dans Gutian Lu, loue des simples/doubles à 90/120 yuan (sans compter 30% de taxes pour les étrangers). L'établissement est loin des gares ferroviaire et routières. Tous les autres hôtels du centre-ville appartiennent à la catégorie moyenne. Peut-être pourrez-vous dénicher une chambre moins chère dans le quartier de la gare ferroviaire. Les hôtels de ce secteur, en mauvais état, n'acceptent officiellement pas les étrangers. Certains ferment les yeux moyennant un supplément. Aux abords de la gare, vous serez littéralement assailli par les rabatteurs.

Où se loger – catégorie moyenne

L'une des adresses les plus intéressantes vous attend non loin de la gare ferroviaire, 36 Hualin Lu. L'hôtel *Hualin* (☎ 784-2920) (*huálín bīnguǎn*) loue des doubles particulièrement confortables à 180 yuan et des triples à 225 yuan.

Non loin de là, à l'angle sud-est de Hualin Lu et Wusi Lu, le *Material Hotel* (☎ 784-3168) (*wùzhì dàshà*) est un endroit caverneux doté de simples à 142 yuan et de doubles de 162 à 300 yuan.

L'*Overseas Chinese Hotel* (☎ 755-7603) (*huáqiáo dàshà*), dans Wusi Lu, autre établissement de catégorie moyenne, propose des simples/doubles standard à partir de 310 yuan.

Le *Taiwan Hotel* (☎ 757-0570) (*táiwān fàndiàn*) est appelé la "maison des compatriotes taiwanais", mais tous les voyageurs sont les bienvenus. Le prix des doubles, d'un bon rapport qualité/prix, varie de 245 à 325 yuan. Les installations comprennent sauna, bar et discothèque.

Au nord de l'Overseas Chinese Hotel, dans Wusi Lu, l'hôtel *Minjiang* (☎ 755-7895) (*mínjiāng fàndiàn*), un trois-étoiles, loue des doubles à 460 yuan. Proche, l'hôtel *Tianfu* (*tiānfú dàjiǔdiàn*) offre des doubles très confortables de 42 à 50 $US et des suites à partir de 80 $US.

L'EST

FUZHOU 福州		2	Gare routière Nord (bus longue distance) 长途汽车北站	19	Statue de Mao 毛主席像	
OÙ SE LOGER		3	Poste principale 市电政局	20	Place Wuyi 五一广场	
4	Hôtel Hualin 华林宾馆	7	Parc Pingshan 屏山公园	21	Parc du pavillon du Thé 茶亭公园	
5	Hôtel Taiwan 台湾饭店	8	Parc Zuohai 左海公园	22	Parc des Enfants 儿童公园	
6	Material Hotel 物质大厦	12	Parc du lac de l'Ouest 西湖公园	23	CAAC 民航售票处	
9	Hot Spring Hotel 温泉大饭店	13	Zoo 动物园	24	Gare routière Sud (bus longue distance) 福州汽车(南)站	
10	Hôtel Tianfu 天福大酒店	14	Bibliothèque municipale 省图书馆	25	Parc du Sud 南公园	
11	Hôtel Minjiang 闽江饭店	15	Bâtiment des postes et télécommunications 邮电大楼	26	McDonald's 麦当劳	
18	Hôtel Yushan 于山宾馆	16	Temple Haifa 法海寺	27	Parc Jiangbin (promenades sur la rivière) 江滨公园	
DIVERS		17	Parc paysager de la montagne aux Oiseaux 鸟山风景区	28	Pont Jiefang 解放桥	
1	Gare ferroviaire de Fuzhou 火车站			(上游客运码头)		

Où se loger – catégorie supérieure

Le *Hot Spring Hotel* (☎ 785-1818)
(*wēnquán dàfàndiàn*), dans Wusi Lu, est
l'un des meilleurs de la ville. Vous devrez
débourser au moins 110 $US pour une
double standard, 145 $US pour une suite.

Où se restaurer

Le quartier de la gare ferroviaire abonde en
restaurants servant des boulettes à la
vapeur et des fritures. Les seuls restaurants
disposant de menus en anglais sont ceux
des hôtels de luxe. Celui du 4e étage de
l'hôtel Tianfu est excellent et abordable si
l'on choisit ses plats avec discernement.

Vous pouvez opter pour un fast-food, tel
le *California Fried Chicken*, situé au nord
de l'Overseas Chinese Hotel, ou le *McDonald's*, en bas de Wuyi Lu, près du Min.

Comment s'y rendre

Avion. L'agence de la CAAC (☎ 755-
4593) est installée dans Wuyi Lu. On peut

se procurer les billets dans cette agence ou
à d'autres endroits de la ville. Des vols
intérieurs à destination de Canton,
Chengdu, Hangzhou, Kunming, Nankin
Pékin, Shanghai et Tianjin sont à votre disposition, ainsi que des vols pour Hong
Kong.

Bus. Fujian compte deux gares routières :
l'une est située au nord, près de la gare ferroviaire, l'autre à l'extrémité sud, en face
de l'agence CAAC. Des bus pour le nord et
le sud desservent les principales villes du
Fujian et du Zhejiang. Le trajet nord entre
Fuzhou et Ningbo traverse un paysage
spectaculaire de rizières en terrasses qui
semblent monter à l'assaut des montagnes
enveloppées de brume. En revanche, le bus
est particulièrement lent.

Les guichets de vente des billets pour les
bus climatisés se trouvent au sud de
l'Overseas Chinese Hotel. Il s'agit de bus
de nuit desservant des destinations loin-

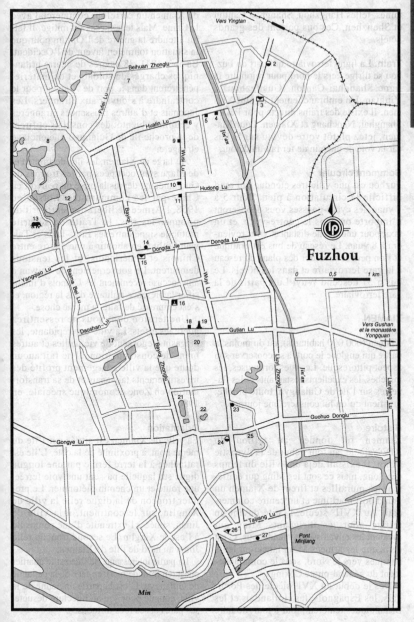

Vers Yingtan

Beihuan Zhonglu

Fulei Lu

Hualin Lu

Wusi Lu

Jin'an

Bayiqi Lu

Hudong Lu

Baima Bei Lu

Yangqiao Lu

Dongda Jie

Dongda Lu

Wuyi Lu

Fuzhou

0   0,5   1 km

Daoshan Lu

Bayiqi Zhonglu

Gutian Lu

Luyi Zhonglu

Vers Gushan
et le monastère
Yongquan

Lianjiang Lu

Jin'an

Guohuo Donglu

Gongye Lu

Taijiang Lu

Pont
Minjiang

Min

taines, telles Hangzhou, Shanghai, Canton et Shenzhen. Ces bus partent des grands hôtels.

Train. La ligne ferroviaire qui part de Fuzhou se dirige vers le nord pour rejoindre la ligne Shanghai-Canton (Guangzhou) à Yingtan. Un embranchement rejoint Xiamen. Il existe des trains directs pour Pékin, Shanghai, Nanchang et Xiamen. Pour Xiamen, jetez plutôt votre dévolu sur le bus car la voie de chemin de fer fait un détour.

Comment circuler
Fuzhou est une ville très étendue qui rend difficile la circulation à pied. Pour 5 à 7 yuan, les cyclo-pousses vous déposeront n'importe où dans le centre-ville, et un taxi, pour une même distance, vous reviendra à 8 yuan. Le réseau de bus est pratique et l'on peut se procurer des plans du réseau à la gare ferroviaire et dans les hôtels. Le bus n°51 descend Wuyi Lu à partir de la gare ferroviaire.

XIAMEN
(*xiàmén*)
Xiamen (600 000 habitants), ou du moins la partie qui englobe le port, a su conserver son aspect pittoresque. Les rues tortueuses, les marchés, les excellents restaurants et les flâneries sur l'île de Gulangyu, toute proche, justifient qu'on lui consacre une journée.

Histoire
Xiamen fut fondée au milieu du XIVᵉ siècle, au tout début de la dynastie Ming. Il existait déjà une ville du temps des Song, mais ce sont les Ming qui édifièrent les murailles et firent de Xiamen un grand port maritime et un centre commercial. Au XVIIᵉ siècle, la cité devint un refuge pour les dirigeants Ming qui fuyaient les envahisseurs mandchous. C'est de là que les armées Ming lancèrent leurs attaques vers le Nord, sous le commandement du général-pirate Coxinga.

Dès le début du XVIᵉ siècle, les Portugais, les Espagnols, les Hollandais et les Britanniques tentèrent, tour à tour, de faire de Xiamen un carrefour commercial avec la Chine. Mais leur succès fut mitigé. Il fallut attendre la guerre de l'Opium pour que la situation tourne en faveur de l'Occident. En août 1841, 38 navires de guerre britanniques chargés de soldats et de matériel pénétrèrent dans le port de Xiamen pour le contraindre à s'ouvrir aux étrangers. Les Japonais et d'autres puissances étrangères y établirent bientôt des consulats et firent de la proche île de Gulangyu une enclave étrangère.

Au large de Xiamen, les îles de Jinmen et de Mazu sont occupées par les troupes du Guomindang, depuis la prise du pouvoir en Chine par les communistes. Lorsqu'en 1958, l'Armée de libération entreprit de pilonner les îles, le Traité de sécurité mutuelle signé entre les États-Unis et Taiwan faillit bien aboutir à une guerre entre Chinois et Américains, et les tensions demeurent. Le gouvernement de Taiwan a ainsi accusé récemment les Chinois d'intensifier la présence militaire dans la région, et s'est empressé de faire la même chose.

Une tension dont vous ne ressentirez guère les effets. La ville est trépidante, les magasins regorgent de victuailles et autres biens de consommation. Il ne fait aucun doute que la ville a largement profité des investissements taiwanais et de sa transformation en Zone économique spéciale, en 1980.

Orientation
La ville de Xiamen est située sur l'île du même nom, à proximité de la côte. L'île est rattachée à la terre ferme par une longue digue sur laquelle passent une voie ferrée, une route et un chemin piétonnier. Le premier tronçon de la digue relie la ville de Xinglin, sur le continent, à la ville de Jimei, située à l'extrémité d'une péninsule à l'est de Xinglin. Le second tronçon relie Jimei au nord de l'île de Xiamen.

La partie intéressante de l'île est le quartier ouest (en front de mer), en face de la petite île de Gulangyu. C'est la partie ancienne de la ville, connue pour son architecture désuète, ses parcs et ses rues tortueuses.

Coxinga

Quand, en 1644, la dynastie Ming s'effondra devant l'invasion mandchoue, la cour se réfugia dans le sud de la Chine. L'un après l'autre, les princes Ming prirent le titre d'empereur dans l'espoir de repousser les barbares et de remonter sur le trône du Dragon. L'une des tentatives les plus réussies (qui se concentra sur le port de Xiamen) fut celle que mena l'armée conduite par Zheng Chenggong, connu en Occident sous le nom de Coxinga.

Les origines de Coxinga restent un mystère. On dit que son père s'était enfui au Japon et avait épousé une japonaise. Toujours est-il que son père revint en Chine comme pirate, lança des razzias sur les côtes du Guangdong et du Fujian et prit même possession de Xiamen. On ne sait pas exactement quand et pourquoi Coxinga s'allia avec les princes Ming déchus. On relate qu'un prince se prit d'affection pour Coxinga quand il était jeune et l'anoblit. On raconte aussi que Coxinga était un guerrier pirate comme son père qui, pour quelque raison, s'était associé avec l'un des princes réfugiés.

Coxinga se servit de Xiamen comme tête de pont pour lancer ses attaques contre les Mandchous au Nord. Il avait, dit-on, sous son commandement une flotte de 8 000 jonques de guerre, 240 000 soldats et tous les pirates qui infestaient la côte sud de la Chine, soit près de 800 000 combattants au total. On rapporte qu'il testait la force de ses hommes en leur faisant soulever et, si possible, transporter un lion de pierre de 300 kg. Ceux qui y parvenaient étaient placés à l'avant-garde de son armée. Ses guerriers portaient des masques, des armures de fer et des épées à très long manche pour atteindre les jambes des chevaux de la cavalerie ennemie afin de les estropier.

L'armée de Coxinga traça son chemin jusqu'au Grand Canal puis fut obligée de battre en retraite sur Xiamen. En 1661, elle fit voile sur Taiwan alors aux mains des Hollandais. Le général pirate les attaqua à Casteel Zeelandia (non loin de la ville de Tainan, sur la côte ouest de Taiwan) et, après six mois de siège, finit par les faire capituler. Une fois les Hollandais expulsés de Taiwan, Coxinga espérait se servir de l'île comme base pour envahir le continent et restaurer la dynastie Ming. Mais il fut emporté par la mort un ou deux ans plus tard. Et les Mandchous finirent par conquérir Taiwan au début des années 1680.

Bien que Coxinga ait été un pirate et qu'il ait apporté son appui aux princes Ming déchus, il est considéré comme un héros national parce qu'il a repris Taiwan aux Hollandais. Pour le continent, cela s'apparente à sa propre ambition de reprendre l'île au Guomindang ! Ceux qui en Chine réinterprètent (réécrivirent ?) l'histoire semblent oublier que Coxinga fut obligé de se replier sur Taiwan après sa défaite sur le continent et que la "libération" de cette île ne faisait pas partie de ses objectifs premiers. En réalité son histoire ressemble davantage à celle du Guomindang, un régime qui s'est réfugié à Taiwan mais attend le jour où il débarquera sur le continent pour le reconquérir. ■

Le quartier central englobe la gare ferroviaire. Tout ce qui est à plus d'un kilomètre à l'est de la gare fait partie du quartier est. Le centre et l'est sont des zones nouvelles, sans grand attrait.

Renseignements

CITS. Xiamen compte plusieurs agences CITS : à côté de la Bank of China, dans Zhongshan Lu à côté du port, et à l'intérieur de l'Overseas Chinese Building. La compétence du personnel se limite aux réservations, ce dont se chargent quantité d'autres agences dans toute la ville.

BSP. En face de l'hôtel Xinqiao se dresse un grand bâtiment de brique rouge ; le large chemin sur la droite (lorsqu'on lui fait face) mène au BSP.

Argent. La Bank of China est implantée 10 Zhongshan Lu, près de l'hôtel Lujiang. De nombreux changeurs au noir officient un peu partout. Prenez garde à ne pas vous faire flouer.

American Express. Une agence de l'American Express (☎ 212-0268) est logée au 2e étage du Holiday Inn Hotel, bureau 27.

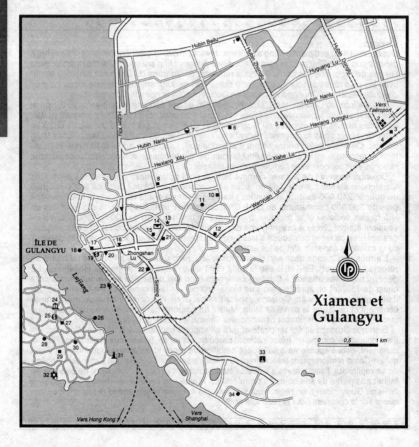

Xiamen et Gulangyu

0   0,5   1 km

ÎLE DE GULANGYU

Vers l'aéroport

Vers Hong Kong

Vers Shanghai

Île de Gulangyu

(*gŭlàngyŭ*)

Ni Gulangyu ni Xiamen n'étaient considérées comme des îles paradisiaques quand les Occidentaux débarquèrent dans les années 1840. Pourtant, dès 1860, ils s'étaient officiellement bel et bien établis sur Gulangyu. Les années passant, ils bâtirent des églises, des hôpitaux, des postes et télégraphes, des bibliothèques, des hôtels et des consulats. En 1903, l'île était officiellement désignée sous le nom de Colonie étrangère internationale, et un conseil municipal fut établi pour la gouverner avec l'appui d'une police composée de Sikhs. Aujourd'hui, les seuls vestiges de cette époque sont les charmantes constructions coloniales qui couvrent l'île… et le son du piano qui s'échappe des maisons aux allures de villas ! Nombre de musiciens chinois, parmi les plus célèbres, viennent de Gulangyu.

Il existe deux plages à Gulangyu : la plage est et la plage ouest. La première est surpeuplée, bordée d'eaux calmes et peu engageante ; la seconde est domaine mili-

XIAMEN ET GULANGYU
厦门，鼓浪屿

OÙ SE LOGER

3	Xiamen Plaza Hotel 东南亚大酒店
5	Hôtel Hubin 湖滨饭店
6	Hôtel Haixia 海峡酒店
8	Hôtel Bailan 白兰饭店
10	Singapore Hotel 新加坡酒店
12	Hôtel Xiamen 厦门宾馆
15	Hôtel Xiaxi 夏溪旅社
17	Hôtel Lujiang et East Ocean Hotel 鹭江大厦， 东海大厦酒店
21	Hôtel Xinqiao 新侨酒店
22	Holiday Inn 假日大酒店
27	Beautiful Island Hotel of Gulangyu 丽之岛酒店

29	Pension Gulangyu 鼓浪屿宾馆

OÙ SE RESTAURER

9	Chicken Treat Restaurant 奇肯帝
16	Restaurant musulman 清真餐厅
20	McDonald's 麦当劳

DIVERS

1	CITS 中国国际旅行社
2	Friendship Store 友谊商场
4	Gare ferroviaire 厦门火车站
7	Gare routière (bus longue distance) 长途汽车站
11	Parc Zhongshan 中山公园
13	BSP 公安局外事科

14	Poste et téléphone (bureau principal) 邮电局
18	Terminal du ferry (pour Gulangyu) 轮渡码头 (往鼓浪屿)
19	Bank of China 中国银行
23	Embarcadère de Heping (pour Hong Kong) 和平码头 (往香港)
24	Musée 博物馆
25	Bank of China 中国银行
26	Terminal du ferry (pour Xiamen) 轮渡码头 (往厦门)
28	Mont du Soleil 日光岩
30	Salle de concert 音乐厅
31	Statue de Coxinga 郑成功塑像
32	Jardin Shuzhuang 菽庄花园
33	Monastère Nanputuo 南普陀寺
34	Université de Xiamen 厦门大学

taire interdit. Sur les plages il y a quantité de vieilles casemates en béton à l'abandon comme il y en avait, semble-t-il, tout autour de l'île à une époque.

Le **mont du Soleil** (*rìguāng yán*) est le point culminant de Gulangyu. Des marches permettent de grimper facilement jusqu'au sommet où une plate-forme d'observation offre une vue superbe sur Gulangyu et le port. Le grand bâtiment d'allure coloniale situé au pied de la hauteur est le **mémorial de Zheng Chenggong** ou **Coxinga** (*zhèngchénggōng jìniànguǎn*).

Il abrite une exposition consacrée en partie aux Hollandais à Taiwan et en partie à leur expulsion par Coxinga. Cela vaut la peine d'y jeter un coup d'œil, bien que les commentaires soient uniquement en chi-

nois, et d'aller contempler depuis les étages supérieurs la superbe vue sur l'île. La salle est ouvert tous les jours environ de 8h à 11h et de 14h à 17h.

Le ferry pour Gulangyu part de la jetée juste au nord de l'hôtel Lujiang, à Xiamen. On ne paie pas si l'on voyage sur le pont inférieur. Sur le pont supérieur, le tarif est de 0,5 yuan.

Gulangyu est une petite île où l'on ne circule qu'à pied. Il n'y a ni bus, ni voiture, ni cyclo-pousse.

Monastère Nanputuo
(*nánpǔtuó sì*)
Ce monastère bouddhique, situé dans les faubourgs sud de la ville de Xiamen, fut construit sous les Tang, il y a plus de mille

ans. Détruit lors d'une bataille sous les Ming, il fut reconstruit sous les Qing.

On accède au temple par le pavillon Tianwang (du Roi céleste) où vous accueille un Bouddha Maitreya ventru, assis jambes croisées et flanqué de deux gardiens. Derrière lui se dresse Wei Tuo, divinité bouddhique chargée de la préservation de la doctrine. Il tient un bâton pointé vers le sol, ce qui traditionnellement indique que le temple est riche et peut offrir l'hospitalité aux moines qui le visitent. Si le bâton est tenu horizontalement, cela veut dire que le temple est pauvre. C'est alors une manière polie d'indiquer qu'il faut aller chercher ailleurs pour se loger.

Derrière le pavillon Tianwang s'ouvre une cour encadrée de part et d'autre par la tour du Tambour et celle de la Cloche. En face, le Daxiongbao (Grand Trésor héroïque) est une construction à deux étages, abritant trois Bouddhas représentant Sakyamuni dans ses vies passée, présente et future. La vie de Sakyamuni et l'histoire de Xuanzang – le moine parti au VIIe siècle en Inde pour en rapporter les écritures bouddhiques – sont sculptées sur la base de la fleur de lotus de la statue du Bouddha.

Incrustées dans les édifices situés à droite et à gauche du Daxiongbao, il y a huit stèles de pierre portant des inscriptions de l'écriture de l'empereur Qianlong de la dynastie Qing. Quatre d'entre elles sont en chinois, et les autres dans la curieuse graphie mandchoue. Toutes rappellent la répression par le gouvernement mandchou de l'insurrection de la Société (secrète) de la Triade (Tiandi). Ces stèles furent érigées en face du temple en 1789 et ont été encastrées dans les murs vers 1920 lors de l'agrandissement du temple.

Le pavillon Dabei (Grande Compassion) contient quatre bodhisattvas au pied desquels les fidèles jettent des baguettes de divination dans l'espoir que le ciel leur indique la voie à suivre.

A l'arrière de l'ensemble cultuel se tient un pavillon, construit en 1936, où sont conservées les écritures bouddhiques, calligraphies, sculptures sur bois ou sur ivoire

et autres œuvres d'art. Mais il est malheureusement fermé aux visiteurs.

Derrière le temple, un affleurement rocheux porte des graffitis poétiques ; les grands caractères rouges gravés sur la grosse pierre ronde signifient simplement "Bouddha".

Pour se rendre au temple, prendre le bus n°1 devant l'hôtel Xinqiao ou le bus n°2 à l'intersection de Zhongshan Lu et de Siming Lu.

Université de Xiamen

(*xiàmén dàxué*)

L'université se trouve à côté du temple Nanputuo et doit son existence à des fonds provenant de Chinois d'outre-mer. Les bâtiments anciens face au littoral ne sont pas dépourvus de charme, alors que le reste du campus n'est qu'un alignement de bâtisses en brique et en béton. L'entrée du campus se situe à côté du terminus des bus n°1 et 2.

Le musée d'Anthropologie qui se trouve sur le terrain de l'université mérite une visite si vous passez par là. Après avoir pénétré dans le campus, tournez à droite au premier carrefour et marchez jusqu'au rond-point. Le musée est le vieux bâtiment en pierre sur la gauche avec un canon en façade. Il présente une vaste collection d'outils lithiques et de poteries préhistoriques provenant de Chine, de Taiwan et de Malaisie ainsi que des vestiges de fossiles humains. Il y a des collections de porcelaines, de bronze, d'instruments en jade et en pierre, de monnaies ainsi que des os et des carapaces de tortue portant des inscriptions de l'époque Shang. Vous y verrez aussi quelques belles calligraphies, de ravissantes peintures, des figurines en terre vernissée, des sculptures, des vêtements et des ornements allant des périodes Shang et Zhou à celles des Ming et des Qing.

Où se loger

Si vous souhaitez séjourner à Xiamen, optez de préférence pour le quartier ouest, aux abords du port. Le reste de la ville n'offre aucun intérêt et vous éloignerait trop des quelques sites à visiter. C'est également aux alentours du port que vous trouverez les meilleurs restaurants.

Vous pouvez également envisager un hébergement sur l'île de Gulangyu. Elle ne compte pas vraiment d'hôtels pour petits budgets mais, moyennant 130 yuan la double, vous ferez une excellente affaire en termes de rapport qualité/prix.

Où se loger – petits budgets. L'hôtel *Xiaxi* (*xiàxī lǚshè*), à l'intérieur du marché Xiaxi, près de Zhongshan Lu, est à la fois économique et bien situé. Il offre un vaste choix de chambres et les tenanciers chercheront sans doute à ce que vous preniez l'une des doubles à 100 yuan. Des doubles moins chères, à 68 yuan, avec s.d.b., sont disponibles, ainsi que des chambres encore moins onéreuses, mais elles sont généralement "déjà louées". Depuis la gare ferroviaire, empruntez un minibus (1 yuan). De la gare routière, on peut s'y rendre à pied (environ 20 minutes). De l'une ou l'autre gare, une course en taxi revient à 9 ou 10 yuan.

Egalement accessible aux petits budgets, l'hôtel *Hubin* (☎ 202-5202) (*húbīn fàndiàn*) loue des chambres sommaires à partir de 60 yuan. En revanche, l'emplacement n'est pas idéal. L'hôtel *Bailan* (☎ 203-1024) (*báilán fàndiàn*), également mal situé, met à votre disposition des simples/doubles à 138/190 yuan.

Si vous recherchez le calme, optez pour un séjour sur l'île de Gulangyu. Le *Beautiful Island Hotel of Gulangyu* (☎ 206-3409) (*lìzhīdǎo jiǔdiàn*) propose d'excellentes chambres de 130 à 170 yuan. La *pension Gulangyu* (*gǔlàngyǔ bīnguǎn*) est un superbe bâtiment d'architecture coloniale perché sur une colline (doubles à partir de 160 yuan).

Où se loger – catégorie moyenne. Jetez de préférence votre dévolu sur un hôtel situé dans le quartier du port. L'hôtel *Xiamen* (☎ 202-2265) (*xiàmén bīnguǎn*) est un établissement suranné disposant d'un parc non dénué d'une certaine élégance coloniale.

Les doubles standard coûtent 270 yuan, les chambres de luxe entre 55 et 75 \$US.

L'hôtel *Lujiang* (☎ 202-2922) (*lùjiāng dàshà*) fait face au terminal des ferries de Gulangyu. C'est un vieil édifice colonial rénové qui accueille presque exclusivement des hommes d'affaires taiwanais. Comptez un minimum de 55 \$US pour une chambre.

L'hôtel *Xinqiao* (☎ 203-8883) (*xīnqiáo jiǔdiàn*) est un bâtiment ancien mais correct, situé 444 Zhongshan Lu. Le prix des simples/doubles commence à 28/48 \$US.

Le *Singapore Hotel* (☎ 202-6668) (*xīnjiāpō jiǔdiàn*) est bien situé à côté du parc Zhongshan. Prévoyez un minimum de 39 \$US.

Où se loger – catégorie supérieure. Xiamen compte un vaste choix d'hôtels de luxe, mais beaucoup sont regroupés dans la partie est de la ville et sont essentiellement fréquentés par des hommes d'affaires chinois et des expatriés occidentaux. La meilleure adresse est le *Holiday Inn Crowne Plaza Harbourview Xiamen* (☎ 202-3333 ; fax 203-6666) (*jiàrì huángguān hǎijǐng dàjiǔdiàn*). Il possède les meilleurs restaurants de la ville, les discothèques les plus animées et des doubles à partir de 130 \$US.

Voici une liste de quelques hôtels pour lesquels il faut prévoir un minimum de 80 \$US :

Xiamen Mandarin Hotel (xiàmén yuèhuá jiǔdiàn), Quartier résidentiel des étrangers, Huli (☎ 602-3333 ; fax 602-1431)
Xiamen Miramar Hotel (xiàmén měilìhuá dàjiǔdiàn), Xinglong Lu, Huli (☎ 603-1666 ; fax 602-1814)
Xiamen Plaza (xiàmén dōngnányá dàjiǔdiàn), 908 Xiahe Lu (☎ 505-8888 ; fax 505-7788)

Où se restaurer
Xiamen abonde en restaurants. Commencez par jeter un coup d'œil dans Zhongshan Lu. Au nord du marché de Xiaxi vous trouverez une cantine comme il n'en existe pas beaucoup dans cette région de la Chine. Au sud, vous attend le restaurant *Qingzhen* (*qīngzhēn cāntīng*), un gigantesque restaurant musulman qui sert de succulents plats

de nouilles, des boulettes, des pains frits et de fines tranches de bœuf. Le menu est en chinois, mais vous pourrez toujours pointer du doigt boulettes, pains et autres plats déjà préparés. Le repas complet, avec la bière, vous reviendra à seulement 6 yuan. Au coin de la rue, une venelle est jalonnée d'autres restaurants musulmans.

Toutes les ruelles donnant dans Zhong-shan Lu recèlent des restaurants bon marché, mais il semble que les étrangers leur préfèrent le *McDonald's* et ses portes d'or. En contrebas de la ruelle, en face du McDonald's, se dresse un *Yummy Kitchen*, un fast-food japonais qui sert katsudon et curry de bœuf à la japonaise (16 yuan minimum). Le *Chicken Treat*, une chaîne de fast-food australien, s'est installé Siming Lu. *Pizza Hut* se cache dans un parc, à côté du terminal des ferries de Gulangyu.

Sur l'île de Gulangyu, les fruits de mer sont de première fraîcheur (on peut même les voir nager dans des bacs à l'extérieur du restaurant), mais passablement onéreux. Pour manger bon marché, il faut s'aventurer sur la colline en partant de la pension Gulangyu, où, sur la place formée par un carrefour, quelques échoppes vendent des plats de nouilles au bœuf pour 3 à 8 yuan. Examinez la liste des prix à l'extérieur et dites "*lāmiàn*"

La caféteria du Holiday Inn (ouverte 24h/24) propose des buffets à midi et le soir. Le *Lao Sichuan* sert des petits déjeuners de dim sum pour 40 à 50 yuan par personne, et un restaurant cantonais de luxe vous attend au 2e étage.

Comment s'y rendre

Avion. Xiamen Airlines est le nom sous lequel la CAAC officie dans cette région. La ville compte d'innombrables guichets de vente de billets, dont certains installés dans les hôtels. Reportez-vous à la carte de Xiamen et de Gulangyu pour les autres.

La CAAC assure des vols pour Hong Kong, Jakarta, Manille, Penang et Singapour. Le vol depuis/vers Manille est très demandé en raison de son prix (1 330 yuan). Vous pourrez également rejoindre Manille

avec Philippine Airlines (☎ 202-3333, poste 6742), au 2e étage du Holiday Inn. Le bureau de Silk Air (vols pour Singapour) jouxte celui de Philippine Airlines. Dragonair (☎ 202-5433) est installé dans le Seaside Building, à coté du front de mer.

Les vols entre Taiwan et Xiamen seront sans doute autorisés avant 1997, ce qui raccourcira sensiblement le trajet jusqu'à Taipei. Des tractations étaient en cours au moment de la rédaction de cet ouvrage.

De Xiamen, on peut se rendre dans les principales villes de Chine.

Bus. Les bus pour les villes de la côte sud-est partent de la gare routière, à destination notamment de Fuzhou (55 yuan), Quanzhou (27 yuan) et Shantou. Vous pouvez aussi prendre le bus pour Canton (140 et 170 yuan) et Shenzhen (120 yuan).

Les nombreuses compagnies de bus privés climatisés sont représentées dans les grands hôtels. Les bus pour Fuzhou et Quanzhou passent devant le parc, à droite du bureau des ferries pour Gulangyu.

Train. Il manque un "chaînon" au système ferroviaire chinois : un réseau reliant Canton à Xiamen et remontant jusqu'à la côte est du Fujian. Une voie ferrée est actuellement en construction entre Canton et Shantou (proche de la frontière du Fujian), mais il n'existe encore aucun projet de liaison avec les villes du Fujian.

La ligne ferroviaire existante au départ de Xiamen se dirige vers le nord et rejoint la ligne Shanghai-Guangzhou (Canton) à Yingtan. Une autre ligne relie Yingtan et Fuzhou.

Des trains directs circulent entre Xiamen et Yingtan, Shanghai, Fuzhou et peut-être Canton. Le train pour Fuzhou fait un détour, et à moins de vouloir voyager de nuit, il vaut mieux prendre le bus.

Bateau. Les bateaux pour Hong Kong partent du quai des passagers de l'administration portuaire Amoy, à la jetée Heping, dans Tongwen Lu, à environ 10 minutes à pied de l'hôtel Lujiang. Vous trouverez une

En haut : symbole de Shanghai, le Bund est l'un des lieux les plus impressionnants
de Chine
En bas : exécution de danses sur le Bund (Shanghai)

En haut : l'architecture coloniale de Shanghai, réminiscence
du passé européen de la ville
En bas : enseigne d'un restaurant à Shanghai

billetterie sur le quai. Un bateau, le *Jimei*, relie Xiamen à Hong Kong. Il part de Xiamen le lundi à 15h.

Comment circuler

L'aéroport est à 15 km à l'est du quartier du front de mer et à environ 8 km du quartier est. Un taxi revient à environ 50 yuan.

Des minibus assurent fréquemment la liaison entre la gare ferroviaire et l'hôtel Lujiang pour seulement 1 yuan. Les bus sont toujours effroyablement bondés. Vous trouverez des taxis à la gare ferroviaire, devant les hôtels touristiques et en maraude dans les rues. Le tarif pour une course en ville s'élève généralement à 10 yuan.

Le quartier ouest, particulièrement intéressant, peut se visiter à pied. Sur l'île de Gulangyu, vous n'aurez pas le choix : il n'y a que des piétons !

ENVIRONS DE XIAMEN

Le Jimei School Village, ou village des écoles de Jimei (*jíměi xuéxiào cūn*), situé sur la terre ferme au nord de l'île de Xiamen, fait beaucoup de battage pour attirer les touristes. Il s'agit en fait de la réunion d'un certain nombre d'écoles et de collèges distincts créés par Tan Kah Kee (1874-1961). Originaire de Jimei, Tan avait dans sa jeunesse émigré à Singapour où il était devenu un riche industriel. Il offrit un bel exemple aux autres Chinois d'outre-mer en réinvestissant une partie de sa richesse dans sa mère patrie : l'école compte aujourd'hui quelque 20 000 étudiants. L'architecture de style chinois présente un certain caractère qui peut justifier la visite.

YONGDING

(*yǒngdìng*)

Yongding est un endroit à part du sud-ouest du Fujian, dans une région rurale où dominent les petites montagnes et les fermes. Elle ne mériterait pas d'être mentionnée si ce n'était pour son architecture singulière connue sous le nom de "bâtisses de terre" (*tǔ lóu*). Ces grands édifices collectifs de forme circulaire ressemblent à des forteresses et furent conçus pour la défense.

Ils furent construits par les Hakka, l'une des minorités ethniques de la Chine venus du Henan, au nord, vers le Guangdong et le Fujian pour échapper aux persécutions dans leur terre natale. Le nom hakka veut dire "hôtes". Aujourd'hui les communautés hakka ont essaimé dans tout le Sud-Est asiatique.

Pour aller voir ces curiosités architecturales, prenez le train ou le bus jusqu'à Longyan (*lóngyán*), puis de là un bus jusqu'à Yongding. Des hôtels sont en cours de construction à Yongding pour loger les groupes de touristes japonais, leurs prix risquent d'être élevés.

QUANZHOU

(*quánzhōu*)

Sur le site de l'actuelle Quanzhou se trouvait autrefois une grande ville portuaire. Marco Polo, lors de son voyage au XIIIe siècle, l'avait appelée Zaytun et la décrivait ainsi à ses lecteurs : "C'est l'un des deux ports au monde qui voient transiter le plus grand nombre de marchandises."

Ce qui n'est plus le cas aujourd'hui. Quanzhou est une ville moderne, au trafic intense et au développement urbain relativement bruyant. Si vous vous arrêtez à la gare routière, il est vraisemblable que vous n'aurez guère envie de vous en écarter. Les amateurs de temples hâteront le pas vers celui de Kaiyuan, la principale attraction de la ville. Prenez un cyclo-pousse car la circulation rend impossible la marche à pied.

Orientation

La gare routière se dresse à l'angle sud-est de la ville, au croisement de Wenling Lu et Quanxiu Jie. Wenling Lu, au nord, est bordée d'hôtels. Le temple Kaiyuan vous attend au nord-ouest de la ville, à l'angle de Xinhua Lu et Xi Jie, à environ 2 km de la gare routière.

Temple Kaiyuan

(*kāiyuǎn sì*)

Le temple Kaiyuan se reconnaît à ses deux hautes pagodes. Fondé au VIIe siècle sous la dynastie Tang, il atteignit son apogée à l'époque des Song à l'époque où il abritait mille moines.

Les bâtiments actuels, dont les pagodes et le pavillon principal, sont de construction plus récente. Le pavillon principal abrite cinq gigantesques bouddhas dorés, tandis qu'au plafond, juste au-dessus d'eux, figurent des apsara ailés (divinités célestes semblables aux anges). Derrière le pavillon central se profile le temple de Guanyin doté d'un bouddha à la robe safran.

Dans la cour du temple, derrière la pagode est, se dresse un musée contenant l'immense épave d'une jonque de mer de l'époque Song découverte par des pêcheurs près de Quanzhou.

Le temple se dessine dans Xi Jie, dans la partie nord-ouest de la ville. La course en moto depuis la gare routière revient à environ 5 yuan, voire moins.

Où se loger

Inutile de passer la nuit à Quanzhou qui se trouve à seulement quelques heures de Xiamen (nettement plus agréable) ou de Fuzhou, en bus. Si vous n'avez pas le choix,

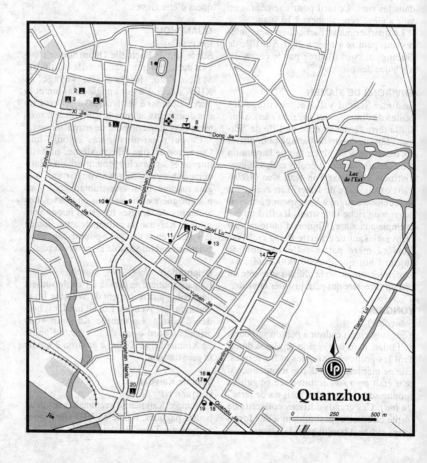

Quanzhou

les hôtels ne manquent pas, mais ils ne sont pas particulièrement bon-marché. Au moment de la rédaction de cet ouvrage, le seul établissement pour petits budgets, le

---

QUANZHOU 泉州

OÙ SE LOGER

9 Hôtel Quanzhou
泉州酒店
11 Overseas Chinese Hotel Quanzhou
华侨大厦
16 Hôtel Jianfu
建福大厦
17 Quanzhou Overseas Chinese Home
华侨之家
18 Hôtel Jinzhou
金州酒店

DIVERS

1 Gymnase
体育场
2 Temple Kaiyuan
开元寺
3 Pagode Renshou
仁寿塔
4 Pagode Zhenguo
镇国塔
5 Pagode Chengxin
诚心塔
6 Grand magasin Zhonglou
钟楼百货
7 Bâtiment des postes
et télécommunications
邮电局
8 BSP
公安局
10 Hôtel de ville
市政府
12 Temple Tongfo
铜佛寺
13 Palais de la Culture des travailleurs
工人文化宫
14 Bâtiment des postes
et télécommunications
邮电大楼
15 Mosquée Qingzheng
清净寺
19 Gare routière (bus longue distance)
泉州汽车站
20 Temple Tianhou
天后宫

Friendship Hotel, se réduisait à un gigantesque trou dans le sol.

Le quartier aux abords de la gare routière est le plus recommandé. Les tarifs s'échelonnent autour de 150 yuan pour une double standard avec s.d.b., clim., TV, etc. Il s'agit, entre autres, de l'hôtel *Jinzhou* (☎ 258-6788) (*jīnzhōu dàjiǔdiàn*), dans Quanxiu Lu, près de la gare routière ; du *Quanzhou Overseas Chinese Home* (☎ 228-3559) (*quánzhōu huáqiáo zhī jiā*), dans Wenling Lu, au nord de la gare routière ; et, quelques maisons en amont, de l'hôtel *Jianfu* (☎ 228-3511) (*jiànfú dàshà*).

Il existe aussi des options plus coûteuses (280 yuan minimum), à savoir l'*Overseas Chinese Hotel Quanzhou* (☎ 228-2192) (*quánzhōu huáqiáo dàshà*) et l'hôtel *Quanzhou* (☎ 228-9958) (*quánzhōu fàndiàn*).

Comment s'y rendre

La gare routière assure des bus pour des destinations lointaines, telles que Shanghai et Canton. Les bus pour Xiamen (3 heures) reviennent à 13 yuan, ceux pour Fuzhou à 15 yuan.

Comment circuler

Il existe des bus urbains mais, sur une courte distance, mieux vaut circuler en moto ou en cyclo-pousse, regroupés aux abords de la gare routière.

ENVIRONS DE QUANZHOU
Qingyuanshan

(*qīngyuánshān*)
Qingyuanshan signifie les "montagnes de la source d'eau pure". Il s'agit de belles montagnes parsemées de grottes, de tombeaux et de statues.

Les grottes bouddhiques (*qīngyuán dòng*) furent détruites pendant la Révolution culturelle, ce qui n'empêche pas certaines personnes de venir prier devant les espaces vides où se tenaient jadis les statues. Selon une vieille dame vivant dans les montagnes, deux factions de Gardes rouges s'étaient affrontées à cet endroit à coups de mortiers. La montagne recèle aussi un "rocher qui bouge" (une grande peinture la représente dans la salle à manger de l'Overseas Chinese Hotel). C'est l'un de ces rochers de belle forme, bien équilibré, qui oscillent quand on leur donne un petit coup. Pour le voir bouger, il suffit de placer une brindille ou un morceau de paille entre le rocher et le sol, dans le sens de la longueur, et observer leur courbure pendant que quelqu'un d'autre appuie sur le rocher.

Le tombeau musulman (*qīngyuánshān shèngmù*) est, pense-t-on, l'endroit où reposent deux missionnaires musulmans venus en Chine à l'époque Tang. Il y a quantité de sites où sont enterrés des musulmans dans les faubourgs nord-est et sud-est de Quanzhou, puisque cette ville fut jadis habitée par des milliers d'entre eux. La plus ancienne pierre tombale datée est celle d'un homme qui mourut en 1171. De nombreuses inscriptions gravées sur ces tombes sont en chinois, en arabe et en persan ; on voit le nom du défunt, sa date de naissance et des extraits du Coran.

La plus grande statue dressée sur cette montagne représente, sous une forme trapue, Laozi (*lǎojūn yán*), le légendaire fondateur du taoïsme.

Comment s'y rendre. Qingyuanshan est trop éloigné de Quanzhou pour s'y rendre à pied et le terrain accidenté ne permet pas d'utiliser un cyclo-pousse. Pour le voyageur individuel, le moyen le plus économique consiste à se joindre à une excursion en minibus, par l'intermédiaire des hôtels. Par ailleurs, le dimanche et les jours fériés, quantité de minibus guettent les passagers aux abords de la gare ferroviaire. Si vous pouvez former un petit groupe, vous avez intérêt à louer un taxi ou un minibus.

Chongwu
(*chóngwǔ*)

Chongwu est une perle. Rarement visitée, située non loin du nord-est de Quanzhou, il s'agit de l'une des villes fortifiées les mieux préservées de Chine. Les murs de granit mesurent quelque 2,5 km de long et 7 m de haut. Les créneaux sont au nombre de 1 304 et quatre portes donnent accès à la ville.

La cité fut construite en 1387 sous les Ming, pour assurer une ligne de défense contre les pirates japonais en maraude, et elle a remarquablement résisté pendant plus de six siècles.

Des bus quotidiens partent de la gare routière longue distance et relient Quanzhou à Huian. De Huian des bus peu fréquents circulent jusqu'à Chongwu.

MEIZHOU
(*méizhōu*)

A mi-chemin entre Quanzhou et Fuzhou s'étend le district de Putian. Au large, juste en face, on aperçoit l'île de Meizhou, réputée pour la beauté de ses paysages et ses temples.

Pour les adeptes du taoïsme, Meizhou serait le lieu de naissance de Mazu, la déesse de la Mer. Celle-ci porte plusieurs noms : Tin Hau à Hong Kong, Thien Hau au Vietnam, etc. En tant que protectrice des marins et de la pêche, Mazu jouit d'un grand prestige dans les provinces côtières, telles le Fujian.

La fête de Mazu se célèbre le 23e jour de la 3e lune et attire de nombreux fidèles. En été, l'île est également très fréquentée par les touristes taiwanais.

Pour gagner l'île, prenez d'abord le bus jusqu'à Putian, puis le ferry jusqu'à l'île. Le temple porte simplement le nom de temple de Mazu (*māzǔ miào*).

WUYISHAN
(*wǔyíshān*)

Dans le coin nord-est du Fujian s'étend le Wuyishan, une jolie région de collines, de falaises, de rivières et de forêts. Le paysage, à défaut d'être spectaculaire, est très plaisant et a la faveur de nombreux touristes taiwanais. Il existe désormais des hôtels très confortables, mais chers. Ils affichent parfois complet en été mais, hors saison (quand il fait froid), vous n'aurez aucun mal à obtenir une chambre.

De Fuzhou, vous pourrez rejoindre le Wuyishan en prenant le train jusqu'à Nanping, puis le bus (3 heures). Un aéroport est en construction.

LE NORD-EST

Liaoning 辽宁

Cette province, délaissée par les touristes, offre peu de sites à visiter. Elle n'éveillera de l'intérêt que chez les passionnés d'histoire, d'ornithologie, de pharmacologie ou de métallurgie.

Par ailleurs, les prix ridiculement élevés des hôtels ne sont guère incitatifs. La plupart des voyageurs que vous rencontrerez seront des Chinois du continent, ou d'outre-mer, des Sud-Coréens et des Japonais venus, entre autres, acheter du ginseng ou manger des pattes d'ours (pratique à ne pas encourager).

Peu nombreux, les Occidentaux qui s'aventurent dans cette région sont des hommes d'affaires à la recherche de contrats juteux.

SHENYANG
(*shěnyáng*)

Centre d'échanges avec les nomades au XIe siècle, Shenyang devint la capitale de l'empire mandchou au XVIIe siècle.

Avec la conquête de Pékin par les Mandchous en 1644, Shenyang devint une capitale secondaire sous le nom mandchou de Mukden, ainsi qu'un haut lieu du commerce du ginseng.

Occupée par les Russes au début du siècle, elle constitua un enjeu important dans la guerre sino-japonaise (1904-1905). Shenyang changea ensuite rapidement de mains, tour à tour dirigée par les seigneurs de la guerre, les Japonais (1931), les Russes (1945), le Guomindang (1946) et le Parti communiste chinois (1948).

Aujourd'hui capitale de la province, Shenyang est une ville prospère avec de hauts immeubles, des cheminées d'usine et des établissements industriels.

Les passionnés d'histoire découvriront au hasard de leurs pérégrinations des vestiges bien préservés de l'époque mandchoue. Toutefois, pour le commun des voyageurs, Shenyang ne présente aucun intérêt.

Population : 40 millions d'habitants

Capitale : Shenyang

A ne pas manquer :
- Le tombeau du Nord, à Shenyang, qui remonte aux premiers jours de l'empire mandchou
- Dalian, ville portuaire promise à un bel avenir économique mais réservée aux voyageurs aisés
- Dandong, la porte de la Corée du Nord

Renseignements

L'agence du CITS (☎ 680-5858 ; fax 680-8772) est installée dans un bâtiment à une centaine de mètres du Phoenix Hotel ; son adresse officielle est 113 Huanghe Nan Dajie. Le BSP est situé à côté du rond-point de Zhongshan Lu, à proximité de la statue de Mao. La Bank of China vous attend 75 Heping Bei Dajie. La poste principale est sise 32 Zhongshan Lu, section 1.

Statue de Mao (place Zhongshan)
(*zhōngshān guǎngchǎng*)

De toutes les curieuses statues dispersées dans le nord-est de la Chine, celle de Mao remporte le premier prix. Tel un étrange

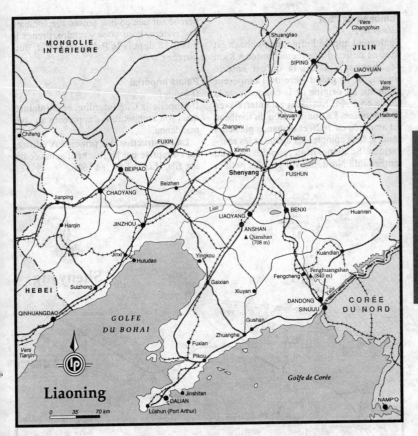

MONGOLIE INTÉRIEURE

JILIN

Vers Changchun

Shuangliao

SIPING

LIAOYUAN

Vers Jilin

Hallong

Chifeng

Zhangwu

FUXIN

Kaiyuan

Tieling

Xinmin

BEIPIAO

Beizhen

Shenyang

FUSHUN

CHAOYANG

Liao

BENXI

Huanren

Jianping

Harqin

JINZHOU

LIAOYANG

ANSHAN

▲ Qianshan (708 m)

Kuandian

Fenghuangshan (840 m)

Jinxi

Huludao

Yingkou

Fengcheng

Suizhong

Gaixian

Xiuyan

DANDONG

SINUIJU

CORÉE DU NORD

HEBEI

QINHUANGDAO

GOLFE DU BOHAI

Gushan

Zhuanghe

Fuxian

Pikou

Golfe de Corée

NAMP'O

Vers Tianjin

Liaoning

0   35   70 km

Jinshitan

DALIAN

Lüshun (Port Arthur)

LE NORD-EST

véhicule, cette statue géante en résine époxy semble débouler au milieu de la place du Drapeau rouge, flanquée de paysans vociférant, de soldats et d'ouvriers. L'un des derniers exemples du culte de la personnalité et des folies de la Révolution culturelle, cet objet rare date de 1969. La statue se dresse sur la place Zhongshan, au croisement de Zhongshan Lu et de Nanjing Jie.

Tombeau du Nord
(běilíng)

C'est le plus beau monument de Shenyang. Édifié au milieu d'un parc immense, le tombeau du Nord est le lieu de sépulture de Huang Taiji (1592-1643), fondateur de la dynastie Qing. La construction de ce tombeau dura huit ans et les impressionnantes statues qui y conduisent rappellent les tombeaux Ming. Les plus vastes bâtiments, utilisés comme casernes par différents seigneurs de la guerre, sont en ruine, malgré quelques tentatives de restauration. Le tumulus herbeux, au centre, est connu sous le nom de Zhaoling.

Empruntez le bus n°220 qui part de la gare ferroviaire, le bus n°213 depuis le Palais impérial ou le bus n°6.

Tombeau de l'Est

(*dōnglíng*)

Également appelé Fuling, ce tombeau est situé au milieu d'une région boisée à 8 km de Shenyang. C'est là qu'est enterré Nurhachi, le grand-père de l'empereur Shunzhi, à l'origine de la conquête de la Chine en 1644. Nurhachi est enterré avec sa concubine. La construction du tombeau fut amorcée en 1626 et demanda plusieurs années, sans compter les ajouts et les rénovations. Sa disposition rappelle celle du tombeau du Nord, mais il est plus petit et

perché sur une colline boisée surplombant une rivière. Pour vous y rendre, prenez le bus n°18 depuis le Palais impérial, puis marchez.

Palais impérial

(*gùgōng*)

Il rappelle la Cité interdite, en miniature, mais son architecture s'apparente au style mandchou.

La construction des principaux édifices fut entreprise par Nurhachi et achevée par son fils, Huang Taiji, en 1636.

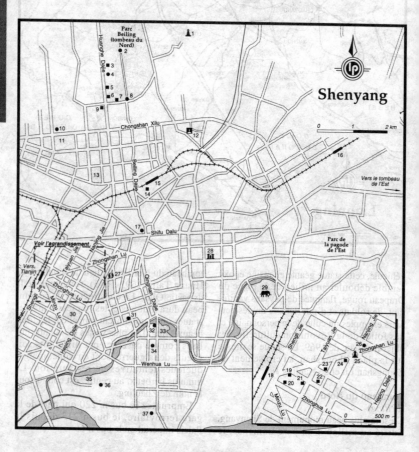

Tout au fond de la cour, lorsqu'on regarde par la porte principale, se profile le bâtiment principal, le palais Dazheng, de forme octogonale, avec son plafond à caissons et son trône ornementé. C'est là que fut couronné l'empereur Shunzhi avant qu'il ne franchisse la Grande Muraille, en 1644. Dans la même cour, en face du bâtiment, se dressent les pavillons des Bannières, anciennes résidences des chefs militaires.

On peut admirer aujourd'hui une exposition d'équipement militaire des XVIIe et XVIIIe siècles. La cour centrale, à l'ouest du palais Dazheng, renferme une salle d'audience, des appartements et des quartiers réservés aux shamans (une des coutumes des Mandchous consistait à verser du vin bouillant dans l'oreille d'un cochon, afin que ses cris attirent les ancêtres). A l'ouest, la cour appartient à la zone résidentielle ajoutée par l'empereur Qianlong au XVIIIe siècle, et la galerie Wenshu, à l'arrière, abritait une copie de l'anthologie de Qianlong.

Le palais fait office de musée, avec des expositions d'objets d'ivoire et de jade, des instruments de musique, du mobilier et des peintures Ming et Qing. Vous devez laisser vos sacs à l'entrée et les photographies sont interdites à l'intérieur. Les commentaires sont tous en chinois. Le palais est situé dans le quartier le plus ancien de la ville. Prenez le bus n°10 depuis la gare ferroviaire Sud.

LE NORD-EST

SHENYANG 沈阳	2	Zhaoling 昭陵	28	Palais impérial 故宫
OÙ SE LOGER	4	CITS 中国国际旅行社	29	Zoo 动物园
3	Friendship Hotel 友谊宾馆	8	Entrée du parc 公园门口	30	Parc Zhongshan 中山公园
5	Phoenix Hotel 凤凰饭店	10	Université du Liaoning 辽宁大学	31	Consulat des États-Unis 美国领事馆
6	Liaoning Mansions 辽宁大厦	11	Parc Bainiao 百鸟公园	32	Tour de télévision et librairie en langues étrangères
7	Hôtel Taishan 泰山宾馆	12	Pagode du Nord 北塔		电视塔, 外文书店
9	Hôtel Jinlong 金龙宾馆	13	Parc Bitang 碧塘公园	33	Parc Qingnian (de la jeunesse) 青年公园
14	Hôtel Youzheng Dasha 邮政大厦宾馆	15	Gare ferroviaire Nord et Railway Hotel 北火车站, 沈铁大厦宾馆	34	Stade Liaoning 辽宁体育馆
19	Hôtel Hua Sha 华厦饭店	16	Gare ferroviaire Est 东站	35	Parc Nanhu (lac du Sud) 南湖公园
21	Hôtel Zhongxing 中兴宾馆	17	Hôtel de ville 市政府	36	Université de technologie du Nord-Est 东北工学院
22	Hôtel Dongbei 东北饭店	18	Gare ferroviaire Sud 南火车站	37	Complexe sportif de Shenyang 沈阳体育中心
23	Hôtel Zhongshan 中山大酒店	20	KFC 肯德基家乡鸡		
24	Hôtel Liaoning 辽宁宾馆	25	Statue de Mao 毛主席像		
DIVERS	26	BSP 公安局外事科		
1	Mémorial de la dynastie Hang 烈士陵园	27	Bank of China 中国银行		

Où se loger

Toutes les provinces du nord-est ont tenté d'harmoniser les prix pour les étrangers. Dans le Liaoning, le prix des simples démarre à 200 yuan. A ce tarif, ne vous attendez à aucun confort.

Si vous arrivez à la gare ferroviaire Nord, l'établissement le moins cher et le plus pratique est le *Railway Hotel* (☎ 273-

2888) (*shēntiě dàshà*). Les chambres avec vue sur le décor industriel de Shenyang coûtent 250 yuan.

A côté, le *Youzheng Dasha Hotel* (*yóuzhèng dàshà bīnguǎn*) loue des simples à 394 yuan, tarif bien élevé. Seul avantage : il est bien situé.

L'hôtel *Hua Sha* (☎ 783-3423) (*huáshà fàndiàn*) est sis 3 Zhongshan Lu, Section 1,

Les seigneurs de la guerre

Autrefois appelé Mandchourie, le nord-est de la Chine fut le berceau des conquérants. C'est peut-être le climat très rude de la région qui poussa les Mongols et les Mandchous à se tourner vers le Sud.

Au début du siècle, la Mandchourie était une région peu peuplée, en dépit de ses grandes richesses naturelles, inexploitées. Russes et Japonais avaient des visées sur la région. Après la défaite chinoise dans la guerre sino-japonaise de 1894-1895, la péninsule du Liaodong fut cédée au Japon. Inquiètes de la puissance japonaise, les autres nations, Russie en tête, obligèrent le Japon à restituer la péninsule à la Chine. En récompense de cette intervention, les Russes furent autorisés à construire un chemin de fer vers leur concession portuaire de Port-Arthur (Lüshun). Le chemin de fer amena des troupes, et les Russes purent contrôler le nord-est de la Chine pendant les dix années suivantes.

La guerre russo-japonaise de 1904-1905 mit fin à la domination russe en Mandchourie. Le contrôle global de la Mandchourie revint au seigneur de la guerre Zhang Zuolin, qui était à la tête d'une armée de bandits bien organisée. Lorsque la dynastie Qing sombra, il avait pouvoir de vie et de mort sur tout le sud de la Mandchourie et, entre 1926 et 1928, son gouvernement régional fut même reconnu par les puissances étrangères. De fait, c'est l'expédition vers le nord du Guomindang qui parvint à déposer Zhang Zuolin et unifia le nord et le sud de la Chine.

La politique de Zhang en Manchourie consistait à limiter l'expansion politique et économique du Japon, et éliminer progressivement l'influence japonaise. Mais dès les années 20, le gouvernement militariste du Japon était déterminé à en découdre avec la Chine.

Zhang Zuolin fut assassiné (les Japonais et le Guomindang furent tous deux désignés coupables) et le contrôle de la Mandchourie revint à son fils, Zhang Xueliang, avec la bénédiction du Guomindang. En septembre 1931, les Japonais envahirent la Mandchourie et le Guomindang ne put rien faire pour l'empêcher. Tchang Kaï-Chek poursuivit alors sa campagne d'anéantissement des communistes. La Mandchourie tomba aux mains des Japonais, qui lui donnèrent le nom de Mandchoukouo et en en firent un État fantoche japonais. L'exploitation de la région débuta alors réellement, avec l'installation d'industries lourdes et d'un vaste réseau de voies ferrées.

L'occupation japonaise de la Mandchourie entravait la progression de l'armée communiste chinoise, enlisée dans le Shaanxi. L'invasion força Zhang Xueliang et son armée "Dongbei" (du nord-est) à quitter la Mandchourie – ces troupes furent par la suite postées en Chine centrale pour combattre les communistes. Jusqu'au milieu des années 30, Zhang fut loyal à Tchang Kaï-chek, mais il se persuada peu à peu que la promesse de Tchang de ne plus céder de territoires au Japon et de regagner la Mandchourie, était vaine. Il conclut alors une trêve secrète avec les communistes, et lorsque Tchang se rendit à Xi'an en décembre 1936 pour organiser une nouvelle campagne contre les communistes, Zhang le fit arrêter. Tchang ne fut relâché qu'après avoir accepté de renoncer aux campagnes d'extermination des communistes et de conclure une alliance avec eux contre les Japonais. Tchang ne pardonna jamais cette manœuvre à Zhang. Il le fit arrêter par la suite et l'emmena à Taiwan comme prisonnier. Zhang ne reçut la permission de quitter Taiwan qu'en 1992.

à quelques mètres de la gare ferroviaire Sud. Les simples, à 200 yuan, sont une aubaine, mais les prix risquent de grimper car des rénovations sont prévues. Il possède aussi un bureau de change et un restaurant.

L'hôtel *Zhongxing* (☎ 383-8188 ; fax 880-4096) (*zhōngxīng bīnguǎn*), est installé 86 Taiyuan Beijie, dans le quartier du marché principal, à deux pâtés de maisons au sud de la gare ferroviaire. Vous ne pouvez pas rater ce gratte-ciel pyramidal, en briques rouges, qui domine le marché. Les prix s'échelonnent de 280 à 580 yuan (1 500 yuan la suite présidentielle).

L'hôtel *Dongbei* (☎ 386-8120) (*dōngběi fàndiàn*) vous attend au 100 Tianjin Beijie, une rue au sud de Taiyuan Beijie, la principale artère commerçante. Il est parfois

---

A la fin de la Seconde Guerre mondiale, le Nord-Est devint subitement le foyer d'une nouvelle confrontation entre les forces communistes et celles du Guomindang. En juillet 1945, la conférence de Potsdam établit que toutes les forces japonaises stationnées en Mandchourie et en Corée du Nord se rendraient à l'armée soviétique ; les troupes postées ailleurs se rendraient au Guomindang.

Après les explosions atomiques d'Hiroshima et de Nagasaki en août 1945, les troupes soviétiques envahirent la Mandchourie, livrant de brefs mais meurtriers combats contre les armées japonaises. Les Américains transportèrent alors des troupes du Guomindang par air et par mer vers le nord, où elles pourraient recevoir la reddition des forces japonaises et reprendre le contrôle du nord et du centre de la Chine. 53 000 marines furent débarqués à Qingdao pour protéger les lignes ferroviaires vers Pékin et Tianjin, ainsi que les stocks de charbon qui alimentaient les locomotives.

Toujours liés au Guomindang par une trêve incertaine, les communistes se joignirent aussi à la course au pouvoir. Bien que Tchang Kaï-chek leur intima l'ordre de ne pas bouger, les troupes communistes marchèrent sur la Mandchourie, ramassant les armes en chemin dans les dépôts japonais abandonnés. D'autres troupes prirent la mer depuis le Shandong. En novembre 1945, le Guomindang lança une attaque contre les communistes malgré les négociations de paix menées entre les deux parties par les Américains. Cette attaque mit fin aux pourparlers.

Les communistes prirent le contrôle des zones rurales où ils appliquèrent des réformes agraires qui leur assurèrent rapidement le soutien des paysans. L'armée de 100 000 hommes qui avait rejoint la Mandchourie passa à 300 000 de plus, les soldats des anciennes armées mandchoues qui avaient été enrôlés de force dans les troupes japonaises rejoignirent l'Armée rouge. En deux ans, les communistes comptèrent 1,5 million de combattants, plus 4 millions de sympathisants actifs.

De son côté, le Guomindang disposait de 3 millions de soldats, bénéficiait du soutien logistique des Russes et des Américains. Mais ses soldats désertaient ou allaient rejoindre par milliers les rangs communistes. Les généraux des armées du Guomindang avaient été choisi par Tchang Kaï-Chek en raison de leur loyauté plus que pour leurs compétences militaires.

En 1948, les communistes prirent l'initiative en Mandchourie. Renforcés par le ralliement de soldats du Guomindang et la saisie d'armes américaines, les communistes pouvaient rivaliser, en force et en nombre, avec l'armée nationaliste. Trois grandes batailles, menées par Lin Biao, décidèrent de l'issue. Lors de la première bataille d'août 1948, les forces nationalistes perdirent 500 000 hommes. La seconde, de novembre 1948 à janvier 1949, vit des divisions entières du Guomindang rejoindre le camp communiste, qui fit 327 000 prisonniers.

La troisième bataille décisive se déroula autour de Pékin et de Tianjin. Tianjin tomba le 23 janvier aux mains des communistes et 500 000 soldats rejoignirent leurs rangs. Ces victoires scellèrent le destin du Guomindang et permirent aux communistes de se diriger vers le sud. ■

appelé Dongning Hotel. Vieillot et peu avenant, il facture pourtant les doubles 240 yuan.

L'hôtel *Liaoning* (☎ 782-9166 ; fax 782-9103) (*liáoníng bīnguǎn*) fait face à la statue géante de Mao sur la place Zhongshan, un peu comme si ce dernier saluait les clients dans le hall de l'hôtel. Construit par les Japonais en 1927, cet édifice compte 77 suites, une salle de billard avec des plateaux d'ardoise et des fenêtres Art Nouveau. En somme, c'est un hôtel ancien mais élégant. Les doubles coûtent 480 yuan.

L'établissement le plus cossu de la ville est l'hôtel *Zhongshan* (☎ 383-3888 ; fax 383-9189) (*zhōngshān dàjiǔdiàn*), un monolithe blanc étincelant de 27 étages, situé 65 Zhongshan Lu. Il attire surtout les Chinois d'outre-mer et vous entendrez parler davantage cantonais et taiwanais que mandarin. Le prix des 257 chambres et suites démarre à 660 yuan.

Le *Liaoning Mansions* (☎ 680-9502) (*liáoníng dàshà*), 1 Huanghe Dajie, Section 6, est situé sur la route du tombeau du Nord. Dans ce gigantesque bâtiment de style soviétique, les chambres valent 418 yuan.

Le *Phoenix Hotel* (☎ 680-5858 ; fax 680-7207) (*fènghuáng fàndiàn*), 109 Huanghe Dajie, est établi au nord du Liaoning Mansions. C'est un endroit tout confort, très fréquenté par les groupes. Les prix sont à l'avenant : les simples/doubles coûtent 535/660 yuan, les suites 1 200 yuan.

A une distance raisonnable à pied du Phoenix Hotel, le très élégant hôtel *Jinlong* (☎ 624-6688) (*jīnlóng bīnguǎn*), 88 Huanghe Lu, propose des chambres standard/de luxe pour 298/388 yuan et des suites jusqu'à 2 276 yuan. Une adresse recommandée si vous ne regardez pas à la dépense.

A proximité, l'hôtel *Taishan* (*tàishān bīnguǎn*) demande des prix ridiculement élevés pour le confort offert, avec des chambres à partir de 638 yuan. Le prix des suites varie de 1 288 à 1 680 yuan.

Le *Friendship Hotel* (☎ 680-1122 ; fax 680-0132) (*yǒuyí bīnguǎn*), est installé 1 Huanghe Bei Dajie, dans le quartier de Huanggu, au nord du Phoenix Hotel. Cet établissement, qui ressemble à une villa, s'adresse aux cadres du parti. Vous pourrez y séjourner moyennant un minimum de 390 yuan.

Où se restaurer

Les quartiers des gares Nord et Sud abritent de nombreux petits restaurants de nouilles et de riz.

Distractions

La troupe d'acrobates de Shenyang est l'une des meilleures de Chine. On peut acheter ses billets à l'hôtel Zhongxing. Le CITS peut également fournir des renseignements sur les dates, les horaires et le prix des spectacles.

Achats

L'hôtel Zhongxing fait partie d'un énorme centre commercial qui soutient aisément la comparaison avec les plus grands centres commerciaux de Pékin. Le bâtiment borde Taiyuan Jie, la principale rue commerçante.

La librairie en langues étrangères (☎ 389-1449), 195 Qingnian Dajie, à proximité de la gigantesque tour de télévision, domine l'horizon de Shenyang. A côté, au n°270, est installée la librairie Xinhua, qui propose essentiellement des ouvrages en chinois.

Comment s'y rendre

Avion. L'agence CAAC (☎ 386-4605) est sise 117 Zhonghua Lu, dans le quartier de Heping. La CAAC assure des vols internationaux entre Shenyang et Hong Kong, Séoul et Irkoutsk. Aeroflot possède un guichet de vente de billets dans le Phoenix Hotel et propose des vols pour Irkoutsk. Un billet combiné Moscou-Irkoutsk-Shenyang-Pékin vous reviendra infiniment moins cher qu'un vol direct Moscou-Pékin.

Shenyang est reliée aux villes chinoises suivantes :

Canton, Changchun, Changsha, Changzhou, Chaoyang, Chengdu, Chongqing, Dalian, Dandong, Fuzhou, Guiyang, Haikou, Hangzhou, Harbin, Hefei, Jilin, Ji'nan, Kunming, Lanzhou, Lianyungang, Mudanjiang, Nankin, Nanning, Ningbo, Pékin,

Qingdao, Qiqihar, Sanya, Shanghai, Shantou, Shenzhen, Taiyuan, Tianjin, Ürümqi, Wenzhou, Wuhan, Xiamen, Xi'an, Yanji, Yantai et Zhengzhou.

Bus. Sachant que les trains sont toujours bondés, mieux vaut envisager un départ en bus avec couchettes. D'innombrables express de nuit desservent Pékin, mais vous pouvez également descendre à Shanhaiguan. Le plus simple est de se rendre à la gare ferroviaire Nord : des femmes arborant des pancartes sur lesquelles sont inscrites "Pékin" en chinois s'approcheront de vous et vous diront "*wopu*" ("couchette"). Les bus partent de Shenyang vers 15h et arrivent à Pékin vers 7h.

Train. De Shenyang à Pékin, il faut compter 9 heures ; pour Changchun, 5 heures ; pour Harbin, 9 heures ; pour Dandong, 5 heures et pour Dalian 6 heures.

Shenyang possède deux gares, ce qui ne facilite pas les choses : la gare Nord (*běi zhàn*) et la gare Sud (*nán zhàn*). La gare Est est une gare locale, servant principalement au transport de marchandises. Comme les trains partent de l'une ou l'autre des deux gares, prenez soin de vérifier les horaires et renseignez-vous pour savoir de quelle gare part votre train si vous achetez votre billet au guichet d'un hôtel ou dans une agence. Aux deux gares, les billets pour le lendemain peuvent se réserver à l'étage. Les couchettes sont très difficiles à obtenir.

Comment circuler
Les taxis de Shenyang sont équipés de compteurs, rarement utilisés.

ENVIRONS DE SHENYANG
Qianshan
(*qiānshān*)
Cette montagne se trouve à environ 50 km de Shenyang. Ce nom est une abréviation de Qianlianshan (la montagne des Mille Lotus).

Selon la légende, une fée voulait offrir un éternel printemps au monde en brodant de jolis nuages sur des lotus. Au moment où elle brodait le 999e lotus, les dieux la

découvrirent, l'accusèrent de voler les nuages et ordonnèrent son arrestation. La fée se débattit et, pendant la mêlée, tous les lotus tombèrent sur la terre, se transformant en vertes collines. En mémoire de la fée, les habitants l'appelèrent la "montagne des Mille Lotus" ou Qianshan. Plus tard, un moine de passage compta les sommets et, découvrant qu'il n'y en avait que 999, construisit une colline artificielle pour obtenir un chiffre rond.

On peut se promener dans les collines où se trouvent des temples Tang, Ming et Qing. La montagne, escarpée par endroits, attire du monde le dimanche et les jours fériés. L'ascension dure 3 heures. Les **sources chaudes de Tanggangzi** courent au pied sud de la montagne (que l'on atteint en prenant un autre bus). Le dernier empereur Qinq, Puyi, avait l'habitude de s'y baigner avec l'impératrice et ses concubines.

Comment s'y rendre. Qianshan est accessible en 2 heures de bus depuis la gare routière longue distance de Shenyang. Autre possibilité : partir d'Anshan, à 25 km de la montagne. Le dernier bus dans l'un ou l'autre sens part à 18h30.

Le bus vous dépose à l'entrée du parc de Qianshan. Des marchands ambulants vendent des objets hétéroclites et des colporteurs proposent des cartes près de la porte ou au guichet de vente des billets.

DALIAN
(*dàlián*)
Dalian a porté plusieurs noms successifs : Dalny, Dairen (pour les Japonais), Lüshun et Luda. Le nom de Lüshun est donné à la partie sud de la ville, c'était le Port-Arthur des Occidentaux, aujourd'hui la base navale. Luda est la fusion de Lüshun et de Dalian. A la fin du XIXe siècle, les pays occidentaux se partagèrent la Chine. Au grand dam du tsar Nicolas II, le Japon s'empara de la péninsule du Liaodong par un traité signé en 1895 (après avoir coulé la flotte chinoise à Port-Arthur en 1894). Avec le soutien des Français et des Allemands, Nicolas II obtint des Japonais

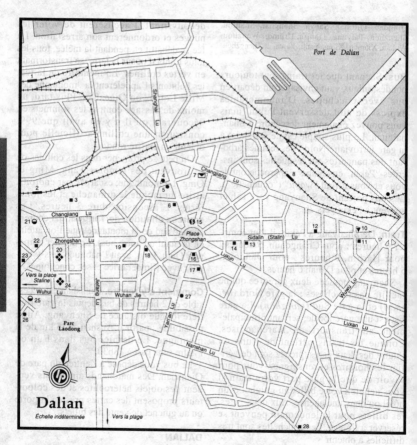

Port de Dalian

Dalian

Échelle indéterminée

Vers la plage

l'évacuation de Dalian. La concession fut accordée aux Russes en 1898 et ils commencèrent à édifier le port dont ils rêvaient, un port qui offrait une alternative à celui de Vladivostok, prisonnier des glaces pendant l'hiver.

Hélas pour la Russie ! les Japonais n'avaient pas abandonné la partie et ils coulèrent la flotte russe d'Asie de l'Est en 1902, puis en 1905 la flotte russe de la Baltique au large de la Corée. La même année, Dalian fut reprise par les Japonais qui achevèrent la construction des installations portuaires en 1930. En 1945, l'Union

soviétique réoccupa Dalian et ne s'en retira définitivement que dix ans plus tard.

Dalian fut la première des 14 villes côtières à s'ouvrir aux investisseurs étrangers qui avaient fortement critiqué les pratiques discriminatoires auparavant en vigueur.

Dalian est le grand port du nord-est, d'égale importance par rapport à celui de Tianjin. La ville est par ailleurs un centre industrielle à part entière. La prospérité de la ville a son revers : les prix sont élevés et la cité ressemble à un gigantesque chantier, avec de multiples hôtels de luxe en

DALIAN 大连		22	Hôtel Nongken 农垦宾馆	7	Poste 邮局
OÙ SE LOGER		23	CAAC et Civil Aviation Hotel 民航大厦	8	Gare ferroviaire Est 大连东站
3	Holiday Inn 九州饭店	28	Hôtel Nanshan 南山宾馆	9	Gare maritime pour passagers 大连港客运站
6	Dalian Hotel (Fandian) 大连饭店		**OÙ SE RESTAURER**	15	Bank of China 中国银行
11	Friendship Store et Hotel 友谊商店, 友谊宾馆	10	International Seamen's Club 海员俱乐部	20	Centre commercial Dalian 大连商场
12	Hôtel Furama 富丽华大酒店		**DIVERS**	21	Gare routière (bus longue distance) 长途客运站
13	Norinco Hotel 北方大厦			24	Centre commercial Zhongxing 中兴大厦
14	International Hotel 国际大厦	1	Gare ferroviaire Nord 大连北站		
16	Dalian Hotel (Binguan) 大连宾馆	2	Gare ferroviaire Dalian 大连火车站	25	Bus privés pour Dandong 个体服务汽车站 (往丹东)
17	Grand Hotel 大连博览大酒店	4	Librairie Xinhua 新华书店	26	CITS 中国国际旅行社
18	Gloria Plaza Hotel 凯莱大酒店	5	Librairie en langues étrangères 外文书店	27	BSP 公安局外事科
19	Eastern Hotel 东方饭店				

construction. Malheureusement, les tarifs exorbitants des structures hôtelières font de Dalian une ville peu accessible pour le voyageurs à petit budget.

Renseignements

Le CITS (☎ 363-5795), est installé au 4e étage, 1 Changtong Jie, sur le côté ouest du parc Laodong, à proximité du Civil Aviation Hotel et de la CAAC. Les bureaux de la Dalian Overseas Tourism Corporation (☎ 368-0857 ; fax 368-7831), où le personnel est plus accueillant et plus efficace qu'au CITS, sont logés au 5e étage du même bâtiment.

Le BSP est situé dans Yan'an Lu, au sud de la place Zhongshan. La Bank of China est sise 9 place Zhongshan. Le bureau de poste et de télécommunications se dresse dans Changjiang Lu.

Le TNT Skypak (☎ 280-0524 ; fax 280-0520), un service de courrier privé, possède un bureau 35 Changjiang Lu, dans le quar-

tier de Zhongshan. DHL (☎ 272-5883 ; fax 272-5881), est 2-11 Gangwan Jie, également dans le quartier de Zhongshan.

Place Staline

(sīdàlín guǎngchǎng)

Il semble que Staline soit tenu en haute estime dans cette partie de la Chine. La place commémore la fin de l'occupation de la ville par les Japonais en 1945 et le mémorial fut érigé en 1954. Durant la Révolution culturelle, la place Staline était utilisée pour des réunions politiques. Elle est située à l'extrémité ouest de Zhongshan (côté sud), près de l'hôtel de ville.

Autres curiosités

Pour le voyageur individuel, l'accès aux installations portuaires (l'un des sites les plus intéressants de Dalian) est limité. Vous devrez vous contenter du **musée d'Histoire naturelle** (*zìrán bówùguǎn*) et de sa collection d'animaux marins

LE NORD-EST

empaillés, à l'est de la gare ferroviaire Nord, près de Shanghai Lu. Il est ouvert le mardi, le jeudi, le samedi et le dimanche, de 8h à 16h. Le **parc Laodong** (*láodòng gōngyuán*), dans le centre-ville, offre de beaux points de vue. Il existe également des usines d'artisanat qui produisent des objets en verre et des mosaïques de coquillages.

Excursions organisées

Quantité de démarcheurs rôdent aux abords de la gare ferroviaire pour proposer des excursions en bus d'une journée. Les étrangers sont les bienvenus, mais les guides ne parlent que le chinois.

Où se loger – petits budgets

Les prix des hôtels croissent au même rythme que la prospérité de la ville, à tel point qu'on peut vivre à moindres frais à Hong Kong. Les quelques établissements qui pratiquent des prix raisonnables affichent généralement complet.

Le *Friendship Hotel* (☎ 263-4121) (*yǒuyí bīnguǎn*), 137 Sidalin Lu, au 3e étage, au dessus du Friendship Store, loue des doubles à 110 yuan ; une aubaine pour Dalian, mais rares sont les chambres disponibles. Présentez-vous dès 6h du matin mais, même à cette heure matinale, rien n'est garanti.

Où se loger – catégorie moyenne

L'*Eastern Hotel* (☎ 234-161 ; fax 236-859) (*dōngfāng fàndiàn*), 28 Zhongshan Lu, non loin de la gare ferroviaire, propose de chambre de 292 à 430 yuan, ce qui n'est pas bon marché, mais reste en-deçà des prix demandés par la plupart des établissements de Dalian. Il affiche régulièrement complet.

L'hôtel *Nongken* (☎ 363-5599) (*nóngkěn bāīnguǎn*), est un hôtel une-étoile qui fait payer le prix d'un trois-étoiles. Le personnel est très accueillant. Comptez 268 yuan pour une double. Il est installé dans Zhongshan Lu, près de l'agence de la CAAC.

Le *Dalian Hotel* (*Fandian*) (☎ 263-3171 ; fax 280-4197) (*dàlián fàndiàn*), 6 Shanghai Lu, loue des doubles à 368 yuan. A noter qu'il existe un autre Dalian Hotel (*dàlián bīnguǎn*), qui porte le même nom en anglais, mais un nom différent en chinois.

Où se loger – catégorie supérieure

Le *Dalian Hotel* (*Binguan*) (☎ 263-3111) (*dàlián bīnguǎn*), 7 place Zhongshan, est un vieux bâtiment, rénové à l'intérieur. Les doubles reviennent à 748 yuan. Une scène du *Dernier Empereur* fut tournée dans cet hôtel.

Le *Grand Hotel* (*bǒlán dàjiǔdiàn*) pratique des prix très élevés : simples/doubles à 765/853 yuan, suites de 1 305 à 2 456 yuan. L'hôtel est sis 1 Jiefang Jie, juste derrière le Dalian Hotel (Binguan).

Dans le même quartier, le luxueux *Gloria Plaza Hotel* (*kǎilái dàjiǔdiàn*), 5 Yide Jie, propose des chambres standard de 1 245 à 1 411 yuan, des suites de 1 494 à 2 490 yuan.

L'*International Hotel* (☎ 263-4825) (*guójì dàjiǔdiàn*), 9 Sidalin Lu, loue des doubles pour 813 yuan, plus 15% de taxes.

A côté, le *Norinco Hotel* (*běifāng dàshà*) était en construction au moment de la rédaction de cet ouvrage.

Le *Furama Hotel* (☎ 263-0888 ; fax 280-4455) (*fùlìhuá dàjiǔdiàn*), 74 Sidalin Lu, est l'hôtel le plus cossu de la ville. Il possède même son Friendship Store. Les prix s'échelonnent entre 1 394 et 2 407 yuan pour une double, 12 450 yuan pour une suite.

Le *Civil Aviation Hotel* (☎ 363-3111) (*mínháng dàshà*), 143 Zhongshan Lu, est tenu par la CAAC et jouxte l'agence. Les simples/doubles coûtent la bagatelle de 1 062/1 147 yuan, plus 15% de taxes. Si votre vol sur la CAAC est reporté, vous aurez peut-être la chance d'y loger gratuitement.

Le *Holiday Inn* (☎ 280-8888 ; fax 280-9704) (*jiǔzhōu fàndiàn*), demande 1 120 yuan pour une chambre simple économique. C'est le seul établissement haut de gamme situé à proximité de la gare ferroviaire.

L'hôtel *Nanshan* (☎ 263-8751) (*nánshān bīnguǎn*), 56 Fenglin Jie, dans le quartier de Zhongshan, dispose d'une dizaine de bungalows disséminés dans de ravissants jardins. L'atmosphère était autrefois très bucolique, mais il a été rénové et a perdu de son charme. Il ressemble désormais à un navire de guerre.

Les doubles démarrent à 1 200 yuan. Pour vous y rendre, prenez l'un des bus sans numéro qui effectuent le tour de la ville ou le tramway n°201, puis le bus n°12, ou gravissez la colline à pied.

Autre possibilité, la pension *Bangchuidao* (☎ 263-5131) (*bàngchuídǎo bīnguǎn*), située sur la côte, à l'est de la ville, accessible en taxi seulement. Elle jouxte une plage huppée et a la faveur des groupes constitués.

Où se restaurer

Le restaurant au 3e étage de l'Eastern Hotel est correct et pratique des prix abordables.

L'*International Seamen's Club* (*hǎiyuán jùlèbù*), à l'extrémité est de Sidalin Lu, abrite plusieurs salles de restaurant au 2e étage. Il n'est pas bon marché mais on peut déguster en toute tranquillité une assiette de raviolis frits (*guōtiē*).

Le *Xinghai Park*, sur le front de mer, est une sorte de club-house surélevé, équipé de parasols. On y sert des gambas géantes, du poisson et de la bière et, en saison, on peut observer les véliplanchistes et les amateurs de soleil.

Distractions

L'*International Seamen's Club* est ouvert jusqu'à 22h30. Outre des restaurants et des salles de banquet, il possède un bar où les marins somnolent devant leur bière en écoutant le bruit de fond des jeux vidéo, ainsi qu'une discothèque.

Comment s'y rendre

Avion. Dalian est desservie par des vols intérieurs et internationaux. La CAAC et Dragonair assurent les liaisons depuis/vers Hong Kong pour 2 410 $HK. La CAAC et All Nippon Airways desservent Osaka, Fukuoka, Sendai et Tokyo. On peut également rejoindre Séoul, en Corée du Sud, avec la CAAC. Dragonair (☎ 263-8238, poste 601), possède un bureau au 6e étage

de l'International Hotel, 9 Sidalin Lu. All Nippon Airways (☎ 263-9744) est également installée dans cet hôtel, mais on peut aussi réserver par l'intermédiaire du CITS. La CAAC tient ses quartiers 143 Zhongshan Lu, à côté du Civil Aviation Hotel.

Les villes chinoises desservies sont :

Canton, Changchun, Changsha, Chengdu, Haikou, Hangzhou, Harbin, Hefei, Jilin, Ji'nan, Jinzhou, Kunming, Luoyang, Mudanjiang, Nankin, Ningbo, Pékin, Qingdao, Qiqihar, Shanghai, Shantou, Shenyang, Shenzhen, Taiyuan, Tianjin, Ürümqi, Wenzhou, Wuhan, Xiamen, Xi'an, Yanji et Zhengzhou.

Bus. Des bus se rendent à Shenyang, Dandong, Lüshun et Pékin. La gare routière est implantée à un pâté de maisons au sud de la gare ferroviaire. Il existe aussi une gare privée juste à côté du CITS. Réservez vos places de préférence la veille, ou alors attendez-vous à conquérir votre siège de haute lutte.

Plusieurs bus quotidiens font route vers Dangdong, entre 6h et 8h. Il existe également un bus de nuit, à 20h. Le trajet dure 9 heures.

Train. Il existe 9 trains par jour pour Shenyang (6 heures), ainsi qu'un express quotidien (4 heures) qui part de Dalian à 13h40. Les billets ne sont vendus que pour le jour même.

Bateau. Le guichet de réservation est installé à la gare maritime, à l'est du Seamen's Club. Il dispose d'une consigne à bagages.

Si vous êtes en possession de votre billet, vous pouvez dormir dans le confortable bâtiment situé derrière le bureau de réservation. Par rapport au train, le bateau est un gain de temps et d'argent.

Des bateaux partent tous les jours pour Shanghai à 8h30 (37 heures). Les départs quotidiens pour Yantai ont lieu à 20h (8 heures). Des bateaux pour Weihai quittent Dalian les jours pairs à 19h (9 heures). Les départs pour Longkou ont lieu les jours impairs à 19h (11 heures). Pour Tanggu (le port de Tianjin), les départs ne sont assurés que tous les quatre jours à 15h (16 heures). Même cas de figure pour Qingdao (départ à 19h, 22 heures de trajet). Pour Canton, les départs ont lieu le 10e et le 25e jour du mois, à 14h (100 heures de traversée !).

Même les 3e classes sont confortables, mais évitez la classe pont (cargo). Un service de restauration à bord est assuré.

Comment circuler
Soyez très prudent si vous vous déplacez à pied, car les automobilistes font peu de cas des piétons.

Desserte de l'aéroport. L'aéroport est situé à 12 km du centre-ville.

Bus. Le bus n°13 part du quartier de la gare ferroviaire, derrière le Friendship Store, et rejoint la gare maritime. Le tramway n°201 part également de la gare dans la même direction que le bus n°13 mais bifurque vers le sud devant le Friendship Store et se dirige vers l'est.

Taxi. Les taxis sont munis d'un compteur, mais les chauffeurs répugnent à l'utiliser. Comptez 20 yuan pour une destination intra-muros.

ENVIRONS DE DALIAN
Parcs et plages
Même si la circulation est infernale, Dalian, dotée de plusieurs plages et de parcs, fait office de ville de cure. La plage située à 5 km au sud-est est réservée aux touristes les plus aisés ; elle est bordée par la très luxueuse pension Bangchuidao. Le **parc Laohutan** (*lǎohǔtān gōngyuán*) possède une plage de galets peu propice à la baignade (vous pouvez prendre le bus n°102 au centre-ville).

La petite **plage de Fujiazhuang** (*fùjiāzhuāng hǎishuǐ yùchǎng*) est la plus belle, avec son sable fin, ses rochers ancrés dans une baie profonde. C'est un lieu de baignade idéal, mais les aménagements (sanitaires, etc.) sont limités. Un sanatorium est installé à proximité. Les malades sortent parfois en pyjama pour aider les

pêcheurs à tirer leurs prises à terre. Cette plage est éloignée de la ville ; prenez le bus n°102, puis le bus n°5. A 5 km au sud-ouest, le **parc Xinghai** (*xīnghǎi gōngyuán*) abrite une plage bondée et pas très propre, mais aussi un excellent restaurant de fruits de mer (prenez le bus n°2 ou le tramway n°201, puis le tramway n°202).

Jinshitan (plage de la Pierre d'or) désigne une nouvelle zone de développement économique au nord de Dalian, ainsi qu'un certain nombre de merveilles naturelles que les autorités se sont engagées à préserver. Pour le moment, c'est encore une plage très fréquentée pourvue de magnifiques criques et de formations rocheuses.

Le services de l'urbanisme de la ville envisagent d'"embellir" l'endroit avec un terrain de golf et un parc d'attractions. L'hôtel *Jinshitan* (*jīnshítán bīnguǎn*) est le seul hébergement disponible, mais la construction d'autres pensions est à l'ordre du jour.

VALLÉE DE BINGYU
(*bīngyù gōu*)
Selon le CITS, ce site est le pendant de Guilin et de Yangshuo. Cette jolie vallée comporte plusieurs formations rocheuses verticales aux pieds desquelles serpente une rivière. Elle est située à 250 km au nord-est de Dalian. Prenez un bus à la gare routière longue distance à destination de Zhuanghe (*zhuānghé*), ville située à mi-chemin entre Dalian et Dandong, puis un autre bus qui vous conduira jusqu'au parc de Bingyu (*bīngyù fēngjǐn qū*).

Un hôtel de la chaîne Furama était en construction lors de notre passage.

DANDONG
(*dāndōng*)
Dandong se trouve à la frontière entre la province du Liaoning et la Corée du Nord. Avec Dalian et Yingkou, c'est l'un des trois importants ports de commerce et de communication du Nord-Est. Cette ville est devenue l'un des principaux centres de fabrication de produits destinés à l'exportation et se tourne maintenant vers l'industrie

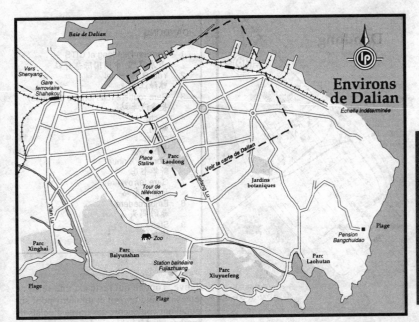

Environs
de Dalian
Échelle indéterminée

Baie de Dalian

Vers
Shenyang

Gare
ferroviaire
Shahekou

Voir la carte de Dalian

Place
Staline

Parc
Laodong

Jialong Lu

Tour de
télévision

Xi'an Lu

Jardins
botaniques

Parc
Xinghai

Parc
Baiyunshan

Zoo

Pension
Bangchuidao

Plage

Station balnéaire
Fujiazhuang

Parc
Xiuyuefeng

Parc
Laohutan

Plage

Plage

LE NORD-EST

légère, montres, vêtements, imprimerie et conserveries. On y fabrique le Ganoderma – une crème faciale antirides à base d'un champignon rare et cher. Vous pourrez acheter de la soie dans une usine locale.

Dandong est une ville propre, verte, facile à visiter et n'est pas surpeuplée. Il n'y a toutefois pas grand-chose à voir en dehors de la Corée du Nord de l'autre côté du Yalu. Pour beaucoup de voyageurs, le seul intérêt de Dandong est de se trouver sur la route de Tonghua et de la réserve naturelle du Changbaishan (Jilin).

Renseignements

Le CITS (☎ 27721) est à l'intérieur de la pension Dandong.

Frontière avec la Corée du Nord
(*běi cháoxiān*)

Dandong est une ville limitrophe de la Corée du Nord. C'est d'ailleurs son seul intérêt

(pour tout renseignement sur les possibilités de séjours en Corée du Nord, depuis Dandong, reportez-vous à la rubrique Sinuiju, à la rubrique *Environs de Dandong*).

Le **parc du fleuve Yalu** (*yālü jiāng gōngyuán*) est le lieu de pique-nique privilégié des habitants de Dandong. De nombreux photographes opèrent, fixant sur la pellicule des familles entières posant avec le pont en arrière-plan. On peut même se faire photographier dans le cockpit d'un Mig chinois.

Le **parc Jinjiangshan** (*jǐnjiāng shān gōngyuán*) s'étend à proximité de la pension Dandong. Du sommet du parc, on jouit d'une vue panoramique sur la ville et la Corée du Nord, de l'autre côté de la rivière.

Promenade en bateau sur le Yalu

Si vous souhaitez vous approcher de la Corée du Nord, une amusante croisière vous mènera au milieu du fleuve, où passe la frontière.

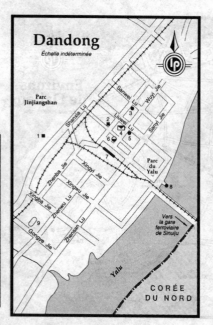

Dandong
Échelle indéterminée

Parc Jinjiangshan

Parc du Yalu

Vers la gare ferroviaire de Sinuiju

CORÉE DU NORD

Yalu

DANDONG

1 Pension Dandong et CITS
   丹东宾馆, 中国国际旅行社
2 Yalu River Hotel
   鸭绿江大厦
3 Gare routière (bus longue distance)
   长途汽车站
4 Poste
   邮局
5 CAAC
   中国民航
6 Librairie Xinhua
   新华书店
7 Gare ferroviaire
   丹东火车站
8 Embarcadère
   旅游码头
9 Stade
   体育场

Les bateaux partent vers 9h (plus fréquemment le week-end) d'un embarcadère situé dans le parc du Yalu. Les photographies sont interdites. Le bateau passe sous le pont, s'approche d'une dizaine de mètres du rivage coréen, puis fait un grand virage pour revenir au quai. Vous ne verrez rien d'extraordinaire, sinon des cuves rouillées que l'on est en train de souder, d'autres prêtes au départ, des écoliers qui agitent la main, une locomotive à vapeur franchissant le pont.

La ville de Sinuiju même est cachée derrière une digue plantée d'arbres destinée à empêcher les étrangers munis de jumelles et de téléobjectifs de voler les secrets militaires de la Corée du Nord.

Il y a en fait deux ponts – ou plutôt, un et demi. Le pont d'origine en acier a été "accidentellement" bombardé par les Américains en 1950, qui ont aussi "accidentellement" bombardé la piste d'aviation de Dandong. Les Coréens ont démantelé ce pont jusqu'à la ligne frontière du milieu du fleuve. Tout ce qui reste est une série de jetées du côté coréen et un demi-pont sur lequel ont voit encore des traces d'éclats de bombes, du côté chinois. Le pont actuel est parallèle à l'ancien.

Où se loger

Le *Yalu River Hotel* (☎ 25901) (*yālü jiāng dàshà*), 87 Jiuwei Lu, est un établissement de 300 chambres coadministré par les Chinois et les Japonais, dans le centre-ville. Le tarif des doubles débute à 420 yuan.

La *pension Dandong* (☎ 27312, 27313) (*dāndōng bīnguǎn*), 2 Shanshang Jie, est située à quelque 2 km de la gare ferroviaire (30 mn à pied). En dépit de son emplacement peu commode, le cadre est agréable. Les doubles démarrent à 400 yuan. Toutes les chambres sont équipées de TV, mais mieux vaut profiter du chant des grillons et du sifflement des locomotives à vapeur, dans le lointain.

Comment s'y rendre

Avion. Des vols réguliers desservent Canton, Shanghai et Shenyang. Une agence CAAC est installée à l'est du Yalu River Hotel.

Bus. La gare routière est à 5 mn à pied de la gare ferroviaire. Un bus part tous les jours pour Tonghua à 6h30 (10 heures). Réservez vos billets dès votre arrivée à Dandong. Plusieurs bus desservent Dalian (9 heures) entre 5h10 et 6h40.

Train. Il existe des trains directs pour Dandong au départ de Shenyang et de Changchun. Le voyage depuis Shenyang dure 5 heures. Le train Pyongyang-Moscou et le Pyongyang-Pékin passent à Dandong le samedi vers 15h.

ENVIRONS DE DANDONG
Sinuiju
Les Occidentaux doivent être en possession d'un visa pour se rendre en Corée du Nord. Ils peuvent se le procurer à Pékin ou à Macao, mais pas à Dandong.

Certains trouvent l'endroit fascinant, ne serait-ce que pour les grandes affiches (en anglais) dans la gare de Sinuiju qui proclament, entre autres, "Mort aux Américains !" et "Mort à la clique fantoche sud-coréenne !".

Pour plus de renseignements, consultez les guides Lonely Planet en anglais, *Korea* et *North-East Asia on a shoestring*.

Comment s'y rendre. Les trains internationaux Pékin-Pyongyang (Corée du Nord) passent deux fois par semaine par Dandong et Sinuiju. CITS se charge d'organiser des excursions de l'autre côté de la rivière Yalu, jusqu'à la ville coréenne de Sinuiju, de l'autre côté du pont.

Fenghuangshan
A environ 52 km au nord-ouest de Dandong se trouve la ville de Fengcheng. Tout près de la ville s'élève le Fenghuangshan (840 m) qui compte un certain nombre de temples, monastères et pagodes datant des époques Tang, Ming et Qing.

La foire du temple de la montagne Fenghuangshan se déroule en avril et attire des milliers de visiteurs. On peut s'y rendre en train ou en bus (1 heure de trajet depuis Dandong). Le train express, à défaut de s'arrêter, offre un bon panorama.

Sources chaudes de Wulongbei
(*wǔlóngbēi wēnquán*)
Ces sources se trouvent à environ 20 km au nord de Dandong, sur la route vers Fengcheng. Il y a une pension à cet endroit et on peut se baigner dans les sources.

Dagushan
Plusieurs groupes de temples taoïstes datant de la dynastie Tang se trouvent à Dagushan, près de la ville de Gushan, à environ 90 km au sud-ouest de Dandong.

LE NORD-EST

Jilin 吉林

CHANGCHUN
(*chángchūn*)

Changchun, avec ses larges avenues bordées d'arbres, est une ville aux perspectives agréables, mais un peu morne. Les grands bâtiments à l'allure militaire datent de l'occupation japonaise de 1933 à 1945, quand Changchun était la capitale du Mandchoukouo.

En 1945, les Soviétiques ont littéralement fondu sur Changchun. A leur départ en 1946, le Guomindang occupa les cités du Nord-Est, mais se retrouva cerné par les communistes dans les campagnes.

Ceux-ci avaient réuni un stock d'armes considérable, saisies ou chapardées, et même des tanks japonais ou des jeeps américaines qu'ils utilisèrent pour prendre Changchun. Elle tomba aux mains des communistes en 1948.

On a peu de chance de se retrouver à Changchun, si ce n'est en transit. Tant mieux car la situation de l'hébergement est catastrophique, tous les endroits bon marché étant interdits aux étrangers.

Renseignements

Le bureau du CTS (☎ 297-1040) est installé dans la pension Chunyi, 2 Sidalin Dajie, à un pâté de maisons de la gare ferroviaire.

Le CITS (☎ 564-7052 ; fax 564-5069) possède un bureau au 7ᵉ étage du Yanmao Building, 14 Xinmin Jie, adjacent à l'hôtel Changbaishan.

La principale agence de la Bank of China est située à l'angle nord-ouest de la place Renmin (*rénmín guǎngchǎng*), au croisement de Xi'an Dalu et de Sidalin Dajie. Vous en trouverez une autre dans le Yanmao Building, près de l'hôtel Changbaishan.

Le bureau de poste est dans Sidalin Dajie, à deux pâtés de maisons au sud de la gare ferroviaire.

Le BSP se tient à l'angle sud-ouest de la place Renmin, à proximité de la Bank of China.

Population : 25 millions d'habitants
Capitale : Changchun

A ne pas manquer :

- Tianchi, magnifique lac de cratère dans les montagnes aux neiges éternelles, et plus vaste réserve naturelle de Chine
- Les stations de sport d'hiver de Songhuahu Qingshan et Beidahu
- Jilin, une ville à visiter en hiver, par un froid mordant, lorsque les arbres couverts de givre confèrent au paysage industriel de la cité une beauté insolite

Résidence de l'empereur fantoche et Palais des expositions
(*wěihuánggōng*)

Cet endroit n'a rien à voir avec un théâtre de marionnettes. Henry Puyi fut le dernier empereur à monter sur le trône du Dragon. Il était alors âgé de 2 ans et fut contraint d'abdiquer six ans plus tard lorsque la révolution de 1911 enflamma le pays. Il vécut en exil à Tianjin jusqu'en 1932, date à laquelle les Japonais l'envoyèrent à Changchun et le placèrent à la tête de l'État du Mandchoukouo. Il demeura à Changchun pendant les onze années qui suivirent,

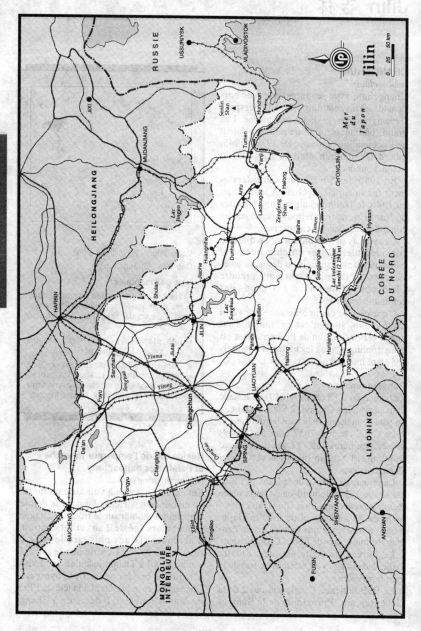

puis fut fait prisonnier par les Russes en 1945. Puyi retourna en Chine en 1959, où il fut autorisé à travailler comme jardinier dans l'un des collèges de Pékin. Il mourut d'un cancer en 1967, après une vie qui fut largement dirigée par les autres. Son histoire fut relatée dans le film *Le Dernier Empereur*.

Parc Shengli

(*shènglì gōngyuán*)
Ce petit parc est connu pour sa statue blanche de Mao, qui fait un signe de bienvenue de la main.

Parc Nanhu

(*nánhú gōngyuán*)
C'est le plus grand parc de la ville, avec ses étangs, les pavillons et les ponts de bois habituels. Il s'étend à deux pas de l'hôtel Changbaishan. Au départ de la gare ferroviaire, prenez les trolleybus n°62 ou 63.

Studios de cinéma de Changchun

(*chángchūndiànyǐng zhìpiànchǎng*)
Les studios ont pris leur essor pendant la guerre civile, en réalisant des documentaires. Il est impossible de les visiter sans se joindre à un groupe organisé par le CITS, ou à un groupe de touristes chinois.

Où se loger

Le *Railway Hotel* (☎ 298-1318) (*tiělián dàshà*), installé dans la gare ferroviaire, loue des chambres entre 150 et 380 yuan. Attention, l'établissement compte deux pavillons, avec des réceptions séparées. Si l'un affiche complet, adressez-vous à l'autre.

La *pension Chunyi* (☎ 297-9966 ; fax 860171) (*chūnyí bīnguǎn*), 2 Sidalin Dajie, à un pâté de maisons au sud de la gare ferroviaire, facture 380 yuan une double agréable avec s.d.b. Le personnel est accueillant.

Le *Paradise Hotel* (☎ 891-7071 ; fax 891-5709) (*lèfù dà jiǔdiàn*), 52 Sidalin Dajie, se dresse juste en face du parc Shengli. Établissement haut de gamme, il propose cependant des chambres à 166 et

250 yuan, pour les moins chères (une affaire). Le prix des suites varie entre 315 et 8 300 yuan.

Le principal établissement touristique, l'hôtel *Changbaishan* (☎ 566-9911) (*chángbáishān bīnguǎn*) loue des doubles à 620 yuan. Le CITS est installé dans le bâtiment de la Bank of China, derrière l'hôtel. Prenez un trolleybus n°62 ou 63.

L'hôtel *Changchun* (☎ 892-2661) (*chángchūn bīnguǎn*), 10 Xinhua Lu, se trouve à une courte distance à pied à l'ouest de la place Renmin. Comptez 360 yuan pour une double.

L'hôtel *Jixiang* (☎ 562-0111) (*jíxiáng dàjiǔdiàn*), dans Jiefang Dalu, n'accepte les visiteurs étrangers qu'au comptegouttes. Les doubles reviennent à 380 yuan.

L'endroit favori des cadres est la *pension Nanhu* (☎ 568-2501) (*nánhú bīnguǎn*), où les doubles coûtent de 400 à 4 000 yuan.

Où se restaurer

Les hôtels de luxe servent de véritables festins à des prix en conséquence. En revanche, dans les rues, les conditions sanitaires sont telles que vous aurez l'appétit coupé avant d'avoir avalé la moindre bouchée !

Pour un repas rapide à peu de frais, descendez les marches en face de la gare ferroviaire et allez au *centre commercial souterrain* (*chūnhuá shāngchéng*), où sont regroupés une bonne demi-douzaine de fast-foods chinois.

Au 3e étage du *Railway Hotel*, un restaurant sert des repas peu coûteux. Un petit déjeuner revient à environ 5 yuan.

Le meilleur restaurant aux abords de la gare ferroviaire vous attend à l'intérieur de la *pension Chunyi*. A tenter également, le restaurant du *Paradise Hotel*.

Achats

Le centre commercial de Changchun (*chángchūn shāngyè chéng*), au sud de la gare ferroviaire, est l'endroit le plus huppé de la ville. Au rez-de-chaussée, vous trouverez du chocolat importé et du pain.

Comment s'y rendre

Avion. L'agence CAAC, 2 Liaoning Lu, proche de la gare ferroviaire, propose deux vols par semaine entre Changchun et Hong Kong. Les vols intérieurs desservent les destinations suivantes :

Canton, Chengdu, Chongqing, Dalian, Fuzhou, Haikou, Hangzhou, Hefei, Ji'nan, Jilin, Kunming, Nankin, Pékin, Shanghai, Shantou, Shenyang, Shenzhen, Tianjin, Ürümqi, Wenzhou, Wuhan, Xiamen, Yanji et Zhengzhou.

Bus. La gare routière longue distance (*kèyùn zhōngxīn*) est au sud de la gare ferroviaire et jouxte la pension Chunyi. Un bus pour Jilin (2 heures 30) part toutes les 20 minutes environ.

Train. Des trains (fréquents) font route vers le nord pour Harbin (4 heures), et vers le sud pour Shenyang (5 heures). Plusieurs desservent Jilin, et il existe un train de nuit pour Yanji (départ à 18h40, arrivée à 6h30), qui suit le trajet que l'on emprunte pour Changbaishan.

Changchun

0   1   2 km

JILIN

(*jílín*)

A l'est de Changchun se dresse la ville de Jilin (1,3 million d'habitants). Pour les voyageurs, l'intérêt de la région réside essentiellement dans les sports d'hiver et les paysages, si vous survivez au froid.

Renseignements

L'hôtel Xiguan héberge le bureau du CITS (☎ 453773). Leur concurrent direct, le CYTS (☎ 456787), est installé dans l'hôtel Dongguan.

La plupart des hôtels ne changent pas d'argent en dépit du panneau "Foreign Exchange" qui trône à la réception. Le seul endroit digne de confiance est la Bank of China, à côté du Milky Way Hotel.

Arbres de givre

(*shù guà*) (*wù sōng*)

Trois grosses usines chimiques furent construites après 1949. Le barrage hydro-électrique de Fengman, construit par les Japonais, fut démantelé par les Russes, puis reconstruit par les Chinois. Il alimente en électricité ces usines et fournit à Jilin une curiosité touristique insolite : l'eau, en provenance du lac de retenue Songhua, se réchauffe en traversant les turbines et forme un courant chaud, continu, qui se jette dans la rivière Songhua et l'empêche de geler.

Pendant la nuit, la rencontre entre la vapeur qui s'élève de la rivière et la température ambiante (-20°C) provoque une condensation qui givre sur les saules pleureurs et les pins sur une vingtaine de kilomètres, le long de la rive.

Pendant le Nouvel An lunaire (de fin janvier à la mi-février), des foules de Japonais et de Chinois d'outre-mer viennent à Jilin contempler ces arbres de givre. Pour vous rendre au barrage, empruntez le bus n°9 au rond-point, au nord de l'hôtel Xiguan.

LE NORD-EST

CHANGCHUN 长春

OÙ SE LOGER

- 2 Gare ferroviaire et Railway Hotel
  火车站，铁联大厦
- 5 Pension Chunyi et gare routière
  (bus longue distance)
  春谊宾馆，客运中心
- 8 Paradise Hotel
  乐府大酒店
- 10 Hôtel Changchun
  长春宾馆
- 11 Hôtel Dongtian
  洞天宾馆
- 14 Hôtel Jixiang
  吉香宾馆
- 17 Hôtel Changbaishan
  长白山宾馆
- 19 Pension Nanhu
  南湖宾馆
- 20 Overseas Chinese Hotel
  华侨饭店

DIVERS

- 1 Usine de wagons
  客车工厂
- 3 CAAC
  中国民航
- 4 Centre commercial souterrain
  春华商城
- 6 Centre commercial de Changchun
  长春商业城
- 7 Poste
  邮局
- 9 Résidence de l'empereur fantoche et Palais des expositions
  伪皇宫
- 12 Bank of China
  中国银行
- 13 BSP
  公安局外事科
- 15 Studios de cinéma
  长春电影制片厂
- 16 Bank of China et CITS
  中国银行，中国国际旅行社
- 18 Librairie en langues étrangères
  外文书店

Temple Wen
(wén miào)

A l'est de l'hôtel Jiangcheng se tient le temple Wen, le plus grand de Jilin. Il est aussi connu sous le nom de temple de Confucius *(kǒng miào)*. Au départ de la principale gare ferroviaire, prenez le bus n°13.

Parc Beishan
(běishān gōngyuán)

Si vous avez besoin de faire un peu d'exercice, rendez-vous au parc Beishan, une étendue vallonnée à l'ouest de la ville, émaillée de temples, de pavillons, de forêts et de sentiers. La tranquillité du site vous

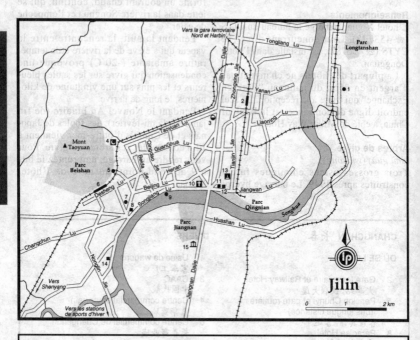

JILIN 吉林

1 Enclos de cerfs de Longtanshan
   龙潭山鹿场
2 Gare ferroviaire principale
   吉林火车站
3 Gare routière (bus longue distance)
   岔路乡
4 Mosquée
   清真寺

5 Entrée du parc
   正门
6 Gare ferroviaire Beishan
   北山火车站
7 BSP
   公安局外事科
8 Milky Way Hotel et Bank of China
   银河大厦，中国银行
9 Hôtel de ville
   市政府
10 Église catholique
   天主教堂

11 Hôtel Dongguan et CYTS
   东关宾馆，
   中国青旅行社
12 Hôtel Jiangcheng
   江城宾馆
13 Temple Wen
   文庙
14 Hôtel Xiguan et CITS
   西关宾馆，
   国际旅行社
15 Musée de la pluie de météorites
   陨石雨博物馆

changera des fumées d'usines de Jilin. A l'ouest du parc le **mont Taoyuan** mérite qu'on y fasse une petite promenade.

Le terminus du bus n°7, qui part de la gare ferroviaire, se trouve devant l'entrée du parc. Si vous arrivez par un train local, la gare de Beishan est proche du parc.

Musée de la pluie de météorites
(*yǔnshí yǔ bówùguǎn*)

En 1976, une pluie de météorites s'est abattue sur la région de Jilin. La plus grosse (1 770 kg) est exposé au musée (empruntez le bus n°3, depuis l'hôtel Dongguan).

Enclos de cerfs
(*lóngtánshān lùchǎng*)

On peut visiter le Centre de recherches de produits spéciaux de Jilin, qui renferme notamment un enclos de cerfs, un jardin de ginseng et un élevage de zibelines. Attention, les animaux ne sont pas élevés comme une animaux de compagnie, mais pour leur viande, leurs bois et leur peau, un marché fructueux en Chine. Prenez le bus n°12 depuis la gare et descendez de l'autre côté du pont qui traverse la rivière Songhua.

Festival des lanternes de glace
(*bīngdēng jié*)

Jilin, comme Harbin, possède un Festival des lanternes de glaces, qui se déroule dans le parc Jiangnan, au sud de la rivière Songhua. Les habitants prétendent que l'invention de cette fête revient à Jilin et que Harbin les a copiés. Vrai ou faux, les œuvres de Harbin sont aujourd'hui considérées comme supérieures à celles de Jilin ; mais la compétition entre les deux villes devrait encore améliorer la qualité de ces sculptures de glace.

Où se loger
Les prix des hébergements sont excessifs à Jilin. Pourtant, il est difficile d'y trouver une chambre en janvier, pendant le Festival des lanternes de glace.

L'hôtel *Dongguan* (☎ 454272 ; fax 445208) (*dōngguān bīnguǎn*), 2 Jiangwan Lu, est le moins dispendieux, mais ce n'est pas une affaire pour autant. Ses chambres

spartiates pour étrangers reviennent à 400 yuan (trois fois le prix demandé aux Chinois). En revanche, le restaurant au 2e étage sert une bonne nourriture à des prix abordables. L'hôtel est situé à 3 km de la gare. Prenez le trolleybus n°10 ou un taxi.

Jouxtant l'hôtel Dongguan, l'hôtel *Jiangcheng* (☎ 457721 ; fax 458973) (*jiāngchéng bīnguǎn*) est un établissement haut de gamme, nettement plus confortable, mais les 500 yuan demandés pour une double vous feront peut-être hésiter.

La meilleure adresse en termes de rapport qualité/prix est probablement une *Milky Way Hotel* (☎ 241780 ; fax 241621) (*yínhé dàshà*), 175 Songjiang Lu. Du moins, si vous obtenez une des chambres à 380 yuan. Les suites reviennent à 580 yuan. Cet hôtel possède de surcroît un gérant accueillant qui parle très bien anglais.

L'hôtel *Xiguan* (☎ 243141) (*xīguān bīnguǎn*), 661 Songjiang Lu, est installé à environ 7 km de la gare ferroviaire. Prenez le bus n°1, depuis la gare, jusqu'à son terminus, proche du rond-point. Longez ensuite la rivière sur 2 km. L'endroit est peu pratique si l'on ne s'y rend pas en taxi. Les doubles démarrent à 450 yuan.

Comment s'y rendre
Avion. La CAAC assure des vols entre Jilin et Pékin, Changchun, Dalian, Canton, Shanghai et Shenyang.

Bus. Dans la journée, des bus circulent approximativement toutes les 20 minutes entre Jilin et Changchun (2 heures 30). La gare routière (*chà lù xiāng*) est située à un pâté de maisons à l'ouest de la gare ferroviaire.

Train. Des trains directs relient Jilin et Changchun, environ toutes les 2 heures dans chaque sens. Il existe aussi des trains directs pour Harbin (4 heures), Yanji, Shenyang et Dalian.

Comment circuler
Même si les taxis s'agglutinent aux abords de la gare et semblent abonder dans les

rues, ils sont souvent pleins. Octroyez-vous une marge suffisante pour vous rendre à votre destination. Le tarif est de 20 yuan dans le périmètre de la ville.

ENVIRONS DE JILIN
Station de sports d'hiver de Songhuahu Qingshan
(*sōnghuā hú qíngshān huáxuě cháng*)
Cette station est située à 935 m d'altitude, et à 16 km au sud-est de Jilin, à l'est de Fengman. Elle possède, semble-t-il, un téléphérique de 1 700 m, des cabines, des vestiaires, un hôtel et un restaurant. Tous les hôtels de Jilin pourront vous renseigner sur les conditions d'enneigement, les remonte-pentes, le transport et la location d'équipement. Pendant les week-ends estivaux et les jours fériés, le lac (*sōnghuā hú*) est un lieu de rendez-vous privilégié des habitants de la région.

Station de sports d'hiver de Beidahu
(*běidàhú huáxuě cháng*)
Cette nouvelle station de ski, à 20 km de Jilin, est probablement le meilleur endroit pour pratiquer l'art de la glisse en Chine.

Plus en amont, à **Tonghua**, se trouve une piste où se déroulent certains championnats.

TIANCHI
(*tiānchí*)
Tianchi – le lac Céleste – est situé dans la réserve naturelle du Changbaishan (monts des Neiges Éternelles). Cette réserve est la plus grande de Chine et couvre une superficie de 210 000 hectares de forêt vierge. L'exploitation forestière et la chasse, toutes deux limitées, ne sont autorisées que dans une partie de la forêt, l'autre partie étant entièrement protégée.

La faune et la flore sont très variées grâce aux différentes altitudes. De 700 à 1 000 m, la forêt comprend un mélange de conifères et de feuillus (dont le bouleau blanc et le pin coréen). De 1 000 à 1 800 m, des conifères comme les épicéas dragon et des sapins. De 1 800 à 2 000 m, encore une autre ceinture de forêt. Au-dessus, on trouve la toundra alpine, dénudée et battue par les vents. Plus de 300 plantes médicinales poussent dans la réserve (dont le daphné, la campanule d'Asie, et le ginseng sauvage). La réserve abrite également un certain nombre d'animaux farouches, les plus rares étant les grues, les cerfs et les tigres de Mandchourie.

La réserve a été créée en 1960. Bien que le Changbaishan n'ait été ouvert aux étrangers qu'en 1982, il figure depuis un certain temps déjà sur les programmes des voyages organisés chinois, et reçoit la visite annuelle de près de 40 000 touristes venus des provinces du Nord-Est, entre juillet et septembre.

Le lieu le plus apprécié est le lac Tianchi, à 2 194 m d'altitude. Il s'est formé au fond d'un cratère volcanique. Long de 5 km, large de 3,5 km, il atteint 13 km de circonférence. Il est entouré d'éperons rocheux et de sommets. Trois rivières se déversent du lac en une cascade grondante de 68 m de haut. C'est là que prennent source le Songhua Jiang et le Tumen Jiang.

Sauf à la mi-journée, c'est un lieu paisible pour rester quelques jours et se balader. Les randonnées dans la région du lac sont toutefois limitées par les sommets et les sentiers rocailleux qui entourent le lac et par sa position géographique à cheval entre la Chine et la Corée du Nord. Vous pouvez aussi vous retrouver dans des nuages persistants à partir de 1 000 m. Le plus haut sommet du Changbaishan s'élève à 2 700 m.

Si vous envisagez de randonner à l'écart des lieux touristiques, munissez-vous de nourriture, de crème solaire, d'huile de grenouille (tonique local), d'une trousse à pharmacie, et d'un équipement adéquat. Le temps en altitude est très changeant : au temps chaud et ensoleillé du matin peuvent succéder de soudaines rafales de vent, de la pluie, de la grêle et une brutale chute de température.

L'établissement de bains, où les eaux du lac et des sources d'eaux chaudes souterraines se mélangent, est proche des hôtels. Si vous traversez la rivière, sur le tronc ou sur le pont en aval, un sentier dans la forêt vous mènera au Petit Tianchi.

Où se loger

En été, les hébergements se font rares dans le Changbaishan avec l'arrivée massive des touristes sud-coréens. Qui plus est, les hôtels bon marché sont interdits aux étrangers.

Les "longs nez" sont dirigés vers l'un des cinq hôtels touristiques officiels, au prix fixe de 220 yuan la chambre. Vous avez donc le choix entre le *Birch Hotel* (*yuèhuá lóu*), le *Nature Reserve Bureau Hotel* (*bǎohù jú bīnguǎn*), la *pension Meilinsong* (*měilínsōng bīnguǎn*), l'hôtel *Yalin* (*yǎlín bīnguǎn*) et l'hôtel *Tianchi* (*tiānchí fàndiàn*). Ce dernier est le plus vaste, mais la pension Meilinsong est le seul établissement ouvert en basse saison.

Si vous disposez d'un sac de couchage, vous pouvez camper, bien que cela soit interdit. Attendez-vous à des orages soudains et essayez de dénicher un endroit loin des regards curieux et des autorités.

Au Changbaishan, aucune pension bon marché ne voulut m'accepter et le personnel se montra très peu coopératif. Comme j'avais apporté ma tente, je m'installai aux abords du lac inférieur de Tianchi, avec un Danois que j'avais rencontré dans le bus en provenance de Baihe. Camper n'est pas autorisé, mais les autorités nous laissèrent tranquilles. On éveilla bien évidemment la curiosité des touristes chinois. L'endroit était passablement sale et les pédalos rouillés troublaient la tranquillité du lac avec leur couinement.

Comment s'y rendre

Les transports publics ne permettent de s'y rendre que de fin juin à septembre (quand la route de Baihe à Changbaishan n'est pas verglacée). La route en hiver n'est pas impraticable, mais à condition de louer une autoneige, ou au moins une jeep avec des chaînes. La haute saison avec le plus fort afflux de visiteurs locaux se situe de la mi-juillet à la mi-août.

Il existe deux "points de transit" pour le Changbaishan : Antu et Baihe. En partant de Changchun, la route habituelle, par Antu, est également la plus rapide. Avant de partir de Jilin, de Changchun ou de Shenyang, renseignez-vous sur les conditions météo (sauf en juillet et août, bien sûr). De Shenyang, prévoyez environ 5 jours pour le voyage aller-retour.

En juillet et août, des bus touristiques se rendent au Tianchi mais, à d'autres époques de l'année, vous aurez de la peine

---

Tianchi et ses légendes

Un lieu aussi enchanteur que le Tianchi ne saurait en Chine se passer d'un mystère, d'une légende ou d'un miracle. La légende la plus étonnante raconte la naissance du peuple mandchou : trois nymphes célestes se rendirent au bord du lac à la recherche de plaisirs terrestres. Alors qu'elles s'étaient déshabillées pour se rafraîchir dans l'eau, apparut une pie magique qui déposa une baie rouge sur les vêtements de l'une d'elles. Lorsque la nymphe prit la baie pour la sentir, le fruit vola dans sa bouche. Elle donna plus tard naissance à un beau garçon à la langue bien pendue. Il est à l'origine des Mandchous et de leur dynastie.

Les Chinois pensaient que les dragons et autres créatures similaires avaient sauté hors du lac. En fait, ils le pensent toujours. Des objets nageant non identifiés ont été aperçus de temps en temps – l'équivalent chinois du monstre du Loch Ness. Le Tianchi est le lac le plus profond de Chine – d'une profondeur de 200 à 350 m environ. Gelé en hiver, avec une température en dessous de zéro, il faudrait une bête bien résistante pour y survivre (même le plancton n'y survit pas). Les Chinois et les Nord-Coréens parlent d'un ours noir, qui aime la nage et qui ne tient pas compte des formalités douanières. Les couples chinois jettent des pièces au fond du lac, en souhaitant que leur amour soit aussi profond que le Tianchi et dure aussi longtemps. ■

à trouver un bus partant de Baihe. Les seuls autres moyens pour se déplacer sont les camions de transport de bois (les chauffeurs sont réticents à vous prendre) et les jeeps officielles (la location coûte cher).

Via **Antu**. Le trajet en train de Changchun à Antu dure 10 heures. Le train du soir, avec couchettes (réservation éventuelle jusqu'à Yanji), part de Changchun à 18h40. Si vous arrivez à Antu dans la nuit, vous pouvez dormir dans la salle d'attente de la gare. Il y a également un petit hôtel à Antu.

Les bus pour Baihe partent entre 7h20 et 10h30. On peut aussi prendre un bus pour Baihe à Yanji (plus loin sur la ligne de chemin de fer), mais il faut alors revenir sur ses pas. D'Antu, le trajet dure 5 heures pour couvrir les 125 km. A moins d'arriver tôt à Baihe, vous risquez de devoir attendre le lendemain pour trouver un bus qui se rende au Changbaishan, 40 km plus loin.

Des bus touristiques spéciaux partent d'Antu pour la région des sources d'eau chaude du Changbaishan en juillet et août. Certains proposent des circuits de 3 jours, mais vous devrez supporter une foule bruyante. Quelques trains circulent aussi entre Shenyang et Antu.

Via **Baihe**. Baihe est le terminus de la ligne de chemin de fer. Pour se rendre à Baihe depuis Jilin, Changchun ou Shenyang, il faut prendre un train ou un bus pour Tonghua, puis emprunter le chemin de fer pour Baihe. Le train du matin pour Tonghua quitte Shenyang à 6h30. De Dandong, les bus pour Tonghua partent à 6h30.

Les deux trains quotidiens entre Tonghua et Baihe sont tractés par deux locomotives à vapeur, l'une qui tire et l'autre qui pousse. Ils n'ont pas de couchettes, seulement des places en assis mou et en assis dur. Il faut 10 heures pour parcourir cahincaha les 277 km entre Tonghua et Baihe. Si vous devez faire le voyage de nuit, il est préférable de payer un peu plus cher pour une place en assis mou plutôt que de voyager en couchettes. La salle d'attente des voyageurs en assis mou est le summum du

luxe local. Cherchez le panneau indiquant "salle d'attente assis mou", à côté de la salle d'attente "assis dur" bondée, et pressez le bouton rouge.

Le premier train du matin arrive à Baihe à 5h20. Un bus d'excursion (*yóulǎn chē*) qui assure la correspondance vous conduira en ville (3 km) le temps de prendre un petit déjeuner, avant de monter à bord du bus qui vous emmènera en 2 heures jusqu'aux montagnes. Les bus reviennent généralement vers 14h. Il existe plusieurs hôtels bon marché en ville, tous à deux pas de la gare routière.

Comment circuler

Les autorités ont entrepris de construire routes et ponts dans la région du Tianchi pour faciliter l'accès aux bus de tourisme et aux stations forestières et météorologiques. Les bus dépassent généralement les hôtels et les bains d'eau chaude pour s'arrêter au pied de la cascade. Il faut encore une heure de marche pour atteindre le lac.

On peut prendre un autre sentier pour accéder au Tianchi depuis les hôtels. Revenez sur vos pas en direction du nord sur environ 1 km, jusqu'au carrefour et empruntez la route sur votre droite (vers l'est). Elle grimpe jusqu'à l'arête dominant le côté est de la vallée et se termine à la station météo. La vue sur le lac est superbe. De là, dirigez-vous vers l'ouest jusqu'à un sommet triangulaire – passé ce petit sommet, vous pourrez redescendre vers le lac et franchir la rivière à gué au-dessus de la cascade, mais soyez prudents ! Vous aurez rejoint le sentier principal et pourrez vous joindre à la foule qui redescend vers les sources. Une journée suffit pour cette randonnée, mais il est toujours préférable de partir tôt.

ENVIRONS DU TIANCHI

La région du Changbaishan vous offre la possibilité de prendre l'air loin des villes et un bain de nature : forêts comme au premier jour, torrents cristallins, sentiers escarpés.

L'ensemble de la région fait partie du district autonome coréen de Yanbian (Chaoxian). Les habitants de la région sont

CLEM LINDENMAYER

TONY WHEELER

CLEM LINDENMAYER

En haut à gauche : musicien aveugle à Kaifeng (Henan)
En haut à droite : paniers vapeur en bambou dans une rue de Xi'an (Shaanxi)
En bas : "extincteurs" de fortune à la Grande Mosquée de Xi'an

NICKO GONCHAROFF

NICKO GONCHAROFF

En haut : la gare ferroviaire de Shaoshan et le portrait de Mao (Hunan)
En bas : la maison d'enfance de Mao, à Shaoshan

d'origine coréenne, mais se distinguent peu des Chinois par leur habillement. Si vous visitez la région vers la mi-août, vous pourrez assister au Festival des personnes âgées.

Yanbian abrite la plus grande concentration de Coréens et de Coréens-Han de Chine, installés essentiellement dans la région frontalière au nord et au nord-est de Baihe, jusqu'à Yanji.

La voie ferrée est de loin la plus sûre – songez aux routes tortueuses. Les trains, peu fréquentés, ont des équipements obsolètes et sont dépourvus de couchettes. Outre les bus publics, vous pouvez emprunter des jeeps ou des camions de transport de bois.

La nourriture s'est améliorée ces dernières années. Si le cœur vous en dit, vous pourrez notamment déguster de délicieuses nouilles froides, assaisonnées de tonnes d'épices, dans les gargotes coréennes.

HUNCHUN
(*húnchūn*)

Endroit reculé s'il en est, Hunchun se trouve à l'est de Tumen et de la frontière nord-coréenne. Mais elle se fera peut-être un jour une place au soleil. Divers projets de zone de libre-échange concernent cette partie de la Chine, Vladivostok en Sibérie et une partie de la Corée du Nord. Bien que la Corée du Nord soit toujours fermée, une nouvelle ligne de chemin de fer a été ouverte avec la Sibérie en 1993. Le train relie Hunchun à Khasan en Sibérie. Les étrangers peuvent passer cette frontière, mais les visas touristiques obligatoires pour la Russie sont difficiles à obtenir pour la plupart des Occidentaux.

LE NORD-EST

Heilongjiang 黑龙江

Région la plus septentrionale de Chine, le Heilongjiang ("rivière du Dragon noir") bénéficie d'un climat subarctique. En janvier, lorsqu'il fait -30°C et que souffle le vent sibérien, les habitants se pelotonnent autour de leur poêle à charbon. Les activités se ralentissent pendant cette période et les animaux hibernent.

Vous voilà prévenu. Si vous supportez bien le froid, janvier et février vous permettront de profiter, outre des traditionnels sports d'hiver, du célèbre Festival des lanternes de glace. De mai à septembre, vous pourrez circuler plus facilement dans la région. Mohe, dans le nord, détient le record de froid en Chine, avec -52,3°C.

HARBIN
(hā'ĕrbīn)
Capitale de la province, Harbin en est le centre universitaire, culturel et politique. La ville compte aujourd'hui 2,5 millions d'habitants, alors qu'autrefois c'était un paisible village de pêcheurs au bord de la rivière Songhua. En mandchou, son nom signifie "là où l'on fait sécher les filets".

En 1896, les Russes négocièrent un contrat de construction d'une ligne ferroviaire de Harbin à Vladivostok (et Dalian). L'empreinte russe est restée manifeste à plus d'un titre jusqu'à la fin de la Seconde Guerre mondiale.

Dès 1904, la "concession du rail" était en place et, parallèlement, les Russes revendiquèrent la Mandchourie. Cette exigence fut toutefois contrariée par la guerre sino-japonaise (1904-1905) et, après la défaite russe, les Japonais prirent le contrôle de la ligne ferroviaire. En 1917, de nombreux Russes blancs se réfugièrent à Harbin, fuyant les bolcheviks. En 1932, les Japonais occupèrent la ville. En 1945, elle fut reprise par l'armée soviétique, jusqu'en 1946. Les troupes du Guomindang s'y installèrent suite à un accord conclu entre Tchang Kaï-chek et Staline.

Population : 36 millions d'habitants
Capitale : Harbin

A ne pas manquer :
- Si vous êtes prêt à affronter des températures de - 40°C, le Festival des lanternes de glace à Harbin, en janvier
- Yabuli, site des Jeux asiatiques d'hiver en 1996, qui sera la principale station de ski chinoise
- Le lac Jingbo, un lac alpin qui brille comme un miroir, d'où son nom

Harbin n'a pas connu de paix totale depuis la fin de la Seconde Guerre mondiale. Pendant la Révolution culturelle, les factions rivales la bombardèrent tour à tour.

Pour avoir été, un temps, un établissement russe d'importance hors des frontières de l'ex-Union soviétique, Harbin a toujours été particulièrement consciente des visées coloniales de ce pays, ce qui explique la présence des abris antiaériens construits dans la ville.

Avec l'effondrement de l'Union soviétique en 1991, les tunnels ne sont plus entretenus et seront sans doute utilisés comme entrepôts ou caves à vin.

Harbin est aujourd'hui principalement une ville industrielle. La fin des tensions sino-soviétiques a cependant entraîné un véritable "boom" touristique. Ne vous étonnez pas de croiser des Russes dans les rues de la ville, même si le principal motif de leur venue n'est pas le tourisme, mais les "affaires" (autrement dit la contrebande). Ils apportent de Russie des marchandises recherchées : andouillers de cerfs, chiots (assommés par des doses massives de somnifères et cachés dans les bagages), des photographies pornographiques, parfois même des armes. Au retour, ils rapportent de Chine les biens de consommation les plus divers : vêtements, café, cosmétiques, et autres produits devenus impossibles à trouver en Russie.

Pour les touristes non russes, la haute saison est l'hiver, époque de l'année où affluent les Chinois d'outre-mer et les Japonais pour assister au Festival des lanternes de glace. Les habitants de Hong Kong et de Taiwan sont tout particulièrement attirés à Harbin par la possibilité de voir la neige et la glace. La plupart souffrent à tel point du froid qu'ils ne remettent plus jamais les pieds, paraît-il, au nord du tropique du Cancer.

Le quartier de Daoli, au bord du Songhua, qui regroupe quantité de boutiques et des marchés, mérite d'être visité à pied. Un autre quartier commerçant s'étend au nord-est de l'International Hotel, à quelques minutes à pied de Dazhi Dajie.

Renseignements

Agences de voyages. Le CITS (☎ 262-2655) est installé dans un bâtiment situé dans l'enceinte du Swan Hotel, 73 Zhongshan Lu, sur le trajet du bus n°3.

La China Harbin Overseas Tourist Corporation (☎ 468-7875 ; fax 461-4259) se trouve au 2e étage du très charmant Modern Hotel, 129 Zhongyang Dajie.

Les agences de voyages se chargent d'organiser des visites pour tous les goûts, des promenades à bicyclette aux excursions dans la région du fleuve Heilong (pour plus de détails, reportez-vous à la rubrique *Région frontalière de l'Heilong Jiang*).

Argent. La Bank of China est établie dans Hongjun Jie, près de l'International Hotel. On peut changer de l'argent, mais pas les chèques de voyage ! Heureusement, l'agence privée *Xinyong Ka* (pas de panneau en anglais), à l'angle, se charge de ce type de transactions.

Daoliqu
(*dàolǐqū*)
Une promenade dans le quartier des rues marchandes fait partie des attractions obligées de Harbin. L'architecture est réellement différente – flèches d'églises russes, coupoles, tourelles cannelées et rues pavées. Le quartier appelé Daoliqu (quartier de Daoli), près de Zhongyang Dajie, vaut le détour.

Harbin possède de nombreuses églises orthodoxes (*dōngzhèng jiàotáng*), mais la plupart furent dévastées pendant la Révolution culturelle, ou converties à d'autres usages. Quelques dômes en oignons ponctuent encore le paysage.

Chemin de fer des Enfants
(*értóng gōngyuán*)
Sa construction, dans le parc des Enfants, date de 1956. Sur ses 2 km de voies, il peut transporter 190 personnes dans 7 wagons tirés par une locomotive diesel miniature.

Le parcours complet (Pékin-Moscou) dure 20 mn. Les conducteurs et responsables du train sont des enfants de moins de 13 ans.

Parc Staline
(*sīdàlín gōngyuán*)
En aval de la rivière, cet endroit plutôt désuet, où les habitants aiment se promener, abrite une forêt de statues et des clubs de loisirs. La digue de 42 km, construite le long de l'incontrôlable Songhua, a sans doute inspiré le monument surréaliste dédié au contrôle des crues (*fánghóng jìniàn tǎ*), érigé en 1958.

Des rives sablonneuses du Songhua se dégage une atmosphère de plage en été, avec ses loueurs de bateaux, ses marchands de glaces et ses stands de photographes. Il

Heilongjiang

est possible de faire un circuit en bateau par l'intermédiaire du CITS, mais vous pouvez éventuellement louer un bateau sur les quais pour une courte promenade sur le Songhua.

En hiver, la rivière devient une véritable route de glace (lorsqu'elle atteint un mètre d'épaisseur, la couche de glace peut supporter le poids d'un camion) et le secteur du parc Staline/île du Soleil devient un haut lieu du hockey, du patin à glace, de la voile sur glace et des promenades en traîneau. On peut louer l'équipement sur place.

île du Soleil
(*tàiyángdǎo gōngyuán*)

En face du parc Staline, auquel elle est reliée par un bac, l'île du Soleil abritera bientôt des sanatoriums et une zone de loisirs encore en construction. L'île couvre 3 800 ha et possède de nombreuses infrastructures artificielles : un lac, une zone de chasse, des parcs, des jardins, des domaines forestiers, tous destinés à devenir la plus importante attraction touristique de Harbin. En été, on peut nager et pique-niquer ; en hiver, on goûte aux joies du patin à glace et d'autres sports. L'île

| HARBIN 哈尔滨 | 30 | Flamingo Hotel 双鹤宾馆 | 12 | Oriental City 东方娱乐城 |

HARBIN 哈尔滨

OÙ SE LOGER

1 Friendship Palace Hotel
友谊宫宾馆

2 Songhuajiang Gloria Inn
松花江凯莱酒店

4 Nationality Hotel
民族宾馆

7 Modern Hotel
马迭尔宾馆

13 Holiday Inn
万达假日酒店

15 Power Hotel
怕佛尔饭店

17 Hôtel Beiyuan
北苑饭店

19 Hôtel Tianzhu
天竹宾馆

21 Overseas Chinese Hotel
华侨饭店

26 International Hotel et hôtel Beifang
国际饭店，
北方大厦

27 Milky Way Hotel
银河宾馆

30 Flamingo Hotel
双鹤宾馆

32 Swan Hotel et CITS
天鹅饭店，
中国国际旅行社

OÙ SE RESTAURER

6 Huamei Western Restaurant
华梅西餐厅

8 Restaurant Beilaishun
北来顺饭店

11 Restaurant Futailou
福泰楼饭店

DIVERS

3 Monument du Contrôle des crues
防洪纪念塔

5 Gare routière (bus longue distance de la place Chengde
承德广场长途汽车站

9 Librairie en langues étrangères
外文书店

10 BSP
公安局外事科

12 Oriental City
东方娱乐城

14 Musée des Martyrs
东北烈士馆

16 Bureau des téléphones
电信局

18 Gare ferroviaire principale
哈尔滨火车站

20 Principale gare routière longue distance
(Song- huajiang Jie)
长途汽车站 (松花江街)

22 Musée de la province
省博物馆

23 Poste
邮局

24 Xin Yong Ka (bureau de change)
信用卡

25 Bank of China
中国银行

28 Statue de Mao
毛主席像

29 Institut de technologie de Harbin
哈尔滨工业大学

31 CAAC
中国民航

---

compte un certain nombre de restaurants et d'autres services.

Centre expérimental japonais de guerre bactériologique – 731e division

(*rìběn xìjūn shíyàn jīdì*)
Si vous n'avez jamais visité de camps de concentration, ce centre vous confrontera aux réalités pratiques de l'extermination.

En 1939, l'armée japonaise avait installé à cet endroit un centre de recherche top secret sur la guerre bactériologique. Des experts médicaux japonais se livrèrent à des expériences sur les prisonniers chinois, soviétiques, coréens, britanniques et autres. Plus de 4 000 personnes furent sauvagement exterminées : certaines furent réfrigérées ou brûlées vives, d'autres volontairement contaminées par la peste bubonique, d'autres encore se virent injecter la syphilis...

Quand les Soviétiques reprirent Harbin en 1945, les Japonais firent disparaître toute trace de cette base. Ce secret aurait sans doute disparu à jamais sans l'enquête d'un journaliste japonais tenace, dans les années 80. Les cercles médicaux japonais apprirent à cette occasion que certains de leurs membres les plus éminents avaient un passé criminel qui avait échappé à toute détection.

Le fait que les Américains auraient accordé la liberté aux responsables de ces crimes en échange des résultats de leurs recherches est aussi assez troublant. Pour

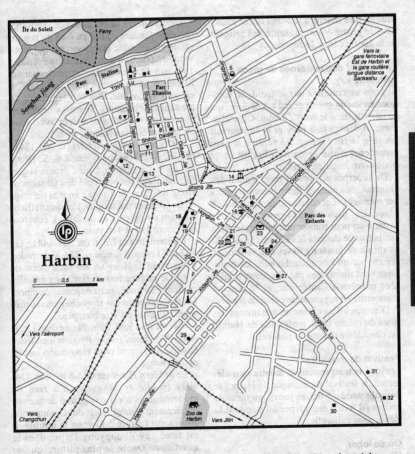

Harbin

Île du Soleil
Ferry
Vers la gare ferroviaire Est de Harbin et la gare routière longue distance Sankeshu
Songhua Jiang
Parc Staline
Youyi Lu
Parc Zhaolin
Jingtang Jie
Zhongyang Dajie
Shangzhi Dajie
Shitou Daojie
Diduan Jie
Jingwei Jie
Jihong Jie
Hongjun Jie
Fandou Lu
Donda Zhijie
Parc des Enfants
Xidazhi Jie
Zhongshan Lu
Vers l'aéroport
Vers Changchun
Hongguang Jie
Zoo de Harbin
Vers Jilin
0   0,5   1 km

s'y rendre, prendre le bus n°338 de la gare principale jusqu'à son terminus proche du quartier de Pingfanqu (environ 10 km).

Locomotives à vapeur
(*zhēngqì jīchē*)

Pour visiter le dépôt de locomotives à vapeur, vous devrez prendre contact avec le CITS et être prêt à payer le tarif exigé pour ce circuit. Harbin est le centre du réseau encore opérationnel de locomotives à vapeur de Chine du Nord, même si elles sont progressivement retirées de la circulation. La ville compte un dépôt de locomo-

tives et un atelier de réparation. Adressez-vous au CITS pour une visite des secteurs où circulent encore les locomotives à vapeur sur des voies étroites (Jiamusi, Yichin, etc.)

Autres curiosités
Le musée de la Province (*shěng bówùguǎn*) fait face à l'International Hotel. Il renferme de fastidieuses sections consacrées à l'histoire et à l'histoire naturelle. Le **Centre d'expositions industrielles** est véritablement ennuyeux. Le **zoo** (*dòngwùyuán*) est quelconque mais abrite des tigres de Mandchourie et des grues à couronne rouge. Le

musée des Martyrs (*dōngběi lièshǐ guǎn*), dans le centre-ville, présente des reliques de la guerre contre le Japon.

La Festival des lanternes de glace
(*bīngdēng jié*)

Si vous ne craignez pas le froid, ne manquez en aucun cas ce grand événement, qui se déroule dans le parc Zhaolin. Officiellement, il débute le 5 janvier et se poursuit jusqu'à la fin février. En réalité, il peut commencer une semaine plus tôt et se poursuivre jusqu'en mars.

De superbes sculptures représentant des animaux, des plantes, des bâtiments ou des personnages légendaires sont réalisées en glace. Les plus grandes peuvent figurer jusqu'à un pont transparent ou un éléphant sur la queue duquel les enfants grimpent avant de se laisser glisser sur sa trompe comme sur un toboggan. La nuit, les sculptures sont illuminées par des lampes colorées placées à l'intérieur, et le parc se transforme en royaume de conte de fées.

D'autres villes chinoises organisent des fêtes du même type, mais celle de Harbin est considérée comme la plus belle.

Festival de musique

Lorsque la température se montre plus clémente, le festival de musique de Harbin se déroule pendant douze jours, au mois de juillet (il avait été suspendu pendant la Révolution culturelle).

Où se loger

Durant le Festival des lanternes de glace (janvier et février), les hôtels augmentent leurs prix d'au moins 20% (par rapport à ceux indiqués ici) et affichent généralement complet.

A la sortie de la gare ferroviaire, sur votre droite, se dresse l'hôtel *Tianzu* (☎ 343-2725) (*tiānzhú bīnguǎn*), un bâtiment de dix-neuf étages. C'est une excellente adresse, mais il est question de rénover l'établissement et les prix devraient grimper en conséquence. Pour le moment, il loue des doubles avec s.d.b. attenante entre 150 et 350 yuan.

L'hôtel *Beiyuan* (☎ 340-128, 340-263) (*běiyuàn fàndiàn*), juste en face de la gare, est un gigantesque établissement qui met à votre disposition des doubles moyennant 180 yuan. Malheureusement, retenu par des Russes venus à Harbin pour "affaires", il est souvent comble. Des vols ont été signalés dans les chambres. Si vous y séjournez, conservez vos objets de valeur avec vous, ou laissez-les à la consigne de la gare.

L'*Overseas Chinese Hotel* (☎ 364-1341 ; fax 362-3429) (*huáqiáo fàndiàn*), 52 Hongjun Jie, est accessible à pied depuis la gare ferroviaire. Très apprécié des Chinois de Hong Kong ou de Taiwan en mal de neige ou de juteuses tractations, l'endroit affiche souvent complet. Les doubles s'échelonnent entre 310 et 410 yuan.

L'*International Hotel* (☎ 364-1441 ; fax 362-5651) (*guójì fàndiàn*), 124 Xidazhi Jie, à proximité de Hongjun Jie, est à moins de 1 km de la gare ferroviaire. Les doubles coûtent 580 yuan, petit déjeuner compris. L'établissement est trop cher, mais présente l'avantage d'être bien placé.

Un peu plus loin, dans Zhongshan Lu, le *Milky Way Hotel* (*yínhé bīnguǎn*), un trois-étoiles, était fermé pour rénovation lors de notre passage.

Le *Modern Hotel* (☎ 415-846 ; fax 414-997) (*mǎdié'ěr bīnguǎn*) n'a rien de moderne mais n'est pas dénué de cachet. Entièrement rénové, c'est devenu un trois-étoiles qui facture 500 yuan la double. Il est situé 129 Zhongyang Dajie, dans le quartier de Daoli, le plus pittoresque de Harbin.

Le *Friendship Palace Hotel* (☎ 416-146) (*yǒuyí gōng bīnguǎn*) est un établissement très cossu, installé 57 Youyi Lu, près de Songhua. Les doubles démarrent à 420 yuan.

A proximité se dresse le *Songhuajiang Gloria Inn* (☎ 463-8855 ; fax 463-8533) (*sōnghuājiāng kǎilái jiǔdiàn*), 257 Zhongyang Dajie. Ses 304 chambres sont considérées comme les meilleures de Harbin. Comptez un minimum de 520 yuan.

A côté, le *Nationality Hotel* (☎ 467-4668 ; fax 467-4058) (*mínzú bīnguǎn*),

Les tigres

La Chine abrite trois sous-espèces de tigres : le tigre du Bengale, le tigre de Chine du Sud et le tigre du Nord-Est ou de Mandchourie. Au total, il ne reste pas plus de 400 tigres dans toute la Chine.

La sous-espèce de Chine du Sud est la plus menacée. Elle ne compte plus que 50 individus en liberté, plus une trentaine dans les zoos chinois et étrangers. Lorsque l'Inde a lancé son projet de Protection du tigre en 1973, le pays comptait pourtant encore 1 800 tigres royaux du Bengale, chiffre pourtant considéré comme dangereusement insuffisant pour la survie de l'espèce. Contrairement aux tigres du Bengale et de Mandchourie qui vivent dans plusieurs pays, le tigre de Chine du Sud est endémique. La régression de l'espèce a débuté dans les années 50, avec les abus de la chasse et de la déforestation. A cette époque, ces tigres étaient encore assez nombreux dans les provinces du Sud, en particulier dans le Hunan, le Fujian, le Guizhou et le Jiangxi. Au cours des années 50 et jusque dans les années 60, les campagnes contres les "animaux nuisibles" provoquèrent la disparition complète des tigres dans certaines régions.

Aujourd'hui, l'espèce ne survit plus que dans les régions montagneuses au sud-est et au sud-ouest du Hunan, et dans le nord du Guangdong.

Le tigre de Mandchourie, quant à lui, semble être condamné à disparaître, avec 30 individus en liberté dans les régions sauvages du Jilin et du Heilongjiang, plus quelques-uns en Russie et en Corée du Nord. Les zoos abritent une centaine de tigres de Mandchourie.

Le nombre exact de tigres du Bengale n'est pas connu. Leur habitat est réparti entre la région autonome du Xishuangbanna, le sud et l'ouest du Yunnan proche du Myanmar (Birmanie) et le Laos, ainsi que la région montagneuse subtropicale du Tibet du sud-est et de l'Assam voisin. ■

111 Youyi Lu, propose 279 chambres à partir de 480 yuan.

Toujours dans la catégorie des trois-étoiles, le *Power Hotel* (☎ 365-3378 ; fax 362-8609) (*pàfóěr fàndiàn*), 79 Youzheng Jie, dans le quartier de Nangang. Les chambres démarrent à 470 yuan.

Le *Swan Hotel* (☎ 262-0201 ; fax 262-4895) (*tiāné fàndiàn*), 73 Zhongshan Lu, est situé loin du centre. Vous devrez débourser au moins 500 yuan pour une double. A titre indicatif, le CITS est installé dans la même enceinte et la CAAC à côté. Le minibus n°103 qui descend Zhongshan Lu vous y conduit (2 yuan).

Le *Flamingo Hotel* (☎ 263-6698 ; fax 265-7028) (*shuānghè bīnguǎn*) est également loin de tout, au sud de la ville, 118 Mingsheng Lu. Les tarifs ne s'en ressentent pourtant pas (480 yuan la chambre).

Le *Holiday Inn* (*wàndá jiàrì jiǔdiàn*) avait mis en chantier un établissement quatre-étoiles, le premier de Harbin, lors de notre passage, et sa construction devrait être achevée au moment où vous consulterez cet ouvrage. L'hôtel occupe une position centrale, dans Jingwei Jie, dans le quartier de Daoli.

Où se restaurer

Harbin est le seul endroit, ou presque, où des lanternes rouges sont accrochées au-dessus de la porte de chaque restaurant pour indiquer la classe de l'établissement. Plus les lanternes sont nombreuses, plus la catégorie et les prix sont élevés.

Harbin fut longtemps célèbre pour ses spécialités culinaires onéreuses et très particulières, comme les pattes d'ours grillées ou les testicules de tigre de Sibérie. Fort heureusement, le gouvernement a mis un terme à ce commerce.

Quelques bons restaurants sont installés aux abords du parc Staline. En bordure du parc Zhaoling, 113 Shangzhi Dajie (quartier de Daoli), le restaurant *Beilaishun* (☎ 461-9027) (*běiláishùn fàndiàn*) sert du bœuf et du mouton à la musulmane, à l'étage, ainsi que de la fondue chinoise en hiver.

Le restaurant *Futailou* (☎ 461-7598) (*fútàilóu fàndiàn*), 19 Xi Shisandao Jie, prépare du canard laqué et d'autres plats. Pour des spécialités régionales, il est indispensable de passer commande deux jours à l'avance.

Si vous vous rendez sur l'île du Soleil, vous pourrez faire un succulent repas au *Sun Island Restaurant* (*tàiyángdǎo cāntīng*).

Le meilleur endroit pour déjeuner (et le plus cher) est le *Huamei Western Restaurant* (*huáméi xī cāntīng*), en face du Modern Hotel, dans Zhongyang Dajie.

Distractions

Comme partout ailleurs en Chine, on trouve surtout des salles de karaoke. L'une des meilleures adresses pour s'entraîner à cet exercice vocal est l'*Oriental City* (*dōngfāng yúlè chéng*), qui abrite aussi, apparemment, une discothèque et un sauna. Il se profile à l'angle de Jingwei Jie et d'Anguo Jie.

Achats

Jetez un coup d'œil à la librairie en langues étrangères, à l'angle de Shitou Daojie et de Diduan Jie, dans le quartier de Daoli.

Harbin est réputée pour ses fourrures (vison, etc.), ses andouillers de cerfs et autres articles qui feront écumer les amis des animaux. Si vous en faites partie, mieux vaut éviter les grands magasins. En revanche, vous pourrez toujours acheter du ginseng de Sibérie, bien qu'il soit assez cher, car les négociants savent qu'il est recherché à l'étranger.

Comment s'y rendre

Avion. La CAAC propose des vols directs, deux fois par semaine, pour Hong Kong.

La CAAC et Aeroflot assurent des vols internationaux pour Khabarovsk, en Sibérie. De Khabarovsk, vous devriez pouvoir prendre une correspondance pour le Japon et la Corée du Sud, mais Aeroflot a la réputation, largement méritée, de ne pas être fiable. Les bagages enregistrés sur cette compagnie ont tendance à disparaître.

Les villes chinoises desservies au départ de Harbin sont les suivantes :

Canton, Changsha, Chaoyang, Chengdu, Chongqing, Dalian, Fuzhou, Haikou, Hangzhou, Heihe, Ji'nan, Jiamusi, Kunming, Nankin, Ningbo, Pékin, Qingdao, Shanghai, Shantou, Shenyang, Shenzhen, Ürümqi, Wenzhou, Wuhan, Xiamen, Xi'an, Yanji, Yantai et Zhengzhou.

La CAAC (☎ 262-2337) possède un bureau 87 Zhongshan Lu, près du Swan Hotel et une annexe à côté de l'International Hotel. Aeroflot (☎ 264-1441) est également installé dans l'International Hotel, mais ses bureaux sont généralement fermés quand ils devraient être ouverts.

Bus. La gare routière centrale est située dans Songhuajiang Jie, non loin de la gare ferroviaire. Une autre gare routière est sise près de la gare ferroviaire Sankeshu et assure une partie non négligeable du trafic. On peut également prendre certains bus longue distance sur la place Chengde.

Train. Les départs pour Pékin, Shanghai et les villes situées entre ces deux terminus sont fréquents. Il faut compter 4 heures entre Harbin et Changchun ; 9 heures pour Shenyang ; 18 heures pour Pékin. Les liaisons pour Qiqihar, Mudanjiang et Jiamusi sont régulières, mais lentes.

Pour les voyageurs du Transsibérien, Harbin est un point de départ ou d'arrêt possible.

Comment circuler
Desserte de l'aéroport. L'aéroport de Harbin est situé à 46 km de la ville. Comptez environ 1 heure de trajet, dont la moitié passée dans les rues du centre-ville engorgées par la circulation.

Les bus pour l'aéroport partent du bureau de la CAAC (15 yuan) environ 2 heures 30 avant le décollage. Achetez votre ticket dans le bus, pas au bureau même.

Les taxis se regroupent autour du bureau de la CAAC. Les chauffeurs se montrent particulièrement entreprenants au point de vous arracher littéralement du bus pour vous mettre dans leur véhicule. Ne les croyez pas lorsqu'ils vous annoncent des tarifs particulièrement bon marché : des 30 yuan annoncés, le prix passera brusquement à 100 yuan à mi-chemin de l'aéroport et, si vous n'êtes pas d'accord pour payer, ils vous abandonneront au beau milieu de la route. Si vous souhaitez prendre un taxi, mieux vaut le faire à la gare (marchandez impérativement). Le seul avantage à prendre un taxi au bureau de la CAAC serait de pouvoir, éventuellement, le partager avec d'autres voyageurs.

Si vous prenez le vol de 7h30 pour Pékin, vous devrez être au bureau de la CAAC à 5h pour prendre le bus. Comme aucun bus ou taxi ne circule à Harbin à 4h30, le seul moyen consiste à passer la nuit au Swan Hotel, situé à une courte distance à pied du bureau de la CAAC. Malheureusement, cet établissement n'est pas bon marché.

Bus. Harbin dispose de plus de 20 lignes de bus. Ils circulent entre 5h et 22h (21h30 en hiver). La ligne la plus utile est la n°103, empruntée par un bus et un minibus. Le minibus revient à 2 yuan et l'on est nettement plus à l'aise que dans le bus. Le bus n°1 et le trolleybus n°3 vous emmèneront du quartier des hôtels au parc Staline.

Bateau. Le CITS organise, en été seulement, une promenade en bateau de 2 heures 30 sur le Songhua.

ENVIRONS DE HARBIN
Stations de ski
(*huáxuě chǎng*)
Les skieurs peuvent se rendre à la station de Qingyun, non loin de la ville de Shangzhi, à une centaine de kilomètres au sud-ouest de Harbin. On peut louer un équipement, mais trouver des chaussures de ski pour grandes pointures risque de poser problème. Demandez aux habitants si le téléski fonctionne.

On peut se rendre à Shangzhi en train ou en bus depuis Harbin (6 heures). Vous pourrez séjourner dans une pension ou dans l'un des très attrayants bungalows de pierre.

Au nord de Shangzhi, la station du district de Yanzhou est accessible en bus. L'endroit est enneigé une bonne partie de l'année (la saison s'étend de novembre à début avril).

On peut en outre skier sur les réserves de chasse de Yu Quan, à 65 km de Harbin. Mais vous risquez fort de servir de cible à un chasseur enthousiaste qui vous aura pris pour un cerf.

Yabuli se trouve à quelque 200 km (4 heures en train) à l'est de Harbin. Elle a été choisie pour servir de cadre aux Jeux asiatiques d'hiver de 1996. Le mont Dagoukoui, où l'on skie, est à 25 km en jeep de Yabuli. Hébergement, repas et location de skis sont proposés à l'un des chalets proches des pistes. Un forfait comprenant les repas, l'hébergement, la location des skis et l'utilisation des téléskis coûte entre 250 et 400 yuan par jour

MUDANJIANG
(*mǔdānjiāng*)
Cette ville quelconque de plus d'un million d'habitants n'a pour seul intérêt que de servir d'étape aux voyageurs qui se rendent au lac Jingbo (voir rubrique suivante).

Où se loger
L'hôtel *Beishan* (☎ 25734) (*běishān bīnguǎn*), dans Xinhua Lu (de l'autre côté du parc), se trouve à environ 1 km au nord de la gare ferroviaire. Il abrite le CITS.

Autre établissement qui accepte les étrangers, l'hôtel *Mudanjiang* (☎ 25678)

(*mǔdānjiāng bīnguǎn*), dans Guanghua Jie, à 1 km à l'est de la gare ferroviaire.

Comment s'y rendre

Il existe des vols entre Mudanjiang et Pékin, Dalian, Canton, Shanghai, Shenyang et Yantai. On arrive généralement à Mudanjiang depuis Harbin.

LAC JINGBO

(*jìngbó hú*)

Son nom signifie "lac Miroir" et c'est sans doute le site le plus impressionnant de toute la province du Heilongjiang. Le lac couvre une superficie de 90 km^2 ; il fait 45 km de long du nord au sud, une largeur minimum de 600 m et maximum de 6 km. Plusieurs îlots se trouvent au centre.

La réserve naturelle autour du lac est faite de forêts, de collines, de torrents, d'étangs et de falaises ; une grotte d'origine volcanique se trouve dans les environs.

L'activité la plus répandue est la pêche (la saison va de juin à août). On peut louer des cannes à pêche et des barques (prix à négocier). Différentes variétés de carpes (argentées, noires, à queue rouge, etc.) vivent dans le lac.

Il est préférable d'éviter la haute saison (juillet et août). L'automne est très agréable quand les feuilles changent de couleur. Vous pouvez louer une barque pour canoter sur le lac à la nuit tombée.

Ne manquez pas de vous rendre à la cascade de Diaoshuilou (20 m de haut, 40 m de large). Elle est facilement accessible à pied, en se dirigeant vers le nord à partir de la Jingbo Villa.

Toute la région est couverte de forêts, de collines, de pavillons et de jardins de rocailles qui offrent de nombreuses possibilités de promenades agréables autour du lac. Malheureusement, pendant la haute saison, vous devrez vous frayer un chemin parmi la foule.

Où se loger

Les points de ralliement sont la *Jingbo Villa* (*jìngbó shānzhuāng*), à l'extrémité nord du lac, et le nouveau *Jingbo Lake Hotel* (☎ 27734) (*jìngbó hú bīnguǎn*). D'autres hôtels, moins onéreux, sont installés aux abords du lac mais n'acceptent pas les étrangers.

Comment s'y rendre

Le meilleur moyen de rejoindre le lac est d'emprunter le train depuis Harbin. Prenez un train pour Dongjing (*dōngjīng*), puis un minibus jusqu'au lac (1 heure).

Certains trains ne vont pas au-delà de Mudanjiang. Si vous y descendez, vous devrez ensuite prendre un bus pour le lac (3 heures).

Les bus partent entre 6h et 7h de la place située en face de la gare ferroviaire de Mudanjiang, de juin à septembre seulement. Deux ou trois trains circulent tous les jours entre Harbin et Mudanjiang.

Depuis Mudanjiang et Dongjing, des trains plus lents se rendent à Tumen (un train quotidien, 6 heures de trajet), Suifenhe (un train quotidien, 5 heures depuis Mudanjiang) et Jiamusi (deux trains par jour, environ 10 heures).

SUIFENHE

(*suīfēnhé*)

Cette ville a pris une grande importance commerciale en 1903, lors de l'ouverture de la ligne de chemin de fer de la Mandchourie du Sud, un tronçon vital de la ligne d'origine du Transsibérien qui allait de Vladivostok à Moscou en passant par la Mandchourie.

Le tracé de cette ligne fut ensuite modifié et passa par Khabarovsk en direction de Vladivostok et Nakhodka. Au cours des dernières années, le commerce transfrontalier a repris et on voit même des touristes russes. Le surnom grandiose de "Petit Moscou de l'Est" correspond bien à l'atmosphère qui règne à Suifenhe, mais il n'y pas grand-chose à faire en dehors de passer une soirée à célébrer l'amitié sino-russe. Bien que l'endroit soit totalement chinois, la plupart des bâtiments arborent l'élégant style russe de la fin du siècle dernier – un souvenir de l'époque pré-révolutionnaire.

Si vous avez le visa nécessaire, vous pouvez passer la frontière russe et rejoindre Vladivostok depuis Suifenhe, mais obtenir sur place ce petit bout de papier est une gageure.

Comment s'y rendre

Un seul train (à 6h45) relie tous les jours Mudanjiang à Suifenhe. Le voyage dure quelque 6 heures. Au retour, le train part de Suifenhe à 13h12. Un train international part (ou arrive) à Primorye (Sibérie), et relie Pogranichny (Grodekovo) à Suifenhe. Pogranichny est une petite ville à la fron-

tière chinoise, à 210 km de Vladivostok. De Pogranichny, on peut rejoindre Vladivostok et Oussouriysk en bus ou en taxi. De Suifenhe, on peut se rendre à Harbin et à Mudanjiang en train. Le train quotidien qui relie Pogranichny à Suifenhe revient à 10 $US l'aller.

DONGNING

(*dōngníng*)

Cette ville perdue de l'extrême sud du Heilongjiang n'offre qu'un seul intérêt : un bus pourra vous conduire à Vladivostok, en

---

Les Oroqen

Il y a peu de temps encore, la minorité Oroqen vivait la vie nomade des chasseurs en forêt. Selon des estimations récentes, les Oroqen sont aujourd'hui environ 4 000, disséminés sur un immense territoire. Leur habitat traditionnel, appelé *xiarenzhu*, est une tente recouverte d'écorce de bouleau en été et de peaux de cerf en hiver. Leurs activités principales sont toujours la chasse et l'élevage de rennes. Leur principale source de revenus provient de la chasse de cerfs car les embryons, bois, pénis et queues de cerfs sont très prisés dans la médecine traditionnelle chinoise.

Le style de vie des Oroqen change rapidement, bien qu'ils vivent toujours en autarcie. Les bottes, vêtements et sacs de couchage sont confectionnés en peau de daim. Les paniers, ustensiles de cuisine et canoës sont en écorce de bouleau. Les chevaux ou les rennes servent de moyen de transport. Leur alimentation est essentiellement à base de viande (souvent séchée et fumée), de poisson et de plantes sauvages. Les Oroqen raffolent particulièrement de foie de cerf cru, avec du lait de jument fermenté.

Entre autres aspects intéressants de leur religion, il faut savoir qu'ils croyaient – et croient toujours, même si les rites se sont considérablement altérés – dans les esprits et consultaient les chamans. Il était autrefois tabou de tuer un ours. Si, pour se défendre, il arrivait à un Oroqen d'en tuer un, un rite compliqué était accompli pour demander le pardon de l'ours dont on exposait en plein air les ossements sur une grande structure en branches de saules, exactement comme pour les cérémonies funéraires destinées aux humains. Le mot occidental "chaman" désigne dans la langue mandchou-tungus une "personne agitée ou délirante". Plusieurs personnes pouvaient entrer en transe, devenir "possédées" par un esprit et officier lors des cérémonies religieuses.

Il est difficile d'évaluer dans quelle mesure les Oroqen ont su préserver leur culture. Les publications officielles décrivent leur fabuleuse transition d'une vie nomade primitive à une sédentarisation au royaume de la consommation, jusqu'à disposer de la télévision par satellite. Meng Pinggu, probablement un Oroqen inventé de toutes pièces, était cité dans le *China Daily* : "Nous pouvons maintenant, nous les Oroqen, regarder des films à la maison". ∎

Sibérie. Là encore, un visa russe est nécessaire et l'obtenir n'est pas chose aisée.

Ce bus relie la ville russe de Pokrovka (à 180 km de Vladivostok) à Dongning.

Renseignez-vous sur place sur les horaires. Lors de notre passage, le bus était archi-complet.

WUDALIANCHI

(*wŭdàliánchí*)

Wudalianchi signifie "les cinq grands lacs communicants". C'est une réserve naturelle et un lieu de cure, qui abrite un "musée" des volcans. Les Chinois vous diront que cet endroit ne vaut pas les efforts qu'il faut faire pour s'y rendre, mais tout dépend si vous êtes ou non un fanatique des sources chaudes. Cette région a un long passé d'activité volcanique. Les éruptions les plus récentes ont eu lieu en 1719 et 1720. A cette époque, la lave échappée des cratères avait bloqué le cours du Bei He et formé les barrages qui ont donné naissance au cinq lacs. Les sources thermales ne dégagent pas une odeur très engageante, mais elles ont la réputation de faire des miracles.

Quant aux volcans, ne vous attendez pas au Fuji-Yama ou au Krakatoa. Le musée des volcans permet essentiellement de voir des fumerolles de vapeur, des sources chaudes et un peu d'activité géothermique ici et là. Pour améliorer l'ordinaire il existe une sorte de Festival des lanternes de glace comme celui de Harbin, mais celui-ci est permanent. Les sculptures de glace se trouvent dans des grottes où la température ne dépasse jamais 10°C en dessous de zéro, même en été.

Les étrangers peuvent se loger au *Dragon Spring Hotel* (*lóngquán bīnguǎn*), bien que ses prix ne cessent d'augmenter.

Pour atteindre Wudalianchi, il faut prendre à Harbin un train qui atteint Bei'an en 6 heures, puis un bus régulier qui mène jusqu'aux lacs, distants de 60 km.

RÉGION FRONTALIÈRE
DE L'HEILONG JIANG

(*hēilóngjiāng biānjìng*)

Une grande partie de la frontière nord-est de la Chine avec la Sibérie suit le cours du fleuve Amour (c'est le nom que lui donnent les Russes) ou Heilong Jiang (fleuve du Dragon noir). La plupart des endroits bordant le fleuve sont ouverts aux étrangers, mais il vaut mieux vérifier auprès du BSP – les régions frontalières et celles où se trouvent des minorités ethniques sont des zones sensibles. Vous devriez avoir la possibilité de voir une partie de la forêt de Sibérie et des campements nomades de tribus du Nord telles que les Oroqen, les Ewenki, les Hezhen...

A Harbin, le CITS organise des croisières en bateau sur le Heilong Jiang entre Huma, Heihe et Tongjiang. Les télescopes installés sur les bateaux permettent de mieux voir les installations du côté russe et même le grand port russe de Blagoveshchensk, qui se trouve en face de Heihe.

Si vous avez deux semaines devant vous et que vous pouvez organiser indépendamment vos déplacements, une randonnée en dehors d'un groupe doit être réalisable en été. Munissez-vous de solides rations de nourriture et d'un produit contre les insectes. De Harbin on peut se rendre rapidement par avion à Heihe, ou, beaucoup plus lentement, par le train jusqu'à Jagdaqi et même un peu plus loin.

Des bus permettent ensuite d'atteindre les régions les plus reculées.

Mohe

(*mòhé*)

A Mohe, la ville la plus nordique de Chine, parfois appelée "l'Arctique de la Chine", on peut admirer des merveilles naturelles. A la mi-juin, le soleil brille jusqu'à 22 heures par jour. Les aurores boréales sont l'un des autres phénomènes que l'on peut voir à Mohe. La température absolue la plus basse de Chine (-52°C) a été enregistrée à Mohe en 1965 ; par un jour d'hiver normal, des températures de -40°C sont habituelles.

En mai 1987 cette région a été dévastée par le pire feu de forêt que la Chine ait connu de mémoire d'homme. Les villes de Mohe et de Xilinji ont été réduites en cendres, plus de deux cents personnes ont été tuées et un million d'hectares de forêt entièrement détruits.

Pour rejoindre Mohe, essayez d'obtenir un permis auprès du BSP à Jagdaqi (*jiāgédáqí*) en Mongolie intérieure. De là prendre le train vers le nord pour Gulian, et effectuer les 34 derniers kilomètres en autobus.

Heihe
(*hēihé*)

Heihe tire sa réputation de sa position frontalière avec la Russie. Avec l'amélioration des relations entre les deux pays, le commerce transfrontalier augmente régulièrement et une industrie touristique commence à émerger. Des groupes de touristes chinois sont maintenant autorisés à se rendre à Blagoveshchensk.

Il n'est pas facile pour les étrangers de visiter Blagoveshchensk. Un visa de touriste est nécessaire pour la Russie, et il faut aussi un visa pour revenir en Chine. Ces visas peuvent être obtenus à Pékin, pas à Heihe. En théorie, il serait possible de traverser la frontière à Blagoveshchensk, de prendre un train jusqu'à Belogorsk (109 km) qui se trouve sur la ligne du Transsibérien, et de continuer vers l'Europe. Pour cela, il faut avoir un visa.

Des vols assurent la liaison entre Harbin et Heihe quatre fois par semaine. Des bateaux circulent entre Heihe, Mohe et Tongjiang.

Tongjiang
(*tóngjiāng*)

C'est là que le Songhua Jiang et le Heilong Jiang confluent, créant un fleuve de 10 km de large. Mais leurs eaux respectives, noires pour le Heilong Jiang et jaunes pour le Songhua Jiang ne se mélangent qu'après une certaine distance. La minorité des Hezhen, qui ne compte pas plus de 1 300 personnes, vit presque entièrement de la pêche. Une spécialité locale est le poisson cru coupé en lamelles et servi avec une sauce vinaigrée très épicée. En dehors de la carpe et du saumon, le poisson vraiment exceptionnel ici est l'esturgeon Huso

(*huáng yú*), qui peut atteindre 3 m et peser jusqu'à 500 kg.

Tongjiang est relié à Jiamusi par bateaux et bus. Des bateaux assurent également la liaison avec Heihe.

Fuyuan
(*fǔyuǎn*)

C'est à Fuyuan que le soleil se lève le plus tôt en Chine, vers 2 heures du matin en été. Le Heilong Jiang et le Wusuli Jiang confluent près de Fuyuan. Sur la rive russe se trouve la ville de Khabarovsk ; sur la rive chinoise, le petit poste avancé de Wusu, qui compte environ 20 habitants et qui ne voit des visiteurs qu'en septembre, pendant la saison de la pêche au saumon.

JIAMUSI
(*jiāmùsī*)

Situé au nord-est de Harbin, cet ancien village de pêcheurs s'est métamorphosé en une cité industrielle de plus d'un demi-million d'habitants.

L'une des rares attractions de Jiamusi est la **ferme de Sumuhe**, dans la banlieue de la ville, dédiée à la culture du ginseng et à l'élevage de cerfs et de martres. Le ginseng, les andouillers de cerf et les peaux de zibeline sont les "trois trésors" du Nord. Ces trois produits sont également bien représentés plus au sud, dans la province du Jilin.

Le ginseng sauvage de la région du Changbaishan atteint des prix astronomiques sur le marché de Hong Kong.

Une curieuse composante de la pharmacopée du Nord-Est est l'huile de grenouille, extraite de l'ovaire du batracien. Cette huile, ainsi que d'autres ingrédients, est utilisée dans des soupes de poulet servies à l'occasion d'un banquet dans les hôtels de luxe.

Où se loger

L'hôtel *Huibin* (*huìbīn fàndiàn*), dans Zhanqian Lu, est situé à proximité de la gare ferroviaire. Le CITS entasse les touristes à l'hôtel *Jiamusi* (☎ 223-280) (*jiāmùsī bīnguǎn*), dans Guangfu Lu. Plus au nord de la gare ferroviaire vous attend l'hôtel *Song-*

huajiang (*sōnghuājiāng fàndiàn*). L'hôtel *Jiangtian* (*jiāngtiān bīnguǎn*) est à l'intersection entre Zhongshan Lu et le Songhua.

Comment s'y rendre

Jiamusi est reliée à Harbin par le train (15 heures), Dalian et Mudanjiang. Les bateaux à vapeur qui parcourent le Songhua font également office de moyen de transport entre Harbin et Jiamusi.

QIQIHAR
(*qíqíhā'ěr*)

On accède à la réserve naturelle de Zhalong, un parc ornithologique à 35 km au sud-est, par Qiqihar. La ville est aussi l'un des plus anciens sites de peuplement du Nord-Est. Fortement industrialisée, elle compte plus d'un million d'habitants. Elle offre peu à voir, en dehors de son zoo, des rives du fleuve et d'un Festival de sculptures de glace, de janvier à mars.

Le bureau du CITS (☎ 72016) est installé à l'hôtel Hubin. Le personnel, particulièrement avenant, vous fournira quantité d'indications précieuses concernant les meilleurs sites d'observation des oiseaux.

Où se loger

L'hôtel *Hubin* (*húbīn fàndiàn*) est l'une des adresses les moins chères où l'on accepte les étrangers. Plus moderne, le *Crane City Hotel* (☎ 472-669 ; fax 475-836) (*hèchéng bīnguǎn*), derrière le précédent établissement, 4 Wenhua Dajie, n'est pas donné. On peut se rendre à l'hôtel Hubin par le trolleybus n° 15 (sept arrêts depuis la gare ferroviaire).

Comment s'y rendre

Il existe des vols entre Qiqihar et Pékin, Dalian, Canton, Shanghai et Shenyang. Qiqihar est reliée directement par le train à Pékin (environ 22 heures), *via* Harbin (environ 4 heures).

RÉSERVE NATURELLE DE ZHALONG
(*zhálóng zìrán bǎohù qū*)

La réserve de Zhalong se trouve à la pointe nord-ouest d'un immense marais. Il s'agit de 210 000 hectares de roseaux, de mousses et d'étangs, situés sur une route de migration d'oiseaux qui part du cercle polaire russe, passe par le désert de Gobi et se dirige vers l'Asie du Sud-Est.

La réserve héberge quelque 180 espèces d'oiseaux : cigognes, cygnes, oies, canards, hérons, busards, grèbes et aigrettes. Ces dizaines de milliers d'émigrants à plume arrivent ici en avril et mai, élèvent leurs petits de juin à août et repartent en septembre-octobre.

Bien que certaines grues à couronne rouge fassent plus de 1,50 m de haut, les roseaux encore plus hauts les cachent. Le meilleur moment pour visiter cet endroit est donc le printemps, quand les roseaux n'ont pas encore eu le temps de pousser.

Cette réserve naturelle, l'une des premières de Chine, a été créée en 1979. Sur les 15 espèces de grues qui existent dans le monde, 8 vivent en Chine, dont 6 à Zhalong.

Quatre des espèces qui migrent ici sont en voie d'extinction : la grue à couronne rouge, la grue à duvet blanc, la grue de Sibérie et la grue à capuche. La grue à couronne rouge comme celle à duvet blanc se reproduisent à Zhalong (de même que les grues communes et demoiselles), alors que Zhalong n'est qu'une étape pour la grue à capuche et la grue de Sibérie. Les efforts portent tout particulièrement sur la grue à couronne rouge, créature fragile dont l'espèce (estimée à 100 individus en 1979) est menacée par l'assèchement des marais pour l'agriculture. Cet oiseau pratiquement disparu est ironiquement le symbole de l'immortalité et a longtemps représenté la chance et la longévité dans les cultures chinoise, coréenne et japonaise.

L'écosystème de Zhalong a été soigneusement étudié et amélioré avec l'aide d'experts étrangers et le nombre de ces oiseaux menacés de disparition a commencé à s'élever. Quelques grues de ces espèces (domestiquées) sont conservées dans un enclos pour être étudiées.

Au moment de leur migration vers le sud en octobre, on peut voir de grands groupes de grues tournoyer au-dessus de la réserve, comme pour faire leurs adieux. Les oiseaux ont été bagués afin que le lieu de leur migration hivernale (vers la Corée ou la Chine du Sud) soit connu.

Où se loger

Le modeste hôtel *Zhalong* est relativement bon marché et organise, à l'intention des passionnés d'ornithologie, des excursions dans les marais de la réserve à bord de bateaux à fond plat.

Comment s'y rendre

La route qui relie Zhalong à Qiqihar est bonne, mais peu fréquentée. Quelques bus l'empruntent, renseignez-vous. L'autre alternative consiste à prendre un taxi (pas trop onéreux). On peut aussi faire de l'auto-stop.

LE NORD-EST

Shanxi 山西

Le Shanxi (*shānxī*), en particulier la moitié sud, fut l'un des premiers foyers de civilisation chinoise et constitua le territoire de l'État de Qin. Après l'unification des États chinois par Qin Shihuangdi au IIIe siècle av. J.-C., la partie nord du Shanxi joua un important rôle de rempart entre les Chinois et les tribus nomades du Nord. Malgré la Grande Muraille, les tribus nomades réussirent à s'infiltrer dans le Shanxi et s'en servirent de base pour leur conquête de l'empire du Milieu.

Après la chute de la dynastie Tang en 907, le centre politique de la Chine s'éloigna du Nord-Ouest. Le Shanxi connut un rapide déclin économique bien qu'il conservât une importance capitale dans le système de défense au Nord. Il fallut attendre l'intrusion des puissances étrangères pour que démarre un tant soit peu l'industrialisation. Avec l'invasion japonaise des années 30, il y eut un nouvel essor de l'industrie et de l'exploitation minières aux abords de la capitale de Taiyuan. Mais le Shanxi fut aussi un bastion de résistance anti-japonaise, notamment avec la guérilla menée par les communistes dans les régions montagneuses.

A partir de 1949, les communistes commencèrent à exploiter sérieusement les ressources minières du Shanxi, faisant de Datong et de Taiyuan d'importants centres industriels. La province possède un tiers des gisements houillers recensés en Chine.

Shanxi signifie "à l'ouest des montagnes" et tire son nom de la chaîne des Taihang Shan qui forme sa bordure orientale, sa lisière occidentale étant le Huang He (fleuve Jaune). Avec presque 30 millions d'habitants, cette province a une densité de population relativement faible par rapport à la Chine, mais il ne faut pas oublier que son territoire est montagneux à 70%. La chaîne des Taihang qui inclut le massif des Wutai Shan s'étend du nord au sud et sépare le Shanxi de la grande plaine

Population : 30 millions d'habitants

Capitale : Taiyuan

A ne pas manquer :

- Les grottes bouddhiques de Yungang (plus d'une cinquantaine), remplies de fresques et de statues
- Le Monastère suspendu, à 75 km au sud-est de Datong
- Le magnifique village monastique de Taihuai, près de Wutaishan

de Chine du Nord à l'est. Le bassin du Moyen-Shanxi creuse, du nord au sud, une succession de vallées dans la partie centrale de la province qui constitue la principale région économique et agricole.

Même si le Shanxi aspire à devenir un bastion industriel, sa richesse repose essentiellement sur son histoire. La province est une véritable mine de temples, de monastères et de temples-grottes. Les plus célèbres sont les grottes bouddhiques de Yungang, à Datong.

TAIYUAN
(*tàiyuán*)

Un brouillard épais enveloppe souvent Taiyuan, la capitale de la province. Cette

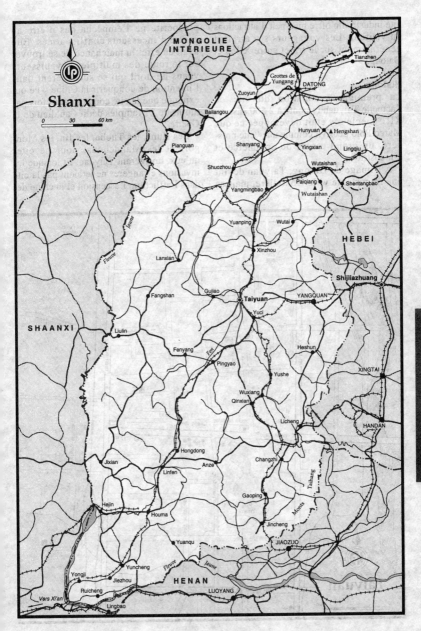

cité industrielle offre bien peu d'attractions au visiteur. Les voyageurs s'y arrêtent généralement sur le trajet entre Xi'an et Datong.

Histoire

La première occupation du site de l'actuelle Taiyuan remonte à 2 500 ans. Au XIIIe siècle s'y était développée ce que Marco Polo décrivit comme une "cité prospère, un grand centre de commerce et d'industrie".

A l'image de Datong, Taiyuan devint une importante ville frontalière, mais sa prospérité ne l'empêcha pas d'être au centre d'incessants conflits armés. Elle avait en effet la malchance de se trouver sur la route des multiples envahisseurs venus du nord qui se succédèrent dans l'intention de conquérir la Chine – ce qui explique que la cité comptait autrefois pas moins de 27 temples dédiés au dieu de la Guerre !

Les Huns, les Tuoba, les Jin, les Mongols et les Mandchous, pour ne citer qu'eux, ravagèrent Taiyuan. Et lorsque les invasions étrangères ne jetaient pas la cité dans l'affliction, l'ascension et la chute des

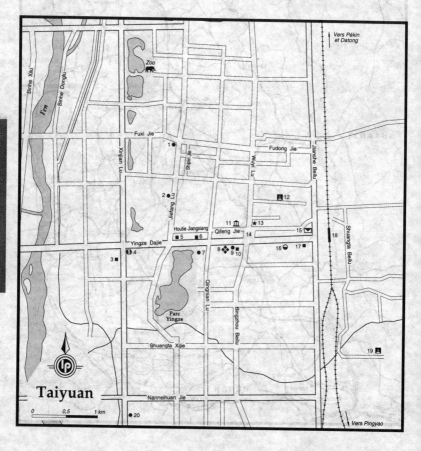

Taiyuan

dynasties chinoises, durant les périodes de dissensions, abandonnaient la ville à une armée ou à l'autre, au fil des luttes pour le pouvoir. Malgré tout, Taiyuan réussit à survivre.

A la fin du XIXe siècle, Taiyuan connut une industrialisation rapide grâce à la proximité de gisements de fer et de houille

```
┌─────────────────────────────────────┐
│  TAIYUAN 太原                        │
│                                      │
│   1  Librairie en langues étrangères │
│      外文书店                         │
│   2  Bureau de réservation           │
│      des chemins de fer              │
│      铁路售票处                       │
│   3  Shanxi Grand Hotel et CITS      │
│      山西大酒店，中国国际路旅行社      │
│   4  Bank of China                   │
│      中国银行                         │
│   5  Telecommunications Hotel        │
│      电信大酒店                       │
│   6  Hôtel Yingze                    │
│      迎泽宾馆                         │
│   7  CTS                             │
│      中国旅行社                       │
│   8  Friendship Store                │
│      友谊商店                         │
│   9  CAAC                            │
│      中国民航                         │
│  10  Hôtel Bingzhou                  │
│      并州饭店                         │
│  11  Musée provincial                │
│      山西省博物馆                      │
│  12  Monastère Chongshan             │
│      崇善寺                           │
│  13  BSP                             │
│      公安局                           │
│  14  Place du 1er-Mai                │
│      五一广场                         │
│  15  Poste et téléphones             │
│      邮电大楼                         │
│  16  Gare routière (bus longue distance)│
│      长途汽车站                       │
│  17  Hôtel Tielu                     │
│      铁路宾馆                         │
│  18  Gare ferroviaire                │
│      火车站                           │
│  19  Temple des Deux Pagodes         │
│      双塔寺                           │
│  20  CITS                            │
│      中国国际路旅行社                  │
└─────────────────────────────────────┘
```

parmi les plus vastes au monde. A partir de 1899, avec le soutien des puissances occidentales, elle se transforma peu à peu en une cité moderne. Au cours des vingt années qui suivirent, elle fut dotée d'une voie ferrée la reliant au Hebei, de l'électricité et du téléphone, sans oublier une université et une académie militaire. Son essor fut soutenu par le seigneur de la guerre Yan Xishan, qui régna sur le Shanxi comme sur un empire après la chute de la dynastie mandchoue. Dans les années 30 et 40, les Japonais développèrent l'exploitation charbonnière.

Après 1949, les communistes s'attaquèrent sérieusement à l'industrialisation de Taiyuan, ainsi qu'à celle d'autres régions du Shanxi. Aujourd'hui, la ville ressemble aux autres cités modernes que sont Zhengzhou et Luoyang, avec leurs larges avenues, leurs quartiers résidentiels et leurs fumées d'usine à l'horizon.

Orientation

Taiyuan s'étend essentiellement sur la rive est de la Fen. La gare ferroviaire est située à l'extrémité est de Yingze Dajie, principale artère de la ville. La gare routière est installée à environ 500 m à l'ouest de la gare ferroviaire, dans Yingze Dajie, tandis que la plupart des sites et équipements touristiques sont regroupés dans cette rue ou à proximité. La place du 1er-Mai fait office de centre de la ville.

Renseignements

CITS. Une agence du CITS est implantée dans le Shanxi Grand Hotel. Elle s'occupe essentiellement des réservations de billets d'avion. Le bureau principal (☎ 704-2188) se trouve au sud de la ville, dans Pingyang Lu, dans le Guolü Building (*gúolǔ dàshà*).

BSP. Il est situé dans une ruelle aux abords de la place du 1er Mai.

Argent. La principale succursale de la Bank of China se dresse dans Yingze Dajie, à l'est de Xinjian Lu. Les hôtels touristiques pratiquent également le change.

Poste et télécommunications. Le principal bureau de poste et de téléphone est installé dans un bâtiment blanc de plusieurs étages à l'opposé en diagonale de la gare. Il existe aussi un centre de télécommunications moderne à l'angle de Yingze Dajie et de Jiefang Lu.

Parc Yingze

(*yíngzé gōngyuán*)

Il faut aller voir dans ce parc l'élégant pavillon qu'occupe la bibliothèque Ming (*míngdài cángjīng lóu*). L'entrée du parc est à l'ouest de l'hôtel Yingze, de l'autre côté de la rue.

Monastère Chongshan

(*chóngshàn sì*)

Ce monastère bouddhique fut édifié vers la fin du XIVᵉ siècle à l'emplacement d'un monastère encore bien plus ancien remontant, dit-on, au VIᵉ ou VIIᵉ siècle. La salle principale abrite trois impressionnantes statues dont, au centre, celle de Guanyin, la déesse de la Miséricorde aux Mille Bras et aux Mille Yeux. Le temple renferme une précieuse collection de sutras et d'éditions précieuses merveilleusement illustrées, figurant notamment des scènes de la vie de Bouddha et datant des périodes Song, Yuan, Ming et Qing. Le monastère se trouve dans une rue transversale partant de Wuyi Lu vers l'est.

Temple des Deux Pagodes

(*shuāngtǎ sì*)

Ce temple comporte deux pagodes identiques construites sous les Ming avec une structure octogonale de 13 étages de près de 55 m de haut. Entièrement en brique, elles sont sculptées de corbeaux et de corniches pour imiter les pagodes en bois de l'ancienne Chine. On peut faire la moitié du chemin en bus en prenant le n°19 en face de la gare ferroviaire et en descendant au premier arrêt après le pont ferroviaire. De là, il faut faire quelques pas en arrière pour revenir dans Shuangta Beilu, tourner à gauche (vers le sud) et suivre cette route pendant 20 minutes jusqu'au temple.

Musée de la Province

(*shānxī shěng bówùguǎn*)

Situé dans Qifeng Jie, au nord-ouest de la place du 1ᵉʳ Mai, ce musée occupe le palais Chunyang (*chúnyáng gōng*). C'était à l'origine un temple où étaient offerts des sacrifices au prêtre taoïste Lu Dongbin, qui vécut sous les Tang. L'édifice fut construit sous les dynasties Ming et Qing.

Où se loger

L'hôtel *Tielu* (☎ 404-2847) (*tiělù bīnguǎn*), à quelque 200 m en contrebas de Yingze Dajie quand on vient de la gare, est l'un des rares établissements pour petits budgets à accepter les étrangers. Vous n'aurez cependant accès qu'aux doubles (90 yuan par lit) et aux suites (230 yuan).

L'une des meilleures affaires de Taiyuan est l'hôtel *Bingzhou* (☎ 404-2111) (*bìngzhōu fàndiàn*), qui loue des doubles sommaires à 44 yuan dans le bâtiment ouest. Nul ne sait combien de temps encore ces chambres resteront à un prix aussi bas. Le prix des autres chambres s'échelonne de 132 à 162 yuan pour une double, 252 yuan pour une suite. Dans le bâtiment est (la porte à côté, avec une réception séparée), comptez 268 yuan pour une simple et à partir de 368 yuan pour une double.

Le *Telecommunications Hotel* (☎ 403-3865) (*diànxìn dàjiǔdiàn*), dans une ruelle juste derrière l'énorme bâtiment des télécommunications, est un établissement sombre où l'on vous fera payer 80 yuan pour une double délabrée avec s.d.b. attenante. Prenez le bus n°1 et descendez au quatrième arrêt après la gare.

L'hôtel *Yingze* (☎ 404-3211) (*yíngzé bīnguǎn*), comme le Bingzhou, comporte deux corps de bâtiments massifs. Le bloc est était en cours de rénovation lors de notre passage : de la poussière devrait émerger un quatre-étoiles flambant neuf. Le bloc ouest est une pension chinoise sans surprise avec des simples/doubles à 150/280 yuan.

Le *Shanxi Grand Hotel* (☎ 404-3901 ; fax 404-3525) (*shānxī dàjiǔdiàn*), entreprise en joint-venture, est le point de ralliement des expatriés locaux. Établissement haut de gamme, il propose des simples/doubles à 600/680 yuan.

Où se restaurer
Au menu des marchands ambulants de Taiyuan figurent des spécialités locales comme le ragoût de pieds de porc (*zhūjiǎo*), cuit en chaudron, et une savoureuse galette appelée *luòbǐng*, cuite au charbon de bois sur une plaque incurvée. La version locale des nouilles chinoises, les *liángpí*, est souvent servie dans des bols fumants de soupe épicée.

Shipin Jie ("rue de la Nourriture") est une zone piétonnière comprenant un passage voûté et de nombreuses maisons à l'ancienne. Elle compte plus de trente restaurants, dans toutes les gammes de prix.

Le restaurant installé au rez-de-chaussée du Telecommunications Hotel est très correct. Le restaurant *Haohua*, au 7e étage de l'hôtel Yingze, est excellent. Il propose un menu en anglais (limité). Les inconditionnels de la cuisine occidentale pourront se rendre au Shanxi Grand Hotel.

Comment s'y rendre
Avion. La CAAC (☎ 404-2903) est installée 38 Yingze Dongdajie. Elle propose des vols directs commodes pour Pékin (tous les jours), Canton (tous les jours), Shanghai et Xi'an. Sont également assurés des vols pour la plupart des autres destinations importantes.

Bus. Des minibus pour Datong (25 yuan) partent irrégulièrement de la gare ferroviaire. Il existe aussi des services à horaires fixes pour Datong et Wutaishan (9 heures) depuis la gare routière longue distance. Des bus couchettes (*wòpùchē*) quittent tôt le matin la place située en face de la gare ferroviaire à destination de Datong (50 yuan, 10 heures), Luoyang (75 yuan), Zhengzhou (83 yuan), Pékin (90 yuan, 12 heures) et Tianjin (98 yuan).

Train. Le service des réservations de la gare ferroviaire vend des billets en sièges durs,

mais il existe un marché noir pour les couchettes dures pour les principales destinations, telles Xi'an, Qingdao, Shanghai et parfois Pékin (places très demandées). Un guichet est réservé aux étrangers, à l'étage, dans un bâtiment séparé, immédiatement sur la gauche lorsque l'on quitte le service des réservations de la gare. Il est ouvert de 8h30 à 11h30 et de 14h30 à 16h30. Des billets en couchettes dures/molles sont généralement disponibles pour le jour même. Pour réserver des couchettes à l'avance, il faut se rendre au bureau de réservation des chemins de fer, 65 Jiefang Lu.

Shijiazhuang est la correspondance la plus proche de Taiyuan sur la ligne principale Pékin-Canton (Guangzhou) mais, pour les destinations méridionales comme Canton, mieux vaut changer de train à Xi'an ou à Zhengzhou. Il existe des trains directs pour Xi'an, au sud, *via* Yuncheng.

Des trains desservent Datong (8 heures), Pékin (8 heures), Zhengzhou (12 heures), Xi'an (12 heures) et Shijiazhuang (5 heures 30).

ENVIRONS DE TAIYUAN
Temple de Jinci
(*jìncí sì*)
Cet ancien temple bouddhique se dresse à la source de la rivière Jin, au pied de la colline Xuanwang, à 25 km au sud-ouest de Taiyuan. On pense que la construction des édifices d'origine fut réalisée entre 1023 et 1032, mais ils subirent de nombreux ajouts et remaniements au cours des siècles, jusqu'à la dynastie Qing.

En pénétrant dans l'enceinte, on découvre en premier la terrasse du Miroir de l'Eau, édifice d'époque Ming, qui servait de théâtre en plein air. Son nom est à prendre au sens figuré et fait référence à la réflexion de la vie dans le théâtre. Le canal de Zhi Bo (un ministre de la principauté de Jin) qui traverse le domaine du temple passe à l'ouest de la terrasse du Miroir. Le pont Huixian (de la Rencontre des Immortels) qui franchit ce canal donne accès à la terrasse des Hommes de Métal. A chaque angle de la terrasse se dresse en effet une statue de métal fondue en 1097. Immédiatement derrière s'ouvre la porte Duiyuefang, gardée par deux statues de métal. La porte donne accès au pavillon des Offrandes édifié en 1168.

Un pont relie le pavillon des Offrandes au temple de la Reine-Mère, le plus ancien édifice en bois de la ville et le plus intéressant du site. En face de ce temple se dressent de grandes colonnes en bois sculptées de terrifiants dragons. A l'intérieur se trouvent les très remarquables statues en terre cuite de l'époque Song qui font la célébrité du Jinci. Elles représentent quarante-quatre servantes entourant la grande statue assise de la Reine-Mère. Celle-ci était, dit-on, la mère du prince Shuyu, de la dynastie des Zhou, et le temple fut construit à sa mémoire sous les Song du Nord.

On dit aussi que le premier bâtiment érigé sur le site le fut par le prince lui-même pour venir prier sa mère et lui offrir des sacrifices. Aujourd'hui encore, les gens déposent de l'argent sur l'autel qui se trouve face à la statue.

Près du temple de la Reine-Mère se trouve le curieux cyprès Zhou qui pousse en formant un angle de 30° avec le sol depuis, dit-on, neuf cents ans.

Au sud du temple de la Reine-Mère jaillit la source Nanlao, ou source de la Jeunesse Éternelle, que surmonte un pavillon. A l'ouest de la source se dresse un bâtiment à deux étages, le Shuimu Lou (demeure de la déesse des Eaux), dont la première construction remonte au milieu du XVIe siècle. Il abrite, au rez-de-chaussée, une statue de la déesse en bronze, et à l'étage supérieur, une statue de la déesse assise et entourée de statues de ses servantes.

Au nord de l'ensemble cultuel se dresse le pavillon Zhenguan Baohan qui abrite des stèles portant des inscriptions gravées dont une de la main de Taizong, l'empereur Tang. Dans le temple du prince Shuyu, le sanctuaire proprement dit abrite une statue assise du prince entouré par douze dames de compagnie de la dynastie Ming, diverses sortes de flûtes en bambou et des instruments à cordes. Au sud de l'enceinte

du temple est érigée la pagode des Reliques Sacrées, édifice octogonal à sept étages édifié à la fin du VIIe siècle.

Pour se rendre au Jinci prendre le bus n°8 à la gare routière, un pâté de maisons à l'est de la place du 1er-Mai.

Monastère Shuanglin
(*shuānglín sì*)
Le monastère Shuanglin, situé à 110 km au sud-ouest de Taiyuan, mérite le détour. Il recèle de ravissantes statues et figurines en argile peintes datant des Song, des Yuan, des Ming et des Qing. La plupart des sculptures sont surtout d'époque Song et Yuan, tandis que les bâtiments qui les abritent sont surtout d'époque Ming et Qing.

Le mieux pour visiter Shuanglin est sans doute d'y aller en train dans la journée depuis Taiyuan. Il faut descendre à Pingyao, puis louer un cyclo-pousse jusqu'au monastère. Il est par exemple pratique de prendre le train n°375 qui part de Taiyuan à 11h07 et arrive à Pingayo à 13h, puis de revenir par celui qui part de Pingyao à 15h59.

WUTAISHAN
(*wǔtáishān*)
Le Wutaishan, centré autour du beau village monastique de Taihuai (*táihuái*), est l'une des quatre montagnes sacrées du bouddhisme en Chine. Taihuai se trouve au fond d'une vallée alpine fermée par cinq hauts sommets dont le plus élevé est, au nord, le pic Yedoufeng (3 061 m) connu comme le toit de la Chine du Nord. Taihuai même compte une quinzaine d'anciens temples et monastères. Une partie du charme du Wutaishan tient à sa relative inaccessibilité.

Imposante pagode blanche en forme de bouteille montée sur un haut soubassement (le dagoba en vogue sous les Ming), le temple Taiyuan domine le village. Le temple Xiantong qui comporte sept travées compte plus de 400 pièces. Le petit monastère Guangren, tenu par des moines tibétains, recèle de ravissants exemples de sculptures sur bois du début des Qing. Le

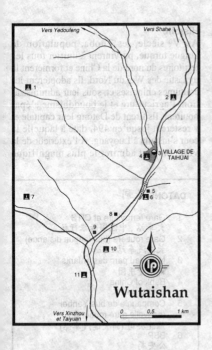

WUTAISHAN 五台山

1 Temple Fenglin
  风林寺
2 Temple Bishan
  碧山寺
3 Gare routière
  汽车站
4 Temple Tayuan
  塔院寺
5 Hôtel Liangcheng
  凉城宾馆
6 Temple Puhua
  普化寺
7 Temple Longquan
  龙泉寺
8 Friendship Hotel
  友谊宾馆
9 Hôtel Yunfeng et CITS
  云峰宾馆，中国国际路旅行社
10 Temple Nanshan
   南山寺
11 Temple Zhenhai
   镇海寺

VILLAGE DE TAIHUAI

Vers Yedoufeng

Vers Shahe

Vers Xinzhou
et Taiyuan

Wutaishan

0   0,5   1 km

LA CHINE CENTRALE

temple Nanshan, construit sous les Yuan sur les proches pentes du Nanshan, est orné de fresques illustrant le récit du "Pèlerinage vers l'Ouest".

Parmi les autres choses à voir, citons le portique en marbre du temple Longquan, le bouddha haut de 26 m et les 500 arhats (les luhoan, disciples du Bouddha qui atteignirent à l'Éveil) sculptés du temple Shu xiang. Le temple Luohou contient une grande fleur de lotus en bois dotée de huit pétales sur lesquels figurent des bouddhas sculptés.

Renseignements

Pour se déplacer dans la région du Wutaishan, il faut un permis de circuler que l'on peut obtenir sur place auprès du BSP ou auprès du CITS à la gare de Datong (10 yuan). A Wutaishan, le CITS se tient dans l'hôtel Yunfeng. On trouve des cartes en chinois dans les boutiques et les hôtels de la région.

Où se loger

Il existe deux hôtels pour étrangers, mais ils sont chers. Vous pouvez toujours essayer d'obtenir un lit en dortoir : certains voyageurs munis d'une carte d'étudiant y sont parvenus.

Le *Friendship Hotel* (yǒuyì bīnguǎn), à environ 2 km en contrebas de Taihuai, demande 360 yuan pour une double avec s.d.b. L'hôtel *Yunfeng* (yúnfēng bīnguǎn) se trouve à 3 km du village. Les chambres sont seulement un peu meilleur marché.

Comment s'y rendre

Il existe un service de bus quotidiens de Taiyuan au Wutaishan *via* Wutai (24 yuan). Le trajet dure quelque 9 heures sur une route tortueuse, poussiéreuse et en grande partie non goudronnée. De Datong, on peut prendre un bus pour le Wutaishan *via* Xinzhou (28 yuan, 9 heures 30). Un itinéraire plus aventureux consiste à se rendre à Taihuai depuis Datong en prenant le bus public jusqu'à Shahe, puis un minibus privé qui emprunte la jolie route au pied du pic Yedoufeng.

DATONG
(*dàtóng*)

La principale attraction de la ville est le site des grottes bouddhiques de Yungang. Pour le reste, Datong offre peu à voir.

Le Datong est l'un des fiefs du CITS. Encore aujourd'hui, il reste difficile de faire quoi que ce soit à Datong sans passer par le CITS.

Histoire
Au Ve siècle, les Tuoba, population de langue turque, parvinrent à unifier tous les territoires du nord de la Chine et formèrent la dynastie des Wei du Nord. Ils adoptèrent les coutumes chinoises et, sous leur administration, l'agriculture et le bouddhisme s'épanouirent. Ils firent de Datong leur capitale et y restèrent jusqu'en 494, date à laquelle la cour s'installa à Luoyang. A l'extérieur de la ville, on peut admirer le plus magnifique

DATONG 大同

1 Gare ferroviaire et CITS
火车站，中国国际旅行社
2 Gare routière (bus longue distance)
长途汽车站旧址
3 Nouveau parc des enfants
新儿童乐园
4 Bank of China
中国银行
5 Compagnie de bus Yanbei
(nouvelle gare routière)
雁北公司 (新长途汽车站)
6 BSP
公安局
7 Marché Hongqi
红旗商场
8 Poste et téléphones
邮电大楼
9 Monastère Huayan
华严寺
10 Mur des Neuf Dragons
九龙壁
11 Temple Shanhua
善化寺
12 Gare routière Xinkaili
(pour les grottes de Yungang)
新开里汽车站
13 Stade de Datong
大同体育场
14 Restaurant Yaxuyuan
雅叙园酒家
15 Hôtel Yungang et CITS
云冈宾馆，中国国际旅行社
16 Restaurant Hongqi
红旗大酒店
17 Hôtel Datong
大同宾馆
18 Bank of China (agence principale)
中国银行 (大同支行)

LA CHINE CENTRALE

témoignage de cette période : les grottes bouddhiques de Yungang.

Orientation

Le cœur de Datong est le carrefour situé au nord de la tour du Tambour, dans la vieille ville. En dehors des grottes de Yungang, les sites historiques tels que le monastère Huayan et le mur des Neuf Dragons sont regroupés dans l'enceinte, qui s'écroule quelque peu, tandis que la plupart des infrastructures modernes sont disséminées à l'extérieur, dans la ville nouvelle, qui date d'après 1949. La gare ferroviaire est implantée à l'extrémité nord de Datong, le bureau de poste à l'ouest et les deux hôtels touristiques au sud. La gare routière se profile dans Xinjian Beilu, à proximité de l'angle nord-ouest de l'ancien mur d'enceinte.

Renseignements

CITS. Datong possède deux agences du CITS : l'une à la gare ferroviaire (☎ 224-460), l'autre à l'hôtel Yungang. N'oubliez pas que l'on ne peut rien faire sans passer par le CITS à Datong. Il est probable que les employés de l'agence de la gare se précipiteront sur vous dès votre descente du train. Ils proposent des hébergements, se chargent des billets de train pour les étrangers et organisent des visites de la ville et des grottes de Yungang.

BSP. Le bureau de police est installé dans Xinjian Beilu, au nord du grand magasin.

Argent. L'agence la plus commode de la Bank of China est celle de Caochangcheng Xijie. La principale agence se profile dans Xinjian Nanlu, à proximité du terminus du bus n°6. Autre possibilité, l'hôtel Yungang.

Poste et télécommunications. Le bureau principal est le grand bâtiment avec la tour de l'horloge.

Cartes. La librairie Xinhua, à l'opposé en diagonale du bureau de poste principal, vend des cartes de Datong sur lesquelles sont indiqués en anglais les principaux

sites touristiques. Vous trouverez également des vendeurs de cartes aux abords de la gare ferroviaire.

Usine de locomotives de Datong

(*dàtóng jīchē chǎng*)

Cette usine était la dernière de Chine à construire des locomotives à vapeur. Elle a finalement arrêté en 1989 pour s'orienter dans la production de locomotives diesel et électriques. Elle possède un musée dans lequel on peut voir sept vieilles locomotives à vapeur.

On ne peut la visiter que par l'intermédiaire du CITS, en groupe. Si vous n'êtes que deux, vous devrez débourser 260 yuan par personne.

Mur des Neuf Dragons

(*jiǔlóng bì*)

C'est l'un des "écrans dragons" de Datong. Cette gigantesque composition de faïence vernissée en cinq couleurs représente des dragons qui crachent le feu. Construite pour orner l'entrée du palais du treizième fils de l'empereur Hongwu de la dynastie Ming, elle mesure 8 m de haut, 45 m de long et 2 m d'épaisseur. Le mur des Neuf Dragons se trouve aujourd'hui non loin à l'est de l'intersection entre Da Dongjie et Da Beijie. On peut s'y rendre par le bus n°4 depuis la gare ferroviaire.

Monastère Huayan

(*huáyán sì*)

Le monastère Huayan se trouve dans la partie ouest de l'ancienne cité. Il fut bâti à l'origine en 1140 sous le règne de l'empereur Xizong de la dynastie Jin.

Le Mahavira est l'une des plus anciennes salles de culte bouddhique encore debout en Chine. Il abrite, en son centre, cinq bouddhas assis sur des trônes de lotus de l'époque Ming. Les statues sont toutes dorées, mais les trois du milieu sont en bois et les deux autres en argile. Autour d'elles se tiennent des bodhisattvas, des soldats et des mandarins.

Le plafond à caissons supporté par de massives poutres est orné de peintures de

LA CHINE CENTRALE

couleurs vives, réalisées sous les Ming et les Qing, et restaurées récemment.

Le Bojiajiaocang (bibliothèque pour la conservation des écritures bouddhiques de l'ordre de Bojïa) est plus petit, mais plus intéressant. Il abrite vingt-neuf statues en argile colorées et sculptées sous la dynastie Liao (916-1125) représentant le Bouddha et des bodhisattvas.

Le monastère Huayan est à quelque 500 m de la poste, à l'extrémité d'une petite ruelle qui part de Da Xijie vers le sud. Le bus n°4 passe devant. L'entrée dans chacun des bâtiments coûte 12 yuan.

Temple Shanhua
(*shànhuà sì*)
Le temple Shanhua situé dans la partie sud de l'ancienne cité fut construit sous les Tang et ravagé par un incendie lors d'une guerre à la fin de la dynastie Liao. En 1128, plus de 80 bâtiments et pavillons étaient reconstruits et la restauration se poursuivit sous les Ming. Le bâtiment principal abrite les statues de 24 généraux divins. Droit d'entrée : 10 yuan.

Où se loger
La situation des hébergements à Datong frise le ridicule. Deux hôtels seulement sont officiellement autorisés à accepter les étrangers. Tous les deux sont chers et situés à des endroits peu pratiques. Le CITS de la gare ferroviaire se chargera toutefois de vous dénicher une chambre dans un hôtel meilleur marché (pas moins de 160 yuan pour une double).

L'hôtel *Datong* (☎ (0352) 232-476) (*dàtóng bīnguǎn*), dans Yingbin Xilu, est le seul établissement de la ville à proposer des lits en dortoirs (80 yuan). Les doubles standard coûtent 320 yuan.

L'hôtel *Yungang* (☎ 521-601) (*yúngāng bīnguǎn*), 21 Yingbin Donglu, loue des doubles à partir de 350 yuan. Interrogez le CITS sur le dortoir qu'il est censé posséder au 3e étage : lors de notre passage, il s'est refusé à tout commentaire sur ce sujet.

Pour vous rendre aux hôtels Datong et Yungang, prenez le bus n°15 à la gare fer-

roviaire. Pour le premier, descendez au douzième arrêt (juste après le virage brusque sur la gauche). Pour le second, descendez à l'arrêt suivant, avant le croisement. Un taxi vous reviendra à 15 yuan pour l'un ou l'autre.

Le CITS de la gare ferroviaire propose aussi un hébergement à l'*Army Hotel* et au *Railway Hotel*. Tous les deux offrent des doubles confortables pour 160 yuan. Ils ont en outre l'avantage d'être situés près de la gare ferroviaire.

Où se restaurer
Datong n'est certainement pas le paradis des gourmets, mais possède quelques bons restaurants à proximité des hôtels touristiques. Le restaurant *Hongqi* (*hóngqí dàjiǔdiàn*), de l'autre côté de la route par rapport à l'entrée principale de l'hôtel Yungang, propose des plats à des prix très divers. A proximité, le restaurant *Yaxuyuan* (*yǎxùyuǎn jiǔjiā*) vous attend dans Nanguan Nanjie.

Comment s'y rendre
Avion. L'aéroport au sud de la ville, qui subissait des rénovations lors de notre passage, devrait à nouveau assurer des vols au moment de la parution de cet ouvrage. Sur place, le bureau de la CAAC (☎ 525-357), dans Nanguan Nanjie, se charge des réservations de billets d'avion pour les vols autres que depuis/vers Datong. Un autre bureau est installé à l'hôtel Yungang.

Bus. Officiellement, les étrangers ne sont pas autorisés à se déplacer en bus au départ de Datong. Il existe cependant des bus réservés aux étrangers : renseignez-vous auprès du CITS pour savoir lesquels (véhicules destinés à la visite des sites dans les environs).

Train. Une ligne ferroviaire nord-est à destination de Pékin et une ligne nord pour la Mongolie intérieure et extérieure se rejoignent à Datong. Le transsibérien *via* Oulan Bator passe par là. Sont assurés des express quotidiens pour Pékin (7 heures), Lanzhou

(27 heures), Taiyuan (7 heures) et Xi'an (19 heures). Les employés du CITS de la gare ferroviaire se chargeront de vos billets de train dans les plus brefs délais moyennant un supplément de 30 yuan.

ENVIRONS DE DATONG
Grottes bouddhiques de Yungang
(*yúngāng shíkū*)

Les grottes bouddhiques de Yungang comptent parmi les plus beaux ensembles rupestres de Chine. Elles ont été taillées dans les falaises sud du Wuzhoushan, à 16 km à l'ouest de Datong, près du col qui mène à la Mongolie intérieure. Ces grottes qui s'étendent sur près d'un kilomètre d'est en ouest abritent plus de 50 000 statues.

Sur la crête de la montagne subsistent les vestiges d'une immense forteresse en brique du XVIIᵉ siècle. En approchant des grottes, on voit les pyramides tronquées des anciennes tours de guet.

Histoire. La plupart des grottes de Datong furent taillées à l'époque des Wei du Nord, entre 460 et 494. Le Yungang (Crête nuageuse) est la partie la plus élevée du massif gréseux du Wuzhoushan et se trouve sur la rive nord de la rivière du même nom. Les Wei venaient ici implorer les dieux de leur accorder la pluie.

Les grottes de Yungang semblent avoir été inspirées des grottes de Dunhuang, dans le Gansu, creusées au IVᵉ siècle. Elles comptent parmi les plus anciennes de Chine. Il se peut que le bouddhisme soit arrivé en Chine non seulement par voie de terre, la route de la Soie, mais aussi par la mer depuis la Birmanie, l'Inde et le Sri Lanka.

C'est en Inde que furent élaborées pour la première fois les méthodes pour tailler des temples rupestres. Dans les grottes de Dunhuang, les statues sont en terre cuite car la roche était trop tendre pour la sculpture, mais là, à Datong, se trouvent certaines des plus anciennes sculptures en pierre qui puissent se voir en Chine. Diverses influences marquèrent les grottes de Yungang : on peut reconnaître des armes, des

lions et des barbes perses et byzantins, des tridents grecs, des feuilles d'acanthe méditerranéennes aussi bien que des images des dieux hindous Vishnu et Shiva. Le style plus proprement chinois se manifeste dans les bodhisattvas, les dragons et les apsaras (êtres célestes, figurés sous les traits de danseuses ou de musiciennes).

Certains estiment que les gigantesques bouddhas de Bamiyan en Afghanistan ont pu inspirer la statuaire de Yungang. Les premières grottes abritaient en effet d'énormes bouddhas à l'effigie de cinq empereurs de la dynastie des Wei du Nord. De fait, le premier empereur des Wei du Nord avait été déclaré "Bouddha vivant" en 416 pour son patronage apporté au bouddhisme.

Les travaux dans les grottes de Yungang s'interrompirent plus ou moins brutalement quand les Wei du Nord déplacèrent leur capitale à Luoyang en 494. Datong perdit de son importance et les grottes furent, semble-t-il, délibérément laissées à l'abandon. Aux XIᵉ et XIIᵉ siècles, la dynastie Liao fondée par les envahisseurs du Nord entreprit quelques travaux de restauration. Datong même abrite quelques joyaux d'architecture et de sculpture Liao. D'autres travaux de réparation des grottes furent ensuite menés sous la dynastie Qing. Les grottes de Datong sont probablement plus impressionnantes que celles de Luoyang et elles semblent avoir moins souffert du vandalisme.

Les grottes sont groupées en quatre groupes, en allant d'est en ouest, sans que leur numéro ait à voir avec leur ordre de construction. L'aspect extérieur des grottes est aujourd'hui trompeur car autrefois toute la façade était couverte de bâtiments à plusieurs étages.

Grottes 1 à 4. Ces grottes au plan carré caractéristique se trouvent à l'extrémité est, séparées des autres par un monastère qui date de 1652 et des pavillons plaqués contre la falaise. Les grottes 1 et 2 contiennent des tours sculptées. La grotte 3 est la plus grande, mais elle ne recèle qu'un bouddha assis, flanqué de deux bodhisattvas.

LA CHINE CENTRALE

Grottes 5 et 6. C'est dans ces deux grottes que l'art du Yungang atteint son apogée. Les murs sont entièrement sculptés de merveilleux bas-reliefs figurant la vie du Bouddha et des processions.

La grotte 5 contient un colossal bouddha assis de 17 m de haut. De nombreuses petites statues ont été décapitées mais, dans l'ensemble, les sculptures et les peintures des grottes 5 et 6 sont les mieux conservées. En effet, elles ont été protégées des éléments par les deux grands bâtiments en bois du monastère de 1652, construits sur trois étages à leur entrée.

Dans la grotte 5, on distingue également, sur la partie supérieure du mur sud, un éléphant portant sur son dos une pagode à cinq étages.

La grotte 6 contient une tour richement sculptée dont les bas-reliefs figurent des scènes religieuses. L'entrée est flanquée de féroces gardiens. Au centre de la chambre du fond se dresse la tour carrée à deux étages qui fait une quinzaine de mètres de haut. A l'étage inférieur sont creusées quatre niches contenant des statues du Bouddha, dont celle du Bouddha Maitreya (le Bouddha du futur).

La vie de Gautama Bouddha, depuis sa naissance jusqu'au nirvana, est sculptée sur les parois est, sud et ouest de la grotte, ainsi que sur deux des côtés de la tour. Sur la paroi est de la chambre du fond, une scène représente la rencontre de Gautama avec un malade. Monté sur son cheval, le prince est accompagné d'un domestique qui le protège avec un parasol (symbole de la royauté), mais ne peut l'empêcher de découvrir la souffrance humaine. Les pèlerins font le tour de cette chambre en tournant dans le sens des aiguilles d'une montre.

Grotte 8. Les sculptures qu'elle contient témoignent de l'influence hindoue dans la mythologie bouddhique. D'un côté de l'entrée, on voit Shiva, avec ses huit bras et ses quatre têtes, monté sur un taureau ; de l'autre, Indra, avec ses multiples bras et visages, assis sur un aigle.

Grottes 9 et 10. On y voit des colonnes à l'entrée et d'intéressantes petites sculptures aux visages pleins d'humour et dont certaines portent des instruments de musique.

Grottes 11 à 13. Ces grottes dans lesquelles on ne peut entrer furent, semble-t-il, sculptées en 483. La grotte 12 contient des apsaras musiciennes et la grotte 13 un bouddha de 15 m de haut dont la main levée est soutenue par un petit personnage.

Grottes 16 à 20. Ces grottes sculptées en 460 sont les plus anciennes. Elles ont un plan ovale et un plafond en forme de dôme pour abriter de gigantesques bouddhas : certains debout, d'autres assis aux expressions suaves.

Le bouddha géant aux jambes croisées de la grotte 17 représente le Bouddha Maitreya. Les parois sont couvertes de bas-reliefs figurant des milliers de minuscules bouddhas.

Les parois de la grotte 18 sont couvertes de bas-reliefs des disciples de Bouddha. Remarquez celui qui se trouve près du coude de Bouddha et qui a un long nez et des traits caucasiens.

Le Bouddha assis de la grotte 20 mesure près de 14 m de haut et est particulièrement exposé car la paroi frontale et la structure de bois qui se trouvaient devant ont dû s'écrouler il y a très longtemps. On pense qu'il représente le fils de l'empereur Taiwu (424-452) de la dynastie des Wei du Nord qui, après avoir accordé un important patronage au bouddhisme, se tourna, sous l'influence d'un ministre, vers le taoïsme. A la suite d'une révolte dont il rendit responsable les bouddhistes, Taiwu ordonna leur persécution et la destruction de leurs statues, monastères et temples.

Ceci dura de 446 à 452, date à laquelle Taiwu fut assassiné, bien que s'étant apparemment repenti de la cruauté de ses persécutions. Son fils serait, dit-on, mort le cœur brisé de n'avoir pu empêcher les atrocités de son père et il fut après sa mort gratifié du titre d'empereur. Le petit-fils de Taiwu, qui lui succéda sur le trône, rétablit le bouddhisme.

La statue de la grotte 20 a distinctement des traits qui ne sont pas chinois. Il lui manque l'*urna*, cette petite touffe de poils située entre les sourcils (symbole de l'œil divin), signe distinctif du Bouddha, et on devine l'existence d'une petite moustache.

La grotte 19, la plus grande de toutes, contient une statue assise haute de 16 m représentant, pense-t-on, l'empereur Taiwu. S'il fut sculpté avec la paume de la main tournée vers l'avant, dans le geste de l'"absence de crainte", ce fut peut-être pour tenter d'estomper les terribles souvenirs des persécutions dont il se rendit coupable à l'égard du bouddhisme.

Grotte 21 et au-delà. Ces grottes sont petites et en mauvais état. La grotte 51 contient une pagode sculptée.

Comment s'y rendre. Les bus n°3 et 10 au départ de Xinkaili, terminus tout à fait à l'ouest de Datong, vous mèneront aux grottes de Yungang. Vous pourrez rejoindre Xinkaili de la gare ferroviaire par le bus n°2 ou de l'hôtel Datong par le bus n°17. De Xinkaili, le trajet dure 30 minutes jusqu'aux grottes.

De nombreux voyageurs participent aux excursions organisées par le CITS, à 100 yuan par personne (minimum de 5 personnes), ou 195 yuan avec le déjeuner et l'entrée des grottes compris. La visite inclut également celle du Monastère suspendu.

Le droit d'entrée s'élève à 20 yuan (5 yuan pour les étudiants). Il est interdit de prendre des photos, mais de nombreux visiteurs ignorent cette interdiction.

La Grande Muraille

(*chángchéng*)

La Grande Muraille se trouve à environ 1 heure de route de Datong et sert en grande partie de frontière entre le Shanxi et la Mongolie intérieure. La muraille ici n'a jamais été restaurée, aussi vous faudra-t-il de l'imagination pour concevoir que ces longues ruines de vieilles briques et de terre éboulée aient jamais pu constituer la principale défense de la Chine contre les invasions venues du nord.

Pour s'y rendre, on peut prendre, devant la gare ferroviaire, un minibus à destination de Fengzhen ou un bus public au départ de la gare routière. Assurez-vous toutefois que le chauffeur comprend bien où vous voulez descendre.

Monastère suspendu

(*xuánkōng sì*)

Le Xuankongsi se trouve à la sortie de la ville de Hunyuan, à 75 km au sud-est de Datong. Plaqué au flanc d'une falaise abrupte qui domine les gorges du Jinlong, ce monastère existe depuis plus de mille quatre cents ans. Reconstruit à plusieurs reprises, il compte actuellement une quarantaine de salles et de pavillons.

Les divers bâtiments sont reliés entre eux par des corridors, des ponts et des passerelles et contiennent des statues de dieux et des bouddhas en bronze, en fer, en argile et en pierre.

Ces dernières années, le monastère a subi certaines réparations et quelques parties ont dû être fermées. Le droit d'entrée est de 15 yuan.

Les visites organisées du CITS aux grottes de Yungang (voir la rubrique précédente) se rendent également au Monastère suspendu. Les excursions pour les Chinois coûtent 25 yuan, durent de 5 à 6 heures et partent vers 7h de la gare routière dans Yantong Xilu.

Les visites en chinois coûtent 20 yuan, durent de 4 à 5 heures et partent vers 7h, à proximité de la gare routière, dans Yantong Xilu.

Vous pouvez également prendre un bus public direct de Datong à Hunyuan, qui est à 3,5 km du monastère. Le premier départ de Datong a lieu à 9h et le dernier bus pour revenir part de Hunyan à 15h30.

Certains voyageurs passent la nuit à Hunyan et reviennent le lendemain à Datong. A Hunyan, vous pouvez loger à *la pension Hengshan* (*héngshān bīnguǎn*) ou à l'hostellerie du gouvernement provincial (*zhèngfǔ zhāodàisuǒ*).

LA CHINE CENTRALE

Pagode de bois
(*mùtǎ*)

Cette pagode du XIe siècle, située à Yingxian (*yìngxiàn*), à 70 km de Datong, est l'un des plus anciens édifices en bois au monde. Cette structure de neuf étages, haute de 97 m, tient sans le moindre clou.

Les excursions au Monastère suspendu incluent souvent une visite de la Pagode de bois. Se rendre à Yingxian en bus public est malaisé car le BSP n'autorise pas les étrangers à se déplacer en bus locaux. Vous pouvez toujours tenter votre chance.

YUNCHENG
(*yùnchéng*)

Yuncheng est situé à l'angle sud-ouest de la province du Shanxi, à proximité de l'endroit où le fleuve Jaune achève sa gigantesque traversée du nord de la Chine et amorce sa descente vers l'est.

A Jiezhou (*jièzhōu*), à 13 km au sud de Yuncheng, se dresse le grand **temple Guandi**, édifié sous les Sui, détruit par un incendie en 1702 et reconstruit par la suite.

Où se loger

L'hôtel *Huanghe* (*huánghé dàshà*), presque à l'angle de la première rue sur la gauche en partant de la gare, propose des doubles correctes pour 248 yuan et des lits en dortoir pour 30 yuan. L'hôtel *Yuncheng* (☎ (0359) 224-779) (*yùnchéng bīnguǎn*), dans Hongqi Lu, loue des chambres à partir de 60 yuan et abrite un bureau du CITS.

Comment s'y rendre

Yuncheng se trouve sur la ligne ferroviaire Taiyuan-Xi'an. Tous les trains, y compris les express directs, s'y arrêtent. Il existe aussi des bus directs pour Yuncheng au départ de Luoyang (22 yuan, 6 heures). Le trajet inclut une traversée en ferry du barrage de Sanmenxia et la découverte d'un paysage pittoresque de gorges érodées et de petits champs nivelés sur la terre de lœss.

Le bus n°11 qui part de la gare ferroviaire de Yuncheng vous déposera juste en face du temple Guandi, à Jiezhou.

RUICHENG
(*ruìchéng*)

A Ruicheng, à 93 km au sud de Yuncheng, se dresse le **temple taoïste de Yongle**, qui montre de belles fresques datant des Tang et des Song.

Édifié à l'origine au bord du fleuve Jaune, ce temple fut déplacé à Ruicheng au début des années 60, lors de la construction du barrage de Sanmenxia.

Où se loger

L'hôtel *Yongle* (*yónglè fàndiàn*), situé au principal carrefour de la ville, propose des lits dans des doubles rudimentaires mais propres pour 35 yuan. Le temple de Yongle se trouve à 3 km au sud en suivant la route de l'hôtel.

Comment s'y rendre

De la gare routière longue distance de Yuncheng partent toutes les heures des bus pour Ruicheng (6 yuan, 2 heures 30). Le bus traverse Jiezhou, puis gravit les pentes subalpines des Zhongtiaoshan.

Au départ de Ruicheng, vous pouvez aussi prendre un bus pour Xi'an tôt le matin.

Shaanxi 陕西

La partie nord du Shaanxi (*shǎnxī*), l'une des plus anciennes régions habitées de Chine, conserve des traces de présence humaine remontant à l'époque préhistorique. C'était la patrie des Zhou (Ier millénaire av. J.-C.), peuple qui finit par conquérir le territoire des Shang (IIe millénaire av. J.-C.) et imposer sa loi sur la plus grande partie du nord de la Chine. Là aussi régnèrent les Qin (221-206 av. J.-C.), depuis leur capitale de Xianyang, près de l'actuelle Xi'an, qui furent les premiers à gouverner toute la Chine orientale.

Le Shaanxi fut le cœur politique de la Chine jusqu'au IXe siècle. Xi'an, grande capitale des Sui (589-618) et des Tang (618-907), fut construite dans cette province, qui était au croisement des grands axes commerciaux entre l'est de la Chine et l'Asie centrale.

Lorsque la cour impériale partit s'installer plus à l'est, le Shaanxi perdit un peu de sa toute-puissance. Des rébellions agitèrent le territoire entre 1340 et 1368, puis entre 1620 et 1644, et finalement au milieu du XIXe siècle lorsque la grande révolte islamique causa la mort de dizaines de milliers de musulmans de la province.

Cinq millions de personnes périrent lors des famines de 1915, de 1921 et de 1928. La misère des paysans du Shaanxi favorisa leur ralliement au communisme, qu'ils soutinrent avec ferveur à la fin des années 20 et durant la guerre civile. Depuis leur base de Yan'an, les chefs communistes conduisirent la guerre contre le Guomindang et plus tard contre les Japonais, avant d'être contraints d'évacuer à la suite d'une attaque du Guomindang en 1947.

Une trentaine de millions de personnes habitent le Shaanxi, principalement ses régions du centre et du sud.

Le nord de la province est un plateau couvert d'une épaisse couche de lœss apportée par le vent, qui masque les reliefs originels. Le paysage, très érodé, est mar-

Population : 30 millions d'habitants

Capitale : Xi'an

A ne pas manquer :

- L'Armée enterrée des soldats de terre cuite, l'un des plus célèbres sites touristiques de Chine
- La partie ancienne de Xi'an, avec son fascinant quartier musulman
- Huashan, l'une des montagnes sacrées la plus à l'écart des sentiers battus

qué de profonds ravins et de falaises presque verticales.

La Grande Muraille, à l'extrême nord de la province, forme une sorte de barrière culturelle au-delà de laquelle l'existence humaine et l'agriculture furent toujours des aventures précaires.

La province est abonde de charbon et de pétrole. Le Wei He, un affluent du Huang He (fleuve Jaune), traverse le centre du Shaanxi, créant une ceinture fertile qui fut un haut lieu de la civilisation chinoise. Le sud de la province diffère profondément du nord, avec son climat doux et ses paysages luxuriants et escarpés.

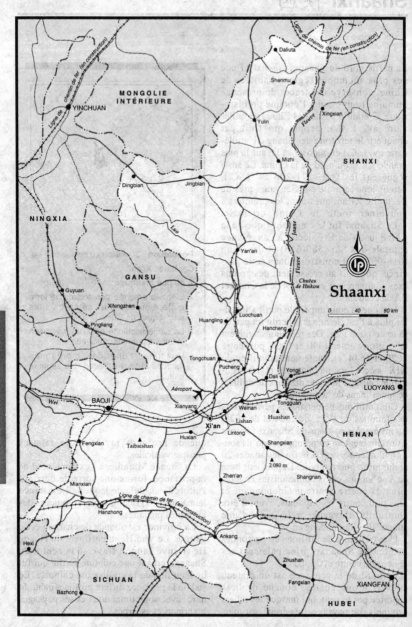

Shaanxi 陕西

XI'AN

(xī'ān)

Xi'an (3 millions d'habitants) rivalisa autrefois avec Rome et, plus tard, avec Constantinople pour le titre de "plus grande cité au monde". Sur plus de deux millénaires, la ville assista à l'ascension, puis au déclin, de nombreuses dynasties chinoises. Ses monuments et ses sites archéologiques rappellent qu'elle fut autrefois le centre du monde chinois.

Aujourd'hui, Xi'an demeure l'une des attractions majeures de la Chine. En dehors de l'Armée enterrée des soldats de terre cuite, elle abrite un nombre impressionnant de vestiges historiques disséminés dans la ville et aux alentours. On retrouve également une influence islamique, avec des mosquées et des places de marché animées, qui instille à la cité une atmosphère particulière rarement ressentie dans les autres villes chinoises situées plus à l'est. L'ensemble concourt à faire de Xi'an une destination privilégiée des voyageurs.

Histoire

Les premières traces d'habitation humaine remontent au néolithique, il y a 6 000 ans, quand la plaine était fertile et luxuriante et que les tribus chinoises implantèrent leurs villages. Les légendaires Zhou bâtirent leur capitale sur les rives de la Fen, à proximité de l'actuelle Xi'an.

Xianyang. Entre le Ve et le IIIe siècles av. J.-C., la Chine se divisa entre cinq États distincts en proie à des luttes perpétuelles, jusqu'à ce que celui des Qin conquît les quatre autres. En 221 av. J.-C., le prince Zheng de Qin, ayant unifié la Chine, prit le titre de Shihuangdi, premier empereur, et installa sa capitale à Xianyang, près de l'actuelle Xi'an. Son désir d'immortalité laissa à la postérité l'un des legs les plus remarquables de l'Antiquité : une tombe gardée par une armée de milliers de soldats en terre cuite.

La dynastie Qin fut incapable de surmonter la mort de Qin Shihuangdi. En 206 av. J.-C., elle fut renversée à la suite d'une révolte menée par un roturier du nom de Liu Bang. Celui-ci instaura la dynastie Han qui devait se maintenir pendant quatre cents ans au cours desquels les frontières de l'empire s'étendirent profondément en Asie centrale. Malgré sa longévité, cette dynastie ne fut toutefois jamais vraiment unifiée, ni en sécurité. Elle s'effondra en 220 ap. J.-C., laissant le champ libre à trois siècles de conflits et de guerres. Mais l'empire Han avait donné sa substance aux rêves d'expansion, de pouvoir et d'unité des futurs empereurs. Les Sui et les Tang les réalisèrent depuis leur superbe capitale de Chang'an.

Chang'an. La ville fut fondée en 582, dans la plaine fertile où s'était autrefois élevée la capitale des Han. Après l'effondrement des Han, le nord de la Chine fut gouverné par des envahisseurs étrangers et le sud par une série de dynasties chinoises fragiles et peu durables. Lorsque les Sui réunifièrent le pays, ils firent construire la nouvelle capitale de Chang'an, évocation délibérée de la gloire de l'époque Han et symbole de l'unité nationale.

Les Sui ne s'imposèrent pas longtemps et, en 618, furent remplacés par les Tang, sous lesquels Chang'an devint la plus grande ville d'Asie, sinon du monde.

Les remparts de la cité formaient un rectangle de près de 10 km d'est en ouest et de plus de 8 km du nord au sud, enfermant un réseau en damier de rues et d'avenues. Les murailles de terre, ponctuées de onze portes et dotées de parements de briques séchées au soleil, atteignaient probablement 5,5 m de hauteur et de 5,5 à 9 m d'épaisseur. A l'intérieur de ces murs, dans une ville séparée, s'affairaient la cour impériale et la bureaucratie.

Les communications entre la capitale et le reste de la Chine s'améliorèrent, surtout grâce aux canaux qui reliaient Chang'an au Grand Canal et à d'autres lieux stratégiques, système également poursuivi et développé par les Tang. On construisit des routes partant de la capitale, avec des auberges pour les envoyés officiels, les

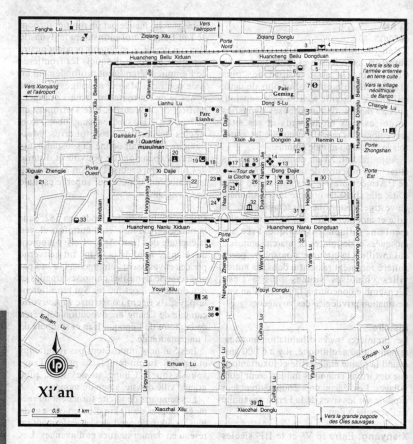

voyageurs, les marchands et les pèlerins. Ces réseaux de communication permirent au gouvernement de Chang'an d'imposer des taxes et des tributs qui renforcèrent encore son pouvoir. Ports maritimes et routes caravanières firent de la cité un carrefour d'échanges internationaux et une importante communauté étrangère s'y installa. Musulmans, zoroastriens de Perse et chrétiens nestoriens de Syrie, entre autres, y édifièrent leurs lieux de culte. Au VIIIe siècle, la ville comptait deux millions d'habitants, chiffre phénoménal.

Vers la fin du XIIIe siècle, cependant, s'amorça le déclin de la dynastie Tang et de sa capitale. Dès 775, le gouvernement central subit de graves revers face aux potentats provinciaux, d'une part, et face aux envahisseurs tibétains et turcs, d'autre part. Ces revers exposèrent les faiblesses de l'empire et, bien que les Tang eussent maintenu leur suprématie, ils perdirent progressivement le contrôle du réseau des transports et du système des taxes qui avaient assuré leur pouvoir. La dynastie tomba en 907 et la Chine se redivisa en de

XI'AN 西安

OÙ SE LOGER

1 Flats of Renmin Hotel
人民大厦公寓

5 Hôtel Jiefang
解放饭店

9 Grand New World Hotel
古都大酒店

10 People's (Renmin)
Hotel
人民大厦

16 May First Hotel
五一饭店

23 Bell Tower Hotel
钟楼饭店

29 Hotel Royal
西安皇城宾馆

30 Hyatt Regency Hotel
凯悦宾馆

34 Grand Castle Hotel
长安城堡大酒店

35 Victory Hotel
胜利饭店

37 Hôtel Xi'an
西安宾馆

OÙ SE RESTAURER

2 Mum's et Dad's
Home Cooking

12 KFC
肯德鸡

13 Bob & Betty's
(fast-food)

24 KFC
肯德鸡

25 East Asia Restaurant
东亚饭店

26 Singapore Fast Food
新加坡快餐

27 Restaurant Laosunjia
老孙家饭庄

28 Restaurant Xi'an
西安饭庄

31 Three Star & Small
World Restaurants
三星，小世界餐厅

DIVERS

3 Gare ferroviaire
火车站

4 Poste
邮电局

6 Gare routière
(bus longue distance)
长途汽车站

7 Bank of China
中国银行

8 Bureau de réservation
des billets
de chemin de fer
铁路售票处

11 Temple
des Huit Immortels
八仙安

14 Friendship Store
友谊商店

15 Librairie en langues
étrangères
外文书店

17 Bâtiment de la poste et
des télécommunications
邮电大楼

18 Tour du Tambour
鼓楼

19 Grande Mosquée
大清真寺

20 Temple du Dieu
de la Ville
城隍庙

21 CAAC (China
Northwest Airlines)
中国西北航空公司

22 BSP
公安局

32 Musée de la province
du Shaanxi
陕西省博物馆

33 Gare routière Ouest
西安汽车西站

36 Petite pagode
des Oies sauvages
小雁塔

38 CITS
中国国际旅行社

39 Musée d'Histoire
du Shaanxi
陕西历史博物馆

LA CHINE CENTRALE

multiples petits États indépendants.
Chang'an finit par être reléguée au rôle de
centre régional.

Orientation

Xi'an a conservé la forme rectangulaire qui
caractérisait Chang'an, avec son qua-
drillage de rues et d'avenues.

Le cœur de la ville moderne est enfermé
dans les murailles. Le centre est marqué
par l'énorme tour de la Cloche, d'où partent les quatre rues principales : Bei, Nan,
Dong et Xi Dajie.

La gare ferroviaire se situe à l'extrémité
nord-est du centre-ville. Depuis la gare,

Jiefang Lu se dirige vers le sud pour croiser Dong Dajie.

La plupart des infrastructures touristiques
sont regroupées aux abords de Jiefang Lu,
Dong Dajie et Xi Dajie.

De nombreux sites, cependant, tels que le
musée d'Histoire du Shaanxi, les pagodes
des Oies sauvages et le village néolithique
de Banpo, sont disséminés en dehors du
centre.

Plus loin, dans les plaines qui entourent
Xi'an, on peut voir les guerriers ensevelis
de Xianyang, le temple de Famen, le tombeau de Qin Shihuangdi et l'Armée enterrée en terre cuite près de Lintong.

Renseignements

BSP. Il est implanté 138 Xi Dajie, à 10 minutes à pied de la tour de la Cloche. Ouvert tous les jours, sauf le dimanche, de 8h à 12h et de 14h30 à 18h.

CITS. L'agence principale du CITS (☎ 526-2066) est installée dans Chang'an Beilu, à quelques minutes à pied au sud de l'hôtel Xi'an.

L'hôtel Jiefang (☎ 742-2219, poste 237) et le Bell Tower Hotel (☎ 727-9200, poste 2842) abritent d'autres agences du CITS. Elles organisent essentiellement des circuits touristiques, mais peuvent également se charger de la réservation des billets de train.

Agences de voyages. Nombre de voyageurs indépendants utilisent le personnel du Mum's Home Cooking et Dad's Home Cooking comme seule source de renseignements. On vous informera notamment des hébergements bon marché et des sites à visiter.

Autre agence utile, la Golden Bridge Travel possède des bureaux au 2e étage du Bell Tower Hotel (☎ 727-9200, poste 227) et au 5e étage du May First Hotel. Elle propose également des circuits et peut obtenir des réductions sur les réservations d'hôtels de catégories moyenne et supérieure.

Argent. L'agence principale de la Bank of China (☎ 727-2312), 223 Jiefang Lu, juste au-dessus de Dong 5-Lu, est ouverte de 9h à 11h45 et de 14h à 16h30. Les étrangers peuvent également changer de l'argent aux succursales de Xi Dajie et de Dong Dajie. Quantité d'hôtels possèdent aussi des bureaux de change, généralement réservés à leur clientèle.

Poste et télécommunications. Les bureaux les plus pratiques sont situés près de la gare ferroviaire et dans Bei Dajie, à l'angle de Xixin Jie.

Cartes. Procurez-vous un exemplaire de la *Xi'an Tourist Map*. Bilingue, elle fournit une liste exhaustive de tout ce qu'il faut savoir sur Xi'an.

Tour de la Cloche
(zhōnglóu)

La tour de la Cloche est une gigantesque construction au centre de Xi'an, dans laquelle on pénètre par un souterrain sur la gauche. La tour d'origine fut construite à la fin du XIVe siècle, puis rebâtie en 1739, sous les Qing. Elle doit son nom à une grande cloche de fer installée dans la tour et qui servait à marquer le temps.

Tour du Tambour
(gǔlóu)

La tour du Tambour, une construction plus petite à l'ouest de la tour de la Cloche, marque l'entrée du quartier musulman de Xi'an. L'entrée coûte 5 yuan pour les étrangers.

Remparts de la ville
(chéngqiáng)

Xi'an est l'une des rares villes chinoises dont les anciens remparts soient encore nettement visibles. Ils furent bâtis sur les fondations des murailles de la Cité interdite Tang, sous le règne de Hongwu (1368-1398), premier empereur de la dynastie Ming, et forment un rectangle de 14 km de pourtour. Sur chacun des côtés s'ouvre une porte surmontée de trois tours.

Une tour de guet domine chacun des quatre coins et le sommet des remparts est ponctué de tours de défense. La muraille fait 12 m de haut, sur une épaisseur de 12 à 14 m au sommet et de 15 à 18 m à la base.

Des abris antiaériens furent creusés dans les remparts lorsque les Japonais bombardèrent la ville et des grottes taillées dans la muraille servirent de réserves à grains sous la Révolution culturelle.

La plus grande partie des murs a été restaurée, parfois même entièrement reconstruite. Par endroits, en revanche, ils ont totalement disparu, bien qu'ils apparaissent encore sur les plans. Il est donc malheureusement impossible de faire le tour de Xi'an par les remparts.

Des rampes d'accès qui permettent d'y monter sont situées juste à l'est de la gare, près de Heping Lu, à la porte Sud (*nánmén*), près du musée de la province du Shaanxi et à l'extrémité est de la muraille sud. Le billet coûte 6 yuan.

Grande pagode des Oies sauvages
(*dà yàn tǎ*)
Cette pagode occupe l'emplacement de ce qui fut autrefois le temple de la Grande Grâce maternelle, au sud de Xi'an, et qui avait été construit vers 648 sous le règne de Gaozong, futur troisième empereur (649-683) de la dynastie Tang, en l'honneur de sa mère défunte. Les bâtiments que l'on peut voir aujourd'hui remontent à la dynastie Qing et furent construits dans le style Ming.

La pagode d'origine fut érigée en 652. Elle ne comportait que cinq niveaux avant les rénovations et restaurations successives. Elle devait abriter les textes bouddhiques rapportés d'Inde par le moine voyageur Xuanzang (602-664), qui se chargea ensuite de les traduire en 1 335 volumes chinois. C'est un bâtiment spectaculaire, une forteresse de brique et de bois qui s'élève à 64 m de hauteur.

La grande pagode des Oies sauvages se trouve au bout de Yanta Lu, à l'extrémité sud de Xi'an. Le bus n°41 qui part de la gare s'y rend directement. L'entrée se fait par le côté sud de l'enceinte du temple. Les étrangers paient 20 yuan à l'entrée, et 20 yuan pour monter sur la pagode (tarif spécial pour les étudiants).

Le nouveau musée des Arts de la dynastie Tang (*tángdài yìshù bówùguǎn*), qui renferme des collections consacrées aux Tang de Xi'an, est installé à l'est du temple.

Petite pagode des Oies sauvages
(*xiǎo yàn tǎ*)
La petite pagode des Oies sauvages se dresse sur le site du temple Jianfu. Un tremblement de terre en a arraché le sommet au milieu du XVIe siècle, mais le reste de la structure, haut de 43 m, demeure

intact. Le temple Jianfu fut édifié en 684 pour accueillir les fidèles venus prier pour le repos de l'empereur Gaozong. La pagode, bâtiment de 15 niveaux de plus en plus petits, fut érigée entre 707 et 709. Elle renferme des textes bouddhiques rapportés d'Inde par un pèlerin.

Pour vous rendre à la pagode, prenez le bus n°3, qui part de la gare ferroviaire, passe par la porte Sud de la vieille ville et descend Nanguan Zhengjie. La pagode se profile dans Youyi Xilu, à l'ouest du croisement avec Nanguan Zhengjie. L'entrée est de 10 yuan pour les étrangers, auxquels il faut ajouter 10 yuan si l'on veut grimper au sommet de la pagode.

Grande Mosquée
(*dà qīngzhēnsì*)
Cette mosquée est l'une des plus grandes de Chine. L'édifice actuel ne remonte qu'au milieu du XVIIIe siècle, mais a succédé à un bâtiment construit il y a plusieurs centaines d'années. Au nord-ouest de la tour du Tambour, elle est construite dans le style chinois, avec des jardins qui occupent l'essentiel de son site. Elle est toujours très fréquentée et plusieurs services de prières s'y déroulent chaque jour. Elle est ouverte de 8h à 12h et de 14h à 18h. On peut en visiter la cour, mais seuls les musulmans sont autorisés à pénétrer dans la salle de prière.

La Grande Mosquée se trouve à 5 mn à pied de la tour du Tambour : passez sous l'arche, puis prenez la seconde ruelle menant à gauche vers une petite rue transversale. La mosquée est à quelques pas sur la droite, après des boutiques de souvenirs. L'entrée coûte 15 yuan.

Musée de la province du Shaanxi
(*shǎnxī shěng bówùguǎn*)
Autrefois temple de Confucius, le musée renferme une belle collection consacrée, pour l'essentiel, à l'histoire de la route de la Soie. On pourra y admirer, entre autres, une tablette en forme de tigre datant de la période des Royaumes combattants et portant des caractères en ancien chinois. Elle

servait sans doute à transmettre des messages ou des ordres d'un commandement à un autre.

L'une des curiosités les plus remarquables est la Forêt de stèles, la collection de livres la plus lourde au monde. La plus ancienne de ces 2 300 tablettes de pierres gravées date de la dynastie Han.

La plus intéressante est la célèbre stèle du nestorianisme Daiqin, reconnaissable à sa petite croix au sommet. Les nestoriens appartenaient à une secte chrétienne dont les croyances s'écartaient du christianisme orthodoxe. Ils pensaient en effet que les natures humaine et divine du Christ étaient fondamentalement distinctes. Le nestorianisme s'implanta en Chine par la route de la Soie et Marco Polo fait allusion à sa rencontre avec des membres de la secte à Fuzhou au XIIIe siècle.

Cette stèle fut gravée en 781 pour marquer la fondation d'une église nestorienne. Elle décrit, en syrien et en chinois, comment un disciple syrien du nom de Raban se présenta en 635 à la cour impériale de Xi'an. Il apportait avec lui les écritures chrétiennes, qui furent traduites, puis lues par l'empereur. Celui-ci, raconte la pierre, fut impressionné et ordonna l'édification d'un monastère voué à cette nouvelle religion dans sa ville.

Parmi les autres tablettes, on peut voir la stèle Ming De Shou Ji, qui relate la révolte paysanne menée par Li Zhicheng contre les Ming, et les 114 classiques de pierre de l'ère Kaichen, remontant à la dynastie Tang et gravés des 13 livres classiques anciens et de récits historiques.

Toutes les pièces importantes comportent une explication en anglais. L'entrée du musée se trouve dans une rue transversale qui débouche dans Baishulin Lu, près de la porte sud des remparts. Il est ouvert de 8h30 à 18h. L'entrée coûte 20 yuan pour les étrangers, 3 yuan pour les étudiants.

Musée d'histoire du Shaanxi

(*shǎnxī lìshǐ bówùguǎn*)
Construit dans le style classique chinois, ce gigantesque bâtiment, ouvert en 1922, est l'un des principaux centres d'intérêt de Xi'an. Les collections sont présentées selon un ordre chronologique et comportent des pièces provenant du musée de la province, où elles n'étaient pas toutes exposées en permanence.

La section du rez-de-chaussée, qui évoque la préhistoire chinoise et l'époque des premières dynasties, s'ouvre sur l'homme paléolithique de Langtian (paléolithique inférieur) et les sites néolithiques de Lintong et de Banpo, remontant à 7 000 et 5 000 ans av. J.-C. On peut voir des poteries néolithiques, des jades sculptés et des pointes de flèche, plusieurs énormes tripodes de bronze de la dynastie Zhou de l'Ouest et d'autres pièces de vaisselle de Yantou, des objets funéraires Qin, des pointes de flèche en bronze et des arcs, d'anciens tuyaux de céramique et quatre statues de guerriers en terre cuite qui se trouvaient près du tombeau de Qin Shihuangdi.

Le deuxième département, à l'étage, est consacré aux souvenirs des dynasties Han, Wei occidentaux et Zhou du Nord. On voit d'intéressantes lampes de bronze en forme d'oie et un mécanisme de transmission en fer forgé étonnamment précoce.

La troisième et dernière section expose essentiellement des pièces d'artisanat Sui, Tang, Ming et Qing, qui témoignent de la qualité des techniques employées par les potiers de l'époque, avec des chevaux et des chameaux de terre cuite raffinés, de belles poteries *misi* à glaçure verte et des statues Tang inspirées du bouddhisme. On remarquera aussi des objets provenant du temple de Famen, parmi lesquels un service à thé en or et en argent, ainsi que de superbes poteries Ming et Qing décorées de roses et de pivoines.

Pour arriver au musée, prendre le bus n°5 ou 14 à la gare. Les étrangers entrent et sortent par les portes situées à gauche de l'entrée principale.

Les photographies sont strictement interdites et on doit laisser (gratuitement) tout bagage à main dans les consignes prévues à cet usage. L'entrée coûte 38 yuan et 10 yuan pour les étudiants.

Toutes les pièces exposées sont présentées avec un cartel explicatif en anglais. Le musée est ouvert tous les jours de 8h30 à 17h30.

Le vieux Xi'an

L'ancien **quartier musulman** de Xi'an, autour de la Grande Mosquée, a conservé tout son caractère. Les rues au nord et à l'ouest de la mosquée ont accueilli la communauté hui de la ville depuis des siècles. Lorsqu'on emprunte les étroites ruelles bordées de vieilles maisons élevées en brique crue, on passe devant des échoppes de bouchers, des fabriques d'huile de sésame et de petites mosquées cachées derrière d'énormes portes de bois.

Il faut explorer les rues Nanyuan Men, Huajue Xiang et Damaishi Jie, qui part au nord de Xi Dajie et traverse un intéressant marché islamique.

Le **temple des Huit Immortels** (*bā xiān ān*) est le plus grand centre taoïste de Xi'an et un lieu de dévotion très fréquenté. Des scènes de la mythologie taoïste sont peintes autour de la cour du temple. Pour s'y rendre, prendre le bus n°10, 11, 28 ou 42 vers l'est dans Changle Lu et descendre deux arrêts après les remparts, puis faire 100 m à pied et tourner à droite (vers le sud) sous un portail de fer peint en vert, dans une rue commerçante. Suivre cette rue, en tournant légèrement à droite puis à gauche jusqu'à une autre petite rue qui passe devant le temple. L'entrée se fait par le côté sud. On peut aussi y arriver en suivant la rue qui part directement vers l'est de la porte Zhongshan.

Le **temple du dieu de la Ville** (*chéng huáng miào*), d'une architecture à l'ancienne en bois, un peu lourde, avec un toit de tuiles bleues, remonte probablement au début de l'époque Qing. Aujourd'hui désaffecté et utilisé comme entrepôt, il n'en conserve pas moins un charme authentique. Le temple est à 10 mn de marche à l'ouest de la tour du Tambour, au bout d'un long marché couvert qui descend au nord de Xi Dajie. Il n'est pas indiqué en anglais, aussi doit-on le repérer aux grands

caractères rouges au-dessus de l'entrée, immédiatement à l'est de l'hôtel Xijing.

Visites organisées

Une visite d'une journée vous permettra de voir plus facilement les curiosités autour de Xi'an et plus rapidement que si vous l'entreprenez seul. Les itinéraires peuvent varier légèrement, mais vous aurez le choix entre le "circuit de l'ouest" et le "circuit de l'est". Des visites de la ville partent également de la place qui fait face à la gare. Les visites organisées par le CITS sont plus chères que celles des autres agences, mais les moins chères attendent d'être au complet pour partir et laissent moins de temps disponible pour chaque endroit.

Le circuit de l'est. Le circuit de l'est (*dōngxiàn yóulǎn*) est le plus fréquenté, puisqu'il comprend la visite de l'Armée enterrée des soldats de terre cuite, ainsi que celle du tombeau de Qin Shihuangdi, du village néolithique de Banpo et des thermes de Huaqing.

Golden Bridge Travel et le CITS proposent tous deux ce circuit pour 95 yuan, ce qui ne comprend que le transport, ou 280 yuan avec le déjeuner et tous les billets d'entrée. Le bus quitte Xi'an aux alentours de 9h et rentre à 17h. Vous serez accompagné d'un guide anglophone et on vous accordera environ 2 heures pour voir l'armée enterrée et le tombeau de Qin Shihuangdi – nombre de touristes se plaignent que le CITS consacre par contre trop de temps à la visite des thermes de Huaqing, qui n'offrent guère d'intérêt. Pour un prix nettement inférieur, vous pourrez faire le même circuit en vous associant à l'une des visites en minibus chinois. Vous pourrez acheter votre billet (40 yuan) à un kiosque en face de la gare ferroviaire.

Le circuit de l'ouest. Plus long que le précédent, le circuit de l'ouest (*xīxiàn yóulǎn*) inclut le musée de la ville de Xianyang, quelques tombeaux impériaux, le tombeau Qian et parfois le temple de Famen. Ce circuit est moins fréquenté que celui de l'est et, par conséquent, vous devrez réunir suffisamment de gens pour que Golden Bridge Travel ou le CITS se chargent de son organisation. Il vous en coûtera 860 yuan par personne.

Où se loger – petits budgets

Deux hôtels peuvent prétendre au titre très convoité d'établissements pour petits budgets : les Flats of Renmin Hotel, dans le nord-ouest de la ville, et le Victory Hotel dans le sud. Le premier est le plus fréquenté ; c'est l'adresse la plus indiquée si vous souhaitez rencontrer d'autres voyageurs et manger des crêpes à la banane. Les voyageurs qui arrivent de Pékin et de Chengdu par le train seront accueillis par des rabatteurs surgis des restaurants alentour qui vous accompagneront à votre hôtel, puis vous entraîneront cordialement pour le petit déjeuner, le déjeuner et le dîner (dans leur restaurant). Ces deux hôtels sont parfois critiqués pour leurs sanitaires plus que sommaires.

Les *Flats of Renmin Hotel* (☎ 722-2352) (*rénmín dàshà gōngyù*), 9 Fenghe Lu, loue des lits en dortoir de quatre pour 35 yuan (petit déjeuner compris) et des doubles avec clim. et s.d.b. pour 100 yuan. L'eau chaude coule à volonté 24h/24 et vous pourrez profiter d'un service de teinturerie à un prix raisonnable. Si personne ne vient vous chercher à la gare, prenez le bus n°9 et descendez au sixième arrêt. Un taxi de la gare revient entre 10 et 12 yuan.

Le *Victory Hotel* (☎ 721-3184) (*shènglì fàndiàn*), au sud de la porte Heping, est un vieil établissement qui propose des lits en triple ou quadruple à partir de 34 yuan et des doubles avec clim. et s.d.b. pour 140 yuan. Les bus n°5 et 41 (entre autres), qui partent de la gare, passent devant l'hôtel.

Où se loger – catégorie moyenne

Le *May First Hotel* (☎ 723-1844) (*wǔyī fàndiàn*), 351 Dong Dajie, se dresse à une courte distance de la tour de la Cloche. Très bien situé, propre et accueillant, il offre des simples à 121 yuan, des doubles à

150 yuan et des doubles de luxe à 190 yuan. Toutes les chambres sont équipées de s.d.b. et de clim. Vous pourrez aussi profiter de son service de teinturerie bon marché.

L'hôtel *Jiefang* (☎ 721-2369) (*jiěfàng fàndiàn*), à l'angle opposé en diagonale de la grande place de la gare (à gauche en sortant), est bien situé. Il propose des doubles et des triples à 260 yuan, des quadruples à 320 yuan.

L'énorme *People's (Renmin) Hotel* (☎ 721-5111) (*rénmín dàshà*), 319 Dongxin Jie, est reconnaissable à son architecture stalinienne du début des années 50 (avec quelques caractéristiques chinoises). Depuis sa rénovation, il est monté en grade. Il loue des doubles à partir de 350 yuan et facture jusqu'à 470 ou 660 yuan une suite.

Où se loger – catégorie supérieure

Xi'an a connu un essor dans le domaine des hébergements haut de gamme ces dernières années. Beaucoup d'hôtels paraissent déserts, ce qui n'est pas toujours un désavantage, surtout pendant la basse saison (de novembre à mars), car vous pourrez obtenir des réductions importantes. La plupart des établissements de luxe ajoutent un supplément de 15% pour le service et les taxes.

Parmi les hôtels haut de gamme, on peut citer :

Bell Tower Hotel (*zhōnglóu fàndiàn*), géré par le groupe Holiday Inn, simples/doubles à partir de 70/75 $US (☎ 727-9200 ; fax 721-8767).
Empress Hotel (*huánghòu dàjiǔdiàn*), chambres à partir de 50 $US (☎ 323-2999 ; fax 323-6988).
Grand Castle Hotel (*cháng'ān chéngbǎo dàjiǔdiàn*), chambres à partir de 100 $US (☎ 723-1800 ; fax 723-1500).
Grand New World Hotel (*gǔdū xīnshìjiè dàjiǔdiàn*), chambres à partir de 110 $US, réductions intéressantes (☎ 721-6868 ; fax 721-9754).
Hotel Royal (*xī'ān huángchéng bīnguǎn*), chambres à partir de 90 $US (☎ 723-5311 ; fax 723-9754).
Hyatt Regency Hotel (*kǎiyuè fàndiàn*), chambres à partir de 150 $US (☎ 723-1234 ; fax 721-6799).
Shangrila Hotel (*xiānggélǐlā fàndiàn*), (☎ 323-2981 ; fax 323-5477).

Sheraton Hotel (xǐláidēng dàjiǔdiàn), chambres à partir de 90 $US (☎ 426-1888 ; fax 426-2188).
Singapore Hotel (shénzhōu míngzhū jiǔdiàn), chambres à partir de 80 $US (☎ 323-3888 ; fax 323-5962).

Où se restaurer

Les voyageurs semblent se rabattre presque exclusivement sur deux restaurants, de l'autre côté du Flats of Renmin Hotel : le *Dad's Home Cooking* et le *Mum's Home Cooking*. Tous deux offrent une cuisine correcte, à des prix raisonnables, et fournissent de précieux services aux voyageurs.

Le *Small World Restaurant* et le *Three Star Restaurant*, au nord du Victory Hotel, fournissent également l'essentiel aux voyageurs (crêpes, bière bon marché et informations gratuites), mais traversent une période difficile depuis que la plupart des étrangers séjournent plutôt au nord de la ville, au Flats of Renmin Hotel.

Xi'an possède aussi des rues animées où l'on peut manger sur le pouce. En hiver, la population semble se nourrir exclusivement de bols de nouilles mais, à d'autres périodes de l'année, on vous offrira un choix plus varié. La nourriture proposée dans la rue est souvent d'origine musulmane. Les plats les plus courants sont le *fěnrèròu*, composé de mouton haché frit avec du blé fin moulu, des nouilles de sorgho ou de sarrasin appelées *héletiáo*, et les *mǐgāo*, gâteaux de riz frits fourrés à l'eau de rose sucrée. Le meilleur est cependant le *yángròu pàomó*, une soupe de pain et de bouillon de mouton.

Pour les amateurs de grande cuisine musulmane-chinoise, rendez-vous au 3e étage du *Laosunjia (lǎosūnjiā fànzhuāng)*, à l'angle de Duanlumen et de Dong Dajie. Au rez-de-chaussée, on peut manger pour un prix modique, en particulier le *yangrou paomo*, cité précédemment. Le restaurant se trouve en face du Friendship Store et se repère facilement à son dôme vert orné d'un croissant musulman. On s'y régale d'une délicieuse fondue, appelée *shuànguōzi*, où l'on trempe de la viande crue et des tranches de légumes dans un liquide bouillant sur un réchaud.

Le restaurant bon marché en bas de l'escalier du *May First Hotel (wǔyī fàndiàn)* propose de bonnes spécialités du nord telles que des raviolis au porc et de grands bols de nouilles. Les habitants de Xi'an l'apprécient et il est toujours plein. Le restaurant à l'étage n'offre aucun intérêt.

L'*East Asia Restaurant* (☎ 721-8410) *(dōngyà fàndiàn)* fut fondé en 1916 à Shanghai et s'installa à Xi'an en 1956. Ses salles des 2e et 3e étages proposent l'une des meilleures cuisines de la ville. Il est situé au sud-est de la tour de la Cloche, 46 Luoma Shi, une ruelle partant de Dong Dajie.

Le restaurant *Xi'an* (☎ 721-6262) *(xi'ān fànzhuāng)* est installé 298 Dong Dajie. La salle du bas, plus économique, propose une spécialité de *guōtiē*, des raviolis frits salés. L'étage est essentiellement réservé aux banquets, mais il inclut une salle pour les autres clients, avec une version courte du menu en anglais. La qualité des plats varie entre le médiocre et le succulent.

Le Bell Tower Hotel propose un buffet pour le petit déjeuner à 55 yuan. Son *Xi'an Garden Cantonese Restaurant* sert une bonne cuisine.

Fast-food. En dehors de *KFC* qui a envahi Xi'an, vous pouvez essayer le *Bob & Betty's*, 285 Dong Dajie. On sert d'excellents hamburgers et pizzas, ainsi que du café, à des prix abordables.

Achats

Huajue Xiang *(huàjuè xiàng)* est une étroite ruelle à côté de la Grande Mosquée où s'alignent de petites boutiques de souvenirs et d'"antiquités" propices au lèche-vitrines. C'est l'un des meilleurs endroits en Chine pour l'achat de souvenirs, du type baguettes ou boules d'acier carillonnantes. Marchander est une obligation.

Le Friendship Store se profile à l'est de la tour de la Cloche, dans Nanxin Jie, juste au nord du croisement avec Dong Dajie.

Un peu partout en ville, vous pourrez aussi acheter des souvenirs typiques, comme les pierres à encre utilisées pour la calligraphie traditionnelle, ainsi qu'une grande variété d'objets en jade, des boucles d'oreilles aux fume-cigarettes.

Comment s'y rendre

Avion. Xi'an est l'une des villes les mieux desservies de Chine – on peut se rendre dans toutes les grandes villes ou presque. La CAAC porte le nom de China Northwest Lines (*zhōngguó xībĕi hángkōng gōngsī*). Son agence de réservation des billets est située, de manière peu commode, à l'angle sud-est de Xiguan Zhengjie et de Laodong Lu, à 1,5 km de la porte Ouest. Elle est ouverte de 8h30 à 11h30 et de 15h à 20h. Il est plus pratique de réserver ses billets auprès du CITS ou de toute autre agence installée dans l'un des grands hôtels de la ville. Le Bell Tower Hotel possède notamment un service de réservation très efficace (au rez-de-chaussée).

Une compagnie affiliée à la CAAC, la Shaanxi United Airlines, dispose également d'une petite agence commodément située à côté de la porte du People's (Renmin) Hotel.

Concernant les vols internationaux, le billet pour Hong-Kong revient à 2 240 yuan avec Dragonair, 2 180 yuan avec China Northwest. Il existe des vols quotidiens pour Nagoya au Japon. Dragonair (☎ 426-9288) possède un bureau dans le hall du Sheraton Hotel.

Singapore Airlines devrait assurer une liaison directe avec Singapour au moment de la parution de cet ouvrage.

Bus. La gare routière longue distance la plus centrale est implantée en face de la gare ferroviaire. Elle assure des correspondances utiles avec Huashan, Ankang, Yan'an et Ruicheng (dans le sud-ouest du Shanxi).

Les bus-couchettes desservent les villes de Zhengzhou, Yichang, Yinchuan et Luoyang. Voyager par le train reste toutefois plus confortable.

Une autre grande gare routière longue distance se trouve dans Huancheng Nanlu, à l'ouest de la porte Sud.

Train. Il existe des trains directs pour Chengdu, Canton, Hefei, Pékin, Qingdao, Shanghai, Taiyuan, Ürümqi et Wuhan. Pour Chongqing et Kunming, il faut changer à Chengdu.

Les guichets réservés aux étrangers se trouvent au 2e étage de la gare, au-dessus des guichets pour les Chinois. On peut acheter des billets pour le jour même aux guichets 1 et 2, mais il faut s'adresser aux guichets proches des escaliers pour les autres billets. Les voyageurs munis de cartes d'étudiant pourront acheter leurs billets au rez-de-chaussée aux tarifs réservés aux Chinois.

Le CITS peut se charger de l'achat de vos billets si vous les prévenez au moins deux ou trois jours à l'avance. Renseignez-vous aussi dans les restaurants pour étrangers sur les possibilités d'achat de billets.

Les trains directs pour Pékin mettent environ 17 heures, pour Canton quelque 22 heures et pour Chengdu environ 19 heures. Pour les voyageurs qui se rendent à Luoyang et Zhengzhou, il existe un train touristique climatisé qui part à 10h50 et arrive à Zhengzhou à 19h23 le même jour.

Comment circuler

Desserte de l'aéroport. L'aéroport Xiguan se trouve à environ 40 km au nord-ouest de Xi'an. La navette de la CAAC assure uniquement le trajet entre l'aéroport et son agence (15 yuan, 50 mn), d'où vous pourrez prendre un taxi ou un bus pour vous rendre à votre hôtel. Les taxis exigent au moins 130 yuan et essaieront de vous soutirer davantage si vous arrivez à une mauvaise heure de la journée.

Bus. Les bus bondés de Xi'an sont le paradis des pickpockets : surveillez votre portefeuille lorsque vous les empruntez. Des minibus plus confortables suivent les mêmes trajets et reviennent à environ 2 yuan pour la plupart des destinations centrales. Les bus locaux desservent la majorité des sites intéressants de la ville et des alentours, notamment le village néolithique de Banpo et l'armée enterrée.

Taxi. Les taxis abondent et sont relativement bon marché si vous parvenez à convaincre le chauffeur d'utiliser son compteur. La prise en charge est de 4,80 et 5,60 yuan, généralement majorés de 2 yuan. A la gare ferroviaire et à l'aéroport, on peut discuter les prix.

Bicyclette. On peut louer des vélos au Flats of Renmin Hotel (et aux restaurants pour étrangers tout à côté), ainsi qu'au Victory Hotel. Le prix moyen est de 1 yuan de l'heure ou 10 yuan pour la journée. Au Bell Tower Hotel, comptez 2 yuan de l'heure.

ENVIRONS DE XI'AN

La plupart des sites réellement intéressants sont disséminés en dehors de la ville. Les deux principaux sont le village néolithique de Banpo et l'Armée enterrée des soldats de terre cuite, près du tombeau de Qin Shihuangdi.

Le village néolithique de Banpo
(*bànpō bówùguǎn*)

C'est la grande attraction de Xi'an après l'armée enterrée. Pourtant, les avis sont partagés. Nous ne saurons trop vous conseiller de limiter votre circuit au seul village néolithique (15 yuan) et d'oublier très vite le village matriarcal adjacent (40 yuan).

Banpo est le plus ancien exemple de la culture de Yangshao (nom du premier village néolithique découvert en Chine) jamais mis au jour. Il semble avoir été occupé de 4500 av. J.-C. à 3750 av. J.-C. et s'étend sur la rive orientale de la Chan, dans un faubourg de Xi'an. Une vaste structure fut élevée au-dessus de ce qui constituait la zone d'habitation et des bâtiments renferment des poteries et de l'artisanat. Des céramiques découvertes au sud des Qinlingshan semblent attester la présence de villages agricoles plus anciens encore, mais ce n'est encore qu'une hypothèse.

Les ruines de Banpo se divisent en trois sections : une zone d'habitation, un zone d'ateliers de potiers et un cimetière.

Les premières habitations étaient à moitié enterrées, contrairement aux maisons plus récentes bâties au niveau du sol autour d'une structure en bois. Certaines huttes sont rondes, d'autres carrées, leurs portes toujours orientées au sud. Chacune contient un foyer. Les principaux matériaux de construction utilisés étaient le bois pour la structure et le torchis pour les murs.

La partie résidentielle du village était entourée d'un fossé artificiel de 300 m de long sur environ 2 m de profondeur et 2 m de largeur qui protégeait le village contre les attaques des animaux sauvages et contre les effets des précipitations, souvent importantes dans cet environnement chaud et humide. Une autre tranchée, d'environ 2 m de profondeur, traverse le centre du village. A l'est du quartier résidentiel se trouvent les fours des potiers. Au nord s'étend le cimetière, où des objets funéraires accompagnaient les défunts adultes. Les enfants étaient ensevelis dans des pots en terre, à proximité des maisons.

Comment s'y rendre. Le circuit de l'est au site de l'Armée enterrée inclut généralement un arrêt au village néolithique de Banpo. Les voyageurs se déplaçant seuls peuvent prendre le bus n°307, qui s'arrête à Banpo à son retour du site de l'Armée enterrée pour rejoindre Xi'an.

Tombeau de Qin Shihuangdi
(*qín shǐhuángdì líng*)

Le site n'est pas d'un grand intérêt touristique, mais le tombeau de Qin Shihuangdi fut probablement, en son temps, l'un des plus gigantesques mausolées du monde.

En l'an 246 av. J.-C., à l'âge de treize ans, Ying Zheng accéda au trône et prit le titre de "Shi Huangdi" ou premier empereur. Il vainquit un par un ses ennemis, dont le dernier tomba en 221 av. J.-C. Qin Shihuangdi unifia le pays, imposa une monnaie et une écriture. Ce fut aussi un souverain cruel, qui fit brûler des livres en masse, pratiqua les purges et les travaux forcés pour alimenter en main-d'œuvre les grands travaux de l'empire. Les Chinois résument son

LA CHINE CENTRALE

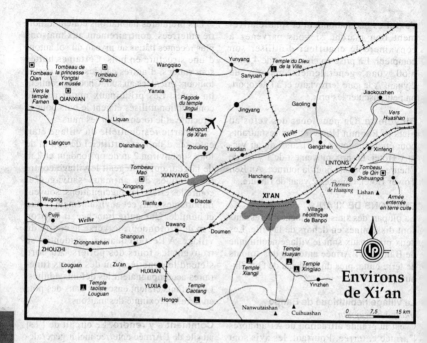

Environs de Xi'an

règne d'un mot : tyrannie. Celle-ci ne cessa qu'à sa mort, en 210 av. J.-C. Son fils lui succéda avant d'être détrôné au bout de quatre ans par la révolte qui conféra le pouvoir à la dynastie Han.

Selon des comptes rendus historiques, son tombeau renfermait plusieurs palais remplis de pierres précieuses et protégés des intrus éventuels par d'ingénieuses défenses. Les plafonds et les murailles étaient incrustés de perles, de statues d'or et d'argent ; des rivières de mercure y coulaient. Le sanctuaire proprement dit était entouré de murs d'une circonférence de 2,5 km, tandis que le périmètre de la muraille extérieure atteignait 6 km. On raconte que les artisans qui avaient travaillé à sa construction furent tous ensevelis vivants afin qu'ils ne dévoilent pas les secrets de la sépulture.

Il se résume aujourd'hui à un tumulus. Même le CITS n'a pas cherché à en tirer profit, bien que l'on puisse gravir quelques marches de pierre menant au sommet, d'où l'on a une belle vue sur le paysage environnant.

Comment s'y rendre. Les bus qui se rendent sur le site de l'armée enterrée passent devant le tombeau de Qin Shihuangdi (reportez-vous au paragraphe suivant).

L'Armée enterrée des soldats de terre cuite
(bīngmǎyǒng)

Chargée de veiller sur l'ancienne nécropole impériale, l'Armée enterrée des soldats de terre cuite se trouve à environ 1,5 km à l'est du tombeau de Qin Shihuangdi.

En 1974, des paysans qui creusaient un puits mirent au jour ce qui est sans doute la découverte archéologique majeure du XXe siècle : une construction souterraine faite de terre et de poutres contenant des milliers de soldats de terre cuite grandeur nature, accompagnés de leurs chevaux, en formation de combat. En 1976, deux autres fosses furent découvertes à proximité de la première.

La fosse mesure environ 210 m d'est en ouest et 60 m du nord au sud, sur une profondeur de 5 à 7 m. Des murs formant corridors courent d'est en ouest, tous les 3 m. Dans ces couloirs dallés de brique grise se tiennent les statues de terre cuite. Des piliers et des poutres soutenaient autrefois un toit.

Les 6 000 guerriers et chevaux de terre cuite font face à l'est, en formation rectangulaire. L'avant-garde semble être constituée de trois rangées d'arbalétriers et d'archers, qui se trouvent à l'extrémité est de l'armée. Juste derrière se tient la troupe, des soldats en armure portant des lances,

Les célèbres soldats de terre cuite de l'armée enterrée, près de Xi'an.

des haches et autres armes à long manche, accompagnés de 35 chariots tirés par des chevaux. Chaque visage possède sa morphologie et son expression.

Les cavaliers portent des surplis à manches serrées, des petites cottes de maille et des coiffes à l'épreuve du vent. Le corps et les membres des archers sont disposés selon les règles strictes d'un livre ancien sur l'art de la guerre.

Nombre de statues tenaient à l'origine des armes véritables de l'époque et plus de 10 000 pièces ont été recensées.

Les épées de bronze étaient portées par les statues représentant les généraux et les officiers supérieurs. Un traitement les rendait insensibles à la rouille et à la corrosion, si bien qu'elles étaient encore aiguisées après deux mille ans passés sous terre. Les pointes de flèche étaient faites d'un alliage métallique mortel, contenant un haut pourcentage de plomb.

La seconde fosse, fouillée en 1976 puis rebouchée, contenait un millier de statues. La troisième ne renfermait que 68 soldats et un chariot et semblait être le poste de commandement des guerriers enterrés ailleurs.

Les archéologues pensent que les soldats découverts jusqu'à présent font sans doute partie d'une armée de terre cuite encore plus importante, toujours ensevelie autour du tombeau de Qin Shihuangdi. Les fouilles du tombeau lui-même et du site entier pourraient durer des décennies.

Une remarquable paire de chariots et de chevaux de bronze, exhumée en 1980 à 20 m à l'ouest du tombeau de Qin Shihuangdi est aujourd'hui exposée dans un petit musée (*qín yǒng bówùguǎn*) dans l'enceinte du site.

Les photographies sont interdites, officiellement pour préserver les statues des dégâts provoqués par les flashes.

Les billets n'ont cessé d'augmenter régulièrement depuis plusieurs années. L'entrée de la fosse 1 coûte maintenant 60 yuan, auxquels il faut ajouter 20 yuan si l'on veut accéder aux fosses 2 et 3 (visite inutile à moins que les milliers de soldats de la première n'aient pas totalement comblé votre curiosité). Le musée revient à 15 yuan, plus 40 yuan pour un documentaire sur les soldats et leur mise au jour. Les étudiants peuvent bénéficier de réductions.

Comment s'y rendre. Le site fait partie d'un circuit au départ de Xi'an (reportez-vous à la section précédente de ce chapitre sur les *Visites organisées* à Xi'an). On peut aussi s'y rendre par ses propres moyens en empruntant l'un des bus publics. De la gare ferroviaire, prenez le bus n°306, qui passe par les thermes de Huaqing (3,5 yuan). Le bus n°307 assure le trajet de retour sur Xi'an *via* le village néolithique de Banpo.

Thermes de Huaqing
(*huáqīng chí*)
Les thermes de Huaqing sont situés à 30 km à l'est de Xi'an, au pied du Lishan. L'eau qui jaillit des sources chaudes est canalisée vers des établissements de bains publics renfermant 60 piscines pouvant recevoir jusqu'à 400 personnes. Sous la dynastie Tang, ces sources chaudes étaient fort appréciées des empereurs, qui venaient se détendre avec leurs concubines.

Les thermes de Huaqing laissent indifférents la plupart des visiteurs. Allez plutôt au musée sur le bord de la route ou promenez-vous sur l'un des sentiers qui mènent à la forêt derrière les installations. Sur le Lishan, vous pourrez voir un temple taoïste, consacrée à la "Vieille Mère", Nüwa, qui créa la race humaine et répara les accrocs dans le ciel après une catastrophe. Au sommet de la montagne s'élèvent des tours de guet érigées sous la dynastie Han. Un téléphérique vous y conduira pour 30 yuan (25 yuan pour redescendre). L'entrée aux thermes s'élève à 33 yuan pour les étrangers.

Comment s'y rendre. Le bus n°306, qui va de la gare ferroviaire de Xi'an au site de l'armée enterrée, s'arrête aux thermes de Huaqing. Le circuit de l'est organisé au départ de Xi'an comprend une visite aux thermes (reportez-vous à la rubrique *Visites*

organisées), mais la plupart des circuits s'arrêtent pendant deux très longues heures. On peut prendre les bus qui reviennent sur Xi'an au parking, en face de l'entrée.

Xianyang
(*xiányáng*)
Située à une demi-heure de bus de Xi'an, cette petite ville a pour principale attraction son musée (*xiányáng shì bówùguǎn*), qui renferme une admirable collection de 3 000 soldats et chevaux miniatures de terre cuite, découverts en 1965. Les statues mesurent environ 50 cm de haut et proviennent des fouilles d'une tombe de la dynastie Han. L'accès aux Guerriers ensevelis coûte 30 yuan, plus un billet spécial pour la salle d'exposition.

Comment s'y rendre. Prenez le bus n°3 à la gare de Xi'an jusqu'à son terminus, puis le n°59, et descendez au terminus à Xianyang. Devant vous, à gauche, vous verrez une tour à horloge. Tournez à droite à ce croisement, puis à gauche à Xining Jie. Le musée est installé dans un ancien temple confucéen de la dynastie Ming, dans Zhongshan Jie, dans le prolongement de Xining Jie. L'entrée, située à 20 mn à pied de l'arrêt de bus, est flanquée de deux lions de pierre.

Tombeaux impériaux
En dehors du tombeau de Qin Shihuangdi, un grand nombre d'autres sépultures impériales occupent la plaine autour de Xi'an. Le meilleur moyen de s'y rendre est de participer à un circuit à partir de Xi'an (pour plus de détails, reportez-vous plus haut à la rubrique *Visites organisées*).

Ces tombeaux renferment les dépouilles d'empereurs de plusieurs dynasties, d'impératrices, de concubines, de hauts fonctionnaires et de chefs militaires de haut rang. La construction du caveau funéraire d'un empereur était généralement entreprise dans les années qui suivaient son accession au trône et ne s'achevait qu'avec sa mort.

Tombeau Zhao (*zhāo líng*). Le tombeau Zhao fut la première des sépultures impériales à être bâtie à flanc de montagne, rompant avec la tradition qui voulait qu'on les installât en plaine, en les recouvrant d'une colline artificielle. Cette tombe, située à Jiuzongshan, à 70 km au nord-ouest de Xi'an, est celle du second empereur Tang, Taizong, qui mourut en 649.

C'est sans doute le plus représentatif des 18 mausolées impériaux de la plaine de Guanzhong, avec la montagne au centre, le tombeau se déploie vers le sud-est et le sud-ouest. Cent soixante-sept sépultures l'entourent, qui abritent les dépouilles des parents de l'empereur, de hauts fonctionnaires et de militaires.

C'est la dynastie Han qui a instauré la coutume d'ensevelir des personnes auprès de l'empereur. Taizong gagna ainsi le soutien de ses ministres et de ses fonctionnaires, en leur accordant l'immense faveur d'être enterrés auprès du Fils du Ciel. Dans l'autel sacrificiel du tombeau se trouvaient six sculptures, les "six destriers de Zhaoling", représentant les chevaux qui avaient accompagné l'empereur dans ses conquêtes. Certaines ont été déposées dans des musées de Xi'an.

Tombeau Qian (*qián líng*). Situé à 85 km au nord-ouest de Xi'an, sur le Liangshan, c'est l'un des tombeaux les plus impressionnants. C'est là que sont enterrés l'empereur Tang Gaozong et son épouse, l'impératrice Wu Zetian. Laozong accéda au trône en 650 après la mort de son père, l'empereur Taizong. L'impératrice Wu était en réalité une concubine de Taizong. Elle réussit à séduire le fils de l'empereur, qui fit d'elle son impératrice. Gaozong mourut en 683 et, l'année suivante, l'impératrice Wu détrôna le successeur de son époux, l'empereur Zhongzong. Elle régna en monarque tout-puissant jusqu'à sa mort, vers 705.

Le tombeau est composé de trois tertres, dont les deux au sud sont artificiels tandis que le tertre supérieur, au nord, est naturel et abrite la partie centrale de la sépulture.

Les murailles qui l'entouraient ont disparu. Au sud-ouest du mausolée, le site abrite 17 tombes de fonctionnaires, plus petites.

Le site du tombeau impérial compte nombre de grandes sculptures représentant des animaux et des officiers de la garde impériale, ainsi que 61 statues (aujourd'hui décapitées) de chefs de minorités chinoises et de représentants de nations amies qui assistèrent aux funérailles de l'empereur.

Les deux stèles atteignent 6 m de haut. La Stèle muette ne porte aucune inscription. On prétend qu'elle symbolise le pouvoir absolu, et donc inexprimable, de l'impératrice Wu.

Tombeau du prince Zhanghuai (*zhānghúai mù*). Seules cinq des plus petites tombes entourant le tombeau Qian ont été mises au jour. Zhang était le second fils de l'empereur Gaozong et de l'impératrice Wu. Exilé au Sichuan en 683, il y mourut l'année suivante, à l'âge de 31 ans (peut-être étouffé). L'impératrice Wu lui accorda une réhabilitation posthume.

Ses restes furent rapportés à Xi'an après la restauration du pouvoir entre les mains de l'empereur légitime, Zhongzong. Des peintures funéraires montrent des cavaliers jouant au polo, mais elles sont extrêmement endommagées.

Tombeau de la princesse Yongtai (*yǒngtài gōng zhǔ mù*). Cette sépulture, voisine de celle du prince Zhanghuai, est ornée de peintures montrant les serviteurs du palais. Les gravures qui décorent le cercueil extérieur en pierre sont extraordinairement gracieuses. C'est le tombeau de la princesse Yongtai, la petite-fille de l'empereur Tang Gaozhong et la septième fille de l'empereur Zhongzong. Elle fut mise à mort en 701 par l'impératrice Wu, mais réhabilitée à titre posthume par l'empereur Zhongzhong lorsqu'il revint au pouvoir.

Tombeau Mao (*mào líng*). Situé à 40 km de Xi'an, le tombeau Mao est la sépulture de l'empereur Wu, le plus puissant des monarques de la dynastie Han, qui mourut

L'incident de Xi'an

Le 12 décembre 1936, Tchang Kaï-chek fut arrêté par ses propres généraux sur le Lishan où il s'était réfugié, en pyjama et robe de chambre. Un pavillon marque l'endroit, avec l'inscription "Tchang a été pris ici".

Au début des années 30, le général du Guomindang Yang Huzheng régnait en monarque incontesté sur ces régions du Shaanxi qui échappaient au contrôle communiste. En 1935, il fut contraint de partager le pouvoir avec le général Zhang Xueliang, qui arriva avec ses troupes de Mandchourie, à la suite de l'occupation japonaise. Zhang prit le titre de "vice-commandant de la commission nationale de suppression du banditisme".

En octobre et en novembre 1935, les communistes infligèrent de sévères défaites au Guomindang et des centaines de soldats passèrent dans les rangs de l'Armée rouge. Les officiers capturés passèrent par une période de "rééducation antijaponaise" avant d'être relâchés. En retournant à Xi'an, ils firent part à Zhang du désir de l'Armée rouge de mettre un terme à la guerre civile afin de s'unir contre les Japonais. Tchang Kaï-chek refusa obstinément de se retourner contre l'envahisseur et poursuivit sa guerre anticommuniste. Le 7 décembre 1936, il partit pour Xi'an lancer une autre campagne "d'extermination" contre l'Armée rouge.

Zhang Xueliang s'enfuit à Yan'an, rencontra Zhou Enlai et se laissa convaincre par la sincérité de la politique antijaponaise de l'Armée rouge. Une trêve secrète fut décidée. Au cours de la nuit du 11 décembre, Zhang rencontra les commandants de division de son armée mandchoue et l'armée du général Yang, et la décision fut prise d'arrêter Tchang Kaï-chek. La nuit suivante, le commandant de la garde du corps de Zhang attaqua la résidence de Tchang Kaï-chek au pied du Lishan et le fit prisonnier, en compagnie de son état-major.

Quelques jours plus tard, Zhang envoya son avion chercher trois représentants de l'Armée rouge pour les amener à Xi'an : Zhou Enlai, Ye Jianying et Bo Gu. Tchang Kaï-chek craignait d'être jugé et exécuté, mais les chefs communistes et manchous lui firent part de leur opinion sur sa politique et expliquèrent quels changements leur semblaient indispensables pour la sauvegarde du pays. Quoi qu'ait pu promettre Tchang, le résultat de l'affaire de Xi'an fut la fin de la guerre civile.

Zhang relâcha Tchang Kaï-chek le jour de Noël et s'envola avec lui pour Nankin dans l'attente d'être puni. C'était une façon de sauver la face de Tchang. Condamné par le tribunal à une peine de dix ans de prison et privé de "ses droits civils pour cinq ans", Zhang fut gracié le lendemain. La campagne d'extermination contre l'Armée rouge fut abandonnée et le Guomindang annonça que son unique but serait désormais de reprendre le territoire occupé par les Japonais.

Tchang entreprit toutefois d'organiser une lente décimation des forces communistes. En juin 1937, il avait déplacé l'armée mandchoue sympathisante et l'avait remplacée par des troupes loyales du Guomindang. Il avait l'intention de séparer les communistes en dispersant leur armée vers d'autres régions du pays, officiellement pour préparer la lutte contre les Japonais. Les communistes n'échappèrent à leur sort que grâce à la brutale invasion japonaise de juillet 1937. Tchang fut contraint de laisser intacte l'Armée rouge, qui garda le contrôle du Nord-Ouest.

Tchang ne pardonna pas à Zhang Xueliang et ne le libéra jamais. Trente ans plus tard, il était toujours prisonnier à Taiwan. Le général Yang fut arrêté à Chongqing et secrètement exécuté vers la fin de la Seconde Guerre mondiale. Le bureau de liaison des communistes avec le Guomindang, installé à Xi'an, témoigne encore de cette époque mouvementée. Le bureau fut désaffecté en 1946 et, après 1949, transformé en mémorial de la 8e Armée de route (l'Armée rouge). On peut le voir dans Beixin Lu, au nord du centre de la ville. ■

en 87. Le tumulus de terre, de forme conique, a une hauteur de 47 m. C'est le plus grand des tombeaux Han. Une muraille encerclait autrefois le mausolée, dont il ne reste que les ruines des portes Est, Ouest et Nord. D'après les récits, l'empereur fut enseveli avec une cigale de jade dans la bouche, dans un linceul de jade cousu au fil d'or, en compagnie d'animaux vivants et d'une multitude de joyaux.

Temple Famen

(*fǎmén sì*)

Le temple Famen se situe à 115 km au nord-ouest de Xi'an. Il fut construit sous la dynastie des Han orientaux, en l'an 200.

En 1981, des pluies torrentielles endommagèrent l'ancienne structure de brique, ce qui provoqua l'effondrement de tout le pan ouest de cette pagode à douze niveaux.

Les travaux de restauration furent à l'origine d'une découverte extraordinaire. Sous la pagode, dans une crypte scellée bâtie sous la dynastie Tang pour abriter quatre phalanges sacrées du Bouddha (les *sarira*), se trouvaient plus de 1 000 objets sacrificiels et offrandes royales. Parmi ceux-ci, figuraient des textes bouddhiques sur tablette de pierre, des objets d'or et d'argent et quelque 27 000 pièces de monnaie. Une partie de ces collections furent déposées dans un musée qu'on érigea sur le site. A la fin des fouilles, le temple fut reconstruit selon son architecture originale.

La meilleure façon de visiter le temple Famen est de participer à un circuit de l'est depuis Xi'an (voir la rubrique *Visites organisées*). Certains de ces circuits ne passent pas par ce temple, aussi faut-il se renseigner à l'avance.

Les étrangers paient 10 yuan pour entrer dans le temple, 15 yuan pour la crypte et 15 yuan pour le musée.

La pagode elle-même n'est pas (encore) ouverte au public.

LE HUASHAN

(*huàshān*)

Les pics de granit du massif du Huashan, hauts de 2 200 m, à 120 km à l'est de Xi'an, dominent les plaines du nord. C'est l'une des cinq montagnes sacrées de Chine. Un chemin escarpé et tortueux, long de 15 km, mène au sommet en franchissant des passages vertigineux, tels que la célèbre crête du Dragon vert, où le sentier a été taillé sur une étroite crête rocheuse, qui serpente entre deux à-pics impressionnants.

Un chemin circulaire relie ensuite entre eux les quatre principaux sommets du Huashan.

Du village au pied de la montagne, il faut compter entre 6 et 9 heures pour gagner le sommet, et il est donc conseillé de passer la nuit dans l'un des hôtels de montagne. Quelques goulets étroits et presque verticaux sont dangereux quand il y a du monde, surtout par temps humide ou verglacé.

L'entrée dans le massif coûte 35 yuan pour les étrangers, plus 5 yuan de "taxe d'enregistrement".

Où se loger et se restaurer

Il est conseillé de s'établir au village de Huashan, qui abrite un bon hôtel dirigé par le CITS, à une vingtaine de mètres sur la gauche avant de franchir l'entrée du Huashan. Les doubles avec s.d.b. reviennent à 50 yuan par personne, les simples à 80 yuan. L'hôtel *Xiyue* (*xīyuè fàndiàn*), un peu plus bas dans la rue, est moins cher mais souvent plein. La pension *Huashan* (*huáshān bīnguǎn*), dans Jianshe Lu, près de la gare routière, loue des doubles pour 180 yuan. Les chambres à l'arrière donnent sur la montagne. De nombreux restaurants touristiques, bon marché, jalonnent la rue qui mène à l'entrée.

Malheureusement, nombre d'hôtels installés dans la montée ont changé de catégorie et ceux qui restent d'un prix abordable ne sont pas autorisés à accepter les étrangers. L'établissement officiel pour les étrangers est l'*East Peak Guesthouse* (*dōngfēng fàndiàn*), où il faut compter un minimum de 400 yuan.

Comment s'y rendre

Si vous arrivez de Xi'an, le meilleur moyen pour se rendre à Huashan est de prendre un bus à la gare routière (2 heures 30). Bien que le village soit sur la ligne ferroviaire Xi'an-Luoyang, les trains qui s'y arrêtent sont rares et vous devrez probablement descendre à Mengyuan, quelque 15 km plus à l'est, d'où des minibus effectuent régulièrement le trajet jusqu'à Huashan.

LA CHINE CENTRALE

HUANGLING
(huánglíng)

A mi-chemin entre Xi'an et Yan'an, la ville de Huangling est proche du tombeau Qiaoshan, qui renferme, dit-on, la dépouille de l'empereur Jaune Huangdi, père du peuple chinois, et l'un des "Cinq Souverains" qui unifièrent les clans chinois il y a cinq mille ans.

Nombre d'inventions et de découvertes lui sont attribuées, dont l'élevage du ver à soie, le tissage et l'écriture. Vous pouvez passer la nuit dans cette ville si vous poursuivez votre voyage en bus jusqu'à Yan'an.

YAN'AN
(yán'ān)

Yan'an, située à 270 km de Xi'an, dans le nord de la province de Shaanxi, compte 40 000 habitants. De même que Shaoshan, village natal de Mao, elle fait l'objet d'importants pèlerinages. Entre 1936 et 1947, elle a abrité le quartier général communiste. La Longue Marche partie du Jiangxi s'acheva en 1936, lorsque les communistes atteignirent la ville de Wuqi. L'année suivante, ils s'installèrent à Yan'an.

Rares sont les voyageurs qui se rendent dans cette partie du Shaanxi. L'hébergement est cher et les transports passablement compliqués (à moins que vous ne fassiez route vers la Mongolie intérieure).

Orientation
Yan'an s'étend dans une vallée en Y formée par la confluence des bras est et ouest de la rivière Yan. Le centre de la ville se situe sur ce confluent. La gare ferroviaire est implantée à l'extrémité sud de la ville, à environ 7 km du centre.

A voir
Les **anciens quartiers généraux révolutionnaires** *(gémìng jiùzhǐ)* abritent la salle où se tenaient les premières réunions du Comité central et les abris construits en terre de lœss furent les demeures de Mao, Zhu De, Zhou Enlai et autres chefs communistes.

Non loin de là, le **musée révolutionnaire de Yan'an** *(yán'ān gémìng jìniànguǎn)* expose une collection d'attirail révolutionnaire.

La **pagode Précieuse** *(bǎotǎ)*, construite sous la dynastie Song, se dresse à flanc de colline au sud-est de l'embranchement des fleuves.

La **grotte des Dix Mille Bouddhas** *(wànfó dòng)*, creusée dans une falaise de grès, près du fleuve, contient des statues bouddhiques en assez bon état et des inscriptions murales. Le CITS (☎ 216-285) de l'hôtel Yan'an organise des visites.

Où se loger
L'hôtel *Liangmao* (☎ (0911) 212-777) *(liángmào dàshà)*, 120 Qilipu Dajie, près de la gare ferroviaire, est un endroit agréable et accueillant, avec des doubles à 180 yuan. Son restaurant est excellent.

L'hôtel *Yan'an* (☎ 213-123) *(yán'ān bīnguǎn)* est un établissement caractéristique du style chinois des années 50, qui reçoit essentiellement des officiers de l'Armée populaire de libération. Les étrangers sont autorisés à séjourner dans des doubles avec s.d.b. commune à 240 yuan, mais on peut parfois obtenir une réduction. Le restaurant, en revanche, est bon marché.

Comment s'y rendre
Les vols réguliers pour Yan'an ont cessé depuis l'ouverture de la ligne ferroviaire en 1992, et seuls quelques charters atterrissent. De la gare routière de Xi'an partent tous les jours 12 bus pour Yan'an (29 yuan).

Le trajet est passablement chaotique. Une voie ferrée relie Yan'an à Xi'an, *via* un beau parcours le long de la Luo.

Les trains partent à 8h44 et arrivent à 17h16.

YULIN
(yúlín)

Yulin est situé dans l'extrême nord du Shaanxi, au bord du désert Mu Us de Mongolie intérieure. Ce fut une garnison fortifiée et un poste de patrouille pour la Grande Muraille sous la dynastie Ming.

Vers
la forteresse
et Daliuta

Vers
l'aéroport

Vers Yan'an
et Xi'an

Yulin

0   250   500 m

YULIN 榆林

1 Hôtel Yulin (Binguan)
  榆林宾馆
2 Bank of China
  中国银行
3 Hôtel Yulin (Fandian)
  榆林饭店
4 Tour du Tambour
  钟楼
5 BSP
  公安局
6 Grotte des Dix Mille bouddhas
  万佛楼
7 Gare routière (bus longue distance)
  长途汽车站
8 Pagode
  塔

(*Binguan*) (☎ (0912) 223-974) (*yúlín bīnguǎn*), dans Xinjian Lu, à 2 km en dehors des remparts, prend 180 yuan pour une double. Les deux établissements abritent deux bons restaurants abordables.

Comment s'y rendre

Avion. Au moment de la rédaction de cet ouvrage, les relations aériennes avec Xi'an étaient interrompues. Renseignez-vous sur place.

Bus. Il existe une liaison quotidienne directe entre Xi'an et Yulin, mais il est plus commode et moins fatigant de s'arrêter à Yan'an. Trois bus font tous les jours la navette entre Yan'an et Yulin (30 yuan). Un bus-couchettes (51 yuan) est également opérationnel. Le bus quotidien pour Yinchuan (46 yuan, 14 heures) part à 5h30 et suit une route proche de la Grande Muraille. Des bus rejoignent toutes les demi-heures l'embranchement de Daliuta, où l'on peut prendre un train pour Baotou, en Mongolie intérieure.

Train. Des services devraient être régulièrement assurés à partir de 1999, lorsque sera achevée la voie ferrée au nord de Yan'an.

Jusqu'à présent, son isolement a préservé la vieille ville des dégâts de l'architecture moderne, qui a trop souvent détruit les anciens bâtiments du pays. Les ruelles étroites proches de la tour de la Cloche sont des maisons familiales traditionnelles, avec de petites cours intérieures dissimulées par des murs et de vieilles portes de pierre. Les anciens remparts Ming sont encore debout, bien que dépouillés par endroits de leur parement externe de brique (sans doute dérobé pour construire des maisons). Une grande **forteresse** à trois étages avec une tour de guet (*zhènběitái*) se dresse à 7,5 km au nord de la ville.

Où se loger et se restaurer

A Yulin, deux hôtels (sur un total de trois) acceptent les étrangers. L'hôtel *Yulin* (*Fandian*) (*yúlín fàndiàn*), à 2 km au nord de la gare routière, dans Xinjian Lu, demande 100 yuan pour une double. L'hôtel *Yulin*

YULIN 榆林

1. Hotel Yulin (Binguan)
   榆林宾馆
2. Bank of China
   中国银行
3. Hotel Yulin (Fandian)
   榆林饭店
4. Tombou Tambour

5. BSP

6. Usine des Six Mille Bouches

Gare routière (bus longue distance)

8. Pagode

YULIN

(Binguan) (☎ (0912) 233-2740 (0912)
Binguan), dans Xinjian Lu, à 2 km au
nord-est des remparts, prend 180 yuan pour
une double. Les deux établissements sont
tout deux bon marché et agréables.

Comment s'y rendre

Avion. Au nominal de la réservation se col
ouvrage, les relations aériennes avec Xi'an
étaient interrompues. Renseignez-vous sur
place.

Bus. Il existe une liaison quotidienne
directe entre Xi'an et Yulin, mais il est plus
commode d'emprunter un bus jusqu'à
Yan'an. Trois bus font tous les jours le
trajet entre Yan'an et Yulin (20 yuan).
Un bus plus cher (35 yuan) est également
opérationnel. Le bus quotidien pour Yan'an
obéie plus vers 14 heures) met 9 heures et
qui emprunte proche de la Grande
Muraille. Des bus rejoignent tous les
jours Jingbian, emplacement de Cal un
où l'on peut prendre un train pour Baotou,
en Mongolie intérieure.

Train. Des services deviennent réguliers
mais assurés à partir de 1999, lorsque sera
achevée la voie ferrée reliant Yan'an

**On peut y venir en louant un taxi à pre-
xe à la rencontre des dégâts de la col-
lecture, produisez un... non souvent devant
les anciens bâtiments qui sont de vieilles
structures rincées de la nuance de la Cloche.
Son de... maisons, rattinales traditionnelles
avec de petites cours importantes s'ouvrant
ces par des murs et de... vieilles portes de
pierre et tax sorties, un parti. Ainsi sont
encore désormais bien êtes dépouillées par
rafalie de leur perceptif externe de brique.
Vans... bonne octobre pour construire des
maisons. La grande forteresse à trois
étages à proximité sud de la... chiment sait se
dresse à 15 km au nord de la ville.

On se loger et se restaurer...

À Yulin, deux hôtels sont, au total d'accepts
acceptent les étrangers. L'hôtel Yulin (Yulin
diant (Binguan), à 2 km au nord de la
gare routière, dans Xinjian Lu, demande
100 yuan pour une double. L'hôtel Yulin**

Henan 河南

Le Henan (*hénán*) est traversé, du moins dans sa partie nord, par le fleuve Jaune. Cette région est le berceau de la civilisation chinoise. C'est là qu'en 3500 av. J.-C. les Chinois commencèrent à se sédentariser pour former une véritable communauté urbaine.

Aujourd'hui, le Henan est l'une des plus petites provinces de Chine, mais aussi l'une des plus densément peuplées, avec plus de 80 millions d'habitants. Seule la province de Sichuan connaît un plus fort taux de population. Pour le voyageur, les charmes de la région sont limités, en dehors de la délicieuse vieille cité de Kaifeng et des grottes de Longmen, près de Luoyang.

Histoire

On pensa longtemps que la dynastie Shang (1700-1100 av. J.-C.) fut fondée par des tribus qui avaient migré de l'ouest de l'Asie. Les fouilles sur les sites du Henan, toutefois, ont révélé que les villes construites sous la dynastie Shang recouvraient des vestiges plus anciens encore.

La première capitale Shang, qui remonte sans doute à 3 800 ans, se trouvait, semble-t-il, sur le site de Yanshi, à l'ouest de l'actuelle ville de Zhengzhou. Au milieu du XVIe siècle av. J.-C., la capitale se déplaça à Zhengzhou, où on peut voir, encore aujourd'hui, les murailles de l'ancienne cité. Par la suite, la capitale fut installée à Yin, près de la ville moderne d'Anyang, dans le nord du Henan.

La société Shang est aujourd'hui connue grâce aux vestiges de ses villes, aux inscriptions divinatoires sur os et carapaces de tortue et, enfin, à d'anciens textes de la littérature chinoise. En dehors des murailles de Zhengzhou, il ne reste de ces cités anciennes que les fondations des maisons, à savoir des trous de poteaux bordés de pierres où venaient se ficher les montants en bois qui soutenaient les parois des habi-

Population : 80 millions d'habitants
Capitale : Zhengzhou
A ne pas manquer :

- La charmante ville de Kaifeng, témoignage d'une Chine disparue
- Le monastère de Shaolin, pour les amateurs de kungfu
- Les grottes bouddhiques de Longmen, près de Luoyang

tations et leur toit de chaume, et des fosses servant de silos enterrés ou de maisons semi-souterraines.

Le Henan occupa à nouveau le devant de la scène sous la dynastie Song (960-1279) mais perdit tout pouvoir politique lorsque, au XIIe siècle, le gouvernement quitta sa capitale à Kaifeng pour s'enfuir vers le sud, afin d'échapper aux envahisseurs venus du nord. Toutefois, grâce à son taux de population et à la fertilité de ses plaines, périodiquement inondées par l'indomptable fleuve Jaune, le Henan demeura une importante région agricole.

La population et la taille des centres urbains de la province diminuèrent rapide-

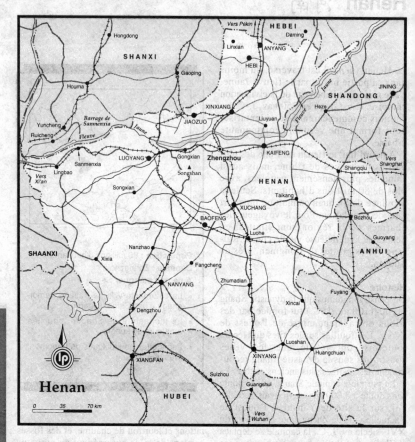

ment avec la chute des Song. Et ce n'est qu'avec la prise de pouvoir des communistes en 1949 que la démographie reprit son expansion. Zhengzhou se transforma alors en une importante cité industrielle, comme l'était Luoyang. Kaifeng et Anyang, en revanche, répondirent moins fébrilement à l'appel de l'enclume et du marteau.

ZHENGZHOU
(*zhèngzhōu*)

Capitale de la province du Henan depuis 1949, Zhengzhou est un modèle d'urbanisation mal conçue – autrement dit un parfait exemple de capitale provinciale à la chinoise. Elle réunit, comme il se doit, de larges boulevards qui se croisent en damier, un parc du Peuple, une statue anachronique de Mao, un musée de la Province et une gigantesque station ferroviaire.

Si Zhengzhou reste loin derrière Canton, Shanghai et Pékin, elle a néanmoins su tirer parti des bouleversements apparus depuis la dernière "révolution chinoise" : elle compte un vaste centre scientifique et technique en bordure de la ville et un nombre non négligeable d'expatriés travaillent au barrage financé par la Banque mondiale à proximité de Luoyang. Pour le touriste, toutefois, Zhengzhou mérite tout au plus que l'on s'y arrête une nuit, avant de faire route vers des sites autrement plus passionnants.

Orientation

Tous les sites touristiques sont regroupés dans la partie de la ville à l'est de la voie ferrée.

Le quartier le plus animé s'étend autour des gares ferroviaire et routière, avec ses restaurants, ses marchés et ses étals. Au nord-est de la gare ferroviaire, cinq rues convergent vers la pagode Erqi (tour mémorial du 7 Février) pour former un vaste rond-point marquant le centre de Zhengzhou. Erqi Lu se dirige vers le nord depuis la pagode Erqi et croise Jinshui Lu près du parc Renmin. Le musée de la province de Hunan et le Holiday Inn se profilent à l'est, dans Jinshui Lu.

Renseignements

Le bureau du CITS (☎ 595-2072) est installé 15 Jinshui Lu. Il possède également une petite agence au rez-de-chaussée du Henan International Hotel qui traite essentiellement de la réservation de billets d'avion.

La Bank of China est située 16 Huayuankou Lu. La tour à côté de la place face à la gare ferroviaire abrite le bureau de poste et de télécommunications.

Ruines de la ville Shang

(*shāngdài yízhǐ*)
Les vestiges de l'ancienne cité Shang se trouvent dans les faubourgs est de Zhengzhou. De longs monticules de terre indiquent l'emplacement des anciennes murailles, que coupent aujourd'hui des routes modernes. Ce sont parmi les plus anciens témoignages de la vie urbaine chinoise. Les premières découvertes archéologiques de l'époque Shang ont eu lieu près de la ville d'Anyang dans le nord du Henan. La cité de Zhengzhou fut probablement la seconde capitale Shang, et nombre de traces d'habitations Shang ont été retrouvées au-delà des murailles.

Les fouilles entreprises ici et sur d'autres sites Shang démontrent qu'une ville Shang "typique" consistait en une vaste enceinte contenant des constructions imposantes, entourée de villages.

Chaque village se spécialisait dans la production de poterie, de métal ouvragé, de vin ou de textile. Les maisons appelées "fonds de cabane" avaient un sol d'habitation enfoncé par rapport au niveau des rues, alors que les bâtiments centraux, rectangulaires, s'élevaient au-dessus du sol.

Les fouilles ont aussi permis de retrouver des tombes Shang, excavations rectangulaires avec des rampes ou des marches descendant vers une chambre funéraire où était placé le cercueil, entouré d'armes de bronze, de casques, d'instruments de musique, d'os et de carapaces de tortue gravés d'inscriptions divinatoires, d'étoffes de soie et d'ornements en jade, en os et en ivoire. Parmi ces objets funéraires, on a parfois retrouvé des squelettes d'animaux ou d'humains qui, selon la richesse et le statut du défunt, étaient sacrifiés pour accompagner leur maître dans l'au-delà.

L'étude des squelettes humains suggère qu'ils étaient d'une origine ethnique différente des Shang, peut-être des prisonniers de guerre. Cela, ajouté à d'autres indices, tend à démontrer que la société Shang n'était pas fondée sur l'esclavage de son propre peuple. Elle semble plutôt avoir consisté en une dictature de l'aristocratie, dominée par un empereur père du peuple.

Deux sites permettent d'admirer une partie des ruines. Celui qui comporte encore quelques morceaux de muraille est dans le quartier sud-est de la ville.

Les bus n°2 et 8 s'arrêtent à proximité. Descendre à la porte Est (*dōng mén kǒu*). Le bus n°3 traverse l'ancienne cité Shang. Les autres ruines se trouvent dans le parc Zijingshan (*zǐjīngshān gōngyuán*), près du Henan International Hotel.

Musée de la province du Henan

(*hénán shěng bówùguǎn*)
Le musée, 11 Renmin Lu, au croisement avec Jinshui Lu, se repère facilement grâce

à la grande statue de Mao. Il renferme une collection intéressante d'objets artisanaux découverts dans le Henan, dont certains remontent à la période Shang.

Une exposition est consacrée à la révolte du 7 février, mais toutes les explications sont en chinois.

Le Huang He
(*huánghé*)

Le Huang He (fleuve Jaune) coule à 24 km au nord de Zhengzhou et la route passe près du village de Huayuankou, où, en avril 1938, le général Tchang Kaï-chek ordonna aux troupes du Guomindang de faire sauter les digues pour enrayer l'avance japonaise. Cette tactique désespérée n'eut d'effet que pendant quelques semaines. Un million de Chinois périrent noyés, onze millions perdirent leur toit et toutes leurs ressources. La digue a été réparée avec l'aide des Américains en 1947 ; l'endroit où elle fut brisée porte aujourd'hui une vanne d'irrigation et l'ordre de Mao : "Tenez le Huang He" y est gravé. Les crues du fleuve ont toujours été extrêmement violentes. Il transporte des tonnes de limon depuis les plaines de lœss, qu'il dépose dans son lit, d'où la montée des eaux et l'inondation des rivages. Au fil des siècles, les paysans vivant au bord du fleuve ont donc été contraints d'élever des digues de plus en plus hautes.

On contrôle partiellement le fleuve depuis la construction de barrages en amont et de canaux d'irrigation qui en dévient le flux. Le plus grand des barrages est celui de Longyang, au Qinghai, qui assure une importante production d'électricité.

Le **parc du Huang He** est à Mangshan, sur la rive sud du fleuve. On peut s'y rendre en achetant des billets de minibus dans un petit guichet en face de l'hôtel Zhengzhou.

Parc Renmin
(*rénmín gōngyuán*)

Le seul intérêt qu'offre ce parc réside dans son entrée, qui ressemble à une tentative de copie de la forêt pétrifiée de Lunan ou des jardins du Baume du Tigre. Il accueille parfois des cirques familiaux aux numéros très originaux (acrobates s'enveloppant de fil de fer ou posant sur leur ventre un bloc de béton sur lequel un autre tape à coups redoublés avec un marteau de forgeron). On peut aussi jouer au ping-pong sur des tables de béton, à condition d'apporter ses raquettes et ses balles. L'entrée du parc est située dans Erqi Lu.

Où se loger – petits budgets

Les voyageurs à petits budgets auront tout intérêt à rejoindre Kaifeng, qui se trouve à 2 heures seulement en bus. Zhengzhou compte quelques hôtels bon marché, mais ils sont tous regroupés aux abords de la gare ferroviaire.

En face de la gare ferroviaire, le *Zhongyuan Mansions* (*zhōngyuán dàshà*), tour blanche aux innombrables chambres dispersées dans diverses annexes, est assez décrépit mais bien situé pour ceux qui ne font que passer. Les prix pratiqués dépendent des chambres disponibles et du nombre de clients – ils peuvent varier entre 18 et 58 yuan par lit. C'est un quartier relativement bruyant.

L'hôtel *Zhengzhou* (☎ 696-9941) (*zhèngzhōu fàndiàn*), sur votre gauche en sortant de la gare, est une meilleure option, avec des doubles sommaires de 24 à 38 yuan (par lit, pas de s.d.b.), des doubles avec s.d.b. et clim. pour 108 yuan, des simples à 113 yuan et des suites à 284 yuan.

Non loin de la gare, l'hôtel *Erqi* (☎ 696-8801) (*èrqī bīnguǎn*) loue des triples à 33 yuan le lit, des doubles rudimentaires à 76 yuan le lit et des doubles avec clim. s.d.b. de 124 à 210 yuan.

Où se loger – catégorie moyenne

Les bons hôtels de cette catégorie sont rares à Zhengzhou. Le *Friendship Hotel* (☎ 622-8807) (*yǒuyì fàndiàn*) propose des doubles propres de 140 à 308 yuan. Les bus n°6, 24 et 32 qui partent de la gare ferroviaire vous y mèneront. Un taxi revient à 10 à 15 yuan.

Zhengzhou

Vers Pékin
Vers le fleuve Jaune
Jinshui Lu
Parc Renmin
Mingdong Lu
Erqi Lu
Zhangzhai Jie
Taikang Lu
Renmin Lu
Shangcheng Lu
Jiefang Lu
Fayuan Jie
Daxue Lu
Zhengxing Jie
Fushui Jie
Xi Dajie
Dehua Jie
Zhongyuan Lu
Dong Dajie
Xiong'er
Chengnan Lu
Longhai Donglu
Vers Canton
Vers le monastère de Shaolin
Huanghe Lu
Huayuankou Lu
Jinshui Lu
Chengdong Lu
Vers Kaifeng
Fenghuang Lu
1 Mali

0   250   500 m

ZHENGZHOU 郑州	7	International Hotel Henan et Regent Palace 河南国际饭店	12	Hôtel Erqi 二七宾馆
1 Bank of China 中国银行	8	Holiday Inn Crowne Plaza Zhengzhou 河南郑州皇冠佳日宾馆	13	Hôtel Zhengzhou 郑州饭店
2 Pension Henan 河南宾馆	9	Bureau de réservation de billets de train 火车预售票处	14	Gare routière (bus longue distance) 长途汽车站
3 Friendship Hotel 友谊饭店	10	Asia Hotel 亚细亚大酒店	15	Zhongyuan Mansions 中原大厦
4 Musée de la Province 省博物馆	11	Pagode Erqi (tour du 7 Février) 二七塔	16	Gare ferroviaire 火车站
5 Flower Restaurant 花园饭店			17	Poste 邮政大楼
6 BSP 公安局外事科			18	CAAC 中国民航售票处
			19	Ruines de la ville Shang 商代遗址

La pension *Henan* (☎ 595-5522) (*hénán bīnguǎn*), en face du parc Renmin, dans Jinshui Lu, fait preuve d'une désespérante inorganisation. De surcroît, on y est convaincu, semble-t-il, que les étrangers doivent systématiquement occuper les chambres les plus coûteuses. Si vous êtes prêt à dépenser un minimum de 250 yuan pour une double sans le moindre confort, c'est l'endroit qu'il vous faut.

Où se loger – catégorie supérieure

L'*Asia Hotel* (☎ 698-8888) (*yàxìyà dàjiǔdiàn*), qui fonctionne en joint-venture, fait face à la pagode Erqi. Il prend un minimum de 498 yuan pour une double et 458 yuan pour une simple (les étrangers doivent acquitter un supplément de 100 yuan par chambre). L'établissement est proche de la gare, mais peu recommandé.

Dans les faubourgs de Zhengzhou, dans Jinshui Lu, se dresse l'*International Hotel Henan* (☎ 595-6600 ; fax 595-0161) (*hénán guójì fàndiàn*), qui propose des doubles à partir de 442 yuan et des suites à 680 yuan. Dans le même complexe, le *Regent Palace* (☎ 595-0122) (*lìjīng dàshà*) demande 350 yuan pour une double.

Le dernier établissement en date, le *Holiday Inn Crowne Plaza Zhengzhou* (☎ 595-0055 ; fax 599-0770) (*hénán zhèngzhōu huángguān jiàrì bīnguǎn*), dont la construction remonte aux années 50 pour les experts russes, devint l'hôtel Zhongzhou dans les années 60. Il est aujourd'hui géré par le groupe Holiday Inn. Les prix démarrent à 95 $US.

Où se restaurer

Dans toute la ville, des étals proposent des bols de nouilles opaques appelées *liáng fěn*. Très appréciées dans le Henan, comme dans nombre de régions du nord-ouest de la Chine, elles sont excessivement bon marché. On les sert souvent dans une soupe avec une sauce au vinaigre ou au piment.

De nombreuses gargotes bon marché sont installées aux abords de la gare. C'est aussi le cas du pâté de maisons qu'occupe le Zhongyuan Mansions. A côté de l'hôtel Erqi, jetez un coup d'œil au *Fast Food World*, un dérivé de McDonald's, en bas des arches dorées.

Les restaurants de catégorie supérieure sont regroupés à l'extrémité de la ville, le quartier à la mode, dans Jinshui Lu, entre Chengdong Lu et Huayuankou Lu. Leur popularité est fluctuante – ils ouvrent et ferment régulièrement. Le plus fréquenté lors de notre passage était le *Flower Restaurant* (*huāyuán fàndiàn*).

Le Holiday Inn possède une pâtisserie et un restaurant occidental où l'on sert des hamburgers, des steaks, etc. à un prix abordable.

Comment s'y rendre

Avion. Le bureau de la CAAC (☎ 696-4789), est installé 51 Yima Lu, mais vous trouverez des guichets de vente de billets un peu partout, notamment au Holiday Inn, à l'International Hotel, à l'hôtel Henan et même au Zhongyuan Mansions. Des liaisons régulières sont assurées entre Zhengzhou et une vingtaine de villes chinoises, dont Pékin (quotidien), Canton (quotidien), Guilin, Kunming, Qingdao, Shanghai (quotidien), Wuhan et même Ürümqi. L'aéroport est situé dans les faubourgs est de la ville.

Bus. De la gare routière (à l'opposé de la gare ferroviaire), des bus climatisés partent pour Luoyang (17 yuan, 3 heures) toutes les demi-heures. Sont aussi assurés six départs quotidiens pour Kaifeng (2 heures) et plusieurs pour Anyang (4 heures 30).

Vous pouvez aussi prendre des bus-couchettes de nuit (*wòpùchē*) pour Pékin, Wuhan, Xi'an et d'autres destinations dans la province du Shandong. Mais il vaut mieux parcourir ces longues distances en train. Des minibus partent régulièrement pour Shaolin (12 yuan) de la place en face de la gare. Il existe aussi des services réguliers pour Kaifeng (depuis la gare routière Sud).

Train. Zhengzhou est l'un des nœuds ferroviaires les plus importants du réseau chinois. De très nombreux trains et express passent par cette ville. Vous risquez donc de vous retrouver "en transit" l'espace de quelques heures. Les guichets de la gare de Zhengzhou sont souvent pris d'assaut, mais les étrangers peuvent facilement acheter leurs billets aux guichets 1 et 2 ou à l'avance à l'agence située 193 Erqi Lu. Il existe des correspondances pour Pékin (12 heures), Canton (23 heures), Luoyang (4 heures), Shanghai (14 heures), Wuhan (9 heures) et Xi'an (10 heures), ainsi que pour Taiyuan et Datong.

Les voyageurs qui se rendent à Xi'an auront tout intérêt à prendre le "train touristique" à deux étages. Il quitte Zhengzhou tous les jours à 10h20 et arrive à Xi'an juste avant 19h.

Comment circuler

La plupart des sites dignes d'intérêt sont éloignés du centre de la ville. Malheureusement, on ne peut pas encore louer de bicyclettes à Zhengzhou. Le bus n°2 vous mènera de la gare ferroviaire au Henan International Hotel, tandis que le bus n°3 traverse la ville Shang. Les taxis (berlines rouges et minivans jaunes) ne manquent pas. Les taxis rouges sont équipés de compteurs dont les chauffeurs font rarement usage (course entre 10 et 15 yuan). Les minivans reviennent généralement entre 7 et 10 yuan.

ENVIRONS DE ZHENGZHOU
Monastère de Shaolin
(*shàolín sì*)

Le monastère de Shaolin, à 80 km à l'ouest de Zhengzhou, est l'un des hauts lieux des arts martiaux traditionnels perpétués par les moines bouddhistes.

Selon la légende, Shaolin fut fondé au Ve siècle par un moine indien, Bodhidharma, à l'origine de l'école bouddhiste de Chan (qui signifie "méditation" et qu'on appelle "zen" au Japon). L'histoire veut que, pour se détendre entre les longues sessions de méditation, les disciples de Bodhidharma se soient amusés à imiter les mouvements naturels des oiseaux et des animaux, exercices qui se transformèrent au cours des siècles en techniques de combat à mains nues.

On raconte que les moines seraient intervenus régulièrement au cours des guerres et des soulèvements chinois, toujours du côté des justes, naturellement, et c'est peut-être pour cela que leur monastère a été saccagé à plusieurs reprises. Les derniers pillages furent l'œuvre d'un seigneur de la guerre local en 1928, puis de bandes de Gardes rouges au début des années 70.

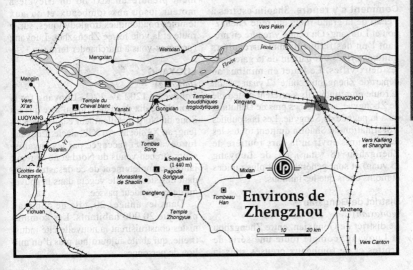

Environs de Zhengzhou

Malgré les incendies et les actes de vandalismes successifs, le monastère a conservé la plupart de ses bâtiments, mais les rénovations successives leur ont fait perdre un peu de leur charme d'antan. L'un des spectacles les plus photogéniques et les plus impressionnants est la **Forêt de dagobas** (*shĭàolín tălín*), située en dehors des murailles après le temple, chaque dagoba étant construit en souvenir d'un moine.

Aujourd'hui, Shaolin est un peu un piège à touristes.

Le monastère est construit sur le Songshan, l'une des cinq montagnes sacrées du taoïsme, qui abrite aussi le **temple taoïste du Zhongyue**, prétendument fondé sous la dynastie Qing et renfermant la pagode la plus ancienne de Chine.

L'entrée de l'enceinte (*ménpiào*) est de 15 yuan, plus 10 yuan pour accéder au temple de Shaolin.

Où se loger. On peut passer la nuit à Shaolin à l'hôtel *Wushu* (*wǔshù bīnguǎn*), établissement qui pratique des tarifs spéciaux pour étrangers (environ 150 yuan). Vous y rencontrerez quelques étrangers qui étudient au temple.

Comment s'y rendre. Shaolin est très à l'écart de la grand-route qui relie Zhengzhou et Luoyang. On peut s'y rendre en prenant l'un des fréquents mais irréguliers minibus privés qui partent de la gare dans les deux villes. Le trajet en minibus au départ de Zhengzhou coûte 12 yuan ; selon la route empruntée, ils s'arrêtent au temple de Zhongyue, aux tombes près de Dahuting, ou à la pagode de Songyue. Les bus publics à destination de Shaolin quittent toutes les demi-heures environ la gare routière de Zhengzhou (8 yuan) ou de Luoyang (5 yuan) et sont généralement plus rapides et moins chers que les minibus.

District de Gongxian
(*gŏngxiàn*)
Le district de Gongxian, entre Zhengzhou et Luoyang, compte toute une série de grottes et de tombeaux creusés sous la dynastie des Song du Nord. On commença les grottes en 517, mais les travaux se poursuivirent sous les dynasties Wei orientaux et occidentaux, Tang et Song. Elles regroupent au total 256 sanctuaires contenant plus de 7 700 statues bouddhiques.

Les tombeaux Song sont dispersés sur un territoire de 30 km². Sept des neuf empereurs Song du Nord y furent ensevelis (les deux autres furent emmenés par les armées Jin qui renversèrent les Song du Nord au XIIe siècle). Quelque huit siècles plus tard, tout ce qui reste des tombeaux sont des ruines, des tertres funéraires et des statues qui encadrent les avenues sacrées menant aux ruines. Près de 700 statues de pierre sont encore debout, constituant l'une des merveilles du site.

Selon les spécialistes, on remarque l'évolution des styles, de la simplicité des formes propres à la période Tang tardive aux représentations plus réalistes de personnages ou d'animaux.

Les bus qui circulent entre Zhengzhou et Luoyang passent par la bifurcation qui mène aux tombeaux, bien que ceux-ci soient tout de même à quelque distance de la route. Depuis Gongxian, on peut également prendre un taxi ou un tricycle à moteur jusqu'aux tombeaux et/ou aux temples bouddhiques troglodytiques, sur la route et la voie ferrée Zhengzhou-Luoyang (préparez-vous à marchander ferme).

LUOYANG
(*luòyáng*)
Fondée en 1200 av. J.-C., Luoyang fut la capitale de dix dynasties, jusqu'à ce que les Song du Nord installent leur capitale à Kaifeng, au Xe siècle. Au XIIe siècle, Luoyang fut dévastée et saccagée par les envahisseurs jürchen venus du Nord et ne se remit jamais complètement de ce désastre. Pendant des siècles, elle végéta dans le souvenir de sa grandeur passée.

Dans les années 20, elle ne comptait plus que 20 000 habitants. Les communistes construisirent la nouvelle cité industrielle, qui abrite aujourd'hui plus d'un million de personnes.

Habitations troglodytiques

La route qui relie Zhengzhou à Luoyang passe devant d'intéressantes habitations troglodytiques chinoises. Plus de 100 millions de Chinois vivent dans ces grottes creusées dans des rives asséchées ou dans des maisons dont les collines forment un ou plusieurs pans de murs. Ceci n'est pas particulier à la province du Henan. Un tiers de ces habitations se trouve sur le plateau de lœss. Certaines communautés adoptent à la fois les grottes et les maisons. Les premières sont plus chaudes en hiver et plus fraîches en été, mais sont également plus sombres et moins aérées qu'une maison ordinaire.

Parfois, c'est un grand trou carré qui est creusé dans le sol. Des cavernes sont ensuite percées dans chacun des quatre côtés. Un puits est installé au milieu, afin de recueillir les pluies et d'éviter les inondations. D'autres grottes, comme celles de Yan'an, sont creusées dans le pan d'une falaise.

Les sols, les murs et les plafonds de ces habitations troglodytiques sont faits de lœss, une fine terre brun-jaune, douce et épaisse, qui constitue un excellent matériau de construction. La façade peut être construite avec du lœss, de la boue séchée, du béton, de la brique ou du bois selon les matériaux disponibles.

La forme des plafonds dépend de la qualité du lœss. S'il est dur, le plafond peut être voûté. Sinon, il s'élève en encorbellement. En dehors des fenêtres et des portes de façade, des trous de ventilation laissent entrer l'air et la lumière. ■

Aujourd'hui, il est difficile d'imaginer que Luoyang fût autrefois le centre de la civilisation chinoise et ait pu compter plus de 1 300 temples bouddhiques. Des vestiges de sa grandeur passée sont disséminés dans toute la ville, mais le site le plus passionnant reste les grottes de Longmen, à 16 km de la ville.

Orientation

Luoyang s'étend sur la rive nord du Luo He. La gare de Luoyang, un grand bâtiment blanc moderne avec une horloge, est au nord de la ville. L'artère principale est Zhongzhou Lu, qui rejoint Jinguyuan Lu descendant de la gare à un croisement central en "T".

La vieille ville s'étend à l'est de l'ancienne porte Ouest (rond-point Xiguan)

et on peut encore voir la trace des murailles antiques. De très anciennes maisons occupent le labyrinthe des rues et des ruelles, qu'il est intéressant de visiter à pied.

Renseignements

Le bureau du CITS (☎ 491-3701), 6 Xiyuan Lu, se trouve non loin du New Friendship Hotel. Il possède aussi une représentation au 2e étage du Peony Hotel. Le BSP se profile à l'angle de Kaixuan Lu et de Tiyuchang Lu.

La Bank of China se dresse au coin de Yanan Lu et de Zhongzhou Xilu (en face du Friendship Store). Le principal bureau de poste et de téléphone est situé à l'intersection en T de Zhongzhou et de Jinguyuan Lu.

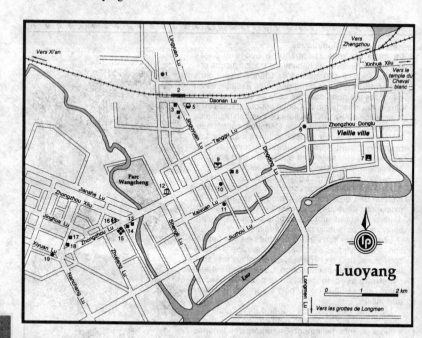

Luoyang

Vers les grottes de Longmen

LUOYANG 洛阳

1 CAAC
中国民航售票处
2 Gare ferroviaire
火车站
3 Hôtel Luoyang
洛阳旅社
4 Hôtel Tianxiang
天香旅社
5 Gare routière
(bus longue distance)
长途汽车站

6 Xiguan (porte Ouest)
西关
7 Pagode Wenfeng
文峰塔
8 Hôtel Xuangong
璇宫大厦
9 Bureau de poste
邮电局
10 Librairie Xinhua
新华书店
11 BSP
公安局
12 Musée de Luoyang
洛阳博物馆

13 Peony Hotel
牡丹大酒店
14 Hôtel Huacheng
花城饭店
15 Friendship Store
友谊商店
16 Bank of China
中国银行
17 New Friendship Hotel
新友谊宾馆
18 Friendship Hotel
友谊宾馆
19 CITS
中国国际旅行社

Temple du Cheval blanc
(*báimǎ sì*)
Fondé au Iᵉʳ siècle de notre ère, le temple du Cheval blanc fut le premier temple bouddhique sur le sol chinois. Aujourd'hui, des structures Ming et Qing s'élèvent sur le site du temple d'origine.

Cinq siècles avant le voyage entrepris par Xuanzang, moine de la dynastie Tang dont les voyages ont été immortalisés dans le classique *Voyage vers l'Ouest*, deux ambassadeurs de la dynastie Han partirent à la recherche de textes bouddhiques. En Afghanistan, ils rencontrèrent deux moines indiens

LA CHINE CENTRALE

et regagnèrent ensemble Luoyang. L'histoire veut que les textes bouddhiques et les statues fussent apportés sur le dos d'un cheval blanc, qui donna tout naturellement son nom au temple dans lequel ils furent déposés. Le temple se profile à 13 km à l'est de Luoyang. Le meilleur moyen pour s'y rendre est de prendre un minibus en face de la gare (5 yuan), ou bien d'emprunter le bus n°5 ou 9 jusqu'au rond-point Xiguan, à la limite des anciennes murailles de la ville, puis de poursuivre vers l'est pour prendre le bus n°56, qui vous mènera au temple.

Parc Wangcheng
(*wángchéng gōngyuán*)
Au fond du parc se trouvent un petit zoo et deux tombes de la dynastie Han. Les portes de pierre ont conservé des peintures et des bas-reliefs mais les cercueils ont disparu depuis longtemps. Il y a aussi un "parc à thème" en sous-sol où l'on peut observer des maquettes de dinosaures en mouvement et un assortiment de vampires en polystyrène.

La fête des pivoines, qui a lieu au parc Wangcheng du 15 au 25 avril, attire des milliers de touristes chinois. Si la nature ne produit pas suffisamment de fleurs, de fausses pivoines sont attachées aux buissons.

Musée de Luoyang
(*luòyáng bówùguǎn*)
Proche du parc, le musée abrite une collection de bronzes préhistoriques, de figurines Tang et d'outils du paléolithique. Toutes les explications sont en chinois. Le bus n°2 qui part du quartier de la gare conduit au musée.

Grottes de Longmen
(*lóngmén shíkū*)
En 494, la dynastie des Wei du Nord déplaça sa capitale de Datong à Luoyang. Elle avait construit à Datong les impressionnantes grottes de Yungang, décorées d'œuvres d'art bouddhiques et en particulier de triades où le Bouddha est flanqué de deux bodhisattvas ou bien de ses deux premiers disciples, Ananda et Kasyapa. Les bodhisattvas ont le visage empreint d'une paisible bienveillance.

Ce sont les saints qui ont choisi de renoncer au nirvana afin de revenir sur terre pour aider les humains à trouver le chemin des justes. On y voit aussi nombre d'apsaras volantes, des êtres célestes similaires aux anges et souvent porteurs d'instruments de musique, de fleurs ou d'encens.

En arrivant à Luoyang, la dynastie fit entreprendre les travaux des grottes de Longmen. En deux siècles, plus de 100 000 images et statues de Bouddha et de ses disciples furent gravées sur les pans de falaise dominant le Yi He, à 16 km au sud de la ville. C'était un site idéal car la résistance du rocher, semblable à celui de Datong, le rendait propice aux gravures. Les grottes de Luoyang, Dunhuang et Datong sont le sommet de l'art rupestre bouddhique.

L'érosion naturelle, mais surtout le vandalisme des chasseurs de souvenirs occidentaux des XIXᵉ et XXᵉ siècles, qui ont décapité presque toutes les sculptures qu'ils pouvaient atteindre, ont grandement endommagé les lieux. Curieusement, les grottes ont été épargnées par la Révolution culturelle. L'art rupestre bouddhique suivit le même déclin que la dynastie Tang, vers le milieu du IXᵉ siècle, où commencèrent en Chine les persécutions religieuses, dont le bouddhisme fut la première cible.

Bien que l'art et la sculpture bouddhiques aient gardé leurs adeptes, ils n'atteignirent jamais la qualité des siècles précédents.

Les grottes de Binyang (*bīnyáng dòng*).
Les principales grottes de l'ensemble de Longmen se situent sur la rive ouest du Yi He et s'étendent à flanc de falaise sur un axe nord-sud.

Les trois grottes de Binyang se situent à l'extrémité nord, près de l'entrée. Leurs travaux commencèrent sous les Wei du Nord et les statues aux expressions bienveillantes sont caractéristiques de ce style, bien que deux des grottes aient été achevées sous les dynasties Sui et Tang.

La grotte des Dix Mille Bouddhas (*wànfó dòng*).
A quelques minutes de marche au sud des grottes de Binyang se trouve la

grotte des Dix Mille Bouddhas, construite en 680 sous les Tang. Elle renferme des légions de petits bouddhas en bas-relief qui lui ont donné son nom, ainsi qu'un grand bouddha et des représentations de danseurs célestes. On y voit aussi des musiciens jouant de la flûte, du *pípá* (un instrument à cordes), des cymbales et du *zheng* (une harpe à treize ou quatorze cordes).

La grotte à la Fleur de Lotus (*liánhuā dòng*). Cette grotte, qui a été gravée en 527 sous les Wei du Nord, renferme un grand bouddha debout, aujourd'hui sans visage. Le plafond est orné d'apsaras volant autour d'une fleur de lotus, le symbole bouddhique qui évoque la pureté et la sérénité.

Le temple du Culte des ancêtres (*fèngxiān sì*). Il occupe la plus grande des grottes de Longmen et contient les plus belles œuvres d'art. Il a été construit entre 672 et 675, sous la dynastie Tang. Le toit a disparu et les sculptures sont exposées à l'air libre. Les œuvres Tang sont plus tridimensionnelles que les sculptures Wei du Nord, et se découpent en haut-relief, dégagées de leur arrière-plan de pierre. Les expressions et l'attitude sont plus naturelles mais, contrairement aux représentations Wei du Nord, elles sont destinées à faire peur.

Le bouddha assis, central, mesure 17 m de haut et l'on pense qu'il s'agit de Vairocana, la divinité suprême, omniprésente, dont le visage s'inspirerait de celui de la toute-puissante impératrice Wu Zetian de la dynastie Tang.

Quand on fait face au bouddha, on voit à gauche les statues de son disciple Ananda et d'un bodhisattva portant une couronne, un tasseau et un rang de perles. A droite s'élèvent les statues (ou leurs restes) d'un autre disciple, d'un bodhisattva, d'un gardien du ciel piétinant un esprit et d'un gardien du Bouddha.

La grotte des Prescriptions médicales. Petite caverne au sud du temple du Culte des ancêtres, son entrée est remplie de stèles de pierre du VIᵉ siècle gravées de

recettes de remèdes pour les maladies les plus communes.

La grotte Guyang. Adjacente à celle des Prescriptions médicales, mais beaucoup plus vaste, elle a été creusée entre 495 et 575. C'est une caverne étroite, haute de plafond, qui renferme une statue de Bouddha, ainsi qu'une multitude de sculptures, dont nombre d'apsaras volantes. Ce fut probablement la première construite des grottes de Longmen.

La grotte Shiku. Construction Wei du Nord. C'est la dernière des grandes grottes et elle renferme des gravures retraçant des processions religieuses.

Comment s'y rendre. Le bus n°81 quitte le quartier de la gare de Luoyang pour aller jusqu'aux grottes de Longmen (13 km). On peut aussi prendre le bus n°60 qui part de l'extrémité du petit parc faisant face à la pension Friendship. Le bus n°53 s'y rend également, depuis le rond-point Xiguan.

Des circuits d'une demi-journée en minibus qui mènent aux grottes de Longmen, au temple du Cheval blanc et parfois ailleurs encore, partent en face de la gare. Le prix se négocie, mais les touristes chinois semblent payer environ 25 yuan. Quelques hôtels proposent aussi une visite guidée des grottes.

Où se loger
En face de la gare ferroviaire, l'hôtel *Luoyang* (*luòyáng lǚshè*) loue des doubles sans s.d.b. à 44 yuan et des simples à 40 yuan. C'est un endroit déprimant et bruyant. L'hôtel *Tianxiang* (☎ 394-0600) (*tiānxiāng lǚshè*) constitue une option nettement plus confortable, même si les chambres subissent une augmentation de 100% lorsqu'elles sont louées à des étrangers. Il faut compter 22 yuan pour un lit en quadruple et de 26 à 30 yuan pour un lit en triple. Les simples avec clim. et s.d.b. attenante sont à 70 yuan ; même prix pour un lit dans une double au confort similaire. Les suites reviennent à 300 yuan.

Moins bien situé, l'hôtel *Huacheng* (*huāchéng fàndiàn*), 49 Zhongzhou Xilu, propose des lits en triples à partir de 20 yuan et des doubles à partir de 45 yuan. Les bus n°2, 4 et 11 passent devant. Descendez à l'arrêt après le Peony Hotel.

L'hôtel *Xuangong* (☎ 393-7189) (*xuángōng dàshà*), établissement de catégorie moyenne, occupe une position centrale, dans Zhongzhou Lu, près du croisement avec Jinguyan Lu. Installé dans une tour, il loue des doubles avec s.d.b. à partir de 190 yuan.

Plus à l'ouest de la ville, dans Xiyuan Lu, se profilent deux Friendship Hotel. Visant essentiellement la clientèle des groupes touristiques, ils pratiquent des prix en conséquence : à partir de 480 yuan pour une double. Le *Friendship Hotel* (☎ 491-2780) (*yǒuyì bīnguǎn*) propose aussi des simples à 295 yuan. Le *New Friendship Hotel* (☎ 491-3770) (*xīn yǒuyì bīnguǎn*) loue des doubles économiques à 380 yuan. Le bus n°4, qui part de la principale gare ferroviaire, passe à proximité de ces deux établissements (descendez au septième arrêt).

Si vous souhaitez prendre un taxi, attendez-vous à payer environ 60 yuan depuis l'aéroport, de 15 à 20 yuan depuis la gare ferroviaire.

Le *Peony Hotel* (☎ 491-3699) (*mǔdan dàjiǔdiàn*) est un établissement en joint-venture installé 15 Zhongzhou Xilu. Il est surtout fréquenté par les groupes de touristes étrangers et les expatriés et, bien que le confort offert ne corresponde pas toujours aux critères internationaux, il demande un minimum de 510 yuan pour une chambre.

Où se restaurer

Luoyang est suffisamment à l'ouest pour que la nourriture locale évoque un peu les saveurs musulmanes. Parmi les mets typiques à manger sur le pouce, vous trouverez les *jiǎnpào*, petits beignets frits fourrés d'herbes hachées et d'ail chinois, et le *dòushāgāo*, un "gâteau" sucré fait de pois jaunes moulus et de jujubes (dattes chinoises), qu'un marchand ambulant vous

vendra environ 0,50 yuan la part. Le soir, les étals autour de la gare vendent à un prix très raisonnable un excellent *shāguō*, sorte de mélange de viande et de légumes cuisinés avec des nouilles dans un petit pot de terre cuite.

Vous trouverez des restaurants plus confortables dans Zhongzhou Lu. L'hôtel Tianxiang abrite un bon restaurant très raisonnable, avec un menu en anglais.

La caféteria du Peony Hotel sert un excellent café (6 yuan) et des repas acceptables. Essayez les *nasi goreng*.

Comment s'y rendre

Avion. On peut réserver des billets d'avion à divers endroits en ville, bien que les liaisons de Luoyang avec le reste de la Chine laissent à désirer (mieux vaut arriver à Zhengzhou et en partir). Le Peony Hotel possède un petit bureau au rez-de-chaussée, ainsi que l'hôtel Tianxiang et les Friendship Hotel. Des vols sont assurés pour Xi'an (quatre par semaine), Canton, Pékin, Xiamen et Fuzhou. Il existe aussi des vols charters pour Hong Kong.

Bus. La gare routière longue distance se trouve en face en diagonale de la gare ferroviaire. Des bus desservent tous les jours Zhengzhou (17 yuan, clim., 3 heures) et Shaolin (8 yuan). Vous pouvez aussi prendre des bus directs pour Anyang et Ruicheng (dans le sud-ouest de la province du Shanxi).

Des bus-couchettes partent le soir de la gare ferroviaire pour Xi'an (10 heures), Taiyuan (11 heures), Wuhan (15 heures) et Yantai dans la province du Shandong (23 heures).

Train. Il existe des trains directs pour Pékin (13 heures), Shanghai (18 heures) et Xi'an (8 heures). A noter aussi qu'un train touristique à deux étages circule tous les jours entre Zhengzhou et Xi'an. Il s'arrête à Luoyang à 12h27 et arrive à Xi'an vers 19h le même jour.

Quelques trains directs desservent Taiyuan, au nord, et, au sud, Xiangfan et

Yichang, un port sur le Yangzi où vous pourrez prendre le ferry Chongqing-Wuhan.

Comment circuler

La location de bicyclettes semble avoir disparu de Luoyang (comme malheureusement dans de nombreuses villes chinoises), mais renseignez-vous à l'hôtel Tianxiang. Les taxis rouges et les minivans jaunes abondent et coûtent rarement plus de 10 yuan. Les bus sont moins pris d'assaut que dans la plupart des autres villes.

ANYANG

(*ānyáng*)

Située au nord du Huang He, à la lisière du Henan et du Hebei, Anyang est aujourd'hui considérée comme étant le site de Yin ou Da Shang, la dernière capitale de l'ancienne dynastie Shang et l'un des premiers centres de la civilisation urbaine chinoise.

A partir de 1899, les paysans travaillant près d'Anyang ont exhumé, à Xiaotun, des fragments d'os polis portant des inscriptions en ancien chinois, qui sont en fait des os divinatoires sur lesquels étaient gravées des questions adressées aux esprits et aux ancêtres. Des inscriptions du même genre, retrouvées sur des carapaces de tortue comme sur des objets de bronze, laissent supposer que la dernière capitale Shang se tenait sur ces lieux au XIVe siècle av. J.-C.

Ces découvertes attirèrent l'attention des archéologues chinois et occidentaux. Les travaux de fouilles commencèrent à la fin des années 20 et permirent de découvrir d'anciens tombeaux, les ruines d'un palais royal, des ateliers et des maisons qui prouvent que la légendaire dynastie Shang a réellement existé.

Musée des ruines Yin

(*yīnxū bówùguǎn*)

Récemment installé sur le site, ce musée ne dispose pas encore de collections extraordinaires. On y trouve quelques poteries reconstituées et des fragments d'os divinatoires ainsi que des objets artisanaux en bronze et en jade. Une zone du site archéo-logique sera prochainement ouverte à la visite. Le bus n°1, qui part de l'angle de Jiefang Lu et de Zhangde Lu, passe à proximité du musée.

Où se loger et se restaurer

L'hôtel *Fenghuang* (*fēnghuáng bīnguǎn*), dans Jiefang Lu, près du croisement avec Xihuancheng Lu, demande 45 yuan pour une double. Il abrite un bon restaurant au rez-de-chaussée. Sinon, vous pouvez toujours vous rendre à l'établissement officiel pour les étrangers, la pension *Anyang* (☎ 422-219) (*ānyáng bīnguǎn*), 1 Youyi Lu, qui loue des chambres de 60 à 250 yuan.

Comment s'y rendre

De la gare routière longue distance, on peut prendre des correspondances pour Zhengzhou (4 heures 30), Linxian (toutes les 30 mn), Taiyuan (10 heures difficiles à travers les Taihangshan) et Luoyang. Anyang se trouve sur la ligne ferroviaire Pékin-Zhengzhou. Une autre ligne dessert Taiyuan (13 heures) et Linxian (une fois par jour à 8h30).

ENVIRONS D'ANYANG

Le **district de Linxian** (*línxiàn*) s'étend à l'ouest d'Anyang, sur les contreforts des Taihangshan, près de la frontière entre le Henan et le Shanxi.

Le Linxian est une région rurale, qui se dispute avec Dazhai (Shanxi) et Shaoshan (Hunan) la gloire d'être l'un des hauts lieux du maoïsme, car elle abrite le célèbre canal du Drapeau rouge. Afin d'irriguer le district, le Zhang He fut dérouté par un tunnel creusé dans la montagne, et son nouveau lit aménagé dans un pan de falaises abruptes. Les communistes prétendent que cet ouvrage colossal, entrepris sous la Révolution culturelle, fut l'œuvre des masses laborieuses, sans l'aide de machines ni d'ingénieurs.

Les statistiques sont impressionnantes : 1 500 km de canal creusés, des collines aplanies, 134 tunnels percés, 150 aqueducs construits et suffisamment de terre déplacée pour bâtir une route de 1 m de haut, 6 m de large et 4 000 km de long.

Les observateurs considèrent cet exploit comme digne de ceux de Qin Shihuangdi, qui enrôla des millions de gens pour ériger la Grande Muraille. Selon eux, le seul résultat fut d'épuiser paysans et ouvriers.

KAIFENG
(*kāifēng*)
Autrefois prospère capitale de l'empire chinois sous les Song du Nord (960-1126), Kaifeng est une charmante ville d'environ 600 000 habitants. Elle connaît un faible trafic touristique et semble avoir été tenue un peu à l'écart de la modernisation du pays. Le visiteur pourra s'imprégner d'une atmosphère depuis longtemps disparue dans d'autres régions chinoises.

Cependant, n'en attendez pas trop. Le modernisme semble rattraper même Kaifeng, où des quartiers entiers sont démolis pour laisser place à une architecture prétendument contemporaine. Ses murailles de terre, témoins de son passé, sont toujours debout, mais fortement érodées et coupées par des artères et des immeubles récents.

Kaifeng abrite également une petite communauté chrétienne, ainsi qu'une importante minorité musulmane. Églises et mosquées jalonnent les ruelles de la ville.

Orientation
La gare routière et la gare ferroviaire sont implantées hors de la ville, à environ 1 km au sud des anciens remparts. Le reste de Kaifeng est enfermé à l'intérieur de l'enceinte. L'intersection entre Sihou Jie et Madao Jie marque le centre de la ville, avec un marché particulièrement animé la nuit. Les restaurants, boutiques et maisons alentour possèdent pour la plupart une architecture en bois. Non loin de là se profilent la pension Kaifeng et le temple Xiangguo.

Renseignements
Le BSP est installé dans Dazhifang Jie, à 50 m à l'ouest de Zhongshan Lu. Le CITS (☎ 595-5131) possède un bureau 14 Yingbin Lu, à côté de l'hôtel Dongjing. La Bank of China se profile dans Gulou Ji, à environ 500 m au nord de la pension Kaifeng.

Des bureaux de poste et de téléphone vous attendent à l'angle de Zhongshan Lu et de Ziyou Lu, et à l'angle de Mujiaqiao Ji et de Wusheng Jiao Jie.

Temple Xiangguo
(*xiàngguó sì*)
Ce temple est voisin d'un marché en style chinois. Édifié à l'origine en 555, puis fréquemment reconstruit au cours du millénaire qui suivit, le temple Xiangguo fut entièrement détruit en 1644 lorsque les digues du fleuve Jaune furent ouvertes dans une désastreuse tentative d'arrêter l'invasion mandchoue. Les bâtiments actuels remontent à 1766 et ont subi depuis lors d'importantes transformations. Une énorme cloche en fonte se trouve à l'entrée, sur la droite. L'entrée coûte 5 yuan.

Pagode de Fer
(*tiětǎ*)
Érigée au XIe siècle, la pagode de Fer est en réalité faite de briques vernissées dont les tons bruns rappellent le fer. On peut monter au sommet de cette impressionnante structure. Les carreaux des niveaux inférieurs portent des représentations abîmées de Bouddha – peut-être par les Gardes rouges. Prenez le bus n°3, près de la gare routière, jusqu'au terminus. Il faut ensuite marcher un quart d'heure.

Autres curiosités
Le grand **musée** local (*kāifēng bówùguǎn*), dans Yingbin Lu, au sud du lac Baogong, méritait autrefois une petite visite. Aujourd'hui, il est pratiquement vide (en dehors d'une exposition sur l'histoire révolutionnaire de Kaifeng) – "pas d'argent", explique le personnel.

Le **parc Longting** (*lóngtíng gāngyuán*) est presque entièrement couvert de lacs. A son extrémité nord, près du **Longting** (pavillon des Dragons), s'étend un petit parc d'attractions pour enfants avec des

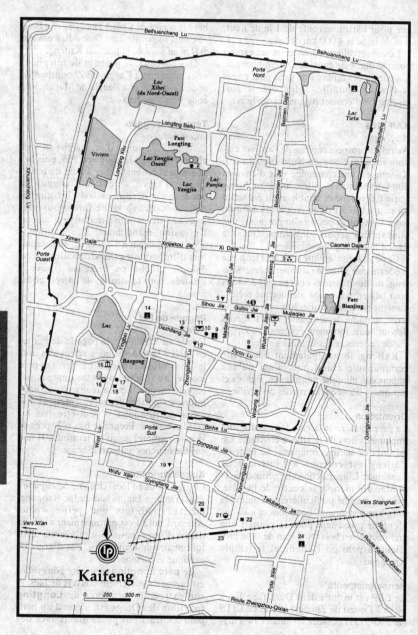

LA CHINE CENTRALE

Lac
Xibei
(du Nord-Ouest)

Beihuancheng Lu

Porte
Nord

Beihuancheng Lu

Lac
Tieta

Longting Beilu

Parc
Longting

Viviers

Lac Yangjia
Ouest

Lac
Yangjia

Lac
Panjia

Ximen Dajie

Porte
Ouest

Xinjiekou Jie

Xi Dajie

Caomen Dajie

Parc
Bianjing

Lac

Baogong

Porte
Sud

Binhe Lu

Dongguai Jie

Wufu Xijie

Siyingfang Jie

Vers Xi'an

Vers Shanghai

Route Kaifeng-Qixian

Route Zhengzhou-Qixian

Route Zhengzhou-Qixian

Kaifeng

0   250   500 m

KAIFENG 开封	12	California Beef Noodles 加州牛肉面	10	Marché Xiangguosi 相国寺市场
OÙ SE LOGER	19	Restaurant Tianjin 天津饭馆	11	Poste 邮电局
6 Hôtel Dajintai 大金台旅馆		**DIVERS**	13	BSP 公安局
8 Pension Kaifeng 开封宾馆	1	Pagode de Fer 铁塔	14	Temple taoïste Yanqing 延庆观
18 Hôtel Dongjing 东京大饭店	2	Longting (pavillon des Dragons) 龙亭	15	Musée 博物馆
20 Hôtel Bianliang 汴梁旅社	3	Ruines de la synagogue de Kaifeng 开封犹太教堂遗址	16	Gare routière Ouest 汽车西站
22 Hôtel Bian 汴大旅社	4	Bank of China 中国银行	17	CITS 中国国际旅行社
OÙ SE RESTAURER	7	Poste 邮电局	21	Gare routière (bus longue distance) 长途汽车站
5 Restaurant Jiaozi Guan 饺子馆	9	Temple Xiangguo 相国寺	23	Gare ferroviaire 火车站
			24	Pagode Fan 繁塔

autos-tamponneuses. On y voit souvent des vieillards assis à l'ombre qui jouent aux échecs chinois.

Le minuscule **temple taoïste Yanqing** (*yánqìng guān*) abrite une étrange pagode de 13 m de haut. L'édifice le plus ancien de Kaifeng est la **pagode Fan** (*fán tǎ*), au sud-est de la gare ferroviaire.

Où se loger

Kaifeng fait figure de phénomène dans la Chine moderne : c'est en effet l'une des rares villes où il existe davantage d'hôtels pour les voyageurs à petit budget que pour les touristes fortunés. Il semble par ailleurs que les étrangers puissent se loger presque sans restriction.

L'hôtel *Bianliang* (☎ 393-1522) (*biànliáng lǚshè*), dans Zhongshan Lu, à 100 m environ de la gare, loue des doubles sommaires pour 44 yuan et des lits en dortoir de 5,5 à 8,5 yuan. Il y a de l'eau chaude le soir pendant quelques heures.

L'hôtel *Bian* (*biàn dàlǚshè*) occupe le grand immeuble de quatre étages que l'on voit sur la gauche en quittant la gare routière. Malgré son apparence somptueuse, aucune chambre de dispose d'une s.d.b. On peut toutefois difficilement se plaindre du rapport qualité/prix, avec des simples à partir de 16,50 yuan et des doubles pour 18,50 yuan.

Autre établissement d'un bon rapport qualité/prix, l'hôtel *Dajintai* (*dàjīntái lǚguǎn*), dans Gulou Jie (presque en face de la Bank of China), est central mais situé dans une petite cour calme qui le sépare de la rue. Il propose des doubles avec s.d.b. (eau chaude 24h/24) pour 44 yuan et des doubles sommaires à 13 yuan le lit.

Dans la catégorie moyenne, l'hôtel *Bianjing* (*biànjīng fàndiàn*), à l'angle de Dong Dajie et de Beixing Jie, à l'extrémité nord-est de la ville, dans le quartier musulman, est un vieux bâtiment préfabriqué, sans beaucoup de caractère, mais entouré de rues animées. Il abrite, au fond, un restaurant très fréquenté. Comptez un minimum de 17 yuan pour un lit en dortoir et pas moins de 105 yuan pour une double avec s.d.b. Pour vous y rendre, prenez le bus n°3 de la gare routière et descendez au sixième arrêt.

La pension *Kaifeng* (☎ 595-5589) (*kāifēng bīnguǎn*), dans Ziyou Lu, structure construite par les Russes, en plein centreville, n'est pas sans charme. Les chambres les plus diverses sont disséminées dans plusieurs bâtiments autour d'une place centrale. Le prix des doubles varie de 96 à 150 yuan. Les groupes sont hébergés dans le bâtiment 2, où les chambres démarrent à 280 yuan.

Au sud du parc Baogong, dans Yingbin Lu, l'hôtel *Dongjing* (☎ 398-9388 ; fax 595-6661) (*dōngjīng dàfàndiàn*) est l'une des tentatives chinoises pour offrir tout le confort international au voyageur tout en conservant l'atmosphère locale. Le résultat ressemble à une prison avec des boutiques de souvenirs. Le personnel parle un peu anglais et fait tout son possible pour se montrer coopératif. Le prix des doubles dans les quatre ailes de l'hôtel varie de 120 à 280 yuan (390 yuan pour une suite). Le bus n°9 qui part de la gare ferroviaire passe devant.

Où se restaurer

En dépit de sa petite taille, Kaifeng offre un grand choix de stands de nourriture, particulièrement délicieux au marché de nuit situé à l'angle de Sihou Jie et de Madao Jie. Essayez le *ròuhé*, sorte de pain plat farci de légumes frits et de porc (ou de mouton dans sa version musulmane).

Les gargotes autour de la gare ferroviaire offrent le même genre de nourriture que l'on peut trouver aux abords de toutes les gares de Chine. Le restaurant *Tianjin* (*tiānjīn fànzhuāng*), situé à 5 minutes à pied en remontant Zhongshan Lu, simple, offre une bonne alternative.

Comme le suggère son nom, le restaurant *Jiaozi Guan* (*jiǎzi guǎn*), géré par le gouvernement, a pour spécialité les *jiaozi*, raviolis fourrés à la viande et aux légumes. A l'étage, on propose une grande variété de plats. L'établissement est situé à l'angle de Shudian Lu et de Sihou Jie, dans un bâtiment traditionnel de trois étages doté d'un vieux balcon en bois.

La communauté juive de Kaifeng

Le père Nicola Trigault, qui a traduit et publié en 1615 le journal du jésuite Matteo Ricci (1552-1610), fondateur de la mission catholique en Chine, s'est appuyé sur ses récits pour rapporter une rencontre entre Ricci et un juif de Kaifeng. Ce dernier devait se rendre à Pékin pour participer aux examens impériaux et Trigault écrit :

"Quand il [Ricci] ramena le visiteur à la maison et commença à l'interroger sur son identité, il s'aperçut peu à peu qu'il s'adressait à un fidèle de l'ancienne Loi juive. L'homme reconnut qu'il était israélite, mais ne connaissait pas le mot "juif".

Ricci apprit de son visiteur qu'il y avait dix à douze familles israélites à Kaifeng. Une "magnifique" synagogue y avait été construite et les cinq livres de Moïse y étaient conservés sous forme de rouleaux depuis cinq cents ou six cents ans. Le visiteur était familiarisé avec les histoires de l'Ancien Testament et certains de ses coreligionnaires, dit-il, parlaient fort bien l'hébreu. Il dit aussi à Ricci que, dans la province que Trigault appelle le "Cequian", dans la capitale de "Hamcheu", se trouvait une population de familles israélite beaucoup plus importante qu'à Kaifeng et que d'autres fidèles étaient dispersés dans le pays. Ricci envoya à Kaifeng un de ses Chinois convertis, qui confirma l'histoire du visiteur.

Aujourd'hui, plusieurs centaines de descendants des juifs des origines habitent Kaifeng et, bien qu'ils se considèrent comme israélites, ils n'ont guère conservé leurs croyances et leurs rites. La synagogue fut détruite en 1642 par une crue du Huang He. Reconstruite, elle fut de nouveau dévastée par les eaux dans les années 1850. Cette fois, l'argent manqua pour la rebâtir. A la fin du XIX° siècle, des missionnaires chrétiens sauvèrent les rouleaux et les livres qui sont aujourd'hui la propriété de bibliothèques en Israël, au Canada et aux États-Unis. ■

Pour un fast-food, avec une petite note chinoise, essayez le *California Beef Noodles* (*jiāzhōu niúròumiàn*), en face du marché de Xiangguosi. Les nouilles (de style taiwanais) ne sont pas mauvaises.

Comment s'y rendre

Bus. Des minibus privés pour Zhengzhou prennent les passagers devant la gare ferroviaire. La meilleure solution, toutefois, consiste à se rendre jusqu'à la gare routière Ouest, en face de l'hôtel Dongjing. Le voyage jusqu'à Zhengzhou dure moins de 2 heures et revient à environ 7 yuan.

Les bus pour Luoyang sont moins fréquents ; il est plus rapide de changer à Zhengzhou. Trois bus partent tous les jours pour Luoyang (25 yuan) de la gare routière, en face de la gare ferroviaire, *via* Zhengzhou. Il existe aussi un bus quotidien pour Bozhou.

Train. Kaifeng est située sur la ligne Xi'an-Shanghai et les trains sont fréquents. Le trajet en express jusqu'à Zhengzhou dure environ 1 heure 30 ; comptez 13 heures jusqu'à Shanghai et Xi'an. Bozhou et Hefei (province de l'Anhui) sont également reliées par des trains directs.

Comment circuler

Les bus sont moins bondés que dans d'autres régions et couvrent tous les sites susceptibles d'intéresser les touristes. Cyclo-pousses et minivans sont aussi largement disponibles et relativement bon marché.

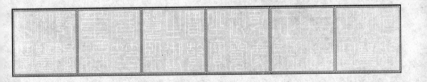

Hubei 湖北

Berceau de la vaste cité industrielle et du port fluvial de Wuhan, traversé par le Chang Jiang (Grand Fleuve, autrefois appelé Yangzi ou fleuve Bleu) et ses nombreux affluents, et fort de près de 50 millions d'habitants, le Hubei (*húběi*) reste l'une des plus importantes provinces de Chine. Pour la plupart des voyageurs, cependant, elle ne constitue qu'un lieu de transit ou le terminus d'une croisière sur le Chang Jiang en provenance de Chongqing.

La province du Hubei compte en fait deux régions très différentes. Les deux tiers orientaux sont constitués d'une basse plaine arrosée par le Chang Jiang et son principal affluent nordique, la Han. Le tiers occidental est une région de montagnes aux reliefs déchiquetés, formant des petits bassins et des vallées cultivées qui séparent le Hubei du Sichuan. L'implantation des Chinois dans la plaine remonte au Ier millénaire av. J.-C. C'est vers le VIIe siècle qu'elle fut intensément colonisée. Dès le XIe siècle, la production des rizières est excédentaire. A la fin du XIXe siècle, ce sera la première contrée de Chine intérieure à se lancer dans une industrialisation à grande échelle.

WUHAN
(*wǔhàn*)

S'il est rare que l'on fasse un détour pour se rendre à Wuhan, on est fréquemment amené à traverser la ville, terminal des ferries arrivant de Chongqing sur le Chang Jiang. Plus animée, moins morose et plus moderne que Chongqing, Wuhan est en plein essor : les investissements étrangers et chinois devraient l'aider à rivaliser avec les cités plus éclatantes et cosmopolites que sont Nankin et Shanghai.

Avec une population de près de 4 millions d'habitants, Wuhan est l'une des plus grandes métropoles de Chine. Il s'agit en fait d'une agglomération formée de trois cités jadis indépendantes : Wuchang, Hankou et Hanyang.

Population : 50 millions d'habitants

Capitale : Wuhan

A ne pas manquer :

- Wuhan, ville portuaire sur le Chang Jiang (Yangzi), cosmopolite et animée
- Yichang, porte d'accès au pharaonique projet de barrage des Trois Gorges et aux croisières vers Chongqing, en amont, *via* les Trois Gorges (avant leur inondation)
- Le district du Shennongjia, région montagneuse aux paysages sauvages

Wuchang, fondée sous la dynastie Han, devint capitale régionale sous les Yuan et est aujourd'hui le siège du gouvernement provincial. Cette ville close a perdu son enceinte depuis longtemps. Hankou, en revanche, n'était guère qu'un village jusqu'à ce que le traité de Nankin l'ouvrît au commerce extérieur. Elle abritait cinq concessions étrangères, toutes regroupées autour de l'actuelle Zhongshan Lu. Les Britanniques y arrivèrent les premiers en 1861, suivis des Allemands en 1895, des Russes puis des Français en 1896, et des Japonais en 1898. Avec la construction de

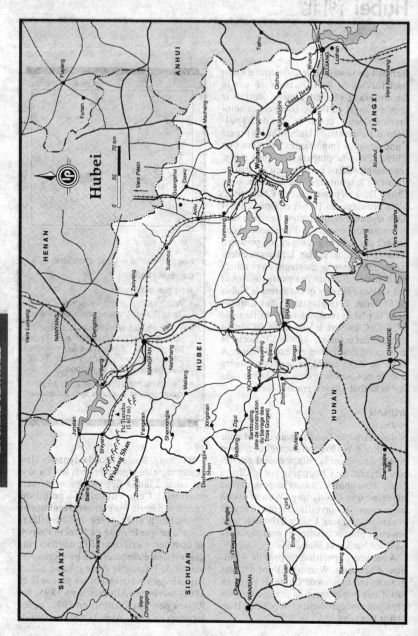

la ligne de chemin de fer Pékin-Wuhan dans les années 20, Hankou commença vraiment à se développer et devint le premier grand centre industriel de la Chine intérieure. Dans le quartier des anciennes concessions subsistent encore de nombreux édifices de style européen, notamment le long de Yanjiang Dadao, dans la partie nord-est de la ville. Les bureaux de l'administration occupent aujourd'hui les locaux des banques, des grands magasins et des résidences privées ayant autrefois appartenu aux étrangers.

Hanyang, devancée par sa voisine Hankou, reste aujourd'hui la plus petite des trois municipalités. C'est en l'an 600 qu'elle fut fondée. Durant la seconde moitié du XIXe siècle, Hankou se développa autour de l'industrie lourde. La première aciérie moderne de Chine fut construite à Hanyang en 1891 ; au début des années 1900, un chapelet d'autres usines s'installa le long de la rivière. La crise des années 30 et l'invasion japonaise minèrent totalement les industries lourdes de Hanyang et, depuis la Révolution, l'industrie légère constitue la principale activité.

Orientation

Wuhan est la seule ville sur le Chang Jiang dont on puisse vraiment dire qu'elle s'étend de part et d'autre du fleuve, depuis Wuchang sur la rive sud-est jusqu'à Hankou et Hanyang, de l'autre côté du Chang Jiang. Au sud de Wuhan, un vieux pont franchit le fleuve, tandis qu'un viaduc récent relie maintenant la partie nord au reste de la ville. Quant à Hankou et Hanyang, elles sont elles-mêmes séparées par une plus petite rivière, la Han, que franchit un pont. Ferries et vedettes traversent ces deux cours d'eau tout au long de la journée.

Le véritable centre de Wuhan est Hankou (hànkǒu), en particulier le quartier qui s'étend autour de Zhongshan Dadao. Cependant, le centre-ville semble se déplacer progressivement vers le nord, de l'autre côté de Jiefang Dadao, l'artère vitale de Hankou. La plupart des hôtels, grands

magasins, restaurants et marchés de rues de Hankou se trouvent dans ce secteur, entouré de quartiers résidentiels plus tranquilles. La nouvelle gare de Hankou, à 5 km au nord-est de la ville, est gigantesque. Le principal terminal des ferries du Chang Jiang se trouve également à Hankou. Quant à l'aéroport Nanhu de Wuchang, désormais remplacé par le nouvel aéroport international Tianhe situé à 30 km au nord de Hankou, il a été morcelé en parcelles immobilières lucratives.

Wuchang est un quartier moderne, aux longues et larges avenues bordées d'immeubles en béton sans caractère, qui comprend la seconde gare ferroviaire de Wuhan, le musée de la province du Hubei, ainsi que nombre de lieux récréatifs.

Renseignements

CITS. Le CITS (☎ 578-2124) se trouve à Hankou, 26 Taibei Yi Lu, pratiquement en face du Ramada Hotel. Il n'y a pas d'indication à l'extérieur : prenez l'ascenseur jusqu'au 7e étage. Le bus n°9 s'arrête près de l'extrémité sud de Taibei Yi Lu : de là, c'est à 5 minutes à pied.

BSP. Le bureau de la police est situé 206 Shengli Lu, à 10 minutes de marche au nord-est de l'hôtel Jianghan.

Argent. La principale agence de la Bank of China est installée à Hankou, dans un bâtiment décoré du quartier des anciennes concessions, au coin de Zhongshan Dadao et de Jianghan Lu. Les hôtels touristiques comme le Qingchuan et le Jianghan disposent également d'un bureau de change.

Poste. La poste principale se trouve sur Zhongshan Dadao, près de la Bank of China. Si vous séjournez à l'hôtel Changjiang ou à l'hôtel Hankou, il y a un bureau de poste plus pratique à l'angle de Qingnian Lu et de Hangkong Lu.

Cartes. Différentes cartes de la ville, plus ou moins utiles, sont en vente un peu partout dans Wuhan. Les librairies Xinhua et certains hôtels proposent une version bilingue qui signale en anglais les sites touristiques intéressants.

Temple Guiyuan
(*guīyuán sì*)

Ce monastère bouddhique, dont les bâtiments remontent à la fin de la dynastie des Ming et au début des Qing, tient à la fois du magasin des curiosités et du lieu de culte actif. La principale attraction est une collection de statues des disciples de Bouddha, dans toutes sortes de postures expressives et comiques.

Pour s'y rendre, il faut prendre le bus n°45 qui descend Zhongshan Dadao et franchit le pont de la Han. Il y a un arrêt d'où l'on peut aller à pied au temple, qui se trouve dans Cuiweiheng Lu, à l'intersection avec Cuiwei Lu.

Pont sur le Chang Jiang
(*wǔhàn chángjiāng dàqiáo*)

Wuchang et Hanyang sont reliées par ce grand pont de plus de 1 100 m de long et 80 m de haut. L'achèvement de sa construction en 1957 marqua l'une des premières grandes réalisations de la Chine communiste dans le domaine de l'équipement. Jusque-là, tout le trafic ferroviaire et routier devait être péniblement transbordé par ferry de l'autre côté du fleuve.

Un deuxième pont routier sur le Chang Jiang, au nord de Wuhan, a été achevé mi-1995.

Musée de la province du Hubei
(*húběishěng bówùguǎn*)

Si vous vous intéressez à l'archéologie, ne manquez pas ce musée. Il abrite une vaste collection d'objets retrouvés dans le tombeau Zhenghouyi, mis au jour en 1978 dans les faubourgs de Suizhou. Ce tombeau date de 433 av. J.-C. environ, à l'époque des Royaumes combattants. Le prince y fut enterré avec quelque 7 000 de ses objets favoris : vases rituels en bronze, armes, équipements de cheval et de char, divers instruments et ustensiles en bambou, objets en or et en jade.

Le musée est installé à côté de Donghu (lac de l'Est), à Wuchang. Prenez le bus n°14 à l'embarcadère des ferries de Wuchang (le plus proche du pont) jusqu'au terminus, puis revenez sur vos pas dans la même rue ; au bout de 10 minutes, vous verrez un panneau indiquant la villa de Mao Zedong. Le musée se trouve dans cette rue.

En été, vous pouvez faire une jolie excursion d'une journée incluant le musée en prenant un ferry de Hankou à Wuchang (embarcadère de Zhonghua Lu), puis le bus n°36 jusqu'à la colline Moshan. Prenez un autre ferry pour traverser le lac jusqu'au parc du lac de l'Est, allez à pied jusqu'au musée, puis reprenez le bus n°14 jusqu'à la tour de la Grue jaune (immortalisée par Li Bai dans un poème qu'adapta Paul Claudel en français sous le titre "Au pavillon de la grue jaune"), et enfin revenez à Hankou par ferry.

Villa de Mao Zedong
(*máozédōng biéshù*)

L'accès à cette propriété bucolique ayant appartenu au Grand Timonier coûte 20 yuan. On peut visiter les appartements de Mao, ses bureaux, sa piscine privée et une salle de conférences où furent prises des décisions capitales pendant la Révolution culturelle. Mao séjourna dans cette villa à plus de vingt reprises de 1960 à 1974. Il y passa même presque un an et demi entre 1966 et 1969. Jiang Qing ne se joignit à lui que trois fois : apparemment, l'endroit ne lui plaisait guère.

Les bâtiments, très délabrés, ont visiblement été négligés depuis des années. Mais le parc boisé et les jardins, paradis d'une grande variété d'oiseaux, sont très agréables. C'est à 10 minutes à pied depuis musée de la province du Hubei. De nombreux panneaux jalonnent le chemin.

Université de Wuhan
(*wǔhàn dàxué*)

Située à côté de la colline Luojia, dans un charmant campus, l'université de Wuhan a conservé de nombreux bâtiments datant de sa fondation, en 1913. En 1967, en pleine Révolution culturelle, elle fut le théâtre d'une bataille prolongée connue sous le nom d'"événements de Wuhan". On avait perché un nid de mitrailleuses sur le toit de la bibliothèque, et l'approvisionnement était acheminé par des tunnels creusés sous la colline. Si ce petit retour dans l'histoire vous tente, prenez le bus n°12 jusqu'au terminus.

Où se loger – petits budgets

Quasiment tous les hôtels véritablement bon marché de Wuhan ont fermé leurs portes aux étrangers, ce qui ne laisse guère de choix. Le moins cher reste probablement l'hôtel *Dadongmen* (☎ 887-7402) (*dàdōngmén fàndiàn*), au croisement de Wuluo Lu et de Zhongshan Lu, à proximité de la gare ferroviaire de Wuchang. Ce vaste établissement propose de nombreuses chambres rudimentaires à des prix allant de 25 yuan par lit en chambre double à 15 yuan en chambre quadruple, ou 30 yuan en chambre simple. Les principaux inconvénients sont le bruit de la circulation (bien que les chambres ne donnant pas sur la rue soient plus calmes) et son emplacement à Wuchang, alors que la plupart des animations de la ville se trouvent à Hankou.

A Hankou, le *Victory Hotel* (☎ 281-2780) (*shènglì fàndiàn*), une ancienne pension construite par les Britanniques au coin de Shengli Jie et de Siwei Lu, est passé dans la catégorie supérieure depuis qu'il a été entièrement refait voici quelques années. Les doubles standard coûtent maintenant 440 yuan, mais il reste à l'arrière quelques chambres bon marché (100 yuan) donnant sur une cour verdoyante. Cet établissement est un peu excentré, mais il passe quantité de bus dans Shengli Jie.

Où se loger – catégorie moyenne

A Hankou, l'hôtel *Xinhua* (☎ 585-4567) (*xīnhuá jiǔdiàn*), dans Jianghan Beilu, assez central bien qu'il ne paie pas de mine, dispose de chambres doubles à partir de 148 yuan. On essaiera peut-être de vous faire payer un supplément pour étrangers

de 30%. Juste au nord et en face de l'imposant terminal des ferries de Hankou, l'hôtel *Xieli* (*xiélì bīngguǎn*) propose des chambres doubles convenables pour 180 yuan. Une adresse à retenir lorsqu'on débarque en pleine nuit à Wuhan d'une croisière sur le Chang Jiang.

Un peu plus cher, mais justifié, l'hôtel *Yin Feng* (☎ 589-2700) (*yínfēng bīgguǎn*), 400 Zhongshan Dadao, est installé au centre-ville. Les parquets en bois des doubles/triples (208/260 yuan) sont impeccables, les s.d.b. étincelantes et la pression d'eau autorise des douches divines. A Wuchang, face à la gare ferroviaire en diagonale dans Zhongshan Lu, le *Marine Hotel* (*hánghǎi bīgguǎn*) propose des doubles/triples à 158/198 yuan.

Où se loger – catégorie supérieure

Si votre budget vous le permet, optez sans hésiter pour l'hôtel *Jianghan* (☎ 281-1600) (*jiānghàn fàndiàn*), 245 Shengli Jie, juste derrière l'ancienne gare désaffectée de Hankou. Bâti par les Français en 1914 sous le nom d'hôtel Demin, c'est l'un des meilleurs témoignages de l'architecture coloniale dans cette région. Les tarifs s'échelonnent de 83 $US pour une double à 230 $US pour une suite, plus 10% de service. L'hôtel possède son propre bureau de poste, des boutiques et un excellent restaurant.

L'hôtel *Yangtze* (☎ 586-2828) (*chángjiāng dàjiǔdiàn*), à l'angle nord-ouest de Jiefang Dadao et de Qingnian Lu, propose des doubles à partir de 85 $US. Juste en face, l'hôtel *Hankou* (☎ 585-7834) (*hànkǒu fàndiàn*) est similaire, mais un peu moins cher. Ce sont deux bons établissements, bien que le carrefour ressemble de plus en plus à une bretelle d'autoroute en raison du trafic intense sur l'échangeur voisin.

En dépit de son emplacement peu pratique, le *Ramada Hotel Wuhan* (☎ 283-7968) (*huáměidá jiǔdiàn*), 9 Taibei Yi Lu, offre un service quatre-étoiles pour 75 $US la double (les prix semblent négociables). C'est également là que l'on déguste la meilleure cuisine occidentale de Wuhan

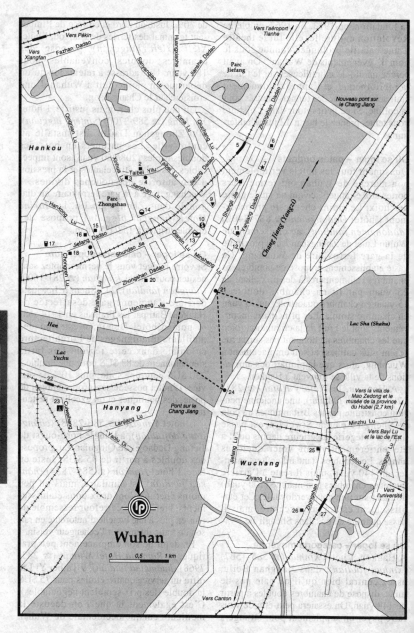

Hankou

Vers Pékin

1

Vers Xiangfan

Fazhan Dadao

Qingnian Lu

Xinhua Lu

Hankong Lu

Taibei

2

3

4

Jianghan Lu

Parc Zhongshan

14

15

16

17

18

19

Jiefang Dadao

Chongren Lu

Wusheng Lu

Shundao Jie

Zhongshan Dadao

20

Hanzheng Jie

Han

Lac Yuchu

22

23

Cuiweihang Lu

Hanyang

Lanjiang Lu

Yaolu Di

Pont sur le Chang Jiang

Sanyangdao Lu

Huangxiaohe Lu

Jianshe Dadao

Xima Lu

Qiuchang Lu

Jiefang Dadao

Yilu

Taibei Lu

5

6

7

8

9

10

11

12

13

Shenqli Jie

Qianjin Lu

Minsheng Lu

Yanjiang Dadao

Zhongshan Dadao

Parc Jiefang

Vers l'aéroport Tianhe

Nouveau pont sur le Chang Jiang

Chang Jiang (Yangzi)

21

24

Lac Sha (Shahu)

Vers la villa de Mao Zedong et le musée de la province du Hubei (2,7 km)

Minzhu Lu

Vers Bayi Lu et le lac de l'Est

Jiefang Lu

Wuchang

Ziyang Lu

25

26

27

Zhongshan Lu

Wuluo Lu

Vers l'université

Wuhan

0   0,5   1 km

Vers Canton

LA CHINE CENTRALE

(reportez-vous à la rubrique *Où se restaurer* ci-dessous). L'endroit à la mode actuellement est sans conteste le *Wuhan Asia Hotel* (☎ 586-8777) (*wǔhànyàzhōu dàjiǔdiàn*), 616 Jiefang Dadao, où une double vous reviendra à 800 yuan. Cet établissement constitue le lieu de prédilection de nombreux hommes d'affaires étrangers, mais les choses vont peut-être changer avec l'ouverture prochaine du cinq-étoiles Wuhan Holiday Inn.

Où se restaurer

On peut déguster à Wuhan une cuisine savoureuse dans toutes les gammes de prix. Les petits restaurants où l'on mange sur le pouce proposent du poisson-chat frais pêché dans le lac de l'Est (Donghu) et des pigeons entiers rôtis au feu de bois et arrosés de piment. D'après la population locale, les meilleurs fruits de mer se consomment dans une série de restaurants flottants dans Bayi Lu, qui descend vers le lac de l'Est. Le soir, les rues intéressantes sont Minsheng Lu et Jianghan Lu, qui partent toutes les deux de Zhongshan Dadao.

Si la nourriture occidentale vous manque trop, rien ne vaut le coffee shop du Ramada Hotel.

Le restaurant *Laotongcheng* (*lǎotōngchéng jiǔlóu*), situé 1 Dazhi Lu, à l'angle de Zhongshan Dadao, sert un savoureux *dòupí* à manger sur le pouce. Cette préparation à base de pâte de soja (tofu) – son nom chinois signifie "peau de soja" – ressemble un peu à une omelette fourrée, roulée autour d'un mélange de riz et de dés de viande (2,50 yuan la part).

Distractions

La vie nocturne de Wuhan commence à s'animer ; clubs et discothèques fleurissent à présent dans Hankou. L'un des établissements préférés des habitants est le *Chi Chi's*, un ancien cinéma où déferlent à présent des décibels de musique disco et de variété chinoise. Malgré le prix de l'entrée (20 yuan), les jeunes Chinois y affluent, en particulier le week-end, attirés par les disc-jockeys étrangers, l'occasion d'exhiber sur scène leur talent au karaoké (à 50 yuan le

WUHAN 武汉

OÙ SE LOGER

2	Ramada Hotel Wuhan 华美达酒店
3	Hôtel Xinhua 新华酒店
6	Victory Hotel 胜利饭店
8	Hôtel Jianghan 江汉饭店
11	Hôtel Xieli 协力宾馆
15	Hôtel Hankou 汉口饭店
16	Hôtel Yangtze 长江大酒店
18	Wuhan Asia Hotel 武汉亚州大酒店
20	Hôtel Yin Feng 银丰宾馆
25	Hôtel Dadongmen 大东门饭店

| 26 | Marine Hotel 航海宾馆 |

DIVERS

1	Nouvelle gare de Hankou 汉口新火车站
4	CITS 中国国际旅行社
5	Ancienne gare de Hankou 汉口旧火车站
7	BSP 公安局外事科
9	Restaurant Laotongcheng 老通城酒楼
10	Bank of China 中国银行
12	Terminal des ferries 武汉港客运站

13	Poste principale 邮局
14	Gareroutière (bus longue distance) 长途汽车站
17	Discothèque Chi Chi's 琪琪
19	CAAC 中国民航售票处
21	Ferries Hankou-Wuchang 汉口武昌渡船
22	Gare de Hanyang 汉阳火车站
23	Temple Guiyuan 归园寺
24	Quai Zhonghua Lu 中华路码头
27	Gare de Wuchang 武昌火车站

morceau !), et un son et lumière sur le thème de la Guerre des Étoiles qu'il faut voir pour le croire. Le Chi Chi's se trouve dans Jiefang Dadao, à 10 minutes à pied environ du Wuhan Asia Hotel.

Comment s'y rendre

La meilleure manière d'aller vers l'est (Nankin ou Shanghai, par exemple) est de prendre l'avion ou le ferry. Le train oblige à des changements compliqués.

Avion. La CAAC (☎ 385-7949) a son principal bureau de vente de billets à Hankou, 151 Liji Beilu. Elle dessert la plupart des villes chinoises : au départ de Wuhan, des vols quotidiens sont assurés vers Canton, Kunming, Pékin, Shanghai et Shenzhen, ainsi que plusieurs vols hebdomadaires pour Nankin, Fuzhou, Xi'an, Chengdu et Hong Kong (1 600 yuan). Plusieurs compagnies aériennes régionales possèdent des bureaux de vente au nord de celui de la CAAC, dans Liji Beilu et Hangkong Lu. Quatre ou cinq bus par jour (10 yuan) partent pour l'aéroport international Tianhe, depuis le bureau de vente de billets (China Southern Wuhan Ticket Office) sur Hangkong Lu, juste au nord de l'hôtel Yangtze. Un taxi pour l'aéroport coûte probablement entre 100 et 120 yuan.

Bus. La principale gare routière est celle de Hankou, dans Jiefang Dadao, entre Xinhua Lu et Jianghan Lu, qui propose des départs quotidiens pour Nanchang, Changsha, Xiamen, Xiangfan (nord-ouest du Hubei), Hefei et Bozhou (nord de l'Anhui). De nombreux bus partent également chaque jour pour Yichang ; une autoroute à quatre voies partiellement achevée réduit la durée du trajet à environ sept heures. Ce sera encore plus rapide une fois la route entièrement praticable, peut-être fin 1996.

Train. Wuhan se trouve sur le grand axe Pékin-Canton. Les express pour Kunming, Xi'an et Lanzhou s'y arrêtent. Tous les trains qui passent par Wuhan s'arrêtent à la fois à la gare de Hankou et à celle de Wuchang. Il est en général plus pratique de descendre à Hankou, bien que la nouvelle gare soit assez excentrée. Pour réserver des couchettes dures ou molles à la gare de Hankou, il faut s'adresser au petit guichet entre la salle d'attente et le principal bureau de vente. Il y a également un bureau de vente de billets de train dans le centre de Hankou, à l'endroit où Zhongshan Dadao se divise brièvement (en face de l'arrêt du bus n°7). On n'y propose cependant que peu de couchettes et parfois les étrangers ne sont pas servis, mais vous pouvez toujours tenter votre chance. Des Chinois vous viendront peut-être en aide, moyennant une petite rémunération. Notez que de nombreux trains à destination du sud partent de la gare de Wuchang et non de Hankou. Dans ce cas, il faut acheter les billets à Wuchang. Le guichet 14 est réservé aux étrangers.

Voici une idée des prix pour étrangers en couchette dure : Pékin, 273 yuan ; Canton, 247 yuan ; Kunming, 392 yuan.

Bateau. Vous pouvez prendre le ferry à Wuhan pour remonter le Chang Jiang vers l'ouest jusqu'à Chongqing, ou le descendre vers l'est jusqu'à Shanghai (pour plus de détails, reportez-vous ci-dessous à la rubrique *Chang Jiang*).

Comment circuler

Les bus sillonnent la ville en tous sens mais, pour vous rendre là où vous le désirez, vous risquez d'avoir à en changer au moins une fois. Pensez au n°38, qui s'arrête devant l'hôtel Jianghan et se rend à la nouvelle gare de Hankou. Le bus n°9 va de la gare ferroviaire au terminal des ferries sur le Chang Jiang en passant par Xinhua Lu. Tricycles à moteur et cyclo-pousse attendent aux abords des deux grandes gares ferroviaires, du terminal des ferries sur le Chang Jiang, ainsi que des petits débarcadères. Pour franchir le fleuve, les ferries Hankou-Wuchang sont généralement plus commodes et toujours beaucoup plus rapides que les bus qui passent sur le pont. Les grands bateaux mettent 15 à

20 minutes pour effectuer la traversée, tandis que les petites vedettes, qui peuvent transporter une quinzaine de personnes, le font en 5 minutes moyennant 5 yuan.

LE CHANG JIANG : DE WUHAN A CHONGQING ET A SHANGHAI

Wuhan se situe à peu près à mi-chemin sur la longue partie navigable du Chang Jiang, de Chongqing en amont à Shanghai dans son delta. De nombreux bateaux remontent ou descendent le fleuve à partir de Wuhan, ou y font escale quand ils le sillonnent sur toute sa longueur.

On peut acheter ses billets au principal terminal des ferries sur le Chang Jiang (à Hankou) ou en passant par les services de billetterie des hôtels touristiques. Le CITS peut aussi se charger des réservations, mais essentiellement pour des croisières touristiques de luxe, qui sont facturées en dollars US et peuvent coûter jusqu'à dix fois plus que les bateaux ordinaires. Si certains ferries privés sont maintenant équipés de cabines 1re classe, la plupart des compagnies restent fidèles à la doctrine socialiste et ne proposent que des 2e, 3e et 4e classes. La cabine de 2e classe loge deux personnes, la 3e classe est un dortoir de dix personnes et la 4e classe un dortoir de vingt. On peut acheter de la nourriture et de la bière à bord, et les nombreuses escales permettent aussi de descendre faire ses provisions.

Voici la durée du trajet au départ de Wuhan vers différentes destinations et le prix des billets pour les Chinois. Les tarifs appliqués aux étrangers sont généralement (mais pas systématiquement) majorés de 50%.

	2e classe (yuan)	3e classe (yuan)	4e classe (yuan)	Durée du trajet
Chongqing	457	191	138	4 jours
Jiujiang	85	36	27	1 nuit
Nankin	204	86	62	36 heures
Shanghai	301	127	91	48 heures
Wuhu	179	76	55	30 heures
Yichang	177	74	54	32 heures
Yueyang	78	33	24	1 nuit

En descendant la rivière à partir de Wuhan, le bateau passe à Huangshi, à l'est de la province du Hubei. Cette ville située sur la rive sud du fleuve est un centre d'industries lourdes. A proximité se trouve un ancien couloir de mine datant de la période des Printemps et des Automnes, qui contenait divers outils de mineurs parmi lesquels des haches de bronze. A la lisière du Jiangxi, sur la rive nord, la ville de Wuxue est renommée pour sa production d'articles en bambou.

La première grande ville en arrivant dans le Jiangxi est Jiujiang, où l'on descend pour se rendre à Lushan. A la hauteur du déversoir du lac Boyang dans le Chang Jiang, sur la rive sud du fleuve, se dresse la montagne de la Cloche de pierre, célèbre pour ses nombreuses sculptures en pierre datant de la dynastie Tang. C'est aussi là que les troupes Taiping restèrent cantonnées pendant cinq ans pour défendre Jinling, leur capitale.

La première grande ville que l'on découvre en arrivant dans la province de l'Anhui est Anqing, située sur la rive nord du Chang Jiang, au pied du massif de Dabie Shan. Puis c'est Guichi, d'où l'on peut prendre un bus pour se rendre dans la spectaculaire chaîne des Huang Shan (montagnes Jaunes). La ville de Tongling, sur la rive sud du fleuve dans les montagnes du centre de l'Anhui, à l'ouest de Tongguan Shan, est au cœur d'une région où l'on exploite le cuivre depuis 2 000 ans (il sert encore aujourd'hui à la fabrication de monnaies). Toujours dans la province de l'Anhui, au confluent du Chang Jiang et de la Qingyi, Wuhu est un bon point de départ pour le massif des Huang Shan. Juste avant de quitter cette province, on passe encore à Manshan, connue pour son grand complexe sidérurgique.

Dans la province du Jiangsu, la première ville importante est Nankin, puis Zhenjiang, et le port de Nantong au confluent des canaux Tongyang et Tonglu. Le bateau poursuit sa route sur le Chang Jiang puis le quitte pour emprunter le Huangpu jusqu'à Shanghai, tandis que le Chang Jiang va se jeter dans la mer de Chine orientale.

Le barrage des Trois Gorges (Sanxia)

Une fois achevé, aux environs de 2008, le barrage des Trois Gorges (Sanxia) formera la plus grande retenue d'eau du monde. L'idée de ce barrage, lancée il y a plus d'une décennie, ne fut finalement retenue par le gouvernement chinois qu'en 1992. Ce projet colossal implique la construction d'un barrage large de 2 km et haut de 185 m en travers du Chang Jiang, à Sandouping, 38 km en amont de l'actuel barrage de Gezhou. L'objectif est à la fois de produire de l'électricité, d'améliorer la navigabilité du fleuve et de prévenir les inondations.

Le barrage des Trois Gorges est un élément clef de la politique du gouvernement visant à encourager la croissance économique dans l'intérieur du pays, encore assez en retrait par rapport aux dynamiques provinces côtières. La production d'énergie hydroélectrique de ce barrage, qui fournirait près du cinquième de l'actuelle capacité énergétique du pays, devrait intensifier l'industrialisation du bassin du haut Chang Jiang.

Le trafic fluvial en amont de Yichang a toujours été entravé par des conditions défavorables à la navigation. Le franchissement du barrage sera certes un inconvénient pour les bateaux, qui devront passer cinq écluses alors qu'il n'y en a qu'une au barrage de Gezhou, mais la navigabilité du haut Chang Jiang sera considérablement améliorée grâce à l'élargissement des couloirs de navigation et à la création d'un niveau d'eau beaucoup plus constant au sein du nouveau lac. La montée des eaux éliminera les forts courants, ainsi que les obstacles dangereux pour la navigation, tels les bancs de sable et les rochers submergés.

Le rôle préventif de ce barrage sera au moins aussi décisif en ce qui concerne les inondations. Le Chang Jiang est en effet sujet à de fréquentes crues qui ont souvent causé de lourdes pertes humaines, telles les catastrophes survenues en 1931, 1935, 1954, et encore récemment en 1991, provoquant la mort de plus de 2 000 personnes.

Toutefois, l'ampleur du projet de barrage des Trois Gorges a également suscité l'inquiétude parmi les écologistes et les économistes. Rarement a-t-on entendu en Chine autant de critiques à l'encontre de la politique gouvernementale depuis 1989.

Les implications sociales et écologiques de ce barrage, qui va créer un immense lac de 550 km de long s'enfonçant profondément dans la province du Sichuan, sont en effet considérables. Avec la montée des eaux, le grand port fluvial de Chongqing deviendra la première métropole du monde située en bordure d'un immense lac artificiel. Il faudra reloger, estime-t-on, deux millions de personnes qui vivent actuellement dans les zones destinées à être inondées. Certaines des splendeurs naturelles des Trois Gorges seront fatalement détruites, mais il est encore difficile de savoir quelle sera l'influence du barrage sur le tourisme, qui n'en est qu'à ses balbutiements.

En tout état de cause, la construction du barrage sera extrêmement coûteuse, atteignant probablement quelque 20 milliards de dollars US. Les économistes tant chinois qu'étrangers ont mis en garde la Chine contre le risque que représente la concentration d'un tel investissement sur un seul projet.

L'anxiété provoquée par le projet de barrage s'est encore accentuée avec la divulgation récente d'une information classée secret d'État pendant vingt ans : en 1975, deux barrages se sont effondrés dans la province du Henan et 230 000 personnes auraient péri dans la catastrophe.

Les planificateurs affirment que les normes de sécurité présidant à la construction du barrage des Trois Gorges rendent impossible la survenue d'un désastre analogue. Cependant, l'effondrement des parois retenant le plus vaste réservoir d'eau du monde, dans une des régions les plus peuplées de la planète, est une éventualité qui peut donner des cauchemars même aux défenseurs les plus acharnés du projet des Trois Gorges. ∎

LES WUDANG SHAN

(wǔdāng shān)

Le massif des Wudang Shan s'étire sur 400 km au nord-ouest de la province du Hubei. Son plus haut sommet, au sud-est de Shiyan, est le pic Tianzhu (1 612 m), dont le nom signifie "Pilier du Ciel".

Montagnes sacrées du taoïsme, les monts Wudang virent s'édifier sur leurs pentes nombre de temples taoïstes durant la grande époque de floraison architecturale des empereurs Ming Cheng Zu et Zhen Wu. Parmi les plus célèbres, le pavillon d'Or, sur le pic Tianzhu, entièrement construit en cuivre doré en 1416, abrite une statue en bronze de l'empereur divinisé Zhen Wu.

Le temple des Nuages pourpres se dresse sur le pic Zhanqifeng, tandis que le temple Nanyan est perché sur la falaise sud. De Changsha et de Yichang, trains et bus desservent Xiangfan : de là, les trains et les bus qui se rendent à Shiyan traversent le village de Wudangshan.

LE SHENNONGJIA
(*shénnóngjià*)

Le district du Shennongjia, à l'extrême nord-ouest du Hubei, est la région la plus sauvage de la province. Ses montagnes, tapissées d'un épais manteau forestier, dépassent 3 000 m. C'est le domaine, dit-on, d'étranges créatures simiesques, équivalents chinois du yéti de l'Himalaya, qui font l'objet de récits passionnants mais ont la fâcheuse habitude de molester les paysans et d'échapper aux scientifiques.

Pour gagner le Shennongjia, le mieux est de prendre le bus de Yichang à Songbai (250 km). Si vous êtes plus de quatre, il peut être intéressant de louer un véhicule à Yichang. Près de la gare ferroviaire de Yichang, il y a une ou deux agences de voyages spécialisées dans la visite du Shennongjia.

YICHANG
(*yíchāng*)

Situé juste en aval des célèbres Trois Gorges, Yichang est la porte d'accès au haut Chang Jiang. Fortifiée dès l'époque des Sui, cette ville fut ouverte au commerce étranger en 1877 par un traité sino-britannique, et une concession s'implanta alors en bordure du fleuve au sud-est de l'ancienne cité.

Aujourd'hui, Yichang est plus connue pour sa proximité avec le barrage de Gezhou et, grâce au gigantesque projet hydro-électrique des Trois Gorges en cours de construction à Sandouping, une quarantaine de kilomètres en amont, la ville connaît un essor économique sans précédent. L'afflux régulier de touristes à la découverte du Chang Jiang n'y est pas étranger non plus. A moins d'affectionner particulièrement les barrages, vous ne trouverez guère d'attrait touristique à Yichang, mais c'est un endroit où il peut être pratique de débarquer pour partir à la découverte de lieux plus intéressants.

Où se loger

En face des terminus de bus et de bateaux de Dagongqiao, l'hôtel *Da Gong* (*dàgōng fàndiàn*) est probablement le seul établissement bon marché de la ville accueillant les étrangers. Il est néanmoins recommandé de se montrer très poli et de garder le sourire, sans quoi le personnel pourrait bien décider de se passer de vous. Les lits en chambre double sans s.d.b. coûtent 36 yuan et, à partir de 56 yuan, on peut avoir une petite chambre rudimentaire avec s.d.b. attenante. L'hôtel, situé au bout d'une petite allée en retrait de Yanjiang Dadao, n'est signalé par aucun panneau en anglais, mais il y a une grosse enseigne lumineuse rouge en chinois facile à repérer la nuit.

A la sortie de la gare ferroviaire, sur la gauche, le *Sunshine Hotel* (*yángguāng dàjiǔdiàn*) possède des doubles propres, quoiqu'un peu délabrées, à partir de 234 yuan. Il existe un certain nombre d'autres hôtels dans le quartier, mais aucun ne semble désireux d'accueillir des amis étrangers.

Si ces établissements ne vous reçoivent pas, vous devrez peut-être vous rabattre sur l'hôtel *Taohualing* (☎ 442-244) (*táohuā-lǐng bīnguǎn*), au cœur de la ville, dans Kangzhuang Lu. Dans l'ancienne aile, les doubles peu reluisantes commencent à 342 yuan ; pour une meilleure chambre, comptez plus de 400 yuan. Le *Three Gorges Hotel* (☎ 224-911) (*sānxiá bīnguǎn*), 38 Yanjiang Dadao, assez loin au nord, propose des tarifs équivalents, mais les chambres sont plus agréables. Prenez le bus n°11 à la gare ou le n°2 sur les quais.

LA CHINE CENTRALE

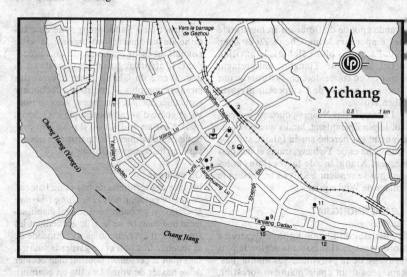

YICHANG 宜昌

1 Three Gorges Hotel
三峡宾馆
2 Gare ferroviaire
火车站
3 Poste
邮局
4 Sunshine Hotel
阳光大酒店
5 Gare routière (bus longue distance)
长途汽车站
6 Parc pour enfants
儿童公园
7 CITS
中国国际旅行社
8 Hôtel Taohualing
桃花岭饭店
9 Hôtel Da Gong
大公饭店
10 Terminus Dagongqiao des bus/ferries
大公桥客运站
11 CAAC
中国民航售票处
12 Terminal Yichang des ferries
宜昌港

Comment s'y rendre

Yichang possède un petit aéroport, avec deux vols par semaine pour Wuhan.

La gare routière se trouve à gauche de la gare ferroviaire, le long de Dongshan Dadao. Il y a des bus de jour et de nuit (en couchettes) à destination de Wuhan et, tous les matins à 6h, un bus part pour Songbai, dans la région du Shennongjia. Des bus pour Wuhan partent également des terminaux de bus et de bateaux de Dagongqiao, dans Yanjiang Dadao.

La ville est reliée par une piste de 40 km à l'embranchement ferroviaire de Yaqueling (*yāquèlǐng*). Des trains directs relient chaque jour Yichang à Pékin, Zhengzhou, Xi'an, Wuhan et Huaihua. Les trains en direction de Huaihua font un arrêt à Zhangjiajie ville (anciennement Dayong). Si vous ne pouvez prendre un de ceux-là, vous aurez probablement un changement à Yaqueling. Des bus se rendent également à Yaqueling. Prévenez le chauffeur que vous allez jusqu'à la gare, car elle se trouve assez loin après la sortie de la ville. On vous déposera sans doute à côté de la voie ferrée en vous indiquant la direction de la gare. Marchez 10 minutes le long des rails et vous y serez.

Tous les ferries font escale au terminal de Yichang. Les voyageurs trouvent souvent largement suffisante une croisière de deux jours dans les gorges du Chang Jiang, entre Chongqing (province du Sichuan) et Yichang. Il n'est donc pas rare qu'ils y embarquent ou débarquent plutôt que de passer une journée de plus à bord entre Yichang et Wuhan. Le prix chinois pour remonter le fleuve jusqu'à Chongqing est de 234 yuan (2e classe), 109 yuan (3e classe), et 84 yuan (4e classe). Aux mêmes tarifs, un ferry express vous emmène à Chongqing en 38 heures. Au départ de la gare ferroviaire, les bus n° 3 et 4 vont presque jusqu'au terminal du ferry.

Jiangxi 江西

Le Jiangxi (*jiāngxī*), intégré assez tôt à l'empire chinois, garda cependant jusqu'au VIIIe siècle une population clairsemée. Auparavant, l'expansion des Chinois han s'était surtout faite depuis le Nord vers le Hunan, puis le Guangdong. A partir du VIIe siècle, la construction du Grand Canal ouvrit les régions du Sud-Est et le Jiangxi devint une importante plaque tournante sur la route du commerce et du transport depuis le Guangdong.

Les populations se déplacèrent alors rapidement vers le Jiangxi : entre le VIIIe et le XIIIe siècle, des paysans chinois s'implantèrent dans la région et les mines d'argent et la culture du thé donnèrent naissance à une société commerçante prospère. Au XIXe siècle, cependant, l'importance de la route du Jiangxi vers Canton diminua considérablement avec l'ouverture des ports côtiers aux importations étrangères, et le commerce local chinois entama un long déclin.

Le Jiangxi est connu pour avoir été l'une des plus célèbres bases de la guérilla communiste entre 1927 et 1934. Il fallut plusieurs années de combat au Guomindang pour chasser les communistes et leur faire entamer leur Longue Marche vers le Shaanxi.

Population : 35 millions d'habitants
Capitale : Nanchang

A ne pas manquer :

- Jingdezhen, capitale chinoise de la porcelaine et de la céramique
- Lushan, station montagnarde dont les paysages spectaculaires ont inspiré artistes et dirigeants communistes

NANCHANG

(*nánchāng*)

Nanchang, capitale assez quelconque d'une province qui ne présente guère d'attrait pour les visiteurs étrangers, a été baptisée "le Pékin du pauvre". Il y a peu de choses à voir, et l'agglomération paraît franchement sinistre par temps froid et pluvieux. Il peut être malgré tout intéressant d'explorer les petites rues partant des larges boulevards.

Histoire

Nanchang est surtout connue dans l'histoire chinoise moderne pour le soulèvement du 1er août 1927 dirigé par les communistes.

Après le massacre des communistes et de ses autres opposants ordonné par Tchang Kaï-chek en mars 1927, les rescapés du Parti étaient passés dans la clandestinité et il régnait une grande confusion. A cette époque, le Parti menait une politique de révolution urbaine et l'on pensait que la victoire ne pouvait être remportée que par l'organisation d'insurrections dans les villes. Des unités de l'armée du Guomindang conduites par des officiers communistes se trouvant alors concentrées autour de Nanchang, on pensa qu'une insurrection pourrait être couronnée de succès.

Le 1er août, une armée de 30 000 hommes, sous le commandement de Zhou Enlai et de Zhu De, s'empara de la ville et la tint pendant plusieurs jours, avant d'en être chassée par des troupes restées loyales au régime de Nankin. La révolte fut un fiasco mais marqua la naissance de l'armée com-

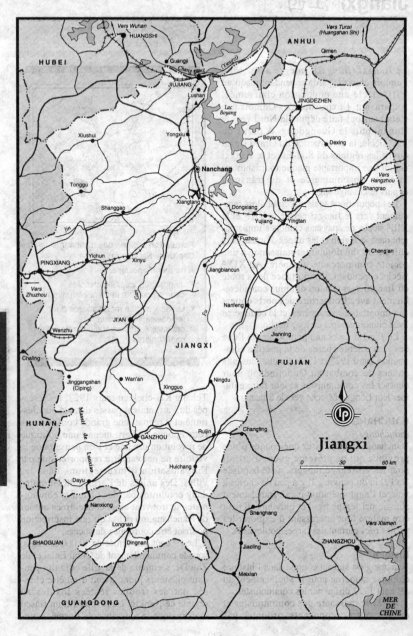

LA CHINE CENTRALE

Jiangxi

Vers Wuhan
HUANGSHI
ANHUI
Vers Tunxi
(Huangshan Shi)
Qimen
HUBEI
Guangji
Chang Jiang (Yangzi)
JIUJIANG
Lushan
Lac Boyang
JINGDEZHEN
Xiushui
Yongxiu
Boyang
Dexing
Tonggu
Nanchang
Vers Hangzhou
Shangrao
Shanggao
Xiangtan
Dongxiang
Guixi
Jin
Yichun
Xinyu
Yujiang
Yingtan
Chong'an
PINGXIANG
Fuzhou
Vers Zhuzhou
Gan
Jiangbiancun
JI'AN
Nanfeng
Wenzhu
JIANGXI
Jianning
Fu
Chaling
FUJIAN
Jinggangshan
(Ciping)
Wan'an
Xingguo
Ningdu
HUNAN
Massif de Luoxiao
GANZHOU
Ruijin
Changting
Jiangxi
Huichang
0   30   60 km
Dayu
Narnxiong
Shanghang
Vers Xiamen
Longnan
Dingnan
Jiaoling
ZHANGZHOU
SHAOGUAN
Meixian
GUANGDONG
MER DE CHINE

muniste. Celle-ci se retira de Nanchang pour gagner le Guangdong au sud, mais une partie des troupes, conduites par Zhu De, retourna vers le Jiangxi pour rejoindre l'armée peu reluisante levée par Mao Zedong au Hunan, et qu'il avait conduite dans les monts Jinggang.

Orientation

Nanchang est bordée au nord par la Gan et à l'ouest par la Fu, un de ses affluents. Bayi Dadao, qui part vers le nord-ouest du rond-point Fushan, est la principale artère nord-sud de la ville. Yangming Beilu, autre grand axe, traverse Nanchang d'est en ouest et franchit le pont Bayi sur la Gan. La plupart des centres d'intérêt et des infrastructures touristiques sont situés à proximité de Bayi Dadao. Le centre de la ville est la place Renmin, à l'intersection de Bayi Dadao et de Beijing Lu.

Renseignements

CITS. Le bureau du CITS (☎ 622-4391) est installé dans un immeuble derrière le parking arrière de l'hôtel Jiangxi (Binguan).

BSP. Le bureau de la police se trouve dans le nouveau grand immeuble recouvert de carreaux crème, situé dans Shengli Lu, environ 100 m au nord de Minde Lu.

Argent. L'agence principale de la Bank of China fait face à l'hôtel Nanchang, dans Zhanqian Xilu. L'hôtel Jiangxi (Binguan) possède également un bureau de change.

Poste et télécommunications. Le rez-de-chaussée de l'hôtel Jiangxi (Binguan) abrite un bureau de poste ; il en existe un autre à l'angle de Bayi Dadao et de Ruzi Lu, au sud du palais des expositions.

Cartes et plans. Près des gares et des arrêts de bus, on vend des plans des moyens de transport en chinois. Sinon, essayez sinon les deux librairies Xinhua dans Bayi Dadao : l'une place Renmin et l'autre entre la gare routière et le rond-point Fushan.

A voir

Sur la **place Renmin**, dans Bayi Dadao, au cœur de Nanchang, se trouve le **monument aux martyrs**, sculpture de drapeaux rouges comprenant une colonne de pierre surmontée d'un fusil et d'une baïonnette. En face de la place se dresse le **palais des expositions**, immense bâtiment arborant une étoile rouge géante.

L'imposant **pavillon Tengwang**, érigé en 1989 sur le site, dit-on, de vingt-huit reconstructions antérieures, fait la fierté de la ville. Bâti à l'origine sous les Tang, ce pavillon moderne de neuf étages en granit situé sur les rives de la Fu abrite des salles d'exposition, des salons de thé, d'inévitables boutiques de souvenirs, ainsi qu'un théâtre de musique et de danse chinoises traditionnelles au dernier étage. L'entrée coûte 10 yuan pour les Chinois et les étudiants, 20 yuan pour les étrangers.

La plupart des autres attractions touristiques sont des monuments commémoratifs de la révolution communiste : le **mémorial aux martyrs de la Révolution**, dans Bayi Dadao au nord de la place Renmin, la **résidence de Zhou Enlai et de Zhu De**, dans Minde Lu, et les **anciens quartiers généraux du soulèvement de Nanchang**, transformés en musée, au coin de Shengli Lu et de Zhongshan Lu.

Où se loger

Pour les plus petits budgets, l'hôtel *Nanchang* (☎ 621-9698) (*nánchāng bīnguǎn*) propose des dortoirs de trois et quatre lits à 15 yuan par personne, mais il vaut mieux être en groupe pour arriver à en décrocher un. Les prix des doubles ordinaires s'échelonnent de 100 à 180 yuan, les moins chères étant d'un bon rapport qualité/prix.

L'hôtel *Xiangshan* (☎ 677-2246) (*xiàng shān fàndiàn*), dans Xiangshan Beilu, a augmenté ses tarifs mais reste intéressant, bien qu'assez éloigné des gares et arrêts de bus. Il propose une incroyable variété de chambres, de 108 à 286 yuan.

Le bus n°5, au départ de la gare ferroviaire, vous déposera pratiquement devant l'hôtel (neuvième arrêt).

L'hôtel *Poyanghu* (☎ 622-9688) (*póyánghú dàjiǔdiàn*), au sud-ouest du rond-point Fushan, est un bâtiment massif et relativement récent qui se délabre rapidement. Il propose des doubles rudimentaires à 120 yuan, et d'autres, plus luxueuses, de 160 à 310 yuan. Il est bien situé, à proximité des arrêts de bus et des gares.

Deux hôtels à prix moyens ont été construits récemment tout près de la gare ferroviaire : l'hôtel *Jingjiu* (☎ 627-6708) (*jīngjiǔ bīnguǎn*) propose des doubles ordinaires à 248 yuan ; le *Lucky Hotel* (☎ 621-9683) (*jílì dàjiǔdiàn*) possède des chambres très similaires pour 218 yuan. Ces deux établissements se ressemblent beaucoup.

Deux hôtels portent le nom anglais de "Jiangxi Hotel", bien que leurs noms en chinois utilisent des mots et des caractères différents. Le *Jiangxi Hotel* (☎ 622-1131) (*jiāngxī bīnguǎn*), 78 Bayi Dadao, semble accueillir la plupart des touristes étrangers.

L'hôtel était fermé pour cause de rénovation lors de notre visite, mais vous pouvez tabler sur des doubles standard à partir de 80 \$US lorsqu'il rouvrira. A ne pas confondre avec l'autre *Jiangxi Hotel* (☎ 621-2123) (*jiāngxī fàndiàn*), sinistre et excessivement cher, juste en bas de la rue.

Où se restaurer
Comme d'habitude, vous trouverez de quoi vous restaurer à moindres frais du côté de la gare ferroviaire. Il est inutile de suggérer des adresses : dans toute la ville, des restaurants proposent raviolis, pains fourrés et autres spécialités typiques. Il passe si peu de voyageurs étrangers à Nanchang qu'aucun restaurant abordable ne propose de menu en anglais.

Comment s'y rendre
Avion. Le bureau de la CAAC le plus commode (☎ 622-3656) est celui de Bayi

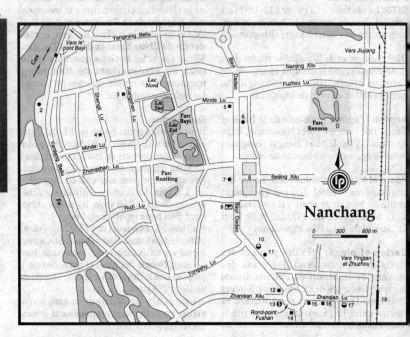

Dadao, à côté de la gare routière. Il existe une autre agence près de l'hôtel Jiangxi (Binguan). Des vols réguliers desservent Pékin, Canton, Hong Kong, Kunming, Ningbo, Shanghai, Wenzhou et Xi'an. L'aéroport se trouve à Xiangtang, à 40 km au sud du centre-ville.

Bus. La gare routière de Nanchang est dans Bayi Dadao, entre la place Renmin et

le rond-point Fushan. De là partent des bus climatisés vers Changsha (60 yuan, 7 par jour), Jiujiang (19 yuan, 6 par jour) et vers le centre de production de porcelaine de Jingdezhen (30 yuan, 8 par jour). Il existe aussi des bus directs pour les stations des monts Jinggang, au sud-ouest du Jiangxi (45 yuan, 5 par jour), et pour la station de Lushan, dans les montagnes au nord (27 yuan).

Des minibus partent à destination de Jiujiang (15 yuan) dès qu'il y a assez de passagers pour amortir le voyage (comptez une heure de trajet). Le lieu de départ se trouve entre l'hôtel Jingjiu et une petite série de salons de coiffure.

Train. Le guichet n°9 de la gare ferroviaire de Nanchang est réservé aux étrangers. Nanchang est un peu à l'écart de la grande ligne de chemin de fer Canton-Shanghai, mais la plupart des trains font le court détour vers le nord, desservant ainsi la ville.

Des express partent également chaque jour pour Jiujiang, port sur le Chang Jiang (2 heures 30) mais, grâce à la nouvelle autoroute qui relie Nanchang à Jiujiang, le voyage en bus est plus rapide et plus économique.

Bateau. Le petit débarcadère de ferries de Nanchang se trouve juste au sud du pont Bayi. On peut aussi se rendre à Jingdezhen en attrapant le bateau de 6h30 qui traverse le lac Boyang et vous dépose à la ville de Boyang, d'où l'on prend un bus pour Jingdezhen.

En été, des bateaux de croisières touristiques partent du même endroit.

Comment circuler
Depuis la gare ferroviaire de Nanchang, les transports les plus pratiques sont les trolleybus n°2 et n°201, qui remontent Bayi Dadao en passant devant la gare routière, ainsi que le bus n°5, qui longe Xiangshan Beilu vers le nord. Il n'y a guère de cyclo-pousses et tricycles à moteur, mais on trouve des taxis devant les gares et les meilleurs hôtels.

NANCHANG 南昌

1	Port de Nanchang
	南昌港客运站
2	Pavillon Tengwang
	腾王阁
3	Hôtel Xiangshan
	象山宾馆
4	BSP
	公安局外事科
5	Jiangxi Hotel (Binguan)
	江西宾馆
6	Mémorial aux martyrs
	de la Révolution
	烈士纪念馆
7	Palais des expositions
	展览馆
8	Place Renmin
	人民广场
9	Poste
	邮电局
10	Gare routière (bus longue distance)
	长途汽车站
11	Bureau des réservations
	de la CAAC
	中国民航
12	Hôtel Nanchang
	南昌宾馆
13	Bank of China
	中国银行
14	Hôtel Poyanghu
	鄱阳湖大酒店
15	Lucky Hotel
	吉利大酒店
16	Hôtel Jingjiu
	京九宾馆
17	Minibus pour Jiujiang
	往九江小型车
18	Gare ferroviaire
	火车站

LA CHINE CENTRALE

JINGDEZHEN

(jǐngdézhèn)

Jingdezhen est une ville ancienne, jadis célèbre pour ses porcelaines. Toujours grande productrice de céramique, la capitale de la porcelaine a cependant souffert de la fabrication en série, et la qualité de sa production n'est plus la même. La ville est dominée par de hautes cheminées crachant la fumée charbonneuse de ses innombrables fours.

Si le centre-ville est plutôt agréable, les faubourgs sont sinistres.

Au XIIe siècle, la dynastie Song s'enfuit vers le sud pour échapper à l'invasion venue du nord. La cour des Song se réfugia à Hangzhou et les potiers impériaux s'établirent à Jingdezhen, près du village de Gaolin et de ses riches gisements de kaolin. Aujourd'hui, environ 10 % des 300 000 habitants de Jingdezhen sont employés par l'industrie de la céramique. Pour en savoir plus sur l'histoire de cet art en Chine, reportez-vous au chapitre *Présentation du pays*.

Orientation

La plus grande partie de la ville s'étend sur la rive droite du Chang Jiang. Les artères principales sont Zhongshan Lu et Zhushan Lu. Le centre abrite divers restaurants et hôtels.

On peut se procurer de bons plans des bus dans les kiosques à journaux, à la librairie Xinhua et aux environs de la gare ferroviaire.

A voir et à faire

Les promenades les plus pittoresques se font dans les rues transversales partant de Zhongshan Lu, notamment celles des vieux quartiers qui s'étendent entre Zhongshan Lu et le fleuve. Dans ces étroites ruelles d'à peine 1,5 m de large, on étend le linge

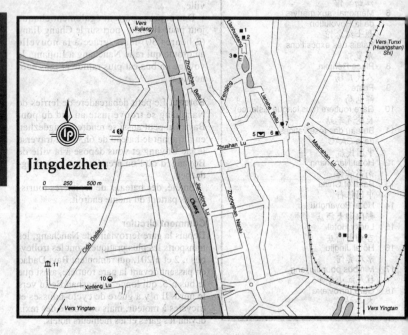

d'une maison à l'autre. L'été, on démonte les portes de bois pour permettre une meilleure aération.

Le **musée d'histoire de la Porcelaine** (*gǔ táocí bólǎnqū*) est installé à l'extrémité ouest de la ville. La plupart des bâtiments ont été reconstruits selon l'architecture traditionnelle, en pierre et en bois. Ils renferment une modeste collection récupérée principalement auprès d'anciennes fabriques. Une autre partie (à droite de la porte principale) est disposée en atelier ouvert et présente les techniques de fabrication traditionnelle pratiquées sous les Ming et les Qing. Pour vous y rendre, prenez le bus n°3 après la gare routière jusqu'au terminus, près de Taodu Dadao. Passez ensuite sous le portail de pierre et suivez le chemin qui traverse la forêt et les plantations de thé jusqu'au musée. Le droit d'entrée dans chaque secteur s'élève à 5 yuan.

On trouve des **fabriques de porcelaine** dans toute la ville. Bon nombre sont organisées comme de petites industries de campagne, dans des cours fermées. Si leur visite vous intéresse, contactez le CITS, 8 Lianhuatang Lu. On peut visiter la Manufacture de porcelaine d'art (*yìshù táochǎng*), la Manufacture de porcelaines sculptées (*měidiāo táochǎng*) ou la Manufacture de porcelaine Weimin (*wèimín táochǎng*), moderne, où vous pourrez observer tout le processus de fabrication.

Où se loger

Les hôtels les moins chers sont regroupés dans le quartier plutôt sordide de la gare ferroviaire. Juste en face de la gare, l'hôtel *Huaguang* (*huáguāng fàndiàn*) est clairement bas de gamme. Un lit dans une double sinistre avec douche coûte 28 yuan. Le lit en dortoir ne vaut que 7 yuan mais, comme toujours, il faut batailler pour en obtenir un.

Le *Wen Yuan Grand Hotel* (*wényuàn dàfàndiàn*), assez mal nommé, juste à côté de la gare, n'acceptait pas les étrangers au moment de la rédaction de ce guide. Il semble plus propre que le Huaguang et mérite peut-être que l'on tente sa chance.

Le meilleur hôtel de la ville est un établissement moderne cofinancé par Hong Kong et la Chine, la pension *Jingdezhen* (☎ 225-010) (*jǐngdézhèn bīnguǎn (hézī)*), dans Lianhuatang Lu, paisible parc avec un lac à une quinzaine de minutes de marche du centre. C'est là que descendent souvent les acheteurs de porcelaine étrangers. Une chambre double standard climatisée avec TV, téléphone et réfrigérateur coûte 480 yuan. L'hôtel est doté de deux restaurants, d'un bar, d'un café, d'une boutique, ainsi que d'un bureau de poste et d'un bureau de change.

Littéralement dans l'ombre de la pension, juste derrière, se trouve l'ancien hôtel *Jingdezhen* (☎ 224-927) (*jǐngdézhèn bīnguǎn*). Les prix des doubles standard

LA CHINE CENTRALE

JINGDEZHEN 景德镇	8	Hôtel Huaguang	7	Librairie Xinhua
		华光饭店		新华书店
OÙ SE LOGER			9	Gare ferroviaire
		DIVERS		火车站
1 Hôtel Jingdezhen			10	Gare routière (bus
(Binguan)	3	CITS		longue distance)
景德镇宾馆		中国国际旅行社		长途汽车站
2 Pension Jingdezhen	4	Bank of China	11	Musée d'histoire
景德镇宾馆合资		中国银行		de la Porcelaine
6 Hôtel Jingdezhen	5	Poste		陶瓷历史博览区
(Fandian)		邮电局		
景德镇饭店				

s'échelonnent de 160 à 320 yuan. Comparé à son voisin et homonyme, cet établissement est un brin décrépit, mais le rapport qualité/prix reste correct.

Un troisième hôtel *Jingdezhen* (*jǐngdézhèn fàndiàn*), 1 Zhushan Lu, dans le centre, incarne la vieille école de l'hôtellerie chinoise : grand, rempli de courants d'air et peu accueillant. Pour obtenir une chambre bon marché, il faut marchander sérieusement. Le plus bas prix est de 96 yuan, pour une chambre humide et vétuste où la robinetterie fonctionne tout juste. Les tarifs grimpent jusqu'à 240 yuan, sans raison valable. Le bus n°2 passe devant cet hôtel.

Où se restaurer

Jingdezhen ne manque pas de petits restaurants bon marché. L'un d'eux mérite cependant une mention particulière, le *New Century Restaurant* (*xīn shìjì cāntīng*), dans Lianshe Beilu, à 5 minutes à pied de l'hôtel Jingdezhen (Fandian), vers le haut de la colline. La nourriture est excellente, les prix raisonnables, et il existe un menu en anglais. M. Zheng, le propriétaire, parle anglais et se réjouit de toutes les occasions de pratiquer cette langue.

Achats

Des objets en porcelaine sont en vente dans toute la ville, empilés sur les trottoirs, alignés sur les étals de rue ou exposés chez les antiquaires, notamment ceux de Lianshe Nanlu, en remontant l'hôtel Jingdezhen (Fandian). Le Friendship Store spécialisé dans la porcelaine (*yǒuyì shāngdiàn*) est sis 13 Zhushan Lu.

Comment s'y rendre

Jingdezhen tient un peu du goulet d'étranglement en matière de transports. Il n'y a pas d'aéroport, il est difficile de se procurer des billets de train et les services de bus restent limités.

Bus. Jiujiang et Nanchang sont desservis par des minibus dont l'arrêt se trouve au pied de Maanshan Lu, à 2 minutes de marche de l'hôtel Jingdezhen (Fandian).

Des bus partent également de la gare routière pour Yingtan (4 heures), Jiujiang (4 heures 30) et Nanchang (6 heures 30), ainsi que pour des destinations plus lointaines comme Shanghai, Hangzhou et Canton. La plupart des bus partent avant 8h du matin ; ensuite, la gare ferme. Aucun service de bus n'est assuré pour le massif des Huang Shan.

Train. La gare ferroviaire de Jingdezhen ressemble à une vaste crypte sépulcrale déserte. Ne misez pas trop d'espoir dans l'obtention d'un billet. A l'exception des sièges durs (sans réservation), tous les billets semblent réservés à ceux qui connaissent les guichetiers. A Jingdezhen, mieux vaut passer par le CITS, qui pourra vous procurer des billets en couchettes dures ou molles, appréciables pour les longs voyages.

Si vous vous dirigez vers le nord, vous trouverez des trains pour Shanghai et Nankin *via* Tunxi (Huangshan Shi, 3 heures 30) et Wuhu.

Un express part chaque jour pour Nanchang (6 heures) mais, pour de meilleures correspondances, rendez-vous d'abord à l'embranchement de Yingtan (3 heures 30).

Comment circuler

Les taxis proprement dit sont très rares à Jingdezhen, mais on trouve partout des cyclo-pousses et des tricycles à moteur. Quoi qu'il en soit, le centre-ville est suffisamment petit pour que l'on puisse le parcourir à pied.

Le bus n°2 part de la gare routière, traverse le centre-ville en passant devant l'hôtel Jingdezhen (Fandian) et va jusqu'à la gare.

JIUJIANG

(jiǔjiāng)

Jiujiang sert d'étape sur la route de Lushan. Si vous venez de Nanchang, vous ne raterez rien en prenant un bus direct, qui ne s'arrêtera pas à Jiujiang. Mais les voyageurs débarquant par bateau de Chongqing ou de Shanghai devront peut-être y passer une nuit.

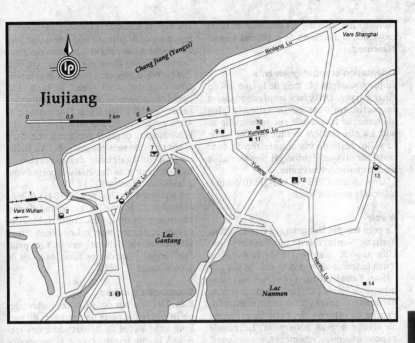

Jiujiang

Chang Jiang (Yangzi)

Vers Shanghai

Binjiang Lu

Vers Wuhan

Xunyang Lu

Yuliang Nanlu

Nanhu Lu

Lac Gantang

Lac Nanmen

LA CHINE CENTRALE

JIUJIANG 九江	DIVERS	6 Minibus pour Lushan
		往庐山小型车
OÙ SE LOGER	1 Gare ferroviaire	7 Poste
	火车站	邮局
9 Hôtel Dongfeng	2 Minibus pour Lushan	8 Île Yanshuiting
东风饭店	开往庐山汽车	烟水亭
10 Hôtel Jinlong	3 Bank of China	12 Temple Nengren
金龙饭店	中国银行	能仁寺
11 Hôtel Bailu (Cerf blanc)	4 Minibus pour Nanchang	13 Gare routière (bus
白鹿宾馆	往南昌小型车	longue distance)
14 Pension Nanhu,	5 Terminal des ferries	长途汽车站
CITS et gare	sur le Yangzi	
des minibus	轮船客运码头	
南湖宾馆，中国国际		
旅行社，小型汽车站		

Situé près du lac Boyang, dont les eaux se déversent dans le Chang Jiang, Jiujiang est un port depuis des temps reculés. Il fut jadis l'un des plus grands marchés de riz et de thé de Chine méridionale. Après son ouverture au commerce étranger en 1862, la ville est devenue un port desservant les provinces voisines du Hubei et de l'Anhui.

Aujourd'hui, Jiujiang est une ville de taille moyenne, la deuxième de la province après Nanchang.

Orientation et renseignements

Jiujiang se déploie le long de la rive sud du Chang Jiang. Deux lacs contigus séparent la partie nord-est de la ville, la plus ancienne, de la nouvelle cité industrielle au sud. La gare routière se situe du côté est de la ville, celle de chemin de fer du côté ouest, tandis que le principal port fluvial se trouve quasiment au centre.

Une agence CITS (☎ 822-3390) est installée à la pension Nanhu.

A voir

Le petit **temple Nengren** (*néngrénsì*), dans Yuliang Nanlu, mérite une courte visite. Une pagode désaffectée de la dynastie Yuan (*dàshèngtǎ*) se dresse sur son site.

Sur **Yanshuiting** (*yānshuǐtíng*), une minuscule île du lac Gantang, de drôles de bâtiments anciens abritent un **musée**. Proche du centre-ville, cette île est reliée au rivage par un petit pont. Le musée expose quelques vêtements, céramiques, armures et armes de chevaliers impériaux, mais toutes les légendes sont en chinois.

Où se loger

L'hôtel *Dongfeng* (☎ 822-5512) (*dōngfēng fàndiàn*), dans Xunyang Lu, proposait encore des tarifs intéressants pour les petits budgets au moment de la rédaction de ce guide, mais la moitié de l'établissement était en travaux et s'apprêtait à passer à la catégorie supérieure. Avec un peu de chance, vous obtiendrez peut-être un lit dans un dortoir de quatre pour 15 yuan, ou dans une chambre de deux pour 26 yuan. Les chambres simples coûtent 50 yuan, et les doubles de 50 à 98 yuan. C'est un quartier central, mais très bruyant. Les chambres donnant sur l'arrière sont un peu plus calmes. Les bus n°1 et 4 venant des gares routière et ferroviaire passent devant l'hôtel.

La plupart des autres hôtels entrent dans la catégorie moyenne et sont situés dans le même quartier que le Dongfeng. A l'hôtel

Jinlong (☎ 822-4057) (*jīnlóng fàndiàn*), le rapport qualité/prix est bon : 96 yuan pour des doubles standard et 128 yuan pour une "suite". L'hôtel *Bailu* (*Cerf blanc*) (☎ 822-2088) (*báilù bīnguǎn*) pourrait être la version chinoise d'un hôtel de luxe. Les doubles coûtent de 160 à 180 yuan et les suites de 360 à 640 yuan. Une surtaxe de 40 % est appliquée aux étrangers. Cet établissement se dégrade presque à vue d'œil et ses tarifs ne sont pas justifiés. Au Bailu, on propose également des excursions à Lushan (pour plus de détails, reportez-vous à la rubrique *Lushan*).

La pension *Nanhu* (☎ 822-5041) (*nánhú bīnguǎn*), 28 Nanhu Lu, est le traditionnel bastion, plus ou moins confortable, des cadres et des étrangers. Les rénovations progressent rapidement : mieux vaut peut-être vérifier l'état de vos finances avant de vous y rendre.

Comment s'y rendre

Bus. Des minibus pour Lushan partent dès qu'ils ont fait le plein de passagers du parking situé à côté du débarcadère des ferries. A la gare routière (porte 3), un service de bus publics réguliers est assuré vers Lushan entre 7h30 et 13h30. Dans les deux cas, le billet coûte 8 yuan. La plupart des hôtels de Jiujiang organisent des excursions à Lushan pour la journée (25 yuan). Les minibus des tour-opérateurs partent tôt le matin de l'arrêt situé à côté de la gare ferroviaire.

Il y a au moins 5 bus par jour pour Jingdezhen au départ de la gare routière. Le voyage (4 heures 30) inclut une courte traversée en bac de l'embouchure du lac Boyang. Des bus assurent également chaque jour la liaison avec Nankin et Nanchang, entre autres destinations. On peut aussi prendre un minibus pour Nanchang à la pointe nord-ouest du lac Gantang (15 yuan). Le trajet dure 2 heures.

Train. Plusieurs express relient chaque jour Jiujiang à Nanchang. Le trajet dure 2 heures 30, soit un peu plus qu'en minibus. Une voie ferrée en construction traversera bientôt (en principe en 1997) le Chang Jiang(Yangzi) par le sud de l'Anhui. Elle reliera directement Hefei, la capitale de la province de l'Anhui, à Jiujiang et Nanchang.

Bateau. Jiujiang dispose d'un grand terminal de ferries, où s'arrêtent la plupart des bateaux naviguant sur le Chang Jiang. Les billets de ferry pour remonter jusqu'à Chongqing coûtent 524 yuan (2e classe), 219 yuan (3e classe) et 157 yuan (4e classe). Pour redescendre le fleuve jusqu'à Shanghai, les tarifs sont de 234 yuan (2e classe), 98 yuan (3e classe) et 71 yuan (4e classe).

Comment circuler
Les bus n°1, 4 et 14 vont de la gare routière à la gare ferroviaire en passant par le centre-ville. Vous trouverez cyclo-pousses et tricycles à moteur auprès des stations de bus, de la gare et des docks.

LUSHAN
(*lúshān*)
A la fin du siècle dernier, les colons européens et américains firent de Lushan une station d'altitude pour fuir les moiteurs de l'été chinois. Ils y ont laissé un fascinant méli-mélo de constructions coloniales.

Malgré tout, Lushan n'est pas une destination touristique particulièrement séduisante. La plus grande partie de l'année, le brouillard et le froid dominent et, en été, la saison la plus agréable, l'endroit est envahi de touristes chinois.

Pour les Chinois, Lushan est riche de symboles. Ses magnifiques paysages de montagne ont inspiré nombre de poètes et de peintres, et la ville fut le théâtre d'événements historiques décisifs. Après 1949, les révolutionnaires élirent ce lieu de séjour enchanteur pour y tenir les conférences du Parti. C'est là qu'en 1959 le Comité central du Parti communiste tint la réunion déterminante qui s'acheva par le renvoi de Peng Dehuai et l'entrée de Mao dans la jungle politique, et qui esquissa la gloire, puis la chute, de Liu Shaoqi et de Deng Xiaoping.

En 1970, après le retour au pouvoir de Mao, une autre réunion se tint à Lushan : celle du Bureau politique. Nul ne sait vraiment ce qui s'y passa, mais il semble que Lin Biao se soit disputé avec Mao, s'opposant à sa politique de rapprochement avec les États-Unis : il proposa probablement la poursuite de la politique xénophobe observée pendant la Révolution culturelle. Quoi qu'il en soit, un an plus tard, Lin était mort.

Orientation et renseignements
On arrive à Lushan par le charmant village touristique de Guling (*gǔlǐng*), perché à 1 167 m à l'extrémité nord du massif. Environ 2 km avant Guling se dresse la porte d'entrée, où l'on doit acquitter un droit d'entrée (60 yuan) qui donne en principe accès à l'ensemble. C'est dans ce village que se trouvent les magasins, le bureau de poste, la banque et la gare routière. Quantité d'hôtels pour touristes nichent dans les collines avoisinantes, ainsi que des sanatoriums et les maisons de repos de comités d'entreprises. L'agence CITS, au-dessus de l'hôtel Lushan, est bien organisée et son personnel très serviable. A Guling, les boutiques proposent des plans et des cartes détaillés des routes et sentiers de randonnée de Lushan.

A voir
Lushan abrite suffisamment de sites historiques et de paysages pittoresques pour que l'on s'y attarde deux jours.

Construite par Tchang Kaï-chek dans les années 30 comme résidence d'été, la **villa Meilu** (*měilú biéshù*) porte le nom de la femme du général, Song Meilu. Sans être particulièrement spectaculaire, elle vaut le détour.

La **Salle du peuple** (*rénmín jùyuàn*), construite en 1936 et où se tinrent les réunions historiques du Parti communiste en 1959 et 1970, a été transformée en musée. Des photos de Mao et de Zhou y sont exposées, ainsi que celles d'autres membres de l'élite du Parti se délassant entre les sessions de travail. Le grand auditorium est décoré dans le style de l'époque maoïste et orné des inévitables drapeaux rouges.

A l'extrémité nord-ouest de Lushan, la montagne tombe abrupte, offrant une vue spectaculaire sur les plaines cultivées du Jiangxi. Un long sentier vers le sud, qui contourne ces pentes vertigineuses, passe devant la **grotte des Immortels** (*xiānrén dòng*) et continue jusqu'au **rocher de la Tête de dragon** (*lóngshŏuyá*), plate-forme rocheuse naturelle surplombant un abîme de plusieurs centaines de mètres.

Les visiteurs chinois se rendent volontiers aux **trois arbres vénérables** (*sānbǎoshù*), non loin du lac Lulin. Il y a 500 ans, des moines bouddhistes plantèrent un ginkgo et deux cèdres près de leur temple, aujourd'hui en ruine.

Le **musée de Lushan** (*bówùguǎn*), près du lac Lulin, commémore la réunion de 1970 en exposant une collection de photos et le gigantesque lit de Mao. On y voit aussi des rouleaux et des stèles gravées de poésie et de calligraphie de la main de Li Bai et autres poètes érudits qui fréquentaient Lushan, ainsi qu'une exposition sur la géologie et l'histoire naturelle locales. Toutes les indications sont hélas en chinois.

Le **jardin botanique** (*zhíwùyuán*) est essentiellement consacré aux plantes tropicales subalpines qui s'épanouissent dans ce climat relativement frais. On peut admirer rhododendrons, camélias et conifères et, en serre, cactus, palmiers et hibiscus.

Vers
Jiujiang

Vers la grotte
des Immortels
et le rocher de la
Tête de dragon

Lac
Ruqin

Guling

Lushan

0   0,5   1 km
Échelle approximative

Lac
Lulin

Vers
Nanchang

LUSHAN 庐山

OÙ SE LOGER

4	Hôtel Guling
	牯岭饭店
6	Villa Meilu Hotel
	美庐别墅村
8	Hôtel Lushan
	庐山宾馆
9	Pension Yunzhong
	云中宾馆
11	Lushan Mansion
	庐山大厦
14	Hôtel Lulin
	芦林饭店

DIVERS

1	Parc Jiexin
	街心公园
2	Gare routière (bus longue distance)
	长途汽车站
3	Banque et poste
	银行，邮局
5	CITS
	中国国际旅行社
7	Villa Meilu
	美庐别墅
10	Salle du peuple
	人民剧院
12	Trois arbres vénérables
	三宝树
13	Musée
	博物馆
15	Jardin botanique
	植物园

LA CHINE CENTRALE

Visites organisées
Au départ de Jiujiang, l'excursion d'une journée coûte 25 yuan et vous laisse environ 5 heures à Lushan. A Jiujiang, l'hôtel Bailu (Cerf blanc) organise régulièrement des expéditions, incluant généralement la visite de plusieurs pavillons, une promenade dans la nature et le musée.

Où se loger
A Lushan, les tarifs varient considérablement en fonction de la saison. Hors saison (d'octobre à mai), lorsque la station est généralement froide, pluvieuse et triste, les voyageurs restant pour la nuit se font rares et l'on peut se loger à des conditions avantageuses.

En saison, c'est une autre histoire. Au cœur de l'été, les voyageurs à petit budget peuvent rayer de leur liste les hôtels de Lushan. Mieux vaut se loger à Jiujiang et faire l'aller-retour à Lushan dans la journée.

C'est l'hôtel Guling (gǔlíng fàndiàn) qui offre l'hébergement le plus économique. Il se trouve dans le village de Guling, à l'angle après la banque, les boutiques, les restaurants et le terminus des bus. La plupart des autres établissements ouverts aux étrangers entrent dans la catégorie supérieure, mais n'hésitez pas à chercher des prix plus bas aux alentours de Guling.

Les autres solutions sont les suivantes :

Hôtel Lushan (lúshān bīnguǎn) : vaste hôtel datant de l'époque coloniale, aujourd'hui géré en cofinancement.
Meilu Villa Hotel (měilú biéshù cūn) : maisonnettes dispersées dans une charmante forêt de pins.
Pension Yunzhong (yúnzhōng bīnguǎn) : décor de camp de vacances.

Où se restaurer
Lushan regorge de restaurants. N'oubliez pas que c'est une destination touristique très prisée des Chinois, qui ne lésinent pas sur les prix quand il s'agit de bonne cuisine. Si votre budget est serré, renseignez-vous à l'avance sur les prix. N'espérez pas trouver de menu en anglais.

Comment s'y rendre
En été, des bus quotidiens desservent Nanchang (27 yuan) et Jiujiang (8 yuan) mais, de novembre à fin mars, les bus directs pour Nanchang se font plus rares. En saison, les touristes sont légion, aussi vaut-il mieux arriver en début de journée pour trouver une chambre.

Comment circuler
Si vous aimez marcher en montagne, l'idéal est de vous déplacer à pied par les sentiers et les petites routes qui sillonnent Lushan.

Vous éviterez ainsi en été les foules de touristes chinois qui débarquent en bus des plaines étouffantes.

YINGTAN
(yīngtán)
Comme Nanchang est située au nord de la ligne de chemin de fer Shanghai-Canton et bien que la plupart des trains fassent le détour, vous devrez peut-être prendre le vôtre à l'embranchement de Yingtan. Si vous y faites escale, descendez la rue principale qui part de la gare. Elle se termine sur une intersection en T, devant un parc. Tournez à droite pour gagner la vieille ville près de la rivière.

Vous pouvez prendre un bateau pour aller explorer l'autre berge.

Où se loger et se restaurer
Il existe trois hôtels chinois bon marché, dont l'Overseas Chinese Hotel (huáqiáo fàndiàn), dans la rue principale, près de la gare ferroviaire. Les lits en dortoir valent 15 yuan, et les chambres commencent à 70 yuan. Pour manger sur le pouce, on trouve de nombreux étals dans la rue voisine de la gare.

Comment s'y rendre
La gare routière est située dans la rue principale, à côté de l'Overseas Chinese Hotel. Des bus desservent Jingdezhen. Des trains circulent vers Fuzhou, Canton, Kunming, Shanghai et Xiamen. Il existe aussi une ligne qui va à Jingdezhen via Guixi.

LES JINGGANG SHAN (CIPING)

(*jĭnggāng shān*)

La région excentrée des monts Jinggang, dans le massif de Luoxiao, à la frontière entre le Hunan et le Jiangxi, a joué un rôle crucial au début du mouvement communiste. En 1927, après les échecs des tentatives de soulèvement urbain des communistes, Mao conduisit 900 hommes se réfugier dans ces monts brumeux. D'autres corps de l'armée communiste (appelée alors Armée révolutionnaire des paysans et des ouvriers), conduits par Zhu De, les rejoignirent. C'est de là que partit la Longue Marche.

Orientation et renseignements

La ville principale, Ciping (également appelée Jinggangshan), perchée à 820 m dans les montagnes, est un endroit attrayant construit autour d'un petit lac. L'agence CITS (☎ 222-504) est installée dans l'hôtel Jinggangshan (Binguan). La librairie Xinhua, près du musée, vend un plan en chinois de Ciping qui indique les sentiers de randonnée.

A voir

Le **musée révolutionnaire des Jinggang Shan** (*jĭnggāngshān gémìng bówùguǎn*) est consacré à la lutte du Guomindang et des communistes pour le contrôle de la région Hunan-Jiangxi à la fin des années 20. On peut y voir du matériel des armées nationaliste et communiste et des documents retraçant les stratégies militaires et les déplacements de troupes. Toutes les explications sont en chinois, mais l'exposition est suffisamment graphique pour qu'on puisse en saisir le sens. L'entrée coûte 2 yuan.

Les **anciens quartiers révolutionnaires** (*gémìng jiùzhǐ qún*) de Ciping servirent de base de commandement communiste entre 1927 et 1928. Mao vécut un temps dans l'un des quatre bâtiments de brique et de torchis.

Les Jinggang Shan constituent un massif très spectaculaire comprenant de grandes forêts naturelles. On y trouve une variété intéressante de bambou à section carrée et quelque 26 espèces d'azalées alpines, qui fleurissent fin avril. Il existe de très belles promenades dans les collines environnant Ciping, comme celle qui mène au **pic des Cinq Doigts** (*wǔzhǐfēng*), représenté au dos des billets de 100 yuan, ou celle des **étangs des Cinq Dragons** (*wǔlóngtán*).

Où se loger et se restaurer

L'hôtel Jinggangshan (*jĭnggāngshān fàndiàn*), à quelques minutes à pied de la gare routière, offre des lits dans des dortoirs de quatre pour 15 yuan et des doubles avec douche pour 65 yuan.

L'autre hôtel Jinggangshan (*jĭnggāngshān bīnguǎn*) fut le lieu de prédilection des dignitaires du Parti : Mao, Lin Biao, Deng et Li Peng y sont tous descendus. Les récentes rénovations effectuées dans l'établissement l'ont rendu cher : à partir de 200 yuan pour une double. L'hôtel est à 15 minutes de marche de la gare routière ; descendez la colline, tournez à droite au premier croisement, puis encore à droite. Il n'y a pas d'enseigne sur le portail.

On trouve d'agréables restaurants bon marché dans la rue principale qui descend de la gare routière. Si vous cherchez un endroit plus romantique, essayez celui qui se trouve sur l'île, au milieu du lac.

Comment s'y rendre

Au départ de Nanchang, 5 bus directs desservent Ciping/Jinggangshan tous les jours (8 heures). La route traverse une campagne luxuriante coupée de haies de bambou, de vieux ponts de pierre, de moulins à eau et de rizières où se promènent les canards. Un bus quitte chaque jour Ciping pour Hengyang, dans la province du Hunan, par le superbe défilé de Huangyang, mais la route est parfois fermée en hiver.

Hunan 湖南

Le Hunan fait généralement office de simple région de passage pour les voyageurs. Pourtant, cette province ne manque pas d'attraits. Dans sa partie occidentale, le parc naturel de Zhangjiajie offre des paysages montagneux parmi les plus étonnants de Chine, rivalisant avec les sommets karstiques du Guangxi. Le village de Shaoshan, où naquit Mao Zedong, ne manque pas d'intérêt. Plus au nord, Yueyang, importante escale des croisières sur le Chang Jiang (Yangzi), dégage une atmosphère portuaire unique.

Les terres du Hunan (*húnán*) comptent parmi les plus riches de Chine. C'est entre le VIIIe et le XIe siècle que la région connut sa plus forte croissance. Suite au dynamisme du secteur agricole et aux migrations en provenance du Nord, la population fut multipliée par cinq au cours de cette période. Sous les dynasties Ming et Qing, le Hunan fut l'un des greniers de l'empire. Des quantités importantes de riz étaient envoyées par bateau dans les régions plus démunies du Nord.

Dès le XIXe siècle, la pression démographique se fit sentir au Hunan. L'absence de nouvelles terres à exploiter et le monopole exercé par les propriétaires fonciers donnèrent lieu à une agitation généralisée parmi les fermiers chinois et les minorités habitant les montagnes. La détérioration de la situation économique fut un facteur explicatif de la rébellion Taiping au milieu du XIXe siècle et contribua à la naissance du mouvement communiste dans les années 20.

Les communistes bénéficièrent du soutien appuyé des paysans pauvres du Hunan et trouvèrent refuge, en 1927, dans les montagnes à la frontière du Hunan et du Jiangxi. Le Hunan est également le berceau des plus éminents dirigeants communistes, dont Mao Zedong, Liu Shaoqi (dont on peut visiter les villages natals), Peng Dehuai ou Hu Yaobang. Quant à Hua Guofeng, né dans le Shanxi, il devint un important dirigeant de cette province.

Population : 60 millions d'habitants
Capitale : Changsha
A ne pas manquer :

- Shaoshan, village natal de Mao Zedong
- Le parc naturel de Wulingyuan/Zhangjiajie et ses formations rocheuses insolites et grandioses
- Yueyang, vaste ville sur le Chang Jiang, et son atmosphère portuaire unique
- Changsha, lieu de pèlerinage maoïste, pour marcher sur les pas du Grand Timonier et mieux comprendre l'origine de la Chine communiste

La plupart des habitants de cette région sont des Chinois han. Seules les contrées frontalières et montagneuses abritent des minorités, notamment les Miao, les Tujia, les Dong (apparentés aux Thaï et aux Lao) et les Yao. L'extrême nord de la province compte une enclave ouïghoure.

CHANGSHA
(chángshā)

Le site de Changsha est habité depuis 3 000 ans. A l'époque des Royaumes combattants (453-221 av. J.-C.) naquit une vaste ville que sa situation au cœur de ces

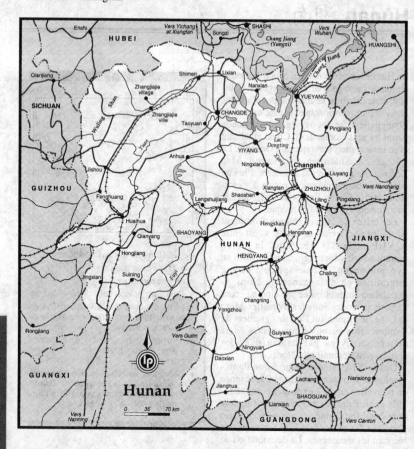

Hunan

0   35   70 km

plaines fertiles et sur la rivière Xiang fit croître et prospérer rapidement. C'était alors un très important centre de commerce de produits agricoles.

En 1904, à la suite du traité de Shanghai entre le Japon et la Chine (1903), la ville fut ouverte au commerce étranger. Le principe de la "nation la plus favorisée" permit aux étrangers de s'établir à Changsha. Ainsi, nombre d'Européens et d'Américains implantèrent des usines, des églises et des écoles. Le centre médical actuel était à l'origine un collège fondé par l'université de Yale.

Aujourd'hui, la communauté urbaine de Changsha compte environ cinq millions et demi d'habitants.

Orientation

La plus grande partie de la ville occupe la rive orientale de la Xiang. La gare ferroviaire est située à l'extrémité est de la ville. En partant de la gare, Wuyi Lu rejoint le fleuve et sépare nettement Changsha en deux parties, nord et sud. De Wuyi Lu, si l'on franchit le pont sur la Xiang pour gagner la rive ouest, on passe au-dessus de l'île Longue, qui s'étire au milieu du fleuve. La plupart des sites et des équipements touristiques se trouvent sur la rive est.

Renseignements

CITS. L'agence CITS (☎ 443-9757) est installée à gauche du Lotus Hotel. Le personnel parle un peu anglais. Les hôtels Xiangjiang et Hua Tian peuvent également s'occuper de vos réservations en matière de transports.

BSP. Le bureau de la police, grand bâtiment recouvert de carreaux de céramique crème, est situé dans Huangxing Lu, du côté ouest de la ville, juste au sud de Jiefang Lu.

Argent. La Bank of China jouxte la CAAC, dans Wuyi Donglu. On peut aussi changer des devises dans les hôtels Xiangjiang et Lotus.

Poste et télécommunications. Le principal bureau de poste et de télécommunications se trouve au coin nord-est de Wuyi Zhonglu et de Cai'e Lu, dans le centreville. La gare ferroviaire et l'hôtel Xiangjiang abritent également un bureau de poste.

Cartes. Plusieurs modèles en couleurs de la carte des transports en commun de Changsha sont en vente dans les kiosques aux abords de la gare, ainsi que dans les boutiques de certains hôtels.

Musée de la province du Hunan
(*húnán bówùguǎn*)

Installé dans Dongfeng Lu, le musée est accessible à pied de l'hôtel Xiangjiang. Il occupe trois bâtiments principaux : l'un est consacré à l'histoire révolutionnaire, les deux autres à des vestiges vieux de 2 100 ans retrouvés en 1972-1974 dans trois tombeaux de l'époque des Han occidentaux, au lieu-dit Mawangdui, à 5 km à l'est du centre-ville.

L'élément le plus frappant de ces vestiges est la dépouille momifiée d'une femme de la dynastie Han. On peut voir son corps, conservé dans une salle réfrigé-

rée, à travers une vitre au sol. Elle était enveloppée dans plus de vingt couches de soie et de lin. Ses viscères ont été prélevés et sont également présentés. Les massifs sarcophages en bois sont exposés dans un autre bâtiment.

Au fond de la tombe, on a retrouvé de très nombreux habits et étoffes de soie, des chaussures, des bas, des gants et autres vêtements. L'un des objets les plus intéressants est une peinture sur soie figurant le monde souterrain, la terre et le ciel.

Ouvert tous les jours de 8h à 12h et de 14h30 à 17h20. Tarif : 10 yuan pour les étudiants et les Chinois, 30 yuan pour les étrangers. Le minibus n°3, qui part de la gare, suit Dongfeng Lu vers le nord et passe devant le musée.

Sur les pas de Mao

Épars dans la ville, nombre de sites rappellent la vie de Mao. De 1913 à 1918, il fut étudiant à l'**école normale n°1 du Hunan** (*dìyī shīfàn xuéxiào*), où il revint comme professeur en 1920-1921. Les bâtiments, détruits durant la guerre sino-japonaise, ont été soigneusement reconstruits. Suivez les flèches pour visiter le dortoir de Mao, les salles de classe, les amphithéâtres où il tint ses premiers rassemblements politiques, et même un bassin en plein air où se baignaient les élèves. Pour vous y rendre, prenez le bus n°1 devant l'hôtel Xiangjiang.

L'**ancien bureau du comité du Parti communiste du Hunan (district de Xiang)** (*zhōnggòng xiāngqū wéiyuánhuì jiùzhǐ*) est devenu un musée où l'on peut voir les quartiers d'habitation de Mao, une collection de photos et d'autres témoignages historiques sur les années 20. A proximité se trouve un long mur sur lequel sont gravés à grande échelle des poèmes de Mao, reproduisant ses amples traits de pinceaux caractéristiques.

Autres sites

Si les excès de la propagande communiste vous intéressent, ne manquez pas le **musée du mémorial de Lei Feng** (☎ 875-244) (*léifēng jìniànguǎn*), à une heure de route

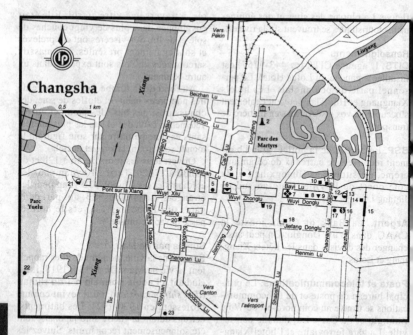

Changsha

0   0,5   1 km

LA CHINE CENTRALE

environ à l'ouest de Changsha. Lei Feng était un jeune soldat qui, en 1963, un an après avoir trouvé la mort dans un accident de la route à l'âge de 22 ans, fut hissé au rang de modèle par le Parti communiste qui vit en lui un ouvrier, un soldat, un membre du Parti et un citoyen idéal de la République populaire de Chine. Les dirigeants du Parti incitèrent les foules à profiter de "l'enseignement du camarade Lei". En 1990, le gouvernement de Pékin remit Lei au goût du jour dans l'espoir de contrebalancer le vaste désenchantement des citoyens à l'égard du Parti après le massacre de la place Tian'anmen.

Pour vous y rendre, prenez le bus n°12 de la gare ferroviaire jusqu'au terminus, à Rongwanzhen, puis le minibus n°15, dont le terminus est à 2 minutes à pied au sud du musée.

De retour à Changsha, le **pavillon du Tendre Crépuscule** (*àiwǎntíng*) est situé dans le parc Yuelu, sur la rive occidentale de la Xiang, d'où l'on jouit d'une belle vue sur la ville. L'**île Longue** (*júzizhōu*), appelée encore île des Longs Sables (d'où Changsha tire son nom), s'étire au milieu du fleuve. Le seul vestige de l'ancienne enceinte de la ville est la **tour Tianxin** (*tiāxīngé*), au sud de Changsha.

Où se loger

Malheureusement pour les voyageurs peu en fonds, les hôtels de Changsha acceptant les étrangers sont presque tous des établissements de catégorie supérieure. Les autres refusent catégoriquement les non-Chinois. Même l'hôtel Binhua, jadis accommodant, a engagé un policier qui monte la garde devant la porte.

La solution la plus économique est une chambre triple pour 135 yuan, si l'on accepte de vous la donner, à l'hôtel *Nanhai* (☎ 229-7888) (*nánhǎi bīnguǎn*), dans Bayi

CHANGSHA 长沙

OÙ SE LOGER

3 Hôtel Xiangjiang
   湘江宾馆
10 Hôtel Binhua
   宾华宾馆
11 Hôtel Nanhai
   南海宾馆
14 Hôtel Chezhan
   车站大厦
18 Hôtel Hua Tian
   华天大酒店

DIVERS

1 Musée de la province du Hunan
   省博物馆
2 Monument aux martyrs
   烈士纪念碑
4 Ancien bureau du comité
   du Parti communiste du Hunan
   中共湘区委员会旧址
5 Librairie Xinhua
   新华书店
6 Poste
   邮局
7 Friendship Store
   友谊商店
8 Lotus Hotel et CITS
   芙蓉宾馆，中国国际旅行社
9 Restaurant Kiddies
12 Restaurant Kaiyunlou
   开云楼
13 Gare des bus longue distance
   长途汽车站
15 Gare ferroviaire
   火车站
16 Bank of China
   中国银行
17 CAAC
   中国民航售票处
19 Ocean-shore Music Bar
   海岸线音乐酒店
20 BSP
   公安局
21 Terminus des bus Rongwanzhen
   溶湾镇终站
22 Pavillon du Tendre Crépuscule
   爱晚亭
23 École normale n°1 du Hunan
   第一师范学校

Lu. Mais on insistera peut-être pour que vous preniez une chambre double, dont le premier prix s'élève à 225 yuan. Si tel est le cas, le *Lotus Hotel* (☎ 440-1888) (*fúróng bīnguǎn*) propose des simples/doubles très modestes à 145/160 yuan, mais vous devrez les demander expressément car elles ne figurent pas sur la liste. Vous aurez droit à de l'eau chaude en abondance, un bon service et à l'avantage d'être dans le centre.

Adjacent à la partie nord de la gare ferroviaire, l'hôtel *Chezhan* (*chēzhàn dàshà*) propose des doubles/triples correctes pour 168/160 yuan, ainsi qu'un privilège : le personnel se chargera d'acheter vos billets de chemin de fer, directement à la gare, aux tarifs chinois. Un porche donne sur les quais, juste à côté de la sortie de la gare.

En dépit de ses trois-étoiles, l'hôtel *Xiangjiang* (☎ 444-6888) (*xiāngjiāng bīnguǎn*), 2 Zhongshan Lu, possède quelques doubles à 28 \$US dans une aile récemment rénovée. Pour une double ordinaire, le premier prix est de 48 \$US. Pour s'y rendre, prendre le bus n°1 à la gare ferroviaire, qui s'arrête juste devant l'hôtel.

Le meilleur établissement de luxe de la ville (quatre-étoiles) est l'hôtel *Hua Tian* (☎ 444-2888) (*huátiān dàjiǔdiàn*), 16 Jiefang Donglu, tout près de Shaoshan Lu. Les hommes d'affaires apprécient la qualité du service et la propreté des chambres. Les tarifs s'échelonnent de 58 \$US pour une chambre double ordinaire à 388 \$US pour une suite de luxe.

Où se restaurer

La cuisine du Hunan, comme celle du Sichuan voisin, utilise beaucoup le piment et les épices. Le restaurant *Kaiyunlou* (*kāiyúnlóu jiǔjiā*), situé dans Wuyi Donglu, près de l'angle de Chaoyang Lu, est peu onéreux et étonnamment bon pour un établissement d'État, mais ne possède pas de menu en anglais. Dans Chezhan Lu, juste au sud de la gare, il existe plusieurs lieux de restauration rapide proposant des spécialités locales. Pour les affamés de la nuit, un assez bon stand de nouilles ouvre aux

LA CHINE CENTRALE

alentours de 21h juste en face du restaurant *Kiddies*, dans Wuyi Lu. Les grands hôtels, comme le Lotus et le Xiangjiang, abritent également de bons restaurants.

Si l'aventure vous tente, essayez la noix de bétel (*bīnglang*), vendue un peu partout en ville sur les petits étals de rues. Sa chair ligneuse, quand on la mastique, a un goût épicé et sucré extrêmement fort et produit un très léger effet narcotique.

Distractions

Changsha se targue aujourd'hui de posséder son premier bar de style occidental, l'*Ocean-shore Music Bar* (*hǎi'ànxiàn yīnyuè jiǔláng*), dans Wuyi Zhonglu. On y trouve même de la bière à la pression, des murs peints en noir et, plusieurs fois par semaine, des orchestres. Les propriétaires se consacrent à la promotion du rock and roll chinois et occidental et se feront un plaisir de vous passer les derniers disques à la mode s'il n'y a pas de groupe "live" ce soir-là.

Comment s'y rendre

Avion. Le bureau principal de la CAAC (☎ 229-9821) est sis 5 Wuyi Donglu, un pâté de maisons à l'ouest de la gare ferroviaire. Le Lotus Hotel abrite aussi un guichet de réservation de la CAAC. A elles deux, la CAAC et la compagnie locale associée, China Southern Airlines, assurent des vols quotidiens vers Pékin, Chengdu, Canton et Shanghai, et desservent également Kunming, Nankin, Shenzhen et Xi'an. Il existe aussi 4 à 5 vols par semaine vers Hong Kong (1 640 yuan). Les bus de la CAAC partent pour l'aéroport environ 2 heures avant les vols réguliers (12,50 yuan).

Bus. La gare routière se trouve face à la gare ferroviaire, ce qui est pratique. Des départs fréquents sont assurés vers Yueyang et Hengyang, et plusieurs à destination de Nanchang et Shaoshan. Cars-couchettes quotidiens pour Canton (18 heures), Hefei (30 heures), Zhangjiajie (10 heures), Zhuhai (21 heures), Nankin

(30 heures) et Zhengzhou (26 heures). La gare routière ferme à 20h.

Train. Chaque jour, deux express assurent la liaison Canton-Changsha-Pékin dans les deux sens. Les autres lignes importantes desservent Changsha sont Pékin-Guilin-Kunming et Canton-Xi'an-Lanzhou. Les trains pour Shanghai, Kunming et Guilin ne s'arrêtent pas tous à Changsha, aussi vous faudra-t-il peut-être passer par Zhuzhou et y prendre une correspondance. Si vous allez vers Hong Kong, le train de nuit express climatisé Changsha-Shenzhen vous permettra d'arriver à Shenzhen aux alentours de 9h30. Une couchette dure coûte environ 160 yuan, tarif chinois ; essayez de vous procurer le billet à l'hôtel Chezhan. Un train part également chaque matin à 7h pour Shaoshan (10 yuan). Le guichet n°6 de la gare de Changsha est réservé aux étrangers.

SHAOSHAN

(*shāoshān*)

Ce minuscule village, à 130 km environ au sud-ouest de Changsha, a vu naître Mao Zedong. Dans les années 60, aux grands

---

SHAOSHAN 韶山

1 Grotte aux eaux ruisselantes
  滴水洞
2 Pic Shaoshan
  韶山峰
3 Hôtel Hongri
  红日饭店
4 Musée du camarade Mao
  毛泽东同志纪念馆
5 Pension Shaoshan
  韶山宾馆
6 Maison natale de Mao
  毛泽东同志故居
7 Gare routière (bus longue distance)
  长途汽车站
8 Gare ferroviaire
  火车站
9 Hôtel Yinfeng
  银峰宾馆

---

jours de la Révolution culturelle, quelque trois millions de personnes par an s'y rendaient en pèlerinage. On construisit une voie de chemin de fer et une route goudronnée pour relier Shaoshan à Changsha. Après la mort de Mao, le nombre de pèlerins déclina mais, les excès de la Révolution culturelle s'effaçant peu à peu des mémoires, le village connaît depuis quelque temps un renouveau touristique. En 1993, on y a célébré le centenaire de la naissance de Mao.

Shaoshan n'a plus grand-chose d'un village chinois typique étant donné le nombre de touristes qui ont défilé dans ce sanctuaire national. Cependant, la campagne environnante a conservé son charme agreste d'autrefois.

Orientation

Shaoshan se répartit en deux pôles : la ville nouvelle, groupée autour des gares ferroviaire et routière, et le vieux village de Shaoshan, environ 5 km plus loin. De la gare de chemin de fer, on peut prendre des minibus qui font le circuit des principaux sites.

Des bus publics et des tricycles à moteur attendent également à l'arrivée du train de Changsha. La gare routière se trouve dans Yingbin Lu, juste au nord de la gare ferroviaire.

Maison natale de Mao
(*máozédōng tóngzhì gùjū*)

C'est le premier bâtiment que l'on voit en arrivant, et bien sûr le principal sanctuaire de Shaoshan. Rien ne distinguerait ce vaste édifice en pisé couvert d'un toit de chaume des millions d'autres bâtisses chinoises en terre si l'on n'avait apporté à sa restauration un soin tout particulier. On y voit quelques ustensiles de cuisine, le mobilier et la literie d'origine, ainsi que des photos des parents de Mao.

Musée du camarade Mao
(*máozédōng tóngzhì jìniànguǎn*)

Ce musée consacré à la vie de Mao a été ouvert en 1967, en pleine Révolution culturelle. La présentation est malheureusement en chinois uniquement, mais l'exposition est suffisamment graphique pour être intéressante. L'entrée coûte 2 yuan.

LA CHINE CENTRALE

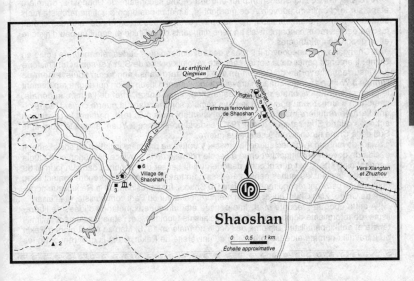

Lac artificiel Qingnian

Yingbin

Terminus ferroviaire de Shaoshan

Guyuan Lu

Shaoshan Lu

Village de Shaoshan

Vers Xiangtan et Zhuzhou

Shaoshan

0   0,5   1 km
Échelle approximative

Autres sites

Si vous êtes venu chercher des souvenirs de Mao, vous trouverez toute une bimbeloterie à sa mémoire sur les **marchés touristiques**, sur la hauteur non loin de la maison natale de Mao et en diagonale face à la pension Shaoshan.

La **Grotte aux eaux ruisselantes** (*dīshuǐdòng*) se trouve à 3 km du village de Shaoshan. Venu faire une retraite dans son village natal en juin 1966, Mao vécut dans cette grotte pendant 11 jours, probablement pour réfléchir aux nouveaux mots d'ordre de la Révolution culturelle, qu'il venait de

Mao Zedong

Celui qui allait devenir le Grand Timonier naquit dans le village de Shaoshan, non loin de Changsha, en 1893. Son père était un paysan pauvre qui, criblé de dettes, avait été obligé de s'engager dans l'armée. Après plusieurs années de service, il revint à Shaoshan où il réussit à racheter sa terre.

Faisant partie de la classe des paysans "moyens", la famille de Mao avait suffisamment de terre pour produire un excédent de riz, grâce auquel elle put racheter encore davantage de terres. Elle passa dans la catégorie des paysans "riches".

De 8 à 13 ans, Mao étudia à l'école primaire du village, tout en travaillant à la ferme et en tenant les comptes de son père. Celui-ci continuait à s'enrichir (ou du moins à accumuler ce qui pouvait paraître une fortune dans ce petit village) en rachetant aux créanciers des emprunts contractés par d'autres paysans.

Plusieurs événements influencèrent profondément Mao. Une famine dans le Hunan entraîna, à Changsha, un soulèvement de la population affamée que le gouverneur mandchou réprima en faisant exécuter les meneurs. Longtemps plus tard, Mao racontait encore : "... je sentais bien qu'il y avait là avec les rebelles des gens ordinaires comme ceux de ma propre famille et je trouvais profondément injuste le traitement qu'on leur infligea." Il fut également marqué par une bande de rebelles qui avait pris possession des collines autour de Shaoshan pour défier les propriétaires terriens et le gouvernement, ainsi que par un maître d'école aux opinions radicales, qui s'opposait au bouddhisme et voulait que l'on transforme les temples en écoles.

A 16 ans, Mao quitta Shaoshan pour entrer à l'école secondaire de Changsha, première étape sur le chemin du pouvoir. A ce moment-là, il n'était pas encore antimonarchiste mais sentait bien, malgré sa jeunesse, que son pays avait un besoin urgent de réformes. Il était fasciné par les récits concernant les anciens dirigeants de la Chine et apprit un peu d'histoire et de géographie étrangères.

A Changsha, Mao découvrit les idées des révolutionnaires et des réformateurs actifs en Chine. Il entendit parler de la société secrète révolutionnaire de Sun Yat-sen et lut l'histoire de l'insurrection avortée de Canton en 1911. Plus tard dans l'année, un soulèvement de l'armée à Wuhan se transforma en un vaste mouvement d'insurrection qui gagna rapidement le pays et entraîna la chute de la dynastie Qing. Yuan Shikai, chef de l'armée impériale, chercha à s'emparer du pouvoir et le pays sembla sombrer dans la guerre civile. Mao rejoignit l'armée régulière mais donna sa démission six mois plus tard, pensant la révolution achevée quand Sun Yat-sen, début 1912, céda la présidence à Yuan, et que le Nord et le Sud de la Chine renoncèrent à se faire la guerre.

Mao, devenu un avide lecteur de la presse, y trouva sa première initiation au socialisme. Il décida de devenir enseignant et entra à l'école normale de la province du Hunan où il étudia pendant cinq ans. C'est durant cette période qu'il fit passer une annonce dans un journal de Changsha "invitant les jeunes gens intéressés à un travail patriotique à prendre contact avec (lui)". Parmi ceux qui répondirent figuraient Liu Shaoqi, futur président de la République populaire de Chine, Xiao Chen, qui devint un membre fondateur du Parti communiste, et Li Lisan.

"A cette époque", raconte Mao, "ma pensée était un curieux mélange d'idées de libéralisme, de réformisme démocratique et de socialisme utopique... et j'étais résolument antimilitariste et anti-impérialiste." Diplômé de l'école normale en 1918, Mao se rendit alors à Pékin où il travailla comme aide-bibliothécaire à l'université de Pékin. C'est là qu'il rencontra les

lancer. Non loin se trouvent les tombes des ancêtres de Mao. Pour se rendre à la grotte, on peut prendre un bus qui part du parking en face de la pension Shaoshan.

Le **pic Shaoshan** (*shāoshānfēng*) est cette montagne de forme conique que l'on voit du village. Il y a un pavillon d'obser-

vation au sommet et, sur ses contreforts, une "forêt de stèles" comportant des tablettes de pierre sur lesquelles sont gravés des poèmes de Mao. C'est un lieu moins fréquenté que d'autres sites de Shaoshan, et l'on peut y faire d'agréables promenades le long de sentiers tranquilles qui

---

futurs cofondateurs du Parti communiste chinois : le leader étudiant Zhang Guodao, le professeur Chen Duxiu et le bibliothécaire de l'université Li Dazhao. Ces deux derniers sont considérés comme les fondateurs du communisme chinois. Li Dazhao, auquel Mao devait son emploi, fut aussi celui qui l'initia à l'étude sérieuse du marxisme.

Mao trouva dans la théorie marxiste un programme pour la réforme et la révolution en Chine. De retour à Changsha, il prit une part de plus en plus active dans la politique communiste.

Il devint rédacteur en chef de la *Revue du Xiang Jiang*, journal des étudiants du Hunan aux opinions radicales, et prit également un poste d'enseignant. En 1920, il commença à organiser les ouvriers et, à partir de là, se considéra comme marxiste. En 1921, il se rend à Shanghai pour assister à la réunion qui vit la fondation du Parti communiste chinois. Par la suite, il contribua à organiser la première branche provinciale du Parti dans le Hunan. Dès le milieu de 1922, le Parti avait mis en place des syndicats d'ouvriers et d'étudiants.

La philosophie marxiste orthodoxe estimait que la révolution devait partir des villes, comme cela avait été le cas en Union soviétique. Les paysans, qui à travers les siècles avaient été les laissés-pour-compte des poètes, des érudits et des prophètes en politique, étaient également ignorés des communistes. Mais Mao adopta une position totalement différente, voyant dans les paysans la force vive de la révolution. Le Parti s'était jusque-là fort peu occupé d'eux. En 1925, Mao commença à organiser des syndicats de paysans. Cela suscita la colère des propriétaires terriens et l'obligea à se réfugier à Canton, où le Guomindang et les communistes tenaient conjointement le pouvoir. Mao proposa une redistribution radicale des terres en faveur

des paysans et soutint (il en fut sans doute l'instigateur) la revendication du Syndicat des paysans du Hunan réclamant la confiscation des grandes propriétés. C'est probablement à ce stade qu'il envisagea la nécessité d'organiser et d'armer les paysans en vue d'une lutte contre les propriétaires.

En avril 1927, ce fut la répression des communistes par Tchang Kaï-chek, avec notamment le massacre de Shanghai. Le Parti dépêcha alors Mao à Changsha pour y organiser ce qui allait être connu sous le nom de Soulèvement de la moisson d'automne. Dès septembre, les premières unités d'une armée de paysans-ouvriers avaient été formées avec des troupes tirées de la paysannerie, des mineurs de Hengyang et des soldats rebelles du Guomindang. L'armée de Mao traversa le Hunan en direction du sud et gagna les monts Jinggang pour entamer une guérilla contre le Guomindang. C'était là le début d'une action qui allait aboutir en 1949 à la prise du pouvoir par les communistes. ■

traversent des forêts de pins et des bosquets de bambous. Pour s'y rendre, prendre au village de Shaoshan un minibus en direction du sud jusqu'à la fin de la route, à Feilaichuan (*fēiláichuán*).

Où se loger

Dans le village même, la pension *Shaoshan* (☎ 568-5127) (*shāoshān bīnguǎn*), récemment rénovée et bien située, propose des doubles/triples à 100/105 yuan et des lits en dortoir à 15 yuan. Attention, on vous fera peut-être payer plus cher.

Plus haut sur la route, le petit hôtel *Hongri* (*hóngrì fàndiàn*), tenu par une famille, est moins onéreux. C'est propre et sans prétention, avec des lits à 10 yuan dans de petits dortoirs, des chambres doubles pour 20 yuan et, en bas, un restaurant bon marché.

A droite de la pension Shaoshan est installée une série de petits restaurants.

Dans la nouvelle ville, juste au sud de la gare ferroviaire, l'hôtel *Yinfeng* (*yínfēng bīnguǎn*) propose des doubles à 100 yuan et des lits en chambre triple pour 40 yuan.

Comment s'y rendre

Bus. De Changsha, 3 bus desservent Shaoshan tous les matins entre 8h et 9h, plus un autre l'après-midi. Trois bus repartent chaque jour pour Changsha de la gare routière de Shaoshan, deux le matin et un à 14h10. Le trajet coûte 9 yuan et dure 3 à 4 heures. Des minibus, apparemment peu fréquents, partent également pour Changsha depuis le village de Shaoshan. Il y a en outre des bus quotidiens pour Xiangtan, d'où l'on peut prendre un train pour Changsha ou Huaihua.

Train. Un train par jour circule entre Changsha et Shaoshan, qui part à 7h du matin de Changsha et revient à 16h, si bien que l'on peut faire l'excursion dans la journée. L'aller simple coûte 5 yuan (sièges durs uniquement), et il faut compter au moins 3 heures de trajet. Au retour, l'avant-dernier wagon fait salon de thé (*cházuò*) : pour 5 yuan de plus seule-

---

YUEYANG 岳阳

1 Embarcadère des ferries de la tour de Yueyang
岳阳轮船客运站
2 Hôtel Xuelian
雪莲宾馆
3 Tour de Yueyang
岳阳楼
4 Yueyang Tower Hotel
岳阳楼宾馆
5 Hôtel Yueyang et CITS
岳阳宾馆，中国国际旅行社
6 Embarcadère Nanyuepo
南岳坡码头
7 Gare routière Ouest
汽车西站
8 Nouvelle gare routière
新火车站
9 Hôtel Dahua
大华大酒店
10 Gare des bus longue distance
长途汽车站
11 Hôtel Xiangwan
湘宛宾馆
12 Hôtel Yunmeng
云梦宾馆
13 Pagode Cishi
慈氏塔
14 Ancienne gare (abandonnée)
旧火车站

---

ment, vous aurez du thé à volonté et un peu plus d'espace vital.

YUEYANG

(*yuèyáng*)

Yueyang est un port d'escale pour les bateaux qui font la navette sur le Chang Jiang entre Chongqing et Wuhan. La ligne de chemin de fer Wuhan-Canton traverse cette petite ville de province et, pour se rendre à Canton, on peut descendre là au lieu de continuer jusqu'à Wuhan en bateau.

Orientation et renseignements

Yueyang se situe juste au sud du Chang Jiang, sur la rive nord-est du lac Dongting, là où celui-ci se déverse dans le fleuve. La ville se divise en deux parties bien dis-

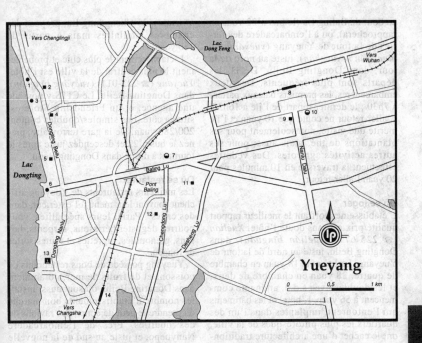

tinctes : Yueyang proprement dite, la partie
sud, où se trouvent la gare ferroviaire, la
gare routière, ainsi que la plupart des hôtels
et des sites ; et, à 17 km de là, au nord,
Chenglingji (*chénglíngjī*), le port principal.
C'est là que s'arrêtent la plupart des ferries, mais ils font aussi parfois escale dans
les deux petits débarcadères utilisés par les
bateaux locaux qui se trouvent dans la partie principale (sud) de Yueyang.

A voir
Yueyang dégage une atmosphère de ville
portuaire et possède des petites rues intéressantes à explorer. Le principal point de
repère de la ville est la **tour** ou **pavillon de
Yueyang** (*yuèyáng lóu*), un ensemble de
temples et un parc édifiés à l'origine sous
la dynastie Tang, puis reconstruits. Cette
tour abrite une réplique en or de
l'ensemble. Tout près du bord du lac également se trouve la **pagode Cishi** (*císhì tǎ*),

véritable pagode en brique datant de 1242.
Pour vous y rendre, prenez le bus n°22 qui
descend Baling Lu jusqu'au lac, puis marchez sur Dongting Nanlu en direction du
sud. Restez sur la gauche de la rue afin que
les constructions ne vous obstruent pas le
paysage et, au bout de 10 minutes, vous
apercevrez la pagode, qui se dresse en haut
d'une ruelle résidentielle. Attendez-vous à
voir la partie inférieure ornée de linge en
train de sécher.

Yueyang borde l'immense **lac Dongting**
(*dòngtíng hú*) qui, avec ses 3 900 km² de
superficie, constitue le deuxième lac d'eau
douce de Chine. Il abrite plusieurs îles,
dont la plus célèbre est l'**île Junshan**
(*jūnshān dǎo*), où l'on cultive le thé
"aiguilles d'argent", variété autrefois réservée à l'empereur.

On peut prendre le bateau pour l'île
Junshan (45 minutes) à l'embarcadère
Nanyuepo (*nányuèpō mǎtou*), très central,

au bout de Baling Lu (le bus n°22 vous en rapprochera), ou à l'embarcadère des ferries de la tour de Yueyang (*yuèyáng lóu lúnchuán kèyùnzhàn*), juste au nord de la tour, dans Dongting Beilu. De là, les départs sont plus fréquents. Des deux embarcadères, les premiers bateaux partent à 7h30 ; le dernier repart de l'île à 16h30. L'aller-retour ne coûte que 10 yuan et l'île mérite une visite, non seulement pour ses plantations de thé, mais aussi pour ses autres activités agricoles. Des vedettes effectuent la traversée en 10 minutes pour 20 yuan l'aller-retour.

Où se loger

L'établissement offrant le meilleur rapport qualité/prix est sans doute l'hôtel *Xuelian* (☎ 225-677) (*xuělián bīnguǎn*), dans Dongting Beilu, juste au nord de la tour de Yueyang. Le lit coûte 18 yuan en chambre de quatre, 28 yuan en chambre de deux, et les doubles avec s.d.b. attenante commencent à 56 yuan. L'hôtel et les bâtiments qui l'entourent, implantés dans l'un des quartiers les plus pittoresques de la ville, ont le cachet d'une architecture traditionnelle chinoise. De la gare ferroviaire, prendre le bus n°22 jusqu'à la tour de Yueyang, puis remonter quelques minutes vers le nord.

Plus proche du centre-ville, l'hôtel *Xiangwan* (*xiāngwǎn bīnguǎn*) propose des lits en chambre de deux à 28 yuan. Il est situé dans Desheng Lu, à côté du pont Baling, et le bus n°17 passe devant en venant de la nouvelle gare ferroviaire. Au sud de cette nouvelle gare, dans Nanhu Dalu, l'hôtel *Dahua* (*dàhuá dàjiǔdiàn*) offre des doubles/triples pour 88/99 yuan. La gare étant assez loin vers l'est, cet endroit n'est pratique que si vous devez prendre un train tôt le matin.

Dans une rue latérale donnant sur Dongting Beilu, le *Yueyang Tower Hotel* (☎ 235-188) (*yuèyáng lóu bīnguǎn*) est un établissement très accueillant ; la double avec s.d.b. coûte 120 yuan. Le bus n°22 qui va à la tour de Yueyang vous y emmènera. L'hôtel *Yunmeng* (☎ 221-115) (*yúnméng*

bīnguǎn), 25 Chengdong Lu, propose des chambres similaires mais à partir de 180 yuan.

L'établissement le plus chic et probablement le plus central de la ville est l'hôtel *Yueyang* (☎ 223-011) (*yuèyáng bīnguǎn*), dans Dongting Beilu. Le CITS y possède une agence, et un Friendship Store est situé à côté. Les simples/doubles coûtent 200/288 yuan. De la gare ferroviaire, prenez le bus n°22 et descendez juste après le tournant à droite dans Dongting Beilu.

Où se restaurer

Les meilleurs restaurants de Yueyang affichent souvent leur menu à l'extérieur, dans des cages ! Parmi leurs spécialités, vous pourrez déguster hérissons, serpents, faisans, grenouilles, aigrettes et toutes sortes de rongeurs…

Yueyang possède de bons restaurants de poissons et de fruits de mer, notamment dans Dongting Beilu, où sont aussi installés nombre d'établissements bon marché où prendre le petit déjeuner, des raviolis ou des nouilles. Près de l'embarcadère Nanyuepo, et juste au sud de la nouvelle gare, se trouvent également des étals de rues et des petits restaurants.

Comment s'y rendre

Yueyang se trouve sur le grand axe de chemin de fer Canton-Pékin. Des trains circulent vers Wuhan (4 heures), Changsha (2 heures) et Canton (14 heures). Un train direct pour Guilin (n°213) part chaque jour à 15h45. En outre, de la nouvelle gare routière, des bus quotidiens desservent Changsha et Wuhan. La gare routière Ouest propose aussi des bus pour Changsha, ainsi que des destinations plus locales, mais la majorité des longs trajets partent dorénavant de la nouvelle gare routière.

La plupart des grands ferries du Chang Jiang accostent à l'embarcadère nord de Yueyang, à Chenglingji. C'est là que se trouve le bureau de vente pour tous les billets. Des minibus privés attendent régulièrement l'arrivée des bateaux pour conduire les passagers jusqu'à la gare de

Yueyang. Les bus n°1 et 22, qui partent d'une intersection à environ 200 m du débarcadère, vous emmènent aussi à la gare.

En principe, de Chenglingji, 4 bateaux partent chaque jour pour Chongqing et 2 tous les matins pour Wuhan. L'embarcadère de la tour de Yueyang assure généralement un à deux départs chaque jour pour Chongqing ou Wuhan. Bien que les ferries y soient moins fréquents, cet embarcadère est plus pratique et nettement plus agréable si vous résidez en ville.

Il faut habituellement 4 jours pleins pour remonter le fleuve jusqu'à Chongqing. Les prix chinois au départ de Yueyang sont de 485 yuan (2e classe), 183 yuan (3e classe) et 131 yuan (4e classe). Une cabine de 1re classe est également proposée à 970 yuan, mais pas sur tous les bateaux. Descendre le fleuve jusqu'à Wuhan prend normalement un peu moins de 10 heures. Les prix chinois au départ de Yueyang sont de 78 yuan (2e classe), 33 yuan (3e classe) et 24 yuan (4e classe). A destination de Chongqing, les prix proposés à l'embarcadère de Chenglingji sont un peu moins élevés. Vous pourrez peut-être vous procurer un billet au tarif chinois. Cependant, des guichetiers plus bureaucrates risquent de vous faire payer une surtaxe de 50 à 100% (le montant semble flou).

ZHUZHOU
(*zhūzhōu*)

Jadis petit bourg, Zhuzhou a connu une industrialisation rapide après l'achèvement de la ligne de chemin de fer Canton-Wuhan, en 1937. A la fois nœud ferroviaire et ville portuaire sur le Chang Jiang, Zhuzhou est devenu un important point de chargement du charbon et du fret, ainsi qu'un centre de fabrication d'équipement ferroviaire, de locomotives et de matériel roulant. Il n'y a pas grand-chose à voir, mais c'est une courte halte plaisante.

Où se loger et se restaurer

Entreprise en cofinancement, l'hôtel *Qingyun* (*qìngyún dàshà*), face à la gare, propose des triples à 198 yuan. La double la

moins chère coûte 348 yuan. Plus abordable, la pension *Zhuzhou* (☎ 821-888) (*zhūzhōu bīnguǎn*), dans Xinhua Xilu, offre des doubles à 170 yuan. Vous parviendrez peut-être à obtenir un lit dans une triple pour environ 60 yuan, mais n'y comptez guère. En partant de la gare, passez devant l'hôtel Qingyun, puis tournez à gauche au premier grand carrefour et continuez après le rond-point. L'hôtel se trouve juste avant le pont, au bout d'une allée sur la droite.

En face de la gare routière, l'hôtel *Hongdu* (☎ 822-3760) (*hóngdūguójì dàjiǔdiàn*), chichement luxueux, dispose de simples/doubles à partir de 168/198 yuan. Pour vous y rendre, continuez tout droit après l'hôtel Qingyun jusqu'au carrefour de Xinhua Xilu, tournez à droite, traversez le pont et continuez encore 10 minutes. L'hôtel est sur la droite.

Au deuxième étage de l'hôtel Qingyun, on sert de bons dim sum, quoiqu'un peu chers ; il existe aussi un restaurant sur le toit, assez coûteux. Aux abords de la gare, vous trouverez des petits restaurants bon marché et des étals proposant de la nourriture.

Comment s'y rendre

Zhuzhou est située à la jonction des lignes Pékin-Canton et Shanghai-Kunming, et à une heure de train express seulement de Changsha.

Des bus pour Xiangtan (d'où l'on peut prendre un bus pour Shaoshan) partent de la gare routière de Xinhua Xilu. C'est à 15 minutes à pied de la gare ferroviaire : tournez à droite et traversez le pont ferroviaire, puis prenez à gauche au carrefour suivant.

HENGYANG
(*héngyáng*)

Avec une population de plus de 800 000 habitants, Hengyang est la deuxième ville du Hunan. Elle se trouve à la jonction des lignes de chemin de fer Guilin-Changsha et Pékin-Canton, et les voyageurs qui se rendent de Canton à Guilin y changent souvent de train. Hengyang compte d'importantes industries d'extraction de

LA CHINE CENTRALE

plomb et de zinc, mais a beaucoup souffert de la Seconde Guerre mondiale. Malgré les reconstructions entreprises depuis 1949, elle est encore très nettement à la traîne derrière sa voisine Zhuzhou, en aval sur la Xiang.

Si vous avez à y passer la journée entière, vous apprécierez une excursion au mont Nan Yue, à une heure de bus environ. La population locale affirme que l'endroit mérite le détour.

Où se loger et se restaurer

A Hengyang, comme à Zhuzhou, on n'accueille pas les étrangers n'importe où. Près de la gare ferroviaire, l'hôtel *Huiyan* (*huíyàn bīnguǎn*), 26 Guangdong Lu, demande 118 yuan pour une jolie chambre double. Il existe des chambres à 98 yuan, mais elles semblent difficiles à obtenir. Depuis la gare, comptez 10 minutes à pied par la rue principale.

De l'autre côté de la rivière, dans le centre-ville, l'hôtel *Yan Cheng* (☎ 226-921) (*yànchéng bīnguǎn*), 91 Jiefang Lu, dispose de doubles à partir de 160 yuan. Le bus n°1 passe devant l'hôtel mais, la première fois, mieux vaut peut-être prendre un taxi car l'enseigne est uniquement en chinois.

En sortant de la gare, on vous accostera peut-être en vous promettant des chambres dans de petits hôtels moins onéreux. Mais attention : vous risquez d'être éconduit lorsque le personnel de l'établissement verra que vous n'êtes pas chinois.

Le Huiyan possède un restaurant juste à côté de l'hôtel, où l'on sert de délicieux raviolis à la vapeur et d'autres mets relativement bon marché. Consultez cependant les prix, car certains plats de fruits de mer sont à 200 yuan et même davantage. Aux abords de la gare, certaines petites gargotes paraissent assez sordides ; choisissez soigneusement.

Comment s'y rendre

Hengyang constitue un important nœud ferroviaire, avec des trains directs pour Wuhan, Canton et Guilin, entre autres. Le trajet jusqu'à Changsha dure 3 heures, et les sièges durs au tarif touriste sont à 24 yuan.

HUAIHUA
(*huáihuà*)

Huaihua est une petite ville terne de l'ouest du Hunan construite autour d'un nœud ferroviaire. Ce n'est pas un endroit que l'on choisirait de visiter mais, si l'on va vers Zhangjiajie, Yaqueling ou Liuzhou, ou si l'on en vient, on sera peut-être amené à changer de train à Huaihua. Les express Pékin-Kunming, Chengdu-Canton et Shanghai-Chongqing y passent. Huaihua est également le terminus de trains plus lents en provenance de Guiyang, Canton, Zhengzhou et Liuzhou. Un train part tous les matins pour Zhangjiajie à 8h50. Huaihua dessert également Sanjiang, dans le nord de la province du Guangxi.

L'hôtel *Tianfu* (*tiānfù fàndiàn*) est le deuxième sur votre droite en sortant de la gare ferroviaire : cherchez le panneau multicolore où figurent les mots "Restaurant Tianfu". Avec des doubles/triples à 136/150 yuan, c'est l'un des hôtels les moins onéreux et les mieux situés parmi les rares qui acceptent les étrangers.

De l'autre côté de la place, à gauche en sortant de la gare, l'hôtel *Huairong* (*huáiróng bīnguǎn*) propose des doubles à 120 yuan, mais ce prix s'applique probablement aux clients chinois uniquement.

PARC NATUREL DE WULINGYUAN/ZHANGJIAJIE
(*wǔlíngyuán fēngjǐngqū*)

En 1982, une partie du massif de Wuling Shan (*wǔlíngshān*), situé au nord-ouest du Hunan, a été classée réserve naturelle. Elle englobe les localités de Zhangjiajie, Tianzishan et Suoxiyu. Zhangjiajie est la plus connue, et c'est sous ce nom que beaucoup de Chinois désignent l'endroit.

Première zone du genre en Chine, Wulingyuan abrite trois minorités de la province – les Tujia, les Miao et les Bai – dont beaucoup conservent leur propre langue et perpétuent leur culture traditionnelle.

Rongée par l'érosion, la montagne offre un paysage spectaculaire de pics escarpés et d'immenses colonnes rocheuses émergeant d'une forêt subtropicale luxuriante, émaillée

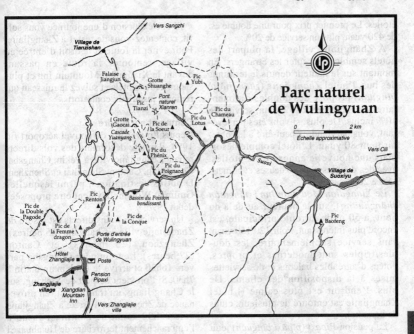

Parc naturel de Wulingyuan

de cascades, de grottes karstiques (dont la plus vaste chambre souterraine d'Asie), de ruisseaux transparents et d'eaux vives propices à la pratique du raft. Il est possible d'y faire de très nombreuses randonnées.

Il y a plusieurs voies d'accès à Wulingyuan, mais les plus fréquentées sont celles qui passent par **Zhangjiajie ville** (anciennement appelée **Dayong**) et Zhangjiajie village. La ville est proche de la ligne de chemin de fer, tandis que le village, à près de 600 m d'altitude, dans les contreforts des Wuling, est entouré de falaises abruptes et d'affleurements rocheux se dressant à la verticale.

Les Chinois comme les étrangers doivent s'acquitter d'un droit d'entrée de 45 yuan à la principale porte donnant accès à la forêt protégée de Zhangjiajie, juste après le village. On peut acheter en ville et au village des cartes chinoises indiquant les sentiers de randonnée ; certaines signalent en anglais les sites touristiques. Le paysage

est saisissant, mais n'espérez pas l'admirer en solitaire : Wulingyuan a l'ambition de devenir l'une des premières régions touristiques de Chine, et l'endroit est généralement pris d'assaut par des groupes de touristes chinois ou étrangers.

Où se loger et se restaurer
Vous estimerez sans doute plus pratique et plus intéressant de séjourner au village, mais Zhangjiajie ville compte également bon nombre d'hôtels accueillant les étrangers.

A l'opposé en diagonale de la gare routière, l'hôtel *Dule* (*dūlè bīnguǎn*) propose des doubles spartiates à 108 yuan et des lits en dortoir de trois à 18 yuan. La pension *Wuling* (*wǔlíng bīnguǎn*), dans Jiefang Lu (après le temple Puguang), prend 240 yuan pour de très jolies chambres doubles avec s.d.b., TV et de l'eau chaude en abondance. Plus bas dans Jiefang Lu, le *Dragon International Hotel* (*xiánglóng guójì jiǔdiàn*) est un établissement très moyen malgré ses quatre-étoiles. Le premier prix pour une double est de 420 yuan, plus un service de 20%.

A Zhangjiajie village, la plupart des hôtels semblent accepter les étrangers. En montant sur la hauteur depuis le terminus des bus, l'hôtel *Zhangjiajie (zhāngjiàjiè bīnguǎn)* propose des doubles rudimentaires mais propres à 132 yuan, service de 10% inclus. De plus, si vous êtes persévérant, vous parviendrez peut-être à les obtenir pour 80 yuan. L'hôtel compte désormais une nouvelle annexe trois-étoiles, avec des doubles plus luxueuses et climatisées à 280 yuan.

Le *Xiangdian Mountain Inn (xiāngdiàn shānzhuāng)*, sur la hauteur au-delà du pont, à 50 m de la route principale, est encore plus intéressant. Pour 120/150 yuan, sans service supplémentaire, les doubles/triples sont modernes et propres, dotées d'agréables balcons et de serviettes mises à la disposition des clients. De plus, l'endroit est plus calme (l'hôtel Zhangjiajie est entouré de plusieurs clubs de karaoké).

La pension *Pipaxi (pípāxī bīnguǎn)* jouit également d'un cadre paisible et dispose de doubles plutôt bien décorées (240 et 340 yuan), ainsi que de suites à 600 yuan. Le Pipaxi se trouve juste à l'entrée du village, si bien que vous pouvez vous épargner 10 minutes de marche en vous y faisant déposer. Il existe un peu partout dans le village des établissements où l'on peut manger simplement, et les meilleurs hôtels disposent de leur propre restaurant.

Si vous voulez faire une randonnée de plus d'une journée à Wulingyuan, sachez que vous pourrez coucher dans de petites auberges chinoises rudimentaires qui jalonnent les itinéraires les plus fréquentés. Les billets donnant accès au parc n'étant valables que pour une entrée, les visiteurs en profitent souvent pour effectuer un circuit de deux à trois jours qui part de Zhangjiajie village et les y ramène, à pied ou en bus, en passant par Tianzishan et Suoxiyu. Ces deux villages sont équipés d'un impressionnant éventail d'hôtels et d'auberges.

Si une excursion d'une journée vous suffit, contentez-vous de rester à Zhangjiajie. Pour éviter la foule et le droit d'entrée au village, remontez la route en passant devant le Xiangdian Mountain Inn et plusieurs autres hôtels et suivez le ruisseau qui remonte jusqu'aux contreforts.

Comment s'y rendre

Depuis l'ouverture du nouvel aéroport fin 1994, il existe désormais des vols directs reliant Zhangjiajie ville à Pékin, Changsha, Chongqing, Canton, Shanghai et Shenzhen. D'autres destinations, parmi lesquelles Guilin et Wuhan, devaient être proposées début 1996.

Un service de trains directs est assuré de Zhangjiajie ville à Changsha (15 heures), Zhengzhou (23 heures) et Canton (27 heures). Le train pour Changsha part vers 16h30 et arrive le lendemain matin à 7h30. Si l'on vient du port de Yichang, sur le Chang Jiang, un train direct (en provenance de Zhengzhou) s'arrête à Zhangjiajie vers 23h30 avant de continuer jusqu'à l'embranchement ferroviaire de Huaihua. Si vous allez en direction du sud vers Sanjiang ou Liuzhou, dans la province du Guangxi, vous devrez changer de train à Huaihua. L'agence du CITS à Zhangjiajie ville (☎ 227-295), au 4e étage du 34 Jiefang Lu, pourra vous réserver des couchettes dures ou molles, ainsi que des billets d'avion.

Des bus partent toute la journée pour Changsha de la gare routière de Zhangjiajie ville. Le trajet (10 heures) coûte 36,60 yuan (67 yuan en bus climatisé). On peut aussi prendre des bus-couchettes (70 yuan) qui partent vers 17h et arrivent à Changsha à 5h du matin.

Des minibus pour Zhangjiajie village prennent les voyageurs à la gare ferroviaire. Le trajet, qui dure plus d'une heure, coûte 10 yuan. Les minibus s'arrêtent d'abord à la gare routière de Zhangjiajie ville, qui se trouve de l'autre côté de la rivière, à 14 km de la gare ferroviaire, puis continuent jusqu'à Zhangjiajie village. La gare routière dessert aussi les villages de Tianzishan et Suoxiyu.

Hong Kong et Macao 香港, 澳门

Hong Kong constitue une singulière anomalie. Symbole éclatant du capitalisme, ce territoire, actuellement colonie britannique, sera rendu à la Chine en 1997.

À soixante kilomètres à l'ouest de Hong Kong, de l'autre côté de l'embouchure de la rivière des Perles (Zhu Jiang), est implantée Macao, la plus ancienne colonie européenne d'Orient. Cette minuscule enclave portugaise de 16 km² est constituée d'une presqu'île attachée à la Chine continentale ainsi que des îles de Taipa et de Coloane, reliées entre elles par une jetée et au centre de Macao par deux ponts. Macao reviendra dans le giron de la Chine en 1999.

Population : 6 millions d'habitants
A ne pas manquer :
- Une promenade en sampan dans le port d'Aberdeen
- Une excursion dans le Peak Tram, le funiculaire menant au pic Victoria
- Déguster des dim sum dans un bon restaurant
- Faire des emplettes

Hong Kong

Le régime politique et économique de Hong Kong diffère de celui de la République populaire de Chine. La plupart des indications mentionnées dans ce guide (concernant les visas, la monnaie, l'hébergement, les appels internationaux, etc.) ne s'appliquent pas à Hong Kong.

HISTOIRE
Hong Kong est l'un des corollaires les plus fructueux du commerce de l'opium. Les contrebandiers étaient soutenus par le gouvernement britannique.

Les échanges entre l'Europe et la Chine remontent à plus de 400 ans. Au XVIIIᵉ siècle, alors que le commerce fleurissait et que la demande de soie et de thé chinois croissait en Europe, la balance commerciale devint de plus en plus défavorable aux Européens... jusqu'à ce qu'ils fassent entrer de l'opium dans le pays.

Alarmé par la tournure des événements, l'empereur de Chine tenta d'expulser ces diables étrangers. Le conflit prit une autre envergure avec l'arrivée de deux canonnières britanniques qui, à elles seules, parvinrent à détruire une flotte chinoise de 29 vaisseaux. Ce fut le début de la première guerre de l'Opium, qui aboutit en 1842 à la cession de l'île de Hong Kong aux Britanniques.

À l'issue de la deuxième guerre de l'Opium, en 1860, la Grande-Bretagne prit possession de la péninsule de Kowloon. En 1898, un bail de 99 ans fut accordé pour les Nouveaux Territoires. L'après-bail (donc après 1997) fit l'objet d'intenses spéculations. Bien que les Britanniques fussent censés disposer de l'île de Hong Kong et de la péninsule de Kowloon "à perpétuité", il était évident que, lorsqu'ils rétrocéderaient les Nouveaux Territoires, la Chine réclamerait également le reste.

Aux termes d'un accord conclu fin 1984, la Chine recouvrera sa souveraineté sur l'intégralité de la colonie le 1er juillet 1997, mais l'économie de marché régnant à Hong Kong sera maintenue pendant au moins 50 ans. Hong Kong deviendra une Région administrative spéciale (SAR) de la Chine, avec pour devise officielle : "Un pays, deux systèmes".

Les autorités chinoises ont affirmé à maintes reprises à la population de Hong Kong que "rien ne changerait", mais bien peu y ajoutent foi. Lorsque les Britanniques tentèrent – tardivement – d'augmenter le nombre de membres élus démocratiquement au Conseil législatif de Hong Kong (LEGCO), la Chine menaça de dissoudre cette institution et de désigner des dirigeants soutenus par Pékin. Conscients des promesses non tenues et de la politique de répression dont a fait preuve le gouvernement chinois par le passé, les habitants de Hong Kong émigrent en foule.

Hong Kong continue malgré tout à prospérer, bien que la nervosité due à l'échéance de 1997 ait fait fuir une bonne part des capitaux vers des places étrangères plus sûres. Le commerce avec l'Occident et le reste de la Chine est en plein essor. Le secteur tertiaire (banque, assurances, télécommunications, tourisme...) emploie aujourd'hui 75% de la population. Toutes les usines textiles polluantes ont été transférées de l'autre côté de la frontière, à Shenzhen, et dans d'autres villes chinoises. Le territoire doit en partie sa prospérité au fait qu'il soit un véritable paradis capitaliste : il n'y a quasiment aucun contrôle et le taux d'imposition ne dépasse pas 15%.

ORIENTATION

Les 1 070 km² qu'occupe Hong Kong sont répartis en quatre grands secteurs : Kowloon, l'île de Hong Kong, les Nouveaux Territoires et les îles avoisinantes.

L'île de Hong Kong, centre économique et financier de la colonie, ne représente que 7% de la surface globale. Kowloon est la péninsule très peuplée située au nord (la pointe sud de la presqu'île, Tsimshatsui, est envahie par des hordes de touristes). Les Nouveaux Territoires, qui incluent

officiellement les îles environnantes, occupent 91% de la superficie. Ils offrent pour la plupart des paysages ruraux et charmants, mais les touristes visitent rarement ce magnifique secteur de Hong Kong.

Les Occidentaux devraient pouvoir se déplacer sans difficulté dans Hong Kong puisqu'on parle anglais presque partout et que les noms des rues sont pour la plupart écrits dans les deux langues.

La majorité des habitants a le cantonais comme langue maternelle.

VISAS

La plupart des visiteurs se rendant à Hong Kong n'ont pas besoin de visa. Les détenteurs d'un passeport britannique sont autorisés à séjourner sans visa pendant douze mois, les ressortissants de tous les pays d'Europe de l'Ouest peuvent rester trois mois, et les citoyens des États-Unis et de la plupart des autres pays un mois. Les visas restent obligatoires pour les habitants d'Europe de l'Est et des pays communistes (dont la Chine).

Attention : les formalités d'entrée vont certainement changer après le 1er juillet 1997. Les Occidentaux n'auront sans doute pas besoin de visa pour une courte visite, mais il semble peu probable que les Britanniques puissent encore rester un an sans visa à Hong Kong. Les autorités chinoises gardent le silence sur ce point mais tout porte à croire que les étrangers n'auront plus le droit de séjourner plus d'un mois à Hong Kong, à moins de posséder un permis de travail.

Pour proroger votre visa, renseignez-vous auprès du service de l'Immigration (☎ 2824-6111), 2e étage, Wanchai Tower Two, 7 Gloucester Rd, Wanchai. En général, les autorités n'aiment guère proroger les visas sauf circonstances exceptionnelles (vol annulé, maladie, inscription à un cycle d'études en bonne et due forme, emploi légal, mariage avec un résident, etc.).

C'est à Hong Kong que vous obtiendrez le plus facilement un visa pour la Chine. Cet avantage perdurera probablement quelque temps après 1997.

CHINE

Vers Canton

SHENZHEN

Baie de Shenzhen
(Hau Hoi Wan)

Étangs

Lak Ma Chau

San Tin

Lo Wu

Lau Fau Shan

Étangs

Yuen Long

Kam Tin

Temple
Ching
Chung
Koon

Pic Castle
(583 m)

Tuen Mun

Lac artificiel
de Tai Lam
Chung

NOUVEAUX TERRITOIRES

Lung Kwu Chau Island

Brother Islands

Sham Tseng

Tsuen Wan

Tsing Yi Island

Chek Lap Kok Island
(nouvel aéroport)

Pak Mong

Discovery Bay

Peng Chau Island

Tung Chung

Monastère Po Lin

Ngong Ping

Tai O

Lantau

Mui Wo

Silvermine Bay

Lac artificiel
de Shek Pik

Hei Ling Chau Island

Détroit occidental
de Lamma

Yung Shue Wan

Cheung Sha Wan

Plage de
Hung Shing Ye

Lamma

Cheung Chau Island

Shek Kwu Chau Island

Détroit de Lantau

Soko Islands

ÎLES AVOISINANTES

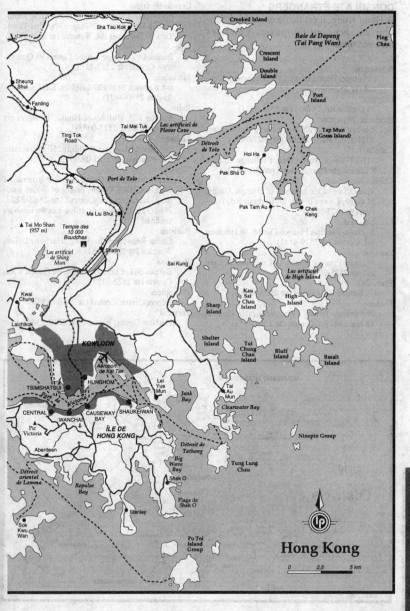

Hong Kong

0   2,5   5 km

LE SUD

CONSULATS ÉTRANGERS

A Hong Kong, il est facile de se faire délivrer un visa pour l'étranger. Voici des adresses utiles :

Allemagne
21ᵉ étage, United Center, 95 Queensway, Central (☎ 2529-8855)

Belgique
33 Garden Rd, Central (☎ 2524-3111)

Birmanie (Myanmar)
Bureau 2421-2425, Sung Hung Kai Centre, 30 Harbour Rd, Wanchai (☎ 2827-7929)

Canada
11ᵉ-14ᵉ étage, Tower One, Exchange Square, 8 Connaught Place, Central (☎ 2810-4321)

Chine
Visa Office of the Ministry of Foreign Affairs, 5ᵉ étage, Lower Block, 26 Harbour Rd, Wanchai (☎ 2827-1881)

Corée du Sud
5ᵉ étage, Far East Finance Centre, 16 Harcourt Rd, Central (☎ 2529-4141)

Espagne
8ᵉ étage, Printing House, 18 Ice House St, Central (☎ 2525-3041)

États-Unis
26 Garden Rd, Central (☎ 2523-9011)

France
26ᵉ étage, Tower Two, Admiralty Centre, 18 Harcourt Rd, Central (☎ 2529-4351)

Grande-Bretagne
c/o Overseas Visa Section, Hong Kong Immigration Department, 2ᵉ étage, Wanchai Tower Two, 7 Gloucester Rd, Wanchai (☎ 2824-6111)

Inde
Bureau D, 16ᵉ étage, United Centre, 95 Queensway, Central (☎ 2527-2275)

Indonésie
6-8 Keswick St et 127 Leighton Rd, Causeway Bay (☎ 2890-4421)

Italie
Bureau 805, Hutchison House, 10 Harcourt Rd, Central (☎ 2522-0033)

Malaisie
24ᵉ étage, Malaysia Building, 50 Gloucester Rd, Wanchai (☎ 2527-0921)

Népal
Nepalese Liaison Office, c/o HQ Brigade of Gurkhas, HMS Tamar, Prince of Wales Building, Harcourt Rd, Central (☎ 2863-3253, 2863-3111). Ouvert de 10h à 12h du lundi au vendredi

Pakistan
China Resources Building, Harbour Drive, Wanchai (☎ 2827-0681)

Pays-Bas
Bureau 301, China Building, 29 Queen's Rd, Central (☎ 2522-5127)

Philippines
Regent Centre, Central (☎ 2810-0183)

Portugal
Harbour Centre, Wanchai (☎ 2802-2585)

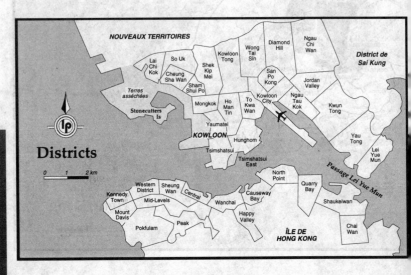

Singapour
> Bureau 901, Tower One, Admiralty Centre, 18 Harcourt Rd, Central (☎ 2527-2212)

Sri Lanka
> 22e étage, 43 Queen's Rd East, Wanchai (☎ 2866-2321)

Suisse
> Bureau 3703, Gloucester Tower, The Landmark, 11 Pedder St, Central (☎ 2522-7147)

Taiwan
> Chung Hwa Travel Service, 4e étage, Lippo Tower, 89 Queensway, Central (☎ 2525-8315)

Thaïlande
> 8e étage, Fairmont House, 8 Cotton Tree Drive, Central (☎ 2521-6481)

QUESTIONS D'ARGENT
Taux de change

L'unité monétaire est le dollar de Hong Kong ($HK), qui se divise en 100 cents. Il existe des billets de 10, 20, 50, 100, 500 et 1 000 $HK, ainsi que des pièces de 5 $, 2 $, 1 $, 50 cents, 20 cents et 10 cents. Les taux de change sont les suivants :

Allemagne	1 DM	=	5,36 $HK
Australie	1 $A	=	5,74 $HK
Belgique	1 FB	=	0,26 $HK
Canada	1 $C	=	5,97 $HK
Chine	1 Y	=	0,94 $HK
États-Unis	1 $US	=	7,74 $HK
France	1 FF	=	1,50 $HK
Grande-Bretagne	1 £	=	11,98 $HK
Japon	100 ¥	=	7,36 $HK
Nouvelle-Zélande	1 $NZ	=	5,13 $HK
Pays-Bas	1 DFL	=	4,79 $HK
Suède	1 Kr	=	1,18 $HK
Suisse	1 SFr	=	6,26 $HK

Il n'existe pas de contrôle des changes. Si Hong Kong s'est imposée comme la principale place financière en Asie, c'est grâce à une législation très peu contraignante. Qu'adviendra-t-il après 1997 ?

Aucun problème de change à Hong Kong : la plupart des devises sont acceptées. Les étrangers peuvent ouvrir des comptes en banque en diverses devises (ou même en or !), et les transferts télégraphiques internationaux sont rapides et efficaces. Les cartes de crédit internationales sont acceptées presque partout.

Les banques appliquent les taux de change les plus avantageux, mais ils varient d'un établissement à l'autre. Les taux proposés sont excellents à la Wing Lung Bank, 4 Carnarvon Rd, Tsimshatsui, à côté du New Astor Hotel, ou à la Hang Seng Bank, qui possède des agences dans toute la ville (les petites agences dans les stations MTR ne pratiquent pas le change). Cependant, la Hang Seng prélève 50 $HK par transaction, de sorte que son taux ne devient intéressant que si vous changez plus de 200 $HK.

La Hongkong Bank propose des taux relativement médiocres pour un établissement bancaire, et demande 30 $HK pour chaque transaction.

Les bureaux de change agréés des quartiers touristiques sont ouverts 24h/24 mais offrent des taux assez peu avantageux. On peut toutefois marchander. Les bureaux à Chungking Mansions à Tsimshatsui proposent les meilleurs taux de change. A l'aéroport, les taux ne sont pas favorables.

Les banques ouvrent leurs portes de 9h à 16h du lundi au vendredi, et de 9h à 12h ou 13h le samedi.

Coût de la vie

Hong Kong est une ville chère, mais il est possible de s'en tirer à moindres frais. Comptez moins de 200 $HK par jour en séjournant en dortoir et en dépensant peu en nourriture. La plupart des voyageurs dépensent cependant davantage.

En principe, on ne laisse pas de pourboires à Hong Kong. La plupart des restaurants chics ajoutent un service de 10% à la note, obligatoire. Dans les taxis, arrondissez simplement le prix de la course au 0,50 $HK ou au dollar supérieur.

Si vous achetez des appareils photo, du matériel électronique et autres articles coûteux dans le quartier touristique de Tsimshatsui, marchandez car on essaiera de vous faire payer le prix fort. Le marchandage, cependant, ne fait pas partie des usages à Hong Kong. On ne discute que dans les endroits fréquentés par les touristes. Dans les galeries commerciales de la banlieue ou les marchés à ciel ouvert de Mongkok et Shamshuipo, tous les prix sont fixes.

LE SUD

OFFICE DU TOURISME
(HONG KONG TOURIST ASSOCIATION)

N'hésitez pas à vous adresser à la HKTA. Le personnel, aussi aimable que diligent, fournit des montagnes de documents gratuits ou peu chers.

Vous pouvez appeler la HKTA (☎ 2801-7177) de 8h à 18h du lundi au vendredi, et de 9h à 17h les week-ends et jours fériés. Une autre ligne (☎ 2801-7278) est réservée aux renseignements concernant vos achats et l'adresse des magasins affiliés à la HKTA, de 9h à 17h du lundi au vendredi, et de 9h à 12h45 le samedi (fermé dimanche et fêtes). Vous trouverez des agences HKTA aux adresses suivantes :

Star Ferry Terminal, Tsimshatsui. Ouvert de 8h à 18h du lundi au vendredi, et de 9h à 17h le week-end et les jours fériés.

Shop 8, Sous-sol, Jardine House, 1 Connaught Place, Central. Ouvert de 9h à 18h du lundi au vendredi, et de 9h à 13h le samedi. Fermé les dimanche et jours fériés.

Buffer Hall, Aéroport de Kai Tak, Kowloon. Ouvert tous les jours de 8h à 22h30. On ne renseigne que les voyageurs arrivant à Hong Kong.

Siège de la HKTA, 35ᵉ étage, Jardine House, 1 Connaught Place, Central (☎ 2801-7111).

Représentations à l'étranger. Il existe des agences de la HKTA dans les pays suivants :

Allemagne
    Humboldt Strasse 94, D-60318 Francfort (☎ (069) 959 12 90)
Canada
    347 Bay St, Suite 909, Toronto, Ontario M5H 2R7 (☎ (416) 366-2389)
Corée du Sud
    c/o Glocom Korea, Suite 1006, Paiknam Building, 188-3 Ulchiro 1-ga, Chung-gu, Séoul (☎ (02) 778-4403)
Espagne
    c/o Sergat España SL, Pau Casals 4, 08021 Barcelone (☎ (93) 414-1794)
États-Unis
    5ᵉ étage, 590 Fifth Ave, New York, NY 10036-4706 (☎ (212) 869-5008)
France
    Escalier C, 8ᵉ étage, 53 rue François 1ᵉʳ, 75008 Paris (☎ 01 47 20 39 54)
Grande-Bretagne
    5ᵉ étage, 125 Pall Mall, London, SW1Y 5EA (☎ (0171) 930-4775)
Italie
    c/o Sergat Italia Srl, Casella Postale 620, 00100 Roma Centro (☎ (06) 6880-1336)
Singapour
    13ᵉ étage, 13-08 Ocean Building, 10 Collyer Quay, Singapour 0104 (☎ 532-3668)
Taiwan
    9ᵉ étage, 18 Chang'an E Rd, Section 1, Taipei (☎ (02) 581-2967)
    Hong Kong Information Service (☎ (02) 581-6061)

POSTE ET TÉLÉCOMMUNICATIONS
Envoyer du courrier

Tous les bureaux de poste sont ouverts du lundi au samedi de 8h à 18h, et fermés le dimanche et les jours fériés. C'est à la poste principale (GPO) que l'on récupère le courrier en poste restante. Elle se trouve dans Central, juste à l'ouest du Star Ferry Terminal. A Tsimshatsui, deux bureaux de poste sont situés juste à l'est de Nathan Rd : l'un 10 Middle Rd, et l'autre au sous-sol de l'Albion Plaza, 2-6 Granville Rd.

Téléphone

Pour appeler l'étranger, les communications directes internationales (IDD) sont plus économiques. Ces appels automatiques sont possibles de la plupart des cabines téléphoniques, mais il vous faudra beaucoup de pièces. Mieux vaut acheter une carte téléphonique (50, 100 ou 250 $HK).

Tous les magasins 7-Eleven de Hong Kong sont pourvus d'un téléphone IDD et vendent des cartes.

Vous pouvez aussi vous en procurer dans les agences Telecom, notamment 10 Middle Rd à Tsimshatsui et au sous-sol de Century Place dans D'Aguilar et Wellington, dans Central (quartier de Lan Kwai Fong).

Pour appeler en automatique depuis Hong Kong, composez d'abord le 001, puis l'indicatif du pays, celui de la région, et le numéro. De l'étranger, l'indicatif pour Hong Kong est le 852.

Pour les communications vers des pays qui n'ont pas l'automatique, vous pouvez

En haut : souvenirs en vente dans Cat Street (Hong Kong Central)
En bas à gauche : Jardine House, à Central, du temps où flottait encore
le drapeau anglais
En bas à droite : la Bank of China, deuxième plus grand gratte-ciel de Hong Kong

Le poids des ans ne semble pas affecter cette femme qui chemine
dans Largo do Senado, la place au centre de Macao

appeler d'une agence Telecom. Vous paierez d'abord une caution, puis on vous mettra en communication (au minimum 3 minutes) et on vous rendra la monnaie quand vous aurez raccroché.

Si vous n'avez pas de liquide, une bonne solution pour appeler en PCV ou payer avec une carte de crédit consiste à utiliser un service appelé Home Country Direct. Ce service vous connecte directement à un opérateur dans votre pays, ce qui évite le problème de la langue. Vous pouvez joindre Home Country Direct en composant l'un des numéros suivants :

Pays		Home Country Direct
Allemagne		800-0049
Australie		800-0061
Canada		800-1100
Corée du Sud		800-0082
Espagne		800-0034
États-Unis	(AT&T)	800-1111
	(MCI)	800-1121
	(Sprint)	800-1877
France		800-0033
Grande-Bretagne		800-0090
Hawaï		800-1188
Indonésie		800-0062
Italie		800-0039
Japon	(IDC)	800-0181
	(KDD)	800-0081
Macao		800-0853
Malaisie		800-0060
Norvège		800-0047
Nouvelle-Zélande		800-0064
Pays-Bas		800-0031
Portugal		800-0351
Singapour		800-0065
Suède		800-0046
Taiwan		800-0886
Thaïlande		800-0066

Voici quelques numéros utiles :

Ambulance, pompiers, police, urgences	999
Appels par opérateur	010
Appels avec carte de crédit	011
Assistance pour appels internationaux	013
Police (divers) et plaintes contre les taxis	2527-7177
Renseignements téléphoniques	1081
Horloge parlante	18501
Prévisions météorologiques	187-8066

Fax, télex et télégramme

Vous trouverez tout dans les agences Telecom. De nombreux hôtels et même des auberges de jeunesse sont équipés de télécopieurs et vous permettront d'utiliser ces services pour un prix raisonnable.

LIBRAIRIES

Hong Kong regorge d'ouvrages de tout type. Voici quelques-unes des meilleures librairies de Hong Kong :

Bookazine Company, sous-sol, Jardine House, 1 Connaught Place, Central (face à l'agence HKTA) (☎ 2523-1747)

Cosmos Books LTD, 30 Johnston Rd, Wanchai (☎ 2528-3605)

Government Publications Centre, Government Offices Building, Queensway, Central (près de la station MTR Admiralty)

South China Morning Post Bookshop, Star Ferry Terminal, Central

Swindon Books, 13 Lock Rd, Tsimshatsui

Times Books, sous-sol, Golden Crown Court, angle de Carnarvon Rd et Nathan Rd, Tsimshatsui

BIBLIOTHÈQUES

La bibliothèque principale est située dans City Hall, High Block, Central, à une rue à l'est du Star Ferry Terminal. Beaucoup lui préfèrent cependant la bibliothèque américaine (☎ 2529-9661), 1er étage, United Centre, 95 Queensway, Central.

CENTRES CULTURELS

Vous trouverez à la HKTA les calendriers des manifestations culturelles. On peut réserver des billets en appelant la ligne spéciale URBTIX (☎ 2734-9009), et aller les chercher dans n'importe quel guichet URBTIX dans les trois jours. A l'exception du Hong Kong Stadium, tous les centres culturels suivants assurent les prestations URBTIX :

Academy for the Performing Arts, 1 Gloucester Rd, Wanchai (☎ 2584-1514)

Arts Center, 2 Harbour Rd, Wanchai (☎ 2877-1000)

City Hall Theatre, Edinburgh Place, Central (à côté du Star Ferry Terminal) (☎ 2921-2840)

Hong Kong Coliseum, 9 Cheong Wan Rd, Hunghom, Kowloon (☎ 2355-7234)

Hong Kong Cultural Centre, 10 Salisbury Rd, Tsimshatsui (☎ 2734-2010)

Hong Kong Stadium, 55 Eastern Hospital Rd, So Kan Po (300 m à l'est de l'hippodrome de Happy Valley) (☎ 2895-7895)

Queen Elizabeth Stadium, 18 Oi Kwan Rd, Wan-chai (☎ 2591-1347)

Sai Wan Ho Civic Centre, 111 Shau Kei Wan Rd (jouxte la station MTR Sai Wan Ho), Île de Hong Kong (☎ 2568-5998)

Shatin Town Hall, 1 Yuen Ho Rd, Shatin, Nouveaux Territoires (☎ 2694-2536)

Sheung Wan Civic Centre, 5e étage, Sheung Wan Urban Council Complex, 345 Queen's Rd, Sheung Wan, Île de Hong Kong (☎ 2853-2678)

Tsuen Wan Town Hall, 72 Tai Ho Rd, Tsuen Wan, Nouveaux Territoires (☎ 2414-0144)

Tuen Mun Town Hall, 3 Tuen Hi Rd, Tuen Mun, Nouveaux Territoires (☎ 2452-7328)

AGENCES DE VOYAGES

Il existe de nombreuses agences de voyages à Hong Kong. Les agences suivantes offrent des tarifs particulièrement attractifs :

Phoenix Services, Bureau B, 6e étage, Milton Mansion, 96 Nathan Rd, Tsimshatsui (☎ 2722-7378 ; fax 2369-8884)

Shoestring Travel, Flat A, 4e étage, Alpha House, 27-33 Nathan Rd, Tsimshatsui (☎ 2723-2306 ; fax 2721-2085)

Traveller Services, Bureau 1012, Silvercord Tower One, 30 Canton Rd, Tsimshatsui (☎ 2375-2222 ; fax 2375-2233)

MÉDIAS

Par ordre décroissant de qualité, les trois quotidiens locaux en langue anglaise sont l'*Eastern Express*, le *South China Morning Post* et le *Hong Kong Standard*. D'autres publications sont imprimées à Hong Kong : le *Asian Wall St Journal*, le *International Herald Tribune* et *USA Today International*. On trouve aisément des magazines importés.

Il existe deux chaînes de télévision anglophones et deux chaînes cantonaises à Hong Kong. Star TV est diffusé par satellite.

EN CAS D'URGENCE

Composez le 999 en cas d'urgence (ambulances, pompiers et police). Il existe d'excellents hôpitaux privés à Hong Kong, mais leurs tarifs sont soumis à l'exigence de rentabilité. Parmi les meilleurs :

Adventist, 40 Stubbs Rd, Wanchai (☎ 2574-6211)

Baptist, 222 Waterloo Rd, Kowloon Tong (☎ 2337-4141)

Canossa, 1 Old Peak Rd, Mid-Levels, Île de Hong Kong (☎ 2522-2181)

Grantham, 125 Wong Chuk Hang Rd, Deep Water Bay, Île de Hong Kong (☎ 2554-6471)

Hong Kong Central, 1B Lower Albert Rd, Central (☎ 2522-3141)

Matilda & War Memorial, 41 Mt Kellett Rd, The Peak, Île de Hong Kong (2849-6301)

St Paul's, 2 Eastern Hospital Rd, Causeway Bay (☎ 2890-6008)

Les hôpitaux publics sont moins onéreux, quoique les étrangers paient plus cher que les habitants de Hong Kong. En voici quelques-uns :

Queen Elizabeth Hospital, Wylie Rd, Yaumatei, Kowloon (☎ 2710-2111)

Princess Margaret Hospital, Lai Chi Kok, Kowloon (☎ 2310-3111)

Queen Mary Hospital, Pokfulam Rd, Île de Hong Kong (☎ 2819-2111)

Prince of Wales Hospital, 30-32 Ngan Shing St, Shatin, Nouveaux Territoires (☎ 2636-2211)

ACTIVITÉS SPORTIVES

Pour la course à pied, rien ne vaut le chemin qui fait le tour du pic Victoria, dans Harlech Rd et Lugard Rd. Une partie du parcours est équipée d'agrès.

Les sportifs contacteront la South China Athletic Association (☎ 2577-6932), 88 Caroline Hill Rd, Causeway Bay. Ce club dispose de nombreuses installations couvertes pour pratiquer bowling, tennis, squash, ping-pong, gymnastique, escrime, yoga, judo, karaté, billard et danse. Parmi les activités de plein air figure le golf. Le droit d'entrée est très peu élevé et les visiteurs peuvent s'inscrire pour une courte durée à tarif réduit.

KOWLOON

Kowloon, la péninsule orientée vers l'île de Hong Kong, regroupe une incroyable concentration de boutiques, d'hôtels, de bars, de restaurants et de discothèques (en particulier Nathan Rd, la principale artère de Kowloon). Commencez votre exploration à partir de l'extrémité sud, le ghetto touristique connu sous le nom de Tsimshatsui. Le **Centre culturel de Hong Kong** jouxte le Star Ferry Terminal. Juste à côté se trouve le **musée des Arts**. Tous deux sont fermés le jeudi, et ouverts du lundi au samedi de 10h à 18h (de 13h à 18h les dimanche et jours fériés).

Tout à côté, le **musée de l'Espace** (fermé le mardi) compte plusieurs halls d'exposition ainsi qu'un planétarium. Pour les expositions, les horaires d'ouverture sont de 13h à 21h en semaine et de 10h à 21h les week-ends et jours fériés. Le planétarium présente environ sept séances par jour, en anglais ou en cantonais, mais des casques avec la traduction sont disponibles. Renseignez-vous auprès du musée pour les horaires.

Le bas de Nathan Rd a été baptisée **Golden Mile**, par référence aux prix de l'immobilier dans ce quartier et à sa faculté d'engloutir l'argent des touristes. Si vous remontez Nathan Rd vers le nord, vous arriverez dans les quartiers d'affaires chinois de Yaumatei et Mongkok, très peuplés.

Caché derrière Yue Hwa's Park Lane Store dans Nathan Rd, le **parc de Kowloon** semble se transformer peu à peu en un parc d'attractions, équipé d'une piscine et de cascades.

Le **musée d'Histoire** se trouve dans le parc de Kowloon, près de l'entrée de Haiphong Rd. Il retrace l'histoire de Hong Kong depuis la préhistoire (il y a quelque 6 000 ans) jusqu'à nos jours, et renferme une vaste collection de photographies anciennes. Ouvert de 10h à 18h du lundi au samedi (fermé le vendredi), et de 13h à 18h les dimanche et fêtes. L'entrée coûte 10 $HK.

La **mosquée de Kowloon** se dresse dans le parc de Kowloon, à l'angle de Nathan Rd. Elle fut ouverte en 1984 sur l'emplacement d'une ancienne mosquée datant de 1896. A moins d'être musulman, vous devrez obtenir une autorisation pour y entrer. Renseignez-vous par téléphone (☎ 2724-0095).

Le **musée des Sciences**, dans Tsim-shatsui East, à l'intersection de Chatham Rd et Granville Rd, est un complexe sur plusieurs niveaux qui regroupe plus de 500 thèmes. Ouvert de 13h à 21h du mardi au vendredi et de 10h à 21h les week-ends et jours fériés.

L'attrait touristique le plus pittoresque du quartier de Mongkok est le **marché aux Oiseaux** dans Hong Lok St, une ruelle au sud d'Argyle St, à deux pâtés de maison à l'ouest de Nathan Rd. Le gouvernement chinois a annoncé que le marché sera fermé ou déplacé après 1997.

Le **temple de Wong Tai Sin**, lieu de culte encore fréquenté, est un très grand temple taoïste construit en 1973. Il est situé près de la station MTR Wong Tai Sin. Ouvert tous les jours de 7h à 17h. L'entrée est libre mais une contribution de 1 $HK (ou plus) sera appréciée.

Dans le **parc d'attractions de Laichikok**, un théâtre présente des spectacles d'opéra chinois. Ouvert de 12h à 21h30 du lundi au vendredi et de 10h à 21h30 les week-ends et jours fériés. Depuis le Star Ferry Terminal à Kowloon, prenez le bus n°6A, qui a son terminus près du parc. Sinon, comptez 15 minutes de marche à partir de la station MTR Mei Foo. L'entrée coûte 15 $HK.

A côté du parc d'attractions de Laichikok se trouve le **village de la dynastie des Song**, reconstitution authentique d'un village chinois d'il y a 10 siècles. Ouvert tous les jours de 10h à 20h30. L'entrée coûte 120 $HK (80 $HK le week-end et les jours fériés entre 12h30 et 17h).

L'ÎLE DE HONG KONG

Les parties nord et sud de l'île présentent des physionomies très contrastées. Le nord est une jungle urbaine tandis que le sud, bien qu'il se développe très vite, est resté en majorité étonnamment rural. Le centre de l'île, très montagneux, est protégé de toute nouvelle urbanisation par un vaste parc.

Partie nord

"Central" est le quartier des affaires et de la finance. Un bus fait gratuitement la navette entre le Star Ferry Terminal et la gare inférieure du Peak Tram dans Garden Rd. Le funiculaire va jusqu'au sommet du

LE SUD

Kowloon

Vers Mongkok
et Shamshuipo

Dundas St

Hamilton St

Pitt St

Waterloo Rd

Shek Lung St

Man Ming La

Tung Kun St

Public Square St

Market St

Kansu St

Pak Hoi St

Saigon St

Ningpo St

Nanking St

Jordan Rd

Bowring St

Austin Rd

Ferry St

Wai Ching St

Canton Rd

Battery St

Reclamation Rd

Shanghai St

Temple St

Nathan Rd

Parkes St

Pilem St

Woosung St

Terres
asséchées

Waterloo Rd

Station MTR
Yaumatei

Terres
asséchées

Princess Margaret Rd

King's
Park

Wylie Rd

Gascoigne Rd

Jordan Path

Station MTR
Jordan

Austin Rd

Hillwood Rd

Hong Chong Rd

Gare
ferroviaire
de Hunghom

Parc de
Kowloon

Kowloon Park

Haiphong Rd

Canton Rd

Kowloon Park Drive

Ashley Rd

Lock Rd

Hankow Rd

Peking Rd

Middle Rd

Salisbury Rd

Ocean Terminal

Embarcadère
du Star Ferry

Kimberley Rd

Granville Rd

Cameron Rd

Prat Ave

Mody Rd

Station MTR
Tsimshatsui

Chatham Rd

Salisbury Rd

Tsimshatsui
East

Mody Rd

Tunnel
Cross Harbour

Coliseum

Port de
Victoria

0   100   200 m

KOWLOON

OÙ SE LOGER

1   STB Hostel
2   YMCA International House
3   Booth Lodge
4   Caritas Bianchi Lodge
7   Fortuna Hotel
8   Nathan Hotel
12 New Lucky Mansions
13 Shamrock Hotel
14 Bangkok Royal Hotel
16 Tourists Home
19 Holiday Inn Crown Plaza
21 Lee Garden Guesthouse
22 Star Guesthouse
26 Hyatt Regency
27 Golden Crown Guesthouse
28 Mirador Arcade
29 Lyton House Inn
    et Frank's Mody House
30 Chungking Mansions
31 Kowloon Hotel
32 Sheraton
33 The Peninsula
34 YMCA
35 Omni, The Hongkong Hotel
40 Regent Hotel
42 New World Hotel

OÙ SE RESTAURER

10 Night Market
24 Orchard Court
25 Java Rijsttafel

DIVERS

5   Temple Tin Hau
6   Marché du Jade
9   Queen Elizabeth Hospital
11 Yue Hwa Chinese Products
15 China Hong Kong City
    (ferries pour la Chine)
17 Musée des Sciences
18 Terminus des bus de Cross Harbour
20 Empire Centre
23 Mosquée de Kowloon
36 HK Tourist Association
37 Gare routière Star Ferry
38 Centre culturel de Hong Kong
39 Musée de l'Espace
41 New World Centre

pic Victoria (14 \$HK l'aller simple ou 21 \$HK l'aller-retour). Ne vous contentez pas d'admirer la vue du sommet : remontez Mt Austin Rd jusqu'au **jardin du pic Victoria** ou prenez Lugard Rd et Harlech Rd qui font le tour complet du pic. Vous pouvez descendre à pied jusqu'à Aberdeen au sud de l'île, ou emprunter Old Peak Rd sur quelques kilomètres, qui vous ramènera à Central. Si l'exercice ne vous fait pas peur, vous apprécierez le **Hong Kong Trail**, chemin qui parcourt la crête montagneuse de l'île de Hong Kong depuis le pic jusqu'à Big Wave Bay.

Dans Robinson Rd, qui domine Central, les **jardins botanique et zoologique** offrent de nombreuses promenades et de beaux panoramas. Le **musée Fung Ping Shan** de l'université de Hong Kong est gratuit (fermé le dimanche).

Le **parc de Hong Kong** est situé juste derrière le gratte-ciel de la Bank of China. Il abrite la **Flagstaff House**, le plus ancien édifice occidental de Hong Kong, qui contient une collection de services à thé chinois (entrée libre).

Entre les gratte-ciel de Central, vous découvrirez **Li Yuen St East** et **Li Yuen St West**, deux étroites ruelles parallèles entre Des Voeux Rd et Queen's Rd, fermées à la circulation et regorgeant de boutiques et d'étals.

Le **Hillside Escalator Link** est un moyen de transport qui est devenu une attraction touristique. Cet escalator de 800 m de long (appelé "travelator") part de l'embarcadère du Vehicular Ferry, le long de Central Market, et remonte Shelley St jusqu'à Mid-Levels.

A l'ouest de Central, dans le quartier de Sheung Wan, **Ladder St**, comme son nom l'indique ("échelle"), grimpe en forte pente. A l'intersection de Ladder St et Hollywood Rd, le **temple de Man Mo** est le plus ancien de Hong Kong. Un peu plus au nord, près du Macao Ferry Terminal, un bâtiment en briques rouges de quatre étages datant de 1906 et entièrement rénové abrite le **Western Market**.

De là, vous pourrez sauter dans un vieux tramway à deux étages délicieusement

LE SUD

Embarcadère du Macao Ferry

Embarcadère 1 (Vers l'île de Lamma)

Shun Tak Centre

Hôtel Victoria

Marché occidental

Connaught Road West

Pier Rd

Terres asséchées

Station MTR Sheung Wan

Wing Lok Street

Bonham Strand

Man Wa Lane

China Travel Service

Queen's Road West

Cleverly Street

Jervois Street

Wing On St

Connaught Road Central

Gare routière

Lok Ku Road

Upper Lascar Row

Galeries de Cat Street

Cat Street

Hollywood Road

Wellington Street

Des Vœux Rd Central

Marché central

Queen Victoria St

Li Yuen St West

Li Yuen St East

Ladder Street

Temple Man Mo

Peel Street

Graham Street

Queen's Road Central

Stanley Street

Chiu Lung St

Theatre Lane

Pedder St

Caine Road

Aberdeen Street

Staunton Street

Lyndhurst Terrace

Pottinger Street

D'Aguilar Street

Photo Scientific & Color Six

Seymour Road

Club Sri Lanka

Restaurant Ashoka

HK Telecom

Robinson Road

Shelley Street

Wanderlust Books

Windham Street

Lan Kwai Fong

Fringe Club

Bar La Bodega

Duddell Street

Mosque Street

Glenealy Street

Government House

Conduit Road

Upper Albert Road

Albany Road

Robinson Road

Jardins botanique et zoologique

Itinéraire du métro MTR

Itinéraire du tramway

Hillside Escalator Link

Itinéraire des ferries

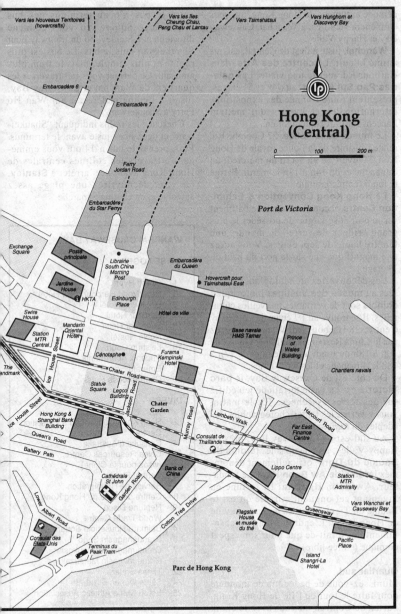

Vers les Nouveaux Territoires
(hovercrafts)

Vers les îles
Cheung Chau,
Peng Chau et Lantau

Vers Tsimshatsui

Vers Hunghom et
Discovery Bay

Embarcadère 6

Embarcadère 7

**Hong Kong
(Central)**

0   100   200 m

Ferry Jordan Road

Embarcadère
du Star Ferry

Port de Victoria

Exchange
Square

Poste
principale

Librairie
South China
Morning Post

Embarcadère
du Queen

Hovercraft pour
Tsimshatsui East

Jardine
House

HKTA

Edinburgh
Place

Hôtel de ville

Base navale
HMS Tamar

Prince
of
Wales
Building

Swire
House

Mandarin
Oriental
Hotel

Station
MTR
Central

Chantiers navals

The
Landmark

Cénotaphe

Furama
Kempinski
Hotel

Chater Road

Statue
Square

Legco
Building

Chater
Garden

Lambeth Walk

Harcourt Road

Hong Kong &
Shanghai Bank
Building

Jackson Road

Far East
Finance
Centre

Queen's Road

Consulat de
Thaïlande

Battery Path

Lippo Centre

Cathédrale
St John

Bank of
China

Garden Road

Station
MTR
Admiralty

Lower Albert Road

Cotton Tree Drive

Flagstaff
House
et musée
du thé

Queensway

Vers Wanchai et
Causeway Bay

Consulat des
Etats-Unis

Terminus du
Peak Tram

Island
Shangri-La
Hotel

Pacific
Place

Parc de Hong Kong

Ice House Street

LE SUD

démodé et typique de Hong Kong, qui vous emmènera vers l'est à Wanchai, Causeway Bay et Happy Valley.

Wanchai, juste à l'est de Central, est très animé la nuit. Le **centre des Arts**, dans Harbour Rd, mérite une visite. Les **galeries Pao Sui Loong**, aux 4e et 5e étages, présentent toute l'année des expositions internationales et locales qui mettent l'accent sur l'art contemporain.

Le **musée de la Police**, 27 Coombe Rd, relate l'histoire de la Police royale de Hong Kong. Ouvert de 9h à 17h du mercredi au dimanche et de 14h à 17h le mardi. Fermé le lundi (entrée gratuite).

Le **Hong Kong Convention & Exhibition Centre** occupe un immense bâtiment sur le port et se targue de posséder le plus grand "rideau de verre" du monde, une fenêtre haute de sept étages. Vous aurez une magnifique vue sur le port du haut du 7e étage.

Les découvertes archéologiques exposées au **musée des Vestiges historiques chinois** sont de véritables merveilles culturelles. Il se trouve au 1er étage de Causeway Centre, 28 Harbour Rd, Wanchai. Entrez par le China Resources Building. Ouvert de 10h à 18h du lundi au samedi, et de 13h à 18h le dimanche et les jours fériés.

Du côté est de Causeway Bay, le **parc Victoria** est un vaste terrain de jeu édifié sur des terres asséchées. Tôt le matin, vous y verrez les lentes chorégraphies des adeptes du *taijiquan*.

Au sud-est de Causeway Bay, près de Happy Valley, ne ratez pas les **jardins du Baume du Tigre**, officiellement dénommés **jardins de Aw Boon Haw**. Le fondateur, Aw Boon Haw, qui fit fortune en inventant cet onguent miracle qu'est le Baume du Tigre, offrit les jardins à la ville de Hong Kong. L'endroit est à voir absolument, ne serait-ce que pour son aspect comique (entrée libre).

Quartier sud

Munissez-vous de beaucoup de monnaie pour faire le tour de l'île de Hong Kong. Partez de Central, où vous avez le choix entre le bus n°6 au terminus des bus d'Exchange Square qui vous emmène directement à Stanley, ou un tramway pour Shaukeiwan puis le bus. Le bus est plus rapide et plus simple, mais le tram plus amusant. Ce dernier vous fait traverser les quartiers de Wanchai et Causeway Bay, jusqu'à l'embarcadère du Sai Wan Ho Ferry à Shaukeiwan.

Cherchez les trams indiquant "Shaukeiwan" et descendez juste avant le terminus. Puis, prenez le bus n°14 qui vous emmènera à travers les collines centrales de Hong Kong avant de s'arrêter à **Stanley**, où vous découvrirez une plage assez agréable et un charmant marché.

WANCHAI-CAUSEWAY BAY

OÙ SE LOGER

1	Grand Hyatt
3	New World Harbour View Hotel
9	Luk Kwok Hotel
11	Harbour Hotel
12	Excelsior Hotel
15	Noble Hostel
19	Leishun Court
20	Phoenix Apartments
21	Emerald House
23	Charterhouse Hotel

DIVERS

2	Hong Kong Convention & Exhibition Centre
4	Consulat d'Australie
5	China Resources Centre (visas pour la Chine)
6	Central Plaza
7	Service de l'Immigration
8	Centre des Arts de Hong Kong
10	Neptune Disco
13	World Trade Centre
14	Daimaru Household Square
16	Grand magasin Sogo
17	Grand magasin Mitsukoshi
18	Grand magasin Matsuzakaya
22	Times Square
24	Stade Queen Elizabeth
25	South China Athletic Association

LE SUD

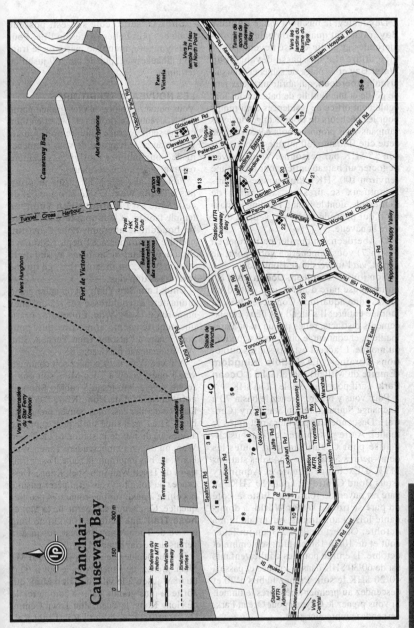

Wanchai-Causeway Bay

0   150   300 m

Itinéraire du métro MTR
Itinéraire du tramway
Itinéraire des ferries

Parc Victoria

Vers le temple Tin Hau et North Point

Terrain de sports de Causeway Bay

Vers les jardins du Baume du Tigre

Eastern Hospital Rd

25

Causeway Bay

Abri anti-typhons

Gloucester Rd

14

Cleveland St

Vogue Alley

Paterson St

Vee Wo St

18

19

Caroline Hill Rd

Jardine's Bazaar

15

Jardine's Cres

20

Canon de Midi

12

13

16

17

21

Tunnel Cross Harbour

Royal HK Yacht Club

Bessin de manutention des cargaisons

Lee Garden Hill Rd

Station MTR Causeway Bay

Percival St

Matheson St

22

Wong Nai Chung Rd

Port de Victoria

Vers Hunghom

Jaffe Rd

Lockhart Rd

Leighton Rd

Sports Rd

Hippodrome de Happy Valley

Hung Hing Rd

Marsh Rd

Tin Lok Lane

Hennessy Rd

23

Morrison Hill Rd

Stade de Wanchai

Tonnochy Rd

24

Queen's Rd East

Embarcadère des ferries

Terres asséchées

Vers l'embarcadère du Star Ferry à Kowloon

Wanchai Rd

Thomson Rd

Fleming Rd

Hennessy Rd

Queen's Rd East

4

5

Harbour Rd

11

6

Gloucester Rd

Jaffe Rd

Lockhart Rd

Station MTR Wanchai

Johnston Rd

Seafront Rd

3

7

9

Luard Rd

1

2

8

Fenwick St

10

Arsenal St

Station MTR Admiralty

Queensway

Vers Central

LE SUD

De Stanley, le bus n°73 longe **Repulse Bay**, ravissant quartier où galeries commerciales et gratte-ciel se développent à vive allure. Le bus passe devant **Deep Water Bay** et sa plage de sable, et poursuit jusqu'à **Aberdeen**, qui abrite un vieux port de pêche et une flottille de bateaux qui font également office de résidences à mi-temps pour les pêcheurs de Hong Kong. Plusieurs sampans vous proposeront la découverte de cette cité flottante (30 minutes) pour environ 35 $HK par personne. Vous pouvez négocier un bateau entier pour un groupe (environ 100 $HK). Plusieurs restaurants somptueux se dressent au milieu de l'ensemble, dont le Jumbo Floating Restaurant, qui possède sa propre vedette pour faire la navette.

D'Aberdeen, un dernier petit trajet en bus (n°7) vous ramènera à votre point de départ, *via* l'université de Hong Kong.

Non loin d'Aberdeen, **Ocean Park** est un immense parc d'attractions doté d'un fantastique aquarium. Consacrez-lui une journée entière. Il s'étend sur deux emplacements distincts, reliés par un train à crémaillère, et contient le plus grand aquarium du monde. L'accent est mis sur les attractions foraines. Le **Middle Kingdom** (Empire du Milieu) est rattaché à **Ocean Park**. Tarif pour l'ensemble : 130 $HK.

Pour vous y rendre, prenez le bus n°70 à Exchange Square, près du Star Ferry (Central). Descendez au premier arrêt après le tunnel. Autre possibilité : un Citybus climatisé pour Ocean Park part toutes les demi-heures à partir de 8h45 des stations MTR d'Exchange Square et Admiralty (sous Bond Centre) et coûte 10 $HK. Le parc est ouvert de 10h à 18h. Juste à côté du parc se trouve **Water World**, à dominante loisirs aquatiques, ouvert de juin à octobre. Ouvert de 9h à 21h en juillet et août et de 10h à 18h en juin, septembre et octobre. L'entrée pour les adultes/enfants est de 60/30 $HK dans la journée et passe à 40/20 $HK le soir. Prenez le bus n°70 et descendez au premier arrêt après le tunnel. Si vous prenez le Citybus pour Ocean Park, descendez au premier arrêt.

Shek O, sur la côte sud-est, possède l'une des plus belles plages de l'île. Pour vous y rendre, prenez le métro ou le tram pour Shaukeiwan, puis le bus n°9 jusqu'au terminus.

LES NOUVEAUX TERRITOIRES

Vous pouvez explorer la plus grande partie des Nouveaux Territoires en bus et en train en une seule journée (bien remplie), mais vous n'aurez le temps ni de vous promener ni de vous baigner (activités vivement recommandées dans ces lieux).

Prenez d'abord le MTR jusqu'au terminus à **Tsuen Wan**. L'intérêt principal de cette ville est l'**institut Yuen Yuen**, un temple taoïste, et le **monastère Occidental** bouddhiste attenant. Pour l'institut, prendre le minibus n°81 depuis Shiu Wo St, à deux pâtés de maisons au sud de la station MTR, ou bien un taxi, ce qui ne revient pas trop cher.

Chuk Lam Sim Yuen est un autre grand monastère qui se dresse sur les collines au nord de Tsuen Wan. Empruntez pratiquement le même itinéraire que pour vous rendre à l'institut Yuen Yuen. A Shiu Wo St, prenez le maxicab n°85.

A Tsuen Wan, vous pouvez soit continuer vers l'ouest jusqu'à Tuen Mun, soit poursuivre vers le nord jusqu'à **Tai Mo Shan**, le point culminant de Hong Kong (957 m). Dans ce dernier cas, vous pouvez prendre le bus n°51 à l'arrêt situé sur le pont qui passe au-dessus du toit de la station MTR Tsuen Wan, ou bien à l'embarcadère Tsuen Wan Ferry. Le bus emprunte la route Twisk (initiales de Tsuen Wan Into Shek Kong). Descendez au col, d'où vous grimperez ensuite la colline à pied, sur une route très peu fréquentée. Ce chemin fait partie de la **McLehose Trail**, une piste de 100 km de long qui va de Tuen Mun à l'ouest, jusqu'à la péninsule de Sai Kung à l'est.

Si vous décidez de ne pas visiter Tai Mo Shan, prenez, de Tsuen Wan, le bus n°60M ou 68M jusqu'à la ville de **Tuen Mun**, qui abrite la plus grande galerie commerciale de Hong Kong, le Tuen Mun Town Centre. De là, utilisez le réseau LRT (Light Rail

Transit) pour rejoindre **Ching Chung Koon**, un temple au nord de Tuen Mun.

Reprenez alors le LRT en direction de Yuen Long. De là, les bus n° 54, 64K ou 74K vous conduiront aux villages fortifiés voisins de **Kam Tin**.

Ces villages, avec leur portail unique massif, remonteraient au XVIᵉ siècle. Le plus accessible est **Kat Hing Wai**. Mettez environ 5 $HK dans l'urne réservée aux dons, à l'entrée, et promenez-vous à travers les rues étroites.

Les vieilles femmes Hakka en costume traditionnel demandent à être payées avant d'être photographiées.

La ville de Sheung Shui est à environ 8 km à l'est par le bus n° 77K. De là, vous pouvez emprunter le KCR (la ligne de chemin de fer Kowloon-Canton) et descendre au premier arrêt vers le sud, à **Fanling**. Le principal attrait touristique de cette ville est le **temple Fung Ying Sin Kwun**, un temple taoïste consacré à la vénération des morts.

A Fanling, prenez le KCR jusqu'à la gare de Tai Po Market. De là, dix à quinze minutes de marche vous conduiront au **musée du Chemin de fer de Hong Kong**. Vous pouvez alors reprendre le KCR et poursuivre vers le sud jusqu'à l'Université chinoise, où se trouve la galerie d'art de l'**Institut des études chinoises** (entrée gratuite).

Le KCR vous emmènera à Shatin, une ville vivante et animée où vous pourrez voir le gigantesque **Shatin Town Centre**, l'une des plus grandes galeries commerciales de Hong Kong. C'est de Shatin que l'on part escalader la colline qui mène au **monastère des Dix mille Bouddhas** (qui en compte en réalité plus de 12 000).

Ce périple devrait remplir votre journée. D'autres sites sont à découvrir dans les Nouveaux Territoires. La **péninsule de Sai Kung** est l'un de sites les plus préservés, propice à la randonnée. Vous pouvez vous déplacer en bateau depuis le port de Tolo et vous rendre de village en village. C'est dans la partie est des Nouveaux Territoires, autour de la péninsule de Sai Kung,

que s'étendent les plus jolies plages de la région, parmi lesquelles **Clearwater Bay**.

LES ÎLES AVOISINANTES

Plus de 235 îles parsèment les eaux entourant Hong Kong, mais quatre seulement peuvent loger des visiteurs et sont facilement accessibles par ferry.

Très tranquilles en semaine, les îles sont envahies le week-end et les jours fériés. Les voitures sont interdites sur toutes les îles à l'exception de Lantau.

Cheung Chau

Cette petite île abrite une vaste communauté de résidents occidentaux qui apprécient la sérénité de la vie insulaire et les loyers relativement bas. N'étaient les enseignes chinoises et les habitants, on pourrait se croire sur une petite île grecque.

La ville s'étend sur l'étroite bande de terre reliant les deux extrémités de l'île. Dans la partie ouest de l'île, la baie (où accoste le ferry) recèle un assortiment pittoresque de bateaux de pêche ressemblant beaucoup à ceux d'Aberdeen, dans l'île de Hong Kong. La plus longue plage de Cheung Chau, Tung Wan Beach, se trouve du côté est. On peut atteindre à pied quelques minuscules plages reculées, et la pointe sud de l'île cache le repaire du fameux pirate Cheung Po Tsai.

Le principal lieu d'animation nocturne *gwailo* ("occidental") est le *Garden Cafe/Pub* (☎ 2981-4610), 84 Tung Wan Rd, au centre de l'île.

Lamma

C'est la deuxième île de ce secteur par la taille et la plus proche de l'île de Hong Kong. Dotée de plages magnifiques, Lamma est très reposante en semaine, mais est littéralement prise d'assaut le week-end. L'île compte deux villages principaux, Yung Shue Wan au nord et Sok Kwu Wan au sud. Toutes deux sont reliées par ferry à Central.

A Yung Shue Wan et Sok Kwu Wan, le rivage est bordé de restaurants de fruits de mer. Le *Waterfront Bar*, à Yung Shue Wan

LE SUD

est un endroit animé la nuit et où l'on mange très bien. Son concurrent, plus calme, est le *Island Bar*.

Lantau

C'est la plus grande des îles et la moins peuplée. Elle fait presque deux fois la superficie de l'île de Hong Kong mais ne compte que 30 000 habitants. Vous passerez facilement deux jours à explorer les chemins de randonnée montagneux et à vous prélasser sur les plages où il n'y a pas trop de monde.

Mui Wo (Silvermine Bay) est le principal point d'arrivée des ferries. En descendant du bateau, la rue de droite mène à la plage.

De Mui Wo, la plupart des visiteurs prennent le bus n°2 en direction de **Ngong Ping**, vaste plateau à 500 m au-dessus du niveau de la mer, dans la partie ouest de l'île. C'est là que vous trouverez l'impressionnant **monastère Po Lin**. De construction relativement récente et fait office d'attraction touristique et de lieu de culte. Juste devant se trouve le Bouddha en extérieur le plus grand du monde. On peut prendre des repas végétariens dans la salle à manger du monastère et y passer la nuit. Vous pourrez ainsi vous lever à l'aube pour gravir le pic Lantau (934 m).

Un autre endroit à visiter est le village de **Tai O**, à l'extrémité occidentale de l'île, desservi par le bus n°1.

La plage de **Cheung Sha Wan** est la plus longue de Hong Kong (2 km), déserte en semaine, mais prise d'assaut le week-end.

Sur la côte nord de Lantau se trouve le **fort de Tung Chung**, datant du XIXe siècle, dont le vieux canon est encore braqué sur la mer. Malheureusement, tout près de la côte, le nouvel aéroport de Hong Kong est en cours de construction. Il devrait être inauguré le 1er juillet 1997. Lantau sera bientôt reliée à Kowloon par un pont, et son charme insulaire ne pourra, hélas, qu'en pâtir.

Vous serez peut-être intéressé par la visite de **Discovery Bay**, dans la partie nord-est de l'île. Il s'agit d'un ensemble immobilier haut de gamme avec gratte-ciel, galerie commerciale, yacht club et terrain de golf. Des ferries turbopropulsés relient Discovery Bay à Central toutes les vingt minutes, mais il n'y a aucun hôtel et le tourisme n'est pas encouragé. En longeant la côte vers le sud, au bout d'une heure, vous trouverez le **Trappist Haven Monastery**. Un chemin dangereusement glissant vous ramènera ensuite en une heure et demie environ à Mui Wo, d'où l'on peut reprendre un ferry pour Central.

Peng Chau

C'est la plus petite des îles avoisinantes et faciles d'accès. C'est aussi la plus représentative de la Chine traditionnelle, avec des ruelles étroites et un marché aux viandes et aux légumes. Le **temple Tin Hau** fut construit en 1792. Si vous grimpez en haut de la **Finger Hill** (95 m), vous jouirez d'une vue sur l'île tout entière et Lantau.

Au sud du principal quai des ferries et en bordure de mer se dressent les deux meilleurs restaurants et pubs occidentaux, le *Sea Breeze Club* et, à côté, le *Forest Pub*. Il n'existe pas de structures d'hébergement à Peng Chau, à moins de jeter son dévolu sur la location d'un appartement.

VOYAGES ORGANISÉS

Il existe des douzaines d'offres de ce type. Tous peuvent être réservés par l'intermédiaire de la HKTA, d'agences de voyages, des grands hôtels touristiques, ou directement auprès des prestataires.

OÙ SE LOGER

L'hébergement à Hong Kong coûte cher. Si vous êtes seul, cherchez plutôt une place en dortoir, parfois rudimentaire. Il y a plusieurs dortoirs YHA (25 $HK), mais ils sont mal situés, comme les campings, à une ou deux heures du centre-ville.

Les pensions constituent un bonne solution de repli. Quelques-unes proposent des lits en dortoir pour 70 à 100 $HK, avec des réductions pour les longs séjours (une semaine ou plus). Pour une minuscule chambre individuelle, comptez entre

150 \$HK et 300 \$HK. Il est plus rentable de partager une chambre à deux car on ne vous fait rien payer en plus, au pire un petit supplément. A Hong Kong, les tarifs d'un hôtel de catégorie moyenne s'échelonnent de 400 à 1 000 \$HK. Même à ce prix, les chambres se font rares.

La majorité des hébergements bon marché sont situés du côté de Kowloon. A quelques exceptions près, il n'existe sur l'île de Hong Kong que des hôtels de catégorie moyenne à supérieure. Les locations à la semaine reviennent environ 20% moins cher mais passez d'abord une nuit pour être sûr que la chambre est correcte, propre et calme. Dans les établissements de catégorie moyenne à supérieure, on peut obtenir jusqu'à 30% de réduction en passant par certaines agences de voyages, dont Traveller Services (☎ 2375-2222).

L'aéroport est équipé d'un bureau de réservation hôtelière mais il ne concerne que les établissements haut de gamme. Il propose cependant de bonnes affaires, en particulier si vous arrivez tard le soir. Vous obtiendrez un tarif plus intéressant en vous adressant à ce bureau plutôt que directement à l'hôtel. Les voyageurs à petit budget peuvent utiliser le téléphone mis gracieusement à leur disposition pour s'enquérir des places disponibles.

Kowloon – pensions
Chungking Mansions. Aucun endroit au monde ne ressemble à Chunking Mansions, le ghetto hongkongais de l'hébergement à bas prix. Il s'agit d'une immense et très haute bâtisse située 30 Nathan Rd, au cœur de Tsimshatsui, et qui regroupe environ 80 pensions. Elle se divise en cinq "blocs" (A à E), chacun pourvu d'un ascenseur en mauvais état. Si vous êtes dans le hall avec votre sac à dos, des rabatteurs ne manqueront pas de vous aborder.

A quelques exceptions près, les chambres privées sont plus ou moins au même prix, mais les dortoirs reviennent beaucoup moins cher. Les chambres coûtent de 150 à 250 \$HK et les lits en dortoirs de 60 à 80 \$HK.

Voici la liste complète des pensions des Chungking Mansions (celles qui proposent des dortoirs sont signalées) :

Bloc A, 17e étage : *United Guesthouse*, Flat A6

Bloc A, 16e étage : *Traveller's Hostel*, lits en dortoir 70 \$HK, doubles avec/sans s.d.b. attenante : 150/170 \$HK (☎ 2368-7710)

Bloc A, 15e étage : *Happy Guesthouse* ; *Ocean Guesthouse* ; *Park Guesthouse* (☎ 2368-1689) ; *Spring Guesthouse*

Bloc A, 14e étage : *New Grand Guesthouse*, Flat A2 ; *New Hawaii Guesthouse*, Flat A6 (☎ 2366-6127) ; *Tokyo Guesthouse*, Flat A5

Bloc A, 13e étage : *Ashoka Guesthouse*, Flat A4 (☎ 2724-4646) ; *Capital Guesthouse*, Flat A6 ; *Rhine Guesthouse*, Flat A1

Bloc A, 12e étage : *Double Star Guesthouse*, Flat A6 ; *Peking Guesthouse*, Flat A2 (☎ 2723-8320) ; *Super Guesthouse*, Flat A5, lits en dortoirs à partir de 70 \$HK

Bloc A, 11e étage : *New International Guesthouse* (☎ 2369-2613)

Bloc A, 8e étage : *New Asia Guesthouse*, Flat A6 ; *New Mandarin Guesthouse*, Flat A9 (☎ 2366-1070) : *Tom's Guesthouse*, Flat A5 ; *Sun Ying Guesthouse*, Flat A1

Bloc A, 7e étage : *Double Seven Guesthouse* ; *First Guesthouse* ; *Pay Less Guesthouse* ; *Welcome Guesthouse*, (☎ 2721-7793)

Bloc A, 6e étage : *London Guesthouse*, Flat A1 (☎ 2724-5000) ; *New World Hostel*, Flat A4, lits en dortoirs 70 \$HK, doubles 180 \$HK (☎ 2723-6352)

Bloc A, 4e et 5e étages : *Chungking House*, le plus luxueux des Chungking Mansions : simples de 270 à 300 \$HK, doubles de 370 à 400 \$HK (☎ 2366-5362 ; fax 2721-3570)

Bloc B, 17e étage : *Mr Li Guesthouse*

Bloc B, 16e étage : *New Carlton Guesthouse*, *Tom's Guesthouse*

Bloc B, 15e étage : *Carlton Guesthouse* (☎ 2721-0720) ; *China Guesthouse* ; *New Shangri-la Guesthouse* ; *OK Guesthouse* ; *Shangri-la Guesthouse*

Bloc B, 14e étage : *Dashing Guesthouse*

Bloc B, 13e étage : *New Washington Guesthouse* (☎ 2366-5798)

Bloc B, 12e étage : *Columbia Guesthouse* ; *Hong Kong Guesthouse*

Bloc B, 11e étage : *Hong Kong Guesthouse* ; *Kowloon Guesthouse*

Bloc B, 10e étage : *Kowloon Guesthouse*

Bloc B, 9e étage : *Grand Guesthouse* (☎ 2368-6520)

Bloc B, 7e étage : *Brother's Guesthouse* ; *Jinn's Ti Guesthouse* ; *New York Guesthouse* (☎ 2339-5986)

Bloc B, 6e étage : *Travellers Friendship Hostel*, lits en dortoir 80 \$HK la 1re nuit, 70 \$HK la 2e,

60 \$HK à partir de trois nuits (☎ 2311-0797 ; fax 2311-2523)

Bloc B, 5e étage : *Chungking Lodge*

Bloc B, 4e étage : *Harbour Guesthouse*

Bloc B, 3e étage : *Dragon Inn* ; *New Delhi Guesthouse*

Bloc C, 16e étage : *Garden Guesthouse* ; *Tom's Guesthouse* (☎ 2367-9258)

Bloc C, 15e étage : *Carlton Guesthouse*

Bloc C, 13e étage : *New Grand Guesthouse* (☎ 2311-1702) ; *Osaka Guesthouse*

Bloc C, 11e étage : *Marria Guesthouse*

Bloc C, 10e étage : *Kowloon Guesthouse*

Bloc C, 9e étage : *New Harbour Guesthouse*

Bloc C, 7e étage : *Jinn's Ti Guesthouse* ; *New Chungking Guesthouse*

Bloc C, 6e étage : *New Brother's Guesthouse* (☎ 2724-0135)

Bloc C, 4e étage : *Maharaja Guesthouse* ; *Ranjeet Guesthouse*

Bloc D, 16e étage : *New Shanghai Guesthouse*

Bloc D, 13e étage : *New Guangzhou Guesthouse*

Bloc D, 8e étage : *Fortuna Guesthouse* (☎ 2366-4524)

Bloc D, 6e étage : *Regent Inn Guesthouse*

Bloc D, 5e étage : *Royal Inn* ; *Royal Plaza Inn* (☎ 2367-1424)

Bloc D, 4e étage : *Head Sun Guesthouse* ; *Lai Wei Guesthouse* ; *Mt Everest Guesthouse*

Bloc D, 3e étage : *Princess Guesthouse*

Bloc E, 14e étage : *Far East Guesthouse* (☎ 2368-1724)

Bloc E, 13e étage : *Mandarin Guesthouse*

Bloc E, 12e étage : *International Guesthouse*

Bloc E, 8e étage : *Yan Yan Guesthouse*

Bloc E, 6e étage : *Regent Inn Guesthouse* (☎ 2722-0833)

Mirador Arcade. En lieu et place des Chungking Mansions, vous pouvez jeter votre dévolu sur le Mirador Arcade, 58 Nathan Rd, qui abrite plusieurs établissements. En voici la liste complète :

14e étage : *Man Hing Lung*, Flat F2. Toutes les chambres possèdent s.d.b., clim. et TV. Les doubles coûtent 300 à 360 \$HK. Si vous arrivez seul et désirez partager une chambre, la direction vous mettra en contact avec un autre voyageur et vous partagerez la note (☎ 2722-0678 ; fax 2311-6669) ; *Wide Sky Hotel* (☎ 2312-1880)

13e étage : *Kowloon Hotel*, Flat E1 (☎ 2311-2523 ; fax 2368-5241) ; *London Guesthouse*, Flat F2, lits en dortoirs à 55 \$HK, doubles à 250 \$HK (☎ 2368-4681 ; fax 2739-0187) ; *Cosmic Guesthouse*

12e étage : *Ajit Guesthouse*, Flat F3, très accueillant et propre, chambres de 150 à 200 \$HK (☎ 2369-1201)

9e étage : *City Guesthouse*, lits en dortoirs à 70 \$HK, doubles à 220 \$HK (☎ 2724-2612)

7e étage : *Mini Hotel*, Flat F2, lits en dortoirs à 70 \$HK, doubles à 240 \$HK (☎ 2367-2551)

6e étage : *Man Lee Tak Guesthouse*

6e étage : *Oriental Pearl Hostel*, Flat A3, doubles à 300 \$HK (☎ 2723-3439 ; fax 2723-1344)

5e étage : *Mei Lam Guesthouse*, Flat D1, simples à 220 \$HK, doubles de 280 à 360 \$HK (☎ 2721-5278)

3e étage : *Lily Garden Guesthouse*, Flat A9, doubles à 220 \$HK (s.d.b. commune) ou 280 \$HK (s.d.b.) (☎ 2367-2708) ; fax 2312-7681) ; *Blue Lagoon Guesthouse*, Flat F2, lits en dortoirs de 60 à 80 \$HK, doubles de 240 à 250 \$HK (s.d.b. commune) et de 260 à 280 \$HK (s.d.b.) (☎ 2721-0346) ; *Garden Hostel*, lits en dortoirs de 70 à 80 \$HK, doubles à 200 \$HK (il est plus facile de trouver cet établissement en entrant par Mody Rd, où une enseigne indique l'entrée) (☎ 2721-8567)

New Lucky Mansions. Au 300 Nathan Rd (entrée dans Jordan Rd), Yaumatei, cet établissement est situé dans un quartier plus agréable que la plupart des autres pensions :

14e étage : *Great Wall Hotel*, également appelé *Sky Guesthouse*, doubles très chic pour 450 \$HK (☎ 2388-7645)

11e étage : *Ocean Guesthouse*, simples/doubles à 300/350 \$HK (☎ 2385-0125)

10e étage : *Nathan House*, doubles à 300 \$HK (☎ 2780-1302)

9e étage : *Overseas Guesthouse*, simples/doubles avec s.d.b. commune à 220/230 \$HK, propre et accueillant ; *Tung Wo Guesthouse*, simples à 170 \$HK, bon marché mais peu sympathique

5e étage : *Hoi Pun Uk House*, doubles à 300 \$HK, bon établissement, mais pas d'enseigne en anglais pour l'instant ; le propriétaire parle mandarin (☎ 2780-7317)

3e étage : *Hitton Inn*, doubles avec s.d.b. à 260 \$HK (☎ 2770-4880) ; *Hakkas Guesthouse*, simples/doubles à 250/260 \$HK, jolies chambres et le propriétaire parle bien anglais (☎ 2770-1470) ; *Galai Guesthouse*, pas d'enseigne en anglais, doubles à 300 \$HK

Autres pensions. La *Golden Crown Guesthouse* (☎ 2369-1782), Golden Crown Mansion, 5e étage, 66-70 Nathan Rd, Tsimshatsui, propose des lits en dortoirs à 80 \$HK, des simples à partir de 200 \$HK et des doubles à partir de

280 \$HK. L'établissement voisin, le *Wahtat Travel & Trading Co* (☎ 2366-9495 ; fax 2311-7195), également au 5ᵉ étage de Golden Crown Mansion, où les simples/doubles étincelantes coûtent 250/300 \$HK.

La *STB Hostel* (☎ 2710-9199 ; fax 2385-0153), 2ᵉ étage, Great Eastern Mansion, 255-261 Reclamation St, est tenue par le Student Travel Bureau. Les lits en dortoirs valent 100 \$HK. Des doubles plus coûteuses s'échelonnent entre 400 et 450 \$HK, et les triples de 450 à 560 \$HK.

La *Star Guesthouse* (☎ 2723-8951 ; fax 2311-2275), 6ᵉ étage, 21 Cameron Rd, est d'une propreté immaculée. La *Lee Garden Guesthouse* (☎ 2367-2284) se trouve au 8ᵉ étage, Bloc D, 36 Cameron Rd, près de Chatham Rd. Les deux sont tenues par le même propriétaire, Charlie Chan. Les chambres avec s.d.b. commune s'échelonnent de 260 à 300 \$HK et, avec s.d.b., grimpent de 320 à 400 \$HK.

Le Lyton Building, 32-40 Mody Rd, abrite deux pensions correctes mais assez chères. La *Lyton House Inn* (☎ 2367-3791) se trouve au 6ᵉ étage du Bloc 2 et la double coûte 400 \$HK. La *Frank's Mody House* (☎ 2724-4113) est au 7ᵉ étage du Bloc 4 et les doubles vont de 350 à 550 \$HK.

Le *Tourists Home* (☎ 2311-2622) est au 6ᵉ étage, Bloc G, Champagne Court, 16 Kimberley Rd. Les doubles coûtent de 300 à 350 \$HK. Toutes les chambres disposent d'une salle de bains.

Kowloon – hôtels

Parmi les hôtels de catégorie moyenne, peu nombreux, figurent les enseignes suivantes :

Bangkok Royal, 2-12 Pilkem St, Yaumatei (station MTR Jordan) : 70 chambres, simples de 420 à 600 \$HK, doubles et jumelles de 500 à 680 \$HK (☎ 2735-9181 ; fax 2730-2209)

Booth Lodge, 11 Wing Sing Lane, Yaumatei, tenu par l'Armée du Salut : 54 chambres, doubles de 500 à 800 \$HK (☎ 2771-9266 ; fax 2385-1140)

Caritas Bianchi Lodge, 4 Cliff Rd, Yaumatei : simples/doubles à 590/690 \$HK (☎ 2388-1111 ; fax 2770-6669)

Caritas Lodge, 134 Boundary St, Mongkok (près de la station MTR Prince Edward) : simples/doubles à 450/520 \$HK (☎ 2339-3777 ; fax 2338-2864)

Eaton, 380 Nathan Rd, Yaumatei (station MTR Jordan) : 392 chambres, doubles et jumelles de 770 à 1 650 \$HK, suites à 1 750 \$HK (☎ 2782-1818 ; fax 2782-5563)

Fortuna, 355 Nathan Rd, Yaumatei (station MTR Jordan) : 187 chambres, simples de 780 à 1 300 \$HK, doubles et jumelles de 1 170 à 1 400 \$HK (☎ 2385-1011)

Imperial, 30-40 Nathan Rd, Tsimshatsui : 215 chambres, simples de 700 à 1 150 \$HK, doubles et jumelles de 800 à 1 250 \$HK, suites de 1 900 à 2 400 \$HK (☎ 2366-2201 ; fax 2311-2360)

International, 33 Cameron Rd, Tsimshatsui : 89 chambres, simples de 430 à 750 \$HK, jumelles de 560 à 950 \$HK, suites de 1 250 à 1 450 \$HK (☎ 2366-3381 ; fax 2369-5381)

King's Hotel, 473 Nathan Rd, Yaumatei : 72 chambres, simples de 410 à 430 \$HK, doubles et jumelles de 520 à 550 \$HK (☎ 2780-1281 ; fax 2782-1833)

Nathan, 378 Nathan Rd, Yaumatei : 186 chambres, doubles et jumelles de 880 à 950 \$HK, suites de 1 150 à 1 300 \$HK (☎ 2388-5141 ; fax 2770-4262)

Shamrock, 223 Nathan Rd, Yaumatei : 148 chambres, simples de 520 à 850 \$HK, doubles et jumelles de 600 à 950 \$HK, suites de 800 à 1 050 \$HK (☎ 2735-2271 ; fax 2736-7354)

YMCA International House, 23 Waterloo Rd, Yaumatei : 333 chambres, simples de 270 à 300 \$HK, jumelles de 720 à 930 \$HK, suites de 1 020 à 1 300 \$HK (☎ 2771-9111 ; fax 2771-5238)

YMCA, 41 Salisbury Rd, Tsimshatsui : simples à 730 \$HK, doubles et jumelles de 860 à 1 060 \$HK, suites de 1 450 à 1 690 \$HK (☎ 2369-2211 ; fax 2739-9315)

YWCA, mal situé près de Pui Ching Rd et Waterloo Rd à Mongkok. L'adresse officielle est 5 Man Fuk Rd, en haut d'une colline derrière une station service Caltex. Il y a 169 chambres pour femmes uniquement, simples de 300 à 500 \$HK, doubles et jumelles de 600 à 650 \$HK (☎ 2713-9211 ; fax 2761-1269)

La grande majorité des hôtels de Kowloon appartiennent à la catégorie supérieure :

Ambassador, 26 Nathan Rd, Tsimshatsui : 313 chambres, doubles et jumelles de 1 100 à

2 000 $HK, suites de 3 000 à 4 300 $HK (☎ 2366-6321 ; fax 2369-0663)

BP International, 8 Austin Rd, Tsimshatsui : 535 chambres, doubles et jumelles de 980 à 1 700 $HK, suites de 2 200 à 2 800 $HK (☎ 2376-1111 ; fax 2376-1333)

Concourse, 22 Lai Chi Kok Rd, Mongkok (station MTR Prince Edward) : 359 chambres, doubles et jumelles de 980 à 1 580 $HK, suites à 2 180 $HK (☎ 2397-6683 ; fax 2381-3768)

Grand Tower, 627-641 Nathan Rd, Mongkok : 549 chambres, doubles et jumelles de 1 050 à 1 750 $HK, suites de 2 900 à 4 150 $HK (☎ 2789-0011 ; fax 2789-0945)

Guangdong, 18 Prat Ave, Tsimshatsui : 245 chambres, doubles et jumelles de 1 100 à 1 400 $HK, suites de 1 700 à 2 800 $HK (☎ 2739-3311 ; fax 2721-1137)

Holiday Inn Crown Plaza, 70 Mody Rd, Tsimshatsui East : 594 chambres, simples de 1 700 à 3 150 $HK, jumelles de 1 800 à 3 250 $HK, suites de 3 300 à 10 000 $HK (☎ 2721-5161 ; fax 2369-5672)

Holiday Inn Golden Mile, 46-52 Nathan Rd, Tsimshatsui : 600 chambres, simples à 1 550 $HK, doubles et jumelles de 1 900 à 2 150 $HK, suites de 4 800 à 8 000 $HK (☎ 2369-3111 ; fax 2369-8016)

Hyatt Regency, 67 Nathan Rd, Tsimshatsui : 723 chambres, doubles et jumelles de 1 900 à 2 500 $HK, suites de 5 000 à 15 000 $HK (☎ 2311-1234 ; fax 2739-8701)

Kimberley, 28 Kimberley Rd, Tsimshatsui : 532 chambres, doubles et jumelles de 1 150 à 1 650 $HK, suites de 1 900 à 3 800 $HK (☎ 2723-3888 ; fax 2723-1318)

Kowloon Shangri-La, 64 Mody Rd, Tsimshatsui East : 717 chambres, doubles et jumelles de 2 150 à 3 550 $HK, suites de 3 000 à 16 000 $HK (☎ 2721-2111 ; fax 2723-8686)

Kowloon, 19-21 Nathan Rd, Tsimshatsui : 735 chambres, simples de 1 080 à 2 000 $HK, jumelles de 1 200 à 2 100 $HK, suites de 2 750 à 3 080 $HK (☎ 2369-8698 ; fax 2739-9811)

Majestic, 348 Nathan Rd, Yaumatei : 387 chambres, doubles et jumelles de 1 100 à 1 480 $HK, suites à 2 500 $HK (☎ 2781-1333 ; fax 2781-1773)

Metropole, 75 Waterloo Rd : 487 chambres, doubles et jumelles de 1 080 à 1 580 $HK, suites de 2 700 à 5 200 $HK (☎ 2761-1711 ; fax 2761-0769)

Miramar, 130 Nathan Rd, Tsimshatsui : 500 chambres, doubles et jumelles de 1 300 à 1 800 $HK, suites de 3 800 à 13 500 $HK (☎ 2368-1111 ; fax 2369-1788)

New Astor, 11 Carnarvon Rd, Tsimshatsui : 148 chambres, doubles et jumelles de 980 à 1 400 $HK, suites à 3 000 $HK (☎ 2366-7261 ; fax 2722-7122)

New World, 22 Salisbury Rd, Tsimshatsui : 543 chambres, simples de 1 650 à 2 400 $HK, doubles et jumelles de 1 850 à 2 400 $HK, suites de 2 600 à 5 800 $HK (☎ 2369-4111 ; fax 2369-9387)

Newton, 58-66 Boundary St, Mongkok : 175 chambres, doubles et jumelles de 990 à 1 390 $HK, suites à 2 800 $HK (☎ 2787-2338 ; fax 2789-0688)

Nikko Hongkong, 72 Mody Rd, Tsimshatsui East : 461 chambres, doubles et jumelles de 1 800 à 2 800 $HK, suites de 4 500 à 12 500 $HK (☎ 2739-1111 ; fax 2311-3122)

Omni Marco Polo, Harbour City, Canton Rd, Tsimshatsui : 440 chambres, doubles et jumelles de 1 600 à 1 800 $HK, suites de 2 700 à 6 500 $HK (☎ 2736-0888 ; fax 2736-0022)

Omni Prince, Harbour City, Canton Rd, Tsimshatsui : 396 chambres, doubles et jumelles de 1 600 à 2 150 $HK, suites de 2 700 à 3 100 $HK (☎ 2736-1888 ; fax 2736-0066)

Omni, The Hongkong Hotel, Harbour City, 3 Canton Rd, Tsimshatsui : 665 chambres, doubles et jumelles de 1 900 à 3 500 $HK, suites de 3 100 à 11 000 $HK (☎ 2736-0088 ; fax 2736-0011)

Park, 61-65 Chatham Rd South, Tsimshatsui : 430 chambres, simples de 1 200 à 1 400 $HK, doubles et jumelles de 1 300 à 1 500 $HK, suites de 2 000 à 4 000 $HK (☎ 2366-1371 ; fax 2739-7259)

Pearl Seaview, 262-276 Shanghai St, Yaumatei : 253 chambres, simples de 780 à 930 $HK, doubles et jumelles de 850 à 1 050 $HK, suites de 1 600 à 2 400 $HK (☎ 2782-0882 ; fax 2388-1803)

Peninsula, Salisbury Rd, Tsimshatsui : 300 chambres, jumelles de 2 450 à 3 200 $HK, suites de 4 500 à 25 000 $HK (☎ 2366-6251 ; fax 2722-4170)

Prudential, 222 Nathan Rd, Yaumatei (station MTR Jordan) : 434 chambres, simples de 1 000 à 1 550 $HK, jumelles de 1 080 à 1 630 $HK, suites de 1 950 à 3 380 $HK (☎ 2311-8222 ; fax 2311-4760)

Ramada, 73-75 Chatham Rd South, Tsimshatsui : 205 chambres, doubles et jumelles de 980 à 1 680 $HK, suites de 2 280 à 3 480 $HK (☎ 2311-1100 ; fax 2311-6000)

Regal Airport, Sa Po Rd, Kowloon (près de l'aéroport) : 389 chambres, doubles et jumelles de 1 300 à 2 050 $HK, suites de 2 800 à 7 500 $HK (☎ 2718-0333 ; fax 2718-4111)

Regal Kowloon, 71 Mody Rd, Tsimshatsui East : 592 chambres, simples de 1 000 à 2 280 $HK, doubles et jumelles de 1 480 à 2 280 $HK, suites de 3 500 à 9 000 $HK (☎ 2722-1818 ; fax 2369-6950)

Regent, Salisbury Rd, Tsimshatsui : 602 chambres, doubles et jumelles de 2 000 à 3 100 $HK, suites de 3 600 à 20 000 $HK (☎ 2721-1211 ; fax 2739-4546)

Renaissance, 8 Peking Rd, Tsimshatsui : 500 chambres, doubles et jumelles de 1 950 à 2 800 \$HK, suites de 3 200 à 13 000 \$HK (☎ 2375-1133 ; fax 2375-6611)

Royal Garden, 69 Mody Rd, Tsimshatsui East : 422 chambres, doubles et jumelles de 1 800 à 2 550 \$HK, suites de 3 300 à 7 600 \$HK (☎ 2721-5215 ; fax 2369-9976)

Royal Pacific, China Hong Kong City, 33 Canton Rd, Tsimshatsui : 675 chambres, doubles et jumelles de 980 à 2 280 \$HK, suites de 1 880 à 8 000 \$HK (☎ 2736-1188 ; fax 2736-1212)

Sheraton, 20 Nathan Rd, Tsimshatsui : 790 chambres, doubles et jumelles de 2 100 à 3 200 \$HK, suites de 3 000 à 7 500 \$HK (☎ 2369-1111 ; fax 2739-8707)

Stanford Hillview, 13-17 Observatory Rd, Tsimshatsui : 163 chambres, doubles et jumelles de 990 à 1 500 \$HK, suites à 2 200 \$HK (☎ 2722-7822 ; fax 2723-3718)

Stanford, 118 Soy St, Mongkok : 194 chambres, doubles et jumelles de 980 à 1 380 \$HK (☎ 2781-1881 ; fax 2388-3733)

Windsor, 39-43A Kimberley Rd, Tsimshatsui : 166 chambres, doubles et jumelles de 1 050 à 1 400 \$HK, suites à 2 400 \$HK (☎ 2739-5665 ; fax 2311-1501)

Île de Hong Kong – auberges de jeunesse

Le *Ma Wui Hall* (☎ 2817-5715), en haut du Mont Davis, sur l'île de Hong Kong, peut se prévaloir d'un panorama extraordinaire. C'est la plus accessible des auberges YHA (112 lits, 50 \$HK la nuit). Elle n'est hélas que relativement "centrale". Du quai du Star Ferry, à Central, il faut compter encore une bonne heure de trajet, mais des voyageurs déclarent que cela en vaut "presque la peine". Assurez-vous au préalable qu'il reste des places.

Pour vous y rendre, prenez le bus n°5B ou le 47 jusqu'au terminus du 5B à Felix Villas dans Victoria Rd. Revenez sur vos pas environ 100 m et cherchez le panneau YHA. Il vous reste alors 20 à 30 minutes de grimpette ! Ne confondez pas Mt Davis Path et Mt Davis Rd ! Il vous faudra une carte de YHA (que vous pourrez acheter sur place). Ouvert de 7h à 23h.

Île de Hong Kong – pensions

La *Noble Hostel* (☎ 2576-6148), certainement l'une des meilleures pensions de Hong Kong, affiche souvent complet. En raison de sa popularité, le propriétaire a ouvert cinq nouveaux établissements. Vous pouvez vous présenter à deux bureaux : l'un situé Flat C1, 7e étage, 37 Paterson St, Paterson Building, Causeway Bay. L'autre est voisin, Flat A3, 17e étage, 27 Paterson St. Les simples avec s.d.b. commune coûtent 250 \$HK ; les doubles avec s.d.b. commune sont à 300 \$HK, avec s.d.b. de 350 à 380 \$HK. Si la pension est complète, le directeur vous aidera à en trouver une autre.

Les *Phoenix Apartments*, 70 Lee Garden Hill Rd, Causeway Bay (cherchez le nouveau centre commercial Phoenix au rez-de-chaussée) regroupent plusieurs pensions élégantes aux tarifs raisonnables. En fait, la plupart sont des hôtels de passage, où les chambres se louent à l'heure. Des chambres sont néanmoins disponibles pour la nuit et, pour peu que les draps aient été changés, l'endroit n'est pas désagréable.

Non loin de là, la *Emerald House* (☎ 2577-2368), 1er étage, 44 Leighton Rd, offre des doubles propres avec s.d.b. et lits ronds (véridique !) pour 350 \$HK. On entre par Leighton Lane, juste à l'angle.

Leishun Court, 116 Leighton Rd, Causeway Bay, est une autre option relativement économique. L'édifice abrite plusieurs pensions peu onéreuses, la plupart dans les étages inférieurs. La *Fuji House* (☎ 2577-9406), 1er étage, est irréprochable (250 \$HK la chambre avec s.d.b.). Au même étage se trouve le *Villa Lisboa Hotel* (☎ 2576-5421), et au 3e étage le *Sam Yu Apartment*.

Île de Hong Kong – hôtels

Il existe encore moins d'hôtels de catégorie moyenne sur l'île de Hong Kong qu'à Kowloon. Comptez au minimum 450 \$HK. Là encore, les agences de voyages proposent des tarifs préférentiels. Voici quelques bonnes adresses :

Emerald, 152 Connaught Rd West, Sheung Wan : 316 chambres, simples à 500 \$HK, doubles et jumelles de 600 à 800 \$HK, suites de 850 à 1 200 \$HK (☎ 2546-8111 ; fax 2559-0255)

Harbour, 116-122 Gloucester Rd, Wanchai : 200 chambres, simples de 500 à 800 \$HK, doubles et jumelles de 680 à 950 \$HK, suites à 1 400 \$HK (☎ 2507-2702)

YMCA – Harbour View International, 4 Harbour Rd, Wanchai : 320 chambres, doubles et jumelles de 620 à 850 \$HK, suites de 950 à 1 050 \$HK (☎ 2802-1111)

YWCA – Garden View International, 1 MacDonnell Rd, Central : 130 chambres, doubles et jumelles de 693 à 814 \$HK, suites à 1 180 \$HK (☎ 2877-3737)

Parmi les hôtels de luxe de l'île de Hong Kong figurent les établissements suivants :

Century Hong Kong, 238 Jaffe Rd, Wanchai : 511 chambres, jumelles de 1 600 à 2 100 \$HK, suites de 3 100 à 8 500 \$HK (☎ 2598-8888 ; fax 2598-8866)

Charterhouse, 209-219 Wanchai Rd, Wanchai : 237 chambres, doubles et jumelles de 1 450 à 2 000 \$HK, suites de 1 800 à 2 700 \$HK (☎ 2833-5566 ; fax 2833-5588)

City Garden, 231 Electric Rd, North Point (station MTR Fortress Hill) : 615 chambres, simples de 1 200 à 1 700 \$HK, doubles et jumelles de 1 330 à 1 830 \$HK, suites à 2 900 \$HK (☎ 2887-2888 ; fax 2887-1111)

Conrad, Pacific Place, 88 Queensway, Central (station MTR Admiralty) : 513 chambres, doubles et jumelles de 2 250 à 3 500 \$HK, suites de 4 400 à 20 000 \$HK (☎ 2521-3838 ; fax 2521-3888)

Evergreen Plaza, 33 Hennessy Rd, Wanchai : 331 chambres, doubles et jumelles de 1 000 à 1 500 \$HK, suites de 1 900 à 4 600 \$HK (☎ 2866-9111 ; fax 2861-3121)

Excelsior, 281 Gloucester Rd, Causeway Bay : 897 chambres, doubles et jumelles de 1 400 à 2 100 \$HK, suites de 2 800 à 6 500 \$HK (☎ 2894-8888 ; 2895-6459)

Furama Kempinski, 1 Connaught Rd, Central : 516 chambres, doubles et jumelles de 1 700 à 2 650 \$HK, suites de 2 750 à 8 000 \$HK (☎ 2525-5111 ; fax 2845-9339)

Grand Hyatt, 1 Harbour Rd, Wanchai : 572 chambres, doubles et jumelles de 2 650 à 3 850 \$HK, suites de 5 100 à 25 000 \$HK (☎ 2588-1234 ; fax 2802-0677)

Grand Plaza, 2 Kornhill Rd, Quarry Bay (station MTR Tai Koo) : 248 chambres, doubles et jumelles de 1 100 à 1 650 \$HK, suites de 1 900 à 3 200 \$HK (☎ 2886-0011 ; fax 2886-1738)

Harbour View International House, 4 Harbour Rd, Wanchai : 320 chambres, doubles et jumelles de 850 à 1 250 \$HK (☎ 2802-0111 ; fax 2802-9063)

Island Shangri-La, Pacific Place, 88 Queensway, Central (station MTR Admiralty) : 565 chambres, doubles et jumelles de 2 500 à 3 350 \$HK, suites de 5 300 à 25 000 \$HK (☎ 2877-3838 ; fax 2521-8742)

JW Marriot, Pacific Place, 88 Queensway, Central (station MTR Admiralty) : 604 chambres, doubles et jumelles de 2 350 à 3 300 \$HK, suites de 5 000 à 15 000 \$HK (☎ 2810-8366 ; fax 2845-0737)

Luk Kwok, 72 Gloucester Rd, Wanchai : 198 chambres, simples de 1 300 à 1 500 \$HK, jumelles de 1 400 à 1 600 \$HK, suites à 2 700 \$HK (☎ 2866-2166 ; fax 2866-2622)

Mandarin Oriental, 5 Connaught Rd, Central : 538 chambres, doubles et jumelles à 2 250 \$HK, suites de 5 000 à 22 000 \$HK (☎ 2522-0111 ; fax 2810-6190)

New Cathay, 17 Tung Lo Wan Rd, Causeway Bay : 223 chambres, simples de 630 à 1 050 \$HK, doubles et jumelles de 850 à 1 100 \$HK, suites de 1 600 à 1 800 \$HK (☎ 2577-8211 ; fax 2576-9365)

New Harbour, 41-49 Hennessy Rd, Wanchai : 173 chambres, doubles et jumelles de 880 à 1 300 \$HK, suites de 1 500 à 1 700 \$HK (☎ 2861-1166 ; fax 2865-6111)

New World Harbour View, 1 Harbour Rd, Wanchai : 862 chambres, simples de 1 880 à 3 080 \$HK, jumelles de 2 130 à 3 330 \$HK, suites de 4 180 à 14 000 \$HK (☎ 2802-8888 ; fax 2802-8833)

Newton, 218 Electric Rd, North Point (station MTR Fortress Hill) : 362 chambres, simples de 1 000 à 1 800 \$HK, doubles et jumelles de 1 100 à 2 000 \$HK, suites à 3 300 \$HK (☎ 2807-2333 ; fax 2807-1221)

Park Lane, 310 Gloucester Rd, Causeway Bay : 815 chambres, doubles et jumelles de 1 800 à 3 000 \$HK, suites de 4 000 à 12 000 \$HK (☎ 2890-3355 ; fax 2576-7853)

Regal HongKong, 88 Yee Wo St, Causeway Bay : 425 chambres, doubles et jumelles de 1 900 à 2 650 \$HK, suites de 3 800 à 15 000 \$HK (☎ 2890-6633 ; fax 2881-0777)

Richmond, 1A Wang Tak St, Happy Valley : 111 chambres, doubles et jumelles de 1 800 à 2 200 \$HK, suites de 3 900 à 5 000 \$HK (☎ 2574-9922)

Ritz-Carlton, 3 Connaught Rd, Central : 216 chambres, doubles et jumelles de 2 250 à 3 350 \$HK, suites de 4 500 à 15 000 \$HK (☎ 2877-6666 ; fax 2877-6778)

South China, 67-75 Java Rd, North Point : 204 chambres, doubles et jumelles de 780 à 1 450 \$HK (☎ 2503-1168 ; fax 2512-8698)

South Pacific, 23 Morrison Hill Rd, Wanchai : 293 chambres, simples de 1 200 à 1 800 \$HK, doubles et jumelles de 1 350 à 1 800 \$HK, suites de 3 300 à 4 800 $HK (☎ 2572-3838 ; fax 2893-7773)

Victoria, Shun Tak Centre, 200 Connaught Rd West, Sheung Wan : 535 chambres, doubles et jumelles de 1 900 à 2 650 $HK, suites de 3 200 à 10 000 $HK (☎ 2540-7228 ; fax 2858-3398)

Wesley, 22 Hennessy Rd, Wanchai : 251 chambres, doubles et jumelles de 1 100 à 1 800 $HK (☎ 2866-6688 ; fax 2866-6633)

Wharney, 57-33 Lockart Rd, Wanchai : 335 chambres, doubles et jumelles de 1 450 à 1 750 $HK, suites de 2 800 à 3 000 $HK (☎ 2861-1000 ; fax 2865-6023)

Nouveaux Territoires

La Hong Kong Youth Hotel Association (HKYHA) possède plusieurs auberges dans les Nouveaux Territoires Toutes sont excentrées et il n'est pas pratique de faire l'aller-retour pour le centre-ville. On vous demandera une carte YHA, que vous pourrez acheter sur place (apportez une photo). Il est vivement conseillé de téléphoner au préalable pour savoir s'il reste des places.

Les quatre établissements suivants sont gérés par la HKYHA :

La *Bradbury Lodge* (☎ 2662-5123), Ting Kok Rd, Tai Mei Tuk, Tai Po, est la plus facile d'accès et compte 80 lits (35 $HK), mais pas de terrain de camping. Prenez le KCR jusqu'à la station Tai Po Market, puis le bus n°75K jusqu'au terminus de Tai Mei Tuk. L'auberge est à quatre minutes à pied vers le sud (la mer sur votre droite).

La *Sze Lok Yuen* (☎ 2488-8188) est dans Tai Mo Shan Rd. Elle compte 92 lits (25 $HK), et 200 emplacements de camping. Prenez le bus n°51 (quai du Tsuen Wan Ferry-Kam Tin) à la station MTR Tsuen Wan et descendez à Tai Mo Shan Rd. Suivez Tai Mo Shan Rd pendant environ 45 minutes et, après le parking, tournez à droite sur un petit chemin bétonné qui mène directement à l'auberge. En séjournant là, il vous sera pratique de grimper en haut du Tai Mo Shan, le plus haut sommet de Hong Kong. En raison de l'altitude, il peut faire très froid la nuit, emportez de quoi vous couvrir.

La *Pak Sha O Hostel* (☎ 2328-2327), Hoi Ha Rd, péninsule de Sai Kung East, abrite 112 lits à 25 $HK. Le camping peut accueillir 150 tentes. Prenez le bus n°92 dans la gare routière de Choi Hung Estate et descendez à celle de Sai Kung. De là, prenez le bus n°94 (le dernier part à 19h) vers le quai de Wong Shek, mais descendez au village de Ko Tong. Ensuite, marchez 100 mètres le long de Pak Tam Rd, et prenez Hoi Ha Rd sur votre gauche pendant environ 40 minutes (l'auberge est signalée).

Toujours sur la péninsule de Sai Kung, le *Bradbury Hall* (☎ 2328-2458) est situé à Chek Keng. Il compte 100 lits (25 $HK) et 100 emplacements de camping. De la gare routière de Choi Hung Estate, prenez le bus n°94 (le dernier est à 19h) en direction de Yellow Stone Pier, mais descendez à Pak Tam Au. Sur le côté de la route, un sentier conduit au village de Chek Keng (45 minutes de marche). L'auberge se trouve sur le port même, en face du quai Chek Keng Ferry. Un autre itinéraire consiste à prendre le ferry à Ma Liu Shui (qui jouxte la gare ferroviaire de l'Université chinoise) jusqu'au quai Chek Keng Ferry.

Île de Cheung Chau

En face du quai des ferries, une longue rangée de baraques offrent des appartements à louer. Les petits appartements pour deux personnes commencent à 300 $HK, mais les prix peuvent doubler le week-end et les jours fériés.

Il existe un établissement haut de gamme à Cheung Chau, le *Warwick Hotel* (☎ 2981-0081), qui compte 70 chambres. Les doubles coûtent 780 $HK en semaine et 1 180 $HK le week-end.

Île de Lamma

Yung Shue Wan compte plusieurs établissements. Tout à côté du quai du Yung Shue Wan Ferry, le *Man Lai Wah Hotel* (☎ 2982-0220) propose des doubles à 350 $HK en semaine, et jusqu'à 700 $HK le week-end. *Lamma Vacation House* (☎ 2982-0427), 29 Main St, offre des chambres minuscules à 150 $HK, ou des appartements plus confortables à 300 $HK. Les prix doublent le week-end.

Au bord de la plage voisine de Hung Shing Ye, le *Concerto Inn* (☎ 2982-1668 ; fax 2836-3311) est un établissement de catégorie supérieure où les tarifs des chambres s'échelonnent de 680 à 880 $HK.

Île de Lantau

En sortant du ferry à Silvermine Bay, dirigez-vous à droite vers la plage. Vous trouverez plusieurs hôtels avec vue sur la mer. Parmi les nombreux établissements, la *Sea House* (☎ 2984-7757) abrite des chambres assez peu engageantes à partir de 300 $HK en semaine, 500 $HK le week-end.

L'un des plus agréables hôtels de l'île est le *Mui Wo Inn* (☎ 2984-1916) avec des doubles de 300 à 400 $HK en semaine et de 550 à 700 $HK le week-end.

L'hôtel le plus chic est le *Silvermine Beach Hotel* (☎ 2984-8295), où les doubles s'échelonnent de 820 à 1 200 $HK.

Ngong Ping compte deux établissements : le *Po Lin Monastery* abrite des lits en dortoirs à 200 $HK (repas végétariens inclus), mais il est austère.

Plus accueillant, le *S G Davis Youth Hostel* (☎ 2985-5610) dispose de 48 lits à 25 $HK, mais il vous faut une carte YHA. Il possède également un terrain de camping d'une capacité de 20 tentes.

OÙ SE RESTAURER

A Hong Kong, l'éventail des spécialités culinaires est d'une incroyable diversité.

Vous devriez goûter au moins une fois les succulents dim sum, une spécialité cantonaise unique en son genre servie au petit déjeuner ou à midi, mais jamais au dîner. Les dim sum sont généralement cuits à la vapeur dans un petit panier en bambou. Chaque panier renferme quatre morceaux identiques. On paie le nombre de paniers que l'on a commandés. Les paniers sont empilés sur des chariots qui circulent à travers le restaurant. On choisit directement ce que l'on désire. Dans les restaurants cantonais, le thé est souvent offert ; vous paierez tout au plus 1 $HK pour une grande théière que l'on vous remplira à volonté. En revanche, le café est rare,

excepté dans les restaurants occidentaux ou les coffee shops, et n'est jamais gratuit.

Kowloon

Beaucoup de restaurants sont concentrés dans le quartier touristique de Tsimshatsui.

Petit déjeuner. Si votre hôtel ne sert pas de petit déjeuner, vous aurez peut-être du mal à vous restaurer avant 9h, lorsqu'ouvrent la plupart des restaurants.

La vitrine du *Wing Wah Restaurant* (☎ 2721-2947), 21A Lock Rd, près de la librairie Swindon et du Hyatt Regency, est toujours remplie de gâteaux et de pâtisseries des plus alléchants. Vous pouvez les déguster sur place avec un café ou les emporter. Les prix sont très raisonnables. On sert également de la nourriture chinoise pas trop chère et, chose rare pour un café chinois bon marché à Hong Kong, il existe un menu en anglais.

Non loin de là, 11 Ashley Rd, le *Kam Fat Restaurant*, du même style, propose gâteaux, café et autres douceurs. Les prix sont légèrement plus élevés qu'au Wing Wah mais l'ambiance est plus sympathique.

Dans chaque station MTR, vous trouverez des *Maxim's Cake Shops*. Gâteaux et pâtisseries sont extrêmement appétissants, mais vous encourez une amende de 1 000 $HK si vous mangez dans le métro.

Il existe une chaîne de boulangeries dans Hong Kong, les *St Honore Cake Shop*, mais il n'y a pas d'enseigne en romain sur les boutiques. Vous reconnaîtrez cependant rapidement leur idéogramme. Voyez celles situées 12 Cameron Rd ou 8 Canton Rd, à Tsimshatsui.

Cuisine américaine. Le *Planet Hollywood* (☎ 2377-7888), 3 Canton Rd, dispose d'un décor époustouflant.

Le *Dan Ryan's Chicago Grill* (☎ 2735-6111), Shop 200, Ocean Terminal, Harbour City, Canton Rd, Tsimshatsui, est un endroit à la mode avec des prix en conséquence.

Cuisine chinoise – dim sum. Ils sont habituellement servis de 11h à 15 h, mais quelques établissements en proposant aussi pour le petit déjeuner.

Nous avons relevé les restaurants suivants pour leurs prix raisonnables :

Canton Court, Guangdong Hotel, 18 Prat Ave, Tsimshatsui, dim sum servis de 7 h à 16 h (☎ 2739-3311)

Eastern Palace, 3ᵉ étage, Omni The Hongkong Hotel, Shopping Arcade, Harbour City, Canton Rd, Tsimshatsui, dim sum servis de 11h30 à 15h (☎ 2730-6011)

Vendeur de dim sum. Les dim sum constituent un déjeuner succulent à Hong Kong.

Harbour View Seafood, 3ᵉ étage, Tsimshatsui Centre, 66 Mody Rd, Tsimshatsui East, dim sum servis de 11h à 17h ; le restaurant ferme à 24h (☎ 2722-5888)

New Home, 19-20 Hanoi Rd, Tsimshatsui, dim sum servis de 7h à 16h30 (☎ 2366-5876)

North China Peking Seafood, 2ᵉ étage, Polly Commercial Building, 21-23 Prat Ave, Tsimshatsui, dim sum servis de 11h à 15h (☎ 2311-6689)

Orchard Court, 1ᵉʳ et 2ᵉ étages, Ma's Mansion, 37 Hankow Rd, Tsimshatsui, dim sum servis de 11h à 17h (☎ 2317-5111)

Tai Woo, 14-16 Hillwood Rd, Yaumatei, dim sum servis de 11h à 16h30 (☎ 2369-9773)

Cuisine chinoise – étals de rue. Pour déguster une cuisine chinoise authentique et pas chère, le *Temple St Night Market* à Yaumatei est imbattable. Il ouvre vers 8h et ne commence à ralentir le rythme qu'à 23h.

Il existe également quantité de restaurants en intérieur animés, aux prix variables.

Fast-foods. *Oliver's* est situé au rez-de-chaussée du Hong Kong Pacific Centre, 28 Hankow Rd, ainsi qu'au sous-sol du 100 Nathan Rd. *McDonald's* occupe des emplacements stratégiques à Tsimshatsui. Les restaurants qui restent ouverts tard le soir sont très rares à Hong Kong, aussi est-il bon de savoir que deux McDonald's sont ouverts 24h/24 à Tsimshatsui : l'un est situé 21A Granville Rd, l'autre 12 Peking Rd. Il existe également un McDonald's 2 Cameron Rd, et un autre dans Star House, juste en face du quai Star Ferry.

D'autres lieux de restauration rapide à Kowloon incluent :

Café de Coral, entresol, Albion Plaza, 2-6 Granville Rd, Tsimshatsui ; 16 Carnarvon Rd, Tsimshatsui

Fairwood Fast Food, 6 Ashley Rd, Tsimshatsui ; sous-sol 2, Silvercord Shopping Centre, Haiphong Rd et Canton Rd

Hardee's, arcade du Regent Hotel, sud de Salisbury Rd, à la pointe sud de Tsimshatsui

Jack in the Box, Shop G60-83, Tsimshatsui Centre, 66 Mody Rd, Tsimshatsui East

Ka Ka Lok Fast Food Shop, 55A Carnarvon Rd, Tsimshatsui ; 16A Ashley Rd, mais entrez par Ichang St, Tsimshatsui

KFC, 2 Cameron Rd, Tsimshatsui ; 241 Nathan Rd, Yaumatei

Pizza Hut, Lower Basement, Silvercord Shopping Centre, Haiphong Rd et Canton Rd, Tsimshatsui ; Shop 008, Ocean Terminal, Harbour City, Canton Rd, Tsimshatsui

Spaghetti House, 57 Peking Rd ; 38 Haiphong Rd, Tsimshatsui

Wendy's, sous-sol, Albion Plaza, 2-6 Granville Rd, presqu'à l'angle de Nathan Rd, Tsimshatsui

Cuisine indienne. La plupart des restaurants indiens bon marché sont installés à Chungking Mansions, dans Nathan Rd. Malgré l'aspect sinistre de l'entrée des Mansions, la plupart des restaurants sont étonnamment agréables à l'intérieur. Un plat de poulet au curry et riz, ou curry avec chapatti et dhal, vous reviendra environ à 30 $HK.

Commencez par le rez-de-chaussée de l'arcade. Le bas du marché appartient aux *Kashmir Fast Food* et *Lahore Fast Food*, qui ouvrent tôt. L'ambiance n'est guère joyeuse dans ces deux endroits, aussi ne s'y attarde-t-on pas.

A l'entresol, se trouve le *Nepal Fast Food*, que les amateurs de restauration rapide indienne bon marché disent être l'un des meilleurs.

En haut, dans les Chungking Mansions, de nombreux restaurants proposent une nourriture meilleure et une atmosphère plus agréable. Les prix restent bas, avec des repas à prix fixes à partir de 35 $HK environ. Vous pouvez tenter l'un des suivants :

Delhi Club, 3e étage, le meilleur du Bloc C (☎ 2368-1682)

Karachi Mess, sa cuisine halal vous plonge directement au Pakistan (☎ 2368-1678)

Kashmir Club, 3e étage, Bloc A, excellente qualité, propose même la livraison gratuite à domicile (☎ 2311-6308)

Royal Club Mess, 5e étage, Bloc D, cuisine indienne et végétarienne (☎ 2369-7680)

Taj Mahal Club Mess, 3e étage, Bloc B, excellent (☎ 2722-5454)

Non loin de là, le *Koh-I-Nor* (☎ 2368-3065), 3-4 Peninsula Mansion, 16C Mody Rd, est excellent.

Cuisine indonésienne. Le *Java Rijsttafel* (☎ 2367-1230), Han Hing Mansion, 38 Hankow Rd, Tsimshatsui, est idéal pour déguster des *rijsttafel*, littéralement "table de riz".

Autre possibilité : l'*Indonesian Restaurant* (☎ 2367-3287), 66 Granville Rd, Tsimshatsui.

Cuisine italienne. *Valentino* (☎ 2721-6449), 16 Hanoi Rd, est un excellent restaurant italien. Également de qualité : *La Taverna* (☎ 2376-1945), Astoria Building, 36-38 Ashley Rd, Tsimshatsui.

The Pizzeria (☎ 2369-8698 poste 3322) est situé au 2e étage du Kowloon Hotel, 19-21 Nathan Rd, Tsimshatsui.

Cuisine coréenne. Il existe plusieurs restaurants coréens, excellents et faciles d'accès, parmi lesquels la *Seoul House* (☎ 2314-3174), 35 Hillwood Rd, Yaumatei, la chaîne *Manna*, 83B Nathan Rd (☎ 2721-2159) ; Lyton Building, 32B Mody Rd (☎ 2367-4278) et 6A Humphrey's Ave (☎ 2368-2485).

Deux autres restaurants coréens dans le centre sont *Arirang* (☎ 2956-3288), Shop 210, 2e étage, The Gateway, Canton Rd, Tsimshatsui, et la *Korea House* (☎ 2367-5674), Empire Centre, 68 Mody Rd, Tsimshatsui East.

Cuisine kascher. Au *Beverly Hills Deli* (☎ 2369-8695), Level 2, Shop 55, New World Centre, Salisbury Rd, vous trouverez du *gefilte fish* et du saumon fumé. C'est bon, mais cher.

Cuisine malaise. Le *Singapore Restaurant* (☎ 2376-1282), 23 Ashley Rd, Tsimshatsui, propose de la cuisine malaise. La cuisine est délicieuse et peu chère (pour Hong Kong). Ouvert de 11h à 1h.

Cuisine mexicaine. Le *Someplace Else* (☎ 2369-1111, poste 5), Sheraton Hotel,

20 Nathan Rd, est à la fois un bar et un restaurant mexicain. Très fréquenté, surtout le soir. Ouvert de 11h à 1h du matin.

Cuisine thaï. La cuisine thaï est fortement épicée mais succulente. Le *Royal Pattaya* (☎ 2366-9919), 9 Minden Ave, Tsimshatsui, est bon et raisonnable, tout comme le *Sawadee* (☎ 2376-3299), 6 Ichang St, Tsimshatsui.

Cuisine végétarienne. *Bodhi* (☎ 2739-2222), rez-de-chaussée, 56 Cameron Rd, Tsimshatsui, compte parmi les plus grands restaurants végétariens de Hong Kong, qui disposent de plusieurs établissements, notamment 36 Jordan Rd, Yaumatei, et au 1er étage, 32-34 Lock Rd (autre entrée au 81 Nathan Rd), Tsimshatsui. Les dim sum sont proposés de 11h à 17h.

Vous pouvez également jeter votre dévolu sur le *Pak Bo Vegetarian Kitchen* (☎ 2366-2732), 106 Austin Rd, Tsimshatsui, ou le *Fat Siu Lam* (2388-1308), 2-3 Cheong Lok St, Yaumatei.

Faire son marché. Vous trouverez les meilleurs fromages, pains et autres douceurs importées chez *Oliver's*, au rez-de-chaussée de l'Ocean Centre, dans Canton Rd, ou encore au rez-de-chaussée du Tung Ying Building, Granville Rd (à Nathan Rd).

Il existe de nombreux supermarchés à Hong Kong. En voici trois, à Tsimshatsui et Yaumatei :

Park'n Shop, angle sud-ouest de Peking Rd et Kowloon Park Drive ; sous-sol 2, Silvercord Shopping Centre, 30 Canton Rd

Wellcome, dans la Dairy Farm Creamery (où l'on peut acheter des glaces), 74-78 Nathan Rd ; angle nord-ouest de Granville Rd et Carnarvon Rd

Yue Hwa Chinese Products, sous-sol, 301 Nathan Rd, Yaumatei (angle nord-ouest de Nathan Rd et Jordan Rd) : produits occidentaux et produits exotiques chinois (briques de thé et poulets aplatis)

Hong Kong Central

Pour se restaurer à des prix abordables ou sortir le soir, une seule adresse : le quartier de Lan Kwai Fong (reportez-vous à la rubrique *Distractions*).

Petit déjeuner. Pour un gain de temps et d'argent, des stands d'alimentation jouxtent le Star Ferry et sont ouverts peu après 6h. Si vous préférez mieux, le *Jim's Eurodiner* (☎ 2868-6886), Paks Building, 5-11 Stanley St, sert d'excellents petits déjeuners de 8h à 10h30 (20 à 30 $HK). De 12h à 22h, il propose une nourriture occidentale classique.

Cuisine chinoise – dim sum. Les endroits suivants entrent dans la catégorie moyens à petits budgets :

Luk Yu Tea House (☎ 2523-5464), 26 Stanley St, Central, dim sum servis de 7h à 18h

Tai Woo (☎ 2524-5618), 15-19 Wellington St, Central, dim sum servis de 10h à 17h

Zen Chinese Cuisine (☎ 2845-4555), Lower ground 1, The Mall, Pacific Place, Phase I, 88 Queensway, Central, dim sum servis de 11h30 à 15h

Cuisine française. Vins, fromages, le meilleur pain et la meilleure bouillabaisse français sont au *Papillon* (☎ 2526-5965), 8-13 Wo On Lane. Cette petite rue parallèle à Wellington St donne sur D'Aguilar St (à hauteur du n° 17 environ).

Cuisine indienne. Très prisé, l'*Ashoka* (☎ 2524-9623) est sis 57 Wyndham St. À côté, au sous-sol, le *Village Indian Restaurant* (☎ 2525-7410) est excellent.

Le *Greenlands* (☎ 2522-6098), 64 Wellington St, est également un superbe restaurant indien (buffet à volonté).

Le *Club Sri Lanka* (☎ 2526-6559) au sous-sol du 17 Hollywood Rd (presque au bout de Wyndham St) sert de délicieux curries sri lankais. Leur buffet à volonté à prix fixe est exceptionnellement intéressant comparé à la plupart des autres restaurants de Hong Kong.

Cuisine kascher. Le *Shalom Grill* (☎ 2851-6300), 2e étage, Fortune House, 61 Connaught Rd, sert de la cuisine kascher et marocaine.

Cuisine malaise. Si vous aimez la cuisine malaise, vous adorerez le *Malaya* (☎ 2525-1675), 15B Wellington St, Central.

Faire son marché. L'*Eden's Natural Synergy* (tél. 2408-2616), Mappin House, Central, est une boutique diététique où l'on vend du pain et de délicieux sandwichs.

Oliver's Super Sandwiches (produits d'importation) compte trois établissements : Shop 104, Exchange Square II, 8 Connaught Place ; Shop 201-205, Prince's Building, 10 Chater Rd (à Ice House St) ; Shop 8, Lower Ground Floor, The Mall, Pacific Place, 88 Queensway, Central.

C'est au Seibu Department Store, Lower ground 1, Pacific Place, 88 Queensway, Central (Station MTR Admiralty), que l'on trouve le plus grand assortiment de nourriture d'importation.

Particulièrement intéressant pour les amateurs de chocolat, *See's Candies* possède deux boutiques à Central : B66 Gloucester Tower, The Landmark, 11 Pedder St ; et Shop 245, Pacific Place, Phase II, 88 Queensway, Central (station MTR Admiralty).

DISTRACTIONS
Kowloon
Le *Rick's Cafe* (☎ 2367-2939), sous-sol, 4 Hart Ave, est très apprécié des voyageurs à petit budget.

Le *Jouster II* (☎ 2723-0022), Shops A et B, Hart Ave Court, 19-23 Hart Ave, Tsimshatsui, est un endroit à plusieurs étages, au décor extravagant. Ouvert de 12h à 3h, et le dimanche de 18h à 2h. Happy hour jusqu'à 21h.

Le *Ned Kelly's Last Stand* (☎ 2376-0562), 11A Ashley Rd (11h à 2h), est un véritable pub australien, apprécié pour ses concerts de jazz et de musique folk australienne.

L'*Amoeba Bar* (☎ 2376-0389), 22 Ashley Rd, Tsimshatsui, est un endroit new-wave local, avec des groupes à partir de 21h environ. Ouvert jusque vers 6h.

Le *Kangaroo Pub* (☎ 2312-0083), 1er et 2e étages, 35 Haiphong Rd, Tsimshatsui,

est un pub australien dans toute sa tradition. Son brunch du dimanche est très bon.

Le *Mad Dog's Pub* (☎ 2301-2222), sous-sol, 32 Nathan Rd, est un pub de style australien populaire. Ouvert du lundi au jeudi de 7h à 2h, 24h/24 du vendredi au dimanche.

Île de Hong Kong – Lan Kwai Fong
Lan Kwai Fong est une ruelle en L interdite à la circulation qui donne dans D'Aguilar St, à Central. Avec les rues et ruelles voisines, c'est le quartier animé de Hong Kong où l'on peut boire, manger, danser et faire la fête. Les prix sont très disparates.

Le *Club 64* (☎ 2523-2801), 12-14 Wing Wah Lane, est un grand classique. Il a toutefois perdu de son aura depuis que les autorités interdisent aux clients de s'asseoir dehors.

Quand on regarde le Club 64, à l'extérieur, un escalier est situé sur la gauche. Montez jusqu'à la terrasse, vous trouverez *Le Jardin Club* (☎ 2526-2717), 10 Wing Wah Lane, établissement idéal pour boire un verre, se détendre et faire des rencontres.

Face au Club 64, le *Bon Appetit* (☎ 2525-3553) est un restaurant vietnamien qui pratique des tarifs raisonnables.

Le *Top Dog* (☎ 2868-9195/6), 1 Lan Kwai Fong, vend toutes les sortes de hot dogs. La direction se targue de fermer "lorsqu'il n'y a plus personne dans la rue".

Le *Midnight Express* (☎ 2525-5010, 2523-4041), 3 Lan Kwai Fong, propose un menu composé de spécialités grecques, indiennes et italiennes (goûtez aux kebabs), et livre à domicile du lundi au samedi. Ouvert de 11h30 à 3h (de 18h à 3h le dimanche).

Yelt's Inn (☎ 2524-7796), 42 D'Aguilar St, s'enorgueillit de sa vodka russe, d'une ambiance très animée et d'une musique extrêmement forte.

Si vous aimez la cuisine libanaise raffinée, la bière et le rock, difficile de trouver mieux que *Beirut* (☎ 2804-6611), 27 D'Aguilar St.

Si vous préférez une atmosphère européenne, allez à *Berlin* (☎ 2530-3093), 19 Lan Kwai Fong, où vous entendrez du disco. L'assistance est invitée à chanter.

Le *Post 97* (☎ 2810-9333), 9 Lan Kwai Fong, est un endroit très confortable pour se restaurer et se désaltérer. Dans la journée, il tient plutôt du coffee shop et vous pouvez passer des heures à profiter de l'excellent stock de magazines et journaux occidentaux. Le soir, l'endroit peut devenir bondé et les lumières sont tamisées pour décourager la lecture.

A côté, dans le même bâtiment, le *1997* (☎ 2810-9333) est connu pour sa cuisine méditerranéenne extrêmement raffinée. Il s'adresse aux budgets moyens.

Le *Graffiti* (☎ 2521-2202), 17 Lan Kwai Fong, a la réputation d'être un restaurant-bar très huppé et branché ; le prix élevé des consommations ne semble pas dissuader la clientèle.

On se déchaîne à l'*Acropolis* (☎ 2877-3668), au rez-de-chaussée de Corner II Tower, 21 D'Aguilar St. La foule compacte, la musique forte et le tarif raisonnable des consommations contribuent à cette ambiance festive.

Le California Entertainment Building est situé à l'intersection de Lan Kwai Fong et D'Aguilar St. Il abrite de nombreux restaurants à des tarifs plutôt élevés. L'endroit comporte deux bâtiments avec deux entrées séparées. Si vous ne trouvez pas l'une des adresses mentionnées ci-dessous, essayez l'autre bâtiment.

Une cuisine chère mais de premier ordre est proposée au *Koh-I-Noor* (☎ 2877-9706), un restaurant indien. *Il Mercato* (☎ 2868-3068) remporte la palme des restaurants italiens, avec des tarifs pour budgets moyens.

Le *California* (☎ 2521-1345) est peut-être le bar le plus cher mentionné dans ce guide. Ouvert de 12h à 1h, il fait office de restaurant dans la journée mais, à partir de 17h du mercredi au dimanche, il se double d'une discothèque (avec droit d'entrée).

The American Pie (☎ 2521-3381), au 4e étage du California Entertainment Building, est le *nec plus ultra* en matière de

dessert à Hong Kong. On y déguste tartes, gâteaux, pâtisseries variées, sans parler du thé ou du café, succulents.

Le *Jazz Club* (☎ 2845-8477), 2e étage, à l'ambiance particulièrement sympathique, accueille des groupes de blues et de reggae. Comptez 40 $HK pour une bière. L'entrée est parfois payante à certaines occasions (jusqu'à 250 $HK).

Le *DD II* (☎ 2524-8809), synonyme de "Disco Disco", dans le California Entertainment Building, est un endroit à la mode ouvert de 21h30 à 3h30.

Le *Cactus Club* (☎ 2525-6732), 13 Lan Kwai Fong, sert une cuisine mexicaine correcte. Il tient plus du pub que du restaurant, avec une bière d'excellente qualité et de la tequila.

Le *Supatra's* (☎ 2522-5073), 46 D'Aguilar St, est le meilleur endroit de Lan Kwai Fong pour déguster de la cuisine thaï.

Al's Diner (☎ 2869-1869), 27-37 D'Aguilar St, est une institution. A voir le décor, on dirait un wagon-restaurant new yorkais des années 50. La cuisine est délicieuse mais chère.

Le *Schnurrbart* (☎ 2523-4700), 29 D'Aguilar St, est un pub de style bavarois, flanqué d'autres pubs allemands.

Oscar's (☎ 2804-6561), 2 Lan Kwai Fong, est un bar-café très chic. Parmi les spécialités figurent les pizzas, les pâtes et les sandwiches avec du pain pita. On peut s'y restaurer de 12h à 23h. Ouvert jusqu'à 2h.

Île de Hong Kong – Central

Non loin de Lan Kwai Fong, le *Fringe Club* (☎ 2521-7251), 2 Lower Albert Rd, est un excellent pub réputé pour sa bière bon marché et son ambiance avant-gardiste. Des groupes de folk et de rock locaux s'y produisent.

Le *Mad Dogs Pub* (☎ 2525-2383), 33 Wyndham St, Central, est proche de Lan Kwai Fong. Ce vaste pub de style australien occupe deux étages et propose consommations et repas.

Au légendaire *Hard Rock Cafe* (☎ 2377-8168), 11 Chater Rd, Central, le happy hour est de 15h à 19h.

Le *LA Cafe* (☎ 2526-6863), rez-de-chaussée, Shop 2, Lippo Centre, 89 Queensway (près de la station MTR Admiralty), sert une cuisine d'inspiration mexicaine, dont guacamole, burritos et autres délices tex-mex, délicieux mais onéreux.

A *La Bodega* (☎ 2877-5472), 31 Wyndham St, bar confortable au parfum méditerranéen, les consommations sont à moitié prix le vendredi jusqu'à ce que quelqu'un aille aux toilettes ! Un orchestre de style espagnol (avec musiciens philippins) assure l'animation.

Le *Bull & Bear* (☎ 2525-7436), rez-de-chaussée, Hutchison House, 10 Harcourt Rd, Central, est un pub à l'anglaise qui s'anime beaucoup le soir. Ouvert de 8h à 10h30, puis de 11h à 24h.

Au *Portico* (☎ 2523-8893), rez-de-chaussée inférieur, Citibank Plaza, 3 Garden Rd, de bons musiciens distraient l'assemblée chaque samedi soir à partir de 22h environ.

Île de Hong Kong – Wanchai

Les lieux animés sont concentrés à l'intersection de Luard Rd et Jaffe Rd.

Le *Joe Bananas* (☎ 2529-1811), 23 Luard Rd, est devenu une discothèque à la mode (entrée gratuite). Attendez-vous à faire la queue. Happy hour de 11h à 21h (sauf le dimanche). Ouvert jusque vers 5h du matin.

Le *Neptune Disco* (☎ 2528-3808), sous-sol, 54-62 Lockhart Rd, propose pur disco et heavy metal de 16h à 5h du matin. Dire que ce lieu a le vent en poupe est un euphémisme.

Le *Neptune Disco II* (☎ 2865-2238) a ouvert ses portes 98-108 Jaffe Rd. Des orchestres s'y produisent. L'entrée est facturée 80 \$HK le week-end.

Le *New Makati* (☎ 2866-3928), 100 Lockhart Rd, une boîte de nuit philippine à l'ambiance déchaînée, est la coqueluche des Occidentaux.

Le *West World* (☎ 2824-0523) également appelé *The Manhattan*, est célèbre pour son excellente musique dansante tard dans la nuit. L'entrée est gratuite sauf le vendredi et samedi (140 \$HK, boisson comprise). Il est situé au 4e étage du New World Harbour View Hotel. Demandez à la réception où se trouve l'ascenseur.

The Big Apple Pub & Disco (☎ 2529-3461), 20 Luard Rd, est une monumentale discothèque. Le week-end, vous devrez débourser 60/40 \$HK (hommes/femmes). Ouverte du lundi au vendredi de 12h à 5h, le week-end et les jours fériés de 14h à 6h.

Le *JJ's* (☎ 2588-1234 poste 7323), Grand Hyatt Hotel, 1 Harbour Rd, Wanchai, est célèbre pour ses groupes de rythm and blues. L'entrée est payante après 21h.

Le *Old Hat* (☎ 2861-2300), 1er étage, 20 Luard Rd, est ouvert 24h/24 le vendredi et le samedi soir, et vous pourrez y prendre votre petit déjeuner. *La Bamba* (☎ 2866-8706), dans le même bâtiment, accueille des formations musicales et sert une nourriture de qualité.

Discothèque bruyante, le *Crossroads* (☎ 2527-2347), 42 Lockhart Rd, Wanchai, attire une foule plutôt jeune. On danse de 21h à 4h. L'entrée est payante (une consommation incluse).

Au 54 Jaffe Rd, juste à l'ouest de Fenwick Rd, *The Wanch* (☎ 2861-1621) tranche nettement avec les autres établissements de Wanchai. Il s'agit d'un petit pub très agréable où l'on écoute de la musique folk. La bière et le vin sont bon marché. Il arrive qu'il soit bondé.

ACHATS

A Hong Kong, les tentations sont multiples et la ville ressemble à un gigantesque centre commercial. Toutefois, un rapide coup d'œil sur les étiquettes devrait vous convaincre que sa réputation de paradis des acheteurs est surfaite. Les biens importés comme les gadgets électroniques et les appareils photos fabriqués au Japon coûtent à peu près le même prix qu'en Occident.

La Hong Kong Tourist Association conseille aux touristes de faire leurs achats dans les magasins dotés du logo HKTA. Notre expérience nous fait cependant dire que nombre de ces boutiques font payer cher un service désagréable, tandis que quantité de magasins non affiliés sont parfaitement acceptables.

Le quartier présentant le moins d'intérêt pour faire ses achats est justement Tsimshatsui, le ghetto touristique de Kowloon, où l'on risque de se faire berner. Les prix ne figurent sur aucun des appareils photos ou des articles onéreux alors que, dans les quartiers chinois où les gens du pays font leurs achats, tous les prix sont affichés.

Les vêtements sont ce qu'il y a de plus intéressant à Hong Kong. Tous les articles bon marché viennent de Chine et la plupart sont de qualité correcte, mais vérifiez soigneusement fermetures éclair et coutures. C'est dans les marchés de rue de Tong Choi St à Mongkok et de Apliu St à Shamshuipo que vous ferez les meilleures affaires. Autre bonne adresse pour s'habiller à bas prix : l'entresol des Chungking Mansions (pas le rez-de-chaussée). Pour des vêtements de meilleure qualité, allez à l'extrémité est de Granville Rd, à Tsimshatsui.

Yue Hwa Chinese Products, 301 Nathan Rd, Yaumatei (à l'angle de Nathan Rd et Jordan Rd), est parfait pour les produits de consommation courante.

C'est au Golden Shopping Centre, soussol, 146-152 Fuk Wah St, Shamshuipo, que l'on trouve les ordinateurs de bureau les moins chers.

Voyez également le bâtiment annexe adjacent. A noter également le Mongkok Computer Centre, dans Nelson St et Fa Yuen St, à Mongkok. Pour les portables, rendez-vous à Kowloon au Star Computer City d'Ocean Terminal, Tsimshatsui. Sur l'île de Hong Kong, le principal magasin de ce type est Windsor House, Great George St, Causeway Bay. Jos Mart, dans Hennessy Rd, Wanchai, abrite plusieurs excellentes boutiques spécialisées.

Photo Scientific (☎ 2522-1903), 6 Stanley St, Central, est le lieu de prédilection des photographes professionnels de Hong Kong. A Tsimshatsui, la meilleure boutique semble être Kimberley Camera Company (☎ 2721-2308), Champagne Court, 16 Kimberley Rd.

HMV (☎ 2302-0122), 12 Peking Rd à Tsimshatsui, regorge de CD, à des prix raisonnables. Il existe une succursale au 10e étage de Windsor House, Great George St, Causeway Bay. KPS est également une bonne chaîne de magasins proposant CD et cassettes bon marché. Le plus pratique est celui du sous-sol du Silvercord Shopping Centre dans Canton Rd, Tsimshatsui. Tower Records (☎ 2506-0811), 7e étage, Shop 701, Times Square, Matheson St, Causeway Bay, possède également une bonne sélection de CD.

Le Flying Ball Bicycle Shop (☎ 2381-5919), 201 Tung Choi St (près de la station MTR Prince Edward), Mongkok, est le meilleur magasin de cycles d'Asie.

Le cas échéant, pensez à vous équiper en sac à dos, sac de couchage, tente et autres articles de randonnée, camping ou voyage.

Mongkok est sans conteste le quartier idéal pour ce genre de matériel, mais Yaumatei compte également quelques bonnes enseignes. A noter :

Grade VI Alpine Equipment, 115 Woosung St, Yaumatei (☎ 2782-0202)

Mountaineer Supermarket, 395 Portland St, Mongkok (☎ 2397-0585)

Rose Sports Goods, 39 Fa Yuen St, Mongkok (☎ 2781-1809)

Tang Fai Kee Military, 248 Reclamation St, Mongkok (☎ 2385-5169)

Three Military Equipment Company, 83 Sai Yee St, Mongkok (☎ 2395-5234)

COMMENT S'Y RENDRE
Avion

Se procurer des billets d'avion à tarif réduit est assez aisé à Hong Kong, mais méfiezvous des escrocs. L'abus de confiance le plus classique consiste à vous réclamer des arrhes non remboursables pour un billet d'avion. Lorsque vous allez chercher votre billet, on vous annonce que le vol a été annulé mais qu'il y en a un autre à un tarif plus élevé, parfois 50% plus cher !

Au lieu de verser des arrhes, il est préférable de régler l'intégralité du prix et de vous faire remettre un reçu indiquant clairement que vous ne devez plus rien et que le billet est entièrement remboursable en cas d'annulation du vol. En général, les billets sont disponibles le lendemain de la réservation mais, dans le cas de billets très bon marché (en fait des tarifs de groupe), vous devez aller vous-même les chercher à l'aéroport auprès de l'organisateur du voyage. Vérifiez soigneusement votre billet lors de la remise.

Les vols suivants sont à tarif réduit et peuvent donc faire l'objet de diverses restrictions :

Destination	Aller simple ($ HK)	Aller-retour ($ HK)
Auckland	4 300	5 800
Darwin	2 800	5 050
Djakarta	1 700	3 200
Francfort	3 300	5 700
Londres	3 300	5 700
Manille	950	1 520
New York	3 800	6 800
Pékin	2 270	4 308
San Francisco	2 800	4 400
Séoul	1 500	2 500
Singapour	1 500	2 200
Sydney	3 800	5 400
Taipei	1 030	1 420
Tokyo	1 950	2 880

La CAAC assure de nombreux vols directs entre Hong Kong et toutes les grandes villes chinoises. La plupart de ces vols sont des "charters", autrement dit la date de départ est fixe et le billet n'est pas remboursable.

Voici les tarifs en aller simple de la CAAC entre la Chine et Hong Kong (l'astérisque signale les charters) :

Destination	Prix ($ HK)	Destination	Prix ($ HK)
Beihai*	1 070	Dalian	2 510
Changchun*	2 350	Fuzhou	1 550
Changsha*	1 390	Guilin*	1 670
Canton	600	Guiyang*	1 230
Chengdu*	2 160	Haikou*	1 200
Chongqing*	2 000	Hangzhou	1 550
Harbin*	2 620	Pékin	2 370
Hefei*	1 520	Qingdao*	2 320
Huangshan*	1 520	Shanghai	1 710
Ji'nan*	2 180	Shantou	1 110
Kunming	1 630	Shenyang	2 800
Lanzhou*	2 400	Taiyuan*	2 000
Luoyang*	1 770	Tianjin	2 370
Meixian*	1 040	Wuhan*	1 450
Nanchang*	1 120	Xi'an	2 040
Nankin*	1 620	Xiamen	1 290
Nanning*	1 670	Zhanjiang*	1 100
Ningbo	1 620	Zhengzhou*	1 880

Vous pouvez acheter vos billets dans une agence de voyages ou directement à la CAAC. Les agences ont rarement des tarifs intéressants sur les vols de la CAAC, car celle-ci leur facture pratiquement le plein tarif. Il existe deux agences CAAC à Hong Kong (reportez-vous à la liste des compagnies aériennes un peu plus loin dans ce chapitre).

On peut acheter ses billets CAAC (vols intérieurs ou internationaux) au CTS de Hong Kong, et même auprès de certaines compagnies aériennes non chinoises qui ont des accords avec la CAAC. Cela ne pose généralement pas de problème pour les vols internationaux. En revanche, cette solution est à éviter pour les vols intérieurs en Chine.

Dragonair facture 100 $HK de moins que la CAAC sur un aller simple, 200 sur l'aller-retour. Dragonair assure des vols depuis Hong Kong vers 14 villes de Chine : Changsha, Chengdu, Dalian, Guilin, Haikou, Hangzhou, Kunming, Nankin, Ningbo, Pékin, Shanghai, Tianjin, Xi'an et Xiamen.

Toute agence de voyages équipée d'un ordinateur peut vous réserver un vol sur Dragonair, mais vous pouvez contacter directement les guichets de Dragonair (voyez ci-dessous la liste des compagnies aériennes). En Chine, on peut acheter des billets Dragonair au CITS ou chez les agents Dragonair indiqués dans ce guide.

La taxe d'aéroport s'élève à 50 $HK. Si vous partez par bateau, la taxe se monte à 26 $HK (incluse dans le prix du billet). Prévoyez au moins une heure pour les formalités à l'aéroport (les queues sont fréquentes).

Avant de quitter Hong Kong, vous devez systématiquement confirmer votre vol auprès de l'une des compagnies aériennes suivantes :

Aeroflot, New Henry House (rés. ☎ 2537-2611, rens. 2769-6031)

Air France, Bureau 2104, Alexandra House, 7 Des Voeux Rd, Central (rés. ☎ 2524-8145, rens. 2769-6662)

Air India, 10ᵉ étage, Gloucester Tower, 11 Pedder St, Central (rés. ☎ 2522-1176, rens. 2769-8571)

Air Lanka, Bureau 602, Peregrine Tower, Lippo Centre, 89 Queensway, Central (rés. ☎ 2521-0708, rens. 2769-8571)

Air Mauritius, c/o Mercury Travel Ltd, St George's Building, Ice House St & Connaught Rd, Central (☎ 2523-1114)

Air New Zealand, Suite 902, 3 Exchange Square, 8 Connaught Place, Central (rés. ☎ 2524-9041, rens. 2769-6046)

Air Niugini, Bureau 705, Century Square, 1-13 D'Aguilar St, Central (rés. ☎ 2524-2151, rens. 2769-6038)

Alitalia, Bureau 2101, Hutchison House, 10 Harcourt Rd, Central (rés. ☎ 2523-7047, rens. 2769-7417)

All Nippon Airways, Bureau 2512, Pacific Place, 88 Queensway, Central (rés. ☎ 2810-7100, rens. 2769-8606)

Ansett Australia Airlines, Alexandra House, 7 Des Voeux Rd, Central (rés. ☎ 2527-7883, rens. 2769-6046)

Austrian Airlines, Bureau 1503, Queen's Place, 74 Queen's Rd, Central (☎ 2521-5175) ; Bureau 713, Carnarvon Plaza, 20 Carnarvon Rd, Tsimshatsui (☎ 2723-0011)

Asiana Airlines, Gloucester Tower, The Landmark, 11 Pedder St, Central (rés. ☎ 2523-8585, rens. 2769-7113)

British Airways, 30ᵉ étage, Alexandra House, 7 Des Voeux Rd, Central (rés. ☎ 2868-0303, rens. 2868-0768) ; Bureau 112, Royal Garden Hotel, 69 Mody Rd, Tsimshatsui East (☎ 2368-9255)

CAAC, rez-de-chaussée, 17 Queen's Rd, Central (☎ 2840-1199) ; rez-de-chaussée, Mirador Mansion, 54-64B Nathan Rd, Tsimshatsui (☎ 2739-0022)

Canadian Airlines International, rez-de-chaussée, Swire House, 9-25 Chater Rd, Central (rés. ☎ 2868-3123, rens. 2769-7113)

Cathay Pacific, rez-de-chaussée, Swire House, 9-25 Chater Rd, Central ; Sheraton Hotel, 20 Nathan Rd, Tsimshatsui (rés. ☎ 2747-1888, rens. 2747-1234)

China Airlines (Taiwan), rez-de-chaussée, St George's Building, Ice House St & Connaught Rd, Central ; G5-6 Tsimshatsui Centre, Tsimshatsui East (rés. ☎ 2868-2299, rens. 2843-9800)

Continental Micronesia, Bureau M1, New Henry House, 10 Ice House St, Central (rés. ☎ 2525-7759, rens. 2769-7017)

Delta Airlines, Pacific Place, 88 Queensway, Central (☎ 2526-5875)

Dragonair, Bureau 1843, Swire House, 9 Connaught Rd, Central ; 12ᵉ étage, Tower 6, China Hong Kong City, 33 Canton Rd, Tsimshatsui (☎ rés. 2590-1188, rens. 2769-7727)

Emirates Airlines, Gloucester Tower, The Landmark, 11 Pedder St, Central (rés. ☎ 2526-7171, rens. 2769-8571)

Garuda Indonesia, 2ᵉ étage, Sing Pao Centre, 8 Queen's Rd, Central (☎ rés. 2840-0000, rens. 2769-6681)

Gulf Air, Bureau 2508, Caroline Centre, 28 Yun Ping Rd, Causeway Bay (☎ rés. 2882-2892, rens. 2769-8337)

Japan Airlines, 20ᵉ étage, Gloucester Tower, 11 Pedder St, Central ; Harbour View Holiday Inn, Mody Rd, Tsimshatsui East (rés. ☎ 2523-0081, rens. 2769-6524)

Japan Asia, 20ᵉ étage, Gloucester Tower, 11 Pedder St, Central (rés. ☎ 2521-8102)

KLM Airlines, Bureau 701-5 Jardine House, 1 Connaught Place, Central (☎ rés. 2822-8111, rens. 2822-8118)

Korean Air, rez-de-chaussée, St George's Building, Ice House St & Connaught Rd, Central ; 11ᵉ étage, South Seas Centre, Tower II, 75 Mody Rd, Tsimshatsui East ; G12-15 Tsimshatsui Centre, Salisbury Rd, Tsimshatsui East (☎ 2368-6221)

Lauda Air, Pacific House, On Lan St, Central (rés. ☎ 2525-5222, rens. 2769-7017)

Lufthansa Airlines, 6ᵉ étage, Landmark East, 12 Ice House St, Central (rés. ☎ 2868-2313, rens. 2769-6560)

Malaysia Airlines, Bureau 1306, Prince's Building, 9-25 Chater Rd, Central (rés. ☎ 2521-8181, rens. 2769-7967)

Northwest Airlines, 29ᵉ étage, Alexandra House, 7 Des Voeux Rd, Central (☎ 2810-4288)

Philippine Airlines, Bureau 603, West Tower, Bond Centre, Central (rés. ☎ 2524-9216) ; Bureau 6, rez-de-chaussée, East Ocean Centre, 98 Granville Rd, Tsimshatsui East (rés. ☎ 2369-4521, rens. 2769-6263)

Qantas, Bureau 1422, Swire House, 9-25 Chater Rd, Central (rés. ☎ 2524-2101, rens. 2525-6206)

Royal Brunei Airlines, Bureau 1406, Central Building, 3 Pedder St, Central (☎ 2869-8608)

Royal Nepal Airlines, Bureau 704, Lippo Sun Plaza, 28 Canton Rd, Tsimshatsui (☎ 2375-9151)

Scandinavian Airlines, Bureau 1410, Harcourt House, Gloucester Rd, Wanchai (rés. ☎ 2375-9151, rens. 2375-3152)

Singapore Airlines, United Centre, Queensway, Central (☎ rés. 2520-2233, rens. 2769-6387)

South African Airways, 30e étage, Alexandra House, Central (rés. ☎ 2877-3277, rens. 2868-0768)

Swissair, 8e étage, Tower II, Admiralty Centre, 18 Harcourt Rd, Central (rés. ☎ 2529-3670, rens. 2769-8864)

Thai Airways International, United Centre, Pacific Place, 88 Queensway, Central ; Shop 124, 1er étage, World Wide Plaza, Des Voeux Rd & Pedder St, Central ; Shop 105-6, Omni, The Hongkong Hotel, 3 Canton Rd, Tsimshatsui (☎ rés. 2529-5601, rens. 2769-7421)

United Airlines, 29e étage, The Landmark, Gloucester Tower, Des Voeux Rd & Pedder St, Central ; rez-de-chaussée, Empire Centre, Mody Rd, Tsimshatsui East (rés. ☎ 2810-4888, rens. 2769-7279)

Varig Brazilian, Central Plaza, Gloucester Rd, Wanchai (rés. ☎ 2511-1234, rens. 2769-6048)

Vietnam Airlines, c/o Cathay Pacific Airlines, rez-de-chaussée, Swire House, 9-25 Chater Rd, Central ; Sheraton Hotel, 20 Nathan Rd, Tsimshatsui (rés. ☎ 2810-6680, rens. 2747-1234)

Virgin Atlantic, Lippo Tower, 89 Queensway, Central (☎ 2532-6060)

Voie terrestre

Shenzhen est située de l'autre côté de la frontière avec Hong Kong. Le poste-frontière est ouvert tous les jours de 6h à 24h. Vous pouvez passer la frontière en bus ou en train. Apparemment, on ne peut pénétrer en Chine par cette voie en bicyclette.

Bus. Une nouvelle voie express relie Hong Kong à Canton. Le trajet en bus dure 3 heures 30 et coûte 170 $HK. A Kowloon, les départs se font de l'arrêt de bus situé au rez-de-chaussée du China Hong Kong City (le même bâtiment d'où l'on prend le ferry pour Canton). Des bus quittent également la station Admiralty sur l'île de Hong Kong, et City One à Shatin (Nouveaux Territoires). De China Hong Kong City, les départs sont à 8h, 8h30, 9h et 9h30. De Canton, vous pouvez prendre ces bus au Garden Hotel (départs à 14h30, 15h30, 16h et 16h30).

Les horaires peuvent changer. Pour confirmation, appelez City Bus (☎ 2736-3888) à Hong Kong. Cette même compagnie dessert également plusieurs quartiers de Shenzhen, dont l'aéroport, Safari Park, Windows of the World, la baie de Shenzhen et le centre de Shenzhen.

Train. Le KCR relie la station Hunghom à Kowloon jusqu'au poste-frontière de Lo Wu en 30 minutes. On passe la frontière à pied et, à Shenzhen, on peut prendre un train local pour Canton et au-delà. Si vous arrivez de Chine, sachez qu'il n'y a pas de bureau de change du côté hongkongais. Changez vos devises avant de franchir les douanes chinoises côté Shenzhen, sinon vous risquez d'être à court d'espèces.

Quatre trains express directs relient quotidiennement la gare de Hunghom à Kowloon à Canton (190 $HK). Il existe également un train Kowloon-Zhaoqing. Les formalités d'immigration et de douane se font au départ du train. Prévoyez d'arriver à la gare au moins 30 minutes avant le départ, sinon on ne vous laissera pas monter.

Au moment de la rédaction de cet ouvrage, la liaison Hong Kong-Pékin venait d'être mise en service.

Voie maritime

Hong Kong – Canton. Le bateau Hong Kong-Canton est l'un des moyens les plus utilisés pour entrer en Chine ou en sortir. La traversée dure environ 9 heures, et les bateaux partent à 21h de China Hong Kong City à Kowloon, et du quai Zhoutouzui à Canton. Aucune liaison n'est assurée le 31e jour du mois. Les tarifs se montent à 724 $HK (classe de luxe), 294 $HK (classe spéciale), 259 $HK (1re classe), 214 à 224 $HK (2e classe), et 184 $HK (3e classe).

Il existe également un catamaran turbo-propulsé qui effectue la traversée en 3 heures 30. Départ quotidien de Hong Kong à 8h15, et de Canton à 13h (190 $HK en semaine et 215 $HK le week-end).

Hong Kong – Haikou. Six bateaux par mois assurent la liaison, en 24 heures. A Hong Kong, l'enregistrement se déroule entre 12h et 12h45 ; à Haikou, entre 8h et 9h. Les tarifs s'élèvent à 538 $HK (classe A spéciale), 488 $HK (classe B spéciale),

Itinéraires des bus publics

0   2,5   5 km

428 $HK (1re classe), 388 $HK (2e classe),
et 288 $HK (3e classe).

Hong Kong – Sanya. Le nouveau paquebot de croisière de luxe *Star Pisces* compte
plus de 600 cabines et effectue de fréquentes traversées entre Hong Kong et
Sanya, sur l'île de Hainan. Le trajet ne dure
qu'une demi-journée.

Hong Kong – Shanghai. Il existe un
départ tous les cinq jours (62 heures de trajet). Certains bateaux font une escale à
Ningbo. A Hong Kong, l'enregistrement
s'effectue à 12h. De Shanghai, l'heure de
départ n'est pas fixe, renseignez-vous.

A Shanghai, on peut acheter son billet au
CITS ou à la China Ocean Shipping
Agency (☎ 329-0088), au 3e étage du
13 Zhongshan Dongyi Lu. Les tarifs sont de
1 650 $HK (classe A spéciale), 1 520 $HK
(classe B spéciale), 1 400 $HK (1re classe
A), 1 270 $HK (1re classe B), 1 200 $HK
(2e classe A), 1 100 $HK (2e classe B),
1 010 $HK (3e classe A) et 920 $HK
(3e classe B).

Hong Kong – aéroport de Shenzhen. Le
catamaran turbopropulsé effectue six rota-
tions quotidiennes. Bien que la traversée
dure officiellement une heure, on peut généralement compter le double : il faut donc
quitter Hong Kong au moins trois heures
avant l'heure de votre embarquement. Les
cabines VIP coûtent 1 650 $HK par per-
sonne, les places sur le pont supérieur sont à
275 $HK et sur le pont principal à 175 $HK.

**Hong Kong – Tai Ping (musée de la
Guerre de l'opium).** Le catamaran turbo-
propulsé met au minimum deux heures
pour effectuer la traversée. Il part tous les
jours de Hong Kong à 9h15 et 14h20 et
coûte 226 $HK et 186 $HK. De Tai Ping,
la traversée coûte 158 $HK (départs à
11h50 et à 16h50).

Hong Kong – Wuzhou. Wuzhou est la
porte d'accès à Guilin. La traversée en
bateau dure 12 heures. Départ de Hong

Kong à 8h les jours pairs. Départ de Wuzhou à 7h30 les jours impairs (360 $HK).

Hong Kong – Xiamen. La traversée dure
22 heures. A Hong Kong, l'enregistrement
a lieu le mardi et le vendredi de 12h30 à
13h, et le départ à 14h. Départ de Xiamen
le lundi et le jeudi à 15h. Les billets coûtent 550 $HK (1re classe), 500 $HK
(2e classe) et 450 $HK (3e classe).

Hong Kong – Zhaoqing. Le trajet dure
12 heures. Départ de Hong Kong les jours
impairs à 19h30. Aucun service n'est assuré
le 31 du mois. Départ de Zhaoqing les jours
pairs à 19h. Les billets coûtent 671 $HK
(classe A spéciale), 378 $HK (classe B
spéciale), 338 $HK (1re classe), 303 $HK
(2e classe) et 248 $HK (3e classe).

Il existe également un catamaran turbo-
propulsé qui assure la traversée en
5 heures. Il quitte Hong Kong à 7h45 les
jours impairs, et Zhaoqing à 14h les jours
pairs. Aucune liaison n'est assurée
le 31 du mois. Les tarifs s'échelonnent de
188 à 353 $HK.

COMMENT CIRCULER
Desserte de l'aéroport

L'Airbus (bus pour l'aéroport) est très pratique et nettement moins cher que le taxi.
Un taxi pour Tsimshatsui coûte environ
40 $HK plus 5 $HK par bagage. Il existe
cinq lignes : le A1 pour Tsimshatsui
(12 $HK) ; le A2 pour Wanchai, Central et
le terminal du Macao Ferry (17 $HK) ; le
A3 pour Causeway Bay (17 $HK) ; le A5
pour Tai Koo Shing (17 $HK) et le A7
pour la station MTR Kowloon Tong
(6,50 $HK). L'Airbus part toutes les 15 à
20 minutes, de 7h40 à 24h, juste à la sortie
des arrivées. Il dessert la plupart des grands
hôtels et la place ne manque pas pour les
bagages à bord.

Le A1 vers Tsimshatsui à Kowloon descend Nathan Rd en passant devant les
Chungking Mansions, puis fait demi-tour
au terminal du Star Ferry et rebrousse chemin, en effectuant de fréquents arrêts. Dans
la zone des départs, on peut se procurer un

Jeunes écoliers devant l'église du Sacré-Cœur à Canton (Guangdong)

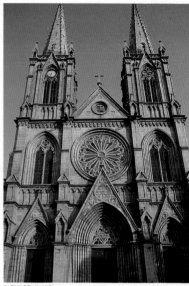

En haut à gauche : le groupe sculpté des Cinq Chèvres dans le parc Yuexiu à Canton
(Guangdong)
En haut à droite : l'église du Sacré-Cœur (Canton), imitation d'une cathédrale
gothique, entièrement en granite
En bas : vue de Canton du haut des cinq étages de la tour Zhenhai,
dans le parc Yuexiu

dépliant sur l'Airbus avec un plan indiquant les itinéraires des différentes navettes.

Bus

Munissez-vous de beaucoup de monnaie. Il faut en principe déposer l'appoint dans une caisse. Dans beaucoup de bus, les premiers prix sont à 1 $HK ; les tarifs peuvent grimper jusqu'à 30,60 $HK pour les luxueux "City Buses" qui vous conduisent dans les Nouveaux Territoires.

La plupart des services s'interrompent vers 23h ou 24h, mais les bus n°121 et 122 ("Cross Harbour Recreation Routes") traversent le tunnel Cross Harbour tous les quarts d'heure de 12h45 à 5h. Le bus n°121 part du terminal du Macao Ferry sur l'île de Hong Kong, traverse le tunnel jusqu'à Chatham Rd à Tsimshatsui East, avant de continuer jusqu'à Choi Hung, à l'est de l'aéroport.

Le bus n°122 part de North Point sur l'île de Hong Kong, traverse le tunnel, emprunte Chatham Rd dans Tsimshatsui East, puis rejoint le nord de Nathan Rd, et enfin Laichikok dans la partie nord-ouest de Kowloon.

Minibus et maxicabs

De petits minibus jaunes à bande rouge complètent les services de bus réguliers. Ils coûtent 2 à 7 $HK et on paie en sortant. En principe, ils n'ont pas d'itinéraire très régulier et peuvent prendre ou déposer des passagers presque partout.

Les maxicabs (maxitaxis), véhicules jaunes à bande verte, ressemblent à des minibus. Leurs itinéraires sont réguliers. Deux lignes en particulier sont très pratiques : l'une part du parking devant le terminal du Star Ferry à Central et conduit à Ocean Park, l'autre part de HMS Tamar (à l'est du Star Ferry) et va jusqu'au pic Victoria. Le tarif s'élève de 1 à 8 $HK, et on paie en montant.

Mass Transit Railway (MTR)

Le MTR part de Central, traverse le port et remonte la péninsule de Kowloon. Très rapide et efficace, il est cependant relativement onéreux. Les distributeurs de tickets ne rendent pas la monnaie (demandez-en aux guichets), et les trajets uniques ne sont valables que le jour où ils ont été achetés. Une fois passé le tourniquet, vous devez effectuer votre déplacement dans les 90 minutes, après quoi le billet n'est plus valide. Le MTR fonctionne de 6h à 1h.

Si vous utilisez fréquemment le MTR, il est pratique d'acheter une carte de transport d'une valeur de 70, 100 ou 200 $HK, qui reste valide neuf mois (Common Stored Value Ticket). Le ticket souvenir touristique, à 25 $HK, est une escroquerie car il n'a en réalité qu'une valeur de 20 $HK !

Il est interdit de fumer, de manger ou de boire dans les stations MTR ou dans les wagons (amende de 1 000 $HK à 2 000 $HK). Le MTR n'est pas équipé de toilettes.

Ligne de chemin de fer Kowloon – Canton (KCR)

Le KCR relie la gare de Hunghom à Kowloon à Lo Wu, où l'on peut traverser la frontière à pied et se retrouver à Shenzhen. Le KCR permet également de se rendre dans les Nouveaux Territoires.

Les cartes de transport utilisées dans le MTR (Common Stored Value Ticket) sont également valables sur le KCR, sauf pour la gare de Lo Wu, pour laquelle vous devrez acheter un billet distinct.

Tramway

Seule, la grande ligne de tramway longe d'est en ouest la côte nord de l'île de Hong Kong. Le tarif se monte à 1,20 $HK quelle que soit la distance parcourue. On paie à la descente.

Outre cette ligne principale, il existe un embranchement qui mène à Happy Valley. Certains trams ne vont pas jusqu'au terminus. En principe, vous pouvez grimper dans n'importe lequel.

Light Rail Transit (LRT)

Le chemin de fer local ne dessert que la partie ouest des Nouveaux Territoires,

Tuen Mun et ses environs. Le tarif varie de 3,20 à 4,70 $HK.

Taxi

Sur l'île de Hong Kong et Kowloon, la prise en charge s'élève à 13 $HK plus 1,10 $HK tous les 200 m. Dans les Nouveaux Territoires, la prise en charge est de 11 $HK, plus 1 $HK tous les 200 m. S'y ajoute une taxe de 5 $HK par bagage, mais les chauffeurs ne l'appliquent pas systématiquement.

Si vous traversez le tunnel Cross Harbour ou le tunnel Eastern Harbour, vous devrez débourser 20 $HK de plus.

Sachez que des taxis ne peuvent ni prendre ni déposer de passagers à l'endroit de la chaussée marqué par une ligne jaune.

Bicyclette

Circuler en vélo à Kowloon ou Central relève de la tentative de suicide. Ce mode de transport est nettement plus envisageable et agréable dans les endroits plus reculés des îles ou des Nouveaux Territoires. Les magasins de location de cycles sont souvent en rupture de stock tôt le week-end.

On peut, entre autres endroits, louer des bicyclettes et rouler en sécurité à Shek O sur l'île de Hong Kong ; Shatin et Tai Mei Tuk (près de Tai Po) dans les Nouveaux Territoires ; Mui Wo (Silvermine Bay) sur l'île de Lantau ; et sur l'île de Cheung Chau.

Bateau

Avec un port aussi fabuleux que celui de Hong Kong, se déplacer en ferry est l'un des grands plaisirs de la ville. Si, pour les touristes, le plus célèbre est le Star Ferry, il existe beaucoup d'autres bateaux.

Star Ferry. Le Star Ferry emprunte trois itinéraires. Le plus fréquenté est celui qui relie Tsimshatsui et Central. Le prix de la traversée se monte à 1,40 $HK (pont inférieur) ou 1,70 $HK (pont supérieur), sauf pour le ferry de Hunghom, qui coûte respectivement 1,70 et 2 $HK.

Les horaires des trois ferries sont les suivants :

Tsimshatsui – Central, toutes les 5 à 10 minutes de 6h30 à 23h30
Tsimshatsui – Wanchai, toutes les 10 à 20 minutes de 7h30 à 22h50
Hunghom – Central, toutes les 12 à 20 minutes (toutes les 20 minutes les dimanche et fêtes) de 7h à 19h20

Hydroglisseurs. Les horaires sont les suivants :

Tsimshatsui Est – Central (Queen's Pier), toutes les 20 minutes de 8h à 20h
Tsuen Wan – Central, toutes les 20 minutes de 7h20 à 17h20
Tuen Mun – Central, toutes les 10 à 20 minutes de 6h45 à 19h40

Kaidos. Un *kaido* est un ferry de petite ou moyenne dimension qui peut effectuer de brèves traversées en mer. Rares sont ceux qui assurent des services réguliers, la plupart ajustant l'offre à la demande. Il existe néanmoins un semblant d'horaires sur les excursions très prisées comme le trajet entre Aberdeen et l'île de Lamma. Les kaido fonctionnent surtout le week-end et les jours fériés, lorsque tout le monde aspire à fuir Hong Kong.

Un *sampan* est un canot à moteur qui ne peut accueillir que quelques personnes. Trop petit pour naviguer en mer, il manœuvre habilement à travers les abris anti-typhons comme celui du port d'Aberdeen.

Plus grand que le sampan mais plus petit que le kaido, le *walla walla* sert de taxi sur l'eau dans le port de Victoria. La plupart des clients sont des marins qui vivent sur des bateaux ancrés au port.

Ferries desservant les îles avoisinantes. La HKTA tient à votre disposition les horaires de ces ferries. Les tarifs sont plus élevés le week-end et les jours fériés, et les bateaux risquent d'être bondés. Depuis Central, la plupart des ferries partent de l'embarcadère des îles, l'Outlying Islands Piers, juste à l'ouest de ceux du Star Ferry sur l'île de Hong Kong.

Macao

Les tables de jeux des casinos de Macao ont largement éclipsé les autres attraits de cette métropole, fascinante cohabitation entre passé et futur où le charme élégant de l'Ancien Monde s'allie à une prospérité dynamique. Très différente de Hong Kong par son aspect et son ambiance, Macao mérite bien l'heure de voyage en bateau qui la sépare de cette dernière. Passez-y au moins une nuit pour vous distraire et vous détendre.

HISTOIRE

Les galions portugais débarquèrent à Macao au début du XVIe siècle et, en 1557, en guise de remerciement pour le massacre d'une poignée de pirates, la Chine céda au Portugal la petite enclave.

Pendant plusieurs siècles, Macao constitua la plaque tournante du commerce avec la Chine. Au XIXe siècle, les négociants européens et américains ne pouvaient faire du commerce à Canton (sur la rivière des Perles) que durant la saison commerciale. En dehors de celle-ci, ils se repliaient sur Macao.

Lorsque les guerres de l'Opium éclatèrent entre les Britanniques et les Chinois, les Portugais se tinrent diplomatiquement à l'écart et Macao se retrouva bientôt le parent pauvre de Hong Kong, enclave nettement plus dynamique.

La prospérité dont jouit aujourd'hui Macao est décuplée par la folie du jeu : chaque week-end, des flots de joueurs venus de Hong Kong se précipitent dans les casinos. La prostitution représente elle aussi une source non négligeable de revenus, bien que les autorités ne l'admettent pas officiellement.

La population compte environ 95% de Chinois, 3% de Portugais, et 2% d'étrangers travaillant dans ce qu'on appelle vaguement "l'industrie du loisir". Les Portugais et les étrangers pourront-ils rester à Macao après 1999 ? La question reste en suspens.

Population : 400 000 habitants
A ne pas manquer :
- Les ruines de Saint-Paul, symbole de Macao
- La forteresse de Monte, qui offre un superbe point de vue sur Macao
- L'architecture coloniale
- Les casinos

LANGUE

Si le portugais est la langue officielle, la langue courante est le cantonais. Près de la moitié de la population parle le mandarin. Les chauffeurs de bus ou de taxis ne parlent presque jamais anglais mais pratiquement tous les Portugais de Macao maîtrisent cette langue.

Il peut être utile de connaître quelques mots en portugais pour lire les cartes et les noms de rues. Voici des termes d'usage courant :

amitié	*amizade*
arrêt de bus	*paragem*
à pic, rocher	*penha*
avenue	*avenida*
baie	*baía*
bureau de change	*casa de cambio*
bureau de poste	*correios*
cathédrale	*sé*
chemin	*caminho*
colline	*alto* ou *monte*
cour	*pátio*
de	*da, do*

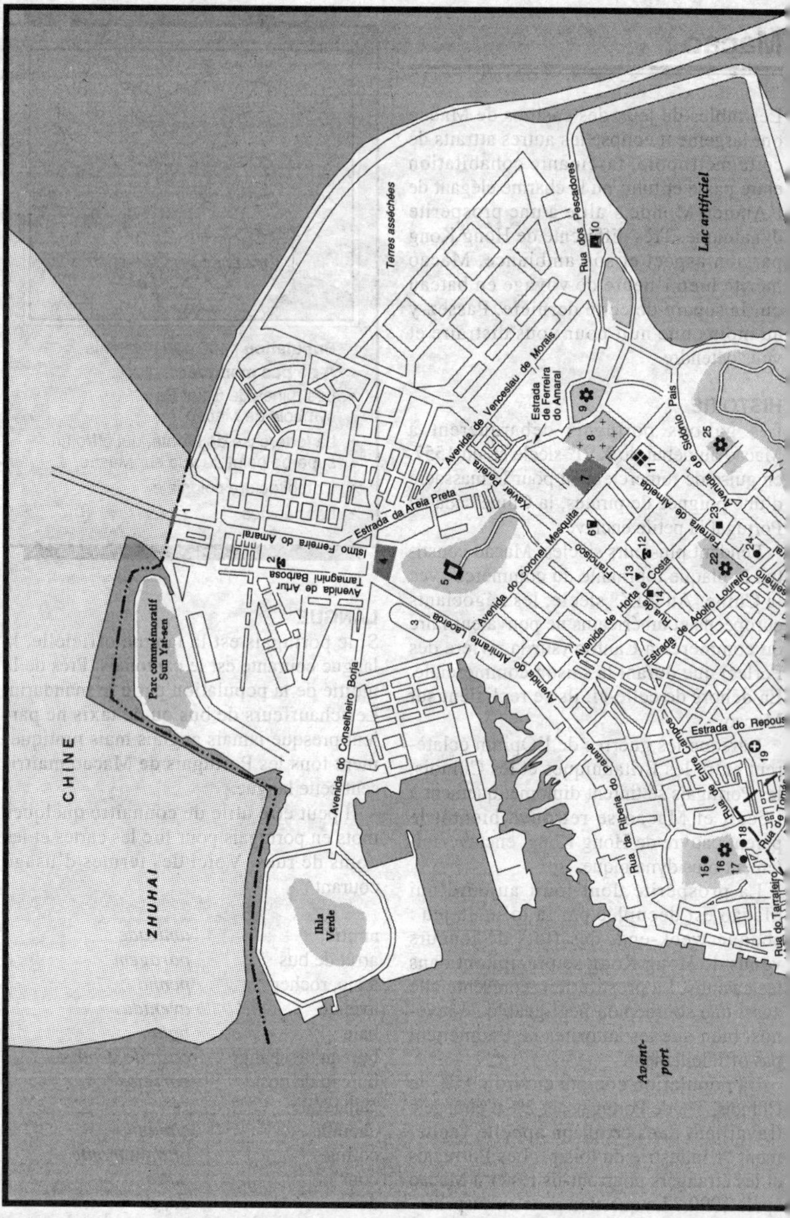

CHINE

ZHUHAI

Parc commémoratif
Sun Yat-sen

Ilha Verde

Terras associdées

Lac artificiel

Avant-
port

Avenida do Conselheiro Borja

Avenida de Artur Tamagnini Barbosa

Istmo Ferreira do Amaral

Estrada da Areia Preta

Avenida de Venceslau de Morais

Estrada de Ferreira do Amaral

Avenida do Almirante Lacerda

Avenida do Coronel Mesquita

Rua dos Pescadores

Subtído Pais

Avenida de Almeida

Terreiro do Almeida

Estrada do Repouso

Avenida de Horta

Estrada de Adolfo Loureiro

Rua da Ribeira do Patane

Rua do Tarrafeiro

Péninsule de Macao

0   0,5   1 km

Arrière-port

Embarcadère du jetfoil

Terres asséchées

Baia da Praia Grande

Lacs Nam Van

Vers Taipa, l'aéroport et Coloane

Vers l'aéroport et Coloane

Voir la carte du centre de Macao

Avenida da Amizade

Rue de Xangai

Avenida do Infante D'Henrique

Avenida da Amizade

Rua do Campo

Rua de S. Domingos

Rua de S. Paulo

Rua das Estalagens

Avenida de Almeida Ribeiro

Rua das Lorchas

Avenida de Almirante Sérgio

Rua do Bom Parto

Avenida da República

LE SUD

PÉNINSULE DE MACAO

OÙ SE LOGER

14 Fu Hua Hotel
20 Holiday Hotel
23 Mondial Hotel
26 Estoril Hotel
29 Royal Hotel
30 Hôtel Guia
32 Nam Yue Hotel
38 Mandarin Oriental Hotel
39 Kingsway Hotel
40 Grandeur Hotel
45 Pousada Ritz Hotel
46 Bela Vista Hotel
52 Pousada de Sao Tiago

OÙ SE RESTAURER

13 McDonald's III
27 Restaurante Violeta
34 McDonald's II et grand magasin Yaohan
43 Restaurant A Lorcha

47 Henri's Galley et Cafe Marisol
48 Ali Curry House
51 Restaurant Pele

DIVERS

1 Porte-frontière
2 Compagnie du téléphone CTM
3 Canidrome
4 Lin Fung Miu (Temple du Lotus)
5 Forteresse de Mong-Ha
6 Talker Pub et Pyretu's Bar
7 Temple de Kun Iam
8 Cimetière Notre-Dame de la Miséricorde
9 Jardin Montanha Russa
10 Temple Tin Hau Macau-Seac
11 Pak Vai Plaza
12 Compagnie du téléphone CTM
15 Casa Garden Fundacao Oriente

16 Grotte et jardins de Camoes
17 Future Bright Amusement Centre
18 Ancien cimetière protestant
19 Hôpital Kiang Wu
21 Cimetière Saint-Michel
22 Jardins Lou Lim Ioc
24 Maison commémorative de Sun Yat-sen
25 Jardin Flora
28 Jardin Vasco da Gama
31 Phare de Guia
33 Casino Jai Alai
35 Embarcadère des ferries HK-Macao
36 Héliport
37 Macau Forum
41 Musée de la marine
42 Temple A-Ma
44 Église de la Penha
49 Résidence du Gouverneur
50 Colline de Barra

école	*escola*
église	*igreja*
embarcadère	*ponte-cais*
forteresse	*fortaleza*
grand	*grande*
guide	*guia*
hôtel	*pousada*
île	*ilha*
immeuble	*edificio*
jardin	*jardim*
marché	*mercado*
musée	*museu*
passage, allée	*beco*
pension	*hospedaria/vila*
petite colline	*colina*
phare	*farol*
place	*praça*
place (petite)	*largo*
plage	*praia*
point de vue	*miradouro*
pont	*ponte*
poste de police	*esquadra da polícia*
prêteur sur gages	*casa de penhores*
quartier	*bairro*
restaurant (petit)	*casa de pasto*
route	*estrada*
rue	*rua*
ruelle	*travessa*
rue escarpée	*calçada*

VISAS

Dans la plupart des cas, seul le passeport est nécessaire pour entrer à Macao. Tous les visiteurs ont le droit de séjourner au moins 20 jours à partir de leur arrivée, et les résidents de Hong Kong 90 jours. Le visa n'est pas demandé pour les habitants des pays suivants : Afrique du Sud, Allemagne, Australie, Autriche, Belgique, Brésil, Canada, Corée du Sud, Danemark, Espagne, Finlande, France, Grèce, Hong Kong, Inde, Irlande, Italie, Japon, Luxembourg, Malaisie,

Mexique, Nouvelle-Zélande, Norvège, Pays-Bas, Philippines, Royaume-Uni, Singapour, Suède, Suisse, Thaïlande et États-Unis.

Les ressortissants des autres pays doivent être en possession d'un visa, qu'ils peuvent obtenir à leur arrivée à Macao. Le prix du visa s'élève à 205 $M (individuel), 410 $M (familial), 102,50 $M (enfants de moins de 12 ans) et 102,50 $M (par personne pour les groupes organisés d'au moins 10 personnes). Les ressortissants de pays qui n'entretiennent pas de relations diplomatiques avec le Portugal doivent se procurer leur visa auprès d'un consulat portugais à l'étranger avant d'arriver à Macao.

Les Taiwanais bénéficient d'une exception : ils peuvent obtenir un visa gratuitement à leur arrivée malgré l'absence de relations diplomatiques entre les deux pays.

Le consulat du Portugal à Hong Kong (☎ 2802-2585) est situé au Harbour Centre, Harbour Rd, Wanchai.

Prorogation de visas

Au bout de 20 jours, vous pouvez obtenir une prorogation d'un mois à condition de présenter un motif valable. On ne vous accordera pas une seconde prolongation, mais il est facile de traverser la frontière pour aller en Chine, puis de revenir. L'Office d'immigration (☎ 577-338) se trouve au 9e étage de la Chambre de commerce de Macao, Rua de Xangai 175, à un pâté de maisons au nord-est de l'hôtel Beverly Plaza.

QUESTIONS D'ARGENT

Macao possède sa propre devise, la pataca, désignée par le sigle $M. La pataca, divisée en 100 avos, vaut environ 3% de moins que le $HK. Les $HK sont acceptés partout sur la base de 1 $M = 1 $HK. Cela signifie, bien sûr, que vous y gagnerez un peu en utilisant des patacas.

On accepte les pièces de monnaie de Hong Kong mais, si vous téléphonez d'une cabine publique, il vous faudra des patacas. Avant de quitter Macao, pensez à utiliser vos patacas, difficiles à écouler à Hong

Kong (on peut cependant les changer à la Hang Seng Bank).

Un bureau de change est situé sur l'embarcadère du jetfoil (où arrivent la plupart des touristes) ainsi qu'à la frontière chinoise. Les banques sont d'ordinaire ouvertes en semaine de 9h à 16h et le samedi de 9h à 12h. Si vous avez besoin de changer de l'argent en dehors de ces horaires, les principaux casinos (en particulier le Lisboa) vous dépanneront 24h/24.

Coût de la vie

Le coût de la vie est moins élevé à Macao que sur presque tout le reste de la côte orientale de la Chine. Mieux vaut cependant éviter les week-ends car les hôtels doublent leurs tarifs et même les ferries sont plus chers. Comme en Chine, le pourboire n'est pas une pratique courante, quoique les portiers d'hôtels et les serveurs ne soient pas toujours de cet avis. Les hôtels haut de gamme facturent un service de 10% auquel s'ajoute une "taxe touristique" de 5%.

Les magasins affichent en général des prix fixes. Si vous achetez dans la rue vêtements, bibelots et autres souvenirs, essayez de marchander. Dans les multiples boutiques de prêteurs sur gages, négociez ferme car le coût des appareils photos d'occasion ou d'autres objets peut être multiplié par 5.

OFFICE DU TOURISME DE MACAO (MGTO)

Ce bureau (☎ 315-566), bien organisé et très utile, est situé sur la place centrale de Macao, Edificio Ritz n°9, Largo do Senado, près de l'immeuble Leal Senado. Le MGTO possède des agences à l'étranger, en particulier le MTIB (Macau Tourist Information Bureau), aux adresses suivantes :

Allemagne
> Représentant du Tourisme de Macao, Shafergasse 17, D-60313, Francfort (☎ (069) 234-094 ; fax 231-433)

Belgique
> Délégation du Tourisme de Macao, avenue Louise, 375 Bte 9, 1050 Bruxelles (☎ (02) 647-1265 ; fax 640-1552)

Canada
MTIB, Suite 157, 10551 Shellbridge Way, Richmond, BC, V6X 2W9 (☎ (604) 231-9040 ; fax 231-9031)
13 Mountain Ave, Toronto, Ontario M4J IH3 (☎ (416) 466-6552)

Corée du Sud
Représentant MGTO, Glocom Korea Ltd, 1006 Paiknam Building, 188-3 Ulchiro 1-ga, Chunggu, Séoul 100-191 (☎ (02) 778-4401 ; fax 778-4404)

Espagne
ICEP, Gran Vía 27, 1er étage, 28013 Madrid (☎ (01) 522-9354 ; fax 522-2382)

France
MTIB, SARL, 52 Champs-Elysées, 75008 Paris (☎ 01 42 56 45 51 ; fax 01 46 51 48 89)
Office du tourisme du Portugal, 7 rue Scribe, 75009 Paris (☎ 01 47 42 55 57 ; fax 0142 66 06 89)

Hong Kong
MTIB, Bureau 3704, Shun Tak Centre, 200 Connaught Rd (embarcadère du Macau Ferry) – fermé de 13h à 14 h (☎ 2540-8180)

Italie
MTIB, Bruce Renton Associates, Maffeo Pantaleoni 25, Rome 00191 (☎ (06) 3630-9117)

Malaisie
MTIB, 10.03 Amoda, 22 Jalan Imbi, 55100, Kuala Lumpur (☎ 245-1418 ; fax 248-6851)

Philippines
MTIB, 664 EDSA Extension, Pasay City, Metro Manila (☎ (02) 521-7178 ; fax 831-4344)

Portugal
Représentant du Tourisme de Macao, Avenida 5 de Outubro 115, 5e étage, 1000 Lisbonne (☎ (01) 793-6542 ; fax 796-0956)

Singapour
MTIB, 11-01 A PIL Building, 140 Cecil St, Singapour 0106 (☎ 225-0022) ; fax 223-8585)

Taiwan
Représentant du MGTO, Compass Public Relations Ltd, 11e étage, 65 Chienkuo North Rd, Section 2, Taipei (☎ (02) 516-3008 ; fax 515-1971)

Thaïlande
MTIB, 150/5 Sukhumvit 20, Bangkok 10110 ; ou : GPO Box 1534, Bangkok 10501 (☎ 258-1975)

POSTE ET TÉLÉCOMMUNICATIONS
Tarifs postaux
Le courrier intérieur coûte 1 $M jusqu'à 20 grammes. Pour les envois internationaux, Macao est divisée en deux secteurs : la zone 1 concerne l'Asie de l'Est (y compris la Corée et Taiwan), et la zone 2 le reste du monde. Des tarifs spéciaux sont appliqués au reste de la Chine et au Portugal. Les imprimés bénéficient d'une réduction d'environ 30%. Pour les recommandés, il faut compter un surcoût de 12 $M.

Envoyer du courrier
La poste principale, située dans Leal Senado, est ouverte de 9h à 20h du lundi au samedi. Les grands hôtels, comme le Lisboa, vendent des timbres et des cartes postales et peuvent poster votre courrier.

Des "mini guichets de poste" de couleur rouge sont installés un peu partout à Macao. Il s'agit en fait de distributeurs de timbres. Les tarifs sont indiqués clairement.

Téléphone
La Companhia de Telecomunicações (CTM) gère le réseau téléphonique de Macao et le service est globalement bon. Cependant, il est parfois difficile de trouver des cabines publiques, principalement concentrées autour du Leal Senado. Une cabine téléphonique est implantée dans le hall de la plupart des grands hôtels, mais il faut parfois faire la queue.

Les communications locales sont gratuites à partir d'une ligne privée ou d'un hôtel. Dans les cabines publiques, elles sont facturées 1 $M par tranche de cinq minutes. On peut obtenir l'automatique (IDD, International Direct Dialling) à partir de tous les téléphones payants. Pour appeler Hong Kong, la procédure est complètement différente de celle appliquée aux autres pays. Composez d'abord le 01, puis le numéro demandé. Il ne faut pas composer l'indicatif du pays.

L'indicatif pour l'étranger, quel que soit le pays (excepté Hong Kong) est le 00. L'indicatif de Macao lorsqu'on appelle de l'étranger est le 853.

Les cartes téléphoniques CTM coûtent 50, 100 ou 200 $M. Parmi les nombreux téléphones qui les acceptent, citons ceux du quartier du Leal Senado, de l'embarcadère du jetfoil et de quelques grands hôtels.

Vous pouvez également appeler depuis le bureau du téléphone de Largo do Senado, près de la poste principale. Ce bureau est ouvert de 8h à 24h du lundi au samedi, et de 9h à 24h le dimanche.

Voici trois numéros utiles :

Renseignements téléphoniques (Macao)	181
Renseignements téléphoniques (Hong Kong)	101
Horloge parlante	140

Fax, télex et télégrammes

Si vous ne séjournez pas dans un hôtel équipé de fax, le plus commode pour recevoir ou envoyer un fax est de s'adresser à la poste principale du Leal Senado (à ne pas confondre avec le bureau du téléphone).

Le numéro de réception des fax est le (853) 550-117, mais vérifiez qu'il n'a pas changé. La personne qui vous envoie le fax doit inscrire en haut du message votre nom et le numéro de téléphone de votre hôtel, afin que les employés de la poste puissent vous contacter. La réception d'un fax, quel que soit le nombre de pages, vous coûtera 7,50 \$M.

Les télex s'expédient du bureau du téléphone, à côté de la poste principale. De ce bureau, on peut aussi envoyer des télégrammes.

LIBRAIRIES

La meilleure librairie de Macao pour les publications en anglais est la Livraria Sao Paulo (☎ 355-010), Travessa do Bispo 11 R/C.

Non loin de là, vous trouverez des ouvrages en portugais à la Livraria Portuguesa (☎ 566-442), Rua de Sao Domingos 18-20.

AGENCES DE VOYAGES

Vous ne vous adresserez probablement à une agence de voyages que pour un circuit d'une journée dans Macao. On peut cependant obtenir un visa pour la Chine en 24h auprès de certaines agences, dont China Travel Service.

Voici une liste d'agences de voyages :

Able Tours
Travessa do Padre Narciso 5-9 (☎ 566-939 ; fax 566-938 ; HK 2545-9993)

Asia
Rua da Praia Grande 23-B (☎ 565-060 ; HK 2548-8806)

China Travel Service
Xinhua Building, Rua de Nagasaki (☎ 705-506 ; fax 706-611 ; HK 2540-6333)

Estoril Tours
Entresol, nouvelle aile, Lisboa Hotel, Avenida da Amizade (☎ 710-361 ; fax 567-193 ; HK 2581-0022)

Feliz
Rua de Xangai 175, 14e étage (☎ 781-697 ; fax 781-699 ; HK 2541-1611)

Guangdong Macau Tours
Rua da Praia Grande 37-E (☎ 588-807 ; fax 323-771 ; HK 2832-9118)

Hi-No-De Caravela
Rua de Sacadura Cabral 6A-4C (☎ 338-338 ; fax 566-622 ; HK 2368-6781)

International Tourism
Travessa do Padre Narciso 9 Loja B (☎ 975-183 ; fax 974-072 ; HK 2541-2011)

Lotus
Edificio Fong Meng, Rua de Sao Lourenço (☎ 972-977)

Macau Mondial
Avenida do Conselheiro Ferreira de Almeida 74-A (☎ 566-866 ; fax 574-531)

Macau Star Tours
Bureau 511, Tai Fung Bank Building, Avenida de Almeida Ribeiro 34 (☎ 558-855 ; HK 2366-2262)

Macau Star
Bureau 511, Avenida de Almeida Ribeiro (☎ 558-855 ; fax 586-702 ; HK 2922-3013)

Mirada
9 Rua do General Castelo Branco (☎ 261-582)

Peninsula
Rua das Lorchas 14, Inner Port (☎ 316-699 ; fax 362-944)

Presidente
Avenida da Amizade 355 (☎ 781-334 ; fax 781-335)

Sintra Tours
Bureau 135, Lisboa Hotel, Avenida da Amizade (☎ 710-361 ; fax 710-353 ; HK 2540-8028)

STDM
Bureau 134, Lisboa Hotel, Avenida da Amizade (☎ 710-461 ; fax 710-353 ; HK 2540-8028)

TKW
Rua Formosa 27-31, 4e étage, Apt. 408 (☎ 591-122 ; fax 576-200 ; HK 2723-7771)

Vacations International
Mandarin Oriental Hotel, galerie commerciale, Avenida da Amizade (☎ 336-789 ; 567-888 poste 3004 ; fax 314-112)

FILMS ET PHOTOS

On trouve à Macao presque tous les types d'appareils photos, de pellicules et d'accessoires, et le développement est de très bonne qualité. Le meilleur magasin pour tous les travaux photographiques, y compris les photos d'identité, est Foto Princesa (☎ 555-959), Avenida Infante D'Henrique 55-59 , à un pâté de maisons à l'est de Rua da Praia Grande.

SANTÉ

On peut se faire soigner au Government Hospital (☎ 514-499, 313-731), situé au nord du Jardin San Francisco.

URGENCES

En cas d'urgence, composez le 999. Pour appeler la police, composez le 573-333.

MANIFESTATIONS CULTURELLES

Le calendrier est truffé de fêtes, festivals et événements culturels, dont certains sont originaires du Portugal.

Le Festival international de musique se déroule pendant la troisième semaine d'octobre. Le marathon de Macao a lieu la première semaine de décembre.

Le Grand Prix de Macao constitue sans doute l'événement le plus important de l'année. Comme à Monte Carlo, les rues de la ville sont transformées en circuit. La course, qui dure deux jours, a lieu le troisième week-end de novembre. Trouver une chambre à cette date relève de l'exploit.

Voici une liste d'autres fêtes et festivals célébrés à Macao :

Le 1er janvier
 Le premier jour de l'année est férié.
Le Nouvel An chinois
 Comme partout ailleurs en Chine, trois jours sont fériés fin janvier ou début février.
La Fête des lanternes
 Ce n'est pas un jour férié; cette fête très amusante a lieu trois semaines après le Nouvel An chinois.
La procession de Notre-Seigneur de Passion
 Sans être un jour férié, cette procession vaut le coup d'œil. Elle démarre dans la soirée de l'église Saint-Augustin et se termine à la cathé-

drale de Macao. La statue reste toute la nuit dans la cathédrale et le lendemain la procession s'effectue en sens inverse.
La Fête du dieu de la terre Tou Tei
 Cette fête de moindre importance se déroule dans la communauté chinoise en mars ou avril.
La Fête du balayage des tombes
 Cette grande fête nationale qui a lieu en avril est consacrée au culte des ancêtres.
Pâques
 Quatre jours sont fériés, du Vendredi Saint au Lundi de Pâques.
L'anniversaire de la Révolution portugaise de 1974
 Le 25 avril est un jour férié commémorant le renversement de Marcello Caetano par une junte de militaires anticolonialistes en 1974.
La procession de Notre-Dame de Fatima
 Célébrée le 13 mai, cette fête commémore le miracle survenu en 1917 à Fatima, au Portugal. Ce n'est pas un jour férié. La procession part de l'église Santa Domingo et finit à l'église de la Penha.
La fête de A-Ma
 C'est la même fête que celle de Tin Hau, à Hong Kong. Elle se déroule en mai et n'est pas fériée.
La fête de Tam Kong
 Cette fête d'importance mineure se tient généralement en mai.
Jour de Camões et des communautés portugaises
 Célébrée le 10 juin, cette fête légale commémore le souvenir du poète du XVIe siècle Luis de Camões.
La fête des Bateaux-Dragons
 Comme à Hong Kong, cette grande fête nationale a lieu début juin.
La procession de Saint-Jean-Baptiste
 Cette procession dédiée au saint patron de Macao se déroule le 10 juin.
La fête de Saint-Antoine de Lisbonne
 Célébration, au mois de juin, de l'anniversaire du saint patron de Lisbonne. Un petit défilé a lieu à partir de l'église Saint-Antoine. Ce n'est pas un jour férié.
La Bataille du 13 juillet
 Fêté seulement dans les îles de Taipa et Coloane, cet anniversaire marque la défaite des pirates en 1910.
Le Mois des Esprits
 Cette fête, qui se passe en août ou en septembre, constitue une excellente occasion de visiter les temples de Macao.
La fête de la mi-automne
 Cette grande fête nationale a lieu en septembre.
La fête de la République portugaise
 Ce jour férié est le 5 octobre.
La fête de Cheung Yeung
 Cette fête légale a lieu en octobre à Macao et à Hong Kong.

La Toussaint
Le 1er novembre est férié, ainsi que le 2 novembre (Jour des Âmes).

La fête de l'Indépendance portugaise
Le 1er décembre est un jour férié.

Le solstice d'hiver
Cette manifestation pittoresque n'est pas une fête nationale. De nombreux Chinois de Macao considèrent le solstice d'hiver comme un événement plus important que le Nouvel An chinois. Les cérémonies sont nombreuses et les temples remplis de fidèles.

Noël
Les 24 et 25 décembre sont des jours fériés.

ACTIVITÉS SPORTIVES

Le Future Bright Amusement Center (☎ 989-2318) possède l'unique patinoire de Macao, ainsi qu'un bowling. Ce centre est situé Praca Luis de Camões, au sud de la grotte et des jardins de Camões.

Pour le jogging, rien ne vaut les environs du phare de Guía. On y voit aussi, dans leurs évolutions au ralenti, les adeptes matinaux du tai-chi.

On peut louer des bicyclettes à Taipa et Coloane, mais pas à Macao même. L'hôtel Westin Resort de Coloane se flatte de disposer d'un golf. Quelques hôtels sont équipés de courts de tennis, notamment le Hyatt Regency, le Mandarin Oriental, le New Century et le Westin Resort. On trouve aussi un court municipal sur la plage de Hac Sa, à Coloane.

On peut assister à des rencontres sportives au Macau Forum (près de l'embarcadère du jetfoil) ou au stade de Taipa (à côté du Jockey Club de Taipa).

PÉNINSULE DE MACAO

L'intérêt historique de Macao est nettement supérieur à celui de Hong Kong. Bien que le bouddhisme et le taoïsme soient les religions principales, l'influence portugaise est importante et le catholicisme très vivace à Macao. Beaucoup de Chinois se sont convertis au christianisme et vous croiserez sans doute en ville des religieuses chinoises.

Ruines de Saint-Paul

La façade et l'escalier majestueux sont tout ce qui reste de la vieille église, symbole de Macao. Conçue par un jésuite italien, elle fut construite en 1602 par des réfugiés japonais qui avaient fui les persécutions contre les chrétiens à Nagasaki. En 1853, un typhon catastrophique provoqua un incendie qui détruisit l'édifice.

Forteresse de Monte

Par son emplacement central et élevé, cette citadelle, construite par les jésuites, domine les ruines de Saint-Paul et presque toute la ville. En 1622, alors que les Hollandais tentaient d'envahir Macao, un boulet de canon tiré du fort eut la bonne idée d'atterrir dans la réserve de poudre ennemie, dévastant la plus grande partie de la flotte.

La spectaculaire façade
de Saint-Paul, à Macao

Rua D Belchior Carneiro

Calçada de S Paulo

1

2

3

L da Companhia

Rua Colonos

C Botelho

Rua Santo Antonio

Rua de S Paulo

Rua dos Faitioes

Rua de Cinco Outubro

Rua de Teatro

R Nossa Senhora do Amparo

Rua Palha

Rua de S Domin

24

Rua Nova do Comercio

Rua das Estalagens

T Armazem Velho

Largo da

Rua Visconde Paço de Arcos

Rua do Pagode

Rua Camilo Pessanha

T do Soriano

Rua Mercatores

Largo do Senado

Travessa Pagode

Rua da Madeira

37

38

25

36

41

42

26

35

39

27

Avenida de Almeida Ribeiro

34

40

28

Rua da Caldeira

29

Rua Cules

Quai des ferries Macao-Canton

Travessa Caldeira

30

Travessa Auto Novo

31

T da Felicidade

32

33

Rua de Felicidade

T Aterro Novo

Calçada do Tronco Velho

67

68

69

70

66

65

Rua do Bocage

64

Rua Gamboa

62

Rua das Lorchas

Rua Altandega

63

71

72

73

Avant - port

Praça Ponte e Horta

74

Patio Francisco Antonio

75

Rua do Seminario

Rua de S Lourenco

Rua do Barao

Rua Prata

Travessa Chan Loc

76

Travess

Sa

LE SUD

Rua de Tomas da Rosa

Rua do Campo

Rua Noronha

Rua Nova à Guia

T do Pato

Calcada Monte

Rua Pedro Nolasco da Silva

Travessa dos Anjos

Rua Santa Clara

Rua Formosa

Rua Palha

Rua Palha

Estrada Visconde de S. Januario

Estrada de Sao Francisco

Calcada dos Quartéis

Jardin San Francisco

Rua de Xangai

Vers le bureau de l'Immigration et les hôtels Holiday Inn et New World Emperor

Rua de Pequim

Rua de Cantao

Avenida do Dr Rodrigo Rodrigues

Avenida de Lopo Sarmento de Carvalho

Avenida da Amizade

Avenida Dom Joao IV

Rua Dr Pedro José Lobo

Avenida do Infante D'Henrique

Avenida da Amizade

T da Praia Grande

Rua da Praia Grande

Vers Taipa, l'aéroport et Coloane

Baia da Praia Grande

Centre de Macao

0   48   96

9
10
11 ☎
8 ✚
12 ●
★ 13
14 ●
16 ■
15 ■
▼ 17
4 ▼
▼ 5
● 6
● 7
● 19
20 ▼
21
47 48
■ ■
46
43
44
■ 45
▼ 50
49
18
51 ▼
52 ■
56 ■
55 ▼
58
57 ▼
59
60 ●
61
54 ■
53

CENTRE DE MACAO

OÙ SE LOGER

- 9 Vila Tak Lei
- 10 Hôtel Matsuya
- 14 Hôtel Beverly Plaza
- 15 Hôtel Fortuna
- 16 Hôtel Presidente
- 17 Vila San Vu
- 25 Hôtel East Asia
- 26 Vila Capital
- 27 Grand Hotel
- 29 Pensão Tai Fat
- 30 Hôtel Man Va
- 31 Vila Universal
  et Hôtel Ko Wah
- 32 San Va Hospedaria
- 35 Hôtel Central
- 44 Vila Loc Tin
  et Vila Sam Sui
- 45 Vila Nam Loon
  et Vila Meng Meng
- 46 Pensao Nam In
- 47 Hôtel Nam Tin
- 48 Vila Nam Pan
- 52 Hôtel Lisboa
- 54 Hôtel Sintra
- 56 Vila Kimbo
- 58 Solmar
- 59 Hôtel Metropole
- 64 Vila Tai Loy
- 65 Hôtel Ung Ieong
- 66 Hôtel Hou Kong
- 67 Hôtel Peninsula
- 70 Hôtel Macau Masters
- 71 Hôtel Sun Sun

- 72 Hôtel London
- 73 Pensão Kuan Heng

OÙ SE RESTAURER

- 4 McDonald's I
- 5 Boulangerie Maxim's
- 20 Ze do Pipo
- 33 Restaurant
  Fat Siu Lau
- 34 Restaurante Safari
- 37 Fast-food Fairwood
  et Watson's
- 39 Leitaria I Son
- 50 Stands d'alimentation
- 51 Pizza Hut
- 57 Restaurant New Ocean
- 77 Estrela do Mar

DIVERS

- 1 Église Saint-Antoine
- 2 Ruines de Saint-Paul
- 3 Forteresse de Monte
- 6 Drugstore Watson
- 7 Cineteatro Macau
- 8 Government Hospital
- 11 Compagnie
  du téléphone CTM
- 12 Centre des expositions
  de Macao
- 13 Poste de police
  principal
- 18 Military Club et musée
- 19 Bibliothèque chinoise
- 21 Cathédrale

- 22 Livraria Sao Paulo
  (librairie)
- 23 Livraria Portuguesa
  (librairie portugaise)
- 24 Église Saint-Dominique
- 28 Casino Kam Pek
- 36 Marché Saint-
  Dominique
- 38 Office du tourisme
- 40 Leal Senado
- 41 Poste principale
- 42 Compagnie
  du téléphone CTM
- 43 Hongkong Bank
- 49 Arrêt de bus pour Taipa
  et Coloane
- 53 Bank of China
- 55 Foto Princesa
- 60 Supermarché
  Days & Days
- 61 Statue de Jorge Alvares
- 62 Église Saint-Augustin
- 63 Théâtre Dom Pedro V
- 68 Casino flottant
  (Macau Palace)
- 69 Kee Kwan Motors
  (bus pour Canton)
- 74 Supermarché Belissimo
- 75 Église Saint-Joseph
- 76 Église Saint-Laurent
- 78 Government House

Temple Kun Iam

Chargé d'histoire et vieux de 400 ans, ce temple, dans l'Avenida do Coronel Mesquita, est dédié à Kun Iam, reine des cieux et déesse de la miséricorde. Dans l'une des salles, de hautes vitrines abritent les statues de dix-huit sages.

Ancien cimetière protestant

Lord Churchill (un ancêtre de Winston Churchill) et l'artiste anglais George Chinnery sont enterrés ici. Bien plus intéressantes sont les différentes tombes des mission-naires et de leurs familles, des marchands et des marins, avec des commentaires souvent détaillés sur leur vie et leur mort.

Grotte et jardins de Camões

Mémorial du poète portugais du XVIe siècle Luis de Camões, ce beau parc est verdoyant et frais. Camões, devenu pour ainsi dire un héros local, aurait écrit ses vers épiques *Os Lusiadas* à côté de la grotte. Mais rien n'est moins sûr et il se peut même que le poète n'ait jamais mis les pieds à Macao.

LE SUD

Quoi qu'il en soit, les jardins de Camões, dans lesquels trône son buste, sont fort plaisants et appréciés par les Chinois de Macao.

Leal Senado

Le "Sénat Loyal", élégant bâtiment qui domine la place principale de Macao, est en quelque sorte la mairie. Ce bâtiment abrite également la bibliothèque nationale.

Forteresse de Guía

Ce point culminant de la presqu'île de Macao est dominé par un phare et une chapelle remontant au XVIIe siècle. Le phare, le plus ancien sur la côte chinoise, fut éclairé pour la première fois en 1865.

Église Saint-Dominique

C'est sans conteste la plus belle église de Macao. Construite au XVIIe siècle, elle possède un impressionnant autel qui s'élève sur plusieurs niveaux.

Derrière l'édifice se trouve un petit musée plein de reliques, d'images et de tableaux pieux.

Jardins Lou Lim loc

Ces jardins tranquilles abritent un édifice très orné, aujourd'hui l'école Pui Ching. Fruit d'influences chinoises et européennes, ils contiennent d'immenses arbres, des bassins sur lesquels flottent des lotus, des bouquets de bambous, des grottes et des portails aux formes étranges.

Temple de la déesse A-Ma

L'appellation de Macao, qui signifie "Cité de Dieu", vient de A-Ma-Gau, la baie de A-Ma. Le temple A-Ma (Ma Kok Miu), qui date de la dynastie Ming, se trouve au pied de la colline de Barra, presque à la pointe sud de la péninsule. Selon la légende, A-Ma, jeune et ravissante déesse des marins et des pêcheurs, sauva du naufrage un bateau en route vers Canton sur lequel elle se trouvait. Tous les autres navires de la flotte, dont les riches propriétaires avaient refusé de la prendre pour passagère, furent détruits dans une

tempête. Les marins de Macao viennent ici en pélerinage chaque année en avril ou en mai.

Musée de la marine de Macao

De nombreux bateaux sont exposés ici, dont un *lorcha*, modèle de cargo à voile utilisé sur la rivière des Perles. Le musée propose de courtes croisières pour 15 \$M. Il se trouve sur le quai, en face du temple A-Ma.

Les îles

Juste au sud de la péninsule de Macao se trouvent les îles de Taipa et de Coloane, reliées par une digue. Deux ponts raccordent Taipa à la presqu'île.

Taipa. Cette île semble être devenue un vaste chantier. L'hôtel Hyatt Regency et l'université de Macao ne font que précéder d'autres grands projets de construction. Le village de Taipa est agréable et compte de bons petits restaurants. On peut louer des bicyclettes pour parcourir le village et ses environs. Vous pourrez voir une vieille église, quelques temples et l'imposant musée de Taipa.

Coloane. Sur cette île, vous découvrirez un joli village où l'on peut louer des bicyclettes pour se promener tranquillement. Si Macao, située à l'embouchure d'une rivière boueuse, n'est pas l'idéal en termes de plages, Coloane, en revanche, en possède deux qui sont assez belles, Cheoc Van et Hac Sa.

Le parc de Coloane est réputé pour sa volière et pour son sentier de randonnée, qui sillonne l'île sur plus de 8 km avant de mener au sommet de Alto Coloane, le point culminant de Macao.

VOYAGES ORGANISÉS

Une visite de la péninsule (les réservations se font à Macao) dure trois ou quatre heures et coûte environ 100 \$M par personne ; le déjeuner est souvent compris. Les voyages en bus jusqu'aux îles commencent à 50 \$M par personne. On peut aussi choisir une excursion d'une journée où l'on traverse la frontière pour aller jusqu'à Zhuhai, en Chine. Ce voyage comprend en général une visite de l'ancienne résidence du Dr Sun Yat-sen, dans le district de Zhongshan.

OÙ SE LOGER

Le week-end, le prix des chambres peut doubler et il est difficile de trouver de la place. En revanche, on peut marchander en semaine, surtout pendant la saison creuse d'hiver.

Dans les établissements de catégorie moyenne à supérieure, on peut obtenir une réduction de 20% et plus en effectuant la réservation auprès d'une agence de voyages de Hong Kong. Le mieux est de s'adresser à l'une des nombreuses agences à Shun Tak Centre (embarcadère du Macao Ferry), à Sheung Wan, sur l'île de Hong Kong.

Où se loger – petits budgets

Tous les endroits indiqués figurent dans la carte du centre de Macao.

A un pâté de maisons du casino flottant, au n°17 de la petite Rua do Bocage, se trouve l'hôtel *Ung Ieong* (☎ 573-814), bien que sur la porte le panneau indique "Restaurante Ung Ieong". D'immenses simples/doubles sont proposées à 41/68 $M, et certaines disposent d'une s.d.b. Avant de vous décider, montez jeter un coup d'oeil, c'est assez délabré.

La *San Va Hospedaria,* Rua de Felicidade, entre également dans la catégorie inférieure. Une double avec s.d.b. commune coûte 70 $M.

A deux pâtés de maisons au sud du casino flottant, Rua das Lorchas, plusieurs hôtels sont groupés autour d'une grande place (maintenant enterrée sous un marché couvert) appelée Praca Ponte e Horta. Du côté est, la *Pensão Kuan Heng* (☎ 573-629, 937-624), 2e étage, Bloc C, Rua Ponte e Horta, dispose de simples/doubles à 150/250 $M, très propres et bien tenues.

A l'angle de Travessa das Virtudes et Travessa Auto Novo est installée la *Vila Tai Loy* (☎ 937-811) qui loue des chambres agréables pour 200 $M.

A proximité, la *Pensão Tai Fat*, Rua da Caldeira 41-45, offre des chambres à 200 $M.

En allant vers l'est de la péninsule, on trouve à se loger sans se ruiner entre le Lisboa Hotel et la Rua da Praia Grande. Une petite rue, la Rua Dr Pedro Jose Lobo, qui donne dans la Rua da Praia Grande, compte une série de pensions, parmi lesquelles la *Vila Meng Meng* (☎ 710-064), au 3e étage du n°24. Vous pouvez avoir une chambre climatisée pour 130 $M, avec s.d.b. commune. Juste à côté, à la *Vila Nam Loon*, les chambres sont à partir de 150 $M.

Également Rua Dr Pedro Jose Lobo, la *Vila Sam Sui* (☎ 572-256) semble très jolie et loue des chambres à partir de 200 $M.

Juste au-dessus de Foto Princesa (un magasin de photo), Avenida do Infante D'Henrique 55-59, la *Vila Kimbo* (☎ 710-010) propose des simples à partir de 130 $M.

Au n°3 de la Travessa da Praia Grande, ruelle qui donne dans l'Avenida D Joao IV, la *Pensão Nam In* (☎ 710-024) dispose de simples avec s.d.b. commune à 110 $M, et d'agréables doubles avec s.d.b. pour 230 $M.

Derrière le Lisboa Hotel, dans l'Avenida de Lopo Sarmento de Carvalho, on compte une rangée d'échoppes de prêteurs sur gages et deux ou trois pensions. La *Vila San Vu*, accueillante, offre de belles chambres moyennant 200 $M.

Où se loger – catégorie moyenne

Dans cette catégorie, comptez de 200 à 500 $M la nuit. Sauf mention contraire, tous les endroits mentionnés figurent sur la carte du centre de Macao.

L'*East Asia Hotel*, Rua da Madeira 1-A, est une excellente adresse (☎ 922-433 ; fax 922-430). Le bâtiment est typique de l'architecture coloniale de Macao, avec sa façade traditionnelle, mais l'intérieur a été totalement réaménagé. Les simples/jumelles à 320/360 $M avec s.d.b. et air conditionné ultra-puissant sont immaculées. Le restaurant de dim sum au 2e étage propose de fabuleux petits déjeuners.

Tout près de l'East Asia, la *Vila Capital* (☎ 920-154), Rua Constantino Brito 3, compte des simples/jumelles à 250/300 $M.

Dans la Rua Dr Pedro Jose Lobo, près de la Vila Sam Sui, la *Vila Loc Tin* a augmenté ses prix avec des chambres à 250 $M.

Dans Travessa da Praia Grande, l'hôtel *Nam Tin* (☎ 711-212) loue des simples à 330 $M ! Au coin de la rue, la *Vila Nam Pan* (☎ 572-289) a augmenté ses tarifs, avec des simples désormais facturées 250 $M (faites toutefois une tentative polie de marchandage).

Le *Central Hotel* (☎ 373-838), comme son nom l'indique, est situé dans le centre, Avenida de Almeida Ribeiro 26-28, à l'ouest de la poste principale. Mieux vaut jeter un coup d'œil aux chambres avant de se décider. Les simples/doubles avec s.d.b. valent 250/300 $M.

Le *London Hotel* (☎ 937-761) possède des chambres propres et confortables, avec des simples à 230 $M. Il est situé sur la grande place Praca Ponte e Horta (deux pâtés de maisons au sud du casino flottant).

Un peu plus au sud du casino flottant, on tombe sur la Travessa das Virtudes. Sur la gauche en entrant dans cette ruelle, l'hôtel *Hou Kong* (☎ 937-555) offre des doubles/jumelles à 260/350 $M. L'adresse officielle est Rua das Lorchas 1.

A un pâté de maisons au nord du casino flottant, Avenida de Almeida Ribeiro 146, le *Grand Hotel* (☎ 921-111 ; fax 922-397) dispose de simples/jumelles à 380/480 $M.

A un pâté de maisons à l'est du casino flottant, dans la Travessa Caldeira, l'hôtel *Man Va* (☎ 388-655), Rua da Caldeira 32, possède des doubles à 280 $M, mais l'établissement affiche presque systématiquement complet.

Non loin de là, la *Vila Universal* (☎ 573-247), Rua de Felicidade 73, est un hôtel très sympathique et très propre. Les doubles/jumelles coûtent 200/252 $M.

Juste à côté, Rua de Felicidade 71, près de Travessa Auto Novo, l'hôtel *Ko Wah* (☎ 375-599) a des doubles de 202 à 212 $M. La réception se situe au 4e étage. L'ascenseur est vétuste.

Au nord du casino flottant, Rua das Lorchas, le *Peninsula Hotel* (☎ 318-899 ; fax 344-933) loue des simples/jumelles à 350/400 $M. C'est un hôtel vaste, propre et très prisé.

Débordant quelque peu la "catégorie moyenne", le *Macau Masters Hotel* (☎ 937-572 ; fax 937-565 ; 75 chambres), Rua das Lorchas 162 (près du casino flottant). Les doubles valent 440 $M, et les jumelles de 550 à 1 000 $M.

Un autre quartier, au nord du Lisboa Hotel, dans la rue Estrada de Sao Francisco, est intéressant. Le raidillon mérite l'effort : l'endroit est tranquille et les constructions balayées par une petite brise marine. Une fois là-haut, on découvre l'élégant hôtel *Matsuya* (☎ 575-466 ; fax 568-080 ; 41 chambres), où les doubles/jumelles coûtent 330/390 $M et les suites 650 $M.

A côté de l'hôtel Matsuya, Estrada de Sao Francisco 2-A, la *Vila Tak Lei* (☎ 577-484) offre des doubles à 300 $M. En marchandant, on peut rogner environ 50 $M.

Au sommet de cette gamme de prix vient l'hôtel *Guia* (☎ 513-888 ; fax 559-822 ; 89 chambres), Estrada do Eng Trigo 1-5 (voir la carte de la péninsule de Macao). Les jumelles s'échelonnent de 470 à 600 $M, les triples sont à 650 $M et les suites de 750 à 930 $M.

Le *Metropole Hotel* (☎ 388-166 ; fax 330-890 ; 112 chambres) idéalement situé, Rua da Praia Grande 63, met à votre disposition des doubles/jumelles 460/600 $M.

Le *Mondial Hotel* (☎ 566-866 ; fax 514-083 ; 141 chambres) est situé dans une petite rue, Rua de Antonio Basto, à l'est des jardins Lou Lim Ioc (voir la carte de la péninsule de Macao). Bien qu'éloigné du centre, cet hôtel n'est pas bon marché. Dans l'ancienne aile, comptez de 360 à 480 $M pour une double, 850 $M pour une suite. Dans la nouvelle aile, les jumelles vont de 580 à 630 $M et les suites de 1 050 à 2 300 $M.

Où se loger – catégorie supérieure

La plupart des hôtels qui suivent ont un numéro de téléphone à Hong Kong où l'on peut effectuer une réservation. Cependant, pour ces endroits luxueux, on obtient souvent de meilleurs tarifs en passant par les agences à Shun Tak Centre (embarcadère du Macao Ferry) à Hong Kong. Pendant la saison touristique d'été, beaucoup d'hôtels de luxe affichent complet longtemps à l'avance, même en semaine.

Pour la plupart des adresses qui suivent, l'indication CM renvoie à la carte "centre de Macao", et PM à "péninsule de Macao". Les autres hôtels sont à Taipa ou Coloane.

Bela Vista, Rua Comendador Kou Ho Neng ; 8 chambres : jumelles à 1 800 $M, suites à 4 850 $M (☎ 965-333 ; fax 965-588 ; HK 2881-1688) (PM)

Beverly Plaza, Avenida do Dr Rodrigo Rodrigues ; 300 chambres : jumelles de 740 à 900 $M, suites de 1 600 à 1 800 $M (☎ 782-288 ; fax 780-684 ; HK 2739-9928) (CM)

Fortuna, Rua da Cantao ; 368 chambres : jumelles de 780 à 980 $M, suites à 1 800 $M (☎ 786-333 ; fax 786-363 ; HK 2517-3728) (CM)

Fu Hua, Rua de Francisco Xavier Pereira 98 ; 140 chambres : jumelles à 680 $M, triples 730 $M (☎ 553-838 ; fax 527-575 ; HK 2559-0708) (PM)

Grandeur, Rua de Pequim ; 350 chambres ; jumelles de 800 à 1 000 $M, suites de 1 300 à 7 000 $M (☎ 781-233 ; fax 785-896 ; HK 2857-2846) (PM)

Holiday Inn, Rua de Pequim ; 451 chambres : jumelles de 700 à 1 200 $M, suites de 2 400 à 9 600 $M (☎ 783-333 ; fax 782-321; HK 2736-6855) (CM) – A ne pas confondre avec le Holiday Hotel.

Hyatt Regency, Estrada Almirante Marques Esparteiro 2, Île de Taipa ; 326 chambres : chambres standard de 990 à 1 380 $M, suites de 2 800 à 10 000 $M (☎ 831-234 ; fax 830-195 ; HK 2559-0168)

Kingsway, Rua de Luis Gonzaga Gomes ; 410 chambres : jumelles de 680 à 880 $M, suites de 1 080 à 3 380 $M (☎ 702-888 ; fax 702-828) (PM)

Lisboa, Avenida da Amizade ; 1 050 chambres : jumelles de 600 à 1 100 $M, suites de 1 650 à 7 000 $M (☎ 377-666 ; fax 567-193 ; HK 2559-1028) (CM)

Mandarin Oriental, Avenida da Amizade ; 435 chambres : jumelles de 1 080 à 1 680 $M, suites de 3 500 à 17 500 $M (☎ 567-888 ; fax 594-589 ; HK 2881-1688) (PM)

Nam Yue, International Centre, Avenida do Dr Rodrigo Rodrigues ; 388 chambres : jumelles de 680 à 880 $M, suites de 1 680 à 3 380 $M (☎ 726-288 ; fax 726-626 ; HK 2559-0708) (PM)

New Century, Avenida Padre Tomas Pereira 889, Île de Taipa ; 600 chambres, 28 appartements : jumelles de 1 100 à 1 650 $M, suites de 3 000 à 20 000 $M, appartements de 20 500 à 29 000 $M (☎ 831-111 ; fax 832-222 ; HK 2581-9863)

New World Emperor, Rua de Xangai ; 405 chambres : jumelles de 870 à 990 $M, suites de 1 480 à 4 680 $M (☎ 781-888 ; fax 782-287 ; HK 2724-4622) (CM)

Pousada de Coloane, plage de Cheoc Van , Île de Coloane ; 22 chambres : jumelles de 600 à 680 $M (☎ 882-143 ; fax 882-251 ; HK 2540-8180)

Pousada de Sao Tiago, Avenida da Republica ; 23 chambres : jumelles de 1 080 à 1 380 $M, suites de 1 600 à 3 000 $M (☎ 378-111 ; fax 552-170 ; HK 2739-1216) (PM)

Pousada Ritz, Rua da Boa Vista 2 ; 31 chambres : jumelles de 1 180 à 1 280 $M, suites de 1 680 à 8 880 $M (☎ 339-955 ; fax 317-826 ; HK 2739-6993) (PM)

Presidente, Avenida da Amizade ; 340 chambres : jumelles de 620 à 850 $M, suites de 2 800 à 3 800 $M (☎ 553-888 ; fax 552-735 ; HK 2857-1533) (CM)

Royal, Estrada da Vitoria 2-4 ; 380 chambres : jumelles de 750 à 880 $M, suites de 1 850 à 2 980 $M (☎ 552-222 ; fax 563-008 ; HK 2543-6426) (PM)

Sintra, Avenida Dom Joao IV ; 240 chambres : jumelles de 560 à 820 $M, suites à 1 180 $M (☎ 710-111 ; fax 510-527 ; HK 2546-6944) (CM)

Sun Sun, Praca Ponte e Horta 14-16 ; 178 chambres : jumelles de 600 à 820 $M, suites de 980 à 1 650 $M (☎ 939-393 ; fax 938-822)

Westin Resort, Estrada de Hac Sa, Île de Coloane ; 208 chambres : jumelles de 1 300 à 1 650 $M, suites de 4 000 à 16 000 $M (☎ 871-111 ; fax 871-122 ; HK 2803-2015)

OÙ SE RESTAURER

La cuisine de Macao représente une palette exotique de saveurs portugaises et chinoises. Elle est aussi influencée par d'autres pays européens et par l'Afrique.

Le plat le plus célèbre est le poulet à l'africaine, cuit au four avec des poivrons et du piment. Parmi d'autres spécialités, la morue (*bacalhau*) est servie en sauce, grillée, à la vapeur, au four ou bouillie. La sole de Macao est également délicieuse. Vous trouverez aussi de la queue et de la poitrine de bœuf, du lapin cuisiné de multiples façons, et des soupes comme

LE SUD

le *caldo verde* et la *sopa a alentejana* à base de légumes, viande et huile d'olive. L'apport brésilien est le *feijoadas*, un ragoût de pois, porc, pommes de terre, chou et saucisses relevées. Les crevettes épicées viennent de l'ancienne enclave portugaise de Goa, sur la côte occidentale de l'Inde.

L'influence portugaise se retrouve dans les nombreux et excellents vins rouges ou blancs importés du Portugal, de même que le porto et le brandy. Le Mateus Rosé est le plus célèbre, mais le vin blanc ou rouge est encore moins cher.

Les menus étant souvent en portugais, voici quelques termes qui peuvent s'avérer utiles : *cozido* (ragoût), *cabrito* (chevreau), *cordeiro* (agneau), *carreiro* (mouton), *galinha* (poulet), *caraguejos* (crabes), *carne de vaca* (bœuf) et *peixe* (poisson).

N'hésitez pas à vous installer dans l'une des nombreuses petites *pastelerias* (pâtisseries) de Macao, avec un verre de *chá de limão* (thé au citron) et une assiette de gâteaux. Dans ces endroits, le petit déjeuner est bon marché.

Sachez que l'on dîne tôt à Macao : vous verrez parfois les serveurs ranger les chaises et le chef rentrer chez lui vers 21 heures.

Henry's Galley (☎ 556-251), Avenida da República 4, à la pointe sud de la péninsule, donne sur la mer. La *Ali Curry House*, à côté, mérite également une visite.

Le *Estrela do Mar* (☎ 322-074), Travessa do Paiva 11, près de Rua da Praia Grande, est idéal pour déguster de la bonne cuisine locale et portugaise bon marché, de même que le *Solmar* (☎ 574-391), Rua da Praia Grande 11. Ces deux restaurants sont réputés pour leur poulet à l'africaine et leurs fruits de mer.

Au *Fat Siu Lau* (☎ 573-580), on sert de la cuisine portugaise et chinoise. Il se trouve au 64 Rua de Felicidade. La spécialité est le pigeon rôti.

Le *Restaurante Safari* (☎ 322-239) est excellent. Il propose de bons plats classiques de coffee-shops, ainsi que du poulet épicé, du steak et des nouilles frites. Il se trouve Patio do Cotovelo 14, une minuscule place donnant sur l'Avenida de Almeida Ribeiro, de l'autre côté du Central Hotel.

Ze do Pipo (☎ 374-047), 95A Rua da Praia Grande (près de la Rua do Campo) est un restaurant portugais de deux étages très tape-à-l'œil. Abstraction faite des miroirs et du marbre, ce n'est pas un endroit désagréable, mais vérifiez d'abord les tarifs.

On sert yaourts et milk-shakes chinois à la *Leitaria I Son* (☎ 573-638) à côté de l'office du tourisme de Macao.

Beaucoup vont jusqu'au village de Taipa pour ses restaurants remarquables, bien qu'assez chers. Essayez sans hésiter le *Pinocchio's* (☎ 827-128).

Parmi les autres établissements appréciés du village de Taipa, les très portugais *Restaurante Panda* (☎ 827-338), *Galo Restaurant* (☎ 827-318) et *O'Manuel* (☎ 827-571).

Sur la plage de Hac Sa, sur l'île de Coloane, *Fernando's* (☎ 882-264) mérite une mention spéciale : sa cuisine et son animation nocturne sont les meilleures de Macao.

DISTRACTIONS
Le jeu

Même si jouer ne vous intéresse pas, il est amusant de déambuler la nuit dans les casinos, notamment celui du *Lisboa Hotel*.

Pubs

Deux pubs adjacents peuvent se targuer d'être le cœur de la vie nocturne de Macao. Ils se trouvent près du temple Kun Iam, dans la même rue, Rua de Pedro Coutinho : au n°104, le *Talker Pub* (☎ 550-153, 528-975), et au 106 le *Pyretu's Bar* (☎ 581-063). La plupart des pubs de Macao ouvrent vers 20h mais ne s'animent qu'à partir de 21h, et ne ferment parfois que longtemps après 24h.

Le *Jazz Club*, Rua Alabardas 9, près de l'église Saint-Laurent, est un établissement nocturne très animé ouvert seulement le vendredi et le samedi soir. En principe, des musiciens se produisent entre 23h et 2h.

Le *Military Club* abrite un pub assez tranquille connu pour son atmosphère rustique. Voici quelques autres adresses de pubs :

Africa Pub, Rua de Xanhai 153 (à côté de l'office de l'immigration) (☎ 786-369)
Bar Da Guia, Mandarin Oriental Hotel (☎ 567-888)
Casa Pub, Estrada de Cacilhas 25, R/C 4, Edificio Hoifu Garden (☎ 524-220)
Kurrumba Bar, Rua do Tap Siac 21 (☎ 569-752)
Oskar Pub, hôtel Holiday Inn (☎ 783-333)
Panguiao Bar, Calçada do Gaio 14 (☎ 304-620)
Paprika Bar, Rua de Ferreira do Amaral 34-A (☎ 381-799)
RJ Bistro, Rua da Formosa 29-E R/C (☎ 339-380)

ACHATS

Macao regorge de boutiques de prêteurs sur gages. On peut faire de bonnes affaires sur les appareils photos, les montres et les bijoux, mais marchandez impitoyablement.

L'office du tourisme de Macao propose de nombreux souvenirs intéressants, à bas prix.

Le marché Saint-Dominique, dans la ruelle située derrière le Central Hotel, est parfait pour les vêtements bon marché.

Le prix des vins portugais, des cigarettes, cigares et tabac importé est intéressant. Cependant, à la douane de Hong Kong, on ne vous autorisera qu'un litre de vin et 50 cigarettes en franchise de taxes.

COMMENT S'Y RENDRE
Avion

Le nouvel aéroport de Macao, très controversé, a été inauguré début 1996. Il n'est pas certain du tout qu'il attirera suffisamment de passagers pour être rentable. Un nouvel aéroport situé à 20 km de Zhuhai risque d'absorber, malgré les dénégations officielles, une bonne partie de l'activité de celui de Macao.

Très peu de compagnies sont d'ailleurs intéressées. La jeune Air Macao (détenue à 51% par la CAAC) assure des vols reliant Macao à Pékin et Shanghai. EVA Air et Trans-Asia Airways desservent deux villes de Taiwan : Taipei et Kaohsiung. Personne ne sait encore quand (ni si) des vols réguliers pourront éventuellement s'étendre à d'autres destinations.

East Asia Airlines assure un service d'hélicoptères avec Hong Kong. Le vol (20 minutes) coûte 1 206 $HK en semaine et 1 310 $HK le week-end. Pour gagner

L'architecture kitsch et bizarre du Lisboa Hotel, qui abrite l'un des casinos les plus fréquentés de Macao.

LE SUD

30 minutes par rapport à la traversée en bateau, c'est cher. Il y a jusqu'à 17 vols quotidiens entre 9h30 et 22h30. A Hong Kong, le départ a lieu de Shun Tak Centre (☎ 2859-3359), 200 Connaught Rd, Sheung Wan. A Macao, l'hélicoptère part de l'embarcadère des jetfoils (☎ 725-939).

Voie terrestre

De Macao, il est facile de se rendre en Chine. Il suffit de prendre un bus jusqu'à la frontière et de la traverser à pied. Le bus n°3 va de l'embarcadère des jetfoils jusqu'à la porte-frontière entre Macao et la Chine. Vous pouvez également prendre un bus direct de Macao à Canton, mais vous ne gagnerez pas de temps car vous devrez patienter longuement à la frontière pendant que les autres voyageurs effectuent les formalités d'immigration. Les billets de bus pour Canton s'achètent chez Kee Kwan Motors, à côté du casino flottant.

Voie maritime et fluviale

La grande majorité des voyageurs visitant Macao arrivent ou repartent en bateau.

Canton – Macao. Deux bateaux fonctionnent en alternance un jour sur deux, le *Dongshanhu* et le *Xiangshanhu*.

A Macao, les départs se font de l'embarcadère situé à côté du casino flottant (et non de l'embarcadère des jetfoils). Le bateau quitte Macao à 20h30 et arrive à Canton le lendemain à 7h30. Vous devrez débourser 96 $M en 2e classe, 120 $M en 1re classe et 176 $M en classe spéciale. Les jours fériés, on facture 8 $M de plus.

A Canton, le bateau part à 20h30 du quai Zhoutouzui. Les tarifs sont exactement les mêmes qu'à Macao.

Hong Kong – Macao. Macao est séparée de Hong Kong par 65 km d'étendue marine. Des départs sont assurés de 7h à 21h30, environ toutes les 15 minutes dans la journée et toutes les 30 minutes le soir.

Vous avez le choix entre trois sortes de bateaux : les jetfoils, les turbocats (catamarans turbopropulsés) et les ferries ultra-rapides (high-speed ferries). La traversée en jetfoil dure 55 minutes. Il existe deux sortes de turbocats : les jumbo-cats (65 minutes) et les tri-cats (55 minutes). Quant aux ferries ultra-rapides, ce sont les plus lents (95 minutes) mais les plus économiques. Il est interdit de fumer sur les jetfoils et les turbocats.

La plupart des bateaux partent de l'immense embarcadère du Macao Ferry situé à côté du Shun Tak Centre, 200 Connaught Rd, Sheung Wan, île de Hong Kong (facile d'accès, station MTR Sheung Wan). Des bateaux partent cependant de l'embarcadère du China Hong Kong City Ferry à Kowloon.

Sur les jetfoils, il n'y a de la place que pour les bagages à main. On vous laissera embarquer avec un sac à dos ou une seule valise, mais les gros bagages doivent être enregistrés comme dans un avion.

Le week-end et les jours fériés, il est plus prudent de réserver son billet de retour. Il peut même être difficile d'obtenir une place pour Hong Kong le lundi matin mais, en semaine, cela ne pose en principe aucun problème. Si vous ne pouvez avoir de place en jetfoil ou en turbocat, tentez votre chance auprès des ferries ultra-rapides, qui sont beaucoup plus grands.

On peut se procurer les billets pour le jetfoil à Hong Kong jusqu'à 28 jours à l'avance, à l'embarcadère ou dans les MTR Travel Services Centres, ou réserver par téléphone (☎ 2859-6569) si vous possédez une carte de crédit. Les billets de turbocat peuvent être achetés 28 jours à l'avance à l'embarcadère (pas de réservations par téléphone), au China Travel Service de Hong Kong ou au Lisboa Hotel à Macao.

Les ferries rapides et les turbocats (économique, 1re et VIP) comportent trois classes. Une cabine VIP peut contenir six personnes et le prix du ticket est le même quel que soit le nombre d'occupants. Les jetfoils disposent de deux classes (économique et 1re). Les autorités de Hong Kong facturent une taxe de départ de 26 $HK, incluse dans le prix du billet. A Macao, la taxe est de 22 $M, également incluse. Les tarifs suivants sont ceux pratiqués à Hong Kong :

LE SUD

Bateau	Semaine ($ HK)	Week-end ($ HK)	Nuit ($ HK)
Ferry ultra-rapide	30/55/71	35/55/71	pas de tarif de nuit
Jetfoil	123/136	134/146	152/166
Turbocat	123/223/ 1 336	134/234/ 1 396	146/246/ 1 476

COMMENT CIRCULER

Macao est une ville plutôt compacte où il est assez facile se déplacer à pied. En revanche, pour visiter les îles de Taipa et Coloane, un moyen de transport motorisé est indispensable.

Desserte de l'aéroport

Lors de la rédaction de ce guide, les transports concernant l'aéroport n'étaient pas encore organisés, mais des services de bus et de taxis seront sans doute disponibles.

Bus

Il existe des bus et des minibus, climatisés et fréquents, en service de 7h à 24h. Sur la péninsule de Macao, le bus coûte 2 $M.

Pour les voyageurs, le bus le plus pratique est sans conteste le n°3, dont l'itinéraire comprend la traversée de la frontière chinoise, l'embarcadère des jetfoils et le centre, près de la poste principale. De nombreux autres services sont assurés. Malheureusement, les trajets changent si fréquemment que la plupart des plans de la ville n'indiquent pas les circuits des bus. Un plan détaillé (bilingue de préférence) sera néanmoins pratique pour s'orienter.

Le bus coûte 2,50 $M pour Taipa, 3,20 $M pour le village de Coloane et 4 $M pour la plage de Hac Sa (à Coloane). Au moment de la rédaction de ce guide, les bus n°11, 26, 26A, 28A, 33 et 38 desservent tous Taipa et/ou Coloane.

Taxis

A Macao, les taxis sont tous équipés d'un compteur que le chauffeur doit mettre en route obligatoirement. La prise en charge est de 8 $M pour les premiers 1,5 km, puis de 1 $M tous les 250 m. Comptez 5 $M de plus pour aller à Taipa et 10 $M pour Coloane mais, sur le trajet du retour, ce surcoût n'est pas appliqué. On peut appeler un taxi par téléphone (☎ 519-519). Peu de chauffeurs parlant anglais, il est pratique d'avoir avec soi un plan de Macao en chinois et anglais ou portugais.

Voiture

La seule idée de louer une voiture pour faire du tourisme à Macao est absurde : la circulation extrêmement dense et l'impossibilité de stationner rend les déplacements en voiture pénibles. Cependant, en groupe, la location d'un véhicule peut être une solution pratique pour visiter Taipa et Coloane.

Comme à Hong Kong, on conduit à gauche. Un autre règlement local veut qu'en l'absence de feux, les véhicules à moteur doivent toujours s'arrêter pour laisser passer les piétons aux croisements. Il est interdit de klaxonner.

Happy Mokes (☎ 439-393, 831-212), en face de l'embarcadère des jetfoils à Macao, loue des véhicules ressemblant à des mini-jeeps (moke). On peut les réserver à l'agence de Hong Kong (☎ 2540-8180). Un moke se loue 280 $M en semaine et 310 $M les week-ends et jours fériés.

Avis Rent A Car (☎ 336-789, 567-888 poste 3004), au Mandarin Oriental Hotel, loue également des mokes. C'est sans doute superflu en semaine, mais on peut les réserver à l'agence Avis de Hong Kong (☎ 2541-2011).

Bicyclettes

Il est possible d'en louer sur les îles de Taipa et Coloane. Sur la péninsule, il n'existe aucun magasin de location. De toute façon, circuler en bicyclette au milieu d'une circulation aussi dense est franchement rebutant.

Cyclo-pousse

Il faut marchander et l'effort n'est guère récompensé. Ils sont surtout destinés à la traditionnelle photo souvenir. Si vous êtes deux, assurez-vous que le tarif convenu couvre les deux personnes. En règle générale, la photo vous coûtera 20 $M, et l'heure environ 100 $M.

Guangdong 广东

Le Guangdong, grâce à sa proximité de Hong Kong, est devenu l'une des principales portes d'entrée en Chine et une région prospère. Sa spectaculaire croissance résulte d'une intégration économique entre le delta du Zhu Jiang (la rivière des Perles) et Hong Kong. Certains économistes parlent même de Grand Hong Kong" pour désigner la région.

Ses habitants, les Cantonais, passent pour les "barbares du Sud" aux yeux des Chinois du Nord. Les premiers échanges commerciaux avec les étrangers eurent pour cadre le Guangdong. Fuyant la pauvreté et attirés par les ruées vers l'or, les Cantonais formèrent le gros de l'émigration chinoise en direction des États-Unis, du Canada, de l'Australie et de l'Afrique du Sud au milieu du XIXe siècle. Ainsi, les quartiers chinois des grandes villes du monde entier sont surtout composés de Cantonais.

Les investissements massifs des Chinois de Hong Kong et de ceux de la diaspora ont largement contribué à la percée économique du Guangdong. Parallèlement, l'industrie des loisirs et des spectacles à Hong Kong, en particulier le cinéma et la musique, a permis de bâtir une forte culture régionale. Lorsque les observateurs évoquent une possible décentralisation du pouvoir en Chine et la montée du régionalisme, ils font essentiellement allusion au Guangdong.

Ce n'est qu'en 214 av. J.-C., sous la dynastie Qin, que le Guangdong fut intégré à l'empire chinois. Jusque-là, la province était passée entre les mains de quinze gouvernements nationaux rivaux, ce qui lui avait valu la réputation de province frondeuse.

Aujourd'hui, le Guangdong présente un intérêt économique plus que touristique. La plupart des visiteurs dans la province sont des hommes d'affaires ou des voyageurs en transit vers d'autres régions de Chine, plus préservées. Les Zones économiques spéciales (ZES) de Shenzhen et Zhuhai,

Population : 59 millions d'habitants
Capitale : Canton (Guangzhou)
À ne pas manquer :
- L'île de Shamian, à Canton
- Le marché Qinping, à Canton
- Le temple des Ancêtres de Foshan
- Les spectaculaires formations rocheuses de Zhaoqing

modèles de réussite économique, ne présentent guère d'intérêt pour les voyageurs. La ville de Canton constitue une immense zone urbanisée et bruyante.

CANTON
Canton ou Guangzhou (*guǎngzhōu*) est l'opulente capitale de la province du Guangdong. Les sites touristiques ne sont pas légion mais une promenade dans les rues de la ville offre un résumé de l'évolution que connaît la Chine, partagée entre pauvreté et opulence.

En moins d'une décennie, Canton s'est transformée en une métropole trépidante, de type Bangkok ou Taipei. Seuls ses immenses parcs méritent qu'on s'y arrête, ainsi que quelques sites chargés d'histoire, comme les temples ou l'île de Shamian, une concession étrangère pleine de cachet.

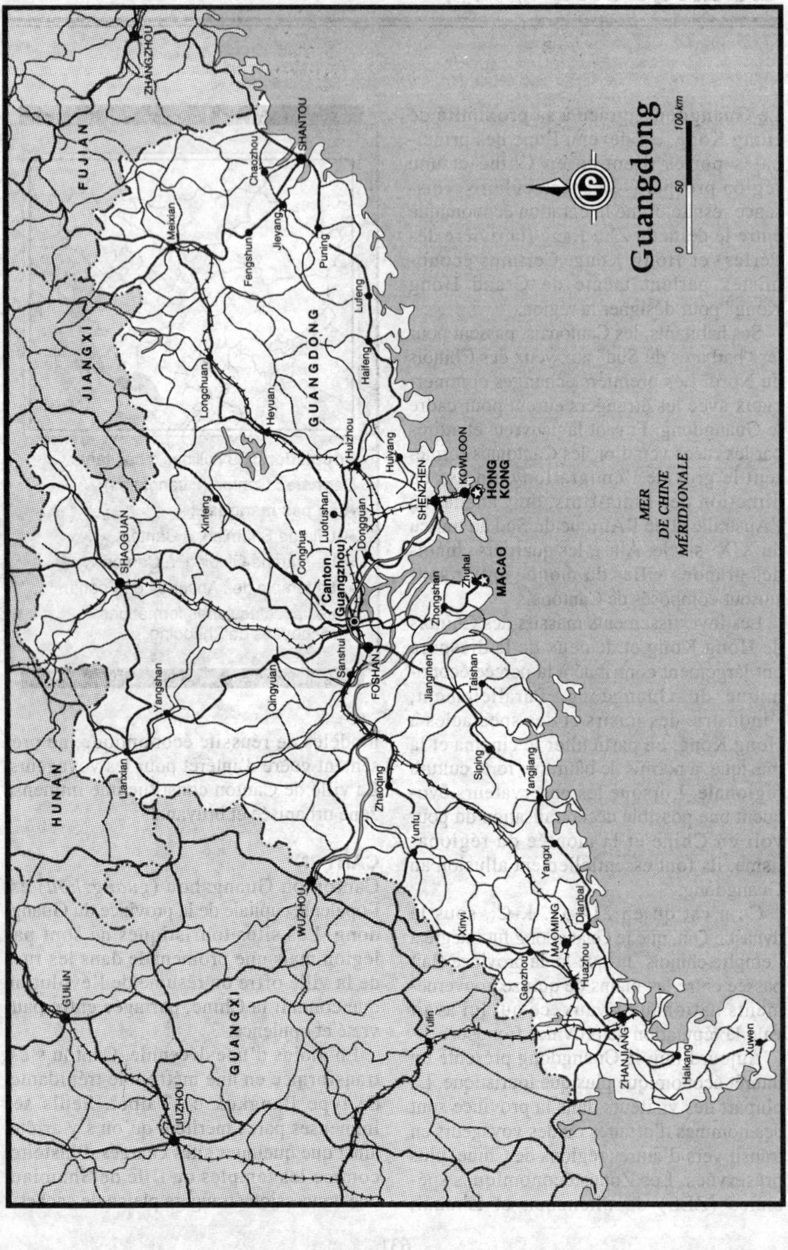
Guangdong
0
50
100 km
FUJIAN
ZHANGZHOU
SHANTOU
Chaozhou
Jieyang
Meixian
Fengshun
Puning
Lufeng
JIANGXI
GUANGDONG
Longchuan
Heyuan
Haifeng
Huizhou
Huiyang
SHENZHEN
KOWLOON
HONG KONG
Xinfeng
Luofushan
Dongguan
Conghua
SHAOGUAN
Canton (Guangzhou)
Zhongshan
Zhuhai
MACAO
Sanshui
FOSHAN
Jiangmen
Taishan
Qingyuan
Yangshan
Lianxian
HUNAN
Zhaoqing
Siping
Yangjiang
Yunfu
Yangxi
WUZHOU
Dianbai
Xinyi
MAOMING
Huazhou
Gaozhou
GUILIN
GUANGXI
Yulin
ZHANJIANG
Haikang
Xuwen
LIUZHOU
MER DE CHINE MÉRIDIONALE

A l'instar de maintes autres villes côtières chinoises, Canton devient une destination coûteuse. Les voyageurs à petit budget trouveront, pour quelque temps encore, quelques hôtels abordables acceptant les étrangers.

Histoire

La première ville installée à l'endroit de l'actuelle de Canton remonte à la dynastie Qin (221-206 av. J.-C.). Les premiers étrangers qui arrivèrent dans la cité furent les Indiens et les Romains, au IIe siècle ap. J.-C. Cinq siècles plus tard, sous la dynastie Tang, des marchands arabes développèrent des activités commerciales entre le Moyen-Orient et l'Asie du Sud-Est.

Les premiers contacts avec les nations modernes d'Europe eurent lieu au début du XVIe siècle, quand les galions portugais abordèrent pour la première fois les côtes du Guangdong. Les Portugais obtinrent ensuite l'autorisation d'installer une base sur l'estuaire, à Macao, en 1557. Puis arrivèrent en 1582 les jésuites, autorisés à s'établir à Zhaoqing, au nord-ouest de Canton, et plus tard à Pékin même. Les premières tentatives d'ouverture commerciale proposées par les Britanniques restèrent lettre morte en 1625, mais le gouvernement impérial accepta finalement d'ouvrir Canton au commerce extérieur en 1685.

Suite à un édit impérial en 1757, seule Canton fut autorisée à commercer avec les étrangers. Le Cohong, l'association des marchands de Canton, bénéficiait ainsi du monopole du commerce extérieur de la Chine. De multiples réglementations pesaient sur les Occidentaux, cantonnés dans l'île de Shamian, où se trouvaient leurs entrepôts. Le Cohong veillait à ce que les échanges commerciaux profitent surtout aux Chinois. En 1773, les Britanniques décidèrent de rééquilibrer la balance commerciale en s'appuyant sur la vente d'opium. Ainsi, 1 000 caisses d'opium du Bengale débarquèrent à Canton. La consommation de cette drogue eut tôt fait d'assécher les finances de la Chine.

En 1839, l'opium était toujours pour les Britanniques la pierre angulaire de leurs échanges avec la Chine. L'empereur nomma alors Lin Zexu commissaire de Canton et lui intima l'ordre d'éradiquer ce trafic. Malgré un succès initial (les Britanniques remirent 20 000 caisses d'opium), cette croisade anti-drogue menée par les Chinois conduisit à une réaction militaire des Britanniques connue sous le nom de "guerre de l'Opium" (1839-1842). L'attaque aboutit à la Convention de Chuen Pi, qui céda l'île de Hong Kong aux Britanniques. Un traité ultérieur fit de l'île et d'une partie de Kowloon une concession "à perpétuité".

Au XIXe siècle, Canton devint un foyer de révolte. Le chef de la rébellion Taiping antidynastique, Hong Xiuquan (1814-1864), naquit à Huaxian, au nord-ouest de Canton, et les premières activités des Taiping furent centrées autour de cette région. Canton fut aussi un bastion des forces républicaines après la chute de la dynastie Qing en 1911. Sun Yat-sen, premier président de la république de Chine, naquit à Cuiheng, village situé au sud-ouest de Canton. Au début des années 20, il prit la tête du Guomindang (le parti nationaliste) à Canton, d'où les républicains lancèrent leur expédition contre les derniers seigneurs de guerre au nord du pays. Canton fut aussi un centre d'activité du jeune Parti communiste.

Aujourd'hui, Canton vibre au son des espèces sonnantes et trébuchantes. La ville est entraînée dans la spirale Hong Kong-Shenzhen-Zhuhai et s'en porte plutôt bien. C'est avec un plaisir non dissimulé que les Cantonais laissent le soin à leurs compatriotes du Nord de se débattre avec les problèmes liés à la politique.

Orientation

Le centre de Canton est limité par une rue périphérique (Huanshi Lu, littéralement "route qui encercle la ville") au nord et par la rivière des Perles au sud. C'est dans ce périmètre que se trouvent la plupart des hôtels, des quartiers commerçants et des lieux intéressants. Les hôtels sont plutôt

Sanyuanli

Gare ferroviaire 3

Xicun

Zemdu

Huanshi Xilu

Zhanqian Lu

Rennin Beilu

Jardin des
Orchidées

Dongfeng Xilu

Liuhua Lu

Parc
Liuhua

Xihua Lu

Dongfeng Zhonglu

Jiefang Beilu

Parc
Yuexiu

Parc du
Peuple

Liwan Lu

Liuting

Jiefang Zhonglu

Zhongshan 8-Lu

Zhongshan 7-Lu

Zhongshan 6-Lu

Parc

Liwan

Longjin Xilu

Longjin Donglu

Jiefang Nanlu

Rennin Zhonglu

Wenchang Lu

Xiguan

Huifu Xilu

Baoyuan Lu

Baohua Lu

Changshou Lu

Dade Lu

Enning Lu

Duobao Lu

Daxin Lu

Huangsha Dadao

Xiaju Lu

Rond-point
Haizhu

Dishipu Lu

Yide Xilu

Gaitong Lu

Pont
Haizhu

Rivière des Perles

Parc de la
Culture

Liu'ersan Lu

Yanjiang Xilu

Binjiang Xilu

Île de Shamian

Quai
Xiti

Voir la carte de
l'île de Shamian

Pont
Renmin

Parc
Haichuang

Tongfu Zhonglu

Fangcun

Quai
Zhoutouzui

Henan

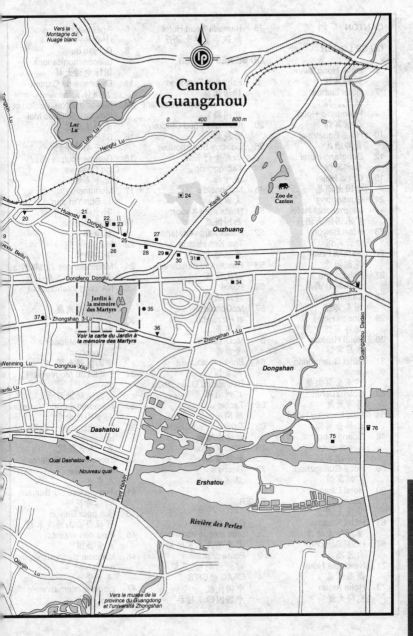

Canton
(Guangzhou)

Vers la Montagne du Nuage blanc

Lac Lu

0   400   800 m

Zoo de Canton

Ouzhuang

Huanshi

Dongfeng Donglu

Jardin à la mémoire des Martyrs

Zhongshan 3-Lu

Voir la carte du Jardin à la mémoire des Martyrs

Zhongshan 1-Lu

Dongshan

Wenming Lu

Donghua Xilu

Dashatou

Quai Dashatou

Nouveau quai

Pont Haiyin

Ershatou

Rivière des Perles

Qianjin Lu

Vers le musée de la province du Guangdong et l'université Zhongshan

CANTON 广州

OÙ SE LOGER

6   Hôtel Hong Mian
    红棉宾馆
7   Hôtel Liuhua
    流花宾馆
9   Friendship Hotel
    友谊宾馆
10 Hotel Equatorial
    贵都酒店
12 Dongfang Hotel
    东方宾馆
13 China Hotel
    中国大酒店
21 Guangdong
    International Hotel
    广东国际大酒店
23 Hôtel Baiyun
    白云宾馆
26 Garden Hotel
    花园酒店
27 Holiday Inn
    文化假日酒店
28 Cathay Hotel
    国泰宾馆
29 Ocean Hotel
    远洋宾馆
30 Hôtel Hakkas
    嘉应宾馆
31 Hôtel Guangdong
    Jinye
    广东金页大厦
32 Hôtel Yuehai
    粤海大厦
34 Pine Forestry Hotel
    松林业宾馆
42 Guangdong
    Guesthouse
    广东迎宾馆
59 Hôtel Guangzhou
    广州宾馆
60 Hotel Landmark
    Guangzhou
    华厦大酒店
63 Hôtel Furama
    富丽华大酒店
67 Hôtel Baigong
    白宫酒店
71 New Asia Hotel
    新亚酒店
73 Hôtel Aiqun
    爱群大厦

75 Ramada Pearl Hotel
    凯施华美达大酒店

OÙ SE RESTAURER

3   Fairwood Fast-food
    快活快餐
19 North Garden Restaurant
    北园酒家
20 Kentucky Fried Chicken
    肯德基
36 Cowboy Steakhouse
    西部牛仔餐馆
44 Taipingguan
    太平馆
48 McDonald's
    麦当劳
50 Restaurant Xiyuan
    西园饭店
52 Restaurant végétarien
    Tsai Ken Hsiang
    菜根香素菜馆
53 Restaurant musulman
    回民饭店
56 Panxi
    泮溪酒家
57 McDonald's
    et Pizza Hut
    麦当劳
61 McDonald's
    麦当劳
64 Snake restaurant
    蛇餐馆
65 Restaurant Guangzhou
    广州酒家
66 Taotaoju
    陶陶居
68 Taiwan Fried Chicken
    台湾香鸡城
70 Hôtel Xinhua
    新华酒店
72 Timmy's
    添美食

DIVERS

1   Gare routière
    (bus longue distance)
    广东省汽车客运站
2   Poste principale
    邮政总局 (流花邮局)
4   CAAC et CITS
    中国民航,
    中国国际旅行社

5   Arrêt des minibus
    小公共汽车站
8   Bureau de
    télécommunications
    国际电话大楼
11 Gymnase de Canton
    广州体育场
14 Musée des Yue du Sud et
    tombeau de Chao Mei
    南越王汉墓
15 BSP
    公安局外事科
16 Groupe sculpté des
    Cinq Chèvres
    五羊石像
17 Monument
    de Sun Yat-sen
    孙中山纪念碑
18 Tour Zhenhai
    镇海楼
22 Hill Bar
    小山酒吧
24 Mausolée des 72 Martyrs
    黄花岗七十二烈士墓
25 Nanfang International
    Plaza
    南方国际商厦
33 One Love Bar
    红风车酒吧
35 École de Médecine
    Zhongshan
    中山医科大学
37 Institut du Mouvement
    paysan
    农民运动讲习所
38 Mémorial de Sun Yat-sen
    孙中山纪念堂
39 Guangzhou N°1 People's
    Hospital
    第一人民医院
40 Temple de la Brillante
    Piété Filiale
    光孝寺
41 Temple des Six Banians
    六榕寺花塔
43 Bus pour Baiyun
    开往白云山的汽车站
45 Parc des enfants
    儿童公园
46 Magasin d'antiquités
    de Canton
    粤龙堂
47 Librairie internationale
    外文书店

49	Grand magasin de Canton
	广州百货大楼
51	Mosquée Huaisheng
	怀圣寺光塔
54	Temple des ancêtres de la famille Chen
	陈家词
55	Gare routière Guangfo (pour Foshan)
	广佛汽车站
58	Temple des Cinq Génies
	五仙观
62	Cathédrale du Sacré-Cœur
	石室教堂
69	Grand magasin Nanfang
	南方百货
74	Guangzhou Red Cross Hospital
	市红字会医院
76	Red Ants Bar
	红蚂蚁酒吧

regroupés autour de la gare ferroviaire (au nord), dans Huanshi Donglu (au nord-est), ainsi que dans et autour des anciennes concessions étrangères sur l'île de Shamian (au sud). Si vous voulez garder une bonne impression de Canton, jetez plutôt votre dévolu sur cette dernière.

En vertu des conventions chinoises, les rues principales de Canton sont divisées en secteurs affectés d'un numéro (Zhongshan 5-Lu, etc.), ou bien définies par un point cardinal : *bei* (nord), *dong* (est), *nan* (sud) et *xi* (ouest), comme par exemple Huanshi Donglu, que vous verrez parfois écrit en anglais Huanshi East Road.

Renseignements

CITS. Il existe un important bureau CITS (☎ 666-6271) situé 179 Huanshi Lu, à côté de la gare ferroviaire principale. Peu efficace, il est par ailleurs peu utile puisque les services de réservation des hôtels et les prestataires privés remplissent le même rôle. Avec un peu de chance, vous obtiendrez un billet de train, de bateau ou de bus. Ouvert de 8h30 à 18h30.

La plupart des grands hôtels possèdent un service de billetterie. Celui du Garden Hotel est efficace.

Ligne téléphonique à l'usage des touristes. Canton, comme Shanghai, possède désormais une ligne spéciale qui s'adresse aux touristes (☎ 667-7422). Elle a pour but de répondre aux plaintes concernant les coûts excessifs et le vol.

BSP. Le BSP (☎ 333-1060) se trouve 863 Jiefang Beilu, en face de la rue qui mène à la tour Zhenhai.

Argent. Tous les grands hôtels changent les chèques de voyage ainsi que les dollars hongkongais et américains. Certains font même des avances sur carte de crédit. Le change au marché noir a aujourd'hui presque disparu.

American Express. L'agence American Express de Canton (☎ 331-1771 ; fax 331-3535) est située au rez-de-chaussée du Guangdong International Hotel.

Poste et télécommunications. Tous les grands hôtels sont équipés d'agences postales d'où vous pouvez envoyer des lettres et des paquets contenant des imprimés.

Pour un paquet à destination de l'étranger, adressez-vous au bureau de poste au 43 Yanjiang Xilu, près de la rivière et de l'île de Shamian. Faites vérifier le contenu du paquet et remplissez une déclaration de douane.

La poste principale, appelée localement poste Liuhua (*liúhuā yóu jú*), jouxte la gare ferroviaire.

Pour les envois express à expédier par une société privée, vous pouvez vous adresser à DHL (☎ 335-5034) et UPS (☎ 775-5778). Federal Express (☎ 386-2026) se trouve dans le Garden Hotel, pièce 1356-7, Garden Tower.

Le bureau de télécommunications est de l'autre côté de la gare ferroviaire, du côté est de Renmin Beilu. La plupart des hôtels ont l'automatique international. Quant aux grands hôtels, ils possèdent des centres d'affaires dotés de téléphones, fax et télex pour les liaisons intérieures et internationales (les appels pour Hong Kong sont très économiques). L'indicatif téléphonique de Canton est le 020.

Consulats. Peuvent vous être utiles les consulats suivants :

Australie
    Pièce 1503-4, bâtiment principal, Gitic Plaza, 339 Huanshi Donglu (☎ 331-2738 ; fax 331-2198)
États-Unis
    1 Shamian Nanjie, île de Shamian (☎ 888-8911 ; fax 886-2341)
France
    Unit 1160, China Hotel, Liuhua Lu (☎ 667-7522 ; fax 666-5390)
Japon
    Garden Tower Hotel, 368 Huanshi Donglu (☎ 333-8999)
Pologne
    Île de Shamian, près du White Swan Hotel (☎ 886-1854)
Thaïlande
    Pièce 316, White Swan Hotel, île de Shamian (☎ 888-6968 poste 3310)
Vietnam
    13 Taojin Beilu (derrière le Guangzhou Friendship Store) (☎ 358-1000 poste 101)

Services médicaux. Le Red Cross Hospital possède un numéro d'urgence (☎ 444-6411) où l'on répond en anglais.

Pour les soins courants, adressez-vous à la clinique médicale pour étrangers au Guangzhou N°1 People's Hospital (☎ 333-3090) (*dìyī rénmín yīyuàn*), 602 Renmin Beilu.

Si vous séjournez dans l'île de Shamian ou près de la rivière, il existe un hôpital proche, le Sun Yatsen Memorial Hospital (☎ 888-2012) (*sūn yìxiān jìniàn yīyuàn*), 107 Yanjiang Xilu, près de l'hôtel Aiqun. On n'y parle pas beaucoup d'autres langues que le chinois, mais les soins prodigués sont bons et peu onéreux.

A côté de l'île de Shamian et du marché Qingping se trouve l'hôpital de médecine traditionnelle chinoise (☎ 888-6504) (*zhōngyī yīyuàn*), 16 Zhuji Lu. Idéal pour l'acupuncture et la médecine naturelle.

Alliance française. Elle est située 75 Yuanan Xinjie, Binjiang Lu, Spare Time College (☎ 443-2975).

Attention ! Si les rues de Canton sont relativement sûres, gardez à l'esprit que des pickpockets et des arracheurs de sac sévissent. Soyez vigilants, même dans les endroits où vous pensez être en sécurité (halls d'hôtel, etc.). Les abords de la gare ferroviaire ont mauvaise réputation.

Institut du Mouvement paysan

(*nóngmín yùndòng jiǎngxí suǒ*)
Les membres du jeune Parti communiste venaient de toute la Chine pour être formés dans cet établissement construit en 1924. L'institut doit sa mise en place à Peng Pai, un dirigeant communiste de haut rang qui accordait aux forces paysannes un rôle fondamental dans la réussite de la Révolution. Mao Zedong, qui partageait cette thèse, prit la direction de l'institut en 1925 ou 1926. Zhou Enlai y donna aussi des cours.

Les bâtiments, restaurés en 1953, abritent aujourd'hui un musée de la Révolution. Il n'y a pas grand-chose à voir : une reconstitution de la chambre de Mao, les quartiers et fusils des soldats, des photos anciennes. L'institut est au 42 Zhongshan 4-Lu.

Jardin à la mémoire des Martyrs

(*lièshì língyuán*)
Le soulèvement de Canton, le 11 décembre 1927, fut l'un des nombreux mouvements survenus en Chine à la suite du massacre des communistes de Shanghai et de Nankin ordonné par Tchang Kaï-chek. Il se solda par un échec, et quelque 5 700 personnes furent tuées pendant ou après l'insurrection. Le jardin s'étend sur la colline de la Fleur rouge (Honghuagang), l'un des endroits où eurent lieu les exécutions. Il présente un intérêt limité.

Mausolée des 72 Martyrs de la colline des Fleurs jaunes

(*huánghuā gāng qīshí'èr lièshì mù*)
Ce mémorial fut édifié en hommage aux victimes de la tentative avortée de renversement de la dynastie Qing à Canton, le 27 avril 1911. Cinq mois plus tard, la dynastie était renversée et l'on proclamait la République de Chine.

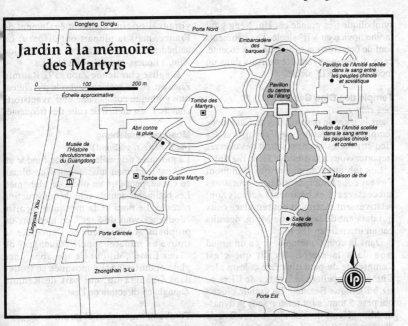

Jardin à la mémoire des Martyrs

Dongfeng Donglu

Porte Nord

Embarcadère des barques

Pavillon de l'Amitié scellée dans le sang entre les peuples chinois et soviétique

Pavillon du centre de l'étang

Tombe des Martyrs

Pavillon de l'Amitié scellée dans le sang entre les peuples chinois et coréen

Abri contre la pluie

Musée de l'Histoire révolutionnaire du Guangdong

Lingyuan Xilu

Maison de thé

Tombe des Quatre Martyrs

Salle de réception

Porte d'entrée

Zhongshan 3-Lu

Porte Est

0   100   200 m
Échelle approximative

Construit en 1918, ce fut le plus célèbre monument révolutionnaire de la Chine précommuniste. Curieux agrégat de symboles de la liberté et de la démocratie, il est surtout un exercice architectural d'un goût douteux. La façade d'un petit obélisque égyptien jouxte une réplique de la Cloche de la Liberté, une copie miniature du Trianon de Versailles et une réplique de la statue de la Liberté.

Mémorial de Sun Yat-sen
(*sūn zhōngshān jìniàn táng*)
Ce vaste édifice situé dans Dongfeng Lu fut élevé en mémoire de Sun Yat-sen grâce à des dons d'émigrés chinois et de citoyens de Canton. Il date de 1931.

Temple des Six Banians
(*liù róng sì huā tǎ*)
Les six banians auxquels le temple doit son nom (ainsi baptisé dans un poème de Su

Dongpo, célèbre poète qui visita le temple au XIe ou au XIIe siècle) ont disparu, mais le temple reste une attraction populaire pour sa pagode des Fleurs octogonale. La plus ancienne et la plus haute (55 m) de la ville fut construite en 1097. Elle semble, de l'extérieur, n'avoir que neuf étages, mais elle en compte dix-sept à l'intérieur.

L'histoire de ce temple fondé au VIe siècle reste floue, mais on l'associe à Hui Neng, le sixième patriarche de la secte bouddhiste zen. Aujourd'hui, il abrite le siège de l'association bouddhique de Canton. C'est encore un lieu de culte. N'usez donc qu'avec retenue et discrétion de votre appareil photo.

Temple de la Brillante Piété filiale
(*guāngxiào sì*)
Ce temple est l'un des plus anciens de Canton. Le premier temple bouddhiste édifié sur ce site remonte sans doute au IVe siècle. L'endroit recèle une valeur

symbolique très grande car Hui Neng y fut moine novice au VIIe siècle. Les bâtiments sont de construction beaucoup plus récente, ceux d'origine ayant été détruits dans un incendie au XVIIe siècle.

Temple des Cinq Génies
(wǔ xiān guān)
Dans la légende des origines de Canton, ce temple taoïste est le lieu d'apparition des cinq êtres célestes chevauchant des chèvres (reportez-vous à la rubrique *Parc Yuexiu*).

Les tablettes de pierre qui flanquent l'avant-cour témoignent des restaurations successives. Les bâtiments actuels sont relativement récents et ont remplacé ceux qui dataient de la dynastie Ming, détruits par un incendie en 1864.

Dans la cour du temple, il y a un grand trou dans la pierre. On dit que c'est l'empreinte du pied d'un être céleste. Les Chinois l'appellent le "rocher de l'Épi de riz à l'Unique Beauté". La grande cloche qui pèse 5 tonnes fut fondue sous la dynastie Ming. Haute de 3 m, elle mesure 2 m de diamètre et 10 cm d'épaisseur. On l'appelle la "cloche de la calamité" car le son émis par cette cloche dépourvue de battant est un mauvais présage pour la ville.

A l'arrière de la tour principale se dressent des statues de taille humaine dont les sourires rappellent ceux de la statuaire grecque antique. Elles représentent quatre des cinq génies. Dans l'avant-cour, on peut voir quatre statues des chèvres, montures des génies, et des stèles gravées encastrées dans les murs.

Le temple se situe au sud de la mosquée de Huaisheng, au bout d'un passage dont l'entrée est dans Huifu Xilu. Ouvert tous les jours de 8h30 à 11h30 et de 14h30 à 17h30.

Cathédrale du Sacré-Cœur
(shí shì jiàotáng)
Cet impressionnant édifice entièrement en granit date de 1888. Conçue par l'architecte français Guillemin, l'église est une imitation de cathédrale gothique européenne. Quatre cloches de bronze suspendues dans la partie est ont été fondues en France ; les

vitraux d'origine viennent également de France, mais la plupart ont disparu. La cathédrale se trouve du côté nord de Yide Xilu, à l'ouest du rond-point Haizhu.

L'église chrétienne Zion, 392 Renmin Zhonglu, est un mélange hybride d'architecture gothique européenne et d'avant-toits chinois. C'est un lieu de culte très fréquenté.

Mosquée Huaisheng
(huáishèng sì guāngtǎ)
La mosquée originale aurait été fondée en 627 par le premier missionnaire musulman en Chine, peut-être un oncle de Mahomet. Les bâtiments actuels sont de construction récente. Le nom de la mosquée signifie "Souvenez-vous du Sage", en mémoire du prophète. A l'intérieur de l'enceinte se trouve un minaret appelé "Guangta" ou "Tour Lisse", du fait de son apparence plate et uniforme. La mosquée se trouve dans Guangta Lu, qui part de Renmin Zhonglu en direction de l'est.

Tombeau musulman et jardin des Orchidées
(mùhǎnmòdé mù)
Tout en haut de Jiefang Beilu, le tombeau musulman serait celui du missionnaire qui fonda la mosquée Huaisheng. Il est abrité par un bosquet de bambous, derrière le jardin des Orchidées. Pour vous y rendre, franchissez l'étroite porte qui se trouve peu après l'entrée du jardin, et suivez l'étroit chemin empierré sur la droite. Derrière ce tombeau se trouvent des tombes musulmanes et une monumentale arche de pierre. Ce tombeau est connu sous le nom de "tombeau de l'Écho" ou "tombeau Résonnant" en raison de l'écho que renvoient les parois de la chambre intérieure.

Le jardin est planté de plus de 100 variétés d'orchidées. Magnifique en été, c'est un endroit désolé l'hiver.

Marché Qingping
(qīnpíng shìchǎng)
Ce marché vit le jour en 1979. Ce type de marché privé fut l'une des initiatives économiques les plus audacieuses à l'époque

de Deng Xiaoping. Aujourd'hui, ils ont fleuri partout dans le pays.

Près de l'entrée, vous trouverez l'habituel assortiment de plantes médicinales, épices, étoiles de mer séchées, serpents, lézards, bois de cerf, scorpions séchés, peaux de léopard et de tigre, pattes d'ours, champignons semi-toxiques, écorces d'arbres, herbes et plantes non identifiables. Plus loin, les animaux vivants attendent d'être dépecés pour la boucherie. Des singes aux yeux tristes secouent les barreaux de leur cage en bois, des tortues rampent les unes par-dessus les autres dans des casiers en aluminium, des chouettes sont perchées sur des boîtes pleines de pigeons, des poissons tournent en rond dans des bacs où bouillonnent des jets d'eau. Vous pouvez aussi faire provision de grenouilles, salamandres géantes, pangolins, chiens et ratons laveurs, vivants ou tout juste tués et encore tétanisés.

Le marché se situe sur la partie nord de Liu'ersan Lu et déborde sur Tiyun Lu, qui coupe d'est en ouest Qingping Lu.

Île de Shamian
(*shāmiàn*)

Shamian signifie "étendue sablonneuse". C'est tout ce qu'était l'île avant que les marchands étrangers soient autorisés à y établir leurs entrepôts ("factories") au milieu du XVIIIᵉ siècle. La terre conquise par assèchement a accru la surface de l'île jusqu'à sa taille actuelle de 900 m (est-ouest) sur 300 m (nord-sud). C'est en 1859 que l'île devint une concession franco-britannique, après la défaite de la Chine dans les guerres de l'Opium. Elle se couvrit alors de maisons de commerce et de villas. Ces bâtiments coloniaux sont aujourd'hui un peu décatis.

L'église catholique française, située sur le grand boulevard, a été restaurée. L'ancienne église britannique à l'extrémité ouest de l'île a été transformée en atelier mais trahit son passé par ses fenêtres murées de style gothique. Aujourd'hui, la plupart des bâtiments abritent des bureaux ou des appartements. Le quartier a conservé néanmoins sa paisible atmosphère résidentielle, à mille lieux de l'agitation qui règne de l'autre côté des canaux.

Lentement mais sûrement, Shamian s'embourgeoise. Des cafés, des bars et quelques boutiques commencent à ouvrir, tandis que des patrouilles de police interdisent aux mendiants l'accès de l'île.

Parc de la Culture
(*wénhuà gōngyuán*)

Situé au nord-est de l'île de Shamian, le parc de la Culture, ouvert en 1956, regroupe des manèges, une piste de patin à roulettes et un aquarium qui abrite des expositions sur la faune de la province du Guangdong. Le soir, on peut aussi y suivre des cours de danse ou assister à des spectacles d'acrobatie, à des films ou à des représentations de l'opéra de Canton (parfois en costume).

Parc Haichuang
(*hǎichuáng gōngyuán*)

Ce parc situé de l'autre côté de la rivière abrite les vestiges du **monastère de la Bannière océane**. Fondé par un moine bouddhiste en 1662, il s'étendait, à son apogée, sur 2,5 hectares. Après 1911, il fut transformé en école et quartier militaire. Il fut ouvert au public dans les années 30. Les trois représentations colossales du Bouddha qui y figuraient ont disparu, mais il subsiste la grande salle qui sert aujourd'hui, le soir, de dancing où se produisent des orchestres.

La grosse pierre qui orne le bassin aux poissons, à l'entrée sur Tongfu Zhonglu, est considérée par les Chinois comme un tigre se débattant pour fuir. Elle a été rapportée du lac Tai (province du Jiangsu) par un riche marchand cantonais, au siècle dernier. Après la Seconde Guerre mondiale, elle fut vendue à un collectionneur privé et disparut aux yeux du public. Elle fut finalement restituée au parc Haichuang en 1951.

Parc Yuexiu
(*yuèxiù gōngyuán*)

Avec ses 93 hectares, le parc Yuexiu est le plus grand de Canton. Il abrite la tour

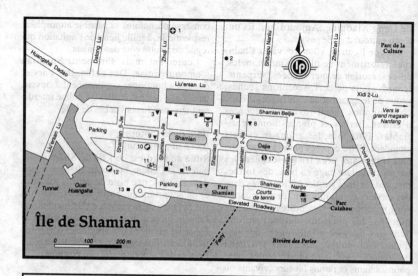

Île de Shamian

0   100   200 m

Rivière des Perles

ÎLE DE SHAMIAN 沙面

OÙ SE LOGER

4 Guangdong Victory
   Hotel
   胜利宾馆
7 Guangdong
   Victory Hotel
   (nouvelle annexe)
   胜利宾馆 (新楼)
13 White Swan Hotel
   白天鹅宾馆
14 Auberge de jeunesse
   Guangzhou
   广州青年招待所
15 Hôtel Shamian
   沙面宾馆

OÙ SE RESTAURER

3 Boulangerie
   面包店
5 Hot Gossip (pub et
   restaurant)
   嘉宾廊西餐厅
8 New York Silver
   Palace
   银宫大酒楼
9 Restaurant
   Li Qin
   利群饮食店
16 Lucy's (pub
   et restaurant)
   嘉西西餐
18 Chicago Café
   芝加哥咖啡馆

DIVERS

1 Hôpital de médecine
   chinoise traditionnelle
   中医医院
2 Marché Qingping
   清平市场
6 Poste
   邮局
10 Consulat de Pologne
   波兰领事馆
11 Happy Bike
   (location de bicyclettes)
   租自行车店
12 Consulat des États-Unis
   美国领事馆
17 Bank of China
   中国银行

Zhenhai, le monument à Sun Yat-sen et la
sculpture des Cinq Chèvres. Un parc aquatique ouvrira bientôt.

Dressé en 1959, le **groupe sculpté des
Cinq Chèvres** est le symbole de Canton. On
raconte que jadis, cinq êtres célestes vêtus de
couleurs différentes et chevauchant des
chèvres atterrirent à Canton. Chacun portait
un brin de riz, qu'ils offrirent à la population

en signe de bon augure, de la part du ciel,
signifiant que la région serait à jamais épar-
gnée par la famine. Canton signifie "vaste
Région", mais ce mythe vaut à la ville son
autre nom de "cité des Chèvres".

La **tour Zhenhai**, également connue sous
le nom de pagode à Cinq Étages, est le seul
vestige subsistant de l'ancienne enceinte de
la ville. Des étages supérieurs, la vue

LE SUD

s'étend sur Canton au sud et sur la montagne du Nuage blanc au nord. La tour que l'on voit aujourd'hui fut bâtie sous la dynastie Qing. Du fait de sa situation stratégique, elle fut occupée par les troupes françaises et britanniques lors des deux guerres de l'Opium. En face de la tour, les douze canons datent de cette époque. Elle abrite désormais le musée municipal, qui présente l'histoire de Canton depuis l'époque néolithique jusqu'au début de ce siècle.

Le **monument de Sun Yat-sen**, au sud de la tour Zhenhai, est un haut obélisque en blocs de granit et de marbre construit en 1929, quatre ans après la mort de Sun. Du sommet, on jouit d'une belle vue sur la ville. Du côté sud de l'édifice, le texte du dernier testament du Dr Sun est gravé sur des tablettes de pierre.

Les attractions historiques du parc de Yuexiu seront bientôt éclipsées par l'ouverture prochaine d'un parc aquatique "à l'américaine".

Musée des Yue du Sud
(*nán yuè wáng mù*)
Ce musée, également connu sous le nom de musée des Han de l'Ouest et du tombeau du roi des Yue du Sud, se trouve sur le site où fut enterré Chao Mei, second empereur (sous le nom de Wen) de la dynastie des Yue du Sud, avant l'an 100 av. J.-C. Le royaume des Yue du Sud donna son nom à la région de Canton sous la dynastie Han (206 av. J.-C.-220 ap. J.-C.). Plus de cinq cents objets d'art sont exposés dans ce musée passionnant. Explications en anglais.

Temple des ancêtres de la famille Chen
(*chén shì shū yuàn ; chén jiā cí*)
Ce sanctuaire familial occupe un vaste ensemble de bâtiments construits entre 1890 et 1894. Il comporte 19 constructions de style traditionnel, ainsi que de nombreuses cours, sculptures et gravures sur pierre.

Parc Liuhua
(*liúhuā gōngyuán*)
Cet énorme parc situé dans Renmin Beilu possède le plus grand lac artificiel de la ville. Construit en 1958, c'est un produit du Grand Bond en avant. On entre dans le parc par Renmin Beilu.

Zoo de Canton
(*guǎngzhōu dòngwùyuán*)
Aménagé en 1958, c'est l'un des zoos les plus intéressants de Chine. Il se trouve dans Xianlie Lu, au nord-est du mausolée des 72 Martyrs.

Musée de la province du Guangdong
(*guǎngdōng shěng bówùguǎn*)
Ce musée, situé dans Yan'an 2-Lu sur la rive sud de la rivière des Perles, abrite des expositions sur les découvertes archéologiques faites dans la province du Guangdong.

Université Zhongshan
(*zhōngshān dàxué*)
Également dans Yan'an 2-Lu, cette université abrite le musée Lu Xun (*lǔ xùn bówùguǎn*). Lu Xun (1881-1936) est l'un des plus grands écrivains chinois modernes. Bien que non communiste, la plupart de ses livres furent interdits par le Guomindang. Il enseigna à l'université en 1927.

Foire de Canton
(*zhōngguó chūkǒu shāngpǐn jiāoyì huì*)
La foire de Canton est, avec le Nouvel An chinois, l'une des plus grandes manifestations de la ville. Très renommée auprès des gens qui commercent avec la Chine, cette foire où sont présentés les produits d'exportation chinois a lieu deux fois par an, au printemps et à l'automne (généralement en avril et octobre), et dure une vingtaine de jours. On entre sur invitation.

En période de foire, il devient très difficile de trouver une chambre et de nombreux hôtels en profitent pour doubler leurs prix.

Croisières sur la rivière des Perles
(*zhūjiāng yóulǎnchuán*)
La rive nord du Zhu Jiang, très peuplée, est l'un des endroits les plus significatifs de Canton. Une excursion en bateau sur la rivière des Perles a lieu tous les jours de 15h30 à 17h et coûte 10 yuan. Le bateau

part de l'embarcadère situé juste à l'est du pont Renmin, descend la rivière jusqu'à Ershatou, puis fait demi-tour et remonte vers le pont Renmin.

Des croisières nocturnes sont organisées d'avril à octobre. Les départs ont lieu de l'embarcadère n°2 (juste au sud du grand magasin Nanfang). On peut réserver son billet dans de nombreux hôtels en ville, dont l'hôtel Shamian sur l'île de Shamian.

Le White Swan Hotel, sur l'île de Shamian, organise également des croisières entre 18h et 21h, avec dîner à bord.

Où se loger – petits budgets

Sur l'île de Shamian, près de l'imposant White Swan Hotel, se trouve l'*auberge de jeunesse Guangzhou* (☎ 888-4298) (*guǎngzhōu qīngnián zhāodàisuǒ*), 2 Shamian 4-Jie. Faute d'autres endroits bon marché ouverts aux étrangers, c'est le quartier général des voyageurs peu en fonds. Depuis les réaménagements récents, il arrive souvent que seuls les lits en dortoirs ne soient pas réservés par les clients chinois. Ils coûtent de 65 à 75 yuan. Des simples/doubles assez sinistres sont disponibles à 75 yuan, tandis que des doubles de qualité valent de 150 à 185 yuan.

Une autre solution pour les voyageurs à petit budget consiste à explorer le quartier de la gare, fief des racoleurs qui exhibent albums photos ou affichettes vantant des chambres bon marché. Certains de ces hôtels sont réservés aux Chinois, d'autres semblent disposés à accueillir tout le monde.

L'hôtel *Meishan* (*méishan dàshà*), au coin de la gare dans Jiefang Beilu, acceptait les étrangers au moment de la rédaction de cet ouvrage et proposait des doubles rudimentaires pour 90 yuan. L'île de Shamian, cependant, est un quartier nettement plus agréable où vous aurez plus de chance de rencontrer d'autres voyageurs.

Où se loger – catégorie moyenne

Quartier de la rivière des Perles. L'hôtel *Shamian* (☎ 888-8124 ; fax 886-1068) (*shāmiàn bīnguǎn*), 50 Shamian Nanjie,

n'est qu'à une encablure de l'auberge de jeunesse Guangzhou, sur l'île de Shamian. Les doubles avec lits jumeaux commencent à 190 yuan. Il arrive que cet établissement, très fréquenté, soit entièrement réservé par des groupes en voyages organisés.

Toujours sur l'île de Shamian, les deux annexes du *Guangdong Victory Hotel* (☎ 886-2622 ; fax 886-2413) (*shènglì bīnguǎn*) sont relativement luxueux. Celui situé 54 Shamian Lu est le moins cher, avec des chambres à partir de 300 $HK. L'annexe du 53 Shamian Lu, sur le même trottoir, à cinq minutes de marche du précédent, propose des chambres standard à 432 $HK, des triples à 489 $HK et des chambres de luxe pour 616 $HK.

L'hôtel *Aiqun* (☎ 886-6668 ; fax 888-3519) (*aìqún dàjiǔdiàn*), 113 Yanjiang Xilu, fait l'angle avec Changdi Lu. Ouvert en 1937, entièrement remis à neuf, il donne sur la rivière. Compte tenu des services, les prix sont raisonnables (du moins pour Canton) : 240/320 yuan pour les simples/doubles, ou 400 yuan pour une chambre jumelle de luxe avec vue sur la rivière.

L'hôtel *Bai Gong* (☎ 888-2313 ; fax 888-9161) (*bái gōng jiǔdiàn*), près de la rivière, 17 Renmin Nanlu, est un endroit agréable et sympathique, bien que le quartier soit très bruyant. Les simples coûtent 188 ou 288 yuan, les doubles 238 ou 288 yuan, et les triples 388 yuan. De la gare, prenez le bus n°31 et descendez à hauteur de la rivière.

De l'autre côté de la rue, le *New Asia Hotel* (☎ 888-4722) (*xīnyà jiǔdiàn*), 10 Renmin Nanlu, offre des simples de 198 à 238 yuan, des doubles de 238 à 268 yuan, et des triples à 380 yuan. C'est un établissement immense, élégant, et plutôt agréable. L'hôtel n'est pas signalé par un écriteau en caractères romains et le personnel ne parle que le chinois.

Juste au sud du New Asia Hotel se trouve l'hôtel *Xinhua* (☎ 888-2688) (*xīnhuá dàjiǔdiàn*), 4 Renmin Nanlu, autre grand établissement. Le tarif des simples/doubles, 198/238 yuan, est raisonnable.

Plus à l'est, non loin de l'Hotel Landmark, le *Guangzhou Hotel* (☎ 333-8168 ; fax 333-0791) (*guǎngzhōu bīnguǎn*), place Haizhu, propose des doubles entre 380 et 420 yuan, et des suites à 560 yuan.

Quartier de la gare. Le *Friendship Hotel* (☎ 667-9898 ; fax 667-8653) (*yǒuyí bīnguǎn*), 698 Renmin Beilu, offre un excellent rapport qualité/prix. Les doubles sont à 168 yuan dans l'aile B et à 300 yuan dans l'aile A. On peut se restaurer à bon compte à l'Apollo Fast Food, attenant.

L'hôtel *Liuhua* (☎ 666-8800 ; fax 666-7828) (*liúhuā bīnguǎn*), 194 Huanshi Xilu, occupe le grand bâtiment juste en face de la gare. C'est un endroit surtout fréquenté par les Chinois. Le tarif des doubles s'échelonne de 380 à 538 yuan. Les chambres les moins chères sont situées au rez-de-chaussée et sont plutôt bruyantes. Jetez d'abord un coup d'œil avant de vous décider.

En face du Liuhua, l'hôtel *Hong Mian* (☎ 666-3989 ; fax 666-4879) (*hóngmiàn dàjiǔdiàn*) est du même acabit. Les doubles/triples coûtent 295/340 yuan.

Quartier nord-est. Le *Pine Forestry Hotel* (☎ 776-1888 ; fax 778-5594), 748 Dongfeng Donglu, est certainement l'un des meilleurs du quartier. Les doubles coûtent 238 yuan. Presqu'à côté, le *Silk Hotel* affiche des tarifs du même ordre.

Au 422 Huanshi Donglu, l'hôtel *Guangdong Jinye* (☎ 777-2888 ; fax 778-7759) (*guǎngdōng jīnyè dàshà*), quelconque, propose des doubles à 268 et 298 yuan, ou des suites à 468 yuan.

L'hôtel *Hakkas* (☎ 777-1688 ; fax 777-0788) (*jiāyìng bīnguǎn*), 418 Huanshi Donglu, offre un bon rapport qualité/prix et vise une clientèle d'hommes d'affaires. Le tarif des simples/doubles débute à 38/41 \$HK. Comptez jusqu'à 70 \$HK pour une suite.

Où se loger – catégorie supérieure
Quartier de la rivière des Perles. Voici quelques hôtels de luxe dans ce quartier :

Hôtel Furama (*fùlìhuá dàjiǔdiàn*), 316 Changdi Lu ; doubles à 80 \$US, suites à 150 \$US (☎ 886-3288 ; fax 886-3388)

Hotel Landmark Guangzhou (*huáshà dàjiǔdiàn*) : doubles à partir de 120 \$US, suites à partir de 180 \$US (☎ 335-5988 ; fax 333-6197)

White Swan Hotel (*báitiāné bīnguǎn*), 1 Shamian Nanjie ; doubles standard/de luxe à 120/140 \$US, suites de 190 à 250 \$US (☎ 888-6968 ; fax 886-1188)

Quartier de la gare ferroviaire. On peut mentionner les établissements suivants :

China Hotel (*zhōngguó dàjiǔdiàn*) ; doubles supérieures/de luxe à 130/148 \$US (☎ 666-6888 ; fax 667-7014)

Hôtel Dongfang (*dōngfāng bīnguǎn*), 120 Liuhua Lu ; simples à 100 \$US, doubles de 120 à 130 \$US (☎ 666-2946 ; fax 666-2775)

Guangdong Guesthouse (*guǎngdōng yíng bīnguǎn*), 603 Jiefang Beilu ; doubles standard/de luxe à 60/70 \$US, suites à partir de 128 \$US (☎ 333-2950 ; fax 333-2911)

Hotel Equatorial (*guìdū jiǔdiàn*), 931 Renmin Beilu ; doubles à partir de 75 \$US (☎ 667-2888 ; fax 667-2583)

Quartier nord-est. Ce quartier, probablement le plus agréable, compte la plus forte concentration d'hôtels haut de gamme. Le *Guangdong International Hotel*, relativement récent, abrite des salles de conférence et chaque chambre de luxe est dotée d'un fax.

Baiyun Hotel (*báiyún bīnguǎn*), 367 Huanshi Donglu ; grand choix de chambres, avec des simples à 35 \$US, des doubles "lune de miel" à 38 \$US, des suites standard/supérieures à 55/68 \$US et des suites de luxe/supérieures à 73/143 \$US (☎ 333-3998 ; fax 333-6498)

Cathay Hotel (*guótài bīnguǎn*), 376 Huanshi Donglu : doubles standard/supérieures à 400/700 \$HK (☎ 386-2888 ; fax 384-2606)

Garden Hotel (*huāyuán jiǔdiàn*), 368 Huanshi Donglu ; doubles de 120 à 125 \$US, suites à partir de 250 \$US (☎ 333-8989 ; fax 335-0467)

Guangdong International Hotel (*guǎngdōng guójì dàjiǔdiàn*) : simples/doubles à partir de 115 \$US, chambres de luxe à partir de 140 \$US (☎ 331-1888 ; fax 331-3490)

Holiday Inn (*wénhuà jiàrì jiǔdiàn*), 28 Guangming Lu ; chambres à partir de 120 \$US (☎ 776-6999 ; fax 775-3126)

Ocean Hotel (*yuǎnyáng bīnguǎn*), 412 Huanshi Donglu ; doubles à partir de 70 \$US (☎ 776-5988 ; fax 776-5475)

LE SUD

Hôtel Yuehai (*yuèhǎi dàshà*), 472 Huanshi Donglu ; doubles à partir de 50 $US (☎ 777-9688 ; fax 778-8364)

Où se restaurer

Si l'on en croit un dicton chinois, il faut "naître à Suzhou, vivre à Hangzhou, manger à Canton et mourir à Liuzhou". En termes de gastronomie, Canton est en effet incomparable.

Parmi les célèbres anciens restaurants, beaucoup ont été rénovés et sont plutôt coûteux. Si votre budget est restreint, jetez plutôt votre dévolu sur les restaurants situés dans les petites rues.

Cuisine chinoise. Les petits restaurants de l'île de Shamian sont devenus plutôt haut de gamme. La plupart des voyageurs à petit budget vont au restaurant *Li Qin* (*lì qún yǐn shídiàn*). Il se repère facilement au grand arbre qui pousse à l'intérieur et dépasse par le toit. On y mange très bien à bas prix. C'est un endroit minuscule, mais le restaurant voisin accueille le surplus de clients. Pour déguster des dim sum abordables à Shamian, rendez-vous au *New York Silver Palace* (*yíngōng dàjiǔlóu*).

Il existe quelques bons restaurants près de la rivière. Tout d'abord, le *Datong* (☎ 888-8988) (*dàtóng jiǔjiā*), 63 Yanjiang Xilu, juste à l'angle de Renmin Lu. Le restaurant occupe les huit étages d'un bâtiment qui domine la rivière. Les spécialités de la maison sont le poulet frit croustillant et le cochon de lait rôti. La peau grillée de cochon est un délice, tout comme les dim sum du matin.

À côté du Datong se trouve le restaurant *Yan Yan* (☎ 888-5967) (*rénrén càiguǎn*), 28-32 Xihao 2-Lu, une rue secondaire qui part de Renmin Lu. Cherchez le passage piétonnier au-dessus de Renmin Lu à l'intersection avec Yanjiang Lu. Le passage redescend sur une rue transversale. Le restaurant fait face aux escaliers du passage.

L'un des établissements les plus connus de Canton est le *Guangzhou* (☎ 888-8388) (*guǎngzhōu jiǔjiā*), 2 Wenchang Nanlu, près du croisement avec Dishipu Lu. Ses quatre étages s'ordonnent autour d'un jardin intérieur où des arbres en pot, des fleurs et des peintures représentant des paysages cherchent à donner l'impression que l'on mange en pleine nature. Les spécialités de la maison sont, entre autres, la soupe aux ailerons de requin et au poulet émincé, les boulettes de crabe et la colombe braisée. Le restaurant est cher et il est parfois nécessaire de réserver.

Pour déguster une excellente cuisine sino-musulmane, essayez le restaurant *Five Rams Muslim* (*wǔyáng huímín fàndiàn*). C'est un endroit immense, à l'angle de Renmin Lu et Zhongshan Lu. Pour un repas plus haut de gamme, allez directement à l'étage.

Au nord de Zhongshan Lu, Dongfeng Lu traverse la ville d'est en ouest. Au 202 Xiaobei Lu, qui coupe Dongfeng, se trouve le *North Garden Restaurant* (☎ 333-0087) (*běiyuán jiǔjiā*). C'est une des "maisons célèbres" de Canton, à en juger par le nombre de voitures et de bus de touristes garés devant l'établissement. Il a été agrandi et englobe une bâtisse voisine, ornée de colonnes dorées d'un goût douteux.

À l'ouest de Canton, le *Panxi* (☎ 881-5718) (*bànxī jiǔjiā*), 151 Longjin Xilu, est l'un des plus grands restaurants de la ville, réputé pour les raviolis, la tortue braisée, le porc rôti, le poulet aux feuilles de thé et le consommé au crabe et aux ailerons de requin. Ses fameux dim sum sont servis de 5h à 9h30 environ, à midi, et le soir.

Dans la même direction, le *Taotaoju* (☎ 881-5769) (*táotáojū*), 20 Dishipu Lu, était une académie privée au XVIIe siècle, transformée en restaurant à la fin du XIXe siècle. Les dim sum sont la spécialité : des chariots couverts de ces petites douceurs savoureuses circulent dans le restaurant. La boisson privilégiée est le thé, dont on dit qu'il est fait avec la meilleure eau de Canton, celle qui provient du puits des Neuf Dragons dans la montagne du Nuage blanc.

Juste au nord de Zhongshan Lu et à l'ouest du parc du Peuple, 344 Beijing Lu, se trouve le *Taipingguan* (☎ 333-2938) (*tàipíngguǎn cāntīng*), une maison établie depuis très longtemps, avec une partie fast-food abordable au rez-de-chaussée, et même quelques menus en anglais. Des repas plus fins sont proposés à l'étage.

Le *South Garden Restaurant* (☎ 444-9211) (*nànyuán jiǔjiā*), 142 Qianjin Lu, propose du poulet au miel et à la sauce d'huître, ou du pigeon à la sauce aux prunes. Qianjin Lu est sur la rive sud de la rivière des Perles. Pour s'y rendre, il faut franchir le pont Haizhu et descendre Jiangnan Dadao, d'où elle bifurque vers l'est.

Juste à l'ouest de Renmin Lu, 43 Jianglan Lu, se trouve le *Snake Restaurant* (☎ 888-3811) (*shé cānguǎn*), dans la vitrine duquel sont exposés les reptiles. Il existe depuis plus de quatre-vingts ans. Descendez Heping Lu, qui part de Renmin Lu en direction de l'ouest. Après quelques minutes de marche, tournez à droite dans Jianglan Lu et suivez cette rue jusqu'au restaurant, sur le trottoir de gauche. Parmi les nombreuses recettes originales, citons la fricassée de serpent et de chat, la poitrine de serpent fourrée aux crevettes, les lamelles de serpent sauté à feu vif et l'émincé de serpent braisé aux foies de volaille.

Cuisine végétarienne. Le restaurant végétarien *Tsai Ken Hsiang* (☎ 334-4363) (*càigēnxiāng sùshíguǎn*), 167 Zhongshan 6-Lu, est l'un des rares endroits à Canton où vous ne risquez pas de commander du chien, du chat ou de la cervelle de singe.

Restauration rapide. Canton regorge aujourd'hui de fast-foods. En fait, ces établissements s'avèrent plus onéreux que les snacks que l'on trouve dans les rues.

Certaines enseignes bien connues ont désormais pignon sur rue, telles *Kentucky Fried Chicken*, *McDonald's*, *Pizza Hut*. Sans compter de multiples autres endroits proposant ce type de nourriture. Certaines succursales de chaînes hongkongaises, comme le *Fairwood Fast Food* et le *Café de Coral*, proposent de la cuisine cantonaise. Les repas sont corrects. Avec une boisson, comptez environ 20 yuan. En cas de forte affluence au McDonald's de Renmin Lu, essayez le *Chicago Steak Beer House*, sur le trottoir d'en face, au 2e étage.

Parmi les autres chaînes, vous trouverez *Timmy's* (peu engageant), *Da Lu, Taiwan Fried Chicken* (l'un des meilleurs), *Dragon Ball* et *Albie & Gibie* (avec deux joyeux perroquets pour logo).

Repas dans les pubs. Il existe quelques établissements à Canton où l'on peut consommer des bières importées et savourer de la nourriture occidentale. La palme revient au *Hill Bar*, à côté de l'hôtel Baiyun, dans Huanshi Donglu, excellent et très bon marché.

Lucy's, *Hot Gossip* et *Chicago Café*, dans l'île de Shamian, sont du même ordre. Bien qu'ils ne soient pas d'un aussi bon rapport qualité/prix que le Hill Bar, n'hésitez pas à vous y rendre si vous voyagez en Chine depuis quelque temps et que vous êtes un peu las des nouilles et du riz.

Le *Cowboy Steakhouse* (*xībù niúzǎi píjiǔ niúpái chéng*), 90 Zhongshan Lu, est un endroit à la mode avec de la musique live (plutôt horrible), des steaks et de la bière. Le personnel est en tenue de cow-boy. Il n'y a pas d'enseigne en caractères romains. Il se trouve au deuxième étage, au-dessus de magasins de sport et de prêt-à-porter.

Restaurants des hôtels. Les hôtels internationaux de Canton figurent parmi les meilleurs de Chine et servent une cuisine chinoise ou occidentale raffinée. Les prix sont à l'avenant.

Pour de la cuisine italienne, *The Pizzeria*, dans le Garden Hotel, offre aussi des plats de pâtes et remporte un franc succès auprès de la communauté étrangère. *Le Grill*, dans le Guangdong International Hotel, sert un barbecue à la française. Dans le même hôtel, le *Cafe La* propose un buffet français le soir. Pour la cuisine de Singapour et de Malaisie, rendez-vous au *Gourmet Court* dans l'hôtel Furama.

Dans tous les grands hôtels, vous pourrez déguster un assortiment de plats chinois et trouverez des menus en anglais.

Distractions

Canton a connu une véritable explosion dans le domaine des loisirs. Pour simplement boire un verre, vous pouvez essayer les bars des hôtels internationaux (généralement ennuyeux et chers), ou l'un des pubs indiqués ci-dessus. Pour danser, l'un des endroits les plus prisés est le *One Love* (*hóngfēngchē*). A 10 yuan l'entrée, vous aurez droit à une piste de danse noire comme de l'encre, un DJ branché et au-dessus, un grand bar à bière et des groupes live. C'est une occasion fantastique de voir un bar "underground" en Chine. Il est situé à l'angle nord-ouest de Dongfeng Donglu et Guangzhou Dadao. L'animation est à son comble le vendredi et le samedi soir.

Le *JJ Disco* (☎ 380-9911), 18 Jiao Chang Lu, dépasse tout ce qu'on peut imaginer. Des éclairages bizarres vous conduisent jusqu'à une gigantesque discothèque illuminée de lasers. On s'y bouscule le vendredi et le samedi soir malgré les 80 yuan d'entrée. Des DJ philippins survoltés vous passeront de la techno.

Autre discothèque bien en vue au moment de la rédaction de ce guide, le *Hit* (☎ 331-3889), 1 Tongxin Lu (près de Huanshi Donglu). Caché dans un édifice en forme de château d'une esthétique discutable, le Hit est en fait une sorte de clone du JJ, en plus petit et moins cher (50 yuan l'entrée).

Le *Red Ants* se trouve à l'est de Guangzhou Dadao, non loin du Ramada Hotel. Pionnier des bars alternatifs de Canton, il a toutefois perdu en notoriété. Demandez l'adresse du *Awol* et du *Grasshopper*, deux autres bars courus du quartier.

Enfin, si vous souhaitez vous plonger dans une ambiance chinoise (karaoké, variétés, dancing et tombola), le *Taojin Bar*, derrière l'hôtel Baiyun, près de l'angle avec Hengfu Lu, ne manquera pas de vous surprendre. Il est situé dans un parking souterrain désaffecté (suivez les guirlandes électriques jusqu'en bas d'une longue rampe). L'entrée est gratuite, mais les boissons un peu chères.

Achats

L'endroit le plus intéressant pour faire ses achats se trouvait traditionnellement à l'intersection de Beijing Lu et de Zhongshan Lu, le principal quartier commerçant de Canton, mais le centre-ville se transforme peu à peu en une immense galerie commerciale. La section de Renmin Nanlu, près de la rivière, fourmille de boutiques à la mode, le rond-point Haizhu possède un centre commercial luxueux, et la partie nord-est de la ville, dans Huanshi Donglu, qui regroupe tous les hôtels de luxe, est également en passe de devenir un quartier commerçant très cossu.

Il est loin le temps où l'on devait chercher un Friendship Store pour faire le plein de souvenirs orientaux. Aujourd'hui, on trouve de la bière importée dans tous les magasins du coin. Ces Friendship Store existent cependant encore, et abritent d'immenses supermarchés, ainsi que des rayons d'antiquités et autres objets.

Pour des souvenirs, essayez les Friendship Store, mais voyez aussi les antiquaires du 146 et du 162 Wende Beilu. Ils possèdent une belle variété d'articles allant des bibelots et objets de collection aux souvenirs plus abordables. L'île de Shamian renferme également un certain nombre de petites échoppes de souvenirs de pacotille. N'oubliez jamais de marchander. Si vous devez vous rendre à Yangshuo, faites plutôt vos achats là-bas. Les prix seront plus avantageux.

La librairie internationale, 326 Beijing Lu, vend surtout des dictionnaires, livres scolaires et quelques classiques anglais. Pour des livres ou des journaux, adressez-vous aux kiosques du Guangdong International Hotel, du Garden Hotel ou du White Swan Hotel. Quelques romans sont disponibles ainsi que certaines publications françaises.

Comment s'y rendre

Avion. Le bureau de la CAAC est installé 181 Huanshi Lu, sur la gauche en sortant de la gare ferroviaire. Il existe deux lignes téléphoniques, l'une pour les vols intérieurs (☎ 666-2969) et l'autre pour les vols internationaux (☎ 666-1803). On peut aussi prendre son billet d'avion dans divers autres endroits, dont le White Swan Hotel et le Garden Hotel. Ouvert tous les jours de 8h à 20h.

Vols internationaux. La CAAC assure au minimum quatre vols par jour (généralement davantage) pour Hong Kong. Le vol dure 35 mn.

Il existe des vols directs entre Canton et plusieurs villes étrangères, dont Bangkok, Hanoi, Jakarta, Kuala Lumpur, Manille, Melbourne, Penang, Singapour, Surabaya et Sydney.

La Singapore Airlines (☎ 335-8999) dispose d'un comptoir à l'entresol du Garden Hotel, 368 Huanshi Donglu, tout comme la Malaysia Airlines (☎ 335-8828), à la boutique M04-05. Vietnam Airlines (☎ 382-7187) est également représentée à Canton.

Vols intérieurs. Quasiment toutes les villes de Chine qui comptent un aéroport sont desservies depuis Canton. Pour les vols intérieurs, la taxe d'aéroport s'élève à 30 yuan.

Bus. Les bus desservent aussi bien l'étranger que l'intérieur du pays. Les principaux itinéraires sont les suivants :

Depuis/vers Hong Kong. Pour vous rendre à Hong Kong, la solution la plus simple consiste à réserver un billet dans l'un des grands hôtels, sur l'une des lignes qui empruntent l'autoroute Canton-Shenzhen. Si les conditions de circulation sont bonnes, comptez moins de 3 heures 30 jusqu'à Kowloon. Les formalités de douane sont réduites au minimum. Le prix oscille entre 170 et 190 $HK. Le Garden Hotel dispose d'une agence de réservation au rez-de-chaussée.

Depuis/vers Macao. Pour aller directement de Macao à Canton, prenez votre billet chez Kee Kwan Motors, en face du casino flottant de Macao. Un bus vous emmène jusqu'à la frontière à Zhuhai, puis un autre vous conduit à Canton. Au total, comptez 5 heures de trajet. Il est générale-

ment plus rapide d'organiser vous-même votre voyage : allez en taxi ou en bus jusqu'à la frontière Macao-Zhuhai, puis prenez un minibus de Zhuhai à Canton.

Depuis/vers Shenzhen. Des minibus privés climatisés attendent en face de la gare ferroviaire de Shenzhen, près de la frontière de Hong Kong. Le tarif est affiché sur un panneau à l'arrêt des minibus : lors de la rédaction de ce guide, il s'élevait à 50 yuan. Vous pouvez également régler le chauffeur en dollars de Hong Kong. Le trajet dure environ trois heures.

A Canton, les minibus pour Shenzhen partent de l'ouest de la gare routière, en face de la gare ferroviaire. C'est du côté est de la gare routière (près de l'hôtel Liuhua) que stationnent les gros bus publics, moins chers, plus lents et moins confortables.

Depuis/vers Zhuhai. Le trajet Canton-Zhuhai en bus climatisé coûte 42 yuan. Reportez-vous à la rubrique *Depuis/vers-Shenzhen* ci-dessus. Pour plus de détails concernant les bus circulant à Zhuhai, voir le chapitre *Zhuhai* un peu plus loin.

Train. Canton est desservie par des trains chinois et internationaux. Obtenir des couchettes sur les lignes intérieures peut être difficile. Le personnel de la gare de Canton est très strict sur l'utilisation de billets à prix chinois par des étrangers. Si vous n'avez pas une certaine carte rouge (blanche) valide, on ne vous laissera pas monter dans le train.

En tout état de cause, soyez très vigilant aux abords de la gare. C'est un repaire de malfrats. A l'extérieur de la gare, des gens vendent des billets au marché noir (au prix chinois), mais faites attention à ce que vous achetez car ils sont imprimés en chinois.

Depuis/vers Hong Kong. Le train express Canton-Hong Kong est confortable et pratique. Il couvre les 182 km en 2 heures 30. Il est cependant beaucoup plus économique de prendre un train local pour Shenzhen, puis de là un autre train local pour Canton. Les horaires varient mais voici ceux qui avaient cours au moment de la rédaction de ce guide :

Train n°	Depuis	Vers	Départ	Arrivée
96	Kowloon	Canton	7h50	10h30
98	Kowloon	Canton	8h35	11h15
92	Kowloon	Canton	12h25	15h05
94	Kowloon	Canton	14h10	16h50
91	Canton	Kowloon	8h15	10h55
93	Canton	Kowloon	10h00	12h40
95	Canton	Kowloon	16h13	18h53
97	Canton	Kowloon	18h00	20h40

Depuis/vers Shenzhen. Le train local de Shenzhen à Canton est bon marché et relativement rapide. Depuis l'ouverture de l'autoroute, il est devenu beaucoup plus facile de se procurer des billets. Le trajet dure entre 2 heures 30 et 3 heures.

Si vous achetez un billet à Canton, vérifiez de quelle gare vous partez. La plupart des trains venant de Shenzhen s'arrêtent à la gare est de Canton, qui est loin du centre-ville. Un conseil : suivez la foule pour prendre un bus ou un minibus qui vous conduira à la gare principale, d'où partent et arrivent tous les express.

A Canton, on peut acheter des billets de train au CITS plusieurs jours à l'avance. Sinon, il faut faire la queue à la gare.

Depuis/vers Pékin. Au départ de Canton, il y a des trains pour Pékin, Shanghai et toutes les provinces du pays, à l'exception de l'île de Hainan et du Tibet. Le CITS ne peut (ou ne veut, peut-être) pas toujours réserver des couchettes à l'avance, mais tentez tout de même votre chance. Si vous êtes prêt à payer les surtaxes diverses, vous pouvez vous procurer les billets auprès des agences de voyages des hôtels internationaux, ou des prestataires indépendants de l'île de Shamian.

On peut aussi acheter des billets au CTS de Hong Kong pour les lignes intérieures, à plus du double du prix. Les express les plus rapides pour Pékin mettent 33 heures (s'ils n'ont pas de retard), mais le trajet ordinaire dure au moins 36 heures.

Bateau. Principal port sur la côte sud de la Chine, Canton est reliée à nombre d'endroits par des catamarans ultra-rapides ou des ferries de nuit, plus lents.

Depuis/vers Hong Kong. Il existe deux types de liaisons maritimes entre Hong Kong et Canton : les jetcats (catamaran à propulsion rapide) et des ferries de nuit, lents. Pour plus de détails sur les départs depuis Hong Kong, reportez-vous au chapitre *Hong Kong*.

Le jetcat *Liwanhu* relie Hong Kong à Canton en 3 heures 30. A Canton, il part tous les jours à 13h du quai Zhoutouzui. On peut acheter les billets à l'embarcadère et dans certains grands hôtels à condition de s'y prendre suffisamment à l'avance. Le billet coûte 178 \$HK en semaine et 200 \$HK le week-end.

La Pearl River Shipping Company assure la liaison entre Hong Kong et Canton avec deux ferries, le *Tianhu* et le *Xinghu*. En les empruntant, vous économisez une nuit d'hôtel. Les bateaux sont propres, parfaitement climatisés, avec des lits confortables et un bon restaurant chinois. Ils partent chaque soir à 21h, l'un de Hong Kong, l'autre de Canton, et arrivent le lendemain matin à 6h.

A Canton, on peut acheter son billet au quai Zhoutouzui (de 151 à 466 \$HK). Si vous ne pouvez obtenir ni cabine ni couchette, achetez une place assise et allez trouver le commissaire de bord à votre arrivée sur le bateau. Il attribue les cabines et couchettes restées libres, mais soyez rapide.

A Canton, le bus n°31 (et non le trolleybus n°31) vous dépose près de Houde Lu, qui mène au quai Zhoutouzui. Pour aller du quai à la gare, marchez jusqu'à la grande rue, traversez et prenez de l'autre côté le bus n°31 jusqu'à la gare.

Depuis/vers Macao. Il y a un ferry de nuit direct entre Macao et Canton. Deux bateaux, le *Dongshanhu* et le *Xiangshanhu*, alternent chaque jour sur cette ligne.

A Canton, le départ a lieu du quai Zhoutouzui à 20h30. Le trajet coûte 91 \$HK en

3e classe, 106 $HK en 2e classe, 136 $HK en 1re et 186 $HK en classe spéciale.

Depuis/vers Wuzhou/Yangshuo. Les liaisons entre Canton et Wuzhou se sont améliorées ces dernières années. Il existe un billet combiné bateau/bus, mais nombre de bus partent également de Wuzhou pour Yangshuo et Guilin, leurs horaires étant souvent fonction de l'arrivée des bateaux en provenance de Canton.

Pour se rendre à Wuzhou, le plus court moyen est le ferry rapide (158 yuan), qui met entre 4 heures 30 et 5 heures. Départs à 7h30, 8h, 12h30 et 14h15. En partant le matin, vous devriez arriver à Yangshuo à temps pour dîner. Les billets s'achètent au quai Dashatou et les départs se font du terminal des ferries rapides, à 100 m à l'est de Dashatou. L'ancien service (24 heures de trajet) fonctionne toujours, et les bateaux ont été améliorés. La cabine de deux lits coûte 77 yuan, celle de quatre lits 50 yuan. Pour 35 yuan, on peut dormir sur le pont. Les bateaux partent du quai Dashatou à 12h30, 14h30 et 21h.

Depuis/vers Liuzhou. Un bateau part tous les matins à 8h du quai Dashatou (87 ou 101 yuan). Le voyage est long et la destination peu intéressante.

Depuis/vers Zhaoqing. Les ferries à destination de Wuzhou (voir ci-dessus) font escale à Zhaoqing. Le ferry lent met 10 heures, contre 2 heures (pour 68 yuan) pour les dessertes rapides.

Autres destinations. En théorie, un service de bateaux est assuré de Canton à Shanghai *via* Xiamen tous les cinq jours, et un autre de Canton à Dalian *via* Qingdao deux fois par mois. Le personnel du quai Zhoutouzui affirme que les deux services ont été interrompus pour une durée indéterminée. Renseignez-vous pour connaître les dernières dispositions.

Du quai Zhoutouzui, des bateaux desservent Haikou quotidiennement et Sanya et Wenzhou une fois par semaine.

Comment circuler

Canton à proprement parler s'étend sur 60 km² et la plupart des sites intéressants sont éparpillés. Il est donc quasiment impossible d'en faire la visite uniquement à pied. De plus, la pollution et la circulation intense rendent les déplacements à pied fort déplaisants.

Desserte de l'aroport. L'aéroport Baiyun de Canton est à 12 km du centre, près des collines Baiyun. Des bus peu chers font la navette depuis le bureau de la CAAC à côté de la gare ferroviaire. De l'aéroport, il est impossible de trouver l'un de ces bus ou, le cas échéant, de s'y engouffrer. La cohue qui règne à l'aéroport est presque aussi terrible qu'à la gare.

Une station de taxis (équipés de compteur) est installée devant l'entrée de l'aéroport. Les personnes qui cherchent à tout prix à vous faire monter dans leur voiture vous feront payer le prix fort. Lorsque vous entrez dans un taxi, dites au chauffeur "*dǎ biāo*" ("mettez le compteur en marche"). Comptez de 30 à 40 yuan selon la taille du véhicule et la destination.

Bus. Canton est pourvue d'un vaste réseau de bus et de trolleybus, presque toujours bondés. Un bus vide est pris d'assaut par une foule déchaînée. De plus, la circulation, extrêmement dense, ralentit les transports aux heures de pointe et peut rendre les déplacements dans Canton très rageants.

Achetez un bon plan chinois de la ville indiquant les trajets de bus. On en trouve aux abords des gares et dans les kiosques de certains hôtels touristiques. Il y a trop de lignes pour les énumérer toutes, mais voici quelques-unes des plus importantes :

N°31 Suit Gongye Dadao Bei, à l'est du quai Zhoutouzui, franchit le pont Renmin, et remonte ensuite Renmin Lu jusqu'à la gare principale, au nord de la ville.

N°30 Part de la gare principale en direction de l'est le long de Huanshi Lu avant de se diriger vers le sud-est par Nonglin Xia Lu et de rejoindre l'extrémité est de la ville. C'est une ligne pratique pour aller de la gare à l'hôtel Baiyun et au Garden Hotel.

LE SUD

N°5 Partant de la gare principale, ce bus décrit à peu près le même trajet que le n°31, mais au lieu de franchir le pont Renmin, il prend Liu'ersan Lu qui longe la rive nord du canal séparant la ville de l'île de Shamian. Descendez là et traversez le petit pont qui mène à l'île.

Minibus. Les minibus, qui comptent 15 à 20 places assises, font la navette sur des itinéraires fixes. Si vous réussissez à savoir où ils vont, c'est un moyen de transport plus pratique que les bus bondés. Leur pare-brise avant comporte généralement un panneau en caractères chinois qui indique leur destination.

Taxi. Les taxis ne manquent pas dans les rues de Canton mais ils sont très convoités, notamment aux heures de pointe (de 8h à 9h le matin, et à l'heure du déjeuner et du dîner).

Les taxis sont équipés de compteurs kilométriques que les chauffeurs utilisent, sauf si vous avez négocié à l'avance le prix de la course (ce qui ne devrait pas être utile, même à l'aéroport). Le coût au kilomètre (après la prise en charge) est affiché sur un petit autocollant sur la vitre arrière droite. Selon le type de voiture, le trajet de la gare ferroviaire à l'île de Shamian devrait coûter entre 15 et 20 yuan.

Si vous en avez les moyens ou si vous êtes plusieurs, prenez un taxi à la course, à l'heure ou à la journée. Dans ce cas, négociez le prix à l'avance.

Bicyclette. Trouver des bicyclettes en location à Canton est très difficile. Dans l'île de Shamian, il existe notamment le Happy Bike Rental Station, en face du White Swan Hotel et de l'autre côté de la rue par rapport à l'auberge de jeunesse Guangzhou. Il faut laisser une caution de 400 yuan. L'heure est facturée 2 yuan, la journée 20 yuan. Attention à la circulation dans Canton.

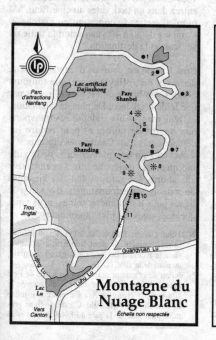

Parc d'attractions Nanfang

Lac artificiel Dajinzhong

Parc Shambei

Parc Shanding

Trou Jingtai

Lung Lu — Lufu Lu

Lac Lu

Guangyuan Lu

Vers Canton

Montagne du Nuage Blanc

Échelle non respectée

MONTAGNE DU NUAGE BLANC 白云山

1	Clinique Liaoyang
	疗养院
2	Immeuble Mingzhu
	明珠楼
3	Pins ondoyants de la montagne du Nuage Blanc
	白云松涛
4	Pic qui touche les Étoiles
	摩星岭
5	Auberge Shanzhuang
	山庄旅舍
6	Villa Twin River
	双溪别墅
7	Roc ruisselant
	滴水岩
8	Premier Pic du Ciel du Sud
	天南第一峰
9	Précipice Cheng
	白云晚望
10	Temple Nengren
	能仁寺
11	Téléphérique
	白云索道

ENVIRONS DE CANTON
Montagne du Nuage blanc
(*báiyún shān*)

La montagne du Nuage blanc, située dans les faubourgs nord-est de Canton, est en réalité une colline correspondant à un contrefort du Dayu Ling, la principale chaîne de montagnes de la province du Guangdong. Cette colline était jadis émaillée de temples et de monastères dont il ne subsiste aucun vestige architectural important. Elle reste néanmoins un lieu très fréquenté par les gens de la région qui viennent y admirer la vue et boire du thé.

Nous vous recommandons la maison de thé du rocher Nuageux (Cloudy Rock Teahouse), située à flanc de colline, près d'une petite cascade.

Au pied sud de la colline, se trouve le lac Lu (*lù hú*), également appelé lac du Liquide d'or, un lac artificiel construit pour servir de réservoir en 1958 et qui est maintenant un lieu de promenade.

Le point culminant de la montagne du Nuage blanc est le Pic qui touche les Étoiles (*mōxīng líng*). Atteignant tout juste 382 m, il est beaucoup moins élevé que le fameux pic Victoria (554 m) de Hong Kong. Par temps dégagé, on peut avoir un panorama de la ville : d'un côté, les collines Xiqiao, de l'autre le Bei Jiang, les collines Fayuan et la rivière des Perles.

Le soir, la vue sur le précipice Cheng compte parmi les huit spectacles à admirer à Canton. Le précipice tire son nom d'une légende de la dynastie Qin :

Le premier empereur Qin, Qin Shihuang, ayant entendu parler de l'existence d'une herbe susceptible de conférer l'immortalité à celui qui la mangerait, envoya son ministre Cheng Onkee à la recherche de cette plante merveilleuse. Après cinq ans de vaine quête, Cheng arriva enfin à la montagne du Nuage blanc où cette herbe poussait à profusion. Mais aussitôt qu'il eut goûté un brin, tous les autres disparurent. Consterné et terrifié à l'idée de rentrer les mains vides, Cheng se jeta dans le précipice. Cependant, l'herbe mangée l'avait rendu immortel et une cigogne l'attrapa au vol pour l'emmener au ciel.

Le précipice ainsi baptisé en sa mémoire fut autrefois le site du plus ancien monastère de la région. Aujourd'hui, on l'appelle plus couramment Vision du Soir du Nuage blanc (*báiyún wǎnwàng*).

Comment s'y rendre. La montagne du Nuage blanc est à une quinzaine de kilomètres de Canton et constitue un bon but d'excursion d'une demi-journée. Des bus express partent environ tous les quarts d'heure de Guangwei Lu, une petite rue qui donne dans Zhongshan 5-Lu, à l'ouest du parc des Enfants.

Le trajet dure 30 à 60 minutes, selon la circulation. Il y a aussi un téléphérique depuis le bas de la colline, près du lac Lu.

Parc d'attractions Nanhu
(*nánhú lèyuán*)

Le parc possède divers manèges, un lac ombragé et un bon restaurant. En raison de la forte affluence, mieux vaut éviter de s'y rendre le week-end.

Des minibus climatisés au départ de l'entrée principale de la gare y mènent directement.

Montagne du Lotus
(*liánhuā shān*)

La montagne du Lotus est le site d'une ancienne carrière à 46 km au sud-est de Canton. On peut faire l'aller-retour dans la journée depuis Canton, mais attendez-vous à ce que l'endroit soit envahi par des touristes hongkongais et chinois.

L'édification de pagodes, de pavillons et d'escaliers de pierre ont fait du site un lieu de promenade agréable et un beau point de vue sur la rivière des Perles.

Comment s'y rendre. Bus ou bateau, vous avez le choix, mais le trajet en bateau est plus intéressant. Un bateau part tous les jours à 8h de Canton et met environ 2 heures 30 pour gagner la montagne du Lotus. Le retour est à 16h, ce qui laisse 5 heures pour découvrir les lieux.

Le bateau part du quai Tianzi (*tiānzǐ mǎtóu*) dans Yanjiang Lu, à un pâté de

LE SUD

maisons à l'est de la place Haizhu et du pont Haizhu. Il est judicieux d'acheter son billet la veille. Le bus part du quartier de la gare routière de Canton. En théorie, il devrait être plus rapide que le bateau mais, avec les embouteillages, cela revient à peu près au même.

Les grands hôtels de Canton organisent également des excursions à la montagne du Lotus, ainsi que le CTS de Hong Kong. Naturellement, il est plus économique d'y aller par ses propres moyens.

Parc Jinsha
(jīnshātān dùjià cūn)

Le parc Jinsha est en train de se transformer en un piège à touristes chinois classique. La baignade dans la rivière des Perles n'est guère tentante. Ne le faites que si vous êtes vacciné contre l'hépatite.

Tout l'intérêt de l'excursion consiste à remonter le fleuve. Le bateau part à 9h30 de l'embarcadère n°1, en face du grand magasin Nanfang de Yanjiang 1-Lu. Il dépose les passagers au parc Jinsha vers

12h et repart à 15h. Vous pouvez aussi poursuivre la croisière sur le bateau, qui fait demi-tour à Jinxi.

Foshan
(fóshān)

Située à 28 km au sud-ouest de Canton, Foshan est une agglomération dont le seul véritable intérêt touristique est le temple des Ancêtres.

Comme toutes les attractions touristiques en Chine, ce lieu a sa légende (la colline des Bouddha). On raconte que trois statues

FOSHAN 佛山

1. Gare ferroviaire
   火车站
2. Bus pour Canton
   开往广州的汽车站
3. Gare routière (bus longue distance)
   长途汽车站
4. Terrain de sports Renmin
   人民体育场
5. Poste
   邮电局
6. Pagode Renshou
   仁寿寺
7. Marché
   莲花市场
8. Bank of China et nouveau stade
   中国银行，新广场
9. Restaurant Rose
   玫瑰酒家
10. Temple des Ancêtres
    祖庙
11. Hôtel de ville
    市政府

Foshan

0   150   300 m

Echelle approximative

LE SUD

de Bouddha disparurent mystérieusement de Foshan et furent redécouvertes des centaines d'années plus tard, sous la dynastie Tang (618-907). Foshan est également un centre d'artisanat réputé. Les papiers découpés confectionnés à Foshan sont vendus dans toutes les boutiques de souvenirs.

Renseignements. Le CITS (☎ 335-3338 ; fax 335-2347) se trouve dans l'hôtel Foshan, 75 Fenjiang Nanlu. Le CTS (☎ 222-3828) est situé dans l'Overseas Chinese Hotel, 14 Zumiao Lu.

Marché Lianhua (*liánhuā shìchǎng*). Infiniment plus petit que le marché Qingping de Canton, il lui ressemble toutefois beaucoup. On peut faire provision de poissons séchés, de tortues, de grenouilles, de lézards, de chiens et de serpents.

Temple des Ancêtres (*zǔ miào*). Princiale attraction touristique de Foshan, le temple des Ancêtres attire des groupes en voyages organisés de Hong Kong et d'ailleurs. Le temple fut reconstruit tant de fois que son appellation et sa fonction n'ont plus grand chose de commun. Le temple original, fondé au XIe siècle, fut peut-être jadis un lieu de vénération des ancêtres mais depuis le milieu du XIVe siècle, il abrite une statue en bronze (pesant 2,5 tonnes) de Beidi, le dieu taoïste des eaux et de leurs habitants, notamment les poissons, les tortues et les serpents.

Le sud de la Chine étant victime de fréquentes inondations, les gens essayaient souvent d'apaiser Beidi en lui dédiant des temples et des sculptures de tortues et de serpents. Dans la cour intérieure, au milieu d'un bassin, trône une grande statue de tortue sur laquelle rampe un serpent.

Le temple abrite également une intéressante collection d'armes d'apparat datant de l'époque impériale. Le musée de Foshan se trouve dans l'enceinte du temple, ainsi que le magasin d'antiquités de Foshan et une boutique d'art et d'artisanat. Le temple est ouvert tous les jours de 8h30 à 16h30.

Comment s'y rendre. Depuis Canton, Foshan se visite facilement en une journée. De nombreux minibus partent de la gare routière Ouest (*guǎngfó qìchē zhàn*), dans Zhongshan Balu et mettent un peu plus d'une heure (selon les encombrements). On peut aussi prendre le bus pour Foshan à la gare routière longue distance située à côté de l'hôtel Liuhua, près de la gare ferroviaire, mais les départs sont moins fréquents.

Prendre le train de Canton à Foshan (30 minutes) devrait s'avérer plus rapide. Il y a six départs quotidiens pour Foshan. Cependant, entre les difficultés à obtenir son billet dans la cohue de la gare de Canton et l'attente dudit train, vous risquez de perdre encore plus de temps qu'en bus au milieu des embouteillages.

Pour les hommes d'affaires pressés, il existe maintenant deux trains express quotidiens depuis/vers Hong Kong. Ils coûtent 190 yuan et mettent trois heures. Ils quittent la gare Hunghom, à Kowloon, à 16h28 et 18h10. En sens inverse, le train part de Foshan à 11h50 et 13h32.

Comment circuler. Vous n'aurez pas à chercher beaucoup pour trouver des taxis à deux-roues : ce sont eux qui vous guettent. Les conducteurs de moto portant des casques rouges attendent l'arrivée des bus de Canton et kidnappent pratiquement les passagers dès qu'ils mettent pied à terre. Expliquez-leur clairement où vous désirez aller.

Il n'y a pas beaucoup de cyclo-pousses, mais on en voit occasionnellement en ville. Ils sont conçus pour transporter des charges et n'ont pas de siège, juste une place pour le chargement derrière le conducteur. Leurs tarifs sont négociables.

Shiwan
(*shìwān*)

A 2 km au sud-ouest de Foshan, Shiwan est surtout connue pour ses manufactures de porcelaine, seul intérêt de la ville. Vous pouvez prendre le bus n°9 devant le temple des Ancêtres ou le n°10 dans Fenjiang Xilu.

LE SUD

Depuis le temple des Ancêtres, on peut aussi aller à pied à Shiwan en une demi-heure.

Le seul hôtel qui accueille les étrangers est l'hôtel *Taocheng* (*táochéng bīnguǎn*), à l'angle de Heping Lu et de Yuejin Lu.

Collines Xiqiao
(*xīqiáo shān*)

Cette superbe région de collines, hérissée de 72 sommets, se trouve à 68 km au sud-ouest de Canton. Elle ne recèle pas moins de 36 grottes, 32 sources, 28 cascades et 21 formations rocheuses spectaculaires. Le sommet est très rocailleux mais, avec ses 345 m d'altitude, il n'est pas difficile à gravir.

Au pied des collines se trouve le petit bourg de Xiqiao, et les pentes sont parsemées de petits villages multiséculaires. L'un des plus beaux spectacles (du moins pour les Chinois) est la cascade appelée "Eau Jaillissante" (*fēi liútián chǐ*), de 1 000 mètres de haut. La plus grande partie de la région est jalonnée de sentiers empierrés. L'endroit est surtout fréquenté par les touristes chinois.

Comment s'y rendre. Les bus pour les collines Xiqiao partent de la gare routière

Collines Xiqiao

Échelle non respectée

de Foshan, dans Daxin Lu, qui va de Jiefang Nanlu en direction de l'ouest.

SHENZHEN
(*shēnzhèn*)

Shenzhen se situe à une encablure de Hong Kong, mais à 2 300 km de Pékin. Son nom est associé à trois entités : la ville elle-même (face au poste-frontière de Lo Wu) ; la Zone économique spéciale de Shenzhen (ZES), et le district de Shenzhen, qui s'étend sur plusieurs kilomètres au nord de la ZES. Aucune des trois n'est particulièrement intéressante à visiter, et la majorité des étrangers sont là pour affaires.

La partie nord de la ZES est séparée du reste de la Chine par une clôture électrifiée destinée à empêcher la contrebande et l'émigration illicite de foules de gens désireux de gagner Shenzhen et Hong Kong. Il y a un poste de contrôle à la sortie de la ZES. Vous n'avez pas besoin de passeport pour sortir, mais il vous le faut pour revenir, aussi ne l'oubliez pas à l'hôtel si vous partez pour la journée à l'extérieur de Shenzhen.

Histoire

Shenzhen, ville frontalière avec Hong Kong, a été désignée Zone économique spéciale (ZES) en 1980, comme Zhuhai (près de Macao), Shantou (dans la partie est du Guangdong) et Xiamen (au Fujian).

Les premières années, l'expérience de la ZES à Shenzhen fut considérée comme un échec, surtout sur un plan idéologique. Aujourd'hui, alors que presque toute la Chine est un échec (du moins sur ce même plan idéologique), Shenzhen est devenue l'une des plus grandes villes chinoises, et incarne sans doute la plus spectaculaire réussite de la côte est. Si le taux de croissance économique moyen de la Chine a atteint 10% durant la dernière décennie (l'un des plus forts du monde), celui de Shenzhen a battu tous les records (45%).

Renseignements

CITS. Il y a deux antennes CITS à Shenhen. La plus pratique pour les voyageurs qui arrivent est celle de la gare ferroviaire.

L'agence principale (☎ 557-7970) est située 2 Chuanbu Jie, juste à l'ouest de Heping Lu. Elle n'est pas signalée par des caractères romains et sera peu utile aux voyageurs individuels.

BSP. Le Bureau des affaires étrangères du BSP (☎ 557-2114) est à l'extrémité ouest de Jiefang Lu, du côté nord de la rue.

Poste et télécommunications. Le principal bureau de poste, à l'extrémité nord de Jianshe Lu, est souvent bondé. Les services de télécommunications se trouvent dans un bâtiment distinct, dans Shennan Donglu, mais de nombreux hôtels offrent maintenant la possibilité d'obtenir l'international en automatique (IDD) directement depuis les chambres. Les communications pour Hong Kong sont peu coûteuses.

L'indicatif de la région de Shenzhen est le 0755.

Argent. Shenzhen fonctionne avec deux devises : si la monnaie officielle est le yuan chinois, on lui préfère le dollar de Hong Kong. Les RMB sont cependant acceptés dans la plupart des hôtels, des restaurants et des boutiques.

Les hôtels pratiquent le change, mais on peut aussi changer de l'argent au poste-frontière avec Hong Kong. La Bank of China est 23 Jianshe Lu.

Où se loger – catégorie moyenne

On ne peut pas vraiment se loger à petit budget à Shenzhen. La plupart des hôtels les moins chers proposent comme premier prix une chambre double standard à 200 yuan. De plus, le personnel des hôtels bon marché n'a guère l'habitude de recevoir des étrangers. Un service de 10% est appliqué dans presque tous les hôtels de Shenzhen.

L'établissement le moins cher de la ville qui accepte les étrangers est l'hôtel *Yat Wah* (*rìhuá bīnguǎn*). Il est bien situé, au coin nord-est de Shennan Lu et de Heping Lu, juste à l'ouest de la voie de chemin de fer. L'aspect extérieur fait un peu délabré mais l'intérieur est très correct. Les

doubles coûtent 145 yuan et les triples 168 yuan. Du lundi au vendredi, elles sont 20% moins chères.

Les hôtels suivants entrent également dans la catégorie moyenne :

Hôtel Heping (*hépíng jiǔdiàn*), 63 Chuanbu Jie ; doubles/triples à partir de 175/225 $HK (☎ 225-2111, 222-8149)

Hôtel Nanyang (*nányáng jiǔdiàn*) ; doubles à partir de 332 $HK (☎ 222-4968)

Overseas Chinese Hotel (*huáqiáo dàshà*) ; doubles à 238 $HK (☎ 557-3811)

Petrel Hotel (*hǎiyàn dàjiǔdiàn*) ; doubles à partir de 230 $HK (☎ 223-2828 ; fax 222-1398)

Shen Tieh Building (*shēntiě dàshà*) ; doubles/simples à partir de 220 $HK (☎ 558-4248)

Shenzhen Hotel (*shēnzhèn jiǔdiàn*) ; 156 Shennan Donglu ; doubles à partir de 250 $HK (☎ 223-8000 ; fax 222-2284)

Wah Chung International Hotel (*huázhōng guójì jiǔdiàn*) ; 140 Shennan Donglu ; simples/doubles/triples à partir de 248/348/448 $HK (☎ 223-8060)

Où se loger – catégorie supérieure

Century Plaza Hotel (*xīndū jiǔdiàn*) ; doubles standard/de luxe à 900/1 000 $HK (☎ 222-0888 ; fax 223-4060)

Far East Grand Hotel (*yuǎndōng dàjiǔdiàn*), 104 Shennan Donglu ; simples/doubles à partir de 380/460 $HK (☎ 220-5369 ; fax 220-0239)

Forum Hotel (*fùlín dàjiǔdiàn*), 67 Heping Lu ; doubles à partir de 980 $HK (☎ 558-6333 ; fax 556-1700)

Guangdong Hotel (*yuèhǎi jiǔdiàn*) ; doubles à partir de 530 $HK ; suites à partir de 880 $HK (☎ 589-5108 ; fax 576-9381)

Hotel Regent Oriental (*jīngdū jiǔdiàn*) ; doubles à partir de 690 yuan, suites à partir de 1 150 yuan (☎ 224-7000 ; fax 224-7290)

Landmark Hotel (*shēnzhèn fùyuàn jiǔdiàn*) (☎ 217-2288 ; fax 229-0473)

Shangri-La Hotel (*xiānggé lǐlā dàjiǔdiàn*) ; doubles à partir de 1 155 yuan (☎ 223-0888 ; fax 223-9878)

Où se loger – complexes touristiques

Ces paradis à la chinoise défiant toute description ne présentent *a priori* guère d'intérêt pour le visiteur étranger. Ils réunissent discothèques, saunas, piscines, parcours de golf, montagnes russes, supermarchés, palaces, châteaux, pavillons chinois, statues et monorails. Les gigantesques (et étonnamment bon marché) restaurants de dim sum se transforment en boîtes de nuit le soir venu, avec des spectacles de style Las Vegas.

Si vous êtes intéressé, contactez les établissements suivants : *Honey Lake Resort* (☎ 774-5061 ; fax 774-5045) (*xiāngmì hú dùjià cūn*) ; *Shenzhen Bay Hotel* (☎ 660-0111 ; fax 660-0139) (*shēnzhèn wān dàjiǔdiàn*) ; *Shiyan Lake Hot Springs Resort* (☎ 996-0143) (*shíyán hú wēnquán dùjià cūn*) ; *Silver Lake Resort Camp* (☎ 222-2827 ; fax 224-2622) (*yín hú lǚyóu zhōngxīn*) ; *Xiaomeisha Beach Resort* (☎ 555-0000) (*xiǎoméishā dàjiǔdiàn*) ; ou *Xili Lake Resort* (☎ 666-0022 ; fax 666-0521) (*xīlì hú*).

Où se restaurer

Shenzhen possède un parc de restaurants haut de gamme florissant, mais on peut aussi se nourrir pour pas trop cher, notamment au 3e étage de la gare ferroviaire ou à

l'arrière de celle-ci, dans Heping Lu. Dans le quartier de Jiefang Lu, des vendeurs de rue proposent de savoureuses cuisses de poulets et des fruits.

Jiefang Lu est la rue des fast-foods. L'immense McDonald's est hallucinant : les queues sont encore plus longues qu'aux guichets de la gare. Pour ceux qui paient en dollars de Hong Kong, la plupart des fast-foods possèdent des comptoirs distincts où l'on est servi beaucoup plus facilement. Les comptoirs où l'on paie en RMB forment une véritable cohue. Le *Royal Pizza*, dans Jiefang Lu, est relativement tranquille, et les pizzas ne sont pas mauvaises.

Les petits déjeuners et les déjeuners de dim sum sont proposés dans tous les hôtels, sauf les plus médiocres. En général, les restaurants de dim sum sont au 2e ou 3e étage plutôt qu'à proximité de l'entrée. Les prix sont légèrement moins élevés qu'à Hong

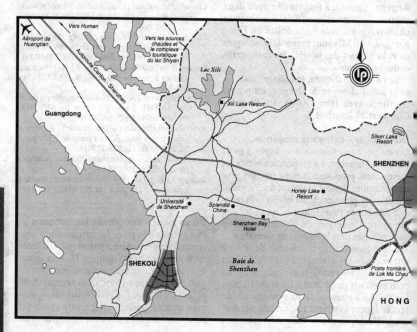

Kong. Vous devrez payer en dollars de Hong Kong dans les hôtels les plus chics, mais ailleurs vos RMB seront probablement acceptés.

L'un des meilleurs établissements est le restaurant *Pan Hsi* (☎ 223-8081) (*bànxī jiǔjiā*), 33 Jianshe Lu.

Comment s'y rendre

Avion. Le nouvel aéroport Huangtian de Shenzhen est en train de devenir l'un des plus actifs de Chine. Des vols sont assurés vers presque toutes les destinations importantes du pays, mais il est souvent beaucoup moins cher de partir de l'aéroport de Canton.

On peut acheter ses billets à l'Airlines Hotel (*hángkōng dàjiǔdiàn*), 130 Shennan Donglu, dans le centre de Shenzhen, ainsi qu'à de nombreux autres endroits, dont un petit bureau au 2e étage de la gare ferroviaire.

Bus. Au départ de Hong Kong, il existe plusieurs services de bus pour Shenzhen, assurés par Citybus, la Motor Transport Company of Guangdong & Hong Kong Ltd (au terminus de bus de Canton Rd) et par le CTS. A moins de faire partie d'un voyage organisé, le bus n'est pas un très bon moyen de locomotion.

Des bus longue distance desservent Shantou, Chaozhou et d'autres villes côtières. Le départ se fait à l'Overseas Chinese Travel Service (*huáqiáo lüyóu bù*), à côté de l'Overseas Chinese Hotel, dans Heping Lu. Le trajet pour Shantou en bus de luxe climatisé coûte 130 yuan et dure 9 heures.

Enfin, de fréquents minibus relient Canton à Shenzhen. A Canton, le départ se fait à côté de l'hôtel Liuhua, de l'autre côté de la rue par rapport à la gare. A Shenzhen, le minibus se prend juste à l'est de la gare, près de la frontière avec

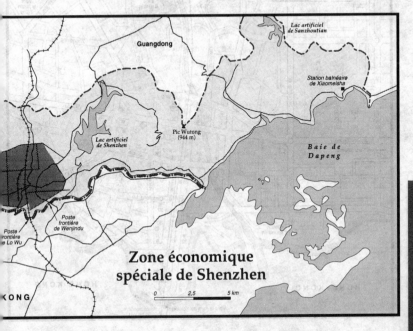

Zone économique spéciale de Shenzhen

Hong Kong. Le tarif est de 40 yuan et le trajet dure 3 heures.

Train. Le Kowloon-Canton Railway (KCR) offre le mode de locomotion le plus rapide et le plus pratique entre Shenzhen et Hong Kong. Pour plus de renseignements, reportez-vous au chapitre *Hong Kong*.

Entre Canton et Shenzhen, les trains locaux sont fréquents et le voyage dure environ 3 heures.

Les touristes paient 20 yuan (assis dur) et 46 yuan (assis mou). Les trains sont souvent bondés et il y a foule pour prendre son billet.

Bateau. Des hydroglisseurs assurent la liaison entre Hong Kong et Shekou, un port situé à l'ouest de Shenzhen. Il y a trois départs par jour du terminal du China Hong Kong City, dans Canton Rd, à Tsimshatsui, Kowloon : 8h, 10h15 et 15h30 et quatre autres départs quotidiens du terminal Macao Ferry sur l'île de Hong Kong (8h20, 9h30, 14h et 16h30). Un jetcat (catamaran turbopropulsé) relie chaque jour Macao à Shekou. Il part de Macao à 8h30, arrive à 10h (79 $M). Il existe trois liaisons quotidiennes en jetcat entre Shekou et la ZES de Zhuhai (au nord de Macao).

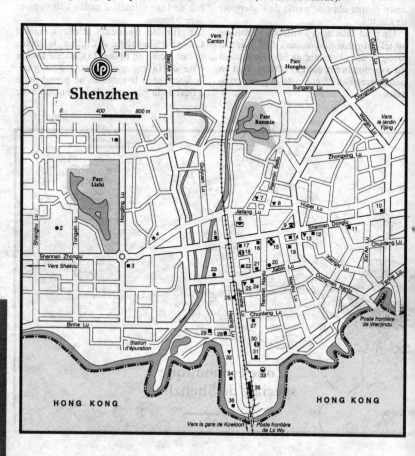

LE SUD

Comment circuler
Desserte de l'aéroport. Des bus font la navette entre l'aéroport et le Airlines Hotel (reportez-vous ci-dessus à la rubrique *Comment s'y rendre*). Il y a également des minibus et des taxis, mais partez suffisamment à l'avance car la circulation est dense à Shenzhen.

Un service de jetcats relie l'aéroport à Hong Kong en 60 minutes, soit moitié moins de temps que le bus. A Hong Kong, l'unique endroit où l'on puisse se procurer le billet correspondant est l'agence CTS (☎ 736-1863), au terminal du ferry China Hong Kong City dans Canton Rd, à Kowloon. A Shenzhen, on peut acheter son billet directement à l'aéroport. Le prix

est élevé et varie selon la saison. Huit départs par jour.

Bus. Shenzhen possède l'un des meilleurs réseaux de transports en commun de toute la Chine. En ville, les bus coûtent très peu cher et sont beaucoup moins bondés qu'ailleurs en Chine.

Les minibus privés sont plus rapides et restent bon marché, mais leur destination n'est indiquée qu'en caractères chinois.

Taxi. Les taxis sont nombreux mais un peu chers, car les chauffeurs sont habitués à des touristes qui ne regardent pas à la dépense. Les voitures sont dotées de compteurs mais les chauffeurs préfèrent souvent

SHENZHEN 深圳市	26	Shen Tieh Building 深铁大厦	2	Hôtel de ville de Shenzhen 深圳市政府
OÙ SE LOGER	27	Century Plaza Hotel 新都酒店	4	BSP (police) 公安局外事科
3 New World Hotel 昌都大厦	29	Hôtel Heping 和平酒店	6	Poste 邮局
5 Hôtel Yatwah 日华宾馆	31	Shangri-La Hotel 香格里拉大酒店	9	Immeuble des Télécommunications 电信大楼
10 Nam Fong International Hotel 南方国际大酒店	34	Forum Hotel 富临大酒店	15	Oriental Sunshine (centre commercial) 东方天虹商场
11 Tung Nam International Hotel 东南国际大酒店	36	Overseas Chinese Hotel 华侨大厦	18	Bank of China agence principale) 中国银行
12 Far East Grand Hotel 远东大酒店	**OÙ SE RESTAURER**		20	Centre de commerce international 国贸大厦
14 Airlines Hotel et Guangdong Hotel 航空，广东酒店	7	McDonald's 麦当劳	23	Gymnase du Peuple 人民体育馆
16 Wah Chung International Hotel 华中国际酒店	8	Royal Pizza 皇宝	28	CITS (agence principale) 中国国际旅行社
17 Shenzhen Hotel 深圳酒店	13	Wendy's 温蒂	30	Bank of China (succursale) 中国银行
19 Landmark Hotel 富苑酒店	25	Restaurant Pan Hsi 泮溪酒家	33	Minibus 小型车
21 Petrel Hotel 海燕大酒店	32	Fairwood (fast-food) 大快活	35	Gare ferroviaire et Dragon Inn 火车站
22 Hôtel Nanyang 南洋酒店	**DIVERS**			
24 Friendship Hotel 友谊宾馆	1	Librairie Xinhua 新华书店		

négocier un tarif forfaitaire. On peut payer en RMB ou en dollars de Hong Kong.

ENVIRONS DE SHENZHEN

A l'extrémité ouest de la ZES, près de la baie de Shenzhen, deux attractions un peu kitsch peuvent intéresser le visiteur de passage : **Splendid China** (*jǐnxiù zhōnghuá*) et les **China Folk Culture Villages** (*zhōngguó mínsú wénhuà cūn*). Splendid China est une reproduction en miniature de tous les sites touristiques de Chine, et dans les China Folk Culture Villages, vous verrez les minorités ethniques du pays en costume folklorique et leurs villages traditionnels reconstitués grandeur nature. Ces deux parcs sont adjacents, non loin du terminal du ferry Shekou.

Des minibus partent fréquemment de la gare ferroviaire.Si vous arrivez à Shenzhen en hydroglisseur, vous pouvez prendre un taxi depuis Shekou.

HUMEN
(*hǔmén*)

Le petit bourg de Humen situé sur la rivière des Perles présente essentiellement un intérêt pour ceux qui s'intéressent à la période des deux guerres de l'Opium et à la création de la colonie britannique de Hong Kong. A la fin de la première guerre de l'Opium, il y eut un additif britannique, le traité des Bogue, signé le 8 octobre 1843.

A l'emplacement des forts Bogue (*shājiǎo pàotái*) de Humen se trouve maintenant un impressionnant musée où sont rassemblés de grosses pièces d'artillerie et d'autres vestiges, ainsi que des bassins dans lesquels le commissaire du gouvernement, Lin Zexu, fit détruire l'opium livré par les Britanniques.

Ce musée est difficile d'accès. Il n'y a aucun bus direct pour Humen, mais les bus et les minibus qui vont de Shenzhen à Canton ne passent pas très loin. Vous pouvez demander qu'on vous dépose à l'embranchement vers Humen, puis prendre un taxi, faire du stop ou parcourir à pied les cinq derniers kilomètres jusqu'à la ville.

ZHUHAI
(*zhūhǎi*)

En pleine évolution, Zhuhai se développe à un rythme impressionnant. Les voyageurs qui s'y sont rendus dans les années 80, voire à l'orée de notre décennie, se souviennent de Zhuhai comme d'un petit bourg agricole avec quelques petites industries et une plage tranquille. Aujourd'hui, les quelques dernières fermes ont cédé la place à d'innombrables hôtels, usines et immeubles d'habitation tout en hauteur. En outre, la moitié de la plage a été goudronnée pour faire une nouvelle voie rapide en front de mer.

Zhuhai est si proche de la frontière qu'on peut aller passer la journée à Macao. La plupart des centres d'intérêt sont accessibles à pied. Zhuhai est également un point d'entrée/sortie pour le reste de la Chine.

Orientation

Zhuhai est divisé en trois principaux districts. Le plus proche de la frontière avec Macao s'appelle Gongbei, principale zone touristique. Au nord-est se trouve Jida, dont la partie est abrite le port (*jiǔzhōu gǎng*). Tout au nord, Xiangzhou est un quartier ouvrier.

Renseignements

L'agence CTS (☎ 888-6748) est installée juste à côté de l'hôtel Huaqiao. Elle est spécialisée dans les voyages organisés pour les Chinois émigrés. Le BSP (☎ 222-2459) est situé dans le district de Xiangzhou, à l'angle sud-ouest d'Anping Lu et Kangning Lu.

Le bureau de poste le plus utile est dans Qiaoguang Lu, à Gongbei. La plupart des hôtels ont l'automatique dans chaque chambre. L'indicatif de Zhuhai est le 0756.

A voir

Le plus intéressant à Zhuhai est d'arpenter les marchés très animés des rues transversales du quartier de Gongbei, proche de la frontière avec Macao. Le **marché de Gongbei**, à côté de l'Overseas Chinese Hotel, mérite un coup d'œil. Ne ratez pas la pittoresque Linhua Lu au passage, avec ses coiffeurs, restaurants et boutiques familiales.

La **plage** du Zhuhai Holiday Resort a perdu tout son charme (le personnel y faisait brûler des ordures lors de notre dernière visite).

Où se loger – catégorie moyenne

Comme à Shenzhen, rares sont les voyageurs qui séjournent à Zhuhai. L'immense majorité des hôtels de Zhuhai sont regroupés près de la frontière avec Macao, ce qui est le meilleur quartier de la ville pour les transports et la restauration. Il n'existe aucun établissement bon marché. La plupart des hôtels sont fréquentés par prostituées qui téléphonent dans les chambres à toute heure (si vous ne désirez pas leurs services, décrochez votre téléphone).

L'hôtel le moins cher est le *Zhuhai Quzhao* (☎ 888-6256) (*gǒngběi dàshà*), avec des simples/doubles à partir de 98/168 yuan. Autre établissement abordable, l'hôtel *Lianhua* (☎ 888-5673) (*liánhuā dàshà*), 13 Lianhua Lu, à dix minutes de marche de la frontière environ. Il est difficile à repérer car son nom n'est écrit qu'en chinois. Cherchez la grande enseigne rose. Les doubles sont à partir de 166 yuan.

Voici quelques autres adresses :

Hôtel Bu Bu Gao (ou hôtel *Popoko*) (*bùbùgāo dàjiǔdiàn*), 2 Yuehai Donglu, Gongbei ; doubles entre 180 et 260 yuan (☎ 888-6628)
Friendship Hotel (*yǒuyì jiǔdiàn*), 2 Youyi Lu, Gongbei ; doubles à partir de 180 yuan (☎ 888-6683)
Hôtel Huaqiao (*huáqiáo bīnguǎn*), Yingbin Dadao, Gongbei ; doubles à partir de 234 yuan (☎ 888-5123)
Overseas Chinese Hotel (*huáqiáo dàjiǔdiàn*), à côté du marché de Gongbei ; doubles de 280 à 480 yuan ; réduction de 30% possible (☎ 888-5183)
Traffic Hotel (*jiāotōng dàshà*), 1 Shuiwan Lu, Gongbei ; doubles à partir de 180 yuan (☎ 888-4474)

Où se loger – catégorie supérieure

La plupart des hôtels haut de gamme à Zhuhai incluent un service de 10 à 15%, plus parfois une taxe supplémentaire de 10 à 15% les week-ends et jours fériés.

A proximité de la frontière, l'établissement le plus agréable est l'hôtel *Yindo* (☎ 888-3388 ; fax 888-3311) (*yíndū jiǔdiàn*), Gongbei. Il abrite un coffee-shop, un bar, une galerie commerciale, un centre de massages, un sauna et un bowling. Le premier prix est de 80 $US.

Voici quelques autres hôtels de luxe :

Gongbei Palace Hotel (*gǒngběi bīnguǎn*) ; simples/doubles standard 430/500 $HK ; bungalows à partir de 1 288 $HK (☎ 888-6833 ; fax 888-5686)
Good World Hotel (*hǎo shìjiè jiǔdiàn*), 82 Lianhua Lu, Gongbei ; doubles à partir de 300 $HK (☎ 888-0222 ; fax 889-2061)
Hôtel Guangdong (*yuèhǎi jiǔdiàn*), 30 Yuehai Donglu, Gongbei ; doubles à partir de 500 $HK ; 20% de réduction en semaine pour les détenteurs de cartes American Express, Visa, JCB, Diners et MasterCard (☎ 888-8128 ; fax 888-5063)
Hôtel Jiuzhou (*jiǔzhōu jiǔdiàn*), Shuiwan Lu ; doubles à partir de 298 $HK (☎ 888-6851 ; fax 888-5254)
Zhuhai Holiday Resort (*zhūhǎi dùjià cūn*), Jida ; simples/doubles à partir de 498/538 $HK ; bungalows de 498 à 3 380 $HK (☎ 333-2038 ; fax 333-2036)

Où se restaurer

Zhuhai fourmille de restaurants. Le district de Gongbei est le plus intéressant à explorer. Essayez Lianhua Lu pour ses boulangeries. Cette rue compte aussi un fast-food *Fairwood* et plusieurs restaurants où l'on sert de la cuisine cantonaise bon marché.

Lorsque le temps s'y prête, de nombreux restaurants installent des tables dehors, notamment ceux qui se trouvent en face de l'hôtel Huaqiao, dans Yingbin Dadao. La plupart vendent des fruits de mer. Vous trouverez d'autres établissements analogues dans les rues transversales de Lianhua Lu. Juste à l'ouest du poste-frontière, il existe un autre groupe de restaurants bon marché où l'on peut être servi dehors. Des prostituées monnaient leurs charmes dans ce quartier.

Comment s'y rendre
Depuis/vers Macao. Franchissez tout simplement à pied la frontière. De Macao, les bus n°3 et n°5 vous emmènent jusqu'à

LE SUD

Vers Cuiheng

Yanhe Lu
Cuixiang Lu
Shishan Lu
Fenghuang Beilu
Xingfu Lu
Zhaoyang Lu

● 1
● 2

● 3

Île
Yeli

**District de
Xiangzhou**

Parc
Fengboshan

Taoyuan Lu

Ziling Lu

Anping Lu

4 血

Kangning
Lu

Dongfeng
Lu

Renmin Xilu

Ningxi Lu

Renmin Donglu

5 ★

Fenghuang Nanlu

Huwan

Haijing Beilu

**Baie de
Xianglu**

● 6

Mt Shijingshan ▲

Forêt de rochers

7 ●
8 血
9 ●

**Lac artificiel
de Jida**

Qingshan Lu

Haibin Nanlu

**Parc
Haibin**

● 10

Jida Lu

**District
de Jida**

Yuanlin Lu

Jingyuan Lu

Haizhou Lu

Haijing Lu

● 11

Jiuzhou Dadao

Shihua Xilu

▲ Mt Shihuashan

Shihua Donglu

Shuikan Lu

● 13

**Zhuhai
Holiday
Resort**

● 12

**Port de
Jiuzhou**

Île
Jiuzhou

Yinbin Dadao

Gulhua Beilu

14 ■

Lian'an Lu

Yuehai Xilu

15 ■
16 ■
17 ■

18 ■

Yuehai Donglu

19 ■

20 21 ● ■

Yuehua Lu ● ■

22 ■

District

Qiaoguang Lu

23 ■
24 ■
27 ● ■ 25
26

Shuiwan
Lu

de Gongbei

29
28

Gulhua Nanlu

Chang Cheng Lu

30

**ZES de
Zhuhai**

MACAO

Zhuhai

0   400   800 m

la barrière, que l'on passe à pied. Depuis le quartier des ferries, à Hong Kong, un taxi revient à environ 22 $HK. La frontière Macao-Zhuhai est ouverte de 7h à 21h.

Depuis/vers Canton. Les bus pour Zhuhai partent de la gare routière, de l'autre côté de la rue par rapport à la gare ferroviaire, juste à l'ouest de l'hôtel Liuhua. Les grands bus publics sont moins chers, plus lents et souvent surpeuplés. Des minibus climatisés quittent cette gare à heures fixes et coûtent 30 yuan. Il existe aussi des minibus qui partent à horaires variables et guettent les passagers devant la gare en descendant Renmin Beilu, puis en remontant Zhanqian Lu (25 yuan). Tous les bus et minibus acceptent les RMB. En sens inverse, de Zhuhai à Canton, les bus partent fréquemment du principal terminus de bus sur Youyi Lu, juste en face du bâtiment des douanes (le poste-frontière), entre 6h30 et 17h. Les bus climatisés coûtent 42 yuan.

Depuis/vers Hong Kong. Des jetcats relient Zhuhai et Hong Kong en 70 minutes environ. Ils partent à 7h45, 9h30, 11h, 14h30 et 17h30 du terminal du ferry China Hong Kong City, dans Canton Rd, à Tsimshatsui. Du terminal du ferry Macao à Central, les bateaux partent à 8h40, 12h et 16h.

Il est cependant à peine plus lent (et moins cher) de prendre un ferry jusqu'à Macao, puis un taxi pour Zhuhai. Dans l'autre sens, les bateaux partent du port de Jiuzhou à Zhuhai à 8h, 9h30, 13h, 15h et 17h en direction de Tsimshatsui, et à 10h30, 14h et 17h30 pour Central. La traversée coûte 140 yuan.

Depuis/vers Shenzhen. Un ferry rapide relie le port de Shekou à Shenzhen et le port de Jiuzhou (*jiǔzhōu gǎng*) à Zhuhai (Jida). Des départs sont assurés presque toutes les heures entre 7h et 17h dans chaque sens. La traversée coûte 84 yuan.

ZHUHAI 珠海		23	Hôtel Lianhua 莲花大厦	7	Office du tourisme de Shijingshan 石景山旅游中心
OÙ SE LOGER		25	Gongbei Palace Hotel 拱北宾馆	8	Jiuzhou Cheng (centre commercial) 九州城
6	Hôtel Jiari 假日酒店	26	Hôtel Jiuzhou 九州酒店	10	Parc d'attractions de Zhuhai 珠海游乐场
9	Hôtel Zhuhai 珠海宾馆	27	Traffic Hotel 交通大厦	11	Héliport 直升机场
14	Hôtel Huaqiao 华侨宾馆	29	Friendship Hotel 友谊酒店	12	Port de Jiuzhou 九州港
15	Hôtel Yindo 银都酒店		**DIVERS**	13	Réception du complexe touristique 度假村总服务台
17	Hôtel Zhuhai Quzhao 拱北大厦	1	Gare routière 香州汽车站	16	Bank of China 中国银行
18	Good World Hotel 好世界酒店	2	Poste 邮局	20	Marché de Gongbei 拱北市场
19	Hôtel Guangdong 粤海酒店	3	Port de Xiangzhou 香州码头	24	Poste 邮局
21	Overseas Chinese Hotel 华侨大酒店	4	Mausolée des Martyrs 烈士陵园	28	Gare routière 长途汽车站
22	Hôtel Bu Bu Gao 步步高大酒店	5	BSP 公安局	30	Frontière/douane 海关

Comment circuler

Bus. Zhuhai dispose d'un réseau de transports en commun correct. Les itinéraires sont clairement indiqués sur le plan de la ville de Zhuhai. Les minibus suivent les mêmes itinéraires et coûtent 2 yuan quelle que soit la distance.

Ils s'arrêtent aux arrêts de bus publics et à la plupart des autres endroits, mais ne peuvent pas s'arrêter au milieu des grands carrefours.

Taxi. Il faut le plus souvent prendre un taxi pour faire le trajet entre l'hôtel et le port de Jiuzhou d'où partent les bateaux. Ne le prenez pas parmi ceux qui sont alignés devant la douane ou au port : marchez cinq minutes et hélez-en un. Les chauffeurs qui sillonnent les rues utilisent leur compteur.

Du quartier de la douane jusqu'au port de Jiuzhou, comptez 17 yuan.

ENVIRONS DE ZHUHAI

Dans le village de Cuiheng, au nord de la ville de Zhuhai, se trouve la **résidence du Dr Sun Yat-sen** (*sūn zhōngshān gùjū*). Le célèbre révolutionnaire chinois, républicain et ennemi de la dynastie Qing, est né là le 12 novembre 1866, dans une maison qui a été détruite après la construction, en 1892, de cette nouvelle résidence. Cette deuxième maison est ouverte au public.

Des minibus desservent fréquemment Cuiheng depuis Gongbei, près du poste-frontière.

ZHONGSHAN

(*zhōngshān shì*)
Centre administratif du district du même nom, la ville de Zhongshan est aussi appelée Shiqi. Cette cité industrielle n'offre pas grand chose à voir, mais vous la traverserez peut-être pour vous rendre aux sources chaudes de Zhongshan.

Seul endroit intéressant, le **parc Zhongshan**, agréablement boisé et dominé par une grande colline (*yāndūn shān*) surmontée d'une pagode. On la voit de presque toute la ville, ce qui rend le parc facile à localiser.

	ZHAOQING 肇庆
1	Gare ferroviaire de Zhaoqing 肇庆火车站
2	Gare des Pics des Sept Étoiles 七星岩火车站
3	Roc Apo 阿波岩
4	Roc de la Main Enchantée 仙掌岩
5	Roc du Crapaud 蟾蜍岩
6	Pilier du Roc du Ciel 天柱岩
7	Roc de la Maison de Pierre 石室岩
8	Roc du Rideau de Jade 玉屏岩
9	Roc Langfeng 阆风岩
10	Parc d'attractions du lac de l'Étoile 星湖游乐园
11	Gare routière (bus longue distance) 长途汽车站
12	Star Lake Hotel 星湖大厦
13	Hôtel Huaqiao 华侨大厦
14	Hôtel Duanzhou 端州大酒店
15	Monastère du Prunier 梅庵
16	Librairie Xinhua 新华书店
17	Poste 邮局
18	Flower Tower Hotel 花塔酒店
19	Pagode Chongxi 崇禧塔
20	Temple Yuejiang 阅江楼
21	Terminal du ferry passagers 肇庆港客运站

ENVIRONS DE ZHONGSHAN

Le complexe touristique Zhongshan Ho Springs (*zhōngshān wēnquán*) comprend des sources chaudes et un terrain de golf Si vous aimez le thermalisme ou le golf vous aurez peut-être envie d'y passer l.

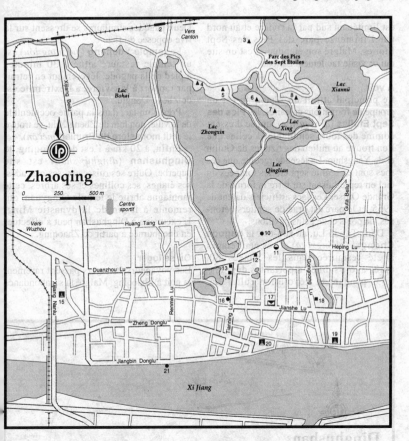

nuit. Sinon, après un petit tour, vous préférerez sans doute rentrer à Gongbei. Vous pourrez vous loger au *Zhongshan Hot Springs Hotel* (☎ 668-3888 ; fax 668-3333), où les doubles sont à partir de 300 yuan, plus 10% de service. Un minibus vous dépose près de l'entrée du complexe touristique, à 500 m de l'hôtel. Pour deux yuan, vous pouvez vous faire emmener sur le porte-bagage d'une bicyclette, à l'arrivée du bus.

Pour revenir à Gongbei, hélez le premier minibus que vous voyez sortir du complexe touristique.

ZHAOQING
(*zhàoqìng*)

Avec ses immenses formations rocheuses escarpées et ses grottes similaires à celles de Guilin, Zhaoqing figure parmi les attractions majeures du Guangdong. Elle ne vaut pourtant pas Yangshuo. Zhaoqing est une grande ville, qui dénombre quantité d'hôtels, de boîtes à karaoke et d'enseignes publicitaires clignotantes.

Orientation
Zhaoqing, située à 110 km à l'ouest de Canton sur le Xi Jiang (rivière de l'Ouest),

est limitée au sud par la rivière et au nord par l'immense parc des Pics des Sept Étoiles. Malgré son étendue, c'est un site qui se visite facilement à pied.

A voir

Le principal attrait de Zhaoqing est un groupe de formations calcaires, les **Pics des Sept Étoiles** (*qī xīng yán*), qui se dressent comme des tours semblables à celles que l'on trouve au milieu des rizières de Guilin et de Yangshuo. La légende raconte que ces rocs sont en réalité sept étoiles tombées du ciel en reproduisant sur terre la forme de la Grande Ourse. Les lacs artificiels datent de 1955, et le parc est orné de sentiers bétonnés, de ponts et de petits pavillons.

Dans Tajiao Lu, au sud-est, la **pagode Chongxi** (*chóngxī tǎ*) et ses neuf étages a été restaurée dans les années 80, après avoir subi d'importantes dégradations pendant la Révolution culturelle.

Deux pagodes similaires se dressent sur la rive opposée du fleuve.

Le **temple Yuejiang** (*yuèjiāng lóu*) est un temple restauré situé à 30 minutes à pied de la pagode, légèrement en retrait par rapport à la rivière, à l'extrémité est de Zheng Donglu.

Près d'un lac, dans la partie occidentale de la ville, non loin de Zheng Xilu, se trouve le petit **monastère du Prunier** (*méi ān*).

Enfin, à 20 km à l'est de Zhaoqing, le **Dinghushan** (*dǐnghú shān*) est site superbe. Outre ses ruisseaux, ses cascades, ses étangs, ses collines et ses arbres, cette montagne abrite le temple Qingyuan, qui remonte à la fin de la dynastie Ming. L'excursion à Dinghushan peut s'effectuer en une journée à partir de Zhaoqing.

Où se loger

Les voyageurs étrangers passent rarement la nuit à Zhaoqing. Malgré la surabondance

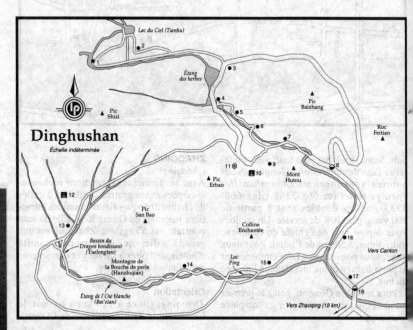

d'hôtels, il est difficile de trouver des tarifs intéressants car Zhaoqing est sur le circuit des voyages organisés depuis Hong Kong.

L'établissement le moins cher est le *Flower Tower Hotel* (☎ 223-2412) (*huātǎ jiǔdiàn*), 5 Gongnong Beilu. Les doubles coûtent de 96 à 196 yuan.

L'hôtel *Duanzhou* (☎ 223-2281) (*duānzhōu dàjiǔdiàn*), 77 Tianning Beilu,

est un endroit de catégorie moyenne raisonnable, où les doubles sont à 168 et 220 yuan. L'hôtel *Jinye* (☎ 222-1338 ; fax 222-1368) (*jīnyè dàshà*) propose des tarifs similaires, avec des doubles de 195 à 280 yuan.

L'hôtel *Huaqiao* (☎ 223-2952) (*huáqiáo dàshà*), 90 Tianning Beilu, est très bien situé mais onéreux : les doubles commencent à partir de 330 yuan.

Le *Star Lake Hotel* (☎ 222-1188 ; fax 223-6688) (*xīnghú dàshà*), 37 Duanzhou 4-Lu, est le meilleur des hôtels de Zhaoqing et propose toute une gamme de services de luxe moyennant 430 $HK.

Où se restaurer

Pour trouver des restaurants abordables, promenez-vous simplement le long de Duanzhou Lu. Cherchez ceux qui vendent des *zòngzi* : du riz, du porc et autres ingrédients cuits à la vapeur dans une feuille de lotus. Ces petits en-cas de forme triangulaire sont accrochés à l'extérieur des restaurants.

Il existe de bons restaurants de dim sum dans Tianning Lu, notamment celui qui est juste en face de l'hôtel Duanzhou. Pour passer commande, montrez les plats que vous désirez sur le chariot qui circule.

Comment s'y rendre

Bus. Des bus pour Zhaoqing partent de la gare routière Ouest de Canton et de la gare routière longue distance située à côté de la gare ferroviaire. Il y a six départs par jour, le trajet coûte 28 yuan et dure environ trois heures, si la circulation le permet. Mieux vaut éviter le retour à Canton un après-midi de week-end.

Il existe également un service de minibus privés entre Zhaoqing et Canton. A Zhaoqing, il faut acheter le billet dans l'entrée principale du parc des Pics des Sept Étoiles.

Train. Attention : Zhaoqing possède deux gares de chemin de fer. Tous les trains s'arrêtent à la gare principale (*zhàoqìng huǒchē zhàn*) mais seuls les trains n°351

DINGHUSHAN 鼎湖山

1 Sentier en planches le long de la falaise (Lantianzhandao)
  连天栈道
2 Première centrale hydroélectrique
  水电一站
3 Deuxième centrale hydroélectrique
  水电二站
4 Pont du Double Arc-en-Ciel (Shuanghongfeiqian)
  双虹飞堑
5 Pavillon Tingpu
  听瀑亭
6 Aire de natation Sun Yat-sen
  孙中山游泳处
7 Pavillon de la Demi-Montagne (à Mi-Pente)
  半山亭
8 Gare routière
  鼎湖山汽车站
9 Pavillon de la Fleur de Thé Huachage)
  花茶阁
10 Temple Qingyun
  庆云寺
11 Source Gulong
  古龙泉
12 Temple du Nuage Blanc
  白云寺
13 Couvent du Dragon bondissant (Yuelong'an)
  跃龙庵
14 Roc du Lion rugissant (Shihoushi)
  狮吼石
15 Pavillon d'observation des grues
  望鹤亭
16 Voûte
  牌楼
17 Magasin Kengkou
  坑口商店
18 Gare ferroviaire Kengkou
  坑口汽车站

et 356 s'arrêtent à la gare des Pics des Sept Étoiles (qīxīngyán huǒchē zhàn). Si vous dites à un chauffeur de taxi que vous voulez aller à la gare sans autre précision, il vous emmènera automatiquement à la gare principale.

De Canton, les trains mettent deux ou trois heures. Tous s'arrêtent à Foshan. Les trains n°69 et 70 relient directement Zhaoqing et Shenzhen ; il est inutile de descendre à Canton si vous ne désirez pas vous y arrêter.

Bateau. C'est désormais le moyen le plus pratique pour se rendre à Zhaoqing. Des ferries rapides relient Canton et Zhaoqing. Le départ se fait à 8h et 14h15 du terminal des ferries Dashatou, ou juste à côté de la billetterie en face de l'île de Shamian. Les ferries mettent deux heures et coûtent 68 yuan. Des bateaux plus lents au départ de Dashatou mettent 10 heures.

En saison touristique (l'été et pendant les vacances), il existe des bateaux directs depuis/vers Hong Kong.

Comment circuler
La gare des bus locaux se trouve dans Duanzhou Lu, à quelques minutes à pied

à l'est de l'intersection avec Tianning Lu. Le bus n°1 dessert l'embarcadère du ferry sur le Xi. Les bus n°4 et 5 vont au monastère du Prunier.

La gare ferroviaire principale est assez excentrée, au nord-ouest du lac Bohai. De là, un taxi pour rejoindre le centre-ville coûte 12 yuan, et le minibus 2 yuan.

En dehors de la marche à pied, le meilleur moyen de circuler à Zhaoqing est la bicyclette. On peut en louer à l'opposé en diagonale de l'entrée principale du parc des Pics des Sept Étoiles, ou au sud de l'hôtel Duanzhou dans Tianning Lu. Si vous avez une tête d'étranger, on vous demandera un prix exorbitant mais vous pouvez tabler sur 10 yuan la journée.

ZHANJIANG 湛江

1   Gare ferroviaire Sud
    湛江火车站
2   Hôtel Hualian
    花莲大厦
3   Friendship Hotel
    友谊宾馆
4   Parc d'attractions Haibin
    海滨游乐中心
5   Parc des Enfants
    儿童公园
6   Hôtel Cuiyuan
    翠园饭店
7   Parc Qingshaonian
    青少年公园
8   Canton Bay Hotel
    et Southwest Airlines
    广东湾酒店，西南航空
9   Haifu Grand Hotel
    海富大酒店
10 Bank of China
    中国银行
11 Hôtel Haiwan et club des marins
    海湾宾馆，海员俱乐部
12 Gare routière (bus longue distance)
    霞山汽车客运站
13 Hôtel Zhangang
    湛港宾馆
14 Terminal passagers du port
    de Zhanjiang
    湛江港客运站

Zhanjiang

0   0,5   1 km
Échelle approximative

Vers l'aéroport

District de
Xiashan

ZHANJIANG
(zhànjiāng)

Zhanjiang est le plus grand port à l'ouest de Canton. Devenu concession française en 1898, il resta sous contrôle français jusqu'à la Seconde Guerre mondiale. Aujourd'hui, les Français sont de retour car Zhanjiang leur sert de base pour leurs recherches pétrolières en mer de Chine méridionale.

Les rares étrangers qui viennent à Zhanjiang, ville morne et triste, n'y passent généralement que pour se rendre à l'île de Hainan.

Orientation

Zhanjiang se divise en deux parties. Au nord, le district de Chikan *(chìkǎn qū)* et au sud, celui de Xiashan *(xiáshān qū)*. Inutile de se soucier de la partie nord : le port, la gare routière et la plupart des hôtels sont regroupés fort à propos dans le secteur sud.

Où se loger

La partie sud de la ville est la plus pratique pour les voyageurs et offre le plus grand choix d'hôtels.

Pour les voyageurs à budget réduit, le *Friendship Hotel* (☎ 228-6622) *(yǒuyì bīnguǎn)* est tout indiqué. Les simples/ doubles/triples sont à 85/150/160 yuan. C'est un endroit plutôt sordide et bruyant, mais pour une nuit, il fera l'affaire.

La plupart des autres hôtels qui acceptent les étrangers entrent dans la catégorie moyenne. Le *Canton Bay Hotel* (☎ 228-1966) *(guǎngzhōuwān huáqiáo bīnguǎn)*, 16 Renmin Lu, est bien situé. Les chambres sont propres, climatisées, et coûtent de 160 à 240 yuan, et plus. Le *Jade Garden Hotel* (☎ 222-7627) *(cuìyuán fàndiàn)*, 124 Minzhi Lu, est un endroit accueillant où les doubles sont à 180, 200 et 220 yuan.

L'hôtel *Haiwan* (☎ 222-2266) *(hǎiwān bīnguǎn)*, dans Renmin Lu, occupe le même bâtiment que le Club international des marins et dispose d'un bar à karaoke. Les simples coûtent 168 yuan, tandis que les doubles s'échelonnent de 198 à 280 yuan. Le *Haifu Grand Hotel* (☎ 228-

0288) *(hǎifù dàjiǔdiàn)* disposent de doubles à 290 yuan, et une chambre avec vue sur la mer coûte 300 yuan. Il faut ajouter 10% de service.

Comment s'y rendre

Avion. Le bureau de la CAAC (☎ 222-4415) se trouve 23 Renmin Nan Dadao. On peut également réserver ses billets à l'agence China Southwest Airlines, tout près du Canton Bay Hotel.

De Zhanjiang, des vols sont assurés vers Canton, Shenzhen, Pékin, Shanghai, Kunming, Wuhan, Chengdu, Chongqing, Guiyang, Sanya et Shantou.

Bus. La gare routière longue distance ne vend que des billets pour Canton dans des bus chinois défraîchis (60 yuan), mais on peut se procurer des billets pour des services de luxe avec sièges inclinables et vidéo (120 yuan) à l'agence de la Southwest Airlines, à côté du Canton Bay Hotel. Le voyage dure 10 à 11 heures et la plupart des bus roulent de nuit. Shenzhen est également desservie. Se rendre de Zhanjiang à Zhaoqing en bus est presque impossible.

Train. Les trains pour Guilin, Nanning et Canton partent de la gare ferroviaire Sud. De Zhanjiang à Guilin, le trajet dure quelque 13 heures. De Zhanjiang à Nanning, il faut compter environ 9 heures 30.

Bateau. A la gare routière, vous pouvez prendre un billet combiné bus-bateau pour Haikou, sur l'île de Hainan. Il est cependant plus pratique – et guère plus onéreux – de prendre un bateau direct pour Haikou ; les billets sont en vente au port. Les bateaux rapides partent à 9h30 et 14h30. Pour plus de renseignements, reportez-vous à la rubrique *Comment s'y rendre* dans la partie *Haikou*, chapitre *Île de Hainan*.

Comment circuler

Zhanjiang possède deux gares ferroviaires et deux gares routières, une de chaque au nord et au sud de la ville. La gare de chemin de fer principale est celle du secteur sud.

LE SUD

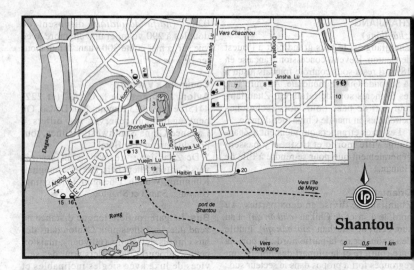

Shantou

0   0,5   1 km

SHANTOU 汕头市

OÙ SE LOGER

2   Hôtel Hualian
    滑联酒店
4   Swatow Peninsula Hotel
    鸵岛宾馆
6   Hôtel Huaqiao,
    CTS et Bank of China
    华侨大厦，中国旅行社，
    中国银行
8   International Hotel
    国际大酒店
11 Hôtel Xinhua
    新华酒店
12 Taiwan Hotel
    台湾宾馆

DIVERS

1   Gare routière (bus
    longue distance)
    汽车客货运站
3   Parc Zhongshan
    中杉公园
5   Bureau CAAC
    民航售票处
7   Parc Jinsha
    金沙公园
9   Bank of China (agence
    principale)
    中国银行
10 Parc d'attractions
    Longhu
    龙湖乐园

13 Librairie Xinhua
    新华书店
14 Parc Xidi
    西堤公园
15 Ferry local
    西堤客运公司客运站
16 Bus pour Canton
    往广州汽车站
17 Club nautique
    international
    国际海员俱乐部
18 Quai Shantou (terminal
    passagers)
    汕头港客运站
19 Place Renmin
    人民广场
20 Fort en pierre
    石炮台

Le bus n°1 fait la navette entre le nord et le sud de la ville. Il est parfois désigné par une flèche à double tête (entourée d'une calligraphie) plutôt que par un chiffre.

Il y a également de nombreuses motos-taxis, certaines avec side-cars, en maraude dans les rues. Une course de quelques kilomètres ne coûte pas plus de 5 yuan.

SHANTOU
(*shàntóu*)

Shantou, l'une des quatre ZES initiales de Chine (avec Shenzhen, Zhuhai et Xiamen) est une ville portuaire à la culture singulière. Le dialecte local est appelé *chaoshan* en mandarin, contraction de Chaozhou et de Shantou, ou encore *taejiu* (nom que lui donne la population elle-même) : c'est la

LE SUD

langue de nombreux Chinois ayant émigré en Thaïlande. Ces Chinois-Thaïlandais ont commencé à revenir, et il n'est pas rare de voir des enseignes en thaï dans les hôtels et les commerces. Shantou est avant tout une étape sur la longue route peu empruntée qui va du Guangdong au Fujian.

Histoire

Shantou était jadis connue des Occidentaux sous le nom de Swatou. Dès le XVIIIᵉ siècle, la compagnie des Indes orientales disposait d'un comptoir sur une île à la sortie du port, alors que Shantou n'était encore qu'un petit village de pêcheurs sur une laisse de vase. Le port fut officiellement ouvert au commerce étranger en 1860, après le traité de Tianjin, qui mit fin à la seconde guerre de l'Opium. Les Britanniques furent les premiers à s'implanter dans la région mais, contrairement à leurs intentions premières, ils furent contraints de s'installer dans une île voisine en raison de l'hostilité de la population locale. Moins de dix ans plus tard, les étrangers vivaient et commerçaient dans Shantou même. Un certain nombre d'anciens bâtiments coloniaux ont survécu mais sont dans un état de délabrement extrême.

Orientation

Shantou s'étend en grande partie sur une péninsule bordée au sud par l'océan et séparée du continent à l'ouest et au nord par une rivière et des canaux. La plupart des aménagements touristiques se situent dans la partie ouest de la péninsule.

Renseignements

Vous trouverez le BSP dans l'est de Yuejin Lu, près de l'angle de Nannai Lu. Le bureau du CTS (☎ 823-3966), dans l'hôtel Huaqiao, vend des billets de bus pour Canton, Shenzhen et Xiamen, des billets de bateau pour Hong Kong et des billets d'avion pour tous les vols de la CAAC.

La Bank of China possède également une agence dans l'hôtel Huaqiao. Un bureau de poste est sis 415 Zhongshan Lu, près de l'intersection avec Shanzhang Lu.

Où se loger

Le *Swatow Peninsula Hotel* (☎ 823-1261) (*túodǎo bīnguǎn*), dans Jinsha Lu, offre le meilleur rapport qualité/prix. Des chambres très confortables avec s.d.b. et sans TV coûtent 96 yuan. Des doubles plus luxueuses vont de 160 à 206 yuan. Si vous insistez (avec le sourire, bien sûr), vous obtiendrez peut-être une chambre avec s.d.b. pour 60 yuan. N'oubliez pas que les chambres les moins chères sont vite prises d'assaut par les Chinois.

Non loin de là, l'hôtel *Huaqiao* (☎ 831-9888) (*huáqiáo dàshà*), dans Shanzhang Lu, a un système de tarification compliqué : le tarif le moins élevé est théoriquement de 120 yuan mais, avec un peu de chance, on vous cédera un lit dans une triple pour moins cher.

Les autres hôtels de Shantou sont généralement des établissements de catégorie moyenne.

L'hôtel *Xinhua* (☎ 827-3710) (*xīnhuá jiǔdiàn*), 121 Waima Lu, propose des doubles rustiques à 152 yuan et de meilleures chambres de 178 à 196 yuan.

Son voisin, le *Taiwan Hotel* (☎ 827-6400) (*táiwān bīnguǎn*) dispose de simples/doubles à 182/221 yuan, et de chambres "avec vue" à 234 yuan. En face de la gare routière, l'hôtel *Hualian* (☎ 822-8389) (*huálián jiǔdiàn*) offre des doubles de 152 à 196 yuan.

Il existe de nombreux hôtels de catégorie supérieure en ville. L'*International Hotel* (☎ 825-1212 ; fax 825-2250) (*guójì dàjiǔdiàn*), dans Jinsha Zhonglu, tient le haut du pavé. Les doubles commencent à 900 yuan, les doubles de luxe à 1 200 yuan et les suites à 2 100 yuan.

Où se restaurer

C'est dans la rue, sur les marchés qui s'installent le soir, que l'on peut déguster la cuisine faisant la réputation de Shantou. Les nouilles de riz (appelées localement *kwetiaw*) sont également une spécialité. Tout le long de Minzu Lu, il existe quantité d'éventaires offrant un succulent wonton (*húndùn*).

Si vous descendez au Swatow Peninsula Hotel, essayez le *Western Restaurant* à l'arrière. Sa cuisine est excellente et peu chère. La carte n'est rédigée qu'en chinois.

Comment s'y rendre

Avion. Le bureau de la CAAC (☎ 825-1915) est 46 Shanzhang Lu, à quelques minutes à pied au sud de l'intersection avec Jinsha Lu. Il est généralement plus pratique d'acheter son billet au CTS, dans l'hôtel Huaqiao.

De Shantou, des vols internationaux sont assurés vers Bangkok, Singapour et Hong Kong (deux fois par jour). Les vols intérieurs desservent Canton, Chengdu, Chongqing, Fuzhou, Guilin, Haikou, Nankin, Kunming, Pékin, Shanghai, Shenyang, Wenzhou, Wuhan et Xi'an.

Bus. Vous avez le choix entre les services de la gare routière longue distance et de multiples compagnies privés. Les bus partant de la gare routière sont généralement plus rustiques et desservent notamment Xiamen (40 yuan), Fuzhou (170 yuan – couchettes), Canton (50-100 yuan) et Nanning (145 yuan). La plupart des hôtels proposent aussi un service de bus. Après l'angle de la gare routière longue distance, dans Huoche Lu, juste avant le pont, sont installées une série de compagnies privées qui desservent en bus-couchettes de nombreuses destinations, dont Canton et le Fujian.

Enfin, bien que les bus pour Xiamen partent généralement le matin et le soir, vous pouvez embarquer presque à n'importe quelle heure en prenant un bus en face de l'hôtel Hualian (prévoir des changements). Les prix oscillent entre 40 et 50 yuan.

Train. Une ligne de chemin de fer entre Shantou et Canton est en cours de construction.

Bateau. Des bateaux font la navette entre Hong Kong et Shantou. A Hong Kong, les départs ont lieu du terminal des ferries China Hong Kong City, à Tsimshatsui,

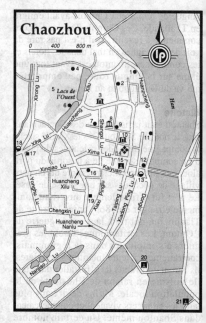

Kowloon. A Shantou, on part du terminal passager du quai Shantou (☎ 827-1513) (*shàntóu gǎng kèyùn zhàn*), un pâté de maisons à l'ouest du Gymnastic Hotel. Le bateau assure environ quatre liaisons hebdomadaires dans chaque sens et la traversée dure 14 heures.

Comment circuler

Cyclo-pousses et tricycles à moteur tournent autour de la gare routière longue distance et des hôtels touristiques. Comptez 3 yuan pour la plupart des courses en centre-ville, 15 à 20 yuan environ en taxi. Les bus locaux publics sont comme partout effroyables, mais des minibus desservent toute la ville pour 2 yuan. Shantou est suffisamment petite pour être découverte à pied.

ENVIRONS DE SHANTOU

Non loin de la ville se trouve l'**île Mayu** (*māyǔ dǎo*), où l'on peut faire une agréable

CHAOZHOU 潮州

1 Vénérable Pin Jinshan
   金山古松
2 Arche de la Loyauté
   忠节坊
3 Palais du Prince Xu
   许驸马府
4 Terrain de sports
   体育场
5 Parc Xihu
   西湖公园
6 Immeuble Hanbi
   涵碧楼
7 Ancienne bibliothèque
   Huangshang
   黄尚书府

8 Musée
   博物馆
9 Hôtel de ville
   市正府
10 Palais des enfants
   青年宫
11 Terminal passagers
   du ferry
   朝州港客运站
12 Mur d'enceinte
   Guangjimen
   广济门城楼
13 Gare routière Est
   东汽车站
14 Friendship Store
   友谊商店

15 Temple Kaiyuan
   开元寺 ·
16 Couvent Kouchi
   叩齿庵
17 Hôtel et restaurant
   Chezhan
   车站饭店
18 Gare routière Ouest
   西汽车站
19 Overseas Chinese
   Hotel
   华侨饭店
20 Temple du Phénix
   凤凰寺
21 Pagode du Phénix
   凤凰塔

excursion d'une journée. Le bateau part du front de mer à 9h tous les matins et revient à 14h30 (une heure de traversée). En débarquant, suivez la foule jusqu'au temple de la Mère du Céleste Empereur (*tiānhòu miào*), édifié en 1985 grâce aux fonds d'émigrés chinois. Le site a, semblet-il, toujours été dédié à la déesse, et les pêcheurs y brûlent de l'encens avant de prendre la mer le matin.

Hôtels, restaurants, et sentiers parsèment l'île. L'absence de voitures, les plages et le paysage offrent un bain de jouvence.

CHAOZHOU
(*cháozhōu*)
Chaozhou est une très ancienne cité marchande, vieille de plus de 1 700 ans. Elle est située sur les rives du Han et entourée par les collines Dorées et Calabash. On peut l'explorer en deux heures, le mieux étant de faire l'excursion depuis Shantou. Le principal site en est le **temple Kaiyuan** (*kāiyuán sì*), construit sous la dynastie Tang pour abriter une collection d'écrits bouddhiques envoyés par l'empereur Qianlong.

Au pied des collines Calabash, sur les rives du lac de l'Ouest, les parois rocheuses sont couvertes des **gravures moya** figurant des paysages locaux et les coutumes de la population, ainsi que des poèmes et des calligraphies, datant de quelque mille ans. Au sud-est de Chaozhou se trouve la **pagode du Phénix** (*fènghuáng tǎ*), bâtie en 1585.

Comment s'y rendre
Des minibus desservent Chaozhou au départ de l'hôtel Hualian, à Shantou. Le voyage dure environ une heure et coûte 7 yuan.

LE SUD

Île de Hainan 海南岛

L'île de Hainan (*hǎinán dǎo*), une grande île tropicale située au large de la côte méridionale chinoise, a été administrée par le gouvernement de la province du Guangdong jusqu'en 1988, date à laquelle elle devint la province de Hainan.

Tout comme le Xishuangbanna, au Yunnan, Hainan est un lieu apprécié en hiver, mais ce n'est en aucun cas le "Hawaï asiatique" que vantent certaines brochures touristiques. Le développement des infrastructures touristiques au cours des dernières années a restreint les possibilités d'hébergement à de luxeux hôtels de type résidence-complexe touristique. Même les attraits de l'île ont été adaptés aux besoins des groupes organisés voyageant en bus-limousines, qui sont légion.

CLIMAT

Hainan se situe à l'extrême sud de la Chine (Sanya, au sud, est approximativement à la même latitude que Vientiane au Laos). Il y fait toujours chaud, même lorsqu'il gèle dans le reste de la Chine. Au summum des rigueurs hivernales du continent, il règne une température moyenne de 21°C sur l'île. Dès mars, et jusqu'à novembre, le temps devient chaud et humide.

Les typhons peuvent être dévastateurs. Ils sont fréquents entre mai et octobre. N'oubliez pas qu'un typhon peut paralyser toute communication avec le continent et tout moyen de transport pendant plusieurs jours d'affilée.

ÉCONOMIE

Historiquement, Hainan a toujours fait figure de parent pauvre de l'empire chinois. Quand Li Deyu, Premier ministre sous la dynastie Tang, y fut exilé, il qualifia l'île de "porte de l'enfer".

Les temps ont changé : son statut de Zone économique spéciale (ZES) a fait de l'île une enclave de tous les excès liés au marché libre. L'un des fiascos les plus

Population : 5 millions d'habitants
Capitale : Haikou
A ne pas manquer :
- Pour ceux qui parlent chinois, les villages des minorités li et miao, aux alentours de Tongzha

célèbres se produisit en 1989, lorsque le gouvernement de la province fit importer 90 000 voitures japonaises en franchise de taxes pour les revendre sur le continent en réalisant un profit de 150%. Les prix de l'immobilier furent multipliés par 20 entre 1989 et 1993, et des estimations récentes du taux de croissance de la province oscillent autour de 22%.

Une bande de terre à l'ouest de l'île, appelée Zone de développement économique Yangpu, est en cours d'aménagement. Il est prévu de construire un port en eau profonde qui deviendra une ville de 250 000 habitants.

Le fer de lance de la métamorphose de Hainan est le tourisme. Actuellement, les touristes chinois représentent 80% du marché. Les autorités locales aimeraient attirer des étrangers. Des complexes touristiques poussent comme des champignons dans toute l'île.

LE SUD

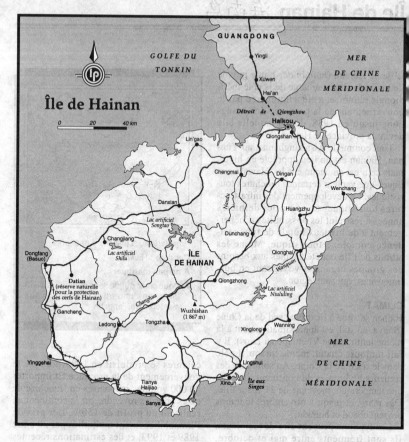

Île de Hainan

POPULATION ET ETHNIES

Les habitants originels de l'île, les minorités li et miao, habitent les profondes forêts tropicales couvrant le massif des Limulingshan qui domine le centre de l'île. Les Li se sont probablement installés à Hainan voici trois mille ans, émigrant des provinces du Guangdong et du Guangxi. Malgré la lutte qui oppose traditionnellement les Li aux Chinois, ils ont aidé les guérillas communistes sur l'île pendant la guerre contre les Japonais. C'est peut-être pour cette raison que l'île fut déclarée région "autonome" après l'accession des communistes au pouvoir. Les femmes li avaient encore récemment l'habitude de tatouer leur corps dès l'âge de 12 ou 13 ans. Aujourd'hui, presque toute la population, à l'exception des femmes âgées, a adopté le costume han. Cependant, lorsque meurt un membre de la communauté, on l'habille du costume li traditionnel afin que les ancêtres puissent reconnaître et accepter le nouvel arrivant.

Les Miao (Hmong) arrivèrent de Chine méridionale par le nord du Vietnam, le Laos et la Thaïlande. Ils descendirent vers le Sud et vers Hainan avec les émigrations chinoises venues du Nord, et occupent aujourd'hui encore quelques-unes des terres les plus ingrates de l'île.

Les régions côtières sont peuplées de Chinois han. Depuis 1949, les Chinois d'Indonésie et de Malaisie, puis les réfugiés du Vietnam s'y sont installés. Au total, Hainan compte quelque cinq millions d'habitants, dont environ 700 000 Li et 40 000 Miao.

AUTOUR DE L'ÎLE

Haikou, la capitale de Hainan, et Sanya, un port cerné de plages très fréquentées, sont les deux principales villes, situées aux extrémités de l'île. Trois routes les relient : la route de l'est (la plus rapide), qui passe par Wenchang et Wanning ; la route centrale, *via* Dunchang et Tongzha (ou Tongshi) ; et la route de l'ouest, moins fréquentée, par Danxian (ou Nada), Basuo (Dongfang) et Yinggehai.

La plupart des voyageurs empruntent la route de l'est pour traverser l'île. Il est possible de faire des étapes en chemin, mais peu s'en soucient, en particulier depuis qu'une nouvelle voie rapide contourne la plupart des attractions éventuelles.

La route centrale n'est intéressante que si vous disposez de beaucoup de temps. La région des minorités ethniques du centre de Hainan est difficile d'accès et le transport sont lents. Les plus beaux points de vue sur la montagne sont entre Sanya et Qiongzhong ; ensuite, le paysage est sans grand intérêt.

Peu de voyageurs choisissent la route de l'ouest, qui ne se prête guère au tourisme. L'Institut des plantes tropicales (*rèdài zhíwù yánjiūsuǒ*), près de Danxian (*dànxiàn*), et la Réserve naturelle pour la protection du cerf, à Datian, méritent une visite. La ville de Xiaodongfang, à l'est de Datian, accueille chaque année la fête de l'Amour, une célébration li, le 3e jour du 3e mois lunaire (vers avril).

La plus grande mine de fer chinoise à ciel ouvert se trouve à Shilu (ou Changjiang) (*chāngjiāng*), reliée par chemin de fer à Basuo, un port assez misérable.

Une partie de la route entre Basuo et Sanya, qui longe les salines de Yinggehai, est, dit-on, pittoresque.

HAIKOU

(*hǎikǒu*)

Haikou, la capitale de Hainan, s'étend sur la côte septentrionale de l'île, à l'embouchure du Nandu. C'est à partir de cette ville portuaire que s'effectue l'essentiel du commerce avec le continent.

Elle n'est guère attrayante. Pour la plupart des voyageurs, Haikou n'est qu'une plaque tournante vers les plages du sud de Hainan. Dans le centre-ville, le long et autour de Xinhua Nanlu, s'alignent des bâtiments caractéristiques de l'influence sino-portugaise que l'on retrouve dans les colonies chinoises de toute l'Asie du Sud-Est, à Macao comme à Malacca (Malaisie) ou Penang (Malaisie).

Orientation

Haikou se divise en trois secteurs assez distincts. Le quartier occidental est celui du port. Le centre de la ville renferme toutes les installations touristiques. Quant au quartier situé au sud de l'aéroport, il est rarement visité par les voyageurs.

Renseignements

Office du tourisme. Haikou n'est absolument pas équipée pour renseigner les voyageurs. L'agence principale du CTS (☎ 677-3288) occupe un immeuble délabré caché derrière l'Overseas Chinese Hotel I.

Argent. La Bank of China se trouve dans l'International Financial Centre, 33 Datong Lu. Il existe une succursale plus récente dans l'International Commercial Centre, voisin. Des changeurs officient à côté de presque tous les hôtels touristiques.

Poste. Le bâtiment des postes et télécommunications est au sud de la gare routière longue distance, dans Daying Jie. Un autre est installé dans Jiafang Xilu, près de la librairie Xinhua. La plupart des hôtels de luxe offrent également des services postaux.

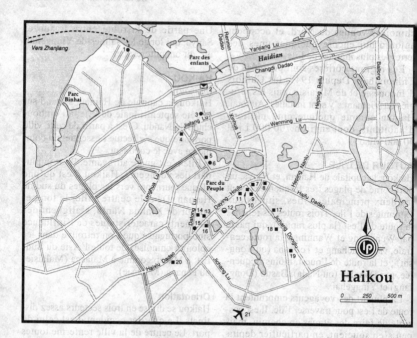

Vers Zhanjiang

Parc Binhai

Parc des enfants

Haidian

Renmin Dadao

Yanjiang Lu

Changdi Dadao

Wenming Lu

Jielang Lu

Xinhua Lu

Longhua Lu

Parc du Peuple

Daying Houlu

Datong Lu

Haixiu Dadao

Jichang Lu

Haifu Dadao

Heping Nanlu

Heping Beilu

Jichang Donglu

Bailong Lu

Haikou

0   250   500 m

A voir

Haikou est plutôt jolie, avec des boulevards bordés de palmiers et un vieux quartier pittoresque, mais les sites touristiques ne sont pas nombreux. Vous pouvez explorer en une heure les vestiges coloniaux qui se dressent un peu partout en ville : prenez Xinhua Lu, au nord des lacs de l'Est et de l'Ouest, jusqu'au front de mer, puis revenez par Boai Lu. Pour entrevoir un peu de l'esprit de Macao, faites quelques détours dans les ruelles transversales.

Le **parc du peuple de Haikou** (1 yuan l'entrée) constitue une excursion assez ennuyeuse, mais vous verrez peut-être des adeptes du kung-fu en action. Au milieu du parc se dresse une colonne dédiée aux martyrs de la Révolution.

Où se loger – catégorie moyenne

Haikou ne fera pas le bonheur des voyageurs à petit budget. Si vous êtes bloqué en ville, soyez à l'affût des tarifs réduits. Certains hôtels proposent des réductions de 20 à 50%.

Les établissements les moins chers se trouvent dans Jichang Donglu. L'hôtel *Wuzhishan* (☎ 535-5101) (*wǔzhǐshān bīnguǎn*) possède des chambres fonctionnelles (clim., TV, s.d.b., etc.) à 150/200 yuan les simples/doubles. Sur le trottoir d'en face, l'*Ocean Hotel* (*hǎiyáng bīnguǎn*) offre des simples de 190 à 248 yuan, et des doubles de 228 à 280 yuan. C'est le seul endroit que nous ayons trouvé en ville où les chambres sont facturées à l'heure...

Un peu plus au sud dans la même rue, au milieu d'un quartier truffé de salons de coiffure aux néons roses de mauvais goût, l'hôtel *Shu Hai* (☎ 535-1904) (*shūhǎi jiǔdiàn*) dispose de doubles à 180 yuan.

L'hôtel *Taoyuan* (☎ 677-2998) (*táoyuán jiǔdiàn*), dans Daying Houlu, en face du

HAIKOU 海口	11	Seaview Hotel	DIVERS	
		望海国际大酒店		
OÙ SE LOGER	13	Hotel CAAC	1	Nouveau port
		et billetterie		de Haikou
4	Friendship Hotel et	民航酒店售票处		海口新港
	Friendship Store	14	International Financial	2	Poste principale
	友谊大酒店,商店		Center		et téléphones
5	Overseas		国际金融大厦		市邮电局
	Chinese Hotel	16	Hôtel Taoyuan	3	Librairie Xinhua
	华侨大厦		桃园酒店		新华书店
7	Hôtel Haikou	17	Hôtel Wuzhishan	6	CTS
	海口宾馆		五指山大厦		中国旅行社
8	East Lake Hotel	18	Hôtel Shu Hai	12	Gare routière
	东湖大酒店		蜀海酒店		(bus longue distance)
9	Hôtel Nanhai	19	Hôtel Sihai		长途汽车站
	南海酒店		四海大酒店	15	International
10	Ocean Hotel	20	Ambassador Hotel		Commercial Centre
	海洋宾馆		国宾大酒店		国际金融大厦
				21	Aéroport de Haikou
					海口机场

bureau de la CAAC, propose des simples à partir de 180 yuan et des doubles allant de 280 à 680 yuan. Sur le trottoir d'en face, le tarif des doubles du *CAAC Hotel* (☎ 677-2608) (*hǎikǒu hángkōng dàshà*) s'échelonne de 233 à 297 yuan.

A l'*Overseas Chinese Hotel I* (☎ 677-3288) (*huáqiáo dàshà*), 17 Datong Lu, toutes les chambres comportent une salle de bains. Les simples sont à 208 yuan, les doubles oscillent entre 338 et 388 yuan et les suites coûtent 582 yuan. Des réductions de 20% sont accordées sur demande.

Le *Friendship Hotel* (☎ 622-5566) (*yǒuyì dàjiǔdiàn*), à côté du Friendship Store, 2 Datong Lu, est plus cher, mais nous avons bénéficié d'une réduction de 50% lorsque nous y avons séjourné. Les tarifs affichés étaient de 360 yuan pour des chambres ordinaires et de 380 à 580 yuan pour des chambres de luxe.

L'hôtel *Sihai* (☎ 535-3812) (*sìhǎi dàjiǔdiàn*), 25 Jichang Donglu Zhongduan, met à votre disposition des simples spacieuses moyennant 318 yuan, et les doubles/triples commencent à 348 yuan. La brochure de cet établissement mentionne

qu'il est "très pratique pour la circulation, mais également tranquille au milieu du bruit". Sur place, vous comprendrez le sens de cette phrase.

Où se loger – catégorie supérieure

Le *East Lake Hotel* (☎ 535-3333 ; fax 535-8827) (*dōnghú dàjiǔdiàn*), 8 Haifu Dadao, est ce que l'on peut trouver de moins cher parmi les établissements haut de gamme de Haikou. Les doubles coûtent 368 yuan et les doubles de luxe commencent à 700 yuan.

Le *Wanghai International Hotel* (☎ 677-3381 ; fax 677-3101) (*wànghǎi guójì dàjiǔdiàn*) est très prisé des hommes d'affaires chinois. Le tarif des simples/doubles/suites débute à 385/498/994 yuan.

Non loin de là, l'hôtel *Haikou* (☎ 677-2266 ; fax 677-2232) (*hǎikǒu bīnguǎn*) semble être le plus fréquenté de la ville. Comptez de 408 à 1 280 yuan.

Cossu, le *Haikou International Commercial Centre* (☎ 679-6999 ; fax 677-4751) (*hǎikǒu guójì shāngyè dàshà*), un nouvel édifice qui abrite un club de sport, une banque, des boutiques et des restaurants.

LE SUD

Les chambres sont pour la plupart des appartements prévus pour des locations de longue durée, mais ils sont également disponibles à la journée (175 $US la suite).

L'*International Financial Centre* (☎ 677-3088) (*guójì jīnróng dàshà*), 33 Datong Lu, est un établissement analogue à son voisin ci-dessus. Les installations comprennent, entre autres, une piscine et un bowling. Les prix démarrent à 538 yuan la double et grimpent jusqu'à 1 478 yuan pour la suite présidentielle.

Où se restaurer

Les restaurants sont plutôt chers et servent de la fondue chinoise et autres plats du même type. Les restaurants des hôtels sont réputés mais onéreux. Les menus sont presque toujours rédigés en chinois.

Vous pouvez vous approvisionner à bon compte auprès des étals de rue. Les restaurants relativement bon marché sont situés dans Jichang Donglu. Le soir, les étals envahissent les trottoirs. A côté de la gare routière, dans un bâtiment décrépit, le *Chezhan Kuaican* (*chēzhàn kuàicān*) sert d'excellents repas pour environ 12 yuan. Comme le menu ne figure pas en caractères romains, jetez un coup d'œil dans les assiettes des autres convives.

Le *Kuaihuolin Delicious Food Town* (*kuàihuólín*) jouxte l'Ocean Hotel, dans Jichang Donglu. On y sert des menus pour environ 12 yuan. Le menu en anglais est beaucoup plus limité que celui en chinois, mais il offre tout de même plusieurs pages de choix.

Si vous préférez un repas élaboré avec menu en anglais, allez droit à l'International Commercial Centre. Au coffee shop du rez-de-chaussée du Wanghai International Hotel, vous dégusterez le meilleur café de la ville moyennant 18 yuan.

Distractions

Haikou a une certaine réputation. Les hommes d'affaires viennent s'y délasser. L'animation nocturne de Hainan se limite malgré tout à des karaoke (cherchez les enseignes indiquant KTV). La discothèque du Wanghai International Hotel présente un spectacle de variétés coûteux, de même que l'hôtel Sihai.

Comment s'y rendre

Avion. Des vols quotidiens sont assurés entre Haikou et Hong Kong (1 200 $HK) par la CAAC ou Dragonair. Dragonair (☎ 677-4373) possède un bureau dans la pièce 2, au 5ᵉ étage de l'International Financial Centre. Les vols de la CAAC sont des charters et ne figurent donc pas sur les horaires de la compagnie.

Le bureau de la CAAC (☎ 677-2608) est situé dans un grand bâtiment qui abrite également le CAAC Hotel, dans Daying Houlu. Quelques numéros plus bas, se trouve le bureau de la China Southwest Airlines. A elles deux, ces compagnies assurent des vols réguliers entre Haikou et les villes suivantes : Canton, Changsha, Chengdu, Dalian, Fuzhou, Guiyang, Harbin, Jinnan, Kunming, Lanzhou, Nanning, Ningbo, Pékin, Qingdao, Shanghai, Shenyang, Shenzhen, Tianjin, Wuhan, Xiamen, Xi'an et Zhengzhou.

Bus. La gare routière longue distance dessert pratiquement toute l'île et propose des combinés ferry/bus vers de nombreuses destinations sur le continent. Les prestataires privés assurant la liaison avec Sanya sont également intéressants. Le départ de ces bus de grand luxe se fait à côté de l'Ocean Hotel dans Jichang Donglu ; ils mettent tout juste trois heures et coûtent 90 yuan.

Comptez 70 yuan jusqu'à Sanya par les bus de luxe (demandez les *háohuá*) de la gare routière (4 à 5 heures de trajet). Il existe des services moins onéreux (environ 40 yuan) mais ils mettent plusieurs heures de plus, et sont bondés et inconfortables.

Les guichets situés à gauche de la gare routière vendent des billets combinés ferry/bus pour Canton, Shenzhen et Zhuhai. Les prix dépendent du confort. Pour Canton, on a le choix entre la classe ordinaire (66 yuan), luxe standard (109 yuan), super-luxe (139 yuan) et couchettes de luxe (178 yuan). Les services de luxe pour

Shenzhen coûtent 165 yuan, et pour Zhuhai 140 yuan.

Bateau. Il existe deux ports à Haikou, mais la plupart des bateaux partent du nouveau port de Haikou (*hǎikǒu xīngǎng*) au terminus du bus n°7. La course en taxi du centre-ville au port coûte environ 15 yuan.

Les bateaux quittent Haikou à peu près toutes les heures, et mettent 1 heure 30 environ jusqu'à Hai'an, sur la péninsule de Leizhou, où l'on peut emprunter une correspondance de bus pour Zhanjiang. Les billets combinés bus/bateau s'achètent au port et le prix varie selon le guichet auquel on s'adresse (et ils sont nombreux). Mieux vaut acheter un billet de bateau pour 20 yuan, et régler le problème du bus plus tard. Il est en effet laborieux de trouver le bon bus à Hai'an. En tout, le trajet pour Zhanjiang dure entre six et sept heures.

À la gare routière longue distance, on vend des billets pour des bateaux directs à destination de Zhanjiang, qui partent tous les jours à 8h et 8h30. La traversée dure environ six heures et le billet le moins cher coûte 33 yuan. Vous pouvez aussi opter pour les bateaux rapides, qui partent à 9h30 et 14h30 pour Zhanjiang ou Beihai, dans la province du Guangxi. Les billets sont en vente au port (88 yuan). Comptez entre 3 heures 30 et 4 heures.

La liaison Haikou-Canton est assurée un jour sur deux. Les départs se font à 9h du quai Zhoutouzui à Canton, et le voyage dure 25 heures. Les tarifs s'échelonnent entre 112 yuan (4e classe) et 154 yuan, avec un tarif intermédiaire à 134 yuan. Mieux vaut payer un peu plus cher et éviter le grand dortoir sous le pont, particulièrement pénible quand le bateau tangue la nuit. La 3e classe donne droit à un lit en cabine de huit couchettes sur le pont. Méfiez-vous des pickpockets et emportez vos provisions. À Haikou, les billets s'achètent à la gare routière longue distance, guichet 16.

Des bateaux assurent la liaison Haikou-Hong Kong tous les trois ou quatre jours, moyennant 330 à 600 yuan. Reportez-vous à la rubrique *Comment s'y rendre.*

Comment circuler
Desserte de l'aéroport. L'aéroport est à 2 km au sud du centre-ville et la course en taxi coûte entre 15 et 30 yuan, selon vos talents de négociateur. Le bus n°7 relie l'aéroport au nouveau port de Haikou.

Bus. Le centre de Haikou est petit et facile à parcourir à pied, mais il existe un réseau de bus bien conçu. Le ticket coûte 2 jiao, quelle que soit la destination dans la ville.

Taxi. Les taxis sont assez nombreux à Haikou, mais n'oubliez pas de négocier le tarif à l'avance. Tablez sur 15 yuan la course en ville.

WENCHANG
(*wénchāng*)
Les plantations de cocotiers de Dong Jiao Ye Lin (*dōngjiāo yēlín*) et de Jian Hua Shan Ye Lin (*jiànhuáshān yēlín*), sont proches du port de Qinglan (*qīnglán gǎng*). Des minibus au départ de Wenchang, près de la rivière, vont jusqu'à Qinglan, d'où un ferry conduit aux plantations et à des plages. On peut également s'y rendre en prenant un bus direct depuis la gare routière longue distance de Haikou.

Malheureusement, les plages de cette région sont en train d'être transformées en complexes touristiques et les hôtels sont très chers.

Les bus pour Wenchang partent de la gare routière longue distance de Haikou (73 km). On peut également prendre un bus à destination de Sanya devant l'Overseas Chinese Hotel ou l'East Lake Hotel. Prévoyez une journée pour cette excursion.

XINGLONG
(*xīnglóng*)
Depuis 1952, plus de 20 000 Chinois réfugiés du Vietnam ou émigrés (principalement d'Indonésie ou de Malaisie) se sont installés à la **ferme des Chinois d'outre-mer de Xinglong** (*xīnglóng huáqiáo cūn*), consacrée à l'agriculture tropicale, dont la culture du café et du caoutchouc. Beaucoup de gens parlent l'anglais et pourront vous conduire

aux villages miao, mais la plupart des guides locaux (dont les conducteurs de motocyclettes) surfacturent leurs prestations.

L'hébergement est onéreux à Xinglong. Les sources thermales chaudes qui alimentent les salles de bains des hôtels sont prisées par les touristes locaux, ce qui a fait grimper les prix. Si vous êtes intéressé, les hôtels sont concentrés dans un quartier situé à trois kilomètres de la ville. Le trajet qui les sépare de l'arrêt de bus coûte 2 yuan à l'arrière d'une moto ou 4 yuan en side-car.

XINCUN

(*xīncūn*)

Xincun est essentiellement peuplé par les Danjia (Tanha), une minorité qui vit de la pêche et de la culture des perles. Les typhons de ces dernières années ont régulièrement détruit les élevages d'huîtres et de perles, mais le quartier du port, le marché aux poissons et l'île aux Singes toute proche méritent une visite.

Les bus empruntant la route de l'est vous déposeront à une bifurcation, à environ 3 km de Xincun. De là, on peut aisément prendre un minibus, recourir à l'autostop ou marcher jusqu'à la ville. De nombreux minibus vont directement de Lingshui et Sanya à Xincun.

ÎLE AUX SINGES

(*hóuzi dǎo*)

Près d'un millier de singes du Guangxi (*Macaca mulatta*) habitent cette étroite péninsule près de Xincun. Le site est une réserve nationale, et un centre de recherches sur la vie sauvage a été implanté pour étudier les mœurs des singes.

Une bicoque sur la plage de Xincun vend des billets aller et retour pour le ferry reliant Xincun à l'île aux Singes en dix minutes. A votre arrivée, des motos et des side-cars vous emmèneront jusqu'à l'enclos des singes (*hóuzi yuán*). Vous pouvez aussi vous y rendre à pied en suivant la route côtière sur la gauche pendant 1 km environ, puis en prenant à droite la route qui monte sur 1,5 km.

A l'entrée, on achète son billet et des cacahuètes pour les singes. En dehors des horaires auxquels on les nourrit (9h et 16h), les singes restent souvent invisibles.

SANYA

(*sānyà*)

Sanya est un port actif et le centre touristique de la partie sud de l'île de Hainan. La ville se déploie sur une péninsule parallèle à la côte et est reliée à la terre par deux ponts.

Le quartier du port est protégé au sud-est par la péninsule montagneuse de Luhuitou. Une communauté d'environ 5 000 Hui, les seuls musulmans de Hainan, occupe les faubourgs ouest de Sanya.

La plupart des voyageurs seront déçus par Sanya. De nouveaux hôtels sont en construction et les sites ne sont guère intéressants.

A voir

Les attractions de Sanya sont surfaites. Les plages les plus fréquentées, à savoir celles de Dadonghai, de la péninsule de Luhuitou et de Tianya Haijiao, n'ont rien d'exceptionnel.

La plage de **Dadonghai** (*dàdōnghǎi*) est la plus agréable des trois, mais elle est bondée et sera bientôt défigurée par des constructions. L'accès à la plage coûte en principe 5 yuan (au guichet), quoique tout le monde ignore cette obligation. Dadonghai est à 3 km de Sanya, à l'est, et facile d'accès en bus (1 yuan).

Les plages de la **péninsule de Luhuitou** (*lùhuítóu*) sont de qualité médiocre mais peuvent donner lieu à d'agréables promenades. Le nom de Luhuitou signifie "biche qui tourne la tête" et fait référence à une légende : un chasseur li poursuivit une biche jusqu'à la péninsule ; se voyant piégé, l'animal tourna la tête et se transforma en un ravissante jeune fille. Ils se marièrent et vécurent heureux, si l'on en croit la brochure. Biche, jeune fille et chasseur sont immortalisés par une sculpture de pierre qui attire chaque jour quantité de visiteurs. L'entrée coûte 15 yuan.

A la pointe de la péninsule de Luhuitou, le **Centre de recherches marines expérimentales de Hainan** est spécialisé dans la culture des perles. L'usage des perles en Chine remonte à près de quatre mille ans. Leur culture fut instaurée voici plus de neuf cents ans sous la dynastie Song.

La plage de **Tianya Haijiao** (*tiānyà hǎijiǎo*) (littéralement "lisière du ciel, bord de la mer"), qui s'étend à 24 km à l'ouest de Sanya, n'est pas laide mais est souvent bondée. Le tarif d'accès, 16 yuan, est trop élevé. Prenez n'importe quel bus à la gare routière de Sanya se dirigeant vers l'ouest. Le trajet dure environ 45 minutes.

A l'est de Sanya, la baie de la Dent du Dragon (*yálóng wān*) est un autre lieu de promenade envahi par les touristes chinois.

Xidao Dongdao (*xīdǎo dōngdǎo*) (les îles orientale et occidentale de la Tortue) sont deux îles coralliennes au sud de Sanya, visibles de la péninsule de Luhuitou. Des bateaux s'y rendent pour 80 yuan depuis le port. Les habitants des îles travaillent le corail pour en faire des ustensiles ou des souvenirs. Un site de plongée sous-marine a été ouvert aux étrangers non loin de ces îles.

Où se loger

Les voyageurs à petit budget ne trouveront rien pour eux. La plupart des hôtels dans et autour de Sanya accueillent essentiellement des groupes, et les endroits bon marché n'acceptent pas les étrangers.

Le *Seaside Holiday Inn Resort* (☎ 213-898) (*bīnhǎi dùjiàcūn*), à Dadonghai, est ce qu'il y a de mieux. Les doubles standards/de luxe coûtent 250/320 yuan.

Il existe de nombreux autres hôtels du côté de Dadonghai. Tous se ressemblent et affichent des tarifs d'environ 350 yuan et plus par une double.

Le *South China Hotel* (☎ 213-888) (*nánzhōngguó dàjiǔdiàn*) offre le meilleur rapport qualité/prix, avec des simples à 588 yuan et des doubles standards/de luxe à 718/888 yuan.

Se loger dans Sanya même reviendra un peu moins cher, mais l'endroit n'est guère avenant. L'hôtel *Sanya* (☎ 274-703) (*sānyà bīnguǎn*) se trouve dans le centre-ville, dans Jiefang Lu, et propose des simples/doubles/triples à partir de 130/180/240 yuan.

L'hôtel *Haisheng* (☎ 247-804) (*hǎishèng dàjiǔdiàn*) est un établissement de catégorie moyenne type, avec des doubles/triples à 266/310 yuan.

Le *Sanya International Hotel* (☎ 273-068) (*sānyà guójì dàjiǔdiàn*), haut de gamme, est mal situé, près de la ville, au bord de la rivière. Le tarif des doubles débute à 420 yuan.

Où se restaurer

Sanya et ses environs regorgent de restaurants. La plupart sont des restaurants de fruits de mer, comme le *Jumbo Seafood*, un immense établissement flottant. Sanya est un lieu de villégiature et l'on vous forcera la main pour que gonfliez votre commande. La plupart des grands hôtels possèdent des restaurants chinois et occidentaux.

Les voyageurs peu en fonds jetteront leur dévolu sur les échoppes. Gangmen Lu en compte plusieurs dizaines, qui proposent quantité de fruits de mer frais. On trouve aussi nombre de restaurants dans Jiangang Lu, près du port.

Achats

Le sud de l'île de Hainan est célèbre pour ses perles de culture, mais il faut se méfier des contrefaçons.

Comment s'y rendre

Avion. Le récent aéroport Phénix a ouvert des lignes intérieures, et des vols internationaux devraient être proposés à terme.

Des vols quotidiens pour Canton et Shenzhen sont également prévus. On peut se procurer des billets auprès de la réception des grands hôtels, ou bien au bureau de la CAAC, mal situé à l'extrémité ouest de la ville.

Une nouvelle agence ouvrira probablement en un lieu plus accessible une fois les travaux de rénovation de l'aéroport entièrement terminés.

LE SUD

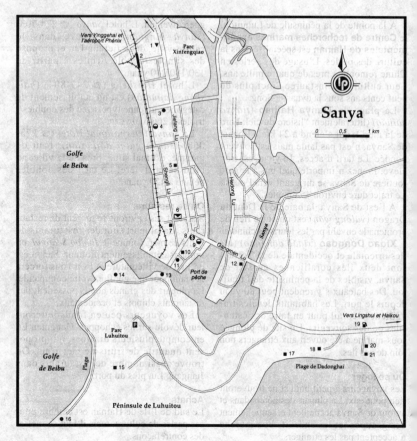

Vers Yinggehai et
l'aéroport Phénix

1

2

Parc
Xinfengqiao

3

4

Golfe
de Beibu

Jiefang Lu

Shengli Lu

Hepong Lu

5

6

7

8

9

10

11

Sanya

Ganmen Lu

12

Sanya

0   0,5   1 km

Port de
pêche

14

13

Vers Lingshui et Haikou

19

Parc
Luhuitou

P

Golfe
de Beibu

Plage

15

17

18

20

21

Plage de Dadonghai

16

Péninsule de Luhuitou

Bus. Des bus et des minibus partent fréquemment de la gare routière de Sanya et desservent presque tous les sites de l'île. Des bus de luxe pour Haikou (80 yuan) partent également des hôtels Sanya, Luhuitou et Dadonghai. Le bus express pour Haikou met environ 3 heures 30 pour couvrir le trajet de 320 km.

Train. La voie ferrée sert essentiellement au transport de marchandises, mais il y a parfois un service pour passagers, très lent, entre Sanya et Dongfang sur la côte ouest.

Bateau. Ce mode de transport est en perte de vitesse à Sanya depuis que la nouvelle grande route permet de rejoindre Haikou rapidement. Bientôt, presque tous les bateaux partiront de Haikou.

Comment circuler
L'aéroport est à 30 minutes en taxi de la ville. Comptez environ 40 yuan. Les motos équipées de side-cars sont très répandues. On peut faire baisser le prix des courses généralement de moitié. De même pour les cyclopousses, moyen de transport lent et cahoteux.

LE SUD

SANYA 三亚	18 Seaside Holiday Inn Resort 滨海渡假村	6 Poste et téléphones 邮店局
OÙ SE LOGER	20 Hôtel Dadonghai 大东海大酒店	8 Bank of China 中国银行
5 Hôtel Sanya 三亚宾馆	21 South China Hotel 南中国大酒店	9 Bus pour Haikou 往海口汽车站
7 Hôtel Haisheng 海生纠店		11 Billetterie pour le bateau 三亚港客运站
10 Hôtel Guiya 贵亚大酒店	**DIVERS**	13 Ferry Granny 小渡船
12 Sanya International Hotel 三亚国际大酒店	1 Restaurant Cuiyuan 翠园酒家	14 Immeuble des douanes 海关楼
15 Hôtel Luhuitou 鹿回头宾馆	2 Gare ferroviaire 火车站	16 Centre de recherches marines 海学研究所
17 Jinling Holiday Resort 金陵渡假村	3 Marché Sanya 三亚商场	19 Station-service 加油站
	4 Gare routière 三亚汽车站	

Les sites (plus ou moins) intéressants de Sanya étant très dispersés, il est judicieux de se regrouper à plusieurs et de louer un véhicule avec chauffeur. Les minibus de la gare routière prennent 150 yuan la journée complète, comprenant 6 visites.

TONGZHA
(tōngzhá)
Tongzha, également appelée Tongshi, est la capitale du district autonome des Li et des Miao. La visite s'avère intéressante, à condition d'avoir le temps de partir à pied à la découverte des villages. C'est en revanche une étape fastidieuse sur la route du centre allant de Haikou à Sanya. A Tongzha même, les minorités sont vêtues du costume traditionnel, travaillent dans les hôtels et effec-tuent des danses folkloriques à l'intention des touristes. Le voyageur intrépide tentera peut-être le périple en bus local de Tongzha à Mao'an, Maodao ou Maogan, à la découverte d'authentiques villages li et miao.

Près de Tongzha, à 1 867 m, se dresse le mont Cinq Doigts (wǔzhǐshān), point culminant de l'île. Des minibus pour touristes mènent au sommet depuis Tongzha.

QIONGZHONG
(qióngzhōng)
La route qui relie Tongzha à Qiongzhong traverse une forêt très dense. Qiongzhong est une petite ville de collines avec un marché animé.

Tout près de là, la cascade de Baihuashan tombe de plus de 300 m.

LE SUD

Guangxi 广西

Le principal centre d'intérêt du Guangxi (*guǎngxī*) est Guilin, peut-être le site le plus illustre de Chine. Si la plupart des voyageurs séjournent quelque temps dans la ville voisine de Yangshuo, bien peu visitent les régions reculées de la province, qui restent largement inexplorées. Ceux qui aiment partir à l'aventure ont le choix entre le Nord, région frontalière avec le Guizhou peuplée de minorités, et les formations rocheuses karstiques semblables à celles de Guilin – mais beaucoup moins touristiques – non loin de Nanning, sur le Zuo Jiang. Le Guangxi possède également une frontière avec le Vietnam à Pingxiang : ouvert aux Chinois depuis des années, cet itinéraire est désormais beaucoup plus facile d'accès pour les voyageurs occidentaux.

Le Guangxi passa pour la première fois sous domination chinoise lorsqu'une armée de la dynastie Qin fut envoyée vers le sud en 214 av. J.-C. pour conquérir ce qui forme aujourd'hui la province du Guangdong et le Guangxi oriental. Le gouvernement impérial a toujours eu des difficultés à contrôler ce territoire, ainsi que tout le reste du Sud-Ouest. Les régions du sud et de l'est du Guangxi étaient occupées par les Chinois tandis que l'ouest était contrôlé grâce à l'"alliance" des chefs des tribus zhuang.

Dans le Nord, la situation était plus compliquée. Ces contrées étaient habitées par des tribus yao (Mien) et miao (Hmong), chassées de leurs régions d'origine au Hunan et au Jiangxi par l'avance des colons chinois d'ethnie han. Contrairement aux Zhuang, facilement sinisés, les Yao et les Miao étaient restés des tribus montagnardes souvent cruellement opprimées par les Han. Les conflits étaient constants. L'un des soulèvements les plus marquants se produisit dans les années 1830, et un autre coïncida avec la rébellion Taiping.

Aujourd'hui, les Zhuang représentent la minorité la plus importante de Chine. Au

Population : 40 millions d'habitants

Capitale : Nanning

A ne pas manquer :

- Yangshuo, point de ralliement des voyageurs à petit budget, réputé pour ses extraordinaires formations géologiques et son ambiance rurale décontractée
- Guilin, ville chère mais non dénuée de charme, avec ses avenues bordées d'arbres, ses parcs et ses nombreux pics karstiques
- Longsheng et Sanjiang, deux villes montagneuses qui servent de point de départ pour visiter les villages alentour et les spectaculaires rizières en terrasses
- Beihai, ville côtière nonchalante, et ses plages de sable blanc

recensement de 1990, ils étaient plus de 15 millions, concentrés dans le Guangxi. Bien qu'il soit virtuellement impossible de les discerner des Han, le dernier vestige de leur identité d'origine est leur lien linguistique avec les Thaï. En 1955, la province du Guangxi devint la Région autonome zhuang du Guangxi. Outre les minorités zhuang, yao et miao, elle abrite aussi, en

690

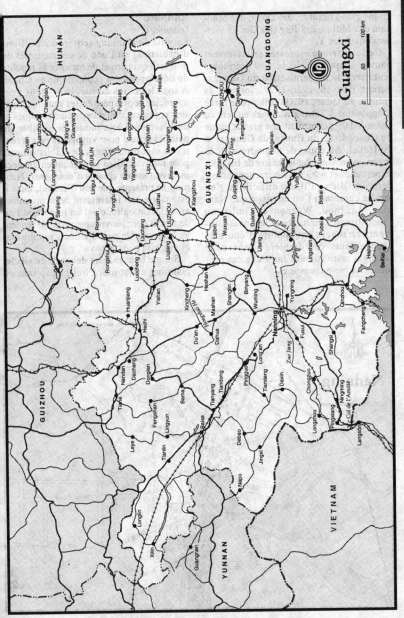

Guangxi

moins grand nombre, des Dong, des Mao-nan, des Mulao, des Jing (les Gin en viet-namien) et des Yi.

Cette province est restée relativement pauvre jusqu'à ce siècle. Les premières tentatives de modernisation du Guangxi eurent lieu en 1926-1927, lorsque la "clique du Guangxi" (la principale force d'opposition à Tchang Kaï-chek au sein du Guomindang) contrôlait une grande partie du Guangdong, du Hunan, du Guangxi et du Hubei. Au cours de la guerre avec le Japon, la province fut le théâtre de batailles importantes et subit des destructions consi-dérables. Bien qu'il soit difficile de s'en rendre compte si l'on ne visite que Nan-ning, Liuzhou, Wuzhou et Guilin où l'industrie, le commerce et les investisse-ments étrangers ont apporté d'énormes changements ces dernières années, le Guangxi reste aujourd'hui l'une des pro-vinces les moins prospères.

NANNING
(*nánníng*)

La ville de Nanning (environ 2 millions d'habitants) est l'une de ces capitales de province qui permet de mesurer la rapidité du développement économique en Chine. A tous les coins de rue, le visiteur peut apprécier la prospérité : les grands maga-sins regorgent d'appareils électroniques et de vêtements à la mode, et nombre de points de chute pour voyageurs peu argen-tés se sont transformés en établissements pour touristes aisés voyageant en groupes ou investisseurs chinois d'outre-mer. Nan-ning ne présente que peu d'intérêt, mais il est malgré tout intéressant de se promener en ville. En outre, c'est un important lieu de transit pour les voyageurs qui se rendent au Vietnam. On peut d'ailleurs se faire éta-blir un visa pour ce pays.

Simple bourgade au début de ce siècle, Nanning est aujourd'hui la capitale du

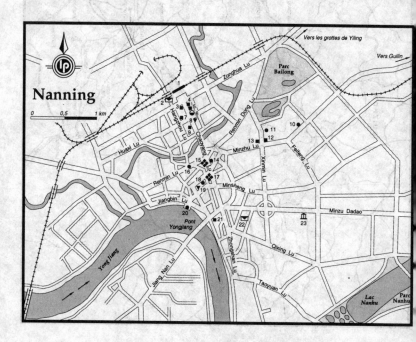

Guangxi. Fruit de l'expansion urbaine qu'entraîna la création de lignes de chemin de fer dans le Sud-Ouest après 1949, Nanning a également bénéficié du transit de l'armement destiné au Vietnam dans les années 60 et 70. Avec le rapprochement manifeste entre les deux pays, la ville retrouve aujourd'hui ce rôle de carrefour.

En 1952, une ligne de chemin de fer avait été construite jusqu'à la ville frontalière de Pingxiang et prolongée jusqu'à Hanoi, ouvrant ainsi le Vietnam sur la Chine. En 1979, cependant, l'entrée des troupes chinoises au Vietnam fit suspendre cette liaison ferroviaire *sine die*. Aujourd'hui, la réouverture de la ligne est prévue et l'on peut déjà, à condition de disposer des papiers nécessaires, prendre le train pour Pingxiang, traverser la frontière vietnamienne et continuer en train ou en bus jusqu'à Hanoi depuis Langsön, la ville frontalière vietnamienne.

Plus de 63% de la population de Nanning est composée de Zhuang, mais ils sont quasiment impossibles à distinguer des Han. Les seules minorités reconnaissables que vous pourrez rencontrer à Nanning sont les Miao et les Dong qui vendent des bijoux en argent sur les passerelles pour piétons proches de la gare.

Renseignements
CITS. Le bureau du CITS (☎ 281-6197) est installé 40 Xinmin Lu, en face de l'hôtel Yongzhou. La toute nouvelle section FIT (Family and Individual Traveller) est une bonne nouvelle pour les voyageurs. Le personnel, qui parle l'anglais, est aimable, serviable et peut vous aider à décrocher un visa pour le Vietnam, chose auparavant impossible.

Visas pour le Vietnam. A la section FIT du CITS de Nanning, on pourra vous obtenir un visa moyennant environ 400 yuan, soit à peu près le même prix qu'à Hong Kong. A Nanning, en revanche, l'argent n'accélère pas le processus et vous devrez attendre cinq jours ouvrés. La FIT organise également des voyages en groupe ou individuels de cinq jours à Hanoi et Haiphong, et une excursion de neuf jours qui inclut également Saigon.

NANNING 南宁		OÙ SE RESTAURER		14	Place Chaoyang 朝阳广场
OÙ SE LOGER		8	American Fried chicken 华越美餐馆	15	Magasin d'électronique (Friendship Store) 南宁友谊商店
3	Hôtel Yingbin 迎宾饭店	19	Muslim Restaurant 清真饭店	16	Quartier du marché nocturne 夜市
4	Milky Way Hotel 银河大厦	**DIVERS**		17	Grand magasin Nanning 南宁百货大楼
5	Airways Hotel et CAAC 中国民航酒店, 中国民航	1	Gare ferroviaire 火车站	18	Librairie Xinhua 新华书店
7	Hôtel Tian Hu 天湖饭店	2	Poste 邮局	20	Embarcadère des ferries 南宁客运吗头
9	Phoenix Hotel 凤凰宾馆	6	Gare routière (bus longue distance) 南宁汽车站	22	Poste principale 电信大楼
12	Majestic Hotel 明园饭店	10	Palais des expositions 展览馆	23	Musée de la province du Guangxi 广西省博物馆
13	Hôtel Yongzhou 邕州饭店	11	CITS 中国国际旅行社		
21	Hôtel Yongjiang 邕江饭店				

Cartes. On trouve des cartes de Nanning dans les boutiques et les échoppes à proximité des gares routière et ferroviaire.

Musée de la province du Guangxi
(guǎngxī bówùguǎn)

Situé dans Minzu Dadao, ce musée présente une collection éclectique qui évoque cinquante mille ans de l'histoire du Guangxi jusqu'aux guerres de l'Opium. L'accent est mis sur les objets et vêtements des minorités de la province ; dans le jardin ombragé, vous verrez plusieurs exemples en taille réelle d'architecture dong et miao. Pour s'y rendre, prendre le bus n°6 qui suit Chaoyang Lu depuis la gare ferroviaire, puis Minzu Dadao, avant de passer devant le musée. Ouvert tous les jours de 8h30 à 11h30 et de 14h30 à 17h. Entrée 2 yuan.

Parc Bailong
(báilóng gōngyuán)

Appelé aussi parc Renmin, il a retrouvé son nom d'origine qui signifie "Dragon Blanc". C'est un endroit agréable pour une promenade avec son lac, quelques pagodes, un restaurant et la possibilité de louer une barque. Près de l'entrée principale, un escalier mène à une plate-forme d'observation où sont installés des miroirs déformants et un vieux canon. Entrée : 0,5 yuan. Ouvert tous les jours jusqu'à 22h30.

Courses de bateaux-dragons

Comme en de nombreux autres endroits du Sud-Ouest (ainsi qu'au Guangdong et à Macao), des courses de bateaux-dragons ont lieu à Nanning le 5e jour du 5e mois lunaire (en juin). La foule de spectateurs encourage les bateaux décorés qui font la course sur le Yong Jiang. Les rameurs maintiennent la cadence grâce au gong que fait résonner un coéquipier au bout du bateau.

Où se loger – petits budgets

Nanning devient une ville chère, et la plupart des hôtels sont désormais inaccessibles aux voyageurs à petit budget. Il reste néanmoins quelques endroits abordables dans le quartier de la gare.

En face de la gare ferroviaire, l'hôtel *Yingbin (yíngbīn fàndiàn)* est probablement le moins cher de ceux qui acceptent les étrangers, avec des doubles rudimentaires à partir de 26 yuan et des lits en dortoir pour 10 yuan. Il n'y a pas d'enseigne en caractères romains.

Un peu plus haut dans Chaoyang Lu, à côté de la billetterie de la CAAC, l'*Airways Hotel (mínháng fàndiàn)* offre des lits en dortoir à 32 yuan et des simples/doubles à partir de 70/90 yuan. Les doubles sont dotées d'une s.d.b.

Si l'Airways est plein, essayez le *Phoenix Hotel (fènghuáng bīnguǎn)*, sur le trottoir d'en face. Les prix sont assez élevés : 50 yuan pour un lit en chambre triple avec s.d.b. commune. Des simples et doubles humides et froides avec s.d.b. et TV commencent à 80/100 yuan.

Où se loger – catégories moyenne et supérieure

A partir de 150 yuan, le choix s'élargit. Dans le quartier de la gare, le *Milky Way Hotel (yínhé dàxià)* et l'hôtel *Tian Hu (tiānhú fàndiàn)* offrent tous deux des chambres peu reluisantes mais assez confortables avec clim., TV et s.d.b., de 140 à 150 yuan.

Moins bien situé, l'hôtel *Yongjiang* (☎ 280-8123) *(yōngjiāng fàndiàn)* dispose de doubles climatisées à 180 yuan. L'hôtel *Yongzhou* (☎ 280-2338) *(yōngzhōu fàndiàn)* propose des doubles à partir de 120 yuan, et des chambres douillettes et tranquilles à partir de 220 yuan.

Oubliez le *Majestic Hotel* (☎ 283-0808) *(míngyuán fàndiàn)*. Anciennement appelé Ming Yuan, cet établissement s'est transformé en un monstre quatre-étoiles, où les chambres les moins chères débutent à 750 $HK.

Où se restaurer

Dans le quartier de la gare ferroviaire, vous apercevrez à coup sûr l'*American Fried Chicken* dans Chaoyang Lu, tenu par de jeunes Vietnamiens-Américains d'origine chinoise *(sic)*. Parmi d'autres plats délicieux, leur soupe de nouilles vietnamienne est une réussite. Pour déguster une cuisine excellente et de la bière pas chère, essayez le *Muslim Restaurant* (*qīngzhēn fàndiàn*). Le menu en anglais est limité mais le personnel, charmant, vous laissera sans doute venir en cuisine pour désigner ce qui vous tente.

Dans Hangzhou Lu, une série de restaurants animés proposent des plats du Nord et du Sud. Ne comptez pas sur des menus en anglais.

Nanning, comme Guilin et Liuzhou, est réputée pour son hotpot (fondue chinoise) de chien (*gǒuròu huǒguō*). Bien que la plupart des voyageurs préfèrent s'abstenir, on peut toujours visiter le quartier où ce type de spécialité est proposée, de l'autre côté de la rivière Chaoyang et au sud de Chaoyang Lu.

Comment s'y rendre

Avion. Les compagnies intérieures assurent des vols quotidiens pour Canton et Pékin, cinq vols par semaine pour Shanghai, quatre pour Kunming et Shenzhen, et un vol par semaine pour Guilin. Il y a également trois départs par semaine pour Hong Kong (1 350 yuan). Nanning est également reliée à Chengdu, Shenyang et Hanoi. Des vols pour Wuzhou pourraient être mis en service début 1996.

Le bureau de la CAAC (☎ 252-1459) est 82 Chaoyang Lu. Pour éviter les bousculades, allez plutôt à Nanning Air Service (☎ 280-2911), à côté du CITS, 40 Xinmin Lu.

Bus. Des bus partent tous les jours pour Wuzhou de la gare routière longue distance de Nanning. Le voyage coûte 43 yuan et peut durer jusqu'à 9 heures. Les bus-couchettes de nuit (69,40 yuan) sont un peu plus rapides.

Les bus-couchettes pour Canton coûtent 120 yuan et mettent 20 heures (bien que le voyage soit long, il est tout de même appréciable de pouvoir s'allonger et c'est le moyen le plus économique pour se rendre de Nanning à Canton).

Il existe un service régulier pour Liuzhou (25 yuan, 5 heures) et Beihai (22 yuan, 5 heures). Comptez également près de 5 heures pour Pingxiang (22 yuan). Pour Fangcheng, le trajet coûte 15 yuan. Une possibilité intéressante, quoiqu'austère, est le service de bus-couchettes pour Kunming *via* Guangnan. Le billet est à 200 yuan environ. Les bus réguliers pour Guangnan, à la frontière Guangxi-Yunnan, coûtent 56 yuan. Les routes sont mauvaises et le voyage peut durer jusqu'à 36 heures.

Train. Les trains à destination de Pékin permettent de prendre des correspondances pour Changsha, Guilin, Liuzhou, Wuhan (Hankou) et Zhengzhou. Outre Pékin, Shanghai et Xi'an sont reliés directement à Nanning. Il existe aussi des liaisons directes avec Zhanjiang, dans la province du Guangdong (8 heures), ville côtière d'où l'on peut gagner l'île de Hainan par ferry. La liaison Nanning-Beihai, d'où l'on peut également prendre un ferry pour Hainan, devrait être assurée courant 1996.

Des trains directs de Nanning à Guilin mettent environ 7 heures ; la place en "assis dur" coûte 40 yuan. Plusieurs trains partent chaque jour pour Liuzhou (4 heures, 23 yuan en assis dur). Il peut être difficile d'obtenir les billets à ces tarifs, appliqués aux Chinois : à la gare, tout le monde vous indiquera le guichet n°6, où vous devrez débourser le double. Le seul avantage est que la file d'attente est généralement moins longue.

Un jour sur deux, un train part pour Chongqing *via* Guiyang. Comptez 12 heures pour Guiyang et 8 heures de plus jusqu'à Chongqing. Les places "couché dur" pour Guiyang coûtent environ 192 yuan, pour Chongqing 265 yuan. Vous pouvez aussi prendre un train à destination de Kunming, mais on ne vous vendra de couchette que jusqu'à Guiyang. Ensuite, vous n'aurez qu'un assis dur et il faudra négocier à Guiyang pour obtenir une couchette. Une nouvelle voie ferrée entre Nanning et Kunming est quasiment achevée, mais elle n'entrera pas en service avant plusieurs années.

Deux trains quotidiens vont à Pingxiang. Le plus rapide (38 yuan) part à 7h30 et arrive à 12h30. L'autre part à 10h40 et met sept heures.

Bateau. Il existait auparavant un service de ferries reliant Nanning à Wuzhou et Canton. Il a été suspendu *sine die* en raison du trop petit nombre de passagers, et la billetterie a disparu.

Au cas où cette liaison reprendrait du service, sachez que le voyage dure 36 heures pour Wuzhou et 48 heures pour Canton.

Comment circuler

Les loueurs de bicyclettes ont tous déposé leur bilan, en raison de l'abondance de taxis et de motos-taxis (on monte derrière le conducteur ou bien dans un side-car ou sur un tricyle à moteur). Compter au moins 10 yuan pour un trajet en taxi et environ 5 yuan en moto-taxi.

ENVIRONS DE NANNING
Grottes de Yiling et Wuming
(*yílíng yán*)

A 25 km au nord-ouest de Nanning se trouvent les grottes illuminées de Yiling et leurs stalagmites. Un quart d'heure suffit pour la visite des grottes. On peut en profiter pour se promener dans la belle campagne environnante.

Wuming est à 45 km de Nanning, après les grottes de Yiling. Quelques kilomètres plus loin, les sources de Lingshui forment une grande piscine naturelle.

Pour vous rendre à Wuming ou aux grottes de Yiling, prenez un minibus sur la place située à gauche de Chaoyang Lu, de l'autre côté de la rivière Chaoyang.

Guiping et Jintiancun
(*guìpíng/jīntiáncūn*)

Pour couper le trajet entre Nanning et Wuzhou, les habitants du Guangxi vous recommandent de vous arrêter à Guiping, plantée au milieu de magnifiques paysages de montagne et où l'on peut se loger. A 25 km au nord de Guiping, Jintiancun est la ville

natale de Hong Xiuquan. Ce maître d'école se proclamait le frère de Jésus-Christ. Il dressa une armée d'un million d'adeptes contre la dynastie Qing.

Ce fut le début de la rébellion Taiping, l'une des guerres civiles les plus sanglantes de l'Histoire.

Parc naturel du Zuo Jiang
(*zuǒjiāng fēngjǐngqū*)

La région du Zuo Jiang, récemment ouverte aux étrangers, s'étend à environ 190 km au sud-est de Nanning. Elle abrite des formations de rochers karstiques semblables à ceux de Guilin, avec en plus 80 sites de peintures pariétales de la minorité zhuang. Le plus important se trouve près de la falaise du Huashan (*huāshān bìhuà*), où l'on peut voir une fresque de 45 m de haut sur 170 m de large comptant près de 1 300 représentations de chasseurs, cultivateurs et animaux.

Cette région reste encore relativement inexplorée des voyageurs occidentaux, et cela veut peut-être la peine de participer à l'une des excursions de deux jours proposées par la section FIT du CITS de Nanning (environ 400 yuan par personne). On peut aussi prendre un bus de la place Nanning dans Chaoyang Lu pour rejoindre l'embarcadère de Ningming (*níngmíng xiànchéng mǎtóu*) et, de là, se joindre à un groupe qui fait la visite en bateau. Le trajet en bateau jusqu'à Huashan dure environ 1 heure.

Non loin de là, à Panlong, le *village de la culture ethnique de Huashan* (☎ (0781) 728-195) (*huāshān mínzúshānzhài dùjiàcūn*) propose des chambres dans des bungalows en bois de type dong, pour environ 200 yuan.

Pingxiang
(*píngxiáng*)

Pingxiang, ville frontalière commerçante, est essentiellement une étape sur la route du Vietnam. Aucun des divers hôtels ne pratique des tarifs intéressants. L'hôtel *Xiangxiang* (*xiángxīng bīnguǎn*) dans Beida Lu, propose des doubles à 120 yuan.

A côté, dans Nanda Lu, l'hôtel *Nan Yuan* (*nányuán bīnguǎn*) facture la double 160 yuan aux étrangers.

Quoi qu'il en soit, il n'est pas vraiment utile de passer la nuit à Pingxiang. En partant tôt en bus de Nanning, vous pouvez arriver vers midi à Pingxiang, où vous devriez pouvoir vous faire conduire en stop jusqu'au col de l'Amitié (*yǒuyì guān*), à la frontière vietnamienne.

Des minibus et des transporteurs privés partent aussi des environs de la gare routière – le prix de la course ne devrait pas excéder 5 yuan. Du col de l'Amitié, le Vietnam est à dix minutes de marche. On peut ensuite rejoindre Hanoi en train ou en bus depuis la ville vietnamienne de Langsön.

Beihai
(*běihǎi*)

Beihai est une ville côtière où se rendent très peu de voyageurs occidentaux. La situation changera peut-être suite à l'inauguration récente d'un service de ferries pour l'île de Hainan et la liaison ferroviaire directe depuis Nanning, prévue courant 1996. Beihai elle-même mérite que l'on s'y attarde un jour ou deux, à condition de ne pas trop se faire d'illusions sur les plages, vantées par certains comme les plus belles de Chine.

Silver Beach (*yíntān*). A Silver Beach, qui s'étend sur 10 km environ au sud-est de Beihai, le sable est d'un blanc étincelant et l'eau relativement propre. La plage, élue attraction touristique nationale, et la route qui y conduit, abritent quelques-unes des résidences balnéaires les plus curieuses qu'il soit donné de voir en Chine. Pour vous y rendre de Beihai, prenez un minibus dans Renmin Jüchang, près de Heping Lu, un pâté de maisons à l'ouest de l'hôtel Beihai Yinbinguan. Le trajet dure environ 20 minutes et coûte 2 yuan.

Où se loger. En face de la gare routière de Beihai, dans Beibuwan Zhonglu, le *Shuhai Lo* (*shǔhǎi lóu*) offre des doubles pour 90 yuan et des lits en dortoir à 30 yuan. Cherchez le panneau en anglais indiquant "guest room department". Quelques numéros plus loin sur la droite, l'hôtel *Jinwan* (*jīnwān bīnguǎn*) dispose de doubles à 160 yuan et de lits en dortoirs triples à partir de 25 yuan.

Si vous préférez la catégorie supérieure, essayez le *Beihai Yingbinguan* (*běihǎi yínbīnguǎn*), 32 Beibuwan Zhonglu, propre, calme et bien tenu. Les simples/doubles sont à partir de 180/240 yuan.

Comment s'y rendre. Des bus quotidiens relient Beihai à Nanning, Liuzhou et Guilin (pour plus de détails, reportez-vous à la rubrique *Comment s'y rendre* concernant ces villes). Il existe aussi des bus-couchettes pour Canton à 112 yuan. Le bateau desservant Haikou, sur l'île de Hainan, part tous les jours à 18h du terminal des ferries de Beihai (*běiháng kèyùnzhàn*) et met 12 heures. Les cabines de quatre personnes coûtent à peu près 125 yuan par personne, tandis que la couchette en dortoir est à 100 yuan environ. Beihai est reliée par des vols quotidiens à Canton, Shenzhen et Haikou et, deux fois par jour, avec Guilin, Changsha, Guiyang et Hong Kong.

GUILIN
(*guìlín*)

Célèbre depuis toujours en Chine pour son panorama, Guilin a été immortalisée depuis sa fondation par d'innombrables ouvrages littéraires, peintures et inscriptions. La croissance économique rapide et l'essor du tourisme lui ont ôté une partie de son charme. Guilin reste cependant l'une des villes chinoises les plus verdoyantes, aux paysages enchanteurs.

Si vous n'avez pas peur de la circulation intense, la plupart des pics de calcaire karstiques de Guilin peuvent se visiter à bicyclette. Les restaurants sont nombreux et beaucoup possèdent un menu en anglais. Malheureusement, la population locale n'hésite pas à abuser de la popularité de la ville. La plupart des sites touristiques affichent des droits d'entrée prohibitifs pour

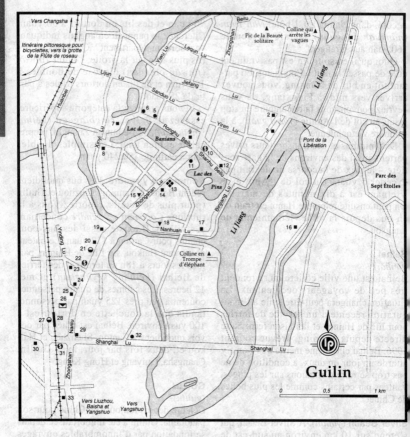

les étrangers et de nombreux voyageurs disent avoir eu à payer des notes de restaurant exorbitantes.

Fondée sous la dynastie Qin, Guilin s'est développée comme centre de transport fluvial avec la construction du canal Ling qui reliait la rivière des Perles au Chang Jiang. Sous les Ming, la ville avait statut de capitale provinciale, fonction qu'elle conserva jusqu'en 1914, lorsque Nanning lui ravit la vedette. Pendant les années 30 et la Seconde Guerre mondiale, Guilin fut une place forte communiste. Avec l'afflux de réfugiés, sa population passa de 100 000

habitants à plus d'un million. Aujourd'hui, environ 600 000 personnes y vivent.

Si vous voulez évitez les foules, les prix élevés et la chaleur de la ville, rendez-vous directement à Yangshuo, à une heure de bus environ au sud de Guilin. Néanmoins, pour ceux qui sont d'humeur citadine, il n'est pas désagréable de se promener un ou deux jours en bicyclette dans Guilin et ses environs.

Orientation

La plus grande partie de Guilin est bâtie sur la rive ouest du Li Jiang. La rue principale, Zhongshan Lu, longe la rive ouest.

GUILIN 桂林	20	Hôtel Taihe 泰和饭店	5	CITS 中国国际旅行社	
OÙ SE LOGER	23	Hôtel Xingui 新桂饭店	6	Ancienne porte Sud 古南门	
1 Guilin Royal Garden Hotel 帝苑酒店	24	Hôtel Jingui 京桂宾馆	10	Bank of China 中国银行	
2 Hôtel Universal	25	Hidden Hill Hotel 隐山饭店	11	Librairie Xinhua 新华书店	
3 Sheraton Hotel 文华大酒店	29	South Stream Hotel 南溪饭店	13	Grand magasin 桂林百货大楼	
7 Hôtel Ronghu 榕湖饭店	30	Hong Kong Hotel 香江饭店	21	Gare routière (bus longue distance) 长途汽车站	
8 Holiday Inn Guilin 桂林宾馆	33	Overseas Chinese Hotel 华桥大厦	22	Bank of China 中国银行	
9 Hôtel Hubin 湖滨饭店			26	Poste et téléphones internationaux 邮电局	
12 Hôtel Li Jiang 漓江饭店	**OÙ SE RESTAURER**				
14 Hôtel Tailian 台联酒店	15	Éventaires nocturnes 夜间摊子	27	Gare routière Sud 城南站	
16 Hôtel Guishan 桂山大酒店	18	Restaurant Yiyuan 怡园饭店	28	Gare ferroviaire 火车站	
17 Hôtel Yu Gui 玉桂宾馆	**DIVERS**		31	Bank of China 中国银行	
19 Osmanthus Hotel 丹桂大酒店	4	BSP 公安局	32	CAAC 中国民航	

Elle abrite un nombre croissant d'hôtels touristiques, de grands magasins bien fournis et de restaurants haut de gamme. Vérifiez bien les prix. Au sud de cette rue (devenue Zhongshan Nanlu), se trouve la gare où arrivent la plupart des trains.

Plus près du centre-ville, le lac des Banians s'étend à l'ouest de Zhongshan Lu, et le lac des Pins, à l'est. Plus haut, vers le carrefour de Zhongshan Lu et de Jiefang Lu, vous trouverez le bureau du CITS, le BSP, des loueurs de bicyclettes, et l'hôtel Li Jiang, l'un des premiers établissements de luxe de Guilin et le plus connu.

Jiefang Lu court d'est en ouest et coupe Zhongshan Lu. A l'est, elle franchit le pont de la Libération (Jiefang) en direction du grand parc des Sept Étoiles, l'un des endroits les plus intéressants de la ville. La majorité des sommets en pain de sucre décrivent un cercle autour de la ville, mais certains d'entre eux s'élèvent dans Guilin même. Pour avoir le meilleur point de vue sur ces reliefs rocheux, il faut monter sur les collines ou grimper sur le toit des hôtels Li Jiang ou Hong Kong, qui donnent un angle de 360°.

Renseignements

CITS. Le bureau (☎ 222-648), 14 Ronghu Beilu, fait face au lac des Banians. Les employés sont aimables, relativement serviables, et sont maintenant mieux équipés pour s'occuper aussi bien des voyageurs individuels que des groupes organisés.

BSP. Le bureau de la police est dans Sanduo Lu, une rue qui part de Zhongshan Lu vers l'ouest, dans le quartier situé entre le lac des Banians et Jiefang Lu.

Argent. La principale agence de la Bank of China est située dans Shanlu Beilu. Vous pourrez y obtenir des espèces avec votre carte de crédit. Pour changer des espèces et des chèques de voyage, adressez-vous à l'agence située à l'angle de Shanghai Nanlu et Zhongshan Nanlu, près de la gare, et à celle de Zhongshan Lu, près de Yinding Lu. Les hôtels pour touristes, dont le Hidden Hill, disposent de comptoirs de change que l'on peut en général utiliser même sans être client.

Poste et télécommunications. L'immeuble des postes et télécommunications se trouve dans Zhongshan Lu. Une autre poste est installée à l'angle nord de la grande place en face de la gare ; appeler l'étranger en automatique revient beaucoup moins cher que depuis les centres d'affaires des hôtels touristiques. Certains grands hôtels, comme le Li River, ont également un bureau de poste.

Désagréments et dangers. A Guilin, votre argent fait l'objet de toutes les convoitises. Attendez-vous à des surfacturations manifestes, dans les restaurants, les taxis ou les sites touristiques. Restez vigilant et négociez calmement les prix au préalable. Méfiez-vous des étudiants qui désirent pratiquer leur anglais avec vous. Si la plupart sont sans doute sincères, certains voyageurs se sont laissés duper par des "étudiants en anglais" qui leur ont vendu des objets, servi de guide ou acheté des billets de train. Vous les reconnaîtrez au fait qu'ils se montrent très intéressés par là manière dont vous allez dépenser votre argent et sont réticents à discuter à proximité de policiers ou dans les halls des hôtels. Attention également aux pickpockets, en particulier aux abords de la gare.

Pic de la Beauté solitaire
(*dúxiù fēng*)
Ce pic de 152 m de haut se dresse en plein centre-ville. La montée est escarpée mais, du sommet, on jouit de belles perspectives sur la ville, le Li Jiang et les collines environnantes. Le neveu d'un empereur Ming avait fait bâtir un palais au pied du pic au XIVe siècle, dont il ne reste que le portail.

L'école normale occupe maintenant le site du palais.

Le bus n°1 qui remonte Zhongshan Lu passe du côté ouest du pic. Le bus n°2 passe du côté est, le long du fleuve. Tous deux partent de la gare ferroviaire.

Colline qui arrête les vagues
(*fúbō shān*)
Près du pic de la Beauté solitaire et sur la rive ouest du Li Jiang, ce mont offre un bon panorama sur la ville. Son nom viendrait, selon les versions, soit du fait qu'il avance dans le fleuve et arrête les vagues, soit du nom d'un temple qui fut construit à cet endroit en mémoire d'un général Tang appelé Fubo Jiangjun, "le général qui arrête les vagues".

Sur la pente sud de la colline se trouve la grotte de la Perle rendue (*huánzhū dòng*). D'après la légende, la grotte était habitée par un dragon et illuminée par une perle unique. Un jour, un pêcheur vola la perle mais, pris de remords, il la restitua.

Non loin, la grotte des Mille Bouddhas (*qiānfó dòng*) n'abrite en réalité guère plus d'une vingtaine de statues datant des dynasties Tang et Song. Le bus n°2 passe devant cette colline.

Parc des Sept Étoiles
(*qīxīng gōngyuán*)
Le parc des Sept Étoiles, l'un des plus beaux de la ville, se trouve sur la rive orientale du Li Jiang. Pour s'y rendre, traverser le pont de la Libération (*jiěfàng qiáo*) et suivre Jiefang Donglu jusqu'au bout.

Le parc doit bien sûr son nom à ses sept pics, censés représenter la constellation de la Grande Ourse. Ces pics abritent plusieurs grottes, que les visiteurs couvrent de graffitis depuis des siècles. L'un d'eux, pas très ancien, proclame que "le parti communiste chinois est le fer de lance de tout le peuple chinois". Il faut une bonne dose d'imagination pour reconnaître dans les stalactites et stalagmites le "Singe qui cueille des pêches" et les "Deux Dragons qui jouent à la balle". Il existe de nombreux sentiers dans et autour des collines et de vastes pelouses sur lesquelles pique-niquer. Évitez le zoo, pitoyable.

Les bus n°9, 10 et 11 mènent à ce parc depuis la gare ferroviaire. Du parc, le bus n°13 traverse le Li Jiang, passe devant la colline Fubo et mène à la grotte de la Flûte de roseau.

Grotte de la Flûte de roseau
(*lúdí yán*)

Comble de l'ironie, le site le plus extraordinaire de Guilin est souterrain. La seule visite à ne pas manquer est celle de la grotte de la Flûte de roseau qui, avec ses éclairages multicolores, ses stalactites et ses stalagmites fantastiques, fait penser au *Voyage au centre de la Terre*. Il fut un temps où des bosquets de roseaux dont les habitants tiraient des flûtes marquaient l'entrée de la grotte.

Une des salles souterraines, le palais de Cristal du roi Dragon, peut aisément contenir un millier de personnes, nombre qui fut largement dépassé pendant la guerre, quand la grotte servait d'abri antiaérien. L'élément le plus intrigant est un énorme rocher blanc accroché telle une cataracte à une corniche, et en face duquel se trouve une stalactite gigantesque censée ressembler à un vieil érudit. Selon la légende, un érudit de passage souhaitait écrire un poème pour célébrer la beauté de la grotte. Au bout d'un long moment il n'avait écrit que deux versets et, comme il se lamentait d'être incapable de trouver les mots justes, il se changea en pierre.

Une autre légende raconte que ce rocher blanc est l'aiguille du roi Dragon, que son adversaire, le roi Singe, aurait utilisée comme arme pour détruire l'armée d'escargots et de méduses du roi Dragon, dont les restes pétrifiés parsèment la grotte. Vous serez sans doute tenté d'inventer vos propres légendes.

Cette grotte est certes intéressante, mais le prix d'entrée de 44 yuan (16 yuan pour les Chinois) dissuadera peut-être les visiteurs étrangers. De plus, les nuées de racoleurs qui envahissent la sortie de la grotte risquent de vous dégoûter à tout jamais des mots "hello, postcard".

La grotte de la Flûte de roseau se trouve dans les faubourgs nord-ouest de la ville. C'est le terminus du bus n°3 qui part de la gare ferroviaire. Le bus n°13 y mène depuis le parc des Sept Étoiles. Le trajet à bicyclette constitue une agréable promenade : suivez l'itinéraire du bus n°3 le long de Lujun Lu, qui donne dans Taohua Jiang Lu. Celle-ci longe une petite rivière et serpente à travers des champs et des rochers karstiques, ce qui évite la circulation de Zhongshan Lu.

Autres collines
Au nord du pic de la Beauté solitaire se trouve la **colline des Couleurs accumulées** (*diécǎi shān*). Il faut gravir le sentier de pierre qui passe devant la grotte Ventée dont les murs sont couverts d'inscriptions et de sculptures bouddhiques.

Certains des dégâts sur les visages des sculptures sont un héritage de la Révolution culturelle. La vue est magnifique depuis le sommet de la colline. Le bus n°1 passe devant.

On jouit également d'un beau point de vue depuis la **colline du Vieil Homme** (*lǎorén shān*), un mont de forme curieuse au nord-est de la colline Fubo. Le mieux est de s'y rendre à vélo car aucun bus ne passe à proximité.

Au sud de la ville, l'un des sites les plus connus de Guilin est la **colline en Trompe d'éléphant** (*xiàngbí shān*), qui ressemble effectivement à un éléphant plongeant sa trompe dans le Li Jiang.

Au sud de Guilin, le **parc du Sud** (*nán gōngyuán*) est un joli endroit. Vous pouvez essayer de repérer la statue de l'un des Immortels de la mythologie qui aurait vécu dans une grotte du parc.

Deux lacs se trouvent près du centre-ville, le **lac des Banians** (*róng hú*) à l'ouest et le **lac des Pins** (*shān hú*) à l'est. Le lac des Banians tire son nom d'un banian vieux de 800 ans qui pousse sur sa rive, près de la porte Sud de la ville (*nán mén*). Cette porte qui date de la dynastie Tang a été restaurée. C'est l'un des quartiers les plus agréables de Guilin.

Où se loger – petits budgets

Les logements bon marché sont inexistants à Guilin, il faut aller jusqu'à Yangshuo pour en trouver. Quelques hôtels auparavant réservés aux Chinois ont cependant ouvert leur porte aux étrangers récemment, ce qui permet tout de même de passer la nuit en ville pour moins de 100 yuan.

En face de la gare, le *South Stream Hotel* (*nánxī fàndiàn*) propose des simples à 60 yuan, des doubles à 90 yuan et des lits en dortoirs de trois à 20 yuan. C'est peu avenant et humide, mais on ne trouve plus moins cher à Guilin. A cinq minutes au nord de la gare ferroviaire, dans Yinding Lu, l'hôtel *Xingui* (*xīnguì fàndiàn*) dispose de simples/doubles à partir de 56 yuan, mais les clients étrangers ont à payer un "service" de 10 yuan par chambre.

A côté, dans Zhongshan Lu, l'hôtel *Jinggui* (*jīngguì bīnguǎn*) offre des doubles à partir de 80 yuan et des lits en dortoir à 25 yuan. Dans le même quartier, au *Hidden Hill Hotel* (*yǐnshān fàndiàn*), les doubles climatisées débutent à 100 yuan.

Au nord de Ronghu Lu, l'hôtel *Hubin* (☎ 282-2837) (*húbīn fàndiàn*) possède des simples/doubles résolument bas de gamme à 80/100 yuan.

L'*Overseas Chinese Hotel* (☎ 383-3573) (*huáqiáo dàshà*), ancien quartier général des voyageurs à petit budget, a décidé de passer dans la catégorie supérieure. Vous réussirez peut-être encore à obtenir une double avec s.d.b. commune pour 80 yuan, mais on essaiera probablement de vous louer une double à 180 yuan.

Au nord et au sud de la gare, dans Zhongshan Lu, de nombreux hôtels n'acceptent pas officiellement les étrangers. Il est possible qu'ils fassent une exception pour vous – en doublant leurs tarifs mais, étant donné le prix de départ, cela vaut peut-être le coup d'essayer.

Où se loger – catégorie moyenne

La plupart des hôtels bon marché indiqués ci-dessus possèdent aussi des chambres plus agréables pour 100 à 200 yuan, mais il existe deux autres établissements de catégorie moyenne pour ceux qui préfèrent un peu plus de confort.

Près de la gare routière des bus longue distance, l'hôtel *Taihe* (☎ 333-5504) (*tàihé fàndiàn*) propose des doubles climatisées avec TV à 120 yuan, et des triples à partir de 150 yuan. A la limite supérieure de cette catégorie, l'hôtel *Yu Gui* (☎ 282-5499) (*yù guì bīnguǎn*) offre des simples/doubles propres et tout confort pour 150/230 yuan. Certaines disposent d'une belle vue sur la Li Jiang et la colline en Trompe d'éléphant.

Où se loger – catégorie supérieure

Cette fois le choix est vaste, du moins en termes de prix, mais seuls quelques-uns des hôtels haut de gamme sont à la hauteur. Juste au nord de la gare routière des bus longue distance dans Zhongshan Lu, l'*Osmanthus Hotel* (☎ 383-4300) (*dānguì dàjiǔdiàn*), l'un des meilleurs hôtels de luxe, propose des doubles joliment meublées à partir de 55 $US.

L'hôtel *Li Jiang* (☎ 282-2881) (*lìjiāng fàndiàn*), 1 Shanhu Beilu, fut un temps le principal établissement touristique de Guilin. Il est situé en plein centre-ville et, du toit, on jouit d'une vue panoramique sur les collines alentour. Les doubles ordinaires sont à 65 $US, les chambres de luxe se rapprochent de 100 $US. Il n'y a pas de simples. L'hôtel abrite un bureau de poste, un salon de coiffure, une banque et des restaurants.

D'un rapport qualité/prix équivalent, l'hôtel *Ronghu* (☎ 282-3811) (*rónghú fàndiàn*), 17 Ronghu Lu, propose des simples/doubles à 65/70 $US. Il semble être le lieu de prédilection des Chinois expatriés. Il domine le lac des Banians et est situé dans un quartier agréable mais n'est guère pratique d'accès.

L'hôtel américain quatre-étoiles *Holiday Inn Guilin* (☎ 282-3950) (*guìlín bīnguǎn*), 14 Ronghu Lu, affiche des doubles à 110 $US mais, en saison creuse, propose une réduction de 20%.

L'*Universal Hotel* (☎ 228-228), 1 Jiefang Lu, est un hôtel luxueux assez récent, où les tarifs des chambres s'échelonnent de 80 à 100 $US.

Bien que son restaurant tournant au 19ᵉ étage offre une superbe vue sur la ville et ses sommets, le *Hong Kong Hotel* (☎ 383-3889) (*xiāngjiāng fàndiàn*), géré par des gens de Hong Kong, est tout de même un peu décrépit pour facturer 80 \$US la double.

Sur la rive opposée, le luxueux hôtel *Guishan* (*guìshān dàjiŭdiàn*) commence à perdre ses galons mais possède un bowling. Les doubles sont à partir de 90 \$US mais, en saison creuse, des réductions sont possibles.

A l'hôtel cinq-étoiles *Sheraton Guilin Hotel* (☎ 282-5588) (*wénhuá dàjiŭdiàn*), 9 Binjiang Nanlu, comptez au minimum 105 \$US pour une double.

Où se restaurer

Guilin est traditionnellement connue pour sa soupe de serpent, son chat sauvage et son rat de bambou, le tout arrosé de vin à la bile de serpent. Le pangolin (une sorte de tatou chinois), espèce protégée, figure pourtant en bonne place sur les menus des restaurants. Parmi les autres espèces protégées proposées, le muntjac (cerf d'Asie), le faisan cornu, la tortue naine, le singe à queue courte et la civette à face de gemme. En général, anguilles, poissons-chats, pigeons et chiens sont ce que vous devriez rencontrer de plus exotique.

Si vous voulez grignoter un morceau plus banal, quelques restaurants entre la gare ferroviaire et la gare routière des bus longue distance, dans Zhongshan Lu, proposent des tarifs raisonnables et des menus en anglais. Vous ne les manquerez pas car les employés vous remarqueront dans la foule et se chargeront de vous y conduire.

Le soir, dans Zhongshan Lu au nord de Nanhuan Lu, la rue s'anime et des étals se dressent, préparant toutes sortes de bonnes choses dans des woks : vous n'avez qu'à pointer du doigt ce qui vous tente. Dans tous les endroits mentionnés ci-dessus, n'oubliez pas de fixer d'abord un prix : trop souvent, des voyageurs ont vu leur bon repas gâché par une addition dépassant 100 yuan alors que 25 yuan auraient largement suffi.

Vous dégusterez une cuisine du Sichuan remarquable et bon marché au restaurant *Yiyuan* (*yíyuán fàndiàn*), dans Nanhuan Lu. Bien que l'enseigne soit en chinois, vous repérerez facilement l'endroit à son élégante devanture en bois. La propriétaire, une Chinoise qui parle un excellent anglais, se fera un plaisir de vous expliquer les plats et de vous aider à vous décider. Elle importe tout spécialement ses épices du Sichuan.

Pour déguster un assez bon café en jouissant d'une vue admirable sur Guilin, allez au restaurant tournant du 19ᵉ étage du Hong Kong Hotel. Pour une pizza, jetez votre dévolu sur la pizzeria de l'Universal Hotel (environ 30 yuan).

L'hôtel Tailian est considéré par la population locale et les Chinois d'outre-mer comme le meilleur endroit de la ville pour déguster des dim sum. Soyez-y vers 8h du matin car ensuite les meilleurs morceaux ont disparu.

Comment s'y rendre

Guilin est bien desservie par avion, bus, train ou bateau. L'avion est recommandé car les correspondances de train ne sont pas pratiques.

Avion. La CAAC (☎ 384-4007) possède un bureau à l'angle de Shanghai Lu et de Minzhu Lu. Passez le porche et montez au 2ᵉ étage.

Parmi les nombreuses destinations possibles depuis Guilin figurent : Beihai, Canton, Chengdu, Chongqing, Fuzhou, Guiyang, Haikou, Hangzhou, Hong Kong, Kunming, Lanzhou, Pékin, Qingdao, Shanghai, Shenzhen, Shenzou, Ürümqi, Wulumqi, Xiamen et Xi'an.

Le vol le plus emprunté est probablement Guilin-Kunming, qui permet de gagner énormément de temps et d'éviter la corvée d'obtenir un billet de train sur une ligne très fréquentée.

En ce qui concerne les lignes internationales, Guilin n'est reliée qu'à Hong Kong. Curieusement, prendre un vol Guilin-Canton, puis Canton-Hong Kong, revient beaucoup moins cher, malgré la taxe d'aéroport supplémentaire, qu'un vol direct Guilin-Hong Kong. D'autres vols internationaux directs seront sûrement assurés lorsque le nouvel aéroport international, à 30 km à l'ouest de la ville, sera mis en service.

Des bus de la CAAC relient le bureau situé dans Shanghai Lu à l'aéroport moyennant 5 yuan. Ils partent une à deux heures avant le décollage. Un taxi pour l'aéroport coûte environ 40 yuan.

Bus. Pour les déplacements locaux (par exemple Yangshuo ou Xing'an), des minibus partent régulièrement de la gare ferroviaire. Les bus pour Yangshuo coûtent en principe 5 yuan et le trajet dure à peine plus d'une heure.

La gare routière des bus longue distance est au nord de la gare ferroviaire, dans Zhongshan Lu. Des bus partent environ toutes les demi-heures pour Longsheng entre 6h50 et 17h50. Deux bus par jour vont à Sanjiang (8h40 et 14h20). Il y a un départ quotidien pour Xing'an à 11h40.

Entre 6h20 et 13h40, de nombreux bus desservent Liuzhou, d'où l'on peut changer de bus pour se rendre à Nanning. Il existe également un bus-couchettes pour Nanning, qui part tous les jours à 16h.

Pour Wuzhou et Canton, des bus ordinaires, de luxe et couchettes sont disponibles. Préférez les bus-couchettes, en particulier pour le voyage marathon Guilin-Canton (16 heures). Les bus de luxe pour Canton partent en tout début de matinée et d'après-midi (87 yuan environ). Les bus-couchettes partent à 16h et 17h30 (130 yuan). Les bus pour Wuzhou partent quasiment toutes les heures entre 6h40 et 20h et coûtent 56,50 yuan (de luxe) et 87,20 yuan (couchettes). Des départs quotidiens sont assurés pour Zhuhai et un jour sur deux pour Shenzhen. Aucun bus-couchettes n'est cependant disponible sur ces deux trajets, qui durent près de 20 heures.

La gare routière Sud de Guilin se trouve derrière la gare ferroviaire. De là, bus et minibus partent régulièrement pour Longsheng ainsi que d'autres destinations relativement proches.

Train. Il existe de bonnes liaisons ferroviaires à Guilin, mais certaines lignes (comme Kunming-Guiyang-Guilin-Shanghai) tendent à être très longues et incroyablement bondées. La gare ferroviaire de Guilin possède un guichet réservé aux étrangers, où vous devrez payer le prix appliqué aux touristes. L'avantage est que vous éviterez les files d'attente. Vous pourrez peut-être aussi décrocher une place en couché dur dans un café ou auprès d'un agent de voyages de Yangshuo.

De Guilin, des trains directs desservent Canton (15 heures), Changsha (11 heures), le Guangdong (13 heures), Guiyang (18 heures), Kunming (environ 29 heures), Liuzhou (4 heures), Nanning (7 heures), Pékin (31 heures), Shanghai (35 heures), Xi'an (36 heures), et Zhanjiang. Pour Chongqing, il faut prendre une correspondance à Guiyang.

Deux trains par jour vont à Kunming, l'un au départ de Shanghai, l'autre de Canton. Les deux sont généralement bondés. A la gare de Guilin, vous obtiendrez sans difficulté des places en couché dur pour peu que vous payiez le tarif touriste. Elles sont généralement pour le train de Canton, qui s'arrête à Guilin vers 13h. Les tarifs touristes de Guilin à Kunming s'élèvent à environ 300 yuan en couché dur et grimpent jusqu'à 586 yuan en couché mou.

Comment circuler

Bus et taxi. La plupart des bus municipaux ont comme point d'origine la gare ferroviaire et desservent tous les sites intéressants. Il est toutefois préférable de se déplacer à bicyclette, en particulier l'été quand la chaleur est suffocante.

Des taxis stationnent devant les principaux hôtels et demandent environ 20 yuan selon la course. En cyclo-pousse, comptez de 5 à 10 yuan.

Bicyclette. C'est incontestablement le meilleur moyen de locomotion pour visiter Guilin. Il existe une multitude de loueurs de vélos, dont vous verrez les enseignes dans Zhongshan Lu. Plusieurs sont situés près de la gare routière des bus longue distance et près de la gare ferroviaire. Un autre est installé à côté de l'Overseas Chinese Hotel, et un autre dans l'hôtel Li Jiang. Vous devrez généralement débourser entre 10 et 15 yuan la journée et verser une caution de 200 yuan, ou laisser votre passeport.

ENVIRONS DE GUILIN

Le canal Ling (*líng qú*) est situé dans le district de Xing'an, environ 70 km au nord de Guilin. Il fut construit au IIᵉ siècle av. J.-C. sous le règne de Qin Shihuangdi, le premier empereur Qin, pour ravitailler son armée. Ce canal relie le Xiang Jiang (qui se jette au nord dans le Chang Jiang) et le Tan Shui (qui se jette au sud dans la rivière des Perles), mettant ainsi en communication deux des principales voies navigables de la Chine.

Vous pouvez aller voir ce canal à **Xing'an**, une bourgade d'environ 30 000 âmes, à 2 heures de bus de Guilin. Un bus part quotidiennement de la gare routière longue distance à 11h40 et des minibus en face de la gare ferroviaire. On peut également s'y rendre en train. Deux sections du canal passent dans la ville, l'une au nord, l'autre au sud. Au total, le canal Ling mesure 34 km de long.

LI JIANG
(*lǐ jiāng*)

Le Li Jiang, entre Guilin et Yangshuo, est l'un des principaux attraits touristiques de la région. Il y a mille ans, un poète décrivait ainsi la région de Yangshuo : "Le fleuve forme une ceinture de gaze verte et les montagnes sont semblables à des épingles à cheveux de jade bleu". Tout au long des 83 km qui séparent les deux villes, c'est une succession de pics magnifiques, de rideaux de bambou, de pêcheurs dans leurs petites embarcations et de villages pittoresques.

Comme il est d'usage en Chine, chaque partie du paysage a été baptisée. Vous verrez ainsi la **colline du Pinceau** avec son petit toupet, les **collines des Coqs combattants**, dans leur face-à-face précédant le combat. Juste après la petite ville de

Yangti, le **mont de la Peinture murale**, une falaise abrupte, surgit brusquement des eaux : on est censé discerner les contours de neuf chevaux dessinés dans le roc.

La croisière de Guilin à Yangshuo sur le Li Jiang est très appréciée par les groupes organisés (en pleine saison, des escadrons de bateaux sillonnent chaque jour le fleuve). Le tarif exorbitant du billet (400 yuan, qui inclut un repas et le retour en bus de Yangshuo à Guilin) met en effet cette promenade hors de portée des voyageurs à petit budget, alors que pour la population locale, la croisière la plus luxueuse ne dépasse pas 127 yuan.

De Guilin, les bateaux partent tous les matins vers 8h d'une jetée située de l'autre côté de l'hôtel Yu Gui. Quand les eaux sont basses, il faut parfois prendre une navette de bus jusqu'à un autre embarcadère, en aval. Pour les voyages organisés par l'intermédiaire des hôtels, les bus passent généralement entre 7h30 et 8h et vous emmènent au bateau. L'excursion (aller et retour) dure toute la journée. Vous pouvez vous en passer si vous comptez séjourner quelque temps à Yangshuo, où vous pourrez organiser par vos soins de petites promenades en bateau.

YANGSHUO
(*yángshuò*)

A 1 heure 30 de bus de Guilin, Yangshuo est devenue, comme Dali dans le Yunnan, une destination légendaire des voyageurs à petit budget. C'est une petite bourgade de campagne blottie parmi des reliefs en pain de sucre. Bien qu'elle ne soit plus aussi pittoresque que jadis, Yangshuo demeure un excellent point de départ pour explorer les petits villages avoisinants.

Avec ses cafés à l'occidentale, ses films hollywoodiens, ses refrains de Bob Marley et ses crêpes à la banane, Yangshuo n'est peut-être pas "typiquement chinoise", mais qu'importe ? C'est un endroit magique pour se détendre, admirer le paysage et déguster un bon café. En somme, l'antidote idéal à des semaines ou des mois sur les routes.

En tout état de cause, on peut difficilement trouver mieux qu'une promenade tranquille à bicyclette à travers les fabuleux paysages de Yangshuo. Beaucoup passent même la nuit dans les villages, et on devrait pouvoir camper sans problème sur les montagnes, même si c'est probablement interdit.

Renseignements

CITS. Il y a un bureau à l'hôtel Yangshuo et un autre à côté de l'hôtel Sihai. Vous pouvez vous procurer des plans de Yangshuo et de ses environs indiquant les villages, les sentiers et les routes. Le personnel est aimable et obligeant, mais on a peu recours à ses services car les tenanciers

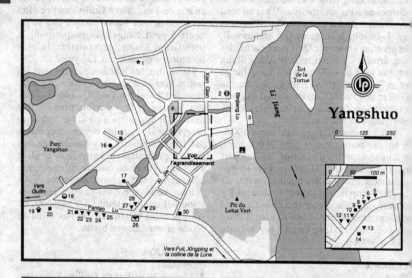

YANGSHUO 阳朔	OÙ SE RESTAURER		27	Green Lotus Cafe
	5	William's Cafe	28	Paris Café
OÙ SE LOGER	6	Boulangerie et	29	MC Blues Bar
14 Hôtel Sihai		restaurant		
15 Hôtel Xilang		Sunny Side	**DIVERS**	
17 Yangshuo Resort	7	Olympic Cafe		
Hotel	8	Minnie Mao's	1	BSP
19 Auberge de jeunesse	10	Rainbow Cafe	2	Bank of China
de Yangshuo	11	Mei You Cafe	3	Embarcadère
20 South Comfortable	12	Susannah's	4	Quartier du marché
Hotel	13	Lisa's Cafe	9	Merry Planet
21 Yangshuo Good	22	Ebo Cafe		Language Club
Companion	23	Hard Seat Cafe	16	CAAC
Holiday Inn	24	Wild Swans Cafe	18	Gare routière
30 Hôtel Zhuyang	25	Gan Bei Cafe		(bus longue distance)
			26	Poste

les cafés sont en général plus au fait de ce que désirent les voyageurs individuels.

Argent. La Bank of China, dans Binjiang ...u, change espèces et chèques de voyage ...t peut recevoir des virements télégraphiés.

Poste et télécommunications. A la ...oste, dans la rue principale en face de Xi ...ie, le personnel parle l'anglais. Les télé-...ommunications longue distance sont ...eaucoup moins chères que celles propo-...ées dans les cafés et les hôtels.

A voir

...e principal pic de Yangshuo est le **pic du ...otus Vert** (*bìlián fēng*) qui se dresse au ...ord du Li Jiang, au sud-est de la ville. Il ...st aussi appelé le pic du Miroir de Bronze ...*tóngjìng fēng*), car sa face nord, aplatie, ...voque un miroir en bronze antique.

Au **parc Yangshuo** (*yángshuò gōng-...uán*), dans la partie ouest de la ville, vous ...errez la **colline de l'Homme** (*xīláng ...hān*), censée ressembler à un jeune homme ...aisant des courbettes devant une jeune ...ille timide : la **colline de la Dame** (*xiǎogū ...hān*). Vous préférerez peut-être vous ...ontenter de les admirer de l'extérieur : ...'accès au parc coûte maintenant rien ...noins que 15 yuan. Quelques habitants du ...oin seront peut-être disposés à vous indi-...uer un passage pour y entrer. Les autres ...ollines portent des noms d'animaux : la ...**olline du Crabe**, la **colline du Cygne**, la ...**olline de la Tête de dragon**, etc.

Où se loger

...es trois endroits les plus connus à Yang-...huo, tous dans Xi Jie, sont l'auberge de ...eunesse de Yangshuo, face à la gare rou-...ière longue distance, le Good Companion ...Holiday Inn, près de l'auberge, et l'hôtel ...Sihai. Ces trois établissements sont compa-...ables et peuvent être assez bruyants (les ...leux premiers parce qu'ils sont sur la route ...le Guilin où passent de nombreux ...amions, et le troisième parce qu'il est ...itué au-dessus des cafés où l'on fait la fête ...usqu'à des heures tardives).

L'hôtel *Sihai* est surtout apprécié pour sa proximité immédiate des cafés dans Xi Jie. Hormis le bruit nocturne et l'humidité des chambres en hiver, c'est une bonne adresse. Un lit en chambre double "de luxe" coûte 40 yuan et une simple/double avec s.d.b. commune débute à partir de 15/20 yuan.

L'*auberge de jeunesse de Yangshuo*, récemment rénovée, propose des lits à 15 yuan en dortoir de cinq et à 25 yuan en dortoir de trois, avec s.d.b. Un lit en dortoir sans s.d.b. vaut 10 yuan. Un lit en chambre simple et double coûte de 30 à 60 yuan.

En haut de la rue, le *Good Companion Holiday Inn* continue à offrir des lits en dortoir à 5 yuan et en double/triple à 9/7 yuan. Les prix sont imbattables, mais le personnel n'est pas toujours très avenant.

Dans la rue principale, vers la partie est de la ville, l'hôtel *Zhuyang* compte parmi les meilleures adresses de la ville. Il est accueillant, très propre, et gratifie ses clients de petites attentions (serviettes et thé). Les simples/doubles avec s.d.b. coûtent 30/60 yuan, tandis que le lit en chambre triple est à 10 yuan.

Quoi qu'un peu décrépit, l'hôtel *Xilang*, retiré et très tranquille la nuit, est un endroit avenant aux tarifs raisonnables. Les simples coûtent 14 yuan et le lit en double/triple avec s.d.b. est à 16/18 yuan. Des lits en dortoir sont disponibles moyennant 10 yuan.

L'hôtel *Yangshuo*, cible d'une joint-venture sino-malaise, a été rebaptisé fin 1995 *Yangshuo Resort Hotel*, et doté d'une piscine, d'un bar, de trois-étoiles et de doubles à partir de 50 \$US.

Plusieurs établissements auparavant réservés aux Chinois ouvrent à présent leurs portes aux étrangers, dont le *Golden Dragon Hostel* (☎ 882-2674) et le *South Comfortable Hostel*. Ils sont corrects mais tendent à surfacturer leurs prestations. Un autre nouveau venu est le *Green Leaf Hotel* (☎ 882-2860), avec des simples/doubles à 50/100 yuan.

Où se restaurer

Xi Jie regorge de petits cafés où l'on peut déguster un mélange intéressant de cuisines chinoise et occidentale, ainsi que les grands classiques du voyageur, tels que crêpes à la banane, muesli et pizzas. Ceux qui voyagent en Chine depuis quelque temps seront heureux de boire du café et de savourer autre chose que des légumes frits.

L'un des cafés les plus populaires est le *Lisa's*. La propriétaire et son personnel sont tout sourire, la cuisine est généralement excellente et l'endroit est souvent bondé même quand les autres bars ne le sont pas.

En face du Lisa's, le *Mei You Cafe* promet "mei you bad service, mei you warm beer". En effet, le service est bon et la bière fraîche. En haut de la rue, *Minnie Mao's* est très apprécié pour ses plats savoureux et son service prévenant. Juste au sud de l'hôtel Sihai, dans une petite rue annexe, *Susannah's* attire également un flux constant de clients. Ce lieu se targue d'avoir été le premier restaurant occidental de la ville, et d'avoir servi Jimmy Carter en 1987 !

Le *Green Lotus*, le *Paris Café* et le *MC Blues Bar*, regroupés à l'angle de Xi Jie et de la rue principale, sont également très fréquentés et disposent de terrasses. Au MC Blues, on vous laisse généralement de bonne grâce choisir la musique que vous voulez parmi les 150 cassettes. Dans la rue principale, des établissements comme le *Gan Bei*, *The Hard Seat* et le *Hard Rock* sont tous très agréables pour prendre un repas ou boire un café. Le café *Wild Swans* possède par ailleurs une librairie bien garnie, avec des livres de poche neufs et d'occasion.

Quantité d'autres cafés se livrent une concurrence farouche. Lorsque vous lirez ce guide, il est à parier que certains noms auront changé mais, au moins, vous avez l'embarras du choix.

Si vous êtes las des établissements "internationaux", vous trouverez nombre de vendeurs de *yóutiáo* (bâtonnets de pain frit) et de nouilles dans Xi Jie, plus près de la rue principale, et aux abords de la gare routière longue distance.

Achats

On peut faire beaucoup d'achats intéressants à Yangshuo : des vestes en soie (bien moins chères qu'à Hong Kong), des te-shirts peints à la main, des parchemin peints et des batiks (de la province d Guizhou). Les sceaux à votre nom coûte en moyenne 10 à 60 yuan. Tout se ma chande. Les tableaux que l'on trouve Yangshuo, par exemple, sont généraleme de qualité médiocre (en dépit de leur appa rence) et vous pouvez facilement passer (150 yuan à moins de 100 yuan.

Si vous souhaitez acheter un sceau, faut savoir que ce n'est pas la taille de pierre qui compte, mais sa qualité, ce q explique pourquoi de petits sceaux so parfois beaucoup plus chers que les grand

Cartes d'étudiants.

Divers endroits da Yangshuo, en particulier le Merry Plan Language Club, proposent des cycle courts pour apprendre le chinois, le tai-c ou la médecine, qui vous permettront de repartir avec une carte d'étudiant chinoise Les voyageurs qui déboursent les 30 yua de frais d'inscription ont le bonheur d pouvoir payer au tarif chinois les billets (train ou de bus, l'hôtel ou l'entrée de parcs.

Les employés de la gare ferroviaire (Guilin et d'autres grandes villes semble déjà au courant de la combine, et il n'e pas certain qu'elle pourra continuer à fonc tionner longtemps, mais vous pouvez sa doute encore en profiter à l'entrée de parcs ou autres sites touristiques.

Comment s'y rendre

Avion. L'aéroport le plus proche de Yan shuo est celui de Guilin, et le bureau d la CAAC se trouve à côté de l'hôt Xilang. Les cafés peuvent également vou obtenir des billets. Reportez-vous à rubrique *Comment s'y rendre* consacrée Guilin, ci-dessus.

Bus. Des bus et des minibus fréquents de servent Guilin. Les plus pratiques sont le minibus. Ils partent de la place situé devant la gare routière longue distance dé qu'ils sont pleins, ce qui peut prendre cin minutes à un quart d'heure. Le trajet du un peu plus d'une heure et coûte 5 yuan par personne plus 1 yuan par bagage.

Si vous vous dirigez vers Canton, vous pouvez combiner bus et bateau depuis Yangshuo (environ 100 yuan) : il y a un bus le matin et un autre le soir pour Wuzhou. Celui du matin vous permet d'emprunter le ferry Wuzhou-Canton du soir. Le bus du soir est moins pratique, puisqu'il arrive à l'aube et vous oblige à attendre le premier bateau de la journée. A Yangshuo, on ne vend des billets de bateau que de 3e classe. Si vous désirez une cabine en 2de, il faut la réserver en arrivant à Wuzhou. On trouve généralement des lits en cabines à 77,50 yuan dans le bateau de 17h. Les billets pour le ferry rapide jusqu'à Canton (5 heures) se réservent également à Wuzhou.

Il est également possible de réserver à Yangshuo une place sur le ferry rapide Wuzhou-Hong Kong. Le CITS et la plupart des cafés/agents de tourisme de Yangshuo proposent des billets combinés bus/bateau pour environ 500 yuan. La majorité des voyageurs prennent le bus du matin et passent la nuit à Wuzhou, mais l'hébergement n'est pas inclus dans le prix du billet.

Plusieurs bus quotidiens font la navette entre la gare routière longue distance de Yangshuo et Liuzhou moyennant 16 yuan environ. Des bus-couchettes de nuit pour Canton partent au cours de l'après-midi (90 yuan).

Train. La gare la plus proche est à Guilin. Presque tous les cafés et agences de voyages de Yangshuo peuvent vous procurer des billets de train ; certains offrent même des places en couché dur sur les lignes très fréquentées comme Guilin ou Kunming, pour environ 240 yuan. Ce prix pour un couché dur peut en fait n'être qu'un assis dur. Des voyageurs se sont rendus au guichet pour étrangers de la gare ferroviaire de Guilin pour être sûrs d'obtenir un couché dur.

Le CITS propose aussi des couchés durs pour Kunming, mais en embarquant à Liuzhou (il faut prendre un bus jusque-là). Le forfait bus/train s'élève à 360 yuan.

Dans tous les cas mentionnés ci-dessus, prenez la précaution de réserver au moins deux ou trois jours à l'avance.

Comment circuler
La taille de Yangshuo permet de s'y promener à pied. Si vous voulez pousser l'exploration, louez une bicyclette. Cherchez la rangée de vélos et les panneaux à l'intersection de Xi Jie et de la rue principale. La location coûte environ 5 yuan par jour.

ENVIRONS DE YANGSHUO
La route principale qui quitte Guilin bifurque vers le sud à Yangshuo et, au bout de quelques kilomètres, traverse le Jingbao. Au sud de cette rivière et juste à l'ouest de la route, la **colline de la Lune** (*yuèliang shān*) est un pic en calcaire percé d'un trou en forme de lune. Pour s'y rendre à bicyclette, prendre la route principale qui quitte la ville en direction de la rivière, et tourner à droite environ 200 m avant le pont. Pédalez une cinquantaine de minutes, vous verrez le pic sur votre droite. Du sommet, la vue est féérique.

Une série de grottes ont été découvertes non loin de la colline de la Lune : les **grottes du Bouddha noir** (*hēifó dòng*), les **nouvelles grottes de l'Eau** (*xīnshuǐ dòng*) et la **grotte du Dragon** (*jùlóng tán*). Sur le chemin de la colline de la Lune, on vous proposera certainement de les visiter moyennant environ 25 yuan par personne (si vous êtes plusieurs, vous bénéficierez peut-être d'une réduction). On vous fera entrer dans les grottes et descendre une cheminée abrupte à l'aide d'une corde et d'une échelle, jusqu'à un bassin souterrain alimenté par une rivière. Vous longerez la rivière à travers la montagne pendant quelques heures, puis ressortirez de l'autre côté. La visite de la grotte du Dragon est facturée 46 yuan, ce qui est cher pour une balade dans l'humidité et la boue.

A Yangshuo, des femmes proposent des visites guidées de la colline de la Lune, des grottes et autres sites, ainsi que de leur village natal. Certaines vont même jusqu'à vous cuisiner un repas ! Ces mini-visites ont suscité des commentaires enthousiastes de certains voyageurs. Cependant, pour que cela en vaille la peine, il est préférable de rassembler au moins trois personnes.

Promenades sur le fleuve

De nombreux villages proches de Yangshuo méritent le détour. On peut se rendre en bateau au village pittoresque de **Fuli** (*fùlǐ*), pas très loin en aval du Li Jiang. C'est un petit village aux maisons en pierre et aux petites ruelles dallées. Deux bateaux par jour relient Yangshuo à Fuli (comptez 20 yuan, tarif pour étrangers) mais la plupart des gens s'y rendent à bicyclette : c'est une agréable promenade d'environ une heure.

Il existe un nouveau mode de transport pour Fuli : la chambre à air de camion utilisée comme radeau improvisé. Elles se louent environ 5 yuan par jour au café Minnie Mao's. Il faut trois à quatre heures pour gagner Fuli de cette manière. Différents endroits organisent également la descente en rafting ou en kayak, deux options très appréciées pendant les chauds mois d'été.

Il faut se méfier des pickpockets les jours de marché à Fuli. Ils travaillent en groupe et profitent de la foule pour vous faire les poches.

Quantité de cafés et d'agents de tourisme organisent également des excursions à **Yangti** (*yángtí*) et **Xingping** (*xīngpíng*).

A trois heures environ en amont de Yangshuo, les paysages de montagne autour de Xingping sont encore plus impressionnants, et la région compte de nombreuses grottes. Certaines sont habitées par des gens qui gagnent leur vie en fabriquant de la poudre à canon.

De nombreux voyageurs emportent leur bicyclette sur le bateau jusqu'à Xingping et reviennent par la route. La promenade d'environ trois heures est pittoresque. Selon le nombre de personnes, il faut compter de 20 à 30 yuan. Les cafés se chargeront de vous procurer les billets de bateau.

On peut se loger à Xingping. Un petit hôtel, notamment, est implanté sur un pro-montoire qui avance dans la rivière. Les chambres, rudimentaires, vont de 10 à 20 yuan par personne. Quelques petits établissements assurent la restauration et disposent de menus bilingues (vérifiez les prix).

Marchés

Les jours de marché sont les plus indiqués pour visiter les villages proches de Yangshuo. Les marchés se tiennent tous les trois jours en alternance. Ils ont lieu le même jour à Yangshuo et à Xinping : tous les trois jours en partant du 3e jour du mois (les 3, 6, 9, etc.). Ils ont lieu à Baisha tous les trois jours en partant du 1er jour du mois (les 1, 4, 7, etc.) et à Fuli tous les trois jours en partant du 2 (les 2, 5, 8, etc.). Il n'y a pas de marché les 10, 20, 30 et 31 du mois.

LONGSHENG ET SANJIANG
(*lóngshèng/sānjiāng*)

A environ quatre et sept heures de bus respectivement au nord-ouest de Guilin, Longsheng et Sanjiang sont proches de la frontière avec le Guizhou et constituent une bonne introduction aux richesses culturelles des minorités de cette province. La région de Longsheng est habitée par les Dong, des Zhuang, des Yao et des Miao, tandis que Sanjiang est peuplée principalement de Dong.

Il est préférable de passer une nuit dans chacune de ces villes, car un aller-retour de Guilin dans la journée ne laisse pas assez de temps pour visiter les environs.

Longsheng

L'intérêt principal de Longsheng n'est pas la ville elle-même, qui se résume à un conglomérat de constructions en béton. Non loin, cependant, se trouvent les rizières en terrasse de l'Épine dorsale du Dragon (*lóngjǐ tītián*), et des sources d'eau chaude (*wēnquán*). Ces sources sont quelconques et vous pouvez passer votre chemin.

Les bus locaux qui s'y rendent traversent toutefois une contrée de rizières étagées en terrasses vertigineuses ainsi que des villages yao. On peut abandonner le bus à 6 ou 7 km des sources et s'enfoncer dans les collines. A votre retour à Longsheng, vous trouverez de quoi vous loger et vous restaurer à bon compte au marché de nuit, très animé.

A voir. Si la région de Longsheng est couverte de rizières en terrasse, les **rizières en terrasse de l'Épine dorsale du Dragon** s'étendent sur un chapelet de sommets hauts de 800 m. L'ascension d'une demi-heure est récompensée par une vue à couper le souffle, à condition que les femmes yao qui viennent invariablement colporter leurs petits objets vous laissent un moment de paix pour la savourer.

Les bus menant aux terrasses partent face au restaurant Jinhui. Le trajet ne compte qu'une vingtaine de kilomètres mais certains bus s'arrêtent à mi-chemin à Heping pour essayer d'absorber encore plus de

passagers, ce qui peut le faire durer jusqu'à 1 heure 30 ! Les Chinois paient 3 yuan, mais vous aurez sans doute du mal à débourser moins de 5 yuan. Comptez une entrée de 8 yuan par personne pour les terrasses.

Parmi d'autres sites touristiques intéressants dans les environs de Longsheng, citons les **réserves forestières**, les **villages dong et yao**, et les étonnantes **formations rocheuses**. Les employés du Longsheng Tourist Corp, situé à côté du Longsheng Tourist Corp Hostel, vous fourniront un plan quelque peu fantasque et vous diront peut-être comment y accéder mais essaieront probablement de vous louer un véhicule au prix fort.

LONGSHENG 龙胜

OÙ SE LOGER

4 Longsheng All-Autonomous Government Hotel
龙胜各族自治县政府招待所
5 Business Hotel
商业宾馆
6 Longsheng Tourist Corp Hostel
龙胜县旅游公司客房部
8 Moon Hotel
月亮宾馆
9 Hôtel Xiantao
仙桃大酒店
10 Hôtel Hualong
华隆大酒店
11 Riverside Hotel
凯凯旅社

DIVERS

1 Gare routière (minibus)
小公共汽车站
2 Restaurant Jinhui
金徽饭店
3 BSP
公安局
7 Longsheng Tourist Corp
龙胜县旅游公司
12 Gare routière
汽车站

Où se loger. Longsheng mise son avenir sur le tourisme et abrite maintenant de nombreux hôtels qui accueillent les voyageurs étrangers. En bas du tableau en termes de prix et d'apparence, le *Longsheng Tourist Corp Hostel* (*lóngshèng xiàn lǚyǒu zǒnggōngsī zhāodàisuǒ*) propose des lits en chambre double/triple à partir de 10/8 yuan pour les étrangers. On y accède en descendant la rue depuis la gare routière et en prenant Xinglong Xilu à droite pour traverser le pont qui mène en ville. Continuez jusqu'à la deuxième intersection, où s'arrête la route, puis tournez à gauche. Poursuivez jusqu'à l'enseigne en anglais "Room Service Department".

En descendant la rue depuis la gare routière, juste avant le pont, le *Riverside Hotel* (*kǎikǎi lǚshè*) est tenu par une femme professeur d'anglais qui semble ravie de renseigner les voyageurs sur les attractions touristiques. Elle a même rédigé une carte de la région pour ses hôtes. Les chambres sont rudimentaires et le lit coûte 10 yuan.

Pour un hébergement plus élaboré, le *Business Hotel* (*shāngyè bīnguǎn*) est juste en bas de la rue après la Longsheng Tourist Corp Hostel. Les simples/doubles avec s.d.b. coûtent 35/40 yuan. Le *Moon Hotel* (*yuèliàng bīnguǎn*), un pâté de maisons plus près du pont dans Xinglong Beilu, dispose de doubles/triples climatisées à 50/60 yuan.

En remontant depuis la Longsheng Tourist Corp Hostel, dans Shengyuan Lu, le *Longsheng All-Autonomous Government Hotel* (*lóngshèng gèzú zìzhìxiàn zhèngfǔ zhāodà isuǒ*) offre un refuge paisible loin des karaoke envahissants qui font chanter la ville jusqu'à minuit. Ce sanctuaire coûte 80 yuan la double et 30 yuan le lit en chambre triple, avec s.d.b.

Où se restaurer. Longsheng n'est pas un paradis pour les gourmets. Après le Moon Hotel, le restaurant *Jinhui* (*jīnhuī fàndiàn*) sert quelques plats corrects et propose un menu en anglais. Discutez les prix et évitez le concombre de mer ou le crabe. Juste après le pont dans Xinglong Xilu, des éventaires se dressent vers 20h et l'on pointe du doigt ce que l'on désire consommer, à la lueur de lanternes. Des stands de nouilles sont installés dans Xinglong Beilu.

Comment s'y rendre. Depuis Guilin, on peut prendre des bus et des minibus pour Longsheng à la gare routière longue distance, à la gare routière Sud (derrière la gare ferroviaire) et en face de la gare ferroviaire. De la gare routière longue distance, les bus partent environ toutes les demi-heures entre 6h50 et 17h50. De la gare ferroviaire et de la gare routière Sud, les bus sont moins fréquents mais un peu plus rapides. De Longsheng à Guilin, les bus quittent la gare routière toutes les 15 à 20 minutes entre 6h et 17h40 (9,60 yuan). Un bus quotidien dessert Liuzhou et part à 6h50 (24,50 yuan).

Des bus et des minibus partent de la gare routière de Longsheng à destination de Sanjiang environ toutes les heures entre 6h30 et 17h. On peut aussi monter à bord à l'angle de Guilong Lu et Xinglong Lu, en bas de la rue depuis la gare routière. Le trajet, cahoteux mais magnifique, dure 3 heures et coûte 6,60 yuan.

Sanjiang

Comme à Longsheng, partez à la découverte des paysages environnants. A une vingtaine de kilomètres à l'ouest de la ville, le pont du Vent et de la Pluie de Chengyang (*chéngyáng qiáo*) et les villages dong avoisinants contrastent agréablement avec Sanjiang par leur sérénité et leur charme.

Pont du Vent et de la Pluie de Chengyang. Vieux de plus de 80 ans, cet élégant pont couvert est considéré par les Dong comme la plus belle des 108 structures analogues du district de Sanjiang. Il a fallu douze ans aux villageois pour construire ce chef-d'œuvre architectural qui donne sur une vallée luxuriante parsemée de villages dong et de roues à aubes.

Si vous souhaitez explorer cette région et en profiter pleinement, vous pouvez descendre au *Chengyang Bridge National*

Hotel, qui se trouve juste à gauche du pont, de l'autre côté de la rivière (reportez-vous à la rubrique *Où se loger* ci-dessous).

Les bus qui partent toutes les heures de la gare routière de Sanjiang à destination de Lin Xi (*lín xī*) passent juste à côté du pont. Si vous êtes plusieurs, louez une camionnette qui vous y emmènera moyennant environ 60 yuan l'aller-retour. Les services de bus s'interrompent vers 17h, après quoi vous devrez rentrer à Sanjiang en stop. Le premier bus pour Sanjiang passe côté du pont entre 7h30 et 8h.

Où se loger. Depuis l'ouverture du Chengyang Bridge National Hostel, il n'est plus nécessaire de passer la nuit dans Sanjiang même, à moins de devoir quitter la ville en bus tôt le matin. Le cas échéant, la solution la moins bruyante est la *Guesthouse of the People's Government of the Sanjiang Dong Autonomous County* (*sānjiāng dòngzú zìzhìxiàn rénmín zhèngfǔ zhāodàisuǒ*). Les doubles coûtent 21 yuan, ou 48 yuan avec s.d.b. Pour vous y rendre, montez la route qui passe entre le Department Store Hotel et la gare routière, et prenez à gauche. Marchez environ dix minutes et vous apercevrez le bâtiment sur votre droite, en face d'une tour du Tambour dong.

En plein centre-ville, à l'angle opposé de la gare routière longue distance, le *Hostel of the Department Store* (*sānjiāng bǎihuò zhāodàisuǒ*) offre des lits dans des bruyants dortoirs de trois ou quatre pour 5/7 yuan, et des doubles avec s.d.b. à 18 yuan.

Plus bas dans la rue, le *Chengyang Bridge Hotel* (*chéngyáng qiáo bīnguǎn*), à ne pas confondre avec le National Hostel situé à hauteur du pont même, des simples/doubles un peu plus haut de gamme débutent à partir d'environ 100 yuan.

Ouvert depuis mi-1994, le *Chengyang Bridge National Hostel* (☎ (0772) 861-2444) (*chéngyáng qiáo zhāodàisuǒ*) est un édifice de style dong tout en bois, avec des lits à 15 yuan et de jolies doubles avec s.d.b. commune pour 50 yuan. Le personnel, très aimable, parle un peu l'anglais. Même si vous n'y passez pas la nuit, une

agréable façon d'admirer le paysage est de siroter une tasse de thé ou savourer un repas simple sur le balcon donnant sur la rivière. Seule ombre au tableau : les employés raffolent du karaoke. Quelques mots polis les persuaderont peut-être de chanter en sourdine.

Comment s'y rendre. De la gare routière de Sanjiang, plusieurs bus partent pour Guilin entre 7h et 8h30 du matin, et cinq bus desservent Liuzhou entre 6h40 et 11h. Les bus pour Longsheng partent toutes les 40 ou 50 minutes de 6h40 à 16h40.

De Sanjiang à Kaili. Si vous avez du temps devant vous, il est intéressant de pénétrer dans la province de Guizhou en empruntant les bus locaux. De Sanjiang, prenez le bus de 10h jusqu'à Long'e (8,5 yuan), juste de l'autre côté de la frontière avec le Guizhou. Bien que le voyage ne dure qu'environ 3 heures, vous devrez presque certainement passer la nuit à Long'e car le bus pour Liping que vous prendrez ensuite part à 6h. L'hôtel situé sur la place où s'arrêtent les bus propose des lits à 5 yuan en chambre triple.

Le trajet pour Liping (4 heures) s'élève à 10 yuan. Il traverse de magnifiques montagnes, ainsi que la ville de Zhaoxing, qui mérite peut-être à elle seule une visite. De Liping, un bus part tous les jours à 6h pour Kaili. Parfois, certains bus circulent également l'après-midi.

Une solution que nous n'avons pas encore tentée à ce jour consiste à prendre un bus jusqu'à Fulu, puis un bateau pour Congjiang. De là, il existe des correspondances pour Rongjiang et Kaili. Une autre éventualité serait de prendre un train pour Tongdao dans la province du Hunan, puis de continuer en bus jusqu'à Liping (dans la journée, des minibus desservent toutes les demi-heures la gare ferroviaire située à l'ouest de Sanjiang).

LIUZHOU
(*liǔzhōu*)
Avec plus de 730 000 habitants, Liuzhou est la plus grande ville sur le Liu Jiang.

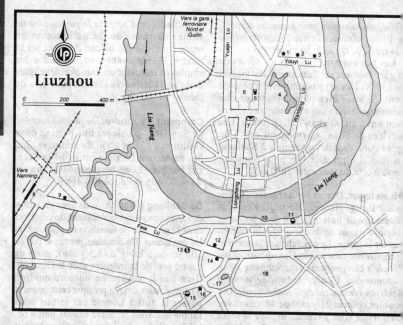

C'est aussi un important nœud ferroviaire au sud-ouest de la Chine. La ville remonte à la dynastie Tang et faisait alors office de lieu d'exil pour les fonctionnaires impériaux en disgrâce. Elle n'a commencé à se développer qu'en 1949, lorsqu'elle est devenue un important centre industriel.

Liuzhou est le parent pauvre de Guilin, avec ses formations karstiques analogues mais moins impressionnantes situées dans les faubourgs de la ville. Peu d'étrangers s'y rendent et on ne s'y sent pas bienvenu, même si quelques habitants vous lancent l'inévitable "Hello !". De plus, peu d'hôtels acceptent les étrangers.

A voir

Dans Feie Lu, près de la gare routière longue distance, se trouve la **colline Yufeng** (*yúfēng shān*) ou colline du Poisson, dans le parc Yufeng. Elle ne s'élève qu'à 33 m et doit son nom à sa forme de poisson dressé. Du sommet, vous jouirez d'une vue sur la ville la plus industrialisée du Guangxi, sous son nuage de pollution.

A côté, le **mont Ma'an** (*mǎ'ān shān*) ou mont de la Selle de Cheval, offre le même panorama.

Dans le nord de la ville, le **parc Liuhou** (*liǔhòu gōngyuán*) est agrémenté d'un lac et d'un petit temple à la mémoire de Liu Zongyuan (772-819), érudit et poète célèbre. Les bus n°2, 5 ou 6 y mènent. Sinon, c'est à 20 minutes de marche depuis la gare routière longue distance.

Où se loger et se restaurer

A quelques minutes à pied de la gare ferroviaire principale, dans Feie Lu, le vaste hôtel *Nanjiang* (*nánjiāng fàndiàn*) accepte les étrangers. Les simples/doubles avec lit dur, télévision et s.d.b. moisie coûtent 40/64 yuan. Les lits en dortoir ne sont pas ouverts aux étrangers.

Près de la gare routière longue distance, l'*Educational Building Hotel* (*jiàoyù*

LIUZHOU 柳州	2	CITS 中国国际旅行社	11	Embarcadère des ferries 航运码头
OÙ SE LOGER	4	Parc Liuzhou 柳州公园	12	CAAC 民航售票处
3 Hôtel Liuzhou 柳州饭店	5	Old Place (bar) 老地方酒吧	13	Bank of China 中国银行
9 Hôtel Nanjiang 南疆饭店	6	Place Liuzhou 柳州广场	14	Librairie Xinhua 新华书店
16 Educational Building Hotel 教育大厦	7	Poste 邮电局	15	Gare routière (bus longue distance) 汽车总站
DIVERS	8	Gare ferroviaire principale 火车站	17	Parc Yufeng 鱼峰公园
1 Librairie Xinhua 新华书店	10	Parc de la Rivière 江滨公园	18	Colline Ma'an 马鞍山

dàshà) propose des lits en chambre triple avec s.d.b. commune à 63 yuan, et des doubles avec s.d.b. attenante à 163 yuan. Tout à côté de la gare routière, vous remarquerez le *Transport Hotel* qui, malgré son enseigne en anglais, n'accepte pas les étrangers.

L'hôtel *Liuzhou* (*liǔzhōu fàndiàn*) clôt cette sélection limitée. Les doubles les moins chères se montent à 100 yuan puis grimpent à 380 yuan avec télévision et clim. Pour y accéder, prenez le bus n°2 jusqu'au parc Liuhou, puis tournez à droite dans Youyi Lu et cherchez l'hôtel sur votre gauche.

En ce qui concerne la restauration, le mieux est sans doute le marché de nuit, très animé, en face de l'Educational Building Hotel. A partir de 20h environ, de nombreux éventaires servent de délicieux raviolis et des nouilles cuisinées avec tous les ingrédients frais que vous souhaiterez. Il suffit de les montrer du doigt. On trouve également ce genre d'étals aux abords de la gare. L'hôtel Liuzhou possède quelques restaurants, mais les prix sont dissuasifs. Vous devrez débourser 18 yuan pour une simple tasse de café.

Sur la place Liuzhou, se dresse celui qui pourrait bien lancer la mode des bars de style occidental, l'*Old Place* (*lǎo dìfāng*). Il propose quelques plats occidentaux corrects et de la bière à la pression. Aux dires des rares étrangers qui travaillent à Liuzhou, l'Old Place est en passe de devenir le nouveau quartier général des artistes-yuppies.

Comment s'y rendre
Avion. Le bureau de réservation de la CAAC, dans Feie Lu, propose quatre vols par semaine pour Canton et deux par semaine pour Pékin et Shanghai. Au moment de la rédaction de ce guide, Guiyang devait être prochainement desservie, et d'autres lignes seront peut-être ouvertes en 1996. A vérifier.

Bus. Un bus direct pour Yangshuo part quotidiennement à 14h15 de la gare routière longue distance. Le voyage dure environ 5 heures et coûte 16,40 yuan.

De fréquents bus pour Guilin (21,50 yuan) passent également par Yangshuo mais cela ne sera peut-être plus le cas lorsque la route directe Liuzhou-Guilin sera achevée. Parmi les autres destinations figurent Beihai (36 yuan), Canton (76 yuan ou 106 yuan en bus-couchettes), Fancheng (37,40 yuan), Guiping (23,40 yuan), Longsheng (25 yuan), Nanning (23 yuan), Pingxiang (42,70 yuan), Sanjiang (18,90 yuan), Shenzhen (88,50 yuan), Wuzhou (34,80 yuan) et Zhuhai (91,50 yuan).

Train. Liuzhou est un nœud ferroviaire entre Nanning et Guilin. Les trains Guilin-Kunming s'y arrêtent. C'est là que vous devrez changer si vous allez de Nanning à Kunming. Tous les trains qui viennent de Nanning passent à Liuzhou et permettent de se rendre dans plusieurs grandes villes du pays, comme Canton, Changsha, Guiyang, Pékin, Shanghai ou Xi'an.

Le billet en assis dur de Liuzhou à Guilin (4 heures environ) coûte quelque 25 yuan. La place en assis dur pour Nanning (5 heures) se monte à 23 yuan.

Bateau. Des bateaux de nuit partent pour Canton à 20h et 21h. Le voyage de 12 heures passe par Guiping et Wuzhou, et s'élève à 100 yuan en lit de type dortoir 3e classe. Il n'existe pas de cabines. Les billets s'achètent (apparemment assez facilement) à l'embarcadère des ferries.

Comment circuler

Liuzhou est un peu trop vaste pour s'y déplacer à pied, en particulier l'été lorsque la ville devient une vraie fournaise. Il semble malheureusement impossible de louer des bicyclettes. Cyclo-pousses, tricycles à moteur, motos-taxis et taxis stationnent à la gare routière ainsi qu'à la sortie de la gare ferroviaire principale. Le bus n°2 vous conduira à l'hôtel Liuzhou et le bus n°11 relie la gare routière longue distance à la gare ferroviaire principale. On peut se procurer le plan du réseau des lignes de bus auprès des vendeurs ambulants dans les deux gares ferroviaires.

WUZHOU
(*wúzhōu*)

Pour la plupart des voyageurs, Wuzhou n'est qu'une étape sur la route entre Yangshuo et Canton ou Hong Kong. Bien

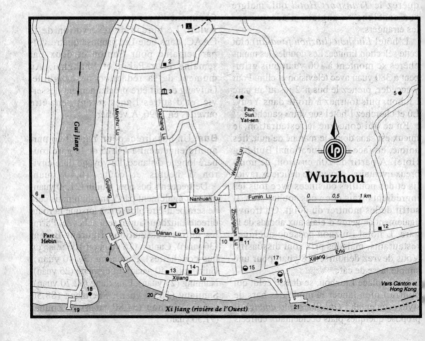

WUZHOU 梧州

OÙ SE LOGER

2 Hôtel Beishan
北山饭店

6 Hôtel Hebin
河滨饭店

10 New World Hotel
新世界大酒店

11 Triumphal Arch Hotel
凯旋门大酒店

12 Hôtel Wuzhou
梧州大酒店

13 Hôtel Yuanjiang
鸳江酒店

14 Hôtel Xinxi
新西旅店

DIVERS

1 Temple des Bambous de l'Ouest
西竹圆

3 Musée
博物馆

4 Mémorial de Sun Yat-sen
中山纪念堂

5 Entrepôt des Serpents
蛇仓

7 Poste
邮电局

8 Bank of China
中国银行

9 Restaurants au bord de l'eau
河边餐厅

15 Gare routière
(bus longue distance)
客运站

16 Gare routière
(bus longue distance)
客运站

17 Billets de ferry (pour Canton)
梧港客运站

18 Pavillon Yuanjiang
鸳江亭

19 Embarcadère des ferries
(pour Hong Kong)
往香港船

20 Embarcadère des ferries
(pour Canton)
客运站码头

21 Embarcadère des ferries
(pour Canton)
客轮码头

qu'elle ne soit pas l'une des attractions principales du Guangxi, ses jolis parcs et son animation de rue intéressante peuvent faire de la ville un agréable point de chute d'une nuit.

Située au confluent de plusieurs voies d'eau importantes, Wuzhou était une grande place commerciale dès le XVIIIe siècle. En 1897, les Britanniques s'y installèrent et créèrent des liaisons par bateaux à vapeur avec Canton, Hong Kong et, plus tard, Nanning. Un consulat britannique fut ouvert, ce qui donne une idée de l'importance économique de la ville à cette époque. Wuzhou servit également de base aux missionnaires britanniques et américains pour leurs campagnes de conversion des "païens" chinois.

Après 1949, l'industrie commença à se développer avec l'apparition d'usines de pâte à papier, d'alimentation, de machines et de plastiques, entre autres. Pendant la Révolution culturelle, Guilin et les villes environnantes devinrent des champs de bataille entre factions de Gardes rouges. Au cours de cette période, la moitié de Wuzhou fut détruite.

Aujourd'hui, la ville abrite de plaisants marchés de rue, des tailleurs, des marchands de tabac et d'herbes médicinales, des échoppes de canards rôtis, et toute une animation fluviale à découvrir. Wuzhou compte également l'une des attractions les plus insolites du Guangxi, l'entrepôt des Serpents.

Renseignements

La poste est située dans Nanhuan Lu, juste avant le pont. On trouve en principe de bons plans de la ville indiquant les lignes de bus dans les boutiques proches de la gare routière longue distance. A défaut, essayez la librairie Xinhua dans Danan Lu, en face du New World Hotel. Le CITS possède un bureau à l'hôtel Beishan mais, si vous ne faites que passer, il ne vous sera d'aucune utilité : on peut en effet se procurer facilement tous les billets nécessaires à l'embarcadère ou à la gare routière longue distance.

Entrepôt des Serpents
(shécáng)

Wuzhou se targue de posséder ce qu'elle appelle le plus grand entrepôt de serpents du monde, qui attire les touristes chinois expatriés et quelques voyageurs occidentaux. Plus d'un million de reptiles sont amenés chaque année à Wuzhou (de Nanning, Liuzhou ou Yulin), d'où ils sont exportés vers les cuisines de Hong Kong, Macao et d'autres endroits du monde où la chair de serpent est consommée. Pour vous y rendre, suivez Shizhi Lu depuis l'hôtel Wuzhou. Le dépôt se situe à 2 km environ. Des combats entre des serpents et des chats sont organisés pour les touristes, mais évitez ce genre de spectacle si vous avez un minimum de compassion ou de respect envers les animaux. L'entrepôt est ouvert tous les jours de 8h à 18h. L'entrée coûte 4 yuan.

Parc Sun Yat-sen
(zhōngshān gōngyuán)

Ce parc situé en haut de Zhongshan Lu, qui devient Wenhua Lu, abrite le plus vieux mémorial dédié au fondateur de la République chinoise. Il a été édifié en 1928 pour commémorer un discours important que prononça Sun Yat-sen à Wuzhou.

Temple des Bambous de l'Ouest
(xīzhú yuán)

Au nord de la ville, à la lisière du parc Sun Yat-sen, le temple des Bambous de l'Ouest héberge une quarantaine de religieuses bouddhistes. Son restaurant végétarien, ouvert le matin et à midi uniquement, est très apprécié des voyageurs. Comptez une demi-heure de marche en prenant Wenhua Lu jusqu'au parc Sun Yat-sen. De l'entrée du parc, marchez environ 10 minutes, jusqu'à un bâtiment en briques portant l'inscription anglaise "temple", sur la gauche. Ensuite, il suffit de suivre les panneaux.

Où se loger
Le flot des visiteurs chinois de Hong Kong a fait grimper les prix et certains endroits n'affichent leurs tarifs qu'en dollars de Hong Kong.

Si vous désirez ou devez passer une nuit à Wuzhou, le meilleur choix dans la catégorie petit budget est l'hôtel *Yuanjiang* *(yuánjiāng jiǔdiàn)* dans Xijiang Lu, à 5 minutes à pied de la gare routière et de l'embarcadère. Les simples/doubles avec s.d.b. s'échelonnent de 50 à 90 yuan, et les simples/doubles avec s.d.b. commune de 40 à 60 yuan. Tout proche, l'hôtel *Xinx* *(xīnxī lǚdiàn)* propose des tarifs légèrement moins élevés, mais il est un peu humide et lugubre.

L'hôtel *Hebin (hébīn fàndiàn)*, un peu plus cher, est situé près du pont de l'autre côté de Gui Jiang, à l'ouest. Les doubles coûtent environ 105 yuan, mais ce n'est guère qu'un bloc de béton. Il est surtout intéressant d'y séjourner si l'on doit prendre le ferry rapide du lendemain matin pour Hong Kong (pour plus de détails, voir le paragraphe *Comment s'y rendre* ci-dessous).

Autant éviter l'hôtel *Beishan (běishān fàndiàn)*, 12 Beishan Lu (en suivant Dazhong Lu, au nord du centre-ville). Il a connu son heure de gloire mais il est excessivement cher et excentré.

L'établissement le plus récent de Wuzhou est le *New World Hotel (xīnjiè dàjiǔdiàn)*, qui ne paraît pas valoir les 328 $HK qu'il demande pour une chambre ordinaire. Sur le trottoir d'en face, le *Triumphal Arch Hotel (kǎixuánmén dàjiǔdiàn)* semble déjà sur le déclin, mais les simples/doubles démarrent au prix plus raisonnable de 98/138 yuan.

L'hôtel *Wuzhou* (☎ 222-193) *(wúzhōu dàjiǔdiàn)* commence également à donner des signes de fatigue, et le rapport qualité/prix n'est pas non plus très avantageux. Les doubles standard commencent à 210 yuan. Son café est tout de même intéressant (reportez-vous ci-dessous à la rubrique *Où se restaurer*).

Où se restaurer
Les petits restaurants ne manquent pas à Wuzhou, surtout près de la gare routière et des quais. Les mirages illuminés le long des rives sont des restaurants flottants

comme on en voit à Aberdeen (Hong Kong), avec des noms extravagants comme le *Water City Paradise*.

Si cela ne vous tente pas, il existe d'autres petits restaurants sur la rive est du Gui Jiang, dans Guijiang Erlu. Pour un repas plus élaboré et une tasse de café après un long voyage en bus ou en bateau, allez au café situé au rez-de-chaussée de l'hôtel Wuzhou. Une tasse de bon café ne coûte que 6 yuan et la cuisine n'est pas mauvaise.

Comment s'y rendre

Avion. Wuzhou devrait posséder son propre aéroport début 1996. Reste à définir, outre Nanning, les liaisons qui seront assurées.

Bus. Les bus à destination de Yangshuo (43,40 yuan) partent des deux gares routières longue distance situées à gauche de l'embarcadère des ferries à 7h20, 7h50, 18h40 et 20h, et assurent en principe la correspondance à l'arrivée des bateaux en provenance de Canton. Les bus du soir attendent l'arrivée des ferries rapides en provenance de Hong Kong. Des bus desservent en outre Beihai (69 yuan), Canton (56 yuan), Guilin (51 yuan), Liuzhou (58 yuan), Nanning (62 yuan) et Shenzhen (84 yuan).

Le voyage en bus, cahoteux, dure sept heures jusqu'à Yangshuo, neuf jusqu'à Guilin. De Wuzhou à Nanning, il faut compter huit à neuf heures sur une route aux paysages impressionnants.

Bateau. Le ferry rapide Wuzhou-Hong Kong part les jours impairs à 7h et arrive à Hong Kong vers 15h le même jour. De Hong Kong, les bateaux partent à 8h les jours pairs. A Yangshuo, le CITS et plusieurs hôtels peuvent vous obtenir des billets pour ce trajet (environ 400 $HK). Pour plus de renseignements, reportez-vous au paragraphe *Comment s'y rendre* dans *Yangshuo* et au chapitre *Comment s'y rendre*, au début de ce guide.

Les bateaux pour Canton partent à 15h, 17h, 19h et 20h, et les billets les moins chers, en dortoir surpeuplé mais supportable, coûtent 44,50 yuan. Les cabines à 2/4 lits (56,50/77,50 yuan) ne sont disponibles que sur un ou deux bateaux par soir. Le départ se fait des deux embarcadères après les gares routières longue distance, ou bien d'un quai situé en face de l'hôtel Yuanjiang.

Des ferries rapides desservent Canton en 4 à 5 heures. Ils partent à 7h40 et 13h30 (159,50 yuan). Des bateaux rapides assurent également la liaison avec Shenzhen (242,50 yuan) et Zhuhai (199,50 yuan).

Guizhou 贵州

Jusqu'à une époque récente, le Guizhou (*guìzhōu*) était l'une des régions les plus reculées et les moins peuplées de Chine. Elle figure encore parmi les moins développées. Elle ne manque pas d'attraits pour le visiteur. A une altitude moyenne de 1 000 m, elle est composée à 87% de montagnes et de plateaux. L'attraction touristique phare, près de Guiyang, est constituée par les chutes de Huangguoshu, les plus importantes de Chine. Les environs offrent également des possibilités de randonnée et de découverte de villages à l'écart des sentiers battus.

Environ 65% de la population du Guizhou appartient à l'ethnie Han et le reste est composé de minorités (Miao, Bouyei, Dong, Yi, Shui, Hui, Zhuang, Bai, Tujiao et Gelao). A elles toutes, ces minorités célèbrent près de mille fêtes par an, préservant ainsi leurs coutumes et leur savoirfaire en matière d'architecture, de costumes et d'artisanat.

Le Guizhou figure pourtant rarement sur l'itinéraire des voyageurs. Les difficultés de déplacement ne sont pas étrangères à cette situation. De plus, peu d'habitants parlent l'anglais.

Le sud-est du Guizhou passionnera les voyageurs qui aiment l'aventure, d'autant plus que presque tous les districts et les villes sont désormais ouverts aux étrangers. La population de cette région est constituée à 72% environ de Miao, de Dong, et d'autres minorités. Ceux qui quittent Guilin pour Guiyang à bord d'un bus local traverseront un nombre incalculable de minuscules villages dotés de tours du Tambour et de ponts du Vent et de la Pluie. Exception faite des bus et des camions qui sillonnent les routes, cette région semble vivre comme aux siècles passés.

Bien que les dirigeants chinois aient mis en place une administration dans la région dès la dynastie Han, ils se contentaient de contrôler les ethnies non chinoises et le peuple chinois se cantonnait au nord et à

Population : 36 millions d'habitants

Capitale : Guiyang

A ne pas manquer :

- Les chutes de Huangguoshu, les plus importantes de Chine, au cœur de paysages magnifiques où résident des minorités ethniques
- La région du sud-est, habitée de diverses minorités ethniques qui célèbrent régulièrement des fêtes

l'est de la province. Les régions orientales ne furent colonisées qu'au XVIe siècle, lorsque les minorités ethniques furent chassées des terres les plus fertiles. Une autre vague d'immigration chinoise apporta au XIXe siècle de nombreux colons des régions surpeuplées du Hunan et du Sichuan. Toutefois, le Guizhou demeurait pauvre en infrastructures de communication et de transport.

Le développement du Guizhou commença lorsque l'invasion japonaise força le Guomindang à battre en retraite vers le Sud-Ouest : on construisit des routes reliant les provinces voisines, ainsi qu'une ligne de chemin de fer en direction du Guangxi. Des industries furent implantées à Guiyang et Zunyi. La plupart de ces activités prirent

Guizhou

0   35   70 km

fin après la Seconde Guerre mondiale et il fallut attendre l'expansion du réseau ferroviaire dans le Sud-Ouest, encouragée par les communistes, pour que l'industrialisation connaisse un nouvel essor.

Selon les statistiques, huit millions de personnes vivent en-dessous du seuil national de pauvreté, 60 à 70% de la population est illettrée et près de la moitié des villages ne sont pas reliés au réseau routier.

Injustice criante, la faute en a été rejetée sur les minorités : la presse nationale a parlé de "médiocrité de leurs compétences culturelles". D'autres critiques de cet

acabit ont été adressées aux troglodytes miao : "Les tentations de la vie moderne n'ont pu les faire sortir de leurs cavernes ténébreuses et insalubres", a-t-on pu lire. Malgré leur pauvreté, ces minorités vivant en autarcie montrent peu d'empressement à adopter la vie moderne ou renoncer à leur identité culturelle.

Le produit d'exportation le plus connu de cette province est le "maotai", une liqueur qui porte le nom d'un village du district de Renhuai. Cet alcool blanc très fort est vendu dans des bouteilles reconnaissables à leur étiquette rouge collée en diagonale. Le Guizhou est également, à l'instar du Yunnan, une importante région productrice de tabac.

MANIFESTATIONS ANNUELLES

Les fêtes chez les minorités du Guizhou offrent matière à de nombreuses découvertes. Ces manifestations chatoyantes ont lieu tout au long du calendrier lunaire, dans des lieux spécifiques, et permettent d'assister à des combats de buffles, des courses de chevaux, des concerts de flûtes en bambou, des représentations d'opéra comique, des concours de chant et aux grandes fêtes de la saison des amours.

Plusieurs fêtes se déroulent à Guiyang au cours du 1er mois lunaire (généralement en février ou mars), du 4e mois lunaire (vers mai) et du 6e mois lunaire (vers juillet). Certaines ont lieu à Huaxi.

Kaili, sur la ligne de chemin de fer à l'est de Guiyang, est un bon point de départ. Quantité de célébrations ont lieu dans les régions voisines, à Leishan, Xijiang, Danxi, Qingman ou Panghai. La ville de Zhijiang, à une cinquantaine de kilomètres de Kaili, accueille aussi une importante concentration de fêtes.

Plus à l'est encore sur la ligne de chemin de fer, Zhenyuan est renommée pour les fêtes qui s'y déroulent d'avril à juillet. Cette ville était autrefois une étape importante sur la route postale qui reliait la Chine centrale à l'Asie du Sud-Est.

GUIYANG

(*guìyáng*)

Guiyang, capitale de la province, jouit d'un climat tempéré tout au long de l'année. Son nom signifie "précieux soleil" et vient sans doute du fait que le soleil arrive rarement à traverser les nuages et la bruine.

La plupart des voyageurs évitent la ville qui mérite pourtant qu'on lui consacre un jour ou deux. La cuisine est bonne, les marchés et les quartiers commerçants sont pleins de vie et les alentours comptent quelques sites intéressants.

Il subsiste encore quelques vieux quartiers et temples, sortes d'anciens villages dans la ville cernés par les tours qui se multiplient. L'ensemble donne un résultat assez insolite. Guiyang est aussi le point de départ pour visiter les chutes de Huangguoshu ou, *via* Kaili, les régions du Sud-Est où résident les minorités ethniques.

Orientation

Guiyang est une agglomération étendue qui semble à première vue privée de centre. Il est toutefois facile de s'orienter.

Zunyi Lu part de la gare ferroviaire et rejoint Zhonghua Lu, la rue qui traverse le centre-ville et regroupe les principales zones commerçantes. Yan'an Lu, qui donne dans Zhonghua Lu, abrite la Bank of China, le CITS, le luxueux hôtel Guiyang Plaza et, à l'extrémité opposée, la gare routière longue distance. Il existe d'autres hôtels plus haut dans Zhonghua Lu, près du carrefour avec Beijing Lu.

Renseignements

CITS. Le bureau, situé 20 Yan'an Zhonglu (☎ 582-5873), au rez-de-chaussée d'un bâtiment de brique et de plâtre blanc écaillé, est l'une des antennes CITS où les employés sont les plus serviables. Ils fournissent des plans et des renseignements mais ne peuvent pas réserver des billets de train.

BSP. Le bureau de la police (☎ 682-1231) occupe un ensemble recouvert de tuiles blanches dans Zhongshan Xilu, non loin de l'intersection avec Zhonghua Lu. C'est là que vous ferez proroger votre visa. La quasi-totalité du Guizhou étant maintenant ouverte aux étrangers, vous ne devriez pas avoir besoin d'autorisations pour vous déplacer dans la province.

Argent. A l'agence principale de la Bank of China, dans Ruijin Beilu, on peut changer des devises, retirer des espèces avec une carte de crédit et effectuer des virements télégraphiques. Les succursales, celle de Yan'an Donglu, près du Guiyang Plaza Hotel, ou celle située en face de la billetterie de la CAAC, pratiquent également le change. Le bureau de la CAAC

LE SUD-OUEST

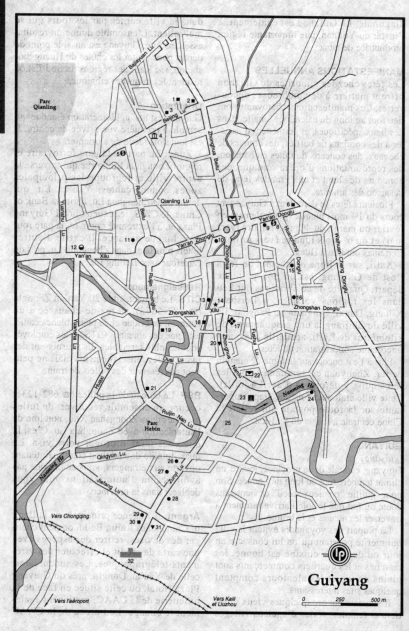

Parc
Qianling

1
2
Beijing Lu
4
5
Qianling Lu
Yuanzhu
Baïlu
Baïayuan Lu
Zhonghua Beilu
Rujin
Yan'an
Xilu
Yan'an
Xilu
12
11
Yan'an Zhonglu
10
7
Yan'an Donglu
6
9
8
Huancheng
Dongrou
15
Waïnuan Cheng Donglu
13
14
Xilu
16
Zhongshan Donglu
Zhongshan
18
17
Fushai Lu
19
20
Dusi Lu
Yuansha Lu
22
21
23
24
Nanning He
Ruijin Nan Lu
25
Parc
Hebin
26
Qingyun Lu
27
Zunyi Lu
28
Jiefang Lu
Nanning He
29
30
31
32

Vers Chongqing

Vers l'aéroport

Vers Kaili
et Liuzhou

Guiyang

0   250   500 m

GUIYANG 贵阳		DIVERS		16	Pavillon Wen Chang 文昌阁
OÙ SE LOGER		4	Musée 博物馆	17	Grand magasin 百货大楼
1	Guizhou Park Hotel 贵州公园饭店	5	Bank of China 中国银行	22	Poste et télécommunications 邮电大楼
2	Hôtel Bajiaoyuan 八角岩饭店	7	Poste et télécommunications 电信局	23	Temple Qianming 黔明寺
3	Hôtel Yunyan 云岩宾馆	8	Bank of China 中国银行	24	Pavillon Jiaxiu 甲秀楼
6	Guiyang Plaza Hotel 金筑大酒店	9	Librairie en langues étrangères 外文书店	25	Place du Peuple et statue de Mao 人民广场
18	Hôtel Jingdu 京都饭店	10	CITS 中国国际旅行社	26	CAAC 中国民航
19	Hôtel Jinqiao 金桥饭店	11	Librairie Xinhua 新华书店	27	Palais des expositions du Guizhou 省展览馆
21	Hôtel Hebin 河滨宾馆	12	Gare routière (bus longue distance) 贵阳汽车站	28	Cinéma Chaoyang 朝阳影院
30	Sports Hotel 体育宾馆	13	Billets de train 火车预售处	29	Stade du Guizhou 省体育馆
OÙ SE RESTAURER		14	BSP 公安局	32	Gare ferroviaire 贵阳站
20	Jiangnan Dumplings 江南饺子馆	15	Pavillon Hua Jia 华家阁		
31	Guizhou Beijing Duck Restaurant 贵州北京烤鸭店				

possède également un guichet de change. L'hôtel Guiyang Plaza a un comptoir de change efficace mais il est assez loin de la gare, au bout de Yan'an Donglu.

Poste et télécommunications. Le bâtiment des postes et télécommunications se trouve à l'intersection de Zunyi Lu et de Zhonghua Lu. On peut passer des communications internationales et longue distance depuis la salle réservée à cet usage, à gauche de l'entrée principale. S'il y a vraiment trop de queue, essayez l'agence située au croisement de Zhonghua Lu et de Yan'an Lu.

Librairies. Une librairie en langues étrangères est installée dans Yan'an Donglu.

Désagréments et dangers. Guiyang a la réputation chez les Chinois d'être l'une des villes touchées par le vol. Mieux vaut être particulièrement prudent la nuit. La gare ferroviaire est l'un des repaires favoris des pickpockets, et plus d'un voyageur a eu des problèmes.

À voir

Une statue blanche et brillante de Mao Zedong, l'une des plus grandes de Chine, est érigée dans Zunyi Lu, la rue principale qui se dirige vers le nord depuis la gare ferroviaire. Pour plus de détails concernant les circuits en bus, reportez-vous à la rubrique *Comment circuler*.

Le **parc Qianling** (*qiánlíng gōngyuán*) mérite une visite pour ses promenades forestières et pour le **monastère Hongfu** (*hóngfú sì*), datant de la fin de la dynastie Ming, perché en haut du mont Qianling (1 300 m). Le restaurant végétarien du monastère, ouvert de 11h à 16h environ, fait du parc une plaisante destination de milieu de journée. De l'hôtel Jinqiao ou de la gare ferroviaire, prendre le bus n°2. Le parc est ouvert de 8h à 22h30, et l'entrée coûte 1 yuan.

Le **parc Huaxi** (*huāxī gōngyuán*) et le **parc Nanjiao** (*nánjiāo gōngyuán*), malgré leurs quelques grottes et sentiers de promenades, ne présentent guère d'intérêt. Non loin du bureau de la CAAC, le **parc Hebin** (*hébīn gōngyuán*) possède des bancs ombragés au bord de l'eau et une grande roue d'où l'on jouit d'une belle vue sur Guiyang, pour 6 yuan.

Outre les marchés et les quartiers commerçants, on peut découvrir quelques pagodes et pavillons, comme le **pavillon Wen Chang**, le **pavillon Jiaxiu**, le **pavillon Hua Jia** et le **temple Qianming** (leur emplacement est indiqué sur le plan). Ils sont tous à quelques minutes à pied du centre-ville.

Où se loger – petits budgets

Il n'existe malheureusement pas beaucoup d'endroits bon marché à Guiyang. Contrairement aux idées reçues, si vous élisez domicile dans la salle d'attente réservée aux détenteurs de couchettes, au 1er étage de la gare, on vous en délogera.

L'établissement le moins cher est l'hôtel *Jinqiao* (☎ 582-9951) (*jīnqiáo fàndiàn*), assez mal situé dans Ruijin Zhonglu, à 30 minutes à pied de la gare ferroviaire. Un lit en dortoir coûte 35 yuan et, bien que la route soit longue jusqu'aux douches, les chambres sont plutôt jolies. Les doubles commencent à 168 yuan et ne semblent pas d'un très bon rapport qualité/prix. De la gare ferroviaire, les bus n°1 et 2 passent devant l'hôtel.

Une autre solution bon marché est une double à 76 yuan à l'hôtel *Jingdu* (*jīngdū fàndiàn*), situé dans Gongyuan Lu, en face de l'immeuble du BSP. Quoique cet hôtel ait visiblement connu des jours meilleurs, les chambres ont une s.d.b., c'est donc plutôt une bonne affaire si l'on est deux.

Près de l'entrée du parc Hebin, l'hôtel *Hebin* (☎ 584-1855) (*hébīn bīnguǎn*) compte quelques doubles rudimentaires à 80 yuan, mais elles sont souvent prises. Il existe aussi trois doubles à 120 yuan dans la tourelle en verre de l'immeuble, avec fenêtres panoramiques à 180°. Ensuite, le tarif grimpe à 248 yuan pour une double ordinaire climatisée.

Où se loger – catégorie moyenne

La majorité des établissements de Guiyang entrent dans cette catégorie, bien que certains prix correspondent plutôt à la fourchette supérieure. Vous trouverez le meilleur rapport qualité/prix au *Sports Hotel* (☎ 582-1779) (*tǐyù bīnguǎn*), dans l'enceinte du stade du Guizhou. Il est voisin du grand restaurant situé côté gare. Les doubles immenses et immaculées avec TV et s.d.b. démarrent à 135 yuan. Pour une nuit confortable, c'est l'endroit idéal, à quelques minutes à pied de la gare ferroviaire.

Trois hôtels plus coûteux sont regroupés à l'angle de Zhonghua Lu et de Beijing Lu. Le moins cher du lot est l'hôtel *Bajiaoyan* (☎ 682-2651) (*bājiǎoyán fàndiàn*), qui propose des doubles propres avec s.d.b. à 100 et 130 yuan, et des suites à partir de 220 yuan. Malgré son extérieur peu engageant, c'est un endroit tranquille, d'un bon rapport qualité/prix. On ne peut en dire autant de ses deux voisins. L'hôtel *Yunyan* (☎ 682-3325) (*yúnyán bīnguǎn*), qui vise une clientèle de cadres, offre des simples/doubles à partir de 172 yuan et des triples à 240 yuan. Les clients ont accès à une piscine (payante) devant l'hôtel. Le *Guizhou Park Hotel* (☎ 682-2888) (*guìzhōu fàndiàn*) est le summum du luxe à Guiyan, avec des doubles standard entre 320 et 508 yuan.

Le *Guiyang Plaza Hotel* (☎ 682-5888) (*jīnzhù dàjiǔdiàn*) est en fait une pâle imitation d'un Holiday Inn. Il est doté d'un bureau de change, d'un coffee shop, de restaurants et de boutiques. Les simples/doubles/triples coûtent 450/480/750 yuan.

Où se restaurer

Suivez simplement Zunyi Lu jusqu'à Zhonghua Nanlu et engagez-vous dans les ruelles : vous découvrirez des marchands de nouilles, de raviolis et de brochettes. Le marché de nuit de Ruijin Lu, entre les hôtels Jinqiao et Hebin, bien que petit, est correct.

A côté du Sports Hotel, dans l'enceinte du stade du Guizhou, un bon restaurant chinois pratique des tarifs relativement raisonnables. Goûtez le poulet aux arachides (*gōngbǎo jīdīng*). Il n'existe pas de menu en anglais mais vous pouvez choisir ce qui vous tente en vous inspirant des tables voisines.

Au nord du bâtiment de la poste et des télécommunications, dans Zhonghua Nanlu, se trouve une boutique de raviolis qui mérite d'être recommandée : le *Jiangnan Dumplings Restaurant* (*jiāngnán jiǎozǐguǎn*) sert de fabuleux raviolis à la vapeur (*zhēngjiǎo*). La spécialité maison est la soupe au poulet (*qìguōjī*) mais les desserts sont intéressants et les tarifs raisonnables. Si vous voulez y dîner, arrivez tôt car il ferme à 20h.

Essayez le *Guizhou Beijing Duck Restaurant* (*guìzhōu běijīng kǎoyādiàn*), sur le trottoir opposé au Sports Hotel, à côté de la gare ferroviaire. Le canard (58 yuan) est vraiment succulent.

Comment s'y rendre

Avion. Le bureau de la CAAC (☎ 582-3000) est 170 Zunyi Lu. Guiyang est reliée à Canton, Changsha, Chengdu, Guilin, Haikou, Kunming, Pékin, Shanghai, Shenzhen, Wuhan, Xiamen et Xi'an. La China Southwest assure deux vols hebdomadaires pour Hong Kong (1 450 $HK ou 194 $US).

Bus. La gare routière longue distance est assez éloignée de la gare ferroviaire. Si vous souhaitez quitter Guiyang rapidement, mieux vaut prendre un des bus qui partent de la gare ferroviaire. De nombreux départs sont assurés pour Xingyi (d'où l'on peut prendre une correspondance pour Kunming) entre 8h et 16h (35 yuan). Il existe aussi un bus-couchettes qui part à 18h et met 12 heures environ (56 yuan). Les bus pour Anshun partent toutes les demi-heures

entre 7h et 22h. Le voyage dure deux heures et coûte 8 yuan. Pour le trajet de cinq heures jusqu'à Kaili, des bus partent à peu près toutes les heures entre 6h30 et 17h30 (25 yuan). Les bus pour Zunyi (15 yuan) partent toutes les 30 minutes entre 7h et 21h et mettent 5 heures.

La gare routière longue distance propose des horaires et des tarifs similaires pour les bus allant à Anshun et Xingyi, et des bus-couchettes partent pour Xingyi à 12h, 16h et 18h. Les bus à destination de Zunyi partent toutes les heures entre 6h et 12h. Au moment de la rédaction de ce guide, la liaison Guiyang-Kaili était annulée. Pour vous y rendre depuis la gare ferroviaire, prenez les bus n°1 ou 2.

Pour les chutes de Huangguoshu et les grottes de Longgong, des voyages organisés partent de la gare ferroviaire, de la gare routière longue distance et de la plupart des hôtels, généralement à 6h ou 7h du matin (45 yuan). Si vous ne désirez pas passer la nuit aux chutes, c'est sans doute le meilleur moyen de les visiter.

Train. Des trains directs desservent Kunming, Shanghai, Guilin, Liuzhou (Guangxi), Nanning (Guangxi), Zhanjiang (Guangdong) et Chongqing. Voici quelques tarifs pour étrangers en couchettes dures au départ de Guiyang : Kunming, 169 yuan, Chengdu, 237 yuan, et Guilin, 172 yuan.

Les étrangers doivent acheter leur billet au guichet spécial de la salle d'attente des couchettes molles, située au 1er étage du côté gauche de la gare. Vous aurez à payer le prix pour étrangers, mais vous éviterez la cohue et l'attente.

Le service de billetterie réservé aux Chinois (au cas où vous feriez acheter votre billet par quelqu'un d'autre) est au 2e étage d'un vaste bâtiment recouvert de briques jaunes, dans Gongyuan Lu.

Comment circuler

Si vous voulez faire le tour de la ville, les bus n°1 et 2 qui partent de la place près de la gare ferroviaire effectuent ce circuit en parcourant le même itinéraire, le n°2 dans le sens des aiguilles d'une montre et le n°1 dans l'autre sens. Ces bus passent devant tous les endroits intéressants. La boucle complète depuis la gare coûte 0,80 yuan et dure environ 45 minutes. Le n°1 qui va vers le nord emprunte la principale rue commerçante mais il est plus intéressant d'explorer ce quartier à pied. N'oubliez pas que les minibus affichant des numéros sur le pare-brise ne suivent pas le même itinéraire que les grands bus arborant les mêmes numéros.

ANSHUN
(*ānshùn*)

Passer un jour ou deux à Anshun n'est pas déplaisant. Le paysage de vallée karstique est agréable et certaines ruelles étroites sont bordées de vieilles maisons en bois pittoresques. C'est aussi le point de départ pour les chutes de Huangguoshu ou les grottes de Longgong.

Autrefois centre important du commerce de l'opium, Anshun est toujours la plaque tournante commerciale de l'ouest du Guizhou. Elle est à présent réputée pour ses batiks. La principale attraction de la ville est le **temple Wen** (*wénmiào*), qui date de la dynastie Ming et a été restauré en 1668.

Il n'existe pas d'antenne du CITS à Anshun mais le CTS (☎ 224-379) dispose d'un bureau à l'hôtel Minzu. Il organise des visites aux chutes de Huangguoshu et dans les environs, et propose des renseignements sur les attractions moins connues de la région. Les gares routière et ferroviaire sont à 3 et 4 km respectivement du

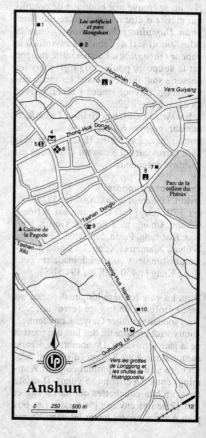

ANSHUN 安顺

1 Hôtel Hongshan
   虹山宾馆
2 Embarcadère
   码头
3 Temple Wen
   文庙
4 Poste
   邮电局
5 Bank of China
   中国银行
6 Grand magasin
   百货大楼
7 Hôtel Minzu
   民族饭店
8 Temple Donglin
   东林寺
9 Immeuble des télécommunications
   邮电大楼
10 Hôtel Xixiushan
   西秀山宾馆
11 Gare routière (bus longue distance)
   长途汽车站
12 Gare ferroviaire
   火车站

Anshun

0   250   500 m

centre. Le minibus n°1 vous emmène en ville pour 0,50 à 1 yuan, selon l'endroit où vous descendez.

Où se loger

Près de la gare routière, l'hôtel *Xixiushan* (*xīxiùshān bīnguǎn*) propose des doubles avec toilettes communes à 60 yuan et des doubles avec s.d.b. à 120 yuan. Vous parviendrez peut-être à faire baisser ces prix.

L'hôtel *Minzu* (*mínzú fàndiàn*), dans Tashan Donglu, dans la partie orientale de la ville, près de la route de Guiyang, offre des doubles dans l'ancienne aile pour 50 yuan, mais vous pourrez probablement ramener le prix à 40 yuan. Les doubles/triples du bâtiment neuf coûtent 170/220 yuan. Un restaurant musulman est installé au 2e étage.

Le principal établissement destiné aux touristes, l'hôtel *Hongshan* (☎ 333-088) (*hóngshān bīnguǎn*), 43 Hongshan Donglu, présente des lacunes au niveau de l'électricité et de la plomberie mais l'ensemble est correct. Ses jardins donnent sur le lac artificiel Hongshan. La direction a profité de récents réaménagements pour faire grimper à 200 yuan le prix des chambres les moins chères.

Derrière la gare routière, dans Guihuang Lu, qui est la route reliant Guiyang à Huangguoshu, l'hôtel *Jiaotong* (*jiāotōng fàndiàn*) n'acceptait pas les étrangers au moment de notre visite. Renseignez-vous à tout hasard.

Comment s'y rendre

Bus. La solution la plus simple est sans doute de prendre l'un des minibus qui partent toutes les demi-heures pour Anshun de la gare ferroviaire de Guiyang (8 yuan). Vous pouvez aussi partir de la gare routière longue distance, où il y a des bus environ toutes les demi-heures entre 7h et 18h30. Le voyage dure à peu près deux heures sur la voie rapide de Guihuang, la première et seule véritable autoroute du Guizhou, construite spécialement pour emmener les touristes jusqu'aux chutes de Huangguoshu.

Les chutes de Huangguoshu et les grottes de Longgong sont respectivement à 46 et 32 km d'Anshun. Des minibus vous emmènent à Huangguoshu de la gare routière longue distance pour 5 yuan mais il on peut essayer de marchander les prix. Les bus pour Longgong sont peu fréquents, aussi devrez-vous peut-être vous joindre à un l'un des groupes organisés locaux partant de la gare routière ou d'un hôtel.

Si vous n'avez pas envie de retourner à Guiyang pour réserver une couchette de train, vous pouvez toujours aller d'Anshun à Kunming en bus. Un bus direct part à 6h45 du matin et arrive à Kunming vers 24h, si les routes le permettent (44,50 yuan). Un bus-couchettes part également à 13h et arrive à Kunming à 6h le lendemain matin (75 yuan).

Une solution encore plus intéressante consiste à faire le parcours depuis Anshun ou Huangguoshu jusqu'à Xingyi, au sud-ouest du Guizhou. Xingyi même mérite une visite (voir à la fin de ce chapitre) et, de là, des bus directs vont à Kunming (12 heures de route). Un bus part tous les matins d'Anshun à Xingyi vers 6 ou 7h. Il faut compter environ huit heures de trajet et 21,50 yuan. Il existe probablement d'autres moyens d'effectuer ce voyage. Une fois dans le Yunnan, se rendre à Kunming ne devrait pas poser de problème.

Train. Actuellement, les trains Guiyang-Anshun arrivent à Anshun le soir, sauf le n°571 reliant Guiyang à Dawan qui part à 8h50 et s'arrête à Anshun à 11h20. Si vous ratez le dernier bus pour Guiyang, vous pouvez prendre le train n°92, qui s'arrête à Anshun vers 20h et arrive à Guiyang peu après 22h.

Ceux qui envisagent de faire Anshun-Kunming par le train doivent savoir qu'il est quasiment impossible d'acheter des places en couchettes dures à Anshun même.

Si l'on tient à des conditions confortables, il est préférable de retourner à Guiyang pour organiser son voyage.

ENVIRON D'ANSHUN
Chutes de Huangguoshu
(*huángguǒshù dàpùbù*)

A 46 km au sud-ouest d'Anshun, les plus importantes chutes de Chine forment un rideau d'eau de 81 m de large qui se déverse d'une hauteur de 74 m dans le bassin du Rhinocéros. C'est sur elles que repose l'industrie touristique naissante du Guizhou. Si, comme certains voyageurs, vous êtes déçu par les chutes, rassurez-vous : à Huangguoshu, vous pourrez également effectuer de superbes randonnées pédestres à travers les splendides régions rurales des minorités.

Une fois sur place, on ne rencontre aucun problème de transport. Tous les sites sont accessibles par des itinéraires de promenade ou des sentiers de randonnée. Emportez un imperméable pour vous rendre aux chutes et un bon pull pour descendre dans les grottes où la température est parfois fraîche.

C'est quatre jours après une grande pluie que les chutes sont les plus spectaculaires. Elles peuvent être beaucoup moins imposantes vers la fin de la saison sèche, qui dure de novembre à avril.

Ces chutes sont au cœur d'une gigantesque région de cascades, de grottes et de formations karstiques qui s'étend sur près de 450 km². Cette région n'a été explorée par les Chinois qu'en 1980, lors de recherches préliminaires sur le potentiel hydroélectrique. On a découvert 18 chutes, 4 rivières souterraines et près de 100 grottes, dont beaucoup sont progressivement ouvertes aux visiteurs.

En bordure des chutes se trouve la **grotte du Rideau d'eau** (*shuǐlián dòng*), une cavité dans le rocher que l'on peut atteindre en suivant un passage glissant (et dangereux) sur les rochers du bassin du Rhinocéros. De l'intérieur de cette grotte, on voit la masse d'eau s'écouler par six "fenêtres". L'entrée des chutes principales coûte 30 yuan.

A 1 km en amont, les **chutes de la Pente escarpée** (*dǒupō pùbù*) sont facilement accessibles. Elles font 105 m de large et 23 m de haut, et doivent leur nom aux motifs entrecroisés que forment les eaux en dévalant les rochers. Les **chutes du Pont de l'étoile** (*tiānxīng qiáo*) tombent à 8 km en aval des chutes de Huangguoshu. Des minibus occasionnels s'y rendent depuis le village de Huangguoshu.

Huangguoshu ("l'arbre aux fruits jaunes") est situé dans le district autonome bouyei et miao, dont Zhenning est le chef-lieu. S'il est peu probable de rencontrer des Miao près des chutes, les Bouyei en revanche apprécient les vallées de rivières et sont très présents dans la région. Les Bouyei, d'origine thaï et apparentés aux Zhuang du Guangxi, sont environ 2 millions dispersés dans le sud-ouest de la province du Guizhou. Ils portent des vêtements marron et noir à parements de couleurs. Ils revêtent leurs plus beaux atours les jours de fête ou de marché. Ils se marient jeunes, en général vers 16 ans mais parfois dès 12 ans. Les femmes mariées se reconnaissent à leur coiffure symbolique.

Les Bouyei présentent des signes de malnutrition et leurs vêtements sont souvent en lambeaux, offrant un contraste saisissant avec leur image de carte postale, où on les voit afficher des sourires éclatants, vêtus de costumes bien repassés. Ils sont également timides et se méfient des étrangers.

Ils sont experts dans la confection de batiks (tissus teints) et en maçonnerie. Les constructions que l'on peut voir à Huangguoshu sont étonnantes, avec leurs murs entièrement faits de pierres sèches et leurs toits en dalles de calcaire ou d'ardoise.

Une fête bouyei se déroule pendant dix jours à Huangguoshu, durant le 1er mois lunaire (généralement en février ou début mars). Quelque dix mille personnes y assistent.

Grottes de Longgong

A 32 km d'Anshun environ, les grottes de **Longgong** (*lónggōng*), ou du palais du Dragon, forment un impressionnant réseau à travers une vingtaine de montagnes. On peut visiter en bateau l'une des plus grandes grottes inondées, souvent appelée grotte du Dragon. Ces cavernes se trouvent dans le district d'Anshun, près du village bouyei de Longtan (*lóngtǎn zhài*), ce qui signifie "bassin du Dragon". Il existe d'autres grottes spectaculaires dans les environs, dont **Daji Dong**, **Chuan Dong** et **Linlang Dong**. L'entrée coûte 30 yuan.

Où se loger et se restaurer

Des stands de nourriture sont installés sur les parkings des bus, près des chutes de Huangguoshu. Plus bas, au pied de la falaise, se trouvent une maison de thé et une boutique de souvenirs. Il y a un bon point de vue sur les chutes en contrebas du parking. La *pension Huangguoshu* (*huángguǒshù bīnguǎn*) se trouve un peu à l'écart du parking. Elle s'est en fait scindée en deux hôtels. La "nouvelle" pension Huangguoshu, la plus coûteuse, est située au bout d'une allée à droite et est signalée par une enseigne en anglais. Le premier prix s'élève à 190 yuan pour une double ordinaire. L'ancienne pension, qui ressemble en fait beaucoup à la nouvelle, propose des doubles à 140 yuan mais on essaiera peut-être de faire payer aux "amis étrangers" un service supplémentaire de 30%. Les lits en dortoirs de cinq ou sept (86 yuan) sont quasiment toujours complets.

La situation n'est cependant pas désespérée : juste avant le pont quand on arrive d'Anshun dans le village, l'hôtel *Tianxing* (*tiānxīng fàndiàn*) est un endroit calme et accueillant, avec des lits à 10 yuan. Un lit dans une chambre avec s.d.b. coûte 20 yuan, soit un prix comparable à ceux des hôtels réservés aux Chinois dans le village. Certains circuits touristiques en bus entrent en ville dans la direction opposée et passent devant la pension Huangguoshu. Dans ce cas, pour trouver l'hôtel Tianxing, traversez la ville, franchissez le pont et cherchez un large portail en béton sur la gauche de la route. Il n'y a pas de panneau mais c'est là que se niche l'hôtel. Certains voyageurs ont pu obtenir des lits à 10 yuan dans les établissements pour Chinois, mais d'autres se sont fait éconduire. Si vous tentez votre chance, choisissez un hôtel situé près des chutes. Apparemment, l'un d'eux a un petit sentier qui vous donne accès gratuitement au point de vue sur les chutes !

Dans la rue principale, plusieurs restaurants possèdent des vérandas à l'arrière où l'on peut se restaurer, siroter une bière et jouir d'un magnifique panorama sur les chutes.

Comment s'y rendre

On peut aller aux chutes de Huangguoshu et aux grottes de Longgong depuis Guiyang ou Anshun. Il existe quelques bus directs pour les chutes au départ de la gare routière longue distance et de la gare ferroviaire de Guiyang. Ils partent vers 7h et mettent trois ou quatre heures. Sinon, on peut prendre un bus ou un train pour Anshun, puis un minibus. Des minibus partent toutes les demi-heures pour Anshun de la gare ferroviaire de Guiyang, distante de 106 km.

Une autre solution consiste à prendre un bus de tourisme local qui part de la gare ferroviaire de Guiyang à 7h. Il vous conduira aux chutes et aux grottes pour 42 à 55 yuan, selon le type de bus. Ce tarif ne comprend pas le prix de l'entrée. Des circuits partent également de presque tous les hôtels mentionnés dans la rubrique *Où se loger* : ils vous emmènent à Huangguoshu en 2 ou 3 heures, alors que les transports publics mettent 5 heures.

Depuis la gare routière longue distance d'Anshun, il existe plusieurs bus directs pour Huangguoshu entre 6h et 8h du matin, puis un à 10h et un autre à 12h. Le trajet coûte 4,50 yuan. Les bus de 7h et de 12h à destination de Zhenfeng et de Qinglong passent par Huangguoshu. De fréquents minibus partent également de la gare routière entre 8h et 17h (5 yuan). Bus et minibus empruntent la route locale pour Huangguoshu plutôt que la voie rapide. Le trajet de 46 km dure donc environ 1 heure 30 mais passe par de petites villes intéressantes.

Entre 7h et 19h, des minibus partent dès qu'ils sont pleins de Huangguoshu pour Anshun, puis Guiyang. Essayez d'en prendre un qui passe par la voie rapide

Guihuang plutôt qu'un bus local. Ils ne sont pas difficiles à trouver car de nombreux visiteurs retournent directement à Anshun ou à Guiyang.

KAILI
(*kǎilǐ*)

A quelque 195 km à l'est de Guiyang, Kaili présente un intérêt limité mais fait office de porte d'accès aux régions du sud-est du Guizhou, peuplées par des minorités. Le bus qui va de Kaili à Liping, au sud-est de la province, traverse l'une des plus fascinantes contrées habitées par ces minorités. Vous devriez pouvoir vous arrêter dans l'un de ces villages sans encourir les foudres des agents du BSP locaux, car presque toute la province du Guizhou est désormais ouverte aux étrangers.

On peut recommander Leishan, Yongle et Rongjiang. Liping constitue un bon point de départ pour mettre le cap sur les villages dong avoisinants. Des bus partent aussi de Kaili pour la région miao de Shibing, ville de départ des croisières sur le Wuyang He, dont les responsables locaux du tourisme font une vive promotion. En tout cas, très peu de voyageurs occidentaux se rendent dans cette partie de la Chine.

A voir

Une pagode se dresse dans le **parc Dage** (*dàgé gōngyuán*), ce qui n'a rien d'étonnant puisque le nom de cet endroit signifie "parc de la Grande Pagode". On peut aussi remarquer la tour du Tambour située dans le **parc Jinquanhu** (*jīnquánhú gōngyuán*), à l'extrémité sud de la ville, où se trouve également le **musée des Minorités** (*zhōu mínzú bówùguǎn*), d'un intérêt limité.

Manifestations annuelles

De nombreuses fêtes organisées par les minorités ont lieu à Kaili et dans la

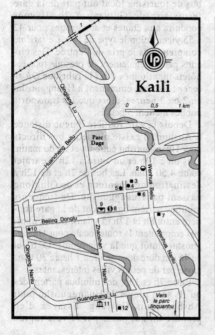

KAILI 凯里

1 Gare ferroviaire
  火车站
2 Gare routière (bus longue distance)
  长途汽车站
3 National Yingpanpo Hotel
  营盘坡宾馆
4 CITS
  中国国际旅行社
5 Boutique de souvenirs
  民族商店
6 Pension Shiyou
  石油招待所
7 Pension Zhenhua
  振华招待所
8 Bank of China
  中国银行
9 Poste
  邮电局
10 BSP
  公安局
11 Musée des Minorités
  贵州民族博物馆
12 Hôtel Kaili
  凯里宾馆

région – plus de 130 par an, d'après le CITS. L'une des plus importantes est la fête du Lusheng, qui a lieu à Danxi du 11e au 18e jour du 1er mois lunaire et rassemble plus de 30 000 personnes. Le *lusheng* est une sorte d'orgue en bambou, utilisé par les Miao.

Cette manifestation permet bien sûr d'entendre des joueurs de lusheng, mais aussi d'assister à des danses, des ensembles de tambour, des combats de buffles et des courses de chevaux.

Une fête semblable se tient au cours du 7e mois lunaire à Qingman, avec plus de 20 000 participants. Le nouvel an miao est célébré pendant les quatre premiers jours du 10e mois lunaire à Kaili, Guading, Danxi et dans d'autres régions miao. Près de 50 000 personnes y participent. Le CITS de Kaili devrait vous fournir la liste et les dates des fêtes locales.

Où se loger

Si vous voulez un hébergement économique, adressez-vous à la pension *Zhenhua* (*zhènhuá zhāodàisuǒ*), au sud de la gare routière longue distance, à l'angle de Wenhua Nanlu et de Beijing Donglu. Le lit en chambre double/triple/quadruple coûte 7/5/4 yuan. Les doubles avec s.d.b. sont à 30 yuan. A ce prix, n'espérez pas le grand luxe.

Également au sud de la gare routière, la pension *Shiyou* (*shíyóu bīnguǎn*) dispose de doubles à 40 yuan et de lits en triples/quadruples à 14/12 yuan. Les triples ont leur propre s.d.b. Non loin de là, le *Yingpanpo National Hotel* (*yìngpànpō mínzú bīnguǎn*) propose des dortoirs de deux à 20 yuan dans l'ancienne aile, et des doubles mieux équipées à 226 yuan dans la nouvelle aile. Vous pouvez essayer de marchander. Pour vous y rendre, cherchez un grand portail au carrefour à trois voies, entrez et suivez la route jusqu'au bout et à droite.

Le CITS a un bureau dans l'enceinte de l'hôtel. Les employés ont quelques notions d'anglais et peuvent vous renseigner sur les minorités et les destinations intéressantes. Vous trouverez également des cartes de la région en anglais. Méfiez-vous cependant s'ils vous proposent une "visite guidée des minorités", à moins que vous ne soyez intéressé par la visite d'un village dong avec danses folkloriques à l'appui pour la modique somme de 600 yuan par personne !

La seule autre solution est l'hôtel *Kaili* (*kǎilǐ bīnguǎn*), bien isolé tout au sud de la ville. Les doubles démarrent au "prix réduit" de 180 yuan. Inutile de marchander.

Comment s'y rendre

De nombreux trains au départ de Guiyang passent par Kaili, dont trois entre 8h et 11h. Évitez le n°586 qui part vers 8h50 et met cinq heures, alors que la plupart des autres effectuent le voyage en à peine plus de trois heures. Une place en assis dur coûte de 8 à 12 yuan. Cinq trains relient Kaili à Guiyang entre 10h et 18h.

Des bus pour Kaili partent fréquemment de l'endroit situé face à la gare ferroviaire de Guiyang entre 6h30 et 17h30. Le voyage dure environ 5 heures et coûte 25 yuan. De l'hôtel Minzu à Kaili, un minibus confortable se rend à la gare ferroviaire de Guiyang à 7h (30 yuan). Ce même bus revient à Kaili vers 13h ou 14h.

De la gare longue distance de Kaili, des bus partent fréquemment pour Guiyang entre 6h et 13h. Un bus part tous les jours vers 7h pour Shibing et Zhenyuan. Liping et Congjiang sont desservies par un ou deux bus quotidiens, qui quittent Kaili entre 6h et 7h. Deux à trois bus partent tous les matins à destination de Leishan, et il y a des bus toutes les heures pour Rongjiang entre 6h30 et 13h30.

ENVIRONS DE KAILI

Peu de voyageurs occidentaux poussent jusqu'à la région du sud-est du Guizhou où vivent les minorités. Les endroits que nous citons valent pourtant la visite. Les habitants de cette partie du monde ne parlent aucune langue étrangère et il est peu probable que vous rencontriez d'autres étrangers.

Shibing et Zhenyuan

(shībǐng/zhènyuán)

La bourgade de Shibing, un village miao qui a pris de l'importance, permet des excursions dans la campagne environnante, parsemée de minuscules villages miao. Les croisières sur le **Wuyang He** (*wǔyáng hé*) jusqu'à Zhenyuan, à travers un paysage ressemblant à celui de Guilin (formations karstiques), sont la principale attraction de la région. De Zhenyuan, on peut prendre un bus pour regagner Shibing ou Kaili, ou encore un bus pour Tianzhu. De là, il devrait être possible de rejoindre Liping par le bus, *via* Jinping. C'est un itinéraire intéressant, bien qu'éreintant. De Liping, on peut se rendre (lentement) jusqu'à Guilin, en traversant des villages dong.

Où se loger et se restaurer. On peut se loger sans grand confort à Shibing à la *pension Shibing* (*shībǐng zhāodàisuǒ*), et à Zhenyuan à la *pension Zhenyuan* (*zhènyuán zhāodàisuǒ*). Ce sont deux petites villes et vous n'aurez aucun mal à trouver ces hôtels.

Chong'an

(chóngān)

À deux heures de bus environ au nord de Kaili, ce hameau abrite tous les vendredi un marché qu'il ne faut rater en aucun cas, aux dires des voyageurs qui l'ont vu. On peut aussi faire d'agréables promenades le long de la rivière et dans les villages miao voisins. Un hôtel en ville accepte les étrangers, avec des lits en dortoirs de 5 à 8 yuan. Les bus à destination de Shibing passent par Chong'an.

DE KAILI A LIPING

A l'extrémité sud-est du Guizhou, Liping est une ville assez quelconque mais la route qui y mène depuis Kaili traverse de magnifiques paysages. L'idéal serait de descendre du bus et de passer quelques heures dans l'un des villages peuplés de minorités, tels que Leishan, Tashi, Chejiang, Rongjiang, Maogong ou Gaojin. Vous ne pourrez peut-être reprendre un bus que le lendemain matin mais vous ne regretterez pas

votre arrêt. L'hébergement dans ces petits villages se limite généralement à un hôtel à côté de la gare routière. Si vous avez l'air perdu, il y aura toujours quelqu'un pour vous aider à prendre le prochain bus ou vous emmener à l'hôtel local. La plupart de ces localités ont conservé ces magnifiques ponts dong que l'on appelle "ponts du Vent et de la Pluie", ou des tours du Tambour, souvent visibles depuis le bus.

Si vous décidez d'aller directement à Liping, sachez que le trajet en bus dure environ 9 heures et coûte 20 yuan. A Liping, on peut se loger à la *pension Liping* (*lìpíng zhāodàisuǒ*) où le lit coûte entre 5 et 10 yuan. Elle se trouve au rond-point au centre de la ville, à côté de l'arrêt des bus longue distance.

DE LIPING A GUILIN

Cet itinéraire ne s'adresse qu'aux voyageurs disposant de beaucoup de temps. Les bus sont très rares dans cette partie du pays et se déplacent à une allure d'escargot sur des routes tout juste dignes de ce nom. Des bus partent à 7h de Liping pour Diping (*dìpíng*), également appelée Long'e (*lóngé*) : il faut compter quatre heures de trajet, en passant par Zhaoxing (*zhàoxīng*), incroyable village dong qui compte cinq tours du Tambour. Vous serez obligé de séjourner à l'hôtel de Zhaoxing si vous faites étape dans ce bourg car il n'y a qu'un bus par jour depuis et vers Diping. A Diping, autre village dong, vous devrez également vous arrêter pour la nuit puisque le bus à destination de Sanjiang (province du Guangxi) ne part que le matin. L'hôtel sur la place où s'arrêtent les bus dispose de lits en dortoirs pour 5 yuan. Depuis Sanjiang, des bus desservent Longsheng ou directement Guilin. Pour plus de renseignements, reportez-vous à la section *Sanjiang* dans le chapitre *Guangxi*.

ZUNYI

(zūnyì)

À 163 km au nord de Guiyang, Zunyi intéressera surtout ceux qui se passionnent pour l'histoire du parti communiste chi-

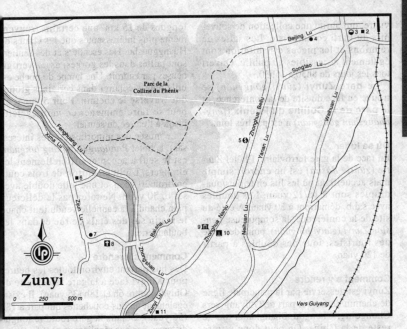

ZUNYI 遵义

1 Gare ferroviaire
火车站
2 Hôtel Zuntie
遵铁大厦
3 Gare routière (bus longue distance)
长途汽车站
4 CAAC
中国民航
5 Bank of China
中国银行
6 Pension Zunyi
遵义宾馆
7 Site de la conférence de Zunyi
遵义会议会址
8 Église catholique
天主教堂
9 Palais de la Culture des travailleurs
工人文化宫
10 Temple Baiyun
白云寺
11 Hôtel Xiangshan
湘山宾馆

nois. Les autres n'y verront qu'une ville industrielle sans grand intérêt.

Encerclés dans le sud du Jiangxi par les troupes du Guomindang, les communistes entamèrent le 16 octobre 1934 la titanesque Longue Marche. A la mi-décembre, ils avaient atteint le Guizhou et marchaient sur Zunyi, une prospère cité commerçante. Prenant la ville par surprise, les communistes purent s'y réapprovisionner et s'y reposer. Du 15 au 18 janvier 1935, les hauts responsables communistes se réunirent pour faire le point de la situation (conférence de Zunyi). Les résolutions adoptées à cette occasion reflétaient largement les vues de Mao Zedong et cette conférence fut une étape marquante dans sa carrière.

A voir

La principale attraction est le **site de la conférence de Zunyi** (*zūnyì huìyì huìzhǐ*), à quelque 5 km au sud de la gare ferroviaire, qui abrite une collection de souvenirs du Parti communiste. Les salles de réunions et les pièces d'habitation sont également accessibles au public. Ouvert tous les jours de 8h30 à 16h30.

Le **parc Zunyi** (*zūnyì gōngyuán*) se trouve en face de la salle de la conférence, et le **parc de la Colline du Phénix** (*fènghuángshān gōngyuán*) n'est pas très loin.

Où se loger

En face de la gare ferroviaire, l'hôtel *Zuntie* (*zūntiě dàshà*) est un endroit simple mais accueillant où les lits en triples/quadruples sont à 16/12 yuan. Les doubles avec s.d.b. démarrent à 50 yuan. A côté du site de la conférence, la somptueuse *pension Zunyi* (*zūnyì bīnguǎn*), point de chute des touristes, loue des doubles à partir de 120 yuan.

Comment s'y rendre

Zunyi est desservie par la principale ligne de chemin de fer qui part de Guiyang vers Chongqing, Chengdu, Shanghai et tout le reste de la Chine. On peut donc y faire étape sur ces itinéraires. Un billet en assis dur au départ de Guiyang coûte 8 yuan.

Des bus partent aussi toutes les heures entre 6h et 12h de la gare routière longue distance de Guiyang. On peut également prendre un bus pour Zunyi en face de la gare ferroviaire de Guiyang, environ toutes les demi-heures entre 7h et 21h. La gare routière longue distance de Zunyi est située à côté de l'hôtel Zuntie, et des minibus partent toute la journée pour Guiyang à partir de 7h (moins fréquents à partir de 18h). Le voyage dure 5 heures et coûte 15 yuan.

XINGYI
(*xīngyì*)

Xingyi est surtout une étape dans l'extrême sud-ouest du Guizhou pour ceux qui se rendent de Guiyang à Kunming en bus. L'attrait principal de la région est constitué par les **gorges de Maling** (*mǎlíng héxiǎgǔ*),

longues de 15 km, que certains trouvent même plus intéressantes que les chutes de Huangguoshu. Des escaliers et des sentiers sont taillés dans les gorges, assez vertigineuses par endroit. Une lampe de poche est utile pour s'éclairer dans certaines grottes que traverse le chemin. Pour 5 yuan, on peut se faire emmener en motocyclette jusqu'à l'entrée du sentier.

Le musée des minorités est très intéressant. L'hôtel *Panjiang* (*pánjiāng bīnguǎn*) est le seul à accepter officiellement les étrangers. Un lit en dortoir de trois coûte environ 20 yuan, et une jolie double avec s.d.b. 50 yuan. Ne ratez pas le délicieux pain chaud à la cannelle vendu tout chaud le matin sur des étals de rue et dans les boulangeries.

Comment s'y rendre

Des bus partent environ toutes les heures pour Xingyi face à la gare ferroviaire de Guiyang entre 6h et 18h (35 yuan). Il existe également un bus-couchettes qui part à 18h (56 yuan). Depuis la gare routière longue distance, des bus réguliers partent fréquemment entre 6h et 18h (30 yuan). On peut aussi prendre un bus-couchettes à 12h, 16h et 18h (52 yuan). Le voyage Guiyang-Xingyi dure 12 heures.

Si vous vous rendez à Anshun, vous pouvez prendre le bus quotidien à 6h30 ou 7h (l'heure de départ est variable). Le trajet de sept heures (21,50 yuan) fait découvrir de magnifiques paysages, aussi vaut-il sans doute mieux l'effectuer de jour.

De la gare routière de Xingyi, des bus partent à 6h pour Kunming (12 heures de route). Il existe aussi un bus à 18h mais il n'est pas équipé de couchettes et le voyage risque d'être long et cahoteux. Enfin, plusieurs compagnies indépendantes en ville assurent toute la journée des services de bus pour Kunming. Les billets coûtent 25 à 30 yuan. Depuis la gare routière longue distance de Kunming, des bus partent le matin pour Xingyi.

Yunnan 云南

Le Yunnan (*yúnnán*) est sans conteste l'une des destinations les plus attrayantes de Chine pour le voyageur. C'est la province la plus variée géographiquement, avec des paysages allant de la forêt tropicale humide aux hauts plateaux glacés du Tibet. C'est aussi la sixième province de Chine par la taille. Un tiers des minorités ethniques du pays y vivent. Elle abrite la moitié des éléments de la flore et de la faune chinoises. Si l'on ne devait visiter qu'une seule province, ce serait peut-être celle-ci.

Le Yunnan est également célèbre pour son climat tempéré tout au long de l'année. Son nom signifie d'ailleurs "au sud des nuages". La capitale de la province, Kunming, est également baptisée la "cité du printemps".

Malgré tous les efforts déployés par le gouvernement, de nombreuses poches de la province ont résisté avec succès à l'influence chinoise et conservé une puissante identité culturelle. Même Kunming a gardé un charme particulier et semble appartenir à un autre monde que Pékin. La rapidité de l'essor économique menace cependant cette originalité.

Avant notre ère, quand Qin Shihuang et les empereurs Han tentèrent d'étendre leur pouvoir vers le sud-ouest, le Yunnan était occupé par un grand nombre d'habitants non chinois dépourvus de véritable structure politique. Mais au VIIe siècle, les Bai avaient fondé le puissant royaume de Nanzhao, au sud de Dali. A l'origine allié aux Chinois contre les Tibétains, ce royaume se renforça jusqu'à être capable, au milieu du VIIIe siècle, de vaincre les armées Tang. Il prit alors le contrôle d'une grande partie du Sud-Ouest et s'affirma comme une entité totalement indépendante, dominant les routes commerciales menant de Chine en Inde et en Birmanie. Le royaume de Nanzhao s'effondra au Xe siècle et fut remplacé par le royaume de Dali, État indépendant qui survécut jusqu'à sa défaite contre les Mongols au milieu du XIIIe siècle. Après quinze siècles de résistance au pouvoir du Nord, cette partie du Sud-Ouest fut intégrée à l'empire en tant que province du Yunnan.

Population : 35 millions d'habitants

Capitale : Kunming

A ne pas manquer :

- La moderne Kunming, ses fascinantes ruelles et sa cuisine succulente
- Lijiang et les étroites rues de pierre de la "vieille ville", qui donnent un extraordinaire aperçu de la culture et de l'histoire de la minorité naxi
- Les gorges du Saut du tigre, site réputé pour ses cascades et ses falaises spectaculaires, se prêtant à une randonnée de deux à trois jours
- Dali, halte délassante, avec ses bâtiments en bois anciens et ses rues pavées
- Tengchong, ses coutumes, son architecture ancienne en bois, ses sources chaudes et ses volcans (non actifs)
- Ruili, ville frontalière à l'ambiance parfois électrique, et les temples, villages et forêts alentour
- Le Xishuangbanna, avant-goût de l'Asie du Sud-Est tropicale, où réside le peuple dai

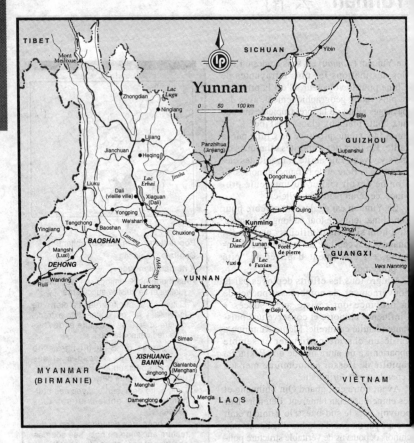

La région demeura pourtant isolée. Quelques garnisons chinoises et des points de peuplement han étaient parsemés dans les vallées ; les populations autochtones occupaient les hauteurs ; des Dai (Thaï) et autres minorités étaient implantés le long du Lancang (Mékong). Comme le reste du Sud-Ouest, le Yunnan a toujours été l'une des premières régions à rompre avec le pouvoir central.

Aujourd'hui, le Yunnan semble pourtant fermement installé dans le giron chinois. La province compte 35 millions d'habi-

tants, dont une véritable mosaïque d'ethnies non chinoises (25 sont recensées) parmi lesquelles les Zhuang, Hui, Yi, Miao, Tibétains, Mongols, Yao, Bai, Hani, Dai, Lisu, Lahu, Wa, Naxi, Jingpo, Bulang, Pumi, Nu, Achang, Benglong, Jinuo et Dulong.

KUNMING
(kūnmíng)

Si Kunming et ses environs comptent un bon nombre de sites touristiques intéressants, ils s'avèrent bien insipides comparé à certains joyaux du Yunnan comme Lijiang ou le Xishuangbanna. Il est néanmoins agréable de se promener à pied dans la ville, dès que l'on quitte les grands axes. Hélas, le charme de Kunming est menacé : comme dans le reste de la Chine, ces dernières années ont vu de considérables rénovations et constructions. Pour les habitants, c'est un synonyme de "progrès" mais, pour les visiteurs occidentaux à la recherche du vieux Kunming, cela signifie que les pittoresques ruelles bordées de fascinantes demeures en bois sont peu à peu remplacées par des tours et des hôtels de luxe. Il en reste heureusement encore assez pour que le charme de la cité soit préservé mais, dans les dix années à venir, les derniers vestiges historiques succomberont vraisemblablement sous les assauts des bulldozers.

Kunming mérite cependant encore qu'on s'y attarde quelques jours. On y mange très bien et ses artères sont emplies de chalands, colporteurs, masseurs, stands de karaoke, et parfois d'artistes de rues.

Kunming compte quelque 3,5 millions d'habitants, dont seulement un million environ habitent la zone urbaine. Les ethnies non chinoises représentent au maximum 6% de la population, bien que les zones agricoles des districts environnants abritent également des Yi, Hui et Miao. Un grand nombre de Vietnamiens, réfugiés à Kunming pendant les hostilités et les incidents de frontière sino-vietnamiens qui ont débuté en 1977, y sont restés depuis.

A 1 890 m d'altitude, Kunming bénéficie d'un climat plus tempéré que la plupart des autres villes chinoises. On peut la visiter à n'importe quelle période de l'année. Des vêtements légers suffisent en général, mais il est bon de se munir de lainages en hiver car les températures peuvent chuter brusquement, surtout en soirée. Ces dernières années, il a même neigé légèrement à deux ou trois reprises. Il fait bon d'avril à septembre, période pendant laquelle la température moyenne ne varie guère. L'hiver est court, sec et ensoleillé. L'été (de juin à août), Kunming offre un climat frais, mais il pleut davantage.

Histoire

La région de Kunming est peuplée depuis 2 000 ans. Les fouilles des tombeaux autour du lac Dian, au sud de la ville, ont permis de découvrir des milliers d'objets témoins de la civilisation de cette époque – armes, tambours, peintures, bijoux de jade, d'argent et de turquoise –, qui ont permis de retracer l'histoire de la cité. Jusqu'au VIIIe siècle, Kunming ne fut qu'un point de peuplement bien isolé. Le royaume de Nanzhao, dont le centre était à Dali, au nord-ouest de Kunming, s'en empara et en fit sa capitale secondaire. En 1274, les Mongols arrivèrent, balayant tout sur leur passage. Marco Polo dresse un portrait fantastique de cette ville commerçante à la fin du XIIIe siècle :

Après cinq jours de voyage, on arrive dans la capitale, une grande et noble ville appelée Jacin. Elle comprend des marchands et des artisans, avec une population mélangée composée d'idolâtres, de chrétiens nestoriens et de Sarrasins ou musulmans... La terre est fertile en riz et en blé... Ils utilisent comme monnaie des coquillages de porcelaine blanche trouvés dans la mer, qu'ils portent également comme ornements autour du cou... Quatre-vingts de ces coquillages équivalent à... deux ducats vénitiens. Dans ce pays, il y a aussi des marais salants... Les taxes sur le sel fournissent d'importants revenus à l'empereur. Les indigènes ne considèrent pas comme une offense que d'autres aient commerce avec leur épouse, à condition qu'elle soit consentante. Un lac de presque cent milles de circonférence renferme beaucoup de poissons. Les gens mangent la viande crue des volailles, des moutons, des bœufs et des buffles... Les plus pauvres se contentent de la tremper dans une sauce à l'ail... Ils la mangent parfois cuite, comme nous le faisons.

Au XIVe siècle, les Ming s'installèrent à Yunnanfu, le nom de Kunming à l'époque, et édifièrent une muraille autour du site actuel de la ville. A partir du XVIIe siècle, l'histoire de cette cité est sans grand relief. Réfugiés à Kunming en 1650, les Ming tentèrent de résister à la conquête mandchoue. Ils furent écrasés par le général Wu Sangui. Mais Wu se rebella ensuite contre l'empereur mandchou et tint tête à son tour à l'empire du Milieu, jusqu'à sa mort en 1678. Son successeur fut renversé par

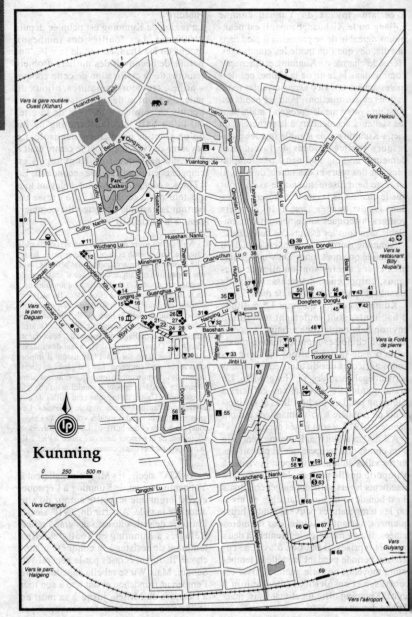

Kunming

Vers la gare routière
Ouest (Xizhan)

Vers Hekou

Huancheng Beilu

Parc Cuihu

Qingyun Jie

Cuihu Beilu

Yuantong Jie

Yuantong Donglu

Qingnian Lu

Taoyuan Jie

Beijing Lu

Chuanjin Lu

Huancheng Donglu

Vers le
restaurant
Billy
Niupai's

Renmin Donglu

Baita Lu

Dongfeng Donglu

Huashan Xilu

Huashan Nanlu

Cuihu Nanlu

Cuihu Xilu

Wucheng Lu

Minsheng Jie

Changchun Lu

Zhengyi Lu

Huguo Lu

Vers le parc
Daguan

Xichang Lu

Daguan Jie

Dongfeng Xilu

Guanghua Jie

Longjing Jie

Guanghua Jie

Wuyi Lu

Nanping Lu

Baoshan Jie

Dongfeng Donglu

Tuodong Lu

Chunrong Lu

Vers la Forêt
de pierre

Wujing Lu

Xiangyun Jie

Jinbi Lu

Dong Jie

Shuang Jie

Vers Chengdu

Qingchi Lu

Huancheng Nanlu

Haigeng Lu

Guovaan Donglu

Beijing Lu

Vers
Guiyang

Vers le parc
Haigeng

Vers l'aéroport

0   250   500 m

KUNMING 昆明

OÙ SE LOGER

7 Green Lake Hotel
翠湖宾馆
9 Golden Flower Hotel
金花宾馆
16 Hôtel Yunnan
云南饭店
28 Hôtel Chuncheng
春城饭店
41 Camellia Hotel
茶花宾馆
45 Holiday Inn Kunming
樱花酒楼
46 Hôtel Kunming
昆明饭店
57 Hôtel Kunhu
昆湖饭店
62 Golden Dragon Hotel
金龙饭店
65 King World Hotel
锦华大酒店
67 Three Leaves Hotel
三叶饭店
68 Railroad Travel Service
铁路旅行社

OÙ SE RESTAURER

5 Restaurant Tong Da Li
通达利餐馆
8 Restaurant Laozhiqing
老知青食馆
11 Restaurant végétarien
Wucheng
武成素食店
13 Shanghai Noodle
Restaurant
上海面店
20 Glacier
兵淇淋店
22 Restaurant
Qiaoxiangyuan
桥香园饭店
23 Restaurants
musulmans
清真饭店
29 Yunnan Across-the-
Bridge Noodles
Restaurant
云南过桥米线

30 California Noodle
King USA
美国加州牛肉面大王
32 Restaurant Beijing
北京饭店
33 Café Nanlaisheng
南来盛咖啡馆
34 Restaurant Minsheng
民生饭店
38 Restaurant musulman
Yingjianglou
映江楼饭店
42 École de cuisine
学厨饭店
43 Yunnan Typical Local
Food Restaurant
根兴饭店
48 Bai Ta Dai Flavour
Restaurant
白塔傣味餐厅
51 Mengzi Across-the-
Bridge Noodles
Restaurant
蒙自过桥米线
53 Restaurant
Guangshengyuan
冠生园饭店
58 Yuelai Cafe
悦来餐厅
59 Wei's Place
哈哈餐厅

DIVERS

1 Institut des minorités
du Yunnan
云南少数民族学院
2 Zoo de Kunming
昆明动物园
3 Gare ferroviaire Nord
火车北站
4 Temple Yuantong
圆通寺
6 Université du Yunnan
云南大学
10 Gare routière
de Xiaoximen
小西门汽车客运站
12 Grand magasin
Dongfeng
东风百货商店
14 Théâtre des Arts
艺术剧院

15 Bus à destination
des collines de l'Ouest
et du temple
des Bambous
往西山, 筇竹寺的车
17 Stade Guofang
国际体育场
18 Bureau de réservation
de billets
火车票预售处
19 Musée de la province
du Yunnan
云南省博物馆
21 Grand magasin
Wuhua Mansions
五华大厦
24 Kunming United Airlines
昆明联合航空公司
25 Marché aux fleurs
et aux oiseaux
花鸟市场
26 Mosquée Nancheng
南城清真古寺
27 Grand magasin
Kunming
昆明百货商店
31 Librairie Xinhua
新华书店
35 Mosquée
清真寺
36 Magasin d'antiquités
du Yunnan
云南文物商店
37 Librairie étrangères
外文书店
39 Bank of China
中国银行
40 Hôpital Yan'an
延安医院
44 CAAC
中国民航售票处
47 China Southern et
Shanghai Airlines
上海航空公司
49 Golden Triangle Bar
金角酒吧
50 Poste et téléphones
邮电局
52 BSP
公安局
54 Poste internationale
国际邮局
55 Pagode de l'Est
东寺塔

56	Pagode de l'Ouest
	西寺塔
60	CITS
	中国国际旅行社
61	Thai Airways
	泰国航空公司
63	Bank of China
	中国银行
64	China Southwest Airlines
	西南航空公司
66	Gare routière (bus longue distance)
	长途汽车总站
69	Gare ferroviaire principale
	火车站

l'empereur mandchou Kangxi et se suicida à Kunming en 1681. Au XIXe siècle, la ville connut plusieurs épisodes sanglants lorsque le chef musulman rebelle Du Wenxiu, sultan de Dali, attaqua et assiégea Kunming plusieurs fois, entre 1858 et 1868. De nombreux bâtiments furent détruits et la rébellion musulmane ne fut matée qu'en 1873.

L'intrusion de l'Occident à Kunming débuta au milieu du XIXe siècle, quand la Grande-Bretagne prit le contrôle de la Birmanie et la France celui de l'Indochine, établissant un accès à la ville par le sud. En 1900, Kunming, Hekou, Simao et Mengzi furent ouvertes au commerce avec l'étranger. Les Français souhaitaient exploiter le cuivre, l'étain et le bois de la région et, en 1910, leur ligne de chemin de fer depuis l'Indochine, dont la construction avait débuté en 1898 à Hanoi, atteignit Kunming.

L'expansion de la ville démarra avec la Seconde Guerre mondiale, lorsque des usines furent construites et que des réfugiés fuyant l'invasion japonaise arrivèrent en masse de tout l'est de la Chine. Pour empêcher la Chine de tomber entre les mains des Japonais, les forces anglo-américaines approvisionnèrent les troupes nationalistes retranchées au Sichuan et au Yunnan. Équipement et ravitaillement arrivaient par une piste défoncée, creusée dans les mon-

tagnes en 1937-1938 par 160 000 ouvriers chinois pratiquement dépourvus d'outils. C'était la célèbre route de Birmanie, liaison de 1 000 km entre Lashio et Kunming (la partie ouest de Renmin Lu, à Kunming, qui va vers Heilinpu, est en fait l'extrémité de cette route).

Début 1942, les Japonais prirent Lashio, coupant cette voie de communication. Kunming resta pourtant approvisionnée, entre 1942 et 1945, par des avions américains qui franchissaient la dangereuse chaîne de montagnes, à 5 000 m d'altitude, séparant l'Inde du Yunnan.

La physionomie de Kunming a énormément changé depuis la guerre. Ses rues ont été élargies et des immeubles ont poussé. L'industrialisation s'est rapidement développée avec l'arrivée du chemin de fer, et un nombre surprenant de marchandises et machines vendues en Chine portent la mention "Made in Yunnan".

Orientation

La juridiction de Kunming s'étend sur 6 200 km^2. Elle comprend quatre districts urbains et quatre districts ruraux (qui fournissent la ville en fruits et légumes). Le centre de Kunming est le rond-point à l'intersection de Zhengyi Lu et de Dongfeng Lu. C'est là que vous trouverez les gens à la mode, les cinémas, les bars à karaoke et les grands magasins. Curieusement, des ensembles de vieilles maisons de bois subsistent dans les environs immédiats. Il y a quelques vieilles ruelles et d'excellents restaurants en se dirigeant au sud-ouest, dans Jinbi Lu, rue fascinante remplie de boutiques et de restaurants. D'après la rumeur, cependant, les arbres qui la bordent seront bientôt abattus pour permettre l'élargissement de la chaussée.

Au nord du rond-point, on trouve le parc Cuihu, agréable lieu de promenade, le temple Yuantong et le zoo. L'artère principale nord-sud, Beijing Lu, se situe à l'est du rond-point. A l'extrémité sud de cette rue se trouvent la gare principale, la gare routière longue distance et l'hôtel Kunhu, l'un des quelques établissements bon marché de la ville. Beijing Lu est coupée en son milieu par Dongfeng Donglu, où sont installés les luxueux hôtels Kunming et Holiday Inn Kunming.

Renseignements

CITS. L'agence (☎ 314-8308) se trouve juste à l'est de Beijing Lu, dans un vaste bâtiment à carreaux blancs, 220 Huancheng Nanlu. Comme toutes les autres antennes CITS de Chine, elle s'occupe surtout des groupes et n'est pas d'un grand secours pour les voyageurs individuels.

BSP. Le bureau des affaires étrangères de la police, 93 Beijing Lu, est ouvert 7 jours sur 7 de 8h à 11h30 et de 14h30 à 16h30. C'est un bureau minuscule avec une petite plaque en anglais à l'extérieur. Les fonctionnaires parlent un anglais excellent et sont assez cordiaux. Ils possèdent également des listes à jour de toutes les villes et régions du Yunnan ouvertes aux étrangers (la liste s'allonge régulièrement).

Argent. Les hôtels Kunming, Green Lake, Camellia, King World, Holiday Inn et Golden Dragon disposent tous d'un bureau de change, solution généralement plus commode que de se rendre à la Bank of China, dans Renmin Donglu. Il existe cependant depuis peu une succursale à proximité du Golden Dragon. Un ou deux changeurs au noir espèrent encore trouver des clients devant l'hôtel Kunming, mais il faut se méfier des escrocs.

Poste et télécommunications. Un bureau de poste international est situé dans la partie est de Beijing Lu, à mi-chemin entre Tuodong Lu et Huancheng Nanlu. La poste restante et le service des paquets sont très efficaces. Tous les objets postaux reçus sont notés sur une liste conservée au guichet ; il faut présenter une pièce d'identité pour les retirer. Un des employés au moins parle l'anglais. On peut également téléphoner. Un autre bureau est situé au nord de celui-ci, dans Beijing Lu, près de l'intersection avec Dongfeng Donglu.

Consulats. La Thaïlande, le Laos et le Myanmar (Birmanie) possèdent désormais des consulats à Kunming, où l'on peut se faire établir des visas. Lors de notre dernière visite, les agents du BSP nous ont informés que des permis de sortie n'étaient pas nécessaires pour se rendre au Laos ou au Myanmar. Cependant, étant donné la flexibilité des règlements en Chine, il est peut-être plus sage de vous en assurer. Voici les détails concernant les visas pour chacun de ces pays :

Laos. Le consulat du Laos (☎ 317-6623) est installé au 2e étage du bâtiment 3 du Camellia Hotel. A moins d'avoir un répondant au Laos, vous n'obtiendrez sans doute qu'un visa de transit de sept jours. Cela vous laissera juste le temps de traverser la frontière à Mengla, de descendre jusqu'à Vientiane, puis de vous rendre en Thaïlande (en fait, cela peut prendre quelques jours de plus, mais les voyageurs ayant dépassé la date de validité de leur visa ont rencontré fort peu de difficultés). Le visa, établi en trois à cinq jours, coûte 28 $US. Vous devrez fournir quatre photos et montrer que votre passeport contient déjà un visa émanant d'un pays tiers. Bien que la Thaïlande accorde à la plupart des nationalités un délai de trente jours avant d'exiger un visa, il vous faudra peut-être vous en faire apposer un uniquement pour satisfaire les fonctionnaires laotiens. Le consulat est ouvert du lundi au vendredi de 8h30 à 11h30 et de 14h30 à 16h30.

Myanmar (Birmanie). Le bureau (☎ 312-6309) est juste au-dessus du consulat du Laos, au 3e étage du bâtiment 3. Le Myanmar semble attendre les touristes avec impatience : le consulat peut vous accorder un visa de quatre semaines en vingt-quatre heures, voire dans la journée, pour 165 yuan. Cette solution cache cependant deux pièges : d'une part on vous demande de changer 300 $US en kyats birmans au taux gouvernemental, scandaleusement bas, et d'autre part les visas ne sont pas valables pour entrer dans le pays par voie terrestre : vous êtes censé vous y rendre en avion *via* Yangon (Rangoon). Si vous êtes plusieurs, tentez votre chance pour passer la frontière à Ruili. Pour plus de renseignements, reportez-vous à la rubrique *Ruili*. Le consulat est ouvert du lundi au vendredi de 8h30 à 12h et de 13h à 16h30.

Thaïlande. Le consulat de Thaïlande (☎ 396-8916), au 2e étage de l'aile nord du Golden Dragon Hotel, peut vous délivrer des visas de deux mois pour 110 yuan en trois jours ouvrables. Les voyageurs de la plupart des nationalités n'en ont pas besoin, à moins de séjourner plus de trente jours en Thaïlande.

Cartes. Il existe au moins trois plans différents, certains dotés de quelques vagues termes anglais, disponibles auprès des hôtels et de la librairie en langues étrangères. La *Kunming Tourist Map* comporte les noms des rues et des hôtels en anglais, ainsi que les lignes des bus. La *Yunnan Communications and Tourist Map* indique en anglais les noms de presque toutes les villes de la province.

Services médicaux. L'hôpital Yan'an (*yán'ān yīyuàn*), dans Renmin Lu, abrite une clinique pour étrangers (☎ 317-7499 poste 311) au 1er étage du bâtiment.

Pagodes de la dynastie Tang

Au sud de Jinbi Lu, on peut voir deux pagodes d'époque Tang, dont la plus belle est celle de l'Ouest (*xīsì tǎ*). La pagode de l'Est (*dōngsì tǎ*) a été détruite, d'après les autorités chinoises par un séisme, d'après les Occidentaux lors d'une révolte musulmane. Elle fut reconstruite au XIXe siècle, mais ne présente guère d'intérêt. La pagode de l'Ouest est située dans Dongsi Jie, une rue de marché animée dans laquelle on ne peut qu'aller à pied tant la foule est dense. Les personnes âgées ont l'habitude de se retrouver à la pagode de l'Ouest pour boire du thé, jouer aux cartes et au mah-jong. Il est agréable de s'y reposer devant une tasse de thé. Cherchez un portail rouge caché parmi

les arbres et les enseignes de karaoke : la pagode est à 20 m au bout d'une étroite allée. Le temple est ouvert de 9h à 21h.

Musée de la province du Yunnan
(*yúnnánshěng bówùguǎn*)

Ce musée, dans Wuyi Lu, abrite une exposition consacrée aux ethnies du Yunnan, ainsi qu'une collection d'objets artisanaux découverts dans les tombeaux mis au jour à Jinning, sur la rive sud du lac Dian. Tout bien considéré, le musée (ouvert du lundi au jeudi) ne vaut sans doute pas les 10 yuan d'entrée que l'on demande aux étrangers.

Temple Yuantong
(*yuántōng sì*)

Le temple Yuantong, au nord-est du Green Lake Hotel, est le plus grand complexe bouddhiste de Kunming, très fréquenté par les pèlerins. Vieux de plus de 1 000 ans, il a été maintes fois restauré. De l'entrée à la salle principale, on peut admirer un grand nombre de bonzaïs et de fleurs en pots. La grande cour est agrémentée d'un large bassin coupé de passerelles et de ponts. Un pavillon octogonal occupe le centre du bassin. Une nouvelle salle a été ajoutée derrière le temple pour abriter une statue de Sakyamuni (le Bouddha de notre ère, Gautama Siddharta) offerte par le roi de Thaïlande. Un restaurant végétarien sert à déjeuner et à dîner.

Le temple est ouvert de 8h à 17h, mais les portes du restaurant ne ferment pas avant 21h. L'entrée coûte 5 yuan pour les visiteurs étrangers, 1 yuan pour les Chinois. Vous ne manquerez pas de remarquer les vieilles femmes chargées de batailler contre les étrangers qui veulent à tout prix photographier le bouddha, ce qu'interdit la religion bouddhiste. Prenez garde aux pickpockets à l'extérieur du temple.

Parc Cuihu
(*cuìhú gōngyuán*)

Le parc Cuihu, à une courte distance au sud-ouest du zoo, n'a rien d'exceptionnel, mais il mérite une promenade si vous arrivez à éviter de payer les 8 yuan de droit d'entrée. Il s'anime surtout le dimanche, quand les familles viennent s'y détendre et que se tient un coin-débat en anglais.

Mosquées

(*qīngzhēnsì*)

Si les sanctuaires bouddhistes de Kunming, désacralisés pendant la Révolution culturelle, ont aujourd'hui été en grande partie rénovés pour attirer les touristes, les lieux de culte musulmans n'ont pas bénéficié aussi rapidement du même traitement. Il existe quelques mosquées dans le centre-ville, dont aucune n'est très active, mais les choses vont peut-être changer : la plus vieille, l'ancienne mosquée Nancheng (*nánchéng gǔsì*), qui date de quatre siècles, doit être démolie et remplacée par un nouvel édifice, plus grand. Il est difficile de savoir si ces travaux vont être réalisés. La mosquée se niche au bout d'une ruelle, juste au nord du grand magasin Kunming, 51 Zhengyi Lu.

Il existe une autre mosquée à proximité, coincée entre Huguo Lu et Chongyun Jie, qui ressemble davantage à un vestige historique qu'à un lieu de culte actif.

Circuits organisés

Plusieurs circuits organisés permettent de visiter la région plus vite qu'avec les minibus publics, mais il faut y mettre le prix. Ces visites incluent des endroits qui ennuient habituellement les Occidentaux, tels que l'étang du Dragon noir et plusieurs grottes. Des sites plus centraux, comme le temple Yuantong, sont facilement accessibles à bicyclette et leur visite en groupe est inutile. De nombreux tour-opérateurs n'acceptent pas les étrangers, avançant l'obstacle de la langue.

Plusieurs visites organisées à la Forêt de pierre partent de la gare, ainsi que des hôtels Three Leaves, Golden Dragon et Kunhu, sur Beijing Lu. Évitez-les : vous passerez la matinée entière à tournicoter dans des grottes aux droits d'entrée exorbitants pour les étrangers, le tout suivi d'un déjeuner marathon ; avec un peu de chance, vous aurez peut-être droit à une heure de détente dans la Forêt de pierre avant d'être rapatrié

Les musulmans de Kunming

Contrairement aux musulmans des autres parties de la Chine, qui se sont en général installés aux extrémités des routes commerciales empruntées par les marchands arabes, l'importante population musulmane du Yunnan remonte aux invasions mongoles du XIIIe siècle. Impossibles à différencier des Han, les Hui, comme on les appelle, ont subi de nombreuses persécutions, les plus récentes remontant à la Révolution culturelle. Celles-ci n'ont suscité aucune révolte ; seules quelques manifestations ont eu lieu à Pékin. Il n'en alla pas de même au XIXe siècle, époque de turbulences des rébellions Nian et Taiping. Les lourdes taxes sur la terre et les conflits entre Han et musulmans à propos des mines d'or et d'argent de la région entraînèrent un soulèvement musulman en 1855.

Les musulmans se regroupèrent à Dali et assiégèrent Kunming, s'emparant brièvement de la ville en 1863. Du Wenxiu, leur chef, proclama alors le royaume de Nanping Guo (royaume de la Paix du Sud). Leur succès fut de courte durée : en 1873, Dali fut prise par les troupes Qing et Du Wenxiu capturé et exécuté, après avoir tenté en vain de se suicider. ■

derechef à Kunming. Cela dit, certains voyageurs ont été satisfaits de l'expérience.

Yunnan Exploration (☎ 531-2203), 73 Renmin Xilu, organise des circuits en jeep, des randonnées, du ski dans l'arrière-pays, des excursions à bicyclette et autres activités de plein air plus originales, la plupart loin de Kunming. Les activités proposées semblent intéressantes, mais dépassent probablement le budget de nombreux voyageurs.

Où se loger – petits budgets

La scène hôtelière de Kunming est morose pour les voyageurs à petit budget. Seuls trois hôtels disposent de dortoirs, tous les autres établissements ouverts aux étrangers entrant dans la catégorie moyenne.

Longtemps favori des voyageurs peu argentés, le *Camellia Hotel* (☎ 316-8000) (*cháhuā bīnguǎn*), dans Dongfeng Donglu, avait fermé ses dortoirs pendant plusieurs années, dans l'espoir de relever son standing. Cependant, l'affluence constante de voyageurs en sac à dos l'a apparemment fait changer d'avis : trois dortoirs de sept lits ont été ouverts mi-1995. A 30 yuan le lit, c'est à peu près l'endroit le moins cher de la ville et, à ce titre, il est parfois difficile d'y trouver de la place. Très demandées également, les chambres doubles à 140 yuan, avec TV et s.d.b. Il n'y a malheureusement guère moins cher dans ce registre à Kunming. Il existe aussi des doubles ordinaires à 220 yuan, que certains voyageurs ont acceptées dans l'espoir d'obtenir un lit en dortoir ou une double à 140 yuan le lendemain.

Le Camellia loue des bicyclettes et dispose d'un bureau de change et d'un service de poste restante. Les employés sont généralement aimables : s'ils vous paraissent un peu cassants, rappelez-vous qu'ils accueillent tous les jours un flux incessant d'étrangers. Pour vous y rendre depuis la gare ferroviaire, prenez le bus n°2 ou 23 jusqu'à Dongfeng Lu, puis changez pour le n°5 en direction de l'est et descendez au deuxième arrêt.

A côté de la gare dans Beijing Lu, l'hôtel *Kunhu* (☎ 313-3737) (*kūnhú fàndiàn*) propose également des lits en dortoir à 30 yuan et attire de ce fait quantité de voyageurs. Ils ne le choisissent certes pas pour son service, si terrible que c'en est risible. Malheureusement, les dortoirs donnent sur Beijing Lu et sont donc bruyants. L'hôtel compte aussi des doubles avec s.d.b., peu reluisantes, à 152 yuan. En revanche, les salles de bains communes sont relativement propres, les lits en dortoir plus faciles à obtenir qu'au Camellia et, à côté, sont implantés plusieurs cafés où l'on peut se détendre, boire un café et discuter avec d'autres voyageurs.

L'hôtel est à deux arrêts de la gare ferroviaire par les bus n°2, 23 ou 47.

L'unique autre solution bon marché est le *Golden Flower Hotel* (☎ 532-6900)

(*jīnhuā bīnguǎn*), assez excentré, dans Xichang Lu. Un lit en dortoir de sept coûte 40 yuan, ce qui est exorbitant. Les doubles ordinaires sont à 200 yuan. L'hôtel est situé dans une cour en retrait de Xichang Lu mais il y a un portail avec une enseigne en anglais. S'y rendre en bus n'est pas des plus simples. Prenez le bus n°3 jusqu'à l'intersection de Jinbi Lu et de Xichang Lu et changez pour le n°22, qui remonte Xichang Lu et passe devant l'hôtel.

Où se loger – catégorie moyenne

Le plus intéressant est sans doute l'hôtel *Chuncheng* (☎ 316-1773) (*chūnchéng fàndiàn*), dans Dongfeng Xilu. Également appelé Spring City Hotel, il possède des chambres doubles propres et spacieuses avec s.d.b. pour 166 yuan – un rapport qualité/prix plutôt bon. Les doubles avec toilettes communes à 82 yuan sont nettement moins intéressantes.

Juste à côté de la principale gare ferroviaire, le *Railroad Travel Service* (*tiělù lǚxíngshè*) propose des doubles avec s.d.b. pour 138 yuan. C'est un hôtel relativement récent, donc plutôt agréable, hormis le fait qu'il faut se frayer un chemin à travers la foule de la gare pour entrer et sortir. Le *Three Leaves Hotel* (*sānyè fàndiàn*) est tout proche, à pied, de la gare ferroviaire, juste en face de la gare routière longue distance, dans Beijing Lu. Les doubles, correctes, avec clim. et TV par satellite coûtent 198 yuan.

Où se loger – catégorie supérieure

L'hôtel *Kunming* (☎ 316-2063) (*kūnmíng fàndiàn*), 145 Dongfeng Donglu, compte deux bâtiments, aux tarifs assez élevés. Seules des chambres doubles sont disponibles dans l'aile nord, où les prix démarrent à 670 yuan. L'aile sud, moins chère, dispose de simples/doubles à 350 yuan. L'hôtel abrite des services utiles : réservation de billets d'avion, poste restante, bureau de poste, photocopies, salle de billard américain, location de bicyclettes, plusieurs restaurants haut de gamme et quelques boutiques. Pour vous y rendre depuis la gare principale, prenez le bus n°23 jusqu'à l'intersection de Dongfeng Lu et de Beijing Lu, puis continuez à pied ou reprenez un bus allant vers l'est. De la gare routière Ouest (*xīzhàn*), prenez le bus n°5.

En face en diagonale du Kunming Hotel, se trouve le bâtiement super-luxueux du *Holiday Inn Kunming* (☎ 316-5888) (*yīnghuā jiǎrì jiǔdiàn*), le meilleur hôtel de la ville, avec quelques excellents restaurants, un pub à l'occidentale, une discothèque très chic et l'un des meilleurs petits déjeuners de la ville. Attendez-vous aux normes et tarifs propres à cette chaîne d'établissements (95 à 112 \$US la double).

Le *Green Lake Hotel* (☎ 515-7326) (*cuìhú bīnguǎn*), 6 Cuihu Nanlu, se trouve dans le vieux Kunming. Jadis calme et pittoresque, il a perdu de son cachet avec la construction à l'arrière d'une extension quatre-étoiles de vingt étages. Les doubles dans l'ancien bâtiment restent en fait assez raisonnables (33 \$US), par rapport aux 100 \$US demandés pour une chambre dans la nouvelle section. L'hôtel compte un bar, un café et deux restaurants, l'un chinois, l'autre occidental. La cuisine de ces établissements a bonne réputation.

Plus bas dans Beijing Lu, le *Golden Dragon Hotel* (☎ 313-2793) (*jīnlóng fàndiàn*) est une entreprise à capitaux mixtes Hong Kong-Chine. Seules des chambres doubles sont disponibles, à partir de 80 \$US, tandis que les suites démarrent à 140 \$US, atteignant des sommets vertigineux à 600 \$US (plus 10% de service). Une réduction de 15% est parfois accordée sur demande. Il existe sur place un centre d'affaires, ainsi que des agences de la CAAC et de Dragonair. Le Golden Dragon, longtemps le meilleur hôtel de Kunming, est en train de perdre sa clientèle au profit des nouveaux établissements.

En descendant la rue depuis le Golden Dragon, on tombe sur un autre hôtel de luxe, le *King World Hotel* (☎ 313-8888) (*jīnhuá dàjiǔdiàn*). Les prix vont de 80 \$US une double ordinaire à 198 \$US pour une suite supérieure, plus 15% de service. Un restaurant tournant coûteux (le

plus haut de Chine, d'après la direction) est installé au dernier étage de l'hôtel.

L'hôtel *Yunnan* (☎ 361-3888) (*yúnnán fàndiàn*), dans Dongfeng Xilu, près du musée de la province du Yunnan et du grand magasin Zhengyi, fut le premier hôtel pour touristes de Kunming. Il s'est récemment démarqué des tarifs modestes de ses débuts et les chambres les moins chères coûtent désormais 480 yuan. Quitte à dépenser cette somme, vous serez sans doute mieux logé dans les anciennes ailes des hôtels Cuihu ou Kunming.

Où se restaurer

Spécialités locales. Plusieurs établissements à proximité des hôtels Kunming et Camellia dans Dongfeng Donglu, possèdent des menus bilingues. L'*école de cuisine* (*xuéchú fàndiàn*) de Dongfeng Lu, spécialisée dans les poissons locaux et les plats de légumes, réserve apparemment ses chefs en herbe aux étrangers. En revanche, le *Yunnan Typical Local Food Restaurant* (*gēnxīng fàndiàn*) propose une grande variété de plats, dont les nouilles "qui traversent le pont" (Across-the-Bridge), et est apprécié de la population locale comme des étrangers.

Plusieurs excellents petits restaurants sont implantés près de l'entrée principale de l'université du Yunnan, notamment le populaire *Tong Da Li* (*tóngdàlì cāntīng*). En sortant de l'université, prenez la rue principale sur la gauche, puis la première ruelle à gauche. Tong Da Li est le deuxième restaurant à droite. Cette rue comporte une série de petits restaurants avec, pour la plupart, des tables à l'extérieur débordant de joyeux convives, qui méritent également un essai. Ce quartier est à un quart d'heure à pied au nord du Green Lake Hotel.

Deux établissements renommés pour leur poulet à la vapeur sont les hôtels *Chuncheng* et *Dongfeng* (*dōngfēng fàndiàn*), au croisement de Wuyi Lu et de Wucheng Lu, en direction du Green Lake Hotel. Plusieurs petits restaurants privés de Beijing Lu, face à la gare routière longue distance, préparent du poulet à la vapeur pour moins cher. Ce mets est servi dans une marmite en terre brune fabriquée dans le district de Jianshui ; on lui attribue des propriétés médicinales en fonction des épices : champignon chenille (*chóngǎo*) ou pseudoginseng.

La meilleure cuisine hui (musulmane) de Kunming se déguste au restaurant musulman *Yingjianglou* (*yìngjiānglóu fàndiàn*), 360 Changchun Lu. Situé dans un quartier animé et intéressant, il reste toujours aussi populaire, après des années d'existence. Un menu en anglais est disponible et l'un des employés parle anglais. Essayez le bœuf froid en tranches et sa délicieuse sauce.

Une bonne adresse pour goûter les fameuses nouilles "qui traversent le pont"

de Kunming est le restaurant *Minsheng* (*mínshēng fàndiàn*). Elles coûtent 5 ou 10 yuan, mais on saura vous convaincre de choisir la version à 10 yuan, qui les mérite amplement. Non loin du musée de la province du Yunnan, un peu en retrait de la rue principale, le restaurant *Qiaoxiangyuan* (*qiáoxiāng yuán*) sert également d'excellentes nouilles, à des prix comparables.

Le *Yunnan Across-the-Bridge Noodles Restaurant* (*guòqiáo mǐxiàngguǎn*), dans Nantong Jie, sert d'énormes et succulentes portions à des prix défiant toute concurrence. Le décor est des plus dépouillés et l'on n'entend que le bruit des dîneurs aspirant leurs nouilles.

La cuisine de Kunming

La nourriture est excellente à Kunming, en particulier sur le pouce. Parmi les spécialités régionales figurent le poulet aux herbes cuit à la vapeur dans un plat en terre (*qìguōjī*), le jambon du Yunnan (*xuānwèi huǒtuǐ*), les nouilles "qui traversent le pont" (Across-the-Bridge) (*guòqiáo mǐxiàn*), le fromage de chèvre (*rǔbǐng*) et différents mets musulmans de bœuf et de mouton. Certains voyageurs ne tarissent pas d'éloge sur le fromage de chèvre passé au gril, autre spécialité locale. En fait, il est assez insipide et colle aux dents.

Les gourmets fortunés pourront s'offrir un banquet à base de champignons de Jizhong, ou 30 plats de mouton froid, ou encore des sauterelles frites ou des trompes d'éléphant braisées à la sauce de soja.

Le petit déjeuner typique à Kunming et dans presque toute la province est composé de nouilles (de blé ou de riz) servies dans un bouillon de viande pimenté.

Les nouilles "qui traversent le pont" sont le plat le plus célèbre du Yunnan. Il s'agit d'un bol de soupe bouillante (à base de poulet, de canard ou de travers de porc) sur laquelle flotte une mince couche d'huile. Elle est accompagnée de porc froid (ou de poulet ou de poisson, dans les établissements chics), de légumes et de nouilles de riz. Le consommateur mélange rapidement tous les ingrédients dans la soupe pour les cuire.

Les nouilles "qui traversent le pont" ont donné de nombreuses légendes, comme l'illustre cette charmante histoire :

Il était une fois un érudit qui vivait au bord du lac du Sud, à Mengzi (sud du Yunnan). Attiré par le calme et la paix qui régnait sur une petite île, il s'y installa dans une chaumière, afin de se préparer à ses examens officiels. Sa femme devait traverser le long pont de bois qui menait à l'île pour lui apporter ses repas. En hiver, les plats étaient toujours froids lorsqu'elle rejoignait son studieux mari. Un jour où elle dormit trop longtemps, elle fit une étrange découverte. Elle avait fait cuire un gros poulet et s'étonna que la soupe soit encore chaude bien qu'aucune fumée ne s'en échappât : la couche de graisse qui s'était formée à la surface avait maintenu la chaleur du bouillon. Elle constata ensuite qu'elle pouvait cuire le reste de la nourriture de son mari dans le bouillon après avoir traversé le pont.

On peut goûter les nouilles "qui traversent le pont" dans d'innombrables restaurants de Kunming. Les prix s'échelonnent de 5 à 15 yuan selon l'accompagnement. Il est préférable de choisir une soupe bien garnie car, avec un ou deux condiments seulement, elle manque de piquant. ■

Un phénomène plus récent à Kunming est la découverte de la cuisine des minorités ethniques. Il existe à présent au moins deux restaurants dai. La nourriture, à base de riz gluant, est épicée. Les étudiants étrangers de Kunming fréquentent le restaurant *Laozhiqing* (*lǎozhīqīng shíguǎn*), à côté de l'entrée principale du parc Cuihu. C'est une échoppe sans devanture, ouverte sur la rue, avec des chaises miniatures.

Le *Bai Ta Dai Flavour Restaurant* (*báitádàiwèi cāntīng*), niché au bout d'une ruelle à côté de l'hôtel Kunming, propose une nourriture savoureuse, un menu en anglais et de la bière pression fraîche. Les tarifs sont un peu élevés mais c'est l'endroit idéal pour goûter la cuisine dai. Vous n'aurez pas d'autre occasion, à moins de vous diriger vers le Xishuangbanna.

Enfin, à deux pas de l'hôtel Kunhu, dans Beijing Lu, plusieurs petits cafés agréables ont du succès auprès des voyageurs et des habitants branchés de la ville. Le meilleur est le *Yuelai Cafe*, dont les tables extérieures sont presque toujours pleines. Les prix sont très raisonnables. Tout à côté, le *Happy Cafe*, autrefois appelé Pizza Hut, propose également les plats préférés des voyageurs. Les pizzas ne sont pas mauvaises, bien que leur aspect ait dérouté plus d'un Occidental, croyant se voir servir des crêpes.

A l'angle de Huancheng Nanlu, *Wei's Place* (*hāhā cāntīng*) possède un peu plus l'ambiance d'un bar occidental à la mode, mais la cuisine est bonne et les dîneurs des tables installées dehors n'ont pas à subir la circulation de Beijing Lu.

Autres restaurants chinois. Un chapelet de restaurants sont installés dans Xiangyun Jie, entre Jinbi Lu et Nanping Lu. Côté Nanping Lu, au n°77, le restaurant *Beijing* (*běijīng fàndiàn*) sert de la cuisine du Nord : fruits de mer, poulet et canard. Plus bas, vous trouverez d'innombrables vendeurs ambulants et petits restaurants privés.

L'un des endroits les plus populaires est le *Shanghai Noodle Restaurant* (*shànghǎi miànguǎn*), 73 Dongfeng Xilu, avec son fronton jaune. Dans la partie gauche, on sert des nouilles bon marché, à droite du poulet à la vapeur, de la viande froide et des raviolis.

En dehors des divers temples en ville et alentour, un restaurant végétarien intéressant est le *Wucheng* (*wǔchéng sùshi chān*), dans un petit bâtiment en bois rouge, 162 Wucheng Lu. Les plats fumants de nouilles aux légumes sont délicieux et très bon marché (2 yuan le bol). Il n'y a pas d'enseigne en anglais mais vous devriez remarquer l'endroit grâce à la foule massée devant. Il se trouve sur le trottoir de gauche en remontant Wucheng Lu depuis le grand magasin Dongfeng.

Sur le pouce. Les boulangeries abondaient autrefois à Kunming, mais elles tendent à disparaître. Explorez les ruelles, vous en trouverez sans doute quelques-unes.

Les abords de la gare routière longue distance et les rues transversales partant de Beijing Lu abritent de nombreuses échoppes de nouilles. Pour environ 2 yuan, vous aurez un bol de nouilles au riz et un incroyable assortiment de sauces pour parfumer le bouillon. La plupart sont très épicées.

Dans Huguo Lu, au nord de Nantaiqiao, on trouve aussi des marchands de nouilles et une maison de thé. L'intersection de Changchun et de Huguo Lu recèle de nombreuses petites gargotes. Essayez aussi Shuncheng Jie, une rue est-ouest qui part du sud de Dongfeng Xilu, à côté de l'hôtel Chuncheng. Vous y trouverez des dizaines de restaurants musulmans, de boutiques de raviolis et d'échoppes de nouilles.

Cuisine occidentale. Si votre estomac réclame à grands cris une nourriture occidentale digne de ce nom, vous avez une solution, hormis les restaurants délicieux mais chers du Holiday Inn : blotti dans le quartier nord-est de Xinying Xiaoqu, *Billy Niupai's* (☎ 331-1748) (*bǐlì niúpái*) sert des steaks, des burgers, des pâtes et même des tacos. Comptez environ 50 yuan pour un repas occidental complet. Le décor de western américain fait partie du charme de l'établissement. Il est sans doute préférable de s'y rendre en taxi, ne serait-ce que pour se faire indiquer l'endroit par le chauffeur. Le trajet devrait revenir à 15 à 20 yuan depuis l'hôtel Kunhu.

Pour une tasse de *vrai* café bien noir, installez-vous sur un tabouret en bois du café *Nanlaisheng* (*nánláishèng kāfēiguǎn*), 229 Jinbi Lu. On y trouve aussi des gâteaux et du pain, ainsi que de belles baguettes. Il faut acheter un ticket à l'entrée pour le pain et le café, puis aller se faire servir à la cuisine. Le sucre est gratuit, un petit supplément est demandé pour le lait. C'est un bon endroit pour rencontrer des résidents étrangers.

Tous les grands hôtels possèdent des cafés. Le *Holiday Inn Kunming* sert un bon petit déjeuner-buffet à volonté pour 70 yuan. Si vous ne pouvez pas vous passer de caféine, vous choisirez leur option café : pour 20 yuan, on vous ressert de cet excellent breuvage à volonté. Le café du rez-de-chaussée du *Golden Dragon Hotel* n'est pas du même niveau, mais le café reste bon. Le *Yuelai Cafe* et le *Happy Cafe* servent également du café du Yunnan et des petits déjeuners.

Distractions

Si vous n'êtes pas un fan des bars à karaoke, vous ne trouverez pas grand-chose à faire le soir à Kunming.

Le *Wei's Place*, dans Huancheng Nanlu, attire bon nombre d'étrangers et de Chinois le soir et possède une bonne sélection musicale occidentale. Non loin de l'hôtel Kunming, le *Golden Triangle Bar*, au nom prometteur, pratique des tarifs élevés : la Qingdao est à 12 yuan la bouteille. En haut de la rue, les prix du *Bluebird Cafe* sont similaires. Ces deux établissements se remplissent le soir, surtout d'habitants du pays. Au Holiday Inn, le bar *Charlie's* est fréquenté par la communauté étrangère de Kunming, mais les prix sont encore plus élevés : aux alentours de 25 yuan la bière.

On peut assister à des spectacles de danse des minorités (généralement organisés pour les groupes), de troupes itinérantes ou d'opéra du Yunnan. Le CITS est parfois

informé de ces manifestations. Elles ont souvent lieu au théâtre des Arts, dans Dongfeng Xilu.

Achats

Il faut bien chercher pour trouver quelque chose à acheter à Kunming. Les spécialités du Yunnan sont le jade (birman), le marbre (de la région de Dali), les batiks, les broderies des ethnies non chinoises (ainsi que des instruments de musique et accessoires vestimentaires) et les ustensiles en cuivre.

Les autres objets qui peuvent être intéressants sont ceux de la vie quotidienne : les grandes pipes à eau en bambou pour fumer le tabac "cheveux d'anges" du Yunnan, les herbes médicinales (la médecine blanche du Yunnan (*yúnnán báiyào*), très prisée des Chinois du monde entier, est un mélange de plus de cent variétés d'herbes) et les *qìguō*, ces marmites en terre servant à cuire les aliments à la vapeur.

Les différentes variétés de thé du Yunnan constituent un excellent achat, par exemple les briques sphériques du thé fumé appelé *tuōchá*, qui existe au moins depuis l'époque de Marco Polo, ou des thés noirs surpassant les meilleures variétés indiennes.

L'une des principales artères commerçantes de Kunming est Zhengyi Lu, avec le grand magasin Zhengyi, le grand magasin Overseas Chinese et le grand magasin Kunming, qui vendent toutefois surtout des biens de consommation. Jinbi Lu, près du croisement de Zhengyi Lu, abrite de nombreux commerces de détail et Dongfeng Donglu, entre Zhengyi Lu et Huguo Lu, est aussi une rue commerçante.

Le marché aux fleurs et aux oiseaux (*huāniǎo shìcháng*) est à voir absolument. Il est situé dans Tongdao Jie, l'une des nombreuses petites rues et ruelles entre Zhengyi Lu et Wuyi Lu, juste au nord du grand magasin Kunming. Les aliments et objets pour animaux domestiques, le matériel de pêche et les fleurs prédominent dans les allées encombrées occupées par les minuscules étals.

Le magasin d'antiquités du Yunnan (*yúnnán wénwù shāngdiàn*), dans Qingnian

Lu, vend des poteries, des porcelaines et des objets artisanaux – rien de passionnant cependant. Mieux vaut se rendre dans les boutiques privées de Beijing Lu et de Dongfeng Donglu. Devant l'hôtel Kunming, des femmes des minorités tenteront sans doute de vous proposer leur production artisanale. Marchandez si vous voulez payer un prix normal. Les hôtels Green Lake et Kunming vendent des batiks, que l'on peut aussi trouver à Dali. Si vous cherchez des broderies, explorez les petites boutiques proches de Jinbi Lu. Pour les herbes médicinales du Yunnan, rendez-vous à la grande pharmacie de Zhengyi Lu (côté est, à quelques rues du grand magasin Kunming). L'extrémité sud de Beijing Lu compte également quelques marchands d'herbes médicinales.

Il est assez intéressant de faire provision de pellicules photo à Kunming, et c'est l'une des rares villes du Yunnan où vous trouverez des pellicules diapos.

Comment s'y rendre

Avion. Le bureau de la CAAC (☎ 313-7465) est situé 146 Dongfeng Donglu, à côté de l'hôtel Kunming. Il existe également un bureau au Golden Dragon Hotel, qui prend des réservations et vend des billets (mais pas pour le lendemain). L'antenne principale de China Southern Airlines (☎ 317-4682) se trouve en face de l'hôtel Kunming ; il existe de nombreuses agences dans toute la ville. Pour les vols domestiques, essayez aussi : Shanghai Airlines (☎ 313-8502), près de la CAAC, dans Dongfeng Donglu, Kunming United Airlines (☎ 316-4590), dans Dongfeng Xilu, et China Southwest Airlines, 36 Beijing Lu.

Kunming est bien reliée par avion au reste de la Chine et la plupart des vols, même ceux qui ne sortent pas du Yunnan, se font en Boeing 737 et 757. Il existe des vols pour Canton, Chengdu, Chongqing, Guilin, Haikou, Lanzhou, Nankin, Nanning, Pékin, Qingdao, Shanghai, Shenzhen, Xiamen, Xi'an et Wuhan.

Au sein de la province, Yunnan Airlines (☎ 316-4415) dessert Baoshan, Jinghong (Banna), Lijiang, Mangshi (Dehong), Xiaguan et Zhaotong. Le service de ce réseau étonnamment vaste est plutôt bon, et les avions généralement bien entretenus. La plupart des destinations sont desservies au moins trois fois par semaine et des vols quotidiens se rendent à Jinghong et Mangshi. Au moment de la rédaction de ce guide, la ligne Kunming-Lijiang venait d'être ouverte, et Xiaguan devait bientôt être desservie. Il y aura probablement trois vols par semaine pour Lijiang et peut-être un par jour pour Xiaguan. Les billets peuvent s'acheter dans n'importe quelle agence de réservation de vols intérieurs.

Grâce à l'extension du réseau aérien, on peut maintenant souvent obtenir des billets dans un délai très court pour le Xishuangbanna, la région de Dehong et la plupart des autres destinations fréquentées. Cependant, en saison touristique, il est préférable de s'y prendre au moins une semaine à l'avance. En avril (fête de l'Eau) et en été, les vols pour Jinghong (Xishuangbanna) peuvent être complets deux ou trois semaines d'affilée et le bureau de la CAAC est assiégé par des personnes voulant une place à tout prix. A cette époque de l'année, mieux vaut avoir des projets de voyage flexibles pour le Xishuangbanna : envisagez de prendre le bus ou réservez votre billet d'avion plusieurs semaines à l'avance et allez entretemps à Dali ou ailleurs. Pour plus de renseignements concernant cette destination, reportez-vous à la rubrique *Comment s'y rendre* du chapitre *Jinghong*.

La CAAC et diverses autres compagnies étrangères desservent Hong Kong (1 710 yuan, 1 vol par jour), Bangkok (1 540 yuan, 1 vol par jour), Rangoon (2 800 yuan, 1 vol par semaine), Vientiane (1 420 yuan, 1 vol par semaine) et Singapour (3 480 yuan, 2 vols par semaine). A l'heure où nous rédigeons ce guide, le service pour Chiang Mai en Thaïlande avait été suspendu, mais il pourrait reprendre : renseignez-vous.

Thai Airways International (☎ 313-3315) possède un bureau 32 Chuncheng Lu. Il est recommandé de reconfirmer son vol (il est arrivé que des voyageurs se trouvent bloqués). L'agence de Dragonair est installée dans le Golden Dragon Hotel ; cette compagnie dessert Hong Kong deux fois par semaine (jeudi et dimanche).

Bus. L'organisation des bus est assez surprenante à Kunming. Il semble qu'ils partent d'un peu partout. La gare routière longue distance de Beijing Lu reste cependant le centre opérationnel. C'est le meilleur endroit pour se procurer des billets pour tout le Yunnan, et même pour plus loin, à l'exception des destinations plus locales comme le lac Dian.

Les destinations les plus demandées au départ de Kunming sont Dali, Lijiang, Jinghong (au sud, dans la préfecture du Xishuangbanna) et la préfecture de Dehong (à l'ouest). En raison des distances importantes, les bus-couchettes sont devenus populaires. Ils sont équipés de dossiers inclinables ou même de deux étages de banquettes. Si vous voyagez de nuit, n'hésitez pas à payer le supplément pour cette formule. Très peu de voyageurs vont directement de Kunming à Lijiang. Il est préférable de prendre un bus-couchettes pour Dali, puis de continuer sur Lijiang.

Les bus de jour directs pour Dali partent entre 7h et 9h et coûtent environ 50 yuan. Le voyage dure à peu près 11 heures. La plupart des voyageurs préfèrent les couchettes, qui partent en général entre 18h30 et 20h et coûtent de 75 à 85 yuan. Si vous n'obtenez pas de place pour Dali (peu probable), vous pouvez prendre un bus pour Xiaguan, à 30 minutes de Dali en bus public. De nombreux bus de nuit se rendent à Xiaguan à partir de 18h30 (de 54 yuan pour un bus de nuit ordinaire à 75 yuan pour un bus-couchettes). Pour Lijiang (15 heures de route), les bus partent à 13h et 16h et coûtent de 81 à 111 yuan (couchettes).

Le voyage marathon pour Jinghong, dans le Xishuangbanna, prend 24 à 28 heures, selon la durée des multiples pauses pour les repas et arrêts imprévus inévitables. Auparavant, les bus s'arrêtaient pour la nuit,

mais presque tous font à présent le voyage d'une traite. Les bus-couchettes pour Jinghong coûtent 180 yuan et partent à 14h. L'agence de voyages située à côté du Three Leaves Hotel dispose de bus-couchettes confortables qui se rendent à Jinghong en 24 heures (c'est du moins ce qu'ils affirment). Les bus partent à 11h et 16h et coûtent 180 yuan. Il existe également des bus jour/nuit (90 yuan) qui partent entre 7h et 8h environ. Ils sont légèrement plus confortables que les bus ordinaires, avec un peu plus de place pour les jambes. On vous proposera peut-être le bus jour/nuit moins cher (80 yuan) qui part à 7h30 : 24 à 30 heures sur un siège peu rembourré (qui s'inclinera peut-être un peu si vous avez de la chance).

Les deux options pour la région de Dehong impliquent de longs trajets, aussi vaut-il mieux faire une partie du voyage en avion (jusqu'à Mangshi). Des bus-couchettes pour Baoshan partent de la gare routière longue distance à 14h30, 16h30 et 18h30 (115 yuan). Il existe aussi un bus de nuit (88 yuan). Le voyage cahoteux dure environ 18 heures. Le bus direct pour Ruili met encore plus longtemps (30 heures) : les bus-couchettes (171 yuan) partent à 9h40, entre 14 et 15h et entre 19 et 21h.

Si vous allez au Vietnam, des bus de nuit partent à 22h pour la ville frontalière de Hekou. Le voyage dure 14 heures et coûte 51 yuan. Avant d'acheter votre billet, essayez tout de même la gare ferroviaire : il est relativement facile de se procurer une place en couché dur pour Hekou, dans des conditions de voyage infiniment plus agréables qu'en bus. Les voyageurs souhaitant se rendre jusqu'au Laos doivent passer par Jinghong, où des bus les emmèneront à Mengla, près du poste-frontière.

La gare routière longue distance dessert également des villes des provinces voisines. Les bus-couchettes pour Guiyang (province du Guizhou) partent à 13h, mettent environ 20 heures et coûtent 95 yuan. On peut couper ce voyage en s'arrêtant pour la nuit à Xingyi, ville intéressante à la limite de la province. Les bus coûtent

45 yuan, partent à 7h et 8h30 et mettent environ 9 heures pour s'y rendre. Un bus de nuit part également à 19h30, mais il arrive à Xingyi au milieu de la nuit.

Une autre solution intéressante est le service de bus pour Nanning, dans la province du Guangxi. La circulation des étrangers sur cet itinéraire est désormais plus facile, et vous ne devriez pas avoir de problème pour obtenir un billet. Un bus-couchettes part tous les jours à 13h pour Nanning (212 yuan). Les routes sont mauvaises : préparez-vous à au moins 36 heures de cahots et de haltes. Au cas peu probable où vous ne pourriez pas avoir de billet pour Nanning, prenez un bus pour Guangnan (51 yuan), ville-frontière où vous prendrez une correspondance pour Nanning.

Enfin, la gare routière longue distance dessert également la Forêt de pierre ; c'est d'ailleurs sans doute la meilleure manière de s'y rendre. Pour plus de détails, reportez-vous à la rubrique *Forêt de pierre*, plus loin dans ce chapitre.

Train. Kunming est reliée en train à Canton, Chengdu, Chongqing, Pékin et Shanghai. On peut aussi prendre un train sur l'étroite voie qui mène à la frontière avec le Vietnam, à Hekou. Une nouvelle liaison ferroviaire avec Nanning est en cours de construction, mais les trains directs ne commenceront pas à circuler avant plusieurs années. Cette ligne de chemin de fer réduira de façon spectaculaire la durée du voyage entre le Yunnan et les provinces du Guangxi et du Guangdong.

Pendant la saison d'affluence, Kunming peut devenir un véritable piège pour ceux qui voyagent par le rail. Réservez vos billets au moins quatre jours à l'avance. C'est au guichet n°12 de la gare ferroviaire principale que l'on achète les couchettes. Il existe une billetterie 142 Xichang Lu (ouverte de 8h à 11h30 et de 13h30 à 17h), mais on n'y vend que des sièges durs. À la gare principale, on vend des billets à partir de 18h30 pour les trains partant le lendemain, mais il est rare d'obtenir une place. À moins de mettre la main sur un billet au marché noir (il ne semble guère y en avoir à Kunming), se procurer un billet aux tarifs locaux s'avère quasiment impossible.

Le train Kunming-Shanghai (n°80) passe par Guiyang, Guilin, Zhuzhou, Nanchang et Hangzhou. Le voyage entier (3 069 km) dure un peu plus de 60 heures. Une couchette dure pour Guilin au tarif étranger coûte 300 yuan, jusqu'à Shanghai environ 560 yuan. Pour Pékin (n°62), *via* Guiyang, Changsha et Zhengzhou (3 182 km), une couchette dure coûte 570 yuan. Pour Chongqing (n°92), les trains passent par Guiyang et mettent environ 24 heures. La couchette dure coûte 250 yuan. Une autre solution, un peu moins pratique, consiste à se rendre à Panzhihua (Jinjiang), d'où le train n°86/83 part tous les jours pour Chongqing *via* Chengdu à 17h40. Les trains pour Canton mettent 49 heures et coûtent 390 yuan (couché dur). Une couchette dure Kunming-Guiyang (un peu plus de 13 heures) coûte 160 yuan (prenez les trains pour Pékin, Chongqing, Canton ou Shanghai, ou le n°324, qui part à 19h49). Les trains à destination d'Emei mettent 21 heures ; la couchette dure coûte 220 yuan. Sur la même ligne, les trains pour Chengdu (n°66 et 68) mettent environ 24 heures et coûtent 240 yuan.

Le train n°313 pour Hekou part de la gare ferroviaire Nord (*huŏchē bĕi zhàn*) à 21h30. Le voyage dure 17 heures et un billet en couché dur revient à 150 yuan environ. De Hekou, les trains pour Kunming partent à 14h45.

Comment circuler

La plupart des sites intéressants se trouvent dans un rayon de 15 km autour de Kunming. Les transports locaux ne sont pas pratiques. Si vous voulez tout voir en les utilisant, il vous faudra au moins cinq aller-retour, ce qui prendrait au moins trois jours.

Pour simplifier, vous pouvez exclure de votre programme l'étang du Dragon noir, les sources chaudes d'Anning et le temple d'Or, et consacrer votre temps à des sites plus passionnants : le temple des Bambous et les collines de l'Ouest, qui disposent de bonnes liaisons par bus express spéciaux (départs le matin). On peut se rendre au lac Dian en visite organisée ou, mieux encore, acheter une carte et louer une bicyclette.

Bus. La meilleure solution pour se rendre au temple des Bambous et aux collines de l'Ouest consiste à passer par l'hôtel Yunnan. Des bus et des minibus partent de l'hôtel le matin lorsqu'ils sont pleins ; les bus de l'après-midi attendent parfois des heures.

Les bus publics desservent la majorité des autres sites. Le n°10 va au temple d'Or, le n°9 à l'étang du Dragon noir (les deux partent de la gare ferroviaire Nord). Le n°44 va de la gare ferroviaire au parc Haigeng, le n°4 du zoo au parc Daguan.

Bicyclette. Les hôtels Kunming et Camellia en proposent une vaste gamme. Tous deux demandent une caution importante, entre 200 et 400 yuan. L'hôtel Kunhu loue également quelques bicyclettes, qui ont cependant connu des jours meilleurs.

ENVIRONS DE KUNMING
Temple d'Or
(jīndiàn)

Ce temple taoïste est perché dans une forêt de pins, sur la colline du Chant du phénix, à 11 km au nord-est de Kunming. Le bâtiment original a été transféré à Dali. Celui que l'on voit aujourd'hui date de la dynastie Ming ; il fut agrandi par le général Wu Sangui, envoyé par les Mandchous en 1659 pour mater les soulèvements dans la région. Wu Sangui se retourna contre l'empereur mandchou et devint un seigneur de la guerre rebelle. Il fit du temple d'Or sa résidence d'été.

Les piliers, chambranles de portes décorés, ornements et tuiles de ce temple de 6 m de haut sont en bronze ; l'ensemble, posé sur un soubassement en marbre blanc de Dali, pèse plus de 300 tonnes. Dans la cour poussent de vieux camélias et, à l'arrière, trône une cloche de bronze de 14 tonnes coulée en 1423. Les jardins qui

entourent le temple s'avèrent idéaux pour pique-niquer ; on trouve sur le site des maisons de thé et un marchand de nouilles.

Pour vous y rendre, prenez le bus n°10 depuis la gare ferroviaire Nord. Beaucoup de voyageurs vont au temple à bicyclette : jusqu'au pied de la colline, le terrain est assez plat. Une fois là, vous aurez à grimper le sentier qui mène jusqu'au temple.

Étang du Dragon noir
(hēilóng tán)

Ce jardin situé à 11 km au nord de Kunming n'a rien d'extraordinaire. Il renferme de vieux cyprès, de tristes pavillons taoïstes et des sources dormantes. La vue sur les montagnes environnantes, cependant, est très belle. Non loin de là, l'**institut botanique de Kunming** abrite une collection de spécimens de la flore. Le bus n°9 y mène depuis la gare ferroviaire Nord.

Temple des Bambous
(qióngzhú sì)

A 12 km au nord-ouest de Kunming, ce temple remonte à la dynastie Tang. Détruit par un incendie et reconstruit au XVe siècle, il fut restauré de 1883 à 1890 et enrichi de 500 *luóhàn* (arhats ou "nobles personnes") dus au maître sculpteur du Sichuan Li Guangxiu et à ses élèves. Ces statues en argile grandeur nature sont stupéfiantes, très réalistes ou franchement surréalistes.

Au pied d'un grand mur, quelque 70 bouddhas extraordinaires chevauchent des montures variées : chiens bleus, crabes géants, crevettes, tortues, licornes. L'un de ces personnages est doté de sourcils d'un mètre de long, un autre a un bras qui va jusqu'au plafond.

La salle principale contient des rangées entières de statues en pied. Les sculptures sont si vivantes qu'elles furent peu appréciées des contemporains de Li Guangxiu (certains y reconnaissant sans doute leur caricature). Le maître disparut après l'achèvement de son œuvre. Quant aux bambous qui donnent au temple son nom, il n'y en avait pas jusqu'à une date récente, où ils furent apportés de Chengdu. Les principaux bâtiments ont été restaurés en 1958, puis à nouveau en 1981.

Le moyen le plus simple pour s'y rendre est de prendre un bus devant l'hôtel Yunnan. Les bus circulent entre 8h et 15h et partent dès qu'ils sont pleins. Le trajet dure 30 minutes et coûte 5 yuan.

Sources thermales d'Anning
(ānníng wēnquán)

A 44 km au sud-ouest de Kunming, les sources et leurs environs, qui comprennent des villages miao, ne sont pas particulière-

ENVIRONS DE KUNMING (LAC DIAN)
昆明地区 (滇池)

1 Étang du Dragon noir
黑龙潭
2 Temple d'Or
金店
3 Temple des Bambous
筇竹寺
4 Parc Daguan
大观公园
5 Guandu
官渡区
6 Gare routière de Gaoyao
高峣汽车站
7 Temple Huating
华亭寺
8 Temple Taihua
太华寺
9 Temple Sanqing
三清阁
10 Porte du Dragon
龙门
11 Village de la porte du Dragon
(village Shanyi)
龙门村 (三邑村)
12 Hôtel Xiyuan
西园宾馆
13 Parc Haigeng
海埂公园
14 Anning
安宁县
15 Sources chaudes d'Anning
安宁温泉
16 Temple Caoxi
曹溪寺
17 Guanyinshan
观音山
18 Baiyukou
白鱼口
19 Haikou
海口
20 Gucheng
古城
21 Jinning
晋宁
22 Parc Zheng He
郑和公园
23 Colline du Village de pierre
石村
24 Jincheng
晋城镇

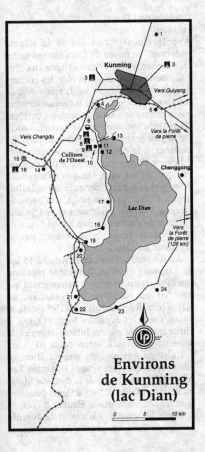

Environs
de Kunming
(lac Dian)

0   5   10 km

ment passionnantes. Plusieurs hôtels et pensions pompent l'eau chaude et la distribuent dans les salles de bains. Il semble que les couples ne sont pas acceptés dans certains d'entre eux – cette règle a peut-être changé. A proximité, le **monastère Caoxi** mérite peut-être une visite. Niché dans un bosquet de bambous sur le mont Cong, il surplombe la rivière à quelques kilomètres au sud.

Les bus pour les sources partent environ toutes les heures, entre 8h et 18h, de la gare routière de Xiaoximen. Pour le retour, le dernier bus est à 17h.

Lac Dian
(*diān chí*)

Le lac Dian, au sud de Kunming, est entouré de villages, fermes et pêcheries. La rive ouest est montagneuse, le côté est, lui, est plat. La partie sud du lac, notamment le sud-est, est industrialisée, mais le reste permet d'innombrables randonnées et visites. Le lac, tout en longueur, fait environ 150 km de circonférence, mesure 40 km du nord au sud et couvre 300 km². Des jonques avec des voiles en fibre de bambou tressée, appelées *fānchuán*, parcourent le lac. C'est un coin superbe pour se promener. Depuis la porte du Dragon, dans les collines de l'Ouest, on bénéficie d'une superbe vue d'ensemble sur le lac.

Parc Daguan
(*dàguān gōngyuán*)

Le parc Daguan, ou parc de la Grande Vue, est situé à l'extrémité nord du lac Dian, à 3 km au sud-ouest du centre-ville. Son histoire remonte à 1682, lorsqu'un temple bouddhiste y fut édifié. L'aménagement du parc et la construction de la tour Daguan furent entamés peu après, en 1690. Il couvre 60 hectares et comprend une collection de bonzaïs, des terrains de jeu pour enfants, des bateaux à rames et des pavillons. La **tour Daguan** (*dàguān lóu*) offre une vue magnifique sur le lac Dian. Ses murs portent un poème de 180 caractères du poète de la dynastie Qing Sun Ranweng exaltant les beautés du paysage.

Le bus n°4 va du parc Daguan au temple Yuantong en passant par le centre-ville.

D'un embarcadère situé au nord-est du parc, des bateaux se rendent au village de la porte du Dragon et au parc Haigeng. Ils partent lorsqu'ils sont pleins. La traversée de 40 minutes devrait coûter 5 yuan. Du village de la porte du Dragon, vous pouvez vous promener sur le chemin qui mène à la porte du Dragon et aux collines de l'Ouest, puis reprendre un minibus pour Kunming à côté du sommet, au tombeau de Nie Er. De Haigeng, prenez le bus n°44 jusqu'à la gare ferroviaire principale de Kunming.

Collines de l'Ouest
(*xī shān*)

Appelées aussi "collines de la Beauté endormie" en raison de leurs formes ondulées censées évoquer une femme aux cheveux tressés flottant sur la mer, les collines de l'Ouest sont situées sur la rive ouest du lac Dian. Le sentier qui mène au sommet passe devant une série de temples célèbres (la montée est raide sur le versant nord). De la gare routière de Gaoyao, au pied des collines, à la porte du Dragon, comptez 2 heures 30 de marche. Si le temps vous manque, un bus va de Gaoyao au sommet ; vous pouvez aussi prendre un minibus depuis l'hôtel Yunnan jusqu'à la porte du Dragon. On peut également se rendre aux collines de l'Ouest en une bonne heure de bicyclette et rentrer, pour changer, par les digues du lac Dian supérieur.

Au pied des collines de l'Ouest, à 15 km de Kunming environ, le **temple Huating** (*huátíng sì*) est un temple campagnard qui daterait du royaume de Nanzhao, au XIᵉ siècle. Reconstruit au XIVᵉ siècle et agrandi sous les dynasties Ming et Qing, il abrite quelques statues intéressantes et de splendides jardins. L'entrée coûte 10 yuan.

La route qui part du temple Huating atteint après quelques virages le **temple Taihua** (*tàihuá sì*), datant de la dynastie Ming, où de magnifiques arbres à fleurs poussent dans les cours intérieures. Entrée : 8 yuan.

Entre le temple Taihua et le temple taoïste de Sanqing, proche du sommet, se trouve le **tombeau de Nie Er** (1912-1936) (*nièèr zhīmù*), talentueux musicien du Yunnan. Nie composa l'hymne de la République populaire de Chine, avant de se noyer au Japon alors qu'ils se rendait en Union soviétique pour poursuivre sa formation. De là, si l'ascension à pied, assez raide, ne vous tente pas, vous pouvez prendre un télésiège jusqu'en haut (20 yuan). Si vous décidez d'essayer le restaurant situé au sommet, assurez-vous que les prix restent raisonnables.

Près du sommet, le **temple Sanqing** (*sānqīng gé*), ancienne résidence de campagne d'un prince de la dynastie Yuan, fut converti en temple dédié aux trois principales divinités taoïstes.

Encore plus haut, la **porte du Dragon** (*lóngmén*) est un ensemble de grottes, sculptures, couloirs et pavillons creusés à même le rocher entre 1781 et 1835 par un moine taoïste et ses compagnons, qui ont dû s'accrocher du bout des doigts à la falaise ! C'est ce que font les Chinois lorsqu'ils visitent ce site, se perchant sur les saillies les plus précaires pour avoir la plus belle vue possible. Le passage creusé dans la falaise est si étroit que seules une ou deux personnes peuvent s'y tenir à la fois. L'entrée de la zone de la porte du Dragon (qui inclut le temple Sanqing) coûte 20 yuan.

De Kunming aux collines de l'Ouest, le moyen de transport le plus pratique est le minibus. Ils partent de l'hôtel Yunnan entre 8h et 13h, dès qu'ils sont pleins. Le trajet dure 30 minutes et coûte 4 yuan.

Une autre solution consiste à utiliser les bus locaux : le bus n°5 va de l'hôtel Kunming au terminus de Liangjiahe, puis le n°6 vous emmènera à la gare routière de Gaoyao, au pied des collines. Les bus pour l'aciérie de Kunming (*kūngāng*) passent également par Gaoyao ; ils partent du cinéma des Arts (près de l'hôtel Yunnan) ou de Xiaoximen.

Des collines de l'Ouest à Kunming, on peut revenir en bus ou redescendre directement de la porte du Dragon jusqu'au bord du lac, en suivant un sentier qui mène au village

de la porte du Dragon, également appelé le village Shanyi (*shānyìcūn*). Lorsque vous atteindrez la route, tournez à droite et marchez une centaine de mètres jusqu'à une étroite bande de terre qui s'avance dans le lac. A son extrémité, vous atteindrez le goulot du lac, enjambé par un petit pont. La rive opposée est un chantier géant qui deviendra le point de départ d'un téléphérique reliant Haigeng à la porte du Dragon. Continuez à pied le long de la route qui longe le lac et retourne au parc Haigeng. De là, vous pourrez prendre le bus n°44 à destination de la gare ferroviaire de Kunming.

On peut faire ce circuit en sens inverse : commencez par le bus n°44 jusqu'au parc Haigeng, continuez à pied vers le village de la porte du Dragon, montez à la porte du Dragon, puis redescendez à travers les temples jusqu'à la gare routière de Gaoyao. De là, vous pourrez prendre le bus n°6 pour Xiaoximen, ou alors le bus n°33, qui longe la rive en passant par le village de la porte du Dragon, ou encore un bateau depuis le parc Daguan.

Parc Haigeng et village des nationalités du Yunnan
(*hǎigěng gōngyuán/yúnnán mínzúcūn*)

Sur la rive nord-est du lac, les responsables du tourisme local ont fait construire une série de villages types de minorités, dans le but de représenter chacune des 25 ethnies peuplant le Yunnan. C'est une expérience culturelle assez chère pour le visiteur, qui devra payer 20 yuan d'entrée, plus 10 yuan par village. Des chants et des danses (parfois payants) sont exécutés toute la journée. Quant aux villages, s'ils montrent à quoi ressemblent l'architecture et les costumes des minorités, ils ne donnent absolument aucune idée de la façon dont vivent réellement les gens. Ajoutez à cela des hordes de touristes et vous vous sentirez au zoo. Si vous n'êtes pas un fervent partisan des reconstitutions de cultures ethniques à but touristique, oubliez cet endroit et passez plutôt une journée de plus dans le Xishuangbanna ou dans la région de Dehong.

Cependant, avec l'ouverture du village des nationalités, le peu qui reste du parc Haigeng – étroite bande de verdure en bordure du lac – est devenu un endroit plaisant pour échapper aux foules et apprécier le paysage. La grande roue est couverte de mauvaises herbes et la plupart des restaurants en bordure du lac sont fermés, ce qui donne à l'endroit des allures de ville fantôme. La vue sur le lac et les collines de l'Ouest est très belle, et il ne manque pas d'endroits pour se reposer, lire ou pique-niquer. Lorsque vous serez dispos, vous pourrez vous attaquer à l'ascension jusqu'à la porte du Dragon.

Le bus n°44, qui part d'une rue au nord de la gare ferroviaire de Kunming, se rend à Haigeng Lu.

Parc Zheng He

(*zhènghé gōngyuán*)

A l'angle sud-est du lac, ce parc à la mémoire du célèbre amiral Zheng He (Cheng Ho ou Tcheng Ho, selon les différentes transcriptions) contient un mausolée abritant des stèles retraçant sa vie et ses travaux. Zheng He était un musulman qui, de 1405 à 1433, entreprit sept expéditions maritimes à travers plus de trente pays d'Asie et d'Afrique, à la tête de l'immense flotte impériale (pour plus de renseignements, reportez-vous à la rubrique concernant la ville de *Quanzhou*, dans la province du Fujian).

De la gare de Xiaoximen, prenez le bus jusqu'à Kunyang : le parc se trouve sur une colline surplombant la ville. A un autre rythme, un train partant de la gare ferroviaire Nord en direction de Haikou, puis un bus local pour Kunyang vous y mèneront. On peut effectuer un circuit complet en continuant en bus jusqu'à Jincheng et Chenggong. Ceux qui préfèrent une visite plus posée peuvent se loger à Kunyang (environ 20 yuan le lit).

District de Jinning

(*jìnníng xiàn*)

C'est là, au sud du lac, qu'ont été effectuées les découvertes archéologiques de l'ancienne Kunming. Des récipients de bronze, un sceau en or et d'autres objets ont été mis au jour à la **colline de Pierre** ; certains sont exposés au musée de la Province à Kunming. Le bus pour Kunyang se rend à Jinning en passant par Jincheng.

District de Chenggong

(*chénggòng xiàn*)

C'est une belle région de vergers, sur la rive est du lac. Si Kunming est appelée la "fleuriste de la Chine", elle le doit beaucoup à la douceur de son climat. Les plantes y fleurissent toute l'année, avec une apothéose en janvier, février et mars, les meilleurs mois pour une visite. Les étrangers n'associent en général pas camélias, azalées, magnolias et orchidées à l'image qu'ils ont de la Chine ; pourtant, de nombreuses variétés en sont originaires. Pendant la fête du Printemps (février-mars), une profusion d'espèces en fleur font la fierté des temples, en particulier Taihua, Huating et le temple d'Or, ainsi que du jardin de l'étang du Dragon noir et des monts Yuantong.

Prenez le bus n°5 vers l'est jusqu'au terminus de Juhuacun et changez pour le n°12 vers Chenggong.

FORÊT DE PIERRE

(*shílín*)

La Forêt de pierre (Shilin), à 120 km au sud-est de Kunming, est un grand ensemble de formations rocheuses d'origine karstique, modelé par les pluies et l'érosion. Le pinacle le plus élevé fait 30 m de haut. Des fossiles marins découverts dans la région suggèrent qu'elle fut jadis immergée. La légende veut que les Immortels aient découpé une montagne en labyrinthe pour offrir une cachette aux amoureux.

Ce dédale de pics aux formes fantasques et d'étangs ressemble à une rocaille artificielle surdimensionnée, avec ici un chemin, là un pavillon et des balustrades le long des sentiers.

Il existe en fait plusieurs forêts de pierre dans la région. La partie ouverte au public couvre 80 hectares. A 12 km au nord-est, une autre série de rochers appelée Forêt des champignons couvre 300 hectares et comporte des cavernes karstiques et une importante cascade.

Certains étrangers trouvent la réputation du site surfaite. Si vous vous y rendez, vous découvrirez, à quelques kilomètres seulement, des endroits idylliques pour vous promener loin de la foule.

Les villages voisins du district de Lunan sont habités par la branche sani de la minorité des Yi. Vu le nombre de villages de minorités désormais accessibles au Yunnan, il est possible que vous soyez déçu si vous faites le voyage spécialement pour voir les Sani. Leur artisanat (broderies, bourses, chaussures) est en vente à l'entrée de la forêt et des femmes sani servent de guides pour les groupes.

Pour avoir accès à la principale Forêt de pierre, les étrangers doivent acquitter un droit d'entrée de 33 yuan.

Activités culturelles

Les hôtels Shilin et Yunlin organisent des soirées de chants et de danses sani (quand les touristes sont assez nombreux). Les spectacles sont assez courts, avec costumes et instruments de musique traditionnels. Les hôtels demandent environ 25 yuan pour la représentation, qui démarre vers 19h30 ou 20h. La fête des Torches (luttes, combats de taureaux, chants et danses) se déroule le 24 juin dans un amphithéâtre naturel proche du Lac caché.

Où se loger

L'hôtel *Shilin* (*shílín bīnguǎn*), près de l'entrée principale de la Forêt de pierre, est un établissement villageois contenant une boutique de souvenirs et une salle à manger. Une chambre double coûte 250 yuan (200 yuan en saison creuse, si cela existe), les triples 300 yuan. Il existe un dortoir ("Common Room Department") (*pǔtōng kèfáng*) à l'arrière de l'hôtel, où l'on peut obtenir un lit à 30 yuan. L'hôtel se trouve de l'autre côté de la colline, en face d'un restaurant et de deux boutiques de souvenirs.

Les tarifs sont légèrement plus élevés à l'hôtel *Yunlin* (*yúnlín fàndiàn*), à 1 km à

peine sur la route qui bifurque à droite après le pont. Outre les doubles à 150 yuan et les triples à 200 yuan, il propose une sorte de cellule de ciment avec quatre lits mous pour 20 yuan par personne.

Près de la gare routière, plusieurs petits hôtels proposent des chambres rudimentaires pour 20 à 30 yuan par personne : les salles d'eau sont identiques à celles des dortoirs des hôtels Shilin et Yunlin, mais pas aussi propres. Il n'est pas certain que ces hôtels acceptent les étrangers.

Où se restaurer

Plusieurs restaurants proches de la gare routière sont spécialisés dans le canard rôti sur lit d'aiguilles de pins cuit dans un four en terre brûlant. Le canard entier coûte 40 à 50 yuan et cuit en 20 minutes environ.

Près de l'entrée de la Forêt de pierre, des vendeurs proposent, de l'aube au coucher du soleil, un éventail de pâtisseries et de nouilles. Les hôtels *Shilin* et *Yunlin* servent des menus à prix fixe plutôt bons. Tous deux proposent des petits déjeuners occidentaux.

Comment s'y rendre

La Forêt de pierre est accessible de différentes façons. La plus rapide est peut-être le minibus partant du Camellia Hotel : un groupe de voyageurs a fait le trajet sans halte en deux heures. Dans la plupart des cas, à l'aller comme au retour, comptez environ trois heures, davantage en voyage organisé. Les aventuriers peuvent tenter la combinaison bus/train/auto-stop.

Il est préférable de passer la nuit à la forêt pour l'explorer à fond, mais un aller-retour dans la journée suffit si vous voulez juste connaître le lieu.

Bus. Pour se rendre à la Forêt de pierre, le mieux est de prendre un aller à 18,50 yuan à la gare routière longue distance de Kunming. Quatre bus partent entre 7h30 et 8h30.

Les hôtels Kunming et Three Leaves organisent des excursions en bus à Shilin (20 yuan) mais, avec le groupe, vous serez obligé de visiter trois grottes ennuyeuses et de débourser en prime des droits d'entrée pour étrangers ; après le déjeuner obligatoire, vous aurez de la chance s'il vous reste deux heures pour vous promener dans la forêt. Il vaut mieux acheter son billet à la gare routière longue distance et avoir ensuite le choix entre passer la nuit là-bas ou rentrer le jour même.

Au moment de la rédaction de cet ouvrage, le Camellia Hotel proposait un minibus direct pour la Forêt de pierre, sans arrêt aux grottes ou ailleurs. Si ce service est toujours opérationnel, c'est la solution la plus rapide.

Pour rentrer à Kunming, c'est assez simple. Des minibus stationnent généralement le long de la route devant l'entrée de la forêt. Une fois pleins, ils sont presque toujours directs pour Kunming. Des bus locaux partent également à 7h et entre 14h30 et 15h30, mais ils peuvent être annulés s'ils ne se remplissent pas assez. On peut aussi essayer le stop depuis la Forêt de pierre.

Bus et train. L'étroite voie construite par les Français de Kunming à Hanoi offre une alternative intéressante pour se rendre à Shilin. Les trains à destination de Kaiyuan s'arrêtent à Yiliang, à 45 minutes de bus seulement de Shilin. Les gares le long de ce tronçon sont de style colonial français (toits pointus et volets peints). Les trains de nuit n°311 et 313 arrivent respectivement à 23h30 et 1h. Une option plus raisonnable reste le train n°501, qui part à 8h30 de la gare Nord de Kunming et arrive à Yiliang à 11h. Les bus au départ de Yiliang sont peu fréquents (attendez-vous à patienter deux heures) et ne vont souvent que jusqu'à Lunan, d'où il vous faudra faire du stop pour Shilin.

Avec la réouverture de la ligne jusqu'à Hanoi, l'accroissement du trafic devrait simplifier cet itinéraire.

LUNAN
(lùnán)

Lunan est un petit bourg à une dizaine de kilomètres de la Forêt de pierre et qui ne mérite pas vraiment une visite. Si vous

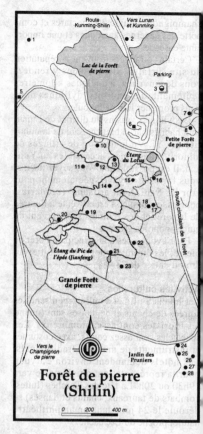

Forêt de pierre (Shilin)

0   200   400 m

vous y rendez, choisissez un jour de marché (le mercredi ou le samedi), lorsque Lunan devient un gigantesque embouteillage d'ânes, de charrettes à cheval et de vélos. Les rues regorgent de marchandises, de volailles et d'ustensiles, et les femmes sani portent leurs plus belles parures.

Pour aller à Lunan depuis la Forêt de pierre, retournez en direction de Kunming et prenez à gauche au premier grand carrefour, puis continuez tout droit au second, sur la route qui part légèrement à droite. Vous pouvez héler un camion ou louer un triporteur (5 à 10 yuan ou quelques ciga-

FORÊT DE PIERRE (SHILIN)
石林

1 Village des Cinq Arbres
五木村
2 Arrêt des camions
卡车站
3 Départ des bus
汽车站
4 Échoppes d'artisanat local
工艺摊
5 Hôtel Yunlin
云林宾馆
6 Hôtel Shilin et CITS
石林宾馆,
中国国际旅行社
7 Poème de Mao Zedong *Ode au prunier en fleur*
泳梅石
8 Flèche de pierre pointée vers le ciel
石簇擎天

9 Silhouette du moine Tanseng
唐僧石
10 Étang du Lion
狮子池
11 Puits d'eau douce
甜水井
12 Buffle de pierre
小水牛
13 Écran de pierre
石屏风
14 Scène de plein air
舞场
15 Pic du Repos des oies sauvages
落雁峰
16 Prison de pierre
石监狱
17 Phénix lissant ses ailes
凤凰梳翅
18 Champignon de pierre
灵芝石
19 Marches vers le ciel
竿天阶

20 Pic du Lotus
莲花峰
21 Oiseaux se donnant la becquée
双鸟渡食
22 Cloche de pierre
石钟
23 Rhinocéros contemplant la lune
犀牛望月
24 Femme attendant son époux
望夫石
25 Déesse de la miséricorde
观音石
26 Chameau chevauchant l'éléphant
骆驼骑象
27 Cygne regardant au loin
天鹅远嘱
28 Vieillard en promenade
漫步从容

---

rettes étrangères pour 20 minutes de trajet). Quantité de camions se dirigent vers Lunan les jours de marché ; certains partent du dépôt de camions proche de la forêt.

XIAGUAN
(xiàguān)

Xiaguan est à l'extrémité sud du lac Erhai, à environ 400 km à l'ouest de Kunming. Jadis étape importante sur la route de Birmanie, elle reste un nœud de communications du nord-ouest du Yunnan. Capitale de la préfecture de Dali, Xiaguan s'appelait autrefois Dali. Ceci trouble de nombreux voyageurs qui, pensant être arrivés à Dali, réservent une chambre et découvrent ensuite qu'ils ne sont pas encore arrivés. Personne ne séjourne à Xiaguan à moins d'avoir un bus à prendre tôt le lendemain matin. Tournez à gauche en sortant de la gare routière, puis à gauche encore au premier croisement. Juste au coin, en diagonale face à l'hôtel Dali, se trouve l'arrêt du bus local n°4 à destination de la "vraie"

Dali. Ne vous fiez pas au grand panneau disant d'attendre au coin de la rue et allez jusqu'à l'endroit où stationnent les bus. Pour qu'aucun doute ne subsiste, demandez *dàlǐ gùchéng* (la vieille ville de Dali). Le trajet dure 30 minutes et coûte 1,20 yuan.

A voir

Xiaguan est devenue une ville industrielle spécialisée dans le traitement des feuilles de thé, la fabrication de cigarettes et la production textile et chimique. Hormis son réseau de transports, la ville ne présente guère d'intérêt pour le voyageur.

Du **parc Erhai** (*érhǎi gōngyuán*), on a une belle vue sur le lac et les montagnes. Il est accessible à pied ou en tricycle à moteur (3 yuan).

Les agences de voyages installées aux abords de la gare routière vendent également des billets pour faire le tour du lac Erhai, d'où l'on voit les principaux sites. Une croisière d'une journée entière coûte de 60 à 80 yuan.

Où se loger

On doit parfois dormir à Xiaguan pour prendre un bus tôt le matin à la gare routière longue distance. Trois hôtels assez similaires sont implantés à proximité.

Juste à côté de la gare, l'hôtel *Keyun* (*kèyùn fàndiàn*) propose des lits à 19 yuan en dortoir de quatre, 24 yuan en chambre triple, et des doubles à 38 yuan. Les chambres simples coûtent 50 yuan. Des simples/doubles plus élaborées, avec s.d.b., sont également disponibles pour 130 yuan. Tournez à gauche en sortant de la gare routière et, à l'angle de la première rue à gauche, vous trouverez l'hôtel *Dali* (*dàlĭ fàndiàn*), le moins cher des trois. Le lit en dortoir de quatre coûte 10 yuan, les simples/doubles 25/36 yuan. Presque en face (un peu plus près de la gare routière longue distance), l'hôtel *Xiaguan* (*xiàguān bīnguǎn*) est le plus cossu : le lit en triple rudimentaire coûte 30 yuan et la chambre double avec s.d.b. 190 yuan.

Ceux qui préfèrent le luxe n'ont qu'à traverser la rue pour se rendre à l'hôtel *Jinpeng* (*jīnpéng dàjiǔdiàn*), à droite de la gare routière longue distance. Cet établissement n'était pas encore ouvert au moment de la rédaction de ce guide, mais devrait proposer des doubles avec clim., téléphone direct pour l'étranger et TV par satellite moyennant quelque 400 à 500 yuan.

Comment s'y rendre

Le nouvel aéroport de Xiaguan devait ouvrir fin 1995. Au moment de la rédaction de cet ouvrage, le personnel de la CAAC ne semblait guère au courant des destinations desservies mais, au début, il n'y aura probablement que trois ou quatre vols par semaine. L'aller simple pour Kunming coûtera environ 400 yuan. Une ligne de chemin de fer est également en construction. Xiaguan en bénéficiera.

A moins de vous rendre dans un endroit touristique typique (comme Kunming ou Lijiang), vous devrez sans doute organiser la suite de votre voyage à la gare routière longue distance. Il est inutile de venir ici

acheter un billet de bus pour Kunming (on peut le faire à Dali même) mais, à toutes fins utiles, les bus partent de 7h à 7h30 et de 19h à 20h30. Les prix varient de 40 yuan pour un bus ordinaire grinçant et sans suspensions à 75 yuan en bus-couchettes avec banquettes superposées.

D'autres villes desservies par le bus incluent Baoshan (20 yuan et 6 heures de route, départs à 7h30, 10h30, 12h et 18h) et Mangshi (Luxi) (12 heures de route, départs à 7h – 45 yuan – et 20h – bus-couchettes à 75 yuan). Les bus pour Mangshi continuent jusqu'à Ruili, soit au total 15 heures de route environ. On peut morceler le voyage en passant une nuit à Baoshan.

Les bus pour Lijiang partent à 7h, 8h et 10h30. Ils s'arrêtent à Dali pour prendre des passagers (les billets peuvent également s'acheter à Dali). Il existe aussi un bus par jour pour Zhongdian, qui part à 6h30. Le trajet dure 10 heures et coûte 32 yuan. Toutefois, si vous allez dans cette direction, il serait beaucoup plus logique de vous rendre d'abord à Lijiang et d'y rester un ou deux jours.

Il peut être intéressant d'aller en bus de Xiaguan vers le Xishuangbanna en prenant un bus pour Jingdong à 6h30, où vous trouverez des bus qui devraient vous faire arriver à Jinghong le lendemain soir. Les routes sont très mauvaises sur cet itinéraire et le voyage peut durer jusqu'à trois ou quatre jours. Lors de notre passage, le personnel de la gare routière longue distance semblait peu disposé à vendre des billets à des étrangers pour ce trajet, mais la situation devrait s'améliorer. Les employés du BSP de Dali ne savaient même pas si l'itinéraire était ouvert et nous ont envoyés à la gare routière. Si vous n'arrivez pas à vous procurer un billet, essayez le trajet Baoshan-Jinghong, avec une nuit à Lincang, qui figure sur la dernière liste des municipalités et districts ouverts émise par le BSP.

Pour le mont Jizu, des bus partent à destination de Binchuan à 8h, mettent environ 2 heures et coûtent 10 yuan.

ENVIRONS DE XIAGUAN

Toute la préfecture de Dali étant désormais ouverte, vous ne devriez pas être ennuyé par le BSP, même en dehors des sentiers battus. Le site le plus connu est le mont Jizu, ancien lieu de pèlerinage bouddhiste.

Mont Jizu

(jīzú shān)

Ce nom signifie "montagne de la Patte de poulet" en chinois. Le mont Jizu, l'une des montagnes sacrées de Chine, est un haut lieu de pèlerinage des bouddhistes chinois et tibétains. Sous la dynastie Qing, près de cent temples parsemaient la montagne et quelque 5 000 moines y vivaient. L'assaut anarchique lancé contre les "vestiges du passé" pendant la Révolution culturelle a détruit une grande partie des édifices, mais des travaux de restauration sont en cours dans les temples depuis 1979. Actuellement, plus de 150 000 touristes et pèlerins grimpent chaque année sur la montagne pour admirer le lever du soleil. Jinding, le "sommet d'Or", culmine à 3 240 m ; il faut donc s'habiller chaudement.

En chemin, vous passerez devant le **temple Zhusheng** (*zhùshèng sì*), le plus important de la montagne, à une heure de marche environ de l'arrêt de bus de Shazhi. Le **temple Zhongshan** (*zhōngshān sì*), à mi-chemin, de construction assez récente, présente peu d'intérêt. Juste avant la fin de l'ascension, on franchit la **porte Huashou** (*huáshǒu mén*). Au sommet, la **pagode Lengyan** est une construction de treize étages édifiée sous la dynastie Tang et restaurée en 1927. Le **temple Jinding**, à côté de la pagode, offre un logement sommaire. Un sac de couchage peut s'avérer utile à cette altitude.

Pour vous rendre au mont Jizu depuis Xiaguan, prenez d'abord un bus pour Binchuan, à 70 km à l'est de Xiaguan. Les bus partent à 8h de la gare routière longue distance. De Binchuan, prenez un autre bus ou un minibus jusqu'au pied de la montagne. Quand on arrive à Binchuan, les gens du coin devinent aisément où on désire se rendre.

Au cas où vous devriez passer une nuit en ville, il existe quelques hôtels avec des lits en dortoir au prix record de 5 yuan.

On peut se loger au pied de la montagne, à mi-chemin et au sommet. Les prix s'échelonnent en moyenne de 10 à 15 yuan le lit. Se restaurer au sommet revient assez cher ; il est préférable de se munir de provisions. Beaucoup louent un poney pour l'ascension. Les poneys étaient utilisés à l'origine pour transporter des marchandises jusqu'à ce qu'un habitant eût l'idée de les louer aux touristes. Un téléphérique jusqu'au sommet devait entrer en service début 1996.

Certains voyageurs sont allés à pied de Wase, sur la rive est du lac Erhai, jusqu'au mont Jizu. Cette excursion est toutefois réservée aux marcheurs expérimentés. Les habitants de Dali affirment qu'il est facile de se perdre en terrain montagneux et, par mauvais temps, la promenade pourrait mal tourner. Soyez prudent et renseignez-vous auprès des habitants avant de vous lancer dans l'aventure.

Weishan

(wēishān)

Weishan est célèbre pour les temples taoïstes du mont Weibao (*wēibǎo shān*) voisin. On peut y admirer de belles fresques taoïstes. Situé à 61 km au sud de Xiaguan, ce site peut faire l'objet d'un aller-retour dans la journée.

Yongping

(yǒngpíng)

Yongping est situé à 103 km au sud-ouest de Xiaguan, sur l'ancienne route de Birmanie. Le monastère Jinguang (*jīnguāng sì*) en est l'attraction principale.

DALI

(dàlǐ)

Dali est le lieu idéal pour se détendre et oublier quelque temps trains, avions et bus cahoteux. L'éblouissant paysage de montagnes, le lac Erhai, la vieille ville, les cappuccinos, les pizzas, la bière bon marché et les herbes (que l'on ramasse soi-même) font de Dali un endroit privilégié.

Dali est située à l'ouest du lac Erhai, à 1 900 m d'altitude, au pied des imposants monts Cangshan (4 000 m en moyenne). Pendant la quasi-totalité des cinq siècles durant lesquels le Yunnan, indépendant, gérait ses propres affaires, Dali fut le centre des opérations.

La vieille ville de cette paisible bourgade est devenue la destination privilégiée des voyageurs, mais il est facile de fuir la foule dans les petites ruelles bordées de vieilles maisons de pierre.

Les habitants de cette région sont des Bai (1,5 million, selon le recensement de 1990), installés depuis longtemps dans la région du lac Erhai ; ils y seraient arrivés voici 3 000 ans. Au début du VIIIe siècle, ils se regroupèrent et battirent l'armée impériale Tang, fondant le royaume de Nanzhao. Ce puissant royaume exerça une influence considérable sur tout le sud-ouest de la Chine et, à un moindre degré, sur l'ensemble de l'Asie du Sud-Est (il contrôla la haute Birmanie pendant une grande partie du IXe siècle). Il s'effondra au milieu du XIIIe siècle, sous le choc des hordes mongoles de Qubilaï Khan. Cette défaite ramena le Yunnan dans l'orbite de l'empire chinois.

Orientation

Dali est une ville minuscule qui a conservé certaines de ses rues pavées et une partie de son architecture de pierre traditionnelle à l'intérieur de ses remparts. À moins d'être extrêmement pressé (dans ce cas, louez une bicyclette), vous pourrez aller partout à pied. Il faut environ une demi-heure pour se rendre de la porte Sud à la porte Nord. Les sites qui entourent Dali, sans être extraordinaires, constituent autant de promenades fort agréables, même si l'on ne va pas jusqu'au bout. Huguo Lu contient la plupart des cafés – les Chinois l'appellent "la rue des étrangers" (*yángrén jiē*). C'est là que vous trouverez café au lait, beignets, bière glacée et autres douceurs.

Des échoppes de rue au coin de Huguo Lu et de Fuxing Lu proposent des plans de Dali et du lac Erhai.

Renseignements

BSP. Le bureau de la police se trouve entre les pensions n°3 et 4, dans Huguo Lu. La bonne volonté des fonctionnaires a été mise à rude épreuve par certains voyageurs, aussi ne faut-il plus compter sur eux pour fournir une deuxième ou troisième prorogation de visa.

Argent. La Bank of China, dans le centre-ville, occupe le coin de Huguo Lu et de Fuxing Lu. Elle pratique généralement le change du lundi au vendredi uniquement.

Poste et télécommunications. Le bureau de poste est installé à l'angle de Fuxing Lu et de Huguo Lu. C'est l'endroit parfait pour les communications internationales, automatiques et sans commission.

Musée de Dali

(*dàlǐ bówùguǎn*)

Il abrite une petite collection sans grand intérêt d'objets archéologiques liés à l'histoire des Bai, mais mérite tout de même une visite, entre deux cafés ou sorbets granités sur Huguo Lu. Derrière le musée, une intéressante exposition permanente présente divers artistes ayant fréquenté l'école d'art du Yunnan. Le musée est ouvert de 8h30 à 17h et l'entrée coûte 1 yuan.

Trois pagodes

(*sāntǎsì*)

Dressées sur une colline au nord de la ville, les pagodes sont jolies, en particulier lorsqu'elles se reflètent dans les eaux du lac. Elles figurent parmi les plus anciens bâtiments du sud-ouest de la Chine. La plus grande des trois, la pagode Qianxun, compte seize étages et atteint 70 m de haut. Édifiée au milieu du IXe siècle par des ingénieurs de Xi'an, elle est flanquée de deux pagodes plus petites de dix étages et de 42 m de haut.

Le **temple Chongsheng**, derrière les pagodes, est de style yunnanais traditionnel et comporte trois niveaux de bâtiments alignés sur le pic sacré à l'arrière-plan. Le temple a été restauré récemment et trans-

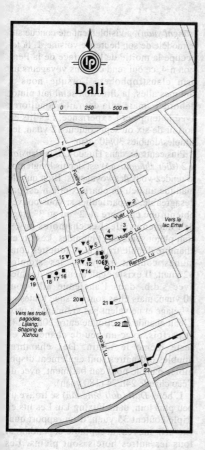

Dali

0   250   500 m

Fuxing Lu

Yuer Lu

Vers le
lac Erhai

Huguo Lu

Renmin Lu

Vers les trois
pagodes,
Lijiang,
Shaping et
Xizhou

Boai Lu

DALI 大理

OÙ SE LOGER

8   Hôtel Jinhua
     金花大酒店
12   Pension n°2
     第二招待所
16   Pension n°3 (Sunny Garden)
     第三招待所 (桑尼园)
18   Pension n°4 (Yu'an Garden)
     第四招待所 (榆安园)
20   Old Dali Inn
     大理四季客栈
21   Hôtel Dali
     大理宾馆

OÙ SE RESTAURER

2   Apricot Flower Restaurant
     李花餐厅
3   Yunnan Cafe
     云南咖啡馆
5   Tibetan Cafe
     西藏餐厅
6   Jim's Peace Cafe
     吉母和平饭店
7   Old Wooden House
     如意饭店
13   Marley's Cafe
14   Café de Jack
     樱花阁
15   Happy Cafe

DIVERS

1   Porte Nord
     北门
4   Poste
     邮电局
9   Dali Prefecture Transport Co
     长途客车售票处
10   Bank of China
     中国银行
11   Bus pour Xiaguan
     往下关的公共汽车
17   BSP
     公安局
19   Bus locaux pour Shaping
     往沙平的公共汽车
22   Musée de Dali
     大理博物馆
23   Porte Sud
     南门

---

formé en un musée consacré à l'histoire, à la construction et à la rénovation des pagodes. Des bas-reliefs, où les veines du marbre figurent des paysages, sont également exposés.

Fêtes

Si vous ne redoutez pas la foule, la meilleure époque pour aller à Dali est sans doute la période couvrant la foire de la Troisième Lune (*sānyuè jié*), du 15ᵉ au 21ᵉ jour du 3ᵉ mois lunaire (généralement en avril). L'origine de cette fête est la commémoration d'une visite légendaire de

Guanyin, la déesse bouddhique de la Miséricorde, au royaume de Nanzhao. De nos jours, la fête ressemble plus à un grand marché, où les gens viennent de tout le Yunnan pour vendre, acheter et s'amuser.

La fête des Trois Temples (*ràosānlíng*) a lieu entre les 23e et 25e jours du 4e mois lunaire (en général en mai). A cette occasion, comme son nom l'indique, les pèlerins font le tour de trois temples. Le premier jour, ils vont de la porte Sud de Dali au temple Shengyuan de Xizhou, au pied du mont Wutai. Là, les participants chantent et dansent jusqu'à l'aube avant de se diriger vers le temple Jingui, au bord du lac Erhai. Le dernier jour, les pèlerins rentrent à Dali en passant par le temple Majiuyi.

La fête des Torches (*huǒbǎ jié*) se déroule le 24e jour du 6e mois lunaire (souvent en juillet). On promène des torches enflammées, la nuit, dans les maisons et dans les champs, sans oublier les feux d'artifices et les courses de bateaux-dragons.

Où se loger

La construction récente de plusieurs hôtels à petit budget a largement amélioré la situation à Dali. Malgré tout, les lits sont vite pris et, pendant les mois d'été, on risque de passer sa première journée en ville à chercher un logement.

Le lieu de prédilection des voyageurs est la *Pension n°4*, également appelée *Yu'an Garden* (*yú'ān yuán*). Perché en haut de Huguo Lu, cet endroit idyllique a tout pour rendre heureux : bungalows en bambou, eau chaude en permanence, ravissant café de style thaïlandais, machines à laver, quantité de cordes à linge, personnel avenant et lits en dortoir à 15 yuan. Des chambres doubles sont également disponibles (25 yuan le lit), mais elles sont mal ventilées. Le seul problème de la Pension n°4 est qu'elle affiche constamment complet et qu'il faut rester un ou deux jours sur liste d'attente avant d'y trouver un lit.

Ne désespérez pas : il existe d'autres options. Juste après la Pension n°4, la sympathique *Pension n°3*, ou *Sunny Garden* (*sāngní yuán*), a visiblement été conçue sur le modèle de son heureuse voisine. L'hôtel occupe la moitié de la surface de la Pension n°4, ce qui rend certains voyageurs un brin claustrophobes. Lorsque nous y sommes allés, la direction semblait plutôt débordée, mais cela devrait s'améliorer avec le temps et l'expérience. Les lits en dortoir de six ou sept coûtent 12 yuan, les simples/doubles 30/40 yuan.

Plus centrale, dans Huguo Lu, la *Pension n°2* (*dièr zhāodàisuǒ*) est depuis longtemps le rendez-vous des voyageurs. Bien qu'elle manque un peu de charme, elle n'est pas désagréable, en particulier si vous pouvez obtenir une chambre au 2e ou au 3e étage de l'ancienne aile. Les chambres du 1er sont plutôt sombres et humides. Les lits en chambre double/triple avec toilettes communes coûtent 16 yuan, les simples 32 yuan. Il existe également des doubles avec s.d.b. dans l'ancienne aile pour 90 yuan, mais elles sont presque toutes au 1er étage et ne valent pas vraiment ce prix. L'eau chaude fonctionne entre 20h et 24h et parfois, avec un peu de chance, il en reste même le matin. Des chambres doubles ordinaires sont également disponibles dans le nouveau bâtiment, avec de l'eau chaude 24h/24 (180 yuan).

L'hôtel *Dali* (*dàlǐ bīnguǎn*) se trouve un peu plus loin, dans Fuxing Lu. Les lits en triple coûtent 35 yuan, d'un rapport qualité/prix moyen, acceptable cependant si tous les autres hôtels sont pleins. Les doubles rudimentaires avec s.d.b. sont à 105 yuan, les doubles standard avec toutes les commodités modernes à 230 yuan.

Dressé à l'angle de Huguo Lu et de Fuxing Lu, le tout nouvel hôtel *Jinhua* (*jínhuā dàjiǔdiàn*) ne verra sans doute pas beaucoup de voyageurs en sac à dos. Les doubles ordinaires avec clim. et TV par satellite démarrent à 245 yuan. Avec ses portiers à casquette rouge et son escalier de marbre, le Jinhua contraste résolument avec le reste de Dali. Si vous êtes d'humeur à goûter un peu de luxe ou que vous voyagez avec des enfants, il peut cependant constituer une halte appréciable.

Le *Old Dali Inn* (*dàlĭ sìjìkèzhàn*), délicieux petit endroit niché dans Bo'ai Lu, devrait pallier agréablement la carence de logements bon marché à Dali. Les lits en dortoir de quatre coûtent 10 yuan, les doubles confortables avec s.d.b. 120 yuan. Toutes les chambres sont situées dans des bâtiments de pierre typiques de Dali, regroupés autour d'une agréable cour fleurie.

Dali compte désormais également son hôtel cinq-étoiles, énorme structure de luxe heureusement située à plusieurs kilomètres au sud de la ville. Cet établissement cofinancé par la Chine et Taïwan se découpe nettement sur le paysage de montagnes lorsqu'on le regarde depuis le lac. Il devrait être ouvert à l'heure où vous lisez ce guide. Bien que mal situé pour ceux qui souhaitent être au cœur de l'animation de Dali, l'hôtel sera sans doute investi par les foules de groupes organisés qui vont commencer à affluer du nouvel aéroport de Xiaguan pour effectuer des circuits éclairs dans la région du lac Erhai.

Où se restaurer

Le haut de Huguo Lu, tout près de l'entrée de la Pension n°2, regroupe la plupart des établissements où les étrangers se retrouvent. En majorité, les restaurants offrent un bon rapport qualité/prix, servent de bons plats et disposent d'un personnel agréable – ce qui est fort appréciable lorsqu'on voyage depuis longtemps. Si vous n'aimez pas trop vous mêler aux autres voyageurs, allez plutôt dans les restaurants chinois de la ville.

Il paraît délicat de recommander un établissement en particulier. Comme à Yangshuo, les restaurants sont fréquentés selon la mode du moment.

Le *Yunnan Cafe*, à 5 minutes à pied en descendant Huguo Lu, conservera certainement une clientèle régulière. Anciennement appelé Coca Cola Restaurant, il sert toujours les pizzas, la cuisine mexicaine, les desserts et le café les meilleurs de la ville. Les voyageurs ont l'habitude de s'installer sur le toit-terrasse jusqu'à ce que la fraî-cheur du soir ou la fermeture ne les en déloge. On peut aussi y échanger et louer des livres (le prix de vente, prohibitif, sert à dissuader les gens de vider la bibliothèque, subtilité que certains ne parviennent pas à comprendre). Xiangxia, qui tient l'établissement, parle couramment anglais et se révèle une mine de renseignements utiles sur Dali. Si vous souhaitez soulager vos muscles endoloris par le voyage, le Dr Mu Qingyun effectue de fabuleux massages dans son cabinet au 2e étage.

D'autres lieux à la mode lors de notre dernier passage étaient le *Tibetan Cafe*, qui sert un délicieux café glacé, le *Café de Jack*, célèbre pour son fantastique gâteau au chocolat accompagné de glace, et le *Marley's Cafe*, qui attire beaucoup de monde l'après-midi (les sièges à l'extérieur sont au soleil). La *Old Wooden House*, en face du Marley's, jouit d'un bon emplacement à l'extérieur ; ses spaghettis bolognaises sont à goûter impérativement – c'est un Italien nomade qui leur a donné la recette.

Pour une intéressante après-midi de conversation, essayez le café *Mr China's Son*, ouvert par un vieux monsieur qui a rédigé en anglais ses épreuves et tribulations durant la Révolution culturelle.

En fait, nous vous recommandons d'essayer tous les établissements. La plupart des cafés proposent une cuisine correcte et tous se mettent en quatre pour satisfaire leur clientèle. Si vous appréciez particulièrement la cuisine japonaise, tentez le *Happy Cafe*, à côté du Tibetan Cafe : vous y rencontrerez des voyageurs de Tokyo, d'Osaka ou d'ailleurs. Les fêtards privilégieront *Jim's Peace Cafe*, pour son rock and roll et ses concerts jusqu'à des heures avancées de la nuit. Jim, demi-Tibétain extrêmement sympathique, concocte des mixtures décapantes – demandez son "N°1 Spécial".

Achats

Dali est célèbre pour son marbre. Une plaque entière risquerait d'alourdir votre sac à dos, mais on en trouve sous toutes les formes, du cendrier à la pagode miniature.

Il existe également une profusion de boutiques de vêtements dans Huguo Lu, du style Woodstock au sur-mesure, à des prix très raisonnables.

La plupart des bijoux en argent vendus à Dali sont en réalité en laiton. Ceux en argent véritable coûtent cher. Un seul conseil : marchandez ferme.

Les tentures en batik sont devenues à la mode à Dali. Plusieurs magasins proches de la Pension n°2, dans Huguo Lu, en proposent un bon choix, mais ne croyez pas les propriétaires qui prétendent que c'est une production maison et vous annoncent le nombre d'heures qu'ils y ont passées pour en justifier le prix exorbitant. La plupart des batiks, comme à Yangshuo, viennent du Guizhou, où on les achète pour trois fois rien.

Avant de faire vos courses, renseignez-vous sur les prix auprès des propriétaires des cafés et autres habitants de la ville.

Comment s'y rendre

L'ouverture du nouvel aéroport de Xiaguan mettra Dali à 45 minutes d'avion de Kunming. Au début, trois ou quatre vols par semaine devraient être assurés, mais le rythme augmentera sans doute à mesure que les touristes découvriront ce nouvel itinéraire. L'aller simple devrait coûter environ 400 yuan.

De nombreux voyageurs opteront encore probablement pour le bus-couchettes de nuit au départ de Kunming. Les bus-couchettes directs pour Dali partent de la gare routière longue distance à 18h30 et 20h, mettent environ 11 heures et coûtent 75 à 85 yuan, selon le bus et la couchette (supérieure ou inférieure). Bien que la route ne soit pas excellente, le voyage est supportable et vous rencontrerez sûrement d'autres voyageurs. La gare routière longue distance propose également des bus-couchettes pour Xiaguan qui partent toutes les demi-heures entre 18h30 et 21h.

Pour admirer le paysage, plusieurs bus directs partent pour Dali entre 7h30 et 9h (45 yuan, ou 56 yuan en "bus de luxe", terme à ne pas prendre au pied de la lettre).

Pour retourner à Kunming, au moins deux bus-couchettes de nuit partent de la Pension n°2 entre 18h et 20h. Les billets s'achètent au bureau de réservation "Dali Prefecture Transport Co", à l'angle de Huguo Lu et de Fuxing Lu, et auprès des diverses agences de voyages sur Huguo Lu. Les bus de jour pour Kunming partent à 6h20 et 8h et coûtent 45 yuan.

Les bus pour Lijiang (5 heures de route) partent à 7h20 et 11h. Les billets coûtent 20 yuan (25 yuan en minibus) et s'achètent à la Dali Prefecture Transport Co. On peut aussi prendre l'un des nombreux bus pour Lijiang en provenance de Xiaguan. Certaines agences de voyages indépendantes vendent également des billets pour Lijiang.

Les bus pour d'autres destinations, comme Baoshan, Ruili ou Jinghong, se prennent à Xiaguan. Les billets pour la plupart de ces trajets peuvent s'acheter à Dali. Si vous achetez votre billet à la Dali Prefecture Transport Co, on vous laissera monter dans le bus de 6h20 à destination de Kunming jusqu'à Xiaguan pour y prendre votre correspondance. Si votre bus part tôt le matin, vous devrez peut-être passer la nuit précédente à Xiaguan.

Le bus local n°4 à destination de Xiaguan passe toutes les 10 minutes ; il existe un arrêt devant la Bank of China. Le voyage dure environ 30 minutes et coûte 1,20 yuan.

Comment circuler

A Dali, le mieux est de se déplacer à bicyclette. Comptez 4 yuan de location la journée pour un modèle chinois ordinaire, 8 yuan pour un VTT. La Pension n°2 et le Jim's Peace Cafe disposent des meilleurs choix de vélos à louer.

De nombreuses agences de voyages à proximité de la Pension n°2 organisent des excursions dans la région de Dali. Certains cafés également, la plupart sous forme de sorties en bateau sur le lac Erhai jusqu'à Wase, où se tient un marché de plein air tous les cinq jours.

Des organisateurs privés proposent tous les jours des croisières autour du lac si la demande est suffisante. En période de

CHRIS TAYLOR

CHRIS TAYLOR

RICHARD NEBESKY

En haut à gauche : paysage karstique à Yangshuo (Guangxi)
En haut à droite : fabrication de paniers vapeur en bambou à Ruili (Yunnan)
En bas : les curieuses formations calcaires de la Forêt de pierre
près de Kunming (Yunnan)

Temple bouddhique près de Ruili (Yunnan)

fêtes, quantité de cafés s'occupent des transports, ce qui évite d'avoir à se bagarrer pour monter dans un bus local bondé à destination des villages voisins où se déroulent les festivités.

ENVIRONS DE DALI
Temple de la Déesse de la miséricorde
(*guānyīn táng*)

Ce temple est construit sur un gros rocher à 5 km de Dali, placé là, dit-on, par la déesse elle-même pour bloquer l'avance d'une invasion ennemie.

Lac Erhai
(*érhǎi hú*)

Le lac est à 40 minutes de marche de la ville, 10 minutes à vélo, tout en descente. On peut y voir de grandes jonques et des sampans, avec leur troupe de cormorans domestiques alignés sur le bastingage attendant leur tour pour pêcher. Un anneau placé autour de leur cou les empêche d'avaler leur prise.

De Caïcun, le village du bord du lac à l'est de Dali, un bac mène à Wase, sur l'autre rive (départ à 16h30). Vous pouvez y passer la nuit et revenir le lendemain par le bateau de 6h. Les habitants emportent leurs vélos et, comme il existe plusieurs bateaux qui traversent le lac en différents points, il est peut-être possible d'utiliser ce moyen pour faire de plus longs circuits.

A côté de Wase, l'île Putuo (*pǔtuó dǎo*) abrite le temple du Petit Putuo (*xiǎopǔtuó sì*). D'autres bateaux vont de Longkan à Haidong et de Xiaguan à l'île Jinsuo. Ils partent tôt le matin (pour le marché) et reviennent vers 16h. Leurs horaires sont variables.

Temple Zhonghe
(*zhōnghé sì*)

Une marche longue et ardue dans la montagne mène à Zhonghe, derrière Dali. Une fois en haut, vous serez peut-être accueilli par une tasse de thé et un sourire (mais ce n'est pas certain). De part et d'autre du temple, un sentier serpente à flanc de montagne. Il permet de découvrir de luxuriantes vallées, des ruisseaux et des cascades.

Temple Gantong
(*gāntōng sì*)

Ce temple est situé non loin au sud de Guanyintang, à 6 km de Dali vers Xiaguan. De Guanyintang, suivez le sentier qui grimpe dans la montagne pendant 3 km. Demandez votre chemin aux habitants, qui sont chaleureux.

Torrent Qingbi
(*qīngbì xī*)

Ce ravissant lieu de pique-nique est proche du village de Qiliqiao, à 3 km de Dali vers Xiaguan. En remontant sur 4 km le sentier qui longe le torrent, vous atteindrez trois petits étangs.

Xizhou
(*xǐzhōu*)

Parmi les mille et une choses à faire lorsqu'on est à Dali, nous vous conseillons particulièrement une promenade à Xizhou, vieille ville à 25 km au nord de Dali dont l'architecture bai est mieux préservée encore.

Le plus simple est de s'y rendre en bus local, mais on peut aussi faire le parcours à vélo et passer une nuit sur place (il est possible de se loger).

Source aux Papillons
(*húdié quán*)

Ce lieu agréable, à 30 km au nord de Dali, véhicule l'inévitable légende de deux amoureux qui se sont suicidés pour échapper à un roi cruel. Après avoir sauté dans le puits sans fond, ils se sont transformés en papillons, tels ceux que l'on y voit en grand nombre au mois de mai.

Les sportifs peuvent aller à la source à bicyclette. Elle est située à 4 km de Shaping et on peut combiner cette visite avec celle du marché de ce village.

Marché de Shaping
(*shāpíng gǎnjí*)

Le pittoresque et très photogénique marché de Shaping, à 30 km au nord de Dali, a lieu tous les lundi. Il s'anime à partir de 10h et se termine vers 14h30. On peut tout y ache-

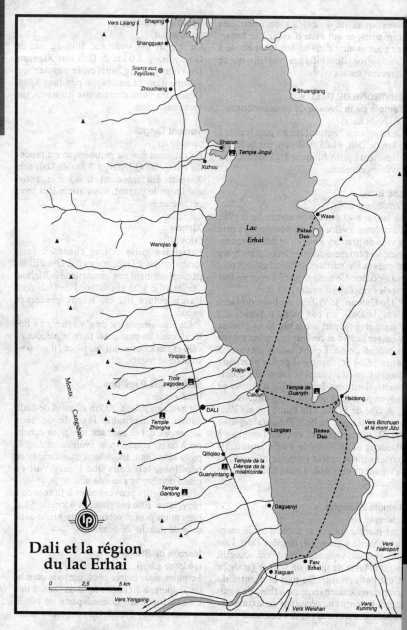

Vers Lijiang → Shaping

Shangguan

Source aux
Papillons

Zhoucheng

Shuanglang

Shacun

Temple Jingui

Xizhou

Wase

Lac
Erhai

Putuo
Dao

Wanqiao

Monts
Cangshan

Yinqiao

Xiajiyi

Trois
pagodes

Caicun

Temple de
Guanyin

Haidong

Vers Binchuan
et le mont Jizu

DALI

Temple
Zhonghe

Longkan

Jinsuo
Dao

Qiliqiao

Temple de la
Déesse de la
miséricorde

Guanyintang

Temple
Gantong

Daguanyi

Vers
l'aéroport

Dali et la région
du lac Erhai

0   2,5   5 km

Parc
Erhai

Xiaguan

Vers Yongping

Vers Weishan

Vers
Kunming

ter, du tabac aux graines de melon en passant par les nouilles, la viande, les poteries et les vêtements. On y trouve également des costumes ethniques : chemises, chapeaux, chaussures brodées, ceintures-portefeuilles. Attendez-vous à des prix exorbitants, qui baisseront après une séance animée de marchandage.

Pour aller au marché depuis Dali, empruntez les minibus mis en service par les hôtels et cafés les jours de marché. Ils partent vers 9h ; il est préférable de réserver la veille. On peut aussi remonter de Huguo Lu à la route principale et prendre un bus local, en sachant toutefois qu'un jour de marché n'est pas l'idéal pour utiliser ce mode de transport.

DE DALI A LIJIANG

Jianchuan

(jiànchuān)

Jianchuan se trouve à 92 km au nord de Dali, sur la route Dali-Lijiang. En venant de Dali, on arrive au petit village de Diannan, 8 km avant Jianchuan. Une petite route part de Diannan vers le sud-ouest et traverse le village de Shaxi (23 km plus loin). Les grottes de Shibaoshan *(shíbǎoshān shíkù)* sont situées près de ce village, avec trois groupes de temples : le temple de la Cloche de pierre *(shízhōng)*, le col du Lion *(shīzi guān)* et le village de Shadeng *(shādēng cūn)*.

Heqing

(hèqíng)

A 46 km environ au sud de Lijiang, Heqing se trouve sur la route qui rejoint l'axe principal Dali-Lijiang, juste au-dessus du lac Erhai à Dengchuan. Le pavillon Yunhe, édifice en bois datant de la dynastie Ming, se dresse au centre de Heqing.

LIJIANG

(líjiāng)

Au nord de Dali, proche du Tibet, blottie au cœur d'une magnifique vallée, Lijiang est également un endroit agréable pour se reposer quelque temps. La première impression de Lijiang est celle d'une petite ville chinoise quelconque et poussiéreuse, surtout si l'on vient de Dali. Ce n'est qu'en pénétrant dans la vieille ville, merveilleux dédale de ruelles pavées, de vieux bâtiments en bois, de canaux et de marchés, que l'on réalise que Lijiang n'a rien de rébarbatif.

Il existe de nombreux sites intéressants à Lijiang et dans ses environs, parfois accessibles à bicyclette. On peut aussi se rendre à bicyclette à la montagne et faire de belles randonnées. Il vous faudra peut-être un certain temps avant de vous acclimater à l'altitude (2 400 m).

Orientation

Lijiang compte une vieille ville et une ville nouvelle, aussi différentes que le jour et la nuit. La colline du Lion, une hauteur surmontée d'un émetteur radio au cœur de la ville, sépare Lijiang en deux : la ville neuve est à l'ouest, le vieux quartier à l'est. La meilleure façon de se rendre dans la vieille ville est d'aller jusqu'au cinéma, de tourner vers l'ouest sur une petite place où se déroule le marché de nuit, puis de prendre la direction du sud. La vieille ville, charmante, est un véritable labyrinthe. On s'y perd aisément, ce qui fait bien sûr partie du plaisir. Profitez-en !

Renseignements

On peut obtenir des informations dans les cafés pour étrangers près de la place Mao et dans la vieille ville. Au moment de la rédac-

---

Le tremblement de terre de Lijiang

La région de Lijiang a été considérablement endommagée par un grave tremblement de terre en février 1996, après notre visite. De nombreux bâtiments, en particulier dans la vieille ville, ont été détruits. La reconstruction a été rapidement mise en œuvre et les bâtiments relevés de leurs ruines ou consolidés. Mais certains des hôtels, restaurants et sites mentionnés dans ce chapitre ont peut-être fermé. Pour en savoir davantage, renseignez-vous auprès du CITS ou du BSP de Kunming. ■

tion de ce guide, le CITS (☎ 25999) devait ouvrir une section FIT (Family-Independent Traveller) à Lijiang, face à l'entrée de l'hôtel Guluwan. Ces antennes sont une tentative du monolithe chinois en matière de voyages de s'adresser aux voyageurs individuels ou aux petits groupes. Les employés du bureau de Lijiang sont serviables et devraient vous donner des idées d'excursions locales, réserver vos billets d'avion et même de chemin de fer (bien que cela paraisse trop beau pour être vrai). Passez au bureau pour voir si ce rêve est devenu réalité.

Le BSP est situé en face de l'hôtel Lijiang ; il existe un autre bureau près de la gare routière Nord. Il est apparemment facile de faire prolonger son visa à Lijiang.

La Bank of China est dans Xin Dajie, presque en face de la rue de l'hôtel Lijiang et du BSP. Il existe aussi une petite succursale tout près de l'entrée de l'hôtel Lijiang. On peut changer des chèques de voyages dans les deux établissements.

Vieille ville

Traversée de canaux et de ruelles étroites, bordée d'anciennes maisons en bois, la vieille ville est à voir absolument. Arrivez dans la matinée pour voir sur le marché les femmes naxi en costume traditionnel. Des perroquets et des plantes décorent les porches, des femmes âgées vendent des gâteaux devant les maisons de thé, des hommes se promènent en portant un faucon sur leur gant, tandis que d'autres vieilles femmes jouent aux cartes. On peut acheter des broderies et des tissus dans les boutiques proches du marché.

Parc de l'étang du Dragon noir
(*hēilóngtǎn gōngyuán*)

Ce parc est situé à l'extrémité nord de la ville. En plus de l'étang, on peut visiter l'institut de recherches sur les Dongba, qui fait partie d'un ensemble rénové à flanc de colline. Il abrite un petit musée contenant des parchemins et des objets d'art dongba (entrée 2 yuan). Au bout de l'étang, on découvre des bâtiments rénovés abritant des collections d'art, un pavillon et le

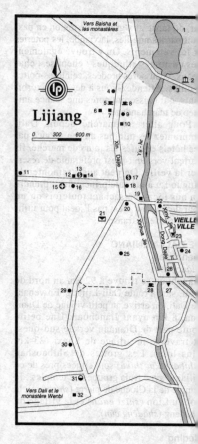

temple Wufeng, élevé sous la dynastie Ming. L'entrée du parc coûte 6 yuan.

Musée de la culture naxi

M. Xuan Ke, érudit naxi qui a passé vingt ans en camp de travail après le mouvement des Cent Fleurs, a transformé sa maison de Lijiang en un petit musée de la culture naxi et de l'histoire de Lijiang. En plus des costumes et instruments de musique (dont un luth persan utilisé dans la musique naxi depuis des siècles), on y verra le mobilier du Dr Joseph Rock, fabriqué spécialement à la main, et une petite bibliothèque

LIJIANG 丽江		23	Restaurant n°40 40 号饭店	16	BSP 公安局
OÙ SE LOGER		27	Old Market Inn 纳西餐厅	17	Bank of China 中国银行
6	Hôtel Guluwan 古路湾宾馆	28	Tower Cafe	18	Librairie Xinhua 新华书店
7	Pension n°2 et gare routière Nord 第二招待所，北站		**DIVERS**	20	Cinéma 电影院
10	Red Sun Hotel 红太阳宾馆	1	Parc de l'étang du Dragon noir 黑龙潭公园	21	Poste 邮电局
12	Hôtel Lijiang 丽江宾馆	2	Boutique et musée dongba 东巴博物馆	22	Quartier du marché de nuit 夜市
14	Hôtel Jiamei 佳美宾馆	3	Institut de recherches sur les Dongba 东巴研究所	24	Concerts de musique naxi 纳西音乐
19	Lijiang Grand Hotel 格兰饭店	4	Théâtre Yunling 云岭剧场	25	Émetteur radio 狮子山
32	Hôtel Yunshan 云杉饭店	9	Place Mao 毛主席广场	26	Ancienne place du marché 四方街
OÙ SE RESTAURER		11	CAAC 民航售票处	29	Location de vélos 出租单车
5	Ma Ma Fu's Cafe 马马虎餐厅	13	Bank of China 中国银行	30	Stade 体育场
8	Ali Baba's Cafe 阿里巴巴餐厅	15	Hôpital 二门诊所	31	Gare routière (bus longue distance) 长途汽车站

d'ouvrages épuisés sur Lijiang. Le Dr Rock était un proche de cette famille.

Xuan Ke parle anglais et est toujours prêt à exposer ses idées sur la culture (par exemple sur les rituels d'exorcisme qu'étaient à l'origine la musique et la danse). Il a joué un rôle actif dans la préservation de la musique traditionnelle chinoise qui, affirme-t-il, court le risque d'être effacée par l'influence corrosive de la musique populaire et de son diabolique rejeton, le karaoke. Sa maison se trouve dans la vieille ville, 11 allée Jishan, près du Restaurant n°40.

Fêtes

La fête de la Fertilité a lieu le 13e jour de la 3e lune (fin mars ou début avril). La fête des Torches (*huǒbǎ jié*), célébrée aussi par les Bai de Dali, se tient en juillet. L'origine de ce festival remonte aux intrigues du royaume de Nanzhao, lorsque l'épouse d'un homme que le roi avait fait brûler échappa aux avances du monarque en se jetant dans le feu.

Où se loger

Le premier établissement que l'on croise en arrivant est l'hôtel Yunshan (*yúnshān fàndiàn*), également appelé Pension n°3, à côté de la nouvelle gare routière. Jadis l'une des meilleures options de Lijiang, le Yunshan pâtit de ses prix élevés et d'une qualité en baisse. Étant donné son mauvais emplacement, dans la partie la plus ennuyeuse de la ville, cela ne laisse guère de raison d'y descendre : même si vous devez prendre un bus tôt le matin, vous pourrez généralement embarquer à la gare routière Nord, proche des autres hôtels de Lijiang. Le Yunshan possède des lits à 20 yuan en dortoir de trois avec TV, à

35 yuan en dortoir de deux. Les doubles avec s.d.b. sont à 150 yuan.

La Pension n°2 (*dièr zhāodàisuǒ*), très sommaire, située à côté de la gare routière Nord, est l'établissement le moins cher. Elle propose des lits durs à 10 yuan en dortoir de cinq et des lits en chambres de quatre/trois/deux à 14/16/18 yuan. Si vous voulez votre propre s.d.b., il faut marcher un peu plus loin, jusqu'à l'hôtel *Guluwan* (*gǔlùwān bīnguǎn*), annexe de la Pension n°2, construite comme beaucoup d'autres en raison du nouvel aéroport. Les doubles

rudimentaires avec s.d.b. sont à 80 yuan, un assez bon rapport qualité/prix si l'on est deux. Les doubles standard avec toutes les commodités modernes sont à 180 yuan. Le Guluwan abrite une petite agence de voyages et un bureau de réservation aérienne (vérifiez la commission retenue, il vaut peut-être mieux s'adresser au CITS sur le trottoir d'en face). L'hôtel Guluwan se trouve au bout de l'allée ; la Pension n°2 est le bâtiment en briques rouges sur la droite juste après le guichet de vente de billets de bus.

Les Naxi

Lijiang est le centre du pays naxi (aussi écrit nakhi et nahi), ethnie comptant environ 278 000 membres au Yunnan et au Sichuan. Descendants de nomades tibétains, les Naxi étaient jusqu'à une date récente organisés en une société matriarcale, bien que les dirigeants locaux fussent toujours des hommes. Il semble que ce soit encore les femmes qui commandent, en tout cas dans la partie ancienne de Lijiang.

Le matriarcat naxi maintient les hommes sous la coupe des femmes, avec des arrangements flexibles pour les affaires de cœur. Le système des *azhu* (ami) permet à un homme et une femme de devenir amants sans avoir de résidence commune. Les deux partenaires continuent à vivre chez eux. Le garçon passe ses nuits chez sa petite amie mais revient vivre et travailler dans la maison de sa mère pendant la journée. Si des enfants naissent, ils sont propriété de la femme, à laquelle incombe la responsabilité de leur éducation. Le père fournit son assistance, mais uniquement tant que dure sa relation avec la mère. Les enfants vivent donc avec leur mère et aucun effort n'est fait pour établir leur filiation. Les femmes héritent des propriétés et ce sont des femmes âgées qui arbitrent les différends. Le système matriarcal semble avoir survécu près de Yongning, au nord de Lijiang.

On peut noter les fortes influences matriarcales dans la langue naxi. Les noms ont une signification plus large si un suffixe "féminin" leur est ajouté. Au contraire, leur sens est restreint si on leur ajoute un suffixe "masculin". Par exemple, le mot pierre + femme signifiera un énorme rocher, alors que le mot pierre + mâle fera penser à un petit caillou.

Les femmes naxi portent des blouses bleues et des pantalons couverts de jupons bleus ou noirs. La traditionnelle cape en T sert non seulement à retenir le panier qu'elles portent en permanence sur le dos, mais symbolise également le ciel. La partie claire et la partie sombre de la cape rappellent l'alternance du jour et de la nuit. Sept cercles brodés représentent les étoiles. Deux cercles plus larges, un sur chaque épaule, représentaient autrefois les yeux d'une grenouille, un dieu important chez les Naxi jusqu'au XVe siècle. Avec le déclin des croyances animistes, ils sont passés de mode, mais les Naxi continuent à appeler la cape par son nom original : "peau de mouton aux yeux de grenouille".

Le langage écrit des Naxi, un extraordinaire système de pictogrammes, date de plus d'un millénaire. Le texte naxi le plus célèbre est un classique de la religion dongba, La Création, dont on trouve encore à Lijiang des exemplaires anciens, ainsi que d'autres textes, de même que dans les archives de certaines universités américaines. Les Dongba étaient les chamans naxi, dépositaires des écrits et intermédiaires avec le monde des esprits. La religion dongba a finalement été absorbée en un mélange de bouddhisme lamaïste, d'islam et de taoïsme. Les origines tibétaines des Naxi sont confirmées par les références des textes naxi au lac Manasarovar (Mapam yuansum) et au mont Kailash (Kangrinpoche), tous deux situés dans l'ouest du Tibet. ■

Le *Red Sun Hotel*, qui jouxte la place Mao, en diagonale face à l'entrée de l'hôtel Guluwan, est le moins cher après la Pension n°2. Le lit coûte 18 yuan en dortoir de six ou huit, 20 yuan en dortoir de quatre et 24 yuan en chambre double. L'hôtel possède également des triples/doubles avec s.d.b. attenantes à 60/75 yuan le lit. En raison de son emplacement, le Red Sun Hotel attire un bon nombre de voyageurs, mais les avis sont partagés. Certains le trouvent parfaitement correct, d'autres le fuient comme la peste après avoir supporté plusieurs nuits un karaoke assourdissant.

L'hôtel *Lijiang* (*lìjiāng bīnguǎn*), également appelé *N°1 Hotel* (*dìyī zhāodàisuǒ*), arrive sans doute en tête pour ce qui est de l'amabilité. Il est aussi plus cher, avec comme premier prix un lit en dortoir de cinq à 24 yuan. Les lits dans des chambres propres de quatre/trois/deux coûtent 30/35/40 yuan. Dans des bâtiments plus luxueux à l'arrière, les doubles/triples joliment meublées, avec s.d.b., coûtent 180/240 yuan. Tant qu'il n'y a pas de projet de construction sur le terrain, l'hôtel Lijiang devrait rester le plus calme des établissements pour petits budgets.

Juste à l'est du Lijiang, l'hôtel *Jiamei* (*jiāměi bīnguǎn*) offre des doubles et des triples avec s.d.b., téléphone et eau chaude 24h/24 pour 120 yuan. Les chambres n'ont rien d'extraordinaire mais sont néanmoins d'un bon rapport qualité/prix.

Menaçante silhouette à la lisière nord de la vieille ville, le *Lijiang Grand Hotel* (*gélán dàjiǔdiàn*), flambant neuf, est un bâtiment de luxe massif dont les services et les tarifs (80 $US la chambre double) détonnent complètement avec le reste de Lijiang.

Où se restaurer

Comme à Dali, une multitude de petits restaurants de famille destinés aux voyageurs individuels se sont installés à Lijiang. Les cuisines sont minuscules, d'où une attente parfois longue (si l'un des innombrables groupes organisés hollandais est en ville, c'est peine perdue), mais les plats sont généralement intéressants. Des spécialités naxi figurent toujours au menu, comme la fameuse omelette naxi ou le sandwich naxi (fromage de chèvre, tomate et œuf au plat entre deux tranches d'une galette de pain local, le *baba*). Goûtez le *yinjiu*, un vin de lychee produit localement, inventé il y a 500 ans, qui ressemble à un bon sherry demi-sec.

Sur la place Mao. On tombe généralement d'abord sur les restaurants de la place Mao. Le *Peter's*, ancien lieu de prédilection des voyageurs, a perdu de sa superbe depuis le départ de sa fondatrice, Crystal, et de son époux américain Tom. La cuisine est acceptable, mais l'endroit est sinistre et tout vestige de personnalité semble en avoir été ôté avec un soin chirurgical. Au nord-est de la place, le *Ma Ma Fu's* et le *Ali Baba's* sont plus accueillants : la cuisine est bonne et l'ambiance chaleureuse. C'est aussi là que vous obtiendrez des détails sur les gorges du Saut du tigre et le lac Lugu.

Dans la vieille ville. La vieille ville compte d'excellents restaurants. Le *Old Market Inn* arrive en tête pour son service sympathique et son ambiance agréable. Le rez-de-chaussée donne sur la place du marché, ce qui permet de profiter du spectacle et des bruits de la rue tout en buvant une bière fraîche ou un café yunnanais. A l'ouest de la place, de l'autre côté du canal, niché au bout d'une ruelle, le *Tower Cafe* sert une variété de plats savoureux dans une petite cour : on a l'impression d'être invité chez un particulier. Essayez les remarquables croquettes de pommes de terre.

En prenant Xinyi Jie jusqu'au vieux quartier, vous trouverez le *Din-Din's*, puis le *Mimi's Cafe* et le *Restaurant n°40*. Les heures de gloire du Mimi's semblent révolues, mais les deux autres s'en sortent plutôt bien malgré la concurrence des cafés de la place du marché. Le 2e étage du Restaurant n°40 offre une belle vue sur les toits de la vieille ville, agréables à contempler en buvant un café après avoir longuement discouru avec M. Xuan Ke, qui habite non loin de là.

Divers. Partout dans Lijiang et hors des sentiers battus, cherchez les endroits où l'on sert des baba, la spécialité de Lijiang : une épaisse galette de pain servie nature ou fourrée de viande, légumes ou sucreries. C'est le matin que l'on trouve le plus grand choix de baba ; dans la vieille ville, on peut en acheter auprès des vendeurs ambulants. A l'est du cinéma de l'autre côté du pont, il existe un marché de nuit où l'on peut déguster un bol de nouilles fumantes et délicieuses pour 2 yuan, des pommes de terre rôties saupoudrées de piment pour 0,30 yuan et divers plats assortis. Plusieurs restaurants plus petits sont installés juste à l'entrée du parc de l'étang du Dragon noir. Il y a aussi des pâtisseries dans Xin Dajie.

Distractions

Les concerts de l'orchestre naxi sont l'une des rares distractions possibles le soir à Lijiang. Ils ont lieu dans un superbe bâtiment ancien de la vieille ville, en général de 20h à 22h. Non seulement les 20 à 24 membres sont naxi, mais ils jouent une musique de temple taoïste qui a disparu partout ailleurs en Chine. Leurs morceaux, interprétés sur des instruments originaux, sont censés dater des dynasties Han, Song et Tang (dans presque tout le reste de la Chine, ces instruments n'ont pas survécu à la révolution communiste : plusieurs membres de ce groupe ont enterré leurs instruments pour les cacher).

C'est une chance exceptionnelle que d'entendre la musique chinoise telle qu'elle existait à l'époque classique. Lors de ces concerts, Xuan Ke explique chaque morceau et décrit les instruments. On peut acheter des cassettes 30 yuan les deux. Si vous êtes intéressé, veillez à acheter la cassette sur le lieu du concert : on en trouve en ville, et même à Kunming, mais ce sont des copies pirates pour lesquelles l'orchestre ne perçoit aucune commission.

On peut se rendre au concert par ses propres moyens, mais il vaut mieux arriver un quart d'heure à l'avance pour avoir de bonnes places. Les billets coûtent 10 yuan. Les employés du Din-Din's vous indique-ront gracieusement le chemin du théâtre mais ils apprécieraient sans doute que vou diniez chez eux auparavant. Depuis le Res taurant n°40, tournez à gauche, puis à droite, traversez une petite cour et entre dans une étroite ruelle. Au bout, vous ver rez un grand mur blanc sur lequel est ins crit "Naxi Music" ; la porte principale es juste à gauche.

Intéressés par la popularité de l'orchestre naxi, le CITS et d'autres agences de voyages ont saisi la note au bond et organi sent divers "concerts de musique des mino rités", comprenant généralement de danses en costumes, destinés à exhiber le cultures des minorités ethniques aux tou ristes à travers la lorgnette officielle Mieux vaut les éviter et soutenir l'orchestre naxi original, dont les membres ont réussi à conserver à la fois leur talent et leurs ins truments durant toute l'absurde période répressive de la Révolution culturelle.

Comment s'y rendre

Avion. Avec l'ouverture d'un nouvel aéro port à 25 km à l'est de la ville, Yunnan Airlines peut désormais vous transporter de Kunming à Lijiang en 45 minutes. Au moment de la rédaction de ce guide, trois vols par semaine seulement étaient assurés mais ce nombre va très probablement aug menter. A Lijiang, on peut se procurer les billets à l'agence de la CAAC, à l'hôtel Guluwan (qui prend une commission) et au CITS. Un bus de Yunnan Airlines fait la navette avec l'aéroport pour 5 yuan.

Bus. Prendre un bus à Lijiang est compli qué en raison de l'existence de deux gares routières. Si vous résidez à proximité de l'hôtel Lijiang ou de la Pension n°2, regar dez ce que propose la gare routière Nord avant d'aller jusqu'à la principale gare rou tière longue distance. Le guichet de vente est dans l'hôtel Guluwan, juste à l'entrée.

La plupart des bus partent de la gare rou tière Nord puis s'arrêtent à la gare routière principale avant de continuer. Cela signifie que l'horaire de départ à la gare routière Nord est généralement fixé 15 minutes avant celui de la gare principale. Attention : parfois, la gare routière Nord vend des billets pour des bus qui partent de l'autre gare. Dans ce cas, il existe en principe une correspondance, mais il vaut mieux s'en assurer. En cas de doute, renseignez-vous auprès des cafés de la place Mao.

Les bus pour Dali partent à 6h20 et 6h30 de la gare routière principale. La gare Nord assure une correspondance environ 15 minutes avant. Le trajet dure plus de 5 heures et coûte 20 yuan. La gare routière longue distance dessert également Xiaguan à 7h50 et 10h, *via* Dali. Des minibus à destination de Dali partent de la gare routière Nord à 12h45, 13h45, 14h45 et 15h15, mais ces horaires semblent assez variables. Le voyage est un peu plus rapide (4 à 5 heures) et coûte 25 yuan. Plusieurs compagnies locales desservent également Dali : voyez ce qu'elles proposent dans Xin Dajie, juste au nord de la Bank of China. La plupart des bus allant à Dali continuent jusqu'à Xiaguan.

Les autres destinations très fréquentées sont Kunming et Jinjiang (pour les correspondances de chemin de fer avec Chengdu). Les bus pour Kunming partent à 7h (50 yuan) et 13h30 (81 yuan) : ce dernier est un bus de nuit avec sièges inclinables, qui vous débarque à Kunming vers 4h30 du matin. Les bus-couchettes pour Kunming partent à 15h30 et 17h15 (15h15 et 17h de la gare routière Nord) et coûtent 111 yuan. Les bus pour Jinjiang partent à 6h30 (6h20 de la gare routière Nord), ce qui permet, sauf avarie grave, de prendre les trains de 17h40, 21h25 ou 0h12 à destination de Chengdu. Pendant la saison des pluies (juillet à septembre), la route Lijiang-Jin-jiang est fréquemment inondée et les voyageurs se rendant à Chengdu sont obligés de retourner à Kunming pour y prendre un train ou un avion. Au moment de la rédaction de cet ouvrage, il était encore impossible pour les étrangers d'acheter des billets de train à Lijiang. Cela changera peut-être avec l'ouverture de la section FIT du CITS : le personnel dit qu'il devrait pouvoir réserver des billets de train. A vous de le vérifier.

Les bus pour Zhongdian (6 heures) partent de la gare routière Nord à 6h30 et 12h45 et font une halte à la gare principale (20 yuan). Autres destinations au départ de la gare routière Nord de Lijiang : Qiaotou, 6h30 et 13h45 (11 yuan) ; Shigu, 14h45 (6,70 yuan) ; et Ninglang, 6h50 (21 yuan).

Comment circuler

Il n'est pas agréable de se promener à pied dans la partie moderne de la ville. C'est tout le contraire dans la vieille ville. On peut louer des vélos place Mao et au sud de la poste, dans Xin Dajie.

Lijiang, surnommée le "pays des chevaux", est célèbre pour ses chevaux bien dressés à la robe blanche ou beige, avec des rayures blanches sur le dos. Il est vraisemblablement possible d'en louer pour des excursions.

ENVIRONS DE LIJIANG
Monastères

Les monastères de Lijiang sont d'origine tibétaine et rattachés à la secte des Bonnets rouges. La plupart ont été saccagés pendant la Révolution culturelle et il n'y subsiste pas une grande activité monastique. Ils méritent pourtant une visite, que l'on peut faire à bicyclette.

Monastère Puji (*pǔjí sì*). Situé 5 km environ au nord-ouest de Lijiang (sur un chemin qui passe près des deux étangs au nord de la ville), il abrite quelques moines, qui sont en général contents de faire visiter leur monastère.

Monastère Yufeng (*yùfēng sì*). Cette petite lamaserie est située sur une colline 5 km après le village de Baisha. Les trois derniers kilomètres sont raides. Si vous décidez de laisser votre vélo au pied de la colline, ne le garez pas trop près du village : les enfants s'amusent à dégonfler les pneus !

Le monastère a été édifié en 1756 au pied du mont Yulongxue. C'est là que pousse le fameux "camélia aux 10 000 fleurs" (*wànduǒ shānchá*). Ce nombre est peut-être

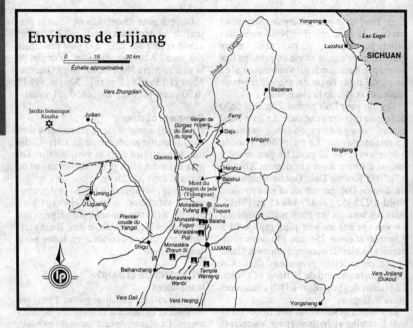

Environs de Lijiang

0   15   30 km
Échelle approximative

Yongning

Luoshui

Lac Lugu

SICHUAN

Vers Zhongdian

Baoshan

Jardin botanique
Xinzha

Judian

Ferry

Verger de
noyers
du Saut
du tigre

Mingyin

Daju

Qiaotou

Gorges
du Saut
du tigre

Ninglang

Heishui

Baishui

Mont du
Dragon de jade
(Yulongxue)

Liming
Liguang

Monastère
Yufeng

Source
Yuquan

Baisha

Monastère
Fuguo

Premier
coude du
Yangzi

Monastère
Puji

Shigu

Monastère
Zhiyun Si

LIJIANG

Baihanchang

Temple
Wenteng

Vers Jinjiang
(Dukou)

Monastère
Wenbi

Vers Dali

Vers Heqing

Yongsheng

un peu exagéré, mais les habitants affirment que la plante porte au moins 4 000 fleurs entre février et avril. Un moine a risqué sa vie à l'arroser secrètement pendant la Révolution culturelle.

Monastère Fuguo (*fùguó sì*). Également proche de Baisha, ce fut le plus grand des monastères de Lijiang avant d'être en grande partie détruit lors de la Révolution culturelle. Cherchez la salle Hufa dont les murs intérieurs portent de belles fresques.

Monastère Wenbi (*wénbì sì*). Pour s'y rendre, il faut grimper une colline abrupte au sud-ouest de Lijiang. Le monastère lui-même n'a pas grand intérêt, mais on y jouit d'un panorama magnifique et on peut faire de belles promenades dans le voisinage.

Fresques
Lijiang est célèbre pour les fresques de ses temples. La plupart des voyageurs ne pas-

seront certainement pas une semaine à en faire le tour, mais cela vaut la peine d'en voir quelques-unes.

La plupart ont été réalisées aux XVᵉ et XVIᵉ siècles par des artistes tibétains, naxi, bai et han. Beaucoup ont été restaurées à l'époque Qing. Elles dépeignent des scènes taoïstes et bouddhistes (chinoises ou tibétaines), et on les trouve sur les murs intérieurs des temples de la région. Selon les connaisseurs, le plus bel exemplaire est la fresque de la salle Dabaoji à Baisha. Les Gardes rouges les ont saccagées pendant la Révolution culturelle, mais il reste beaucoup à voir.

A Baisha, demandez la **salle Dabaoji** (*dàbǎojī gōng*), le **temple Liuli** (*liúlí diàn*) ou le **pavillon Dading** (*dàdìng gé*). Une petite boutique vend des manuscrits et des peintures naxi à des prix raisonnables.

Dans le village voisin de Longquan (*lóngquán*), le **temple Dajue** (*dàjué gōng*) abrite également des fresques. Pour plus de détails concernant les fresques, reportez-vous ci-dessus à la rubrique *Monastère Fuguo*.

Baisha
(*báishā*)

Baisha est un petit village situé dans la plaine au nord de Lijiang, à côté de plusieurs temples anciens (voir la rubrique *Fresques* ci-dessus). Elle fut la capitale du royaume naxi avant son incorporation à l'empire Yuan de Qubilaï Khan (1271-1368). Le village a peu changé depuis et, bien qu'à première vue il semble n'être constitué que de maisons de pierre dans des rues en terre, il offre un bon aperçu de la culture naxi pour ceux qui décident d'y passer quelques heures.

La principale attraction de Baisha vous hélera sans doute dans la rue : le docteur Ho (ou He) est un médecin taoïste presque stéréotypé ; un panneau sur sa porte indique qu'il s'agit de la "Clinique d'herbes médicinales des montagnes du Dragon de jade de Lijiang".

Mont enneigé du Dragon de jade
(*yùlóngxuě shān*)

Le mont Satseto, appelé aussi Yulongxue Shan (mont enneigé du Dragon de jade), domine Lijiang de ses 5 596 m. Ce pic, à 35 km au nord de Lijiang, fut vaincu pour la première fois en 1963 par une équipe de chercheurs venus de Pékin. Un télésiège ouvert récemment vous emmènera à mi-hauteur d'un sommet voisin, d'où l'on peut louer des chevaux pour aller jusqu'à un grand pré. Là, par temps clair, vous serez accueilli par une vue fabuleuse sur le Yulongxue Shan, ainsi probablement que par des groupes de femmes naxi qui exécuteront pour vous des chants et des danses destinés à remplir leur escarcelle – fort plaisants néanmoins. Cette randonnée, visant essentiellement les touristes chinois, est onéreuse. Pour se rendre à la montagne, il faut faire du stop, louer son propre véhicule (100 yuan) ou se faire prendre par l'un des rares bus privés allant à Daju. Au retour, vous aurez du mal à retrouver le même bus. Une fois sur place, le télésiège coûte 50 yuan et la location d'un cheval 20 yuan.

On peut aussi atteindre la limite de la neige sur les pentes de l'un des pics voisins en suivant la base de la montagne et en évitant le sentier qui mène au temple Yufeng. De l'autre côté de la vallée suivante, un sentier mène à un lac. Il peut être utile de se renseigner auprès des habitants sur les conditions avant de se mettre en route.

Le cas du docteur Ho

Le docteur Ho paraît très diversement apprécié des voyageurs, mais sachez, avant de vous rendre à Baisha, que les impressions sont en général négatives : le mot de charlatan vient souvent à l'esprit en sortant de chez lui. La faute n'incombe pas entièrement au vénérable médecin. L'écrivain Bruce Chatwin, qui parle du docteur Ho comme du "médecin taoïste des montagnes du Dragon de jade de Lijiang", en est en partie responsable. Chatwin a mythifié le docteur Ho avec des commentaires si romantiques que son nom apparaît maintenant dans tous les guides de voyages, y compris celui-ci. Des journalistes et des photographes sont venus du monde entier. Ainsi, le docteur Ho, médecin inconnu dans une ville inconnue, a acquis une renommée planétaire.

A Baisha, le fils du docteur vous abordera dans la rue pour la visite obligatoire chez son père. Malheureusement, tout cela est monté à la tête du docteur – ne lui en voulez pas. On vous montrera autant de coupures de presse prouvant sa renommée internationale que votre attention pourra en assimiler, et on vous offrira sans doute une tasse de son fameux thé. La valeur marchande de ce thé (sans parler de sa valeur médicinale) n'a jamais été étudiée. Toutefois, les habitants de Baisha parlent de 0,20 à 0,50 yuan. Le docteur Ho emploie l'astuce qui consiste à laisser aux visiteurs le choix de ce qu'ils estiment devoir payer pour le breuvage. Il est ainsi devenu l'homme le plus riche de Baisha. ■

Shigu et le premier coude du Yangzi

(*shígǔ/chángjiāng dìyīwān*)

La petite ville de Shigu se trouve sur le premier coude du plus grand fleuve de Chine, le Chang Jiang (Yangzi), appelé Jinsha ("la rivière aux Sables d'or") jusque-là. Shigu signifie "tambour de pierre" ; le tambour lui-même est une plaque de marbre en forme de tambour qui commémore une victoire naxi contre les Tibétains au XVIᵉ siècle. Une autre plaque, au bord du fleuve, célèbre son franchissement par l'Armée rouge en 1936 pendant la Longue Marche.

Le bus pour Shigu part à 14h45 de la gare routière nord de Lijiang et prend 3 heures. Il vous faudra donc sans doute y passer la nuit. Au moment de la rédaction de ce guide, le service de bus du matin avait été suspendu, mais il a pu reprendre depuis. Sinon, essayez les bus à destination de Judian ou allez en bus jusqu'à Baihanchang et continuez en stop.

Gorges du Saut du tigre

(*hǔtiào xiá*)

Après un premier coude à Shigu, le Chang Jiang, ou plus exactement le Jinsha, se faufile entre les monts Haba et le mont du Dragon de jade, dans des gorges qui figurent parmi les plus profondes du monde. L'eau coule à quelque 3 900 m au-dessous, et ce sur 16 km de long.

Les excursions dans ces gorges sont très prisées, mais vous ne rencontrerez que peu d'autres voyageurs sur le chemin. Au total, prévoyez trois ou quatre jours pour la randonnée. Vous devrez certainement passer la nuit au Verger de noyers (Walnut Grove). On peut rester un jour de plus à Daju, une jolie ville qui compte un établissement agréable, le *Tiger Leaping Gorge Hotel*.

Randonnée dans les gorges. La première chose à faire est de se renseigner à Lijiang au Old Market Inn ou chez Ma Ma Fu's sur les dernières possibilités concernant cette excursion, en particulier en matière de transports, là où le bât blesse. Il est difficile de recommander de commencer l'excursion à Qiaotou ou bien à Daju, mais terminer par Qiaotou offre l'avantage de pouvoir rentrer plus facilement à Lijiang, alors qu'à Daju il faut parfois attendre un jour ou deux pour trouver un bus. C'est cependant un endroit plutôt agréable.

L'idéal est de consacrer deux jours à la traversée des gorges, bien que certains voyageurs, emballés par le Verger de noyers, aient prolongé leur randonnée d'une semaine. De Qiaotou, remontez vers le nord depuis le China Hotel, où vous déposez le bus de Lijiang (et où vous passerez la nuit si vous avez pris celui de 13h45). Traversez le pont, tournez à droite et vous arrivez sur le sentier des gorges. Jusqu'au Verger de noyers, comptez 6 à 8 heures de marche.

Cette partie de la randonnée peut être très délicate pendant les mois pluvieux de juillet et août en raison des risques d'éboulements et des cascades en crue. Renseignez-vous préalablement auprès des habitants de Lijiang.

Le verger se situe à peu près à mi-chemin des gorges et compte deux hôtels blottis au milieu des noyers. A la *Spring Guesthouse*, qui abrite le *Sean's Cafe*, vous passerez des soirées animées et pourrez bavarder avec d'autres voyageurs. Le *Château de Woody* est son pendant, plus calme. Tous deux proposent des lits à 5 yuan et remportent tous les suffrages. On peut aussi y boire de la bière et se restaurer. En revanche, ils n'ont pas souvent d'eau minérale : mieux vaut apporter vos bouteilles.

Le deuxième jour, il ne faut que 4 à 6 heures de marche pour rejoindre l'extrémité des gorges. Au bout de 2 à 3 heures, on atteint un plateau à peu près à l'opposé de Daju. Le sentier se divise alors et il faut prendre la branche la plus raide, qui mène à un village. De là, un chemin redescend vers le bac.

Après le bac, un sentier assez droit vers le sud mène à Daju. Le *Tiger Leaping Gorge Hotel*, meilleur établissement de vacances de la ville, demande 5 yuan par it. Il est situé à gauche lorsqu'on quitte Daju en direction du sud (à 600 m environ du grand magasin). La cuisine est très bonne et c'est un endroit agréable pour passer au moins une journée. Non loin, le *Snowflake Hotel* possède des lits à 5 yuan dans des chambres assez propres.

Si vous faites l'excursion dans l'autre sens, en direction de Qiaotou, traversez la ville vers le nord en direction de la pagode blanche située au pied de la montagne.

Attention ! Beaucoup de voyageurs tombent malades pendant cette excursion. Il vaut mieux emporter son eau minérale et ne pas manger n'importe où à Qiaotou.

Comment s'y rendre. Deux bus partent tous les jours pour Qiaotou à 6h50 et 14h (11 yuan) depuis la gare routière longue distance de Lijiang (une navette assure la correspondance avec la gare routière Nord 20 minutes avant le départ). Le bus de 6h50 continue jusqu'à Zhongdian. Il n'existe pas de bus publics pour Daju. Ali Baba's et parfois Ma Ma Fu's assurent un service de bus pour Qiaotou (départ vers 8h et retour à Lijiang dans l'après-midi). Renseignez-vous auprès des cafés. Certaines agences de voyages à proximité des hôtels Lijiang et Guluwan affrètent peut-être également des minibus à destination de Daju ou Qiaotou.

Lac Lugu
(lúgǔ hú)

Sur la lointaine frontière du Sichuan et du Yunnan, ce lac est au centre de plusieurs villages tibétains, yi et mosu. Les Mosu, une branche des Naxi, pratiquent toujours le matriarcat et de nombreuses coutumes naxi disparues à Lijiang sont encore en vigueur au lac. A 2 685 m d'altitude, le lac est entouré de neige en hiver. Les meilleures périodes pour le visiter sont avril-mai et septembre-octobre, lorsqu'il fait sec et doux.

A voir. En plus du paysage, magnifique, on peut visiter plusieurs îles en embarquant sur de grands canoës que les Mosu appellent des "auges à cochons" *(zhūcáo)*. Ce sont des Mosu qui rament et servent de guides. Ils vous emmènent en général sur l'île Liwubi *(lǐwùbǐ dǎo)*, la plus grande du lac. L'aller-retour coûte 10 yuan par personne, 15 yuan si vous voulez en plus faire le tour de l'île. Les canoës contiennent environ sept personnes, mais le prix est le même quel que soit le nombre d'occupants. Ils partent d'à côté de l'hôtel Mosu Yuan.

A 12 km à l'ouest du lac, le **monastère Yongning** *(yǒngníng sì)* est une lamaserie où résident au moins deux lamas (le monastère compte environ 200 moines, qui ne s'y retrouvent qu'une fois par mois, vivant le reste du temps dans leur village). Il y a aussi des sources chaudes *(wēnquán)* dans les environs.

Où se loger et se restaurer. Lorsqu'on se rend au lac Lugu, on arrive au village de Luoshui *(luòshuǐcūn)*, au bord du lac, où l'on peut séjourner chez l'habitant pour 10 yuan le lit. La plupart des maisons des Mosu sont équipées pour accueillir des hôtes, aussi ne manquerez-vous pas de choix. Il n'y a pas de douches. Les Mosu vous feront aussi la cuisine : poisson, pommes de terre et œufs sont au menu.

Il existe aussi trois pensions à Luoshui, très similaires : seules des chambres de trois et quatre sont disponibles, à 15 et 10 yuan le lit respectivement. Il n'y a pas l'eau courante : on se lave à la citerne, dans la cour. Des trois, le *Mosu Yuan (mósuōyuán)* semble le plus actif : des spectacles de chants et de danses y sont présentés et les bus du matin pour Ninglang partent devant cet établissement.

Enfin, il existe aussi diverses pensions à Yongning, qui constitue un bon point de départ pour aller aux sources chaudes. Les lits coûtent environ 20 yuan.

Comment s'y rendre. Ninglang, le chef-lieu du district de Lugu, est à neuf heures de bus de Lijiang. Parfois, des minibus rencontrent les bus venant de Lijiang pour prendre les passagers qui continuent jusqu'au lac Lugu, mais vous risquez fort de devoir passer la nuit à Ninglang. Du reste, il ne paraît pas plus mal de couper le voyage.

Ninglang compte plusieurs hôtels. Le plus pratique est sans doute le tout récent hôtel *Lugu* (*lǔgú fànzhuāng*), qui possède des lits en chambres doubles/triples pour 8/10 yuan, ainsi que des doubles ordinaires à 150 yuan. Il est en plein centre-ville, à 3 minutes à pied de la gare routière, près de nombreux restaurants et boutiques. Les voyageurs choisissaient auparavant la *Government Guesthouse* (*zhèngfǔ zhāodàisuǒ*), avec ses lits en dortoir de 8 à 15 yuan et ses doubles ordinaires à 140 yuan. Malheureusement, cet hôtel est à 1 km de la gare routière, en haut d'une colline assez raide. Les transports ne sont pas commodes et il n'y a guère d'endroit où se restaurer dans le quartier. De plus, les groupes organisés ont tendance à réserver cet établissement, et obtenir une chambre s'avère parfois laborieux.

De Ninglang, comptez encore quatre ou cinq heures de transport pour le lac Lugu. Deux gares routières sont implantées sur la rue principale, assez proches l'une de l'autre. Renseignez-vous aux deux pour les bus à destination de Lugu. L'un des employés de la Government Guesthouse parle anglais et se fait généralement un plaisir de partager son savoir. Pour revenir du lac Lugu, les bus pour Ninglang partent le matin de l'hôtel Mosu Yuan.

Certains voyageurs ont essayé d'aller à pied de Yongning à Muli dans la province du Sichuan, d'où des bus partent pour Xichang sur la ligne Kunming-Chengdu. Mais attention : c'est un itinéraire dangereux, sans aucun logement en route. Il vous faudra une tente, un sac de couchage chaud et des provisions. N'espérez pas non plus un accueil aimable de la part des Tibétains (tous armés) que vous croiserez en route. Un voyageur canadien que nous avons rencontré a vécu une expérience terrifiante avec les habitants après avoir effectué ce trajet à pied, il a dû rebrousser chemin. La plupart des voyageurs reviennent à Lijiang par la même route qu'à l'aller.

ZHONGDIAN

(*zhōngdiàn*)

Zhongdian, à 198 km au nord-ouest de Lijiang, est en fait la dernière étape au Yunnan pour les voyageurs intrépides prêts à effectuer le pénible voyage de cinq ou six jours jusqu'à Chengdu en passant par les villages tibétains et les régions montagneuses. C'est aussi le point de départ de ceux qui veulent entrer au Tibet par la petite porte. Selon les rumeurs, la route Yunnan au Tibet devrait être ouverte d'ici quelques années. C'est pourtant peu probable : cet itinéraire est dangereux et le BSP continue à essayer de débusquer les voyageurs individuels qui approchent la frontière.

Il est difficile de dire si Zhongdian vaut le déplacement. Si vous n'avez pas le temps d'aller au Tibet, vous apprécierez cette petite cité à prédominance tibétaine avec beaucoup de Han, quelques Bai, Hui (musulmans) et Naxi. On peut en combiner la visite avec celle des gorges du Saut du tigre. Partez de Daju et, après votre randonnée dans les gorges, prenez un bus à Qiaotou pour Zhongdian (3 à 4 heures de route seulement).

A la mi-juin, Zhongdian accueille une fête hippique. Pendant plusieurs jours, chants, danses, gastronomie et courses de chevaux sont à l'honneur. Les montures ressemblent plutôt à des poneys et ne courent pas exactement à la vitesse des pur-sang. Cependant, les voyageurs qui ont assisté à ces manifestations rapportent leur expérience avec enthousiasme. Il peut être difficile de se loger à cette période ; mieux vaut arriver un jour ou deux à l'avance. Si vous êtes à Lijiang, vous pouvez probablement demander au CITS de vous réserver une chambre.

Zhongdian est situé à 3 200 m d'altitude, tout près de la frontière tibétaine. Le monastère tibétain Songzanlin (*sōngzànlín sì*), important complexe vieux de 300 ans et abritant plusieurs centaines de moines, se trouve à une heure de marche au nord de la ville.

Où se loger et se restaurer

Presque tous les voyageurs se rendent au *Tibet Hotel* (*yǒngshēng fàndiàn*), établissement propre et accueillant. Les lits en dortoir coûtent de 8 à 15 yuan et les doubles à 40 yuan reçoivent la TV par satellite. Pour le trouver, il suffit de suivre les panneaux depuis la gare routière.

À côté de la gare routière, le *Transport Hostel* (*jiāotōng zhāodàisuǒ*) propose des lits en dortoir de huit à 5 yuan, en dortoir de six à 8 yuan, en triples à 12 yuan. Dans une nouvelle aile, il existe aussi des doubles avec s.d.b. à 80 yuan. Si ces hôtels sont pleins, vous pouvez continuer un peu à pied jusqu'à l'hôtel *Kangben* (*kāngbèn jiǔlóu*), établissement de style tibétain avec des lits en dortoir à 8 yuan et des doubles avec salle d'eau commune à 30 yuan. Pour vous y rendre, tournez à gauche à la sortie de la gare routière et allez jusqu'au carrefour. L'hôtel est à l'angle, à l'extrême gauche.

Il fait froid à Zhongdian, surtout de novembre à mars : vous pourrez peut-être demander des édredons supplémentaires ou une couverture chauffante.

Au nord de la ville, on trouve des restaurants sichuanais et une échoppe qui vend de bons raviolis. Près de la gare routière, le *Lhasa Cafe* a visiblement tout fait pour devenir le lieu de prédilection des voyageurs. La cuisine fait l'objet de commentaires mitigés, mais c'est un endroit où l'on trouve des tas de renseignements : dans un petit livre réservé à cet usage, les visiteurs ont apposé leurs expériences de voyage. Des voyageurs nous ont parlé d'un *Chocolate Cafe*, également proche de la gare routière. Il est possible qu'il s'agisse du Lhasa Cafe, qui était fermé lors de notre visite mais qui a apparemment rouvert ensuite ; à vous de le découvrir. Quoi qu'il en soit, la tarte aux pommes et la purée de pommes de terre sont vivement recommandées. Il existe aussi quelques restaurants tibétains et naxi au sud de la gare routière. Méfiez-vous du hotpot (fondue chinoise) : de nombreux voyageurs se sont vu tendre une note exorbitante. Demandez le prix avant de prendre commande.

Comment s'y rendre

Des bus pour Zhongdian partent tous les jours de la gare routière Nord de Lijiang à 6h30 et 12h45. Ils coûtent 20 yuan et mettent de 4 à 6 heures. Une autre solution consiste à démarrer de Xiaguan, d'où un bus part tous les jours à 6h30 et met environ 10 heures (32 yuan). Les bus pour Zhongdian passent par Qiaotou, au sud des gorges du Saut du tigre.

De Zhongdian, on peut rejoindre diverses destinations intéressantes : le parcours pénible et cahoteux pour Chengdu, dans le Sichuan, n'est plus illégal. Préparez-vous à 5 ou 6 jours de voyage à de très hautes altitudes et prévoyez des vêtements chauds. La première partie du trajet mène de Zhongdian à Xiangcheng (*xiāngchéng*), dans le Sichuan et dure environ 12 heures. On peut couper le trajet en faisant un arrêt à Derong (*déróng*), à la limite du Sichuan, à 7 heures seulement de Zhongdian. De Xiangcheng, le trajet jusqu'à Litang (*lǐtáng*) dure 10 heures mais, si les routes sont mauvaises, vous devrez peut-être dormir à Daocheng (*dàochéng*). De Litang, il faut 12 heures pour Kangding (*kāngdìng*), puis 12 heures de plus pour Chengdu. Le logement en route est austère et vos voisins de bus risquent de fumer cigarette sur cigarette en prenant un malin plaisir à laisser les fenêtres ouvertes par des températures inférieurs à 0°C pour se rafraîchir à l'air des montagnes. Pour plus de renseignements concernant cette expédition, reportez-vous à la rubrique *De Litang à Zhongdian* dans le chapitre *Sichuan*.

L'autre destination au départ de Zhongdian est le Tibet. Lorsque vous lirez ces lignes, peut-être un miracle se sera-t-il produit et la route sera-t-elle ouverte... N'y comptez pas trop cependant. Pour plus de détails, voir la rubrique *Voies d'accès par la route* dans le chapitre *Tibet*.

ENVIRONS DE ZHONGDIAN

Il existe sans doute une multitude de destinations possibles encore inexplorées au départ de Zhongdian. Actuellement, les deux endroits les plus connus sont **Baishui**

Tai (*báishuǐ tái*) et le **mont Meilixue** (*méilǐxuě shān*). Le premier est un plateau calcaire à 108 km au sud-est de Zhongdian. Pour s'y rendre, on traverse des paysages fantastiques et des villages tibétains. Le mont Meilixue, qui marque la frontière entre le Yunnan et le Tibet, culmine à 6 740 m. C'est le plus haut sommet du Yunnan. Il n'est pas facile de s'y rendre en hiver.

On peut combiner cette visite avec celle de Deqin (*déqīn*), dernière grande ville avant la montagne, qui abrite un important monastère tibétain. Au moment de la rédaction de ce guide, cette région était encore fermée aux étrangers mais, maintenant que presque tout le Yunnan est ouvert, la situation peut évoluer.

Comment s'y rendre
Il reste aléatoire de se déplacer dans les environs de Zhongdian. Si vous pouvez réunir un groupe de voyageurs aux aspirations similaires, le mieux est de louer une jeep ou un minibus (250 à 350 yuan la journée). Vous devriez également pouvoir vous joindre pour la journée à des groupes organisés chinois.

JINJIANG
(*jīnjiāng*)
Ce minuscule village est en fait la gare de la grande ville de Panzhihua, à la frontière de la province du Sichuan.

Le logement dans ce plaisant hameau est peu reluisant : le *Railway Hotel* (*tiělù lǚxíngshè*), juste en face de la gare ferroviaire, offre des lits en dortoir entre 12 et 30 yuan. Tâchez tout de même de trouver un train plutôt que de dormir à Jinjiang.

Pour les voyageurs, Jinjiang est une étape importante sur la route Lijiang-Chengdu. Pour s'y rendre depuis Chengdu, l'un des trains les plus intéressants est le n°85/84, qui part à 18h15 de Chengdu et arrive à Jinjiang à 9h40 le lendemain matin, ce qui permet de poursuivre jusqu'à Lijiang sans devoir passer la nuit à Jinjiang. Une couchette dure coûte 144 yuan, une molle 280 yuan. A la gare de Jinjiang,

les chauffeurs de minibus se battront pour vous conduire à Lijiang.

Dans l'autre sens, de Lijiang à Chengdu, impossible d'acheter le moindre billet de train avant d'arriver à Jinjiang. La gare routière de Lijiang n'en vend pas et il ne semble pas exister de marché noir. De plus, c'est une ligne très fréquentée et même les sièges durs sont parfois complets à l'avance. La situation va peut-être s'améliorer si la section FIT du CITS de Lijiang tient ses promesses d'aider les étrangers à se procurer des billets de train. A vous de le découvrir.

En quittant Lijiang par le bus du matin, on peut attraper le train n°86/83 à destination de Chengdu, qui part à 17h40. Si vous le ratez, essayez le n°68 (départ à 20h), ou le n°322 (départ à 21h25). Votre dernière chance reste le n°66, qui part à minuit. Si vous désirez autre chose qu'un siège dur, cherchez l'entrée des toilettes à droite du guichet de renseignements, tournez à gauche et franchissez la porte située en face des toilettes. Au fond de la cour, à droite, un bureau vend des couchettes (dures et molles).

RÉGION DU XISHUANGBANNA
(*xīshuāngbǎnnà*)
C'est le sud profond du Yunnan, près des frontières du Myanmar (Birmanie) et du Laos. Le nom de Xishuangbanna vient du thaï "Sip Sawng Panna" ("douze districts producteurs de riz"). Cette région possède l'ambiance décontractée de l'Asie du Sud-Est et on peut facilement passer des semaines à visiter les petits villages, les forêts tropicales et les quelques sanctuaires bouddhistes.

Au cours des dernières années, le Xishuangbanna est devenu une sorte de mini-Thaïlande chinoise. Les touristes han viennent prendre le soleil, assister aux spectacles de danse dai, aux célébrations de la fête de l'Eau (devenues quasi quotidiennes !), et apprécier tous les éléments typiques du tourisme à la chinoise : la "Forêt à un arbre", le "Roi des arbres à thé" ou tout autre arbre évoquant autre chose qu'un simple arbre ordinaire. Il est néanmoins facile d'éviter les foules en prenant un bus public pour n'importe quelle petite ville, dont vous ferez votre point de départ pour explorer la campagne et les villages environnants.

La préfecture autonome dai du Xishuangbanna – c'est sa désignation officielle – comprend trois districts : Jinghong, Menghai et Mengla. Le district de Mengla reste fermé aux étrangers. L'obtention de permis semble être une loterie, mais on peut toujours en faire la demande au bureau du BSP de Jinghong. Il est en revanche facile de se procurer un billet pour Mengla à Jinghong et de s'y rendre sans attirer l'attention du BSP, mais attendez-vous malgré tout à payer une amende et à vous faire renvoyer. Cependant, si vous allez vers la frontière avec le Laos, au sud de Mengla, et possédez un visa pour le Laos, vous ne devriez pas être ennuyé.

Le Xishuangbanna connaît une alternance de saisons sèches et humides. La saison humide s'étend de juin à août : il pleut dru presque tous les jours. De septembre à février, les pluies sont plus rares, mais un brouillard épais tombe le soir, ne se levant pas avant 10h du matin, voire plus tard en plein cœur de l'hiver. De mai à août, il y a des orages fréquents et spectaculaires.

Entre novembre et mars, la moyenne des températures est de 19°C. Pendant les mois les plus chauds de l'année (avril à septembre), le mercure affiche en moyenne 25°C.

De même que l'île de Hainan, le Xishuangbanna compte de nombreuses espèces végétales et animales uniques. Malheureusement, comme l'ont démontré des études scientifiques récentes, les politiques gouvernementales d'utilisation de la terre ont eu un effet dévastateur. Les forêts tropicales de Hainan et du Xishuangbanna sont en voie de disparition, comme

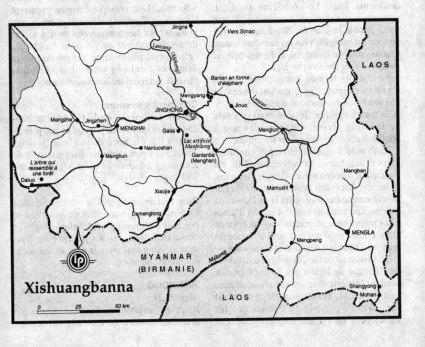

Xishuangbanna

0   25   50 km

partout ailleurs sur la planète. Les zones de jungle qui subsistent abritent encore quelques éléphants sauvages (de moins en moins), des tigres, des léopards et des singes dorés.

Le tiers environ des 800 000 habitants que compte cette région sont des Dai, un autre tiers est composé de Chinois han et le reste de différentes minorités : Miao, Zhuang, Yao et autres ethnies moins connues comme les Aini, Jinuo, Bulang, Lahu et Wa.

Fêtes

Les fêtes dai attirent des hordes de touristes chinois et étrangers. La fête de l'Eau (vers la mi-avril) nettoie la saleté, la tristesse et les démons de l'année écoulée. Elle est censée apporter le bonheur pour l'année à venir. Un immense marché se tient le premier jour de la fête. Des courses de bateaux-dragons (à Jinghong, elles se déroulent sur le Mékong, à hauteur du pont), des compétitions de natation et des lancers de pétards ont lieu le deuxième jour. Le troisième jour, on s'asperge d'eau : préparez-vous à être trempé toute la journée. N'oubliez pas que plus on est mouillé, plus on aura de chance. Chaque soir, on danse, on lâche des ballons gonflés à l'air chaud et on joue.

Pendant la fête de Tanpa, célébrée en février, les jeunes garçons vont recevoir une initiation monastique dans les temples. A la même époque (février-mars), la fête de Tan Jing permet d'honorer les textes bouddhiques conservés dans les temples.

La fête de Tan Ta a lieu les dix derniers jours d'octobre ou de novembre. Elle est l'occasion de cérémonies dans les temples, de lancers de pétards depuis des tours spéciaement construites à cet effet et de lâchers de ballons. Les pétards, souvent emplis d'amulettes porte-bonheur, partent avec un bruit de fusée avant d'exploser en l'air. La chance est promise à ceux qui découvrent les amulettes.

La saison agricole (de juillet à octobre) est l'époque de la fête des Portes fermées, pendant laquelle mariages et réjouissances sont interdits. Traditionnellement, c'est aussi à cette période de l'année que les jeunes gens âgés d'une vingtaine d'années

ou plus embrassent la vie monastique pour une durée déterminée.

La saison se termine par la fête de l'Ouverture des portes, où tout le monde s'amuse pour célébrer la moisson.

Pendant les fêtes, il est extrêmement difficile de réserver des billets d'avion pour Jinghong. Vous pouvez essayer de prendre un vol pour Simao, à 162 km au nord, ou bien le bus. Les hôtels de Jinghong sont alors réservés longtemps à l'avance, mais on peut se loger dans les villages dai voisins. D'ailleurs, les festivités se déroulant dans tout le Xishuangbanna, il paraît aussi bien de se trouver ailleurs qu'à Jinghong.

SIMAO
(*sīmáo*)

Cette petite ville sans intérêt abritait auparavant l'unique aéroport de la région. Aujourd'hui, Jinghong possède son propre aéroport et bien peu de voyageurs s'arrêtent à Simao. Il est vrai que certains prennent l'avion de Kunming à Simao et terminent le trajet pour Jinghong en bus mais, à moins de ne pas trouver de vol pour Jinghong, cela ne vaut pas la peine. Le paysage entre Simao et Jinghong ressemble à celui du reste de la région du Xishuangbanna.

Comment s'y rendre

Avion. Le bureau de la CAAC (☎ 223-234) est installé tout près de la rue principale, à l'angle nord de la place Hongqi. Trois vols par semaine sont assurés de Kunming à Simao ; l'aller-simple coûte 360 yuan.

Bus. Peu de voyageurs se rendent à Simao en bus, même si beaucoup y passent en se rendant à Kunming ou Jinghong ou vice versa. De Simao, des bus partent pour Baoshan et Xiaguan, mais la plupart viennent en fait de Jinghong.

JINGHONG
(*jǐnghóng*)

Jinghong, capitale du Xishuangbanna, est installée au bord du Lancang (Mékong).

C'est une petite ville assoupie aux rues bordées de palmiers, qui permettent de cacher les lotissements peu avenants. Un séjour d'un ou deux jours paraît suffisant. Il vaut mieux s'en servir de base pour des excursions dans les environs, bien qu'elle ne soit pas dénuée d'un certain charme tranquille, malgré l'affluence touristique.

Renseignements

CITS. L'agence (☎ 31165) est située juste à côté de l'entrée de la pension Xishuangbanna. Le personnel est aimable et vous renseignera sur les sites et l'hébergement dans la région. Le CITS propose également plusieurs excursions d'une journée pour 80 à 90 yuan par personne, qui incluent

Les Dai

La population dai est concentrée dans cette région du Yunnan et a la main haute sur l'économie du Xishuangbanna. Pendant la Révolution culturelle, de nombreux Dai ont franchi la frontière à pied pour rejoindre les Dai de Thaïlande, du Laos, du Myanmar et du Vietnam. De même que la plupart des autres ethnies de la région, ils affichent un profond mépris pour les frontières et l'autorité en général.

Les Dai sont des bouddhistes repoussés vers le sud par les invasions mongoles au XIIIe siècle. L'État dai du Xishuangbanna fut annexé par les Mongols, puis par les Chinois, et un gouverneur chinois fut installé dans la capitale régionale de Jinglan (aujourd'hui Jinghong). D'innombrables temples bouddhistes, construits au début de l'État dai, sont aujourd'hui en ruines, envahis par la végétation. Pendant la Révolution culturelle, les temples du Xishuangbanna furent désacralisés et détruits. Certains, convertis en greniers à grains, furent sauvés, mais la plupart doivent aujourd'hui être reconstruits de A à Z. Les temples retrouvent aussi peu à peu, avec ou sans l'assentiment des autorités, leur rôle d'écoles villageoises où les jeunes enfants reçoivent une formation monastique.

Pour se protéger de l'humidité de la forêt tropicale, les Dai vivent traditionnellement dans de grandes maisons en bois sur pilotis, avec les cochons et les poulets sous la maison. Les femmes portent un chapeau de paille ou un tissu enroulé sur la tête, un chemisier ajusté de couleur vive, un sarong imprimé et une ceinture de fils d'argent. Certains hommes dai se font tatouer le corps de représentations d'animaux. Ils mâchent du bétel et de nombreux jeunes se font recouvrir les dents d'or pour ne pas être considérés comme laids.

Du point de vue linguistique et ethnologique, les Dai font partie de la grande famille thaï, qui inclut les Siamois, les Laos, les Shan, les Thaï Dam et les Ahom, vivant dans les vallées de Thaïlande, du Myanmar, du Laos, du nord du Vietnam et de l'Assam. Les Dai du Xishuangbanna sont répartis en quatre sous-groupes, les Shui Dai, les Han Dai, les Huayai Dai et les Kemu Dai, qu'on distingue par leurs costumes. Tous parlent la langue dai, qui ressemble aux dialectes laotien et thaï du nord. En fait, le thaï s'avère aussi utile que le chinois dès que l'on quitte les grands axes, et il peut être intéressant de disposer d'un lexique thaï. Le langage écrit ressemble à un mélange de lao et de birman. ■

généralement une ou deux villes et sites. Ces circuits peuvent convenir à des voyageurs pressés qui ne tiennent pas à perdre de temps avec les transports publics.

BSP. Le bureau de la police fait face au parc du Paon, dans le centre-ville. Les fonctionnaires nous ont poliment refusé un permis pour Mengla lors de notre dernier passage, mais vous aurez peut-être plus de chance. Ils nous ont cependant confirmé que les détenteurs d'un visa pour le Laos pouvaient circuler tranquillement sans permis jusqu'à Mengla.

Argent. La Bank of China se trouve dans Jinghong Nanlu, à côté du Banna Mansion Hotel.

Poste et télécommunications. Vous trouverez le bureau de poste dans le centre, à l'intersection de Jinghong Xilu et de Jinghong Beilu. Les communications se sont considérablement améliorées au Xishuangbanna et le personnel ne s'énerve plus que modérément si vous demandez un appel international. On peut aussi téléphoner en automatique depuis la plupart des hôtels mais, comme ailleurs, leurs tarifs sont sensiblement plus élevés.

Parc Chunhuan
(*chūnhuān gōngyuán*)

Le parc Chunhuan, au sud de Jinghong, après les restaurants dai, ne vaut guère le déplacement. Il contient deux copies de stupas, quelques danseuses dai, un pitoyable éléphant enchaîné, et vous aurez sans doute droit à une fête de l'Eau (en raison de leur popularité, il y en a maintenant chaque jour). Juste avant l'entrée du parc, le **temple Manting** (*mántīng fósì*) est censé avoir été édifié il y a 1 100 ans.

En face du parc, au Village touristique des minorités ("Peacock Minority Customs Tourist Village"), on peut voir des groupes de touristes chinois se rassembler pour des fêtes de l'Eau quotidiennes, organisées par l'agence de voyages la plus proche de chez vous.

Centre de recherches sur les plantes tropicales
(*rèdài zuòwù yánjiùsuǒ*)

Cet institut, proche de la ville, est accessible à bicyclette. C'est l'un des principaux attraits de Jinghong. Pour la modique somme de 5 yuan, vous entrerez dans le sanctuaire intérieur de l'institut, ouvert depuis peu au public, où l'on peut voir plus de 1 000 espèces végétales différentes. A moins d'être botaniste, il semble impossible de les distinguer. Plus de la moitié des rares commentaires sont en chinois et, pour le reste, seul le nom scientifique est en anglais. On peut cependant s'y faire une assez bonne idée de l'impressionnante diversité de plantes qui composent les forêts tropicales du Yunnan, et les jardins sont agréables. L'entrée donne également accès au **mémorial Zhou Enlai**, étrange sculpture futuriste commémorant une visite effectuée en 1961 par l'ancien Premier ministre favori de la Chine. En sortant, jetez un coup d'œil à la boutique qui vend les tickets d'entrée. On y trouve des produits agricoles cultivés sur place, dont du thé, des herbes médicinales chinoises et un remarquable café en grains. Si vous le demandez gentiment, les employés vous en prépareront une tasse.

En retournant en ville, sur le trottoir opposé, vous verrez les **Jardins botaniques d'herbes médicinales du Xishuangbanna**, sans grand intérêt.

Parc du lac du Paon
(*kǒngquèhú gōngyuán*)

Ce lac artificiel au centre de la ville n'a rien d'extraordinaire, mais le petit parc qui le jouxte est agréable. Quant à son zoo, comme toujours, l'absence totale d'effort pour reproduire l'habitat original des pauvres bêtes est déprimant. Des débats en langue anglaise ont lieu tous les dimanche soir, c'est l'occasion d'échanger des idées ou de pratiquer votre anglais avec les habitants.

Parc des Minorités nationales
(*mínzú fēngqíng yuán*)

Si vous arrivez en avion, vous passerez devant pour gagner la ville, non loin au sud

JINGHONG 景洪

OÙ SE LOGER

2   Communications Hotel
    交通饭店
8   Banna Mansion Hotel et Bank of China
    版纳大厦, 中国银行
10 Hôtel Jingyong
    景咏宾馆
11 Pension Xishuangbanna et CITS
    版纳宾馆, 中国国际旅行社
15 Restaurant et hôtel Wanli Dai
    婉丽傣味楼
16 Dai Building Hotel
    傣家花苑小楼
17 Pension Dai
    傣家旅店
18 Hôtel Dai
    傣乡旅店

DIVERS

1   Pont sur le Mékong
    大桥
3   Gare routière (bus longue distance)
    长途汽车站
4   Gare routière n°2
    第二客运站
5   Centre de recherches sur
    les plantes tropicales
    热带所
6   Jardin des plantes médicinales
    药用植物园
7   Poste
    邮电大楼
9   BSP
    公安局
12 Palais de la Culture des travailleurs
    工人文化宫
13 CAAC
    民航售票处
14 Mei Mei Cafe
    美美咖啡厅
19 Temple Manting
    曼听佛寺

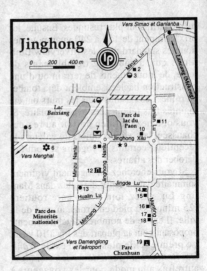

vendredi ou le samedi, de 19h à 23h, lorsque des spectacles de minorités s'y déroulent.

Pont sur le Mékong

(*mǐgòng qiáo*)

Le pont n'est pas une prouesse technologique et la vue sur le fleuve n'est pas inoubliable. L'interdiction de photographier le pont est désormais levée.

Où se loger

La pension *Xishuangbanna* (*xīshuāngbǎnnà bīnguǎn*), dans le centre-ville, était l'un de ces très rares hôtels chinois dont les voyageurs gardaient un bon souvenir. Ce n'est plus le cas aujourd'hui : pour avoir la vue sur le Mékong, vous devrez débourser au moins 150 yuan. Cependant, on peut encore aller lézarder à l'ombre des palmiers et il subsiste quelques chambres à des prix abordables. Les chambres doubles avec balcon, s.d.b. et TV dans les bâtiments n°6, 7 et 9 restent d'un assez bon rapport qualité/prix, à 50 yuan. Des triples similaires coûtent 60 yuan. Les doubles et les triples de la partie appelée Bamboo House, au

du bureau de la CAAC. Sur le plan de Jinghong fourni par le service de location de bicyclettes du Banna Hotel, ce parc porte le nom énigmatique de "Minority Flirtation Expression". Cela vous intrigue ? Allez-y le

même tarif, sont plus rustiques. Ensuite, les prix grimpent de 150 à 240 yuan pour des doubles standard dans les Riverview Buildings qui, à cause de tremblements de terre, de mouvements de terrain ou d'une construction bâclée, semblent déjà tomber en ruine. Les fissures dans les murs ont été maintes fois rebouchées avec du plâtre. Si vous obtenez un lit en dortoir au rez-de-chaussée, laissez vos objets de valeur à la réception : certains voyageurs se sont fait dérober des affaires.

Si vous cherchez un logement vraiment sommaire dans l'esprit dai, allez dans Manting Lu, assez loin de la gare routière (25 minutes à pied environ), au sud de la ville. Il existe de nombreux établissements proposant pour la plupart des lits à 10 yuan. Le premier et le plus ancien est le *Wanli Dai Restaurant* (*wǎnlì dǎiwèilóu cāntīng*) ; autrefois à la mode pour les voyageurs à petit budget, il semble battre de l'aile, peut-être à cause du service des employés.

Un peu plus au sud, sur le même trottoir, le récent *Dai Building Hotel* (*dǎijiāhuā yuàn xiǎolóu*) semble prêt à devenir le lieu de prédilection des voyageurs en sac à dos – l'un des premiers panneaux que l'on voit en entrant dans la cour indique "bière fraîche". Toutes les chambres sont installées dans des bungalows en bambou sur pilotis. Le lit en double et triple coûte environ 25 yuan. A 5 minutes de marche en descendant la rue, côte à côte, vous verrez la pension *Dai* (*dǎijiā lǚdiàn*) et l'hôtel *Dai* (*dǎixiāng lǚdiàn*), qui proposent tous deux des lits en dortoir à 10 yuan. Aucun des hôtels dai ne possède d'eau chaude : si vous ne pouvez vous en passer, choisissez un établissement chinois.

Juste à côté de la gare routière longue distance, le *Communications Hotel* (*jiāotōng fàndiàn*) possède de bonnes chambres de gamme moyenne et des dortoirs bon marché. Le lit en quadruple coûte de 10 à 15 yuan, les chambres doubles avec s.d.b., ventilateur et TV, 80 yuan. Il existe des doubles ordinaires plus chics à 120 yuan.

L'hôtel *Jingyong* (*jǐngyǒng bīnguǎn*), dans Jingyong Donglu, plus central, propose également des lits en dortoir : 10 yuan en quadruple et 15 yuan en triple. Des doubles propres avec ventilateur et s.d.b. sont disponibles pour 60 yuan. Si vous souhaitez la clim., la double vous coûtera 160 yuan.

Enfin, en plein centre-ville, le *Banna Mansion Hotel* (*bǎnnà dàshà*) est l'établissement de luxe de Jinghong, avec des doubles climatisées à 260 yuan et des triples à 280 yuan. Les souriants portiers et le personnel des toilettes du rez-de-chaussée se tiennent gracieusement à la disposition de la clientèle.

Où se restaurer

Comme pour le logement, Manting Lu est rempli de restaurants dai, la plupart quasiment identiques. La majorité de ces restaurants offrent des spectacles de danse dai en même temps que leurs spécialités culinaires ; d'où les mots "singing and dancing hall", souvent apposés au nom des restaurants. Ils sont presque tous les soirs remplis de touristes chinois qui se déchaînent. On peut y prendre un repas pour goûter l'ambiance, mais vous ne souhaiterez peut-être pas renouveler l'expérience tous les soirs.

Un endroit servant de la cuisine dai en épargnant à ses hôtes les spectacles de danse est le restaurant *Wanli Dai* (*wǎnlì dàiwèilóu cāntīng*), qui propose également un hébergement bon marché. Essayez le poisson rôti, l'anguille ou le bœuf rôti à la citronnelle ou à la sauce aux cacahuètes et à la tomate. Les végétariens peuvent choisir les pousses de bambou accommodées de la même manière. Parmi d'autres succulentes spécialités, nous recommandons les algues d'eau douce frites, au nom peu appétissant, mais délicieuses avec une bière, la soupe épicée aux pousses de bambou et le riz gluant noir.

Dans le reste de la ville, vous trouverez surtout des classiques restaurants chinois. Remontez Manting Lu et prenez à gauche vers l'agence de la CAAC : la plupart, tout petits, sont parfaits pour le déjeuner. Il existe aussi de bons restaurants à côté de la gare routière : cherchez le spécialiste des raviolis.

Les marchés de rue proposent noix de coco, bananes, papayes, pomelos et ananas. Les ananas, vendus épluchés sur une brochette, sont probablement les meilleurs de Chine. Le marché couvert près du Banna Hotel est très animé le matin.

Si la chaleur vous éprouve, rafraîchissez-vous au bar du *Banna Mansion Hotel*, où l'on sert un café yunnanais correct. A 8 yuan la tasse, ce n'est pas exactement donné mais, au moins, vous ne transpirerez pas dedans.

Enfin, pour un bon café noir bien fort, une bière vraiment fraîche et les inévitables crêpes à la banane, arrêtez-vous au *Mei Mei Cafe*, dans Manting Lu, jolie petite ouverture sur le mur juste après l'intersection avec Jingde Lu. On vous accueillera avec le sourire et vous trouverez sûrement d'autres voyageurs avec qui discuter. Tant mieux d'ailleurs, car la cuisine est petite et l'attente parfois longue, surtout à l'heure du dîner.

Comment s'y rendre
Avion. L'accroissement du nombre de vols et la taille des appareils (Boeing 737) rendent la liaison Kunming-Jinghong beaucoup plus simple qu'auparavant. On peut même souvent réserver la veille. Si une compagnie ou une agence de voyages de Kunming vous annonce que l'avion est complet, renseignez-vous ailleurs : les agences ont tendance à réserver longtemps à l'avance une série de places qu'elles ne remplissent pas toujours. En avril cependant (fête de l'Eau), pensez à réserver plusieurs jours à l'avance, car de nombreux Chinois se rendent à Jinghong à cette période. Plusieurs vols par jour sont généralement assurés vers Jinghong (Banna). Le vol dure 50 minutes et l'aller simple coûte 520 yuan. Le retour, également quotidien, peut se réserver à la CAAC de Jinghong. L'aéroport est à 5 km au sud de la ville. Les bus de la CAAC partent du bureau de réservation environ une heure avant l'horaire du décollage.

Bus. Des bus se rendent tous les jours de Kunming à Jinghong. L'amélioration relative des routes et l'apparition de bus-couchettes permettent désormais d'effectuer le trajet d'une seule traite en 24 heures (ou davantage). Les seuls arrêts de nuit en route sont désormais involontaires.

Les bus-couchettes pour Jinghong partent de la gare routière longue distance de Kunming à 14h et 20h, mettent 27 heures et coûtent 180 yuan. Les prix des bus dits de luxe, avec sièges inclinables, s'échelonnent de 118 à 125 yuan. Une alternative plus économique, et plus douloureuse, est le bus jour/nuit : contre 80 yuan, vous aurez un siège vaguement rembourré pour un voyage de 24 à 30 heures. L'agence de voyages située à côté du Three Leaves Hotel, à Kunming, propose des bus-couchettes plus confortables qui se rendent à Jinghong en 24 heures. Les billets coûtent également 180 yuan.

Différentes agences en ville assurent le retour en bus vers Kunming, de même que la gare routière longue distance. Celle-ci propose des bus-couchettes à 14h et 19h, et des bus de luxe à 7h, 8h30 et 11h. Des bus-couchettes partent aussi de la gare routière n°2, juste au sud-ouest de la gare routière longue distance, à 11h40 et 17h.

Si vous hésitez entre le bus et l'avion, ne vous laissez pas influencer par les voyageurs affirmant qu'en avion on rate le paysage. On jouit effectivement de beaux panoramas de la fenêtre du bus, mais ce n'est pas cela qui vous empêchera de dodeliner de la tête, ni de décider que cela vaut le coup de passer 24 heures de sa vie à respirer la fumée de son voisin et à rebondir sur son siège sans pouvoir fermer l'œil.

De la gare routière longue distance de Jinghong, des bus desservent également Xiaguan, Baoshan et Ruili. Avec désormais plus de 80 districts et villes ouverts au Yunnan, le BSP a enfin cessé de décourager les voyageurs d'effectuer ce pénible périple (ils continuent tout de même à vous trouver fou de le faire, puisque vous pouvez sûrement vous offrir l'avion). Le voyage pour Xiaguan dure deux jours, avec un arrêt pour la nuit, généralement à Zhenyuan, et coûte 80 yuan. Baoshan est aussi à deux jours de route (89 yuan) ; c'est à Lincang que dormiront les voyageurs éreintés. Le marathon pour Ruili dure trois jours pleins, avec des escales à Lincang et Baoshan, et coûte 126 yuan.

Nous conseillons vivement de casser le voyage en s'arrêtant à Baoshan, ne serait-ce que pour ne pas vous calciner entièrement les poumons. Les routes sont en mauvais état sur cet itinéraire et les bus, tous dotés de sièges durs ordinaires, ne valent guère mieux. Ne choisissez pas cette solution pour gagner du temps : de nombreux voyageurs ont vu leur voyage durer jusqu'à trois, voire quatre jours, en raison d'éboulements, d'inondations et de pannes mécaniques.

La gare routière longue distance de Jinghong dessert différentes villes du Xishuangbanna, mais elle est surtout pratique pour les destinations plus lointaines. Pour sortir de Jinghong et découvrir d'autres régions du Xishuangbanna, allez plutôt à la gare routière n°2, d'où partent fréquemment des bus, minibus et minivans, entre 7h et 17h environ. Les horaires sont extrêmement variables. La plupart des bus locaux partant de la gare routière longue distance s'arrêtent à la gare routière n°2 pour prendre des passagers supplémentaires. Vous devriez donc vous en sortir.

Comment circuler

Jinghong est assez petite pour être explorée à pied, mais la bicyclette facilite la vie. La pension Xishuangbanna loue des vélos pour 8 yuan la journée (18 yuan le VTT). L'hôtel Jingyong loue des bicyclettes classiques chinoises à 6 yuan, mais celles de la pension Xishuangbanna sont en meilleur état.

ENVIRONS DE JINGHONG

Il existe d'infinies possibilités d'excursion plus ou mois longues aux environs de Jinghong. Des voyageurs sont allés en stop et à pied de Menghai à Damenglong, d'autres se sont rendus en VTT jusqu'à Menghai et Mengzhe (impossible à faire sur des vélos ordinaires sans vitesses) et un photographe français a même passé une semaine à suivre un guérisseur dans ses visites dans la jungle.

Les excursions les plus longues permettent d'échapper aux hordes de touristes et de mieux ressentir ce qu'est le Xishuangbanna. Cependant, même en étant limité par le temps, vous disposez d'un éventail intéressant. Le mieux est de passer une ou plusieurs nuits à Ganlanba (appelée aussi Menghan). Cette ville n'est qu'à 27 km de Jinghong et le trajet à bicyclette n'est pas trop ardu. Comptez deux à trois heures.

La plupart des autres destinations ne sont qu'à deux ou trois heures de bus de Jinghong. Elles n'offrent rien en elles-mêmes, ce sont toujours les environs qui sont à explorer. Le Xishuangbanna est vraiment une région où une bicyclette, ou au moins une paire de bonnes chaussures de marche, sont indispensables. Armez-vous d'une carte et quittez la ville !

Villages alentour

Avant d'aller plus loin, de nombreux villages proches de Jinghong sont accessibles à vélo. Découvrez-les au hasard de votre route ; il est difficile d'en recommander un plus qu'un autre. Plusieurs se trouvent sur la rive opposée du Mékong. Un bon circuit consiste à descendre Manting Lu : si l'on va assez loin, on tombe sur un bac qui traverse le fleuve. Il y a là des villages et beaucoup de voyageurs ont été invités à boire une tasse de thé chez des Dai.

Mengyang

(*mĕngyáng*)

Mengyang est à 34 km au nord-est de Jinghong, sur la route de Simao. C'est un endroit où vivent des Hani, des Lahu et des Dai aux ceintures fleuries. Les touristes chinois viennent y voir un banian en forme d'éléphant.

Jinuo, la ville de la minorité Jinuo, est à 19 km de Mengyang. Les Jinuo n'ont pas bonne réputation, aussi devrez-vous sans doute dormir à Mengyang. Certaines ethnies n'aiment pas les touristes et, puisque c'est le cas des Jinuo, il est préférable de ne pas insister.

Les Jinuo, parfois appelés Youle, ont été officiellement "découverts" comme minorité en 1979. Les femmes portent une capuche blanche, une tunique de coton avec de vives rayures horizontales et une jupe tubulaire noire. La traditionnelle décoration des lobes des oreilles est élaborée : plus le trou est important, plus il permet de porter de fleurs. Les dents sont parfois teintes en noir avec la sève de l'arbre à laque, à la fois pour décorer la bouche, éviter la mauvaise haleine et prévenir les caries. Les Jinuo vivaient autrefois dans de grandes maisons claniques qui abritaient jusqu'à 27 familles dans des pièces disposées de part et d'autre d'un couloir central. Chaque famille possédait son propre foyer, mais l'homme le plus vieux avait le plus grand , le premier en entrant. Ce type d'habitat devient peu usité de nos jours et il semble que les Jinuo perdent rapidement leur mode de vie traditionnel.

Ganlanba (Menghan)

(*gānlánbà*)

Ganlanba, parfois appelée Menghan, se trouve au bord du Mékong, au sud-est de Jinghong. Le bateau sur le Mékong qui y menait dans le passé depuis Jinghong était très apprécié. L'amélioration des routes a ruiné cette croisière (les habitants préfèrent passer une heure en bus plutôt que trois sur le fleuve) et le seul moyen de faire ce trajet en bateau est maintenant d'en louer un, à un prix prohibitif pour le touriste moyen.

Ganlanba reste néanmoins une destination idéale pour échapper aux encombrements de Jinghong. La ville n'a rien d'exceptionnel mais, si vous y venez à vélo ou si vous en louez un sur place, il y a de nombreuses possibilités d'exploration dans les environs. Consultez le livre des visiteurs de la Dai Bamboo House pour trouver des idées.

Où se loger. La *Dai Bamboo House* est une pension familiale sur pilotis dans laquelle un lit en dortoir coûte 10 yuan et une petite double 24 yuan. Tous les lits sont à même le sol, dans le style dai, et des repas dai sont servis par la famille sur de petites tables en laque (il suffit de prévenir quelques heures avant le dîner). Presque tous ceux qui logent ici adorent l'endroit et beaucoup finissent par rester plus longtemps que prévu. Cherchez le livre d'or, dans lequel des visiteurs ont rédigé des cartes des environs. La Bamboo House se

dresse sur la droite en venant de Jinghong, dans la rue principale.

Comment s'y rendre. Des minivans partent de la gare routière n°2 de Jinghong dès qu'ils sont pleins. Le trajet coûte 6 yuan et dure environ 45 minutes. On peut aller à Ganlanba en deux heures de vélo si l'on roule bien, trois heures en prenant son temps ; la route est agréable.

Comment circuler. Les seuls moyens de locomotion sont la bicyclette ou la marche. Ceux qui ne disposent pas de deux-roues peuvent en louer un à la Dai Bamboo House. S'ils n'en ont plus, prenez la ruelle à côté de cet établissement et descendez vers le fleuve. Après avoir traversé un petit marché, vous rejoindrez une grande rue. A droite, un réparateur de vélos loue des bicyclettes pour 5 yuan par jour.

Environs de Ganlanba

Le majestueux temple Wat Ban Suan Men, au sud-ouest de la ville, daterait de 730 ans. Parmi les temples qui ont survécu, c'est l'un des plus représentatifs de l'architecture dai au Yunnan. Quittez la ville en prenant la rue la plus proche du Mékong vers le sud, puis un chemin qui longe le fleuve. Renseignez-vous à la Dai Bamboo House avant de partir.

De nombreux temples et villages des environs méritent d'être explorés. Un vieux temple dresse ses ruines sur la route qui mène en ville depuis Jinghong et, plus au sud, un stupa blanc surplombe le fleuve. La plupart des voyageurs qui ont passé quelque temps à Ganlanba recommandent de partir à l'aventure.

Menglun

(*mènglún*)

Menglun est la première ville à l'est de Ganlanba. La principale attraction des visiteurs chinois sont les **jardins tropicaux** (*rèdài zhíwùyuán*). C'est un endroit agréable, mais les sentiers bétonnés et les guides promenant leurs mégaphones font rapidement s'effondrer tout espoir de communion avec la nature. Les jardins sont malgré tout joliment aménagés et les visites guidées leur confèrent une atmosphère assez festive.

Quand on arrive dans le centre de la ville, aux deux tiers du chemin environ, on tombe sur une rue qui descend sur la droite. Suivez-la jusqu'à ce que vous atteigniez un pont pour piétons au-dessus du Mékong. La billetterie est juste en face du pont et l'entrée coûte 20 yuan (prix pour étrangers).

Où se loger. On peut dormir pour une bouchée de pain au poussiéreux *Friendship Hotel* (*yǒuyí lǚshè*), du côté droit de la rue qui conduit aux jardins tropicaux. Les lits coûtent 5 yuan. Il existe également un établissement bon marché dans l'enceinte des jardins. Après avoir traversé le pont, suivez le chemin principal pendant un quart d'heure environ jusqu'à un groupe de bâtiments et une fourche du chemin. Prenez le chemin de droite. Vous trouverez une auberge dai avec des lits en dortoir de 12 à 15 yuan. Pour un séjour moins rudimentaire, optez pour la fourche de gauche, franchissez la colline et prenez à gauche de l'étang, où est sis un hôtel chinois, humide mais propre : les chambres doubles avec s.d.b. sont à 88 yuan.

Comment s'y rendre. De Jinghong, des bus desservent Menglun (10 yuan), toutes les heures environ, entre 7h et 15h, *via* Ganlanba. Des minivans partent parfois de la rue principale de Ganlanba à destination de Menglun (10 yuan). Quelques voyageurs ont fait le trajet à bicyclette depuis Ganlanba. Il est sûrement plus difficile de continuer par ce moyen jusqu'à Mengla, à cause du BSP. Un permis pour Mengla pourrait arranger l'affaire, mais ce n'est pas certain.

Mengla

Mengla, ville un peu quelconque, risque de voir défiler un nombre croissant de voyageurs en route pour le Laos, *via* le poste-frontière de Mohan. Le voyage en bus depuis Jinghong ou Menglun prenant la

plus grande partie de la journée, vous devrez probablement y dormir. En bas par rapport à la gare routière, l'hôtel *Binya* (*bīnyà bīnguǎn*) possède des lits durs en dortoir à 10 yuan. A côté, l'hôtel *Nanjiang* (*nánjiāng bīnguǎn*) propose une alternative plus élaborée, avec des doubles avec s.d.b. à 60 yuan.

Le CITS possède un bureau, dont un ou deux employés au moins parlent anglais, à l'hôtel *Mengla* (*měnglà bīnguǎn*), à 2 km environ en remontant de la gare routière. Le Mengla offre des lits en dortoir autour de 20 yuan et des doubles avec s.d.b. et TV à 60 yuan. L'emplacement est peu pratique, mais un cyclo-pousse devrait vous y conduire pour 3 ou 4 yuan.

Poste-frontière avec le Laos. Bien qu'il ne soit ouvert que depuis peu aux étrangers, ce poste-frontière a déjà vu passer un bon nombre de personnes. Au départ de Mengla, des bus se rendent à Mohan (8 yuan). Une fois le visa apposé sur votre passeport et les adieux aux sentinelles effectués, vous pouvez grimper sur un tracteur ou un camion qui vous emmènera au Laos pour 2 yuan environ. Si vous ne trouvez pas de bus pour Mohan, prenez-en un à destination de Shangyong, d'où il devrait être relativement facile d'organiser la suite du trajet.

Comment s'y rendre. Quatre ou cinq bus directs relient tous les jours Jinghong et Mengla, entre 6h30 et 15h. Le trajet de 200 km dure de 5 à 7 heures et coûte 20 yuan.

Damenglong
(*dàměnglóng*)

A 70 km au sud de Jinghong et à quelques kilomètres de la frontière birmane, Damenglong est un petit village qui peut servir de base pour des promenades dans les collines avoisinantes. C'est aussi un de ces endroits où, après trois heures de bus, on se demande ce qu'on est venu y faire. Le village ne paie pas de mine (il s'anime toutefois pour le marché du dimanche), mais la campagne environnante, avec ses stupas en ruine et ses petits villages, vaut bien un séjour de 24 ou 48 heures. On peut louer des vélos à l'hôtel Damenglong pour 5 yuan la journée.

Pourtant, l'atmosphère désinvolte de la ville pourrait bien évoluer dans les années à venir : le poste-frontière avec le Myanmar (poétiquement dénommé 2-4-0) a été désigné comme point de départ d'une grande route qui devrait relier la Thaïlande, le Myanmar et la Chine. La route est censée ouvrir en 1998. Si le projet aboutit, Damenglong devrait prendre un nouveau départ. Juste avant notre dernière visite, un groupe d'investisseurs de Hong Kong semblait être en train de repérer l'endroit pour faire construire un hôtel touristique.

Pagode Manfeilong (*mánfēilóng tă*). Édifiée en 1204, cette pagode appartient à un temple construit, selon la légende, sur une empreinte du pied de Sakyamuni, qui serait venu au Xishuangbanna. Si les empreintes antiques vous intéressent, jetez un coup d'œil dans la niche située sous l'un des neuf stupas. Malheureusement, le travail d'"embellissement" mené ces dernières années a argenté un peu tout le site et, aujourd'hui, la peinture commence à s'écailler.

Si vous êtes au Xishuangbanna fin octobre ou début novembre, renseignez-vous sur les dates exactes de la fête Tan Ta. Des centaines d'habitants se réunissent à cette occasion à la pagode Manfeilong (danses, lancers de pétards, de ballons de papier...). Il est facile de s'y rendre : suivez la rue principale en direction de Jinghong sur 2 km jusqu'à un petit village avec un temple à votre gauche. Un chemin monte de cet endroit et la pagode est à 20 minutes à pied.

Pagode noire (*hēită*). Juste au-dessous des animaux mythiques en pierre qui ont mystérieusement élu domicile au centre du village, se dresse un monastère dai ; un chemin en part vers la Pagode noire. En fait, la pagode n'est pas noire mais recouverte de peinture argentée écaillée. Gardez à l'esprit que le véritable but de l'ascension n'est pas l'édifice en lui-même mais le superbe panorama sur Damenglong et la campagne environnante.

Où se loger et se restaurer. La résidence officielle des étrangers est la déprimante pension *Damenglong* (*dàmēnglóng zhāodàisuŏ*). Remontez la colline depuis les animaux noirs, au rond-point, et marchez jusqu'au bâtiment gouvernemental au bout de la rue. La pension se trouve sur la gauche, après quelques grenouilles décoratives. Les lits en dortoir sommaire coûtent 10 yuan.

Au moment de la rédaction de ce guide, la construction d'une nouvelle gare routière était presque achevée, juste à gauche lorsqu'on entre dans la ville en arrivant de Jinghong. Elle comprendra un hôtel, qui offrira peut-être une alternative à la pension Damenglong.

On mange assez bien à Damenglong. En bas de la gare routière, près des marches menant à la Pagode noire, sont installés deux restaurants corrects. Les enseignes chinoises affirment que ce sont des restaurants dai mais, comme partout, vous irez en cuisine désigner les légumes qui vous tentent et on vous les apportera 5 minutes plus tard au milieu d'une petite mare d'huile.

Il existe aussi deux restaurants en terrasse assez chics (pour Damenglong) de part et d'autre de la rue. Celui de gauche possède un panneau en anglais disant "Dai Hotel & Restaurant", mais il ne fait que restaurant. La cuisine est délicieuse et il est amusant d'observer la vie de la ville (tant que le karaoké reste débranché).

Deux cafés sont également implantés au rond-point, où l'on sert des boissons fraîches (5 yuan le coca glacé). Les glaçons paraissent un peu brunâtres, mais le personnel affirme que l'eau a été soigneusement bouillie et nous n'avons souffert d'aucun effet secondaire.

Comment s'y rendre. Des bus pour Damenglong partent toutes les demi-heures de la gare routière n°2 de Jinghong, entre 7h et 17h (10 yuan, 2 heures 30). Pour le retour, les horaires sont les mêmes, mais le dernier bus part un peu plus tôt, vers 15 ou 16h.

Environs de Damenglong

Le village de Xiaojie, à 15 km avant d'arriver à Damenglong, est entouré de villages bulang, lahu et hani. Les femmes lahu se rasent la tête ; apparemment, cette coutume déplaît aux jeunes Lahu, qui cachent leur crâne rasé sous des casquettes. Les Bulang seraient les descendants des Lolo du nord du Yunnan. Les femmes bulang portent des turbans noirs avec des décorations en argent représentant des coquillages, des poissons ou des animaux marins. On peut faire quantité d'excursions dans cette région, mais il est interdit de franchir la frontière.

Menghai

(ménghǎi)

Cette ville, quelconque, est cependant un bon point de départ pour des promenades dans la région. Le marché dominical attire les membres des tribus vivant dans la montagne. Pour le trouver, il suffit de suivre la foule matinale. L'un des deux mornes hôtels, près de la vieille gare routière, au centre de la ville, propose des lits à 5 yuan. Environ 1 km plus loin dans la rue, près de l'autre gare routière, plus petite mais plus active, l'hôtel *Liangyuan* (*liángyuán bīnguǎn*) offre des lits en chambre triple pour 20 yuan et des doubles/triples à 60 yuan.

Des bus et des minibus pour Menghai partent de la gare routière n°2 de Jinghong environ toutes les demi-heures entre 7h et 17h. Le trajet coûte 7 yuan et dure à peu près 1 heure 30. Les minibus pour Jinghong, Menghun et Jingzhen partent d'une gare routière plus petite, à l'extrémité ouest de Menghai.

Menghun

(měnghùn)

Le marché du dimanche, principale attraction de ce minuscule village à 26 km au sud-ouest de Menghai, bat son plein de 7h à midi. Les tribus des montagnes viennent au marché et les femmes sont revêtues de costumes chatoyants et couvertes de bijoux. On peut aussi consacrer un jour ou deux au temple et aux montagnes verdoyantes, accessibles par les chemins qui partent derrière le White Tower Hotel.

Où se loger et se restaurer. En plein centre-ville, à l'endroit où vous dépose le bus, le restaurant-hôtel *Yun Chuan* (*yúnchuān fàndiàn*) n'a rien d'extraordinaire, mais les chambres sont acceptables. Plus loin sur la droite, le *Phoenix Hotel* (*fènghuáng fàndiàn*) est moins cher (4 yuan le lit), mais très bruyant : mieux vaut l'éviter. Le *White Tower Hotel*, plus grand et plus calme, donne sur un étang où poussent des nénuphars. Le lit en chambre double coûte 10 yuan, mais on peut probablement marchander. De l'intersection principale, prenez la route qui monte, passez sous le portique, puis tournez à gauche dans un petit chemin qui redescend. Apparemment, un étranger s'est fait voler son appareil photo : ne laissez pas traîner vos affaires.

Plusieurs bons restaurants dai bordent la rue principale ; certains disposent de menus en anglais.

Comment s'y rendre. Les bus de Jinghong à Daluo passent par Menghun. Ils quittent la gare routière n°2 de Jinghong toutes les demi-heures entre 7h et 17h. Le trajet jusqu'à Menghun coûte 11 yuan. Pour revenir, il faut simplement attendre sur le bas-côté de la route – généralement pas très longtemps – jusqu'à ce que passe un bus.

A moins de posséder un bon vélo à vitesses, se rendre à bicyclette à Menghai et Menghun n'est pas idéal. En effet, jusqu'à Menghai, la route est si raide qu'il faut pousser sa monture sur la majeure partie du trajet.

Des voyageurs intrépides sont allés à pied et en stop jusqu'à Damenglong. A moins de franchir la frontière birmane par inadvertance, cela ne pose pas de problème. En se déplaçant ainsi, il faut compter une petite semaine. Un VTT serait la meilleure solution.

Jingzhen
(*jīngzhen*)

A 14 km au nord-ouest de Menghai, le village de Jingzhen est connu pour son **pavillon octogonal** (*bājiǎo tíng*), qui remonte à 1701. La construction d'origine a été très abîmée pendant la Révolution culturelle et le bâtiment rénové n'est pas passionnant. D'intéressantes scènes peintes récemment sur les murs montrent apparemment des soldats de l'Armée populaire en train de commettre des exactions pendant la Révolution culturelle. Sur d'autres peintures, les soldats sont vaincus par le Bouddha et l'un d'eux fait un signe d'adieu en se noyant dans un bassin.

Il est agréable de se promener le long du fleuve ou près des bassins poissonneux derrière le village. De nombreux minibus au départ de Menghai passent à Jingzhen.

Nanluoshan
(*nánluóshān*)

Cette ville se trouve au sud de la route qui relie Jinghong à Menghai (à 17 km de Menghai). On peut faire l'aller-retour dans la journée à condition de partir tôt et de revenir avant la nuit. Le bus vous déposera près d'un pont : traversez-le et suivez un chemin de terre sur 6 km avant d'atteindre une route nouvellement construite.

A 1 km de l'embranchement, dans un virage, vous verrez une clôture avec un tourniquet et des bancs de pierre : c'est de là que part l'escalier menant au **Roi des arbres à thé** (*cháwáng*). D'après les Han, leurs ancêtres font pousser du thé depuis 55 générations et cet arbre fut le premier planté. Il ne mérite pas que l'on descende les centaines de marches qui y mènent. Un pavillon de béton en ruine complète le tableau.

La nouvelle route a été creusée à flanc de montagne pour permettre aux touristes d'aller visiter les tribus vivant en altitude. On peut craindre que le fréquent passage de bus de touristes apporte des changements chez les Hani et les Lahu. En quittant la route principale, de belles randonnées s'offrent à vous, mais ne vous attendez pas à être forcément logé chez l'habitant.

Les Hani (appelés aussi Akha dans les pays voisins) sont d'origine tibétaine mais descendraient, selon les traditions folkloriques, des yeux des grenouilles. Ils vivent dans les montagnes où ils cultivent le riz, le maïs et parfois le pavot. Les échanges ont lieu lors de marchés hebdomadaires où les Dai dominent visiblement les Hani, qui semblent n'avoir qu'une idée en tête : regagner leur retraite. Les femmes portent des chapeaux décorés de perles, de plumes, de pièces de monnaie et d'anneaux d'argent. Sur un marché écarté, les femmes hani semblaient très mal à l'aise et ce n'est que lorsqu'elles me tournaient le dos que je pouvais observer leurs coiffes couvertes de pièces françaises (d'Indochine), birmanes et indiennes du début du siècle.

RÉGION DE BAOSHAN
(*bǎoshān dìqū*)

Ce n'est pour beaucoup de voyageurs qu'une halte rapide sur la route de Ruili et de Wanding, le temps d'une nuit à Baoshan. Pourtant, la région mérite qu'on s'y attarde un peu plus : elle compte plusieurs sites historiques à découvrir et il fait bon flâner dans les vieux quartiers de Tengchong et de Baoshan, où vivent quantité de minorités (comme dans le reste du sud du Yunnan). En outre, Tengchong est une région de volcans qui compte également des sources chaudes.

Dès les IVe et Ve siècles av. J.-C., deux siècles avant l'établissement des routes du nord à travers l'Asie centrale, la région de Baoshan était une étape importante sur la portion sud de la route de la Soie menant du Sichuan en Inde. La région ne tomba sous contrôle chinois que sous les Han et devint le district administratif de Yongchang en 69 ap. J.-C.

Baoshan
(*bǎoshān*)

Baoshan est une petite ville qu'on visite facilement à pied. Il reste quelques bâtiments en bois d'architecture traditionnelle, et les environs de la ville peuvent faire l'objet de belles promenades. Baoshan propose de nombreuses spécialités, un excellent café, des bottes de cuir, du poivre, de la soie… Les amateurs de thé pourront goûter au thé du Bouddha couché de Baoshan, variété réputée en Chine.

Renseignements. Les sources de renseignements sont rares à Baoshan. A la gare routière longue distance, des boutiques vendent des cartes de la préfecture de Baoshan, incluant Baoshan et Tengchong, ainsi que des sites touristiques de la région, avec quelques explications en anglais. A part cela, on est plutôt livré à soi-même. La Bank of China est installée à côté de l'hôtel Yindou ; la poste est toute proche.

A voir. Il fait bon flâner à Baoshan. Les rues sont animées et souvent bordées de vieilles maisons traditionnelles. Trois sites intéressants jouxtent le centre-ville : le **parc Taibao** (*tàibǎo gōngyuán*), flanqué au sud de la **pagode Wenbi** (*wénbǐ tǎ*) et à l'est du **pavillon Yuhuang** (*yùhuáng gé*). Ce dernier date de l'époque Ming ; un petit musée est installé à côté. Les petites pagodes du parc offrent un vaste panorama sur la ville, la pagode Wenbi et l'étang Yiluo. Des allées sillonnent le parc vers le nord, l'ouest et le sud. L'allée nord retourne vers le sud pour mener à un zoo très médiocre (passez votre chemin). En continuant au sud, on arrive à l'**étang Yiluo** (*yìluó chí*), appelé aussi étang de la Source du dragon (*lóngquán chí*), d'où on a une belle vue sur la pagode Wenbi et ses treize étages.

Où se loger. Baoshan compte de nombreuses possibilités d'hébergement bon marché. Juste à côté de la gare routière longue distance, l'hôtel *Keyun* (*kèyùn zhùsùbù*) propose des lits dans un dortoir de trois, très propre, pour 16 yuan et en dortoir de quatre pour 12 yuan. Les doubles avec s.d.b. commune sont à 56 yuan. L'hôtel *Lanyuan* (*lányuàn dàjiǔjiā*), à 2 ou 3 minutes au nord de la gare routière, de l'autre côté de la route, est d'un excellent rapport qualité/prix. Cherchez le panneau bleu disant "Lanyuan Restaurant". Ne vous inquiétez pas, c'est un hôtel. Le Lanyuan offre des lits en chambres doubles/triples à 5/8 yuan. Option la plus intéressante : les doubles avec s.d.b. à 28 et 44 yuan. Les chambres sont propres, aérées et (selon vos voisins) calmes.

Baoxiu Xilu abrite quelques hôtels chinois qui acceptent tous les étrangers. On est en général plutôt bien accueilli, quoique les établissements ne soient guère avenants. Le premier est l'hôtel *Yongchang* (*yǒngchāng bīnguǎn*), avec des lits en dortoir à 10 yuan et quantité d'autres chambres : des simples de 40 à 120 yuan, des doubles de 30 à 100 yuan, des triples avec s.d.b. à 90 yuan. Dans les chambres les moins chères, n'attendez rien de plus qu'un lit.

Plus haut dans la même rue, l'hôtel *Lanhua* (*lánhuā bīnguǎn*) offre des lits à 8 yuan en dortoir de trois. Les doubles/triples avec s.d.b. sont à 60 yuan et les simples de luxe à 80 yuan. C'est sans doute à la pension *Baoshan* (*bǎoshān bīnguǎn*) que vous conduiront les chauffeurs des cyclo-pousse si vous émergez du bus l'air un peu perdu. Les lits en chambre triple coûtent 30 yuan et l'aile nord abrite des doubles avec s.d.b. un peu plus élaborées à 100 yuan.

Le meilleur établissement de Baoshan, l'hôtel *Yindou* (*yíndū dàjiǔdiàn*), est une entreprise lucrative appartenant à la Bank of China. Elle propose des doubles à 140 yuan avec téléphone international, eau chaude en permanence, clim. et TV par satellite. Si vous cherchez du confort pour une nuit, n'hésitez pas. Cependant, si vous vous rendez à Tengchong, patientez encore un peu : vous y aurez une chambre comparable deux fois moins chère.

Où se restaurer. Baoxiu Lu et la rue qui lui est parallèle au sud regorgent de restaurants bon marché. On peut manger des nouilles et des raviolis dans la rue qui part de l'hôtel Yindou vers la gare routière. A côté de la pension Baoshan, un bon restaurant sert des nouilles "qui traversent le pont" (Across-the-Bridge) ; attention, il ferme tôt. La plupart des restaurants des hôtels sont à éviter.

Comme à Kunming, de nombreux stands de rue proposent des repas légers. L'hôtel Yongchang abrite un minuscule café. Le café, très sucré et très instantané, ne coûte cependant que 3 yuan la tasse et l'endroit

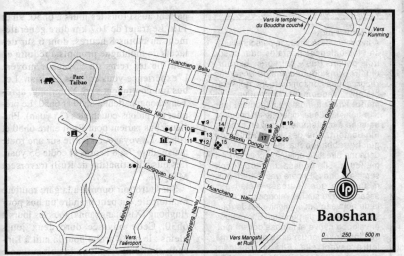

Vers le temple
du Bouddha couché

Vers
Kunming

Huancheng Beilu

Parc
Taibao

Baoxiu Xilu

Kunnai Gonglu

Baoxiu Donglu

Longquan Lu

Huancheng Nanlu

Minhang Lu

Zhengyang Nanlu

Vers
l'aéroport

Vers Mangshi
et Ruili

Baoshan

0   250   500 m

BAOSHAN 保山	**OÙ SE RESTAURER**	5 CAAC 中国民航售票处
OÙ SE LOGER	9 Café 咖啡冷饮	6 BSP 公安局
10 Hôtel Lanhua 兰花宾馆	12 Across-the-Bridge Noodle Restaurant 过桥园	7 Palais de la Culture des travailleurs 工人文化宫
11 Pension Baoshan 保山宾馆	**DIVERS**	8 Palais de la jeunesse 青少年宫
13 Hôtel Yongchang 永昌宾馆	1 Zoo 动物园	15 Grand magasin 百货大楼
14 Hôtel Yindou et Bank of China 银都大酒店，中国银行	2 Pavillon Yuhuang 玉皇阁	16 Poste 邮电局
18 Hôtel Keyun 客运住宿部	3 Pagode Wenbi 文笔塔	17 Gare routière (bus longue distance) 汽车总站
19 Hôtel Lanyuan 兰苑大酒家	4 Étang Yiluo 易罗池	20 Gare routière municipale 市车站

permet de se poser quelques instants. On y sert aussi des boissons fraîches. Il faut éviter la *Splendid Tea House* de la gare routière longue distance, où le café est infect et le propriétaire a tendance à faire hurler les décibels de sa machine à karaoke dans les oreilles des clients. La discothèque n'est guère mieux.

Comment s'y rendre. Baoshan est desservie par avion, que très peu d'Occidentaux empruntent : pour une raison mystérieuse, cette liaison ne figure pas sur les horaires de la CAAC. Renseignez-vous à Kunming ou au bureau CAAC de Baoshan, assez mal situé à l'intersection de Longquan Lu et de Minhang Lu. C'est un bâtiment à carreaux

LE SUD-OUEST

Le dernier mot

A la poste de Baoshan, le personnel utilisait les balances postales pour peser trois poulets frits – entreprise extraordinaire sans doute digne du *Livre des records*. Les consommateurs, qui semblaient vaguement approuver la manœuvre, attendaient sagement leur tour dans la queue, cigarette au bec, tête baissée à contempler le sol en ciment. Finalement, une des jeunes filles du guichet abandonna les poulets, vint dans ma direction et jeta un coup d'œil à ma lettre. Elle poussa un lourd soupir semblant dire : "Encore une lettre !" puis m'annonça que l'adresse n'était pas assez centrée sur l'enveloppe : "Écrivez-la de nouveau", m'enjoignit-elle. Je refusai. Elle insista. Je persistai. Elle prit une enveloppe neuve et la posa devant moi. Je l'ignorai et poussai de nouveau ma lettre devant elle. Elle la considéra d'un air soupçonneux et dit : "Votre nom doit être écrit après votre adresse, pas avant." Je rayai mon nom et le récrivis après l'adresse. "Contente ?" lui demandai-je. Elle fronça les sourcils, mit mon enveloppe sur la balance et me la rendit dégoulinante de graisse de poulet. En Chine, la personne qui obtient gain de cause est toujours celle qui se trouve derrière le guichet. ∎

jaunes dont la seule pancarte en anglais dit "Civil Aviation Hotel". La billetterie se trouve au 1er étage, face à Longquan Lu. Trois vols hebdomadaires sont assurés pour Kunming (400 yuan). L'aéroport est à 9 km environ au sud de la ville.

La gare routière longue distance de Baoshan est un énorme bâtiment neuf d'où partent des bus pour toutes les destinations dans le Yunnan. De nombreux bus se rendent à Kunming (18 heures de route) en fin d'après-midi, dont plusieurs à couchettes. Le prix est de 66 yuan en bus ordinaire cahoteux, 84 yuan en bus de luxe et 122 yuan en bus-couchettes. Les bus pour Xiaguan (Dali) partent à 6h50, 9h, 11h et 15h30 et coûtent 20 yuan. Le voyage dure environ 6 heures. Les bus pour Tengchong

partent aussi tous les jours à 6h50, 9h et 11h. Le trajet de 167 km dure généralement au moins 8 heures, dont 6 sur des lacets de montagne prompts à réduire en bouillie les reins du voyageur moyen. L'expérience vous coûtera 20 yuan. Les bus qui continuent vers Yingjiang, après Tengchong, partent à 6h30 et 6h50. Le premier est un bus-couchettes (35 yuan). Plusieurs bus partent pour Ruili entre 6h50 et 10h30. Le voyage, en partie sur une route neuve, dure 7 à 8 heures et coûte 35 yuan. Les bus à destination de Ruili traversent Mangshi.

Sur le trottoir opposé à la gare routière municipale, on peut prendre un bus pour Jinghong (Xishuangbanna) tous les jours à 6h30. Cette odyssée dure deux jours pleins : le bus s'arrête pour la nuit à Lincang et atteint Jinghong la nuit suivante (l'heure dépend de l'état des routes, incertaines dans le meilleur des cas). Lincang fait partie des villes autorisées aux étrangers par le BSP, et circuler sur cet itinéraire ne devrait poser aucun problème. Le billet coûte 89 yuan.

Comment circuler. On peut facilement explorer Baoshan à pied ; c'est sans doute la raison pour laquelle il n'y a pas de loueur de vélos en ville.

Environs de Baoshan

A 17 km au nord de la ville, le **temple du Bouddha couché** (*wòfó sì*) est l'un des sites historiques les plus importants des environs de Baoshan. Ce temple date de l'époque Tang et son histoire remonte à 1 200 ans. Le bouddha couché, niché dans une grotte à l'arrière du temple, très abîmé pendant la Révolution culturelle, n'a été restauré que récemment.

Le problème reste de se rendre au temple, qui n'est desservi par aucun bus ni minibus local. Une motocyclette avec side-car peut emmener deux personnes pour 40 yuan aller-retour. Les taxis prennent entre 70 et 80 yuan. Ce trajet serait agréable à faire à bicyclette si vous en trouvez une.

JO O'BRIEN

CHRIS TAYLOR

CHRIS TAYLOR

En haut : pèlerins à Emeishan (Sichuan), l'une des montagnes sacrées
du bouddhisme
En bas à gauche : sculpture dans la grotte de Dazu (Sichuan)
En bas à droite : fidèle en plein recueillement à Chengdu (Sichuan)

CHRIS TAYLOR

Les sculptures et statues dans le district de Dazu (Sichuan)
– certaines datent du XIXe siècle –
comptent parmi les plus remarquables de Chine

Tengchong

(téngchōng)

Peu de voyageurs se rendent dans cette ville située de l'autre côté de la chaîne des Gaoligong, mais c'est un endroit intéressant. Il y a une vingtaine de volcans dans les environs et une forte activité géothermique, donc beaucoup de sources chaudes. C'est aussi une région où plus de 71 séismes dépassant une magnitude de cinq degrés sur l'échelle de Richter ont été enregistrés depuis le XVIe siècle.

La ville a largement préservé son architecture de bois, à la différence de Kunming et Baoshan, où n'en subsiste qu'une petite partie. Ce n'est pas un autre Dali, mais ses ruelles étroites ne manquent pas de charme. Teng Chong se trouve à 1 650 m d'altitude, et il peut faire très frais en soirée pendant les mois d'hiver.

Renseignements. Tengchong possède un petit office du tourisme à l'entrée principale de la pension Tengchong. Le personnel ne parle guère l'anglais mais vous fournira des cartes de la région, et peut-être de l'aide. Des plans sont aussi en vente à la boutique située dans la cour de l'hôtel. La poste est située dans Fengshan Lu. La Bank of China se dresse au-dessus du principal carrefour de la ville. Elle ne change pas les chèques de voyages et, à moins de posséder du liquide, mieux vaut changer son argent avant d'arriver à Tengchong.

A voir. Il n'y a pas grand-chose à voir en ville, mais le marché appelé **Frontier Trade Bazaar** (bazar du commerce de la frontière) est intéressant. Sans être aussi vivant que les marchés de Ruili, il est très coloré et animé le matin. La rue qui comporte le plus de vieux bâtiments est Yingjiang Lu, notamment les ruelles des parties est et ouest de cette rue, où l'on peut prendre de belles photos.

A 2 km environ au sud-ouest de la ville, le **temple Laifeng** (*láifēng sì*) n'a rien d'extraordinaire, d'autant plus que les étrangers doivent acquitter un droit d'entrée de 5 yuan (0,5 yuan pour les Chinois). Cependant, le chemin qui y monte traverse de luxuriantes forêts de pins. Le temple est situé en bordure de la réserve forestière Fengshan, qui permet encore d'autres randonnées, et donne une idée de ce à quoi pouvait ressembler la région avant que les arbres ne soient remplacés par des fermes.

Où se loger. Les hôtels sont assez dispersés à Tengchong. Au sud de la gare routière, l'hôtel *Gonglu* (*gōnglù zhāodàisuǒ*) offre des lits de 7 à 15 yuan. L'endroit est bruyant et les chambres n'ont rien d'extraordinaire, mais c'est le plus proche de la gare routière. Il ne comporte aucun panneau en caractères romains : cherchez le logo des bus représentant un volant en haut du portail.

Proche du centre-ville, l'hôtel *Tengyun* (*téngyún bīnguǎn*), un peu délabré, propose des lits en dortoir de 5 à 8 yuan au sein d'agréables bâtiments anciens en bois et des chambres doubles/triples dans l'aile (un peu plus) neuve à 26/30 yuan. Aucune chambre ne possède de s.d.b., ce qui est regrettable car les s.d.b. communes sont particulièrement peu engageantes. Là non plus, pas de pancarte en anglais, mais vous trouverez l'entrée en cherchant le petit café birman sur la droite. Dans Yingjiang Xilu, au merveilleux hôtel *Hongyan* (Swan Goose Hotel) (*hóngyàn lǚshè*), les chambres sont regroupées autour d'une petite cour : 5 yuan le lit en double et triple, 6 yuan en simple et 10 yuan la "suite". L'endroit semble souvent complet. Pour le trouver, regardez sur votre gauche une vingtaine de mètres avant le seul immeuble en hauteur (4 étages) de cette partie de Yingjiang Xilu. Vous verrez un bâtiment de briques avec une allée. Entrez dans l'hôtel par la porte circulaire située à droite de l'allée.

La pension *Teng Chong* (*téngchōng bīnguǎn*) est un endroit tranquille et, quoique loin de la gare routière, vaut nettement le détour. Les lits dans des dortoirs propres et spacieux coûtent de 7 à 9 yuan, et il existe des simples/doubles avec s.d.b.

pour 50 yuan. Ce peut être l'occasion de se loger un peu luxueusement le temps d'une nuit. Des doubles très confortables avec s.d.b. et TV ne coûtent que 70 yuan et, si vous êtes seul, le personnel de la réception vous laissera peut-être ne payer qu'un lit : c'est l'un des rares hôtels où l'on ne

fait pas d'histoires pour mettre ensemble Chinois et étrangers. Ce n'est pas vraiment le grand luxe mais il est d'un bon rapport qualité/prix.

Enfin, l'hôtel *Taian* (tàiān bīnguǎn), une entreprise sino-birmane, semble proposer des doubles et des triples correctes avec

---

TENGCHONG 腾冲

OÙ SE LOGER

3 Hôtel Hongyan (Swan Goose)
   鸿雁旅社
7 Hôtel Tengyun
   腾云宾馆
13 Hôtel Gonglu
   公路招待所
17 Pension Teng Chong
   腾冲宾馆
19 Hôtel Taian
   泰安宾馆

OÙ SE RESTAURER

5 Restaurant Youyi
   友谊饭店

6 Café birman
   缅甸咖啡厅
9 Restaurant Qiao Wei
   桥味餐厅
12 Chunhua Huishiguan
   春华会族食馆

DIVERS

1 Bazar du commerce de la frontière
   腾冲边境货物商场
2 BSP
   公安局
4 Poste
   邮电局
8 Bank of China
   中国银行

10 Palais de la Culture des travailleurs
   工人文化宫
11 Location de bicyclettes
   自行车出租
14 Gare routière (bus longue distance)
   长途汽车站
15 Temple Laifeng
   来凤寺
16 Minibus pour Yingjiang
   往盈江的中巴车
18 Bureau de vente de billets pour les sources chaudes
   热海车售票处

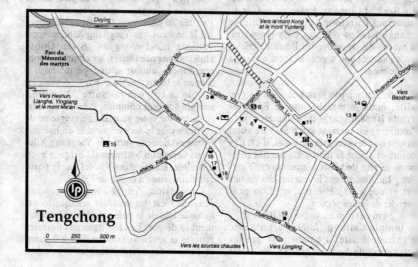

Tengchong

.d.b. pour 80/90 yuan. Une fois de plus, il n'y a pas de panneau en anglais, mais vous ne risquez pas de rater l'endroit : ce bloc de courbes et d'angles droits dresse sa façade de carreaux blancs sur 5 étages à l'intersection de Huancheng Donglu et de Huancheng Nanlu.

Où se restaurer. Les bâtiments en bois de Tengchong abritent des dizaines de minuscules restaurants très tentants. Le restaurant *Youyi* (*yǒuyì fàndiàn*), dans Fengshan Lu, juste avant Yingjiang Donglu, ne comporte pas d'enseigne en anglais, mais la façade est ouverte sur la rue et il est assez facile à trouver. Demandez les délicieux raviolis à la vapeur à la mode du Shandong (*zhengjiǎo*) : ils n'ont rien à voir avec ceux que l'on trouve ailleurs en Chine. Essayez aussi les légumes épicés marinés (*shuǐyāncài*). On peut aller en cuisine composer son repas.

En haut de Guanghua Lu, le restaurant *Qiao Wei* (*qiáowèi cānguǎn*) sert de succulents plats birmans. Il n'y a pas de menu : allez simplement en cuisine. Des plats chinois sont aussi proposés et, si vous préférez la cuisine birmane, demandez *miǎndiàn wèi*.

Vers la gare routière longue distance, presque à l'angle de Huancheng Donglu et de Guanghua Lu, le *Chunhua Huishiguan* (*chūnhuá huíshíguǎn*), musulman, semble mériter une visite. On le reconnaît à son grand panneau vert et blanc et à ses portes vert pâle. Pour déguster un café sucré, d'excellents samosas, du whisky du Mékong et avoir l'occasion probable de bavarder avec des colporteurs de bijoux birmans itinérants, arrêtez-vous au *Burnese Cafe*, à l'entrée de l'hôtel Tengyun, signalé par une pancarte en anglais. Généralement, au moins une personne parle anglais à l'intérieur.

Comment s'y rendre. La gare routière longue distance de Tengchong est sans doute la seule de tout le sud-ouest de la Chine à comporter un tableau affichant les horaires et les destinations en anglais. Malheureusement, il n'est d'aucune utilité car tout est faux.

Plusieurs bus partent pour Baoshan (20 yuan) entre 7h30 et 11h. Le voyage devrait durer environ 8 heures, mais il est souvent plus long et vos os continueront à souffrir jusqu'à une heure avancée de la nuit. Les bus pour Ruili (12 yuan) passent par Yingjiang et Zhangfeng et mettent 8 à 9 heures. Si vous avez du temps, vous pouvez aussi aller jusqu'à Yingjiang (avec une halte au passage à Lianghe), y passer la nuit et continuer jusqu'à Ruili le lendemain. Les bus pour Yingjiang partent à 7h30, 10h30 et 12h30. Il existe aussi des bus pour Mangshi à 7h30 (5 heures de route, 13 yuan). Pour Kunming (160 yuan), un bus-couchettes part à 10h et arrive environ 24 heures plus tard.

Vous devriez pouvoir prendre un minibus pour Yingjiang à l'intersection de Fengshan Lu et de Huancheng Nanlu, près de la pension Teng Chong. Ils partent entre 8h et 16h environ, dès qu'ils sont pleins. On peut aussi louer des véhicules pour se rendre aux volcans des monts Kong, au mont Yunfeng et à d'autres sites intéressants (reportez-vous ci-dessous à la rubrique *Environs de Tengchong*)

Comment circuler. Tengchong est suffisammentpetite pour se déplacer à pied, mais un vélo serait bien appréciable pour visiter les sites proches de la ville. Les paysages à eux seuls justifient la promenade. Si vous êtes intéressé, une boutique située dans Guanghua Lu, en diagonale à l'opposé du restaurant Qiao Wei, loue des bicyclettes pour 1 yuan de l'heure et une caution de 200 yuan. Il n'y a pas de panneau : cherchez la masse de vélos garés devant un bâtiment de bois jaune.

Environs de Tengchong

Il y a beaucoup à voir mais, comme Baoshan, la région n'est ouverte aux étrangers que depuis peu et il est encore difficile d'accéder aux sites touristiques. Il est possible de prendre le bus pour effectuer une partie du trajet, puis poursuivre à pied. Certains des sites les plus proches sont accessibles en vélo. L'autre solution consiste à louer un véhicule, ce qui peut être abordable à plusieurs. Le *Five Continent Travel Service* (*wǔzhōu lǚxíngshè*), à l'entrée de la pension Tengc Chong, organise ce genre de transport. On peut aussi aller à l'arrêt de minibus à l'intersection de Huancheng Nanlu et de Fengshan Lu, où l'on voit souvent des chauffeurs attendre des clients en fumant.

Village de Heshun (*héshùn xiāng*). Si vous arrivez de Ruili ou de Yingjiang, vous traverserez ce village 4 km avant d'atteindre Tengchong. Il mérite une visite à bicyclette ou à pied. Les Chinois s'en moquent car c'est une sorte de lieu de retraite pour Chinois d'outre-mer, mais ses calmes rues traditionnelles empierrées intéresseront peut-être davantage le visiteur occidental. Il compte nombre de maisons anciennes très photogéniques et vous pouvez tomber sur de vieux Chinois parlant anglais.

Mont Yunfeng (*yúnfēng shān*). C'est une montagne taoïste parsemée de temples et de retraites monastiques, à 47 km au nord de Tengchong. Les temples ont été bâtis au début du XVIIe siècle ; le plus connu est le temple Yunfeng, au sommet. Il n'est pas facile de s'y rendre. La seule solution économique consiste à prendre un bus pour Ruidian (*ruìdiàn*). Après avoir traversé la ville de Gudong (*gúdōng*), vous verrez un embranchement vers la montagne. En descendant du bus, il faut marcher encore 9 ou 10 km (ou faire du stop) jusqu'au pied de la montagne. Les bus pour Ruidian partent de la gare routière de Tengchong à 7h30, 13h et 17h. Louer un véhicule pour l'excursion vous coûtera environ 300 yuan.

Volcans (*huǒshānqún*). Le district de Tengchong est célèbre pour ses volcans, inactifs depuis plusieurs siècles mais sans doute pas pour toujours, comme le laisse présager l'activité géothermique et sismique. Le plus proche de la ville est le mont Ma'an (*mǎān shān*), à 5 km au nord-ouest, au sud de la route de Yingjiang.

A 22 km au nord de la ville, près du village de Mazhan (*mǎzhàn*), se trouve un autre groupe de volcans : les monts Kong (*kōngshān huǒshānqún*). Les bus pour Gudong passent par Mazhan. De là, on peut soit faire le reste à pied, soit louer un tricycle à moteur (5 yuan) jusqu'aux volcans. Louer un van pour l'excursion vous coûtera environ 150 yuan.

Sources chaudes. La "mer de chaleur" (*rèhǎi*), comme l'appellent poétiquement les Chinois, est une série de sources chaudes, geysers et rivières à 12 km au sud-ouest de Tengchong. Outre les habituelles sources thermales, il existe une source en plein air et un bassin d'eau chaude, juste en surplomb d'une rivière. Deux hôtels à l'entrée des sources proposent de sobres chambres doubles de 30 à 50 yuan ; leur restaurant sert des spécialités locales. C'est une halte délassante pour la nuit. Cependant, l'été, l'active communauté de moustiques peut faire des ravages. Par temps chaud, vous préférerez peut-être vous contenter d'une visite dans la journée.

Des vans affrétés spécialement partent pour les sources chaudes tous les jours à 9h d'une petite agence de voyages juste au sud de la pension Teng Chong. Ils reviennent à Tengchong vers 14h. L'aller simple coûte 6 yuan. Cette agence possède un plan des sources, ainsi qu'une carte de Tengchong. Si vous avez du mal à la trouver, allez du côté de Huancheng Nanlu et cherchez un panneau indiquant "Tengchong Hot Sea".

RÉGION DE DEHONG
(*déhóng zhōu*)

Largement peuplée de minorités, la préfecture de Dehong, comme celle du Xishuangbanna, jouxte le Myanmar (Birmanie). Curieusement, elle ne présente pas le même attrait pour les voyageurs. Plus éloignée, dans l'ouest de la province, elle reste à l'écart des sentiers battus et vous n'y rencontrerez pas les bus remplis de touristes chinois que l'on voit au Xishuangbanna, ni même beaucoup d'étrangers. La majorité des Chinois de Dehong sont là pour faire du commerce avec le Myanmar, par l'intermédiaire des villes de Ruili et Wanding. Le jade birman a enrichi nombre d'entre eux au cours des dernières années, mais une foule d'autres produits, dont certains sont interdits, passent la frontière.

De nombreuses ethnies sont présentes dans la région de Dehong, mais les plus reconnaissables sont les Birmans, les Dai et les Jingpo (appelée Kachin au Myanmar, où ils luttent depuis longtemps contre le gouvernement). La région de Dehong est couverte de pancartes en chinois, birman, dai et anglais. Cette région frontalière s'enrichit grâce au commerce : sur les marchés, vous verrez de vieux Indiens vendre des bijoux, des fruits en conserve en provenance de Thaïlande, des meubles en papier mâché du Myanmar, ainsi que des jeunes gens aux poches pleines de monnaie étrangère et des policiers chinois en civil tentant de passer inaperçus.

Yingjiang
(yíngjiāng)
Yingjiang est une étape possible sur la route de Ruili lorsqu'on vient de Tengchong. Il est inutile d'en faire un but d'excursion, car c'est une très pâle imitation de Ruili.

A voir. Les attraits de la ville sont limités. Un minibus vous conduira à Jiucheng (jiùchéng), nom qui signifie "vieille ville", une pittoresque vieille ville chinoise (20 minutes de trajet). En reprenant la route de Ruili, quelques kilomètres après la sortie de la ville, vous verrez la **pagode Laomian** (lǎomiǎn tǎ), ce qui signifie "vieux stupa birman", désignation qui correspond en effet bien à l'édifice. Les habitants affirment qu'il est agréable de s'y rendre le soir "avec une personne qui compte pour vous".

Où se loger et se restaurer. Face à la gare routière longue distance, la sinistre State Guesthouse (guóyíng lǚshè) n'a pas bonne presse. Le lit en dortoir de trois ou cinq coûte 4 yuan, la simple/double 10/16 yuan. Aucune chambre n'a de douche et les toilettes sont éloignées.

Mieux vaut chercher en ville (tournez à droite à la sortie de la gare routière) l'hôtel Yingxiang (yíngxiáng lǚshé), situé sur le trottoir de droite, juste après l'endroit où la route tourne vers la droite. Cet établissement propre et accueillant propose des simples/doubles à 12/18 yuan et des simples avec s.d.b. et TV à 30 yuan. L'eau est chauffée à l'énergie solaire, il n'y a donc de l'eau chaude qu'à partir du milieu de l'après-midi.

L'établissement de luxe de Yingjiang est le Great Wall Hotel (chángchéng bīnguǎn), dont les chambres les moins chères coûtent 60 yuan (sans moquette !) et les plus chères 120 yuan. Toutes possèdent s.d.b. et TV. Pour vous y rendre, continuez après l'hôtel Yingxiang et tournez à droite au premier grand carrefour. Le Great Wall est à l'angle de l'intersection suivante. Sur le trottoir d'en face, le Bright Pearl Hotel

---

Le rebelle

Il se glissa dans la chaise en face de moi et regarda autour de lui avec nervosité. Je m'attendais à l'entendre dire : "Les murs ont des oreilles." Mais non, ses questions furent plus mondaines. Pourquoi étais-je en Chine ? J'écrivais un livre sur la Chine. La Chine ? Pourquoi pas le Myanmar (Birmanie) ? demanda-t-il, surpris. Je lui expliquai que j'avais sans doute commis une erreur stupide, mais que j'avais commencé et qu'il était trop tard pour changer. Mais mon nouvel ami du Myanmar n'était pas convaincu. "Je vous emmène dans un camp kachin en Birmanie, dit-il, nous teindrons vos cheveux en noir, vous porterez des vêtements chinois et nous voyagerons de nuit. Les gardes-frontière vous tireront peut-être dessus, mais ne vous en faites pas. Nous irons dans un camp rebelle, vous écrirez que les rebelles kachin sont de braves gens." J'émis des réserves sur la perspective de teindre mes cheveux, nous échangeâmes nos cartes de visite et décidâmes de rester en contact. ■

(*míngzhū dàjiǔdiàn*) propose des prix et prestations similaires.

Yingjiang n'est pas un haut lieu gastronomique, mais les échoppes de nouilles bon marché proches de la gare routière devraient vous permettre de survivre.

Comment s'y rendre. Un bus va tous les jours à 9h30 de Ruili à Yingjiang. De Tengchong, les bus partent à 7h30, 10h30 et 12h30. A moins de prendre le bus du matin, vous devrez sans doute dormir à Yingjiang, car la plupart des bus partent avant midi. Jusque vers 16h, vous pourrez peut-être attraper un minibus, en face de la gare routière, à destination de Zhangfeng, d'où l'on peut prendre une correspondance pour Ruili. La totalité du trajet coûte 25 yuan et dure environ 5 heures. Des bus directs de Yingjiang à Ruili partent à 7h, 8h30 et 11h, et coûtent 16 yuan. En sens inverse, de nombreux bus partent pour Tengchong entre 7h et 12h. Le voyage dure approximativement 3 heures et coûte 12 yuan.

Un bus part tous les jours pour Baoshan à 7h. On peut même prendre un bus-couchettes jusqu'à Kunming, qui part tous les jours à 7h. Le périple de 29 heures coûte 170 yuan.

Ruili

(*ruìlì*)

Ruili se trouve à quelques kilomètres du Myanmar ; il y règne une ambiance de ville frontalière. La population est un mélange de Chinois han, de membres des minorités et de commerçants birmans. Les voyageurs y séjournent parfois plus longtemps que prévu pour profiter de l'atmosphère. A première vue, la ville ne paie pas de mine et les nouvelles constructions la rendent poussiéreuse, mais elle mérite qu'on lui consacre un bref séjour. Par rapport au reste de la Chine, Ruili semble sans contrainte, comme si l'on y était plus tolérant. Que cette ambiance soit due à la proximité avec le Myanmar et sa junte militaire répressive est d'autant plus étonnant. On dénombre d'intéressants villages des différentes ethnies dans les environs, des stupas en bien

meilleur état que dans le Xishuangbanna, et les villes de Wanding et Mangshi méritent une visite d'une journée ou davantage.

Renseignements. La boutique adjacente à la réception de la pension Ruili vend des

RUILI 瑞丽
OÙ SE LOGER
3	Pension Ruili 瑞丽宾馆
9	Hôtel Yongchang 永昌大酒家
10	Hôtel Mingrui 明瑞宾馆
11	Hôtel Limin 利民宾馆
12	Hôtel Nanyang 南洋宾馆
OÙ SE RESTAURER
7	Restaurants birmans 缅甸餐厅
13	Jue Jue (boissons fraîches) 觉觉冷饮店
14	Boutiques de nouilles 面条店
18	Restaurants birmans 缅甸餐厅
DIVERS
1	BSP 公安局
2	Bus pour Zhangfeng 往章风的汽车
4	Poste 邮电大楼
5	Librairie Xinhua 新华书店
6	Cinéma 电影院
8	Hôpital 医院
15	Arrêt des minibus 小型车站
16	Gare routière (bus longue distance) 长途汽车站
17	Bank of China 中国银行

plans et quelques brochures sur la ville ; c'est quasiment la seule source d'informations. L'agence de voyages située dans la pension même possède également cartes et brochures mais, à moins que vous ne fassiez partie d'un groupe important, elle ne pourra pas grand-chose pour vous. Le BSP se trouve un peu plus haut que la pension, dans la même rue, l'immeuble des télécommunications (d'où l'on peut appeler l'étranger en automatique) un peu plus bas. La Bank of China n'est pas loin de la gare routière longue distance. Si vous allez au Myanmar, la banque échangera vos chèques de voyages contre des dollars US, ce qui peut être pratique à la frontière.

Traverser la frontière birmane. Au moment de la rédaction de ce guide, Ruili n'était pas vraiment équipée pour les incursions régulières d'étrangers de l'autre côté de la frontière, mais les choses pourraient très bientôt changer. Si vous avez un visa à entrées multiples pour la Chine, les gardes-frontière chinois vous laisseront probablement aller jusqu'au poste-frontière avec le Myanmar où, pour 10 $US, vous pourrez

acheter un visa d'une journée et visiter la ville birmane de Muse. Lors de votre passage, une agence de voyages locale pourra peut-être emmener les étrangers en visite guidée de l'autre côté de la frontière, ce qui pourrait vous aider à contourner les impératifs de visas. Renseignez-vous.

Si vous possédez déjà un visa touristique pour le Myanmar, vous pourrez traverser la frontière si vous êtes deux. La législation du Myanmar stipule que seul les "groupes organisés" peuvent passer la frontière au poste de Ruili-Muse. Apparemment, même deux randonneurs avec leur sac à dos constituent un "groupe organisé" mais, si vous êtes seul, inutile d'y songer. Cet obstacle bureaucratique sera peut-être supprimé un jour. Renseignez-vous, à tout hasard.

A voir. Il n'y a pas grand-chose à voir dans Ruili même. C'est un endroit où il fait bon flâner et la ville est si petite qu'on peut presque en faire le tour en une heure. Le marché de jour, très coloré, surtout le matin, se tient à l'ouest de la ville ; le marché de nuit, l'endroit le plus animé, occupe une rue proche de la pension Ruili. La plu-

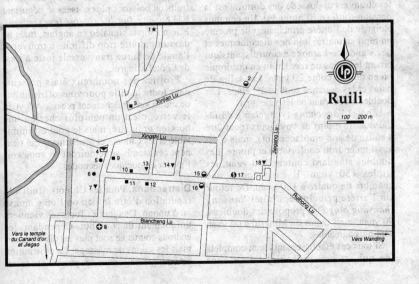

part des sites sont situés à l'extérieur de la ville et il vous faudra louer une bicyclette pour vous y rendre.

Où se loger. Si les prix sont très bas dans le reste de la région de Dehong et à Baoshan, Ruili est l'exception. Cependant, une série de nouveaux établissements a entraîné une sévère concurrence et certains tarifs ont même baissé (pas beaucoup) ces dernières années.

Le meilleur hôtel de la ville est sans doute l'hôtel *Mingrui* (*míngruì bīnguǎn*) : un lit en triple avec s.d.b. n'y coûte que 20 yuan. Les lits en chambre double sont à 30 yuan et, si l'hôtel n'est pas complet, vous aurez peut-être une chambre pour vous tout seul. Elles sont bien aérées et propres, et l'on peut utiliser le lave-linge du toit-terrasse panoramique de l'hôtel. Le Mingrui est le seul endroit de la ville où l'on peut louer des vélos.

Sur le trottoir d'en face, l'hôtel *Limin* (*lìmín bīnguǎn*) propose des lits en triple avec s.d.b. commune pour 20 yuan. Des doubles analogues sont à 50 yuan, tandis que les doubles ordinaires avec s.d.b. coûtent 100 yuan. Un autre endroit qui accepte les étrangers et possède des dortoirs est la pension *Ruili* (*ruìlì bīnguǎn*). Un peu plus éloignée de l'artère principale, elle procure un répit salutaire, loin des discothèques et des stands de karaoké assourdissants qui ornent les coins de rue. Un lit en quadruple ou en double coûte 20 yuan. Les salles de bains et les douches sont au 1er étage. Les doubles à 160 yuan ne les valent pas.

L'hôtel *Yongchang* (*yǒngchāng dàjiǔdiàn*) attire moins de voyageurs (peut-être à cause de son emplacement), mais c'est aussi un endroit confortable et propre. Les doubles standard coûtent 130 yuan, les triples 150 yuan. Il existe aussi une chambre de quatre à 160 yuan. De retour sur l'artère principale, l'hôtel *Nanyang* (*nányáng bīnguǎn*) propose des doubles à 90 yuan, mais celles du Mingrui à 60 yuan sont plus agréables.

Si tous ces établissements sont complets (ce qui est peu probable) ou ne vous conviennent pas, il existe de nombreux autres hôtels, dont plusieurs dans Biancheng Lu. Les chambres doubles ordinaires évoquent toutes un luxe un peu mesquin et coûtent généralement entre 100 et 130 yuan.

Où se restaurer. La rumeur selon laquelle on peut déguster d'excellents curries à Ruili est exagérée, mais la cuisine y est tout de même bonne. Promenez-vous le soir dans la rue du marché, à l'angle de l'hôtel Ruili, et regardez tous les étals de *hotpot* (fondue chinoise). Comme toujours pour le *hotpot*, faites-vous confirmer les prix avant de commander. Plusieurs restaurants dans une ruelle donnant sur Jiegang Lu servent de la bonne cuisine birmane. Celui qui se trouve en haut de l'angle nord-ouest est particulièrement bon et accueille une clientèle birmane. C'est aussi là que vous dégusterez du whisky Thai-Mekong, servi à la thaïlandaise avec de l'eau gazeuse et de la glace. D'autres établissements birmans sortent des tables le soir au sud du cinéma dans Renmin Jie.

Les stands de nouilles de la rue qui part de Nanlao Jie, à l'ouest de la gare routière, sont également très bons. Café glacé, jus de fruits ou boissons plus corsées se dégustent à la buvette *Jue Jue* (*juéjué léngyǐndiàn*). Elle n'est pas signalée en anglais, mais ne devrait pas être trop difficile à trouver, à l'angle de la rue transversale juste à l'est de l'hôtel Mingrui.

Profitez des nombreux étals présents dans toute la ville pour vous offrir un jus de citron vert fraîchement pressé. À 5 yuan le verre, c'est un peu plus cher qu'une boisson ordinaire, mais le goût est inimitable et les Chinois et les Birmans qui tiennent ces stands se réjouiront de vous voir l'avaler en quelques secondes.

Distractions. Pour les Chinois, Ruili a la réputation d'être *le* lieu où l'on s'amuse au Yunnan. Des jeunes fortunés viennent uniquement dans ce but. Cependant, les endroits courus ne sont plus les discothèques mais les salons de massage. La prostitution est omniprésente, dans des proportions toutefois moindres qu'à Bangkok ou Manille. Tous les établissements ferment vers 1h ou 2h. Restez vigilant si vous vous aventurez dans un bar sombre pour boire un verre.

Les discothèques tendent à fermer encore plus tôt qu'auparavant, vers 23h ou 24h. Celle du 2e étage de l'hôtel Mingrui semble assez animée. Dans un dancing en face des restaurants birmans de Renmin Jie, un orchestre se produit presque tous les soirs. L'entrée coûte généralement autour de 20 yuan selon l'endroit.

Comment s'y rendre. Des vols quotidiens relient Ruili à Kunming, *via* Mangshi (50 minutes, 530 yuan). On peut réserver son billet et reconfirmer un vol retour au bureau juste devant la pension Ruili. Des minibus partent tous les jours à 11h pour l'aéroport (2 heures de route).

Au moment de la rédaction de ce guide, Chengdu était également desservie, au prix exorbitant de 1 000 yuan. Il est difficile de prédire si la demande justifiera longtemps l'existence de cette liaison. Peut-être vaut-il mieux ne pas compter dessus.

Des bus pour Kunming partent de la gare routière longue distance à 6h20. Des bus-couchettes partent également à 12h30, 13h30 et 18h30. Ce trajet de 30 heures coûte de 120 yuan en bus de luxe (ce qui signifie que les sièges s'inclinent de quelques centimètres, si vous avez de la chance) à 190 yuan en bus-couchettes. Nous vous conseillons le bus-couchettes : bien que l'état des routes se soit largement amélioré, le voyage reste long. Les bus-couchettes pour Xiaguan (Dali) mettent 14 heures, partent à 6h20 et 19h et coûtent 90 yuan. Le trajet peut se prolonger s'il vient l'idée aux douaniers de faire une inspection, auquel cas ils vous tireront de votre sommeil et vous ordonneront de descendre du bus (jusqu'à cinq fois durant le voyage). Ils cherchent surtout de la drogue en provenance du Myanmar, mais aussi des magazines et vidéos pornographiques. Baoshan est à 7 ou 8 heures de route ; plusieurs bus s'y rendent entre 6h20 et 12h (30 yuan), ainsi qu'un bus-couchettes (départ à 8h, 50 yuan). Ce

Sur un air de jazz...
"N'allez pas à la discothèque Yufeng, m'avaient dit les habitants. C'est plein de Birmans qui vont vous agresser et voler tout votre argent." N'ayant jamais été agressé en Chine, je me rendis dans le sombre quartier de la discothèque vers 21h. Au bout de quelques minutes, j'avais fait connaissance avec tous les Birmans du bar, y compris les membres de l'orchestre, qui me demandèrent de me joindre à eux. Quelques bières me mirent de bonne humeur et, après moult palabres, nous commençâmes à jouer de vieux airs des Beatles et des Stones, moitié en américain, moitié en birman. Médusés par notre enthousiasme, les spectateurs ne savaient pas trop s'ils devaient danser le fox-trot ou la samba et deux agents du BSP, persuadés d'assister à une pollution culturelle de premier ordre, avaient l'air bien ennuyés. Quand je quittai la scène, je m'aperçus qu'un commerçant birman avait réglé mes consommations au bar. ■

voyage devrait durer moins longtemps à mesure que progressent les travaux de construction d'une grand-route entre Ruili et Baoshan. Les bus pour Tengchong partent à 7h. Le trajet dure de 5 à 7 heures et coûte 25 yuan. Un bus direct pour Yingjiang part tous les jours à 9h30. Enfin, des bus se rendent fréquemment à Mangshi, entre 8h et 15h, depuis l'allée située juste à l'est de la gare routière longue distance. Le trajet de deux heures coûte 15 yuan. De l'autre côté de la gare routière longue distance, des minibus et des vans desservent des destinations plus locales. Il faut environ une heure pour Wanding (15 yuan). Parmi d'autres destinations : le poste-frontière de Jiegao (5 yuan) et le village de Nongdao (7 yuan). Les bus pour Zhangfeng partent du haut de Xinjian Lu ; ils mettent un peu plus d'une heure et coûtent 10 yuan.

Comment circuler. On peut facilement visiter Ruili à pied, mais il faut une bicyclette pour les excursions d'une journée les plus intéressantes. La location revient cher, ou du moins la caution est élevée. Le seul loueur de bicyclettes est l'hôtel Mingrui. Il demande 1 yuan de l'heure ou 10 yuan pour la journée ; la caution s'élève à 200 à 300 yuan, plus votre passeport, et il est impossible de discuter. Exigez un reçu, bien qu'apparemment les cautions n'aient jamais disparu.

Environs de Ruili

La plupart des sites des environs de Ruili sont accessibles à bicyclette. Il ne faut pas hésiter à emprunter les chemins de traverse qui partent des routes et mènent aux petits villages des minorités, très pittoresques, où les habitants sont chaleureux.

Temple des Canards d'or de Nongan

(*nóngān jīnyā tǎ*). A quelques kilomètres au sud-ouest de la ville, ce temple est doté d'un beau stupa dans une cour.

Poste-frontière de Jiegao.

En continuant tout droit après le temple des Canards d'or, puis en traversant le pont du Myanmar qui franchit la rivière Ruili, on arrive à Jiegao, petite bande de terre avançant dans le Myanmar : il y circule un important trafic local. C'est là aussi que l'on peut passer la frontière, soit pour continuer ensuite au Myanmar, soit pour visiter dans la journée le village de Muse. Pour plus de renseignements, reportez-vous ci-dessus à la rubrique *Traverser la frontière birmane*. Si vous ne comptez pas franchir la frontière, il n'y a pas grand-chose à voir. On peut cependant, du côté chinois, constater combien tout semble tranquille de part et d'autre de la barrière et se laisser aller à la fascination qu'exerce toujours sur les voyageurs la proximité de frontières interdites. Jiegao est à 7 km environ de la gare routière longue distance de Ruili ; des minivans vous y conduiront pour 5 yuan.

Temples.

Juste après le temple des Canards d'or vient un carrefour. La route de droite mène aux villages de Jiexiang et Nongdao ; en chemin, on rencontre plusieurs petits temples, ainsi que des petits villages et des stupas qui méritent la visite. La plupart des temples ne sont pas exceptionnels et la vie des villages voisins semble plus fascinante. Il y a souvent de petits marchés près des temples.

Le premier temple important est le **Hansha** (*hánshāzhuāng sì*), bel édifice en bois habité par quelques moines. Il est un peu éloigné de la route, mais facile à trouver. Un peu plus loin, à 15 minutes environ, cherchez un stupa blanc à droite sur la colline. C'est le **Leizhuangxiang** (*léizhuāngxiāng*), plus vieux stupa de Ruili, qui remonte à la dynastie Tang. Le terrain abrite un couvent et, de là, on jouit d'une superbe vue sur la région de Ruili. Lorsque vous voyez le stupa, prenez le premier chemin à droite à travers champs. Des pancartes en chinois et en dai indiquent la direction ; on traverse deux ou trois villages dai. La dernière partie du chemin est assez raide.

Quelques kilomètres après Jiexiang, le **temple Denghannong** (*dēnghánnóngzhuāng sì*), édifice dai en bois aux abords agréables, est hélas couvert d'un toit en tôle ondulée très laid, comme les autres temples de la région.

Nongdao

(*nóngdào*). A 29 km environ au sud-ouest de Ruili, cette petite ville mérite que l'on y passe une nuit. Les habitants (essentiellement des Birmans et des Dai) ne voient pas souvent des visiteurs et sont très amicaux. On ne peut pas rater l'unique hôtel, qui propose des doubles bon marché. On doit pouvoir s'y rendre à bicyclette en visitant les temples en route ou prendre un minibus depuis Ruili (relativement fréquents).

Pagode d'Or de Jiele

(*jiělè jīntǎ*). A quelques kilomètres à l'est de Ruili, sur la route de Wanding, cette belle construction est vieille de 200 ans.

Wanding

(*wǎndīng*)
De nombreux voyageurs ne vont pas à Wanding ou s'y rendent seulement pour la

journée. Sans être aussi intéressant que Ruili, c'est un endroit agréable et paisible où passer un jour ou deux ; on peut s'y loger pour moins cher. La ville est installée juste sur la frontière avec le Myanmar et la pension Wanding, ainsi que l'hôtel Yufeng, donnent sur les montagnes, une petite ville et des stupas situés en territoire birman.

Renseignements. L'office du tourisme de Wanding vous renseignera sur la région et l'organisation de promenades en bateau et autres excursions. Une succursale de la Bank of China est installée dans la rue principale venant de Ruili. La poste, où l'on peut obtenir des communications internationales, se dresse à côté de la librairie Xinhua, dans la même rue. Les employés des affaires étrangères du BSP, juste en face du poste-frontière chinois, semblent assez accommodants, même s'ils ne vous aideront pas à passer la frontière.

A voir et à faire. Le nouveau **marché coopératif de la frontière** est une vaste construction de plusieurs étages avec atrium, spots lumineux et des centaines de stands pour commerçants frontaliers potentiels. Au moment de la rédaction de ce guide, il n'y avait que quelques douzaines d'occupants et les allées vides attendaient un vaste élan commercial apparemment encore lointain. Il peut être intéressant d'aller voir si les choses ont évolué. Le territoire birman, à 2 minutes de marche de l'hôtel Yufeng, est signalé par un poste de douane délabré. Apparemment, un couple de Belges a réussi à passer une journée au Myanmar, il y a quelques années, en payant 20 \$US que se sont partagés ceux qui ont fermé les yeux à leur passage sur le pont. Toutefois, les gardes n'ont pas accepté de réitérer l'opération lorsque nous étions sur place. Renseignez-vous sur les possibilités éventuelles à l'office du tourisme de Wanding.

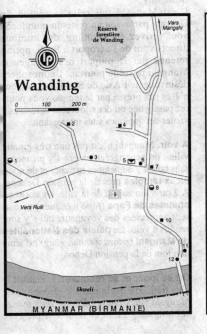

WANDING 畹町	
1	Nouvelle gare routière 新客运中心
2	Pension Wanding 畹町宾馆
3	Wanding Travel Bureau 畹町旅游局
4	Business Hotel 商业饭店
5	Poste 邮局
6	Librairie Xinhua 新华书局
7	Hôtel Yufeng 裕丰大楼
8	Minivans pour Ruili et Mangshi 芒市,瑞丽 小型汽车站
9	Marché coopératif de la frontière 中缅友谊市场
10	Hôtel Zhongyin 中银宾馆
11	BSP 公安局
12	Poste-frontière avec le Myanmar 缅甸边界

Il est intéressant de monter au nord de la ville à la **réserve forestière de Wanding** (*wǎndīng sēnlín gōngyuán*). L'entrée coûte 2 yuan et l'on peut y faire de belles promenades. Évitez le zoo, absolument pitoyable.

L'office du tourisme de Wanding organise des croisières sur la rivière incluant un barbecue à midi dans un village de minorités. Les prix dépendent du nombre de participants, mais cela doit revenir à 40 ou 50 yuan par personne.

On peut aussi se faire emmener en bateau par des habitants en prenant un minibus vers Mangshi et en descendant au pont qui rejoint la route principale Ruili-Mangshi. Au retour, des voyageurs ont pris des bateaux au second pont, vers Ruili, puis sont rentrés en stop à Ruili ou Wanding. Il faut marchander âprement pour ces promenades en bateau, mais le retour en stop peut se faire en échange de cigarettes étrangères ou de quelques billets de 10 yuan agités en l'air.

Où se loger et se restaurer. L'endroit le moins cher est l'hôtel *Yufeng* (*yùfēng dàlóu*), propre et accueillant, qui propose des lits en dortoir à 15 yuan et des doubles rudimentaires à 40 yuan. La pension *Wanding* (*wǎndīng bīnguǎn*) est un bâtiment plein de coins et de recoins, sur la montagne, offrant une belle vue sur le Myanmar. Les chambres doubles confortables avec s.d.b. et TV par satellite coûtent 80 yuan. Il existe aussi des triples pour 70 yuan. Notez à l'entrée la statue d'albâtre représentant une jeune fille à l'air espiègle qui tient entre les mains un objet ressemblant à un OVNI miniature.

Niché au bout d'une étroite ruelle donnant sur la route de Mangshi, le *Business Hotel* (*shāngyè fàndiàn*), assez nonchalant malgré son nom, propose des doubles rudimentaires à 40 yuan. Autant opter pour les doubles à 60 yuan avec s.d.b., TV et ventilateur. Des triples semblables sont disponibles à 80 yuan. En haut de la rue depuis la frontière, l'hôtel *Zhongyin* (*zhōngyín bīnguǎn*), le plus luxueux de Wanding, dispose de doubles à partir de 80 yuan.

C'est dans le quartier de l'hôtel Yufeng que l'on trouve les meilleurs restaurants bon marché. Ils se ressemblent tous et l'on choisit soi-même ce que l'on veut en cuisine. Le matin, essayez les éventaires de raviolis en face de l'embranchement vers la pension Wanding.

Comment s'y rendre. Les minibus pour Ruili coûtent 15 yuan, pour Mangshi 30 yuan. Ils partent toute la journée, dès qu'ils sont pleins. Vous ne devriez pas attendre plus d'un quart d'heure pour Ruili. Les bus pour Mangshi sont moins fréquents. Lorsque vous aurez cet ouvrage entre les mains, la nouvelle gare routière longue distance devrait avoir ouvert et desservir quotidiennement Baoshan, Xiaguan et Kunming. Ce gigantesque édifice semble disproportionné en comparaison des modestes besoins de Wanding en matière de transports.

Mangshi (Luxi)

(*mángshì*)

C'est Mangshi qui relie la région de Dehong par avion au reste du monde. Si vous arrivez de Kunming, des minibus directs vont de l'aéroport à Ruili, option retenue par la plupart des voyageurs. Mangshi possède pourtant l'atmosphère désinvolte de l'Asie du Sud-Est et, si vous n'êtes pas pressé par le temps, vous pourrez passer une ou deux journées agréables à visiter ses quelques sites intéressants.

A voir. Mangshi n'est pas une très grande ville ; on peut agréablement s'y promener sans but. Il y a quelques marchés et de nombreux **temples** près de la pension Dehong. A 7 ou 8 km au sud de la ville, les **sources chaudes de Fapa** (*fǎpà wēnquán*) paraissent appréciées des voyageurs qui s'y sont rendus à vélo. Le **palais des Nationalités de Mangshi** (*mínzú wénhuà gōng*) est situé non loin de la pension Dehong.

Où se loger et se restaurer. L'endroit le plus fréquenté est la paisible *Dehong State Mangshi Guesthouse* (*déhóng zhōu mángshì bīnguǎn*). Le lit en double/triple avec

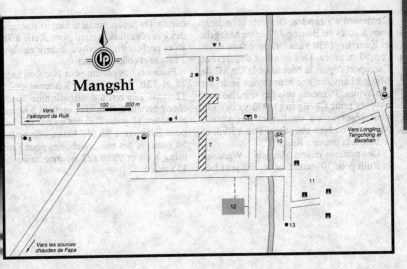

MANGSHI 芒市

1 Restaurants dai
傣味餐厅
2 Hôtel Pengcheng
鹏呈酒家
3 Bank of China
中国银行
4 Hôtel Nanjiang
南疆饭店

5 CAAC
中国民航
6 Gare routière Sud
汽车南站
7 Marché
市场
8 Poste
邮局
9 Gare routière (bus
longue distance)
客运中心

10 Location de bicyclettes
自行车出租
11 Temples
寺庙
12 Palais des Nationalités
de Mangshi
民族文化宫
13 Dehong State
Mangshi Guesthouse
德宏宾馆

s.d.b., TV et ventilateur coûte 30/20 yuan
– un excellent rapport qualité/prix. Les
doubles plus élaborées varient de 120 yuan
à 180 yuan.

Dans la rue principale, l'hôtel *Nanjiang*
(*nánjiāng fàndiàn*) propose des lits en dortoir de 6 à 10 yuan et des doubles/triples
ordinaires à 80/90 yuan. Il n'a rien d'extraordinaire, mais est bien situé si vous devez
prendre un bus tôt le matin ou réserver
des billets d'avion. Au nord du marché de
rue, l'hôtel *Pengcheng* (*péngchéng jiǔjiā*)
dispose de lits en quadruple/triple à
10/15 yuan et de doubles à 20 yuan. Les

chambres sont propres mais très sommaires ; aucune n'est pourvue de salle de
bains.

Dans le quartier du marché alimentaire,
au sud de l'hôtel Pengcheng, vous trouverez de bons plats de nouilles. Il existe de
nombreux restaurants où l'on se sert soi-
même dans toute la ville. Au nord de
l'hôtel Pengcheng, une série de jolis restaurants sur pilotis et aux toits de chaume servent de la cuisine dai. Ils méritent résolument une visite, autant pour la nourriture
que pour l'ambiance et la vue sur les
champs et les contreforts au-delà.

Comment s'y rendre. Des vols quotidiens sont assurés en Boeing 737 entre Mangshi et Kunming (530 yuan). Le vol dure environ 50 minutes. Des minibus desservent l'aéroport depuis le bureau de la CAAC de Mangshi environ une heure avant le départ des avions. Plusieurs vols par semaine sont assurés pour Chengdu (1 000 yuan). On peut réserver ou confirmer des vols à Mangshi, ou bien attendre d'être à Ruili et le faire à la pension Ruili.

Des minibus relient Mangshi à Wanding et Ruili pour 30 yuan. Les départs sont fréquents. De la gare routière longue distance des bus réguliers partent pour Ruili à 7h, 8h et parfois 9h. Le voyage dure environ 2 heures et coûte 15 yuan.

Plusieurs bus partent pour Baoshan entre 7h et 12h. Le trajet de 5 heures coûte 12 yuan. Les bus à destination de Tengchong partent à 7h et 10h, mettent 5 heures et coûtent 13 yuan. Il existe un bus par jour pour Xiaguan à 8h (12 heures de route, 50 yuan) et des bus-couchettes pour Kunming à 8h et 9h30 (22 heures de route, 155 yuan).

Sichuan 四川

Le Sichuan (*sìchuān*), l'une des plus grandes provinces de Chine, est aussi la plus peuplée. Sa partie orientale, la grande plaine de Chuanxi, compte la plus forte densité de population rurale au monde, tandis que dans les régions de l'ouest, montagneuses et peu peuplées, vivent surtout des Tibétains. A peu près de la taille de la France, le Sichuan est riche en ressources naturelles. Des montagnes sauvages et des rivières au courant rapide ont maintenu cette province dans un relatif isolement jusqu'à une époque récente. Ce qui a favorisé l'établissement de royaumes dissidents. C'est là que le Guomindang assiégé a passé ses derniers jours sur le continent avant de se replier à Taiwan. Chengdu en est la capitale, mais la plus grande ville reste Chongqing, également point de départ des ferries qui descendent le Chang Jiang (Yangzi).

Les Chinois appellent souvent le Sichuan *tiānfǔ zhī guó*, le "Royaume céleste", à cause de ses ressources, de sa prospérité et de son riche héritage culturel. La province, à l'avant-garde des réformes économiques appliquées en Chine au cours des dix-huit dernières années, continue aujourd'hui à s'enrichir. Zhao Ziyang, qui s'était hissé du poste de premier secrétaire du Parti du Sichuan à celui de secrétaire général du Parti communiste avant de tomber en disgrâce après le massacre de Tian'anmen, s'était illustré en instaurant dans sa province des réformes agraires hardies. En 1984, ces réformes furent étendues à l'ensemble de la Chine et leur principe appliqué depuis au secteur industriel.

Chengdu est sans aucun doute la ville la plus prospère et la plus libérale du Sud-Ouest. Des marchés dynamiques s'installent partout, les grands magasins regorgent de biens de consommation et les citadins habillés à la mode de Hong Kong circulent sur des motos et des vélos tout-terrain. Pendant ce temps-là, à des années-lumière de ce renouveau urbain et des réformes éco-

Population : 110 millions d'habitants
Capitale : Chengdu
A ne pas manquer :

- Chengdu, cité moderne ayant conservé des ruelles pittoresques et comptant d'excellents restaurants
- Jiuzhaigou, parc national aux extraordinaires paysages alpins protégés
- L'ouest du Sichuan, avec ses sommets enneigés, ses steppes, ses glaciers et une forte influence tibétaine
- Le Grand Bouddha à Leshan, le plus imposant du monde
- Emeishan, l'une des quatre célèbres montagnes sacrées du bouddhisme, ses monastères et ses possibilités de randonnée
- Une croisière sur le Chang Jiang et la visite des Trois Gorges (qui seront ennoyées, à terme, par un gigantesque barrage, actuellement en projet)

nomiques, les lointaines montagnes du Sichuan, à la limite du Gansu et du Shaanxi, restent le domaine des pandas géants. Sur les 1 174 espèces d'oiseaux, 420 espèces de mammifères et 500 espèces de reptiles et batraciens qui peuplent la Chine, c'est le panda que les Occidentaux associent le plus souvent à l'image de ce pays.

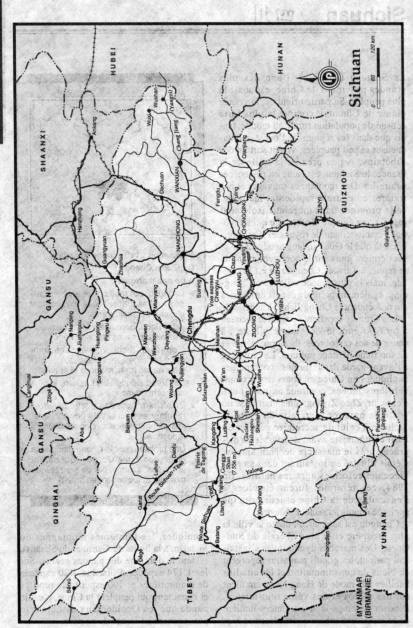

CHENGDU
chéngdū

Capitale et centre administratif, universitaire et culturel du Sichuan, Chengdu est une cité industrielle importante. Les voyageurs visitant le nord et l'ouest du Sichuan y passent souvent au moins une fois ou deux. La ville ressemble à un vaste chantier de construction mais mérite qu'on s'y intéresse de plus près.

Il est tentant de comparer Chengdu à Pékin – la ville a été planifiée de la même manière –, mais Chengdu est bien différente, avec beaucoup plus de verdure, des maisons de bois construites en encorbellement au-dessus des rues dans les vieux quartiers et une vitalité unique. Les artisans représentent l'un des aspects les plus merveilleux de la ville : petits vanniers, cordonniers, dentistes ambulants, tailleurs, marchands de vaisselle et boutiquiers itinérants parcourent les rues et contribuent à cette vie trépidante.

Les voyageurs arrivant du Yunnan ou du Tibet sont souvent stupéfaits devant les vitrines des magasins regorgeant de biens de consommation. Malheureusement, si les urbanistes continuent sur leur lancée, ils auront remplacé quasiment tous les vieux édifices de bois par des gratte-ciel et des immeubles commerciaux d'ici l'an 2000.

Pour l'heure, il reste encore des kilomètres de rues animées à explorer, en quittant les grands boulevards. Marchés aux puces, marchés noirs, marchés de colporteurs, quartiers commerciaux, centres commerciaux souterrains, marchés couverts, innombrables petits restaurants, vous rencontrerez cette vie intense dans chaque nouvelle ruelle. Sans parler des vieux messieurs promenant leurs oiseaux chanteurs ou penchés sur un jeu de go. Ce cocktail fait de Chengdu l'une des villes les plus fascinantes de Chine.

Histoire

L'histoire de Chengdu, vieille de 2 500 ans, est étroitement associée au commerce des arts et de l'artisanat. Sous les Han orientaux (25-220), la ville était souvent appelée Jinguancheng ("ville du magistrat des brocarts") en raison de sa florissante industrie du brocart de soie. Comme les autres grandes villes de Chine, Chengdu a connu des heures sombres. Elle fut d'abord dévastée par les Mongols en représailles à la vigoureuse résistance des Sichuanais. De 1644 à 1647, le rebelle Zhang Xiangzhong, qui avait établi un État indépendant au Sichuan, régnait par la terreur. Trois siècles plus tard, la ville fut l'un des derniers bastions du Guomindang. Ironiquement, Chengdu signifie "la métropole parfaite". Aujourd'hui, près de 3 millions de personnes habitent la ville même, trois fois plus dans l'ensemble de l'agglomération.

La cité était à l'origine entourée de murs et de douves, avec des portes aux quatre points cardinaux et le palais du vice-roi (XIVe siècle) au centre. Ce palais abritait les quartiers impériaux. Les derniers vestiges des remparts furent détruits dans les années 60 et le palais du vice-roi réduit en poussière au plus fort de la Révolution culturelle. Le Palais des expositions du Sichuan, de style soviétique, fut construit sur son emplacement. A l'extérieur, une grande statue de Mao tend le bras vers Renmin Lu ; le regard du Grand Timonier se posait également sur des portraits gigantesques de Marx, Engels, Lénine et Staline, mais les effigies de ces ancêtres du communisme ont été remplacées par des publicités non moins immenses pour du cognac ou des montres importées.

Orientation

Les boulevards de Chengdu rappellent ceux de Pékin par leur échelle à ceci près qu'ils sont bordés de verdure. Comme à Pékin, il y a des boulevards périphériques, mais deux seulement et non quatre (*yīhuánlù* et *èrhuánlù*). Ils se divisent en segments numérotés (*duàn*). Le principal boulevard du centre est Renmin Lu, appelé *běi* au nord, *zhōng* au centre et *nán* au sud. Le cœur de la ville est la place qui coupe Renmin Lu, avec ses immeubles administratifs, le Palais des expositions du

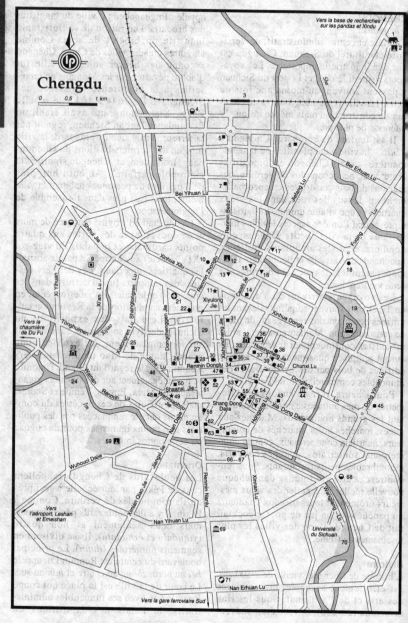

Chengdu

0   0,5   1 km

Vers la base de recherches
sur les pandas et Xindu

Vers la
chaumière
de Du Fu

Vers
l'aéroport, Leshan
et Emeishan

Université
du Sichuan

Vers la gare ferroviaire Sud

CHENGDU 成都

OÙ SE LOGER

5 Chengdu Grand Hotel
成都大酒店
6 Hôtel Jingrong
京蓉宾馆
7 Tibet Hotel
西藏饭店
14 Hôtel Jindi
金地饭店
25 Hôtel Jinhe
金河宾馆
31 Hôtel Zhufeng
珠峰宾馆
37 Hôtel Sichuan
四川宾馆
43 Hôtel Xingchuan
兴川饭店
45 Hôtel Chengdu
成都饭店
48 Hôtel Yuanding
园丁饭店
50 Hôtel Rongcheng
蓉成饭店
61 Hôtel Jinjiang
锦江宾馆
62 Hôtel Minshan
岷山饭店
64 Hôtel Binjiang
滨江饭店
65 Black Coffee Hotel
黑咖啡饭店
66 Traffic Hotel
交通饭店

OÙ SE RESTAURER

13 Restaurant Zhang
Liangfen
张凉粉
15 Longyan Baozi
Dumpling Restaurant
龙眼包子
16 Guo Soup Balls
Restaurant
郭汤元
17 Chen Mapo
Doufu Restaurant
陈麻婆豆腐
33 Dan Dan Noodle
Restaurant
担担面

39 Restaurant Shimeixuan
市美轩餐厅
53 Restaurant Chengdu
成都餐厅
54 Long Chao Shou
Special Restaurant
龙抄手餐厅
56 Restaurant Yaohua
耀华餐厅
57 Restaurant Banna
版纳酒家

DIVERS

1 Zoo
动物圆
2 Temple Zhaojue
照觉寺
3 Gare ferroviaire Nord
火车北站
4 Gare routière Nord
城北汽车客运中心
8 Gare routière de Ximen
西门汽车站
9 Tombeau
de Wang Jian
王建墓
10 Magasin des surplus
de l'armée
军衣店
11 BSP
公安局
12 Monastère Wenshu
文殊院
18 Bureau de réservation
de billets de train
火车站售票处
19 Parc d'attractions
市游乐园
20 Piscine Mengzhuiwan
猛追湾游泳池
21 Hôpital n°3
三医院
22 Magasin de cassettes
et CD
音像书店
23 Palais Qingyang
(parc Wenhua)
青羊宫 (文化公园)
24 Parc Baihuatan
百华潭公园
26 Centre d'exposition des
Beaux-Arts du Sichuan
四川美术展览馆

27 Palais des expositions
du Sichuan
省展览馆
28 Statue de Mao
毛主席像
29 Stade municipal
市体育场
30 Centre des
télécommunications
电话电报大楼
32 Palais de la Culture
文化宫
34 Bureau de la PICC
35 Marché Hongqi
红旗商场
36 Poste principale
市电信局
38 Théâtre Jinjiang
锦江剧场
40 Librairie en langues
étrangères du Sichuan
省外文书店
41 Bank of China
银行大厦
42 Quartier commerçant
de Chunxi
春熙路商业区
44 Musée municipal
市博物馆
46 Parc Renmin
人民公园
47 Marché du Peuple
人民商场
49 BSP
省公安局外事科
51 Grand magasin
Chengdu
成都百货大楼
52 Bureau de
réservation de billets
de train
火车站售票处
55 Friendship Store
友谊商店
58 China Southwest
Airlines et pubs
中国西南航空公司
59 Temple Wuhou
(parc Nanxiao)
武侯祠/南郊公园
60 Bank of China
中国银行
63 CAAC
中国民航售票处

67	Gare routière de Xinnanmen 新南门汽车站
68	Gare routière de Jiuyanqiao 九眼桥汽车站
69	Musée du Sichuan 省博物馆
70	Parc du pavillon de la Vue sur la rivière 望江楼公园
71	Consulat des États-Unis 美国领事馆

Sichuan, un stade et, dans sa partie sud, la colossale statue de Mao.

Le quartier où Renmin Nanlu franchit la Jin, près des hôtels Jinjiang et Traffic, est devenu le ghetto touristique de Chengdu. C'est là que vous trouverez la plupart des restaurants, les boutiques d'artisanat destinées aux étrangers et même quelques bars.

A Chengdu, les rues ne sont pas systématiquement numérotées ou nommées. Il n'est pas inhabituel, en suivant les numéros d'une rue dans une direction, de rencontrer d'autres numéros venant de l'autre sens. Les noms des rues semblent aussi changer tous les 100 m. Il faut garder cela en mémoire lorsqu'on cherche un lieu précis et se fier aux points de repère proches et aux indications relatives des plans.

Renseignements

CITS. Les employés du bureau principal (☎ 667-3689), dans Renmin Nanlu, en face de l'hôtel Jinjiang, ne peuvent réserver de billets de trains et répètent à l'envi la phrase : "Le Tibet est fermé." Ils pourront néanmoins réserver des billets pour Hong Kong sur Dragonair. Adressez-vous plutôt au Traffic Hotel et aux petites agences qui l'entourent.

BSP. Le bureau principal de la police se trouve dans la partie de Xinhua Donglu appelée Wenwu Lu, à l'est de l'intersection avec Renmin Zhonglu. Pour obtenir des permis de visite dans les régions "fermées" du Sichuan, des prorogations de visa ou même pour signaler un vol, adressez-vous

plutôt à la section des Affaires étrangères (☎ 630-1454), dans un immeuble en brique marron d'un étage, 40 Wenmiaohou Jie (qui part de Nan Dajie, à l'ouest de l'hôtel Jinjiang). Certains fonctionnaires parlent un anglais excellent. Ce bureau est ouvert du lundi au vendredi de 8h à 11h et de 14h30 à 17h, et le samedi de 8h30 à 11h.

Argent. De nombreux hôtels, dont le Traffic et le Jinjiang, possèdent des bureaux de change. Il existe aussi une nouvelle agence de la Bank of China dans Renmin Nanlu, en face de l'hôtel Jinjiang. L'agence principale est un immense bâtiment jaune en haut de Renmin Donglu. Là, vous pourrez retirer de l'argent avec une carte de crédit ou effectuer toute autre opération de ce genre.

Poste et télécommunications. Le bureau de poste principal occupe ce qui ressemble à une église transformée, au coin de Huaxingzheng Jie et de Shuwa Beijie, près du palais de la Culture, dans le centre-ville. Le courrier en poste restante est à retirer au guichet international, à l'extrémité nord du bâtiment. La poste restante du Traffic Hotel s'avère plus pratique : courrier et paquets sont conservés à la consigne pendant 15 jours. Les lettres doivent être adressées à Traffic Hotel, 77 Linjiang Road, Xinnanmen, Chengdu 610041.

Le meilleur endroit de la ville pour appeler en PCV ou pour passer des appels directs à l'étranger est le centre des télécommunications situé à l'est du Palais des expositions du Sichuan.

Librairie. La librairie en langues étrangères (Sichuan Foreign Language Bookstore) recèle une littérature touristique et des ouvrages d'ordre général d'intérêt limité. Le premier étage est consacré à la musique et à la vidéo. Le magasin se trouve juste en bas de la rue au sud de l'hôtel Sichuan, dans Dongfeng Donglu.

Cartes. On peut se procurer des plans du réseau d'autobus dans les gares, au Traffic Hotel et dans les libraires Xinhua.

Il existe trois cartes en chinois très détaillées de la province du Sichuan, Chengdu ou ses alentours et, sur l'une d'entre elles, figurent de nombreux noms de rues et de lieux en anglais.

Désagréments et dangers. Des étrangers ont signalé avoir été la cible de voleurs à la tire. Des incidents se sont en particulier produits sur le chemin qui borde la rivière entre les hôtels Jinjiang et Traffic (où un étranger a été poignardé). Soyez prudent la nuit et évitez de vous promener seul.

Pour éviter de vous faire flouer par les chauffeurs de taxi, les conducteurs de cyclo-pousse et les restaurateurs, fixez toujours un prix à l'avance. Les pickpockets ne manquent pas près des stations de bus, des gares et des bureaux de poste. Méfiez-vous des bandes qui ouvrent les sacs à la lame de rasoir dans les bus. Notez les numéros de vos billets de train. En cas de vol, ils vous seront remplacés si vous pouvez fournir les références.

En cas d'ennuis graves, téléphonez à la section des Affaires étrangères du BSP.

Monastère Wenshu
(*wénshū yuàn*)

Le monastère Wenshu, qui date de la dynastie Tang, est le lieu de culte bouddhiste le plus vaste et le mieux conservé de Chengdu. Il s'appelait à l'origine Xinxiang, mais a été rebaptisé du nom d'un moine qui y vécut à la fin du XVIIe siècle. Sa présence aurait apporté l'illumination au monastère. Beaucoup de ses bâtiments sont couverts de magnifiques bas-reliefs gravés.

La chose la plus remarquable dans ce monastère reste sans doute la foule de fidèles qui le fréquentent. C'est un lieu de culte très actif, qui mérite vraiment le détour. La ruelle qui part de Renmin Zhonglu, dans laquelle est situé le monastère, est une curiosité en soi avec ses marchands d'encens, ses pédicures, ses diseurs de bonne aventure aveugles qui tirent les baguettes de bambou et ses vendeurs de fleurs et de pétards. L'enceinte du monastère abrite une maison de thé

et un restaurant végétarien. Le monastère est ouvert tous les jours de 6h à 21h et l'entrée coûte 1 yuan.

Tombeau de Wang Jian
(*wángjiàn mù*)

Situé au nord-ouest de la ville, le tombeau de Wang Jian a été confondu jusqu'en 1942 avec le pavillon de musique de Zhuge Liang (voir le temple Wuhou, dans la rubrique suivante). Le tombeau, dans le bâtiment central, est entouré d'un groupe de statues de 24 musiciens, qui jouent tous d'un instrument différent, considéré comme le meilleur exemple existant de ce que pouvait être un orchestre de la dynastie Tang.

Wang Jian (847-918), général Tang, avait fondé le royaume de Shu après la chute des Tang, en 907. Des reliques provenant du tombeau, dont une ceinture de jade, des livres de deuil et des sceaux impériaux, sont exposés. Le tombeau est ouvert tous les jours de 8h30 à 17h30.

Parcs des temples

Chengdu possède quelques parcs contenant des temples intéressants ; tous sont accessibles à bicyclette depuis les hôtels Jinjiang et Traffic, et ouverts tous les jours.

A l'ouest de la statue de Mao, sur la partie ouest du boulevard périphérique, se trouve le **parc Wenhua** (*wénhuà gōngyuán*), qui abrite le **palais Qingyang** (*qīngyáng gōng*). C'est le plus ancien et le plus grand temple taoïste de la région de Chengdu. Selon la légende, Laozi (Laotseu), fondateur présumé du taoïsme et auteur vraisemblable du *Dao de jing* (*Le Livre de la Voie et de la Vertu*), avait demandé à un ami de le retrouver à cet endroit. Quand l'ami arriva, il ne vit qu'un garçon conduisant deux chèvres en laisse… lorsqu'il comprit soudain que ce garçon n'était autre que Laozi. On peut voir des statues en bronze des deux chèvres à l'arrière du temple. Si l'une d'entre elles, avec sa corne unique, ressemble bien peu à une chèvre, c'est qu'elle est une combinaison de tous les animaux du zodiaque chinois : elle a les oreilles d'une souris, le museau d'une vache, la bouche d'un cheval, le dos d'un lapin, la queue d'un serpent, le cou d'un singe et l'arrière-train d'un cochon ; l'unique corne a été empruntée à un dragon. Le parc est ouvert de 6h à 20h et l'entrée coûte 2 yuan.

On peut combiner la visite du palais Qingyang avec celle de la **chaumière de Du Fu** (*dùfǔ cǎotáng*), jadis habitée par le célèbre poète de la dynastie Tang. Du Fu (712-770) était un peu vagabond : né au Henan, il avait quitté sa province d'origine à l'âge de 20 ans pour visiter la Chine. Il obtint un poste officiel à Chang'an (l'ancienne capitale, sur le site de la Xi'an d'aujourd'hui) où il résida dix ans. Il fut ensuite capturé par des rebelles après un soulèvement, puis s'enfuit à Chengdu où il demeura quatre ans. Il construisit une humble chaumière où il composa plus de deux cents poèmes inspirés de la vie quotidienne de son entourage.

Le parc actuel, 20 hectares de bambous feuillus et de végétation luxuriante, est censé reconstituer, en plus grand bien sûr, le lieu de retraite poétique qu'avait choisi Du Fu. C'est aussi le siège de la Société d'étude de l'œuvre poétique de Du Fu, et plusieurs halls d'exposition abritent des exemples du travail du poète. A côté de la statue de Du Fu se dressent celles de deux poètes mineurs : Li You et Huang Tingjian. Aussitôt après sa mort en exil (au Hunan), Du Fu devint l'objet d'un culte et ses poèmes furent une source d'inspiration importante pour de nombreux artistes chinois.

La chaumière est ouverte de 7h à 23h. L'entrée coûte 15 yuan pour les étrangers, ce qui inclut les 3 yuan demandés pour entrer dans la zone de la chaumière à proprement parler.

A l'ouest de l'hôtel Jinjiang et à côté du parc Nanjiao, se trouve le **temple Wuhou** (*wǔhóu cí*). Wuhou peut se traduire par "ministre de la Guerre", titre attribué à Zhuge Liang (181-234), célèbre stratège militaire de la période des Trois Royaumes (220-280), immortalisé dans l'un des classiques de la littérature chinoise : *Le Roman des Trois Royaumes*. Étonnamment, Zhuge Liang n'est pas pour les Chinois la principale attraction du temple. Le sanctuaire situé à l'avant commémore Liu Bei (161-223), fondateur de l'un des Trois Royaumes et empereur de Zhuge Liang. Le temple Hanzhaolie, consacré à Liu, a été transporté à cet endroit et reconstruit sous la dynastie Ming, mais le nom de temple Wuhou est resté. Liu est un nom chinois très populaire et de nombreux Chinois d'outre-mer tiennent à visiter ce temple lorsqu'ils sont à Chengdu dans l'idée que l'empereur serait un de leurs lointains ancêtres. La seule ombre au tableau ici reste le prix de l'entrée : 0,5 yuan seulement pour les Chinois, mais 15 yuan pour les étrangers !

Au sud-est de la ville, près de l'université du Sichuan, se trouve le **parc du pavillon de la Vue sur la rivière** (*wàngjiāng lóu*). Le pavillon même est un édifice en bois de quatre étages d'époque Qing, qui domine la rivière Jin. Le parc est connu pour ses forêts touffues de bambous : plus de 150 variétés de bambous originaires de Chine, du Japon et d'Asie du Sud-Est y sont représentées. Ce pavillon a été construit en mémoire de Xue Tao, poétesse de la dynastie Tang qui adorait les bambous. On peut voir un puits à proximité, d'où elle aurait tiré l'eau nécessaire à la teinture de son papier. Le parc est ouvert de 6h à 21h et l'entrée coûte 1 yuan.

Parc Renmin
(*rénmín gōngyuán*)
Au sud-ouest du centre-ville, c'est l'un des parcs de Chine qui mérite vraiment une visite, avec une maison de thé excellente (voir la rubrique *Où se restaurer*). Le parc abrite aussi une rocaille parsemée de bonsaïs, un terrain de jeux pour enfants, plusieurs bassins et le monument aux martyrs du Mouvement de protection du chemin de fer (1911).

Le parc Renmin ouvre de 6h30 à 2h du matin, pour permettre aux clients l'accès à la discothèque située dans l'enceinte du parc. L'admission coûte 0,5 yuan.

Musée de la province du Sichuan
(sìchuānshěng bówùguǎn)

Le musée du Sichuan est le plus grand musée provincial du sud-ouest de la Chine, avec plus de 150 000 objets exposés. Des briques vernissées composant des bas-reliefs, découverts dans des sépultures, décrivent la vie quotidienne du passé, de l'agriculture à la danse.

Le musée est ouvert tous les jours de 9h à 17h. Il se trouve en bas de Renmin Nanlu, en direction de la gare ferroviaire sud, mais reste accessible à vélo de l'hôtel Jinjiang.

Musée de l'université du Sichuan
(sìdà bówùguǎn)

Fondé en 1914 par l'érudit américain D.S. Dye, ce musée a fermé et changé de nom plusieurs fois avant de rouvrir sous son appellation actuelle en 1984. Plus de 40 000 objets sont exposés alternativement dans les quatre salles d'exposition. La collection est particulièrement fournie dans les domaines de l'ethnologie, du folklore et des arts traditionnels. La salle d'ethnologie présente des objets des cultures yi, qiang, miao, jingpo, naxi et tibétaine. La salle des peintures et calligraphies chinoises expose des œuvres datant des époques Tang, Song, Yuan, Ming et Qing. Certaines explications sont en anglais.

Le musée est ouvert du lundi au vendredi, de 8h30 à 11h30 et de 14h40 à 17h. On peut se rendre à pied à l'université depuis la gare routière de Jiuyangiao, près du pont aux Neuf Arches : traversez le pont et prenez Wangjiang Lu vers le sud pendant 10 minutes, jusqu'à la grille de l'université. Entrez et allez tout droit jusqu'à une intersection en T. Le musée est le premier bâtiment sur la droite.

Zoo
(dòngwùyuán)

Le zoo se trouve à 6 km environ du centre de Chengdu et ouvre tous les jours de 7h30 à 20h. L'entrée coûte 2,5 yuan. Le meilleur moyen de s'y rendre est la bicyclette (environ une demi-heure depuis

le Traffic Hotel). Des minibus directs pour le zoo partent également de la gare ferroviaire Nord.

Temple Zhaojue
(zhàojué sì)

Proche du zoo, le temple Zhaojue est un bâtiment de la dynastie Tang remontant au VIIe siècle. Il a été largement reconstruit sous la direction de Po Shan, célèbre moine bouddhiste du début de l'époque Qing. Des pièces d'eau et des bosquets ont été ajoutés à cette époque. L'édifice a servi de modèle à de nombreux temples bouddhiques au Japon et en Asie du Sud-Est. Il a également connu des moments difficiles pendant la Révolution culturelle et a été restauré au cours des dix dernières années. On peut combiner sa visite avec celle du zoo. Un restaurant végétarien sert à déjeuner entre 11h et 14h ; il y a une maison de thé à côté. Le temple est ouvert de 7h à 19h et l'entrée coûte 1 yuan.

Base de recherches et d'élevage du panda géant

A quelque 6 km au nord du zoo, ce centre de recherches et d'élevage pour pandas géants et petits pandas existe depuis 1990 mais n'a ouvert ses portes au public que début 1995. Une douzaine de pandas y résident actuellement. Il existe aussi une section réservée à l'élevage, où cet animal ambassadeur de la Chine pourra bientôt déambuler librement et, espère-t-on, se reproduire. La base occupe actuellement 36 hectares, mais les quartiers d'élevage devraient être agrandis et couvrir plus de 230 hectares d'ici le début du XXIe siècle.

D'après le personnel, le meilleur moment pour visiter la base se situe entre 8h30 et 10h, lorsqu'on nourrit les pandas. L'entrée coûte 30 yuan. La base est ouverte tous les jours de 8h à 18h.

Comment s'y rendre. Le mieux est peut-être d'y aller à bicyclette. Après le zoo, suivez la route vers le nord sur 2,5 km environ en cherchant un panneau en hauteur sur lequel est représenté un panda. Là, tournez à droite dans l'avenue des Pandas (Xiongmao Dadao) et roulez encore trois kilomètres. La base n'étant desservie par aucun bus, on peut soit s'y rendre en taxi, soit aller à bicyclette jusqu'au zoo, puis de là en taxi ou tricycle à moteur, pour lesquels l'aller simple devrait coûter 10 yuan. Les agences de voyages du Traffic Hotel organisent également une visites guidées pour 80 yuan par personne.

Où se loger – petits budgets

Le *Traffic Hotel* (☎ 555-1017) (*jiāotōng fàndiàn*), à côté de la gare routière de Xinnanmen, fut longtemps le repaire favori des voyageurs à petit budget. Les tarifs ont augmenté ces dernières années, mais le rapport qualité/prix reste bon. Il est propre, confortable, calme et proche de bons restaurants.

Un lit en chambre triple, avec douches immaculées et toilettes au bout du couloir, coûte 40 yuan. Le lit en double/triple avec TV et s.d.b. coûte 84/57 yuan. Ces prix incluent un petit déjeuner. Le personnel est aimable et un panneau affiché dans le hall donne des renseignements aux voyageurs. Une consigne à bagages très pratique est aussi à votre disposition : vous pouvez y laisser vos affaires quelques jours, le temps d'aller à Emeishan, à Jiuzhaigou ou ailleurs. Pour s'y rendre depuis la gare ferroviaire Nord, prenez le bus n°16 de l'autre côté du pont, juste au sud de l'hôtel Jinjiang, et longez la rive sud du fleuve vers l'ouest jusqu'à l'hôtel.

Depuis près de dix ans, le *Black Coffee Hotel* (*hēi kāfēi fàndiàn*) offre une expérience hôtelière unique en Chine. Il s'agit d'un ancien abri antiaérien converti en hôtel souterrain, avec une salle de karaoke et un bar. Cet endroit tristounet devait être transformé en hôtel de luxe lors de notre dernier passage.

Si le Traffic Hotel est complet ou si vous souhaitez être plus proche du quartier animé des commerces et des restaurants de Chunxi Lu, essayez l'hôtel *Xingchuan* (☎ 667-1188) (*xīngchuān fàndiàn*), 109 Dong Dajie. Les prestations sont similaires à celles du Traf-

fic Hotel mais, au lieu d'offrir le petit déjeuner, on vous donne un bon de 5 yuan par nuit passée valable dans les restaurants ou les magasins de l'hôtel. La double ou triple avec s.d.b. est à 120 yuan ; un lit en triple sans s.d.b. coûte 40 yuan.

L'un des établissements les moins chers de Chengdu est l'hôtel *Yuanding* (☎ 663-6522) (*yuándīng fàndiàn*), qui se trouve dans une ruelle à l'ouest de Renmin Nanlu. Un lit en chambre quadruple avec toilettes communes coûte 20 yuan. Le lit en double/triple avec s.d.b. vaut 60/50 yuan. Non loin de là, l'hôtel *Rongcheng* (☎ 663-2687) (*róngchéng fàndiàn*) loue des chambres avec s.d.b. pour 80 yuan, des triples pour 90 yuan et des "doubles supérieures" à partir de 150 yuan.

Où se loger – catégorie moyenne

Chengdu n'offre guère de logements à prix moyens. La meilleure solution reste sans doute la Traffic Hotel, déjà mentionné dans les petits budgets. Non loin du Traffic, l'hôtel *Binjiang*, autrefois très fréquenté, a subi des restaurations importantes : les prix ont monté en flèche et l'endroit reste malgré tout assez médiocre.

Une autre option pourrait être l'hôtel *Jindi* (☎ 674-0339) (*jīndì fàndiàn*), où les doubles ordinaires s'échelonnent de 190 à 260 yuan ; son emplacement s'avère pratique pour visiter les sites du nord de la ville. Plus au nord, à côté de la gare ferroviaire, l'hôtel *Jingrong* (☎ 333-7878) (*jīngróng bīnguǎn*) propose des doubles tout confort pour 298 yuan.

Où se loger – catégorie supérieure

L'hôtel *Jinjiang* (☎ 558-2222) (*jǐnjiāng bīnguǎn*), 180 Renmin Nanlu, fut à une époque le quartier général de tous les voyageurs qui se rendaient à Chengdu. C'est maintenant un immense hôtel quatre-étoiles où les doubles standard commencent à 1 000 yuan. La vue est très belle du restaurant chinois situé sur le toit, mais il faut y mettre le prix : environ 30 yuan la bière ou le soda.

En face du Jinjiang, dans Renmin Nanlu, et plus récent, l'hôtel *Minshan* (☎ 558-3333) (*mínshān fàndiàn*) et ses 21 étages hébergent surtout des groupes. Les doubles modernes démarrent à 950 yuan et les suites à 1 980 yuan. Le Minshan abrite deux bars, un café et cinq restaurants.

En face de la gare ferroviaire Nord, le *Chengdu Grand Hotel* (☎ 333-3888) (*chéngdū dàjiŭdiàn*), somptueux, s'adresse surtout aux personnes en voyage d'affaires. Les prix varient en fonction de la demande (ils doublent souvent lorsque des conférences ont lieu en ville), mais comptez au moins 62 $US pour une double ordinaire.

Un peu plus bas dans Renmin Beilu, le *Tibet Hotel* (☎ 333-3988) (*xīzàng fàndiàn*) pratique des prix similaires au Chengdu Grand Hotel. Juste à l'est du Palais des expositions du Sichuan, l'hôtel *Sichuan* (☎ 675-5555) (*sìchuān bīnguăn*) vient d'être à nouveau rénové, cette fois avec assez bon goût. Les simples/doubles coûtent 420/540 yuan.

Où se restaurer

La cuisine du Sichuan est à juste titre renommée dans le monde entier. Les Chinois affirment qu'elle comprend plus de 4 000 recettes, dont plus de 300 seraient célèbres. C'est aussi la cuisine la plus relevée et la plus épicée, dans laquelle on utilise souvent le *huājiāo*, littéralement "piment fleur", petit ingrédient croquant qui laisse dans la bouche un arrière-goût étrange et inconnu, que l'on apprécie peu ou moins (certains le comparent à du détergent épicé). Les chefs sichuanais utilisent une expression pour décrire la diversité des styles de cuisine de leur province : "*băicài, băiwèi*", "cent plats, cent saveurs".

Parmi les sauces les plus célèbres, citons le *yúxiāng wèi*, sauce au poisson réellement goûteuse à base de vinaigre, de sauce de soja, de purée d'ail et de gingembre. Le *málà wèi* est une sauce fortement épicée, souvent mélangée à du tofu (pâte de soja). Le *yānxūn wèi* est une sauce "fumée" excellente notamment avec du canard fumé. La plus connue reste sans doute la

sauce aigre et piquante, *suānlà wèi*. On mange de la soupe aigre et piquante, *suānlà tāng*, dans toute la Chine.

Il existe également des plats réputés du Sichuan. Le plus connu est le poulet épicé frit aux cacahuètes (*gōngbăo jīdīng*), qu'on trouve dans pratiquement tous les restaurants locaux. Tout aussi connu, le *mápō dòufu*, à base de tofu, de porc et de petits oignons, dans une sauce au piment, est la spécialité de certains restaurants de Chengdu. Un des plats favoris des voyageurs, qui vaut la peine d'être goûté, est le *guōbā ròupiàn*. *Guōbā* est le nom des grains de riz croquants, un peu semblables au riz soufflé, qui restent collés au fond du plat. On le sert sur une assiette sur laquelle on verse du porc et de la sauce devant le client. Cherchez aussi le "tofu de poche" (*kŏudài dòufu*), des cubes de tofu fourrés ; le "poulet au goût étrange" (*guàiwèi jīsī*), du poulet émincé préparé avec une sauce sucrée mais épicée ; et le "poulet au thé fumé" (*zhāngchá yāzi*).

Restaurants célèbres. Le restaurant *Chengdu* (*chéngdū cāntīng*), 134 Shangdong Dajie, est l'un des restaurants sichuanais les plus connus et les plus authentiques, très prisé des voyageurs. Il y règne une atmosphère agréable, la cuisine est bonne et les prix raisonnables. Au rez-de-chaussée, on sert des amuse-gueule sichuanais, tandis que les repas complets se prennent à l'étage. Ce restaurant est à 20 minutes à pied par une ruelle étroite qui part en face de l'hôtel Jinjiang. Arrivez tôt : il ferme vers 20h30.

Pour manger du *guoba roupian*, rien ne vaut le restaurant *Shimeixuan* (*shìmĕixuān cāntīng*), en face du théâtre Jinjiang sur Huaxingzhen Jie. Une grande assiette de riz croustillant au porc et à la sauce aux lychees, largement assez copieuse pour deux, coûte environ 10 yuan. Les salles à manger sont grandes et propres, les tables en bois et des ventilateurs rendent l'endroit encore plus agréable.

Un autre restaurant du centre-ville est le *Yaohua* (*yàohuá fàndiàn*), 22 Chunxi Lu.

Mao a assis la réputation de l'établissement en s'y rendant en 1958.

Restaurants du bord de l'eau. Sur la rive sud de la Jin, entre les hôtels Jinjiang et Traffic, se trouve une série de petits restaurants et de maisons de thé avec des tables à l'extérieur. Au moment de la rédaction de ce guide, la plupart des bâtiments de ce quartier avaient été démolis et tous les autres, jusqu'au Traffic Hotel, devaient l'être prochainement. Il est prévu d'établir un parc à cet emplacement. Il n'est pas certain que les restaurants rouvriront.

Restaurants végétariens. Le monastère Wenshu abrite un excellent restaurant végétarien, avec un menu en anglais. Le temple Zhaojue sert également des plats végétariens au déjeuner, mais le menu est en chinois uniquement. Vous pouvez aussi aller jusqu'au *monastère de la Lumière divine*, à Xindu, à 18 km au nord de Chengdu (entre 11h et midi). Pour plus de renseignements concernant le trajet en bus, voir ci-dessous la rubrique *Environs de Chengdu*.

Sur le pouce. De nombreuses spécialités de Chengdu étaient à l'origine des *xiǎo chī* ou "petits repas". Les établissements servant ces snacks sont amusants et très bon marché. Une telle variété ne se retrouve nulle part ailleurs en Chine et, en passant de l'un à l'autre, vous ferez un véritable banquet en plusieurs étapes.

Malheureusement, la plupart de ces établissements ont été victimes des travaux de reconstruction, notamment dans le quartier de Dongfeng Lu. Il est impossible de jurer que les endroits indiqués sur le plan et mentionnés ici existeront toujours quand vous serez sur place.

Le *Pock-marked Grandma Chen's Bean Curd* (*chén mápō dòufu*) (le "tofu de Grand-Mère petite vérole !") sert un sublime *mapo doufu*. Le tofu est préparé avec une sauce à la viande très forte (relevée d'ail, de bœuf émincé, de soja salé, d'huile de piment et d'insidieux grains de poivre). Selon la légende, une femme au visage marqué par la petite vérole s'établit ici il y a un siècle (la maison serait la même aujourd'hui) pour vendre de la nourriture aux colporteurs et les loger.

Le tofu est fait sur place et coûte environ 3 yuan le bol. On sert aussi du poulet et du canard aux épices, et des assiettes de tripes. Installée 113 Xiyulong Jie, la petite échoppe blanche possède une pancarte verticale avec son nom en pinyin. Asseyez-vous au rez-de-chaussée. A l'étage, qui a été refait pour ressembler à une salle de banquet chinoise, on demande un service de 5 yuan.

Une autre maison qui marche toujours fort est le *Long Chao Shou Special Restaurant* (*lóngcháoshǒu cāntīng*). Le charme de ce petit restaurant tient au fait qu'il propose des échantillons de toute la gamme des snacks de Chengdu. Le menu à 5 yuan présente une gamme de douceurs savoureuses, tandis que ceux à 10 et 15 yuan offrent un choix plus large et plus nourrissant. Le restaurant se trouve à l'angle nord-est de Chunxi Lu et de Dong Dajie.

Hotpot. Bien qu'elle soit censée avoir vu le jour à Chongqing, la fondue chinoise (hotpot ou *huǒguō*) s'avère très populaire à Chengdu. Dans la partie ancienne de la ville, près du marché de Chunxi Lu et du fleuve, vous verrez beaucoup de marchands de rues vendant du hotpot. Devant de grandes bassines (woks) emplies d'huile épicée (ne pas confondre avec la version mongole, plus tempérée, où l'on emploie un bouillon de soupe), les passants sont invités à s'asseoir, à prendre des brochettes d'ingrédients crus et à composer leur propre repas. On paie à l'unité (demandez le prix de la brochette avant de la faire cuire). Pendant les mois d'hiver, les brochettes sont le plus souvent composées de viandes ou de légumes "solides" tels que des pommes de terre. En été, ce sont des brochettes plus légères, principalement végétariennes.

Il s'agit d'un plat *très* épicé, au point que de nombreux étrangers ne peuvent l'avaler.

Si vous êtes dans ce cas, essayez de demander des brochettes *báiwèi*, le hotpot des "mauviettes".

Cuisine de la minorité dai. Le restaurant Banna (*bǎnnà jiǔjiā*) sert des spécialités de la minorité dai. C'est un peu cher (comptez au moins 20 yuan par personne), mais c'est délicieux.

Il existe un menu en anglais, bien que certains noms restent incompréhensibles. Essayez de demander du *zhúzi niúròu* (curry de bœuf cuit dans un bambou) ou du *yézi jīròu* (curry de poulet cuit dans une noix de coco). Le riz, savoureux, est lui aussi préparé dans un bambou. Les croustillants rouleaux de printemps au poisson et au porc (*xiāngcǎo kǎoyú*) sont également délicieux.

Même le décor du restaurant, en bambou, est assez réussi. Traversez le pont devant le Traffic Hotel et marchez vers le nord-est jusqu'au premier grand carrefour. Le restaurant est à l'angle sur la gauche.

Maisons de thé. Les *chádiàn*, ou maisons de thé, sont l'équivalent chinois des cafés français ou des pubs anglais – du moins jusqu'en 1949. Outre y boire du thé, on pouvait aussi bien discuter du montant de la dot d'une jeune fille qu'y mener d'âpres débats politiques, en particulier au Sichuan, historiquement l'une des premières régions à se rebeller et l'une des dernières à être pacifiées.

Comme ailleurs en Chine, les maisons de thé de Chengdu ont fermé pendant la Révolution culturelle, pour éviter d'éventuels rassemblements de dangereux "contre-révolutionnaires". Les combats de factions ayant duré jusqu'en 1975 au Sichuan, cette composante de la vie quotidienne a mis du temps à retrouver sa place. On en trouve aujourd'hui dans toutes les ruelles, avec leurs fauteuils de bambou ajouré permettant de se rafraîchir le dos.

Les maisons de thé proposaient jadis des représentations d'opéra du Sichuan, sans costumes, jouées par des amateurs ou des retraités. L'avènement des magnétoscopes et du karaoké a porté un coup à cette tradition. Parmi les autres distractions figurent les conteurs et les orchestres, tandis que certaines maisons de thé semblent uniquement consacrées aux échecs. La plupart des maisons de thé chinoises accueillent essentiellement des hommes (la plupart âgés), qui viennent s'y retrouver, fumer leur pipe ou taper le carton. Les femmes sont cependant de plus en plus nombreuses, et on les voit souvent empiler leurs gains aux tables de mah-jong.

La maison de thé *Renmin* (*rénmín cháguǎn*), dans le parc Renmin, avec son décor de fauteuils de bambou, de carreaux de faïence et de bouilloires noircies par la fumée, est un bel endroit de plein air, à côté d'un lac. Familiale, elle est bondée le week-end. On peut y passer un après-midi agréable en buvant un nombre illimité de tasses de thé pour un prix dérisoire. Quand il y a assez de clients en terrasse, les nettoyeurs d'oreilles arrivent avec leurs coton-tiges, suivis des artistes qui découpent votre silhouette dans du carton.

Il existe aussi une charmante maison de thé familiale, très fréquentée, à l'intérieur du monastère Wenshu. Une autre maison de thé qui mérite résolument un détour est celle du théâtre Jinjiang, non loin de la poste.

Distractions

Vous aurez le choix entre les distractions suivantes : maisons de thé, acrobaties, cinéma, opéra du Sichuan, opéra de Pékin, pièces de théâtre, expositions, concerts de musique traditionnelle, contes, théâtre d'ombres… Si vous ne parlez pas chinois et que quelque chose vous tente, faites-le écrire en chinois par le personnel du Traffic Hotel ou des agences de voyages et procurez-vous un bon plan. Si vous avez du temps, essayez de réserver des billets à l'avance.

Chengdu est le berceau de l'opéra du Sichuan, né voici deux siècles et dont les caractéristiques principales sont les costumes bouffons, les voix haut perchées, les rôles de travestis et les acrobaties. La vieille ville compte plusieurs opéras. La fréquentation étant en baisse, la plupart se limitent maintenant à une ou deux représentations par semaine.

Le plus facile à trouver est le théâtre *Jinjiang* (*jǐnjiāng jùyuàn*), dans Huaxingzheng Jie, qui fait office de maison de thé, d'opéra et de cinéma. Des représentations d'opéra du Sichuan de haute qualité sont données tous les dimanche après-midi. Certains restaurants à côté du Traffic Hotel organisaient autrefois des soirées d'opéra du Sichuan. Renseignez-vous à l'hôtel au cas où ce service existerait encore.

Bars. La plupart des endroits où boire un verre sont des bars à karaoke, chers et d'un intérêt souvent limité pour les étrangers. Le quartier de China Southwest Airlines, dans Renmin Nanlu, a cependant vu s'ouvrir plusieurs pubs à l'occidentale. Le pionnier s'appelle *The Pub* et semble rester le lieu favori des étrangers et des jeunes Chinois branchés. Il a fait des émules, mais qui ne semblent pas aussi animés. Néanmoins, au coin de cet établissement, le *Reggae Lounge* voit défiler de nombreux clients et, bien que l'on n'y passe guère de reggae, la piste de danse est bondée à partir de 21h.

Achats
Chengdu comporte de nombreux quartiers commerçants : Qingyang Palace, Shudu, le marché d'électronique Chenghuang Miao, Chunxi Lu… Et même, selon un plan local en anglais, la "rue du cerveau électronique – périphérique n°1" (en chinois, cerveau électronique signifie ordinateur).

Bordée de grands magasins, galeries d'art, marchands de livres d'occasion, papeteries, marchands de lunettes et boutiques de matériel photo, Chunxi Lu reste la principale artère commerçante de la ville. Au n°10 se trouve un grand magasin d'artisanat (*chéngdū měishùpǐn fúwùbù*) qui vend quasiment toutes les spécialités du Sichuan (laques, argenterie, objets en bambou).

Le mieux est de déambuler au hasard dans Chunxi Lu et d'entrer dans les boutiques qui vous inspirent. Vous trouverez certainement l'objet de vos rêves. Visitez la pharmacie Derentang, la plus grande et la plus ancienne de toutes les pharmacies traditionnelles de Chengdu, à l'extrémité sud de Chunxi Lu, sur la gauche. Le magasin d'antiquités du Sichuan, qui se trouvait à l'extrémité nord de la rue, a déménagé pour s'installer dans un grand bâtiment neuf en face du centre d'expositions des Beaux-Arts du Sichuan, dans Renmin Lu. Il mérite une visite et, malgré des prix souvent excessifs, on peut encore faire de bonnes affaires.

Le marché Renmin (*rénmín shìchǎng*) est un dédale où l'on trouve toutes sortes de produits courants.

Comment s'y rendre
Avion. La compagnie China Southwest Airlines (☎ 666-5911), installée presque en face de l'hôtel Jinjiang, peut obtenir des billets pour l'ensemble du pays. La Sichuan Provincial Airlines, plus modeste, possède également une agence non loin de là. Elle dessert à peu près les mêmes destinations, mais mieux vaut n'y avoir recours qu'en dernière extrémité : ses avions sont principalement de vieux appareils soviétiques rachetés à la CAAC.

China Soutwest Airlines dessert notamment Canton, Chongqing, Guilin, Guiyang, Kunming, Lhassa, Nankin, Pékin, Shanghai et Ürümqi. Plusieurs vols par semaine sont également assurés pour Hong Kong (2 400 yuan). Un bus de la CAAC fait la navette toutes les demi-heures entre le bureau de vente des billets de Renmin Nanlu et l'aéroport Shuangliu, à 18 km de la ville. Le trajet en bus coûte 3 yuan, tandis que la course en taxi devrait revenir à quelque 60 yuan.

La question la plus fréquemment posée à Chengdu doit certainement être : "Puis-je aller en avion à Lhassa ?" Si vous êtes seul, la réponse sera non. Dans ce cas, des agents de tourisme peuvent vous inscrire dans un "voyage organisé", qui inclut généralement un aller simple pour Lhassa, les deux heures de voyage de l'aéroport Gonggar à Lhassa et votre première nuit d'hôtel sur place. Les autorités ferment les yeux sur le fait que les membres du groupe ne se sont jamais vus avant le vol et se séparent immédiatement après. Ces voyages organisés coûtent environ 2 200 yuan. Vous pouvez toujours essayer de vous procurer un billet auprès de la Southwest Airlines : certains voyageurs chanceux y parviennent. Ayez alors sur vous le montant en espèces pour l'achat du billet, avant qu'ils ne changent d'avis. Une astuce : demandez une place en 1re classe.

Bus. La principale gare routière de Chengdu, Xinnanmen, à côté du Traffic Hotel, vend des billets pour la plupart des destinations du Sichuan, à l'exception du Nord. Pour le nord, il faut se rendre à la gare routière de Ximen, au nord-ouest de la ville. Une troisième gare routière est située près de la gare ferroviaire Nord.

Pour aller à Emeishan, le bus de 8h30, direct jusqu'au temple de Baoguo, reste la meilleure option (19 yuan). Achetez votre billet la veille pour être sûr d'être assis. Plusieurs autobus partent toute la matinée pour Leshan (17 yuan) et Dujiangyan (6,50 yuan). Des bus pour Chongqing partent à 9h, des bus-couchettes à 17h30. Le trajet de 10 heures coûte 45 yuan de jour et 65 yuan de nuit. D'autres bus vont à Dazu (7h et 17h30), Luding (6h30) et Kangding (6h30 et 17h30). Les bus de jour pour Kangding et Luding franchissent le col d'Erlangshan, notoirement dangereux, souvent sujet à des éboulis ou à des glissements de terrain, qui ont parfois prolongé jusqu'à 18 ou 20 heures le voyage initial de 10 heures. Le bus-couchettes pour Kangding contourne Erlangshan en prenant une route plus au sud, *via* Shimian, qui, bien que plus longue (16 heures), a plus de chances de vous faire arriver à l'heure.

La gare routière de Ximen n'intéressera que les voyageurs se rendant à Jiuzhaigou ou à Xiahe, dans la province du Gansu, en passant par le nord du Sichuan. Contrairement à la gare routière de Xinnanmen, on applique ici un tarif spécial pour les étrangers (surtaxe de 70%) – et avec insistance.

Les bus pour Songpan partent à 7h et coûtent 62,20 yuan (prix pour étrangers). Il existe des bus directs de Songpan à Jiuzhaigou. Les bus pour Maoxian (sur la route de Songpan) partent à 7h20 et 11h et coûtent 16,90 yuan (prix chinois). Les bus pour Dujiangyan partent toutes les 10 minutes (4,70 yuan), pour Qingcheng Shan toutes les 20 minutes entre 7h et 9h50 (8,10 yuan). De cette gare partent aussi des bus pour Leshan à 7h, 8h40 et 14h30, et pour le monastère Baoguo à 7h20.

La gare routière Nord est située à l'ouest de la gare ferroviaire. Des bus (14,90 yuan) et des minibus (17,40 yuan) partent toutes les demi-heures pour Leshan de 7h à 17h30. Les bus pour le monastère Baoguo partent toutes les demi-heures entre 6h30 et 16h30 (14,90 yuan). Les bus-couchettes pour Chongqing partent à 17h, 17h30 et 18h30 (65,90 yuan).

Train. Acheter des billets de train pour quitter Chengdu relève de l'exploit. De nombreux voyageurs y renoncent et s'arrangent avec les agences du Traffic Hotel et de ses alentours. C'est une bonne solution, malgré un supplément à payer pour le service. Il faut généralement s'y prendre trois jours à l'avance. Inutile de s'adresser au CITS.

Pour aller à Lijiang et Dali, il faut prendre un train pour Panzhihua (appelée aussi Jinjiang), sur la ligne Chengdu-Kunming. L'express Xi'an-Kunming (n°65) part à 14h15 et arrive à Panzhihua à 6h25 le lendemain matin, ce qui permet d'attraper un bus ou un minibus vers Lijiang ou Dali et évite une sinistre soirée à Panzhihua. Le n°84 part à 18h15 et arrive à Panzhihua à 9h40 le lendemain. Si vous ne pouvez obtenir de billet pour ces trains, notoirement bondés, essayez le n°321, qui part à 19h15 et arrive à Panzhihua à 11h47 le lendemain matin.

L'express Chengdu-Kunming (n°67) part à 9h48 et arrive à Panzhihua peu après minuit. Les couchettes dures valent 144 yuan pour les étrangers (240 yuan jusqu'à Kunming).

Pour se rendre à Emei, on peut prendre n'importe quel train à destination de Kunming ou de Panzhihua. Les express mettent à peine 2 heures et les rapides environ 3 heures. Une place en assis dur devrait coûter 7 yuan. Les trains express pour Kunming mettent 23 heures, les rapides 26 heures, et le couché dur coûte 230 yuan. Sept trains par jour vont à Chongqing, la plupart partant l'après-midi ou le soir. Le voyage dure quelque 12 heures, sauf sur l'express direct n°95, qui part à 22h40 et effectue le trajet en neuf heures. Le couché dur devrait coûter environ 180 yuan (toujours au tarif étrangers). Pour Dazu, le train le plus intéressant est le n°86, qui part vers 9h et arrive à Youtingpu à 16h. De là, on peut prendre un minibus pour Dazu, à 30 km au nord.

D'autres destinations par le rail incluent Canton, Guiyang, Hefei, Lanzhou, Pékin, Shanghai, Taiyuan, Ürümqi et Xi'an.

Comment circuler
Bus. Le plus pratique est le bus n°16, qui va de la gare ferroviaire Nord de Chengdu à la gare ferroviaire Sud, en empruntant Renmin Nanlu.

Les plans de bus portent des couleurs qui distinguent les bus des trolleybus : il existe des bus et des trolleybus n°2, 4 et 5. Le trolley n°5 va de la gare ferroviaire Nord à la gare routière de Jiuyanqiao. Le bus n°4 va de la gare routière de Ximen (dans le nord-ouest de la ville) jusqu'au secteur sud-est ; il fonctionne jusqu'à 1h du matin (la plupart des autres s'arrêtent entre 21h30 et 22h30). Les minibus sont également numérotés, mais leurs itinéraires sont différents de ceux des bus. Le minibus n°12 fait le tour complet de Chengdu sur le périphérique n°1 (Yihuan Lu) depuis la gare routière Nord.

Bicyclettes. Nombre des anciens magasins de location de bicyclettesont disparu. La plupart des voyageurs les louent désormais au Traffic Hotel, qui les entretient plutôt bien.

Efforcez-vous de les garer dans les endroits prévus à cet effet : les vols de bicyclettes sont aussi fréquents à Chengdu que dans les autres villes chinoises.

ENVIRONS DE CHENGDU
Monastère de la Lumière divine
(băoguāng sì)
Situé dans le nord du district de Xindu, ce monastère bouddhique est un lieu de culte actif. Le complexe religieux comporte cinq temples et seize cours, entourés de bambous. Les pèlerins, les moines et les touristes qui se rendent à Xindu en font un endroit animé, attirant aussi de nombreux colporteurs. Le monastère fut fondé au IXe siècle, détruit par la suite, puis reconstruit au XVIIe siècle.

Les trésors de ce monastère comprennent un bouddha en jade blanc du Myanmar (Birmanie), des peintures et calligraphies des époques Ming et Qing, une stèle aux Mille Bouddhas sculptée en l'an 540 et des instruments de musique rituels. Malheureusement, la plupart des objets les plus précieux sont sous clé et il faut une dispense spéciale pour les voir – que vous obtiendrez peut-être si vous arrivez à trouver le responsable des lieux.

La salle des Arhats, édifiée au XIXe siècle, renferme 500 statues en argile de 2 m de haut représentant les disciples du Bouddha. En fait, deux mortels se sont glissés parmi elles : l'empereur Kangxi et l'empereur Qianlong. On les reconnaît à leurs habits royaux et à leurs barbes, bottes et capes. A environ 1 km du monastère se trouve le lac des Osmanthes, couvert de lotus et entouré de bambous et d'osmanthes. Au milieu du lac se dresse un petit mémorial de l'érudit Ming Yang Shengan (1488-1559).

Le monastère recèle un excellent restaurant végétarien où des moines cuisiniers préparent une étonnante variété de plats. Le restaurant est ouvert de 10h à 15h. Le monastère reste ouvert tous les jours de 8h à 17h30.

Comment s'y rendre. Xindu est à 18 km au nord de Chengdu : pour faire l'aller-retour à bicyclette, comptez quatre heures.

Les bus qui s'y rendent partent face à la gare ferroviaire et depuis la gare routière Nord, entre 6h et 18h environ. Le trajet dure un peu moins d'une heure.

Qingcheng Shan

(qīngchéng shān)

Si votre temps est compté, Qingcheng Shan, montagne taoïste sacrée à 65 km à l'ouest de Chengdu, représente une bonne alternative à l'escalade plus ardue d'Emeishan. Le sommet culmine à 1 600 m et de nombreux sanctuaires taoïstes sont installés sur les pentes. Le temple Jianfu *(jiànfú gōng)*, au pied de la montagne, est sans doute le mieux conservé. Des quelque 500 moines taoïstes qui vivaient sur cette montagne avant la Libération, il en reste aujourd'hui une centaine.

On peut se loger et se restaurer à trois endroits sur la montagne : en bas, au temple Jianfu ; à mi-chemin du sommet, à la grotte Tianshi *(tiānshī dòng)* ; et au sommet, au temple Shangqing *(shàngqīng gōng)*. Comptez environ 10 à 15 yuan par personne, 20 à 30 yuan pour avoir votre propre s.d.b. Il existe également quelques auberges privées en chemin, mais nombre d'entre elles semblent réticentes à accepter les étrangers. La plupart des visiteurs montent du côté de la grotte Tianshi et redescendent par le pavillon Siwang et le pavillon Banshan.

Il faut 4 heures pour atteindre tranquillement le sommet, ce qui fait de cette montagne un site idéal pour une excursion d'une journée (assez longue tout de même) au départ de Chengdu. Il serait peut-être plus reposant de quitter Chengdu à la mi-journée, de passer la nuit au temple Shangqing et de monter au sommet au lever du soleil. Cette formule laisse le temps de redescendre et d'arriver à Dujiangyan dans l'après-midi. Le prix d'accès à la montagne s'élève à 20 yuan. Un téléphérique réduit la durée de l'ascension jusqu'au temple Shangqing à une heure, mais le tarif aller simple de 24 yuan vous incitera peut-être à effectuer la totalité du trajet à pied.

Afin d'encourager le tourisme, ce sont les autorités locales ont ouvert récemment le site

de Qingcheng Hou Shan ("arrière-montagne Qingcheng"), dont le pied se trouve à quelque 15 km au nord-ouest de la base de Qingcheng Shan. Avec plus de 20 km de sentiers de randonnée, l'arrière-montagne offre une alternative plus sauvage aux pentes semées de temples de Qingcheng Shan. Les gens du coin recommandent particulièrement la gorge des Cinq Dragons *(wǔlónggōu)*, pour ses paysages spectaculaires. Un téléphérique aide à parcourir une partie du trajet mais, pour escalader Qingcheng Hou Shan, il faut passer une nuit sur

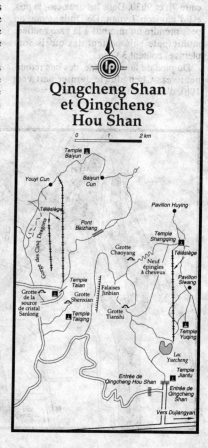

Qingcheng Shan et Qingcheng Hou Shan

0   1   2 km

Temple Baiyun

Youyi Cun

Baiyun Cun

Télésiège

Gorge des Cinq Dragons

Pont Baizhang

Pavillon Huying

Temple Shangqing

Grotte Chaoyang

Télésiège

Neuf épingles à cheveux

Temple Taian

Falaises Jinbian

Grotte Shenxian

Pavillon Siwang

Grotte de la source de cristal Sanlong

Grotte Tianshi

Temple Taiqing

Temple Yuqing

Lac Yuecheng

Temple Jianfu

Entrée de Qingcheng Hou Shan

Entrée de Qingcheng Shan

Vers Dujiangyan

place, soit sur la montagne elle-même, soit à Dujiangyan, non loin de là ; il n'est pas vraiment pratique de faire l'aller-retour dans la journée depuis Chengdu. On peut se loger au pied de la montagne, au temple Taian (*tàiān sì*), ou à mi-chemin, au village de Youyi (*yòuyī cūn*), pour 10 à 15 yuan environ le lit en dortoir.

Comment s'y rendre. Des minibus pour Qingcheng Shan partent de la gare routière Nord de Chengdu toutes les heures entre 7h30 et 17h30. De la gare routière de Ximen, 5 ou 6 bus vont à Qingcheng Shan entre 7h et 9h30. Dans les deux cas, le prix est d'environ 7 yuan. De Dujiangyan, on peut prendre un minibus à la gare routière municipale : ils partent dès qu'ils sont pleins et coûtent 3 yuan.

Du pied de la montagne, des bus retournent vers Chengdu (le dernier part vers 19h), d'autres vont à Dujiangyan.

Dujiangyan
(*dūjiāngyàn*)

Le système d'irrigation de Dujiangyan, à 60 km au nord-ouest de Chengdu, a été conçu au IIIe siècle av. J.-C. Il était destiné à dévier une partie de la rivière Min, au courant rapide, pour la diriger vers des canaux d'irrigation. La Min causait jusqu'alors de considérables inondations, qui n'empêchaient pas les sécheresses lorsque son niveau baissait. Un système de barrages mobiles fut mis au point pour briser la force de la rivière, et on creusa un canal de diversion au travers d'une colline pour irriguer la plaine de Chengdu. La puissante Min ainsi domptée, un temple fut construit en 168 ap. J.-C. pour commémorer l'événement. On peut encore voir de nos jours le **temple Fulong** (*fúlóng guān*), dans le parc Lidui (*lídui gōngyuán*).

Depuis, le système a été développé. Il irriguait à l'origine plus d'un million

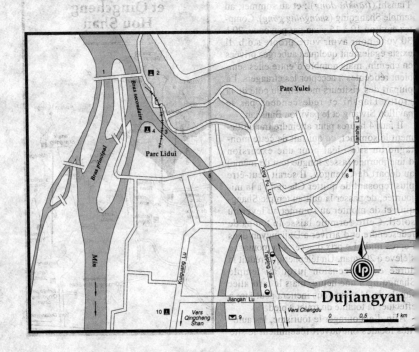

d'hectares de terres, superficie triplée depuis la Libération. La plupart des réservoirs, barrages, stations de pompage, ouvrages hydro-électriques et ponts sont modernes. On a une belle vue de l'ensemble depuis le **temple des Deux Rois** (*èrwáng miào*), qui date de 494. Les deux rois en question sont Li Bing, gouverneur du royaume de Shu et auteur du projet d'irrigation, et son fils Er Lang. A l'intérieur se trouve une statue très réaliste de Li Bing et, dans une salle arrière, une statue de son fils tenant un outil de construction du barrage. On y voit aussi un plan datant de la dynastie Qing et, derrière le temple, une terrasse avec l'inscription "Mao est venu ici" (en 1958).

Dujiangyan ne fait pas l'unanimité. Certains voyageurs sont enthousiastes, d'autres trouvent ennuyeux de visiter un immense système d'irrigation. Il n'y a guère de couleur locale, à part une petite maison de thé située au **pont sud** (*nánqiáo*), près de l'entrée du parc Lidui. La visite des temples proches permet de passer un aprèsmidi agréable.

DUJIANGYAN 都江堰

1	Pont suspendu Anlan 安澜索桥
2	Temple des Deux Rois 二王庙
3	Télésiège 索道
4	Temple Fulong 伏龙观
5	Pont sud 南桥
6	Hôtel Dujiangyan 都江堰宾馆
7	Gare routière municipale 市客运站
8	Gare routière du district 县客运站
9	Poste 邮电大楼
10	Pagode Kuiguang 奎光塔

Dujiangyan se visite facilement en une journée. Au cas où vous décideriez d'y passer la nuit, par exemple pour entreprendre l'ascension de Qingcheng Shan le lendemain, l'hôtel *Dujiangyan* (*dūjiāngyàn bīnguǎn*), à un quart d'heure à pied de la gare routière municipale, dispose de lits en triples à partir de 24 yuan et de doubles climatisées à 100 yuan.

Oubliez le *China Travel Service Hotel*, tout proche, un deux-étoiles d'apparence médiocre. La direction se figure qu'un étranger capricieux serait prêt à débourser 33 \$US pour une double sentant le moisi.

Comment s'y rendre. Des bus partent toutes les dix minutes pour Dujiangyan de la gare routière de Ximen à Chengdu. De la gare routière Nord, des bus partent toutes les heures entre 7h30 et 17h30. Dans les deux cas, le trajet dure 1 heure 30 et coûte environ 5 yuan. De la gare routière municipale de Dujiangyan, on peut prendre un autre bus pour se rendre au temple des Deux Rois et revenir à pied ; il existe aussi des correspondances pour Qingcheng Shan. Pour regagner Chengdu, de fréquents minibus (dernier à 20h) partent de Taiping Jie, dans la zone de la gare routière municipale.

Réserve naturelle de Wolong
(*wòlóng zìrán bǎohùqū*)
La réserve naturelle de Wolong se trouve à 140 km au nord-ouest de Chengdu, à 8 heures de bus environ sur de mauvaises routes (*via* Dujiangyan). Créée à la fin des années 70, c'est la plus importante des seize réserves consacrées à la préservation des pandas. Sur ces seize réserves, onze se trouvent au Sichuan. Wolong a également été désignée Réserve internationale de la biosphère par les Nations unies.

Avant de vous embarquer pour Wolong, il faut savoir que vous n'aurez guère de chance d'y voir un panda en liberté. Pour voir un panda vivant dans ce qui ressemble à son habitat naturel, le mieux est d'aller à la base de recherches et d'élevage du panda géant à Chengdu (voir la rubrique *Chengdu*). Si vous cherchez seulement la

╔══╗

Pandas : invisibles et en voie de disparition

Il resterait, d'après les estimations, 1 000 pandas géants vivant en trente goupes isolés, la plupart répartis entre les 28 districts du nord et du nord-ouest du Sichuan (le reste vivant dans le Gansu et le Shaanxi). Le singe doré, le langur doré, le cerf musqué et le léopard des neiges sont également protégés. La réserve, qui occupe 200 000 hectares, comprend en outre près de 3 000 variétés de plantes. Le mont Siguniang, dans le nord-ouest, est le point le plus élevé, à 6 240 m, tandis que la partie est descend jusqu'à 155 m au-dessus du niveau de la mer. Les pandas vivent entre 2 300 m et 3 200 m, plus bas en hiver.

Les restes du plus vieux panda connu datent de 600 000 ans. C'est un animal assez corpulent, plutôt pataud, doté d'une épaisse fourrure soyeuse, d'une petite queue et d'une face arrondie aux yeux cerclés de noir. Bien qu'il paraisse mal assuré sur ses pattes lorsqu'il marche, le panda est un excellent grimpeur, qui se nourrit presque exclusivement de feuilles de bambou et de canne à sucre. La saison des amours est très décevante pour les visiteurs de la réserve, car les pandas sont alors invisibles. De la famille des ours et des ratons-laveurs, les pandas, malgré leur allure bonhomme, peuvent être dangereux s'ils se sentent menacés. En captivité, ils s'attachent remarquablement à leurs gardiens et peuvent même être entraînés à faire un certain nombre de tours.

Les références au panda dans la littérature chinoise remontent à 3 000 ans.

╚══╝

communion avec la nature, Wolong est un bel endroit, mais qui ne vaut sans doute pas Songpan et Jiuzhaigou.

L'ouverture de la base de recherches et l'amélioration de l'accès au nord de la province du Sichuan a diminué la demande de visites organisées dans la réserve de Wolong. Bien que la plupart des tour-opérateurs du Traffic Hotel aient renoncé à cette excursion, une ou deux agences offrent encore des visites, qui incluent le transport, l'entrée à la réserve et un logement d'une nuit dans la ville de Wolong, pour 400 yuan par personne (quatre personnes minimum). Une autre solution consiste à prendre un bus pour Dujiangyan, d'où un autre bus part pour Wolong à 13h30 depuis la gare routière du district. Ce trajet de 4 heures coûte 14 yuan. A Wolong, le *Wolong Hostel*

(*wòlóng zhāodàisuǒ*) propose des doubles aux alentours de 100 yuan. L'entrée de la réserve naturelle coûte 50 yuan.

EMEISHAN
(*éméishān*)

Site totalement hors du temps, Emeishan (le mont Emei) voit défiler un flot continu de pèlerins arborant chapeaux de paille, bagages, cannes et éventails.

La promenade est en fait une ascension en montagne dans un environnement luxuriant, au milieu des pèlerins. On y voit grimper d'un pas lourd d'admirables membres du "Club alpin des grand-mères", la canne à la main pour se défendre des singes chapardeurs. Elles viennent ici chaque année et brûlent de la fausse monnaie de papier, traditionnelle offrande bouddhique porteuse de longue vie. Pour

L'Occident n'apprit son existence qu'en 1869, lorsqu'un missionnaire français ramena une fourrure à Paris. Le panda est aujourd'hui en voie d'extinction. Une partie du problème est liée à la raréfaction de ses sources de nourriture. Au milieu des années 70, plus de 130 pandas sont morts de faim lorsque disparut une variété de bambou dont ils se nourrissent dans le massif des Min Shan (au nord du Sichuan). Ils consomment d'énormes quantités de cette plante (jusqu'à 20 kg par jour en captivité), mais leur système digestif n'en retire qu'une petite valeur nutritive. Les pandas sont aussi carnivores, mais trop lents pour capturer la plupart de leurs proies. Ils souffrent en outre de déficiences génétiques, de parasites internes et ont un taux de reproduction très faible (on a pratiqué l'insémination artificielle au zoo de Pékin).

Les Chinois ont demandé au Fonds mondial de protection de la nature (WWF), dont l'emblème est un adorable panda, de participer aux recherches – initiative exceptionnelle. En 1978, un centre de recherches s'est créé à Wolong. L'éminent spécialiste du comportement des animaux, le Dr George Schaller, s'y est rendu à plusieurs reprises pour travailler avec le professeur Hu Jinchu, biologiste chinois.

L'un des buts de la mission Schaller était de munir les pandas de radio-émetteurs. Début 1983, le *Quotidien du Peuple* annonçait que Hanhan, l'un des rares pandas porteurs d'un émetteur, avait été pris dans un piège de fil de fer posé par un habitant de la région. L'homme avait étranglé l'animal, débranché l'émetteur, puis dépecé le panda avant de l'emporter pour le manger. Ce festin lui valut deux ans de prison. Depuis, les peines encourues sont plus sévères : en 1990, deux habitants du Sichuan arrêtés en possession de quatre peaux de panda ont été exécutés publiquement.

La chasse a été strictement interdite, ainsi que l'abattage des arbres ou la fabrication de charbon de bois, dans les zones d'habitat des pandas. Les paysans de la région se voient offrir des primes équivalentes au double de leur salaire annuel s'ils sauvent un panda affamé. Et, malgré une bataille constante avec les déficits budgétaires, le gouvernement de Pékin a affecté plus de 200 millions de yuan à la base de recherches et d'élevage du panda géant à Chengdu, qui s'efforce de préserver les pandas et leur habitat. ∎

les voyageurs, la montée au sommet est une bonne occasion de s'aérer.

Peu de temples sont encore dans leur état d'origine à Emeishan, l'une des quatre montagnes bouddhistes de l'empire du Milieu (les autres étant Putuoshan, Wutaishan et Jiuhuashan). Le temple Jinding (du sommet d'Or), aux toits en tuiles de bronze gravées d'écritures tibétaines, a entièrement brûlé ; il ne reste que les murs. Un sort semblable a affecté de nombreux autres temples et monastères de la montagne.

Les structures d'origine des temples datent de l'arrivée du bouddhisme en Chine. Au XIVe siècle, ce vaste ensemble monastique comprenait une centaine de bâtiments, où vivaient plusieurs milliers de moines.

Seuls une vingtaine de temples sont encore actifs, après l'épisode de la Révolution culturelle ; ils ne gardent aujourd'hui que de rares traces de leur splendeur passée. Depuis 1976, les ruines ont été restaurées, l'accès à la montagne amélioré, les sentiers élargis, des logements installés et les touristes autorisés à escalader le sommet sacré.

Avec la quantité de touristes, pèlerins et colporteurs qui défilent sur Emeishan, la solitude est devenue impossible. La promenade est néanmoins spectaculaire : pins, cèdres et sapins couvrent les pentes ; les rochers escarpés, les précipices frôlant les nuages, les papillons, les azalées en font une sorte de paradis naturel. Certains après-midi (rares) se produit un phénomène appelé la "lumière de Bouddha" : des arcs-en-ciel, provoqués par la réfraction de la lumière dans les particules d'eau, apparaissent sur l'ombre d'un pèlerin projetée sur

LE SUD-OUEST

un nuage proche du sommet. Naguère, les bouddhistes dévots, persuadés qu'il s'agissait d'un appel de l'au-delà, n'hésitaient pas à sauter en extase dans le vide depuis la falaise du Sacrifice de soi, ce qui avait amené les moines, pendant les dynasties Qing et Ming, à installer des rambardes pour prévenir les suicides.

Climat

La meilleure saison pour visiter la montagne s'étend de mai à octobre. Au plus fort des chaleurs de l'été – qui peut être torride dans le reste du Sichuan – la montagne se révèle un havre de fraîcheur. La zone tempérée débute au-dessus de 1 000 m. Les nuages et la brume prédominent, cachant en général le lever du soleil. Si vous avez de la chance, vous apercevrez le mont Gongga à l'ouest. Sinon, vous devrez vous contenter de la visite du "temple" de la tour des Télécom et de la station

météorologique. Les moyennes mensuelles des températures sont les suivantes :

	janvier	avril	juillet	octobre
Emei	7°C	21°C	26°C	17°C
Sommet	-6°C	3°C	12°C	-1°C

Que prendre avec soi

Le mont Emei culmine à 3 099 m d'altitude et le temps est variable. Vous devrez avoir avec vous de quoi faire face aux changements brusques des conditions climatiques, sans pour autant trop vous charger car la montée peut être rude. Les monastères ne sont ni chauffés ni isolés, mais des couvertures sont fournies. La pluie peut poser un problème et il faut prévoir de bonnes chaussures ou des bottes pour ne pas glisser sur les marches raides et lisses en haut. De petits imperméables en plastique fin sont vendus par des marchands sur les pentes, mais ils ne vous protégeront guère de la pluie.

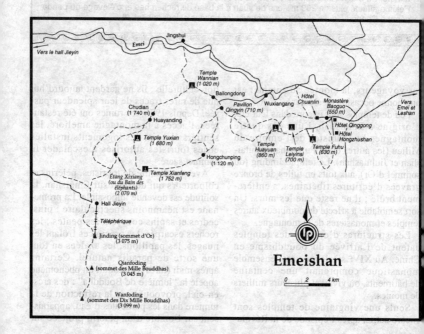

Curieusement, un parapluie est très utile, pour s'abriter de la pluie bien sûr, mais aussi pour faciliter l'ascension (cette canne improvisée aura aussi l'avantage d'effrayer les singes dès que vous actionnerez l'ouverture automatique !). Une lampe de poche est conseillée. Emportez de quoi grignoter et du papier toilette.

Certains voyageurs sont tombés malades en buvant de l'eau sur la montagne, aussi est-il conseillé d'emporter de l'eau en bouteilles.

Ascension d'Emeishan

Vous pouvez laisser vos bagages, moyennant une modeste consigne, à l'hôtel Chuanlin ou à l'hôtel Hongzhushan, tous deux proches du monastère Baoguo (peut-être est-il possible de les laisser au monastère ou à la gare ferroviaire d'Emei).

La majorité des gens entament l'ascension de la montagne au temple Wannian (wànnián sì) et redescendent par le pavillon Qingyin. Du monastère Baoguo, 5 ou 6 bus par jour partent pour le temple Wannian et le pavillon Qingyin entre 7h et 15h. Les bus partent dès qu'ils sont pleins ; mieux vaut donc partir tôt le matin, quand ils se remplissent plus vite. Les tarifs vont de 5 à 10 yuan, selon le chauffeur et vos talents pour le marchandage. Les bus pour le temple Wannian sont plus fréquents. Au retour de Wannian, les bus circulent de 8h environ à 16h.

Depuis le dépôt de bus proche du pavillon Qingyin, on peut se rendre à Emei et Leshan, mais les bus sont plus nombreux au départ du monastère Baoguo. Si vous êtes bloqué, vous pouvez tenter de faire du stop jusqu'à Baoguo, sinon vous devrez parcourir les 15 km à pied.

Une formule moins fatigante consiste à prendre un minibus pour le pavillon Qingyin, puis à emprunter le chemin plus pittoresque qui passe par Hongchunping et Yuxian jusqu'au hall Jieyin, où l'on peut prendre un télésiège (40 yuan) pour grimper jusqu'au sommet d'Or. De là, on peut redescendre les 6 km jusqu'à Jieyin, puis prendre un bus jusqu'en bas. Si vous voulez vraiment "tricher", reportez-vous ci-dessous au paragraphe Le plus court chemin...

Attention : à Emeishan, on demande 20 yuan aux étrangers, valables pour une seule entrée. Ainsi, par exemple, si vous prenez un bus au hall Jieyin et redescendez jusqu'au temple Wannian, vous devrez acheter un nouveau ticket. Tenez compte de ce désagréable détail lorsque vous organiserez votre itinéraire. Si vous parcourez tout le trajet à pied, le problème ne se posera pas.

Itinéraires. La plupart des voyageurs empruntent l'itinéraire suivant : le temple Wannian, le temple Chu, le sommet Huayuan, l'étang Xixiang, puis le sommet. Ils redescendent par l'étang Xixiang, le temple Xiangfeng, Hongchunping et le pavillon Qingyin. Les sentiers se rejoignent juste en dessous de l'étang Xixiang et plusieurs petits restaurants sont installés à cet endroit. Le paragraphe suivant vous donnera une idée des distances à parcourir, en gardant à l'esprit qu'il faut monter :

Monastère Baoguo – 15 km – Temple Wannian – 15 km – Étang Xixiang – 5,5 km – Hall Jieyin – 3,5 km – Sommet d'Or – 4 km – Sommet des Dix Mille Bouddhas – 4 km – Sommet d'Or – 9 km – Étang Xixiang – 7 km – Temple Xianfeng – 6 km – Hongchunping – 6 km – Pavillon Qingyin – 9,5 km – Temple Leiyin – 1,5 km – Temple Fuhu – 1 km – Monastère Baoguo.

Durée. Deux ou trois jours suffisent. Il faut en principe une journée pour monter, une autre pour descendre. Les sources chinoises et occidentales donnent des chiffres très trompeurs quant à la durée et la difficulté de l'ascension d'Emeishan.

La plupart des visiteurs se contentent de démarrer l'ascension au pavillon Qingyin ou au temple Wannian, les bus venant du monastère Baoguo s'y arrêtent, ce qui supprime les 15 km initiaux. Le temple Wannian est à une altitude de 1 020 m et le sommet d'Or à 3 075 m. En comptant une dénivelée de 200 m par heure, on peut espérer atteindre le sommet en 10 heures depuis le temple, si le temps est de la partie.

En quittant le temple de bon matin, vous devriez arriver non loin du sommet d'Or à la tombée du jour et pouvoir poursuivre vers ce sommet et celui des Dix Mille Bouddhas le lendemain, avant de resdescendre vers le monastère Baoguo. Certains préfèrent consacrer deux jours à l'ascension et deux autres à la descente, en flânant en route. Si vous avez du temps devant vous, vous pouvez vous promener jusqu'aux villages blottis à flanc de montagne. Pour les principaux chemins cités, comptez les durées suivantes :

Montée. Pavillon Qingyin (1 heure), temple Wannian (4 heures), étang Xixiang (3 heures), hall Jieyin (1 heures), sommet d'Or (1 heure), sommet des Dix Mille Bouddhas.

Descente. Sommet des Dix Mille Bouddhas (45 minutes), sommet d'Or (45 minutes), hall Jieyin (2 heures 30), étang Xixiang (2 heures), temple Xianfeng (3 heures 30), pavillon Qingyin.

Le plus court chemin...

"Tricher" est à la mode sur les pentes du mont Emei : des vieilles femmes se font porter au sommet sur le dos de jeunes hommes (ainsi d'ailleurs que des femmes jeunes et en pleine santé, et même des hommes). Si vous ne raffolez pas de cette méthode, des minibus et des bus partent aussi entre 8h et 17h de la place située devant le monastère Baoguo. Il faut parfois attendre assez longtemps en raison du flot matinal des touristes.

Ces bus empruntent une route récemment revêtue qui contourne la montagne jusqu'au hall Jieyin (2 640 m) en 2 heures (15 yuan). De là, il ne reste qu'une heure et demie de marche jusqu'au sommet. Si la montée depuis le hall Jieyin vous paraît encore trop dure, vous pouvez prendre le téléphérique qui vous y mènera en 20 minutes pour 40 yuan (70 yuan l'allerretour), tarif étrangers. L'attente est parfois très longue, notamment juste avant le lever du soleil.

Si, pour une raison quelconque, vous souhaitez gravir la montagne d'une traite, la plupart des hôtels peuvent vous prendre

un billet pour le bus qui part à 3h30 (!) Cela vous amène au sommet à temps pour voir se lever le soleil. Les bus redescendent du hall Jieyin en milieu de matinée, s'arrêtent à différents temples en chemin et vous ramènent enfin à Baoguo vers 17h. L'allerretour coûte environ 40 yuan.

Où se loger et se restaurer

Les vieux monastères proposent gîte, couvert et visite et, bien qu'ils soient spartiates, ces endroits vieux de près d'un millier d'années changent agréablement des habituels hôtels pour touristes.

On vous demandera peut-être un prix exorbitant : préparez-vous à marchander. Les tarifs vont de 3 yuan le lit en dortoir de dix ou davantage à 40 yuan par personne en chambre simple, double ou triple. Il est très difficile d'obtenir une place en dortoir : le personnel les attribue en principe aux Chinois uniquement. Il existe cependant des solutions intermédiaires, comme un lit en quadruple à 10 ou 15 yuan. Là encore, les Chinois ont priorité. Plomberie et électricité sont rudimentaires, mais des bougies sont fournies. Les rats peuvent poser un problème, surtout si vous laissez traîner de la nourriture dans votre chambre.

Huit monastères accueillent des hôtes : au monastère Baoguo, au pavillon Qingyin, au temple Wannian, à l'étang Xixiang, au temple Xianfeng, à Hongchunping, au temple Fuhu et au temple Leiyin. Il existe aussi quantité de logements plus petits au temple Chu, au hall Jieyin, à Yuxian, à Bailongdong, au sommet d'Or et au sommet Huayuan, entre autres. On vous y acceptera si les plus grands monastères affichent complet. Sinon, vous pouvez aussi dormir dans n'importe quel lieu, maison de thé ou restaurant.

Vous serez peut-être obligé de rebrousser chemin ou d'aller plus loin (de nuit), car les points stratégiques sont souvent complets : les gens dorment jusque dans les couloirs ou les temples consacrés, à même le sol ou bien à deux dans le même lit.

Les monastères abritent en général des restaurants presque hygiéniques où les noines servent des plats végétariens : 5 à 10 yuan devraient suffire. Souvent, au sein du monastère, cacahuètes, gâteaux secs, bière et fruits en boîte sont en vente dans une petite boutique.

Les tarifs hôteliers augmentent à mesure que l'on approche du sommet, à l'exception du temple du sommet d'Or (voir ci-dessous). Il existe des possibilités d'hébergement bon marché, mais on n'accepte pas toujours les étrangers. A moins d'être prêt à débourser plus de 100 yuan pour une chambre double, évitez *a priori* tout hôtel affichant à la réception l'heure qu'il est dans différentes parties du monde. Si vous avez envie d'un luxe relatif, l'hôtel Woyun, juste en dessous de la gare du téléphérique, est le seul du sommet qui puisse se vanter d'avoir de l'eau chaude en permanence. Les doubles ordinaires sont à 180 yuan.

En chemin, vous pourrez remplir votre estomac et votre gourde de thé dans divers petits restaurants et échoppes. Le prix de la nourriture augmente et la variété diminue à mesure que l'on grimpe, en raison du transport. Méfiez-vous des maisons de thé et des restaurants qui servent de l'"eau divine" (*shénshuǐ*) ou toutes sortes de ou nourriture censées posséder des propriétés curatives vendues à 10 yuan.

Nous vous donnons ci-dessous des renseignements sur les principaux monastères. La plupart sont situés à des étapes stratégiques et donc souvent complets, mais on peut toujours s'y restaurer.

Monastère Baoguo (*bàoguó sì*).

Construit au XVIe siècle, agrandi au XVIIe par l'empereur Kangxi et rénové récemment, il abrite, près de la bibliothèque des Sutras, un bouddha en porcelaine de 3,5 m de haut réalisé en 1415. A gauche de l'entrée, des bonsaïs et des plantes rares forment une rocaille.

Il y a un agréable restaurant végétarien et une maison de thé avec de massives tables de bois. Les prix vont de 3 yuan le lit en dortoir de sept à 25 yuan le lit en triple dite "de luxe".

Temple Fuhu (*fúhǔ sì*).

Le monastère du Tigre couché est noyé par la forêt. Il abrite une pagode de 7 mètres de haut recouverte de plaques de cuivre gravées de textes et de bas-reliefs bouddhiques. Il a été entièrement rénové et doté de logements pour 400 personnes et d'un restaurant de 200 places. L'hébergement coûte un peu plus cher que dans les autres monastères d'Emeishan (30 à 40 yuan le lit en chambre double), mais c'est mérité et il ne faut pas hésiter si vous trouvez de la place.

Temple Wannian (*wànnián sì*).

Le temple des Dix Mille Ans est le plus ancien des monastères du mont Emei. Reconstruit au IXe siècle, il est dédié au Bodhisattva Puxian, qui chevauche un éléphant blanc et incarne le protecteur de la montagne. Sa statue en bronze doré, fondue en l'an 980, mesure 8,5 m de haut et pèse 62 tonnes ; elle se trouve dans la salle des Briques, édifice couvert d'un dôme et décoré de petits stupas. L'hébergement coûte 20 à 30 yuan par personne. La cuisine végétarienne est bonne. S'il est complet, retournez vers le pavillon Qingyin où se trouve la petite pension Bailongdong.

Pavillon Qingyin (*qīngyīn gé*).

Appelé le pavillon du Son pur en raison du son cristallin des cascades sur les rochers environnants, le temple se dresse sur un promontoire au milieu d'un torrent rapide. On peut regarder l'eau couler depuis les petits pavillons, apprécier la musique naturelle et même se baigner.

Étang Xixiang (*xǐxiàng chí*).

Selon la légende, c'est à l'étang du Bain des éléphants que Puxian conduisit son éléphant pour le laver. L'étang a aujourd'hui presque disparu. Il est rare que ce temple, situé à la croisée des principaux sentiers, offre des places libres, à moins d'y arriver en début d'après-midi. La construction de logements supplémentaires n'a pas totalement résolu le problème de l'affluence des pèlerins, et il vaut mieux prévoir de poursuivre son chemin.

Les singes ont tout compris : l'étang Xixiang est leur terre d'élection. Si vous découvrez un "péage" de singes, ouvrez bien grand vos mains pour leur montrer que vous n'avez pas de nourriture. Les Chinois considèrent que les singes font partie du paysage et ils adorent les taquiner. Souvenez-vous que le singe tient une place importante dans la mythologie chinoise. Un proverbe affirme même qu'avec "un singe sur le chemin, dix mille hommes ne passent pas".

Certains de ces primates sont de vrais cassepieds et il n'est pas évident de garder son sang-froid quand ils ont décidé de faire de vous une victime de choix. Vaut-il mieux leur donner à manger ou les chasser ? Une chose est sûre, si vous les nourrissez, assurez-vous que ce soit en quantité suffisante, sinon vous n'êtes pas sorti d'affaire.

Temple du sommet d'Or (*jīndǐng sì*). Le

magnifique temple du sommet d'Or se dresse à 3 077 m. C'est souvent le but ultime des pèlerins. Il a été entièrement reconstruit après avoir été la proie des flammes il y a quelques années. Couvert de tuiles vernissées et entouré de balustrades de marbre blanc, il occupe 1 695 m². A l'origine, ce temple était recouvert de tuiles de bronze, d'où son nom de Jinding (sommet d'Or ou toit d'Or). Constamment envahi de touristes, de pèlerins et de moines, c'est l'un des endroits les plus bruyants d'Emeishan, mais aussi l'un des moins chers. Un lit (si vous arrivez à l'obtenir) dans un vaste dortoir de sept à dix coûte 10 yuan. Sinon, il existe des lits en dortoir de cinq à 20 yuan et en chambre quadruple/double à 30/50 yuan. Les chambres sont situées dans un grand bâtiment, avant le temple lui-même, lorsqu'on arrive par le sentier menant au sommet.

Monastère Xianfeng (*xiānfēng sì*). Les

environs du monastère de la Montagne magique sont merveilleux, avec des falaises déchiquetées en arrière-plan. Le monastère même a beaucoup de caractère. Essayez d'avoir une chambre sur l'arrière : la vue est superbe. En général, il n'est pas trop plein, étant à l'écart des principaux sentiers. La grotte de Jiulao, habitée par de grosses chauve-souris, se trouve à proximité.

Au pied d'Emeishan. On peut aussi se

loger en bas du mont Emei, ailleurs qu'au monastère Baoguo. A 5 minutes de marche à l'ouest du monastère Baoguo, l'hôtel *Chuanlin* (*chuānlín bīnguǎn*), établissement somnolent, propose des lits en chambre quadruple rudimentaire pour 20 yuan. Des doubles avec s.d.b. sont disponibles à 80 et 120 yuan.

A un embranchement à l'est du monastère, l'hôtel *Qinggong* (*qīnggōng bīnguǎn*) propose des doubles/triples ordinaires à 120/150 yuan. Un peu plus loin, l'hôtel *Hongzhushan* (*hóngzhūshān bīnguǎn*) manque lui aussi de lits bon marché. La chambre la moins chère coûte 90 yuan, et on vous incitera sans doute à en prendre une de type "bungalow" à 198 yuan.

Sur la route menant à la ville d'Emei sont disséminés de nombreux hôtels, dont certains acceptent peut-être les étrangers, selon l'humeur. Les prix sont généralement élevés, mais vous arriverez sans doute à obtenir un lit en dortoir si l'hôtel Chuanlin ne vous convient pas. Il existe également dans ce coin quantité de petits restaurants, de part et d'autre de la rue. Le *Teddy Bear Restaurant*, au nord, accueille les voyageurs avec un menu en anglais et propose une cuisine délicieuse. Si vous y êtes le soir, vous croiserez peut-être Zhang Guangyu, un professeur d'anglais toujours ravi de renseigner les touristes sur les possibilités d'hébergement et de randonnée.

Comment s'y rendre

Les moyens de transport pour atteindre Emeishan partent du village de Baoguo et d'Emei. Mieux vaut éviter la petite ville d'Emei, bien qu'elle comporte des marchés, des hôtels bon marché, des restaurants et une gare routière longue distance.

Emei se trouve à 3,5 km de la gare ferroviaire, Baoguo à 6,5 km d'Emei. A l'arrivée des trains en gare d'Emei, bus et minibus assurent la correspondance pour Baoguo (2 yuan en minibus et 1 yuan en bus local). De Baoguo, de fréquents minibus partent toute la journée pour Emei, puis Leshan, d'où il est facile de trouver une correspondance jusqu'à Chengdu. Le trajet pour Leshan (4 yuan) dure environ une heure. Il existe aussi quelques bus directs entre Emei et le pavillon Qingyin.

Des minibus directs assurent la liaison de Baoguo à Chengdu. Ils partent une fois pleins, sans horaire fixe. Le trajet coûte environ 20 yuan et dure 4 à 5 heures.

La gare ferroviaire d'Emei se trouve sur la ligne Chengdu-Kunming. La place en assis dur pour Chengdu (3 heures) coûte 9 yuan au tarif chinois. Les trains depuis Emei sont plus confortables que les bus, mais ne présentent pas l'avantage de repartir directement de Baoguo ; de plus, ils sont moins fréquents et parfois annulés. Les trains à destination de Chengdu partent de la gare d'Emei à 8h17 (n°68), 9h14 (n°86), 10h42 (n°322), 12h52 (n°542) et 13h28 (n°66).

LESHAN
(*lèshān*)

Autrefois le pendant d'Emeishan en moins animé, Leshan s'est considérablement développée depuis que les touristes viennent en nombre admirer son joyau : le majestueux Grand Bouddha. Les vieilles demeures en briques et plâtre sont de plus en plus remplacées par de hauts immeubles d'habitation et le centre-ville regorge d'enseignes pour des biens électroniques importés, Coca-Cola ou des agents de change. Leshan garde cependant une échelle agréable. Les possibilités d'hébergement sont bonnes, la cuisine correcte si l'on prend la peine de chercher, et c'est un lieu de repos plaisant pour ceux qui ont gravi l'Emeishan.

A voir

Le **Grand Bouddha** (*dàfó*), haut de 71 m, est sculpté sur une falaise qui domine le confluent de la Dadu et de la Min. C'est le plus grand du monde : il se place juste avant celui de Bamian (Afghanistan) et pourtant il est assis ! Ses oreilles mesurent 7 m, ses pieds 8,5 m de large.

La réalisation de ce projet fou a débuté en 713 de notre ère. Ce fut l'initiative d'un moine bouddhiste appelé Haitong, pour préserver les mariniers des fréquentes noyades dues au tourbillon que faisait la rivière à cet endroit. Il a récolté les fonds et engagé les ouvriers. Il fallut 90 ans pour mener à bien l'ouvrage. Haitong espérait que la présence du bouddha calmerait les eaux et protégerait les bateliers. Son vœu fut exaucé car le surplus des roches taillées jeté dans la rivière combla le trou. Haitong surveilla tout lui-même pour éviter que l'argent récolté ne disparût dans les poches des fonctionnaires, mais il mourut avant l'achèvement de l'œuvre de sa vie. Un bâtiment protégeait la statue géante ; il fut détruit pendant une guerre de l'époque Ming.

Ce bouddha est différent sous chaque angle. On peut partir du haut, du côté opposé au visage, puis redescendre jusqu'à ses pieds par un petit escalier qui offre une perspective de Lilliputien. On peut le voir de face en bateau depuis la rivière et découvrir ainsi deux gardiens sculptés dans la colline, non visibles depuis la terre ferme.

Pour passer en revue toutes ces possibilités, prenez le bateau à l'embarcadère des bacs de Leshan, de l'autre côté de l'hôtel Taoyuan. Il y en a toutes les 30 minutes environ, de 7h à 17h, et il vous en coûtera 8 yuan. Asseyez-vous sur le pont supérieur face au quai, car le bateau tourne quand il part. Il passe devant le bouddha, et son premier arrêt est le **monastère Wuyou** (*wūyōu sì*) qui date, comme le Grand Bouddha, de la dynastie Tang, avec des restaurations des époques Ming et Qing. C'est une véritable pièce de musée renfermant des calligraphies, des peintures et des objets d'art. De plus, on a une vue panoramique sur la région. Le monastère Wuyou abrite en outre mille arhats, des moines en terre cuite aux expressions et postures incroyablement variées. Le restaurant végétarien du temple est connu pour imiter les plats de viande : on croirait avoir dans son assiette des travers de porc ou une côte de bœuf. Le goût est cependant discutable et vous préférerez sans doute vous en tenir à de simples légumes.

On peut abandonner le bateau à cet endroit et grimper la colline Wuyou à travers champs, puis descendre jusqu'au petit pont la reliant à la colline Lingyun. C'est là qu'on entre dans le **parc du Boud-**

dha oriental (*dōngfāng fódū*), collection récemment assemblée de 3 000 statues et figurines de Bouddha venues de toute l'Asie. Le chef-d'œuvre est un bouddha couché de 170 m, le plus long du monde. Bien que les responsables locaux du tourisme souhaitent faire de ce parc une attraction majeure, on a plutôt l'impression que les bouddhas ont été réunis à la va-vite, pour satisfaire à la mode. Des sculpteurs de Hong Kong et de Chine ont réalisé le bouddha couché en un temps record de deux ans. La promenade est néanmoins intéres-

LESHAN 乐山

1	Gare routière (bus longue distance) 长途汽车站
2	Leshan Education Hotel 乐山教育宾馆
3	Compagnie des bus Lianyun 联运汽车站
4	Hôtel Jiading 嘉定饭店
5	Hôtel Dongfeng 东风饭店
6	The Yangs' Restaurant 杨家餐厅
7	Hôtel Jiazhou 嘉州宾馆
8	Palais de la Culture des travailleurs 劳动人民文化宫
9	Poste 邮电局
10	Compagnie des bus de la province 省汽车运轮公司
11	Ferries pour Chongqing, Yibin 长途码头
12	Billetterie pour les ferries 渡轮售票处
13	Hôtel Taoyuan 桃源宾馆
14	Embarcadère des bacs 短途码头
15	Grand Bouddha 大佛
16	Temple du Grand Bouddha 大佛寺
17	Pension Nanlou 南楼宾馆
18	Hôtel Jiurifeng 就日峰宾馆
19	Musée du tombeau de Mahaoya 麻浩崖博物馆
20	Parc du Bouddha oriental 东方佛都
21	Temple Wuyou 乌尤寺
22	Hôtel Xiandao 仙岛宾馆

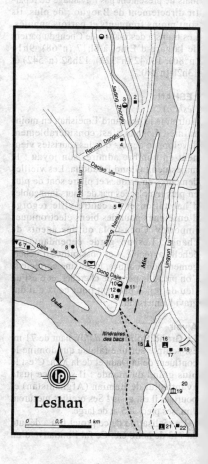

ante, bien qu'onéreuse (30 yuan pour les étrangers). Non loin de là, le **musée du tombeau de Mahaoya** (*máhàoyámù* *•ówùguǎn*) abrite une modeste collection d'objets funéraires datant de la dynastie des Han orientaux.

Après le parc du Bouddha, en remontant la colline Lingyun, on tombe sur le **temple du Grand Bouddha** (*dàfó sì*), proche de la tête du bouddha, encore assez actif. Pour retourner à Leshan, marchez vers le sud jusqu'au petit bac qui traverse la Min en ligne droite.

Tout ce circuit peut être parcouru en moins d'une heure et demie depuis l'embarcadère de Leshan. Mieux vaut cependant y consacrer une journée. Si vous n'aimez pas la foule, faites le circuit en sens inverse, commencez par le temple du Grand Bouddha et le Grand Bouddha le matin et terminez par le monastère Wuyou l'après-midi.

Leshan n'est pas intéressante que pour son Grand Bouddha : la région entière témoigne d'un important passé historique. Au nord de la ville, à 2,5 km à l'ouest de la gare ferroviaire de Jiajiang, les **falaises aux Mille Bouddhas** (*jiājiāng qiānfóyán*) portent pour une fois bien leur nom. Elles sont parsemées de 2 400 bouddhas remontant à la dynastie des Han orientaux (25-220 ap. J.-C.). Les statues sont, paraît-il, en assez bon état, malgré les ravages du temps et de la Révolution culturelle.

On peut faire d'agréables promenades dans Leshan. A côté des ruines des remparts, la plus ancienne partie de la ville abrite encore des rues pavées et des volets peints en vert, bleu et rouge. Le quartier des embarcadères et la vieille ville fourmillent d'activités commerçantes. En saison, le marché offre une surprenante variété de fruits et légumes appétissants. Plus loin, près de l'hôtel Jiazhou, se trouvent des maisons de thé dont les fauteuils de bambou s'étalent jusque dans la rue.

Billets. Attendez-vous à constamment mettre la main au porte-monnaie au cours de votre visite au Grand Bouddha : entrée principale (22 yuan), pieds du bouddha

(5 yuan), descente de la tête aux pieds (4 yuan), temple du Grand Bouddha (2 yuan), temple Wuyou (2 yuan), plus une multitude de petits péages pour franchir les passerelles et autres.

Où se loger et se restaurer

L'endroit favori des voyageurs à petit budget est actuellement le *Leshan Education Hotel* (☎ 235661) (*lèshān jiàoyù yánjiūsuǒ*), 156 Liren Jie, à l'angle du dépôt de bus de Lianyun, au nord de la ville. Les employés guettent les étrangers à leur descente du bus ; vous n'aurez donc sans doute pas à chercher l'endroit. Les lits dans des doubles/triples relativement propres avec s.d.b. commune coûtent 30/24 yuan. Des doubles un peu humides et décrépites avec s.d.b. sont nettement plus chères (200 yuan).

Juste au sud de l'Education Hotel, à l'angle de Jiading Zhong Lu et de Renmin Donglu, l'hôtel *Jiading* (*jiādìng fàndiàn*) est résolument plus accessible. Les lits en chambre double/triple sans s.d.b. coûtent 15/10 yuan, tandis que les doubles ordinaires, sordides, vont de 60 à 80 yuan. C'est un endroit assez bruyant, mais qui devrait convenir pour une nuit ou deux. Le bus n°4, qui relie le quai à la gare routière longue distance de Leshan, passe près des deux hôtels.

Il n'y a guère d'autres solutions bon marché. L'hôtel *Dongfeng* (*dōngfēng fàndiàn*), anciennement délabré, devait être restauré au moment de la rédaction de ce guide ; il proposera probablement des chambres de luxe lorsqu'il rouvrira. Près du quai de Leshan, le récent hôtel *Taoyuan* (*táoyuán bīnguǎn*) fixait provisoirement à 20 yuan le tarif des lits en double avec s.d.b. commune. L'établissement est bien situé et offre de magnifiques vues sur le Grand Bouddha. Les doubles standard devaient coûter environ 200 yuan.

Sur la rive de la Min, où se dresse le bouddha, il existe quelques établissements chers mais plaisants. Près du temple Wuyou, le chaleureux hôtel *Xiandao* (*xiāndǎo bīnguǎn*) (☎ 233268) dispose de doubles de luxe à 218 yuan. Les triples sont un peu plus abordables, à 188 yuan.

L'hôtel semble abriter plusieurs bons restaurants et possède même un sauna.

Au-dessus de la tête du Grand Bouddha, il y a deux hôtels : la pension *Nanlou* (*nánlóu bīnguǎn*) et l'hôtel *Jiurifeng* (*jiùrìfēng bīnguǎn*). La falaise est humide, peut-être à cause du système de drainage de la statue, et cela se ressent dans les chambres. La pension Nanlou, tout à côté du temple du Grand Bouddha, n'est résolument pas pour les petits budgets, avec des doubles ordinaires à 320 yuan uniquement. Si vous êtes d'humeur dépensière, préférez-la cependant à l'hôtel Jiurifeng, à peine moins cher et pas aussi agréable.

En haut de la liste, l'hôtel trois-étoiles *Jiazhou* (*jiāzhōu bīnguǎn*) loue des doubles et des triples à partir de 200 yuan et des suites à 600 yuan. L'hôtel est situé dans un quartier agréable. Pour vous y rendre, prenez le bus n°1 à l'intersection de Jiading Nanlu et de Dong Dajie jusqu'au terminus.

Le quartier situé entre l'hôtel Jiazhou et le quai est idéal pour les petits restaurants et échoppes de rue. Pour un repas familial et une conversation agréable, *The Yang's Restaurant* est une minuscule bâtisse en bois située 49 Baita Jie. Le propriétaire, M. Yang, parle anglais et a une histoire intéressante. Il est toujours disposé à aider les voyageurs à organiser leurs périples.

Comment s'y rendre
Bus. Il existe trois gares routières à Leshan, ce qui trouble à juste titre plus d'un voyageur. La principale est la gare routière longue distance de Leshan, assez mal située, à l'extrême nord de la ville. Des bus quotidiens en partent toutes les 20 minutes pour Chengdu entre 6h10 et 18h. Le trajet de 165 km dure 5 heures et coûte 15 yuan.

Tenez compte du lieu d'arrivée à Chengdu. La plupart des bus ont leur terminus à la gare routière de Xinnanmen, près du Traffic Hotel, mais d'autres arrivent à la gare routière Nord ou à la gare ferroviaire, loin des logements à prix modestes.

Si vous allez à Chengdu, n'hésitez pas à vous offrir l'un des trajets de bus les plus agréables de Chine : le Dongguang High Speed Bus (*dōngguāng gāosù qìchē*) roule sans arrêt jusqu'à la gare routière de Jiuyanqiao à Chengdu. C'est un bus sud-coréen tout neuf qui effectue le trajet en à peine plus de 3 heures. On sert des boissons et des collations à bord. Pour 21,50 yuan, c'est une aubaine et un répit bien agréable par rapport aux bus habituels. Ce bus part tous les jours à 15h30.

Trente kilomètres séparent Leshan d'Emeishan. Des bus partent tous les quarts d'heure pour Emei et le monastère Baoguo entre 6h20 et 18h. Le voyage d'une heure coûte 4 yuan.

Les bus pour Chongqing partent tous les jours à 6h et 15h. Le trajet dure 10 heures et coûte quelque 55 yuan. Il existe également un bus-couchettes (95 yuan), qui part à 17h. Attention, il vous déposera à Chongqing vers 3h du matin. Les autres gares routières de la ville sont la Compagnie des bus de la province (*shěng qìchē yùnshū gōngsī*) et celle de Lianyun (*liányùn chēzhàn*). L'une comme l'autre proposent de nombreux départs quotidiens pour Chengdu, Baoguo et Emei. La première est proche de l'embarcadère des ferries longue distance et l'autre à 30 minutes à pied environ au nord du quai, près de l'Educational Hotel. Les bus pour Chengdu au départ de Lianyun s'arrêtent à la gare ferroviaire, bien que les employés vous diront peut-être qu'ils vont jusqu'à Xinnanmen simplement pour vous faire acheter le billet.

Bateau. Un bateau quitte Leshan pour Chongqing un jour sur deux à 7h. La traversée dure 36 heures ; une couchette de 3e classe coûte 131,60 yuan. Le service passagers n'est assuré que d'avril à octobre et ferme pour l'hiver. Des bateaux vont aussi tous les jours à Yibin (départ à 8h30, 45 yuan en 3e classe). Yibin est à mi-chemin de Chongqing et possède une gare ferroviaire. Les billets pour les deux destinations peuvent s'acheter au guichet situé sur le trottoir opposé au quai de Leshan.

Comment circuler

Les bus n°1 et 4 empruntent tout Jiading Lu, reliant le quartier de l'embarcadère à la gare routière longue distance, ainsi que les hôtels Jiading, Dongfeng et Educational. Les bus circulent entre 6h et 18h, environ toutes les 20 minutes. A pied, comptez une heure d'un bout de la ville à l'autre. Du quai à l'Educational Hotel, un cyclo-pousse devrait coûter entre 3 et 5 yuan. Il ne semble malheureusement pas y avoir de bicyclettes à louer, mais le personnel de l'Educational Hotel trouvera peut-être une solution. Ce n'est cependant pas utile si vous vous contentez de visiter le Grand Bouddha, puisque la plus grande partie se passe à monter et descendre des escaliers et des collines abruptes.

MEISHAN

(*méishān*)

A 90 km au sud-ouest de Chengdu par le rail (sur la ligne Kunming-Chengdu) ou par la route, Meishan s'adresse surtout à ceux qui pratiquent ou s'intéressent à la langue, à la littérature ou à la calligraphie chinoises. C'est là que vivaient Su Xun et ses deux fils, Su Shi (plus connu sous le nom de Su Dongpo, 1036-1101) et Su Zhe, les trois gloires littéraires de la dynastie des Song du Nord (960-1126). Leur résidence fut transformée en temple au début de la dynastie Ming et rénovée sous l'empereur Qing Hongwu (1875-1909). La maison et les pavillons sont devenus un musée, consacré à l'étude des écrits de la période des Song du Nord. Des documents historiques, des reliques de la famille Su, des écrits et des calligraphies (quelque 4 500 objets en tout) sont exposés au sanctuaire Sansu (des trois Su).

CHONGQING

(*chóngqìng*)

Bâtie sur des collines escarpées au confluent de deux rivières, Chongqing est l'une des villes chinoises les plus insolites. Les constructions grises et poussiéreuses et les tours de verre abritant des bureaux s'accrochent aux coteaux à-pic qu'occupe la plus grande partie du centre-ville. Un autre aspect original de Chongqing est l'absence de bicyclettes, sans doute en raison des pentes.

Chongqing est une ville où il fait bon se promener et, bien qu'elle ne regorge pas de sites touristiques, elle revêt un certain charme pittoresque. Pour les touristes chinois, les "sites" sont généralement liés à la révolution communiste, notamment au rôle de la ville en temps que capitale de guerre du Guomindang de 1938 à 1945.

Première cité industrielle du sud de la Chine, elle fournit un cinquième de la production industrielle du Sichuan. L'agglomération abrite 14 millions d'habitants, dont près de 3 millions vivent dans la cité même. Témoins de l'essor économique, des gratte-ciel fleurissent partout. Dans dix ans, le centre-ville ressemblera peut-être un peu à Hong Kong.

Chongqing est célèbre pour ses étés torrides, avec des températures dépassant parfois 40°C. Ce charmant climat lui vaut d'être l'un des "trois fourneaux" de la Chine, les deux autres étant Wuhan et Nankin.

Histoire

Appelée jadis Chungking, la ville de Chongqing devint en 1890 un port de commerce ouvert aux étrangers. Mais bien peu remontèrent le fleuve jusqu'à ce poste avancé, et ceux qui le firent n'eurent pas grande influence. Un programme d'industrialisation fut mis au point en 1928, mais c'est à la suite de l'invasion japonaise que Chongqing décolla réellement en tant que centre important, lorsque le Guomindang en fit sa capitale de guerre. Des réfugiés y affluèrent de toute la Chine, portant la population à plus de 2 millions d'habitants. Ironiquement, le nom de cette ville surpeuplée, usée, avec ses maisons rasées par les bombes, signifie "double célébration" ou "chance à répétition". L'empereur Zhao Dun, de la dynastie Song, accéda au trône en 1190, après avoir été prince de la ville de Gongzhou. Pour fêter ces deux événements, il rebaptisa Gongzhou du nom de Chongqing.

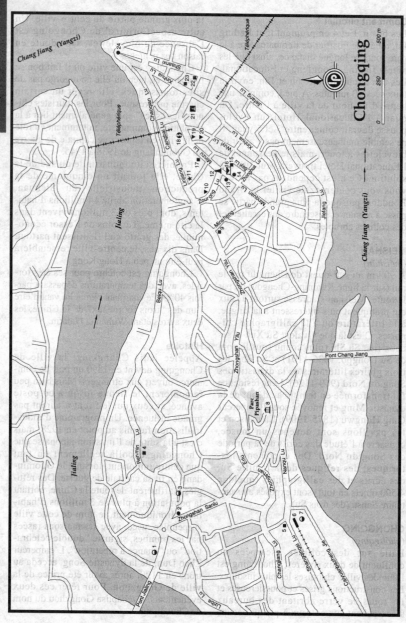

Chongqing

Chang Jiang (Yangzi)

Jialing

Jialing

Chang Jiang (Yangzi)

Pont Chang Jiang

Parc Pipashan

Pont Jialing

Téléphérique

Téléphérique

Téléphérique

0   250   500 m

Dans l'ombre hautaine des dirigeants militaires du Guomindang, les représentants du Parti communiste chinois (y compris Zhou Enlai) servirent d'"intermédiaires" entre Chongqing et le QG communiste de Yan'an, dans la province du Shaanxi. Les efforts renouvelés pour réunir les deux partis en un front unifié contre les Japonais échouèrent en grande partie du fait d'une méfiance mutuelle et de l'obsession de Tchang Kaï-chek à éliminer les communistes, fût-ce en cédant une partie du territoire chinois à l'envahisseur. Les bureaux et quartiers d'habitation des dirigeants communistes durant la guerre représentent l'essentiel des attractions touristiques, ainsi que quelques musées dépeignant les atrocités commises par le Guomindang, soutenu par les Américains.

Orientation

Le cœur de Chongqing repose sur une péninsule montagneuse entre la Jialing au nord et le Chang Jiang au sud. Les deux rivières confluent à la pointe de la péninsule, à l'extrémité est de la ville. Pour les visiteurs, le principal point de repère de cette langue de terre densément peuplée et aux ruelles tortueuses est le monument de la Libération, proche de la plupart des hôtels.

Pour s'y rendre depuis la gare ferroviaire, il faut prendre l'un des fréquents minibus qui circulent entre la gare, le monument de la Libération et le quartier de l'embarcadère de Chaotianmen (1 yuan). Le bus n°102 circule également entre la gare et Chaotianmen. Si vous vous rendez dans la partie ouest de la ville, vers l'hôtel Renmin, vous pouvez remonter à pied jusqu'à Zhongshan Lu ; il existe un tramway mais il est en cours de restauration et le restera encore quelques années.

·Chongqing se visite parfaitement à pied. Les distances sont raisonnables et il y a toujours une ruelle intéressante à explorer. De nombreuses allées avec des marches, raides et bordées de petites boutiques, sont situées entre le monument de la Libération et l'embarcadère de Chao-

CHONGQING 重庆

OÙ SE LOGER

4 Hôtel Renmin et CITS 人民宾馆, 中国国际旅行社
5 Hôtel Shancheng 山城饭店
9 Pension Chongqing 重庆宾馆
15 Hôtel Yudu 愉都宾馆
17 Hôtel Huixianlou 会仙楼宾馆
22 Chongqing Shipin Mansion 食品大厦
23 Chung King Hotel 重庆饭店

OÙ SE RESTAURER

10 Restaurant Yizhishi 颐之时大酒店
19 Lamb Restaurant 羊肉馆
20 Lao Sichuan 老四川

DIVERS

1 Bus vers les prisons de la SACO 至中美合作所汽车站
2 CAAC 中国民船
3 Arrêt de bus Kangfulai 康福来汽车站
6 Gare ferroviaire 火车站
7 Gare routière (bus longue distance) 长途汽车站

8 Musée de Chongqing 博物馆
11 BSP 公安局外事科
12 Monument de la Libération 解放碑
13 Librairie Xinhua 新华书店
14 Librairie en langues étrangères 外文书店
16 Poste 邮电局
18 Bank of China 中国银行
21 Temple Luohan 罗汉寺
24 Embarcadère de Chaotianmen (réservations) 朝天门码头 (售票处)

tianmen. Les deux téléphériques qui franchissent la Jialing et le Chang Jiang sont aussi à portée de marche du monument de la Libération.

Renseignements

CITS. L'agence (☎ 385-0589) est installée dans un bâtiment de l'hôtel Renmin. Le personnel est assez aimable mais s'occupe surtout des grands groupes organisés.

BSP. Le bureau de la police (☎ 383-1830) se trouve dans Linjiang Lu. Le bus n°103, face à l'hôtel Renmin, s'y rend. Si vous désirez un permis pour découvrir le nord sauvage du Sichuan, attendez d'être à Chengdu, où le personnel est plus habitué à traiter ce genre de problème.

Argent. La principale agence de la Bank of China est dans Minzu Lu, un peu après l'hôtel Huixianlou. L'antenne située juste à côté du Huixianlou possède également un bureau de change au 2e étage. La plupart des hôtels disposent aussi de comptoirs de change.

Poste. Il existe un bureau de poste dans Minzu Lu, non loin des hôtels Chung King et Huixianlou. La plupart des hôtels de luxe offrent certains services postaux.

Cartes. Les vendeurs de journaux dans la rue, près du monument de la Libération, proposent de bons plans en chinois, et d'autres, moins détaillés, en anglais.

Temple Luohan

(luóhàn sì)
Le terme *luohan* en chinois correspond au "arhat" sanscrit. Ce terme bouddhiste désigne celui qui s'est libéré de l'asservissement psychologique du désir, de la haine et de l'illusion. Construit il y a un millier d'années, le temple Luohan est caractérisé par son allée flanquée de sculptures de pierre, sa salle aux 500 arhats de terre cuite peinte et sa statue dorée de Bouddha. Une peinture murale de style indien montrant le prince Siddhartha

en train de couper ses cheveux en signe de renoncement au monde est accrochée derrière l'autel du Bouddha.

A l'époque de sa splendeur, le temple abritait soixante-dix moines. Il en reste environ dix-huit aujourd'hui, mais de nombreux fidèles viennent et brûlent des tonnes d'encens parfumé. Essayez de visiter ce temple, ne serait-ce que pour constater l'incroyable réalisme des arhats.

Le restaurant végétarien est délicieux et très bon marché, mais il n'est ouvert qu'à l'heure du déjeuner (de 11h30 à 13h30 environ). L'entrée du temple coûte 2 yuan.

Village de la Falaise rouge

(hóngyán cūn)
Pendant la Seconde Guerre mondiale, à l'époque de la fragile alliance des communistes et du Guomindang contre les Japonais, le village de la Falaise rouge, proche de Chongqing, était le quartier général de la délégation communiste auprès du Guomindang. Ye Jianying, Zhou Enlai et son épouse Deng Yingchao y vécurent. C'est aussi à Chongqing que Mao, après la défaite japonaise de 1945 et à l'instigation de l'ambassadeur américain Patrick Hurley, vint participer aux négociations de paix avec le Guomindang. Entamés en août 1945, les pourparlers durèrent 42 jours et aboutirent à un accord que Mao qualifia de "paroles sur le papier".

L'un des meilleurs musées de l'histoire révolutionnaire chinoise est maintenant installé dans ce village et présente une grande collection de photos (avec notices explicatives en chinois). A quelques pas du musée se trouve le bâtiment qui abritait le Comité central du Parti communiste pour la région Sud et le bureau des représentants de la 8e Armée de route – pas grand-chose à voir en dehors de quelques meubles et photos.

Le bus n°104 est le meilleur moyen de se rendre au village de la Falaise rouge. Il part de son terminus dans Beiqu Lu, juste au nord du monument de la Libération. Des bus de touristes chinois s'y rendent aussi, ainsi que sur d'autres sites fameux du communisme, depuis l'embarcadère de Chaotianmen et depuis la gare (10 yuan). Le village de la Falaise rouge est ouvert tous les jours de 8h à 17h30 et l'entrée coûte 6 yuan.

Hall d'exposition des actions criminelles de Tchang Kaï-chek et des Américains et prisons de la SACO

(*zhōngměi hézuòsuǒ jízhōngyíng jiùzhǐ*)
En 1941, les États-Unis et Tchang Kaï-chek signèrent un accord secret qui créait l'Organisation de coopération sino-américaine (SACO) par laquelle les Américains s'engageaient à entraîner et à envoyer en Chine des agents secrets au service du Guomindang.

Les prisons de la SACO furent construites dans les environs de Chongqing pendant la guerre. Le Guomindang ne reconnut jamais d'existence légale au Parti communiste, bien qu'il ait considéré en théorie son armée comme son alliée contre les envahisseurs japonais. Les communistes étaient toujours soumis à des lois répressives qui n'avaient pas été abolies, même si elles ne furent pas appliquées pendant la guerre. Des centaines de prisonniers politiques furent emprisonnés dans les geôles du Guomindang et, selon les communistes, bon nombre furent exécutés.

L'exposition ne comporte malheureusement que des explications en chinois. Elle présente beaucoup de photos, des menottes et des chaînes. Le hall est ouvert de 8h à 19h et l'entrée coûte 2 yuan.

On s'y rend par le bus n°217 depuis le terminus de Zhongshan Sanlu, juste devant le pont sur la Jialing. Le trajet dure environ 45 minutes. Assurez-vous que le chauffeur a bien compris où vous voulez descendre, car l'endroit n'est pas visible. Les prisons de la SACO sont à une bonne heure de marche du hall d'exposition. Si vous tenez à les visiter, des bus touristiques chinois au départ de l'embarcadère de Chaotianmen et de la gare font un circuit qui englobe le hall d'exposition et les prisons, ainsi que quelques autres sites révolutionaires (10 yuan).

Parcs des temples

Chongqing possède deux parcs négligés des visiteurs, bien qu'ils soient assez agréables pour y passer un après-midi et qu'ils abritent des temples. Le **parc Pipashan** (*pípáshān gōngyuán*) est le point culminant de la péninsule de Chongqing. On a une belle vue sur la ville depuis le pavillon Hongxing, au sommet. Le parc est ouvert de 6h à 22h.

Le **parc Eling** (*élíng gōngyuán*), sur l'isthme de la péninsule, est un peu loin et ne mérite pas vraiment le détour. C'est là que se trouve le pavillon Liangjiang.

Ponts

Les gigantesques ponts sur la Jialing et le Chang Jiang sont impressionnants. Celui de la Jialing, qui franchit la rivière au nord de Chongqing, a été construit entre 1963 et 1966. Avec ses 60 m de haut et 150 m de long, il est resté pendant quinze ans l'un des rares points d'accès au reste de la Chine. Le pont Chang Jiang, au sud, a été achevé en 1981. Sur le même fleuve, le pont Shimen a été inauguré en 1989.

Téléphériques

Des téléphériques franchissent les deux rivières qui traversent Chongqing. Ils permettent de voir les habitations accrochées au bord des falaises et des zones industrielles. On peut s'y rendre à pied depuis le monument de la Libération. Le téléphérique sur la Jialing part de Cangbai Lu ; celui du Chang Jiang, de Xinhua Lu.

Musée de Chongqing

(*chóngqìng bówùguǎn*)
Les squelettes de dinosaures exposés ont été mis au jour entre 1974 et 1977 à Zigong, Yangchuan et dans d'autres endroits du Sichuan. Ouvert de 9h à 17h, le musée est proche du parc Pipashan, dans le sud de la ville.

Sources chaudes Nord

(*běi wēnquán gōngyuán*)
A 55 km au nord-est de la ville, surplombant la rivière Jialing, ce vaste parc abrite

des sources thermales près d'un temple bouddhique du Vᵉ siècle. Ces sources comprennent une piscine de taille olympique ainsi que des cabines individuelles avec bains chauds. Il y a une autre série de sources à 20 km au sud de Chongqing, plus chaudes encore ; mais celles situées au nord ont meilleure réputation.

Pour vous y rendre, prenez le bus n°306 depuis le monument de la Libération.

Où se loger – petits budgets

Les logements bon marché deviennent très rares à Chongqing, ce qui fait que la plupart des voyageurs ne s'y attardent pas. Les seuls dortoirs de la ville sont les chambres de sept de l'hôtel *Huixianlou* (☎ 384-5101) (*huìxiānlóu bīnguǎn*), proche du monument de la Libération, où le lit revient à 50 yuan. Son seul avantage est d'être bien situé. Le service peut être glacial, les chambres bruyantes et à peine salubres. De la gare ferroviaire, remonter jusqu'à Zhongshan Lu et prendre le bus n°405 jusqu'au monument de la Libération (*jiěfàng bēi*).

Jetez plutôt votre dévolu sur le *Chongqing Shipin Mansion* (☎ 384-7300) (*chóngqìng shípǐn dàshà*), 72 Shanxi Lu, près de l'embarcadère de Chaotianmen. Cet établissement vient d'être autorisé à accepter les étrangers et possède des doubles agréables et propres, avec s.d.b. et clim., à 130 yuan ; les triples sont à 150 yuan. La fiche des tarifs indique que les étrangers doivent acquitter un service supplémentaire de 50% mais, le gérant n'aimant pas ce principe de tarification spéciale, vous paierez donc la même somme que les Chinois. L'hôtel possède également des doubles/triples avec s.d.b. commune pour 60/90 yuan, mais vous aurez peut-être du mal à les obtenir. On vous aidera également à réserver des billets de bateau et de train.

Si vous êtes vraiment démuni, essayez la *pension n°2* (*dì èr zhāodàisuǒ*), sorte d'hôtel flottant amarré à l'embarcadère de Chaotianmen. Le lit en chambre quadruple vaut 16 yuan, en triple 20 yuan et en double 30 yuan. Aucune des chambres ne possède de toilettes et les sanitaires sont généralement fort peu raffinés, mais c'est sans conteste l'endroit le moins cher de Chongqing. Il faut s'adresser à la billetterie du ferry sur le Chang Jiang, au nouveau terminal de Chaotianmen. L'hôtel possède là un petit comptoir, où l'on vous inscrira avant de vous conduire sur cet asile flottant.

Où se loger – catégorie supérieure

A peu de choses près, l'ensemble des hôtels de Chongqing sont excessivement chers, sans doute en raison de l'étroitesse et du surpeuplement de la péninsule. Si vous en avez les moyens, l'hôtel *Renmin* (☎ 385-1421) (*rénmín bīnguǎn*) est l'un des plus incroyables de Chine. A défaut d'y loger, allez au moins voir l'endroit. C'est un véritable palais inspiré du temple du Ciel et de la Cité Interdite de Pékin. Les trois ailes (nord, sud et est) sont séparées par une immense salle de concert circulaire de 65 m de haut, qui peut accueillir 4 000 personnes. L'hôtel date de 1953.

Les chambres simples coûtent 48 $US, les doubles s'échelonnent de 48 à 60 $US. La suite présidentielle vaut la bagatelle de 460 $US la nuit : on se croirait dans une scène du *Dernier Empereur*. De la gare ferroviaire, le mieux est de remonter vers Zhongshan Lu et de prendre les bus n°401 ou 405 jusqu'au rond-point, puis de descendre Renmin Lu vers l'est. En taxi, comptez 15 yuan.

D'un meilleur rapport qualité/prix, le *Chung King Hotel* (☎ 384-9301) (*chóngqìng fàndiàn*) est situé dans Xinhua Lu, près de l'embarcadère de Chaotianmen. Les simples/doubles coûtent 42/60 $US. L'hôtel compte une petite boutique de cadeaux, un bureau de change, une poste et un service de télécommunications, des taxis et un service médical. Il possède sa propre navette depuis/vers la gare ferroviaire et l'aéroport.

La pension *Chongqing* (☎ 384-5888) (*chóngqìng bīnguǎn*), dans Minsheng Lu, s'est transformée en un hôtel de luxe quatre-étoiles à la chinoise. Les doubles de l'ancienne aile coûtent 270 yuan, tandis que les simples/doubles de la nouvelle aile pour VIP démarrent à 540/660 yuan, petit déjeuner inclus. Près du monument de la Libération, l'hôtel *Yudu* (*yúdū jiǔdiàn*) jouit d'un bon emplacement mais ne vaut sans doute pas les 383 yuan qu'il demande pour une double ordinaire.

Enfin, sur la rive sud du Chang Jiang, un peu loin de tout, se trouve le *Yangtze Chongqing Holiday Inn* (☎ 280-3380) (*yángzǐjiāng jiàrì jiǔdiàn*), avec tous les services habituels de cette chaîne hôtelière. Les chambres démarrent à 115 $US, mais les réductions sont possibles lorsque l'hôtel n'est pas envahi par des groupes organisés.

Où se restaurer

Le quartier des affaires, dans l'est de la ville, près des quais, regorge de petits restaurants et de vendeurs de rues. Pour déguster des nouilles et des baozi délicieux, allez dans Xinhua Lu et Shaanxi Lu, vers Chaotianmen. Il existe aussi de bons marchés de nuit derrière l'hôtel Huixianlou, près du temple Luohan et de l'hôtel Yudu.

La grande spécialité de Chongqing est le *huǒguō* ou hotpot (fondue chinoise), ces brochettes de viande et de légumes que l'on fait cuire dans l'huile bouillante épicée. Pensez à demander les prix avant de consommer. Tous les étals ambulants vendent du hotpot, mais Wuyi Lu offre la plus grande variété : on la surnomme *huǒguō jiē* ou "rue du Hotpot". Wuyi Lu part de Minzu Lu, parallèle à Xinhua Lu, à quelques pâtés de maisons des hôtels Huixianlou et Chung King. Bayi Lu est aussi un excellent endroit pour manger sur le pouce.

Dans Zourong Lu, il existe des restaurants plus classiques où l'on peut s'asseoir et où, si l'on s'y rend en groupe, on peut faire un vrai festin à la sichuanaise. Parmi ceux-ci, le fameux restaurant *Yizhishi* (*yízhīshí cāntīng*) sert des pâtisseries du Sichuan le matin et des spécialités comme le canard au thé fumé et le ragoût de poisson séché au déjeuner et au dîner. Au 2e étage, on propose des repas complets. Au 3e, pour 25 yuan, vous pourrez vous offrir une palette des célèbres snacks de Chongqing. La bière pression et le thé spécial "aux huit trésors" accompagnent agréablement le repas.

Les restaurants abondent dans le quartier où logent les voyageurs, près de l'hôtel Huixianlou. Si pourtant vous êtes à court d'idées, essayez le *Lamb Restaurant* (*yángròu guǎn*), à quelques pas de l'hôtel. Tous les plats de mouton sont *très* épicés, mais les kebabs restent supportables pour les papilles. Non loin, le restaurant *Lao Sichuan* (*lǎo sìchuān*), qui va sur ses quatre-vingts ans d'existence, est considéré comme l'antre de la cuisine du Sichuan à Chongqing. Les tarifs demeurent raisonnables, mais arrivez tôt : il ferme à 20h.

Parmi les restaurants d'hôtels, celui du *Chung King Hotel* se révèle le meilleur, cher selon les critères chinois, abordable pour la plupart des étrangers. Ouvert peu après la Libération, cet endroit est le lieu de prédilection des Chinois, qui l'appellent "le vieux restaurant". Les plats sont joliment présentés et, le soir, un groupe joue de la musique. Le café de l'hôtel sert des petits déjeuners occidentaux.

Comment s'y rendre

Avion. Le bureau de la CAAC (☎ 386-2970) se trouve à l'angle de Zhongshan Sanlu et de Renmin Lu, et est accessible des deux rues. On peut aussi réserver ses billets au Chung King Hotel et dans de nombreuses billetteries proches du monument de la Libération.

Des vols quotidiens relient Chongqing aux grandes villes comme Chengdu, Canton, Kunming, Pékin, Shanghai, Ürümqi et Xi'an. Cinq vols par semaine sont également assurés vers Hong Kong (2 270 yuan).

Le nouvel aéroport de Chongqing, Jiangbei, est à 25 km au nord de la ville. Des bus de la CAAC font la navette entre l'aéroport et le bureau de vente, en fonction des horaires des vols. Ils partent pour l'aéroport 2 heures 30 avant le décollage et coûtent 10 yuan.

Bus. Se déplacer en bus depuis ou vers Chongqing est devenu beaucoup plus pratique grâce à l'ouverture d'un terminus de bus longue distance à plusieurs étages à côté de la gare ferroviaire. Avec deux halls réservés à la billetterie, deux salles d'attente et des douzaines de portes, cette gare peut gérer 800 à 1 000 bus par jour – c'est du moins ce que prétend la direction. Les horaires resteront provisoires jusqu'en 1996, la fréquentation étant à l'étude. Des bus devraient partir toutes les demi-heures pour Dazu entre 4h30 et 21h, pour Chengdu entre 6h et 21h30. Les bus express de luxe pour Chengdu *via* la voie express Chengyu (72 yuan) mettent 4 heures et partent à 7h, 8h30, 11h et 17h.

Il existe également une compagnie, appelée Kangfulai (*kāngfúlái*) (KFL), qui vend des billets et fait partir des bus depuis le trottoir opposé à la pension Chongqing (à l'ouest de l'entrée principale de l'hôtel Renmin et au nord de la gare ferroviaire, à côté de l'hôtel Shancheng). Les bus KFL pour Dazu partent à 7h30 et 14h10 de la pension Chongqing et de l'ouest de l'hôtel Renmin. Ces derniers passent à côté de la gare routière en quittant la ville. Le trajet pour Dazu dure 3 heures et coûte 20 yuan.

KFL dessert également Chengdu à 14h30, 16h30 et, les jours pairs seulement, à 6h30. Le voyage de 5 heures coûte 48 yuan.

Train. De Chongqing, des trains direct vont à Shanghai, Xi'an, Guiyang, Nanning (un jour sur deux), Chengdu, Zhengzhou, Canton, Pékin et Kunming. Pour se rendre à Dazu, il existe au moins trois trains à destination de Chengdu qui partent de Chongqing entre 6h40 et 9h15. Celui de 6h40 (n°84) s'arrête à Dazu (Youtingpu) vers 11h.

Les trains pour Nanning passent par Guiyang et Liuzhou (5 ou 6 heures de Guilin en bus) et mettent environ 32 heures ; la couchette dure devrait coûter 145 yuan. Les trains pour Guiyang mettent une douzaine d'heures et la couchette dure vaut 124 yuan. Les trains pour Shanghai passent également par Guiyang, avant d'entreprendre le long trajet à travers l'arrière pays jusqu'à Hangzhou, et enfin Shanghai. Le voyage dure environ 50 heures et la couchette dure coûte 255 yuan. Pour Chengdu, comptez 11 heures de trajet et 105 yuan en couchette dure. Les trains à destination de

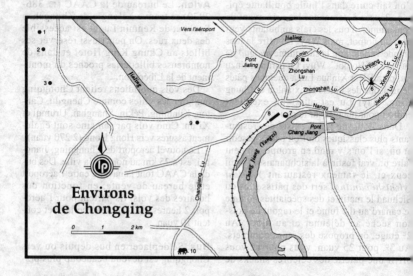

Environs de Chongqing

0   1   2 km

Kunming et Panzhihua (pour Lijiang et Dali) passent par Chengdu ; il est indiqué d'y faire étape pour couper le voyage.

Si vous voulez aller rapidement à Guilin, vous devrez prendre la voie des airs. Par le train, il faut en effet changer à Guiyang. Une autre possibilité est d'aller à Liuzhou en train, puis de continuer en bus vers Yangshuo ou Guilin.

Bateau. Des bateaux descendent le Chang Jiang (Yangzi) vers Wuhan, un voyage apprécié des touristes, bon moyen d'oublier un moment le train. Pour plus de détails, reportez-vous à la section *Descente du Chang Jiang*, ainsi qu'à celles consacrées à *Wuhan* (chapitre *Hubei*), *Yueyang* (chapitre *Hunan*) et *Shanghai*.

On peut aussi aller en bateau à Leshan, ce que peu de voyageurs font. Les horaires des bateaux sont un peu difficiles à obtenir : si la descente du fleuve depuis Leshan est très fréquentée, le voyage retour, plus long, ne sert souvent qu'au transport de marchandises. Il faudra donc vous renseigner. Les bateaux partent du quai n°12. Les billets de 3e classe coûtent 131 yuan.

ENVIRONS DE CHONGQING 重庆地区

1	Prison de la SACO – Zhazhidong 渣滓洞
2	Prison de la SACO – Baigongguan 白公馆
3	Cimetière des Martyrs 烈士墓
4	Hôtel Renmin 人民饭店
5	Embarcadère de Chaotianmen 朝天门码头
6	Monument de la Libération 解放纪念碑
7	Gare routière (bus longue distance) 长途汽车站
8	Gare ferroviaire 火车站
9	Village de la Falaise rouge 红岩村
10	Zoo 动物园

Comment circuler

Les bus peuvent être horriblement lents à Chongqing, et l'absence de bicyclettes fait qu'ils sont encore plus bondés que dans les autres villes de Chine. Parmi les itinéraires pratiques, citons le n°401, qui va de l'embarcadère de Chaotianmen à l'agence de la CAAC, à l'intersection de Renmin Lu et de Zhongshan Sanlu ; le n°405, qui parcourt Zhongshan Lu jusqu'au monument de la Libération ; et le n°102, qui relie la gare ferroviaire à l'embarcadère de Chaotianmen. Des minibus font également la navette entre les quais et la gare (1 yuan).

Comme dans le reste du pays, il est désormais facile de trouver des taxis. Ceux-ci reviennent à 9 à 12 yuan selon la taille du véhicule, si vous parvenez à leur faire utiliser le compteur. Sinon, attendez-vous à débourser un minimum de 15 yuan pour toute course sur la péninsule.

DESCENTE DU CHANG JIANG (YANGZI) : DE CHONGQING À WUHAN

Les paysages impressionnants et les flots impétueux du plus important fleuve de Chine ont été une source d'inspiration pour de nombreux peintres et poètes chinois, mais ils n'ont sûrement pas dû inspirer ceux qui avaient à naviguer sur les méandres de ce fleuve périlleux. Il était non seulement dangereux, mais requérait aussi des efforts gigantesques. Pour remonter le courant, les bateaux importants avaient souvent besoin de centaines de coolies qui halaient le navire à l'aide de longues cordes depuis les rives. On voit encore parfois de petites embarcations tirées sur certains tronçons par leurs équipages.

Le Chang Jiang, long de 6 300 km, est le plus grand fleuve de Chine, et le troisième du monde après le Nil et l'Amazone. Ce fleuve, que les Occidentaux ont baptisé fleuve Bleu ou Yang-Tsé-Kiang (Yangzi Jiang dans la transcription moderne), prend sa source dans les sommets enneigés du massif des Tanggula, au sud-ouest du Qinghai, et traverse le Tibet puis sept provinces chinoises avant de se jeter dans la mer de Chine orientale, au nord de Shanghai. Les trois Grandes Gorges du Chang Jiang, entre Fengjie (Sichuan) et Yichang (Hubei), sont considérées comme l'une des merveilles de Chine.

Les touristes apprécient le voyage en bateau à vapeur de Chongqing à Wuhan. Cela change du train, le paysage est beau, mais ne comptez pas être entouré de falaises vertigineuses. Certains trouvent le voyage ennuyeux, peut-être parce qu'ils en attendaient trop.

Il faut 3 jours et 2 nuits de navigation pour descendre le Chang Jiang de Chongqing à Wuhan, 5 jours pour le remonter (pour plus de détails, reportez-vous à la rubrique *Wuhan* dans le chapitre *Hubei*). Il est possible de prendre le bateau jusqu'à Yichang, ce qui permet de voir les gorges et l'immense barrage de Gezhouba, soit la partie la plus pittoresque du fleuve. On peut raccourcir le voyage d'une journée en prenant un hydroglisseur de Chongqing à Wanxian, d'où l'on peut en principe reprendre un ferry pour les Trois Gorges. Le temps gagné dépend du bateau qui se trouvera à Wanxian lorsque vous y arriverez, de l'heure de départ et des couchettes disponibles.

A Yichang, on peut prendre un train direct pour Pékin, Wuhan et Xi'an. Des trains vont également vers le sud à Huaihua, d'où l'on peut prendre des correspondances pour Canton, Changsha, Guilin ou Liuzhou. Si vous continuez en bateau, vous pouvez descendre à Yueyang et prendre un train pour Canton, ou bien continuer jusqu'à Wuhan. Quelques bateaux vont au-delà de Wuhan, dont un jusqu'à Shanghai, 2 400 km en aval (une semaine de voyage).

Billets

On peut acheter des billets de bateau auprès du CITS de Chongqing ou au bureau de réservation du nouveau et massif terminal de Chaotianmen. Il faut en général réserver deux ou trois jours à l'avance, mais l'augmentation rapide du nombre d'agences organisant des croisières sur le Chang Jiang rend plus facile l'obtention de billets. Beaucoup de voyageurs ont pu avoir une place et embarquer le jour même de leur arrivée à Chongqing (un minibus direct va de la gare à Chaotianmen pour 1 yuan). Le CITS prend 15 yuan en sus du prix du billet. Si votre budget est serré, attention : en vous adressant au CITS, assurez-vous bien qu'on ne vous met pas sur un paquebot de luxe réservé aux étrangers. Le prix pourrait sérieusement grever vos économies.

Le principal bureau de réservation de l'embarcadère de Chaotianmen est ouvert tous les jours de 6h à 23h. Devant le hall principal, plusieurs petites agences vendent également des billets de bateau un peu plus chers ; cela vaut la peine de s'adresser à elles si le bureau principal n'a pas de billets pour le jour qui vous arrange. Les étrangers payent un supplément de 50% ; certains opérateurs vous laisseront payer le tarif chinois si vous leur présentez une carte d'étudiant, mais cela reste aléatoire. Par ailleurs, cela pourrait vous poser des

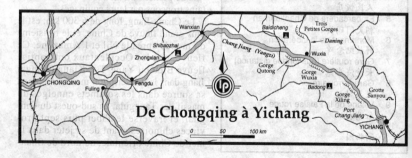

De Chongqing à Yichang

problèmes une fois à bord : les contrôleurs vous demanderont peut-être de prouver que vous résidez en Chine en tant qu'étudiant ou expert étranger. Une fausse carte d'étudiant risque de ne pas suffire.

Les cabines de 1re et 2e classes tendent à se remplir vite mais, avec plus de cinquante compagnies organisant des croisières sur le Chang Jiang, ce n'est pas le choix qui manque.

Classes

Il existe maintenant des cabines de 1re classe sur certains bateaux. Elles comportent deux lits, s.d.b., TV et clim. Les cabines de 2e classe possèdent deux à quatre couchettes, un petit bureau, une chaise et un lavabo. Les douches et les toilettes sont des cabines privées partagées par les passagers.

En 3e classe, il y a en principe six à douze lits, selon le type de bateau. La 4e classe en contient généralement huit à douze mais, sur des navires plus anciens, cela peut aller jusqu'à plus de vingt. Toilettes et douches sont communes, mais vous devriez pouvoir utiliser celles des 2e classes. Si on ne vous y admet pas, jetez un coup d'œil dans le bateau : certains possèdent, sur le pont inférieur, des cabines avec toilettes munies de portes et de cloisons. En général, on trouve sur le pont supérieur, à côté des 2e classes, un grand salon confortable et son inévitable karaoke. Il semble qu'on puisse s'y installer sans problème.

Certains bateaux disposent de deux grandes cabines occupant toute la largeur du bâtiment et pouvant abriter environ quarante personnes. On n'acceptera sans doute pas de vous vendre de billet pour cette classe. Si vous en obtenez un, n'oubliez pas que cette région de Chine est glaciale en hiver et très chaude l'été. Des larcins ont été signalés dans les dortoirs : surveillez vos affaires, surtout la nuit.

Outre les voyages organisés chinois décrits ci-dessus, il existe aussi plusieurs bateaux affectés exclusivement aux étrangers. Ils sont essentiellement réservés aux larges groupes organisés qui peuvent dépen-

ser les centaines de dollars US que coûte ce genre de croisière. Le CITS et certaines agences de voyages indépendantes dans le quartier de Chaotianmen peuvent obtenir des billets pour ces paquebots de luxe.

Tarifs

Les billets pour étrangers au bureau de réservation principal de l'embarcadère de Chaotianmen sont majorés de 50%. L'un des guichets possède une feuille de tarification avec les prix pour étrangers, mais elle risque fort d'être libellée en chinois ! Les prix suivants sont ceux pratiqués par le CITS ou l'un des opérateurs indépendants du quartier des quais ; vous pouvez essayer de marchander auprès de ces derniers si vous êtes plusieurs.

Destination	2e classe	3e classe	4e classe
	(yuan)	(yuan)	(yuan)
Yichang	535	235	160
Wuhan (Hankou)	790	381	237
Nankin	1 032	532	381
Shanghai	1 210	607	438

Le bureau de réservation du terminal de Chaotianmen ne vend pas de billets pour les bateaux possédant des cabines de 1re classe : il faut alors s'adresser aux indépendants, dont certains vont d'ailleurs peut-être emménager dans le nouveau terminal. La 1re classe pour Yichang coûte environ 950 yuan, pour Wuhan 1 350 yuan. Au moment de la rédaction de ce guide, il n'existait pas de cabines de 1re classe jusqu'à Shanghai sur les bateaux chinois.

De nombreuses escales sont possibles sur la route de Shanghai, parmi lesquelles Jiujiang et Wuhu (points de départs éventuels pour Lushan et Huangshan), ainsi que Nankin (Jiangsu). Entre Nankin et Wuhan (Hubei), un service d'hydroglisseur réduit la durée du trajet de 40 heures à 10 seulement. Pour plus de renseignements, reportez-vous à la rubrique *Wuhan*.

Horaires

Les bateaux pour Yichang (Hubei) quittent généralement Chongqing à 18h. Ceux qui continuent jusqu'à Shashi et Wuhan partent généralement entre 8h et 11h, parfois aussi le soir. Les bateaux pour Shanghai partent en principe à 8h et 9h. Ces horaires varient selon le niveau saisonnier du fleuve ; des renseignements complémentaires sont affichés dans le principal hall de vente des billets. Sur ces panneaux, Wuhan est inscrit sous le nom de Hankou, le quartier de Wuhan où accostent les bateaux.

On peut dormir à bord la nuit précédant le départ pour 24 yuan en 2e classe et 17 yuan en 3e. C'est plus économique que l'hôtel Huixianlou, et on est sûr de ne pas rater le bateau. Le numéro du quai où le bateau est ancré la veille du départ devrait normalement figurer sur votre billet.

Une fois à bord, un steward échangera votre billet contre un jeton de couleur indiquant l'emplacement de votre couchette. Ne perdez pas ce jeton, il vous sera à nouveau échangé contre votre billet à la fin du voyage, dont vous aurez besoin pour quitter le bateau.

Alimentation

Il existe généralement quelques restaurants à bord. Ceux des ponts inférieurs sont franchement infects. S'il y a un restaurant sur le pont supérieur, il sera sans doute meilleur, mais les tarifs semblent varier d'un bateau à l'autre. Il est conseillé d'apporter des provisions. Lorsque le bateau fait escale assez longtemps dans une ville, les passagers peuvent débarquer et se restaurer dans les petits restaurants des quais.

Itinéraire

Les bateaux font de fréquentes escales pendant le voyage pour visiter villes ou sites touristiques. Ce que vous verrez de jour dépend de l'heure à laquelle votre bateau quitte Chongqing. Les bateaux qui partent le soir passent généralement la première nuit à Fengdu, puis repartent et s'arrêtent la deuxième nuit à Fengjie. Le lendemain matin, ils arrivent aux Trois Gorges et continuent jusqu'à Yichang et Wuhan.

Les bateaux partant le matin arrivent généralement le soir à Wanxian, repartent avant l'aube le lendemain et traversent les

Trois Gorges vers midi, avant de continu- sur Yichang et Wuhan.

La plupart des bateaux s'arrête 6 heures entre la première et la deuxièm gorge pour permettre une visite guidée d Trois Petites Gorges (voir ci-dessous rubrique *De Wanxian à Yichang*). Si cela n vous intéresse pas, certains bateaux ne s arrêtent pas mais il faut vous renseigner.

De Chongqing à Wanxian

Les premières heures du voyage, le batea longe des rives bordées d'usines. Bient cependant, cette banlieue industrielle cèd le pas à des paysages verdoyants en te rasses et à quelques petites villes.

L'une des premières étapes est général ment la ville de **Fuling**, au confluent de rivière Wu, qui coule vers le sud dans province du Guizhou. Fuling contrôle trafic fluvial entre le Guizhou et le Sichua oriental. Près de Fuling, au milieu d Chang Jiang, un énorme rocher, appelé roc Baihe, porte trois motifs gravés appel poissons de pierre. Ils remontent à l'Ant quité et l'on pense qu'ils servaient à mes rer le niveau du fleuve, car ils ne so visibles que lorsque celui-ci est très bas. C rocher porte en outre des inscriptions déc vant la culture, les arts et la technologie d cette époque lointaine.

La prochaine ville importante est **Feng du** (*fēngdū*). La montagne proche, le Pin dushan, serait le lieu de séjour des démon La légende raconte que deux hommes, Y Changsheng et Wang Fangping, habitaie dans la montagne sous la dynastie Ha Leurs deux noms de famille accolés donne Yinwang, qui signifie le roi de l'Enfer. D nombreux temples abritant des statues d démons et de diables ont été construits s la montagne depuis la dynastie Tang. I portent des noms évocateurs tels qu "Entre les vivants et les morts", "pont d Désespoir" ou "palais du Roi de l'Enfer Les avis des voyageurs sont partagés quan à cette petite exposition du "monde d l'Enfer" : certains adorent les feux de cam et le soufre, d'autres trouvent que cela n vaut pas les 20 yuan d'admission.

Le bateau traverse ensuite le **district de Zhongxian**. Au nord-est de Zhongzhou, chef-lieu du district, se trouve le site néolithique de **Qian Jinggou** (IVᵉ millénaire, culture de Daxi), où un outillage lithique – des haches, des houes et des poids pour filets – a été mis au jour.

Peu après, vient le **Shibaozhai** (forteresse du Trésor de pierre), sur la rive nord du fleuve. Shibaozhai est un rocher de 30 m de haut censé ressembler à un sceau de pierre. Un impressionnant temple en bois rouge de onze étages en forme de pagode, le Lanruodian, a été construit au sommet au début du règne de l'empereur Qianlong (1736-1796). Il abrite une statue du Bouddha et des inscriptions commémorant sa construction.

L'étape suivante est la grande ville de **Wanxian**, où la plupart des bateaux du matin s'ancrent pour la nuit. Wanxian est la plaque tournante des transports et des communications entre le Sichuan oriental et le Hubei occidental, et a toujours été considérée comme la porte du Sichuan, ouverte au commerce occidental en 1917. C'est une ville vallonnée et proprette, où il est très agréable de se promener pendant que le bateau fait escale. Près de la tour du centre-ville se trouve un joli parc. Un grand escalier conduit des quais à un marché de nuit très actif où vous pourrez acheter de quoi vous restaurer.

De Wanxian à Yichang

Les bateaux quittent en général Wanxian avant l'aube pour gagner **Fengjie**, dernière ville (et parfois escale) avant les gorges. Cette ville ancienne fut la capitale de l'État de Kui à l'époque des Printemps et des Automnes, puis à celle des Royaumes combattants, c'est-à-dire de 722 à 221 av. J.-C. La ville surplombe la gorge de Qutang, première des Trois Gorges du Chang Jiang. Juste à l'est de Fengjie, un haut-fond de 1 km de long permettait de voir des ruines de piliers de pierre quand le niveau de eaux était bas. Édifiés au néolithique et à l'âge du bronze (peut-être dans un but commémoratif ou sacrificiel), ces piliers ont été enlevés en 1964 car ils présentaient un danger pour la navigation. Des piliers semblables se trouvent à l'est de Fengjie, à Baidicheng.

Baidicheng (la ville de l'empereur Blanc), à l'entrée de la gorge de Qutang, sur la rive nord du fleuve, se trouve à 7,5 km de Fengjie. Selon la légende, un haut fonctionnaire de la dynastie des Han occidentaux se proclama empereur et installa sa capitale dans cette ville. Un puits fut découvert, d'où sortait une vapeur blanche parfumée. L'empereur fut tellement impressionné qu'il se fit appeler l'empereur Blanc et rebaptisa la ville de son nouveau titre.

Les spectaculaires **Sanxia** (Trois Gorges), Qutang, Wu et Xiling, débutent juste après Fengjie et finissent près de Yichang, couvrant une distance d'environ 200 km. Les gorges font de 100 à 300 m de large et le niveau de l'eau peut varier de 50 m, selon la saison.

La gorge de Qutang (*qūtáng xiá*) est la plus petite et la plus courte, avec 8 km de long seulement, mais le courant y est très rapide. Sur la rive nord, dans la gorge Fengxiang, on peut voir une série de cavités dans la falaise. Une tribu aurait habité cette région dans le passé, qui avait pour coutume de placer les cercueils de ses morts dans des grottes. Neuf cercueils ont été découverts dans ces cavités ; certains contenaient des épées de bronze, des armures et autres objets datant de l'époque des Royaumes combattants.

La gorge de Wu (*wū xiá*) s'étend sur 40 km environ et les falaises qui l'entourent atteignent 900 m de haut. Cette gorge est réputée pour la stèle de Kong Ming, grande plaque rocheuse au pied du pic des Immortels. Kong Ming était le Premier ministre de l'État de Shu pendant la période des Trois Royaumes (220-280). La stèle gravée décrit l'alliance réalisée par Kong Ming entre les États de Shu et de Wu contre l'État de Wei. La ville de **Badong** se trouve dans cette gorge, sur la rive sud du fleuve. Des routes en partent en direction de l'ouest du Hubei.

Entre les gorges de Qutang et de Wu, la plupart des bateaux font une escale de 5 ou 6 heures : les passagers peuvent alors monter dans de plus petites embarcations et faire le tour des Trois Petites Gorges. Ces gorges, qui flanquent le Daning, sont beaucoup plus étroites que les autres, plus spectaculaires aussi, d'après certains voyageurs. La visite coûte entre 50 et 60 yuan, avec souvent une surtaxe de 25 à 50% pour les étrangers. Bien que certains voyageurs se soient plaints du coût, beaucoup apprécient cette sortie, qui permet de voir les formations rocheuses de tout près. On peut même faire un peu d'exercice : quand le niveau de l'eau est bas, il arrive que les passagers doivent abandonner les bateaux et remonter le fleuve à pied. Sur la route des Trois Petites Gorges, les bateaux s'arrêtent généralement à plusieurs pièges à touristes, qui le plus souvent ne méritent pas leur droit d'entrée. Par exemple, l'une des étapes promet l'accès à un mystérieux cercueil dans une grotte de la montagne, alors qu'en fait on a droit à un rapide coup d'œil à travers des jumelles.

La gorge de Xiling (*xīlíng xiá*), avec ses 80 km, est la plus longue des trois. A sa sortie, tous les passagers montent sur le pont pour assister au passage des écluses du gigantesque **barrage de Gezhouba**.

Le bateau s'arrête ensuite dans la ville industrielle de **Yichang**. De là, on peut prendre un train pour Xiangfan et pour le nord, l'est et l'ouest ou pour Huaihua, d'où l'on peut prendre des trains vers le sud. Yichang est considérée comme la porte du Chang Jiang supérieur. Cette ville, qui date au moins de la dynastie Sui, était autrefois entourée de murailles. Elle fut ouverte au commerce international en 1877, après la signature d'un traité sino-britannique, et une concession étrangère y fut installée sur la berge du fleuve, au sud-est de la ville fortifiée.

A côté de la gare ferroviaire de Yichang, on peut prendre le bus n° 10 jusqu'à la **grotte du Cheval blanc** (*báimǎ dòng*). Pour quelques yuan, vous pouvez vous y promener à pied et en barque au milieu d'impressionnantes stalactites et stalagmites. A 5 minutes de marche, la **grotte des Trois Visiteurs** (*sānyóu dòng*), elle aussi spectaculaire, s'ouvre le long d'un sentier taillé dans la falaise qui surplombe le fleuve.

De Yichang à Wuhan

Après Yichang, le bateau passe sous l'immense **pont Chang Jiang**, à **Zhicheng**. Ce pont, inauguré en 1971, fait 1,7 km de long. Il porte une double voie de chemin de fer flanquée de routes pour camions et voitures.

La grande ville suivante est **Shashi**, cité d'industrie légère. Dès la dynastie Tang, Shashi fut un important centre de commerce ; elle connut une grande prospérité au moment de la révolte des Taiping, alors que le commerce était paralysé sur le cours inférieur du Chang Jiang, et fut ouverte au commerce international par le traité de Shimonoseki, signé en 1896 entre la Chine et le Japon ; mais la concession japonaise prévue à l'extérieur de la ville ne vit jamais le jour. La vieille ville de **Jingzhou**, à 7,5 km de Shashi, est accessible en bus.

Ensuite, il n'y a plus grand-chose à voir : le fleuve s'étale à perte de vue dans les larges plaines de l'est de la Chine et c'est à peine si l'on aperçoit ses rives. Le bateau navigue pendant la nuit et traverse la ville de **Chenglingji**, au confluent du lac Dongting et du Chang Jiang, où il s'arrête parfois. Le bateau atteint ensuite **Yueyang**, à l'est du lac Dongting, d'où l'on peut prendre un train, soit pour Changsha, Guilin et Canton, soit pour Wuhan et vers le nord. Neuf heures de navigation plus tard, on arrive à Wuhan ; à ce stade, les voyageurs sont généralement contents de quitter le bateau (pour plus de détails sur Yueyang et Wuhan et sur le Chang Jiang entre Wuhan et Shanghai, reportez-vous aux rubriques concernées dans ce guide).

DAZU
(*dàzú*)

Les grottes du district de Dazu, à 160 km au nord-ouest de Chongqing, sont aussi réputées que les sculptures bouddhiques de

Dunhuang (Gansu), Longmen (à Luoyang, Henan) et Yungang (à Datong, Shanxi). Il existe peu d'archives historiques sur Dazu. Les bas-reliefs des falaises et les statues (aux influences bouddhistes, taoïstes et confucianistes) se comptent par milliers. Ces œuvres de toutes tailles sont dispersées sur plus de quarante sites dans tout le district. Les groupes les plus importants sont à Beishan (colline du Nord), les plus intéressants à Baoding. Les premières œuvres datent de la fin de la dynastie Tang, au IXe siècle, les dernières de la fin des Song, au XIIIe siècle.

La ville de Dazu est petite et nonchalante. Assez peu d'étrangers la visitent – quoique la situation évolue peu à peu. La campagne environnante est magnifique. L'un des seuls problèmes reste l'absence de logement bon marché.

Beishan
(bĕishān)

Beishan se trouve à une demi-heure de marche de la ville de Dazu, dans la direction de la pagode que l'on aperçoit de la gare routière. On a une bonne vue d'ensemble depuis le sommet de la colline. Des niches sombres abritent de petites statues, dont beaucoup sont dans un piètre état de conservation ; seules deux ou trois s'avèrent intéressantes.

La niche n°136 abrite la statue de Puxian, saint patron d'Emeishan, chevauchant un éléphant blanc. La Guanyin Soleil et Lune androgyne loge dans la même niche. L'empereur Paon, statue plus réussie, se trouve dans la niche n°155. Selon les inscriptions, le site de Beishan était à l'origine un camp militaire et les statues les plus anciennes auraient été commandées par un général.

L'entrée du parc de Beishan coûte 5 yuan et l'accès aux sculptures 20 yuan supplémentaires. Le parc est ouvert de 8h à 17h.

Baoding
(bǎodǐng shān)

A 15 km au nord-est de Dazu, les sculptures de Baoding se révèlent nettement plus intéressantes que celles de Beishan. Le premier sculpteur aurait été Zhao Zhifeng, moine d'une obscure secte du bouddhisme tantrique. Un monastère y est installé, fréquenté par de nombreux pèlerins, et où l'on peut voir de belles sculptures en bois. Au pied de la colline, une falaise en fer à cheval comporte des personnages polychromes, dont certains font 8 m de haut. La pièce centrale représente un Bouddha couché de 31 m de long et 5 m de haut, au moment où il atteint le nirvana, le torse enfoncé dans la falaise, dans une attitude de paix.

Les statues disposées sur le reste du site en fer à cheval (125 m de long) sont toutes très différentes : prêcheurs et sages bouddhistes, personnages historiques, scènes réalistes (l'une est décrite sur une carte postale comme un "pâturage avec cow-boy au repos") et délicates petites sculptures de quelques centimètres de haut. Certaines ont été usées par le vent et la pluie, d'autres ont perdu leur peinture, mais la plupart sont étonnamment bien conservées. Des Gardes rouges fanatiques s'étaient rendus dans la région de Dazu pendant la Révolution culturelle pour défigurer les sculptures, mais on raconte qu'ils auraient été arrêtés par un ordre donné par Zhou Enlai.

Baoding diffère des autres grottes par son intégration totale et voulue dans l'environnement naturel. Ainsi, une sculpture proche du bouddha couché intègre une résurgence. La réalisation de ces œuvres aurait pris 70 ans, de 1179 à 1249. On peut aisément consacrer plusieurs heures à la visite de ce lieu, dont les "vedettes" sont le gigantesque bouddha couché et, installée à l'intérieur d'un petit temple de la falaise sculptée, une déesse de la Miséricorde (Guanyin) entourée d'une impressionnante forêt de mains dorées (1 007 mains au total). La paume de chaque main contient un œil, symbole de sagesse.

De Dazu, des minibus partent pour Baoding environ toutes les 30 minutes (ou dès qu'ils sont pleins), mais ils s'espacent à partir de 16h. Le prix normal est de 1,50 yuan, mais on essaiera sans doute de vous demander 5 yuan. Le dernier bus part de Baoding pour Dazu vers 18h. Les sites sont ouverts de 8h à 17h, et le prix de l'entrée pour les étrangers s'élève à 45 yuan. Du bus, ne manquez pas de regarder la falaise au passage : on peut apercevoir des statues invisibles depuis d'autres endroits.

Où se loger et se restaurer

Le BSP local semble avoir efficacement intimidé la plupart des hôtels pour leur interdire d'accepter les étrangers. Cela ne vous laisse que deux options pour dormir à Dazu, dont aucune n'est très bon marché.

L'hôtel *Beishan* (*běishān bīnguǎn*), situé au pied de Beishan, est un endroit agréable quoiqu'un peu négligé, qui s'adresse au voyageur en groupe moins fortuné. Les doubles ordinaires coûtent 300 yuan, mais il existe également des doubles/triples avec s.d.b. très correctes à 100/150 yuan. Les employés s'avèrent réticents à divulguer cette information, aussi devrez-vous user de persuasion pour bénéficier de ce tarif, en particulier si l'hôtel est bondé. Pour vous y rendre, prenez à gauche en sortant de la gare routière, traversez le pont et, après le rond-point, continuez tout droit sur la rue principale qui traverse la ville. A 500 m environ, la rue se termine sur une fourche à trois branches. Prenez la rue de droite. L'hôtel se trouve sur le trottoir de gauche. Cet établissement a l'avantage d'être proche des sculptures de Beishan. Face à l'hôtel, la rue qui mène aux statues est sur la gauche, juste à côté du gymnase.

La pension *Dazu* (*dàzú bīnguǎn*), comme tant d'autres établissements dans les villes chinoises touristiques, a été transformée en hôtel trois-étoiles, ce qui signifie que le premier prix est de 50 $US. Tournez à gauche en sortant de la gare routière, traversez le pont et prenez à droite au rond-point. L'hôtel est à 500 m environ sur la gauche.

Se restaurer ne pose aucun problème à Dazu. La nuit, la rue principale, de la gare routière jusqu'à l'hôtel Beishan, s'anime de douzaines d'échoppes où l'on sert des nouilles, des raviolis, du hotpot (fondue chinoise) et des plats sautés dans des woks. Vous trouverez également plusieurs restaurants où l'on choisit soi-même ce que l'on veut. Essayez de descendre la première rue sur la droite au rond-point. Au bout de 500 m, vous verrez des restaurants mais, en chemin, des vendeurs de rue proposent absolument de tout. Mieux vaut tirer un trait sur le restaurant de l'hôtel Beishan.

Comment s'y rendre

Bus. Il existe plusieurs solutions par le bus. La première est le bus direct pour Dazu depuis la nouvelle gare routière longue distance de Chongqing. Les horaires n'étaient pas fixés lors de notre dernier passage, mais il était prévu que des bus partent toutes les demi-heures entre 8h et 21h. Ils devraient coûter environ 20 yuan. Grâce à la nouvelle voie express Chengdu-Chongqing, le voyage ne dure que 3 à 4 heures.

L'autre solution, de Chongqing, est la compagnie de bus Kangfulai (KFL), qui possède trois guichets de vente et points de départ : à côté de la pension Chongqing, à la gare ferroviaire et à l'hôtel Renmin. Les billets coûtent 20 yuan et les bus partent à 7h30 et 14h40.

Les bus de Chengdu à Dazu partent de la gare routière de Xinnanmen, à côté du Traffic Hotel, à 7h. Le voyage dure une dizaine d'heures, sur de petites routes, et coûte 27 yuan. Au moment de la rédaction de ce guide, un bus direct pour Dazu par la voie express devait être mis en service. Renseignez-vous à la gare routière Nord : cela pourrait réduire le trajet à 5 heures environ.

De Dazu, des bus vont jusqu'à Chongqing et Chengdu. Les bus pour Chongqing partent toutes les heures de la gare routière entre 8h et 22h30 et coûtent 15 yuan. KFL assure un service de cars climatisés à 8h et 14h30. Le voyage de 3 heures coûte 20 yuan. En face de KFL, les bus d'un autre opérateur privé partent à 6h, 9h30 et 13h30 (18 yuan). Pour Chengdu, un bus quotidien part de la gare routière

7h. Il existe aussi un bus de nuit, mais mieux vaut l'éviter : il arrive à Chengdu vers 3h du matin et s'arrête à la gare ferroviaire Nord.

Train. Pour se rendre à Dazu en train, il faut quitter la ligne Chengdu-Chongqing à Youtingpu (à 5 heures de Chongqing et 7 heures de Chengdu), l'arrêt le plus proche de Dazu, qui s'appelle "gare de Dazu" sur les horaires de train bien que la ville soit à 30 km. Pour plus de détails, reportez-vous aux rubriques *Comment s'y rendre* de *Chongqing* et *Chengdu*. De fréquents minibus assurent la navette entre la gare et la ville de Dazu.

SICHUAN DE L'OUEST ET ROUTE DU TIBET

Les montagnes du Sichuan, au nord et à l'ouest de Chengdu, avec des sommets de plus de 5 000 m couronnés de neiges éternelles, entrecoupés de vallées profondes et de rivières tumultueuses, forment ce qui ressemble le plus au Tibet en Chine. Les Tibétains et les populations apparentées (les Qiang) vivent de l'élevage de yaks, moutons et chèvres sur les hauts pâturages du plateau de Kangba, dans les confins du Nord-Ouest. Les steppes de Zöigê (au nord de Chengdu, vers la frontière du Gansu) sont aussi à plus de 3 000 m d'altitude. Dans les régions plus proches de Chengdu, les Tibétains se sont assimilés. Ils parlent le chinois et se souviennent peu de leurs origines, bien qu'ils soient considérés comme une minorité. Les coutumes et l'habillement tibétains sont bien plus préservés à mesure que l'on s'éloigne de la capitale du Sichuan.

Les villes situées sur le plateau de Kangba subissent un climat rigoureux, avec des températures inférieures à 0°C plus de 200 jours par an. En été, le soleil est aveuglant et l'altitude responsable de terribles coups de soleil. Les orages sont fréquents de mai à octobre et les nuages masquent souvent la vue des sommets. De nombreuses sources chaudes permettent de prendre de bons bains en chemin.

La route Sichuan-Tibet, dont la construction a débuté en 1950 et a duré quatre ans, est l'une des plus hautes, difficiles, dangereuses et spectaculaires de la planète. Elle a été divisée en deux tronçons, nord et sud. La route nord (2 412 km) passe par Kangding, Ganzi et Dêgê avant de franchir la frontière du Tibet ; celle du sud (2 140 km) passe par Kangding, Litang et Batang (voir plus loin les rubriques *Ganzi* et *Litang*).

Quant à savoir si vous pourrez effectivement entrer au Tibet, ce n'est jamais certain. La route entre Chengdu et Lhassa est encore interdite aux étrangers pour raisons de sécurité et de sûreté politique. Quelques "longs nez" ont pourtant réussi à l'emprunter et sont arrivés entiers à Lhassa, généralement en se faisant prendre par des camions. Le BSP a mis un frein à ces libertés et, apparemment, il est de plus en plus difficile de se faire prendre en stop.

On peut emprunter des bus locaux. Cependant, les étrangers risquent de rencontrer des problèmes à la frontière tibétaine et auront peut-être même du mal à obtenir des billets pour Batang ou Dêgê. Quelques voyageurs auraient réussi à passer grâce à des bakchichs, mais à un coût qui rend l'avion Chengdu-Lhassa bien plus économique.

Il y a quelques années, il existait un bus légendaire Chengdu-Lhassa qui mettait des semaines à faire le trajet en raison de pannes à répétition. En 1985, un gigantesque glissement de terrain a emporté des dizaines de kilomètres de la route sud et ce service a été supprimé. Les camions restent les seuls véhicules à parcourir d'importants tronçons de la route. Les plus gros dépôts de camions se trouvent à Chengdu, Chamdo et Lhassa. Les camions venant de Lhassa ou de Chengdu s'arrêtent en général à Chamdo, où il faut donc trouver un autre véhicule. Mais la police cause des tracas aux chauffeurs de camion qui transportent des étrangers, et il n'est pas certain que vous passerez les postes de contrôle de Dêgê et de Batang. Les étrangers qui se font prendre en venant de Chengdu sont parfois condamnés à une amende et toujours renvoyés à leur point de départ. Dans l'autre sens, personne ne s'inquiète de l'endroit d'où vous venez.

En résumé, il est donc plus facile de parcourir la région en venant du Tibet que l'inverse. Quoi que vous fassiez, soyez conscient des risques et munissez-vous de vêtements chauds et de nourriture. Et n'oubliez pas que les accidents arrivent. Pour plus de détails, reportez-vous aux chapitres *Tibet* et *Qinghai*, ou encore au guide Lonely Planet sur le *Tibet*.

Le service de bus sur la route Sichuan-Tibet vous emmènera jusqu'à la frontière et, au moment de la rédaction de ce guide, il était facile de se procurer des billets pour Batang, Ganzi, Dêgê ou d'autres villes de la préfecture autonome de Ganzi (Garzê). Cela dit, au BSP de Chengdu, le bureau de l'administration des entrées et sorties ne semble pas délivrer facilement des permis pour ces endroits, et il est toujours possible de se heurter à un refus.

Kangding (Dardo)
(*kāngdìng*)

Kangding (2 560 m) est une petite ville nichée au cœur d'une profonde vallée au majestueux panorama. Elle n'a rien de particulier, mais on doit s'y arrêter pour se rendre dans l'ouest du Sichuan. Les paysages sont magnifiques et quelques sites touristiques méritent une promenade.

Le mont Gongga (7 556 m) domine Kangding et une inscription dans un monastère en ruines au pied de la montagne affirme que voir le Gongga équivaut à dix ans de méditation. Le sommet est souvent perdu dans les nuages et cette récompense se mérite à grands renforts de patience. Un sommet voisin de la même chaîne atteint 5 200 m et les pèlerins avaient l'habitude de faire le tour des deux montagnes, soit un parcours de plusieurs centaines de kilomètres.

A voir. Il existe plusieurs lamaseries dans et autour de Kangding. A 500 m environ de la gare routière, le **monastère Anjue** (*ānjué sì*) est relativement calme, avec quelques moines et des moulins à prières. Pour s'y rendre, il faut grimper depuis la gare routière sur la route principale jusqu'à l'endroit où la ville est divisée par la Zhepuo. Traversez le troisième pont : le monastère est sur votre droite.

Avec de 70 à 80 lamas, le **monastère Nanwu** (*nánwù sì*) est la plus active lamaserie de la région. Située dans la partie ouest de la ville, sur la rive nord de la Zhepuo, elle offre de beaux points de vue sur Kangding et sa vallée. Remontez la route principale sur 2 km, traversez le pont au bout de la ville et continuez sur 300 m. A côté d'un cimetière chinois entouré d'un mur, vous verrez un chemin de terre menant dans la montagne, le long d'un ruisseau qui conduit directement au monastère.

Pour avoir une belle vue sur Kangding et (si le temps le permet) les pics enneigés voisins, essayez la randonnée de 500 m de dénivelée jusqu'en haut du **mont Paoma** (*pǎomǎshān*). L'ascension permet de passer devant plusieurs temples bouddhistes jusqu'à un stupa blanc. De là, si vous avez de la chance, vous pourrez apercevoir le mont Gongga. Prenez la bifurcation de la route juste au-dessus de la gare routière et marchez environ 10 minutes jusqu'à un escalier en béton sur la gauche. De là, il reste 30 à 40 minutes pour le sommet.

Où se loger et se restaurer. Le premier endroit sur lequel vous tomberez est le *Bus Station Hotel* (*chēzhàn jiāotōng lǚshè*), baraque bruyante et dégoûtante, mais bon marché. Un lit en chambre triple coûte 9 yuan, en double 12 yuan. A côté du monastère Anjue, l'auberge *Gongga Shan* (*gònggàshān lǚshè*) est plus chère, avec des doubles/triples à 20/15 yuan le lit. Elle est aussi plus calme, plus propre et nettement plus agréable. Il n'existe pas d'enseigne en anglais : cherchez un balcon qui donne sur la rivière. L'entrée de la réception est située à côté d'une petite maison de thé-boutique de nouilles.

Le *Traffic Hotel* (*jiāotōng fàndiàn*), s'il n'arrive pas à la cheville de son homonyme de Chengdu, reste correct, avec des hambres donnant sur la rivière. Les lits oûtent 30/15/10 yuan en chambre imple/double/triple. Le seul inconvénient st son emplacement : il faut monter sur lus d'un kilomètre depuis la gare routière.

Pour des chambres plus haut de gamme, ssayez la pension *Paoma* (*păomă īnguăn*). Leur option la moins chère est n lit en triple avec s.d.b. pour 80 yuan. Les doubles coûtent 200 yuan, ce qui paraît xorbitant. Un peu plus haut dans la rue, la ension *Kangding* (*kāngdìng bīnguăn*) ropose un hébergement un peu plus nodeste un peu moins cher.

Pour une tasse de thé au beurre de yak econstituante, essayez la maison de thé ttenante à l'auberge Gonggashan. Leurs ouilles sont également délicieuses. Sur 'artère principale de Kangding, il existe de ombreux restaurants où l'on peut choisir e que l'on veut manger. La cuisine ne vaut as celle de Chengdu, mais vous devriez ouvoir vous restaurer sans trop de mal.

Comment s'y rendre. Des bus pour Kangling partent tous les jours de la gare rouière de Xinnanmen à Chengdu à 6h30 et h30 (57 yuan). Il existe aussi un bus-couchettes à 17h30 (86 yuan). Pour un voyage pectaculaire, essayez les bus de jour, qui ranchissent péniblement le périlleux col l'Erlangshan. Le trajet est censé durer 2 heures, mais il est souvent plus long en aison de la circulation et des fréquents boulements. Le bus-couchettes pour Kangding contourne Erlangshan en prenant ne route au sud *via* Shimian qui, bien que lus longue (16 heures), donne plus de hance d'arriver à l'heure et indemne.

Pour retourner à Chengdu, les bus (dont lusieurs bus-couchettes) sont relativement réquents entre 6h et 18h.

Des bus pour Luding partent toutes les 2 heures entre 9h et 16h et coûtent 7 yuan. Un bus par jour, à 13h, va à Moxi. Si vous vous rendez au glacier Hailuogou, ce bus vous épargnera une nuit à Luding.

Pour aller vers l'ouest depuis Kangding, les bus partent tous les jours pour Litang 47 yuan, 12 heures de route), Batang

(80 yuan, 2 jours) et Ganzi (62 yuan, 14 heures). Il existe aussi un bus pour Xiangcheng, qui part à 7h les jours impairs et s'arrête pour la nuit à Litang. Pour plus de détails, reportez-vous aux rubriques *Route du nord* et *Route du sud*, plus loin dans ce chapitre.

Environs de Kangding. A 110 km au nord-ouest de Kangding, les **prairies de Tagong** (*tăgōng căoyuán*) sont une vaste étendue d'herbages verdoyants entourés de sommets enneigés et parsemés de bergers tibétains et de tentes. Non loin de là, la lamaserie Tagong, qui mêle les styles chinois han et tibétain, remonte à la dynastie Qing. Les responsables du tourisme local font la promotion de ces sites, qui restent largement préservés malgré l'accroissement du nombre de visiteurs. Des bus partent tous les jours de Kangding à 6h et 7h, et reviennent l'après-midi.

Dans les environs de Kangding, il existe aussi plusieurs lacs de montagne et sources chaudes. A 21 km au nord, le **lac Mugecuo** (*mùgécuò*) est l'un des plus élevés du nord-ouest du Sichuan (3 700 m).

Il n'y a pas de bus pour Mugecuo ; il faut donc louer un véhicule. A 300 m en remontant depuis la gare routière, vous trouverez un petit bureau de tourisme (avec une grande carte de la région en guise d'enseigne) qui vous aidera à louer un van et vous suggérera des buts d'excursions. Des chauffeurs stationnent devant le bureau ; vous ne devriez donc pas avoir de problème pour louer un véhicule. L'allerretour pour Mugecuo devrait coûter entre 100 et 150 yuan.

Moxi
(*móxī*)

Nichée dans les montagnes à quelque 50 km au sud-ouest de Luding, cette paisible ville, porte d'accès au **parc du glacier Hailuogou**, s'articule autour d'une seule grande rue.

Le bureau d'accueil pour le parc du glacier Hailuogou se trouve un peu plus haut que l'église catholique (avec son clocher surmonté d'une croix, vous ne pouvez pas la rater). On y achète des billets d'accès au glacier et on peut y louer des poneys et des guides pour 30 à 35 yuan la journée. Quant à l'église catholique, Mao y a dormi pendant la Longue Marche.

Où se loger. Deux des quelques hôtels très sommaires de la ville flanquent l'arrêt de bus principal. Sur la gauche, avec sa pancarte en anglais indiquant "Reception Center", l'hôtel *Luyou* (*lǚyóu fàndiàn*) propose des lits dans des chambres calmes tout en bois pour 10 yuan. A droite, malgré l'absence de panneaux, c'est aussi un hôtel, où les lits coûtent 5 yuan. Les chambres sont cependant un peu sinistres et donnent sur la rue principale. Une cinquantaine de mètres plus haut, près de l'entrée de Hailuogou, la pension *Hailin* (*hǎilín bīnguǎn*) est une bâtisse en béton gris qui, non contente de gâcher le paysage, propose des lits en chambre double avec s.d.b. à 40 yuan.

Comment s'y rendre. Un bus part tous les jours de Kangding pour Moxi à 13h (13 yuan). De Luding, 3 ou 4 bus desservent Moxi tous les jours entre 7h30 et 14h30. Le trajet de 54 km dure près de 3 heures et coûte 7 yuan. Il devrait aussi vous procurer quelques sensations fortes : plusieurs tronçons sont à flanc de falaise et la route semble disparaître sous les roues du bus. De Moxi, des bus partent à 7h et 8h pour Luding et Kangding ; un autre bus, à 11h30, s'arrête à Luding. Le bus de 7h est généralement bondé de Chinois se rendant à Luding. Si vous voulez une place assise, prenez-le au terminus, près de la pension Hailin, vers 6h45.

De nombreux voyageurs qui se rendent au glacier Hailuogou passent par Kangding et reviennent par Luding, d'où partent un bus direct pour Chengdu à 7h et un bus-couchettes à 15h. Une autre solution consiste à faire le détour par le sud jusqu'à Emei et Leshan. Prenez le bus de 7h pour Luding, mais dites au chauffeur de vous déposer à Maoziping (*māozǐpíng*). Fran-

chissez le pont suspendu : sur l'autre riv vous aurez la route principale relia Luding à Shimian. De là, vous pourr héler un bus (surchargé) pour Wusihe, q se trouve sur la ligne de chemin de f Chengdu-Kunming. Pour plus de rense gnements, reportez-vous à la rubriq *Luding-Wusihe-Leshan* ci-dessous.

Parc du glacier Hailuogou
(*hǎiluógōu bīngchuān gōngyuán*)

Le parc du glacier Hailuogou fait partie massif du mont Gongga. Il s'agit du glaci le plus bas d'Asie, qui n'a que 1 600 environ. Le glacier principal (glacier n° fait 14 km de long et couvre 16 km². D guides de Moxi organisent des circuits poney bon marché de 3 à 7 jours sur l pistes du glacier. Le sommet offre un pan rama époustouflant sur le mont Gongg mais les caprices de la météorologie n permettent pas toujours de l'admirer. vous espérez des paysages spectaculaire comptez 2 ou 3 jours de plus que prévu. saison des pluies dans cette région s'éte sur juillet et août, et certains voyageurs o été déçus par un ciel de plomb et de bruine. D'après les habitants, le meille moment pour visiter le glacier est de f septembre à fin octobre, lorsque le ciel plus souvent dégagé.

Cette excursion est devenue plus ais depuis quelques années, mais il vaut mie être préparé. Des vêtements chauds et bonnes lunettes de soleil sont un minimu On peut trouver à manger et à boire route, mais il est préférable de se munir provisions.

Si vous disposez d'un poney, vous pou rez atteindre le camp n°3 en 7 à 8 heure A pied, comptez 2 jours (ou une journée un rythme soutenu). Les guides vous inc teront plutôt à une randonnée de 3 jou et 2 nuits. Cela signifie généralement qu l'on passe la première nuit au camp n° que l'on monte au camp n°3 le lendema pour déjeuner et admirer le glacier, pu que l'on redescend pour passer deuxième nuit au camp n°2. La locati d'un poney coûte 30 à 35 yuan par jour.

En haut à gauche : épices et légumes au marché de Kashgar (Xinjiang)
En haut à droite : cordonniers en plein travail (Xinjiang)
En bas à gauche : de nombreuses minorités ethniques vivent dans le Xinjiang
En bas à droite : un commerçant en herbe à Kashgar

ROBERT STOREY

ROBERT STOREY

ROBERT STOREY

En haut : les grottes aux Mille Bouddhas de Bezeklik près de Turfan (Xinjiang)
Au milieu : scène de marché dans l'oasis de Turfan, point le plus bas et le plus chaud
de Chine
En bas : pause devant les ruines de Gaochang, ancienne capitale des Ouïghours et
étape sur la route de la Soie (Xinjiang)

La plupart des poneys empruntent un chemin de terre assez droit. Certains voyageurs ont eu des difficultés à la descente, lorsque les plus jeunes des guides ont tendance à accélérer l'allure.

Si vous choisissez de grimper à pied, vous pouvez également louer une monture pouvant porter jusqu'à trois sacs pour 30 yuan la journée. On peut même louer un poney pour la montée uniquement (15 yuan jusqu'au camp n°1, 35 yuan pour le n°3) et redescendre à pied. Des cartes avec des commentaires en anglais sont disponibles au bureau d'accueil du parc, à Moxi.

De Moxi, le sentier suit la rivière Yanzigou. A la sortie de Moxi, il faut payer 47 yuan pour entrer dans le parc. De là, le chemin est tout droit sur environ 11 km, jusqu'au **camp n°1** (*yīhào yíngdì*), à 1 940 m d'altitude. On franchit un pont branlant sur le chemin. Le camp suivant est à 6 km.

Au **camp n°2** (*èrhào yíngdì*) (2 620 m), le sentier quitte la vallée de la rivière et traverse une forêt luxuriante pendant quelque 5 km. Au **camp n°3** (*sānhào yíngdì*) (2 940 m), une pancarte indique que les voyageurs doivent être accompagnés d'un guide pour se rendre au glacier même. Les guides de poneys de Moxi ne sont pas qualifiés mais, la location d'un guide de glacier étant incluse dans le prix d'accès au parc, vous ne devriez donc rien avoir à débourser de plus. Du camp n°3, le premier arrêt est le **point de vue sur le glacier** (*bīngchuān guānjǐngtái*), à 3 000 m, d'où l'on voit la **langue du glacier** à gauche et le **glacier n°2** à droite. On peut suivre ensuite un chemin qui longe le glacier sur 2,5 km jusqu'au **point de vue sur la cascade du glacier** (*bīngchuān pùbù guānjǐngtái*). Il existe aussi une belle grotte de glace à une demi-heure de marche environ. La distance que vous pourrez parcourir après le camp n°3 dépendra des conditions climatiques.

Où se loger et se restaurer. Il existe des lits à 20 yuan, dans des gîtes humides et peu avenants, aux camps situés sur la route du glacier, où le service peut également être glacial. En revanche, dans les camps n°1 et 2, on peut s'immerger dans des sources chaudes. Certaines personnes ne marchent que 3 à 4 heures par jour et passent une nuit à chaque camp. D'autres vont directement au camp n°3, où l'on peut louer une sorte de chalet pour quatre, un peu décrépit. Pas de douche à cet endroit : il faudra attendre de repasser aux sources chaudes dans les camps précédents. Les responsables du parc ne semblent pas très en faveur du camping et, de toute façon, il n'y a guère d'emplacements plats pour monter la tente.

Dans les camps, on peut acheter des boissons non alcoolisées, de la bière et de l'eau minérale, ainsi que de la nourriture. Celle-ci est mauvaise partout : régime continu de soupe au chou et de poivrons verts frits dans de la graisse de porc.

Comment s'y rendre. Pour se rendre à Hailuogou, il faut passer par Moxi, elle-même accessible en bus depuis Kangding et Luding. Voir ci-dessus la rubrique concernant *Moxi*.

Luding
(*lùdìng*)

A mi-chemin entre Kangding et Moxi, Luding mérite éventuellement une courte halte, possible aussi au retour vers Chengdu. Luding est célèbre dans toute la Chine comme site du plus glorieux épisode de la Longue Marche, qui s'est déroulé au pont de Luding, suspendu par des chaînes au-dessus de la Dadu.

En mai 1935, les troupes communistes arrivant devant ce pont découvrirent que des soldats du Guomindang les avaient devancées, en avaient enlevé le revêtement et tenaient l'ouvrage sous la menace de leurs armes. Vingt soldats communistes armés de grenades traversèrent le pont en se suspendant aux chaînes et écrasèrent les soldats du Guomindang sur l'autre rive. Cet exploit permit la poursuite de la Longue Marche avant l'arrivée du gros des troupes du Guomindang.

Le **pont de Luding** (*lùdìng qiáo*) se trouve dans le sud de la ville. Le premier ouvrage, construit en 1705, était un point important sur la route du Sichuan au Tibet. La rue principale de la ville abrite le **musée révolutionnaire du Pont de Luding** (*lùdìng qiáo gémìng wénwù chénlièguǎn*), où sont exposés 150 objets ayant appartenu aux participants de la Longue Marche.

Où se loger. Luding compte quelques hôtels. Au sud de la gare routière, en partant de la rue principale, la *Luding County Government Guesthouse* (*xiàn zhāodàisuǒ*) possède des lits en chambre triple pour 17 yuan et en double acceptable avec s.d.b. pour 40 yuan. Pour semer la confusion, cet endroit est également appelé *Luding Hotel* (*lùdìng bīnguǎn*). Il existe une petite pancarte en anglais, mais on ne la voit pas de la rue principale.

Le *Bus Station Hotel* (*chēzhàn lǚguǎn*) offre des lits en triple à 12 yuan, tandis que le *Confortable Inn* (*shūshì lǚshè*), près de la gare routière Sud, comporte un panneau en anglais et possède des lits en dortoirs à 7 yuan.

Comment s'y rendre. Pour une raison étrange, Luding possède deux gares routières. La principale se trouve sur la route principale venant de Kangding, à l'extrémité nord de la ville. De là, on peut prendre des bus pour Moxi (10 yuan), Kangding (7 yuan) et Chengdu (direct, 50 yuan). Les bus pour Chengdu partent à 7h et mettent 12 heures s'il n'y a pas d'éboulements ou de glissements de terrain. Des bus-couchettes partent à 15h et passent par Shimian, en contournant le col d'Erlangshan. Des bus pour Kangding partent fréquemment entre 7h30 et 14h30. Seuls quelques bus desservent Moxi, à 7h30, 13h30 et 14h30. Plusieurs bus partent tous les matins pour Shimian, d'où l'on peut prendre un bus à destination de Wusihe, sur la ligne de chemin de fer Chengdu-Kunming.

Au sud de la ville, une rue au-dessus de la rue principale, la gare routière Sud n'est

guère utile, étant donné que l'autre couvr[e] toutes les destinations. Vous vous y fere[z] cependant peut-être déposer, en particuli[er] si vous arrivez de Kangding. Cette gar[e] dessert également Chengdu, Kangding [et] Shimian.

Luding-Wusihe-Leshan

Si vous allez à Leshan, à Emeishan o[u] même à Kunming, et que vous ne tenez pa[s] à repasser par Chengdu, vous pouve[z] essayer de rejoindre la tête de ligne [de] Wusihe. Un ou deux bus par jour vo[nt] généralement de Luding à Wusihe mais, [si] vous les ratez, prenez un bus pour Shimia[n] où les correspondances de bus sont fr[é]quentes. Les bus de Shimian à Wusih[e] s'arrêtent environ une heure à Hanyua[n]. Au total, il faut compter presque la journé[e] pour effectuer ce trajet de 210 km, mais [on] peut admirer au passage de magnifique[s] paysages de gorges et de rivières.

La plupart des trains de Wusihe à Em[ei] et Leshan partant entre 7h50 et 10h3[0,] vous devrez sans doute passer la nuit [à] Wusihe. Plusieurs établissements auto[ur] de la gare routière proposent des lits po[ur] 7 à 10 yuan. L'hôtel situé juste aprè[s la] rue menant à la gare est correct. Un trai[n] part pour Leshan à 0h26 et arrive à 3h4[0] mais la population locale ne le recom[-] mande pas. Une place en assis-dur po[ur] Emei ou Leshan devrait revenir à 8 yua[n.] Le trajet dure environ 3 heures 30 avec [la] plupart des trains.

Si vous allez vers le sud, à Panzhih[ua] (d'où partent des bus pour Lijiang, au Yu[n]nan) ou à Kunming, il faut savoir que vo[us] ne pourrez acheter que des sièges dur[s à] la gare ferroviaire de Wusihe. L'expres[s] n°66 à destination de Kunming, notoir[e]ment bondé, s'arrête à Wusihe à 19h50, [le] n°321 pour Panzhihua à 1h27.

Sichuan-Tibet – route du Nord

Des deux itinéraires, celui-ci est le moin[s] fréquenté, sans doute parce qu'il fa[it] 300 km de plus que la route du Sud. Il pr[é]sente un avantage pour le voyageur : en effet, si vous êtes éconduit à la frontièr[e] avec le Tibet, vous devriez pouvoir remonter jusqu'à la province du Qinghai en passant par Sêrxu (*shíqú*). Cependant, vous risquez même d'avoir du mal à vous rendre si loin : au moment de la rédaction de ce guide, le BSP faisait tout pour fermer la route aux étrangers, et la gare routière de Kangding ne vendait même pas de billets pour Ganzi. Si vous y arrivez, n'oubliez pas que les bus sont rares.

Ganzi
(*gānzī*)

La capitale de la région autonome tibétaine de Ganzi (Garzê) se niche à 3 800 m d'altitude dans une haute vallée du massif des Cholashan, à 385 km au nord-ouest de Kangding. Elle est peuplée en majorité de Tibétains khampas. Peu d'Occidentaux y ont séjourné, en partie parce que le BSP, vous soupçonnant de faire route pour le Tibet, fera tout pour vous en dissuader. Puisque la route Xining-Chengdu entre le Qinghai et le Sichuan devient de plus en plus fréquentée, on lui rendra peut-être justice ; il est plus facile d'aller à Ganzi si l'on se dirige vers Chengdu. Pour l'instant, elle reste principalement une ville-étape entre Sêrxu et Kangding, pour ceux qui se hâtent de rejoindre la plaine après les rigueurs de la route Xining-Sêrxu.

La **lamaserie de Ganzi** (*gānzī sì*), au nord du quartier tibétain de la ville, mérite une visite, bien que son architecture n'ait rien d'exceptionnel, pour la superbe vue sur la vallée de Ganzi.

L'hôtel *Ganzixian* (*gānzīxiàn zhāodàisuǒ*) possède des lits de 10 à 20 yuan, une salle à manger correcte et de l'eau chaude.

Pour plus de renseignements sur le voyage vers le nord jusqu'à Xining *via* Sêrxu, reportez-vous à la rubrique *Xining* du chapitre *Qinghai*.

Comment s'y rendre. Les bus pour Ganzi quittent Kangding tous les jours à 6h, mettent 14 heures et coûtent 62 yuan. Depuis Ganzi, un bus part tous les matins à l'aube pour Kangding. Il y a des bus tous les 3 jours jusqu'à Dêgê au départ de Kang-

ding ; ils s'arrêtent pour la nuit à Luhuo et traversent Ganzi vers 10h. Dans des conditions optimales, les 200 km de Ganzi à Dêgê se parcourent en 8 heures. De même, des bus pour Sêrxu partent de Kangding à peu près tous les 3 jours, s'arrêtent pour la nuit à Daofu et font une halte à Ganzi vers 13h avant de repartir.

Dêgê
(*dégé*)

Dernière ville sur la route du Nord avant le Tibet, elle est très surveillée et vous aurez peut-être du mal à passer le poste de contrôle. Les gardiens sont intransigeants avec les voyageurs qui essayent de pénétrer au Tibet cachés dans un camion ; bon nombre se sont fait renvoyer de Dêgê.

La ville abrite la **lamaserie-imprimerie Bakong**, vieille de 250 ans, qui renferme une impressionnante collection de textes tibétains des cinq sectes lamaïstes, qui comptent des fidèles dans le monde entier. Trois cents artisans y travaillent sous la direction d'un grand lama. Cette lamaserie contient 200 000 planches d'imprimerie en bois. Les ouvrages imprimés concernent des domaines aussi divers que l'astronomie, la géographie, la musique, la médecine et les classiques du bouddhisme. L'histoire du bouddhisme indien, composée de 555 planches de bois en sanscrit, hindi et tibétain, est un exemplaire unique au monde. Un Avalokitesvara vert (la déesse Guanyin en Chine) protège le monastère du feu et des tremblements de terre.

A Dêgê, le logement est très rudimentaire : pas de douches et des couches en bois à l'hôtel de la gare routière, pour 5 à 10 yuan.

Comment s'y rendre. Il existe un bus direct pour Dêgê depuis Kangding. Au moment de la rédaction de cet ouvrage, les départs se faisaient tous les 3 jours à partir du troisième jour du mois (les 3, 6, 9, etc.). Cet horaire est cependant pour le moins "flexible". Les bus quittent Kangding à 7h, s'arrêtent pour la nuit à Luhuo, traversent Ganzi vers 10h et arrivent à Dêgê le même soir, sauf imprévus. Les bus pour Ganzi, puis Kangding, partent de Dêgê tous les 3 jours à partir du deuxième jour du mois (les 2, 5, 8, etc.).

Sichuan-Tibet – route du Sud

Cet itinéraire voit passer nettement plus de voyageurs, bien que beaucoup n'aillent que jusqu'à Litang avant de redescendre vers Xiangcheng, puis vers le Yunnan. Entre Kangding et la ville-frontière de Batang, s'étendent plus de 500 km de chemins de terre, de cols de 4 000 m à franchir, de paysages éblouissants et d'éventuels éboulis et glissements de terrain. Quelques voyageurs qui se sont rendus récemment à Batang ont été poliment renvoyés. Si cela vous arrive, vous aurez au moins le recours de redescendre vers Zhongdian, dans le Yunnan, au lieu de rejoindre laborieusement Chengdu, à 4 jours de voyage. Pour plus de détails, reportez-vous à la section *De Litang à Zhongdian*, ci-dessous.

Litang
(lĭtáng)

A plus de 4 000 m d'altitude, Litang est l'une des plus hautes villes de Chine. L'oxygène est rare et une simple promenade suffit à vous essouffler. Elle est implantée en bordure d'un vaste herbage. C'est là que les bergers tibétains voisins viennent abreuver leurs troupeaux. On peut les voir, au crépuscule, traverser la ville dans un nuage de poussière.

Certains voyageurs se sont procuré à Litang des bottes en peau de yak, des capes et autres vêtements tibétains à des prix imbattables. Le treizième jour du sixième mois lunaire marque le début d'une foire commerciale et de fêtes durant 10 jours placées sous le patronage du panchen-lama. Litang possède également une lamaserie construite, dit-on, par le troisième dalaï-lama ; elle renferme, prétend la population locale, une statue de Bouddha apportée à pied depuis Lhassa. De chaleureux moines sont apparemment ravis de faire longuement visiter la lamaserie aux voyageurs.

Où se loger. L'hôtel de la gare routière, au sud de la ville, propose des dortoirs pour 8 yuan. Vous partagerez la salle de bains avec tous les passagers de tous les bus. Plus haut dans la rue, à 150 m sur la droite, une autre petite pension possède des lits en dortoir plus calmes et plus propres pour 11 yuan. Il n'y a pas de douches mais, à un quart d'heure de la gare routière, des bains publics peuvent vous accueillir moyennant 4 yuan. Le personnel de la gare vous indiquera l'endroit.

Comment s'y rendre. Un bus part tous les jours de Kangding pour Litang à 6h (47 yuan). Il faut au moins 12 heures pour franchir les 284 km de route et de cols élevés. Même en été, mieux vaut s'équiper chaudement pour lutter contre les souffles arctiques qui règnent à cette altitude. De Litang, des bus partent pour Kangding à 6h30 ; cependant, si ce jour-là le bus arrive de Batang, l'heure de départ sera peut-être retardée. C'est la bousculade pour trouver une place assise : mieux vaut arriver tôt (voire avant l'arrivée du bus), si vous ne tenez pas à passer 12 heures debout sur une route de terre cahoteuse. Des bus pour Batang partent tous les matins. L'horaire est variable car le bus, qui arrive de Kangding, a passé la nuit à Litang ou à Yajiang, à 136 km à l'est de Litang. De là, des bus vont aussi à Xiangcheng ; ils partent à 10h les jours pairs.

Batang
(bātáng)

A 32 km de la frontière tibétaine, Batang ne contient guère plus qu'un entrepôt de camions et une gare routière. Pourtant, cette ville à l'artère unique, peuplée presque uniquement de Tibétains, est, dit-on, très amicale. L'activité se concentre autour du flux constant de camions allant vers le Tibet. Plusieurs chauffeurs tibétains ont offert à un voyageur de l'emmener à Lhassa pour 500 yuan ; il doit donc être possible de se glisser dans un camion. Ne payez pas à l'avance, au cas où vous seriez extirpé de votre cachette à la frontière et envoyé à Chengdu. La plupart des voyageurs qui sont arrivés jusqu'à Batang ont u à payer une amende et ont dû repartir ans les 24 heures. L'un d'eux raconte :

'ai entendu frapper. La porte s'est ouverte : deux oliciers du BSP se tenaient sur le seuil. Ils ont été xtrêmement polis, ont dit qu'ils étaient désolés nais que je n'étais pas censé être là, si je pouvais voir l'obligeance de partir dès le lendemain. A ontrecœur, ils m'ont infligé une amende de 30 yuan mais, lorsque je leur ai montré une carte 'étudiant, ils m'ont fait une ristourne de 95 yuan !

Où se loger. En arrivant de Litang, l'hôtel le la gare routière et ses lits à 5 yuan se rouvent à mi-chemin du centre-ville sur la droite. En sortant de la gare, environ 50 m plus loin sur la droite, le petit immeuble blanc de deux étages à moulures jaunes est un hôtel, bien qu'il n'y ait ni enseigne ni éception. Le personnel est accueillant et es lits dans des chambres relativement propres et calmes coûtent 8 yuan.

Comment s'y rendre. Un bus part de Batang pour Litang tous les jours tôt le matin. Il met 12 à 14 heures et franchit le col de Haizishan (4 675 m). Pour plus de détails, reportez-vous à la section *Comment s'y rendre* de *Litang*, ci-dessus.

De Litang à Zhongdian : la petite porte pour le Yunnan

Cet itinéraire est de plus en plus fréquenté par les voyageurs ayant du temps devant eux. Le trajet de 400 km franchit plusieurs défilés époustouflants, des prairies et des paysages montagneux à perte de vue. Comme dans le reste de l'ouest du Sichuan, a fréquence des bus est limitée (un par jour au maximum).

Des bus partent le matin de Litang pour Xiangcheng, les jours pairs. L'horaire est variable, puisque le bus arrive de Kangding et aura peut-être passé la nuit à Yajiang. Le trajet de 200 km dure 10 heures, sur une route rocailleuse à une voie et coûte 36 yuan. Si vous allez dans l'autre sens, vers le nord et Litang, les bus quittent Xiangcheng à 6h30 les jours impairs.

Xiangcheng est un joli village en bordure de rivière, avec des maisons de pierre carrées aux toits en bois, des monastères tibétains et le passage de quelques nomades. Les moines du monastère accueillent les visiteurs étrangers et leur font visiter les lieux. L'hôtel de la gare routière propose des lits en chambre quadruple pour 5 yuan. Le BSP risque de ne vous y laisser passer qu'une nuit ou deux, selon le jour où part votre bus.

Pour Zhongdian, les bus partent tous les matins à 6h. Ils figurent parmi les plus brinquebalants de Chine. Le trajet dure 12 heures et coûte 36 yuan. Dans l'autre sens, les bus partent tous les jours à 7h30 de Zhongdian pour Xiangcheng. Pour plus de détails concernant Zhongdian, reportez-vous au chapitre *Yunnan*.

SICHUAN DU NORD

La préfecture autonome (Tibet et Qiang) d'Aba du nord, dans le nord du Sichuan, est sans doute la région la plus tibétaine de la province. Il n'est pas nécessaire d'avoir un permis du BSP de Chengdu pour s'y rendre. Avec ses denses forêts alpines et ses vastes herbages, c'est aussi un endroit idéal pour profiter de la nature. Les randonnées à dos de poney dans les environs de Songpan et les excursions dans la réserve naturelle de Jiuzhaigou ont rendu cette région de plus en plus prisée des voyageurs, nombreux à la traverser pour se rendre à Langmusi, Xiahe et autres destinations de la province du Gansu.

Presque tout le Sichuan du Nord se trouve entre 2 000 et 3 000 m d'altitude, aussi faut-il prendre des vêtements chauds. Même en été, les températures peuvent tomber à 15°C la nuit. La saison des pluies dure de juin à août. Lors de vos préparatifs, n'oubliez pas que les endroits où l'on peut changer de l'argent sont rares dans cette région : prévoyez suffisamment de liquide.

Les routes sont dangereuses et il ne faut pas vous attendre à ce qu'elles soient entretenues. Il en est de même pour les véhicules : la conduite laisse souvent à désirer. Les routes sont particulièrement périlleuses en été, lorsque des déluges entraînent de fréquents glissements de terrain. Mieux vaut prévoir ce périple au printemps ou en automne, lorsqu'il fait meilleur.

Songpan
(sōngpān)

Bien qu'elle soit surtout considérée comme une étape sur la route de Jiuzhaigou, cette ville animée et chaleureuse mérite à elle seule une visite. Un bon nombre de ses vieux bâtiments en bois sont encore intacts, de même que les anciens portails qui remontent à l'époque où Songpan était une ville fortifiée. Des fermiers et des bergers tibétains arpentent à cheval les rues pavées, des artisans de rue vendent leur production dans le quartier commerçant et, à quelques kilomètres de la ville, c'est une féerie de splendides forêts de montagne et de lacs émeraude.

Randonnées équestres. Si Songpan es[t] une jolie ville, le paysage environnant l'es[t] davantage encore. L'une des meilleure[s]

SONGPAN 松潘

OÙ SE LOGER

1	Pension 旅社
5	Hôtel Lin Ye 林业宾馆
7	Hôtel Songzhou 松州宾馆
8	Songpan County Government Hostel 县政府招待所
11	Hôtel Huanglong 黄龙宾馆
17	Hôtel Songpan 松潘 宾馆

OÙ SE RESTAURER

6	Restaurant Xin Xin 忻忻饭店
10	The Happiest Restaurant 福餐厅
15	Restaurant musulman 穆斯林餐厅

DIVERS

2	Shun Jiang Horse Treks (randonnées équestres) 顺江旅游马队
3	Gare routière principale 汽车北站
4	Porte nord 北门
9	Poste 邮局
12	Cinéma 电影院
13	Porte est 东门
14	Gare routière Est 汽车东站
16	Pont couvert 古松桥
18	Hôpital 医院
19	Porte sud 南门

Songpan

manières de le découvrir est d'effectuer une randonnée équestre. Pendant 2 à 7 jours, les guides vous feront traverser des vallées et des forêts virginales.

Il existe divers organisateurs de randonnées équestres à Songpan. Le plus intéressant est incontestablement Shun Jiang Horse Treks (*shùnjiāng lǚyóu mǎduì*), un petit bureau face à la gare routière. Le personnel vous repérera sans doute avant même votre descente du bus. Pour 70 yuan la journée, vous aurez un cheval, trois repas par jour, des tentes, des matelas et même des vestes chaudes en cas de froid. Les guides s'occupent de tout.

La randonnée classique de 3 jours permet de découvrir une série de lacs de montagne et une source chaude à Erdao Hai puis, le lendemain, la cascade de Zhaga. Pour chacune des deux régions, le droit d'entrée s'élève à 32 yuan : l'argent est directement affecté à l'entretien du parc. La cuisine consiste essentiellement en pommes de terre, quelques légumes verts et du pain. Pour varier, apportez des en-cas. Si vous voulez de la bière, apportez-la aussi. Pour qui désire admirer les magnifiques paysages de Chine, c'est l'occasion ou jamais de s'y plonger.

Où se loger et se restaurer. On ne fait pas plus rustique que le *Bus Station Hotel* (*chēzhàn zhāodàisuǒ*). Un lit en chambre de deux et trois pleine de courants d'air coûte de 10 à 15 yuan. Le pire sont les toilettes, de l'autre côté du parking des bus, que l'on partage avec tous les voyageurs. L'hôtel offre cependant des douches chaudes, légèrement plus propres que les toilettes.

A gauche de la gare routière, un peu plus haut dans la rue, une petite pension sans nom possède des lits en chambre quadruple pour 5 yuan. Pas de douche, cependant ; des toilettes malodorantes constituent les seuls sanitaires. L'hôtel *Lin Ye* (*línyè bīnguǎn*) est sans doute préférable, relativement calme et propre, en bordure de la rivière Min. Le lit en dortoir coûte 15 yuan, la double 60 yuan.

Dans la rue principale, la *Songpan County Government Guesthouse* (*xiànhèngfǔ zhādàisuǒ*) est à éviter. Un lit dans un dortoir peu avenant coûte le prix (scandaleux) de 30 yuan, les sanitaires sont répugnants et le service réfrigérant. Sur le trottoir d'en face, l'hôtel *Songzhou* (*sōngzhōu bīnguǎn*), considérablement plus plaisant, propose des tarifs similaires. Il existe même des chambres avec s.d.b., mais elles coûtent 180 yuan. Un peu plus bas dans la rue, l'hôtel *Huanglong* (*huánglóng bīnguǎn*), un peu décrépit, dispose cependant de lits en dortoirs à 12 yuan et de simples/doubles avec s.d.b. communes pour 50/80 yuan.

Le meilleur établissement de la ville est sans doute l'hôtel *Songpan* (*sōngpān bīnguǎn*), qui dispose de doubles/triples neuves à 160/150 yuan. Un lit en triple avec s.d.b. commune coûte 25 yuan. Le principal inconvénient reste son emplacement, à 15 minutes à pied environ du centre-ville. Il aura d'ailleurs bientôt un rival : un nouvel hôtel est en cours de construction à côté de la gare routière principale.

Songpan s'équipe peu à peu pour accueillir les visiteurs étrangers, et l'on trouve un bon nombre de petits restaurants avec des panneaux et des menus en anglais. Le *Happiest Restaurant* (*fúcāntīng*) et le restaurant *Xin Xin* (*xīnxīn fàndiàn*) servent tous deux une cuisine correcte. Près du pont couvert et du quartier du marché, le *restaurant musulman* (*mùsīlín fàndiàn*) est propre et la cuisine succulente. Les prix y sont un peu plus élevés, surtout pour du poulet et du poisson, et il n'y a pas de menu en anglais, mais on peut facilement aller choisir ce que l'on veut en cuisine. Pour le petit déjeuner, goûtez les raviolis de certaines petites gargotes de la rue principale.

Comment s'y rendre. Malgré sa petite taille, Songpan possède deux gares routières. Trois bus partent généralement à 7h de la gare routière de Ximen à Chengdu pour Songpan : deux d'entre eux s'arrêtent en principe à la gare routière principale, au nord de la ville, et l'autre peut arriver à la gare routière Est. Pour revenir à Chengdu, un bus part de chaque gare tous les jours à 5h ; un autre part parfois de la gare Nord à 6h les jours pairs. Les 335 km qui séparent Chengdu de Songpan comprennent quelques-unes des pires routes du Sichuan : préparez-vous à amortir des chocs brutaux pendant 12 à 14 heures. Des travaux d'amélioration sont prévus afin que les touristes puissent se rendre à Jiuzhaigou en une journée.

De Songpan, des bus partent pour Jiuzhaigou à 6h et continuent jusqu'à Nanping. Les bus pour Zöigê partent à 6h30, de la gare routière principale les jours pairs et de la gare Est les jours impairs. Le trajet dure 6 à 7 heures et coûte 36 yuan (prix pour étrangers).

Attention ! Il sera peut-être demandé aux voyageurs de contracter une assurance auprès de la People's Insurance Company of China (PICC) pour les voyages en bus dans le Sichuan du Nord et le Gansu. Le guichet de la gare routière de Ximen à Chengdu demandait auparavant aux étrangers de présenter une carte PICC mais, à présent, l'assurance est incluse dans le prix multiplié par deux qu'ont à payer les étrangers pour leur billet de bus. Cependant, à Zöigê et dans certaines villes du Gansu, des voyageurs ont été renvoyés aux succursales du PICC pour prendre leur carte d'assurance avant d'être autorisés à monter dans le bus. Inutile de leur dire que vous êtes déjà assuré pour votre voyage : si la police n'émane pas du PICC, elle n'est pas reconnue. Cette règle a apparemment été adoptée à la suite d'un procès intenté au gouvernement chinois par la famille d'un touriste japonais tué dans un accident de bus du côté de Jiuzhaigou. Si vous ne faites que l'aller-retour pour Jiuzhaigou, vous n'aurez sans doute pas de problème mais, pour poursuivre plus au nord, il serait plus sage de vous procurer cette carte à Chengdu. Elle coûte 30 yuan, est valable un mois et s'achète au bureau de la PICC (*zhōngguó rénmín bǎoxiǎn gōngsī*), dans

Shudu Dadao (Renmin Donglu), juste en bas de la rue du marché Hongqi à Chengdu.

Huanglong
(*huánglóng*)

Cette vallée parsemée de cascades et d'étangs multicolores (bleu, jaune, blanc et vert) étagés en terrasses à flanc de montagne, se trouve à 56 km de Songpan, sur la route de Jiuzhaigou. Le temple du Dragon jaune (*huánglóng sì*) et la région environnante ont été déclarés parc national de Huanglong depuis 1983. Les étangs en escaliers les plus spectaculaires sont situés derrière le temple, à environ 2 heures de marche de la route principale. Huanglong figure presque toujours dans les itinéraires de visite de Jiuzhaigou au départ de Chengdu (une semaine), mais certaines personnes sont déçues et préfèrent passer un jour de plus à Jiuzhaigou. Tous les ans, une *miaohui* (fête du temple) se déroule à Huanglong, au milieu du sixième mois lunaire (mi-août) et attire de nombreux marchands de la minorité Qiang.

Dans le parc national, plusieurs petites pensions proposent des lits entre 5 et 10 yuan, voire moins : pas de fioritures, des lits durs et parfois un poêle à charbon en hiver. L'hôtel *Huanglong* (*huánglóng zhāodàisuǒ*) propose un hébergement un peu plus élaboré : des lits en triple avec s.d.b. à 30 yuan et des doubles standard à 80 yuan. Il se trouve à l'entrée du parc.

Il n'existe pas de bus publics pour Huanglong, et il n'est pas facile de s'y rendre en dehors d'un voyage organisé. Vous pourrez peut-être monter dans le bus d'un circuit organisé au départ de Songpan ou de Jiuzhaigou tôt le matin, mais les chauffeurs sont souvent réticents à prendre des étrangers, craignant de ne pas être assurés.

Jiuzhaigou
(*jiǔzhàigōu*)

Dans le nord du Sichuan, proche de la limite de la province du Gansu, Jiuzhaigou (qui signifie littéralement "ravin des Neuf Palissades") fut "découverte" dans les années 70 et accueille désormais 300 000 visiteurs par an. La région de Jiuzhaigou abrite plusieurs points de peuplement tibétain. C'est aussi une fabuleuse réserve naturelle, avec des zones d'habitat protégées des pandas et des paysages alpins magnifiques (lacs clairs, pics et forêts). La région est parsemée de moulins à prières tibétains et de *chortens*, les stupas tibétains. Les difficultés de transport et l'isolement de la région l'ont relativement protégée du tourisme.

Malgré la bonne volonté des autorités, cela risque de changer très vite. Une plate-forme pour hélicoptères est en cours de construction, quoique les chaînes de montagnes entre Chengdu et Jiuzhaigou ne s'avèrent guère idéales pour ces appareils. Et des résidences hôtelières de luxe à la chinoise, bien qu'encore largement vides, bordent la route conduisant à l'entrée du parc.

Il est bien de consacrer 8 ou 10 jours à la visite de cette région par la route. Il faut 2 ou 3 jours pour s'y rendre et l'on peut passer 3 à 4 jours sur place, ou même plusieurs semaines… Les sentiers de promenades ne manquent pas, au cœur de paysages idylliques où alternent cascades, lacs et forêts. L'endroit rêvé pour régénérer des sens atrophiés par la vie urbaine. Afin d'éviter que la forêt ne soit piétinée par des hordes de touristes, les responsables du parc ont dépêché sur certains chemins écartés des gardes chargés de dissuader les promeneurs égarés. Si vous rencontrez un garde, mieux vaut être poli et regagner la route.

L'entrée du parc national de Jiuzhaigou est proche de l'hôtel Yangdong, où le bus vous déposera probablement. C'est là qu'intervient le moment le plus douloureux du voyage : un droit d'entrée de 158 yuan. C'est exorbitant pour la Chine (même les habitants du pays doivent débourser 67 yuan), et il n'y a rien à y faire : les cartes d'étudiants ne sont pas acceptées, à moins que vous ne possédiez également une résidence légitime ou un certificat de travail. L'entrée inclut une nuit à l'hôtel Nuorilang, en dortoir de trois.

Depuis l'entrée du parc jusqu'aux premiers hôtels situés à l'intérieur, il faut par-

courir 5 km sur une route goudronnée, 14 km jusqu'à l'hôtel Nuorilang. On peut se faire prendre par des chauffeurs locaux qui traînent à la grille d'entrée. Jusqu'à Nuorilang, cela devrait vous coûter 10 ou 12 yuan par personne, mais on risque de vous réclamer davantage. Marchandez âprement.

A l'hôtel Nuorilang, la route se divise en deux : le tronçon de droite mène au lac du Cygne, celui de gauche au Long Lac. 18 km séparent Nuorilang du Long Lac, 9 km Nuorilang de Rizi et 8 km Rizi du

Vers Songpan (103 km) et Huanglong (12km)

Vers Nanping (38 km)

Jiuzhaigou

Plate-forme pour hélicoptères

Hôtel Shangye

Entrée

Hôtel Yangdong

Guichet de vente des billets de bus

Heye

Jiuzhaigou

0   2,5   5 km

Lac du Miroir

Shuzheng

Chutes Shuzheng

Chutes Nuorilang

Chutes des Perles

Hôtel Nuorilang

Lac des Pandas

Hôtels tibétains

Lac de la Flèche de bambou

Lac du Cygne

Étang multicolore

Long Lac

lac du Cygne. Peu de touristes se rendent au Long Lac, qui n'est accessible que par une route de terre.

Où se loger et se restaurer. A moins d'avoir un bus à prendre tôt le lendemain matin, mieux vaut séjourner dans l'enceinte du parc. Juste au-dessus des chutes de Nuorilang, vous passerez sans doute votre première nuit à l'hôtel *Nuorilang* (*nuòrìláng bīnguǎn*), puisqu'une nuit est incluse dans le prix du billet d'entrée. Vous y verrez l'habituel décor de béton, mais les chambres sont grandes et les lits plutôt confortables. Si vous décidez d'y rester plus d'une nuit, le lit en triple avec s.d.b. commune coûte 25 yuan. On peut même prendre des douches chaudes (5 yuan), bien que la plomberie ne soit pas toujours consentante.

Si vous prenez la bifurcation de gauche et marchez une centaine de mètres après l'hôtel Nuorilang, vous verrez un groupe d'hôtels en bois de style tibétain. Les installations sont sommaires : pas de douche et parfois pas d'électricité. Ces endroits ont cependant beaucoup plus de cachet que le Nuorilang et sont moins onéreux (15 à 20 yuan le lit). De plus, les propriétaires sont très cordiaux... ce qui peut vous amener à rester assis des heures devant des tasses de thé au beurre de yak.

Il n'y a plus d'hôtels sur la route du lac du Cygne : les autorités locales ont ordonné leur fermeture afin de préserver l'environnement naturel. Toujours dans le parc, il existe aussi des hôtels de style tibétain dans les villages de Heye et de Shuzheng, situés respectivement à 4 et 9 km de l'entrée. Là encore, les commodités sont limitées au strict minimum et les lits coûtent autour de 20 yuan. On peut faire baisser le prix si l'on reste plusieurs jours.

A quelque 500 m à l'ouest de l'entrée du parc, à côté de la rivière, l'hôtel *Shangye* (*shāngyè bīnguǎn*) propose un hébergement standard à la chinoise pour 25 yuan le lit en dortoir de deux ou trois.

Juste avant l'entrée du parc, l'hôtel *Yangdong* (*yángdóng bīnguǎn*) offre des prestations plus luxueuses. Les doubles ordinaires avec s.d.b. et TV coûtent 80 yuan.

Il existe plusieurs hôtels moins chers de style tibétain dans la ville de Jiuzhaigou, à 1 km à l'ouest sur la route de Songpan, qui proposent des lits à 15 yuan environ dans des chambres en bois confortables.

La cantine située à côté de l'hôtel Nuorilang est le seul grand restaurant du parc. La cuisine est médiocre. Sur le trottoir d'en face, une petite boutique de nouilles sert une remarquable soupe végétarienne aux nouilles pour 5 yuan. Plus haut sur la route, vers les hôtels tibétains, un autre restaurant propose un menu similaire à celui du restaurant de l'hôtel, mais la cuisine est meilleure et le personnel plus affable. Hormis cela, les possibilités de restauration sont limitées, aussi serait-il sage d'apporter ses provisions de Chengdu.

Comment s'y rendre. Tant que les autorités locales ne seront pas désespérées au point de raser un sommet ou deux pour construire un aéroport, le meilleur moyen de transport reste le bus local. On peut aussi combiner bus et train.

La solution la plus directe consiste à prendre le bus de Chengdu à Songpan, puis un autre bus pour Nanping, qui s'arrête à Jiuzhaigou le lendemain matin à 6h. Pour plus de renseignements, reportezvous à la rubrique *Comment s'y rendre* de *Songpan*. Si vous arrivez du Gansu *via* Zöigê, vous devrez également passer par Songpan. De Songpan à Jiuzhaigou, comptez 3 heures et 20 yuan.

Une autre option, directe, consiste à prendre un bus Chengdu-Nanping et à descendre à Jiuzhaigou. Le bus part de la gare routière de Ximen à 7h20 et, selon l'état des routes, effectue parfois le trajet de 18 heures en une journée. Si les conditions sont mauvaises, vous devrez sans doute passer la nuit à Maowen ou à Songpan. A côté de la gare routière de Maowen, l'hôtel *Renmin* propose des lits en dortoir de trois bon marché. Si vous vous êtes assoupi et ratez l'entrée de Jiuzhaigou, vous devrez dormir à Nanping et revenir sur vos pas le endemain. Le bus pour Nanping coûte environ 80 yuan pour les étrangers.

La combinaison bus-train est plus compliquée, mais possible. L'option la plus utilisée est de voyager vers le nord sur la ligne Chengdu-Baoji jusqu'à Zhaohua, où vous passerez la nuit. De Zhaohua, il y a généralement des circuits organisés en bus pour Jiuzhaigou et Huanglong pendant la saison touristique. A défaut, on peut prendre le bus pour Nanping et y dormir, avant de parcourir les 41 derniers kilomètres le lendemain matin, ou encore prendre un bus à destination de Chengdu jusqu'à Jiuzhaigou. Les bus pour Chengdu passent par Nanping et Jiuzhaigou (à confirmer). Il est plus prudent de réserver son billet de bus pour repartir dès l'arrivée à Zhaohua. La route entre Zhaohua et Nanping est réputée dangereuse – déconseillée à ceux qui n'ont pas le goût du risque.

Une autre solution train-bus consiste à prendre un train ou un bus pour Mianyang ou pour Jiangyou, toutes deux au nord de Chengdu. Puis on prend un bus pour Pingwu, et enfin une correspondance pour Jiuzhaigou. La route est, dit-on, en meilleur état que celle reliant Zhaohua à Nanping.

D'octobre à avril, la neige barre souvent l'accès à Jiuzhaigou pendant des semaines d'affilée. Cependant, même par le temps le plus favorable, les modes de transport restent limités. Si vous embarquez en route au lieu de prendre le bus à son terminus, attendez-vous à devoir batailler pour trouver un siège. Afin d'optimiser ses chances d'avoir une place dans un bus au départ de Jiuzhaigou, mieux vaut réserver son billet 3 jours à l'avance à l'entrée de la réserve. Certains ont pu se faire prendre en stop, mais les bus des voyages organisés ne vous prendront sans doute pas.

En été, diverses compagnies de Chengdu organisent des voyages à Jiuzhaigou, certaines incluant également des excursions dans les environs. Ces circuits organisés évitent le problème de se déplacer dans une région où les liaisons sont mauvaises. Le revers de la médaille est qu'elles imposent un emploi du temps, ce qui peut poser des problèmes si vous souhaitez vous attarder davantage à Jiuzhaigou ou à Songpan, par exemple.

La plupart des voyages organisés sont prévus pour une certaine date, mais le bus ne partira qu'une fois plein. Si vous manquez de chance, vous risquez d'attendre plusieurs jours. Cherchez à savoir combien de jours exactement dure l'excursion et quels endroits seront visités. Si la compagnie ne vous inspire pas une entière confiance, évitez de payer d'avance. S'il existe une liste de réservations, regardez combien de personnes sont inscrites. Vous pouvez vous inscrire et ne payer qu'au départ.

Le circuit classique comprend Huanglong et Jiuzhaigou, dure 7 jours et coûte en moyenne 200 à 300 yuan par personne. Les hôtels, la nourriture et les droits d'entrée ne sont pas inclus. Des voyages plus longs font également visiter les régions de hauts pâturages tibétains de Barkam et Zöigê. Les tarifs sont variables. Les agences de voyages du Traffic Hotel, de la gare routière de Ximen, de l'hôtel Jinjiang et du CITS proposent toutes des voyages organisés. Les deux dernières sont les plus chères. Renseignez-vous et comparez les prix.

Attention : divers tour-opérateurs de Chengdu ont été dénoncés par des voyageurs pour leur service déplorable, leur malhonnêteté et leur impolitesse. Parlez-en aux autres voyageurs pour trouver une agence fiable.

De Chengdu à Xiahe

Ce trajet détourné pour rejoindre la province du Gansu a conquis de nombreux voyageurs. Ceux qui l'ont pratiqué en hiver ne le recommandent pas : les routes deviennent souvent impraticables et les températures sont très basses. Même par beau temps, prévoyez au moins 5 jours pour effectuer le voyage, davantage si vous en profitez pour explorer les monastères ou faire un détour par Jiuzhaigou.

Le premier tronçon conduit de Chengdu à Songpan (voir la rubrique *Comment s'y rendre* dans *Songpan*). Là, la plupart des voyageurs font un détour pour visiter Jiuzhaigou. De Songpan, on peut parcourir 168 km vers le nord-ouest jusqu'au prochain arrêt de nuit à Zöigê (*ruòěrgài*), petite ville poussiéreuse entourée de steppes à perte de vue. Le statut de Zöigê pour le voyageur individuel reste confus : un "Foreigners' Registration Office" est implanté près de la gare routière principale ; certains voyageurs ont fait l'impasse sur le permis sans rencontrer de problème, d'autres ont dû en acheter un. Ne vous en inquiétez pas outre mesure, les agents du BSP sauront où vous trouver s'ils le jugent utile. Depuis le cinéma, on peut remonter la montagne et visiter quelques monastères. La vue d'en haut est magnifique.

Deux hôtels acceptent les étrangers à Zöigê. La *Grain Bureau Guest House* (*liángjú bīnguǎn*) est probablement le meilleur, avec des lits en chambre triple très propre pour 11 yuan (22 yuan avec TV). Les doubles coûtent 46 yuan. Chaque étage dispose de douches et de toilettes communes. Pour vous y rendre, prenez à droite en sortant de la gare routière principale, puis la première à gauche. Vous arriverez à une intersection à trois branches. Tournez à droite : l'hôtel est sur le trottoir de gauche.

Plus bas, également sur la gauche, le *Zöigê County Government Hostel* (*ruòěrgài xiànzhèngfǔ zhāodàisuǒ*) est un peu moins cher, à 5 yuan le lit en triple, mais les chambres sont sales et les toilettes putrides. Les doubles à 30 yuan à l'arrière du bâtiment semblent un peu plus propres. On trouve quelques restaurants et de nombreuses gargotes où déguster des nouilles bon marché près de la Grain Bureau Guest House.

Il y a une gare routière à chaque extrémité de Zöigê, où alternent un jour sur deux les départs pour Songpan, Langmusi et Hezuo. Si vous ne pouvez obtenir de billet pour le lendemain à l'une des gares routières, essayez l'autre. Les bus pour Langmusi tentent à 6h40, mettent de 2 à 3 heures 30 et coûtent 24 yuan pour les étrangers. Des bus directs pour Hezuo partent à 6h20 ; le trajet de 8 heures coûte 43 yuan.

Langmusi mérite sans doute un arrêt. C'est un charmant village tibétain perché dans les montagnes. Des voyageurs ont effectué de merveilleuses visites avec les moines dans la lamaserie locale.

De Langmusi, il est facile de trouver un bus pour Hezuo, bourgade à quelques heures seulement de Xiahe. Vous n'aurez donc pas à y dormir. De Xiahe, on peut soit continuer jusqu'à Lanzhou soit, plus inhabituel, aller jusqu'à Xining dans la province du Qinghai, en passant par Tongren.

LE NORD, LE NORD-OUEST

Xinjiang 新疆

Région d'imposants massifs et déserts, le Xinjiang (*xīnjiāng*) est la plus vaste province de Chine. Peuplée par 13 minorités nationales, sur un total de 56 reconnues par les autorités chinoises, cette intéressante mosaïque ethnique compte une majorité de turcophones musulmans, les Ouïghours (*wéiwúér*). La vallée de l'Ili, à l'ouest d'Ürümqi, où le massif des Tianshan se divise, est peuplée de Kirghiz, de Kazakhs et de Chinois han. Elle abrite même une colonie de Sibo (descendants de la garnison mandchoue stationnée dans le Xinjiang après la conquête de la région par les Han au XVIIIe siècle). L'armée des Russes blancs se réfugia également au Xinjiang après sa défaite pendant la guerre civile russe. Certains restèrent sur place et fondèrent quelques colonies éparses.

En 1955, la province du Xinjiang fut rebaptisée Région autonome ouïghoure. A cette époque, plus de 90% de la population n'appartenait pas à l'ethnie han. La construction du chemin de fer Lanzhou-Ürümqi et le développement industriel ont suscité un afflux important de colons chinois, qui sont désormais majoritaires dans le nord ; les Ouïghours forment toujours le gros de la population dans le sud. Aujourd'hui, le Xinjiang compte 15 millions d'habitants, dont un peu plus de la moitié appartient à l'ethnie han.

Élément fondamental du paysage du Xinjiang, le bassin du Tarim est une vaste dépression inhabitée et désertique, occupée au centre par le désert du Taklamakan, où viennent se perdre les rivières. Cette région abrite également le lac salé du Lop Nur où les Chinois procèdent depuis 1964 à des essais nucléaires.

Le Xinjiang se trouve à plusieurs fuseaux horaires de Pékin, qui préfère cependant ignorer cette réalité. Si, officiellement, l'heure de Pékin est appliquée partout, dans la pratique celle du Xinjiang est utilisée de manière aléatoire pour les

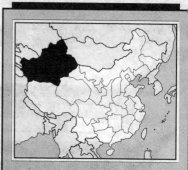

Population : 15 millions d'habitants

Capitale : Ürümqi

A ne pas manquer :

- Tianchi et ses paysages alpins
- Turfan, l'oasis du désert, point le plus chaud et le plus bas de Chine, avec ses vignes, ses mosquées et ses anciennes cités
- Kashgar, la ville musulmane de la route de la Soie qui éblouit Marco Polo
- La route du Karakorum, l'une des plus surprenantes au monde, à la frontière sino-pakistanaise

heures des repas, les départs des bus, etc. L'heure du Xinjiang est celle de Pékin moins une heure. Pour vous y retrouver, demandez si l'heure indiquée est celle de Pékin (*běijīng shíjiān*), celle de l'heure d'été de Pékin (*xiàlìng shíjiān*) ou celle de Kashgar (*kāshí shíjiān*), pour laquelle il faut soustraire une heure à celle du Xinjiang et deux heures à celle de Pékin.

Pour des informations plus détaillées sur ces régions, reportez-vous aux guides Lonely Planet (en anglais) suivants : *Pakistan, Tibet, Central Asia* et *Karakoram Highway*.

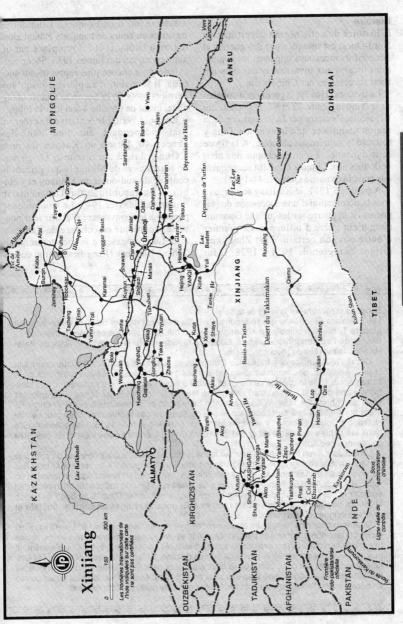

Histoire

L'histoire de cette région désertique du Nord-Ouest est marquée par des guerres et des conflits incessants opposant les populations locales aux invasions et aux dominations successives des Chinois han.

La dynastie Han fut la première à conquérir le Xinjiang entre 73 et 97. A sa chute, au IIIe siècle, l'empire perdit le contrôle de la région jusqu'à ce que la dynastie Tang y restaure la suprématie chinoise. A la fin de cette dynastie, la région échappa une nouvelle fois aux Chinois et ne fut reconquise que sous la dynastie Qing (1644-1911).

A partir de 1911, le Xinjiang se retrouva sous la domination d'une succession de seigneurs de la guerre sur lesquels le Guomindang n'eut guère d'influence. Le premier d'entre eux, un certain Yang Zhengxin, dirigea la région de 1911 à 1928. Il fut assassiné lors d'un banquet à Ürümqi (le meurtres au cours de banquets étaient alor légion à Ürümqi) et fut remplacé par u autre tyran, qui dut fuir en 1933. Sheng Shi cai, despote encore plus répressif, lui suc céda. Il se maintint au pouvoir jusqu'au derniers mois de la Seconde Guerre mon diale, avant de prendre à son tour la fuite.

La seule véritable tentative de créer u État indépendant eut lieu dans le années 40, lorsqu'un Kazakh du nom d'Osman dirigea une révolte de Ouïghours de Kazakhs et de Mongols qui prirent l contrôle du sud-ouest du Xinjiang et y éta blirent la république du Turkménistar oriental en janvier 1945. Le Guomindang parvint à les convaincre d'abolir leur nou velle république en échange de l'autono mie. La promesse ne fut pas tenue, mai Tchang Kaï-chek (Jiang Jieshi), trop occupé

Bouddha et rôdeurs sur la route de la Soie

Les premiers Européens qui se rendirent à la fin du siècle dernier dans ce qu'on appelait alors le Turkestan chinois, le Xinjiang d'aujourd'hui, pillèrent et rapportèrent quantité de trésors de l'art bouddhique primitif. *Bouddha et rôdeurs sur la route de la Soie*, de Peter Hopkirk, fait le récit de leurs conquêtes.

Depuis leur empire des Indes, les Britanniques furent les premiers à s'intéresser à la région. Au début, des contrebandiers indiens, les "moonshees", initiés aux rudiments de la cartographie et de la collecte de données, furent envoyés en mission d'exploration. Les habitants d'une oasis du désert du Taklamakan leur parlèrent des légendaires cités enfouies sous les sables. En 1864, William Johnson fut le premier Britannique à pénétrer officiellement au Xinjiang et à se rendre sur le site de l'une de ces fabuleuses cités proches de Hotan. Sir Douglas Forsyth y vint quelque temps plus tard et rédigea "Sur les cités enfouies dans les sables mouvants du grand désert de Gobi". La course aux trésors de ces cités commença peu après.

Le Suédois Sven Hedin fut le premier archéologue explorateur à s'intéresser de près à la région. Brillant cartographe et polyglotte (il parlait sept langues), il se rendit par trois fois dans le désert du Taklamakan, dont il exhuma des joyaux de l'art bouddhique et rapporta un récit, *Through Asia*. Sir Auriel Stein, Hongrois ayant opté pour la nationalité britannique, lui emboîta le pas. De ses expéditions en compagnie de son terrier Dash, il rapporta au British Museum des textes bouddhistes exhumés à Dunhuang rédigés en chinois, tibétain et diverses langues d'Asie centrale.

Quatre expéditions françaises et allemandes furent organisées entre 1902 et 1914, ainsi qu'un certain nombre menées par des Japonais et des Russes soucieux de s'emparer des trésors de la région. Si ces explorateurs restent admirés dans leur pays, les Chinois estiment aujourd'hui qu'ils ont spolié la région de son patrimoine. Il n'en reste pas moins que les Chinois eux-mêmes ont contribué à cette mise à sac lors de la Révolution culturelle et que les musulmans ont aussi défiguré bien des sites bouddhistes. Aujourd'hui, les plus belles pièces archéologiques d'Asie centrale sont dispersées dans les musées européens. ■

par la guerre civile, n'intervint pas. En 1948, le Guomindang nomma Burhan, un musulman, gouverneur de la région, ignorant qu'il était du côté des communistes.

Une ligue musulmane opposée à la domination chinoise se forma au Xinjiang, mais ses dirigeants périrent dans un mystérieux accident d'avion alors qu'ils se rendaient à Pékin pour négocier avec les nouveaux dirigeants communistes. L'opposition musulmane à la domination chinoise fut réduite à néant, mais Osman continua à résister jusqu'à son emprisonnement et son exécution par les communistes en 1951.

Depuis 1949, le gouvernement de Pékin s'emploie à refréner les velléités indépendantistes des minorités et encourage l'établissement de colons han.

ÜRÜMQI
(*wūlǔmùqí*)
La capitale du Xinjiang, Ürümqi, ne se distingue guère, du moins sur le plan architectural, des autres villes du pays. Elle peut cependant se prévaloir d'être la seule ville au monde située aussi loin des mers. Elle doit son rapide essor à la construction par les communistes du chemin de fer qui la relie à Lanzhou, à travers le désert du Xinjiang.

Plus d'un million de personnes y vivent aujourd'hui, dont 80% de Han. L'architecture de blocs de béton qui prévaut dans l'est de la Chine a été importée à Ürümqi, qui diffère donc peu des villes à 2 000 km de là.

Orientation
L'une des difficultés pour se retrouver dans la ville tient aux changements de nom des rues à chaque pâté de maisons. Un véritable cauchemar pour les cartographes ! La plupart des sites et des aménagements touristiques sont disséminés dans la ville et facilement accessibles par les bus locaux.

Les gares ferroviaire et routière se trouvent dans la partie sud-ouest de la ville. Ürümqi dispose en fait de deux centres : le premier autour du grand magasin

Hongshan, où se rejoignent plusieurs artères importantes ; l'autre, à l'est, avec le quartier commerçant, le BSP et la Bank of China.

Renseignements
Agences de voyages. Le CYTS (☎ 281-6017 ; fax 281-7078) dispose d'une succursale au 1er étage de l'hôtel Hongshan. C'est une bonne adresse pour acheter des billets de transport et des circuits. Peu fréquenté, le bureau principal du CYTS (☎ 283-4969) est situé 9 Jianshe Lu.

L'hôtel Lüyou (juste derrière l'Holiday Inn) abrite plusieurs agences. Au 5e étage, la Xinjiang Overseas Tourist Corporation (☎ 282-4490 ; fax 282-1445) est géré par des Ouïghours et offre un accueil sympathique. Le *vrai* CITS (☎ 282-6719 ; fax 281-0689) se trouve au rez-de-chaussée du même bâtiment. Sa succursale de l'hôtel Hongshan est vivement déconseillée.

BSP. Le bureau de la police est situé dans un grand bâtiment officiel au nord-ouest de la place Renmin, à 10 minutes à pied du CITS.

Argent. La Bank of China est installée 343 Jiefang Nanlu, près de la place Renmin. Il existe une autre succursale face à la poste principale. D'autres bureaux de change sont disponibles à la CAAC et aux hôtels Lüyou et Holiday Inn.

Poste. La poste principale se trouve dans le grand bâtiment à colonnes corinthiennes, directement en face du grand magasin Hongshan, sur le rond-point. Le service réservé aux étrangers est efficace et le personnel emballe les colis.

Musée de la Région autonome du Xinjiang
(*xījiāng wéiwúěr zìzhìqū bówùguǎn*)
Le Xinjiang occupe 16% de la superficie totale de la Chine. Une aile du musée présente des collections ethnographiques intéressantes sur les 13 minorités ethniques qui habitent la région.

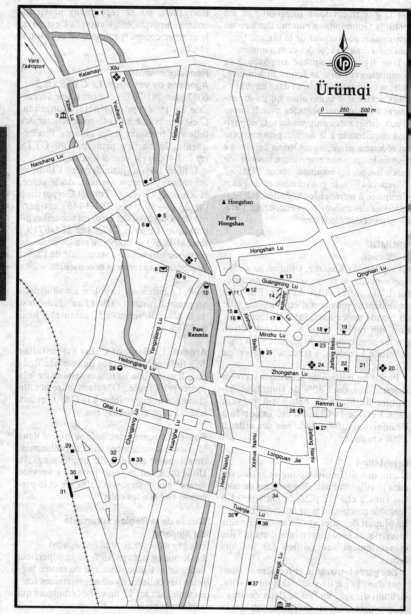

Vers
l'aéroport

Kelamayi

Xilu

Xibei Lu

Youhao Lu

Nanchang Lu

Hetan Beilu

Ürümqi

0   250   500 m

▲ Hongshan

Parc
Hongshan

Hongshan Lu

Qingnian Lu

Guangming Lu

Yangzijiang Lu

Parc
Renmin

Xinhua

Minzhu Lu

Beilu

Jiefang Beilu

Zhongshan Lu

Heilongjiang Lu

Qitai Lu

Changjiang Lu

Huanghe Lu

Hetan Nanlu

Renmin Lu

Xinhua Nanlu

Longquan Jie

Jiefang Nanlu

Tuanjie
Lu

Shengli Lu

ÜRÜMQI 乌鲁木齐

OÙ SE LOGER

1 Pension Kunlun
   昆仑宾馆
6 Pea Fowl Hotel
   孔雀大厦
12 Hôtel Hongshan
   et CYTS
   红山宾馆,
   中国青年旅行社
13 Hôtel Bogda
   博格达宾馆
15 Holiday Inn
   假日大酒店
16 Hôtel Lüyou et CITS
   旅游宾馆,
   中国国际旅行社
17 Hôtel Laiyuan
   徕远宾馆
22 Grand Islam Hotel
   伊斯兰大酒店
23 Hôtel Dianli
   电力宾馆
29 Hôtel Jinyinchuan
   金银川大厦
30 Hôtel Ya'ou
   亚欧宾馆
33 Hôtel Xinjiang
   新疆饭店
36 Hôtel Shancheng
   山城大酒店
37 Overseas Chinese
   Hotel
   华侨宾馆

OÙ SE RESTAURER

11 John's Information
   & Cafe
   约翰中西餐厅
14 Ruelle des restaurants
   建设路
18 Restaurant
   Hongchunyuan
   鸿春园饭店
35 Restaurant Guangdong
   Jiujia
   广东酒家

DIVERS

2 Grand magasin Youhao
   友好商场
3 Musée de la Région
   autonome du Xinjiang
   新疆维吾尔自治区
   博物馆
4 Librairie Xinhua
   新华书店
5 CAAC
   中国民航
7 Grand magasin
   Hongshan
   红山商场
8 Poste principale
   总邮局
9 Bank of China
   中国银行

10 Bus pour Tianchi
   et Baiyanggou
   往天池/白杨沟汽车站
19 BSP
   公安局外事科
20 Grand magasin Tianbai
   天百商场
21 Square Renmin
   人民广场
24 Grand magasin Xinbai
   新百商场
25 Librairie
   en langues étrangères
   外文书店
26 Bank of China
   中国银行
27 Librairie Xinhua
   新华书店
28 Gare routière
   (bus longue distance)
   长途汽车站
31 Gare ferroviaire
   火车站
32 Bus pour Kashgar
   喀什办事处
34 Marché Erdaoqiao
   (bus pour Turfan)
   二道桥 (吐鲁番汽车站)
38 Musée du détachement
   de la 8e Armée
   八路军办事处

LE NORD ET LE NORD-OUEST

On peut notamment y voir des bonnets daurs (faits de têtes d'animaux), aux larges bords de fourrure, réalisés par les quelque 103 000 Daurs répartis entre le Xinjiang, la Mongolie intérieure et le Heilongjiang. La section tadjik présente des colliers de perles d'argent et de corail, avec de lourds pendentifs en argent. Les Tadjiks sont environ 29 000 et ne vivent qu'au Xinjiang. Près d'un million de Kazakhs habitent au Xinjiang. L'exposition qui leur est consacrée présente une yourte avec tout son mobilier. La section mongole per-

met d'admirer des rênes et des selles en argent, finement ouvragées et incrustées de pierres semi-précieuses, des instruments de musique à cordes et des bottes d'équitation décorées.

Une autre aile du musée est consacrée à l'histoire. Les points forts sont les corps momifiés de deux hommes et de deux femmes découverts dans les tombes du Xinjiang et similaires à ceux du musée de Hangzhou. Les figurines en terre cuite peinte, datant des Tang et exhumées à Turfan, méritent d'être vues. Citons également les fragments de tissus de soie aux motifs variés, datant de plusieurs époques.

Le bâtiment, de style nettement soviétique, surmonté d'une coupole verte, est situé dans Xibei Lu, à 20 minutes à pied de la pension Kunlun. Du grand magasin Hongshan, prenez le bus n°7 pour quatre stations et demandez à descendre au musée (*bówùguǎn*).

Parc Renmin
(rénmín gōngyuán)

Ce magnifique parc ombragé s'étend sur 1 km de long. L'entrée se fait par le nord et par le sud. Il est recommandé de s'y rendre tôt le matin lorsque les Chinois viennent faire leur gymnastique. Ce parc, aux innombrables oiseaux, comprend quelques pavillons et un lac dans sa partie nord. Il est très agréable d'y canoter le soir après dîner, mais évitez le dimanche car il y a foule.

Parc Hongshan et pagode
(hóngshān gōngyuán)

Si cette pagode s'avère somme toute assez banale, elle mérite cependant qu'on s'y rende pour sa situation, au sommet d'une colline (juste au nord du parc Renmin), qui offre une vue panoramique sur la ville.

Musée du détachement de la 8e armée de route
(bālù jūn bànshìchù)

Ce petit bâtiment fait partie des hauts lieux de la mythologie communiste chinoise au Xinjiang. Durant la guerre de résistance contre le Japon, la 8e armée de route y installa son quartier général entre 1937 et 1942.

S'il fut transformé en musée, c'est parce que Mao Zemin, le frère cadet de Mao Zedong, y trouva la mort. Sheng Shicai, dernier seigneur de la guerre du Xinjiang, qui avait initialement soutenu les communistes, décida de s'en débarrasser. Envoyé par le Parti en 1938 comme conseiller financier de Sheng, le jeune Mao Zemin y fut décapité en 1942 avec dix autres martyrs. La collection du musée leur est consacrée. Le lieu hébergea d'éminentes figures du communisme chinois. Zho Enlai y dormit, ainsi que Chen Yu, appel à devenir plus tard le farouche adversair des réformes de Deng Xiaoping. Chen Y s'est éteint en mai 1995, alors que Deng Xiaoping était donné pour mourant.

Le musée est situé dans une cour, dan la ruelle n°2, dans Shengli Lu, au sud-es de la ville.

Où se loger – petits budgets

L'hôtel *Hongshan* (☎ 284-761) (*hóngshā bīnguǎn*) est central et très fréquenté pa les voyageurs à petit budget. Un lit en dortoir à trois avec s.d.b. commune coûte 40 yuan. Les doubles avec s.d.b. à 150 yuan sont étroites mais assez confortables et permettent – ce qui n'est pas un luxe ! – d'éviter l'attente toujours longue aux douches communes.

L'hôtel *Bogda* (*bógédá bīnguǎn*), deux-étoiles, sert d'alternative à l'hôtel Hongshan, souvent plein en été. Le logemen revient à 45 yuan par lit en dortoir à trois e à 250 yuan la double.

L'hôtel *Xinjiang* (☎ 585-2511) (*xīnjiāng fàndiàn*), 107 Changjiang Lu, bénéficie de sa proximité avec la gare ferroviaire. Idéa pour les petits budgets : comptez 30 à 60 yuan pour un lit en dortoir et 360 à 400 yuan en double avec s.d.b. Pour 1 000 yuan vous pourrez loger dans une suite et pour 2 000 yuan dans une "chambre superbe".

Le *Pea Fowl Hotel* (☎ 484-2988) (*kǒngquè dàshà*), juste en face du bureau de réservation de la CAAC, est l'un des hôtels les plus avantageux. Les doubles, très confortables, coûtent de 168 yuan à 238 yuan. Les suites sont à 358 yuan.

L'*Overseas Chinese Hotel* (☎ 286-0793 ; fax 286-2279) (*huáqiáo bīnguǎn*), 51 Xinhua Nanlu, est une sinistre construction en béton, assez éloignée du centre mais accessible par le bus n°7, toujours bondé. Dans le vieux bâtiment, les doubles coûtent 174 yuan ; dans le nouveau, il vous faudra débourser de 304 à 404 yuan.

L'hôtel *Lüyou* (☎ 282-1788) (*lǚyóu bīnguǎn*), 51 Xinhua Beilu, est un bâtiment de 11 étages construit derrière l'hôtel Holiday Inn. Il dispose de 36 doubles à 210 yuan mais, avec les rénovations prévues, les prix vont certainement grimper.

Où se loger – catégorie moyenne

L'hôtel *Ya'ou* (☎ 585-6699) (*yǎ'ōu bīnguǎn*), en soi charmant, est malheureusement situé dans le quartier de la gare ferroviaire, extrêmement sale. Le logement revient à 75 yuan par lit en triples et à 225 yuan en doubles soignées. Tout proche, l'hôtel *Jinyinchuan* (*jīnyínchuān dàshà*) semble correct, mais il n'était pas encore ouvert lors de notre venue.

L'hôtel *Shancheng* (☎ 287-3888 ; fax 286-0958) (*shānchéng dà jiǔdiàn*), 8 Tuanjie Lu, offre un très bon rapport qualité/prix. Les doubles standard s'échelonnent de 280 à 320 et 388 yuan.

L'hôtel *Dianli* (☎ 282-2911), dans Minzhu Lu, appartient à la compagnie d'électricité, ce qui devrait éviter les coupures ! Les doubles sont affichées à 288, 338 et 580 yuan, auxquels s'ajoutent 15% de taxe.

Le *Grand Islam Hotel* (☎ 282-8360) (*yīsīlán dà fàndiàn*), 22 Zhongshan Lu, ne paraît pas d'une construction très rassurante. Il a en effet été surélevé de plusieurs étages, une pratique qui a provoqué l'effondrement de quantité d'hôtels en Chine. Si cela ne vous fait pas peur, l'hôtel vous accueillera pour 378, 408 ou 645 yuan.

La *pension Kunlun* (☎ 484-0411 ; fax 484-0213) (*kūnlún bīnguǎn*), 38 Youhao Beilu, se révèle un peu chère dans cette catégorie, les premiers prix démarrant à 450 yuan.

Où se loger – catégorie supérieure

L'hôtel *Holiday Inn* (☎ 281-8788 ; fax 281-7422) (*xījiāng jiàrì dàjiǔdiàn*), 168 Xinhua Beilu, dispose de 383 chambres confortables. Même si cet établissement est au-dessus de vos moyens, vous apprécierez son excellent café, le buffet du petit déjeuner et la discothèque la plus folle de la Chine de l'Ouest. Comptez 713/830 yuan pour les

chambres de catégorie standard/supérieure et de 1 535 à 3 735 yuan pour une suite. Des prix plus intéressants peuvent se négocier pendant les mois d'hiver.

L'hôtel *Laiyuan* (☎ 282-8368 ; fax 282-5109) (*láiyuǎn bīnguǎn*), dans Jianshe Lu, autre établissement haut de gamme, offre des prestations inférieures à celles du Holiday Inn. Les doubles à partir de 700 yuan s'avèrent un peu chères.

Où se restaurer

Ürümqi est un bon endroit pour goûter aux plats ouïghours, comme les kebabs (*kǎoròu*), les galettes (*náng*), les nouilles relevées (*lāmiàn*) accompagnées de légumes, de bœuf ou de mouton. Des échoppes proposent ces spécialités au sud de l'hôtel Hongshan.

Juste en face de l'hôtel Hongshan est installé l'un des trois *John's Cafe* du Xinjiang. Il sert de la cuisine chinoise et occidentale à des prix modiques.

L'été, les marchés regorgent de fruits délicieux, frais ou secs. Essayez le marché Erdaoqiao (*èrdàoqiáo schìchǎng*), près de la station des bus pour Turfan.

Le restaurant *Hongchunyuan* (*hóngchūnyuán fàndiàn*), près du BSP, dans un hôtel réservé aux Chinois, possède en réalité deux restaurants bon marché : l'un sert de la cuisine chinoise (*zhōng cān*) et l'autre, le restaurant *Pumpkin*, de la cuisine occidentale (*xī cān*), avec une carte en anglais.

Un bon restaurant cantonais, le *Guangdong Jiujia*, proche de l'Overseas Chinese Hotel, propose des dim sum, le matin, pour le plus grand plaisir des touristes de Hong Kong. De l'Overseas Chinese Hotel, marchez vers le nord jusqu'à la rue suivante, puis tournez à gauche : le restaurant se trouve sur la gauche.

L'hôtel Holiday Inn abrite plusieurs restaurants haut de gamme avec des prix en rapport.

Le *Kashgari's* sert des plats musulmans et le *Xi Wang Mu* des plats chinois, de la spécialité du Sichuan jusqu'au dim sum cantonais. Cet hôtel propose aussi un buffet à volonté pour le petit déjeuner.

Distractions

Au 2e étage de l'hôtel Holiday Inn, la discothèque *Silks* ouvre jusqu'à 2h du matin. L'entrée coûte 55 yuan si vous n'êtes pas client de l'hôtel. Le bar, dans le hall, est animé par un orchestre philippin.

Achats

L'artisanat ouïghour est moins bien représenté à Ürümqi qu'à Kashgar ou Turfan, contrairement à l'artisanat chinois.

Les grands magasins Hongshan, Tianbai, Xinbai et Youhao font partie des bonnes adresses pour vos achats de consommation courante.

La librairie en langues étrangères ne dispose apparemment pas d'enseigne en anglais. Cherchez plutôt le magasin de prêt-à-porter italien Luchinos, dans Xinhua Beilu : la librairie se trouve aux 2e et 3e étages du même bâtiment.

Comment s'y rendre

Avion. La CAAC assure des liaisons régulières avec Almaty (Kazakhstan), Hong Kong, Islamabad (Pakistan), Moscou, Novossibirsk (Russie) et Tashkent (Ouzbékistan). Le bureau de l'Aeroflot, à l'Overseas Chinese Hotel, propose des billets pour Moscou pour 260 $US.

Des vols relient régulièrement Ürümqi à Canton, Changchun, Changsha, Chengdu, Chongqing, Dalian, Guilin, Haikou, Hangzhou, Harbin, Kunming, Lanzhou, Pékin, Qingdao, Shanghai, Shenyang, Shenzhen, Tianjin, Wuhan, Xiamen, Xi'an, Xining et Zhengzhou.

Il existe également au départ d'Ürümqi des vols pour les villes du Xinjiang suivantes : Aksu (Akesu), Altai (Aletai), Fuyun, Hotan (Hetian), Karamai (Kelamayi), Kashgar (Kashi), Korla (Kuerle), Qiemo (Jumo), Tacheng et Yining.

Le bureau de la CAAC (☎ 281-7942) se trouve dans Youhao Lu, un peu plus haut que la poste. Il est ouvert de 10h à 13h30 et de 16h à 20h. Le personnel du petit guichet réservé aux étrangers parle l'anglais et délivre les billets rapidement. Les bus n°1 et n°2 s'arrêtent devant le bureau.

Bus. La gare routière est située dans Heilongjiang Lu. L'heure de départ indiquée sur le billet est généralement celle de Pékin, mais mieux vaut vérifier si vous n'êtes pas sûr. Des bus desservent la plupart des villes du Xinjiang.

Bien que les étrangers voyagent dans les mêmes conditions d'inconfort que la population locale, le prix des billets est majoré de 100%.

Il peut être intéressant d'utiliser le service de bus pour Almaty (*ālāmùtú*). Ce voyage de 1 052 km dure 24 heures, avec trois arrêts pour les repas, et coûte 60 $US. Un visa pour le Kazakhstan est exigé et le gouvernement chinois peut vous demander un permis de sortie délivré par le BSP. Enquérez-vous des changements de dernière minute auprès du guichet n°8 de la gare routière.

Turfan, Korla, Kuqa et Kashgar sont des destinations fréquentées. Pour Turfan et Kashgar, il existe différentes stations au départ d'Ürümqi. Des bus publics et des minibus plus confortables partent pour Turfan devant le marché Erdaoqiao. Si vous souhaitez vous rendre à Kashgar, sachez que vous pouvez emprunter un bus avec couchettes au départ de la station de bus pour Kashgar située à l'est de la gare ferroviaire.

Il est également possible, mais guère pratique ni confortable, de se rendre à Dunhuang par le bus. Il faut rejoindre Hami, puis Liuyuan, d'où on prend un troisième bus pour Dunhuang.

Train. Six trains partent tous les jours d'Ürümqi en direction de l'est. Ils empruntent la même ligne jusqu'à Lanzhou.

Destination	Train n°	Heure de départ
Shanghai	54	16h53
Pékin	70	14h50
Zhengzhou	98	20h24
Chengdu	114	12h45
Xi'an	144	22h08
Lanzhou	244	18h26

La course aux billets est intense à la gare, où le marché noir fleurit, devant ou derrière les guichets. Faites la queue avant 8h et réservez votre place le plus tôt possible. En dernier recours, adressez-vous au CYTS, à l'hôtel Hongshan.

Des trains circulent entre Ürümqi et Korla, *via* Daheyan (la gare de Turfan). A l'heure actuelle, ils ne disposent que de sièges durs. En dépit de la beauté des paysages traversés, voyager 16 heures dans ces conditions peut sembler un peu long. Reportez-vous plus loin à la table des horaires dans la rubrique *Korla*.

Nous vous renvoyons au chapitre *Comment s'y rendre*, au début du guide, pour les liaisons ferroviaires entre Ürümqi et le Kazakhstan.

Comment circuler

Desserte de l'aéroport. Des minibus partent du bureau de la CAAC, deux heures avant les décollages, pour 8 yuan. Le bus n°51 s'y rend également : c'est évidemment moins cher mais plus lent.

L'aéroport se trouve à 20 km du bureau de la CAAC, d'où les taxis demandent près de 60 yuan pour la course. Des minibus se présentent aux arrivées de tous les vols et coûtent 6 yuan.

Bus. Les bus locaux sont bondés et, pour 1 yuan, le recours au minibus est préférable. Si vous optez pour le bus, soyez prudent : il y a de nombreux pickpockets et les vols de sacs sont fréquents.

ENVIRONS D'ÜRÜMQI
Tianchi
(*tiānchí*)

Le lac Tianchi (lac du Paradis) demeure une vision inoubliable. A mi-hauteur d'une montagne en plein désert, ce petit lac d'un bleu profond est entouré de montagnes couvertes de pins et d'herbages où paissent les chevaux.

Les yourtes des Kazakhs qui peuplent ces montagnes sont disséminées alentour. Au loin se détachent les pics enneigés de la chaîne des Tianshan, et l'on peut pratiquer la randonnée et l'alpinisme jusqu'à la limite des neiges éternelles.

Situé à 115 km à l'est d'Ürümqi, le lac se trouve à 1 980 m d'altitude. Le Bogda Feng (pic de Dieu) culmine à 5 445 m et peut être escaladé par des alpinistes bien équipés et munis d'une autorisation (à demander au CITS). Le lac gèle durant les hivers glacés du Xinjiang, et les routes qui y mènent ne sont ouvertes qu'en été.

Si l'on peut, bien sûr, sillonner le lac en bateau, il est également possible d'aller camper en forêt. Le site s'y prête à merveille, ce qui est plutôt rare en Chine. La campagne environnante vous émerveillera. Suivez le sentier de 4 km qui longe le lac et remontez la vallée. L'été, les Kazakhs installent des yourtes pour les touristes moyennant 20 yuan par personne. Ils louent aussi des chevaux (100 yuan par jour) pour une expédition jusqu'à la limite de la neige.

Comptez 10 heures pour la chevauchée aller et retour. Il vaut mieux faire vos provisions d'eau potable à la source qui jaillit près du lac plutôt que plus haut dans la vallée, où le cours d'eau est souillé par les troupeaux.

Le *Heavenly Lake Hotel* (*tiānchí zhāodàisuǒ*), sur la rive du lac, surprend par son architecture hors cadre. Il dispose de lits en dortoir pour 60 yuan par personne.

Les premiers bus pour Tianchi quittent Ürümqi vers 9h des entrées nord et sud du parc Renmin. L'entrée nord s'avère plus pratique si vous logez à l'hôtel Hongshan. Les départs se font de l'endroit indiqué par le panneau "Taxi Service" (en anglais). Pour être sûr d'avoir une place, achetez votre billet 30 minutes avant le départ. Vous pourrez également vous le procurer à l'avance auprès du CYTS, à l'hôtel Hongshan. Une dizaine de bus se rendent à Tianchi tous les jours ; le trajet prend un peu plus de 3 heures. Le bus vous déposera probablement à une extrémité du lac, à environ 20 minutes à pied de l'hôtel Heavenly Lake. Le dernier bus pour Ürümqi part vers 16h, depuis le parking des bus situé derrière l'hôtel.

Si vous choisissez de passer la nuit sur place, vous serez pratiquement seul après

16h, la plupart des visiteurs ne venant que pour la journée. On peut aussi essayer de faire du stop pour se rendre au lac.

En bus, le billet aller simple coûte 15 ou 20 yuan, en fonction de la catégorie choisie.

Glacier n°1
(*yīhào bīngchuān*)
En dehors du lac Tianchi, la chaîne des Tianshan offre de splendides paysages, dont celui de ce glacier accessible uniquement en été. Ses glaces d'un bleu translucide sont la principale source d'alimentation de la rivière Ürümqi.

Situé à 120 km à l'est de la capitale du Xinjiang, le glacier n'est pas desservi par les bus locaux. La location d'un minibus s'impose. Trouver des amateurs pour vous accompagner ne devrait pas être difficile à l'hôtel Hongshan.

Baiyanggou
(*báiyánggōu*)
A 75 km au sud d'Ürümqi, Baiyanggou, également connue sous le nom de montagnes du Sud (*nánshān*), est une vaste étendue d'herbage d'altitude (2 100 m) entourée de montagnes aux cimes enneigées. Les Kazakhs y font paître leurs troupeaux durant les mois d'été.

Si les paysages paraissent un peu moins grandioses qu'à Tianchi, le site n'en demeure pas moins magnifique. En amont de la vallée, des chutes de 40 m semblant jaillirent d'une forêt d'épicéas sont particulièrement spectaculaires.

Des histoires curieuses circulent sur les groupes de touristes de Hong Kong qui viennent ici par bus entiers. Peu habitués aux grands espaces et aux animaux en liberté, ils se précipitent hors du bus vers les bestiaux, semant la panique parmi les troupeaux. Le plus souvent, un berger kazakh, affolé et furieux, arrive en agitant les bras et en injuriant les touristes. Les excuses des guides et quelques cigarettes suffisent généralement à apaiser son courroux.

Comptez 1 heure 30 pour vous rendre à Baiyanggou. Comme pour Tianchi, les bus partent vers 9h des entrées nord et sud du parc Renmin, aux endroits indiqués par le panneau "Taxi Service".

Il est possible de passer la nuit à Baiyanggou, dans une yourte kazakh.

HAMI
(*hāmì*)
Hami est une petite ville-oasis dans l'un des coins les plus reculés de Chine. Connue autrefois sous le nom de Kumul, c'était une étape importante pour les caravanes empruntant la voie nord de la route de la Soie. Le melon de Hami (*hāmì guā*) est délicieux et fort réputé. On en trouve également à Turfan.

Quelques bus circulent de Hami à Liuyuan (Gansu), offrant une alternative intéressante à la route passant par Dunhuang.

DAHEYAN
(*dàhéyán*)
Pour se rendre à Turfan, il faut descendre du train à "Turfan Zhan" (*tǔlǔfān zhàn*), en réalité Daheyan, bourgade plutôt morne et n'offrant guère d'intérêt. L'oasis de Turfan se trouve à 58 km vers le sud, à travers le désert.

La gare routière est à 5 minutes à pied de la gare ferroviaire. Suivez la route qui quitte la gare, puis tournez à droite au premier carrefour : la gare routière se trouve à quelques minutes de marche sur la gauche. Des minibus partent pour Turfan toutes les demi-heures environ durant la journée. Le billet coûte 10 yuan et le trajet demande 1 heure 30.

Bien que la gare ne soit jamais bondée, sachez que l'achat d'un billet peut s'avérer fort long.

La plupart des voyageurs empruntent le train pour aller vers l'est, tandis que ceux qui se rendent vers l'ouest prennent plutôt les bus qui se rendent directement vers Ürümqi. Tous les trains pour l'est passent par Lanzhou. Il vaut mieux éviter le train n°404, très lent, qui ne va pas plus loin que Yumen (à l'est de Dunhuang). Les horaires des trains vers l'est au départ de Daheyan sont les suivants :

Destination	Train n°	Heure de départ
Shanghai	54	19h57
Pékin	70	17h57
Zhengzhou	98	23h22
Chengdu	114	16h09
Xi'an	144	1h24
Lanzhou	244	22h07
Yumen	404	2h12

Au départ de Daheyan, le train met 3 heures pour Ürümqi, 13 heures pour Liuyuan, 19 heures pour Jiayuguan et 37 heures pour Lanzhou. Quelques (très) rares voyageurs empruntent le train assurant la liaison avec Korla. Il part tous les jours à 22h57 et ne dispose que de sièges durs.

TURFAN
(*tǔlǔfān*)

À l'est d'Ürümqi, le massif des Taishan se divisie en deux chaînes, entre lesquelles s'étendent les deux dépressions de Turfan et de Hami. L'une comme l'autre sont situées en dessous du niveau de la mer et très faiblement arrosées. Les étés y sont caniculaires. Une partie de la dépression de Turfan se trouve à 154 m en dessous du niveau de la mer. C'est le point le plus bas de Chine, et le deuxième du monde (après la mer Morte) à cette altitude négative.

Le district de Turfan compte environ 170 000 habitants, dont 120 000 sont des Ouïghours et le reste des Han. La grande oasis de Turfan occupe le centre du district. Il ne s'agit pas à proprement parler d'une ville, mais plutôt d'une grosse bourgade ; les quelques grandes rues sont entourées de champs de céréales. Fort heureusement, les horreurs architecturales d'Ürümqi lui ont été épargnées. La plupart des rues sont ombragées et bordées de murs de terre protégeant les maisons en pisé.

Des principales villes visitées par les étrangers au Xinjiang, Turfan et Kashgar ont su le mieux protéger leur identité ouïghoure face à Ürümqi et Shihezi, devenues des colonies chinoises. En outre, Turfan occupe une place privilégiée dans l'histoire ouïghoure en raison de la proximité de Gaochang, ancienne capitale des Ouï-

ghours. L'une des grandes étapes sur la route de la Soie, elle devint un centre bouddhique, avant sa conversion à l'islam au VIIIe siècle. Pendant l'occupation chinoise, elle servit de ville de garnison.

Turfan est l'une des rares villes paisibles du pays, où le voyageur peut contempler la lune et les étoiles à l'abri des tonnelles de vigne de certaines pensions. Turfan a tout pour séduire, qu'il s'agisse de sa qualité de vie, de l'accueil chaleureux de sa population ou de ses nombreux sites à découvrir alentour. On peut s'y détendre et ainsi échapper au stress des trains, des bus bondés et des villes bruyantes.

C'est aussi la ville la plus chaude de Chine : le thermomètre y est monté jusqu'à 49,6°C.

Orientation

Le centre de l'oasis de Turfan se résume à quelques artères et rues adjacentes. Les boutiques, le marché, la gare routière et les hôtels sont proches les uns des autres. Le centre est appelé "ville ancienne" (*lǎochéng*) et la partie ouest "ville nouvelle" (*xīnchéng*). La plupart des sites se trouvent à la périphérie ou dans le désert environnant.

Renseignements

Le CITS (☎ 522-768) possède une agence à l'hôtel Oasis. Le BSP se trouve dans Gaochang Lu, au nord de l'hôtel Gaochang.

Changer de l'argent s'avère plus facile à l'hôtel Oasis, mais une succursale de la Bank of China est installée à 10 minutes à pied de l'hôtel. Vous trouverez le bureau de poste à proximité de la gare routière et du bazar. Il vaut mieux cependant lui préférer la poste de l'hôtel Oasis, plus pratique et qui se charge des paquets.

Bazar
(*nóngmào shìchǎng*)

C'est l'un des plus extraordinaires de Chine avec celui de Kashgar. On y trouve toutes sortes de produits exotiques, notamment des couteaux finement décorés, des

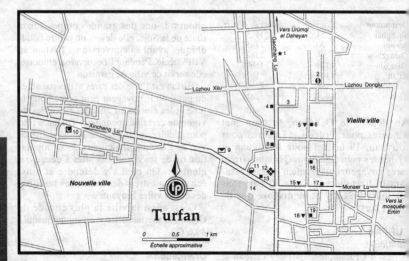

Turfan
0   0,5   1 km
Échelle approximative

Vers Ürümqi
et Daheyan

Gaochang Lu

★ 1

Lüzhou Xilu

Lüzhou Donglu

Vieille ville

Xincheng Lu

Nouvelle ville

Munaer Lu

Vers la
mosquée
Emin

LE NORD ET LE NORD-OUEST

vêtements traditionnels ouïghours, de délicieuses galettes de pain, des chèvres (sur pieds ou en marmite), des fruits insolites… Le marchandage va de soi, mais il est bon enfant, loin des excès auxquels on assiste ailleurs en Chine.

Situé en face de la gare routière, et à quelques minutes de marche des hôtels, la plupart des voyageurs s'y rendent la veille de leurs excursions en minibus pour faire des provisions.

Mosquée de la ville
(*qīngzhēn sì*)

Turfan compte plusieurs mosquées. La mosquée de la ville, la plus animée, se trouve dans les faubourgs ouest, à environ 3 km du centre. Vous pouvez vous y rendre à bicyclette. Sur place, veillez à ne pas déranger les fidèles.

La mosquée Emin
(*émǐn tǎ*)

Connus également sous le nom de Sugongta, ce minaret et la mosquée adjacente ne sont qu'à 3 km à l'est de la ville. De style afghan, ils furent construits à la fin des années 1770 par un potentat local. Effilé à

son sommet, le minaret de forme circulaire atteint 44 m de haut. Très dépouillée, la mosquée accueille les fidèles pour la prière du vendredi et les fêtes religieuses.

La plupart des touristes s'y arrêtent au cours de circuits en minibus, mais on peut s'y rendre à pied ou en vélo depuis la pension Turfan. Tournez à gauche en quittant la pension, puis de nouveau à gauche à la première intersection : la route mène directement à la mosquée. L'entrée s'effectue par l'un des murs d'enceinte. Pour accéder au sommet du minaret, il suffit de demander au gardien d'ouvrir la porte au pied des marches. Vous le trouverez dans le petit bâtiment blanc jouxtant la mosquée.

Où se loger

La *pension Turpan* (☎ 522-301 ; fax 523-262) (*tǔlǔfān bīnguǎn*) bénéficie d'un cadre exceptionnel. Il fait bon se reposer sous sa tonnelle pour apprécier une boisson fraîche, notamment un très bon jus de melon. Mieux vaut vous abstenir de grappiller du raisin, faute de quoi vous aurez à payer 50 yuan d'amende. Le lit en dortoir est affiché à 50 yuan et les doubles coûtent de 100 à 240 yuan.

TURFAN 吐鲁番

OÙ SE LOGER

4   Hôtel Gaochang et musée de Turfan
    高昌宾馆, 吐鲁番博物馆
6   Oasis Hotel et CITS
    绿洲宾馆, 中国国际旅行社
7   Hôtel Tulufan
    吐鲁番饭店
8   Olympic Hotel
    奥林匹克大酒店
13 Hôtel Jiaotong
    交通宾馆
16 Hôtel Yiyuan
    颐园宾馆
17 Grain Trade Hotel
    粮贸宾馆
19 Pension Turpan
    吐鲁番宾馆

OÙ SE RESTAURER

5   Restaurant Silk Road
    丝路酒家
15 Restaurants Chuanbei et Lanxin
    川北餐厅, 兰新餐厅
18 John's Information & Cafe
    约翰中西餐厅

DIVERS

1   BSP
    公安馆
2   Bank of China
    中国银行
3   Marché nocturne
    夜市
9   Poste
    邮局
10 Mosquée de la ville
    清真寺
11 Gare routière
    长途汽车站
12 Grand magasin
    百货商店
14 Bazar
    农贸市场

L'hôtel *Gaochang* (☎ 523-229) (*gāochāng bīnguǎn*) offre le meilleur rapport qualité/prix de la ville. Pour une double

avec s.d.b. et clim., il ne vous sera demandé que 42 yuan. Bon à savoir : il n'y a pas suffisamment de chambres l'été pour accueillir les touristes.

L'*Oasis Hotel* (☎ 522-478) (*lǔzhōu bīnguǎn*), principal établissement hôtelier de Turfan, propose des lits en dortoir à 21 yuan et des doubles à partir de 260 yuan.

Le *Grain Trade Hotel* (☎ 522-448) (*liángmào bīnguǎn*) n'a ouvert qu'en 1994 et tombe déjà en ruine. Si vous oubliez sa vétusté, vous pourrez loger en dortoir : 20 yuan la nuit avec s.d.b. commune et 40 ou 60 yuan avec s.d.b. Les doubles avec s.d.b. sont à 120 yuan.

L'hôtel *Yiyuan* (☎ 522-170) (*yíyuán bīnguǎn*) tout proche, petit établissement sympathique, propose des doubles avec s.d.b. à 40 yuan.

L'hôtel *Tulufan* (☎ 522-336)(*tǔlǔfàn fàndiàn*), vaste mais sans charme, dispose de lits en dortoir (22 à 44 yuan), de doubles (80 à 120 yuan) et de suites (260 à 360 yuan).

L'*Olympic Hotel* (☎ 521-680) (*aòlínpíkè dà jiǔdiàn*) séduit par son accueil et ses prix, qui en font l'établissement le moins cher de la ville : 11 à 16 yuan le lit en dortoir avec s.d.b. commune.

L'hôtel *Jiaotong* (☎ 523-238) (*jiāotōng bīnguǎn*), bruyant, se trouve juste à côté de la gare routière et du marché. Les doubles avec s.d.b. coûtent de 60 à 80 yuan.

Où se restaurer

Le marché nocturne, face à l'hôtel Gaochang, vaut le détour pour ses kebabs. Le *Muslim Restaurant*, à l'hôtel même, jouit d'une réputation justifiée.

Situé en face de l'hôtel Turfan, le *John's Information and Cafe* (☎ 524-237) est le seul établissement à proposer de la bonne cuisine occidentale et chinoise avec une carte en anglais. Vous y trouverez même des boissons fraîches, très appréciables dans la chaleur de Turfan.

La carte du restaurant *Silk Road* contient essentiellement des plats chinois, ainsi que quelques spécialités musulmanes copieusement servies. Le restaurant *Chuanbei*, ainsi que le restaurant *Lanxin* à côté et les autres établissements proches sont aussi de bonnes adresses. Quelques-uns disposent de cartes en anglais et tous réservent un accueil sympathique à leurs clients.

Distractions

L'été, des spectacles de musique, chants et danses traditionnels ouïghours sont organisés sous la treille de vigne de la pension Turfan. Les troupes se composent essentiellement de femmes pour le chant et la danse, mais il y a presque toujours au moins un homme. Le spectacle commence en général à 22h. Au cours de ces soirées animées, les spectateurs sont invités à se joindre aux artistes. L'entrée coûte 20 yuan.

Achats

Le marché offre une bonne sélection d'objets artisanaux ouïghours, notamment des couteaux ornés de belle facture. Les boutiques pour touristes pratiquent des prix exorbitants pour des objets comparables.

Comment s'y rendre

Bus. La gare routière jouxte le marché. Il paraît prudent de s'y rendre une heure avant le départ, car les queues pour les billets sont longues. En outre, les Ouïghours s'avèrent encore plus indisciplinés que les Chinois, le personnel veillant cependant à y mettre bon ordre. Les bus ne desservent qu'Ürümqi et Daheyan.

Au moins 4 bus relient tous les jours Turfan à Ürümqi, et des minibus privés s'y rendent à peu près toutes les heures. Les étrangers paient normalement tarif double, mais il est souvent possible d'y échapper en présentant une carte d'étudiant ou toute autre pièce d'identité munie d'une photo (essayez le permis de conduire).

Sur les 4 heures de trajet (180 km) s'étirent d'immenses dunes de sable gris, avec à l'horizon les montagnes enneigées.

Les minibus partent toutes les 30 minutes pendant la journée et rejoignent Daheyan en 1 heure 30.

Train. La gare la plus proche est celle de Daheyan, à 58 km au nord. Les trains se dirigent vers l'est et vers l'ouest, mais la plupart des voyageurs ne prennent le train que pour aller vers l'est car les bus directs pour Ürümqi sont plus rapides et plus pratiques. Reportez-vous à la rubrique *Daheyan* pour les horaires.

Comment circuler

A Turfan, on se déplace en minibus, en bicyclette et en carrioles tirées par des ânes. Le vélo reste la solution la plus pratique dans la ville même. Ils se louent exclusivement à la pension Turfan (15 yuan par jour). Les chauffeurs des minibus se tiennent en général devant les hôtels ; négociez le prix de la course à l'avance.

Les carrioles stationnent autour du marché, mais ce moyen de transport tend à disparaître.

ENVIRONS DE TURFAN

Les sites abondent dans les environs. Comptez au moins une journée pour visiter les plus importants.

La seule façon de s'y rendre est de louer un minibus pour la journée entière (10 heures environ). Les chauffeurs viennent spontanément proposer leurs services. Il est facile de se regrouper avec d'autres touristes pour partager les frais, soit 300 à 500 yuan – en fonction du prix convenu – pour le groupe. Les minibus prennent normalement six passagers ; au-delà de huit, l'excursion devient inconfortable. Nous vous conseillons de vous faire confirmer l'itinéraire avant de partir. Un circuit type comprend les tombes d'Atsana, les ruines de Gaochang, les grottes de Bezeklik, la vallée des Raisins, le minaret Emin, les *karez* ou canaux d'irrigation souterrains et les ruines de Jiaohe (en général dans cet ordre).

Le plus souvent, les chauffeurs ne parlent pas du tout l'anglais mais comprennent bien le japonais. Bien que certains tentent de vous faire presser le pas ou d'éliminer quelques sites de votre circuit, la plupart ont serviables. Lors de notre dernière visite, nous avons offert le déjeuner à notre chauffeur, ainsi que des boissons fraîches et une pastèque.

Ne sous-estimez pas la chaleur et le soleil, qui peut vous rôtir en un rien de temps. Emportez impérativement une gourde d'eau, des lunettes de soleil et un chapeau. De la crème solaire et une protection pour les lèvres sont recommandées.

Un droit d'entrée, en général inférieur à 20 yuan, est perçu dans certains sites.

Tombes d'Atsana
(*āsītǎnà gǔmùqū*)

Les sépultures de Gaochang se trouvent au nord-ouest de cette ancienne ville. Seules trois d'entre elles sont ouvertes aux touristes. On y accède par des marches menant à la chambre mortuaire, à 6 m sous terre.

Des portraits du défunt ornent les murs de l'une des chambres ; ceux d'une autre ont été parés de fresques représentant des oiseaux. La troisième tombe renferme deux momies en très bon état de conservation (la troisième a été transférée au musée de Turfan), semblables à celles des musées

d'Ürümqi et de Hangzhou. Certains des objets retrouvés dans ces tombes remontent à la dynastie des Jin (IIIe-Ve siècle). Ces découvertes comprennent notamment des soieries, des tissus brodés, des brocarts et de nombreux objets funéraires tels des chaussures, des chapeaux et des écharpes en papier réutilisé. Ce dernier s'est révélé particulièrement intéressant pour les archéologues car il fait état de contrats, d'achats d'esclaves, de commandes de soie et autres transactions de la vie quotidienne.

Ruines de Gaochang
(*gāochāng gùchéng*)

A 46 km à l'est de Turfan s'étendent les ruines de Gaochang. Fondée à l'origine sous les Tang, au VIIe siècle, cette importante cité commerçante de la route de la Soie devint la capitale des Ouïghours lorsqu'ils quittèrent la Mongolie pour s'installer au Xinjiang.

Encore visibles, les remparts de la ville, épais de 12 m, formaient un carré de 6 km de périmètre, entouré de douves. Gaochang se composait d'une ville extérieure et

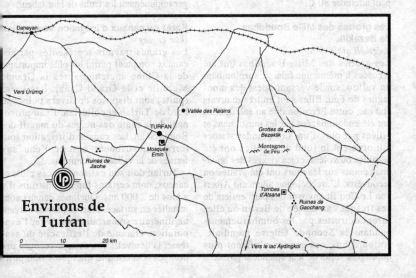

Environs de Turfan

Daheyan

Vers Ürümqi

Vallée des Raisins

TURFAN

Mosquée Emin

Ruines de Jiaohe

Grottes de Bezeklik

Montagnes de Feu

Tombes d'Atsana

Ruines de Gaochang

Vers le lac Aydingkol

0   10   20 km

d'une cité à l'abri des remparts comprenant un palais et des bâtiments administratifs. Un grand monastère, au sud-ouest de la ville, demeure bien conservé : certaines pièces, couloirs et portes subsistent encore.

Les montagnes de Feu
(*huǒyànshān*)

Les montagnes de Feu, au nord de Gaochang, portent bien leur nom : elles semblent s'embraser, lorsque le soleil est à son zénith, grâce à leurs couleurs d'un ocre pourpre. Elles s'étendent sur une bande de 10 km de large et de près de 100 km de long. Les circuits en minibus ne s'y arrêtent généralement pas mais les traversent sur le chemin des grottes de Bezeklik.

Ces montagnes sont devenues célèbres grâce au *Voyage en Occident*, grand classique de la littérature chinoise. Ce récit raconte le voyage vers l'Ouest du moine Xuan Zang et de ses fidèles, à la recherche des sutras bouddhiques, et les montagnes de Feu constituèrent un formidable obstacle dans leur quête.

Si vous envisagez d'en faire l'ascension, munissez-vous de chaussures spéciales : la température des rochers brûlés par le soleil peut atteindre 80°C.

Les grottes des Mille Bouddhas de Bezeklik
(*bózīkèlǐ qiāfó dòng*)

Les grottes des Mille Bouddhas ont été creusées à même une falaise, surplombant un vallon, sur le versant ouest des montagnes de Feu. Elles sont en très mauvais état car, outre l'érosion due au soleil, elles ont été endommagées par les musulmans et pillées par plus d'un. Les grandes statues qui ornaient le fond des grottes ont été détruites ou volées, et les visages des bouddhas peints sur les murs ont été grattés ou recouverts. L'archéologue allemand Albert von Le Coq fit envoyer des pans entiers de ces fresques au musée de Berlin où elles furent détruites par les bombardements pendant la Seconde Guerre mondiale. Aujourd'hui, ces grottes n'offrent plus qu'un pâle reflet de leur splendeur passée.

Les photos sont interdites dans les grottes mais on peut se rabattre sur le superbe paysage alentour.

Vallée des Raisins
(*pútáo gōu*)

Ce petit paradis de vignes et de treille enserré dans le désert vous enchantera. La plupart des minibus s'y arrêtent pour le déjeuner. La nourriture n'est pas mauvais et en saison (début septembre) le raisin abonde.

Des enfants particulièrement charmant viennent spontanément poser pour le photos (mais ne les transformez pas e mendiants en leur proposant de l'argent !).

Vous verrez une cave à vin et plusieur bâtiments de brique bien aérés pour sèche le raisin. Le vin et les raisins représenten une part majeure des exportations de Turfan. Le CITS tente de mettre sur pied u festival de la Vigne, qui devrait se tenir l troisième semaine du mois d'août.

Comme à Turfan, résistez à la tentation d cueillir des grappes, faute de quoi vous paie rez 15 yuan d'amende. Les paysans consa crent beaucoup d'efforts au développemen de la vigne et n'apprécient pas de voir man ger impunément les fruits de leur labeur.

Karez ou canaux d'irrigation souterrains
(*kǎn ěr jǐng*)

Les grands travaux représentés par ce canaux comptent parmi les plus important de la Chine ancienne après la Grand Muraille et le Grand Canal. Les *kare* (puits) sont disposés en divers points a nord de Turfan et collectent l'eau prove nant de la fonte des neiges du massif de Bogda Shan. Les canaux d'irrigation sou terrains distribuent ensuite l'eau aux fermes de la vallée en contrebas.

Turfan doit son existence à ces puits e canaux, dont certains furent construits il y a plus de 2 000 ans. Quelques canaux son installés en surface, mais la plupart suiven un itinéraire souterrain pour éviter l'éva poration. Garante de l'efficacité du sys tème, la dénivellation évite le recours au pompes. On compte quelque 1 000 puits répartis sur 3 000 km de canaux. Il est impressionnant de penser que cet ingénieux système a été réalisé à mains d'homme avec des outils rudimentaires.

Ces canaux sont visibles en de nombreux points, mais les chauffeurs s'arrêtent le plus souvent dans un endroit bien précis, à l'ouest de Turfan, où des enfants demandent invariablement de l'argent.

Les ruines de Jiaohe
(*jiāhé gùchéng*)
Les ruines de Jiaohe sont celles d'une ancienne ville de garnison fondée durant la dynastie Han pour défendre les frontières. La cité a été mise à sac par Gengis Khan. Les édifices sont cependant mieux conservés qu'à Gaochang, et l'on peut se promener le long des anciennes rues et routes. La rue principale, qui traverse la ville, conduit à un monastère abritant encore des représentations de Bouddha.

Les ruines se dressent à 7 ou 8 km à l'ouest de Turfan, sur une colline entourée de deux rivières – d'où le nom du site : "confluent de deux rivières". Durant les mois les moins chauds, s'y rendre en vélo ne pose aucun problème.

Clinique de thérapie par le sable
(*shā liáo zhàn*)
Tous les ans, plus de 5 000 personnes – en majorité des Kazakhs – viennent à Turfan se faire ensevelir jusqu'au cou dans le sable chaud censé soulager les rhumatismes. Cette clinique en plein air n'est ouverte que de juin à août. Il n'y a pas grand-chose à voir, et les minibus ne s'y arrêteront que si vous l'avez spécialement demandé.

Lac salé Aydingkol
(*àidīng hú*)
A 154 m en dessous du niveau de la mer, le lac Aydingkol occupe le fond de la dépression de Turfan. Après la mer Morte, c'est le lac le plus bas du monde. Le terme de lac paraît d'ailleurs un peu impropre en raison de la faiblesse du niveau d'eau. Il s'agit plutôt d'un vaste marais boueux en

train de s'évaporer et couvert d'une croûte de sel.

La plupart des circuits ne s'y arrêtent pas mais, si vous voulez vous y rendre, demandez à votre chauffeur, et attendez-vous à payer un supplément.

SHIHEZI
(*shíhézi*)
Deux heures de route en direction de l'ouest séparent Ürümqi de la ville de Shihezi (Crique de pierre). Peuplée en quasi-totalité par des Han, il s'agit en réalité d'un poste avancé de la colonisation chinoise. Officiellement ouverte aux étrangers, elle respire l'ennui. Des bus s'y rendent depuis Ürümqi et Yining.

KORLA
(*kùěrlè*)
Important carrefour de l'ancienne route de la Soie, où se rendit le célèbre moine Xuan Zang au VIIe siècle, Korla est aujourd'hui une ville de transit à partir de laquelle on peut rayonner pour visiter quelques sites intéressants.

La ville de Yanqi, à 52 km au nord de Korla, sert d'étape (en train ou en bus) pour visiter des grottes bouddhiques proches. Le lac Bosten (*bósīténg hú*), le plus étendu du Xinjiang, demeure l'attraction principale de la région. 12 km séparent Yanqi de Bohu, le bourg bordant le lac. Le chemin d'accès au lac peut être boueux, mais les villages de pêcheurs valent le détour.

La rivière Peacock (*kǒngquè hé*) alimente le lac en eau et traverse une passe entre deux montagnes appelée la Porte d'acier (*tiě mén*). Le prix pour se déplacer en tricycle à moteur peut atteindre 150 yuan par jour (négociez !).

Où se loger
L'hôtel *Loulan* (*lóulán bīnguǎn*), une-étoile, attire les voyageurs à petit budget avec des lits en dortoir à partir de 20 yuan.

L'hôtel *Bosten* (*bósīténg bīnguǎn*) et l'hôtel *Bayinguoleng* (*bayinguoleng bīnguǎn*) entrent dans la catégorie deux-étoiles.

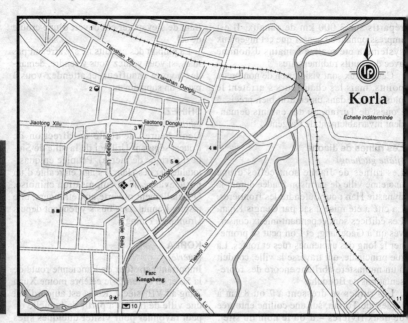

Korla
Échelle indéterminée

KORLA 库尔勒

1 Gare ferroviaire Nord
  火车北站
2 Gare routière (bus locaux)
  区汽车站
3 Restaurant Sayibage
4 Hôtel Bayinguoleng
  巴音郭愣宾馆
5 Mairie
  市政府
6 Hôtel Loulan
  楼兰宾馆
7 Grand magasin
  广场商店
8 Hôtel Bosten
  博斯腾宾馆
9 BSP
  市公安局
10 Poste
  邮电局
11 Gare ferroviaire
  库尔勒车站

Comment s'y rendre

Avion. Cinq vols par semaine assurent la liaison Ürümqi-Korla. Un vol relie Korla à Qiemo (Jumo), un avant-poste du sud du Xinjiang ; il est peu probable que vous ayez à le prendre. Enfin, quelques avions – uniquement en été – circulent entre Korla et Kuqa.

Bus. 470 km séparent Korla d'Ürümqi. Le trajet s'effectue en 24 heures. Des bus avec couchettes rendent le parcours de nuit plus confortable.

Il existe aussi des liaisons avec Daheyan (la gare routière de Turfan) et Yining.

Train. Une ligne ferroviaire relie Korla à Ürümqi, *via* Daheyan, mais il n'y a qu'un seul train par jour dans chaque sens. Le train n°512 part d'Ürümqi à 19h18 s'arrête à Daheyan à 22h57 et arrive à Korla le lendemain à 11h23. Le train n°511 quitte Korla à 18h14 et rejoint Ürümqi à 10h30.

Le palais du Potala à Lhassa barre l'horizon de la ville (Tibet).
Il contient plus de 1 000 pièces et abrite les dépouilles des anciens dalaï-lamas

En haut : moine soufflant dans une trompette en os à Lhassa (Tibet)
En bas à gauche : drapeaux de prière dans la neige, sur la route du Népal (Tibet)
En bas à droite : drapeaux de prière (Tibet)

Ces trains ne disposent que de sièges
~~durs~~. Si vous ne tenez pas à voyager
6 heures dans ces conditions, choisissez
~~p~~lutôt le bus.

KUQA
(kùchē)

Située sur l'ancienne route de la Soie, entre
~~T~~urfan et Kashgar, Kuqa est au cœur d'une
~~r~~égion abritant au moins sept grottes des
~~M~~ille Bouddhas (*qiānfó dòng*) semblables
~~à~~ celles de Dunhuang, Datong et Luoyang.
~~O~~n visite aussi quatre anciennes cités en
~~r~~uines dans les environs.

Kuqa même comprend une vieille ville
~~e~~t une partie beaucoup plus récente peuplée
~~p~~ar les nouveaux colons chinois. Les
~~f~~resques bouddhiques des grottes et les
~~r~~uines des anciennes cités portent
~~l~~'empreinte de la civilisation bouddhiste
~~p~~ré-islamique. Lorsque le moine voyageur
~~X~~uan Zang s'y rendit au VIIe siècle, il
~~a~~dmira les deux gigantesques statues de
~~B~~ouddha (30 m de haut) qui ornaient la
~~p~~orte Ouest de la cité et les magnifiques
~~f~~resques bouddhiques des nombreux
~~m~~onastères de la région. Douze siècles plus
~~t~~ard, les archéologues explorateurs alle-

KUQA 库车

1 Hôtel Kuqa
库车宾馆
2 Tombeau de Molana Eshding
默拉纳额什丁麻扎
3 Old Cadre Hostel
旧干部招待所
4 BSP
公安局
5 Magasin Xinhua
新华商行
6 Mairie
市政府
7 Poste
et télécommunications
邮电局
8 Industrial Commercial Bank
工商银行
9 Librairie Xinhua
新华书店
10 Marché
市场
11 Grande mosquée
清真大寺
12 Ancienne cité de Pilang
皮朗古城

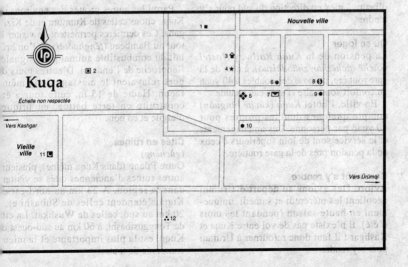

Kuqa
Échelle non respectée

Nouvelle ville

Vers Kashgar

Vieille
ville

Vers Ürümqi

mands Grünwedel et Le Coq firent transférer une grande partie de ces fresques et
sculptures au musée de Berlin.

Tombeau de Molana Eshding
(*mòlānà éshídīng mázā*)
Coincé entre la ville ancienne et la ville
nouvelle, le lieu est également connu sous
le nom de tombe de Molana Hoja. Eshding
aurait été le premier missionnaire musulman
du Proche-Orient à s'être rendu à Kuqa.
Molana signifie "descendants du Sage".

Eshding s'est éteint à Kuqa. Sa tombe
est d'un bel ouvrage. Les quatre caractères
qui l'ornent signifient "les sages arabes".

Ancienne cité de Pilang
(*pílǎng gǔchéng*)
Ces ruines sont tout ce qui subsiste de
l'ancienne capitale du royaume féodal de
Qiuci, l'un des plus reculés de ce que l'on
appelait alors région occidentale de la
Chine.

Pilang changea plusieurs fois de nom.
Sous la dynastie Han, on l'appelait Yan-
cheng mais, sous les Tang (lorsque Xuan
Zang s'y rendit), elle était connue sous le
nom de Yiluolu.

Depuis l'hôtel Kuqa, il faut un quart
d'heure à pied en direction du sud pour s'y
rendre.

Où se loger
La pension de la *Kuqa Railway Hostel*
(*kùchē qìchēzhàn zhāodàisuǒ*), à côté de la
gare routière, propose des doubles à 40 yuan
au confort sommaire et sans eau chaude.

En ville, l'hôtel *Kuqa* (*kùchē bīnguǎn*)
compte quelques doubles propres pour
40 yuan par personne. Les aménagements
et le service sont de loin supérieurs à ceux
de la pension près de la gare routière.

Comment s'y rendre
Avion. Des avions au départ d'Ürümqi
décollent les mercredi et samedi, uniquement en haute saison (pendant les mois
d'été). Il n'existe pas de vol entre Kuqa et
Kashgar ; il faut donc retourner à Ürümqi
pour s'y rendre.

Bus. Le trajet en bus d'Ürümqi à Kuqa
prend 36 heures (une journée depuis
Korla). Des bus avec couchettes relient
Ürümqi à Kuqa. C'est le moyen le plus
commode pour s'y rendre. Le trajet de
Kuqa à Kashgar dure aussi 36 heures. Des
bus desservent également Yining.

Comment circuler
Louer une voiture est le seul moyen de
visiter les sites autour de Kuqa. L'agence
du CITS, au 3e étage de l'immeuble du
gouvernement (*zhèngfu dàlóu*), propose
des locations à la journée. Les loueurs privés pratiquent des tarifs moins chers.

ENVIRONS DE KUQA
Grottes des Mille Bouddhas de Kizil
(*kèzīēr qiānfó dòng*)
Il existe un grand nombre de grottes des
Mille Bouddhas autour de Kuqa. Celles-ci
représentent le groupe le plus important et
datent du IIIe siècle. Situé à 70 km environ
à l'ouest de Kuqa, dans le district de Bai-
cheng, le site comprend 230 grottes, mais
seulement sont ouvertes au public. Vous
devrez payer le prix fort si vous souhaitez
en visiter d'autres. Les photos ne sont pas
autorisées.

Parmi les autres grottes des environs de
Kuqa, citons celles de Kumtura et de Kizil-
gaha. Ces dernières permettent de visiter un
tour au flambeau (*fēnghuǒtái*) où l'on brû-
lait du combustible animal pour signaler
l'approche de l'ennemi. D'autres tours de
guet relayaient le message de la même
façon. Haute de 15 m, cette tour a été
construite en terre battue, en briques
d'argile et en bois.

Cités en ruines
(*gùchéng*)
Outre Pilang (dans Kuqa même), plusieurs
autres ruines d'anciennes cités se visitent
dans la région. A 23 km au nord-est de
Kuqa s'étendent celles de Subashi et, à
20 km au sud, celles de Wushkat. La cité
de Tonggusibashi, à 60 km au sud-ouest de
Kuqa, est la plus importante et la mieux
conservée de toutes.

ASHGAR
āshí)

u cœur d'une immense oasis, Kashgar est
stallée à l'extrême pointe de la Chine de
Ouest. Sa situation en altitude (1 290 m)
mpère la canicule des étés ; il y fait un
u moins chaud qu'à Turfan.

Il y a mille ans, Marco Polo décrivait
nsi cette étape majeure de la route de la
oie :

es habitants vivent du commerce et de l'industrie.
possèdent de fabuleux vergers, des vignes et des
maines prospères. Le coton y pousse à merveille,
même que le lin et le chanvre. Le sol est fertile et
oduit en abondance. La région est le point de
part d'une multitude de marchands qui vendent
urs biens dans le monde entier.

istoire

u début de ce siècle, Kashgar était une
lle relativement importante, à la lisière
une immensité de sable qui la séparait du
ste du monde. Les marchands indiens s'y
ndaient en passant par Gilgit et la vallée
 la Hunza.

En 1890, les Britanniques dépêchèrent
 agent commercial chargé de défendre
urs intérêts et, en 1908, ils y établirent un
nsulat. Comme dans les années 1890 au
bet, la rumeur d'une annexion imminente
 Xinjiang par les Russes se répandit.

ur la plupart des gens, Kashgar – à cinq ou six
maines de voyage par des cols à 5 000 m d'alti-
de depuis la tête de ligne la plus proche en
de – doit sembler un endroit affreusement reculé.
ais pour nous, son nom exotique rimait avec la
vilisation. L'extase de l'arrivée fut sans réserve.
 découverte est une aventure délicieuse, mais la
découverte est encore plus agréable. Peu de gens
uvent avoir apprécié autant que nous de se baier, chose dont nous étions privés depuis cinq
ois et demi.

C'est en ces termes que Peter Fleming
crivit son arrivée à Kashgar en 1935, en
mpagnie de Kini Maillart, après une tra-
rsée de la Chine de près de six mois à
s de chameau et de mulet depuis Pékin.
eming écrivit aussi que la ville était "en
it contrôlée par la police secrète, les
nseillers russes et le consulat soviétique,

et la plupart des hauts dirigeants étaient des
potiches". Le reste de la communauté
étrangère comprenait le consul britannique
et sa femme, quinze gardes du corps originaires de la vallée de la Hunza, au nord du
Pakistan, et un couple de missionnaires
suédois. Les rumeurs et les banquets semblaient y être des plus excentriques. Fleming évoque ainsi un banquet donné par
les responsables de la ville la veille de son
départ de Kashgar :

... à moitié en notre honneur, à moitié en leur honneur... On ne sait jamais ce qui peut se passer lors
d'un banquet à Kashgar et tous nos hôtes avaient
agi prudemment en emmenant leurs gardes du
corps. Des soldats turcs et chinois s'étalaient dans
tous les coins ; les sabres et les mitraillettes étaient
bien en évidence et les pistolets Mauser des serveurs résonnaient de façon sinistre en cognant le
dossier de la chaise lorsqu'ils se penchaient pour
nous servir. Les discours prononcés à tour de rôle
par quasiment chaque convive furent fiévreusement
traduits en anglais, russe, chinois et turc, et personne ne fut assassiné.

La Kashgar d'aujourd'hui a beaucoup
perdu du cachet "romantique" qui rendait
ses banquets si excitants dans les années 30.
Lors de l'arrivée au pouvoir des communistes, les murs de la ville furent rasés et une
immense statue de Mao d'un blanc étincelant fut édifiée dans la rue principale. La statue est toujours là, la main dressée vers
l'horizon, rappel constant à la population
qu'un pouvoir étranger contrôle la ville.

La ville compte environ 200 000 habitants, dont une majorité de Ouïghours et une
bonne représentation de Tadjiks, de Kirghiz
et d'Ouzbeks. Les Han sont relativement
peu nombreux, contrairement à Ürümqi.

De nos jours, il ne faut plus six mois
pour atteindre Kashgar : elle n'est plus
qu'à deux jours de bus d'Ürümqi, ou à
quelques heures d'avion. Même si elle a
perdu son aura de légende et son splendide
isolement, elle conserve un charme particulier et le don de transporter le visiteur loin
de la Chine contemporaine.

Quelques touristes étrangères se promenant seules dans des rues ont été molestées.
Ces désagréments peuvent être dus au

mode vestimentaire ou à la censure locale des films. Quoi qu'il en soit, il est conseillé aux femmes de se vêtir comme dans n'importe quel pays musulman.

Renseignements

Le bureau du CITS (☎ 225-390) à l'hôtel Chini Bagh ne semble pas en mesure de répondre aux demandes des voyageurs individuels. Le BSP se trouve dans Shengli Lu.

Marché du dimanche

(*xīngqīrì shìchǎng*)

Ce fascinant marché, où le marchandage s'avère frénétique, se tient tous les dimanche à la périphérie est de la ville et ne manque pas de cachet.

Attention aux pickpockets et aux voleurs de sacs ! Quantité de voyageurs se sont fait voler leurs chèques de voyage et leur passeport par des artistes du rasoir.

Bazar

(*nóngmào shìchǎng*)

A part le dimanche, toutes les activités de ville se concentrent au bazar. La principa rue commerçante est accessible depuis l ruelles qui s'étendent de part et d'autre de place Id Kah, sur l'axe nord-sud de la vil Kashgar est réputée pour ses couteaux tr vaillés vendus au bazar et par les camelo dans les rues. On y fabrique également d chapeaux dans la partie nord de la rue prin pale où les chapeliers confectionnent d coiffes brodées et des couvre-chefs doubl de fourrure. Dans ce bazar animé s'active également des forgerons, des fabricants selles, des vendeurs de têtes et de pieds chèvres et des cordonniers. Les bottes cons tuent un achat intéressant (autour de 35 yu la paire). Leur prix varie selon la taille, qualité et l'épaisseur de la semelle. Comp un délai de trois jours pour la fabrication.

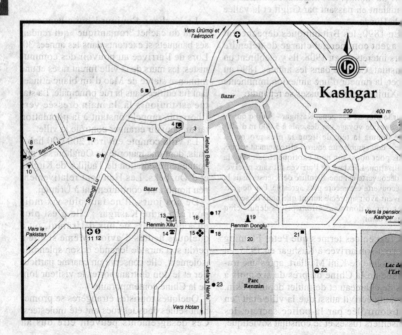

Kashgar

Des vieillards aux barbes fournies, vêtus de gilets de fourrure et de hautes bottes de cuir, paressent souvent au soleil. Les femmes ouïghoures de Kashgar portent les mêmes vêtements que celles d'Ürümqi et de Turfan, mais elles sont plus nombreuses à se voiler de gaze brune. Dans la soirée, la place Id Kah s'anime un peu plus encore de l'activité des multiples échoppes des ruelles.

Pour vous promener, préférez les quartiers situés à l'est du bazar principal et au nord-ouest de la mosquée Id Kah. Au sud du centre-ville, on peut voir un intéressant ensemble de vieilles maisons en pisé construites sur une sorte de promontoire.

Mosquée Id Kah
(*ài tí gǎ ér qīngzhēn sì*)

Cette mosquée n'a qu'une lointaine ressemblance avec les traditionnelles mosquées chinoises de l'est de la Chine, comme celle de Xi'an par exemple. Avec son dôme central flanqué de minarets, elle est la réplique de celles qu'on peut admirer au Pakistan ou en Afghanistan.

Les fidèles se rassemblent autour de 22h pour la prière (l'heure varie selon la période de l'année). Pendant les fêtes du Korban Baïram, généralement en septembre ou octobre, les pèlerins rassemblés devant la mosquée entrent peu à peu en transe au son d'une lancinante musique jouée par des musiciens installés sous le porche. D'autres mosquées, plus petites, sont disséminées dans les rues proches du centre.

Tombeau d'Abakh Hoja
(*xiāngfēi mù*)

Cette étrange construction à l'est de la ville ressemble à une miniature tronquée et colorée du Taj Mahal, avec des tuiles vertes couvrant les murs et le dôme. Un cimetière important, situé à côté de l'édifice, abrite des tombes surmontées de structures coniques en pisé. Le mausolée est celui d'Hidajetulla Hoja, missionnaire musulman aujourd'hui canonisé, et de ses 72 descendants. Le site se dresse à une heure de marche de la pension Kashgar, moins en vélo. Le tombeau se trouve à la lisière de la ville, dans une rue qui part d'une longue route est-ouest.

Les Chinois nomment cet endroit la tombe de la concubine parfumée (*xiāngfēi*

KASHGAR 喀什	10	John's Information & Cafe 约翰中西餐厅	13	Poste 邮局
OÙ SE LOGER			14	Bureau des télécommunications 电信局
5	Hôtel Chini Bagh et CITS 其尼巴合宾馆, 中国国际旅行社	**DIVERS**	15	Grand magasin 百货大楼
		1 Hôpital Renmin 地区人民医院	16	Cinéma 电影院
7	Silk Road Hotel 丝路饭店	2 Marché du dimanche 星期日市场	17	Librairie Xinhua 新华书店
9	Hôtel Seman 色满宾馆	3 Place Id Kah 艾提尕广场	19	Statue de Mao 毛泽东塑像
18	People's Hotel 人民饭店	4 Mosquée Id Kah 艾提尕清真寺	20	Place Renmin 人民广场
21	Hôtel Tianma 天南饭店	6 BSP 公安局边防大队	22	Gare routière (bus longue distance) 长途汽车站
		11 Hôpital Nongsanshi 农三师医院		
OÙ SE RESTAURER		12 Bank of China 中国银行	23	CAAC 中国民航
8	Petits restaurants 小吃部			

mù), en l'honneur de l'une des filles de la famille Hoja qui fut la concubine de l'empereur Qianlong. Sa dépouille ne repose plus ici mais au Hebei. L'histoire veut que l'impératrice douairière ait obligé la jeune femme à se suicider en 1761.

Parc Renmin et zoo
(*rénmín gōngyuán, dòngwùyuán*)

Si le parc permet de passer un moment agréable, le zoo, lui, ressemble à un mouroir pour animaux. L'entrée du parc se trouve en face de la place Renmin, avec de l'autre côté de la rue la grande statue blanche de Mao.

Où se loger

L'hôtel *Seman* (☎ 222-129) (*sèmǎn bīnguǎn*) est sans doute le meilleur établissement de Kashgar. Il occupe l'ancien consulat soviétique, à l'ouest de la ville. Une double avec s.d.b. coûte de 120 à 180 yuan. Les lits en dortoir (25 yuan) ne sont disponibles qu'en été. Le panneau à l'extérieur affirme en toute modestie que "l'hôtel Seman a été cité en 1988 comme l'un des dix meilleurs hôtels au monde pour la qualité de son service". Le plus étonnant est que les habitants de Kashgar semblent le croire !

Le *People's Hotel* (☎ 223-373) (*rénmín fàndiàn*) a pour seul atout sa situation centrale. Vous débourserez 24 yuan pour un lit en dortoir et 146 yuan pour une double.

Près de la gare, l'hôtel *Tiannan* (☎ 222-211) (*tiānnán fàndiàn*) ne brille guère par son confort, mais propose des vélos en location et un service de blanchisserie. Il offre une gamme de prix raisonnables : 10 à 30 yuan pour un lit en dortoir et 60 à 200 yuan la double.

Le *Silk Road Hotel* (*sīlù fàndiàn*) n'ouvre que durant les mois d'été. Ses prix sont comparables à ceux de l'hôtel Seman.

L'hôtel *Chini Bagh* (☎ 222-103) (*qínìbāhé bīnguǎn*) est sans doute le deuxième meilleur choix après l'hôtel Seman, mais peut se révéler très bruyant l'été avec l'afflux des commerçants pakistanais. Le lit en dortoir coûte de 32 à 52 yuan et la

double avec s.d.b. de 164 à 200 yuan. O nous a signalé que des touristes occiden taux, tant hommes que femmes, avaient été harcelés par des Pakistanais à l'hôtel.

La pension *Kashgar* (☎ 222-363, 224 679 ; fax 224-954) (*kāshí gě'ěr bīnguǎn* est l'hôtel haut de gamme de la ville. I répond aux critères des établissements d cette catégorie du reste de la Chine. Tro excentré (à une heure de marche du centre ville), il n'est desservi ni par les bus ni pa les carrioles tirées par des ânes, qui n'on plus le droit de circuler dans les rues de l ville. Les doubles coûtent 220 yuan.

Où se restaurer

Face à l'hôtel Seman, *John's Informatio and Cafe* (☎ 224-186 ; fax 222-861) est l meilleur endroit pour se restaurer et obteni des informations sur les environs de Kash gar et le Pakistan. John connaît parfaite ment la région et loue des minibus et de 4x4 à des tarifs intéressants.

La cité regorge de petits restaurant de qualité variable à proximité de l'hôte Seman.

L'*Oasis Cafe*, dans l'hôtel Silk Road, es à considérer, mais les prix ont tendance augmenter.

Pour déguster les nombreuses spécialité ouïghoures, allez au marché proche de l mosquée Id Kah. Vous pourrez vous réga ler de kebabs, riz au mouton, poisson fri samosas et fruits. A gauche de la mosqué une maison de thé s'est installée, avec u balcon d'où l'on peut jouir de l'animatio de la rue. Les nombreux marchands ambu lants de rue principale, juste à l'ouest d la place Renmin, vendent des galettes e des kebabs. Quelques échoppes proposer également de délicieuses crèmes glacée vanillées. Sur la place Id Kah, les mar chands de glace sont plus nombreux et, l soir, on vend des œufs et du poulet rôti a croisement de la rue principale.

Distractions

Tous les soirs, l'hôtel *Seman* organis d'excellentes représentations de chants e danses ouïghours. L'entrée coûte 15 yuan

Vous pourrez aussi vous délasser à la piscine de l'hôtel (ouverte uniquement l'été).

Achats

Kashgar se révèle le meilleur endroit du Xinjiang pour se procurer des objets de l'artisanat ouïghour. Rendez-vous au bazar pour les couteaux, chapeaux et autres objets. Les boutiques de souvenirs affichent des prix délirants : il faut tout marchander, même les cartes postales et les timbres !

Comment s'y rendre

Avion. Des vols quotidiens relient Kashgar à Ürümqi, mais la course à la réservation peut s'avérer très rude. Il est plus difficile d'obtenir une place dans le sens Kashgar-Ürümqi que l'inverse. Comptez un peu plus de 2 heures de vol.

Le bureau de la CAAC (☎ 222-113) est situé dans Jiefang Nanlu, au sud de la mosquée Id Kah.

Bus. De la gare routière de Kashgar, des bus partent pour Aksu, Daheyan, Hotan, Kargilik, Makit, Maralbixi, Payziwat, Ürümqi, Yakam, Yengisar et Yopuria. Comme à Ürümqi, les étrangers voient le prix de leur billet majoré de 100%. Curieusement, les prix de base sont encore plus élevés qu'à Ürümqi.

Le bus quotidien pour Ürümqi passe par Aksu, Korla et Toksun. Les billets sont vendus uniquement la veille du départ. Le bus part à 8h et le trajet dure 2 jours en bus avec couchettes, 3 jours avec les bus plus lents qui s'arrêtent pour la nuit. Le billet coûte 200 yuan pour les étrangers, 365 yuan si vous choisissez le confort des couchettes.

Nous ne vous recommandons pas le vieux bus pour Turfan. Le voyage dure 3 jours jusqu'à Daheyan, à encore 58 km en train de Turfan.

L'accès à vos bagages sur le toit étant impossible durant le trajet, gardez le nécessaire avec vous. Sachez également que les bus ne respectent pas toujours les horaires.

La route du Xinjiang au Tibet, l'une des plus difficiles du monde, passe par le territoire disputé d'Aksai Chin. Cet itinéraire n'est officiellement pas ouvert aux étrangers. En utilisant les moyens de transport qui se présentaient, certains ont fait illégalement le trajet de Lhassa à Kashgar en une quinzaine de jours ; d'autres ont mis plusieurs mois. Un certain nombre de voyageurs étrangers se sont vu infliger des amendes par le BSP, dont les préoccupations en matière de sécurité se trouvent en l'occurrence justifiées. Le guide Lonely Planet (en anglais) sur le Tibet contient plus de détails sur cette route, qu'il ne faut en aucun cas envisager de prendre sans être préparé au voyage en altitude. Au moins deux étrangers y ont trouvé la mort : l'un a été éjecté de l'arrière d'un camion par un gros nid de poule ; l'autre, voyageant également à l'arrière d'un camion, a été victime d'hypothermie et du mal des montagnes.

La route du Karakorum, entre la Chine et le Pakistan, est décrite plus loin dans ce chapitre.

Comment circuler

Desserte de l'aéroport. La CAAC assure la navette en bus. Il suffit d'indiquer votre hôtel au chauffeur, qui vous y déposera moyennant 2 yuan de plus. La course de 11 km entre l'aéroport et la ville est facturée 50 yuan par les taxis.

Autres. En ville, inutile de prendre le bus. Depuis l'interdiction de circuler des carrioles tirées par des ânes, restent la marche ou la bicyclette.

L'hôtel Tiannan et John's Information and Cafe louent des vélos. Essayez également l'hôtel Seman. Pour louer un 4x4 ou un minibus, renseignez-vous chez John's Information and Cafe.

ENVIRONS DE KASHGAR
Hanoi
(hànnuòyī gùchéng)
Non, le Xinjiang n'a pas de frontière commune avec le Vietnam ! Cette ancienne cité, aujourd'hui en ruines, se trouve à 30 km au nord-est de Kashgar. Fondée il y

a 1500 ans, elle connut son apogée sous les dynasties Tang et Song, et fut abandonnée après le XIe siècle. A quelques kilomètres de là se trouve la pagode Mor, construction bouddhique en très mauvais état.

Pour vous rendre à Hanoi, il vous faudra louer une jeep. L'excursion se résume à une route cahoteuse pour des ruines sans grand intérêt.

Grottes bouddhiques des Trois Immortels

(*sānxiān dòng*)

Ces grottes bouddhiques ont été aménagées dans une falaise abrupte surplombant la rive sud de la rivière Qiakmakh, à environ 20 km au nord de Kashgar. Ces trois grottes, dont l'une contient des fresques encore visibles, peu intéressantes sur le plan artistique, donnent cependant l'occation d'une excursion agréable.

ROUTE DU KARAKORUM

(*zhōgbā gōnglù*)

Cette route franchit le col de Khunjerab (4 800 m) et permet d'atteindre le Pakistan. Pendant des siècles, elle fut sillonnée par les caravanes de la route de la Soie. Khunjerab signifie "vallée du sang", en référence aux bandits de grands chemins qui profitaient du terrain accidenté pour piller les caravanes et tuer les marchands.

Il fallut près de vingt ans pour construire cette route entre Kashgar et Islamabad. Plus de 400 ouvriers périrent dans l'entreprise. Les aménagements le long du parcours s'améliorent, mais munissez-vous de vêtements chauds, de nourriture et de boissons à bord du bus, les bagages restant arrimés sur le toit pendant tout le trajet.

Même si vous n'avez pas l'intention de vous rendre au Pakistan, le voyage entre Kashgar et Tashkurgan vaut largement le détour. En quittant Kashgar, le bus traverse d'abord le plateau du Pamir (3 000 m), puis longe les contreforts du Kongur Shan (*gōnggé'ér shān*) (7 719 m) et du Muztag-Atashan (*mùshītǎgé shān*), culminant à 7 546 m. La route passe ensuite par des paysages saisissants, notamment ceux des

alpages où paissent les chameaux et les yak de Tadjiks vivant dans des yourtes. Quelque voyageurs ont dormi sous des yourtes prè du lac Karakuri (*kǎlākùlì hú*), à 3 800 i d'altitude, près de ces deux montagnes.

Tashkurgan (*tǎshíkù ěrgān*) est la der nière ville chinoise avant la frontière. S vous ne vous rendez pas au Pakistan, vou pourrez y passer la nuit. Située à 3 600 i d'altitude, elle est peuplée en majorité pa des Tadjiks. De là, on peut explorer le environs, un fort en ruine, quelques cime tières typiques et les alpages.

A Kashgar, vous pouvez louer une jee avec chauffeur qui vous conduira jusqu' Tashkurgan et vous ramènera le jour sui vant. Adressez-vous en priorité à John' Information and Cafe : une jeep pou quatre coûte 700 yuan. Le CITS loue éga lement des jeeps, mais pour le double d cette somme.

Officiellement, la frontière est ouvert du 15 avril au 31 octobre, mais ces date peuvent varier en fonction des condition au col de Khunjerab. Les formalités or lieu à Sust, à la frontière pakistanaise ; poste-frontière chinois est à Tashkurgar Deux points de contrôle sont installés entr Tashkurgan et Kashgar.

A Tashkurgan, la plupart des voyageur séjournent à l'hôtel *Seman* (*sēmǎn bīnguǎn* qui dispose de lits en dortoir à 31 yuan e de chambres individuelles à 90 yua L'endroit est sale, sans eau courante et l nourriture coûte cher.

L'hôtel *Ice Mountain* (*bīngshā bīnguǎn*) ne vaut pas mieux. L'hôtel *Sh ping Gongsi Lüshe* (sans enseigne e anglais), mal entretenu, sert cependant un nourriture correcte.

Pour plus de détails, reportez-vous a chapitre *Comment s'y rendre*, au début d ce guide. Lonely Planet a également publi un guide en anglais intitulé *Karakorai Highway*.

HOTAN

(*hétián*)

A 1 980 km de route (*via* Kashgar) au suc ouest d'Ürümqi, la ville de Hotan est situé dans l'une des contrées les plus reculées du Xinjiang. Cette région aride, au sud du désert du Taklamakan, est pourtant renommée pour son climat tempéré (du moins pour le Xinjiang) et ne connaît pas de variations de températures aussi importantes que Turfan ou Ürümqi.

Comme à Kuqa, les sites se trouvent à proximité de la ville ; il s'agit surtout de cités en ruines. A 10 km à l'ouest de la ville se trouvent les ruines de **Yurturgan** (*yuètègān yízhǐ*), ancienne capitale d'un royaume pré-islamique (IIIe-VIIIe siècle). Les ruines de **Malikurwatur** (*málìkèwǎntèěchéng*) se dressent à 12 km au sud de Hotan et, 10 km plus loin, on peut visiter quelques temples et des édifices en forme de pagodes.

Hotan est réputée pour ses pierres précieuses. Ses jades sont considérés comme les plus beaux de Chine. Vous pourrez voir des dépôts de jade blanc le long de la rivière du Dragon de jade de Kashgar (*yùlóng kāshì hé*), qui coule non loin de la ville.

On peut également acheter des noix, des soieries et des tapis. **Jiyaxiang** (*jíyǎxiāng*), petite bourgade à 11 km au nord-est de Hotan, fabrique encore des tapis sur des métiers à tisser traditionnels. La plupart des maisons sont de petites entreprises familiales. En ville même, sur la rive est de la rivière du Dragon de jade de Kashgar, au nord de la route pour Qiemo, se trouve une fabrique de tapis.

Où se loger et se restaurer

La *pension Hotan n°1* (*hétián dìqū dìyī zhāodàisuǒ*) propose un hébergement assez rudimentaire et quelques chambres plus confortables. Elle abrite le bureau de la CAAC.

L'autre solution consiste à trouver une place à la *pension Hotan* (*hétián bīnguǎn*), plus récente mais probablement plus chère que le Hotan n°1.

La prudence reste de rigueur en ce qui concerne la nourriture locale. La cuisine proposée dans les deux pensions semble saine, mais soyez prudent si vous mangez sur le pouce dans la rue.

Comment s'y rendre

Trois vols hebdomadaires relient Hotan à Ürümqi. Les bus entre Ürümqi et Hotan passent en général par Kashgar et peuvent mettre jusqu'à 5 jours. Il semble plus raisonnable de se rendre à Hotan depuis Kashgar, distante de 509 km. Le trajet s'effectue en un ou deux jours ; les bus quittent Kashgar à 8h. Il est possible de prendre le bus entre Kashgar et Hotan, puis l'avion pour Ürümqi.

Comment circuler

Louer un véhicule s'avère nécessaire pour faire le tour des sites de Hotan. Vous devriez trouver des habitants prêts à louer le leur. Sinon, essayez la gare routière ou la compagnie de bus n°7 (*dìqī yùnshū gōngsī*).

YINING

(*yíníng*)

Connue également sous le nom de Gulja, Yining, proche de la frontière du Kazakhstan et séparée d'Ürümqi par quelque 700 km, est le chef-lieu de la préfecture autonome kazakh d'Ili.

A la mort de Gengis Khan en 1227, ses quatre fils héritèrent de l'empire mongol. Chaghataï, le deuxième, se trouva à la tête d'un territoire immense comprenant le Turkestan, le Xinjiang et, plus au sud, une grande partie du Khorasan. Il aurait établi sa capitale à Almalik, près de Yining, dans la vallée de l'Ili.

Cette vallée était un lieu de passage facile pour les envahisseurs et pour les marchands, qui empruntèrent ensuite la voie nord de la route de la Soie. Yining fut occupée par les troupes tsaristes en 1876, à l'époque de l'État indépendant de Kashgarie de Yakub Beg. Cinq ans plus tard, les Chinois se débarrassèrent de Yakub Beg et Yining fut reprise aux Russes. En 1962, d'importants incidents frontaliers eurent lieu entre Chinois et Russes le long de l'Ili. En 1986, les autorités de Pékin ont déclaré avoir abattu six espions soviétiques.

Les Chinois n'aiment guère vivre à Yining et mettent en garde contre les sorties nocturnes, lorsque les couteaux sortent

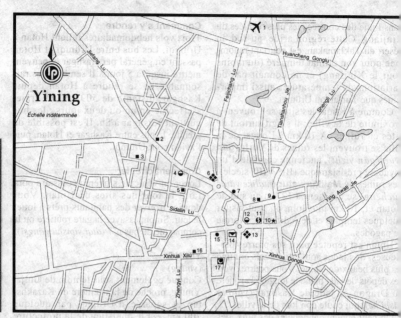

Yining

Échelle indéterminée

vite des poches et rendent les rues peu sûres. Les Kazakhs et les Ouzbeks sont en revanche très amicaux avec les étrangers qu'ils ne voient pas du même œil que les autorités chinoises.

Mais soyons francs : à présent qu'il existe des liaisons directes en train et en bus entre Ürümqi et Almaty, il n'y a plus vraiment de raison de s'arrêter à Yining. Rien ne semble fonctionner correctement. Entre les avions aux horaires fantaisistes, les banques à court d'argent, les téléphones constamment en dérangement et les fonctionnaires chinois peu dynamiques, il vous faudra faire preuve de beaucoup de patience !

Renseignements

Le BSP se trouve à deux pâtés de maisons de l'hôtel Ili, près d'un grand émetteur radio. La Bank of China est installée au sud de l'hôtel Ili. La poste se trouve sur le grand rond-point du centre-ville.

Architecture et marchés

Yining est une ville peu avenante dotée seulement de quelques vestiges fanés de l'architecture russe. Le marché ouïghour près de l'hôtel Huacheng, n'est pas vraiment intéressant. Les autres marchés sont réputés pour leurs fruits (particulièrement au mois d'août), les tapis et le cuir (bottes). Seule la culture traditionnelle ouïghoure, kazakh et ouzbek semble vraiment digne d'intérêt.

Les ruelles bordées de maisons d'inspiration russe aux fenêtres de bois sculptées, aux volets peints et aux ornements variés, sont plus intéressantes que les rues principales.

Où se loger

La plupart des voyageurs à petit budget logent à l'hôtel *Ili* (☎ 22794) (*yīlí bīnguǎn*) proche de la gare routière et du bureau de la CAAC. L'endroit est charmant et ombragé, mais l'incroyable léthargie du personnel est sidérante. Le lit en dortoir

YINING 伊宁

1. Aéroport
   飞机场
2. Hôtel Huamingyuan
   花明园饭店
3. Hôtel Huacheng
   花城宾馆
4. Gare routière
   长途汽车站
5. Friendship Hotel
   友谊宾馆
6. Grand magasin
   民贸商场
7. CAAC
   中国民航
8. Hôtel Ili
   伊犁宾馆
9. Carrioles à chevaux
   马车
10. BSP
    公安局外事科
11. Bank of China
    中国银行
12. Gare routière
    长途汽车站
13. Grand magasin Yining
    伊宁商场
14. Poste
    邮局
15. CITS
    中国国际旅行社
16. Hôtel Hulejia
    呼勒佳宾馆
17. Mosquée
    清真寺

revient à 10 yuan et il faut compter de 40 à 80 yuan pour une double. Les douches fonctionnent parfois en soirée, mais pas au-delà de 22h. Il faut acheter des tickets de douche à la réception (0,50 yuan).

Le *Friendship Hotel* (☎ 24631) (*yǒuyì bīnguǎn*) est le seul établissement correct de la ville. Même si le cadre est moins plaisant qu'à l'hôtel Ili, les chambres sont très propres et le dynamisme et la gentillesse du personnel méritent d'être soulignés. Pour un lit en dortoir (de 2 lits avec s.d.b.), vous déboursez 18 yuan. L'hôtel se révèle difficile à trouver : situé dans une petite

ruelle, le petit panneau qui l'indique n'est écrit qu'en chinois.

L'hôtel *Huacheng* (☎ 2911, poste 296) (*huāchéng bīnguǎn*) accepte également les étrangers. Les doubles à 60 yuan sont correctes, mais cet hôtel est installé loin de tout et ne dispose pas de dortoirs bon marché.

Où se restaurer

L'hôtel *Ili* sert des plats copieux, mais pas forcément savoureux, en échange de coupons achetés à la réception. Le déjeuner est servi à 14h.

En sortant par l'entrée principale de l'hôtel Ili, tournez à droite : à mi-chemin avant d'atteindre la rue suivante, vous trouverez sur la gauche un restaurant sans nom qui propose une nourriture bon marché mais très épicée. Si vous ne souhaitez pas manger trop pimenté, dites "*búyào làjiāo*".

Les marchés, à 10 minutes à pied au sud-est de la gare routière, permettent aussi de se restaurer. Outre les traditionnels kebabs et galettes de pain (*náng*), vous pourrez essayer une autre variété de kebabs, trempés dans de la pâte avant d'être cuits. Assurez-vous avant de goûter qu'il s'agit bien de viande et non de graisse de mouton, car sinon c'est immangeable.

Près du cinéma, deux marchés sont installés de part et d'autre de la rue principale. L'un, à dominante chinoise, propose les habituels plats à la viande et aux légumes. L'autre, plus typiquement local, possède un certain parfum médiéval avec des patrons vociférant au-dessus de leurs chaudrons bouillants, tandis que les clients ivres tombent de leurs bancs ou s'affalent sur les tables à l'extérieur. On y sert principalement du ragoût de mouton, des kebabs et des galettes de pain.

Comment s'y rendre

Avion. Il est relativement facile d'obtenir un billet d'avion d'Ürümqi à Yining, mais presque impossible d'en trouver un pour le retour. Il existe 6 vols hebdomadaires. Le vol dure 1 heure 30 et le billet coûte 176 yuan. Si vous souhaitez prendre un vol pour Ürümqi, le mieux est de vous adresser aux hôtels. Vous pouvez aussi vous rendre à la CAAC ou tenter votre chance à l'aéroport.

Le bureau de la CAAC se trouve à l'ouest de l'hôtel Ili, mais il est souvent fermé. De nombreux étrangers s'en sont plaints, et cela s'améliorera peut-être un jour !

Comptez 3 à 4 jours ouvrables pour obtenir un billet d'avion. Sachez aussi que les vols sont souvent annulés ou retardés.

Bus. Des bus quittent Ürumqi à 9h (heure d'été de Pékin) tous les jours et arrivent à Yining après 2 jours de voyage. Les départs en sens inverse s'effectuent à 8h l'été et à 7h le reste de l'année. Il est conseillé d'acheter son billet la veille du départ. Il y a deux gares routières à Yining : il faut donc acheter son billet à la gare d'où l'on doit partir.

Des bus quotidiens rejoignent Kashgar, *via* Korla, Kuqa et Aksu. Le trajet coûte 93 yuan et dure 3 jours jusqu'à Kashgar.

Depuis Yining, il est possible de se rendre en bus au Kazakhstan. Reportez-vous au chapitre *Comment s'y rendre*, au début de ce guide.

ENVIRONS DE YINING
Vallée de l'Ili
(yīlí gǔ)
Six kilomètres séparent le centre-ville du pont traversant l'Ili. Les paysages de cette campagne parsemée de fermes sont charmants ; de grands bouleaux ornent les bords des routes.

Le meilleur moyen de visiter les environs est de louer une charrette à cheval (*mǎ chē*) pour environ 30 yuan la promenade de 1 heure 30. La plupart des cochers kazakhs stationnent juste à l'est de l'hôtel Ili. Ils parlent rarement le chinois et les seuls mots d'anglais qu'ils connaissent sont "*change money*" !

Lac Sayram
(sàilǐmù hú)
Le magnifique lac Sayram est situé à un peu plus de 3 heures de route au nord de

la ville. Les bus pour Ürümqi s'y arrêter une demi-heure.

Si vous souhaitez explorer les alentour de ce lac alpin, vous pouvez passer la nu à l'hôtel *Guozigou* (*guǒzigōu zhāodàisuǒ* où les chambres ne coûtent que 3 yuan. existe également un autre établissemen l'hôtel *Sayram* (*sàilǐmù zhāodàisuǒ*), qu semble prêt à s'écrouler d'un instant l'autre. On trouve de quoi se restaure autour du lac, mais il vaut mieux emmene des provisions.

Il est possible de louer des chevaux pou une randonnée avec des bergers kazakh pour environ 40 yuan la journée (aprè négociation). Les promenades dans le environs peuvent s'avérer intéressantes L'eau du lac est en principe potable mais avec la contamination possible en raison d la présence de moutons, il est recommand de ne pas la consommer.

ALTAI
(ā'lètài)
Située à 922 m d'altitude, cette ville d l'extrême nord du Xinjiang connaît de hivers bien plus froids qu'Ürümqi (jusqu' 49,8°C en dessous de zéro), mais l'été peu être torride. Elle compte un peu plus de 170 000 habitants, dont 63% de Han et un importante minorité de Kazakhs. Bien qu la ville soit officiellement ouverte, s proximité avec les frontières du Kazakhs tan, de la Russie et de la Mongolie render nécessaires les autorisations pour se rendr dans le nord de la région.

Où se loger
L'hôtel *Altai* (☎ 223-804) (*ā'lètài fàn dìàn*), 37 Gongyuan Lu, est le seul établis sement acceptant les étrangers. Situé no loin du pont franchissant la rivière Kelan, i propose des lits en dortoir à partir d 25 yuan et des doubles à 120 yuan.

Comment s'y rendre
A moins de disposer d'une autorisatio pour la réserve naturelle, se rendre à Alta ne s'impose pas. La CAAC dessert la vill trois fois par semaine depuis Ürümqi. De

us branlants assurent en 2 jours la liaison
ntre Altai et Ürümqi.

ENVIRONS D'ALTAI

Les paysages au nord d'Altai comptent
sans doute parmi les plus étonnants du
Xinjiang, avec leurs arbres toujours verts,
leurs cascades et leurs lacs. La rivière
Ertrix, qui draine la région, est la seule de
Chine à se jeter dans l'océan Arctique. Ce
secteur classé s'appelle la réserve naturelle
de Hanas ; il faut être muni d'une autorisation pour s'y rendre.

Lac Hanas
(*kānàsī hú*)
Sans conteste le plus beau site des environs
d'Altai, ce lac d'altitude s'étend au milieu
des pins, entre rochers et montagnes.
L'automne, les trembles et les érables cha-

toyants y flamboient. Un hôtel, semblable à
un chalet alpin, a été construit mais,
compte tenu des délais nécessaires pour
obtenir l'autorisation de se rendre dans la
réserve et le mauvais état des routes qui y
mènent, on peut s'interroger sur
son utilité. Depuis Altai, il faut louer une
jeep et parcourir 100 km de routes défoncées pour y accéder.

Pic de l'Amitié
(*yǒuyí fēng*)
La région d'Altai enthousiasmera les alpinistes. Le pic de l'Amitié, le plus élevé de
la région, culmine à 4 374 m. A son sommet enneigé, on se trouve dans trois pays à
la fois. Vous ne devriez pas avoir besoin
d'un visa pour chacun d'eux, mais une
autorisation, un guide et du matériel professionnel vous seront nécessaires.

LE NORD ET LE NORD-OUEST

Gansu 甘肃

A cause de sa pauvreté et de son éloignement, le Gansu (*gānsù*), province aride et accidentée constituée de montagnes et de déserts, n'a longtemps été contrôlé que de très loin par Pékin. Son rôle dans l'histoire de la Chine n'en demeure pas moins important.

Les caravanes acheminant la fameuse soie de Chine, qui donna son nom à la non moins célèbre route, traversaient le Gansu. Depuis l'Empire romain, les voyageurs et les marchands venus d'Occident pénéraient dans l'empire du Milieu par cette voie et utilisaient le réseau des villes-oasis comme étapes le long de leur parcours à travers des territoires désertiques. Grâce à la route de la Soie, le bouddhisme pénétra en Chine. Des grottes abritant des temples bouddhiques dans le Xinjiang, le Gansu et le nord de la Chine attestent le rôle fondamental joué par cette voie commerciale dans la transmission des courants d'idées.

La Grande Muraille se faufilait dans le nord de la Chine jusqu'au Gansu et s'achevait peu après la ville de Jiayuguan. La paix ne régnait pourtant pas en deçà de la Muraille. De 1862 à 1878, les Chinois réprimèrent avec une effroyable brutalité une rébellion musulmane et massacrèrent sans doute plusieurs millions de personnes. La destruction des villes et des propriétés entraîna la province vers sa ruine et permit d'y asseoir définitivement l'autorité de la Chine. Une famine généralisée marqua la fin du siècle.

Traditionnellement, les villes du Gansu ont été édifiées au cœur des oasis parsemant les principales voies empruntées par les caravanes, seules propices à la culture des terres. Avec l'arrivée des moyens de transport modernes, des industries se sont développées et les mines ont pu être exploitées. Achevée en 1963, la ligne de chemin de fer reliant Lanzhou à Ürümqi, soit 1 892 km de rail, constitue l'une des grandes réalisations

Population : 23 millions d'habitants

Capitale : Lanzhou

A ne pas manquer :

- Bingling Si et ses grottes bouddhiques abritées dans d'imposantes falaises surplombant le Huang He

- La fabuleuse ville de Xiahe avec son monastère tibétain et la foule de ses pèlerins revêtus de leurs plus beaux atours

  Jiayuguan, où s'achève la Grande Muraille et commence le désert

- Dunhuang, dont les grottes bouddhiques, au milieu d'imposantes dunes de sable, sont l'un des joyaux de la Chine

des débuts du régime communiste. Elle contribua largement à sortir cette région reculée de son isolement. Aujourd'hui, le tourisme représente une importante source de revenus de la région, notamment à Lanzhou, Dunhuang et Jiayuguan.

Quelque 23 millions d'habitants peuplent le Gansu, dont un nombre important appartiennent aux minorités ethniques. Face aux Hui, aux Mongols, aux Tibétains et aux Kazakhs, les Han sont cependant désormais majoritaires.

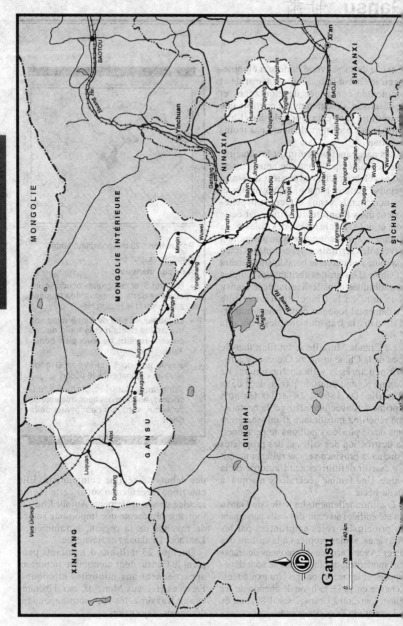

Gansu

0   70   140 km

LANZHOU
(*lánzhōu*)

La capitale du Gansu est depuis longtemps une ville de garnison et un centre de transit important.

Son expansion industrielle a débuté après la victoire des communistes et l'intégration de la ville au réseau ferroviaire chinois. Sa population a ainsi décuplé en un peu plus d'une génération.

Sans représenter une attraction touristique majeure, Lanzhou permet de découvrir quelques sites intéressants dans ses environs et, en tant que carrefour, représente un noyau de circulation stratégique pour les voyageurs se rendant dans l'Ouest oublié de la Chine.

Orientation

La géographie n'a pas joué en faveur de Lanzhou. Située à 1 600 m d'altitude, la ville est enserrée dans une étroite vallée entourée de contreforts montagneux. Cette situation a poussé le développement urbain vers l'ouest, et la ville s'étire en un long ruban de 20 km longeant les rives du Huang He. La configuration du site entraîne une concentration des gaz d'échappement et fumées des véhicules et des usines : Lanzhou vit en permanence sous une chape de pollution. Sa topographie rocailleuse contribue cependant au charme singulier de cette ville.

Renseignements

De nombreuses agences de voyages proposent des circuits d'une journée pour découvrir les sites touristiques des environs de Lanzhou. Les voyageurs à petit budget s'adressent en priorité au Western Travel Service (☎ 841-6321 ; fax 841-8608), situé dans l'hôtel Lanzhou, 204 Donggang Xilu. Le CITS (☎ 841-6638, poste 761) dispose d'un bureau dans Nongmin Xiang, la ruelle qui passe derrière l'hôtel Jincheng. A quelques mètres de là, Tianma Travel propose des services identiques.

Deux bureaux du BSP délivrent des prolongations de visa et des permis de voyage pour les étrangers. Le BSP de la province se trouve 38 Qingyang Lu, sur la place de l'Orient rouge. Ce bureau n'est pas dans le bâtiment principal recouvert de tuiles vertes et blanches à l'entrée, mais dans une aile distincte, sur la gauche, au 3e étage, à gauche des escaliers. Le bureau de la police municipale, plus petit, est installé 132 Wudu Lu, à droite en entrant.

La Bank of China (☎ 841-8957) a établi sa principale succursale au nord de la place de l'Orient rouge, dans Pingliang Lu.

Des bureaux de poste sont installés en face de la gare principale de Lanzhou et de la gare routière Ouest. Le bureau de poste et des télécommunications occupe l'angle de Minzhu Lu et de Pingliang Lu. Pour téléphoner en PCV, rendez-vous au bureau de téléphone et de télécopie implanté à la jonction de Qingyang Lu et de Jinchang Lu.

Musée de la province du Gansu
(*gānsù shěng bówùguǎn*)

Situé en face à l'hôtel Huayi, ce musée peut être considéré comme l'un des plus intéressants des provinces chinoises.

Le 2e étage abrite une exposition récemment enrichie intitulée "Témoignages culturels de la route de la Soie". Elle débute avec les poteries néolithiques découvertes sur le site de Dadiwan, à 300 km au sud-est de Lanzhou. La culture de Dadiwan remonte à au moins 7 000 ans et précède, selon certains archéologues, celle mieux connue de Yangshuo. Des pièces mises au jour à Dadiwan portent des signes peints en noir qui seraient une des premières formes de pictogrammes. Plus loin, d'autres collections témoins de la dynastie Han permettent d'admirer un fragment de dentelle brodé de 70 cm de long et des tablettes de bois gravées utilisées pour transmettre des messages le long de la route de la Soie. La pièce la plus impressionnante est un cavalier d'époque Tang, en terre cuite vernissée de 1,50 m de haut, le plus grand découvert à ce jour en Chine.

La collection permet également d'admirer un plateau d'argent doré datant du IIe siècle av. J.-C., représentant un Bacchus romain et provenant de l'Empire romain

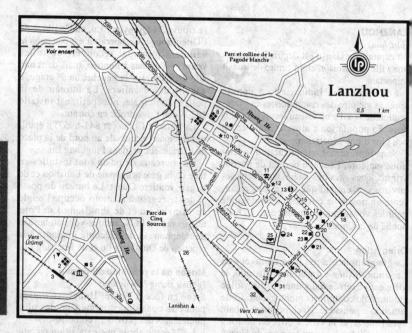

d'Orient. Découvert en 1989 à Jingyuan, à 120 km au nord-est de Lanzhou, il témoigne de contacts significatifs entre les civilisations romaine et chinoise.

On peut encore voir une réplique en bronze d'un cheval au galop ainsi que de nombreux chariots et cavaliers exhumés dans un tombeau Han à Leitai, près de Wuwei (l'original se trouve dans un musée de Pékin). Parmi les objets d'époque Yuan sont présentées une édition d'un texte bouddhique bilingue chinois-tibétain et une copie manuscrite du Coran avec des annotations en persan. Le rez-de-chaussée expose des pièces assez banales concernant la flore, la faune et la géologie du Gansu. Le squelette d'un mammouth géant exhumé en 1973, ainsi que des fragments d'autres squelettes, de défenses et de dents de membres disparus de la famille des pachydermes, méritent d'être vus.

Le musée est ouvert de 9h à 11h30 et de 14h30 à 17h, sauf le dimanche.

Colline de la Pagode blanche
(*báitǎ shān*)

Ce charmant parc est situé sur la rive nord du Huang He, près du vieux pont Zhongshan. Ses pentes escarpées se découpent en terrasses et une multitude de petits sentiers mènent à des pavillons, maisons de thé ou encore à une pépinière sur une colline isolée. Au sommet, le temple de la Pagode blanche, construit sous la dynastie des Yuan, offre une belle vue sur la ville. Plusieurs mosquées encadrent ce parc, ouvert l'été de 6h30 à 22h. Le bus n°7 y conduit depuis la gare ferroviaire.

Lanshan
(*lánshān gōngyuán*)

A plus de 2 000 m d'altitude, ce massif domine Lanzhou au sud. La température au sommet est en général inférieure de 5°C à celle de la vallée, ce qui en fait un lieu de villégiature privilégié pendant les fortes chaleurs. Le moyen le plus simple et le plus

LANZHOU 兰州	OÙ SE RESTAURER	10	BSP (de la ville) 市公安局
OÙ SE LOGER	1	Restaurant Star Moon 星月楼酒家	11	Téléphone et télégrammes 电信大楼

LANZHOU 兰州

OÙ SE LOGER

5 Hôtel Huayi 华谊大酒店
18 Pension Ningwozhuang 宁卧庄宾馆
19 Hôtel Jincheng 金城饭店
20 Hôtel Lanzhou et Wetern Travel Service 兰州饭店，西方旅行社
22 Lanzhou Legend Hotel 兰州飞天大酒店
23 Hôtel Dongfang 东方宾馆
27 Hôtel Nongken 农垦宾馆
28 Lanzhou Mansions 兰州大厦
29 Hôtel Yingbin 迎宾饭店
30 Hôtel Heping 和平饭店
31 Hôtel Lanshan 兰山宾馆

OÙ SE RESTAURER

1 Restaurant Star Moon 星月楼酒家
15 Ruelle des stands 农民巷

DIVERS

2 Centre commercial Huangjin 黄金大厦
3 Gare ferroviaire Ouest 火车西站
4 Musée de la province 甘肃省博物馆
6 Gare routière Ouest 汽车西站
7 Centre commercial Jinda 金达商厦
8 Centre commercial Asie-Europe 亚欧商厦
9 Librairie en langues étrangères 外文书店

10 BSP (de la ville) 市公安局
11 Téléphone et télégrammes 电信大楼
12 BSP (de la province) 省公安局
13 Bank of China 中国银行
14 Place de l'Orient rouge 东方红广场
16 CAAC 中国民航
17 CITS 中国国际旅行社
21 Université de Lanzhou 兰州大学
24 Gare routière Est 汽车东站
25 Poste et téléphone 邮电局
26 Télésiège pour Lanshan 兰山索道
32 Gare ferroviaire 火车总站

agréable pour s'y rendre est d'emprunter le télésiège qui part du parc des Cinq Sources, qui atteint le sommet en 20 minutes. Vous y trouverez le pavillon Santai (*sāntái gé*), des buvettes et un parc d'attractions. Des chaises longues vous permettront de boire une tasse de thé tout en contemplant l'animation de la ville en contrebas. Un chemin pavé descend en zigzag jusqu'au parc des Cinq Sources.

Où se loger

Plusieurs établissements de moyenne catégorie proches de la gare ferroviaire acceptent les étrangers. L'hôtel *Yingbin* (☎ 888-652) (*yíngbīn fàndiàn*), dans Tianshui Lu, le meilleur du quartier, propose des triples standard à 80 yuan et des doubles à 150 ou 200 yuan. Les *Lanzhou Mansions* (☎ 841-7210) (*lánzhōu dàshà*), la grande tour à gauche en quittant la gare ferroviaire, loue des chambres avec s.d.b. commune pour 50 yuan et des chambres avec s.d.b. de 176 à 516 yuan. Juste derrière, s'élève dans

une ruelle l'imposant hôtel *Nongken* (☎ 841-7878) (*nóngkěn bīnguǎn*), qui dispose de doubles de 180 à 210 yuan. L'hôtel *Lanshan* (☎ 882-7211) (*lánshān bīnguǎn*), dans le grand bâtiment jaune en face de la gare, propose des doubles de 80 à 210 yuan.

L'hôtel *Heping* (*hépíng fàndiàn*) se trouve à 10 minutes à pied en descendant Tianshui Lu. Il s'agit d'une vieille bâtisse rénovée qui possède des doubles avec s.d.b. au prix raisonnable de 120 yuan.

L'hôtel *Lanzhou* (☎ 841-6321) (*lánzhōu fàndiàn*) offre un autre exemple de ces édifices de style sino-stalinien construits dans les années 50. L'intérieur a été entièrement réaménagé et convient bien aux voyageurs à petit budget, logés en dortoir de trois à 30 yuan le lit dans l'ancienne aile du bâtiment. Les chambres standard se louent de 420 à 500 yuan. Cet établissement est situé à 20 minutes à pied de la gare ; on peut s'y rendre en empruntant les bus n°1 ou 7 et en descendant au 2e arrêt.

L'hôtel *Jincheng* (☎ 841-6638 ; fax 841-8438) (*jīnchéng fàndiàn*), contigu à l'hôtel Lanzhou, est un établissement haut de gamme. Les dortoirs sont installés au 4e étage de l'autre aile, située derrière le bâtiment principal. On y accède en passant par la porte de derrière, près de l'agence CITS. A 40 yuan le lit dans des chambres au sol de ciment, on ne peut parler de bon rapport qualité-prix. Dans le bâtiment principal au confort plus douillet, les chambres coûtent de 456 à 1162 yuan.

Le magnifique *Lanzhou Legend Hotel* (☎ 888-2876 ; fax 888-7876) (*lánzhōu fēitiān dà jiǔdiàn*), en face de l'hôtel Lanzhou, dispose de chambres à des prix (664, 1245 et 4980 yuan) en rapport avec la qualité légendaire de son service et de ses prestations, qui en font l'hôtel le plus haut de gamme de la ville. Juste à côté, on achevait lors de notre passage la construction de l'hôtel *Dongfang* (*dōngfāng bīnguǎn*), haut bâtiment qui devrait abriter un autre établissement de luxe.

L'hôtel *Huayi* (☎ 233-3051) (*huáyí dà jiǔdiàn*), 14 Xijin Xilu, ne vous sera utile que si vous prenez le bus du matin pour Xiahe, au départ de la gare routière Ouest. Sa proximité avec la gare ferroviaire ouest ne sert pas à grand-chose car la plupart des express ne s'y arrêtent pas. L'établissement dispose de lits en dortoir à 90 yuan dans l'ancien bâtiment et de chambres à 518 yuan dans le nouveau.

La pension *Ningwozhuang* (☎ 841-6221) (*níngwòzhuāng bīnguǎn)* a préservé le calme et les vastes espaces hérités d'une époque où l'établissement était réservé aux cadres du Parti en visite dans la région. Elle est agrémentée des jardins les mieux entretenus de tout le parc hôtelier chinois. Les chambres doubles débutent à 400 yuan. La réception s'orne des portraits des hôtes de marque qui ont séjourné ici : le président du Mali, un ministre de Singapour et une princesse thaï.

Où se restaurer

La plupart des hôtels offrent d'excellentes tables pour des prix généralement raisonnables (renseignez-vous néanmoins avant

de commander). Le restaurant des *Lanzhou Mansions* propose un vaste choix de menus à prix variés. Celui à 15 yuan est plus que copieux. Le restaurant de l'hôtel *Huayi*, à l'ouest de la ville, bénéficie d'une bonne réputation. Vous pourrez aussi essayer la table du restaurant *Star Moon* (*xīngyuè lóu jiǔjiā*), tout proche.

La ruelle *Nongmin Xiang*, derrière l'hôtel Jincheng, compte parmi les meilleures adresses pour manger sur le pouce.

On peut déguster plusieurs spécialités locales proposées à l'étal des marchands de rues. Le *ròujiābǐng* se compose de porc ou d'agneau frit avec des oignons, du piment et du paprika, servis dans un "chausson" de pâte.

Lanzhou est également réputée pour ses nouilles. Celles au bœuf (*niúròu miàn*) sont servies dans une soupe très épicée. Si vous les souhaitez moins piquantes, dites "*bùyào làjiāo*". Les nouilles frites (*chǎo miàn*) comptent de nombreux amateurs.

Pour le dessert, essayez le *tiánpéizi*, une spécialité musulmane. La recette consiste à faire bouillir rapidement de l'orge de montagne, puis à laisser tremper les graines plusieurs jours jusqu'à fermentation. On le sert avec une sauce laiteuse douce-amère qui lui donne un délicieux goût parfumé.

Comment s'y rendre

Avion. Ouvert de 8h30 à 11h30 et de 15h à 18h, le bureau de la CAAC se trouve 46 Donggang Xilu, à l'angle d'une ruelle, à 5 minutes à pied de l'hôtel Lanzhou vers le nord-ouest.

Deux vols hebdomadaires relient Lanzhou à Hong Kong. Il existe également des liaisons pour :

Canton, Changsha, Chengdu, Chongqing, Dunhuang, Fuzhou, Guilin, Haikou, Hangzhou, Jiayuguan, Kunming, Ningbo, Pékin, Qingdao, Shanghai, Shenyang, Shenzhen, Ürümqi, Wuhan, Xiamen et Xi'an.

Bus. Les bus partent pour Linxia, Xiahe et Hezuo partent de la gare routière Ouest (*qìchē xīzhàn*). Les prix des billets pour étrangers sont élevés, et négocier pour obtenir les prix chinois s'avère difficile. Sept bus desservent quotidiennement Linxia (3 heures 30), tandis que le seul bus pour Xiahe (8 heures) quitte Lanzhou à 7h30. Linxia se trouve sur la route de Xiahe et tous les bus s'y arrêtent. Aussi, si vous ne trouvez pas de bus direct, prenez-en un tôt dans la journée pour Linxia et changez dans cette ville. D'autres bus vont à Wuwei (7 heures), Zhangye (11 heures) et Jiayuguan (15 heures). La plupart des bus pour Jiayuguan disposent de couchettes (*wòpù qìchē*), ce qui rend le trajet plus confortable pour quelques yuan de plus.

La gare routière Est, dans Pingliang Lu, dessert principalement l'est, en particulier Xi'an, Yinchuan et Guyuan (dans le Ningxia).

Assurance de voyage. Un règlement oblige les étrangers qui voyagent en bus dans le Gansu à prendre une assurance auprès de la Compagnie populaire d'assurances de Chine (PICC), qu'ils soient ou non en possession de leur propre assurance. Ce règlement aurait été adopté à la suite d'un procès gagné contre la province du Gansu par la famille d'un touriste japonais tué dans un accident de bus en 1991. Cette réglementation peut être interprétée soit comme une sanction collective à l'égard des étrangers, soit comme une mesure préventive en cas de nouveau litige, voire simplement comme une source de revenus supplémentaires pour le gouvernement. Sachez que certaines gares routières refusent de vendre des tickets sans présentation de l'attestation d'assurance de la PICC. Si vous parvenez à monter dans un bus sans cette assurance, vous aurez probablement à payer une amende équivalant au prix de l'assurance (mais aucun reçu ne vous sera délivré). Ce règlement est surtout appliqué sur les routes qui partent de Lanzhou et sur celles du nord-ouest du Gansu. En cas d'accident, il paraît peu probable cependant que vous perceviez une quelconque indemnité. Ce règlement est avant tout destiné à protéger les compagnies de bus de l'État contre toute poursuite.

Certains touristes ont pu échapper au versement de cette assurance en montrant les papiers d'une tierce personne ou en faisant acheter leur billet par des Chinois. D'autres tentent d'acheter leur billet à bord du bus pour éviter de le payer. Le plus souvent, il faut s'attendre à ce que le chauffeur demande un bakchich conséquent pour cette faveur. Le plus simple consiste en fin de compte à acheter l'assurance et à ne plus y penser. Les minibus effectuant les mêmes parcours sont apparemment exemptés de cette formalité avant tout lucrative pour l'État.

A Lanzhou, vous pourrez contracter cette assurance au bureau de la PICC (☎ 841-6422, poste 114), 150 Qingyang Lu, au CITS, ainsi que dans les agences de voyages et la plupart des hôtels de tourisme. Elle coûte 20 yuan pour une semaine, 40 yuan pour 15 jours et 2 yuan par jour supplémentaire. Le CITS et certains hôtels prennent une commission supplémentaire de 10 yuan.

Trains. Des trains desservent Pékin *via* Hohhot et Datong, Golmud *via* Xining, Shanghai *via* Xi'an et Zhengzhou, et Pékin *via* Xi'an et Zhengzhou. D'autres se dirigent vers le sud jusqu'à Chengdu, ou vers l'ouest jusqu'à Jiayuguan (18 heures), Liuyuan (24 heures), Turfan (37 heures) et Ürümqi (40 heures).

Le guichet réservé aux étrangers (le n°12 lors de notre passage) ne délivre généralement que des sièges durs. Les agences de voyages et les hôtels peuvent vous fournir des billets pour des couchettes 24 heures à l'avance.

Comment circuler
Desserte de l'aéroport. Des bus à destination de l'aéroport (situé à Zhongchuan, soit à 87 km du centre-ville) quittent 3 à 4 fois par jour le bureau de la CAAC. Il peut leur arriver de partir avant l'heure indiquée sur le billet. Le trajet coûte 25 yuan. Veillez à acheter votre billet longtemps à l'avance car les bus sont souvent pleins. Les bus des grands hôtels disposent de navettes privées.

La vigilance s'impose vis-à-vis des taxis stationnés devant le bureau de la CAAC, qui demandent 100 yuan pour la course. Ils n'effectueront évidemment pas ce trajet pour une si faible somme et, faute d'accepter de payer le double une fois à bord, ils vous débarqueront à 10 km de Lanzhou.

La CAAC offre plusieurs possibilités d'hébergement dans les hôtels proches de l'aéroport. L'hôtel *Zhongchuan* (☎ 841-5926) (*zhōngchuān bīnguǎn*), tout récent, propose des doubles standard pour 415 yuan. Les lits les moins chers sont à 80 yuan en double avec s.d.b.

Bus. Les lignes les plus utiles sont la n°1 et le trolleybus n°31, qui partent de la gare et passent devant la gare routière Ouest et l'hôtel Huayi. Un trajet en bus revient à 0,30 yuan.

ENVIRONS DE LANZHOU
Bingling Si
(*bǐnglíng sì*)

Les grottes de Bingling Si furent creusées sur le flanc d'une gorge de 60 m de profondeur, à côté du lac artificiel de Liujiaxia, sur le Huang He. Isolées par l'eau du barrage, ces grottes bouddhiques sont tout à fait exceptionnelles dans le Gansu et ont en outre échappé au vandalisme de la Révolution culturelle. Une digue les protège désormais du risque d'inondation à l'époque des hautes eaux.

Le site de Bingling Si est également appelé grottes aux Mille Bouddhas (*qiānfó dòng*). Les falaises de la roche, poreuse et érodée, sont trouées de cavités naturelles. Suspendus à des cordes, les créateurs de ces 183 grottes ont sculpté leurs ouvrages à même la falaise. Un grand nombre d'entre eux périrent sans doute dans l'entreprise.

Les plus anciennes grottes ont été restaurées à de multiples occasions depuis leur construction sous la dynastie des Qin de l'Ouest. Elles renferment 694 statues, 82 sculptures d'argile et de nombreuses fresques. La grotte n°169, qui abrite un bouddha et deux bodhisattva, est l'une des plus anciennes et des mieux préservées de

Bouddha Maitreya, dans les étonnantes grottes de Bingling Si, près de Lanzhou.

Chine. La plupart des autres grottes ont été achevées pendant la période prospère de la dynastie des Tang. La statue de 27 m de haut représentant le Bouddha Maitreya (le Bouddha des temps futurs) assis donne tout son cachet au site.

Le prix de l'entrée varie en fonction des grottes que vous souhaitez visiter. Pour 5 yuan, vous aurez accès aux grottes ouvertes et, pour 200 yuan, une visite guidée de l'ensemble, incluant les splendides grottes n°169 et 172, vous sera proposée.

Où se loger

A Yongjing, vous pourrez dormir à l'hôtel *Lidian* (*lìdiàn bīnguǎn*), qui dispose de doubles confortables avec s.d.b. à 80 yuan ou à l'hôtel *Huanghe* (*huánghé bīnguǎn*), où les chambres coûtent 50 yuan.

Comment s'y rendre

De Lanzhou, comptez 12 heures aller-retour pour visiter les grottes, dont une moitié en bus et l'autre en bateau. Le très bas niveau des eaux et le risque de gel rendent l'accès au site impossible en hiver. Le CITS et les agences Western Travel Service (à l'hôtel Lanzhou) et Tianma Travel organisent des visites aux grottes lorsqu'elles ont suffisamment de clients (soit 6 personnes, ou moins moyennant un supplément). Elles demandent en général 130 yuan (sans l'entrée aux grottes), ce qui paraît raisonnable.

A moins de se joindre à un groupe ou de louer un véhicule, il est impossible de se rendre à Bingling Si et d'en revenir le jour même.

Si vous organisez vous-même cette excursion, vous devrez passer la nuit à Yongjing car le bateau revient des grottes après le départ du dernier bus pour Lanzhou. Vous pouvez prendre le bus de 7h30 à la gare routière Ouest, qui arrive en général juste à temps pour attraper l'un des bateaux pour Bingling Si. Seuls des trains de marchandises circulent sur la ligne de chemin de fer qui passe à Yongjing.

Tous les bateaux partent de Liujiaxia, minuscule port à une demi-heure de marche de Yongjing. Le trajet en bateau coûte 50 yuan pour les étrangers (pas de réduction pour les étudiants) et demande 3 heures dans chaque sens. Sachez que le bateau ne s'arrête qu'une heure aux grottes et qu'on ne peut acheter ni nourriture ni boisson à bord.

Vous pouvez aussi louer un bateau à moteur pour traverser le lac, moyennant 170 yuan l'aller-retour.

Si vous continuez vers Linxia ou Xiahe, vous pouvez éviter de revenir à Lanzhou en prenant un bus direct pour Linxia au départ de la rue principale de Yongjing (4 heures 30 de trajet). Le bus emprunte une belle route d'altitude à l'est du Huang He et traverse des régions peuplées par la minorité Dongxiang.

Xinglongshan

(*xīnglóngshān*)
Ce nom signifie "montagne florissante", mais le site est plus connu sous l'appellation romantique de Xiyunshan ("montagne perchée dans les nuages"). Le sommet, à

2 400 m d'altitude, abrite plus de 40 temples et pavillons édifiés sous la dynastie Han, il y a 2 000 ans. Ce site, dans le district de Yuzhong, à 60 km à l'est de Lanzhou, n'a fait que récemment son apparition dans les circuits touristiques.

Il est possible de s'y rendre pour quelques yuan en empruntant les bus de la gare routière Est de la ville. Les agences s'efforcent de vendre des circuits pour 80 yuan, sur la base d'un minimum de 6 participants. Le circuit s'effectue dans la journée à condition de partir tôt.

MAIJISHAN ET TIANSHUI

(*màijīshān / tiānshuǐ*)
Célèbre pour ses grottes, le mont Maijishan se dresse au sud de la ville de Tianshui, dans le sud-est du Gansu. Sa ressemblance avec un épi de maïs lui a donné son nom, Maijishan, qui signifie "la montagne de l'épi de maïs".

Orientation

Tianshui s'articule autour de deux secteurs : la tête de la ligne de chemin de fer, appelée Beidao, et la ville même, à 20 km à l'est, appelée Qincheng. Des bus et des minibus les relient fréquemment en 30 minutes (2 yuan). A moins d'y loger ou d'avoir besoin de contacter le CITS, se rendre à Qincheng ne s'impose pas.

Le mont Maijishan se situe à quelque 35 km au sud de Beidao. Il n'existe pas de bus public direct. Les bus publics partent de la gare ferroviaire jusqu'à Qincheng (bus n°1) et de Qincheng au Maijishan (bus n°5). Vous pourrez changer de bus au carrefour à 3 km au sud de la gare (près de l'hôtel Longlin). De nombreux minibus privés amènent les touristes directement aux grottes dès leur arrivée. Le trajet prend un peu plus d'une heure. Il y a beaucoup de monde le week-end.

Renseignements

Le CITS (☎ 214-463) dispose d'un bureau principal à Qincheng, 1 Huancheng Donglu, au 3e étage, et d'une annexe à l'hôtel Tianshui.

LE NORD ET LE NORD-OUEST

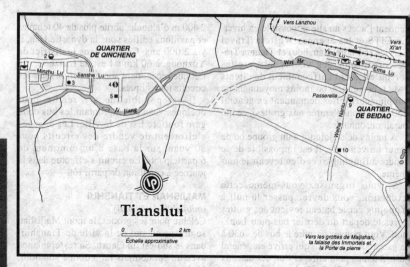

QUARTIER
DE QINCHENG

Minzhu Lu
Jianshe Lu

Ji Jiang

Vers Lanzhou

Vers
Xi'an

Yima Lu

Wei He

Erma Lu

Passerelle

QUARTIER
DE BEIDAO

Weihe

Nanlu

Tianshui

0   1   2 km
Échelle approximative

Vers les grottes de Maijishan,
la falaise des Immortels et
la Porte de pierre

Grottes de Maijishan

(*màijīshān shíkū*)

Les grottes de Maijishan abritent l'un des quatre grands ensembles de ce type en Chine, les autres se situant à Datong, Luoyang et Dunhuang. Ces grottes remontent aux dynasties des Wei du Nord et des Song, et renferment des statues d'argile et des fresques. Nul ne sait comment les artistes ont pu travailler à une telle hauteur. Selon une théorie, ils auraient empilé des blocs de bois jusqu'au sommet, puis les auraient enlevés au fur et à mesure de l'achèvement de leur travail. Les sculptures de pierre ont à l'évidence été apportées d'un autre site, la roche de la région étant, comme à Dunhuang, trop tendre pour être travaillée.

Des séismes détruisirent plusieurs grottes de la partie centrale, tandis que les fresques ont été partiellement abîmées par la pluie et l'humidité. Le feu a également dévasté une bonne partie des structures en bois. Certains pans de murs ont été stabilisés par des projections de ciment.

Des passages étroits et des marches raides en colimaçon permettent d'accéder à la falaise. Il vaut mieux ne pas regarder vers le bas si l'on est sujet au vertige, mais le parcours offre toutes les conditions de sécurité. Les 194 grottes encore conservées sont fermées par des grilles, et il est conseillé d'avoir une lampe de poche pour regarder à l'intérieur. A part le pavillon Qifo et les grandes statues du Bouddha, d'accès aisé, il est difficile d'avoir un aperçu intéressant des autres grottes sans l'aide d'un guide. Si vous souhaitez utiliser leurs services, contactez le CITS à Tianshui. Des guides sont également disponibles à Maijishan même (au bureau principal au-dessus de l'arrêt de bus) contre rémunération. Obtenir rapidement un guide parlant anglais peut cependant présenter quelques difficultés.

Les visiteurs ont pris l'habitude de s'arrêter au-dessus de la grande statue de Bouddha et de jeter des pièces et des cigarettes sur sa tête. S'ils visent juste, cela signifie que leur âme est pure... mais pas la représentation du Bouddha, couverte de saletés.

Le guichet de vente des tickets d'entrée se trouve à 15 minutes à pied de l'arrêt de bus. Sacs et appareils photo doivent être laissés à la consigne du guichet. Les grottes sont ouvertes de 9h à 17h.

TIANSHUI
天水

1	Poste et télécommunications	邮电大楼
2	Gare routière (bus longue distance)	长途汽车站
3	CITS	中国国际旅行社
4	Bank of China	中国银行
5	Hôtel Tianshui	天水宾馆
6	Gare ferroviaire	火车站
7	Poste et télécommunications	邮电局
8	Government Hostel	政府招待所
9	Gare routière (bus longue distance)	长途汽车站
10	Hôtel Longlin	陇林饭店

Pour atteindre la crête au-dessus de la billetterie, empruntez la route qui mène à celle-ci et, au virage à gauche, prenez le sentier forestier qui part à droite. Vous déboucherez quelques mètres plus loin sur une arête étroite d'où vous aurez une vue spectaculaire sur les grottes de la falaise.

Où se loger et se restaurer

Le *Government Hostel* (*zhèngfŭ zhāodàisuŏ*), dans le bâtiment recouvert de tuiles vertes à gauche de la gare, accepte les étrangers pour une somme très modique. Les chambres les plus chères sont des doubles avec s.d.b. à 30 yuan le lit.

L'hôtel *Longlin* (☎ 235-594) (*lónglín fàndiàn*) est situé au sud de la gare, au carrefour des routes de Maijishan et de Qincheng. L'entrée de l'établissement se trouve juste au coin à gauche (est). Une double avec s.d.b. revient à 200 yuan pour deux personnes (100 yuan si vous n'occupez qu'un lit). La salle à manger du rez-de-chaussée propose une nourriture correcte ;

il y aussi quelques bons restaurants dans les environs.

L'hôtel *Tianshui* (☎ 212-410) (*tiānshuĭ bīnguăn*), 5 Yingbin Lu, entre dans la catégorie des hôtels de luxe – pour l'instant le seul de la ville. Le fait qu'il soit installé à Qincheng constitue un handicap car les grottes sont situées dans la direction opposée depuis la gare ferroviaire. Les minibus partant de la gare peuvent vous déposer à un carrefour proche de l'hôtel. Pour 300 yuan, vous serez logé en double standard avec s.d.b. Vous trouverez un restaurant dans l'hôtel même et un autre à quelques pas.

Les restaurants bon marché et les échoppes de rues ne manquent pas à Maijishan.

Comment s'y rendre

Tianshui est desservie par la ligne de chemin de fer Xi'an-Lanzhou. Les douzaines de trains allant dans ces deux directions s'y arrêtent tous. Si vous arrivez tôt, la visite de Maijishan peut se faire dans la journée et vous n'aurez pas à passer la nuit à Tianshui. De la gare routière de Qincheng, des bus desservent Lanzhou, Gangu, Guyuan (dans le Ningxia) et Hanzhong (au sud-est du Shaanxi).

Quelques rares charters utilisent l'aéroport militaire (bruyant), mais les avions de la CAAC ne s'y posent pas.

GANGU
(*gāngŭ*)

A 45 km à l'ouest de Tianshui par la voie ferrée, Gangu permet d'admirer un grand bouddha de 23 m dominant la rivière Wei du haut d'une falaise. Réalisé sous la dynastie des Tang, il porte une fine moustache. Un sentier escarpé passe devant plusieurs petits temples et mène à une plateforme, juste sous la statue, d'où l'on a une vue magnifique sur la vallée et la ville. La pension *Nanling* (*nánlĭng bīnguăn*), près de la gare routière, propose de modestes doubles avec s.d.b. pour 50 yuan. Des bus desservent régulièrement Gangu depuis Tianshui et Wushan, mais les trains express ne s'y arrêtent pas.

LUOMEN

(luòmén)

Les grottes bouddhiques de Lashao et le temple du Rideau d'eau se trouvent dans le massif des Wu Shan, près de Luomen, une petite ville à 250 km au sud-est de Lanzhou. Un remarquable Sakyamuni de 31 m de haut fut sculpté dans la roche sous la dynastie des Wei du Nord. Le temple, une bâtisse au charme suranné, est niché dans une grotte peu profonde sur le versant boisé de la montagne. Non loin, on peut voir les vestiges d'un temple des Mille Bouddhas en très mauvais état. Le temple et les grottes du Rideau d'eau furent édifiés au fond d'une gorge spectaculaire. On ne peut y accéder que par beau temps, en empruntant une piste de 17 km dans le lit asséché de la rivière. Il est possible de louer un minibus depuis Luomen pour environ 80 yuan l'aller-retour. Le *Government Hostel* (*zhèngfǔ zhāodàisuǒ*) de Luomen propose des chambres à partir de 32 yuan.

LINXIA

(línxià)

Jadis étape importante sur la route de la Soie entre Lanzhou et Yangguan, Linxia est aujourd'hui le chef-lieu d'un district autonome hui. De style musulman très marqué, sa grande mosquée a été édifiée au centre de la ville. Des hommes âgés portant de longues barbes et des coiffes blanches déambulent dans les rues. Les étals des marchés offrent de beaux spécimens de calebasses gravées, d'épées, de selles, de tapis et d'ustensiles en fer forgé. Les lunettes aux verres de cristal taillé et aux montures d'acier semblent représenter une part importante du négoce de la ville.

Linxia est également le centre régional de la minorité Dongxiang. Ses membres parlent une langue altaïque et descendent d'immigrants venus d'Asie centrale au XIIIe siècle ; la conquête du Moyen-Orient par Qubilaï Khan les aurait contraints à se réfugier en Chine.

L'ethnie Yugur, qui ne compte que 8 000 membres, vit à Jishishan, dans les environs, le long du Huang He, à près de 75 km du Ningxia. Les Yugur parlent une langue en partie dérivée du ouïghour ou pratiquent la religion bouddhiste tibétaine.

Où se loger et se restaurer

Le sympathique hôtel *Shuiquan* (*shuǐquán bīnguǎn*), à 50 m à droite en sortant de la gare routière, propose des lits en dortoir à trois pour 30 yuan et des doubles avec s.d.b. dont le prix varie de 80 à 90 ou 150 yuan.

Le restaurant musulman de l'hôtel *Minz* sert des plats simples. De la gare routière Sud, vous le trouverez en marchant vers le nord jusqu'au grand rond-point.

Comment s'y rendre

Vous pourrez prendre un bus pour Linxia à la gare routière Ouest de Lanzhou : 7 bus s'y rendent entre 7h30 et 16h. Le traje

---

XIAHE ET MONASTÈRE LABRANG
夏河，拉卜楞寺

1	Hôtel Labrang et CITS
	拉卜楞宾馆，中国国际旅行社
2	Guichet des billets
	售票处
3	Monastery Labrang Guesthouse
	拉卜楞寺招待所
4	Waterworks Hostel
	自来水招待所
5	Gare ferroviaire Nord
	上汽车站
6	Mosquée
	清真寺
7	Hôtel Dasha
	大厦宾馆
8	Hôtel Xinhua
	新华招待所
9	PICC
	中国人民保险公司
10	Minzu (Nation) Hotel
	民族饭店
11	BSP
	公安局
12	Gare ferroviaire Sud
	下汽车站

dure 3 heures 30 et coûte 22 yuan. De Linxia, 8 bus rejoignent Xiahe en 4 heures (dernier départ vers 14h30). Le dernier bus pour Lanzhou part à 17h. En outre, il existe 4 bus quotidiens pour Hezuo, plusieurs pour Xining (8 heures de trajet) et un pour Tongren, dans le Quinghai.

Linxia possède deux gares routières : l'ancienne, à 3 km au nord, et la nouvelle, au sud. La nouvelle gare assure l'essentiel des liaisons en direction et en provenance de Lanzhou, Xiahe et Hezuo. Les bus directs Lanzhou-Xiahe s'arrêtent en général à l'ancienne gare le temps de déjeuner.

XIAHE
(xiàhé)

Xiahe est l'un des endroits les plus enchanteurs de Chine, que vous apprécierez d'autant plus si vous ne vous rendez pas au Tibet. Cette petite ville abrite le monastère tibétain le plus important après Lhassa. D'une certaine façon, les nombreux pèlerins tibétains revêtus de leurs plus beaux atours donnent à la ville des allures bien plus proches du Tibet traditionnel que Lhassa. A l'arrivée à Xiahe, les pèlerins,

les moines, le monastère et les montagnes transportent le voyageur dans un autre monde.

L'activité religieuse se déroule, pour l'essentiel, au monastère de Labrang, l'un des 6 principaux monastères tibétains de la secte des Gelukpa (Bonnets jaunes), les autres étant ceux de Ganden, Sera et Drepung, autour de Lhassa, du Tashilhunpo, à Shigatse, et de Ta'er (Kumbum), à Huanzhong, dans la province du Qinghai.

Véritable microcosme dans le sud-ouest du Gansu, Xiahe compte dans ses rangs une importante représentation des trois principaux groupes ethniques de la région. La population résidant à Xiahe se répartit à peu près de la façon suivante : 45% de Tibétains, 45% de Han et 10% de Hui.

Orientation

Édifiée à 2 920 m d'altitude, Xiahe s'étend sur plusieurs kilomètres d'est en ouest le long de la rivière Daxia. Le monastère de Labrang, à mi-chemin, marque la division entre la partie est de la ville, peuplée de Han et de Hui, et la partie ouest, à très forte majorité tibétaine.

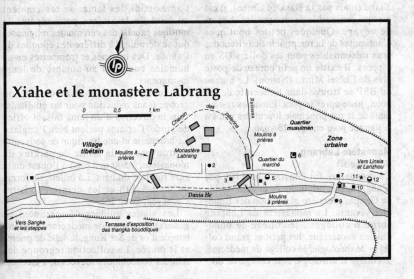

Xiahe et le monastère Labrang

0   0,5   1 km

Vers Sangke et les steppes

Village tibétain

Moulins à prières

Monastère Labrang

Chemin des pèlerins

Daxia He

Terrasse d'exposition des thangka bouddiques

Ruisseau

Quartier musulman

Moulins à prières

Quartier du marché

Moulins à prières

Zone urbaine

Vers Linxia et Lanzhou

● 2
3 ■
■ 4
■ 5
● 6
■ 7   11 ★ ● 12
■ 8   ■ 10
● 9
■ 1

Un chemin de pèlerinage de 3 km, agrémenté de rangées de moulins à prières et de sanctuaires bouddhiques, entoure le monastère. Il coupe la route à la hauteur de la gare routière, continue le long de la rivière, coupe à nouveau la route et suit les pentes qui dominent le monastère. Depuis ce site surélevé, vous pourrez admirer les petits dagobas dorés du toit scintillant en fin d'après-midi.

Près de 40 monastères, plus modestes mais dépendants de Labrang, sont disséminés dans les montagnes environnantes, tandis que de nombreux autres ont été édifiés ailleurs en Chine et au Tibet. Le lieu se prête à merveille aux randonnées dans un cadre reposant et intact. Si l'expérience vous tente, munissez-vous de vêtements chauds et d'imperméables. Vous pourrez suivre la rivière jusqu'à Sangke ou explorer les vallées alentour. Un bâton et une provision de cailloux vous seront précieux car les chiens errants représentent un réel danger.

Renseignements

Le CITS est installé à l'hôtel Labrang. Bien que plusieurs banques officient à Xiahe (mais pas la Bank of China), il est presque impossible de changer des chèques de voyage. Quelques petites boutiques d'antiquités de la rue principale offrent des taux raisonnables pour les dollars US en espèces. Il existe un petit bureau de poste près de l'hôtel Minzu (Nation). Le bureau du BSP se trouve dans l'enceinte de cet hôtel, juste après le pont. Plusieurs restaurants de la rue principale louent des vélos à la journée pour environ 15 yuan.

Monastère Labrang
(*lābŭlèng sì*)
Ce monastère fut construit en 1709 par E'angzongzhe, originaire de la ville voisine de Ganjia, première génération des Bouddha vivants. Le monastère de Labrang abrite 6 collèges : le collège de bouddhisme ésotérique, les petit et grand collèges de théologie, le collège de médecine, le collège d'astrologie et le collège de doc-

trine. De nombreuses salles de prières ainsi que les appartements des Bouddha vivants et des moines complètent cet ensemble.

A son apogée, la lamaserie comptait 4 000 moines, mais ils furent décimés pendant la Révolution culturelle, époque à laquelle les bâtiments ont aussi beaucoup souffert. Depuis, ils reconstituent peu à peu leurs rangs et, aujourd'hui, 1 700 lamas originaires du Qinghai, du Gansu, du Sichuan et de Mongolie intérieure y vivent à nouveau.

En avril 1985, la grande salle d'assemblée du collège de bouddhisme ésotérique disparut dans les flammes d'un incendie dû à un court-circuit. Cet incendie aurait duré une semaine et détruit des reliques irremplaçables. La salle fut reconstruite à grands frais mi-1990. Les lamas se méfient désormais de l'électricité et en ont interdit l'usage dans une grande partie du monastère.

Tous les jours à midi, les lamas participent à des débats théologiques sur la vaste pelouse qui donne sur la rue principale. Ces débats constituent un véritable spectacle, tant pour la population locale que pour les touristes. Plus tard dans l'après-midi, les lamas se rassemblent au bord de la rivière pour répéter la musique rituelle des cérémonies religieuses qui se déroulent à différentes époques de l'année. Des trompes et trompettes en os humains comptent au nombre de leurs instruments.

Le monastère ne se visite qu'avec un groupe (sans réduction pour les étudiants) sous la direction d'un lama faisant office de guide. Certains parlent bien l'anglais. La billetterie et une boutique de souvenirs se trouvent sur la droite du parking du monastère, à 500 m à pied à l'ouest de la gare routière du haut. La billetterie ferme de midi à 14h et les dernières visites s'achèvent avant 16h.

Les visites guidées comprennent en général le collège de médecine, le grand temple d'or de Ser Kung, la salle de prières et le musée. La collection regroupe des reliques bouddhiques sauvées de l'incendie et d'étonnantes sculptures en beurre de yak préparées pour les fêtes hivernales. Par une température proche de 20°C en dessous de zéro, ces sculptures sont délicatement moulées dans un récipient d'eau glacée pour éviter qu'elles ne fondent au contact des mains.

Fêtes

Les fêtes représentent un événement important dans la vie des lamas et celle des nomades qui descendent de leurs pâturages vêtus d'habits multicolores. Les dates des fêtes varient d'une année sur l'autre en fonction du calendrier lunaire.

La fête de Monlam (Grande Prière) débute trois jours après le nouvel an tibétain, fin février ou début mars. Des cérémonies spectaculaires marquent les 13e, 14e, 15e et 16e jours de ce mois.

Le matin du 13e jour, un *thangka* représentant le Bouddha (peinture sacrée sur tissu) de 20 m par 30 est déroulé sur la colline face au monastère, sur l'autre rive de Daxia He. Des processions et des assemblées de prières accompagnent cet événement. Le 14e jour est consacré à des danses cham exécutées par 35 danseurs masqués. Yama, le dieu de la mort, y joue le rôle principal. Le 15e jour, des sculptures et lanternes en beurre sont exposées, tandis que la statue du Bouddha Maitreya est promenée autour du monastère tout au long du 16e jour.

Le 2e mois lunaire (mars ou début avril) donne lieu à d'autres fêtes intéressantes, en particulier les 7e et 8e jours. Des débats sur les textes sacrés, des prières et des bénédictions collectives prennent le relais à d'autres époques de l'année pour commémorer Sakyamuni, Tsong Khapa ou des Bouddha vivants.

Où se loger

L'hôtel *Dasha* (*dàshà bīnguǎn*), proche du pont, demande 30 yuan par lit en quadruple ou 25 yuan en triple. Des doubles avec s.d.b. se louent 120 yuan. Le soir, l'eau chaude des douches fonctionne. En face, l'auberge *Xinhua* (*xīnhuá zhāodàisuǒ*) dis-

pose de lits en doubles/triples pour 30/15 yuan. Le confort se révèle des plus spartiates avec un seul W.-C. et aucune douche.

Le *Waterworks Hostel* (*zìláishuǐ zhāodàisuǒ*) propose des lits à partir de 20 yuan. Il existe également un dortoir plus sommaire avec des lits à 10 yuan, mais il s'adresse surtout aux Tibétains. Il vaut mieux éviter les douches, sales et dépourvues d'eau chaude, et leur préférer, moyennant 5 yuan, les bains publics qui se trouvent à proximité. L'établissement dispose de quelques doubles, légèrement plus confortables, à 50 et 70 yuan. Pour vous y rendre depuis la gare routière du haut, marchez jusqu'au petit pont, puis prenez une ruelle en terre qui part à gauche vers l'hôtel.

La *Monastery Labrang Guesthouse* (*lābǔlèng sì zhāodàisuǒ*) loge ses hôtes pour 30 yuan en double ou en triple. Elle est gérée par de vieux moines très souriants qui, à défaut de douches, proposent de l'eau chaude à volonté.

L'hôtel *Labrang* (☎ 21849) (*lābùlèng bīnguǎn*) offre les meilleures conditions d'hébergement de Xiahe. Sur le bord de la rivière, à quelques kilomètres en amont du village, cet établissement servait jadis de résidence d'été au grand lama. Après sa destruction par les Gardes rouges, les autorités chinoises décidèrent au début des années 80 de la rebâtir en la transformant, au grand déplaisir des habitants, en un hôtel de tourisme. L'endroit, charmant et calme, offre le privilège d'être réveillé le matin par le doux bruit du torrent.

Pour 350 yuan, vous serez logé dans une suite double agrémentée d'une jolie s.d.b. Les autres doubles, un peu moins coquettes, sont à 200 yuan et 150 yuan. Un lit dans des triples décorées de peintures coûte 30 yuan. Les dortoirs à 8 places avec douche commune disposent de lit à 20 yuan. Toutes les chambres sont chauffées en hiver et l'eau chaude fonctionne matin et soir. Vous apprécierez cet établissement pour son bon rapport qualité-prix. Son éloignement du village ne devrait pas constituer un grand handicap : un tricycle à moteur vous y conduira pour environ 10 yuan, ou vous pourrez y aller à pied en 45 minutes. L'hôtel loue également de bonnes bicyclettes pour 5 yuan de l'heure ou 20 yuan par jour.

Le *Minzu (Nation) Hotel*, près de la gare routière du bas, vient d'être rénové et ses prix ont grimpé : il faut compter 150 yuan en double et 40 yuan en dortoir.

Où se restaurer

Le restaurant de l'hôtel *Labrang* sert de la bonne cuisine, tout comme celui du rez-de-chaussée de l'hôtel *Dasha*, dont les cartes détaillées sont disponibles en anglais. Les restaurants sichuanais de la rue principale, au nord du monastère, proposent des plats simples et peu coûteux.

Le restaurant *Tibet* (*zàng cāntīng*) se trouve au 2e étage d'un bâtiment à quelques minutes à pied de l'hôtel *Dasha*. Vous pourrez y déguster quelques spécialités tibétaines tel le yaourt à base de lait de yak au miel et à la tsampa. La tsampa consiste en un mélange pétri à la main de farine d'orge de montagne, de beurre de yak et de lait en poudre, que l'on mange cru. Cette préparation sommaire aide à surmonter l'hiver himalayen. Ne soyez pas surpris si les plats proposés ne sont pas exclusivement végétariens. Comme le fit remarquer le dalaï-lama, si les Tibétains des hauts plateaux ne mangeaient pas de viande, ils seraient morts de faim depuis longtemps.

Achats

Les boutiques de la rue principale de Xiahe proposent un bon choix d'artisanat tibétain. Le marchandage se pratique comme partout en Chine. Vous pourrez y acquérir des pots à beurre de yak, des poignards, des bottes fourrées, des châles tibétains colorés, des petites théières en argent, des objets en ambre et des trompettes *laba*. Si vous envisagez une randonnée en montagne, achetez un *gŏubàng* : ce mince câble de métal attaché à une lanière de cuir se révèle très utile pour éloigner les chiens errants.

On trouve aussi, malheureusement, quantité de peaux de loutre, de lynx et même d'espèces protégées telles que le léopard des neiges, braconné dans les régions sauvages du Qinghai et du Tibet. Si vous vous en procurez, sachez que vous aurez des difficultés au passage des douanes.

Comment s'y rendre

Xiahe n'est accessible qu'en bus. La plupart des voyageurs arrivent de Lanzhou, mais certains font étape à Xiahe entre le Gansu et le Sichuan. De Lanzhou, la liaison directe au départ de la gare routière Ouest s'effectue tous les jours à 7h30 pour 40 yuan. Le voyage dure 9 heures avec un arrêt pour déjeuner à Linxia. Si vous n'obtenez pas un bus direct Lanzhou-Xiahe, vous pouvez emprunter un bus le matin pour Linxia et changer de bus à cet endroit. La route de Linxia à Xiahe a été améliorée afin d'organiser pour les touristes des visites d'une journée à Xiahe depuis Lanzhou.

Tous les bus quittant Xiahe s'arrêtent à la gare routière du bas et y prennent des voyageurs. Le bus direct pour Lanzhou part à 6h30. Si vous souhaitez mettre vos bagages sur le toit, présentez-vous un peu en avance. En été, 8 bus assurent la liaison avec Linxia entre 6h et 16h. Le trajet dure 3 heures 30. Entre 6h30 et 15h40, 7 bus prennent la direction de Hezuo et 2 autres relient Maqu *via* Hezuo. Au départ de la rue principale, quelques bus privés vont à Hezuo et Linxia, mais les liaisons et les horaires restent irréguliers. Un bus par jour dessert Tongren (dans le Qinghai) à 6h30.

ENVIRONS DE XIAHE
Prairies de Sangke
(*sāngkē cǎoyuán*)

Dans les environs du village de Sangke, à 14 km en amont de Xiahe, s'étend un petit lac entouré d'immenses prairies où les Tibétains font paître leurs troupeaux de yaks. Ces étendues verdoyantes et couvertes de fleurs sauvages en été se prêtent à d'agréables randonnées. L'hôtel Labrang y a installé des tentes de nomades où vous pourrez passer la nuit pour 30 yuan par personne. La route monte doucement depuis Xiahe et, si vous choisissez de vous y rendre en bicyclette, il vous faudra environ une heure. Vous pouvez également louer un tricycle à moteur (environ 150 yuan l'aller-retour).

ROUTE DU SICHUAN

Cet itinéraire spectaculaire emprunte les pistes de la bordure orientale du massif tibétain. Bien que quelques bus couvrent l'ensemble du parcours de Lanzhou à Chengdu (Sichuan), il est préférable de le faire en plusieurs étapes, en s'arrêtant à Linxia, Xiahe, Hezuo, Langmusi ou Zoigê. Comptez un minimum de 4 jours. Pour vous rendre dans ces régions, vous devrez être muni d'un permis de voyage et d'une assurance de la PICC.

Tous les bus passent par Hezuo (*hézuò*), une ville laide où l'on ne fait que transiter. En été, 7 bus vont chaque jour de Xiahe à Hezuo. Le trajet s'effectue en 2 heures 30. Au départ de Linxia, le chauffeur vous demandera 11 yuan pour les 3 heures de route. Il n'y a qu'un seul bus direct par jour de Hezuo et Zoigê (8 heures). Des liaisons plus fréquentes vous permettront de vous rendre à Luqu (*lǔqǔ*), village principalement tibétain, à plusieurs heures au sud de Hezuo, sur la rivière Tao. D'autres bus se rendent à Maqu (*mǎqǔ*), à l'écart de l'itinéraire et interdite aux étrangers, mais le bus pour Langmusi (*lángmùsì*), à la limite de la province du Gansu, passe non loin de là.

Deux grands monastères bouddhiques tibétains se dressent à Langmusi, abritant chacun une communauté de 600 moines. Contrairement aux autres centres monastiques, ils ne sont pas entourés d'une grande ville, mais d'un village et de plusieurs temples en activité. Les montagnes environnantes vous éblouiront ; quantité de gens se déplacent encore à dos de yaks. C'est la région la plus tibétaine de Chine en dehors du Tibet. Deux pensions au confort simple pourront vous accueillir à Langmusi (20 yuan par lit).

Depuis Zoigê (*ruòěrgài*), sur le plateau, à 2 heures de route au sud dans le Sichuan, on peut se rendre au parc national de Jiuzhaigou. De Zoigê, il est possible de rejoindre Chengdu en une journée de bus.

TIANZHU

(*tiānzhù*)

Tianzhu appartient à l'aire linguistique tibétaine et, malgré le passage de la ligne de chemin de fer entre Lanzhou et Wuwei, cette ville reste très fermée aux étrangers. Pour s'y rendre, il est nécessaire d'obtenir un permis du BSP de Lanzhou, faute de quoi vous serez arrêté en attendant que les autorités locales décident du montant de l'amende qu'elles vous infligeront. Il est peu probable que vous obteniez un tel permis mais, si c'était le cas, ne vous attendez pas au meilleur accueil de la part du BSP de Tianzhu.

WUWEI

(*wǔwèi*)

Cette ville constitue l'étape suivante sur la ligne de chemin de fer du corridor du Gansu. Le célèbre cheval au galop dont l'original se trouve aujourd'hui au Musée d'histoire de Chine de Pékin a été découvert ici en 1969, dans un tombeau au temple Leitai, à la limite nord de la ville. Le temple Wenmiao abrite le musée local, dont les collections présentent de belles pièces de porcelaines d'époque Han, des meubles, des outils en bronze, des petits fourneaux d'argile, des armures des Wei du Nord et des tablettes de pierre gravées. Vous pourrez également monter dans la vieille tour de la Cloche, située dans une petite rue derrière Dong Dajie. L'énorme cloche en fer forgé sert encore parfois. La pagode Luoshen, dans Bei Dajie, mérite également une visite.

Où se loger et se restaurer

L'hôtel *Liangzhou* (*liángzhōu bīnguǎn*) dispose de lits en double au confort simple pour 40 yuan et de très jolies chambres doubles avec s.d.b. pour 150 yuan. L'hôtel *Tianma* (*tiānmǎ bīnguǎn*) demande

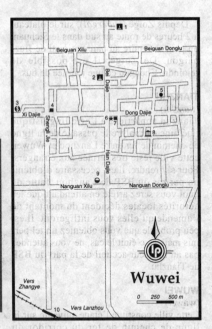

LE NORD ET LE NORD-OUEST

WUWEI 武威

1. Temple Leitai
   雷台寺
2. Pagode Luoshen
   罗什塔
3. Bank of China
   中国银行
4. Hôtel Tianma et CITS
   天马宾馆，中国国际旅行社
5. Tour de la Cloche
   钟楼
6. BSP
   公安局外事科
7. Hôtel Liangzhou
   凉州宾馆
8. Musée (temple Wenmiao)
   博物馆
9. Gare routière
   (bus longue distance)
   长途汽车站
10. Gare ferroviaire
    火车站

200 yuan pour des doubles standard. Le rez-de-chaussée abrite une antenne du CITS, un bureau de change et une grande salle à manger. Le soir, vous pourrez dîner sur le pouce dans les divers stands proches du parc situé dans Xi Dajie.

Comment s'y rendre

Wuwei se trouve sur la ligne de chemin de fer Lanzhou-Ürümqi. Une ligne part également vers l'est et passe par Gantang avant d'atteindre Zhongwei (dans le Ningxia), ce qui représente un gain de 300 km par rapport à l'itinéraire transitant par Lanzhou. Sachez néanmoins que les trains qui empruntent cette voie sont lents et rares. Des bus se rendent tous les jours à Zhongwei (6 heures), Zhangye (5 heures) et Jiayuguan (10 heures). Une quinzaine de bus relient quotidiennement Wuwei à Lanzhou en 7 heures 30.

Votre attestation d'assurance de la PICC sera sans doute exigée pour acheter vos billets.

ZHANGYE
(*zhāngyè*)

C'est la cité la plus importante de ce secteur de la province au nord de Wuwei. Jadis importante ville de garnison, ce fu aussi une étape sur la route de la Soie Marco Polo y aurait séjourné un an. Des photos prises au début du siècle offren l'image d'une bourgade cernée de murailles dont les traces ont quasimen disparu aujourd'hui. Le temple du Granc Bouddha (*dàfó si*) mérite assurémen une visite avec son impressionnant Boud dha couché de 34 m de long. Construite sous les Xia de l'Ouest, cette statue en argile est la plus importante de ce genre en Chine.

A Mati (*mǎtí*), très joli village tibétain installé sur les contreforts du massif du Qilian Shan, à 135 km au sud de Zhangye le temple du Sabot de cheval (*mǎtí sì*) accroché à une falaise, n'est accessible que par un incroyable passage au milieu de grottes. Les environs de Mati abriten également des grottes des Mille Bouddha

qiānfó dòng). Mati ne reçoit guère de
voyageurs et, pour vous y rendre, vous
devrez obtenir un permis délivré par le
BSP de Zhangye ou de Lanzhou.

Vous serez obligé de passer la nuit à
Mati car il n'y a qu'un seul bus par jour
dans chaque sens.

Où se loger

L'hôtel *Ganzhou* (*gānzhō bīnguǎn*), dans
Nan Jie, propose des doubles à 120 yuan et
des dortoirs pour quatre personnes à
40 yuan le lit. Le seul autre établissement
ouvert aux étrangers est l'hôtel *Zhangye*
(*zhāngyè bīnguǎn*), 65 Xianfu Nanjie. Une
nuit en dortoir revient à 35 yuan et la
chambre double à 180 yuan. L'hôtel abrite
le bureau du CITS.

Comment s'y rendre

Tous les trains au départ de Lanzhou à destination d'Ürümqi s'arrêtent à Zhangye. Le
bus pour Mati part de la gare routière
principale à 14h20 et repart pour Zhangye
le lendemain à 6h20. Le voyage dure
4 heures. Des bus assurent tous les jours la
liaison entre Zhangye et Wuwei, au sud, et
Jiayuguan, au nord. En principe, les étran-

gers ne doivent pas emprunter ce dernier
itinéraire, considéré comme "sensible" en
raison du site de lancement des fusées
Longue Marche près de Jiuquan.

JIAYUGUAN
(*jiāyùguān*)

Jiayuguan, ou passe de Jiayu, n'était à
l'origine qu'un poste avancé de la dynastie
Han, époque à laquelle la Grande Muraille
s'étendait plus loin encore vers l'ouest. En
1372, la dynastie des Ming y édifia une
forteresse et, à partir de cette date, Jiayuguan marqua la limite occidentale de la
Muraille et de l'empire.

Aujourd'hui, les grands immeubles de
la ville et les hautes cheminées des usines
ont transformé Jiayuguan en une oasis
industrielle du désert. Lorsque le temps est
clair, les montagnes enneigées forment un
arrière-plan magnifique.

A proximité de la ville a été installé le
centre spatial de Jiuquan, qui expérimente
et lance les fusées Longue Marche. Le premier satellite chinois, envoyé dans l'espace
à partir de cette base en 1970, diffusa vers

ZHANGYE 张掖

1 Poste et télécommunications
邮电大楼
2 Librairie Xinhua
新华书店
3 Tour du Tambour
鼓楼
4 Hôtel Ganzhou
甘州宾馆
5 BSP
公安局
6 Temple Muta
木塔寺
7 Temple du Grand Boudda
大佛寺
8 Hôtel Zhangye et CITS
张掖宾馆，中国国际旅行社
9 Palais Wenhua
文化宫
10 Gare routière (bus longue distance)
长途汽车站

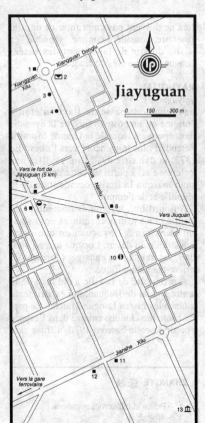

Vers le fort de
Jiayuguan (5 km)

Vers Jiuquan

Vers la gare
ferroviaire

JIAYUGUAN 嘉峪关

1   Hôtel Jiayuguan, Xiongguan
    Travel Service et BSP
    嘉峪关宾馆, 雄关旅行社, 公安局
2   Poste et télécommunications
    邮电局
3   CAAC
    中国民航
4   Librairie Xinhua
    新华书店
5   Hôtel Yingbin et restaurant Linyuan
    迎宾大厦, 林苑酒家
6   Hôtel Wumao
    物贸宾馆
7   Gare routière (bus longue distance)
    长途汽车站
8   Hôtel Xiongguan
    雄关宾馆
9   Traffic Hotel
    交通宾馆
10 Bank of China
    中国银行
11 Youth Hotel
    青年宾馆
12 Hôtel Changcheng et CITS
    长城宾馆, 中国国际旅行社
13 Musée de la Grande Muraille
    长城博物馆

La Bank of China, dans Xinhua Nanl￼
au sud du Traffic Hotel, est ouverte de 9h￼
midi et de 14h30 à 19h30.

Fort de Jiayuguan
(*jiāyùguān chénglóu*)

Principale attraction touristique de la vill￼
la visite de ce fort prend parfois des allur￼
de fête foraine. Cet édifice garde la pass￼
qui sépare les sommets enneigés des Qilia￼
Shan et la montagne Noire (*hēishān*) d￼
massif de Mazong. Sous les Ming, la fort￼
resse marquait la fin de la Grande Murail￼
mais il en subsiste quelques ruines plus ￼
l'ouest.

Appelée également "la passe imprenab￼
sous le ciel", Jiayuguan était la dernièr￼
place forte de l'empire du Milieu sur ￼
frange ouest. Les Chinois contrôlaie￼
néanmoins des territoires bien au-delà.

la terre l'hymne "L'Orient est rouge" à des
auditeurs ahuris. Le centre fonctionne toujours, mais reste interdit aux touristes.

Renseignements
Le CITS (☎ 226-598) s'est installé à
l'hôtel Changcheng ; le bureau de Xiongguan Travel Service se trouve à l'hôtel
Jiayuguan.

Le BSP officie dans le hall de l'hôtel
Jiayuguan.

Le bureau de poste et des télécommunications se trouve en face de ce même hôtel
et ouvre de 8h30 à 19h.

Construit en 1372, le fort fut complété plus tard par des tours et des remparts. La muraille extérieure mesure 733 m de circonférence et s'élève à près de 10 m de haut. Les portes de l'Éveil (*guānghuà mén*) et de la Conciliation (*róuyuǎn mén*) délimitent ses extrémités est et ouest. Elles sont surmontées d'une tour de 17 m de haut, aux avant-toits recourbés. Une fois leur seuil franchi, des chemins praticables par les chevaux menaient au sommet de la muraille. Aux quatre coins de l'ouvrage ont été construits des corps de garde, des tours d'archers et des tours de guet. Après la porte de l'Éveil, mais avant le premier mur, vous pourrez voir trois bâtiments intéressants : le pavillon Wenchang, le temple Guandi et le théâtre en plein air (*zhàntái*).

Situé à 5 km de la ville, vous pourrez vous rendre au fort à vélo en une demi-heure, à moto, en taxi ou encore en minibus (l'arrêt se trouve en face de l'hôtel Jiayuguan). Comptez 50 yuan l'aller-retour en taxi, après négociation. On visite de 8h à 12h30 et de 14h30 à 18h. Il est interdit de filmer. Les étrangers paient l'entrée 20 yuan, plus un supplément de 3 yuan pour se rendre sur la tour principale. Pour quelques yuan de plus, vous pourrez être photographié sur un chameau ou déguisé en Robin des bois tirant à l'arc. Les promenades à cheval et les barbes à papa sont payantes…

Surplomb de la Grande Muraille
(*xuánbì chángchéng*)
Ce tronçon de la Grande Muraille s'étend à 7 km au nord-ouest de Jiayuguan. La visite se révèle aussi intéressante que celle du fort. Cette section aurait été érigée en 1540 pour relier Jiayuguan à la montagne Noire. Sans le travail de restauration effectué par des étudiants (rémunérés un fen par brique posée) en 1987, il ne subsisterait aujourd'hui plus que quelques tas de pierres. Depuis la plus haute tour, bâtie sur une crête surplombant un précipice, on embrasse du regard le désert, l'oasis de Jiayuguan et l'horizon des sommets enneigés.

Le mieux est de se rendre directement à la Muraille depuis le fort, en suivant sur 6 km

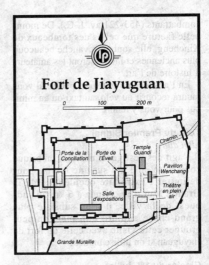

Fort de Jiayuguan

0   100   200 m

Porte de la Conciliation
Porte de l'Éveil
Temple Guandi
Chemin
Pavillon Wenchang
Théâtre en plein air
Salle d'expositions
Grande Muraille

la piste qui part vers les montagnes, au nord. À vélo, vous pouvez emprunter la même route que les taxis, mais c'est un peu plus long (10 km). L'entrée du site coûte 5 yuan.

Galerie d'art Wei et Jin de Xincheng
(*xīnchéng wèijìn mù*)
Si vous vous intéressez à l'art chinois, ce lieu vous fascinera. Il ne s'agit pas à proprement parler d'une galerie mais d'anciennes tombes, remontant aux périodes Wei et Jin (220-420), ayant conservé leurs peintures murales. Il existe des milliers de tombeaux dans le désert à 20 km à l'est de Jiayuguan, mais celui-ci est le seul ouvert aux visiteurs.

Très peu de touristes visitent ce site, car aucun bus régulier ne s'y rend. Vous pourrez louer un minibus pour environ 50 yuan. La galerie ouvre entre 8h et 19h.

Peintures rupestres de la montagne Noire
(*hēishān yánhuà*)
À environ 9 km au nord-ouest de Jiayuguan ont été découvertes des peintures pariétales datant de l'époque des Royaumes

combattants (453-221 av. J.-C.). De moins belle facture que celles des tombeaux de Xincheng, elle sont en revanche beaucoup plus anciennes et intéresseront les amateurs d'histoire de l'art.

En l'absence de transport public, il vous faudra recourir au vélo, au taxi ou au minibus pour vous y rendre.

Tour du Premier Signal
(dìyī dūn)

Il s'agit des vestiges d'une tour en brique construite en 1539 sur une falaise pour délimiter l'extrémité occidentale de la Grande Muraille. Située à 6 km au sud-ouest de la ville, il n'en subsiste plus grand-chose aujourd'hui, mais on peut grouper cette visite avec celle du fort de Jiayuguan si on utilise un taxi.

Glacier du 1er Juillet
(qīyī bīngchuān)

Le CITS l'appelle le "glacier magique", et la population croit apparemment à ses vertus surnaturelles. Ce glacier s'étend à 4 300 m d'altitude, dans le massif des Qilian Shan. Les amateurs peuvent emprunter un sentier de 5 km le long du glacier. Si vous envisagez cette excursion, sachez que la température baisse avec l'altitude et qu'il y fait froid même en été. Il faut une certaine préparation pour se lancer dans ce genre d'entreprise. A elles seules, toutes les démarches que doivent effectuer les randonneurs pour obtenir l'autorisation des autorités constituent d'ailleurs un défi plus redoutable que l'ascension elle-même.

La route de 120 km qui permet d'y accéder au sud-ouest de Jiayuguan est en mauvais état. Vous pouvez louer un minibus pour trois pour environ 450 yuan l'aller-retour (le CITS demande 950 yuan). Avec des reins solides, le trajet peut s'effectuer en moto pour 150 yuan.

Où se loger

L'hôtel Wumao (☎ 227-514) (wùmào bīnguǎn), en face de la gare routière, vient d'ouvrir ses portes. Vous y trouverez des lits en dortoir trois 3 pour 20 yuan et en

dortoir à deux pour 35 yuan. Les double avec s.d.b. se louent 70 et 120 yuan.

L'hôtel Xiongguan (☎ 225-115) (xióng guān bīnguǎn), dans Xinhua Nanlu, pr pose des doubles avec s.d.b. de 128 200 yuan. Pour un lit en dortoir avec s.d.b vous ne paierez que la moitié de ce pri Une nuit en dortoir sans s.d.b. coût 32 yuan. Malgré les efforts du personne cet établissement manque d'entretien.

L'hôtel Yingbin (yínbīn dàshà), bâtime flambant neuf situé en face de la gare rou tière, n'était pas encore ouvert lors de not passage. Ce doit être un établissement d catégorie moyenne.

Le Traffic Hotel (jiātōng bīnguǎn en face de l'hôtel Xiongguan, attendait d'êt inauguré lorsque nous nous sommes présen tés. Aucun prix n'a pu nous être fourni.

Le Youth Hotel (☎ 225-833) (qīngniá bīnguǎn), dans Jianshe Xilu, à l'extrémi sud de la ville, surprend par ses allures d château européen. L'adresse mérite d'êtr retenue pour son rapport qualité/prix, ave des lits en dortoir de 30 à 50 yuan et de doubles à 100 yuan.

L'hôtel Jiayuguan (☎ 226-983 ; fax 227 174) (jiāyùguān bīnguǎn), sur le rond-poir du centre-ville, propose des doubles conve nables pour 220 à 320 yuan. Mais ses li en dortoir sans s.d.b. à 25 et 35 yuan son un peu chers pour Jiayuguan.

L'hôtel Changcheng (☎ 225-213 ; fa 226-016) (chángchéng bīnguǎn), 6 Jiansh Xilu (près du Youth Hotel), offre le confo d'un trois-étoiles aux prestations luxueuse avec notamment une piscine. Il propose de lits en dortoir (en réalité des triples ave s.d.b.) à 85 yuan, des doubles à 300 yuan des suites de 450 à 750 yuan.

La Railway Guesthouse (tiědào bīnguǎn bénéficie de sa proximité avec la gare mais se trouve à 4 km du centre-ville. L nuit en dortoir avec s.d.b. coûte 70 yua (35 yuan sans s.d.b.). Le prix des double varie de 120 à 350 yuan.

Où se restaurer

La nourriture locale n'a rien d'extraordi naire, mais vous n'êtes probablement pa

enu dans les déserts de l'ouest de la Chine
our la gastronomie. Les restaurants des
ôtels servent des plats corrects. Nous vous
ecommandons en particulier celui de
'hôtel *Changcheng* pour la qualité de sa
uisine et ses prix.

Quantité de restaurants sont installés en
ace de la gare routière. Parmi les bonnes
dresses à retenir pour dîner bon marché
ans un cadre agréable, le restaurant
inyuan (*línyuàn jiǔjiā*), qui propose des
pécialités épicées du Sichuan mais ne dis-
ose ni d'enseigne ni de carte en anglais,
nérite d'être signalé.

Comment s'y rendre

vion. Deux avions par semaine décollent
our Dunhuang et Xi'an, 5 pour Lanzhou.
.eur fréquence tend à augmenter en été
t à diminuer en hiver. Les billets s'achètent
u bureau de la CAAC (☎ 226-237), dans
Xinhua Nanlu, au sud de l'hôtel Jiayuguan.

3us. La liaison avec Dunhuang, à 380 km,
lemande 7 heures. Cinq bus directs s'y
endent tous les jours. Il existe également
les bus avec couchettes pour Lanzhou. Il
·'y a pas grand-chose à voir à Jiuquan,
nais des bus effectuent fréquemment le
rajet (30 minutes) pour 3 yuan.

'rain. Jiayuguan se trouve sur la ligne
.anzhou-Ürümqi. Trois express et 3 rapides
irculent dans chaque sens tous les jours. Il
aut 6 heures pour rejoindre Liuyuan et
8 heures pour Lanzhou. La gare est à
km au sud du centre-ville.

Les horaires des trains sont les suivants :

Destination	Train n°	Heure de départ
Chengdu	114	12h57
Lanzhou	244	21h07
Pékin	70	13h54
Shanghai	54	16h04
Ürümqi	53	17h28
Ürümqi	69	20h17
Ürümqi	97	13h15
Ürümqi	113	19h23
Ürümqi	143	8h02
Ürümqi	243	6h25
Xi'an	144	23h04
Zhengzhou	98	19h08

Comment circuler

Desserte de l'aéroport. L'aéroport se
trouve à 13 km au nord-est de la ville. Les
taxis effectuent le trajet pour environ
50 yuan ; une navette depuis le bureau de la
CAAC assure la correspondance avec tous
les vols.

Bus. Les bus et minibus, peu fréquents,
qui vont à la gare ferroviaire circulent
sur Xinhua Nanlu et passent devant l'hôtel
Changcheng.

Taxi et circuits. Des taxis, minibus et
moto stationnent devant l'hôtel Jiayuguan
et dans le périmètre de la gare routière.
Le marchandage s'impose. En général,
les taxis demandent 50 yuan par site touristique, ce prix incluant l'attente pendant
les visites.

Le CITS et d'autres agences proposent
des circuits d'une journée à des prix supérieurs à ce que vous pourriez arranger vous-
même. En dehors du glacier du 1er Juillet,
tous les sites peuvent se visiter en une journée. Vous ferez des économies en organisant un groupe avec d'autres voyageurs.

Bicyclette. L'hôtel Jiayuguan et le Youth
Hotel louent des vélos pour 1 yuan de
l'heure. Les bicyclettes s'avèrent idéales
pour se déplacer en ville et se rendre au
fort et au surplomb de la Grande Muraille
(si vous ne craignez pas la poussière). Pour
les autres sites, un véhicule à moteur reste
nécessaire.

LIUYUAN
(*liǔyuán*)

C'est à Liuyuan, sur la ligne de chemin de
fer Lanzhou-Ürümqi, qu'il faut descendre
pour se rendre à Dunhuang. Cette petite
ville offre un aspect si misérable, au milieu
du désert, qu'elle n'invite pas à s'y attarder. Vous pouvez toujours tenter de rendre
leur sourire aux Chinois en vous essayant
au karaoke.

Les deux seuls hôtels de la ville se trouvent près de la gare routière, sur la rue principale, et portent le même nom en anglais,

hôtel *Liuyuan* (en chinois *liǔyuán bīnguǎn* et *liǔyán fàndiàn*). Les lits en dortoir sont à 30 yuan et les doubles à 130 yuan.

Six trains partent tous les jours dans les deux directions. Ils rejoignent Jiayuguan en 6 heures, Lanzhou en 18 heures, Turfan en 13 heures et Ürümqi en 16 heures.

Les minibus pour Dunhuang partent toutes les demi-heures. Ils sont nombreux à stationner devant la gare aux heures d'arrivée des trains. La gare routière se trouve à un pâté de maisons au sud de la gare ferroviaire. Achetez plutôt votre billet dans la gare routière (10 yuan) car vous paierez le double si vous le prenez à bord.

Sous réserve de modifications, les horaires pour les principales destinations ferroviaires sont les suivants :

Destination	Train n°	Heure de départ
Pékin	70	9h09
Chengdu	114	7h08
Lanzhou	244	11h33
Shanghai	54	10h48
Ürümqi	53	23h16
Ürümqi	69	1h58
Ürümqi	97	19h08
Ürümqi	113	1h07
Ürümqi	143	14h49
Ürümqi	243	12h45
Xi'an	144	16h23
Zhengzhou	98	14h05

DUNHUANG
(*dūnhuáng*)

Dunhuang s'étend dans une vaste oasis de l'une des régions les plus arides de Chine. Après un trajet de plusieurs heures, le paysage désertique laisse soudain place à des champs cultivés verdoyants, avec des dunes de sable élevées ondulant à l'horizon. La région surprend par sa beauté insolite, en particulier la nuit lorsque le ciel s'emplit d'étoiles.

Ce ne sont toutefois pas tant les dunes de sable et les nuits romantiques qui attirent les visiteurs à Dunhuang que l'art bouddhique des grottes de Mogao. Sous les dynasties Han et Tang, Dunhuang fut une étape importante par où transitaient toutes les caravanes de la route de la Soie. De nos jours, Dunhuang a reconquis un peu de sa prospérité d'antan en devenant l'un de principaux pôles touristiques du pays.

Orientation
Dunhuang s'organise autour du rond-poi proche de la poste. Les hôtels et tous le services touristiques se trouvent dans c périmètre. La gare routière est 15 minutes à pied, dans Dingzi Lu.

Renseignements
Le bureau principal du CITS est installé dar les bâtiments de l'International Hotel, et ur succursale à l'hôtel Dunhuang (Binguan D'autres agences de voyages so à votre disposition dans les différents hôte de la ville. Dans la mesure où il n'est pr possible d'acheter de billets de train à Du huang, ces organismes ne vous seront pr d'une grande utilité, leur rôle se bornant l plus souvent à organiser des excursions si les sites éloignés comme la passe de Yumer

Le BSP, dans Xi Dajie, se trouve à cô de la Bank of China, qui ouvre de 9h midi et de 14h30 à 17h30.

Le bureau de poste et des télécommun cations est situé sur le côté nord-ouest d rond-point central.

La gare routière des bus longues di tances dispose d'une consigne.

Musée du district de Dunhuang
(*dūnhuáng xiàn bówùguǎn*)

Ce musée se trouve sur Dong Dajie, à l'e du rond-point. Divisé en trois sections, abrite dans la première des manuscrits tib tains et chinois mis au jour dans la grot n°17 de Mogao. La deuxième présente d objets sacrificiels datant des époques Ha et Tang. La dernière section compren des tissues de soie, des brocarts et d torches de roseau provenant des tours signaux des passes de Yang et de Yumer Ce musée mérite d'être visité, pour le pla sir des yeux.

Où se loger
Les hôtels tiennent compte de la saisc touristique, de juin à septembre, majorar alors leurs tarifs de base de 30%, voir

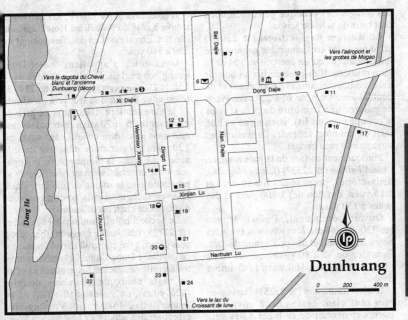

Dang He

Dunhuang

0   200   400 m

Vers le dagoba du Cheval
blanc et l'ancienne
Dunhuang (décor)

Vers l'aéroport et
les grottes de Mogao

Vers le lac du
Croissant de lune

DUNHUANG 敦煌	15 Hôtel Dunhuang (Fandian) 敦煌饭店
OÙ SE LOGER	16 Silk Road Hotel 丝路宾馆
1 Hôtel Jinlong 金龙大酒店	17 Hôtel Liyuan 丽园宾馆
2 Hôtel Jinshan 金山宾馆	21 Hôtel Feitian 飞天宾馆
3 Hôtel Xuanquan 悬泉宾馆	22 Nation Guesthouse 民族宾馆
7 Solar Energy Hotel 太阳能宾馆	23 Western Region Hotel et Shirley's Cafe 西域宾馆, 风味餐馆
11 Hôtel Dunhuang (Binguan) 敦煌宾馆	24 International Hotel et CITS 国际大酒店, 中国国际旅行社
12 Hôtel Mingshan 鸣山宾馆	
13 Hôtel Yangguan 阳关宾馆	**OÙ SE RESTAURER**
14 Hôtel Mogao 莫高宾馆	19 Charlie Johng's Cafe 风味餐馆

DIVERS

4 BSP
公安局

5 Bank of China
中国银行

6 Poste et téléphone
邮电局

8 Musée du district
de Dunhuang
敦煌县博物馆

9 Librairie Xinhua
新华书店

10 CAAC
中国民航

18 Arrêt de minibus
小公共汽车站

20 Gare routière
(bus longue distance)
长途汽车站

davantage. Les prix que nous indiquons sont ceux de la basse saison.

Le *Western Region Hotel* (☎ 23017) (*xīyù bīnguǎn*) est l'immeuble recouvert de tuiles blanches qu'on aperçoit au sud de la gare routière. Il dispose de lits en dortoir avec s.d.b. commune (12 à 18 yuan) et de doubles avec s.d.b. de 70 à 200 yuan (vous ne paierez que la moitié du prix si vous n'occupez qu'un lit). Bien situé et bon marché, cet hôtel retiendra l'attention des voyageurs à petit budget.

Pratiquement en face de la gare routière, l'hôtel *Feitian* (☎ 22337) (*fēitiān bīnguǎn*), deux-étoiles, propose des lits en dortoir à 15 yuan, des doubles à 100 yuan et des suites à 150 yuan.

Ouvert récemment, l'hôtel *Mogao* (☎ 23009) (*mògāo bīnguǎn*) réserve à ses hôtes un accueil et des prix sympathiques. Comptez de 15 à 80 yuan pour un lit en dortoir et de 90 à 160 yuan la chambre double.

L'hôtel *Xuanquan* (☎ 23251) (*xuánquán bīnguǎn*) vient également d'ouvrir ses portes et permet de se loger à des prix très raisonnables. Le lit coûte de 20 à 30 yuan en dortoir, 60 yuan en double avec s.d.b (120 yuan pour la chambre). Les suites se louent 300 yuan.

La *Nation Guesthouse* (☎ 22690) (*mínzú bīnguǎn*) pratique des tarifs assez bas, mais son confort, sommaire, laisse pantois : la poussière et les insectes semblent surgir de partout. Les lits en dortoir avec s.d.b. commune reviennent à 10 à 20 yuan, les lits en double avec s.d.b. à 40 à 60 yuan

Le *Silk Road Hotel* (☎ 23807 ; fax 22371), à l'extrémité est de la ville, est l'établissement de luxe de Dunhuang. Si les prix (raisonnables, malgré tout) entrent dans votre budget, sachez que la qualité de son personnel est tout à fait exceptionnelle dans la région. Deux types d'hébergement sont proposés : en triple avec s.d.b. commune (90 yuan) et en double avec s.d.b. (300 à 350 yuan). A l'accueil, on vous offrira du thé glacé et des serviettes pour le visage pendant que vous paierez votre chambre.

L'hôtel *Liyuan* (☎ 22047 ; fax 22070) se trouve à côté du Silk Road Hotel, après le canal d'irrigation. Les doubles varient de 120 à 340 yuan.

Deux hôtels s'appellent "hôtel Dunhuang" en anglais. Le plus petit des deux hôtels *Dunhuang (Fandian)* (☎ 22413) (*dūnhuáng fàndiàn*) se trouve à proximité de la gare routière. Il est hors de prix de payer entre 25 et 70 yuan pour passer une nuit dans un dortoir étriqué sans s.d.b. ou 120 yuan par personne dans une double avec s.d.b. dont la plomberie fuit. Apparemment, cet établissement bénéficie de sa proximité avec la station de minibus, située juste en face, mais cela ne doit pas vous dispenser de chercher ailleurs.

Le second hôtel *Dunhuang (Binguan)* (☎ 22773) (*dūnhuáng bīnguǎn*), beaucoup plus grand, a été construit dans la partie est de la ville, 1 Dong Dajie. Cet établissement trois-étoiles accueille les groupes et offre un vaste choix de chambres doubles (425 yuan), de suites (510 yuan) et de "super-suites" (680 yuan). Vous pourrez effectuer des achats au Friendship Store installé près de l'entrée principale.

L'hôtel *Mingshan* (☎ 22132) (*míngshān bīnguǎn*) est une vieille bâtisse qui a certainement connu des jours meilleurs. Le lit dur en dortoir coûte de 24 à 30 yuan, les doubles avec s.d.b. commune sont à 100 yuan (160 yuan avec s.d.b.).

L'hôtel *Yangguan* (☎ 22459) (*yángguān bīnguǎn*) permet de séjourner dans un cadre agréable et sympathique dans des doubles bien entretenues et dotées de clim. et s.d.b. (de 120 à 360 yuan).

L'établissement curieusement baptisé *Solar Energy Hotel* (☎ 22306) (*tàiyángnéng bīnguǎn*), 14 Bei Dajie, au nord du rond-point, propose des doubles avec s.d.b de 370 à 580 yuan et quelques doubles sans s.d.b. à 83 yuan.

L'hôtel *Jinlong* (☎ 23202) (*jīnlóng dà jiǔdiàn*) nous a semblé cher avec des doubles de 290 à 415 yuan.

L'hôtel *Jinshan* (☎ 21077) (*jīnshān bīnguǎn*) compte parmi les plus onéreux de la ville, avec des doubles de 1 100 à

1 800 yuan. La qualité de l'établissement n'est pourtant pas à la hauteur de ses prix.

L'*International Hotel* (*guójì dà jiǔdiàn*) devrait être le prochain haut de gamme de la ville. Lors de notre passage, il devait ouvrir incessamment.

Où se restaurer

Charlie Johng's Cafe, au nord de l'hôtel Feitian, peut être considéré comme la meilleure adresse de Dunhuang. La qualité de sa cuisine occidentale ou chinoise (avec carte en anglais) et ses prix bon marché méritent leur réputation, ainsi que la musique, qui ajoute à l'atmosphère plaisante du lieu. La sœur de Charlie dirige le *Shirley's Cafe*, excellent également, près du Western Region Hotel.

Le restaurant de l'hôtel *Dunhuang* (*Binguan*) s'adresse à une autre catégorie de clientèle. Sa carte en anglais vous permettra de goûter aux "pattes de chameau" et aux "dattes à la sauce au miel".

Comment s'y rendre

Avion. En haute saison, des vols quotidiens assurent la liaison depuis/vers Lanzhou et Xi'an, plus quelques vols moins fréquents sur Pékin et Jiayuguan. Pendant les mois d'hiver, l'activité de l'aéroport se réduit. Les vols peuvent être réservés au bureau de la CAAC (☎ 22389), dans Dong Dajie, ou à l'hôtel Dunhuang (Binguan).

Bus. Les minibus pour Liuyuan (130 km) partent lorsqu'ils sont pleins de l'arrêt situé en face de l'hôtel Dunhuang (Fandian). Le prix du trajet est fixé à 10 yuan, mais les chauffeurs demandent parfois le double aux étrangers. Le trajet de 2 heures 30 s'effectue sur une route en très bon état.

Tous les autres bus stationnent à la gare routière. Ceux pour Jiayuguan (7 heures) partent à 7h30, 9h, 11h30, 13h, 16h30, 18h et 22h30. La plupart vont en fait jusqu'à Jiuquan et s'arrêtent un court moment à Jiayuguan. Les étrangers paient 48 yuan (dont 20 yuan d'assurance).

Un bus part tôt le matin pour Golmud (13 heures) et emprunte une route spectaculaire qui franchit un col à la limite des sommets enneigés de l'Altunshan. Il faut arriver assez tôt le matin pour arrimer ses bagages sur le toit. Compte tenu de la fraîcheur des températures en montagne, il est préférable de garder des vêtements chauds à portée de main, même si la canicule sévit au départ de Dunhuang.

Train. Liuyuan se trouve sur la ligne de chemin de fer Lanzhou-Ürümqi (reportez-vous aux horaires des trains communiqués dans la rubrique *Liuyuan*).

Comment circuler

Desserte de l'aéroport. L'aéroport se trouve à 13 km de la ville. A part la navette de la CAAC, vous pouvez aussi emprunter un minibus (30 yuan).

Minibus. Dunhuang n'a pas vraiment de taxi au sens où nous l'entendons, mais vous n'aurez aucun mal à louer les services d'un minibus. Les chauffeurs stationnent en face de l'hôtel Dunhuang (Fandian), où vous pourrez commencer à négocier les prix.

Bicyclette. Dunhuang compte parmi les meilleures villes de Chine pour la location de vélos. Les bicyclettes les plus modernes et les mieux entretenues se louent 1 yuan de l'heure à l'hôtel Feitian. Le vélo vous permettra d'explorer l'oasis mais, pour rejoindre les sites plus éloignés, vous devrez emprunter un véhicule motorisé.

ENVIRONS DE DUNHUANG

Depuis Dunhuang, vous ne manquerez pas de visiter les grottes de Mogao, le décor de cinéma de l'ancienne Dunhuang, le dagoba du Cheval blanc et le lac du Croissant de lune. Pour 150 yuan environ, vous pourrez louer un minibus qui vous conduira sur l'ensemble de ces sites.

Lac du Croissant de lune

(*yuèyáquán*)

Ce lac s'étend à 4 km au sud de Dunhuang, dans les montagnes des Sables qui chantent

Environs de Dunhuang

(*míngshāshān*), à la lisière de l'oasis et du désert. Des sources forment un petit étang en forme de croissant de lune, dans une dépression cernée par d'immenses dunes de sable. L'escalade des dunes peut s'avérer éprouvante, mais la vue sur le désert et l'oasis récompensera largement vos efforts.

Outre les traditionnelles promenades à dos de chameau, vous pourrez vous adonner aux joies de la glissade sur sable ou, moyennant 30 yuan, vous élancer du haut d'une dune en parapente. Bien qu'équipé avec du matériel chinois, vous ne courrez guère de danger tant il est vrai que le sable amortit bien les éventuelles chutes. Soyez néanmoins prudent et vérifiez les clauses de votre contrat d'assurance avant de sauter.

L'entrée au lac et aux dunes coûte 15 yuan pour les étrangers, mais une carte d'étudiant chinoise devrait vous permettre de payer moins cher.

Si vous vous y rendez à pied en pleine journée (vivement déconseillé), n'oubliez pas d'emporter de l'eau et un chapeau, et éventuellement une boussole pour ne pas vous perdre dans les dunes de sable.

La plupart des touristes visitent ce site en fin d'après-midi, lorsque la température redescend. Vous pouvez y aller en bicyclette, mais il paraît plus raisonnable d'emprunter un minibus (2 yuan) ou d'en louer un (20 yuan).

Dagoba du Cheval blanc
(*báimǎ tǎ*)
La visite de ce dagoba, situé à 4 km à l'ouest de la ville, présente un intérêt limité, si ce n'est à l'occasion d'une promenade en bicyclette. Il vaut mieux combiner cette visite avec celle du décor de l'ancienne Dunhuang.

Décor de cinéma de l'ancienne Dunhuang
(*diànyǐng gǔchéng*)
Cette reconstitution de la ville à l'époque des Song a été réalisée en 1987 pour servir de plateau de tournage au film sino-japonais *Dunhuang*. Ces décors montés en plein désert, à 20 km au sud-ouest de la ville, vous surprendront par leur aspect authentique quand vous les découvrirez à l'horizon.

De près, les constructions sont délabrées, les murs en briques de terre séchées au soleil s'écroulent et les ordures s'entassent un peu partout. Une courte visite vaut cependant la peine.

Pour 15 yuan, des minibus vous y amèneront depuis la ruelle située à un pâté de maisons au nord de la gare routière de Dunhuang. De toute évidence, les chauffeurs apprécient ce lieu car ils ont tendance à y rester beaucoup plus longtemps que ne l'exige le temps de visite. L'entrée coûte 15 yuan (7 yuan pour les étudiants). Si vous vous y rendez à bicyclette, vous risquez d'avoir chaud et soif.

Grottes de Mogao
(*mògāo kū*)
Les grottes de Mogao sont les les plus impressionnantes et les mieux préservées de Chine. La légende veut que, en 366, un moine pèlerin ait vu quelque mille Bouddhas dans les cieux et décidé d'aménager

un sanctuaire dans la falaise. Au cours des dix siècles suivants, Dunhuang fut un haut lieu de la culture bouddhique sur la route de la Soie.

Avec le temps, les grottes tombèrent dans l'oubli. Il fallut attendre le début de ce siècle pour qu'un moine taoïste du nom de Wang Yuan découvre une grotte emplie de manuscrits et de peintures. Elle avait été murée pour dissimuler ces précieux objets à la convoitise des envahisseurs. Ainsi protégée de l'air sec du désert, elle avait préservé l'essentiel de son contenu.

En 1907, l'explorateur britannique sir Aurel Stein, ayant eu vent de la découverte, se mit à la recherche du moine et le convainquit de lui laisser inspecter le contenu de la grotte. Ses attentes furent comblées au-delà de toute mesure : la grotte était une véritable mine archéologique de textes bouddhiques en chinois, en tibétain et dans d'autres langues d'Asie centrale connues ou disparues. Elle renfermait aussi des peintures sur soie et lin et aussi sans doute le plus ancien livre imprimé jamais découvert à ce jour, datant de 868.

Les premiers pillages ne tardèrent pas. Stein obtint de Wang qu'il lui remette une grande partie de la bibliothèque en échange d'une donation pour la restauration des grottes. Il emporta 24 caisses de manuscrits et 5 autres de peintures, broderies et reliques destinées au British Museum. L'année suivante, le sinologue français Pelliot se rendit à Dunhuang et le moine lui vendit d'autres manuscrits.

Vinrent ensuite des Américains, des Japonais et des Russes, soucieux d'obtenir, eux aussi, leur part du butin. Alertée, la cour impériale ordonna que les précieuses reliques encore sur place soient transférées à Pékin. De nombreux objets disparurent encore alors qu'ils étaient entreposés dans les locaux du gouvernement à Dunhuang, et Stein raconte qu'à son retour sur les lieux, en 1914, on lui proposa d'acheter plusieurs manuscrits bouddhiques de grande valeur et que Wang regretta de ne pas lui avoir cédé toute la collection d'origine.

Pour les Chinois, il s'agit d'un exemple patent du pillage de leur patrimoine par les Occidentaux à la fin du XIXe et au début du XXe siècle. On peut néanmoins facilement imaginer le sort que les Gardes rouges auraient réservé à ces trésors pendant la Révolution culturelle si Stein avait laissé les manuscrits et les objets sur place.

Les grottes de Mogao ont été creusées dans des falaises du désert surplombant une rivière, à environ 25 km au sud-est de Dunhuang. Exposé aux éléments, le site a souffert de l'érosion due au vent et à l'eau. Aujourd'hui, 492 grottes sont encore visibles dans la falaise, telles des alvéoles d'une gigantesque ruche, réparties sur 1 600 m de long sur un axe nord-sud. Elles abritent plus de 2 000 statues et quelque 45 000 fresques. La grotte n°17 renfermait les manuscrits et les objets d'art découverts par Wang.

La plupart des œuvres de Dunhuang remontent aux époques Wei du Nord et de l'Ouest, Zhou du Nord, Sui et Tang. On y a aussi retrouvé des spécimens datant des Cinq Dynasties, des Song du Nord, des Xia de l'Ouest et des Yuan. Les grottes des époques Wei du Nord et de l'Ouest, Zhou du Nord et Tang présentent le meilleur état de conservation.

Les grottes sont généralement rectangulaires ou carrées, avec des plafonds décorés. Chacune abrite un groupe de statues finement peintes représentant le Bouddha et des Bodhisattva ou des disciples de Bouddha. Les statues les plus petites ont été réalisées en terre cuite et recouvertes d'un enduit qui permettait de graver les détails les plus fins. Les murs et les plafonds furent eux aussi enduits de couches d'argile, puis peints. Un grand nombre de fresques reprennent des motifs décoratifs inspirés de la nature, de l'architecture ou des textiles.

Grottes des Wei du Nord et de l'Ouest et des Zhou du Nord. Les Tuoba, turcophones peuplant les territoires au nord des frontières, envahirent et conquirent la Chine au IVe siècle. En 386, ils fondèrent

LE NORD ET LE NORD-OUEST

la dynastie des Wei du Nord, adoptant délibérément les us et coutumes des Chinois. Les divergences apparues entre les partisans du maintien du style de vie traditionnel et ceux qui étaient favorables à l'assimilation se soldèrent par un schisme au sein de l'empire tuoba, qui déboucha ensuite, au milieu du VIe siècle, sur la création de deux entités, celle des Wei du Nord et celle des Wei de l'Ouest. La partie orientale se sinisa et adopta à la fin du siècle le nom de dynastie des Qi du Nord. A l'ouest, les tentatives de retour aux coutumes tuoba restèrent infructueuses et le nom de dynastie des Zhou du Nord fut adopté. En 567, les Qi du Nord furent néanmoins anéantis et les Zhou prirent le contrôle du nord de la Chine.

La chute de la dynastie des Han, en 220, avait marqué le déclin du confucianisme. Aussi les bouleversements suscités par l'invasion tuoba jouèrent-ils en faveur de l'éclosion des doctrines bouddhistes du nirvana et du salut personnel. Le bouddhisme se répandit rapidement sous le patronage des nouveaux dirigeants et influença durablement l'art chinois que l'on peut admirer dans les grottes bouddhiques de Mogao.

Les œuvres de cette époque sont marquées par le souci de rendre la spiritualité de ceux qui avaient atteint l'illumination et transcendé le monde temporel par leur ascétisme. La statuaire Wei se veut à l'image de la légèreté, ses personnages sont éthérés, avec des traits finement ciselés et des têtes assez grandes par rapport au corps.

Les peintures Wei et Zhou de Mogao comptent parmi les plus intéressantes des grottes. Les personnages, très stylisés, se singularisent par leurs têtes rondes, leurs oreilles allongées et leurs corps très segmentés. Les personnages féminins sont nus jusqu'à la ceinture, avec de fortes poitrines, suggérant ainsi une influence indienne.

Grottes des Sui. Le trône de la dynastie des Zhou du Nord fut usurpé par un général d'origine chinoise ou métissé tuoba. Il

entama son règne en faisant prudemme[nt] exécuter tous les fils de l'ancien empereu[r] se lança ensuite dans une série de guerre[s] et, en 589, réunifia le nord et le sud de [la] Chine pour la première fois depuis 360 an[s] Les Tuoba disparurent en se mêlant d'autres tribus turcophones d'Asie central[e] ou en s'assimilant aux Chinois.

La très courte dynastie des Sui serv[it] de transition entre les Wei et les Tang. Ell[e] ne marqua guère l'époque par son ar[t] lui aussi d'inspiration bouddhique. Néan[-] moins, la rigidité de ses sculptures le[s] différencie de celles réalisées sous les We[i] Les représentations du Bouddha et de[s] Bodhisattva sont droites et immobiles, ave[c] des têtes curieusement disproportionnée[s] et des corps allongés. Les personnages por[-] tent des robes chinoises et ne suggèren[t] nullement la douceur et la grâce, inspirée[s] de l'Inde, des représentations Wei.

Grottes des Tang. Le règne du derni[er] empereur Sui, Yangdi, fut marqué pa[r] l'extravagance, la cruauté et l'injustic[e] sociale. Profitant d'une révolte de paysan[s] qui avait éclaté dans l'est de la Chine, un[e] famille noble d'origine sino-turque assas[-] sina l'empereur et prit le contrôle de l[a] capitale, Chang'an (l'actuelle Xi'an), avan[t] de s'emparer du trône et d'adopter le no[m] de dynastie des Tang.

Sous leur règne, la Chine repoussa se[s] frontières vers l'est jusqu'au lac Balkhach[,] aujourd'hui au Kazakhstan. Le commerc[e] en dehors des frontières connut un brillan[t] essor. Les marchands étrangers et les croyants de diverses religions s'installère[nt] à Chang'an. Le bouddhisme et l'art boud[-] dhique connurent leur apogée à cett[e] époque. La posture empreinte de fierté de[s] personnages bouddhiques des grottes d[e] Mogao véhicule les aspirations d'un[e] société où dominaient l'image du coura[-] geux guerrier Tang et celle de la puissanc[e] et de la fermeté de l'empire.

Les portraits des nobles de l'époque Tang sont beaucoup plus grands que ceux des dynasties Wei et Sui. Ces personnage[s] occupent une place prépondérante dans les fresques. Dans certains cas, les bienfaiteurs sont représentés en compagnie du Bouddha.

Contrairement aux personnages des Wei, des Zhou et des Sui, les représentations d'époque Tang se veulent réalistes et reflètent un large éventail d'expressions humaines.

Grottes plus récentes. La période Tang a marqué la fin de l'évolution du style des peintures murales. Au cours des dynasties suivantes, Dunhuang cessa de prospérer et la majesté et la vigueur typiques des peintures Tang céda la place à des dessins plus simples et à des personnages sans grand relief. Pourtant, pendant la dynastie des Song du Nord, de nouveaux procédés furent employés dans la peinture de paysages.

Droit d'entrée. Les étrangers peuvent acheter un billet à 25 yuan, qui permet de visiter 10 grottes, ou un billet à 65 yuan donnant accès à 30 grottes. A moins que votre budget soit très serré ou que vous ne vous intéressiez pas à l'art bouddhique, il vaut mieux opter pour la seconde formule.

Les grottes ne se visitent qu'en compagnie d'un guide (inclus dans le prix du billet). Même si vous n'êtes qu'un petit nombre, sachez que les étrangers sont généralement séparés des autres visiteurs et accompagnés d'un guide anglophone. Si ce n'est pas le cas, il vous suffit de constituer un groupe avec d'autres étrangers et de demander un guide parlant anglais.

Les grottes sont ouvertes de 8h30 à 11h30 et de 14h à 15h45. Il est préférable de les visiter le matin pour disposer de plus de temps.

A l'exception de quelques petites niches (en mauvais état et sans statues ni peintures), toutes les grottes sont fermées à clef. Certaines ne méritent pas d'être ouvertes en raison de la pauvreté de leur contenu. D'autres, telle la grotte Mizong (n°462), renferment des œuvres d'art tantrique dont le caractère explicitement sexuel a été jugé trop "corrupteur" pour

être montré au public. Certaines grottes sont en cours de restauration.

Il est strictement interdit de prendre des photos dans la zone des grottes, mais il semble possible de contourner cette interdiction en payant une forte taxe. Les appareils photo et les sacs doivent être déposés à l'entrée. Vous trouverez des diapositives, des cartes postales et des livres dans les boutiques des grottes et à Dunhuang. La plupart des grottes ne sont éclairées que par la lumière indirecte du jour, ce qui ne permet pas de voir les détails, surtout dans les niches. Vous pourrez louer des torches, peu puissantes, à l'entrée, ou apporter la vôtre.

Comment s'y rendre. Les grottes de Mogao se trouvent à 25 km de Dunhuang. Le trajet en bus prend 30 minutes. Il n'y a pas de bus public régulier, mais des minibus font régulièrement la navette. Il est possible de louer un minibus (qui fait alors office de taxi) ou de vous présenter à l'arrêt où ils sont stationnés, en face de l'hôtel Dunhuang (Fandian), et d'attendre qu'il y ait un nombre suffisant de passagers pour partager le prix de la course.

Selon votre habileté à négocier, un taxi devrait vous coûter environ 50 yuan aller-retour (temps de visite compris).

Certaines personnes se rendent aux grottes à vélo. Si l'expérience vous tente, n'oubliez pas que la moitié du parcours traverse le désert, torride en été.

L'hôtel *Mogao* (*mògāokū zhāodàisuǒ*) est la seule possibilité d'hébergement aux grottes. Il dispose de chambres à 50 yuan et propose de bons menus à prix fixe pendant la saison touristique.

Passes de Yang et de Yumen

(*yángguān yùménguān*)

Quelque 76 km séparent Dunhuang de la passe de Yang (Sud) au sud-ouest. La tour de guet datant de la dynastie des Han, qui se dressait sur la route des caravanes se dirigeant vers l'ouest pour repérer d'éventuels envahisseurs, a aujourd'hui pratiquement disparu sous les sables. Dans les environs, vous pourrez visiter les ruines de l'ancienne cité Han de Shouchang. La passe de Yumen (Porte de jade), à 98 km au nord-ouest de Dunhuang, a laissé quelques beaux vestiges.

Les caravanes qui quittaient la Chine empruntaient le corridor du Gansu jusqu'à Dunhuang. La passe de Yumen marquait le début de la route qui traversait le nord de l'actuelle province du Xinjiang, tandis que la passe de Yang ouvrait l'itinéraire sud.

Comptez une journée pour vous rendr[e] sur le site des deux passes. Des visites son[t] organisées de temps à autre (principale[-]ment pendant la saison touristique) e[t] incluent parfois un arrêt au décor d[e] cinéma de l'ancienne Dunhuang. Rensei[-]gnez-vous au bureau principal du CITS o[u] à l'hôtel Dunhuang (Binguan). Vous pou[-]vez également louer un véhicule : compte[z] 250 yuan (tout compris) pour un petit mini[-]bus.

Ningxia 宁夏

Le Ningxia (*níngxià*) est devenu une région à part entière en 1928 et resta une province jusqu'à son annexion au Gansu en 1954. Le Ningxia en tant que tel réapparut quatre ans plus tard sous le nom de Région autonome de la minorité hui du Ningxia. Depuis, les limites de la région n'ont cessé de changer – la Mongolie intérieure y fut même incluse pendant un temps – et, aujourd'hui, sa superficie se trouve réduite à la portion congrue.

Occupant une zone aride du nord-ouest de la Chine, le Ningxia est essentiellement peuplé de nomades vivant de l'élevage de chèvres et de moutons. La rudesse et le froid des hivers, avec de brutales chutes de température, et les étés étouffants qui rendent l'irrigation indispensable caractérisent le climat de la région. Sans la présence du Huang He (fleuve Jaune) qui traverse la province, les hommes pourraient difficilement vivre. La majorité de la population s'est installée aux abords du fleuve et des canaux d'irrigation qui en partent. Ces derniers furent réalisés sous la dynastie Han, après que le Ningxia eut été colonisé pour la première fois par des Chinois d'ethnie han au Ier siècle av. J.-C.

Les Hui, établis principalement dans le sud de la province, ne représentent plus aujourd'hui qu'un tiers de la population du Ningxia, face aux Han, deux fois plus nombreux. La minorité hui descend de commerçants arabes et iraniens qui arrivèrent en Chine sous les Tang. Des immigrants venus d'Asie centrale sous la dynastie Yuan grossirent ensuite leurs rangs. En dehors de leur appartenance à l'islam, les Hui sont aujourd'hui complètement assimilés à la culture han.

En 1958, l'achèvement de la ligne de chemin de fer Baotou-Lanzhou, qui traverse le Ningxia, sortit la province de son isolement et permit le développement industriel de cette région alors essentiellement agricole.

Population : 5 millions d'habitants

Capitale : Yinchuan

A ne pas manquer :

- Yinchuan, la capitale de la province, point de départ d'excursions dans les Helan Shan
- Les étonnantes 108 dagobas, près de Qingtongxia, qui semblent surgies du désert
- Zhongwei, où les dunes de sable et les tourbillons du fleuve Jaune composent un spectacle féerique

YINCHUAN

(*yínchuān*)

Abritée des déserts de Mongolie par l'imposant massif des Helan Shan à l'ouest et abondamment irriguée par le Huang He, Yinchuan occupe une position géographique privilégiée dans un environnement plutôt hostile. Au XIe siècle, les Xia de l'Ouest en firent la capitale de leur mystérieux empire.

Orientation

Yinchuan s'articule autour de deux pôles : le quartier récent et industriel, proche de la gare, appelé "ville nouvelle" (*xīn chéng*), et la "vieille ville" (*lǎo chéng*), à près de

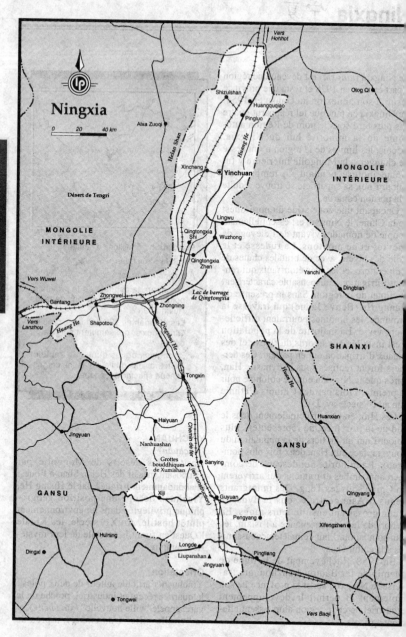

Ningxia

0   20   40 km

Vers Hohhot

Shizuishan

Huangquqiao

Otog Qi

Pingluo

Alxa Zuoqi

Helan Shan

Huang He

Désert de Tengri

Xincheng

Yinchuan

MONGOLIE
INTÉRIEURE

MONGOLIE
INTÉRIEURE

Lingwu

Qingtongxia
Shi

Wuzhong

Qingtongxia
Zhen

Yanchi

Dingbian

Vers Wuwei

Gantang

Zhongwei

Shapotou

Zhongning

Lac de barrage
de Qingtongxia

SHAANXI

Vers
Lanzhou

Huang He

Qingshui He

Tongxin

Haiyuan

Huanxian

Jingyuan

Nanhuashan

GANSU

Grottes
bouddhiques
de Xumishan

Sanying

Chemin de fer
(en construction)

Xiji

Guyuan

Qingyang

Huining

Pengyang

Xifengzhen

GANSU

Dingxi

Longde

Pingliang

Liupanshan

Jingyuan

Tongwei

Vers Baoji

5 km de là, où se trouvent les sites touristiques, le quartier commerçant, la gare routière, ainsi que la plupart des hôtels.

Renseignements

Les agences principales du CITS (☎ 543-720) et du CTS (☎ 544-485) sont installées à l'étage, 150 Jiefang Xijie. Une petite succursale du CITS a été ouverte dans les bâtiments de l'hôtel Ningxia. Le BSP se trouve dans un grand immeuble blanc dans Jiefang Xijie.

Le bureau central de la Bank of China (☎ 543-307), 102 Jiefang Jie, occupe un immeuble neuf recouvert de tuiles blanches, non loin de l'hôtel Ningxia. Vous trouverez le bureau de poste et des télécommunications en plein centre-ville, à l'angle de Minzu Jie et de Jiefang Xijie.

Pagode du Nord

(hǎibǎo tǎ)

La pagode Haibao, également appelée pagode du Nord *(běi tǎ)*, domine le nord de la ville. Les premières fondations de cet édifice datent du Ve siècle. Détruite en 1739 lors d'un tremblement de terre, la pagode fut reconstruite à l'identique en 1771. Elle fait partie d'un monastère qui a lui aussi été rénové et transformé en site touristique.

Aucun transport public ne mène à la pagode. Vous pouvez vous y rendre à pied (2,5 km depuis l'Oasis Hotel), louer un vélo ou prendre un taxi.

Musée du Ningxia

(níngxià bówùguǎn)

Ce musée se trouve dans Jinning Jie, à trois pâtés de maisons au sud de Jiefang Xijie, dans l'enceinte de l'ancien monastère Chengtian. Ses collections comprennent des reliques historiques des royaumes des Zhou du Nord et des Xia de l'Ouest, ainsi que des objets de la culture hui.

La pagode de l'Ouest *(xī tǎ)* se dresse dans la cour arborée du monastère. Le musée est ouvert de 8h30 à 18h30 et ferme le lundi.

Tour du Tambour

(gǔlóu)

Édifiée au centre d'un petit carrefour, à quelques pâtés de maisons à l'est de la poste, cette tour de style chinois classique offre, depuis son sommet, une bonne vue d'ensemble sur la ville.

Pavillon Yuhuang

(yùhuáng gé)

Ce bâtiment vieux de quatre siècles a fait l'objet d'une restauration récente. Vous le découvrirez dans Jiefang Dongjie, une rue à l'ouest de la tour du Tambour. Le petit musée qu'il abrite renferme deux étonnantes momies mises au jour dans des tombes proches de Yinchuan.

Porte Sud

(nánmén lóu)

Près de la gare routière, au sud-est de Yinchuan, la porte Sud ressemble à une version réduite de la place Tian'anmen de Pékin, portrait de Mao compris. Malgré sa dimension modeste, cette porte fait le bonheur des touristes chinois, qui l'utilisent comme arrière-plan de leurs photos du Grand Timonier.

Mosquée Nanguan

(nánguān qīngzhēn sì)

La mosquée Nanguan ne porte guère l'empreinte de l'architecture chinoise. Cet édifice moderne se veut de style résolument moyen-oriental, avec des arches islamiques et des dômes couverts de tuiles vertes. Cette mosquée, la plus importante de Yinchuan, est un lieu de culte actif, et il faut demander la permission pour y entrer. Vous vous y rendrez aisément à pied depuis la porte Sud.

Où se loger

Nouvelle ville. Si vous souhaitez ne pas vous éloigner de la gare, le *Railway Hotel* (☎ 366-361, 369-119) *(tiělù bīnguǎn)* est idéalement situé. Vous y serez en quelques minutes. Les doubles avec s.d.b. commune coûtent 80 yuan et les doubles avec s.d.b privée de 140 à 360 yuan.

YINCHUAN 银川		6	Pagode Haibao 海宝塔	17	Poste et télécommunications 邮电大楼
OÙ SE LOGER		7	Parc municipal de Yinchuan 银川游乐园	18	Grand magasin Yinchuan 银川百货大楼
3	Railway Hotel 铁路宾馆	8	CITS 中国国际旅行社	20	Musée du Ningxia et pagode du monastère
4	Hôtel Taoyuan 桃园宾馆	9	Librairie Xinhua 新华书店		Chengtian 宁夏博物馆， 承天寺塔
11	Hôtel Ningxia 宁夏宾馆	10	Bank of China 中国银行		
12	Hôtels Oasis et Yindu 绿洲饭店，银都大酒店	13	BSP 公安局	21	Tour du Tambour 鼓楼
19	Hôtel Ningfeng 宁丰宾馆	14	Librairie en langues étrangères 外文书店	22	Pavillon Yuhuang 玉皇阁
DIVERS		15	Huanying (restaurant musulman) 欢迎清真饭店	23	Rue commerçante 商城
1	Aéroport de Yinchuan 银川飞机场			24	Mosquée Nanguan 南关清真寺
2	Gare ferroviaire 火车站	16	CAAC 中国民航	25	Porte Sud 南门楼
5	Parc Xihu 西湖游乐园			26	Gare routière 银川汽车站

L'hôtel *Taoyuan* (☎ 368-470) (*tǎoyuán bīnguǎn*), installé derrière la gare, propose des doubles à 136, 144 et 172 yuan. Le bus n°1 s'arrête tout près.

Vieille ville. Depuis la gare ferroviaire, empruntez le bus n°1 pour rejoindre l'*Oasis Hotel* (☎ 532-951) (*lüzhōu fàndiàn*), dans Jiefang Xijie. Vous le reconnaîtrez facilement à la "fusée" ornant son toit. Ses chambres coûtent de 96 à 440 yuan.

L'hôtel *Yindu* (☎ 531-888) (*yíndū dà jiǔdiàn*), 59 Jiefang Xijie, est le plus récent de la ville. Ses chambres se louent entre 88 et 368 yuan.

L'hôtel *Ningxia* (☎ 545-131) (*níngxià bīnguǎn*), 3 Gongyuan Jie, non loin du parc Zhongshan, entre dans la catégorie des établissements haut de gamme. Ses chambres (de 198 à 462 yuan) donnent sur d'agréables jardins.

L'hôtel *Ningfeng* (☎ 628-898) (*níngfēng bīnguǎn*), en face de la poste, compte parmi les meilleures adresses de la ville. Il dispose de doubles pour 330, 396 et 616 yuan.

Où se restaurer
Les stands installés dans les ruelles autour de la gare routière ou dans Xinhua Xijie, près du musée, vous permettront de déguster sur le pouce des plats à base de bœuf et d'agneau, des nouilles, des raviolis frits et des pâtisseries musulmanes.

Ce pourra être l'occasion de goûter à un dessert hui local, appelé "riz aux huit trésors" (*bābǎo fàn*), composé de jujubes et de riz pressés ensemble et cuits à la vapeur pour former une grosse miche. Les vendeurs de rues les coupent en tranches recouvertes de miel pour 1 yuan pièce environ.

Le restaurant musulman *Huanying* (*huānyíng qīngzhēn fànzhuāng*), 23 Jiefang Jie, à côté de l'hôtel Yinchuan, propose des plats savoureux dans sa salle à l'étage.

Yinchuan est également réputée pour une variété particulière de thé appelée "terrasse des trois bulles" (*sānpào tái*), "thé aux huit trésors" (*bābǎo chá*) ou "thé étuvé recouvert" (*gaìwǎn chá*). Un mélange de fruits secs et de graines à base de kaki, longanes, raisins, noix et graines de sésame

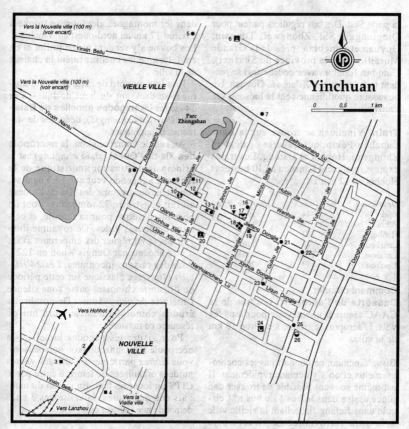

Vers la Nouvelle ville (100 m)
(voir encart)

Yinxin Beilu

Vers la Nouvelle ville (100 m)
(voir encart)

VIEILLE VILLE

Yinxin Nanlu

Parc
Zhongshan

Yinchuan

0   0,5   1 km

Beihuanchang Lu

Xinhuashang Jie

Jiefang Xijie

Gongyuan Jie

Jinning Jie

Minzu Beijie

Hubin Jie

Yuhuangge Jie

Wenhua Jie

Qianjin Jie

Xinhua Xijie

Liqun Xijie

Jiefang Dongjie

Minzu Nanjie

Nanhuanchang Lu

Xinhua Dongjie

Gulou Jie

Liqun Dongjie

Zhongshan Nanjie

Donghuanchang Lu

Parc Zhongshan

Vers Hohhot

**NOUVELLE
VILLE**

Yinxin Beilu

*Vers la
Vieille ville*

Vers Lanzhou

---

entrent dans la composition de ce thé vert aux saveurs particulières, servi dans de petits bols de porcelaine avec un couvercle. On y ajoute un morceau de sucre candi qui, en fondant, en adoucit le goût. Presque tous les restaurants en servent et vous pouvez acheter des mélanges en sachets.

Achats
La librairie en langues étrangères (☎ 624-353), 46 Jiefang Xijie, dispose au rez-de-chaussée d'un rayon bien fourni de romans classiques en anglais. A l'étage, vous trouverez des cassettes et des CD, et notam-

ment un bon échantillon de musique rock et de classique.

Pour tous vos autres achats, des vêtements aux piles électriques, rendez-vous dans Gulou Jie, au sud de Jiefang Dongjie.

Comment s'y rendre
Avion. Le bureau principal de la CAAC (☎ 622-143) est installé 14 Minzu Beijie. Des vols desservent Pékin, Canton, Shanghai et Xi'an.

Bus. La gare routière se trouve dans le secteur sud-est de la ville, sur la place près de la porte Sud. Des bus réguliers partent pour Qingtongxia Shi, Zhongwei, Tongxin, Guyuan et Dingbian (près de la Grande Muraille, dans la province du Shaanxi). Cinq bus (dont un avec couchettes) se rendent tous les jours à Xi'an, *via* Guyuan. Un bus assure quotidiennement la liaison avec Lanzhou.

Train. Yinchuan se trouve sur la ligne Lanzhou-Pékin, qui traverse également Zhongwei, Hohhot et Datong. Les trains express rejoignent Lanzhou en 10 heures et Hohhot en 12 heures.

Destination	Train n°	Heure de départ
Pékin	44	19h41
Pékin	78	11h20
Hohhot	202	6h50
Lanzhou	43	11h10
Lanzhou	201	23h17
Lanzhou	93	20h38

Comment circuler

Desserte de l'aéroport. Les bus de la CAAC assurent une navette pour tous les vols. L'aéroport se trouve à environ 13 km de la ville.

Bus. Yinchuan ne connaît pas les encombrements et on s'y déplace rapidement. Il est même souvent possible de trouver une place assise dans le bus ! Le bus n°1 circule dans Jiefang Jie, reliant la vieille ville à la gare ferroviaire. Le ticket coûte 0,70 yuan. Des minibus parcourent le même itinéraire plus rapidement pour 3 yuan.

Taxis. Les chauffeurs demandent 30 yuan pour la course entre la vieille ville et la gare.

ENVIRONS DE YINCHUAN
Massif des Helan Shan

(hèlánshān)

Dominant l'horizon de Yinchuan, ce massif, culminant à 3 556 m, forme une puissante barrière contre les vents de sable et les envahisseurs. Les sites au pied des montagnes méritent d'être visités.

Le village historique de la passe de **Gunzhongkou**, d'où partent des sentiers dans les montagnes alentour, se trouve à environ 17 km au nord-ouest de Yinchuan. Les bus ne s'y rendent qu'en juillet et en août, lorsque les citadins fuient la chaleur de la ville.

Non loin au nord de cette station d'altitude, se dressent du haut de leur 13 et 14 étages les **pagodes jumelles de Baisikou** *(báisìkǒu shuāngtǎ)*, décorées de statuettes bouddhiques.

Au sud de Gunzhongkou, la **nécropole des Xia de l'Ouest** *(xīxià wánglíng)* est la principale destination touristique de la région. La légende veut que Li Yuanhao, fondateur du royaume des Xia de l'Ouest, ait fait construire 72 tombeaux, dont un pour lui, d'autres pour sa famille, et certains demeurés vides. Ce royaume dura 190 ans et vit régner dix empereurs avant d'être anéanti par Gengis Khan en 1227. Pour des raisons inconnues, *Les 24 Histoires* (ouvrage classique sur cette période de l'histoire chinoise) passe sous silence l'histoire de ce royaume. De nombreux érudits chinois tentent aujourd'hui de résoudre ce mystère.

Pour visiter les pagodes jumelles, la nécropole (ou Gunzhongkou hors saison), vous devrez participer à l'une des visites guidées organisées de temps à autre par le CITS ou louer un taxi. En raison du mauvais état des routes, la visite des 3 sites demande une journée complète.

Qingtongxia

(qīngtóngxiá)

Deux endroits portent ce nom : la "ville" (Qingtongxia Shi), située sur la route principale, à 54 km au sud de Yinchuan, et le "village" (Qingtongxia Zhen), 29 km plus loin, près du barrage hydroélectrique construit en 1962 sur le Huang He.

Le célèbre groupe des 108 dagobas *(yìbǎi líng bā tǎ)* se trouve près de Qingtongxia Zhen. Ces pagodes en brique, réalisées sous la dynastie des Yuan, s'élèvent en une constellation triangulaire de 12 rangées surplombant un grand lac artificiel. Leurs lignes blanches, courbes et pleines, contrastent avec l'aridité des reliefs alentour.

ZHONGWEI 中卫

1 Gare ferroviaire
火车站
2 Railway Hotel
铁路宾馆
3 Temple Gao
高庙
4 Hôtel Zhongwei
中卫饭店
5 Hôpital
医院
6 Pension Yellow River
黄河宾馆
7 Poste
邮局
8 Grand magasin
百货商店
9 Marché
市场

Jusqu'à présent, personne n'a pu découvrir la raison de leur édification sur ce site.

Comment s'y rendre. Pour visiter les 108 dagobas, prévoyez une journée d'excursion au départ de Yinchuan. De nombreux bus se rendent tous les jours à Qingtongxia Shi. Deux bus directs seulement, à 9h et 12h30, assurent la liaison avec les dagobas. Si vous prenez le bus de 12h30, vous devrez changer de bus à Qingtongxia Zhen au retour. On peut aussi prendre un train omnibus jusqu'à la gare de Qingtongxia, puis marcher jusqu'au barrage ou s'y rendre en bus. A Qingtongxia Zhen, il est possible de franchir le barrage et de suivre les sentiers sur la rive du lac (1 heure 30 l'aller-retour), ou de prendre un bateau à moteur qui traverse le lac en 10 minutes.

ZHONGWEI
(zhōngwèi)

A 167 km au sud-ouest de Yinchuan, sur la ligne de chemin de fer Lanzhou-Baotou, Zhongwei se trouve prise en sandwich entre les dunes de sable du désert de Tengri au nord et le Huang He au sud. Contrairement

à la plupart des agglomérations chinoises, le calme prévaut dans cette ville de marché.

Temple Gao
(gāo miào)
Principale attraction touristique de la ville, ce temple à vocation œcuménique est fréquenté par des bouddhistes, des confucianistes et des taoïstes. Construit au XVe siècle et détruit par un séisme au XVIIIe siècle, il fut reconstruit et agrandi à plusieurs reprises avant d'être à nouveau réduit en cendres en 1942. D'importantes réparations ont été apportées aux structures de bois soutenant les douzaines de tours et de pavillons lui donnant l'apparence d'une pièce montée. Le temple abrite un mélange de statues des trois religions.

Où se loger
Le *Railway Hotel* (tiělù bīnguǎn), juste en face de la gare, dispose de lits en triples à 30 yuan et de doubles avec s.d.b. à 100 yuan.

La pension *Yellow River* (☎ 712-941) (huánghé bīnguǎn), peu après la tour du Tambour vers l'ouest, est le seul hôtel pour touristes de Zhongwei. Les doubles standard sont affichées à 150 yuan. Le CITS

(☎ 712-620) possède un bureau au 4ᵉ étage de l'"aile administrative". L'hôtel loue des vélos pour 1 yuan de l'heure.

L'hôtel *Zhongwei* (☎ 712-219) (*zhōngwèi fàndiàn*) se trouve dans Bei Dajie et paraît bien délabré.

Une pension à Shapotou (à 16 km de Zhongwei) offre une qualité d'hébergement de loin supérieure à tous les établissements de la ville (pour plus de détails, reportez-vous à la rubrique *Centre de recherches sur le désert de Shapotou*).

Comment s'y rendre

De Zhongwei, il n'existe qu'un express par jour et deux trains plus lents pour Yinchuan ou Lanzhou, ainsi que des services irréguliers à destination de Wuwei (au Gansu), par une ligne directe vers l'ouest. Des bus relient Zhongwei à Yinchuan et Guyuan.

Destination	Train n°	Heure de départ
Pékin	44	16h37
Yinchuan	94	5h41
Hohhot	202	3h21
Lanzhou	43	14h22
Lanzhou	93	23h50
Lanzhou	201	2h32

ENVIRONS DE ZHONGWEI
Moulins à eau

(*shuǐchē*)

L'usage des moulins à eau s'est répandu au Ningxia et dans les autres régions traversées par le Huang He à partir de la dynastie des Han. Remplacés peu à peu par des pompes mécaniques, ces moulins servent encore parfois à pomper l'eau du fleuve et à la déverser dans un système complexe d'aqueducs et de canaux d'irrigation.

Pour voir certains des anciens moulins, il faut prendre un bus jusqu'à Yingshui, un village à l'ouest de Zhongwei sur la route de Shapotou. De là, une piste conduit au Huang He (7 km), où un bac assure la navette avec Xiaheye. Une fois sur l'autre rive, 2 km à pied en direction de l'est (à gauche) sont encore nécessaires pour atteindre les moulins.

Radeaux en peau

(*yángpí fázi*)

Depuis des siècles, des radeaux en peaux de mouton sont traditionnellement utilisés pour de courtes traversées sur le Huang He. Dans les années 50 cependant, des milliers d'entre eux servaient à transporter, en deux semaines, des passagers et d'énormes cargaisons de tabac et de fourrage sur près de 2 000 km, entre Lanzhou et Baotou. Le plus grand de ces radeaux était composé de 600 peaux de mouton et mesurait 12 m sur 7, avec une capacité de charge de 30 tonnes.

La fabrication de ces radeaux débute par le tannage des peaux de mouton (ou parfois d'autres animaux). Elles sont immergées plusieurs jours dans de l'huile et de la saumure avant d'être gonflées. Il faut une moyenne de 14 peaux, assemblées sous une charpente de bois, pour construire une embarcation capable de transporter 4 passagers et leurs bicyclettes. Dans certaines régions du Gansu et du Qinghai, on utilise des radeaux faits d'une seule peau. Le passager peut soit s'installer sur la peau gonflée, soit se glisser à l'intérieur, tandis que le passeur s'allonge sur la peau pour diriger l'embarcation. Une peau de vache contient assez d'air pour tenir 15 minutes, soit environ deux fois la durée d'une traversée du fleuve.

De semblables embarcations sont encore utilisées dans l'ouest de la Chine. On peut en voir et même en utiliser sur le Huang He à Shapotou.

Centre de recherches sur le désert de Shapotou

(*shāpōtóu shāmò yánjiūsuǒ*)

Shapotou se trouve à 16 km à l'ouest de Zhongwei, à la lisière du désert de Tengri. Le centre de recherches sur le désert fut mis en place en 1956 pour trouver le moyen d'empêcher le sable des dunes de submerger la voie ferrée. Depuis 1962, les chercheurs utilisent la méthode dite du "damier", introduite par un conseiller soviétique dans les années 50, pour fixer les dunes. Des plantes sont placées dans d etits damiers formés de meules de paille que l'on remplace tous les 5 ans. Même avec cette protection, la végétation met plus de 15 ans pour atteindre sa taille adulte. Des milliers d'hectares ont ainsi été consacrés à la constitution de cet impressionnant barrage vert longeant la ligne de chemin de fer.

Si vous avez l'intention de faire un tour dans le désert, munissez-vous d'un chapeau et de chaussures à semelles épaisses, ou le soleil et les sables brûlants auront très vite raison de vous.

Il est possible de loger sur place à la Pension *Shapo* (☎ 781-481) (*shāpō shānzhuāng*), sympathique établissement construit autour d'un jardin intérieur sur la rive du Huang He. Elle offre des chambres doubles, fraîches et confortables, avec douche, pour 80 yuan (40 yuan le lit). Un petit bar-restaurant a été aménagé.

La route qui part de Zhongwei se détériore rapidement après Yingshui et il faut une bonne demi-heure pour atteindre Shapotou. Le CITS de Zhongwei organise souvent des excursions. Sinon, il est possible de louer un tricycle à moteur pour s'y rendre et en profiter pour faire un détour par les moulins à eau.

TONGXIN
(*tóngxīn*)

Tongxin, sur la route qui mène de Zhongning à Guyuan, est peuplée essentiellement par des Hui. Sa grande mosquée (*qīngzhēn dàsì*), à quelques kilomètres au sud de la gare routière, fut construite sous les Ming. Il s'agit de l'une des plus importantes mosquées de la province. La construction en bois, d'architecture traditionnelle chinoise, est agrémentée de poutres et de briques ornées de décors islamiques.

GUYUAN
(*gùyuán*)

Cette ville du sud du Ningxia s'étend à 460 km de Yinchuan. Les belles grottes bouddhiques de Xumishan (*xūmíshān shíkū*) se trouvent à 50 km au nord-ouest de Guyuan. Xumi est la transcription chinoise du mot sanscrit *sumeru*, qui signifie "montagne du trésor".

Sauver les arbres

De part et d'autre de la Grande Muraille, a été mis en place le plus vaste et le plus ambitieux programme de plantation et de reboisement jamais engagé à ce jour, sur une aire protégée longue de 6 000 km. Cette "muraille verte" est destinée à protéger de précieuses terres arables menacées en hiver par les vents de sable du désert de Gobi. Ce programme s'étendra du Xinjiang au Heilongjiang, qui abrite le dernier grand espace forestier de Chine.

Il s'inscrit dans un ensemble beaucoup plus large de mesures "vertes" lancées en Chine populaire. Ainsi, sur la côte sud-est, la plantation d'arbres à grande échelle devrait constituer une barrière contre les typhons qui sévissent en été. Les autorités chinoises entendent ainsi pallier des siècles d'abattage anarchique des forêts qui, conjugué aux pratiques agricoles, ont contribué à de désastreuses inondations et nombre de catastrophes écologiques.

Planter un arbre est devenu un acte civique pour tout Chinois. Dans les premières années de la République populaire de Chine, les surfaces boisées ne représentaient plus que 9% de la superficie du pays. Le gouvernement s'est fixé un objectif de 20% pour l'an 2000. En clair, cela signifie qu'il faudra reboiser 70 millions d'hectares. Dans les zones frontières du nord, le reboisement s'effectue en bandes de 1 km de large. Des millions d'hectares ont d'ores et déjà été plantés, avec un taux de réussite de 55%. Les terres arides ont été allouées à des paysans pour qu'ils les plantent. Le gouvernement leur fournit les graines, la technique de boisage et le matériel nécessaire. ■

On peut se rendre sur le site des 132 grottes, creusées dans 5 pics adjacents, abritant plus de 300 statues bouddhiques qui, pour les plus anciennes, remontent à environ 14 siècles et furent réalisées sous les dynasties Wei du Nord, Sui et Tang.

Les plus belles statues sont celles des grottes n°14, 45, 46, 51, 67 et 70. La grotte n°5 renferme la statue la plus connue de Xumishan, un colossal Bouddha Maitreya de 19 m de haut. Malgré la disparition de la tour qui la protégeait, on remarquera son exceptionnel état de conservation.

Plus de 60 statues bouddhiques miniatures et des tombeaux datant de la dynastie Han ont été découverts dans le district de Xiji, à environ 60 km à l'ouest de Guyuan.

En l'absence de bus réguliers pour se rendre aux grottes, vous devrez louer un véhicule (minibus ou tricycle à moteur) à Guyuan même ou à Sanying (*sānyíng*), situé à 40 km au nord de Guyuan, près du carrefour d'où part la route pour Xumishan.

Où se loger

L'hôtel *Jiatong* (*jiāotōng fàndiàn*) est installé dans les étages du grand bâtiment de la gare routière et propose des lits dans des triples propres (30 yuan) ou en double avec s.d.b. (90 yuan). La pension *Guyuan* (*gùyán bīnguǎn*), dans Zhengfu Jie, au sud est de la gare routière, loue des doubles plus agréables pour 120 yuan.

Comment s'y rendre

Une ligne de chemin de fer reliant Zhongwei à Baoji (dans le Shaanxi) et passant à Guyuan est en cours de construction depuis plusieurs années ; son achèvement devrait contribuer au désenclavement de cette ville. Pour l'heure, seuls les bus permettent de s'y rendre au départ de Lanzhou (via Xiji, 8 heures), Tianshui (Gansu, 9 heures), Xi'an (11 heures), Baoji (Shaanxi, 8 heures) et Yinchuan (9 heures). Les trajets à travers ces régions montagneuses du sud du Ningxia permettent de découvrir de beaux paysages de vallées arrosées et verdoyantes contrastant avec le nord aride.

Mongolie intérieure 内蒙古

Pour la plupart des étrangers, la Mongolie intérieure évoque avant tout de vastes steppes, des chevaux et un style de vie intemporel. On peut néanmoins se demander si, en Chine, le mode de vie et les coutumes mongols n'ont pas perdu un peu de leur authenticité. Certes, les chevaux cavalent dans la steppe et les carrioles sont encore largement employées (un dépliant touristique de Hohhot montre des étrangers sur une carriole à chameau décorée, avec suspension et roues de camion). Pourtant, le petit cheval mongol disparaît peu à peu, les bergers s'équipent de motos (qu'ils préfèrent aux bicyclettes à cause des vents violents), et les hélicoptères et les petits avions tendent à se répandre pour rassembler les troupeaux.

Il est important de distinguer la Mongolie intérieure, province chinoise, de sa voisine du nord, la République de Mongolie appelée autrefois Mongolie extérieure. Pour plus de détails sur cette dernière, reportez-vous au guide Lonely Planet (en anglais), *Mongolia*.

Population : 22 millions
Capitale : Hohhot
A voir :

- Les style de vie traditionnels dans les steppes
- Dongsheng, la ville étape sur la route du mausolée de Gengis Khan
- Manzhouli, à la frontière avec la Russie et près du splendide lac Dalai

HISTOIRE

Les tribus nomades vivant au nord de la Chine représentaient une menace permanente pour l'Empire chinois. Ce fut pour l'en protéger que le premier empereur de la dynastie Qin, Qin Shihuangdi, fit édifier la Grande Muraille.

La patrie mongole, à laquelle la Mongolie intérieure (*nèi ménggū*) se rattache, englobait l'actuelle République de Mongolie et une grande partie de la Sibérie. Dans les steppes situées au-delà de la Grande Muraille et du désert de Gobi, les Mongols menaient une rude vie de bergers et d'éleveurs de chevaux. Ils se déplaçaient au rythme des saisons en quête d'herbages pour leurs troupeaux et vivaient dans des *ourtes* (ou *gers* en mongol), simples structures en bois recouvertes de peaux et rapidement démontables.

Cette totale dépendance à l'environnement explique le rôle prépondérant joué par les forces naturelles dans la religion des Mongols qui révéraient le soleil, la lune, les étoiles et les rivières. Leurs dieux innombrables attestaient une présence surnaturelle universelle. Les prêtres mongols parlaient aux dieux et communiquaient leurs ordres au chef de tribu, le khan.

La légende veut que Gengis Khan ait vaincu le pouvoir des prêtres en autorisant la mise à mort de l'un d'entre eux pour avoir douté de la loyauté du frère du khan. Cette exécution sacrilège, soigneusement calculée, consacra le pouvoir absolu du khan.

L'empire mongol

Les Mongols furent unifiés par Gengis Khan après deux années de guerres tribales.

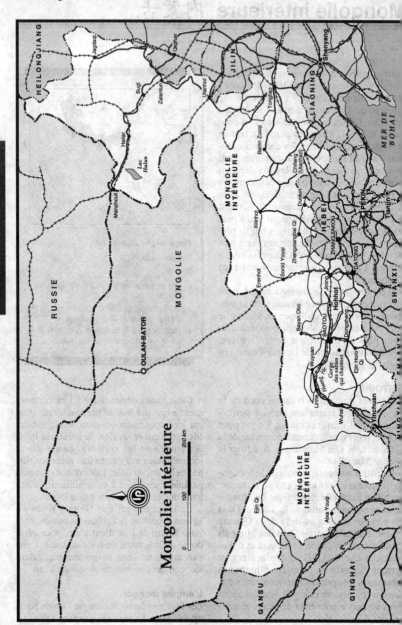

Mongolie intérieure

0   100   200 km

En 1206, fort de la soumission ou de l'anéantissement des tribus hostiles à sa domination, il lança ses armées à l'assaut de la Chine. Celle-ci conquise, les hordes mongoles déferlèrent sur le monde connu, fondant un empire qui s'étendait du Vietnam à la Hongrie.

C'était un empire caractérisé par la cavalerie. La totalité de l'armée mongole était composée de cavaliers, extrêmement mobiles et rapides. Très organisés, fins stratèges et tacticiens chevronnés, les Mongols excellaient dans l'art militaire. Ils comprirent très vite le profit qu'ils pouvaient tirer des armes perses et chinoises qu'ils adaptèrent à leurs besoins. Sans véritable héritage culturel ou scientifique, ils s'efforcèrent, après avoir abandonné leur politique de terreur et de destructions, d'encourager les sciences et les arts sans pour autant les pratiquer eux-mêmes. Ils adoptèrent également les religions des peuples soumis, essentiellement le bouddhisme et l'islam.

La conquête de la Chine fut lente, retardée par les campagnes de l'Ouest et les luttes intestines. Se sentant protégés par la Grande Muraille, les empereurs chinois ne virent pas venir l'invasion mongole qui débuta en 1211. Pendant deux ans, la Grande Muraille parvint à endiguer les cavaliers de Gengis mais, en 1213, ils franchirent une gorge de 27 km de long qui leur ouvrit l'accès aux plaines du nord. En 1215, un général chinois trahit les siens et fit entrer les Mongols à Pékin. Toutefois, les Chinois résistèrent avec opiniâtreté et la poursuite de la guerre fut placée sous les ordres des généraux de Gengis Khan, celui-ci se consacrant aux campagnes de l'Ouest.

Sa disparition en 1227 ne ralentit pas l'élan mongol. A sa mort, Gengis Khan avait divisé l'empire en différents royaumes, dirigés par ses fils ou d'autres descendants. La Chine échut à Ögödei qui fut également élu Grand Khan par un aéropage de princes en 1229. Si la Chine du Nord était dominée, il fallut attendre que le Grand Khan eût envahi et soumis la Russie pour que commence la conquête du Sud. En 1241, la mort d'Ögödei marqua un temps d'arrêt dans l'invasion de l'Europe tandis que Möngke (Mangu), un petit-fils de Gengis Khan, poursuivait la conquête du sud de la Chine. Un autre petit-fils de Gengis Khan, Qubilaï, fut chargé avec le général Subotai – qui avait assuré le succès des conquêtes mongoles en Russie et en Europe – des opérations en Chine du Sud, encore aux mains des Song. Möngke mourut de dysenterie en 1259 et, une fois encore, la mort du khan vint interrompre une campagne mongole à la veille du succès.

Qubilaï fut alors élu Grand Khan mais son frère, Arik Büga, lui contesta le titre. Chacun défendait une conception différente de l'usage de leurs conquêtes. Arik Büga dirigeait une faction soucieuse de préserver les coutumes mongoles et de profiter des richesses de l'empire sans s'assimiler aux autres races. Qubilaï, lui, réalisant qu'un empire conquis à cheval ne pouvait être administré indéfiniment de la sorte, envisageait d'établir en Chine un pouvoir centralisé dans les villes importantes. La mort des chefs de la "Horde d'Or", faction ennemie du Grand Khan qui contrôlait l'extrême ouest de l'empire, et la défaite des forces d'Arik Büga devant les généraux de Qubilaï, permirent au khan d'achever la conquête du sud de la Chine en 1279. Cette domination étrangère reste unique dans l'histoire de l'Empire du Milieu.

Les Mongols établirent leur capitale à Pékin et Qubilaï Khan devint le premier empereur de la dynastie Yuan. Son empire était le plus vaste que le monde ait jamais connu. Les nouveaux maîtres améliorèrent les routes entre la Chine et la Russie, encouragèrent le commerce dans l'empire et avec l'Europe, luttèrent contre la famine et développèrent le réseau des canaux qui acheminait la nourriture des campagnes vers les villes. C'est cette Chine-là que connurent les voyageurs comme Marco Polo qui, avec *Le Livre des Merveilles*, la fit découvrir à une Europe ébahie.

La conquête de la Chine signifia aussi pour les Mongols l'amorce de leur déclin.

Ils s'aliénèrent les Chinois en plaçant des Mongols, des musulmans et d'autres étrangers aux postes clés de l'État. Exclus du gouvernement, les Chinois se trouvèrent relégués au rang de sujets de second plan dans leur propre pays. Les propriétaires terriens et les commerçants bénéficiaient de toutes sortes de privilèges, tandis que les taxes pesaient lourd et que la prospérité de l'empire ne profitait nullement à la paysannerie. Si les Mongols ne se mêlèrent pas aux Chinois, ils n'en succombèrent pas moins aux charmes de leur civilisation et les guerriers mongols perdirent de leur fougue. Lorsqu'il s'éteignit, en 1294, Qubilaï fut le dernier khan à gouverner un empire mongol uni. Ses successeurs ne furent que de piètres dirigeants, incapables de contenir les révoltes qui gagnèrent toute la Chine. En 1368, les rebelles chinois s'emparèrent de Pékin sous le commandement de Zhu Yuanzhang, le fondateur de la dynastie Ming.

Au XIVe siècle, l'empire mongol disparut et les Mongols reprirent la vie nomade qu'ils menaient avant Gengis Khan. Les différentes tribus continuèrent à guerroyer entre elles ou contre la Chine, jusqu'à ce qu'elles soient définitivement soumises au XVIIIe siècle par les empereurs Qing.

La Mongolie divisée

L'expansion de l'empire russe à l'Est plaça les Mongols au cœur d'un conflit frontalier entre Russes et Chinois. Moscou établit un protectorat sur la partie nord de la Mongolie et Pékin exerça son contrôle sur le reste du territoire jusqu'à la chute des Qing, en 1911. La Mongolie goûta alors à l'indépendance avant le retour des Chinois, huit ans plus tard. En 1924, les troupes soviétiques, qui avaient pourchassé les Russes blancs jusqu'à Urga (aujourd'hui Oulan-Bator), instaurèrent la République populaire de Mongolie, en évinçant le clergé lamaïste et les princes mongols. Cette République demeura sous l'étroite tutelle de Moscou.

Dans les années 30 et 40, au cours de la guerre sino-japonaise, les Japonais occu-

pèrent une partie de l'actuelle Mongolie intérieure où les communistes chinois menaient une résistance active. Depuis le camp de Yan'an, Mao déclara à Edgar Snow en 1936 :

Pour ce qui est de la Mongolie intérieure, peuplée tant par des Chinois que par des Mongols, nous lutterons pour en chasser les Japonais et pour aider la Mongolie intérieure à établir un État autonome... lorsque la révolution populaire aura triomphé en Chine, la République populaire de Mongolie rejoindra automatiquement, et de son propre vouloir, la Fédération chinoise.

L'histoire en décida autrement. En 1945, lors de la signature de l'alliance sino-soviétique face aux Japonais, Staline obtint de Tchang Kaï-chek la reconnaissance de l'indépendance de la République de Mongolie. Deux ans plus tard, à la faveur de la reprise de la guerre civile, les communistes chinois désignèrent ce qui restait des territoires mongols sous le nom de "Région autonome de Mongolie intérieure". Lors de la victoire des communistes en 1949 et contrairement aux prévisions de Mao, la République populaire de Mongolie ne rejoignit pas la République populaire de Chine mais resta sous contrôle soviétique et, jusque dans les années 60, ne souffrit pas trop de cette "contradiction" de l'histoire. Puis, la rupture des relations sino-soviétiques en fit une zone tampon, transformée en gigantesque base militaire avec plus de 100 000 soldats soviétiques cantonnés sur son territoire.

La frontière avec la République de Mongolie ne fut définie qu'en 1962, bien que Moscou continuât de revendiquer certains secteurs de l'extrémité nord-est. En 1969, Pékin attribua des portions de la Mongolie intérieure à d'autres provinces avant de rétablir, dix ans plus tard, l'intégrité du territoire. Les autorités chinoises semblent suffisamment confiantes dans l'assimilation des Mongols pour proclamer des non-sens historiques tels que "les armées chinoises de Gengis Khan" ou "l'aide des minorités dans l'édification de la Grande Muraille".

La Mongolie aujourd'hui

Les Mongols ne représentent plus aujourd'hui que 15% de la population de la Mongolie intérieure face à une écrasante majorité de Han et quelques minorités de Hui, de Mandchous, de Daur et d'Ewenki.

Depuis 1949, les Chinois appliquent une politique d'assimilation, tout en laissant aux Mongols le droit de pratiquer leur langue. S'agissant de l'élimination du bouddhisme tibétain, religion traditionnelle des Mongols, les "succès" de Pékin restent plus discutables.

Les Mongols sont également présents dans l'ensemble des provinces du Nord-Est, ainsi qu'au Qinghai et au Xinjiang. On compte au total quelque 3,5 millions de Mongols en Chine et un demi million en Russie.

En réalité, la "Région autonome de Mongolie intérieure" ne jouit d'à peu près aucune autonomie. Depuis l'effondrement de l'Union soviétique en 1991, la République de Mongolie s'est émancipée et réaffirme un nationalisme inquiétant aux yeux de Pékin. Les autorités chinoises n'apprécient guère les mouvements nationalistes, tels ceux du Xinjiang et du Tibet. En conséquence, le BSP surveille étroitement les militants indépendantistes potentiels, véritables ou imaginaires.

La plus grande partie de la Mongolie intérieure se compose de vastes pâturages naturels. Le massif du Grand Khingan, à l'extrême nord, représente un sixième des forêts du pays et constitue une source importante de bois et de cellulose. La région est également riche en minerais de charbon et de fer, comme vous le constaterez si vous visitez Baotou.

Placé sous le signe des extrêmes, le climat de la Mongolie se caractérise par des vents glacés et des blizzards sibériens qui balaient les plaines en hiver (de décembre à mars) ; les dunes de sables sont parfois couvertes de neige. L'été (de juin à août) connaît des températures agréables, qui peuvent être torrides à l'ouest. Privilégiez les mois de mai à septembre, en prévoyant des habits chauds pour le printemps et l'automne en Mongolie intérieure.

HOHHOT
(*hūhéhàotè*)

Ancien centre administratif et universitaire de la région, Hohhot est devenue la capitale administrative de la Mongolie intérieure en 1952. La ville a été fondée au XVIe siècle, autour de temples et de lamaseries, aujourd'hui en ruine. Les industries du cuir et de la laine occupent une place privilégiée dans l'économie de la ville qui abrite également quelques usines de machines-outils et d'engrais, une raffinerie de sucre et une usine de moteurs diesel, sans oublier la production de fer et d'acier. Si l'on compte la périphérie de la ville, sa population dépasse à peine le million.

Hohhot signifie "ville bleue" en mongol, mais les habitants chinois persistent à l'appeler "ville verte". Son ciel d'un bleu intense est sans doute à l'origine de son nom : la région bénéficie d'un taux d'ensoleillement parmi les plus élevés du pays après les déserts de l'Ouest. Hohhot est certainement l'une des plus agréables villes de Chine et le point de départ idéal pour se lancer à la découverte des steppes.

Le CITS et le CTS se sont mis au diapason de la culture locale et se chargent d'organiser des excursions dans les steppes, des spectacles équestres et des courses de chevaux. Sachez néanmoins que ces démonstrations ne sont organisées qu'à l'intention des groupes touristiques. Les manifestations spontanées de ce genre n'ont lieu qu'à l'occasion de rares fêtes, tout comme les représentations de chants et de danses.

Renseignements

Le CITS (☎ 624-494) est situé dans le hall de l'Inner Mongolia Hotel. Le CTS (☎ 626-774), plus utile, est au 3e étage du même établissement, dans le bâtiment de derrière. L'agence China Merchants Travel Service (☎ 668-613), au 4e étage de l'hôtel Tongda, organise des excursions dans les steppes à grand renfort de publicité.

Le BSP, proche du parc Renmin, se trouve à quelques mètres du croisement de Zhongshan Lu et de Xilin Guole Lu.

Les comptoirs de la Bank of China installés à l'Inner Mongolia Hotel et à l'hôtel Zhaojun sont les plus pratiques pour le change. L'agence centrale est dans Xinhua Dajie.

Musée de la Mongolie intérieure
(*nèi ménggū bówùguǎn*)

Ce musée, 1 Xinhua Jie, est l'un des principaux centres d'intérêt de la ville. Bien conçu, il mérite une visite. Vous pourrez admirer un squelette de mammouth découvert dans une grotte de charbon, une yourte, une collection considérable de costumes mongols, d'équipements de tir à l'arc, de selles et d'objets divers. Les étages supérieurs du musée sont parfois fermés. Le cheval ailé sur le toit du bâtiment symbolise l'esprit d'entreprise du peuple mongol.

Temple des Cinq Pagodes
(*wūtǎ sì*)

Construit en 1740, cet ensemble miniaturisé de 5 pagodes élevées sur un socle rectangulaire se trouve aujourd'hui privé de son temple. Réalisées en briques vernissées, ces pagodes portent des inscriptions en mongol, sanscrit et tibétain. Des figurines bouddhiques ont été incrustées dans les niches. A l'arrière se dresse un mur sur lequel figure une carte du ciel en mongol. La ligne de bus n°1 dessert ce temple.

Temple Dazhao
(*dàzhào*)

La vieille ville, au nord du tombeau de Wang Zhaojun, abrite quelques sites intéressants. En suivant quelques ruelles depuis la rue principale, vous rejoindrez le temple Dazhao, dont il ne subsiste que de pauvres ruines. En revanche, le quartier autour du temple regroupe de fascinantes maisons basses en pisé ornées de fenêtres en verre décoré.

Temple Xiletuzhao
(*xīlètúzhào*)

Ce temple, proche du précédent, héberge dans ses murs le 11e grand Bouddha vivant qui, bien qu'habillé en civil, fait office de responsable religieux de la ville. Le temple d'origine a été détruit dans un incendie et celui qui fut reconstruit au XIXe siècle, de style chinois avec quelques éléments tibétains, ne présente guère d'intérêt. Les svastikas qui ornent les façades extérieures existent depuis longtemps dans les cultures perse, indienne, grecque et juive ; symboles de vérité et d'éternité, elles n'ont aucun rapport avec la croix gammée nazie.

Grande Mosquée
(*qīnzhēn dà sì*)

Datant de la dynastie Qing, avec des ajouts ultérieurs, la grande Mosquée est plutôt délabrée. Elle se trouve au nord du temple Xiletuzhao, dans Tongdao Jie.

Tombeau de Wang Zhaojun
(*zhāojūn mù*)

Sépulture d'une concubine de Yuandi, un empereur de la dynastie Han (Ier siècle

av. J.-C.), le principal intérêt du lieu réside dans la belle vue qu'il offre sur les environs depuis son sommet. Des travaux de restauration s'imposent si l'on veut faire de ce tumulus un véritable site. Le tombeau se trouve à 9 km de la ville, sur la ligne de bus n°14.

Naadam
(*nādámù*)

Ce festival d'été réunit les grandes manifestations sportives traditionnelles que sont les concours de tir à l'arc, les courses de chevaux et de chameaux et les compétitions de lutte. Les prix aux vainqueurs vont d'une chèvre à un cheval avec son harnachement. Le Naadam tire son origine de l'ancienne fête de la vénération de l'Obo (un *obo* est un ensemble de pierres empilées avec une cavité pour les offrandes et constitue une sorte de reliquaire chamaniste). Les différents clans mongols convergent en foule vers la foire avec tous les moyens de transport imaginables et installent dans la ville une sorte de cité temporaire de yourtes. Hohhot est un endroit privilégié pour assister à cette fête. En Chine, la date exacte du festival varie d'une année sur l'autre, en général vers la mi-août. En République de Mongolie, Naadam a toujours lieu à date fixe, du 11 au 13 juillet, et marque l'anniversaire de la Révolution mongole de 1921. Pour connaître les dates et lieux des festivités du Naadam, renseignez-vous auprès du CITS ou du CTS de Hohhot (les autres bureaux du CITS en Chine ignorent tout de cette manifestation, il est donc vain de se renseigner à Canton ou Pékin).

Où se loger

L'hôtel *Tongda* (☎ 668-731) (*tōngdá fàndiàn*), 10 Chezhan Dongjie, se trouve en face de la gare ferroviaire et propose des chambres au confort simple pour 54 yuan.

L'hôtel *Hohhot* (☎ 662-200) (*hūhéhàotè bīnguǎn*), à quelques minutes de là, affiche des chambres à 320 yuan.

La plupart des voyageurs à petit budget préfèrent l'hôtel *Xincheng* (☎ 663-322) (*xīnchéng bīnguǎn*) dont les vastes chambres et le jardin ombragé de grands arbres donnent l'impression d'être logé dans un parc. Situé à 2 km de la gare ferroviaire, aucun bus ne s'y rend directement. Le bus

LE NORD ET LE NORD-OUEST

HOHHOT 呼和浩特		17	Hôtel Yunzhong et grand magasin Minzu 云中大酒店,民族商场	9 Musée de la Mongolie intérieure 内蒙古博物馆
OÙ SE LOGER				10 Bank of China 中国银行
1	Hôtel Jindi 金帝大酒店		**OÙ SE RESTAURER**	14 Poste 邮局
4	Hôtel Tongda et China Merchants Travel Service 通达饭店	8	Restaurant Malaqin 马拉沁饭店	15 CAAC 中国民航
5	Hôtel Hohhot 呼和浩特宾馆	13	Restaurant Yikesai 伊克赛酒楼	18 BSP 公安局外事科
6	Hôtel Zhaojun 昭君大酒店	16	Restaurant Bailingxiang 百灵香餐厅	19 Grande Mosquée 清真大寺
11	Inner Mongolia Hotel et CITS 内蒙古饭店, 中国国际旅行社		**DIVERS**	20 Temple Dazhao 大召
12	Hôtel Xincheng 新城宾馆	2	Gare routière 长途汽车站	21 Temple Xiletuzhao 席勒图召
		3	Gare ferroviaire 火车站	22 Monastère des Cinq Pagodes 五塔寺
		7	Marché Bailing 百灵商场	

n°20 s'arrête à proximité : pour le prendre, tournez à gauche en quittant la gare et marchez jusqu'à Hulunbei'er Lu. Vous pouvez aussi prendre un taxi. Le prix des doubles varie de 140/160/200/300 yuan à 700 yuan. L'hôtel loue des bicyclettes.

A deux pas du précédent, l'*Inner Mongolia Hotel* (☎ 664-233 ; fax 661-479) (*nèi ménggǔ fàndiàn*) dresse ses 14 étages sur Wulanchabu Xilu. Ce trois-étoiles abrite le CITS et le CTS, mais il est plutôt négligé et sa plomberie s'en ressent. Il offre des lits en dortoir à trois pour 50 yuan et des doubles pour 420/520 yuan.

L'hôtel *Yunzhong* (☎ 668-822) (*yúnzhōng dàjiǔdiàn*), caché derrière le Minzu Department Store, dans Zhongshan Lu, est un établissement récent qui dispose de doubles à 180/200/260 yuan.

A 10 minutes de marche à l'ouest de la gare, 35 Chezhan Xijie, l'hôtel *Jindi* (☎ 653-300 ; fax 658-565) (*jīndì dà jiǔdiàn*), est le dernier né des hôtels de la ville. Il demande de 360 à 480 yuan pour ses doubles.

L'hôtel *Zhaojun* (☎ 662-211 ; fax 668-825) (*zhāojūn dàjiǔdiàn*), 11 Xinhua Dajie, a été construit avec des capitaux de Hong Kong. Tout y fonctionne à merveille (chauffage, plomberie) et le personnel est des plus accueillants. La qualité justifie les prix pratiqués : doubles à 280/480/620 yuan.

Où se restaurer

Comme partout ailleurs, les échoppes proches de la gare ferroviaire permettent de se nourrir à peu de frais.

Le restaurant de l'*Inner Mongolia Hotel* réserve la déplaisante surprise de proposer deux cartes différentes : celle pour les étrangers (en anglais) indique des prix plus élevés que la carte en chinois et aucun des plats bon marché n'y figure. La ruelle de l'autre côté de la rue abrite plusieurs restaurants de cuisine locale bon marché.

Le restaurant *Malaqin* (*malaqin* signifie "cavalier") prépare de succulents plats chinois et mongols. Vous apprécierez sa marmite mongole, son agneau rôti et ses kebabs. Bien que ce restaurant accueille

nombre de groupes touristiques, ses prix restent raisonnables et le personnel se débrouille en anglais.

Les restaurants *Yikesai* (*yīkèsài jiǔlóu*) e *Bailingxiang* (*bǎilíngxiāng cāntīng*) servent de la bonne cuisine mongole.

Distractions

Le marché *Bailing* (*bǎilíng shāngchǎng*) se trouve juste à l'est de l'intersection de Xinhua Dajie et de Hulunbei'er Lu. En face du marché, vous verrez un théâtre où son donnés en soirée de superbes spectacles de chants et de danses mongols. Lorsque nous y sommes allés et, malgré la qualité exceptionnelle de la représentation, il n'y avai que 4 spectateurs dans la salle, tous étrangers. Les spectacles n'ont peut-être pas lieu tous les soirs mais il est difficile d'imaginer que des représentations se déroulen sans aucun public. Les billets s'achèten dans les grands hôtels. Si la réception de votre hôtel n'est pas au courant, adressezvous au CITS ou au CTS.

Achats

La Minority Handicraft Factory, située dans le sud de la ville (sur la ligne de bus n°1), abrite un magasin de vente au détail pour les touristes. Bien que le choix soit limité, vous y trouverez des couteaux avec incrustation, des baguettes, des dagues, des bottes et des chaussures brodées, des couvertures et autres objets de la vie traditionnelle mongole.

Dans Zhongshan Lu, à la hauteur de la passerelle franchissant la rue, le grand magasin Minzu (*mínzú shāngchǎng*) offre une variété plus grande à meilleur prix. Le Friendship Store est installé dans la même rue.

Comment s'y rendre

Avion. Le bureau de la CAAC (☎ 664-103) se trouve dans Xilin Guole Lu. Des lignes régulières assurent la liaison avec Pékin, Chifeng, Canton, Hailar, Shanghai, Shenzhen, Shijiazhuang, Tongliao, Ulanhot, Wuhan et Xilinhot. Un vol international saisonnier (en été seulement) rejoint Oulan-

ator (République de Mongolie) pour
50 \$US.

Les billets d'avion entre Hohhot et Pékin
ont difficiles à obtenir. Vous pouvez ten-
er votre chance auprès du CTS ou directe-
nent à la CAAC.

Bus. Quelques bus irréguliers effectuent le
ajet Hohhot-Datong. Les bus pour Baotou
artent environ toutes les 30 minutes. Le
us le plus utile pour les voyageurs est
elui qui va à Dongsheng (départ à 7h40).

Trains. La ligne Pékin-Lanzhou passe par
Hohhot et son tracé effectue un large cro-
het en Mongolie intérieure. 2 heures 30
près avoir quitté Pékin, vous passerez à
roximité des ruines de la Grande Muraille
ui ressemble, sur ce tronçon, à une digue
e terre. Les trains les plus rapides font le
ajet Pékin-Hohhot en 12 heures. De
atong, il faut compter 5 heures, de Bao-
ou 3 heures et de Yinchuan 12 heures. Des
ains relient fréquemment Hohhot à Pékin.
'autres, moins nombreux, assurent la liai-
on Yinchuan-Hohhot et 2 trains circulent
uotidiennement entre Lanzhou et Yin-
huan. Tous les jours, 2 trains relient
aiyuan à Datong d'où l'on peut prendre
ne correspondance pour Hohhot.

Si vous ne connaissez personne sur place,
ous ne pourrez obtenir une couchette aux
uichets de la gare. Il semble même qu'il
ille être recommandé pour une place en
ssis dur ! Tous les billets s'achètent en réa-
té "sous le comptoir" ce qui signifie, pour
s étrangers, par l'intermédiaire du CTS de
Inner Mongolia Hotel (le CITS recourt
ussi à ces pratiques, mais il semble un peu
lus soucieux du règlement).

Comment circuler
Desserte de l'aéroport. L'aéroport de
Hohhot se trouve à environ 35 km de la
ille. Un bus s'y rend depuis le bureau de
CAAC. Les taxis demandent aux alen-
ours de 120 yuan pour la course.

Bus. Vous pourrez vous procurer un plan
étaillé (uniquement en chinois) des lignes

de bus de la ville et des environs auprès des
boutiques de souvenirs, des hôtels et des
vendeurs de livres à l'étalage. Vérifiez
votre itinéraire avec un employé de votre
l'hôtel. Le bus n°1 circule entre la gare ferroviaire et l'ancienne ville, dans le secteur
sud-ouest de Hohhot.

Taxi. Ils stationnent devant les hôtels et la
gare ferroviaire. Ils n'ont pas de compteur.
La course de la gare ferroviaire à l'Inner
Mongolia Hotel vaut environ 15 yuan.

Bicyclette. Hohhot est relativement peu
étendue et, s'il fait beau, vous pourrez facilement la visiter en vélo. Vous en trouverez
à louer auprès de l'hôtel Xincheng et de
l'Inner Mongolia Hotel ainsi que dans les
boutiques de bicyclettes installées à gauche
de la gare, le long de la rue principale.

ENVIRONS DE HOHHOT
Le monastère sino-tibétain de **Wusutuzhao**,
à 15 km à l'ouest la ville, ne mérite pas
vraiment le déplacement, mais le paysage
désertique qui l'entoure est impressionnant.

Sur la route de l'aéroport, à une vingtaine de kilomètres à l'est de Hohhot, se
dresse la **pagode Blanche** (*báitǎ*), une
tour octogonale de 7 étages. Vous pouvez
vous y rendre en empruntant un train de
banlieue (30 minutes) ou en taxi.

STEPPES
(*cǎoyuán*)
La majorité des voyageurs se rendent en
Mongolie pour admirer ces immenses étendues herbeuses. Si vous souhaitez pousser
plus avant leur découverte, prévoyez une
excursion à Hailar ou à Manzhouli.

Circuits organisés
Le CITS et le CTS ont beaucoup misé sur
l'attrait magique exercé par la Mongolie. Il
faut toutefois garder à l'esprit que les descendants de Gengis Khan chevauchant dans
les plaines infinies, les troupeaux de chevaux
sauvages et les ruines de Xanadu appartiennent désormais au décor de la Chine et que
les Han sont largement majoritaires dans

cette province. Même si ces deux agences se font un plaisir d'organiser des circuits qui donnent un aperçu de la vie traditionnelle mongole, vous vous rendrez compte de son anachronisme en Mongolie intérieure.

Seule la République de Mongolie donne véritablement à voir le mode de vie traditionnel des Mongols, mais il est à la fois coûteux et difficile de s'y rendre. D'autres régions de Chine abritent également des steppes et des campements de yourtes, notamment au Xinjiang. Avant de vous rendre en Mongolie, souvenez vous que la steppe n'est verte que l'été – elle peut être brune et gelée de novembre à avril – et que des vêtements chauds sont nécessaires, les vents pouvant être très frais, même au cœur de l'été.

Les circuits du CITS et du CTS s'effectuent dans l'une des steppes suivantes au départ de Hohhot : Xilamuren (80 km), Gegentala (170 km) dans le district de Siziwang, et Huitengxile (120 km), la plus belle mais la moins fréquentée des trois.

Quelques agents de voyages privés démarchent les clients dans le hall des hôtels. Il peut être intéressant de comparer leurs tarifs et de négocier les prix. Certains chauffeurs de taxis stationnés autour de la gare ferroviaire proposent également leurs services. Leur prix, environ 250 yuan par personne, inclut une nuit dans une yourte appartenant à un membre de leur famille. En principe illégaux, ces circuits peuvent réserver quelques désagréments, notamment des risques d'intoxication alimentaire.

Le CITS propose des circuits aux tarifs suivants :

Destination Xilamuren

Nbre de personnes	Coût par personne (yuan)		
	1 jour	2 jours	3 jours
1	748	904	1 126
2-3	412	508	664
4-6	270	369	453
7-10	216	277	351
11-20	174	232	322
plus de 20	154	225	309

Destination Gegentala

Nbre de personnes	Coût par personne (yuan)	
	2 jours	3 jours
1	1 246	1 477
2-3	693	840
4-6	435	505
7-10	330	420
11-20	312	390
plus de 20	291	363

Destination Huitengxile

Nbre de personnes	Coût par personne (yuan)	
	2 jours	3 jours
1	1 036	1 258
2-3	582	729
4-6	372	447
7-10	304	381
11-20	262	345
plus de 20	240	322

En matière de mise en scène folklorique, l[e] circuit des steppes organisé par le CITS es[t] un modèle du genre. Nous décrivons ci[-]dessous une excursion de 2 jours pour vou[s] donner une idée des activités qui peuven[t] vous être proposées en Mongolie.

Premier jour. A 14h30, nous découvrons que l[a] journée est déjà à moitié entamée (l'excursion s[e] compte en jours calendaires). Après 3 heures d[e] route à travers les montagnes pour rejoindre le pla[-] teau des steppes, nous arrivons à la commune d[e] Wulantuge. Première localité après Hohhot, d[e] nombreux groupes s'y rendent et sa principale act[i] vité consiste apparemment à piloter les touristes. [A] notre arrivée, une femme en costume mongol (ave[c] toutefois une paire de tennis et des pantalons sous [la] robe) surgit d'une maison pour nous accueillir. L[e] dîner, composé de *baozi* (pains à la vapeur farcis) [et] de plats de viande, est excellent. Le guide nou[s] indique ensuite le campement de yourtes installé [à] la périphérie de la bourgade. Exclusivement rése[r] vées aux touristes, elles se dressent sur des fonda[-] tions en briques et béton et sont éclairées par de[s] ampoules de 75W. La population locale a le bo[n] sens de vivre dans des bâtiments en dur avec de[s] murs épais. Les toilettes, à l'extérieur, offrent u[n] onfort des plus rudimentaires. Je me demande si ela ne fait pas partie du folklore à l'usage des trangers et si les habitants utilisent des toilettes vec cuvette et chasse d'eau. L'humidité à l'intérieur des yourtes est terrible et peut faire des vages chez les personnes souffrant d'arthrite.

econd jour. Le petit déjeuner est servi à 8h30, ne heure décidément très occidentale. Nous profins d'un moment de répit pour faire le tour des nvirons : la poste, l'école, la boutique de souvers. Nous découvrons un grand temple de style no-tibétain, sans doute du XVIIIᵉ siècle, orné de olonnades, de fenêtres et portiques décorés et agrentés de fresques représentant des créatures inferales. L'accès en est interdit. Une grande pièce de e vaste édifice monastique a été transformée en alle de banquet pour les touristes. Lors du déjeuer, je pose quelques questions au guide (assis à une ble à part avec le chauffeur) sur l'industrie du tousme. Il fait mine de ne pas comprendre, me répond aguement ou choisit le mutisme. De retour aux ourtes, nous rencontrons sur notre chemin deux ommes aux joues bien rouges accompagnés de eux animaux mangés aux mites. Leurs faces rubiondes s'expliquent par les vents glacés que leurs ontures n'ont apparemment pas si bien supportés. Tous avons eu du mal à reconnaître en ces pauvres êtes un cheval et un chameau. Ces pitoyables créaures ne sont là que pour des séances de photos et eurs gardiens les tiennent à la longe, expliquant u'ils sont trop dangereux pour être montés.

A 9h30, nous repartons à travers les steppes sur es pistes belles mais cahoteuses. Il est bien gréable de voir de la vraie herbe en Chine et les ouristes de Hong Kong apprécient vivement cette enrée rare à Kowloon. Nous faisons halte pour egarder un troupeau de moutons, plus le berger ose pour la photo. Quelques kilomètres plus loin, le oment tant attendu de ce circuit arrive avec 'accueil dans une authentique famille mongole. Celle-ci vit dans une maison en brique composée de rois pièces. Sur le premier mur en entrant, mon egard s'arrête sur une immense affiche représentant n koala et éditée par l'office du tourisme des Nouelles Galles du Sud (Australie). Je remarque aussi ue cette famille typique porte les vêtements habiuels des Chinois. A peine ai-je le temps de me emander si notre arrivée ne les a pas pris à l'improiste que les costumes mongols font leur apparition our la séance de photos... le temps d'être enfilés, on par nos hôtes mongols, mais par les touristes ! Vos hôtes, eux, ont visiblement renoncé à faire sem-lant et leurs vélos sont garés derrière la maison.

Nous reprenons la route pour visiter un *obo*, orte d'amas de pierres posées au milieu de nulle art. Autrefois, lorsque les nomades se réunissaient our les festivités de la mi-mai, ils emportaient tous ne pierre avec eux et les déposaient sur des obo

semblables à celui-ci. Nous retournons à Wulantuge pour un banquet fastueux autour d'un mouton égorgé le matin et cuit au feu de bois (un supplément nous fut demandé). Après ce festin, le chauffeur nous annonce qu'il est l'heure de *xiūxi*, autrement dit la sieste, qui durera deux heures et demie. Nous disons au revoir à la femme qui nous avait accueillis (et qui se hâte de remettre son costume mongol avant notre départ) et nous retournons à Hohhot où nous arrivons à 16h30. Le circuit étant prévu jusqu'à 18h, nous finissons par la visite des monuments de la ville.

En général, et aussi en fonction de ce que vous aurez négocié au départ, vous ne passerez guère plus de 2 heures dans la steppe, plus l'aller-retour en bus. L'essentiel de votre temps sera consacré à dormir, manger, attendre et prendre des photos. Les circuits de 3 jours sont peut-être un peu plus intéressants, avec du tir à l'arc, des danses et des chants médiocres en sus. Contre toute attente, les repas excellents et copieux furent la partie la plus agréable de notre excursion.

BAOTOU
(*bāotóu*)

Située sur les mornes rives septentrionales du Huang He, à l'ouest de Hohhot, Baotou est la plus étendue des villes de Mongolie et, sans doute, la plus laide. En mongol, son nom signifie "la ville des cerfs".

Pendant des siècles, Baotou ne fut qu'une petite bourgade perdue dans une région semi-désertique et peuplée de nomades mongols. L'arrivée au pouvoir des communistes en 1949 bouleversa radicalement la physionomie de la ville. Au cours de la décennie suivante, la voie ferrée Baotou-Pékin, construite en 1923, fut prolongée jusqu'à Yinchuan et des routes furent ouvertes pour faciliter l'accès aux gisements de fer, de charbon et autres minerais de la région.

Aujourd'hui, Baotou est un centre industriel où vivent et travaillent plus d'un million d'habitants. Si les noms de rues sont indiqués en mongol, la ville est essentiellement peuplée de Han. Dépourvue de tout site pittoresque, Baotou attire pourtant quantité de touristes japonais. Vous pourrez voir quelques monastères, une aciérie, un musée de locomotives à vapeur, des petites dunes de sable et un mausolée à la mémoire de Gengis Khan. La plupart de ces sites se trouvent à quelques kilomètres de la cité. Baotou est un point de transit utile où il peut être amusant de passer un jour ou deux. L'extrême gentillesse de sa population plaide néanmoins en sa faveur.

Orientation

Baotou est une ville immense qui s'étend d'est en ouest sur 20 km. La majorité des touristes transitent dans le secteur est de la ville, le mieux desservi par les transports, tandis que le complexe sidérurgique et le musée de la Locomotive se situent dans le secteur ouest.

La gare ferroviaire qui dessert l'ouest de la ville est la Baotou Railway Station (*bāotóu zhàn*), tandis que la Baotou East Railway Station (*bāotóu dōng zhàn*) relie le secteur est. Sachez enfin que le district est s'appelle Donghe et que la partie ouest est divisée en deux districts adjacents, Qingshan et Kundulun.

Renseignements

Les bureaux du CITS (☎/fax 554-615) et du BSP sont installés à la pension Baotou.

La Bank of China possède 4 agences où vous pourrez changer vos devises. A Bao-

tou-ouest, elles se situent dans Gangti Dajie, près de la tour de la télévision, e dans Wenhua Lu. A Baotou-est, l'une s trouve dans la rue de l'hôtel Donghe e l'autre non loin de l'entrée du parc Renmin

Complexe sidérurgique de Baotou
(*bāotóu gāngtiě gōngsī*)

Un nuage violet flotte en permanence au dessus de l'ouest de la ville. Les coucher de soleil aux couleurs spectaculaires sor liés à l'activité du complexe sidérurgiqu qui, jusqu'en 1960, fut géré par les Sovié tiques. Au départ, il s'agissait de traiter l minerai en provenance de Bayan Obo (140 km au nord) mais il fallut rapidemen recourir au minerai d'autres régions. Le étrangers ne peuvent visiter ce complex que par l'entremise du CITS. Un dro d'entrée de 10 yuan est exigé, en plus de services du guide de l'agence.

Musée de la Locomotive à vapeur
(*zhēngqì huǒchē bówùguǎn*)

De taille encore modeste, ce musée devra être agrandi dans les prochaines années. L CITS organise des visites, mais vous pou vez le voir seul.

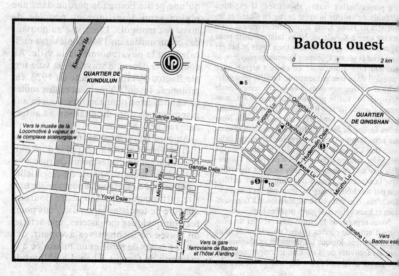

Où se loger

Baotou-est. L'hôtel *Donghe* (☎ 472-541) *dōnghé bīnguǎn*), 14 Nanmenwai, est situé à environ 15 minutes à pied de la Baotou East Railway Station. Le bus n°5 vous y conduit. Fréquenté par les voyageurs à petit budget, il propose des doubles à 70/120 yuan.

L'hôtel *Guanghua* (*guānghuá fàndiàn*) hésite encore à accueillir les étrangers. Une insistance souriante vous ouvrira ses chambres à 54/88 yuan.

Le *North Pacific Hotel* (☎ 475-656) *běiyáng fàndiàn*) est l'établissement haut de gamme de Baotou-est. Il offre des doubles à 160/360 yuan.

Baotou-ouest. Le seul établissement bon marché de ce secteur, l'*A'erding Hotel* (*ā'ěrdīng fàndiàn*), est proche de la Baotou Railway Station, à droite de la sortie. Assez délabré et situé dans un quartier morne, ses doubles à 50 yuan feront l'affaire si vous êtes là qu'en transit.

BAOTOU OUEST 包头西部

1 Librairie Xinhua
   新华书店
2 Poste
   邮局
3 Parc Bayi
   八一公园
4 Pension Baotou,
   CITS, BSP et CAAC
   包头宾馆，中国国际旅行社，
   公安局，中国民航
5 Pension Qingshan
   青山宾馆
6 Restaurant Dafulin
   大福林饭庄
7 Bank of China
   (Agence de Qingshan)
   中国银行 (青山商业大厦)
8 Parc Laodong
   劳动公园
9 Bank of China
   中国银行
10 Relais de télévision
   电视塔

Les prix de la *pension Baotou* (☎ 556-655) (*bāotóu bīnguǎn*), dans Gangtie Dajie (district de Kundulun) à 7km de la gare, ont terriblement augmenté et vous ne trouverez pas de double à moins de 380 yuan. Si vous arrivez en train, descendez à Baotou Railway Station et prenez le bus n°1 ou un taxi, ou encore un tricycle à moteur. Le bus en provenance de Hohhot passe devant la pension et peut vous y déposer.

La *pension Qingshan* (☎ 334-091) (*qīngshān bīnguǎn*) est l'endroit le plus chic du secteur et propose des doubles à 160/300/350/1 200 yuan. Le Friendship Store jouxte la pension. Seul transport public, le bus n°10 s'arrête à 1 km de là ; il est plus pratique de s'y rendre en taxi.

Où se restaurer

Si vous logez à l'hôtel Donghe, ne songez pas à vous y restaurer car son restaurant est spécialisé dans l'organisation de banquets. Essayez plutôt le *Asia Fast Food Restaurant* (*yàzhōu kuài cāntīng*), de l'autre côté de la rue, qui propose des repas pour environ 7 yuan. Les nombreuses échoppes des environs de la Baotou East Railway Station offrent toutes les mêmes menus.

L'imposant restaurant *Dafulin* (*dàfúlín fànzhuāng*), à 1 km de la pension Qingshan, est le plus réputé de Baotou-ouest.

Achats

Les boutiques de souvenirs des hôtels vendent un choix limité d'objets artisanaux des minorités ; il vaut mieux effectuer ce genre d'achats à Hohhot.

Comment s'y rendre

Avion. La CAAC a ouvert une antenne à la pension Baotou et une autre à l'hôtel Donghe. Des vols assurent la liaison avec Canton et Wuhan.

Bus. Au départ de la Baotou East Railway Station, des bus rejoignent Hohhot en 3 heures pour 20 yuan (3 yuan de supplément au départ de la Baotou Railway Station). Les billets s'achètent à bord.

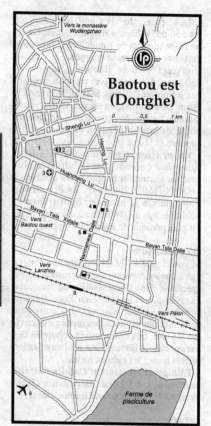

BAOTOU EST (DONGHE)
包头东河区

1 Parc Renmin
人民公园
2 Bank of China
中国银行
3 Hôpital No 2
第二医院
4 Hôtel Donghe et CAAC
东河宾馆，中国民航
5 Hôtel Guanghua et Asian Fast Food
光华饭店，亚州快餐
6 North Pacific Hotel
北洋饭店
7 Gare routière
长途汽车站
8 Baotou East Railway Station
包头东站
9 Aéroport
飞机场

Taxi. Les taxis et les tricycles à moteur stationnent près des gares et des hôtels pour touristes. Ils n'ont pas de compteur et il faut négocier le prix de la course.

ENVIRONS DE BAOTOU
Lamaserie Wudangzhao
(*wŭdāngzhào*)

Principale attraction touristique des environs de Baotou, la grande lamaserie Wudangzhao se trouve à environ 2 heures 30 de bus de la ville.

Elle fut édifiée vers 1749 par la secte du bouddhisme tibétain des Bonnets jaunes (Gelukpa) et son architecture à toits plats se veut résolument de style tibétain. A son apogée, près de 1 200 moines y vivaient et veillaient sur les cendres de sept réincarnations de Bouddhas vivants, conservées dans une salle spéciale. De nos jours, l'activité religieuse se limite à quelques pèlerins et aux moines qui perçoivent les droits d'entrée.

La plupart des touristes visitant ce site ont bien du mal à en ressentir l'essence religieuse. Il est vrai que les collines environnantes, jonchées de détritus et de bouteilles cassées, ne les y encouragent guère.

Comment circuler
Desserte de l'aéroport. L'aéroport se trouve à 2 km au sud de la Baotou East Railway Station.

Les taxis demandent 25 yuan pour la course.

Bus. Les bus n°5 et n°10 s'arrêtent à proximité de la pension Baotou et font la navette entre l'ouest et l'est de la ville en 45 minutes environ. Les minibus (*zhōngbā*), plus confortables, empruntent le même itinéraire et desservent les mêmes arrêts pour 3 à 4 yuan.

Il est possible de loger dans le dortoir au confort rudimentaire installé juste à côté de la lamaserie. Le CITS organise des visites, mais vous pouvez vous y rendre seul. Prévoyez une lampe torche pour voir l'intérieur des bâtiments.

Comment s'y rendre. La lamaserie est à 70 km au nord-est de Baotou. Le bus n°7 se rend jusqu'à Shiguai, à mi-parcours, et le reste du trajet s'effectue en minibus.

A 7h, un bus va directement à Wudangzhao depuis la gare routière de Baotou-Est et repart à 16h de l'arrêt d'arrivée (vérifiez avec le chauffeur lors de votre arrivée). Vous pouvez aussi revenir par minibus sur Shiguai.

La solution la plus simple consiste à emprunter les minibus stationnés devant la Baotou East Railway Station qui rejoignent directement la lamaserie pour 10 yuan.

Lamaserie Meidaizhao
(*měidàizhào*)

Bien moins grande que Wudangzhao, cette lamaserie est relativement peu fréquentée et plus facile d'accès.

A mi-chemin entre Baotou et Hohhot, elle se trouve à 10 minutes à pied de la route principale. Les bus assurant la navette entre les deux villes s'arrêtent pour déposer ceux qui souhaitent la visiter. Comme la précédente, elle appartient à la secte Gelukpa.

Gorge des Sables qui chantent
(*yīméng xiǎng shāwān*)

Le désert de Gobi s'étend aux portes méridionales de Baotou. A 60 km au sud de la ville et à quelques kilomètres à l'ouest de la route Baotou-Dongsheng, vous pourrez voir une gorge enfouie sous des dunes de sables. Bien que les nomades aient toujours évité de s'y rendre (car il n'y a pas d'herbages pour leurs troupeaux), le CITS a considéré que ce site pouvait être une source de revenus supplémentaires. Il a été baptisé "gorge des Sables qui chantent" en référence au son que l'on produit en glissant sur les dunes.

Les dunes les plus élevées se dressent sur près de 40 m de haut mais vous pourrez en voir de bien plus spectaculaires en Chine, notamment près de Dunhuang (Gansu). Sans vouloir vous décourager, sachez que leur accès est difficile à moins d'y venir en groupe organisé ou en taxi.

DONGSHENG
(*dōngshèng*)

Ville d'étape au sud-ouest de Baotou, Dongsheng permet de se rendre au mausolée de Gengis Khan. On y parle surtout le mongol, un peu le chinois, et les noms mongols des rues sont inscrits en caractères chinois.

Dongsheng n'offre guère de centres d'intérêt. Cependant une atmosphère de Far West émane de ses rues poussiéreuses et ventées où déambulent les ânes.

Pour lui donner un peu d'âme et séduire les touristes, les autorités de la ville ont édifié l'**ancienne cité de Jinyuan** (*jīnyuán chéng*). Il s'agit en réalité d'une rue entièrement reconstruite à l'ancienne qui ressemble à un décor de cinéma. Le **marché de Minsheng** (*mínshēng shìchǎng*) permet de faire quelques achats pratiques, notamment de vêtements (mais pas de style mongol).

Si vous partez tôt de Baotou, vous pouvez être à Dongsheng dans la matinée, visiter le mausolée de Gengis Khan, puis rejoindre Dongsheng pour la nuit, ou même retourner à Baotou ou Hohhot. Sachez néanmoins qu'un tel circuit risque d'être assez épuisant. En fait, Dongsheng offre plus de charme et réserve un accueil plus chaleureux et meilleur marché que Baotou.

Renseignements
L'agence Ordos Travel (☎ 321-501, poste 2427) se trouve au 4e étage de l'Ih Ju League Hotel. Le bureau de la CITS (☎ 26301) est situé dans l'hôtel Ordos. Le personnel parle anglais.

Où se loger
Rationnement oblige, tous les établissements de la ville coupent l'eau de minuit (voire avant) à 6h au moins.

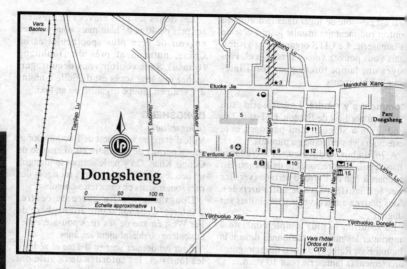

L'hôtel *Dongsheng* (☎ 321-961) (*dōng-shèng dà jiǔdiàn*) est une adresse à retenir avec ses confortables doubles à 100 yuan.

En face, l'hôtel *Minzu* (☎ 323-699) (*mínzú fàndiàn*) n'est guère attirant avec des lits en dortoir et des doubles à 60/120 yuan.

L'*Ih Ju League Hotel* (☎ 321-292) (*yīkè zhāoméng bīnguǎn*), dans E'erduosi Jie, plus généralement connu sous le nom *Yimeng Binguan*, est très fréquenté par les voyageurs. Il propose des lits en triple à 30 yuan et des chambres à 90/160/-600 yuan.

Le *Continental Grand Hotel* (☎ 328-171, 328-274) (*wǔzhōu jiǔdiàn*) en impose surtout par son enseigne et offre des doubles à 160/240 yuan.

Très éloigné, l'hôtel *Ordos* (☎ 26301) (*è'èrduōsī fàndiàn*) est aussi le meilleur de la ville. Situé à 40 minutes de marche de la gare routière, il dispose de doubles à 200 yuan.

Comment s'y rendre

Bus. La plupart des voyageurs prennent le bus direct qui quitte Hohhot à 7h40. Le trajet dure 5 heures 30 et coûte 35 yuan. Ce bus, étonnamment confortable, possède une vidéo. Prenez place sur le côté droit pour profiter de la vue sur les montagnes. Après la traversée de Baotou (pas d'arrêt) vous franchirez le Huang He. De Dongsheng, deux bus quotidiens rejoignent Hohhot (à 6h et à 12h).

De Baotou, les bus pour Dongsheng partent de la gare routière longue distance (Baotou-Est). A partir de 6h30, deux bus partent chaque heure. Comptez 2 heures 30 de trajet.

Train. La desserte ferroviaire de la ville a été essentiellement conçue pour le transport du charbon. Les passagers n'utilisent que rarement ces trains lents, rares et sans horaire fiable. Si vous décidez de les emprunter, ils circulent théoriquement deux fois par jour. Officiellement, les trains partent de Baotou à 8h et à 11h et quittent Dongsheng à 16h et à 19h.

ENVIRONS DE DONGSHENG
Mausolée de Gengis Khan
(*chéngjí sīhàn língyuán*)

Des bus au départ de Dongsheng permettent d'accéder à ce mausolée perdu dans la campagne.

DONGSHENG 东胜

1 Gare ferroviaire
   火车站
2 Ancienne cité de Jinyuan
   金元城
3 BSP
   市公安局
4 Arrêt de bus
   长途汽车站
5 Marché de Mingsheng
   民生市场
6 Hôpital Meng
   盟医院
7 Hôtel Dongsheng
   东胜大酒店
8 Bank of China
   中国银行
9 Hôtel Minzu
   民族饭店
10 Continental Grand Hotel
    五洲酒店
11 Librairie Xinhua
    新华书店
12 Ih Ju League Hotel
    et agence Ordos Travel
    伊克昭盟宾馆
13 Dongsheng Department Store
    东胜市百货大楼
14 Bureau de poste et de téléphone
    邮电大楼
15 Musée
    博物馆

En 1954, les cendres supposées de Gengis Khan ont été rapportées du Qinghai (où elles avaient été transférées pour éviter qu'elles ne tombent aux mains des Japonais) et un grand mausolée de style mongol fut construit près d'Ejin Horo Qi pour les abriter. La tentative d'invasion de la Mongolie par les Japonais et leur intérêt pour les cendres du Grand Khan tiennent à une légende nipponne. Celle-ci raconte que Gengis venait d'au-delà des mers et que le peuple mongol était originaire du Japon. En d'autres termes, le retour des Mongols dans le giron de la mère-patrie japonaise n'était rien d'autre que la reconstitution d'une grande famille. Écrasés en 1939 par les troupes soviétiques et mongoles en

Mongolie extérieure, les Japonais parvinrent à occuper la Mongolie intérieure jusqu'à la fin de la guerre en 1945.

Huit années furent nécessaires pour rénover le mausolée saccagé pendant la Révolution culturelle et, aujourd'hui, c'est un bâtiment neuf qui abrite les cendres de Gengis Khan. Avec l'effondrement de l'Union soviétique en 1991 et le regain de ferveur patriotique, le grand conquérant a été quasiment élevé au rang de dieu.

Quatre cérémonies annuelles honorent la mémoire de Gengis Khan. On allume alors des lampes à beurre, des *khatas* (écharpes rituelles) sont présentées, tandis que des moutons entiers cuisent et s'empilent devant la statue du Khan. Des moines et des vieillards, spécialement choisis pour leur appartenance à l'ethnie daur, récitent des chants.

Si vous le souhaitez, les photographes vous fourniront les costumes pour pouvoir poser, tel l'illustre défunt, devant le mausolée. Outre la statue du Khan, vous pourrez voir à l'intérieur des armes qui lui auraient appartenu. Différentes yourtes abritent les cercueils de Gengis Khan et de membres de sa famille. Les immenses fresques modernes entourant les édifices rappellent les hauts faits du conquérant.

Ce mausolée jouit d'une incontestable popularité auprès des voyageurs. L'un d'entre eux nous a écrit pour nous dire qu'il "n'aurait manqué cette visite pour rien au monde". Même si vous n'éprouvez pas un enthousiasme débordant pour ce genre de lieu, le spectacle le long du chemin ne manquera pas de vous surprendre.

Si vous suivez sur 1 km le sentier qui part à droite du mausolée, vous arriverez à la résidence provisoire de Gengis Khan que vous pourrez visiter, muni du billet d'entrée pour le mausolée. A côté, l'enclos (ouvert uniquement l'été) permet de découvrir de beaux pâturages avec des moutons, des chevaux, des chèvres et des vaches, ainsi qu'un entrepôt de vêtements traditionnels, de harnachements et d'armes de guerriers qui n'attendent que le festival du Naadam pour être portés.

Où se loger

Installé à côté du mausolée, un campement de yourtes réservé aux touristes (*ménggūbāo*) permet de se loger pour 40 yuan. Il existe également une auberge (*chéngjì sīhàn líng zhāodàisuǒ*), difficilement repérable car elle n'a pas d'enseigne en anglais. La plupart des voyageurs préfèrent toutefois passer la nuit à Dongsheng et venir au mausolée dans la journée.

Comment s'y rendre

Depuis Dongsheng, deux bus se rendent tous les jours au mausolée (départs à 6h et à 12h – trajet : 1 heure 30).

Vous pouvez également prendre un bus pour Ejin Horo Qi (*yījǐn huòluò qí*) à 25 km du mausolée, et prendre un minibus pour le reste du trajet (30 minutes).

HAILAR

(*hǎilāěr*)

Hailar, la plus septentrionale des villes de Mongolie intérieure, ne présente guère d'intérêt touristique et les voyageurs ne font que transiter par son aéroport, en attendant l'ouverture de celui de Manzhouli.

Renseignements

Le bureau du CITS (☎ 221-728) se trouve au 2e étage du bâtiment de la poste (*jiànfā dàshà*).

Où se loger

Passablement délabré, l'hôtel *Minzu* (☎ 332-211)(*mínzu fàndiàn*) bénéficie d'une situation très centrale, à l'angle de Qiaotou Dajie et Caoshi Jie. Il dispose de lits en chambre double avec s.d.b. pour 30 yuan par personne.

Le *Friendship Hotel* (☎ 331-040) (*yǒuyì dà jiǔdiàn*), dans Qiaotou Dajie, est un endroit agréable. Il propose des doubles/triples avec s.d.b. à 122/150 yuan. La réception se trouve au 2e étage.

Le *Beier Hotel* (☎ 332-511) (*beier jiǔdiàn*), dans Zhongyang Dajie, offre des doubles très confortables à 120 yuan.

De l'autre côté de la rue, l'hôtel *Xisi* (☎ 332-911)(*xīsì fàndiàn*) pratique des tarifs très compétitifs, avec des lits en chambre double avec s.d.b à 35 yuan, mais l'endroit est plutôt sinistre.

L'hôtel *Laodong* (☎ 338-111) (*laodong dàshà*), luxueux, loue des doubles pour 100 yuan et de splendides suites pour 288 yuan.

L'hôtel *Meng* (☎ 222-212) (*meng bīnguǎn*) ne séduit ni par son architecture stalinienne ni par ses prix injustifiés (297 yuan en double).

Comment s'y rendre

Quatre vols hebdomadaires relient la ville à Pékin. D'autres, un peu moins fréquents, desservent Hohhot. Depuis Harbin, un long trajet en train vous amène à Hailar.

Comment circuler

Le court trajet jusqu'à l'aéroport vous coûtera 2 yuan sur un bus de la CAAC, tandis qu'un taxi vous demandera 20 yuan. En ville, de nombreux taxis et tricycles à moteur proposent leur service mais vous pouvez facilement arpenter la ville à pied.

MANZHOULI

(*mǎnzhōulǐ*)

Le Transsibérien franchit la frontière sino-soviétique à Manzhouli, dans l'une des régions les plus vertes de Chine où vivent encore des nomades mongols. En louant une jeep ou un taxi, il est possible de se rendre dans ces étonnantes steppes et de passer la nuit dans des yourtes en se réchauffant autour d'un feu, devant un thé brûlant. Les Mongols vous offriront certainement leur traditionnel thé au lait de cheval salé.

La principale attraction touristique des environs est sans conteste le lac Hulun (*hūlún hú*), également appelé lac Dalai (*dàlài hú*), l'un des plus vastes de Chine. Il semble surgir des steppes comme une gigantesque mer intérieure. Ce site enchanteur et préservé regorge de poissons et d'oiseaux et permet de faire connaissance avec les Mongols qui y ont établi leur campement. Un peu plus au sud, s'étend le lac

Beier (*běiěr hú*), à la frontière avec la République de Mongolie.

L'autre curiosité de Manzhouli s'adresse aux amateurs du rail : le dépôt de locomotives à vapeur et les hangars d'entretien comptent parmi les plus impressionnants de Chine.

Le CITS a ouvert un bureau 121 Erdaojie, mais il vaut mieux s'adresser aux touropérateurs des hôtels ou simplement prendre un taxi pour visiter les environs.

Un train dessert la ville au départ de Harbin (28 heures) et un autre depuis Hailar (3 heures 30). Si vous empruntez le Transsibérien, vous pouvez, dans un sens comme dans l'autre, faire escale à Manzhouli. Des bus relient également Hailar à Manzhouli. Pour les vols, reportez-vous à la rubrique *Hailar*.

PALAIS DE XANADU
(*yuánshàngdū*)

A environ 320 km de Pékin, non loin de Duolun (Mongolie intérieure), vous pourrez découvrir les ruines de Xanadu, le légendaire palais de Qubilaï. Lors de sa visite au Khan au XIIIe siècle, Marco Polo rapporta ses impressions :

Un magnifique palais de marbre blanc se dresse ici, dont les chambres sont toutes dorées et décorées de fresques représentant des personnages, des animaux et une grande variété d'arbres et de fleurs, exécutées avec une telle finesse qu'on ne peut manquer d'être émerveillé.

Le palais est entouré d'un mur d'enceinte de 22 km de long, qui abrite un parc empli de fontaines, de ruisseaux, de torrents, de superbes clairières et de toutes sortes d'animaux sauvages, mais non féroces, que l'empereur a fait venir pour nourrir ses gerfauts et faucons. Il dispose également, dans un endroit du parc agrémenté d'un bois charmant, d'un autre palais en bambou. Il est entièrement doré et offre un grand raffinement intérieur. Le Grand Khan réside dans ce parc et partage son temps entre le palais de marbre et le palais de bambou, selon les saisons. Il occupe le palais de bambou durant les mois de juin, juillet et août. Lorsqu'il le quitte, le 28 août, le palais est entièrement démonté.

Les siècles ont réduit le palais en poussière et le site n'a été exploré que par de rares visiteurs.

LE NORD ET LE NORD-OUEST

TIBET ET QINGHAI

Tibet 西藏

Protégé par la forteresse de l'Himalaya, le Tibet (*xīzàng* en chinois) occupe depuis longtemps une place à part dans l'imaginaire occidental. Qu'on le surnomme "Shangri-La", "Pays des neiges" ou "Toit du monde", il reste entouré d'une aura de mystère particulière.

Pendant des années, rares furent ceux qui eurent le privilège de se rendre à Lhassa ou de percer d'autres secrets du Tibet. Lors de l'ouverture au tourisme dans les années 80, le Tibet qui fut enfin donné à voir n'était déjà plus ce royaume bouddhiste magique qui avait enflammé les premiers voyageurs. En 1950, la toute jeune République populaire de Chine (RPC) concrétisa les revendications séculaires des Chinois sur ce plateau stratégique de premier plan, dans une région tampon entre l'Empire du milieu et le sous-continent indien. Usant d'arguments historiques pour le moins infondés, Pékin s'employa dès lors pendant 20 ans à "libérer" un Tibet indépendant en contraignant son chef spirituel et quelque 100 000 de ses plus éminents représentants à prendre le chemin de l'exil. Quelque 1,2 millions de Tibétains périrent et l'essentiel du patrimoine culturel fut détruit.

La rudesse de leur condition de vie dans un milieu hostile placé sous le signe de la précarité de l'habitat a forgé la détermination et la résistance des Tibétains. Menant un incessant combat contre l'environnement et d'innombrables revers, ils ne se sont pas contentés de survivre mais ont su préserver une remarquable attitude face à la vie.

L'aridité et le froid rendant impossible toute vie humaine dans la plus grande partie de son territoire, le Tibet n'est guère peuplé. Étendu sur une superficie deux fois supérieure à la France, il ne compte que 2,3 millions d'habitants. Néanmoins quelque 4 millions de Tibétains vivent également au Qinghai, au Sichuan, au Gansu et au Yunnan.

Population : 2,3 millions d'habitants

Capitale : Lhassa

A ne pas manquer :

- Lhassa, site du palais du Potala, du temple du Jokhang et du Barkhor
- Shigatse, la deuxième ville du pays, abritant le monastère du Tashilhunpo où vit le panchen-lama
- Le mont Kailash, dont les sommets ravissent les alpinistes, à la source du Gange

La plus grande partie du Tibet s'étend sur un immense plateau situé à une altitude de 4 000 à 5 000 m. La région de Chamdo (Qamdo), à l'est du Tibet, représente la partie la plus basse du plateau, drainé par les eaux du Nu Jiang (Salouen), du Lancang Jiang (Mékong) et du haut Chang Jiang (Yangzi Jiang). La pluviométrie est élevée et cette partie du pays connaît des températures moins extrêmes. La plupart des Tibétains vivent dans les vallées de ce secteur ; d'autres se sont installés sur les plateaux en surplomb et vivent de l'élevage de moutons, yaks et chevaux.

Un guide sur le *Tibet* a été publié (en anglais) par Lonely Planet.

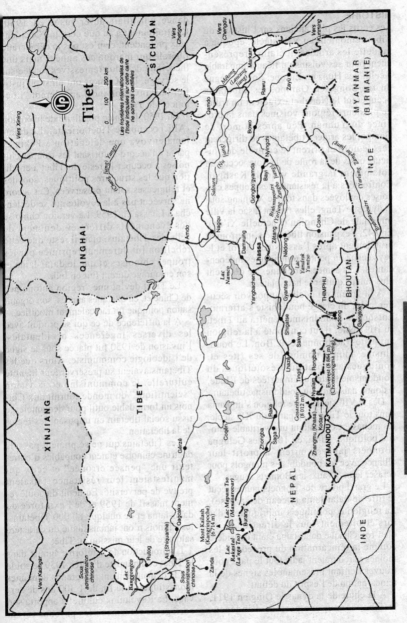

HISTOIRE

Les écrits les plus anciens sur l'histoire du Tibet remontent au VIIᵉ siècle, époque à laquelle les armées tibétaines représentaient pour ses voisins un fléau comparable à celui des Huns en Europe. Sous le règne du roi Songtsen Gampo, les Tibétains occupèrent le Népal et exigèrent un tribut de plusieurs régions voisines dans la province du Yunnan. Peu après la mort de Gampo, les armées tibétaines se dirigèrent vers le nord et prirent le contrôle de plusieurs oasis de la route de la Soie, occupant notamment la grande ville de Kashgar. Confrontées à la résistance des troupes chinoises déployées dans tout le Xinjiang sous la dynastie Tang, elles mirent à sac la ville impériale de Chang'an (l'actuelle Xi'an). En 842, l'expansion tibétaine s'interrompit brutalement après l'assassinat du roi et le pays éclata en petites principautés indépendantes. Les armées tibétaines ne devaient plus jamais quitter le haut plateau.

A la faveur du déclin du pouvoir séculier, celui du clergé bouddhiste s'affermit. Lorsque le bouddhisme pénétra au Tibet, au IIIᵉ siècle, il fut confronté à la religion animiste traditionnelle, le Bön. Le bouddhisme adopta nombre de ses rites et, conjugués aux pratiques ésotériques du bouddhisme tantrique importées de l'Inde, il donna naissance au bouddhisme tibétain.

Dès le VIIᵉ siècle, cette religion s'implanta dans tout le Tibet et, à partir du XIᵉ siècle, les monastères acquièrent une véritable autorité politique. Ainsi, en 1641, les Gelugpa (Bonnets jaunes) mirent à profit leur alliance avec les bouddhistes mongols pour écraser leurs rivaux, les Bonnets rouges.

Le grand prêtre des Bonnets jaunes reçut le titre de dalaï-lama (Océan de sagesse). La religion et politique s'imbriquèrent dès lors étroitement sous la direction de ce dieu-roi. Chaque dalaï-lama étant considéré comme la réincarnation du précédent, les moines parcouraient jadis tout le pays pour trouver l'enfant présentant les signes de la réincarnation de l'esprit du défunt.

A la chute de la dynastie Qing en 1911, le Tibet connut une période d'indépendance qui allait durer jusqu'en 1950. Contrairement à ce que certains Occidentaux prétendent, ce n'est pas la démocratie libérale qui marqua ces années mais une théocratie des plus répressives fondée sur le servage. Les Chinois ont ainsi pu justifier leur invasion qu'il appelèrent "libération" du Tibet.

En 1950, l'Armée populaire de libération (APL) occupa le Tibet oriental. Le dalaï-lama envoya une délégation à Pékin et passa un accord autorisant les troupes chinoises à occuper le reste du Tibet à condition que les structures politiques, sociales et religieuses soient préservées. Cet accord ne survécut pas à la révolte qui se déclencha à Lhassa en 1959. La version chinoise des événements diffère évidemment de celle des Tibétains, mais il reste que cette rébellion fut durement réprimée par les troupes chinoises et que le dalaï-lama et son entourage durent fuir en Inde.

Le Tibet devint une "région autonome" de Chine et, en quelques années, son organisation politique fut radicalement modifiée.

A la différence de ce qui se produit avec les diverses ingérences occidentales, l'invasion de 1950 fut placée sous le signe de l'idéologie communiste. Alors que les Tibétains avaient su préserver leur identité culturelle, le communisme et sa vision "scientifique" du monde fournit aux Chinois un formidable outil pour démanteler le tissu social tibétain en imposant les règles de la libération.

Les Tibétains qui ne se pliaient pas à la doctrine chinoise étaient coupables d'entretenir une "pensée erronée" et ceux qui manifestaient leur résistance faisaient preuve de perversité. En dépit du soulèvement massif de 1959 et de l'exil forcé du dalaï-lama et de quelque 80 000 Tibétains, les Chinois n'ont jamais douté du caractère salutaire leur mission au Tibet.

L'introduction de la réforme agraire dans le Tibet communiste d'après 1959 se solda par le démantèlement des grands domaines monastiques et la fin de 1 300 ans de servage. La Révolution culturelle apporta son cortège de réformes : les paysans furent

Le quatorzième dalaï-lama, aujourd'hui exilé à Dharamsala, en Inde.

contraints de planter des semences de plaine, étrangères à la région, et le blé remplaça ainsi l'orge traditionnel pour se conformer à l'instruction du président Mao de "faire du grain la clef de l'unité".

Le nombre de têtes de bétail destinées à l'usage privé des éleveurs fut strictement limité et la production de céréales s'effondra tandis que le cheptel déclina. L'arrivée des Gardes rouges se traduisit notamment par la destruction des monastères et le massacre des moines. On comptait plus de 1 600 monastères en 1959 ; vingt ans plus tard, il n'en restait plus que 10. Ces édifices servirent à des exercices de tir, tandis que les religieux furent exécutés, envoyés travailler à la campagne ou dans des camps.

Les Chinois ont ainsi ruiné l'économie du pays et, si la Révolution culturelle fut une catastrophe pour toute la Chine, Pékin reconnaît à contrecœur avoir commis des "erreurs" au Tibet.

Le dirigeant du Parti au Tibet, le général Ren Rong, fut limogé en 1979. Depuis, la plupart des communes rurales ont été dissoutes puis rendues aux paysans, autorisés à faire pousser ou élever les produits de leur choix et à les vendre sur les marchés libres. Quelques monastères ont rouvert leurs portes et un semblant de vie religieuse peut à nouveau s'exercer. Pékin espère ainsi séduire le dalaï-lama pour qu'il revienne au Tibet. Mais son statut étant de plus en plus reconnu par la communauté internationale, il est peu probable qu'il décide de revenir pour devoir accepter ce qui serait sans doute un poste administratif à Pékin, légitimant *de facto* la mainmise chinoise.

En 1985, les "célébrations" du vingtième anniversaire de la région autonome du Tibet firent l'effet d'un pétard mouillé : non contentes d'en interdire l'accès à la presse étrangère, les autorités chinoises renforcèrent leur présence à Lhassa, allant même jusqu'à installer des tireurs sur le toit du Potala. Cette commémoration ressembla surtout à une démonstration de force.

En dépit des efforts déployés par Pékin pour donner une image flatteuse de la vie sur le Toit du monde, celle d'un pays occupé demeure tenace. Le dalaï-lama continue à être révéré et le prix Nobel de la paix qu'il a reçu en 1989 témoigne de l'importance accordée par les Occidentaux à la cause tibétaine. Le dalaï-lama dénonce toujours le "génocide culturel" pratiqué par la Chine au Tibet. Hélas, les intérêts commerciaux et le marché chinois conduisent les dirigeants occidentaux à ne pas aborder la question du Tibet avec Pékin. Néanmoins, croire que les pressions des gouvernements occidentaux redonneront son indépendance ou une autonomie réelle au Tibet relève d'un optimisme excessif.

De leur côté, les Chinois ne parviennent pas à comprendre l'ingratitude des Tibétains, qu'ils ont dotés de routes, d'écoles, d'hôpitaux, d'usines, d'un aéroport et d'une industrie du tourisme en plein essor. Ils estiment sincèrement les avoir libérés du féodalisme en occupant leur pays.

Les Tibétains ne peuvent oublier la destruction de leurs monastères et les tentatives permanentes d'étouffement de leur religion et de leur culture. Ils n'apprécient guère la lourde présence de la police et des soldats de Pékin. La politique de colonisation sournoise ne les enthousiasme pas

TIBET ET QINGHAI

davantage et, à terme, la venue massive de colons han des provinces voisines risque de les rendre minoritaires dans leur pays, avec le risque de voir leur spécificité culturelle noyée dans la masse chinoise.

Les Chinois ont cru maîtriser la situation au Tibet et l'ont ouvert au tourisme fin 1984. Mais ils ont été échaudés par les événements de 1987, lorsque les Tibétains de Lhassa ont manifesté leur opposition à la politique de Pékin. Les manifestations se sont transformées en véritables soulèvements et les forces de l'ordre chinoises ont tiré sur les manifestants, dont un bon nombre étaient des moines des monastères proches de Lhassa. Il y eut de nombreuses victimes de part et d'autre et un poste de police fut incendié. La réponse de Pékin ne se fit pas attendre : Lhassa fut investie par des policiers en civil et des militaires mirent brutalement fin au soulèvement. Les représentants de la presse étrangère présents sur les lieux furent expédiés sans ménagement en Chine. En l'espace de quelques semaines, les voyageurs individuels connurent le même sort.

Le Tibet resta interdit d'accès à ce type de tourisme pendant cinq ans, et les étrangers ne purent s'y rendre qu'encadrés dans des groupes étroitement contrôlés. En 1992, Pékin décida finalement de délivrer à nouveau des permis pour s'y rendre. A l'heure actuelle, la politique des autorités chinoises envers le tourisme individuel consiste à rendre l'accès au Tibet aussi coûteux que possible sans les dissuader de s'y rendre.

CLIMAT
Nous vous renvoyons à la rubrique consacré à ce sujet dans le chapitre *Présentation du pays*.

TREKKING
Sa pratique n'est pas officiellement autorisée au Tibet. Le BSP local vous renseignera sur la législation et les autorisations à demander. Sachez qu'il est à la portée d'un marcheur expérimenté muni de nourriture, de combustible et d'une tente. Il est indispensable d'avoir un équipement prévu pour des températures inférieures à 0°C, dont les incontournables duvets de montagne, sous-vêtements thermiques, matelas de sol, tentes quatre-saisons, réchauds et combustible. Le transport de bouteilles de gaz et autres alcools à brûler étant en général interdits à bord des avions, renseignez-vous auprès de la CAAC.

LANGUE
Le *Tibetan phrasebook* de Lonely Planet (en anglais) pourra vous être utile.

Bien que de nombreux Tibétains des villes possèdent des rudiments de chinois, le tibétain reste le seul moyen de communiquer ailleurs dans la région.

Voici quelques expressions élémentaires :

Bonjour.
Tashi delag.
Merci.
Thuk ji chay.
Comment allez-vous ?
Kuzak de po yinpe ?
Combien ?
Di gatse ray ?
C'est très bon.
Shidak yak po dhuk.
Santé !
Tamdil !

CONDITIONS DE VOYAGE
La réglementation actuelle, susceptible de modification à tout instant, oblige les voyageurs désireux de se rendre au Tibet à s'inscrire à un circuit de trois jours pour Lhassa et ses environs. Son prix est à ajouter à celui du billet pour le Tibet. Les tarifs pratiqués restent abordables (de 700 à 900 yuan), et vous n'êtes pas obligé d'y participer.

Si vous souhaitez vous rendre dans d'autres sites (camp de base de l'Everest, mont Kailash, etc.), trois permis vous seront demandés : le premier délivré par le BSP, le deuxième par les autorités militaires et le troisième par un curieux organisme, le "bureau culturel et touristique du Tibet". Leurs prix évoluent, mais comptez environ 100 yuan chacun . Vous ne pourrez les obtenir vous-même, le BSP exigeant que vous passiez par l'intermédiaire d'une agence agréée et que vous soyez inscrit dans un circuit. Les agences ont donc fleuri à Lhassa et organisent des "groupes" qui se défont sitôt les permis délivrés.

Actuellement, les voyageurs bénéficient d'une liberté raisonnable de mouvement, mais la surveillance continue. Si vous vous contentez de visiter les temples et d'acheter des pots de yaourt au marché, il ne devrait pas y avoir de problème. Les personnes qui ont des activités politiques doivent se souvenir que le Tibet est (bien plus que le reste de la Chine) soumis à un régime policier et que les discussions politiques avec les Tibétains peuvent avoir de sérieuses conséquences. Il faut également garder à l'esprit que la police secrète recrute nombre de ses agents dans les rangs des Tibétains.

QUE PRENDRE AVEC SOI

La variation extrême des températures rend complexe la constitution d'une garde-robe. Les magasins de Xining, Golmud et Lhassa offrent un large choix de vêtements chauds. Les manteaux de l'APL restent une bonne alternative aux vestes en duvet. Il est conseillé d'avoir un pull en laine, des sous-vêtements longs, des chaussettes, des gants et un chapeau de laine. Prévoyez également des protections contre le soleil (bâton à lèvres, crème écran, lunettes et couvre-chef).

Si la situation alimentaire est correcte à Lhassa, elle reste problématique dans les secteurs plus reculés. Si vous arrivez par le Népal, il est recommandé d'emporter de la nourriture pour le trajet.

Certains médicaments vous seront particulièrement utiles au Tibet. Il vaut mieux les acheter avant votre départ plutôt que vous fier à leurs équivalents locaux. Reportez-vous à la rubrique suivante.

SANTÉ
Mal des montagnes
La plupart des voyageurs au Tibet et au Qinghai – régions de haute altitude où l'oxygène est raréfié – présentent les symptômes du mal des montagnes. Les maux de têtes, insomnies, nausées et vertiges des premiers temps disparaissent dès que le corps s'est habitué au manque d'oxygène. Ces symptômes se rencontrent le plus souvent chez les voyageurs empruntant le bus pour Lhassa, dont l'itinéraire passe par des routes de montagne à plus de 5 000 m d'altitude. S'ils persistent après votre arrivée ou deviennent aigus, n'hésitez pas à vous rendre à l'hôpital ou à regagner Chengdu en avion. Tous les hôtels de Lhassa disposent de bouteilles à oxygène ; il ne faut pas hésiter à y recourir si vous vous sentez mal.

Les risques d'œdème pulmonaire ne doivent pas être sous-estimés et il importe d'intervenir très rapidement. La rupture des vaisseaux sanguins des poumons provoque des crachements de sang. Les œdèmes se développent en quelques jours mais, si vous ne faites que traverser les montagnes en véhicules motorisés, les risques de décès sont minimes. En revanche, la prudence est de rigueur pour les cyclistes et les alpinistes séjournant plus longtemps à très haute altitude.

Quelques rares cas d'œdème pulmonaire ont été enregistrés à Lhassa mais, au-delà de 4 000 m. La meilleure défense consiste à s'adapter progressivement. Pour ce faire, réduisez les efforts pendant les premiers jours et buvez beaucoup de liquides pour éviter la déshydratation. Évitez également le tabac, l'alcool et les sédatifs.

Giardiase
Un parasite intestinal appelé *giardia* est arrivé à Lhassa en provenance du Népal. Il peut faire des ravages chez les touristes, alors que les habitants semblent immunisés. On souffre le plus souvent de crampes d'estomac et de diarrhées accompagnées d'une sensation de grande fatigue. Après quelques semaines, ces symptômes s'estompent, mais avec d'inévitables rechutes si on ne se soigne pas. Il existe désormais certains médicaments préventifs et curatifs qui vous remettront d'aplomb en quelques jours si vous en êtes victime. Souvenez-vous qu'il

ne faut jamais consommer d'alcool lorsque l'on suit ce genre de traitement.

Il est recommandé de lire attentivement la notice accompagnant ce type de médicaments à propos des effets secondaires. En outre, il faut impérativement vous les faire prescrire chez vous car ils sont très difficiles à obtenir sur place. On peut ainsi lire à Lhassa certains messages de voyageurs recherchant désespérément ces médicaments miracles.

DÉSAGRÉMENTS ET DANGERS

Les Tibétains comptent parmi les peuples les chaleureux et les plus accueillants du monde. Mais il faut savoir que se rendre sur le Toit du monde n'est pas forcément synonyme de sourires permanents. Certes, les Tibétains sont pour la plupart très amicaux et ravis de recevoir des étrangers dans leur pays, mais à condition de ne pas commettre d'impairs. Ainsi, certains voyageurs s'étant intéressés de trop près à des cérémonies funéraires ou ayant manifesté une curiosité déplacée ont reçu un accueil franchement hostile. Il faut également savoir que quantité d'anecdotes circulent sur des moines revêches, l'agressivité des Tibétains aux points de contrôle (notamment dans la région de l'Everest) et sur les escroqueries dont quelques touristes ont été victimes. Il faut enfin garder à l'esprit que les tours-opérateurs tibétains peuvent se montrer aussi intéressés par vos devises que leurs homologues chinois. Ainsi prévenu, vous pourrez éviter quelques mauvaises expériences.

Chiens

Certains voyageurs ont été sévèrement mordus par des chiens errants et la prudence s'impose. Un vaccin antirabique peut être une sage précaution.

COMMENT CIRCULER

Les moyens de transport peuvent constituer un obstacle majeur pour ceux qui souhaitent explorer l'arrière-pays. On peut emprunter des bus, des minibus, des camions et des 4x4. Certains trajets sont assurés par des bus japonais modernes, d'autres par des sortes d'épaves dont on se demande à chaque col si elles parviendront de l'autre côté. Les camions offrent un mode de locomotion plus confortable, plus amusant et plus rapide. Les véhicules 4x4 s'adressent aux touristes relativement aisés partageant les frais à plusieurs.

Les tarifs des bus ont doublé, voire triplé, pour les étrangers, et le piteux état de ces véhicules ne justifie pas cette flambée des prix. Les chauffeurs de camions ont aligné leurs prix sur ceux des bus, mais le gouvernement chinois tente de les dissuader de transporter des étrangers en les menaçant d'amendes ou de confiscation de leur véhicule.

Au Tibet, la "sécurité routière" reste un vœu pieux et la vôtre dépendra autant de l'état des routes et des véhicules que des conducteurs. Les accidents sont fréquents et, dans le passé, des étrangers ont été blessés ou tués.

La température, souvent inférieure à 0°C la nuit (même en été), impose d'emporter avec soi des vêtements chauds. Tous les bus disposent du chauffage, mais il peut être défaillant. Prévoyez de vous habiller chaudement, en cas de panne du véhicule.

Il est possible de faire de la bicyclette au Tibet mais, compte tenu des tracasseries du BSP et des risques réels d'accidents, d'hypothermie ou d'œdème pulmonaire, mieux vaut renoncer aux grandes randonnées.

VOYAGES ORGANISÉS

Plusieurs agences de Katmandou et de Chengdu (Sichuan) proposent des voyages organisés pour Lhassa et Shigatse. Aucun seuil minimal de participants n'est requis mais, plus vous serez nombreux, plus le prix baissera. Depuis Lhassa, il est possible de participer à des circuits dans l'arrière-pays.

LHASSA

(*lāsà*)

Lhassa, cœur et âme du Tibet, choisie comme demeure ancestrale par les dalaï-lamas, continue de faire l'objet d'ardents pèlerinages et, en dépit de l'influence chinoise fortement marquée en certains endroits, elle reste la ville de tous les émerveillements. En entrant dans la vallée du Kyi Chu, vers laquelle convergent la longue route de Golmud ou celle de l'aéroport Gonggar, la majesté du palais du Potala, véritable forteresse blanche et ocre s'élançant des hauteurs de l'une des villes les plus élevées du monde, vous éblouira. Emblème des merveilles de cette cité sainte, il fascine les voyageurs depuis trois siècles.

Dominant l'horizon de Lhassa, le palais du Potala, symbole des espoirs d'autonomie des Tibétains, abrite les tombes des dalaï-lamas. Mais le cœur spirituel de la cité se trouve en réalité à 2 km à l'est, dans le temple du Jokhang. Ce sanctuaire, le plus saint et le plus actif du Tibet, est placé sous le signe d'une étrange austérité. Nimbés de fumée d'encens, les pèlerins viennent s'y prosterner. Autour, le Barkhor s'affirme comme le circuit de pèlerinage le plus respecté de la ville et, le plus souvent, c'est en s'y rendant que les voyageurs sont à jamais séduits par le Tibet. L'effervescence des pèlerins semblant venus d'un autre âge, les artistes des rues, les stands proposant des objets aussi disparates que des bannières de prières ou des têtes de yaks incrustées de pierres précieuses et les pèlerins s'inclinant à chaque pas sont autant d'images inoubliables.

Lhassa compte en réalité deux secteurs franchement distincts avec, à l'ouest, la ville chinoise et, à l'est, la ville tibétaine. La ville chinoise présente le même type d'architecture qu'en Chine orientale. Au pied du Potala et s'étendant à quelques kilomètres à l'ouest, elle ne brille guère par son architecture sans charme, où se mêlent bâtiments administratifs, magasins, restaurants et bars à karaoke. La ville tibétaine, qui commence un peu à l'ouest du Jokhang, offre une image autrement plus colorée. C'est là qu'il faut résider.

Renseignements

Les meilleures adresses pour s'informer des possibilités les plus récentes offertes aux voyageurs individuels sont celles des hôtels tibétains bon marché et du restaurant Tashi's.

Agences de voyages. Si vous souhaitez entreprendre un trekking ou vous rendre dans une région reculée, il vous faudra passer par une agence de voyage pour obtenir un permis, un véhicule motorisé (en général une jeep) et éventuellement un guide.

Le bureau central du CITS, situé en face de l'hôtel Holiday Inn, peut être utile, mais le "CITS Shigatse" (☎ 32234 ; fax 32345), à côté du Yak Hotel, offre un service de meilleure qualité pour un prix néanmoins assez élevé. Outre le bureau du Potala Folk Travel Service (☎ 24822, 33551) installé dans une allée obscure, vous pouvez vous adresser à sa succursale du Yak Hotel (☎ 23496). Tibet Traffic Travel (☎ 33931 ; fax 32837), dans l'hôtel Banak Shol, est une autre possibilité.

Sachez que ces agences ne sont pas forcément les meilleures ou les moins chères de la ville. Il reste utile de parler avec d'autres touristes et de comparer avec les nouvelles agences de voyages, qui se sont multipliées à Lhassa.

L'inexpérience et l'incompétence de bon nombre, pratiquant des tarifs souvent élevés, incitent à la prudence.

BSP. Cet organisme dispose de deux bureaux, auxquels vous ne devriez pas avoir à recourir.

Le premier, à l'extrémité est de Beijing Donglu, délivre théoriquement des permis de circuler, mais met beaucoup de mauvaise volonté à répondre aux demandes des voyageurs individuels, qu'il adresse aux agences de voyages.

Le second, dans Linkuo Beilu, ne se montre guère coopératif (du moins lors de notre passage). Fournissant en principe des prorogations de visa, il nous a déclaré que celles-ci ne pouvaient être obtenues sans un permis de circuler couvrant le nombre de jours de prolongation demandés (l'autre bureau refusant pourtant de délivrer des permis sans visa prolongé !).

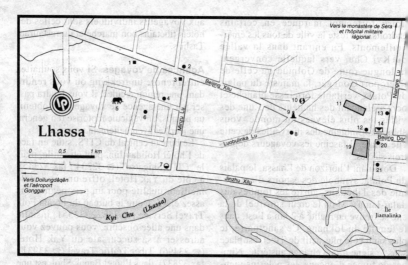

Vers le monastère de Sera et l'hôpital militaire régional.

Lhassa

Kyi Chu (Lhassa)

Vers Doilungdêqên et l'aéroport Gonggar

Île Jiamalinka

Beijing Xilu
Nianqing Lu
Beijing Dor
Luobulinka Lu
Mirzu Lu
Jinzhu Xilu

LHASSA 拉萨

OÙ SE LOGER

1 Tibet Hotel
西藏宾馆
3 Lhasa Holiday Inn
拉萨假日酒店 (拉萨饭店)
16 Hôtel Yingqiao
银桥饭店
17 Plateau Hotel
高原饭店
25 Yak Hotel et Potala Folk Travel Service, Potala Travel Service
亚客旅社, Potala Travel Service
26 Snowlands Hotel
雪域旅馆
31 Hôtel Kirey et restaurant Tashi's II
吉日旅馆, Tashi's II Restaurant
32 Hôtel Gangjian
刚坚饭店

33 Hôtel Banak Shol et restaurant Kailash
八郎学旅馆
35 Hôtel Khada
哈达旅馆
36 Sunlight Hotel
日光宾馆
37 Himalaya Hotel
喜玛拉亚宾馆

OÙ SE RESTAURER

23 Restaurant Tashi's
咖啡馆
24 Café Lost Horizons
香格日拉餐厅
28 Café Barkhor
八廓咖啡馆

DIVERS

2 CITS
中国国际旅行社

4 Consulat du Népal
尼泊尔领使馆
5 Zoo
动物园
6 Norbu Lingka
罗布村卡
7 Gare routière
汽车站
8 Émetteur
电视台
9 Statue de yak
毛牛像
10 Bank of China
中国银行
11 Palais du Potala
布达拉宫
12 Palais des expositions
展览馆
13 CAAC
中国民航
14 Poste et télécommunications
邮电局

Argent. La Bank of China a ouvert un bureau derrière le Potala, à gauche des statues des yaks. Ses horaires sont les suivants : 9h30 à 12h30 et 14h à 17h30 en semaine, 9h30 à 12h30 le samedi. Les chèques de voyage et les devises étrangères sont acceptés. On peut changer des dollars US au marché noir mais, outre le taux guère

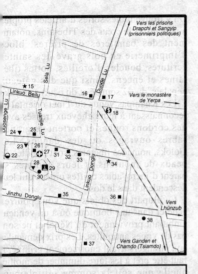

Map labels:
- Vers les prisons Drapchi et Sangyip (prisonniers politiques)
- Seila Lu
- Duqde Lu
- Linkuo Beilu
- Vers le monastère de Yerpa
- Tuanjie Lu
- Niaosenge Lu
- Linkuo Donglu
- Jinzhu Donglu
- Vers Lhünzub
- Vers Ganden et Chamdo (Tsiamdo)

15 BSP (prolongations de visas)
公安局外事科

18 Bank of China
中国银行

19 Palais de la culture des travailleurs
劳动人民文化宫

20 Photographes
照相馆

21 Librairie Xinhua
新华书店

22 Arrêt des minibus
小型车站

27 Hôpital du peuple de la région
autonome du Tibet
西藏自治区人民医院

29 Temple du Jokhang
大昭寺

30 Billets pour Ganden
汽车售票处

34 Siège du BSP (permis de circuler)
公安局总部

38 Université du Tibet
西藏大学

plus intéressant que celui pratiqué par la banque, on s'expose à recevoir la contrepartie en fausses coupures de 100 yuan. Il vaut donc mieux y recourir en dernier ressort.

Le Tibet Hotel et l'hôtel Yingqiao acceptent les opérations de change, mais prennent une commission de 2%. Le Holiday Inn ne rend en principe ce service qu'à ses clients.

Consulat général du Népal. Le consulat général du Népal (☎ 22880) se trouve à une rue au sud du Holiday Inn, au nord du Norbu Lingka. Les demandes de visa (accompagnées d'une photo) et leur délivrance (le lendemain) se font du lundi au samedi de 9h30 à 12h30. Nous vous indiquons sous réserve les prix qui nous ont été communiqués : 15 $US pour 15 jours et 25 $US pour 30 jours. On peut régler en RMB.

Le poste frontière népalais de Kodari délivre également des visas pour un prix identique, mais il semble tout de même préférable de s'en assurer à l'avance.

Services médicaux. Plusieurs hôpitaux soignent les étrangers à Lhassa. L'hôpital du peuple de la région autonome du Tibet et l'hôpital militaire régional sont à privilégier.

Palais du Potala
(*bùdǎlā gōng*)
Cet édifice, le plus impressionnant de Lhassa, fut jadis le siège du gouvernement tibétain et la résidence d'hiver du dalaï-lama. Considéré comme l'une des merveilles architecturales du monde, le Potala renferme des milliers de pièces, de sanctuaires et de statues. Il fut édifié au XVIIe siècle sur les ruines d'une construction réalisée mille ans plus tôt. Chaque jour, des chapelets de pèlerins s'y rendent en psalmodiant et déposent des offrandes de *khata* (écharpes cérémonielles) ou du beurre de yak.

Le Potala comprend le Palais rouge où se déroulaient les activités religieuses, et le Palais blanc, abritant les appartements du dalaï-lama. Le Palais rouge se compose de multiples salles et chapelles, dont les plus étonnantes conservent les tombeaux des précédents dalaï-lamas, incrustés de pierres précieuses. Les appartements des treizième et quatorzième dalaï-lamas, dans le Palais

TIBET ET QINGHAI

blanc, donnent une bonne idée de leur style de vie. Si les moines vous autorisent à y monter, vous découvrirez depuis le toit une vue splendide sur la ville et ses environs.

Le Potala est ouvert du lundi au jeudi de 9h à 12h. Un droit d'entrée de 45 yuan est demandé aux étrangers, 15 yuan lorsque l'on dispose d'une carte d'étudiant. Nous vous déconseillons l'ascension des escaliers raides qui mènent à l'entrée en début de séjour en raison de l'essoufflement dû à l'altitude. Les photos sont interdites.

Temple du Jokhang
(*dàzhāo sì*)

Le Jokhang, à l'étonnante toiture dorée, fut construit au VIIe siècle et constitue l'un des sanctuaires les plus sacrés du Tibet. A l'origine, il fut édifié pour commémorer le mariage d'une princesse Tang, Wencheng, avec le roi Songtsen Gampo. Il abrite une statue en or massif du Bouddha Sakyamuni apportée en offrande au Tibet par la princesse. Ici aussi, des centaines de pèlerins se prosternent devant l'entrée du temple avant de continuer leur circuit.

N'hésitez pas à les suivre dans le labyrinthe de sanctuaires, salles et galeries contenant quelques-uns des plus beaux et des plus anciens joyaux de l'art tibétain. Certaines statues ont été détruites pendant la Révolution culturelle et remplacées par des copies. Il est recommandé de se munir d'une lampe de poche et de ne pas perdre de vue le pèlerin qui vous précède et éviter de vous égarer.

Il vaut mieux visiter le Jokhang tôt le matin, car l'accès peut être interdit après 11h. Veillez à respecter les pèlerins et les lieux sacrés.

Barkhor
(*bākuò*)

Le Barkhor est essentiellement un circuit de pèlerinage, qui se parcourt dans le sens des aiguilles d'une montre. Il comprend également un marché étourdissant d'activités et une sorte de bourse à la tibétaine. Des stands, boutiques, maisons de thé et marchands ambulants jalonnent le circuit.

On y trouve toutes sortes d'articles propres à réchauffer le cœur des Tibétains, notamment des bannières de prières, bloc d'imprimerie en bois gravé des saintes écritures, boucles d'oreilles, bottes tibétaines et encens, ainsi que des gâteaux népalais, du riz soufflé et du beurre de yak.

Les Khampas venus du Tibet oriental se reconnaissent à leurs cheveux tressés avec des cordons rouges et portent de grands sabres ouvragés ou des dagues. Le Goloks, nomades tibétains, sont habillés de peaux de moutons et leurs femmes se parent d'incroyables coiffes ornées qui leur descendent dans le dos.

La plupart des objets que vous pourrez acheter dans une boutique ou à un vendeur ambulant proviennent du Népal et ne sont pas de vraies antiquités. Les prix demandés aux étrangers ayant énormément grimpé, il faut être prêt à les faire diminuer de moitié quelle que soit la somme initialement demandée. Nombre de "turquoises" en vente sur ce marché ne sont que des pierres reconstituées à partir de poudre de turquoise et d'amalgame. Il importe de se souvenir que les douaniers chinois confisquent les "antiquités" (tout ce qui date d'avant 1959) et peuvent vous infliger une amende en vertu de l'interdiction de sortir des antiquités chinoises.

Norbu Lingka
(*luóbù línkǎ*)

Situé à 3 km du Potala, cet édifice servait de résidence d'été aux dalaï-lamas. Son agréable parc abrite un dédale de petits palais, des chapelles et un zoo.

Statues des yaks
(*máoniú xiàng*)

La paire de yaks en bronze qui trône au milieu de la rue devant le Potala aiguise souvent la curiosité des visiteurs, qui s'interrogent sur leur signification. Ces statues furent installées en 1991 pour "célébrer" la "libération" du Tibet par les Chinois. Elles n'offrent guère plus d'intérêt que les statues de Mao présentes un peu partout en Chine.

Où se loger – petits budgets

Le *Yak Hotel* (*yăkè lŭshè*) reste une adresse de référence, avec son atmosphère tibétaine, ses prix douillets et sa proximité du Barkhor. Les lits en dortoir sont disponibles à partir de 25 à 35 yuan. Si votre budget le permet, vous pourrez loger dans l'une des superbes doubles de style tibétain avec s.d.b. à 180 yuan. L'eau chaude fonctionne par intermittence. Cet établissement mérite aussi d'être fréquenté pour les renseignements que l'on peut glaner et la location de bicyclettes.

Le *Snowlands Hotel* (☎ 23687) (*xuĕyù lŭguăn*), proche du temple du Jokhang, est un endroit sympathique avec des chambres disposées autour d'une cour intérieure. Il offre des lits en dortoir à quatre (25 yuan), en triple (30 yuan) et en double (de 60 à 70 yuan) avec s.d.b. commune. La réception se charge de la consigne et loue des vélos.

L'hôtel *Banak Shol* (☎ 23829) (*bānángxuĕ lŭguăn*), 43 Beijing Donglu, s'organise autour d'une charmante cour et dispose d'un service gratuit de blanchisserie. Outre ses lits en dortoir affichés à 26 yuan et ses chambres individuelles à 35 yuan (sans s.d.b.), il propose une double confortable avec s.d.b. à 120 yuan.

L'hôtel *Kirey* (*jírì lŭguăn*), non loin du précédent, héberge en dortoir avec des lits de 25 à 30 yuan la nuit. Malgré ses douches parfaites et son personnel souriant, il ne présente aucun charme et n'attire guère les visiteurs.

Le *Plateau Hotel* (*gāoyuán lŭguăn*), dans Linkuo Beilu, manque d'âme mais pratique des tarifs compétitifs pour ses lits dans des chambres avec s.d.b. commune : 30 yuan en triple et 80 yuan en double.

L'hôtel *Khada* (*hādá lŭguăn*), dans Linzhu Donglu, ne doit être fréquenté qu'en tout dernier recours. Cet établissement tibétain est le seul franchement antipathique de toute la ville et demande 120 yuan pour des doubles étriquées avec s.d.b. commune.

Où se loger – catégorie moyenne

La majorité des établissements entrant dans cette catégorie ont été récemment construits sur le modèle standard des hôtels que l'on rencontre ailleurs en Chine. Sans charme ni surprise, ce sont des solutions de rechange lorsque les hôtels de style tibétain sont pleins, notamment en haute saison.

L'*Himalaya Hotel* (☎ 208271 ; fax 34855) (*xīmǎlāyǎ fàndiàn*), une-étoile relativement ancien, s'efforce d'avoir un style tibétain sans vraiment y parvenir. Assez mal situé, au sud de Jinzhu Donglu, il accueille souvent des groupes. Comptez 250 yuan pour une double avec s.d.b.

Le *Sunlight Hotel* (☎ 22943) (*rìguāng bīnguǎn*), est un établissement chinois de bon confort, également fréquenté par les groupes, qui propose des chambres à deux lits de 280 à 300 yuan.

L'hôtel *Yingqiao* (☎ 30663) (*yíngqiáo fàndiàn*) vient d'ouvrir ses portes dans Linkuo Beilu et compte 42 doubles avec s.d.b. de 230 à 280 yuan.

L'hôtel *Gangjian* (☎ 35365) (*gāngjiān fàndiàn*), 196 Beijing Xilu, deux-étoiles, venait d'être achevé lors de notre passage et les prix n'avaient pas encore été fixés.

Où se loger – catégorie supérieure

Le *Lhasa Holiday Inn* (☎ 32221 ; fax 35796) (*lāsà fàndiàn*), 1 Minzu Lu, summum du luxe à Lhassa, comporte 468 chambres.

En catégorie économique/supérieure, comptez 600/992 yuan. Les suites et les chambres de style tibétain commencent à 1 470 yuan et peuvent atteindre 1 931 yuan. Les tarifs sont majorés de 20% en haute saison, mais des réductions substantielles peuvent être obtenues du 1er novembre au 31 mars.

Une navette gratuite en minibus assure la liaison avec le Barkhor. La réception organise des visites d'une journée aux monastères de Drepung, Sera ou Ganden et se charge de la location de vélos, taxis, jeep et minibus.

Le *Tibet Hotel* (☎ 36784 ; fax 36787) (*xīzàng bīnguǎn*), 221 Beijing Beilu, à quelques centaines de mètres du précédent, a été construit dans un style faussement tibétain. Il dispose de chambres confortables et chères en double (420 yuan) et suite (1 900 yuan). La direction accepte de négocier les prix en hiver.

Où se restaurer

S'il est difficile de s'alimenter sur le haut plateau, Lhassa abrite en revanche un grand nombre de restaurants chinois, occidentaux, tibétains et même népalais. La *tsampa* (farine d'orge cuite au four) et le thé au beurre de yak constituent la base de l'alimentation des Tibétains.

On trouve en général des *momo* (beignets farcis à la viande) et des *thukpa* (nouilles à la viande) dans les petits restaurants. Les Tibétains boivent de grandes quantité de *chang*, une boisson alcoolisée à base d'orge fermentée.

Le restaurant *Tashi's* jouit, à juste titre, de la faveur des voyageurs. Outre sa nourriture bon marché et appétissante, il réserve un accueil des plus sympathiques. Sa carte permet de déguster de délicieux *bobi* (galettes de pain non levée), parfaits pour accompagner le fromage frais assaisonné, les légumes ou la viande. Les *momo* aux pommes et les gâteaux au fromage de cet établissement méritent d'être goûtés. *Tashi's II*, dans l'hôtel Kirey, ne sert pas une cuisine aussi succulente, mais il est moins bondé.

Le restaurant *Kailash*, au 2e étage de l'hôtel Banak Shol, offre une cuisine de qualité. Ses lasagnes végétariennes et ses burgers de yak (aussi bons que ceux du Holiday Inn mais moins chers) valent le détour et sa carte est une excellente alternative à celle des restaurants chinois et tibétains de la partie ancienne de la ville.

Le *Crazy Yak Saloon Restaurant* (jouxtant le Yak Hotel) et le café *Lost Horizons* (à l'ouest du même hôtel) figurent en bonne place dans le carnet des voyageurs à petits budgets.

Le café *Barkhor* et sa vue sur le Barkhor valent le détour pour l'ambiance, mais la cuisine servie est quelconque.

Le restaurant du *Holiday Inn* offre un somptueux assortiment de spécialités scandinaves aux ventres creux et aux poches fournies. Celui du *Tibet Hotel* propose un buffet à volonté à 68 yuan pour le petit déjeuner et 85 yuan au déjeuner et au dîner.

Comment s'y rendre

Avion. Lhassa n'a de véritable liaison aérienne qu'avec Chengdu : 2 vols quotidiens au départ du Sichuan à 7h et 7h10 e[t] 2 autres au départ de Lhassa à 9h50 et 10h.

Un vol hebdomadaire (le dimanche) reli[e] la ville à Pékin en passant par Chengdu tandis que deux autres font le trajet Lhassa-Chongqing.

Des avions desservent Katmandou le[s] mardis et samedis. Ils décollent de Lhass[a] à 10h30 et de Katmandou à 12h30.

Quel que soit l'aéroport de départ pou[r] Lhassa, un minimum de 750 yuan doit êtr[e] ajouté au prix du billet pour couvrir le[s] frais des trois jours du "circuit Lhassa" obligatoire.

Le personnel du bureau de la CAAC (☎ 22417), 88 Niangre Lu, est serviable e[t] sympathique, mais ne peut délivrer de billet aux étrangers. Il faut s'en enquérir auprès d[u] Tibet Air Travel Service (au Tibet Hotel) pour en obtenir sans trop de délai. Il ouvr[e] du lundi au samedi de 9h à 12h30 et de 14[h] à 16h, et le dimanche de 10h à 12h30.

Bus. Le vaste bâtiment désert de la ga[re] routière se trouve à 3 km de la ville, prè[s] du Norbu Lingka. Une majoration de 400% du prix de base est appliqué[e] aux étrangers. Il faut acheter les billet[s] plusieurs jours à l'avance et se présenter tô[t] le jour du départ. On peut égalemen[t] s'adresser aux nombreuses agences d[e] voyages de la ville.

Le trajet de Lhassa à Golmud, en bu[s] fabrication japonaise, revient à 414 yua[n] et à 391 yuan si on l'effectue à bord d'u[n] bus chinois (plutôt fatigué). Au départ d[e] Golmud, les étrangers paient 1 077 yua[n] pour le même parcours en bus chinois, la différence de prix étant justifiée par l[e] forfait du circuit de trois jours à Lhass[a] inclus dans le prix.

Tôt le matin, des bus prennent le chemi[n] de Shigatse (70 yuan), Zêtang et Golmu[d.] L'horaire des bus pour Zhangmu est irré[gulier]

gulier. Normalement, le départ s'effectue le samedi mais, d'une manière générale, un bus s'y rend tous les dix jours

Avec le service des minibus au départ de l'hôtel Kirey à partir de 7h, peu de voyageurs utilisent le service de bus pour Shigatse partant de la gare routière. Ils effectuent ainsi plus rapidement le trajet et le billet ne coûte que 30 yuan. Avec l'ouverture de la route entre Lhassa et Shigatse, aucun bus public direct ne dessert Gyantse. Il faut donc se rendre à Shigatse puis prendre un minibus privé ou un bus public.

Les billets vendus aux étrangers à la gare routière sont des billets spéciaux, mais il vaut mieux le vérifier : certains employés en empochent le montant mais donnent un billet normal, ce qui peut poser des problèmes en montant dans le bus ou vous valoir une amende lors des contrôles de police.

Voies d'accès par la route. Bien qu'il y ait cinq routes principales d'accès à Lhassa, les étrangers n'ont le droit d'arriver que par le Népal ou le Qinghai.

Route du Népal. La route reliant Lhassa au Népal porte officiellement le nom de route de l'Amitié, de Lhassa à Zhangmu (le poste-frontière chinois), *via* Gyantse et Shigatse. Son trajet, particulièrement spectaculaire, passe par de hauts cols, par le haut plateau et franchit le col de La Lungla (5 200 m). Lorsque le temps est dégagé, on aperçoit l'Everest depuis le village tibétain de Tingri. Une fois arrivé à Zhangmu, il reste 11 km au poste-frontière népalais de Kodari, d'où se prennent les correspondances pour Katmandou.

Le logement est sommaire pendant le voyage, mais les prix restent raisonnables et, si vous pouvez vous passer d'une douche, le trajet vous semblera très supportable. S'agissant de la nourriture, de grands progrès ont été réalisés ces dernières années.

De rares voyageurs empruntent les bus locaux (dont le seul avantage est d'éviter

les contrôles dans ce sens). La plupart préfèrent louer un 4x4 en passant par les hôtels ou les agences de voyages. On peut ainsi choisir son itinéraire avec le chauffeur.

Depuis le Népal vers Lhassa, il faut obligatoirement recourir aux services des agences. Si vous êtes déjà muni d'un visa pour la Chine, vous pouvez tenter de vous présenter à la frontière. Les voyageurs arrivent en général à passer (certains l'ont même fait à bicyclette). A Zhangmu (Khasa), trouver des bus, minibus, 4x4 ou camions allant vers Lhassa ne pose pas de problème majeur.

Route du Qinghai. Une route goudronnée relie Xining à Lhassa, *via* Golmud, et traverse le plateau tibétain dénudé, aride et pratiquement inhabité. Les paysages d'altitude, culminant au col de Tangula (5 180 m), n'offrent guère d'intérêt.

En théorie, des bus de fabrication japonaise et chinoise effectuent le voyage, mais trouver une place dans les seconds peut s'avérer impossible. Résistez néanmoins à la tentation de louer un des minibus proposé par le CITS à Golmud : ils tombent invariablement en panne en pleine campagne. Il vaut donc mieux passer plus de 30 heures dans un bus chinois et arriver à destination. Le CITS ne prévoit aucun dédommagement en cas d'incident de ce type.

Comptez environ 35 heures de voyage entre Golmud et Lhassa. La place coûte 470 yuan en bus chinois (trois fois le prix de base) et 520 yuan en bus japonais lorsqu'il y en a.

Des vêtements chauds et de la nourriture pour le voyage s'imposent car on ne peut avoir accès aux bagages pendant le trajet.

Autres routes. Les routes entre Lhassa et le Sichuan ou celles se rendant du Tibet au Xinjiang et au Yunnan comptent parmi les plus sauvages, les plus élevées et les plus dangereuses du monde. Elles ne sont pas ouvertes aux étrangers.

En l'absence de transports publics, ceux qui veulent les emprunter doivent passer outre l'interdiction de faire du stop.

TIBET ET QINGHAI

Quelques rares personnes y parviennent, mais les autorités punissent très sévèrement les conducteurs de camions transportant des étrangers, notamment sur les routes du Sichuan et du Yunnan reliées à Lhassa. Sur les autres routes, de fortes amendes dissuadent les conducteurs de prendre des passagers.

Location de véhicules. Louer un véhicule devient le moyen le plus prisé pour sortir de Lhassa. Un agréable circuit de 6 ou 7 jours consiste à passer par le lac Yam-drok-tso, Gyantse, Shigatse, Sakya, le camp de base de l'Everest et Tingri, avant d'atteindre la frontière népalaise. Comptez environ 6 000 yuan en 4x4. Au moment de la rédaction de ce guide, un seul permis était nécessaire pour le camp de base de l'Everest.

D'autres circuits permettent de se rendre au mont Kailash et au lac Nam-tso, pour lesquels un permis est exigé. Il est préférable de s'adresser en priorité au Yak Hotel, qui dispose de bons véhicules et de chauffeurs fiables. Si vous contactez un autre intermédiaire, demandez un contrat écrit et enquérez-vous auprès du chauffeur des règles en vigueur sur les permis.

Comment circuler

Desserte de l'aéroport. L'aéroport Gonggar se trouve à deux bonnes heures de bus de Lhassa et, tous les vols décollant tôt le matin, les voyageurs choisissent en général de prendre un bus pour l'aéroport dans l'après-midi et d'y passer la nuit. Les bus de la CAAC partent du bureau de la compagnie toutes les 20 minutes entre 14h30 et 16h30 et le trajet coûte 25 yuan. Les billets s'achètent à bord et il est sage d'arriver tôt pour obtenir un siège.

La seule solution de remplacement consiste à louer une jeep ou un minibus et de partir entre 5h et 6h du matin pour être sûr d'arriver à l'heure à l'aéroport. Les frais, de l'ordre de 400 à 500 yuan, peuvent être partagés entre les passagers (de 4 à 7 personnes). La plupart des hôtels et agences disposent de ce genre de service.

Les bus de la CAAC s'arrêtent à l'hôtel officiel de la compagnie, dont les bâtiments extrêmement vétustes comptent des lits en triple à 60 yuan et en double à 80 yuan. La notion de confort semble avoir échappé à ses gérants : outre l'absence d'eau chaude et une eau courante intermittente, les pannes d'électricité sont fréquentes et le mobilier s'effondre autant que la tapisserie au mur. Son restaurant, ouvert de 18h à 20h, ne dispose plus de grand-chose après 19h.

Les bus de la CAAC assurant tous les vols en correspondance pour Lhassa, le problème du logement sur place ne se pose pas en sens inverse.

Minibus. Des minibus privés sillonnent Beijing Lu, couvrant les secteurs de l'est de la poste centrale jusqu'au Holiday Inn. C'est le moyen le plus commode pour traverser la ville. Ils coûtent 1 yuan.

A l'intersection de Beijing Donglu et de Jiefang Beilu, on peut emprunter des jeeps et des minibus pour le monastère de Sera.

Cyclo-pousse. Ils sont nombreux à Lhassa mais, compte tenu de leur lenteur et des prix relativement élevés, y recourir ne s'impose pas. Le trajet entre la poste et l'hôtel Banak Shol coûte environ 5 yuan (après un long marchandage). Mieux vaut finalement louer une bicyclette.

ENVIRONS DE LHASSA
Monastères

Avant 1959, Lhassa comptait trois monastères, véritables "piliers" de l'État tibétain. A la suite d'un effort concerté pour briser leur influence, la Révolution culturelle a réduit à néant la population monastique qui comptait des milliers de membres. Les bâtiments du monastère de Ganden furent bombardés.

Aujourd'hui, le gouvernement reconstruit ces édifices, moins par souci de liberté religieuse ou de s'amender de ses erreurs passées que pour attirer les touristes. Il reste encourageant de voir les monastères renaître, même si leurs activités sont plus réduites que jadis.

Monastère de Drepung (*zhébàng sì*). Le Drepung, à 7 km à l'ouest de Lhassa, fut édifié au début du XVe siècle et, au temps de sa splendeur, formait la plus grande ville monastique du Tibet (voire du monde, selon certains historiens). Aujourd'hui, environ 400 moines y résident, contre 7 000 autrefois. Près de 40% des bâtiments du monastère ont été détruits. Il faut se méfier des chiens pendant les visites (les morsures ne sont pas rares) et se munir, si possible, d'une canne pour les éloigner.

On peut se rendre au monastère de Drepung en bicyclette, mais la plupart des visiteurs prennent un bus depuis l'arrêt en bas de la rue du Jokhang. Le billet coûte 1 yuan jusqu'au carrefour, 2 yuan si l'on prend un minibus qui escalade la colline jusqu'à la porte du monastère.

Monastère de Sera (*sèlā sì*). A environ 45 km au nord de Lhassa, ce monastère fut fondé en 1419 par un disciple de Tsong Khapa. Près de 300 moines y résident (ils étaient 5 000 à son apogée). Les débats théologiques se déroulent à partir de 15h dans le jardin qui jouxte la salle d'assemblée (Jepa Duchen), au centre du monastère.

Au pied d'une montagne, à l'est du monastère, se trouve un site où sont pratiquées les "funérailles du ciel". Les morts y sont dépecés et offerts en pâture aux vautours. Le tourisme a transformé cette tradition en un affrontement quotidien entre les *domden* (croque-morts) et la foule des touristes avides de photos, la réaction des *domden* se faisant très violente. Nous vous conseillons de ne pas vous y rendre.

Il faut une heure de marche pour atteindre le monastère, mais le trajet peut s'effectuer en tracteur pour 3 yuan.

Monastère de Ganden (*gāndān sì*). Fondé en 1409 par Tsong Khapa, ce monastère s'étend à 45 km à l'est de Lhassa. Pendant la Révolution culturelle, il fut intensément bombardé et on força les moines à détruire ce qui en restait. Près de 400 moines sont maintenant installés sur place et le travail de reconstruction qui les attend est gigantesque.

Un jeune moine de l'un des monastères récemment restaurés autour de Lhassa

Les bus des pèlerins partent pour Ganden tôt le matin de l'angle sud-ouest du Jokhang. Le guichet des billets se trouve dans une petite baraque située sur le circuit du Barkhor, mais les employés refusent souvent de répondre aux attentes des étrangers. En général, insister porte des fruits. Les billets s'achètent la veille du jour où l'on veut faire la visite.

LA VALLÉE DU YARLUNG
(*yālù liúyù*)
Cette vallée, à 170 km au sud-est de Lhassa, est considérée comme le berceau de la culture tibétaine. Plusieurs sites religieux d'importance se trouvent près de la ville de Zêtang, centre administratif de la région.

Monastère de Samye
Édifié à 30 km à l'ouest de Zêtang, sur la rive opposée du Yarlung Zangbo (Brahmapoutre), ce monastère fut le premier construit au Tibet, en 775, sous le règne de Trisong Detsen. Bien qu'il soit d'accès relativement difficile, sa solitude au milieu d'une campagne splendide vous séduira.

Pour gagner Samye, il faut prendre le bus pour Zêtang quittant la gare routière de Lhassa à 7h30 ou celui, moins cher, partant à la même heure de la petite gare au sud de la place du Barkhor (25 yuan environ). Les voyageurs sont déposés près d'un bac, qui fonctionne irrégulièrement et traverse la rivière. De là, vous aurez le choix entre un tracteur, un camion ou une charrette à cheval, pour parcourir les 5 km qui vous séparent de Samye. On peut loger à peu de frais au monastère ou à Zêtang.

Yumbu Lhakang

Cet édifice, dont la légende veut qu'il fut le premier du Tibet, s'étend à environ 12 km de Zêtang. De taille modeste, il domine la vallée de sa splendeur retrouvée grâce à de récents travaux de restauration. Pour s'y rendre, on peut louer un vélo ou un 4x4 à Zêtang ou faire du "tracteur-stop".

Tombeaux des rois

Ces tombeaux, mis au jour à Qonggay, à 26 km de Zêtang, sont moins spectaculaires que le Yumbu Lhakang mais revêtent une importance historique considérable. Un 4x4 ou une demi-journée de vélo (aller-retour) permettent de visiter le site.

Où loger et se restaurer

La pension *Tsetang*, à 10 minutes à pied du carrefour central de Zêtang, est un établissement de style chinois sans charme mais disposant de lits en dortoir à 15 yuan. Les plats de son restaurant ne sont ni meilleurs ni pires qu'ailleurs en ville et les rayons de son magasin permettent de survivre. Pratiquement sur le rond-point, l'hôtel-restaurant *Himalayan-Tibetan* ne brille guère par sa propreté ni par son calme mais, à 15 yuan le lit, on s'en contente.

Établissement haut de gamme, le *Tsetang Hotel* jouxte la pension du même nom et propose des doubles économiques à 110 yuan par personne. Contrairement à la majorité des hôtels du Tibet, l'eau chaude fonctionne ici en permanence. Son restaurant sert une excellente cuisine cantonaise.

Comment s'y rendre

Les bus pour Zêtang quittent Lhassa deux ou trois fois par jour à partir de 7h30 de la gare routière. En sens inverse, les départs s'effectuent tous les matins sur le rond-point de Zêtang.

SHIGATSE
(rìkèzé)

Shigatse, deuxième agglomération d'importance au Tibet, abrite le siège du panchen-lama, réincarnation d'Amitabha (Bouddha de la Lumière infinie) et seconde autorité tibétaine après le dalaï-lama. Le dixième panchen-lama est décédé en 1989. Il avait été conduit à Pékin dans les années 60 pour servir de faire-valoir aux Chinois et ne pouvait se rendre au Tibet qu'épisodiquement. La quête de son successeur donna lieu à une grave polémique entre le dalaï-lama et le gouvernement chinois, qui incarcéra à Pékin le nouveau panchen-lama, Gedhun Choekyi Nyima, âgé de 6 ans et reconnu par le chef religieux, et désigna son propre candidat.

Comme partout ailleurs au Tibet, la vigilance s'impose avec les chiens errants, en particulier sur le chemin de pèlerinage.

Shigatse

0   0.5   1 km

Échelle approximative

Monastère du Tashilhunpo
(*zhāshílúnbù sì*)

Principal attrait de Shigatse, ce monastère est le siège du panchen-lama. Construit en 1447 par un neveu de Tsong Khapa, il abrita jusqu'à 4 000 moines ; 600 y vivent aujourd'hui.

Outre la gigantesque statue du Bouddha Maitreya, de 27 m de haut, trônant dans le temple de Maitreya, le monastère est également célèbre pour sa grande salle renfermant le mausolée du quatrième panchen-lama, dont le stupa est couvert de 85 kg d'or et de pierres précieuses. Ouvert de 9h30 à 17h30, le monastère ferme ses portes le dimanche.

Forteresse de Shigatse
(*rìkèzé zōng*)

S'il ne reste plus grand-chose de l'édifice d'ensemble, les remparts qui se détachent de l'horizon demeurent impressionnants. On peut se rendre à la forteresse en suivant le circuit des pèlerins et jouir ainsi d'une belle vue sur la ville.

Marché
(*nóngmaò shìchăng*)

A moins d'être amateur de bagarres, mieux vaut éviter ce marché, particulièrement agressif en dépit du sourire des marchands. Certains s'agrippent aux touristes pour vendre leur marchandise et un refus peut se terminer par des coups.

Où se loger et se restaurer

Quantité de voyageurs, dont nombre de groupes de personnes âgées venant de Katmandou, choisissent de résider à l'hôtel *Tenzin*, tenu par des Tibétains. Sa terrasse sur le toit surplombe le marché, dans la partie tibétaine de la ville. L'hébergement se fait en dortoir (15 yuan) et en double (20 yuan). Même si vous n'y résidez pas, la suite dalaï-lama (40 yuan) mérite le coup d'œil.

Non loin de là, un peu plus au sud, l'hôtel *Sanzhuzi*, construit dans un style pseudo-tibétain, pratique des tarifs compétitifs avec des lits en dortoir loués de 12 à 16 yuan et en double à partir de 30 yuan.

	SHIGATSE 日喀则				
	OÙ SE LOGER	8	Restaurant (équipé d'un rideau) 帘餐厅	11	Monastère du Tashilhunpo 扎十伦布寺
3	Hôtel Tenzin et CITS 天新旅馆, 中国国际旅行社	22	Restaurants 餐厅	12	Entrée du monastère 扎十伦布寺入口
9	Hôtel Sanzhuzi 三珠子旅馆		**DIVERS**	14	Hôpital régional du peuple Tibet-Shigatse 西藏日喀则人民医院
13	Orchard Hotel 果园旅馆	1	Forteresse de Shigatse 日喀则宗	15	Librairie Xinhua 新华书店
19	Transport Hotel 运输旅馆	2	Marché 农贸市场	16	Croix-Rouge 红十字会
21	Pension bon marché 招待所	4	Magasins 商场	17	Poste 邮局
23	Hôtel Shigatse 日喀则宾馆	6	Patinoire 滑冰场	18	Grand magasin 商场
	OÙ SE RESTAURER	7	BSP 公安局外事科	20	Gare routière et arrêt des minibus 长途汽车站
5	Restaurant Yuanfu 远富餐厅	10	Centre médical 诊所	24	Bank of China 中国银行

TIBET ET QINGHAI

L'eau chaude des douches fonctionne mieux qu'à l'hôtel Tenzin.

L'*Orchard Hotel*, de style chinois, en face du monastère du Tashilhunpo, représente une possibilité à envisager, avec des lits en dortoir à 15 yuan.

Le *Transport Hotel*, près de la station de bus, dispose de dortoirs franchement vétustes à 10 yuan par lit. Un autre hôtel chinois, situé juste en face de la gare routière, bas de gamme, peut servir de solution de secours.

L'hôtel *Shigatse* (☎ 22519), construit à l'extrémité sud de la ville (près de la Bank of China), est le fleuron des établissements de Shigatse. Conçu sur le thème d'un parc d'attraction, il offre l'appréciable confort de douches chaudes en permanence. Ses doubles standard avec s.d.b. sont affichées à 280 yuan, les triples économiques à 270 yuan. Les suites tibétaines coûtent de 480 à 600 yuan.

Le restaurant *Yuanfu*, très prisé des voyageurs, propose dans sa carte (en anglais) un étonnant plat à base d'aubergines aux saveurs de poisson que certains viennent déguster deux fois par jour ! Un autre établissement sans enseigne, à l'angle de l'hôtel Sanzhuzi, sert également de la bonne cuisine. Vous le reconnaîtrez à son rideau extérieur.

Comment s'y rendre

Les voyageurs empruntent généralement les minibus à 30 yuan pour se rendre de Lhassa à Shigatse, plus rapides et plus confortables que les bus publics partant de la gare routière de Lhassa (95 yuan). A Shigatse, la gare routière et le parc des minibus se trouvent au même endroit.

Depuis la gare routière principale, 3 bus assurent chaque semaine la desserte de Sakya. Un bus hebdomadaire rejoint Lhazê pour environ 50 yuan. Le bus entre Lhassa et Zhangmu passe normalement trois fois par semaine à Shigatse, mais il est souvent plein et en retard sur l'horaire indiqué.

Pour gagner la frontière népalaise ou Tingri, on peut s'adresser à l'hôtel Shigatse afin de monter à bord des minibus et véhicules allant chercher des groupes à la frontière. Comptez environ 200 yuan, mais une telle solution n'est pas toujours possible.

Louer un véhicule à Shigatse s'avère plus difficile et plus cher qu'à Lhassa. Les rares agences de la ville n'ont pas bonne réputation et, au moins en ce qui concerne la location, il vaut mieux s'adresser au CITS qu'à l'hôtel Tenzin.

GYANTSE

(*jiāngzī*)

L'influence chinoise ne se ressent guère à Gyantse et, bien qu'il s'agisse de l'une des agglomérations importantes du sud du Tibet, elle ressemble toujours à un village et conserve son charme tibétain. Son atmosphère mérite à elle seule qu'on s'y rende (en se méfiant des chiens errants).

A voir

Le **monastère de Palkhor,** construit en 1427, est célèbre pour son splendide stupa Kumbum ("10 000 images") à neuf étages qui renferme, selon la tradition bouddhiste 108 chapelles.

Les moines ne permettent pas toujours de suivre le circuit des pèlerins jusqu'au sommet, mais les étages inférieurs abritent de très belles fresques. Nous vous conseillons d'emporter une lampe-torche.

Le **Dzong** (vieux fort) qui domine Gyantse offre un magnifique panorama sur la ville. L'entrée est généralement fermée mais on peut obtenir la clef (moyennant une modeste obole) dans une petite maison au pied des marches de la colline, près du pont de la route principale.

Où se loger et se restaurer

Pour simplifier les choses, deux pensions (voire une troisième dans les faubourgs) s'appellent hôtels Gyantse. La première, tenue par des Chinois, se trouve à l'est du carrefour principal et la deuxième, tibétaine, la plus fréquentée par les voyageurs, est installée à l'ouest.

L'hôtel (tibétain) *Gyantse* propose des lits en dortoir à 10 yuan, au confort sanitaire spartiate.

L'hôtel (chinois) *Gyantse* offre un peu plus de confort dans ses triples/doubles affichées à 25/20 yuan, avec s.d.b. à la plomberie défectueuse. Il dispose de quelques chambres à cinq lits coûtant 15 yuan par personne.

La *Tibetan Guesthouse*, à l'angle sud du carrefour central dispose de dortoirs à 10 yuan le lit, franchement peu engageants.

Comment s'y rendre

Tous les bus publics pour Shigatse font étape à Gyantse. Les minibus partent généralement jusqu'à 16h environ de l'arrêt situé devant la gare routière de Shigatse. Le trajet s'effectue en 3 ou 4 heures. En sens inverse, les minibus se prennent dans la journée depuis le carrefour de Gyantse, mais circulent de manière aléatoire.

La plupart des voyageurs ayant loué un véhicule pour se rendre à la frontière népalaise transitent par Gyantse.

SAKYA

(sàjiā)

Sakya se situe à 152 km à l'ouest de Shigatse et à 25 km de la route principale. Il y a sept siècles, son immense monastère était le plus important du Tibet et abrita le centre de la secte Sakyapa, fondée au XIe siècle. Le monastère conserve l'une des plus belles collections d'objets religieux tibétains, mais les moines restreignent parfois l'accès à certaines salles.

Où se loger et se restaurer

Les chauffeurs débarquent invariablement les voyageurs à la *Sakya County Guesthouse* (*sàjiāxiàn zhāodàisuǒ*), établissement de style chinois réputé pour la mauvaise volonté de son personnel. Le logement se fait en dortoir dans des lits de 10 à 16 yuan.

Juste à l'angle, nous vous recommandons le *Tibetan Hotel*, à l'accueil autrement plus sympathique. L'enseigne à côté de sa porte, "Sofia's Soda & Cigs", vous permettra de le trouver. Pour 10 yuan, on peut y dormir dans des chambres de style tibétain.

Comment s'y rendre

Le mieux consiste à s'y arrêter pour la nuit si on loue un 4x4 pour aller à la frontière ou au camp de base de l'Everest. Par les transports publics, le trajet est plus long.

De Shigatse à Sakya, les bus partent assez irrégulièrement le matin les lundis et jeudis. En sens inverse, les départs s'effectuent le mardi et le vendredi. Achetez votre billet la veille.

TINGRI

(dìngrì)

La ville s'organise en deux secteurs distincts : le nouveau Tingri (Xêgar), essentiellement composé d'un poste de contrôle et d'un hôtel, et le vieux Tingri (Tingri), qui désigne la ville tibétaine. Il n'y pas grand-chose à y faire, si ce n'est contempler l'Everest à l'horizon. La plupart des voyageurs choisissent d'y faire escale en se rendant à Zhangmu, la frontière népalaise.

L'*Everest View Hotel* est le meilleur de la ville. Il dispose de dortoirs (15 yuan le lit) et on peut se restaurer sur place.

Trois à quatre heures de route de montagne splendide séparent Tingri de la frontière népalaise.

MONASTÈRE DE RONGBUK ET CAMP DE BASE DE L'EVEREST

Beaucoup de voyageurs se rendant de Lhassa à Kodari font un détour par Rongbuk et s'arrêtent au camp de base de l'Everest (également connu sous le nom de camp de base du Chomolongma), avant de rejoindre la frontière. Certains chauffeurs de 4x4 refusent d'y aller en raison de l'état des pistes. Il vaut mieux se renseigner avant de quitter Lhassa et se mettre d'accord avec le chauffeur.

Le monastère de Rongbuk, à 3 heures de marche du camp de base, dispose de lits en dortoir à 15 yuan. Les moines vendent de temps à autre les provisions laissées par de précédentes expéditions, mais il est préférable de compter sur les siennes.

Si vous allez à pied de Rongbuk au camp de base, vous saurez que vous aurez atteint votre destination lorsque vous arriverez à

TIBET ET QINGHAI

la hauteur des toilettes... Ceux qui envisagent de faire le trajet à pied de Xêgar ou de Tingri (4 jours de marche) trouveront de précieux renseignements dans le guide Lonely Planet *Tibet* (en anglais).

ZHANGMU
(*zhāngmù*)

La dernière ville avant le Népal offre de multiples possibilités de logement et de restauration et il paraît agréable d'y passer la nuit plutôt qu'à Tingri, l'altitude moins élevée (2 000 m) rendant les températures plus clémentes.

La pension *Zhangmu*, principal établissement hôtelier de la ville, est installée au sud, à côté du bureau des douanes. Elle pratique des tarifs élevés et tout fonctionne au ralenti. Un lit en double standard revient à 80 yuan, 50 yuan en triple. Les amateurs d'eau chaude déchanteront rapidement.

La plupart des voyageurs lui préfèrent l'*Himalaya Lodge*, petit hôtel sympathique situé plus haut dans la montagne, à une rue au sud de la banque, non loin d'un petit stupa. Les plats chinois, tibétains et népalais sont servis jusque tard dans la nuit pour une somme très modique. On peut changer des yuan chinois et des roupies népalaises à un taux intéressant. Le lit en double confortable coûte 10 yuan.

En redescendant en direction de la pension Zhangmu, vous trouverez un hôtel de style chinois sur la droite. Comptez 25 yuan par personne et par nuit. Juste après la banque, vous pourrez également tenter votre chance auprès d'un autre hôtel si les précédents sont pleins.

DE ZHANGMU A KODARI

La frontière népalaise se franchit à 10 km environ au sud de Zhangmu, au pont de l'Amitié de Kodari. L'essor des échanges permet aujourd'hui de monter à bord d'un véhicule pour effectuer le trajet (15 yuan environ). Si vous décidez de vous rendre à pied jusqu'au pont (2 heures de marche), des porteurs se chargeront des bagages moyennant quelques yuan ou roupies. Deux raccourcis peuvent être empruntés dans la descente mais le parcours y est plus fatigant.

Les voyageurs désirant se rendre à Katmandou recourront au service des 2 bus quotidiens partant de Kodari une fois complets ou à la location de véhicules. A la frontière chinoise, des chauffeurs proposent de se rendre à Katmandou pour 1 500 à 2 000 roupies.

Qinghai 青海

Les frontières du Qinghai (*qīnghǎi*), au nord-est du Tibet, sont une création artificielle : pendant des siècles cette région fit partie de la sphère tibétaine avant d'en être séparée par un simple trait sur une carte chinoise.

A l'exception de la région autour de Xining, la capitale, la partie occidentale du Qinghai (autrefois appelée Amdo) n'a été incorporée à l'empire chinois qu'au tout début du XVIIIe siècle. Depuis 1949, les autorités chinoises relèguent dans cette province, sorte de "Sibérie chinoise", les criminels de droit commun et les prisonniers politiques. D'anciens officiers de l'armée et de la police du Guomindang y furent envoyés, ainsi que les "droitistes" arrêtés dans les années 50 (à l'époque du mouvement des Cent Fleurs), les victimes de la Révolution culturelle, d'anciens Gardes rouges, les partisans de la bande des Quatre, sans parler des opposants au régime actuel.

Le Qinghai oriental est un haut plateau d'herbages situé à une altitude moyenne de 2 500 à 3 000 m et traversé par des chaînes de montagnes dont les sommets atteignent 5 000 m. Le Huang He (fleuve Jaune) y prend sa source.

La plupart des régions agricoles sont concentrées à l'est, autour de Xining. Les hautes terres environnantes et les régions à l'ouest du lac Qinghai se prêtent à l'élevage des moutons, chevaux et bovins.

Dans le nord-ouest du Qinghai s'étend un vaste bassin, encadré de montagnes, recouvert de marais salants et de lacs salés, où les hivers sont particulièrement rigoureux. Ce secteur désertique de la province présente un sol riche en minerais, notamment en pétrole.

Un haut plateau de 3 500 m d'altitude occupe le sud du Qinghai. Il est séparé du Tibet par le massif des Tanggula, dont les pics culminent à 6 500 m. Le Chang Jiang (Yangzi) et le Lancang Jiang (Mékong) y prennent leur source. La plus grande partie de la région est couverte de pâturages où vivent essentiellement des bergers tibétains semi-nomades, éleveurs de chèvres, de moutons et de yaks.

La province offre une mosaïque d'ethnies, dont des Kazakhs, des Mongols et des Hui. Des Tibétains peuplent l'ensemble du Qinghai, tandis que les colons chinois sont regroupés autour de Xining, la capitale.

Population : 4,5 millions d'habitants

Capitale : Xining

A ne pas manquer :

- Le monastère Ta'er, l'un des six grands ensembles monastiques de la secte des Bonnets jaunes du bouddhisme tibétain
- Le lac Qinghai, le plus vaste de Chine, connu pour ses paysages spectaculaires et son abondante faune sauvage
- L'île aux Oiseaux, qui ira droit au cœur des amateurs d'ornithologie

XINING
(xīníng)

Seule agglomération importante de la province, Xining est depuis longtemps une ville chinoise. Dès le XVIe siècle, elle servit de garnison militaire et fut un centre d'échanges commerciaux.

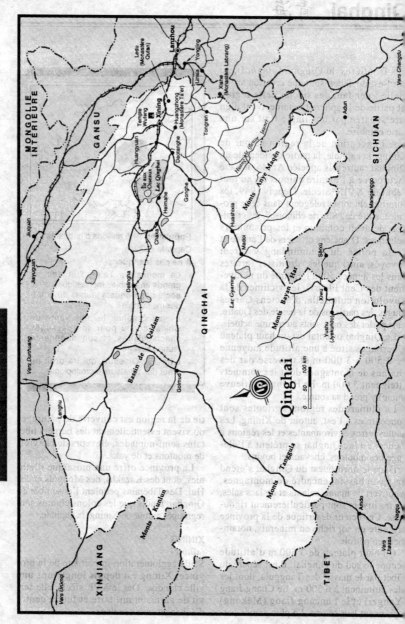

TIBET ET QINGHAI

De nos jours, les voyageurs se rendant du Qinghai au Tibet y font étape. Perchée à 2 200 m en bordure du plateau tibétain, vous pourrez vous y arrêter pour décider de la suite de votre voyage.

S'il n'y a rien d'exceptionnel à Xining même, on peut en revanche visiter le monastère Ta'er et se rendre au lac Qinghai.

Renseignements

Le CITS (☎ 42721) et son concurrent Kunlun Travel se trouvent dans le premier bâtiment de l'hôtel Xining, tandis que le tout récent Qinghai International Sport Travel Service a installé ses bureaux à l'hôtel Youzheng Gongyu.

Vous trouverez le BSP dans Bei Dajie.

La situation de la Bank of China, dans une rue partant de Dongguan Dajie, n'est guère pratique si vous êtes à pied, mais l'hôtel Qinghai dispose d'un service de change.

Temple Beishan
(*běishān sì*)
Niché à trois quarts d'heure à pied sur la montagne au nord-ouest de l'hôtel Xining, ce temple offre une bonne vue d'ensemble sur la ville.

La promenade qui y mène est des plus agréables.

Grande mosquée
(*qīngzhēn dà sì*)
Bâtie à la fin du XIVᵉ siècle, cette mosquée installée dans Dongguan Dajie est l'une des plus grandes de Chine du Nord-Ouest. Elle attire nombre de fidèles, en particulier pour la prière du vendredi.

Marché Shuijing Xiang
(*shuǐjǐng xiàng shāngchǎng*)
Ce marché du "Passage du puits", l'un des plus colorés de la ville, a cessé d'alimenter la ville en eau, mais mérite le détour, notamment pour y faire quelques provisions si l'on se rend vers Golmud, le lac Qinghai ou si l'on traverse les montagnes pour rejoindre Chengdu. Vous le trouverez à côté de la porte de l'Ouest (*xīmén*).

Où se loger
L'hôtel *Yongfu* (☎ 814-0236) (*yǒngfù bīnguǎn*), de l'autre côté du pont au sud de la gare ferroviaire, a tout pour séduire les petits budgets : le personnel réserve un accueil chaleureux et toutes les chambres disposent d'une s.d.b. En dortoir, un lit revient à 35 yuan, tandis que les simples/doubles sont affichées à 60/70 yuan. Sa cafétéria permet de passer des moments agréables.

Le sympathique hôtel *Youzheng Gongyu* (☎ 814-9484) (*yóuzhèng gōngyù bīnguǎn*), 138 Huzhu Lu, dans le prolongement de Qilian Lu, juste à l'est de la gare ferroviaire, comprend quelques doubles à 76 yuan.

Le *Xining Mansions* (☎ 409-991) (*xīníng dàshà*) est un établissement plutôt sinistre, mais ses tarifs défient toute concurrence avec des lits en dortoir à 15 yuan et des doubles sans sanitaire facturées à 23 yuan (34 à 48 yuan avec s.d.b.) Installé à 10 minutes à pied de la gare, on peut aussi s'y rendre par le bus n° 1 en descendant au deuxième arrêt.

Il paraît raisonnable d'éviter l'hôtel *Xining* (☎ 308-701) (*xīníng bīnguǎn*). Il n'a plus de dortoir et demande de 166 à 375 yuan pour des chambres qui ne les valent pas. La réception se trouve dans le bâtiment arrière. Distant de 5 km de la gare ferroviaire, il est situé sur le trajet du bus n° 9.

L'hôtel *Qinghai* (☎ 404-888 ; fax 44145) (*qīnghǎi bīnguǎn*) est la version de Xining du grand hôtel international, en tout cas pour ses prix. Les doubles commencent à 415 yuan et, sans complexe, la meilleure chambre de l'établissement est proposée à 12 450 yuan. Situé à 9 km de la gare, il ne s'adresse donc pas à ceux prenant un train tôt le matin.

Où se restaurer
Tout autour du Xining Mansions, on peut déguster des kebabs sur les stands qui s'installent dans la soirée. Les amateurs peuvent aussi se rendre aux *Kebab Tents*, en face de la gare.

Si vous logez à l'hôtel *Yongfu*, essayez son restaurant, qui sert d'excellents plats à

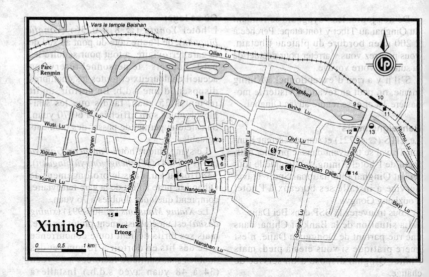

Xining

0   0,5   1 km

base de nouilles pour une somme modique. Il est situé à gauche en quittant l'hôtel et en se dirigeant vers la gare. De bons restaurants musulmans sont installés dans la même rue.

Autour du marché Shuijing Xiang, un certain nombre d'adresses peuvent être retenues, dont celle du *Dumpling Restaurant* (*jiǎozi guǎn*), si vous appréciez les raviolis.

Le *nec plus ultra* de la gastronomie chinoise à Xining est préparé par le *Peace Restaurant* (☎ 48069) (*hépíng cāntīng*), dans Dong Dajie.

Le restaurant chinois installé au 2ᵉ étage de l'hôtel *Qinghai* satisfera également le palais des gourmets. Malgré son éloignement du centre et sa carte rédigée en chinois, la qualité de la nourriture servie vaut le déplacement.

Comment s'y rendre
Avion. Le bureau de la CAAC, au 1ᵉʳ étage de l'hôtel Qinghai, délivre des billets pour les destinations suivantes : Pékin (deux vols par semaine), Canton (deux vols par semaine), Ürümqi (deux vols par semaine) et Chengdu (un vol par semaine). Annoncée depuis plus de sept ans, la liaison avec Golmud n'a toujours pas été mise en service.

Bus. Des bus partent le matin de la gare routière principale, en face de la gare ferroviaire, pour Heimahe (près du lac Qinghai), Golmud et le monastère Ta'er. Entre 8h30 et 12h, 3 bus se rendent à Tongren, d'où il est possible de rejoindre Xiahe (Gansu). Des bus desservent également Lanzhou, avec des départs à 7h30. On peut envisager d'emprunter le bus pour Lenghu (*lěnghú*), dans le nord, à la limite du Xinjiang. De là, il est théoriquement possible de continuer vers Ürümqi ou toute autre ville du Xinjiang.

Certains voyageurs ont fait le trajet Xining-Chengdu (Sichuan) par le bus. Le paysage qu'ils ont traversé, étonnamment tibétain, est, paraît-il, de toute beauté. Ce périple d'une semaine s'effectue sur une route dangereuse, où se produisent fréquemment accidents. Il vaut mieux s'abstenir de demander des renseignements sur cet itinéraire au CITS qui le déconseille.

XINING 西宁

OÙ SE LOGER

1   Hôtel Xining, CITS et Kunlun Travel
    西宁宾馆，中国国际旅行社，
    昆仑旅行社
11 Hôtel Youzheng Gongyu et Qinghai
    International Sport Travel Service
    邮政公寓宾馆，青海国际体育旅行社
12 Hôtel Yongfu
    永富宾馆
14 Xining Mansions
    西宁大厦
15 Hôtel Qinghai et CAAC
    青海宾馆，中国民航

OÙ SE RESTAURER

2   Dumpling Restaurant
    饺子馆
6   Peace Restaurant
    和平酒家
9   Kebab Tents
    帐蓬餐厅

DIVERS

3   BSP
    公安局
4   Marché Shuijing Xiang
    水井巷商场
5   Poste
    邮政大楼
7   Bank of China
    中国银行
8   Grande Mosquée
    清真大寺
10 Gare ferroviaire
    火车站
13 Gare routière (bus longue distance)
    长途汽车站

Le bus se rend de Xining à Madoi (*mǎdūo*) en 2 jours. De là, on peut rejoindre Xiwu (*xiēwǔ*), avant de gagner Sêrxu (*shíqú*), au Sichuan, par bus ou par camion. Il faut compter 2 jours de Sêrxu à Kangding (*kāngdìng*) et à nouveau 2 jours pour atteindre Chengdu. La compagnie de bus loge les passagers dans ses auberges ou se charge d'en indiquer d'autres.

Train. Des trains assurent fréquemment la liaison Xining-Lanzhou (4 heures 30) tandis que d'autres rejoignent Pékin, Shanghai, Qingdao et Xi'an. Deux trains desservent Golmud (les horaires sont indiqués à la rubrique *Golmud*).

ENVIRONS DE XINING
Monastère Ta'er
(*tǎ'ěr sì*)

Il s'agit de l'un des six grands ensembles monastiques de la secte des Bonnets jaunes du bouddhisme tibétain. Édifié en 1577 sur le site sacré où naquit Tsong Khapa – le fondateur de la secte –, il se trouve dans la ville de Huangzhong, à 26 km au sud-est de Xining.

Le monastère est célèbre pour ses extraordinaires sculptures en beurre de yak représentant des personnages, des animaux et des paysages. Au Tibet, l'art de la sculpture en beurre de yak remonte au VIIe siècle, mais a été introduit au monastère Ta'er à la fin du XVIe siècle. Lors de la rédaction de ce guide, le monastère était en voie de restauration.

Très fréquenté par les touristes chinois, l'endroit est agréable pour se promener dans les environs ou suivre les pèlerins dans leur circuit de prière autour du monastère. Six temples sont ouverts aux touristes ; les billets s'achètent à la guérite proche des stupas.

La photographie est interdite dans les temples : à l'extérieur de la salle des sculptures, les moines ont couvert le mur avec les pellicules confisquées.

Où se loger et se restaurer. Avant les travaux de rénovation, il était possible de loger au monastère, mais rien ne permet d'affirmer que ce sera toujours le cas lorsqu'ils seront achevés.

L'hôtel Ta'er (*tǎ'ěr sì bīnguǎn*) fait face à l'hôpital tibétain (près du monastère) et propose des doubles à 100 yuan.

On peut se restaurer correctement au monastère mais, si vous souhaitez varier un peu, un bon restaurant musulman sert des nouilles en bas de la colline, en direction

TIBET ET QINGHAI

de la ville. Les stands proches du monastère vendent du yaourt et des pêches en saison.

Comment s'y rendre. Les voyageurs s'arrêtent en général au monastère sur la route du lac Qinghai. Pour plus de détails, reportez-vous au paragraphe *Lac Qinghai*.

Les bus pour Huangzhong partent de la gare routière de Xining toutes les 10 minutes entre 7h et 18h30. Le trajet s'effectue en bus public en 45 minutes, mais plus rapidement en minibus. De Huangzhong à Xining, les bus se prennent sur la place centrale.

LAC QINGHAI
(*qīnghǎi hú*)

Le lac Qinghai (Koko Nor), connu jadis sous le nom de Mer occidentale, s'étend à 300 km à l'ouest de Xining, à 3 200 m d'altitude. D'aspect surnaturel, ce lac d'eau salée est le plus grand de Chine et renferme quantité de poissons.

Dans l'île aux Oiseaux, sans doute le site le plus passionnant de la région, se reproduisent des milliers d'oies sauvages, de mouettes, de cormorans, de bécasseaux, de rares grues à cou noir et de nombreuses autres espèces.

Mieux vaut s'y rendre pendant la saison des amours, entre mars et juin, pour voir le plus grand nombre d'oiseaux.

Les nuits sont fraîches et il convient de se munir de vêtements chauds et d'eau potable, celle du lac étant salée. Les nomades au bord du lac invitent parfois les visiteurs à boire une tasse de thé sous leur tente.

Voyages organisés
Les circuits de l'hôtel Yongfu (à Xining) semblent les plus intéressants. La location d'un minibus revient à 700 yuan et les 620 km de trajet peuvent se faire en 12 heures. Pour 100 yuan de plus et une heure de route supplémentaire, les chauffeurs font un détour au monastère Ta'er. Une brève halte au col du Soleil et de la Lune (*rìyuè shānkǒu*) permet de faire de belles photos.

Le CITS demande 1 600 yuan de location pour ses véhicules à destination de l'île aux Oiseaux, mais des tarifs plus intéressants peuvent se négocier en ville.

Où se loger et se restaurer
Il est possible de passer la nuit au *Bird Island Hotel* (*niǎo dǎo bīnguǎn*), qui dispose de lits à 80 yuan et dont la cuisine s'avère particulièrement bonne. On doit s'inscrire à l'hôtel et payer un droit d'entrée de 10 yuan avant d'être accompagné à l'île (16 km).

Comment s'y rendre
Bus. La réserve naturelle de l'île aux Oiseaux (*niǎo dǎo*), à 310 km de Xining sur la rive sud du lac, reste difficile d'accès en bus public. La petite localité de Heimahe (*hēimǎhé*), à 50 km de l'île aux Oiseaux, est le point le plus proche par les transports publics de Xining.

Train. La rive nord du lac est facilement accessible en train, mais les oiseaux y sont moins nombreux qu'ailleurs. Il faut descendre à la gare de Ha'ergai, puis marcher pendant une heure jusqu'au lac. Si vous allez à Golmud, vous verrez le lac depuis le train.

GOLMUD
(*géěrmù*)

Golmud représente un poste avancé de colons han dans le centre désertique de cette zone extrême de la Chine. Elle doit son existence aux mines de potasse. Outre la très grande majorité de Chinois, Golmud compte quelques Tibétains. La ville sert d'étape pour ceux qui se rendent vers le Tibet.

Le paysage lunaire du plateau tibétain peut être inhospitalier et, à 2 800 m d'altitude, les journées d'été connaissent parfois des températures caniculaires ; mais il fait toujours frais la nuit. La lumière aveuglante du soleil rend les lunettes de soleil et les protections solaires indispensables. Les hivers sont affreusement froids. Il n'y a pas grand-chose à voir en ville, mais il n'est pas désagréable de s'y promener.

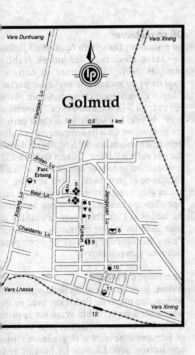

GOLMUD 格尔木

1. Gare routière (bus pour le Tibet)
   西藏汽车站
2. Restaurant Quanjiafu
   全家福酒楼
3. Grand magasin Nongken n°1
   农垦一商场
4. Grand magasin Kunlun
   昆仑商场
5. Marché
   格尔木集贸市场
6. Xining Peace Restaurant
   西宁和平酒家
7. Hôtel Golmud, CITS et BSP
   格尔木宾馆,中国国际旅行社公安局
8. Poste
   邮局
9. Bank of China
   中国银行
10. Bureau des mines de potasse
    青海钾肥厂总工办
11. Gare routière
    长途汽车站
12. Gare ferroviaire
    火车站

Vous pourrez prendre un taxi pour rencontrer les nomades qui vivent dans des yourtes, dans les steppes (*cǎoyuán*) alentour. Le paysage est superbe avec son arrière-plan de sommets enneigés (pour lesquels les autorités ne délivrent que rarement des permis).

Renseignements

Le CITS (☎ 412-764 ; fax 413-003) est installé à l'hôtel Golmud. Il vaut mieux l'éviter, à moins de vouloir poursuivre la route vers le Tibet. De nombreux voyageurs essayent d'acheter directement leur billet pour Lhassa à la gare routière, mais le personnel les renvoie invariablement au CITS.

A l'heure de la rédaction de ce guide, seul le CITS était habilité à vendre des billets pour cette destination. Le plus sage consiste à se renseigner à Golmud. Le CITS loue des minibus pour Lhassa : refusez absolument, car ces véhicules ne sont pas adaptés au terrain et tombent souvent en panne. Si cela vous arrive, vous risquez de passer plusieurs jours au milieu de nulle part en attendant de l'aide et de finir le voyage en stop alors que cette pratique est interdite. De plus, le CITS ne verse aucune indemnité pour ce type d'incident. Un voyageur nous a fait le récit suivant :

Nous étions huit à Golmud et le minibus du CITS (qui ne prenait que 20 \$US de plus que le bus public) nous parut une bonne option. Le minibus était déjà en réparation et M. Hou nous suggéra d'aller prendre un verre avec lui et nous promit de nous tenir au courant avant la nuit.

Un verre en appela un autre, nous nous retrouvâmes dans le bar à karaoke de l'hôtel Golmud. M. Hou y chanta quelques airs et insista pour danser avec chacune de nos compagnes, faisant valoir à mots à peine voilés que notre voyage au Tibet était en jeu.

Le départ n'eut pas lieu avant midi le lendemain, le chauffeur ayant passé plus de deux heures à faire le plein et deux autres à nettoyer les débordements. Les premières heures du voyage furent fantastiques (nos compagnes admirent que leurs danses avec

M. Hou valaient la peine). Mais, sept heures plus tard, nous étions debout dans le blizzard car le châssis avait cassé.

Huit étrangers armés de gros sacs à dos et faisant du stop pour Lhassa, ce n'est pas chose facile. Sans quelques bons bakchichs et vociférations pour arrêter les véhicules, nous y serions peut-être encore. Un bus daigna s'arrêter. L'intérieur ressemblait à une mêlée de rugby, à laquelle le chauffeur cria : "Donnez une place à nos invités étrangers." Nous passâmes pourtant les trente heures suivantes debout. Le seul arrêt eut lieu à midi le jour suivant pour ingurgiter un bol de nouilles.

Les plans de ville s'achètent à l'hôtel Golmud, qui abrite également le BSP. La Bank of China se trouve à l'angle de Kunlun Lu et de Chaidamu Lu. Pour la poste, rendez-vous au carrefour de Chaidamu Lu et de Jiangyuan Lu.

Mines de potasse du Qinghai
(*qīnghǎi jiáfēichǎng*)
La potasse est la raison d'être de Golmud. La plupart des habitants travaillent aux mines de potasse du Qinghai, à 60 km de la ville, site offrant un paysage des plus surprenants. Il existe deux autres installations minières de ce genre dans le monde, à Salt Lake City (États-Unis) et à la mer Morte (Israël). Celle du Qinghai a été construite avec l'assistance des Américains. La potasse est ramassée dans trois réservoirs de 3 km^2 sur 6 m de profondeur.

On peut visiter gratuitement en s'adressant au bureau général des ingénieurs (*zǒnggōngbàn*). Aux abords de la mine, le paysage est incroyablement désolé et pas un brin d'herbe ne pousse sur le sol salé.

Où se loger
Seul l'hôtel *Golmud* (☎ 412-817) (*géěrmù bīnguǎn*), 160 Kunlun Lu, accepte les étrangers. Les lits en dortoirs dans le vieux bâtiment coûtent de 17 à 30 yuan et les doubles avec s.d.b. de 160 à 180 yuan. Le personnel réserve un accueil des plus renfrognés. L'eau chaude fonctionne de temps à autre. La nouvelle aile, plus chère, propose des chambres à 240 yuan. Une navette (2 yuan) attend les trains en correspondance devant la gare (à pied, il faut 35 minutes).

Où se restaurer
Le restaurant *Quanjiafu* (*quánjiāfú jiǔlóu*) se classe au-dessus des autres établissements de la ville. Outre sa carte en anglais et au moins une serveuse parlant l'anglais, vous apprécierez son pain perdu, ses crêpes à la banane et ses "superburgers" de yak. Les serveuses invitent parfois les personnes qu'elles apprécient (indistinctement hommes ou femmes) à danser dans la salle à l'étage. Ouvert de 9h à 23h, le restaurant se trouve dans Bayi Lu, sur le chemin de la gare routière pour le Tibet.

Les autres restaurants proposent une cuisine chinoise sans surprise et peu onéreuse, du moins si l'on fréquente les tables de ceux installés le long du marché. Le *Xining Peace Restaurant* prépare de bons plats sichuanais un peu chers.

Comment s'y rendre
Avion. Bien que les plans de la ville comportent une photo de l'aéroport avec ce qui ressemble à un véritable avion sur la piste, il n'existe encore aucun vol pour Golmud et personne ne sait s'il y aura un jour une liaison avec Lhassa. Le bureau de la CAAC, à l'hôtel Golmud, est désert et envahi par la poussière. Renseignez-vous à Xining ou à Lhassa pour savoir ce qu'il en est lors de votre séjour.

Bus. La gare routière de Golmud fait face à la gare ferroviaire. Comptez 13 heures de trajet (524 km) pour Dunhuang. Le bus part à 6h30 et les étrangers paient tarif double. Il est recommandé d'acheter son billet la veille du départ. Attention ! le bus part de l'arrière de la gare et, faute de cette précision, on risque de le rater en l'attendant devant. Les bagages restant arrimés sur le toit, il importe de conserver un vêtement chaud avec soi car il fait froid au passage des cols. La musique passée à bord rend la route d'autant plus pénible.

Des bus se rendent également tous les jours à Xining, mais le voyage en train est plus rapide et plus confortable.

Les bus pour Lhassa partent de la gare routière pour le Tibet, dans Xizang Lu. L personnel du comptoir réservé aux étrangers parle l'anglais et invite les voyageurs à passer par l'intermédiaire du CITS pour acheter les billets. Le prix s'élève à 140 yuan pour les Chinois et 1 077 yuan (!) pour les étrangers, dans des bus chinois fatigués. Le siège dans un bus "japonais" (fabriqué en Chine), moins inconfortable, coûte 50 yuan de plus. Ces tarifs exorbitants sont justifiés par le forfait du "circuit Lhassa" inclus dans le prix, que vous le vouliez ou non.

La plupart des bus sont pilotés par deux chauffeurs, qui se relaient et ne s'arrêtent que pour les repas. Le trajet dure entre 28 et 35 heures et constitue l'un des voyages en bus les plus éprouvants au monde.

Golmud se prête bien aux achats nécessaires pour se rendre au Tibet. Les manteaux de l'APL, très chauds, coûtent environ 110 yuan dans les magasins ; il paraît judicieux d'en avoir un, quitte à l'abandonner à Lhassa. La température peut descendre jusqu'à -10°C (voire plus bas) dans

certains cols de montagne traversés la nuit. En principe, le chauffage fonctionne dans les bus mais, en cas de défaillance, mieux vaut ne pas être pris au dépourvu.

Train. Deux trains express (n°303 et 304) assurent en 17 heures la liaison Xining-Golmud ; les omnibus (n°507 et 508) effectuent le parcours en 23 heures. Les horaires sont les suivants :

Train n°	De / Vers	Départ / Arrivée	Fréquence
303	Xining / Golmud	17h35 / 12h54	tous les 2 jours
507	Xining / Golmud	7h40 / 7h06	quotidien
304	Golmud / Xining	15h20 / 11h14	tous les 2 jours
508	Golmud / Xining	20h15 / 19h24	quotidien

Le projet de construction d'une ligne de chemin de fer reliant Golmud à Lhassa a été abandonné car il aurait fallu la faire passer dans un tunnel au travers d'une montagne gelée.

TIBET ET QINGHAI

Glossaire

Termes géographiques en caractères chinois
(noms de province en gras)

Altai	阿勒泰	Dingshu	丁蜀
Anhui	安徽	Dongning	东宁
Anshun	安顺	Dongsheng	东胜
Anyang	安阳	Dujiangyan	都江堰
		Dunhuang	敦煌
Badaling	八达岭		
Baisha	白沙	Emeishan	峨眉山
Baiyanggou	白扬沟		
Banpo	半坡	Fleuve Jaune	黄河
Baoding	宝顶山	Foshan	佛山
Baoshan	保山	**Fujian**	福建
Baotou	北戴河	Fuyuan	抚远
Beidahe	北海	Fuzhou	福州
Beihai	北京		
Beishan	北山	Gangu	甘谷
Benxi	本溪	Ganlanba (Menghan)	橄榄坝
Bozhou	亳州	**Gansu**	甘肃
		Ganzi	甘孜
Cangyanshan	苍岩山	Golmud	格尔木
Changchun	长春	Grand Canal	大运河
Changsha	长沙	Grande Muraille	长城
Chaozhou	潮州	**Guangdong**	广东
Chengde	承德	**Guangxi**	广西
Chengdu	成都	Guangzhou (Canton)	广州
Chong'an	重安	Guichi	贵池
Chongqing	重庆	Guilin	桂林
Conghua	从化	Guiyang	贵阳
		Guizhou	贵州
Daheyan	大河沿	Guyuan	固原
Dali	大理	Gyantse	江孜
Dalian	大连		
Damenglong	大勐龙	Haikou	海口
Dandong	丹东	Hailar	海拉尔
Daqing	大庆	**Hainan (île)**	海南岛
Datong	大同	Hami	哈密
Dazu	大足	Hangzhou	杭州
Dege	德格	Hanoi	河内
Dehong	德宏	Harbin	哈尔滨

1005

Hebei	河北	Kangding (Dardo)	康定
Hefei	合肥	Kashgar	喀什
Heihe	黑河	Kunming	昆明
Heilongjiang	黑龙江	Kuqa	库车
Helanshan	贺兰山		
Henan	河南	Lanzhou	兰州
Hengyang	衡阳	Leshan	乐山
Heqing	鹤庆	Lhassa	拉萨
Hong Kong	香港	Lianyungang	连云港
Hohhot	呼和浩特	**Liaoning**	辽宁
Hotan	和田	Lijiang	丽江
Huaihua	怀化	Linxia	临夏
Huangguoshu	黄果树	Liping	黎平
Huangling	皇陵	Litang	理塘
Huanglong	黄龙	Liuyuan	柳园
Huangpu (rivière)	黄浦	Liuzhou	柳州
Huangshan	黄山	Longsheng	龙胜
Huashan	华山	Luding	泸定
Hubei	湖北	Lunan	路南
Humen	虎门	Luomen	洛门
Hunan	湖南	Luoyang	洛阳
Hunchun	珲春	Lushan	庐山
Jagdaqi	加格达奇	Macao	澳门
Ji'nan	济南	Maijishan	麦积山
Jiamusi	佳木斯	Mangshi	芒市
Jianchuan	剑川	Manzhouli	满洲里
Jiangsu	江苏	Mayu (île)	妈屿
Jiangxi	江西	Meishan	眉山
Jiayuguan	嘉峪关	Meizhou	湄州
Jilin	吉林	Menghai	勐海
Jingbo (lac)	镜泊湖	Menghun	勐混
Jingdezhen	景德镇	Mohe	漠河
Jingganshan	井岗山	**Mongolie intérieure**	内蒙古
Jinghong	景洪	Moxixiang	磨西乡
Jinjiang	金江	Mudanjiang	牡丹江
Jingzhen	景真	Mutianyu	慕田峪
Jinshan	金山		
Jiuhuashan	九华山	Nanchang	南昌
Jiujiang	九江	Nankin	南京
Jiuzhaigou	九寨沟	Nanluoshan	南罗山
		Nanning	南宁
Kaifeng	开封	Ningbo	宁波
Kaili	凯里	**Ningxia**	宁夏

Panshan	盘山	Suifenhe		绥芬河
Pékin	包头	Suzhou		苏州
Penglai	蓬莱			
Pingxiang	凭祥	Tai'an		泰安
Putuoshan	普陀山	Taishan		泰山
		Taiyuan		太原
Qianshan	千山	Tanggu		塘沽
Qingdao	青岛	Tangkou		汤口
Qinghai	青海	Tangshan		塘山
Qingtongxia	青铜峡	Tengchong		腾冲
Qinhuangdao	秦皇岛	Tianchi		天池
Qiongzhong	琼中	**Tianjin**		天津
Qiqihar	齐齐哈尔	Tianshui		天水
Quanzhou	泉州	Tiantaishan		天台山
Qufu	曲阜	Tianzhu		天祝
		Tibet		西藏
Rivière des Perles	珠江	Tingri		定日
Ruili	瑞丽	Tongjiang		同江
		Tongxin		同心
Sakya	萨迦	Tongzha		通什
Sanjiang	三江	Tumen		图门
Sanya	三亚	Tunxi		屯溪
Shaanxi	陕西	Turfan		吐鲁番
Shandong	山东			
Shanghai	上海	Ürümqi		乌鲁木齐
Shanhaiguan	山海关			
Shantou	汕头	Wanding		畹町
Shanxi	山西	Weihai		威海
Shaoshan	韶山	Wenchang		文昌
Shaoxing	绍兴	Wenzhou		温州
Shekou	蛇口	Wolong (réserve)		卧龙自然保护区
Shennongjia	神农架	Wudalianchi		五大连池
Shenyang	沈阳	Wudangshan		武当山
Shenzhen	深圳	Wuhan		武汉
Shibing	施秉	Wuhu		芜湖
Shidu	十渡	Wulingyuan		武陵源
Shigu	石鼓	Wutaishan		五台山
Shigatse	日喀则	Wuwei		武威
Shihezi	石河子	Wuxi		无锡
Shijiazhuang	石家庄	Wuyishan		武夷山
Shiwan	石湾	Wuzhou		梧州
Sichuan	四川			
Simao	思茅	Xanadu		上都
Simatai	司马台	Xi'an		西安

Xiahe	夏河	Yining	伊宁
Xiamen	厦门	Yongding	永定
Xiangtan	湘潭	Yueyang	岳阳
Xianyang	咸阳	Yulin	榆林
Xibaipo	西柏坡	**Yunnan**	云南
Xikou	西口	Yuncheng	运城
Xilinhot	锡林浩特	Yungang	云冈
Xincun	新村		
Xinglong	兴隆	Zhangjiajie	张家界
Xingyi	兴义	Zhangmu	樟木
Xining	西宁	Zhangye	张掖
Xinjiang	新疆	Zhanjiang	湛江
Xishuangbanna	西双版纳	Zhaoqing	肇庆
Xizhou	喜洲	**Zhejiang**	浙江
Xuzhou	徐州	Zhengding	正定
		Zhengzhou	郑州
Yan'an	延安	Zhenjiang	镇江
Yangshan	阳山	Zhenyuan	镇远
Yangshuo	阳朔	Zhongdian	中甸
Yangzi (fleuve)	长江	Zhongshan (ville)	中山市
Yangzhou	杨州	Zhongwei	中卫
Yanji	延吉	Zhuhai	珠海
Yantai	烟台	Zhujiajian	朱家尖
Yaqueling	鸦雀岭	Zhuzhou	株州
Yichang	宜昌	Zibo	淄博
Yinchuan	银川	Zouxian	邹县
Yingjiang	盈江	Zunyi	遵义
Yingtan	鹰潭		

Index

ABRÉVIATIONS

Anh – Anhui
Fuj – Fujian
Gan – Gansu
G'dong – Guangdong
G'xi – Guangxi
Gui – Guizhou
Hai – île de Hainan
Heb – Hebei
Heil – Heilongjiang
HKM – Hong Kong et Macao
Hen – Henan

Hub – Hubei
Hun Hunan
J'su – Jiangsu
J'xi – Jiangxi
Jil – Jilin
Lia – Liaoning
Mon int – Mongolie
  intérieure
Nin – Ningxia
Pék – Pékin
Qin – Qinghai

Shaa – Shaanxi
S'dong – Shandong
S'hai – Shanghai
S'xi – Shanxi
Sic – Sichuan
Tia – Tianjin
Tib – Tibet
Xin – Xinjiang
Yunn – Yunnan
Zhe – Zhejiang

CARTES

Anhui 344
Anshun (Gui) 728

Baotou-est (Mon int) 966
Baotou-ouest (Mon int) 964
Baoshan (Yunn) 799
Beidaihe (Heb) 272
Beidaihe/Qinhuangdao/
  Shanhaiguan (Heb) 271

Canton (G'dong) 614-615
  Jardin à la mémoire
  des Martyrs 639
Changchun (Jil) 442
Changsha (Hun) 556
Chaozhou (G'dong) 674
Chengde (Heb) 258
Chengdu (Sic) 818
Chine
  Extension de l'influence
  chinoise 16
  Lignes intérieures 175
Chongqing (Sic) 846
  De Chongqing à Yichang 854
  Environs de Chongqing 852

Dali (Yunn) 765
  Dali et la région du lac Erhai 770
Dalian (Lia) 430
  Environs de Dalian 435
Dandong (Lia) 436
Datong (S'xi) 476
Dinghushan (G'dong) 668
Dongsheng (Mon int) 968
Dujiangyan (Sic) 832
Dunhuang (Gan) 935
  Environs de Dunhuang 938

Emeishan (Sic) 836

Forêt de pierre (Yunn) 760
Foshan (G'dong) 654
Fujian 406
Fuzhou (Fuj) 409

Gansu 912
Golmud (Qin) 1001
Guangdong 613
Guangxi 691

Guilin (G'xi) 698
Guiyang (Gui) 724
Guizhou 722

Haikou (Hai) 680
Hainan, île 678
Hangzhou (Zhe) 388
Harbin (Heil) 455
Hebei 262
Hefei (Anh) 346
Heilongjiang 453
Henan 506
Hohhot (Mon int) 958
Hong Kong 572-573
  Central 582-583
  Districts 574
  Kowloon 580
  Lignes de bus 607
  Wanchai Causeway Bay 585
Huangshan (Anh) 349
Hubei 526
Hunan 554

Jardin du Pavillon des vagues (J'su)
  336
Ji'nan (S'dong) 280
Jiangsu 308
Jiangxi 540

Jiayuguan (Gan) 930
  Fort de Jiayuguan 931
Jilin 440
Jilin, ville (Jil) 444
Jingdezhen (J'xi) 544
Jinghong (Yunn) 789
Jiujiang (J'xi) 547
Jiuzhaigou (Sic) 873

Kaifeng (Hen) 520
Kaili (Gui) 732
Kashgar (Xin) 900
Korla (Xin) 896
Kunming (Yunn) 740
  Environs de Kunming 755
Kuqa (Xin) 897

Lanzhou (Gan) 914
Leshan (Sic) 842
Lhassa (Tib) 982-983
Liaoning 423
Lijiang (Yunn) 772
  Environs de Lijiang 778
Liuzhou (G'xi) 714
Longsheng (G'xi) 711
Luoyang (Hen) 514
Lushan (J'xi) 550

Macao
  Centre de Macao 620-621
  Péninsule de Macao 612-613
Mangshi (Yunn) 813
Mongolie intérieure 954
Montagne du Nuage blanc (G'dong)
  652

Nanchang (J'xi) 542
Nankin (J'su) 310-311
Nanning (G'xi) 692

Ningbo (Zhe) 395
Ningxia (Nin) 944

Pékin 194-195
   Centre de Pékin 206-207
   Municipalité de Pékin 193
   Plan du métro 233
Putuoshan (Zhe) 398

Qingcheng Shan et Qingcheng
   Hou Shan (Sic) 831
Qingdao (S'dong) 297
Qinghai 996
Quanzhou (Fuj) 418
Qufu (S'dong) 291

Ruili (Yunn) 807

Sanya (Hai) 686
Shaanxi 484
Shamian, île (G'dong) 642
Shandong 278
Shanghai, ville 362
   Centre de Shanghai 364-365
   Concessions étrangères
     à Shanghai 360
   Municipalité de Shanghai 356
Shanhaiguan (Heb) 274
Shantou (G'dong) 672
Shanxi 469
Shaoshan (Hun) 559
Shaoxing (Zhe) 392
Shenyang (Lia) 424

Shenzhen (G'dong) 660
   Zone économique spéciale 658-
     659
Shigatse (Tib) 990
Shijiazhuang (Heb) 264
Sichuan 816
Songpan (Sic) 870
Suzhou (J'su) 335

Tai'an (S'dong) 284
Taihu, lac (J'su) 330
Taishan (S'dong) 286
Taiyuan (S'xi) 470
Tanggu (Tia) 256
Tengchong (Yunn) 802
Tianjin 246
   Centre de Tianjin 250
   Municipalité de Tianjin 244
Tianshui (Gan) 920
Tibet 975
Turfan (Xin) 890
   Environs de Turfan 893

Ürümqi (Xin) 882

Wanding (Yunn) 811
Wenzhou (Zhe) 402
Wuhan (Hub) 530
Wulingyuan (Hun) 567
Wutaishan (S'xi) 475
Wuwei (Gan) 928
Wuxi (J'su) 329
   Environs de Wuxi et lac Taihu 331

Wuzhou (G'xi) 716

Xi'an (Shaa) 486
   Environs de Xi'an 496
Xiahe et monastère
   de Labrang (Gan) 923
Xiamen et Gulangyu (Fuj) 412
Xining (Qin) 998
Xinjiang 879
Xiqiao, collines (G'dong) 656
Xishuangbanna (Yunn) 785

Yangshuo (G'xi) 706
Yangzhou (J'su) 325
Yantai (S'dong) 304
Yichang (Hub) 536
Yinchuan (Nin) 947
Yining (Xin) 906
Yueyang (Hun) 563
Yulin (Shaa) 503
Yunnan 738

Zhangye (Gan) 929
Zhanjiang (G'dong) 652
Zhaoqing (G'dong) 667
Zhejiang 384
Zhengzhou (Hen) 509
   Environs de Zhengzhou 511
Zhenjiang (J'su) 321
Zhongwei (Nin) 949
Zhuhai (G'dong) 664
Zhujiajian (Zhe) 400
Zunyi (Gui) 735

TEXTE

Les références des cartes sont en **gras**

ABA, préfecture
   autonome (Sic) 869
Achats 150-151
Acrobatie (S'hai) 376-377
Acupuncture 113
Alimentation 139-147, (Yunn) 748
Allemands au Shandong 298
ALP 44
Alpinisme 171
Altaï (Xin) 908-909
Ambassades
   Chinoises 84
   Étrangères 85
Amitié, pic (Xin) 909
Amitié, route (Tib) 987
Ancêtres, temple (G'dong) 655
Ancien palais d'Été (Pék) 205
Anglais en Chine 23, (G'xi) 717,
   (Xin) 880, (Gan) 939
Anhui 343-353, **344**

Anshun (Gui) 728-729, **728**
Antu (Jil) 448
Anyang (Hen) 518
Architecture 49-50
Argent 88-91
Armée de libération populaire,
   voir ALP
Armée rouge (Lia) 427, (Shaa) 500
Arts 47-58
Assurance 111-112, 872, 917
Auto-stop 186
Avion **175**
   B A BA du voyage 156-157
   Depuis/vers la Chine 153-160
   En Chine 173-176
Aydingkol, lac salé (Xin) 895

Badachu (Pék) 240
Badong (Sic) 857
Bai (population) (Hun) 566, (Yunn)
   737, 764
Baidicheng (Sic) 857

Baihe (Jil) 448

Baihuashan, cascade (Hai) 687
Baisha (Yunn) 779
Baishui Tai (Yunn) 783-784
Baiyanggou (Xin) 888
Bambou 40
Bambous, temple (Yunn) 754-755
Bande des Quatre 31, 32
Banpo, village néolithique
   (Shaa) 495
Baoding (Sic) 859-860
Baoshan (Yunn) 797-800, **799**
Baotou (Mon int) 963-966, **964, 966**
Batang (Sic) 868-869
Bateau
   Depuis/vers la Chine 168-169
   En Chine 186-187
Beidahu, station de ski (Jil) 446
Beidaihe (Heb) 271-273, **272-273**
Beier, lac (Mon int) 971
Beihai (G'xi) 697

Beihai, parc (Pék) 211-212
Beishan (Sic) 859
Bicyclette 182-186, (Yunn) 809
Bingling Si (Gan) 918
Bingyu, vallée (Lia) 434
Birmanie, route (Yunn) 742
Blanchissage/nettoyage 101
Bogda Feng (Xin) 887
Boissons 147-148
Bön (Tib) 976
Bonnets jaunes, *voir* Gelugpa
Bosten, lac (Xin) 895
Bouddhisme 17, 64-66
Bouyei (population) (Gui) 730
Boxeurs, rébellion 24
Bozhou (Anh) 345-347
Brahmapoutre (Tib) 989
Bronze, ouvrages 52-53
BSP 94-95
Bulang (population) (Yunn) 796
Bund (S'hai) 361
Bus
    Depuis/vers la Chine 160
    En Chine 176-177
Bureau de la sécurité
   publique, *voir* BSP

CAAC 174
Calligraphie 47-48
Camping 137-138
Cangyanshan (Heb) 265
Canton 631-652, **614-615**
    A voir 638-644
    Achats 648
    Comment circuler 651-652
    Comment s'y rendre 648-651
    Distractions 648
    Où se loger 644-646
    Où se restaurer 646-647
    Renseignements 637
Carte blanche 86, (G'xi) 708
Carte d'étudiant, *voir* Carte blanche
Carte verte 86
Cartes 108
Cent Fleurs 29
Céramique 51-52, (J'su) 327, 655
Chamdo (Sic) 861
Chang'an (Shaa) 485-487
Changchun (Jil) 439-442, **442**
Chang Jiang (Yangzi), pont sur le
  (Hub) 528
Changsha (Hun) 553-558, **556**
Chaozhou (G'dong) 675, **674**
Chejiang (Gui) 734
Cheng, précipice (G'dong) 653
Chengde (Heb) 265-270, **266**
Chengdu (Sic) 817-830, **818**
    Achats 828
    Comment circuler 830

Comment s'y rendre 828-830
    Distractions 827-828
    Où se loger 824-825
    Où se restaurer 825-827
    Renseignements 820-821
    Wenshu, monastère 821
Chenggong, district (Yunn) 758
Chenglingji (Hun) 563, (Sic) 858
Cheung Chau, île (HKM) 587, 595
China International Travel Service,
  voir CITS
China Travel Service, *voir* CTS
China Youth Travel Service,
  voir CYTS
Chong'an (Gui) 734
Chongqing (Sic) 845-853, **846**
    De Chongqing à Yichang **854**
Chongwu (Fuj) 420
Christianisme 68
Chuanxi, plaine (Sic) 815
Chun'an, disrict (Zhe) 403
Chungking, *voir* Chongqing
Cinéma 55-57
Ciping, *voir* Jinggang Shan
Cirque, *voir* Acrobatie
Cité interdite (Pék) 199, 201-202
CITS 92-93
Climat 38-40
Colline de la Lune (G'xi) 709
Collines de l'Ouest (Pék) 239, (Yun)
  756-757
Collines parfumées, *voir* Collines de
  l'Ouest
Communisme et religion 68-70
Confucianisme 15, 62-64, (S'dong)
  292-293
Confucius, temple (S'dong) 290-295
Cours 133
    Cours de langue 81
Coxinga 411
Criminalité 128
Croisière en bateau (S'hai) 369,
  (Zhe) 391, 392, (Lia) 435-436,
  (Hub) 532, (G'dong) 643-644,
  (G'xi) 710, (Sic) 853-854
CTS 93
Cuiheng (G'dong) 666
Culture 58-61
Cyclo-pousse 188-189
CYTS 93

Dagoba 949
Dagoukui, mont (Heil) 459
Dagushan (Lia) 437
Daheyan (Xin) 888-889
Dai (population) (Yunn) 787
Dai, temple (S'dong) 283
Daishan, *voir* Taishan
Dalaï-lama (Tib) 976

Dali (Yunn) 763-769, **765**
Dalian (Lia) 429-434, **430**, **435**
Damenglong (Yunn) 794-796
Dandong (Lia) 434-437, **436**
Danjia (population) (Hai) 684
Danxi (Gui) 733
Dardo, *voir* Kangding
Datong (S'xi) 476-479
Dayong, *voir* Zhangjiajie ville
Dazu (Sic) 858-861
Dêgê (Sic) 867-868
Dehong (Yunn) 804-814
Deng Xiaoping 33, 35
Deqin (Yunn) 784
Dian, lac (Yunn) 756
Différences culturelles 60-61, 181
Dingshu (J'su) 327-328
Dinghushan (G'dong) 668, **668**
Diping (Gui) 734
Dong (population) (G'xi) 710
Dongning (Heil) 461-462
Dongsheng (Mon int) 967-968, **968**
Dongting, lac (Hun) 563
Douane 87-88
Dr Ho (Yunn) 779
Drogue 130-131
Dujiangyan (Sic) 832, 832-833, **832**
Dunhuang (Gan) 934-937, **935**, **938**
Dynasties 13

Économie 43-45
Électricité 101
Emeishan (Sic) 834-841, **836**
Enfants, voyager avec 127
Environnement 41, 951
Erhai, lac (Yunn) 769, **770**
Ertrix, rivière (Xin) 909
Espagnols en Chine 23
Eunuques 22
Everest, camp de base (Tib) 993-994
Expédition vers le Nord 26

Famen, temple (Shaa) 501
Faune 40
Fax 100
Fengdu (Sic) 856
Fenghuangshan (Lia) 437
Fengjie (Sic) 857
Festival des lanternes de glace
    Harbin (Heil) 456
    Jilin (Jil) 445
Fête de l'Eau 96 (Yunn)
Fleuve Jaune 38, (Hen) 508
Flore 40
Forêt de pierre (Yunn) 758-760, **760**
Foshan (G'dong) 654-655, **654**
Français en Chine (S'hai) 363,
  (G'dong) 671, (Yunn) 742
Fujian 405-420, **406**

Fuling (Sic) 856
Fuyuan (Heil) 463
Fuzhou (Fuj) 405-410, **409**
Gangu (Gan) 921
Ganlanba (Yunn) 793
Gansu 911-942, **912**
Ganzi (Sic) 867
Ganzi, région autonome tibétaine (Sic) 867
Gaochang, ruines (Xin) 893-894
Gaojin (Gui) 734
Gardes rouges 31
Gelugpa (Tib) 976
Géographie 36-38
Gezhou, barrage (Hub) 535
Gezhouba, barrage (Sic) 858
Ginseng (Heil) 463
Gobi, désert (Qin) 1000-1003, **1001**
Golmud (Qin) 1000-1003, **1001**
Gongfu 58
Gongxian, district (Hen) 512
Gorge du Saut du tigre (Yunn) 780-781
Grand Bond en avant 30
Grand Bouddha (Sic) 841
Grand Canal 38, 319-320, 339-340
Grande Muraille (Pék) 234, 237, (Tia) 258-259, (Heb) 273, (S'xi) 481
Grottes bouddhiques 136-137
Guangdong 631-675, **632**
Guangxi 690-719, **691**
Guangzhou, voir Canton (G'dong)
Guanyintang (Yunn) 769
Guichi (Anh) 353
Guilin (G'xi) 697-705, **698**
Guiping (G'xi) 696
Guiyang (Gui) 723-728, **724**
Guizhou 721-736, **722**
Gulangyu, île (Fuj) 412-413, **412**
Gulja, voir Yining
Guomindang 26, 28, 35, 427
Guyuan (Nin) 951-952
Gyantse (Tib) 992-993

Haigeng, parc (Yunn) 757-758
Haikou (Hai) 679-683, **680**
Hailar (Mon int) 970
Hailuogou, parc du glacier (Sic) 864-865
Hainan, île 677-687, **678**
Hakka (population) (Fuj) 417
Hami (Xin) 888
Han, Chinois 46
Han, dynastie 16, (Shaa) 485
Hanas, lac (Xin) 909
Hanas, réserve naturelle (Xin) 909
Hangzhou (Zhe) 383-392, **388**
A voir 385-387

Achats 391
Comment circuler 391-392
Comment s'y rendre 391
Où se loger 387-390
Où se restaurer 390-391
Renseignements 385
Hani (population) (Yunn) 797
Hanoi (Xin) 903-904
Harbin 445, (Heil) 451-459, **455**
Hebei 261-276, **262**
Hébergement 137-139
Hefei (Anh) 343-345, **346**
Heihe (Heil) 463
Heilong Jiang (Heil) 462-463
Heilongjiang 451-465, **453**
Helan Shan (Nin) 948
Henan 505-523, **506**
Hengyang (Hun) 565-566
Heqing (Yunn) 771
Heshun, village (Yunn) 804
Heure locale 101
Hezuo (Sic) 876
Histoire 13-36, (HKM) 570-571
Hmong, voir Miao (population)
Hohhot (Mon int) 957-961, **958**
Hollandais en Chine 23
Homme de Pékin, site (Pék) 241
Hong Kong 34, 570-610, **572-573**, **574**
A voir 578-588
Achats 602-603
Comment circuler 607-610, **607**
Comment s'y rendre 603-607
Consulats étrangers 574-575
Distractions 600-602
Histoire 570-571
Où se loger 588-596
Où se restaurer 596-600
Visas 571
Hong Kong, retour à la Chine 34
Huaihua (Hun) 566
Huang Taiji, voir Nord, Tombeau du
Huangguoshu, chutes (Gui) 730
Huangling (Shaa) 502
Huanglong (Sic) 872
Huangpu, fleuve (S'hai) 369
Huangshan, massif (montagnes Jaunes) (Anh) 347-352, **349**
Huangshan Shi, voir Tunxi
Huangzhong (Qin) 999
Huaqing, thermes (Shaa) 498
Huashan (Shaa) 501
Huashan, falaise (G'xi) 696
Hubei 525-537, **526**
Hu Feng 29
Hui (population) (Hai) 684
Hulun, lac (Mon int) 970
Humen (G'dong) 662
Hunan 553-568, **554**

Hunchun (Jil) 449

Ili, préfecture autonome kazakh (Xin) 905
Ili, vallée (Xin) 878, 905, 908
Indicatifs téléphoniques 100
Institutions politiques 41-43
Islam 67
Itinéraires, suggestions 134-135

Jade 53, (Yunn) 750, 805, (Xin) 905
Japonais en Chine 28, (Lia) 426
Jehol, voir Chengde
Ji'nan (S'dong) 279-282, **280**
Jiamusi (Heil) 463-463
Jianchuan (Yunn) 771
Jiangsu 307-341, **308**
Jiangxi 539-552, **540**
Jiaohe, ruines (Xin) 895
Jiayu, col, voir Jiayuguan
Jiayuguan (Gan) 929-933, **930**
Jiayuguan, fort 930-931, **931**
Jiegao (Yunn) 810
Jietai, temple (Pék) 240
Jiezhou (S'xi) 482
Jilin 439-449, **440**
Jilin ville 443-446, 445, **444**
Jin, dynastie 17
Jinci, temple (S'xi) 473-474
Jingbao (G'xi) 709
Jingbo, lac (Heil) 460
Jingdezhen (J'xi) 544-546, **544**
Jinggang Shan (J'xi) 552
Jinghong (Yunn) 786-792, **789**
Jingzhen (Yunn) 797
Jingzhou (Sic) 858
Jinjiang (Yunn) 784
Jinning, district (Yunn) 758
Jinshan, voir Dingshu
Jinshitan (Lia) 434
Jintiancun (G'xi) 696
Jiuhuashan (Anh) 352-353
Jiujiang (J'xi) 546-549, **547**
Jiushui (S'dong) 302
Jiuzhaigou (Sic) 872-875, **873**
Jiuzhaigou, parc national, 873
Jixian (Tia) 258
Jiyaxiang (Xin) 905
Jours fériés 95-96
Judaïsme (Hen) 68, 522
Junshan, île (Hun) 563

Kachin, voir Jingpo
Kaifeng (Hen) 519-523, **520**
Kaili (G'xi) 713, (Gui) 732-734, **732**
Kangba, plateau (Sic) 861
Kangding (Sic) 862-863
Karakorum, route (Xin) 904
Karakuri, lac (Xin) 904

Karaoke 149, 150
Karez, canaux d'irrigation souter rains (Xin) 894-895
Kashgar (Xin) 899-903, **900**
Kazakhs (Xin) 878, 887
Khan, Genghis 20, 192, 968-969
Khan, Qubilaï 20
Khunjerab, col (Xin) 904
Kirghiz (population) (Xin) 878
Kodari (Tib) 994
Koko Nor, voir Qinghai, lac
Kong, monts (Yunn) 804
Korla (Xin) 895-897, **896**
Kowloon (HKM) 591-593, 596-599
Kungfu, voir Gongfu
Kunming (Yunn) 738-753, **740**
    A voir 744-745
    Achats 750-751
    Comment circuler 753-754
    Comment s'y rendre 751-753
    Distractions 750
    Où se loger 745-747
    Où se restaurer 747-750
    Renseignements 743-744
Kuqa (Xin) 897-898, **897**

Labrang, monastère (Gan) 924-925, **923**
Lac du Croissant de lune (Gan) 937-938
Lahu (population) (Yunn) 796
Lamas, temple (Pék) 215
Lamma, île (HKM) 587-588, 595-596
Lancang (Yunn) 738, 786
Langmusi (Sic) 876, (Gan) 927
Langue 70-81, (Tib) 978
Lanshan (Gan) 914-915
Lantau, île (HKM) 588, 596
Lanternes, fête 92
Lanzhou (Gan) 913-918, **914**
Laos, passage de la frontière (Yunn) 794
Laoshan (S'dong) 302
Leishan (Gui) 732, 734
Leshan (Sic) 841-845, **842**
Lhassa (Tib) 980-988, **982-983**
Li (population) (Hai) 678
Li Jiang (G'xi) 705
Lianyungang (J'su) 341
Liaoning 422-437, **423**
Lijiang (Yunn) 771-777, **772**, **778**
Lin Biao 32
Ling, canal (G'xi) 705
Lingyin Si (Zhe) 385
Linxia (Gan) 922-923
Linxian, district (Hen) 518
Liping (G'xi) 713, (Gui) 734
Litang (Sic) 868

Littérature 53-55
Liu Bang (Shaa) 485
Liuyuan (Gan) 933-934
Liuzhou (G'xi) 713-716, **714**
Livres 101-107
    Histoire et civilisation 104
    Librairies 107
    Littérature 101-103
    Littérature de voyage 106
    Sociologie et culture 105
Longgong, grottes (Gui) 730-731
Longmen, grottes (Hen) 515
Longqing, gorge (Pék) 242
Longsheng (G'xi) 710-713, **711**
Longue Marche 27, (Shaa) 502, (J'xi) 552
Lop Nur (Xin) 878
Lotus, montagne (G'dong) 653
Lu, lac (G'dong) 653
Lu Xun (Zhe) 393
Luding (Sic) 865-866
Luding, pont (Sic) 866
Lugu, lac (Yunn) 781-782
Luhuitou, péninsule (Hai) 684
Lunan (Yunn) 760-761
Lunan, district (Yunn) 759
Luomen (Gan) 922
Luoyang (Hen) 512-518, **514**
Luqu (Gan) 927
Lushan (J'xi) 549-551, **550**
Lusheng, fête (Gui) 733
Luxi, voir Mangshi

Macao (HKM) 611-630, **612-613**, **620-621**
    A voir 619-623
    Achats 628
    Comment circuler 630
    Comment s'y rendre 628-630
    Distractions 627-628
    Histoire 611
    Langue 611-614
    Où se loger 624-626
    Où se restaurer 626-627
    Visas 614-615
Maijishan (Gan) 919-921
Malikurwatur, ruines (Xin) 905
Maling, Gorges (Gui) 736
Mandchoukouo, voir Mandchourie
Mandchourie (Lia) 426
Mandchous 46
Mangshi (Yunn) 812-814, **813**
Manifestations culturelles 96-97 (Gui) 723, (Yunn) 765-766, 773, 786, (Gan) 925
Manzhouli (Mon int) 970-971

Mao Zedong 27, 33, (Pék) 200, (Hun) 558, 560-561
Maodao (Hai) 687
Maogan (Hai) 687
Maogong (Gui) 734
Marchandage 90-91
Marché noir 88
Marco Polo, pont (Pék) 241
Massage 111
Mati (Gan) 928
Mausolée de Sun Yat-sen (J'su) 315
Mayu, île (G'dong) 674
Mazhan (Yunn) 804
Médias 108-109
Meishan (Sic) 845
Meizhou (Fuj) 420
Mékong, voir Lancang
Menghai (Yunn) 796
Menghan, voir Ganlanba
Mengla (Yunn) 794
Menglun (Yunn) 793-794
Mengyang (Yunn) 792-793
Miao (population) (Hun) 566, (Hai) 678, (G'xi) 690
Min (Sic) 832
Ming, dynastie 21
Ming, tombeaux (Pék) 238
Mogao, grottes (Gan) 938-939
Mohe (Heil) 462-463
Monastère suspendu (S'xi) 481
Mongol, empire (Mon int) 953-956
Mongolie intérieure 953-971, **954**
Mongols 21, (Mon int) 953
Mont Cinq Doigts (Hai) 687
Mont enneigé du Dragon de jade (Yunn) 779
Mont Gongga (Sic) 862
Mont Jizu (Yunn) 763
Mont Ma'an (volcan) (Yunn) 804
Mont Meilixue (Yunn) 784
Mont Satseto, voir Mont enneigé du Dragon de jade
Mont Yunfeng (Yunn) 804
Montagne du Nuage blanc (G'dong) 653, **652**
Montagnes Jaunes, voir Huangshan, massif
Mosu (population) (Yunn) 781
Moto 182
Mouvement du 4 mai 26
Mouvement pour le rachat et la nationalisation des chemins de fer 25
Moxi (Sic) 863-864
Mudanjiang (Heil) 459-460
Mugecuo, lac (Sic) 863
Muse (Myanmar) 810
Musée d'Histoire naturelle (Pék) 210
Musique 57-58

Musulmans (Yunn) 745
Myanmar, passage de
    frontière (Yunn) 807

Nan Yue, mont (Hun) 566
Nanchang (J'xi) 539-543, **542**
Nankin (J'su) 307-319, **310-311**
    A voir 309-316
    Comment circuler 319
    Comment s'y rendre 318-319
    Distractions 318
    Où se loger 316-317
    Où se restaurer 317-318
    Renseignements 309
Nanluoshan (Yunn) 797
Nanning (G'xi) 692-696, **692**
Nationaliste, parti,
    voir Guomindang
Naxi (peuple) (Yunn) 774
Népal, passage de frontière (Tib)
    994
Ningbo (Zhe) 395-397, **395**
Ninglang (Yunn) 781
Ningxia 943-952, **944**
Nongdao (Yunn) 810
Nord, Tombeau du (Lia) 423
Nord, dynastie 17
Nouveaux Territoires (HKM) 586-
    588, 595
Nouvel An chinois 95

Ocean Park (HKM) 586
Offices du tourisme 93-94
Oiseaux, île (Qin) 1000
Oiseaux,
    Observation 40, (Heil) 464,
    (Qin) 1000
Opéra (Pék) 225-226
Opium, guerres 23, 309,
    (HKM) 570, (G'dong) 662
Oroqen (population) (Heil) 461
Ouest, lac (Zhe) 386-387
Ouïghour, artisanat (Xin) 892, 903
Ouïghours (Xin) 878, 889
Ouzbeks (Xin) 906

Pagode de bois (S'xi) 482
Pagode des Quatre Portes,
    voir Monastère Shentong
Palais d'Été (Pék) 203-204, 205
Paludisme 124-125
Pamir, plateau (Xin) 904
Panchen-lama (Tib) 990
Pandas 40, (Sic) 823, 834
Panshan (Tia) 258
Parti communiste chinois 26, 41
Parti nationaliste 26
PCC, voir Parti communiste chinois
Peinture 48-49

Pékin 192-242, **193, 194-195,
    206, 207**
    A voir 198-217
    Achats 226-228
    Comment circuler 230-234
    Comment s'y rendre 228-230
    Distractions 225-226
    Métro 232-233
    Où se loger 217-221
    Où se restaurer 221-224
    Renseignements 197-198
Pékin, massacre 34, 42-43
Peng Chau, île (HKM) 588
Penglai (S'dong) 305
Permis de circulation 87, (S'xi) 475,
    (Gan) 927, (Tib) 978
Photographie 109-110
Phytothérapie 120-121
Pic qui touche les Étoiles (G'dong)
    653
Pingxiang (G'xi) 693, 696-697
Pinyin 72
Plongée sous-marine (Hai) 685
Po Lin, monastère (HKM) 588
Police, voir BSP
Polo, Marco 20
Pont de la Ceinture précieuse (J'su)
    340
Population 45-46
Porcelaine 51, (G'dong)
Portugais en Chine 22
Poste 97-100
Potala, palais (Tib) 983-984
Poterie, voir Céramique
Pourboire 90
Putuoshan (Zhe) 397-400, **398**

Qiang (Sic) 861
Qianshan (Lia) 429
Qiliqiao (Yunn) 769
Qin, dynastie 15-16, (Shaa) 485
Qin Shihuangdi (Shaa) 485, 495-496
Qing, dynastie 21-22
Qing, tombeaux (Pék) 238-239
Qingcheng Shan (Sic) 831-832, **831**
Qingdao (S'dong) 298-302, **297**
Qinghai 995-1003, **996**
Qinghai, lac (Qin) 1000
Qingtongxia (Nin) 948-949
Qingyuanshan (Fuj) 419-420
Qinhuangdao (Heb) 271-276, **271**
Qiongzhong (Hai) 687
Qiqihar (Heil) 464
Qixia, temple (J'su) 319
Quanzhou (Fuj) 417-419, **418**
Qufu (S'dong) 290-296, **291**

Radeaux de peau (Nin) 950

Radio 109
Randonnée équestre 870-871
Randonnée pédestre 132, (Jil) 446,
    (HKM) 588, (Gui) 730,
    (Yunn) 756, 780-781, (Sic) 831,
    837-838, 864-865, 869, (Xin)
    887, (Gan) 924, 932
Religion 61-70
Réserves (Heil) 464
Révolution culturelle 31-32
Rongbuk, monastère (Tib) 993-994
Rongjiang (Gui) 732, (Gui) 734
Ruicheng (S'xi) 482
Ruili (Yunn) 806-810, **807**
Russes en Chine (Heil) 451,
    (Xin) 906, (Mon int) 956

Sakya (Tib) 993
Samye, monastère (Tib) 989-990
Sandouping (Hub) 535
Sangke, prairies (Gan) 926-927
Sanjiang (G'xi) 712-713
Sanmenxia, barrage (S'xi) 482
Santé 110-126
Sanxia (Sic) 857
Sanya (Hai) 684-687, **686**
Sayram, lac (Xin) 908
Sécurité 126-131, 176, 185, (Tib)
    980
Seule en voyage 126
Shaanxi 483-503, **484**
Shamian, île (G'dong) 641, **642**
Shandong 277-306, **278**
Shang, dynastie 14
Shang, ruines (Hen) 507
Shanghai 355-381, **356, 360, 362,
    364-365**
    A voir 360-369
    Achats 377-378
    Comment circuler 380-381
    Comment s'y rendre 378-380
    Distractions 375-377
    Fêtes 369
    Où se loger 369-373
    Où se restaurer 373-375
    Renseignements 358-360
Shanhaiguan (Heb) 273-275, **274**
Shantou (G'dong) 672-674, **672**
Shanxi 468-482, **469**
Shaolin, monastère (Hen) 511-512
Shaoshan (Hun) 558-562, **559**
Shaoxing (Zhe) 392-394, **392**
Shaping, marché (Yunn) 769
Shapotou (Nin) 950
Shashi (Sic) 858
Shaxi (Yunn) 771
Shek O (HKM) 586
Shennongjia (Hub) 535
Shentong, monastère (S'dong) 282

Shenyang (Lia) 422-429, **424**
Shenzhen (G'dong) 656-662, **660**
Shenzhen, Zone économique
  spéciale (G'dong) 656, **658-659**
Shibing (Gui) 732, 734
Shidu (Pék) 241-242
Shigatse (Tib) 990-992, **990**
Shihezi (Xin) 895
Shijiazhuang (Heb) 261-265, **264**
Shiqi, *voir* Zhongshan ville
Shiwan (G'dong) 655-656
Shuanglin, monastère (S'xi) 474
Sibo (Xin) 878
Sichuan 815-876, **816**
Sichuan, montagnes (Sic) 861
Sichuan-Tibet, route (Sic) 861, 866-
  867, 868
Singes, île (Hai) 684
Soie (Pék) 227, (Zhe) 391
Soie, route (Xin) 880, 895, 899,
  (Gan) 911
Silver Beach (G'xi) 697
Simao (Yunn) 786
Sinuiju (Lia) 437
Ski 133, (Jil) 446, (Heil) 459
Song, dynastie 19
Songhua, rivière (Heil) 451
Songhuahu Qingshan,
  station de sports d'hiver (Jil) 446
Songpan (Sic) 870-872, **870**
Sud, dynastie du 17
Spratly, îles 37
Steppes (Mon int) 961-963
Sui, dynastie 17, (Shaa) 485
Suifenhe (Heil) 460-461
Sun Yat-sen 25, (S'hai) 363,
  (G'dong) 666
Suzhou (J'su) 332-339, **335**

Ta'er, monastère (Qin) 999
Tadjiks (Xin) 904
Tagong, prairies (Sic) 863
Tai Mo Shan (HKM) 586
Tai'an (S'dong) 283-286, **284**
Taichi, *voir* Taijiquan
Taihu, lac (J'su) 328-332, 340, **330**,
  331
Taijiquan 58
Taiping, rébellion 24, 309, (G'xi)
  696
Taishan (S'dong) 286-290, **286**
Taishan, monts (Xin) 889
Taiyuan (S'xi) 468-473, **470**
Taklamakan, désert (Xin) 878, 905
Tang, dynastie 17-18 (Shaa)
Tanggangzi, sources
  chaudes (Lia) 429
Tanggu (Tia) 255-258, **256**
Tangshan (Tia) 258

Tanzhe, temple (Pék) 240
Tao, rivière (Gan) 927
Taoïsme 15, 61-62
Tarim, bassin (Xin) 878
Tashi (Gui) 734
Tashilhunpo, monastère (Tib) 991
Tashkurgan (Xin) 904
Taux de change 88
Taxi 187-188
Tchang Kaï-chek 26, 426
Téléphone 98-100
Télévision 109
Temple des Nuages azurés (Pék) 239
Temple du Bouddha couché (Pék)
  240
Temple du Ciel, *voir* Tiantan
Tengchong (Yunn) 801-803, **802**
Tengri, désert (Nin) 950
Terre cuite, armée enterrée
  des soldats (Shaa) 496-498
Théâtre 55
Tian'anmen, place (Pék) 198-199
Tian'anmen, massacre de la place,
  voir Pékin, massacre
Tianchi (Jil) 446-448, (Xin) 887-888
Tianjin 243-259, **244**, **246**, **250**
  Achats 252-253
  Comment circuler 254-255
  Comment s'y rendre 253-254
  Où se loger 249-251
  Où se restaurer 251-252
Tianshui (Gan) 919-921
Tiantaishan (Zhe) 401
Tiantan (Pék) 212-213
Tianzhu (Gan) 927
Tibet 974-994, **975**
  Artisanat (Gan) 926
  Histoire 976-978
  Passage de la frontière (Sic) 861-
  862
Tibétains (Sic) 861, 868
Tigres (Heil) 457
Tingri (Tib) 993
Tombeau de Hong Wu (J'su) 315
Tombeaux des rois (Tib) 990
Tonggusibashi (Xin) 898
Tonghua (Jil) 446
Tongjiang (Heil) 463
Tongling (Hub) 533
Tongxin (Nin) 951
Tongzha (Hai) 687
Train
  Depuis/vers la Chine 160
  En Chine 177-182, (Pék) 230
Transsibérien 164-167,
  (Mon int) 971
Traité de Shanghai (Hun) 554
Travailler en Chine 131-132

Trekking, *voir* Randonnée
  pédestre
Troglodytiques,
  habitations (Hen) 513
Trois Gorges, barrage (Hub) 534
Tujia (population) (Hun) 566
Tunxi (Anh) 352
Tuoba (population) (S'xi) 477
Tuoba (Gan) 939
Turfan (Xin) 889-892, **890**, **893**

Ürümqi (Xin) 881-887, **882**

Victoria, pic (HKM) 581
Visas 83-86
Voiture 182
Voyages organisés 169-171, 189,
  588, 961-963

Wanding (Yunn) 810-812, **811**
Wanxian (Sic) 857
Wei, dynastie 17
Weihai (S'dong) 305-306
Weishan (Yunn) 763
Wenchang (Hai) 683
Wenshu, monastère (Sic) 821
Wenzhou (Zhe) 401-403, **402**
Wolong, réserve naturelle
  (Sic) 833-834
Wudalianchi (Heil) 462
Wudang Shan (Hub) 534-535
Wuhan (Hub) 525-533, **530**
Wuhu (Anh) 353
Wulingyuan, parc naturel (Hun)
  566-568, **567**
Wulongbei, sources
  chaudes (Lia) 437
Wuming (G'xi) 696
Wusihe (Sic) 866
Wutaishan (S'xi) 474-475, **475**
Wuwei (Gan) 927-928, **928**
Wuxi (J'su) 328-332, **329**
Wuyang He (Gui) 734
Wuyishan (Fuj) 420
Wuzhou (G'xi) 716-719, **716**

Xanadu (Mon int) 971
Xi Jiang (G'dong) 667
Xi'an (Shaa) 485-495, **486**, **496**
  A voir 488-492
  Achats 493-494
  Comment circuler 494-495
  Comment s'y rendre 494
  Où se loger 492-493
  Où se restaurer 493
  Renseignements 488
Xia, dynastie 14
Xiaguan (Yunn) 761-762

Xiahe (Sic) 875-876, (Gan) 923-926, **923**
Xiamen (Fuj) 410-417, **412**
Xiangcheng (Sic) 869
Xiangshan, jardins botaniques (Pék) 240
Xianyang (Shaa) 498
Xibaipo (Heb) 265
Xikou (Zhe) 401
Xincun (Hai) 684
Xing'an (G'xi) 705
Xinglong (Hai) 683-684
Xinglongshan (Gan) 919
Xingping (G'xi) 710
Xingyi (Gui) 736
Xining (Qin) 995-999, **998**
Xinjiang 878-908, **879**
Xiqiao, collines (G'dong) 656, **656**
Xishuangbanna (Yunn) 784-786, **785**
Xizhou (Yunn) 769
Xuzhou (J'su) 340-341

Yabuli (Heil) 459
Yalu, fleuve (Lia) 435
Yan'an (Shaa) 502
Yanbian, district autonome coréen (Jil) 448
Yang, passe (Gan) 942
Yangshan, carrière (J'su) 319
Yangshuo (G'xi) 705-709, **706**
Yangzhou (J'su) 322-326, **325**
Yangzi (Sic) 853-858
Yangzi (Chang Jiang), fleuve 37, (Hub) 533
Yangzi, pont sur le (J'su) 314

Yantai (S'dong) 303-305, **304**
Yanzhou, district (Heil) 459
Yao (G'xi) 690
Yarlung, vallée (Tib) 989-990
Yi (population) (Yunn) 759
Yichang (Hub) 535-537, **536**, (Sic) 858
Yiling, grottes (G'xi) 696
Yinchuan (Nin) 943-948, **947**
Yingjiang (Yunn) 805-806
Yingshui (Nin) 950
Yingtan (J'xi) 551
Yining (Xin) 905-908, **906**
Yixing, district (J'su) 326-327
Yongding (Fuj) 417
Yongle (Gui) 732
Yongning (Yunn) 781
Yongping (Yunn) 763
Yu Quan (Heil) 459
Yuan, dynastie 19
Yuantong, temple (Yunn) 744
Yueyang (Hun) 562-565, **563**, (Sic) 858
Yulin (Shaa) 502-503, **503**
Yumbu Lhakang (Tib) 990
Yumen, passe (Gan) 941-942
Yuncheng (S'xi) 482
Yungang, grottes bouddhiques (S'xi) 479
Yunnan 737-814, **738**
Yunnan, village des nationalités (Yunn) 757-758
Yurturgan, ruines (Xin) 905

Zhalong, réserve naturelle (Heil) 464-465

Zhang Xueliang (Shaa) 500
Zhangjiajie ville (Hun) 567
Zhangmu (Tib) 994
Zhangye (Gan) 928-929, **929**
Zhanjiang (G'dong) 671-672, **670**
Zhaoqing (G'dong) 667-670, **667**
Zhaoxing (Gui) 734
Zhaozhou, pont (Heb) 265
Zhejiang 383-403, **384**
Zhengding (Heb) 265
Zhengzhou (Hen) 506-511, **509**, **511**
Zhenjiang (J'su) 320-322, **311**
Zhenyuan (Gui) 734
Zhicheng (Sic) 858
Zhifu, voir Yantai
Zhongdian (Yunn) 782-783
Zhongshan ville (G'dong) 666
Zhongshan, sources chaudes (G'dong) 666
Zhongtiaoshan (S'xi) 482
Zhongwei (Nin) 949-950, **949**
Zhongxian, district (Sic) 857
Zhou (population) (Shaa) 483
Zhou, dynastie 14-15
Zhuang (population) 46, (G'xi) 690
Zhuanghe (Lia) 434
Zhuhai (G'dong) 662-666, **664**
Zhujiajian (Zhe) 400-401, **400**
Zhuzhou (Hun) 565
Zibo (S'dong) 298
Zoigê (Sic) 876, (Gan) 927
Zoigê, steppes (Sic) 861
Zouxian (S'dong) 296-298
Zunyi (Gui) 734-736, **735**
Zuo Jiang (G'xi) 696

Suite de la page 4

Un mot des auteurs

Chris Taylor. J'ai passé le plus clair de mon temps à voyager seul sur la côte est de la Chine. Je suis toutefois l'obligé de plusieurs personnes, à commencer par Wenying, ma femme, résidant à Taiwan, qui s'est prêtée de bonne grâce à la vérification des cartes et du script chinois et qui a consulté des sources chinoises. A Hong Kong, Christine Jones s'est occupée de mes réservations et, à l'instar de Rob Walker, m'a hébergé. Ron Gluckman, comme à l'accoutumée, m'a ouvert des pistes. Merci également à Patrick Hogan d'avoir mis son appartement à ma disposition.

En Chine, je remercie chaleureusement Brian Grossman (à Shanghai), qui m'a offert l'hospitalité et m'a permis d'éviter les hôtels chinois – je te tire ma révérence, Brian, et merci encore pour les sorties nocturnes à Shanghai. A Canton, Chris Oakey, me voyant siroter une bière comme une âme solitaire, m'a pris sous son aile protectrice, m'a offert le gîte et m'a fourni de multiples informations. A Pékin, coup de chapeau à Mure Dickie, qui m'a accueilli l'espace d'une soirée dans sa famille. Rob Timmermans, du Holiday Inn Crowne Plaza, n'a pas été avare de son temps et m'a offert un aperçu de la vie nocturne pékinoise.

Comme d'habitude, j'ai eu l'occasion de faire des rencontres qui m'ont mis du baume au cœur. Grâce à Eugene Leong, mon séjour à Fuzhou a été moins morne. John Fisher a fait un bout de chemin à mes côtés dans la province du Shandong et au Taishan. Cliff, incarcéré à Tai'an, a fait la tournée des grands ducs en ma compagnie à Nankin et m'a offert l'hospitalité à Tai'an.

Enfin, toute ma gratitude à Linda Suttie, qui a limité les interventions de nature éditoriale, à Nicko pour ses bons conseils de dernière minute et à Robert qui a réparé les pots cassés de mon voyage raté à Shijiazhuang.

Robert Storey. Robert est l'obligé de Chiu Miaoling (Taiwan), Maria Pia Baroncelli (Italie), Akemi Shirasaki (Japon), Ron Gluckman (ÉU), Louise Armstrong (RU), Liam Winston (RU), Carl Pryce (RU), Rosie Hickey (NZ) et Roy Grundy (RU).

Nicko Goncharoff. Effectuer un travail d'auteur en Chine n'est pas toujours chose aisée. Heureusement, plusieurs personnes m'ont été d'un grand secours. A Yangshuo, Huang Gao Feng fut un hôte et un guide de premier ordre. Piers Leveroni m'a fait l'honneur de partager ses connaissances relatives à la province du Guizhou et du Liuzhou. Dave Watts mérite un coup de chapeau pour ses descriptions exhaustives de plusieurs voyages en bus dans le sud-est du Guizhou.

Merci également à Robert Van der Hoop et Emmie Leenen, qui sont descendus dans plusieurs hôtels à Huaihua (j'y suis allé, au bout du compte). Mention spéciale à Keith Su et aux autres rockers à l'Ocean-Side Music Bar à Changsha : continuez sur votre lancée ! Kym Hogan m'a mis en garde contre les falaises friables de Songpan et m'a fait parvenir un excellent récit sur son voyage à Zoigê et au-delà. Je n'oublierai pas non plus Ben Wiehe et Jeff Hille.

Quant à Fiona McCallum et Chris Bailey, ils m'ont laissé jeter un œil sur les notes de leur voyage entre Zhongdian et Litang. Dave Woodberry, pour sa part, m'a donné des renseignements sur Batang. Alan Richardson, de Balmain (Australie), m'a éclairé sur la situation à Hekou avant de s'éclipser en camion dans les entrailles de l'Asie du Sud-Est. Boris Dongelmans, Tom Hooymans et Adriaan Bakker, l'intrépide trio néerlandais, ont bravé l'aiguillage tant redouté à Jinjiang et ont rapporté leur expérience par la suite. Rob Dean a contribué à rendre mon séjour à Dali plus agréable, tout comme Mike Kline à Ruili.

Chris Meech m'a présenté à Mugua Jiu et m'a fourni des renseignements sur Jizu Shan. Rick et Talya Raburn ont été des compagnons de voyage de rêve. Lijiang n'aurait pas eu la même saveur sans les bons offices de He Yong (longue vie au rock !) et Yu Yu, qui m'a également fait part de son voyage au lac Lugu, à l'instar d'autres personnes qui souhaitent garder l'anonymat. Marc Buchmueller et Lisa Musiol m'ont permis de souffler un peu à Kunming. Marion et Pierre ont eu la gentillesse de m'adresser un sourire à chaque fois que nos routes se croisaient.

Mille merci à tous. Que les chemins de l'aventure s'ouvrent sous vos pas.

REMERCIEMENTS

Nous remercions tous ceux qui ont pris la peine de nous écrire pour nous faire part de leurs expériences ou nous fournir des renseignements utiles :

Jorgen Aabenhus (Dk), Marcus Adams (RU), Florence Akst (RU), David Allison (Aus), Terry Anderson (ÉU), Alessandro Arduino (I), Lambert Arno (B), Constantin Arnocouros (G), K Askham (RU), Alexander Atepolikhin, Robyn Atkins (NZ), Mojca Aupic (Cz)

Jens Baier (D), Jonathan Baker (ÉU), Scott A Baker (ÉU), Paul Bakker (Aus), Wim Bals (PB), Phil Barlow (RU), Buck Barnes (ÉU), Paul Barrett (RU), Marie-Louise Barte (PB), Richard Bartlett, Andrew Bartram (RU), Richard Beal (ÉU), Andrew Beale (Aus), Stephen Beale, Max Beer (C), Jo Inge Bekkevold, Bert Bernier (PB), Diana Benedetto (F), Andrew Bennett (Aus), Brenda Berck (C), David Bercovich (Isr), Patrice Berman (ÉU), Mary Berry (ÉU), Alain et Channe Bertrand (F), Chris Biggs (ÉU), Liz et Mike Bissett (RU), N Blasco (B), Anne Bloom (ÉU), Rainer Boit (D), Brandon Booth (ÉU), Wietske Bouma (PB), Jason Boyd (ÉU), Ute Braml (D), Gail et Robert Breines (ÉU), M Breuer (D), C Brittenden (Aus), Joe Brock (ÉU), Eli Brollo (I), Louise Brooks (Aus), Abe Brouwer (PB), Emma Brown (RU), James Brown (RU), Ray Brunsberg (ÉU), Peter Buechel (CH), Marshall Burgess (C), Lorie Burnett (ÉU)

Christine Campbell (Aus), David Campbell (ÉU), Richard Cann (RU), K C Carlson, Patricia Carmel (Isr), Juliet Chamberlain (RU), Wing Cheong Chan (Sin), Craig Chapin (ÉU), Ken Chen, Joe Chew (Sin), Lawrence Chi, Steve Chiu, Ori Choshen (Isr), Melinda Choy (ÉU), Sebastian Christians, J K et M G Clark (NZ), Kay Clarke (Chi), Lou et Janet Clarke (Aus), Rod Clarke & Family, Stuart Cohen (ÉU), Alan Cole (Aus), Jane Colstrom (ÉU), Allison Comp (PB), Joan Cooper (RU), Sarah Corby (RU), Emma Cowie (RU), Steven Coxhead, Brian Coxon (SA), Cristina Cramerotti (F), Anna Cumming (RU), David Cummings (ÉU), John Currie (Aus), Graham Currie (Aus)

Romana et Jan Danser (PB), Vincent Dautry (RU), M Scott Davis (ÉU), Minzu Daxue, Bennett Dean (RU), Christine Dee (ÉU), Alexander Des Forges (ÉU), Anne Dethlefsen (HK), M Dewbaelle (PB), Jan Dixon (RU), Helen Dixon (RU), C Docherty (RU), K Donnelly (ÉU), John Donovan, James Doschur (ÉU), Thom S Downing, Denise Drurry (RU), G Dudink (PB), M Duffy (RU), L G Duijzer (PB), Jackie Dumpis, Barbra Duncan (RU), Angela Durose (RU), Sandra Dykstra (PB)

Christof Ebert (D), Victor Edlenbosch (NI), Robert Eidschun (ÉU), Ebihara Eiko (Jap), Simon Eisinger (D), Keith Eldridge (ÉU), Tim Elliott (RU), John Eriksen (Dk), David Erskine (Aus), S Eskildsen (Dk), Jonathon F B Evans (Aus), Dr David Evans (RU), S Evans (RU), J Everall (RU)

P Faase (NI), Michael Fackler (D), Zoya Fansler (ÉU), Beth Farber, Tim Farlam (RU), Anne Farrar (ÉU), Rebecca Faulkner (RU), Ann Fehle (RU), Kasi Fellman (CH), Sebastian Ferenczi (F), Laramie Ferreira (SA), Dan Finch (ÉU), Mary Finch (ÉU), Mette Finle (Dk), I Fleten (N), Gillian Foo (Sin), Josep Albeniz Fornells, Carol Forsett (ÉU), Benny Forsman (S), Janne-Kristin Fossum (N), Sharifa Foum, Paul Francis (RU), David Fregona (I), Tanya Frymersum (ÉU), Joseph Fullop

Kim Gage (RU), Judy Galiher (ÉU), Bernd Gammerl (D), Rob Gardner (NZ), Derek Garrison, Adam Gault (ÉU), J Geddes (RU), Alison Gee (RU), Beny Gefen (Isr), Shawn Geise, Andrea Gentili (I), Fotini Georgakopoulou (G), Lucy Gibbs (RU), A Gibert (E), Tim Gibson (RU), Elfi Gilissen (D), F. Gingras (C), James Godwin (ÉU), R Goldberg (ÉU), Paul Goodwin (C), John Grace (Aus), Rene Granacher (D), Camilla Granlaund (Dk), Erwin Grimm (D), Edward Grulich (ÉU), Henrik Gudme (D), Zhu Guihua (Chi), M Gunton (RU)

Kim Dong Ha (Chi), Oliver Hagemann (D), Paul Hague (ÉU), Mr J B Hak (PB), Liz Halsey (ÉU), V Halsmingar (S), Ute Hanisch (D), Jakob Lage Hansen (Dk), Geoff Harman (RU), Richard Harrold (RU), Kieren Haskell (Aus), Francoise Hauser (D), Lukas Havlicek, M Helmbrecht (ÉU), Tom Hendrix (ÉU), Klaus Henke (D), Jill Henry (ÉU), Melissa Henwood (Aus), Gera Heuvelsland (PB), Steve Hicks (Aus), Paul Hider (Chi), Michael Hill (C), J Hinterleitner (A), Meiling Ho (Aus), Don Hoard (ÉU), Pettina Hodgson (Aus), Blaine Hollinger (ÉU), Paul Hollis (Aus), Vanessa Hoppe (ÉU), S Horn (D), Patrick Hosford (C), Mark Hunnebell (RU), Paul Hunter (RU), Eija Huovila (S), V Ingemann (D)

Miki Jablkowska (RU), Michael Jacobson (ÉU), I Jacquemin (B), Ludo Jambrich, Bridgett James (RU), Jock Janice (RU), Joy Jarman (ÉU), Robert Jaszewski (CH), Lisa Jensen (C), Anna E Jessen (Dk), Yang Jing (Chi), Tine Elgaard Joensen (D),

Carol Johnson (ÉU), M Jollands (Aus), Dean Jones (Aus), Mrs D J Jones (RU), Mandy Jones (RU), Nena Joy (C), Laura Joyce (RU), Elaine & Robert Juhre (ÉU), Liu Jun (Chi)

Jenn Kahn (ÉU), A Katlo (N), Zane Katsikis (F), Simon Kay (Aus), Sam Kebby (Aus), Kate Kelly (Aus), Stuart Kelly (Chi), Susan Kennedy (RU), Katherine Keynes (Aus), Geoff Kingsmill (Aus), Mathías Kirschner (D), Bart Kleijer (PB), O S Knowles (RU), Sofie Koch (Dk), Frederick Koppl (D), Arik Korman (ÉU), Peter Kornberg (ÉU), Wim Kranendonk, Ties Kroezen (PB), Wolfgang Krones (D), Frank Kruger (D), Rami Kunitcher (Isr), Mr et Mrs H Kuwada (ÉU), Jasper Kyndi (Dk)

Barbara Laine (RU), Sisko Laine (Fin), Paule et Gwenael Lamargue (F), Suzanne Lamb (ÉU), Jeffrey Langer, Eric Langhammer (Irl), Thomas Klarskov Larson (Dk), Nina Laskowski (Aus), Arthur Lathrop (ÉU), Jean Laurent (Aus), Mark Lawton (RU), Jean Pierre Le Lagadec (F), Marcus Lee (Sin), Susanne Wah Lee (ÉU), Janya Leelamanothum, Cressida Lennox (ÉU), F & B Leplingard (ÉU), Andrew Levy (ÉU), Sarah Lewis, Gwen Liang (ÉU), Lisa Libassi (ÉU), Kenneth Lim (ÉU), Jukka Lindell (Fin), Goran Lindgren (S), Wallace Lo (RU), Jeannette Loakman (C), HH Long (Sin), Deanne Lowe (ÉU), John Lumley-Holmes (HK)

Calum Macleod (Aus), Elizabeth MacRae (C), Alexander McBean (Aus), Lisa et Pat McCarthy (RU), Ian McKay (Jap), John McKenna (Aus), John McKenna (NZ), John McKimmy (ÉU), Susan McLaney (RU), S McNutt (Irl), Ian McVittie (Aus), Yung Yu Ma (HK), Charlene Makley (Chi), Maureen Maloney (Aus), Carol Mansfield (ÉU), E Marchetti (B), L Marconi (B), Allison Margolies (ÉU), Ruth Marper, Bob et Chris Marshall (RU), Nina Martins (RU), William et Susan Martorano (ÉU), Chris Marulf (CH), Ken Mathers (Aus), Yoshihiko Matsuyama (Jap), Cecilia Mau (ÉU), Shiela Mavinang, Konrad Maziarz, Simon Medelko (Aus), Jorgen Mejer (D), Mark Micallef (Aus), Riikka Miettinen (Fin), Csaba Mikusi (H), Burkhard Militzer (D), Joanne Miller (ÉU), Teddy Milne (ÉU), Amin Mirabdolbaghi (CH), Claudia Monson (Aus), Marti Morthorst (D), David Mountain (ÉU), Martha Muck (A), B J Murphy-Bridge (ÉU), Bryan Myer (RU)

Paul et Mabel Nash (C), Jim Needell (RU), Monica Neubauer (ÉU), Caroline Newhouse (RU), Kerryn Newton (Aus), Geoff Nichols, J P Niestern (NI), Eric Noble (C), Bert Nuss (Aus), William O'Donnell, Brent Ohlund (C), Henri Olink (PB), James Oliver (HK), Rudi Ongena (B), HF Oostergo (Aus), Andrew Oppenheim (RU), Mary Oppenheimer (ÉU), C A Osborne (RU), Marsha Oshima (ÉU), Pam Oxley (RU)

R G Palim (B), Paco Panconcelli (D), Claude Payen (F), Janet Penny (C), Marsha B Pereira, Karen Petersen (Aus), Debbie Petleung, Con Piercy (C), Shai Pinto (Isr), Klemen Pogacnik (Slov), Dan Pool (ÉU), Mike Poulard (RU), Sally Price (RU), Ethan Pride (ÉU), M B Priemus-Noach (NI), Marc Proksch, Beatrice Quevedo (F)

Talya & Rick Rabern, Robel Rainer (D), Andrea Rantenberg (D), Christian Reinholdt (D), Adrienne Reynolds (ÉU), Douglas Reynolds (ÉU), Pauline Richards (RU), Sabine Ritter (D), Alexandra Robak (RU), Arthur Robb (ÉU), Rainer Robel (D), Mr G Roberts (RU), Mrs N Roderick (RU), Karen Rosenberg (ÉU), Mike Roussakis (C), Teresa Rubnikowicz (RU), Julia Rudden (ÉU), Jose Ruiz (ÉU), Herman Rutten (PB), Patrick Ryden (ÉU)

Katie Saemann (ÉU), Bridget Sandover (RU), Clara et Marco Sandrin (I), Hans Sauseng (D), Andi Scheef (PB), Stefan Scheel (D), Bernd et Elke Scheffler (D), Tim Scheur (ÉU), Lambertus Schreuder (PB), Jon Schuetz (ÉU), Graziano Scotto (I), Joann Scurlock (ÉU), Tamzin Seaton-Hogg (RU), John Sehn (ÉU), Jose Serra Vega, Jill Sherdan (RU), C Emma Short (Aus), Richard Shuntoff (ÉU), Susan Simerly (RU), Deborah Sinay (ÉU), Brett Sinclair (Aus), Lisbeth Sjemann (Dk), Mrs P Skinn (RU), Tarjei Skirbekk (N), Chris Smart (RU), Ide Smit (PB), Andrea Smith (RU), Ashley Smith (RU), M Smith (Aus), Sanya Reid Smith (Aus), Jane Smith (Aus), Andrew et Marnie Smith (C), Kim Sonnack (ÉU), Kasper Sonne (Dk), C Spiller (Aus), Mr et Mrs A Spilman (RU), D Stamboulis, Dr Richard Stanzel (D), Ran Stavsky (Isr), Diana Stent (RU), Tia Stephens (C), David Stokes (ÉU), Alexander et Agnes Studel (CH), H Sumita, Mr et Mrs Sureshbabu (Cor), Michael Sutherland (ÉU), Peter Swainger, K J Swinburn (D)

P Hua Tan (HK), Paul Tanner (RU), David Taylor (RU), Joanne Taylor, Miriam Taylor (Aus), Ian et Jo Taylor (HK), Mary Temignani (ÉU), Frank Theissen (D), Paul Thissen (ÉU), Dr Axel Thomas (D), M. Thomas (B), Felix Thommen (CH), Bernard Thompson (ÉU), I Timmerman (PB), Brian Wong Ting (HK), Ryland Tippett, Jim Tomlinson (RU), Renmans Toon (B), Martin Trueman (C), Denise Tsang (Aus), Leonard Turnball, Ethel & Bob Turner (RU), Julie Tuulianinen (Fin), Joe Twinn (RU), Oren Tzadok (Isr)

Heinrich M Umbach (D), Eric Upton (Aus), J Ustes (E), Christopher Vadot (B), M van Vlerken (PB), R van der Molen (RU), Frans van Eijk (PB), Niels van Erck (PB), R Veldhuijsen (NI), Giovanni Venosta (I), W Verschueren (B), Christine Veulemans (F), Amanda Vincent (RU), Ton Vink (PB), Ron et Cindy Voskuijl (PB)

Amir Wachs (Isr), Stefanie Wachter (ÉU), Caroline Wagenaar (PB), E O Wagner (ÉU), Sylvia Wagner (RU), Adam Wake (RU), Ann Walgraeve (B), Jennifer Wallace (RU), Deborah Wallach (ÉU), Ute Wallenboeck (A), Thomas Du Jin Wan (Chi), Simon Ward (RU), L J Warren (ÉU), Amy Weedman (ÉU), Michael Wehner (D), Robert Weins (D), Sascha Wentzlaff (D), Les Whelan (Aus), Pam

1020 Remerciements

Whitfield, Madine Wilburn (ÉU), Sue Wilkinson (RU), Paul Willen (ÉU), N Williams (C), Greg Willson (Aus), Jean-Phillipe Wispelaere (Aus), Sophy Wong (ÉU), Brad Wong, Wing Sing Woo (HK), Steve Wood (Aus), Mike Woodhead (NZ), Michael Woodhead (RU), George et Caroline Woodruff, Tim Woodward (HK), Simon Woolrych (RU), Judy Wormwell (Aus), Hannie Wouters (PB), Stephen Wrage (ÉU), Stephanie Wu (Chi), Thomas Wulff (Dk), Cynthia Wuu (ÉU)

Tsao Yang (Chi), Dan Yao (ÉU), Madeline Yap (Aus), Emilt Yeh (ÉU), Belinda Yeo (NZ), Heather Young (ÉU), Julie Young (RU), Rodger Young (ÉU), Zhang Guang Yui (Chi), D Jvan Zeist (PB),

Martina Zettergren (S), He Zhanting (Chi), Monica Ziezulewicz (ÉU), Stav Zotalis (Aus), Martine et Lycke (Dk), Yabbe et Charlotte (Dk)

A = Autriche, Aus = Australie, B = Belgique, C = Canada, CH = Suisse, Chi = Chine, Cz = République tchèque, D = Allemagne, Dk = Danemark, F = France, Fin = Finlande, G = Grèce, H = Hongrie, HK = Hong Kong, Irl = Irlande, Isr = Israël, I = Italie, Jap = Japon, Cor = Corée, N = Norvège, PB = Pays-Bas, NZ = Nouvelle-Zélande, Sin = Singapour, AS = Afrique du Sud, Slov = Slovaquie, E = Espagne, S = Suède, RU = Royaume-Uni, ÉU = États-Unis

Prenez des nouvelles
du monde entier
avec **LONG COURRIER**
la lettre d'information
trimestrielle GRATUITE
de Lonely Planet

LONG COURRIER, c'est notamment :

- *des conseils pratiques pour voyager en toute sécurité et des informations de dernière minute sur les endroits où des précautions sanitaires supplémentaires sont à prendre*
- *un article de fond sur un sujet qui nous touche particulièrement*
- *des informations pratiques les plus récentes, transmises par nos lecteurs et nos auteurs*
- *des détails sur nos activités et nos dernières parutions.*

Pour vous abonnez à **LONG COURRIER** ,écrivez-nous :
LONELY PLANET 71 bis, rue du Cardinal-Lemoine, 75005 Paris

Lonely Planet sur Internet

Vous ne savez pas encore où partir et cherchez des infos pour vous aider à vous décider ? Vous souhaitez connaître les derniers changements en date concernant la monnaie d'un pays, la façon d'obtenir un visa ou celle de passer une frontière ? Alors consultez le site Internet de Lonely Planet, élu dès 1995 meilleur site voyage de l'année.

Organisé autour d'une centaine de destinations, ce site comprend des informations extraites des guides Lonely Planet, agrémentées d'une multitude de cartes interactives et de photos en couleurs. Chaque jour des informations "à chaud" sont injectées sur le web notamment par l'intermédiaire des compte rendus de voyage de nos auteurs. Une attention particulière est portée à l'explication des divers enjeux politiques et écologiques afin que chacun puisse partir informé et conscient. Enfin, vous pourrez partager vos expériences de voyage, rencontrer vos prochains compagnons de route ou échanger de bons tuyaux.

http://www.lonelyplanet.com.au

Guides Lonely Planet en français

Les guides de voyage Lonely Planet en français sont distribués en France, en Belgique, au Luxembourg, en Suisse et au Canada. Pour toute information complémentaire, écrivez à : Lonely Planet Publications – 71 *bis*, rue Cardinal-Lemoine, 75005 Paris – France.

Australie

Île-continent, l'Australie est une terre d'aventure fascinante grâce à la diversité de ses paysages : la Grande Barrière de Corail, l'Outback, le bush, sans oublier Sydney, la future capitale des jeux Olympiques.

Afrique du Sud, Lesotho et Swaziland

Voyagez en Afrique australe et laissez-vous surprendre par la diversité de sa culture et son incroyable beauté. On ne peut choisir de meilleur endroit pour observer la faune africaine.

Bali et Lombok

Cet ouvrage entraîne les voyageurs à la découverte de la magie authentique du paradis balinais. Lombok, l'île voisine, est restée à l'écart du changement : il en émane une atmosphère toute particulière.

Brésil

Le Brésil, immense territoire mystérieux dont le peuple métissé porte en lui de multiples croyances, s'offre avec chaleur et éclat au voyageur averti et curieux. Vous trouverez dans ce guide tous les conseils pour parcourir le pays sans encombres.

Californie et Nevada

Ce guide donne des éclairages inédits sur la culture américaine, et fournit une description détaillée des nombreux parcs nationaux et réserves naturelles, dont le Yosemite, le Grand Canyon et la Vallée de la Mort.

Cambodge

L'un des derniers pays à avoir ouvert ses frontières aux touristes, le Cambodge permet enfin aux visiteurs d'admirer les superbes vestiges de l'ensemble merveilleux d'Angkor.

Canada

Un guide exhaustif pour une destination qui ne peut que combler les amoureux des grands espaces. Le Canada est une mosaïque de cultures : amérindienne, française, écossaise, anglaise...

Caraïbes orientales

Forêts de la pluie, douceur des alizées, eaux turquoises... Des Antilles françaises aux Antilles néerlandaises en passant par les îles britanniques, vous découvrirez toute la saveur des Caraïbes.

États Baltes et région de Kaliningrad

Partez pour une des dernières grandes aventures européennes, dans les trois États Baltes, réputés pour posséder de véritables personnalités bien distinctes.

Guatemala

Visiter ce pays, c'est se rendre dans l'un des berceaux de la civilisation maya. Ce guide donne tous les éléments pour en saisir la complexité culturelle.

Hongrie

Indispensable à Budapest, cité tant affectionnée des voyageurs, comme à travers ce pays plein de charme.

Inde

Considéré comme LE guide sur l'Inde, cet ouvrage lauréat d'un prix, offre toutes les informations pour vous aider à faire cette expérience inoubliable.

Indonésie

Pour un séjour dans la jungle, un circuit à Bali ou Jakarta, une balade aux Célèbes, ou encore une croisière vers les Moluques, ce guide vous fait découvrir les merveilles de cet archipel.

Jordanie et Syrie

Ces pays présentent une incroyable richesse naturelle et historique... Des châteaux moyenâgeux, des vestiges de villes anciennes, des paysages désertiques et bien sûr, l'antique Petra, capitale des Nabatéens.

Laos

Le seul guide sur ce pays où l'hospitalité n'est pas qu'une simple légende. Une destination tropicale encore paradisiaque.

Malaisie, Singapour et Brunei

Partir dans cette région revient à ouvrir une première porte sur l'Asie. Cette édition, très complète, est un véritable compagnon de voyage

La collection Guide de voyage est la traduction de la collection Travel Survival Kit. Lonely Planet France sélectionne uniquement des ouvrages réactualisés ou des nouveautés afin de proposer aux lecteurs les informations les plus récentes sur un pays.

Maroc

Avec la beauté de ses paysages et la richesse de son patrimoine culturel, le Maroc vous offre ses cités impériales, les sommets enneigés du Haut Atlas et l'immensité du désert dans le Sud.

Mexique

Avec 166 cartes détaillées et des milliers de détails pratiques, ce guide vous permettra de consacrer plus de temps à la découverte de la civilisation mexicaine.

Myanmar (Birmanie)

Ce guide donne toutes les clés pour faire un voyage mémorable dans le triangle Yangon-Mandalay-Pagan et explorer des sites bien moins connus.

Népal

Des informations pratiques sur toutes les régions népalaises accessibles par la route, y compris le Teraï. Ce guide est aussi une bonne introduction au trekking, au rafting et aux randonnées en vélo tout terrain.

Nouvelle-Zélande

Spectacle unique des danses maories ou activités de plein air hors pair, la Nouvelle-Zélande vous étonnera, quels que soient vos centres d'intérêt.

Pologne

Des villes somptueuses, comme Cracovie ou Gdansk, aux lacs paisibles et aux montagnes redoutables, pratiquement inconnus des voyageurs, ce guide est indispensable pour connaître ce pays amical et sûr.

République tchèque et Slovaquie

Ces deux républiques européennes, aux racines slaves, présentent de riches sensibilités culturelles et politiques. Ce guide comblera les amateurs de vieilles pierres et les voyageurs désireux de connaître une Slovaquie au tourisme moins développé.

Slovénie

Toutes les informations culturelles pour profiter pleinement de la grande richesse historique et artistique de ce tout jeune pays, situé aux frontières d'Italie, de l'Autriche, de la Hongrie et de la Croatie.

Sri Lanka

Ce livre vous guidera vers des lieux les plus accessibles de Sri Lanka, là où la population est chaleureuse, la cuisine excellente et les endroits agréables nombreux.

Tahiti et la Polynésie française

Culture, archéologie, activités nautiques et de plein air, ce guide sera votre plus précieux sésame pour découvrir en profondeur les attraits des 5 archipels mythiques.

Thaïlande

Ouvrage de référence, ce guide fournit les dernières informations touristiques, des indications sur les randonnées dans le Triangle d'Or et la transcription en alphabet thaï de la toponymie du pays.

Trekking en Himalaya – Népal

Source d'informations et de conseils, cet ouvrage est indispensable pour préparer un trek dans cette région, où les minorités ethniques partagent des traditions culturelles ancestrales.

Vietnam

Une des plus belles régions d'Asie qui change à grande vitesse. Grâce à cet ouvrage, vous pourrez apprécier les contrées les plus reculées du pays mais aussi la culture si particulière du peuple vietnamien.

Yémen

Des informations pratiques, des conseils actualisés et des itinéraires de trekking vous permettront de découvrir les anciennes citadelles, les villages fortifiés et les hauts-plateaux désertiques de ce fabuleux pays. Un voyage hors du temps !

Zimbabwe, Botswana et Namibie

Ce guide exhaustif permet la découverte des célèbres chutes Victoria (Zimbabwe), du désert du Kalahari (Botswana), de tous les parcs nationaux et réserves fauniques de la région ainsi que des magnifiques montagnes du Bandberg (Namibie).

Guides Lonely Planet en anglais

Les guides de voyage Lonely Planet en anglais couvrent l'Asie, l'Australie, le Pacifique, l'Amérique du Sud, l'Afrique, le Moyen-Orient, l'Europe ainsi que certaines régions d'Amérique du Nord. Six collections sont disponibles. Les *travel survival kits* couvrent un pays et s'adressent à tous les budgets ; les *shoestring guides* donnent des informations sur une grande région pour les voyageurs à petit budget. Découvrez les *walking guides*, les *city guides*, les *phrasebooks* et les *travel atlas*.

EUROPE

Austria • Baltic States & Kaliningrad • Baltic States *phrasebook* • Britain • Central Europe *on a shoestring* • Central Europe *phrasebook* • Czech & Slovak Republics • Denmark • Dublin *city guide* • Eastern Europe *on a shoestring* • Eastern Europe *phrasebook* • Finland • France • Greece • Greek *phrasebook* • Hungary • Iceland, Greenland & the Faroe Islands • Ireland • Italy • Mediterranean Europe *on a shoestring* • Mediterranean Europe *phrasebook* • Poland • Prague *city guide* • Russia & Ukraine • Russian *phrasebook* • Scandinavian & Baltic Europe *on a shoestring* • Scandinavian Europe *phrasebook* • Slovenia • St Petersburg *city guide* • Switzerland • Trekking in Greece • Trekking in Spain • Ukranian *phrasebook* • Vienna *city guide* • Walking in Switzerland • Western Europe *on a shoestring* • Western Europe *phrasebook*

AMÉRIQUE DU NORD

Alaska • Backpacking in Alaska • California & Nevada • Canada • Hawaii • Honolulu *city guide* • Los Angeles *city guide* • Pacific Northwest USA • Rocky Mountains States • San Francisco city guide • Southwest USA • USA *phrasebook*

AMÉRIQUE CENTRALE ET CARAÏBES

Baja California • Central America *on a shoestring* • Costa Rica • Eastern Caribbean • Guatemala, Belize & Yucatan : La Ruta Maya • Mexico

AMÉRIQUE DU SUD

Argentina, Uruguay & Paraguay • Bolivia • Brazil • Brazilian *phrasebook* • Buenos Aires *city guide* • Chile & Easter Island • Colombia • Ecuador & the Galapagos Islands • Latin American Spanish *phrasebook* • Peru • Quechua *phrasebook* • Rio de Janeiro *city guide* • South America *on a shoestring* • Trekking in the Patagonian Andes • Venezuela

AFRIQUE

Africa *on a shoestring* • Arabic (Egyptian) *phrasebook* • Arabic (Moroccan) *phrasebook* • Cape Town *cit guide* Central Africa • Egypt & the Sudan • Kenya • Morocco • North Africa • South Africa, Lesotho & Swaziland • Swahili *phrasebook* • Trekking in East Africa • West Africa • Zimbabwe, Botswana & Namibia • Zimbabwe, Botswana & Namibia *travel atlas*

Commandes par courrier

Les guides de voyage Lonely Planet en anglais sont distribués dans le monde entier. Vous pouvez également les commander par courrier. En Europe, écrivez à Lonely Planet, Barley Mow Centre, 10 Barley Mow Passage, Chiswick, London W4 4PH, G-B. Aux États-Unis ou au Canada, écrivez à Lonely Planet, Embarcadero West, 155 Filbert St, Suite 251, Oakland CA 94607, USA. Pour le reste du monde, écrivez à Lonely Planet, PO Box 617, Hawthorn, Victoria 3122, Australie.

ASIE DU NORD-EST

Beijing *city guide* • Cantonese *phrasebook* • China • Hong Kong, Macau & Canton • Japan • Japanese *phrasebook* • Korea • Korean *phrasebook* • Mandarin Chinese *phrasebook* • Mongolia • Mongolian *phrasebook* • North-East Asia *on a shoestring* • Seoul *city guide* • Taiwan • Tibet • Tibetan *phrasebook* • Tokyo *city guide*

ASIE CENTRALE ET MOYEN-ORIENT

Arab Gulf States • Central Asia • Iran • Israel • Jordan & Syria • Middle East • Trekking in Turkey • Turkey • Turkish *phrasebook* • Yemen

OCÉAN INDIEN

Madagascar & Comoros • Maldives & the Islands of the East Indian Ocean • Mauritius, Réunion & Seychelles

SOUS-CONTINENT INDIEN

Bangladesh • Bengali *phrasebook* • Delhi *city guide* • Hindi/Urdu *phrasebook* • India • India & Bangladesh *travel atlas* • Karakoram Highway • Kashmir, Ladakh & Zanskar • Nepal • Nepali *phrasebook* • Pakistan • Sri Lanka • Sri Lanka *phrasebook* • Trekking in the Indian Himalaya • Trekking in the Nepal Himalaya

ASIE DU SUD-EST

Bali & Lombok • Bangkok *city guide* • Burmese *phrasebook* • Cambodia • Ho Chi Minh City *city guide* • Indonesia • Indonesian *phrasebook* • Jakarta *city guide* • Java • Lao *phrasebook* • Laos • Malaysia, Singapore & Brunei • Myanmar (Burma) • Philippines • Pilipino *phrasebook* • Singapore *city guide* • South-East Asia *on a shoestring* • Thai *phrasebook* • Thai Hill Tribes *phrasebook* • Thailand • Thailand *travel atlas* • Vietnam • Vietnam *travel atlas* • Vietnamese *phrasebook*

AUSTRALIE ET PACIFIQUE

Australia • Australian *phrasebook* • Bushwalking in Australia • Bushwalking in Papua New Guinea • Fiji • Fijian *phrasebook* • Islands of Australia's Great Barrier Reef • Melbourne *city guide* • Micronesia • New Caledonia • New South Wales & the ACT • New Zealand • Outback Australia • Papua New Guinea • Papua New Guinea *phrasebook* • Queensland • Rarotonga & the Cook Islands • Samoa • Solomon Islands • Sydney *city guide* • Tahiti & French Polynesia • Tramping in New Zealand • Tonga • Tramping in New Zealand • Vanuatu • Victoria • Western Australia

L'HISTOIRE DE LONELY PLANET

Maureen et Tony Wheeler, de retour d'un périple qui les avait menés de l'Angleterre à l'Australie par le bateau, le bus, la voiture, le stop et le train, s'entendirent demander mille fois : "Comment avez-vous fait ?".

C'est pour répondre à cette question qu'ils publient en 1973 le premier guide Lonely Planet. Écrit et illustré sur un coin de table, agrafé à la main, *Across Asia on the Cheap* devient vite un best-seller qui ne tarde pas à inspirer un nouvel ouvrage.

En effet, après dix-huit mois passés en Asie du Sud-Est, Tony et Maureen écrivent dans un petit hôtel chinois de Singapour leur deuxième guide, *South-East Asia on a shoestring*.

Très vite rebaptisé la "Bible jaune", il conquiert les voyageurs du monde entier et s'impose comme LE guide sur cette destination. Vendu à plus de cinq cent mille exemplaires, il en est à sa huitième édition, toujours sous sa couverture jaune, désormais familière.

Lonely Planet dispose aujourd'hui de plus de 200 titres en anglais. Des traditionnels guides de voyage aux ouvrages sur la randonnée, en passant par les manuels de conversation, les travel atlas et la littérature de voyage, la collection est très diversifiée. Lonely Planet fait désormais partie du gotha des éditeurs de guides de voyage.

Les ouvrages, à l'origine spécialisés sur l'Asie, couvrent aujourd'hui la plupart des régions du monde : Pacifique, Amérique du Nord, Amérique latine, Afrique, Moyen-Orient et Europe. Ils sont essentiellement destinés au voyageur épris d'indépendance.

Tony et Maureen Wheeler continuent de prendre leur bâton de pèlerin plusieurs mois par an. Ils interviennent régulièrement dans la rédaction et la mise à jour des guides et veillent à leur qualité.

Le tandem s'est considérablement étoffé. Aujourd'hui, la galaxie Lonely Planet se compose de quelque 70 auteurs et 170 employés, répartis dans les bureaux de Melbourne (Australie), Oakland (États-Unis), Londres (Royaume-Uni) et Paris. Les voyageurs eux-mêmes, à travers les milliers de lettres qu'ils nous adressent annuellement, apportent également leur pierre à l'édifice.

L'équipe de Lonely Planet est convaincue que les voyageurs peuvent avoir un impact positif sur les pays qu'ils visitent, non seulement par leurs dépenses sur place, mais aussi parce qu'ils en apprécient le patrimoine culturel et les richesses naturelles.

Par ailleurs, en tant qu'entreprise, Lonely Planet s'implique financièrement dans les pays dont parlent ses ouvrages. Ainsi, depuis 1986, une partie des bénéfices est versée à des organisations humanitaires et caritatives qui œuvrent en Afrique, en Inde et en Amérique centrale.

La philosophie de Tony Wheeler tient en ces lignes : "J'espère que nos guides promeuvent un tourisme responsable. Quand on voyage, on prend conscience de l'incroyable diversité du monde. Nos ouvrages sont, certes, des guides de voyage, mais n'ont pas vocation à guider, au sens littéral du terme. Notre seule ambition est d'aiguiser la curiosité des voyageurs et d'ouvrir des pistes."

LONELY PLANET PUBLICATIONS

Australie
PO Box 617, Hawthorn, 3122 Victoria
☎ (03) 9 9819 1877 ; Fax (03) 9 9819
6459 e-mail :
talk2us@lonelyplanet.com.au

États-Unis
Embarcado West, 155 Filbert St., Suite 251,
Oakland CA 94607-2538
☎ (510) 893 8555 ; Fax (510) 893 8563
N° Vert : 800 275-8555
e-mail : info@lonelyplanet.com

Royaume-Uni et Irlande
10 Barley Mow Passage, Chiswick,
London W4 4PH
☎ (0181) 742 3161 ; Fax (0181) 742 2772
e-mail : 100413.3551@compuserve.com

France
71 bis, rue du Cardinal-Lemoine,
75005 Paris
☎ (1) 44 32 06 20 ; Fax (1) 46 34 72 55
e-mail : 100560.415@compuserve.com

World Wide Web : http://www.lonelyplanet.com.au